ENCYCLOPÉDIE MÉTHODIQUE,

OU

PAR ORDRE DE MATIÈRES;

PAR UNE SOCIÉTÉ DE GENS DE LETTRES, DE SAVANS ET D'ARTISTES;

Précédée d'un Vocabulaire universel, *servant de Table pour tout l'Ouvrage, ornée des Portraits de MM.* DIDEROT & D'ALEMBERT, *premiers Éditeurs de l'*Encyclopédie.

ENCYCLOPÉDIE
MÉTHODIQUE.

HISTOIRE.

TOME SECOND.

A PARIS,

Chez PANCKOUCKE, Libraire, hôtel de Thou, rue des Poitevins;

A LIÈGE,

Chez PLOMTEUX, Imprimeur des États.

M. DCC. LXXXVI.

AVEC APPROBATION ET PRIVILÈGE DU ROI.

CAT (CLAUDE-NICOLAS LE) (*Hist. litt. mod.*), chirurgien & savant célèbre, chirurgien en chef de l'hôtel-dieu de Rouen, secrétaire perpétuel de l'académie de Rouen pour les sciences, correspondant de l'académie des sciences de Paris, doyen des associés régnicoles de l'académie de chirurgie de Paris, de l'académie impériale des curieux de la nature à Pétersbourg, de l'institut de Bologne, &c. Il étoit de presque toutes les sociétés savantes, cultivoit ou aimoit toutes les sciences, écrivoit sur presque tous les sujets qui occupoient les hommes de son temps; en 1724, il se fit connoître avantageusement par une Dissertation sur le balancement sensible des arcs-boutans de l'église de saint Nicaise de Rheims; il en rapporta les raisons physiques. En 1726 la fameuse aurore-boréale, qui donna naissance au *Traité de l'aurore-boréale* de M. de Mairan, fut aussi expliquée par une lettre de M. *le Cat*. Vers 1759, M. de Poinsable, ou Poinsabre, gouverneur de la Martinique, attaqué ou menacé de la pierre, avoit été sondé avec une sonde de plomb qui s'étoit cassée dans l'opération, & dont une partie lui étoit restée dans la vessie. M. le Dran, chirurgien célèbre de Paris, prétendit la lui avoir fondue dans la vessie par des remèdes particuliers; découverte importante, qu'on annonca comme pouvant conduire à une autre découverte bien desirable, celle des moyens de fondre la pierre même dans la vessie: cependant M. de Poinsable étant mort peu de temps après, on prétendit qu'à l'ouverture du corps on avoit trouvé dans la vessie le morceau tout entier de plomb qui manquoit à la sonde: on écrivit encore à l'occasion de cet incident, & bientôt il ne fut plus parlé de la découverte de M. le Dran; ce fut en partie à l'occasion de cette découverte, & en partie à l'occasion des grands succès du frère Côme, que M. *le Cat* fit paroître ses lettres & son recueil de pièces sur la taille. Les contestations entre les médecins & les chirurgiens ont été l'occasion de sa lettre sur les avantages de la réunion du titre de docteur en médecine, avec celui de maître en chirurgie. En 1757 il fit un éloge de M. de Fontenelle, son confrère à l'académie de Rouen, & cet éloge contient des particularités qui ne se trouvent point ailleurs.

Il avoit remporté une multitude de prix à l'académie de chirurgie de Paris, à l'académie de Toulouse, à celle de Berlin. On a encore de lui la théorie de l'ouïe, un traité de l'existence du fluide des nerfs; un traité de la couleur de la peau humaine, un nouveau systême sur la cause de l'évacuation périodique des femmes; un traité des sens, qui est peut-être le plus célèbre de tous ses ouvrages.

Il étoit né à Bleraucourt, bourg de Picardie, en 1700; mais sa gloire appartient à la Normandie; c'est là qu'il a fait du bien; c'est là que de bons ouvrages, & d'utiles établissemens l'ont rendu recommandable. En 1731 il avoit obtenu, au concours, la survivance de la place de chirurgien en chef de l'hôtel-dieu de Rouen, un des plus beaux & des meilleurs hospices de ce genre; en 1733 il s'établit dans cette ville, & dès 1736 elle sentit l'effet de sa présence, & l'influence de son heureuse & bienfaisante activité; il y forma une école publique d'anatomie & de chirurgie; il y forma aussi une société littéraire, érigée depuis en académie, & qui est l'académie de Rouen, compagnie qui compte de grands noms parmi ses membres.

Le roi, qui avoit donné en 1759, à M. *le Cat*, une pension de 2000 livres, lui donna, en 1776, des lettres de noblesse, que le parlement & la chambre des comptes de Rouen s'empressèrent d'enregistrer *gratis*. Le plus juste & le plus digne usage de l'anoblissement, est d'en faire la récompense des talens & des services. M. *le Cat* mourut le 21 août 1768.

CATACOMBE *ou* CATACUMBE, s. f. (*Hist. mod.*) signifie des *lieux* ou des *cavités souterraines*, pratiquées pour servir à la sépulture des morts.

Quelques-uns dérivent ce mot de l'endroit où on gardoit les vaisseaux, & que les Grecs & les Latins modernes ont appellé *combe*: d'autres disent qu'on s'est servi autrefois de *cata* pour *ad*; de sorte que *catatumbas* signifioit *ad tumbas*. Dadin assure en conséquence qu'on a écrit anciennement *catatumbas*; d'autres tirent ce mot du grec κατὰ & de κύμβος, *creux*, *cavité*, ou autre chose semblable.

On nommoit aussi les catacombes, *cryptæ* & *cœmeteria*.

Le mot *catacombe* ne s'entendoit autrefois que des tombeaux de S. Pierre & de S. Paul, & M. Chatelain, ministre protestant, observe que parmi les catholiques romains, les plus habiles n'ont jamais appliqué le mot *catacombe* aux cimetières de Rome, mais seulement à une chapelle de S. Sébastien, où l'ancien calendrier romain marque qu'a été mis le corps de S. Pierre, sous le consulat de Tuscus & de Bassus, en 258.

Le mot *catacombe* est particuliérement en usage en Italie, pour marquer un vaste amas de sépulchres souterrains dans les environs de Rome, & principalement dans ceux qui sont à trois milles de cette ville, dans la *via appia*, la voie appienne. On croit que ce sont les sépulchres des martyrs : on va en conséquence les visiter par dévotion ; & on en tire les reliques qu'on envoie maintenant dans tous les pays catholiques, après que le pape les a reconnues sous le nom de quelque saint.

Plusieurs auteurs disent que c'étoient des grottes où se cachoient & s'assembloient les premiers chrétiens, & où ils enterroient leurs martys. Ces *catacombes* sont de la largeur de deux à trois pieds, & de la hauteur de huit à dix pour l'ordinaire, en forme d'allée ou de galerie, communiquant les unes aux autres, & s'étendant souvent jusqu'à une lieue de Rome. Il n'y a ni maçonnerie ni voûte, la terre se soutenant d'elle-même. Les deux côtés de ces rues, que l'on peut regarder comme les murailles, servoient de haut en bas pour mettre les corps des morts; on les y plaçoit en long, trois ou quatre rangées les unes sur les autres, & parallèlement à la rue : on les enfermoit avec des tuiles fort larges & fort épaisses, & quelquefois avec des morceaux de marbre cimentés d'une manière qu'on auroit peine à imiter de nos jours. Le nom du mort se trouve quelquefois, mais rarement, sur les tuiles : on y voit aussi quelquefois une branche de palmier avec cette inscription peinte ou gravée, ou ce chiffre *XP*, qu'on interprête communément *pro Christo*.

Plusieurs auteurs protestans pensent que les *catacombes* ne sont autre chose que les sépulchres des payens, & les mêmes dont *Festus Pompeius* fait mention sous le nom de *puticuli* : & ils soutiennent en même temps que quoique les anciens Romains fussent dans l'usage de brûler leurs morts, cependant ils avoient aussi coutume, pour éviter la dépense, de jetter les corps de leurs esclaves dans des trous en terre, & de les y laisser pourrir; que les Romains chrétiens voyant ensuite la grande vénération qu'on avoit pour les reliques, & desirant d'en avoir à leur disposition, ils entrèrent dans les *catacombes*; qu'ils mirent à côté des tombeaux les chiffres ou inscriptions qu'il leur plut, & les fermèrent ensuite, pour les ouvrir quand ils en trouveroient l'occasion favorable. Ceux qui étoient dans le secret, ajoutent-ils, étant venus à mourir ou à s'éloigner, on oublia ce stratagême, jusqu'à ce que le hasard fit ouvrir les *catacombes*; mais cette opinion est encore moins probable que la première.

M. Moreau, dans les *Transactions philosophiques*, prend un milieu entre ces deux extrémités; il suppose que les *catacombes* ont été originairement les sépulchres des Romains, & qu'on les creusa en conséquence de ces deux opinions, que les ombres haïssent la lumière, & qu'elles se plaisent à voltiger autour des endroits où les corps sont placés.

Il est certain que la première manière d'enterrer a été de mettre les corps dans des caves, & il paroît que cette manière a passé des Phéniciens chez les nations où ils ont envoyé des colonies : & que l'usage où nous sommes, ou d'exposer les corps morts à l'air, ou de les enterrer dans des églises, a été introduit d'abord par les chrétiens. Lorsqu'un ancien héros mouroit, ou qu'il étoit tué dans quelqu'expédition étrangère, comme le corps étoit sujet à corruption, & par conséquent peu propre a être transporté en entier, on avoit trouvé l'expédient de le brûler, pour en pouvoir rapporter les cendres dans sa patrie, & obliger ainsi ses mânes à le suivre; en sorte que le pays qui avoit donné naissance aux morts, ne fût pas privé de l'avantage de leur protection. C'est ainsi que la coutume de brûler les corps commença à s'introduire; que par degré elle devint commune à tous ceux qui en pouvoient faire la dépense, & qu'elle prit enfin la place des anciens enterremens : les *catacombes* cessèrent donc d'être d'usage pour les Romains, lorsque ceux-ci eurent emprunté des Grecs la manière de brûler les corps, & on ne mit plus en terre que les seuls esclaves.

Ces lieux qui se trouvoient ainsi tout préparés, étoient fort propres aux assemblées des premiers chrétiens; mais jamais ceux-ci n'auroient pu les bâtir.

L'empire étant devenu chrétien, on les abandonna encore, jusqu'à ce que la lecture de quelques auteurs y fit faire de nouveau attention. Quant au fameux chiffre *XP*, on observe qu'il étoit déja en usage long-temps avant Jesus-Christ. L'abbé Bencini dit qu'il étoit composé des deux lettres grecques Χ, Ρ; sous lesquelles étoient cachés quelques sens mystiques; mais personne, dit Chambers, ne les explique.

L'auteur anglois n'a rapporté cette opinion, que pour infirmer le premier sentiment, qui veut que les *catacombes* n'aient servi qu'à la sépulture des premiers chrétiens. Il dissimule qu'outre le chiffre ☧ qui ne cache aucun mystère, & qui n'est que le monogramme de Jesus-Christ, on a trouvé sur les pierres & tombeaux des *catacombes*, des figures d'un bon pasteur & d'un agneau; ce qui ne peut convenir qu'à des chrétiens. On concluroit mal de là que tous ces chrétiens étoient saints; mais pour peu qu'on fasse attention aux mœurs des chrétiens de la primitive église, on en conclura toujours, avec une certitude morale, que leurs ossemens & reliques étoient dignes de vénération. Chambers ne fait point un crime aux payens de l'honneur qu'ils rendoient aux cendres de leurs héros; & il tâche de rendre suspectes les reliques des martyrs, afin d'attaquer indirectement leur culte. Les papes ont été si peu persuadés, que tous les ossemens trouvés dans les *catacombes* fussent des reliques des saints, qu'ils ont toujours été d'une extrême réserve à en accorder, & à les faire constater. (*G*).

CATAFALQUE, subst. m. (*Hist. mod.*) échaffaud ou élévation : c'est une décoration d'architecture, de peinture & de sculpture, établie sur une bâtisse de charpente, pour l'appareil & la représentation d'un tombeau que l'on élève pour les pompes funèbres des princes & des rois. Ce mot vient de l'italien *catafalco*, qui signifie proprement un *échaffaud*, & se trouve absolument consacré à l'usage que nous venons de rapporter. (*R*).

CATANOISE. (LA) (*Voyez* CABANE.).

CATAPACTAYME, s. f. (*Hist. mod.*) fête que les peuples du Pérou célébroient avec grande solennité au mois de décembre, qu'ils appellent *bayme*, & qui est le commencement de leur année. Cette fête est consacrée aux trois statues du soleil, nommées *apointi*, *churiunti* & *intiaquacqui*; c'est-à-dire au soleil père, au soleil fils, & au soleil frère. L'inchostan, *Hist. des Indes occid.* (*G*)

CATAPANS, s. m. pl. (*Hist. mod.*) nom des gouverneurs que les empereurs de Constantinople envoyoient dans la Pouille & dans la Calabre en Italie. Quelques savans tirent l'origine de ce mot de κατεπανω, dont les Bysantins se servoient pour marquer un homme d'autorité, chargé du commandement : d'autres croient que c'est un abrégé de κατὰ παντοκρατορα, *après l'empereur*, ou *lieutenant de l'empereur*, comme nous disons *vice-roi*. M. Ducange a donné une liste exacte de ces *catapans*, qu'il dit être nécessaire pour l'intelligence de l'histoire bysantine, & en fait monter le nombre à soixante-un, depuis Etienne, surnommé *Maxence*, nommé le premier *catapan* sous Basile le Macédonien, qui commença à régner en 868, jusqu'à Etienne Patrian, qui occupa le dernier cette dignité en 1071, temps vers lequel les Grecs furent chassés de la Calabre & de la Pouille par les Normands.

Aujourd'hui on donne encore le nom de *catapan* au magistrat de la police à Naples. (*G*)

CATEL (GUILLAUME) (*Hist. litt. mod.*), conseiller au parlement de Toulouse, auteur d'une histoire des comtes de Toulouse, & de mémoires du Languedoc, ouvrages estimés comme exacts & savans. Né en 1569; mort en 1626.

CATELLAN (JEAN DE) (*Hist. litt. mod.*), conseiller au parlement de Toulouse, connu par un recueil des arrêts remarquables de ce parlement. Mort en 1700, âgé de 82 ans.

Mademoiselle de CATELLAN (Marie-Claire-Priscille-Marguerite), qui remporta des prix de poésie à l'académie des jeux floraux, dont, nommément, l'ode à la louange de Clémence Isaure a été couronnée dans cette académie, & qui fut ensuite maîtresse des jeux floraux, étoit de la même famille, ainsi que le chevalier de *Catellan*, sécretaire perpétuel de cette même académie. Elle est morte en 1745, à près de 84 ans.

CATERGI, s. m. (*Hist. mod.*), c'est le nom qu'on donne aux voituriers dans les états du grand-seigneur. Ils ont cela de singulier, qu'au lieu qu'en France, & presque par-tout ailleurs, ce sont les marchands ou voyageurs qui donnent des arrhes à ceux qui doivent les conduire, eux, leurs hardes & marchandises, les voituriers turcs en donnent au contraire aux marchands & autres, comme pour leur répondre qu'ils feront leurs voitures, ou qu'ils ne partiront point sans eux. *Dict. de comm. tom. II, p.* 131. (*G*)

CATESBY (MARC) (*Hist. litt. mod.*), de la société royale de Londres, auteur de l'*Histoire naturelle de la Caroline & de la Floride*.

CATHERINE (Sainte) (*Hist. ecclés.*), vierge & martyre. On ignore son histoire. On célèbre sa fête le 25 novembre. Son culte est ancien dans l'église.

Les autres CATHERINES célèbres dans l'histoire se trouveront aux noms de leurs maisons ou de celles de leurs maris, ou enfin aux noms qu'elles ont illustrés, & par lesquels elles sont le plus connues.

CATILINA (LUCIUS) (*Hist. rom.*). La conjuration de *Catilina* est si connue par Salluste & par les fameuses catilinaires de Cicéron, qu'un dictionnaire ne peut rien apprendre sur ce point aux lecteurs les moins instruits; il en sera d'ailleurs parlé aux articles CICÉRON, CETHEGUS, LENTULUS, &c.

Ce fameux coupable avoit préludé par des crimes particuliers au crime public qu'il commit contre la patrie; nul n'a mieux prouvé, *que des crimes toujours précèdent les grands crimes*. Le meurtre, le vol, le viol, le sacrilège furent les essais de sa jeunesse; *ibique juventutem suam exercuit*. Il fut accusé publiquement d'un inceste avec une vestale; épris d'amour pour Aurelia Orestilla, qui refusoit de l'épouser, parce qu'il avoit un fils d'un premier lit, on croit qu'il fit périr ce fils pour lever cet obstacle & satisfaire sa passion. Il avoit de la naissance & des talens, dont Cicéron lui reproche éloquemment & justement l'abus dans *Rome sauvée*:

Vous, l'éternel appui des citoyens pervers,
Vous, qui de nos autels souillant les privilèges,
Portez jusqu'au lieux saints vos fureurs sacrilèges,
Qui comptez tous vos jours, & marquez tous vos pas
Par des plaisirs affreux ou des assassinats,
Qui savez tout braver, tout oser & tout feindre;
Vous enfin qui sans moi seriez peut-être à craindre.
Vous avez corrompu tous les dons précieux
Que pour un autre usage ont mis en vous les dieux;
Courage, adresse, esprit, grace, fierté sublime,
Tout, dans votre ame aveugle, est l'instrument du crime.

On peut comparer ce portrait au portrait fameux & si souvent cité, que Salluste a fait de *Catilina*; on verra que le portrait fait par M. de Voltaire a, de plus que l'autre, le mérite : 1°. d'être en action; 2°. de ne pas être, ou du moins de ne pas paroître fait exprès, mais d'être un discours que Cicéron doit tenir à *Catilina*, & de ne peindre celui-ci que par des traits que la situation & le moment doivent naturellement fournir au personnage qui parle;

3°. on verra même que certains détails du morceau françois l'emportent sur le latin. Par exemple ce seul vers :

Qui savez tout braver, tout oser & tout feindre.

exprime avec antant de précision que d'énergie tous les traits suivans : *Animus audax, subdolus, varius, cujuslibet rei simulator ac dissimulator ..... Vastus animus immoderata, incredibilia, nimis alta semper cupiebat.*

Ce grand criminel ne fut jamais vil. On put dire de lui :

Et le traître
Meurt encore en romain, quoiqu'indigne de l'être.

Voyant la conjuration découverte & prévenue par les soins vigilans de Cicéron, il se fit tuer dans le combat, qu'il eut le courage forcené de livrer aux Romains.

Catilina, terrible au milieu du carnage,
Entouré d'ennemis immolés à sa rage,
Sanglant, couvert de traits, & combattant toujours
Dans nos rangs éclaircis, a terminé ses jours.
Sur des morts entassés l'effroi de Rome expire :
Romain, je le condamne, & soldat, je l'admire.

Catilina mourut, & Rome fut sauvée par Cicéron, l'an 62 avant J. C.

CATINAT, (NICOLAS) (*Hist. mod.*) maréchal de France, & l'un des plus habiles généraux du règne de Louis XIV, naquit le premier décembre 1637, de Pierre *Catinat*, mort doyen du parlement de Paris, & de Françoise Poisle, dame de Saint-Gratien. Il étoit le onzième de seize enfans nés de ce mariage. Destiné à la robe par sa naissance & par l'exemple de ses pères, il fut d'abord avocat, plaida une cause qu'il jugeoit excellente, la perdit, & se dégoûta de la profession ; il entra dans le service en 1660, & fut d'abord simple lieutenant de Cavalerie. Une belle action qu'il fit au siège de Lille, en 1667, sous les yeux du roi, fut remarquée & lui valut une lieutenance dans le régiment des Gardes. Capitaine aux Gardes en 1670, il se distingua en 1672 au passage du Rhin, & fut blessé en 1673 au siège de Maëstricht, il le fut encore en 1674 au combat de Senef, & le grand Condé lui écrivit à cette occasion : « *Personne ne prend* » *plus de part que moi à votre blessure ; il y a si peu* » *de gens faits comme vous, qu'on perd trop quand* » *on les perd* ». Telle est l'opinion que Condé avoit dès-lors de *Catinat*. Le roi qui en pensoit de même, voulut le faire major du régiment des Gardes, M. de la Feuillade qui en étoit colonel, & qui n'aimoit pas *Catinat*, ou qui simplement en vouloit un autre, l'éconduisit à force d'éloges : *On peut*, dit-il au roi, *faire de M. de* Catinat, *un général, un ministre, un ambassadeur, un chancelier, tout, excepté un major du régiment des Gardes.* Il fut major-général de l'armée du maréchal de Rochefort, en 1676, brigadier d'infanterie en 1677, inspecteur d'infanterie en 1679, maréchal de camp en 1681, lieutenant-général en 1688.

On avoit suivi une partie du conseil de la Feuillade, & pendant que *Catinat* se signaloit toujours de plus en plus dans les expéditions militaires, on crut devoir le charger de quelques négociations délicates dans le pays des négociations, en Italie. Il s'agissoit de déterminer le duc de Mantoue à livrer Casal aux troupes Françoises ; *Catinat* reçut ordre de M. de Louvois de se rendre sécrètement à Pignerol pour traiter de cette affaire à l'insçu de tout le monde autant qu'il seroit possible. *Catinat* en donnant avis de son arrivée à Saint-Mars, gouverneur de Pignerol, le pria de le faire arrêter, sur la route, comme un espion & comme un avanturier, pour mieux tromper les yeux intéressés & pour éloigner tout soupçon qu'il fût chargé de quelque commission, ce qui fut exécuté ; tout le monde vit mettre le prisonnier à la citadelle de Pignerol, & il resta caché pendant vingt-quatre jours dans la ville, négociant avec les agens du duc de Mantoue ; le résultat de ces négociations fut que *Catinat* entra dans la citadelle de Casal, à la tête des troupes françoises, avant qu'aucune puissance sût qu'il étoit dans le pays ; sa conduite, pendant tout son séjour en Italie, offrit un mélange adroit de condescendance & de fermeté. On le voyoit aller en cérémonie chez l'évêque de Casal, suivi de tous les officiers de son armée, pour demander la permission de faire gras le carême ; *il faut*, disoit-il, *se conformer aux loix de l'église & aux usages du pays*, mais l'inquisition vouloit-elle étendre son influence sur les troupes françoises ? il savoit la réprimer ; *je veux*, disoit-il alors, *rester autant qu'il est possible dans nos mœurs.* Le pape Innocent XI, disoit de lui : *Ce françois est un homme d'une rare prudence.* Il faisoit observer une exacte discipline & remplir avec scrupule les moindres engagemens ; une plaisanterie n'étoit pas auprès de lui, comme il arrive trop souvent, une raison ou une excuse : un officier avoit promis deux louis à une fille publique & lui avoit donné deux jettons, elle en fit ses plaintes. *Ah ! mon général*, dit en riant l'officier, *si vous saviez qu'elle marchandise elle m'a donnée !* M. de *Catinat* ne rit point, il fit rougir l'officier de son infidélité, l'en punit & l'obligea de-la réparer.

Chargé de réconcillier le duc de Savoie avec madame Royale, sa mère, tandis que Louvois lui mandoit : *parlez ferme, parlez durement, menacez, épouvantés ;* il insinuoit, il persuadoit, il réussissoit.

En 1686 il eut la conduite d'une guerre difficile, épineuse, à travers les Alpes, contre les Barbets & les Vaudois. Son plan fut de tenir toujours les hauteurs, préférant la fatigue à la perte des hommes, qui eussent été écrasés dans les vallées par les pierres qu'on auroit roulées sur eux du haut des montagnes ; il crut devoir donner l'exemple dans la fatigue comme dans les dangers ; les lettres de l'armée portoient : *Il monte les montagnes à pied, glissant sur le cul, comme le simple soldat, dans les descentes.* La prompte & entière réduction des Barbets & des Vaudois, enveloppés par son armée, & privés de tous les avantages du local, arriva dans le temps qu'il avoit prescrit & ne démentit pas dans la moindre circonstance la justesse savante de ses calculs.

« Quand sur la fin de ses jours, dit l'auteur des mémoires pour servir à sa vie, » le maréchal de » *Catinat* voulut se faire oublier par la postérité, » en brûlant ses papiers & ses mémoires, dont la » ruse & la prière ne purent soustraire au feu » qu'une partie, il conserva en entier ce qui re- » garde la campagne de 1686, & écrivit de sa » propre main : *Papiers que j'ai jugé à propos de* » *conserver.* Son attachement pour cette campagne » venoit apparemment ou de ce qu'elle étoit son » coup d'essai de général, ou de ce que son ex- » périence lui ayant fait connoître l'incertitude des » calculs à la guerre, il se rappelloit avec plaisir » la justesse des siens en cette occasion ».

En 1688, le roi, en envoyant M. le Dauphin faire le siège de Philisbourg, lui donna pour conseils MM. de Vauban & de *Catinat.* L'estime sincère de ces deux grands hommes l'un pour l'autre les honore trop tous les deux pour que nous ne soyons pas empressés d'en recueillir les témoignages. Le modeste *Catinat* écrivoit à M. de Vauban, en soumettant à ses lumières des projets de fortifications à faire à différentes places ; « s'il entre » du sens réprouvé dans mes projets, faites-moi » une correction en maître, & par charité pour » votre disciple, supprimez tout ce papier bar- » bouillé ». Ils avoient ensemble de fréquentes conférences dont le bien public étoit toujours l'objet. M. de Fontenelle racontoit qu'étant près d'entrer un jour dans le cabinet de M. de Vauban, il entr'ouvrit la porte, & vit ces deux hommes rares causer ensemble : *Je la refermai avec respect,* disoit-il, *honteux d'avoir pu déranger un moment un tête-à-tête si intéressant pour la France.*

Catinat fut blessé au siège de Philisbourg dans une sortie, il reçut un coup de fusil à la tête, on le vit tomber, la consternation fut générale, mais son chapeau avoit amorti l'effet de la balle, & la chûte n'avoit été que la suite de l'étourdissement causé par le coup ; ce chapeau qui avoit paré le coup mortel & qui avoit conservé *Catinat*, fut pendant quelque temps un objet de curiosité pour toute l'armée.

Après la prise de Philisbourg, *Catinat* fut chargé de mettre à contribution les pays de Juliers & de Limbourg : *Faites de rudes exécutions*, lui mandoit Louvois, *mettez le feu par-tout.* Il ne mit le feu nulle part ; il parut, & les contributions furent payées ; *mais*, dit un gazetier du temps, *si c'eût été tout autre général, tout le pays auroit été brûlé.*

En 1690, les intérêts étoient changés du côté des Alpes ; le duc de Savoie, en faveur de qui *Catinat* avoit fait, en 1686, la guerre aux Barbets & aux Vaudois, & contre lequel on auroit mieux fait, comme le proposoit *Catinat*, de défendre ces peuples, le duc de Savoie, devenu l'ami de nos ennemis & des siens, vouloit se servir de ces mêmes peuples si long-temps opprimés par lui pour faire une irruption en France, *Catinat* le prévient & alloit entrer lui-même dans ses états, le duc l'arrête en le chargeant d'une lettre pour le roi, pleine de soumission & d'offres de service, *Catinat* n'avoit pas en lui de quoi soupçonner l'artifice ; il fut en cette occasion (il faut l'avouer & peut-être à sa gloire), il fut ce qu'on appelle la dupe de M. le duc de Savoie, qui n'avoit voulu que donner le temps à des secours qu'il attendoit, de le joindre, & qui, après cette jonction, leva le masque. La cour qui, si on étoit entré en Piémont, malgré les soumissions du duc, auroit accusé *Catinat* d'avoir jetté ce prince dans le parti des ennemis & d'avoir empêché la paix, ne lui pardonna pas d'avoir été trompé. M. de Louvois qu'il révéroit comme son bienfaiteur, qui le regardoit comme sa créature, & qui étoit aussi dur dans sa protection que dans sa haine, l'accabla de lettres humiliantes, & qui plus est, de dépêches contradictoires d'où il ne résultoit que de l'irrésolution. « J'en ai perdu le sommeil & le manger, écrivoit M. de *Catinat* ; » j'aimerois mieux mourir que d'être » comme j'ai été sept ou huit jours ; mais enfin » j'ai pris un esprit de raison : j'ai encore une » lettre à essuyer de M. de Louvois, & je m'en » tiens quitte ».

Il prit son parti, des succès certains couvrirent une faute très-équivoque, la victoire de Stafarde & la prise de Suze, mirent *Catinat* au rang des plus grands généraux, & il n'y eut de trompé que le duc de Savoie.

M. de *Catinat*, dans la relation qu'il envoya de la victoire de Stafarde, n'oublia rien que la part qu'il y avoit eue, & quand cette relation fut publique, on se demandoit en la lisant : *M. de* Catinat *étoit-il à cette bataille ?* On n'apprit que par les lettres de différens particuliers qu'il avoit eu un cheval tué sous lui, qu'il avoit reçu plusieurs coups dans ses habits, & une contusion au bras gauche, enfin que pour un général, il avoit peut-être un peu trop fait le soldat. Il remercia publiquement les troupes de leur valeur & de leur zèle, & ayant vu quelques soldats qui jouoient aux quilles, il se mit à y jouer avec eux ; dans la suite, quelqu'un disant devant lui : « Je connois un général » que j'ai vu jouer tranquillement aux quilles après » une bataille gagnée, » il répondit : *je ne l'en estimerois pas moins, si c'étoit après une bataille perdue.*

Quelle fut de la part de la cour, la récompense de tant de modestie & de tant de gloire ? Une lettre de Louvois, dont voici les termes :

« Quoique vous ayez fort mal servi le roi cette

» campagne, sa majesté veut bien vous continuer » la gratification de deux mille écus ».

Il est triste, dit l'auteur des mémoires pour servir à la vie du maréchal de *Catinat*; « il est triste » qu'une partie essentielle du mérite des généraux » françois, soit de se mettre au-dessus du style » des ministres ».

Ce style ne s'adoucit pas dans le cours de la campagne suivante. Si *Catinat* qui avoit son système de guerre & son plan de campagne formé d'après la connoissance des lieux & la comparaison des forces respectives, s'opposoit à cette foule de projets chimériques & dangereux que les esprits inquiets & ambitieux de l'armée proposoient sans cesse, bien moins pour servir l'état que pour contrarier & embarrasser le général, & qui séduisoient souvent M. de Louvois par un air d'éclat & d'audace, M. de *Catinat*, au gré du ministre, *se faisoit des monstres pour les combattre*. Souvent il ne répondoit aux objections les plus raisonnables de M. de *Catinat* que par un *ordre positif*, d'exécuter ce qu'il jugeoit impossible. *Je sais ce que c'est qu'un* ORDRE POSITIF, *& j'obéis*, répondoit alors *Catinat*, mais en même-temps il envoyoit une démonstration de l'impossibilité du succès, & quelquefois Louvois, ou convaincu par la démonstration, ou seulement satisfait de l'obéissance, envoyoit encore à temps un contre-ordre, qui empêchoit du moins une partie du mal ordonné. Ce ministre, ce grand ministre malgré tant de grands défauts, mourut cette même année, peu regretté d'un maître qui croyoit peut-être ne lui rien devoir, depuis que Louvois avoit dit : *il sait qu'il me doit tout*. Louvois fut pleuré de *Catinat*, qui, n'ayant plus à souffrir de ses hauteurs, ne se souvint plus que de ses bienfaits.

M. de Barbézieux, dépourvu de l'expérience & peu capable de l'application qui servoient du moins d'excuse aux prétentions de Louvois, vouloit comme lui, diriger de Versailles les opérations des généraux, & soumettre aux vues éloignées & incertaines du cabinet ce qui dépend du lieu & du moment. S'il n'osoit pas, comme son père, envoyer de son chef à *Catinat* des *ordres positifs*, contraires à ses représentations, il lui en faisoit envoyer par le roi, & *Catinat* écrivoit au roi : *Votre majesté l'ordonne, ses ordres vont être exécutés; je vais agir contre toutes les vues & connoissances que j'ai*. Il alla même quelquefois jusqu'à résister à la volonté du roi, qu'il savoit n'être que celle d'un ministre trompé ; & il manda plusieurs fois en pareil cas, à Barbézieux, à Louvois, à Louis XIV même, *qu'un homme chargé des affaires doit prendre sur lui, en homme de bien, le parti qu'il croit le meilleur*. Malgré les ministres & malgré plusieurs officiers de son armée, jaloux de sa gloire, *Catinat* prit dans cette campagne de 1691, cette place de Nice, contre laquelle avoient échoué, en 1543, les forces de Soliman II & de François I, commandées par Barberousse & par le comte d'Anguien ; il prit aussi Carmagnole dans le Piémont, & il assura sa conquête de Suze par une action des plus vigoureuses qui eût suffi pour la gloire d'un autre général, & qui n'est pas même comptée parmi les victoires de *Catinat*, soit parce que sa modestie voiloit tout, soit parce que M. de Feuquières n'en a point parlé ; *Catinat* pénétra en Savoie où il prit la ville & le château de Montmélian, qui étoit, disoit-il, *une hideuse position pour un assiégeant*. Après la bataille de Stafarde, le public avoit demandé pourquoi on ne faisoit pas *Catinat* maréchal de France, il le demanda bien plus après la bataille de Suze & la prise de Montmélian.

Si tout ce que *Catinat* exécutoit par lui-même réussissoit, tout ce qu'il étoit obligé de laisser exécuter par les autres, échouoit ; on faisoit manquer son entreprise sur Veillane, on levoit le siège de Coni, malgré les plus sages mesures pour en assurer la prise.

Parmi ces envieux, qui, pour perdre le général auroient perdu l'état, & dont les fautes n'avoient pas pour excuse le défaut de talens & de lumières, il en est un qu'on voudroit pouvoir justifier, mais que les lettres de M. de *Catinat* accusent trop fortement pour qu'on puisse le dissimuler ; il est fâcheux d'avoir à prononcer entre *Catinat* & Feuquières ; il est fâcheux pour le second que la probité du premier, sa réserve, sa modestie, son attention à faire valoir tous les officiers qui servoient sous ses ordres, sa délicatesse, ingénieuse à cacher, à pallier, à excuser leurs fautes, attestent qu'il a voulu le ménager, & qu'il ne s'est porté que malgré lui & à la dernière extrémité à l'accuser. Ses accusations sont graves, c'est à lui qu'il impute les échecs volontaires de Veillane & de Coni ; il lui impute d'avoir constamment traversé ses projets ou par des projets contraires d'une exécution qu'il savoit être impossible, ou par des mesures infidèles, & adroitement mal-adroites, souvent même d'avoir désavoué avec éclat après l'évènement des projets qu'il avoit lui-même proposés avec obstination & que le général n'avoit adoptés que par condescendance & pour le bien de la paix. Ainsi ce juge sévère des opérations des généraux, qui a fait de leurs fautes la leçon de la postérité, lui dont les jugemens paroissent si plausibles, & sont souvent si respectés, auroit eu pour décrier certains généraux, des motifs de haine, d'envie & de mauvaise foi. Sa causticité n'a pas épargné *Catinat*, & parmi les François, dont la prédilection est naturellement pour les coups d'éclat & les expéditions brillantes, il a dû s'élever des voix contre cette guerre *Fabienne*, cette guerre de défense & de circonspection à laquelle *Catinat* fut porté par son caractère ou forcé par les circonstances. On a pu dire de lui ce que Tacite dit de Suetonius Paullinus : *Cunctator naturâ, & cui cauta potiùs consilia cum ratione, quam prospera ex casu placerent..... Satis citò incipi victoriam, ubi provisum foret nè vincerentur.* Feuquières, sans avoir commandé en chef les armées, sans avoir été général, a jugé des généraux dont il a vu de près les opérations, & dont il a partagé les travaux, soit en les approuvant, soit en les condamnant; a-t-il condamné justement le système de guerre de *Catinat*? C'est aux militaires seuls à décider cette question d'après une grande connoissance de l'art & un examen scrupuleux des circonstances; mais dans la comparaison morale de ces deux hommes, tout le monde a jugé en faveur du caractère de *Catinat*.

Dans la campagne de 1692, ce général n'ayant qu'une armée de seize mille hommes contre une de cinquante mille, il fallut rester sur la défensive, & ce fut beaucoup d'empêcher les ennemis de prendre des quartiers d'hiver dans le Dauphiné, qu'ils ne purent qu'entamer par la prise d'Embrun. C'étoit déjà les avoir repoussés que de les avoir réduits à cette seule conquête; *Catinat* consomma l'ouvrage, il les força d'abandonner cette même conquête, & les chassa aussi entièrement du Dauphiné, que le connétable de Montmorenci, en 1536, avoit chassé Charles-Quint de la Provence. Louis XIV sentit tout le prix de cette campagne, & au commencement de l'année 1693 il envoya, au sauveur du Dauphiné, le bâton de maréchal de France, qu'il n'avoit point donné au vainqueur du Piémont & de la Savoie.

« Cette grace, dit l'auteur des mémoires pour servir à sa vie, » excita dans lui une joie enfantine, » qui caractérise les ames pures. *Il n'y a point de* » *flegme*; s'écrioit Catinat, *à l'épreuve d'une pareille* » *nouvelle; je suis agité d'une joie que je ne con-* » *noissois point encore* ».

« Ah! s'écrie un auteur célèbre, les rois sont » grands, puisqu'ils peuvent donner cette joie à » la vertu »!

Louis XIV sentit cet avantage de la puissance & de la justice; en lisant dans son cabinet la liste des maréchaux de France qu'il avoit faits, il s'interrompit au nom de *Catinat*, & dit avec satisfaction: *C'est bien là vertu couronnée*. Fénelon, touché d'une exclamation si flatteuse & si juste, s'empressa de la mander à *Catinat*, & de joindre au suffrage d'un grand roi celui d'un homme vertueux. *Catinat*, fidèle à son caractère, ne se permit de jouir de ces détails de gloire & de bonheur, que dans le secret de l'amitié la plus intime; il n'en fit part qu'à M. de Croisilles, celui de tous ses frères qu'il distinguoit par une affection particulière, parce qu'il avoit, comme lui, embrassé le parti des armes, & qu'il étoit, comme lui, un officier de distinction. « Ceci, lui dit-il, » n'est que pour nous deux . . . gardons- » en le secret, & ne le dis pas même à ma sœur ».

Lorsque dans l'intervalle de la campagne de 1692 à 1693 M. de *Catinat* avoit rendu compte au roi de l'état de la guerre du côté des Alpes, le roi avoit fini l'entretien par lui dire: *C'est assez parler de mes affaires, en quel état sont les vôtres? Sire*, avoit répondu M. de Catinat, *grace aux bienfaits de votre majesté, j'ai tout ce qu'il me faut. Voilà*, avoit repliqué le roi, *le seul homme de mon royaume qui tienne ce langage*.

Catinat crut avoir à justifier sa nomination à la dignité de maréchal de France; il redoubla d'efforts; la victoire de la Marsaille, plus éclatante & plus complette encore que celle de Stafarde, la levée du siége de Pignerol & du blocus de Casal de la part des ennemis, & des contributions levées par les François dans tout le Piémont, tels furent les succès de la campagne de 1693. C'étoit la seconde fois que *Catinat* battoit en personne le duc de Savoie, & qui plus est, le prince Eugène. C'est après la bataille de la Marsaille qu'arriva un petit incident, qui prouve quel étoit l'amour des soldats pour le général qu'ils appelloient familiérement *le Père la pensée*, à cause de son air pensif & réfléchi: ce fait n'est nulle part mieux décrit que dans un des éloges auxquels le concours de 1775 à l'académie françoise a donné lieu.

« *Catinat* passa la nuit qui suivit la bataille, au » bivouac, à la tête des troupes. Il étoit au milieu » de la gendarmerie, qui, dans cette journée, » avoit elle seule pris vingt-huit drapeaux ou éten- » darts. Il dormoit enveloppé dans son manteau. » Les gendarmes imaginent de rassembler ces tro- » phées & d'en environner le héros endormi. Les » régimens voisins apprennent cet hommage rendu » à *Catinat*. Ils apportent aussi autour de lui les » trophées qu'ils ont gagnés. Le jour se lève, *Ca-* » *tinat* se réveille, entouré des gages de sa victoire » & salué par les acclamations de son armée. Na- » tion aimable & sensible! s'écrie à ce sujet l'orateur, » les autres peuples élèvent lentement des » statues aux mânes de leurs grands hommes; toi » seule es susceptible de ces transports subits, de » cette énergie de sentimens, de ces hommages » ingénieux; & malgré ta légèreté, malgré tes in- » conséquences, malgré la persécution que les ta- » lens ont quelquefois essuyée dans ton sein, c'est » au milieu de toi qu'il est le plus doux de travailler » pour la gloire ».

Le maréchal, après sa nouvelle victoire, demanda, pour son armée, des graces nécessaires & méritées; on lui en offrit pour lui-même, sa réponse fut: *J'ai encore à mériter les anciennes*. Cependant ses parens & ses amis le pressoient de demander une augmentation de traitement: *Je ne veux point*, dit-il, *être comme les valets, qui salissent leur attachement pour leurs maîtres, en demandant une augmentation de gages*.

M. de *Catinat* termina cette guerre par la négociation; il fut l'auteur du traité mémorable qui unit les cours de Versailles & de Turin par le mariage de la princesse de Savoie avec le duc de Bourgogne.

La paix de l'Italie ayant précédé de quelque temps la paix générale, *Catinat* alla servir un moment en Flandre, où il prit la ville d'Ath. Ce fut son dernier emploi dans la guerre de 1688. La paix, trop peu durable de Riswick, le rendit, pour quelque temps, à la condition privée qui a tant de charmes pour la modestie. Il demeuroit dans la rue de Sorbonne, quartier, dit son historien, qui annonçe la simplicité de l'habitation, c'étoit celui de la robe, qui alors encore avoit un quartier; il se partageoit entre la solitude des Chartreux à Paris, qu'il fréquentoit beaucoup, & celle de Saint-Gratien dans la vallée de Montmorenci, lieu dont la simplicité modeste, religieusement conservée par ses héritiers, retraçoit encore il n'y a pas long-temps, les mœurs de cet homme simple & grand; il alloit rarement à la cour & seulement pour remplir un devoir; il vérifia ce qu'il avoit dit à un grand seigneur qui servoit sous ses ordres à l'armée, & qui les exécutoit assez mal, persuadé que la naissance dispensoit de la subordination; *Catinat* voulut le faire rentrer dans le devoir & le punir d'en être sorti. « Vous parlez bien haut ici, lui dit fièrement cet homme indocile; à la cour, vous baisserez le ton. » Oh! monsienr, répondit *Catinat*, quand nous » serons dans ce pays-là, vous serez si grand, & » je serai si petit, que nous n'aurons rien à démê- » ler ensemble; monsieur, gardez les arrêts pen- » dant tant de temps ».

Louis XIV lui demanda un jour pourquoi on ne le voyoit jamais à Marly; c'étoit déja une faveur de s'en appercevoir & de le dire; *Catinat* fut embarrassé de cette question qu'il n'avoit pas osé prévoir; comment faire entendre à un grand roi, au moment sur-tout où il vous flatte que le séjour qu'il habite n'est pas celui qui plaît à l'homme vertueux? *la cour est nombreuse*, dit *Catinat* en balbutiant: *j'en use ainsi pour laisser aux autres la liberté de faire leur cour.* Le roi sentit la défaite, & répondit avec un peu de froideur: *voilà bien de la considération.*

Les historiens & les panégyristes de *Catinat* nous le réprésentent, joignant dans les moindres choses la bonté avec la simplicité. Tantôt on voit le vainqueur de Stafarde & de la Marsaille, grimpant à un arbre pour rendre à des enfans leurs chapeaux qu'ils avoient jettés sur cet arbre en voulant abbattre des nids d'oiseaux, & qui étoient restés embarrassés dans les branches; tantôt il mène aux invalides par la main & à pied un écolier, un jeune enfant, qui lui avoit montré la curiosité si naturelle & qui, dans un enfant lui parut louable, de voir ce monument, superbe à tous égards; *le Père la pensée* est d'abord reconnu par tous ces vieux soldats, on s'empresse autour de lui, les tambours battent, on prend les armes, l'enfant s'effraye de ce bruit & de ce mouvement: « Ne craignez rien » mon ami, dit le maréchal, c'est un témoignage » flatteur de l'amitié qu'ont pour moi ces hommes » respectables ». Il lui fait voir toute la maison, le mène à l'heure du souper dans les réfectoires, fait apporter deux verres & boit avec le jeune-homme à la santé de ses anciens camarades, qui tous débout & découverts le remercient & le reconduisent ensuite avec acclamation. Mœurs antiques! mœurs respectables, qui ont, comme le dit l'auteur du panégyrique couronné, quelque chose d'attendrissant & d'auguste.

La grande & si long-temps désastreuse guerre de la succession d'Espagne, vint bientôt rendre *Catinat* nécessaire & l'arracher à un loisir qu'il rendoit utile par de profondes méditations sur son art, par des écrits qu'il a sacrifiés dans la suite pour la plupart, & que nous ne pouvons que regretter. *Catinat* partit pour l'Italie le 23 mars 1701; l'empereur lui opposa le prince Eugène; ces deux généraux étoient dignes l'un de l'autre, mais si la supériorité que *Catinat* avoit eue sur Eugène dans la guerre précédente, parut se démentir dans celle-ci, il importe sur-tout d'en examiner les causes; elles nous paroissent avoir été rassemblées avec assez de précision par un des panégyristes de *Catinat*, dans le morceau suivant: « l'un indépendant, abandonné » à son génie, maître de son secret & de celui » de l'ennemi, commandoit une armée bien ap- » provisionnée, supérieure en nombre & aguerrie: » l'autre avec des troupes moins nombreuses, & » qui n'étoient pas encore formées, avoit à com- » battre la friponnerie des munitionnaires, les ca- » bales des officiers-généraux, l'ignorance de ses » collègues, la perfidie d'un allié, & Versailles, » dont il falloit toujours attendre le courier pour » agir. On crut revoir dans cette campagne, ce » fameux personnage de Troye, condamné à pré- » dire l'avenir, & à n'être jamais cru ».

Les intérêts étoient sujets à changer du côté des Alpes, & toujours par la politique du duc de Savoie, qui ne voyoit rien au-delà du moment, & n'avoit aucun principe fixe, qu'un désir général de s'aggrandir. En 1686, *Catinat* avoit fait la guerre aux Barbets & aux Vaudois avec lui & pour lui; en 1690, c'étoit à lui qu'il avoit fallu la faire; en 1696, il avoit eu l'obligation à *Catinat* du traité qui l'avoit rendu beau-père d'un prince, qu'on croyoit destiné à règner en France; peu de temps après il devint aussi beau-père du roi d'Espagne, on crut pouvoir compter sur des nœuds si sacrés, & le duc de Savoie devoit commander en qualité de généralissime l'armée combinée de France & d'Espagne, ayant sous lui *Catinat* à la tête des François, & le prince de Vaudemont à la tête des Espagnols; mais Victor, comme il le disoit lui-même, aimoit mieux deux provinces de plus dans ses états que ses deux filles, & la nature ne lui sembloit bonne qu'à être sacrifiée à la politique; *Catinat* arrive à Turin, il trouve le duc de Savoie disposé en apparence à joindre ses troupes à celles de ses alliés & à partir lui-même pour prendre le commandement de l'armée; *Catinat* va l'attendre à Milan, le duc n'arrive point, ni personne de sa part; cependant le prince Eugène descendu des montagnes du Trentin, menaçoit à la fois & le Mantouan & le Milanois, & obligeoit de garder ou de couvrir presque tout le cours de l'Adige, du Mincio, de l'Oglio & du Pô, *Catinat* ne cessoit de de presser les secours de Turin & l'arrivée du duc, à chaque nouvelle instance le duc faisoit partir quelques régimens qui alloient lentement par le chemin le plus long, & s'arrêtoient sur la frontière ; après avoir pris pour prétexte de retarder son départ, la nécessité de faire partir les troupes auparavant, & avoir épuisé les autres défaites, il proposa des difficultés sur le commandement qu'on lui déféroit, & dans lequel il prévoyoit, disoit-il, qu'il n'auroit *que les dehors de l'autorité. Eh bien!* écrivoit Catinat, *nous nous passerons fort bien de S. A. R. mais qu'il nous envoye ses troupes : elles marchent à pas de tortue, elles serpentent comme le méandre.* Le duc ne vouloit ni arriver ni permettre qu'elles arrivassent.

A la faveur de ce défaut de concert, dont il n'étoit que trop bien instruit, le prince Eugène força le poste de Carpy, & battit Saint-Fremont qui le gardoit, cet échec n'eut de mémorable que la valeur des François vaincus, *valeur, sans laquelle*, dit Catinat, *on ne sait pas bien ce que tout seroit devenu*, & que l'action de M. de Tessé, à qui un officier ennemi tira deux coups de pistolet sans l'atteindre, & qui sans daigner se servir de ses armes contre ce tireur mal-adroit, le reconduisit à coups de canne jusqu'à sa troupe. Le duc de Savoie arriva enfin, au moment où on ne l'en prioit plus, & alors on s'apperçut plus que jamais que les délibérations les plus secretes étoient révelées à l'ennemi. *Catinat* fut d'ailleurs ou devina que les promesses de l'empereur avoient séduit le duc de Savoie, il en avertit le roi dans sa correspondance secrète, qui malheureusement ne l'étoit pas non plus pour madame la duchesse de Bourgogne ; de ce moment la disgrace de *Catinat* fut résolue ; madame la duchesse de Bourgogne l'accusa d'être l'ennemi de son père, madame de Maintenon l'accusa d'être indévot, quoiqu'il fût précisément le contraire : son irréligion, disoit-on, indisposoit les Italiens, on publioit qu'un prêtre s'étoit présenté à lui une hostie à la main, & avoit dit : « Je viens au » nom de Dieu vous maudire, vous & toute vo- » tre armée, puisque vous ne voulez pas faire por- » ter à Dieu & à ses sacremens le respect qui leur » est dû ». Les courtisans les plus modérés affectoient de plaindre *Catinat*, dont ils disoient que la douleur, à la mort de Croisilles son frère, (1) avoit affoibli la tête & altéré la raison ; M. de Tessé mandoit : « Le maréchal n'y est plus, il » n'y a plus personne au logis, envoyez-nous un » autre général » ; on envoya Villeroy, *Catinat* lui-même avoit demandé son rappel, alléguant, selon l'usage, son âge & ses infirmités, & sentant bien que le duc de Savoie ne lui pardonneroit jamais d'avoir dit devant lui dans un conseil de guerre : *Non-seulement le prince Eugène est instruit à point nommé de tous les mouvemens de l'armée, de la force des détachemens qui en sortent, de leur objet ; mais il l'est encore de tous les projets qui sont discutés ici.*

Catinat ne resta plus à l'armée que le temps nécessaire pour instruire son successeur, qui ne croyoit point avoir besoin d'être instruit & qui ne parloit que de chasser les ennemis de l'Italie, *Catinat* voulut lui inspirer un peu de circonspection ; Villeroy répondit avec l'ironie hautaine d'un courtisan gâté par la faveur : *Nous ne sommes plus dans la saison de la prudence.* L'échec de Chiari ne tarda pas à lui apprendre que la prudence est toujours de saison, & que le courtisan le plus favorisé doit respecter la gloire d'un grand homme dans la disgrace ; la surprise de Crémone & le désastre de Ramillies prouvèrent encore mieux dans la suite combien Villeroy étoit peu fait pour remplacer *Catinat.*

Catinat n'avoit point encore quitté l'armée, lorsqu'on livra imprudemment le combat de Chiari, il avoit opposé à cette résolution toutes les raisons que lui fournissoit l'expérience, & lorsqu'il vit arriver dans cette affaire tout ce qu'il avoit prédit & tout ce que Villeroy avoit combattu dans le conseil, il ne put se refuser ce mot : *Messieurs, ce n'est pas ma faute, mon avis n'étoit pourtant pas si sot.* Le duc de Savoie, se sachant suspect, fit dans ce combat tout ce qui pouvoit le justifier ; *Catinat* se voyant rappellé fit tout ce qui pouvoit le faire regretter. Il rallioit pour la troisième fois un corps toujours repoussé : *où voulez-vous nous mener ?* lui dit un officier, *à la mort ! La mort est devant nous*, répond Catinat, *mais la honte est derrière.*

Dans une autre occasion, *Catinat* fut blessé d'un coup de feu en voulant reconnoître les ennemis, & les soldats, mauvais courtisans, s'empressoient tous à l'envi, de demander : *Comment se porte notre Père la pensée ?* Lorsqu'à son retour, il parut à Versailles, il n'accusa personne, & dans un entretien qu'il eut avec le roi pour lui rendre compte de l'état où il avoit laissé les affaires en Italie, il lui dit : « Les gens qui ont cherché à me nuire, peu- » vent être très-utiles à votre majesté. J'étois pour » eux un objet d'envie. A présent que je n'y suis » plus, votre majesté tirera d'eux un fort bon parti » pour son service ».

Villeroy jugea comme *Catinat*, de la conduite du duc de Savoie, il osa mander à la cour les mêmes choses qui avoient perdu *Catinat*, & il y ajouta en toutes lettres : « *Il est impossible de faire la guerre, si le duc de Savoie commande encore l'armée.*

Enfin le duc de Savoie justifia tous les soupçons en levant le masque & en embrassant hautement le parti de l'empereur contre ses deux gendres & ses deux filles ; ce fut contre lui que M. le duc de Bourgogne fit ses premières armes ; à son départ il dit à la duchesse, en l'embrassant : *Ma chère amie, aurez-vous bien le courage de faire des vœux pour un*

(1) Il avoit refusé la place de sous-gouverneur de M. le duc de Bourgogne & de M. le duc d'Anjou. Il mourut le 19 mars 1701.

mari qui va combattre votre père ? — Je prierai Dieu pour tous les deux, répondit la duchesse en pleurant.

Comme le roi, en rappellant d'Italie M. de *Catinat*, n'avoit voulu que donner satisfaction à madame la duchesse de Bourgogne, il lui proposa le commandement de l'armée d'Alsace, & aux excuses tirées de l'âge & des infirmités, il répondit : *Votre présence suffira.*

Elle ne suffit pas ; après avoir vu la position des ennemis, le maréchal jugea qu'il n'y avoit rien à faire, il demanda son rappel, & donna pour dernier mot de l'ordre : *Paris & Saint-Gratien.*

C'est sans doute une grande gloire & un grand bonheur pour M. de Villars d'avoir gagné la bataille de Fridelingue, où *Catinat* avoit cru ne pouvoir rien entreprendre. On jugea que celui-ci avoit dû être jaloux du succès de Villars ; c'est du moins la marche du cœur humain chez les hommes ordinaires ; *Catinat* disoit de lui-même dans une autre occasion, où un peu de dépit auroit pu lui être permis : *Les méchans seroient outrés, s'ils voyoient le fond de mon cœur.*

En 1705, Louis XIV voulut que tous les maréchaux de France fussent chevaliers de l'ordre ; *Catinat*, compris comme les autres dans cette promotion, allégua, comme autrefois Fabert, la difficulté de faire ses preuves ; mais Fabert avoit dit la simple vérité, *Catinat* employoit une défaite pour se soustraire à un honneur mérité. Pourquoi alléguer une raison fausse & injurieuse à sa famille ? Pourquoi la priver d'une décoration à laquelle il lui étoit permis de prétendre & qui ne coûtoit rien à l'état ? Pourquoi résister aux instances, rejetter les réprésentations de cette famille, & lui dire : *Si je vous fais tort, rayez-moi de votre généalogie ?* « C'est peut-être, dit M. de la Harpe, le seul mot » de *Catinat* où l'on puisse entrevoir le sentiment » de la supériorité ». Avouons-le, & ce mot & le refus paroissent d'une fierté déplacée ; le mot devenoit dur, dit à une famille qui ne lui parloit du tort qu'il alloit lui faire qu'à cause de l'honneur qu'il lui faisoit, & dont par conséquent la plainte même étoit un hommage à sa gloire. Dira-t-on qu'après avoir paru si flatté des honneurs militaires, il étoit peut-être assez grand de dédaigner une simple faveur de cour ? Mais Louis XIV n'ennoblissoit-il pas cette faveur, ne l'élevoit-il pas au rang des honneurs militaires, en la donnant par préférence aux chefs des guerriers ? N'étoit-ce pas une chose noble & utile de reconnoître publiquement pour ses principaux amis les défenseurs de la patrie, & d'annoncer par-là que servir l'état étoit le premier titre pour plaire au prince & le premier moyen de lui faire sa cour ?

Catinat pensoit-il qu'il n'étoit agréable d'avoir à faire des preuves, que, quand on peut aller beaucoup au-delà de ce qui est exigé, & que le superflu dans ce genre est une chose très-nécessaire ? Ou craignoit-il de produire à la cour une généalogie toute de robe, pour obtenir à titre de militaire une décoration de courtisan ? Ou craignoit-il en général une décoration qui auroit nui au plaisir qu'il trouvoit à se cacher, à se confondre dans la foule ? Ou, comme, sous le nom d'honneur, l'amour des distinctions est le ressort des monarchies, se trouvoit-il plus parfaitement distingué par l'avantage d'être le seul des maréchaux de France de son temps, privé de cette distinction ? Ou enfin cet homme modeste, mais fier, qui nourrissoit dans la retraite le ressentiment des injustices de la cour, n'estimoit-il plus assez cette cour pour recevoir d'elle une faveur, qui, d'ailleurs n'eût pas réparé ces injustices ? Ses vrais motifs sont ignorés ; mais par l'évènement ce refus n'a fait aucun tort à sa famille, tout le monde a su que les preuves auroient pu être faites, & que *Catinat* n'étoit pas dans le même cas que Fabert.

Le comte de Béthune-Pologne arrivant un peu tard à la cérémonie d'un mariage où il devoit assister comme parent, fut encore arrêté à la porte par des Suisses chargés d'écarter la foule, il fut obligé de demander le maréchal de Belle-Isle, son gendre, qui le fit entrer, en lui disant : *Voilà, mon cher comte ! à quoi sert un cordon bleu.*

Le défaut de décoration, joint à une modestie qui ne savoit disputer sur rien, attira au maréchal de *Catinat* quelques petites avantures qu'il ne faut pas regarder comme frivoles, puisqu'elles sont une preuve de la sottise humaine & qu'elles peuvent lui servir de leçon.

On dit qu'un jour, à la messe aux Jacobins, le précepteur des petits *le Bas*, le prenant pour un homme sans conséquence, lui *ordonna* de céder sa place à ses élèves ; *Catinat obéit* sans contester.

Une affaire l'ayant conduit chez un commis du bureau de la guerre, on le fit attendre long-temps dans l'antichambre, & pressé par l'heure, il alloit se retirer, lorsque quelqu'un le reconnut & avertit le commis ; celui-ci accourut en faisant beaucoup d'excuses, fondées sur ce qu'il n'avoit pas su que ce fût M. de *Catinat*. « Il ne s'agit pas de moi, répondit le maréchal, » *mais d'un officier des troupes du roi ; le roi* (c'est-à-dire le peuple) *vous* » *paye pour expédier leurs affaires & ne pas les faire* » *attendre* ».

Un jour il se promenoit sur sa terre, en réfléchissant, selon sa coutume ; un jeune bourgeois de Paris l'aborde, & le chapeau sur la tête, tandis que le maréchal l'écoutoit le chapeau à la main, lui dit : *Bonhomme ! je ne sais à qui est cette terre, mais tu peux dire au seigneur que je me suis donné la permission d'y chasser.* Des paysans qui étoient à portée de l'entendre, rioient aux éclats, le chasseur leur demanda d'un ton arrogant de quoi ils rioient ? *De l'insolence avec laquelle vous parlez à M. le maréchal de* Catinat ; *s'il eût dit un mot ou fait un signe, nous vous aurions assommé.* Le jeune homme courut après le maréchal, & s'excusa comme le commis, sur ce qu'il ne le connoissoit pas : « *Je ne vois pas,*

» lui dit le maréchal, *qu'il faille connoître quelqu'un* » *pour lui ôter son chapeau* ».

L'anecdote suivante, qui n'est rapportée nulle part & que nous avons sue d'origine, prouve d'un côté combien l'orgueil d'un homme modeste est délicat & facile à blesser; de l'autre, que souvent dans la solitude les idées s'exaltent & que la prévention fait supposer aux actions les plus innocentes une importance & des motifs qu'elles n'ont pas. Comme M. de *Catinat* passoit l'année entière à Saint-Gratien, les devoirs de police, contre son intention, n'étoient pas toujours bien exactement remplis devant sa maison à Paris; cette négligence fut remarquée par le commissaire du quartier, qui crut de son devoir de condamner le maître de la maison à l'amende. Sur son rapport, M. d'Argenson, lieutenant de police, fit plus qu'il ne devoit peut-être, il courut chez M. de *Catinat* pour lui faire des excuses; il le trouva prévenu, le maréchal s'étoit persuadé qu'un courtisan, comme M. d'Argenson, n'avoit pas été sans quelques motifs politiques pour traiter sans égard un homme qui paroissoit être dans la disgrace; il crut que l'insulte & la réparation avoient été concertées, & dès-lors la réparation ne le toucha point; lorsqu'on annonça M. d'Argenson, le maréchal étoit enfermé dans son cabinet avec M. de Fortia, jeune maître des requêtes; celui-ci qui, d'ailleurs, n'avoit point d'affaire bien pressée à traiter avec M. de *Catinat*, ne douta point qu'au nom de M. d'Argenson les portes n'allassent s'ouvrir; il fut fort étonné d'entendre M. de *Catinat* dire d'un ton haut & sec: *Qu'il attende.* M. de *Catinat* savoit bien que si on ne doit jamais, sans des raisons très-fortes faire attendre un particulier, à plus forte raison un homme public, un lieutenant de police, M. d'Argenson. M. de Fortia, moins flatté alors qu'embarrassé de la préférence qu'on lui donnoit, demanda plusieurs fois la permission de sortir, & représenta que M. d'Argenson attendoit. A chaque instance M. de *Catinat* répondoit: *Non, restez & poursuivons notre entretien, le reste est mon affaire.* M. de Fortia trouvoit que c'étoit aussi un peu la sienne, & il redoutoit pour lui-même le ressentiment que M. d'Argenson ne pouvoit manquer d'avoir de cette scène, c'est à quoi M. de *Catinat* eut tort encore de ne pas faire attention. Enfin la porte du cabinet s'ouvrit, & M. de *Catinat*, adressant la parole à son valet-de-chambre, sans regarder M. d'Argenson, qui se présentoit à lui, dit tout haut, en présence de M. de Fortia: *Le lieutenant de police est-il là? eh bien! qu'on lui paye son amende & qu'il s'en aille*; & il rentra dans son cabinet.

Cet homme qui savoit trouver tant de fierté quand il croyoit voir le dessein de l'humilier, n'en fut pas moins distingué pendant tout le cours de sa vie par une modestie qui forme le contraste le plus parfait avec le faste, dont presque tous les grands hommes de ce règne, à l'exemple du maître, aimoient à relever l'éclat de leurs hauts faits.

Sa bonté, sa bienfaisance égaloient sa modestie, & c'est ici qu'il faut apprendre à l'aimer autant qu'on l'admire. Un de ses panégyristes en a fait un éloge qui n'est pas de lui & qui est le plus beau de tous. Il a voulu, soixante ans après la mort de *Catinat*, interroger sur sa mémoire ceux des paysans de Saint-Gratien, ou qui avoient pu le voir, ou qui le connoissoient dès le berceau par les bénédictions de leurs pères; ils n'en parloient encore qu'avec des larmes d'attendrissement & des transports de reconnoissance; ce n'étoit pas un *seigneur*, disoient-ils dans leur langage, c'étoit notre camarade, notre ami, notre père. Ils l'avoient vu mille fois venir dans leurs chaumières s'informer de leurs affaires & pourvoir à leurs besoins; ils montroient la place où il s'étoit assis; ils racontoient toutes les obligations qu'ils lui avoient, & ils pleuroient.

Madame de Coulanges parle avec respect de sa simplicité dans ses promenades champêtres & des réflexions qui l'y accompagnoient. « Nous ne passons pas un jour sans le voir, je le trouve seul » au bout d'une de nos allées; il y est sans épée, » il ne croit pas en avoir jamais porté. Sa simplicité m'attire à lui parler, mais le bonheur dont » il paroît jouir dans ses réflexions, m'arrête ».

Catinat étoit studieux & savant dans plus d'un genre, même étranger à la guerre; il s'occupoit avec Vauban du bien public, il faisoit des vers avec Palaprat, mais vraisemblablement il ne les montroit pas; le jour de la bataille de la Marsaille, il lui dit, en lui serrant la main: *Rien n'est plus vrai que ce que je vais vous dire, il y a plus de huit jours que je n'ai songé à faire un vers*; propos que plusieurs auteurs rapportent comme sérieux, mais qui, vu le moment, a bien l'air d'une plaisanterie.

Arrêtons-nous à considérer avec quelque attention quel est le caractère qui résulte de tous les traits que nous venons de rassembler & de ceux que nous pourrons encore y ajouter. Comme *Catinat* est un des hommes les plus singuliers du plus beau siècle de la France, cet examen ne peut être déplacé. *Catinat* étoit modeste; la modestie n'est, si l'on veut, que l'orgueil qui sent le danger, & qui craint de se compromettre, la simplicité qu'un art plus adroit d'attirer les égards auxquels on paroît renoncer. Celle de *Catinat* étoit réfléchie & systématique, elle étoit très-fière, elle réunissoit la bonté qui protège la foiblesse, & la fermeté qui résiste au pouvoir. Ses soldats étoient ses camarades, & ses paysans ses frères; mais les courtisans & les ministres étoient ses ennemis; il pardonna tout à Louvois, Louvois étoit son bienfaiteur; on voit cependant combien les hauteurs de ce ministre lui furent insupportables, & quels sacrifices il fit à la reconnoissance: *J'en ai perdu le sommeil & le manger; j'aimerois mieux mourir que d'être comme j'ai été sept ou huit jours.* Il fut moins indulgent à l'égard de Barbézieux, & il ne passa rien à Chamillart; si madame de Maintenon, son ennemie, lui écrit pour lui faire compliment sur la dignité de maréchal de France, il ne lui parle dans sa réponse que des bontés du roi qu'il va tâcher de mériter. Il voit à Turin le duc de Savoie préparer les secours qu'il doit envoyer à l'armée combinée de France & d'Espagne, il rend témoignage *aux bonnes dispositions* où il l'a trouvé, il voit ensuite que ce prince trahit la France, il le lui dit & le mande à Versailles avec la même sincérité; cette sincérité déplaît, on le rappelle au lieu de le récompenser, il dédaigne une cour qui s'aveugle & s'égare volontairement; il se tait, & après s'être encore une fois dévoué, non pour elle, mais pour l'état, il va dans la retraite se consoler de l'injustice par le plaisir de faire quelque bien à des malheureux.

Dans ce même moment le sécretaire d'un de ses ennemis qui venoit de mourir, demande d'entrer à son service & promet de lui révéler les manœuvres secrettes de cet ennemi : *Si c'étoit un honnête-homme*, dit Catinat, *il ne me révèleroit pas les secrets de son maître*, & il refusa de les savoir. Il avoit reçu le bâton de maréchal de France avec des transports de joie & de reconnoissance, parce que c'étoit le prix de ses services & un moyen d'en rendre de nouveaux; il refuse le cordon bleu parce que ce n'est qu'une décoration de courtisan; l'un flattoit son orgueil, & remplissoit le desir qu'il avoit d'être utile, l'autre n'eût pu amuser que sa vanité, & il n'en avoit pas : il n'estimoit que la grandeur personnelle qui s'acquiert par les talens & les vertus; il fouloit aux pieds celle qui n'est due qu'aux titres, il comptoit pour rien les siens, & obligé de donner un prétexte à son refus, il allégua le défaut de titres; les plaintes de ses parens ne lui parurent que le cri de la vanité mécontente, il n'en fut pas touché : *Si je vous fais tort*, leur dit-il, *rayez-moi de votre généalogie*, c'est-à-dire, si ma gloire personnelle ne vous suffit pas, s'il vous faut des cordons, des titres, des honneurs de convention, nous ne sommes pas de même sang. Je ne doute point d'ailleurs que le desir de braver une cour injuste & ingrate n'entrât pour beaucoup dans son refus. C'est encore dans le même esprit, c'est toujours avec une fierté ferme & modeste qu'il envoye aux arrêts un courtisan mauvais officier, qui parloit de la cour, quand on lui parloit du service. S'il maltraite M. d'Argenson, ce n'est point à M. d'Argenson qu'il en veut, c'est à la cour par laquelle il le croit excité ou inspiré, c'est la cour qu'il veut braver en humiliant son ministre & son agent; mais tout ce ressentiment ne pouvoit tenir contre un regard du maître : *l'estime des rois*, disoit Catinat, *est au-dessus de leurs faveurs.* Louis XIV, dans le cours de ses disgraces, se souvient de *Catinat*, il croit qu'il peut donner d'utiles instructions à Chamillart, il lui dit : *Je desirerois bien que vous fussiez avec M. Chamillart, comme avant tout ce qui s'est passé. — Sire, je vais chez lui à l'instant*, voilà la réponse de *Catinat.*

Si nous le considérons comme général, il conduit les armées, comme il règle sa conduite, par des principes réfléchis & médités; émule, ou, si l'on veut, disciple de Turenne, mais le premier après lui dans la même école, je le vois toujours préparer, disposer, combiner, calculer tous les temps, les lieux, les circonstances, maîtriser, sinon les événemens, du moins les opérations, & comme dit Bossuet : *Ne rien laisser à la fortune de ce qu'il pouvoit lui ôter par conseil ou par prévoyance;* je le vois toujours faire, non une guerre fastueuse, mais une guerre modeste, solide & savante comme lui, une guerre de succès plutôt que de bruit & d'éclat; aussi désiroit-il d'être jugé d'après ses mesures, non d'après les événemens, il ne croyoit pas que ce qui doit être restât sans mérite devant ce qui est, & dans un échec où le hasard auroit trahi sa prudence, il auroit eu le courage d'opposer sa bonne conscience & sa propre estime à l'erreur du public qui croit toujours que le vaincu a tort. C'est le sens de ce mot sur le général (& ce général, c'étoit lui,) qui avoit joué aux quilles après une bataille gagnée : *Je ne l'en estimerois pas moins si c'étoit après l'avoir perdue.* C'est aussi le sens de cet autre mot : *J'ai apprécié la louange & le blâme, & je me suis constitué mon propre juge.*

Ainsi, tout étoit raison & pensée chez M. de *Catinat;* sa simplicité même étoit réfléchie, c'étoit celle d'un philosophe qui l'avoit adoptée par choix & qui en avoit évalué les avantages. Ce n'étoit pas cette simplicité abandonnée, cette simplicité toute de tempéramment & d'instinct, qui distinguoit dans le même temps un autre grand capitaine, M. de Vendôme.

La France perdit la même année ces deux grands hommes si différens l'un de l'autre. M. de Vendôme le 11 juin, M. de *Catinat* le 22 février 1712. Le dernier mot de celui-ci, fut : *Mon Dieu, j'ai confiance en vous.* Son testament est plein de legs pieux. Madame de Maintenon, son ennemie, ou, du moins toujours prévenue de l'idée de sa prétendue irréligion, dit de lui : « Il mourut tran» quille, ne craignant rien, n'espérant rien, ne » désirant rien, & peut-être ne croyant rien; » quoiqu'il fût soupçonné d'irréligion, il ne fut » accusé d'aucun vice ».

Messieurs de *Catinat* & messieurs Pucelle, neveux & héritiers du maréchal, lui ont érigé un mausolée dans l'église de Saint-Gratien. Le P. Sanadon a composé son épitaphe, qu'on lit sur ce monument, & où, plus juste que madame de Maintenon, il dit que la vie de *Catinat* fut celle d'un sage & d'un héros chrétien. *Vixit, ut solent sapientissimi & christiani heroes debent.*

CATINAT est encore le nom qu'avoit pris un des chefs des Camisards dans la guerre des Cévennes au commencement de ce siècle; après avoir éprouvé dans le cours de cette guerre des fortunes diverses, il étoit caché avec Ravanel & quelques autres chefs du même parti dans la ville de Nismes où se trouvoient alors le maréchal de Berwick, général des troupes Catholiques, & M. de Bâville, intendant du Languedoc ; il forma le complot de mettre le feu à la ville, de tuer l'intendant, de faire le général prisonnier & de le remettre comme ôtage entre les mains des Anglois, & de faire soulever tous les Huguenots du pays ; le complot fut découvert, *Catinat* & Ravanel furent pris. Quand ils parurent devant le maréchal de Berwick, *Catinat* lui dit : *Prenez garde à ce que vous allez faire, c'est la reine d'Angleterre qui nous envoye, & le maréchal de Tallard sera traité à Londres, comme nous le serons à Nismes.* Ils furent brûlés comme incendiaires publics ; la fermeté de *Catinat* se démentit à la vue du bûcher ; & c'est le seul de ces Camisards qui ait montré de la foiblesse à la mort. Cette foiblesse indigna Ravanel ; on tient d'un homme présent à l'exécution, que Ravanel & *Catinat* étant liés fort près l'un de l'autre, chacun à un poteau, Ravanel reprochoit à *Catinat* la lâcheté qu'il montroit, & que dans la fureur qui l'animoit, on le vit plusieurs fois avancer la tête pour mordre cet indigne frère qui déshonoroit le parti & flétrissoit la gloire du martyre.

CATON, (*Hist. Rom.*) Deux grands hommes ont sur-tout illustré ce nom ; l'un est *Caton*, dit le le Censeur, l'autre, *Caton* d'Utique : c'est du premier que Virgile a dit :

Secretosque pios ; his dantem jura Catonem.

C'est encore du premier qu'il parle dans ce vers :

Quis te magne Cato, *tacitum, aut te, Cosse, relinquat ?*

Mais c'est de *Caton* d'Utique que Ciceron dit à César, dans *Rome sauvée* :

Méritez que *Caton* vous aime & vous admire.

Mot qui met à un prix bien haut le suffrage du second *Caton*. Le nom de *Caton* étoit devenu celui de la vertu.

Tertius è cælo cecidit Cato.

dit Juvénal.

Du vivant de *Caton* d'Utique, & peut-être en sa présence, un avocat disoit en plaidant, qu'un seul témoin, *quand ce seroit Caton*, ne suffisoit pas pour convaincre un accusé, & dans le sénat, un homme vicieux & débauché ayant fait l'éloge de la tempérance & de la simplicité, parce qu'il est commun & facile de bien dire & d'agir mal ; est-ce à vous, lui dit-on de parler ainsi ? vous, riche comme Crœsus, fastueux comme Lucullus, vous osez parler comme *Caton*.

Velleïus-Paterculus trouve Caton, & c'est de *Caton* d'Utique qu'il parle, exempt de tous les défauts de l'humanité, & plus semblable en tout aux dieux qu'aux hommes : *homo virtuti simillimus, & per omnia ingenio Diis quàm hominibus propior ; qui nunquam rectè fecit ut facere videretur, sed quia aliter facere non poterat, cuique id solum visum est rationem habere quod haberet justitiam, omnibus humanis vitiis immunis, semper fortunam in suâ potestate habuit.*

Ce nom de *Caton* est passé en proverbe parmi nous comme chez les Romains, pour exprimer une vertu inflexible & courageuse. Ce courage, cette inflexibilité avoient chez l'un & l'autre les inconvéniens & les défauts attachés à ce caractère, ou seulement reprochés à ce même caractère par ceux qui trouvent plus aisé de le décrier que de l'imiter. C'est du second *Caton* qu'Antoine dit dans la *Mort de César*.

Caton même, *Caton*, ce malheureux stoïque,
Ce héros forcené, la victime d'Utique,
Qui fuyant un pardon qui l'eût humilié,
Préféra la mort même à ta tendre amitié ;
Caton fut moins altier, moins dur & moins à craindre,
Que l'ingrat qu'à t'aimer ta bonté veut contraindre.

C'est lui que Catilina, dans *Rome sauvée*, appelle

Inflexible *Caton*, vertueux insensé,
Ennemi de ton siècle, esprit dur & farouche.

C'est à lui que César, l'entendant déclamer contre les amis de Catilina, tient ce langage, où l'on reconnoît si bien l'aimable & politique indulgence de César.

Caton, que faites-vous, & quel affreux langage !
Toujours votre vertu s'explique avec outrage,
Vous révoltez les cœurs au lieu de les gagner.

C'est lui qui répond à César :

Sur les cœurs corrompus vous cherchez à régner.

C'est du premier *Caton* qu'Horace a dit :

Non ita Romuli
Præscriptum & intonsi Catonis
Auspiciis veterumque normâ.

C'est du second qu'il a dit :

Cuncta terrarum subacta
Præter atrocem animum Catonis.

C'est le second qu'il représente insultant au luxe & aux modes, par la simplicité, peut-être un peu trop recherchée, de ses habits, & sottement imité dans ce défaut par ceux qui ne pouvoient atteindre à la pureté de ses mœurs & à la perfection de sa vertu.

Quid ? si quis vultu torvo ferus ac pede nudo

Exiguæque togæ simulet textore Catonem
Virtutemne repræsentet moresque Catonis ?

Mais duquel des deux *Catons* Horace parle-t-il, lorsqu'il dit :

Narratur & prisci Catonis
Sæpè mero caluisse virtus.

Ce que Rousseau a rendu par ces vers :

La vertu du vieux *Caton*,
Chez les Romains tant prônée,
Etoit souvent, nous dit-on,
De Falerne enluminée.

Le vieux Caton, *priscus Cato*, *Cato major*, désigne *Caton* le censeur; mais on a vanté par tout la tempérance & la sobriété de ce premier *Caton*; à l'armée il ne buvoit que de l'eau avec un peu de vinaigre pour en corriger la crudité, chez-lui il buvoit du même vin que ses esclaves ; *Caton* d'Utique au contraire passoit quelquefois les nuits à boire, & a été accusé d'un peu d'intempérance à cet égard. M. Dacier croit que c'est par cette raison-là même que l'exemple de *Caton* d'Utique ne valoit rien à citer; celui de son bisayeul étoit d'un tout autre poids par sa sobriété même, qui ne l'empêchoit pas de goûter quelquefois, par extraordinaire, avec ses amis, les plaisirs de la table, plaisirs qu'il a même célébrés.

Quant à *Caton* d'Utique, César, son ennemi, lui reprochoit d'avoir été trouvé ivre dans les rues par des gens qui, reconnoissant *Caton*, n'avoient pu s'empêcher de rougir de pudeur, comme s'ils avoient eux-mêmes été trouvés en faute par *Caton*, grand éloge, dit Pline, que fait de cet homme respectable l'ennemi qui veut l'avilir, *ita reprehendit ut laudet.* Senèque va jusqu'à dire qu'il vaudroit mieux excuser l'ivrognerie que de condamner *Caton. Faciliùs efficiet . . . . hoc crimen honestum quàm turpem Catonem.*

Les deux *Catons* avoient d'ailleurs, non-seulement le même caractère, mais les mêmes talens; tous deux étoient éloquens, vaillans, habiles & exercés dans le commandement des armées, intrépides & dans les combats & dans les assemblées du sénat, zélateurs du bien public, éclairés sur les moyens de l'assurer, ennemis du luxe, défenseurs ardens des loix & des mœurs ; la censure du premier, la questure du second furent également célèbres par des réformes hardies & utiles. Tous deux aimoient la pauvreté & la simplicité antiques. On peut voir dans Tite-Live, livre 34, la fameuse harangue de *Caton* l'ancien, pour la conservation de la loi Opienne, qui mettoit des bornes au luxe des femmes.

C'est avec quelque peine qu'on voit un homme aussi vertueux que *Caton* le Censeur, méconnoître la vertu dans Scipion l'Africain, & s'unir à Fabius pour le persécuter avec un acharnement odieux; *allatrare ejus magnitudinem solitus erat*, dit Tite-Live. Comment Fabius & *Caton* étoient-ils ennemis de Scipion ? L'envie entre-t-elle dans de pareilles ames ? C'est une tache à la censure, d'ailleurs si mémorable & si glorieuse de *Caton*, d'avoir dégradé du rang de chevalier, Scipion l'Asiatique, frère de Scipion l'Africain. C'étoit *Caton* qui se dégradoit lui-même du rang de juge intègre & inaccessible aux passions.

C'est avec quelque peine encore qu'on voit un sage, tel que *Caton* le Censeur, ne pas croire ou ne pas vouloir qu'une puissance qui avoit osé être la rivale de Rome, pût, après un tel crime, conserver le droit d'exister ; c'est avec peine qu'on le voit donner à tous ses avis sur toute matière, soit publique, soit particulière, cette formule finale : *& de plus, il faut détruire Carthage.* L'amour de la patrie étoit trop souvent chez ces vertueux Romains la haine des autres nations ; ce sentiment n'étoit ni juste ni humain. Il n'est pas même certain qu'il fût bon en politique, ou plutôt il est certain qu'il étoit mauvais en politique, comme violent, comme injuste, comme excitant la haine & privant Rome d'une rivale redoutable, mais utile.

Nous avons vu aussi que *Caton* d'Utique n'étoit pas entiérement exempt des foiblesses de l'humanité, comme le dit Velleïus Paterculus.

Ce qu'il y a de remarquable, & ce qui prouve combien la vertu étoit dominante dans l'ame des *Catons*, c'est que ces deux hommes si inflexibles, si intraitables quand il s'agissoit des intérêts de la république & du maintien des mœurs, étoient, sur tout ce qui n'intéressoit qu'eux-mêmes, d'une douceur & d'une modération qu'on citoit pour modèles, ils ne connoissoient point la colère, mais aussi jamais ils ne s'écartoient de la justice, & l'ordre public étoit pour eux une chose sacrée. Dès l'enfance, les sollicitations, les brigues, tout ce qui paroissoit tendre de près ou de loin à corrompre ou affoiblir l'équité des jugemens, étoit odieux à *Caton* d'Utique, qui dès-lors annonçoit l'inflexibilité qui devoit le caractériser. Le jeune *Caton* étoit élevé dans la maison de Drusus, son oncle maternel; Pompedius Silo ayant une grace à demander à Drusus, demanda en badinant, à *Caton* sa recommandation auprès de son oncle; l'enfant, par un silence opiniâtre & un air de mécontentement marqué, exprimoit son aversion pour les recommandations, Pompédius insiste & n'obtient rien ; enfin, il prend l'enfant entre ses bras, le suspend à une fenêtre, & lui déclare qu'il va le laisser tomber s'il ne promet d'intercéder pour lui. L'enfant persiste dans son refus & dans son silence, & Pompédius, en le remettant dans la chambre, s'écrie, *quel bonheur que ce ne soit-là qu'un enfant ! mais quel homme ce sera un jour!*

Lorsque le premier *Caton* briguoit la censure, c'étoit en gourmandant & en menaçant les Ro-

» mains. « Vous craignez, leur disoit-il, un censeur libre, ferme & courageux, parce que vous en avez besoin. » Il ne parloit que de déraciner le luxe & la molesse, que de rétablir l'ancienne discipline dans toute son austérité; il étoit de race plébéienne, il étoit ce qu'on appelloit alors à Rome un *homme nouveau*, il avoit pour compétiteurs cinq Patriciens, & à la gloire des Romains, il fut unanimement élu.

On a remarqué, avec raison, que les deux *Catons* n'étoient pas de leurs siècles, car c'étoit déjà des siècles de corruption; cette circonstance a eu pour eux des avantages & des désavantages; ils eurent plus d'ennemis qu'ils n'en auroient eu du temps des Fabricius, des Curius & des Cincinnatus, mais d'un autre côté ils furent plus remarqués.

On a pu dire des deux *Catons*, ce que Tite-Live n'a dit que du premier, qu'ils avoient un esprit & un corps de fer, *ferrei propè corporis animique*. *Caton* le Censeur résista aux atteintes de la vieillesse même : *Quem ne senectus quidem, quæ solvit omnia, fregerit*. A soixante & dix ans il avoit appris le grec; à quatre-vingt-six ans il fut appellé en jugement & plaida lui-même sa cause. Il fut accusé quarante-trois fois, & quarante-trois fois absous. A quatre-vingt-dix ans il accusa lui-même Servius Galba devant le peuple.

Caton d'Utique prévint la vieillesse; on sait comment, vaincu par César, & incapable de survivre à la liberté, il s'immola tranquillement après avoir lu le traité de Platon sur l'immortalité de l'ame. Manilius l'appelle :

Invictum devictâ morte Catonem.

Cicéron juge que *Caton*, pour être fidèle à son caractère, devoit se tuer dans les circonstances où il se tua.

Catoni.... cùm incredibilem tribuisset natura gravitatem, eamque ipse perpetuâ constantiâ roboravisset, semperque in proposito susceptoque consilio permansisset, moriendum potiùs, quàm tyranni vultus aspiciendus fuit.

Brutus, dans la tragédie de la *Mort de César*, ne reproche à la mort de *Caton* qu'une chose :

Si *Caton* m'avoit cru, plus juste en sa furie,
Sur César expirant il eût perdu la vie;
Mais il tourna sur soi ses innocentes mains;
Sa mort fut inutile au bonheur des humains,
Faisant tout pour la gloire, il ne fit rien pour Rome,
Et c'est la seule faute où tomba ce grand homme.

Caton le Censeur avoit laissé des ouvrages, entre autres celui des *Origines* que nous n'avons plus, & celui de l'*Économie rurale*; il vivoit dans le sixième & le septième siècles de Rome, *Caton* d'Utique à la fin du septième & au commencement du huitième.

Le fils de ce dernier trouva grace auprès de César, & fut tué à la bataille de Philippes.

Caton le Censeur eut la douleur de voir périr son fils, gendre de Paul Emile, & beau-frère du second Scipion l'Africain.

On trouve encore dans l'histoire romaine quelques autres *Catons* moins célèbres.

CATROU (FRANÇOIS) (*Hist. litt. mod.*), jésuite, auteur d'une *histoire générale de l'empire du Mogol*; d'une *histoire du fanatisme des religions protestantes*; d'une traduction de Virgile avec des notes critiques & historiques; d'une immense histoire romaine qu'il avoit composée en société avec le pere Rouillé, son confrère, & qui est accompagnée de notes savantes. De ces ouvrages, les uns sont restés obscurs, les autres ont une célébrité mêlée d'estime & de mépris; telle est la traduction de Virgile; telle est sur-tout l'histoire romaine, ouvrage respectable par son poids & par les utiles recherches qu'il contient, mais ridicule par le mélange de pompe emphatique & de familiarité basse dans le style. L'ouvrage étant resté imparfait, le père Routh avoit entrepris de le continuer; la dissolution de la société, puis la mort du père Routh l'ont de nouveau suspendu. Le père *Catrou* avoit travaillé environ douze ans au journal de Trévoux dans sa naissance. Il étoit né à Paris en 1659, s'étoit fait jésuite en 1677. Il mourut en 1737.

CATTHO) (ANGELO) (*Hist. mod.*), né à Tarente, d'abord attaché au duc de Bourgogne Charles-le-Téméraire, le quitta pour Louis XI, son rival, lorsque la bataille de Morat eut paru annoncer la décadence de Charles : Louis XI le fit son aumônier, puis archevêque de Vienne; il étoit de plus médecin & astrologue du roi. Il avoit prédit que Frédéric, second fils d'Alphonse, roi d'Arragon, monteroit sur le trône; il avoit prédit à Guillaume Briçonnet, alors marié, qu'il joueroit un grand rôle dans l'eglise, & qu'il toucheroit de bien près à la tiare; Briçonnet fut cardinal. Enfin disant la messe en présence de Louis XI, le 5 Janvier 1477, jour de la bataille de Nanci, & donnant au roi la patène à baiser, il lui dit ces mots prophétiques : *consummatum est*, qu'il expliqua en annonçant que le duc de Bourgogne venoit d'être défait & tué devant Nanci. Philippe de Comines, ami d'Angelo *Cattho*, & qui comme lui avoit quitté prudemment le duc de Bourgogne pour le roi de France, Comines qui écrivoit ses mémoires à la prière d'Angelo *Cattho*, avoit entendu faire la plupart de ces prédictions avant l'évènement : il les avoit vu s'accomplir. Dans ces temps d'astrologie & de prédiction, c'étoit bien la moindre chose qu'un ami historien pût faire pour un ami astrologue, que d'attester ses prédictions. Angelo *Cattho* avoit pour devise : *Ingenium superat vires*, & il en étoit la preuve.

Louis XI, mécontent d'un de ses astrologues (car il en avoit sept) lui dit un jour avec colère : *Me direz-vous bien quand vous mourrez? Trois jours avant votre majesté*, répondit l'astrologue. Si cet astrologue que l'histoire ne nomme pas, étoit Angelo *Cattho*, on ne peut nier que celui-ci ne fût un homme d'une grande présence d'esprit.

CATULLE (*Caius-Valerius Catullus*) (*Hist. litt. anc.*), poëte latin très-connu, né à Vérone l'an 86 avant J. C. Il est au premier rang parmi les poëtes érotiques, & il est imprimé avec Properce & Tibulle dans une multitude d'éditions: on a dit de lui : *Qui écrit comme Catulle, vit rarement comme Caton*; mais il ne l'entendoit pas ainsi, car il prétendoit que la personne du poëte devoit être chaste & pure, mais que ce devoir-là ne s'étendoit pas jusqu'à ses vers.

Nam castum esse decet pium poëtam
Ipsum, versiculos nihil necesse est,
Qui tùm deniquè habent sâlem & leporem,
Si sint molliculi & parum pudici;
Et quod pruriat incitare possint.

Il a immortalisé & diffamé, sous le nom de Lesbie, la maîtresse qu'il a le plus aimée, & dont le vrai nom étoit Clodia; on croit qu'elle étoit sœur de Clodius, ce grand ennemi de Cicéron.

Catulle avoit fait des épigrammes contre César qui s'en vengea en grand homme en lui offrant son amitié, en lui demandant la sienne. On a des œuvres de *Catulle* différentes traductions qui ne doivent pas empêcher d'en entreprendre une nouvelle. Ce poëte mourut l'an 57 avant J. C. l'année où Cicéron qui étoit de ses amis, revint de son exil, ou plutôt on ne s'accorde pas sur le temps de sa mort.

CATURS (*Hist. mod.*), nom que les habitans du royaume de Bantam en Asie donnent à leurs vaisseaux de guerre, dont la proue est recourbée & pointue, & dont les voiles sont faites d'herbes & de feuillages entrelacés (*A R*).

CATZ (Jacques) (*Hist. litt. mod.*), pensionnaire & garde des sceaux de Hollande & de West-frise, ambassadeur en Angleterre du temps de Cromwel, négociateur habile, est d'ailleurs auteur de poésies estimées dans son pays. Né en Zélande en 1577, mort dans ses terres en 1660, ses œuvres plusieurs fois imprimées en toute sorte de formats, l'ont été pour la derniere fois en 1726, en 2 vol. *in-folio*.

CAVADES, *Voyez* Cabade.

CAVAGNES & Briquemaut. (*Hist. de Fr.*), nous joignons ensemble ces deux hommes comme ils furent unis pendant leur vie & à leur mort. Pendant les guerres civiles & religieuses du règne affreux de Charles IX, le vieux *Briquemaut* étoit maréchal-général de camp dans le parti protestant; Arnauld *de Cavagnes* ou *de Cabagnes*, étoit *chancelier de la cause*; c'est ainsi qu'on le nommoit dans le parti; tous deux étoient vertueux. Brantôme rapporte que *Bricquemaut*, homme droit, uniquement zèlé pour sa religion, entendant le prince de Condé parler de régner, lui dit: « Monsieur, c'est la religion qui » nous rassemble, & non l'ambition, prenons le » parti de dieu, autrement je me retire ».

Après le massacre de la saint Barthélemi, on joignit les supplices aux assassinats : *Briquemaut* & *Cavagnes* ayant été pris vers ce temps, furent pendus à la place de Grève; le roi & la reine-mère voulurent les voir mourir des fenêtres de l'hôtel de ville; « & d'autant, dit Brantôme, qu'il » étoit nuit à l'heure de l'exécution, le roi fit al- » lumer des flambeaux pour les voir mieux mourir » & contempler mieux leurs visages & conte- » nances, ce que plusieurs, ajoute Brantôme, ne » trouvèrent beaux.

Une autre chose qu'on ne dut pas trouver belle, c'est que Charles IX & sa mère obligèrent le roi de Navarre qu'ils tenoient alors en leur pouvoir, de souiller ses regards du supplice de ses amis: ce sont-là de ces chagrins qu'on n'oublie pas & de ces insultes qu'on ne pardonne pas.

Le vieux *Briquemaut* parut montrer quelque foiblesse; pour sauver sa vie, il offrit d'indiquer un moyen infaillible de prendre la Rochelle qu'on avoit résolu d'assiéger & qu'on assiégea l'année suivante (1573); c'étoit trahir ses freres. On n'accepta point son offre, soit qu'on ne crût pas à son *moyen infaillible*, ou qu'on eût résolu sa mort; mais comme on avoit sur-tout à cœur de calomnier l'amiral de Coligny, pour se justifier de l'avoir égorgé (exemple qu'on tenoit de Néron, qui, en assassinant sa mère, l'accusoit d'avoir voulu l'assassiner lui-même), on exigea de *Briquemaut* & de *Cavagnes* qu'ils révélassent jusqu'aux moindres particularités de la prétendue conspiration de Coligny dont on soutenoit qu'ils avoient été les complices. *Briquemaut* voyant alors à quels monstres il avoit à faire, & quel lâche mensonge on attendoit de lui, retrouva tout son courage; il étoit encore animé par les exhortations de *Cavagnes*, qui, les yeux levés vers le ciel & récitant des pseaumes, n'interrompoit ses prières que pour lui montrer la palme du martyre, & lui disoit, *Mon ami, le même principe qui nous a inspiré tant d'intrépidité dans tant de combats, ne peut-il nous inspirer un moment de constance?* Ils périrent noblement d'une mort infâme qui ne déshonora que leurs bourreaux.

CAVALCADE, s. f. (*Hist. mod.*) marche pompeuse de cavaliers, d'équipages, *&c.* qu'on fait ou pour se montrer, ou dans une cérémonie, ou pour orner un triomphe, dans une entrée publique, ou dans d'autres occasions semblables (*G*).

CAVALCANTI (*Hist. litt. mod.*), est le nom de deux hommes de lettres assez célèbres; l'un au treizième siècle, l'autre au seizième. Le premier (Guido), poëte & philosophe, élève de Brunetto Latini qui fut aussi le maître du Dante, mourut en 1300, laissant en prose des *règles pour bien écrire*, règles toujours plus aisées à donner qu'à suivre; & en vers des sonnets & des *canzoni*.

Le second (Barthelemi), né à Florence en 1503, employé

employé dans les affaires par le pape Paul III & le roi de France Henri II, mourut à Padoue le 9 décembre 1562, laissant sept livres de rhétorique & un ouvrage de politique intitulé : *Commentaire du meilleur état d'une république.*

CAVALIER (JEAN) (*Hist. de Fr.*), est un de ces hommes dont la gloire est toujours intéressante, parce qu'elle est uniquement leur ouvrage & qu'elle montre ce que l'homme peut devenir par soi-même, sans naissance, sans fortune, sans appui : c'est de *Cavalier* qu'on a pu dire ce que l'empereur Claude disoit de Curtius Rufus : *Mihi videtur Curtius Rufus ex se natus*; c'est lui qui pouvoit dire :

Je ne dois qu'à moi seul toute ma renommée.

Il est vrai qu'il fut secondé par le fanatisme des rebelles des Cévennes, mais ou il sut le faire naître, ou il sut en profiter & le diriger. De fils d'un paysan, de garçon boulanger, il devint général d'armée & chef de parti. Le maréchal de Montrevel ne vit dans *Cavalier* qu'un rebelle insolent qu'il falloit punir, & on ne doit pas beaucoup l'en blâmer : le maréchal de Villars vit dans ce même *Cavalier* un homme de mérite avec lequel il falloit traiter, & on doit l'en louer beaucoup. D'ailleurs la cause de *Cavalier* étoit, sinon la meilleure, du moins la plus intéressante, il défendoit des opprimés. Les protestans des Cévennes étoient des rebelles, mais on les avoit forcés de l'être ; ce sont les persécuteurs qui sont les vrais ennemis publics ; c'est toujours à eux qu'il faut s'en prendre & du mal qu'ils font & de celui qu'ils font faire, en poussant les hommes au désespoir.

Cavalier fit poser les armes à son parti, & on lui permit de lever un régiment dont il seroit colonel. Ce traité est de l'année 1704.

On dit que lorsque *Cavalier* vint à Versailles, après le traité, Louis XIV parut le dédaigner beaucoup & rougir d'avoir été réduit à traiter pour ainsi dire de couronne à couronne avec un tel homme ; c'étoit la juste peine d'avoir persécuté. Louis XIV ne devoit se repentir que d'avoir tourmenté ses sujets parce qu'ils se trompoient, que d'avoir cru les Jésuites, les Le Tellier, les instigateurs de la persécution, les apôtres de l'intolérance. Quoique les troubles des Cévennes soient très-postérieurs à la révocation de l'édit de Nantes, ils en étoient un des effets.

Cavalier se voyant observé en France, & jugeant que, ne pouvant inspirer la confiance, il devoit se défier de tout, prit le parti de passer au service de la Hollande & de l'Angleterre ; il signala sa valeur & sa bonne conduite à la bataille d'Almanza ; il mourut gouverneur de l'isle de Jersey. Les fureurs de parti lui avoient arraché autrefois des violences & des cruautés ; rendu à lui-même, on ne vit en lui qu'un homme d'un caractère doux & d'un commerce aimable. Son nom dans son parti étoit *David.*

CAVALIERI (BONAVENTURE) (*Hist. litt. mod.*), jésuate, & non jésuite, de Milan, professeur de mathématiques à Bologne, disciple de Galilée, ami de Toricelli, passe en Italie pour être l'inventeur du calcul des infiniment petits. On a de lui les deux ouvrages suivans : *Directorium universale uranometricum*, Bologne, 1632, & *Geometria indivisibilium continuorum*, Bologne 1635. Né en 1598. Mort en 1647.

CAVALLI (*Hist. mod.*), musicien, que le cardinal Mazarin fit venir d'Italie en 1660 pour mettre en musique un opera de *Xercès* en cinq actes & en italien, qui fut représenté au Louvre dans la grande galerie : cet opéra eut peu de succès, parce que, disent les auteurs du nouveau dictionnaire historique, peu de gens entendoient l'italien, que presque personne ne savoit la musique, & que tout le monde haïssoit le cardinal. Tout le monde haïssoit-il le cardinal Mazarin en 1660 ? Il y avoit bien de la mode dans la haine qu'on s'étoit piqué d'avoir pendant quelque temps contre ce ministre.

CAUCHON (PIERRE) (*Hist. de Fr.*) évêque de Beauvais, puis de Lizieux, mort en 1443, & dont la mémoire doit être en horreur à tous les bons François. Voyez-en les raisons à l'article de Jeanne d'*Arc* dont il fut bien moins le juge que le bourreau.

CAVE (GUILLAUME) (*Hist. litt. mod.*), c'est de tous les écrivains anglois celui qui a le mieux connu les antiquités ecclésiastiques, & de tous les écrivains protestans celui qui a témoigné le plus de respect pour les pères de l'église ; c'est qu'il les connoissoit bien. Ses principaux ouvrages sont : *L'histoire littéraire des auteurs ecclésiastiques*, en latin, réimprimée en 1743 & 1749 à Oxford, en 2 vol. *in-folio. Le christianisme primitif* en anglois ; il a été traduit en françois. *Les antiquités apostoliques ; l'histoire de la vie, de la mort & du martyre des saints, contemporains des apôtres ; la vie des pères de l'église du quatrième siècle* ; ces trois derniers ouvrages sont aussi en anglois. Le plus estimé, le plus cité de tous, est l'histoire des auteurs ecclésiastiques ; les catholiques mêmes citent *Cave* avec estime, & par la même raison quelques auteurs protestans l'ont attaqué ; il fut cependant fidèle à la religion anglicane.

CAVEAU, *crypta*, s. m. (*Hist. anc. & mod.*) espèce de voûte souterraine, construite principalement sous une église, & destinée à la sépulture de quelques familles ou personnes particulières.

Ce mot se dit en latin *crypta*, qui est formé du grec κρύπτω, *abscondo*, je cache ; d'où est venu le mot κρυπτή, *crypta.*

Saint-Ciampini, dans la description qu'il nous a donnée des dehors du vatican, parle des *caveaux* ou catacombes de S. André, de S. Paul.

Vitruve se sert du mot *crypta* pour exprimer la partie d'un bâtiment qui répond à notre cellier : Juvénal s'en sert pour exprimer un *cloaque.*

De-là est venu *crypto-porticus*, qui signifie un *lieu*

souterrain voûté, qui sert comme d'une espèce de mine ou de passage dans les vieux murs. Le même mot se dit encore d'une décoration mise à l'entrée d'une grotte.

Crypta, est aussi en usage chez quelques-uns de nos anciens écrivains, pour signifier *une chapelle*, *ou un oratoire sous terre* (*P*).

CAVENDISH (*Hist. d'Anglet.*), c'est le nom de deux hommes célèbres en Angleterre.

L'un, nommé Guillaume, duc de Newcastle, est auteur d'une *méthode nouvelle de dresser & travailler les chevaux*, ouvrage composé en anglois au commencement du dix-septième siècle, traduit en françois & imprimé à Anvers, avec figures, *in-fol.* 1658.

L'autre, nommé Thomas, est un navigateur illustre du temps de la reine Elisabeth. Après s'être signalé dans plusieurs combats en Europe, dans plusieurs courses en Amérique, il entreprit en 1586 un voyage autour du monde: il l'exécuta en deux ans & quelques mois. Parti du port de Plimouth en Juillet 1586, il y rentra en septembre 1588 avec des richesses immenses & des lumières plus précieuses que les richesses. Trois ans après il retourna au détroit de Magellan & fut jetté par la tempête sur les côtes du Brésil, où il périt à la fleur de son âge. Laët a décrit ses voyages dans *l'histoire du nouveau monde*.

CAVICEO (JACQUES) (*Hist. litt. mod.*), prêtre italien, auteur du roman de *Pérégrin*, Venise 1526, traduit en françois par François d'Assy, 1528, mort en 1511, à 68 ans.

CAULET (FRANÇOIS-ÉTIENNE DE) (*Hist. mod.*), évêque de Pamiers, connu par sa vertu rigide, son jansénisme inflexible & la résistance opiniâtre qu'il opposa de concert avec M. Pavillon, évêque d'Aleth, à l'édit de 1673 concernant la règle. (Voyez l'article *Bossuet*). Son temporel fut saisi & l'évêque de Pamiers réduit à vivre des aumônes des fidèles. Elles ne lui manquèrent pas: un de ses amis nommé Le Pelletier des Touches, lui ayant envoyé une somme considérable, le P. de la Chaise, quoique doux & modéré en comparaison du P. Le Tellier, jugea que c'étoit un crime d'état que d'assister dans ses besoins un évêque qui résistoit à la cour; il voulut faire donner une lettre de cachet au prêteur. Louis XIV avoit dans son cœur le sentiment de la justice & de l'honneur, & s'il avoit eu les lumières qui manquoient encore à son siècle, il auroit été un aussi bon roi qu'il fut un grand roi. La proposition du P. de la Chaise le révolta: « Il ne » sera pas dit, répondit-il, que sous mon règne » une action de courage & de vertu ait reçu le » salaire du crime. *Caulet* né à Toulouse en 1610, nommé évêque de Pamiers en 1645, mourut le 7 Août 1680. On a de lui un ouvrage sur la régale, *in quarto*, publié en 1681, où cette matière n'est pas traitée selon les principes du gouvernement.

CAULIAC (GUY DE) (*Hist. litt. mod.*), médecin des papes Clément VI & Urbain V, au quatorzième siècle, auteur d'un *corps de chirurgie* estimé, qui a été publié à Lyon en 1669. On lui doit la description de cette peste fameuse qui en 1348, & dans les années suivantes, parcourut toute la terre & emporta le quart de la race humaine.

CAUMARTIN (*Hist. de Fr.*), famille distinguée principalement dans la robe: Louis Le Fèvre de *Caumartin* fut garde des sceaux en 1622 & mourut en 1623. La dignité de garde des sceaux éprouva bien des révolutions sous ce règne, ce fut un poste glissant où personne ne pût se maintenir; le crédit du maréchal de Bassompierre servit utilement *Caumartin*: le roi ne lui étoit pas favorable, il étoit bègue & *Caumartin* aussi: *Il faut*, disoit Louis XIII, *que le chancelier d'un roi bègue sache parler pour lui.* Le nom de *Caumartin* a été illustré par plusieurs autres personnages & dans la robe & dans l'épée, & le vers de Boileau:

Tout n'est pas *Caumartin*, Bignon ni d'Aguesseau,

n'a pas été inutile à la gloire de ce nom.

CAUMONT (*Hist. de Fr.*). Il y a eu en France deux maisons de *Caumont*, savoir: *Caumont* la Force, & *Caumont*-Lauzun. (*Voyez* FORCE (la) & LAUZUN).

CAVOYE (LOUIS D'OGER, marquis de) (*Hist. de Fr.*), grand maréchal des logis de la maison du roi, dit *le brave Cavoye*: il mérita ce surnom par plusieurs actions de valeur. En 1666, servant sous Ruyter dans la guerre que les Hollandois avoient alors sur mer contre les Anglois, il vit un brûlot anglois s'avancer vers le vaisseau amiral de la flotte hollandoise, il proposa & il alla aussi-tôt, avec le chevalier de Lorraine & le chevalier de Coislin, dans une chaloupe, couper les cables des chaloupes du brûlot, ce qui rendit le brûlot inutile & fit avorter le projet des Anglois. Il suivit Louis XIV dans toutes ses campagnes; il avoit eu l'honneur d'être élevé auprès de lui, & ce prince le maria à Louise de Coëtlogon, fille d'honneur de la reine Marie-Thérèse d'Autriche. *Cavoye* se distingua au passage du Rhin, & Boileau en fait mention dans sa fameuse épitre sur ce passage, en changeant un peu son nom pour le besoin de la rime:

La Salle, Beringhen, Nogent, d'Ambre, Cavois,
Fendent les flots tremblans sous un si noble poids.

Il étoit l'ami de Turenne & de Luxembourg, il l'étoit des malheureux qu'il appuya toujours de son crédit auprès du roi. Il n'étoit point étranger aux lettres: on dit que Louis XIV le voyant se promener avec Racine sur la terrasse de Versailles, dit: *Voilà* Cavoye *qui se croit bel-esprit parce qu'il est avec Racine*, & *Racine qui se croit homme de cour parce qu'il est avec* Cavoye. Celui-ci étoit d'une ancienne famille de Picardie. Né en 1640: mort en 1716.

CAURRES (JEAN DES) (*Hist. litt. mod.*), né à Moreul en Picardie, fut principal du collège d'Amiens & chanoine de l'église de saint-Nicolas dans la même ville. Il vivoit en 1575 & en 1584. On a de lui des vers françois sur l'assassinat de l'amiral de Coligny & sur le supplice du comte de Montgomeri, où il approuve l'un & l'autre, & une ode à la louange du massacre de la sain-Barthelemi. Bayle déclare avoir appris de lui qu'il y eut un temps où les femmes portoient un miroir sur le ventre. On trouve ce fait dans une déclamation vraiment curieuse de cet auteur contre les modes de son temps, laquelle fait partie de ses *œuvres morales*, aussi bien que l'éloge de la saint-Barthélemi. « Sur ce propos, mesdames, dit-il, avons à vous » demander s'il vous est possible de complaire » à dieu & d'être sauvées à faire ce qu'il vous » prohibe & deffend ? Non véritablement : & il » faut, veuilliez ou non, que vous destortilloniez, » déschauvesourissiez:, derètez, c'est-à-dire ne portez plus en aîles de chauve-souris, ou en façon » de rets, vos cheveux par lesquels prendre diaboliquement & enfiler les hommes pour rassasier » votre désordonné appétit ; ou bien que vous » soyez perdues & damnées, car indubitablement » ce vous est une chose deffendue au vieil & au » nouveau testament. Et si le roi l'avoit ainsi ordonné, il faudroit bien que vous le fissiez ; mais » pour commandement que dieu vous fasse, » vous n'en ferez autre chose, ains vous mourrez, comme dit est, en votre inobédience » & superbe, par ceste mondanité qui vous abuse » voire, & qui vous rend si laides & abominables » à regarder, que si vous saviez comme cela vous » messied, vous y mettriez plutôt le feu que de » les montrer pour la mauvaise grace qu'ils vous » donnent. Et pleust à la bonté de dieu qu'il fût » permis à toutes personnes d'appeller celles qui » les portent, paillardes & putains, afin de les en » coriger ! O dieu ! hélas ! en quel malheureux » règne sommes nous tombés, de voir une telle » dépravité sur la terre que nous voyons, jusqu'à » porter en l'église les mirouers de macule pendans sur le ventre ! Qu'on lise toutes les histoires » divines, humaines & prophanes, il ne se trouvera point que les impudiques & méretrices les » ayent jamais portés en public jusqu'à ce jourd'hui, que le diable est deschainé par la France, » ce qui est encore plus détestable devant dieu & » devant les hommes que toutes les autres abominations. Et combien qu'il n'y ait que les courtisanes & damoiselles musquées qui en usent, si » est-ce qu'avec le temps n'y aura ni bourgeoise » ni chambrière, comme elles font dès-à-présent, » qui par accoustumance n'en veuille porter ».

On voit que ce n'est pas d'aujourd'hui que les modes sont ridicules, ni que les pédans plus ridicules encore déclament contre. Celui-ci est du règne de Henri III, règne de luxe, de ruine & de crimes.

CAUSSIN (NICOLAS) (*Hist. de Fr.*), jésuite, auteur de la *cour sainte*, & dont on disoit *qu'il avoit mieux fait ses affaires à la cour sainte qu'à la cour de France.* Il fut fait confesseur de Louis XIII. Il étoit honnête homme, simple & dévot : il voulut intéresser la religion du prince qu'il dirigeoit, à rappeller la reine-mère, & quelqu'un oseroit-il dire que ce n'étoit pas son devoir ? le cardinal de Richelieu le fit exiler. Né à Troyes en 1583 : mort à Paris en 1651. *La cour sainte* n'est pas son seul ouvrage, mais les autres sont oubliés, & les raisons qui ont conservé le souvenir de la *Cour sainte* ne sont pas favorables à l'ouvrage.

CAUX DE MONTLEBERT (*Hist. litt. mod.*), auteur de *Marius*, tragédie, & de *Lisimacus*, autre tragédie ; la première fut représentée en 1715 ; la seconde, en 1737. La première a été attribuée & l'est encore au président Hénault. On peut voir dans les poésies morales de Le Fort un poëme moral de *Caux* intitulé : *L'horloge de sable, figure du monde. Caux* étoit parent des Corneilles. Mort à Bayeux en 1733.

CAXTON (GUILLAUME) (*Hist. litt. mod.*), employé dans diverses négociations par le roi Edouard IV, est beaucoup plus connu pour avoir introduit l'imprimerie en Angleterre. Il mit d'abord sous presse des livres de sa composition, entr'autres une chronique qu'il intitula : *Fructus temporum.* Ses plus belles éditions sont de 1477 ; il mourut en 1494.

CAYET. (*Voyez* CAIET).

CAYLUS (CHARLES-DANIEL DE LÉVI DE THUBIÈRES DE) (*Hist. litt. mod.*), disciple de Bossuet, grand-vicaire du cardinal de Noailles. Il fut janséniste & pieux, comme le cardinal, sans être éloquent comme l'évêque : il fut nommé, vers 1705, à l'évêché d'Auxerre. C'est un des derniers saints du jansénisme, au moins parmi les évêques. Il mourut en 1754 à 85 ans. On a recueilli ses œuvres en quatre volumes, & on a écrit sa vie en deux.

Ce nom a été au moins autant illustré par son neveu Anne-Claude-Philippe de Thubières de Grimoard, de Pestels, de Lévi, comte de *Caylus*, si célèbre par son amour pour les arts & ses bienfaits utiles envers les artistes & les savans. Artiste & savant lui-même, il gravoit & il se forma un œuvre :

Chantez Brassac, gravez *Caylus*,

a dit M. de Voltaire, dans *le Temple du goût.* C'est à M. de *Caylus* qu'on doit le magnifique ouvrage qui met sous nos yeux les pierres gravées du cabinet du roi. Il en fit faire les dessins par Bouchardon, & M. Mariette, ami de M. de *Caylus*, en a donné les explications. Reçu, en 1731, honoraire à l'académie de peinture & sculpture, il composa la vie des plus fameux peintres & sculpteurs de cette compagnie. Il recueillit de nouveaux sujets de tableaux dans Homère, dans Virgile, &c. Il fonda un prix pour les élèves qui caractériseroient le mieux une passion : il fit graver les dessins coloriés faits à Rome, d'après des peintures antiques, par Pietro Sante-

Bartoli. Reçu, en 1742, honoraire de l'académie des inscriptions & belles-lettres, il appliqua l'érudition aux arts. Il travailla sur les embaumemens des momies, sur le papyrus, sur les masses énormes que les Egyptiens transportoient d'une extrémité de l'Egypte à l'autre. Il éclaircit divers passages de Pline, relatifs aux arts : il fit revivre les tableaux de Polygnote; reconstruisit, pour ainsi dire, le théâtre de Curion, releva le tombeau de Mausole, retrouva dans les laves des volcans la pierre obsidienne, découvrit la peinture à l'encaustique. Dans plus de quarante dissertations qu'il a lues à l'académie des belles-lettres, les arts & les lettres se prêtent un mutuel secours. Il a fondé dans cette compagnie un prix dont l'objet est d'expliquer par les auteurs & les monumens, les usages des anciens peuples, pour épargner aux artistes les fautes dans lesquelles l'ignorance du costume les a quelquefois fait tomber. Il fit prendre sur le lieu même, le dessin & les couleurs de la mosaïque de Palestrine, pour en faciliter l'explication à M. l'abbé Barthélemy : il fit mouler à Malte, sur le marbre même, les deux inscriptions phéniciennes que le même abbé Barthélemy a mises dans un si beau jour, & qui lui ont été d'un grand secours pour retrouver l'alphabet phénicien. On connoît le recueil d'antiquités égyptiennes, étrusques, grecques, romaines & gauloises de M. de *Caylus*. « L'entrée » de sa maison, dit M. Le Beau, dans son éloge historique, » annonçoit l'ancienne Egypte. On y » étoit reçu par une belle statue égyptienne de cinq » pieds, cinq pouces, de proportion. L'escalier étoit » tapissé de médaillons & de curiosités de la Chine » & de l'Amérique. Dans l'appartement, on se » voyoit environné de dieux, de prêtres, de ma» gistrats égyptiens, étrusques, grecs, romains, » entre lesquels quelques figures gauloises étoient » honteuses de se montrer ». Tout a passé au dépôt des antiques du roi. A travers tant d'occupations importantes, M. de *Caylus* a trouvé du temps pour composer des ouvrages d'un autre genre, qui ne doivent être regardés que comme les délassemens de son esprit : il traduisoit les romans de Tyran-le-Blanc & du Caloandre fidèle; il faisoit des contes orientaux, des contes de fées, &c. Il avoit beaucoup voyagé dans sa jeunesse en Angleterre, en Italie, dans le Levant : précédemment encore il avoit servi avec distinction dans la guerre de la succession d'Espagne, particulièrement au siège de Fribourg, en 1713. Il mourut le 5 septembre 1765.

La fameuse comtesse de *Caylus* sa mère, Marthe-Marguerite de Valois, marquise de Vilette, nièce de madame de Maintenon, élevée sous ses yeux à Saint-Cyr, & arrachée par elle au calvinisme de ses pères, a laissé une grande réputation d'esprit, de graces & d'amabilité, qu'elle a confirmée par le livre des *Souvenirs*, recueil précieux d'anecdotes piquantes & agréablement contées. Morte le 15 avril 1729.

CAZAN, *ou* comme d'autres l'écrivent, **HAZAN**, subst. masc. (*Hist. mod.*) officier des synagogues juives, établi pour entonner les prières que chantent ceux qui s'y assemblent, à-peu-près comme les chantres ou choristes dans l'église romaine. Le *Cazan* est placé sur un siège plus élevé que les autres, & qui sert aussi de chaire au rabbin quand il prêche. Ce nom se trouve dans S. Epiphane, pour signifier un *officier de la synagogue*; mais ce père n'explique point quelle étoit alors sa fonction. Les juifs modernes l'ont établi pour avoir inspection sur tout ce qui se passe dans leurs lieux d'assemblée, & sur-tout pour veiller à la décence dans la lecture de la loi & la récitation des offices : mais malgré les précautions qu'il prend, il y règne toujours beaucoup de précipitation & de cacophonie. (*G.*)

CÉBA. (ANSALDO) (*Hist. litt. mod.*) Le marquis Maffei a inséré dans son recueil des meilleures tragédies italiennes, les deux tragédies de *Céba* intitulées : *les Jumelles de Capoue* & *Alcipe*, & les Italiens font quelque cas de son traité du poëme épique. Il étoit Génois.

CÉBÈS (*Hist. littér. anc.*), philosophe thébain, disciple de Socrate. On l'a cru long-temps l'auteur du tableau de la vie humaine, dialogue sur la naissance, la vie & la mort des hommes. Cet ouvrage est même connu sous le nom de *Tableau de Cébès* : il a été publié en grec, en 1689, par Gronovius, & il avoit été traduit en françois, dès 1653, par Gilles Boileau; mais M. l'abbé Sevin a prouvé que ce traité étoit d'un auteur moins ancien que *Cébès*.

CECCANO (ANNIBAL) (*Hist. d'Italie.*), archevêque de Naples, puis cardinal en 1327. Il fut employé par le pape Clément VI à négocier la paix entre Philippe de Valois & son rival Edouard III. A Rome, il excommunia le fameux tribun, le fameux rebelle Rienzi, qui de son côté lui suscita plus d'une affaire, & souleva contre lui le peuple de Rome, comme les anciens tribuns le soulevoient contre les consuls & les patriciens. Le cardinal *Ceccano* portoit une calotte de fer sous son chapeau, & une cuirasse sous sa soutane. La précaution pouvoit n'être pas inutile dans ces temps orageux; mais il falloit qu'elle fût ignorée : elle fut sçue & servit à donner quelque ridicule au cardinal. Il mourut en 1350 : on l'a cru empoisonné; car dans les temps de trouble on ne croit point à la mort naturelle.

CECCO D'ASCOLI (*Hist. d'Italie.*), victime célèbre de l'inquisition, qui le fit brûler vif à Florence en 1327, à l'âge de soixante & dix ans, pour astrologie & pour magie. Le peuple, qui lui connoissoit des esprits familiers toujours à ses ordres, étoit bien sûr qu'ils le retireroient des flammes, & fut bien étonné de le voir brûler comme un autre. Ce malheureux avoit déjà été condamné à Bologne, & on le regarda comme relaps. Que de crimes imaginaires expiés par des tourmens affreux ! On a beau dire, les maux qu'ont produits le fanatisme & la superstition, ceux qu'ils peuvent produire encore, sont innombrables.

Cecco d'Ascoli avoit été médecin du pape Jean XXII. Son nom de *Cecco* étoit une abbréviation de Francesco : il prenoit le nom *d'Ascoli*, parce qu'il étoit né dans cette ville, qui est de la Marche-d'Ancône. Son véritable nom étoit François de Stabili. Il a laissé un poëme sur la physique, non pas estimé, mais recherché : il y en a diverses éditions, & toutes sont rares.

CÉCIL. (*Hist. d'Anglet.*) Les deux *Cécil*, Guillaume & Robert, étoient deux grands ministres d'une grande reine, Elisabeth d'Angleterre, & Thomas Corneille a eu tort de décrier ce nom dans sa tragédie du *Comte d'Essex*.

Guillaume, baron de Burghley, grand trésorier d'Angleterre, honoré par le roi Edouard VI, négligé comme protestant par la reine Marie, eut toute la faveur d'Elisabeth, à laquelle il s'étoit attachée dès le règne de Marie, temps où personne ne s'attachoit à Elisabeth. Il mourut comblé d'honneurs en 1598.

Robert son fils eut ses emplois, ses dignités & la confiance de la reine, & les mérita aussi. Elisabeth avoit toujours évité de s'expliquer sur le choix de son successeur. Elle avoit imposé silence à ses parlemens, toutes les fois qu'ils avoient voulu traiter cet article; ses ministres & ses courtisans étoient avertis que c'étoit lui déplaire que d'en parler. Dans les derniers temps de sa vie, sa décadence lui rendoit cet objet de délibération encore plus insupportable; & plus il devenoit nécessaire de le régler, plus il étoit impossible de s'en occuper. Des auteurs disent qu'elle avoit laissé au secrétaire d'état Robert *Cécil* un papier cacheté, qui devoit être ouvert après la mort de la reine, & qui contenoit le nom de son successeur, ou qui, selon d'autres, déféroit à la nation le droit d'élire un roi. Quoi qu'il en soit, ce roi fut Jacques premier. On croyoit qu'à son avènement le crédit de *Cécil* alloit être détruit. Jacques avoit toujours regardé Guillaume *Cécil* comme le persécuteur & le bourreau de Marie Stuart sa mère; & Robert *Cécil*, fils de Guillaume, avoit été le plus cruel ennemi du comte d'Essex, que Jacques regardoit comme un martyr de sa cause. C'est même la raison pour laquelle Thomas Corneille a fait de *Cécil* un personnage odieux : mais puisqu'il étoit grand, il ne falloit pas l'avilir. Soit que Robert *Cécil* eût été réellement dépositaire d'un écrit d'Elisabeth qui eût assuré la couronne d'Angleterre à Jacques, soit qu'il se fût rendu nécessaire à ce prince, par la profonde connoissance des affaires que le long ministère de Guillaume *Cécil* & le sien lui avoient acquise, Jacques eut toujours en lui la même confiance qu'avoit eue Elisabeth. Il n'aimoit pas la France. Henri IV, dès l'avènement du roi Jacques, envoya Sully traiter avec *Cécil* sur les intérêts tant communs que respectifs de la France & de l'Angleterre. Ce fut un spectacle pour les politiques qu'une négociation conduite par *Cécil* & Sully. Le traité qui fut conclu alors entre les deux rois, fut une victoire remportée par Sully sur *Cécil*. Sully ne peint pas *Cécil* fort avantageusement dans ses mémoires; mais il faut remarquer que Sully n'a jamais dit de bien d'aucun de ceux qui ont pu entrer en concurrence avec lui sur quelque genre de gloire. *Cécil* étoit, selon Sully, *un homme tout mystère*, & qui, suivant la politique vulgaire, vouloit toujours tromper. C'est aussi le défaut que Dom-Louis de Haro trouva dans la suite au cardinal Mazarin, lorsqu'ils traitèrent ensemble de la paix des Pyrénées. *Cécil* eut l'ordre de la jarretière & la dignité de grand chancelier. Il existe de lui des mémoires utiles; il fit une fondation pour la subsistance des vieux capitaines & fit construire le bâtiment de la Bourse de Londres. Il mourut en 1612, le 14 mai.

CÉCILE (SAINTE). On ne sait rien de sa vie ni de sa mort. Elle est honorée comme martyre depuis le cinquième siècle; elle est toujours représentée jouant de quelque instrument de musique; en conséquence les musiciens l'ont prise pour leur patrone. Sa fête se célèbre le 22 novembre.

CÉCILE (*Hist. de Danemarck.*), avoit été dame d'honneur de la reine Philippine, épouse d'Eric X, roi de Danemarck. Ce prince en devint amoureux, & la combla d'honneurs qui ne servirent qu'à la faire mépriser davantage. Il vouloit forcer les seigneurs de sa cour à ramper devant elle; mais la fierté danoise ne pouvoit s'abaisser jusques-là. Un jour qu'elle se promenoit sur un char richement orné, Olaüs Axill, sénateur, la rencontra & la salua profondément : le luxe de son équipage la lui avoit fait prendre pour une princesse; mais un instant après ayant reconnu son erreur, il revient sur ses pas, arrête le char de *Cécile*, & la maltraite de la manière la plus ignominieuse : « va dire à ton » roi, lui dit-il, que le trône d'un prince efféminé » n'est pas plus difficile à renverser que le char d'une » courtisane, & qu'un jour sa passion pour toi lui » coûtera trois couronnes ». La prédiction fut accomplie, Eric fut détrôné. (*M.* DE SACY.)

CÉCILIEN (*Hist. ecclés.*), diacre de Carthage, fut élu évêque de cette ville en 311. Il eut pour compétiteur Majorin que les évêques de Numidie, ayant à leur tête le fameux Donat, lui opposèrent, soutenant que l'élection ou l'ordination de *Cécilien* étoit nulle, comme ayant été faite par ceux qu'on nommoit *les traditeurs*, c'est-à-dire qui avoient eu la foiblesse d'abandonner les livres saints aux persécuteurs de la foi. De-là l'hérésie donatiste qui, condamnée en plusieurs conciles, n'en dura pas moins plusieurs siècles, mais qui n'est pas de notre sujet. *Cécilien* fut maintenu dans son siège: il mourut vers l'an 347.

CECINA (*Hist. Rom.*), lieutenant de Germanicus, voyant une terreur panique répandue dans son camp, & ne pouvant retenir ses soldats qui fuyoient, se coucha par terre au travers de la porte du camp, en criant : *Passez donc, si vous l'osez, sur le corps de votre général, vous n'aurez point d'autre voie ouverte à la fuite.* Cette action les arrêta, le sang froid revint, l'ordre se rétablit.

Il y a encore d'autres CÉCINA ou CÉCINNA distingués dans l'histoire romaine.

Nous avons l'oraison de Cicéron pour Aulus *Cécinna*; on croit que c'est le même dont parle

Sénèque dans les questions naturelles, & auquel il attribue un traité de la formation du tonnerre.

César avoit un sécretaire nommé CÉCINNA.

CÉCINNA & Valens étoient les deux lieutenans de Vitellius contre Othon, & *Cécinna* vainquit Othon l'an 69 de l'ère chrétienne; il fut aussi envoyé contre Antonius Primus, lieutenant de Vespasien.

Suétone parle d'un autre CÉCINNA, homme consulaire, que Titus, tout-Titus qu'il étoit, fit assassiner pendant la nuit, comme Ferdinand II fit assassiner Valstein, parce qu'on trouva des preuves par écrit & signées de la main de ce *Cécinna*, qui annonçoient un projet, des mesures prises, & une harangue préparée pour faire révolter les soldats.

CÉCROPS (*Hist. anc.*), originaire d'Egypte, fut le fondateur du royaume d'Athènes; il s'établit dans l'Attique, vers l'an 1556 avant J. C.; il la partagea en douze bourgs, douze cantons séparés les uns des autres, dont Thésée ne forma dans la suite qu'une ville: ce fut *Cécrops* qui institua l'aréopage. On prétend qu'avant lui la pluralité, même la communauté des femmes, étoit établie ou tolérée dans toute la Grèce, & que ce fut lui qui introduisit les loix du mariage. Il régla de même ce qui concernoit la religion, & institua les premiers sacrifices. Les époques de la chronologie de Paros, ou des marbres d'Arondel, commencent à *Cécrops*. On lui donne cinquante ans de règne, & seize successeurs jusqu'à Codrus, dans l'espace de 488 ans.

CÉCROPS II fut le septième de ces rois; il eut pour prédécesseur son frère Erechtée. On lui donne quarante ans de règne.

CEDRENUS (GEORGE), moine grec du onzième siècle, auteur d'une *Chronique depuis Adam jusqu'à Isaac Commène en 1057*.

CEINTURE, s. f. (*Hist. anc. & mod.*) lisière de soie, de laine, de cuir ou d'autres matières, que l'on attache autour des reins. L'usage en est ancien. Chez les Juifs, Dieu ordonna au grand-prêtre d'en porter une. Les Juifs étoient *ceints* lorsqu'ils célébroient la pâque, suivant l'ordre qu'ils en avoient reçû. Dès ce tems la *ceinture* servoit aussi de bourse. L'ampleur des habits grecs & romains en rendit l'usage nécessaire chez ces peuples. Ceux qui disputoient dans les jeux olympiques se *ceignoient*: mais vers la trente-quatrième olimpiade la *ceinture* leur fut interdite, & ils se dépouillèrent pour courir. La défense de porter la *Ceinture* fut quelquefois chez les anciens une tache d'ignominie & la punition de quelque faute, d'où il s'ensuit que cette partie du vêtement marquoit quelque dignité parmi eux. La *ceinture* n'étoit pas moins à l'usage des femmes que des hommes; elles s'en servoient, soit pour relever leurs robes, soit pour en fixer les plis. Il y avoit de la grace à soutenir à la hauteur de la main le lais du côté droit, ce qui laissoit le bas de la jambe à découvert; & une négligence outrée à n'avoir point de *Ceinture* & à laisser tomber sa tunique: de-là les expressions latines *discinctus*, *altè cinctus*, pour désigner un homme indolent ou alerte. Mécène ayant témoigné peu d'inquiétude sur les derniers devoirs de la vie, persuadé que la nature prend soin elle-même de notre sépulture, Sénèque dit de lui, *altè cinctum dixisse putes*, » vous croiriez que celui qui a dit ce mot, » portoit sa *Ceinture* bien haut ». Gardez-vous, dit Sylla, d'un homme dont la *Ceinture* est trop lâche. Il y avoit chez les Celtes une *Ceinture* qui servoit pour ainsi dire de mesure publique de la taille parmi les hommes. Comme l'état veilloit à ce qu'ils fussent alertes, il punissoit ceux qui ne pouvoient la porter. L'usage des *Ceintures* a été fort commun dans nos contrées; mais les hommes ayant cessé de s'habiller en long, & pris le juste-au-corps & le manteau court, l'usage de la *Ceinture* s'est restreint peu-à-peu aux premiers magistrats, aux gens d'église, aux religieux & aux femmes, encore les femmes n'en portent-elles presque plus aujourd'hui, que les paniers & les robes lâches sont devenues communes, malgré les ecclésiastiques, qui se récrièrent beaucoup contre cette mode, qui laissant aux femmes, à ce qu'ils croyoient, la liberté de cacher les suites de leurs fautes, pronostiquoit un accroissement de dissolution. Nous avons jadis attaché, ainsi que les anciens, une marque d'infamie à la privation de la *Ceinture*; les banqueroutiers & autres débiteurs insolvables étoient contraints de la quitter. La raison de cet usage est que nos ancêtres attachant à leur *Ceinture* une bourse, des clés, *&c.* la *Ceinture* étoit un symbole d'état ou de condition, dont la privation de cette partie du vêtement indiquoit qu'on étoit déchû. L'histoire rapporte que la veuve de Philippe I, duc de Bourgogne, renonça au droit qu'elle avoit à sa succession, en quittant sa *Ceinture* sur le tombeau du duc.

La distinction des étoffes & des habits subsista en France jusqu'au commencement du XV siècle. On a un arrêt du parlement, de 1420, qui défend aux femmes prostituées la robe à collet renversé, la queue, les boutonnières, & la *Ceinture dorée*; mais les femmes galantes ne se soumirent pas long-temps à cette défense, l'uniformité de leur habillement les confondit bientôt avec les femmes sages; & la privation ou l'usage de la *Ceinture* n'étant plus une marque de distinction, on fit le proverbe, *bonne renommée vaut mieux que Ceinture dorée*.

L'usage des *Ceintures* parmi nous n'étant point passé, mais seulement restreint, comme nous l'avons dit, nous avons une communauté de ceinturiers. Les ceinturiers s'appeloient autrefois *Courroyeurs*. (*A. R.*)

CEINTURE DE VIRGINITÉ *des modernes*; elle n'a rien de commun avec celle des anciens. Chez les anciens, l'époux ôtoit à sa femme la *Ceinture virginale* la première nuit de ses noces; & chez les modernes, c'est un présent qu'un mari jaloux lui fait dès le lendemain. Cette *Ceinture* est composée de deux lames de fer très-flexibles, assemblées en croix, ces lames sont couvertes de velours. L'une de ces lames fait le tour du corps au-dessus des reins; l'autre passe entre les cuisses, & son extrémité vient rencontrer les deux extrémités de la première lame; elles sont toutes trois tenues réunies par un cadenat dont le mari seul a le secret. La lame qui passe entre les cuisses est percée de manière à assurer un mari de la sagesse de sa femme, sans gêner les autres fonctions naturelles. On dit que cet instrument si infâme, si injurieux au sexe, a pris naissance en Italie; c'est peut-être une calomnie: ce qu'il y a de certain, c'est que l'Italie n'est pas le seul pays où l'on en ait fait usage.

Chrétien de la Ceinture, Molaraekkel, dixième calife de la famille des Abassides, ordonna l'an 235 de l'hégire, de Jesus-Christ 856, aux Juifs & aux Chrétiens, de porter une grande *Ceinture* de cuir pour marquer leur profession, ce qu'ils pratiquent encore aujourd'hui dans tout l'Orient. Depuis ce temps-là les chrétiens d'Asie, & sur-tout ceux de Syrie & de Mésopotamie, qui sont presque tous Nestoriens ou Jacobites, sont appelés *chrétiens de la Ceinture*. (*G*)

CEINTURE DE LA REINE, (*Hist. mod.*) ancien impôt ou taxe qu'on levoit à Paris de trois ans en trois ans, sur le pié de trois deniers par chaque muid de vin, & de six par chaque queue, pour l'entretien de la reine. On l'a depuis augmenté, & mis sur quelques autres denrées ou provisions, comme le charbon, *&c.* On l'appeloit aussi *la taille du pain & du vin*, comme il paroît par des registres de la chambre des comptes. Vigenere suppose que le nom de *Ceinture* a été donné à cet impôt, parce qu'autrefois la *Ceinture* servoit de bourse; mais il ajoute qu'on levoit il y a deux mille ans en Perse une pareille taxe, & sous le même nom, & cite pour le prouver l'Alcibiade de Platon, Cicéron & Athenée.

Il y a en Angleterre, pour la même destination, un impôt à-peu-près semblable, qu'on appelle *aurum reginæ*, or de la reine (*queen gold*); c'étoit originairement un don qui se faisoit librement & sans être exigible. On en a fait depuis une dette, au payement de laquelle les particuliers sont contraints. (*H*)

CÉLESTIN (*Hist. eccléf.*). Il y a eu cinq papes de ce nom. Les plus célèbres sont:

CÉLESTIN I, ou saint *Célestin*, successeur de Boniface I. Ce fut lui qui fit condamner, l'an 430, au concile de Rome, la doctrine de Nestorius: il défendit aussi la doctrine de saint Augustin contre quelques évêques des Gaules.

CÉLESTIN III est au nombre des pontifes ambitieux qui vouloient asservir les couronnes à la tiare: on dit qu'en sacrant, l'an 1191, l'empereur Henri VI avec l'impératrice Constance, il renversa d'un coup de pied la couronne impériale, pour montrer qu'il avoit droit d'en disposer: on dit que dans la même cérémonie, en investissant le même Henri VI de la Pouille & de la Calabre, il lui défendit, en qualité de suzerain de Naples & de Sicile, de songer à faire la conquête de ces deux royaumes. Il donna, quelque temps après, la Sicile à Frédéric, fils de Henri, qui fut l'empereur Frédéric II; mais bientôt il l'excommunia. Il avoit succédé en 1191 à Clément III. Il mourut en 1198.

CÉLESTIN V, qui eut aussi le titre de *Saint*, n'est connu, que parce qu'il fut le prédécesseur de Boniface VIII, & qu'il fonda les Célestins. Elu malgré lui, incapable de gouverner, il abdiqua cinq mois après son élection, par les conseils intéressés du cardinal Cajetan (Boniface VIII), qui lui succéda; on a dit que celui-ci avoit abusé de la foiblesse de *Célestin* (Voyez l'article BONIFACE VIII), en lui parlant la nuit avec une sarbacane, & lui ordonnant, de la part de Dieu, de déposer le pontificat. Après son abdication, il le fit enfermer & garder à vue, de peur que quelque voix céleste ne lui ordonnât de même de reprendre le pontificat. *Célestin* V mourut en 1296. On l'avoit élu en 1294. Clément V le canonisa en 1313.

CELLAMARE (ANTONIO DEL GIUDICÈ, prince de) (*Hist. d'Esp.*) grand d'Espagne, grand écuyer de la reine. La maison del Giudicè étoit originaire de Gênes; le prince de *Cellamare* naquit à Naples en 1657; il fut élevé auprès de Charles II, dernier roi d'Espagne de la maison d'Autriche, & il crut être fidèle à sa mémoire, en rendant avec zèle, à Philippe V, appellé par lui au trône d'Espagne, les mêmes services qu'il avoit rendus à Charles II. Il accompagna en 1702 le nouveau roi (Philippe) en Italie; il étoit à la bataille de Luzara; en 1707 il fut fait prisonnier au siège de Gaëte, & ne fut échangé qu'en 1712 après cinq ans de détention. En 1715 il fut nommé ambassadeur extraordinaire en France, où éclata en 1718 la conjuration tramée contre le régent par ce ministre. Il fallut le renvoyer précipitamment, après avoir saisi de ses papiers & effets ce qu'il n'eut pas le temps d'en mettre à couvert. Il réclama en vain les privilèges d'ambassadeur, le régent put lui dire:

> Traître, tu ne l'es plus;
> Tu n'es qu'un conjuré, paré d'un nom sublime,
> Que l'impunité même enhardissoit au crime.

Mais si c'étoit au régent à le punir ou à le réprimer, c'étoit au roi d'Espagne à le récompenser; il le fit gouverneur général des frontières de la vieille Castille, & le combla de biens & d'honneurs. Le prince de *Cellamare* mourut à Séville le 16 mai 1733.

CELLARIUS (CHRISTOPHE) (*Hist. litt. mod.*), historien & géographe célèbre, auteur du *notitia orbis antiqui*, excellent ouvrage sur la géographie ancienne; de l'*Atlas cælestis*, de l'*Historia antiqua*, & de l'*Historia nova*, du traité *De latinitate mediæ & infimæ ætatis*; d'une édition du *Thesaurus* de Faber, qu'il a augmenté; & d'une multitude d'éditions de divers auteurs tant anciens que modernes. C'est un des savans les plus laborieux du dix-septième siecle; il étoit né le 22 novembre 1638 à

Smalkalde, ville d'Allemagne, fameuse par la ligue des protestans contre Charles-Quint. Il fut professeur d'éloquence & d'histoire à Hall en Saxe; il eut la pierre, & la souffrit sans vouloir voir de médecins. Un philosophe de nos jours, dont la mémoire doit être toujours chère aux lettres, n'a pas même voulu savoir certainement s'il avoit cette cruelle maladie. *Cellarius* mourut en 1707.

Il avoit eu un fils, nommé Salomon, savant comme lui, & qui étudioit en médecine; le père eut la douleur de le voir mourir à vingt-quatre ans en 1700, au milieu des espérances qu'il donnoit & qu'il remplissoit. Il eut la consolation de le traiter comme les écrivains célèbres auxquels il consacroit ses travaux, il fut l'éditeur d'un ouvrage de ce fils, intitulé: *Origines & antiquitates medicæ.*

CELLIER. (REMI). (*Hist. litt. mod.*) Dom Remi *Cellier*, savant Bénédictin de la congrégation de Saint-Vannes & de Saint-Hidulphe, prieur de Flavigny, né à Bar-le-Duc en 1688, mort en 1761. On a de lui une *Histoire générale des auteurs sacrés & ecclésiastiques*, ouvrage exact & immense en vingt-trois volumes in-4°. publiés depuis 1729 jusqu'en 1763, & une *apologie de la morale des pères*, contre Barbeyrac.

CELLINI BENEVENUTTO. (*Hist. mod.*) Le connétable de Bourbon périt en 1527 au siége de Rome du premier coup d'arquebuse parti des remparts de cette ville, & parti, dit-on, de la main d'un prêtre. Beaucaire semble insinuer que Lannoi, Viceroi de Naples pour Charles-Quint, pourroit bien avoir eu part à ce coup, car il étoit douteux si le connétable agissoit pour Charles-Qint ou pour lui-même. Un fou très-singulier, nommé *Benevenutto Cellini*, qui étoit orfévre, sculpteur, sur-tout ouvrier très-habile en médailles, soldat, ingénieur, musicien, poëte, historien, voyageur, qui étoit tout, mais qui n'étoit pas prêtre, prétend dans sa vie, qu'il a lui-même écrite, que ce fut lui qui tua Bourbon. Il vit arriver l'armée de Bourbon devant Rome: il apperçut dans cette armée un homme qui s'élevoit au-dessus de tous les autres, un brouillard épais ne laissoit pas distinguer si cet homme étoit à pied ou à cheval; il lui tire un coup d'arquebuse & le renverse: il remarque aussi-tôt un grand désordre dans l'armée ennemie, il sçut depuis que c'étoit Bourbon qu'il avoit tué; mais comme il répete à peu-près la même avanture à l'égard du prince d'Orange, son récit est suspect; il paroit avoir voulu s'attribuer l'honneur ou le bonheur d'avoir tué par hazard les deux héros du siècle.

CELSE. Divers personnages, qui tous appartiennent à l'histoire Romaine, ont illustré ce nom.

1°. *Julius* CELSUS a fait une vie de Jules César dont il avoit été contemporain.

2°. *Cornelius* CELSUS, de la maison Cornelia, famille patricienne, contemporain d'Auguste, de Tibère & de Caligula, a donné à ce nom de *Celsus* un éclat qui ne mourra jamais. On ne sait pas bien qu'elle étoit sa profession. Il a écrit sur la rhétorique, l'agriculture, l'art militaire; mais c'est surtout par son grand ouvrage sur la médecine & la chirurgie qu'il est immortel; ce livre l'a fait nommer *l'Hipocrate des Latins*; il s'en est fait un grand nombre d'éditions en Italie & en France. M. Ninin l'a traduit en françois en deux volumes in-12, Paris 1753. On a aussi de *Celse* un abrégé de rhétorique.

3°. CELSE, philosophe Epicurien du second siècle, est connu par l'ouvrage qu'il publia sous l'empire d'Adrien contre le Judaïsme & le Christianisme, & qu'il intitula: *Discours de Verité.* Origène l'a réfuté par cette fameuse apologie des chrétiens, si estimée. C'est à ce même *Celse* que Lucien adresse son *Pseudomante.*

4°. *Juventius* CELSUS, jurisconsulte, arrêté pour une conspiration contre Domitien, sauva la vie à ses complices & à lui-même, en s'obstinant toujours à ne pas nommer les premiers, & en donnant le temps à la haine publique de susciter des conjurés plus heureux dans leur entreprise.

5°. *Caius Titus Cornelius* CELSUS, homme sans ambition, vivoit en philosophe dans une maison de campagne près de Carthage, sous l'empire de Gallien, vers l'an 265 de J. C. lorsqu'il plut aux chefs des légions d'Afrique de le tirer de sa retraite pour l'exposer à tous les dangers qui suivent la rébellion, & le faire mourir avec ce titre odieux de tyran, qui dans ces temps de l'histoire Romaine, ne désigne cependant qu'un compétiteur au trône impérial, qui n'a pas réussi. *Celse* fut donc proclamé empereur par le peuple, puis abandonné & tué sept jours après la proclamation.

CELTES (CONRARD), poëte latin d'Allemagne, des quinzième & seizième siècles, couronné à Vienne du laurier poétique. On a de lui des odes, des épigrammes, un poëme sur les mœurs des Allemands, une description historique de la ville de Nuremberg, il étoit bibliothécaire de l'empereur Maximilien, qui lui avoit accordé le privilége de dispenser seul à son gré, aux autres poëtes, la même couronne poétique qu'il avoit reçue, chose qui ne doit jamais être remise au jugement d'un seul homme.

CENALIS en françois CENEAU ou CÉNAL, (ROBERT) (*Hist. litt. mod.*), évêque d'Avranches, un des plus savans prélats de son temps, s'étoit trouvé d'un avis différent de celui de Calvin, sur l'*interim* de Charles-Quint, Calvin, après avoir traité *Cénal* de *chien*, de *fripon*, de *Cyclope*, finit par le renvoyer à la cuisine, parce qu'il se nommoit *Cénal*, *ut nomini suo respondeat Cenalis, ad culinam revertitur.* Cénal de son côté fit contre Calvin une satyre intitulée: *Larva sycophantica in Calvinum.* On a aussi de *Cénal* quelques ouvrages non polémiques, tels qu'une mauvaise histoire de France & un traité des poids & mesures, l'un & l'autre en latin. Mort à Paris en 1560.

CENE (CHARLES LE) (*Hist. litt. mod.*), théologien protestant, ministre de sa secte en France, puis en Angleterre, après la révocation de l'édit de Nantes, connu par une version françoise de la bible, & par divers

divers ouvrages de théologie & de controverse sur la prédestination, sur la grace, sur la tolérance & la liberté de conscience : né à Caen en 1647; mort à Londres en 1703.

CENNINI (BERNARD), orfèvre de Florence, qui introduisit dans sa patrie l'art de l'imprimerie. Ses deux fils, Dominique & Pierre, le secondèrent & le remplacèrent avantageusement. Le premier ouvrage sorti de leurs presses, est de 1471. C'est un Virgile complet avec les commentaires de Servius.

CENSORIN (*Hist. rom.*). Trois Romains distingués ont porté ce nom. 1°. *Caïus Marcus* CENSORINUS, consul avec Asinius Gallus, sous l'empire d'Auguste, l'an de Rome 744, huit ans avant J. C. C'est à lui qu'Horace adresse l'ode :

Donarem pateras grataque commodus ;
Censorine, meis æra sodalibus.

2°. *Appius Claudius* CENSORINUS, dont la destinée fut de tout points la même que celle de Caïus Titus Cornelius Celsus, dont nous avons parlé plus haut. (*Voyez* l'article CELSE, n°. 5.) Il vivoit tranquille & retiré du service dans ses terres près de Bologne; un caprice des soldats alla l'y chercher, on le força d'accepter l'empire, qu'en pareil cas il étoit également dangereux d'accepter ou de refuser; il s'en défendit tant qu'il put, & fut obligé de céder. C'étoit sous l'empire de Claude II l'an 270. Les soldats qu'il vouloit soumettre à la discipline, comme ils l'avoient soumis à recevoir l'empire, & peut-être pour qu'ils n'allassent plus l'offrir au premier venu, le massacrèrent, comme Celsus, sept jours après l'avoir proclamé. On a dit de lui : *heureux particulier, malheureux empereur.*

3°. CENSORIN, savant grammairien du troisième siècle, auteur du traité *De die natali*, ouvrage important pour la chronologie.

CENTENIERS, s. m. pl. (*Hist. mod.*) officiers de l'ancienne monarchie françoise subordonnés aux comtes, & chargés de mener à la guerre des hommes libres du bourg, distribués par centaines. *Esp. des loix, liv. XXX. chap. xvij.* (*O*).

CENTORIO (ASCAGNE) (*Hist. litt. mod.*) Milanois, d'une naissance illustre, auteur de *Mémoires militaires & historiques* fort estimés en Italie, il vivoit & faisoit la guerre dans le 16e. siècle.

CENT-SUISSE, s. m. pl. (*Hist. mod.*) partie de la garde du roi commandée par un capitaine qui a sous lui deux lieutenans, l'un françois, & l'autre suisse. Dans les jours de cérémonie leur capitaine marche devant le roi; le capitaine des gardes du corps derrière. Au sacre le capitaine & les lieutenans sont vêtus de satin blanc, avec de la toile d'argent dans les entaillures, & les *Suisses* ont des casaques de velours. Cette milice a des juges de sa nation, & jouit des mêmes privilèges que les sujets nés dans le royaume : elle est exempte de toute imposition ; & ce privilège s'étend aux enfans & aux veuves : Voici l'ordre de sa marche. 1. Le capitaine; 2 les deux lieutenans; 3 le premier sergent; 4 quatre trabans pour la défense particulière du capitaine; 5 les caporaux; 6 les anspessades; 7 les tambours; 8 les mousquetaires ; 9 deux trabans pour la défense de l'enseigne; 10 deux tambours; 11 l'enseigne; 12 les piquiers; 13 les mousquetaires de la seconde marche; 14 les sous-lieutenans à la queue de la compagnie; les autres sergens sur les aîles. Ils sont appelés *Cent-Suisses*, parce qu'ils forment une compagnie de cent hommes. Le P. Daniel prétend que cette compagnie est une garde militaire du roi. En effet, les *Cent-Suisses* vont à la tranchée dans les siéges que le Roi fait en personne : alors au lieu de la hallebarde, leur arme ordinaire, ils prennent le fusil. Les *Suisses* commencèrent en 1481 à être à la solde du roi, à la place des francs-archers établis par Charles VII. Louis XI les retint à la recommandation de son père, & en prit une compagnie pour la garde ordinaire de sa personne. Cette compagnie fut confirmée dans cette fonction par Charles VIII en 1496; le capitaine qui la commande a le titre de *capitaine-lieutenant. État de la France, Histoire de la milice françoise par le* P. Daniel, *Abrégé chronologique* de M. le président Hénault. (*A. R.*)

CÉPHALE (*Hist. litt. anc.*), orateur athénien, cité avec éloge par Eschine & par Démosthènes. Ce fut lui, dit-on, qui introduisit dans l'art oratoire les exordes & les péroraisons. Il peut les avoir le premier réduits en art; mais il y a beaucoup d'apparence que la nature les avoit introduits avant lui, c'est elle en effet qui enseigne à prévenir favorablement l'auditeur & à lui donner une idée avantageuse de sa cause par cet avant-propos que l'on nomme exorde; c'est elle qui enseigne à résumer vers la fin les argumens employés dans le discours, à leur donner plus d'énergie & d'effet, par une récapitulation concise & rapide, à enfoncer le dernier trait plus avant dans l'ame de l'auditeur.

Aristophon, concitoyen de *Céphale*, se glorifioit de ce qu'ayant été cité en justice jusqu'à quatre-vingt quinze fois, il avoit toujours été renvoyé absous : *Céphale* se vantoit au contraire de n'avoir jamais été cité, quoiqu'il eût pris plus de part aux affaires qu'aucun autre citoyen de son temps. La plus grande gloire d'un administrateur public est sans doute de n'être ni accusé ni soupçonné.

Un autre CÉPHALE, contemporain & concitoyen de Timoléon, le héros de Corinthe, fut son conseil & son guide lorsque Timoléon voulut donner de nouvelles lois à Syracuse, l'an 339 avant J. C.

CÉPHRENÉS *ou* CEPHUS (*Hist. des Egyptiens*), frère & successur de Chéops, fut l'héritier de tous ses vices. Son règne ne fut célèbre que par ses impiétés & sa tyrannie; ennemi de tous les cultes, il persécuta tous ceux qui conservoient de la piété. Il laissa des monumens pour immortaliser ses crimes & ses débauches : il fit construire une pyramide semblable à celle qui avoit été bâtie par son frère. C'est l'édifice le plus entier qui soit dans l'Egypte, son architecture régulière & majestueuse n'a point éprouvé l'injure des temps, excepté du côté du nord. Ces pyramides avoient été destinées à être le tombeau de leurs auteurs; mais les complices de leur tyrannie eurent la politique de cacher le lieu de leur sépulture, persuadés que le peuple qui s'érigeoit en juge de ses rois après leur mort, les iroit arracher de leur tombeau pour flétrir leur mémoire. L'Egypte, pendant ces deux règnes, sembla n'être habitée que par des esclaves qui n'osoient briser leurs chaînes. *Cephrenes*, abhorré, jouit pendant toute sa vie d'un calme qui n'est pas toujours la récompense des rois citoyens. (*T—N.*)

CERCEAU (JEAN-ANTOINE DU) (*Hist. litt. mod.*), c'est le P. *du Cerceau* jésuite, renommé dans son ordre par les agrémens de son esprit. Il est auteur de poésies latines, aujourd'hui très-ignorées, & de poésies françoises, aujourd'hui assez négligées, parmi lesquelles on distingue le conte de *la nouvelle Eve*. On a de lui des comédies composées pour les écoliers du collège de Louis-le-Grand, & parmi lesquelles on peut aussi distinguer la pièce qui a pour titre : *l'Enfant prodigue*. L'auteur y suit l'évangile à la lettre, & par conséquent la pièce n'a aucun mérite d'invention; mais elle est quelquefois touchante, parce que l'original est touchant. Ces pièces ont été imprimées en deux volumes in-12. On a encore du P. *du Cerceau* des *Réflexions sur la poésie françoise*, une *Histoire de la dernière révolution de Perse*. Une *Histoire de la conjuration de Rienzi*, qui est son ouvrage le plus connu, & auquel le P. Brumoi a mis la dernière main. Le P. *du Cerceau* a travaillé au journal de Trévoux & on y distingue ses extraits. En 1703, le P. *du Cerceau* eut affaire à Boileau; il s'agissoit du livre des Flagellans composé par l'abbé Boileau son frère, & dont le P. *du Cerceau* avoit fait la critique (*Voyez* l'art. BOILEAU). C'est à ce sujet que Boileau, pour venger son frère & se venger lui-même des Jésuites qui avoient déjà fait contre lui quelques actes d'hostilité, fit cette épigramme :

Non, le livre des Flagellans
N'a jamais condamné, lisez-le bien, mes pères,
Ces rigidités salutaires
Que, pour ravir le ciel, saintement violens,
Exercent sur leurs corps tant de Chrétiens austères :
Il blâme seulement cet abus odieux
D'étaler & d'offrir aux yeux
Ce que leur doit toujours cacher la bienséance,
Et combat vivement la fausse piété,
Qui, sous couleur d'éteindre en nous la volupté,
Par l'austérité même & par la pénitence,
Sait allumer le feu de la lubricité.

La querelle ne fut pas poussée plus loin; le père du *Cerceau* n'avoit le goût ni de la satyre ni de la dispute.

M. Gresset lui a rendu le témoignage le plus avantageux.

Ainsi pensoit l'amusant du *Cerceau* ;
Sage enjoué, vertueux sans rudesse,
Des sages faux évitant la tristesse,
Il badina sans s'écarter du beau ;
Et sans jamais effrayer la sagesse ;
Ainsi les traits de son heureux pinceau
Plairont toujours, & de races en races
Vivront gravés dans les fastes des graces.

La postérité n'a pas été aussi favorable au P. *du Cerceau*, que M. Gresset, alors son confrère; les traits de son foible pinceau n'ont point vécu & ne plaisent plus; il badine, mais sans amuser, & c'est de M. Gresset seul qu'il faut dire ce qu'il disoit du P. *du Cerceau*, celui-ci avoit de la facilité & de la gaieté; mais qu'est-ce que la facilité sans talent? qu'est-ce que la gaieté qui ne fait pas rire? le P. *du Cerceau* mourut subitement en 1730 à Véret, maison de M. le duc d'Aiguillon, dans la Touraine, au retour d'un voyage où il accompagnoit madame la princesse de Conti.

CERCLES (*Hist. mod.*) dans l'empire d'Allemagne, ce sont des espèces de généralités ou districts, qui comprennent chacune les princes, les abbés, les comtes, & les villes, qui peuvent par leur voisinage s'assembler commodément pour les affaires communes de leurs districts ou provinces.

Ce fut Maximilien I, qui, en 1500, établit cette division générale des états de l'Empire en six parties, sous le nom de *cercles* : savoir, en ceux de Franconie, de Bavière, de Suabe, du Rhin, de Westphalie, & de basse-Saxe; il y ajouta, en 1512, ceux d'Autriche, de Bourgogne, du bas-Rhin, & celui de la haute-Saxe; dispositions que Charles-Quint confirma à la diète de Nuremberg tenue en 1522. La Bourgogne n'avoit pourtant pas fait originairement partie de l'Empire : mais les empereurs de la maison d'Autriche, qui étoient alors en possession des états de celle de Bourgogne, furent bien-aises de l'y annéxer, afin d'intéresser tout l'Empire à leur défense & à leur conservation. Charles V, fit même pour ce sujet une bulle en 1548 : mais Conringius remarque que la branche d'Autriche établie en Espagne, n'ayant jamais accepté cette bulle, le *cercle* de Bourgogne n'a jamais été non plus véritablement de l'Empire, & qu'il ne fournissoit ni ne payoit aucun contingent. On ne laisse pas que de le compter parmi les *cercles*, dont voici les noms tels qu'ils sont écrits dans la *matricule de l'Empire*, quoique le rang qu'ils y tiennent n'ait jamais été bien réglé, & que la plûpart d'entr'eux, sur-tout celui du bas-Rhin qui comprend quatre électeurs, ne conviennent pas de l'ordre que leur assigne cette matricule : *Autriche, Bourgogne, Bavière, bas-Rhin, haute-Saxe, Franconie, Suabe, haut-Rhin, Westphalie, basse-Saxe.*

Dès la première institution des *cercles*, pour y maintenir une police uniforme, on établit dans chacun, des directeurs ou chefs choisis entre les plus puissans princes, soit ecclésiastiques, soit séculiers, membres de ce *cercle*, auxquels on attribua le droit de convoquer, quand la nécessité le requerroit, l'assemblée des états de leur *cercle*, ou province; on établit aussi un colonel, des capitaines, & des assesseurs, afin que de concert avec eux, les directeurs pussent régler les affaires du *cercle*; ordonner des impositions, & les répartir; veiller à la tranquillité commune & particulière; mettre à exécution les constitutions des diètes, les décrets de l'empereur, & ceux du conseil aulique & de la chambre impériale; avoir inspection sur les tribunaux, les monnoies, les péages, & d'autres parties du gouvernement. Outre ces réglemens généraux, & qui regardoient le bien de tout l'Empire, on en fit de particuliers pour chaque *cercle*, & principalement pour la manière dont les colonels & les assesseurs, de la participation & de l'aveu des directeurs, auroient à en user dans chaque *cercle*, & même à l'égard les uns des autres pour leur commune conservation.

Les *cercles* font ensemble des associations pour leur sûreté, & les princes étrangers envoyent à leurs assemblées des ministres, avec le titre de résident ou d'envoyé. En qualité de membre de l'Empire, ils payent deux sortes de taxe: l'une ordinaire, que chaque *cercle* fournit en deux termes égaux tous les ans pour l'entretien de la chambre impériale; & l'autre extraordinaire, qui se paye par mois, & qu'on nomme *mois romains*. (*G*)

CERDA (LA) (*Hist. mod.*). Ferdinand de la *Cerda*, fils aîné d'Alphonse X, roi de Castille, au treizième siècle, étoit mort du vivant de son père, laissant deux fils de Blanche de France, fille de saint Louis: savoir, Alphonse & Ferdinand. C'étoit à l'aîné de ces deux princes que devoit appartenir la couronne après la mort d'Alphonse, son aïeul; mais Sanche, second fils d'Alphonse X, prétendant, contre l'usage de presque toutes les nations, que la représentation n'avoit point lieu en Espagne, même en ligne directe, s'étoit fait reconnoître pour héritier, de l'aveu d'Alphonse son père. Blanche mena ses fils à la cour du roi d'Arragon, dont elle crut pouvoir implorer l'appui, parce qu'elle l'avoit vu ennemi du roi de Castille, à l'occasion de l'héritière de Navarre, dont l'un & l'autre avoit voulu s'assurer, & qui épousa dans la suite Philippe-le-Bel, roi de France; mais le roi de Castille ayant regagné le roi d'Arragon, celui-ci renvoya Blanche de France, & retint ses fils prisonniers. Blanche se sauva en France, & pour ses intérêts & pour ceux de ses fils, Philippe le-Hardi s'engagea dans une guerre contre la Castille. Edouard I, roi d'Angleterre, la fit interrompre par une trève entre les deux rois. Le sort des la *Cerda* resta le même. Dans la suite, Sanche ne fut pas moins ingrat envers Alphonse son père, qu'injuste envers les la *Cerda*, ses neveux. Alphonse, pour se venger, le déshérita par son testament, & rappella les la *Cerda*, ses petits-fils, au défaut desquels il appelloit Philippe-le-Hardi, qui avoit des droits du chef de Blanche de Castille son ayeule. Ce testament pouvoit faire renaître la guerre, Sanche, qui le craignoit, voulut, après la mort de Philippe-le-Hardi, qui suivit de près celle d'Alphonse X, donner quelque satisfaction à Philippe-le-Bel au sujet des la *Cerda*; mais il falloit d'abord tirer ceux-ci des mains du roi d'Arragon, qui les refusa, pour avoir toujours de quoi inquiéter le roi de Castille, dont il étoit presque toujours l'ennemi en Espagne, comme il l'étoit des François en Sicile. Sanche alors traita, par l'entremise du roi d'Angleterre, avec Philippe-le-Bel; il promit de donner le royaume de Murcie à l'aîné des la *Cerda*, & des terres au second. Le roi d'Arragon, apprenant ce traité conclu sans sa participation, mit en liberté les la *Cerda*, n'exigeant d'eux que de défendre leurs droits, & de ne point souscrire à l'accord fait avec Philippe. Celui-ci fut piqué du peu de déférence des la *Cerda*. Sanche mit à profit ce mécontentement, & dans une entrevue de Philippe & de Sanche, à Bayonne, Philippe abandonna les la *Cerda*, ses cousins, & renonça même à ses droits sur la Castille. Mais la France fut l'asyle de cette race auguste & malheureuse. Le connétable Charles d'Espagne de la *Cerda*, favori du roi Jean, assassiné en 1354 par le roi de Navarre, Charles-le-Mauvais, étoit de cette maison de la *Cerda*. Louis d'Espagne son frère & lui, jouissoient en France du rang & des honneurs dus à leur naissance royale & aux liaisons de parenté qu'ils avoient avec nos rois.

Ce nom de la *Cerda* est célèbre aussi dans les lettres. Un poëte espagnol de ce nom a fait des tragédies estimées en Espagne.

CERDA (Jean-Louis de la), jésuite de Tolède, est connu par un long commentaire sur Virgile, & il y a de lui un autre commentaire sur Tertullien; il mourut en 1643.

CERDA (Melchior de la), autre jésuite espagnol, mort en 1625, est auteur de quelques traités de grammaire & de rhétorique.

On a aussi un recueil de poésies, un volume de comédies, & un poëme intitulé: *Espagna liberata* de Bernarde Ferreira de la CERDA, Portugaise, dont on vantoit, indépendamment du talent d'écrire, les grandes connoissances, non-seulement dans les belles-lettres, mais encore dans les mathématiques. Elle vivoit au commencement du dix-septième siècle.

CÉRESTE, un des noms de la maison de Brancas. *Voyez* BRANCAS.

CERETA, CERETUS, (*Hist. litt. mod.*) Laura *Cereta*, savante Bressane, dont on a des lettres, publiées en 1640 par Philippe Tomassini. Elle vivoit dans le quinzième siècle.

Daniel *Ceretus*, médecin Bressan, vivoit en 1470. On a de lui quelques poésies latines, dans le Sannasar d'Amsterdam, 1728, *in*-8°.

D 2

CERF, *cervulus*, (*Hist. anc. & mod.*) espéce de jeu usité parmi les Payens, & dont l'usage s'étoit autrefois introduit parmi les Chrétiens : il consistoit à se travestir au nouvel an sous la forme de divers animaux. Les ecclésiastiques se déchaînèrent avec raison contre un abus si indigne du christianisme ; & ce ne fut point sans peine qu'ils parvinrent à le déraciner. *Voyez le gloss. de* Ducange. (*A.R.*)

CERF (Jean-Laurent le Cerf de la Vieuville,) (*Hist. litt. mod.*). Ce n'est pas de nos jours seulement qu'on a disputé sur la prééminence de la musique françoise & de la musique italienne. L'abbé Raguenet, dans un *parallèle des Italiens & des François*, avoit attaqué la musique françoise & exalté l'italienne ; le *Cerf*, homme singulier & caustique, s'enflamma de zèle pour sa patrie, & fit une *comparaison de la musique italienne & de la musique françoise*, entiérement à l'avantage de cette dernière. M. Andry, médecin, qui ne manquoit pas non plus de causticité, rendit dans le journal des Savans, un compte assez peu favorable de cet ouvrage. Le *Cerf* lui répondit par une brochure intitulée : *L'art de décrier ce qu'on n'entend point*, ou *le Médecin musicien*. Le *Cerf*, né à Rouen en 1664, mourut dans la même ville en 1707, d'un excès de travail, à ce qu'on dit, & nous croyons devoir l'observer pour l'utilité des gens de lettres.

CÉRINTHE (*Hist. ecclésiast.*), disciple de Simon le magicien, & l'un des premiers hérésiarques qui se soient élevés dans l'Eglise, car il étoit du temps des Apôtres. Il attaquoit la divinité de Jésus-Christ, par où l'on voit que l'Arianisme est presque aussi ancien que la doctrine orthodoxe. On raconte que saint Jean l'Evangéliste, cet apôtre de la charité, rencontrant *Cérinthe* dans les bains publics, s'enfuit avec horreur, en disant : *Craignons d'être abimés avec cet ennemi de J. C.*

Quoi ! fille de David, vous parlez à ce traître !
Vous souffrez qu'il vous parle, & vous ne craignez pas
Que du fonds de l'abîme entr'ouvert sous ses pas,
Il ne sorte à l'instant des feux qui vous embrâsent !
Ou qu'en tombant sur lui ces murs ne vous écrasent !
Que veut-il ? de quel front cet ennemi de Dieu
Vient-il infecter l'air qu'on respire en ce lieu ?

Vetabo .... sub iisdem
Sit trabibus, fragilemque mecum
Solvat phaselum.

Nous rapportons le trait de saint Jean l'Evangéliste pour avoir occasion d'observer que les intolérans ont trop abusé de ces traits extraordinaires de zèle que l'esprit saint peut avoir quelquefois inspirés à des personnes privilégiées & dans des cas particuliers ; saint Jean pouvoit devoir personnellement au Maître dont il avoit été le disciple chéri, une marque éclatante d'attachement & de zèle, ce qui n'empêche pas que la règle générale ne soit de tolérer les opinions, au moins jusqu'à ce qu'elles aient été condamnées par l'église, & la personne dans tous les cas.

CÉRISY, *Voyez* HABERT.

CERVANTES SAAVEDRA (MIGUEL) (*Hist. litt. mod.*). Un mot suffit à sa gloire, il est l'auteur de *Dom Quichotte*, mais il importe à l'instruction des hommes qu'on sache que ce livre fut une affaire d'état pour laquelle *Cervantes* fut persécuté ; on prétendit qu'il décrioit l'esprit Chevaleresque, qui constituoit le vrai caractère national, & qu'il donnoit du ridicule à la valeur. Il est vrai que les connoisseurs appercevoient dans de certains détails une critique fine & adroite des principes & des mœurs du duc de Lerme, premier ministre d'Espagne, comme les courtisans de Louis XIV ne voyoient que la critique du gouvernement de ce prince, dans ce *Télemaque* qu'on regarde avec raison aujourd'hui comme un bienfait envers l'humanité : *Pretiosissimum humani animi opus.* Pline. Nous ne comparons ici *Télemaque* & *Dom Quichotte*, que pour remarquer la différence qui se trouve souvent entre les jugemens des contemporains & ceux de la postérité ; d'ailleurs, Dom Quichotte n'a qu'une utilité locale, & ne tend à corriger qu'un excès & un ridicule national. Télémaque est d'une utilité éternelle, universelle, & si le bonheur du genre humain pouvoit naître d'un livre, il naîtroit de celui-là.

Revenons à Dom Quichotte & aux Espagnols. « Le seul de leurs livres qui soit bon, dit M. de Montesquieu, » est celui qui a fait voir le ridicule » de tous les autres ».

Philippe III, voyant un jour des fenêtres de son palais un jeune homme donner en lisant, des marques excessives de plaisir ; *ce jeune homme est fou*, dit-il à ses courtisans, *ou bien il lit Dom Quichotte.* C'est à Philippe III que nous croyons faire honneur en rapportant ce jugement.

Dom Quichotte, disoit Saint-Evremont, est le seul livre que je puisse toujours lire ; c'est mon antidote le plus puissant contre l'ennui & le chagrin, & je le recommande à tout le monde en pareil cas, aux amans éloignés de leurs maîtresses, aux ministres éloignés de la cour, &c.

On a de Miguel *Cervantes* plusieurs autres ouvrages, dont le premier est *Galatée*. Les autres sont les *Nouvelles*, au nombre de douze. Huit comédies jouées avec succès en Espagne ; *les travaux de Persillis & de Sigismonde ; le voyage du parnasse.* La plupart de ces ouvrages sont traduits en françois.

Miguel *Cervantes* étoit un brave militaire ; il avoit servi avec distinction, il s'étoit signalé à la bataille de Lepante, où il avoit eu la main gauche emportée. Il avoit été ensuite esclave chez les Infidéles pendant cinq ans & demi. Dom Gregorio Alayans Efiscar a écrit sa vie. Il eut deux traits de conformité avec Homère ; on ignore le lieu de sa naissance, & il mourut de faim. Il naquit en Espagne en 1549 ; il mourut en 1616.

CÉRULARIUS (MICHEL) (*Hist. du sch. d'orient.*) patriarche de Constantinople, nommé, en 1043, homme savant, grand ennemi de l'Eglise romaine, & par là célèbre dans l'Histoire du grand schisme d'orient. Il fut excommunié par le cardinal Humbert, légat du pape saint Léon; puis exilé en 1058 par l'empereur Isaac Comnène. Il mourut peu de temps après.

CÉSAIRE (*Hist. ecclésiast.*) C'est le nom de deux saints célèbres; l'un médecin de l'empereur Julien, quoique chrétien & saint, & frère de saint Grégoire de Nazianze, un des pères de l'Eglise; il disputoit souvent contre cet empereur qu'il vouloit convertir & qui vouloit le pervertir. Il quitta la cour & se retira dans sa famille à la prière de saint Grégoire de Nazianze. Il fut questeur de Bithynie; il mourut en 368.

Le second saint CÉSAIRE, connu sous le nom de saint Césaire d'Arles, parce qu'il fut évêque de cette ville, naquit en 470, près de Châlons-sur-Saône. Accusé auprès d'Alaric & de Théodoric d'avoir voulu livrer sa ville épiscopale aux Bourguignons, il confondit pleinement la calomnie. On croit qu'il est le premier évêque d'occident qui ait porté le *pallium*. Il eut l'honneur de présider à plusieurs conciles tenus dans les Gaules. Il mourut en 544. On a de lui des homélies données par Baluze en 1669, & quelques autres ouvrages qu'on trouve dans la bibliothèque des Pères.

CÉSALPIN (ANDRÉ) (*Hist. litt. mod.*), premier médecin du pape Clément VIII, à qui on accorde l'honneur d'avoir connu la circulation du sang qu'Hervé n'avoit point encore découverte, & d'avoir le premier employé une méthode raisonnable & instructive dans la distribution des plantes; il est le premier qui les ait classées suivant le nombre, les différences ou les rapports des semences. Ray reconnoît avoir beaucoup profité de son système, quoiqu'il ne l'ait pas suivi en tout; mais enfin, *Césalpin* fit faire un grand pas à la botanique par sa nouvelle méthode, avant laquelle on n'arrangeoit les plantes que suivant les lieux où elles croissoient & les vertus qu'elles avoient; distinction grossière qui n'établissoit ni genres ni espèces & qui laissoit tout dans la confusion. *Césalpin* n'eut pas autant de succès en métaphysique qu'en physique; il fut accusé d'athéisme & de spinosisme. Ses principaux ouvrages sont:

Speculum artis medicæ Hippocraticum.

De plantis, lib. 16, Florence 1583, *in*-4°.

De medicamentorum facultatibus, Venise 1593, *in*-4°.

De metallicis, libri tres, Rome 1596, *in*-4°.

Praxis universæ medicinæ.

Quæstionum Peripateticarum, libri quinque, Rome 1603, *in*-4°.

C'est sur-tout ce dernier ouvrage qui lui attira des accusations fâcheuses. Un médecin nommé Taurel, l'attaqua dans un livre intitulé: *Alpes. cæsæ, hoc est Andreæ Cesalpini monstrosa dogmata discussa & excussa.*

Césalpin, né en 1519 à Arezzo, mourut à Rome en 1604.

CÉSAR, s. m. (*Hist. anc.*) Ce nom a été long-temps employé chez les Romains, pour signifier l'héritier présomptif ou désigné à l'empire, comme l'est aujourd'hui le titre de *roi des Romains* dans l'empire d'Allemagne.

Ainsi Constance Chlore & Galère furent proclamés *césars* par Dioclétien & Maximien; Licinius, par Galerius; Constantin-le-Grand, par Constantius; Constantin-le-Jeune, Constantius & Constans, par Constantin leur père; Junius Gallus & Julien, par Constantius.

Les *césars* étoient des espèces d'adjoints ou associés à l'empire, *participes imperii*: ils portoient le manteau impérial, la pourpre & le diadême, & marchoient avec toutes les autres marques de la dignité souveraine. Ils étoient créés *césars* comme les empereurs, par l'endossement de la robe de pourpre.

La dignité de *césar* fut toujours la seconde de l'empire, jusqu'au temps d'Alexis Comnène, qui en investit Nicéphore de Mélise en conséquence de la convention faite entr'eux; & comme il falloit nécessairement qu'il conférât une dignité supérieure à son frère Isaac, il le créa *sebastocrator*, lui donnant en cette qualité la préséance sur Nicéphore, & ordonna que dans toutes les acclamations Isaac seroit nommé le second, & Nicéphore le troisième.

L'origine de ce titre fut le surnom du premier empereur, C. Julius *César*; le sénat ordonna par un décret exprès que tous les empereurs le porteroient dans la suite: mais sous ses successeurs le nom d'*Auguste* étant devenu propre aux empereurs, celui de *césar* fut communiqué à la seconde personne de l'empire, sans que l'empereur cessât pour cela de le porter. On voit par-là quelle est la différence entre *césar* purement & simplement, & *césar* avec l'addition d'*empereur auguste*.

Les auteurs sont partagés sur l'origine du mot *césar*, surnom de la maison Julia. Quelques-uns d'après Servius le font venir de *cæsaries*, cheveux, chevelure, prétendant que celui qui le porta le premier étoit remarquable par la beauté de sa chevelure, & que ce fut pour cela qu'on lui donna ce surnom. L'opinion la plus commune est que le mot *césar* vient *à cæso matris utero*; de ce qu'on ouvrit le flanc de sa mère pour lui procurer la naissance.

D'autres font venir ce nom de ce que celui qui le porta le premier avoit tué à la guerre un éléphant, animal qui se nomme *césar* dans la Mauritanie. Bircherodius confirme cette opinion par l'autorité d'une ancienne médaille sur laquelle est représenté un éléphant avec le mot *césar*.

Depuis Philippe le fils, les *césars* ajoutoient à leur titre de *césar*, celui de *nobilissime*, comme il paroît par plusieurs médailles anciennes ; & les femmes des *césars* partageoient avec eux ce dernier titre, comme celles des empereurs portoient le nom d'*augustes*. (*G*)

CÉSAR, *Voyez* TRIUMVIRAT.

CÉSAR BORGIA, *Voyez* BORGIA.

CÉSAR DE VENDÔME, *Voyez* VENDÔME.

CÉSARI (HENRI DE SAINT) (*Hist. litt. mod.*), poëte provençal du quinzième siècle, a continué l'histoire des poëtes Provençaux.

CÉSARINI (JULIEN) (*Hist. mod.*), cardinal, président du concile de Basle. Ce ministre de l'évangile est sur-tout connu pour avoir fait violer une paix jurée sur l'évangile, & pour en avoir été puni sur le champ par le fait même, avec une promptitude qui donneroit beaucoup de moralité à l'histoire, si elle offroit souvent de cette manière la peine placée à la suite du crime. Nous qualifions ainsi la commission sanguinaire dont *Césarini* s'étoit chargé & qu'il remplit ; en effet ces attentats politiques & publics qui font verser le sang, non pas d'un homme ou deux, mais des nations, doivent être au premier rang parmi les crimes.

Exterminez, grand Dieu ! de la terre où nous sommes,
Quiconque avec plaisir répand le sang des hommes !

Le cardinal *Césarini* avoit été envoyé par le pape Eugène IV, auprès de Ladislas, roi de Hongrie, pour prêcher une croisade contre les Turcs, & il avoit déterminé Ladislas à rompre une paix jurée, nous le répétons, sur l'évangile avec ces mêmes Turcs, qui avoient très-bien compris que des Chrétiens devoient jurer par le Dieu des Chrétiens ; ils ignoroient & ne pouvoient deviner l'infernale maxime, qu'on ne doit point garder la foi aux hérétiques, & encore moins aux Musulmans, que nous appellons nous-mêmes infidèles. De-là la fameuse bataille de Varne du 11 novembre 1444, où Ladislas fut battu & tué, & où du moins le cardinal périt. Les uns disent qu'en passant une rivière, l'or dont il étoit chargé l'entraîna dans les flots ; d'autres croient que les Hongrois irrités du mauvais succès des conseils du cardinal & de ses prédictions (car, parlant au nom de Rome, il n'avoit pas manqué de promettre la victoire), s'en vengèrent en le prenant pour victime.

CÉSARION. (*Hist. Rom.*) C'est le nom d'un fils de César & de Cléopâtre : il fut en quelque sorte adopté par Antoine, qui déclara solemnellement que César l'avoit reconnu pour son fils ; en conséquence il le proclama roi de l'Egypte, de la Lybie, de l'île de Chypre & de la Cœlésyrie, conjointement avec sa mère, & pour lui succéder dans ce partage. Lorsque *Césarion* entra dans l'âge de l'adolescence, Antoine, conformément à un ancien usage, célébra cette époque par des fêtes publiques, qu'il donna dans Alexandrie. Lorsque Cléopâtre vit Auguste, ou Octave, devenir le maître en Egypte, elle envoya *Césarion* avec de grandes richesses dans les Indes, par l'Ethiopie. Un homme chargé de son éducation, nommé Rhodon, & qui vraisemblablement le trahissoit, lui persuada de revenir, en l'assurant que l'intention d'Auguste étoit de lui laisser le royaume d'Egypte. Auguste le laissa vivre tant que Cléopâtre vécut ; mais après la mort de cette reine, sur la citation d'un hémistiche d'Homère, dont le sens est que la multitude des souverains n'est pas avantageuse, il le fit périr.

CÉSONIE (*MILONIA CESONIA*) (*Hist. Rom.*), dernière femme de Caïus Caligula, qui l'aimoit passionnément. C'étoit à elle qu'il disoit quelquefois : *cette belle tête sera coupée aussi-tôt que je l'aurai ordonné*. Il lui disoit aussi qu'il lui prenoit envie de lui faire donner la question, pour savoir d'elle pourquoi il l'aimoit si fort. En effet elle n'étoit, dit-on, ni jeune ni belle lorsqu'il l'avoit épousée ; & les superstitieux parloient de charmes, de philtres, qu'ils l'accusoient ou la soupçonnoient d'avoir employés. Il paroît que son principal charme étoit son extrême complaisance pour tous les goûts & tous les caprices de ce fou frénétique, qui, dit-on, dans la fureur de ses débauches insensées, prenoit quelquefois plaisir à l'exposer nue aux yeux de ses favoris. Lorsque Caligula fut tué, Chéréas son meurtrier envoya le tribun Julius Lupus pour se défaire de *Césonie* & de sa fille Julia Drusilla, qu'elle avoit eue de Caligula. *Césonie* présenta son sein découvert au fer de l'assassin, avec beaucoup de constance : il eut la barbarie de la percer de plusieurs coups d'épée, & d'écraser la tête de l'enfant contre la muraille, *pour qu'il ne restât rien*, disent quelques historiens, *d'un sang si abominable*. Mais ce sang si abominable étoit celui de Germanicus. Caïus lui-même commença son empire sous d'heureux auspices :

De Rome, pour un temps, Caïus fut les délices.

& il paroît que ses fureurs furent l'effet d'une maladie, qui lui dérangea le cerveau. Les fureurs plus grandes que Chéréas faisoit exercer sur une femme & un enfant, n'avoient pas cette excuse.

CESTIUS. (*Hist. Rom.*) Ce sera, si l'on veut, le Zoïle romain. Tout ce qu'on sait de son histoire, c'est qu'il avoit critiqué Cicéron, & que se trouvant en Asie à la table de M. Tullius, qui en avoit alors le gouvernement, & qui étoit fils de Cicéron, un domestique de M. Tullius le désigna, en disant à son maître : *c'est ce critique qui disoit que votre père étoit un ignorant* ; sur quoi M. Tullius fit prendre *Cestius* par ses domestiques, & le fit fouetter cruellement en sa présence. Plusieurs auteurs qui rapportent ce fait, trouvent ce traitement fort juste, parce que *Cestius* avoit eu la témérité de critiquer Cicéron. C'est ainsi qu'ils rapportent que je ne sais quel tyran fit mettre Zoïle en croix ; ce qui leur paroît fort juste encore, parce qu'il avoit critiqué Homère. Il faut leur répondre que la gloire d'Homère & de Cicéron n'est flatteuse que parce qu'on a, ou qu'on doit avoir la liberté de les critiquer :

que si *Cestius* avoit dit que Cicéron étoit un ignorant, il avoit grand tort assurément, parce que Cicéron étoit très-savant ; mais que la peine d'une pareille faute est la honte d'avoir dit une sottise, & la certitude de n'avoir persuadé personne : que ce *Cestius* ne croyoit point avoir insulté Cicéron, puisqu'il se présentoit avec cette sécurité à la table de son fils : que cette sécurité même, preuve d'innocence, ou, en tout cas, marque d'estime de la part de *Cestius*, méritoit d'être respectée, ainsi que les droits sacrés de l'hospitalité : qu'il n'y a point de gouvernement sous lequel *Cestius* n'eût obtenu la vengeance d'un si sanglant & si injuste outrage : que M. Tullius avoit bien mal profité du livre *des offices* qui lui est adressé par son père, ou que la piété filiale lui faisoit étrangément illusion, comme le nom de Cicéron fait illusion à ceux qui rapportent cette action à la louange de M. Tullius. C'est ainsi qu'il faut presque toujours réformer les jugemens, ou superstitieux, ou inconsidérés, de l'histoire.

CÉTÉS, *ou* PROTÉE. (*Hist. d'Egypte.*) L'Egypte, après la mort d'Actisanes, tomba dans l'anarchie. Les peuples sentirent le besoin d'avoir un maître : éclairés dans leur choix & instruits par l'expérience, ils reconnurent qu'une illustre naissance n'étoit pas toujours un gage d'une sage administration : ils choisirent *Cétés*, plus connu par le nom de *Protée*, habitant de Memphis, qui, quoique né dans un rang obscur, avoit des droits pour commander aux hommes, puisqu'il avoit toutes les vertus qui pouvoient les rendre heureux. Jamais prince ne s'occupa plus scrupuleusement de ses devoirs. Quoiqu'ayant de l'humanité, il punit avec sévérité les coupables, parce qu'il savoit que l'indulgence enhardit plus souvent au crime qu'elle n'excite à la vertu. On prétend que sous son règne, Pâris & Hélène abordèrent en Egypte : *Cétés*, religieux observateur de l'hospitalité, auroit cru en violer les droits, s'il eût puni ces amans adultères ; mais trop équitable pour les laisser jouir paisiblement de leur crime, il leur enleva les trésors qu'ils avoient ravis à Ménélas, auquel ils furent restitués. *Cétés* partageoit son temps entre les soins du trône & l'étude de la magie, qui n'étoit que la connoissance des procédés de la nature. La fable nous apprend qu'il prenoit toutes sortes de formes, c'est-à-dire, que son génie se plioit à toutes les circonstances : d'autres prétendent que cette fable tire son origine de la coutume introduite par ce prince, d'orner la tête des rois d'Egypte de figures d'animaux, & qui devint le symbole du pouvoir suprême. On le confond quelquefois avec le Séthos de Manéthon, & quelquefois avec Typhon, dont l'histoire a été défigurée par les mensonges des poëtes. Il fut adoré comme le dieu de la mer, parce que sa domination s'étendoit sur les côtes maritimes de l'Egypte. C'est en ce sens qu'Homère l'appelle le ministre ou le lieutenant de Neptune : Newton est persuadé qu'il n'eut jamais le titre de roi, & qu'il n'eut que l'administration subordonnée de la Basse-Egypte Les peuples, heureux sous son gouvernement, le déifièrent après sa mort, & lui érigèrent un temple célèbre à Memphis. (*T-N.*)

CÉTHÉGUS, nom célèbre dans l'histoire romaine, mais plutôt en mauvaise qu'en bonne part. Quand Horace dit :

Quæ priscis memorata Catonibus atque Cethegis
Nunc situs informis premit & deserta vetustas.

ce n'est pas pour la vertu qu'il met les *Céthégus* à côté des Catons ; c'est seulement pour l'ancienneté. Les plus connus des *Céthégus* sont :

1°. Publius Cornelius CÉTHÉGUS, partisan zélé de Marius contre Sylla : il disposoit de tout dans Rome, & il laissoit tout à la disposition d'une maîtresse. Les personnages les plus considérables de la république étoient forcés de ramper sous cette femme ; car il n'y avoit déjà plus de vrais Romains. Lucullus lui fit sa cour, pour obtenir le commandement dans la guerre contre Mithridate : c'étoit elle qui, avec les charges, dispensoit la gloire & les richesses.

2°. Caïus Cornelius CÉTHÉGUS, le plus fameux des complices de Catilina, fut étranglé en prison.

3°. Un autre sénateur de la même famille fut décapité sous l'empire de Valentinien, en 368, pour adultère, châtiment au moins sévère, & qui vraisemblablement n'avoit pas lieu du temps d'Auguste, car Horace n'en parle point dans l'énumération des dangers auxquels les adultères sont exposés.

Audire est operæ pretium, procedere rectè
Qui mœchis non vultis, ut omni parte laborent,
Utque illis multo corrupta dolore voluptas,
Atque hæc rara, cadat dura inter sæpè pericla,
Hic, &c.

Il y a seulement des exemples, sous les premiers empereurs, que des citoyens ont été relégués pour adultère, & Senèque l'avoit été pour cette cause sous l'empire de Claude.

CETHURA (*Hist. sac.*), seconde femme d'Abraham ; ce patriarche avoit cent quarante ans lorsqu'il l'épousa ; il en eut six fils : Zamram, Jecsan, Madan, Madian, Jesboc & Sué.

CEURAWATH, s. m. (*Hist. mod.*) nom d'une secte de Benjans, dans les Indes, si infatués de l'opinion de la métempsycose, qu'ils respectent les moindres insectes. Leurs bramines ou prêtres ont toujours la bouche couverte d'un voile, de peur d'avaler quelque mouche ; & ils ont également soin, en allumant de la chandelle ou du feu dans leurs maisons, que nul papillon ou moucheron ne vienne s'y brûler ; ils font aussi bouillir l'eau, avant que de la boire, de peur qu'elle ne contienne quelques insectes. Du reste, ils n'admettent ni peines, ni récompenses après cette vie, dont les événemens, selon eux, ne dépendent point de Dieu. Ils brûlent les corps des vieillards, & enterrent ceux des enfans décédés au-dessous de trois ans. Leurs veuves ne sont point obligées de se brûler avec leurs maris, suivant l'usage du pays, mais seulement de garder une viduité perpétuelle. Tous ceux qui font profession des sentimens de cette secte, peuvent être admis à la prêtrise, même les femmes, pourvu qu'elles aient atteint l'âge de vingt ans; car pour les hommes, on les y reçoit dès celui de neuf. Ceux qui sont ainsi engagés dans le sacerdoce, doivent faire vœu de chasteté, porter un habit particulier, & pratiquer des austérités incroyables. Tous les autres docteurs indiens ont beaucoup de mépris & d'aversion pour cette secte, qui ne demeure pas apparemment en reste avec eux, & ils défendent à leurs auditeurs d'avoir communication avec les *Ceurawath*, qui ne donnent pas sans doute à ceux qui les écoutent bonne opinion du commerce de leurs adversaires. Les mêmes passions produisent par-tout les mêmes effets. (*G*)

CEZELI (CONSTANCE DE) (*Hist. de Fr.*). On connoît à peine le nom de cette héroïne; si elle appartenoit à l'histoire grecque ou romaine, sa valeur & son courage seroient célèbrés par toutes les voix de la renommée, & son nom jouiroit d'une gloire immortelle. Toute moderne & toute françoise qu'elle est, il est encore étonnant qu'elle ne soit pas associée d'une manière particulière à la gloire d'Henri IV, qu'elle a si noblement servi. Elle étoit d'une famille ancienne & opulente de Montpellier. Son mari, Barri de Saint-Aunez, étoit gouverneur, pour Henri IV, de la ville de Leucate en Languedoc. En 1590, c'est-à-dire à l'époque où les victoires d'Arques & d'Ivry, restées sans fruit, laissoient à la ligue toute sa puissance & aux succès d'Henri IV toute leur incertitude, Saint-Aunez étant sorti de sa ville pour aller communiquer un projet au duc de Montmorenci, gouverneur du Languedoc, qui fut dans la suite le connétable Henri, eut le malheur de tomber entre les mains des Espagnols & des ligueurs, qui le traînant à leur suite, vinrent aussi-tôt mettre le siège devant Leucate, ne doutant pas que cette ville, privée de son gouverneur, n'ouvrît ses portes à la première sommation. Constance, une pique à la main, se met à la tête de la garnison & des habitans: *C'est à moi*, dit-elle, *à représenter mon mari, ou à le remplacer.* Elle repousse les assiégeans, qui, confus & furieux, lui envoient dire, que si elle ne leur remet la place à l'instant, ils vont faire pendre son mari. Constance n'avoit pas attendu cette menace pour offrir la rançon de Saint-Aunez; elle renouvella ses offres, & les augmenta jusqu'au sacrifice entier de ses biens; *mais*, ajouta-t-elle avec autant de fermeté que de tendresse, *mon mari me désavoueroit du bienfait de la vie acheté au prix de l'honneur & de la fidélité.* Les Espagnols eurent l'humiliation de lever le siège & l'indignité de faire périr Saint-Aunez. La garnison avoit entre ses mains un prisonnier considérable dans le parti des ligueurs, le seigneur de Loupian; on voulut user sur lui de représailles, on crut devoir à Constance ce prix du sang de son mari & cette vengeance de la cruauté des Espagnols. *Ils le méritent*, s'écria cette généreuse femme en fondant en larmes; *mais nous, méritons-nous de suivre un pareil exemple?* Elle prit Loupian sous sa protection, & lui sauva la vie. Henri IV, pénétré d'admiration & d'attendrissement, se hâta d'envoyer à Constance le brevet de gouvernante de Leucate, avec la survivance du gouvernement pour son fils. Il ne pouvoit faire moins, & dans ces temps malheureux il ne pouvoit faire plus.

CEZENE (MICHEL DE). *Voyez* OCKAM.

CHABANNES (*Hist. de Fr.*), La maison de *Chabannes* descend des anciens comtes d'Angoulême. Ceux de cette illustre maison qui appartiennent le plus particuliérement à l'histoire, sont:

1°. Robert de CHABANNES, sieur de Charlus, tué à la bataille d'Azincourt en 1415.

2°. Etienne son fils, tué au combat de Crevant en 1423.

3°. Jacques I, sieur de la Palice, de Charlus, &c., sénéchal de Toulouse, & grand-maître de France, frère d'Etienne. Il eut part & une part honorable à toutes les expéditions militaires du règne de Charles VII; à la journée de Rouvrai ou des harengs en 1429; au siège de Compiegne en 1430, &c. Son attachement pour Charles VII ne fut pas à l'épreuve de quelques intrigues qui le firent entrer en 1440, pour les intérêts du Dauphin, dans le complot de la praguerie (*Voyez* PRAGUERIE); mais il rentra bientôt dans le devoir; il servit au siège de Caen en 1450, & contribua beaucoup à la réduction de la Normandie; il travailla ensuite à la réduction de la Guienne, nommément de Blaye & de Bayonne. Il mourut le 20 octobre 1453 des suites d'une blessure qu'il avoit reçue le 17 juillet précédent à la bataille de Castillon.

4°. Le plus célèbre & le plus puissant des *Chabannes*, dans ce même temps, fut Antoine, comte de Dammartin, chevalier de l'ordre du roi, sénéchal de Carcassonne, bailli de Troies, grand-maitre & grand pannetier de France, gouverneur de Paris, frère des deux précédens. Il fut fait prisonnier en 1425 à la bataille de Verneuil; il présida, sous Charles VII, à la condamnation du fameux Jacques Cœur (*Voyez* CŒUR), & selon un usage détestable, assez ordinaire dans ces temps, & qui le fut encore beaucoup plus sous Louis XI que sous Charles VII, il eut part à la confiscation du condamné.

Le comte de Dammartin, non-seulement n'entra point avec Jacques, son frère, dans la faction de *la Praguerie*, mais il saisit le Dauphiné, par l'ordre de Charles VII, sur le Dauphin rebelle. C'étoit son devoir, & il en fut puni; le Dauphin, devenu le roi Louis XI, fit mettre le comte de Dammartin à la Bastille. Lorsque les enfans de

Jacques

Jacques Cœur virent le comte de Dammartin tombé à son tour dans la disgrace, ils lui redemandèrent la part qu'il avoit eue de la dépouille de leur père, & sollicitèrent la révision du procès. Cette affaire fut appointée au parlement. Geoffroy Cœur, resté seul des enfans de Jacques, se saisit par voie de fait des biens du comte de Dammartin, & Louis XI parut se déclarer pour lui contre le comte; mais celui-ci s'étant sauvé de la Bastille, & ayant pris parti contre Louis XI dans la guerre civile, dite *du bien public*, fit Geoffroi Cœur prisonnier, fit trembler Louis XI lui-même. A la paix, le comte de Dammartin fut rétabli dans ses biens, Geoffroi Cœur fut abandonné, mais le procès continua; il dura plus, & que Louis XI, & que Geoffroi Cœur, & que le comte de Dammartin. Enfin les héritiers des deux contendans terminèrent, sous Charles VIII, ce différend par une transaction du 3 septembre 1489, qui avoit un grand inconvénient, c'est qu'on n'avoit pu transiger sur les biens sans transiger en même temps sur l'honneur de deux hommes célèbres.

Le comte de Dammartin, rentré en faveur & comblé de plus de graces encore par Louis XI, qu'il ne l'avoit été par Charles VII, servit aussi bien le fils que le père; il fit rentrer le comté d'Armagnac sous son obéissance; il secourut Beauvais assiégé par le duc de Bourgogne en 1472. Il mourut le 25 décembre 1488.

5°. Jacques II, petit-fils de Jacques I, petit-neveu du comte de Dammartin; c'est le fameux maréchal de *Chabannes* la Palice, tué de sang froid après la bataille de Pavie. Il fut le troisième grand-maître de France de sa maison. Jacques de *Chabannes* avoit porté à la cour, vers la fin du règne de Louis XI, un beau nom, beaucoup d'esprit, de grands talens, & tous les avantages de la taille & de la figure: il avoit assisté, dans la suite, à presque autant de batailles que le maréchal de Trivulce; il ne s'en étoit pas livré une seule un peu considérable sous les règnes de Charles VIII, de Louis XII & de François I, dans laquelle il ne se fût distingué. Il étoit à celle de Fornoue en 1495; au combat de Ruvo, à la bataille de Cerignoles en 1503; à celle d'Aignadel en 1509; à celle de Ravenne en 1512, où il contribua tant à la victoire, que l'armée l'élut pour général après la mort du duc de Nemours; à celle de Guinegaste ou des éperons en 1513; à celle de Marignan, à celle de la Bicoque, à celle de Pavie, sans compter une multitude d'autres expéditions, ou glorieuses ou périlleuses, & des sièges qui valoient des batailles. A Pavie, l'avis de tous les vieux capitaines qui avoient acquis tant de gloire sous Charles VIII, sous Louis XII, sous François I, des Louis d'Ars, des Sanseverins, des Galiot de Genouillac, de la Trémoille, de *Chabannes* lui-même, fut de lever le siège & d'éviter la bataille; Bonnivet parut s'indigner de l'idée d'une retraite, & combattit cet avis avec chaleur. Le maréchal de *Chabannes* voulut répliquer & soutenir l'avis des vieux chefs. Bonnivet l'interrompit: « Monsieur de » *Chabannes*, lui dit-il, vous parlez bien plus selon » votre âge que selon votre grand cœur; vous » seriez bien fâché que cette occasion de gloire vous » échappât, ce seroit la première fois que vous » auriez évité la rencontre de l'ennemi. Le roi a » besoin aujourd'hui de votre valeur ordinaire, » & non de cette prudence dont l'excès vous est » étranger ».

Bonnivet eut le malheur de persuader le roi ou de le trouver persuadé. Dans la bataille, le maréchal de *Chabannes* enfonça jusqu'à deux fois un gros corps de cavalerie napolitaine, commandé par Castaldo, lieutenant du marquis de Pescaire; mais ce corps s'étant rallié, & les Lansquenets le secondant, le maréchal de *Chabannes*, accablé par la multitude, vit sa troupe se dissiper sans pouvoir la retenir. Tandis qu'il faisoit de vains efforts pour la rallier, il eut son cheval tué sous lui; il s'en dégagea, malgré son grand âge, avec une adresse infinie, & il alloit se jeter dans une autre troupe pour y combattre à pied, lorsqu'il tomba entre les mains de Castaldo qui le fit prisonnier. Castaldo voulant le mettre en lieu de sûreté, fut rencontré par un capitaine espagnol, nommé Buzarto. *Chabannes* étoit le plus beau vieillard de son siècle; sa bonne mine, son air noble & la magnificence de ses armes firent juger à Buzarto que c'étoit un prisonnier considérable & dont la rançon seroit forte; il voulut être associé au profit de la prise. Castaldo allégua les droits de la guerre, & refusa de partager. *Eh bien!* dit Buzarto, *il ne sera ni pour toi ni pour moi;* en même temps il tua *Chabannes* d'un coup d'arquebuse. Ce Buzarto en est encore aujourd'hui surnommé *le cruel*, épithète trop douce pour une action si infâme. C'est ainsi que ce général, la terreur & l'admiration des espagnols, qui ne l'appeloient que le *grand maréchal de France*, fut réuni à son brave frère Vandenesse, dont nous parlerons tout-à-l'heure. Il existe sur ce *grand maréchal* une chanson populaire qui n'est pas plus aisée à comprendre que la chanson populaire de Marlborough, héros que nous n'osions pas chansonner de son vivant.

Ne vous souvient-il plus, seigneur, quel fut Hector?
Nos peuples affoiblis s'en souviennent encor.

6°. Jean DE CHABANNES, seigneur de Vandenesse, frère du maréchal, étoit, après le chevalier Bayard, son ami, le plus brave des françois de ce temps. Il s'étoit distingué, ainsi que son frère, à la bataille de Marignan en 1515. En 1521 il défendit la ville de Côme dans le Milanez, contre le marquis de Pescaire, & cette ville ayant été pillée au mépris de la capitulation, il envoya un cartel au marquis de Pescaire pour en avoir raison. En 1522 il étoit au combat de la Bicoque, où, avec le maréchal de Foix, il pénétra dans les retranchemens des ennemis, qu'on avoit jugés inaccessibles. Vandenesse fut tué en 1523 à la retraite de Romagnano, d'un coup d'arquebuse à croc; Bayard périt aussi d'un pareil coup. Ces deux héros ne purent être séparés ni dans la vie ni à la mort. (*Voyez* BAYARD).

CHABBAN *ou* CHAHBAN *ou* CHAVAN, (*Hist. anc. & mod.*) c'étoit, chez les anciens arabes, le nom du troisième mois de leur année, celui qui répondoit à notre mois de mai, le même terme est encore d'usage parmi les Orientaux mahométans. La lune de *chabban* est une des trois pendant lesquelles les mosquées sont ouvertes pour le *temgid* ou la prière de minuit. (*A. R.*)

CHABOT, (*Hist. de Fr.*) Ancienne & illustre maison françoise, elle a une filiation suivie & connue depuis les commencemens du onzième siècle, & elle étoit dès-lors ancienne; car un auteur du temps, en parlant d'Istier de *Chabot*, fait évêque de Limoges en 1052, dit qu'il étoit de la noble maison des *Chabots*. Un autre *Chabot* fut élu évêque de la même ville de Limoges en 1177, & l'auteur de la chronique de Limoges observe qu'on cacha cette élection au roi d'Angleterre Henri II, à qui le Limousin appartenoit alors & qui n'aimoit pas les *Chabots*; ce qui fait penser que cette maison jouoit un grand rôle dans les guerres que la rivalité de la France & de l'Angleterre & les deux mariages d'Eléonore d'Aquitaine rendoient si fréquentes & si animées entre Louis le Jeune & Henri II. Louis de *Chabot* mort en 1412, épousa Marie de Craon, dame de Montcontour, Jarnac, &c, lieux célèbres depuis, par de tristes batailles dans nos guerres civiles & religieuses du règne de Charles IX. Renaud II son petit-fils épousa Isabelle de Rochechouart, dame de Brion. Leur petit-fils fut le fameux amiral Philippe de *Chabot* Brion, sous le règne de François premier. Il étoit chevalier des ordres de Saint-Michel & de la Jarretière, gouverneur de Bourgogne & de Normandie.

Brion, attaché dès l'enfance au jeune comte d'Angoulême, qui fut dans la suite François premier, avoit été élevé avec lui. François distingua dès-lors Montmorenci, Brion & Montchenu. Brantôme rapporte que ces trois jeunes seigneurs s'entretenant avec lui sur leurs destinées futures, lui demandèrent ce qu'il feroit pour eux lorsqu'il seroit monté sur le trône: *Desirez seulement*, leur dit François premier, *& soyez sûrs de tout obtenir.* Montmorenci desira d'être connétable, Brion d'être amiral, Montchenu borna son ambition à être premier maître-d'hôtel; leurs vœux furent remplis dans la suite, & le conte fut aisé à imaginer.

On a remarqué que les trois hommes que François premier aima le mieux, furent les trois amiraux de son règne, Bonnivet, Brion & d'Annebaut.

Aux joutes qui se firent dans la place devant le château de Milan, en présence des dames, selon l'usage, après la défaite des Suisses à Marignan, Brion blessa le comte de Saint-Pol d'un coup de lance à l'œil, présage de ce qui devoit arriver à Henri II.

L'orsqu'en 1523 les ennemis pénétrèrent jusqu'à l'Oise, & n'étoient déjà plus qu'à onze lieues de Paris, la terreur fut universelle dans cette capitale; le roi qui étoit alors à Lyon, fit partir en poste le jeune Brion pour rassurer les habitans de Paris, & leur annoncer qu'il envoyoit à leur secours un corps considérable de cavalerie sous les ordres du duc de Vendôme.

On ne sait pourquoi du Bellai insinue, & pourquoi Beaucaire & Varillas assurent que Brion, par une vanité puérile, dissimula d'abord une partie de sa commission, qu'il dit seulement que le roi l'avoit envoyé pour rassurer & défendre les habitans de Paris, sans parler du secours que le duc de Vendôme amenoit; sur quoi Baillet, second président du parlement, lui répondit, au nom de sa compagnie, que les habitans de Paris étoient bien sensibles aux bontés de sa majesté, mais que dans de pareilles conjonctures ils avoient osé en attendre un secours plus efficace & plus prompt; qu'ils n'avoient point oublié que quand le duc de Bourgogne, Charles, avoit pénétré jusqu'à Beauvais en 1472, Louis XI ne s'étoit pas contenté de leur envoyer faire des complimens par un jeune gentilhomme, mais qu'il avoit fait marcher à leur secours le maréchal de Rouault à la tête de quatre cents hommes d'armes.

On conclut de tout cela que Brion, sans troupes & sans caractère, avoit voulu s'ériger ridiculement en sauveur de Paris, tandis qu'il n'étoit que le précurseur du véritable sauveur, le duc de Vendôme.

On ne pouvoit décrier plus gratuitement un homme qui a toujours bien servi l'état, & auquel les historiens n'ont pas rendu assez de justice. Le premier mot que Brion dit au parlement annonça l'arrivée du duc de Vendôme: la réponse du président Baillet ne contient que des témoignages de reconnoissance pour le roi & pour Brion; s'il cite l'exemple de Louis XI & du maréchal de Rouault, c'est pour observer que la conduite de François premier en envoyant le duc de Vendôme, étoit conforme à cet exemple.

Brion, ainsi que Montmorenci & Monchenu, fut fait prisonnier avec le roi à la bataille de Pavie.

La campagne de l'amiral de Brion en 1536, dans les états du duc de Savoie, & le passage de la grande Doire, annoncèrent en lui les talens d'un général. Des ordres du roi interrompirent ses conquêtes & le rappellèrent en France, parce qu'on se laissoit alors abuser par des négociations & des espérances de paix qui aboutirent à une guerre sanglante.

C'est une erreur de croire ce qu'ont dit plusieurs auteurs, que l'amiral de *Chabot-Brion* fut disgracié pour avoir interrompu ses conquêtes dans le Piémont en 1536, par une déférence aveugle pour les avis du Cardinal de Lorraine, qui craignoit que ces conquêtes ne missent obstacle à la paix qu'il espéroit de conclure,

Les avis du cardinal de Lorraine n'étoient point de simples avis, c'étoient des ordres du roi, ordres réitérés & très-pressans, auxquels Brion n'obéit qu'à regret.

La cause secrette de la disgrace de l'amiral, qui fut un grand évènement à la cour, paroît avoir été l'amitié, peut-être un peu trop tendre, qu'avoit conçue pour lui la duchesse d'Estampes, dont son neveu (Guy *de Chabot*) avoit épousé la sœur (Anne de Pisseleu). Le roi, qui avoit toujours beaucoup aimé *Chabot*, commençoit à être plus choqué de ses succès & de son orgueil, que touché de ses qualités aimables. Un jour, dans un mouvement de colère, il le menaça de lui faire son procès. *Chabot*, orgueilleux & sensible, ne sut pas céder à son maître. » Vous le pouvez, Sire, répondit-il fièrement, » ma conduite a toujours été irréprochable & n'a » rien à craindre du plus sévère examen ». Le roi se crut bravé, & peut-être par un rival, il alla mettre son honneur à soutenir une menace qui lui étoit échapée. Le chancelier Poyet qui ne pouvoit souffrir *Chabot*, parce que les ambitieux ne peuvent souffrir les favoris, attisa le feu, irrita le roi, & lui persuada qu'il seroit aisé de convaincre *Chabot* de plusieurs fautes, même capitales. Cette affaire étoit devenue une espèce de gageure entre le roi & *Chabot*; le roi ne vouloit point perdre ce favori, mais il vouloit l'humilier & lui faire voir que les sujets les plus grands ne sont rien quand il plaît aux rois de retirer leur main protectrice; il parut donc le livrer aux coups de ses ennemis, il le fit arrêter & mettre au château de Melun; le chancelier instruisit son procès avec des commissaires tirés de divers parlemens. Le roi ayant, au bout de quelque temps, demandé des nouvelles de ce procès, le chancelier crut bien faire sa cour, en disant que l'amiral étoit convaincu de vingt-cinq crimes capitaux. Le plus grand de ces crimes étoit d'avoir imposé un très-foible droit d'amirauté sur les harengs. *Chabot* croyoit ce droit légitime; mais eût-il été illicite, la restitution & une légère amende étoient toute la peine que méritoit une faute d'un ordre si commun. Le roi sourit de ce vain entassement de charges, & s'indigna de cet acharnement à poursuivre un malheureux. Il reconnut la bassesse du courtisan & l'indignité du juge; l'idée qu'il prit alors du caractère de Poyet, ne contribua pas peu à la disgrace de ce chancelier; mais le roi voulut profiter de toutes ces circonstances contre la fierté de l'amiral. *Eh bien*, lui dit-il, *homme irréprochable*, *soutiendrez-vous encore votre innocence? Ma prison*, répondit *Chabot* avec modestie & avec finesse, *m'a appris que nul ne pouvoit se dire innocent devant son Dieu ni devant son roi*. François fut touché, mais il dissimula; il vouloit que la leçon fût entière, il laissa rendre l'arrêt; on n'eut pas honte de condamner *Chabot* à quinze cents cinquante mille livres tournois d'amende & au bannissement perpétuel. C'étoit le ruiner & le déshonorer, deux peines plus fortes que la perte de la vie. *Du moins*, dit *Chabot* au roi, *la rage de mes ennemis n'a pu me convaincre d'aucune félonie envers votre majesté*. Le roi vint à son secours, il n'écouta plus que son cœur & la duchesse d'Estampes. Celle-ci n'avoit point abandonné son ami. Des lettres-patentes du 12 mars 1542 rendirent à *Chabot* son honneur & ses biens, le rétablirent dans ses dignités & dans sa réputation, le déchargèrent de l'amende, le rappelèrent du bannissement, imposèrent un silence éternel au procureur général. Toute la puissance du roi ne pouvoit réparer le mal que ses juges avoient fait; ces lettres-patentes ne prouvoient pas l'innocence de *Chabot*; elles pouvoient avoir été accordées à l'amitié, à la pitié, à la sollicitation. *Chabot* le sentit bien, aussi n'employa-t-il ces lettres que comme une des pièces de son procès, qu'il fit renvoyer au parlement pour y être revu. *Chabot* fut pleinement disculpé par un arrêt du 23 mars, & le 29, le roi lui fit expédier dans son conseil d'autres lettres, datées de Bar-sur-Seine qui le déclaroient innocent.

Mais le coup mortel étoit porté. *Chabot* avoit succombé sous le poids de l'humiliation, il ne fit que languir jusqu'au premier juin 1543, qu'il mourut, laissant au roi, avec le regret de sa perte & le remord de l'avoir causée, l'importante leçon de ne point se jouer de l'honneur de ses sujets. Le roi le fit enterrer aux Célestins dans la chapelle de la maison d'Orléans, à laquelle il tenoit par Françoise de Longwi, sa femme, fille de Jeanne d'Angoulême; le roi prit soin de lui ériger un tombeau, tardive & insuffisante réparation d'un mal irréparable.

Guy DE CHABOT, seigneur de Jarnac, chevalier de l'ordre du roi, & gouverneur de la Rochelle, étoit un neveu de l'amiral, beau-frère de la duchesse d'Estampes, dont nous avons parlé. Ce fut lui qui, au commencement du règne de Henri II, soutint contre François de Vivonne, seigneur de la Châteigneraye, ce fameux combat en champ clos, à Saint-Germain-en-Laye, en présence du roi, dont la Châteigneraye étoit le favori.

La Châteigneraye étoit l'homme le plus robuste de la cour & le plus redouté dans ces sortes de combats; il dédaignoit fort son adversaire & avoit invité ses amis à souper pour se réjouir avec lui d'une victoire qui lui coûteroit peu. Il fut vaincu au grand étonnement du roi & de toute la cour. Jarnac, d'un revers qui s'appelle encore *le coup de Jarnac*, lui fendit le jarret & le fit tomber baigné dans son sang; il fit ce qu'il put pour sauver la vie à son ennemi qui avoit été son ami, & avec lequel il s'étoit brouillé pour un mot indiscret que la Châteigneraye avoit dit au roi, alors dauphin, comme lui ayant été confié par Jarnac, & que le roi avoit eu la coupable indiscrétion de divulguer. Jarnac vainqueur pardonna tout, parla en homme, en ami, en citoyen, conjura la Châteigneraye de vivre pour continuer à servir le roi & l'état, conjura le roi de l'y obliger, le lui donna. Il attendrit le roi que le sort du combat avoit étonné & affligé, & qui charmé d'un tel procédé, lui dit: *Vous avez combattu comme César & parlé comme Cicéron*. On prit soin de la Châteigneraye, mais il voulut mourir &

déchira lui-même ses blessures. Ronsard adressa une ode à Jarnac sur sa victoire. Il n'est pas vrai que le chagrin que Henri II conçut de la mort de son favori ait fait abolir alors les combats judiciaires. Il y en a plusieurs exemples postérieurs, dont quelques-uns sont du même règne.

Le duché de Rohan a passé dans la maison de *Chabot* par le mariage de Marguerite, duchesse de Rohan, fille du fameux duc de Rohan, chef des Huguenots sous Louis XIII, & blessé à mort au premier combat de Rheinfeld, du 28 février 1638, avec Henri de *Chabot*, seigneur de Sainte-Aulaye, gouverneur d'Anjou, descendu de Guy *de Chabot*, vainqueur de la Châteigneraye. Le mariage de Henri *de Chabot* & de Marguerite de Rohan est de 1645.

CHABRIAS, illustre général athénien, remporta une victoire navale sur Pollis, général Lacédémonien; envoyé ensuite au secours des Thébains contre ces mêmes Lacédémoniens, abandonné dans un combat sur terre de ses infidèles alliés, n'ayant plus de ressources que dans sa valeur & dans sa bonne conduite, il fit voir qu'elles suffisoient dans les occasions les plus désespérées; il ordonne à ses soldats de mettre un genou en terre, de se serrer les uns contre les autres, de se couvrir entiérement de leurs boucliers & d'étendre leurs piques en avant; ce rempart de fer qui ne présentoit aucun endroit foible, ne put être forcé; Agésilas, général des Lacédémoniens, quoique réputé vainqueur, se vit arrêté au milieu de son triomphe & obligé de se retirer. Les Athéniens sentirent le prix de cette manœuvre; ils en consacrèrent le souvenir en érigeant à *Chabrias* une statue, où il étoit représenté dans la posture qui avoit enlevé la victoire aux ennemis, ou qui du moins la leur avoit rendue inutile. *Chabrias* rétablit Nectènabo sur le trône d'Egypte, & il alla mourir au siége de Chio, l'an 355 avant J. C.; son vaisseau fut coulé à fond; il eut pu l'abandonner & se sauver à la nage; mais persuadé que le général devoit sur-tout donner l'exemple dans le moment du péril, il jugea la fuite honteuse, & préféra la mort. Il avoit une si haute idée de l'influence d'un général sur son armée, & il avoit une influence si heureuse sur les siennes, qu'il disoit *qu'une armée de cerfs commandée par un lion battroit une armée de lions commandée par un cerf.*

CHABACOUT, *ou* XACABOUT, comme on l'écrit dans les Indes, sub. m. (*Hist. mod.*) est une sorte de religion qui s'est répandue dans le Tonquin, à la Chine, au Japon & à Siam. Xaca, qui en est l'auteur, y enseigna la transmigration des ames, & assura qu'après cette vie il y avoit des lieux différens pour punir les divers degrés de coupables, jusqu'à ce qu'après avoir satisfait chacun selon l'énormité de ses péchés, ils retournassent à la vie, sans finir jamais de mourir ou de vivre; mais que ceux qui suivoient sa doctrine, après un certain nombre de résurrections, ne revenoient plus, & n'étoient plus sujets à ce changement. Pour lui il avouoit qu'il avoit été obligé de renaître dix fois, pour acquérir la gloire à laquelle il étoit parvenu; après quoi les Indiens sont persuadés qu'il fut métamorphosé en éléphant blanc. C'est de-là que vient le respect que les peuples du Tonquin & de Siam ont pour cet animal, dont la possession même a causé une guerre cruelle dans les Indes. Quelques-uns croyent que Xaca étoit Juif, ou du moins qu'il s'étoit servi des livres juifs. Aussi dans les dix commandemens qu'il avoit prescrits, il s'en trouve plusieurs conformes à ceux du Décalogue, comme d'interdire le meurtre, le larcin, les desirs déréglés & autres.

Quant au temps où il a vécu, on le fait remonter jusqu'au règne de Salomon: on a même conjecturé que ce pouvoit bien être quelqu'un de ces misérables que ce grand roi chassa de ses états, & qu'il exila dans le royaume de Pégu pour y travailler aux mines; c'est du moins une ancienne tradition du pays. La doctrine de cet imposteur fit d'abord de grands progrès dans le royaume de Siam; & de-là elle s'étendit à la Chine, au Japon, & aux autres états, où les bonzes se vantent d'être les disciples des Talapoins, sectateurs de Xaca. Mais le royaume de Siam n'est plus aujourd'hui la source de toutes leurs fausses doctrines, puisque les Siamois-mêmes vont s'instruire de la doctrine de Xaca dans le royaume de Laos, comme dans une université. *Tissanier*, jésuite françois, relation de son voyage. Tavernier, *voyages des Indes.* (*A. R.*)

CHAISE (LA) *cathedra*, des Romains, étoit un siége sur lequel les femmes s'asseyoient & se faisoient porter; il étoit rembourré & mou comme les nôtres. Les valets destinés à porter ces *chaises*, s'appeloient *cathedrarii*. On donnoit encore à Rome le nom de *cathedra*, chaise, aux siéges qui servoient aux maîtres d'école. C'est de-là qu'a passé dans l'église le mot *cathedra*, qui se dit du siége de l'évêque; & le mot *cathédrale*, qui désigne une puissance ou juridiction. (*A. R.*)

CHAISE PERCÉE, (*Hist. mod.*) *Chaise* sur laquelle on élève le pape nouvellement élu. Les Protestans ont fait sur cette cérémonie beaucoup de railleries & de satyres, toutes fondées sur l'histoire prétendue de la papesse Jeanne; mais depuis que David Blondel, un de leurs plus fameux écrivains, Bayle, & même Jurieu, ont fait voir eux-mêmes à leurs confrères la fausseté de cette historiette, qui n'avoit pris naissance que dans des temps d'ignorance, où l'on n'examinoit pas les faits avec l'exactitude scrupuleuse que l'on a employée depuis près de deux siècles dans la discussion de l'histoire, ils sont plus réservés sur la *chaise percée* dont il s'agit. Le P. Mabillon a donné de cette cérémonie une raison mystérieuse, & qui n'est pas dénuée de vraisemblance. On place, dit-il, le nouveau pape sur ce siége pour le faire souvenir du néant des grandeurs, en lui appliquant ces paroles du ps. cxij. *Suscitans à terra inopem, & de stercore erigens pauperem, ut collocet eum cum principibus, cum principibus populi ſui*; ce qui eſt fort différent de l'origine burleſque & indécente que lui donnoient les Proteſtans. (*G.*)

CHAISE (de la) (*Hiſt mod.*), eſt le nom & d'un ami de Port-Royal & d'un homme qui par état en étoit l'ennemi.

Le premier, Jean Filleau *de la Chaiſe*, frère de Filleau de Saint-Martin, traducteur de dom Quichotte, compoſa ſur les mémoires de M. de Tillemont, une hiſtoire de ſaint Louis. Cet ouvrage, protégé par un parti puiſſant, révéré, & qui plus eſt, opprimé, excita tant de curioſité dans le public, qu'on fut obligé de mettre des gardes chez le libraire les premiers jours de la publication. Le parti oppoſé à Port-Royal, fit faire une autre hiſtoire de ſaint Louis par l'abbé de Choiſy qui, avec ſa légèreté ordinaire, l'ébaucha en trois ſemaines. Cette ſeconde hiſtoire éclipſa entièrement la première, & c'eſt la ſeule fois que les ennemis de MM. de Port-Royal ayent eu l'avantage ſur eux. Les Jéſuites ſe ſont piqués de refaire preſque tous les livres de Port-Royal, ils n'ont fait par-là que redoubler l'empreſſement du public pour ces livres; l'émulation n'eſt pas toujours heureuſe, ni l'envie toujours adroite.

Le P. DE LA CHAISE (François), eſt le ſecond dont nous voulons parler. Il étoit petit-neveu du fameux P. Cotton, & fut, comme lui, confeſſeur du roi; il le fut de Louis XIV à la place du P. Ferrier en 1675. Il a eu, comme Auguſte, un Tibère pour ſucceſſeur, qui l'a fait regretter, & dont la violence l'a fait paſſer par comparaiſon pour modéré. Nous avons vu cependant (*Voyez* l'article CAULET,) qu'il donnoit quelquefois à Louis XIV des conſeils violens & injuſtes, & nous voyons dans une lettre de Boileau à Racine, qu'il fallut négocier avec lui comme avec une puiſſance & flatter ſa théologie deſpotique, pour obtenir que l'épître ſur l'amour de Dieu pût paroître. Lorſqu'un moine, confeſſeur du roi, a trop de crédit, le pénitent eſt foible, ou le directeur trop habile. Les janſéniſtes reprochoient au P. *de la Chaiſe* du faſte perſonnel & l'enrichiſſement de ſa famille. Madame de Maintenon, qui le ménageoit & le craignoit, diſoit qu'il avoit *plus de talent pour le mal que pour le bien*. Obſervons que la révocation de l'édit de Nantes & les dragonades ſont de ſon temps, & nous pouvons dire de ſon règne. Il étoit honoraire de l'académie des inſcriptions & belles-lettres, & c'eſt là peut-être qu'il étoit le mieux placé. Il avoit le goût & la connoiſſance des médailles; il étoit né à Aix en Forez en 1624. Il mourut en 1709.

CHALAIS (*Voyez* TALEYRAND.)

CHALCIDIUS (*Hiſt. litt. anc.*), philoſophe platonicien du 3ᵉ. ſiècle, connu par un commentaire eſtimé ſur le *Timée* de Platon.

CHALCONDYLE (LAONIC) (*Hiſt. litt. mod.*) athénien du quinzième ſiècle, auteur d'une hiſtoire des Turcs en grec, traduite en latin par Clauſer, en françois par Blaiſe Vigénère dont la traduction a été continuée par Mézerai.

Un autre CHALCONDYLE à peu-près du même temps, nommé Démétrius, fut un de ces Grecs qui, après la priſe de Conſtantinople par Mahomet II, portèrent les lettres grecques en Italie. On a de lui une grammaire grecque aſſez rare. Il mourut à Rome en 1513.

CHALES (CLAUDE-FRANÇOIS MILLET DE) (*Hiſt. litt. mod.*) jéſuite, né à Chambéry en 1621, étoit mathématicien, ſes ſupérieurs vouloient qu'il enſeignât la théologie; le duc de Savoie décida qu'il falloit qu'il fût mathématicien puiſque la nature l'avoit voulu. On a de lui un cours complet de mathématiques en quatre vol. *in-fol.* en latin, encore eſtimé à quelques égards; mort à Turin en 1678.

CHALINIERE (JOSEPH-FRANÇOIS SANT DU BOIS DE LA) (*Hiſt. litt. mod.*), chanoine d'Angers auteur des *Conférences du diocèſe d'Angers, ſur la Grace*; mort en 1759.

CHALONS, (Princes d'ORANGE) *Voyez* ORANGE.

CHALUCET (ARMAND-LOUIS BONNIN DE), évêque de Toulon, contribua beaucoup à la défenſe de cette place, aſſiégée en 1707 par le duc de Savoie, il s'épuiſa pour fournir aux aſſiégés les ſecours néceſſaires, il brava tous les périls, treize bombes tombèrent ſur ſon palais, quelques-unes même au coin de ſon lit. La ville lui témoigna ſa reconnoiſſance par un monument public & une inſcription honorable; mort au mois d'août 1712.

CHALVET (MATTHIEU DE), (*Hiſt. litt. mod.*) conſeiller au parlement de Toulouſe, puis conſeiller d'état ſous Henri IV, mauvais traducteur des œuvres de Sénèque le philoſophe; mort à Toulouſe en 1707.

CHAM (*Hiſt. ſacr.*) fils de Noé, maudit dans ſa race par ſon père, pour lui avoir manqué de reſpect, *Geneſ. c.* 9.

CHAMBRAY, ancienne maiſon de Normandie. *Voy.* la FERTÉ-FRESNEL).

Un autre CHAMBRAI, étranger à cette maiſon, (Roland Fréard, ſieur de *Chambrai*,) appartient à l'hiſtoire des lettres & des arts par un *Parallèle de l'architecture antique avec la moderne*, & par une traduction françoiſe du *Traité de la peinture de Leonard de Vinci*; il étoit parent & ami du ſecrétaire d'état Deſnoyers, & vivoit vers le milieu du dix-ſeptième ſiècle.

CHAMBRE (CUREAU DE LA) (*Hiſt. litt. mod.*) Marin Cureau *de la Chambre*, & Pierre Cureau *de la Chambre*, ſon fils, curé de S. Barthélemi à Paris, ont été l'un & l'autre de l'académie françoiſe. Les uns ſont de l'académie françoiſe parce qu'ils ſont connus; les autres ſont connus parce qu'ils ſont de l'académie françoiſe: Marin Cureau étoit auſſi de l'académie des ſciences. Il étoit médecin ordinaire du roi; il a laiſſé quelques ouvrages aujourd'hui peu célèbres, les uns moraux, les autrès-relatifs à sa profession, *les Caractères des Passions*, dont Boileau a dit:

Laissons-en discourir *la Chambre* & Coeffeteau.

l'Art de connoître les hommes; *la Connoissance des bêtes*, *Conjectures sur la digestion*; *le Systême de l'ame*. Né au Mans vers 1594, mort en 1669.

Le curé de S. Barthélemi écrivoit peu, mais il faisoit écrire en fournissant des conseils & des idées, & il se comparoit, à cet égard à Socrate. On a de lui quelques panégyriques. Mort en 1693.

Un autre abbé DE LA CHAMBRE, d'une autre famille, (François Illharart *de la Chambre*, docteur de sorbonne & chanoine de S. Benoît, a fait plusieurs traités dogmatiques & polémiques, principalement contre le jansénisme, un *Traité de la vérité de la religion*, un *Traité de l'église*, un *Traité de la grace*; un *Traité du formulaire*; une *Introduction à la théologie*. Mort en 1753.

CHAMIER, (DAVID) théologien protestant, est beaucoup moins connu pour avoir écrit contre le cardinal Bellarmin la *Panstratie catholique* ou *Guerre de l'Eternel*, que pour avoir dressé l'édit de Nantes, & pour avoir été tué d'un coup de canon, en 1721, au siége de Montauban, sur un bastion, où il s'exposoit en soldat par zèle de prédicant. Son petit-fils, héritier de son zèle, fut roué pour avoir eu part à quelque attroupement des Huguenots dans le Dauphiné, sous le règne de Louis XIV.

CHAMILLARD, (ETIENNE) (*Hist. litt. mod.*) Jésuite, né à Bourges en 1656, prédicateur & antiquaire. On a de lui une édition de Prudence à l'usage du Dauphin; elle est rare. On a aussi de lui des *Dissertations sur plusieurs médailles*, pierres gravées & autres monumens d'antiquités. On le trompa sur quelques fausses médailles qu'il crut anciennes & qu'il eut le malheur d'expliquer avec une grande profusion d'érudition, accident arrivé à plus d'un antiquaire, & qui ne doit pas plus décrier l'érudition, qu'une erreur en matière de goût ne doit décréditer le génie. Le P. *Chamillard* mourut à Paris en 1730.

CHAMILLART (Michel de) (*Hist. de Fr.*) C'est le Ministre *Chamillart*: d'abord conseiller au parlement de Paris, puis maître des requêtes, & conseiller d'état, il étoit un juge d'un mérite ordinaire, mais non pas d'une probité ordinaire; on a raconté de lui, ce qu'on raconte à la vérité de quelques autres, mais en très-petit nombre, nommément de Desbarreaux, qu'étant rapporteur d'un procès qu'il avoit fait perdre par sa négligence à celui qui avoit droit, il les exécuta lui-même, & rendit à la partie lésée la somme de vingt mille francs dont il s'agissoit au procès. Bien des juges sans doute ont fait la même faute, fort peu ont pu dire comme M. de *Chamillart*, avec le président de la *Gouvernante*.

Vous voyez le coupable & le réparateur.

M. de Montesquieu, en parlant des faux jugemens des hommes & du peu de rapport qu'ils mettent quelquefois entre leurs opinions, & les motifs sur lesquels ils les fondent, observe que tel qui devroit être méprisé, parce qu'il est un sot, ne l'est souvent que parce qu'il est homme de robe. On pourroit observer, dans un sens à peu près semblable que la fortune de M. de *Chamillart*, qui auroit pû naître d'un si beau trait de générosité & de justice, vint de ce qu'il jouoit bien au billard; il est difficile de dire quel rapport Louis XIV avoit trouvé entre ce petit talent & celui de gouverner un grand état; mais il chargea M. de *Chamillart*, malgré lui, des emplois de Louvois & de Colbert: il faut rendre justice à *Chamillart*, il osa faire des représentations à son maître sur ce choix; il eut la grandeur d'ame d'alléguer son incapacité. Louis XIV voulut qu'il fût ministre & de la guerre & des finances, il lui dit: *je serai votre second.* Louis XIV, en cette occasion, n'eut pas, comme *Chamillart*, ou le bon esprit de voir, ou la grandeur d'ame d'avouer, que le second même n'étoit pas suffisant, sur-tout dans les temps malheureux que la révocation de l'édit de Nantes, & les guerres continuelles avoient amenés. Louis XIV croyoit avoir formé Colbert & Louvois, parce qu'il leur avoit donné des ordres que ces ministres avoient eu l'adresse de lui inspirer. Il ne forma point *Chamillart*, parce que *Chamillart* ne lui inspiroit rien.

Le ministère même n'eut pas le pouvoir d'aveugler *Chamillart* sur sa médiocrité, il écrivoit à M. de Catinat, en lui exposant ses idées sur la situation où ce général se trouvoit: *Je ne suis qu'un robin qui fait son noviciat dans la guerre, ainsi entre vous & moi, tout ce que je vous dis ne veut rien dire.* On a demandé comment un ministre du roi pouvoit se permettre d'écrire ainsi. J'ose être d'un avis bien différent, j'ose penser que c'est ce qu'un ministre, sur-tout homme de robe, devroit toujours écrire à un général, sur-tout aussi sage & aussi habile que M. de Catinat, le ministre fût-il en état, comme Louvois de faire l'instruction au maréchal d'Humières, pour le siége de Gand « Vous » êtes sur les lieux, c'est à vous à vous déter» miner par les circonstances, sans attendre nos con» jectures & nos combinaisons de Versailles qui » doivent avoir le double défaut d'être fautives & » tardives ». Enfin le cri public força Louis XIV d'exaucer les vœux que *Chamillart* avoit faits si souvent d'être déchargé du gouvernement de l'état. Il avoit été fait contrôleur général en 1699; ministre de la guerre, en 1701; il remit le contrôle général en 1708, & le ministère de la guerre en 1709. Des mémoires du tems insinuent cependant que, si au commencement il avoit paru craindre d'être chargé de ce double fardeau, à la fin il ne désiroit plus d'en être déchargé, qu'il chercha même les moyens de prolonger son ministère, tant on s'accoutume aisément au rang suprême, tant il est doux apparemment de commander, tant il est dur au moins de décheoir!

M. de *Chamillart* avoit encore le ministère de la guerre au temps de ce fameux conseil, où Louis XIV poussé au désespoir par les propositions révoltantes des alliés, pleura si amèrement de se voir réduit par la guerre à l'impossibilité de continuer la guerre, & de faire la paix. On pouvoit dire alors :

Eh bien! voilà ce roi si fier & si terrible!

Dans ce Conseil, M. de Beauvillier, avec cette vertu romaine qui faisoit son caractère, pressa M. de *Chamillart* de dire au roi, en bon citoyen, en ministre zélé, en homme vrai, s'il étoit encore possible que la France courût les hazards & supportât les dépenses d'une seule campagne; M. de *Chamillart* ne répondit que par un morne silence. Toutes les ressources extrêmes avoient été épuisées sous son malheureux ministére, sans qu'on pût s'en prendre au ministre; les impots étoient journellement augmentés, les billets de monnoie établis; on avoit vendu tout ce qu'on avoit pu vendre, jusqu'aux croix de S. Louis, qu'il importoit si fort de ne vendre pas. M. de *Chamillart* eut pour successeur, dans le ministère des finances, M. Desmarêts, & dans le ministère de la guerre, M. Voisin. Il mourut en 1721, âgé de soixante & dix ans.

CHAMILLY, (NOEL BOUTON DE) (*Hist. de France*,) maréchal de France à jamais célèbre par la belle défense de Grave en 1675. Mort à Paris en 1715 à 79 ans.

Dans sa jeunesse il avoit servi en Portugal sous le maréchal de Schomberg; là, ses liaisons avec une religieuse portugaise donnèrent lieu aux fameuses lettres portugaises, si souvent réimprimées : à son retour du Portugal, il en rapporta les originaux qu'il fit traduire par Subligny.

Nicolas Bouton, comte de *Chamilly*, père du maréchal, se signala aussi par la défense des places. Il défendit Stenai en 1654, pour le grand Condé, contre l'armée royale, pendant quarante-trois jours, il y eut l'épaule cassée; en 1788, il ne défendit pas moins vigoureusement la Capelle; il mourut en 1662 couvert de blessures.

Erard II, son fils aîné, frère du maréchal, suivit le grand Condé aux campagnes de Rocroi, de Fribourg, de Lens, il le suivit aussi dans sa défection, & rentra en grace en même temps que lui.

Un de leurs cousins, Jean-Baptiste Bouton, fut tué à vingt & un ans, au siége de Philisbourg en 1644.

La Maison de *Bouton-Chamilly* étoit ancienne & considérable en Bourgogne.

CHAMOUSSET (CHARLES HUMBERT PIARRON DE) (*Hist. mod.*), maître des comptes, homme dont la mémoire doit être à jamais chère & respectable; il ne fit, ne proposa, ne rêva que du bien, les intérêts de l'humanité lui furent toujours présens & toujours sacrés. Particulier sans fortune, & vivant dans une monarchie, il a fait plus de choses utiles que beaucoup de grands princes : on résista d'abord selon l'usage au bien qu'il proposoit, on finit par en profiter. C'est à lui qu'on doit l'établissement de la petite poste de Paris. Il avoit publié le *plan d'une Maison d'association pour les malades*; on n'accueillit point alors ce projet, on y trouvoit je ne sais quelle idée d'hôpital qui humilioit; mais un hôpital ou hospice à l'établissement duquel on a contribué, où une bienfaisance prévoyante & utilement intéressée nous acquiert les droits de fondateur, & nous assure dans nos besoins des secours que nous accordons d'avance aux besoins des autres, un pareil asyle peut-il jamais avoir rien d'humiliant? Nous voyons aujourd'hui cet établissement se reproduire sous une nouvelle forme, en faveur des ecclésiastiques & des militaires sans fortune, tant il est vrai que le bien, dès qu'il est montré, dès qu'il est apperçu, est un germe qui fructifie pour une génération ou pour une autre! Proposons toujours le bien, ne fût-ce que pour épuiser & pour épargner à nos neveux, ces dédains, ces froideurs, ces plaisanteries, ces contradictions, épreuve par laquelle toute invention heureuse & utile doit passer nécessairement, nous aurons beaucoup avancé ce bien même que nous n'aurons pas vu exécuter, que nous aurons même vu rejetter. On a encore du même M. de *Chamousset* d'autres écrits, toujours marqués de ce sceau respectable de l'utilité publique; tels sont deux mémoires, l'un sur la conservation des enfans, l'autre sur l'emploi des biens de l'hôpital S. Jacques à Paris, & des observations sur la liberté du commerce des grains. Cet homme excellent mourut le 27 mars 1773.

CHAMPAGNE (*Hist. mod.*). Dans les deux partages que firent les enfans de Clovis & ceux de Clotaire I, la *Champagne* faisoit partie du royaume de Metz ou d'Austrasie. On voit dans Grégoire de Tours divers ducs de *Champagne*, tels que Loup & Wintrion; ce sont des gouverneurs de cette province pour les rois d'Austrasie, & il y en a eu d'autres depuis. Les comtes héréditaires de *Champagne* n'ont commencé que vers l'an 953. Ceux d'entre eux qui ont été célèbres se trouveront à leurs noms particuliers. Dans le temps de l'ancienne pairie féodale ou réelle, dont l'origine est inconnue, la *Champagne* étoit le premier ou la première des trois comtés-pairies laïques. On ignore aussi l'origine précise du titre de palatins que portoient les comtes de *Champagne*; ce sont de ces questions sur lesquelles les savans s'exercent & se divisent. Les pairs de France avoient leurs pairs particuliers qui étoient leurs vassaux directs & arrière-vassaux de la couronne, & par lesquels ils faisoient tenir les états de leurs pays: les pairs de *Champagne* étoient sept comtes, savoir: les comtes de Joigny, de Rethel, de Brienne, de Roucy, de Braine, de Grand-Pré, de Bar-sur-Seine.

Le fameux Thibault, comte de *Champagne*, si connu par ses chansons & par son amour pour la reine Blanche, nié par M. l'évêque de la Ravalière, hérita du royaume de Navarre à la mort du roi Sanche VII, son oncle maternel, dit *l'Enfermé*; ce royaume ne valoit pas son comté, mais son comté servit à le faire valoir; il transporta dans la Navarre de bons laboureurs de Brie & de Champagne, qui le fertilisèrent & le peuplèrent. Jeanne, sa petite fille, épousa Philippe-le-Bel, & lui porta en mariage la Navarre, la Champagne & la Brie. Edouard III, roi d'Angleterre, qui réclamoit la couronne de France, comme petit-fils de Philipe-le-Bel par Isabelle de France, réclama aussi la Navarre au même titre. Les états de Navarre déclarèrent que cette Couronne appartenoit à Jeanne de France, fille de Louis Hutin, l'aîné des trois fils de Philippe-le-Bel & de Jeanne de Navarre: jugement juste & qui fut exécuté.

Edouard ayant réclamé la *Champagne* & la Brie, comme la Navarre, en fut exclus comme de la Navarre, & par les mêmes raisons.

Après l'extinction de la race masculine de Philippe-le-Bel, la France avoit restitué la Navarre, c'est-à-dire, l'avoit laissée passer à la fille de Louis Hutin; mais la restitution de la *Champagne* & de la Brie ne paroissoit pas si indispensable: c'étoient incontestablement des provinces françoises soumises dans l'origine à la loi salique, & que la réunion sembloit avoir fait rentrer sous l'empire de cette loi. Il est même à remarquer que la France les avoit déclarés fiefs masculins par le jugement que Blanche de Castille & Saint-Louis avoient prononcé entre Thibault & Alix, sa cousine.

Henri I, comte de *Champagne* & de Brie, avoit eu deux fils, Henri II & Thibaut V. Henri II n'ayant laissé que des filles dont Alix étoit l'aînée, Thibaut V recueillit la succession à leur préjudice; il fut père de Thibault VI, le chansonnier, celui qui hérita, comme nous l'avons dit, de la couronne de Navarre. Alix redemanda la *Champagne* & la Brie à ce dernier; elles furent adjugées à Thibaut VI, moyennant une somme qu'il fut obligé de payer à sa cousine. Ce fut, comme nous l'avons dit encore, la fille de Thibaut VI, qui porta ces provinces en mariage à Philippe-le-Bel. En vertu de ce dernier exemple contraire à la loi salique, on jugea qu'elles devoient revenir à la fille de Louis Hutin. Elle porta ses droits en mariage à Philippe, comte d'Evreux, petit fils du roi Philippe le Hardi, & les transmit à Charles le Mauvais, roi de Navarre, son fils.

Ces droits avoient été la matière de quelques contestations entre cette princesse & ses oncles, Philippe le Long & Charles-le-Bel. Ces princes gardèrent la *Champagne* & la Brie dont ils donnèrent à leur nièce tel dédommagement qu'ils voulurent. Philippe de Valois, plus juste, transigea pour ces comtés qu'il eût peut-être été encore plus juste, mais moins politique, de restituer. La situation de la *Champagne* qui la rend frontière du côté de l'Allemagne, & celle de la Brie qui serre de trop près la capitale, faisoient de l'acquisition de ces deux provinces, un objet important de la politique de nos rois. Philippe offrit un échange & le fit accepter; il donna au roi & à la reine de Navarre, outre des rentes dont ils se contentèrent, les comtés d'Angoulême & de Mortain, puis au lieu d'Angoulême, les domaines de Pontoise, de Beaumont-sur-Oyse & d'Asnières. Le traité est du 14 mars 1335: ainsi fut consommée la réunion de la *Champagne* à la couronne, qui fut encore confirmée en 1361 par le roi Jean.

CHAMP CLOS (*Hist. mod.*), étoit anciennement un lieu clos ou fermé de barrières, destiné aux *joûtes* & aux *tournois*, divertissemens que prenoient les souverains & qu'ils donnoient à leur cour. Mais on l'a aussi attribué à des combats singuliers qui étoient quelquefois ou permis ou ordonnés par les souverains, pour la vengeance des injures, & pour maintenir l'honneur des chevaliers, ou même celui des dames de la cour. Alors on se battoit en *champ clos*, & ces combats avoient leurs lois & leurs juges. (*A. R.*)

CHAMP-DIVERS (ODETTE DE) (*Hist. de Fr.*), fille d'un marchand de chevaux, avoit de la beauté, de l'esprit, de la bonté, de la douceur. Charles VI, dans sa démence même, eut le bon esprit ou le bonheur de l'aimer; elle prenoit sur lui un souverain empire, & n'en usoit que pour l'avantage du prince. On l'appelloit *la petite reine*. La véritable reine, Isabelle de Bavière; qui ne vouloit que régner avec le duc d'Orléans, son amant & son beau-frère, & à qui la personne de son mari étoit fort indifférente, fut la première à lui procurer cet amusement. Le roi dans ses accès étoit violent, il vouloit frapper ceux qui l'approchoient. Odette paroissoit: *Retirez-vous*, disoit-elle, *le roi est le maître, mais*, ajoutoit-elle, *je n'aimerai plus mon ami, puisqu'il ne consent pas à ce qu'on lui demande pour son bien.* Le roi aussi-tôt consentoit à tout. Auparavant, on n'imaginoit pas d'autre moyen de le réduire, que de faire entrer brusquement dans sa chambre dix ou douze hommes masqués, vêtus de noir & d'un aspect hideux, qui arrachoient de lui, par l'effroi qu'ils lui inspiroient, ce qu'*Odette* en obtenoit par douceur & par amitié. Ce prince qui, lorsqu'il sentoit revenir les accès de son mal, se jettoit à genoux en fondant en larmes, & prioit dieu en disant que si c'étoit sa volonté de l'éprouver encore par ces humiliations douloureuses, il les acceptoit

acceptoit en expiation de ses fautes; mais que du moins ce dieu de bonté ne permît pas que la folie d'un malheureux roi fît le moindre mal à son peuple ni à aucun de ses sujets, un tel prince méritoit bien qu'on n'ajoutât pas à la rigueur de son sort par la dureté des traitemens. On ignore quelle fut la durée de la vie d'*Odette*, & si Charles VI jouit long-temps de la douceur de son empire : on sait seulement qu'il en eut une fille.

CHAMPEAUX (GUILLAUME DE) (*Hist. litt. mod.*), archidiacre de Paris au douzième siècle, fondateur des chanoines réguliers de saint-Victor, puis évêque de Châlons-sur-Marne, mourut religieux de Cîteaux en 1121. On a de lui un traité de l'origine de l'ame dans le *thesaurus anecdotorum*, de dom Martène. Il est moins connu par cet ouvrage que par ses démêlés avec Abailard. (*Voyez* ABAILARD).

CHAMPIER (SYMPHORIEN) (*Hist. litt. mod.*), lyonnois, premier médecin d'Antoine, duc de Lorraine, écrivain obscur & fécond dont on cite quelquefois *la vie du chevalier Bayard*, qu'il faut bien distinguer de celle qui fut écrite par le secrétaire de ce héros, & qui plaît tant dans sa piquante naïveté; & *les grandes chroniques des ducs & princes de Savoye*. Le reste de ses ouvrages ne vaut pas l'honneur d'être nommé.

CLAUDE, son fils, est auteur d'un ouvrage intulé, *Singularités des Gaules*, qu'il fit à l'âge de dix-huit ans.

JEAN BRUYREN CHAMPIER, neveu du premier, cousin du second, médecin à Lyon, est auteur d'un traité *de re cibariâ*, & traducteur du traité d'Avicenne *de corde ejusque facultatibus*. Tous trois vivoient vers le milieu du seizième siècle.

CHAMPION s. m. (*Hist. mod.*), signifie proprement une *personne qui entreprend un combat pour un autre*, quoiqu'on applique aussi ce nom à celui qui combat pour sa propre cause.

Hottoman définit le *Champion* : *Certator pro alio datus in duello, à campo dictus, qui circus erat, decertantibus definitus* : de-là vient aussi le mot de *champ de bataille*.

Ducange observe que les *champions*, dans la signification propre, étoient ceux qui se battoient pour d'autres; lesquels étant obligés, selon la coutume, d'accepter le duel, avoient pourtant une excuse légitime pour s'en dispenser, comme de caducité, de jeunesse ou d'infirmité : il ajoute que c'étoit le plus souvent des mercenaires qu'on louoit à prix d'argent, & qui dès-lors passoient pour infâmes.

Quelquefois le vassal, en vertu de son fief & des conditions de l'hommage, devenoit *Champion* de son seigneur, dès que ce seigneur le demandoit.

Des auteurs soutiennent que toutes personnes étoient reçues à servir de *Champions*, excepté les parricides & ceux qui étoient accusés de crimes très-odieux. Les clercs, les chanoines, les religieux, les femmes mêmes étoient obligés de fournir des *Champions* pour prouver leur innocence.

Cette coutume de décider les différends par un combat, est venue originairement du nord; elle passa de-là en Allemagne, les Saxons la portèrent en Angleterre, & elle s'établit insensiblement dans le reste de l'Europe, sur-tout chez les nations militaires, & qui faisoient leur principale occupation des armes.

Lorsqu'on avoit choisi deux *Champions* pour décider de la vérité ou de la fausseté d'une accusation, il falloit, avant qu'ils en vinssent aux mains, qu'il intervînt une sentence pour autoriser le combat. Quand le juge l'avoit prononcée, l'accusé jettoit un gage (d'ordinaire c'étoit un gant); ce gage de bataille étoit relevé par l'accusateur : après quoi on les mettoit l'un & l'autre sous une garde sûre jusqu'au jour marqué pour le combat.

Si dans l'intervalle l'un des deux prenoit la fuite, il étoit déclaré infâme, & convaincu d'avoir commis le crime qu'on lui imputoit; l'accusé, non plus que l'accusateur, n'obtenoit la permission de s'en tenir-là, qu'en satisfaisant le seigneur pour la confiscation qu'il auroit dû avoir des effets du vaincu, si le combat avoit eu lieu.

Avant que les *Champions* entrassent dans la lice, on leur rasoit la tête, & ils faisoient serment qu'ils croyoient que les personnes dont ils soutenoient la cause, avoient raison, & qu'ils les défendroient de toutes leurs forces. Leurs armes étoient une épée & un bouclier. Quelques-uns disent qu'en Angleterre c'étoit le bâton & le bouclier. Lorsque les combats se faisoient à cheval, on armoit les combattans de toutes pièces; les armes étoient bénites par un prêtre avec beaucoup de cérémonies; chacun des combattans juroit qu'il n'avoit point de charmes sur lui; pour s'animer, on commençoit l'action par des injures réciproques, puis les *Champions* en venoient aux mains au son des trompettes : après qu'ils s'étoient donnés le nombre de coups marqués dans le cartel, les juges du combat jettoient une baguette pour avertir les *Champions* que le combat étoit fini : s'il duroit jusqu'à la nuit, ou qu'il finît avec un avantage égal des deux côtés, l'accusé étoit alors réputé vainqueur; la peine du vaincu étoit celle que les loix portoient contre le crime dont il étoit question : si le crime méritoit la mort, le vaincu étoit désarmé, traîné hors du camp & exécuté aussi-tôt, ainsi que la partie dont il soutenoit la cause : s'il avoit combattu pour une femme, on la brûloit. (*G.*) (*a*)

C'est un spectacle curieux, dit l'illustre auteur de l'*Esprit des lois*, de voir ce monstrueux usage du combat judiciaire réduit en pratique, & de trouver le corps d'une jurisprudence si singulière. Les hommes, dans le fond raisonnables, soumettoient à des règles leurs préjugés mêmes. Rien n'étoit plus contraire au bon sens que le combat judiciaire; mais ce point une fois posé, l'exécution s'en fit avec une certaine prudence. L'auteur célèbre que nous venons de citer, entre à ce sujet dans un détail très-curieux sur les règles de ces combats, qu'on pourroit appeler le *code des homicides*; mais ce qui est encore plus précieux, ce sont les réflexions philosophiques qu'il fait sur ce sujet. La loi salique, dit-il, n'admettoit point l'usage des preuves négatives, c'est-à dire qu'elle obligeoit également l'accusateur & l'accusé de prouver : aussi ne permettoit-elle pas le combat judiciaire. Au contraire, la loi des Francs ripuaires admettant l'usage des preuves négatives, il semble qu'il ne restoit d'autre ressource à un guerrier sur le point d'être confondu par une simple assertion ou négation, que d'offrir le combat à son adversaire, pour venger son honneur.

L'auteur cherche dans les mœurs des anciens Germains la raison de cet usage si bizarre, qui fait dépendre l'innocence du hasard d'un combat. Chez ces peuples indépendans, les familles se faisoient la guerre pour des meurtres, des vols, des injures, comme elles se la font encore chez les peuples libres du nouveau monde. On modifia cette coutume, en assujettissant cette guerre à des règles. Tacite dit que chez les Germains les nations mêmes vuidoient souvent leurs querelles par des combats singuliers.

Cette preuve par le combat avoit quelque raison fondée sur l'expérience. Dans une nation uniquement guerrière, la poltronnerie suppose d'autres vices qui l'accompagnent ordinairement, comme la fourberie & la fraude.

La jurisprudence du combat judiciaire, & en général des épreuves, ne demandant pas beaucoup d'étude, fut une des causes de l'oubli des loix saliques, des lois romaines & des lois capitulaires: elle est aussi l'origine du point d'honneur & de la fureur de notre nation pour les duels de l'ancienne chevalerie & de la galanterie. (*O.*)

CHAMPION DU ROI (*Hist. mod. d'Angl.*), chevalier qui, après le couronnement du roi d'Angleterre, entre à cheval, armé de toutes pièces, dans la salle de Westminster, jette le gant par terre, & présente un cartel à quiconque oseroit nier que le nouveau prince soit légitime roi d'Angleterre.

C'est en 1377, dans la cérémonie du couronnement de Richard II, que l'histoire d'Angleterre fait mention, pour la première fois, d'un *champion* qui alla se présenter, armé de toutes pièces, dans la salle de Westminster, où le roi mangeoit, & qui, ayant jeté son gantelet à terre, défia tous ceux qui voudroient disputer au roi ses justes droits sur la couronne.

On ignore l'origine de cette coutume, qui s'est conservée jusqu'à présent; mais il est certain qu'elle est plus ancienne que le couronnement de Richard II, puisque le chevalier Jean Dimmock, qui fit alors l'office de *champion*, y fut admis en vertu d'un droit attaché à une terre qu'il possédoit dans le comté de Lincoln, savoir le manoir de Scrivelby, qu'il avoit du chef de sa femme. Rapin, *tom. III.* Walsingham & Froissard. (*Cet article est de M. le chevalier* DE JAUCOURT.)

CHAMPLAIN (SAMUEL DE) (*Hist. moderne.*), voyageur & marin célèbre, dont un lac d'Amérique porte le nom. Envoyé par Henri IV dans le Nouveau-Monde, il fonda Quebec, & fit établir une compagnie pour le commerce du Canada. Il est regardé comme le fondateur de la Nouvelle-France : il en a aussi été l'historien. On a de lui les *Voyages de la Nouvelle-France, dite Canada.* Etabli en Amérique vers 1603; mort vers 1635.

CHAMPMESLÉ (MARIE DESMARES, femme de CHARLES CHÉVILLET, sieur de) (*Hist. du th. fr.*). Le mari & la femme étoient comédiens. Le mari étoit de plus auteur; mais il n'y a que la femme de célèbre, parce que Racine lui apprit l'art de la déclamation tragique. On croit qu'elle étoit sa maîtresse, & qu'elle le quitta pour le comte de Tonnerre; ce qui fit faire ce calembourg, aussi bon qu'aucun de ceux de nos jours: *le Tonnerre l'a déracinée.* Louis Racine a cru l'honneur de son père intéressé à n'avoir jamais aimé d'autre femme que la sienne; il a perdu beaucoup de peine, dans ses mémoires sur la vie de Jean Racine, à prouver que jamais Racine n'avoit été amoureux de mademoiselle *Champ-mêlé*, ni d'aucune autre : il est pourtant bien sûr que madame Racine, qui non-seulement n'avoit jamais vu représenter les tragédies de son mari, ce qu'elle eût regardé comme un grand péché, mais qui ne les avoit même jamais lues, n'est point la femme qui lui a fait faire ces tragédies si tendres. Racine étoit trop honnête & trop sensible, pour ne pas aimer & révérer beaucoup une femme aussi vertueuse que la sienne : il fut bon mari & bon père, tout honnête-homme l'est; mais il est permis de croire qu'avant ce temps & dans sa jeunesse il avoit été un amant fort aimable, que ce n'étoit pas avec un cœur froid & sec qu'il attendrissoit tous les cœurs, & que l'actrice jeune & belle qu'il avoit associée & intéressée à sa gloire, qu'il avoit instruite à exprimer des sentimens si tendres, & dans l'ame de laquelle il avoit fait passer la chaleur & la sensibilité de la sienne, ne lui étoit pas indifférente. C'est de ces mémoires de Louis Racine sur la vie de Jean Racine, que M. de Voltaire a dit, avec un peu d'injustice & beaucoup de malignité : *il a beau faire, il ne déshonorera pas son père.* Nous avons beau faire aussi, l'histoire de mademoiselle Champ-mêlé devient celle de Racine; c'est qu'elle n'a dû qu'à lui seul la réputation qu'elle a conservée jusqu'à nous; c'est que si Racine a quelquefois pensé à elle, en concevant ces rôles de femmes si tendres, si passionnées, si aimables, c'est le plus beau titre dont une femme puisse se glorifier. Le sieur Champ-mêlé son mari n'étoit pas, dit-on, un acteur sans talens, sur-tout dans le genre comique. On a ses œuvres imprimées en 2 vol. *in-12.* Il a des comédies dont il est seul l'auteur; on dit qu'il a fait, en société avec La-Fontaine, *le Florentin*, *la coupe enchantée*, *le veau perdu* & *je vous prends sans verd.* Il mourut en 1701 : sa femme étoit morte en 1698 ; elle étoit née à Rouen, en 1644.

CHAMPS (ETIENNE-AGARD DES) (*Hist. litt. mod.*), jésuite, né à Bourges en 1613, mort à la Flèche en 1701, est auteur d'un traité aujourd'hui bien inutile : *de hæresi jansenianâ*.

Un autre *des Champs* (François-Michel-Chrétien), est auteur de quatre tragédies bien inutiles aussi & bien oubliées, savoir, *Caton d'Utique*, *Antiochus*, *Artaxerxès* & *Médus*, & de *Recherches historiques sur le théâtre françois*. Mort en 1747.

CHANAAN (*Hist. sacr.*), fils de Cham, maudit par Noé, pour l'irrévérence de son père envers ce patriarche.

CHANDOS (JEAN) (*Hist. d'Angl.*), un des plus illustres & des plus vertueux capitaines d'Edouard III, roi d'Angleterre, dans ses guerres contre la France : il fut un de ses plénipotentiaires pour la paix de Brétigny, en 1356. Ce fut lui qui gagna, en 1364, la bataille d'Aurai, où fut terminée la querelle de la Bretagne entre les maisons de Montfort & de Penthièvre : il eut la gloire d'y faire prisonnier du Guesclin; & ce même du Guesclin ayant encore été pris par le prince Noir à la bataille de Navarrette, *Chandos*, qui respectoit en lui la valeur & la vertu, lui offrit sa bourse pour contribuer à sa rançon & accélérer le moment de sa liberté. Lorsque Charles V, voyant le génie d'Edouard III abattu par l'âge, & celui du prince Noir par la maladie, crut qu'il étoit temps de renouveller la guerre, le présage le plus marqué de la décadence des Anglois fut la perte qu'ils firent, en 1369, de ce brave *Chandos*, le du Guesclin de l'Angleterre. Presqu'invincible à la guerre, il n'en aimoit pas moins la paix : les François mêmes le pleurèrent, & la rupture des deux nations rivales ne parut sans remède que quand on eut perdu cet homme juste & modéré. Il fut tué dans un combat sur le pont de Lensac, près de Poitiers.

CHANDOUX (*Hist. mod.*). Baillet, dans sa savante vie de Descartes, a un chapitre intitulé : *Mort funeste de Chandoux*.

Ce *Chandoux* étoit un philosophe chymiste, contemporain de Descartes, & qu'on donne pour un de ses prédécesseurs dans le projet de réformer la philosophie & de détruire les chimères péripatéticiennes. Il s'annonçoit avec quelque éclat : des personnes considérables alloient entendre ses leçons & voir ses expériences. Sa fin fut en effet funeste ; il fut pendu pour fausse monnoie, en 1631, à la place de Grève.

CHANTAL (JEANNE-FRANÇOISE FRÉMIOT DE) (*Hist. mod.*), née à Dijon en 1572, épousa le baron de *Chantal*. Il fut tué à la chasse : sa veuve, âgée alors de vingt-huit ans, se donna toute entière à la piété & à la charité. S. François de Sales, qu'elle connut en 1604, fut son directeur, & sous sa conduite elle institua l'ordre de la Visitation, dont les premiers fondemens furent jetés à Annecy, en 1610. Elle mourut à Moulins, en 1641. Benoît XIV l'a béatifiée en 1751 ; Clément XIII l'a canonisée en 1767 : on a publié des lettres d'elle en 1660 ; l'abbé Marsolier a écrit sa vie en 2 vol. *in*-12. Elle étoit aïeule de madame de Sévigné, qui en parle souvent dans ses lettres.

CHANTEREAU LE FEVRE (LOUIS) (*Hist. litt. mod.*). Quelques emplois considérables qu'il exerça l'auroient laissé dans l'oubli, il est connu comme savant. On a de lui des *Mémoires sur l'origine des maisons de Lorraine & de Bar*; un *Traité des fiefs*, où il s'attache à établir que les fiefs héréditaires n'ont commencé qu'après Hugues-Capet, ce que les savans sont bien loin de lui accorder ; un traité touchant le mariage d'Ansbert & de Blitilde; un autre, où il examine si les terres situées entre la Meuse & le Rhin, sont ou ne sont pas de l'empire. Né à Paris en 1588, mort en 1658.

CHANTOCÉ (GILLES, seigneur DE) (*Hist. de Bret.*). Jean VI, duc de Bretagne, dit *le bon* & *le sage*, mort en 1442, avoit eu de Jeanne de France, sœur de Charles VII, trois fils, François, Pierre & Gilles : ce dernier est celui dont il s'agit. François régna, & fit à ses frères tel partage qu'il voulut. C'étoit une ame foible & dure, gouvernée par des méchans. Gilles, prince aimable & intéressant, avoit plu à Françoise de Dinant, & l'avoit épousée, ce qui lui avoit fait un ennemi implacable d'Arthur de Montauban, amoureux de Françoise & à qui le duc qu'il gouvernoit, l'avoit promise. Quelques propos de mécontentement échappés à Gilles sur la modicité de son apanage, furent représentés au duc par Arthur comme des transports d'une ambition redoutable & des menaces d'une révolte prochaine. On sut que Henri VI, roi d'Angleterre, avoit offert au prince Gilles l'épée de connétable, comme Charles VII avoit donné celle de France au comte de Richemont, oncle des trois princes Bretons; mais on dissimuloit le refus formel que le prince Gilles avoit fait des offres de Henri VI, en disant qu'il ne vouloit point faire la guerre au roi de France son oncle. On le peignoit & à la cour de France & à celle de Bretagne, comme le sujet & l'allié des Anglois, prêt à troubler par leur moyen ces deux états. Le duc François sur la foi d'Arthur de Montauban, prit son frère en horreur & inspira contre lui à Charles VII des préventions dont le connétable de Richemont, qui connoissoit mieux son neveu & qui lui rendoit plus de justice, fit promptement revenir ce roi naturellement équitable. Le duc n'écoutant qu'une haine aveugle, fait faire le procès à son frère sur les dépositions des plus infâmes délateurs. On assemble les états de la province, le connétable de Richemont, le héros du siècle y paroît, prend en main la défense de son neveu, entraîne les suffrages, couvre le duc de confusion ; mais le duc tient toujours son frère prisonnier, & le connétable appellé par d'autres affaires, s'éloigne de la Bretagne. Le duc & ses complices transfèrent le prince, de prison en prison, & renouvellent leurs informations calomnieuses, les juges indignés se refusent à ces manœuvres. On publie une lettre supposée du roi d'Angleterre qui redemande *son connétable*, (c'étoit Gilles qu'il désignoit ainsi,) & qui menaçoit en cas de refus, de faire une descente en Bretagne; la fausse lettre ne produisit point d'effet, personne n'y crut. On tenta d'empoisonner le prince, on envoya dans ce dessein en Lombardie, contrée alors renommée pour la composition des poisons. Gilles dut son salut à sa jeunesse & à sa bonne constitution. Il n'éprouva qu'une indisposition légère. Ses bourreaux résolurent alors de le laisser mourir de faim. On entendoit à travers les barreaux d'une grille de la prison les cris de ce malheureux qui demandoit aux passans du pain *pour l'amour de Dieu*. Personne n'osoit lui en donner. Une pauvre paysanne eut seule le courage de descendre dans les fossés & de mettre à plusieurs reprises un pain sur le bord d'un soupirail par lequel ce secours parvenoit jusqu'au prince. Ses ennemis s'étonnèrent & s'indignèrent de la prolongation de sa vie, des assassins entrèrent dans son cachot & l'étouffèrent entre deux matelats. Un religieux, confesseur du prince & dépositaire de ses dernières volontés, vint trouver le duc & le cita *de la part de feu monseigneur Gilles à comparoître devant Dieu dans quarante jours*. Sur quoi les auteurs du nouveau dictionnaire historique font cette réflexion judicieuse. « Si l'esprit se prête avec peine à ces » ajournemens alors à la mode, le cœur qui déteste les attentats de la tyrannie, ne peut s'empêcher d'être touché en dépit de tout raisonnement, & semble desirer ces vengeances temporelles de la Providence ».

La déplorable aventure de ce prince infortuné est de l'an 1445.

CHANUT (Pierre) (*Hist. mod.*), ambassadeur de France, auprès de Christine, reine de Suède, & ami de Descartes. On a de lui des mémoires. Mort en 1662.

Pierre, son fils, abbé d'Issoire, & aumônier de la reine Anne d'Autriche, a traduit les *actes du concile de Trente; la vie & les œuvres de sainte Thérèse*; mort en 1695.

CHAPELAIN (Jean) (*Hist. litt. mod.*). *Chapelain* paroît être un exemple de réputation détruite par la satyre. Il étoit l'arbitre du goût; rien n'étoit bon que ce qu'il avoit approuvé, on n'appelloit jamais de ses jugemens. (*Voyez* l'article Boivin.) Louis XIV sent qu'il est de sa dignité de répandre les faveurs du gouvernement sur les gens de lettres qui font la gloire de son règne, c'est *Chapelain* qui, comme le premier d'entre eux donne la liste de ceux qui sont dignes de récompense, c'est lui qui met un taux & un prix au mérite, & on peut croire qu'il ne s'oublie pas. *Enfin Despréaux vient*, il attaque le mieux renté de tous les beaux-esprits dans sa réputation & dans sa faveur, tout le monde répète après lui :

> *Chapelain* veut rimer, & c'est-là sa folie.
> Il se tue à rimer; que n'écrit-il en prose?

Voilà *Chapelain* ridicule & pour ses contemporains & pour la postérité. Ceci peut donner lieu à une question importante. Quel est le pouvoir de la satyre sur la réputation littéraire? Peut-elle, lorsqu'elle est fine, adroite, gaie, excellente en un mot dans son genre (essentiellement condamnable) peut-elle détruire les réputations légitimes & fondées sur des titres solides. Quand l'abbé Desfontaines & ses complices fatiguoient M. de Voltaire de leurs sarcasmes périodiques, accueillis par des lecteurs frivoles qui croyoient alors haïr M. de Voltaire qu'ils ont cru aimer depuis, les traits partoient de trop bas & s'adressoient trop haut; quand M. de Voltaire cédant trop aisément sans doute à son indignation, châtioit par des satyres cruelles ces satyriques insolens, ses traits partoient de trop haut & s'adressoient trop bas; les premiers ne pouvoient porter coup; le second portoit des coups trop sûrs; mais nous pouvons observer pour la consolation du talent & du génie que M. de Voltaire lui-même n'a jamais pu effleurer la réputation de M. de Montesquieu, de M. de Buffon, de M. de Fontenelle, des deux Rousseaux, Jean-Baptiste & Jean-Jacques, quoiqu'il ait plus d'une fois essayé d'y porter atteinte. S'il a été plus heureux ou plus malheureux contre quelques autres, (car dans ce genre le succès même est un malheur & la réputation personnelle du satyrique souffre des coups qu'il porte,) s'il a mieux réussi contre d'autres, c'est qu'il étoit aidé par les circonstances; si, par exemple, un trait du *Pauvre Diable*, qui a si rapidement passé de bouche en bouche, a répandu un peu de ridicule sur l'abbé T...., c'est que la matière y étoit disposée, quoique ce littérateur, disciple de la Motte & de Fontenelle, ne fût pas sans mérite. L'exemple de M. Gresset semble encore prouver en faveur du talent contre le pouvoir de la satyre. Le trait que M. de Voltaire lui a lancé dans le *Pauvre Diable*, a parfaitement réussi; il est plaisant & adroit, il a l'air juste, le satyrique paroît accorder à M. Gresset ce qu'on ne peut pas lui refuser & ne lui refuser que ce qu'on ne peut pas lui accorder; cependant la réputation de M. Gresset, appuyée sur de vrais talens & de bons ouvrages, a surnagé; il est resté à la place que l'estime publique lui avoit assurée depuis long-temps. Ainsi la satyre amuse, la raison seule persuade; ce n'est point Boileau qui a détruit la réputation de *Chapelain*, c'est la Pucelle; les torts & les malheurs de *Chapelain* & l'excuse de Boileau sont dans la Pucelle; c'est ce que Galba, dans Tacite, dit de Neron dans un autre genre. *Quem...... non Vindex cum inermi provinciâ, aut ego cum unâ legione, sed sua immanitas, sua luxuria cervicibus publicis depulere.*

La satyre ne nuit donc à nos ouvrages que quand nos ouvrages aident la satyre. M. Gresset, qui, dans le *Méchant*, avoit peint avec tant d'éclat les mœurs, les idées & le jargon du grand monde, revient à Paris après vingt ans de séjour & d'inaction dans la province ; ses oreilles sont blessées d'un néologisme, qui n'en est plus un que pour lui ; il veut le peindre dans un discours public prononcé à l'académie françoise ; il veut le peindre, mais il ne le connoît pas, il n'a point la mesure ni les proportions de ce qu'il peint, il confond les nuances les plus éloignées ; il confond le ridicule noble & fin des gens de la cour avec le ridicule grossier des bourgeois qui croyent les imiter ; ce n'est pas que son projet ne fût excellent, & que ce ne soit une question très-philosophique à traiter que celle de l'influence réciproque des mœurs sur le langage & du langage sur les mœurs ; mais il manque entiérement son objet, il fait une caricature burlesque, il profane sa gloire. A ce premier tort, il ajoute celui de donner de ce discours une seconde édition, où dans un avant-propos il tâche de rendre ridicules ceux qui l'ont trouvé tel ; mais les rieurs n'étoient pas de son côté ; si M. Gresset avoit souvent répété de pareilles fautes, s'il avoit multiplié de pareils ouvrages, il auroit pu nuire à sa réputation & donner du poids à la satyre, quoique les plus grands écrivains qui ont travaillé trop long-temps ayent eu comme lui le malheur de faire beaucoup d'ouvrages indignes d'eux, & que M. de Voltaire lui-même n'ait pas été à l'abri de cet inconvénient.

Concluons donc avec Horace :

Multa quidem nobis facimus mala sæpè poëtæ.

Et que peut-être sans le mal que nous nous faisons, la satyre ne nous en feroit guères. Je dis *peut-être*, car je ne veux rien décider sur cette question ; je crains que sur-tout chez une nation plus encline à rire qu'à réfléchir, la satyre ne soit toujours trop redoutable ; heureusement la plupart des satyriques le sont bien peu, la passion les trahit & le désir de nuire leur en ôte le pouvoir.

Chapelain avoit tant de réputation, qu'avant que la lecture de la *Pucelle* eût fait son effet, avant qu'on l'eût assez lue pour s'assurer qu'on ne pouvoit la lire, avant qu'on eût osé prendre sur soi de condamner *Chapelain*, ce poëme eut jusqu'à six éditions en dix-huit mois.

Montmort fit sur la Pucelle cette épigramme :

Illa Capellani dudùm expectata puella,
Post tanta in lucem tempora prodit anus.

Linière, la traduisit ainsi en l'allongeant & l'égayant :

Nous attendions de *Chapelain*
Une pucelle
Jeune & belle,
Vingt ans à la former il perdit son latin,
Et de sa main
Il sort enfin
Une vieille sempiternelle.

Il faut sans doute abandonner le poëme de *Chapelain*, & il y a long-temps que cette justice est faite ; mais il ne faut pas dire avec M. de Voltaire, qui n'a peut-être jamais rien dit de si leger, que *Chapelain* eut la bêtise de traiter sérieusement le sujet de la Pucelle, car il n'en fut jamais de plus intéressant, il l'est plus peut-être que le sujet même de la Henriade, auquel il a d'ailleurs le mérite de ressembler au moins en ce qui concerne Charles VII, qui inférieur à la vérité à Henri IV, régna, comme lui, sur la France

Et par droit de conquête, & par droit de naissance,
Et par le malheur même apprit à gouverner.

Mais c'est sur la personne de Jeanne que tout l'intérêt se rassemble. Puisque nous parlons d'intérêt, on conçoit que ce n'est plus du poëme de *Chapelain* qu'il s'agit, mais de l'histoire véritable de Jeanne d'Arc, telle qu'elle résulte des actes & des titres authentiques. La première partie de cette histoire, c'est-à-dire celle des exploits de Jeanne, dépouillée même des fables dont il étoit assez naturel de l'orner, offre un merveilleux vrai & philosophique bien supérieur à ce merveilleux vague des fables antiques, à cette froide intervention des dieux qui fait tout & glace tout dans nos poëmes épiques, à cette allégorie plus froide encore qui glace encore plus la Henriade, où il n'y a de vraiment admirable que ce que la critique a eu le malheur d'y reprendre, ces caractères si bien peints, ces belles maximes politiques, ces grands tableaux d'histoire, ces beaux vers épiques qui gravent les événemens & les hommes dans l'imagination, & qui ont fait traiter M. de Voltaire de *Lucain François*, par les Desfontaines, & leurs semblables, injure après tout plus honorable qu'il n'étoit donné aux Desfontaines de le croire.

La seconde partie de l'histoire de Jeanne, c'est-à-dire celle de son procès, est le chef-d'œuvre de l'intérêt ; l'admiration & l'attendrissement pour Jeanne, l'indignation contre ses bourreaux, l'horreur, la pitié, la douleur y sont au comble. C'est le fait le plus dramatique de toute notre histoire : jamais la valeur & la vertu lâchement opprimées par la fureur, lâchement trahies par la perfidie, lâchement abandonées par l'indifférence & l'ingratitude, n'ont crié vengeance au ciel d'un ton plus déchirant & plus terrible. Chapelain *a eu la bêtise* de traiter un pareil sujet en vers froids & durs ; M. de Voltaire a eu l'esprit de le parodier en vers plaisans & pleins de grace ; mais l'homme juste & sensible, qui se pénétrant profondément du pathétique de ce sujet, le traiteroit en ami de l'innocence & de l'infortune, en ennemi des tyrans & des oppresseurs, ajoutons, & en bon poëte, seroit le premier & le plus lu des poëtes épiques. Pour l'historique, *Voyez* l'article ARC (Jeanne d') dans ce Dictionnaire.

Un vers noble, quoique dur,
Peut s'offrir dans la pucelle.

Boileau a raison ; il y a plusieurs de ces vers dans la Pucelle, & en général on peut remarquer que *Chapelain* & les autres poëtes de ce temps, ressemblent presque tous à Corneille, quand il n'est pas bon ; ils ont sa fierté quelquefois familière, on sent qu'ils sont de son école, & qu'ils l'ont pris pour modèle ; ils n'en imitent guères que les défauts, c'est assez l'usage des imitateurs.

Que n'écrit-il en prose ?

Boileau a encore raison puisque *Chapelain* a été le rédacteur des sentimens de l'académie sur le Cid ; ce n'est pas que cet ouvrage cité avec raison comme un modèle de critique littéraire, soit absolument irréprochable pour le goût. La critique en est souvent trop sévère & même injuste ; ce n'est pas non plus que le style en soit excellent. La prose avoit encore alors ce caractère trop périodique, trop nombreux, trop Cicéronien, que les premiers bons écrivains, Balzac & les solitaires de Port-Royal lui avoient imprimé. Des parenthèses trop fréquentes, des phrases trop long-temps suspendues embarrassoient & ralentissoient la marche d'une langue dont la précision & la clarté devoient faire le principal mérite. Mais enfin cet ouvrage est raisonnablement écrit, raisonnablement pensé ; il contient des vues fines, des principes excellens, de justes critiques, de justes louanges ; il témoigne & inspire par-tout un grand respect pour ce Corneille que le cardinal de Richelieu vouloit rabaisser & humilier ; jamais déférence pour la tyrannie d'un bienfaiteur ne fut moins aveugle & moins servile ; c'est beaucoup sans doute d'avoir tourné ainsi au profit des mœurs, du goût & de la liberté académique un ouvrage commandé par la passion & par l'injustice.

Tandis que *Chapelain* osoit juger Corneille,

A dit M. de Voltaire ; il a osé du moins rédiger le jugement de sa compagnie qui l'en avoit chargé & dont il fut en cette occasion un digne & heureux interprète.

Il avoit du goût ; cet ouvrage en fait foi, & c'est par-là que se résout le problême de son ancienne réputation ; il avoit du goût ; on en a souvent d'eux, l'un pratique pour ses propres ouvrages, l'autre théorique pour ceux des autres ; le premier est toujours nécessairement rempli d'indulgence, & se mesure assez exactement sur l'étendue du talent ; le second est plus sévère & par conséquent plus pur ; *Chapelain* avoit vraisemblablement ces deux goûts ; avec l'un il s'est permis la *Pucelle* ; avec l'autre il a critiqué le Cid.

Il y a des beautés dans une ode de *Chapelain* au cardinal de Richelieu.

Quant au personnel de *Chapelain* il étoit aussi ridicule que son talent poétique étoit borné ; il étoit d'une avarice sordide & ce qui en étoit la suite, d'une négligence indécente dans son extérieur. Il portoit dans les jours les plus chauds de l'été, un grand manteau bien épais, pour cacher un habit plein de pièces & de coutures. Il prenoit pour prétexte qu'il étoit indisposé. *Bon*, lui dit un jour Conrart, *c'est votre habit qui l'est.* On trouve dans les œuvres de Boileau la parodie de quelques scènes du Cid, intitulée : *Chapelain décoiffé*, & *la Métamorphose de la perruque de Chapelain en comète*, sur quoi Furetière observa qu'elle y gagnoit une chevelure. *Chapelain*, avec de l'esprit & même des vertus, se rendoit ainsi l'objet de la risée publique. On lui trouva cinquante mille écus à sa mort arrivée en 1674.

CHAPELET DES TURCS, (*Hist mod.*) Il ne faut pas croire que les Catholiques soient les seuls qui se servent du *Chapelet* dans quelques-unes de leurs prières particulières : les Turcs en ont pareillement, mais ils sont différens de ceux des Chrétiens. Le chevalier de la Magdelaine, qui a été long-temps leur esclave, marque que ce *Chapelet*, qu'ils ont toujours ou le plus souvent sur eux, est composé de quatre-vingt-dix-neuf grains, sur lequel ils disent : *Alla bismilla, ethemdail illa : Alla hecher* ; ce qui veut dire, *le nom de Dieu soit loué à jamais* ; *Dieu est tout-puissant.* (*Miroir de l'empire ottoman, imprimé à Bâle en* 1677). Le pere Dandini jésuite, dans son *voyage du Levant*, rapporte les paroles un peu différemment ; mais le sens en est le même que de celles qui viennent d'être marquées. Ce pere dit même qu'aux quatre-vingt-dix-neuf grains les Turcs en ont ajouté un centieme ; mais un grain de plus ou de moins dans un *Chapelet turc*, ne doit point être un sujet de dispute. Je ne puis m'empêcher, au sujet de ce *Chapelet*, de marquer deux singularités : le Titien, dans son admirable *tableau des pélerins d'Emmaüs*, s'est avisé de mettre un *Chapelet* à la ceinture de l'un d'eux ; & Raphaël, dans un *tableau de S. Jean qui prêche au desert*, donne un *Chapelet* au saint précurseur : je ne crois pas néanmoins que ç'ait été ni que ce soit l'usage des Juifs de se servir de *Chapelet* pour se souvenir de prier Dieu. (*a*) (*A. R.*)

CHAPELLE (CLAUDE-EMMANUEL LUILLIER, dit CHAPELLE) (*Hist. litt. mod.*), fils naturel de François Luillier, maître des comptes ; homme libre, philosophe heureux, esprit aimable, *ivrogne*, qu'on trouvoit alors *de bonne compagnie*, & que ce seul titre en excluroit aujourd'hui. Invité à dîner chez le grand Condé, il préféroit de s'enivrer avec des inconnus qu'il trouvoit au cabaret, & il s'excusoit en disant, qu'en vérité c'étoient les meilleures gens du monde, & que la préférence étoit due à ceux qui étoient le plus sans façon.

Un ennuyeux, contre qui on avoit fait des couplets, & qui en soupçonnoit *Chapelle*, affectoit de dire & de redire en sa présence, qu'il voudroit en connoître l'auteur pour avoir la satisfaction de lui donner cent coups de bâton; ce propos rebattu fatiguoit tout le monde; *Chapelle* moins blessé de la menace, qu'ennuyé de la répétition, s'approche de lui, tend les épaules & dit: *donne donc vîte & va-t-en.*

On sent qu'un pareil homme devoit être d'une singularité fort piquante. Il étoit, dans la conversation, d'une éloquence irrégulière & *abandonnée* comme sa conduite, qui produisoit souvent un grand effet. On en conte un trait qui nous paroît un peu suspect: il étoit seul à souper avec une demoiselle Choccars, fille d'esprit, à laquelle il étoit attaché. Sa femme de chambre entend tout d'un coup des pleurs & des gémissemens qui lui font craindre qu'il ne soit arrivé quelque grand malheur; elle entre toute effrayée, & ce n'est qu'à travers mille sanglots qu'ils parviennent à lui faire entendre, que *Chapelle* s'étant échauffé & attendri sur le sort de Pindare, le fameux poëte lyrique, mort, disoit-il, victime de l'ignorance des médecins, c'étoit cette affligeante nouvelle qui leur faisoit verser tant de larmes. Il faut avouer que cettte histoire est assez insipide; on ne rit point de voir pleurer la mort de Pindare; au dix-septième siècle de l'ère chrétienne. Nous soupçonnons, quoique nous ne trouvions cette conjecture nulle part, que cette demoiselle Choccars étoit la maîtresse de *Chapelle*; qu'il s'étoit élevé entre eux un de ces orages si fréquens entre les amans, & qu'il finissoit comme ils finissent, par l'attendrissement, (*ut adsolet in amore & irâ jurgia, preces, exprobatio, satisfactio. Tac.*

Amantium iræ amoris redintegratio. TERENCE).

que la femme de chambre étant entrée alors, ils s'étoient contentés de la défaite la plus grossière, seulement pour lui faire sentir que son zèle étoit indiscret & qu'il ne falloit point de tiers entre des amans qui pleurent. Mais enfin en prenant cette histoire à la lettre, & comme elle est rapportée par-tout, elle auroit cependant un côté intéressant, celui de montrer le pouvoir de l'éloquence sur l'imagination. L'histoire connue du souper d'Auteuil, chez Molière, est encore un grand effet de l'éloquence de *Chapelle*, aidée des vapeurs du vin; mais c'est la raison superieure de Molière, c'est sa profonde connoissance des hommes, qui jouent le beau rôle dans cette histoire. Boileau Racine, la Fontaine, les plus beaux génies du temps étoient de ce souper, Molière, qui ne soupoit point, & que sa santé obligeoit à des ménagemens, étoit allé se coucher. *Chapelle* s'enivre, s'anime, fait un discours éloquent sur les chagrins & les contradictions de la vie, sur le malheur de naître, le malheur plus grand de vivre, & l'honneur de mourir à son gré par un choix libre & réfléchi; on le seconde, on rappelle les passages des philosophes anciens qui ont le plus médit de la vie; on prend en conséquence le parti d'aller se noyer, la Seine étoit sous la main & y invitoit. Le jeune Baron, élève de Molière, seul de sang-froid alors, s'effraye de cette fermentation & court éveiller Molière. Molière arrive: Eh mes amis que vous ai-je donc fait pour être ainsi traité, pour être oublié de vous dans ma propre maison? vous allez faire une action sublime, qui vous assure l'immortalité, & vous ne daignez pas m'associer à votre gloire, vous me jugez indigne de mourir avec mes amis (1)! Il a raison, dirent les amis, c'étoit lui manquer. Viens, Molière, marche à notre tête comme le maître de la maison & le plus sage d'entre nous. — Doucement, mes amis, eh quoi! cette action glorieuse, qui va vous égaler aux Catons & aux Brutus, c'est en secret, c'est dans les ténèbres que vous allez la faire! vous en voulez perdre & la gloire & le fruit! vous voulez que cet exemple ne serve à personne, qu'on l'attribue au hasard, à un accident, à un naufrage. Non, non c'est demain, c'est à la clarté des cieux, c'est à la face de l'univers & d'un peuple d'admirateurs qu'il faut consommer cette grande œuvre. —Il a toujours raison! s'écrièrent les amis, il entre mieux que nous dans l'esprit de la chose. On s'alla coucher; le lendemain on ne put que rendre grace à la sagesse de Molière, ce fut le triomphe de la raison sur l'eloquence, & du sang-froid sur l'ivresse.

Les amis de *Chapelle* lui faisoient continuellement la guerre sur ce malheureux penchant à *l'ivrognerie*; il feignit un jour de faire une attention sérieuse à leurs discours, ils espérèrent de le convertir. *Chapelle* les mène au cabaret pour se pénétrer, disoit-il, plus à loisir de leurs raisons & s'abreuver de leurs reproches; il ne cesse de les écouter qu'après les avoir enivrés.

Boileau le consultoit volontiers sur ses ouvrages. Un jour, fatigué des objections de *Chapelle*, il ne s'en tira qu'en lui disant: *tu es ivre. Moins ivre de vin*, lui dit *Chapelle*, *que toi de tes vers*. C'étoit au plus sage & au plus froid des bons poëtes qu'il parloit. Qu'on juge des autres.

La critique que *Chapelle* faisoit de la *Bérénice* de Racine, en y appliquant un refrein d'une chanson du pont-neuf, est plaisante, & montre le défaut du sujet. Ce refrein étoit:

Marion pleure, Marion crie,
Marion veut qu'on la marie.

(1) *Comitemne sororem*
Sprevisti moriens? eadem me ad fata vocasses....
Eadem hora tulisset.....
Est hic, est animus lucis contemptor, & istum
Qui vitâ bene credat emi, quò tendis, honorem.

Chapelle avoit de l'instruction & de la philosophie, il étoit élève de Gassendi; un jour Molière & lui, revenant d'Auteuil à Paris par la rivière, disputoient sur une question philosophique; un religieux, assis à côté d'eux, paroissoit prendre beaucoup d'intérêt à leur dispute; tantôt il les encourageoit par un air d'applaudissement, tantôt il les enflammoit par un air de doute & d'objection. Arrivé devant Chaillot, il prend congé d'eux & reprend sa besace; c'étoit le frère quêteur des Minimes de Chaillot. *Son silence*, dit en riant Molière à *Chapelle, avoit plus d'esprit que ton éloquence & que ma philosophie; il nous a pris pour dupes*.

Grimarest, dans la vie de Molière, rapporte une multitude de traits pareils de *Chapelle*. Nous nous bornons aux principaux.

Chapelle, dit-on, étoit très-utile à Molière pour le théatre, parce qu'étant plus désœuvré, il alloit plus dans le monde. Molière y observoit plus, & peignoit plus fidèlement ce qu'il avoit vu; mais *Chapelle* voyoit plus & peignoit plus vivement ce qui l'avoit frappé: « *Je ne regarde pas tout*, disoit Duclos; *mais ce que je regarde, je le vois*; il en étoit de même de *Chapelle*, il a, dit-on, fourni à Molière plusieurs originaux.

On dit qu'il a aussi fourni à Racine plusieurs bons traits pour *les Plaideurs*.

On connoît son fameux voyage fait en société avec Bachaumont; mais on ne sait pas ce qui en appartient en particulier à l'un ou à l'autre; on croit assez communément que les saillies, les traits plaisans, tels que celui du gouverneur de Notre-Dame de la Garde, qui a emporté dans sa poche la clef de son gouvernement en retournant à Paris par le coche; l'épisode de d'Assoucy, & sur-tout le mot:

> Mais enfin me voilà sauvé,
> Car je suis en terre papale.

On croit que ces traits sont de *Chapelle*, & que les morceaux plus touchans & qui approchent plus de la pastorale, comme la Tirade:

> Sous ce berceau qu'amour exprès, &c.

sont de Bachaumont.

Mais ce ne sont que des conjectures sans aucune certitude (*Voyez* l'article BACHAUMONT).

On a de plus des œuvres fugitives de *Chapelle*. M. le Fevre de Saint-Marc a donné en 1755 une édition en deux volumes in-12 de ses œuvres jointes au voyage, avec des notes & des mémoires sur la vie des deux auteurs de ce voyage.

M. de Voltaire a placé *Chapelle* dans le temple du Goût.

Le dieu du Goût, comme de raison, lui donne quelques petites leçons sur son incorrection, sa négligence & ses rimes redoublées.

> Réglez mieux votre passion
> Pour ces syllabes enfilées,
> Qui chez Richelet étalées,
> Quelquefois sans invention,
> Disent avec profusion
> Des riens en rimes redoublées.

Chapelle mourut en 1686.

CHAPELLE (Jean de la) (*Hist. lit. mod.*), né à Bourges en 1655, d'une famille noble, d'abord secrétaire de M. le prince de Conti, avoit quelque talent pour la politique & quelque connoissance de ce qu'on appelle les intérêts des puissances, lesquels devroient se réduire & se réduisent véritablement à vivre en paix, & à être juste; il fut employé dans quelques négociations auprès des Suisses, qui sont justes & qui vivent en paix, au moins chez eux. Il fut reçu en 1688 à l'académie françoise, lorsque Furetière en fut exclu. Il fit sur la guerre de 1701 un ouvrage politique, intitulé: *Lettre d'un Suisse à un François*; il y peignit l'état où se trouvoient alors les puissances belligérentes; leur état le plus certain est qu'elles étoient toutes alors malheureuses & imprudentes de n'avoir pas su prévenir cette fatale guerre qui les a toutes ruinées. *La Chapelle* est plus connu encore dans la littérature que dans la politique; il est l'auteur des *Amours de Catulle & de Tibulle*. Il parle à la fin du Tibulle d'employer le reste de sa vie à écrire l'histoire de Louis XIV; c'est-à-dire, qu'il desiroit d'être historiographe de France, quoiqu'aucun de ses ouvrages ne dût l'y conduire. On joue encore de lui la comédie des *Carrosses d'Orléans*, farce qui fait rire. On a de lui plusieurs tragédies, *Zaïde*, *Telephonte*, *Cléopâtre*, qu'on ne joue plus, mais qui eurent quelque succès dans le temps. On prétendoit qu'il étoit de l'école de Racine, c'est-à-dire qu'il mettoit l'amour sur la scène, & qu'il tâchoit de faire des pièces tendres. Il mourut en 1723. C'est lui que Boileau associe à Boyer dans cette épigramme:

> J'approuve que chez vous, messieurs, on examine
> Qui, du pompeux Corneille, ou du tendre Racine,
> Excita dans Paris plus d'applaudissemens:
> Mais je voudrois qu'on cherchât tout d'un temps,
> (La question n'est pas moins belle)
> Qui du fade Boyer, ou du sec *La Chapelle*
> Excita plus de sifflemens.

LA CHAPELLE-MILON. (*Voyez* BESSET).

CHAPPARS, s. m. (*Hist. mod.*) couriers Persans chargés des dépêches de la cour pour les provinces. S'ils rencontrent un cavalier mieux monté qu'eux, ils ont le droit de s'emparer de son cheval; le refus exposeroit à perdre la vie: le plus sûr est de céder sa monture, & de courir après comme on peut. Tavernier, qui parle des *Chappars* dans son voyage de Perse, ajoûte qu'il y avoit aussi de ces couriers incommodes en Turquie, mais que le sultan Amurat les supprima, & y établit

établit des postes à son usage, afin que les malédictions dont ses *Chappars* étoient chargés par ceux qu'ils démontoient, ne retombassent point sur sa tête. (*A. R.*)

CHAPPE D'AUTEROCHE (JEAN) (*Hist. litt. mod.*). L'abbé *Chappe*, de l'académie des sciences de Paris, astronome célèbre, mort victime de son zèle pour la science qu'il professoit. Né à Mauriac en Auvergne, en 1722, d'une famille noble; nommé en 1760 par l'académie des sciences pour aller en Sibérie observer le passage de Vénus sur le soleil, fixé au 6 juin 1761, il a rendu compte de ses observations & de tous les dangers qu'il a courus; la relation de son voyage de Sibérie contient sur ces divers objets les détails les plus intéressans; elle a paru en 1768 en deux volumes *in*-4°. Un nouveau passage de Vénus étant annoncé pour le 3 juin 1769, l'abbé *Chappe* partit en 1768 pour l'aller observer à saint-Lucar, c'est la côte la plus occidentale de l'Amérique. Une maladie épidémique qui ravageoit cette contrée, l'enleva aux sciences qu'il cultivoit avec tant d'ardeur, mais il avoit rempli son objet. Ses observations ont été données par M. Cassini en 1772.

CHAPPUZEAU (SAMUEL) (*Hist. litt. mod.*), genevois, précepteur de Guillaume III, roi d'Angleterre. C'est à lui qu'on doit *les voyages de Tavernier*; il les publia en 1675. Il avoit aussi donné *le projet d'un nouveau dictionnaire historique, géographique, philosophique.* Il s'en étoit tenu au projet; mais il prétendoit que Moréri avoit profité de son manuscrit. On a encore de lui un traité du théâtre françois & quelques mauvaises comédies. Mort en 1701.

CHAPT. *Voyez* RASTIGNAC.

CHARAS (MOYSE) (*Hist. litt. mod.*), chymiste habile pour le temps où il a vécu. Sa *Pharmacopée*, traduite à sa naissance dans toutes les langues, même en chinois, n'est pas encore tout-à-fait hors d'usage. Son *traité de la thériaque*, & plus encore son *traité de la vipère* sont célèbres. La persécution allumée contre les catholiques l'ayant obligé de quitter la France en 1680, il voyagea en Angleterre, en Hollande & en Espagne, où le Roi Charles II qui avoit tant de protestans pour alliés, consentit, à leur prière, d'être guéri, s'il se pouvoit, par un médecin protestant. On étoit alors convaincu en Espagne que les vipères, à douze lieues à la ronde de Tolède, étoient absolument sans venin, parce qu'il avoit plû à un saint archevêque de le leur ôter; *Charas* avertit les gens du pays de ne pas s'y fier; mais c'étoit lui-même qu'il falloit avertir de ne pas se fier à un pays d'inquisition; les dévots espagnols trouvèrent mauvais qu'il fût venu les troubler dans une croyance si utile; les vipères du saint-office le mordirent, & il ne put échapper à leur venin à soixante-douze ans, comme Galilée, que par une abjuration bien sincère, comme toutes celles qui sont arrachées par la violence. Sur la foi de cette abjuration il revint à Paris, fut de l'académie des sciences, & mourut en 1698 âgé de 80 ans.

CHARDIN (JEAN) (*Hist. litt. mod.*), voyageur célèbre & véridique, ce qui suffit pour le distinguer. Il voyagea en Perse & dans les Indes orientales. Il commerçoit en pierreries & étoit fils d'un joaillier de Paris. Charles II, roi d'Angleterre, le fit chevalier. Il mourut à Londres en 1713. Il étoit né à Paris en 1643. Le recueil de ses voyages est traduit dans toutes les langues.

CHARENTON (JOSEPH-NICOLAS (*Hist. litt. mod.*), jésuite; c'est le traducteur de l'histoire d'Espagne de Mariana. Il fit cette traduction à la prière de Philippe V, roi d'Espagne. Né à Blois en 1649: mort à Paris en 1735.

CHARIBERT, *Voyez* CARIBERT.

CHARILAUS (*Hist. anc.*), neveu de Lycurgue, & roi de Lacédémone près de neuf siècles avant J. C., renommé pour sa bonté.

On demandoit à ce *Charilaüs*, ou à un autre du même nom, aussi Lacédémonien, pourquoi Lycurgue avoit fait si peu de loix. *Il en faut peu*, dit-il, *à ceux qui parlent peu.*

CHARITON D'APHRODISE. C'est sous ce nom qu'a paru le roman grec *des amours de Chæreas & de Callirhoé*, dont nous avons deux traductions françoises, l'une de M. Larcher, de l'académie des inscriptions & belles-lettres, l'autre de M. Fallet; la première de 1763, la seconde de 1775.

CHARIVARI *ou* CHARBARIS, (*Hist. mod.*) ce mot paroît formé d'un autre de la basse latinité, *chalybarium*; bruit fait avec des chauderons & des poëles, *&c.* de *chalybs*, qui signifie du fer & de l'acier.

« La canaille & les gens de peu d'importance, » dit M. Thiers, dans son *Traité des jeux & divertissemens, page 288*, se font quelquefois un grand » divertissement de ce qu'ils appellent *Charivari*, » afin de tirer quelque argent des nouveaux mariés » ou de les charger de confusion. Il y a des lieux » où cela ne se fait guère qu'à de secondes noces, » disproportionnées en effet ou en apparence; » mais il y en a d'autres où il se fait presqu'à toutes » les nôces. J'apprends de M. Neuré, qu'à Aix » en Provence, *le prince des amoureux* ou *l'abbé des* » *marchands & artisans*, ces deux ridicules person» nages, qui tiennent un grand rang à la proces» sion de la Fête-Dieu, tirent un tribut des nou» veaux mariés, ou qu'autrement ils assemblent » tous leurs officiers & toute leur sequelle, le len» demain des nôces, vers le soir, & font le *Cha*» *rivari* pendant la nuit par toutes les rues de la » ville, ce qu'ils continuent ensuite avec tant de » violence, & un si épouvantable tintamarre, » que si on ne leur donne ce qu'ils demandent, » ils menacent de mettre le feu à la maison, & » ils murent la porte, sans que personne puisse » sortir, jusqu'à ce qu'ils soient payés ».

Ce n'est pas seulement la canaille & les gens

de nulle importance qui s'amusent à faire des *Charivaris*, c'est bien souvent un divertissement de jeunes gens de famille; & le motif qui les y conduit est le plus souvent une pétulance toute pure, ou une joie folatre, & portée à la malice, chose fort ordinaire aux nôces. Non seulement on fait le *charivari* aux secondes nôces & à celles qui sont disproportionnées par l'âge ou l'inégalité des conditions, mais aussi à celles des maris qui épousent des femmes coquettes ou mauvaises, ou dont les mariés refusent de donner le bal, *&c.* Quoi qu'il en soit, on trouve des exemples du *Charivari* dans l'antiquité, & cela n'a rien de surprenant.

M. Thiers prétend trouver dans le *Charivari* une dérision du mariage, & cite à cette occasion plusieurs décrets des synodes & conciles, anciens & modernes, qui non seulement défendent le *Charivari*, sous peine d'excommunication, mais ajoutent encore l'amende pécuniaire, après avoir traité ce divertissement *de honteux, de préjudiciable aux bonnes mœurs, de contraire à la société*. La discipline des églises réformées de France, défendoit aussi les *Charivaris, rançonnemens de mariage*, &c. C'est encore plus un objet de police que la matiere des décrets d'un concile. Divers réglemens civils défendent aussi de faire cette espece d'insulte à ceux qui se remarient. (*M.* BEGUILLET.)

CHARLES (SAINT). *Voyez* BORROMÉE.

CHARLES IV de Luxembourg. (*Hist. d'Allemagne.*), successeur de Louis V, vingt-troisième roi ou empereur d'Allemagne depuis Conrad I, naquit l'an 1316, le 14 mai, de Jean de Luxembourg & d'Elizabeth, héritière du royaume de Bohême. (autant qu'on peut l'être d'un royaume électif). *Charles* étoit petit fils de l'empereur Henri VII; il succéda à son père dans le royaume de Bohême en 1347, fut élu empereur en 1349; mourut en novembre 1378.

On verra à l'article de l'empereur Louis V les troubles qui agitèrent la fin de son règne. *Charles* mit tout en œuvre pour en profiter. A la faveur de quelques prélats qu'il parvint à corrompre à force d'argent, & secondé du pape qui conservoit contre l'empereur une haine implacable, il s'étoit fait couronner. Les peuples contens du règne glorieux & modéré de Louis, regardoient *Charles* comme un usurpateur, & le traitoient avec un extrême mépris. La mort de l'empereur ne changea point ces sentimens. En vain *Charles* parcourut les villes d'Allemagne, en vain il y répandit l'or de la Bohême & les indulgences de Rome, il reçut par-tout des injures au lieu d'hommages. Les électeurs attachés à l'empereur mort, formoient le plus grand nombre; ils s'assemblèrent à Loestein, près de Rentz (1338) & tous, d'une voix, déclarèrent nulle l'élection de *Charles*. Elle l'étoit effectivement, elle blessoit dans tous les points la constitution faite sous le dernier règne. Ils députèrent aussi-tôt vers le roi d'Angleterre, & l'invitèrent à venir prendre le diadême & recevoir leur serment de fidélité. Ce choix atteste le discernement des électeurs. Aucun prince dans la chrétienté ne méritoit mieux cet honneur que le magnanime Edouard III. Les ambassadeurs furent traités comme ils devoient s'attendre à l'être de la part d'un prince magnifique & reconnoissant; mais leurs offres ne furent point acceptées. Edouard, en les remerciant, allégua pour principal motif la difficulté de rendre l'Italie à l'empire dans un temps où il prétendoit renverser le trône des Valois, & asservir la France sur laquelle il avoit déjà fait des conquêtes considérables. Au refus d'Edouard, les électeurs nommèrent successivement Frédéric le sévère, marquis de Misnie, fils de Frédéric le Mordu, & Gunther ou Gonthier, comte de Chevartzbourg, capitaine expérimenté, rempli de zèle pour le bien de l'état, & qui, dans le peu de temps qu'il fut revêtu de l'autorité suprême, montra autant de vigueur que *Charles* devoit montrer de mollesse. L'or & la perfidie écartèrent ces deux concurrens. Frédéric le sévère vendit ses droits pour dix mille marcs d'argent au roi de Bohême, qui ne pouvant gagner Gonthier par les mêmes moyens, le fit lâchement empoisonner. Rodolphe, comte palatin, & Louis de Brandebourg, fils de l'empereur mort, dont *Charles* corrompit le suffrage, en promettant à l'un d'épouser sa fille, & à l'autre de lui donner le Tirol, achevèrent d'applanir les obstacles. *Charles* traité jusqu'alors d'usurpateur, fut reconnu pour empereur légitime par une nouvelle élection à Aix-la-Chapelle; mais il ne pouvoit que déshonorer un trône acquis par ces vils moyens. Il sembla ne l'avoir acheté que pour avoir droit de le vendre. Ce fut probablement pour n'être point traversé dans le trafic honteux auquel il se livra depuis, qu'il caressa de plus en plus l'orgueil du pape. D'abord il ne parut jaloux que de reliques, & avant d'entreprendre le voyage qu'il fit en Italie, l'an 1355, il reçut servilement de la main de Clément VI, la liste de toutes les pratiques humiliantes auxquelles il devoit se soumettre. Il alla se charger de mépris dans une contrée où ses prédécesseurs ne s'étoient montrés que pour imposer des loix: enfin il se comporta avec tant de bassesse, que même la faction papale le mésestima; l'impératrice fut couronnée dans Rome après lui. Un moderne, en faisant allusion à la conduite de l'empereur en cette occasion, a dit que l'appareil de sa suite étoit plutôt une vanité de femme qu'un triomphe d'empereur. *Charles IV*, continue le même auteur, n'ayant ni argent ni armée, & n'étant venu à Rome que pour servir de diacre à un cardinal pendant la messe, reçut des affronts dans toutes les villes d'Italie où il passa. Pétrarque, si digne de lui donner des leçons, si capable d'élever son ame, lui reprocha sa foiblesse & ne put changer ses sentimens.

Charles IV, de retour en Allemagne, trouva l'empire agité par des troubles qu'occasionnoit une opinion d'égalité entre chaque prince: & comme ce système d'égalité destructif de tout gouvernement, avoit son origine dans l'élection des empereurs, dont la forme n'étoit point encore rédigée par écrit, ni le nombre des électeurs fixé, ni affecté à certaines principautés, en sorte que les principaux états se prétendoient électeurs, parce que tous avoient eu le droit de voter, li établit si bien les choses à cet égard, que dans la suite ce vice n'excita aucun désordre, & cette circonstance de son règne en relève un peu la foiblesse.

Les états (janvier 1356, célèbre époque), c'est-à-dire les électeurs, les autres princes, comtes & seigneurs, & les notables des principales villes, s'étant assemblés à Nuremberg, formèrent, de plusieurs usages & coutumes, des constitutions qui furent incorporées avec plusieurs réglemens salutaires. On y dressa ce célèbre édit si connu sous le nom de *bulle d'or*, ainsi appellée de son sceau d'or. Cet édit règle les cérémonies qui se font lors de l'élection des empereurs, déclare les électorats indivisibles & fiefs masculins, fixe le nombre des électeurs & ceux qui doivent les représenter en cas d'absence, leurs fonctions, leurs droits, leurs privilèges, & tout ce qui concerne le gouvernement général de l'empire. De trente articles qui le composent, on n'en arrêta que vingt-trois dans cette assemblée. L'empereur en entendit la lecture assis sur son trône, & dans tout l'appareil de sa majesté. Les sept autres furent publiés dans une assemblée qui se tint à Metz le 25 décembre de la même année. Je n'entrerai point dans tous les détails de cet édit, les curieux peuvent le consulter; mais ce qu'il n'est pas permis d'omettre, c'est l'argument dont on se servit pour fixer les électeurs au nombre de sept. On en prouva la nécessité par le chandelier à sept branches: rien ne fait mieux connoître la grossièreté de ce siècle. Le préambule de ce fameux édit est une apostrophe très-vigoureuse contre les sept péchés mortels. On dit que le célèbre Barthole en donna le modèle, ce qui prouve que l'on peut avoir beaucoup de petitesses avec beaucoup de génie. Au reste, il importe peu de quel moyen on ait usé pour donner la sanction à cette loi. Il est certain que l'Allemagne lui dut sa tranquillité qui sembloit incompatible avec son gouvernement.

Ce fut dans la diete de Nuremberg, que l'empereur fit réunir à ses états de Bohême, la Moravie, La Silésie & la Lusace, qui depuis en fut détachée: tant que ce prince fut sur le trône, il ne s'occupa que de l'agrandissement de sa maison. Chaque jour il lui procuroit quelque privilège dont il dépouilloit l'empire. Il vendit la liberté aux villes qui voulurent l'acheter. Le comte de Savoye acquit de lui le titre de vicaire de l'empire à Genève. Il confirma la liberté de la ville de Florence à prix d'argent. Il tira de grandes sommes de Venise pour la souveraineté de Vicence, de Padoue & de Vérone qu'il céda à cette république. Il en reçut de plus considérables encore de la part des Viscontis auxquels il accorda la souveraineté de Milan, sous le titre de gouverneur. Il disposa des biens de l'empire, comme s'il lui eût appartenu en propre, & ce n'est pas à tort qu'on a dit de lui, qu'il avoit ruiné sa maison pour acquérir l'empire, & l'empire pour rétablir sa maison. Mais il ne se borna pas à la rétablir, il lui procura un lustre qu'elle n'avoit jamais eu, & lui assura le pas sur toutes les autres maisons électorales. On peut juger de ses exactions, puisqu'il se vit en état de payer cent mille florins d'or à chacun des électeurs, prix qu'ils mirent à leurs suffrages, lorsqu'il leur proposa d'élire Venceslas, son fils; mais quand il fallut vuider ses trésors dont son œil avide ne pouvoit se rassasier, il abandonna aux uns les péages de la couronne sur le Rhin, & des villes considérables aux autres. Cette conduite donna lieu de dire que *Charles* avoit plumé l'aigle; mais les plumes qu'il lui ôta étoient des plumes bien précieuses, elles ne repoussèrent jamais. Les villes de Suabe, dans la crainte qu'il ne trafiquât de leur liberté, firent entre elles une ligue qui s'appella *la grande ligue*. L'empereur fit d'inutiles efforts pour la détruire. Une remarque bien digne de l'histoire, c'est que les princes qui s'intéressèrent à la gloire de l'empire, tels que les Henri & les Othon, menèrent une vie malheureuse & agitée par les plus affreuses tempêtes, & que *Charles IV* qui trahit, dégrada ce même empire, coula ses jours dans le sein du bonheur & de la paix. Il mourut à Prague dans la soixante-deuxième année de son âge, & la vingt-neuvième année de son règne, comme empereur, depuis son couronnement à Aix-la-Chapelle. Il eut quatre femmes, savoir: Blanche de Valois, sœur de Philippe VI, roi de France, mariée en 1328, & couronnée en 1348; Anne, fille de Rodolphe, électeur palatin, mariée en 1349, couronnée en 1352; Anne, fille & héritière de Henri II, duc de Javer en Silésie; & Elisabeth, fille de Bugislas V, duc de Poméranie. Il eut de la première, Marguerite, Femme de Louis-le-Grand, roi de Hongrie; Elisabeth, mariée à Jean Galeas, premier duc de Milan; Catherine, femme de Rodolphe IV, duc d'Autriche; Elisabeth, mariée à Albert III, aussi duc d'Autriche; & Marguerite, femme de Jean, Burgrave de Nuremberg. Il eut de la seconde, Venceslas, qui lui succéda aux trônes de Bohême & de l'empire. Il eut de la quatrième, Sigismond qui fut successivement électeur de Brandebourg, roi de Hongrie & empereur; Jean, margrave de Lusace & de Moravie; Anne, femme d'Othon de Bavière, électeur de Brandebourg; & Anne qui épousa Richard II, roi d'Angleterre.

C'est au règne de *Charles IV* que se rapporte le grand schisme d'Occident, & l'invention de la poudre à canon que les auteurs de ce schisme surent si bien mettre en œuvre.

A travers les vices qui déshonorent l'histoire de ce prince, tels que l'avarice, le mépris de la vraie gloire, & une dissimulation qui dégénéroit souvent en fausseté, on vit percer quelques vertus. Il étoit d'un abord facile & d'une sagacité peu ordinaire; il avoit l'ame sensible, & son cœur étoit susceptible d'amitié. On ne lit pas sans un tendre intérêt les particularités de son entrevue avec la duchesse de Bourbon, sœur de sa première femme, dans un voyage qu'il fit en France quelque temps avant sa mort. Il aima les sciences & protégea les savans. L'université de Prague, qu'il fonda & forma sur celle de Paris, ainsi qu'un article de la bulle d'or. qui prescrit aux électeurs de savoir quatre langues, l'allemande, la latine, l'italienne & l'esclavonne qu'il possédoit dans un dégré supérieur, en sont d'incontestables témoignages. L'université de Prague compta plus de quarante mille étudians sous son règne.

Les Juifs souffrirent une horrible persécution. Une peste qui désola l'Europe, & qui la dépeupla d'environ un cinquième, servit de prétexte à la rage des Chrétiens, trop ignorans alors pour n'être point barbares. On les accusa d'avoir empoisonné les sources publiques, & un grand nombre fut condamné à périr au milieu des flammes. L'empereur n'eut point à se reprocher ces cruautés; il défendit même les Juifs contre les Strasbourgeois qu'animoit le zèle féroce de leur évêque, contre l'abbé, prince de Mourbak, & d'autres seigneurs dont plusieurs profitoient de l'illusion pour se revêtir des dépouilles de ces victimes infortunées.

On prétend que *Charles IV* avoit formé le projet de faire passer le Danube par Prague; M. de Voltaire n'en veut rien croire. On se range aisément du côté de ce célèbre critique, quelquefois incrédule, mais plus souvent très-judicieux. *Charles* n'avoit pas l'ame assez grande pour concevoir un aussi vaste projet, & il étoit trop avare pour seulement songer aux fonds qu'ils eût exigés. (On l'appella *l'empereur des prêtres*, à cause de son respect pour l'église, qu'on jugeoit excessif. (*M-y.*)

CHARLES-QUINT, XLIe empereur, (*Hist. d'Allemagne & d'Espagne*) fils de Philippe I, archiduc d'Autriche, & de Jeanne, reine de Castille, devoit seulement succéder à sa mère, suivant le testament de Ferdinand; mais dès qu'il apprit la mort de celui-ci, il se fit proclamer roi de Castille en 1516, sous le nom de *Charles I*, par le moyen de Ximenès qui força plutôt qu'il n'engagea les grands du royaume à reconnoître pour souverain ce prince qui n'avoit que seize ans. Les royaumes de Léon & de Grenade suivirent l'exemple des états de Castille. Les Aragonois ne le proclamèrent qu'en 1556, l'année d'après la mort de la reine Jeanne. L'empereur Maximilien I, aïeul de *Charles*, étant mort en 1519, le roi d'Espagne fut élu à sa place. Il fut redevable de la couronne impériale à Fréderic, électeur de Saxe, qui pouvant la prendre pour lui-même, préféra l'honneur de faire un empereur à la gloire de l'être. François I, roi de France, compétiteur de *Charles-Quint* à l'empire, sentit vivement le chagrin de se voir préférer son rival: de-là naquit entre ces deux monarques une jalousie qui se perpétua après eux dans les maisons de France & d'Autriche. Il paroît que ce qui détermina le choix des électeurs fut la grande jeunesse de *Charles* qui leur donnoit moins d'ombrage que la valeur du roi de France. L'Espagne vit avec regret que cette élection alloit non-seulement la priver de son souverain, mais encore faire servir ses trésors à enrichir des étrangers. *Charles* se vit dans la nécessité d'acheter de ses anciens sujets, au prix de beaucoup de promesses, la liberté d'aller se faire couronner empereur. Il tint mal sa parole: les principales villes du royaume formèrent une ligue qui l'obligea de repasser en Espagne pour la dissiper par une sévérité mêlée de clémence. Au milieu de ces troubles, les François lui avoient enlevé la Navarre en quinze jours: elle fut reconquise en aussi peu de temps.

Le feu de la guerre allumé entre la France & l'Empire, embrâsa l'Italie. Les deux monarques brûlans du desir de se signaler l'un contre l'autre, écoutèrent plus leur animosité que la justice, & le bien des peuples, qu'ils sacrifioient à leurs haines personnelles. *Charles-Quint* s'empara du Milanez, & en chassa Lautrec. Gênes fut assiégée & prise par les Impériaux. Une ligue entre le roi d'Angleterre Henri VIII & l'empereur, fortifia le parti de celui-ci: il sut encore corrompre le connétable de Bourbon, en lui promettant sa sœur en mariage avec une dot considérable. Le pape Adrien VI, Florence & Venise se joignirent à lui. Bourbon, il est vrai, fut obligé de lever le siège de Marseille; mais Fontarabie fut prise par la lâcheté du gouverneur, (Frauget, qui avoit donné en d'autres occasions des preuves de bravoure,) Bonnivet fut battu à Biagras en 1524, & l'année suivante se donna la fameuse bataille de Pavie, où François I fut pris. On sait combien cet illustre prisonnier se montra plus grand dans sa captivité, que son vainqueur qui le laissa traîner & languir de prison en prison, demanda une rançon exorbitante, & proposa des conditions qu'il savoit que la grandeur d'ame de François I, ne lui permettroit pas d'accepter, accompagna tous ces procédés d'une fausse démonstration d'amitié, dont le roi seul fut peut-être la dupe, parce qu'incapable lui-même d'une si basse dissimulation, il avoit encore l'ame trop généreuse pour en soupçonner son ennemi. Enfin *Charles*, que la fortune avoit secondé jusqu'au point de le rendre maître d'un grand roi, d'un héros, événement qui sembloit annoncer une grande révolution, ne sut en profiter ni pour sa gloire, ni pour son ambition. L'intérêt de sa gloire auroit dû le rendre plus généreux; celui de son ambition exigeoit qu'aussi-tôt après la bataille de Pavie, il attaquât la France avec une armée triomphante qui auroit trouvé peu de résistance dans la consternation générale où étoit le royaume de la prise de son roi.

Tandis qu'il chicanoit en Espagne avec son captif sur les conditions de sa liberté qu'il lui rendit enfin sous des clauses très-onéreuses, par le traité de Madrid en 1526, l'Angleterre, les Florentins & les Vénitiens se détachoient de son alliance; & le pape Clément VII, touché des malheurs de François I, ou plutôt craignant l'énorme puissance de l'empereur en Italie, se déclara contre celui-ci. Aussi-tôt Bourbon marcha contre Rome; il fut tué, le prince d'Orange prit sa place. Rome pillée & saccagée, éprouva pendant neuf mois, toutes sortes d'horreurs. Le pape, réfugié dans le château Saint-Ange, y fut retenu captif par les Impériaux, & fut témoin de toutes ces atrocités, sans pouvoir les empêcher. *Charles-Quint*, qui fut tenté de le le faire mener en Espagne, & qui l'eût fait peut-être, s'il n'avoit craint de se rendre odieux à toute la Chrétienté, ordonna des prières & des processions pour la délivrance du saint père, qu'il pouvoit délivrer lui-même par une simple lettre. Enfin le pape, sorti de sa prison à la faveur d'un déguisement, ne dut qu'à lui-même sa liberté. Il ménagea pourtant *Charles-Quint*; il flatta même son humeur despotique, en le rendant arbitre du sort de Florence qu'il soumit à la puissance des Médicis.

Le traité de Cambrai, appellé *la paix des dames*, pacifia la France & l'empire, sans réconcilier les cœurs des deux monarques. L'empereur accorda aussi la paix aux Vénitiens & au duc de Milan. En 1535, il passa en Afrique; la victoire le suivoit. Après la prise de la Goulette, il marcha droit à Tunis, & rétablit Muley-Assem. De retour de cette expédition, il eut bientôt occasion de recommencer la guerre contre la France. La mort de François Sforce réveilla les prétentions de François I sur le Milanez. *Charles-Quint* étoit bien éloigné d'écouter aucune proposition à cet égard. Au milieu d'une feinte négociation, il entre en Provence à la tête de soixante mille hommes, s'avance jusqu'à Marseille; & envoie en même temps une autre armée sous la conduite de Henri de Nassau, ravager la Champagne & la Picardie. Une trève de dix ans conclue à Nice en 1538, suspend d'un côté les ravages de ce fléau des nations; mais les Gantois révoltés, parce qu'on les dépouilloit de leurs privilèges, éprouvent sa colère. *Charles-Quint* obligé de passer par la France, pour aller les réduire, eut lieu de se louer de la générosité des François, vertu qui lui étoit si étrangère qu'il la taxa de foiblesse & d'aveuglement. Il avoit pris néanmoins la précaution de promettre au roi l'investiture du Milanez pour un de ses fils. Le roi ne lui parla point de sa promesse pendant son séjour dans ses états. *Charles* sorti de France, l'oublia & se ligua avec l'Angleterre contre un prince dont il venoit de recevoir l'accueil le plus noble, & auquel il avoit prodigué des démonstrations d'amitié. Cette guerre ne lui fut pas aussi glorieuse que les précédentes; son armée fut défaite à Cerisoles. La paix se conclut à Crépi en 1545. Son expédition d'Alger n'avoit pas été plus heureuse.

Depuis plusieurs années le luthéranisme remplissoit l'Allemagne de troubles. La manière dont l'empereur se comporta envers les princes protestans, ne fut ni plus loyale, ni plus noble que ses procédés envers le roi de France & le pape Clément. Il épuisoit les trésors de l'Espagne, sous prétexte de subvenir aux frais d'une guerre de religion, & d'appaiser une guerre civile qu'il fomentoit pour diviser les protestans. La victoire qu'il remporta à Mulberg, sur l'armée de la ligue de Smalcade, n'effacera jamais la honte dont le couvrit l'injuste détention de l'électeur de Saxe & du landgrave de Hesse. L'*interim* publié en 1548 dans la diète d'Ausbourg, formulaire de foi, catholique pour le dogme, & favorable aux protestans pour la discipline, ne fit que dévoiler davantage les vues de l'empereur. La liberté de l'empire étoit menacée: la monarchie universelle rendue héréditaire dans la maison d'Autriche, pouvoit seule satisfaire l'ambition de *Charles*; au moins l'europe alarmée se le figuroit. Les princes protestans eurent recours à Henri II, qui avoit succédé à François I sur le trône de France. Ce monarque arma en leur faveur. Dès ce moment les affaires des protestans se rétablirent en Allemagne. L'empereur surpris dans les défilés d'Inspruck, pensa tomba entre les mains des princes ligués. *Charles*, devenu plus traitable, offre à l'électeur de Saxe de lui rendre la liberté que celui-ci refuse en jouissant de son effroi, & ne voulant devoir son élargissement qu'à ceux qui avoient pris sa défense. *Charles-Quint* acheva de perdre sa réputation devant Metz, dont il fut obligé de lever le siège après y avoir perdu plus de vingt mille hommes, & la prise de Teroüenne ne la rétablit point.

Ce fut alors que ce prince se voyant en butte à l'inimitié de presque tous les souverains de l'Europe, aigri par des revers auxquels il n'étoit pas accoutumé, accablé d'infirmités, dégoûté peut-être d'une vie tumultueuse, ou croyant aussi avoir déjà trop régné pour sa gloire, prit l'étrange résolution d'abdiquer son trône & l'empire. En 1555, il céda la couronne d'Espagne à Philippe son fils, avec tous les royaumes qui en dépendoient dans l'ancien & le nouveau monde; & l'année suivante il abdiqua la couronne impériale en faveur de Ferdinand son frère. Après cette abdication entière, il se retira dans une agréable retraite dans l'Estramadure, quelques-uns disent dans le couvent même de Saint-Just, de l'ordre des Hiéronimites, & selon d'autres, dans une petite maison qu'il fit bâtir près de ce couvent. Il y mourut en 1558. Ainsi finit ce monarque qui remplit l'univers entier du bruit de son nom & de ses armes. A le considérer du côté de l'esprit, du courage, de la politique, il pourroit mériter quelques éloges; mais l'équitable postérité ne prostitue point ses louanges à des qualités qui ont troublé le repos du monde dont elles devoient faire le bonheur. (*Id.*)

CHARLES VI archiduc d'Autriche, (*Hist. d'Allemagne, de Hongrie, & de Bohême*) 50 empereur d'Allemagne depuis Conrad I, XXXVIII roi de Bohême, XLII roi de Hongrie, II roi héréditaire de cette dernière couronne, né le premier octobre 1685 de l'empereur Léopold & de l'impératrice Eléonore-Magdelaine de Neubourg, élu empereur d'Allemagne le 22 octobre 1711, couronné le 22 décembre suivant; mort à Vienne le 20 octobre 1740, âgé de 55 ans.

La mort de l'empereur Joseph, son frère, fut suivie d'un interrègne de six mois, pendant lequel les électeurs Palatin & de Saxe, vicaires ordinaires de l'empire, se chargèrent du gouvernement de l'Allemage: une diète qui se tenoit à Welard pour régler la capitulation perpétuelle, continua ses séances jusqu'au 7 juillet 1711, qu'elle eut rempli sa commission; cette importante capitulation fut enfin terminée. Les empereurs doivent religieusement l'observer. Il fut défendu d'y faire aucun changement; les électeurs se réservèrent seulement le droit d'y ajouter des articles que le temps & les circonstances pourroient rendre nécessaires, & l'empire y consentit, à cette condition raisonnable, que ces articles ne pourroient préjudicier aux droits accordés aux états par les loix fondamentales. Cette capitulation, entre autres articles, porte qu'aucun prince, aucun état d'Allemagne ne pourra être mis au ban de l'empire, que par le jugement des trois colléges. Cependant l'archevêque de Mayence convoqua les électeurs qui s'assemblèrent à Francfort, afin de donner un successeur à Joseph. Le prince Eugène s'approcha de cette ville pour la défendre des insultes des François. Il y avoit un grand nombre de prétendans, mais tous furent effacés par l'archiduc *Charles*. L'Allemagne qui persistoit dans ses projets de ruiner la maison de Bourbon, ne croyoit pas pouvoir se dispenser de prendre un chef dans la maison d'Autriche, qui lui avoit porté les coups les plus terribles. L'Archiduc quitta l'Espagne, sans cependant abandonner ses projets sur cette couronne. Il reçut à Milan la nouvelle de son élection & se rendit aussi-tôt à Francfort, où il fut couronné. La guerre de la succession commençoit à perdre de cette activité qu'elle avoit eue sous Léopold & sous Joseph. Les alliés de l'empire s'apperçurent qu'ils la continuoient sans motifs. Ils avoient fait payer bien cher à Louis XIV, cette petite vanité qu'il avoit eue de vouloir les humilier; leur inquiétude sur la maison d'Autriche se réveilla: la Hongrie, la Bohême lui étoient parfaitement soumises. Cette maison illustre & puissante possédoit encore le Mantouan, le Milanez, Naples & Sicile, & neuf provinces dans les Pays-Bas; ajouter l'Espagne à ces vastes domaines, c'étoit vouloir renouer les chaînes qui avoient menacé l'Europe, & qu'elle avoit eu tant de peine à briser. De toutes les puissances alliées de l'empire, l'Angleterre étoit, sans contredit la plus respectable. Eblouie par les brillans succès de Marlboroug, cette nation d'ailleurs si sage, perdoit de vue ses véritables intérêts; elle ne s'appercevoit pas qu'elle ne combattoit que pour l'élévation de ce général. Une intrigue de cour fit cesser l'illusion: l'envie de deux femmes changea le système politique de l'Europe & fit le salut de Louis XIV. Marlboroug, la terreur des François & le plus ferme appui des Allemands, fut rappelé par les sollicitations de madame Masham, dont le crédit étoit balancé par celui de la femme de ce grand général. La reine Anne affranchie de l'espèce d'esclavage où la tenoit la duchesse de Marlboroug, adopta le plan de Guillaume III, qui, pour rétablir la balance, vouloit qu'on laissât l'Espagne à Philippe V, & que l'on assurât à la maison d'Autriche ce qu'elle possédoit en Italie & dans les Pays-Bas. Les préliminaires de cette paix, si salutaire & si desirée de la cour de Versailles, furent signés à Londres (octobre 1711), malgré les oppositions de la faction de Marlboroug, des Vigs, de la Hollande & de la maison d'Autriche. Les hostilités cessèrent en Espagne de la part de l'Angleterre. Les conférences se tinrent à Utrecht; les plénipotentiaires François y firent leurs propositions (6 février 1712,) ils offrirent de reconnoître Anne pour reine de la Grande-Bretagne, de former une barrière à la Hollande, de céder Landau à l'Empire, & de laisser à *Charles VI* les deux Siciles, la Sardaigne & le Milanez: les Pays-Bas devoient être donnés à l'électeur de Bavière pour le dédommager de la perte du haut-Palatinat.

Les membres de la grande alliance présentèrent à leur tour, chacun en particulier, les conditions qu'ils mettoient à la paix: les prétentions du plus grand nombre étoit exorbitantes. Ce fut en cette occasion que Louis XIV montra toute la profondeur de sa politique. Il promit une entière satisfaction aux plus modérés, il s'en fit des amis, & en peu de temps l'empereur & les états d'Allemagne furent privés de leurs principaux ressorts: à la fin de cette guerre qui leur promettoit tant d'avantages, ils se trouvèrent moins avancés qu'ils n'étoient avant de l'entreprendre. *Charles* avoit d'abord refusé d'envoyer des plénipotentiaires au congrès. « J'ai résolu, disoit-il dans une lettre circulaire, » de faire tous mes efforts, d'exposer même ma » personne, pour le bien de la cause commune, » & de n'envoyer aucun ministre pour conférer » en mon nom dans un congrès dont les négo- » ciations ne pourront être que funestes à ma » chère patrie ». Il persistoit à demander toute la monarchie Espagnole; il vouloit encore qu'on dépouillât la France de tout ce qu'elle avoit acquis par les traités de Munster, de Nimègue & de Risvik. On voit qu'en soutenant les droits *de sa chère patrie*, il n'oublioit pas ses propres intérêts: mais ses prétentions ne servirent qu'à retarder la conclusion de la paix. Il se vit enfin obligé de confirmer le traité de paix d'Utrecht (7 septembre 1714). La France en conservant Landau, rendit Brisac, Fribourg & Kehl. On céda à l'empereur les royaumes de Naples & de Sardaigne, les Pays-Bas & les duchés de Milan & de Mantoue, qui faisoient partie de la succession de *Charles II*, roi d'Espagne. Les électeurs de Cologne & de Bavière furent rétablis dans tous leurs états, honneurs, biens & dignités. Enfin tout resta dans le même état où il étoit avant la guerre qui avoit coûté tant de sang à l'Europe, sur-tout à la France & à l'Allemagne. Le duc d'Anjou, sous le nom de *Phillippe V*, resta sur le trône d'Espagne, où il commença une nouvelle dynastie qui subsiste pour le bonheur de cet empire. L'année suivante, *Charles VI* fit un nouveau traité avec les Provinces-Unies; ce traité fixoit les limites des deux puissances. Les Etats-Généraux obtinrent le droit d'entretenir garnison dans les villes de Tournai, de Namur, d'Ypres, de Menin & dans quelques autres places moins considérables.

L'empereur n'ayant plus rien à craindre, ni à esperer du côté de la France & de l'Espagne, tourna ses regards vers la Hongrie, dont la conquête avoit excité dans tous les temps la cupidité des Turcs. Ils avoient soutenu Ragotski, & Joseph desiroit avec la plus vive ardeur de se venger de la protection qu'ils avoient accordée à ce rebelle. Ils étoient en guerre contre les Vénitiens qui le sollicitoient d'entrer dans leur alliance : il fut facile de l'y déterminer. Le prince Eugene fut chargé du soin de sa vengeance, & partit à la tête d'une armée puissante. Ce général soutint la réputation qu'il avoit portée au plus haut dégré. Sa premiere campagne (1716) fut signalée par la victoire de Petervaradin & la prise de Temeswar: la seconde eut les succès les plus étonnans. L'armée impériale en assiégeant Belgrade, se trouva elle-même assiégée par cent cinquante mille Turcs; le prince Eugene, dit un moderne, se trouva dans la même position où César s'étoit trouvé au siege d'Alexie, & semblable à celle du czar Pierre le grand, sur les bords du Pruth : il n'imita point l'empereur Russe qui mendia la paix, il se comporta comme César, il battit ses nombreux ennemis, & prit la ville. Une paix avantageuse fut le fruit de ses victoires (1718): elle donnoit à l'empereur Belgrade & Temeswar, places également importantes.

Cette paix glorieuse étoit d'autant plus à desirer, que l'empereur avoit besoin de toutes ses forces pour défendre ses états d'Italie. Philippe V, excité par le cardinal Alberoni, son ministre, aspiroit à recommencer la guerre, & sur un prétexte assez léger, il s'étoit emparé de la Sardaigne que le dernier traité avoit assurée à la maison d'Autriche. La France, l'Angleterre, l'Empire & la Savoye, réclamèrent la foi de ce traité, & forcèrent le roi d'Espagne d'abandonner une entreprise injuste. Le desir qu'avoit l'empereur de former une marine, dont il sentoit le besoin, lui attira l'inimitié de ces puissances qui venoient de se déclarer en sa faveur; une compagnie des Indes, qu'il établit à Ostende, excita les inquiétudes des Hollandois, des Anglois, & même des François : les premiers sur-tout, qui ne doivent leur existence même, qu'au commerce, firent des plaintes amères. Au droit naturel de tous les peuples, ils opposèrent des pactes, des traités, & particulièrement celui de Munster, qui confirmoit les Hollandois dans la possession exclusive du commerce des Indes, par rapport aux sujets de sa majesté catholique, qui depuis étoient passés sous la domination de l'empereur. La politique demandoit sans doute que *Charles* renonçât à son projet, quelque avantageuse qu'en pût être l'exécution. Il eut l'indiscrétion de s'unir avec le roi d'Espagne, sans songer que cette alliance ne pouvoit subsister long-temps, tant à cause de leur inimitié passée, que des grandes prétentions de la cour de Madrid contre celle de Vienne. La démarche de l'empereur ne servit qu'à lui faire perdre la confiance de l'Angleterre, de la France, des États-Généraux, de la Suède & de la Prusse, qui lui déclarèrent la guerre, & le forcèrent après six à sept ans de combats, de détruire sa compagnie. L'Espagne son alliée, dès la conclusion de la paix, se tourna du côté de la France & de l'Angleterre. Ces trois puissances s'unirent par un traité, dont les articles furent dressés à Seville, & depuis cette époque, les affaires de l'empereur allèrent toujours en décadence. La mort d'Auguste II, roi de Pologne & électeur de Saxe, donna lieu à de nouvelles prétentions & à de nouvelles guerres. Chacun ambitionnoit la gloire de lui nommer un successeur. L'empereur qui favorisoit l'élection de Fréderic-Auguste III, fils du feu roi, fit camper un corps de troupes sur les frontières de la Pologne. Louis XV favorisoit Stanislas qui avoit déja occupé le trône de Pologne, où les vœux de la nation & les armes Suédoises n'avoient pu le soutenir. Ce monarque déclara à l'empereur qu'il s'en prendroit à lui des violences que l'on pourroit faire à la république. Il envoya aussi-tôt, au-delà du Rhin, une armée qui signala son arrivée par la prise de Kehl (28 octobre 1733). La France renouvella aussi-tôt le traité d'alliance avec l'Espagne; le roi de Sardaigne y accéda; la guerre fut alors déclarée dans les formes; le roi de Sardaigne se plaignoit des hauteurs dont l'empereur avoit usé à son égard, lorsqu'il lui avoit donné l'investiture de ses fiefs; il l'accusoit encore d'abuser en Italie de la supériorité de ses forces, & d'avoir enfreint le traité de 1703; les premières étincelles de cette guerre parurent en Italie. Le roi de Sardaigne à la tête de l'armée Françoise, fortifiée de ses troupes, entra sur les terres de la maison d'Autriche, & envahit tout le Milanez dont la capitale lui ouvrit ses portes (9 novembre 1733). Les Espagnols eurent des succès non moins brillans. Une flotte superbement équipée fit voile vers l'Italie, & alla établir ses quartiers dans le pays de Sienne. Le printems de l'année suivante

(1734) leur suffit pour mettre sous leur puissance la Mirandole & la principauté de Piombino. En une année, la maison d'Autriche perdit les royaumes de Naples & de Sicile, & toutes ses principautés d'Italie. Les succès étoient moins rapides en Allemagne, ce qui ne doit pas étonner, puisque le prince Eugene y commandoit les troupes de l'empire; il ne put cependant empêcher que les François ne prissent Trèves, & ne missent à contribution toutes les places de cet électorat; celui de Mayence ne fut pas moins maltraité, ainsi que tout le pays situé entre le Rhin, la Sarre, & la Moselle. Le comte de Belle-Isle se rendit maître de Traerbac, & le marquis d'Asfeld de Philisbourg, sous les yeux du prince Eugene. Ce siege fut fameux par la mort du maréchal de Bervick qui en dirigeoit les opérations avant le marquis qui emporta la place. Ces succès glorieux, d'une guerre entreprise pour Stanislas, ne purent cependant l'affermir sur le trône de Pologne, où les vœux d'un peuple, dont il auroit assuré le bonheur, l'appelloient pour la seconde fois. Assiégé dans Dantzick par les Saxons & les Moscovites alliés de *Charles VI*, il dut regarder son évasion comme un coup du ciel. Frédéric-Auguste III y entra triomphant après l'en avoir chassé; ce prince & Philippe V retirèrent tout le fruit de la guerre. La campagne de 1735 se fit avec langueur, principalement sur le Rhin; & dès-lors les négociations succédèrent aux hostilités. Le comte de Neuvied fit les premières ouvertures de la paix; M. de la Beaume eut la gloire d'y mettre la dernière main à Vienne: quoique dans le traité tout fût avantageux à l'Espagne, Philippe le rejetta d'abord, mais enfin il fut obligé d'y accéder. L'infant don Carlos s'étoit fait couronner à Palerme, & proclamer roi des Deux Siciles. Ce droit de sa conquête lui fut confirmé. Le roi de Sardaigne eut Tortone, Novarre avec la souveraineté de Langhes. L'empereur recouvra ses premiers droits sur Milan & sur les états de Parme & de Plaisance que le roi d'Espagne eût bien voulu conserver. Stanislas abdiqua la couronne de Pologne, qu'il avoit reçue de Charles XII, comme un témoignage de la haute estime de ce héros; & pour prix de ce sacrifice, il fut mis en possession des duchés de Lorraine & de Bar; la maison de Lorraine qui cédoit ces provinces, eut le grand duché de Toscane. Cette paix qui ôtoit plusieurs royaumes à la maison d'Autriche, fut reçue comme un bienfait à la cour de Vienne. La mort du prince Eugene, qui suivit de près la conclusion de ce traité, surpassoit toutes les pertes que l'empereur avoit essuyées. Les Allemands, tant qu'il vécut, le regardèrent avec raison comme le génie tutélaire de l'Empire: leurs prospérités diminuèrent insensiblement & s'ensevelirent avec lui. *Charles VI* n'éprouva plus que des revers, sans aucun mélange de succès; obligé de se déclarer contre les Turcs en faveur des Russes, il perdit Temeswar, Belgrade & Orsava; tout le pays entre le Danube & la Save passa aux Ottomans, & le fruit des conquêtes du prince Eugene fut perdu sans espoir de retour. L'empereur, dit M. de Voltaire, n'eut que la ressource de mettre en prison les généraux malheureux, de faire couper la tête aux officiers qui avoient rendu des villes, & de punir ceux qui se hâtèrent de faire, suivant ses ordres, une paix nécessaire. *Charles VI* mourut peu de temps après la guerre contre les Turcs. Il ne laissa point d'enfant mâle de l'impératrice Elisabeth-Christine de Brunsvik-Blankenbourg, il en avoit eu un fils, nommé *Léopold*, qui mourut dans l'année même de sa naissance; de trois princesses ses filles, l'auguste Marie-Thérèse, depuis long-temps l'émule des plus grands rois, fut la seule qui lui survécut; il fut le dernier prince de la maison d'Autriche, qui pour être tombée au pouvoir d'une femme, n'en a pas moins conservé tout son éclat. Cette maison illustre & puissante avoit gouverné l'Allemagne, & avoit fait son bonheur pendant plus de trois cens ans. Ce qui fait sa principale gloire, c'est que dans ce haut dégré de fortune, où elle parut sous plusieurs de ses princes, elle fut toujours respecter les droits & les priviléges de l'Empire qui lui doit sa constitution. Avant Rodolphe de Habsbourg qui fut le premier de cette célèbre famille, la liberté dont se flattoit l'Allemagne, n'étoit qu'une triste anarchie. (*M—Y.*)

CHARLES VII, électeur de Bavière, (*Hist. d'Al.*) LI, empereur d'Allemagne depuis Conrand I, né l'an 1698, couronné empereur le 22 février 1742, mort le 20 janvier 1745.

Ce prince dut le sceptre impérial à la cour de France, dont il étoit l'allié; mais pendant les trois années qu'il le porta, il ne le tint que d'une main foible. Ce fut lui qui donna naissance à la guerre de 1740, contre l'auguste Marie-Thérèse; une fausse interprétation du testament de Ferdinand I, lui fournit un prétexte pour revendiquer les royaumes de Hongrie & de Bohême, comme des portions du patrimoine de ses ancêtres: il prétendoit que ce fameux testament donnoit à sa maison la possession de ces deux royaumes, au défaut d'*hoirs mâles* dans celle d'Autriche, dont la ligne masculine venoit de s'éteindre dans la personne de *Charles VI.* Le testament au contraire portoit au défaut d'*hoirs légitimes*; d'ailleurs celui de *Charles VI* assuroit la succession d'Autriche aux archiduchesses, dans les termes les plus positifs: » Nous avons déclaré (c'est ainsi que s'explique ce prince dans ce testament, érigé en » forme de pragmatique-sanction, en 1720) en » des termes intelligibles & exprès, qu'au *dé-* » *faut de mâles*, la succession échoira en premier » lieu, aux archiduchesses, nos filles; en second » lieu, aux archiduchesses nos nièces, en troisième » lieu, aux archiduchesses nos sœurs, enfin, à tous » les héritiers de l'un & l'autre sexe ». Ce testament fut publié en forme d'édit, de la manière la plus solemnelle, & reconnu par toutes les puissances pour pragmatique-sanction. C'étoit un titre incontestable pour Marie-Thérèse ; l'électeur de Bavière n'en soutint pas moins ses prétentions, les protestations de Frédéric-Auguste III, roi de Pologne, suivirent de près. Il alléguoit les mêmes titres, & les mêmes raisonnemens que ceux de l'électeur. L'Espagne réclama de son côté, avec des droits encore moins plausibles. Marie-Thérèse avoit un ennemi plus redoutable que ceux que nous venons de nommer. Cet ennemi étoit d'autant plus dangereux, qu'il couvroit ses desseins d'un voile impénétrable. C'étoit Frédéric de Brandebourg: ce prince avoit envahi la Silésie dont il prétendoit que ses ancêtres avoient été injustement dépouillés. La cour de Vienne le regardoit encore comme son allié. L'électeur de Bavière parvint à décider en sa faveur, outre le roi de Prusse, ceux de France, d'Espagne, de Sardaigne & même celui d'Angleterre. Ce dernier avoit d'abord formé la résolution d'embrasser de préférence l'alliance de Marie-Thérèse ; mais la crainte qu'il eut de voir dévaster ses états d'Hanovre, lui fit changer de résolution, quoiqu'il eût deja armé trente mille hommes dans l'espoir de les employer en faveur de la maison d'Autriche. Des alliés aussi puissans étoient bien propres à donner la supériorité à l'électeur de Bavière. Ses premières tentatives furent couronnées par les plus grands succès : après s'être rendu maître de Passau & de Lintz, il jetta l'alarme dans Vienne où Marie-Thérèse ne se crut point en sûreté. Il entra dans la Bohême qu'il réduisit presque toute entière sous son obéissance : il prit même la couronne de ce royaume & fut complimenté par le fameux maréchal de Saxe, qui avoit beaucoup de part à ces grands événemens. Il doutoit cependant de la durée de ses conquêtes ; comme le maréchal le félicitoit sur son couronnement, oui certes, lui dit-il, me voici roi de Bohême comme vous êtes duc de Courlande. Cependant cette fortune qui l'avoit jusqu'alors favorisé, mais qui devoit bientôt l'abandonner, lui préparoit le trône de l'empire, il y monta du consentement des électeurs (le 22 février 1742), que l'or de la france & les négociations du maréchal de Belle-Isle réunirent en sa faveur. La constance de Marie-Thérèse ne l'abandonna pas au milieu de ses revers ; elle trouvoit dans l'amour de ses sujets des ressources inépuisables : cependant elle sentit l'impossibilité de résister à tant d'ennemis ; elle éteignit les ressentimens pour attacher à son parti le roi de Prusse, dont elle avoit le plus à se plaindre. Ce prince mettoit une condition bien pénible à sa réunion avec la reine : il exigeoit qu'elle lui abandonnât la Silésie en pleine souveraineté avec le comté de Glatz. Elle sentoit la plus grande répugnance à démembrer l'héritage de ses pères, mais enfin elle céda à la nécessité. Les affaires des alliés furent dès-lors ruinées ; ils éprouvèrent les mêmes revers qu'ils avoient fait éprouver à la reine : ils furent forcés d'évacuer la Bohême, après avoir essuyé des pertes considérables. La Bavière fut envahie par les Autrichiens, & l'empereur qui craignoit de plus grands malheurs, négocia auprès de la cour de Vienne pour tâcher d'en obtenir la paix ; il faisoit assurer Marie-Thérèse, que content de la couronne impériale, qu'il tenoit du suffrage unanime des électeurs, il renonçoit à toutes ses prétentions sur les états héréditaires de la maison d'Autriche. Il prioit la reine de lui rendre la Bavière, & d'en retirer ses troupes. Le roi de France qui jugeoit cette paix nécessaire, ne voulut point en troubler les préliminaires ; ses généraux en Allemagne eurent ordre de ramener les armées sur les bords du Rhin, & il leur interdit toute espèce d'hostilités. On blâme le cardinal de Fleuri ; mais si l'on avoit suivi son avis, la France se seroit contentée de mettre *Charles VII* sur le trône impérial, c'en auroit été assez pour sa gloire. Ce plan auroit prévenu une guerre ruineuse. La reine qui chaque jour remportoit de nouveaux avantages, refusa de signer le traité, & continua la guerre. *Charles* n'y joua point un rôle fort brillant ; il n'y parut ni comme empereur, ni comme général ; il mourut dans le temps où elle étoit le plus allumée ; il succomba sous le poids de ses infirmités, de ses chagrins & de ses revers ; ne jouissant presque plus d'aucune considération, presque dépouillé de ses états, l'argent seul de la France le déroba aux besoins que peut éprouver un particulier malheureux. On le blâme surtout, de ne s'être point mis à la tête de ses troupes, au moment qu'il réunit la couronne de Bohême, à celle de l'empire, lorsque la moitié de l'europe combattoit pour ses intérêts. La fortune qui le mit sur un trône a pu seule lui donner un rang distingué dans l'histoire. (*M--Y.*)

CHARLES, surnommé MARTEL, (*Hist. de France.*) troisième prince ou duc d'Austrasie, naquit l'an 704, de Pepin le Gros & d'Alpaïde sa concubine. Sa naissance causa une vive jalousie à Plectrude, femme légitime de Pepin, & peu s'en fallut qu'il n'en fût la victime. Cette femme ambitieuse prétendit d'abord l'exclure de la succession paternelle. La bâtardise n'imprimoit encore aucune tache. Les François, quoique convertis au christianisme, s'embarrassoient peu que la religion imprimât son sacré caractère sur leur alliance. Tous les enfans, n'importe quel fût l'état de leur mère, étoient indistinctement admis au partage de la succession. Cet usage, préjudiciable au bon ordre, dura tant que régna la famille des Mérovingiens. N'ayant pu réussir par la voie de la persuasion, Plectrude usa de violence ; & dès que Pepin fut mort, elle fit enfermer Charles à Cologne dans une étroite prison. *Charles* donna dès-lors une idée de ses grands talens. Abandonné à lui seul, & sans autre ressource que son génie, il échappe à la vigilance de ses gardes, & leve une armée. Au lieu de satisfaire ses vengeances contre son ennemie, il ne songe qu'à arrêter les progrès de Rainfroi, général & maire du palais de Chilperic II, qui vainqueur de Teodalt, fils de Plectrude, menaçoit d'envahir l'Austrasie. Après plusieurs combats, il parvint à les contenir dans leurs limites, quoiqu'ils fussent secondés de Rabode, duc des Frisons, qui faisoit de continuels efforts pour recouvrer la partie de ses états dont Pepin l'avoit privé. Après avoir préservé l'Austrasie du joug des Neustriens, *Charles* s'en fit proclamer prince. Tel fut le titre que prirent d'abord les maires du palais d'Austrasie, lorsqu'ils en eurent usurpé les sceptre. Les fils de Plectrude étoient enfermés dans Cologne; il alla les assiéger, & les fit prisonniers eux & leur mere. Modéré dans sa victoire, il leur accorda un pardon généreux; & se contenta de les mettre dans l'impossibilité de lui nuire. Après avoir réuni tous les Austrasiens en sa faveur, il les conduisit à la conquête de la Neustrie. Chilperic II, vaincu aussi-tôt qu'attaqué, fut obligé de laisser son trône à la disposition du vainqueur. Quoique *Charles* en eût fait la conquête, il n'eut point assez de confiance pour s'y asseoir. Les François regardoient la valeur comme la plus sublime vertu; mais ils ne croyoient pas que ce fût un titre pour parvenir au rang suprême, tant qu'il restoit un rejetton de la tige royale. Il y plaça un prince nommé *Clotaire*; mais celui-ci étant mort quelque temps après, il rappella le monarque qu'il avoit détroné, & lui donnant un titre sans pouvoir, il gouverna sous son nom les trois royaumes d'Austrasie, de Neustrie & de Bourgogne. Sa sagesse égalant ses talens militaires, il corrigea plusieurs vices qui s'étoient introduits par la foiblesse des règnes précédents. Ce ne fut qu'après avoir fortifié le corps politique, en en purifiant les membres, qu'il songea à soumettre les provinces Germaniques, qui, depuis plusieurs siècles, étoient tributaires & soumises à la domination Françoise. Rien ne put résister à son courage infatigable qui le portoit sans cesse aux extrémités de son vaste empire. Les Bavarois, les Allemands proprement dits, c'est-à-dire, les Suabes, les Turingiens, les Frisons & les Saxons, furent obligés de lui donner des marques de leur soumission. Les Frisons furent les plus maltraités. *Charles*, après avoir renversé leurs idoles, brûlé leurs bois sacrés, & tué Popon, leur duc, successeur de Rabode, les força de renoncer au privilège dont ils avoient toujours été fort jaloux, d'avoir des ducs de leur nation. La victoire la plus éclatante de ce temps, & qui fait le plus d'honneur au nom François, fut celle qu'il remporta sur les Sarrasins, qui, fiers de leurs conquêtes en Asie & en Afrique, parloient de soumettre l'Europe au joug de l'alcoran. Introduits, selon quelques auteurs, dans l'intérieur de la France par Eudes, duc d'Aquitaine, qui vouloit profiter de leur alliance pour s'ériger en roi, ils y exercerent les plus terribles ravages. Si les auteurs n'ont pas grossi le nombre de leurs troupes, elles montoient à 700 mille hommes. *Charles* les rencontra dans les plaines de Tours; les deux armées restèrent en présence pendant sept jours consécutifs, & s'essayèrent par différentes escarmouches; mais après ce terme, la victoire couronna la valeur de *Charles*. Quelques-uns ont pensé qu'il fut surnommé *Martel* des coups qu'il frappa dans cette mémorable journée; d'autres, d'après une espèce d'arme dont il se servit pendant le combat.

Charles au milieu de ses prospérités, desira le diadême. Ce desir se manifesta, sur-tout à la mort de Thierry, dit *de Chelles*, fantôme de roi qu'il avoit placé sur le trône depuis le décès de Childeric. Les conjonctures étoient peu favorables. Il avoit été obligé de faire contribuer les ecclésiastiques aux charges de l'état, & même de donner à des laïcs des biens affectés aux églises; il pressentit l'opposition du clergé, & ne manifesta rien de ses sentimens: il se contenta du titre sous lequel il avoit gouverné jusqu'alors; mais sa fierté ne lui permettant pas de s'abaisser davantage sous un maître, il laissa le trône vacant, & ne jugea point à propos de faire des rois.

Cependant le succès de *Charles* contre les Sarrasins qu'il vainquit dans plusieurs autres rencontres, élevèrent son nom au plus haut dégré de gloire. Les Romains pressés d'un côté par les Lombards qui vouloient les mettre sous le joug, & intimidés de l'autre par l'empereur de Constantinople, qui menaçoit de ses vengeances, lui envoyèrent une célèbre ambassade. On remarque que dans leurs lettres, ils lui donnoient le titre de vice-roi. Cette première ambassade n'ayant produit aucun effet, le pape Grégoire III lui en envoya une seconde, & lui écrivit les lettres les plus pressantes. Le pape qui voyoit les Lombards à ses portes, peignoit leur roi sous les plus odieuses couleurs. Les nouveaux ambassadeurs aborderent le prince d'Austrasie de la manière la plus respectueuse; ils tombèrent à ses pieds, & lui offrirent, avec le titre de patrice, la souveraineté de la ville de Rome. Ces offres étoient bien capables de flatter son ambition, mais il n'en put profiter; il étoit atteint d'une maladie qui le conduisit au tombeau cette année-là même. Il mourut à Crecy, dans la trente-huitième année de son âge, & la vingt-troisième de sa magistrature, laissant une réputation comparable à celle des plus grands capitaines & des plus grands politiques. Placé sur les dégrés du trône, il avoit tous les talens qui peuvent l'illustrer; & s'il ne porta pas le diadême, il eut au moins la gloire d'en préparer un à ses successeurs, plus brillant & plus auguste que celui qu'il avoit ambitionné. On ne sait si c'est de ce héros ou de Charlemagne, son petit-fils, que la seconde race de nos rois a pris le nom de *Carlienne* ou *Carlovingienne*. L'histoire nous a conservé le nom de deux de ses femmes, savoir, de Rotrude & de Somnichelde.

La premiere donna naissance à Pepin le Bref & à Carloman, l'autre à Griffon. *Charles* eut en outre plusieurs fils naturels entre lesquels on distingue Remy, qui fut évêque de Rouen. Des historiens ont regardé *Charles-Martel* comme l'instituteur des comtes palatins, auxquels ont succédé en France les maîtres des requêtes. (*T—N.*)

CHARLES I, (*Hist. de France.*) vingt-troisième roi de France, vulgairement nommé *Charlemagne*, c'est-à-dire, *Charles le Grand*, naquit l'an 742, de Pepin le Bref & de Berte ou Bertaude. La vie de ce prince a jetté tant d'éclat, que plusieurs villes se sont disputé la gloire d'avoir été son berceau. Les uns ont prétendu qu'il naquit à Ingelheim, près de Mayence; les autres, à Constance en Suisse. Des critiques mieux instruits ont démontré que ce fut à Carlsbourg, château de la Haute-Baviere, sur la Salva. Pepin le Bref avoit laissé en mourant des états bien vastes & une domination bien affermie. Cet habile polititique marchant sur les traces de ses ancêtres, avoit consommé leur crime & exterminé la race de Mérouée qu'ils avoient avilie. *Charlemagne* & Carloman, ses fils, partagèrent sa puissance: le premier avoit de très-grands talens, l'autre n'en avoit que de fort médiocres. Il eut cependant assez de prévoyance pour craindre l'abus que son frère pouvoit faire des siens. Il se retira en diligence dans son royaume d'Austrasie que Pepin lui avoit marqué pour son partage, & y resta dans la plus grande défiance. *Charles* le sollicita en vain de le seconder contre Hunauld, duc d'Aquitaine, qui, suivant quelques auteurs, étoit de la race des anciens rois. Cette défiance étoit fondée, & l'on ne tarda point à s'en appercevoir; ce prince étant mort l'année suivante (772, à Samouci, non sans quelque soupçon de poison), *Charles* s'empara de ses états, au préjudice de deux princes fils de Carloman, qui, sous la conduite de Geberge leur mère, allèrent mendier un asyle chez Didier, roi des Lombards. Didier les reçut avec les transports de la joie la plus vive, & d'autant moins suspecte, qu'il avoit de grands sujets de plainte contre *Charles* qui lui avoit renvoyé sa fille après l'avoir épousée. Il les conduisit à Rome, & pria le pape de les sacrer. Adrien qui occupoit alors le siége pontifical, rejetta cette proposition: le pape craignoit de s'exposer au ressentiment du monarque François, qui, vainqueur des Saxons & de Hunauld qu'il tenoit dans les fers, faisoit des préparatifs pour entrer en Italie. Didier voulut en vain lui fermer les passages; *Charles* ayant franchi le sommet des Alpes, battu les Lombards à Clusium, va l'assiéger lui-même dans Pavie, sa capitale. Tel fut le prélude des grandes victoires de *Charlemagne*: six mois lui suffirent pour renverser la monarchie des Lombards, & pour soumettre l'Italie entière. Les Romains éblouis des grandes qualités du conquérant, lui donnèrent des marques de la plus entière obéissance; ils lui déférèrent tous les honneurs que leurs ancêtres avoient rendus aux Césars & aux Exarques, successeurs de ces hommes fameux. *Charlemagne* fit plusieurs autres voyages en Italie; le plus célèbre se rapporte à l'an 800; il y étoit attiré par Léon III, successeur d'Adrien. Ce pontife lui demandoit justice contre plusieurs Romains qui conspiroient pour le perdre, & l'accusoient de divers crimes. Le monarque jugea le pape de la manière la plus solemnelle: ayant reconnu son innocence, il condamna ses accusateurs à perdre la tête. Ce fut après ce jugement mémorable que les Romains le conjurèrent de faire revivre en sa personne le titre d'empereur d'Occident, éteint depuis trois siècles. *Charlemagne* y consentit après bien des sollicitations, mais il le reçut en maître. Il ne posa le diadême sur son front qu'après avoir vû le pontife à ses pieds. Léon III fléchit le genou devant *Charlemagne*; & après l'avoir adoré au milieu d'une assemblée innombrable (*post quas laudes à pontifice more antiquorum principum adoratus est.*), il fit exposer son portrait, afin que le peuple lui rendît le même hommage. Tel avoit été l'usage constant sous les successeurs d'Auguste avant & après l'introduction du christianisme. *Charles*, dans ses différens voyages, ratifia la donation dont Pepin avoit récompensé le zèle indiscret des papes qui, par un abus criminel de leur ministère, avoient approuvé la dégradation des anciens rois. La donation de Pepin, comme on peut le voir à l'article de ce prince, consistoit dans la jouissance précaire de l'exarcat & de la pentapole. *Charles*, en confirmant cette donation, n'en changea pas le titre; il s'en réserva la souveraineté comme empereur & comme roi, de manière qu'il étoit libre de les reprendre s'il le jugeoit à propos.

Ces présens du pontife & du monarque n'étoient fondés que sur la force: tout étoit appuyé sur l'épée de *Charlemagne*: il ne pouvoit donner au pape ni l'exarcat ni la pentapole; ni le pape ou les Romains, lui donner le titre d'empereur: ce titre résidoit dans la personne des empereurs d'Orient; aussi ce n'est pas à cette époque que l'on doit rapporter la renaissance de l'empire d'Occident, mais seulement à l'an 812, que l'empereur Michel consentit, par un traité solemnel, à reconnoître *Charles* pour son collègue. Voilà ce qui se passa d'important en Italie sous le règne de ce prince; mais ces brillans succès ne furent pour ce héros que l'ouvrage de quelques mois. Il conquit pendant ce temps-là même la Hongrie, la Bohême, la Catalogne & la Navarre, força les Vénitiens à lui rendre hommage, soumit les Saxons qui refusoient de lui payer le tribut auquel ils étoient assujettis, & réforma son état, ouvrage plus grand & plus difficile que de remporter des victoires. Je n'entrerai pas dans les détails des expéditions de ce prince; il suffit de les compter; il en fit trois en Italie, tant contre les Lombards que contre plusieurs peuples qui prétendoient secouer le joug de son obéissance; deux en Hongrie, autant en

Bavière & en Espagne, une contre les Wilses, anciens habitans de la Poméranie, & douze en Saxe. Celles-ci furent les plus pénibles & les plus meurtrières. Pendant ces différentes expéditions, *Charles* livra plus de vingt batailles, & ne connut jamais la honte d'une défaite, (excepté à Roncevaux en 778). L'histoire lui reproche son inhumanité dans la victoire : il est vrai qu'il se livra à tous les excès de la vengeance la plus effrénée: il fit massacrer en un seul jour & de sang-froid quatre mille cinq cens Saxons que leurs chefs avoient remis en sa puissance, comme un témoignage de leur repentir. Ses ravages en Hongrie ne furent pas moins considérables. On peut voir dans Eginard, historien & confident de sa vie, l'effrayant tableau des cruautés de ce conquérant.

Ce fut par cette inflexible sévérité que s'affermit une des plus puissantes monarchies qui jamais aient paru dans notre hémisphère; & si l'on en juge par le succès, on pourra croire qu'il s'abandonna moins aux impressions d'une dureté naturelle, qu'il ne suivit les conseils de la politique. Les Huns, cité ancienne & fameuse, étoient pour ce monarque des voisins dangereux. Sans parler de leurs anciennes incursions sur les terres de France, ils fomentoient l'indocilité naturelle des Bavarois, & les engageoient dans de fréquentes révoltes. Quant aux Saxons, leur opiniâtreté à refuser un tribut légitime mérita une partie de leurs malheurs; *Charles* leur avoit fait grace plusieurs fois, il étoit à craindre qu'un pardon trop fréquent n'engageât ses sujets à les imiter. Les François nourris dans l'anarchie qu'avoit introduite la tyrannie des maires du palais, donnoient chaque jour des marques de leur indocilité; on le traitoit encore d'usurpateur. Il put donc regarder le supplice des Saxons comme un exemple salutaire qui devoit faire cesser les murmures & affermir son trône; il est vrai que bien des souverains ne voudroient pas régner à ce prix. Tous les ordres de l'état vécurent depuis dans la plus grande tranquillité.

Les évêques qui, sous les règnes suivans, s'arrogèrent le droit de déposer leurs rois, n'osèrent manifester leurs prétentions superbes. Ils n'approchèrent du monarque, que pour lui donner des marques de leur obéissance : jamais ils ne s'assemblèrent que par ses ordres; jamais ils n'eurent d'autre juge, d'autre arbitre que lui. Quoiqu'il affectât une grande piété; *Charles* fit toujours connoître que le sceptre étoit au-dessus de l'encensoir; &, s'il ne tint pas celui-ci, il fut au moins le diriger: « Nous nous sommes assemblés par l'ordre du roi *Charles*, notre très-pieux & très-glorieux seigneur qui nous a présidés (*Congregatis nobis in unum conventum, præcipiente & præsidente piissimo & gloriosissimo domino nostro Carolo rege*) ». Tel fut le style dont les évêques se servirent sous son règne; & voici celui dont il usa à leur égard. « Je me suis assis au milieu de vous, & j'ai assisté à vos délibérations, non-seulement comme témoin, mais encore comme votre souverain & comme votre juge ». L'obéissance des nobles qui formoient un troisième ordre dans l'état, n'étoit pas moins entière. La foiblesse des règnes précédens leur avoit cependant rendu très-pénibles les devoirs de sujets. Il leur laissa le droit de voter dans les assemblées générales; mais comme il y fut toujours présent, & qu'il disposoit de tous les bénéfices, tant ecclésiastiques que civils & militaires, il lui étoit facile de captiver les suffrages; mais quoiqu'il sût toujours les diriger vers son but, il conçut le dessein d'affoiblir l'autorité de ces assemblées. Ce fut pour y parvenir qu'il changea l'ordre de la haute noblesse : elle étoit partagée en deux classes principales; savoir celle des ducs & celle des comtes; la seconde subordonnée à la première. Les duchés n'étoient pas, comme ils sont aujourd'hui parmi nous des titres honorables, mais sans pouvoir : ceux qui en étoient revêtus exerçoient, tant en paix qu'en guerre, toute l'autorité de la justice & des armes dans toute l'étendue d'une province. Ils ne dépendoient plus du prince, mais seulement des assemblées générales; & comme la monarchie étoit partagée entre un petit nombre de ducs, il leur étoit facile de se rendre maîtres des délibérations. Le roi ne pouvoit les lier qu'en flattant leurs espérances, par rapport à leurs descendans; car les duchés n'étoient pas alors héréditaires. *Charles*, persuadé que ces ménagemens étoient contraires à la prospérité de l'état, forma le projet de les abolir. Tassillon s'étant révolté, il saisit cette occasion pour éteindre son duché de Bavière. Cette province ne fut plus gouvernée que par des comtes, qui, jouissant d'une considération moins grande, étoient aussi moins à craindre. *Charles* s'étoit comporté de même envers les Aquitains, après le désastre de Hunauld, leur duc. Toutes les démarches de ce prince donnent la plus haute idée de sa politique; & si le ciel lui eût accordé une plus longue destinée, il est à croire qu'il eût aboli ces assemblées qui furent si funestes à ses successeurs. On peut les regarder comme une des principales causes de la dégradation de sa postérité. Il est cependant vrai que *Charles* déroga, peut-être involontairement, à la sagesse de ses maximes: dans le temps qu'il abolissoit les duchés, il érigeoit des royaumes. C'étoit l'usage des peuples septentrionaux, d'admettre les enfans des rois à la succession d'un pere commun. Cet usage, plus conforme aux droits de la nature qu'aux maximes de la politique, la vraie reine des nations, avoit été constamment suivi par les François qui, depuis long-temps en étoient les victimes. *Charles* ne put y déroger entièrement; il avoit plusieurs fils légitimes; il les admit au partage de ses états, & leur donna à tous le titre de roi : il est vrai qu'en les décorant de ce titre sublime, il ne laissoit pas de les soumettre à leur aîné, auquel étoit réservée la dignité d'empereur. *Charlemagne* eut encore l'attention de mettre une très-grande inégalité dans le partage : cet aîné eut à lui seul plus des deux tiers de la monarchie. Il étoit donc assez puissant pour soumettre ses frères par la force, s'ils faisoient quelques difficultés de le reconnoître pour leur souverain ; mais ce partage resta sans exécution. Une mort prématurée moissonna le prince *Charles*, à qui l'empire étoit destiné. Louis son puîné, prince digne de régner sur ces vastes états, si pour être roi il ne falloit que des vertus, les posséda en entier, à l'exception de l'Italie, qui fut donnée à Bernard son neveu, comme royaume mouvant de l'empire. *Charlemagne* avoit reçu la couronne des mains de Léon ; ce grand homme sembla prévoir que les successeurs de cè pontife se feroient un titre de cette cérémonie, pour s'arroger le droit de conférer l'empire. Ce fut sans doute cette crainte qui le porta à ordonner à Louis de prendre la couronne impériale sans le ministère du pape, ni d'aucun ecclésiastique. Le couronnement se fit de cette manière ; *Charlemagne* ayant posé le diadême sur l'autel, en présence des prélats, fit signe à son fils qui le prit aussi-tôt de ses propres mains, & le mit sur sa tête. Cette inauguration si fameuse dans nos annales, se fit à Aix-la-Chapelle, où *Charlemagne* reçut peu de temps après les honneurs de la sépulture. Il mourut dans la soixante-douzième année de son âge, la quarante-huitième de son règne, la quatorzième de son empire. Ce fut un prince grand dans la paix & dans la guerre, également capable d'être législateur & pontife : jamais il n'exista de roi plus versé dans les matières de la politique & de la religion. Ses capitulaires, chefs-d'œuvres de législation pour ces temps, en sont une preuve éclatante. Également économe de ses biens & de celui de ses sujets, il soutint l'éclat du diadême sans attenter à leur fortune (Montesquieu remarque que *Charlemagne* faisoit vendre jusqu'aux herbes de ses jardins; ce n'étoit pas par avarice, car souvent il faisoit remettre au peuple la moitié du produit de ses revenus). Placé sur un trône usurpé par son père, il se vit sur la fin de ses jours tranquille possesseur de la plus belle moitié de l'Europe. Plusieurs rois (ceux d'Angleterre & d'Espagne) s'offrirent à être ses tributaires, & Aaron Al-Rachid s'honora de son alliance. Ce monarque, dont la puissance s'étendoit de l'Imaüs à l'Atlas, lui envoya les clefs de Jérusalem pour marque de son estime. Né roi d'un peuple barbare, dont la guerre étoit l'unique métier, il sentit la nécessité de s'instruire : il appela les sciences & en développa le précieux germe. Sa présence entretenoit une généreuse émulation entre les savans que ses bienfaits attiroient à sa cour. Souvent même ce prince descendoit de son trône & sacrifioit aux muses les lauriers qui ornoient ses mains triomphantes. Les muses reconnoissantes ont consacré ses grandes actions; mais justes & modérées dans leurs éloges, en relevant les vertus du héros, elles ont dévoilé les foiblesses de l'homme. Né avec des passions impérieuses, *Charles* ne fut pas toujours attentif à en prévenir les ravages : il allarma souvent la pudeur des vierges. Ses écarts, l'horrible massacre des Saxons & la multitude de ses femmes & de ses concubines, ont élevé des doutes sur la sainteté que plusieurs papes lui ont déférée. Il eut cinq femmes; savoir, Hilmentrude, Désidérate, que d'autres appellent *Sibille*, fille de Didier, roi des Lombards ; ces deux femmes furent répudiées, la première par dégoût, l'autre par des intérêts politiques : Hildegarde, originaire de Suève, c'est-à-dire, de Suabe ; Fastrade, fille d'un comte de Franconie, & Huitgarde qui étoit de la même nation qu'Hildegarde. D'Hilmentrude naquit Pepin, qui fut surnommé *le bossu* (par ce qu'il l'étoit). Ce prince fut relégué dans le monastère de Prout, pour s'être déclaré le chef d'une conspiration formée contre *Charlemagne* son père. Hildegarde donna naissance à *Charles*, à Carloman que le pape fit appeler *Pepin*, & à Louis surnommé *le Pieux* ou *le Débonnaire*, successeur de *Charlemagne*. Hildegarde eut en outre autant de filles; savoir, Rotrude, Berthe & Giselle. De Fastrade naquirent Thetrade & Hiltrude, l'une & l'autre religieuses & abbesses de Farmoutier. Huitgarde mourut sans laisser de postérité. *Charlemagne* eut de plus quatre concubines ; savoir, Régine, Adélaïde, Mathalgarde & Gersuide. De Régine naquit Drogon, prince vertueux, & qui remplit le siége épiscopal de Metz, Adelaïde donna le jour à Thierry, dont nous ne savons aucune particularité, excepté la disgrace que Louis-le-Débonnaire lui fit ressentir ainsi qu'à ses frères. Mathalgarde fut mère de Hugues, abbé de Saint-Quentin dans le Vermandois. De Gersuide sortit Adeltrude. Quelques-uns prétendent qu'Emme, femme d'Eginard, étoit fille de *Charlemagne*. Plusieurs écrivains comprennent Hilmentrude dans le nombre des concubines; mais on a pour garant du contraire une lettre du pape qui, lorsque ce prince la répudia, fit ses efforts pour lui faire horreur du divorce.

Entre les loix de ce prince, on remarque l'abolition du droit d'asyle accordé aux églises en faveur des criminels, & celle qui permet aux payens nouvellement convertis de brûler pendant le jour les cierges qui servoient à les éclairer dans les cérémonies nocturnes qu'ils pratiquoient en l'honneur de leurs divinités. La crainte que les Saxons ne retournassent à l'idolatrie, qu'ils n'avoient abandonnée que par la terreur de ses armes, le porta à ériger parmi ces peuples un tribunal semblable à celui de l'inquisition. Ce terrible tribunal fut connu sous les successeurs de *Charlemagne*, sous le nom de *cour Wémique* ou de *justice Vesphalienne*. Les prétentions de cette cour semèrent l'effroi dans toute l'Allemagne, & la remplirent de désordres. Les empereurs même en furent épouvantés ; leur autorité ne suffisant pas, ils usèrent de toutes les précautions pour l'abolir. Charles V en vint heureusement à bout par l'établissement de la chambre & du conseil aulique. Des auteurs interprétant mal un passage d'Eginard, ont prétendu que *Char-*

lémagne ne sut jamais écrire, pas même signer son nom ; c'est une erreur détruite par plusieurs monumens. Cet auteur n'a voulu dire rien autre chose, sinon que ce monarque ne put parvenir à former de beaux caractères. Sous son règne la France eut pour bornes au midi, l'Ebre, la Méditerranée, le Vulturne, l'Osante & les villes maritimes de l'état de Venise; à l'orient, la Tesse & la Vistule; au nord, la mer Baltique, la mer Germanique & la Manche; à l'occident, l'Océan; les peuples d'entre l'Elbe & la Vistule n'étoient que tributaires : leurs rois devoient être confirmés par les empereurs.

Charles, ce prince le plus accompli des fils de *Charlemagne*, fit ses premières armes en 804 dans la guerre de Saxe. Les historiens ont négligé de marquer l'année de sa naissance; mais si elle ne précéda point les noces d'Hildegarde sa mère, il avoit à peine six ans. L'empereur voulant le former dans les batailles, croyoit ne pouvoir lui en faire contempler trop tôt l'image; il le mit à la tête d'une armée considérable, & qui, excitée par sa présence, vainquit les Saxons près de Drasgny. On lui attribue l'honneur de cette victoire, dont probablement il ne fut que le témoin Il en remporta une plus grande & plus véritable sur les Sclaves, établis en Bohême; après les avoir défaits en bataille rangée, & tué de sa main Lechon leur chef, il porta le ravage dans toutes les terres de leur dépendance. La même fortune accompagna ce jeune prince l'année suivante (886), il les défit après un combat opiniâtre, tua Milidicok leur roi, & les força de payer tribut. Ses succès contre les Normands qui se portoient déjà sur les terres de France, mirent le comble à sa gloire. *Charlemagne* touché des grandes qualités de ce fils, lui réservoit l'empire. Une mort prématurée l'en priva. Il mourut l'an 811. *Charlemagne* le pleura : ces larmes sont une preuve de la sensibilité du père, & le plus bel éloge du fils. Le pape Léon III lui avoit donné l'onction sacrée lors du couronnement de *Charlemagne*. (*T—N.*)

CHARLES II, surnommé *le Chauve*, (*Hist. de France*). XXVe. roi de Neustrie, nom que porta la France jusqu'au dixième siècle, cinquième empereur d'Occident depuis Charlemagne. Ce prince qui prépara la chûte du trône des Pepins, naquit à Francfort, l'an huit cents vingt-trois, de Louis I & de l'impératrice Judith. Sa naissance fut accompagnée de plusieurs calamités publiques. La peste, la guerre & la famine désoloient toutes les provinces de l'empire. Ces fléaux devinrent plus terribles par la jalousie de Lothaire, de Pepin & de Louis, ses frères par une autre femme. Comme nous avons développé le principe de cette jalousie & les désordres qu'elle occasionna, nous n'en parlerons point ici : on peut les lire à l'article de LOUIS *le Débonnaire*. Contentons-nous d'observer que l'enfance de *Charles* fut extrêmement agitée; il se vit tantôt roi, tantôt captif, tantôt entre les bras d'une mère tendre & chérie, tantôt entre les mains de ses frères acharnés à sa perte; mais ses malheurs mêmes furent la principale cause de son élévation : l'empereur comprit qu'il falloit réduire ce fils à la condition de sujet, ou se résoudre à le voir opprimer, ou enfin lui faire un sort qui pût balancer la puissance de ses frères. Sa tendresse, les sollicitations de l'impératrice, & les guerres impies que lui fit Lothaire, aidé de ses frères & des pontifes romains, le décidèrent pour ce dernier parti. Il lui avoit donné plusieurs provinces à titre de royaume; il révoqua cette donation, & le fit proclamer roi de Neustrie & d'Aquitaine. Ces deux royaumes réunis avoient au midi, l'Ebre, la Méditerranée jusqu'au Rhône, à l'orient le Rhône, la Saône & une ligne tirée de la source de cette rivière à la Meuse, avec tout le cours de ce fleuve; au nord la Manche; au couchant l'Océan. Lothaire eut le reste de la monarchie, excepté la Bavière qui fut laissée à Louis, surnommé *le Germanique*. L'empereur, en réglant ce partage, n'avoit pardonné à Lothaire qu'à condition de servir de père & de protecteur à *Charles*, contre les entreprises du roi de Bavière, pour qui ce partage étoit une espèce d'exhérédation; & pour l'attacher de plus en plus par le lien des bienfaits, il lui rendit en mourant l'épée & le sceptre impérial qu'il lui avoit donnés longtemps auparavant, mais qu'il lui avoit retirés pour le punir de ses fréquentes révoltes. La volonté de ce religieux prince fut mal suivie par des fils trop ambitieux pour respecter la voix du sang & de la paternité. *Charles*, possesseur & roi de la plus belle partie de la domination Françoise, ne voulut reconnoître qu'un égal dans Lothaire, auquel il devoit rendre hommage, comme à son empereur. Les guerres civiles, les assassinats qui avoient souillé le trône des Mérovingiens, avoient fait connoître aux destructeurs de cette race illustre & coupable, qu'un état ne sauroit subsister sans trouble avec plusieurs maîtres égaux en autorité. Charlemagne, en partageant ses états entre ses fils, leur donna bien à tous la qualité de roi; mais ce titre sublime ne les affranchissoit pas de son obéissance, & son intention avoit été de les soumettre à *Charles* son aîné, qu'une mort prématurée enleva à ses esperances. Louis le Pieux s'étoit gouverné par les mêmes principes, il avoit exigé l'hommage de Bernard, roi d'Italie, petit-fils de Charlemagne. Un auteur impartial est donc dans l'impuissance de justifier les prétentions de *Charles-le-Chauve* : nous ne saurions être trop abrégés en parlant des désordres qu'occasionna son refus de reconnoître la supériorité de Lothaire, vu qu'ils appartiennent en partie au règne de ce prince. *Charles* se vit sur le point d'être la victime de son ambition : attaqué dans le centre de ses états, il signe un traité qui, en le privant de ses plus nobles prérogatives, le réduit à la jouissance de l'Aquitaine & de quelques comtés entre la Loire & la Seine. Il est vrai que cet humiliant traité n'étoit que subsidiaire; les deux princes étant convenus de s'en rapporter à la décision des seigneurs, dans une assemblée générale; une des conditions fait connoître que *Charles-le-Chauve*, ou son conseil, ne manquoit pas de politique; il eut le secret d'intéresser Louis de Bavière, dont la fierté étoit également mécontente de s'abaisser sous un maître; il protesta qu'il retireroit sa parole, si Lothaire faisoit quelque entreprise sur les états de ce prince, leur frère commun, mais ni l'un ni l'autre n'avoit envie de suivre les loix du traité; chacun cherchoit à recommencer la guerre avec plus d'avantage. *Charles* ayant eu une entrevue avec Louis de Bavière, ces deux princes s'unirent par des sermens d'autant moins suspects, que l'un & l'autre avoient le même intérêt à ne les pas violer; ils négocièrent, firent des levées d'hommes & d'argent, chacun dans ses états; & lorsqu'ils eurent réuni leurs troupes, ils envoyèrent leurs ambassadeurs déclarer à Lothaire que s'il ne rentroit aussi-tôt dans ses états, dont les limites devoient être désormais marquées par le cours du Rhin (le roi de Bavière réclamoit tout ce qui étoit au-delà de ce fleuve), ils sauroient l'y contraindre le fer à la main. Lothaire déclara qu'il conserveroit tout ce qu'il tenoit sous sa puissance, & que rien ne pourroit le faire renoncer à une autorité qu'il tenoit de la loi. Rome jalouse de se faire valoir dans une occasion de cette importance, offrit en vain sa médiation. Lothaire retint les députés du pontife, & se rendit à Fontenay, bourg de l'Auxerrois: ce fut là qu'après plusieurs démarches inutiles pour obtenir la paix, ses frères lui livrèrent une bataille qui fut des plus longues & des plus meurtrières: des écrivains modernes, on ne sait d'après quel témoignage, ont prétendu qu'il périt cent mille nobles dans cette fameuse journée; c'est une exagération détruite par le silence des auteurs contemporains: la victoire se déclara pour les princes confédérés qui, dans une cause injuste, ne pouvoient en user avec une plus grande modération: au lieu de poursuivre les débris de l'armée vaincue, ils s'arrêtèrent sur le champ de bataille, & pleurèrent au milieu du désastre que leur ambition avoit occasionné. Après avoir fait ensevelir les morts, sans distinction d'amis ou d'ennemis, ils envoyèrent demander la paix, sans autres conditions que celles qu'ils avoient exigées avant la guerre. Lothaire, soit par ambition, soit par intérêt d'état, refusa de consentir au démembrement de la monarchie; mais il fut forcé de s'y résoudre, attaqué une seconde fois par ses frères réunis; il abandonna ses états d'en deçà des Alpes, & se réfugia dans son royaume d'Italie: ce fut alors que l'on vit toute l'inconséquence de l'ambition. *Charles* & Louis versoient à l'envi le sang des peuples, & s'exposoient eux-mêmes au danger des batailles, pour ne point reconnoître de supérieur dans un frère, cependant ils se courbèrent de leur propre gré sous le joug du clergé. Ayant fait assembler les évêques, ils leur demandèrent s'ils pouvoient jouir de leur conquête, en s'emparant des provinces que Lothaire laissoit sans défense. Les évêques, flattés de se voir les arbitres de leurs rois, les dispensateurs de leur couronne, firent une réponse conforme à la haute idée que l'on avoit de leur caractère; ils dépouillèrent le possesseur légitime, & firent valoir les droits de la guerre dans toute leur étendue. La manière dont ils rendirent leur oracle, est trop importante pour en priver le lecteur. » Nous déclarons, de la part de Dieu, dit un prélat au nom de toute l'assemblée, Lothaire déchu de tous ses droits; promettez-vous, ajouta-il, de gouverner suivant les pernicieux exemples de l'empereur votre frère, ou suivant la volonté de Dieu? » Et sur ce qu'ils répondirent qu'ils gouverneroient suivant la sagesse que le ciel pourroit leur inspirer: « Eh bien, ajouta le prélat, nous vous avertissons, nous vous exhortons au nom de tous les évêques, & nous vous ordonnons par l'autorité divine, de recevoir le royaume de votre frère, & de le gouverner suivant la volonté de Dieu, (c'est-à-dire, suivant la leur »). *Charles* & Louis nommèrent aussi-tôt des commissaires pour régler le partage de leur conquête, ou plutôt de la domination du clergé. Nitard, dont nous empruntons une partie de ces détails, fut au nombre de ces commissaires; mais le partage resta sans exécution. La tempête n'avoit pas été assez violente pour priver l'empereur de toute espérance. Les débris de son naufrage étoient encore capables de relever son parti; son royaume d'Italie étoit florissant, & n'avoit souffert aucun dommage; aussi dès qu'il fit les premières ouvertures de paix, on l'entendit volontiers. Le traité fut conclu sans retour: *Charles* posséda ses états comme roi & comme souverain, & sans aucune marque de dépendance envers l'empereur; mais ce prince en affranchissant ses états, conserva toujours une ame étroite; & si dans tout le cours de sa vie on apperçoit quelque action digne du trône, la gloire en appartient toute entière à l'impératrice sa mère, princesse d'un rare mérite, qui lui servit de premier ministre, & fit quelquefois les fonctions de général. Son palais servit de théâtre à mille factions, & lui-même devint le jouet de sa cour & de son clergé qui le traita toujours en sujet. Les Bretons se révoltèrent: ces peuples, sujets de la nouvelle monarchie françoise depuis le règne de Clovis le conquérant, osèrent réclamer leur ancienne indépendance; & le foible monarque oubliant qu'il étoit du sang glorieux des Pepin, s'humilia devant ces rebelles: il couronna lui-même Erespoge, fils de Nonemon, qui avoit commencé la revolte. Lâche & timide envers les étrangers, comme envers ses sujets, il souffrit que les Normands ravageassent impunément ses côtes, pillassent les églises & les villes les plus opulentes. Tandis que ce peuple désoloit ainsi son état, ce prince imbécillement dévôt, disputoit à des moines l'honneur de porter sur ses épaules les reliques & les châsses des saints. Ne valoit-il pas mieux animer le courage de ses soldats, & écarter avec eux l'ennemi du sanctuaire de la divinité?

Mais quelle que soit la brièveté que nous nous

sommes proposée, nous ne saurions nous dispenser d'entrer dans quelques détails; retracer la vie de *Charles-le-Chauve*, c'est dévoiler la source de nos anciennes divisions, & montrer les principales secousses qui nous ont fait perdre le sceptre que possèdent aujourd'hui les Allemands nos anciens sujets. Lothaire n'étoit pas le seul ennemi que *Charles* eût sur les bras; Louis-le-Débonnaire, outre Lothaire & Louis, avoit eu de son premier mariage un troisième fils nommé *Pepin*. Ce prince avoit été fait roi d'Aquitaine, & avoit laissé en mourant deux fils qui avoient hérité de son courage, sans hériter de sa puissance; Louis leur aïeul avoit jugé à propos de les en priver. Ces jeunes princes avoient de nombreux partisans parmi les Aquitains qui de tout temps s'étoient montrés jaloux d'avoir un roi distingué de celui des Neustriens. Ils avoient profité des favorables dispositions des anciens sujets de leur père, & avoient suivi le parti de la guerre civile; ils espéroient que ce prince, en reconnoissance de leurs services, ne balanceroit point à relever leur trône. Lothaire y auroit probablement consenti, mais ayant été forcé lui-même de recevoir la loi du vainqueur, il les avoit abandonnés. Dès que *Charles* eut signé le traité de paix, il songea à satisfaire son ressentiment; il se rendit en Aquitaine, & fit assassiner Bernard, un de leurs partisans. Bernard étoit ce comte de Barcelonne, qui, ministre de Louis-le-Débonnaire, avoit joué un rôle intéressant sous le règne de ce prince, dont quelques auteurs ont prétendu qu'il avoit souillé la couche. La mort du comte afligea les jeunes princes, sans déconcerter leurs projets: tous deux étoient d'une valeur éprouvée; & Pepin, l'aîné, avoit tous les talens d'un général; il étoit même assez versé dans l'art des négociations, sur-tout pour un temps où cet art étoit encore dans l'enfance; il avoit remporté une victoire sur son oncle pendant la guerre civile; il sut encore l'abuser par une feinte soumission, jusqu'à ce qu'une irruption de Normands, qui força le roi de Neustrie de sortir d'Aquitaine, lui permit de faire de nouveaux préparatifs.

Les Normands étoient depuis plusieurs siècles les dominateurs des mers: Charlemagne le témoin & quelquefois l'objet de leur intrépidité, avoit prédit leurs triomphes sur ses successeurs. Ils étoient alors conduits par Regnier, amiral d'Eric, leur roi, qui venoit de se distinguer en Allemagne par des exploits de la plus étonnante valeur. Regnier, à l'exemple de son roi, ne s'arrêta point au pillage de quelques villages, comme avoient fait plusieurs capitaines normands qui l'avoient précédé; il entra dans la Seine à la tête de six-vingts bateaux, & remontant cette rivière jusqu'à Paris, il demandoit sans cesse si ce pays riche & magnifique étoit sans défenseurs & sans habitans. *Charles* étoit à saint-Denis prosterné devant les reliques des saints qu'il invoquoit. Regnier eût bien pu dire de ce prince sans courage ce qu'un chef barbare disoit des Romains dans le temps de leur dégradation, qu'il possédoit son royaume, comme les bêtes la prairie qu'elles broutent. Le monarque plus timide que les moines dont il partageoit les alarmes, trembloit au seul nom des Normands; il députa vers Regnier, & vaincu avant de combattre, il lui demanda grace pour lui & pour ses peuples; mais pour mettre plus de poids à ses prières, il leur donna sept mille livres pesant d'or, somme exorbitante pour ce temps, & qui en excitant la cupidité des barbares, leur donnoit des motifs & des moyens pour revenir avec plus de succès. Regnier jura par ses dieux sur ses armes, gage sacré parmi les Normands, de ne jamais remettre les pieds sur les terres de France; mais suivant les maximes de ces peuples, un traité n'obligeoit que celui qui l'avoit conclu, & non pas la nation entière; aussi ne cessèrent-ils depuis ce temps d'y faire des courses, non plus pour piller, mais pour y former des établissemens. *Charles*, par cet humiliant traité, s'attira le mépris des peuples, & ses complaisances pour le clergé le firent détester des seigneurs. Ce prince, odieux au corps des nobles, se tourna du côté des évêques qui s'embarrassoient peu de la gloire de l'état, pourvu qu'ils en partageassent les biens. Les évêques, depuis le départ des Normands, étoient assemblés à Beauvais: *Charles* au lieu de présider à leurs délibérations, promit d'y souscrire. Ils ne pouvoient cependant porter plus haut l'orgueil de leurs prétentions: toutes étoient fondées sur quelque passage de l'écriture mal interprété; & le roi eût bien pu connoître, s'il eût eu quelque discernement, qu'ils ne tendoient qu'à dépouiller le trône de ses plus précieux privilèges. Après la bataille de Fontenai, on les avoit regardés comme les dispensateurs du sceptre. Dans l'assemblée de Beauvais, ils prescrivirent à leur maître la manière dont il devoit en user, après lui avoir fait jurer de garder le droit ecclésiastique: chaque évêque exigea de *Charles* un serment dont on lui prescrivit jusqu'à la forme: jurez, promettez, *&c.* C'étoit avec ce ton que l'on parloit au monarque, si cependant on peut honorer de ce nom un prince qui se dégradoit à ce point. Après que les évêques eurent reçu ce serment, chacun en particulier, ils se réunirent pour en recevoir un général sur plusieurs autres chefs. Les prélats satisfaits de la soumission de *Charles*, terminèrent l'assemblée, & en indiquèrent une autre à Meaux, où l'on devoit dresser des actes de ce qui venoit de se passer; mais les articles en étoient si déshonorans, que les seigneurs s'opposèrent de tout leur pouvoir à ce qu'on les rendit publics. *Charles* resta neutre dans un différent qui l'intéressoit plus que personne. Il se rendit en Aquitaine, où il fit avec Pépin, son neveu, un traité non moins honteux que celui qu'il avoit fait avec Regnier.

Un essaim de Normands répandu dans la Saintonge, causa de nouvelles alarmes, & fournit aux prélats un moyen qu'ils cherchoient depuis longtemps

temps, d'élever la voix contre les seigneurs dont la juste fermeté opposoit un frein puissant à leurs desseins ambitieux. Ils publièrent que les fréquentes descentes des Normands étoient une preuve de la colère du ciel indigné de l'opiniâtreté avec laquelle on s'opposoit aux pieuses intentions du monarque. Voyant alors que le bandeau de l'illusion couvroit les yeux du peuple encore plongé dans les ténèbres & l'ignorance, ils franchirent tous les obstacles & rendirent publics les actes du synode de Beauvais. Comme l'ambition ne garde aucune mesure, ils y étalèrent tout le faste de la leur; ils soutenoient que *Charles* devoit prendre d'eux l'ordre & le signal: fiers d'un passage de Malachie: « ils recevront, s'écrioient-ils d'un ton prophétique, » la loi de la bouche de celui qui est dans le sacer- » doce, c'est l'ange du seigneur des armées ». Ce procédé offensa sensiblement les seigneurs dont on attaquoit ouvertement l'autorité: assemblés à Epernay, ils firent des remontrances si vives, qu'ils parvinrent enfin à dessiller les yeux de *Charles*; mais ce prince également dupe de sa confiance & de son ressentiment, mécontenta ses sujets par une conduite opposée à celle qu'il avoit tenue jusqu'alors: incapable de modération, il prenoit toujours des partis extrêmes; après avoir comblé les évêques de biens & d'honneurs, il les fit chasser tout-à-coup de l'assemblée avec ignominie; ils méritoient ce traitement sans doute, mais étoit-il de la politique de le leur faire essuyer? Ce corps orgueilleux & vindicatif lui opposoit une puissance redoutable; & pour en triompher, il se mettoit dans la dépendance des seigneurs qu'il ne pouvoit plus mécontenter sans péril. Qu'il eût bien mieux valu ménager les deux partis, & sans leur faire de grands biens, ne leur faire aucun outrage! il les auroit alors conduits l'un par l'autre au bien de l'état. C'étoit ainsi qu'en avoient usé Pepin & Charlemagne pendant le cours d'un règne aussi long que glorieux. Cette faute de *Charles-le-Chauve* eut de terribles suites: les nobles, tranquilles du côté des évêques, mirent des conditions à leur obéissance; ils délibéroient lorsqu'il falloit agir. Les Normands étoient dans la Saintonge, d'où ils infestoient les pays voisins: ils étoient d'autant plus redoutables, que Pepin sacrifiant tout au desir de se rendre indépendant, étoit bien éloigné de s'opposer aux embarras de son oncle. Ce fut pendant ces troubles que les Bretons, conduits par Noménon, auquel Louis-le-Débonnaire avoit donné le gouvernement de ces peuples, levèrent l'étendart de la révolte. Ces peuples, jaloux de leur indépendance, avoient déjà tenté plusieurs fois de secouer le joug des François; mais leur indocilité leur avoit toujours été funeste jusqu'alors. Charlemagne & Louis-le-Débonnaire avoient épuisé sur eux tous les traits de la plus terrible vengeance: plus heureux sous *Charles-le-Chauve*, ils remportèrent sur ce prince une victoire éclatante, & le forcèrent à demander la paix, on ne sait à quelles conditions; mais un roi qui consent à demander grace à ses sujets, renonce sans doute à s'en faire obéir. Noménon eut peine à consentir au traité; il est même probable qu'il s'y seroit refusé, sans une descente que firent les Normands sur ses terres: en effet, dès qu'il les eut désarmés par un traité, il recommença la guerre avec une ardeur nouvelle, & s'empara du territoire de Rennes ainsi que de celui de Nantes; alors ne s'amusant point à feindre, il prit le diadême & se fit sacrer par les évêques dans une assemblée nationale. *Charles* réclama contre l'usurpateur; il le fit excommunier; mais ces foudres furent aussi vaines que ses armes; il ne toucha plus dans la suite au sceptre des Bretons, que pour le remettre avec plus d'éclat entre les mains d'Erespoge, fils du rebelle; non seulement *Charles* couronna Erespoge de ses propres mains, il ajouta encore le territoire de Raiz au royaume que son père venoit d'usurper, & dont il lui confirmoit la possession.

Ce fut au milieu de ces discordes étrangères & civiles que *Charles* implora le secours de ses frères: chancelant sur un trône agité par mille factions domestiques, non moins terribles que les guerres que lui faisoient à l'envi les Bretons & les Normands, il leur demanda une conférence pour remédier aux maux qui désoloient ses malheureux états. L'empereur & le roi de Germanie cédant à ses prières, se rendirent à Mersen où se tint l'assemblée générale. Les trois princes y parurent dans la plus grande intimité; on n'apperçut aucune de ces divisions qui avoient signalé le commencement de leur règne. « Sachez, dirent-ils aux évêques & seigneurs, que chacun de nous » est prêt à voler au secours de son frère, à » l'aider de ses conseils & de ses armes, tant au » dedans qu'au dehors du royaume ». C'étoit une menace indirecte de les punir, s'ils abusoient davantage de leur autorité: on ne pouvoit user d'une plus grande modération; la fierté des nobles en fut cependant offensée, & l'on s'apperçut dans cette assemblée-là même que leur puissance étoit bien mieux affermie que celle des rois. Gisalbert, l'un d'eux, avoit enlevé la fille de l'empereur, & avoit osé l'épouser publiquement malgré sa réclamation. Quoique ce rapt blessât également l'honneur de ses freres, il ne put en obtenir vengeance; on fut obligé de dissimuler leurs autres excès. Mais ce qui montre l'état de foiblesse où la monarchie étoit réduite, ce fut un article qui déclaroit que si l'un des princes dérogeoit à ses promesses, les évêques & les seigneurs pourroient l'en avertir conjointement & ordonner contre lui ce qu'ils jugeroient à propos, s'il refusoit de se rendre à leurs remontrances. C'étoit rendre les sujets juges de leurs souverains: les puissances intermédiaires avoient fait un assez cruel abus de leur autorité, pour montrer les conséquences d'un semblable décret.

L'assemblée de Mersen servit à resserrer l'union

des princes, sans remédier aux désordres dont *Charles* avoit espéré la fin; & cela devoit être, puisque l'on en laissoit subsister le germe. On n'entendoit parler que de révoltes, d'incursions & de brigandages. Ce fut dans ce temps-là même que *Charles-le-Chauve* remit entre les mains d'Erespoge le sceptre des Bretons. Les Normands continuoient de faire de la France le théâtre d'une fureur que rien ne pouvoit assouvir. Nous allons rassembler ici le tableau des désordres qu'ils commirent sous le règne de *Charles-le-Chauve*; & si ces tristes objets ainsi réunis nous font gémir sur la foiblesse du gouvernement de ce prince, ils serviront au moins à nous faire admirer la vigueur de celui de Charlemagne qui sut les contenir dans leurs limites, dans un temps où il fondoit un nouvel état, & où il avoit sur les bras la moitié de l'Europe. Ils avoient déjà pris & pillé Nantes, Toulouse, ravagé la Saintonge, & brûlé Bordeaux & Périgueux. Devenus plus fiers par la suite de leurs prospérités, ils forcèrent *Charles*, après l'assemblée de Mersen, à les admettre, disent les annalistes, au partage de son royaume. On ne sait à quoi se réduisoit ce partage: on croit que la ville de Rouen leur fut dès-lors abandonnée. Quoi qu'il en soit, la portion qu'on leur accorda ne suffisant pas à leur cupidité, ils prirent ou saccagèrent, en différentes époques, Angers, Blois, saint-Valery, Amiens, Noyon, Beauvais, Orléans, Poitiers, pillèrent le Mans, détruisirent la citadelle de Pistes, & défirent une armée que commandoient les comtes Eudes & Robert qui passoient pour les deux héros de leur siècle; ils forcèrent enfin le foible monarque à conclure avec eux un traité dont on chercheroit en vain le pareil dans les archives des autres nations. Après avoir exigé quatre mille livres pesant d'argent, ils lui présentèrent deux rôles, l'un des prisonniers qu'ils avoient faits, l'autre des soldats qu'ils avoient perdus depuis le commencement de la guerre. Ils demandèrent une nouvelle somme pour les récompenser de la liberté qu'ils accordèrent aux uns, & pour les dédommager de la perte des autres. Jamais vainqueurs n'avoient imposé une semblable loi: la conséquence en étoit singulière; faire payer à des peuples la vie de ceux qui venoient les attaquer dans leurs foyers, c'étoit les déclarer esclaves, & les priver du plus précieux droit que la nature prescrit à l'homme, celui de sa propre conservation. Il fallut obéir: on leva des impôts qui firent murmurer le peuple; il se plaignoit de ce que le roi le dépouilloit au lieu de le défendre.

Tandis que le feu de ces différentes guerres consumoit le cœur de la France, le clergé donnoit des décrets & disputoit sur la grace; il fit fustiger Godescalque, moine écossois. Ce religieux, plus célèbre par les persécutions qu'on lui fit essuyer que par la supériorité de son génie, agitoit des questions impénétrables sur la liberté. Ces questions se sont renouvellées de nos jours, & ont causé de semblables désordres. C'étoient les mêmes sur lesquelles les anciens philosophes disputoient avec tant de modération, & qui leur firent inventer le dogme du destin. *Charles*, au lieu de poursuivre les ennemis de l'état, s'occupa de ces disputes; & la flétrissure du moine, qui fut regardée comme son ouvrage, augmenta le nombre des mécontens. Trop foible pour faire agir les loix, *Charles* avoit fait périr un seigneur appellé *Jausbert*, avant de l'avoir convaincu du crime dont on se plaignoit. L'empire qu'il s'arrogea sur les consciences, le fit accuser d'exercer une double tyrannie. Les Aquitains mécontens de Pepin, lui avoient livré ce prince & s'étoient volontairement soumis. Ces peuples factieux prétendirent rompre ces nouveaux liens, & députèrent vers le roi de Germanie qui consentit, après bien des sollicitations, à recevoir leur couronne. Ce prince fit partir aussi-tôt Louis son fils; mais cette démarche ne fit qu'augmenter le désordre, & n'opéra aucune révolution. *Charles* fit ressouvenir le Germanique de leur ancienne alliance, & le détermina à rappeller son fils. Les Aquitains se voyant abandonnés, députèrent vers *Charles*, lui demandant pour les gouverner un de ses fils qui portoit son nom; mais ayant été dégoûtés de ce jeune prince, ils le chassèrent du trône où ils venoient de le placer, & rappellèrent Pepin, leur ancien maître, auquel ils firent bien-tôt essuyer le même affront. Il n'étoit pas au pouvoir du souverain de faire cesser ces scènes avilissantes. Plusieurs seigneurs de Neustrie avoient part à ces mouvemens; ils firent quelques démarches pour rentrer dans le devoir. *Charles*, pendant cette négociation, parut encore en subalterne, & leur fit des offres au lieu de leur imposer des loix; il leur envoya des députés de la première considération les féliciter sur leur retour; il les exhortoit à lui écrire sur ce qu'ils trouvoient de défectueux dans sa conduite, promettant de se corriger. Ses députés avoient ordre d'ajouter que, s'il manquoit à sa parole, les grands dont ils faisoient partie, sauroient bien l'y contraindre; qu'au reste, comme il ne vouloit leur faire aucune violence, ils seroient toujours libres de se choisir un autre maître. Ce n'étoit pas ainsi que Charlemagne, son aïeul, en usoit envers les rebelles; c'étoit le fer à la main qu'il signoit leur grace, & quelque cher que lui fût un coupable, son sang lui répondoit toujours d'une seconde faute. Les rebelles se rendirent à l'assemblée générale, qui fut indiquée à Verberie, non pour y entendre prononcer leur arrêt, comme ils y auroient été contraints si les loix eussent été dans leur première vigueur: ces hommes flétris par leur désobéissance, délibérèrent avec les nobles & les prélats qui s'étoient distingués par la fidélité. Les Aquitains rappellèrent le prince *Charles* qu'ils avoient chassé, & auquel ils devoient donner de nouvelles preuves de leur inconstance. Les rebelles de Neustrie sortirent du conseil sans donner aucune marque de leur soumission. Le monarque, au lieu de s'assurer de leur personne, envoya une seconde députation leur faire les représentations les plus modérées & les plus contraires au bonheur de l'état : il les prioit de lui dire le sujet de leur mécontentement, ajoutant que si l'absence de quelques seigneurs qui avoient trempé dans leur révolte les empêchoit de terminer, il se contenteroit d'un serment conditionel : il leur fit une peinture vive & touchante des maux auxquels l'état étoit en proie ; leur retraça les ravages des Normands : ce fut inutilement. L'esprit d'indépendance flattoit ces ames superbes, & étouffoit en eux tout sentiment patriotique ; ils négocièrent avec Louis de Germanie, moins pour se soumettre à son empire, que pour tenir le souverain dans d'éternelles frayeurs. De Verberie, *Charles* se rendit à Chartres & à Quiersi, où l'on fit plusieurs réglemens. Mais que peuvent les loix les plus sages, lorsque le prince met le glaive sous les pieds du coupable ? *Charles* eut encore recours à des mains étrangères pour éviter le naufrage ; il rechercha l'alliance de Lothaire II, fils de l'empereur, son frère, qui étoit mort depuis quelques années. Mais cette alliance ne put arrêter le désordre : Louis de Germanie, séduit par l'attrait d'une seconde couronne, passa le Rhin à la tête d'une armée formidable, & se rendit dans l'Orléanois. *Charles*, n'ayant que de foibles armes à lui opposer, se réconcilia avec le clergé, fit lancer contre lui les foudres spirituelles. Les évêques murmurèrent contre lui, disant que s'il avoit quelques sujets de plainte contre son frère, il pouvoit les proposer à l'assemblée des états, sans verser le sang des peuples ; & qu'enfin, si *Charles* méritoit de perdre sa couronne, ce n'étoit pas à lui, mais à eux à l'en priver, parce qu'il n'appartenoit qu'*à des mains sacrées de toucher à l'oint du seigneur*. Louis voulut resister d'abord ; il fit même lever l'excommunication par un évêque de ses amis ; mais sa fermeté l'abandonna tout-à-coup, il confirma l'autorité des évêques, & consentit à un arrangement. Ce prince trembloit devant ces foudres que son aïeul avoit sçu diriger : elles étoient à la vérité d'un très-grand poids dans ces tems d'ignorance. Le peuple qui juge de l'excellence des usages par leur antiquité, avoit d'autant plus de foi à celuici, qu'il remontoit parmi les Gaulois aux temps voisins de leur origine ; il avoit même les plus terribles effets. Quiconque étoit frappé d'anathême, ne trouvoit de sûreté nulle part ; il n'y avoit aucun asyle pour cet infortuné ; c'étoit même un crime punissable de lui donner de l'eau, ou de se trouver en sa compagnie. Ces druides, ces prêtres despotes & cruels, conservèrent précieusement ce droit, & le regardèrent toujours comme le plus sûr moyen de tenir les peuples dans leur dépendance.

Charles, après avoir désarmé le roi de Germanie, se rendit dans la Bretagne, qu'il prétendoit remettre sous son obéissance. Erespoge étoit mort depuis trois ans ; Salomon, son meurtrier, lui avoit succédé. Salomon avoit tous les talens qui pouvoient le conserver sur un trône usurpé, s'il eût eu pour sujets des peuples moins factieux. La crainte de devenir la victime de sa tyrannie l'avoit engagé à faire hommage au monarque neustrien ; mais dès que le tems eût emporté les regrets dont on honoroit la mémoire d'Erespoge, il rompit les nouveaux liens & prit le diadême. L'approche de l'armée françoise ne fut pas capable de changer sa résolution, & le succès d'un combat qui dura plusieurs jours, couronna son audace. *Charles* se voyant sur le point de tomber en captivité, n'évita ce malheur qu'en prenant la fuite ; il laissa au pouvoir de l'ennemi son camp, ses tentes & ses bagages.

Ce fut au retour de cette expédition que Charles-le-Chauve forma le projet d'envahir la Provence sur *Charles*, son neveu, troisième fils de Lothaire. Quelle conduite pour un prince qui venoit d'éprouver une défaite ! Avoit-il besoin de nouveaux ennemis ? Elle ne servit qu'à faire connoître son peu de génie & à le couvrir de ridicule. Forcé de rentrer sur ses terres, il confessa que jamais il n'auroit dû entreprendre cette démarche. Des chagrins domestiques se joignirent aux humiliations qu'il recevoit de toutes parts. Baudouin, comte & grand forestier de Flandre, avoit enlevé Judith sa fille. *Charles*, son fils, roi d'Aquitaine (ce prince étoit à peine âgé de quinze ans) se maria sans le consulter. Louis, son autre fils, s'étoit conduit avec la même irrévérence. Il voulut en vain venger le mépris de la puissance paternelle : ses fils obtinrent leur grace le fer à la main ; & le comte Baudouin, ravisseur de sa fille, le força de l'avouer pour son gendre.

La fortune jusqu'alors ennemie, sembla se réconcilier avec le monarque françois ; elle lui livra Salomon qui consentit à lui rendre hommage & à lui payer tribut suivant *l'ancienne coutume*. C'est ainsi que s'expriment les auteurs contemporains ; ce qui prouve que les Bretons, sous la première & sous la seconde race, conservèrent leur gouvernement, & qu'ils étoient moins sujets que tributaires. *Charles* eût pû profiter de ces circonstances heureuses pour resserrer les chaînes qui lioient ses sujets au trône ; il aima mieux les abandonner à leurs divisions, ainsi qu'aux ravages des Normands ; & c'étoit au milieu de ces désastres qu'il formoit de nouveaux projets de conquêtes. Lothaire II, son neveu, étant mort sans postérité, il se ligua avec Louis le Germanique, & partagea avec lui la Lorraine au préjudice de Louis II, empereur & roi d'Italie, que cette succession regardoit comme frère du défunt. Adrien II, qui occupoit le siège pontifical, fit d'inutiles efforts pour engager *Charles* à restituer ce qu'il venoit d'usurper. Piqué d'un refus, il s'en vengea en rendant le monarque françois odieux & méprisable ; il le traitoit dans ses lettres d'*injuste*, *d'avare*, *de ravisseur*, *de parjure*, *d'impie*, *d'ame dénaturée*, *d'homme plus cruel que les bêtes fé-*

roces, & digne de tous les anathêmes. *Charles* dissimuloit ses outrages, sans songer qu'il n'y en avoit aucun qui ne rejaillît sur son trône. Hincmar, ce fameux archevêque de Reims, fut le seul qui s'y montra sensible; il écrivit à Adrien, & lui retraca ses devoirs, il leva l'excommunication qu'Hincmar, son neveu, évêque de Laon avoit fulminée contre *Charles*, à la sollicitation du fougueux pontife. Adrien, croyant son autorité blessée, écrivit de nouvelles lettres au roi, & toujours dans le style le plus amer, lui ordonnant par la puissance apostolique d'envoyer à Rome les évêques de Reims & de Laon, afin qu'il examinât leur conduite. C'étoit une entreprise nouvelle & contraire aux libertés de l'église gallicane, qui jamais n'avoit souffert que les causes commencées dans le royaume en passassent les limites. *Charles* suivant alors les conseils d'Hincmar, défendit à Adrien d'user d'avantage de ce style, & lui fit considérer que les rois de France, souverains dans leurs états, ne s'avilissoient jamais jusqu'à se regarder comme les lieutenans des papes. Heureux, s'il eût toujours conservé cette noble fermeté! *Charles* changea presqu'aussi-tôt de langage & il fut assez mauvais politique pour souffrir que le pape nommât un vicaire-général en France. La santé délicate de l'empereur Louis II, son neveu, étoit le véritable motif de ses complaisances pour le saint siège. Jaloux de posséder seul le royaume d'Italie avec le titre d'empereur, il songeoit à se faire des partisans contre Louis le Germanique, son concurrent. Louis II mourut pendant la négociation secrette du monarque françois avec les pontifes romains: je dis les pontifes, parce que Jean VIII avoit succédé à Adrien; *Charles* passe aussi-tôt en Italie. Arrêté par Carloman, son neveu, qui lui oppose une armée, il a recours à la négociation, & fait ses efforts pour corrompre le jeune prince. Il lui offre de riches présens, s'il veut trahir la cause de son père. Carloman indigné de la proposition de son oncle, le somme de renoncer au sceptre qu'il réclame, ou de s'en montrer digne. *Charles*, humilié par son neveu, qu'il ne sait ni vaincre ni corrompre, met sa gloire à le tromper; il le conjure de ne pas céder au feu de son courage, & de consentir au partage de la succession qui les divisoit. Carloman devoit sans doute se défier d'un prince assez lâche, pour avoir voulu l'engager à trahir les intérêts de son père. Il consentit à une suspension d'armes, à condition qu'ils sortiroient l'un & l'autre d'Italie. *Charles*, prodigue de sermens, jure par tout ce qu'il y a de plus sacré, de rentrer dans ses états; mais dès qu'il apprend que Carloman est sur les terres d'Allemagne, il vole à Rome, où il demande avec bassesse une couronne que Charlemagne avoit long-temps dédaignée. Le politique Jean VIII ne manqua pas de traiter en sujet un prince qu'une ambition inconséquente mettoit à ses pieds. Le pontife, pendant les cérémonies de cette inauguration, eut soin d'élever la tiare au-dessus du diadême. » Nous l'avons jugé digne du sceptre, « dit-il, nous l'avons élevé à la dignité impé» riale, & nous l'avons décoré du titre d'Auguste ». Au titre d'empereur, Jean VIII en ajouta un nouveau qu'aucun des prédécesseurs de *Charles* n'avoit brigué, il le fit son conseiller secret. Telle est la véritable origine de l'autorité que les successeurs de Jean VIII se sont arrogée sur le temporel des empereurs & des rois. Le Chauve avoit prodigué tant d'or, il s'étoit plié avec tant de souplesse, que le pape sembla moins faire les cérémonies d'un sacre que consommer une vente. *Charles*, après avoir reçu la couronne impériale, se rendit à Pavie pour y recevoir celle des Lombards qui le traitèrent à-peu-près comme avoit fait le pontife romain. Les François furent fidèles à suivre ces exemples; ils n'eurent aucun égard à l'hérédité, & avant de lui rendre hommage comme à leur empereur, ils examinèrent s'il en étoit digne, & délibérèrent comme s'il eût été question d'une élection nouvelle. « Nous qui sommes assem» blés, c'est ainsi que s'expliquent les états de la France, de la Bourgogne, de la Septimanie, » de la Neustrie & de la Provence, l'élisons & le » confirmons d'un commun consentement». L'empereur parut si jaloux de sa nouvelle dignité qu'elle ne servit qu'à le rendre ridicule & à le faire mépriser des François: ils pensoient, avec raison, qu'il n'y avoit aucune couronne sur la terre qui fût préférable à celle qu'avoient portée leurs souverains. Trop fiers pour user de dissimulation, ils lui donnèrent en public les marques du plus offensant mépris, & s'oublièrent jusqu'au point de lui refuser le salut un jour qu'il parut dans l'assemblée paré de tous les ornemens qu'avoient portés les empereurs grecs & romains. Il s'étoit fait accompagner de Richilde, sa femme, ce que les auteurs contemporains ont traité de folie. Apparemment que les femmes des rois, quoique qualifiées du titre de reine, n'avoient point d'entrée dans les assemblées publiques. Cependant le roi de Germanie, doublement fâché d'être exclus de la succession de son neveu, & de voir son frère se parer d'un titre qu'il avoit acheté par tant de bassesses, lorsqu'il pouvoit le partager sans honte avec lui, jura de le priver du fruit de ses usurpations. Les préparatifs de guerre glacèrent d'effroi le monarque françois. Ayant passé le Rhin & la Meuse, son armée porta le ravage en deçà de ces fleuves; mais la mort qui le surprit à Attigny, rassura *Charles*, dont la cupidité n'étoit pas encore satisfaite. Ce prince, qui ne savoit ni gouverner, ni vaincre, étoit sans cesse en mouvement pour usurper de nouveaux états. On ne l'eut pas plutôt informé de la mort de son frère, qu'il rassembla ses troupes de toutes parts, résolu de dépouiller ses neveux. Telles étoient les funérailles dont il prétendoit honorer la mémoire de ſon frère. Louis II, fils du roi de Germanie, voyant l'orage prêt à fondre ſur ſes états, invoque en vain la foi des traités, la voix du ſang & de la religion. L'inſatiable monarque, ſans frein dans ſes deſirs, perſiſta dans le deſſein de le dépouiller; mais comme ils ne vouloit rien donner au hazard, il feignit de conſentir à la paix avec le jeune prince, tandis qu'il s'avança par des chemins détournés & couverts à deſſein de le ſurprendre & de l'égorger, ou au moins de lui crever les yeux. Il auroit exécuté cet affreux projet, ſans la juſte horreur de l'évêque de Cologne pour ce crime. Ce digne & vertueux prélat, craignant de paſſer pour le complice de ſon maître, fit dire à Louis de ſe défier des embûches de ſon oncle barbare. Le combat s'engagea près de Meyen, & ce fut près de ce bourg, que la victoire couronna le droit, & que la valeur l'emporta ſur le nombre. L'armée de Charles fut vaincue, miſe en ſuite, ſon camp pris & pillé, tout, juſqu'à ſes équipages, fut la proie du vainqueur. Le roi honteux de ſa défaite, alla ſe cacher dans le monaſtère de Saint-Lambert ſur la Meuſe, où la peur ne lui permit pas de faire un long ſéjour; il s'enfuit à Samoucy, près de Laon, enſuite à Quierſi ſur l'Oiſe. Tous les peuples éclatoient en murmures contre la foibleſſe de ſon gouvernement. La France & l'Italie étoient dans l'état le plus déplorable : les Normands avoient ſaccagé Rouen; & les Sarraſins qui étoient maîtres du midi de l'Italie, faiſoient des courſes juſques aux portes de Rome. Le pape ne ceſſoit d'écrire les lettres les plus preſſantes pour l'engager à ſe faire voir aux ennemis du nom chrétien; mais ce fut inutilement qu'il en attendoit des ſecours. *Charles*, à la vérité, paſſa les Alpes; il s'avança même juſqu'à Pavie, où Jean VIII le vint trouver. Le pontife eſpérant amener le monarque à ſon but, en flattant ſa vanité, le félicitoit ſur la gloire dont il alloit ſe couvrir en chaſſant les infidèles, lorſqu'un bruit ſe répand que Carloman ſe prépare à entrer en Lombardie à la tête d'une armée. Cette nouvelle les glace d'effroi l'un & l'autre; le pape s'enfuit auſſi-tôt vers Rome, & le monarque reprend le chemin de ſes états. *Charles* ne ſurvécut point à la honte de cette expédition: le chagrin, les inquiétudes lui cauſèrent une fievre violente dont il mourut au village de Brios, dans une miſérable chaumiére. Sédécias, médecin Juif, en qui il avoit beaucoup de confiance, eſſaya en vain de le guérir par le moyen d'un fébrifuge. La maladie du prince étoit moins dans un ſang altéré, que dans une imagination bleſſée; on l'accuſa d'avoir uſé de perfidie, & d'avoir employé le poiſon au lieu de remède : c'eſt une calomnie ſuggérée par la haine que l'on portoit à la nation juive, & la jalouſie occaſionnée par la faveur, dont le monarque honoroit Sédécias. Charles-le-Chauve fut inhumé à Nantua, monaſtère du diocèſe de Lyon dans la Breſſe. On avoit embaumé ſon corps à deſſein de le tranſporter à S. Denis, mais l'odeur infecte de ſon cadavre ne le permit pas : ſes os n'y furent transferès que quelques années après. On ne ſait à quel temps rapporter le magnifique tombeau de ce prince, qu'on voit au milieu du chœur de cette riche baſilique. *Charles* étoit dans la deuxième année de ſon empire, la trente-huitième de ſon règne, la cinquante-cinquième de ſon âge. La monarchie françoiſe qu'il avoit ébranlée, ne put ſe relever ſous ſes ſucceſſeurs. Déchirée par les nobles & par le clergé, qui avoient profité de la foibleſſe du prince pour s'arroger les privilèges du trône, elle alla toujours en décadence. On reproche ſur-tout à Charles-le-Chauve d'avoir établi une eſpèce d'hérédité par rapport aux grandes charges de l'état. Les François obtinrent le privilège de diſpoſer, après ſa mort, des grands fiefs en faveur de leurs enfans, ou de quelqu'un de leurs proches, s'il leur prenoit envie de ſe retirer du monde; conceſſion imprudente qui ôtoit à ſes ſucceſſeurs le moyen le plus sûr de contenir leurs vaſſaux. On peut la regarder, dit un moderne, comme l'époque de ces ſeigneuries qui, en partageant la ſouveraine autorité, l'ont preſque anéantie. Il a fallu bien des ſiècles, ajoute-t-il, pour remettre les choſes dans l'état où elles ſont aujourd'hui. Les ſeigneurs ne poſſèdent plus de leurs anciennes uſurpations qu'un vain hommage : ils ont cependant encore un droit fort précieux, celui d'avoir des Juges dans leur mouvance. *Charles* eut deux femmes, Ermentrude & Richilde; de la première naquirent Louis, ſurnommé le *Begue*, qui règna en France; Charles, qui mourut roi d'Aquitaine; Carloman qu'il fit aveugler pour lui avoir fait la guerre; Lothaire; Drogon & Pepin, qui moururent jeunes; Judith, qui fut enlevée par Baudouin, cette princeſſe avoit été ſucceſſivement femme de deux rois d'Angleterre; Rotilde & Ermentrude, qui furent toutes deux abbeſſes, l'une de Chelles & de Notre-Dame de Soiſſons, l'autre d'Aſnon ſur la Scarpe. Richilde donna naiſſance à Louis & à Charles, qui tous deux moururent preſque auſſitôt après leur baptême.

Ce prince eut peu de vices, beaucoup de défauts; une ambition déméſurée; & pas un des talens qui pouvoient la ſatisfaire. Les ſavans & ſur-tout les moines qu'il ſut récompenſer avec magnificence, ont fait d'inutiles efforts pour épargner à ſa mémoire les taches qui la déshonorent; c'eſt en vain qu'ils l'ont élevé au-deſſus des Tite & des Antonin. L'hiſtoire, aſyle inviolable de la vérité, en retraçant les actions du prince, a dévoilé la baſſeſſe des adulateurs, & diſſipé l'encens qu'ils lui ont prodigué. Au reſte on peut juger de l'eſprit de ſon ſiècle par une circonſtance de ſon règne. Les François qui tenoient le parti de Lothaire ayant diſputé à *Charles* le paſſage de la Seine, il prit une croix, & ſans coup férir il paſſa la rivière, & les mit tous en fuite. Un Concile lui donne le nom de roi très-chrétien. Les papes l'avoient donné à Pepin l'usurpateur; c'étoit un titre qui n'étoit dû qu'au moment; il n'est devenu propre aux rois de France que depuis Louis XI. (C'est une erreur que M. Bonamy a détruite, *voyez* ses remarques sur ce sujet, Hist. de l'Académie des belles-lettres, tome 29, pages 268 & suivantes.) Saint Denis lui doit la fameuse foire du Landit, que Charlemagne avoit établie à Aix-la-Chapelle. On place la prétendue papesse Jeanne entre les papes contemporains de ce prince.

Charles, roi de Provence & de Bourgogne, fut fils de Lothaire premier; ce prince mourut en 863, d'une attaque d'épilepsie, à laquelle il étoit fort sujet: l'histoire ne lui attribue rien de mémorable. L'année de sa naissance est ignorée, on sait seulement que ce fut le plus jeune des fils de Lothaire.

Charles, petit-fils de Charlemagne, fils de Pepin, roi d'Aquitaine; ce prince eut beaucoup de part dans les guerres civiles qui déchirèrent l'empire françois, après la mort de Louis-le-Débonnaire; il suivit le parti de Lothaire contre Charles-le-Chauve, qui s'en vengea, en l'enfermant dans un cloître. Il en sortit après avoir fait profession, & fut archevêque de Mayence: on rapporte sa mort à l'an 863.

Charles, fils de Charles-le-Chauve & d'Ermentrude, fut couronné roi d'Aquitaine en 856: il fut plusieurs fois chassé du trône par les seigneurs d'Aquitaine, qui méprisoient sa jeunesse & la foiblesse de Charles-le-Chauve; il mourut l'an 866, âgé d'environ 19 ans, & reçut les honneurs de la sépulture dans l'église de S. Sulpice à Bourges. Il avoit épousé, contre le gré de son père, la fille d'un comte, appellé *Humbert*; on attribue sa mort à un coup d'épée qu'il reçut deux ans auparavant dans la forêt de Guise, en voulant faire peur à un officier qui revenoit de la chasse pendant la nuit.

Charles, autre fils de Charles-le-Chauve & de Richilde, mourut au berceau (*T--N.*).

Charles III, surnommé *le Gros* ou *le Gras*, (*Hist. de France.*) XXVIIIe roi de France, VIe empereur du sang de Charlemagne: ce prince, né pour éprouver tous les caprices du sort, dut la couronne de France aux désordres qui désoloient ce malheureux état. Les Normands enhardis par la foiblesse de Charles-le-Chauve, & les embarras de ses successeurs, continuoient d'en faire le théâtre de leurs brigandages. Carloman, petit-fils de ce monarque, avoit conclu un traité qui, moyennant douze cents livres pesant d'argent, les obligeoit de s'éloigner pendant douze ans des terres de France; mais ce prince étant mort peu de temps après la conclusion de ce traité, ils refusèrent d'exécuter les loix qu'ils s'étoient eux-mêmes imposées. Ces brigands prétendirent que leur serment ne les engageoit qu'envers Carloman, & que si son successeur vouloit obtenir la paix, il devoit leur livrer une somme pareille à celle qu'ils venoient de recevoir. Les François alarmés de ces prétentions injustes, & dans l'impuissance d'y satisfaire, vu les déprédations qu'ils souffroient depuis un grand nombre d'années, cherchèrent un chef dont la valeur chassât ces barbares; leur choix tomba sur Charles-le-Gros, déjà empereur & roi de Germanie: leur espérance fut trompée; il est vrai que *Charles* avoit montré dans sa jeunesse le courage d'un héros, mais ce prince qui défioit les périls & bravoit la mort, devint tout à coup lâche & timide, depuis qu'il s'étoit révolté contre Louis-le-Germanique son père. Les évêques auxquels il fit part de ses égaremens, ne se bornèrent point à lui en faire horreur; séduits par un faux zèle, ils l'épouvantèrent par tout ce que la superstition a de plus effrayant. Ils lui firent croire que le diable s'étoit emparé de lui; les remords du jeune prince favorisant l'imposture, *Charles* leur permit de faire sur lui tous les exorcismes des énergumènes: ces effrayantes cérémonies firent une telle impression sur l'esprit du jeune prince, que depuis il crut toujours voir le diable armé de tout ce que la vengeance offre de plus horrible: cette triste persuasion l'agitoit jusques dans ses songes, & il ne pouvoit penser à la mort sans pâlir. Voilà quelle fut la véritable cause des traités honteux qui déshonorent son règne. Il étoit dans ces fâcheuses dispositions, lorsque les François vinrent implorer son secours & le conjurer de recevoir le diadême à l'exclusion de Charles le simple, fils posthume de Louis-le-Bégue, jeune prince, à peine âgé de cinq ans, & dont les foibles bras ne pouvoient rien dans ces temps orageux. L'empereur ayant agréé leur hommage, & reçu leur serment, songea aux moyens de chasser de la France les barbares qui la désoloient. Ce prince crut pouvoir user de représailles; & comme les Normands se montroient peu scrupuleux sur la foi des traités, il fut peu délicat sur le choix des armes qu'il devoit employer contre eux. Godefroy, un de leurs ducs, l'avoit forcé quelque temps auparavant, de lui abandonner par un traité, le territoire de Hâlou, avec une partie de la Frise, & de lui donner en mariage la princesse Giselle, fille de Carloman & de Valdrade. La crainte qu'on ne l'obligeât à de semblables sacrifices, le détermina à user de perfidie; & sur les nouvelles prétentions de Godefroy, il l'engagea dans une île du Rhin, sous prétexte d'une conférence, & le fit massacrer lui & toute sa suite. L'empereur usa des mêmes armes, envers Hugues, frère de Giselle, qui réclamoit la succession de Carloman son père, & qui aidé des armes des Normands, dont il avoit embrassé le parti, avec d'autant moins de répugnance que Godefroy étoit son beau-frère, auroit pu forcer Charles-le-Gros à la lui restituer. Cette perfidie qui excitoit l'indignation des sujets de

Godefroy, prêta de nouvelles armes à leur fureur; ils appellèrent à leur secours les autres peuplades de Normands qui s'étoient établies dans l'empire, sous le règne de *Charles* & des rois ses prédécesseurs. Ayant ainsi formé une armée de quarante mille hommes, ils en déférèrent le commandement à Sigefroy, collègue & parent du duc que l'empereur avoit fait lâchement assassiner. La ville de Pontoise fut prise & brûlée par ces farouches vainqueurs qui, fiers de ces premiers succès, vinrent mettre le siège devant Paris. Cette ville eût été forcée de leur ouvrir ses portes, sans l'étonnante valeur d'Odon ou Eudes, illustre comte, que ses héroiques vertus placèrent dans la suite sur le trône. Les Parisiens, après dix-huit mois de siège, souffroient toutes les incommodités de la guerre, lorsque le roi parut aux environs de Montmartre, encore éloigné de la ville qui ne consistoit alors que dans le quartier appellé la *Cité*. Le monarque, quoiqu'à la tête d'une armée infiniment plus nombreuse que celle des ennemis, n'osa tenter l'évènement d'une bataille, bien différent des braves Parisiens qui s'exposoient chaque jour à périr sur la brèche, il ne parut devant les Normands que pour demander la paix, qu'il obtint à des conditions humiliantes; il s'obligea à leur donner sept cents livres pesant d'argent; & comme il usoit de délais pour leur remettre cette somme, il leur donna la Bourgogne en ôtage. *Charles*, après ce honteux traité, reprit le chemin de la Germanie, chargé de la haine & du mépris des François qui, fâchés de voir leur sceptre en des mains si foibles, formèrent le projet de le reprendre. Eudes augmentoit les murmures qu'avoit ocasionnés la conduite de *Charles*, voyant bien, par l'inclination de ses compatriotes, qu'il lui seroit facile de se former un trône des débris de celui de ce monarque. *Charles* avoit un puissant soutien dans Ludouart, évêque de Verceil, son chancelier & son premier ministre. Les grands, convaincus de la supériorité de génie du prélat, sentirent que tant qu'il seroit à la tête des affaires, il leur seroit impossible d'exécuter leurs pernicieux desseins, qui en réduisant le monarque au plus affreux malheur, ne firent qu'augmenter leurs maux. Ils formèrent la résolution de le perdre, & ce fut auprès du roi qu'on l'accusa; chaque jour on lui faisoit de nouveaux reproches. *Charles* convaincu de l'intégrité de son ministre, lui continuoit sa faveur; mais que ne peut la haine excitée par l'envie & par l'ambition! L'impératrice Richarde, princesse pieuse à l'excès, vivoit à la cour avec l'austérité d'une cénobite; & quoiqu'elle comptât dix années de mariage, jamais elle n'en avoit goûté les douceurs. On publia que la religion de l'impératrice n'étoit qu'un jeu pour mieux cacher ses coupables dégoûts, & que cette épouse, si chaste dans le lit nuptial, se prostituoit avec le ministre. *Charles*, trop facile à séduire, ajouta foi à ces calomnies; se livrant à tous les excès d'une ame soupçonneuse & jalouse, il chassa Ludouart avec scandale, & répudia la vertueuse Richarde. Un repentir amer suivit de près la perte de l'épouse & la dégradation du ministre: sa conscience délicate fut déchirée de remords; convaincu de leur innocence, il forma le projet de les rappeller l'un & l'autre; ses volontés furent mal suivies, les grands le précipitèrent lui-même dans l'abyme. Convoqués à une assemblée générale, ils ne s'y rendirent que pour lui ravir la couronne. Jamais révolution ne fut plus prompte; *Charles*, qui un instant auparavant donnoit des loix à tous les peuples, depuis la mer Adriatique jusqu'à la Manche, & de la Vistule à l'Ebre; empereur & roi d'Italie, d'Allemagne & de France, est tout-à-coup renversé de tant de trônes; il tombe dans l'abandon le plus affreux; ses propres domestiques l'outragent; réduit à vivre d'aumônes, c'est auprès d'Arnoul, bâtard de sa maison, que le sort élève à sa place, qu'il est forcé de mendier ces foibles & humilians secours: « Vous êtes, lui dit-il, » sur un trône que j'occupois il y a peu de » jours...... considérez mon infortune, & ne » souffrez pas qu'un roi de votre sang & qui fut » le vôtre, manque de ce que vous donnez aux » pauvres ». Arnoul, possesseur tranquille de la plus belle partie de ses états, eut peine à lui accorder le revenu de trois villages: le prince dégradé ne put survivre à sa disgrace, le chagrin termina ses jours deux mois après cette horrible catastrophe (quelques-uns prétendent qu'il fut étranglé par les ordres secrets d'Arnoul), il mourut dans la troisième année de son règne, & dans la neuvième de son empire. On l'inhuma au monastère de Richenoue, dans une île du lac de Constance. Ce fut un prince juste, bienfaisant & dévôt jusqu'à la foiblesse: il fut malheureux, parce que pour se soutenir sur un trône agité par tant d'orages, il falloit plus de talent que de bonté, plus d'esprit que de vertu. Il ne laissa point d'enfans légitimes, chose, dit un moderne, la plus essentielle au repos des souverains.

La mort de ce prince est la véritable époque de la chûte de la famille des Pepin; ce fut des débris de son trône que se formèrent ces principautés, connues sous différens noms; en France & en Italie, les duchés & les comtés; en Allemagne les margraviats, les lantgraviats, récompenses amovibles jusqu'alors, devinrent des états indépendans, que s'arrogèrent les complices de la dégradation de l'infortuné *Charles*. Si dans la suite leur propre nécessité les força de se réunir sous un chef, ce ne fut plus un souverain, mais un égal qui, revêtu d'un titre pompeux, n'avoit aucun droit à leur obéissance. L'Italie, la Germanie & la France, unies depuis plusieurs siècles, formèrent des états séparés où régnèrent une foule de petits tyrans, acharnés l'un l'autre à se détruire. (*T--N.*)

Charles-le-Gras, que M. Turpin, appelle mal-à-propos *Charles* III, comme il appelle Charles-le-Simple, *Charles* IV, n'eſt point compris dans la liſte des rois du nom de *Charles* qui ont régné ſur la France. On ne compte dans la race Carlovingienne, que trois rois de ce nom: *Charlemagne*, Charles-le-Chauve & Charles-le-Simple. Charles-le-Bel, quatorzième roi de la race capétienne, eſt compté pour le quatrième roi du nom de *Charles*. Cette omiſſion de *Charles*-le-Gras peut venir des droits de Charles-le-Simple, que la nation n'avoit pas perdus de vue, quoiqu'elle lui eût préféré à cauſe de la foibleſſe de ſon âge, *Charles*-le Gras, comme plus capable de la défendre. Dailleurs cette même nation qui avoit élu Charles-le-Gras, ſembloit avoir révoqué ſon élection en abandonnant ce prince).

CHARLES IV, *ſurnommé* LE SIMPLE, (*Hiſt. de Fr.*) XXXe. roi de France, fils de Louis-le-Begue & d'Adélaïde, naquit l'an 880; les orages qui l'avoient écarté du trône, après la mort de Louis & Carloman ſes frères, ne lui permirent pas d'y monter après celle de Charles-le-Gros; il touchoit à peine à ſa huitième année, & les François avoient ſenti le beſoin, non d'un enfant, dont la foible main eût pu augmenter les déſordres, mais d'un homme mûr, dont la ſageſſe & le bras ſut les conduire & les défendre. Privés de tout eſpoir du côté de la famille royale, dont il ne reſtoit que ce rejetton, ils avoient jetté les yeux ſur Eudes, comte de Paris, ſeigneur également diſtingué par la ſupériorité de ſon génie & par ſon courage héroïque. Eudes juſtifia par les ſuccès les plus éclatans, le choix de ſes compatriotes; mais quels que fuſſent ſes talens, le conſeil du jeune prince voyoit avec une douleur amère qu'il en abuſoit. Les plus ſages auroient deſiré qu'il ſe fût contenté de diriger le ſceptre ſans ſe l'approprier; ils parlèrent en faveur du jeune prince, mais leur réclamation n'opéra aucun effet: *Charles*, obligé de s'enfuir en Angleterre, ne put monter ſur le trône de ſes pères, qu'après la mort de cet heureux uſurpateur. Eudes, en mourant, reconnut ſes fautes, & lorſqu'il pouvoit tranſmettre le diadême à ſa poſtérité (quelques auteurs prétendent à tort, qu'Arnoul, fils d'Eudes, lui ſuccéda), il le remit entre les mains des nobles, en les conjurant de le rendre à leur ſouverain légitime; mais en reconnoiſſant les droits de *Charles*, il ne lui étoit pas facile de réparer le mal qu'avoit fait ſon ambition. Les François étoient aſſez éclairés ſur leur devoir, pour ſavoir qu'il n'étoient pas libres de leur ſuffrage, lorſque le trône avoit des héritiers. Depuis l'origine de la monarchie ils n'avoient eu d'autre droit que celui de ſe choiſir un maître entre pluſieurs prétendans, égaux en naiſſance: l'âge des princes n'avoit jamais été un obſtacle à leur élévation; ſeulement on leur nommoit un conſeil de régence. Eudes, comme le plus capable, eût pu ſe contenter d'y occuper la première place, il ne put déroger à ces principes ſans s'engager à de grands ſacrifices: auſſi *Charles*, en montant ſur le trône, ne vit plus que l'ombre de la monarchie; les ſeigneurs avoient atteint leur but en ſe rendant propriétaires héréditaires de leurs gouvernemens, où, comme nous l'avons déjà fait connoître, ils exerçoient, en qualité de ducs, de comtes ou de marquis, toute l'autorité civile & militaire. La royauté ne conſiſtoit plus que dans un vain hommage; & *Charles* n'avoit plus rien à propoſer à leur émulation. Ce prince leur parloit bien d'honneur & de patrie, mais ces cris autrefois ſi puiſſans ſur eux ne les touchoient plus, flattés de l'obéiſſance ſervile qu'ils exigeoient des peuples devenus leurs ſujets ou plutôt leurs victimes, ils étoient inſenſibles à la gloire de les défendre. *Charles*, à force de prières, les engagea cependant à le ſuivre en Auſtraſie, nommée alors *Lotharingie*, & depuis *Lorraine* par adouciſſement. Il méditoit cette conquête, moins pour illuſtrer ſon règne que pour ſe mettre plus en état de retirer les privilèges que les vaſſaux s'étoient arrogés: un coup d'autorité qu'il porta trop tôt, à l'inſtigation de Foulques, ſon principal miniſtre, fit malheureuſement échouer ſes deſſeins. Ayant ôté la ville d'Arras à Baudouin, comte de Flandre, ſucceſſeur de celui dont j'ai parlé ſous Charles-le-Chauve, celui-ci donna l'alarme & reveilla l'inquiétude des ſeigneurs. Robert, le plus conſidérable d'entr'eux, joignit auſſi-tôt ſon mécontentement à celui du comte: Robert ambitionnoit la couronne, & ſes eſpérances étoient d'autant mieux fondées, qu'il l'avoit déjà vue ſur la tête d'Eudes ſon frère: les moyens qu'il prétendoit mettre en œuvre pour y parvenir, le rendirent doublement coupable; il fit une ligue ſecrette avec les Normands qui avoient envahi la ſeconde Lyonnoiſe, dont ils poſſédoient une partie. *Charles* ſe voyant dans l'impuiſſance de conjurer cet orage, eut recours à ces mêmes ennemis que lui ſuſcitoit Robert. Francon, archevêque de Rouen, ſe chargea de la négociation, & ſut engager Raule ou Rolon à préférer l'alliance d'un roi à celle d'un ſujet. Raule étoit le chef des Normands, & c'étoit le capitaine le plus intrépide qui eût jamais mis le pied ſur les terres de France; il avoit fait abattre les murs de Rouen, d'où il voloit tantôt en Angleterre, tantôt de l'une à l'autre extrémité du royaume. *Charles* conſentit à lui donner Giſelle, ſa fille, avec tout le pays compris entre l'Epte & la Bretagne, n'exigeant des barbares que de ſe faire chrétiens. Raule accepta ces conditions, après avoir pris conſeil de ſon armée; mais ce chef politique ne rompit pas pour cela avec Robert, il le préféra même à *Charles* pour ſon parrain: en les ménageant ainſi l'un & l'autre, il les enchaînoit par une crainte reſpective, & ſe tenoit toujours en état de ſe déclarer pour celui qui lui offriroit de plus grands avantages; auſſi ne tarda-t-il pas à faire de nouvelles demandes, même avant de conclure le traité. Il envoya une députation à *Charles*, lui dire que les terres qu'on lui cédoit étant pourvues de bétail, on devoit lui en procurer d'autres où ſes Normands puſſent trouver une exiſtence plus commode; le roi fut encore obligé à ce ſacrifice, voyant bien que s'il refuſoit quelque choſe, Robert qui étoit préſent ne balanceroit

balanceroit pas à tout accorder. Le territoire des villes de Rennes & de Dol ayant été cédé à Raule, il se fit donner des otages, & passa l'Epte pour consommer le traité. Cependant *Charles* exigeoit l'hommage, & le fier Normand n'en vouloit pas rendre; il trouvoit singulier qu'un roi qui lui demandoit grace, prétendît le voir s'humilier devant lui. Ce refus alloit occasionner une rupture, lorsque des courtisans, saisissant le moment, lui prirent les mains & les portèrent avec précipitation dans celles du roi. Ce fut en vain qu'on voulut en exiger davantage, il jura qu'il ne reconnoissoit pour maître que son épée, & que jamais il ne fléchiroit devant aucun prince. Les François désespérant de vaincre son opiniâtreté, engagèrent un de ses lieutenans à achever la cérémonie, mais celui-ci non moins fier que le duc, prit le pied du roi, & au lieu de le lui baiser avec respect, il le leva jusqu'à sa bouche & le fit tomber à la renverse. Cet outrage manqua d'occasionner un grand désordre; mais les courtisans voyant bien que *Charles* n'étoit pas le plus fort, tournèrent la chose en plaisanterie. Le roi réduit à dissimuler, consentit à l'entière aliénation de la seconde Lyonnoise, qui, depuis, prit le nom de *Normandie*, qu'elle conserve encore aujourd'hui, avec les loix du conquérant. Une observation importante sur ce fameux traité, c'est que le nom de *Robert* y fut exprimé & placé immédiatement après celui du roi, chose inouie jusqu'alors, c'étoit un honneur auquel jamais sujet n'avoit prétendu, & l'on peut dire qu'il assista moins à la cérémonie comme vassal de *Charles*, que comme garant du traité. Lorsque tout eut été réglé sans retour, il passa l'Epte & alla à Rouen avec Rolon, qui reçut, en sa présence, l'hommage de Bérenger, comte de Rennes, & d'Alain, comte de Dol. Ces deux comtés, les plus considérables de la Bretagne, ne furent dans la suite que des arrières-fiefs de la couronne.

Depuis ce traité, *Charles* ne cessa d'être traversé par Robert; il se crut obligé à tant de ménagemens, qu'il n'eut point assez de confiance pour terminer un différend qui s'étoit élevé entre les habitans d'Auxerre & ceux de Tours, au sujet de la chasse de Saint-Martin; il leur répondit que les uns & les autres lui étoient également chers, & qu'il seroit au désespoir de les mécontenter. Ce monarque étoit d'autant plus sensible aux procédés injustes de ses sujets, que s'il eût été secondé, il lui auroit été facile de réunir sous sa puissance tous les états de l'ancienne succession de Charlemagne. Il ne restoit aucun rejeton de la tige de ce grand homme en Allemagne, & son sang ne se soutenoit plus en Italie que par des descendans de femmes, que la loi avoit toujours rejetés: il fit cependant quelques tentatives pour justifier ses droits, mais elles ne servirent qu'à faire connoître sa foiblesse; il ne put s'opposer à l'élection de Conrad, que les Germains placèrent sur le trône, sans autre droit que leur suffrage. *Charles* sut cependant s'attacher les Lorrains, lorsqu'ils délibéroient pour se donner au nouveau roi de Germanie; & ce qui fait son éloge, c'est qu'il n'eut qu'à se montrer, même sans armée; mais les seigneurs avoient juré sa perte, & pour avoir un prétexte, ils lui firent un crime de passer trop de temps avec Haganon: présidés par Robert, ils le sommèrent de déclarer s'il entendoit continuer sa faveur à ce chevalier qui étoit son ministre; & sur ce qu'il répondit qu'il se serviroit de ses droits pour se défendre, ils prirent chacun une paille, la rompirent & la jetèrent à ses pieds, pour marque qu'ils refusoient de le reconnoître pour leur souverain: ils se retirèrent aussi-tôt à l'extrémité du champ où ils tenoient cette assemblée séditieuse. Le roi étoit dès-lors déposé, sans un comte, appellé *Hugues* : ce comte usa d'un stratagême qui fait assez connoître quelle étoit la disposition des seigneurs; il feignit d'approuver leurs desseins, & ne les blâma que de leur modération. Quoi! leur dit-il, le roi vous déplaît & vous le laissez vivre? ne vaut-il pas mieux le tuer que d'exposer le royaume à une guerre civile? Il pousse aussi-tôt son cheval vers le roi, comme si vraiment il avoit voulu le frapper. Dès que Hugues put se faire entendre du roi, il lui dit que le seul moyen de conjurer l'orage étoit de consentir à sa démission dans un an, s'il donnoit lieu à ses sujets de se plaindre de sa conduite; & sur ce que *Charles* y consentit, le comte retourna à l'assemblée, où il prit ouvertement sa défense: on avoit d'autant plus de confiance en ses paroles, qu'on le regardoit comme le plus cruel ennemi du roi. Les seigneurs corrompus par Robert, restèrent cependant dans l'irrésolution, & ne parlèrent ni de sa démission, ni de son rétablissement. Hervé, archevêque de Reims, le seul qui eût résisté à la contagion & aux brigues de Robert, offrit un asyle à l'infortuné monarque, & le conduisit à Cruni, hameau dépendant de son diocèse.

Charles, confiné dans cette retraite, fit agir tous les ressorts qui pouvoient relever son parti, il conclut un traité d'alliance avec Henri, successeur de Conrad. Il ne devoit pas en attendre de grands secours: la politique d'un roi de Germanie ne demandoit pas que l'on fortifiât un descendant de Charlemagne; aussi le roi en fut-il bientôt abandonné, Henri embrassa le parti de Robert, qui, ne jugeant plus à propos de feindre, se fit sacrer & couronner à Reims. *Charles*, errant & proscrit, se retira en Aquitaine, où quelques seigneurs, émus par le spectacle de ses infortunes, consentirent à le suivre contre l'usurpateur qui campoit sur l'Aine, aux environs de Soissons, un peu au-dessous de cette ville. Ce fut le 24 juin que se livra la bataille qui devoit décider du destin du roi. Robert avoit des forces infiniment supérieures, il ne fit cependant aucun mouvement pour attaquer. *Charles* voyant qu'il restoit sur la défensive, passe la rivière, & marchant en ordre de bataille, il mène son armée contre les lignes de l'ennemi. Robert ne pouvant plus reculer, s'avance armé de toutes pièces, & met hors de son casque sa barbe longue & blanche pour être reconnu des siens pendant la charge. Le combat fut long & opiniâtre ; l'usurpateur périt d'un coup de lance que lui porta le roi, ou, selon d'autres, d'un coup de sabre que le comte Fulbert lui déchargea sur la tête. La mort du chef donna une nouvelle ardeur aux rebelles. Hugues, son fils, se met à leur tête, défait & taille en pièces l'armée royale. *Charles*, accablé par tant de revers, recourut à la négociation; mais Hugues, qui en craignoit les suites, en interrompit le cours, & fit procéder à une nouvelle élection. Ce comte, qui eût mérité le nom de *Grand* que lui déféra son siècle, s'il eût combattu pour une meilleure cause, parut plus jaloux de disposer de la couronne que de la porter. Il envoya demander à Emme, sa sœur, femme de Raoul, duc de Bourgogne, lequel elle aimoit mieux voir roi de lui ou de son mari? & sur ce qu'elle répondit, qu'elle aimoit mieux embrasser les genoux d'un époux que d'un frère, Raoul fut couronné & sacré dans l'église de S. Médard de Soissons. Le roi passa aussi-tôt la Meuse; il se retiroit en Aquitaine, lorsqu'un traître vint lui porter le dernier coup. Herbert, tel étoit le nom du perfide, lui députa quelques seigneurs, & lui fit dire qu'il pouvoit encore lui faire rendre la couronne. Il le prioit de venir à Saint-Quentin dans le Vermandois. *Charles* avoit été trahi tant de fois, qu'on eût peine à le persuader; mais réduit à ce point où la mort lui sembloit un bienfait, il se laissa conduire par-tout où on jugea à propos de le mener. Herbert ne l'eut pas plutôt en sa puissance, qu'il feignit de lui rendre tous les devoirs de sujet. Il se jette à ses pieds, embrasse ses genoux; & sur ce que son fils recevoit debout le baiser du roi, il lui donne un grand coup sur l'épaule: *Apprenez*, lui dit-il, *que ce n'est pas ainsi que l'on reçoit le baiser de son souverain, de son seigneur.* Ces témoignages de respect firent renaître l'espérance dans le cœur du roi. Herbert n'en usoit de la sorte que pour l'engager à renvoyer ses gardes; *Charles* y consentit volontiers; mais au lieu d'un royaume, on ne lui donna qu'une prison. Le traître le conduisit au Château-Thierry, d'où il ne sortit dans la suite que pour confirmer l'usurpation du duc de Bourgogne. Raoul, qui vouloit un titre plus légitime que le suffrage des seigneurs, l'engagea à renoncer à tous ses droits en sa faveur, & lui donna, par une condition du traité, le bourg d'Attigny en échange de la couronne. Flodoart ne sait aucune mention de ce traité. Suivant cet auteur, le roi ne sortit de sa prison que par un mécontentement de Herbert, & y rentra presque aussi-tôt, l'usurpateur ayant désarmé le comte en lui donnant la ville de Laon. Il est peu important de savoir lequel des deux sentimens est préférable. Le sort du monarque n'en fut pas plus heureux, ni le procédé des seigneurs plus excusable. Il mourut l'année 930, la cinquantième de son âge, la vingtième de son règne. Il fut inhumé à Péronne, dans l'église de Saint-Fourci. Il eut le sort des rois détrônés par les tyrans: persécuté pendant sa vie, il fut calomnié après sa mort: sa fermeté, sa constance, ses soins pour le bien de l'état, sa valeur, qui lui fit défier Robert, sa tendresse pour ses sujets, qu'il embrassoit dans le temps qu'il en étoit trahi, sembloient lui mériter un titre, sinon glorieux, au moins plus décent que celui de *simple*, que l'injuste postérité ne se lasse pas de lui donner. Une chronique lui donne le nom de *saint*: sa bonté, sa justice, sa patience dans le malheur, le lui ont effectivement mérité. Il eut trois femmes: la première, dont le nom est ignoré, donna le jour à Giselle, mariée au duc de Normandie, qui la traita moins en roi qu'en tyran; Fréderune, la seconde, mourut sans enfans; Ogine, la troisième, eut Louis, que son sang & ses malheurs appelloient au trône de France. (*T--N.*)

(Quoi qu'en dise M. Turpin, *Charles-le-Simple* paroît avoir mérité ce titre.)

CHARLES V (*Hist. de Fr.*), fils & successeur du roi Jean, étoit âgé de vingt-sept ans lorsqu'il parvint à la couronne. Le surnom de *sage*, qui lui fut donné par ses sujets, lui a été confirmé par la postérité, qui seule a droit de juger les rois. Il est le premier des fils de France qui ait pris le titre de *dauphin*. Le commencement de son règne fut agité par la guerre qu'il eut à soutenir contre *Charles*-le-Mauvais, roi de Navarre, qui formoit des prétentions sur la Bourgogne, la Champagne & la Brie. Cette querelle fut décidée par la bataille de Cocherel, entre Evreux & Vernon. Le captal de Buch, général de l'armée Navarroise, fut défait & pris prisonnier par le célèbre du Guesclin, le plus grand capitaine de son siècle. Cet échec força le roi de Navarre à souscrire aux conditions qui lui furent imposées. Il renonça à toutes ses prétentions; on ne lui laissa que le comté d'Evreux, qui étoit son patrimoine, & même on en détacha Mante & Meulan; on lui donna pour dédommagement Montpellier avec ses dépendances. La France étoit alors ravagée par une soldatesque licentieuse, plus à redouter dans la paix que dans la guerre. C'étoient les grandes compagnies qui, mal payées du trésor public, s'en dédommageoient sur le cultivateur. Du Guesclin, pour en purger l'état, les conduisit en Espagne, où il dépouilla du royaume de Castille Pierre-le-Cruel pour le donner à Henri de Transtamare, frère bâtard de ce prince sanguinaire. Du Guesclin, qui faisoit les rois, fut élevé à la dignité de connétable de Castille.

Le prince de Galles se déclara le protecteur du roi détrôné qui s'étoit réfugié en Guyenne: il le rétablit dans ses états; mais Pierre, accoutumé à violer les droits les plus sacrés, fut bientôt ingrat envers son bienfaiteur, dont il fut abandonné. Henri, soutenu de la France, rentre dans la Castille, dont il fait la conquête, & tue de sa propre main Pierre-le-Cruel. La révolte de la Guyenne donna naissance à une guerre. Les peuples de cette province gémissant sous le fardeau des impôts, appellèrent au parlement de Paris, où Edouard, comme vassal de la couronne, fut cité. Ce prince, trop fier pour compromettre sa dignité, refusa de comparoître, & sur ce refus, tout ce qu'il possédoit en France fut déclaré confisqué. Ce n'étoit point par des édits qu'on devoit espérer de soumettre un prince qui avoit des armées. Du Guesclin, plus puissant que les menaces stériles d'un tribunal pacifique, entra dans la Guyenne, le Poitou, la Saintonge, le Rouergue, le Périgord & le Limousin, qu'il enleva aux Anglois. Cette rapide conquête lui mérita l'épée de connétable de France. Le duc de Bretagne, qui avoit embrassé la cause d'Edouard, fut déclaré rebelle par arrêt du Parlement. Ces arrêts impuissans étoient toujours les premières armes qu'on employoit; mais elles ne frappoient que le plus foible, & leur pointe s'émoussoit contre le plus fort. Une trève conclue avec l'Angleterre rendit à la France tout ce qu'elle avoit perdu sous le roi Jean. Les Anglois firent une plus grande perte en perdant le prince de Galles, l'espérance de sa nation. La mort l'enleva à l'âge de quarante-six ans. Il se rendit à jamais célèbre sous le nom du *prince noir*: ce ne fut point la couleur de son teint qui le fit ainsi appeller, mais c'est qu'il portoit des armes noires pour paroître plus terrible. La mort du roi d'Angleterre facilita à *Charles* les moyens d'achever la conquête de la Guyenne. Le roi, après avoir fait prononcer la confiscation de la Bretagne, la réunit à la couronne pour crime de félonie; mais la France avoit trop d'embarras, & le duc étoit trop puissant pour qu'on pût réaliser cette réunion. La mort priva l'état de son plus brave défenseur. Du Guesclin, dont la vie n'avoit été qu'une continuité de victoires, mourut âgé de soixante-six ans. La juste reconnoissance de son maître fit placer ses cendres à Saint-Denis, dans le tombeau des rois. Sa mémoire fut respectée des ennemis qui avoient éprouvé sa valeur. Les capitaines qui avoient appris à vaincre sous lui refusèrent l'épée de connétable, comme n'étant pas dignes de la porter après un si grand homme: il fallut faire violence à Olivier de Clisson, son émule de gloire, pour l'engager à l'accepter.

Charles V ne survécut pas long-temps au héros qui avoit fait sa gloire. Il avoit été empoisonné, n'étant encore que dauphin, par le roi de Navarre. Les médecins avoient arrêté les progrès du mal, sans en tarir la source; sa plaie se referma, & sentant sa fin approcher, il donna plusieurs édits pour supprimer quelques impôts dont le peuple étoit surchargé. C'étoit saisir trop tard le moment de faire des heureux; mais on abandonne sans regret le bien dont on ne peut plus jouir. *Charles* mourut en 1380, laissant une mémoire précieuse.

Ce prince, lent dans ses délibérations, ne prit jamais de parti avant d'avoir consulté ceux qui pouvoient l'éclairer. Mais trop instruit lui-même pour se laisser gouverner, il pesoit les conseils, & ce n'étoit qu'après un sévère examen qu'il se décidoit. Quoique son règne fut un règne de guerre, il ne parut jamais à la tête de ses armées. Appréciateur de ses propres talens, il eut le courage de reconnoître la supériorité de du Guesclin & de Clisson dans l'art de la guerre. Il crut qu'il étoit aussi glorieux de savoir choisir ses généraux que de remporter soi-même des victoires. Les différentes guerres qu'il eut à soutenir contre les Anglois lui firent sentir la nécessité de créer une marine. Le Seigneur de Couci fut le premier amiral qu'on vit en France. Mais cet établissement tomba dans le dépérissement sous les règnes suivans, & ne fut renouvellé que sous le ministère de Richelieu. Ce fut *Charles V* qui fonda cette fameuse bibliothèque du roi qui a reçu tant d'accroissemens sous les rois ses successeurs, & sur-tout sous Louis XIV & Louis XV. Le roi Jean n'avoit laissé qu'une vingtaine de volumes, & son fils en rassembla jusqu'à neuf cents. Il est vrai qu'ils étoient plus propres à arrêter les progrès de l'esprit qu'à les étendre. La plupart traitoient de l'astrologie, de prétendus secrets magiques & d'histoires fabuleuses & romanesques. Les écrivains du siècle d'Auguste & des beaux jours de la Grèce n'étoient point encore tirés de l'oubli. Ce fut *Charles V* qui donna l'ordonnance qui déclare les rois majeurs à quatorze ans. Ce réglement avoit besoin d'interprétation. Le chancelier de l'Hôpital, sous le règne de Charles IX, prononça que l'esprit de la loi étoit de ne point attendre que les quatorze ans fussent accomplis, & qu'il suffisoit qu'ils fussent commencés. Cette décision a été respectée & a force de loi. Ce fut encore sous ce règne qu'Aubriot, prévôt des marchands, jetta les fondemens de la Bastille. (*T--N*).

CHARLES VI (*Hist. de Fr.*), roi de France, naquit l'an 1367, de Charles V, son prédécesseur, & de Jeanne, fille de Pierre I du nom, duc de Bourbon. Il n'étoit âgé que de douze ans & neuf mois lorsqu'il parvint au trône. Sa minorité fut orageuse. Après bien des contestations pour la régence entre les ducs d'Anjou, de Berry, de Bourgogne & de Bourbon, ses oncles, il fut décidé par des arbitres, que la régence & la présidence seroient déférées au duc d'Anjou, & que les ducs de Bourgogne & de Bourbon seroient chargés de l'éducation du roi & de la surintendance de sa maison. Ce partage de l'autorité les rendit tous mécontens; & lorsque la paix étoit dans l'état, la maison royale étoit en proie à une espèce de guerre civile: les exactions du duc d'Anjou le rendoient l'objet de l'exécration publique; sa chûte sembloit inévitable lorsqu'il partit pour Naples, où il alloit prendre possession des états de la reine Jeanne, qui l'avoit adopté.

Le premier événement qu'offre l'histoire militaire de ce règne fut la fameuse victoire de Rosebeck sur les Flamands, qui s'étoient révoltés: on la dut à la conduite du duc de Bourgogne. Le roi, quoique fort jeune, ne put se dispenser de faire cette campagne, parce qu'en sa qualité de seigneur suzerain du comte de Flandres, il devoit sa protection au comte, son vassal, contre des sujets rebelles. Une troupe de scélérats, connus sous le nom de *maillotins*, le rappellèrent en France : ces hommes féroces s'abandonnoient à tous les excès, & répandoient le désordre & la confusion dans la capitale : leurs chefs furent punis, & l'esprit de révolte & de brigandage qui les animoit fut éteint dans leur sang. Le schisme qui divisoit l'Eglise arma la France contre l'Angleterre : une entreprise formée contre cette puissance rivale échoua par la malignité jalouse du duc de Berry, qui, sous différens prétextes, se rendit trop tard à l'armée.

De nouveaux orages s'élevèrent du côté de la Bretagne, où le duc retint prisonnier le connétable de Clisson : le roi fit les instances les plus vives pour obtenir la liberté de son connétable, qui ne put l'obtenir lui-même que par la cession de plusieurs places : Clisson fut assassiné peu de temps après par Pierre de Craon, qui trouva un asyle à la cour du duc de Bretagne. L'armée françoise réclama l'assassin, & sur le refus qu'en fit le duc, elle menaça son pays. Le roi avoit déja éprouvé quelques éclipses de raison : il tomba tout-à-coup dans un état de fureur & de démence, & le reste de sa vie on ne vit plus en lui que quelques étincelles de bon sens qui brillèrent par intervalle.

La nécessité de confier les rênes de l'état à un prince qui pût les diriger, fut la source des animosités qui éclatèrent entre les maisons de Bourgogne & d'Orléans. Le duc d'Orléans, chargé d'abord de l'administration publique, fut presqu'aussi-tôt supplanté par son rival, qui non-seulement conserva la régence, mais encore la transmit à son fils Jean-sans-peur. L'exclusion donnée à la reine & au duc d'Orléans, qui furent forcés de sortir de la capitale, excitèrent de nouvelles tempêtes ; une feinte réconciliation sembla les calmer, & ne fit que les grossir : le duc de Bourgogne, trop ambitieux pour souffrir un égal, fit assassiner le duc d'Orléans, & cette action atroce trouva un panégyriste dans le docteur Jean Petit. La veuve du prince assassiné mourut de douleur de voir ce crime impuni. Le duc de Bourgogne, dont le crédit n'étoit plus balancé par son rival, affecta tout le faste de la royauté ; il en avoit tout le pouvoir, & l'on peut bien dire qu'il ne lui en manquoit que le titre. La faction des Orléanois, autrement appellés les *Armagnacs*, se déchaîna contre son administration : on voulut en vain forcer les deux partis à consentir à la paix ; la haine qui les divisoit étoit trop invétérée : ils la signèrent cependant, mais ils la rompirent presqu'aussi-tôt. Tous ceux qui montrèrent quelque inclination défavorable au Duc de Bourgogne, furent forcés de s'éloigner de Paris, où la fureur du peuple, dont le duc étoit l'idole, leur donnoit lieu de tout craindre. Les factions se renouvelloient dans la capitale & la déchiroient. Un nommé *Caboche*, boucher de profession, en forma une qui porta son nom ; ces factieux assommoient, égorgeoient sans pitié les plus vertueux citoyens, & par-tout dans la capitale le sang des habitans étoit versé comme celui d'un vil bétail. Ces horreurs se commettoient au nom du roi, qui, dans les instans où la raison l'éclairoit, gémissoit sur ces excès affreux & tâchoit de les réparer. La guerre étrangère se mêla à la guerre civile, & les provinces furent en proie aux mêmes maux qui désoloient la capitale. Le duc d'Orléans, dont le ressentiment étoit encore excité par le malheur, appelle les Anglois & leur ouvre les barrières du royaume. Le roi arme contre lui par le conseil du duc de Bourgogne. Un traité de paix, signé à Auxerre, promet aux François la fin de leurs maux. La guerre recommence & détruit leur espoir. Les Parisiens cédant aux instigations du duc de Bourgogne, emprisonnent Louis, dauphin, pour le punir de ses liaisons avec le duc d'Orléans : le roi se joint pour cette fois au duc d'Orléans contre le Bourguignon. La perte de la bataille d'Azincourt entraîna celle de la Normandie, qui subit le joug de l'Angleterre. Isabelle de Bavière, épouse infidelle & mère dénaturée, trahit son mari & son fils en se liguant avec leurs ennemis : elle livra aux Anglois Paris & Tours. Le dauphin obligé de fuir à Poitiers, y transféra le Parlement & prit le titre de tuteur du royaume. Ce titre modeste convenoit à la foiblesse de l'état. Le duc de Bourgogne profitant de son éloignement, rentre dans Paris, qu'il change en une scène de carnage. Villiers de l'Isle-Adam, instrument de ses vengeances, sembloit vouloir faire de la capitale le tombeau de ses habitans. Le duc, naturellement inquiet, s'effraie du progrès des Anglois, & la terreur dont il est frappé lui fait accepter un accommodement. Le pont de Montereau fut indiqué pour traiter des conditions ; mais il ne s'y fut pas plutôt présenté, qu'il fut poignardé par Tanneguì du Châtel, serviteur zélé du duc d'Orléans, dont il vengeoit la mort par le sacrifice de sa gloire. Philippe-le-Bon, fils de Jean-sans-peur, devint implacable ennemi du dauphin, qui cependant n'avoit point trempé dans cet assassinat. Isabelle, née pour être l'opprobre de son sexe & le fléau de la France, se ligua avec lui pour se soustraire à son ressentiment. On conclut à Troyes un traité aussi honteux que funeste à la monarchie : il fut stipulé que Catherine de France épouseroit le roi d'Angleterre, auquel, après la mort de *Charles*, la couronne devoit appartenir. Henri V prit dès-lors le titre d'héritier & de régent du royaume. La bataille de Beaugé, gagnée par le Maréchal de la Fayete sur le duc de Clarence, lieutenant général de Normandie pendant l'absence de Henri V, son frere, est le dernier événement mémorable de ce règne foible & malheureux : on remarque encore un arrêt du parlement qui ordonna le duel entre Carouge & le Gris. *Charles VI* mourut en 1422: il étoit âgé de 54 ans; il en avoit régné 42. Son exemple montre combien les régences étoient orageuses pendant l'anarchie du règne féodal. (*M—Y*).

CHARLES VII (*Hist. de Fr.*), monta sur le trône de France à l'âge de 20 ans. A son avénement à la couronne, presque toutes les provinces avoient passé sous la domination des Anglois, & avec le titre fastueux de roi, il comptoit peu de sujets. Le droit de sa naissance lui donnoit un beau royaume; mais il falloit le conquérir à la pointe de l'épée. Le surnom de *Victorieux*, qui lui fut déféré, fait présumer qu'il avoit les inclinations belliqueuses, & tous les talens qui distinguent les hommes de guerre. L'expulsion des Anglois fut l'ouvrage de ses généraux; & tandis qu'assoupi dans les voluptés, il s'enivroit d'amour dans les bras d'Agnès Sorel, Dunois, la Trémouille, Richemont & plusieurs autres guerriers gagnoient des batailles, & lui acquéroient des provinces. Tous les grands vassaux de la France, dans l'espoir de s'en approprier quelques débris, favorisoient ouvertement les Anglois, qui cimentèrent leur puissance usurpée par deux victoires, dont l'une fut remportée à Crévant, près d'Auxerre, & l'autre, près de Verneuil. La France entière eût passé sous le joug étranger, si les ducs de Bourgogne & de Bretagne, mécontens des Anglois, ne se fussent apperçus qu'ils combattoient pour se donner un maître. Ils retirèrent leurs troupes, & restèrent quelque temps spectateurs oisifs de la querelle.

Les Anglois affoiblis par cette espèce de désertion, n'en furent pas moins ardens à poursuivre leurs conquêtes; ils mirent le siége devant Orléans, que le brave Dunois défendit avec un courage héroïque. La division qui se mit parmi les chefs de l'armée Angloise ne fut pas le seul obstacle qui interrompit le cours de leurs prospérités. Jeanne d'Arc, célèbre sous le nom de *la pucelle d'Orléans*, fut l'instrument dont on se servit pour relever les courages abattus. Cette fille extraordinaire, qui avoit rampé dans les plus vils détails de la campagne, crut être la verge dont Dieu vouloit se servir pour humilier l'orgueil des ennemis de la France: elle se rendit à Chinon, auprès de *Charles VII*. Je viens, lui dit-elle, chargée par un ordre du ciel de la double mission de faire lever le siége d'Orléans, & de vous faire sacrer à Reims. Son ton, sa confiance étoient bien propres à en imposer dans ce siècle. Le roi & les grands crurent ou affectèrent de croire que sa mission étoit divine. Elle se jetta dans Orléans, où elle fut reçue comme une divinité tutélaire. Les soldats, en la voyant marcher à leur tête, se crurent invincibles. Le carnage qu'on fit des Anglois dans plusieurs sorties, les obligea de renoncer à leur entreprise, après sept mois d'un siége dont chaque jour avoit été marqué par des scènes meurtrières.

Cette fille guerrière savoit prendre les villes comme elle savoit les défendre; Auxerre, Troyes, Soissons & Reims, subjuguées par ses armes, furent enlevées aux Anglois. Les affaires de *Charles* parurent rétablies, & il fut sacré à Reims le 17 juillet 1429. La pucelle, après avoir rempli sa mission, voulut se retirer; mais sur la nouvelle que les Anglois formoient le siége de Compiegne, place qu'elle leur avoit enlevée, elle se chargea de la défendre, pour mettre le comble à sa gloire. Son courage audacieux la trahit; elle fut faite prisonnière dans une sortie. L'ennemi qui devoit respecter sa valeur, la traita en criminelle: on la conduisit à Rouen, où elle fut condamnée à être brûlée dans la place publique le 14 juin 1431. Son arrêt fut motivé pour crime de sortilège: c'étoit un moyen victorieux pour rendre sa mémoire odieuse dans ce siècle de licence & de crédulité.

Les meurtres & les assassinats se multiplioient: on sacrifioit les citoyens les plus vertueux à la haine de ceux qu'on vouloit attirer dans son parti. La réconciliation du roi avec le Bourguignon fut scellée du sang du président Louvet, accusé sans preuve d'avoir eu part au meurtre du duc de Bourgogne. Le seigneur de Giac eut la même destinée que Louvet, auquel il avoit succédé; le connétable de Richemont lui fit trancher la tête sans daigner instruire son procès. Ces exécutions militaires, dont on voyoit de fréquens exemples, répandoient l'effroi dans le cœur du citoyen.

(L'auteur se trompe, le président Louvet ne fut qu'éloigné de la Cour, & ne fut point mis à mort.)

La mort de la pucelle consterna les François, sans abattre leur courage: la guerre se fit pendant quatre ans avec un mélange de prospérités & de revers. Paris rentré dans l'obéissance, donna un exemple qui fut suivi par plusieurs autres villes du royaume. La réconciliation du duc de Bourgogne fit prendre aux affaires une face nouvelle; ce prince prescrivit en vainqueur des conditions que son maître fut heureux d'accepter; & après avoir été le plus zélé défenseur des Anglois, il en devint le plus implacable ennemi.

Charles VII avoit à peine repris la supériorité, que ses prospérités furent empoisonnées par des chagrins domestiques. Le dauphin, son fils, s'abandonnant à la malignité des conseils du duc d'Alençon & de Bourbon, déploya l'étendart de la révolte. Son parti, nommé *la praguerie*, fut bientôt dissipé. Son père, indulgent jusqu'à la foiblesse, daigna leur pardonner. La guerre fut continuée dans le Poitou, l'Angoumois & la Gascogne, où les Anglois virent chaque jour leur puissance décliner Ils obtinrent une trève de huit mois, qui fut à peine expirée, que les hostilités recommencèrent avec plus de fureur. Les François prodiguoient leur sang pour un roi noyé dans les délices, & qui paroissoit plus jaloux de régner sur le cœur de sa maîtresse que sur une nation guerrière. Ses généraux, qui n'avoient d'autres amusemens que les jeux de la guerre, reprirent la Guyenne, défendue par le valeureux Talbot. Ce héros de l'Angleterre fut défait & tué à la bataille de Castillon. Sa mort porta le dernier coup à la puissance des Anglois, qui furent bientôt chassés de toutes les possessions qu'ils avoient envahies; la Normandie rentra sous la domination de ses anciens maîtres. Cette riche province, depuis la naissance de l'empire François, avoit essuyé de fréquentes révolutions: détachée de la France pour être le domaine d'un peuple de brigands guerriers, elle ne fut plus qu'une province de l'Angleterre, dont la valeur de ses habitans avoit fait la conquête sous Guillaume le Conquérant. Elle fut réunie à la France sous Jean sans Terre, & reprise par les Anglois sous *Charles VI*, dont le fils eut la gloire de la faire rentrer sous sa domination en 1448. Cette brillante conquête fut le prix de la victoire de Formigni, remportée sur les Anglois, qui ne conservèrent en France que Calais, dont Édouard s'etoit emparé en 1347; ils s'y maintinrent jusqu'en 1558, qu'elle leur fut enlevée par le duc de Guise. L'indocilité des Bordelois, familiarisés avec la douceur du gouvernement Anglois, engagea le roi à bâtir Château-Trompette pour les contenir dans l'obéissance.

Lorsque toute la France fut réunie sous son légitime maître, les loix reprirent leur vigueur, & la licence de la soldatesque fut réprimée: la mémoire de Jeanne d'Arc fut réhabilitée. Ce calme, dont on avoit tant de besoin, fut encore troublé par la révolte du dauphin. Ce prince sombre & farouche, après un séjour de 15 ans en Dauphiné, se retira auprès du duc de Bourgogne pour allumer une nouvelle guerre civile. Le père, qui n'avoit à se reprocher qu'un excès de tendresse pour ce fils dénaturé, tomba dans une langueur qui le conduisit à la mort en 1461; il laissa une mémoire fort équivoque. Les merveilles opérées sous son règne lui donnent une place parmi les grands rois. S'il ne parut guère à la tête de ses armées, il montra du moins beaucoup de discernement dans le choix de ses généraux. La défiance qu'il eut de ses talens militaires doit entrer dans son éloge. Ce fut sous son règne que l'art de l'imprimerie prit naissance; mais l'esprit humain ne profita point de ce bienfait pour étendre ses limites: les hommes guerriers, farouches, mettoient plus de gloire à savoir détruire leur espèce qu'à l'éclairer. La milice de l'état avoit été jusqu'alors aussi redoutable au citoyen qu'à l'ennemi. On crut que pour réprimer ces brigandages, il falloit lui assurer une paye qui fournît à ses besoins. Cette charge nécessaire pour rétablir la sûreté publique, donna naissance à l'imposition de la taille: le peuple consentit avec joie à faire le sacrifice d'une portion de ses biens pour se soustraire à la violence du soldat affamé. Ce fut encore sous ce règne que se tint le concile de Bâle, où l'on décida la supériorité du concile sur les décisions du souverain pontife. Œneas Sylvius, qui en avoit été secrétaire, en désavoua les maximes lorsqu'il fut parvenu à la papauté. Ce concile finit en 1443; Eugène IV en convoqua un autre à Ferrare, qu'il transféra ensuite à Florence. Ce fut dans cette assemblée que se fit la réunion des Grecs avec l'église latine. (*T—N.*)

CHARLES VIII (*Hist. de France*) n'avoit que 13 ans lorsqu'il parvint à la couronne de France, en 1483. Louis XI, qui craignoit de lui donner des talens dont il auroit pu un jour se servir contre lui-même, n'avoit confié son éducation qu'à des hommes sans mérite; mais les dispositions heureuses que la nature lui avoit données triomphèrent de ces obstacles. La régence fut confiée à madame de Beaujeu: Louis, duc d'Orléans, premier prince du sang, qui monta depuis sur le trône, se plaignit de ce qu'on ne remettoit pas en ses mains les rênes du gouvernement; ses murmures allumèrent une guerre civile: Louis fut fait prisonnier à la bataille de Saint-Aubin. Le ressentiment de madame de Beaujeu prolongea sa captivité; mais dès que *Charles* régna par lui-même, il se hâta de briser ses fers. Ce prince étoit déjà connu par des actes de clémence; il avoit rendu la liberté, les biens & l'honneur aux restes de la malheureuse maison d'Armagnac. Il épousa Anne de Bretagne en 1491, & cette heureuse union mit fin à toutes les guerres civiles que ce duché avoit occasionnées. La vigueur qu'il fit paroître dans ses démêlés avec le roi d'Angleterre & l'empereur, apprit à ces princes à ne pas mépriser sa jeunesse. La France commençoit à se relever de ses pertes; les fautes de Louis XI étoient réparées, quelques impôts avoient été supprimés; tout étoit calme, lorsque la manie des conquêtes troubla le repos du roi, du peuple, & d'une partie de l'Europe. Charles d'Anjou avoit cédé à Louis XI ses prétentions sur les royaumes de Naples & de Sicile; *Charles VIII* céda le Roussillon & la Sardaigne au roi d'Arragon, qui commençoit à l'inquiéter, & partit à la tête de son armée en 1494, passa les Alpes avec autant d'audace que de fatigue, traversa l'Italie d'un pas rapide, & entra dans Rome avec l'appareil d'un conquérant. Il y donna des loix, & fit afficher ses ordonnances aux portes du palais du pape. Ce fut là qu'André Paléologue lui céda ses droits sur l'empire d'Orient. Heureusement il ne songea point dans la suite à les faire valoir, & les suites qu'eut la conquête de Naples lui firent soupçonner celles qu'auroit eues la conquête de Constantinople. Ferdinand, alors roi de Naples, s'enfuit à l'approche de *Charles*: ce prince soumet le royaume en courant, il est reçu dans la capitale presque aussi facilement qu'il l'eût été dans Paris. Déjà il se prépare à revenir en France; mais le pape, l'empereur, le roi d'Arragon, le roi d'Angleterre, le duc de Milan & la république de Venise se liguent pour lui fermer le retour. On l'attaque à Fornoue le 6 juillet 1495. Compagnons, dit-il à ses soldats, les ennemis sont *dix fois plus que nous; mais vous êtes des François. Les alliés se confient en leur multitude, nous, en notre force & vertu*. On en vint aux mains: *Charles*, enveloppé par les ennemis, soutint leur choc pendant long-tems; il fut enfin secouru, rétablit le combat, & remporta la victoire. Il coucha sans tente sur le champ de bataille, au milieu des morts. Tandis qu'il rentroit glorieux en France, les Napolitains se soulevoient; les garnisons françoises furent massacrées. La crainte avoit tout soumis à *Charles VIII*; l'affection du peuple soumit tout à Ferdinand. *Charles VIII* alloit repasser les monts pour châtier cette révolte, & faire une nouvelle révolution, lorsquil mourut au château d'Amboise, le 7 avril 1498, âgé de 27 ans. Deux de ses officiers expirèrent de douleur en voyant partir son convoi. Ce trait suffit à son éloge. (*M. de Sacy.*)

Charles IX (*Hist. de France.*) étoit fils de Heni II, & frère de François II, rois de France. Il succéda à ce dernier en 1560. Il n'y eut point de régent; mais la reine-mère, Catherine de Médicis, en eut toute l'autorité. C'étoit une femme impérieuse, cruelle, fanatique, superstitieuse, dissimulée. Antoine de Bourbon, roi de Navarre, prit le titre de lieutenant-général du royaume, mais il n'avoit ni assez de talens pour s'opposer aux projets de Catherine, ni assez de méchanceté pour agir de concert avec elle. On rendit la liberté au prince de Condé, qui avoit été condamné à perdre la tête. Trois hommes puissans se liguérent pour envahir l'autorité; c'étoient le maréchal de Saint-André, le duc de Guise & le connétable de Montmorency: cette union fut appellée *triumvirat*. L'édit de Saint-Germain ordonnoit aux deux partis de vivre en paix, tandis que ceux qui l'avoient dicté échauffoient la discorde. On s'assembla à Poissy pour rapprocher les esprits, on disputa sans s'entendre, on ne conclut rien, & l'on sortit de part & d'autre plus opiniâtres que jamais. On vouloit détacher Condé du parti des Huguenots. Le parlement rendit un arrêt qui le déclaroit innocent de la conjuration d'Amboise. Ce jugement ne put ni persuader le peuple, ni attirer le prince: des deux côtés on demandoit la paix, on desiroit la guerre. Ce fut dans ces circonstances que Marie Stuart quitta la France, & partit pour la grande Bretagne, où elle perdit la tête sur un échafaud: son départ fut à peine apperçu par la nation, occupée de querelles théologiques. L'édit de janvier, publié en 1562, accorda aux Protestans le libre exercice de leur religion; mais bientôt le duc de Guise donna le signal des assassinats par le massacre de Vassy. La guerre s'alluma aussi-tôt: le prince de Condé se mit à la tête du parti hérétique: Orléans devint le centre de la révolte; Antoine de Bourbon, roi de Navarre, périt au siège de Rouen: prince foible, bon soldat, mauvais général, mal adroit négociateur, ami peu fidèle, & dont le plus beau titre est d'avoir été père de Henri IV. Les armées s'approchoient; on envoya demander à la reine s'il falloit livrer bataille: « Demandez-le à la nourrice » du roi, dit-elle avec un sourire ironique ». La bataille se donna près de Dreux: les Huguenots furent vaincus; le prince de Condé tomba entre les mains des Catholiques, & le connétable entre celles des Huguenots. Le maréchal de Saint-André, qui avoit échappé aux coups des soldats ennemis, tomba sous ceux d'un assassin après la bataille; François, duc de Guise, eut le même sort à Orléans. Cet homme singulier, grand politique, grand général, maître de lui-même comme des autres hommes, insinuant, brave, ne laissa d'autre héritage que 200 mille écus de dettes, ce qui prouve que l'amour de la gloire & de l'empire étoit sa seule passion. Le roi marcha vers le Havre, & enleva cette place aux Anglois, que les Huguenots avoient introduits en France. Cette conquête fut suivie, en 1563, d'un édit de pacification qui fut peu respecté par les Protestans, & violé sans pudeur par les Catholiques. La majorité du roi fut déclarée à 13 ans; mais Catherine demeura toujours maîtresse des affaires. On fit la paix avec l'Angleterre: *Charles IX*, inutile à son peuple, à lui-même, fit des voyages dans la province, , moins pour en examiner la situation que pour promener son ennui. Il eut, ainsi que Catherine, une entrevue à Bayonne avec le duc d'Albe & Isabelle de France, épouse de Philippe II. On prétend que ce fut là que la perte des Huguenots fut jurée.

Les persécutions rallumèrent la guerre; on traita de rebelles ceux qui ne se laissoient pas égorger; on leur fit un crime de défendre leur vie; les Protestans résolus de se perdre ou de réussir par un coup d'éclat, tentèrent d'enlever le roi au château de Monceaux; mais les Suisses le sauvèrent & le ramenèrent à Paris. Le peu de succès de cette entreprise n'affoiblit point le desir qu'ils avoient d'en venir à une action décisive; ce fut dans la plaine de Saint-Denis qu'elle se passa, l'an 1567. Le connétable, âgé de 74 ans, y commanda en habile général, y combattit en soldat, & reçut six blessures; il vouloit mourir sur le champ de bataille: on l'emporta malgré lui. Un cordelier s'approcha pour l'exhorter à la mort: Penses-tu, lui dit-il, qu'un homme qui a vécu près de 80 ans avec gloire, n'ait pas appris à mourir un quart-d'heure? Des deux cotés on s'attribua la victoire; elle étoit incertaine, mais l'honneur de cette journée doit appartenir aux royalistes, puisqu'ils étoient les plus foibles & qu'ils ne furent pas vaincus. Le roi offrit l'épée de connétable à Vieilleville: le maréchal s'immortalisa par un refus généreux, & ce fut par son conseil que le duc d'Anjou (depuis Henri III) fut nommé lieutenant-général du royaume. Montluc, aux pieds des Pyrenées, faisoit alors la guerre aux Espagnols & aux Protestans: c'eût été un grand homme, s'il s'étoit souvenu que la religion ne permet pas de massacrer sans pitié les ennemis de cette religion même. On fit la paix à Longjumeau en 1568, & dans la même année, on reprit les armes. La reine avoit voulu attenter à la liberté du prince de Condé & de l'amiral de Coligny, qui commençoit à jouer un grand rôle parmi les Protestans. Cette troisième guerre ouvrit l'entrée du royaume à ces reitres, la terreur des deux partis; on se battit près de Jarnac le 13 mars 1569: les royalistes, sous la conduite du duc d'Anjou, remportèrent la victoire; Condé fut assassiné après la bataille, par Montesquiou. Condé étoit blessé au bras avant le combat: « Noblesse françoise, dit-il, apprenez que Condé » avec un bras en écharpe peut encore donner » bataille ». Dans le même instant un cheval lui casse la jambe; on veut l'emporter, il résiste, & pour toute réponse il montre la devise qu'il portoit sur sa cornette: *pro Christo & patriâ dulce periculum.* Ce fut alors que le jeune Henri (depuis Henri IV) parut à la tête des Huguenots, sous la conduite de l'amiral. Ce grand homme, qui prévoyoit la chûte de son parti, vouloit lui assurer un asyle qui fût à l'abri de la fureur des Catholiques. Ce fut dans cette vue qu'il envoya une colonie dans la Floride; c'est la première que nous ayons eue en Amérique. Il triompha à la journée de la Roche-la-Belle; mais il fut vaincu à celle de Moncontour, le 3 octobre 1569. Le duc d'Anjou ne sut pas profiter de son avantage, & l'amiral sut réparer ses pertes. La paix de Saint-Germain, qu'on appella la *paix mal assise*, étoit si favorable aux Huguenots, qu'ils auroient dû s'en défier. On attira les principaux chefs à Paris, & on les massacra: on prétend que le roi tira lui-même sur les malheureux qui passoient la rivière à la nage. On ajoute que depuis cet instant il devint sombre, mélancolique, & que le souvenir de cette affreuse journée répandit sur le reste de sa vie une amertume insupportable. Cette persécution eut le sort de toutes les autres; elle multiplia les prosélytes de l'erreur: ils avoient eu des héros, ils ne croyoient point avoir eu encore assez de martyrs. Quiconque croit mourir pour son dieu, meurt toujours avec joie. On fit une quatrième paix aussi infructueuse que les autres. Un nouveau parti se forma en 1574, c'étoit celui des politiques: le duc d'Alençon, le roi de Navarre & les autres chefs furent arrêtés. On ne fit plus usage de poignards, on se contenta de chaînes dans cette occasion. Enfin *Charles IX* mourut. Ce prince ne fut méchant que par foiblesse. Sa jeunesse avoit donné d'assez belles espérances; on s'empara de son esprit, de son cœur, de toutes ses facultés; on lui inspira toute la rage du fanatisme, on le conduisit de crime en crime; on le baigna dans le sang de ses sujets. Il fut coupable sans doute, mais ceux qui lui frayèrent le chemin du crime, le furent plus que lui. (*M. de Sacy.*)

Charles I, roi d'Espagne. *Voyez ci-devant* Charles-Quint, empereur.

Charles II (*Hist. d'Espagne.*), roi d'Espagne, n'avoit guère plus de quatre ans lorsqu'il monta sur le trône de son père Philippe IV, en 1665. Sa minorité fut tout-à-la-fois malheureuse au-dehors & orageuse au-dedans. Marie-Anne d'Autriche, régente du royaume, jalouse d'une autorité dont elle ne savoit pas faire usage, indisposa les grands contre son administration, & invita, par son inexpérience, les ennemis de l'Espagne à la dépouiller d'une partie de ses provinces. Elle signa la paix avec le Portugal, qui, jadis province espagnole, fut reconnu pour un royaume libre & dépendant. Par le traité d'Aix-la-Chapelle, Louis XIV conserva toutes les conquêtes qu'il avoit faites dans les Pays-Bas espagnols, & ne rendit que la Franche-Comté, qu'il eût peut-être encore gardée, s'il eût voulu tirer tout l'avantage possible de la foiblesse de l'Espagne.

Charles, devenu majeur, n'eut presque pas de part au gouvernement. Ce prince, d'une complexion débile, d'un esprit foible, & dont l'éducation avoit encore été négligée à dessein, laissa toute l'autorité à sa mère & à son favori Valenzuéla: cependant ils ne la gardèrent pas long-temps. Don Juan d'Autriche, fils naturel de Philippe IV, fit sentir à *Charles* l'espèce de servitude où on le retenoit, le désordre où étoient les affaires, l'Espagne épuisée par des guerres malheureuses, & déshonorée par des paix honteuses. Le monarque secoua le joug. La reine fut reléguée dans un couvent de Tolède, & Don Juan déclaré premier ministre; mais il répondit mal aux espérances que l'on avoit conçues de ses talens. La guerre avec la France ne cessa pas d'être une source de revers, & l'Espagne perdit encore à la paix de Nimègue la Franche-Comté & seize villes considérables des Pays-Bas.

En 1679, *Charles* épousa la princesse Marie-Louise d'Orléans, fille de Monsieur & d'Henriette d'Angleterre. L'Espagne continua de languir. Une guerre de deux ans, terminée par une trêve de vingt ans, signée à Ratisbonne en 1684, lui coûta Luxembourg & toutes les villes dont les François s'étoient emparés, excepté Courtrai & Dixmude, que Louis XIV consentit de rendre. La reine d'Espagne étant morte, le roi épousa en secondes noces Marie-Anne de Neubourg, fille de l'électeur Palatin. Le feu de la guerre s'alluma de nouveau entre la France & l'Espagne; celle-ci eut presque toujours du désavantage. Le roi n'avoit point d'enfans: il tombe malade & fait un testament en faveur de son petit neveu le prince de Bavière, comme son plus proche héritier, attendu la renonciation de Marie-Thérese d'Autriche. Cette disposition n'eut pas lieu, le jeune prince étant mort à l'âge de sept ans. La paix se négocioit depuis trois ans à Riswick. Elle fut avantageuse à l'Espagne par les sacrifices que fit Louis XIV, qui annonçoient assez que la mort prochaine de *Charles* II en étoit le motif. Ce monarque fit un second testament

testament en 1700, par lequel il déclaroit Philippe de France, duc d'Anjou, héritier de toute la monarchie espagnole. *Charles* mourut la même année, âgé de 49 ans. Louis XIV accepta son testament, qui causa un embrâsement général en Europe. (*A. R.*)

CHARLES (*Hist. de Danemarck*), seigneur Danois, d'une maison illustre, qui trama avec Canut & Bénédict ses frères, & Magnus, tous seigneurs comblés des bienfaits de Valdemar I, une conspiration contre ce prince. Le complot fut longtemps, caché dans l'ombre du silence. Mais en 1178, les conjurés s'étant arrêtés dans un monastère du Holstein pour y passer la nuit, y tinrent conseil sur les moyens les plus sûrs d'accélérer le succès de leurs desseins; un moine les entendit, révéla tout à Valdemar. *Charles*, persuadé que le complot étoit ignoré, osa faire demander au roi une préfecture, afin de se faciliter les moyens d'attenter à sa vie. Le roi différa de lui faire un don si dangereux. Cependant il caressa les conjurés, les admit dans ses conseils, les reçut à sa table. Un jour que Bénédict mangeoit avec Valdemar, le trouble de son ame se peignit dans ses yeux; ses mots étoient entrecoupés, ses regards égarés, ses mouvemens convulsifs; il sembloit partagé entre le remords & le crime; il manioit son couteau, & sembloit craindre de le toucher, le cachoit dans son sein, le reprenoit avec furie, le rejetoit avec horreur. Valdemar, après avoir joui quelque temps du désordre de ses esprits, appella ses gardes: « Je sais, dit-il, qu'en faisant des heureux, je n'ai » fait que des ingrats. Des hommes que j'ai comblés d'honneurs & de biens conspirent contre » mes jours. Je ne veux pas les nommer. Je laisse » à leur conscience le soin de les punir. Il me » suffit qu'ils rougissent à leurs propres yeux ». Bénédict vit que tout étoit découvert, il se retira, alla rendre compte à ses complices de ce qui s'étoit passé, & la conspiration fut dissipée.

Mais en 1179, *Charles* & Canut sortirent de leur retraite, entrèrent à main armée dans la Hallandie, espérant soulever cette province. Mais les habitans, fidèles à leur devoir, prirent les armes & arrêtèrent leurs progrès. Il se livra un combat sanglant, Canut fut fait prisonnier & livré à Valdemar; *Charles*, après avoir fait des prodiges de valeur, percé d'un coup mortel, se traina jusqu'à la forêt voisine. Les Hallandois le suivirent à la trace de son sang; mais ils le trouvèrent mort. (*M. DE SACY.*)

CHARLES I, roi d'Angleterre, d'Écosse & d'Irlande (*Hist. d'Angleterre*). Un roi condamné à mort au nom de la nation qu'il gouverna, & expirant sur un échafaud, est un terrible spectacle pour le monde, & même une grande leçon pour les souverains. Si les honneurs qu'on rend aujourd'hui à la mémoire de l'infortuné *Charles I* le vengent aux yeux de la postérité de l'exécrable attentat commis contre lui; si la nation rougit des excès auxquels elle se porta contre son roi, il n'en est pas moins vrai qu'un prince risque tout, sa couronne & sa vie, lorsque, soit par l'ambition indiscrette d'un pouvoir absolu, soit par les conseils pernicieux des courtisans auxquels il s'est livré, il indispose contre lui une nation sensible à l'excès sur l'article de ses droits & de ses privilèges, facile à prendre l'alarme sur les moindres entreprises de la cour, extrême dans ses soupçons comme dans son amour pour la liberté, & par-là même se laissant aisément séduire & gouverner par des enthousiastes qui, dans d'autres temps, n'auroient été que l'objet de son mépris & de son indignation.

La première faute de *Charles* I fut de donner sa confiance au duc de Buckingham, homme vain, fier, emporté, dont il avoit des raisons personnelles d'être mécontent, & qui d'ailleurs étoit si odieux à la nation, qu'un gentilhomme anglois l'assassina presque publiquement & osa s'en glorifier. Cependant cet indigne favori avoit pris un tel ascendant sur l'esprit de son maître, que *Charles* eut la foiblesse de dire, en apprenant sa mort: *Le duc a perdu la vie & moi un œil.* Ce grand attachement du roi, pour un homme qui avoit mérité l'indignation publique, aliéna de lui tous les esprits.

Une seconde faute, qui servit à entretenir les Anglois dans leurs mauvaises dispositions pour leur monarque, fut son mariage avec Henriette de France, qui ne pouvoit plaire à ses sujets, étant catholique & Françoise. Cette démarche, jointe à la faveur que *Charles* accorda visiblement aux Catholiques, fit murmurer hautement. On accusoit le roi de vouloir ruiner le protestantisme & rétablir la religion de Rome.

Charles demanda au parlement des subsides qui lui furent refusés en partie, parce que sa demande, toute juste qu'elle étoit, ne parut point telle à des esprits aigris, inquiets, soupçonneux. Le roi cassa le parlement, eut recours à des emprunts forcés, les fit servir à une expédition contre l'Espagne, qui ne réussit pas, & la nation fut soulevée. *Charles* convoqua un second parlement, qu'il cassa comme le premier, parce que ce parlement n'entra pas davantage dans ses vues. Un troisième parlement eut le même sort, avec cette différence qu'après la dissolution de celui-ci, plusieurs membres des communes, qui s'étoient opposés aux intérêts de la cour, furent emprisonnés. Ce n'étoit pas là le moyen de ramener des esprits obstinés.

Si *Charles* avoit eu de plus heureux succès au dehors, il auroit pu les faire valoir; mais il étoit aussi malheureux dans ses démêlés avec les puissances étrangères, que dans ses différends avec ses sujets. Il avoit déclaré la guerre à la France; son expédition malheureuse à la Rochelle le força à une paix onéreuse.

Après la mort tragique de Buckingham, le roi crut complaire à la nation, en choisissant pour ministre le comte de Strafford, l'un des chefs les plus ardens de la faction opposée à la cour. Il se flattoit peut-être aussi que, par le moyen d'un homme si accrédité auprès du peuple, il pourroit le réconcilier avec l'autorité royale. Il se trompa. Strafford trop reconnoissant, passa d'un excès à l'autre, & devint aussi violent royaliste qu'il avoit été républicain outré. La haine nationale fut enflammée de nouveau. Tout se tournoit contre *Charles*; il fut accusé d'avoir corrompu l'intégrité de cet excellent citoyen, ainsi s'exprimoient les Puritains, & Strafford expia, sur un échafaud, le crime d'avoir trop bien servi son roi.

Tous ces préludes d'une guerre civile étoient fomentés par la violence de Lawd, archevêque de Cantorbery, par qui *Charles* se laissoit gouverner, parce que celui-ci se montroit ardent défenseur de l'autorité absolue, contre les principes de la constitution angloise. Ce prélat bouillant exerçoit lui-même un empire arbitraire sur les consciences. Une chambre étoilée, espèce d'inquisition, servoit son zèle fanatique pour l'église anglicane, & persécutoit à outrance les Puritains. Le roi, qui n'avoit auprès de sa personne aucun homme sage qui lui donnât de bons conseils, suivoit trop bien le plan de gouvernement dont Buckingham & ses pareils l'avoient infatué. Il exigeoit d'anciennes impositions arbitraires, il en créoit de nouvelles, & la perception s'en faisoit de la manière la plus dure.

L'Écosse se révolta, & un traité équivoque assoupit cette révolte sans l'étouffer. Les Irlandois presque tous catholiques, résolurent de se délivrer des Anglois protestans, & ils en firent un massacre horrible à Kilkeni, dans la province de Leister; la cour fut encore chargée de ce forfait.

Tout annonçoit une guerre ouverte entre le roi & le parlement. La reine, que son zèle pour le catholicisme rendoit odieuse, quitta l'Angleterre & se retira en France. *Charles* avoit de la peine à lever une armée. L'université de Cambridge lui sacrifia ses trésors, & il fut en état de combattre avec avantage les troupes du parlement. Ce premier succès fut le dernier. Cromwel, destiné à jouer le principal rôle dans cette scène sanglante, se mit à la tête des indépendans; ce qui fit dire à un membre de la chambre-basse, par une espèce de présage: *Maintenant que Cromwel est indépendant, nous dépendrons tous de lui.*

La perte de la bataille de Naërby, en 1645, laissa le roi sans ressource. Désespéré, il se retira en Ecosse. Le parlement saisit cette occasion de regarder la retraite de *Charles*, comme une rénonciation au trône; en conséquence, il fut déclaré à son de trompe, déchu de tous les droits qu'il pouvoit avoir à la couronne d'Angleterre. Ce décret fut suivi peu après, d'un autre qui abolissoit entiérement la royauté. Le nom de roi fut effacé de tous les monumens publics, ses statues furent abattues, & ses armes ôtées de tous les endroits où elles étoient.

Fairfax, général de l'armée du parlement, se démit de sa charge; Cromwel se la fit donner. Cependant les Ecossois se repentoient déjà d'avoir donné retraite au roi. Ils eurent la bassesse de le livrer, ou plutôt de le vendre pour deux millions au parlement. *Charles*, instruit de cette lâcheté, dit qu'il aimoit encore mieux être avec ceux qui l'avoient acheté si chérement, qu'avec ceux qui l'avoient si lâchement vendu. Ce prince ignoroit le sort qui l'attendoit en Angleterre.

Il paroît que l'ambitieux Cromwel projetta, dès ce moment, tout ce qu'il exécuta dans la suite. Il étoit adoré des soldats. Il s'en servit pour porter la terreur dans le parlement, & le réduire à une obéissance servile. Il traita cette assemblée avec la dernière hauteur; il en fit emprisonner plusieurs membres. La plupart se retirèrent chez eux, ne pouvant supporter un si indigne traitement. Il ne resta que des ames basses, propres à seconder les desseins de Cromwel. Ces gens formèrent la chambre des communes, à laquelle ce chef de l'armée joignit une chambre haute, composée d'officiers à ses ordres. Tel fut le prétendu conseil de la nation, qui, le jour même de Noël de l'année 1648, nomma des juges-commissaires pour faire le procès au roi *Charles*. On pense bien que Cromwel & son gendre furent du nombre des juges. Jean Bradshaw, premier huissier de la chambre basse, fut président de ce tribunal.

Charles comparut quatre fois devant cette cour de justice que Cromwel animoit de son esprit. Quatre fois il fut accusé « d'avoir voulu rendre sa puissance arbitraire, contre le serment qu'il avoit fait à son sacre de gouverner selon les loix du royaume; d'avoir cherché à faire entrer des troupes étrangères dans le royaume pour y allumer le feu de la guerre; d'avoir résolu de rétablir le papisme, & de détruire la religion anglicane, d'avoir donné des commissions pour faire massacrer les protestans en Irlande; d'avoir été la principale cause du sang répandu en Angleterre depuis dix ans par les guerres civiles qu'il y avoit excitées ». Quatre fois *Charles* recusa le tribunal devant lequel on le contraignoit de comparoître, comme étant incompétent, & protesta qu'il étoit innocent de tous les crimes dont on le chargeoit. Quant à la compétence du tribunal, le président Bradshaw eut l'impudence de lui répondre qu'il étoit établi par le peuple d'Angleterre, de qui il tenoit lui-même sa couronne. Du reste, quelques témoins déposèrent en présence de *Charles*, l'avoir vu les armes à la main contre les troupes du parlement; & une foule de gens apostés par Cromwel, suivant le rapport de plusieurs historiens, se mirent à crier: *Il est coupable, il est coupable, qu'il meure!* La mort du roi étoit résolue. Cromwel le sacrifioit à son ambition, sous le beau prétexte de venger la liberté publique & la religion anglicane. Quelques-uns des juges, plus modérés que les autres, étoient d'avis de condamner *Charles* à une prison perpétuelle, comme autrefois Edouard II & Richard II. Cromwel n'auroit pas pu achever de jouer son rôle, si, en ôtant la couronne au roi, on lui eût laissé la vie. Il opina fortement à la mort, & son avis prévalut. Le greffier lut à haute voix la sentence qui portoit que « Charles Stuart ayant été accusé, par le peuple, de tyrannie, de trahison, de meurtre, de malversation, & ayant toujours refusé de répondre à ces accusations, étoit condamné à avoir la tête tranchée ». On lui accorda un délai de trois jours, pendant lequel *Charles* parut d'une humeur douce & tranquille. Cette fermeté ne l'abandonna pas sur l'échafaud. Il salua civilement & sans affectation les personnes qui étoient autour de lui, pardonna à ses ennemis, exhorta la nation à rentrer dans les voies de la paix, retroussa ses cheveux sous un bonnet de nuit qu'on lui présenta, posa lui-même sa tête sur le billot, & l'exécuteur, qui étoit masqué, la lui trancha d'un seul coup.

Ainsi périt ce prince infortuné, qui eut des défauts, qui fit des fautes, mais qui étoit loin de mériter ce traitement atroce. Bon ami, bon père, bon époux, il ne lui manqua, pour être bon roi, que de mieux connoître l'étendue réelle du pouvoir que la constitution Angloise lui donnoit, & de ne pas suivre les conseils dangereux de ses favoris. (*A. R.*)

(L'auteur de cet article n'est pas aussi favorable à *Charles I* que l'histoire l'autorisoit à l'être. En parcourant la liste des rois d'Angleterre depuis la conquête de Guillaume-le-Bâtard jusqu'au Protectorat de Cromwel & encore après, on trouve que le meilleur de ces rois, le plus vertueux, le plus raisonnable, le plus sage, le plus instruit des loix du royaume, fut incontestablement *Charles I*, aussi est-ce celui que le Fanatisme a choisi pour le livrer aux bourreaux, comme parmi nous il avoit choisi Henri IV pour l'égorger ; le Fanatisme hait par préférence ce qui est bon & aimable.)

CHARLES II, fils de Charles I, ne monta sur le trône qu'après la mort de Cromwel. Pendant tout le temps du protectorat, il promena ses malheurs dans différentes contrées de l'Europe, tour-à-tour accueilli & repoussé par les puissances qu'il intéressa en sa faveur, faisant toujours de nouveaux efforts pour remonter sur le trône de son père, & trouvant toujours des obstacles qui sembloient l'en éloigner davantage. Enfin la mort du protecteur, & l'inhabileté de son fils Richard, incapable de porter le poids de la grandeur que son père lui laissoit, permirent à *Charles* de concevoir de nouvelles espérances. Monk, général de l'armée d'Ecosse, bon citoyen & fidèle sujet, entreprit de le rétablir, & y réussit. Il fit signer au prince une amnistie générale pour tous ceux qui, dans quarante jours, à compter de celui de cette publication, rentreroient sous son obéissance. Monk, avec cette déclaration, lui réconcilia tous les esprits. *Charles* fut rappellé de Hollande où il étoit, & fit son entrée dans Londres le 8 de juin 1660, au milieu des acclamations du peuple. Ce changement fut si précipité, qu'on ne prit pas même la précaution de régler les conditions auxquelles on recevoit le nouveau monarque : ce qui pensa replonger la nation dans les guerres civiles qu'avoit occasionnées le prétexte de la trop grande autorité affectée par le souverain. En effet, *Charles II* avoit les défauts de son père, il en avoit même davantage, sans avoir ses talens ni ses vertus. Quelques traits de sagesse & de modération signalèrent le commencement de son règne : il fit publier la liberté de conscience, suspendit les loix pénales contre les non-conformistes, fonda la société royale de Londres, éleva aux dignités quelques citoyens vertueux. Mais bientôt ce monarque, livré à ses maîtresses auxquelles il prodigua tout l'argent que le parlement lui accordoit, abandonna les rênes de l'état au duc d'York son frère, qui, ayant abjuré la religion protestante, étoit suspect au parlement. Le comte de Clarendon, peut-être le seul homme vertueux qu'il y eût alors à la cour, en fut banni. *Charles* vendit Dunkerque à la France pour quatre millions qui furent aussitôt dissipés que reçus ; & plus jaloux encore que son père de rendre son autorité absolue, il négocia un traité secret avec Louis XIV, par lequel ils devoient travailler de concert à détruire la forme du gouvernement & la religion anglicane, & introduire le catholicisme & le pouvoir arbitraire. Le roi n'eut besoin que du duc d'York pour étendre les bornes de son autorité : il trouva le moyen d'abaisser la puissance du parlement, ou plutôt il anéantit le parlement autant qu'il le put : car ayant cassé celui qui vouloit exclure le duc d'York de la couronne, il n'en assembla plus depuis. Il fit annuller les privilèges & les franchises des différentes villes du royaume. Londres lui remit ses chartres ; son exemple fut suivi par les autres, qui consentirent à n'avoir plus d'autres privilèges que ceux qu'il plairoit au roi de lui accorder. L'oubli de la liberté & l'adulation furent portées à un tel point, que la société des marchands de Londres lui érigèrent une statue de marbre, avec une inscription pompeuse, qui annonçoit moins la grandeur du prince, que l'avilissement des ames. Ce prince aimable & d'un commerce aisé, sut apprivoiser les Anglois avec le goût des beaux arts, de l'élégance & des divertissemens raffinés, & par ce moyen se concilia un empire sur des esprits qu'une humeur farouche auroit révoltés. Ainsi *Charles*, sans sortir du sein de l'indolence, de la mollesse & de la plus coupable volupté, parvint presque à ce pouvoir arbitraire, dont l'ombre seule avoit tant alarmé les Anglois moins de quarante ans auparavant, qu'ils avoient éprouvé toutes les horreurs des guerres civiles pour s'y soustraire, & lui avoient enfin immolé un monarque fort au-dessus de celui sous lequel ils rampoient alors. *Charles* mourut en 1685, âgé de 55 ans, & laissa à son frère une puissance exorbitante, qui, manquant d'une base solide, devoit l'entraîner dans sa chûte. (*A. R.*)

CHARLES I (*Hist. de Suède.*), roi de Suède. Il ne le fut qu'un moment. Après la mort tragique d'Ingel, qui se brûla lui même dans son palais l'an 580, pour ne pas tomber entre les mains de ses ennemis, *Charles* s'empara de la couronne. Mais Riguer, roi de Danemarck, lui envoya un cartel, le tua, & plaça Biorn, son fils, sur le trône (*M. DE SACY.*)

CHARLES VII, surnommé *Suercherson* (*Hist. de Suède*). Il étoit fils de Suercher, roi de Suède & de Gothie. Après la mort de ce prince, Eric le saint lui disputa la couronne. Les suffrages furent partagés. Eric entrainoit les Suédois, par le charme de ses vertus, l'éclat de ses exploits, & la douceur de son caractère. Les Goths se déclarèrent pour *Charles*, qui avoit été élevé parmi eux, nourri de leurs maximes, & dont le caractère altier s'accordoit mieux avec l'humeur nationale. Eric fut couronné en Suède, & *Charles* en Gothie; cette double élection fit naître une guerre civile. On la termina par un traité, peu s'en faut, aussi funeste que la guerre même. On convint qu'Eric seroit roi de Suède & de Gothie, qu'après sa mort, on placeroit sa double couronne sur la tête de *Charles*, qu'à celui-ci succéderoit un des descendans d'Eric, qui seroit remplacé par la postérité de *Charles*, & qu'ainsi les deux maisons occuperoient le trône tour-à-tour. C'étoit vouloir perpétuer la discorde; ce traité fut observé pendant cent ans, ou plutôt, il fit pendant un siècle, les malheurs de la Suède & de la Gothie. Jamais opération politique ne fut plus absurde & plus dangereuse; il falloit que l'expérience eût bien peu éclairé les hommes, & que le cœur humain leur fût bien inconnu, pour croire que des princes, esclaves de la promesse de leurs ancêtres, se céderoient ainsi le trône tour-à-tour. Eric lui-même fut le témoin & la victime des maux dont ce traité devoit être la source. *Charles* excita une révolte contre ce prince, qui marcha pour la réprimer, & fut massacré par les rebelles. Ceux-ci proclamèrent Magnus. *Charles* rassembla un parti, livra bataille à son concurrent, qui périt dans la mêlée avec Henri Scateller, roi de Danemarck. *Charles* fut alors reconnu roi de Suède & de Gothie. Canut, fils d'Eric, qui, d'après le traité, devoit lui succéder au préjudice de sa postérité, s'enfuit prudemment en Norwège. Là il attendit que la mort de *Charles* lui laissât un trône qu'il devoit, en mourant, rendre lui-même aux descendans de son rival. *Charles* ne troubla point la retraite de cet ennemi secret. Il régna tranquillement, & fit en paix toutes les fautes politiques dont les préjugés de son siècle le rendoient capable. Les impôts qu'il levoit sur le peuple furent employés à bâtir des monastères. Il croyoit acheter le ciel avec l'argent de ses sujets. Le pape lui envoya pour l'évêque d'Upsal, le titre d'archevêque & le pallium. Mais le saint père mit cette faveur à un prix si haut, qu'on ne conçoit pas comment on pût l'accepter, même dans un temps de barbarie. Il exigea que tous les biens des Suédois qui mourroient sans postérité seroient dévolus à l'église, & que ceux qui auroient des enfans lui laisseroient une partie de leur héritage. Ce ne fut que sous le pontificat de Grégoire X, que la Suède cessa de payer ce tribut odieux.

Cependant Canut, dans sa retraite, s'ennuyoit de ne pas régner. *Charles* vivoit trop long-temps à son gré. L'impatience de succéder à son ennemi lui fit rassembler quelques amis, il surprit *Charles* dans Visingsoë, & se fit proclamer en 1168. (*M. DE SACY.*)

CHARLES VIII (*Hist. de Suède.*), Canutson, né avec de grands talens, une ambition plus grande encore, un caractère tour-à-tour souple & féroce, voulut jouer un rôle, & eut bien-tôt un parti; son élévation lui fit des envieux. Ses bienfaits lui donnèrent des créatures & pas un ami; mais pourvu qu'on servît ses desseins, il ne s'informoit pas par quel motif. Lorsqu'il fut élevé à la dignité de grand maréchal de Suède, ce royaume, d'après l'union de Calmar, étoit asservi sous la domination danoise. Engelbert s'étoit mis à la tête de ceux qui vouloient secouer le joug étranger. Il avoit pris des villes, gagné des batailles, & sa gloire blessoit les yeux jaloux de Canutson. Le maréchal s'unit à lui pour l'écarter plus sûrement. Ils firent ensemble le siège de la citadelle de Stockholm; mais le peu d'unité qui régnoit dans leurs opérations, fit sentir à la nation la nécessité de choisir un chef. Les suffrages furent partagés entre les deux rivaux; on vit l'instant où cette élection alloit allumer une guerre nouvelle; on prit un parti plus sage, ce fut d'envoyer Engelbert vers les frontières, tandis que le maréchal resteroit dans la capitale; ils obtinrent tous deux une puissance égale & presque absolue: Engelbert fut assassiné, le meurtrier trouva un asyle près du maréchal: celui-ci défendit même que personne osât accuser ou poursuivre le coupable: cette défense confirma les soupçons qu'on avoit déja conçus. Erith-Puke, partisan d'Engelbert, voulut venger sa mort en attentant aux jours du maréchal, c'étoit punir un crime par un autre; mais malgré les efforts de son ennemi, Canutson s'empara du gouvernement, & se vit en 1436 maître de la plus grande partie de la Suède. Erith-Puke n'eut plus d'autres partisans que quelques habitans de la campagne, gens grossiers, moins soldats que brigands, & dont la bravoure n'étoit qu'un accès passager; il fit quelque temps la guerre à leur tête, se vit enfin abandonné, fut pris & décapité. Dès-lors le despotisme de Canutson ne rencontra plus d'obstacles, & tant que le foible Eric X, vain fantôme de roi, en porta le nom, Canutson le fut en effet; mais en 1439, Christophe III fut appellé au trône du Danemarck: la Suède lui offrit la couronne, & il s'empara de celle de Norwege (*Voyez* CHRISTOPHE III). Sa haute fortune, ses grandes qualités, la force de son parti, subjuguèrent Canutson; il fut contraint de fléchir devant l'idole des trois nations, & d'accompagner le roi dans son entrée triomphante à Stockholm. On lui laissa ses richesses, on lui donna des domaines très vastes, mais sujets à la foi & hommage, foible dédommagement pour la perte du rang suprême auquel il aspiroit : il s'étoit long-temps opposé à l'élection de Christophe; celui-ci pouvoit le traiter comme il avoit traité lui-même les deux victimes de sa haine, Engelbert & Erith-Pucke; mais Canutson n'étoit qu'ambitieux, & Christophe étoit grand : ce prince lui pardonna, & mourut en 1428.

Canutson, qui pendant dix ans étoit resté dans la Suède, confondu dans la foule & presqu'oublié, reparut alors sur la scène. Sa qualité de gouverneur de Finlande lui attachoit cette province; son titre de maréchal lui répondoit de la fidélité des troupes; ses vastes domaines lui donnoient une armée de vassaux, & ses richesses, versées à propos sur le peuple, lui promettoient un grand nombre de suffrages. Avec des moyens si puissans, il eut bientôt effacé ce foible respect que la nation conservoit pour l'union de Calmar : elle commençoit à s'appercevoir que tout le fruit de cette grande opération politique avoit été pour le Danemarck, & que la Suède & la Norwège n'en avoient ressenti que les désavantages. Canutson les grossissoit encore aux yeux des Suédois; il leur fit voir que l'intérêt & la gloire de la nation exigeoient qu'elle n'obéît qu'à un maître né au milieu d'elle, qui fût citoyen sur le trône, & qui veillât de ses propres yeux au salut de sa patrie. Le maréchal avoit proposé cette élection, & lui-même fut élu malgré les intrigues de deux concurrens. Les Danois avoient traversé ses desseins de tout leur pouvoir, & le ressentiment de *Charles* ne manqua point de prétextes pour les punir. Eric X, qui, malheureux par sa faute, n'avoit pas même la consolation d'accuser de ses disgraces la fortune & les hommes, s'étoit retiré dans l'île de Gothland avec les trésors qu'il avoit amassés, & dont la Suède accablée d'impôts sous son règne pouvoit réclamer une partie; *Charles* envoya deux Généraux, Magnus Gréen & Birger Trolle, pour s'emparer de cette île; il disoit qu'elle étoit un démembrement de la couronne de Suède, & qu'ayant fait serment de réunir à son domaine toutes les terres aliénées, il se rendroit indigne du choix de la nation, s'il différoit à soumettre cette contrée. Les deux généraux commirent des ravages affreux; c'étoit à qui laisseroit des traces plus durables de sa fureur. Ils assiégèrent Eric dans Wisby; la ville fut emportée d'assaut : le roi détrôné se défendit dans la citadelle; mais voyant ses soldats découragés, l'étant lui-même plus qu'eux, il demanda une trève & l'obtint. Ce délai donna aux Danois le temps de descendre dans l'île & de se jeter dans la citadelle; Christiern I parut en personne, & chassa les Suédois.

Charles fut bien-tôt consolé de la défaite de ses troupes; il se montra dans la Norwège, déchirée par deux factions : comme il avoit besoin d'un grand nombre de suffrages, le parti du peuple fut celui qu'il adopta; & malgré les efforts de la noblesse, il fut proclamé roi.

Cette nouvelle excita de grands murmures en Danemarck; Christiern I prétendit que le couronnement de *Charles* étoit un larcin qu'on lui avoit fait, il essaya même de soulever les Suédois contre *Charles*, & de lui ôter deux royaumes à la fois. Ce prince se hâta de détourner l'orage dont il étoit menacé : ses députés conclurent la paix à Helmstad; elle fut bientôt troublée par des hostilités réciproques. Les ambassadeurs Suédois avoient promis à Christiern de lui faire restituer la Norwège : *Charles* frémit à cette proposition, désavoua la démarche de ses députés, & résolut de les en punir; ceux-ci passèrent en Danemark. Christiern n'étoit que trop porté par lui-même à épouser leur querelle; l'affront dont ils vouloient tirer vengeance, n'étoit que le châtiment du zèle qu'ils avoient montré pour ses intérêts. On fit des armemens considérables en Danemarck & en Suède; les deux nations ne songèrent qu'à attaquer, aucune des deux ne s'occupa du soin de se défendre; & tandis que les Danois dévastoient les côtes de Suède, *Charles*, à la tête d'une armée portoit le fer & le feu jusqu'au fond de la Scanie, brûloit Helsinbourg & Landskroon, égorgeoit les Scaniens jusqu'aux pieds des autels, échouoit enfin devant la ville de Lunden, défendue par le brave archevêque Tychon, qui parut sur les murs à la tête de sa garnison : *Charles* se retira, ou plutôt il s'enfuit.

Il trouva les Danois maîtres de la mer, bloquant le port de Stockholm, & déja prêts à faire leur descente; il la prévint, sauva sa capitale, & força les Danois à rentrer dans leurs ports. Enflé de ce succès, il pénétra dans la Westrogothie, la soumit, & revint triomphant; mais il trouva à son retour des ennemis plus difficiles à vaincre que toutes les forces du nord; c'étoient les évêques ligués contre lui. Il recevoit peu de prélats à sa cour, les consultoit peu sur les opérations militaires & politiques; il vouloit les contraindre à demeurer dans leurs diocèses. Ce n'étoient point encore là tous ses crimes, il en avoit commis un plus grand, en défendant aux pères de famille de priver leurs enfans de leur succession pour la donner aux églises. Il fut déclaré hérétique, coupable de lèze-majesté divine; tous les vassaux de l'église se soulevèrent au premier signal; les prélats payèrent leurs soldats avec des indulgences, & Jean Salstat, archevêque d'Upsal, se mit à la tête des rebelles. Telle fut l'époque de la décadence de *Charles*; Wibourg fut pris, la Finlande fut conquise presque toute entière : la Gothie orientale lui restoit encore, il y rassembla ses troupes, marcha à grandes journées pour surprendre l'archevêque, fut surpris lui-même, sortit de la mêlée couvert de sang, s'enfuit à Stockholm, y fut assiégé, demanda lâchement pardon à l'archevêque, essuya un refus aussi humiliant que sa prière, s'échappa sur une barque, & alla chercher un asyle à Dantzick, où il resta caché pendant sept ans, attendant qu'une nouvelle révolution le replaçât sur le trône.

Enfin, en 1464, Christiern ayant osé déplaire à quelques évêques, le roi fugitif reparut, n'eut d'abord qu'une faction, & peu-à-peu rassembla une armée : il livra bataille à l'archevêque, la perdit, & perdit avec elle sa couronne & le fruit de tant de travaux. Le prélat le força de déclarer qu'il renonçoit au trône, & le relégua dans un château qu'il lui laissa par pitié.

Peu d'années après l'archevêque mourut, *Charles* fut rappellé, & remonta une troisième fois sur le trône ; il y chancela le reste de sa vie. Toujours en guerre avec Christiern, souvent vaincu, menacé par des factions sans cesse renaissantes, en bute aux outrages du clergé, peu respecté de ses sujets, perdant chaque jour ce qu'il avoit gagné la veille, il mourut en 1470, & désigna pour son successeur Stréen-ture, à qui il conseilla de ne prendre que le titre d'administrateur pour ne pas effaroucher l'orgueil du clergé & de la noblesse.

Il est triste de contempler le tableau de tant de disgraces, sans pouvoir plaindre celui qui en est la victime. *Charles Canutson* paroît les avoir méritées par les cruautés qu'il exerça dans les provinces où il fit la guerre, par la barbarie avec laquelle il traita ses ennemis, & sur-tout par la bassesse avec laquelle il demanda pardon à un évêque, son sujet, qui fut aussi impitoyable que lui-même. (*M. DE SACY.*)

CHARLES IX (*Hist. de Suède.*), roi de Suède. Sigismond, roi de Pologne, après la mort de Jean III, son père, roi de Suède, fut appellé par les états du royaume pour lui succéder : instrument aveugle des desseins de la cour de Rome, il voulut rétablir la religion catholique dans cette partie du nord, & fut la victime de son zèle. *Charles*, duc de Sudermanie, son oncle, avoit par degrés envahi toute l'autorité pendant le règne de Jean III, son frère, il n'en avoit point abusé ; à peine Jean eut-il fermé les yeux, qu'il fit reconnoître Sigismond, l'invita à venir occuper le trône qui lui étoit destiné, & lui promit d'en être le plus ferme appui. Par cette modération politique il fascina tous les yeux, & jeta dans l'avenir les fondemens de la haute fortune à laquelle il aspiroit. Ce fut en 1592 que Sigismond parut en Suède ; mais ce ne fut qu'en 1594 qu'il fut couronné à Upsal.

Il avoit amené de Pologne des hommes clairvoyans & profonds dans l'art des intrigues, qui pénétrèrent tous les desseins de *Charles* ; ils ne manquèrent pas de le peindre au roi comme le plus dangereux de ses ennemis, & lui prédirent que ce prince ambitieux seroit cause d'une grande révolution ; mais Sigismond, forcé de retourner en Pologne, craignit que, s'il confioit la régence à d'autres mains qu'à celles de son oncle, ce prince n'allumât une guerre civile plus cruelle que tous les maux dont on le menaçoit. Il le déclara donc régent du royaume, & partit après avoir fait d'inutiles efforts pour rétablir en Suède la religion catholique & l'empire de la cour de Rome. Cette tentative avoit indisposé les esprits, *Charles* sut en profiter pour affermir sa puissance. Les états s'assemblèrent à Suderkoping, en 1595, & déclarèrent que *Charles* tenoit moins la régence de l'autorité du roi que du vœu de la nation ; qu'elle étoit inamovible dans ses mains, & que Sigismond lui-même, ne pourroit la lui ôter.

Charles joua le héros ; il s'opposa à cette résolution, bien sûr de ne pas la changer, abdiqua la régence, pour qu'on la lui offrit une seconde fois, l'accepta, & en montant au faîte de la grandeur, parut céder malgré lui-même aux instances de la nation. Sigismond ne fut pas moins irrité de la conduite des Suédois, que de celle de son oncle ; mais ce prince, mauvais politique, aliéna, par une sévérité déplacée, les esprits qu'il devoit ramener par la douceur. Il donna le gouvernement du château de Stockholm à un seigneur catholique ; *Charles* le déposa, & cet acte d'autorité lui gagna tous les cœurs. La nation ne jetoit plus sur lui les yeux inquiets dont on suit un régent dans ses opérations, mais les regards respectueux dont on contemple un souverain adoré. Elle célébra, par des fêtes publiques, la naissance de Gustave-Adolphe, fruit du mariage de *Charles* avec Christine, fille d'Adolphe, duc de Holstein. Il assembla les états à Suderkoping ; ce fut là qu'il porta le dernier coup à la religion catholique, expirante en Suède, & à l'autorité de Sigismond déja chancelante. La confession d'Ausbourg fut généralement adoptée : on convint qu'à l'avenir aucune ordonnance de Sigismond ne seroit publiée que du consentement du duc & du sénat ; ainsi toute l'autorité étoit partagée entre ce prince & les magistrats. Les bornes de ce partage donnèrent bientôt lieu à de grandes discussions : Sigismond, qui n'ignoroit plus les desseins ambitieux de son oncle, lui ôta la régence & la rendit au sénat ; mais *Charles* avoit un parti puissant ; il se fit déclarer gouverneur par l'assemblée d'Arboga, & leva une armée. On alloit en venir aux mains, une négociation rallentit la guerre & ne l'éteignit pas. Le traité par lequel la régence fut remise entre les mains de *Charles*, en retardant la perte de Sigismond, ne fit que la rendre plus sûre. Le duc cherchoit un prétexte pour ne pas mettre bas les armes, afin d'être prêt à tout événement ; au lieu de licencier son armée, il la conduisit en Finlande ; elle y commit de grands ravages, pour punir cette province de quelques légers murmures que sa politique traitoit de révolte. Mais parmi le tumulte des armes, *Charles* n'abandonnoit point le fil de ses intrigues; il avoit à Stockholm des amis pleins de zèle, qui, dans une assemblée des états tenue en 1600, firent déclarer Sigismond & Ladislas, son fils, déchus de leurs droits à la couronne de Suède. Tandis qu'on déposoit son neveu, *Charles* parcouroit l'Estonie en conquérant, & pénétroit jusqu'au fond de la Livonie. Il en sortit pour se rendre à Norkoping, où il avoit convoqué une assemblée des états; il y parut avec un front modeste & même ennuyé des grandeurs: il dit qu'il étoit tems que la Suède se donnât un maître; que pour lui, après avoir porté pendant tant d'années le fardeau du gouvernement, il étoit quitte envers sa patrie; qu'il vouloit à son tour rentrer dans la foule des citoyens & vivre leur égal, heureux & inconnu. Ainsi parloit le plus ambitieux des hommes: les états furent une seconde fois trompés par cette feinte modestie; ils offrirent la couronne à Jean, frère de Sigismond. *Charles*, trompé à son tour dans son attente, craignit d'avoir joué son rôle avec trop de vérité. Mais Jean, prince sans ambition comme sans talens, crut que s'il montoit sur le trône, il ne feroit que se préparer une chûte célèbre; il conseilla donc aux états d'y placer le duc *Charles*, & ce prince fut élu. Il commença son règne sous de malheureux auspices; ses troupes essuyèrent de grands échecs en Livonie, il eut lui-même la honte de lever le siège de Wissenstein: de nouvelles tentatives n'eurent pas de plus heureux succès. Sigismond, qui cherchoit moins à régner sur les Suédois, qu'à les punir de l'avoir détrôné, engagea la Russie dans ses intérêts, & réveilla la haine des Danois, assoupie depuis quelques années. *Charles* demanda des troupes pour faire tête à tant d'ennemis; les états plus touchés de l'épuisement où se trouvoit la Suède que des guerres dont elle étoit menacée, lui refusèrent une nouvelle armée. On eut lieu d'observer que la modération dont *Charles* avoit fait parade jusqu'alors ne lui étoit point naturelle; il s'abandonna à un transport de colère si violent, qu'on craignit pour ses jours; un embarras dans la langue & de fréquens écarts d'esprit furent les suites de ce délire. Tout sembloit avoir conjuré la perte de *Charles* & de la Suède; Jacques de la Gardie, général des troupes, fut battu à Clusin par les Polonois, & trahi par les Moscovites, ses alliés.

Le Danemarck, qui attendoit pour se déclarer que la fortune des armes se décidât, mit une armée sur pied dès qu'il crut *Charles* à demi vaincu, & par la foiblesse de son esprit & par les Polonois unis aux Russes. Christiern remporta d'abord de grands avantages, prit quelques places, ravagea les côtes, & tailla en pièces plusieurs partis. Enfin Gustave-Adolphe parut sur la scène. Né avec des talens précoces, cultivés avec ardeur, il donnoit des conseils aux vieux capitaines dans l'âge où c'est un mérite assez rare de savoir les écouter. Il avoit dix-huit ans: ses graces, son courage, son éloquence, enfin ce je ne sais quoi qui charme les soldats, les enflammèrent du plus noble enthousiasme; ils coururent de conquêtes en conquêtes, celle de Calmar leur fut cependant disputée : ce fut dans les grands périls qu'on connut les grandes ressources du génie de Gustave. *Charles*, jaloux de la gloire de son fils, voulut paroître aussi à la tête de ses armées, mais ce n'étoit plus qu'un fantôme de roi; il ne se montra que pour être éclipsé par un jeune prince qui devoit être la terreur & la gloire du nord: il revint à Nykoping, où il mourut, le 30 octobre 1611, âgé de soixante-un ans.

Charles de Sudermanie ne fut, ni un homme médiocre, ni un grand homme : plus intrigant que négociateur, il fit de grandes choses avec des moyens obscurs. Bon capitaine, mais rarement heureux, il sembloit n'aspirer qu'à des succès légers, mais importans, & craindre de hasarder dans des expéditions décisives tout le fruit de ses travaux. Il se défioit de la fortune, des hommes & de lui-même : il trompa & fut trompé plus d'une fois; tel est le jour sous lequel on doit l'envisager jusqu'à l'instant où un accès de colère égara sa raison, qu'il ne recouvra jamais entiérement. (*M. DE SACY.*)

CHARLES-GUSTAVE, *ou* CHARLES X (*Hist. de Suède.*), roi de Suède. Il descendoit, par Jean Casimir son père, de la maison des comtes palatins du Rhin, & Catherine sa mère étoit fille de Charles IX, roi de Suède. Christine, résolue d'abdiquer la couronne, fit désigner *Charles* pour son successeur, & lui remit le sceptre en 1654. La Suède avoit cru d'abord que Christine ne plaçoit son cousin sur le trône que pour le rendre digne d'elle, & l'épouser ensuite. Mais le départ de cette princesse fit évanouir cette espérance. *Charles* étoit né avec un penchant décidé pour la guerre. Depuis long-temps la Suède jouissoit d'une profonde paix. *Charles*, dans une assemblée d'états généraux, représenta que cette inaction des troupes énervoit leur courage, & que la réputation des armes Suédoises perdoit insensiblement son éclat. La nation adopta volontiers ce systême: on résolut d'abord de faire la guerre; on délibéra ensuite pour savoir à qui on la feroit. Le choix fatal tomba sur la Pologne; on réveilla une vieille querelle déja oubliée. Le roi Casimir fit éclater son ressentiment, en protestant contre l'élection de *Charles-Gustave.* On lui répondit que trente mille témoins lui prouveroient bientôt que ce prince avoit été légitimement proclamé. Ainsi Casimir, qui étoit déja aux prises avec les Moscovites, eut un ennemi de plus à combattre.

Le général Wittemberg entra dans la Pologne, dissipa sans coup férir l'armée de la république, & reçut, au nom du roi de Suède, le serment des vaivodes de Posnanie & de Calitz. *Charles* parut bientôt lui-même, courut de conquêtes en conquêtes, joignit son armée à celle de Wittemberg, & marcha contre Casimir. Les Suédois étoient déja près de Colo. La Warte étoit la seule barrière qui les séparât de l'armée Polonoise. Un ambassadeur vint de la part de Casimir demander la paix à *Charles*; il fit une longue harangue. Mais il n'obtint pour toute réponse que ces mots: « Nous » nous verrons bientôt de si près, Casimir & moi, » que nous pourrons négocier de vive voix ». *Charles* continua sa marche triomphante, fut reçu dans Warsovie, soumit les principales villes, disposa des gouvernemens en faveur de ses officiers. Casimir fuyoit sans oser accepter ni rendre le combat, n'employant pour suspendre la course de son ennemi que de fréquentes ambassades, qu'il ne daignoit pas écouter. Il osa cependant attendre les Suédois près de Czarnowa: il fut vaincu, perdit mille soldats, abandonna son bagage, disparut, fut poursuivi, reçut un autre échec sur les bords de la Donacia, & laissa les Suédois assiéger Cracovie. La ville se rendit après une défense assez glorieuse. Casimir, qui n'avoit point perdu l'espoir de fléchir son ennemi, lui députa Bronkoviski. A toutes les propositions que lui fit cet envoyé, *Charles* répondit froidement: « Je ne négocie qu'en » un séjour fixe. Le succès de mes armes ne me » permet pas de m'arrêter. Si votre maître veut que » je donne une plus longue audience à ses ambassa» deurs, il faut qu'il m'en envoie un qui réside » toujours dans mon armée ». Tout se soumit: les soldats de Casimir abandonnèrent ce malheureux prince, & vinrent se ranger sous les enseignes Suédoises: toute la noblesse imita cet exemple. On parla même de déposer Casimir, & de placer sa couronne sur la tête de *Charles*. Mais ce prince n'avoit pas besoin du titre de roi; il n'eût rien ajouté à sa puissance: *Charles* donnoit des loix à la Pologne, & régnoit sur cette république avec plus d'empire qu'aucun de ses princes n'avoit fait jusqu'alors.

Le bonheur de *Charles* lui fit bientôt des ennemis. Le pape trembloit que les Polonois n'adoptassent la religion du vainqueur. L'empereur craignoit le voisinage de ce conquérant. La Hollande, qui le voyoit tourner ses vues vers la Prusse & Dantzick, étoit allarmée pour son commerce avec cette ville: en effet, *Charles* étoit entré en Prusse. La même fortune y accompagnoit ses armes: mais son absence fit en Pologne une révolution plus rapide que ses succès ne l'avoient été. Casimir reparut, & reconquit tous les cœurs. *Charles* revint en Pologne, gagna une bataille près de Colomby, & s'avança jusqu'à Jaroslaw, où son armée se remit des fatigues d'une marche pénible. Sans cesse harcelée par les Polonois, affoiblie par la désertion, prête à périr de faim, resserrée entre la Vistule & la Sarre, menacée d'un côté par les Polonois, de l'autre par les Lithuaniens, sa perte paroissoit inévitable. Le courage de *Charles* ne fut point ébranlé. Il força le passage de la Sarre, tailla en pieces les Lithuaniens, courut à Varsovie, laissa Jean Adolphe son frere en Pologne, revint en Prusse, ravagea les environs de Dantzick; il alloit se rendre maître de cette ville, lorsqu'on vit paroître une flotte puissante que les Hollandois en voyoient pour négocier, disoient-ils, avec la Suède, en faveur de Dantzick. Une ambassade si redoutable étoit sûre d'obtenir audience. *Charles* consentit à un traité de paix, & se fortifia par l'alliance de l'électeur de Brandebourg. Ces deux princes s'avancèrent vers Varsovie; ils rencontrèrent les Polonois, unis aux Tartares, campés avantageusement sur les bords de la Vistule: on en vint aux mains; on fit de part & d'autres de beaux exploits & de grandes pertes; mais la victoire demeura indécise; le combat recommença le lendemain avec plus d'acharnement; on changea de position: chacun chercha à surprendre son ennemi, *Charles* à séparer les Polonois des Tartares, & ceux-ci à séparer *Charles* de l'électeur. La nuit suspendit encore le combat, & les deux partis demeurèrent dans leur camp. Ce ne fut que le troisième jour que la victoire, si long-temps disputée, se décida en faveur des Suédois. La déroute des Polonois & des Tartares fut entière: aucun d'eux n'eût échappé à la poursuite de *Gustave*, si ce prince ne s'étoit pas vu abandonné par l'électeur. Le roi, pour retenir dans son parti cet allié foible & toujours chancelant, fut contraint de lui céder la Prusse ducale. Il eut bientôt un ami plus puissant dans George Ragotzi, prince de Transilvanie, à qui il abandonna la plupart des provinces de Pologne, à condition que ce prince, qui se flattoit de monter un jour sur le trône, céderoit à la Suède toutes les provinces maritimes. *Charles* alloit & venoit sans cesse de Pologne en Prusse, cherchant par-tout des occasions de signaler son courage, & ne trouvant plus d'ennemis à combattre.

Mais bientôt le conquérant de tant d'états fut contraint de songer à la défense des siens. La république de Hollande avoit pressenti que le projet de *Charles* étoit de l'exclure du commerce de la mer Baltique. Elle avoit, par une politique adroite, animé contre lui le roi de Danemarck, qui partageoit avec la Suède l'empire de cette mer. La guerre fut déclarée en 1657: *Charles* entra dans le Holstein; Wrangel pénétra dans le duché de Brême; & tout fut subjugué. Fredericsunde, place importante & bien défendue, fut emportée d'assaut: une victoire navale donna aux armes de *Charles* un éclat qui leur avoit manqué jusqu'alors: ce prince descendit dans l'île de Fuhnen, y massacra six mille ennemis, passa sur la glace dans l'île de Langeland, conquit de même celle de Laland, & parut enfin sur les côtes de Zélande. Le roi de Danemarck trembla pour la capitale de ses états. Il céda au roi de Suède la Schoone, les provinces de Halland & de Blekin, Lyster & Huwen, l'île de Bornholm, Balns & Drontheim en Norwège. *Charles*, content de ces conditions, signa ce traité conclu à Roschild

Rofchild. Il eut une entrevue avec le roi de Danemarck : les deux princes fe comblèrent de careffes, qui ne trompèrent ni eux-mêmes ni leur courtifans.

Il étoit temps qu'il fît fa paix avec le Danemarck. L'empereur méditoit une ligue avec la Pologne, & l'électeur de Brandebourg paroiffoit difpofé à y entrer. Le roi de Danemarck fomentoit cette haine générale, réfolu de prendre les armes dès que la ligue éclateroit. *Charles* foupçonna fes projets, & le prévint. Il fit en 1658 une irruption dans le Danemarck. Les habitans de Copenhague fe repofoient fur la foi du traité. Malgré la furprife dont ils furent frappés à la vue de l'armée Suédoife, ils firent la plus vigoureufe réfiftance, foutinrent tous les affauts avec une fermeté inébranlable, & donnèrent aux Hollandois, leurs alliés, le temps d'envoyer une flotte puiffante à leur fecours. Elle parut en effet dans le détroit du Sund, paffa à travers le feu des vaiffeaux Suédois & jeta du fecours dans la ville affiégée. *Charles*, occupé du fuccès de cette entreprife, ne négligeoit pas les grands mouvemens qui l'appelloient ailleurs. Il envoya des troupes pour chaffer les Polonois, déja maîtres de la Livonie, fit enlever le duc de Courlande, qui obfervoit mal la neutralité qu'il avoit promife, foumit Langeland, Mone, Falfter, Nafcou. Mais la fortune qui l'avoit fi bien fervi dans toutes fes entreprifes fe démentit tout d'un coup. L'Angleterre fe ligua avec la Hollande contre la Suède; les généraux Suédois effuyèrent de violens échecs fur les frontières de la Pologne : toute une armée fut taillée en pièces dans l'île de Fuhnen; *Charles* rentra en Suède, pour réparer tant de pertes, & prévenir les coups dont il étoit menacé. Mais il y fut attaqué d'une fièvre épidémique: Il brava la mort dans le lit, comme il avoit fait dans les combats, ce qui prouve que fon courage étoit réfléchi : il dicta fon teftament, le figna d'une main ferme, mourut le 23 février 1660, dans fa trente-huitième année.

Charles-Guftave étoit né avec les plus heureufes difpofitions. Il avoit étudié, dans fes voyages, les mœurs des nations & les intérêts des puiffances. Dès fon enfance, fon maintien étoit fi noble, que fon père lui même ne lui parloit qu'avec refpect. Il étoit généreux, familier avec fes foldats, ennemi des plaifirs. Mais tant de hautes qualités qui devoient faire le bonheur de la Suède, ne firent que la gloire de ce royaume, & le malheur des contrées voifines. Il eut toujours les armes à la main. Ce fut un conquérant, & non pas un roi. Léonard Torrenfon avoit été fon maître dans l'art de la guerre. Il avoit voulu paffer par tous les grades, afin d'en connoître les devoirs & les détails. Dès qu'il fut monté fur le trône, le prêtre qui l'avoit baptifé fe rappella, qu'en lui jetant l'eau fur la tête, il avoit vu une flamme toute célefte envelopper la tête de cet enfant, préfage infaillible, difoit-il, de fa grandeur future. Il le foutint fans pudeur, & ne fut pas contredit, fur-tout à la cour. (*M. DE SACY.*)

CHARLES XI (*Hift. de Suède.*) fuccéda à Charles-Guftave, fon père; il n'avoit pas encore atteint l'âge de régner par lui-même; les régens lui donnèrent plutôt l'éducation d'un foldat que celle d'un roi; on lui apprenoit l'art de dompter les chevaux, mais on lui laiffoit ignorer celui de gouverner les hommes & de fe gouverner lui-même. La nation fit un crime aux régens de cette négligence politique : leur but, en occupant le jeune prince des exercices qui lui plaifoient, étoit de l'écarter des affaires & de perpétuer même au-delà de fa majorité le befoin que l'état avoit d'eux; ils lui infpirèrent pour le fénat, dont les yeux jaloux éclairoient leur conduite de trop près, une averfion qu'il conferva toute fa vie; ils peignirent ces magiftrats comme des ennemis du bien public, qui, fous prétexte de tenir la balance égale entre la nation & le roi, ne cherchoient qu'à s'agrandir aux dépens du roi & de la nation.

Malgré les efforts de fes courtifans & de fes maîtres, *Charles* développa les talens que la nature lui avoit donnés, prit en main les rênes du gouvernement, fe forma un nouveau confeil, & choifit pour guide, dans fes opérations politiques, Lindenfchild, Suédois, qui avoit lu l'hiftoire & réfléchi fur les intérêts de l'Europe. Ce mérite devenu vulgaire, & qu'on eftime à peine dans les fociétés, attiroit alors l'attention des monarques. La Suède, qui pendant tant de fiècles avoit eu peu d'influence fur le refte de l'Europe, commençoit à y jouer un rôle important; Chriftine en avoit été l'arbitre au fameux traité de Munfter : la paix de Breda, fignée entre la Hollande & l'Angleterre, étoit l'ouvrage de la régence. Le traité de la triple alliance entre ces deux puiffances & la Suède, mettoit les Pays-Bas à l'abri des irruptions des François; mais *Charles XI* changea d'alliés en changeant d'intérêts: il conclut en 1661, avec le roi de France, un traité qui tendoit à maintenir celui de Munfter. Ce changement fit naître des divifions dans le fénat; on craignoit que le roi, par cette rupture avec l'Angleterre & la Hollande, ne voulût fatisfaire le goût qu'on lui avoit infpiré pour la guerre; mais on fut détrompé, lorfqu'on le vit offrir fa médiation pour terminer les longs différends de la France & de la Hollande. La paix conclue avec la Pologne, par le traité d'Oliva avec le Danemarck, par celui de Copenhague avec la Mofcovie, par celui de Sardis, acheva de diffiper les alarmes que des efprits inquiets ne ceffoient de répandre parmi le peuple.

A travers ces opérations, il étoit aifé d'entrevoir que *Charles* préféroit l'alliance de Louis XIV à celle de tous les autres monarques de l'Europe; il avoit renoncé à celle de l'empereur, qui, par une violence auffi contraire à fes propres intérêts qu'à ceux de l'humanité, avoit troublé les conférences de Cologne, où les miniftres de Suède travailloient à établir une paix durable entre la France & la Hollande. L'attachement du roi pour l'électeur de Brandebourg ne dura que jufqu'à l'inftant où ce prince fe ligua avec les ennemis de la France. *Charles* fit, en

1672, une irruption subite dans ses états; son armée franchit le passage de Lockenitz, se répandit dans le Brandebourg, fit peu de ravage & beaucoup de conquêtes, prit toutes les places fortifiées, respecta les campagnes, & soumit tout sans rien détruire: tel étoit l'effet de la discipline qui régnoit dans les troupes Suédoises, & qui les rendoit aussi respectables que terribles.

Mais la maladie du général Wrangel laissa le commandement à des généraux subalternes, qui, tous ennemis les uns des autres, étoient plus occupés à traverser leurs opérations réciproques qu'à s'opposer à celles des ennemis. Avec de braves soldats, une bonne artillerie, une situation avantageuse, l'armée Suédoise, à qui il manquoit un chef, perdit une bataille contre l'électeur de Brandebourg; cette défaite fut le signal d'une confédération générale contre la Suède; la Hollande faisoit secrétement des préparatifs contre elle, les flottes Danoises bloquoient déja les ports, & la diète de Ratisbone, sonnant l'alarme avec plus d'éclat encore, déclaroit *Charles XI* ennemi de l'empire. Les villes de Lunebourg & de Munster se joignirent à tant d'ennemis; & si la mort n'eût enlevé le czar, implacable ennemi des Suédois, *Charles XI* avoit sur les bras une puissance plus redoutable elle seule que toutes celles qui le menaçoient.

Le petit duché de Brême étoit la proie que tant de princes se disputoient: l'évêque de Munster, qui avoit aussi ses prétentions, se mit de la partie; son but étoit, disoit-il, de rétablir la religion catholique dans ce duché, & il y envoya une armée de vingt mille missionnaires, armés de toutes pièces, qui traînoient avec eux une belle artillerie pour réfuter les docteurs protestans; ils firent des conquêtes: elles leur furent bientôt enlevées par les troupes Danoises, qui vouloient se conserver dans le duché de Brême un passage pour entrer dans celui d'Oldembourg.

Mais elles ne purent empêcher la jonction des Brandebourgeois & des Danois dans la Poméranie; la conquête de cette province ne leur coûta qu'une campagne. A tant d'infortunes successives, à tant d'ennemis conjurés contre lui, *Charles XI* ne pouvoit opposer que son courage, les forces de la Suède, & l'amitié peu active du duc de Holstein-Gottorp & de l'électeur de Bavière, ses alliés. La perte de l'île de Gotland & de deux batailles navales dans la mer Baltique, l'ardeur infatigable du célèbre Tromp, qui livroit des combats, faisoit des siéges, & qu'on voyoit sur mer & sur terre presqu'au même instant, & sur-tout l'approche du roi de Danemarck, qui paroissoit toujours à la tête de ses troupes, firent sentir au jeune *Charles* la nécessité de commander son armée en personne. Jusques-là les divisions du sénat l'avoient retenu au sein de ses états; il craignoit de les abandonner à des guerres intestines, tandis qu'il alloit soutenir une guerre étrangère; mais après avoir assoupi ces troubles par une sage fermeté, il se montra enfin sur ses frontières les armes à la main: la fortune des armes changea aussi-tôt; trois mille Danois, commandés par Duncamp, furent taillés en pièces près de Hemlstat; enfin les deux armées en vinrent aux mains entre la rivière de l'Oder & les murs de Lunden, le 14 décembre 1676: *Charles XI* commanda en général, combattit en soldat, & montra par-tout une présence d'esprit plus étonnante que son courage: on vit dans cette journée ce que peut sur les troupes la présence des rois: *Charles XI*, vainqueur où il étoit, fut vaincu où il n'étoit pas, & Christiern triompha à l'aile de l'armée qu'il conduisoit, & fut spectateur de la déroute de celle qu'il ne conduisoit point. Pour juger de l'habileté des deux rois & de la valeur de leurs troupes, il eût fallu que Christiern & *Charles*, placés au centre de leurs armées, se fussent rencontrés. Le combat se rétablit vers la fin du jour, & la nuit sépara les combattans; les deux armées jetèrent des cris de victoire; toutes deux avoient fait de grandes pertes & remporté de grands avantages: les historiens des deux nations donnent chacun l'honneur de cette journée à leurs compatriotes, nouvelle preuve de ce principe, que pour écrire l'histoire, il faudroit, s'il se peut, n'être d'aucun parti ni d'aucun pays. La perte de deux batailles navales fit chanceler la fortune de *Charles XI*, mais elle se releva par la victoire de Landscroon; les deux rois y firent des prodiges de bravoure & de génie: *Charles* commandoit la droite de son armée; il se précipita sur la gauche des Danois, la mit en déroute, prit son canon, vola à sa gauche qui commençoit à plier, rétablit le combat, enfonça la droite des Danois, les poussa l'épée dans les reins, demeura maître du champ de bataille, après avoir fait treize charges à la tête d'un escadron, tué beaucoup d'ennemis de sa main, & reçu plusieurs coups dans ses armes: le bruit de cette victoire se répandit dans le Nord, encouragea les Suédois en Scanie, où ils emportèrent Christianstat, & porta la terreur jusques dans la Norwège, où les Danois, malgré la supériorité du nombre, essuyèrent des échecs considérables.

C'étoit pour les intérêts de la France que *Charles XI* s'étoit engagé dans une guerre si ruineuse; & Louis XIV eût été inexcusable de n'avoir pas secouru son allié, si tout le reste de l'Europe, conjuré contre lui, ne l'avoit pas empêché de faire passer des troupes en Suède. Déja la Hollande avoit fait sa paix avec lui; il négocioit avec l'empereur, mais il juroit de n'accepter aucun traité qui n'assurât à *Charles XI* les possessions que celui de Munster lui assuroit dans l'empire. Loin de donner dans le piège que la politique de l'électeur de Brandebourg & du roi de Danemarck lui tendit pour le détacher des intérêts de la Suède, il leur déclara que dans six mois, s'ils n'avoient pas restitué à *Charles* tout ce qu'ils lui avoient enlevé, il joindroit ses forces à celles de ce prince. Enfin, le traité de Saint-Germain, calqué sur le plan de celui de Westphalie, rétablit le calme dans le Nord comme dans le reste de l'Europe, en 1679. Il fut encore mieux affermi par le mariage de *Charles* avec Ulrique Éléonore, princesse de Danemarck. Après une guerre si dispendieuse, après avoir vu les armées délabrées, des villes démantelées, des flottes, ou englouties dans la mer, ou prises par les ennemis, les finances dissipées passer dans les mains de l'étranger avide, la paix étoit plutôt un moindre mal qu'un bien réel; il fallut lever des impôts considérables pour réparer tant de pertes; mais le peuple étoit trop malheureux pour murmurer.

Le roi, tranquille enfin sur son trône, exécuta le projet qu'il avoit conçu dès son enfance, d'abaisser la puissance du sénat. Après avoir fait examiner par les états quelles devoient être les bornes de l'autorité des sénateurs, d'après les loix du royaume, il déclara qu'il gouverneroit le royaume avec le conseil du sénat, *mais que c'étoit à lui de juger quelles affaires il devoit communiquer aux sénateurs.* D'après cet édit, le roi nomma une *grande commission* pour examiner la conduite des ministres, des généraux qui lui étoient suspects: cet établissement lui fut dicté par son amour pour la justice; mais il ne s'apperçut pas qu'il donnoit aux haines secrètes des armes pour se satisfaire, & que chaque juge citoit plutôt à son tribunal son ennemi particulier, que l'ennemi de l'état. Ces nouveaux magistrats furent vengés, & les loix ne le furent pas.

Charles XI, dont le but étoit d'accroître son despotisme par degrés, sut adroitement opposer à la noblesse qui lui résistoit, le peuple qui haïssoit encore plus les grands qu'il n'aimoit son maître. Dans une assemblée des états, tenue à Stockholm en 1682, il se fit décerner une puissance illimitée: cette révolution étoit étonnante, sans doute, dans un pays originairement libre; ce qui est plus étonnant encore, c'est que *Charles XI* n'abusa point de son pouvoir pendant plusieurs années, & que dans l'établissement des impôts, il ne consulta pas ses besoins, mais ceux de l'état. Le ciel lui donna un fils plus capable d'être absolu en Suède, s'il n'avoit pas voulu l'être dans l'Europe entière: on le nomma *Charles*; sa naissance fut suivie de celle de Gustave, & un an après, de celle d'Ulric. La joie que causoit au peuple la certitude de ne plus voir le trône en bute à l'ambition des collatéraux, fut bientôt troublée par une opération de finances, qui fait peu d'honneur à *Charles XI.* Pour acquitter les dettes de l'état, il rehaussa de moitié la valeur des monnoies; les créanciers perdirent la moitié de leur capital, & le roi rentra dans les domaines de la couronne, engagés par un autre édit qui ruina les plus puissantes familles & altéra beaucoup la confiance publique: on fut plus alarmé encore de la querelle qui s'éleva entre le roi de Danemarck & le duc de Holstein-Gottorp; on connoissoit la fidélité avec laquelle *Charles XI* servoit ses alliés, & on ne doutoit pas qu'il ne se déclarât défenseur du duc; mais le traité d'Altena calma, en 1689, les inquiétudes de la nation. *Charles XI* ne s'occupa plus qu'à favoriser le commerce des Suédois, & à les enrichir par ses bienfaits, après les avoir appauvris par ses ordonnances: il étoit occupé à terminer la guerre qui s'étoit rallumée de nouveau entre la France, l'Empire & la Hollande; les ministres plénipotentiaires, après plusieurs négociations infructueuses, s'étoient assemblés à Ryswick; la médiation du roi de Suède commençoit à rapprocher les intérêts des puissances belligérantes, lorsque la mort enleva ce prince, le 15 avril 1697, dans la quarante-deuxième année de son âge. Ses derniers momens furent employés à prévenir les troubles d'une régence; Charles XII étoit en bas âge. *Charles XI*, par son testament, laissa les rênes du gouvernement entre les mains de la douairière, Hedwige Eléonore, à qui il donnoit un conseil composé de cinq sénateurs.

Charles XI étoit petit, mais robuste, adroit, léger, infatigable; son regard étoit doux, il sourioit avec grace, & mettoit peu d'art dans son maintien; il étoit simple dans ses vêtemens, plus gourmand que délicat, toujours armé d'une longue épée, familier avec le peuple, & peu fier avec les grands. Son jugement étoit sain; il pensoit beaucoup mieux qu'il ne s'exprimoit. Embarrassé dans une assemblée où il falloit parler, il excelloit dans une négociation où il ne falloit que réfléchir; on ne peut lui reprocher que l'avidité avec laquelle il envahit les biens de ses sujets; il aimoit l'or, mais il préféroit la gloire aux richesses, & le bien de l'humanité à la gloire. Tel étoit le père de *Charles XII.* (M. DE SACY.)

CHARLES XII (*Hist. de Suède.*) roi de Suède, fils du précédent. Le premier événement de son règne fut le moins célèbre, & le plus digne de l'être. La paix fut conclue à Riswick en 1697, par la médiation de la Suède, entre la France, l'Espagne, la Hollande, l'Empire & l'Angleterre: toutes les puissances intéressées témoignèrent leur reconnoissance à *Charles XII*, & lui donnèrent, sur ses inclinations pacifiques, des éloges dont il étoit peu flatté. *Charles*, dans ses réponses pleines de noblesse & d'artifice, vantoit les douceurs de la paix: « puisse-t-elle, disoit-il, s'affermir & » régner éternellement en Europe! » On eut lieu de reconnoître dans la suite combien ce vœu étoit peu sincère. Son goût pour les armes avoit éclaté dès son enfance. La lecture de Quinte-Curce l'enflammoit il vouloit devenir le héros d'une pareille histoire; & lorsqu'on lui objectoit qu'Alexandre étoit mort jeune, « il a conquis des royaumes », disoit-il. On sait qu'ayant vu au bas de la carte géographique d'une ville Hongroise que l'empereur avoit perdue, ces mots de Job, *Dieu me l'a donné, Dieu me l'a ôté, le nom du Seigneur soit béni*, il écrivit au bas de la carte de la Livonie, *Dieu me l'a donné, le diable ne me l'ôtera pas.* Ces saillies amusoient la cour, & voloient de bouche en bouche;

les courtisans les regardoient comme autant de présages de la grandeur du prince, & les gens sensés, comme un présage infaillible des malheurs du monde. Charles XI disoit lui-même qu'il seroit un jour effacé par cet enfant. Malheureux prince qui ignoroit son propre mérite, faisoit le bien sans goûter le plaisir de le faire, & regrettoit de n'avoir pas répandu assez de sang!

La fougue du caractère de *Charles XII* alarmoit la reine sa mère: cette princesse sensible & compatissante avoit sacrifié ses biens & ses bijoux pour soulager les familles ruinées par la liquidation des dettes de l'état (*Voyez* l'article précédent), & mourut de chagrin, de ce que Charles XI s'opposoit à ses soins généreux & patriotiques. Avant de fermer les yeux, elle fit venir le jeune *Charles XII*: « Mon fils, lui dit-elle, aimez la paix, » aimez les hommes; si vous faites leur bonheur, » puissiez-vous être heureux vous-même! »

La majorité des rois de Suède étoit fixée à dix-huit ans; mais la nation idolâtre du jeune *Charles*, séduite par ses talens précoces, le déclara majeur à quinze ans & cinq mois, dans une assemblée des états, tenue à Stockholm le 27 novembre 1697. Son père lui avoit laissé un royaume tranquille & florissant, des sujets soumis & dociles, un sénat abattu par plusieurs coups d'état, des trésors accumulés aux dépens du peuple, qui n'osoit plus les réclamer, des ministres habiles, des troupes bien disciplinées, & ce qui étoit plus précieux que tout le reste, l'estime de l'Europe entière, qu'il avoit pacifiée. Toute innovation devenoit dangereuse, parce qu'une situation plus douce paroissoit impossible: d'après le système politique de Charles XI, l'état pouvoit se gouverner de lui-même; il suffisoit à son successeur d'y veiller des yeux; mais il ne pouvoit y porter la main sans risque d'ébranler la machine. Au reste, *Charles XII* desiroit peu d'acquérir, par une révolution dans son royaume, une gloire qui ne se seroit pas étendue au-delà de ses frontières; il vouloit remplir l'Europe de son nom, en être la terreur & l'arbitre. Les différends du roi de Danemarck & du duc de Holstein-Gottorp, que toute la prudence des plénipotentiaires de Riswick n'avoit pu étouffer, lui ouvrirent bientôt la carrière dans laquelle il brûloit d'entrer. La guerre étoit déclarée entre ces deux princes: *Charles* oublia bientôt que le duc n'avoit servi Charles XI que de ses vœux; il se souvint seulement qu'il étoit son beau-frère, & résolut de le servir de ses armes.

Christiern V étoit mort; Fréderic IV, son fils, lui avoit succédé; il avoit hérité des projets de son père & de sa haine contre le duc: celui-ci vint à Stockholm, où il concerta avec le jeune *Charles* le plan de la campagne; le roi jura de ne jamais l'abandonner, & le duc prit pour le penchant de l'amitié ce qui n'étoit dans *Charles* qu'une passion excessive pour la gloire. Plusieurs puissances de l'Europe s'étoient faits garantes du traité d'Altena, que les Danois avoient violé; elles menaçoient de se réunir pour en venger l'infraction; mais le duc avoit assez de *Charles XII* & de lui-même pour défendre ses droits contre Frédéric; celui-ci sut engager dans ses intérêts, & Frédéric Auguste, roi de Pologne, qui prit les armes au premier signal, & Pierre Alexiovitz, czar de Moscovie, qui temporisa pendant quelques mois: mais enfin il se déclara contre un enfant qu'il méprisoit, & qui fut son maître dans l'art de la guerre: *Charles* ne pardonna jamais à ces deux princes de s'être ligués contre lui; il conçut contre eux un ressentiment qui ne fit que s'accroître, & qui embrâsa tout le nord de l'Europe. Leur dessein étoit de s'emparer de la Livonie, qu'ils avoient possédée autrefois, & dont le traité d'Oliva assuroit la possession à la Suède: Frédéric-Auguste investit Riga, capitale de cette contrée; tandis qu'il étoit occupé à vaincre tous les obstacles que le gouverneur opposoit à son entreprise, le roi de Danemarck, secondé par l'électeur de Brandebourg, le duc de Wolfembutel, & le prince de Hesse-Cassel, commençoit ses excursions dans les provinces autrefois contestées entre le Danemarck & la Suède.

Charles fit bloquer les meilleurs ports de Fréderic IV: enfin impatient de se montrer à la tête d'une armée, il monta sur une flotte qui devoit aborder en Zélande. « Messieurs, dit-il à ses officiers avant de partir, » j'ai résolu de » n'entreprendre aucune guerre injuste, & de » n'en finir une légitime que par la perte de » mes ennemis ». Il partit, & les regrets de la nation le suivirent; il la laissoit sous le gouvernement de ce sénat, si long-temps le rival de ses maîtres. *Charles* sembloit plus jaloux de régner dans les états de ses ennemis que dans les siens. On apperçut enfin les côtes de Zélande: à cette vue le roi parut tout rayonnant de joie; on s'approcha du rivage, il sauta dans une chaloupe; la descente fut assez vigoureusement disputée, on en connoît toutes les circonstances: la fermeté de l'ambassadeur François, qui voulut rester auprès de *Charles* malgré lui-même, l'impatience de ce prince, qui se précipita dans l'eau l'épée à la main, sa présence d'esprit en rangeant son armée, son impétuosité dans l'attaque, & sur-tout ce bon mot si célèbre qui lui échappa en écoutant le sifflement des balles, *ce sera là désormais ma musique*.

Son dessein étoit de faire le siège de Copenhague; mais désarmé par les soumissions des députés que cette ville lui envoya, il se contenta d'une contribution de 4000 risdales, fit payer tous les vivres qu'on lui apporta, établit dans son camp une discipline sévère, rendit justice à ses ennemis contre ses soldats mêmes, & fit desirer aux Danois d'avoir un tel maître. Le roi de Danemarck, battu dans le Holstein, tandis que *Charles* soumettoit la Zélande, fut contraint d'accepter les conditions qu'on lui offrit. La paix se fit en peu de jours, comme la guerre s'étoit faite. *Charles*,

XII n'étoit pas moins expéditif dans les négociations que dans les coups de main; cette activité étoit l'effet de son caractère fougueux; il ne desiroit le succès d'une entreprise que pour en commencer une autre.

Le roi de Pologne assiégeoit Riga; *Charles* se met en marche pour le forcer à la retraite; mais il apprend que Narva vient d'être investie par cent mille Moscovites; il y avoit plus d'ennemis à combattre, plus d'obstacles à vaincre, plus de gloire à acquérir que devant Riga; le roi tourna de ce côté; il écrivoit à ses maréchaux des logis: « Je m'en vais battre les Moscovites, préparez » un magasin à Laïs; quand j'aurai secouru Narva, » je passerai par cette ville pour aller battre en- » suite les Saxons ». L'armée Suédoise n'étoit composée que de vingt mille hommes, mais *Charles XII* marchoit à leur tête. Czérémétof, général Moscovite, voulut s'opposer aux progrès des Suédois; il fut battu, & la rapidité de sa suite accéléra la course des vainqueurs; il les attendit au défilé de Pyhajaggi, qui sembloit inaccessible. La plupart des officiers Suédois doutoient du succès de l'attaque; *Charles* seul n'en douta point, & le passage fut forcé; l'armée déboucha ensuite dans la plaine de Narva, & vit le camp des Moscovites, de tous côtés défendu par des bastions, hérissé de palissades & de chevaux de frise, formant autour de la ville une double enceinte, presqu'aussi fortifiée que la ville même.

Charles, après avoir laissé respirer ses troupes, les rangea en bataille, tandis que l'artillerie ennemie la foudroyoit: un officier paroissoit effrayé de la multitude des Moscovites. « Cette multitude, » répondit *Charles*, ne fera que les incommoder, » parce qu'elle est resserrée dans un espace étroit; » & quant à leur cavalerie, elle est réduite à » l'inaction par leur situation même » : puis s'adressant aux soldats: « Mes amis, leur dit-il, » nous combattons pour une bonne cause, le » ciel combattra pour nous: si quelqu'un de vous » doute de la victoire, qu'il sorte des rangs, & » qu'il retourne en Suède, les chemins lui sont » ouverts ». Toute l'armée répondit à cette courte harangue par des sermens de vaincre ou de mourir sous ses drapeaux. On courut à l'ennemi, un brouillard épais lui cachoit la marche des assaillans. Tranquille dans son camp, il ne soupçonnoit pas que *Charles XII*, avec si peu de troupes, osât tenter la fortune des armes: tout-à-coup le brouillard se dissipe, le soleil reparoît, & montre aux Moscovites les Suédois rangés en bataille à cinquante pas de leurs fossés: l'artillerie joue & fait brèche dans les retranchemens; *Charles XII* y pénètre le premier, l'épée à la main; son infanterie le suit avec ardeur, mais avec ordre: à mesure que les troupes entrent, elles se développent au milieu des ennemis, aussi promptement que dans une plaine libre. Les Moscovites revenus de leur première surprise, se défendent pendant trois heures; enfin le désordre se met dans leurs rangs, une partie court au pont de la Narva, qui se rompt & les engloutit avec lui; vingt mille des plus résolus se retranchent derrière les charriots, on les y force; ils mettent bas les armes, on leur donne quartier; *Charles* les renvoie désarmés, parce que son armée n'auroit pas suffi pour les garder: trente mille Moscovites périrent dans cette célèbre journée, dont la gloire ne coûta aux Suédois que treize cents soldats. *Charles* eut en sa puissance le duc de Croy, généralissime de l'armée ennemie, le prince de Georgia & sept autres généraux, soixante & treize pièces d'artillerie, cent cinquante & un drapeaux, vingt étendards & tout le bagage. Presqu'au même instant, Spens & Stéembock, détachés de l'armée Suédoise, taillèrent en pièces, l'un six mille, l'autre huit mille Moscovites. *Charles* avoit reçu une légère blessure, qu'il n'avoit pas sentie dans la mêlée; il avoit eu deux chevaux blessés sous lui; lorsqu'il en changeoit, « ces gens-là, disoit- » il, me font faire mes exercices ».

Il passa l'hiver de 1701 à Laïs, comme il l'avoit promis; & pour justifier sa prédiction toute entière, il alla fondre sur les Saxons; ils tenoient encore Riga bloqué, & l'espoir seul de voir *Charles XII* paroître, soutenoit le courage des habitans: il parut en effet, traversa la Dwina à la vue des Saxons; mieux fortifiés que les Moscovites, leur camp occupoit une lieue d'étendue; *Charles* les força dans cinq redoutes, se rendit maître des deux grands épaulemens, les poursuivit jusqu'au dernier retranchement; ce fut-là que la victoire fut décidée en faveur des Suédois; elle fut suivie de la dispersion des Saxons & de la prise de Dunamunde. *Charles*, en traversant la Dwina, disoit gaiement: « Cette rivière n'est pas plus » méchante que la mer de Copenhague, nous » battrons nos ennemis ». Au milieu des succès qui suivirent cette action, le roi triomphant se rappelloit avec dépit qu'au passage de la rivière, trois officiers avoient sauté à terre avant lui; c'étoit mal faire sa cour; on ne pouvoit mieux flatter *Charles XII*, que de lui laisser l'honneur du plus grand péril. Mittau, capitale de la Courlande, se soumit, & *Charles* nourrit long-temps son armée avec les vivres des Saxons, qu'il trouva dans cette place. Kokenhausem, que les ennemis avoient fait sauter, ne lui offrit qu'une proie déja dévorée par les flammes. Bausch ouvrit ses portes, & vingt mille Moscovites cantonnés vers Birsen, au seul bruit de l'arrivée de *Charles*, firent une retraite précipitée; vingt mille autres furent battus à Sagnitz par huit mille Suédois, sur lesquels commandoit le colonel Schlippenbach; tout le duché de Courlande fut conquis; dix mille Russes furent écrasés par cinq mille Suédois; enfin l'armée victorieuse parut sur les frontières de la Pologne.

La république avoit toujours différé de se déclarer en faveur de son roi; elle ne vouloit point s'engager dans une guerre étrangère, & le laissoit combattre avec ses Saxons pour une cause qui n'intéressoit que son électorat. Une partie de la noblesse ne le voyoit sur le trône qu'avec des yeux jaloux; *Charles* avoit résolu de l'en faire tomber : l'idée de donner à une république si fière un maître de sa main, flattoit son ambition; il pénétra dans la Samogitie: la république, qui vit son territoire dévasté par une armée triomphante, sentit alors que la querelle d'Auguste étoit devenue la sienne; elle opposa aux Suédois un corps considérable de troupes, commandé par le prince Wisnowiski, ce général fut vaincu. *Charles* continua sa marche, il n'étoit plus qu'à seize lieues de Varsovie, lorsqu'il rencontra l'ambassade qu'Auguste, qui avoit en vain tenté de le fléchir par ses agens, lui envoyoit pour dernière ressource au nom de la république; le roi reçut les députés avec bonté, & leur dit qu'il leur répondroit à Varsovie.

La diète s'y tenoit alors, les ennemis d'Auguste y cabaloient contre lui, & le cardinal de Polignac, ambassadeur de France, y négocioit pour placer la couronne sur la tête du prince de Conti. Auguste alla avec une foible suite chercher un asyle à Cracovie; le roi entra sans résistance dans Varsovie, & ce fut là que la perte d'Auguste fut résolue.

Cependant *Charles* n'avoit encore pour lui qu'une faction naissante, & Auguste conservoit un parti puissant. Le roi de Suède crut qu'une victoire de plus soumettroit la Pologne à ses caprices; il sortit de Varsovie & marcha vers Glissow: Auguste s'étoit avancé jusques-là, dans le dessein d'arrêter *Charles* & de lui présenter la bataille. Son armée étoit de vingt-quatre mille hommes, les Suédois n'étoient que douze mille; & malgré la situation avantageuse des ennemis, il furent les aggresseurs. L'attaque commença à la droite des Saxons, qui fut culbutée; le duc de Holstein périt dans ce choc, *Charles* le pleura, & courut le venger au milieu des ennemis. L'aîle gauche des Saxons fit la plus vigoureuse résistance, il y eut même un moment où les Suédois doutèrent de la victoire; mais ranimés par la vue de *Charles*, qui renversoit tout devant lui, ils pénétrèrent à travers les chevaux de frise qui défendoient l'approche des ennemis, & taillèrent en pièces tout ce qu'ils rencontrèrent; le vainqueur renvoya aux Saxons deux cents femmes qu'il trouva dans leur camp. Auguste, dans sa fuite, ne fit que passer à Cracovie, pour se retirer vers Léopold : les portes de cette ville furent brisées, le château emporté d'assaut. Un renfort de douze mille hommes, arrivés de Poméranie, promettoit à *Charles* de nouvelles victoires, lorsqu'une chûte de cheval arrêta le cours de ses succès, il étoit blessé. Auguste persuada à la Pologne qu'il étoit mort, & fit dans les esprits une révolution dont il étoit moins redevable à ses propres talens, qu'à la fausse nouvelle qu'il avoit répandue. La diète de Sandomir résolut de confirmer à Frédéric-Auguste la possession du trône: tandis qu'on délibéroit, *Charles*, à peine guéri de sa blessure, avoit déja conquis des provinces, & se trouvoit déja dans les environs de Prag, au commencement du printemps, en 1704. Les députés vinrent lui offrir pour la paix la médiation de la république & de l'empereur; il refusa de les entendre, & leur dit qu'il ne donnoit point audience dans ses voyages. Auguste assembloit des diètes qui, toutes animées d'intérêts différens, se déclaroient réciproquement incapables de prononcer sur le sort de la Pologne. *Charles* battoit à Pulslauch la cavalerie Polonoise, & prenoit de sa main le lieutenant colonel Beisth, tenoit l'Hoorn bloquée presqu'à la vue de l'armée de la couronne, qui n'osoit secourir cette place : elle se rendit; Elbing eut le même sort, & l'électeur de Brandebourg se déclara pour le vainqueur. *Charles* hiverna dans le voisinage de l'armée Polonoise, aussi tranquillement qu'il eût fait dans ses états.

Cependant le cardinal primat, aussi profond politique, que *Charles* étoit habile général, concertoit ses menées secrètes avec les grandes opérations de ce prince, gagnoit les esprits, tandis qu'il prenoit des villes; préparoit sourdement la chûte d'Auguste, tandis que le roi de Suède faisoit à ce prince une guerre ouverte, & ne faisoit pas moins par ses intrigues, que le conquérant par ses victoires. Une diète fut assemblée par ses soins à Varsovie : le cardinal commença à plaindre le sort d'Auguste du ton le plus affectueux, il plaignit ensuite celui de la république avec plus d'énergie encore, & fit appercevoir que le roi étoit la seule cause des maux de l'état; il l'accusa ensuite d'avoir cherché à faire sa paix particulière à l'insçu de la république; & par degrés, indisposant les esprits contre ce prince, il les engagea à déclarer que le roi ayant violé les loix fondamentales de l'état, & les *pacta conventa*, le trône étoit vacant, & qu'on pouvoit procéder à une nouvelle élection. Ce fut alors que *Charles* proposa Jacques Sobieski; mais Auguste fit enlever ce prince & Constantin, son frère, & les fit conduire en Saxe. *Charles* à qui il importoit peu sur qu'elle tête on mettroit la couronne, pourvu qu'elle y fût placée de sa main, jeta alors les yeux sur Stanislas Leczinski, jeune gentilhomme, plein de vertus, de graces & de courage: il fut élu le 12 juin, malgré les protestations de la noblesse de Podlachie. *Charles XII*, l'ame de cette assemblée, s'étoit confondu dans la foule, il jeta le premier cri de *vive le roi*, & fut reconnu.

Auguste protesta contre cette élection, rassembla quelques amis à Sandomir, donna le nom de diète à cette assemblée, & y fit déclarer que celle de Varsovie n'étoit qu'un ramas de rebelles, ennemis de la république & de la religion. Tandis qu'il répandoit des manifestes, *Charles* accouroit pour le surprendre: le prince détrôné s'enfuit dans la Grande-Bretagne, revint avec un secours de dix-neuf mille Moscovites, & rentra dans Varsovie à main armée; seize mille Saxons vinrent lui offrir leurs armes & leur sang. Auguste commençoit à ne plus douter de la constance de ses succès, lorsque *Charles XII*, dont l'inaction étonnoit l'Europe, se mit en marche avec son armée; il conquit en courant Belz & Zamosch, passa sur le ventre aux Saxons, postés entre la Vistule & le Buch, battit la campagne autour de Varsovie & rompit les ponts des rivières. Auguste, qui vit que cette manœuvre alloit couper sa retraite, sortit encore de Varsovie: *Charles* & Stanislas marchèrent sur ses traces; mais tant d'obstacles rallentirent leur poursuite, & le général Shullembourg qui protégeoit, avec un corps d'infanterie, la retraite d'Auguste, ne fut atteint par les Suédois que sur les frontières de la Posnanie. *Charles* à la tête de sa cavalerie se précipita sur les ennemis; Shullembourg fit pendant trois heures la plus belle résistance, reçut plusieurs blessures, fut contraint d'abandonner le champ de bataille, & toujours poursuivi, fit sa retraite en bon ordre. *Charles* reprit sa route le long de l'Oder, réglant sa marche sur celle des ennemis, enlevant leurs convois, pillant leur bagage, & faisant des efforts incroyables pour les attirer au combat. Shullembourg, qui avoit divisé son armée pour engager *Charles* à diviser la sienne, la vit battre en détail, en rassembla les débris à Guben, & les mit à l'abri de marais inaccessibles à la cavalerie. *Charles* se vengea sur un corps de Saxons & de Cosaques de l'impuissance où il étoit d'attaquer Shullembourg & hiverna dans les quartiers que les ennemis s'étoient préparés.

Cependant le czar étoit rentré en Livonie, il s'étoit emparé de Narva; le comte de Hoorn qui défendoit cette ville étoit dans les fers, le château d'Ina Wogorod fut emporté d'assaut; Schillempach à la tête d'un détachement de Suédois fit de grandes pertes, & ne remporta que de légers avantages; en un mot *Charles XII* n'étoit point en Livonie, il paroissoit tourner vers la Saxe ses vues pour la campagne de 1705. Auguste, qui préféroit un électorat où il étoit maître, à un royaume où il n'étoit que le premier citoyen, courut à Dresde, & mit ses états en défense; il tâcha d'engager le roi de Prusse dans sa querelle, mais la terreur qu'inspiroit *Charles XII* étouffoit dans tous les cœurs la pitié due aux malheurs d'Auguste: le roi de Prusse osa cependant promettre sa protection à la ville de Dantzick. Le roi de Suède occupé de plus grands desseins, ne songea point alors à se venger de cette démarche des Dantzickois, il renferma son ressentiment dans son ame, & attendit d'autres temps pour les faire éclater. Les différens corps de l'armée Suédoise se mirent en marche avant le retour du printemps, & préludèrent par des succès qui auroient satisfait un conquérant moins avide de gloire que *Charles XII*; quatorze mille Lithuaniens & Moscovites furent vaincus à Jacobstad par sept mille Suédois & Polonois. Peu de temps après, quatre mille ennemis, attaqués à l'improviste par douze cents Suédois, furent massacrés sans pitié. La flotte des Moscovites engagée dans les glaces près de Notebourg, fut livrée aux flammes. Deux victoires remportées sous les murs de Lowitz, dans l'espace d'un mois, la conquête de la Carelie, la soumission de plusieurs villes importantes, qui attendirent à peine l'approche des Suédois pour ouvrir leurs portes, la désertion de presque tous les partisans d'Auguste, la défaite de trente mille Moscovites sur les frontières de Lithuanie, de six mille Saxons & Polonois près de Wiasdow, tous ces avantages successifs étonnoient d'autant plus l'Europe, que *Charles XII*, tranquille dans ses quartiers, observoit tout & n'agissoit pas, mais il préféroit à sa gloire les intérêts de son ami; il sentoit que s'il s'éloignoit du centre de la Pologne, son absence pouvoit causer une révolution dans les esprits. Une diète générale alloit s'ouvrir à Varsovie, c'étoit là que le consentement de la nation devoit achever l'ouvrage de *Charles XII* & de la fortune: on y forma en faveur de Stanislas une ligue entre la Suède & la Pologne. Le nouveau roi y reçut, des mains d'un archevêque, la couronne qu'il ne devoit qu'à *Charles*; les deux princes se rendirent ensuite au camp de Blonic pour s'opposer aux opérations combinées du czar & d'Auguste. Ainsi *Charles* passa l'année 1705 toute entière sans donner une seule bataille en personne; & la victoire qu'il remporta sur lui-même, en demeurant oisif, lui coûta plus que toutes celles qui l'ont rendu célèbre. Au reste, il ne tarda pas à se dédommager d'un si pénible repos; il traversa le Diémen sur la glace, emporta l'épée à la main un poste occupé par les ennemis sur la rive opposée, & présenta la bataille à l'armée Moscovite, qui la refusa; il l'investit dans Grodno & lui coupa les vivres, tandis que l'abondance régnoit dans son camp, enrichi des dépouilles des ennemis. Tandis qu'il formoit ce blocus, différens détachemens remportoient divers avantages, l'un pénétra jusqu'à Tykokzin, après avoir écrasé plusieurs partis Moscovites qui s'opposoient à son passage, un autre se jeta dans Olika, où quinze cents ennemis furent passés au fil de l'épée. Le général Krux entra vainqueur dans Augustowa, tout le pays de Caum fut conquis, & *Charles*, qui crut pouvoir confier à ses généraux le soin de ses intérêts & de sa gloire, partit pour la grande Pologne. Une fermentation naissante y faisoit craindre une révolution dangereuse; son départ réveilla les espérances d'Auguste, il vint fondre sur le camp des Suédois, mais Renschild fit ce que *Charles* eût fait lui-même; il gagna la bataille, fit neuf mille Saxons prisonniers, massacra sans pitié tous les Moscovites, & se fit un riche trophée de canons, d'étendards & de drapeaux. Le roi de Suède ne put dissimuler la jalousie qu'excitoit dans son ame la gloire de son général: « *Renschild*, disoit-il, » *ne voudra plus faire comparaison avec moi* ». Il changea sa route aussi-tôt pour achever la défaite des ennemis, se jetta dans la Jasiolda l'épée à la main, força un poste occupé par quinze cents dragons, extermina dans sa course les débris de l'armée ennemie, pénétra dans la Silésie, passa l'Oder, & parut à la vue de Gorlitz à la tête de vingt-quatre mille hommes. La terreur de son nom l'avoit devancé, tout fuyoit à son approche; la campagne n'étoit qu'un désert, & son courage ne trouvoit plus même d'ennemis à combattre: ce spectacle émut son cœur, il rougit d'être l'effroi de l'humanité, il rappella les paysans dans leurs villages, & par la discipline sévère qu'il maintint dans son camp, sut leur persuader qu'il étoit venu pour les défendre, & non pour les soumettre.

Bientôt il tourna ses armes vers la Saxe, l'effroi se répandit dans tout l'électorat, Auguste lui-même en fut frappé: les disgraces qu'il avoit essuyées avoient épuisé ses forces & son courage. Il demanda la paix, il obtint une trève: elle n'étoit point encore publiée lorsque les Suédois en vinrent aux mains avec les Saxons sur les bords de la Prosna; ces derniers remportèrent la première victoire, qui eût illustré leurs armes depuis qu'ils les exposoient à celles de *Charles XII*. Enfin la paix fut conclue; par le traité, Auguste renonçoit au trône de Pologne, Stanislas étoit confirmé de nouveau par la république, & *Charles XII* affectoit un empire égal, & sur le prince à qui il ôtoit la couronne, & sur celui à qui il la donnoit. Auguste différa de remplir les conditions qu'on lui avoit imposées, & sur-tout de rendre Patkul, que l'invincible *Charles* réclamoit; mais ce prince menaça de ne point sortir de Saxe que tous les articles du traité ne fussent exécutés. Auguste, pour éloigner un voisin si dangereux, sacrifia le plus fidèle de ses défenseurs; la victime fut livrée à la vengeance du roi de Suède, & alla mourir sur un échafaud. On reprochera toujours à la mémoire de *Charles XII* le supplice douloureux qu'il fit souffrir à ce Livonien.

Rien ne retenoit plus *Charles* dans la Saxe. Ce prince, qui craignoit de n'avoir plus d'ennemis à combattre, n'avoit point compris le czar dans ce traité. Tranquille sur le sort de la Pologne & de son allié, il se mit en marche pour rendre aux Moscovites tous les maux qu'ils lui avoient faits. L'armée suédoise passoit près de Dresde, lorsque tout-à-coup le roi disparut; il s'étoit échappé avec quatre officiers, étoit entré dans Dresde, pour rendre visite à Auguste comme au meilleur de ses amis. Le prince détrôné le reçut d'un air embarrassé, lui parla en tremblant, implora sa clémence avec bassesse, & lui demanda grace lorsqu'il pouvoit le faire arrêter. *Charles* presque seul au milieu de ses ennemis, fut plus fier, plus inflexible qu'il ne l'avoit jamais été; il rejoignit son armée inquiète de son absence, & où l'on songeoit déja à former le siège de Dresde. Il repassa l'Oder, & s'avança vers la Moscovie, résolu d'étonner cette contrée par une révolution aussi rapide que celle de Pologne. Le czar étoit déja détrôné dans le plan de *Charles XII*, & ce prince n'étoit plus inquiet que du choix du successeur qu'il donneroit à son ennemi. Déja il est dans Grodno: Pierre détache six cents cavaliers pour le surprendre; & ce corps est arrêté sur un pont par trente dragons. *Charles*, impatient de se venger, se jette dans Bérezine, y massacre deux mille hommes, arrive sur les bords de l'Holowits, & voit l'armée ennemie campée sur la rive opposée. L'artillerie du czar tonnoit avec furie; la mousquetterie faisoit un feu continuel. Au milieu de cette grêle, *Charles* se jette le premier dans l'eau, traverse la rivière, son armée le suit, les retranchemens sont forcés, & la déroute des Moscovites devient générale. *Charles* se délassoit des fatigues de cette journée, lorsqu'on lui apprit que le général Lewenhaupt, qui accouroit pour joindre le corps d'armée, avoit rencontré les ennemis dans sa route, leur avoit passé sur le ventre, & en avoit laissé six mille sur le champ de bataille. Pierre czar battoit en retraite, observant tous les mouvemens de son ennemi, étudiant ses manœuvres, devinant ses ruses, copiant son ordre de bataille; c'est ainsi qu'il apprit à vaincre *Charles XII*. Ce prince n'avoit plus que seize mille hommes; le vertige qui accompagne la prospérité, s'empara de lui au moment où cette prospérité même alloit cesser. L'expérience du passé lui persuadoit qu'avec les plus foibles moyens, rien ne lui étoit impossible; il investit Pultowa; tandis qu'il dirigeoit les travaux & qu'il examinoit ceux des assiégés, il fut atteint d'une balle au pied; il demeura ferme, donnant ses ordres, marquant les postes; aucun signe de douleur ne le trahit, & personne ne soupçonna qu'il fût blessé; il joua pendant six heures ce rôle, inconcevable pour les hommes vulgaires; enfin la perte de son sang le força à se retirer. On découvrit la plaie, tous les spectateurs étoient consternés. « Coupez, dit le roi, en présentant sa jambe, » ne craignez rien ». On n'en vint pas à cette extrémité. L'approche des Moscovites lui fit bientôt oublier sa blessure; il n'attendit pas l'ennemi dans ses lignes; huit mille Suédois demeurèrent devant Pultowa pour contenir les assiégés. Les Moscovites étoient rangés en bataille; dès le premier choc, leur cavalerie fut renversée; mais elle retourna au combat, culbuta l'aile droite des Suédois, & prit le général Schillenpenbak. Les deux partis, vainqueurs & vaincus tour-à-tour, abandonnoient, reprenoient le champ de bataille, & la victoire voloit en un moment d'un côté à l'autre. *Charles* se faisoit porter dans une litière, elle fut brisée d'un coup de canon; il monta sur un cheval, qui fut tué sous lui. Renversé au plus fort de la mêlée, il se défendoit encore avec son épée, lorsqu'on l'arracha tout sanglant. Les soldats suédois, persuadés qu'il étoit mort, perdirent courage; cette nouvelle vole de rang en rang & porte l'effroi dans tous les cœurs; leur défense devint moins vigoureuse & l'attaque des Moscovites

vites plus vive. Les rangs se rompirent, la cavalerie ennemie y pénétra, la déroute devint entière. On emporta le roi, qui frémissoit de survivre à sa gloire, & crioit d'un ton mêlé d'amertume, de honte & de dépit: *Suédois*, *Suédois*. La rage étouffoit sa voix, il n'en pouvoit dire davantage. Tout étoit perdu si le délire de la fureur qui égaroit ses esprits se fût emparé aussi de l'ame de Lewenhaupt; mais ce sage général conserva tout son flegme, & fit une des plus belles retraites dont il soit parlé dans l'histoire.

Charles mit le Boristhène entre son vainqueur & lui. Ce fut alors que revenu de ses premiers transports, il rougit en se rappellant les magnifiques promesses qu'il avoit faites aux Suédois, lorsqu'il disoit qu'il les mèneroit si loin, qu'il leur faudroit trois ans pour recevoir des nouvelles de leur patrie, & quand il répondoit aux ambassadeurs Moscovites, qu'il ne vouloit traiter avec le czar qu'à Moscow. Il marchoit avec les débris de son armée à travers les déserts & les forêts, incertain de sa route, n'ayant d'autre lit que sa voiture, pressé par la faim comme ses soldats; mais affectant toujours un maintien ferme, un air serein, il se trouva enfin sur les frontières de l'empire Ottoman. Une puissance ennemie de celle du czar, reçut avec joie le rival de cet empereur. On le conduisit sur les bords du Niester, où des cabanes élevées par ses soldats formèrent bientôt une ville près de Bender. Louis XIV offrit à ce prince infortuné un passage pour retourner en Suède, s'il vouloit s'embarquer pour Marseille. Mais *Charles* ne vouloit retourner à Stockholm qu'à la tête d'une armée triomphante, après avoir détrôné Pierre, & vengé l'honneur des armes suédoises. Il n'avoit point perdu de vue ses grands projets; mais tandis qu'il méditoit la chûte du czar, celle de Stanislas commençoit, & Auguste remontoit sur le trône de Pologne. *Charles* ne pouvant plus donner des couronnes, donnoit de l'argent au peuple, en manquoit quelquefois lui-même, dépensoit le revenu de chaque jour, sans songer au lendemain, régloit les comptes de son trésorier sans les lire, jetoit au feu les souliers de son chancelier pour le forcer d'être toujours botté, couroit à cheval, rangeoit sa poignée de soldats en bataille, & paroissoit plus gai qu'il ne l'avoit jamais été dans sa plus haute fortune. Les Turcs venoient le contempler avec un étonnement stupide, & l'admiroient sans savoir ce qu'ils admiroient en lui.

La cour Ottomane paroissoit disposée à secourir l'illustre malheureux, & à lui donner une armée pour accabler le czar; mais ce prince avoit versé ses trésors dans les mains d'Ali bacha, grand visir, qui s'opposa à ce projet. *Charles*, à force d'intrigues, le fit déposer. Numan Cupruli, successeur d'Ali, dut son élevation au roi de Suède, le combla d'honneurs & de bienfaits, prépara la rupture avec la Moscovie. Déja cinquante mille hommes couvroient les bords du Danube. Pierre enfermé par cette armée, que commandoit le visir, demanda à parlementer; sa libéralité facilita la négociation; il obtint une capitulation avantageuse, & se retira avec son armée. Le visir fut disgracié; Aga Yusuphi bacha, fut mis à sa place. Cette révolution n'en fit aucune dans les affaires de *Charles*: l'empereur Turc fit la paix avec la Moscovie, & voulut forcer le roi à sortir de ses états; il le menaçoit même de le traiter en ennemi s'il résistoit à ses ordres. *Charles* répondit qu'il étoit roi à Bender comme à Stockholm, qu'il n'y recevroit d'ordre que de sa propre volonté, & qu'il fixeroit, lorsqu'il lui plairoit, le jour de son départ. Aussi-tôt le divan résolut d'assiéger *Charles* dans son camp, & de s'assurer de sa personne.

Cinquante vieux janissaires, que sa gloire avoit pénétrés de respect, s'avancent pour le conjurer de ne pas exposer sa vie par une défense opiniâtre & téméraire. *Charles*, pour toute réponse, menace de tirer sur eux. L'attaque commence; quelques Suédois, effrayés de la multitude & de l'artillerie des Turcs, se rendirent. *Charles* indigné, s'écrie à haute voix: « que ceux qui sont braves & fidèles » me suivent ». Les Turcs étoient déja dans son palais, où leur foule avide se disputoit ses richesses. *Charles* s'élance au mileu de ces brigands, tombe, reçoit un coup de pistolet, se relève, pénètre dans une chambre reculée, s'y renferme, y passe en revue sa petite troupe, rouvre la porte, se précipite dans les rangs les plus serrés des janissaires, en égorge deux, blesse un troisième, est enveloppé, perce les assaillans, tue encore un soldat, accorde la vie à un autre, rentre dans sa chambre, & voit les Turcs glacés d'effroi se jetter par la fenêtre. Ceux-ci, que la honte d'être vaincus par soixante Suédois rendoit furieux, lancent des torches sur la maison de *Charles*; elle étoit de bois, & le feu en eut bien-tôt dévoré toutes les parties. Du milieu des débris enflammés, on vit s'élancer *Charles*, tout couvert de sang, les cheveux brûlés, le visage noir de fumée; il vouloit gagner une maison de pierre, où il espéroit soutenir un nouveau siège; mais on l'entoure, on l'enveloppe, on l'entraîne. Il jetta son épée, afin qu'on ne dit pas qu'il l'eût rendue. On le conduisit au bacha, qui loua sa bravoure. « Vous auriez bien vu autre » chose, dit-il, si j'avois été secondé ».

Enfin, *Charles* fatigué de l'irrésolution d'une cour qu'il méprisoit, ne pouvant rien faire de plus pour sa gloire à Bender, partit avec une escorte de mille hommes, trouva la marche de ce corps trop lente, se déguisa, & suivi seulement du colonel During & de deux domestiques, traversa toute l'Allemagne & se montra aux portes de Stralsund; elles lui furent d'abord refusées par la garde; mais enfin, son air vraiment royal & son ton impérieux les lui firent ouvrir. Il fut reconnu par le gouverneur; il fallut couper ses bottes, parce que ses jambes s'étoient enflées; il étoit sans linge, sans argent, presque sans habit; enfin, après quatorze jours d'une marche continuelle, il prit quelques-heures de repos, donna audience le lendemain, dépêcha des couriers, & prit part aux fêtes que le peuple, ivre de joie, lui prodiguoit.

A peine remis de tant de fatigues, il fit redemander au roi de Prusse la ville de Stetin, dont ce prince s'étoit emparé en 1713. Son refus mit *Charles* au comble de la joie, & le rejeta dans son élément naturel. La guerre fut déclarée; les Prussiens furent chassés de l'île d'Elsedon; ils y rentrèrent bientôt, massacrèrent tous les Suédois qui la défendoient, & trouvèrent parmi les morts le brave Kuzède Slerp, à qui *Charles XII* avoit écrit de mourir à son poste.

Cependant le prince d'Anhalt étoit descendu dans l'île de Rugen avec douze mille hommes. *Charles*, qui avoit oublié ses revers & ne songeoit qu'à ses premières prospérités, osa avec deux mille hommes attaquer cette armée: le combat fut sanglant, les plus braves officiers Suédois tombèrent auprès de *Charles XII*; les plus braves des ennemis périrent de sa main. Un Danois le saisit par les cheveux; un coup de pistolet le délivra de cet assaillant; il fut enveloppé, combattit long-temps à pied, abattant tout ce qui l'approchoit; il fut blessé, il alloit succomber. Le comte Poniatowski l'arracha tout sanglant de la mêlée, & le conduisit à Stralsund.

L'année suivante, en 1716, *Charles* répara cet échec par une victoire. On négocia pour la paix; les puissances belligérantes étoient épuisées; la cour de France offroit sa médiation; mais une flotte Angloise ayant paru dans le détroit du Sund, *Charles* saisit ce prétexte pour continuer la guerre; il vouloit replacer Stanislas malgré lui-même sur le trône de Pologne. Le czar, autrefois le plus implacable de ses ennemis, étoit devenu le plus chaud de ses alliés, & promettoit de le seconder dans tous ses projets: c'étoit la moindre reconnoissance qu'il dût à *Charles*, pour les grandes leçons qu'il en avoit reçues dans l'art de la guerre.

Après avoir tant conquis pour les autres, *Charles* voulut enfin conquérir pour lui-même. Il voyoit avec des yeux jaloux le roi de Danemarck séparé de la Norwège par la mer Baltique, régner sur cette contrée, qui confinoit à la Suède: il résolut de la soumettre à son empire; il commença par le siège de Friderick-Shall. Le 11 décembre 1718, s'étant avancé dans la tranchée pour visiter les travaux, il fut atteint à la tête d'un coup de fauconneau; on le trouva mort, appuyé contre un parapet, la main sur la garde de son épée, le visage tout souillé de sang. Ainsi périt *Charles XII*, à l'âge de trente six ans & treize jours.

Il étoit robuste, chaste, sobre, infatigable, téméraire, prodigue, sévère au-dehors, & dans le secret de son cœur, insatiable de gloire. On prétend qu'il s'étoit fait un système de prédestination, & qu'il croyoit que la mort viendroit le chercher au milieu du repos même, à l'instant marqué, & qu'il la braveroit impunément dans les plus grands périls, si son heure n'étoit pas venue. Son courage étoit un mérite bien foible, s'il ne le devoit qu'à ce préjugé, qui, bien gravé dans l'ame la plus vulgaire, peut faire un héros d'un poltron. Si, pour régner, il faut gouverner ses états, veiller à l'administration de la justice, étouffer les factions naissantes, réparer le désordre des finances, rendre son peuple heureux, *Charles XII* ne fut qu'un général d'armée, non pas un roi. Tandis qu'il conquéroit des états pour ses alliés, il oublioit de régner sur les siens. On a peine à concevoir dans un prince cette passion de vaincre, pour le seul plaisir de vaincre, & de faire ensuite don du fruit de sa victoire. Un soldat ayant un jour été pris en maraude, *Charles* vouloit le punir. « Sire, lui dit le soldat, je n'ai volé à ce » paysan qu'un dindon, & vous, vous avez ôté » un royaume à son maître ». Il est vrai, ré» pondit *Charles*, mais de tout ce que j'ai conquis, » je n'en ai jamais rien gardé pour moi ».

Toujours impatient de mesurer ses forces, peu lui importoit si l'ennemi qu'il avoit en tête étoit digne de lui; il fut sur le point de se battre en duel avec un de ses officiers qui ne le connoissoit pas. Il ne fit aucun bien à la Suède, si ce n'est d'avoir rendu ses armes redoutables. Sa vie ne fut qu'une suite d'évènemens extraordinaires; il s'exila lui-même de sa patrie, & ne revit jamais Stockholm après en être sorti pour faire une irruption en Danemarck; toujours à cheval, toujours courant, combattant, ou fuyant, il ne prenoit aucun repos, & n'en laissoit aucun à ses officiers. *L'étrange homme*, disoit Muller, *dont il faut que le chancelier soit toujours botté!* Enfin, *Charles* fut, ainsi qu'Alexandre, l'admiration & le fléau du genre humain. « Allons-nous en, dit Maigret, ingénieur Fran» çois, en le voyant mort, la pièce est finie ». On emporta le corps de *Charles* à l'insçu de son armée, le siège fut levé. (M. DE SACY.)

CHARLEVAL (CHARLES-FAUCON DE RIS, seigneur de) (*Hist. litt. mod.*). On dit qu'il est l'auteur de la *conversation du maréchal de Hocquincourt & du P. Canaye*, imprimée parmi les œuvres de Saint-Evremont. Ce petit ouvrage suffit pour faire une grande réputation à un auteur. Molière n'a jamais rien fait de plus plaisant, & n'a jamais, dans un même espace donné, dessiné plus fortement deux caractères comiques. Le *vis comica* ne va pas plus loin.

M. *de Charleval* a toujours passé pour un esprit délicat & aimable. Scarron disoit à sa manière, que *les Muses ne le nourrissoient que de blanc-manger & d'eau de poulet.* On a fait en 1759 un petit recueil de ses poésies : voici dans deux stances un précis de sa philosophie.

Modérons nos propres vœux,
Tâchons de nous mieux connoître ;
Desires-tu d'être heureux?
Desire un peu moins de l'être.

Voici comme j'ai compté
Dès ma plus tendre jeunesse :
La vertu, puis la santé ;
La gloire, puis la richesse.

Il apprit que M. & madame Dacier vouloient quitter Paris, parce qu'ils ne trouvoient pas leur fortune suffisante pour y rester, il courut leur offrir sa bourse. Il tomba malade à 80 ans; les médecins le saignèrent & crurent l'avoir guéri. Thévenot, sous-bibliothécaire du roi, étoit dans sa chambre. *Enfin*, dirent les médecins, *voilà la fièvre qui s'en va. Messieurs*, dit Thévenot, *ne seroit-ce pas le malade?* Il mourut une heure après.

CHARLEVOIX (PIERRE-FRANÇOIS-XAVIER DE) (*Hist. litt. mod.*), jésuite, auteur des histoires du Japon, de l'Isle de Saint-Domingue, du Paraguay, de la Nouvelle-France. Il avoit long-temps travaillé au Journal de Trévoux. Né à Saint-Quentin en 1684, mort en 1761.

CHARLIER. (*Voyez* GERSON).

CHARNACÉ (HERCULE, baron de) (*Hist. de Fr.*), fils d'un conseiller au parlement de Bretagne, célèbre sous Louis XIII par ses négociations en Danemarck, en Pologne, en Allemagne, surtout en Suède, où il étoit ambassadeur de France auprès de Gustave-Adolphe. Il fut tué au siège de Breda, en 1637.

CHARNES (JEAN-ANTOINE DES), doyen du chapitre de Villeneuve-lès-Avignon dans le dernier siècle, homme d'esprit, auteur d'une *vie du Tasse* & de *conversations sur la princesse de Clèves*, dans un temps où tout le monde étoit occupé de ce roman qui plaira toujours; mais aujourd'hui les romans françois, comme les jardins, ont cédé le premier rang aux romans anglois: défendons-nous seulement de l'exclusion.

CHARONDAS (*Hist. anc.*), de Catane en Sicile, législateur de Thurium dans la grande Grèce. Il défendit, sous peine de mort, à ses concitoyens de paroître en armes dans les assemblées du peuple. Revenant un jour d'une expédition militaire, il apprend qu'il y a beaucoup de tumulte dans l'assemblée du peuple, il y court avec précipitation, sans se donner le temps de quitter son épée. *Charondas*, lui dit un citoyen, vous violez vous-même votre propre loi. Au contraire, répondit-il, je la confirme & je la scelle de mon propre sang, & il se tue. Nous ignorons s'il étoit dans le cas de se punir si rigoureusement d'une inadvertence dont le principe même étoit louable, si cette loi, si aucune loi doit être prise ainsi à la lettre, si on devoit craindre que cette prétendue violation, si fortuite & si peu méditée de la loi, n'entraînât une inobservation générale qui eût détruit la liberté des assemblées; mais certainement il y a dans le principe de l'action de *Charondas* autant d'élévation & de grandeur d'ame, qu'il y a de bassesse dans la décision de tant de docteurs qui ont prétendu que le législateur étoit au-dessus de la loi & avoit droit de s'en affranchir. C'est bien mal connoître le principe des loix & de la soumission qui leur est due. Loin que le législateur puisse s'y soustraire, il a une raison de plus d'y être particuliérement soumis. Tout citoyen n'est tenu à l'exécution de la loi que parce qu'elle est réputée l'ouvrage de tous & l'expression du vœu public, & ce principe est également vrai dans les monarchies & dans les républiques: dans les premières, le monarque, à qui appartient la puissance législative, est censé avoir recueilli les suffrages, avoir consulté les vœux & les intérêts de la nation entière, avoir fait en un mot ce qui convenoit le mieux à la société dont il est le chef, le représentant & l'organe.

CHARONDAS LE CHARON, est un jurisconsulte qu'on cite quelquefois au barreau. Mort en 1617.

CHARPENTIER (FRANÇOIS) (*Hist. litt. mod.*), doyen de l'académie françoise & de celle des inscriptions & belles-lettres. On a de lui des poésies oubliées, la vie de Socrate, traduite du grec de Xénophon, une traduction de la Cyropédie, du même auteur, qui rendoit encore nécessaire celle que M. Dacier, secrétaire actuel de l'académie des belles-lettres, en a donnée il y a quelques années. *Charpentier* contribua beaucoup à cette belle suite de médailles qu'on a frappées sur les principaux événemens du règne de Louis XIV. Il mit trop d'emphase dans les inscriptions qu'il fit pour les tableaux des conquêtes de Louis XIV, composés par Lebrun. Racine & Boileau firent des inscriptions plus simples qui furent préférées.

Charpentier est encore auteur du livre qui a pour titre: *la défense & l'excellence de la langue françoise*. Cet ouvrage est relatif à l'opinion de *Charpentier* sur les inscriptions qu'il vouloit qu'on fît en françois, quand il s'agissoit des monumens publics de la France. C'est un sujet sur lequel on a beaucoup disputé dans différens temps. De nos jours, la querelle s'est renouvellée dans l'académie des inscriptions & belles-lettres, entre M. l'abbé Batteux, défendant la cause du françois, & M. Le Beau, soutenant celle du latin & l'usage de l'académie, qui préfère cette langue. Postérieurement encore, & très-récemment, nous avons vu cette question agitée dans des papiers publics & dans des écrits particuliers. Toutes les raisons paroissent dites de part & d'autre, & sont connues: si les inscriptions sont pour le peuple, il faut les composer en françois; si elles sont principalement pour la postérité, il paroît plus convenable de les faire dans une langue morte, qui n'a plus de révolutions à craindre, & qui par cette raison est devenue générale parmi les savans, & cette langue, c'est le latin. Mais les inscriptions sont faites, & pour le peuple, & pour les savans, & pour les nationaux, & pour les étrangers, & pour le présent & pour l'avenir; voilà ce qui fait qu'on a disputé, qu'on dispute & qu'on disputera sur cette question. L'usage le plus ordinaire de l'académie des inscriptions & belles-lettres, juge naturel de la matière, est de faire les inscriptions en latin. Dépositaire fidèle des trésors de l'antiquité, elle conserve des modèles précieux dans ce genre, elle les imite & invite à les imiter. Mais des exemples heureux dans tous les genres ont prouvé la flexibilité de la langue françoise & ses ressources; on a vu qu'elle pouvoit se plier à tous les genres & se prêter à tous les tons : n'a-t-on pas jugé trop légérement qu'elle n'est pas ou qu'elle est peu propre aux inscriptions? C'est peut-être un instrument auquel il ne manque que d'avoir été assez exercé dans ce genre. Ne seroit-ce pas faire une acquisition utile que de l'y exercer, soit sur le modèle de simplicité, de précision, d'énergie que nous offrent les monumens antiques, soit sur un modèle plus adapté au génie particulier de la langue? Les deux exemples d'inscriptions françoises que rapporte M. de Voltaire : *à Louis XIV après sa mort*; *au marquis Scipion Maffei, vivant*, prouvent qu'on peut en françois renfermer un grand sens en peu de paroles & dans des paroles simples; il en est de même de l'exemple que M. de Voltaire nous fournit lui-même dans cette inscription pour la statue de l'amour :

> Qui que tu sois, voici ton maître;
> Il le fut, il l'est, ou va l'être.

Essayons, mais essayons suffisamment, car les mauvaises inscriptions de *Charpentier*, & les inscriptions de Racine & de Boileau, meilleures parce qu'elles étoient plus simples, mais qui n'étoient, pour ainsi dire, que des noms & des titres, peuvent ne rien prouver ni pour ni contre.

On dit que *Charpentier* avoit du feu dans la conversation, qu'il y étoit quelquefois éloquent, & qu'en général il parloit mieux qu'il n'écrivoit.

Il connoissoit l'antiquité, mais on croit que dans la dispute sur les anciens & les modernes, il inclinoit vers ce second parti. Une épigramme de Boileau le dit, mais en laissant la chose dans l'incertitude.

> Ne blâmez pas Perrault de condamner Homère,
> Virgile, Aristote, Platon;
> Il a pour lui monsieur son frère,
> G... N.... Lavau, Caligula, Néron,
> Et le gros *Charpentier*, dit-on.

Charpentier, né à Paris en 1620, mourut en 1702. Il y a un *carpentariana* qui a paru en 1724.

Un Hubert CHARPENTIER, prêtre, est auteur de l'établissement des *prêtres du Calvaire* sur le Mont Valérien, près Paris, & de deux semblables établissemens, l'un sur la montagne de Bétharam en Béarn, l'autre à Notre-Dame de Garaison, dans le diocèse d'Auch. Né en 1565 à Coulomiers en Brie, mort en 1650 à Paris.

CHARRI (JACQUES-PREVOST, seigneur de) (*Hist. de Fr.*), gentilhomme languedocien, premier mestre-de-camp du régiment des Gardes Françoises, qui fut formé en 1563, sous Charles IX, de dix enseignes d'infanterie que *Charri* commandoit. On dit, & tout est croyable, de ce règne affreux, que pour le rendre irréconciliable ennemi de d'Andelot, alors colonel général de l'infanterie françoise, on lui fit entendre secrétement, sans oser l'exprimer dans ses provisions, que l'intention du roi étoit qu'il fût indépendant de d'Andelot; en conséquence, on insinue que d'Andelot, irrité des prétentions de *Charri* à cet égard, peut bien n'avoir pas été innocent de la mort de ce *Charri*, assassiné le 31 décembre 1563, sur le Pont S. Michel, en allant au Louvre. La bravoure de d'Andelot est célèbre; il y a au moins de la témérité à l'accuser d'un assassinat; d'ailleurs on sait que le chef des assassins, qui étoient au nombre de treize, fut un gentilhomme du Poitou, nommé Chatellier-Portant, dont *Charri* avoit tué le frère quelques années auparavant. N'y a-t-il donc pas assez de coupables? Pourquoi en chercher un de plus? Pourquoi vouloir croire que le ressentiment de ce Chatellier-Portant eût besoin d'être animé par celui de d'Andelot? Quoi qu'il en soit, Montluc & Brantôme parlent de *Charri* comme d'un des plus braves chevaliers du temps. Boivin du Villars, dans son histoire des guerres du Piémont, le représente aussi vigoureux que brave; il raconte que dans un combat contre un détachement d'Allemands, *Charri*, d'un revers de son épée, abattit le bras au chef de cette troupe, quoique celui-ci fût armé d'un corselet & de manches de maille, & que ce bras fut porté à Bonnivet, sous qui *Charri* servoit alors, & qui admira la force du coup.

CHARRON (PIERRE) (*Hist. litt. mod.*). Ce fameux *Charron*, tant accusé d'impiété par les fanatiques, décrié par Garasse, défendu par l'abbé de Saint-Cyran, mis par les philosophes à la suite de Montagne, son ami & son maître, étoit un savant & pieux théologien, un sage ecclésiastique, successivement théologal de Bazas, d'Acqs, de Lectoure, d'Agen, de Cahors, de Condom & de Bordeaux, député à Paris à l'assemblée générale du clergé de 1595, & choisi pour secrétaire par cette illustre compagnie. Il combattit les athées, les payens, les juifs, les mahométans, les hérétiques, les schismatiques, en un mot tous les ennemis de la foi, & toute son ambition étoit de mourir chartreux ou célestin; mais on le refusa, dit-on, dans ces deux ordres à cause de sa vieillesse; il nous semble cependant que ce seroit à la vieillesse que ces asyles devroient toujours être ouverts. Ce seroit une retraite de sages guéris des passions & désabusés des erreurs humaines,

Le livre des *trois vérités*, ouvrage théologique & polémique, satisfit les catholiques, & déplut aux protestans. Le *Traité de la sagesse* est beaucoup plus célèbre par les orages qu'il excita. Quelques expressions inexactes, mais corrigées ou supprimées au premier avertissement par l'auteur, avec toute la docilité d'un chrétien plein de foi, fournirent un moment à l'envie & à la haine le prétexte du zèle. Des théologiens censurèrent ce livre, & soulevèrent contre l'auteur, la Sorbonne, l'université, le châtelet, le parlement. Le président Jeannin fut chargé d'examiner l'ouvrage, & décida qu'il falloit en permettre la publication *comme d'un livre d'état*. *Charron*, dans ce livre, copie souvent Montagne, & on n'avoit rien dit à Montagne.

Montagne, cet auteur charmant,
Tour-à-tour profond & frivole,
Dans son château paisiblement,
Loin de tout frondeur malévole,
Doutoit de tout impunément,
Et se moquoit très-librement
Des bavards fourrés de l'école;
Mais quand son disciple *Charron*,
Plus retenu, plus méthodique,
De sagesse donna leçon,
Il fut près de périr, dit-on,
Par la haine théologique.

VOLTAIRE.

Charron mourut subitement à Paris, dans la rue, en 1603. Il étoit né à Paris en 1541. Ainsi, la vieillesse qui l'avoit fait refuser aux chartreux & aux célestins, n'étoit point de la décrépitude.

Montagne, son ami, lui avoit permis, par son testament, de porter les armes de sa maison, disposition singulière où éclatoit la vanité *gentilhommière* & gasconne, & où l'on trouve pourtant le sentiment de l'amitié. *Charron* fit une disposition plus simple, & qui marquoit sa reconnoissance; il laissa tous ses biens au beau-frère de Montagne, ne pouvant les laisser à Montagne lui-même.

CHARTIER (ALAIN) (*Hist. litt. mod.*). Le plus grand événement de sa vie est le fameux baiser que donna Marguerite Stuart, première femme de Louis XI *à la bouche d'où étoient sorties tant d'admirables sentences*; d'ailleurs, il étoit archidiacre de Paris, conseiller au parlement, secrétaire des rois Charles VI & Charles VII, qui l'envoyèrent en ambassade auprès de plusieurs souverains. Ses œuvres ont été publiées en 1617, en un volume in-4°., par Duchesne. On y apperçoit encore quelques légers fondemens de la grande réputation dont il a joui. On sait d'ailleurs, par tradition, que c'étoit l'homme de son temps qui parloit le mieux. Il mourut à Avignon en 1449.

Il avoit deux frères, tous deux célèbres. Jean, bénédictin, auteur des grandes *chroniques de France*, appellées *chroniques de Saint-Denis*. Son *Histoire de Charles VII* a paru imprimée au Louvre en 1661, par les soins & avec des remarques du savant Godefroi.

Guillaume CHARTIER, évêque de Paris, fut l'autre frère. Il eut aussi beaucoup de réputation. Il fut un des commissaires nommés pour la révision du procès de la pucelle d'Orléans, & pour la réhabilitation de sa mémoire.

Guillaume *Chartier* déplut à Louis XI, peut-être pour avoir plu au roi Charles VII son père, & encore pour avoir eu quelques intelligences avec les chefs de la ligue du bien public. Il mourut le premier mai 1472, & l'on décora sa tombe d'une épitaphe honorable. Louis XI fit attacher auprès de ce monument une inscription qui désavouoit les éloges que l'épitaphe donnoit au mort. Cette inscription (qui ne subsista pas long-temps après Louis XI), sans faire aucun tort à Guillaume *Chartier*, ne fit que déceler dans Louis XI une ame étroite & bassement vindicative.

CHASLES (GRÉGOIRE DE) (*Hist. litt. mod.*), grand voyageur dans le Levant & dans les Indes, tant orientales qu'occidentales, fait prisonnier plusieurs fois dans ses courses par les Anglois & par les Turcs, auteur du *Journal d'un voyage fait aux Indes orientales sur l'escadre de M. du Quesne en 1690 & 1691*, plus connu pour être l'auteur des *Illustres françoises*. Il vivoit exilé à Chartres vers 1719 ou 1720.

CHASSAIGNE (ANTOINE DE LA) (*Hist. litt. mod.*), docteur janséniste, auteur de la vie de Nicolas Pavillon, évêque d'Aleth, trois vol. *in*-12. Mort en 1760.

CHASSENEUX, par corruption CHASSANÉE (BARTHELEMI DE) (*Hist. de Fr.*), premier président du parlement d'Aix, prédécesseur de Jean Meinier, baron d'Oppède, & cruel persécuteur des Vaudois, avoit commencé comme lui par persécuter ces paisibles sectaires; le motif par lequel il fut ramené à la tolérance & à la douceur mérite d'être considéré; il peint les mœurs du temps.

Chassanée avoit fait un livre intitulé: *Catalogus gloriæ mundi*, où il raconte « que dans le temps » qu'il exerçoit à Autun la profession d'avocat, » il pullula tout-à-coup une si grande multitude » de rats, que les campagnes furent dévastées, » & qu'on craignit une disette générale. Comme » les remèdes humains paroissoient insuffisans » contre ce fléau, on eut recours aux surnaturels, » le grand-vicaire fut chargé de les excommunier. » Pour rendre cette excommunication valide, on » crut devoir suivre toutes les formalités de l'ordre » judiciaire. Sur la plainte rendue par le promoteur, les rats furent assignés à comparoître: » après les délais expirés, le promoteur.... demanda qu'on procédât à la sentence définitive; » le grand-vicaire constitua d'office un défenseur » aux accusés, & ce défenseur fut *Chassanée*. Il » s'attacha d'abord à prouver que les rats dispersés

» dans un grand nombre de villages, n'avoient » point été suffisamment appellés par une simple » assignation, & qu'elle devoit leur être signifiée » au prône de chaque paroisse; ce qui lui fit ob» tenir un délai assez considérable. Lorsqu'il fut » expiré sans que les parties eussent comparu, il » entreprit de les excuser sur la longueur du » voyage, sur le danger évident de mort auquel » ils étoient exposés de la part des chats leurs » ennemis jurés qui les guettoient à tous les pas» sages; enfin il remontra les inconvéniens & » l'injustice de ces proscriptions générales qui en» veloppent les enfans avec les pères, les inno» cens avec les coupables, & fit si bien valoir » toutes les raisons, soit d'équité naturelle, soit » de droit positif, qui étoient favorables à sa cause, » qu'il acquit dès-lors de la célébrité, & jeta les » fondemens de son élévation. Dans le temps » qu'il poursuivoit avec chaleur l'exécution des » arrêts du parlement d'Aix contre les Vaudois, » d'Allens, gentilhomme provençal, alla le trou» ver, & lui remettant sous les yeux cet endroit » de son ouvrage: pensez-vous, lui dit-il, qu'un » premier président doive moins qu'un avocat res» pecter l'ordre judiciaire, & en observer les formes, » ou croyez-vous qu'une société d'hommes mé» rite moins d'égards qu'un vil amas d'insectes? » Le président rougit, & s'il ne désavoua pas » publiquement ses premiers arrêts, il en suspen» dit, tant qu'il vécut, l'exécution ». (*Nouv. hist. de Fr. tom.* 26.)

Et tout cela, non pas par des principes d'humanité ni de justice, mais parce qu'il avoit été sérieusement l'avocat des rats dans l'officialité d'Autun, comme l'Intimé l'est du chien Citron dans *les Plaideurs*, & comme la Fontaine l'est tour-à-tour de dame Belette & de Janot Lapin, dans la fable intitulée: *le Chat, la belette & le petit Lapin.* Il est heureux du moins que d'une pareille folie, d'une parodie si dérisoire de la justice, qui se faisoit pourtant par respect pour la justice, il ait résulté une moralité utile pour un moment au genre humain.

Les autres ouvrages de *Chassanée* sont un commentaire latin sur diverses coutumes de la France, notamment sur celles de Bourgogne; des consultations sur différentes matières de droit, aussi en latin, intitulées: *Consilia;* des *Epitaphes des rois de France, depuis Pharamond jusqu'à François I, en vers, avec leurs effigies.* Le président Bouhier a placé l'éloge de *Chassanée* au-devant des commentaires sur les coutumes, édition de 1717. *Chassanée* étoit né près d'Autun en 1480; il mourut en 1541.

CHASTELET (GABRIELLE-EMILIE DE BRETEUIL, marquise du) (*Hist. litt. mod.*). Les femmes beaux-esprits ne sont plus rares, & peut-être recommencent-elles à ne l'être plus assez; mais une femme mathématicienne & géomètre, traductrice & commentatrice de Leibnitz & de Newton, en état de les entendre & de les faire entendre aux autres, une femme qui pourroit diviser jusqu'à neuf chiffres par neuf chiffres, de tête & sans secours, avec une rapidité presque impossible à suivre aux calculateurs les plus exercés, une telle femme seroit encore aujourd'hui un phénomène. C'en étoit un bien plus étonnant il y a cinquante ans, & l'étonnement redouble, quand on songe qu'il s'agit d'une femme vivant beaucoup dans le monde, & à Paris, & à la cour, y paroissant comme les autres, *profondément remplie de bagatelles*, n'y laissant pas soupçonner les profondes études qui l'occupoient. C'est à elle que M. de Voltaire adresse ses élémens de la philosophie de Newton.

Tu m'appelles à toi, vaste & puissant génie,
Minerve de la France, immortelle Emilie, &c.

c'est à elle qu'il adresse son *Essai sur l'histoire générale;* c'est à elle qu'il adresse l'épitre sur la calomnie.

Vous êtes belle; ainsi donc la moitié
Du genre humain sera votre ennemie;
Vous possédez un sublime génie,
On vous craindra; votre tendre amitié
Sera fidèle, & vous serez trahie, &c.

C'est elle enfin qu'il a tant célébrée, & pendant sa vie & après sa mort. Une femme qui vivoit dans sa société, qui passoit pour être son amie, en a fait un portrait qui n'étoit pas d'une amie, & qui ne ressembloit pas à ceux qu'en ont fait M. de Voltaire & M. Clairault; cette femme étoit bien reconnue aussi pour avoir beaucoup d'esprit, mais d'un esprit fait pour être le fléau des prétentions & des ridicules, non pour atteindre à ces hautes connoissances, incapable de pardonner le plus léger défaut de graces, le plus léger tort de manières, en faveur des spéculations les plus sublimes & des talens les plus rares, capable même de regarder ces spéculations & ces talens, sur-tout dans une femme, comme des travers & des ridicules. Ces sortes d'esprits n'étoient pas les juges naturels d'un génie tel que celui de madame *du Châtelet*; il vaut mieux nous en rapporter aux éloges de M. de Voltaire & de M. Clairaut, & remarquer même en sa faveur cette réunion: quand l'amitié leur auroit fait illusion, cette illusion même, & le principe qui la faisoit naître lui formeroient encore un assez beau titre de gloire. Elle étoit fille du baron de Breteuil, introducteur des ambassadeurs, cousine germaine du Ministre de la guerre, sœur de M. l'abbé de Breteuil, mort chancelier de M. le duc d'Orléans, tante de M. le baron de Breteuil, aujourd'hui secrétaire d'état au département de Paris. Elle avoit épousé le marquis *du Châtelet*-Lomont, lieutenant-général des armées du roi, d'une maison illustre. M. *du Châtelet* d'aujourd'hui est son fils. Elle étoit née en 1706. Elle est morte en 1749 à Lunéville, d'une suite de couches.

Il reste d'elle les *Institutions de physique* adressées

à son fils, & la *traduction des principes de Newton*, qui a paru après sa mort, revue & corrigée par M. Clairaut.

CHASTRE ou CHATRE (DE LA) (*Hist. de Fr.*), nom d'une grande maison du Berry, qui a produit deux maréchaux de France, père & fils, Claude, mort le 18 décembre 1614, & Louis, mort en 1630, tous deux gouverneurs du Berry; un archevêque de Bourges, célèbre dans le douzième siècle, nommé Pierre, qui eut part à toutes les affaires de son temps, & dont il est parlé avec éloge dans les épîtres des papes Eugène III, Adrien IV & Alexandre III; dans celles de saint Bernard, de Pierre-le-Vénérable, & dans toutes les chroniques du temps. On voit dans la cathédrale de Bourges, l'un des plus beaux temples d'architecture gothique, les tombeaux de ces trois personnages, & en tout le nom de la *Châtre* est le plus grand nom du Berry. Plusieurs d'entre eux en ont été gouverneurs; ils y ont possédé, pendant plusieurs siècles, la terre de Nancey, à quatre lieues de Vierzon.

L'archevêque de Bourges, Pierre, avoit un oncle ou cousin, cardinal & chancelier de l'église romaine, sous le pape Innocent II. Il se nommoit Aimeric, & il est célèbre aussi dans les commencemens du douzième siècle par son mérite & son crédit à la cour de Rome.

On voit plusieurs *la Châtre* capitaines des gardes-du-corps, & chevaliers des ordres du roi, aussitôt qu'il y a des gardes-du-corps & des ordres du roi.

On en voit un, grand fauconnier de France en 1445 & 1450.

Gaspard de *la Châtre*, seigneur de Nancey, chevalier de l'ordre du roi & capitaine des gardes-du-corps sous Charles IX, se signala au siège de Rouen en 1562, aux batailles de Dreux, de Saint-Denis, de Jarnac, de Moncontour; une blessure qu'il avoit reçue à la bataille de Dreux, s'étant rouverte en 1576, il en mourut.

Edme, marquis de *la Châtre*, colonel général des Suisses, mourut en 1645, des blessures qu'il reçut à la bataille de Norlingue. Son fils, Louis, gouverneur de Bapaume, fut tué à l'expédition de Gigeri en Afrique, en 1664.

Précédemment encore, Jacques, seigneur de Sillac, capitaine des gardes du duc d'Anjou (Henri III), d'une autre branche de la maison de la *Châtre*, avoit été tué à la rencontre de Messignac, le 25 octobre 1568.

CHATEAU-BRIANT (*Voyez* FOIX).

CHATEAU-BRUN (JEAN-BAPTISTE-VIVIEN DE) (*Hist. litt. mod.*), auteur d'une tragédie de Mahomet II, jouée en 1744; des *Troyennes*, de *Philoctète*. Il eut la patience, remarquable dans un poëte, de garder ces dernières pièces quarante ans dans son porte-feuille pour ne pas déplaire à feu M. le duc d'Orléans, dont les principes n'étoient pas favorables au théatre, & auquel il étoit attaché en qualité de maître-d'hôtel ordinaire. Il eut part à l'éducation de M. le duc de Chartres. Il étoit né à Angoulême en 1686. Il mourut en 1775. C'étoit un des hommes les plus doux & les plus sages qui aient cultivé les lettres. La modestie étoit chez lui dans un degré inconnu à tous les poëtes, il est vrai qu'il n'étoit pas assez poëte; il avoit été reçu à l'académie françoise en 1753. Une douceur aimable, une piété sincère le rendoient cher & respectable à tous ses confrères. Des dévots, tels que M. de *Château-Brun*, M. Bonamy (*Voyez* l'article BONAMY), M. de Foncemagne (*Voyez* l'article FONCEMAGNE), sont bien sûrs de tous les suffrages; les dévots qui persécutent & qui calomnient, cherchent en vain à faire cause commune avec ceux-là. *Ils ont le même Dieu, mais ils l'outragent.*

CHATEAU-NEUF (*Voyez* à l'article AUBESPINE), le garde-des-sceaux de *Château-Neuf*. La terre de *Château-Neuf*-sur-Loire, appartenant à la famille de Phélypeaux, si abondante en ministres, a donné son nom à quelques-uns d'entre eux, particuliérement au marquis *de Château-Neuf*, ministre, aïeul de madame de Maurepas & de feu M. le duc de la Vrillière.

CHATEAU-RENAUD (FRANÇOIS-LOUIS ROUSSELET, comte DE), vice-amiral en 1701, maréchal de France en 1703, chevalier des ordres du roi en 1705; mort en 1716, à 80 ans, homme de mer distingué: il avoit été blessé en 1664, à l'expédition de Gigeri; il avoit purgé la Méditerranée de corsaires barbaresques; il avoit conduit, en 1689, un convoi en Irlande, & en avoit ramené l'année suivante, après la capitulation de Limmerick, les troupes françoises, & dix-huit mille Irlandois.

CHATEAU-ROUX (*Voyez* MAILLY).

CHATEIGNERAYE (FRANÇOIS DE VIVONNE, seigneur DE LA) (*Voyez* JARNAC, à l'article CHABOT).

CHATEL (JEAN) (*Voyez* l'article GUIGNARD).

CHATEL (DU) (*Hist. de Fr.*). Il faut distinguer avec soin les deux Tanneguy *du Chatel*, oncle & neveu, que plusieurs auteurs ont confondus. Dans cette nuit effroyable du 28 mai 1418, où l'Isle-Adam, chef de la faction de Bourgogne, surprit Paris & fit un si horrible massacre des Armagnacs, Tanneguy *du Chatel*, alors prévôt de Paris, n'eut que le temps d'aller prendre le dauphin (depuis Charles VII) dans son lit, & de se sauver avec lui à la Bastille, puis à Melun. Charles VII lui devoit donc la liberté, peut-être la vie; car qui sait à quels excès pouvoient se porter les assassins Bourguignons, ou plutôt qui ne le sait pas, en voyant ceux où ils se portèrent? La voix publique accusa le même *du Chatel* d'avoir passé toutes les bornes du zèle en servant son maître par un crime. C'est à lui principalement qu'on impute le meurtre du duc de Bourgogne, Jean, assassiné en 1419 dans une entrevue sur le pont de Montereau-Faut-Yonne; on disoit même qu'il conservoit, comme un monument précieux, la hache dont il s'étoit servi dans cette occaſion. Il proteſta toujours qu'il n'avoit eu aucune part à ce crime. Avant la ſurpriſe du 28 mai 1418, il avoit découvert & diſſipé dans Paris pluſieurs conſpirations, une entre autres qui devoit éclater le jour du vendredi-ſaint, & dans laquelle il ne s'agiſſoit de rien moins que de mettre la couronne ſur la tête du duc de Bourgogne. On devoit arrêter, renfermer, peut-être même maſſacrer le roi, la reine, tous les princes, tous les chefs du parti Armagnac, en un mot, exterminer le parti entier : l'extravagance de ce complot en égaloit ſeule l'atrocité; il penſa réuſſir. Cet affreux ſecret fut gardé preſque juſqu'au moment de l'exécution; ce ne fut que quelques heures avant la nuit choiſie pour le carnage, que le gouvernement en reçut les premiers avis. Auſſi-tôt Tanneguy *du Chatel* courut s'emparer des halles, foyer de toutes les conſpirations qui ſe formoient en faveur du duc de Bourgogne : on trouva dans les maiſons qui avoient été indiquées, les chefs du parti Bourguignon tout armés & attendans le ſignal : les uns furent arrêtés, les autres prirent la fuite. Joignez à ces horreurs l'aſſaſſinat du duc d'Orléans; tels étoient les crimes que le crime de Montereau prévenoit ou puniſſoit. Tels étoient les ſervices de *du Chatel.* Son zèle cependant ſe relâchoit quelquefois. Une ancienne chronique lui reproche dans une occaſion une négligence bien coupable. Charles VII l'avoit chargé de porter du ſecours à la ville de Meulan, aſſiégée par les Anglois; il lui avoit remis les fonds néceſſaires, tant pour la levée que pour l'entretien des troupes deſtinées à cette expédition. *Du Chatel*, au lieu de voler au ſecours de la ville aſſiégée, s'arrête à Orléans, où il diſſipe, en folles dépenſes, tout l'argent que Charles lui avoit confié, infidélité criminelle en toute conjoncture, mais ſur-tout dans celles où le roi ſe trouvoit alors. Les défenſeurs de Meulan ſe voyant ainſi abandonnés, arrachèrent de fureur la bannière royale arborée ſur leurs murs, & la mirent en pièces; ils en firent autant de leurs enſeignes & de leurs croix blanches, ſignal du parti royal; ils remirent la place aux Anglois, & paſſèrent pour la plupart dans leur parti.

Le même *du Chatel* tua en plein conſeil, aux yeux du roi, le dauphin d'Auvergne. Ce fait ſi étrange eſt conſigné dans les regiſtres du parlement, qui n'en rapportent point les cauſes; mais en peut-on imaginer qui ſoient capables d'excuſer cette brutale & barbare inſolence? Ainſi, les plus zélés ſerviteurs de Charles VII abuſoient du beſoin qu'il avoit de leurs ſervices. Lorſque le comte de Richemont, frère du duc de Bretagne, accepta la charge de connétable de France, il exigea le renvoi de quelques courtiſans de Charles VII, entre autres de Tanneguy *du Chatel*, à cauſe de l'aſſaſſinat du duc de Bourgogne. Le roi promit tout, dans l'eſpérance de ne rien tenir; mais *du Chatel* lui fit ſentir la néceſſité de ſacrifier tout à un homme qui pouvoit lui répondre du duc de Bretagne; & peut-être le réconcilier avec le duc de Bourgogne; en conſéquence il ſe condamna lui-même à l'exil, & partit malgré toutes les inſtances du roi. On reconnut *du Chatel* à cette démarche, qui fit oublier l'aventure de Meulan & le meurtre du dauphin d'Auvergne; le reſte de ſon hiſtoire eſt peu connu. Revint-il d'exil? fut-il employé en diverſes ambaſſades? mourut-il gouverneur de Provence? Tout cela eſt incertain.

C'eſt ſon neveu, nommé comme lui, Tanneguy *du Chatel*, qui, voyant négliger juſqu'aux ſoins de la pompe funèbre de Charles VII, indigné de ce lâche abandon, ſe chargea de tout, fit les frais des obſèques, ne les réclama point, & n'en fut rembourſé que dix ans après. Une diſgrace fut le fruit de ſon zèle; il s'y étoit attendu, & l'avoit deſirée, content de n'être rien quand ſon ami n'étoit plus. C'eſt de lui qu'on diſoit aux obſèques de François II, pareillement abandonné : *Tanneguy du Chatel, où eſt-tu?*

DU CHATEL *ou* CASTELLAN, CASTELLANUS (Pierre) (*Hiſt. litt. mod.*); il étoit ſavant & tolérant dans un temps de perſécution (les vrais ſavans le ſont toujours); il avoit appris le grec ſans maître, & l'avoit enſeigné à Dijon : devenu évêque par ſes talens, il ne s'en crut que plus obligé à la tolérance. François I le fit ſon lecteur, & lui donna ſucceſſivement les évêchés de Tulle & de Mâcon; Henri II le fit évêque d'Orléans & grand aumônier. Le premier avoit une avidité de connoître, à laquelle le ſavoir immenſe de *du Châtel*, nourri par les voyages, pouvoit ſeul ſatisfaire; François I ſavoit interroger, *du Chatel* ſavoit répondre, deux talens plus rares qu'on ne penſe. François diſoit de *du Chatel, c'eſt le ſeul homme dont je n'aie pas épuiſé toute la ſcience en deux ans.*

Du Chatel ſe diſtinguoit dans la converſation par une liberté courageuſe & par une éloquence utile. Cette liberté déplaiſoit à quelques courtiſans, & cette éloquence à quelques beaux eſprits; ils firent une cabale pour le perdre; ils eſſayèrent d'en dégoûter le roi; ils affectèrent de contredire *du Chatel* avec amertume & avec acharnement; ils tâchèrent de le confondre ſans pouvoir y réuſſir. Le roi les laiſſoit faire, parce que cette contradiction aiguiſoit les eſprits & produiſoit la lumière; mais il fit dire à *du Chatel*, par le dauphin, qu'il ne ſe décourageât point, qu'il ſe gardât bien de changer de ton, qu'il continuât d'inſtruire ſon roi & ſes ennemis, que le ſeul moyen de perdre ſa faveur ſeroit de contenir ſon zèle & de ſacrifier quelque vérité à des craintes de courtiſan.

Jacques Colin, poëte latin, poëte françois, moins connu par tous ces titres que par l'honneur qu'il eut de commencer la fortune du célèbre Amyot, étoit lecteur de François I avant *du Chatel.* Nous avons de lui, entre autres ouvrages, une traduction en vers françois, de la diſpute d'Ajax & d'Uliſſe, dans les métamorphoſes, & une traduction du *Courtiſan* de Balthaſar Caſtiglione.

C'eſt

C'est de Colin que Marot a dit, dans une églogue à François I:

> Aussi l'abbé de Saint-Ambroys Collin,
> Qui a tant beu au ruisseau Caballin,
> Que l'on ne sait s'il est poëte né,
> Plus qu'orateur à bien dire ordonné,
> Est du grand roi, qui les siens favorise,
> Et les lettrés avance & autorise,
> Non-seulement volontiers escouté
> Mais tant plus plaist que plus il est gousté.

Il déplut, fut disgracié: *du Chatel* eût sa place, ce qui a donné matière à des bruits injurieux pour celui-ci. Théodore de Bèze, pour le punir de s'être arrêté à la tolérance, & de n'avoir point voulu aller jusqu'au fanatisme protestant, a raconté que *du Chatel* avoit détruit ingratement dans Colin le premier auteur de sa faveur & de sa fortune. On ne reconnoîtroit point à ce procédé le vertueux *du Chatel*, & l'on reconnoît à ce récit les preventions ordinaires de Théodore de Bèze contre les ennemis de sa secte. *Du Chatel* n'étoit ni mal-faisant, ni ingrat, il avoit fait ses peuves; on l'avoit vu, animé par la reconnoissance, voler au secours d'un de ses maîtres (Pierre Turrel ou Turreau), juridiquement accusé de sortilège, & le défendre avec autant de zèle &, dit-on, autant d'éloquence que Cicéron en avoit mis dans la défense d'Archias. On ignore si Colin avoit en effet présenté *du Chatel* à François I. Galand, qui a écrit la vie de *du Chatel*, n'en dit rien; il parle de discours tenus par Colin, qui occasionnèrent des brouilleries & rendirent Colin odieux. Un autre auteur parle d'une dispute qui s'éleva entre *du Chatel* & Colin, en présence du roi, sur un sujet qu'il ne spécifie pas. Colin qui ne connoissoit que les livres, citoit des livres; *du Chatel* qui avoit vu par lui-même, disoit ce qu'il avoit vu. François I sentit tout l'avantage d'un livre vivant, qui voyoit & jugeoit, sur des livres qui ne faisoient que répéter; depuis ce temps il se dégoûta de Colin, & s'attacha *du Chatel*: Colin peut, ou de bonne foi, ou par envie, avoir attribué sa disgrace à celui qu'il voyoit en profiter, mais il paroît que le mérite de *du Chatel* assura seul sa faveur, & la médiocrité ou les torts de Colin peuvent avoir détruit la sienne. Il mourut peu de temps après sa disgrace (en 1537), & de la maladie des courtisans disgraciés. *Du Chatel* fournit une longue carrière, jusqu'au 2 Février 1552, qu'il mourut d'apoplexie en prêchant dans la cathédrale d'Orléans; événement auquel le chancelier de l'Hôpital fait allusion dans les vers suivans:

> *Si pulchrum est ducibus pugnando occumbere mortem,*
> *Pontifici pulchrum debet sanctumque videri,*
> *Sic laterum nixuque omni contendere vocis*
> *Ut vires mediâ facientem verba coronâ*
> *Deficiant, sudoque fatiscat lingua palato,*
> *Ac quondam fortis qui vicit olympia miles,*
> *Rettulit & multas victor certamine palmas*
> *Et quem nulla viri virtus perfregerat antè,*
> *Sternitur illi siti tandem confectus & æstu.*
> *Discite pastores, ô vestro munere fungi,*
> *Commissos curare greges, & denique nullum*
> *Servandi causâ pecoris, vitare dolorem:*
> *Nec dubitare animam multis pro millibus unam*
> *Consecrare Deo, ac meliori reddere vitæ.*

On connoît de *du Chatel* des mots pleins de vertu & de courage. Il avoit eu des démêlés assez vifs avec le cardinal de Tournon, au sujet des Protestans, que le cardinal vouloit toujours brûler avec une cruauté dévote, & que l'évêque vouloit qu'on traitât avec une indulgence chrétienne; l'intolérance l'emporta, & le cardinal reprochoit à l'évêque sa charité: *J'ai parlé en évêque*, lui répondit *du Chatel*, *vous agissez en bourreau.*

C'est ce même *du Chatel* qui, entendant le chancelier Poyet dire à François I qu'il étoit le maître des biens de ses sujets, propos qu'il ne faudroit pas même tenir à Titus, lui dit avec indignation: « portez aux Caligula & aux Néron » ces maximes tyranniques; & si vous ne vous » respectez pas vous-même, respectez le roi ». François I l'entendit, l'estima, & méprisa Poyet.

François I demandant un jour à *du Chatel* s'il étoit d'extraction noble: *Sire*, répondit *du Chatel*, *Noë dans l'arche avoit trois fils; je ne vous dirai pas bien précisément duquel des trois je suis descendu.* Cette réponse annonce assez qu'il n'étoit pas comme les Tanneguy, d'une ancienne famille de Bretagne.

Mais Guillaume *du Chatel*, pannetier du roi Charles VII, en étoit vraisemblablement; c'est un des sept chevaliers françois de la troupe de Barbazan qui, en 1404, battirent sept chevaliers anglois. Il défendit vaillamment la ville de Saint-Denis, contre les anglois. Il fut tué en 1441, au siège de Pontoise. Charles VII le fit enterrer à Saint-Denis.

CHATELAIN (MARTIN) (*Hist. mod.*), anglois, aveugle né, qui faisoit au tour des ouvrages parfaits dans leur genre. Il ne desiroit de voir que les couleurs, parce que rien ne lui en donnoit l'idée; pour le ciel, il disoit qu'il aimeroit mieux le toucher.

CHATELARD (*Hist. mod.*). Lorsque Marie Stuart retourna en Ecosse, après la mort de François II, Montmorenci, qui fut depuis le connétable Henri, fut un des François qui l'accompagnèrent. Il avoit avec lui *Chatelard* ou *Chastelard*, jeune homme d'une très-ancienne maison du Dauphiné, petit-fils, par sa mère, de notre illustre chevalier Bayard. *Chatelard* avoit des talens aimables, de la galanterie dans l'esprit, du goût pour la poésie; il s'exerça beaucoup dans ce voyage à célébrer la reine, qui prenoit plaisir à répondre à ses vers. Ardent & présomptueux, il s'enflamma pour elle & espéra de lui plaire. Obligé de revenir en France, il quitta l'Ecosse avec le plus vif regret. Lorsqu'il vit les guerres de religion s'allumer dans sa patrie, ne voulant porter les armes, ni pour la religion catholique, parce qu'il étoit protestant, ni contre cette religion, parce que c'étoit celle de la reine qu'il aimoit, il prit le parti de retourner en Ecosse avec des lettres de recommandation de Montmorenci. La reine d'Ecosse le revit avec plaisir. *Chatelard* se méprit sur la nature de ses succès; il poussa la témérité de ses entreprises jusqu'à se cacher sous le lit de la reine, il y fut découvert au moment où la reine alloit se coucher; elle eut la bonté de lui pardonner; mais *Chatelard* eut le malheur de se persuader que quand une reine pardonne de telles insolences, elle les autorise; il osa récidiver: Marie perdit patience, & crut devoir abandonner *Chatelard* à la rigueur de la justice. Il étoit difficile qu'il y eût des loix positives sur un pareil cas; par conséquent la vie de *Chatelard* auroit dû être en sûreté; il fut cependant condamné à être décapité. La reine eût dû lui faire grace, & se contenter de le chasser de ses états comme un fou incurrable; mais elle craignit le pédantisme de sa nation & l'interprétation odieuse qu'on pourroit donner à son indulgence sur un point si délicat; elle le laissa périr. *Chatelard* monta sur l'échafaut avec la résignation d'un chevalier qui meurt pour sa dame; il se plaignit pourtant de sa cruauté, mais en amant maltraité, plus qu'en coupable condamné; il eut les yeux fixés jusqu'à la mort sur un lieu d'où il espéroit que la reine pourroit être curieuse de voir son supplice, puisque c'étoit une curiosité du temps, mais la reine avoit un juste éloignement pour cet affreux usage, & cette exécution étoit précisément celle qu'il lui convenoit le moins de voir. *Chatelard* lut pour son éternelle consolation, dit Brantôme, « l'hymne » de la mort par Ronsard, ne s'aidant autrement » d'autre livre spirituel, ni de ministre, ni de » confesseur ».

CHATELET (PAUL-HAY, seigneur DU) (*Hist. litt. mod.*), gentilhomme breton, avocat général au parlement de Rennes, puis maître des requêtes & conseiller d'état, homme de mérite, plein d'audace & de courage, & tel que le cardinal de Richelieu en laissoit peu subsister. Il fut nommé un des commissaires du maréchal de Marillac. Le maréchal le récusa comme son ennemi personnel, & comme auteur d'une satyre latine, en prose rimée, contre lui & contre son frère. On croit qu'il fit suggérer lui-même cette récusation au maréchal; en ce cas, il ne vouloit donc que se débarrasser de cette affaire, & non pas servir le maréchal, car il l'auroit mieux servi en restant au nombre des juges, & en opinant à l'absolution de l'accusé. Quoi qu'il en soit, le cardinal de Richelieu soupçonna que *du Châtelet* avoit connivé à la récusation, ou qu'il en étoit du moins bien aise, & pour ce grand crime, il le fit mettre en prison. *Du Châtelet* en sortit plus audacieux que jamais. Etant allé quelque temps après à la messe du roi, & ayant cru remarquer que le roi détournoit la vue, peut-être par la confusion de l'avoir laissé si injustement maltraiter; il s'approcha de Saint-Simon, alors favori, & lui dit: *je vous prie, monsieur, de dire au roi que je lui pardonne, & que je lui permets de me regarder.* Le roi rit & l'accueillit. Il brava de nouveau, & bien plus hautement le cardinal, en allant avec Saint-Preuil solliciter la grace du maréchal de Montmorenci. Il montroit tant de zèle pour ce héros intéressant, que Louis XIII lui dit: *vous voudriez, je pense, avoir perdu un bras pour le sauver. Je voudrois, Sire,* répondit *du Châtelet, les avoir perdus tous deux, car ils sont inutiles à votre service, & en avoir sauvé un qui vous a gagné des batailles, & qui vous en gagneroit encore.* Il composa un mémoire très-hardi & aussi éloquent qu'il le pouvoit en faveur de Montmorenci; le cardinal de Richelieu lui en fit un reproche, & lui dit: vous condamnez donc la justice du roi. — *Non, je justifie sa miséricorde, s'il a la bonté d'en user envers un des plus vaillans hommes & des plus utiles de son royaume.* C'est le mot d'Argyre dans *Tancrède*.

Blâmez-vous le Sénat? --- Non; je hais la rigueur.

s'il a la bonté d'en user! du *Châtelet* pouvoit dire, *s'il a la justice d'en user.* En effet, Vittorio Siri a parfaitement dit, en parlant du maréchal de Montmorenci: *Il n'y avoit point de juge qui ne l'eût condamné; il n'y avoit point de roi qui ne lui eût fait grace.* Les juges sont obligés de suivre la loi dans toute sa rigueur, & de se renfermer dans l'objet soumis à leur décision; ils déclarent que la loi inflige telle peine pour tel crime, & que l'accusé est dans le cas de la loi. La loi est infléxible; elle n'a égard ni aux circonstances étrangères, ni aux considérations personnelles, le crime est commis, il suffit, la loi punit, & le juge est l'organe de la loi. La justice du prince n'est point ainsi bornée, elle embrasse tous les temps, évalue toutes les circonstances, tient compte des services, & fait toutes les compensations convenables. C'est pour exercer cette justice dans toute son étendue, que le prince a le privilège de faire grace. Cette noble, cette heureuse prérogative du trône ne doit point être exercée au hasard; toute grace du souverain doit être une justice. Quand le souverain pardonne à un coupable convaincu, il déclare que le crime de cet homme étoit ou affoibli par les circonstances, ou réparé d'avance par ses services, ou racheté par ses vertus. A tous ces titres, le maréchal de Montmorenci & M. de Thou, si l'on veut que ce dernier fût coupable, auroient dû obtenir leur grace de Louis-le-Juste.

Monseigneur, disoit un magistrat sévère au duc de Bourbon, Louis II, *vous verrez ici bien des coupables, voici le registre de leurs crimes.* --- *Chauveau*, répondit le duc, en jetant le registre au feu, *avez-vous aussi tenu registre des services qu'ils m'ont rendus?*

Ce mot tendre & sublime nous montre la différence de la justice du prince & de celle du juge. La première *tient registre des services rendus*, la seconde est nécessairement incomplette parce qu'elle se renferme dans un temps, dans un fait & dans un cas particulier. Car, supposons un homme dont la vie entière aura été une suite continuelle d'actions vertueuses; supposons que cet homme, entraîné par des conjonctures malheureuses, se soit oublié une fois & se soit laissé emporter à une de ces actions pour lesquelles la loi, qui ne peut prévoir tous les cas particuliers, a prononcé généralement une peine capitale; de bonne foi, est-ce rendre une justice complette à un tel homme que de le traîner au supplice comme un malfaiteur de profession, accoutumé à troubler la société par des crimes? D'un autre côté, un scélérat avéré, qui n'a pour lui que l'intrigue & la faveur, doit-il être conservé dans la société qu'il trouble & qu'il infecte? Les rois peuvent donc pécher doublement, & être injustes de deux manières dans l'exercice de ce beau droit de faire grace, l'une en accordant la grace à celui qui ne la mérite pas, l'autre en la refusant à celui qui la mérite. De ces deux manières d'être injuste, la première a du moins un prétexte d'humanité & de pitié, la seconde est odieuse & inhumaine; c'est celle que Louis XIII, c'est-à-dire le cardinal de Richelieu, s'est si souvent permise, & contre laquelle *du Châtelet* a eu le courage & la justice de s'élever.

Quant aux juges, on n'a rien à leur reprocher, ils suivent la loi, ils font leur devoir; ceux du maréchal de Montmorenci l'avoient fait, mais ceux du maréchal de Marillac, d'Urbain Grandier & de plusieurs autres l'avoient-ils fait?

C'est donc principalement comme magistrat que *du Chatelet* mérite d'être considéré; c'est cependant comme auteur qu'il est le plus connu. Son histoire du connétable du Guesclin est célèbre, quoique difficile à lire aujourd'hui. On a de lui aussi des *Observations sur la vie & la condamnation du maréchal de Marillac*, un *Recueil de pièces pour servir à l'histoire*, & quelques opuscules de bel-esprit dont il est inutile de parler. Il mourut en 1636, à quarante-trois ans, à l'âge d'ajouter beaucoup à son nom, & comme magistrat, & comme écrivain.

CHATELUS, CHATELLUX *ou* CHASTELUS (*Hist. de Fr.*), noble & ancienne maison de Bourgogne, dont le nom est de Beauvoir, & dont étoit le maréchal de Beauvoir, mort en 1453. Ayant donné en 1423 la ville de Crevant au chapitre d'Auxerre, il obtint de la reconnoissance du chapitre pour lui, & pour sa postérité, un privilège singulier; c'est celui de prendre séance au chœur de l'église d'Auxerre parmi les chanoines, en surplis & l'épée au côté, l'aumusse sur le bras, un oiseau sur le poing, & d'assister de même aux assemblées du chapitre. La liste des seigneurs de Beauvoir & de *Chatelus* en offre un grand nombre de tués dans des combats, & quelques-uns dans des duels. Nous remarquerons parmi les premiers, Auguste de *Chatelus*, tué en 1621, au siège de Saint-Jean d'Angely. Cesar-Pierre, comte de *Chatelus*, tué d'un coup de canon à la bataille de Nortlingue, où il faisoit les fonctions de maréchal de bataille, Philibert-Paul-Louis de *Chatelus*, tué au combat de Chiari en 1701. On sait avec quelle gloire dans plus d'un genre ce nom est porté aujourd'hui par les hériters de ces vaillans chevaliers.

CHATILLON (*Hist. de Fr.*), grande & illustre maison éteinte de nos jours, qui avoit produit entre autres grands hommes, le fameux connétable Gaucher de *Châtillon*, mort en 1329, ayant porté l'épée de connétable sous cinq rois; Jean de *Châtillon*, grand-maître de France, mort en 1363; Hugues de *Châtillon*, grand-maître des arbalêtriers; Jacques de *Châtillon*, amiral de France, tué à la bataille d'Azincourt; le duc de *Châtillon*, premier gouverneur du dauphin, père du roi, &c. Le nom de cette maison venoit de Châtillon-sur-Marne.

La maison de Coligny possédoit Châtillon-sur-Loing, & en a quelquefois pris le nom de *Châtillon*. De là le maréchal de *Châtillon*, beau-frère du connétable Anne de Montmorenci, & père de l'amiral de Coligny; de là le cardinal de *Châtillon*, frère du même amiral (*Voyez* COLIGNY.). Un second maréchal de *Châtillon*, mort en 1646, & le duc de *Châtillon*, son fils, tué à l'attaque de Charenton, en 1649.

CHATRI (*Hist. mod.*), femme d'un tailleur de la ville de Sens, sous le règne de Henri III. Au bout de vingt ans de mariage elle se crut grosse; elle attendit au lit le moment d'accoucher, elle l'attendit ainsi pendant trois ans; elle vécut encore vingt-quatre ans dans le même état de grossesse apparente & d'enflure réelle; elle mourut à soixante-huit ans; on l'ouvrit, & on trouva dans son sein le corps d'une petite-fille tout formé, mais entièrement pétrifié. D'Alibour, alors médecin de la ville de Sens, & qui le fut depuis du roi Henri IV, a donné la relation de ce phénomène, dont il avoit été le témoin.

CHAUCER (GEOFFROI) (*Hist. litt. d'Anglet.*). Ce fut sous le règne d'Edouard III que parut *Chaucer*, le premier poëte classique anglois; la langue nationale lui doit beaucoup; il peignit avec force les mœurs de son siècle. Distingué sur-tout par sa gaieté, on le cite encore comme un modèle de bonne plaisanterie: on dit que pour entretenir cette gaieté, Edouard III lui faisoit donner tous les jours une cruche de vin de son cellier, & que cette gratification, fixée par Richard II à un muid par an, avec une pension de vingt livres, & continuée sous ses successeurs, est l'origine de la pension qui se paie encore au poëte Lauréat. *Chaucer* mourut en 1400. On voit son tombeau à Westminster.

CHAVIGNY. *Voyez* BOUTHILLIER.

CHAVIGNY (Jean-Aymes de) (*Hist. mod.*), né à Beaune, disciple de Nostradamus, & digne d'un tel maître. On a de lui *la première face du JANUS FRANÇOIS, contenant sommairement les troubles, guerres civiles & autres choses mémorables, advenues dans la France & ailleurs, de l'an de salut 1534, jusqu'à l'an 1589, fin de la maison Valesienne, extraite & colligée des centuries & autres commentaires de M. Michel de Notre-Dame.* On a encore *les Pléiades du sieur Chavigni Beaunois, divisées en sept livres, prinses des anciennes prophéties, & conférées avec les oracles du célèbre & renommé MICHEL DE NOTRE-DAME, où est traité du renouvellement des siècles, changement des empires & avancement du nom chrétien.*

CHAULIAC. *Voyez* CAULIAC.

CHAULIEU (GUILLAUME AMFRYE DE) (*Hist. litt. mod.*), philosophe enjoué, poëte original, homme aimable. Les princes de Vendôme, auxquels il étoit attaché, firent sa fortune, & il fit les délices de leur société. Logé au temple, il en fit le centre & comme le sanctuaire de la bonne compagnie; les princes de Vendôme vouloient être de ses soupers; il rassembloit autour de lui des amis choisis, distingués par leur esprit, par leurs talens, sur-tout par celui de plaire. On l'appelloit l'*Anacréon du temple*:

Et reviens goûter au temple,
L'ombre de tes maroniers,

lui dit Rousseau,

Là nous trouverons sans peine
Avec toi, le verre en main,
L'homme après qui Diogène
Courut si long-temps en vain.

Rousseau & Voltaire l'ont également célébré; ce qui prouve l'art qu'il avoit de plaire à tous. On connoît l'épître de M. de Voltaire:

A vous, l'Anacréon du temple, &c.

A quatre-vingts ans, comme Anacréon, il aima & chanta ses amours, il aima mademoiselle de Launay, qui fut depuis la célèbre madame de Staal. On connoît sa charmante épître:

Launay, qui souverainement
Possèdes le talent de plaire, &c.

Coquette, libertine, & même un peu friponne,
Je sens au même instant qu'on devroit t'abhorrer,
Que mon cœur, hors de soi, ne trouve rien d'aimable,
Et par un charme inconcevable
Avec ce qui rendroit une autre insupportable,
Tu trouves le secret de te faire adorer, &c.

Que ne te dois-je point? Sans toi dans l'indolence
Couloient mes derniers jours à l'ennui destinés,
Par la nature condamnés,
Aux langueurs de l'indifférence, &c.

Je ne voulus jamais devenir ton vainqueur;
Et ne comptant pour rien dans l'ardeur de te plaire,
Du plaisir d'être aimé la douceur étrangère,
Au seul plaisir d'aimer j'abandonnai mon cœur.
Je te parlois d'amour, tu te plut à m'entendre:
Les jours étoient trop courts pour nos doux entretiens,
Et je connois peu de vrais biens
Dont on puisse jamais attendre
Le plaisir que me fit la fausseté des miens.
Heureux à qui le ciel donne une ame assez tendre
Pour pouvoir aisément comprendre
D'un amour malheureux quel étoit le bonheur,
Tel que je crois qu'il devoit rendre
Les plus heureux amans jaloux de mon erreur!

Un amant, même de quatre-vingts ans, ne sauroit être ridicule, quand il sait encore tenir un pareil langage. L'abbé de *Chaulieu* se donnoit, & on le prenoit pour disciple de Chapelle; le disciple avoit bien effacé le maître. Où trouveroit-on dans Chapelle des vers de cette volupté délicate, & qui retracent d'une manière si générale & si sentie toutes les illusions de l'amour?

L'abbé de *Chaulieu* mourut en 1720, à quatre-vingt-un ans. M. de Voltaire annonça cette mort prochaine à la société du temple.

Peut-être, les larmes aux yeux,
Je vous apprendrai pour nouvelle
Le trépas de ce vieux gouteux
Qu'anima l'esprit de Chapelle.
L'éternel abbé de *Chaulieu*
Paroîtra bientôt devant Dieu;
Et si d'une muse féconde
Les vers aimables & polis
Sauvent une ame en l'autre monde,
Il ira droit en paradis.
L'autre jour, à son agonie, &c.

Long-temps après sa mort, M. de Voltaire l'a placé dans le temple du goût.

Je vis arriver en ce lieu
Le brillant abbé de *Chaulieu*,
Qui chantoit en sortant de table;
Il osoit caresser le dieu
D'un air familier, mais aimable.
Sa vive imagination
Prodiguoit dans sa douce ivresse
Des beautés sans correction,
Qui choquoient un peu la justesse,
Et respiroient la passion.

Le dieu du goût l'avertit de ne se croire que le premier des poëtes négligés, & non pas le premier des bons poëtes.

Il ne fut point de l'académie françoise, il y étoit désiré, mais il trouva des contradicteurs; sa réputation d'épicurisme lui avoit nui auprès de Louis XIV. Mais cette histoire, qui tient à celle du refus que M. le président de Lamoignon se crut obligé, par les circonstances, de faire d'une place à l'académie, doit être renvoyée à cet article.

L'abbé de *Chaulieu* étoit né a Fontenai, dans le Vexin normand, en 1639. Il avoit un neveu mestre-de-camp de cavalerie, qui fut blessé & pris à la bataille de la Marsaille en 1693: le duc de Savoie, dont il étoit prisonnier, témoigna au neveu combien il estimoit l'oncle; il le fit traiter par ses propres chirurgiens, il alla lui-même le voir plusieurs fois: dès qu'il fut guéri, il le renvoya en France; il ne mit à sa liberté qu'une condition, c'est qu'au moins le neveu de M. l'abbé de *Chaulieu* viendroit passer l'hiver à la cour de Turin. *Je borne là mes vœux*, ajouta le duc, *parce que c'est une faveur que les conjonctures me permettent d'exiger; je sais trop bien que cette cour n'a point de charmes capables d'y attirer M. l'abbé de* Chaulieu *lui-même*.

CHAULNES (*Voyez* ALBERT).

CHAUMONT (*Hist. mod.*). La maison ancienne & illustre de *Chaumont* de Guitry en Vexin, a porduit une foule de braves chevaliers.

Otmond I, fait prisonnier par les Anglois à la bataille de Brenneville en 1119.

Guillaume I, son fils, fait aussi prisonnier par les Anglois la même année, à l'expédition de Tillières, Richard & deux Guillaumes ses fils & petits-fils, tous trois chambellans du roi Charles VI.

Philippe, mort de blessures reçues au combat de Poligny en 1638; Guy, son fils, grand-maître de la garde-robe, tué au passage du Rhin.

Louis, tué précédemment à la bataille de Saint-Denis en 1567.

De cette même maison étoient:

Jean de CHAUMONT, bibliothécaire du roi Henri IV, & conseiller d'état.

Et Paul-Philippe de CHAUMONT, évêque d'Acqs, l'un des quarante de l'académie françoise.

CHAUMONT est aussi le nom distinctif d'une branche de la maison d'Amboise: de cette branche étoit le fameux cardinal Georges d'Amboise, principal ministre de Louis XII. M. de Voltaire a dit dans la Henriade:

D'Amboise est à ses pieds, ce ministre fidèle,
Qui seul aima la France, & fut seul aimé d'elle;
Tendre ami de son maître, & qui dans ce haut rang
Ne souilla point ses mains de rapine & de sang.
O jours! ô mœurs! ô temps d'éternelle mémoire!
Le peuple étoit heureux, le roi couvert de gloire.

Le cardinal d'Amboise avoit pensé être élu pape, après Alexandre VI & Pie III. Il avoit pour concurrent l'ambitieux Jules, alors cardinal de la Rovère. D'Amboise avoit vingt-quatre voix, Jules n'en ayant que dix-neuf, saisit les clefs, déclarant avec audace qu'il formeroit plutôt un schisme que d'abandonner ses prétentions. L'idée d'un schisme alarma la piété du cardinal d'Amboise, qui sacrifia ses droits au bien de la paix. Jules fit le malheur du monde chrétien, d'Amboise en eût fait les délices.

D'Amboise fut paisiblement en France légat du Saint-Siège, il l'étoit dans le temps de la ligue de Cambray; lui seul prévit les maux qu'entraîneroit cette ligue fatale; il résista seul à Marguerite d'Autriche, qui entraînoit toute l'Europe dans cette ligue; elle parle dans une lettre aux ambassadeurs du prince de Castille, de ces contradictions qu'elle essuya de la part du cardinal d'Amboise, alors plénipotentiaire pour la France à Cambray; *& nous sommes*, dit-elle, *monseigneur le légat & moi, cuidié prendre au poil.*

Jules II fut l'ennemi éternel de Louis XII, qui convoqua le concile de Pise pour le déposer; les intrigues de Jules tournèrent entièrement contre la France la ligue de Cambray; il fallut faire la guerre à ce pape turbulent; Charles *de Chaumont* d'Amboise, maréchal de France & amiral, gouverneur du Milanez, neveu du cardinal, fut chargé de cette expédition: Jules II l'excommunia; mais il pensa être puni de toutes ses intrigues, s'étant engagé témérairement dans la ville de Bologne, d'où il avoit chassé quelques années auparavant les Bentivoglio. Ceux-ci proposèrent à *Chaumont* d'enlever le pape avec toute sa cour; l'exécution de ce projet étoit facile, la garnison étoit foible, les habitans s'intéressoient pour leurs anciens maîtres: *Chaumont* s'avança vers Bologne; au bruit de son approche les cardinaux tremblans entrent dans la chambre du pape qu'une maladie considérable retenoit au lit; ils lui exposent le danger qui le menace, & le conjurent, les larmes aux yeux, de s'accommoder avec *Chaumont.* Le pape, également intrépide & inflexible, rit de leur terreur & veut braver l'orage; il mande les magistrats & les chefs du peuple, il les exhorte à une défense vigoureuse; mais connoissant enfin l'inutilité de ses efforts, & se voyant pressé par les sollicitations redoublées des cardinaux & des ambassadeurs des puissances alliées, il consent à tromper *Chaumont* par des propositions d'accommodement: ce stratagême lui réussit & donna le temps à Colonne d'entrer dans Bologne avec un renfort considérable; le pape reprit alors sa fierté, & ayant forcé *Chaumont* à la retraite, alla lui-même, au milieu des rigueurs de l'hiver, & malgré la foiblesse de son âge & de sa santé, mettre le siége devant la Mirandole. Cependant le chevalier Bayard, détaché de l'armée de *Chaumont* pour aller à la découverte, fut instruit de la marche du pape, & résolut de l'enlever entre Saint-Félix & la Mirandole; ce qu'il auroit exécuté infailliblement, si une neige abondante, qui rendoit les chemins presque impraticables, n'eût obligé le pape, à peine sorti de Saint-Félix, de retourner sur ses pas. Bayard désespéré de voir qu'il lui échappoit, le poursuivit jusqu'à Saint-Félix : « sur le point qu'il arri» voit à Saint-Félix, dit l'historien du chevalier Bayard, » le pape ne faisoit qu'entrer dedans le » château, lequel, au cri qu'il ouyt, eust telle » frayeur, que subitement & sans aide, sortit de » la litière & lui mesme aida à lever le pont, qui » feust d'homme de bon esprit; car s'il eust autant » demeuré qu'on mettroit à dire un *Pater noster*, » il étoit croqué ».

Échappé à ce nouveau danger, il n'en pressa que plus vivement le siège de la Mirandole; on le voyoit plein d'une ardeur infatigable, accélérer les travaux, dresser les batteries, animer les soldats par des caresses, par des menaces, partager avec eux les peines & les périls; il n'étoit pas loin alors de quatre-vingts ans. La Mirandole, attaquée avec tant d'impétuosité, fut forcée de se rendre. *Chaumont* tomba malade, & se voyant près de mourir, il sentit quelque remords d'avoir fait la guerre au pape, & lui en fit demander l'absolution.

Le brave Bussy d'Amboise, dont nous avons rapporté la fin tragique à l'article ANJOU, page 326, étoit de cette maison d'Amboise, mais d'une branche distinguée par le nom de BUSSY, comme celle du cardinal & du maréchal l'étoit par le nom de CHAUMONT.

CHAUSSÉE (PIERRE-CLAUDE NIVELLE DE LA) (*Hist. litt. mod.*), auteur d'un genre de comédies qu'on a cru nouveau, & qui l'est jusqu'à un certain point, quoiqu'on en trouve des traces antérieurement, & chez les anciens, & chez les modernes. Les gens à préjugés, qui ne veulent voir que ce qu'ils ont toujours vu, les ennemis des nouveautés & des progrès de l'art & de la raison, ont cru décrier beaucoup ce genre, en l'appellant le *Comique larmoyant*, & en observant que ce n'est pas le genre de Molière. Eh non! ce n'est pas celui de Molière, c'est un genre nouveau, c'est une acquisition dont la scène s'enrichit. Tout genre, a dit M. de Voltaire, est bon hors le genre ennuyeux; les comédies de la Chaussée n'ennuient point, elles touchent & elles instruisent, *Mélanide*, *le Préjugé à la mode*, *l'Ecole des mères*, *l'Ecole des amis*, *la Gouvernante*, *&c.* sont des pièces morales & touchantes, aussi intéressantes qu'estimables, & qu'il est très-glorieux d'avoir faites. Il est même glorieux de les aimer beaucoup, c'est une preuve de sensibilité, d'honnêteté, dont on se sait gré, & on peut dire qu'au moins en morale,

C'est avoir profité que de savoir s'y plaire.

M. *de la Chaussée* ne manquoit pas non plus de disposition pour le comique plaisant; on en trouve des traits fort heureux dans ses comédies même touchantes, & nous ne devons pas dédaigner d'observer que la plus plaisante, sans comparaison, de toutes les pièces des étrennes de la Saint-Jean, les *Mémoires du président Guillerin* sont *de la Chaussée*. Nous ne dissimulerons pas non plus une chose qui doit faire bien de la peine à tous les honnêtes gens. Des éditeurs indiscrets ont mis dans le recueil de ses œuvres une pièce, un monument de bassesse & de cruauté, où l'auteur ne rougit pas d'insulter à la misère des citoyens ruinés par les révolutions à jamais déplorables du système. Il trouve que c'est fort bien fait d'avoir pris à ces malheureux tout leur bien. Jamais on n'a vu un tel scandale dans nos lettres françoises; jamais les plus vils insectes de la littérature ne se sont pas permis une adulation si monstrueuse. A quoi donc servent l'esprit & les talens, s'ils ne nous enseignent pas à détester l'injustice, à plaindre le malheur, à respecter l'innocence opprimée? Croyons que l'auteur de tant de pièces touchantes & vertueuses ne s'est point souillé d'un pareil opprobre, & que cette œuvre de ténèbres a mal-à-propos été insérée parmi ses œuvres. Reçu à l'académie françoise en 1736, mort en 1754.

CHAZELLES (JEAN-MATHIEU DE) (*Hist. litt. mod.*), professeur d'hydrographie à Marseille : il étoit de l'académie des sciences de Paris, & Fontenelle a fait son éloge. Ce qui le distingue, ce sont ses voyages dans la Grèce & dans l'Égypte, les observations qu'il y a faites, les lumières qu'il en a rapportées, la mesure qu'il a prise des pyramides, ses remarques sur l'exposition des quatre côtés de ces vastes monumens aux quatre points cardinaux du monde. Ce fut lui encore qui eut la gloire d'imaginer qu'on pourroit se servir de galères sur l'océan, pour remorquer les vaisseaux quand le vent leur manqueroit ou leur seroit contraire. En 1690, quinze galères parties de Rochefort donnèrent ce nouveau spectacle sur l'océan. Elles allèrent jusqu'à Torbay, en Angleterre, & servirent à la descente qu'on fit à Tingmouth; *Chazelles* y fit les fonctions d'ingénieur, & eut le plaisir de servir à-la-fois en qualité de savant & en qualité d'homme de guerre. L'usage qu'il enseignoit alors à faire des galères dans l'océan étoit nouveau, mais l'introduction de ces navires dans cette mer n'étoit pas une chose nouvelle. Dès l'an 1513, Prégent de Bidoux, général des galères sous le règne de Louis XII, avoit introduit des galères de la Méditerannée dans l'océan, où on n'avoit pas cru jusques-là qu'il fût possible d'en introduire. Sous François I, elles furent plus d'une fois employées sur l'océan, & il y en avoit au combat naval de 1545, contre les Anglois.

On doit à M *de Chazelles* la plupart des cartes qui composent les deux volumes du *Neptune françois*; il a servi aux progrès de l'astronomie, de la géographie, de la navigation. Né en 1657, mort en 1710 à Lyon.

CHEFFONTAINES (CHRISTOPHE) *à capite fontium*, 55e. général des cordeliers; nous n'en parlons ici que pour observer qu'il est l'auteur d'un livre françois, imprimé en 1579, sous ce titre: *Chrétienne Confutation du point d'honneur, sur lequel la noblesse fonde ses monomachies & ses querelles.* Mais comme on lisoit peu le françois alors, il le traduisit en latin. Il fit quelques autres ouvrages de son état, & peu connus. Mort en 1595.

CHEMINAIS (TIMOLEON) (*Hist. litt. mod.*), jésuite. Ses sermons ont la réputation d'être touchans; on ne les lit plus guère depuis que Massillon a paru, & Bourdaloue lui-même ne se soutient plus que par la différence du genre. On le dit toujours le premier des prédicateurs, comme Corneille le premier des poëtes tragiques, mais c'est par l'habitude de le dire, on ne le croit plus; c'est Massillon qui obtient tous les suffrages, & l'abbé Poulle les entraîne. Le Père *Cheminais* mourut en 1689, à trente-huit ans.

CHEMNITZ, *Chemnitius* (MARTIN) (*Hist. litt. mod.*), disciple de Melanchton, est connu par son *examen concilii Tridentini.* Mort en 1586.

Bogeslas-Philippe CHEMNITZ, son petit-fils, est auteur d'une histoire en deux volumes *in-folio*, de la guerre des Suédois en Allemagne sous Gustave-Adolphe. Christine, fille de Gustave, en fut si contente, qu'elle annoblit l'auteur, & lui donna la terre de Holstedt en Suède, où il mourut en 1678.

CHENU (JEAN) (*Hist. litt. mod.*), avocat à Bourges, puis à Paris, auteur des antiquités de Bourges, & de la chronologie des archevêques de cette ville. Mort en 1627.

CHEOPS ou CHEMINS (*Hist. des Egyptiens*), fut le premier roi de la vingt-unième dynastie: ce prince, sans frein dans ses desirs, & sans pudeur dans ses actions, fut également l'ennemi des dieux & des hommes. Tyran des peuples, il se rendit encore plus odieux par ses impiétés que par ses véxations. Il ne vit dans ses sujets que les instrumens de ses caprices & de ses extravagances; il leur fut défendu de travailler pour d'autres que lui: il les employoit dans les carrières de l'Arabie pour en tirer les pierres qui servirent à bâtir une des pyramides, dont ont voit encore les débris dans le désert d'Afrique, sur la pointe d'un rocher. Son élévation étoit environ de cent pieds au-dessus du niveau de la plaine: les Egyptiens furent moins offensés des travaux auxquels il furent assujettis, que des outrages faits à leurs dieux. *Cheops* ordonna de fermer leurs temples, & tous les sacrifices furent abolis: ce scandale auroit dû soulever un peuple superstitieux, mais les Egyptiens étoient trop avilis pour punir l'auteur de leur dégradation: ce prince sacrilège, après avoir vécu abhorré, mourut tranquillement sur le trône dont il avoit souillé la majesté. (*T—N*).

CHEREBERT. *Voyez* CARIBERT.

CHERILE, CHERILUS (*Hist. litt. anc.*). Il y a eu plusieurs poëtes grecs de ce nom, entre autres deux, l'un estimé, l'autre décrié. Le premier étoit ami d'Hérodote. Il célébra la victoire remportée sur Xercès par les Grecs à Salamine. Les vainqueurs en furent si flattés, qu'ils donnèrent à l'auteur du poëme une pièce d'or pour chaque vers (le poëme apparemment n'étoit pas long); mais laissons l'or, & ne songeons qu'à l'honneur, ils ordonnèrent que ses poésies seroient récitées avec celles d'Homère. Il reste des fragmens de ce poëte dans Aristote, dans Strabon, dans l'ouvrage de Josephe contre Apion. Lysander, général des Lacédémoniens, vouloit toujours avoir avec lui *Chérilus* pour qu'il chantât ses grandes actions, c'étoit s'imposer la nécessité d'en faire.

L'autre *Chérilus* n'est que trop connu par le jugement qu'en a porté Horace. Il est pour lui le modèle du mauvais; il trouve qu'Alexandre déshonoroit son goût par le cas qu'il faisoit de ce poëte, par le prix qu'il attachoit à ses vers, & même qu'il en donnoit, car il les payoit très-cher.

Sic mihi qui multùm cessat, fit Chærilus ille,
Quis bis terve bonum cum risu miror, & idem
Indignor.
Gratus Alexandro regi magno fuit ille
Chærilus, incultis qui versibus & malè natis
Rettulit acceptos, regale numisma, Philippos.
Idem rex ille, poëma
Qui tam ridiculum tam carè prodigus emit
Edicto vetuit, ne quis se præter Apellem
Pingeret, aut alius Lysippo duceret æra
Fortis Alexandri vultum simulantia. Quòd si
Judicium subtile videndis artibus, illud
Ad libros & ad hæc musarum dona vocares,
Bæotum in crasso jurares aëre natum.

CHERON (ELISABETH-SOPHIE) (*Hist. litt. mod.*), femme célèbre comme peintre & comme poëte. Madame Deshoulières, dont elle avoit fait le portrait, a dit:

La savante *Chéron*, par son divin pinceau,
Me redonne un éclat nouveau.

Sa réputation de peintre est restée plus entière que celle de poëte. On a d'elle des odes, dont plusieurs ont été mises dans le recueil des Poésies chrétiennes de le Fort. Une *ode sur le jugement dernier*, qui a fait tant de bruit dans le temps, est attribuée, par les uns, à mademoiselle *Chéron*, par les autres, au Père Campistron, jésuite. On a imprimé en 1717, avec la Batracomyomachie d'Homère, traduite en vers par M. Boivin le cadet, une petite pièce de mademoiselle *Chéron*, qui a pour titre: *Les Cérises renversées.* On dit que le célèbre Rousseau (Jean-Baptiste) faisoit cas de ce petit ouvrage. Mademoiselle *Chéron* avoit épousé un ingénieur du roi, nommé Le Hay; née protestante, elle avoit abjuré. Elle avoit un frère, Louis *Chéron*, bon graveur & bon peintre.

CHÉRUBIN (le Père CHÉRUBIN D'ORLÉANS) (*Hist. litt. mod.*), capucin, auteur de la *Dioptrique oculaire*, Paris, 1671, *in-folio* & de la *Vision parfaite*, 1677 & 1681, deux volumes *in-folio* avec figures.

CHESEAUX (Jean-Philippe de Loys de) (*Hist. litt. mod.*), petit-fils du célèbre Crousaz, savant universel, enfant prodigieux : à dix-sept ans il avoit fait trois traités de physique célèbres, sur *la Dynamique*, sur *la force de la poudre à canon*, sur *le mouvement de l'air dans la propagation du son*. On a encore de lui un traité de la comète de 1743, & des élémens de cosmographie & d'astronomie, sans compter quelques écrits théologiques. Il étoit des académies des sciences de Paris, de Londres & de Gottingue. Né à Lausanne en 1718, mort à Paris en 1751.

CHESELDEN (Guillaume) (*Hist. mod.*), chirurgien célèbre de Londres, grand lithotomiste, grand anatomiste, auteur d'une *Anatomie du corps humain* & d'une *Ostéographie*, mais plus illustre encore pour avoir rendu la vue à un aveugle né de 14 ans, en ouvrant la prunelle des deux yeux. Les détails de cette opération se trouvent dans les *transactions philosophiques* & dans les *Mémoires de l'académie de chirurgie*. Il étoit de la société royale de Londres & correspondant de l'académie des sciences de Paris. Il est mort en 1752, à 64 ans.

CHESNE. *Voyez* Duchesne.

CHESTERFIELD (Philippe Dormer Stanhope, comte de) (*Hist. d'Anglet.*), né à Londres le 22 septembre 1695, mort le 24 mars 1773, a eu la plus grande part aux affaires de son pays, principalement sous le règne de George II. Il fut employé en plusieurs négociations importantes, & dans le royaume & au dehors. Vice-roi d'Irlande dans des temps orageux, il maintint cet état en paix, & on s'y souvient encore des regrets qu'il y laissa en le quittant. Ministre, il fit du bien, & il sortit du ministère en 1748, plus glorieusement encore qu'il n'y étoit entré. Il proposoit la paix, le conseil voulut la guerre, il se retira, & à peine étoit-il rendu à la vie privée, qu'on fut obligé d'en revenir à son avis, & de faire la paix. Il consacra le reste de ses jours aux lettres & à la philosophie. Il avoit beaucoup vécu en France: l'académie des inscriptions & belles-lettres l'élut en 1755 académicien libre étranger. Ce qui le distingua particuliérement des autres hommes, ce fut un grand amour de la gloire dans tous les genres. Il existe des monumens de ses talens & de son esprit. Il y a des morceaux de lui dans un ouvrage périodique célèbre, intitulé: *le monde* (*The World*). Les discours qu'il a prononcés en diverses occasions dans la chambre des pairs, sont partie d'un recueil connu (*The collection of the parliamentary debates*). Il avoit épousé, en 1733, Mélosine, baronne de Shulemburg, que George I avoit élevée en 1722 à la pairie angloise, comme comtesse de Walsingham & baronne d'Aldboroug. Il en eut un fils unique qu'il perdit en 1769. On nous a donné en 1776, un choix des lettres du comte de *Chesterfield* à ce fils qui voyageoit alors en France. Le traducteur (M. Peyron) a cru devoir choisir parmi ces lettres, & supprimer divers traits qu'il ne fait que mieux sortir, en les rapportant dans la préface; tels sont ceux-ci, par exemple :

« N'abandonnez jamais Marcel, qui est maintenant pour vous de plus de conséquence que » tous les bureaux de l'Europe.

» Il est très-certain que votre maître de danse » est pour vous maintenant l'homme de l'Europe » le plus important.

» Ayez soin de votre parure, portez de beaux » habits; je sais que vous avez un habit écarlate, » galonné en or.

» Choisissez le meilleur tailleur, boutonnez & » déboutonnez vos habits comme les gens de » goût boutonnent & déboutonnent les leurs. » Faites vous coëffer par le meilleur friseur, &c.

» Vous nettoierez vos dents tous les matins avec » une éponge douce & de l'eau chaude, pendant » quatre ou cinq minutes.

» Nettoyez vos oreilles chaque matin, & mouchez-vous toutes les fois que vous en aurez » besoin.

» Soyez dissimulé, flatteur; dites du bien des » gens, quoi qu'absens, quand vous savez que » cela doit leur être rapporté ».

Il y a tout lieu de croire que le lord de *Chesterfield*, qui prend souvent avec son fils le ton ironique, a voulu le prendre dans ces détails si minutieux & si singuliers, peut-être même plusieurs de ces traits sont-ils, dans l'intention d'un Anglois, une critique de la France. Quoi qu'il en soit, ces lettres sont en général sensées & instructives, du moins pour l'enfance. On peut les regarder comme un cours abrégé de fable, d'histoire tant ancienne que moderne, de morale, de politique, &c, où l'auteur suit attentivement les progrès de l'âge de son élève, & proportionne les leçons à ses besoins.

Une de ces lettres contient des jugemens sur les plus fameux écrivains d'Italie. Le lord *Chesterfield* est de l'avis de Boileau sur le Tasse; il n'aime point cette image par où débute la *Jérusalem délivrée*, & qui a si souvent été citée.

Cosi all' egro Fanciul porgiamo aspersi
Di soavi licor gli orli del vaso,
Succhi amari ingannato in tanto ei beve
E dall' inganno suo vita riceve.

Il préfère l'Arioste au Tasse. Il dit que le Dante a toujours été inintelligible pour lui. Il juge le *Pastor fido* du Guarini & l'*Aminte* du Tasse, comme on les a toujours jugés; il loue parmi les prosateurs Machiavel & Bocace; il qualifie d'excellens historiens, Guichardin, Bentivoglio, Davila. Pétrarque est l'écrivain qu'il juge le moins favorablement & le le moins équitablement: c'eſt dit-il, un ennuyeux chanteur, un poëte toujours malade d'amour. Ce jugement a été fort reproché au comte de *Cheſterfield*.

Les lettres de ce recueil ne ſont pas toutes traduites, pluſieurs ont été écrites en François par le comte de *Cheſterfield* lui-même; elles prouvent qu'il ſavoit bien notre langue; on ne ſera pas étonné cependant d'y trouver quelques phraſes qui ſentent l'étranger; par exemple, celle-ci.

« Vous voyez *de quel uſage c'eſt* que de ſavoir » bien parler, de s'exprimer bien, & de s'énoncer » avec grace ».

Voici dans des maximes détachées, placées à la ſuite des lettres, une phraſe bien angloiſe, & ce n'eſt plus de grammaire qu'il s'agit, mais c'eſt du ſens de la phraſe.

« Comme les rois ſont engendrés & naiſſent » ainſi que les autres hommes; il eſt à préſumer » qu'ils ſont de l'eſpèce humaine ».

CHEVALERIE, *militia*; CHEVALIER, *miles*. L'hiſtoire de la *Chevalerie* eſt, pour ainſi dire, l'abrégé de celle de la nation, & pour caractériſer l'une il ſuffit de peindre l'autre.

Il faudroit ſans doute une main plus habile pour peindre un tel tableau. Mais ſi la vérité ſeule a de quoi plaire, c'eſt ſur-tout quand elle parle le langage du cœur à ceux qui ſavent l'entendre. On ne lit pas ſans émotion le récit de nos hiſtoriens, quand ils nous repréſentent nos premiers héros dans toute leur ſimplicité. Ces peintures nous attachent malgré nous; leurs expreſſions mêmes, ſi bien aſſorties au caractère de ces guerriers, nous plaiſent malgré leur vétuſté, & nous nous aſſocions en quelque manière aux belles actions de nos aïeux, parce que tel dont le cœur en eſt pénétré, capable aujourd'hui de les imiter, eût pu, dans ces temps reculés, ſervir lui-même de modèle.

Il ne faut pas regarder cependant les ſiècles de la *chevalerie* comme l'âge d'or. Nous les voyons dans un éloignement favorable au vice comme à la vertu. Rapprochons-les, s'il ſe peut, & repréſentons l'un & l'autre avec l'énergie que l'ignorance & la ſimplicité leur imprimoient; on concevra plus d'horreur pour l'un, & l'autre en deviendra plus aimable. On ſera étonné de ce mêlange de courage & de galanterie, de ſuperſtition & d'impiété, de franchiſe & de groſſiéreté, de ſimplicité & de magnificence. En oppoſant les mœurs de ces temps héroïques à celles d'aujourd'hui, on ſentira peut-être que ce que nous avons acquis vaut mieux que ce que nous avons perdu. En examinant & jugeant de bonne foi, on reconnoîtra que les talens & les lumières font plus de bien aux hommes que l'ignorance & la groſſiéreté; que ce vernis, qu'on nomme politeſſe, adoucit toujours les défauts, s'il cache quelquefois le vice, & que s'il a rendu nos vertus moins éclatantes, la franchiſe de nos pères, qu'il a remplacée, rendoit auſſi leurs vices plus dangereux.

On ne peut fixer préciſément l'origine de la *chevalerie*. Si on la conſidère comme une cérémonie ou une ſimple inſtitution militaire, on peut la faire remonter au temps de Charlemagne, & même beaucoup plus haut. Ce prince donna ſolemnellement l'épée & tout l'équipage d'un guerrier à ſon fils Louis. On trouve quelques exemples de cette cérémonie ſous la première race de nos rois, & Tacite, parlant des mœurs des Germains, nous apprend qu'un ſemblable uſage y étoit établi. Mais ſi on regarde la *chevalerie* comme une dignité qui donnoit le commandement dans les armées, un rang & des prérogatives dans le corps de la nation, on n'en trouvera guère de traces avant la fin du dixième ſiècle, & quelques auteurs diſent avant l'onzième, temps auquel la monarchie françoiſe commença à ſortir du chaos où l'ambition & les guerres l'avoient plongée. Ce fut alors que l'eſprit de la nation ſe développa tout-à-fait, & que, conſervant le caractère qu'elle tenoit de ſes pères, elle montra ce qu'elle étoit & ce qu'elle pouvoit devenir.

C'eſt dans ce caractère même qu'il faut chercher l'origine de la *chevalerie*. Un peuple belliqueux aime tout ce qui a rapport à la guerre, & cette paſſion s'annonce dans ſes cérémonies & juſques dans ſes jeux. Quand Tacite dit que le père & le plus proche parent d'un jeune homme le pare du bouclier & lui préſente un javelot dans une aſſemblée nationale, Tacite nous repréſente la réception d'un *chevalier*. Le temps & les circonſtances perfectionnèrent cette inſtitution, comme ils la firent enſuite tomber dans l'aviliſſement. Si la politique des ſouverains & des barons en profita, il ne faut pas dire qu'ils en furent les inſtituteurs : ſi elle a quelque rapport avec les cérémonies que l'égliſe obſerve dans l'adminiſtration des ſacremens, il faut dire que les uſages ont la même origine, mais non pas que l'un découle de l'autre.

Voyons quelles étoient les cérémonies inſtituées pour la création d'un *chevalier*.

Celui que ſa naiſſance appelloit à cette dignité, paſſoit les ſept premières années de ſa vie entre les mains des femmes, d'où on le retiroit pour le mettre au ſervice de page juſqu'à quatorze ans. Depuis cet âge juſqu'à celui de vingt ans, il faiſoit les fonctions d'écuyer, en ſorte qu'il ne pouvoit être *chevalier* qu'à vingt-un ans accomplis. Arrivé à cet âge, il ſe préparoit à être reçu, par des jeûnes, des veilles, des prières : il prenoit des bains, étoit vêtu de blanc, à l'imitation des Néophites, & recevoit les ſacremens de la pénitence & de l'euchariſtie. Après s'être acquitté de tous ces devoirs, il alloit à l'égliſe, accompagné d'un parrain; il préſentoit ſon épée au prêtre célébrant, qui la béniſſoit, & la mettoit enſuite au cou du novice : celui-ci alloit ſe mettre à genoux aux pieds de celui ou de celle qui devoit l'armer *chevalier*, car on a lieu de croire que les femmes exerçoient quelquefois ces honorables fonctions. Cette scène pouvoit se passer dans une chapelle, dans un château, sur la brèche d'une ville assiégée, ou en pleine campagne. Le récipiendaire étoit aussi-tôt revêtu de toutes les marques extérieures de la *chevalerie* : on lui donnoit l'accolade, & après l'avoir armé, on lui amenoit un cheval, qu'il montoit sur le champ & qu'il faisoit caracoler : il se montroit ensuite en public avec cet équipage.

Toutes ces cérémonies n'étoient pas toujours pratiquées, & il y avoit plusieurs manières d'armer un *chevalier*. Voici comment s'exprime Antoine de la Salle, auteur du quinzième siècle, dans un livre qui porte le titre de *Salade*.

« L'écuyer, quand il a bien voyagé & a esté » en plusieurs faicts d'armes dont il est failly à » honneur, & qu'il a bien de quoy maintenir » l'estat de la *chevalerie*, car aultrement ne luy est » honneur, & vault mieux estre un bon escuyer » que ung poure *chevalier*, dont pour plus honorablement li estre que avant la bataille, l'assault » ou la rencontre, où bennières de princes soient; » alors doibt resquerir aulcun seigneur ou preudhomme *chevalier* qui le face *chevalier*, au nom » de Dieu, de Notre-Dame, & de monseigneur » sainct George, le bon *chevalier* à luy baillant » son espée nue en baisant la croix : en oultres, » bons *chevaliers* se font au sainct sépulchre de » Nostre-Seigneur, pour l'amour & honneur de » luy. Aultres se font qui sont baignés en cuves, » & puys revestus tout de neuf, & celle nuyct » vont veiller en l'église où ils doybvent estre en » dévotion jusques après la grand'messe chantée. » Lors le prince ou aulcun aultre seigneur *chevalier* lui ceint l'espée dorée, & en plusieurs aul» tres lesgières fassons ».

L'âge de vingt-un ans n'étoit pas absolument nécessaire à celui qui vouloit être reçu *chevalier*: on en recevoit à seize ou quinze ans, & même au-dessous de l'âge prescrit pour être écuyer.

Ce que chevaliers se font
Plusieurs trop petitement,
Que dix ou que douze ans n'ont.

Ce n'étoit donc que par abus qu'on étoit dispensé de cet âge, au-dessous duquel on n'avoit pas encore la force nécessaire pour porter les armes du *chevalier*. Ce qui prouve que l'âge de vingt-un ans étoit l'âge requis par la loi, c'est que les seigneurs des fiefs de Haubert ne pouvoient être obligés par leurs suzerains de recevoir l'ordre de la *chevalerie* qu'à cet âge.

Le chevalier de la Tour, dans son *guidon* des guerres, parle fort au long des qualités qu'on doit exiger de celui qui se présente pour être reçu *chevalier*. Eustache Deschamps, poëte du quatorzième siècle, a tracé l'abrégé de la morale du *chevalier* dans la ballade que nous rapportons ici.

BALLADE.

Vous qui voulez l'ordre de chevalier,
Il vous convient mener nouvelle vie,
Dévotement en oraison veiller,
Peschié fuyr, orgueil & villenie;
L'église devez défendre,
La vesve aussi, l'orphelin entreprendre;
Estre hardys & le peuple garder,
Prodoms loyaulx, sans rien de l'aultruy prendre;
Ainsi se doibt chevalier gouverner.

Humble cuer (1) ayt toudis (2) doit travailler,
Et poursuyr (3) faiz de chevalerie,
Guerre loyal, estre grant voyagier,
Tournoys suyr (4) & jouster pour sa mie;
Il doit à tout honneur tendre
Sy com ne puist de luy blasme reprandre,
Ne laschété en ses œuvres trouver,
Et entre touz se doibt tenir le mendre (5):
Ainsy se doibt chevalier gouverner.
Il doit amer son seigneur droicturier,
Et dessus touz garder la seigneurie,
Largesse avoir, estre vray justicier,
Des prodomes suyr la compagnie,
Leurs diz oir & apprendre,
Et des vaillands les prouesses comprendre,
Afin qu'il puist les grands faiz achever
Comme jadis fist le roy Alexandre;
Ainsi se doit chévalier gouverner.

C'étoit sur-tout aux batailles & aux sièges que l'on conféroit la *chevalerie*, & ces promotions étoient quelquefois très-considérables. On fit quatre cents soixante-sept *chevaliers* à la bataille de Rosebeck, en 1382, & cinq cents à celle d'Azincourt, en 1415. Louis de la Trimouille, avant la bataille de Novarre, fit rassembler les gentilshommes qui vouloient être *chevaliers*; & il s'en trouva un grand nombre *qui, desirant de montrer leur courage en ce jour, & pour perpétuer leur nom par le chemin de la prouesse, se voulurent enrichir du titre de chevalerie.*

Il paroît qu'on ne sut pas profiter de cet empressement que montroient les gentilshommes pour obtenir ce rang. On fait plus pour mériter ce qu'on desire, qu'on ne fait pour se rendre digne de ce qu'on a obtenu. Il eût été de la bonne politique de ne conférer la *chevalerie* qu'après les batailles, d'autant mieux que cette action paroît quelquefois

(1) Cœur.
(2) Toujours.
(3) Poursuivre.
(4) Suivre.
(5) Moindre.

très-prochaine, & n'a jamais lieu : c'est ce qu'on vit à Vironfosse en 1339. Les armées étant en présence & prêtes à charger, on crut n'avoir rien de mieux à faire en attendant, que de créer des *chevaliers*. Après cela on se sépara. Dans ces entrefaites, un lièvre passa devant le camp des François, ce qui fit donner aux nouveaux *chevaliers* le sobriquet de *chevaliers du lièvre*.

Plusieurs monumens attestent que dès le treizième siècle il falloit être gentilhomme de nom & d'armes pour être reçu *chevalier*. Cependant il y avoit des dispenses pour la noblesse comme pour l'âge. Un arrêt du parlement, rendu en 1280, prononça que le comte de Flandres ne pouvoit ni ne devoit conférer la *chevalerie* à un villain sans l'autorité du roi : mais certainement cette loi n'eut pas lieu dans l'origine de la *chevalerie* & dans sa décadence.

Les rois & les princes étoient nés *chevaliers*, leur naissance leur donnoit le titre de chefs de la *chevalerie*, & ils recevoient, dès le berceau, l'épée qui devoit en être la marque. Ce fut ainsi que du Guesclin arma *chevalier* le second fils de Charles V, qui dans la suite fut duc d'Orléans. François I ne se contenta pas de ce privilège attaché à la naissance; après la bataille de Marignan, il voulut que le chevalier Bayard lui conférât l'ordre & lui donnât l'accolade.

La *chevalerie* émancipoit ceux qui la recevoient, c'est-à-dire, suivant le Laboureur, qu'elle leur donnoit le bénéfice de l'âge pour tenir leurs terres & pour en rendre le service en personne.

Les *chevaliers* avoient seuls le droit de porter des éperons dorés. Eux seuls portoient des fourrures de prix, comme le vair, l'hermine & le petit gris. On voit dans nos historiens & dans les montres de la gendarmerie, qu'on les qualifioit de *monseigneur*, de *messire*. Le Laboureur dit qu'ils avoient aussi le droit exclusif d'avoir des girouettes sur leurs châteaux, en pointe pour les simples *chevaliers*, & quarrées comme les bannières pour les *chevaliers* bannerets.

La noblesse françoise, dit M. de Sainte-Palaye, apprit des Germains à compter pour rien la plus haute naissance, jusqu'à ce qu'on s'en fût rendu digne par des services militaires. La *chevalerie* seule, par une suite de ce sentiment, aussi ancien que notre nation, donnoit aux gentilshommes le droit d'avoir un sceau : tous les monumens anciens font foi de cette vérité, qui a été unanimement reconnue par nos auteurs modernes.

Le même auteur attribue encore aux *chevaliers* le privilège de porter au doigt un anneau qui leur servoit de cachet. Mais nous manquons des témoignages nécessaires pour appuyer ce sentiment.

Lorsqu'un gentilhomme marioit son fils, ou le faisoit *chevalier*, il étoit obligé de lui donner le tiers de sa terre. Un *chevalier* étoit dispensé des gardes auxquelles on assujettissoit les écuyers & les pages; & quand il venoit faire sa résidence dans une ville, les hommes qui lui appartenoient ne pouvoient être imposés à la taille ou cens, qu'il étoit permis aux bourgeois de lever sur les nouveaux habitans.

Nos anciens auteurs ne se lassent point de parler des vertus & des belles actions des *chevaliers*. C'est là qu'il faut chercher ces traits de bravoure, de générosité, de fidélité & de magnificence, dont nous nous formons à peine une idée. Ils se plaisoient sur-tout à secourir les foibles, à protéger la veuve & l'orphelin. Aussi ils en étoient bien récompensés par la considération qu'on leur témoignoit, & par les honneurs qu'on s'empressoit à leur rendre. Il y avoit sur les châteaux des grands seigneurs un heaume ou casque, qui étoit le signe de l'hospitalité pour les *chevaliers* qui passoient à portée. On les y recevoit avec joie, on les fêtoit & on les renvoyoit comblés de présens, car une fausse délicatesse ne les empêchoit pas d'en recevoir. Comment se seroient-ils offensés d'un hommage? L'emploi de ces dons les honoroit autant que leurs bienfaiteurs.

Les dames entroient pour beaucoup dans les exploits de la *chevalerie*. Les regards de la beauté élevoient le courage, & faisoient d'un amant fidèle un brave guerrier. Et ce n'étoit pas seulement parmi nous que l'envie de plaire faisoit affronter les plus grands dangers. Voyez dans Froissard comment un seigneur africain, nommé Agadinquor d'Oliferne, pour plaire à Asala, fille du roi de Tunis, cherchoit à se distinguer au siège d'Afrique, dans les petits combats qui se donnoient entre les assiégeans & les assiégés : *par quoy il en étoit plus gai*, dit l'historien, *plus joli*, *plus appert en armes*. Voyez aussi dans nos anciens romans combien ils honoroient la sagesse & la vertu chez les femmes, & comment celles qui se comportoient mal étoient notées d'infamie par ces mêmes *chevaliers*, qui faisoient tout pour une maîtresse. Le chevalier de la Tour, regrettant le bon vieux temps, dit : *Si vouldroye que celuy temps fust revenu, car je pense qu'il n'en seroit pas tant blasmées qu'à présent.*

Dans les premiers temps de la *chevalerie*, elle combattoit toujours à cheval; mais dès le quatorzième siècle elle commença à combattre à pied. S'il ne falloit que du courage dans les combats, elle auroit toujours eu l'avantage. Mais elle fut presque toujours vaincue dans les occasions où l'art étoit nécessaire. C'est ce qu'on vit à la bataille de Poitiers, & sur-tout à celle de Nicopolis, exemples qui prouvent combien l'art même le plus simple l'emporte sur la valeur. Bajazet, qui connoissoit parfaitement le génie & l'ardente vivacité des François, sût en profiter; il rangea son armée de manière à leur faire prendre le premier avantage pour mieux les envelopper. Tout arriva comme il l'avoit prévu. Aussi Froissard dit de lui : *L'Amorabaquin savoit de guerre autant qu'on en pourroit savoir, & fut de son temps un moult vaillant homme, &*

bien le montra par le grand sens qui en lui estoit.

La dégradation des *chevaliers* qui s'étoient mal comportés, offroit des exemples terribles. Ceux qui se déshonoroient par leur lâcheté, par quelque crime ou action honteuse, étoient à jamais flétris & exclus de l'ordre. Le *chevalier* juridiquement condamné étoit conduit sur un échafaud, où les hérauts & poursuivans d'armes brisoient & fouloient aux pieds les différentes pièces de son armure: son écu, dont le blason étoit à demi effacé, étoit suspendu à la queue d'une cavalle, & trainé dans la boue: des prêtres récitoient les vigiles des morts, & prononçoient sur sa tête les imprécations & les malédictions du psalmiste contre les traîtres. Après avoir feint de méconnoître son nom, qu'il n'étoit plus digne de porter, le héraut d'armes lui jetoit sur la tête un bassin d'eau chaude, comme pour effacer le caractère sacré que l'accolade lui avoit donné. On le faisoit ensuite monter sur une jument, où on le traînoit sur une claie à l'église, où les prières consacrées aux morts, prononcées sur lui & accompagnées de cérémonies funèbres, annonçoient qu'on le retranchoit de la société.

Des fautes moins graves étoient aussi moins punies: celui qui en étoit convaincu étoit exclu de la table des autres *chevaliers*, & s'il osoit s'y présenter, on coupoit la nappe devant lui; il recevoit même à celle des écuyers un pareil affront. Alain Chartier fait honneur de ce réglement à Bertrand du Guesclin; mais on croit qu'il n'en fut que le restaurateur.

Les armes renversées étoient encore une marque de dégradation. Les statuts de l'ordre de l'Etoile décernoient cette peine contre les lâches; mais le coupable avoit la ressource d'expier son crime & de recouvrer son honneur par des actions dignes d'un brave & loyal *chevalier*.

Il eût été à desirer que l'institution de la *chevalerie* se fût maintenue dans sa pureté; mais sans doute elle n'étoit pas susceptible du degré de perfection auquel on voulut la porter. Un *chevalier*, à sa réception, promettoit, pour ainsi dire, d'être un ange, & l'on vit plusieurs de ces héros mériter à peine le nom d'homme. De toutes les vertus, celle qu'ils pratiquoient le moins étoit la clémence & le pardon des injures. Du Guesclin, ce héros si vanté, & à certains égards si digne de l'être, ne manqua jamais l'occasion de se venger, & il se vengea quelquefois cruellement. Au siège de Moncontour, il fit trainer dans les rues & pendre un anglois qui, ayant à se plaindre de lui, avoit fait le même traitement à ses armes. Du Guesclin étoit coupable en effet, pour n'avoir pas acquitté dans le temps la rançon d'un de ses soudoyers, malgré des lettres obligatoires scellées de son scel, & son historien ne le justifie pas, en disant que ce fut par oubli.

Qu'on juge aussi de la licence & de la dépravation des beaux siècles de la *chevalerie* par le plaisir que la cour & les dames prenoient à lire les fabliaux & les romans, ouvrages dont la licence trouve à peine des exemples dans nos livres même les plus dissolus. Un auteur nous apprend que dès le douzième siècle, on comptoit jusqu'à quinze cents concubines dans l'une de nos armées, & que leurs parures montoient à des sommes immenses. Un autre, dans le siècle suivant, nous dit que les maisons étoient presque toutes autant de temples consacrés à l'amour libertin & débauché. Quelques-uns de nos vieux poëtes attribuent à nos seigneurs la même courtoisie qui nous étonne dans quelques nations sauvages. Une comtesse reçoit chez elle un *chevalier*, qu'elle fait coucher dans un lit magnifique: en attendant que monseigneur le comte soit endormi, elle lui envoie la plus courtoise & la plus jolie de ses femmes, en lui recommandant d'avoir grand soin d'un hôte si cher, & de le servir, *s'il est mestier* (1).

Le chevalier Bayard fut sans doute un *chevalier* sans peur & sans reproche. On nous vante sa continence, & cette continence ne nous est connue que par une aventure qui ne fait pas honneur à sa chasteté.

Cependant il y avoit alors des martyrs d'amour, & tout le monde connoît cette confrairie de Galois & de Galoises, qui, jugeant que l'amour avoit besoin d'une réforme, entreprirent de le ramener à cette pureté & à cette décence, sans lesquelles il n'est qu'une jouissance grossière, moins faite pour l'homme que pour la brute. L'un des statuts de cette confrairie étoit de mourir de froid pour prouver son amour à l'objet aimé. *Par quoy plusieurs mouroient tout roydes de lez leurs amyes, & aussy leurs amyes de lez eulx, en parlant de leurs amourettes, & en eulx mocquant ceux qui estoient bien vestus.* C'est là en effet ce qu'on peut appeller l'héroïsme de l'amour, si la folie peut faire des héros.

Un poëte du temps chante les amours du châtelain de Coucy. Ce seigneur part pour la Terre-Sainte, meurt dans le voyage, & en rendant le dernier soupir, charge un de ses amis de faire embaumer son cœur pour le présenter à sa dame, & cette dame est la femme d'un gentilhomme son voisin. C'étoient là ces héros qui donnoient leurs biens à l'église en partant pour les lieux saints, & qui ne partoient qu'après avoir communié.

La *chevalerie* commença à dégénérer sous le règne de Jean. La quantité de *chevaliers* que l'on faisoit sans choix, fut sans doute la première cause de son avilissement: bientôt on ne garda plus de mesure; des jongleurs, des hommes sortis de la

(1) Fabliaux, MM. du roi, n°. 7615, fol. recto 210, col. 1.

poussière furent armés *chevaliers*. Au douzième siècle, un paysan fut métamorphosé en homme noble par son seigneur, & ses enfans furent décorés de tous les honneurs de la *chevalerie*. Les troubles des règnes de Charles VI & de son successeur en firent naître une foule de la lie du peuple. Enfin les titres d'écuyer & de *chevalier* furent tellement avilis, que chacun croyoit pouvoir se les arroger de sa propre autorité. Eustache Deschamps disoit:

Mais chascun veut escuyer devenir,
A peine est-il aujourd'hui nul ouvrier.

Autrefois, dit encore le même poëte:

Les Chevaliers étoient vertueux,
Et pour amour pleins de chevalerie,
Loyaulx, secrez, friques & gracieux:
Chascun avoit lors sa dame s'amie,
Et vivoient liément;
On les amoit aussi très-loyalment,
Et ne jangloit, ne mesdisoit en rien.
Or m'esbahys quant chascun jangle & ment,
Car meilleur temps fut le temps ancien.

Brantôme, Charondas, du Tillet, déplorent de même la licence & les abus qui régnoient de leur temps.

En vain quelques-uns de nos rois tentèrent de relever la *chevalerie* par l'institution de quelques ordres dont ils se déclarèrent les chefs. Ces ordres furent eux-mêmes avilis. L'autorité ne peut rien sur l'opinion, & si la *chevalerie* peut renaître, ce ne sera que quand le temps en aura effacé ou affoibli la mémoire & pourra le reproduire sans une autre forme.

Le nom de *chevalier* est attribué aujourd'hui à celui qui est aggrégé dans un ordre de *chevalerie* institué par un souverain: *un* chevalier *du Saint-Esprit*, *un* chevalier *de l'ordre de Saint-Louis*. Mais la qualité de *chevalier* est l'attribut de ceux qui occupent dans la noblesse un rang distingué, & se donne particuliérement aux nobles issus de l'ancienne *chevalerie*. La plus haute noblesse s'honore de cette qualité, & il seroit à desirer qu'elle ne s'attribuât uniquement qu'à la naissance.

CHEVALIER BACHELIER, étoit celui qui n'avoit point de fief, ou dont le fief ne lui donnoit pas le droit de porter bannière. *Hugues de Cirey étoit un* chevalier *bachelier*.

CHEVALIER BANNERET, étoit celui dont les possessions étoient assez considérables pour lui permettre de lever bannière, & de rassembler sous cette bannière plusieurs *chevaliers* & écuyers, dont quelques-uns pouvoient avoir le même droit; ils étoient tous à la solde du *chevalier banneret*. Suivant Ducange, un banneret avoit sous son commandement cent cinquante hommes, & un simple *chevalier* n'en avoit que trente. *Joinville étoit un* chevalier banneret, *qui avoit sous ses ordres plusieurs* chevaliers, *dont deux étoient aussi bannerets*.

Les *chevaliers* n'étoient pas tous de même rang, & on les distinguoit en hauts & bas *chevaliers*. Les premiers étoient les *chevaliers bannerets*, qui pouvoient être encore distingués par les titres de baron, de duc ou de comte: les seconds étoient les simples *chevaliers*, qui, n'ayant pas eu assez grand nombre de vassaux, ou n'étant pas assez riches pour porter bannière, étoient rangés dans une classe inférieure, sous le nom de *bas-chevaliers* ou *bacheliers* par la réunion des deux mots. Voilà pourquoi les hauts *chevaliers* s'appelloient aussi *riches hommes*, à cause du nombre de leurs vassaux & de l'étendue de leurs domaines.

La bannière du *chevalier* étoit une enseigne quarrée, & par-là distinguée du pennon, dont le bas étoit une longue pointe. La première étoit affectée au *chevalier banneret*, l'autre étoit l'enseigne du simple *chevalier*. Pour faire une bannière d'un pennon, il suffisoit de couper la pointe de ce dernier. Olivier de la Marche décrit ainsi la cérémonie en vertu de laquelle messire Louis de la Vieuville eut la permission ou le droit de porter bannière. Le roi d'armes de la Toison d'or dit au duc de Bourgogne: *Il vous présente son pennon armoyé suffisamment, accompagné de vingt-cinq hommes d'armes pour le moins, comme est l'ancienne coustume.* Le duc lui répondit, que *bien fût-il venu, & que volontiers le feroit. Si bailla le roi d'armes un couteau au duc, & prit le pennon en ses mains, & le bon duc, sans ôter le gantelet de la main sénestre, fit un tour autour de sa main de la queue du pennon, & de l'autre main coupa ledit pennon, & demeura quarré & la bannière faite.* (*Article fourni*).

CHEVERT (FRANÇOIS DE) (*Hist. mod.*), né à Verdun le 21 février 1695, d'abord simple soldat, puis devenu par son mérite commandeur grand-croix de l'ordre de Saint-Louis, chevalier de l'aigle blanc de Pologne, gouverneur de Givet & de Charlemont, lieutenant-général des armées du roi. Le public lui desiroit un titre de plus. Ce desir même, & son épitaphe le lui donnent. On y lit ces mots: « Sans ayeux, sans fortune, sans » appui, orphelin dès l'enfance, il entra au service » à l'âge de onze ans: il s'éleva malgré l'envie » à force de mérite, & chaque grade fut le prix » d'une action d'éclat. Le seul titre de maréchal » de France a manqué, non pas à sa gloire, mais » à l'exemple (n'est-ce pas plutôt à l'encouragement) de ceux qui le prendront pour modèle.

Quelquefois au théatre, lorsque l'acteur qui jouoit Euphémon fils, dans *l'enfant prodigue*, récitoit ces vers:

Rose & Fabert ont ainsi commencé.

On entendoit le parterre dire à voix basse:

Rose & *Chevert* ont ainsi commencé.

C'est sur-tout dans les guerres de 1741 & de 1756 que M. de *Chevert* s'est illustré, parce qu'il étoit déja dans des grades qui mettent en vue. Les commencemens de sa gloire échappent, parce que les exploits d'un soldat & d'un bas-officier percent rarement dans le public. Lorsque M. le maréchal de Belle-Isle fit avec gloire cette nécessaire & désastreuse retraite de Prague, que l'éloquence plutôt que l'histoire a comparée à la retraite des dix mille, M. de *Chevert*, resté dans la ville avec dix-huit cents hommes, assiégé par une armée nombreuse, pressé par les habitans de se rendre, plus pressé encore par la famine, refusoit pourtant de capituler, & différoit du moins: il prend des ôtages de la ville, il les enferme dans sa maison, remplit les caves de barils de poudre, & jure de se faire sauter en l'air avec les ôtages, si les habitans lui font la moindre violence. Cette résolution désespérée produisit son effet; il obtint tout ce qu'il pouvoit, tout ce qu'il ne pouvoit pas même espérer, les honneurs de la guerre. Le prince de Lobkowitz, qui faisoit le siège, lui permit d'emporter deux pièces de canon. C'etoit assurément une conquête dans la conjoncture, & Lobkowitz pouvoit dire comme Charles XII du général Schulembourg. *Aujourd'hui Schulembourg nous a vaincus.*

On a retenu, on retiendra éternellement cet ordre singulier donné par *Chevert* à un grenadier: « Vas droit à ce fort sans t'arrêter. On te dira » *qui va là?* tu ne répondras rien; on te le dira » encore, tu avanceras toujours sans rien répon» dre: à la troisième fois on tirera sur toi, on te » manquera, tu fondras sur la garde, & je suis » là pour te soutenir ». Le grenadier obéit, & tout arriva comme *Chevert* l'avoit prédit. Nous n'avons pas besoin d'observer que le grenadier qui part sur la foi de ce mot, *on te manquera*, mérite d'être associé à la gloire de M. de *Chevert*: mais pourquoi ne sait-on pas son nom? C'est le tort ordinaire de l'histoire, quand il s'agit d'un subalterne, & c'est un tort dont il faut que la philosophie la corrige désormais.

M. de *Chevert* mettoit souvent dans ses ordres & dans ses exhortations cet enthousiasme qui lui avoit si bien réussi avec le grenadier. « Jurez-moi, disoit-il au marquis de Brehant, à la bataille d'Hastembecke, » jurez-moi, foi de chevalier, que » vous & votre régiment vous vous ferez tuer » jusqu'au dernier, plutôt que de reculer.

Ce vrai chevalier, ce heros Plébéïen, mourut le 24 janvier 1769. Il est enterré à Paris, à Saint-Eustache. Des chevaliers patriciens l'accusoient d'orgueil; on en a eu à moins, & ceux dont l'orgueil est le plus combattu, sont toujours ceux qui en montrent le plus.

CHEVILLIER (ANDRÉ) (*Hist. litt. mod.*), bibliothécaire de Sorbonne, mort en 1700, est auteur d'une dissertation historique & critique sur l'origine de l'Imprimerie à Paris, & de quelques écrits théologiques. Il étoit charitable au point de vendre ses livres, non pas sans doute ceux de la Sorbonne, pour assister les pauvres.

CHEVREAU (URBAIN) (*Hist. litt. mod.*), savant, pieux & zélé catholique, secrétaire de la reine Christine de Suède, puis conseiller de l'électeur Palatin, se servit, dit-on, de ce dernier emploi pour convertir à la religion catholique la princesse électorale Palatine, depuis seconde femme de M. le duc d'Orléans. Il fut dans la suite précepteur du duc du Maine. Il est particuliérement connu par une *histoire du monde*, plusieurs fois imprimée, & dont la meilleure édition est celle de Paris, 1717, huit volumes *in-12*, avec des additions considérables d'un autre auteur nommé Bourgeois de Chastenel. On a encore de *Chevreau* un roman intitulé: *Tableaux ou effets de la fortune*, & des œuvres mêlées. Il y a aussi un *Chevreana*. *Chevreau* alla mourir en 1701 à Loudun, où il étoit né en 1613. Sa carrière fut longue, paisible & honorable sans éclat.

CHEVREMONT (JEAN-BAPTISTE de) (*Hist. litt. mod.*). L'abbé de *Chevremont*, secrétaire du duc de Lorraine, Charles V, est auteur de plusieurs ouvrages médiocres, entre autres du testament politique du duc de Lorraine, né Lorrain, mort à Paris en 1702.

CHEVREUSE (*Hist. mod.*). Une femme a rendu ce nom très-célèbre, c'est Marie de Rohan-Montbazon, duchesse de *Chevreuse*, femme destinée à une grande faveur, & par son premier mari le connétable de Luynes, & par elle-même. Le connétable étoit favori de Louis XIII; elle fut favorite de la reine Anne d'Autriche. Louis XIII, qui n'avoit de l'amour que la jalousie, crut quelques momens être amoureux de la connétable de Luynes, & n'ayant pas trop bien réussi auprès d'elle, quoique roi, il s'en vengea, en avertissant le connétable de prendre garde au duc de *Chevreuse*, de la maison de Lorraine, qui étoit amoureux d'elle. Bassompierre fit rougir le roi de cette bassesse. (Voir l'article ALBERT. Charles d'). La connétable, après la mort de son mari, épousa le duc de *Chevreuse*, & c'est sous ce nom qu'elle est principalement devenue célèbre. C'est par elle & par des arrangemens relatifs à ses droits matrimoniaux que le duché de *Chevreuse* passa dans la maison d'Albert, & vint à ses enfans du premier lit. Elle aima, elle fut aimée, elle le fut de tous les hommes de la cour: ceux qu'elle aima l'entraînèrent dans les intrigues & dans les affaires; elle y entraîna tous ceux qui l'aimèrent. Elle osa faire la guerre aux deux grandes puissances de son temps, le cardinal de Richelieu & le cardinal Mazarin. Sous Louis XIII, elle fut le conseil & la consolatrice de la reine dans les persécutions que lui suscitèrent l'amour & la haine du cardinal de Richelieu. Elle fut aimée aussi de cet homme terrible, qu'on n'aimoit point, mais qu'on craignoit, & qu'il falloit toujours ménager; elle ne le ménagea point, & il la persécuta doublement, & comme une femme insensible à son amour, & comme l'amie de la reine. Cet amant féroce lui eût fait trancher la tête comme au jeune Chalais, qu'il croyoit mieux traité d'elle que lui, si elle ne se fût enfuie à Bruxelles, d'où ses lettres continuoient de consoler & de fortifier la reine dans ses chagrins. Après la mort de Louis XIII & de Richelieu, elle revint triomphante auprès de la reine toute puissante, elle vint recueillir les fruits de la reconnoissance & de l'amitié. Le crédit du cardinal Mazarin lui parut excessif; par cette raison même, elle eût dû le respecter; elle crut pouvoir l'attaquer, elle fut exilée: elle croyoit, dit le président Hénault, *connoître la cour, parce qu'elle l'avoit connue autrefois*. Connoître la cour, étoit autrefois un grand mot, c'est un de ceux auxquels la philosophie a ôté une partie de leur importance. Nous ignorons si elle connoissoit encore la cour, mais elle connut bien les moyens de la troubler; elle se mit à la tête des frondeurs, elle souleva contre Mazarin le duc de Beaufort, un de ses amans, elle fit redonner pour un temps les sceaux à Châteauneuf, un autre de ses amans, elle fut en intrigue ouverte & toujours changeante avec le cardinal de Retz, auquel elle procura le chapeau. De concert avec la duchesse de Longueville, autre intrigante, illustre héroïne & aventurière d'un grand parti, elle donna pour général aux parlementaires, dans la guerre de Paris, le prince de Conti, que mademoiselle de *Chevreuse* sa fille devoit épouser: elle opposa quelquefois le luxembourg même au palais royal; elle parvint à inspirer des momens de résolution à ce Gaston le plus irrésolu des hommes; c'étoit mademoiselle de *Chevreuse*, aussi intrigante avec peu d'esprit, mais sèche & hautaine, qui se chargeoit de le gouverner comme il avoit besoin d'être gouverné, c'est-à-dire par la crainte. Si Gaston crioit devant elle en tremblant: qu'on ne me mette point mal avec le parlement; je vous défie, répondoit-elle, d'être jamais aussi mal avec le parlement que vous l'êtes avec moi. La princesse Palatine, autre intrigante de cour, avec plus de grandeur & de dignité, entroit aussi dans ces cabales, entraînée par l'activité de la duchesse de *Chevreuse*. Celle-ci survécut à sa fille, qui n'épousa point le prince de Conti, & mourut de la petite vérole au milieu de tous ces troubles. Elle survécut au cardinal Mazarin, & conserva toujours les restes d'un vieil ascendant sur l'esprit de la reine. Ce fut d'elle qu'on se servit pour déterminer la reine mère à sacrifier le surintendant Fouquet, quand on voulut le perdre. Elle mourut en 1679: elle étoit née en 1600, d'Hercule de Rohan, duc de Montbazon. Cette femme qui, jusqu'à près de quatre-vingts ans, fit jouer tant de ressorts, anima tant d'intrigues, conduisit tant d'affaires, étoit-elle une femme d'esprit & de tête? Voici ce qu'en dit le cardinal de Retz, qui avoit tant vécu, tant cabalé avec elle, qui d'ailleurs savoit si bien peindre.

« Je n'ai jamais vu qu'elle en qui la vivacité » suppléât au jugement. Elle avoit des saillies si » brillantes, qu'elles paroissoient comme des éclairs, » & si sages, qu'elles n'auroient pas été désavouées » par les esprits les plus judicieux de son siècle».

CHEVRIER (FRANÇOIS ANTOINE) (*Hist. litt. mod.*). Peut-être est-il nécessaire de prononcer ce nom pour avoir une occasion de dire que tant de libelles de ce mauvais & méchant auteur ne méritent pas plus de confiance qu'ils n'ont obtenu d'estime. Nous n'en rappellerons pas même les titres déja oubliés; il y a aussi de lui quelques écrits innocens, & quelques comédies insipides, dont on pourroit dire les titres sans les rappeller à personne: en tout, c'est une mémoire qu'il ne faut pas empêcher de périr. *Chevrier* est mort en 1762.

CHEYNE (GEORGE) (*Hist. litt. mod.*), médecin célèbre en Angleterre, & membre de la société royale de Londres, mort vers 1748. On a de lui deux ouvrages célèbres; l'un est un *traité de la goute*, où il donne l'usage absolu & continuel du lait comme le remède spécifique pour ce mal. L'autre est intitulé: *de infirmorum sanitate tuendâ vitâque producendâ*. Il a paru traduit en françois, par M. l'abbé de la Chapelle, sous ce titre: *Règles sur la santé & les moyens de prolonger sa vie, ou méthode naturelle de guérir les maladies du corps & celles de l'esprit qui en dépendent*, 2 vol. *in-8°*. Paris, 1749.

CHIABRERA (GABRIEL) (*Hist. litt. mod.*), poëte italien, regardé comme le pindare de l'Italie. Il a laissé des poésies de divers genres. Les lyriques sont les plus estimées. Né à Savonne en 1552, mort au même lieu en 1638.

CHICOT (*Hist. de Fr.*), fou du roi Henri IV, fit prisonnier en 1591, au siège de Rouen, le comte de Chaligny, de la maison de Lorraine; il le présenta au roi en lui disant: *tiens, voilà ce que je te donne*. Le comte indigné d'avoir été pris par un tel homme, lui donna sur la tête un coup d'épée dont il mourut quinze jours après. Ce *Chicot* disoit à Henri IV, qu'il appelloit toujours *monsieur, mon ami* « tout ce que tu fais ne te servira de rien: » si tu ne te fais ou contrefais catholique». Il lui disoit encore quelquefois: « gardes-toi de tomber » entre les mains des seigneurs, il y en a tel qui » te pendroit comme une andouille, & feroit écrire » sur la potence: *à l'écu de France & de Navarre, bon logis pour y rester.* »

CHICOYNEAU (*Hist. litt. mod.*). Ce nom est célèbre dans la médecine, sur-tout à Montpellier, où cinq personnages de ce nom & de cette famille ont été chanceliers de l'université; celui qu'on a connu à Paris & à la cour étoit gendre du fameux Chirac, qu'il remplaça dans l'emploi de premier médecin du roi. On a de lui un ouvrage où il soutient contre l'opinion commune, que la peste n'est point contagieuse; c'étoit aussi le sentiment de Chirac, & *Chicoyneau* s'étoit conduit en homme bien persuadé sur ce point, lorsqu'il avoit été envoyé à Marseille par le gouvernement dans le temps de la peste, il y porta une audace & une confiance qui rendirent l'espérance & firent renaître le courage.

Il mourut à Versailles en 1752. Il étoit né à Montpellier en 1672.

Il eut un fils nommé François, comme lui, & digne de ses pères. Il fut le cinquième chancelier de l'université de Montpellier. Il contribua beaucoup à renouveller & à enrichir le jardin royal des plantes de Montpellier, le plus ancien du royaume, & qui a servi de modèle à celui de Paris. Celui de Montpellier est une des heureuses institutions du règne de Henri IV. M. *Chicoyneau* le fils étoit de l'académie des sciences de Montpellier. Né en 1702, il mourut en 1740, avant son père.

CHIÈVRES. *Voyez* CROY *ou* CROUY,

CHIFFLET (*Hist. litt. mod.*). Quelques savans ont illustré ce nom dans le dernier siècle. Tous étoient de Besançon.

Le plus célèbre est Jean-Jacques, connu comme savant & comme médecin. A ce dernier titre, on a de lui une déclamation assez déraisonnable contre le quinquina. Comme savant, il est plus estimé, quoique ses opinions n'aient pas fait fortune. Il avoit de l'érudition, & auroit pu avoir de la critique; mais la plupart de ses ouvrages savans sont des écrits polémiques & des livres de parti. Employé par le roi d'Espagne, Phillippe IV, dont il étoit médecin ordinaire, il se montre par-tout contraire à la France, jusques dans la généalogie de ses rois. Mort en 1660.

Son fils Jules, grand-vicaire de Besançon, & chancelier de la toison d'or, a fait aussi quelques ouvrages de critique & d'histoire, mais peu connus.

Il y a eu aussi un jésuite de ce nom & de cette famille, nommé Pierre-François, appellé à Paris en 1675, par M. Colbert, pour mettre en ordre les médailles du roi. On a de lui, entre autres ouvrages, une *Lettre sur Béatrix, comtesse de Champagne, & une Histoire de l'abbaye & de la ville de Tournus.* Mort le 5 octobre 1682.

CHILDEBERT, VIe roi de France, THIERRI I, CLODOMIR I, CLOTAIRE I. Aussi-tôt après la mort de Clovis, leur père, ces princes partagèrent ses états, ils en firent quatre lots, qu'ils tirèrent au sort, suivant l'usage: le lot le plus fort échut à Thierri, qui le conserva sans contradiction, quoiqu'il fût né d'une femme à laquelle les historiens ne donnent d'autre titre que celui de concubine. Outre le pays au-delà de la Meuse, que l'on nomma *Austrie* ou *Austrasie*, par opposition à celui d'en-deçà, qui prit le nom de *Neustrie*, il eut quatre villes considérables, Cambrai, Laon, Reims & Châlons-sur-Marne. Clodomir eut le Sénonois, l'Auxerrois, l'Orléanois, la Touraine, le Mans & l'Anjou: le siège de sa domination fut fixé à Orléans, & son royaume prit le nom de cette ville. Clotaire eut le Soissonnois, l'Amiénois, & tout ce qui est au-delà de Somme, entre la Meuse & l'Océan, son siège fut fixé à Soissons. *Childebert* eut le reste de la monarchie, c'est-à-dire, Meaux, Paris, Senlis, Beauvais, & tout ce qui est depuis ce pays, entre la Somme & la Seine, jusqu'à l'Océan, avec les villes & le territoire de Rouen, de Bayeux, d'Avranches, d'Evrenx, de Séez, de Lisieux, de Coutances, de Rennes, de Vannes & de Nantes: il tint son siège à Paris. Comme cette ville est devenue dans la suite la capitale de la monarchie, les historiens ont donné à ce prince le titre de roi de France, exclusivement à ses frères, quoiqu'ils y eussent au moins autant de droit que lui. On fit un partage particulier de l'Aquitaine; l'égalité n'y fut point observée: Thierri eut encore la portion la plus forte; on lui donna l'Auvergne, le Rouergue, le Querci, le pays des Albigeois & d'Uzès: ce pays étoit dû à sa valeur, il l'avoit conquis sous le règne de son père. Ses frères partagèrent le reste de cette province en portions à-peu-près égales.

Les quatre premières années de ce règne ne furent agitées par aucune tempête. Les historiens de ce temps, qui n'estimoient que les exploits militaires, n'ont pas daigné nous entretenir des exercices auxquels ils se livrèrent. Un prince Danois, nommé *Cochiliac*, vint troubler leur repos: cet aventurier fit une descente sur les terres de France, dont il réclamoit l'empire, comme étant descendu de Clodion: ses premiers pas furent marqués par la flamme & par le pillage. Théodebert, fils de Thierri, marcha contre lui, le défit & le tua lorsqu'il remontoit sur sa flotte: une guerre plus mémorable réunit le royaume de Bourgogne à la monarchie, elle dura depuis l'an 523 jusqu'en 531. Tous les princes de la maison de Bourgogne y périrent, non pas tous les armes à la main. Les premiers siècles de notre histoire sont remplis d'atrocités à peine concevables dans le nôtre. Clodomir, devenu maître de la personne de Sigismond & de la famille de ce prince, les fit tous précipiter dans un puits: le barbare ne recueillit point le fruit de cette cruauté, il périt lui-même, dit-on, par la perfidie de Thierri, lorsqu'il poursuivoit Gondemar, frère de Sigismond. Sa famille fut traitée à-peu-près comme il avoit traité celle du roi de Bourgogne; de trois fils qu'il avoit, deux furent égorgés; le troisième échappé au couteau de Clotaire, chercha son salut dans l'obscurité: ce prince se consacra au culte des autels; c'est lui que l'on invoque sous le nom de *Saint-Cloud.* Qui croiroit que ce même Clotaire épousa Gondiuque, veuve de Clodomir, dont il massacra les enfans? Jamais prince ne fut moins réglé dans ses passions: il porta l'abus du mariage au point, qu'ayant déja pour femmes Gondiuque & Indegonde, il épousa Arégonde, sœur de cette dernière, dont il eut des enfans; ces traits font assez connoître la licence de ses mœurs. Le roi d'Austrasie faisoit des préparatifs pour porter la guerre au-delà du Rhin, contre Hermenfroi,

Hermenfroi, roi de Thuringe; il réclamoit le prix des secours qu'il lui avoit fournis contre Balderic, son frère: Hermenfroi fut vaincu & précipité du haut des murs de Tolbiac, où il étoit venu trouver Thierri pour conférer sur les moyens de rétablir la paix. La Thuringe réduite en province, fut le fruit de cette perfidie : Clotaire avoit puissamment secondé Thierri dans cette guerre, il eut pour récompense tous les trésors qui se trouvèrent dans le palais d'Hermenfroi; il n'avoit pris les armes qu'à cette condition. Thierri eût bien voulu ne pas l'accomplir, on dit même qu'il forma le projet de l'assassiner pour s'en dispenser : jamais l'ambition ne fit commettre plus de crimes. Tandis que le roi d'Austrasie précipitoit du haut des murs de Tolbiac un ennemi désarmé, & qu'il prenoit des mesures pour faire assassiner le roi de Soissons, le roi de Paris cherchoit un prétexte pour les dépouiller l'un & l'autre; & sur une prétendue nouvelle que Thierri étoit mort, il avoit fait une irruption dans l'Auvergne, qui s'étoit soumise à sa domination; cette hostilité ne resta pas impunie, plusieurs seigneurs ressentirent les effets de la colère du prince que leur défection avoit offensé. Un aventurier marchant sur les traces de Cochiliac, réclama le royaume d'Austrasie, comme prince du sang royal : cet aventurier s'appelloit *Munderic* : ses prétentions furent appuyées, il soutint même une guerre régulière. Le roi ne le vit pas de sang-froid, il le poursuivit avec chaleur & le resserra dans Vitri en Pertois; mais les longueurs d'un siège étoient incompatibles avec son impatience, il le fit assassiner. Ce fut après cet assassinat que fut consommé le massacre des fils de Clodomir par Clotaire & *Childebert*. Il est probable que Thierri fut admis au partage de leurs dépouilles; le Maine, que possédèrent ses descendans, & son inaction après le meurtre de ses neveux, justifient cette conjecture; il mourut peu de temps après. Théodebert, son fils, lui succéda. Il étoit âgé de 55 ans, dont il avoit régné 23. Ce prince, dit un moderne, n'eut rien de médiocre, ni vices, ni vertus : grand roi, méchant homme, jamais, ajoute-t-il, monarque ne gouverna avec plus d'autorité, jamais politique ne respecta moins les droits de l'humanité. Je ne vois pas quelle grande vertu cet écrivain lui suppose. Thierri fut un grand général; du courage & des talens suffisent pour l'être, mais il faut des vertus pour mériter le titre de grand roi, & c'est déshonorer la politique que de la confondre avec la plus insigne perfidie. Théodebert, son fils, se mit aussi-tôt en possession de ses états, malgré les efforts de Clotaire & de *Childebert*, qui se réunirent à dessein de l'en dépouiller; ils s'étoient déja présentés aux peuples pour en recevoir le serment de fidélité, ce qui suffisoit alors pour avoir l'empire. Les François, sous la première & sous la seconde race, étoient libres de leur suffrage, pourvu qu'ils se donnassent à un prince du sang royal, & celui qui se présentoit le premier étoit toujours sûr de l'obtenir, s'il étoit assez puissant pour se faire craindre. Jusqu'ici les François ne s'étoient encore signalés que dans les Gaules : ils saisirent avec empressement l'occasion de se faire connoître au-delà des Pyrénées. Les orthodoxes d'Espagne faisoient des plaintes continuelles contre les Visigoths Ariens. Ce fut sur ce prétexte que *Childebert* & Clotaire leur déclarèrent la guerre. Ici les historiens de France & d'Espagne sont partagés; ceux-ci prétendent que les François furent battus & contraints de marchander à prix d'argent le passage des Pyrénées; les autrres prétendent que leur entrée en Espagne fut signalée par d'éclatantes victoires, qu'ils soumirent l'Arragon & mirent le siège devant Sarragosse; mais certaines particularités, dont nos historiens accompagnent leur récit, nous le rendent fort suspect. Suivant eux, Clotaire & *Childebert* alloient entrer dans Sarragosse, lorsque les Visigoths parurent en procession sur les remparts : les deux rois, ajoutent-ils, furent tellement touchés de cette pompe religieuse, qu'ils ordonnèrent de cesser l'assaut, & se contentèrent de la tunique de Saint-Vincent, que leur donnèrent les assiégés. Cette particularité est-elle croyable dans Clotaire? ce monarque, qui avoit massacré ses propres neveux, qui s'étoit souillé de plusieurs incestes, portoit-il si loin son respect pour les choses saintes? (Rien de plus ordinaire que ce mélange de crimes & de dévotion, sur-tout dans ces temps-là). Cependant Théodebert & Théodebalde, l'un fils, l'autre petit-fils de Thierri, l'avoient successivement remplacé dans le royaume d'Austrasie, & avoient montré des qualités dignes du trône, où ils n'avoient fait que paroître; une mort prématurée les avoit enlevés l'un & l'autre. Clotaire, dont nous avons fait connoître le peu de scrupule dans ses alliances, qui avoit épousé la veuve de son frère & la sœur de sa femme, épousa encore sans remords la femme de Théodebalde, son petit-neveu : l'ambition & non pas l'amour présida à ce nouveau mariage, ou plutôt à ce nouvel inceste : Clotaire le consomma pour s'assurer la possession de l'Austrasie, dont il s'étoit emparé, & dont il ne vouloit faire aucune part à *Childebert* : celui-ci n'osant reclamer les loix du partage, se vengea de l'injustice de son frère en semant le trouble dans son royaume; il excita ses sujets & ses enfans à la révolte. Les Saxons déployèrent le premier étendard de la guerre civile, ils la soutinrent avec courage & non sans quelques succès : ils furent tantôt vainqueurs & tantôt vaincus; Clotaire fut même contraint de leur accorder la paix à des conditions modérées. *Childebert* mourut au milieu de cette guerre que sa vengeance secrète avoit allumée, il ne laissoit point d'enfans mâles; Ultrogote, sa femme, fut exilée aussi-tôt après sa mort, ainsi que ses deux filles Chrodeberge & Clodezinde. Ce prince étoit aussi méchant que ses frères; & s'il commit moins de crimes, ce fut en lui impuissance du vice & non pas amour de la vertu : ce fut lui qui conseilla le meurtre des enfans de Clodomir, ses neveux: ses cendres reposent dans l'église de

Saint-Germain-des-prés, où son tombeau se voit encore. Cependant l'incendie que Clotaire venoit d'éteindre dans la Saxe, se rallumoit dans la Bretagne; Chramne, l'aîné de ses fils, & celui qu'il avoit le plus tendrement aimé, paroissoit à la tête des rebelles: le roi en tira une vengeance effrayante; la Bretagne fut ravagée, Chramne fut vaincu, fait prisonnier, & lié sur un banc: ce fut dans cette posture qu'il périt au milieu des flammes: un repentir amer suivit bientôt le supplice du rebelle, & s'empara du cœur du monarque. Clotaire éprouva qu'on ne viole point impunément les droits de la nature, & qu'un père ne sauroit être barbare envers ses fils, sans éprouver ses vengeances. Une fièvre violente, excitée par les regrets de la mort de Chramne, le conduisit au tombeau dans la soixantième année de son âge: son règne fut d'environ cinquante-un ans; son ame fut déchirée de remords, il détestoit surtout son orgueil; sa maladie lui fit sentir le néant de sa grandeur: « que ce Dieu du ciel, disoit-il dans son lit de mort, » est puissant! voyez comment il traite » les rois de la terre ». On a remarqué qu'il mourut précisément un an après, le même jour & à la même heure qu'il avoit fait brûler Chramne (rapport vraisemblablement supposé comme tous ces raports si exacts). Cherebert, Gontrand, Sigebert & Chilperic, ses fils, conduisirent son corps dans la plus grande pompe, de Compiegne où il mourut, à Croui, près de Soissons, où il fut inhumé dans l'église de Saint-Médard, qui lui doit sa fondation. Outre les quatre princes que nous venons de nommer, Clotaire eut une fille, nommée *Glodozinde*, qui fut mariée à Alboin, roi des Lombards: quelques écrivains lui donnent une seconde fille, nommée *Blitilde*, dont ils font descendre les rois de la seconde race. (*M--Y.*)

CHILDEBERT III, dix-huitième roi de France, frère & successeur de Clovis III, naquit vers l'an 683 de Thierri IV & de Clotilde: il monta sur le trône en 685, âgé d'environ onze à douze ans. La puissance souveraine étoit alors entre les mains des maires du palais. Les rois, dégradés par ces ambitieux ministres, ne conservèrent plus qu'un vain titre. Le jeune monarque fut relégué, à l'exemple de son père & de son frère, dans une maison de plaisance, où Pepin lui procura tout ce qui pouvoit contribuer à ses plaisirs, & rien de ce qui pouvoit l'instruire, ou lui inspirer des sentimens dignes de son rang. Ce ministre, qui ne songeoit qu'à égarer sa jeunesse, lui fit croire qu'il étoit indigne d'un roi de France de descendre dans les détails du gouvernement; que son sang étoit trop précieux pour qu'il dût s'exposer au danger des guerres, & qu'enfin il étoit dangereux de paroître trop souvent en public, que l'on s'exposoit à diminuer la vénération du peuple & des grands. Ces lâches conseils, plus conformes au génie des Asiatiques qu'à celui des Européens, furent adoptés par un prince sans expérience, & dont le cœur trop facile étoit susceptible de toutes les impressions. Il ne faut donc pas s'étonner, dit un moderne, que *Childebert* ait vécu, sans avoir seulement pensé qu'il dût agir ni qu'il dût faire autre chose que de se montrer le premier jour de mars aux grands seigneurs, pour en recevoir les présens accoutumés. Tel fut l'usage constant sous la première & sous la seconde race; jamais les grands n'approchoient du trône sans faire quelque offrande au souverain. Ce tribut volontaire, qui faisoit honneur & au monarque & au sujet, formoit, sous la direction du grand-chambellan & de la reine, un trésor d'où l'on tiroit les présens pour les princes étrangers, ou pour les militaires qui s'étoient distingués par quelque action d'éclat. On ne voit pas, disent les écrivains du temps, que pendant les dix-sept années qu'il porta le titre de roi, il se soit passé la moindre chose par où l'on puisse conjecturer qu'il ait soupçonné l'état de servitude où le retenoit Pepin, ni qu'il ait fait le plus léger effort pour s'en affranchir. J'ose cependant croire que *Childebert* fit quelque action louable, & qu'il ne fut pas toujours assoupi dans le sein des voluptés, puisqu'il conserva le titre de juste, contre lequel, s'il ne l'eût pas mérité, tous les historiens, dont la plupart furent les esclaves de Pepin, n'auroient pas manqué de réclamer. Son règne fut fécond en événemens militaires; mais comme on en doit tout le succès à Pepin, on ne peut les séparer de l'histoire de ce ministre. Les François se disposoient à entrer en Allemagne lorsque l'on reçut les premières nouvelles de sa mort. Elle arriva le 15 avril 711; il fut inhumé près de Clovis III, son frère, dans l'église de Saint-Étienne de Choisy-sur-Oise, au-dessus de Compiegne, où il étoit tombé malade. Il laissoit un fils nommé *Dagobert*, dont Pepin, suivant sa politique, dégrada les sentimens pour le tenir dans sa dépendance. (*M--Y.*)

CHILDEBRAND (*Hist. de France*), frère de Charles-Martel, prince inconnu, dont il a plu au sieur de Sainte-Garde, aumônier du roi, de faire le héros d'un poëme épique, & à quelques généalogistes de faire la tige de la troisième race de nos rois:

Qui de tant de héros va choisir *Childebrand*,

a dit Boileau. Le nom du sieur de Sainte-Garde est Charles Carel; le titre de son poëme: *Childebrand, ou les Sarrasins chassés de France.* Ce poëme a eu trois éditions en trois ans, 1666, 1667 & 1668.

CHILDERIC I, quatrième roi de France (*Hist. de France*), succéda à Mérouée, son père, l'an 458. Ce prince aimable & voluptueux fut forcé de s'exiler pour se soustraire au ressentiment de la nation, dont il avoit violé les mœurs, en corrompant les femmes par la force, ou par l'attrait de la séduction. On ne sait si cette révolution fut l'ouvrage d'une délibération réfléchie ou d'un soulèvement subit, ce qu'il n'étoit pas indifférent de connoître. Les passions de *Childeric* ne le quittèrent point pendant son éxil, il souilla la couche de Bazin, roi de Thuringe, qui l'avoit reçu à sa cour. Cependant la fidélité de Viomade, son ministre ou son favori, qui l'avoit déja délivré de la captivité où l'avoient retenu les Huns, après qu'ils eurent chassé Mérouée, son père, du territoire de Cologne, prépara le retour de *Childeric* : son rétablissement ne se fit pas sans effusion de sang ; la nation s'étoit soumise à Gilon, prince qui avoit autant de valeur que d'expérience dans l'art militaire ; *Childeric* courut de grands dangers, sur-tout devant Paris, dont il fit le siège. Il étoit à peine paisible possesseur de ses états, que l'on vit arriver la femme du roi de Thuringe, qui venoit lui offrir des faveurs dont il s'étoit montré jaloux lorsqu'il étoit à la cour du roi, son mari. « Si je connoissois, lui dit cette princesse, un » homme plus généreux que toi, j'irois le trouver, » fût-il aux extrémités de la terre ». *Childeric* la reçut, & ce fut de leur union que naquit Clovis, qui porta si haut la gloire du nom françois, & qui fut vraiment le fondateur de notre monarchie. La valeur de *Childeric*, qui l'avoit si bien servi contre Gilon, fut encore justifiée par plusieurs victoires sur les Saxons qui menaçoient Angers, & sur les Alains nouvellement établis sur les bords de la Loire: ceux-ci subirent le joug des François, qui se mirent dès-lors en possession de l'Anjou & de l'Orléanois. On ne sait dans quelle ville *Childeric* établit le siège de sa domination, peut-être n'eut-il point d'endroit déterminé. Son tombeau fut découvert à Tournai dans le dernier siècle; on le reconnut à un anneau d'or, sur lequel son nom étoit gravé en lettres romaines, autour de son effigie: cet anneau se voit à la bibliothèque du roi, avec les autres curiosités que renfermoit son tombeau. *Childeric* est représenté avec une longue chevelure & tenant un javelot de la main droite. Le squelette de son cheval, que l'on avoit enterré avec lui, suivant l'usage des Francs, étoit peu endommagé: on trouva parmi les ossemens du cheval une petite tête de bœuf, d'or massif, avec une quantité prodigieuse d'abeilles de même métal, & couvertes d'émail en plusieurs endroits. La mort de *Childeric* se rapporte à l'an 481 ; il avoit environ quarante-cinq ans, dont il avoit régné vingt-trois à vingt-quatre: on ne lui connoît que quatre enfans, Clovis, qui lui succéda, & trois filles, Audeflède, Aboflède & Lantilde. (*A. R.*)

CHILDERIC II, quatorzième roi de France, naquit l'an 652, de Clovis II & de Batilde: il vécut sous la tutelle & sous l'empire de Batilde, sa mère, jusqu'au temps de la retraite de cette princesse dans le monastère de Chelles, où elle entra en religion. Il avoit été couronné roi d'Austrasie; mais on sait que les princes de la première race, depuis Dagobert I, n'offrirent que des fantômes de royauté; aucun ne parvint à un âge mûr, sans doute par la perfidie des maires du palais, qui furent leurs tyrans plutôt que leurs ministres. *Childeric II*, qui n'étoit pas d'un caractère propre à répondre aux soins de sainte Batilde, sa mère, devint l'esclave de Vulfoade : ce maire le trouva tel qu'il le pouvoit desirer : on lui donna pour conseil un évêque d'Autun, appellé Leger, dont Vulfoade lui fit un devoir de suivre les avis. Cependant la mésintelligence qui se mit entre ces deux ministres détermina le roi à tenter de secouer le joug sous lequel ils le tenoient; il relégua même Leger, son conseil, au couvent de Luxeul, mais il ne lui fut pas aussi facile de rompre le joug de son maire; ce fut en partie par l'instigation de ce ministre qu'il maltraita plusieurs seigneurs: un d'entre eux, nommé Bodillon, l'assassina, pour se venger de ce qu'il l'avoit fait fustiger: la reine Belichilde, sa femme, ne fut point épargnée, ainsi que Dagobert, son fils ; tous trois périrent dans la même heure, dans le même massacre. Vulfoade auroit eu le même sort s'il ne s'étoit point soustrait par la fuite aux coups des assassins.

Le corps de *Childeric II*, & celui de Belichilde, furent portés dans l'abbaye de Saint-Germain-des-prés: un auteur a prétendu qu'ils furent inhumés à Rouen, dans l'église de Saint-Pierre, aujourd'hui Saint-Ouen; mais en creusant les fondemens d'un bâtiment qu'on vouloit élever dans l'église de Saint-Germain-des-prés, en 1656, on découvrit deux tombeaux de pierre qui se joignoient, que de judicieux critiques ont pris pour celui de ce prince & de sa femme. Dans le premier, on trouva le corps d'un homme, avec quelques restes d'ornemens royaux, & cette inscription : *Childr. rex* ; le second contenoit le corps d'une femme & celui d'un enfant.

Childeric avoit régné onze ans, & il en avoit environ vingt-trois. Outre son fils, qui périt avec lui, l'histoire lui en donne un autre, appellé *Daniel;* c'est le même qui régna dans la suite sous le nom de *Chilperic II.* (*A. R.*)

CHILDERIC III, vingt-unième roi de France. Le nom de *Childeric* n'est point heureux dans notre histoire; le premier fut éxilé ou plutôt chassé du trône ; le second fut assassiné ; le troisième, après avoir joué le plus triste rôle, ou plutôt après n'en avoir joué aucun, fut dégradé & déposé par les intrigues du pape Zacharie & de Pepin-le-Bref, qui monta sur le trône: cette étonnante révolution se fit sans aucune effusion de sang. *Childeric*, après avoir eu les cheveux coupés, entra dans un monastère que l'histoire ne nomme pas; quelques-uns le plaignirent, aucun n'osa murmurer: Pepin étouffa toutes les voix par la terreur, ou les ferma par des largesses. *Childeric* fut sur le trône depuis l'an 743 jusqu'à l'an 752: on ne sait de qui il étoit fils; les uns ont prétendu qu'il étoit fils de Clotaire III, d'autres lui donnent pour père Dagobert II: une troisième opinion est, qu'il étoit fils de Thierri de Chelles; mais les meilleurs critiques assurent qu'il descendoit de *Childeric II*, par Daniel, qui régna sous le nom de *Chilperic II.* Il fut surnommé l'*Imbécille*, sans doute, par une suite de la tyrannie de Pepin, qui n'aura pas manqué de flétrir la mémoire d'un prince dont il avoit osé prendre la place : ce fut un des moyens qu'il mit en usage pour assurer la couronne à sa postérité. (*M--Y.*)

CHILON (*Hist. anc.*), un des sept sages de la Grèce. On sait peu de chose de lui. Il étoit Lacédémonien ; ce fut lui, dit-on, qui fit graver en lettres d'or, dans le temple de Delphes, la fameuse maxime, *Γνωτι σεαυτον nosce te ipsum ; connois-toi toi-même.*

Garder le secret, savoir employer le temps, souffrir les injures sans murmurer, étoient, disoit-il, les trois choses les plus nécessaires & les plus difficiles : il écrivoit à Périandre, tyran de Corinthe, qu'un tyran devoit s'estimer heureux quand il parvenoit à échapper au fer & au poison ; c'est ce que Juvenal a exprimé dans ces deux vers :

Ad generum Cereris sine cæde & vulnere pauci
Descendunt reges & siccâ morte tyranni.

Il disoit que la pierre de touche est l'épreuve de l'or, & que l'or est l'épreuve & la pierre de touche de la probité.

Il se rendoit enfin, en mourant, ce témoignage, qu'il ne se reprochoit rien dans toute sa vie, si ce n'est peut-être d'avoir fait une fois pancher la balance du côté d'un ami dans un jugement, en quoi il ne savoit pas bien, disoit-il, s'il avoit bien ou mal fait. Il mourut de joie, en embrassant son fils, vainqueur au Pugilat, dans les jeux olympiques. Il vivoit environ cinq ou six siècles avant J. C.

CHILON est aussi le nom d'un athlète célèbre de Patras dans le Péloponèse, vaincu & assommé par Antipater, roi de Macédoine, après avoir été deux fois vainqueur aux jeux olympiques, une fois aux jeux pythiques, quatre fois aux jeux isthmiques, trois fois aux jeux néméens.

CHILPERIC, fils & successeur de Clovis (*Hist. de France*), régna comme roi de Soissons, depuis l'an 561 jusqu'en 570, & depuis cette dernière époque jusqu'en 584, comme roi de Soissons & de Neustrie. *Voyez* CARIBERT.

CHILPERIC II, dix neuvième roi de France, successeur de Dagobert III, fils de Childeric II. Ce prince avoit quarante-cinq ans lorsqu'il monta sur le trône. Il y fut appellé par la fidélité de Rainfroi, maire du palais, qui le tira de l'obscurité du cloître, où il languissoit depuis son extrême enfance : il y étoit connu sous le nom de *Daniel.* Ce monarque, suivant la judicieuse remarque d'un moderne, ne doit point être rangé dans la classe des rois fainéans. Il eut toujours les armes à la main ; & il est à croire que s'il eût eu un ennemi moins redoutable & moins dangereux que Charles Martel, il seroit parvenu à tirer les princes de sa race de l'avilissement & du mépris où ils étoient tombés depuis la mort de Dagobert I. Il soutint plusieurs combats contre Charles Martel ; mais c'étoit vainement qu'il prétendoit tenter la fortune des armes contre un aussi grand général : il fut vaincu & forcé de mendier un asyle chez Eudes, duc d'Aquitaine, qui l'avoit assisté dans ses guerres, moins comme sujet que comme allié. Charles Martel ne le laissa pas long-temps dans cette retraite ; il l'envoya redemander à Eudes, qui ne put se dispenser de le lui livrer. Charles Martel eût bien voulu être roi : il en avoit bien la puissance ; mais ce titre manquoit à son ambition. Les François ne paroissoient pas disposés à le lui donner. Il continua de gouverner sous le titre de maire du palais ; & voyant que c'étoit inutilement qu'il laissoit le trône vacant, que la nation ne l'invitoit pas à s'y asseoir, il y plaça *Chilperic II*, qu'il venoit d'en faire descendre ; mais il ne lui rendit que le sceptre, & s'en réserva toute l'autorité. *Chilperic II* régna encore deux ans après ce rétablissement : il mourut à Noyon, & y reçut les honneurs funèbres. L'histoire n'a pas daigné s'occuper de sa vie privée : elle ne dit rien de ses vertus ni de ses vices. (*M—Y.*)

CHINDASUINTHE, roi des Visigoths (*Histoire d'Esp.*). Communément la tyrannie succède à l'usurpation ; car ce n'est guère que par la terreur des supplices & l'atrocité des vengeances qu'un usurpateur peut contenir ses sujets indignés, & se maintenir sur le trône, où la force & l'injustice l'ont élevé. *Chindasuinthe* pourtant, quoiqu'il eût en quelque sorte usurpé la couronne des Visigoths, se fit aimer & respecter ; on ne lui reprocha que l'ambition outrée, & les moyens trop violens qui lui avoient acquis le sceptre. Son prédécesseur Tulga, fils du bon Chintila, mécontenta la nation par sa foiblesse, son inexpérience, sa douceur & sa grande jeunesse. Le peuple murmura ; & les grands, toujours avides de changemens & de révolutions, s'assemblèrent & décidèrent que, pour éviter les malheurs que l'incapacité du prince pourroit causer, il étoit nécessaire de le détrôner, & de confier le sceptre à des mains plus habiles. Cette résolution prise, les grands se choisirent pour souverain *Chindasuinthe*, l'un des plus vieux d'entre eux, & qui leur paroissoit aussi le plus capable de tenir les rênes du gouvernement. Plein de reconnoissance, *Chindasuinthe*, qui vraisemblablement avoit puissamment influé sur la délibération des grands, se hâta d'aller, suivi de ses partisans, attaquer & précipiter du trône le malheureux Tulga, auquel il fit en même temps couper les cheveux, ce qui, suivant les loix visigothes, excluoit pour toujours de la royauté. A la suite de cet acte de violence, *Chindasuinthe* prit, sans opposition, la couronne, dans le mois de mai 642 ; mais peu de jours après, les anciens partisans de Chintila & ceux de Tulga, son fils, se soulevèrent, allumèrent le feu de la guerre civile, & excitèrent des séditions en plusieurs villes du royaume.

Le roi, malgré son âge avancé, rassembla promptement une armée, en prit lui-même le commandement, marcha contre les rebelles, les battit toutes les fois qu'ils osèrent se présenter, & obligea, par la terreur de ses armes, les factieux & tous les habitans d'Espagne à le reconnoître pour leur souverain. Tandis qu'il étoit occupé à réprimer ce soulèvement, Ardabaste, jeune aventurier, que la plupart des historiens ont regardé comme le fils du roi Athanagilde, arriva en Espagne. *Chindasuinthe* lui fit l'accueil le plus distingué, lui donna sa confiance, & peu de temps après lui fit épouser l'une de ses plus proches parentes. Ardabaste se montra digne de la haute considération qu'avoit pour lui son bienfaiteur; ses rares qualités, sa valeur, & l'affabilité de son caractère le rendirent agréable à la nation; il fit plus, & par l'estime qu'il avoit lui-même pour *Chindasuinthe*, il parvint à détruire l'idée peu avantageuse que le peuple avoit de son roi, qui, à son usurpation près, étoit, à tous égards, digne du rang qu'il occupoit. Aussi-tôt que le calme fut rétabli dans le royaume, *Chindasuinthe* convoqua & tint à Tolède un concile, dans lequel furent faits & publiés plusieurs réglemens concernant les affaires de l'état. Par l'un des canons de ce concile, les évêques prononcèrent l'excommunication contre tous ceux qui, révoltés contre l'autorité du roi, imploreroient, pour soutenir leur rebellion, le secours des étrangers. Il ne paroît pas que, les premières dissentions terminées, le règne de *Chindasuinthe* ait été agité par aucun trouble; ce monarque se fit chérir & respecter par sa sagesse, sa douceur & sa bienfaisance. Les Visigoths lui furent si fort attachés, que, dans la septième année de son règne, les grands consentirent qu'il s'associât son fils Recesuinthe, qui fut élu le 22 juin 649. Alors *Chindasuinthe*, accablé sous le poids des années, remit, pour ne plus les reprendre, les rênes du gouvernement à son fils, & ne songea plus qu'à goûter les douceurs d'une vie paisible & retirée; il répandit encore beaucoup de bienfaits, fonda le monastère de Saint-Romain d'Ornisga, soulagea les pauvres par les abondantes aumônes qu'il leur fit distribuer, & mourut âgé de quatre-vingt-dix ans, le premier octobre 652, dans la onzième année de son règne. Les historiens de son temps, & ceux qui leur ont succédé, disent unanimement qu'il fut homme de lettres autant qu'on pouvoit l'être alors; qu'il cultiva les sciences, chérit les savans, & qu'il envoya Tajus ou Tajon, évêque de Sarragosse, homme très-éclairé, à Rome, pour y chercher les ouvrages du pape Grégoire-le-Grand, qu'on n'avoit pu encore se procurer en Espagne. Cette députation fait tout au moins autant d'honneur à *Chindasuinthe* qu'eût pu lui en faire la plus éclatante victoire (*L. C.*)

CHINTILA ou SUINTILA, roi des Visigoths (*Hist. d'Esp.*). Ce prince fut zélé pour la religion; il ne fit rien sans consulter les évêques de son royaume; il paroît, par quelques loix qu'il publia & fit confirmer par les prélats assemblés en concile, qu'il aima la justice, le bon ordre, & ne négligea rien pour rendre ses peuples heureux: voilà tout ce qu'on sait de ce souverain, ou plutôt tout ce qu'il est possible de conjecturer, d'après le petit nombre de faits que les annalistes de son temps ont jugé à propos de nous transmettre: ils nous apprennent que le roi Sisenand étant mort dans le mois de mars 636, il s'éleva quelques différends entre les électeurs, qui ne se réunirent que dans le mois suivant, en faveur de *Chintila*, qui fut élu & proclamé avec acclamation. Le nouveau monarque se hâta d'assembler un concile à Tolède, pour y régler les affaires de l'état & celles de l'église. Cette assemblée s'occupa fort peu de la discipline ecclésiastique, mais beaucoup du gouvernement civil; il faut croire qu'alors les conciles tenoient lieu de conseil d'état. Par l'un des canons qui furent faits & publiés, les évêques déclarèrent excommunié quiconque manqueroit à la fidélité promise au souverain. Par un autre, la même peine d'excommunication fut prononcée contre tout sujet ambitieux qui, n'ayant point les connoissances ni les talens nécessaires pour gouverner, ou qui, n'étant point Goth d'origine, tenteroit de s'élever au trône. On lit dans un autre canon, que tous ceux qui, pendant la vie du prince, chercheront à s'instruire par la voie des maléfices ou autrement, du temps de sa mort, & qui feront des vœux à cet effet, dans l'espoir de lui succéder, seront excommuniés, ainsi que ceux qui maudiront le monarque, ou qui jetteront quelque sort sur lui. On lit avec plus de plaisir deux canons faits dans ce concile, & qui supposent, soit dans *Chintila*, soit dans les évêques, les vues les plus sages: par l'un, il est statué que les sujets dont les services auront été récompensés par le roi, jouiront paisiblement des bienfaits qu'ils auront reçus, afin que l'agrément de leur situation excite les autres citoyens à se rendre également utiles. Le dernier canon de ce concile paroît avoir été proposé par le souverain, & il honore bien sa mémoire. Par ce canon, il fut réglé que désormais les rois des Visigoths auroient le droit de faire grace aux criminels, même condamnés, ou de modifier les peines prononcées, toutes les fois qu'ils le jugeroient à propos. Ainsi *Chintila*, dans un siècle peu éclairé, eut la gloire de connoître & de se faire accorder le privilège le plus brillant & le plus précieux de la royauté. Environ deux années après, le roi des Visigoths publia un édit qui ne nous paroît pas répondre à la haute idée que le concile de Tolède nous avoit donnée de sa profonde sagesse. Par cet édit, le roi *Chin-*

tila ordonna l'expulsion totale des Juifs de ses états, & cela, parce qu'il veut que tous ses sujets professent le catholicisme. Les auteurs de l'*Histoire universelle, depuis l'origine du monde jusqu'à nos jours, tome XXVIII, pag.* 52, disent que l'on ignore si les Juifs avoient donné lieu par quelque action particulière à cette rigueur. Il nous semble que cette observation n'est pas bien réfléchie ; car il est évident que si les Juifs s'étoient attiré ce châtiment par quelque action particulière, *Chintila* auroit eu grand soin d'en faire mention dans son édit, puisque dans tous les temps on n'a jamais manqué à justifier les mauvais traitemens exercés contre cette nation, par les crimes vrais ou faux qu'on leur a imputés. D'ailleurs, *Chintila* annonçant, par son édit, qu'il n'expulse les Juifs de ses états, que parce qu'il veut que tous ses sujets professent la religion chrétienne, il est évident que cette expulsion fut uniquement l'effet du zèle outré du prince & de son fanatisme. Cet édit fut rigoureusement exécuté ; & quand il ne resta plus de Juifs dans le royaume des Visigoths, il y eut à Tolède un nouveau concile, qui, à la suite de quelques réglemens concernant les affaires de l'état, finit par faire des remerciemens au roi sur sa conduite édifiante, & sur sa pieuse rigueur envers les Juifs : les évêques assemblés lui rendirent graces au nom de toute la hiérarchie ecclésiastique, & le recommandèrent à la protection divine. *Chintila* continua, dit-on, de gouverner encore quelque temps, avec autant de modération que d'équité, & il mourut vers le commencement de l'année 640, au grand regret des Visigoths, qui, sous son règne, avoient joui d'une profonde paix. (*L. C.*)

CHIRAC (PIERRE) (*Hist. mod.*), un des plus grands hommes dans la médecine, précepteur, puis beau-père de M. Chicoyneau, eut son élève & son gendre pour successeur dans la place de premier médecin du roi, qu'il avoit remplie après M. Dodart, mort en 1730. En 1728, il avoit obtenu des lettres de noblesse. M. *Chirac* étoit né en 1650, à Conques en Rouergue, d'une famille pauvre : il mourut riche, premier médecin du roi, premier médecin de son siècle, & ayant eu la satisfaction de transmettre sa fortune au fils de celui qui en étoit l'auteur. Il avoit regardé comme une ressource d'entrer dans l'état ecclésiastique, & de consacrer ses soins à l'éducation de M. Chicoyneau. Le père de son élève démêla le vrai talent de *Chirac* ; il le détermina, par ses conseils, à l'étude & à l'exercice de la médecine ; il fit ce présent au genre humain : *idque pulcherrimum donum generi mortalium dedit.* TAC. Il s'acquitta, en donnant sa fille au fils de son bienfaiteur, & en mettant son gendre à portée de succéder à sa place comme à ses biens.

M. *Chirac* fit révolution dans la médecine : il introduisit l'usage de la saignée du pied dans la petite-vérole, ayant remarqué que dans ceux qui étoient morts de cette maladie, il y avoit inflammation de cerveau, & que si la saignée avoit souvent été suivie de la mort, c'est qu'on y avoit toujours recours trop tard.

Il régla aussi la manière de traiter une autre maladie du même nom. M. Silva disoit qu'il appartenoit à M. *Chirac* d'être législateur en médecine.

M. le duc d'Orléans, blessé dangereusement au poignet à ce désastreux siège de Turin, étoit sur le point de perdre le bras : M. *Chirac* imagina de lui faire mettre le bras dans des eaux de Balaruc, ce qui produisit une guérison prompte, parfaite & presque miraculeuse.

M. *Chirac* & M. Chicoyneau (Voir l'article CHICOYNEAU), étoient persuadés que la peste n'étoit pas contagieuse, idée qui fut très-utile aux malheureux habitans de Marseille, que M. Chicoyneau alla traiter avec une confiance fondée sur cette théorie. Quoi qu'il en soit, dit M. de Fontenelle, « de cette opinion si paradoxe, il seroit difficile qu'elle fût plus dangereuse & plus funeste aux peuples que l'opinion commune ».

M. *Chirac* réussit à Paris à force de mérite, & avec tout ce qu'il falloit pour ne pas réussir. Il parloit peu, séchement & sans agrément .... « il présentoit aux malades, dans les occasions, l'idée désobligeante, quoique vraie, qu'il y avoit de la fantaisie & de la vision dans leurs infirmités ; il leur nioit sans détour jusqu'à leur sentiment même ; & combien les femmes, principalement, en devoient-elles être choquées ! .... On n'arrachoit jamais de lui aucune complaisance, aucune modification à ses décisions laconiques. Heureux les malades, quand il avoit pris le bon chemin » !

Il avoit succédé, en 1718, à M. Fagon, dans la surintendance du jardin du roi. Il mourut le 1 mars 1732.

CHIVERNI. *Voyez* HURAULT.

CHOQUET (LOUIS) (*Hist. litt. mod.*), poëte françois du seizième siècle, auteur d'un *Mystère* à personnages & en vers, des actes des apôtres & de l'apocalypse de saint Jean, représenté & imprimé en 1541, ouvrage très-singulier, & dont Bayle donne un extrait plaisant dans son dictionnaire, à cet article *Choquet.*

CHOIN (MARIE-EMILIE JOLY DE), d'une famille noble, originaire de Savoie, établie en Bresse : elle fut placée, vers la fin du dernier siècle, auprès de madame la princesse de Conty : elle vécut intimement avec le dauphin, fils de Louis XIV. M. de la Baumelle dit qu'elle l'avoit épousé secrétement ; M. de Voltaire demande la preuve de ce fait. Elle est morte en 1744.

Un de ses parens du même nom, Louis-Albert Joly de CHOIN, évêque de Toulon, mort le 17 avril 1759, a laissé dans son diocèse une mémoire honorée. On a de lui des *Instructions sur le rituel*, ouvrage utile pour les ecclésiastiques, réimprimé à Lyon, 1778, en trois vol. *in*-4°.

CHOISEUL (*Hist. de Fr.*), grande & illustre maison de Champagne, qui tire son nom de la terre de *Choiseul* en Bassigny. Son origine est le sujet d'une dispute entre les savans, ce qui n'arrive qu'aux maisons dont l'origine se perd dans la nuit des temps. Le père Vignier, jésuite, croit cette maison descendue de Hugues, comte de Bassigny & de Bologne-sur-Marne, qui vivoit vers l'an 937. Le Laboureur la croit sortie des anciens comtes de Langres. Il y a des raisons en faveur de ces deux opinions; d'un côté, le cri de guerre des seigneurs de *Choiseul* étoit *Bassigny*; de l'autre, les seigneurs de *Choiseul* étoient les premiers vassaux du comté de Langres, & anciennement les principaux fiefs des provinces étoient des démembremens des comtés, donnés en partage aux enfans puînés des comtes, qui les tenoient en fief de leurs aînés.

Quoi qu'il en soit, les donations considérables faites dès le milieu du onzième siècle, par Raynier ou Regnier de *Choiseul*, & pendant le cours de ce même siècle & des deux suivans, par ses héritiers & successeurs, à l'église de Langres & à diverses abbayes célèbres, en même-temps qu'elles établissent la filiation des seigneurs de *Choiseul*, montrent quelles étoient dans les temps les plus reculés la grandeur & la puissance de cette maison. *Nullum* (*genus*) *in Campanis aut antiquius, aut bellicosius, aut illustrius*, dit l'épitaphe de l'évêque de Tournay.

Mais de plus nobles avantages distinguent encore plus glorieusement cette maison; il en est deux sur-tout que l'histoire doit remarquer: l'un est qu'aucune maison françoise ne pourroit citer un plus grand nombre de victimes illustres immolées pour la patrie; on en compte jusqu'à vingt-huit sous le règne de Louis XIV; l'autre est que dans les discordes civiles, qui en divers temps ont affligé le royaume, on n'a jamais vu la maison de *Choiseul* être d'un autre parti ni avoir d'autres amis ou d'autres ennemis que ceux de ses rois; avantage dont peu de maisons peuvent se vanter.

Nous ne parlons point des services récens rendus dans les armées, dans les négociations & dans le ministère, par les chefs actuellement vivans de deux branches de la maison de *Choiseul*; ces services sont présens à tous les esprits, disons mieux, à tous les cœurs, & l'envie même ne nous accuseroit pas de flatterie, si nous cédions au plaisir si naturel de nous en entretenir; mais l'histoire n'aime à parler que des morts, c'est son domaine favori; une sorte de pudeur & de fierté lui fait craindre de paroître, en louant les vivans, descendre jusqu'au panégyrique; nous ne ferons donc ici qu'une réflexion : les ministres qui ont fait de grandes choses, & qui ne sont plus en place, peuvent jouir à-la-fois de leur vie & de leur mémoire, ils assistent, pour ainsi dire, au jugement de la postérité.

Par le mariage de Rainard III, sire de *Choiseul*, avec Alix de Dreux, petite-fille de Robert, tige de la maison de Dreux, fils puîné du roi Louis-le-Gros & d'Alix ou Adélaïde de Savoie, la maison de *Choiseul* a l'honneur de compter parmi ses aïeux ce même roi Louis-le-Gros, & tous les rois Capétiens ses prédécesseurs, & d'avoir, avec Louis XVI, une origine commune & une parenté du dix-huitième au vingt-unième degré. *Regii quippè Capetiorum sanguinis affinitate decoratum*, dit l'épitaphe de l'évêque de Tournay.

La seule énumération des seigneurs des diverses branches de la maison de *Choiseul*, qui ont bien servi l'état dans de grands emplois, qui ont même versé leur sang pour la patrie, donneroit à cet article une trop grande étendue. Bornons-nous à ceux que leurs services ont élevé aux honneurs suprêmes de la guerre.

Cette maison avoit eu, avant ces derniers temps, trois maréchaux de France; M. de Stainville, frère de M. le duc de *Choiseul*, est le quatrième.

Charles de CHOISEUL fut maréchal de France sous Louis XIII.

César & Claude sous Louis XIV.

Charles, & César son neveu, étoient de la branche de du Plessis-Praslin.

Claude étoit de celle de *Choiseul*-Beaupré.

Nicolas de CHOISEUL, aïeul de Charles, fut le premier de sa maison qui porta le nom de du Plessis-Praslin. Ferry, fils de Nicolas, & père de Charles, fut tué à la bataille de Jarnac en 1569. Ce fut au milieu des troubles civils que Charles trouva d'abord l'occasion de signaler son courage; on le voit paroître, pour la première fois, sous le regne de Henri III, dans l'armée du maréchal de Matignon, qui faisoit le siège de la Fère en 1575.

La conduite de Praslin, au milieu des troubles de la ligue, fut celle d'un sujet utile & d'un sage. Fidèle à son prince, à sa religion, à l'humanité, il vit avec horreur les injustices, les violences, les perfidies employées à défendre une bonne cause; il s'attacha toujours à maintenir l'ordre, à calmer les esprits par-tout où il exerça quelque partie de l'autorité; il marcha d'un pas égal & toujours ferme entre la tyrannie & la révolte, entre la rage des persécuteurs & le fanatisme des persécutés. A la mort de Henri III, il se rangea parmi ceux qui reconnurent Henri IV sans conditions, sans restrictions; il courut le servir contre les ligueurs, en Bourgogne, sous le duc d'Aumont; en Champagne, sous le duc de Nevers; il préserva long-temps cette dernière province des calamités qui affligèrent le reste du royaume. Henri IV lui confia le gouvernement de la ville de Troyes, où la chaleur des partis opposés rendoit la prudence nécessaire. Il lui confia bien plus; ce roi qui, marchant environné de traîtres &

d'assassins, ne connoissoit pourtant ni la crainte ni les soupçons, se rendit aux alarmes de ses ministres & aux voeux de ses peuples; il consentit à donner une attention plus particulière au choix des sujets chargés de veiller à sa conservation, & le comte de Praslin fut le premier capitaine des gardes-du-corps.

En 1602, il fut chargé, avec Vitry, d'arrêter dans le Louvre le maréchal de Biron & le comte d'Auvergne.

On peut voir à l'article BELLEGARDE le service important que le comte de Praslin rendit à ce duc, à la marquise de Verneuil, & sur-tout à Henri IV, en le trompant & en lui désobéissant, pour le rappeller à la raison & à la vertu, pour le guérir de la jalousie qui le troubloit & l'égaroit, & qui lui avoit arraché des ordres trop indignes de sortir de la bouche de ce roi clément, plus indignes d'être exécutés par le généreux Praslin.

Le comte de Praslin ne servit pas moins bien Louis XIII, & dans les combats & dans les affaires; pendant les troubles de cette minorité, il commanda sous le duc de Guise en Champagne; il reçut un coup de mousquet à la cuisse, au siège de Réthel. La mort du maréchal d'Ancre ayant changé le gouvernement, Luynes, devenu dépositaire de l'autorité royale, sentit le besoin qu'il avoit de s'attacher un homme tel que le comte de Praslin : il détermina le roi à le faire maréchal de France.

Les troubles continuèrent, le maréchal de Praslin soumit la Normandie par des moyens doux & presque sans effusion de sang.

Il servit aussi contre les Huguenots aux sièges de Saint-Jean-d'Angely, de Montauban, de Royan, de Negrepelisse, de Montpellier.

Lorsque la paix vint arrêter le cours de ses exploits, il alla faire du bien dans son gouvernement de Troyes.

Il mourut le 1 février 1623, à soixante-treize ans.

César de CHOISEUL, son neveu, le plus célèbre des trois maréchaux de cette maison, avoit servi sous lui en qualité de volontaire, dans les troubles civils & dans la guerre contre les Huguenots; il étoit né à Paris le 12 février 1598. Le duc de Vendôme, son parrain, lui donna ce nom de César, parceque c'étoit le sien, & non, comme le dit un auteur moderne, *pour le faire souvenir qu'il étoit né d'une race généreuse & guerrière*, raison oratoire ou poétique, dont le nom de *Choiseul* n'avoit pas besoin. Il fut élevé en qualité d'enfant d'honneur auprès du Dauphin, qui fut depuis le roi Louis XIII. Florence Rivaut, mathématicien célèbre dans ce temps où les mathématiques étoient encore au berceau, lui donna des principes, dont Praslin étendit beaucoup l'usage & l'application dans trente-cinq sièges où il assista, & qu'il dirigea presque tous.

A quatorze ans il eut un régiment: la première loi qu'il se prescrivit fut de marcher toujours à pied à la tête de cette troupe dans tous les mouvemens qu'elle fit, soit en paix, soit en guerre, soit dans le royaume, soit au dehors. Il regardoit les permissions accordées aux colonels, de vivre éloignés de leurs régimens, comme des dispenses injurieuses de faire leur devoir.

Il paya le tribut aux préjugés de son temps par divers combats singuliers, où il essaya son courage & son adresse; il se battit dans le bois de Boulogne contre l'abbé de Gondi, qui fut depuis ce fameux cardinal de Retz.

Le comte de Praslin avoit été élevé avec le connétable de Luynes, qui fut flatté de devenir le bienfaiteur de celui qui avoit partagé les amusemens de son enfance.

En 1627, on l'envoya porter du secours Thoiras, investi par les Anglois dans l'isle de Rhé. La fièvre le retenoit au lit lorsqu'il reçut l'ordre de partir; il partit. Les vents contraires l'arrêtèrent deux jours à l'isle d'Est, & sa maladie continuoit. Le cardinal de Richelieu lui manda qu'il pouvoit revenir à terre; Praslin passa, par une espèce de miracle, à travers la flotte angloise, jusques dans l'isle de Rhé, & il écrivit au cardinal: « Vous » m'exhortiez de revenir à terre pour rétablir ma » santé, j'ai choisi pour cela le fort de la Prée, « dans l'isle de Rhé, comme le lieu le plus agréa» ble & le plus commode; j'y attends les ordres » de votre éminence ». Le cardinal, qui sentoit dans autrui tout le mérite de l'héroïsme qu'il avoit dans son ame, lui fit une réponse pleine d'éloges, & Praslin se crut récompensé. Il défit les Anglois devant le fort de la Prée. Quoique toujours malade, il combattit à la tête de son régiment.

Il contribua beaucoup à la réduction de la Rochelle; l'année suivante il alla joindre le roi au siège de Privas, & le prince de Condé au siège de Montauban. Cette campagne fut celle où il courut les plus grands dangers.

En la même année 1629, le comte de Praslin suivit le roi à la guerre de Mantoue. Le duc de Savoie ayant refusé le passage, il fallut le forcer; on attaqua Pignerol : Praslin fut chargé d'élever un fort sur le mont de Sainte-Brigide, pour empêcher tout secours d'entrer dans la place; ce fort fut construit selon toutes les règles d'un art encore inconnu alors, mais qui alloit naître, & dont Praslin eut l'honneur d'avancer les succès. Pignerol fut pris.

En 1630, un avis que le comte de Praslin donna au duc de Montmorenci eût pu, s'il eût été suivi, faire éviter le combat de Veillane, & ménager le sang françois. Montmorenci, vainqueur à force de talens, & malgré les obstacles qu'il n'avoit pas voulu prévenir, eut la sincérité généreuse de l'avouer.

Le régiment de Praslin, commandé par son colonel, eut la principale part à quelques autres avantages

avantages remportés sur les Piémontois & les Espagnols, aux portes de Carignan.

Mazarin ménagea une trève devant Casal: le comte de Praslin fut employé dans cette négociation, & il se forma dès-lors, entre ces deux hommes diversement fameux, une liaison d'amitié à laquelle Praslin fut plus fidèle que Mazarin.

Dans la guerre de 1635, il servit d'abord en qualité de maréchal-de-camp: la victoire du Tesin, en 1636, fut due principalement à ses conseils & à sa conduite, ainsi que le succès du combat de la Route, en 1639, où Praslin servoit sous le comte d'Harcourt. Les Espagnols battus devant Casal, encore en 1639, Turin pris en 1640, la victoire de Fossan en 1641, & ses fruits, la prise de Ceva, de Montdovi & de Coni, méritèrent au comte de Praslin le gouvernement de Turin, & le grade nouvellement créé de lieutenant-général.

En 1642, il s'acquitte avec prudence du triste & difficile emploi d'arrêter le duc de Bouillon au milieu de l'armée que ce duc commandoit: il prend dans cette même campagne Nice & Tortone.

En 1643, ayant perdu le cardinal qui l'estimoit, & le roi qui l'aimoit, il voit ses espérances abandonnées aux promesses perfides du cardinal Mazarin; il voit le bâton de maréchal de France s'éloigner d'autant plus qu'il est plus mérité. Praslin contribue, avec Turenne, à la prise de Trin, il prend ensuite Pont-de-Sture.

En 1644, il forme le siège de Santia, où le comte d'Hôtel, son fils, fait son apprentissage, & où le comte de *Choiseul*, son frère, est tué d'un coup de pierre: il passoit pour le meilleur officier de cavalerie de son temps. La prise de Santia fut un foible dédommagement d'une si grande perte.

En 1645, Praslin prit la ville de Roses en Roussillon, & par ce succès, il força Mazarin à lui donner le bâton de maréchal de France, que le roi Louis XIV voulut lui remettre lui-même.

En 1646, le maréchal du Plessis-Praslin, joint au maréchal de la Meilleraye, prend Piombino & Porto-Longone, & réduit le pape à subir les loix de Mazarin.

En 1648, il bat le marquis de Caracène près de Crémone. Il perd dans ce combat le second de ses fils. Dans cette campagne d'Italie, il consume une grande partie de sa fortune à nourrir l'armée, qui manquoit de tout.

Au milieu des troubles de la Fronde, il reste fidèle au roi, & ami d'un ministre dont il avoit à se plaindre.

En 1649, il fut fait gouverneur de Monsieur, frère unique du roi. Il aide à pacifier la Guienne, de concert avec l'évêque de Cominges son frère, depuis évêque de Tournay, dont il sera parlé plus bas.

Les princes sont arrêtés en 1650; Turenne, que l'amour rendit indiscret & rebelle, Turenne s'avance pour les délivrer. Le maréchal du Plessis-Praslin parut seul digne de lui être opposé; il eut l'honneur de le vaincre à la bataille de Rethel, & ce grand succès lui coûta encore un de ses fils; c'étoit l'aîné, Charles de *Choiseul*, comte du Plessis, maréchal-de-camp. Certaines proportions disparoissent aux yeux de la postérité: le grand nom de Turenne a tellement effacé les plus grands noms, que les gens médiocrement instruits des détails de notre histoire, regardent cette victoire de du Plessis-Praslin sur Turenne, comme une espèce de phénomène, fruit d'un hasard heureux, & n'en supposent pas moins le vaincu très-supérieur au vainqueur; mais alors on trouvoit ces rivaux dignes l'un de l'autre, & la victoire de Rethel parut un événement ordinaire.

On promit au vainqueur un brevet de duc, qu'on ne lui donna point; mais on l'admit dans le conseil, parce qu'on avoit besoin de ses lumières: on le força, en 1651, d'entreprendre le siège de Sainte-Menehould, qui ne devoit pas réussir; & qui réussit pourtant, parce que c'étoit Praslin qui le faisoit. Louis XIV, qui savoit déja dire de ces mots noblement obligeans, qui ont suffi plus d'une fois pour récompenser ceux qui l'avoient le mieux servi, dit à Praslin: « Vous n'avez été chargé de » cette entreprise, que parce que vous étiez le » seul capable de l'exécuter: ce qui est impossible » aux autres est à peine difficile pour vous ».

Après des services continués encore pendant treize ans, & dans les armées, & dans les conseils, enfin la dignité de pair lui fut conférée en 1664.

La guerre s'étant rallumée en 1672, Praslin, que son grand âge éloignoit du commandement, se présenta devant le roi, & lui dit avec douleur: « Je porte envie à mes fils, ils vont servir votre » majesté; pour moi, je ne dois plus desirer que » la mort, puisque je ne suis plus bon à rien ». « M. le maréchal, lui répondit le roi en l'embrassant tendrement, » on ne travaille que pour » approcher de la réputation que vous vous êtes » acquise; il est agréable de se reposer après tant » de victoires ».

Il avoit déja perdu deux fils, morts les armes à la main, en combattant à ses côtés; le troisième fut tué devant Arnheim.

Madame de Motteville demandant un jour au maréchal comment il avoit pu soutenir le spectacle de la mort de ses deux premiers fils: « Le charme » de la victoire est tel, lui dit-il, qu'il élève l'ame » au-dessus de tout autre sentiment ».

Le maréchal du Plessis-Praslin mourut le 23 décembre 1675, âgé de près de soixante-dix-huit ans.

Claude de CHOISEUL, troisième maréchal de France, se distingua en 1649, au combat de Vitry-sur-Seine; au combat de Saint-Gothard en Hongrie, en 1664; à la campagne de Flandre, en

1667; à l'expédition de Candie, en 1669; à celle de Hollande, en 1672; à la bataille de Senef, en 1674; sous les maréchaux de Créquy & de Rochefort, en 1675; sous le maréchal de Luxembourg, en 1676; au siége de Fribourg, en 1677; au combat de Rhinfeld, en 1678; au combat de Minden, en 1679. En 1682, l'électeur de Cologne l'ayant demandé au roi pour général de ses troupes contre les Liégeois, il les fit rentrer sous l'obéissance de cet électeur. Il servit encore, en 1690, sous le maréchal de Lorges, & en 1692, sous le maréchal de Bellefonds: il fut fait maréchal de France le 27 mars 1693. On ne sera pas étonné qu'il n'ait eu la croix de saint Louis qu'après le bâton de maréchal, quand on se rappellera l'époque de l'institution de l'ordre de saint Louis, qui n'est que de cette même année 1693. Dans la suite de cette guerre, il eut différens commandemens. Il mourut doyen des maréchaux de France le 15 mars 1711, à 78 ans.

La maison de *Choiseul* a aussi fourni à l'église des prélats distingués par leurs vertus & leurs lumières. Le plus célèbre est l'évêque de Tournay, mort en 1689. Nous ne pouvons mieux faire connoître tout le mérite de cet excellent évêque, qu'en rapportant son épitaphe, telle que nous la trouvons dans le journal des Savans du 27 février 1690, quoiqu'elle ne soit pas d'un goût parfaitement pur. Nous dirons seulement ici, en faveur de ceux qui n'entendent pas le latin, qu'avant d'être évêque de Tournay, il l'avoit été vingt-quatre ans de Comminges; que dans les fréquentes visites de ce diocèse, qu'il aimoit à faire, parce qu'il en sentoit l'utilité, son zèle le portoit, à travers les glaces & les neiges, dans les lieux les plus inaccessibles des pyrénées, pour en connoître les habitans & leur inspirer des mœurs honnêtes & chrétiennes; que dans une année de disette, il nourrit presque seul, à ses dépens, le troupeau confié à ses soins; que dans un temps de contagion, il brava tous les dangers pour porter aux malades les secours spirituels & temporels, jusqu'à ce qu'atteint lui-même par le mal, il fut près d'y succomber; que portant, avec la plus saine doctrine, le même esprit de bienfaisance & de charité dans les discussions théologiques, il fut employé plusieurs fois à pacifier les troubles du jansénisme, &c. Tels sont en substance les principaux faits rapportés dans l'épitaphe; ajoutons-en un qui n'est pas dans l'épitaphe, c'est que ce fut d'après le rapport fait par M. de *Choiseul* à l'assemblée du clergé de 1682, que s'établirent les quatre fameuses propositions qui sont actuellement la base de notre droit canonique, sur les bornes des deux puissances, ainsi que sur l'autorité du pape & du concile.

Voici l'épitaphe:

Reverere, quisquis legis, in hoc optimi præsulis sepulchro
Perennem ipsius virtutis stationem.

Hîc situs est
Gilbertus de Choiseul *du Plessis-Praslin,*
Convenarum primò, dein Nerviorum episcopus,
Cujus solum nomen elogium, adolescentia pia institutio,
Juventus eruditio, senectus sapientia, vita religio,
Regimen ratio, labor deliciæ, salus populi suprema lex,
Obices stimulus, scripta & conciones quotidiana exercitatio,
Heterodoxorum docta convictio ludus, sincera conversio scopus;
Mors demùm meta patientiæ, merces sanctimoniæ,
Corona justitiæ.

Generis splendorem inquiris?
Nullum in Campanis aut antiquis, aut bellicosus, aut illustrius;
Regii quippè Capetiorum sanguinis affinitate decoratum
Avos habuit à sex sæculis Galliæ proceres & heroas;
Deindè comites, duces, pares, & supremos castrorum præfectos,
In his fratrem, nomine & rebus gestis verè Cæsarem.

Antistitis labores percunctaris?
Diæcesanorum saluti sua profudit, sese devovit,
Visus sæpiùs reptare per Pyræneos rupibus invios, nivibus hispidos,
Ut ex semi-barbaris timoratos piis documentis efficeret orthodoxos.
Omnem Convenarum regionis plebem, fame aliter interituram,
Toto ferè anno, emptâ ære proprio annonâ sustentavit,
Pestis lue afflictæ ubicunque privati pastores, aut morbo
Enecati, aut metu fugati, defuere; ipse per semet adfuit verbo,
Ope, remediis, sacramentis; bonusque pastor adeò animam
Posuit, ut contagio correptus in extremis egerit,
Omnium ordinum precibus redditus.
Clerum utrobique moribus instruxit, legibus ornavit,
Ad virtutem & doctrinam seminariis, voce, exemplo perduxit.
Domos episcopales quatuor ruri, & in urbe, aut squallidas, aut corruentes,
Mirâ soliditate, nitore, magnificentiâ, restauravit, expolivit, ampliavit.

Decessit Parisiis, attritus studiis, vigiliis, concionibus, peregrinationibus,
Ex summo suorum amore exantlatis,
Annos natus 76. prid. Cal. Januar. 1690.
Utriusque episcopatûs 45.
Præsuli de Deo, rege, benè merito adprecare.

Le cardinal de CHOISEUL, Antoine-Cleriadus, de la branche de *Choiseul*-Beaupré, mort depuis quelques années, a laissé aussi une grande réputation dans le clergé.

Les branches aujourd'hui subsistantes de la maison de *Choiseul*, sont,

1°. Celle des barons de Beaupré, dont les chefs actuels sont, Etienne-François, pair de France, ministre d'état, chevalier des ordres du roi, lieutenant-général de ses armées, chevalier de la toison d'or, gouverneur & lieutenant-général de la province de Touraine, grand-bailli d'Haguenau, ci-devant colonel du régiment des gardes Suisses, secrétaire d'état des affaires étrangères, de la guerre, de la marine, &c., en un mot, M. le duc de CHOISEUL.

Et M. le maréchal de Stainville, son frère.

De cette branche de Beaupré sont issues celle de Sommeville, qui fournit aujourd'hui un lieutenant-général (M. le comte de CHOISEUL), & deux maréchaux-de-camp, M. le marquis de CHOISEUL, chef de la branche, & M. le vicomte de CHOISEUL, son oncle.

Celle d'Aillecourt, dont les chefs sont Marie-Gabriel-Florent-Auguste de CHOISEUL, ambassadeur à Constantinople, qui remplit avec gloire la carrière des armes, celle des négociations, celle des lettres, celle des arts: il est l'un des quarante de l'académie françoise, un des associés de l'académie des inscriptions & belles-lettres: le *Voyage pittoresque de la Grèce* est un beau monument de son amour courageux pour les arts, de ses vastes connoissances, de son éloquence & de ses lumières.

Michel-Félix de CHOISEUL d'Aillecourt, son frère, mestre-de-camp en second du régiment de Guienne.

Et Claude-Antoine-Cleriadus, leur oncle, lieutenant-général des armées du roi, dont le fils, mestre-de-camp en second du régiment de la Rochefoucauld, a épousé la fille du maréchal de Stainville, & est en conséquence désigné duc & pair après M. le duc de *Choiseul*.

Enfin celle de Meuse, dont le chef est Maximilien-Claude-Joseph de CHOISEUL-MEUSE, maréchal-de-camp.

2°. La branche de Chevigny, dont le chef est César-Gabriel de CHOISEUL, duc de Praslin, pair de France, ministre d'état, chevalier des ordres du roi, lieutenant-général de ses armées, & au gouvernement des huit évêchés de la Haute & Basse-Bretagne, ci-devant secrétaire d'état des affaires étrangères, puis de la marine, &c. Il fut fait duc de Praslin en 1762, & cette époque est une époque de bonheur pour la France; c'est celle d'une paix nécessaire & souhaitée, due aux soins de M. le duc de Praslin, paix la plus solide & la plus durable dont la France ait joui depuis le ministère pacifique du cardinal de Fleuri, paix qui s'est étendue jusques sur deux règnes, & dont les murmures de l'Angleterre, qui la regardoit comme désavantageuse & déshonorante pour elle (murmures consignés dans tous les papiers publics du temps), ont suffisamment fait l'éloge.

Renaud-César-Louis, vicomte de CHOISEUL, maréchal-de-camp, ci-devant ambassadeur à Naples, fils de M. le duc de Praslin, a plusieurs fils, dont deux, savoir, Antoine-César de CHOISEUL, comte de Praslin, & Guy-Hyppolite de CHOISEUL, forment déja deux branches distinctes, étant mariés l'un & l'autre, & ayant des enfans.

3°. La branche des seigneurs d'Eguilly & de Bussières, de laquelle est M. le baron de CHOISEUL (Louis-Marie-Gabriel-César) maréchal-de-camp, ambassadeur à Turin.

CHOLET (JEAN) (*Hist. mod.*), cardinal, fondateur du collège de son nom à Paris, mort en 1293. Sa fondation n'eut son exécution qu'en 1295. Ce cardinal eut une grande part aux affaires de son temps, sur-tout sous le pontificat de Martin IV, & le règne de Philippe-le-Hardy; il fut légat en France, & contribua beaucoup à engager Philippe dans une guerre contre le roi d'Arragon, pour punir l'attentat des *vêpres Siciliennes*, & faire valoir la donation que le pape avoit faite en conséquence à Philippe-le-Hardi pour Charles de Valois, son fils, des états du roi d'Arragon. Cette guerre étoit une suite de celle qui continuoit toujours entre la première maison d'Anjou & la maison d'Arragon, relativement à la Sicile. Philippe-le-Hardi mourut dans le cours de cette guerre, qui continua encore sous Philippe-le-Bel, & c'étoit aux dépenses de cette même guerre que le cardinal de *Cholet* avoit destiné les fonds qui, après la paix, furent employés, par ses exécuteurs testamentaires, à construire & doter le collège de *Cholet*. Ce cardinal, qui avoit été chanoine de l'église de Beauvais, fut enterré dans l'église de Saint-Lucien de Beauvais; on voyoit autrefois, sur son tombeau, sa statue, qui étoit d'argent massif, & enrichie de pierres précieuses; on la vendit pour rebâtir l'église brûlée en 1346 par les Anglois. Le mausolée du cardinal de *Cholet* est aujourd'hui d'argent doré; on y lit son épitaphe en vingt mauvais vers latins.

Le cardinal étoit d'une bonne & ancienne famille françoise, qui tiroit son nom de la ville de *Cholet* en Anjou, qu'elle possédoit de toute ancienneté. André de CHOLET, bisaïeul du cardinal, s'établit en 1100 à Abbeville; il prenoit le titre de chevalier. Hugues, son fils, aïeul du cardinal, fut élu premier échevin d'Abbeville, par délibération du 5 juin 1184. Oudart, son fils, père du cardinal, acquit la seigneurie de Nointel en Beauvoisis, & s'y retira.

D'André, bisaïeul du cardinal, sont descendus les CHOLET qui subsistent encore aujourd'hui, & dont une partie habite le Barrois, une autre partie la Provence. On compte parmi leurs aïeux des personnages distingués par leurs services, entre autres, Simon de CHOLET, chevalier, attaché à Charles de Valois, qu'il suivit en Italie & dans toutes ses expéditions; il servit avec éclat sous les trois fils de Philippe-le-Bel, & sous Philippe de Valois. Il étoit petit-fils, par sa mère, d'un grand-maître des arbalêtriers de France.

Yvon de CHOLET, au quatorzième siècle, fut fait prisonnier dans les guerres contre les Anglois. Il étoit beau-frère de Jean de Bourbon, comte de la Marche, ayant épousé comme lui une Vendôme.

Jean de CHOLET, sous Louis XI, fut pourvu, par des lettres données au Plessis-lès-Tours, le 7 décembre 1477, de la *charge de maître général, gouverneur & visiteur de toutes les artilleries de France;* & dans d'autres lettres, données au même lieu le 21 février suivant, il est dénommé *grand-maître d'artillerie:* il est le premier qui ait possédé cette charge avec tous les avantages qu'elle a réunis; les fonctions & les droits en étoient, avant lui, partagés entre trois inspecteurs.

Ces faits nous ont été fournis par la famille.

CHOMEL (*Hist. litt. mod.*). Ce nom rappelle plusieurs ouvrages utiles.

1°. Noël CHOMEL, curé à Lyon, mort en 1712, est auteur du *Dictionnaire économique*, amélioré & augmenté depuis.

2°. Pierre-Jean-Baptiste CHOMEL, médecin ordinaire du roi, mort en 1740, est auteur d'une *Histoire des plantes usuelles*, très-connue.

3°. Son fils, Jean-Baptiste-Louis, mort en 1765, a fait un *Essai sur l'histoire de la médecine en France;* une *Vie de Molin;* un *Eloge de Duret*, &c.

CHOMPRÉ (PIERRE) (*Hist. litt. mod.*), maître de pension célèbre à Paris, mort le 18 juillet 1760, a fait un *Dictionnaire abrégé de la fable*, & un *Dictionnaire abrégé de la bible;* une *Vie de Brutus*, premier consul de Rome, & une *Vie de Callisthène*. On a aussi de lui des ouvrages élementaires utiles, à l'usage de ses écoliers.

CHOPIN (RENÉ) (*Hist. litt. mod.*), jurisconsulte françois, célèbre, du seizième siècle, né à Bailleul en Anjou en 1537, mort à Paris en 1606. Ses ouvrages ont été publiés en 1663 en six vol. *in-fol.* Les uns sont latins, les autres françois. Henri III l'anoblit pour son *Traité du domaine:* Henri IV le chassa de Paris pour son zèle ligueur, & finit par l'y laisser, en faveur de son mérite.

CHORIER (NICOLAS) (*Hist. litt. mod.*), avocat au parlement de Grenoble, né à Vienne en Dauphiné l'an 1609, est auteur d'une histoire du Dauphiné, d'un nobiliaire de la même province, d'une histoire généalogique de la maison de Sassenage, d'une histoire du duc de Lesdiguières, du livre *de arcanis amoris & veneris*, qu'il mit sous le nom de Louise Sigée de Tolède; du livre intitulé: *Joannis Meursii elegantiæ latini sermonis*, de la jurisprudence de Guy-Pape, abrégé de l'ouvrage de ce jurisconsulte. *Chorier* mourut en 1692.

CHOSROÈS (*Hist. de Perse.*). C'est le nom de deux rois de Perse. Le premier, qui fut surnommé le *Grand*, succéda, l'an 531 de l'ère chrétienne, à Cabade, son père; il étoit contemporain de Justinien & de Justin II. Il fit beaucoup la guerre à ces Romains de Constantinople, dégénérés à-la-fois des Grecs & des Romains; il fut battu par Bélisaire, mais il fit de grandes conquêtes sur Justin II, & finit par être battu par Tibère II. Il en mourut de chagrin en 579. Il est assez maltraité par les auteurs chrétiens; mais les écrivains orientaux en font un sage & même un savant, jaloux de faire observer la justice dans les moindres choses, & d'observer lui-même la modération en tout.

CHOSROÈS II monta sur le trône de Perse en 590. Les Perses s'étoient contentés d'enfermer Hormisdas III, son père, après lui avoir crevé les yeux; il acheva leur ouvrage, & fit assommer son père: il fut renversé du trône à son tour, & y fut rétabli par les soins & les secours de l'empereur Maurice, qui auroit pu se dispenser de rendre ce service à un parricide. Maurice ayant été assassiné par Phocas, *Chosroès II* arma, pour le venger, soit que ce parricide fût reconnoissant, soit, ce qui est plus vraisemblable, que son ambition prit seulement ce beau prétexte. En effet, Héraclius ayant vengé la mort de Maurice par celle de Phocas, & ayant été proclamé empereur, représenta que la guerre n'avoit plus de motif, que Maurice étoit vengé, qu'ils avoient concouru l'un & l'autre au même objet, qu'ils étoient essentiellement amis & alliés; mais *Chosroès*, qui avoit pris goût à la guerre, parce qu'elle l'avoit séduit par quelques succès, poursuivit ses conquêtes & ne répondit rien: Zonare dit que, s'enflammant d'un zèle persécuteur & intolérant, il jura de poursuivre les Romains jusqu'à ce qu'il les eût forcés de renier Jésus-Christ, & d'adorer le soleil. C'étoit encore un prétexte, il en vouloit plus à leurs états qu'à leur foi. Héraclius commença par le battre, & lui offrit de nouveau la paix. *Chosroès*, non-seulement piqué de sa défaite, mais encore ivre de ses conquêtes, répondit avec dédain, qu'il avoit chargé son armée de faire la réponse: il fallut le battre encore, & rendre la leçon plus forte; elle alla jusqu'au découragement: *Chosroès* crut qu'un vaincu ne devoit plus régner, il voulut abdiquer le trône; il y étoit monté par un crime, il en descendit en commettant encore une injustice. Il avoit deux fils, Siroës & Merdesane: ce fut au cadet qu'il voulut remettre ses états; l'aîné ne put le souffrir, il arma contre son père, & plus cruel encore à son égard, que *Chosroès* ne l'avoit été envers le sien, il le fit périr de faim, en insultant à sa mémoire, & en lui reprochant un de ses vices. *Chosroès* étoit avare; il avoit fait construire une voûte souterraine, où il enfermoit ses trésors. Siroës l'enferma lui-même sous cette voûte, où, au lieu de mets, il ne lui faisoit servir que l'or & l'argent qu'il y avoit amassés. *Chosroès II* mourut en 628

CHRAMNE (*Hist. de France.*), fils de Clotaire I. Il se révolta contre son père, qui le fit brûler dans une grange, avec sa femme & ses enfans innocens, en 560.

CHRÉTIEN (*Hist. litt. mod.*). Quelques gens de lettres de ce nom méritent qu'on s'en souvienne.

1°. CHRÉTIEN de Troyes, dit Menessier, poëte françois, qui vivoit vers l'an 1200, auteur du roman de *Perceval le Gallois*, & de plusieurs autres romans de chevalerie de la table ronde.

2°. CHRÉTIEN (Gervais), plus connu sous le nom de Maître Gervais, a fondé le collège de ce nom à Paris en 1370. Il étoit premier physicien, c'est-à-dire premier médecin du roi Charles V, chanoine de Paris, chantre de Bayeux : il mourut dans cette dernière ville le 3 mai 1383.

3°. Guillaume CHRÉTIEN, médecin de François I & de Henri II, a traduit en françois quelques ouvrages de médecine, entre autres le traité d'Hippocrate sur la génération.

4°. Florent CHRÉTIEN, fils du précédent, & le plus célèbre de tous, fut instituteur d'Henri IV. On a de lui une traduction d'Oppien, des épigrammes grecques, quelques satyres. Il eut part à la satyre Menippée, & par-là il fut utile à son élève : il traduisit en grec & en latin les quatrains de son ami Pibrac ; il fit des tragédies ; on devine ce que c'est que des tragédies du temps d'Henri IV, ou même antérieures. Il abjura comme Henri IV. Il mourut en 1596, après avoir eu la satisfaction de voir ce prince affermi sur son trône : il étoit né en 1541 à Orléans. Il eut un fils, qui étoit aussi un homme de lettres. Madame de la Guerche, petite-fille de Florent *Chrétien*, & marraine de M. l'abbé de Canaye, de l'académie des inscriptions & belles-lettres, mort le 12 mars 1782, avoit légué à ce dernier des notes précieuses de son aïeul Florent, ou de son père, fils de Florent, lesquelles furent égarées comme papiers inutiles, & dont l'abbé de Canaye déplora toujours la perte.

CHRISTIERN I, *surnommé* LE RICHE, *roi de Danemarck* (*Hist. de Danemarck*). Christophe III avoit réuni sur sa tête les trois couronnes de Danemarck, de Suède & de Norwège ; il mourut sans enfans. Les troubles inséparables d'une élection donnèrent à Charles Canutson, grand maréchal de Suède, le temps de se faire proclamer dans sa patrie. Les Danois se hâtèrent d'offrir la couronne au sage Adolphe, duc de Slefwigh, fils de Gérard, comte de Holstein ; il la refusa, & dit aux députés qu'ils ne pouvoient mieux la placer que sur la tête de *Christiern*, second fils de Théodoric, comte d'Oldenbourg.

Le sénat, par déférence pour le comte, lui fit demander lequel de ses enfans il vouloit élever sur le trône. « J'ai trois fils, répondit le vieillard, l'un » est esclave de toutes ses passions, & s'endort au » sein de la mollesse ; l'autre est un caractère féroce, » la guerre est son élément, il ne connoît d'autre » gloire que celle de gagner des batailles ; mais » *Christiern*, objet de mes soins les plus tendres, » joint aux talens du héros les vertus de l'honnête » homme ; ce n'est qu'à regret qu'il prend les armes, » il s'en sert avec gloire & les quitte avec plaisir : » que le sénat choisisse entre ces trois princes ». Le choix fut bientôt fait : *Christiern* fut nommé, tous les ordres de l'état allèrent à sa rencontre ; il reçut des mains de l'archevêque Yvon l'étendard du royaume, & fut proclamé roi de Danemarck & de Norwège en 1448.

Cependant Charles fait une irruption dans l'isle de Gotland, asyle que Christophe III avoit laissé, par compassion, au malheureux Eric X, chassé de ses états. *Christiern* fait représenter à Charles que cette isle est un domaine du Danemarck, que Valdemar III l'avoit subjuguée les armes à la main. Charles, pour toute réponse, fait entreprendre le siège de Wisby. Eric se défend quelque temps dans la citadelle ; une flotte Danoise paroît, on négocie, on se sépare, on se bat, la négociation est encore renouée & rompue ; enfin *Christiern* arrive en personne à la tête d'une armée ; ennemi du carnage, il offre aux Suédois une retraite assurée, s'ils veulent renoncer à leurs prétentions sur cette isle. Ses propositions furent rejetées ; ce refus devint le signal du combat. *Christiern* fut vainqueur ; dix-huit cent Suédois périrent dans cette action, le reste rendit les armes ; *Christiern* traita les prisonniers avec beaucoup de douceur, les renvoya sans exiger de rançon, & les combla de présens ; il leur fit entendre qu'il les traitoit, non comme ses ennemis, mais comme ses sujets ; que d'après l'union de Calmar, il avoit des droits incontestables sur la couronne de Suède, mais qu'ayant la guerre en horreur, il aimoit mieux conquérir ce royaume par ses bienfaits que par ses armes.

Ce prince revint triomphant, mais il apprit à son retour que Charles venoit d'être couronné en Norwège par un parti puissant. Il demanda une assemblée des deux nations à Hemlstat, & s'y trouva en personne ; douze députés Suédois s'y rendirent ; Charles leur avoit ordonné, si l'on mettoit en question ses droits sur la Suède & la Norwège, de ne prendre d'autres arbitres que l'empereur, le pape ou la guerre ; mais *Christiern* sut les convaincre par la force de ses raisonnemens, & les persuader par le charme de son éloquence ; ils lui promirent de lui faire restituer la couronne de Norwège, & de faire jouer tous les ressorts possibles pour déposer Charles, & ne lui laisser que le titre de vice-roi en Suède. Ce prince irrité traita leur foiblesse de trahison, & voulut les punir ; ils trouvèrent à la cour de *Christiern* un asyle contre sa vengeance.

On n'en vint pas d'abord à une guerre ouverte, on fit de part & d'autres des courses fréquentes sur les terres ennemies. *Christiern* & le sénat choisirent ce parti comme le plus modéré ; ils se trompoient, ces courses occasionnent des ravages déplorables ; le pays qui y est exposé ne devient pas un champ de bataille, mais un théatre consacré au brigandage, aux assassinats & à tous les crimes, & le laboureur seul y périt, victime forcée des querelles des rois; mais dans une guerre ouverte & réglée, le soldat seul meurt dans les dangers, où il s'est engagé librement pour les intérêts de son chef: en effet, dans ces irruptions où l'on ne fit pas un siège dans les formes, où il ne se livra pas un seul combat, la Suède & le Danemarck perdirent plus d'habitans qu'ils n'auroient perdu de soldats dans dix batailles rangées. On en vint enfin à des opérations plus combinées; une flotte Danoise assiégea Stockholm, tandis que *Christiern*, à la tête d'une armée, pénétroit dans la Gothie occidentale, se montroit à-la-fois généreux & terrible, répandant par-tout l'effroi & les largesses, soumettant, l'épée à la main, ce qui avoit résisté à ses bienfaits; il entra dans Lodèse, fut proclamé roi, partit pour de nouvelles expéditions, & perdit, dans sa retraite, une partie de son armée. Charles profita de ses malheurs & de son absence, & la Gothie se rangea de nouveau sous ses loix.

Cependant la Norwège étoit en proie aux factions: les partisans de *Christiern* l'appelloient; & s'il se fût montré dans ces circonstances, il auroit été couronné; mais il songeoit plutôt à soumettre la Suède, sûr que la conquête de ce royaume entraîneroit celle de la Norwège. Pour rendre odieux son ennemi, il le forçoit, par des manœuvres savantes, à cantonner ses troupes dans les villages; & l'aversion que les paysans avoient pour ces hôtes incommodes, retomboit nécessairement sur Charles lui-même. Elfsbourg emporté d'assaut, Denholm fortifié pour défendre la Scanie contre les courses des Suédois, l'isle d'Oelan conquise, la ville de Borkholm forcée, & le trésor que Charles avoit caché dans cette place tombé entre les mains de *Christiern*, commencèrent la décadence de Charles, la perte de la Finlande accéléra sa chûte, & la révolte de Jean Salstat, archevêque d'Upsal, porta le dernier coup à sa fortune. Assiégé dans Stockholm par ce prélat guerrier, il s'enfuit, & abandonna son trône à l'heureux *Christiern*, qui y monta avec une pompe jusqu'alors ignorée, rétablit les privilèges des différens ordres de l'état, caressa l'orgueil du clergé, partagea avec la noblesse le fardeau du gouvernement, se rendit accessible au peuple, diminua les impôts, combla de bienfaits ses partisans, pardonna à tous ses ennemis, & commença son règne sous les plus heureux auspices en 1458. La Norwège se hâta de lui offrir la couronne, qu'il reçut à Drontheim la même année. La mort d'Adolphe, son oncle, lui donna de nouveaux états; & malgré les prétentions de plusieurs princes, il réunit à son domaine le duché de Slefwigh, & les comtés de Holstein & de Stormarie. La ville de Hambourg se trouvoit enclavée dans la dernière de ces seigneuries; les magistrats, encore jaloux de leur antique liberté, ne rendirent au roi qu'un hommage verbal: il s'en contenta, sûr de les forcer, quand il le voudroit, à une soumission plus authentique.

Les vertus & la gloire de *Christiern* sembloient s'accroitre avec sa puissance: respecté de ses voisins, il fut l'arbitre des différends qui s'élevèrent entre les villes de Schwerin, de Lubec & de Lunebourg. *Christiern* n'agit point comme la plupart des monarques, que de petits princes prennent pour juges entr'eux, & qui terminent la querelle en s'emparant de l'objet contesté; son équité lui mérita la confiance de toute l'Allemagne: il lui restoit encore une somme considérable à payer aux princes qui lui avoient cédé les comtés de Holstein & de Stormarie; il alloit mettre un impôt sur ses états pour acquitter cette dette, lorsqu'il apprit que Marius Fregen, légat du pape, avoit vendu des indulgences en Suède, sous le prétexte de faire la guerre aux Turcs avec le produit de cette vente. La somme étoit proportionnée à la sottise du peuple, & le prélat alloit emporter du Nord des richesses immenses. *Christiern*, qui ne pouvoit concevoir que Dieu vendît ses graces à prix d'argent, pour aller faire la guerre à des hommes qu'il avoit créés, se saisit de cet argent, acquitta la dette de l'état, & la Suède eut des indulgences gratis.

La puissance des villes anséatiques donnoit de l'ombrage à *Christiern*; la splendeur de leur commerce excitoit la jalousie de ses peuples; il forma une ligue de plusieurs princes Allemands pour accabler ces républiques sitôt qu'elles oseroient troubler le repos du Nord, & ce traité fut si secret, que les républiques le soupçonnèrent à peine. La sagesse de *Christiern*, qui avoit éclaté dans tant d'opérations politiques, échoua cependant contre le parti de Charles. Les amis du prince détrôné résolurent de perdre l'archevêque d'Upsal dans l'esprit de *Christiern*, afin de perdre *Christiern* lui-même dans l'esprit du peuple. Ils lui peignirent l'archevêque comme un perfide qui machinoit sourdement pour replacer Charles sur le trône, ou peut-être pour y monter lui-même. Le roi donna dans le piège; l'archevêque fut arrêté & conduit en Danemarck; aussi-tôt les accusateurs du prélat devinrent ses défenseurs: ils persuadèrent au peuple, que par ce coup d'état, *Christiern* avoit violé ses sermens, attenté aux privilèges du clergé, que la cause de Jean Salstat devenoit celle de la nation, qu'il falloit rappeller Charles. Il reparut en effet, fut couronné de nouveau, & dut cette révolution aux victoires que Katill, évêque de Linkoping, & neveu de l'archevêque, remporta sur les troupes Danoises.

Christiern crut qu'il étoit temps encore de réparer sa faute; il rendit la liberté à l'archevêque. Celui-ci, plus fier de donner & d'ôter, au gré de son caprice, la couronne de Suède, que s'il l'eût portée lui-même, passe dans ce royaume, change en un moment le système politique, fait une révolution dans les esprits, rassemble une armée, met celle de Charles en fuite, le force lui-même à déclarer en plein sénat qu'il renonce à toutes ses prétentions sur le trône, le relègue en Finlande, fait nommer un administrateur, & s'empare de l'autorité presque toute entière. *Christiern* reconnut alors qu'en délivrant l'archevêque, il n'avoit pas été moins imprudent qu'en le chargeant de fers. Le rusé prélat, pour fermer à ce prince l'entrée de la Suède, l'occupoit ailleurs; & par de sourdes menées, excitoit contre lui Gérard, comte d'Oldenbourg, frère du roi. Celui-ci accumula révoltes sur révoltes, outrages sur outrages, entra dans le Holstein à main armée, souleva la Frise, demanda pardon à son frère, l'obtint, & abusa de sa clémence pour commettre de nouvelles hostilités. *Christiern*, toujours en guerre contre ce prince, ne pouvoit saisir un moment pour reparoître en Suède; tandis qu'il étoit aux prises avec son frère, l'archevêque mourut, & Charles fut rappellé & couronné une troisième fois par son parti.

Dès que Jean Salstat eut fermé les yeux, Gérard rentra dans le devoir; *Christiern* fit reconnoître Jean son fils pour son successeur, passa en Suède à la tête d'une armée, rencontra celle de Charles près d'Elfsbourg, & remporta une victoire signalée; s'il avoit poursuivi les fuyards, Charles tomboit du trône une troisième fois, mais *Christiern* préféra le repos de la Suède à ses propres intérêts, mit bas les armes, & ne prenant plus la guerre, mais l'équité pour juge entre Charles & lui, indiqua une assemblée à Lubec, où leurs droits respectifs devoient être discutés par les députés des deux nations. On s'assembla en tumulte, on disputa avec passion, on ne conclut rien, & l'on se sépara plus ennemis que jamais.

Cependant Charles mourut; alors *Christiern* reparut sur la scène, bloqua le port de Stockholm avec une flotte nombreuse, ne put empêcher l'élection de Streen-Sture, administrateur, mit ses troupes à terre, fut attaqué dans son camp, combattit en soldat, & fut blessé. On le rapporta sur son vaisseau; ses troupes soutinrent le choc quelque temps; mais enfin, accablées par la multitude, elles regagnèrent la flotte en désordre, & *Christiern* retourna en Danemarck. Il s'occupa des soins du gouvernement, & sans paroître regretter la couronne qu'il avoit perdue, songea à se montrer digne de celle qu'il avoit conservée. Le pape voulut l'engager à quitter ses états pour faire la guerre aux Turcs; il rejetta cette proposition avec mépris; mais ce prince, qui savoit défendre son cœur de la fureur épidémique des croisades, se laissa surprendre par la manie des pèlerinages; il alla à Rome visiter le tombeau des apôtres, & en rapporta une bulle, par laquelle sa sainteté daignoit lui permettre d'établir une académie dans ses états. Il étoit singulier de voir un monarque sage & puissant faire un voyage de cinq cents lieues pour demander à l'évêque de Rome la permission d'éclairer son peuple, ou plutôt rien n'étoit singulier dans ce siècle barbare. Ce fut à Copenhague que ce corps académique fut établi en 1474, sous le nom d'*université*. Le mariage de Jean, prince héréditaire de Danemarck, avec Christine, fille d'Ernest, électeur de Saxe, donna lieu à des fêtes pompeuses, qui acquirent encore plus de célébrité par l'institution de l'ordre de l'Eléphant. Le reste de la vie de *Christiern* ne fut qu'une suite d'opérations politiques; la Dythmarsie rangée sous son obéissance sans effusion de sang, l'union de Calmar rétablie, & le trône de Suède promis à Jean son fils, les dettes de l'état acquittées, l'ordre remis dans les finances, la naissance d'un petit-fils, qu'on nomma *Christiern*, consolèrent sa vieillesse de tant de malheurs dont sa vie avoit été traversée, & qu'il ne méritoit pas: il mourut en 1481.

Christiern I est le chef de l'auguste maison qui occupe aujourd'hui le trône de Danemarck; il prétendoit descendre du célèbre Vitikind, chef des Saxons. Mais il n'avoit pas besoin de cette origine, ou chimérique ou réelle, pour être un des plus grands princes de son temps: excellent capitaine, s'il ne fut pas conquérant, c'est qu'il eut horreur de l'être; s'il fit des fautes en politique, ce fut sa candeur qui les lui fit commettre. Le Danemarck fut heureux sous son règne, même au milieu des guerres qu'il soutint; & les Suédois, en refusant de le reconnoître, se firent plus de maux à eux-mêmes qu'ils ne lui en causèrent. On lui reproche de n'avoir pas cultivé les lettres; il les aima du moins, & sut favoriser leurs progrès. Il laissa trois enfans; Jean, qui lui succéda; Frédéric, duc de Slefwigh & de Holstein, qui dans la suite parvint au trône; & Marguerite, qui épousa Jacques IV, roi d'Ecosse. (*M. DE SACY*).

CHRISTIERN II (*Hist. de Danemarck.*), roi de Danemarck: il étoit fils du roi Jean. La nation se hâta de le proclamer héritier de la couronne. L'état étant devenu son patrimoine, il songea dès-lors à l'affermir & en reculer les bornes. La Norwège s'étoit soulevée en 1504; Streen-Sture, administrateur de Suède, s'efforçoit d'établir la domination Suédoise dans cette contrée; *Christiern* parut; Suédois & Norwégiens, tout s'enfuit; la férocité de son caractère ne tarda pas à éclater; les rebelles furent traités avec la dernière rigueur, & la crainte de manquer en Norwège de sujets & de soldats, fut peut-être un des motifs qui arrêtèrent sa vengeance; de-là il passa en Suède, où il remporta quelques avantages; enfin, Jean étant mort en 1513, *Christiern* lui succéda. La nation, éblouie par les premiers succès de ce prince, se promettoit un roi qui rétabliroit l'union de Calmar sur de nouveaux fondemens, & rendroit les armes Danoises redoutables au reste de l'Europe. *Christiern*, occupé d'abord des détails du gouvernement, fit venir de Hollande d'habiles jardiniers, à qui il donna l'isle d'Amag à cultiver. Résolu de soumettre la Suède, il fit entrer le légat Arcenboldi dans ses intérêts, & négocia dans les mêmes vues avec la ville de Lubec. Ce prince ne veilloit pas avec moins d'attention sur sa cour & sur ses ministres. Fobourg, accusé de malversation, fut arrêté & pendu peu de temps après. C'étoit le ministre Toberu qui fut le juge de ce malheureux; mais bientôt soupçonné lui-même d'avoir empoisonné Colombule, maîtresse du roi, il fut mis en prison & traîné devant le tribunal des sénateurs. Ceux-ci eurent le courage de le trouver innocent, & de déplaire au roi, qui avoit juré sa perte : ce prince appella un ramas de paysans, qu'il paya pour être aussi cruels que lui, & qui condamnèrent Toberu à mort; en vain la reine & toutes les dames de la cour se jettèrent aux pieds du roi pour obtenir sa grace; ce prince fut inflexible, l'arrêt fut exécuté, & la nation, témoin de ce spectacle, trembla pour l'avenir, & se repentit d'avoir couronné *Christiern*.

La haine du peuple parut peu l'inquiéter; il osa même braver le clergé, s'emparer de quelques domaines de l'église, faire arrêter l'évêque d'Odensée, & attirer des docteurs évangéliques dans ses états pour y prêcher la religion réformée. De nouveaux impôts aigrirent les esprits; *Christiern* les irrita davantage encore, en nommant son barbier à l'archevêché de Landen. Il n'eut pas plutôt placé sa vile créature sur ce siège si respecté dans le Nord, que, de concert avec le prélat, il s'empara de quelques domaines du chapitre. Esclave de Sigebrite, il commit toutes les violences que cette femme audacieuse lui dictoit; il lui en laissa tout le fruit, & ne s'en réserva pour lui-même que la honte. Les esprits étoient tellement indisposés, que *Christiern* auroit dû sentir qu'il s'exposoit à perdre le Danemarck, s'il le quittoit pour conquérir la Suède. Ses troupes entrèrent dans la Scanie; elles y portèrent le ravage & la mort; avant de saccager une ville, on faisoit afficher la bulle du pape qui autorisoit ces horreurs, comme si *Christiern* n'eût été que le ministre des fureurs de la cour de Rome.

Bientôt il passa lui-même en Suède, assiégea la ville de Stockholm, & força la veuve de l'administrateur à capituler. Cette femme, au-dessus de son sexe par son courage, avoit mieux défendu sa place que les plus vieux généraux, & jamais *Christiern* ne s'en fût rendu maître, si tous les habitans l'avoient secondée; il entra donc dans Stockholm, y fut couronné, repassa en Danemarck. Ce fut-là que dans un calme sombre & terrible il médita sa vengeance. Les perfides conseils de ses lâches favoris échauffèrent son ressentiment par degrés; il partit enfin l'an 1520, & reparut à Stockholm, cachant sous un air ouvert & affable le projet odieux qu'il rouloit dans son ame. D'abord on veut lui parler des fautes qu'avoit commises l'archevêque d'Upsal : il répond, avec une modestie affectée, qu'il ne veut point porter un regard audacieux sur les affaires de l'église, & que c'est aux commissaires nommés par le pape à juger ce prélat.

Cependant il invite la veuve de l'administrateur & tous les sénateurs à une fête pompeuse : ils y courent en foule; *Christiern* les caresse; mais au milieu des transports de joie où toute l'assemblée se livre, le visage du roi change de couleur, ses yeux s'allument, son ame féroce se montre sans voile, il fait arrêter les sénateurs, on les traîne à l'échafaud, plus de soixante & dix magistrats périrent; bientôt les consuls eurent le sort des sénateurs; les soldats devenus bourreaux, se répandirent dans les rues, pillant, brûlant, massacrant, & firent de la ville un champ de bataille. La veuve devoit être noyée, mais l'avare *Christiern* espéra qu'elle racheteroit sa vie en lui découvrant les trésors que son époux avoit laissés, il la condamna à une prison perpétuelle; tous les Suédois frémissoient, & les Danois étoient saisis d'horreur; l'Europe étoit indignée; on prétend que la cour de Rome approuva tout ce que *Christiern* avoit fait.

Il retourna en Danemarck, amenant avec lui Gustave Eric-Son, que sa fureur avoit épargné. Sur son chemin, il fit noyer des religieux qui avoient caché leurs provisions pour les dérober à l'avidité des soldats. La mère & la sœur de Gustave furent traitées avec barbarie; tout trembloit autour du roi; il porta en Zélande la terreur qui l'accompagnoit. La crise étoit trop violente pour durer long-temps, & l'instant où la servitude d'un peuple devient plus dure, est quelquefois celui où il touche au moment de recouvrer sa liberté: *Christiern* assembla les états pour leur communiquer les projets de guerre qu'il méditoit; mais l'assemblée, au lieu de s'occuper de l'exécution de ses ordres, lui déclara qu'elle renonçoit à l'obéissance qu'elle lui avoit jurée; que par ses cruautés accumulées il avoit perdu tous ses droits au trône, & que le Danemarck alloit se choisir un nouveau maître. Le plus furieux des hommes devint alors le plus foible. En horreur à son peuple, abandonné par ses favoris, menacé par ses gardes mêmes, il se hâta de piller le trésor royal, & s'enfuit avec sa famille; il essuya une tempête, & après avoir long-tems lutté contre les vents, aborda dans les Pays-Bas l'an 1523, au mois d'avril; il traversa l'Allemagne & alla chercher un asyle à la cour de l'empereur son beau-frère.

Si *Christiern* n'eût été que malheureux, toute l'Europe se seroit intéressée en sa faveur; mais il étoit coupable, & il ne trouva que des protecteurs politiques qui cherchoient à lui rendre ses états pour les partager avec lui. L'électeur de Brandebourg fut de ce nombre; il fit de grands préparatifs qui n'eurent que de foibles effets. *Christiern* offrit à Gustave de lui céder le trône de Suède, s'il vouloit lui aider à remonter sur celui de Danemarck; mais Gustave s'étoit déja ligué avec Frédéric, successeur de *Christiern*, contre cet ennemi commun. L'empereur son beau-frère, qui d'abord avoit paru épouser sa querelle avec beaucoup de chaleur, s'étoit refroidi tout-à-coup, parce qu'il craignoit d'attirer dans l'Empire toutes les forces du Nord. La gouvernante des Pays-Bas paroissoit seule sensible aux malheurs de ce prince; elle lui prêta trente vaisseaux; il mit à la voile; mais il sembloit

sembloit destiné à être le jouet des vents. Un orage engloutit dix de ses vaisseaux & dispersa le reste; il fut trop heureux d'aborder dans le port de Balus: cependant il trouva un parti en Norwège, & fit quelques conquêtes. Les Dalécarliens l'appelloient dans leur province; mais la nature, toujours obstinée à le persécuter, lui opposa des neiges sur son passage; il ne put y pénétrer, & crut s'en dédommager par la prise d'Agghérus, mais il fut contraint de lever le siège de cette place.

Turéjohanson s'étoit attaché à la mauvaise fortune de ce prince, parce qu'il n'en pouvoit trouver une meilleure. Odieux à Gustave, qui l'accusoit d'avoir trahi ses intérêts, sa conduite donna les mêmes soupçons à *Christiern*. Les malheureux sont toujours défians. Bientôt on accusa *Christiern* lui même de l'avoir fait assassiner. Si ce crime est réel, ce fut du moins le dernier qu'il commit; abandonné par ses soldats, il se livra de lui-même aux généraux Danois: conduit à Copenhague par l'évêque d'Odensée, il y fut arrêté & renfermé dans le château de Sunderbourg, l'an 1532.

Sa prison fut long-temps étroite & rigoureuse. La nation ne l'y oublia point; quelques provinces se soulevèrent en sa faveur: on vit même se former une ligue de plusieurs princes voisins; mais la prudence de Christiern III, qui avoit succédé à Frédéric, sut dissiper tous ces orages. Il força *Christiern* à renoncer à tous ses droits sur le Danemarck, la Suède & tous ses anciens domaines: alors il le fit transférer à Callembourg; il lui laissa dans cette retraite une ombre de liberté, & vint même l'y voir. *Christiern* y mourut l'an 1558, âgé de 78 ans. Le surnom de *cruel* qu'on lui donna eût été peut-être un supplice assez grand pour ses crimes, si la mort ne lui eût pas épargné l'horreur de s'entendre nommer ainsi. (*M. de Sacy.*)

Christiern III (*Hist. de Danemarck.*), roi de Danemarck. Les états généraux avoient promis à Frédéric I de placer sa couronne sur la tête de l'un de ses enfans; mais il leur avoit laissé le choix de son successeur dans sa famille, soit qu'il voulût par cette conduite exciter les jeunes princes à se rendre tous dignes des suffrages de la nation, soit qu'il n'osât exiger qu'elle réglât son penchant sur le sien. Cette disposition si sage en apparence, alluma la discorde dans la famille royale & dans l'état. Le roi laissoit deux enfans de son premier mariage, *Christiern* & Dorothée I; & du second trois fils & trois filles, Jean, Adolphe & Frédéric, Elisabeth, Anne & Dorothée II. De tous ces princes, *Christiern III* étoit seul dans l'âge de régner. Il avoit déja gouverné avec sagesse les duchés de Sleswigh & de Holstein; on vantoit par-tout sa bienfaisance & son courage; l'expérience avoit en lui devancé les années; mais il avoit protégé le luthéranisme qui commençoit à faire des progrès rapides dans le royaume. Le clergé se déclara contre lui; une partie des évêques se rangea du parti de Jean, enfant de huit ans; l'autre appelloit au trône Christiern II, tyran détrôné, qui languissoit dans les fers, & dont le cœur n'étoit point changé, même par la mauvaise fortune. Tels furent les concurrens qui partagèrent les suffrages des états-généraux assemblés à Copenhague en 1533. La noblesse, dont le crédit, à la faveur des nouvelles opinions, commençoit à balancer celui du clergé, formoit en faveur du duc *Christiern* un parti puissant. L'élection avoit été différée jusqu'à l'année suivante, parce que la ville de Lubec, qui aspiroit à l'empire de la mer Baltique, & qui méditoit la chûte de Gustave, roi de Suède, avoit associé à ses desseins ambitieux plusieurs provinces du Danemarck. Le duc qui cherchoit à se faire de Gustave un protecteur contre Christiern II, assiégea la ville de Lubec. Ce fut pendant ce siège que les états de Jutland, de Holstein & de Fionie proclamèrent *Christiern III*. Il vint recevoir la couronne à Horsens. Il promit de consacrer au bonheur & à la gloire de l'état son repos, ses richesses & son sang, de conserver les privilèges de tous les ordres de l'état, & de maintenir avec autant de zèle les possessions de ses sujets que les siennes; il députa ensuite vers Gustave pour l'engager dans ses intérêts; tout concouroit à assurer le succès de cette négociation, la haine trop juste que Gustave portoit à Christiern II, son persécuteur, que Christophe, comte d'Oldenbourg, vouloit rétablir sur le trône, & ses ressentimens contre la république de Lubec qui avoit juré sa perte. Gustave arma en faveur de *Christiern III*: la reine Marie, gouvernante des Pays-Bas, fit aussi de grands préparatifs contre la ville de Lubec, dont le commerce balançoit celui de la Hollande. Cette ligue engagea le comte d'Oldenbourg, la ville de Lubec & le clergé de Danemarck à confirmer, par de nouveaux sermens, celle qu'ils avoient formée contre *Christiern III*. Le comte avoit déja soumis la Zélande, il étoit entré dans Roschild sans coup férir, l'archevêque d'Upsal avoit reçu de ses mains l'évêché de cette ville, les portes de Copenhague lui avoient été ouvertes après un siège peu meurtrier; ses bienfaits lui avoient conquis la ville de Malmoe, & la Fionie trembloit sous ses loix; ses succès effrayèrent le nouveau roi: pour avoir un ennemi de moins à combattre, il ménagea une trève entre la république de Lubec & les habitans du Holstein; la fortune changea, le Jutland se soumit, Albourg fut emporté d'assaut, le comte d'Oldenbourg, qui étoit trop sage pour ne pas se défier de la rapidité de ses propres succès, demanda une entrevue: elle fut sans effet, parce que *Christiern III* ne vouloit rien céder à Christiern II, & que le comte ne vouloit laisser à *Christiern III* que le Holstein & le Jutland.

On ne songea donc plus qu'à pousser la guerre avec plus de chaleur. Le parti de *Christiern* étoit peu nombreux; mais il étoit plutôt composé d'amis attachés à sa personne, que de partisans attachés à sa fortune. Avec cette troupe d'élite, il fit dans la Fionie une irruption subite, tailla en pieces les troupes du comte entre Middelfart & Odensée: cette victoire ne lui coûta que la peine de paroître, & les habitans d'Odonsée lui rendirent hommage. Ces succès rangèrent à son parti la noblesse de Norwège: tranquilles spectateurs des troubles du Danemarck, les habitans de cette contrée attendoient que le sort des armes leur eût choisi un maître pour le choisir eux-mêmes. Tandis qu'ils proclamoient *Christiern III*, ce prince assiégeoit Copenhague: il quitta le siège pour se rendre à Stockholm presque sans suite, non comme un roi qui va négocier avec son égal, mais comme un ami qui va embrasser son ami. Les historiens danois prétendent que Gustave, abusant de sa confiance, voulut attenter à sa liberté, & que *Christiern* lui échappa; les Suédois soutiennent que Gustave le combla de présens, le reçut avec honneur, & le renvoya de même. Si l'on consulte le caractère de Gustave, pour prononcer entre ces deux relations, celle des Suédois mérite la préférence. Quoi qu'il en soit, *Christiern* pressa le siège de Copenhague, engagea Menard de Ham à se jeter sur les terres de l'empereur, qui méditoit la conquête des trois royaumes, vengea l'affront fait à ses députés par l'archevêque de Drontheim, qui s'étoit fait proclamer roi de Norwège au nom de l'électeur Palatin, négocia avec la république de Lubec, fit sa paix avec elle sans la participation de Gustave, offrit une amnistie aux habitans de Copenhague, & sut employer si à propos la politique, la clémence, les armes, les caresses, les menaces; que les habitans de la capitale assiégée résolurent enfin de lui ouvrir leurs portes en 1536; il y entra en triomphe; mais la joie que lui causoit cette révolution fut troublée par le spectacle que lui offroit cette ville malheureuse: la maladie & la famine avoient moissonné la fleur des citoyens; les rues étoient jonchées de cadavres étendus sans sépulture, parce qu'on manquoit de bras pour les enterrer; les carrefours portoient encore les marques sanglantes des combats que les bourgeois & la garnison s'étoient livrés; des quartiers entiers n'étoient que des monceaux de ruines dévorées par les flammes. *Christiern* ne voyoit sur son passage que des squelettes affamés, qui soulevoient à peine leurs bras pour lui demander du pain. Le roi fit distribuer des vivres au peuple, & des secours aux malades; pardonna au duc Albert de Meklenbourg, au comte Christophe d'Oldenbourg, au consul de Munster, & à tous ses ennemis qui s'étoient renfermés dans la capitale & l'avoient si long-temps défendue malgré les habitans même. Sa clémence lui gagna tous les cœurs; le clergé seul, qui voyoit sa décadence assurée, par l'élévation de ce prince, lui opposa encore une résistance qui prouvoit moins sa force que son désespoir. *Christiern*, du consentement des états, fit déposer; arrêter les évêques, réunit leur bien au fisc, autorisa la prédication de la religion évangélique, envoya une flotte dans le Nord, conquit la Norwège sans effusion de sang, & chassa du Danemarck tous les moines catholiques.

Délivré des inquiétudes que le clergé lui avoit données, il se fit médiateur entre la Suède & la ville de Lubec, assoupit par une trève les longs démêlés de ces deux puissances, fit à Brunswick, avec quelques princes Allemands, une alliance dont le but étoit la destruction de la religion catholique dans le Nord, rétablit l'académie de Copenhague, & prit des voies si sûres & si douces pour mettre la derniere main à la révolution, qui étoit son ouvrage, qu'en 1539 tout étoit paisible dans le Danemarck.

Le calme ne fit que s'affermir de plus en plus sous son règne. Le peuple s'accoutumoit sans effort à préférer des erreurs douces aux vérités, dont la défense lui avoit coûté tant de sang; on cessa de s'égorger pour des dogmes; les sectes ne devinrent plus des armées, & les querelles théologiques, reléguées dans les écoles, ne troublèrent plus le gouvernement. *Christiern* fut cependant alarmé des préparatifs de guerre que formoit l'électeur Palatin, ce prince s'avança en effet vers le Holstein, mais il ne fit que paroître, & s'enfuit devant des paysans qui osèrent lui présenter le combat. L'empereur paroissoit vouloir venger l'affront d'un prince son allié & son vassal; Charles-Quint repaissoit encore son ambition du projet chimérique de la monarchie universelle. L'intérêt de la religion éteinte dans le Nord, les prétentions de l'électeur qu'il devoit soutenir, lui offroient plus de prétextes qu'il n'en demandoit pour conquérir trois couronnes. Mais une flotte qui croisa dans les mers d'Allemagne, l'alliance renouvellée entre la Suède & le Danemarck, les différends de *Christiern* & des ducs de Poméranie terminés par les voies politiques, une ligue bien cimentée avec les Hollandois, à qui on accorda la liberté de la navigation dans la mer Baltique, la vue d'une armée nombreuse toujours cantonnée sur les frontières du Danemarck, tant d'obstacles à vaincre effrayèrent l'empereur, il renoua les négociations entamées, & la paix fut signée à Spire. La principale condition fut que *Christiern III* n'accorderoit aucun secours aux ennemis de sa majesté impériale. On n'oublia pas le malheureux Christiern II, qui gémissoit au fond d'une prison, & n'étoit plaint que de lui même. *Christiern III* eut une entrevue avec lui, & fit embellir le séjour de Callembourg, où ce prince détrôné passa le reste de sa vie dans l'obscurité.

Christiern auroit goûté sur le trône un bonheur sans mélange, si le chagrin de voir la couronne de Suède devenue héréditaire dans la famille de Gustave, n'avoit pas empoisonné ses plaisirs. Par là l'union de Calmar étoit détruite; & *Christiern* perdoit toute espérance de monter sur le trône de Suède. Mais en perdant ses droits, ce prince n'abandonna pas ses prétentions; & pour apprendre à toute l'Europe qu'il désavouoit la conduite des états généraux de Suède, il arbora trois couronnes dans son écu. Gustave s'en plaignit & ne fut point écouté.

Les troubles d'Islande, dernier effort de la religion romaine expirante dans cette isle, se calmèrent à la vue d'une flotte que *Christiern* y envoya. La ville de Hambourg montra plus d'audace. Les droits qu'elle exigeoit gênoient la navigation sur l'Elbe; *Christiern* demanda pour les vaisseaux Danois une exemption de péage; mais lorsqu'il vit qu'on ne pouvoit l'obtenir que les armes à la main, il ne crut pas que ce privilège dût s'acheter aux prix du sang des hommes. Loin d'envahir, à l'exemple de ses ancêtres, les états de ses voisins, il rejeta l'hommage de la ville de Revel; les habitans assiégés par les Moscovites, députèrent vers lui pour le prier de leur donner des loix & des secours, & de recevoir leur serment de fidélité. *Christiern* répondit qu'accablé d'infirmités, le fardeau du gouvernement que le ciel lui avoit confié commençoit même à excéder ses forces; que sa foiblesse l'avoit contraint de remettre sur la tête de son fils Frédéric la couronne de Norwège, & qu'il ne pouvoit accepter le don de leur foi. Les députés (chose singulière) s'en retournèrent sans pouvoir trouver de maître. *Christiern* au milieu des occupations pacifiques qui partageoient ses momens, descendit tranquillement au tombeau, au milieu de sa famille éplorée & de son peuple consterné. Ce fut le premier janvier 1559 que le Danemarck perdit un de ses meilleurs princes. Il fit la paix par goût, & la guerre par nécessité. Il négocioit avec sagesse & presque sans ruse; son caractère étoit simple, bon & vrai; brave, mais attachant peu de prix à la bravoure, sa gloire étoit de maintenir les loix & de rendre ses peuples heureux. Il est vrai qu'il détruisit dans le Nord l'église romaine; mais on ne peut en accuser que l'ambition de ses ministres, qui depuis tant de siècles avoient envahi la plus belle partie du Danemark, qui tant de fois soulevèrent le peuple contre ses souverains, soufflèrent dans toutes les provinces l'esprit de discorde & d'indépendance, balancèrent & souvent renversèrent l'autorité suprême, & qui auroient fini par exterminer les rois du Nord, si ces rois ne les avoient pas exterminés eux-mêmes. (*M. DE SACY*).

CHRISTIERN IV (*Hist. de Danemarck*), roi de Danemarck. Il n'avoit que onze ans lorsqu'il succéda à Frédéric II, son père. Quatre régens prirent en main les rênes du gouvernement, tandis que des maîtres habiles veilloient à l'éducation du jeune roi. Il étudia les langues des nations, leurs intérêts, leurs mœurs : on fit marcher d'un pas égal la culture du corps & celle de l'esprit. Il devint léger, adroit, robuste, & dans les exercices effaça tous ses courtisans. Il fut couronné l'an 1596; commença à gouverner par lui-même; s'allia avec l'électeur de Brandebourg, en épousant Anne-Catherine, sa fille; refusa d'entrer dans la guerre de la Hollande contre l'Espagne, & conserva ses états dans une paix profonde, tandis qu'une partie de l'Europe étoit en feu. Il éluda adroitement les pièges que lui tendoit le roi de Suède, pour réveiller les anciennes querelles qui avoient coûté tant de sang aux deux nations. Tout étoit si calme dans le Danemarck, que *Christiern* crut pouvoir suivre le penchant de son cœur, qui l'entraînoit vers l'Angleterre. Il aimoit tendrement sa sœur, que Jacques I avoit épousée : son absence ne fut point funeste à ses sujets, ni à lui-même; il retrouva les affaires dans le même ordre où il les avoit laissées.

Ce prince suivoit toujours son plan pacifique, lorsque la jalousie des Suédois, par des procédés trop durs, réveilla celle des Danois assoupie par l'humeur tranquille de leur prince. *Christiern* essaya d'étouffer ces germes de discorde : on convint d'une conférence à Wismar; mais les plaisirs de Calmar arrêtèrent les ambassadeurs Danois, & leur incontinence fut la cause d'une guerre. Les Suédois choqués, manquèrent aux égards qu'ils devoient à *Christiern*. Ce prince ne garda plus de ménagement envers le roi de Suède; les esprits s'aigrirent, s'échauffèrent par degrés, la guerre fut déclarée, *Christiern* entra dans Calmar l'épée à la main; mais le château fit une vigoureuse résistance. Soit horreur de la guerre, soit goût pour l'administration intérieure, *Christiern* rentra en Danemarck, & laissa le commandement de son armée à Lucas Krabbe, qui fut tué peu de temps après dans un combat. Christiandstat fut pris par stratagême; la flotte suédoise fut battue, & la fortune se décida pour les Danois; ils firent plusieurs conquêtes importantes, sortirent vainqueurs de quelques rencontres meurtrières. Charles IX irrité, envoya un cartel à *Christiern*. Ce prince y répondit par des injures. Il disoit, entre autres choses, *qu'il s'appercevoit bien que les jours caniculaires n'étoient pas encore passés pour Charles IX, & qu'ils opéroient dans sa tête avec toute leur force*. Il disoit ensuite : *Il vaudroit mieux que tu fusses renfermé dans un poêle chaud, que de te battre avec nous*. Cependant le sort des armes ne tarda pas à changer : la maladie commença la destruction des Danois; la faim rendit encore leur situation plus affreuse, & toute l'armée se dissipa. Sur ces entrefaites, Gustave-Adolphe monta sur le trône de Suède, & peu de temps après la paix fut conclue avec le Danemarck. *Christiern* fut contraint de rendre Calmar, l'isle d'Oëland & le fort de Risby. Bientôt la levée des impôts sur le détroit du Sund excita un nouvel orage; mais la prudence de *Christiern* sut le conjurer. La république de Lubec d'une part, de l'autre, celle des Provinces-Unies, se plaignoient des entraves que ces impôts mettoient à leur commerce. *Christiern* refusa d'abord de les supprimer; mais l'empereur ayant pris le parti des républiques, le prince danois sentit qu'une nouvelle guerre dévoreroit plus de richesses en un an, que la levée de ces impôts ne pouvoit lui en produire en dix ans; il les supprima. Cet amour du repos public l'engagea à se lier étroitement avec Gustave-Adolphe; il eut une entrevue avec ce jeune héros, & le cœur fut de moitié dans leurs entretiens.

L'Allemagne étoit alors en proie à toutes les fureurs de la guerre. L'électeur palatin, & plusieurs autres princes soulevés contre l'empereur, avoient été proscrits, dépouillés de leurs domaines, & mis au ban de l'empire. *Christiern* essaya d'abord d'appaiser le monarque; mais ayant employé sans succès les voies politiques, il résolut d'embrasser, les armes à la main, la défense de ces illustres malheureux. Il marcha donc à la tête de son armée, ne fit pas une opération un peu importante, sans faire auparavant offrir la paix à l'empereur; défendit, sous les peines les plus sévères, de troubler les travaux du paysan: ses soldats furent partout les protecteurs de leurs hôtes, & ne laissèrent aucune trace de leurs passages. Une guerre entreprise par un motif si beau, conduite avec tant de modération, méritoit un succès plus heureux; les Danois furent vaincus en plusieurs rencontres; enfin, après avoir si long-temps offert la paix à ses ennemis, il fut contraint de recevoir lui-même, en 1629, les conditions qu'ils voulurent lui imposer. La plus dure étoit la cession des isles de Fremeren, & une partie de celles de Warde & de Sulde, que le roi fut forcé d'abandonner aux maisons de Slefwigh & de Holstein-Gottorp.

A peine délivré d'une guerre aussi ruineuse, il ne songea qu'à en réparer les ravages. La ville de Gluckstald avoit été dépeuplée & presque détruite par un siège long & meurtrier: il résolut d'en relever les ruines, de la rendre riche, belle & florissante; ce fut dans cette vue qu'il ordonna que tous les vaisseaux qui navigeroient sur l'Elbe paieroient une somme considérable. La ville de Hambourg murmura de cette imposition, qui gênoit son commerce. *Christiern* répondit à ses murmures par des menaces: les esprits s'aigrirent & la guerre fut déclarée; elle dura peu de temps, & ne fut pas meurtrière. La ville de Hambourg la termina, en payant au roi cent mille risdales. De nouveaux traités avec la Suède & la Hollande rendirent la puissance danoise plus redoutable que jamais: ce fut cependant en vain que *Christiern* offrit sa médiation pour terminer les différends trop célèbres de Gustave-Adolphe & de l'empereur. Ce prince n'avoit pas, pour un médiateur qu'il avoit vaincu plus d'une fois, tout le respect que la vertu de *Christiern* inspiroit au reste de l'Europe. Sa gloire avoit rempli tout le Nord, elle avoit pénétré jusqu'au fond de la Moscovie, & le czar lui envoya des ambassadeurs pour lui demander son amitié. Cependant ce même Gustave-Adolphe, dont *Christiern* avoit recherché l'alliance avec tant d'empressement, ne put cacher long-temps cette jalousie innée que les services du prince danois n'avoient pu étouffer dans son cœur. Des intérêts très-légers firent naître une guerre cruelle: les forces navales des deux partis se mirent en mer. *Christiern* descendit dans l'isle de Fremeren, fut attaqué par la flotte suédoise pendant le débarquement, reçut deux blessures à la tête, continua de combattre & de donner des ordres. Après s'être assuré de sa conquête, il retourna à Copenhague; mais ses généraux, en son absence, ne montrèrent qu'une molesse honteuse; l'amiral Ghed, défié par la flotte suédoise, refusa le combat. *Christiern* déclara que, puisque ce général n'avoit osé exposer sa tête aux champs d'honneur, il méritoit de la perdre sur un échafaud; il fut décolé en 1644. Un nouvel échec que les armes du roi reçurent sur la mer irrita tellement ce prince contre la Suède, qu'oubliant qu'il s'étoit destiné à être le pacificateur de l'Europe, il forma une ligue avec la Pologne pour accabler les Suédois, de concert avec cette république. Mais ce premier ressentiment fut bientôt calmé; la paix fut conclue; & comme le sort des armes n'avoit point été favorable à *Christiern*, ses ennemis furent les maîtres des conditions. Il mourut en 1648, après un règne de soixante ans.

Ce prince étoit né pour faire l'ornement & le bonheur du genre humain. S'il avoit eu des voisins moins inquiets, ses états auroient joui, pendant toute sa vie, d'un repos inaltérable. Brave soldat, général peu expérimenté, il fut souvent battu; mais il montra du moins que s'il haïssoit la guerre, ce n'étoit point la crainte d'exposer ses jours. Il protégea les savans, & sur-tout le célèbre Tycho-Brahé, qui éclaira le Nord, & fut philosophe dans une contrée où jusqu'alors on n'avoit vu que des sophistes. (*M. de Sacy*).

Christiern V (*Hist. de Danemarck*), étoit fils de Frédéric III, roi de Danemarck. Dès sa plus tendre enfance il montra un goût décidé pour les armes: au siège de Copenhague il fit éclater un courage bien rare dans l'enfance, où les organes, trop foibles, sont puissamment remués par tout objet terrible; on l'eût pris pour un soldat dans la mêlée, pour un capitaine dans le conseil. Il voyagea, rapporta dans sa patrie une connoissance profonde des mœurs, des intérêts & des loix des nations voisines, & une passion violente pour Charlotte-Emilie, princesse de Hesse-Cassel. Frédéric ne s'opposa point à un penchant si légitime; *Christiern* épousa la princesse le 10 mai 1667. Frédéric étant mort en 1670, *Christiern* monta sur le trône: il trouvoit un peuple abattu, des finances épuisées, des ministres avides, les traces encore récentes des guerres que Frédéric avoit soutenues, enfin la Suède toujours prête à prendre les armes contre le Danemarck. Il vouloit se mettre en état de défense, & se proposoit même d'aller porter le fer & le feu jusques chez ses ennemis; mais le peuple devenu audacieux, par l'impuissance même d'obéir, lui refusa des subsides qu'il ne pouvoit payer; d'ailleurs l'ancienne querelle des ducs de Holstein & des rois de Danemarck, au sujet du comté d'Oldenbourg, se réveilla. La Suède promettoit secrètement son appui aux ennemis de *Christiern*. Celui ci sut si adroitement se tirer de ce différend, dont les suites pouvoient être funestes, que le duc de Holstein-Gottorp & le duc de Holstein-Ploen demeurèrent seul en butte à leur animosité réciproque. Le roi parvint à les réconcilier; mais malgré l'alliance jurée par ces princes, *Christiern*, qui se défioit de leurs promesses, avant de se mettre en marche contre les Suédois, voulut s'assurer de leurs principales forteresses, de peur que pendant son absence ils ne fissent une irruption dans le Danemarck. La guerre fut déclarée: la Hollande envoya une flotte dans le Nord, elle se joignit à celle de Suède; les princes de Brandebourg, de Lunebourg, de Munster unirent leurs forces à celles de *Christiern*, pour accabler une puissance que tant de succès avoient rendue formidable au reste de l'Europe. Le célèbre Tromp se signala dans cette expédition, & le roi lui donna l'ordre de l'Eléphant. Ce prince descendit en Scanie, entra dans Helsinbourg sans coup férir, emporta Landskroon de vive force, s'empara de Christiandstat, revint à Copenhague, reparut à la tête de son armée, vint camper entre Sorenstorp & Stanky, & présenta la bataille aux Suédois: elle fut très-meurtrière; on fit de grandes fautes, de beaux exploits, des évolutions savantes; chacune des deux armées fut battue à une extrémité tandis qu'elle triomphoit à l'autre, & les deux partis s'attribuèrent la victoire. *Christiern* revint à Copenhague pour faire de nouvelles levées, & se mettre en état de remporter des succès moins contestés: il envoya aussi des ministres plénipotentiaires au congrès de Nimègue, résolut de combattre & de négocier, de faire à la fois la paix & la guerre. Tandis que ses ambassadeurs se querelloient avec ceux d'Espagne sur le cérémonial, il investit Malmoe; il alloit se rendre maître de cette place; mais un pont s'étant écroulé sous la multitude des assaillans, qui furent noyés, le reste perdit courage; & *Christiern*, qui savoit combien il est dangereux de rebuter le soldat, leva le siège. Il crut qu'une victoire répareroit avec éclat le léger échec que ses armes venoient de recevoir: ce fut près de Landskroon, en 1677, que se donna cette bataille, où les rois de Suède & de Danemarck firent tous deux des prodiges de courage & de génie capables d'étonner les plus grands capitaines; ils n'avoient point de poste fixé que celui où le péril étoit plus grand. *Christiern* se précipita plusieurs fois au milieu des Suédois, tua plusieurs officiers de sa main, chercha par-tout son ennemi, & ne put le joindre. Le combat ne cessa que lorsque les combattans, épuisés de fatigues, accablés par la chaleur, n'eurent plus la force de se servir de leurs armes. L'armée danoise se retira en bon ordre, & sa retraite laissa aux Suédois le champ de bataille, & le préjugé de la victoire plus important quelquefois que la victoire même.

Cependant les troupes qui étoient descendues dans l'isle de Rugen furent écrasées par les Suédois. Le reste de la campagne ne fut pas plus heureux; les Danois recevoient échec sur échec, la nation étoit découragée, les soldats se traînoient aux combats avec cette défiance qui présage la défaite, le roi seul étoit toujours le même. On négocioit toujours à Nimègue: le roi de Suède croyoit que les disgraces que les Danois avoient essuyées le rendroient maître des conditions; mais *Christiern* jura de périr plutôt que de faire une paix honteuse. Les hostilités continuèrent, mais avec moins de violence; une flotte suédoise fut battue par les Danois, quelques provinces, quelques isles, furent subjuguées sans coup férir. Ces pertes rendirent le roi de Suède moins difficile sur les conditions du traité; il fut signé en 1679, par la médiation de la France, & ce fut *en considération de sa majesté très-chrétienne* que *Christiern* consentit à rendre à son ennemi tout ce que ce prince possédoit avant la guerre. Il fit même alliance avec ce prince, mais bientôt il tourna ses armes contre la ville de Hambourg. On négocia long-temps sans fruit, & ce différend fut encore terminé par l'entremise de Louis XIV & des princes de Brunswick. Le mariage de la princesse Ulrique-Eléonor avec le roi de Suède, dissipa les alarmes que donnoient aux deux nations les ressentimens de leurs princes, qu'ils croyoient mal étouffés; mais bientôt les prétentions de *Christiern* sur le Holstein menacèrent le Nord d'un nouvel embrâsement. Dans un voyage qu'il fit par mer, pour assurer le succès de son entreprise, il fut sur le point de faire naufrage: on le vit calme dans le péril, encourager les matelots effrayés, remplacer le pilote, & montrer moins d'inquiétude pour lui-même que pour ses compagnons.

Ce prince n'avoit point perdu ses vues sur Hambourg; ses querelles toujours renaissantes avec le duc de Holstein-Gottorp, ses négociations avec la cour de France, un peu lente à le seconder, ne l'empêchèrent pas de former une tentative sur Hambourg: il assiégea cette ville avec des troupes qui auroient à peine suffi pour la défendre. Forcé à la retraite, moins par la puissance de ses ennemis, que par la foiblesse de ses troupes, il termina le siège par une capitulation, également gênante, & pour lui-même, & pour les habitans. Mais il avoit en vue une proie plus belle; c'étoient les états du duc de Holstein, dont il s'empara. Cette espèce d'usurpation souleva toute l'Europe: le traité d'Altena appaisa ces différends si longs & si funestes, & *Christiern* restitua, avec regret, des biens qu'il avoit conquis sans effort. Ce prince ne put jamais étouffer dans son cœur les ressentimens qu'il avoit conçus contre le duc; il lui suscita des affaires épineuses; & si la jalousie, que la puissance danoise excitoit parmi ses voisins, n'avoit donné des protecteurs au duc, *Christiern* l'auroit accablé. Enfin, sa mort, arrivée en 1699, calma les alarmes dont ses projets avoient rempli tout le nord de l'Europe. Il étoit brave, & n'affectoit point de montrer son courage : il jouoit avec le péril lorsqu'il y étoit engagé, & ne le cherchoit pas : sa douceur étoit naturelle, & n'avoit rien d'apprêté : il respecta la religion sans être l'esclave des prêtres, dirigea toutes les démarches de ses ambassadeurs ; mais on lui reproche d'avoir quelquefois sacrifié à la splendeur extérieure de son royaume les soins du gouvernement intérieur. (*M. DE SACY.*)

CHRISTINE (*Hist. de Suède*), avoit épousé l'administrateur Stréen-Sture, qui souleva la Suède contre le roi Jean en 1487. Après la mort de son époux, elle s'empara de la scène qu'il avoit occupée pendant trente-trois ans ; elle avoit hérité de ses talens, de son courage & non pas de sa perfidie. Elle trouva tous les esprits disposés à recevoir la domination danoise ; on parloit même de convoquer une assemblée où Jean devoit être reconnu. La veuve de l'administrateur s'y opposa, forma un parti dans Stockholm, gagna le peuple par ses discours, & quelques sénateurs par ses largesses. Cependant Christiern II, successeur de Jean, fut couronné dans une assemblée d'états. Maître du sénat, vainqueur de la noblesse, soutenu par le clergé, il se flatta de triompher aisément d'une femme, & somma *Christine* de remettre entre ses mains la capitale où elle s'étoit renfermée. « Je ne » reconnoîtrai jamais, dit-elle, pour mon sou» verain, l'ennemi de ma patrie & de ma famille : » cette assemblée, dont les suffrages l'ont couronné, » n'étoit qu'un ramas de rebelles & de traîtres : » je défendrai Stockholm, & s'il n'y a plus que » moi & mes amis de Suédois, nous le serons » du moins jusqu'au dernier soupir ». Le siége fut formé & poussé avec vigueur. *Christine* se défendit de même, se montra dans toutes les attaques, & fit tout ce qu'on auroit pu attendre d'un général consommé dans l'art de la guerre. Mais l'épuisement des vivres ne lui permit pas de soutenir ce caractère de fierté qu'elle avoit fait éclater d'abord. Le peuple murmuroit, le sénat étoit découragé ; Christiern II offroit une capitulation honorable. Enfin, vaincue par les cris d'un peuple mutiné, & par les instances des sénateurs, elle signa avec horreur, en 1520, une capitulation qui lui conservoit le rang & les biens dont elle avoit joui du vivant de son époux.

Christiern n'avoit osé violer sur-le-champ un traité dont il avoit lui-même dicté les articles. Mais peu de temps après, il cita la veuve de l'administrateur devant des commissaires nommés par le sénat, pour y rendre compte de la conduite de son époux. Il étoit aisé de le justifier comme patriote, & même comme rebelle : mais comment pallier tant de perfidies, un serment de fidélité prononcé & violé presqu'au même instant, une trève de trente ans refusée quand toute la Suède la demandoit, ses révoltes accumulées malgré tous les traités où il reconnoissoit Jean pour son souverain ? *Christine* mania cette cause avec tant d'art, qu'elle auroit séduit ses juges, si la haine ne les avoit pas rendus clairvoyans. Elle citoit sur-tout une ordonnance des états, dont son époux, disoit-elle, avoit fait le plan de sa conduite. Mais une loi, quelle qu'elle puisse être, ne peut justifier des parjures. Elle eut le sort que son époux seul avoit mérité, & fut arrêtée. Tous ses amis périrent sur l'échafaud ; mais Christiern, qui craignoit que le peuple ne se soulevât en faveur de cette infortunée, ordonna à l'amiral Norbi de la noyer secrètement : ce seigneur fit par ambition ce qu'un autre eût fait par humanité ; il espéroit qu'en sauvant les jours de *Christine*, la reconnoissance l'engageroit à lui donner la main, & que le seul titre de son époux suffiroit pour lui former un parti dans la Suède : il représenta à Christiern, qu'en la perdant il perdoit tous les trésors que Stréen-Sture avoit amassés, qu'elle seule pouvoit lui découvrir le lieu où ils étoient cachés. Christiern suivit ce conseil, laissa la vie à *Christine*, s'empara de ses richesses, & lui ôta la liberté qu'elle ne recouvra jamais. (*M. DE SACY.*)

CHRISTINE (*Hist. de Danemarck & de Suède*), reine de Danemarck, de Suède & de Norwège, étoit fille d'Ernest, électeur de Saxe : Elle naquit en 1461, & en 1477 elle épousa Jean, fils de Christiern I, roi de Danemarck. Ce mariage, également desiré par la nation & par les deux époux, fut célébré avec une pompe jusqu'alors inouie dans le Nord. Après la mort de Christiern, Jean réunit sur sa tête les trois couronnes, de Danemarck, de Suède & de Norwège ; mais l'administrateur Stréen-Sture ayant formé contre ce prince un parti dans la Suède, perdit & gagna des batailles : dans le cours de ses prospérités, il vint mettre le siège devant Stockholm. La reine y commandoit : elle donna des ordres si sages, veilla avec tant de soin à leur exécution, que l'administrateur étoit prêt d'abandonner son entreprise, lorsque des traîtres l'introduisirent dans la ville ; les magistrats signèrent une capitulation honteuse, & le peuple parut complice de sa perfidie. On prétend que la reine, dans le premier mouvement de son indignation, fit mettre le feu à la ville par ses soldats : elle se retira avec eux dans le château, où elle se vit assiégée, & par Stréen-Sture, & par la populace de Stockholm, que le spectacle de l'incendie animoit à la vengeance. Elle soutint, avec un courage au-dessus de son sexe, & les périls & les fatigues du siège : présente aux travaux comme aux combats, elle échauffoit, par sa présence, l'ardeur du soldat. Bientôt les vivres furent épuisés ; on fut réduit à manger les chevaux ; la reine donna l'exemple, & dès-lors ce mets fut trouvé délicieux. Mais pour persuader aux assiégeans que tout étoit en abondance dans la citadelle, elle avoit fait conserver un porc des plus gras qu'on faisoit courir continuellement sur les remparts.

Elle demeura plus d'un an dans cette affreuse situation, pressée par la faim & par les Suédois, abandonnée par Jean, qui, dans les bras d'une maîtresse, oublioit son épouse, ses devoirs, la Suède & sa gloire. Streen-Sture fit donner un assaut général; ses troupes furent repoussées, mais elles laissèrent une partie de la garnison étendue sur la brèche, le reste, prêt à expirer de faim, menaçoit de se rendre s'il falloit soutenir un second assaut: la reine se vit forcée de capituler. Les principaux articles du traité étoient qu'elle auroit la liberté de retourner en Danemarck, & que ses soldats auroient la vie sauve.

La reine sortit donc en 1502: mais, au mépris de la capitulation, elle se vit entourée de gardes, & conduite au monastère de Wadstène, où elle passa un an dans une retraite obscure & peu digne d'elle. Enfin, le légat du pape, les députés de la ville de Lubec, & plus que tout le reste, la crainte de voir le roi de Danemarck venir à main armée redemander son épouse, engagèrent l'administrateur à lui rendre la liberté; il la conduisit lui-même jusqu'aux frontières de la Hallandie. Le peuple, la noblesse s'empressoient sur son passage, tous admiroient l'héroïne du Nord; elle rentra en Danemarck, y fut reçue avec des acclamations, pardonna à son époux l'abandon où il l'avoit laissée, consacra le reste de sa vie à fonder des monastères, & laissa à Copenhague des monumens de sa piété, comme elle en avoit laissé à Stockholm de son courage. (M. DE SACY).

CHRISTINE (*Hist. de Suède*), reine de Suède, fille de Gustave-Adolphe, née le 18 décembre 1626.

Gustave, vainqueur des trois puissances qui avoient si souvent tenté d'envahir ses états, jouissoit enfin du fruit des vertus & des exploits qui lui avoient mérité le titre de *grand*, rien ne manquoit à sa gloire que le bonheur d'en transmettre l'éclat à un héritier digne de lui. Les astrologues, selon l'usage, ne manquèrent point de prédire que la reine accoucheroit d'un fils: la reine accoucha d'une fille: *n'importe*, dit Gustave, *cette fille me vaudra bien un garçon*. On ne parle point des prodiges qui accompagnèrent la naissance de la jeune princesse, parce qu'à présent on ne voit plus rien de prodigieux que dans la crédulité de ses superstitieux contemporains. *Christine* reçut une aussi bonne éducation que si elle n'eût pas été destinée à régner; son père en avoit tracé le plan lui-même, & ses ordres, après sa mort, furent suivis comme s'il n'eût pas été roi.

Le héros, percé d'une flèche lancée par un bras inconnu, venoit de périr dans le sein de la victoire, à la bataille de Lutzen, & sa mort alloit renouveller les horreurs de l'anarchie: une fille de six ans étoit toute la ressource de l'état menacé de toutes parts. Le Danemarck, fier de ses anciennes prétentions au trône de Suède, depuis la fameuse union de Calmar, en 1395; la Pologne, toujours indignée d'une paix qu'on lui avoit fait accepter les armes à la main; la Moscovie, jalouse de rentrer dans les provinces qu'on lui avoit arrachées, plus jalouse d'en conquérir de nouvelles, tous se préparoient à se disputer une couronne qui paroissoit devoir appartenir à celui qui auroit le bonheur de s'en emparer. Les états de Suède s'assemblèrent; le maréchal de la diète ose proposer de couronner la jeune princesse. Un paysan s'avance, & demande: *Quelle est cette fille de Gustave? Qu'on nous la montre, nous ne la connoissons pas*. Le land-maréchal court chercher *Christine*, la prend dans ses bras & la soulève au milieu de l'assemblée. Le paysan s'approche, & s'écrie, les larmes aux yeux: *Oui, c'est lui-même, voilà le nez, les yeux & le front du grand Gustave: nous la voulons pour notre souveraine.* Au moment même mille cris d'applaudissemens s'élèvent, tandis que les grands du royaume, prosternés aux pieds de l'auguste enfant, le reconnoissent pour roi, & font déposer sur les marches du trône les trophées enlevés aux ennemis à la fatale journée de Lutzen.

Christine, élevée sous les yeux des hommes éclairés qui présidoient à son éducation, commençoit à se livrer, sur le trône, à ce goût passionné pour l'étude qui devoit un jour lui inspirer le projet singulier d'en descendre. Fière de ses connoissances dans tous les genres, avide d'en acquérir de nouvelles, la reine, entourée de statues, de manuscrits, de médailles, cherchoit à s'attacher les grands hommes, dont l'Europe se glorifioit alors. Grotius, le compatriote, l'ami, le défenseur du vertueux Barneveld, à qui on venoit de trancher la tête à soixante-douze ans, pour avoir eu l'honneur de défendre sa patrie contre l'usurpation du prince d'Orange, Grotius, échappé des prisons, vint apporter à Stockholm des talens, des vertus, & une réputation qui, à Rotterdam, ne l'eussent point sauvé de l'échafaud. Pascal, qui dans Paris venoit de perfectionner la roulette, cherchoit dans le Nord des approbateurs de son ouvrage; il écrivit à la reine qui, pour le malheur de la physique & des mathématiques, eut celui de ne pouvoir l'attirer à sa cour; car il est à présumer que Pascal, en Suède, se seroit livré à d'autres occupations que celles qui l'absorbèrent tout le reste de sa vie. Descartes, dont les ouvrages étoient ignorés en France, persécutés en Hollande & admirés en Suède, se laissa persuader d'y aller jouir des honneurs dont il se sentoit digne. C'étoit un spectacle peu commun, de voir une jeune reine se lever tous les jours à cinq heures du matin pour converser avec un philosophe sur des questions de métaphysique. Jalouse de l'admiration des savans, à l'âge où son sexe soupçonne à peine qu'il en existe, elle entretenoit une correspondance suivie avec Saumaise, le plus erudit comme le plus orgueilleux des pédans, avec Vossius le théologien; avec Godeau, homme de vertu & de mérite, qu'un bon mot fit évêque, & dont nous avons des milliers de vers qu'on lisoit alors. Parmi les lettres de *Christine*, on doit sur-tout remarquer celle où elle offroit à Scudéri d'accepter la dédicace de son *Alaric*, en y joignant un présent considérable, pourvu qu'il effaçât de son poëme l'éloge de M. de la Gardie, qu'une indiscrétion venoit de perdre dans l'esprit de la reine. Scudéri eut le courage de répondre, *qu'il ne détruiroit jamais l'autel où il avoit sacrifié*. On sait que l'immortel auteur des *Géorgiques* eut la foiblesse d'effacer de son poëme le nom de Gallus son ami, que l'empereur venoit de disgracier. Un procédé si différent fait desirer ou que le poëme de Scudéri ne soit pas si détestable, ou que celui de Virgile ne soit pas un chef-d'œuvre.

Peu contente des lumières que donnoit l'éducation d'Athènes, *Christine* y joignoit les exercices fatiguans de celle de Sparte; de là son aversion pour tous les petits ouvrages de main; de là son inclination pour les plaisirs de la chasse & les travaux de la guerre. Son antipathie pour tout ce que disent & font les femmes étoit si violente, qu'elle disoit souvent que la nature s'étoit méprise en la faisant femme; en affectant les vertus de notre sexe, elle renonçoit volontiers aux graces du sien. La paix conclue avec les Danois permettoit à la Suède de rassembler toutes ses forces contre les Impériaux, dont la puissance menaçante alarmoit tous les princes de l'Europe. Torstenson, le maître & l'ami de Turenne, contribuoit par l'éclat de ses victoires, comme le chancelier Salvius par la sagesse de ses négociations, à rendre *Christine* l'arbitre d'une paix générale, que desiroient également toutes les puissances belligérantes; cette fameuse paix de Westphalie fut enfin signée au mois d'octobre 1648. Innocent X fut seul mécontent. Ce pape n'avoit pas prévu qu'en voulant maintenir l'équilibre entre les puissances de l'Europe, il étoit impossible d'affoiblir la maison d'Autriche, qu'il n'aimoit pas, sans agrandir les protestans qu'il aimoit encore moins. Il crut se venger en faisant afficher à Vienne une bulle, par laquelle il refusoit à *Christine* le titre de reine de Suède pour la punir d'avoir tant contribué à cette paix, dont il tiroit si peu d'avantage. Un siècle plutôt, cette bulle eût ranimé la guerre, l'empereur la fit arracher & l'on n'en parla plus.

La France étoit alors agitée par les troubles de la fronde; Mazarin, qui, à force d'audace, de génie & de richesses, s'étoit rendu le maître du roi, dont il caressoit les foiblesses, de la reine qu'il flattoit par l'ombre d'une autorité qu'elle n'avoit plus, & de l'état que Condé, mécontent, refusoit de sauver une seconde fois, assembloit des armées que le parlement décrétoit de prise-de-corps, contre celles des princes qui, effacés par la splendeur d'un prêtre Italien, s'indignoient de ne jouer à la cour que des rôles subalternes. Mazarin donnoit des batailles, le parlement rendoit des arrêts, & le peuple faisoit des chansons. Cette guerre, qui n'étoit que ridicule, pouvant devenir funeste, alarma *Christine*, qui craignit peut-être que la fin de l'orage ne vînt troubler la sérénité de ses états, & lui enlever ce repos philosophique dont elle jouissoit avec tant de délices, dans le sein des arts & des sciences qu'elle avoit appellés dans son palais. Elle alloit négocier avec le parlement, lorsque son exil à Pontoise fit renaître la paix, les bons mots & l'oubli de tout ce qui venoit de se passer.

Christine, à la tête d'un peuple devenu redoutable par la rapidité de ses victoires, adorée du sénat qu'elle charmoit autant par la sagesse de ses conseils que par l'étendue de ses connoissances, jouissoit des hommages des jeunes souverains de l'Europe, lesquels briguoient à l'envi la main d'une princesse qui pouvoit disposer d'une couronne que sa fierté ne vouloit point partager. En vain l'assemblée des états renouvelloit ses sollicitations pour qu'elle daignât se choisir un mari. *J'aime mieux*, dit-elle, *vous donner un successeur capable de tenir avec gloire les rênes du gouvernement; ne me forcez point à me marier, il pourroit aussi facilement naître de moi un Néron qu'un Auguste*. En conséquence elle fit confirmer par le sénat l'élection de Charles-Gustave, son cousin, qui reçut à genoux la couronne de ses mains, & qui jamais n'osa la porter devant elle. Cependant la reine, dont le goût pour les sciences étoit devenu la passion dominante, commençoit à lui sacrifier les intérêts d'une nation qu'elle avoit rendu florissante; le peuple murmuroit en voyant les finances de l'état épuisées à acheter des bibliothèques, des manuscrits, des statues, &c. L'ambassadeur d'Angleterre se plaignoit de ne voir à ses audiences que des grammairiens. Dès-lors *Christine*, qu'on ne contrarioit point impunément, forma le projet de renoncer à la royauté. La crainte politique d'affoiblir l'éclat d'un règne dont elle ne pouvoit plus augmenter la gloire; la nécessité de donner à son royaume, épuisé par la prodigalité de ses bienfaits, un maître qui, sans devenir le sien, en réparât le désordre; le plaisir orgueilleux d'étonner les souverains de l'Europe, par une démarche dont la singularité flattoit son amour propre; le desir, tous les jours plus violent de s'arracher au gouvernement des affaires dont l'uniformité l'ennuyoit, pour jouir dans le sein des beaux arts de la liberté qu'elle préféroit à tout, tels étoient les motifs du parti dangereux qu'elle alloit prendre.

Cependant l'intérêt de la nation, les fréquentes remontrances des états, le conseil du sage d'Oxenstiern, qui, dans la démarche de la reine, ne vit que le repentir qu'elle en auroit un jour, tout s'opposoit à l'accomplissement de ses desirs; *Christine* flattée, tourmentée, complimentée, ennuyée, fit craindre pour sa tête & même pour sa vie. Les obstacles qu'elle éprouvoit à descendre du trône

la

la plongèrent dans cette mélancolie de l'ame qui dévore l'ambitieux désespéré de ne pouvoir y monter. Cette femme, singulière jusques dans ses expressions, s'écrioit en montrant ses ministres: *Quand me délivrera-t-on de ces gens-là? ils sont pour moi le diable.*

Il vint enfin, ce jour si long-temps desiré: la ville d'Upsal fut choisie pour l'assemblée générale des états; *Christine*, précédée par la foule d'un peuple gémissant de perdre une jeune souveraine qui pouvoit rendre florissante la nation que son père avoit rendue formidable; environnée du cortège nombreux des ambassadeurs, des ministres étrangers, qui, accoutumés à présider au couronnement des princes, alloient pour la première fois être les témoins d'une cérémonie bien différente; *Christine* parée de tous les ornemens de la royauté, se rendit à sept heures du matin dans la grande salle du château, pendant que les cris du peuple s'élevoient autour des murailles du palais: les orateurs des trois ordres renouvellèrent toute l'ardeur de leurs anciennes remontrances. Celui des paysans s'approcha de la reine, prit sa main, & la tenant à genoux, la baisa plusieurs fois sans prononcer un seul mot; il se releva ensuite; & s'essuyant les yeux avec son mouchoir, il sortit brusquement du château. *Christine* sensible un moment au plaisir de se voir si tendrement regrettée, trouva qu'il étoit beau de triompher de cette sensibilité qui touchoit à la foiblesse: usant donc encore de l'autorité à laquelle elle alloit renoncer, elle déclara aux états assemblés, « que » son dessein n'étoit pas de leur proposer un projet » qu'ils pouvoient examiner, mais de leur donner » un ordre qu'elle vouloit qu'ils respectassent. Elle ajouta: » quand vous joindriez une couronne à » celle que je dépose, je ne continuerois pas mon » règne une minute au delà du terme que j'ai fixé ». Alors, ayant fait lire à haute voix, par un sénateur, l'acte par lequel elle renonçoit au trône & déchargeoit ses peuples du serment de fidélité, elle le signa. Les grands du royaume s'avancèrent en silence pour recevoir les ornemens royaux dont *Christine* avoit voulu se parer, & le comte Pierre Brahé ayant refusé d'ôter la couronne de dessus la tête de la reine, elle l'enleva elle-même, sans que la moindre émotion parût sur son visage, que toute l'assemblée contemploit.

Christine soulagée, ce semble, du fardeau qu'elle venoit de déposer, descendit en déshabillé de satin blanc jusqu'à la premiere marche de son trône, & là, déployant cette éloquence qu'elle avoit cultivée avec tant d'ardeur, elle fit aux états une harangue si touchante, qu'une partie des spectateurs fut attendrie jusqu'aux larmes: plusieurs, ajoute l'historien de sa vie, se jettèrent sur son manteau royal & le déchirèrent, voulant conserver quelque chose d'une reine si tendrement aimée; & voilà comme l'amour qu'inspirent les souverains devient une passion forte qui, comme toutes les autres, se change en fanatisme.

Christine voulut que le jour de son abdication fût célébré par des fêtes, avec toute la magnificence que sa passion pour les arts avoit introduite dans le royaume: impatiente de jouir enfin de cette liberté à laquelle elle venoit de tout sacrifier, elle renvoya ses femmes, prit des habits d'homme & partit d'Upsal, après un grand festin, entre onze heures & minuit, en disant aux quatre gentilshommes qui l'accompagnoient: mon rôle est joué, partons, *je ne veux point voir régner un autre dans des lieux où j'étois souveraine.*

Arrêtons-nous un moment à cette époque, la plus célèbre de la vie de notre héroïne. Parmi ceux qui ont gouverné les hommes, on en compte plusieurs qui ont renoncé à la souveraine puissance. Sylla, chez les Romains, par orgueil; Charles-Quint, chez les Espagnols, par foiblesse; Victor-Amédée en Savoye, par caprice, ont donné à l'univers le spectacle d'un souverain qui veut cesser de l'être; mais *Christine* est la seule qui s'y soit déterminée par un motif honorable aux yeux de la raison, s'il est vrai cependant qu'il soit permis à un souverain de sacrifier ses sujets qu'il rend heureux, au desir si naturel de l'être soi-même. Il n'est peut-être pas inutile de remarquer que tous ceux qui se sont décidés à cette démarche par des motifs si différens, se sont tous réunis dans le repentir qu'ils ont eu de l'avoir fait. La réponse de Sylla, qui, au moment qu'il se dépouilloit de la dictature, fut outragé par un Plébéïen; les soupirs de Charles-Quint, devenu ridicule & vil dans le fond d'un cloître (ces termes sont bien durs & ce jugement bien sévere); les regrets du vieux Victor, désespéré de n'avoir plus de couronne à présenter à sa maîtresse; les regards que *Christine* laissa quelquefois échapper vers le trône de Suède, tout semble avertir le philosophe de tenir en réserve l'admiration qu'il est tenté de prodiguer à des actions qui, sublimes en apparence, ne sont souvent que des saillies de caractère que le repentir dément.

Libre enfin des préjugés de son âge, de son sexe & de son rang, *Christine* voyageoit dans les états voisins de ceux qu'elle venoit d'abandonner, recueillant sans émotion, sur son passage, les éloges & les censures qu'on faisoit de son abdication, *montrant sur cela*, dit M. d'Alembert, *une philosophie supérieure à celle même qui l'avoit portée à cette abdication.*

Christine décidée à fixer son séjour en Italie, le centre des arts, & par conséquent celui du bonheur pour cette reine savante, songeoit à abjurer le protestantisme, dans l'espérance de trouver auprès du pape le secours qu'elle prévit que la Suède lui refuseroit un jour. Les Jésuites, qui s'étoient emparés de la conversion de cette princesse, triomphoient comme si son suffrage eût ajouté beaucoup aux démonstrations de la vérité de notre religion; les protestans Suédois étoient consternés, comme si, assistant à la messe à deux cens lieues de son pays, la reine alloit renverser le royaume; & *Christine*, en abjurant à Bruxelles, sourioit de la joie des uns & de la douleur des autres.

Le cardinal Mazarin la fit complimenter, & sans doute pour ne point effaroucher la dévotion naissante de la princesse, fit partir pour Bruxelles des troupes de comédiens François & Italiens. Les festins, les bals, les parties de chasse, les tournois, rien ne fut épargné. Elle ne craignit point de se livrer à toute la dissipation des fêtes les plus tumultueuses, croyant peut-être qu'une conduite plus sévère eût été un reste de protestantisme auquel elle venoit de renoncer si solemnellement. Elle prolongea son séjour à Bruxelles, dans l'espérance d'entretenir le grand Condé, le seul homme de l'Europe qui, par l'éclat de sa réputation, fût digne alors d'exciter sa jalousie. Condé, de son côté, desiroit de contempler cette femme étonnante: *Il faut voir de près*, disoit-il, *cette princesse qui abandonne si facilement la couronne pour laquelle nous combattons nous autres, & après laquelle nous courons toute notre vie sans pouvoir l'atteindre.*

Cependant *Christine*, au sein des plaisirs qui l'entouroient, tournoit en soupirant ses regards vers l'Italie, où toutes les merveilles de l'antiquité l'attendoient. Innocent X, fameux autrefois par sa bulle contre les cinq propositions de Jansénius, & alors odieux par son ingratitude envers les Barberins, auxquels il devoit la tiare, étoit mort le 6 Janvier 1655. Le cardinal Chigi venoit de lui succéder sous le nom d'*Alexandre VII*. *Christine* dont il étoit l'admirateur & l'ami, tressailloit de joie en pensant qu'elle alloit trouver à Rome toutes les facilités de se livrer à l'étude des chefs-d'œuvre dont elle alloit être environnée. Elle partit enfin, passa par Inspruk, où on lui persuada de renouveller dans la cathédrale de cette ville sa profession de foi catholique: elle y consentit volontiers. Toute la pompe & toute la gaieté des fêtes publiques brillèrent d'un nouvel éclat, & *Christine* fut persuadée, dit-on, que changer de religion étoit la chose du monde la plus divertissante.

Le jour même de cet acte religieux, on la pria d'assister à une comédie, elle répondit: *Il est bien juste qu'on me donne ce soir la comédie, après que je vous ai donné moi-même une farce ce matin.*

Convenons cependant que M. Chevreau, qui rapporte ce fait, auroit bien dû s'en défier. « Certainement, dit M. Lacombe, la reine ne fut » pas si imprudente que de tourner en ridicule » une action qu'elle avoit tant d'intérêt de faire » regarder comme sincère par les avantages qu'elle » en espéroit ». La reine, dont le voyage en Italie n'étoit qu'un long triomphe, avançoit vers la capitale, où elle fit son entrée le 19 décembre, aux acclamations d'un peuple immense. Elle descendit au palais & baisa les mains du pape, qui naturellement, disoit-on, auroit dû baiser les siennes.

Entourée de savans célèbres, d'artistes supérieurs qu'elle étonnoit par l'étendue de ses connoissances, *Christine* employoit tous ses momens à visiter les monumens publics, les églises, les académies, les cabinets des curieux, les collections de tableaux, &c. Dans ce premier enchantement d'une jouissance qu'elle avoit si ardemment desirée, *Christine* heureuse & libre au sein des beaux arts, ne regrettoit pas l'éclat du rang qu'elle avoit sacrifié. Le moment de l'yvresse étoit arrivé, celui du repentir ne l'étoit pas encore. Parmi les personnes sensibles au mérite de la jeune reine, le cardinal Colona eut, dit-on, l'audace de l'aimer, l'imprudence de le lui déclarer, & le ridicule d'en être plaisanté. *Christine* sourit à la passion de son éminence, & lui déclara qu'elle n'étoit point venue à Rome pour être scandalisée.

Une fois femme en sa vie, elle eut la foiblesse d'être trop sensible à quelques propos que tinrent des Espagnols jaloux de l'attachement qu'elle paroissoit témoigner aux Italiens. Elle demanda justice, l'obtint, & se repentit de l'avoir obtenue. Le dépit secret d'avoir préféré la satisfaction de se venger à la gloire d'un pardon généreux qui pouvoit l'honorer à ses yeux, la fit rougir, & dès-lors elle prit la résolution d'abandonner un pays témoin de sa foiblesse, pour se rendre en France, où la singularité de toutes ses démarches devoit lui mériter de nouveaux éloges & de nouvelles censures. Elle reçut dans ce royaume tous les honneurs qu'on rendit autrefois à Charles-Quint. La cour s'empressa de voir, par curiosité, une femme dont le caractère avoit du moins l'attrait piquant de la nouveauté; mais la plupart des courtisans ne remarquèrent en elle que la singularité de ses habillemens, à-peu-près comme le marquis de Polainville, qui, à Londres, donnoit pour le résultat de ses observations, que les Anglois avoient l'air un peu étranger. *Christine*, de son côté, ennuyée du cérémonial de la cour, demandoit pourquoi les dames montroient tant d'ardeur à la baiser: *est-ce*, disoit-elle, *parce que je ressemble à un homme?*

L'époque la plus remarquable de son séjour en France, & que nous aurions supprimée si nous n'étions que les panégyristes de cette princesse, est la mort du marquis de Monaldeschi, son grand écuyer. Ce seigneur, qu'on soupçonne avoir été l'amant favorisé de *Christine*, eut l'imprudence ou le malheur d'humilier sa fierté en écrivant à une femme qu'il lui préféroit, des lettres où la reine étoit indignement outragée. *Christine* surprit ces lettres fatales, & parut sans soupçon jusqu'au moment fixé pour en tirer vengeance. Elle mande Monaldeschi dans la galerie des cerfs à Fontainebleau, où elle logeoit; il vient, & la porte se ferme avec précipitation. Un religieux, & trois hommes, l'épée à la main, occupoient le fond de la galerie. La reine assise étoit seule au milieu. Après avoir fixé le marquis en silence, elle tire de sa poche les originaux écrits de la main même de Monaldeschi, & lui demande d'un ton froid, *connoissez-vous ces papiers?* Monaldeschi pâlissant, tombe à genoux, embrasse la robe de la reine, & fond en larmes. *Christine* se lève, se tourne vers le religieux, & lui dit d'un ton tranquille : *Mon père, je vous laisse cet homme, préparez-le à la mort, & ayez soin de son ame.* Elle sortit, & quelques momens après, les trois personnes commises pour l'exécution, le firent périr en lui enfonçant leurs épées dans la gorge. Cette scène sanglante, dans une cour où les plaisirs de la galanterie contribuoient à la douceur des mœurs, rendit *Christine* odieuse. Il se trouva cependant des jurisconsultes qui ne craignirent pas de se déshonorer, en entassant des citations, pour prouver qu'une Suédoise, en pays étranger, avoit le droit de se venger par un assassinat. Aujourd'hui nous croyons que ces jurisconsultes mériteroient d'être renfermés avec les fous. *Christine*, à qui la France qu'elle venoit de révolter par un meurtre, ne pouvoit qu'être désagréable, résolut de se choisir une retraite en Angleterre. Cette île n'étoit pas alors le séjour de la philosophie; Cromwel y régnoit, & ce sombre tyran, qui n'étoit monté sur le trône que par un régicide, ne pouvoit pas estimer une reine qui étoit descendue du sien par des motifs qu'un ambitieux doit mépriser. La fille de Gustave, forcée de retourner en Italie, où ses revenus n'étoient pas payés, devenue simple citoyenne de Rome, obligée de vivre des bienfaits du pape, qu'elle n'estimoit plus, oubliée de la Suède où elle avoit régné avec tant d'éclat, négligée du prince qu'elle avoit elle-même couronné, la fille de Gustave se voyoit réduite à l'humiliation de la demande, & souvent à la honte du refus. Alors s'accomplit la célèbre prédiction du chancelier d'Oxenstiern : alors, dit l'historien Nani, *Christine* s'apperçut qu'une reine sans états étoit une divinité sans temple, dont le culte est promptement abandonné. N'ayant plus que la ressource d'engager ses meubles & d'emprunter sur ses billets, elle envoya son secrétaire d'Avison au roi de Suède, qui, avant de lui délivrer les revenus de la reine, exigea qu'il abjurât le catholicisme qu'il avoit embrassé à l'exemple de sa souveraine. *Revenez*, lui écrivit Christine, *mais revenez sans avoir rien fait de bas. Quand il ne me resteroit qu'un morceau de pain à manger, je le partagerai avec vous; mais si la crainte vous ébranle au point de vous faire manquer à votre devoir, soyez persuadé que je vous punirai de cette lâcheté, & que toute la puissance du roi de Suède ne m'empêchera point de vous donner la mort, même entre ses bras, si vous vous y réfugiez.*

Une circonstance intéressante vint changer toutes les affaires. Charles-Gustave mourut, laissant son fils au berceau, un royaume illustré & ruiné par des victoires. *Christine*, guidée sans doute par un desir secret de remonter au trône, revint en Suède, mais elle revint catholique; & le souvenir des maux que le despotisme de la cour de Rome avoit causés dans le Nord, l'emporta sur celui des bienfaits dont la reine avoit comblé son peuple. On lui défendit l'exercice de sa religion; elle s'en plaignit avec aigreur. Ce procédé lui fit sentir combien il est dur de ne pouvoir pas porter chez l'étranger son culte & ses opinions. Elle voulut obtenir, pour tous les protestans d'Allemagne, cette liberté dont elle étoit si jalouse pour elle-même; mais elle échoua dans cette négociation. Elle se vengea des électeurs, en convertissant par ses discours, & sur-tout par ses présens, plusieurs luthériens à la foi catholique; elle retourna à Rome, où ce genre de gloire apostolique étoit mieux accueilli qu'ailleurs. Elle s'y reposa au sein des arts & des sciences : heureuse si le desir d'influer sur les affaires de l'Europe n'eût pas troublé le calme de sa vie! Elle voulut rendre des services importans à la république de Venise, qui ne daigna pas s'en appercevoir; elle voulut de même être utile au pape auprès du roi de France, qui, à l'exemple de ses prédécesseurs, venoit de lui enlever Avignon, comme on ôte une poupée à un enfant mutin qu'on veut châtier. La république de Hambourg refusoit à son banquier le titre de résident dont elle l'avoit décoré. Le desir de se rapprocher de sa patrie lui fit choisir, pour son séjour, cette ville même où elle venoit d'essuyer un outrage. L'amour des lettres l'y suivit; mais moins elle étoit éloignée du trône dont elle étoit descendue, plus l'envie d'y remonter s'accroissoit dans son cœur. Un jour la médaille frappée au sujet de son abdication tomba sous ses mains, elle la rejetta avec dépit. Pour se consoler, elle joua les rôles de reine dans des tragédies & dans des opéras; mais ces amusemens décéloient son ambition sans la satisfaire. Elle reparut encore en Suède; mais son attachement à la religion catholique lui fit essuyer de nouveaux affronts; elle répondit comme Turenne : *Je suis catholique, mais mon épée est calviniste.* Il fallut retourner à Hambourg. Alexandre VII venoit de mourir, Clément IX lui avoit succédé. *Christine* voulut donner des fêtes au sujet de cette exaltation : il y eut une émeute; la reine fit battre les plus mutins, & leur donna ensuite de l'argent pour se faire guérir des blessures qu'ils avoient reçues. Le pape lui rendit ces fêtes lorsqu'elle reparut à Rome en 1669. Jean Casimir, roi de Pologne, venoit d'abdiquer comme elle; & ne pouvant recouvrer son sceptre, elle voulut en acquérir un autre. Malgré les intrigues de la reine & le crédit du pape, on plaça sur le trône Michel Koributt Wiesnowski le 19 juin 1669. Elle voulut au moins, au congrès de Nimègue, se faire céder les provinces conquises pendant son règne, comme le fruit de son courage : on daigna à peine entendre ses demandes. Après la mort de Clément X, cette princesse, qui ne pouvoit obtenir une couronne pour elle-même, voulut donner une tiare au cardinal Conti : son sort étoit de tenter toujours, & de ne réussir jamais. Le cardinal

Odeschalchi fut proclamé, & *Christine* ne donna point de fêtes pour cette exaltation.

Plus heureuse dans le choix de ses plaisirs que dans celui de ses affaires, elle caressoit la jeune Dacier, consoloit Molinos dans sa captivité, accueillit le comte de Wasanan, fils naturel d'Uladislas VII, abandonné par la France & par la Pologne, encourageoit les talens du poëte Vincenso Filicaia, entretenoit une correspondance avec Bayle, & tâchoit d'adoucir la persécution que les Huguenots essuyoient en France. Bayle & Vossius entreprirent l'histoire de sa vie, qu'ils abandonnèrent tous deux aussi-tôt que cette reine eut les yeux fermés; ce qui prouve que leur plume étoit plutôt conduite par la reconnoissance que par l'amour de la vérité. La reine retourna en Italie, fut témoin à Rome des querelles de l'ambassadeur de France & du pape, s'en attira une à elle-même, & unit ses intérêts à ceux du marquis de Lavardin, insulté comme elle. Elle ne parloit du pape qu'avec un souverain mépris. *Je suis ici*, disoit-elle, *comme autrefois César entre les mains des pirates. Je les menace, & ils me craignent : s'il est pape*, ajoutoit-elle, *je le ferai souvenir que je suis reine.* Ne pouvant plus influer sur les événemens qui changeoient la face de l'Europe, elle tâcha au moins de les prédire. Rarement l'issue démentoit ses prophéties, parce qu'elle avoit plus pensé en sa vie qu'elle n'avoit agi : de nouveaux projets l'occupoient, lorsqu'une fièvre maligne l'enleva le 19 avril 1689, dans la soixante-troisième année de son âge. Elle mourut en reine & en philosophe. Tant qu'elle fut sur le trône, elle s'en montra digne : le peuple, qui ne murmuroit pas du temps que d'autres princes perdoient dans les plaisirs, lui faisoit un crime de celui qu'elle consacroit à l'étude. Son abdication eût été regardée comme le dernier effort d'un courage vraiment philosophique, si elle n'avoit pas eu la foiblesse de s'en repentir. L'ambition fut son supplice, & versa une amertume cruelle sur ses plaisirs; les soupçons, l'inquiétude, les bizarreries de caractère, les traits de hauteur qu'on lui reproche furent des effets de ce dépit qu'elle s'efforçoit en vain de concentrer dans son cœur. En Suède, on la croyoit catholique, à Rome, protestante; Bayle soutint qu'elle n'étoit ni l'une ni l'autre, & peut-être lui seul fut la juger. (*Cet article est de M. de* BILLEMOND.)

CHRISTOPHE I (*Hist. de Danemarck*), roi de Danemarck, étoit fils de Valdemar II, surnommé *le Victorieux.* Né avec une ambition démesurée, il n'avoit pas vu sans dépit deux de ses frères, Eric & Abel, se succéder au trône, & la nation promettre à ce dernier d'y placer sa postérité après lui. Abel étant mort d'une manière tragique, & trop digne de sa tyrannie, en 1252, *Christophe*, à force de cabales & d'intrigues, écarta son neveu, & fit oublier à la noblesse le serment solemnel qui l'obligeoit à mettre la couronne sur la tête d'Abel. Il se déclara tuteur du jeune prince & de ses frères, & sous ce titre dangereux, s'empara même des apanages qu'on ne pouvoit leur refuser. Son usurpation rencontra quelques obstacles. Le brave Meldorp refusa de lui livrer les villes où il commandoit au nom des princes dépossédés. *Christophe* rassembla une armée, marcha contre lui, & l'investit dans Skielsor. Meldorp sortit à la tête de sa garnison, pénétra dans les retranchemens des royalistes, y porta la terreur & la mort. L'armée s'enfuit, le roi fut entraîné dans sa déroute; il alla chercher un asyle dans Copenhague, mais l'évêque de Roschild lui en ferma la porte. *Christophe* furieux fait de nouvelles levées, & marche dans la Zélande, que son ennemi ravageoit. Meldorp s'enfuit à son aspect : les villes qu'il avoit défendues portèrent la peine de sa révolte; elles furent démantelées, & leurs garnisons massacrées sans pitié, furent ensevelies sous les ruines des remparts.

Un châtiment si terrible n'effraya point les partisans du jeune Valdemar, prétendant au trône, à qui *Christophe* n'avoit pas même accordé le duché de Sleswich, qu'un ancien usage conservoit au premier prince du sang. Celui-ci trouva dans le Danemarck des amis attachés à sa fortune, & hors des frontières des alliés intéressés à fomenter les divisions intestines de ce royaume. Meldorp arma les Lubekois en sa faveur. Ceux-ci équipèrent une flotte nombreuse, descendirent sur les côtes, mirent tout à feu & à sang, levèrent de fortes contributions, remportèrent un butin immense; & le seul fruit que Valdemar retira de cette expédition, fut de ravager des états qu'il ne put conquérir. Bientôt l'incendie augmente, la ligue se grossit de jour en jour, & devient générale dans le Nord. Les rois de Suède & de Norwège, les comtes de Holstein, les margraves de Brandebourg, font dans le Danemarck des irruptions combinées : les uns dévastent les côtes, d'autres pénètrent jusqu'au centre du royaume, le reste bloque les ports. Mais aucun de ces princes ne montra plus d'acharnement que le roi de Norwège : partout où il passoit, il laissoit des traces de sa fureur; il gagna une bataille, rasa des villes, brûla les moissons & parut se faire un jeu de toutes ces horreurs. Valdemar devoit sentir que des alliés si puissans combattoient moins pour lui que pour eux-mêmes, & que si, avec leur secours, il étoit parvenu à chasser *Christophe* de son patrimoine, il auroit eu à combattre ensuite six usurpateurs au lieu d'un.

Christophe cependant contemploit ces maux avec un flegme qui lui laissoit entrevoir les moyens de les réparer. Tranquille au milieu de ces orages, il faisoit désigner Eric son fils, âgé de trois ans, pour son successeur, tandis que le sceptre échappoit de ses mains. Sa constance lassa ses ennemis; il sut les diviser d'intérêt, & se fit offrir la médiation des princes de Vandalie & du duc de Poméranie : on négocia. *Christophe* convint de rendre les apanages de ses neveux lorsqu'ils seroient parvenus à leur majorité, & ces princes renoncèrent à leurs prétentions au trône.

Le roi s'étoit promis, après ce traité, de jouir d'un calme profond; mais il eut bientôt sur les bras un ennemi plus dangereux que tous ses concurrens: c'étoit Ethuansen, archevêque de Lunden. Ce prélat ambitieux reconnut le pape pour son souverain, afin de n'en reconnoître aucun, changea au gré de son caprice les loix ecclésiastiques du royaume, traita de sacrilèges les ordonnances qui mettoient des bornes à l'ambition du clergé, échauffa les murmures du peuple trop chargé d'impôts, & le rassembla sous l'étendard de la révolte. *Christophe*, qui avoit résisté à six princes ligués contre lui, fut contraint de céder à un évêque, & renonça aux subsides que le désordre des finances avoit rendus nécessaires. Le prélat, devenu puissant par la foiblesse du monarque, assembla un concile à Vedel dans le Juthland. Ce fut là que l'on fit cette constitution bizarre, par laquelle il est réglé « que le royaume tombera en interdit toutes les » fois qu'un évêque aura été offensé par un par» ticulier, & que le roi sera soupçonné d'être com» plice de cette insulte, ou qu'il ne l'aura pas ven» gée à la première plainte de l'évêque outragé ». Ainsi le culte divin cessoit, Dieu n'avoit plus d'adorateurs publics, les secours de la religion étoient refusés aux mourans, & il ne tenoit pas aux évêques que ces malheureux, pendant l'interdit, ne tombassent en enfer, pour venger un évêque offensé. Telle étoit la décision d'un ramas de factieux qu'on appella *concile*. Le pape Alexandre n'eut pas honte de revêtir cet acte ridicule du sceau de son autorité; mais on ne peut trop louer le zèle des Dominicains, qui le rejettèrent avec mépris.

Christophe, dans une assemblée d'états, voulut punir l'audacieux auteur de cette constitution; mais il ne put même obtenir qu'on le forçât à se justifier sur tant de crimes accumulés. Le roi fut contraint de dévorer son ressentiment & de remettre sa vengeance à des temps plus heureux. Dans une seconde assemblée, l'archevêque se montra, non avec l'air d'un coupable qui vient chercher sa grace, mais avec l'audace d'un rebelle qui vient déclarer la guerre à son maître: il dit à haute voix qu'il n'obéissoit qu'au pape, & le dit impunément. Ainsi, lorsque le roi étoit outragé par un évêque, il n'osoit châtier le coupable. L'archevêque souleva tout son diocèse, les maisons royales furent livrées au pillage, & les seigneurs attachés au roi cherchèrent leur salut dans la fuite.

Le prélat donnoit un cours d'autant plus libre à ses fureurs, qu'il voyoit *Christophe* menacé par Haquin, roi de Norwège, qui exigeoit des sommes immenses comme une indemnité des ravages que les Danois avoient commis sur ses terres sous le règne d'Abel. Haquin parut en effet à la vue de Copenhague, avec trois cens voiles. *Christophe*, ou frappé de terreur, ou subjugué par l'équité des demandes de son ennemi, fit porter sur ses vaisseaux les sommes qu'il avoit exigées. Haquin crut en avoir fait assez pour ses intérêts, en ayant assez fait pour sa gloire; il rendit à *Christophe* les trésors qu'il lui offroit, y ajouta des présens magnifiques, lui jura une amitié inviolable, & retourna en Norwège, laissant *Christophe* & les Danois dans cet étonnement délicieux que causent les belles actions.

Il sembloit que la retraite de Haquin dût renverser les projets ambitieux de l'archevêque; mais l'appui que lui prêtoient les comtes de Holstein lui inspira tant de fierté, qu'il rejetta même la médiation du régent de Suède, que *Christophe* avoit lâchement acceptée pour négocier avec son sujet. Il osa défendre aux évêques d'assister au couronnement du jeune Eric qu'on préparoit: aucun d'eux en effet n'osa poser le diadême sur sa tête. *Christophe* se vit contraint de recourir à la trahison, ressource des princes foibles. Il corrompit un frère de l'archevêque, qui se saisit de sa personne, & l'enferma dans une forteresse: d'autres prélats subirent le même châtiment; mais deux autres échappés aux poursuites du régent, du fond de leur retraite lancèrent les foudres de l'église, animèrent la cour de Rome contre *Christophe*, & soulevèrent quelques vassaux; enfin, ce prince, dont tant de malheurs avoient par degrés abâtardi le courage, eut la foiblesse d'en appeller au pape, & de le prendre pour juge entre les évêques & lui.

Cependant Haquin, & Birger, régent de Suède, exposés comme *Christophe* aux usurpations des prélats & aux outrages de la cour de Rome, sentirent que sa cause étoit la cause commune des rois; déja ils accouroient pour le venger; mais le bruit de sa mort les arrêta en 1259. Des auteurs contemporains, & qui vivoient à la cour de *Christophe*, prétendent qu'un prêtre, nommé *Arnefast*, l'empoisonna dans une hostie. La mort de Henri, empereur, semble donner quelque vraisemblance à cet exécrable attentat. Il fut empoisonné de la même manière en 1313, par Bernardin, frère prêcheur, *Pontifice nequaquam dolente*, dit l'auteur de *la chronique des Slaves*.

Les prélats traitoient *Christophe* d'usurpateur; ils objectoient que malgré l'incertitude des loix sur l'ordre de la succession, la nation avoit juré dans une assemblée des états, de remettre le sceptre dans les mains du fils aîné d'Abel. Mais dans une autre assemblée, Valdemar & ses frères avoient renoncé à tous leurs droits sur le trône, & depuis cette époque, *Christophe* ne les avoit plus troublés dans la possession de leurs apanages. Il montra beaucoup de fermeté contre les premiers coups de la fortune; mais on conçoit peu d'estime pour un roi qui brave ses égaux, & tremble devant des prêtres. Eric V son fils lui succéda. (*M. de Sacy.*)

CHRISTOPHE II (*Hist. de Danemarck.*), roi de Danemarck, fils d'Eric VII & frère d'Eric VIII.

C'étoit un prince inquiet, turbulent, ambitieux, plus féroce que brave, plus fourbe que politique, aspirant au trône, moins pour gouverner l'état que pour n'avoir point d'égaux, hasardant les promesses dans la nécessité comme les méchans prodiguent les vœux dans le péril, comptant la vie des hommes pour rien & la sienne pour peu de chose: il eût fait moins de maux sans doute à sa patrie, si, placé sur le trône par sa naissance & par le suffrage de la nation, il n'eût point rencontré de rivaux. Il étoit en bas âge, ainsi qu'Eric VI, lorsqu'Eric V fut assassiné. *Christophe*, au couronnement de son frère, en 1286, laissa déja appercevoir le germe de cette haine qui causa tant de malheurs dans la suite: elle éclatoit jusques dans les jeux de l'enfance; il se plaisoit à empoisonner tous les plaisirs de son frère, à lui disputer le pas dans les cérémonies, ou s'il le lui cédoit, cet hommage ironique étoit plus insultant que la révolte même; enfin quand Eric, parvenu à l'âge de majorité, eut pris les rênes du gouvernement, *Christophe* ne dissimula plus ses desseins. La haine qu'il portoit au roi avoit déja développé ses talens pour l'intrigue. Des courtisans intéressés à fomenter les divisions de la famille royale, monstres aimables dont la jeunesse des princes est toujours assiégée, avoient nourri, par leurs perfides conseils, l'ambition & le dépit du jeune *Christophe*. Son premier acte d'indépendance fut de fermer au roi la porte de Callunbourg, ville de son apanage. Eric s'en plaignit, & *Christophe* fit périr l'officier qui avoit exécuté ses ordres au mépris de ceux du roi; exemple terrible qui apprend aux courtisans, qu'en se prêtant aux injustices de leurs maîtres, ils ont pour ennemi, & celui qu'ils offensent & celui qu'ils servent. Eric paya les excuses politiques de son frère, en lui donnant l'Esthonie pour six ans, & la Hallande méridionale à perpétuité. Ces bienfaits donnoient au roi un nouvel empire sur son frère, & cet empire augmentoit la haine de *Christophe*. Celui-ci flatta les mécontens, donna à ceux qui ne l'étoient pas des prétextes pour le devenir, & fit à son frère autant d'ennemis de tous les sujets qu'il lui avoit si généreusement cédés. Eric révoqua à regret ses donations. *Christophe* saisit cette occasion de satisfaire son inimitié. Il s'enfuit en Suède en 1308: les deux frères remplirent le Nord de manifestes semés de plaintes amères; mais celles d'Eric étoient fondées sur des faits que la nation n'ignoroit pas, & celles du prince fugitif n'étoient que des reproches vagues qui ne décéloient que sa fureur. Les trois ducs de Suède, Eric, Valdemar & Birger, étoient trop occupés à se nuire les uns aux autres pour épouser des querelles étrangères; ils se firent médiateurs entre les deux frères; Eric oublia les torts de *Christophe*, & lui rendit la Hallande méridionale, *Christophe* disparut une seconde fois, se retira en Poméranie, & forma contre son frère une ligue de plusieurs princes. La guerre s'alluma avant même d'être déclarée. *Christophe*, secondé par ses puissans alliés, entra dans le Danemarck & ravagea plus ou moins les provinces, à proportion du zèle plus ou moins actif qu'elles avoient témoigné pour son frère. Ce rebelle imprudent oublioit qu'il pouvoit régner un jour. En traitant ainsi les Danois, il justifioit leurs révoltes futures, puisqu'il leur apprenoit que la fidélité qu'ils conservoient à leur souverain étoit un crime à ses yeux. Les Scaniens essuyèrent plus de maux que le reste de la nation, parce qu'ils avoient montré plus d'attachement pour Eric. *Christophe* laissa aussi en Fionie des monumens de sa fureur & du patriotisme de cette province. Les richesses renfermées dans la ville de Swendbourg devinrent la proie du soldat. Ainsi *Christophe*, par un délire inconcevable, livroit aux étrangers les richesses d'un pays sur lequel il prétendoit régner. Il régna en effet, & la mort de son frère mit le comble à ses vœux le 13 novembre 1319.

Il ne fut pas reconnu sans obstacle; & pour ne point parler de la cabale du duc de Sleswigh, prétendant au trône, & de quelques autres chefs, le parti le plus considérable qu'il y eût contre lui en Danemarck, étoit celui qu'il avoit formé lui-même par toutes les hostilités qu'il avoit commises. Les Danois sentoient bien que c'étoit choisir pour maître leur plus grand ennemi; mais ils prévoyoient aussi qu'en ne le couronnant pas, ils alloient perpétuer une guerre qui avoit déja ébranlé l'état jusques dans ses fondemens. Ils reçurent donc *Christophe* comme le fléau le moins funeste que le ciel pût leur envoyer: mais en le recevant, ils tâchèrent de lui lier les mains, & lui imposèrent les loix les plus dures. Par ce traité, les ecclésiastiques rentroient dans leurs privilèges, & en obtenoient de nouveaux: on assuroit à la noblesse une liberté qui ressembloit beaucoup à l'indépendance; on augmentoit la puissance des grands par de nouveaux domaines; enfin, dans cette négociation, on n'oublia que le peuple, qu'on laissa dans l'oppression où il gémissoit. *Christophe*, qui n'étoit point avare de sermens, jura d'observer tous les articles de ce traité. Mais la nation qui ne s'oublioit pas elle-même, présenta aussi ses remontrances par la voix des communes. Le nouveau roi promit d'alléger le fardeau des impôts, de favoriser la circulation du commerce, de veiller à l'administration de la justice, d'encourager l'agriculture; il promit enfin tout ce qu'un bon roi exécute sans rien promettre.

A ces conditions *Christophe* fut proclamé à la diète de Vibourg, ainsi que son fils Eric, le 25 janvier 1320; mais ils ne furent couronnés qu'au retour de l'archevêque de Lunden, qui étoit allé se plaindre au pape de ce qu'Eric lui avoit ôté l'île de Bornholm. *Christophe* la lui restitua, pour mettre la cour de Rome & le clergé dans ses intérêts. La cérémonie se fit sans trouble, mais non pas sans une inquiétude secrette de la part des assistans.

Christophe, qui sentoit que son affermissement sur le trône dépendoit plus des grands & des princes voisins que du peuple, se fortifia par deux puissantes alliances, l'une avec Louis, margrave de Brandebourg, fils de l'empereur Louis de Bavière, l'autre avec Gérard, comte de Holstein. Il donna Rugen, Barth, Grimm & Loyzits à Witislas, duc de Poméranie, & Rostoch à Henri, prince de Meklenbourg, à qui Eric Menved l'avoit engagé ; car les rois de Danemarck, lorsque leurs finances ne suffisoient pas aux besoins de l'état ou à leurs plaisirs, engageoient pour quelques années une portion de leur domaine à des hommes puissans qui leur prêtoient des sommes considérables, & jouissoient des revenus des seigneuries aliénées jusqu'au terme fixé par la convention. Mais lorsque le prince étoit foible & le sujet puissant, la restitution éprouvoit de grandes difficultés. L'église, toujours zélée pour le bien de l'état, montroit un empressement généreux à prêter de l'argent aux rois sur de pareils gages, & c'est par cette voie sur-tout qu'elle s'étoit tellement enrichie dans le Danemarck, qu'elle a possédé très-long-temps la plus belle & la plus grande partie de ce royaume.

Tant de bienfaits répandus sans choix & avec profusion, tant de revenus dont *Christophe* s'étoit privé, le forcèrent à violer sa promesse solemnelle & à établir des impôts. Tant que le peuple seul en fut chargé, il gémit en silence : le roi les étendit sur la noblesse, & elle en murmura ; enfin il voulut y soumettre l'église, & la révolte fut décidée. L'archevêque de Lunden menaça *Christophe* de le déposer. Celui-ci rentra à main armée dans les biens qu'il avoit engagés ; c'étoit réparer une imprudence par une autre. Bientôt tout le royaume fut en armes, la Zélande en peu de temps devint un désert, la Scanie un théâtre d'horreurs, le reste du royaume un champ de bataille, & les Danois s'égorgeoient les uns les autres, pour punir leur roi de leur avoir manqué de parole.

Sur ces entrefaites, Eric, duc de Sleswigh, paya tribut à la nature ; il laissoit son duché à Valdemar son fils, enfant trop foible pour se défendre lui-même, & qui, dans des circonstances si critiques, ne pouvoit pas choisir un défenseur qui ne fût son ennemi. *Christophe* se déclara son tuteur. Gerard de Rendsbourg prit le même titre. Tous deux soutinrent à main armée les prétentions qu'ils avoient à la tutèle, & ravagèrent le patrimoine de Valdemar, sous prétexte de le lui conserver. On sent assez que, si leur dessein eût été d'administrer avec sagesse les biens de leur pupille, pour les lui rendre au terme de sa majorité, le titre de tuteur n'auroit pas allumé entre eux une jalousie aussi vive. *Christophe* investit Gottorp, Gérard parut & lui présenta la bataille. Le roi fut vaincu, & voulut chercher un asyle au centre de ses états ; mais il n'y rencontra que des amis chancelans, la noblesse armée contre lui, le clergé accumulant outrages sur outrages, & le peuple, instrument de ses propres malheurs, servant avec fureur les intérêts des grands. On le déclara déchu de tout droit au gouvernement : à cette révolution succéda une anarchie plus funeste cent fois que le despotisme même, & le peuple se donna mille tyrans, en déposant un roi.

La haine des rebelles s'étendit jusques sur le jeune & innocent Eric, qui, en combattant pour son père, ne faisoit que remplir ses devoirs de sujet & de fils. Trahi par ses soldats, il fut jetté dans un cachot. *Christophe*, en le perdant, perdit tout espoir ; il avoit cru que les graces de ce prince, ses vertus, son courage calmeroient la révolte, & qu'il seroit médiateur entre son peuple & lui. Il s'enfuit, va mendier des secours chez ses alliés, revient, & apprend que son ennemi Gérard de Rendsbourg vient d'être proclamé généralissime & régent du royaume. Bientôt il est enfermé dans Vordinbourg par Gérard lui-même, obtient la liberté de se retirer en Allemagne, descend dans l'île de Falster, y est assiégé encore, promet de se confiner à Rostoch, & n'observe pas mieux cette seconde capitulation que la première. Les états se crurent autorisés alors à mettre le sceptre dans les mains du jeune Valdemar ; il fut proclamé, & les grands, qui dans cette assemblée dictoient tous les suffrages, ne les réunirent en sa faveur, que parce que sa foiblesse, favorable à leur ambition, leur laissoit l'espoir de régner sous son nom. Tous les seigneurs dépossédés rentrèrent aussi-tôt dans leurs domaines ; mais cette révolution même fit naître entre eux des différends dont *Christophe* sut profiter. Il fit semer en Danemarck des lettres pathétiques, où il peignoit son repentir avec des traits si touchans, qu'ils faisoient naître les mêmes remords dans les cœurs les plus endurcis. Le peuple ouvroit les yeux & commençoit à s'appercevoir que la protection simulée que les grands lui accordoient, étoit une oppression véritable. Il se fait tout-à-coup une révolution dans les esprits ; on croiroit même qu'il s'en est fait une dans le cœur de *Christophe*. Ce n'est plus ce prince terrible jusques dans son infortune, songeant à se venger lors même qu'il ne pouvoit se défendre ; il paroît à la tête d'une petite armée, portant l'épée dans une main, dans l'autre une amnistie générale pour ses ennemis. Cette clémence politique attire, & le peuple toujours prompt à rentrer dans les bornes du devoir comme à en sortir, & le clergé jaloux de la puissance des administrateurs du royaume, Eric est arraché de sa prison ; mais bientôt ceux-même qui l'avoient délivré s'assurent de sa personne. Les Danois sont battus par Gérard près de Gottorp. Cependant *Christophe* soumet la Scanie sans effusion de sang, & voit son parti se grossir de jour en jour. Le vertige qui suit le bonheur lui fait oublier des ménagemens nécessaires dans sa situation ; il fait arrêter un évêque ; le pape, d'après la constitution de Vedel (*voy. ci-devant* CHRISTOPHE I), lance un interdit sur le royaume ; mais le bruit des armes, le choc des cabales, le flux & reflux des révolutions qui se succédoient si rapidement, ne permettoient guère de s'appercevoir des foudres du Vatican.

Cependant *Christophe* engageoit de nouveaux domaines à ses alliés, pour payer leurs services & conserver leur amitié. Gérard se vit abandonné de tous ses partisans; il ne lui restoit, dans sa mauvaise fortune, que la ressource de persuader au peuple, que n'ayant combattu que pour le bien public, le malheur ayant rendu *Christophe* plus digne du trône, & la nation paroissant l'y voir remonter avec plaisir, il se retiroit satisfait lui-même d'avoir sacrifié son repos pendant tant d'années à celui du Danemarck. La paix se conclut à Rypen le 25 février 1330: *Christophe* reçut de nouveau les sermens & les hommages de la nation. Comme Valdemar n'étoit qu'un fantôme de roi, on le déposa aussi facilement qu'on l'avoit proclamé: on lui laissa le duché de Sleswigh, & Gérard empor a toutes les richesses qu'il avoit amassées pendant son administration. Tel fut le terme de tant de révolutions: le bien public en fut le prétexte, les grands en recueillirent le fruit, & le peuple en fut la victime.

Christophe devoit demeurer enfin tranquille sur ce trône, dont la conquête lui avoit coûté tant de travaux: mais l'amour de la vengeance l'égara; il épousa la querelle de Jean, comte de Holstein, contre Gérard; il marcha contre ce dernier; les deux armées se rencontrèrent, les Danois furent taillés en pièces, & *Christophe* perdit dans ce jour son fils Eric, une partie de son royaume, & la fleur de la noblesse. Les Scaniens se révoltèrent aussi-tôt, & offrirent leurs hommages à Magnus, roi de Suède. Celui-ci écrivit au pape pour le prier de lui confirmer la possession de la Scanie & de tout ce qu'il pourroit conquérir. Benoît fut assez modeste pour répondre qu'il ne pouvoit disposer des états de *Christophe* avant de l'avoir cité à son tribunal. Celui-ci, abandonné, trahi, méprisé par tous ses sujets, se vit traîné par eux de cachots en cachots, livré à Jean son frère, qui lui rendit la liberté. Il n'en jouit pas long-temps, la mort l'enleva le 15 juillet 1333: moins injuste, moins cruel, moins faux sur la fin de sa vie, il sembloit que son cœur se fût épuré à l'école du malheur; mais les leçons qu'il avoit reçues de la fortune, avoient coûté plus cher à ses sujets qu'à lui-même. Sa mort fut suivie d'un interrègne de sept ans. (*M. DE SACY.*)

CHRISTOPHE III, dit *de Bavière* (*Hist. de Danemarck*), duc de Bavière, comte Palatin du Rhin, puis roi de Danemarck, enfin roi de Suède & de Norwège. Il étoit fils de Jean, duc de Bavière, & de Catherine, sœur d'Eric X, roi de Danemarck. Ce dernier étoit un prince foible, imprudent, jouet de ses courtisans, de ses sujets, de ses ennemis; il voulut posséder trois royaumes, & n'en put conserver un. Aux premiers revers qu'il essuya en Suède, en Norwège, en Danemarck, il s'enfuit de ses états avec autant de secret & de précipitation, qu'un criminel s'échappe d'un cachot: il se retira dans l'île de Gotland, où, pendant dix ans, il observa beaucoup & n'entreprit rien, pleura lâchement ses malheurs, & n'osa tenter le moindre effort pour les réparer. Les Danois lui mandèrent, en 1440, que sa foiblesse le rendoit indigne du trône; qu'il leur falloit un roi qui n'abandonnât point le timon de l'état au milieu des secousses dont il étoit agité; qu'ils avoient jetté les yeux sur *Christophe*; que lui seul paroissoit digne, d'après l'union de Calmar, de régner sur trois vastes empires, & que la Norwège, la Suède & le Danemarck, d'un consentement unanime, lui offroient la triple couronne. *Christophe* avoit les talens d'un général, ceux d'un négociateur, ceux d'un ministre, & par-dessus tout, celui de cacher, sous une modération apparente, l'excessive ambition dont il étoit dévoré. Il se rendit aux instances des états, d'un air si bien composé, qu'il leur persuada qu'il faisoit à leur bonheur le sacrifice de sa tranquillité.

Il ne prit d'abord que le titre modeste de protecteur de la patrie, & se garda bien de donner ses premiers soins à l'établissement de cette monarchie universelle qu'il s'étoit promise dans le Nord. Il commença par rétablir en Danemarck les loix presqu'oubliées, appaiser les querelles des seigneurs, diminuer les impôts, & rendre enfin à ses états le calme, dont les troubles leur faisoient encore mieux sentir le prix. Il eut soin de ne pas laisser ignorer aux Suédois la révolution heureuse qu'il venoit d'opérer en Danemarck. Ceux-ci, comme il l'avoit prévu, vinrent d'un mouvement libre lui offrir la couronne. *Christophe* ne rencontra en Danemarck qu'un seul concurrent; c'étoit le maréchal Canutson, qui depuis fut roi, sous le nom de *Charles VIII* (*voy. ce mot*): mais le prince qui avoit étudié le caractère de ce ministre, crut qu'il préféreroit la possession tranquille de quelques domaines assurés, à la perspective éloignée d'une couronne incertaine. Il acheta, par le don de quelques terres, le consentement du maréchal, & parut généreux en lui ôtant le gouvernement & le rang dont il jouissoit. *Christophe* craignoit plus la haine de Canutson, qu'il ne desiroit son amitié: il chercha donc à caresser ses passions favorites, flatta son orgueil, satisfit son avarice, & le roi devint le courtisan du ministre. Le caractère de *Christophe*, susceptible de mille formes différentes, se plioit sans peine à ce rôle humiliant: il s'en dédommageoit par le mépris souverain qu'il conservoit dans son cœur pour le maréchal. Ces soins, minutieux en apparence, mais très-importans à sa fortune, ne lui faisoient pas perdre de vue le dernier objet de son ambition, la couronne de Norwège. Les états de cette contrée conservoient pour Eric X un attachement qu'il méritoit peu: ils avoient résolu de s'opposer à l'élection de *Christophe*; mais celui-ci avoit au milieu d'eux des agens secrets, d'autant plus sûrs du succès de leurs menées, qu'ils paroissoient être ses ennemis les plus décidés. A force d'intrigues, ils firent députer un évêque, partisan

partisan de *Christophe*, à l'assemblée des trois états : ceux de Norwège le chargèrent de réclamer contre l'élection de *Christophe* ; il fit tout le contraire, & déclara qu'il apportoit le suffrage de la nation qu'il représentoit.

Mais tandis qu'on couronnoit *Christophe* en Suède, le Jutland se soulevoit en faveur de l'indolent Eric. Henri Tagond, sénateur danois, partisan du prince détrôné, rassembla vingt-cinq mille paysans, donna bataille aux royalistes, les mit en fuite, présenta le combat au roi lui-même, qui étoit accouru, fut vaincu, tomba entre les mains des vainqueurs, & expira sur la roue, ainsi que ses principaux complices ; quelques rebelles implorèrent la clémence du roi, qui leur donna la vie, le reste, retranché sur une colline, fut enveloppé & taillé en pièces. Stockolm reçut *Christophe* avec des acclamations de joie ; il y fit l'entrée la plus pompeuse. Canutson étoit à côté de lui, espèce de distinction qui ressembloit un peu à la coutume des Romains, de traîner les esclaves attachés au char du triomphateur. *Christophe* ne démentit point le caractère héroïque qu'il avoit montré jusqu'à ce jour. Eric, caché dans l'île de Gotland, se vengeoit par des moyens peu glorieux ; il envoyoit des pirates croiser entre le Danemarck & la Suède, & tâchoit du moins de ruiner des peuples qu'il n'osoit combattre. On excita *Christophe* à s'emparer de l'île de Gotland : « Mon oncle, dit-il, est assez » malheureux, laissons-le du moins en paix dans » son asyle ». Enfin, pressé par les instances de ses sujets, il descend dans cette île ; & satisfait d'avoir fait trembler Eric, repasse la mer, son vaisseau se brise contre des écueils : à peine échappé du naufrage, il court à Anslo en Norwège, où il se fait couronner. C'est ainsi que le protecteur de la patrie devint successivement roi de Danemarck, de Suède & de Norwège.

Ce qu'il y a sans doute de plus beau & peut-être de plus étonnant dans une révolution si générale, c'est qu'elle coûta peu de sang, & que *Christophe* resserra son ambition dans les bornes que la nature avoit mises à ses états : il ne songea plus à conquérir. Des soins pacifiques occupèrent le reste de son règne. Il grossit ses trésors par la vente des fiefs que l'acheteur ne pouvoit posséder que jusqu'à ce qu'un gentilhomme plus riche en offrît un prix plus considérable. Il valoit mieux sans doute mettre sur l'ambition des nobles cet impôt déguisé, que d'appauvrir réellement l'état, en cherchant à l'enrichir de la substance du peuple.

Christophe établit dans les villes & dans les campagnes une police jusqu'alors inconnue, fit payer les dîmes aux ecclésiastiques. D'après son réglement, un tiers de ce tribut appartenoit à l'évêque, un tiers au curé, un tiers à l'église paroissiale. Le roi favorisoit ainsi le clergé, parce qu'il le craignoit, & le clergé ne troubla point l'état, parce qu'il craignoit *Christophe*. Cette inquiétude réciproque assura le bonheur des Danois. Ils payoient un dixième à l'église, un dixième au roi, & se trouvoient heureux, en achetant à ce prix leur tranquillité. Il confirma les privilèges accordés aux différentes villes du royaume, & combla des mêmes faveurs plusieurs villes Anséatiques : leur puissance lui donnoit de l'ombrage, il eût voulu les opprimer ; mais il sentoit toutes les difficultés d'une pareille entreprise. Tous les princes voisins étoient intéressés à protéger des villes qui servoient de frein à l'ambition des rois de Danemarck. Ainsi *Christophe*, désespérant d'asservir ces petits peuples libres, aima mieux s'en faire des alliés, & il y réussit. Tant de bonté pour les étrangers avoit attiré dans le Danemarck une foule de ces hommes indifférens sur le choix de leur patrie, qui n'en connoissent d'autre que le pays où la fortune les appelle. Il leur avoit donné des fiefs, & les admettoit même aux charges publiques. Les Danois murmurèrent, & *Christophe* congédia les étrangers. Il continuoit à réprimer les abus, à établir de sages lois pour le commerce & l'agriculture, lorsque la mort l'enleva en 1448.

On prétend qu'en mourant il exhorta les seigneurs de sa cour à lui choisir un successeur qui achevât ce qu'il n'avoit pu lui-même entreprendre, la ruine de la ville de Lubec. Il ajouta même que la guerre qu'il méditoit contre cette république étoit l'objet des soins économiques qu'il n'avoit point suspendus pendant tout son règne, & que les trésors qu'il laissoit devoient servir à envahir ceux des Lubékois.

Christophe avoit épousé Dorothée, fille du margrave Jean de Brandebourg. Pontanus assure intrépidement que ce roi du nord avoit cherché une femme au fond de l'Egypte, que le Soudan avoit consenti à lui donner sa fille ; il cite même la lettre du prince Musulman, qu'il nomme *Balthazar*. Mais c'étoit Amurat qui règnoit alors, & dans un siècle de barbarie, Amurat, plus barbare que son siècle même, ignoroit peut-être qu'il éxistoit un *Christophe* à plus de mille lieues de ses états.

Tout le nord regretta ce prince. Jusqu'alors on n'avoit vu que des rois belliqueux armés ou contre leurs voisins ou contre leurs sujets même. Celui-ci n'avoit fait la guerre qu'aux vices de son temps & aux abus anciens. Ceux qui connoissent les hommes conviendront que tant de victoires remportées sur les préjugés nationaux n'étoient pas moins difficiles que celles que ses prédécesseurs avoient remportées sur les Vandales & les autres nations voisines. Si le nom de héros est le partage des princes qui détruisent le genre humain, quel nom réserve-t-on à celui qui l'éclaire & le rend heureux ? (*M. DE SACY.*)

CHRYSIPPE (*Hist. anc.*) fut le disciple & le successeur de Cléanthe, qui l'avoit été de Zénon ; il passoit pour un dialecticien subtil ; c'étoit aussi un écrivain fécond ; Diogène Laërce lui attribue jusqu'à trois cens onze traités de dialectique. Cicéron compte *Chrysippe* parmi les philosophes qui n'ont point donné à la dialéctique les graces de l'éloquence, agrément étranger & de surérogation, dont il aime à voir la philosophie ornée, sans cependant exiger rien à cet égard, & se contentant de méthode & de clarté. Quintilien cite souvent avec éloge un ouvrage que *Crysippe* avoit composé sur l'éducation des enfans. Il avoit donc bien le droit de répondre à ceux qui lui demandoient à qui il confieroit l'éducation de son fils; *à moi*; & ce qu'il disoit encore, *si je connoissois un maître plus habile que moi, j'irois tout-à-l'heure à son école*, peut annoncer moins d'orgueil que de desir de s'instruire. Horace trouve beaucoup plus de vraie moralité, de vraie philosophie dans Homère que dans *Crysippe* & Crantor.

Qui, quid sit pulchrum, quid turpe, quid utile, quid non,
Pleniùs ac meliùs Chrysippo & Crantore dicit.

Sénèque juge au contraire que Zénon & *Chrysippe* ont été plus utiles que des généraux d'armée, que des législateurs même, parce que leurs instructions ne se sont pas bornées à une seule ville, à un seul état, mais qu'elles ont embrassé la totalité du genre humain; *leges non uni civitati, sed toti humano generi tulerunt*. C'est l'éloge de la philosophie & des philosophes en général, plutôt que celui de tel ou tel philosophe. On attribue à *Chrysippe* des opinions un peu étranges; il croyoit les dieux périssables, il permettoit les mariages incestueux, il admettoit la communauté des femmes parmi les sages; au lieu d'enterrer les corps, il vouloit qu'on les mangeât. On lui reproche aussi des obscénités dans ses écrits. Aulugelle rapporte un fragment de son traité de la providence, qui lui fait beaucoup plus d'honneur. « Le dessein de » la nature, dit-il, n'a pas été de soumettre les » hommes aux maladies; un tel dessein seroit in- » digne de la source de tous les biens. Mais si du » plan général du monde, tout bien ordonné qu'il » est, il résulte quelques inconvéniens, c'est qu'ils » se sont rencontrés à la suite de l'ouvrage, sans » qu'ils soient entrés dans le dessein primitif & » dans le but de la providence ».

Il nous semble que ceux de nos métaphysiciens modernes qui se sont chargés de justifier la providence sur l'existence du mal, tant physique que moral, ne pouvoient guère mieux rencontrer.

Chrysippe étoit né à Solos, ville de Cilicie. Il mourut un peu plus de deux siècles avant l'ère chrétienne. Les uns le font mourir d'un excès de vin, les autres d'un excès de rire en voyant un âne manger des figues dans un plat, & en commandant qu'on lui apportât du vin à boire. La première mort seroit peu digne d'un philosophe; la seconde suppose un grand fonds de gaieté, car à peine trouveroit-on là aujourd'hui de quoi sourire.

CHRYSOLOGUE. (*Voyez* PIERRE.)

CHRYSOLORAS (EMMANUEL), un des grecs qui instruisirent l'Italie au quinzième siècle. Il mourut à Constance pendant la tenue du Concile, en 1415. On a de lui une grammaire grecque, un parallèle de l'ancienne & de la nouvelle Rome, des lettres, des discours. Philelphe, Gregoire de Tifernes, Léonard d'Arezzo, le Pogge, &c. furent ses disciples. Æneas Sylvius, qui fut depuis le pape Pie II, fit son épithaphe.

Son neveu & son disciple, Jean Chrysoloras, mort avant 1427, est aussi au nombre des savans, ainsi qu'un Demetrius *Chrysoloras*, qui vivoit vers le même temps, sous le règne de Manuel Paléologue.

CHRYSOSTOME. (*Voyez* JEAN).

CHURCHILL. (*Voyez* MARLBOROUGH).

CHUSAI (*Hist. sacr.*), serviteur fidèle de David, dans le temps de la révolte d'Absalon, son fils, feignit de s'attacher à celui-ci pour savoir ses projets & les faire connoître à David, & pour déconcerter les conseils d'Achitophel; celui-ci conseilla de poursuivre David, *Chusai* en empêcha, & David eut le temps de mettre le jourdain entre lui & son fils.

CHUSAN-RASATHAIM (*Hist. sacr.*), roi de Mésopotamie, réduisit les Israélites en servitude; ils y restèrent huit ans. Othoniel les remit en liberté vers l'an 1414, avant J. C.

CHYTRŒUS (DAVID) (*Hist. litt. mod.*), ministre assez célèbre dans l'histoire du luthéranisme. On a de lui une histoire de la confession d'Ausbourg, une chronologie d'Hérodote & de Thucydide. Ses œuvres ont été recueillies en deux volumes *in-fol.* Son frère Nathan *Chytræus*, ministre comme lui, étoit aussi un homme de lettres. David mourut en 1600, à 70 ans, Nathan en 1598, à 55.

CIACONIUS (*Hist. litt. mod.*) C'est le nom de deux savans espagnols; le premier (Pierre) étoit chanoine de Séville. Il fut employé par le pape Grégoire III, à la réformation du calendrier. On a de lui des notes savantes sur César, sur Pompeïus Festus, sur Tertullien, sur Cassien, &c. des traités *in Columnæ rostratæ inscriptiones*; *de ponderibus & mensuris & nummis*; *de Triclinio Romano*. Né à Tolède en 1525, mort à Rome en 1581.

Le second (*Alphonse*) étoit dominicain, né dans l'Andalousie; il mourut aussi à Rome en 1599, à cinquante-neuf ans. Il avoit le titre de patriarche d'Alexandrie. On a de lui *Vitæ & gesta Romanorum pontificum & cardinalium. Historia utriusque belli Dacici. Bibliotheca scriptorum ad annum 1583.* Une explication de la Colonne trajane. On juge bien qu'un savant, qu'un espagnol, qu'un moine, au seizème siècle, manquoit pour le moins de critique. *Ciaconius* fait de saint Jérôme un cardinal, & assure que l'ame de Trajan a été tirée de l'enfer par les prières de saint Grégoire.

CIAMPINI (JEAN-JUSTIN) (*Hist. litt. mod.*), prélat romain, ami des sciences & des lettres, qui lui ont dû plusieurs établissemens : c'est par ses soins qu'il se forma en 1671, à Rome, une académie destinée à l'étude de l'histoire ecclésiastique. En 1677 il en établit une de physique & de mathématiques sous la protection de la reine de Suède, Christine. On a de lui divers ouvrages, dont les uns prouvent son érudition dans l'histoire ecclésiastique, les autres, ses connoissances dans les arts. Du premier genre sont les ouvrages suivans : *Conjecturæ de perpetuo azymorum usu in ecclesiâ latinâ*; l'examen des vies des papes, lesquelles portent le nom d'Anastase le bibliothécaire. *Ciampini* prétend que ces vies sont de plusieurs auteurs, & qu'il n'y a que celles de Grégoire IV, de Serius II, de Léon IV, de Benoît III & de Nicolas I qui soient d'Anastase. En tout cas il n'y a de critique ni dans celles-là, ni dans les autres; mais la critique de *Ciampini* peut toujours être utile.

Les ouvrages du second genre sont celui qui a pour titre : *Vetera monumenta in quibus præcipuè musiva opera sacrarum profanarumque ædium structura dissertationibusque iconibusque illustrantur*, 2 vol. *in-fol.* & celui qui a pour titre : *De sacris ædificiis à Constantino magno constructis*, 1 vol. aussi *in-fol.*

CIBBER (*Hist. litt. mod.*) C'est le nom d'un célèbre comédien anglois, né en 1671, qui monta sur le théatre à trente ans, le quitta en 1731, & vécut jusqu'en 1757. On a de lui un recueil de pièces en 4 vol. *in-12.*

CICÉRON (*Voyez* TULLIUS).

CID (le) (*Hist. d'Espagne*). Ferreras a discuté ce qui concerne le *Cid*, son duel avec un comte Gomez ou de Gormas, dont il aimoit la fille qu'il obtint à force d'amour & d'exploits, malgré le malheur d'avoir tué son père : cette histoire n'est pas vraie, & on doit y avoir regret. Du reste, le nom du *Cid* étoit réellement Rodrigue Dias de Bivar, & il épousa réellement Dona Ximène ou Chimène Diaz, fille du comte dom Diègue Alvarez; mais il n'avoit pas tué le père de cette Chimène, & dom Diègue, comme on voit, n'étoit pas le père de Rodrigue, mais son beau-père; son histoire, dégagée des fables dont on l'a ornée, comme toute l'histoire de ces temps-là, reste toujours celle d'un héros. Né Castillan, élevé à la cour de Castille, il servit long-temps les rois Sanche & Alphonse au onzième siècle, avec beaucoup de zèle, de valeur & de bonheur. Mécontent d'Alphonse dans la suite, il se rendit indépendant, leva une petite armée qui n'étoit qu'à lui, qui s'attachoit en tout à sa fortune, & qui en étoit l'instrument : avec cette armée, il se rendit redoutable à toutes les puissances de l'Espagne, il étoit même la seule puissance toujours armée & toujours prête à faire la guerre; il la fit au roi de Léon, au roi d'Arragon, sur-tout aux Maures : il faisoit la guerre des montagnes en homme supérieur; il échappoit à ceux qui le poursuivoient, fondoit sur ceux qui ne l'attendoient pas, & se trouvoit par-tout; mais son empire étoit dans les montagnes; on y montroit une forteresse appellée depuis *la roche du Cid*; il en descendoit pour se porter par-tout où l'appelloient les violences des oppresseurs & les cris des opprimés; quand un roi gouvernoit mal, il le châtioit ou l'instruisoit; il recevoit les plaintes des mécontens, & les recevoit eux-mêmes dans sa troupe, qui grossissoit ainsi à chaque pas. C'étoit un de ces hommes tels que la fable nous représente les Hercules & les Philoctètes, ou, pour ne pas sortir des mœurs & du siècle que nous examinons, il ressembloit beaucoup à ces aventuriers normands qui fondoient vers ce temps le royaume de Sicile. Quelquefois moins généreux, si quelque prince mouroit, il entroit en partage de la succession; c'est ainsi qu'à la mort d'Hiaya, roi de Tolède, il se rendit maître de Valence, où il s'établit jusqu'en l'an 1099 qu'il mourut.

CIMON (*Hist. grecq.*), général Athénien, fils de Miltiade, étoit très-jeune encore lorsqu'il perdit son père. Ce grand homme, libérateur de sa patrie, pour prix de ses services, avoit été condamné à mort, & on avoit cru faire grace au vainqueur de Marathon, en commuant la peine de mort en une amende de cinquante mille écus. Ne pouvant la payer, il mourut en prison des suites d'une blessure qu'il avoit reçue au service de son ingrate nation : il alloit être privé de la sépulture. *Cimon*, dans cette occasion douloureuse, signala sa piété; il rassembla, comme il put, dans la bourse de ses parens & de ses amis, en les attendrissant par ses larmes, les cinquante mille écus de l'amende, & racheta le corps de son père. Quoique cette action l'annonçât avantageusement, le peuple, soit par un reste de prévention contre Miltiade, soit à cause de quelques erreurs de jeunesse qu'on reprochoit à *Cimon*, fut d'abord peu favorable à ce jeune homme qui, rebuté de quelques dégoûts qu'il essuya, vouloit renoncer entièrement aux affaires, si Aristide, qui reconnut en lui le fils d'un grand homme, n'eût pris soin de le consoler, de l'encourager, & ne l'eût ainsi rendu à la patrie. De ce moment on ne vit rien que de grand & de noble dans les mœurs de *Cimon*; il eut, dit Plutarque, le courage de Miltiade, & la prudence de Thémistocle avec plus de probité; il fut le fléau d'Artaxerxès & des Perses qu'il chassa entièrement de la Thrace. C'étoit lui qui assiégeoit Eione sur le fleuve Strymon, lorsque Boges ou Buris, qui en étoit gouverneur pour le roi de Perse, donna une si affreuse marque de zèle & de fidélité. Privé de vivres & réduit à se rendre, il préféra de mourir; il jetta du haut des murs, au fond du fleuve, tous les trésors qui étoient dans la ville; il fit ensuite allumer un grand bûcher, égorgea sa femme, ses enfans, ses domestiques, les fit jetter dans les flammes, & s'y jetta lui-même.

Cimon se rendit maître aussi de l'île de Scyros; il y trouva les os de Thésée, mort dans cette île en s'enfuyant d'Athènes, il les reporta, dans cette ville, huit cens ans après le départ de Théſée. Il y eut à ce ſujet une fête ſolemnelle & un grand combat de poéſie tragique, où Sophocle fut vainqueur, & où *Cimon* fut un des principaux juges: Eſchyle, accoutumé à la victoire dans ces jeux du théatre, ne put ſouffrir ſa défaite; il s'exila volontairement d'Athènes, & alla mourir en Sicile.

Dans l'expédition de Thrace, Athènes avoit des alliés parmi les Grecs. Après la priſe de Seſtos & de Byſance, où on fit un butin immenſe, les alliés convaincus de la juſtice de *Cimon*, le prièrent de faire le partage. L'opération fut bien ſimple; *Cimon* mit d'un côté les hommes, de l'autre les biens, c'eſt-à-dire, d'un côté les corps des priſonniers tout nus, de l'autre leur dépouille & leurs tréſors. Les alliés ne virent dans cette opération que le butin tout entier donné aux Athéniens, tandis qu'on leur laiſſoit des corps tout nus d'hommes efféminés, peu propres au travail: ils ſe récrièrent ſur l'énorme inégalité du partage; ce n'étoit pas-là ce qu'ils avoient attendu de la juſtice de *Cimon*. De quoi vous plaignez-vous? leur dit *Cimon*, on vous laiſſe le choix. Ils choiſirent le butin, & ne pouvoient ſe laſſer d'admirer la duperie de *Cimon*, qui paroiſſoit fort content du lot des Athéniens. Il avoit raiſon. On vit bientôt arriver en foule de l'Aſie mineure les parens & les amis des priſonniers, offrant pour leur rançon des ſommes bien ſupérieures à la valeur du butin. *Cimon* eut de quoi entretenir ſa flotte pendant quatre mois, le tréſor public fut rempli, tous les Athéniens s'enrichirent, & le général vécut le reſte de ſes jours dans l'opulence: c'étoit de tous les événemens de ſa vie celui qu'il aimoit le plus à ſe rappeller & à raconter aux autres.

Cimon, dit le rhéteur Gorgias, *amaſſoit des richeſſes pour s'en ſervir, & il s'en ſervoit pour ſe faire eſtimer & honorer.* Ses vergers & ſes jardins étoient ouverts en tout temps aux citoyens, non-ſeulement pour s'y promener, mais encore pour y prendre les fruits qui leur conviendroient; ſa table étoit ſimple, frugale, mais abondante, & tous les citoyens pauvres y étoient admis, ils en remportoient le plus ſouvent un préſent ou un prêt en argent; il nourriſſoit & vêtiſſoit les vivans; il fourniſſoit aux frais funéraires des morts, & l'hiſtoire lui rend le témoignage, que loin de rechercher par ces bienfaits la faveur populaire, il fut toujours ouvertement de la faction des riches & des citoyens puiſſans, oppoſée à la faction du peuple. Il entreprit auſſi à ſes dépens des travaux publics, il fortifia le port, il embellit la ville.

Après avoir chaſſé les Perſes de la Thrace, il les chaſſa de preſque toute l'Aſie mineure, il battit leur flotte à l'embouchure du fleuve Eurymédon, puis une ſeconde flotte qui venoit au ſecours de la première ſans ſavoir ſa défaite, puis étant deſcendu à terre, il les battit ſur terre; il ſoumit l'île de Thaſe qui s'étoit révoltée contre les Athéniens, & dont les habitans ſembloient vouloir imiter le dévouement féroce du gouverneur d'Eione. Ils décernèrent la peine de mort contre le premier qui parleroit de ſe rendre. Le ſiège dura trois ans; on manquoit de cordes pour les machines, les femmes coupèrent leurs cheveux & les employèrent à cet uſage. Cependant la famine moiſſonnoit tous les jours un grand nombre de Thaſiens; Hégétoride, un d'entre eux, ne pouvant ſoutenir ce ſpectacle, ſe dévoue, mais pour ſauver ſes concitoyens; il paroît dans l'aſſemblée du peuple la corde au cou: « mes amis, mes frères, leur dit-il, » prenez votre victime, mais vivez, révoquez » votre loi meurtrière »: on l'admire, on lui laiſſe la vie, on lui rend graces; la loi eſt révoquée, on ſe rend.

Les Athéniens, qui prenoient goût aux conquêtes, trouvèrent mauvais que *Cimon* n'eût pas pouſſé les ſiennes juſques dans la Macédoine, ils l'accuſèrent en juſtice de s'être laiſſé corrompre par l'or des Macédoniens. *Cimon* cita ſa vie entière en preuve de ſon incorruptibilité; ſa juſtification parut complette.

Le roi de Perſe eſpéroit oppoſer Thémiſtocle à *Cimon*, & Thémiſtocle avoit promis de ſervir ce prince contre ſon ingrate patrie; mais un reſte d'amour pour elle, & le ſouvenir de la gloire qu'il avoit acquiſe en la faiſant triompher, le déterminèrent à quitter la vie pour ne point s'armer contre elle. On a cru que parmi ſes raiſons il falloit compter pour beaucoup la crainte de commettre ſa vieille réputation contre la gloire toujours croiſſante du jeune *Cimon*.

Cependant Périclès s'élevoit par l'éloquence & par l'intrigue; il ſappoit les fondemens de l'Ariſtocratie, dont *Cimon* étoit le défenſeur déclaré. Le peuple commençoit à ſe laſſer de la vertu de *Cimon*; il ſe laſſoit ſur-tout de l'entendre en toute occaſion vanter la vertu des Spartiates, quelquefois alliés des Athéniens, mais toujours leurs rivaux. A chaque faute que faiſoit Athènes, *voilà*, diſoit *Cimon*, *ce que Sparte n'eût point fait.* Il y eut à Sparte un tremblement de terre qui renverſa toute la ville, à la réſerve de cinq maiſons. Les Ilotes ſaiſirent cette occaſion de ſecouer le joug. Les Athéniens étoient aſſez d'avis de laiſſer périr Sparte; *Cimon* les fit rougir d'une telle politique, & leur fit ſentir qu'il n'étoit pas de leur intérêt de *laiſſer la Grèce boiteuſe, & Athènes ſans contre-poids*; il les détermina enfin à envoyer au ſecours de Sparte des troupes dont il eut le commandement: les Spartiates, par une défiance injurieuſe, mais peut-être pardonnable au malheur, refuſèrent d'accepter ce ſecours. Athènes fut indignée, elle déclara ennemis publics tous ceux qui prendroient les intérêts de Lacédémone, & bannit *Cimon* par la voie de l'oſtraciſme. La guerre s'alluma entre Athènes & Sparte. Alors *Cimon* ſe crut diſpenſé de garder ſon ban; il vint offrir ſes ſecours à ſes concitoyens contre ces Lacédémoniens dont on l'accuſoit d'être l'admirateur & l'ami. Les Athéniens, par une défiance aussi injuste que celle qui les avoit tant irrités contre les Lacédémoniens, refusèrent les secours de *Cimon*, & lui ordonnèrent de se retirer. Cent de ses plus braves soldats, soupçonnés comme lui d'être favorables à Lacédémone, l'avoient accompagné dans cette expédition; il leur recommanda en partant d'effacer jusqu'à la moindre trace de ce soupçon, comme il l'eût fait si on le lui eût permis; ils le jurèrent, & ils lui demandèrent pour seule grace son armure complette; ils la placèrent au milieu d'eux pour qu'elle leur rappellât sans cesse ce grand homme & leur devoir; ils se firent tous tuer jusqu'au dernier, & les Athéniens apprirent à ne pas soupçonner légérement de braves gens d'infidélité.

Ils rappellèrent enfin *Cimon* de son exil après cinq ans; Périclès lui-même en proposa & en dressa le décret. *Cimon* réconcilia d'abord Athènes & Lacédémone, & rétablit l'union dans la Grèce; il la réunit contre les Perses; il alla les chercher & & les battre en Egypte, & dans l'île de Cypre, & sur les mers qui environnent ces contrées; il les força d'accorder ou plutôt de recevoir une paix honorable à la Grèce. Pendant qu'on y travailloit, il mourut d'une blessure qu'il avoit reçue au siège de Citium, dans l'île de Cypre, n'ayant cessé de servir sa patrie que quand elle s'étoit privée de lui par l'exil & la persécution.

La nouvelle de sa mort pouvoit nuire à la paix; il recommanda en mourant aux officiers de la cacher, & de continuer d'agir en son nom. On ramena, dit Plutarque, la flotte triomphante à Athènes sous la conduite & les auspices de *Cimon*, quoique mort depuis plus de trente jours. Il mourut l'an 449. avant J. C. On ne lui érigea point de statue, mais on le pleura. *Hæ pulcherrimæ effigies & mansuræ. Nam quæ saxo struuntur, si judicium posterorum in odium vertit, pro sepulchris spernuntur.* Ce mot de Tacite est la condamnation éternelle de ces monumens que la stupide vanité des parens a quelquefois l'imprudence d'élever à des gens qui ne sont connus que par le mal qu'ils ont fait. Avant d'ériger des monumens, consultez la voix publique, & songez que *Cimon* n'en a pas eu d'autre que le deuil de la patrie.

CINCINNATUS. (L. QUINTIUS) (*Hist. Rom.*) La loi Térentilla, ainsi nommée du tribun C. Térentillus Arsa, qui la proposoit, semoit la discorde dans Rome entre le sénat & le peuple, entre les patriciens & les plébéiens. L'objet de cette loi étoit bon; c'étoit de fixer la jurisprudence chez les Romains, ou plutôt de leur en donner une. La forme excitoit des orages, parce qu'on vouloit établir cette loi sans la participation du sénat; les tribuns déclamoient contre les consuls, les consuls contre les tribuns. Les jeunes patriciens défendoient les droits du sénat avec toute la chaleur de la jeunesse & toute la hauteur de la noblesse. Ceso Quintius, jeune sénateur, étoit celui qui se faisoit le plus remarquer par son audace & sa fierté; il soutenoit seul, dit Tite-Live, toute l'explosion de la fureur tribunitienne, *comme s'il eût porté dans sa voix & dans ses forces tous les consulats & toutes les dictatures, velut omnes dictaturas consulatusque gerens in voce ac viribus suis.* Les tribuns jurèrent sa perte; ils eurent recours à la calomnie: un témoin suborné, Volscius, accusa Céson d'assassinat. Un soir ce Volscius revenant, disoit-il, de souper avec son frère chez un ami, rencontre Céson environné d'une troupe d'assassins qui les attaquent, le frère est tué, Volscius laissé pour mort. Le cas étoit si grave, que le peuple ému alloit condamner Céson; celui-ci eut beau nier, son père L. Quintius *Cincinnatus*, homme déja vénérable par son âge & ses longs travaux, eut beau demander pour prix de ses services & de ceux de son fils, qui avoit aussi très-bien servi l'état, qu'on ne précipitât rien, tout ce qu'il put obtenir fut qu'on laissât aller son fils pour ce jour là sous la caution de dix citoyens qu'il comparoîtroit au jour qui fut indiqué pour le jugement: il ne comparut point, & s'enfuit en Etrurie: les cautions payèrent. *Cincinnatus*, pour les indemniser, vendit ses biens, & ne se réserva qu'une pauvre cabane & un petit champ de quatre arpens qu'il cultivoit de ses mains. L'année suivante, étant à labourer son champ, vêtu depuis les reins jusqu'aux genoux seulement, un bonnet sur la tête, il voit une foule de monde s'avancer vers lui, il apperçoit des licteurs, des faisceaux, il ne sait ce qu'on lui veut, & craint peut-être l'effet de quelque nouvelle calomnie. Un de la troupe s'avance & l'avertit de se mettre dans un état plus convenable pour recevoir les députés du sénat qui viennent lui parler d'affaires: il s'habille, il paroît; on le salue consul, on le revêt de la pourpre, les licteurs prennent ses ordres; il jette un regard douloureux sur ce champ qu'il falloit quitter, verse quelques larmes, & dit: *mon champ ne sera donc point ensemencé cette année!* On l'assura que la république y pourvoiroit; son consulat fut illustre, & qui plus est avantageux à la république. Par un mêlange vertueux de force, de prudence & de bonté, il rétablit la discipline dans les troupes, la subordination dans la ville, l'équité dans les jugemens, l'ordre dans les affaires, la paix dans l'état, la vertu dans les cœurs; il fut chéri & respecté; on voulut le continuer dans le consulat, il s'y opposa, en alléguant les loix & le danger d'y déroger; on voulut l'enrichir, il le refusa, & retourna content à ses bœufs, à sa charrue, à sa cabane. Deux ans après on retourne l'y chercher pour le faire dictateur. La république étoit en danger; le consul Minutius étoit assiégé dans son camp par les Eques: on retrouva *Cincinnatus* dans le même état que la première fois; on lui retrouva aussi le même zèle & le même courage: il part, il assiège les Eques à leur tour dans leur camp, il les enferme entre deux armées, il les fait passer sous le joug, il dépose Minutius après l'avoir dégagé. «Vous ne com-

» manderez plus, dit-il, ces légions que vous avez » laissé enfermer; allez apprendre dans un rang » inférieur à mériter un jour un consulat plus heu- » reux; & vous, soldats, qui alliez être la proie » des Eques, vous n'aurez point part au butin » des vainqueurs ». On se soumet avec respect à ses décisions rigoureuses; l'armée lui décerne une couronne d'or, & le salue patron & protecteur: il reçoit à Rome les honneurs du plus beau triomphe, ayant débellé en moins de seize jours de dictature un ennemi vainqueur, prêt à passer les Romains sous le joug.

Pour comble de bonheur, pendant sa dictature, l'innocence de Céson fut reconnue, l'*alibi* prouvé pour le jour du meurtre prétendu, la calomnie démontrée & avouée, le calomniateur banni, Céson rappellé. Alors *Cincinnatus* abdiqua au bout de seize jours la dictature qui lui avoit été déférée pour six mois, & rentra plein de gloire & de bonheur dans sa retraite chérie, après s'être encore refusé à de nouvelles offres de fortune. Le travail, la pauvreté, la frugalité, toutes les vertus champêtres prolongèrent sa carrière, & vingt ans encore après, Rome l'honora encore de la même magistrature pour l'opposer non plus à des ennemis étrangers, mais à un ennemi domestique plus dangereux, Sp. Melius, qui, en séduisant le peuple par des distributions de bled, n'aspiroit pas à moins qu'à la royauté: il fut convaincu & puni, & *Cincinnatus* fit voir que son âge, dont il avoit craint la foiblesse, & qui lui avoit fait refuser cette seconde dictature qu'on le força d'accepter, n'avoit rien diminué de sa vigilance ni de sa fermeté; il avoit alors plus de quatre-vingts ans. Il mourut laissant Rome libre & heureuse; son petit champ, converti depuis en prairies, retint long-temps le nom de *prairies de Quintius*. Son surnom de *Cincinnatus* venoit sans doute de ce qu'il avoit les cheveux naturellement bouclés, car il n'est pas à croire qu'un pareil homme perdît du temps à les friser.

C'est de lui & de ses pareils (car il en eut dans les premiers temps de la République) que Pline a dit: *gaudente terrâ vomere laureato & triumphali aratore;* ce que M. de Voltaire a parodié dans ces deux vers:

> Et que les bleds tenoient à grand honneur
> D'être semés par la main d'un vainqueur.

Ce qui n'empêche pas que la pensée originale ne soit bien belle & bien romaine.

Le consulat de *Cincinnatus* est de l'an de Rome 294. Sa première dictature, de l'an 296; sa dernière dictature, de l'an 316.

Outre Céson, *Cincinnatus* avoit deux autres fils, Quintius *Cincinnatus*, qu'il vit créer tribun militaire l'an 316 de Rome, & qui l'an 318 fut général de la cavalerie, sous le dictateur Mamercus Emilius, & Titus Quintius *Cincinnatus*, qui fut deux fois consul, l'an de Rome 324 & l'an 327, tribun militaire l'an 329, & qui, comme Céson son frère, fut accusé & absous, l'an 332 de Rome.

CINEAS (*Hist. Rom.*), homme de confiance de Pyrrhus, roi d'Epire, & qui répondit à cette confiance en lui disant toujours la vérité. Lorsque Pyrrhus se laissa engager par les Tarentins à porter la guerre en Italie contre les Romains, on sait par quelles sages réflexions *Cineas* lui prouva qu'il pouvoit dès ce moment jouir du bonheur & de la tranquillité qu'il se proposoit pour terme & pour dernier prix de ses conquêtes: cette conversation est fameuse, & Boileau l'a bien rendue.

> Pourquoi ces éléphans, ces armes, ce bagage,
> Et ces vaisseaux tout prêts à quitter le rivage?
> Disoit au roi Pyrrhus un sage confident,
> Conseiller très-sensé d'un roi très-imprudent.
> Je vais, lui dit ce prince, à Rome où l'on m'appelle—
> Quoi faire? – l'assiéger.— L'entreprise est fort belle,
> Et digne seulement d'Alexandre ou de vous.
> Mais Rome prise enfin, seigneur, où courons-nous?—
> Du reste des latins la conquête est facile —
> Sans doute on les peut vaincre. Est-ce tout? — La Sicile
> De là nous tend les bras, & bien-tôt sans effort
> Syracuse reçoit nos vaisseaux dans son port—.
> Bornez-vous là vos pas? —Dès que nous l'aurons prise,
> Il ne faut qu'un bon vent, & Carthage est conquise.
> Les chemins sont ouverts: qui peut nous arrêter?—
> Je vous entends, seigneur, nous allons tout dompter;
> Nous allons traverser les sables de Lybie,
> Asservir en passant l'Egypte, l'Arabie,
> Courir de là le Gange en de nouveaux pays,
> Faire trembler le Scythe aux bords du Tanaïs,
> Et ranger sous nos loix tout ce vaste hémisphère.
> Mais de retour enfin que prétendez-vous faire?—
> Alors, cher *Cineas*, victorieux, contens,
> Nous pourrons rire à l'aise, & prendre du bon temps—
> Hé, seigneur, dès ce jour, sans sortir de l'Epire,
> Du matin jusqu'au soir qui vous défend de rire?

L'avis étoit trop fort pour Pyrrhus & pour le temps. Pyrrhus eut le malheur de vaincre les Romains; s'il eût été vaincu il auroit pu en obtenir la paix. Rome se gouvernoit déja par cette maxime:

> Rome ne traite plus
> Avec ses ennemis que lorsqu'ils sont vaincus.

Et la réponse que fait Valérius Publicola, dans *Brutus*, aux propositions de Tarquin, est précisément celle que Rome fit à Pyrrhus vainqueur, qui, par l'avis de *Cineas*, offrit la paix en renvoyant les prisonniers sans rançon:

> Que Tarquin satisfasse aux ordres du sénat;
> Exilé par nos loix, qu'il sorte de l'état;
> De son coupable aspect, qu'il purge nos frontières;
> Et nous pourrons ensuite écouter ses prières.

Pyrrhus, qui rendoit à *Cineas* le témoignage qu'il

avoit gagné plus de villes par l'éloquence de ce sage ministre, que par ses propres armes, l'avoit envoyé à Rome traiter de la paix: son éloquence y échoua contre la fierté romaine; mais il sentit le prix de cette fierté: il vit ce que c'étoit qu'un peuple libre, & lorsqu'à son retour Pyrrhus lui demanda ce qu'il pensoit de Rome & du sénat, il répondit que la ville lui avoit paru un temple, & le sénat une assemblée de rois: il n'oublia rien pour engager Pyrrhus à quitter l'Italie, & il lui donna, du terrible ennemi que son imprudence s'étoit fait, la même idée qu'Annibal en donne dans Horace, & à-peu-près dans les mêmes termes:

Cervi luporum præda rapacium
Sectamur ultrò, quos opimus
Fallere & effugere est triumphus .....
Per damna, per cædes, ab ipso
Ducit opes animumque ferro.
Non hydra secto corpore firmior
Vinci dolentem crevit in Herculem,
Monstrumve summisere Colchi
Majus, Echioniæve Thebæ.
Merses profundo, pulchrior evenit;
Luctere, multâ proruet integrum
Cum laude victorem, geretque
Prælia conjugibus loquenda.

L'expédition de Pyrrhus & l'ambassade de *Cineas* sont de l'an de Rome 472.

CINNA (*Hist. Rom.*) Ce nom a été porté à Rome par plusieurs personnages fameux.

1°. Le plus fameux & le plus odieux est Lucius Cornélius *Cinna*. Il étoit comme le lieutenant de Marius, & le ministre de ses fureurs: il fut quatre fois consul, c'est-à-dire, qu'il usurpa quatre fois le consulat; la première, en jurant à Sylla de ne rien faire contre ses intérêts, & le faisant ensuite accuser par un tribun, afin de l'obliger à sortir de l'Italie, puis en conservant ce premier consulat, quoiqu'il eût été déposé juridiquement; ensuite, en se donnant à lui-même les trois autres consulats. Sylla prêt à revenir vainqueur, alloit punir par des supplices ses infidélités & ses cruautés: il fut prévenu par un centurion de l'armée même de *Cinna*, qui, dans une sédition poursuivit celui-ci l'épée à la main & l'atteignit: *Cinna* se jette à genoux, demande la vie, offre au centurion une bague de prix. *Je ne suis point venu ici*, dit le centurion, *pour faire un marché, mais pour délivrer la république du plus cruel & du plus injuste de tous les tyrans.* En même-temps il le renverse mort à ses pieds, l'an de Rome 668.

2°. Le prêteur Cornélius *Cinna*, un des assassins de César, déclama violemment contre la mémoire de ce dictateur devant le peuple qui en fut indigné.

3°. Et le tribun Helvius *Cinna*, ami de César, se trouvant à ses obsèques, & quelqu'un l'ayant appellé tout haut de ce nom de *Cinna*, le peuple, qui ne le connoissoit pas, le prit pour le préteur Cornélius *Cinna*, & dans l'ardeur de venger César, mit Helvius en pièces, quoiqu'il protestât qu'il n'avoit que le surnom de commun avec l'ennemi de César.

4°. *Cinna*, poëte latin, estimé de Virgile:

Nam neque adhuc Varo videor nec dicere Cinnâ
Digna.

5°. Cneïus Cornélius *Cinna*, arrière petit-fils du grand Pompée, si connu par la clémence d'Auguste & par la tragédie de Corneille. M. de Voltaire doute de la réalité du trait historique qui fait le sujet de cette tragédie, c'est-à-dire de la conspiration de *Cinna* & du pardon d'Auguste, parce que les historiens proprement dits n'en ont point parlé. Tacite n'en dit rien: mais où en auroit-il parlé? Il commence ses annales à Tibère: le silence de Suétone signifie davantage, mais ce n'est qu'un silence; & Sénèque, dans son traité de la clémence, rapporte cette histoire avec tant de circonstances, qu'on n'a aucune raison décisive de la révoquer en doute. Dion, qui n'en parle, dit-on, que d'après Sénèque, met la scène à Rome, & Sénèque la place dans les Gaules: c'est une preuve qu'il ne parle pas uniquement d'après Sénèque, & qu'il avoit puisé dans d'autres sources. Quoi qu'il en soit, Sénèque a fourni non-seulement le sujet, mais encore plusieurs des plus belles scènes de la tragédie de Corneille, entre autres celle où Auguste confond *Cinna*, & celle où il lui pardonne.

CINNAMES (*Hist. litt. du Bas-Empire*), historien grec du douzième siècle, a écrit l'histoire de Jean & de Manuel Comnène. Elle est imprimée au Louvre, en grec & en latin, avec de savantes observations de Ducange, qui a présidé à l'édition.

CINQ-ARBRES (JEAN) (*Hist. litt. mod.*) *Quinquarboreus*, professeur royal en langue hébraïque & syriaque en 1554. On a de lui une grammaire hébraïque, plusieurs fois imprimée. Il a traduit plusieurs ouvrages d'Avicènne. Il mourut en 1587.

CINQ-MARS. (*Voyez* EFFIAT).

CINUS *ou* CINO (*Hist. litt. mod.*), jurisconsulte de Pistoie, a fait des commentaires sur le code & sur le digeste; mais c'est comme poëte qu'il est le plus avantageusement connu: c'étoit le plus agréable poëte lyrique de l'Italie avant Pétrarque. Il mourut à Bologne en 1336.

CIPIÈRE *ou* CYPIÈRE (PHILIBERT DE MARCILLY, seigneur de) (*Hist. de Fr.*) L'histoire, qui n'a pas assez souvent à louer les instituteurs des rois, parce qu'ils ne sont pas assez souvent nommés par la voix publique, rend au brave *Cipière* le témoignage qu'il avoit donné une excellente éducation à ce Charles IX, *qui depuis.... mais en* sortant des mains de *Cipière* & d'Amyot, il étoit vertueux & ami des lettres. *Cipière* étoit un gentilhomme mâconnois, distingué par sa valeur &

sa vertu; après avoir été gouverneur de Charles IX, il fut premier gentilhomme de sa chambre, & gouverneur d'Orléans. Il mourut en 1565, & du moins il ne vit que le commencement des horreurs du règne de son élève, & ne vit point la Saint-Barthelemi.

CIRILLO (BERNARDIN) (*Hist. litt. mod.*), écrivain du seizième siècle, auteur d'une histoire de la ville d'Aquila, dans l'Abbruzze, sa patrie.

CIRINI (ANDRÉ) (*Hist. litt. mod.*), mort à Palerme en 1664, est auteur des ouvrages suivans:

Variæ lectiones sive de venatione heroum.

De venatione & naturâ animalium.

De naturâ & solertiâ canum; de naturâ piscium.

Istoriâ della peste.

CIVILIS (*CLAUDIUS*) (*Hist. R.*) Les articles *Civilis*, *Classicus*, *Tutor*, sont renvoyés à l'article *Sabinus*, où, avec l'histoire de la révolte de tous ces chefs, se trouvera l'histoire de Sabinus & d'Eponine.

CLAIRAC (LOUIS-ANDRÉ DE LA MAMIE) (*Hist. litt. mod.*), ingénieur en chef à Bergue, mort en 1751, est auteur des ouvrages suivans: *l'Ingénieur de campagne*, ou *traité de la fortification passagère; histoire de la dernière révolution de Perse avant Thamas-Koulikan*, 3 vol. *in-12.*

CLAIRAUT (ALEXIS-CLAUDE), géomètre précoce, & pour ainsi dire né. Il apprit à lire dans les élémens d'Euclide: il montra pour les mathématiques les dispositions & la pénétration presque surnaturelles de Pascal. Né à Paris le 7 mai 1713, d'un habile maître de mathématiques, en 1726, à douze ans & huit mois, il lut à l'académie des sciences un mémoire sur quatre nouvelles courbes géométriques de son invention; quatre ans après, en 1730, il publia des recherches sur les courbes à double courbure. A dix-huit ans il fut reçu à l'académie des sciences avant l'âge prescrit par les réglemens & avec dispense, comme M. de Villoyson a été reçu depuis à l'académie des inscriptions & belles-lettres. L'académie l'associa aux autres académiciens qu'elle envoyoit en Laponie pour déterminer la figure de la terre:

Maupertuis & Clairaut, dans leur docte fureur,
Vont geler aux poles du monde.
Je les vois d'un degré mesurer la longueur
Pour ôter au peuple rimeur
Ce beau mot de machine ronde
Que nos flasques auteurs, en chevillant leurs vers,
Donnoient à l'aventure à ce plat univers,
Les astres étonnés dans leur oblique course,
Le grand, le petit chien, & le cheval & l'ourse,
Se disent l'un à l'autre, en langage des cieux:
Certes, ces gens sont fous, ou ces gens sont des dieux.

M. *Clairaut* a éclairci & fixé la théorie de l'aberration des étoiles & des planètes; il a fixé à jamais celle des comètes, & grace à ses démonstrations, on n'en reviendra plus à prendre les comètes pour de simples météores; elles sont maintenues pour jamais dans leur état de corps célestes, ayant une marche réglée & soumise au calcul, au moins pour quelques-unes, & qui le sera sans doute un jour pour toutes. On a de lui des *élémens de géométrie*, d'une méthode nouvelle, qu'il composa, dit-on, pour madame la marquise du Chastelet (*voy.* CHASTELET), des *élémens d'algèbre*, une *théorie de la figure de la terre*, fruit de son voyage au Nord, des *tables de la lune.* Il a d'ailleurs rempli le recueil de l'académie des sciences d'excellens mémoires, & le journal des savans d'excellens extraits; il a eu la réputation du plus habile calculateur & du plus grand géomètre de l'Europe. Il en a joui, & même assez long-temps, parce qu'il avoit commencé de bonne heure; car d'ailleurs il a fini de bonne heure aussi. Il est mort en 1765, à cinquante-deux ans. Sans avoir su joindre à ses hautes connoissances en mathématiques une littérature aussi étendue & autant d'agrément dans la conversation que M. d'Alembert, son digne rival, & le seul géomètre françois qu'on pût mettre en concurrence avec lui, il n'étoit étranger ni à la littérature, ni aux charmes de la société; il portoit dans le monde une simplicité, une naïveté, une douceur timide & presque honteuse, qui n'étoit pas sans agrément. Il avoit quelque talent pour la poésie, & on cite de lui une pièce, qui est un titre dans ce genre. C'est une épître à M. de Voltaire, dont M. *Clairaut* étoit grand admirateur; mais il voyoit avec quelque peine que ce grand homme voulût écrire sur Newton, qu'il lui paroissoit entendre très-imparfaitement, & sur les mathématiques, qu'il lui paroissoit savoir bien superficiellement: il ne concevoit pas qu'un si grand maître pût consentir à devenir un écolier, car c'est ce qu'il lui paroissoit être dans les sciences exactes, où une brillante imagination nuit plus qu'elle ne sert: tel est en général l'esprit de l'épître dont nous voulons parler. Elle commence par ces vers:

Laisse à *Clairaut* tracer la ligne
Du rayon qui frappe tes yeux.

L'auteur fait les honneurs des mathématiques, comme de la science qui lui est propre, & il finit par dire à M. de Voltaire:

Quitte le compas, prends ta lyre,
Je donnerois tout Pemberton,
Et tous les calculs de Newton
Pour un sentiment de Zaïre.

Ce trait est connu, il a réussi. Accordant plus qu'il ne refuse, & venant manifestement d'un admirateur sincère, il a dû plaire à tous, & n'a pu blesser celui qui en est l'objet; mais ce qui pourroit faire douter que cette pièce fût de M. *Clairaut*, c'est le ton un peu magnifique, quoique juste, dont on y parle de lui.

Laisse à *Clairaut* tracer la ligne
Du rayon qui frappe tes yeux;
Qu'armé d'un verre audacieux

Il aille au cercle radieux
Chercher quelque treizième signe ;
Qu'il donne son nom glorieux
A la première étoile insigne
Qu'il découvrira dans les cieux.

Voilà ce que tout le monde devoit dire de M. *Clairaut*; excepté lui-même. En effet, l'abbé des Fontaines, qui, dans le temps, inséra cette pièce dans ses *Observations sur les écrits modernes*, ne l'attribue point à M. *Clairaut*. Elle est sous le nom de M. Clément. M. *Clairaut* étoit le second de vingt-un enfans. Il avoit eu un frère cadet qui annonçoit les mêmes dispositions que lui pour les mathématiques, & qui mourut à seize ans, après avoir donné à quinze, un *Traité des quadratures circulaires*, qui fut honoré des éloges de l'académie des sciences.

CLARENCE (le duc de). *Voyez* GEORGE.

CLARENDON (EDOUARD, comte de). *Voyez* HYDE.

CLARKE (SAMUEL) (*Hist. litt. mod.*). « Le » parti d'Arius, dit M. de Voltaire dans les Mélanges de littérature & de philosophie, » commence à revivre en Angleterre. Le plus ferme » patron de la doctrine arienne est l'illustre docteur » *Clarke*. Cet homme est d'une vertu rigide & » d'un caractère doux, plus amateur de ses opinions que passionné pour faire des prosélites, » uniquement occupé de calculs & de démonstrations, aveugle & sourd pour tout le reste, une » vraie machine à raisonnemens.

» C'est lui qui est l'auteur d'un livre assez peu » entendu & estimé sur l'existence de Dieu, & » d'un autre plus intelligible, mais assez méprisé, » sur la vérité de la religion chrétienne.

» Il ne s'est point engagé dans de belles disputes » scholastiques, que notre ami appelle de vénérables billevesées; il s'est contenté de faire imprimer un livre qui contient tous les témoignages des premiers siècles, pour & contre les unitaires, & a laissé au lecteur le soin de compter » les voix & de juger. Ce livre du docteur lui a » attiré beaucoup de partisans, mais l'a empêché » d'être évêque de Cantorbery. Car lorsque la reine » Anne voulut lui donner ce poste, un docteur » nommé Gibson, qui avoit sans doute ses raisons, dit à la reine : Madame, M. *Clarke* est » le plus savant & le plus honnête homme du » royaume, il ne lui manque qu'une chose. Eh » quoi? dit la reine. C'est d'être chrétien, dit le » docteur bénévole. Je crois que *Clarke* s'est trompé » dans son calcul, & qu'il valoit mieux être Primat orthodoxe d'Angleterre que curé arien ». On peut trouver encore, par le même principe, qu'il s'est trompé dans un autre calcul. Après la mort de Newton, on lui offrit la place d'intendant de la monnoie qu'avoit eue ce grand philosophe, & qui est d'un revenu considérable, il la refusa, ne voulant ni négliger les fonctions de cet emploi, ni être détourné de ses études par ces fonctions même. Tout le monde ne convient pas que le livre de *Clarke* sur la certitude de la révélation soit aussi méprisé que le dit M. de Voltaire. Il a en tout une grande réputation en physique, en métaphysique & en mathématiques. Il occupe un rang distingué parmi les personnages éclairés, sages & pieux de l'Anglererre. « Je me souviens, dit encore de lui M. de Voltaire dans les élémens de la philosophie de Newton, » que dans plusieurs conférences » que j'eus en 1726 avec le docteur *Clarke*, jamais » ce philosophe ne prononçoit le nom de Dieu » qu'avec un air de recueillement & de respect » très-remarquable. Je lui avouai l'impression que » cela faisoit sur moi, & il me dit que c'étoit de » Newton qu'il avoit pris insensiblement cette » coutume, laquelle doit être en effet celle de » tous les hommes ». Samuel *Clarke* étoit né à Norwick en 1675. Il étoit curé de la paroisse de Saint-Jacques de Londres. Il mourut le 11 mai 1729, ayant, dit-on, abjuré l'arianisme. On a publié ses ouvrages à Londres en 1738, en 4 volumes *in-fol.* Son goût pour les sciences se joignoit à l'amour des lettres & de la poésie. Il donna une édition de l'Iliade en grec & en latin, avec de savantes observations, le tout en 4 vol. *in*-4°. Il mourut en achevant cet ouvrage, dont il n'avoit publié que la moitié.

CLAUBERGE (JEAN) (*Hist. litt. mod.*). Ce savant Allemand doit trouver place ici comme ayant été un des premiers qui aient enseigné la philosophie de Descartes en Allemagne, chose alors courageuse. Il y a d'ailleurs de lui un ouvrage intitulé : *Logica vetus & nova*, qui est ou a été estimé. Né en Westphalie en 1622. Mort en 1605.

CLAUDIA) (*Histoire Romaine*), vestale, fut accusée d'avoir laissé éteindre le feu sacré. Pendant qu'on instruisoit son procès, on prétend que la déesse Vesta fit un miracle pour manifester son innocence. L'on avoit fait venir de Phrigie le simulacre de la mère des dieux. Le vaisseau chargé de cette précieuse relique resta à sec sur le rivage. La consternation fût générale, on craignit que ce ne fût une punition de la déesse, offensée de ce qu'on l'avoit tirée d'un temple où elle avoit de nombreux adorateurs. *Claudia*, dit-on, attacha le vaisseau à sa ceinture, & le traîna sans effort jusqu'au milieu de Rome. Ce prodige prétendu confondit ses calomniateurs, & elle fut déclarée innocente. (*T-N.*)

CLAUDIA, sœur de Claudius Pulcher, eut tout l'orgueil qu'on reprochoit à sa famille. Un jour qu'elle traversoit les rues de Rome montée sur son char, elle fut arrêtée par l'affluence du peuple qui l'obligea de rallentir sa marche. Sensible à cette espèce d'affront, elle s'écria : « Je voudrois que mon frère » fût encore en vie, & qu'il perdît une seconde » bataille navale pour débarrasser Rome de cette » canaille dont elle est surchargée ». Ce souhait fut regardé comme une imprécation contre la patrie. *Claudia* subit la peine décernée contre les crimes de lèze-majesté : ce fut le premier exemple de la punition de ce crime, qui dans la suite fit perdre la vie à tant de citoyens innocens. (*T-N.*)

CLAUDIUS-NÉRON (*Hist. Rom.*) Claude étoit fils de Drusus, dont Livie étoit enceinte lorsqu'Auguste la fit passer dans son lit. Il naquit à Lyon sous le consulat de Jules-Antoine & de Fabius l'Africain. Il étoit à peine sorti du berceau qu'il perdit son père. Il étoit si mal organisé, que sa mère Antonie avoit coutume de dire qu'il étoit l'ouvrage bizarre de la nature en délire. Caligula, qui pouvoit l'envelopper dans le meurtre du reste de sa famille, crut ne pouvoir mieux punir les Romains, qu'en leur donnant un pareil empereur. (Il ne leur donna point cet empereur, & beaucoup plus jeune que lui, il ne croyoit point l'avoir pour successeur; seulement il le laissa vivre, parce qu'il n'en redoutoit rien.)

Son éducation fut fort négligée, parce qu'on la crut impuissante à corriger les vices de la nature. Auguste lui déféra les honneurs consulaires, mais il ne lui permit pas d'en remplir les fonctions. Privé des dignités auxquelles il étoit appellé par sa naissance, il se retira à la campagne, où, confondu avec des hommes agrestes & sans mœurs, il se livroit au jeu & à la débauche. Quoiqu'il n'eût aucune des vertus qui attirent le respect, on lui rendit en public tous les honneurs qu'on déféroit aux enfans des Césars; & à force d'être plaint, il parvint à être aimé. Auguste, en mourant, le recommanda aux armées, au peuple & au sénat. Il lui légua une somme considérable pour soutenir sa dignité dans la vie privée. Son neveu Caligula le choisit pour collègue dans son consulat, mais il ne lui laissa que l'ombre du pouvoir, dont il se réserva la réalité. Ce neveu insolent l'admettoit à sa table, moins pour lui faire honneur que pour s'amuser de son imbécillité. Après la mort de Caligula, il se cacha dans des monceaux de tapisserie; il fut découvert par un soldat, qui le mena au camp pour y attendre son sort. Le sénat, qui ne vouloit plus d'empereur, se trouva partagé dans ses opinions. La lenteur de ses délibérations impatienta le peuple, qui voulut qu'on donnât promptement un chef à l'empire : il fallut condescendre aux vœux de la multitude. *Claudius*, qui n'attendoit que la mort, fut proclamé empereur. L'armée lui prêta serment de fidélité. Il promit à chaque soldat quinze sesterces; & ce fut depuis l'exemple de cette libéralité que l'empire devint la proie de celui qui savoit le mieux payer. Quoiqu'il fût trop foible pour soutenir un si grand poids, il fit à son avénement plusieurs actes de bienfaisance qui lui concilièrent les cœurs. Il abolit la mémoire de toutes les violences commises pendant les deux jours qui avoient précédé son élévation. Il ne punit que les tribuns & les centeniers qui avoient trempé leurs mains dans le sang de Caligula. Sa piété envers ses parens lui fit encore beaucoup d'honneur. Plein de respect pour la mémoire d'Auguste, il ne voulut jurer que par son nom, & lui fit rendre les honneurs divins. Il eut la même piété pour son aïeule Livie, à laquelle il déféra le titre d'*Augusta*, qu'elle avoit eu la modestie de refuser de son vivant. Il fit célébrer des jeux en mémoire de son père, de sa mère & de son frère. Il donna des couronnes de victoire à ceux qui remportèrent le prix dans les combats livrés pour l'honneur de sa famille. Pour lui, il conserva la simplicité de sa vie privée, & refusa presque tous les honneurs qu'on voulut lui déférer. Il célébra sans éclat les noces de sa fille, & la naissance d'un de ses neveux. Aucun exilé ne fut rappellé que par l'autorité du sénat. Cet empereur imbécille & sans talent pour gouverner, se concilia tellement tous les cœurs, que, sur un faux bruit de sa mort, le peuple, furieux, fut sur le point d'exterminer tout l'ordre des chevaliers, & de traiter le sénat de parricide. L'émeute ne fut calmée qu'après qu'on fut assuré qu'il n'avoit essuyé aucun danger. Quoiqu'il ne fît rien de répréhensible, il avoit trop d'incapacité dans les affaires pour ne pas tomber dans le mépris des ames fières & élevées, qui ne pouvoient se résoudre à obéir à un pareil maître. On découvroit chaque jour dans son palais des sénateurs & des chevaliers armés de poignards pour lui ôter la vie. Il s'éleva une révolte dans la Dalmatie, qui fut éteinte aussi-tôt qu'allumée. Il exerça cinq consulats avec une parfaite intégrité. Fidèle à la loi, il ne se décida que par elle, & n'usa de son pouvoir que pour mitiger les peines & les amendes; mais quelquefois il rendoit des jugemens si bizarres, qu'il devenoit l'objet des dérisions du public. Par exemple, ayant ordonné d'effacer les placards qui notoient un fameux adultère, il ajouta, à condition toutefois que la rature n'empêchera point de lire la condamnation. Quelques mouvemens séditieux l'appellèrent en Angleterre, où il ne trouva pas de rebelles à punir. Quoiqu'il n'eût point tiré l'épée, il ambitionna les honneurs du triomphe; & à son retour à Rome, il étala dans sa marche les dépouilles d'un ennemi imaginaire. Sa femme, Messaline, montée sur un magnifique chariot, l'accompagna dans sa pompe triomphale. On fit le dénombrement des citoyens Romains, qui se trouva monter à près de neuf millions. Le nombre des sénateurs étoit extrêmement diminué. Les proscriptions avoient éteint les plus illustres familles, & l'on ne voyoit presque plus aucun des descendans de ceux que Romulus & Brutus avoient créés. Il en retrancha un grand nombre, dont la vénalité & les mœurs étoient décriées, & ce vuide fut rempli par des hommes d'une probité éprouvée. Ce fut en reconnoissance de ce bienfait que le consul Vipsanius proposa de lui déférer le titre de père de la patrie; mais *Claudius* l'accusa de flatterie, & fut assez modeste pour rejetter ce nom. Messaline donnoit au milieu de Rome le scandale de la prostitution; sans frein & sans pudeur dans ses impudicités, elle varioit sans cesse ses débauches pour empêcher ses desirs de s'éteindre. Elle profita d'un voyage de son mari à Ostie pour se marier avec Silius, chevalier Romain. Ce mariage effronté s'accomplit avec la plus grande pompe. On consulta les auspices, on offrit des sacrifices, on fit un banquet somptueux; & les deux nouveaux époux furent conduits avec cérémonie dans la couche nuptiale. *Claudius* instruit de ce scandale, fut dans la nécessité de le punir. Messaline ne put se dissimuler le danger qui la menaçoit. Elle apprit le retour de *Claudius* dans le temps qu'elle célébroit la fête des vendanges, suivie d'une troupe de bacchantes couvertes de peaux de tigres & de panthères. Elle paroissoit au milieu de cette troupe le cothurne aux pieds, le thirse à la main, & à ses côtés Silius, entortillé de lierre & bondissant avec des ménades. Des ruisseaux de vin couloient de tous côtés, & l'ivresse du vin & de la joie étoit générale. Messaline voyant fondre sur elle la tempête du côté d'Ostie, se retira dans les jardins de Lucullus, se flattant de fléchir par ses larmes & de feintes caresses, un époux qu'elle avoit tant de fois outragé. Elle employa le ministère de la plus ancienne des vestales. Elle lui confia ses enfans, & la pria de les conduire à leur père. Elle traversa Rome sans avoir d'autre escorte que la populaçe, qui l'accabla de son mépris. *Claudius* refusa de la voir & de l'entendre. Il se rendit au camp, où les soldats demandèrent la punition des coupables. Tous ceux qui étoient attachés à Messaline furent condamnés à la mort. Silius, son amant adultère, fut exécuté le premier. Tant de sang répandu sembloit avoir satisfait le stupide *Claudius ;* Messaline ne cessoit de lui écrire, tantôt avec tendresse & tantôt avec menace. Narcisse, qui prévoyoit sa ruine s'il ne la prévenoit, détermina *Claudius* à consentir à sa mort. Il s'avance à la tête de ses satellites vers les jardins de Lucullus : à leur vue, Messaline effarée se saisit d'un poignard pour s'en frapper, mais sa main tremblante fut sans force, & pendant qu'elle hésite, un tribun lui plongea son épée dans le corps. Sa mère, qu'elle avoit dédaignée dans sa grandeur, fut à ses côtés jusqu'à ce qu'elle eût rendu le dernier soupir, & ce fut elle qui prit soin de sa sépulture. *Claudius* en reçut la nouvelle à table, sans donner aucune marque de joie ni de tristesse. Il vit avec la même indifférence ses enfans pleurer la mort de leur mère, & ses accusateurs s'en réjouir.

Après la mort de Messaline, toutes les beautés de Rome briguèrent l'honneur de la remplacer. Agrippine fut préférée; & comme elle étoit nièce de l'empereur, cette union parut incestueuse. *Claudius*, fier de s'être élevé au-dessus des loix, se rendit au sénat, où ces sortes de mariages furent autorisés. Rome, depuis ce moment, devint l'esclave d'une femme aussi ambitieuse qu'impudique, qui fit plier les hommes & les loix sous ses volontés. Quelques actions de clémence lui concilièrent d'abord l'affection des Romains. Sénèque, rappellé de son exil pour être chargé de l'éducation de Néron, fut revêtu de la préture. Elle se servit de son esprit pour applanir les obstacles qui sembloient éloigner son fils de l'empire. Cette mère, aveuglée par sa tendresse, sacrifia son bonheur à son ambition. Elle fit épouser Octavie à Néron, honneur qui le rendit égal en tout à Britannicus. Ses desseins furent favorisés par l'intrigue des courtisans, qui, complices de la mort de Messaline, avoient à redouter le ressentiment de son fils, s'il parvenoit à l'empire. Agrippine, devenue l'arbitre des destinées publiques & particulières, fit chasser de Rome & de l'Italie celles qui pouvoient lui disputer le sceptre de la beauté. Pallas, favori de *Claudius*, avoit été l'artisan de son mariage avec Agrippine, qui en fit l'instrument de son ambition. Néron, adopté par ses conseils, jouit dès ce moment des prérogatives attachées à l'héritier de l'empire. Britannicus négligé fit éclater son mécontentement, qu'on attribua aux conseils de ses serviteurs, qui tous furent punis par l'exil ou la mort. On leur substitua des espions qui rendirent un compte infidèle des démarches les plus innocentes de ce prince infortuné. Le succès des complots d'Agrippine dépendoit des dispositions de l'armée. Elle fit donner le commandement des cohortes prétoriennes à Burrhus, capitaine estimé, qui n'oublia jamais qu'elle étoit sa bienfaitrice. Cette femme, enivrée de sa grandeur, se faisoit porter sur un char jusques dans le capitole, privilège dont les seuls ministres des dieux avoient joui jusqu'alors; mais c'étoit pour la première fois que les Romains respectoient dans la même personne, la mère, la sœur, la fille & la femme d'un empereur. Il s'éleva des séditions dont *Claudius* fut sur le point d'être la victime. L'Italie fut frappée du fléau de la stérilité. On imputa à sa négligence les maux que l'on avoit soufferts, & ceux dont on étoit menacé. Le péril qu'il courut dans les émeutes populaires, lui fit chercher les moyens d'entretenir l'abondance dans la capitale. Il encouragea, par des récompenses, des négocians à tirer des grains des pays étrangers : il promit des dédommagemens à ceux qui essuieroient des pertes ou des naufrages. Il fournit des vaisseaux & de l'argent pour cette entreprise. La loi qui défendoit de se marier après soixante ans, fut abolie; il fut permis à tout âge de donner des citoyens à l'état. Il offrit ensuite au champ de Mars le spectacle d'un combat naval. Plusieurs arrêts furent lancés contre les astrologues & les devins; mais de si sages loix restèrent sans exécution. *Claudius* ne prêtoit que son nom à tout ce qui étoit ordonné dans Rome & dans les provinces. Toute la réalité du pouvoir résidoit dans Narcisse & Pallas, esclaves affranchis, qui commandoient aux descendans d'un peuple de rois. Narcisse, rebuté par l'impérieuse Agrippine, se repentit d'avoir perdu Messaline. Il se jetta dans le parti de Britannicus, qu'il promit de servir contre son concurrent à l'empire. La cour étoit agitée de factions lorsque *Claudius*, tombé malade, se fit transporter à Sinuesse, où il se flattoit que la pureté des eaux & de l'air lui rendroit ses forces. Agrippine profita de son éloignement de Rome, où elle étoit environnée de spectateurs; elle crut qu'un lieu solitaire étoit favorable à l'exécution de ses horribles desseins. Elle fut long-temps incertaine sur les moyens de se débarrasser de *Claudius*. Elle craignoit qu'en lui donnant un poison lent, elle ne lui laissât le temps de se repentir d'avoir préféré Néron à son propre fils. D'un autre côté, il étoit à craindre qu'en usant de trop de précipitation, elle ne prît point assez de mesures pour voiler son crime. Enfin, elle eut recours au ministère d'une fameuse empoisonneuse, qui lui fournit un poison subtil qu'elle fit servir à son mari dans un plat de champignons. *Claudius*, dont les organes devoient être usés à force de débauches, résista cependant à la violence du poison, qui ne fit que le provoquer au vomissement. Agrippine, tremblante, eut recours à Xénophon, médecin de l'empereur, qui depuis long-temps lui prostituoit le secours de son art. Ce médecin, sous prétexte de faciliter le vomissement, lui enfonça dans le gosier une plume empoisonnée dont il mourut. Agrippine tint pendant quelque temps sa mort cachée pour assurer le trône à Néron. Elle affecta la plus vive douleur pour mieux tromper Britannicus & ses sœurs. Quand elle eut pris ses sûretés, elle fit ouvrir les portes du palais, & Néron, accompagné de Burrhus à la tête des cohortes prétoriennes, fut conduit au camp, où, après avoir fait des largesses aux soldats, il fut proclamé empereur. *Claudius* fut plus méprisé pour sa stupidité que pour ses vices; ce n'est pas qu'il n'eût un fonds de cruauté, & ce caractère sanguinaire se manifestoit dans le plaisir qu'il prenoit à voir donner la question aux coupables. Il assistoit aux supplices, & sur-tout à celui des parricides. Il aimoit à voir la figure & le mouvement de visage de ceux qui expiroient, & jamais il ne manquoit de se trouver à l'heure de midi au combat des gladiateurs contre les bêtes sauvages. Cet empereur, qui se plaisoit à voir couler le sang, étoit le plus lâche de tous les hommes. Il fut empoisonné la soixante-quatrième année de son âge, & la quatorzième de son règne. Le peuple & le sénat eurent la lâcheté de le mettre au nombre des dieux. Cet honneur fut aboli par Néron & rétabli par Vespasien. (*T-N.*)

CLAUDIUS (FLAVIUS) (*Hist. Rom.*), Claude, second du nom, parvint à l'empire après la mort de Gallien, l'an 669. A son avénement il trouva les frontières envahies & désolées par les barbares. Il marcha contre les Sarmates, les Getes, les Scythes & les Quades, dont il fit un horrible carnage dans différens combats. Quoique toujours victorieux, & quoiqu'il ne dût ses succès qu'à ses talens pour la guerre, il s'acquit encore plus de gloire par la sagesse de son administration, qui rendit à la république sa tranquillité & son éclat. Le sénat, par reconnoissance, lui consacra une statue d'or dans le capitole. On prétend qu'il étoit fils de l'empereur Gordien, dont il avoit le caractère doux & bienfaisant: Galien, par amour pour la république, l'avoit désigné son successeur en mourant; il lui avoit même envoyé tous les ornemens de la dignité impériale: le peuple, le sénat & l'armée ne contestèrent point cette nomination, & tous se félicitèrent dans la suite d'obéir à un empereur qui ne s'occupoit que du soin de perpétuer la félicité publique. Il ne gouverna que deux ans. *Claudius* sentant sa fin approcher, voulut encore être le bienfaiteur de la postérité, en recommandant Aurélien au sénat & à l'armée. Cette recommandation lui valut l'empire, & l'on respecta les volontés de *Claudius* jusques dans son tombeau. Il laissa un frère nommé *Quintillus Aurélius*, que le sénat proclama César Auguste; mais ce fut un fantôme passager sur le trône. Aurélien, à la tête des légions, marcha vers Rome pour y faire valoir ses droits. Quintillus se sentant trop foible pour lui résister, s'ouvrit les veines, & mourut dix-sept jours après qu'il eut été déclaré César. *Claudius* fit renaître les beaux jours de Trajan, dont il eut la modération & l'équité. Une femme persuadée de sa droiture, l'aborda en lui disant: Prince, un officier nommé *Claude* s'est approprié mon champ sous le règne de Gallien. Je n'ai que ce bien pour subsister; puisque vous êtes empereur, usez de votre autorité pour me le faire restituer. Claude reconnut qu'il étoit l'officier dont cette femme parloit; il lui répondit avec bonté: Votre bien vous sera rendu, il est juste que Claude empereur restitue ce que Claude particulier a usurpé. (*T—N.*)

CLAUDIUS PULCHER ne doit sa célébrité qu'à ses défaites & à son mépris pour la religion dominante. C'étoit un de ces hommes qui, foulant aux pieds l'idolâtrie, n'avoient pas assez de lumière pour rendre gloire au seul Dieu véritable. Il perdit une bataille navale en Sicile contre les Carthaginois. Il voulut avoir sa revanche avec Asdrubal, qu'il se flattoit de surprendre à l'embouchure du port de Trepani. Les aruspices, dit-on, voulurent le détourner de cette entreprise, en lui représentant que les présages étoient sinistres. Il les tourna en ridicule, & persista dans sa résolution. Comme il sortoit de Rome, le chef des aruspices se présenta sur son passage, & lui montra la cage où les poulets sacrés étoient renfermés; & comme on lui fit connoître qu'ils ne vouloient pas manger, ce qui étoit un mauvais présage, il les prit & les jetta dans le Tibre, en disant: Puisqu'ils ne veulent pas manger, il faut les faire boire. Les prêtres scandalisés vomirent des imprécations contre lui. Leurs prédictions furent accomplies. Sa flotte fut engloutie sous les eaux. Le peuple superstitieux attribua ce désordre à son mépris pour la religion. Le sénat, pour satisfaire la multitude & l'ordre des prêtres, dégrada *Claudius* de toutes ses dignités. Il fut condamné à une amende, & forcé de nommer lui-même un dictateur. *Claudius*, qui méprisoit autant ses concitoyens que les dieux, nomma un certain *Glaucia*, espèce d'imbécille qui étoit l'objet des dérisions publiques. Ce choix redoubla l'horreur que les romains avoient pour lui. *Claudius* se consola dans la retraite & les plaisirs, de sa dégradation & de son infamie. Il étoit riche, il ne manqua point d'amis, ou plutôt de complices. (*T—N.*)

CLAUDIUS (PUBLIUS) eut l'orgueil & les vices de ses ancêtres sans avoir aucune de leurs vertus. Son courage audacieux le mit à la tête de tous les tumultes populaires qui préparoient la ruine de la république. Amant de toutes les femmes, il n'aimoit à les subjuguer que pour insulter à leur foiblesse. Pompeia, femme de César, alluma sa passion. Il s'introduisit secrétement chez elle, déguisé en joueuse d'instrumens. Ayant été découvert, il fut saisi & cité au tribunal des loix pour être jugé & puni. Cicéron, qui fut son accusateur, lança contre lui tous les foudres de son éloquence; mais les juges retenus par le crédit de sa famille, & peut-être corrompus par ses largesses, le renvoyèrent absous. S'étant fait élire tribun par sa faction, il abusa du crédit de sa place pour condamner Cicéron à l'exil. Il réduisit en cendres la maison & les métairies de cet orateur. Il mit à l'encan tous ses biens, mais il ne se trouva personne pour les acheter. *Claudius*, flétri par la débauche, fut tué par Milon, dont l'orateur romain prit la défense. La harangue qu'il prononça est un chef-d'œuvre d'éloquence & de raisonnement; mais elle n'empêcha point que Milon ne fût exilé à Marseille. Le nom de ce *Claudius* ne seroit jamais sorti de l'oubli, si l'éloquence de Cicéron n'eût immortalisé ses vices. (*T—N.*)

CLAUDIUS (APPIUS), décemvir, s'est rendu honteusement célèbre par sa passion pour Virginie, jeune Romaine, contre laquelle il exerça toutes sortes de violences. Cette innocente victime de la brutalité fit avertir son père des attentats faits à sa pudicité. Ce vertueux vieillard, chef de cohorte, quitte sur-le-champ l'armée, & suivi de quatre cents hommes qui partageoient son outrage, il se rend à Rome pour arracher sa fille des bras de son corrupteur. Il obtient la permission de la voir; ils s'embrassent & confondent leurs larmes. Il lui montre ensuite un couteau, & lui dit: Ma chère Virginie, voilà ce qui me reste pour venger ton honneur & le mien. Il lui enfonce à l'instant le couteau dans le sein. Il se dérobe à la fureur de la multitude, remplie d'horreur & d'admiration. Virginius rejoint l'armée, qu'il trouve disposée à le venger de son ravisseur. Elle s'approche de Rome, & campe sur le mont Aventin. Le peuple soulevé se joint à l'armée. *Claudius* est traîné ignominieusement dans un cachot, où il prévint la honte de son supplice, en se donnant la mort. Ce crime fit abolir les décemvirs, qui avoient tyrannisé Rome sous le titre de protecteurs de la liberté publique. (*T—N.*)

CLAUDIEN (*Hist. litt. anc*), poëte latin, natif d'Alexandrie en Egypte, vivoit sous l'empire d'Arcadius & d'Honorius, mauvais juges & foibles amateurs des talens, qui, sur la foi de sa renommée, lui firent cependant ériger une statue dans la place Trajane. Il étoit ami de Stilicon, & on croit que la disgrace de ce grand capitaine, entraîna la sienne. *Claudien* plus fécond en beautés que Lilius Italicus, plus piquant & plus agréable que Stace, est le poëte qu'on juge avoir le plus approché de Virgile. Il a, comme Virgile, de la noblesse & de l'harmonie: on lui reproche de l'enflure & de l'emphase, & c'est en quoi il est trop distingué de Virgile, qui est toujours grand sans enflure, toujours noble avec simplicité. Il y a de l'éloquence dans les déclamations de *Claudien* contre Rufin, contre Europe. On lit avec plaisir le poëme de l'enlèvement de Proserpine, celui du consulat d'Honorius, &c. Il y a une multitude d'éditions de *Claudien*, de Heinsius, de Burman, *variorum*, *ad usum delphini*, &c. On a quelquefois proposé de l'élever au rang des auteurs classiques; mais il n'est pas d'un goût assez pur, il n'appartient plus aux bons siècles.

CLAUDIEN MAMERT. *Voyez* MAMERT.

CLAVILLE. *Voyez* MAITRE (le).

CLAVIUS (CHRISTOPHE) (*Hist. litt. mod.*), jésuite, employé par Grégoire XIII à la réformation du calendrier, en 1581; il fit à ce sujet son traité *de Calendario Gregoriano*, vivement attaqué par Scaliger, fortement défendu par l'auteur. Les œuvres de *Clavius* ont été recueillis en cinq volumes *in-fol.* Ce jésuite étoit un des plus savans mathématiciens de son temps; on trouve dans le recueil de ses œuvres divers traités de mathématiques, des commentaires sur Euclide, sur Théodore, sur Sacrobosco, & ses apologies du calendrier romain. *Clavius* étoit de Bamberg. Il mourut à Rome en 1612, à 75 ans.

CLÉANTHE (*Hist. anc.*), disciple & successeur de Zénon dans le portique, & dont Chrysippe fut le disciple & le successeur. Il étoit pauvre; il n'avoit en arrivant à Athènes que quatre dragmes, c'est-à-dire quarante sous, & il passoit les journées entières dans l'école de Zénon. Les Athéniens avoient très-bien vu que le pauvre (nous entendons par ce mot l'homme dénué de tout, & absolument sans ressource) est l'ennemi de tous; ils vouloient que chaque citoyen fût en état de montrer en tout temps à l'aréopage les moyens qu'il avoit de subsister. *Cléanthe* fut cité pour faire preuve des siens: il vint accompagné d'un jardinier & d'une vieille boulangère, qui attestèrent que toutes les nuits il tiroit de l'eau pour l'un & pétrissoit pour l'autre, afin de pouvoir vaquer le jour à l'étude de la philosophie. Les juges pénétrés d'admiration, voulurent lui faire un présent considérable: *Vous voyez*, leur dit-il, *que j'ai un trésor dans le travail*, & il refusa leur offre. Un philosophe, qui sans doute n'étoit pas de sa secte, l'ayant traité d'âne, tant l'usage de s'injurier les uns les autres est ancien chez les philosophes, & apparemment naturel, *oui*, répondit-il, *je suis l'âne de Zénon*, *& il n'y a que moi qui puisse porter son paquet.* On lui reprochoit un pour sa timidité: *j'en ferai moins de fautes*, répondit-il; c'est en effet ce qu'on peut dire de mieux en faveur de la timidité; considérée par rapport à la conduite, elle produit la circonspection; mais elle a aussi des inconvéniens, par exemple, celui d'empêcher ces résolutions soudaines & vigoureuses, nécessaires en certains cas: la timidité de honte & de pudeur dans la société a aussi beaucoup d'inconvéniens; elle ôte la parole, elle étouffe la voix, elle confond ou dissipe les idées. Dans les délibérations, dans les assemblées de compagnies, elle peut nuire, même à l'accomplissement de devoirs indispensables; elle peut retenir la vérité captive, elle peut empêcher d'ouvrir un avis important, & d'où dépendent de grands intérêts, lorsqu'on craint de la contradiction de la part des autres, ou de sa part de la difficulté à exposer ses idées, *quod maximè nocet, dum omnia timent, nihil conantur*, dit Quintilien: dans la société même d'amusement & de plaisir, la timidité gêne le maintien, resserre l'esprit, ôte l'expression, les graces, la gaieté, la liberté; l'homme timide & sensible fait seul tout ce qu'elle fait renfermer, tout ce qu'elle fait souffrir, tout ce qu'elle fait perdre; elle l'empêche de valoir ou du moins de paroître, & les autres, de jouir & de profiter; elle est la principale cause qui fait que tel écrit bien qui parle peu ou mal, comme au contraire la confiance jointe au défaut de talent, est la vraie cause qui fait que tel écrit mal qui parle bien ou paroît bien parler. La timidité n'a qu'un avantage peut-être, c'est qu'elle invite à s'abstenir, & qu'on s'est plus souvent repenti d'avoir parlé ou agi que de s'être abstenu.

Cléanthe avoit cette timidité humiliante, qui, née du sentiment de sa foiblesse, l'augmente & l'exagère; il avoit l'esprit paresseux & la conception lente, défaut qu'il réparoit à force d'application. Il manquoit absolument de grace & d'éloquence, défaut qui ne se répare pas. Il avoit cependant fait une rhétorique dont Cicéron disoit qu'elle enseignoit, non à parler, mais à se taire. A soixante-dix ans *Cléanthe* eut sur les gencives une fluxion forte, qui ne lui permettoit de manger qu'avec peine & avec douleur: les médecins lui conseillèrent d'être deux jours sans manger, il les crut & guérit; mais se voyant à moitié chemin d'être délivré des infirmités de la vieillesse & des misères de la vie, il ne voulut pas reculer; & ajoutant quelques jours à l'ordonnance des médecins, il se laissa mourir de faim. Il étoit né dans la Troade. Il vivoit deux siècles & demi avant J. C.

CLÉARQUE (*Hist. Grecq.*), général spartiate qui vivoit un peu plus de quatre siècles avant J. C. & dont l'histoire n'a rien d'intéressant. Il ne reste de lui qu'un mot. Il disoit, en parlant de la discipline militaire, *qu'un soldat devoit plus craindre son général que les ennemis*.

CLÉLIE (*Histoire Rom.*), fut une des dames romaines données en ôtage à Porsenna, roi d'Eturie, qui, protecteur des Tarquins, exigeoit à main armée leur rétablissement: sa fierté fut indignée d'être dans la dépendance d'un roi, tandis que Rome libre n'obéissoit qu'à ses loix: elle ne crut pas manquer à la foi des traités en sortant d'une espèce d'esclavage qui blessoit la qualité du nom romain; l'armée des Toscans étoit campée sur les bords du tibre, & l'on veilloit avec soin à la garde des ôtages. *Clélie* assemble toutes les dames romaines qui partageoient sa destinée; on l'écoute avec transport: elle se met à leur tête, & traversant le camp sans être reconnue, elle s'élance dans le fleuve avec ses compagnes, qu'elle rend à leur famille. Rome applaudit à cette généreuse résolution: mais fidelle au traité, elle les renvoie à Porsenna, qui les redemande pour tirer vengeance de leur parjure. *Clélie*, qui croyoit en avoir fait assez pour sa gloire, retourna sans crainte dans le camp d'un ennemi qui avoit droit de la punir. Sa confiance désarma le monarque toscan, qui, saisi d'admiration, avoua que l'action de *Clélie* avoit quelque chose de plus héroïque que le fanatisme de *Mutius-Scevola*, & la témérité désespérée d'*Horatius-Coclès*. Les Romains lui érigèrent une statue équestre sur la voie sacrée. C'est le premier monument de cette espèce qu'on ait élevé aux femmes. Les mœurs étoient promptes à s'alarmer. On avoit cru jusqu'alors qu'il y avoit de l'indécence dans le spectacle d'une femme à cheval. (*T-N*).

CLÉMANGIS (*Hist. de Fr.*), docteur célèbre des 14e & 15e siècles, avoit été secrétaire de l'antipape Benoit XIII: il est cependant l'auteur d'un traité, *de corrupto Ecclesiæ statu*, lequel n'est pas d'un homme qui approuvât les désordres de la cour d'Avignon. C'est cet ouvrage qui a fait passer son nom jusqu'à nous: les protestans l'ont beaucoup cité en preuve du besoin que l'Eglise avoit de réforme. *Clémangis*, né dans un village à-peu-près du même nom, au diocèse de Châlons, est mort proviseur du collège de Navarre, vers 1430.

CLÉMENCE ISAURE. (*Voyez* ISAURE.)

CLÉMENCET (CHARLES) (*Hist. litt. mod.*). Dom Clémencet, bénédictin des Blancs-Manteaux, a fait contre les jésuites beaucoup d'écrits jansénistes, tous oubliés aujourd'hui; mais on n'oubliera point qu'il a fait avec dom Durand, & réimprimé avec dom Clément, *l'art de vérifier les dates*. Apprenons à écrire sur-tout des choses utiles. On pourra ne pas oublier non plus qu'il a fait, & même en dix volumes, une histoire de Port-Royal, parce qu'il n'est pas nécessaire d'être janséniste, & qu'il suffit d'être juste pour respecter beaucoup la mémoire de Port-Royal. Mort en 1778.

CLÉMENT, nom que diverses personnes ont rendu fameux, tant en bonne qu'en mauvaise part. C'est d'abord le nom de quatorze papes, dont le premier, qui fut disciple de saint Pierre, est au nombre des saints, & quelques-uns sont célèbres.

CLÉMENT III, mort le 27 mars 1191, est le premier pape qui ait ajouté l'année du pontificat aux dates du lieu & du jour.

Il n'est pas certain que CLÉMENT IV ait causé la mort de Conradin, ou qu'il l'ait conseillée, & il est sûr qu'il ne voulut jamais élever sa famille. On a de lui une lettre assez curieuse, contenant des instructions adressées à cette famille sur la modestie qu'il veut qu'elle conserve, & une déclaration qu'elle ne doit rien attendre de lui. Il faut encore observer comme un phénomène alors sans exemple, qu'il voulut dissuader saint Louis d'entreprendre une nouvelle Croisade. Mort en 1268.

CLÉMENT V. Bertrand de Goth, né dans le diocèse de Bordeaux, mort le 20 avril 1314, n'est que trop fameux par la translation du saint siège à Avignon, que les habitans de Rome appellent encore *la captivité de Babylone*, & par l'abolition cruelle de l'ordre des Templiers; c'est à ses exactions qu'on rapporte l'origine des annates. Quand Matthieu Rosso des Ursins vit Bertrand de Goth élu pape, il dit: *L'Eglise ne reviendra de long-temps en Italie: je connois les Gascons.* On a de *Clément V* une compilation, tant des décrets du concile général de Vienne, que de ses épîtres ou constitutions; c'est ce qu'on appelle les *Clémentines*.

CLÉMENT VI, Pierre Roger, Limousin. Quand on lui citoit l'exemple de ses prédécesseurs pour l'engager à faire quelque chose ou pour l'en détourner, il répondoit ordinairement: *Nos prédécesseurs ne savoient pas être papes.* Nous ne voyons pas ce qu'il sut de plus qu'eux dans ce genre, si ce n'est de rendre le jubilé plus fréquent. Boniface VIII l'avoit institué sur le pied d'être séculaire. *Clément VI*, pour en avoir un, voulut qu'il revînt tous les demi-siècles; il eut raison; car le jubilé de 1350, qu'il vit, attira dans Rome environ douze cents mille pélerins & leur argent. *Clément VI*, à la vérité, siégeoit dans Avignon, mais il régnoit aussi à Rome, & d'ailleurs la meilleure partie de ces pélerins reflua jusques dans Avignon. Ce fut *Clément VI* qui, profitant des malheurs de Jeanne première, reine de Naples, acheta d'elle quatre-vingt mille florins la ville d'Avignon & ses dépendances; c'étoit peut-être là encore ce qu'il croyoit savoir de plus que ses prédécesseurs; mais ses prédécesseurs n'avoient-ils pas fait d'acquisitions? On a dit qu'il n'avoit pas payé le prix de la sienne. L'auteur de la nouvelle histoire de Provence rapporte dans les preuves l'extrait d'une charte, portant reçu & emploi des quatre-vingt mille florins payés par le pape; à la vérité cet acte a été brûlé, & il est impossible d'en rapporter l'original; mais l'auteur en a trouvé une copie à Naples, dans un ancien recueil. *Clément VI* fit une guerre, moitié de plume, moitié d'épée, à l'empereur Louis de Bavière. Il mourut en 1352.

Il y a deux CLÉMENT VII. Lorsque le pape Grégoire XI, en 1377, eut reporté le saint siège à Rome, il y eut après lui un schisme entre Urbain VI & *Clément VII*, dit le cardinal de Genève; c'est ce qu'on appelle *le grand schisme d'Occident*: *Clément* revint siéger à Avignon; mais cette succession d'Avignon n'étant pas réputée légitime, *Clément VII* est au nombre des anti-papes.

Le véritable CLÉMENT VII est le cardinal Jules de Médicis, élève de Léon X, & successeur d'Adrien VI, élu en 1523. Il étoit porté d'abord à conserver son nom de Jules; une raison digne du temps, & qui feroit encore impression à bien des gens, l'en empêcha. Les cardinaux l'avertirent, dit Guichardin, que les papes qui n'avoient pas changé de nom, étoient morts dans l'année de leur élection, ou peu de temps après. Il prit le nom de *Clément VII*, parce qu'à son avénement il fit quelques actes de clémence. Obligé de tenir la balance entre Charles-Quint & François Ier, il fit dire au premier, avec lequel il avoit d'anciennes liaisons, que Jules de Médicis seroit toujours fidèle à l'amitié qui les unissoit, mais que *Clément VII* ne feroit désormais entre la France & l'Espagne que l'office de médiateur.

Il ne tint point parole assez exactement, & il s'en trouva mal. Étant entré, en 1526, dans une ligue contre l'empereur, qui fut nommée *sainte*, parce que le pape étoit censé en être le chef, le connétable de Bourbon, soit pour l'en punir, soit seulement pour enrichir son armée, alla en 1527 assiéger Rome: il y périt, mais Rome n'en fut que plus cruellement saccagée: le pape & les cardinaux se réfugièrent au château Saint-Ange; ils furent assiégés & obligés de capituler. Comme par le traité, le pape devoit remettre des places & de l'argent, il resta prisonnier au château Saint-Ange jusqu'à l'entière exécution de ce traité. Il fut confié à la garde du capitaine Alarcon, qui avoit déja gardé François Ier. Il fut resserré dans un appartement fort étroit, tandis que ses ennemis profitoient de ses disgraces pour le dépouiller, que ses amis & ses sujets même nuisoient à sa délivrance, en refusant par zèle de livrer les places qu'il avoit promis de remettre. Pour comble de calamité, la peste ravageoit Rome & le château Saint-Ange, où le pape, toujours en danger de la vie, voyoit chaque jour expirer autour de lui ses domestiques & ses amis. Ses besoins les plus pressans n'avoient pu le faire consentir à mettre en vente la dignité de cardinal, quoique son conseil l'y eût souvent exhorté, en alléguant l'exemple de ses prédécesseurs, qui n'avoient pas eu le même scrupule. Guichardin attribue même principalement les malheurs de ce pontife au refus opiniâtre qu'il fit d'employer cette ressource, refus dont on doit encore plus louer sa religion qu'on n'en doit blâmer sa politique. La religion céda enfin à la nécessité : l'infortuné pontife, pour trouver le prix de sa liberté, vendit en gémissant la pourpre romaine à des hommes qui s'en montrèrent d'autant plus indignes, qu'ils consentirent de l'acheter. Enfin le jour approchoit qui devoit lui rendre la liberté ; c'étoit le neuf de décembre. Les Espagnols devoient le conduire ou à Orviète, ou à Spolète, ou à Pérouse, mais le pape les prévint. Le malheur avoit aigri ses défiances, tout lui étoit suspect ; il ne voulut se fier qu'à lui-même & aux siens. A l'entrée de la nuit du 8 au 9 décembre, il sortit du château Saint-Ange, déguisé en marchand, selon Guichardin, en valet, selon Beaucaire. Le schisme d'Angleterre éclata sous ce pontife. *Clément*, qui avoit essuyé tant d'outrages de la part de l'empereur, & qui avoit eu obligation de sa délivrance aux efforts d'une ligue dont François I & Henri VIII étoient les principaux chefs, s'étoit trouvé d'abord assez bien disposé en faveur du divorce ; mais dans la suite les intérêts ayant changé, la crainte de désobliger l'empereur, dont Catherine d'Arragon, femme de Henri VIII, étoit la tante, étant devenue la plus forte, enfin toutes les conséquences de cette affaire ayant été mûrement examinées dans le consistoire, il ne songea plus qu'à gagner du temps, dans l'espérance que la passion de Henri VIII se dissiperoit ; il délégua cependant des juges pour instruire l'affaire sur les lieux : c'étoient le cardinal Volsey & le cardinal Campège. Guichardin dit que pour satisfaire Henri VIII, le pape remit au cardinal Campège, en l'envoyant en Angleterre, la bulle de divorce toute dressée, qu'il lui ordonna de la montrer au roi d'Angleterre & à Volsey, de les assurer qu'il la publieroit si la procédure ne prenoit pas un tour favorable, mais de leur insinuer qu'il valoit mieux tenter le sort d'une procédure régulière pour mettre de leur côté les apparences de la justice ; qu'en même-temps le pape avoit expressément défendu au cardinal Campège de publier cette bulle & de terminer l'affaire sans de nouveaux ordres : dans la suite le pape, sur des avis secrets de Volsey, qui, ayant été connus ou soupçonnés, causèrent la disgrace de ce ministre, évoqua l'affaire au tribunal de la Rote, après avoir donné ordre au cardinal Campège de brûler la bulle de divorce, ce qui fut exécuté. Henri ne garda plus de mesures, il se passa d'un jugement qu'on lui faisoit trop attendre ; il fit casser son mariage par l'archevêque de Cantorbery, Thomas Crammer, primat du royaume : il épousa sa maîtresse Anne de Boulen, la fit couronner, & publia son mariage dans les cours. Rome ne put pardonner le mépris que l'impatient monarque avoit fait de son autorité. *Clément* sortit de la prudente lenteur avec laquelle il avoit traité cette affaire ; il assembla le consistoire, il y prononca une sentence d'excommunication contre Henri VIII ; il ne la publia pas encore, mais il fixa un terme, après lequel il jura de la publier s'il n'avoit pas une réponse du roi d'Angleterre telle qu'il la demandoit. Le terme expira, le courier d'Angleterre n'arriva point ; un seul consistoire termina tout, la sentence fut publiée. Deux jours après, le courier arriva, apportant des propositions qui auroient pu être écoutées, si les choses eussent été moins avancées. Le consistoire s'assembla, examina, délibéra ; mais comme enfin le roi d'Angleterre ne faisoit pas une réponse précise, comme l'autorité n'aime point à reculer, comme le mal étoit fait, on ne changea rien, & la sentence eut lieu. La fureur de Henri à cette nouvelle ne connut plus de bornes, il rompit les liens de l'unité, il se constitua le chef de l'église anglicane, il établit ce schisme fameux qu'on vit bientôt amener sur ses pas l'hérésie qui le fortifia encore.

Autant le pape dut être affligé de cette perte, autant il fut consolé & flatté par le mariage de Catherine de Médicis avec le duc d'Orléans, second fils de François Ier, qui lui succéda sous le nom de Henri II. Ce fut le sujet de la fameuse entrevue de *Clément VIII* & de François Ier à Marseille, en 1533. Le mariage fut célébré le 27 octobre avec toute la pompe réputée convenable ; le pape en fit lui-même la cérémonie, jaloux de consommer par ses mains l'ouvrage des grandeurs de sa maison. On prétend que *Clément* donna à Catherine ce conseil machiavelliste & peu pontifical : *fate figlioli in ogni maniera*, & que Catherine le suivit ; ce qui se rapporte à ce que disoit le connétable de Montmorency, *que de tous les enfans de Henri II, il n'y avoit qu'une fille naturelle qui lui ressemblât.* L'entrevue de Marseille finit le 20 novembre 1533 ; elle avoit commencé le 4 octobre. Le pape ne survécut pas long-temps à cette entrevue ni au schisme d'Angleterre ; il mourut le 24 septembre 1534.

Guichardin loue dans *Clément VII*, qu'il avoit beaucoup connu, des qualités vraiment pontificales, de la gravité, de la décence dans les mœurs, de la piété, cet art de traiter avec les hommes, cette souplesse d'esprit si nécessaire à un souverain qui n'est puissant que par la considération qu'il sait s'attirer. La timidité, par conséquent la foiblesse, fut l'écueil le plus ordinaire de ses talens. Il seroit injuste de lui imputer les pertes que fit le saint siège sous son pontificat ; il n'eût point introduit les abus qui servirent de prétexte à la réforme, & qui firent le succès des réformateurs. S'il soutint ces abus, ce fut moins par zèle que par honneur, car l'autorité place l'honneur à ne point reculer, même sur les abus. L'esprit de révolte contre Rome fermentoit depuis long-temps ; le malheur des deux papes Médicis voulut qu'il éclatât sous leur règne, uniquement parce que le temps étoit arrivé. L'indulgent Léon X, le sage *Clément VII* étoient punis des crimes d'Alexandre VI & des fureurs de Jules II. *Clément*, très-supérieur à son prédécesseur Adrien VI, égal pour le moins à Léon X, puisqu'il puisqu'il le gouvernoit, n'avoit ni les vertus d'un Grégoire-le-Grand, ni les talens d'un Grégoire VII ou d'un Sixte-Quint; il avoit cependant & des talens & des vertus : la postérité paroit l'avoir mis au second rang parmi les papes qui ont illustré le saint siège. Sa passion dominante fut l'agrandissement de sa maison. Pour la soutenir à Florence, où Alexandre de Médicis régnoit avec Marguerite d'Autriche, sa femme, fille naturelle de Charles-Quint, il y faisoit construire une citadelle dans le temps de sa mort. Heureux de n'avoir point assez vécu pour voir la discorde & la haine désoler & avilir pour un temps cette maison par l'empoisonnement & l'assassinat.

CLÉMENT VIII (ALDOBRANDIN) refusa long-temps d'absoudre Henri IV, par ce qu'il s'étoit fait absoudre en France par des évêques, & par ce qu'en conséquence de l'attentat de Jean Chatel, les jésuites avoient été bannis du royaume. Pourquoi, disoit-il à ce sujet, punir l'ordre entier du crime d'un particulier? On pouvoit lui répondre que si le crime étoit de quelques particuliers, la doctrine étoit alors celle de l'ordre entier, & il auroit pu répliquer que cette doctrine étoit alors celle de presque tout le clergé de France, pour ne pas parler des autres états catholiques. Quoi qu'il en soit, les négociations pour l'absolution n'avançoient pas, quoique le cardinal d'Ossat y employât tous ses talens & toute son activité. Séraphin, auditeur de Rote, disoit au pape : *Très-saint père, permettez moi de vous dire que Clément VII perdit l'Anglèterre pour avoir voulu complaire à Charles-Quint, & que Clément VIII perdra la France s'il continue de chercher à complaire à Philippe II.* Ce prince étoit l'ame de la ligue.

Le pape se relâcha enfin jusqu'à consentir à l'absolution, mais il voulut qu'elle fût reçue sous une forme qui pouvoit déplaire; il exigea que les ambassadeurs françois se soumissent à reçevoir en pleine audience, au nom de leur maître, de légers coups de baguette, ce que les protestans appelèrent recevoir des coups de bâton par procureur. Soit que cette cérémonie fût ancienne dans l'église, ou que ce fût une invention nouvelle, on saisissoit sans doute des rapports à-la-fois politiques & mystiques entre cette baguette & l'ancienne vindecte, entre l'absolution & la manumission, parce que l'absolution affranchit de la servitude du péché & rend la liberté chrétienne à ceux qui étoient dans les liens des censures. C'étoit, disoient duperron & d'Ossat, alors ambassadeurs d'Henri IV à Rome, une pratique prescrite en pareil cas par le rituel. Falloit-il pour une vaine formalité suspendre une affaire de cette importance? ne valoit-il pas mieux ôter, par une observation exacte du rituel, jusqu'au moindre prétexte de dire que le roi n'avoit pas été bien absous?

Le procès verbal de la cérémonie porte que le pape, à chaque verset du *miserere*, *verberabat & percutiebat humeros procuratorum & cujuslibet ipsorum, cum virgâ quam in manu habebat.*

D'Ossat trouva ces expressions bien hyperboliques. C'est, dit-il, une cérémonie du pontificat, » laquelle nous ne sentions non plus que si une » mouche nous eût passé par-dessus nos vêtemens; » néanmoins, à voir cette écriture, vous diriez » que nous en dûmes demeurer tout épaulés.

Mais c'est là vouloir faire prendre le change; il ne s'agit pas de la petite douleur que pouvoit faire ou ne pas faire cette baguette dans une cérémonie publique. Sans doute on n'avoit pas envie de blesser ou de meurtrir les représentans du roi. Il s'agit de savoir si cette cérémonie étoit décente, si ce n'étoit pas soumettre trop servilement le diadême à la tiare, si ce n'étoit pas avilir la majesté royale par une cérémonie trop humiliante; & fournir des titres ou des prétextes à l'ambition pontificale contre l'indépendance des souverains. En pareil cas la grande règle est de ne jamais faire ce que l'ennemi veut qu'on fasse : le pape n'auroit pas été si attaché à cette cérémonie, s'il l'eût crue absolument sans conséquence. Pourquoi, pouvoit-on lui dire, tenez-vous tant à une pareille formule? C'est, dites-vous, que c'est un acte de soumission à l'église. Eh bien! la voilà cette soumission; nous vous demandons l'absolution, n'est-ce pas reconnoitre assez formellement qu'un roi, même victorieux, ne peut pas s'en passer, du moins à titre de chrétien & d'enfant de l'église? que pouvez-vous prétendre, & même desirer de plus?

Il vouloit plus; il vouloit mettre dans l'énoncé de la sentence d'absolution : *nous réhabilitons Henri dans sa royauté*; il vouloit que dans la cérémonie, du Perron & d'Ossat déposassent aux pieds du pape la couronne de France, que le pape leur remettroit sur-le-champ : jamais le zèle François ne voulut y consentir; c'eût été en effet l'aveu le plus positif du principe ultramontrain de la dépendance des couronnes; & avec un peu plus de fermeté, on eût encore fait supprimer la honteuse ou plutôt la ridicule cérémonie de la baguette, on auroit enlevé aux protestans le petit triomphe ou la petite consolation de voir que le roi ne pouvoit leur échapper qu'à condition de s'avilir.

Ils n'épargnèrent point les plaisanteries à d'Ossat, ni sur-tout à du Perron, ni même à Henri IV.

« Il a fallu, dit d'Aubigné, confession de Sancy, » liv. 1, ch. 1, que Henri IV se prosternant aux » pieds du pape, ait reçu les gaulades en la per» sonne de M. le convertisseur (du Perron,) & du » cardinal d'Ossat, lesquels deux furent couchés » sur le ventre à bèchenez, comme deux paires » de maquereaux sur le gril, depuis *miserere* jusqu'à » *vitulos* ».

On fit contre l'évêque d'Evreux (du Perron,

depuis cardinal) les vers suivans, rapportés dans le journal de Henri IV, t. 2, p. 235.

D'un si léger bâton ne doit être battu
Le Perron à vos pieds lâchement abattu.
Sa coulpe envers son roi est par trop criminelle;
Si la verge de fer que Christ tient en sa main,
Vous tenez en la vôtre, ô vicaire romain!
Rompez-lui tout d'un coup les reins & la cervelle.

On croiroit ces vers une mauvaise traduction des quatre vers latins qu'on va voir, & qui sont au contraire la traduction des vers françois:

Quid tenui hos humeros cædis, romane, bacillo?
In tanto hoc nimiùm est crimine pœna levis.
Si tibi quæ Christi communis ferrea virga,
Debueras sacrum hoc comminuisse caput.

« D'Ossat & du Perron, dit M. l'abbé de Longuerue (*longueruana*, part. 1, pag. 155,) l'échappèrent belle quand on sut en France la manière de l'absolution de Henri IV à coups de bâton. Le déchaînement fut universel, & je ne sais pas ce qui leur seroit arrivé sans M. de Villeroi, qui étoit un grand papimane. Le chancelier de Chiverni crioit comme un aigle: *on s'est tant déchaîné contre Henri III, mon bon maître, qu'a-t-il fait d'approchant?* Tous les gens de robe, tous les gens d'épée crioient de même. Henri IV voyant que l'affaire étoit faite, la prit par le bon côté.

Ce fut *Clément VIII* qui établit à Rome les fameuses congrégations *de auxiliis* pour examiner les questions sur la grace, à l'occasion du livre de Molina; il y mettoit beaucoup d'intérêt. Il mourut le 5 mars 1605. Il y a aussi un antipape *Clément VIII.*

CLÉMENT IX (ROSPIGLIOSI). Rien de plus célèbre dans l'histoire du jansénisme que la paix de *Clément IX*, concernant la distinction du fait & du droit. Mais point de paix à espérer entre les disputeurs, que par l'indifférence & le mépris des spectateurs; si vous les écoutez, ils parleront; si vous les regardez, ils se battront; si vous voulez les faire taire d'autorité, ils crieront cent fois plus haut.

CLÉMENT X (ALTIÉRI). Son neveu gouverna. Le meilleur ministre gouverne toujours moins bien que le souverain qui veut se donner la peine ou le plaisir de gouverner lui-même.

CLÉMENT XI (ALBANI), jouissoit de la plus grande réputation étant cardinal: lorsqu'il fut élu pape, on frappa en son honneur une médaille avec cette inscription:

Albanum coluere patres, nunc maxima rerum
Roma colit.

Il eut le malheur de voir la grande guerre de la succession d'Espagne remplir les deux tiers de son long pontificat; il étoit dans les intérêts de Louis XIV & de Philippe V; il faisoit des vœux pour le succès d'un choix qu'il avoit conseillé, lorsque, sur la fin du pontificat d'Innocent XII, il avoit été de la congrégation, où l'on avoit délibéré sur la consultation de Charles II, au sujet de son testament. Forcé dans la suite par les événemens de reconnoître l'archiduc Charles, il chercha, selon le génie de la politique italienne, des titres & des expressions qui pussent ne le pas compromettre; il écrivit à l'archiduc, *à notre très-cher fils, roi catholique en Espagne.* Il triomphoit de ce détour; c'étoit avoir parlé exactement, & n'avoir point appellé l'archiduc *roi d'Espagne.* Une flotte angloise dans la Méditerranée, des troupes allemandes sur les terres de l'église, firent abandonner tous ces subterfuges; il fallut écrire *à notre très-cher fils, roi des Espagnes.* Tout ce que put faire *Clément XI*, ce fut de s'excuser auprès de Philippe V, en disant que cette reconnoissance ne donnoit point un nouveau droit à l'archiduc, mot qui a paru remarquable dans la bouche d'un pape.

A cette guerre politique succéda une guerre théologique qu'on pourroit appeller *la seconde guerre janséniste*, comme *la seconde guerre punique*: la première avoit eu pour objet le formulaire; la seconde naquit au sujet de la constitution *Unigenitus.* Le pape importuné par le père le Tellier & par les jésuites, eut la foiblesse de donner cette bulle contre un homme (le P. Quesnel), & un livre (les Réflexions Morales) qu'il estimoit, & d'armer les jésuites contre le cardinal de Noailles, qui n'avoit pas dû leur être sacrifié. Ce fut le signal d'un déluge d'écrits polémiques.

Ciel! que d'écrits, de disquisitions,
De mandemens & d'explications,
Que l'on explique encor, peur de s'entendre!

Toutes les déclamations des jansénistes contre *la bulle* (car sa célébrité est telle, soit en bien, soit en mal, qu'on l'appelle ainsi par excellence) ne valent pas cette application qu'on lui a faite de trois vers de Racine.

Cette Hélène qui trouble & l'Europe & l'Asie,
Vous semble-t-elle un prix digne de nos exploits?
Combien nos fronts pour elle ont-ils rougi de fois!

Clément XI mourut en 1721. On a de lui des Œuvres recueillies en plusieurs volumes *in-folio*; mais c'est par la bulle *Unigenitus* qu'il est le plus connu.

CLÉMENT XII (CORSINI), mort le 6 février 1774.

CLÉMENT XIII (REZZONICO), mort en 1769.

CLÉMENT XIV (GANGANELLI), mort le 22 septembre 1774, sont des papes trop modernes pour que leur réputation soit faite. Ces noms ne sont pas encore mûrs pour l'histoire. Ce n'est pas qu'on n'ait écrit la vie de *Ganganelli*, & même donné sous son nom des lettres qui ont trompé quelques personnes. Sans examiner quelle peut être l'authenticité de cette vie, nous en tirerons quelques traits que nous ne prétendons point garantir.

Jean-Vincent-Antoine *Ganganelli* naquit au bourg de Saint-Archangelo, près Rimini, le 31 octobre 1705. Il étoit fils d'un médecin : l'origine de sa famille, qui étoit noble & patricienne, remonte à l'an 1566. Il se distingua dans ses études. Son ardeur pour le travail mit sa vie en danger. *Ma plus grande peine*, dit-il, quand il fut revenu en santé, *étoit de mourir sans avoir vu Rome*. On ne pourroit pas lui demander, comme Mélibée à Tityre :

Et quæ tanta fuit Romam tibi causa videndi ?

Il n'y a point d'Italien qui, en allant à Rome & en entrant dans l'état ecclésiastique, n'ait en perspective la papauté. L'exemple de Sixte-Quint, sur-tout, répand cette idée ambitieuse parmi les enfans même du peuple : les paysans ont le portrait de ce pape, & en parlent fréquemment.

Ganganelli se fit cordelier. Si vous considérez la piété, dit-il à ceux qui vouloient l'en détourner, où peut-on la trouver plus sûrement que chez les religieux de saint François ? Si vous préférez l'ambition, où peut-on être mieux que dans un ordre qui fit la fortune de Sixte-Quatre & de Sixte-Quint ?

Sa cellule, ses livres, son travail suffisoient à son bonheur : si jamais je les abandonne, dit-il, je cesserai d'être heureux. « On n'est seul, ajou- » toit-il, que lorsqu'on s'isole de soi-même pour se » répandre dans la société.

Les honneurs vinrent le chercher ; *Clément XIII* le fit cardinal, & il lui succéda dans la papauté. Il prit le nom de *Clément XIV*.

Le trait le plus apparent de son caractère étoit la gaieté ; c'étoit, disoit-il, le seul patrimoine que ses parens lui eussent laissé ; elle ne le quitta point sur le trône pontifical. Après la cérémonie qu'on appelle *l'adoration du pape*, on lui demanda s'il n'étoit pas fatigué, il répondit qu'il n'avoit jamais vu cette cérémonie si à son aise, parce qu'il se souvenoit d'avoir été rudement repoussé aux exaltations précédentes, lorsqu'étant simple religieux, il étoit confondu dans la foule des spectateurs.

Il conserva les mœurs, & sur-tout la sobriété du cloître, elle entretenoit sa gaieté. Le chef de cuisine de son prédécesseur vint le prier de le garder : *vous ne perdrez point vos appointemens*, lui dit-il, *mais moi je n'irai pas perdre ma santé en exerçant vos talens.*

Il n'eut point pour lors d'autre cuisinier qu'un frère François, qui s'étoit attaché à lui dans son couvent.

Il parloit un jour de la multitude excessive des écrivains. « Je ne désespère pas, dit-il, que le frère » François ne s'avise de faire un livre ; en tout » cas, ajouta-t-il, ce ne sera pas l'histoire de mes » ragoûts, ou elle sera courte ».

Avec cette gaieté, *Ganganelli* étoit fort secret ; on pourroit dire sur cela comme la Fontaine :

Notez ces deux points-ci.

Pendant le conclave, deux cardinaux lui demandoient s'il vouloit être pape : *vous êtes trop peu*, répondit-il, *pour me nommer, & trop pour avoir mon secret, vous n'en saurez rien.*

« Un souverain qui a des confidens, disoit-il, » est infailliblement dominé & toujours trahi. Je » dors tranquille, parce que je suis sûr que mon » secret n'est qu'à moi. Le silence ne s'écrit point : » *il tacere non si scrive.* Aussi, disoit-on dans Rome » que le pontificat de *Ganganelli* n'étoit pas celui » des curieux ». Il signala sur tout cette discrétion dans la fameuse affaire de l'extinction de l'ordre des jésuites.

Toujours étonné de son élévation ; & toujours populaire : laissez, disoit-il à ses gardes, laissez approcher ces bonnes gens, ils voient un homme ordinaire, « un homme comme eux, parvenu à » cette dignité ; cela leur donne de l'espérance ».

On lui disoit que M. le cardinal de Bernis avoit fort desiré de le voir pape : « je n'en suis point » surpris, dit-il, les poëtes aiment les métamor- » phoses.

» J'ai été prince & pape toute la journée, di- » soit-il un soir, je suffoque, respirons.

» Frère François, disoit-il encore, a gardé son » habit, il est plus heureux que moi. Le besoin » des peuples est l'horloge des souverains ; à quel- » que heure qu'ils aient besoin de nous, il faut être » à eux ».

Il étoit toujours en garde contre la louange : « c'est, disoit-il, la pâture des sots & la friandise des » bigots ». Eh ! s'écrioit-il quelquefois, on a loué Néron & Alexandre VI.

Le trait suivant réunit la bonté à la gaieté. Deux malheureux avoient été condamnés au supplice, il ordonna qu'ils tireroient au sort, puis il fit grace à celui sur qui le sort étoit tombé, en disant : *j'ai condamné les jeux de hasard* ; mot efficace, & par-là beaucoup meilleur que ce mot stérile, & pourtant si vanté de Néron : *je voudrois ne savoir pas écrire.*

Clément XIV mourut le 22 septembre 1774. L'auteur de sa vie a du moins la modération de convenir que l'allégation de poison n'est pas fondée sur des preuves suffisantes. Les ennemis des jésuites ne sont pas si modérés sur cet article ; ils disent que depuis le bref donné le 21 juillet 1773, pour l'extinction de la compagnie de jésus, *Clément XIV* ne fit que languir & souffrir, & qu'il disoit au milieu de ses douleurs : *je vais à l'éternité, & je sais pourquoi.*

Clément (Saint) d'Alexandrie, père de l'église des second & troisième siècles; il avoit été philosophe platonicien, & il fit entrer pour beaucoup le platonisme dans la religion. Origène fut son disciple. Ses œuvres ont été recueillies en 2 *vol. in-fol.* Ceux de ses ouvrages qu'on cite le plus sont ses *stromates* ou *tapisseries*, son *pœdagogue*, son *exhortation aux payens*. Il mourut vers l'an 220.

Clément (Frère Jacques), Dominicain (*Hist. de Fr.*), assassin de Henri III. Quand le fanatisme se borne à persécuter quelques malheureux, à brûler quelques hérétiques, ou puisqu'enfin on ne les brûle plus, du moins en France, à décrier à la cour quelques philosophes, on y fait à peine attention, souvent même on l'encourage: quand il s'attaque aux suprêmes puissances, on sent enfin la nécessité de le réprimer. Ce qui prouve sur-tout combien le fanatisme est à craindre, c'est que les *Clément*, les *Chatel*, les *Ravaillac* n'étoient pas essentiellement de mal-honnêtes gens, ils n'étoient que furieux de zèle, d'enthousiasme & de superstition; ils croyoient bien faire en assassinant leurs maîtres, & ils trouvoient des prédicateurs & des confesseurs pour le leur persuader.

Ils étoient animés de cette confiance,
Que dans le cœur des saints affermit l'innocence.

Clément consulta son prieur, qui, au lieu de le détourner de son dessein, lui conseilla d'avoir recours au jeûne & de consulter Dieu par la prière. Il est vrai que ce prieur étoit le père Bourgoing, que les faveurs de la duchesse de Montpensier, sœur des Guises, enivroient, dit-on, d'amour & de fanatisme. Cette même duchesse prit aussi la peine de séduire *Clément*, en lui promettant de la part du pape qu'il seroit cardinal s'il échappoit, & canonisé s'il périssoit. Les moines firent le reste en recourant à leurs artifices ordinaires. On lui fit entendre pendant la nuit, au milieu de ses prières, des voix célestes qui lui ordonnoient de tuer le tyran; un ange même lui apparut, & lui montrant une épée nue, lui répéta le même ordre; c'est ce que porte une relation du martyre de *frère Jacques-Clément*, imprimée à Paris, débitée publiquement en 1589, & qui se trouve dans la satyre Ménippée. *Clément* se confessa & communia le jour où il partit pour aller assassiner le Roi. C'étoit le dernier juillet 1589. Il étoit chargé de lettres de recommandation de la part des gens les moins suspects; le procureur général la Guesle l'amena lui-même à Versailles où étoit le roi; cependant sur quelque soupçon qu'il conçut de lui-même, ou qui lui fut inspiré, il fit épier ce moine pendant la nuit; on le trouva dormant de ce profond sommeil que donne une parfaite sécurité; son bréviaire étoit auprès de lui ouvert à l'article de Judith. Quand il parut devant le roi, le premier août, il lui présenta une lettre de la part du premier président de Harlay, alors détenu à la Bastille par Bussi-le-Clerc: on n'a point sçu, dit l'auteur de la Henriade, si la lettre étoit contrefaite ou non, & tous les secrets de *Clément* furent ensevelis avec lui; car au premier cri que jetta le roi en retirant de ses flancs le couteau que le moine y avoit plongé, & en le lui jettant à la tête, tout le monde, même le procureur général, se jetta sur le moine, qui fut percé de mille coups.

Fier de son parricide, & quitte envers la France,
Il attend à genoux la mort pour récompense:
De la France & de Rome il croit être l'appui,
Il pense voir les cieux qui s'entr'ouvrent pour lui,
Et demandant à Dieu la palme du martyre,
Il bénit, en tombant, les coups dont il expire.

Lorsque la mère de *Jacques Clément* parut à Paris après la mort de son fils, & celle du roi, le peuple soulevé par les prédicateurs de la ligue alla en foule *vénérer cette bienheureuse mère d'un saint martyr*. Le portait de *Jacques Clément* fut placé sur l'autel, à côté de l'eucharistie; on proposa de lui ériger une statue dans l'église de Notre-Dame; on alloit à Saint-Cloud racler la terre teinte de son sang. La Sorbonne, selon l'abbé de Longuerue, résolut de demander sa canonisation. Sixte-Quint, ce pontife d'ailleurs éclairé, prononça dans un consistoire l'éloge de *Clément*, qu'il comparoit à Judith & à Eléazar. Il admiroit qu'un si puissant roi, dans le temps qu'il réduisoit Paris à demander grace, eût été tué d'un seul coup de couteau par un pauvre religieux. Il reconnoissoit à ce grand exemple le jugement de Dieu. Le cardinal de Retz rapporte que le jour des barricades de la fronde, M. de Brissac lui fit remarquer un hausse-col « sur lequel » la figure du jacobin qui tua Henri III étoit gra» vée; il étoit de vermeil doré, avec cette inscrip» tion: *Saint Jacques Clément* ». Je fis, ajoute» t-il, une réprimande à l'officier qui le portoit, » & je fis rompre le hausse-col publiquement à » coups de marteaux sur l'enclume d'un maré» chal ».

Autant l'attentat du moine diffama ce nom de *Clément* dans notre histoire, sous Henri III, autant l'antique gloire des quatre premiers maréchaux de France militaires, Albéric, Henri, Jean & Henri II avoit illustré le nom de *Clément* du Mez ou de Messe, sous Philippe-Auguste, Louis Cœur-de-Lyon, & saint Louis. Dans l'origine, la dignité de maréchal de France, comme celle de connétable, étoit un office dans la maison du roi, & avoit beaucoup de rapport avec les offices de grand écuyer & de premier écuyer. C'est sous les *Clément*, c'est dans la campagne de 1214, qu'on vit pour la première fois un maréchal de France commander l'armée. Les quatre *Clément* furent maréchaux de France de suite sans interruption, & comme par droit héréditaire, Jean le fut même dès l'enfance; mais comme on ne vouloit pas, & qu'il n'étoit pas à propos qu'une dignité militaire, que le commandement des armées, qui ne devoit être que le prix des talens & des services, fut héréditaire, Louis VIII exigea dans la suite du maréchal *Jean Clément* une déclaration & une reconnoissance formelle que sa charge n'étoit point héréditaire. Albéric *Clément* fut tué au siège d'Acre, en 1191. Albéric & Henri, tous deux maréchaux de France, étoient fils de Robert *Clément*, seigneur de Mez, qu'on appelloit *le conseil du roi*, parce qu'il étoit ministre d'état, Louis le jeune l'avoit choisi pour gouverneur de son fils Philippe-Auguste. La terre de Mez ou Messe en Gatinois, qui, après lui, appartint à ses fils, fut appellée Mez-le-Maréchal. Cette maison de *Clément* est actuellement subsistante, & c'est un nom précieux à la nation.

Clément (Julien), accoucheur célèbre, anobli en 1711, avec la clause expresse & très-sensée qu'il continueroit à exercer son art & à être utile. Qu'elle contradiction en effet de regarder comme dérogation à la noblesse ce qui a mérité la noblesse! Mort en 1729, à 80 ans.

CLÉNARD (Nicolas) (*Histoire litt. mod.*), homme savant dans les langues, mais connu principalement par sa grammaire grecque; on a aussi de lui des lettres latines sur ses voyages, & il avoit beaucoup voyagé. Il mourut en 1542, à Grenade. Il étoit né à Diest, dans le Brabant.

CLEOBULE (*Hist. anc.*) est au rang des sept sages de Grèce, mais on sait de lui bien peu dechose: il étoit contemporain & ami de Solon: on cite de lui beaucoup de maximes qui ne méritent point d'être citées, tant elles paroissent aujourd'hui communes. Peut-être l'étoient-elles assez peu de son temps pour être remarquées. Il jugeoit, & cette maxime n'est peut-être plus si commune, que l'état le plus heureux étoit celui d'un homme qui n'avoit ni à commander ni à obéir. Un moderne disoit à ce sujet: *pour commander, passe.* On croit que *Cléobule* mourut vers l'an 560 avant J. C. Il eut une fille, nommée Cléobuline, célèbre par l'esprit & par la beauté, & dont on cite des énigmes.

CLÉOMBROTE (*Hist. anc.*). C'est le nom de deux rois de Lacédémone, l'un tué à la bataille de Leuctres, gagnée sur les Lacédémoniens par Epaminondas, l'an 371 avant J. C. L'autre ne mérite d'être nommé qu'à cause de Chelonide sa femme. Il fut injuste, il détrôna son beau-père Léonidas, père de Chelonide. Celle ci quitta son heureux mari pour aller consoler son père dans sa retraite. Léonidas remonta sur le trône, chassa *Cléombrote*, le fit condamner à mort. Chelonide alors prit la défense de son mari, & obtint sa grace de Léonidas, mais elle ne l'obtint pas toute entière; il voulut qu'au moins *Cléombrote* restât exilé, & il pressa beaucoup sa fille de rester à sa cour; c'étoit bien mal connoître Chelonide; elle étoit toujours l'amie & la compagne du malheureux: elle suivit la fortune de son mari, & lui rendit constamment les mêmes soins qu'elle avoit rendus à son père.

On connoît encore un *Cléombrote*, philosophe, qui se jetta dans la mer, après s'être convaincu de l'immortalité de l'ame, par la lecture du Phédon de Platon.

Oui, Platon, tu dis vrai, notre ame est immortelle, &c.

CLÉOMÈNE, Ier du nom (*Hist. de Lacédemone*). Deux rois Spartiates ont porté le nom de *Cléomène*: le premier étoit fils d'Anaxandride, dont il fut l'héritier au trône, sans en avoir eu les talens & la générosité. Dans les premiers jours de son règne, il tourna ses armes contre l'Argolide, qu'il se proposa plutôt de dévaster que de conquérir. Guerrier sans principe & sans générosité, il exerça les plus affreuses cruautés contre les Argiens. Ces peuples, après leur défaite, se réfugièrent dans une épaisse forêt, où ils furent bientôt investis: *Cléomène* ne vouloit leur accorder aucune capitulation; & dans le temps qu'ils imploroient sa clémence, il fit mettre le feu à la forêt, où tous ces infortunés furent la proie des flammes. Quoique *Cléomène*, sans génie & sans vertu, fût regardé comme un imbécille furieux qui, dans certains momens, avoit la férocité d'une bête sauvage, il eut la gloire d'affranchir Athènes du joug des Pisistratides; mais après en avoir été le libérateur, il voulut en régler la destinée: sept cents des principales familles furent bannies. La tyrannie, à peine détruite, fut remplacée par une plus humiliante. Un certain Isagoras, flétri par ses crimes & ses débauches, avoit su plaire à *Cléomène*; cet homme vil & sans capacité, voulut tout régler dans le sénat & dans les assemblées du peuple. Les dignités furent le prix de la corruption, & les plus vertueux citoyens furent proscrits. Les Athéniens, dont les uns étoient opprimés, & les autres craignoient de l'être, s'assemblèrent tumultuairement; toute la ville retentit du bruit des armes. Un peuple ne sent jamais mieux sa force que quand il sort de l'oppression. *Cléomène* effrayé, se réfugie dans la citadelle, où les cris des partisans d'Isagoras, qu'on égorge, lui font craindre une même destinée. Les Athéniens, moins cruels que lui, consentent à lui faciliter la retraite.

Dès qu'il se vit en sûreté, il arma pour se venger de ceux qui l'avoient réduit à trembler. Il entre dans l'Attique qu'il ravage, après avoir égorgé tous les habitans qui tombent entre ses mains. Athènes, du haut de ses remparts, apperçoit les flammes qui dévorent ses moissons; les habitans menacés de vivre esclaves prennent les armes, résolus de mourir libres. Les deux armées étoient en présence, lorsque les alliés de Lacédémone se reprochèrent de verser un sang innocent pour assouvir les vengeances d'un forcené. Ils se retirèrent sans combattre, & Démocrate, collègue de *Cléomène*, suivit leur exemple. Cette défection engagea les Ephores à porter une loi qui défendoit aux deux rois de Sparte de se trouver ensemble dans la même armée, pour éviter les haines qui naissent du partage du pouvoir. *Cléomène*, abandonné de ses alliés & de son collègue, étoit trop borné & trop présomptueux pour prévoir le danger : il combattit & fut vaincu. Sa défaite, qui devoit l'humilier, ne fit qu'aigrir ses fureurs; il suscita des ennemis aux Athéniens dans toutes les contrées de la Grèce; & prodigue dans ses largesses, il fit parler la prêtresse de Delphes, qui prédit à toutes les villes une oppression assurée si elles ne mettoient des bornes à la puissance d'Athènes. Mais une saine politique triompha des menaces de la superstition, & les Grecs, pour la première fois, crurent être plus éclairés sur leurs propres intérêts, qu'une prêtresse fourbe & vénale.

Aristagore, gouverneur de Milet, mécontent de la cour de Perse, se transporta à Sparte pour y représenter qu'il étoit déshonorant pour un peuple aussi belliqueux de laisser l'Ionie sous la domination de Darius, & il découvrit les moyens de l'arracher à ses anciens maîtres. Il eut de fréquens entretiens avec *Cléomène*, qui, étonné de la distance de Sparte à Suze, rejetta ses propositions. Il crut que ses présens seroient plus puissans que ses raisons, & il lui offrit jusqu'à cinquante talens pour l'engager à tenter cette conquête. Gorgo, fille de *Cléomène*, étonnée d'une offre si éblouissante, s'écria : « Mon père, renvoyez promptement cet étranger, c'est un usurpateur qui vous séduira ». Aristagore rebuté à Sparte, fut favorablement écouté des Athéniens. Cette conjuration étouffée dans sa naissance, fournit un prétexte à Darius de tourner ses armes contre la Grèce. Les habitans d'Egine étoient les plus exposés à ses vengeances; ils crurent devoir les prévenir par une prompte soumission : *Cléomène* se transporta dans leur île pour les punir d'avoir donné un exemple qui pourroit entraîner les autres villes menacées. Crius, un des principaux de ces insulaires, eut l'audace de lui dire que s'il osoit maltraiter le dernier des citoyens, il le feroit repentir de sa témérité. *Cléomène* se retira en menaçant Crius, dont la hardiesse étoit excitée par Démarate, autre roi de Lacédémone, qui traversoit secrètement les desseins de son collègue. *Cléomène* instruit de son infidélité, le cita devant le peuple pour se justifier. Outre le crime de trahison, il lui imputoit encore d'être le fruit d'un adultère; il publioit que sa naissance prématurée avoit donné occasion à son père de dire qu'il n'étoit pas son fils. La Pythonisse fut consultée, & sa réponse fut conforme aux desirs de *Cléomène*, qui l'avoit séduite par la magnificence de ses présens. Démarate fut dégradé, & sa couronne fut mise sur la tête de Léotichide. Mais quelque temps après, la fourberie qui avoit fait parler la Pythonisse fut découverte; *Cléomène* fut regardé comme un profanateur qui avoit abusé de la religion pour corrompre ses ministres. Le peuple demandoit hautement sa mort pour venger les dieux outragés; & ce fut pour se soustraire à ces fureurs qu'il se retira chez les Thessaliens, dont il sut exciter la compassion. Ces peuples séduits se réunirent aux Arcadiens pour le rétablir sur le trône de ses ancêtres. Les Spartiates, occupés d'une guerre importante, craignirent de se faire de nouveaux ennemis. Ils consentirent à le faire rentrer dans ses prérogatives, mais il n'en jouit pas long-temps; il tomba dans une démence furieuse qui obligea de l'enfermer : un jour qu'il étoit resté avec un seul de ses gardes, il lui arracha son épée qu'il se passa au travers du corps, l'an 492 avant Jésus-Christ. (*T-N.*)

CLÉOMÈNE II (*Hist. de Lacédémone.*), fils de Léonida, fut son successeur au trône de Sparte. Son père, dévoré d'avarice, lui avoit fait épouser Agiatis, après la mort d'Agis, son premier mari. Cette union formée par l'intérêt parut nécessaire à sa politique; car outre que la jeune veuve étoit la plus opulente de la Laconie, elle étoit la seule qui pût calmer les haines nées des factions qui déchiroient l'état. L'exemple d'un père avare & voluptueux n'avoit point corrompu le cœur de son fils. *Cléomène* fut fortifié dans ses heureux penchans par sa vertueuse épouse; le récit qu'elle lui faisoit du désintéressement d'Agis, le remplit d'admiration pour ce roi citoyen. Dès ce moment, il résolut de faire revivre l'ancienne discipline de Lycurgue, & d'exécuter ce que l'autre avoit malheureusement essayé. Ceux qu'il choisit pour être les dépositaires de son secret en furent les censeurs; il craignit d'être trahi par des amis infidèles, & dès ce moment, il résolut de ne prendre plus conseil que de lui-même : il n'avoit encore rien exécuté de grand, & il ne pouvoit inspirer cette confiance nécessaire aux artisans des grandes révolutions. La guerre qu'Aratus porta dans l'Arcadie, lui fournit une occasion de développer ses talens pour la guerre. Il se mit à la tête de l'armée, qui réprima l'invasion des Achéens dans l'Arcadie. Ce jeune prince, grand capitaine, sans le secours de l'expérience, triompha de l'habileté d'Aratus, dont la vie n'avoit été jusqu'alors qu'un enchaînement de victoires. *Cléomène* fut arrêté dans le cours de ses prospérités par les intrigues d'une faction qui aima mieux souscrire aux conditions d'une paix déshonorante, que de supporter le poids d'une guerre glorieuse. Ce fut pour se fortifier contre cette faction turbulente, qu'il rappella Archidamas, frère d'Agis, pour le faire asseoir sur le trône avec lui : mais ceux qui avoient trempé leurs mains dans le sang d'Agis, craignoient les justes vengeances de son frère, & ce fut pour les prévenir qu'ils le firent assassiner.

Cléomène touché de la destinée de son ami, n'en fut que plus ardent à poursuivre ses desseins. Les ames vénales furent gagnées par ses présens, & les gens de bien, qui forment toujours le plus petit nombre, lui promirent leur assistance. Sa mère Cratesilée épuisa ses immenses trésors pour lui acheter des partisans. Les Ephores, dont l'avarice fut satisfaite, confièrent à lui seul le soin de continuer la guerre. Quoique tous les jours de son commandement fussent marqués par de brillans succès, il excita moins l'admiration que les soupçons d'un peuple prompt à s'allarmer sur son indépendance. Tandis qu'il triomphoit au dehors, ses plus dangereux ennemis, renfermés dans Sparte, le peignoient comme un ambitieux trop familiarisé avec le commandement, pour se contenir dans les bornes de ses devoirs. Ces bruits calomnieux parvinrent jusqu'à lui, & ce fut pour les dissiper qu'il revint à Sparte, où, étudiant le caractère de ceux qui étoient le plus acharnés à lui nuire, il eut la politique de les emmener avec lui à l'armée, pour les avoir sous ses ordres : mais ces hommes, nourris dans les factions, furent aussi mauvais soldats qu'ils étoient sujets indociles; ils ne purent supporter les fatigues du camp, & on fut obligé de les licentier. Dès qu'il fut débarrassé de ce fardeau inutile, il n'eut dans son armée ni rebelles, ni murmurateurs. Les ennemis furent battus & dispersés; mais quand sa patrie n'eut plus rien à craindre, il eut tout à redouter pour lui. Les Ephores & leurs complices, éblouis de sa gloire, en ternirent l'éclat par des imputations calomnieuses; il crut devoir les en punir : il marche vers Sparte; & ses mouvemens sont si secrets & si bien concertés, qu'il y est entré avant qu'on soupçonne qu'il soit en marche. Les Ephores, artisans de tous les troubles, furent les victimes sur qui tombèrent ses premiers coups : quatre furent égorgés au milieu de la débauche de la table qu'il se proposoit de proscrire; dix de leurs convives furent enveloppés dans leur ruine. Agésilas, qui étoit le plus coupable, sauva sa vie en contrefaisant le mort. Cette scène sanglante lui parut nécessaire pour n'avoir pas la même destinée qu'Agis, qui avoit été la victime de sa modération & de sa clémence. Mais le sang de l'innocent ne coula point avec celui du coupable. Les chaires des Ephores furent enlevées du forum, & leur pouvoir fut aboli. Cet acte du pouvoir arbitraire étoit un attentat contre la sûreté du citoyen. *Cléomène* fit assembler le peuple pour lui faire entendre sa justification; il s'appuya sur la nécessité, qui est la première des loix, & sur l'exemple de Lycurgue, qui, dans les mêmes circonstances, en avoit donné l'exemple. Son éloquence ébranla les esprits, & il acheva de les subjuguer, en déclarant qu'il n'avoit d'autre but que de délivrer Sparte des perturbateurs qui s'opposoient à l'abolition des dettes & au partage des terres. Ces motifs furent justifiés par le sacrifice qu'il fit de tous ses biens. Son beau-père, Mégeston, & tous ses amis suivirent cet exemple de modération. L'ancienne discipline fut rétablie dans toute sa vigueur. Personne ne fut dispensé de se trouver aux repas publics, & la milice Spartiate, tombée dans le relâchement, redevint aussi redoutable aux ennemis que dans les temps de sa première splendeur. Les Achéens humiliés par des défaites multipliées, se dépouillèrent de leur fierté insultante, & s'abaissèrent à demander la paix à *Cléomène*. Il ne leur imposa d'autre condition que d'être déclaré le chef de leur ligue. Ces peuples charmés de sa modération, furent flattés de le voir marcher à leur tête.

Aratus, dépouillé d'un titre qu'il avoit porté avec gloire, ne put souffrir d'être supplanté par ce jeune rival. Il intéresse les Macédoniens dans sa cause, & leur ouvre les barrières de la Grèce. Une guerre nouvelle se rallume : *Cléomène* en soutint tout le poids avec des forces dont l'inégalité ne servit qu'à mieux développer la supériorité de ses talens. Ses premiers succès en annonçoient de plus éclatans, lorsqu'il fut trahi par un de ses principaux officiers, que l'or d'Antigone, roi de Macédoine, avoit corrompu. Six mille Spartiates périrent près de Sillasie, dans des embûches où le traître Damotelès les avoit conduits. *Cléomène*, qui n'étoit qu'à plaindre, rentra dans Sparte, qui fut assez ingrate pour lui reprocher son malheur. Il ne put se résoudre à souffrir les outrages d'un peuple dont il étoit le bienfaiteur; il se retira en Egypte, auprès de Ptolomée Evergète, dont l'amitié lui faisoit espérer un dédommagement de ses disgraces. La mort inopinée de ce monarque l'exposa à la censure d'une jeune cour plongée dans le luxe & la molesse. *Cléomène*, qui avoit l'austérité d'un Spartiate, étoit trop fier pour dissimuler : il exhala ses mépris contre les courtisans efféminés qui le regardoient comme un lion féroce qui venoient s'introduire parmi un troupeau d'agneaux doux & dociles. Il se vengea de leurs dédains par les sarcasmes les plus amers. Il en fut puni par la prison. C'étoit le plus grand outrage qu'on pût faire à un Spartiate, qui regardoit la vie comme un opprobre dès qu'il cessoit d'être libre. Il rompt les portes de sa prison, & suivi de douze Spartiates, compagnons de son infortune, il se répand dans les rues d'Aléxandrie, où, n'écoutant que son désespoir, il oublie qu'il est presque seul au milieu d'une multitude armée. Malgré la fureur dont il est enivré, il n'étend ses vengeances que sur les auteurs de sa détention : c'étoit un spectacle d'héroïsme & d'extravagance, de voir treize forcenés s'ériger en arbitres de la ville la plus peuplée du monde. *Cléomène* devenu plus calme, est étonné de se voir entouré de victimes qu'il vient d'immoler. Il se transporte dans la place publique, où le peuple s'étoit rassemblé, il lui promet de se mettre à sa tête pour le rétablir dans la jouissance de ses privilèges. Les Egyptiens familiarisés avec leurs chaînes, furent insensibles à ses promesses. *Cléomène* indigné de leur insensibilité, s'écrie : *peuple lâche & flétri, tu ne mérites d'être gouverné que par des femmes.* Il tire son épée & invite ses compagnons à suivre son exemple, & tous, en l'imitant, tombent expirans sur leurs épées. La liberté & la splendeur de Sparte s'éclipsèrent avec lui; cette ville eut encore des habitans, mais on n'y compta plus de citoyens. (*T-N.*)

CLÉOPATRE (*Histoire des Egyptiens.*), fille d'Antiochus, roi de Syrie, fut mariée à Ptolomée Epiphane. Cette union ne produisit pas les effets que son père en avoit espérés pour son agrandissement : devenue reine d'Egypte, elle en embrassa vivement les intérêts : ce fut par ses conseils qu'Epiphane sollicita les Romains de porter la guerre en Syrie. Après la mort de son mari, elle prit la tutèle de son fils Philométor, qui n'étoit âgé que de six ans. Son administration prudente garantit l'Egypte des guerres & des révoltes : tandis que tous les peuples jouissoient du retour de la prospérité, une mort prématurée l'enleva à la nation. (*T-N.*)

CLÉOPATRE (*Hist. des Egyptiens.*), sœur & femme de Philométor, en eut un fils qu'elle voulut placer sur le trône. L'Egypte fut déchirée par deux factions rivales. Les uns vouloient un jeune roi, pour pouvoir gouverner sous son nom; les autres craignoient que leur patrie ne fût frappée par de nouvelles calamités, si l'on remettoit le sceptre dans des mains trop foibles pour le porter : l'ambassadeur romain, choisi pour arbitre, décida que Phiscon épouseroit *Cléopatre*, dont le fils seroit déclaré héritier du royaume : le jour des nôces fut un jour de deuil. Le jeune prince fut égorgé par l'ordre de Phiscon dans les bras de sa mère. *Cléopatre* répudiée eut encore l'humiliation de se voir remplacée par la fille qu'elle avoit eue de Philométor, que le tyran avoit violée avant de lui donner le titre d'épouse. Son malheur arma l'Egypte pour elle : les statues de Phiscon furent renversées, & *Cléopatre* fut proclamée reine dans Alexandrie. Le tyran dénaturé ne crut pouvoir mieux se venger, qu'en faisant égorger un fils qu'il avoit eu d'elle, dont il lui envoya la tête avec ordre de la faire servir sur sa table le jour du festin qu'elle préparoit pour célébrer une fête : ensuite il lève une armée, & vainqueur par ses lieutenans, il oblige *Cléopatre* à quitter l'Egypte, & à se refugier auprès de Démétrius, qui avoit épousé sa fille, à qui elle promit la couronne d'Egypte, pour l'intéresser à sa vengeance. Le monarque, ébloui par l'éclat de cette promesse, étoit aussi détesté dans ses états, que Phiscon l'étoit dans les siens; il fut assassiné dans Tyr, avant d'avoir exercé ses vengeances. *Cléopatre*, privée de son appui, se réfugia auprès de sa fille, montée au trône de Syrie depuis la mort de son mari : elle y vécut obscure & sans considération, dévorée de la soif & de la vengeance qu'elle ne pouvoit assouvir. (*T-N.*)

CLÉOPATRE (*Hist. des Egyptiens.*), femme de Phiscon, fut élevée sur le trône d'Egypte, conformément au testament de son mari, à condition qu'elle partageroit son sceptre avec celui de ses fils qu'elle croiroit le plus digne de le porter. Son penchant la décida pour le plus jeune, qui s'appelloit *Alexandre*, dont le caractère fléxible promettoit qu'il lui abandonneroit l'exercice du pouvoir. Les Egyptiens ne consultant que le droit de la nature, lui dictèrent un autre choix, & la forcèrent de s'associer l'aîné, qui prit le surnom de *Soter*. L'opposition de leur caractère fut une semence de troubles domestiques : la mère, gouvernée par ses ministres, voulut envahir toute l'autorité; le fils, honteux de n'être qu'un fantôme couronné, persécuta les ministres qui vouloient l'asservir. La rivalité du pouvoir aigrit les haines. *Cléopatre*, pour se débarrasser d'un collègue importun, lui supposa le crime d'avoir voulu l'assassiner. Des eunuques tout sanglans se présentèrent dans la place publique, & dirent au peuple assemblé qu'ils n'avoient été maltraités que pour avoir défendu la mère contre un fils parricide : cette imposture eut un plein succès. Soter, devenu un objet d'éxécration, ne déroba sa vie à la fureur du peuple que par la fuite. *Cléopatre*, infléxible dans sa haine, ne cessa de poursuivre son fils, qui, après avoir essuyé beaucoup de revers, redevint assez puissant pour la punir; mais il n'en fut que plus tendre & plus soumis; fatigué du fardeau des affaires, il se reprocha la honte de tourner ses armes contre sa mère : elle n'eut pour lui que les sentimens d'une marâtre; & constante dans sa haine, elle ne put lui pardonner d'avoir autant de modération dans la prospérité qu'elle avoit d'orgueil dans les revers. Aléxandre, qui profitoit des crimes de sa mère, & qui, par la dégradation de son frère, avoit été replacé sur le trône, crut avoir tout à redouter d'une femme familiarisée avec les atrocités; il s'imposa un exil volontaire; & tandis que *Cléopatre* se félicite de régner sans partage, le peuple lui impose la loi de choisir un collègue : Alexandre est rappellé; & sûr de la faveur du peuple, il ne se borne plus à jouir de l'ombre du pouvoir, il en veut la réalité : sa mère achète des assassins pour se débarrasser de son collègue, qui la prévient & la fait mourir. (*T-N.*)

CLÉOPATRE (*Hist. des Egyptiens.*), Ptolomée Aulète sentant sa fin approcher, désigna pour lui succéder son fils Ptolomée, surnommé *le jeune Denis*, & sa fille aînée, connue sous le nom de *Cléopatre*. Le sénat romain, qui fut établi tuteur, déféra cet honneur à Pompée, qui, trop occupé de ses propres affaires, confia l'administration de l'Egypte aux soins d'Achillas & de l'eunuque Photin, ministres qui avoient des talens, & à qui il ne manquoit que des mœurs. *Cléopatre*, qui avoit autant d'élévation dans l'esprit que son cœur avoit de foiblesse, laissa Achillas & Photin jouir d'un vain titre, & s'arrogea tout le pouvoir. Leur vanité humiliée calomnia cette princesse; ils publièrent que, voulant jouir du trône sans partage, elle tenoit son frère dans une dépendance avilissante; le peuple prit les armes, & *Cléopatre*, pour se soustraire à ses fureurs, se retira en Syrie, où elle leva une armée. Elle se préparoit à faire une invasion

invasion dans l'Egypte, lorsque Pompée, vaincu à la journée de Pharsale, alla chercher un asyle dans cette contrée, où il ne trouva qu'un tombeau. L'assassinat de cet illustre Romain fut vengé par son propre ennemi. César voulant encore être le pacificateur de l'Egypte, ordonna à Ptolomée & à *Cléopatre* de licentier leurs armées, & de venir discuter leurs droits à son tribunal, sous prétexte que, représentant le peuple Romain qu'Aulète avoit établi tuteur de ses enfans, il pouvoit s'ériger en arbitre sans violer les droits de leur indépendance. *Cléopatre*, pleine de confiance dans le pouvoir de ses charmes, se persuada que sa beauté seroit plus éloquente que les plaidoyers des orateurs. Elle se rend secrètement à Aléxandrie, & à la faveur des ténèbres, elle pénètre, sans être reconnue, dans l'appartement de César. Elle étoit trop tendre & trop belle pour ne pas intéresser la reconnoissance de son juge. César étoit trop galant pour ne pas rendre hommage à sa beauté : il fit appeller Ptolomée, qu'il invita à se réconcilier avec son épouse : le prince, scandalisé de la trouver dans la maison d'un homme qui avoit la réputation d'être le mari de toutes les femmes, en parut moins disposé à la reprendre ; & voulant se venger de sa décision, il dépose son diadême, & le met en pièces aux yeux d'une multitude qu'il avoit fait assembler pour être le témoin de sa dégradation. Le peuple d'Aléxandrie, touché de son malheur, court aux armes, & investit le palais de César, qui, sans s'émouvoir, se montre aux séditieux : il prend un ton d'autorité, il leur parle en maître qui dicte des loix : il fait lire le testament d'Aulète, & en prescrit l'exécution. Le peuple calme applaudit à sa décision, & *Cléopatre* est associée à son frère dans le gouvernement.

Cette émotion fut suivie d'une autre plus dangereuse. Achillas, qui craignoit d'être puni par *Cléopatre*, se met à la tête d'une soldatesque familiarisée avec tous les crimes. César, assiégé dans Aléxandrie, eut besoin de toutes les ressources de son génie pour enfanter une armée. Les artisans & les esclaves furent métamorphosés en soldats. On combattit sur terre & sur le Nil : la fortune ne trahit jamais César ; & toujours vainqueur, il se délassa de ses fatigues dans les bras de l'amour. *Cléopatre* lui donna un fils qui porta le nom de *Césarion*, & qu'Auguste eut l'inhumanité de faire égorger : l'amour qu'elle avoit inspiré à César étoit si violent, qu'il forma le dessein d'établir une loi qui permettoit à tout citoyen romain d'épouser autant de femmes qu'il lui plairoit, pour avoir lui-même le privilège d'associer à son lit son amante. Il remonta le Nil avec elle ; & elle l'eût accompagné dans l'expédition qu'il méditoit contre l'Ethiopie, si son armée n'eût murmuré d'aller porter la guerre dans ces climats brûlans.

Cléopatre, favorisée de César, fut assurée de l'impunité de tous les crimes : le jeune Ptolomée, qu'on lui avoit associé au gouvernement, alarma son ambition : il fut empoisonné par l'ordre de cette sœur barbare, qui jouit paisiblement d'un trône dont son fratricide auroit dû l'exclure. Après que César eut été assassiné, *Cléopatre*, incertaine & flottante, favorisa successivement les deux partis. La journée de Philippes décida du sort de Rome & des rois ses alliés : Antoine passa dans l'Asie, & *Cléopatre* fut citée à son tribunal, pour se justifier de ce que les gouverneurs de la Phénicie, qui étoit soumise à l'Egypte, avoient fourni du secours aux ennemis du triumvirat. Duellius, qui fut envoyé en Egypte, fut si ébloui de l'éclat de sa beauté, qu'il lui prédit qu'elle auroit bientôt son juge à ses genoux : elle partit pour la Cilicie ; son vaisseau, chargé de richesses, étoit aussi magnifique que sa suite étoit voluptueuse : la poupe étoit d'or, les rames d'argent, & les voiles de pourpre : le son des flûtes, des guitares, & de tous les instrumens propres à inspirer de douces langueurs, frappoit les oreilles, & réveilloit les sens. La reine étoit parée de tous les attributs de Vénus. Des enfans représentoient des amours, & de jeunes filles les graces. L'odeur des différens parfums qu'on brûloit remplissoit tout le rivage : le bruit se répandit que Vénus arrivoit à Tarse, pour avoir une entrevue avec Bacchus ; elle avoit vingt-cinq ans ; l'expérience qu'elle avoit déja faite du pouvoir de ses charmes lui fit espérer un triomphe nouveau.

Antoine, âgé de quarante ans, avoit encore tout le feu des passions. Il l'envoya complimenter, & la fit inviter à souper ; mais elle le fit prier de se rendre lui-même au rivage ; elle y avoit fait préparer, sous une magnifique tente, un festin, où elle étala un luxe & une élégance dont les Romains, accoutumés à la délicatesse, n'avoient pas même l'idée. Antoine n'oublia rien pour la surpasser le lendemain ; mais il s'avoua vaincu : ils devinrent bientôt amans : leurs cœurs, également dominés par l'amour & l'ambition, entretinrent leurs feux, par le rafinement de toutes les voluptés : aux plaisirs de la table succédoient ceux de l'amour. Antoine lui ayant contesté la possibilité de dépenser un million dans un seul festin, elle ne fit servir que des mets ordinaires ; & sur la fin du repas, on lui présenta un vase rempli de vinaigre, dans lequel elle fit dissoudre une perle estimée un million de notre monnoie, & elle l'avala. Chaque jour elle donne un nouvel exemple de ses profusions : si elle invite son amant à un festin, elle lui fait présent des vases & des coupes d'or qui brillent sur la table : les applaudissemens qu'elle reçoit la jettent dans de nouvelles prodigalités, & elle est aussi follement magnifique envers tous les officiers romains, qu'envers son amant.

Après quelques jours passés dans l'ivresse continuelle des plaisirs, ils quittent Tarse pour aller goûter les délices d'Aléxandrie. Tandis qu'ils s'assoupissent dans des voluptés voisines de la débauche, le sénat ordonne à Antoine de marcher contre les Parthes : il part, & son amante trouve bientôt le secret d'adoucir les maux de l'absence,

Sans frein dans ses penchans, elle s'abandonne aux hommes les plus vils ; ils lui paroissent assez nobles dès qu'ils sont assez robustes. Plusieurs achetèrent, aux prix de leur vie, le plaisir d'une nuit ; & cette reine lascive, par un reste de honte, se débarrassoit, par un assassinat, des complices de son incontinence. Antoine triomphant, vient chercher le prix de ses conquêtes dans l'Egypte. Le roi d'Arménie, chargé de chaînes, fut traîné dans les rues d'Aléxandrie, & *Cléopatre* eut la gloire de voir à ses pieds un monarque, dont le vainqueur étoit son captif. Enivrée de sa prospérité, elle aspire à l'empire du monde : son amant lui en fait la promesse, & il ordonne la cérémonie de son couronnement. Au jour indiqué, il monte sur un trône, le front ceint d'un diadême, & portant dans sa main un sceptre d'or. *Cléopatre* assise à sa droite, est proclamée reine d'Egypte, de Chypre, de Lybie, & de la Célé-Syrie, conjointement avec son fils Césarion. Les trônes du reste du monde furent partagés entre les fils qu'elle avoit eus d'Antoine, & ils prirent le titre de rois des rois. Ce spectacle scandaleux souleva tous les Romains : Octave fait des préparatifs pour venger l'affront fait au nom romain. Antoine lui oppose des forces nombreuses. Il se rend à Ephèse, où il fut suivi de *Cléopatre* : les vieux soldats furent indignés de voir leur chef dominé par une femme qui étaloit dans le camp le luxe d'une cour voluptueuse. Ce fut à Samos que *Cléopatre* jouit de la plénitude de sa gloire : tous les rois qui s'y trouvèrent ne parurent que ses sujets. Dès que la saison permit de commencer les hostilités, on en vint aux mains près du rivage d'Actium. A peine l'action étoit commencée, que *Cléopatre*, effrayée du bruit des armes, prit la suite. Antoine, infidèle à la gloire, ne consulte que les intérêts de son amour : il suit l'exemple de son amante, & abandonne la victoire à son rival. *Cléopatre* rassembla dans Aléxandrie les débris de sa grandeur : devenue inquiète & soupçonneuse, elle immole, à une politique timide, tous ceux qui pouvoient allumer des séditions. Antoine trahi par son armée de terre, vint rejoindre son amante, qu'il trouve entourée de victimes ; il lui devint indifférent dès qu'il fut malheureux ; & cette reine, dont l'ambition tenoit toutes ses autres passions asservies, forma le dessein de lui substituer son vainqueur : elle envoie secrétement à Octave une couronne & un sceptre d'or, pour lui faire connoître que tous les droits de la souveraineté résidoient en lui. Il lui promit l'impunité, pourvu qu'elle fit mourir Antoine : tandis que *Cléopatre* négocie sa paix avec Octave, elle redouble ses caresses à son crédule amant, dont l'anniversaire fut célébré avec une magnificence que l'état présent auroit dû proscrire. Au milieu de toutes ces fêtes, elle continuoit ses négociations avec César, & bientôt son amiral avec sa flotte passa du côté de César. Après cet éclat, elle avoit tout à craindre du ressentiment de son époux outragé & trahi : ce fut pour en prévenir le juste ressentiment qu'elle se retira dans le tombeau des rois, ses ancêtres, où elle fit transporter ses trésors. Le bruit de sa mort se répandit dans Aléxandrie, & Antoine ne pouvant se résoudre à lui survivre, se fit donner le coup de la mort par un de ses affranchis : tandis qu'il respire encore, il apprend que son épouse est vivante : il ordonne à ses esclaves de le transporter dans le tombeau où elle est réfugiée. *Cléopatre*, qui craignoit une trahison, défendit d'ouvrir les portes, & se servit de cordes pour le guinder en-haut : leur réunion fut touchante : Antoine, tout sanglant & respirant à peine, tourne ses yeux mourans vers elle, & paroît mourir sans regret, puisqu'il meurt dans ses bras : tandis qu'ils confondent leurs larmes, & qu'elle nettoie sa plaie, il expire dans ses bras.

L'ambition de César étoit de se saisir de *Cléopatre* vivante. Proculeïus, à la faveur d'une échelle, eut l'adresse de s'introduire dans le tombeau : dès qu'elle l'apperçut, elle tira son poignard pour s'en percer le sein : il le lui arrache, en lui disant : Princesse, c'est outrager César, que de lui ravir la gloire d'étendre sur vous sa générosité. La première grace qu'elle demanda fut d'ensevelir le corps d'Antoine, & elle s'en acquitta avec une magnificence qui rappella son ancienne splendeur : la fièvre dont elle fut attaquée lui fournit un prétexte de s'abstenir de manger, & de prendre des potions qui pouvoient la délivrer du fardeau de la vie. On pénétra son dessein, & César lui fit dire qu'elle devoit vivre pour ses enfans. Il alla lui rendre une visite, où elle le reçut, couchée sur un lit, avec une simplicité étudiée & plus séduisante que les ajustemens les plus recherchés. Le désordre de ses cheveux, ses regards tristes & languissans sembloient promettre un nouveau triomphe à l'amour : sa voix exprimoit toutes les passions, & en décélant les mouvemens de son ame, les transmettoit dans le cœur de celui qui pouvoit l'entendre : ses yeux aidés de la magie de sa voix touchante, communiquoient un feu dont elle paroissoit elle-même embrasée : dès qu'elle apperçut son vainqueur : Recevez, lui dit-elle, mon hommage : je fus autrefois souveraine ; c'est à vous que la victoire & les dieux ont déféré ce titre : tandis qu'elle parloit, ses regards mendioient ceux de César, qui n'osoit les fixer sur elle : son insensibilité la rendit furieuse ; elle se jetta une seconde fois à ses genoux, en lui disant : je déteste la vie, & ma gloire me défend de la conserver. César, en la quittant, lui fit les plus flatteuses promesses, &, quelque temps après, il chargea le jeune Dolabella de lui annoncer de se tenir prête à partir avec ses enfans dans trois jours. A cette nouvelle, elle se représenta toute l'horreur de sa destinée ; & se transportant dans le tombeau d'Antoine, elle l'apostropha comme s'il eût été vivant. Après qu'elle eut arrosé le tombeau de ses larmes, elle se fit servir un magnifique repas ; ensuite elle écrivit à César, pour lui demander la faveur d'être ensevelie avec son cher Antoine : elle se revêtit de ses plus riches habits, comme si elle eût dû assister à une fête ; & se jettant sur son lit, elle demanda une corbeille de fruits qu'un paysan venoit de lui apporter. Il y avoit un aspic caché sous les feuilles : elle se fit une incision au bras, & présenta sa plaie à lécher à l'animal, dont la morsure fit circuler le poison dans ses veines, & lui procura une mort prompte & sans douleur : telles furent la vie & la mort de cette reine célèbre, qui éprouva l'ivresse de l'amour & les tourmens de l'ambition, qui allia le goût des arts à celui des voluptés, & la délicatesse à la débauche. Le temps destructeur de la beauté sembla respecter ses traits, & l'expérience lui prêta des armes pour subjuguer les cœurs les plus rebelles. Quoique tendre & sensible, elle étoit sans frein dans ses vengeances, & prodigue envers ses amans : elle versoit sans remords le sang des rivaux de son ambition. (*T-N*).

CLÉOPHAS (*Hist. ecclés.*), frère de saint Joseph, & fils, comme lui, de Jacob, épousa Marie, sœur de la sainte Vierge, & se trouva ainsi oncle de Jésus-Christ : il ne comprit bien le mystère de la croix que lorsque Jésus ressuscité lui apparut sur le chemin d'Emmäus, où il alloit avec son fils Siméon ; alors ses yeux s'ouvrirent, & il crut. Il avoit encore trois autres fils, Joseph, Jacques le Mineur, & Judas, autrement Thadée. (*A. R.*)

CLÉOSTRATE, (*Hist. anc.*) Astronome grec, qui connut & distingua le premier les signes du zodiaque, & forma le calendrier des Grecs. Il vivoit cinq siècles & plus avant Jésus-Christ.

CLERC (JEAN LE) (*Hist. de Fr.*), dit *Bussy le Clerc*, d'abord maître en fait d'armes, puis procureur au parlement, le plus insolent & le plus fanatique de la faction des seize dans le temps de la ligue & du siége de Paris, sous Henri III & sous Henri IV. *Je n'ai qu'un enfant*, disoit-il, *je le mangerois plutôt à belles dents que de me rendre jamais. J'ai*, disoit-il encore, *une épée tranchante, avec laquelle je mettrai en quartier celui qui parlera de paix.*

Le duc de Guise l'avoit fait gouverneur de la Bastille, & il y mit le parlement, sur le refus que fit ce corps, d'autoriser les fureurs de la ligue & d'anéantir la loi Salique, il fit jeûner ces magistrats au pain & à l'eau : on l'appella *le grand pénitencier du parlement.* On connoît le discours qu'il tient au parlement dans la Henriade, & auquel

Le sénat répondit par un noble silence ....
Soudain Harlay se lève, Harlay, ce noble guide,
Ce chef d'un parlement juste autant qu'intrépide ;
Il se présente aux seize, il demande des fers,
Du front dont il auroit condamné ces pervers.

Il fallut que le duc de Mayenne lui-même, auquel ces séditieux s'étoient rendus redoutables, délivrât Paris de leur tyrannie en 1591. Il en fit pendre plusieurs ; *le Clerc* se garantit du supplice en rendant la Bastille à la première sommation : il se retira à Bruxelles, où il vécut misérablement du métier de prévôt de salle. Il vivoit encore, dit-on, en 1634, ayant toujours un gros chapelet à son col, parlant peu, mais magnifiquement, des grands projets qu'il avoit manqués.

Le Clerc est aussi le nom de quelques gens de lettres.

1°. Michel, l'un des quarante de l'académie françoise, a traduit en vers les cinq premiers chants de la *Jérusalem délivrée ;* mais il n'est connu que par l'épigramme de Racine, qui nous apprend que *le Clerc* avoit fait une *Iphigénie :*

Entre *le Clerc* & son ami Coras,
Deux grands auteurs rimans de compagnie,
N'a pas long-temps, s'ourdirent grands débats
Sur le propos de leur Iphigénie.
Coras lui dit : la pièce est de mon crû.
Le Clerc répond : elle est mienne & non vôtre.
Mais aussi-tôt que la pièce eut paru,
Plus n'ont voulu l'avoir fait l'un ni l'autre.

Mort en 1691.

2°. Sébastien *le Clerc*, graveur célèbre. Nous n'examinerons en lui que l'auteur, laissant la partie des arts à ceux qui en sont chargés. On a de lui un *traité de géométrie, théorique & pratique*, un *traité d'architecture*, un *discours sur le point de vue. Le Clerc* étoit né parmi le peuple : il fut d'abord aide de cuisine à l'abbaye de Saint-Arnoul ; dans ses momens de loisir, il s'amusoit à dessiner sans avoir aucuns principes de cet art, & seulement par un goût naturel : le prieur de la maison ayant vu de ses essais, présagea ses grands talens & ses grands succès, & le fit instruire. Après les grands hommes, ceux qui les procurent ont les plus grands droits à notre reconnoissance.

Quis magno potiùs succedat Achilli
Quàm per quem magnus Danais successit Achilles ?

Le Clerc avoit plus d'un talent & plus d'une connoissance ; il fut ingénieur-géographe du maréchal de la Ferté, graveur ordinaire de Louis XIV, & le pape Clément XI le fit chevalier romain. Né à Metz en 1637, mort à Paris en 1714.

3°. Il a laissé un fils, Laurent-Josse *le Clerc*, prêtre de Saint-Sulpice, & homme de lettres. On a de lui des remarques sur le dictionnaire de Bayle, imprimées dans l'édition de ce dictionnaire de 1734, faite à Trévoux. On a aussi de lui un traité manuscrit du Plagiat littéraire, conservé à la bibliothèque du séminaire de Saint-Irénée de Lyon. Mort en 1736.

4°. Daniel *le Clerc*, médecin à Genève, est auteur d'une *histoire de la médecine*, poussée jusqu'au temps de Galien inclusivement, & d'une histoire d'une espèce de vers qui se trouve dans le corps humain : *Historia naturalis latorum lumbricorum.* Il a aussi publié, avec Manget, la *bibliothèque anatomique.* Né en 1652, mort en 1728.

5°. Jean *le Clerc*, son frère, est celui qui a le plus illustré ce nom ; c'est le fameux auteur du journal en trois parties : la première, de vingt-six volumes, intitulée : *Bibliothèque universelle & historique*, commencée en 1686, finie en 1693 ; la seconde, en vingt-huit volumes, sous le nom de *Bibliothèque choisie* de 1703 à 1713 ; la troisième, en vingt-neuf volumes, sous le titre de *Bibliothèque ancienne & moderne* ; de 1714 à 1727.

La liste de ses autres ouvrages seroit infinie : les principaux sont : *Ars critica*, *traité de l'incrédulité*, des commentaires latins sur la plupart des livres de l'écriture-sainte : *Harmonia evangelica.* Une traduction françoise du nouveau testament, avec des notes. Une histoire des provinces-unies des pays-bas depuis 1560 jusqu'en 1728. Une histoire du cardinal de Richelieu : *Parrhasiana*, ou pensées diverses sur des matières de critique, d'histoire, de morale & de politique, des éditions de plusieurs auteurs anciens & modernes, sacrés & profanes. Une foule d'écrits polémiques sur les questions controversées, entre les catholiques & les protestans. Plusieurs sectes protestantes le citent avec vénération comme un des pères de leur église ; ce sont sur-tout les sectes indulgentes & mitigées : les sectes rigoristes, s'il y en a encore, l'accusent de socinianisme, du moins elles l'en ont accusé. *Le Clerc* avoit épousé la fille de Grégorio Leti. Il étoit né en 1657. Il eut en 1728 une attaque d'apopléxie qui le rendit imbécille, sans lui ôter le maintien & même la conduite d'un penseur & d'un homme appliqué ; il passoit sa vie dans son cabinet, écrivoit sans cesse, envoyoit ses écrits au copiste, & celui-ci à l'imprimeur, qui les jettoit au feu ; c'étoient des folies sans ordre & sans suite. Ce savant homme étoit devenu le caricature & la parodie d'un savant. Mort en 1736.

6°. Daniel & Jean *le Clerc* avoient un oncle, David *le Clerc*, ministre à Genève, mort en 1655, auteur d'un livre intitulé : *Quæstiones sacræ*, que Jean *le Clerc* fit imprimer.

CLERC de Juigné-Verdelles (le). *Voyez* JUIGNÉ.

CLEREMBAULT (PHILIPPE DE) (*Hist. de Fr.*), comte de Palluau, fait maréchal de France en 1653, mort en 1665, distingué par la valeur & par l'esprit. Jules de Clerembault, son fils, abbé de Saint-Taurin d'Evreux, mort en 1714, fut de l'académie françoise.

CLERIC (PIERRE) (*Hist. litt. mod.*), jésuite, mort en 1740, couronné huit fois par l'académie des jeux floraux. On a de lui une traduction en vers françois de l'*Electre* de Sophocle. Il étoit ami du père Vanière, qui l'a loué dans son *Prædium rusticum.*

CLERMONT (*Hist. de Fr.*). Nom de plusieurs grandes maisons françoises.

1°. Celle de Clermont en Beauvoisis, dont étoient le connétable Raoul I, qui ayant suivi Philippe-Auguste à la terre sainte, mourut au siége d'Acre en 1191.

Simon de Clermont de Nesle, nommé régent du royaume, avec Matthieu de Vendôme, abbé de Saint-Denis, par le roi saint Louis, partant pour la dernière croisade.

Raoul II, son fils, connétable de France, qui, au renouvellement de la guerre entre la France & l'Angleterre, sous Edouard I & Philippe-le-Bel, conquit la Guienne, battit les Flamands près de Comines en 1297, & fut tué le 11 juillet 1302, à la bataille de Courtray, engagée contre son avis, par le comte d'Artois. Il voulut mourir en combattant, & refusa obstinément de se rendre aux ennemis, auxquels il ne pouvoit échapper, & qui, admirant sa vaillance, le conjuroient de ne pas prodiguer ainsi sans fruit un sang si généreux.

Gui de Clermont, son frère, maréchal de France, tué dans la même bataille.

Gui de Clermont de Nesle, second du nom, aussi maréchal de France, petit-fils du précédent, fait prisonnier par les Anglois dans un combat donné en Saintonge, le premier avril 1351, & tué le 13 août 1352, au combat de Mauron en Bretagne ;

Guillaume son frère, tué à la bataille de Poitiers.

Gui de Clermont de Nesle, troisième du nom, petit-fils de Gui second, chambellan du roi Charles VI, tué à la bataille d'Azincourt avec un de ses fils.

Gui IV, fils de l'un, frère de l'autre, fait prisonnier par les Anglois en 1421, au siége de Meaux, après s'être signalé par beaucoup d'exploits.

Jean de Nesle, fils de ce Guillaume qui avoit été tué à la bataille de Poitiers, périt dans la malheureuse expédition de Hongrie, de 1396.

Raoul de Clermont, maréchal de Normandie, ami du dauphin Charles (depuis Charles V), massacré sous les yeux de ce prince dans la fameuse sédition du 22 février 1357, excitée par le prévôt Marcel.

Jean de Clermont, seigneur de Chantilly, maréchal de France, tué à la bataille de Poitiers.

2°. Celle de Clermont Lodève est une branche de la maison de Castelnau. (*Voyez* CASTELNAU). De cette branche étoit le cardinal de Clermont, mort en 1540, doyen des cardinaux.

3°. Celle de Clermont en Dauphiné, ou de Clermont-Tonnerre & Clermont-Montoison. Cette illustre maison, dont l'origine se perd dans l'obscurité des temps, a un titre de gloire qui lui est particulier. C'est la concession des clefs pontificales qu'elle porte dans ses armes. Voici quelle en fut l'occasion. A la mort du pape Paschal II, arrivée en 1117, l'empereur Henri V n'approuvant pas l'élection de Gelase II, lui opposa Maurice Bourdin, Limosin de naissance, archevêque de Braga en Portugal, qui prit le nom de Grégoire VIII. Gelase, chassé de Rome par le parti de l'empereur, se réfugia en France, où il mourut en 1119, à l'abbaye de Cluny. Les cardinaux de sa suite élurent Calixte II, mais il falloit le porter à main armée sur le saint siége. Le comte de Bourgogne, frère du nouveau pape, arma pour cette expédition, & donna le commandement de ses troupes à Sibaud II du nom, seigneur de Clermont, qui, de son côté, joignit aux troupes du pape & à celles du comte de Bourgogne d'autres troupes levées à ses dépens dans ses propres domaines. Avec cette armée, il conduisit Calixte II à Rome, & l'établit solidement sur le siége pontifical au mois de juin 1120, ayant chassé pour jamais l'anti-pape Grégoire VIII. Calixte, pour perpétuer la mémoire d'un tel service, accorda, par une bulle du 3 juin 1120, à la maison de Clermont le privilége de porter pour armes deux clefs d'argent passées en sautoir sur un champ de gueules, & pour cimier la tiare papale, avec cette devise tirée d'un discours de saint Pierre à Jésus-Christ. *Si omnes te negaverint, ego te nunquam negabo. Quand tous les autres vous renieroient, je ne vous renierai jamais.* Un de ses descendans, Aynard de Clermont, second du nom, fut fait en 1340, par Humbert, dauphin de Viennois, celui-là même qui céda le Dauphiné à la France, chef des guerres delphinales, chef de son conseil, grand-maître de sa maison, dignité qui fut attachée héréditairement à la terre de Clermont en Dauphiné, dont cette maison tiroit son nom. De cette maison étoient encore Laurent, tué à la bataille de Cerisoles en 1544. Claude, mort en 1569 de blessures reçues à la bataille de Montcontour. Henri, chevalier de l'ordre du roi, mort au siége de la Rochelle en 1573, pour qui Charles IX avoit érigé le comté de Tonnerre en duché, par brevet du premier mai 1571, & du 10 juin 1572. Henri, chevalier de Malte, tué au siége de Jonvelle. Charles, tué en 1647 au siége de la Bassée. Louis-Claude, chevalier de Malte, tué dans le combat naval gagné le 10 juillet 1690, à la hauteur de Dieppe, dans le canal, par M. de Tourville & M. de Château-Regnaud, contre les flottes Angloise & Hollandoise.

Le maréchal de Clermont-Tonnerre, mort depuis peu d'années. M. le duc de Tonnerre, son fils, chef actuel de cette illustre maison.

Elle a produit aussi des prélats distingués, entre autres, François de Clermont, évêque de Noyon, l'un des quarante de l'académie françoise, où il fonda le prix de poésie.

La branche de Montoison a fourni des héros, entre autres, ce Philibert de Clermont, qu'on nommoit *le brave Montoison*, & qui fut un des *braves* de Charles VIII, à la journée de Fornoue. Ce prince, dans le moment du plus grand danger, appella Montoison à son secours, par ce mot qui est devenu pour cette maison la devise la plus glorieuse: *à la recousse, Montoison.* Il n'est pas besoin d'ajouter que ce mot ne fut pas dit en vain, & que Montoison dégagea Charles VIII. Il mourut en 1511, n'ayant pas moins bien servi Louis XII, que son prédécesseur.

4°. Celle de Clermont en Anjou, ou de Clermont-Galerande & Clermont-d'Amboise de Rénel.

De cette maison étoient:

Louis, chambellan de René, roi de Sicile, & qui fut fait chevalier de l'ordre du Croissant en 1448, au temps de son institution par ce même roi René.

René de Clermont son fils, vice-amiral de France.

François, fils de René, & seigneur de Traves, tué en 1555, en duel, mais dans un duel contre les ennemis, chose autrefois fort usitée. Louis, son frère aîné, fut maître d'hôtel de François I. Georges-Henri, maréchal-de-camp, mort à Mantoue au mois d'avril 1702, d'une blessure qu'il avoit reçue dans une sortie pendant le blocus de cette place.

Le chevalier de Clermont, tué à la bataille de Nervinde, en 1693.

Le marquis de Clermont-Galerande, employé avec éclat & avec succès par le maréchal de Saxe, dans le cours de ses victoires.

De la branche de Clermont-d'Amboise étoient le brave Bussi d'Amboise. *Voyez* les articles ANJOU & CHAUMONT.

Hubert, son frère, seigneur de Moigneville, tué au siége d'Issoire, en 1577.

Leur sœur, Renée de Clermont, femme de Jean de Montluc, seigneur de Balagny, maréchal de France, laquelle défendit vaillamment en 1695, contre les Espagnols, la souveraineté de Cambray, donnée à son mari, & mourut de douleur de la lui voir enlever. Henri de Clermont-d'Amboise-Bussi, tué le 12 mai 1627, à la place royale, par François de Rosmadec, comte des Chapelles, dans ce fameux duel, pour lequel Rosmadec & le comte de Boutteville, père du maréchal de Luxembourg, furent exécutés.

De la branche de Saint-Georges étoient Jacques II, tué à la bataille de Nortlingue en 1645.

François-de-Paule, marquis de Monglat, dont nous avons des mémoires depuis 1635 jusqu'en 1660.

Louis, marquis de Monglat, son fils, gouverneur de M. le duc de Chartres, fils du régent.

De la branche des marquis de Rénel, sortie de celle de Saint-Georges, étoient:

Antoine, chef de cette branche, protestant zélé, qui se signala pour la défense de son parti à la bataille de Saint-Denis, & fut tué à la Saint-Barthelemi, par Louis de Clermont-d'Amboise, dit *le brave Bussy*, son cousin ; car, en matière de religion, la bravoure n'empêche pas d'assassiner.

O ! combien de héros indignement périrent!
Rénel & Pardaillan chez les morts descendirent.

Louis de Clermont-d'Amboise, marquis de Rénel, tué le 3 novembre 1615, dans une occasion où il s'agissoit d'empêcher la jonction d'un corps de Reitres à l'armée des princes soulevés contre le gouvernement.

Bernard, son petit-fils, marquis de Rénel, tué au siège de la Mothe, en 1645.

Cleriadus, marquis de Rénel, frère de Bernard, maréchal-de-camp, tué à Valenciennes en 1656.

Louis de Clermont-d'Amboise, leur frère aîné, tué d'un coup de canon au siège de Cambray, le 11 avril 1677.

Jean, aussi leur frère, tué au siège de Chauni. A la retraite où on se vit forcé par la mort de M. de Turenne, il commandoit l'arrière-garde, & contribua beaucoup à sauver l'armée. Il s'étoit trouvé à plus de vingt sièges, & à presque autant de combats & attaques des lignes.

Enfin Just, aussi leur frère, mort le 16 février 1702, le seul que le sort des combats ait épargné.

CLESIDE (*Hist. anc.*), peintre grec, qui vivoit vers l'an 276 avant Jésus-Christ. Mécontent de Stratonice, reine de Syrie, & voulant s'en venger, il la peignit entre les bras d'un pêcheur ; mais il la peignit belle : elle lui en sut gré, & le récompensa. *Voyez* dans M. de Fontenelle le dialogue de Stratonice & de Didon.

CLÈVES) *Hist. mod.*), grande maison d'Allemagne, dont la fable étoit d'être descendue d'un chevalier du Cigne, qui n'est connu que par les romans. L'empereur Charles IV fit prince de l'empire Adolphe III, comte de *Clèves* & de la Marck, mort en 1394. L'empereur Sigismond érigea *Clèves* en duché au concile de Constance, en 1417, pour Adolphe IV. La maison de *Clèves* forma deux branches principales, celle des ducs de *Clèves* & celle des ducs de Nevers : celle-ci fondit dans la maison de Gonzague & dans celle de Condé, celle des ducs de *Clèves* s'éteignit en 1609, & donna lieu à la guerre de la succession de *Clèves* & de Juliers, où Henri IV alloit s'engager lorsqu'il fut tué.

CLICTHOUE (JOSSE) (*Hist. litt. mod.*), auteur de l'*Anti-Lutherus*, un des premiers ouvrages composés contre Luther à la naissance du luthéranisme, & assez estimé des catholiques d'alors. Mort en 1543.

CLINIAS (*Hist. anc.*), père d'Alcibiade, tué à une bataille de Chéronée, gagnée par les Athéniens contre les Béotiens, l'an 447 avant J. C.

Un autre *Clinias*, philosophe pygathoricien, est cité en preuve des merveilleux effets attribués à la musique ancienne, & de l'empire qu'elle avoit, dit-on, sur les passions. Il étoit sujet à la colère ; quand il sentoit qu'elle alloit l'entraîner, il prenoit sa lyre, jouoit un air, respiroit, & disoit avec satisfaction : *Ah ! je sens que je m'adoucis.*

CLISSON (OLIVIER DE) (*Hist. de Fr.*). Dans la concurrence des maisons de Montfort & de Penthièvre au duché de Bretagne, la maison de *Clisson* se partageoit entre les deux contendans. *Olivier Clisson*, père du connétable du même nom, avoit servi la France & le parti de Penthièvre ou de Blois ; Amaury, son frère, s'étoit attaché à la comtesse de Montfort, dont il étoit un des généraux. *Olivier* ayant été pris par les Anglois, Amaury obtint d'Edouard, par la comtesse de Montfort, qu'il fût échangé. *Olivier* de retour en Bretagne, vantoit en toute occasion la magnanimité d'Edouard. Cet éloge d'un rival fatigua Philippe de Valois : il crut qu'*Olivier* avoit été attiré par son frère au parti Anglois, & sur ce soupçon, il lui fit trancher la tête à Paris, sans aucune forme de procès. Quelques auteurs disent que Philippe eut la preuve de la trahison de *Clisson* & de ses compagnons ; car plusieurs autres gentilshommes Bretons & Normands furent traités comme lui.

Charles V. réparateur habile des torts de son aïeul & de son père, s'attacha par des bienfaits le fils de ce *Clisson*, à qui Philippe de Valois avoit fait trancher la tête, & le connétable du Guesclin, dont *Clisson* devoit être le successeur, fournit un lien de plus pour le retenir au service de la France, en le faisant son *frère d'armes* : il méritoit cet honneur par une valeur digne de du Guesclin, si elle n'eût pas dégénéré quelquefois en férocité. Il se distingua dans la guerre contre les Anglois, qui se ralluma sous Charles V. Les Rochelois s'étant réunis sous l'obéissance de ce prince, David Olegrane, gouverneur de Benon, voulant venger l'Angleterre, eut la barbarie de faire couper le nez & les oreilles à tous les Rochelois qui se trouvoient alors à Benon : *Clisson*, pour venger la France à son tour, assiège Benon, l'emporte d'assaut, une partie de la garnison est passée au fil de l'épée ; tous ceux qui tombèrent vivans entre les mains des François furent pendus. Ce ne fut pas tout. Le reste de la garnison se retire dans le château, *Clisson* en fait le siège, les Anglois se rendent à discrétion. *Clisson* se place à la porte du château, fait sortir devant lui les Anglois un à un, & à mesure qu'ils sortent, il leur fend la tête avec sa hache d'armes : il massacra ainsi de sa main les quinze premiers ; il en eut le surnom de *boucher*, qu'il continua long-temps de mériter par de semblables actes de cruauté.

Charles-le-Mauvais, roi de Navarre, cet artisan de fraudes & de crimes, s'amusa, par jeu & par amour de l'intrigue, à rendre le duc de Bretagne & *Clisson* ennemis irréconciliables : il étoit allé voir *Clisson* dans ses terres ; il y avoit été reçu comme le beau-frère d'un roi à qui *Clisson* avoit consacré sa vie. Ils vont ensemble à la cour du duc de Bretagne. Charles-le-Mauvais s'apperçoit que Montfort est amoureux & jaloux de la duchesse sa femme, & que la duchesse a pour *Clisson* l'estime

& les égards dus à la réputation de ce guerrier. Il ne lui en fallut pas davantage pour jetter dans l'esprit du duc des soupçons que la jalousie d'un côté, l'artifice de l'autre, tournèrent bientôt en certitude ; le duc se croit outragé : & par la perfide adresse du roi de Navarre, il croit même avoir vu ; en conséquence, la mort de *Clisson* est résolue : trente Anglois qui composoient la garde du duc, sont chargés d'assassiner *Clisson* ; il en reçoit l'avis assez tôt pour leur échapper, mais de là naquit une inimitié mortelle entre le duc de Bretagne & *Clisson*. Le duc s'étant livré au parti Anglois, se vit au moment d'avoir entre les mains son ennemi *Clisson*, pour qui sa haine étoit devenue fureur. Il le tenoit assiégé dans Quimperlay. Impatient de saisir sa proie, il couroit à l'assaut, il préparoit à *Clisson* la mort la plus cruelle, & les Anglois que *Clisson* avoit juré de n'épargner jamais & qu'il traitoit avec cruauté en toute occasion, secondoient l'ardeur du duc. *Clisson* ne pouvoit plus ni résister, ni échapper, lorsqu'une trêve conclue entre Edouard III & Charles V, & dans laquelle la Bretagne étoit expressément comprise, fit tomber les armes des mains du duc, & sauva *Clisson* pour la seconde fois.

Le connétable du Guesclin mourut en 1380. *Clisson*, qui avoit recueilli ses derniers soupirs, lui succéda dans la qualité de connétable, & contribua beaucoup à la victoire de Rosebèque, en 1382.

Le temps ne put affoiblir la haine du duc de Bretagne & de *Clisson*. Celui-ci parut chercher les moyens de la perpétuer. Jean, fils de Charles de Blois, étoit resté en otage chez les Anglois, *Clisson* le délivra & lui donna sa fille. Le duc de Bretagne vit dans cette alliance un dessein marqué de le troubler dans sa possession, & de renouveller la querelle des maisons de Montfort & de Penthièvre ou de Blois ; il s'allarma ; il manda la noblesse du duché pour délibérer avec elle sur les dangers qui menaçoient la province. *Clisson* étoit alors en Bretagne ; il se rendit à Vannes comme les autres, sur l'invitation du duc, il est accueilli : après dîner le duc le mène voir le château de l'hermine, qu'il faisoit bâtir sur le bord de la mer ; là, il le fait arrêter, enchaîner, jetter dans un cachot comme un criminel, & il ordonna à Bavalan, gouverneur de ce château, de faire jetter pendant la nuit *Clisson* dans la mer.

On sait comment Bavalan, par sa fidelle désobéissance, sauva tout-à-la-fois *Clisson* & le duc, comment il attendit le moment du remord & du repentir pour rendre la vie au duc désespéré, en lui annonçant que *Clisson* étoit vivant. M. de Voltaire a fait de ce beau trait historique le dénouement de son *Adélaïde du Guesclin*.

Le duc de Bretagne, trop heureux d'échapper aux malheurs que l'exécution de son crime eût entraînés, devoit s'empresser de rendre à *Clisson* la liberté ; il la lui vendit ; il fallut qu'il en coutât à *Clisson* cent mille francs & quelques places pour avoir été outragé. *Clisson* demanda justice de tant d'affronts ; il jetta son gage de bataille, qui ne fut point relevé ; le roi obligea le duc de rendre l'argent & les places, & ces deux ennemis parurent réconciliés.

Mais le duc de Bretagne voyoit toujours dans *Clisson* l'amant de la duchesse sa femme ; il se croyoit outragé dans son honneur, *Clisson* l'avoit été réellement dans sa personne ; de plus, *Clisson* étoit l'ennemi capital des Anglois, le duc étoit leur allié. Enfin le duc & *Clisson* avoient aussi leurs différens partis à la cour de Charles VI, comme en Bretagne ; le duc étoit ami des oncles du roi, *Clisson* l'étoit du duc d'Orléans. Lorsque ce prince engagea Charles VI à régner par lui-même, ce fut le duc d'Orléans qui régna, & *Clisson* gouverna sous lui. La fureur de ce dernier lui suscita un nouvel ennemi, qui se chargea d'exécuter le crime que le duc de Bretagne n'avoit qu'ordonné.

Pierre de Craon, l'un des plus grands seigneurs & des plus méchans hommes de la cour de France, étant tombé dans la disgrace du duc d'Orléans, en accusoit le connétable, & préparoit sa vengeance. Tandis qu'on le croyoit en Bretagne auprès du duc, dont il étoit parent, & avec lequel il avoit des intelligences, il étoit caché à Paris. Un soir, le connétable de *Clisson* retournant de l'hôtel Saint-Paul à sa maison, qui occupoit l'emplacement où est aujourd'hui l'hôtel de Soubise, lorsqu'il passoit dans la rue Culture Sainte-Catherine, une foule de gens armés se mêlent parmi ses domestiques, on éteint les flambeaux, on se jette sur *Clisson*. Il croit que c'est un badinage du duc d'Orléans. *Monseigneur*, dit-il, *par ma foi, c'est mal fait ; mais je vous le pardonne, car vous êtes jeune, & ce sont tous jeux en vous. — Clisson, il faut mourir*, répondit une voix terrible que *Clisson* reconnut d'abord. C'étoit Pierre de Craon, suivi de quarante assassins. Le connétable se défendit avec sa valeur ordinaire ; mais succombant sous le nombre, il fut laissé pour mort. Après l'évasion des assassins, les domestiques du connétable le reportèrent à son hôtel ; la connoissance lui revint, il eut la consolation, en ouvrant les yeux, de voir couler les larmes du roi, qui, au premier bruit de cet accident, étoit accouru chez lui au milieu de la nuit tout en désordre, & qui le recommandoit affectueusement aux médecins. Le roi vit mettre l'appareil & ne se retira qu'au jour, après s'être bien assuré que les blessures n'étoient point mortelles. *Pensez de vous*, lui dit-il en le quittant, *& ne vous souciez point de rien : car onques délit ne fut si cher amendé sur les traîtres, comme celui-ci sera, car la chose est mienne.* (1391, 14 juin.)

Cependant Craon s'étoit retiré dans ses terres, s'applaudissant d'avoir abattu son ennemi, & se flattant que l'auteur du crime seroit ignoré. Il apprit à Sablé que *Clisson* n'étoit point mort. Il courut alors chercher un asyle en Bretagne contre la vengeance du roi. Le duc, complice ou non de l'attentat de Craon, lui tint un discours bien coupable. *Vous êtes un chétif*, lui dit-il, *quand vous n'avez pu occire un homme duquel vous étiez au-dessus.* —— *Monseigneur*, répondit Craon, *c'est bien diabolique chose : je crois que tous les diables d'enfer, à qui il est, l'ont gardé & délivré de moi & de mes gens, car il eut sur lui lancés & jettés plus de soixante coups d'épée & de couteau.*

Trois des assassins furent pris & décapités, supplice trop peu honteux pour un crime si bas ; Craon fut condamné par contumace, son hôtel fut rasé, & l'emplacement donné pour former le cimetière Saint-Jean ; la rue qui borde cet hôtel ; & qu'on appelloit *la rue de Craon*, s'appella depuis cet événement, *la rue des mauvais garçons*; les châteaux appartenans à Craon furent démolis, sa femme, Jeanne de Châtillon, & leur fille unique, en furent chassées ignominieusement, quoiqu'innocentes, déplorable effet des confiscations.

Le roi voulut marcher en personne contre le duc de Bretagne & contre Craon : ce fut dans ce fatal voyage qu'il eut le premier accès bien marqué de démence.

Cette expédition de Bretagne n'étoit point agréable aux François. On jugeoit que *Clisson* auroit dû sacrifier l'intérêt de sa vengeance au bien de la paix. Les oncles du roi étoient contraires à cette expédition, parce que le duc d'Orléans la desiroit, & que *Clisson* la pressoit. La maladie du roi ayant remis l'autorité entre les mains des princes ses oncles, *Clisson* tomba dans la disgrace. Etant allé en qualité de connétable prendre les ordres du duc de Bourgogne : *Clisson*, lui dit le duc, *vous n'avez que faire de vous embesoigner de l'état du royaume, à la malheure tant vous en êtes-vous mêlé : où diable avez-vous tant assemblé de finances ? Le roi, Monseigneur, ne beau-frère de Berry, ne moi, n'en pourrions tant mettre ensemble : partez de ma chambre, & issez de ma présence, & faites que plus ne vous voye, car se n'étoit l'honneur de moi, je vous ferois l'autre œil crever.* (*Clisson* avoit perdu un œil au service du duc de Bretagne avant de devenir son ennemi.)

Ce que le duc de Bourgogne dit ici de la fortune du connétable, est sans doute exagéré ; mais il est vrai que cette fortune étoit trop grande & avoit été trop rapide. On fit le procès au connétable, qui fut banni, condamné à une amende de cent mille marcs d'argent, & destitué de son office. *Clisson* se retira dans ses terres, d'où il fit la guerre au duc de Bretagne & à Craon, qui reparut pour lors. Après bien des ravages réciproques, on fit la paix, des procédés généreux l'avoient préparée. Le duc de Bretagne s'étoit souvenu que *Clisson* avoit été son ami ; il lui avoit écrit pour le prier de venir traiter avec lui, & lui avoit envoyé son fils aîné pour ôtage : *Clisson* lui avoit ramené son fils, ne voulant d'autre sûreté que la parole du duc. Avec de telles dispositions la paix est bientôt faite, & elle dure. Celle-ci fut si solide, que le duc de Bretagne venant à Paris, marier son fils aîné avec une fille du roi, laissa la régence de ses états & de ses autres enfans à ce *Clisson* si long-tems son ennemi, & recommanda leur mère aux soins généreux de ce même *Clisson*, dont il avoit été si jaloux.

La réconciliation du duc de Bretagne avec *Clisson* éteignoit cette longue querelle de Montfort & de Penthièvre ou de Blois. L'héritier des droits de Penthièvre, Jean de Blois, étoit gendre de *Clisson*, & suivoit son exemple. Mais Marguerite de *Clisson* étoit bien éloignée de la modération de son père & de son mari : à la mort du duc de Bretagne, elle osa conseiller à *Clisson* de faire mourir les enfans du duc, pour que le duché passât à son mari. *Clisson* justement indigné, mais brutal jusques dans sa vertu, saisit un épieu, & courut pour en percer sa fille ; la frayeur la fit tomber en fuyant, & elle se cassa la cuisse.

Le connétable de *Clisson* mourut dans son château de Josselin, le 24 avril 1407.

CLISTHÈNES (*Hist. anc.*), magistrat d'Athènes, aïeul de Périclès, est l'auteur de la loi de l'Ostracisme; mais il n'en fit qu'un bon usage; elle lui servit à faire chasser le tyran Hippias, & à remettre Athènes en liberté. Ce fut l'an 510 avant J. C.

CLITUS (*Hist. anc.*) un des généraux & de Philippe & d'Alexandre. Il avoit sauvé la vie à ce dernier à la bataille du Granique ; c'est lui qui, dans les batailles d'Alexandre, monument immortel du génie & du peintre le Brun & du graveur Audran, est représenté abattant d'un coup de hache le bras d'un soldat qui alloit fendre la tête à Alexandre. Ce conquérant l'oublia & s'oublia lui-même, le jour, où dans la chaleur du vin, rabaissant les exploits de Philippe son père, pour relever les siens, il trouva dans *Clitus* un contradicteur imprudent; il le tua dans sa fureur, ou plutôt, disons tout, il l'assassina, car il alla l'attendre dans dans un passage par où *Clitus* se retiroit : *Clitus* lui dit quelques mots de soumission qui ne purent le désarmer, il en fut au désespoir ensuite, & voulut se tuer lui-même. C'est tout ce qu'on peut dire pour son excuse. (Voyez les réflexions sur Alexandre, vol. 1 part. 1.)

CLODION, second roi de France (*Hist. de Fr.*). Ce prince est surnommé *le chevelu*, ou de la grande quantité de ses cheveux, ou de ce qu'il les laissoit croître par-tout également, contre l'usage des princes Francs, qui, suivant la remarque de Sidonius, ne les laissoient croître que sur les côtés, & se rasoient le derrière de la tête. Les Francs, sous son règne, prirent Tournay, Cambray, & réduisirent tout le pays jusqu'à la Somme. Aétius leur livra plusieurs combats, où l'art militaire & la discipline des légions romaines triomphèrent de la valeur & de l'intrépidité des Francs. Cependant Aétius conçut une si haute idée de cette nation, que, quoique vainqueur, il rechercha la paix. Il préféra l'alliance & l'amitié des François à la gloire de les forcer d'abandonner leurs conquêtes. Ils restèrent paisibles possesseurs de Cambray & de Tournay,

Tournay, ainsi que du territoire de ces villes : il paroît même qu'ils possédèrent quelques places dans l'Artois. *Clodion* mourut l'an 447, après un règne de vingt ans : on croit que sa mort fut occasionnée par la douleur que lui causa celle de son fils aîné. Cette opinion atteste sa sensibilité & fait l'éloge de son cœur. L'histoire varie sur le nom & sur le nombre de ses enfans : les uns prétendent qu'il en eut deux, qu'ils nomment *Clodebaut* & *Clodomir*; d'autres lui en donnent trois, Renaut, Auberon & Reynacaire; c'est de cet Auberon que l'on fait descendre Pepin, premier roi de la seconde race. On ne sauroit rien dire de positif à cet égard; & grace à l'obscurité des chroniques de ces temps, on ne sait si Mérouée, qui fut son successeur, étoit son fils : le nom de sa femme est ignoré. (*M—Y.*)

CLODIUS (PUBLIUS) (*Hist. Rom.*), frère incestueux, profanateur des mystères de la bonne déesse, citoyen factieux, tribun séditieux, infracteur de toutes les loix divines & humaines, fabricateur de tous les décrets funestes, chez qui la magistrature & la loi étoient des armes pour égorger ses ennemis, c'est-à-dire les gens de bien; vengeur des Catilina, des Lentulus & des Céthegus ses semblables, sur Cicéron; fléau & du sénat & de la république; tué enfin, par Milon, dont Cicéron prit la défense avec l'éloquence & le mauvais succès que tout le monde sait, périt l'an de Rome sept cent cinquante-deux ans un peu avant l'ère chrétienne. C'est le même dont il est parlé à la page 165, & nous n'en reparlons ici que pour fixer la date de sa mort.

CLODOALD, *ou* CLOUD (SAINT) (*Hist. de Fr.*) Clodomir, dont l'article suit, avoit laissé trois fils, Théodebert, Gontaire, *Clodoald*, qui étoient élevés avec beaucoup de tendresse par la reine Clotilde, leur aïeule. Childebert & Clotaire, fils de Clotilde & oncle des enfans de Clodomir la prient de les leur envoyer, pour qu'ils les mettent en possession des états de leur père. Clotilde, consacrée dans sa retraite à la vertu & à la piété, ne put soupçonner ses fils d'un crime, & leur livra leurs victimes.

On ne sait s'ils voulurent insulter à sa crédulité, ou s'ils crurent lui montrer un reste d'égard, en lui donnant pour ses petits-fils le choix des ciseaux ou du poignard. Dans son indignation & dans sa douleur, elle s'écria, sans savoir ce qu'elle disoit, qu'elle aimoit mieux les voir morts que tondus & enfermés dans un cloître. Ce mot fut leur arrêt : Clotaire prend un poignard, & renverse l'aîné mort à ses pieds. Le second embrasse les genoux de Childebert, qu'il crut moins impitoyable, & lui demanda la vie. Childebert se sentit ému, & voulut engager Clotaire à épargner cet enfant. Clotaire transporté de fureur à cette proposition, menace son frère de le tuer lui-même, lui arrache l'enfant & le poignarde à ses yeux. Cette tragédie est de l'an 534. Le troisième eut le bonheur d'échapper; il se consacra aux autels (en 535), & vécut seul en paix parmi tous ces monstres guerriers. On l'invoque sous le nom de saint Cloud, qu'il a donné à ce bourg, situé sur la Seine, à deux lieues de Paris, qui lui avoit servi d'asyle.

CLODOMIR (*Hist. de Fr.*), roi d'Orléans, l'aîné des fils de Clovis & de Clotilde. Les trois fils de Clotilde, sous le prétexte vrai ou faux que Sigismond, roi de Bourgogne, frère de Clotilde, retenoit injustement le bien de leur mère, attaquent Sigismond; il tombe avec sa femme & ses enfans entre les mains de *Clodomir*, roi d'Orléans, qui les fait égorger & jetter dans un puits : le royaume de Bourgogne fut pour lors (523) conquis par les Francs.

Il fut reconquis le moment d'après par Gondemar, frère de Sigismond : les Francs, conduits par *Clodomir*, ne tardèrent pas à lui présenter la bataille; ce fut à Véseronce, auprès de Vienne : *Clodomir*, vainqueur, poursuivant les fuyards avec l'ardeur imprudente de ce temps-là, fut tué en 524. Sa vengeance servit de prétexte aux rois Francs, ses frères, pour achever de conquérir & de détruire ce premier royaume de Bourgogne en 534.

CLOPINEL (*Hist. de Fr.*), ou Jean de Meun. C'est le continuateur célèbre du roman de la Rose, commencé par Guillaume de Lorris. Il se nommoit Jean de Meun, parce qu'il étoit né à Meun-sur-Loire, & *Clopinel*, parce qu'il étoit boiteux. Il n'en étoit pas moins agréable aux femmes : mais il étoit satyrique & pour le moins indiscret; il avoit un enjouement qui ne paroîtroit plus guères aujourd'hui que de la bouffonnerie, mais qui étoit de bon goût alors, & qui charmoit la cour de Philippe-le-Bel. Il avoit fait contre les femmes en général ce quatrain grossier, si souvent cité avec complaisance par ces hommes grossiers qui se font un plaisir de reprocher aux femmes ce qu'ils voudroient presque toujours leur inspirer.

> Toutes êtes, serez ou fûtes,
> De fait ou de volonté P.....
> Et qui toutes vous chercheroit,
> Toutes P..... vous trouveroit.

Des femmes mécontentes, ou de cette insulte générale, ou de médisances, ou de calomnies plus particulières, se trouvant avec lui, & se trouvant en forces, voulurent, dit-on, le fouetter pour le punir, genre de vengeance peu propre à réfuter le quatrain; il se défendit par son quatrain-même. J'y consens, dit-il, mais je donne à celle qui commencera, le prix de la chose énoncée dans mon quatrain : aucune ne voulut commencer. Tout cela au reste a bien l'air d'un conte. On en fait un autre sur sa mort. Il se fit enterrer aux dominicains de la rue St. Jacques à Paris, auxquels il légua par son testament un coffre très-pesant, & qu'on crut rempli d'effets précieux, mais qu'il ne permit d'ouvrir qu'après l'enterrement. Les dominicains commencèrent par signaler d'avance leur reconnoissance, en se piquant de faire à leur bienfaiteur de magnifiques obsèques; mais quand ils ouvrirent le coffre, ils le trouvèrent plein de morceaux d'ardoises cassées. Indignés de se voir ainsi joués & déchus de leurs grandes espérances, ils se vangèrent en moines du quatorzième siècle, en déterrant le testateur qui avoit usurpé ainsi de belles funérailles : le parlement les obligea de lui donner une sépulture honorable dans leur cloître. *Clopinel* avoit traduit le livre *de la consolation de la philosophie* de Boëce & les lettres d'Abailard; mais il n'étoit pas encore tems de traduire en françois. La langue n'étoit pas faite.

CLOTAIRE I. Les articles Childebert, Chramne, Clodomir & Clotilde font assez connoître quel monstre barbare & débauché étoit ce *Clotaire I*, fils de Clovis.

CLOTAIRE II, dixième roi de France (*Hist. de France*), naquit en 584, de Chilpéric, son prédécesseur, & de la fameuse Fredegonde. Ce prince n'avoit que quatre mois lorsqu'il perdit son père, qui mourut assassiné : il fut élevé sous la tutèle de Fredegonde & de Gontran, roi de Bourgogne, son oncle paternel. Le commencement de son règne fut agité par une infinité d'orages; Childebert, roi d'Austrasie, son cousin, aspiroit à le dépouiller, sous prétexte de venger la mort de Sigebert I, son père, que Fredegonde avoit fait assassiner; il entroit dans sa treizième année lorsqu'il fut abandonné à lui-même par la mort de sa mère, princesse plus capable que digne de règner : il avoit perdu, plusieurs années auparavant, Gontran, son principal appui après elle. Childebert, son ennemi, avoit transmis sa haine contre lui à Théodebert II & à Thierri, ses fils, qui lui avoient succédé, l'un dans ses états d'Austrasie, l'autre dans ceux de Bourgogne : *Clotaire* n'eût pu se soutenir sur le trône, si ces deux princes, ligués pour l'en faire descendre, fussent toujours restés unis. Plusieurs batailles qu'il soûtint contre eux l'avoient mis à deux doigts de sa perte : heureusement pour lui la division se mit entre eux, & ils employèrent à se détruire les armées qu'ils avoient levées à dessein d'opérer sa ruine. Théodebert, vaincu par son frère, fut assassiné peu de temps après sa défaite, & Thierri n'eut pas le temps de jouir de sa victoire : ce prince mourut de dyssenterie l'année d'après. *Clotaire* se rendit maître de toute la monarchie, mais il abusa cruellement de sa puissance : moins roi que tyran, il fit attacher Brunehaut à la queue d'un cheval indompté. Telle fut la fin d'une princesse, fille, femme & mère d'une infinité de rois : de quatre enfans que laissoit Thierri, le barbare en massacra deux; il confina le troisième dans un cloître; le quatrième chercha son salut dans l'obscurité, & se cacha si bien, que l'histoire n'a pu nous apprendre quelle fut sa destinée.

Clotaire gouverna avec une extrême foiblesse; & si l'on fait consister la puissance dans l'autorité, jamais prince n'en eut moins que lui; il fut toujours subordonné à ses ministres, qui tous tranchèrent du monarque. Ce fut sous son règne que les maires du palais jettèrent les fondemens de cette énorme puissance qui tint celle des rois à la chaine, & finit par l'anéantir. Radon, qui l'étoit d'Austrasie, obtint de ne pouvoir être destitué; cette inamovibilité s'étendit aux possesseurs des grandes charges de l'état, & dès-lors le trône chancela sous les légitimes maîtres.

Clotaire II mourut en 628, & fut enterré dans l'église de Saint-Germain-des-Prés : il étoit âgé de 45 ans; son règne égaloit presque son âge. On peut, dit l'auteur de l'*Abrégé chronologique*, remarquer trois choses sur ce prince : il est le troisième roi qui ait réuni toute la monarchie; il est le second du nom; & par une destinée attachée à ce nom, ayant eu pour partage le royaume de Soissons, le moins considérable de tous, il réunit tous les autres, ainsi qu'avoit fait Clotaire I, son aïeul. Il avoit eu trois femmes, Haldetrude, Bertrude & Sichilde : il laissa deux enfans, Dagobert, qui lui succéda, & Charibert, qui eut une partie de l'Aquitaine, mais plutôt comme apanage que comme royaume.

De tous les historiens qui ont traité de l'histoire de *Clotaire II*, aucun n'en a parlé avec plus de vérité que M. Velly. Voici le tableau qu'en fait cet excellent écrivain : « C'est en vain, dit-il, que les historiens de son temps, ou trop esclaves, ou trop comblés de ses bienfaits, représentent ce monarque comme un prince juste & débonnaire; ses actions nous le peignent sous d'autres couleurs; l'usurpation du trône de Thierri, le massacre des petits-fils de Brunehaut, la mort cruelle de cette reine, celle de Boson, celle de Godin, fils de Garnier, tout prouve qu'il n'avoit ni cette inflèxible équité, ni cette incroyable douceur que lui donnent ses panégyristes... Ce sont des taches si contraires à l'esprit d'équité, aux loix de l'honneur, aux maximes du christianisme, qu'il est impossible de les excuser. Il est honteux pour l'humanité que le siècle de *Clotaire II* n'y ait vu ni injustice, ni cruauté; au reste, on ne peut disconvenir qu'il n'ait été un prince vaillant & brave, habile dans l'art de gouverner, populaire, affable, charitable pour les pauvres, libéral envers les églises, zélé pour l'observation des saints canons, ami & protecteur ardent de tous les serviteurs de Dieu... c'est à lui que nous devons le code des loix Allemandes; elles furent rédigées & mises par écrit dans un parlement de trente-trois évêques & de trente-quatre ducs assemblés sous ses ordres : il avoit l'esprit orné, aimoit les belles-lettres, se piquoit de politesse & de galanterie; sa complaisance pour le beau sexe alloit à l'excès; on lui reproche son extrême passion pour la chasse ». (*Art. R.*)

(La sévérité de M. l'abbé Velly à l'égard de *Clotaire II*, tient à l'opinion qu'il a cru devoir adopter sur Brunehaut, d'après une idée de Bocace. *Voyez l'article* BOCACE, où ces jugemens sont discutés.)

CLOTAIRE III, treizième roi de France, fils & successeur de Clovis II, fut couronné en 655 : il étoit âgé de cinq ans ou environ. Il vécut sous la tutèle & sous l'empire de Batilde, sa mère, & d'Erchinoalde ou Archambault, maire du palais; quoiqu'il eût deux frères, Childebert II & Thierri II, qui, suivant l'usage, devoient être admis au partage de la monarchie, il la posséda toute entière; il régna seul, ou plutôt il fut seul sur le trône jusqu'en 660: ce fut à cette époque qu'il remit à Childéric II, son frère, le sceptre d'Austrasie; il se contenta de celui de Neustrie & de Bourgogne, qu'il conserva jusqu'à sa mort, qui se rapporte à l'an 668. Il reçut les honneurs funèbres au monastère de Chelles, où la reine Batilde s'étoit consacrée: son règne n'est marqué par aucun événement mémorable, & l'histoire ne nous a point révélé quelle fut sa vie privée. Il avoit dix-neuf à vingt ans lorsqu'il mourut, & ce n'est pas à cet âge que l'on peut avoir fait de grandes choses. D'ailleurs les rois de la première race, depuis Dagobert I, ne furent point destinés à jouer un rôle bien intéressant. Thierri II, son frère, qui jusqu'alors avoit vécu obscur, lui succéda, par les soins d'Ebroin; mais la haine qu'on portoit à ce ministre réjaillit sur lui, & le roi en fut la victime; on le confina dans l'abbaye de Saint-Denis, d'où il ne sortit que long-temps après. (*M — Y.*)

CLOTILDE (*Hist de Fr.*). Gondioche, roi des Bourguignons, avoit laissé quatre fils, Gondebaud, Gondegisile, Chilpéric, Gondemar: ils avoient partagé le royaume de Bourgogne, comme les petits-fils de Clovis partagèrent depuis le royaume de France. Les deux aînés firent une ligue pour dépouiller les deux autres: Gondebaud assiégea dans Vienne Chilpéric, & Gondemar brûla ce dernier dans une tour où il se défendoit, fit massacrer Chilpéric & ses deux fils, qui étoient tombés entre ses mains, & jetter sa femme dans la rivière, une pierre au cou.

Chilpéric laissoit deux filles; une se fit religieuse, l'autre épousa Clovis; ce fut la célèbre reine *Clotilde*: elle eut la consolation de convertir le roi son mari au christianisme. Voyez pour le reste de son histoire, les articles *Clodoald* & *Clodomir*. Gondebaud, oncle de *Clotilde*, & qui l'avoit mariée avec Clovis, s'étoit défait de son troisième frère Gondegisile, & avoit réuni toute la monarchie des Bourguignons. Il laissa deux fils, Sigismond & Gondemar, auxquels les fils de *Clotilde* redemandoient le bien de leur mère. (*Voyez* CLODOMIR.)

CLOVIS-*le-Grand*, *cinquième roi de France*, (*Histoire de France*), naquit vers l'an 568, de Childeric son prédécesseur, & de la reine de Thuringe, qui, n'ayant pu vaincre sa passion, avoit quitté le roi Bazin son mari, & étoit venue trouver ce prince en France. Si l'on en croit Fredegaire, Childeric eut un songe qui présageoit la grandeur de ce fils, & les malheurs de sa postérité. Les cinq premières années du règne de *Clovis* furent employées à des exercices conformes à son inclination: il fomentoit le courage de ses soldats, les accoutumoit à la fatigue, & s'y endurcissoit lui-même: il donnoit fréquemment des jeux publics, & c'étoient des courses de chevaux, des combats d'homme à homme, & contre des bêtes féroces: il leur montroit sans cesse l'image de la guerre, à laquelle il avoit consacré son règne. Ses états étoient trop bornés pour un cœur aussi ambitieux que le sien; il ne vouloit souffrir dans les Gaules aucune puissance rivale de la sienne, & il aspiroit à en chasser ou à subjuguer les Romains, les Visigoths & les Bourguignons qui en partageoient l'empire avec lui. Se premiers regards se tournèrent vers les Romains, soit que sa fierté fût flattée de se mesurer avec les anciens rois du monde, soit que sa politique fût intéressée à les chasser; plein de confiance dans ses talens, dans la valeur & l'intrépidité de son armée, il envoya sommer Siagrius, lieutenant de l'empire romain dans les Gaules, de convenir du jour & du lieu d'une bataille. Les François furent longtemps fidèles à cet usage, qu'ils apportèrent de la Germanie, qui fut le berceau de leur nation: ils dédaignoient toutes les ruses de guerre, & n'estimoient que les victoires où la valeur avoit présidé. Vainqueur de Siagrius, qui accepta le défi, *Clovis* poursuivit ce général; & n'ayant pu l'atteindre, il envoya des ambassadeurs à Toulouse, sommer Alaric, roi des Visigoths, auprès de qui il s'étoit refugié, de le lui livrer, & lui déclarer la guerre en cas de refus. Alaric ne voulant point s'exposer à son ressentiment, lui envoya le général vaincu, malgré les droits de l'hospitalité qui rendoient sa personne sacrée. Siagrius avoit pour père ce Gilon qui avoit occupé le trône de France pendant l'exil de Chilpéric; *Clovis* lui fit trancher la tête, & l'immola ainsi à sa sûreté & à son ressentiment. Cependant ce qui prouve que cette rigueur étoit autant dans sa politique que dans son humeur, ce fut sa clémence envers les Gaulois & les Romains qui avoient obéi à Siagrius; il leur laissa leur religion, leur pays, leurs coutumes, leurs loix, & ne voulut d'autre prix de sa victoire que la gloire de leur commander. Cette douceur affectée attacha ces peuples à sa domination: & il n'eut pas besoin d'une autre magie pour les maintenir sous sa puissance. Les Romains avoient trop d'embarras en Italie, pour songer à reconquérir ce qu'ils avoient perdu dans les Gaules. L'entière soumission du Soissonnois, fruit de la victoire des François sur Siagrius, fut suivie de la guerre de Thuringe; une invasion, vraie ou supposée, sur les terres des Francs au-delà du Rhin, en fut la cause ou le prétexte. *Clovis* accusoit les Thuringiens d'avoir exercé sur ses sujets les plus monstrueuses cruautés: ses armes semblèrent justifiées par le succès; tout fut mis à feu & à sang dans la Thuringe, & ce royaume alloit être réduit en province sujette, lorsque l'illustre Théodoric, roi des Ostrogoths en Italie, désarma *Clovis*, & l'engagea à se contenter d'un tribut annuel. Une paix de plusieurs années succéda au traité;

les premiers mois furent consacrés aux noces de *Clovis* avec Clotilde. Cette princesse, nièce de Gondebaud, roi de Bourgogne, jouissoit d'une réputation qui séduisit le monarque François : Clotilde étoit belle, spirituelle, & joignoit à ces heureuses qualités toutes les graces & toutes les vertus de son sexe. Il est cependant à croire que le mérite de Clotilde, tout grand qu'il étoit, ne fut pas l'unique motif qui détermina *Clovis* à cette alliance : & ce n'est pas trop présumer de la politique de ce conquérant, que de penser qu'il regarda ce mariage comme un titre qui l'autorisoit à dépouiller Gondebaud du royaume de Bourgogne. Chilpéric, père de Clotilde, avoit péri par l'ordre de Gondebaud, & sa qualité de gendre sembloit exiger qu'il fût son vengeur. La nouvelle épouse avoit été élevée dans le sein de la religion; elle multiplia ses efforts pour déterminer *Clovis* à se plier au joug de la foi. Ses premières tentatives furent infructueuses; le monarque permit cependant que ses enfans fussent levés sur les fonts; mais la mort d'Inguiomet, son fils aîné, arrivée peu de temps après la cérémonie, & la maladie du second, qui fut aux portes du tombeau, s'opposèrent aux vœux ardens de cette princesse, ils ne furent accomplis qu'après la bataille de Tolbiac contre les Allemands. On prétend que *Clovis*, sur le point de perdre cette fameuse bataille, & fatigué d'invoquer inutilement ses dieux, se tourna vers celui des chrétiens, qui couronna ses efforts. Les historiens lui prêtent une assez longue prière, que, suivant eux, il fit en présence de son armée; mais c'eût été une indiscrétion incompatible avec le caractère d'un aussi grand général; ce n'étoit pas en montrant son désespoir & en parlant d'abandonner les dieux de sa nation qu'il pouvoit se flatter de ranimer le courage de ses soldats, qui tous étoient idolâtres. Si, comme l'ajoutent ces écrivains, il parvint à exciter de cette sorte l'ardeur des Francs, cette ardeur doit être regardée comme un miracle. La déroute des Allemands & des Suèves, leurs alliés, fut complette, leur pays fut ravagé; & tous les habitans auroient été chassés ou exterminés, si le même Théodoric, qui avoit déja obtenu la grace des Thuringiens, ne fût parvenu à calmer le ressentiment de *Clovis*. Les vaincus se soumirent, le roi leur laissa le libre exercice de leur religion, & leur conserva leurs loix; mais il se réserva le droit de confirmer l'élection de leurs souverains, auxquels il fut défendu de prendre le titre de roi, mais seulement celui de duc. Cette conquête, qui ne coûta aux François qu'une seule campagne, donne une haute idée de leur valeur. Les Suèves seuls avoient été long-temps le désespoir des Romains : César avoit même regardé comme fort glorieux d'avoir pu mettre le pied dans leur pays. *Clovis* à son retour se montra fidèle au vœu qu'il avoit fait d'embrasser le christianisme : il reçut le baptême par le ministère de S. Remi, qui, dans cette auguste cérémonie, lui parla avec une magnanimité singulière. « Sicambre, dit ce prélat, en lui adressant la parole, autrefois si fier, si farouche, & que la grace rend aujourd'hui si humble, si soumis, plie le col, adore ce que tu as brûlé, & brûle ce que tu as adoré ». Remi eût parlé avec plus d'exactitude, s'il eût recommandé à *Clovis* d'adorer ce qu'il est impossible de brûler; mais la religion lui pardonne en faveur du saint enthousiasme qui l'animoit. L'exemple de *Clovis* fut suivi par une infinité de François qui demandèrent le baptême. La conversion de ce monarque ne nuisit point à ses desseins; elle servit au contraire à en accélérer l'exécution. L'église étoit infectée de plusieurs sectes : le roi des Visigoths & celui des Bourguignons étoient Ariens, & leur hérésie excitoit la haine des orthodoxes, qui formoient le parti le plus puissant; tous devoient se déclarer en sa faveur contre les sectaires. Tout le clergé catholique, même celui de Rome, s'empressa de lui donner des marques d'estime & d'amour. Le pape, ou plutôt l'évêque de Rome, suivant le style en usage alors, lui parloit sans cesse d'un dieu qui devoit donner à ses armes les succès les plus éclatans : il l'invoquoit dès-lors comme le protecteur de son église. « Très-cher, très-glorieux, très-illustre fils, lui disoit-il, donnez cette satisfaction à votre sainte mère : soyez pour elle une colonne de fer; continuez, afin que le tout-puissant protège votre personne & votre royaume, qu'il ordonne à ses anges de vous guider dans toutes vos entreprises, & qu'il vous donne la victoire ». Une semblable épître eût été capable d'opérer la conversion de *Clovis*. Il ne tarda pas à entreprendre une nouvelle guerre; il chercha tous les prétextes possibles pour attaquer Gondebaud, dont les états avoient allumé sa cupidité : les souverains en manquent rarement. Gondebaud n'avoit qu'une petite partie de la Bourgogne; Gondegisile, son frère, en partageoit l'empire avec lui. Ces deux frères nourrissoient l'un contre l'autre une secrète inimitié : cette inimitié, plus puissante sur Gondegisile que les nœuds du sang, le détermina à solliciter le roi de France d'entrer en Bourgogne; ce qui fut bientôt exécuté. Gondebaud n'ayant pu arrêter l'impétuosité françoise, fut vaincu & poursuivi jusques dans Avignon : il ne conserva ses états qu'en s'assujettissant à un tribut. *Clovis* avoit conjuré sa ruine, il ne se fût pas contenté de ce tribut; il fit dans la suite plusieurs tentatives pour le perdre, & il eût réussi dans ce projet sans Théodoric, qui ne vouloit pas l'avoir pour voisin. La soumission des villes Armoriques, c'est-à-dire, de la Bretagne, suivit l'expédition de Bourgogne : il ne fut plus permis aux Bretons d'avoir des rois pour les gouverner, mais seulement des ducs; ainsi tous les peuples établis dans les Gaules, étoient ou sujets, ou tributaires de notre monarchie. Les Visigoths seuls avoient conservé leur indépendance. Alaric ayant jugé à propos de priver un évêque de son siège, *Clovis* affecta un saint zèle, & feignit de croire qu'il ne pouvoit se dispenser de prendre la défense de l'évêque dépossédé. Alaric craignoit d'entrer en lice avec ce monarque : ses sujets abâtardis par le calme d'une longue paix, n'étoient pas en état de se mesurer avec les François : il eut recours à la négociation; mais il éprouva qu'un prince armé par la politique, est implacable. *Clovis* l'accusa d'avoir voulu l'assassiner : il étoit bien plus capable de lui supposer ce crime qu'Alaric ne l'étoit de le commettre. Rien ne put calmer l'indignation feinte ou véritable du monarque François. Théodoric, qui régnoit avec tant de gloire en Italie, & dont le roi des Visigoths avoit épousé la fille, lui écrivit les lettres les plus pressantes, qui toutes furent infructueuses. Les François, en partant pour cette expédition, firent un vœu qui étoit ordinaire aux Cattes, l'une des principales tiges de leur nation; c'étoit de ne se couper les cheveux & la barbe que sur les dépouilles sanglantes des Visigoths. *Clovis*, qui ne laissoit échapper aucune occasion de se rendre agréable aux orthodoxes, fit vœu de bâtir une église dans Paris, sous l'invocation de S. Pierre & de S. Paul. On publia les plus expresses défenses de commettre aucunes violences contre les personnes dévouées au culte des autels: on n'a point d'exemple de la discipline qui fut exercée dans cette guerre : *Clovis* tua de sa propre main un soldat, pour avoir pris un peu de foin sur une terre ennemie. Les orthodoxes intéressés aux prospérités de ses armes, érigèrent en miracles tous les événemens de cette campagne : une biche, sans doute effrayée par le bruit de la multitude, traverse la Vienne à l'instant que l'armée se préparoit à passer cette rivière; c'étoit une biche envoyée par le ciel pour leur indiquer un gué : l'air paroissoit enflammé du côté de l'église de Saint-Hilaire de Poitiers; c'étoit une marque de la protection du saint, qui avoit conjuré la ruine des Visigoths, parce qu'ils étoient Ariens. Cependant *Clovis* avançoit toujours, précédé par le bruit de ces miracles, qui probablement ne furent pas les seuls. Alaric ne se dissimuloit point son infériorité devant des troupes continuellement exercées & aguerries par une infinité de combats & de victoires. Il eût bien voulu tirer la guerre en longueur, il faisoit sa retraite vers l'Auvergne; mais ayant été forcé de s'arrêter dans les plaines de Vouillé, son armée fut taillée en pièces, & lui-même périt de la main de *Clovis*, après avoir fait la plus belle défense. La soumission de l'Albigeois, du Rouergue, du Querci, de l'Auvergne, du Poitou, de la Saintonge & du Bourdelois, fut le fruit de cette victoire; il ne resta plus aux Visigoths de leur domination, en-deçà des Pyrénées, que la ville & le territoire de Narbonne, où ils proclamèrent Gesalic, fils du feu roi. *Clovis*, dans tout le cours de son règne, qui ne fut qu'un enchaînement de guerres, n'éprouva qu'une seule défaite, & ce fut Ibba, général de Théodoric, qui eut la gloire de la lui faire essuyer.

Clovis reçut à Tours des ambassadeurs de l'empereur d'Orient: ils venoient le féliciter de la part de leur maître, sur la gloire de son règne. Anastase lui envoyoit les ornemens de patrice, & des lettres qui l'invitoient à en prendre le titre; on lui donna dès-lors les noms pompeux de *consul* & *d'auguste*. C'est ainsi que les empereurs, trop foibles pour dominer dans les Gaules, se contentoient d'y conférer des titres.

Jusqu'ici *Clovis* a figuré en prince auquel on ne peut reprocher qu'un excès d'ambition. Maintenant il va paroître un allié barbare & sans foi, un parent dénaturé. Les François étoient encore divisés en plusieurs tribus : *Clovis* étoit bien le général commun de toute la nation; mais il n'étoit pas l'unique roi. Regnacaire régnoit dans le Cambresis; Sigebert dans Cologne; Riguiomer, dans le Mans; Cararic, dans une partie de la Flandre : plusieurs autres parens de *Clovis* possédoient, en pleine souveraineté, d'autres états moins considérables. *Clovis* avoit vécu jusqu'alors dans la plus grande intimité avec tous ces princes; il en avoit tiré de puissans secours; la résolution fut formée de les sacrifier à la grandeur de ses fils. Il engagea le fils de Sigebert à l'assassiner, & le fit assassiner lui-même lorsqu'il eut consommé cet horrible parricide. Devenu maître, par trahison, de la personne de Cararic, il l'obligea de se faire prêtre lui & son fils, & les fit aussi-tôt massacrer, sur le soupçon qu'ils méditoient une vengeance. Il entra ensuite dans le royaume de Cambrai, où Regnacaire lui fut livré, pieds & poings liés, par des traîtres qu'il avoit corrompus. « As-tu fait ce tort à ta race, dit-il en apostrophant » ce prince, de te laisser ainsi lier comme un es» clave, & ne devois-tu pas prévenir cette honte » par une mort honorable ? Il n'avoit pas fini ces mots qu'il lui ouvrit le crâne d'un coup de hache. « Et toi, ajouta-t-il en se tournant vers Ri» quier, frère de ce prince, si tu avois défendu » ton frère on ne l'auroit pas lié de cette sorte ». Il lui fendit également la tête. Riguiomer & tous les autres princes qui avoient quelques prétentions au titre de roi, périrent par ces lâches moyens. Voilà quelles furent les principales actions de *Clovis*, premier roi chrétien : la religion s'honoreroit plus d'avoir fait sa conquête s'il se fut montré moins féroce & moins barbare, & l'on auroit plus de foi aux miracles dont les historiens ont cru devoir embellir son histoire. On a demandé la raison pourquoi ce prince commit plus de crimes après sa conversion qu'auparavant ? Si l'on fait attention qu'ils étoient moins un effet de son caractère que de sa politique, on pourroit croire que cette raison vient de ce qu'il n'avoit point encore les mêmes motifs. Peut-être cependant la religion mal-entendue y eut-elle quelque part : le christianisme annonce un Dieu qui punit, mais un Dieu qui pardonne. Un seul mot d'un de ses ministres suffit pour effacer les souillures de la vie la plus longue & la plus criminelle, mais seulement à ceux qui sont touchés d'un sincère repentir. L'idolâtrie n'offroit pas cette consolation; un payen pouvoit trembler dans sa vieillesse, dans la crainte d'être puni pour des crimes commis dans son enfance. *Clovis* mourut l'an 511, âgé de quarante-cinq ans, dont il avoit régné trente: il laissoit six enfans, deux de sa première femme, Thierri, qui fut roi d'Austrasie; & Theudichilde, qui fut mariée au roi de Vosnes, nation saxonne, qui subsistoit alors & qui ne subsiste plus. De ceux que lui donna Clotilde, sa seconde femme, quatre lui survécurent, Clodomir, Childebert, Clotaire & Clotilde. Son corps fut porté dans la nouvelle église qu'il avoit fait bâtir pour accomplir le vœu qu'il fit en partant pour la guerre contre les Visigoths. On lui doit plusieurs fondations pieuses: il les fit pour diminuer l'horreur que la postérité pouvoit concevoir de ses crimes. (*M—Y.*)

CLOVIS II, douzième roi de France, fils & successeur de Dagobert I. *Voyez* SIGEBERT II.

CLOVIS III, seizième roi de France, fils & successeur de Thierri II, occupa le trône depuis l'an 691 jusqu'en 695, qui fut l'époque de sa mort. Pepin de Heristal ne l'y plaça que parce qu'il voyoit encore du danger à s'y placer lui-même; mais il ne lui laissa que l'ombre de la royauté, dont il se réserva toutes les prérogatives. Il lui étoit d'autant plus facile de se revêtir de ses dépouilles, que le jeune monarque n'étoit point en état de les défendre: il avoit dix à onze ans lorsqu'il parvint au trône, & quatorze à quinze lorsqu'il mourut. *Voyez* PEPIN. (*M—Y.*)

CLUENTIUS (*Hist. rom.*). On connoît l'oraison de Cicéron *pro Cluentio*; Sosie sa mère, l'accusoit d'avoir fait mourir Oppianicus son beau-père.

CLUVIER *ou* CLUWER (Philippe) (*Hist. litt. mod.*), géographe célèbre qui avoit beaucoup voyagé, & qui étoit très-savant dans les langues. On a de lui plusieurs ouvrages de géographie importans. *De tribus Rheni alveis. Germania antiqua. Italia antiqua, Sicilia, Sardinia & Corsica. Introductio in universam geographiam, tàm veterem quàm novam.* Né à Dantzick en 1580. Mort à Leyde en 1623.

CMIELNISKI (BOGDAN) (*Histoire moderne. Histoire des Cosaques*), hetman ou chef des cosaques, naquit dans l'obscurité; son élévation fut la récompense de ses services. Il avoit porté les armes comme simple soldat. Son courage l'avoit fait distinguer de la foule, sa fortune fut rapide: à peine une belle action étoit-elle payée par un grade un peu relevé, qu'il en faisoit une autre pour mériter un grade plus considérable. C'est ainsi qu'accumulant toujours par ses services les dettes que sa patrie contractoit avec lui, il parvint au rang de capitaine. Son ambition n'étoit point encore satisfaite, il vouloit commander à ses compatriotes. Ce peuple superstitieux & barbare étoit plongé dans la plus profonde ignorance, & de tous les arts cultivés en Europe, ne connoissoit que celui de la guerre. *Cmielniski* lia connoissance avec quelques savans, polit ses mœurs par le commerce des lettres, & acquit bientôt, par son éloquence, un ascendant irrésistible sur l'esprit de ses compatriotes. Il étudia ensuite les intérêts des états voisins, le génie des peuples, les intrigues des cours, & devint en peu de temps aussi capable de représenter sa nation dans une diète, que de la commander dans un jour de combat. A la mort de Sigismond III, on l'envoya en Pologne, où il fut bientôt gagner les bonnes graces du nouveau roi, pénétra ses desseins sur la Tartarie, & lui proposa des vues si sages sur cette entreprise, que ce prince ne crut pas en devoir confier l'exécution à d'autres mains. Déja tout étoit prêt pour cette expédition, lorsqu'un événement imprévu fit évanouir toutes les espérances du cosaque. La noblesse refusa de marcher. Les puissances qui devoient contribuer à la destruction des Tartares ne purent fournir les secours qu'on attendoit d'elles. L'appareil de guerre qui couvroit la Pologne disparut en un instant, & les troupes furent licentiées, *Cmielniski* retourna donc dans sa patrie. Ce n'étoit ni par amitié pour Uladislas, ni par zèle pour la république, qu'il étoit entré dans le projet de cette expédition, il n'avoit d'autre dessein que de se rendre redoutable & puissant. Indifférent sur le choix de ses ennemis, égorgeant les hommes sans les haïr, Tartare ou Polonois, tout lui étoit égal, pourvu qu'il eût les armes à la main. Depuis son départ de Pologne, il cherchoit un prétexte pour rompre avec cette puissance, & s'apprêtoit à la combattre avec le même empressement qu'il avoit marqué pour la servir. Mais trop foible par lui-même pour tenir tête à la république, il se fortifia de l'alliance des Russes soumis à la Pologne: ces peuples abrutis par un long esclavage, portoient avec peine le joug Polonois, prêts à le secouer dès qu'ils trouveroient un chef pour la révolte. La noblesse suivoit pour eux le systême politique adopté en Pologne, les tenoit dans un esclavage rigoureux, consommoit dans la paix le fruit de leurs travaux, & prodiguoit leur sang dans la guerre: *Cmielniski* leur promit de les délivrer d'une domination odieuse, de les faire rentrer sous l'obéissance du czar, ou de leur laisser choisir tel chef & telle forme de gouvernement qu'il leur plairoit. Ces magnifiques promesses tirèrent les Russes de la profonde léthargie où ils étoient plongés. D'un autre côté, *Cmielniski* représentoit aux Cosaques que la protection que la république leur avoit accordée, n'étoit qu'une tyrannie déguisée; qu'elle se servoit d'eux pour défendre ses frontières contre les Tartares; qu'après tant de services importans, lorsqu'ils s'étoient vus attaqués eux-mêmes par leurs voisins, la reconnoissance des Polonois avoit toujours été ou trop foible ou trop lente, qu'enfin ils étoient assez puissans pour vivre sans protecteurs & sans maîtres. Ces discours firent sur l'esprit des Cosaques le même effet qu'ils avoient fait sur celui des Russes, tout se souleva.

Tandis qu'en Pologne on délibéroit sur cet événement, qu'on publioit un ban, qu'on disputoit sur le nombre des troupes & le partage du commandement, le Cosaque alloit chercher un appui dans cette même Tartarie où il avoit d'abord voulu porter la guerre. Le général Potosky se hâta de prévenir les effets de cette alliance. Mais il commit une faute essentielle. La république avoit conservé quatre mille Cosaques attachés à son service. Il en forma l'avant-garde de son armée. Il avoit eu soin de leur faire jurer qu'ils mourroient fidèles à la Pologne. Mais ce serment ne devoit point rassurer un républicain expérimenté, qui savoit combien un homme libre aime sa patrie. Deux mille de ces soldats s'embarquèrent sur le Boristêne. A peine eurent-ils perdu de vue le camp de Potosky, qu'ils jettèrent les enseignes Polonoises dans le fleuve, & se rangèrent sous celles de leurs compatriotes. *Cmielniski* courut au-devant de ceux qui côtoyoient la rive, les fit rougir de porter les armes pour les oppresseurs de leur pays, les ramena à son camp, & tailla en pièces quinze cens Polonois qui les accompagnoient.

Potosky sentit, mais trop tard, la faute qu'il avoit commise. Il lui restoit à peine cinq mille soldats; l'armée de *Cmielniski* étoit de quarante mille hommes, & grossissoit tous les jours. Potosky, trop foible pour tenir tête à tant d'ennemis, fut contraint de rentrer en Pologne. Son armée précipitoit sa marche au milieu de ses chariots, qui protégeoient ses flancs par un double rempart. Elle s'enfonça dans une forêt épaisse, dont le fond marécageux rendoit la route aussi dangereuse que difficile. Les chariots ne servoient qu'à redoubler le désordre. Les rangs étoient rompus à chaque pas. La forêt retentissoit de cris mêlés au bruit des coups de haches. Chacun songeoit à son salut, personne ne s'occupoit de celui de l'armée. Au milieu de ce tumulte, les Cosaques & les Tartares, dont les chevaux étoient accoutumés à gravir dans les lieux les plus inaccessibles, pénètrent dans les bois. Les Polonois, épuisés de fatigues, se laissent égorger sans résistance; ceux à qui il reste assez de force pour fuir, s'engagent dans les marais & y demeurent ensevelis. Plusieurs rendent les armes. Les Tartares, occupés au pillage, leur donnent la vie, moins par pitié que par indifférence. Ce fut près de Corsum qu'ils firent cette boucherie.

L'alarme & l'épouvante passèrent jusqu'aux frontières opposées de la Pologne. On s'attendoit à chaque instant à voir le vainqueur aux portes de Varsovie, lorsqu'on reçut une lettre de *Cmielniski* adressée au roi. Il lui représentoit que la tyrannie de la noblesse, & les exactions des fermiers du domaine, avoient forcé la nation à prendre les armes; qu'elle étoit prête à se soumettre s'il vouloit lui rendre ses privilèges & sa liberté; que la dernière action devoit apprendre aux Polonois qu'il étoit dangereux d'opprimer un peuple guerrier, & que tant que ceux-ci seroient justes, les Cosaques seroient fidèles. Uladislas n'étoit plus, lorsque cette lettre arriva. Il venoit de terminer en Lithuanie une carrière assez belle pour ne pas faire regretter la vie. Il étoit à craindre que pendant le trouble d'une élection, *Cmielniski* ne vînt apporter le fer & le feu au milieu de la diète. On choisit, pour le fléchir, Adam Kisiel, palatin de Biraclaw, attaché comme lui au rite Grec. Ce seigneur étoit chargé par la république de promettre aux Cosaques le rétablissement de leurs privilèges, une domination plus douce, une protection plus réelle. *Cmielniski* attendit ce député à Brialacerkiew. Il congédia les Tartares, & renvoya une partie de ses troupes. Mais il ordonna aux premiers de ne pas s'éloigner, afin qu'il pût compter sur leur secours au cas qu'il fût attaqué. Les autres, sous la conduite de Czivonos, se répandirent dans la Podolie & dans la Russie, où ils commirent des ravages affreux.

Cmielniski se hâta d'écrire à la république pour désavouer la conduite de ce général, & promit même de le livrer, ainsi que ses principaux complices, à la vengeance des états. Le nombre des rebelles grossissoit tous les jours. Les paysans de Podolie ne trouvant plus dequoi subsister dans leurs chaumières, ou renversées ou brûlées, s'unirent aux Cosaques pour réparer leur fortune. Cette armée, de plus de cent mille brigands, menaçoit la Pologne. Le duc de Wisnowics passa le Boristêne à la tête de quelques troupes; Janus Tikewics, palatin de Kiovie, & Ossinoki, lieutenant général de Lithuanie, ne tardèrent pas à se joindre à lui; une noble émulation les animoit, la diète étoit assemblée pour élire le successeur d'Uladislas; une victoire remportée sur les Cosaques devenoit un titre pour obtenir les suffrages; mais malgré leurs efforts, ils ne purent attirer les rebelles au combat. Ils se bornèrent à observer leurs mouvemens. *Cmielniski* ne resta pas plus longtemps oisif, il vint se joindre à Czivonos. La nouvelle de son arrivée répandit la terreur dans l'armée Polonoise; elle se retira lâchement. *Cmielniski* en fut témoin; mais ne sachant à quel motif attribuer la fuite des ennemis, il craignit que ce ne fût une ruse de guerre, & négligea de les poursuivre.

Cmielnishi tourna ses pas vers Léopold. Cette ville, mal fortifiée, sans vivres & sans garnison, étoit l'entrepôt des richesses du Levant. Le château fut bientôt emporté, la ville étoit déja démantelée, l'ennemi s'apprêtoit à donner l'assaut: les assiégés proposèrent aux Cosaques une somme considérable: on marchanda long-temps: ceux-ci exagéroient leur misère; *Cmielniski* exagéroit leurs richesses: enfin la ville fut rachetée. *Cmielniski* s'avança vers Zamoscié; la noblesse Russe, chassée de ses châteaux par les paysans unis aux Cosaques, s'étoit jettée dans cette place. Ces vassaux rebelles pressoient le siège avec une ardeur que redoubloit le souvenir des outrages & de la tyrannie des nobles. Ceux-ci sentirent bien qu'ils n'avoient aucun quartier à attendre. Ils se defendirent avec tant de vigueur, qu'ils forcèrent les ennemis à lever le siège. *Cmielniski*, pour fermer à la noblesse le chemin de la Russie, alla y cantonner ses troupes. L'hiver vint suspendre les opérations de la guerre. La république demanda la paix d'un ton suppliant. Le Cosaque la refusa avec hauteur.

Enfin, après bien des débats, la diète proclama Jean Casimir, roi de Pologne. Ce prince, après avoir inutilement tenté auprès du Cosaque les voies de douceur & d'accommodement, envoya contre eux André Firlei. Celui-ci attaqua les Cosaques dans leurs quartiers, s'empara de quelques places, & par ces succès, rétablit la réputation des armes Polonoises. Le khan des Tartares venoit de se joindre à *Cmielniski*; ce ne fut pas sans dépit que ce général vit un allié si puissant marcher de front avec lui, & s'associer à son expédition. Il affecta cependant la plus parfaite intelligence avec le khan. Depuis plusieurs siècles on n'avoit pas vu d'armée si nombreuse; elle étoit de plus de trois cens mille hommes; sa marche couvroit une province entière: elle investit le camp Polonois. Firlei ne fut point effrayé par l'appareil menaçant des troupes ennemies; il n'avoit que neuf mille hommes à opposer à cette multitude: il s'étoit retiré sous les murs de Sbaras, & y avoit fait un amas prodigieux de munitions de guerre & de bouche: « Mes amis, dit-il à ses soldats, ne soyez point » étonnés du nombre de nos ennemis, ils sont » plus faciles à vaincre qu'à compter, ils ne combattent que par l'espoir du pillage, ils ne trouveront parmi nous que l'indigence, l'amour de » la gloire & de la liberté. Leur multitude même » doit nous rassurer. Notre camp occupe si peu » de place, que les trois quarts de leurs forces » leur deviennent inutiles. Voyez comme leurs » rangs sont mal gardés, nulle harmonie dans » leurs mouvemens, nulle discipline dans leur » camp. Enfin quand tous ces motifs ne devroient » pas ranimer votre courage, vous êtes Polonois, » & il s'agit du salut de votre patrie ». On l'interrompit par des cris, & chacun jura de mourir les armes à la main, plutôt que de fuir ou de se rendre.

Le 13 juillet 1649, les assiégeans parurent sous les armes au point du jour. Le khan lui-même étoit à la tête des Tartares, *Cmielniski* s'étoit placé au premier rang des Cosaques: Firlei rangea ses Polonois le long des retranchemens, & choisit pour lui le poste le plus périlleux: ce fut de son côté que l'attaque commença, il la soutint avec vigueur; mais à l'avantage du nombre, les ennemis joignoient celui du terrein. Malgré l'inébranlable fermeté du général Polonois, le retranchement fut forcé, abandonné, repris plusieurs fois; les assaillans avoient à chaque moment des troupes fraîches pour remplacer celles qui avoient combattu. Ils ne laissoient point respirer les Polonois; ceux-ci épuisés de fatigues, la plupart percés de coups, ne dormoient, ne mangeoient que les armes à la main; mais leur courage s'accroissoit avec le péril, & les alliés les trouvèrent plus fermes dans les dernières attaques que dans les premières. *Cmielniski* vit bien qu'il falloit un siège dans les formes, & fit ouvrir la tranchée; les travaux furent bientôt poussés jusqu'aux pieds des retranchemens. Le nombre des Polonois, diminué par tant d'attaques, ne pouvoit plus suffire à garder un espace si vaste; il fallut élever des retranchemens plus étroits derrière les premiers, & détruire ceux-ci pour ne pas laisser aux ennemis l'avantage de s'y loger. La famine faisoit des ravages affreux dans Sbaras & dans l'armée, le soldat disputoit au bourgeois les plus vils alimens. Le partage d'une proie dégoûtante divisoit des hommes rassemblés par l'héroïsme le plus pur.

Telle étoit l'affreuse situation des Polonois, lorsqu'on apprit l'arrivée du roi. Il s'avançoit à la tête de vingt mille hommes rassemblés à la hâte, mal armés, mal payés, mais à qui l'exemple des assiégés apprenoit à ne rien craindre. Casimir, après avoir fait faire à son armée une marche forcée, campa près de Sborow. Le khan & *Cmielniski* ne l'attendirent pas dans leurs lignes, mais ils coururent à sa rencontre avec soixante mille Tartares & quatre-vingts mille Cosaques. L'armée de la république n'étoit pas encore rangée en bataille, lorsqu'une partie des Tartares & des Cosaques vint fondre sur les Polonois, tandis que le reste les prenoit en queue: après une vigoureuse résistance, l'avant-garde fut enfoncée, les Tartares pénétrèrent dans les vuides, tout fut pris ou massacré. La victoire penchoit en faveur des alliés, lorsque le castellan de Sandomir se jetta sur les Tartares & les prit en flanc. Cette diversion donna le temps à l'avant-garde de se rétablir, & au reste de l'armée de se déployer.

Cmielniski marcha de front contre le corps de bataille. Casimir étoit au centre, & donnoit à ses soldats l'exemple du courage. Le choc fut terrible; les Polonois fermes à leurs postes, encouragés par la vue de leur roi, ne laissèrent prendre sur eux aucun avantage; il n'en étoit pas de même aux aîles, la gauche écrasée, culbutée par la cavalerie Tartare, menaçoit d'entraîner dans sa défaite la ruine de toute l'armée, Casimir y vola: sa présence rétablit le combat. Telle étoit la situation des deux armées lorsque la nuit survint; chacun la passa à son poste couvert de ses armes. Casimir exhortoit ses soldats, les combloit d'éloges, & leur promettoit de nouveaux triomphes: cependant malgré la fière contenance qu'il affectoit, il n'étoit pas tranquille. Le khan lui donnoit peu d'inquiétudes, mais il craignoit *Cmielniski* & ses Cosaques. Il essaya de le détacher de l'alliance des Tartares. Il lui fit tenir une lettre, dans laquelle il lui rappelloit les bienfaits d'Uladislas & les anciens traités qui unissoient les Polonois & les Cosaques; il lui dévoiloit ensuite les projets ambitieux du khan, que *Cmielniski* connoissoit mieux que lui; enfin il l'exhortoit à quitter ce ramas de

Tartares qui laissoient aux Cosaques tous les périls de la guerre, & en recueilloient tout le fruit.

Le roi attendoit avec impatience la réponse de *Cmielniski*. Mais lorsque le jour parut, il vit les Cosaques & les Tartares rangés en bataille. Il se prépara à les recevoir. L'événement de cette journée fut le même que celui de la veille. Les Polonois en eurent tout l'honneur, puisqu'ils ne furent pas vaincus. Les Tartares & les Cosaques rentrèrent dans leur camp. La division étoit prête à naître entre les généraux. *Cmielniski* soupçonnoit la fidélité du Khan. Celui-ci, au lieu des conquêtes aisées qu'il s'étoit promises, ne trouvoit par-tout qu'une résistance opiniâtre. Il écrivit au roi de Pologne pour lui offrir la paix. *Cmielniski*, craignant d'être abandonné seul à la fureur des Polonois, demanda un accommodement. Il l'obtint à des conditions très-dures: il fut obligé de venir se jetter aux genoux de Casimir, le prier d'oublier sa révolte & de lui pardonner. Il est vrai que le roi, sensible à son repentir, le déclara chef de la milice Cosaque. Les députés de la république lui présentèrent la queue de cheval & l'étendard, marque de l'autorité dans laquelle il étoit confirmé.

Tandis qu'on négocioit dans le camp de Sborow, on combattoit sous les murs de Sbaras. La nouvelle de la paix n'y avoit point encore été portée. Le Khan & *Cmielniski* avoient retardé le départ des couriers pour donner à leurs troupes le temps d'exterminer les Polonois. Ceux-ci se défendoient avec une constance inébranlable; ils étoient réduits aux plus cruelles extrémités, & ne parloient pas encore de se rendre. Enfin ils reçurent une lettre de *Cmielniski*. Ce général profitant de leur ignorance, leur mandoit que s'ils vouloient lui payer une somme considérable, il donneroit à ses troupes le signal de la retraite. Les habitans demandèrent quelques jours pour contribuer. Pendant ce délai, le traité fut publié: on reconnut l'artifice de *Cmielniski*, & il fut obligé de se retirer.

Ce général n'avoit point oublié l'affront qu'il avoit reçu à Sborow, ni la démarche humiliante que la perfidie de son allié l'avoit forcé de faire; il négocia secrétement avec la Porte; il obtint la protection de l'empereur ennemi né de la république. Bientôt la guerre fut rallumée. L'armée Polonoise s'avança vers le Boristêne. *Cmielniski*, par des diversions faites à propos, sut la diviser, & remporta quelques avantages; mais enfin il fut vaincu, & s'enfuit. On croyoit les Cosaques domptés par cette victoire, mais *Cmielniski* reparut à leur tête; il fut plus malheureux encore que dans la campagne précédente. Cependant la république, lassée d'une guerre qui minoit sourdement ses forces, donna la paix aux Cosaques, pardonna à leur chef qu'elle devoit punir, & rétablit les anciens traités.

Cmielnishi trouva une mort digne de lui dans un combat qu'il livra aux Polonois, & où il disputa la victoire jusqu'au dernier soupir. Tels sont les principaux traits de la vie de cet homme célèbre, qui eut la gloire de mettre la Pologne à deux doigts de sa perte. Il charmoit les loisirs que lui laissoient les intervalles de ses expéditions par des festins, où il s'abandonnoit à la débauche la plus crapuleuse. Bazile, prince de Moldavie, dont la fille avoit épousé un des fils de *Cmielniski*, ayant été chassé de ses états, vint un jour implorer le secours de son allié. Le chef des Cosaques étoit alors au milieu des plaisirs & de la bonne chère. Il fallut que le prince de Moldavie attendît une semaine entière pour trouver le moment favorable de l'entretenir. Enfin il obtint une audience, & fit au Cosaque une peinture touchante & pathétique de ses malheurs. Pour toute réponse *Cmielniski* se saisit d'une large coupe pleine de vin, & s'adressant à Bazile, il l'invite à la vuider, en l'assurant qu'elle contient un sûr remède contre tous ses chagrins. Le prince de Moldavie se retira indigné, en disant: *J'avois cru jusqu'ici que les Cosaques étoient des hommes, mais je ne vois que trop maintenant, qu'on a raison de dire que ce sont, ou des hommes changés en ours, ou des ours changés en hommes.* (M. DE SACY.)

COCCAIE (Merlin) (*Hist. litt. mod.*). Inventeur de ce qu'on appelle le style, *Macaronique*, étoit un bénédictin Italien, nommé Théophile Folengo. Sa *Macaronnée* ou *opus Macaronicum*, mêlée de mots Italiens & Latins eut un si prodigieux succès qu'elle devint le nom du genre. On dit que ce nom de *Macaronique* vient du mot *Macaroni*, sans autre rapport, sinon que, comme dans le Macaroni, il y a un mélange de farine, d'œufs & de fromage, de même dans le style macaronique, il y a un mélange de plusieurs langues. C'est donner un nom & créer un genre à bon marché. Quant au nom de Merlin Coccaie que prenoit ce bénédictin, on n'en voit pas d'autre raison, sinon qu'il avoit étudié sous une personne nommée Coccaïo. On sait encore moins pourquoi en publiant son poëme d'*orlandino* il a pris le nom de *Limerno Pitoceo*. Il mourut à 51 ans en 1544.

COCCEIUS étoit le nom d'une famille romaine, dont étoit l'empereur Nerva.

COCCEIUS (Jean) (*Hist. mod.*), chef de la secte Coccéïenne, opposée à la secte Voëtienne, toutes deux nées dans les pays-bas au dix-septième siècle. Les Coccéïens ne voyent pas un mot dans la bible qui ne soit mystique & allégorique.

«Un jour, dit M. de Voltaire, en dînant chez » une dame Hollandoise, je fus charitablement » averti par un des convives de prendre bien garde » à moi, & de ne me pas aviser de louer Voëtius. » Je n'ai nulle envie lui dis-je, de dire ni bien ni » mal de Voëtius. Mais pourquoi me donnez-vous » cet avis? C'est que madame est Coccéïenne, me » dit mon voisin, Hélas! très-volontiers, lui dis-je;

» il m'ajouta qu'il y avoit encore quatre Cocceïens » en Hollande, & que c'étoit grand dommage que » l'espèce pérît ».

Voilà le ton dont il convient de parler de ces belles choses & de ces grands hommes.

Jean *Cocceius* étoit né à Brême en 1603, & mourut à Leyde en 1669.

Henri *Cocceius* né aussi à Brême (en 1644), jurisconsulte célèbre, fut fait baron de l'empire en 1713 & mourut à Francfort sur l'Oder, en 1719. Ses ouvrages sont estimés en Allemagne. Ils roulent tous sur la jurisprudence.

Samuël *Cocceius* son fils, baron Allemand, fut ministre-d'état & grand-chancelier du roi de Prusse, regnant (en 1784). Il est l'auteur du *Code* de Frédéric. Il mourut en 1755.

COCCHI, (*Hist. litt. mod.*) Deux hommes de notre siècle ont illustré ce nom. Tous deux professeurs en médecine à Pise & à Florence. Le premier nommé Antoine, mort en 1758, ami de Newton & de Boërhave, a publié un manuscrit grec avec la traduction latine, sur les fractures & les luxations, tiré d'Oribase & de Soranus.

On a aussi de lui un recueil d'Epîtres sur son art.

Il est l'auteur de la lettre sur la Henriade, adressé à M. Rinuccini & placée à la tête de ce poëme.

Le second, nommé Antoine Céléstin, né à Mugello en Toscane, le 3 août 1696, a traduit en latin le roman d'*Abrocôme* & *Anthia* de Xénophon, imprimé à Londres, en grec & en latin. On a de lui aussi des discours italiens sur la médecine.

On a traduit en François son discours sur le régime.

COCHET de St. Vallier (Melchior) (*Hist. litt. mod.*), président au parlement de Paris, connu par un bon *traité de l'Indult*, l'étoit aussi par son avarice. Cet avare a fait, de son vivant & non par testament une fondation de dix mille livres de rente pour marier chaque année à perpétuité une demoiselle noble & sans fortune, en Provence. Apprenons à suspendre ou à rectifier nos jugemens. Ce bon citoyen, ce savant magistrat mourut à Paris en 1738.

COCHIN (HENRI) (*Hist. litt. mod.*), avocat célèbre, reçu en 1706, mort en 1747, avec la réputation de l'avocat le plus éloquent qui ait paru au barreau. Ses plaidoyers ou mémoires ont été recueillis par un de ses confrères, M. Bénard. M. le Normant, dont on a peu de mémoires imprimés, mais qui a laissé aussi une grande réputation d'éloquence, faisant compliment à M. *Cochin* sur un de ses plaidoyers, lui dit qu'il n'avoit jamais rien entendu de si éloquent. *C'est*, lui répondit *Cochin*, *que vous n'êtes pas de ceux qui s'écoutent.*

Dans ce siècle de philosophie où tout est rappellé à l'examen, où l'autorité perd son crédit, où il ne reste plus de jugement sur parole, où les titres de toute réputation sont discutés, on commence à se partager sur celle de *Cochin*. Un avocat, un homme de lettres qui a fait preuve d'éloquence & de philosophie, M. de la Cretelle, dit qu'on cherche en vain dans les six volumes des Œuvres de M. *Cochin* les causes d'une si belle gloire, & en accordant à cet homme célèbre plusieurs parties d'un grand talent, en lui assignant une place distinguée parmi les avocats, il s'en faut bien qu'il lui donne un rang aussi honorable parmi les écrivains. « Il falloit, dit-il, avoir une grande en- » vie d'établir un modèle de l'éloquence du bar- » reau, pour déférer à *Cochin* cet honneur.... Il » n'est ni un grand jurisconsulte, ni un grand ora- » teur.... N'y cherchez point de vastes développe- » mens, ni de grands principes créés, ni d'erreurs » & de préjugés détruits..... Il a si peu le talent » du style, que toutes les fois qu'il veut ou ani- » mer sa pensée, ou colorer son expression, il » approche du mauvais goût..... Il est d'autant » plus étonnant qu'on ait voulu l'ériger en mo- » dèle, qu'on a mieux fait avant & après lui, » qu'il n'a rien corrigé, rien ajouté dans son art, » & qu'il paroît plutôt s'être proposé d'en rétré- » cir l'enceinte que d'en reculer les bornes ».

C'est à ceux qui s'intéressent à la gloire de M. *Cochin*, de réfuter cette critique, s'il y a lieu ; mais les vrais juges de la question sont ceux qui joignent la connoissance de la littérature à celle du barreau. L'une de ces connoissances sans l'autre pourroit ne pas suffire.

COCHLÉE (JEAN) COCHLŒUS) (*Hist. mod.*) Dans le temps du luthéranisme naissant, Jean *Cochlée*, doyen de Notre-Dame de Francfort, étant à Cologne, entendit des imprimeurs qui disoient en buvant : *Le roi d'Angleterre & son cardinal d'Yorck ont beau faire, ils n'empêcheront pas le luthéranisme de s'introduire chez eux.* *Cochlée*, ardent adversaire du luthéranisme, mène ces imprimeurs chez lui, les enivre, les fait parler ; il apprend qu'il y avoit alors à Cologne deux Anglois, moines apostats, qui avoient traduit en anglois le nouveau testament de Luther, & qui faisoient imprimer fort secrétement cette traduction, qu'ils se proposoient de répandre en Angleterre. *Cochlée* avertit les magistrats de Cologne, l'impression fut arrêtée, les deux Anglois allèrent la continuer à Wormes, ville dès lors toute luthérienne. *Cochlée* avertit le roi d'Angleterre, le cardinal d'Yorck & l'évêque de Rochester, Jean Fischer, qui donnèrent des ordres pour empêcher l'entrée de ce livre dans leur isle. Cependant il en tomba un exemplaire entre les mains de l'évêque de Londres, Cuttebert Tunstal, qui se crut obligé d'annoncer en chaire qu'il avoit trouvé plus de deux mille endroits falsifiés dans ce nouveau testament, ce qui vraisemblablement ne rallentit guères la curiosité de ses auditeurs, auxquels il valoit mieux peut-être laisser ignorer l'existence du livre.

Cochlée est auteur de divers ouvrages de controverse, & d'une histoire de Théodoric, roi des Ostrogoths; il en avoit fait une aussi de Totila, qui n'a point été imprimée.

COCLES. *Voyez Horatius.*

COCTIER *ou* COTTIER (*Hist. de Fr.*), médecin & tyran de Louis XI, mettoit à ses pieds ce tyran en le menaçant de l'abandonner. Les ministres ou favoris qui, dans les dernières années de Louis XI, avoient eu sa confiance & en avoient abusé, furent punis pour la plupart au commencement du règne de Charles VIII. Le médecin *Coctier* ou *Cottier* fut enveloppé dans cette disgrace, il fut dépouillé de ses terres, & condamné à une restitution de cinquante mille écus. Content d'être échappé du naufrage à ce prix, il fit représenter sur la porte de sa maison un abricottier, avec cette devise: *à l'abri-Cottier.*

CODRUS. (*Hist. anc.*)

Codrus pro Patriâ non timidus mori.

Toutes les fois qu'on voit des oracles consultés, & de grandes actions faites en conséquence de leurs réponses, on ne sait plus si on est dans la fable ou dans l'histoire. Quoiqu'il en soit, la fable, qui tient lieu d'histoire pour les temps dont il s'agit, nous représente *Codrus*, dernier roi d'Athènes, se dévouant pour procurer la victoire à son parti, parce que l'oracle avoit dit que le parti dont le chef seroit tué, resteroit vainqueur. Il se déguisa, blessa & irrita un soldat ennemi pour s'en faire tuer, il périt, & les Athéniens furent vainqueurs, soit que l'oracle eût parlé ou non; ce qui arriva l'an 1095, avant J. C. Athènes alors devint république; les archontes succédèrent aux rois: Médon, fils de *Codrus*, fut le premier archonte.

Juvenal parle d'un poëte nommé *Codrus*, auteur d'une *Théséide*, qu'il avoit eu souvent le malheur d'entendre:

Vexatus toties rauci Theseide Codri.

La pauvreté de ce *Codrus* étoit passée en proverbe: *Codro pauperior.* Il vivoit, comme Juvenal, du temps de Domitien:

Cum jam semianimem laceraret Flavius orbem,
Ultimus, & calvo serviret Roma Neroni.

Virgile, au contraire, parle d'un poëte *Codrus*, dont il dit:

Mihi carmen
Quale meo Codro concedite; proxima Phœbi
Versibus ille facit.

Il est vrai que si Coridon loue son talent, Tirsis l'accuse d'envie:

Invidiâ rumpantur ut ilia Codro.

COEFFETEAU (NICOLAS), dominicain, puis évêque de Dardanie *in partibus*, nommé enfin à l'évêché de Marseille par Louis XIII, écrivain estimé de son temps, auteur d'une *histoire romaine depuis Auguste jusqu'à Constantin*, continuée par Marolles & Cl. Malingre, d'une traduction de Florus & de quelques ouvrages de controverse. On a aussi de lui un ouvrage intitulé: *Tableau des passions humaines, leurs causes & leurs effets.*

Laissons-en discourir la chambre & Coëffeteau.

A dit Boileau.

Né à Saint-Calais dans le Maine, en 1574. Mort en 1623.

COETIVI (PREGENT), seigneur de) (*Hist de Fr.*), gentilhomme Breton, nommé amiral de France en 1439, fut tué d'un coup de canon au siége de Cherbourg en 1450. Alain *de Coëtivi* son frère, successivement évêque de Dol, de Cornouailles, d'Avignon, puis cardinal, employé dans beaucoup d'affaires importantes, insulta, dit-on, le pape Paul II en plein consistoire, & l'accabla de reproches qui restèrent impunis. Il mourut à Rome le 22 juillet 1474.

COETLOGON (ALAIN-EMMANUEL), d'une très-ancienne famille de Bretagne, servit sous Louis XIV avec la plus grande distinction. Il passa du service de terre à celui de mer, & fut un des excellens marins de ce règne, le seul où la France ait eu des marins & une marine. Il se trouva & se signala dans onze batailles navales. En 1674, l'amiral Tromp ayant fait une descente à Belle-Isle sur les côtes de Bretagne, fut obligé de se rembarquer le 28 juin, à l'arrivée de M. *de Coëtlogon*; celui-ci étoit au combat de la Baye de Bantry en Irlande, du premier mai 1689, où la flotte Angloise fut battue par la flotte Françoise; il étoit à la malheureuse affaire de la Hougue en 1692. En 1703 il battit, le 22 mai, cinq vaisseaux de guerre qui escortoient une flotte marchande Angloise & Hollandoise, en prit quatre, & le cinquième fut coulé à fond. Il étoit en 1704 au combat de Malaga. Il ne reçut sa récompense que sous Louis XV. Il fut fait chevalier des ordres en 1724, & maréchal de France peu de jours avant sa mort arrivée le 7 juin 1730. Il avoit alors quatre-vingt-trois ans.

CŒUR (JACQUES) (*Hist. de Fr.*) M. Bonamy, de l'académie des belles-lettres, qui a fait une étude particulière du procès de Jacques *Cœur*, argentier du roi Charles VII, & de tous les faits qui le concernent, le représente non-seulement comme innocent, mais comme une des plus illustres & des plus respectables victimes que la foiblesse ait jamais sacrifiées à la haine & à l'envie. Charles VII fut redevable à Jacques *Cœur* de l'ordre qui régna dans ses finances, de la suppression des abus qui s'étoient introduits dans la fabrication des monnoies, du rétablissement du commerce, que les guerres contre l'Angleterre avoient entiérement détruit, & auquel il sut donner une étendue & une activité inconnues jusqu'à lui. Jacques *Cœur* ne fut pas moins utile à son maître que les Dunois, les Lahire, les Saintrailles, les Chabannes, & ces héros sans doute auroient été moins heureux dans leurs exploits, s'ils n'eussent été secondés par les soins vigilans de Jacques *Cœur*, & par son intelligence pour l'approvisionnement des armées qu'ils commandoient. Peut-être auroit-on pu lui objecter que le commerce qu'il faisoit avec les finances de l'état, il le faisoit pour son propre compte, & qu'il n'enrichissoit que lui; on ne voit pas cependant que ce reproche lui ait été fait. Ce commerce étoit immense, il en faisoit plus à lui seul que tous les marchands de l'Europe ensemble. Il avoit en propre une douzaine de navires qui étoient sans cesse en mouvement; il avoit enlevé aux Gênois & aux Vénitiens le commerce de l'Egypte & des Echelles du Levant. L'immensité de ses richesses fit croire qu'il avoit le secret de la pierre philosophale; ce secret, suivant Borel, lui avoit été communiqué dans son enfance par Raimond Lulle. Ses richesses & sa faveur excitèrent l'envie, son luxe irrita. « Ce fut là son plus grand crime, » dit la Thaumassière, ses richesses donnèrent » envie à des vautours de cour d'en poursuivre la » confiscation ». Pour le perdre dans l'esprit du roi, on commença par lui imputer la mort d'Agnès Sorel. Agnès avoit été bien éloignée d'un tel soupçon, elle l'avoit nommé un de ses exécuteurs testamentaires; il fut averé qu'elle n'avoit pas été empoisonnée, qu'elle étoit morte en couche, & que son enfant avoit vécu six mois après elle. Jeanne de Vendôme, qui s'étoit portée pour accusatrice de Jacques *Cœur*, fut condamnée à lui faire amende honorable; mais il succomba sous d'autres accusations.

Il avoit, disoit-on, fait sortir de l'argent du royaume.

Il est clair que par la balance du commerce, il arrivoit tantôt que l'argent sortoit, & tantôt qu'il entroit.

Il avoit renvoyé à Alexandrie un esclave chrétien qui s'étoit réfugié en France, & qui à son retour en Egypte avoit abjuré le christianisme.

Jacques *Cœur* répondoit qu'il avoit ignoré que cet esclave fût chrétien; que d'ailleurs la bonne-foi du commerce avoit exigé qu'il renvoyât un esclave fugitif à son maître qui le réclamoit, & que tel avoit été l'avis de tous les négocians qu'il avoit assemblés exprès à Montpellier pour les consulter sur cette affaire.

Il avoit vendu des armes aux Mahométans, qui les avoient employées avec succès contre les chrétiens.

Il répondoit qu'il ne les avoit vendues qu'avec la permission du pape.

On lui donna des commissaires qui furent en même-temps, dit M. Bonamy, ses ennemis, ses geoliers & ses juges. On a encore la liste des gens de la cour auxquels il avoit prêté de l'argent sans intérêt. Cette liste est longue; elle contient des évêques, des maréchaux de France, des chevaliers, des chambellans, échansons, secrétaires du roi, maître des requêtes, &c. Tous ces débiteurs regardant la condamnation de Jacques *Cœur* comme une quittance pour eux, travaillèrent à sa perte; ils furent bien secondés par les juges & par le gouvernement.

A peine Jacques *Cœur* étoit-il arrêté, que le roi avoit deja prélevé sur ses biens cent mille écus, & ses nombreuses terres étoient destinées d'avance à ses juges. On le transféra sans raison dans une multitude de prisons différentes; les juges parurent se refuser avec affectation aux preuves de son innocence. Il avoit allégué des permissions des papes Eugène IV & Nicolas V, pour la vente des armes faite aux infidèles; il avoit dit que si ces permissions ne se trouvoient pas à Montpellier ou à Aigues-Mortes entre les mains de ses facteurs, elles se trouveroient infailliblement à Rome. Elles ne se trouvèrent ni à Montpellier, ni à Aigues-Mortes; on le condamna sur ce fondement, & après la condamnation elles se trouvèrent à Rome, où l'on n'avoit pas voulu envoyer. Il alléguoit le privilège de cléricature, & son évêque le réclamoit; au lieu d'admettre ses lettres de tonsure, qu'il offroit de produire, on aimoit mieux interroger des barbiers pour savoir si en le rasant, ils lui avoient fait la tonsure, ou s'ils en avoient apperçu des vestiges: enfin on vouloit le perdre, & on le perdit; ses débiteurs furent quittes, & ses juges partagèrent ses dépouilles; on déclara qu'il avoit encouru la peine de mort; mais à la prière du pape, le roi lui remit cette peine, & se contenta de le bannir. On le retint moitié libre, moitié prisonnier chez les Cordeliers de Beaucaire, sans doute pour tirer de lui les éclaircissemens nécessaires au sujet de ses facteurs, & des fonds qui devoient lui rentrer. Il fit savoir son sort à un de ses facteurs, nommé Jean de Village, qui lui étoit resté fidèle. Celui-ci vint se loger chez les Cordeliers de Tarascon, ville située sur la rive gauche du Rhône, vis-à-vis de Beaucaire, & par des intelligences pratiquées entre les Cordeliers de ces deux villes, il trouva le moyen d'enlever Jacques *Cœur*, pour lequel il avoit préparé un navire tout armé, qui le porta en sûreté à Rome. Jean de Village rendit à Jacques *Cœur* le compte le plus exact de ses fonds & de leur emploi; ils partagèrent le profit. La plupart des facteurs de Jacques *Cœur* étoient des hommes distingués par les talens, plusieurs d'entre eux parvinrent à de grands emplois, ou acquirent une grande fortune par des travaux utiles, ce qui prouve que Jacques *Cœur* avoit le mérite d'un homme d'état, celui de se connoître en hommes. Quelques-uns de ces facteurs se piquèrent, comme Jean de Village, d'une fidélité inviolable envers un bienfaiteur & un ami malheureux; la remise qu'ils lui firent de ses fonds adoucit la rigueur de son sort.

La prise récente de Constantinople, par Mahomet II, répandoit alors la terreur dans l'Europe; Calixte III, à son exaltation, avoit juré de faire la guerre aux Turcs, & de ne rien négliger pour reprendre cette capitale de l'empire Grec: abandonné par tous les princes chrétiens, il ne fut presque secondé que par ce même Jacques *Cœur*, condamné pour avoir fourni des armes aux infidèles. Cet homme, propre à tout & capable de tout, se mit à la tête des troupes de l'église, mais en traversant l'Archipel, il tomba malade dans l'isle de Chio, & y mourut. Jean d'Auton, historien de Louis XII, & qui avoit vécu avec les enfans de Jacques *Cœur*, dit qu'il y est enterré dans l'église des Cordeliers. Sa femme, Macée de Leodepard, étoit morte de chagrin dans le cours de son procès. L'histoire du second mariage de Jacques *Cœur* dans l'isle de Chypre, & de sa seconde fortune plus grande que la première, & des deux filles qui naquirent de ce second mariage, & qu'il maria & dota richement, n'est qu'une fable impossible. Les dates ne s'accordent point avec cette histoire, puisque l'arrêt de Jacques *Cœur* est du 29 mai 1453, & qu'il mourut en 1455. Le temps manque pour cette seconde fortune qu'on a imaginée. L'obituaire de Saint-Etienne de Bourges lui donne le titre de *capitaine général de l'église contre les infidèles*; & Charles VII auquel il recommanda ses enfans en mourant, déclare dans des lettres du 5 août 1457, *que Jacques Cœur étoit mort en exposant sa personne à l'encontre des ennemis de la foi catholique.*

Les enfans de Jacques *Cœur*, sur-tout son fils aîné, archevêque de Bourges, ne cessèrent de solliciter la réhabilitation de sa mémoire & la restitution de ses biens. Dès le vivant de Jacques ils avoient voulu faire casser l'arrêt, leurs moyens de cassation avoient été rejettés *comme impertinens & contraires à l'honneur & autorité du roi*; mais le roi touché des malheurs de Jacques *Cœur* & de sa famille, rendit à ses enfans une partie de la confiscation, & ils renoncèrent au reste. Cette affaire eut cependant une suite sous le règne suivant. *Voyez l'article* CHABANNES, *comte de Dammartin.*

CŒUVRES. *Voyez* ESTRÉES.

COFFIN (CHARLES) (*Hist. litt. mod.*), né le 4 octobre 1676 à Buzanci, bourg du diocèse de Reims, élève, ami & successeur célèbre de M. Rollin, dans la place de principal du collège de Beauvais; on devine que sa vie a dû être retirée, laborieuse & peu féconde en événemens; on a recueilli ses œuvres en deux petits volumes *in*-12, & elles ont paru en 1755; elles contiennent plusieurs harangues, des pièces relatives aux usages de l'université de Paris, quelques complimens françois en petit nombre, des pièces de poésie latines de différens genres, des épitaphes, & enfin les hymnes si connues.

Parmi les poésies profanes, celles qui concernent la question de la prééminence entre le vin de Champagne & le vin de Bourgogne, méritent sur-tout d'être remarquées: elles ont autant de réputation que des vers latins modernes peuvent en avoir parmi nous.

M. Grenan, professeur au collège d'Harcourt, & connu par ses ouvrages, célébra le vin de Bourgogne dans une ode remplie de beautés. Il crut qu'il devoit, pour l'honneur de son sujet, médire du vin de Champagne; ses reproches sont vagues, & sont même peu offensans dans la langue poétique.

Nam suum Rhemi licet usque Bacchum
Jactitent; æstu petulans jocoso,
Hic quidem servet cyathis, & aurâ
Limpidus acri,
Vellicat nares avidas; venenum
At latet: multos facies fefellit.
Hic tamen mensam modico secundam
Munere spargat.

M. *Coffin*, né en Champagne, crut devoir défendre le vin de sa patrie. Il le défendit dans une ode plus belle encore que celle de son rival; on peut juger du ton de sa poésie par ces strophes que les amateurs des vers latins ont retenues.

Men' gratus error ludit, an intimis
Gliscens medullis insinuat calor?
Venisque conceptus sonantes
Se liquor in numeros resolvit?
Cernis micanti concolor ut vitro,
Latex in auras, gemmeus aspici,
Scintillet exultim, utque dulces
Naribus illecebras propinet
Succi latentis proditor halitus;
Ut spuma motu lactea turbido
Crystallinum blande repentè
Cum fremitu reparet nitorem.

M. Grenan répondit par une *requête poétique*, adressée à M. Fagon, premier médecin du roi: M. *Coffin* répliqua par un décret de la faculté de médecine, qu'il suppose établie dans l'isle de Cos, patrie d'Hippocrate. Ces deux pièces ingénieuses qui terminent la querelle sont dignes des deux premières.

Nous citerons encore de M. *Coffin* ce distique fait pour M. Racine le fils:

En quem relligio sibi vindicat unica vatem,
Cujus scripta velit vel Pater esse sua.

Le premier de ces vers justifie le second, & l'empêche d'être une exagération.

Quant aux hymnes, M. *Coffin* dit lui-même dans un avertissement, qu'il a été moins occupé des beautés de la poésie, que du soin de nourrir la piété des fidèles. *In his scribendis hymnis non tam poëtico indulgendum spiritui, quàm nitori & pietati consulendum esse existimavi.* On peut lui reprocher de manquer quelquefois de chaleur & d'harmonie, de n'être point fécond en idées, & de créer rarement son expression; mais du moins ses expressions sont toujours heureusement choisies; son style est toujours clair & plein d'onction, sa latinité d'un goût très-pur: c'est la comparaison avec Santeuil qui lui fait tort; il n'a point sans doute l'enthousiasme, le mouvement, les transports poétiques de Santeuil. Voici pourtant dans l'hymne de l'Epiphanie deux strophes sur la réprobation des juifs & la vocation des gentils, que Santeuil n'eût pas désavouées.

O arcana Dei concilia ; ô ! tuo
Deturbata gradu, primus amor Dei
Plebs Judæa, tuis gloria gentium
Damnis vitaque nascitur :
Jam nativa oleæ brachia decidunt,
Rami degeneres, germen adulterum,
Miraturque novos semine non suo
Arbor crescere surculos.

Dans la fondation des prix publics dans l'université de Paris, il manquoit un prix de version en seconde. M. *Coffin* y suppléa: il mourut le 20 juin 1749. M. Crevier a fait son épitaphe.

COGGESHALE (RADULPHE *ou* RAOUL) (*Hist. litt. mod.*), savant religieux Anglois des 12e & 13e siècles. On a de lui une chronique de la Terre-Sainte, une chronique angloise depuis l'an 1066 jusqu'à l'an 1200, & une histoire des mouvemens élevés en Angleterre sous le roi Jean-Sans-terre; le tout publié en 1729, par dom Martène & dom Durand, dans le cinquième volume de l'*Amplissima collectio veterum scriptorum & monumentorum, &c.* Cet auteur avoit été blessé au siège de Jérusalem par Saladin, & avoit vu les faits qu'il rapporte dans sa chronique de la Terre-Sainte. On croit qu'il mourut en 1228.

COGOLIN (JOSEPH DE CUERS) (*Hist. litt. mod.*), gentilhomme Provençal, officier de Marine, mort le premier janvier 1760 à 56 ou 57 ans, auteur d'une traduction en vers françois de l'Episode d'Aristée, dans le 4e livre des *Géorgiques*, & de la dispute d'Ajax & d'Ulysse pour les armes d'Achille, dans les *Métamorphoses*.

COHORN (MEMNON) (*Hist. mod.*) C'est le Vauban des Hollandois: il fortifia & défendit la plupart de leurs places. « Ce fut, dit avec raison le président Hénault, un beau spectacle de voir » au siège de Namur, en 1692, M. de Vauban » assiéger le fort *Cohorn*, défendu par *Cohorn* lui-» même, qu'il appelle

Le rival de Vauban, mais jamais son égal.

Cohorn ne se rendit qu'après avoir été mis hors de combat par une blessure qui fut alors jugée mortelle, & dont cependant il guérit. En général, c'est un beau spectacle dans la guerre que de voir de grands talens opposés les uns aux autres; un plus beau spectacle seroit de les voir dans la paix réunis pour la félicité publique.

Cohorn regardoit Bergopzoom comme son chef-d'œuvre; on fait qu'il fut pris en 1747 par M. de Lowendal, qui fut fait alors maréchal de France. *Cohorn* mourut en 1704. On a de *Cohorn* un traité en flamand sur une nouvelle manière de fortifier les places.

COIGNY (FRANÇOIS DE FRANQUETOT, duc de) (*Hist. de F.*), maréchal de France, chevalier des ordres du roi & de la toison d'or, remporta deux victoires célèbres, qui furent les deux premières du règne de Louis XV. L'une fut celle de Parme, du 29 juin 1734; l'autre, celle de Guastalle, du 19 septembre suivant. Il mourut le 18 décembre 1759.

COINTE (CHARLES LE) (*Hist. litt. mod.*), oratorien. Ses *Annales ecclesiastici Francorum* lui assurent un rang distingué parmi les savans. On ne sait pas fort communément qu'il eut part au traité de Munster, ayant suivi au congrès tenu dans cette ville M. Servien, auquel il fournit tous les mémoires nécessaires pour le traité. Né à Troyes en 1611. Mort à Paris en 1681.

COISLIN (DU CAMBOUT DE) (*Hist. de Fr.*). Nom d'une ancienne & illustre maison de Bretagne, dont étoient :

1°. Jean, tué à la bataille d'Auray, en 1364.

2°. Jean, son neveu, fait prisonnier à la bataille d'Azincourt en 1415.

3°. Pierre-César, marquis de *Coislin*, colonel général des Suisses & Grisons, mort le 10 juillet 1641, des blessures qu'il avoit reçues au siège d'Aire.

4°. Les deux ducs de *Coislin* ses fils & petits-fils, pairs de France, *Coislin* ayant été érigé en duché-pairie l'an 1664. Tous deux ont été de l'académie françoise.

5°. Le cardinal de *Coislin*, grand aumônier de France, mort le 5 février 1706.

6°. L'évêque de Metz, son neveu, premier aumônier du roi. Il fut aussi de l'académie françoise.

7°. Dans la branche des marquis du Cambout, Armand-Joseph, blessé à la bataille de la Marsaille.

8°. Jacques, marquis du Cambout, son frère aîné, tué au combat de Carpy en Italie, le 9 juillet 1701.

COK *ou* COOKE (EDOUARD) (*Hist. litt. mod.*), chef de justice du banc royal en Angleterre, connu par *ses instituts des loix d'Angleterre*, traduits en françois par l'abbé Coyer. Mort en 1634.

COLARDEAU (CHARLES-PIERRE) (*Hist. litt. mod.*), fut élu à l'académie françoise & non reçu, étant mort dans l'intervalle de l'élection à la réception, le 7 avril 1776. Il étoit né en 1735. Ainsi sa vie n'a été que de quarante ans; sa carrière poétique, quoique bornée, a été bien remplie. M. de la Harpe qui l'a remplacé à l'académie françoise, en parle ainsi dans son discours de réception.

« M. *Colardeau*, né avec le talent le plus heureux, marqua son premier essai de tous les caractères d'un poëte. Une élégance facile & brillante, un sentiment exquis de l'harmonie, cette imagination qui anime le style en coloriant les objets, cette sensibilité qui pénètre l'ame en même-temps que le vers charme l'oreille, enfin ce naturel aimable qui grave dans la mémoire des lecteurs les idées & les sentimens, & suivant l'expression de Despréaux, laisse un long souvenir; voilà ce que le public, enchanté d'avoir un poëte de plus, remarqua dans l'épître d'Héloïse, monument justement célèbre que son auteur élevoit à vingt ans, morceau vraiment précieux qui durera autant que notre langue, qu'on sait par cœur dès qu'on l'a lu, & qu'on relit encore quand on le sait par cœur. Si les autres sujets que traita depuis M. *Colardeau* n'ont pas toujours été aussi heureusement choisis, on y retrouve du moins ce talent du style qui sépare du langage vulgaire le langage qu'on a nommé celui des dieux ».

M. de la Harpe se tait absolument sur les tragédies de M. *Colardeau*; elles n'annoncent que du talent pour la versification, mais nulle intelligence du théatre, nulle combinaison dans les plans, nul art pour tracer des portraits & pour les distinguer par des traits sensibles. Dans *Astarbé*, il n'a pas même su profiter de ces beautés sublimes que lui offroit Télémaque, & de ces traits profonds dont M. de Fénélon peint Pygmalion & Astarbé. Cette pièce cependant se fit distinguer par le mérite du style; elle a certainement de ce côté-là un avantage assez marqué sur plusieurs tragédies qui lui sont d'ailleurs supérieures. En général, la versification d'*Astarbé* est facile, harmonieuse, égale, élégante, souvent même énergique, comme dans ce beau vers qui peint si bien Pygmalion expirant, & qui a été si justement applaudi au théatre:

Joint le tourment de vivre à l'horreur de mourir.

Le récit suivant offre l'exemple d'une poésie bien mâle & bien ferme.

Mon orgueil se bornoit au vain titre d'amante;
Les Dieux alloient m'unir au sort de mon époux,
Et les flambeaux d'hymen brilloient déja pour nous,
Quand, au lit du tyran malgré moi réservée,
Des bras de mon amant je me vis enlevée;
De cent coups de poignard je vis percer son cœur;
On ajouta bien-tôt l'outrage à la fureur.
Dans ce palais funeste on me traîna mourante;
Pygmalion brava les larmes d'une amante,
Et voulant me forcer de répondre à ses vœux,
Il serra de l'hymen les détestables nœuds.
Quel hymen! le cruel dans sa rage jalouse
Venoit d'empoisonner sa malheureuse épouse;
Et dans ce jour encor, son frère infortuné,
Sichée à nos autels mourut assassiné.
Orcan, il m'inspira la fureur qui m'anime,
Et dans ses bras sanglans j'ai respiré le crime.
Assise à ses côtés sur le trône des rois,
Je devins politique & barbare à la fois.
Enfin que te dirai-je? à ses destins unie,
Le cruel m'infecta de son fatal génie.

Ces traits ont de l'énergie; mais M. *Colardeau* voulant rendre Astarbé plus odieuse que Pygmalion, n'auroit pas dû la faire naître avec une ame pure & innocente, qui ne se soit corrompue que dans le commerce forcé qu'elle avoit eu avec Pygmalion. C'est ainsi que dans cette pièce il est difficile de trouver un morceau entier, un récit, un tableau absolument fini dans son genre, & où la main de l'écolier ne se montre pas à côté de la main du maître.

Dans la tragédie de *Caliste*, M. *Colardeau* a aisément évité les irrégularités manifestes, les hardiesses licentieuses de *la belle Pénitente* de Rowe, mais il n'a guères de beautés qui n'appartiennent à cet auteur, & il n'a pas transporté dans sa pièce toutes les beautés de la pièce de Rowe. M. Marmontel loue dans M. *Colardeau* le talent de peindre & d'émouvoir, & singuliérement ce tour d'expression « noble, facile & naturel, qui, dans les belles scènes de *Caliste*, nous rappelloit la sensibilité, l'élégance & la mélodie du style enchanteur de Racine ». Le style de *Caliste* a plus en effet la couleur tragique que celui d'*Astarbé*. Les œuvres de M. *Colardeau* ont été recueillies en deux volumes *in*-8°. en 1779. On a dit de lui, & on l'a même écrit, qu'il ne distinguoit pas les couleurs dans la nature, qu'il ne voyoit que le noir & le blanc, & des nuances des clairs & des ombres. Il semble qu'une conformation si particulière de ses yeux auroit dû avoir une influence plus marquée sur ses écrits & sur toute sa personne. Cette tradition pourroit bien venir de ce que ses sens, affoiblis avant le temps par la maladie, avoient perdu de bonne heure une grande partie de leur usage.

COLBERT (*Hist. de Fr.*), grand ministre, sur les principes & les opérations duquel il y a aujourd'hui un grand partage d'opinions. Son ministère a eu vingt-deux ans de durée, depuis la mort du cardinal Mazarin, qui, en mourant, le recommanda au roi, & depuis la disgrace de Fouquet en 1661, jusqu'à la mort de *Colbert* lui-même, arrivée en 1683. *Colbert* est le héros de M. de Voltaire, qui, dans la Henriade, après avoir parlé de Richelieu & de Mazarin, ajoute:

O toi, moins puissant qu'eux, moins vaste en tes desseins,
Toi dans le second rang le premier des humains,
Colbert, c'est sur tes pas que l'heureuse abondance,
Fille de tes travaux, vient enrichir la France;
Bienfaiteur de ce peuple, ardent à t'outrager,
En le rendant heureux tu sauras t'en vanger;
Semblable à ce héros confident de Dieu même,
Qui nourrit les Hébreux pour prix de leur blasphême.

Dans la nouvelle édition des œuvres de M. de Voltaire, on trouve une grande note sur ces vers de la Henriade; on y discute à charge & à décharge tout le bien & tout le mal qui ont été dits de ce grand ministre. « Les opinions sur *Colbert*, y dit-on, » sont si opposées entre elles, ses admi» rateurs l'ont placé si haut, ses détracteurs l'ont » ensuite tant rabaissé, qu'il n'existe peut-être pas » un seul livre où il soit mis à sa véritable place ». En convenant de tout ce qu'il a fait pour la Marine, le commerce, les manufactures, en un mot pour la splendeur de l'état, on lui reproche sa conduite envers Fouquet, les moyens ruineux » qu'il employa pour soutenir aux dépens du » peuple le faste de la cour, la dureté de ses ré» glemens pour les manufactures, la barbarie du » code des aides & des gabelles, & ses opérations » sur les monnoies & les retranchemens des » rentes ».

Dans cette note, faite sans doute par un homme instruit, il se trouve quelques fautes. En parlant de la disgrace de Fouquet, l'auteur dit: « Pussort, » allié de *Colbert*, fut un de ses juges, le Tellier » le persécutoit avec violence. On disoit alors: » le Tellier a plus d'envie que Fouquet soit pendu, » mais *Colbert* a plus peur qu'il ne le soit pas ».

C'est tout le contraire, & cette faute est de quelque importance, parce qu'elle dénature les caractères. C'est M. le Tellier qui affectoit une fausse modération, *Colbert* s'abandonnoit à toute l'impétuosité de son caractère. Le mot cité est de M. de Turenne, & c'est l'abbé de Choisy qui le rapporte dans ces termes:

« Pendant qu'on faisoit le procès à monsieur » Fouquet, Ruvigny louoit un jour M. le Tellier » de sa modération, & blâmoit l'emportement de » *Colbert*; effectivement, lui dit M. de Turenne, » M. *Colbert* a plus d'envie qu'il soit pendu, & » M. le Tellier a plus de peur qu'il ne le soit » pas ».

C'est saisir finement les nuances des caractères, & ce mot est conforme à l'idée qu'on se fait généralement de ces deux hommes & de leur conduite dans cette affaire.

« Le Tellier, dit M. le président Hénault, avoit » l'esprit net, facile & capable d'affaires: personne » ne sut avec plus d'adresse se maintenir dans les » diverses agitations de la cour, sous des appa» rences de modération, & il ne prétendit jamais » à la dernière place dans le ministère pour occu» per plus sûrement la seconde ».

M. *Colbert* au contraire gâtoit souvent, par l'humeur, la brusquerie & la violence même, ce qu'il faisoit de bien. Voici quelques traits de son caractère tracés de la main du premier président de Lamoignon, qui avoit eu d'importantes affaires à traiter avec lui.

« C'est, dit-il, un des esprits du monde les plus » difficiles pour ceux qui ne sont ni d'humeur, » ni d'état à lui être entiérement soumis.

» Cela vient plutôt de son humeur que d'aucune » mauvaise volonté; mais cette humeur est capa» ble de produire de bien mauvais effets, car il » la suit entiérement, & il se fortifie dans ses dé» fauts par ses bonnes qualités; & comme il est » plein de la connoissance des services qu'il rend, » lesquels sont en effet très-grands, & tels que » je crois qu'il n'y a personne qui pût travailler » avec plus d'application, avec plus de fidélité » & de capacité, même avec plus de succès, » pour dégager les finances du roi, pour en ôter » les abus & y établir un ordre excellent, cette » connoissance lui fait croire que tout ce qui ne » suit pas ses sentimens est mauvais; qu'on ne » peut le contredire sans ignorance ou sans ma» lignité; & il est si persuadé que toute la bonne » intention est chez lui, qu'il ne peut pas croire » qu'il s'en puisse trouver chez les autres, à moins » qu'ils ne se rangent entiérement à son avis; » c'est ce qui le porte à vouloir trop fortement » ce qu'il veut, & à employer toute sorte de » moyens pour parvenir à la fin qu'il s'est pro» posée, sans considérer que bien souvent les » moyens sont tels, qu'ils peuvent rendre mau» vaise la meilleure fin du monde.

» Son humeur & son habitude le portent aussi » à conduire toutes choses despotiquement; & » comme il n'a pas été dans les compagnies ré» glées, où on apprend à déférer aux sentimens » des autres, & à régler sa conduite & son propre » jugement par le secours de ceux avec lesquels » on travaille, il croit devoir tout décider & tout » emporter par sa seule autorité, sans se concer» ter avec ceux qui ont titre & caractère pour » juger des objets dont il s'agit: au contraire, » ce sont ceux là dont il est le plus éloigné de » prendre conseil, parce que ce seroit comme un » partage d'autorité qu'il ne peut souffrir, & cette » même disposition le jette dans une autre extré» mité qui paroît d'abord bien opposée, mais qui » procède du même principe, & que j'ai retrou» vée dans plusieurs personnes du même caractère,

c'est

» c'est d'être très-susceptible des différentes impressions que ses valets & ceux qui sont entièrement soumis à ses ordres, lui veulent donner. » La défiance & les soupçons suivent presque toujours ces dispositions-là ; aussi je n'ai vu personne qui en soit plus susceptible ».

Un autre homme d'état, qui ne connoissoit & ne considéroit *Colbert* que par son administration, & qui d'ailleurs s'étoit chargé de le louer, l'a peint beaucoup plus avantageusement. Il défendit, dit-il, sans relâche la chose publique contre l'intérêt particulier, la société contre l'individu, & l'avenir contre le présent; les abus ne tardèrent pas à disparoître. Il modifia & diminua les impôts, mais avec tant de justesse & de sagacité, qu'en dégageant l'industrie, le commerce & l'agriculture des poids immenses qui arrêtoient leur mouvement, la recette fut augmentée. Il abolit la plus grande partie des péages qui gênoient les communications, embarrassoient le commerce, & excitoient les marchands à la fraude. En même-temps qu'il établissoit un ordre rigoureux dans les recettes, il examinoit avec scrupule & réduisoit avec sagesse ses dépenses. On a souvent reproché à *Colbert* d'avoir sacrifié l'agriculture aux manufactures, d'avoir pris les branches pour le tronc, & les effets pour les causes. Son panégyriste s'attache à prouver que *Colbert* a favorisé à-la-fois ces trois sources importantes de la prospérité du royaume, l'agriculture, l'industrie, le commerce; qu'il a connu tout le prix de l'agriculture, & qu'il ne l'a point sacrifiée aux autres objets ; qu'au contraire, ces objets qu'il semble avoir particuliérement protégés, il les regardoit avec raison comme de puissans encouragemens pour l'agriculture. Il diminua les impôts sur les terres, principalement les tailles, qui affectent les cultivateurs les plus pauvres ; il tempéra la rigueur des saisies qu'elles occasionnent. La plupart des grands chemins étoient impratiquables, *Colbert* les fit réparer; il fit ouvrir de nouvelles routes; il sentit que des canaux rendroient les communications plus faciles, & restitueroient à la culture des grains & à la population une partie de ces nombreux arpens qu'il faut consacrer à la nourriture des animaux nécessaires au transport par terre. Le canal de Languedoc fut entrepris & exécuté, le canal de Bourgogne fut projetté. Ces chemins, ces canaux sont sans doute un service important rendu à l'agriculture. *Colbert* restreignit les prérogatives usurpées par les charges ; il abolit une multitude de privilèges injustes; il diminua les profits des affaires de finances, & les rendit plus rares; il fixa d'une manière positive les créances publiques ; il assura le paiement des intérêts: tous ces arrangemens firent baisser rapidement, mais sans contrainte, le prix de l'argent, & l'argent reflua vers le commerce & les campagnes, nouveaux bienfaits de *Colbert* envers l'agriculture. Enfin, en étendant & réunissant, comme il fit, la marine, la pêche, le commerce, les colonies, les arts & les manufactures, il présentoit à la terre de nouveaux hommes à nourrir, & aux propriétaires de nouveaux objets de jouissance & d'émulation. Voilà ce qu'a fait pour l'agriculture ce *Colbert* tant accusé d'en avoir méconnu l'importance.

On sait tout ce que *Colbert* fit pour le commerce ; il le défendit contre l'autorité, contre l'intérêt des fermiers, contre la multiplicité des droits & des préjugés. La marine étoit détruite quand Louis XIV confia ce département à *Colbert*. Peu d'années après, on comptoit plus de cent vaisseaux de guerre & soixante mille matelots; en même-temps on vit s'élever les arsenaux de Toulon, de Brest, de Rochefort ; Dunkerque fut acheté des Anglois. Tous les arts furent rassemblés & fixés en France ; c'est *Colbert* qui fonda les académies de peinture & d'architecture ; c'est à lui qu'on doit l'école de Rome, où l'on entretient, aux dépens du Roi, les élèves qui ont remporté des prix à Paris. C'est par ses soins & son activité que furent élevés ou perfectionnés la plupart des monumens qui embellissent Paris, & qui contribuent à sa commodité, les quais, les boulevards, les places publiques, le louvre & les tuileries. Nous lui devons l'académie des belles-lettres & celle des sciences ; il augmenta la bibliothèque du roi & le jardin des plantes, il fit élever l'observatoire, il appella Huyghens & Cassini ; par lui les bienfaits de Louis XIV allèrent chercher des étrangers dignes de cette distinction, mais négligés dans leur pays.

La marine françoise se soutint avec honneur & avec éclat sous Jean-Baptiste *Colbert* son fils, marquis de Seignelay; ce fut même alors que la France eut véritablement l'empire de la mer. C'est sous M. de Seignelay qu'on voit ou se former ou s'élever au comble de la gloire les Château-Renaud, les Tourville, les d'Étrées, les Nesmond, les Pointis, les Jean Bar, les Dugué-Trouin. Sa mort, arrivée le 3 novembre 1690, fut le signal de la décadence de cette marine triomphante, qui périt deux ans après à la malheureuse affaire de la Hogue.

CHARLES COLBERT, marquis de Croissy, frère de M. Colbert, & oncle de M. de Seignelay, après avoir servi avec honneur & avec succès dans diverses ambassades, fut fait ministre des affaires étrangères, à la place de M. de Pompone. (*Voyez à l'article* ARNAULD, *l'article particulier de M. de Pompone.*)

M. de Croissy (mort le 28 juillet 1696) eut pour fils M. de Torcy (Jean-Baptiste *Colbert*), ministre plein de zèle, de douceur, de raison, de lumières, sous qui l'autorité royale, au lieu de cette fierté imposante qui avoit préparé les malheurs de l'état, prit un caractère plus paternel & plus véritablement auguste. Ses mémoires font aimer Louis XIV, & sur-tout le marquis de Torcy ; la paix d'Utrecht fut son ouvrage ; & avec quel zèle, quelle adresse, quelle patience, devenue nécessaire, ne la négocia-t-il pas? Il avoit vu les jours désastreux, il avoit vu Louis XIV, réduit par la guerre à l'impossibilité de continuer la guerre & de faire la paix, verser en plein conseil des larmes amères sur les maux de son peuple qu'il ne pouvoit soulager. M. de Torcy mourut le 2 septembre 1646.

D'une autre branche des *Colbert* étoit le marquis de Villacerf, Edouard COLBERT, surintendant des bâtimens, après M. de Louvois. Il mourut le 18 octobre 1699.

EDOUARD COLBERT son fils, marquis de Villacerf, fut tué à la bataille de Cassel, le 11 avril 1677.

François-Michel COLBERT DE VILLACERF, un autre de ses fils, fut tué au siége de Furnes, le 5 janvier 1693.

GILBERT COLBERT, marquis de Saint-Pouanges, frère de M. de Villacerf, surintendant des bâtimens, &, comme lui, fils d'une le Tellier, étoit, pour ainsi dire, le lien des deux familles ministérielles, rivales & ennemies, de le Tellier Louvois, & de *Colbert* Seignelay.

Pacis erat mediusque belli.

Il eut sous M. de Louvois un crédit en quelque sorte étranger à la famille *Colbert*. Il mourut le 23 octobre 1706.

La famille *Colbert* a produit encore plusieurs personnages distingués, soit dans les armes, soit dans l'église. Parmi ces derniers, on ne peut oublier Charles-Joachim *Colbert*, sous les ordres duquel a été publié ce catéchisme théologique de Montpellier, si estimé. On sait quel rôle a joué dans les disputes du jansénisme ce prélat célèbre.

Chéri dans son parti, dans l'autre respecté.

COLIGNY (*Hist. de Fr.*). On croit que la maison de *Coligny* vient des anciens comtes de Bourgogne; & le bourg de Coligny-le-Vieil, dont cette maison tire son nom, est en Franche-Comté. Nous avons parlé à l'article CHATILLON (*voyez cet article*) des principaux personnages de la maison de *Coligny*, qui ont porté ce nom de Châtillon à cause de leur terre de Châtillon-sur-Loing. Le moment où cette maison joue le plus grand rôle dans l'histoire, commence au maréchal de Châtillon, mort à Dax le 24 août 1522, en allant secourir Fontarabie, & dont le fameux Anne de Montmorenci, depuis connétable, eut le bâton de maréchal. Louise de Montmorenci, femme du maréchal de Châtillon, étoit la sœur du connétable Anne. De ce mariage étoit né, entre autres enfans, l'amiral de *Coligny*, tué à la saint-Barthelemi, l'homme le plus illustre de sa maison. Il fit ses premières armes dans les dernières guerres de François Ier, & fut dangereusement blessé en 1543, au siége de Binche. Sous le règne de Henri II il fut fait amiral. Il tenta d'établir une colonie de François au Brésil; sur terre il disciplina les troupes, & rendit des services essentiels. La persécution qu'éprouvoient alors les Protestans l'entraina dans leur parti; il en fut le chef d'abord sous le prince de Condé, tué à Jarnac, & seul ensuite, au nom du jeune roi de Navarre; il fut pour le moins soupçonné d'avoir eu part à la conjuration d'Amboise; il le fut aussi de la mort du duc de Guise François; Poltrot, qui ne cessa de varier, & dans le cours du procès, & à la question & à la mort, le chargea plusieurs fois, & le déclara autant de fois innocent. Il en dit assez pour que les Guises & les Catholiques aient cru *Coligny* coupable, pour que les Protestans l'aient jugé innocent, mais il n'a pas résolu le problême aux yeux de la postérité. Il paroît que ce soupçon de complicité contre l'amiral de *Coligny* fut principalement fondé sur deux faits: l'un, que Poltrot ayant été adressé à l'amiral de *Coligny* par Soubise, avec une lettre de ce dernier, l'amiral, après avoir lu la lettre, dit à Poltrot: *On me mande que vous avez le desir de bien servir la religion, servez-la donc bien*; mot dans lequel on voulut trouver du mystère, & qu'on crut concerté entre l'amiral & Soubise, pour que l'amiral pût nier qu'il eût su le projet de Poltrot.

L'autre fait est que l'amiral, pour se laver de ce soupçon, disoit publiquement: « je n'ai aucune part » à la mort du duc de Guise, mais je ne puis que me » réjouir de la mort d'un si dangereux ennemi de » notre religion »; mot qui étonna dans la bouche d'un homme si prudent, mot cependant dont la franchise semble prouver l'innocence de l'amiral.

Sa vie entière paroît démentir l'idée qu'il ait pu se permettre la ressource de l'assassinat.

Les partisans de l'amiral de *Coligny* réclamoient pour lui l'honneur de la prise de Calais: le duc de Guise, disoient-ils, n'avoit fait que suivre les mémoires de l'amiral, & qu'exécuter son plan, l'amiral n'ayant pu l'exécuter lui-même, parce qu'il avoit été fait prisonnier à Saint-Quentin.

Il sauva le parti protestant après la bataille de Jarnac; il battit le duc d'Anjou à la Roche-l'Abeille, le maréchal de Cossé à Arnay-le-Duc; il perdit la bataille de Moncontour (1569 & 1570.)

Malheureux quelquefois, mais toujours redouté;
Savant dans les combats, savant dans les retraites;
Plus grand, plus glorieux, plus craint dans ses défaites,
Que Dunois ni Gaston ne l'ont jamais été
Dans le cours triomphant de leur prospérité.

Ou vainqueur ou vaincu, il faisoit toujours la guerre avec des forces inférieures, composées d'Anglois & d'Allemands, toujours prêts à se dissiper faute de paye, & de nationaux qui souvent s'accordoient mal avec ces étrangers, & qui d'ailleurs, servant par un choix libre, non par le devoir de l'obéissance, étoient plus difficiles à soumettre au joug de la discipline. Ajoutons que lui seul alors savoit faire une guerre systématique, prévoir & surmonter les obstacles, prévoir même les échecs qu'il ne pouvoit éviter, & les réparer toujours. La plupart des généraux de son temps n'étoient encore que des chevaliers & des soldats, lui seul est un général. Supérieur au prince de Condé, au connétable de Montmorenci, & même au duc de Guise, François, il est, depuis le connétable du Guesclin, le premier François pour qui la guerre ait été un art. Du Guesclin même n'eut peut-être pas, comme lui, ce talent singulier de tirer parti de ses défaites, & de rendre la victoire infructueuse à l'ennemi. C'est-là le trait qui caractérise *Coligny*. Maharbal disoit à Annibal: *vous savez vaincre, Annibal, vous ne savez pas user de la victoire.* Il eût dit au général françois: *Coligny, vous ne pouvez pas toujours vaincre, mais le fruit de la victoire n'est jamais que pour vous.* Ce fut lui en effet qui parut avoir vaincu à Jarnac & à Montcontour, puisque dès le commencement de la campagne suivante il porta la guerre d'une extrémité du royaume à l'autre, & jusqu'aux portes de Paris.

Un autre trait qui peint *Coligny*, & qui ne pouvoit échapper à l'auteur de la Henriade, est celui qu'expriment ces deux vers:

> *Coligny* dans son cœur, à son prince fidèle,
> Aimoit toujours la France en combattant contre elle.

Ce fut par-là qu'on l'attaqua & qu'on triompha de lui. Jusques-là *Coligny*, plus religieux que politique, content d'obtenir pour son parti, à chaque traité de paix, la liberté de religion, n'avoit jamais voulu d'autre sûreté que la parole du roi. Sujet soumis, patriote zélé, les seuls intérêts de sa religion exceptés, quand son parti lui proposoit d'exiger des places de sûreté: *notre religion est libre*, disoit-il, *que pourrions-nous desirer de plus?* On admiroit avec quelle promptitude & quelle facilité, à chaque nouvel armement, ces troupes se rangeoient sous son obéissance, ou étoient forcées d'y retourner; ce succès étoit dû en partie à la crainte qu'inspiroient ses armes, en partie à ses talens pour la négociation; c'étoit aussi l'effet de la confiance qu'inspiroit sa vertu, de l'indignation qu'excitoit une cour toujours parjure. Il étoit beau de dire au roi: « Je me fie encore à votre parole, quoiqu'on » vous y ait déja fait manquer ». Il étoit grand de dire à ses ennemis: « Je vous rends vos places, » je saurai bien les reprendre, si vous m'y forcez » par votre infidélité ».

Les exemples de cette infidélité s'étant multipliés, on offrit des places de sûreté, elles furent acceptées; on prodigua les assurances, on épuisa toutes les ressources de la politique pour étouffer tout soupçon, pour égarer toute prudence; on séduisit jusqu'au sage *Coligny*; ses défiances ne purent tenir contre le projet d'aller conquérir, pour le roi, les Pays-Bas sur le roi d'Espagne. On lui proposoit de purger la France, comme avoit fait autrefois le connétable du Guesclin, des gens de guerre, dont les discordes civiles l'avoient remplie, & d'aller porter du secours à ses frères des Pays-Bas, opprimés pour leur religion. Cette entreprise étoit si naturelle, si conforme aux intérêts apparens de la France, si conforme sur-tout aux desirs de l'amiral, qu'il ne put lui tomber dans l'esprit qu'on préférât le parti monstrueux d'égorger un tiers de la nation, sans autre fruit que l'exécration publique. Il vint à Paris faire les préparatifs nécessaires. Qu'il vienne avec ou sans escorte, qu'il retourne à Châtillon, qu'il revienne à Paris; toujours attiré, jamais retenu, il est accueilli, consulté; on lui montroit une confiance, on le combloit d'honneurs, dont l'excès même, justifié par le besoin qu'on paroissoit avoir de lui, & par l'emploi dont on le chargeoit, ne pouvoit être suspect. On prenoit avec lui des mesures pour ne pas effaroucher l'église, ni alarmer l'Espagne; mais lui voyoit-on quelque ombre de défiance, on ne ménageoit plus rien, on se livroit entiérement à lui, on poussoit la dissimulation jusqu'à rompre presque ouvertement avec l'Espagne; on alla jusqu'à envoyer en Flandre des huguenots françois qui surprirent Mons & Valenciennes, & qui préparèrent les voies à l'amiral. Il fallut bien se rendre à de tels faits.

Le roi sur-tout témoignoit à l'amiral une confiance qui inquiétoit, ou paroissoit inquiéter sa mère: interrogé par elle sur une longue conversation qu'il venoit d'avoir avec *Coligny*, il répondit d'un ton menaçant: *il m'a conseillé, madame, de régner par moi-même.* Il n'appelloit jamais *Coligny* que *son père.*

Coligny est assassiné par Morevel, mais il est seulement blessé. A cette nouvelle, le roi entre en fureur; étoit-ce de ce que le coup avoit été tenté, ou de ce qu'il avoit été manqué? Il court chez l'amiral, l'embrasse, l'appelle plus que jamais *son père*, pleure sur lui comme Charles VI avoit pleuré sur le connétable de Clisson, lorsque celui-ci avoit été assassiné par Craon, le recommande au zèle & aux talens d'Ambroise Paré, jure, avec les imprécations qui lui étoient familières, de tirer de ce crime une vengeance terrible, fait fermer les portes de la ville pour que le coupable ne pût s'enfuir; tournant ainsi en marques d'intérêt pour l'amiral, les précautions mêmes qu'il prenoit pour l'empêcher de sortir de la ville, lui & ses amis, remplit Paris de gardes & de soldats dans le même esprit, & comme pour défendre l'amiral contre ses ennemis.

L'attentat de Morevel est du 22 août, & le massacre général, où *Coligny* périt un des premiers, est de la nuit du 23 au 24. (*Voyez l'art.* Bême.)

Le roi, la reine-mère & toute la cour allèrent

voir le cadavre déja fétide de l'amiral, pendu par les pieds avec une chaîne de fer au gibet de Montfaucon, & le roi répéta le mot de Vitellius : *Le corps d'un ennemi mort sent toujours bon.* La tête de l'amiral fut portée à Catherine de Médicis :

> Médicis la reçut avec indifférence,....
> Et comme accoutumée à de pareils présens.

Quand il fallut s'expliquer avec les puissances étrangères sur cet horrible crime, on prit le parti d'imputer au malheureux *Coligny* une fausse conspiration contre le roi & toute la famille royale, & de le calomnier, parce qu'on l'avoit égorgé. (*Voyez l'article* CAVAGNES.)

Lorsque Henri, duc d'Anjou, qui avoit été de moitié de toutes ces violences, traversa l'Allemagne pour se rendre en Pologne, il trouva sur sa route des traces de l'horreur qu'inspiroit la saint Barthelemi. En entrant dans le cabinet de l'électeur Palatin, le premier objet qui frappa ses regards fut un portrait fort ressemblant de l'amiral de *Coligny.* « Vous connoissez cet homme, monsieur, lui dit l'électeur d'un ton sévère, » vous avez fait » mourir le plus grand capitaine de la chrétienté, » qui vous avoit rendu les plus signalés services, » ainsi qu'au roi votre frère. Le roi de Pologne un » peu troublé, répondit : c'étoit lui qui vouloit » nous faire mourir tous, il a bien fallu le prévenir.... Monsieur, repliqua l'électeur, nous en » savons toute l'histoire ». A table, le roi de Pologne ne fut servi que par des huguenots françois, échappés au massacre de la saint Barthelemi, qui sembloient le menacer en le servant, & l'électeur parut prendre plaisir, pendant toute la journée, à lui faire craindre pour la nuit les représailles de ce massacre.

L'amiral de *Coligny* avoit écrit l'histoire des guerres civiles de France, ouvrage qui, venant de cette main, eût sans doute intéressé, & qui nous eût mieux fait connoître le caractère & l'étendue des talens de ce général ; le manuscrit en fut remis à Charles IX, & ce prince n'étoit pas éloigné de le faire imprimer ; mais le maréchal de Retz l'en détourna, & fit jetter l'ouvrage au feu en haine de l'auteur, « & envieux, dit Brantôme, de » la mémoire & de la gloire de ce grand person» nage, ce qu'il ne devoit, puisque l'envie ne » règne que parmi les pareils, & qu'autant de » semblance, disoit-on, y avoit-il, comme d'un » âne à un noble cheval d'Espagne ».

Le même Brantôme rapporte dans un autre endroit, qu'un *Italien francisé*, qui paroît être le même maréchal de Retz-Gondi, confident de Cathérine de Médicis, vint protester quelque temps avant la saint Barthelemi, devant l'amiral lui-même, contre l'imputation qui lui avoit, disoit-il, été faite, d'avoir voulu tuer l'amiral. *Coligny* le regarda en souriant, & lui dit : *Vous êtes l'homme de la cour que je soupçonnerois le moins d'un pareil coup :* raillerie sanglante dans un temps où tuer étoit un mérite si grand & pourtant si commun. Brantôme la présente bien dans ce sens.

Voyez à l'article ANJOU, *tome I, première part. page 324*, un mot du duc d'Alençon-Anjou sur l'amiral de *Coligny*, mot qui fait honneur à tous deux.

L'amiral avoit deux frères, qui tous deux servirent la cause des Protestans ; l'un fut Odet de *Coligny*, connu sous le nom du cardinal de Châtillon, archevêque de Toulouse à dix-neuf ans, évêque de Beauvais à vingt. Il se fit huguenot, & le pape Pie IV lui ôta la pourpre romaine ; il l'avoit quittée de lui-même pour prendre l'habit guerrier ; mais quand le pape la lui eut ôtée, il la reprit, se maria en soutane rouge avec Isabelle de Hauteville, & affecta de donner à sa femme un rang ecclésiastique, en la faisant nommer madame la cardinale, ou madame la comtesse de Beauvais. Après la mort du cardinal, elle demanda son douaire en justice. Sa demande fut rejettée par un arrêt du parlement de Paris, rendu en 1604. Le cardinal avoit été décrété de prise de corps comme sujet rebelle & ecclésiastique scandaleux. A la bataille de Saint-Denis il portoit les armes contre le roi. Il mourut en 1571, en Angleterre, où il étoit allé solliciter du secours en faveur des huguenots ; il fut empoisonné par un de ses domestiques, qui, ayant été pris par les Rochellois, subit la peine de son crime.

L'autre frère de l'amiral étoit François de *Coligny*, connu sous le nom de d'Andelot ; c'étoit un des plus utiles lieutenans de l'amiral, qui s'étoit défait en sa faveur de la charge de colonel général de l'infanterie françoise. (*Voyez* sur un crime qu'on lui a mal-à-propos imputé, *l'article* CHARRI.) On le nommoit *le chevalier sans peur*, titre que plusieurs ont porté, mais qui a toujours dû distinguer. Il fut rival du prince de la Roche-sur-Yon, prince du sang ; ils se disputèrent l'héritière de la maison de Laval, & d'Andelot l'emporta par le crédit du connétable de Montmorenci son oncle. Cette rivalité fit naître une querelle entre eux. La grande réputation de valeur que d'Andelot s'étoit acquise fut pour le prince de la Roche-sur-Yon un motif de plus de vouloir se battre contre lui ; il le cherchoit par-tout, & d'Andelot l'évitoit par-tout, croyant devoir ce respect à son rang, & effrayé de l'idée d'un combat singulier contre un prince du sang. Tous deux accompagnant un jour le roi à la chasse, d'Andelot s'écarta un moment, le prince de la Roche-sur-Yon fut à l'instant sur sa trace, & commença par l'insulter ; ils mettent l'épée à la main, & d'Andelot blesse le prince. Desroches, gentilhomme du prince, survient & fond sur d'Andelot ; le combat continue entre eux, un gros de chasseurs arrive, & les sépare. Les princes du sang demandèrent justice au roi de ce qu'ils appelloient l'audace de d'Andelot, le connétable de Montmorenci prit hautement la défense de son neveu, alléguant que le prince étoit l'agresseur. Soit crédit, soit justice, d'Andelot resta impuni, & continua d'éviter le prince, qui continua de le chercher.

Un jour, d'Andelot revenant de Saint-Germain-en-Laye, où étoit la cour, entroit dans un bac pour traverser la Seine, il apperçoit le prince de la Roche-sur-Yon qui accouroit à toute bride, & qui crioit qu'on l'arrêtât; il sentit que l'occasion alloit devenir inévitable; il prend son parti sur-le-champ, tire son épée, coupe le cable & s'abandonne au courant. Le prince, ou cessa de chercher des occasions, ou n'en trouva plus.

D'Andelot fut fait prisonnier avec l'amiral son frère, à la bataille de Saint-Quentin, en 1557. Il servit en 1558 à la prise de Calais; il se signala dans les guerres civiles, à la bataille de Dreux, en 1562. Il défendit Orléans en 1563, & acquit beaucoup de gloire dans ces déplorables divisions que la religion excita en France; il fit ses derniers exploits à la bataille de Jarnac, en 1569, & mourut quelques mois après.

Le second maréchal de Châtillon, petit-fils de l'amiral, gagna, le 20 mai 1635, la bataille d'Avein, contre le prince Thomas de Savoye. Le prince Thomas lui fit lever le siège de Saint-Omer le 15 juillet 1638. En 1639, le maréchal fit lever à Picolomini le siège de Mouson, & prit Yvoi. En 1640 il prit Arras, siège mémorable; il avoit avec lui les maréchaux de Chaulnes & de la Meilleraye. Le duc d'Anguien qui, trois ans après, étoit déja le grand Condé, s'il n'en portoit pas encore le nom, étoit à ce siège; il faisoit alors ses premières armes. En 1641, le maréchal de Châtillon perdit, le 6 juillet, la bataille de la Marfée, mais la mort du vainqueur, le comte de Soissons, rendit la victoire inutile à son parti. Le maréchal de Châtillon mourut en 1646, dans son château de Châtillon; il étoit l'élève à la guerre de Maurice & de Frédéric Henri, princes d'Orange.

La comtesse de la Suze, si célèbre par son esprit, étoit sa fille; la duchesse de Châtillon, si célèbre par sa beauté, étoit sa bru.

Le maréchal eut trois fils célèbres; le comte de *Coligny*, qui se battit en 1643 contre le duc de Guise. Il mourut en 1644, du vivant du maréchal.

Le duc de Châtillon, tué en 1649, au siège de Charenton, & dont la fameuse duchesse de Châtillon, Elisabeth-Angélique de Montmorenci, sœur du maréchal de Luxembourg, la même qui vient d'être nommée, étoit la veuve.

Et le comte de *Coligny*, Jean, qui commandoit les François en Hongrie contre les Turcs en 1664, dans le temps du combat de Saint-Godart. Il mourut en 1686, & ce fut dans la personne de son fils, mort le 14 mai 1694, que s'éteignit cette illustre race de *Coligny-Châtillon*.

COLIN *ou* COLLIN. *Voyez* CHATEL (DU) *ou* CASTELLAN.

COLLATIN. *Voyez* LUCRÈCE & TARQUIN.

COLLÉ (*Hist. litt. mod.*). On pourroit le nommer *le dernier génie comique*, comme on a nommé Brutus & Cassius *les derniers Romains*. Il a eu le *vis comica* dans un degré très-rare. Son *Dupuy & Desronais*, trop négligemment écrit, trop mal versifié, est d'ailleurs plein de feu, & l'amour n'y manque pas d'éloquence, puisque le caractère inflexible de Dupuy cède à cette éloquence, de l'aveu du spectateur qui, entraîné comme lui, juge qu'il doit se rendre, & approuve le dénouement. La *Partie de Chasse de Henri IV* est une des pièces qu'on revoit le plus souvent & avec le plus de plaisir; elle réunit le charme des deux genres; elle fait beaucoup rire & beaucoup pleurer. Le souper, le moment où Henri IV est reconnu, sont des tableaux enchanteurs. Des à-propos heureux, une observation fine des caractères jusques dans les moindres nuances, une gaieté franche, une sensibilité vraie, remplissent ce fond si riche des plus riches détails. Plusieurs autres comédies, qu'on ne peut pas trop nommer ici, annoncent encore, s'il est possible, un génie plus essentiellement comique: ajoutons à ces titres des chansons d'une originalité piquante, & dont chacune, dans de certains temps, auroit suffi pour faire une réputation. Nous ne mettons pas dans ce nombre les chansons où il a célébré des événemens publics; celles-là tiennent de la nature des ouvrages de commande, toujours condamnés à la médiocrité, & il n'y a point eu à cet égard d'exception en sa faveur; mais les chansons que son génie lui a inspirées sur des sujets de son choix & de son goût, sont des modèles dans ce genre, & confirment ce que nous avons dit de son talent comique. M. *Collé* eut d'ailleurs un caractère & une conduite également estimables; il joignit la vertu à la gaieté; ami sûr & fidèle, bon mari jusqu'à n'avoir pu survivre à une femme que beaucoup de mérite & toutes les chaînes de la tendresse & de l'habitude avoient rendue nécessaire à son existence, depuis sa mort il ne fit que languir dans la solitude & dans la douleur, *solo in littore secum*, & il la suivit de près. Il a manqué à la liste de l'académie françoise, & l'académie a manqué à sa gloire. Les gens sans partialité, pour qui les factions littéraires, s'il y en a, sont comme si elles n'étoient pas, l'y appelloient de tous leurs vœux; mais, soit préjugé de jeunesse, soit intérêts cachés de société, soit cette envie secrette qui se glisse quelquefois dans une ame, même honnête, à son insçu, M. *Collé* s'étoit laissé prévenir d'une forte haine contre nos meilleurs écrivains, contre les plus grands noms de la littérature; c'est la seule tache d'un caractère d'ailleurs irréprochable. Cette haine, selon l'usage, lui fut sans doute rendue avec quelque usure, car il n'étoit pas de ceux que le mépris garantit de la haine. Quoi qu'il en soit, il ne rechercha point l'académie, & l'académie ne recherche personne. De ces dispositions réciproques, il résulta une injustice; mais à qui doit-elle être imputée? On a beau faire, les sentimens sont individuels, quant à leur objet; on n'aime ni ne hait collectivement; un corps, une société, une secte ne peut être un objet d'amour ou de haine, on se fait illusion quand on croit les aimer ou les haïr; quant aux particuliers, il n'y a point d'illusion: on sait bien si on les aime ou si on les hait, mais les inclinations ni les aversions n'ont rien de volontaire, & ne doivent point être considérées, lorsqu'il s'agit de rendre justice; il faut que le talent ait sa récompense, c'est une dette & non une grace; on aime après ses confrères, & on en est aimé, si on peut, on aime au moins ceux qui le méritent, & dans un grand corps il s'en trouve toujours plusieurs. M. *Collé* eût trouvé des amis dans l'académie; il en avoit un intime, M. Saurin, qui ne pensoit pas comme lui sur les philosophes, & leur amitié constante, malgré cette diversité de sentimens, les honora l'un & l'autre. Il eût vécu avec les uns comme avec des amis, avec les autres comme avec des confrères, c'est tout ce qu'on peut demander. Quand on élut Fontenelle à l'académie, on savoit bien qu'il ne seroit point ami de Boileau & de Racine. Falloit-il ne pas élire Fontenelle? M. *Collé* a été parmi nous un des derniers admirateurs connus de Rabelais. Cette estime pour Rabelais n'avoit pas été inutile à la Fontaine.

COLLET (*Hist. litt. mod.*). Deux hommes de ce nom ont fait des ouvrages dont quelques-uns sont connus.

Le premier, nommé Philibert, avocat au parlement de Dombes, mort en 1718, a laissé un *traité des excommunications*; un *traité de l'usure*, dans lequel il justifie l'usage de la Bresse, de stipuler les intérêts avec le capital d'une somme exigible; *des entretiens sur les dixmes & autres libéralités faites à l'église; des notes sur la coutume de Bresse.*

Le second, nommé Pierre, Prêtre de la congrégation de la mission, mort le 6 octobre 1770, est auteur d'une multitude d'ouvrages, dont les principaux sont la *vie de Saint-Vincent de Paul*, homme qui ne sauroit être trop connu & trop respecté, le héros de la vertu & de la bienfaisance; une histoire abrégée du même, plus estimée que la grande histoire; *la vie de M. Boudon*, homme pieux, auteur d'ouvrages pieux, & l'abrégé de cette même vie; une *vie de saint Jean de la Croix*; un *traité des dispenses en général & en particulier*; un *traité des indulgences & du jubilé*; un *traité des exorcismes de l'église*; un *abrégé du dictionnaire des cas de conscience de Pontas; des instructions à l'usage des gens de la campagne*, & une multitude d'autres ouvrages théologiques, historiques, moraux, polémiques, &c.

COLLETET (GUILLAUME) (*Hist. litt. mod.*); de l'académie françoise, l'un des cinq poëtes dramatiques que le cardinal de Richelieu employoit comme des commis à la composition de pièces qu'il faisoit jouer à la cour, & dont il donnoit souvent le sujet & le cannevas. C'est dans celle qui a pour titre *les Thuilleries* que sont les six vers pour lesquels le cardinal lui donna six cents livres, en ajoutant que le roi n'étoit pas assez riche pour payer le reste.

On a retenu trois de ces vers:

La canne s'humecter de la bourbe de l'eau,
D'une voix enrouée & d'un battement d'aile,
Animer le canard qui languit auprès d'elle.

Colletet fit sur la libéralité du cardinal ces deux autres vers:

Armand, qui pour six vers m'a donné six cents livres;
Que ne puis-je à ce prix te vendre tous mes livres!

Mais la reconnoissance ne le rendit pas plus docile à la correction que le cardinal proposa de faire à ce vers:

La canne s'humecter de la bourbe de l'eau.

Il vouloit qu'on mît:

La canne barboter dans la bourbe de l'eau.

Trouvant sans doute que tous ces *B* faisoient un effet poétique. *Colletet* non content d'avoir disputé de vive voix sur ce point contre son bienfaiteur, lui écrivit une grande lettre pour défendre son opinion; le cardinal avoit des affaires plus importantes; la France venoit de remporter une victoire, & les courtisans, en le complimentant sur ce succès, l'assuroient que rien ne pouvoit résister à son éminence. Vous vous trompez, leur dit-il, à Paris même je trouve un homme qui me résiste. On demanda quel étoit ce téméraire, cet ennemi de l'état & du roi, c'étoit *Colletet.*

Soit que *Colletet* ne fît pas souvent de ces vers à six cents francs le sixain, soit que, comme on le dit, il fût dissipateur, il mourut très-pauvre en 1659. On a recueilli ses œuvres, mais personne ne les lit, & le nom de *Colletet* n'est plus connu que par ces deux vers si grossiers & si avilissans de Boileau sur François *Colletet*, fils de Guillaume, & poëte comme lui.

Tandis que *Colletet*, crotté jusqu'à l'échine,
S'en va chercher son pain de cuisine en cuisine.

François *Colletet* vivoit encore en 1672.

COLLIN (L'ABBÉ) (*Hist. litt. mod.*) connu

par la traduction de l'orateur de Cicéron, par trois prix remportés à l'académie françoise, & par le desir qu'il avoit d'être de cette compagnie, desir qui ne fut point rempli. Mort en 1754, trésorier du chapitre de l'église de Paris.

COLLINS (Antoine) (*Hist. litt. mod.*), anglois, célèbre par l'incrédulité & par la probité. Sa sensibilité excitée à la vue des maux causés au genre humain par l'abus que les hommes ont si souvent fait de la religion, fut, dit-on, ce qui le précipita dans l'incrédulité; on dit qu'il cherchoit la vérité de bonne foi, qu'il exhortoit ceux qui n'étoient pas de son avis à le réfuter, & qu'il leur prêtoit les livres dont ils avoient besoin pour lui répondre, Crouzas est du nombre de ceux qui lui ont répondu. *Collins* a beaucoup écrit sur l'usage de la raison, sur la liberté de l'homme en général, & en particulier sur la liberté de penser & d'écrire. Né en 1676. Mort en 1729.

Un autre Collins, anglois, nommé Jean, fut surnommé le *Mersenne* de l'Angleterre, parce qu'il étoit en commerce avec tous les mathématiciens de l'Europe, & qu'il étoit mathématicien lui-même. Les Anglois prétendent prouver, par son *commercium epistolicum de analysi promotâ*, qu'il est l'inventeur de la méthode analytique. Mort en 1683.

COLLINS (François) (*Hist. litt. mod.*), docteur à Milan au 17e siècle, auteur d'un traité *de animabus paganorum*, qui fit du bruit, & qui est au nombre des livres rares. Il faut toujours se souvenir que les livres rares sont ceux qui n'ont pas mérité de devenir communs.

COLLOT (Germain) (*Hist. mod.*), est le premier chirurgien françois qui ait tenté l'opération de la pierre; ce fut sur un criminel condamné à mort: il le guérit, & cet homme vécut long-temps en pleine santé. La vie des criminels seroit fort utilement employée à des semblable essais. C'est la réflexion de Mezeray.

La famille de *Collot* a exercé avec succès le même talent depuis le règne de Louis XI, époque de la première opération jusqu'à nos jours, & elle l'a considérablement perfectionné.

COLOMB (Christophe) (*Hist. mod.*). La navigation, les découvertes & les conquêtes de Christophe *Colomb*, en Amérique, sont une des merveilles du règne de Ferdinand & d'Isabelle, à qui cet illustre génois donna un nouveau monde, agrandi dans la suite par les découvertes postérieures que les siennes devoient nécessairement entraîner. Christophe *Colomb* avoit d'abord préféré à Ferdinand & Isabelle Henri VII, roi d'Angleterre, & il étoit naturel en effet que ces hardis navigateurs s'adressassent par préférence au souverain qui avoit la marine la plus florissante; mais Barthelemi *Colomb*, frère de Christophe, & qu'il avoit envoyé à Londres pour faire ses propositions, ayant été pris par des pirates, ne put être présenté à Henri VII qu'après l'engagement pris par Christophe avec le roi catholique.

Pour prix d'avoir ajouté tant de vastes états à l'empire des maîtres qu'il avoit choisis, *Colomb* fut chargé de fers & condamné à mort; on n'osa l'exécuter, on le renvoya en Espagne: le capitaine du vaisseau qui le portoit voulut lui ôter ses fers; non s'écria *Colomb*, c'est à la reine à me les ôter, je ne les quitterai que devant elle: la reine en effet lui rendit plus de justice. Il mourut à Valladolid le 8 mai 1506.

Barthélemi Colomb, son frère, ajouta aux conquêtes & aux établissemens de Christophe. Il mourut en 1514, dans l'isle *Hispaniola*, aujourd'hui Saint-Domingue.

Ferdinand Colomb, fils de Christophe, a écrit la vie de son père, laquelle ne se sépare point de celle de Barthelemi, son oncle, frère de Christophe. Cet ouvrage, intitulé: *historia del amirante D. Christoval Colomb*, a été traduit en italien par Alfonse de Ulloa, & cette traduction est plus connue que l'original. Ferdinand Colomb laissa sa bibliothèque à l'église de Séville, & elle est connue sous le nom de *bibliothèque Colombine*.

COLOMBAN (Saint) (*Hist. de Fr.*). Ce saint, fondateur de l'abbaye de Luxeuil en Franche-Comté, ayant voulu exhorter Théodoric, petit fils de Brunehaut, à prendre une femme légitime, & ayant commencé à le persuader, Brunehaut le chassa des états de ce prince. Jonas, abbé de Bobio en Italie, a écrit la vie de *saint Colomban*, dont il avoit été disciple. On croit qu'il écrivoit vers l'an 640. Il vivoit encore sous le règne de Clovis III, en 692.

COLOMBIÈRE (Marc) (Vulson, sieur de la) (*Hist. litt. mod.*), auteur de la *science héroïque*, un des livres les plus savans que nous ayons sur le Blason; il est aussi l'auteur du *théatre d'honneur & de chevalerie*, ou *miroir historique de la noblesse*, *contenant les combats*, *les triomphes*, *les tournois*, *les joutes*, *les armes*, *les carousels*, *les courses de bagues*, *les gages de bataille*, *les cartels*, *les duels*, *les dégradations de noblesse*, &c. Ouvrage toujours très-curieux & très-utile pour connoître le cérémonial de l'ancienne chevalerie, & pour avoir une intelligence parfaite de nos vieux romans, qui forment une partie essentielle de notre histoire, sinon pour les faits, au moins pour les mœurs. On n'avoit rien écrit de mieux sur la chevalerie avant M. de Sainte-Palaye, & les excellens mémoires de M. de Sainte-Palaye sur cet objet, laissent encore au livre de *la Colombière* une grande partie de son utilité sur ce qui concerne le cérémonial, objet dont il s'est principalement occupé. Cet auteur avoit en général de grandes connoisfances fur tout ce qui concerne la nobleffe, la chevalerie, les armoiries, &c. Il mourut en 1658. Il étoit gentilhomme ordinaire de la chambre du roi en 1618. Ayant furpris fa femme en adultère, il la tua, ainfi que fon amant. Depuis cet événement, arrivé à Grenoble, la *vulfonade* étoit paffée en proverbe dans cette ville, comme le remède qu'il falloit, difoit-on, appliquer à la coquetterie des femmes.

COLOMIÉS (PAUL) (*Hift. litt. mod.*), favant bibliographe, auteur de la *bibliothèque choifie*, imprimée avec des remarques de M. de la Monnoye, & de *mélanges hiftoriques* eftimés. On a auffi de lui *Gallia orientalis ; Italia & Hifpania orientalis*, ce qui n'a aucun rapport à la géographie, & défigne feulement les François, Italiens & Efpagnols favans dans les langues orientales. Son livre intitulé : *theologorum presbyterianorum icon*, lui à valu des injures de la part de Jurieu. Il a écrit auffi la vie du P. Sirmond, &c. Il étoit proteftant. Né à la Rochelle en 1638, mort à Londres en 1692.

COLONIA (DOMINIQUE DE) (*Hift. litt. mod.*), jéfuite favant & eftimable, mais en horreur aux janféniftes pour la *bibliothèque janfénifte*. Ce feroit fur-tout à ceux qui fe piquent de n'être pas janféniftes qu'il devroit déplaire, par la facilité avec laquelle il donne place dans cette bibliothèque : il eft affez plaifant, par exemple, qu'il y ait mis M. de Voltaire, pour avoir dit dans la Henriade :

On voit la liberté, cette efclave fi fière,
Par d'invincibles nœuds en ces lieux prifonnière ;
Sous un joug inconnu, que rien ne peut brifer,
Dieu fait l'affujettir fans la tyrannifer ;
A fes fuprêmes loix d'autant plus attachée,
Que fa chaîne à fes yeux pour jamais eft cachée ;
Qu'en obéiffant même elle agit par fon choix,
Et fouvent aux deftins penfe donner des loix.

Le P. *Colonia*, qui fut cinquante-neuf ans jéfuite à Lyon, & qui avoit une penfion de la ville, eft auffi auteur d'une *hiftoire littéraire de la ville de Lyon*, avec une *bibliothèque des auteurs Lyonnois facrés & profanes*. On a encore de lui une rhétorique latine, & un ouvrage intitulé : *la religion chrétienne, autorifée par les témoignages des auteurs payens*.

Il fe piquoit d'être antiquaire, & on le trompa, comme le P. *Chamillard*, fon confrère, par de prétendus monumens antiques, qu'il adopta & qu'il expliqua, *Voyez l'article* CHAMILLARD.

Le P. *Colonia*, né à Aix en 1660, reçu jéfuite en 1675, mourut à Lyon en 1741.

COLONNE (*Hift. mod.*), grande maifon d'Italie, qui a produit un pape (*Martin V*, mort le 21 février 1431), une multitude de cardinaux & de perfonnages illuftres en tout genre. De ce nombre furent,

1°. Le cardinal Jean *Colonne*, légat dans l'armée des Croifés, qui prit, le 5 novembre 1219, la ville de Damiète ; ce fut lui qui apporta, dit-on, à Rome, à fon retour en Italie, la colonne où J. C. avoit été flagellé, & qui la mit dans l'églife de fainte Praxède, où on la voit encore. Mort en 1245.

2°. Le cardinal Jacques *Colonne*, grand ennemi du pape Boniface VIII, & Sciarra fon coufin, qui donna un foufflet à ce pontife. (*Voyez l'article* BONIFACE.)

3°. Le cardinal Jean *Colonne*, petit neveu du pape *Martin V*, employé dans les plus grandes affaires politiques de l'Europe fous les papes Sixte IV, Innocent VIII, Alexandre VI, Pie III, & Jules II. Mort le 26 feptembre 1508. Les *Colonnes*, chaffés de Rome en 1499, par le pape Alexandre VI, prirent pour devife des rofeaux, avec ces mots : *flectimur, fed non frangimur*.

4°. Profper, frère du cardinal precedent, & Fabrice, fon coufin-germain ; Profper eut de grands talens, mûris par une grande expérience. C'étoit le premier Italien qui eut fu faire la guerre, depuis que Charles VIII, perçant l'Italie d'un bout à l'autre, y avoit dévéloppé des principes de cet art terrible, inconnus jufqu'alors. Profper & Fabrice *Colonne* furent fes difciples & fes créatures, mais ils fembloient n'avoir fervi fous lui que pour apprendre à combattre les François : ils furent les premiers à donner l'exemple de la défection, furtout Profper, qui entraîna fon coufin dans le parti des ennemis de la France ; tous deux en furent punis & tombèrent entre les mains des François, Fabrice, à la bataille de Ravenne, fous Louis XII, Profper, fous François Premier, à Ville-Franche, où il fut furpris à table, à midi, par les François, qu'il tenoit, difoit-il, enfermés dans les alpes, *come gli pipioni nella gabbia*, & qui trouvèrent une route jufques-là inacceffible & inconnue, pour pénétrer en Italie. Profper & Fabrice, après leur délivrance, reftèrent toujours ennemis des François. Profper, nommé chef de la ligue conclue contre eux fous Léon X, en 1521, & fous Adrien VI, en 1523, ajouta beaucoup, par les grandes chofes qu'il fit, à la haute réputation dont-il jouiffoit déja, &, ce qui eft fort rare, fa vieilleffe fut le temps de fa plus grande gloire. Ce fut lui qu'on put véritablement regarder comme le Fabius de fon fiècle; il fut toujours temporifer avec fruit; il avoit un génie fage & fouple, propre à déconcerter le génie françois; il étoit ennemi des batailles, il les trouvoit toujours dangereufes & rarement néceffaires ; il vouloit tout devoir à la fageffe de fes mefures, & rien au hafard ; il aimoit à faire une guerre fyftématique, favante, ingénieufe, & à pouvoir fe rendre compte de tous fes fuccès ; il excelloit dans l'art de choifir fes campemens, de fatiguer

fatiguer, de ruiner les armées ennemies sans combattre, de leur couper les vivres, de rendre leurs forces inutiles, d'éviter tous leurs pièges, & de les faire infailliblement tomber dans les siens. C'est cet art que les Turennes & les Catinats ont tant perfectionné depuis, cet art d'appliquer la philosophie à la destruction des hommes, & de présenter dans la guerre même un spectacle aux sages. On a reproché à Prosper de n'avoir pas toujours tiré parti de l'état où il avoit su réduire ses ennemis, d'avoir souvent perdu par trop de réserve une partie du fruit de ses travaux; il répondoit que c'étoit rendre à un ennemi affoibli toute sa force, que de le réduire au désespoir : il pouvoit appuyer cette maxime sur bien des exemples, dont le combat de la Bicoque, qu'il gagna contre le maréchal de Lautrec, eût encore grossi le nombre, si l'impétuosité de Pescaire, son associé dans le commandement, l'eût emporté sur la sage retenue de *Colonne*.

Prosper avoit sur-tout recueilli & considérablement étendu les connoissances qui commençoient à se répandre de son temps en Italie sur l'art de fortifier & de défendre les places.

On peut juger enfin par ce que fit *Colonne*, malgré les contradictions perpétuelles du marquis de Pescaire, de ce qu'il auroit pu faire avec une autorité plus absolue. Il mourut le 30 décembre 1523. Fabrice mourut en 1520.

5°. Marc-Antoine, neveu de Prosper & de Fabrice, défendit en 1516, contre les François & les Vénitiens, la ville de Vérone. Plus vigilant & plus heureux que Prosper ne l'avoit été à Ville-Franche, rien ne put le forcer de se rendre, quoiqu'il fût dangereusement blessé d'un coup d'arquebuse, quoique la ville fût dépourvue de munitions de guerre & de bouche, quoique les François, du côté de Mantoue, & les Vénitiens du côté de Vicence, la foudroyassent par de fortes batteries, quoiqu'enfin le maréchal de Lautrec eût déja livré l'assaut par deux brèches considérables. Le siège fut converti en blocus, puis entiérement levé.

Marc-Antoine *Colonne* passa depuis au service de la France, & combattit contre ses oncles. Il commandoit la cavalerie légère de France au siège du château de Milan, en 1522. Prosper *Colonne*, pour empêcher tout secours de pénétrer dans ce château, l'avoit enfermé d'une double circonvallation, & le tenoit investi de tous côtés; tandis que Lautrec observoit ces nouvelles fortifications, accompagné de ses principaux officiers, que l'éclat de leurs armes & la beauté de leurs plumes faisoient remarquer sans qu'on pût les reconnoître, un coup de coulevrine parti des retranchemens, emporta Marc-Antoine *Colonne*. C'étoit un des meilleurs officiers de l'armée françoise. Brantôme dit que ce fut Prosper *Colonne* lui-même qui pointa la coulevrine, & qu'il pensa mourir de douleur, quand il sut qu'il avoit tué son neveu. Marc-Antoine *Colonne* périt le 4 mars 1522.

6°. Un autre neveu de Prosper *Colonne*, le cardinal Pompée *Colonne*, ennemi de la maison de Médicis, s'opposa long temps à l'élection du cardinal Jules Médicis, au conclave qui se tint après la mort d'Adrien VI. On ne parloit que de la nouvelle rivalité de Jules & de Pompée : on fit à ce sujet l'épigramme suivante :

Ecce iterum è summo dejectam culmine Romam;
Pompeii & Juli mens furiosa premit;
Brute, pium, Photine, pium nunc stringite ferrum;
Quid servasse juvat, si peritura fuit?

Le cardinal de Médicis obtint enfin le suffrage du cardinal *Colonne*, en lui promettant la vice-chancellerie (que Médicis avoit alors) & le magnifique palais qu'il tenoit de la libéralité du pape Léon X, son cousin; *Colonne* lui donna même les voix de sa faction. Ils se rebrouillèrent dans la suite. Clément VII (Médicis) se déclara pour François Ier, les *Colonne* pour Charles-Quint. Ces *Colonnes* étoient Vespasien, fils de Prosper, Ascagne, fils de Fabrice, & le cardinal Pompée *Colonne*, le plus violent & le plus furieux des trois. Ayant trouvé une occasion favorable, ils surprennent Rome pendant la nuit, se saisissent de trois portes, avancent en massacrant tout ce qui leur résiste : le cardinal Pompée *Colonne* ne se proposoit rien de moins que d'égorger le pape, & d'aller les mains teintes de son sang forcer les cardinaux à le couronner lui-même; il marchoit déja vers Saint-Pierre & vers le Vatican. Les cardinaux engagèrent le pape à se retiter avec eux dans le château Saint-Ange. Il étoit temps qu'il prît ce parti : à peine étoit-il sorti de son palais, que les troupes des *Colonnes* y entrèrent & le mirent au pillage; elles pillèrent aussi les ornemens de la Basilique de Saint-Pierre; mais le désordre dura peu, le canon du château Saint-Ange arrêta l'impétuosité des *Colonnes*.

Lorsque, l'année suivante (1527), Clément VII fut fait prisonnier par l'armée du prince d'Orange, le cardinal Pompée *Colonne* alla lui rendre visite au château Saint-Ange, soit par bienséance, soit pour jouir de son humiliation. Le pape sut tirer parti de sa vanité; il s'avoua vaincu, il reconnut qu'il n'appartenoit qu'aux *Colonnes*, & sur-tout à Pompée, d'abaisser & de relever le Saint-Siège à leur gré : les titres qu'il lui prodigua de dompteur des papes, d'appui ou du fléau du Saint-Siège, d'arbitre de la chrétienté, flattèrent ce cœur ambitieux, & dissipèrent insensiblement sa haine. Le pape le voyant ébranlé, n'épargna ni prières ni larmes pour le fléchir; *Colonne* s'enivra de la noblesse du personnage qu'il pouvoit jouer, il devint l'ami du pape & son protecteur auprès de l'empereur & de l'armée, il eut part à sa délivrance, & eut à se louer de sa reconnoissance. Il mourut viceroi de

Naples pour l'empereur, le 28 juin 1532, âgé de 53 ans.

7°. Victoire *Colonne*, femme du marquis de Pescaire, fille de Fabrice *Colonne*, fut célèbre par sa beauté, par son esprit, par sa tendresse pour son mari, par celle qu'il eut pour elle. Il lui dédia un livre tout plein de sa passion, elle de son côté fit un poëme pour honorer la mémoire de Pescaire. Un poëte du temps, Jean-Thomas Musconio, la compare & la préfère à Porcie, fille de Caton & femme de Pescaire.

Non vivam sine te mi Brute, exterrita dixit
Porcia, & ardentes sorbuit ore faces.
Te Davale, extincto; dixit Victoria, vivam,
Perpetuò mœstos sic dolitura dies.
Utraque Romana est: sed in hoc Victoria victrix
Perpetuò hœc luctus sustinet, illa semel.

Il y a beaucoup d'autres personnages célèbres de la maison *Colonne*, tels qu'Etienne, grand capitaine, disciple de Prosper. Il servit tour-à-tour les papes Clément VII & Paul III, le grand duc Côme de Médicis, François premier, Charles-Quint. Mort en 1548.

Marc-Antoine, duc de Palliano, grand connétable de Naples, qui eut grande part à la victoire de Lepante, en 1571. Mort le 1 août 1594.

Jérôme *Colonne*, mort en 1586. Le cardinal Ascagne *Colonne*, mort en 1608, Fabio *Colonne*, mort vers le milieu du 17e siècle, furent célèbres par leurs connoissances & leur amour pour les sciences. Ce dernier est auteur du *Phytobasanos*, ouvrage de botanique estimé, & de quelques autres ouvrages d'histoire naturelle. M. Bianchi a écrit sa vie, dont on trouve l'extrait dans le journal des savans, janvier 1746.

COLUMELLE (LUCIUS JUNIUS MODERATUS COLUMELLA) (*Hist. litt. anc.*), si connu par son traité *de re rusticâ*, en 12 livres, & par un traité *de arboribus*, étoit né à Cadix & vivoit sous l'empire de Claude, vers l'an 42 de J. C. Il est réputé être du bon siècle, du siècle d'Auguste. M. Saboureux de la Bonnetrie a donné une traduction françoise du traité *de re rusticâ*, 2 vol. *in-8°*, qui font partie de l'économie rurale, en 6 vol. *in-8°*.

COLUTHUS (*Hist. litt.*), poëte grec d'un mauvais siècle: il vivoit du temps de l'empereur Anastase I, & de Clovis. On a de lui un poëme de *l'enlèvement d'Helène*, traduit en françois, par M. du Molard en 1742.

COMBABUS (*Hist. anc.*). On connoît par Lucien & par M. Dorat la triste & courageuse preuve de fidélité que donna *Combabus* au roi de Syrie son maître, Antiochus Soter, qui envoyoit assez imprudemment un homme de son âge & de sa figure accompagner dans un voyage la reine Stratonice sa femme.

COMBALUSIER (*Hist. litt. mod.*), médecin célèbre, mort le 24 août 1762. Il y a de lui des écrits polémiques dans la querelle des médecins & des chirurgiens, & un traité *des vents* du corps humain.

COMBE (Le P. LA), Barnabite. *Voyez* GUYON.

COMBE (GUY DU ROUSSEAU DE LA) (*Hist. litt. mod.*), avocat au parlement de Paris, mort en 1749, auteur d'un *recueil de jurisprudence civile du pays de droit écrit & du pays coutumier*, ouvrage très-consulté, souvent cité. Il est encore auteur d'un recueil de Jurisprudence canonique & bénéficiale, d'un nouveau traité des matières criminelles & de quelques autres ouvrages de jurisprudence. Il a aussi donné des éditions d'ouvrages célèbres dans ce genre.

COMBEFIS (FRANÇOIS) (*Hist. litt. mod.*). Le P. *Combefis*, dominicain, avoit une pension du clergé de France pour travailler à des éditions & versions des pères grecs, & il la mérita par des travaux assidus, qu'il étendit par ordre de M. Colbert jusqu'à des auteurs profanes: il donna l'édition des cinq historiens grecs qui ont écrit depuis Théophane, & qui servent de suite à l'histoire Bysantine. Mort en 1679.

COMENIUS (JEAN AMOS) (*Hist. litt. mod.*), grammairien & théologien protestant, étoit fou; mais on a de ce fou un livre intitulé: *janua linguarum reserata*, qui a été traduit non-seulement en douze langues Européennes, mais encore dans les principales langues de l'Asie. Il a donné aussi une *nouvelle méthode d'enseigner*; une *historia fratrum bohemorum*, & quelques autres ouvrages. Mort en 1671.

COMES (NATALIS) (Noël le Comte) (*Hist. litt. mod.*). On a de lui une traduction d'Athénée, une histoire de son temps, sur-tout une mythologie latine traduite en françois. Scaliger l'appelle *homo futilissimus*, mais les injures des savans ne prouvent rien. Mort vers 1582.

COMESTOR (PETRUS). *Voyez* PIERRE LE MANGEUR.

COMINES *ou* COMMINES (PHILIPPE DE) *Hist. litt. de Fr.*) (*Voy. l'article* CATTHO ANGELO). Nous ajouterons seulement ici qu'il étoit Flamand, d'une maison noble, qu'il possédoit de grands biens, entre autres la terre d'Argenton, qu'il étoit chambellan de Louis XI, qu'il passa par tous les degrés de la faveur & de la disgrace, & qu'il est moins connu par tous ces événemens que par ses mémoires. Nous trouvons une assez grande conformité entre Philippe de *Comines* & Paul Diacre, tous deux historiens de leur pays. Philippe de *Comines*, né dans les états des ducs de Bourgogne, fut attaché au duc de Bourgogne Charles-le-Téméraire comme Paul Diacre, né, en Lombardie, l'avoit été au malheureux Didier, dernier roi des Lombards. Il devint sujet & créature de Louis XI, ennemi de Charles, comme Paul Diacre de Charlemagne, ennemi de Didier, avec cette différence, que *Comines* s'étoit donné volontairement à Louis XI, au lieu que Paul Diacre étoit tombé entre les mains de Charlemagne par le sort des armes; enfin l'un & l'autre tombèrent dans la disgrace du gouvernement françois. Paul Diacre fut exilé pour son attachement à la famille de son premier maître, Philippe de *Comines* fut enfermé à Loches, dans une cage de fer, pour avoir été dans les intérêts du duc d'Orléans, depuis Louis XII, contre madame de Beaujeu. On a dit de Philippe de *Comines*, comme de César, qu'il dictoit à quatre secrétaires à la fois des lettres différentes sans se méprendre. Il mourut le 17 octobre 1509, dans sa maison d'Argenton, & fut transporté à Paris, aux grands augustins, dans une chapelle qu'il avoit fait bâtir, & où sa fille unique Jeanne, de *Comines*, mariée à René de Brosse, dit de *Bretagne*, comte de Penthièvre, est aussi enterrée.

COMMENDON (Jean françois) (*Hist. mod.*). Le cardinal *Commendon* fut employé par les papes dans beaucoup d'affaires importantes; il paroît qu'on avoit dessein de l'élire pape lui-même, s'il eût survécu Grégoire XIII, le seul des papes de son temps qui ne lui ait pas été favorable. On a de lui quelques pièces de vers dans le recueil de l'académie des *Occulti*. Gratiani, évêque d'Amélie, a écrit sa vie, & qui plus est, M. Fléchier l'a traduite. *Commendon* mourut en 1584, à Padoue. Il étoit né à Venise en 1524, d'un père médecin.

COMMIRE (Jean) (*Hist. litt. mod.*), jésuite, un des meilleurs poëtes latins modernes. C'est de lui qu'on raconte le trait suivant. Il avoit employé dans une pièce de vers le mot *quoniam*, qui peut n'être pas fort poétique, mais qui se trouve partout dans les meilleurs poëtes, dans Virgile:

Hæc Cereri quoniam *favet, altera Baccho.*

Dans Ovide:

Et quoniam *in Patriâ, fatis agitatus iniquis*
Vivere non potui, sit mihi posse mori.

Santeuil, dont *Commire* passoit pour le rival, crut avoir par-là quelque avantage sur lui, & saisit l'occasion de lui faire un reproche: l'ayant rencontré, il le railla sur le *quoniam*, & sans lui laisser le loisir de se défendre, il lui récita impitoyablement tout le pseaume: *Confitemini Domino* QUONIAM *bonus*, QUONIAM *in sæculum misericordia ejus*, avec les deux *quoniam* à chaque verset. Le P. *Commire* le laissa dire, & quand le pseaume fut achevé, il lui répondit par ce vers de Virgile;

Insanire libet quoniam *tibi.*

contenant à la fois la justification du P. *Commire*, & la condamnation des folies de Santeuil.

Le P. *Commire*, né à Amboise en 1625, mourut à Paris en 1702.

COMMODE (*Hist. rom.*) Lucius-Aurelius, après la mort de son père, Antonin le philosophe, fut proclamé empereur l'an 161 de Jésus-Christ. Son éducation confiée à des maîtres sages & éclairés, sa physionomie intéressante, sa taille majestueuse, annonçoient qu'il étoit né pour commander aux hommes. Cet espoir fut bientôt évanoui: le nouvel empereur eut tous les vices de Caligula, de Néron & de Domitien; la perversité de ses penchans fit croire qu'il ne pouvoit être le fils d'Antonin, & que d'une source aussi pure il ne pouvoit sortir des eaux empoisonnées. La vie licentieuse de sa mère accrédita tous ces bruits. C'est dans le choix de leurs ministres que les souverains manifestent leurs penchans & leur discernement: *Commode* les tira de la classe des esclaves, complices de ses débauches. La comparaison qu'on faisoit de ses vices avec les vertus de son père, le fit rougir de sa naissance, & dans l'ivresse de son orgueil insensé, il prit le nom d'*Hercule*, fils de Jupiter. Il se montroit dans les rues & les places de Rome vêtu d'une peau de lion, s'élançant sur les passans, qu'il frappoit avec sa massue, sous prétexte de détruire les monstres. Il se faisoit un amusement barbare de faire assembler les malades & les estropiés dans la place publique, où, après leur avoir fait lier les jambes, il leur donnoit des éponges pour les lui jetter à la tête: ensuite il se précipitoit sur eux & les exterminoit à coups de massue, pour les punir d'avoir offensé la majesté de l'empire dans sa personne.

Tandis qu'il abandonnoit les soins de l'empire à Perennis, esclave Pannonien, qu'il avoit fait préfet du prétoire, il se montroit sur l'arène, confondu avec les gladiateurs: c'étoit sur-tout à tirer de l'arc qu'il faisoit éclater son adresse. Un jour il fit lâcher cent lions qu'il tua tous de cent flèches, qu'il avoit prises pour donner au peuple le spectacle de son talent: une autre fois il fit lâcher cent autruches, à qui il coupa la tête avec des flèches faites en forme de croissant. Cette adresse devint souvent fatale aux spectateurs, dont il fit souvent un grand carnage dans l'amphithéatre. Il oublioit quelquefois qu'il étoit Hercule, & alors il se montroit avec tous les attributs de Mercure ou d'Apollon. On le vit plusieurs fois combattre nud l'épée à la main contre des gladiateurs; & comme ils avoient soin de l'épargner, il se contentoit de les blesser sans les tuer: c'étoit la seule espèce d'hommes qu'il ménageât. Un jeune Romain de distinction, le rencontrant dans un lieu obscur lui montra un poignard, en lui disant: « voilà ce que le sénat t'envoie ». Tout tyran est sans courage. *Commode* effrayé, conçut contre les sénateurs une haine qui se convertit en fureur: il supposa des conjurations pour avoir droit de les punir. Rome devint une arène arrosée du sang des plus vertueux citoyens. Ce monstre entouré de victimes, s'abandonnoit encore à toutes les brutalités de l'amour : trois cents femmes, & autant de jeunes garçons, furent destinés à servir à ses infames débauches; & ses propres sœurs ne se dérobèrent à la mort que par l'inceste. Il avoit commis trop d'atrocités pour se dissimuler qu'il étoit haï : il regarda tous les hommes comme ses ennemis; & n'osant plus se fier à personne pour se faire raser, il se brûloit lui-même la barbe. (On a raconté la même chose de Denis le Tyran.)

C'étoit une ancienne coutume que le sénat, au renouvellement de l'année, accompagnât l'empereur dans la place publique où il haranguoit le peuple. Ce prince, qui préféroit le plaisir barbare de terrasser les lions & les tigres à la gloire de régir un empire, se rendit la veille à l'amphithéatre des gladiateurs, où s'étant retiré dans sa chambre, il dressa une liste de proscription contenant les noms de tous ceux qui par intérêt pour sa gloire lui avoient fait des remontrances sur ses abominables plaisirs. Martia même, sa maîtresse, étoit du nombre; elle forma une conjuration avec Lætus & Electus, qui présentèrent au tyran un breuvage empoisonné; & voyant que la mort étoit trop lente, ils l'étranglèrent à l'âge de trente-deux ans, dont il avoit régné treize. Sa mémoire inspira tant d'horreur, qu'après sa mort il fut déclaré ennemi du genre humain. (*T—N.*)

COMNÈNE (*Hist. du Bas-Empire*), grande maison impériale, qui a donné une suite d'empereurs à Constantinople & à Trébisonde. *Voyez les articles* ALÉXIS COMNÈNE *&* ANNE COMNÈNE sa fille, qui vivoient du temps de la première Croisade, & qu'on accuse de l'avoir traversée.

Les personnages les plus célèbres de cette maison après ceux-ci, sont, 1°. Jean *Comnène*, fils & successeur d'Aléxis, surnommé Calo-Jean, ou Jean-le-Beau. Ce fut un bon & grand prince dans un pays & dans un temps qui en ont peu produit de tels, & c'est assez gratuitement que Campistron a diffamé sa mémoire en mettant sous son nom la triste aventure de Philippe II, & de dom Carlos. Il mourut en 1143, d'une blessure qu'il se fit à la main dans une chasse avec une flèche empoisonnée. Un médecin lui fit espérer, dit-on, de conserver sa vie s'il vouloit se résoudre à se laisser couper la main. *Je n'en ai pas trop de deux*, dit-il, *pour tenir les rênes de mon vaste empire*. Le mot pouvoit être bon, mais comme en matière d'empire les rênes & les mains qui les tiennent sont purement métaphoriques & métaphysiques, le seul moyen de conserver ces deux mains-là étoit peut-être de se faire couper sa main physique. Un beau mot n'est pas toujours un bon raisonnement.

2°. Emanuel ou Manuel *Comnène* son fils, auquel les chrétiens de la seconde croisade ont fait les mêmes reproches que ceux de la première avoient faits à Aléxis, & de plus grands encore.

3°. *Andronic I. Voy.* ALÉXIS COMNÈNE second. La vie de cet Andronic ressemble à celle d'Adonibesec; il fit mutiler tous ses ennemis, & finit par être mutilé lui-même le 12 septembre 1185.

4°. David, dernier empereur de Trebisonde, de la maison *Comnène*, que Mahomet second, empereur des Turcs, détrôna & fit mourir avec ses fils, l'an 1461.

COMTE (LOUIS LE) (*Hist. litt. mod.*), jésuite, auteur de mémoires curieux sur la Chine, où il avoit été missionnaire en 1685. Mort à Bordeaux, sa patrie, en 1729.

CONCINA (DANIEL) (*Hist. litt. mod*), dominicain italien, auteur d'une théologie & de beaucoup d'ouvrages théologiques, où, selon l'esprit de son ordre, il ne se montre pas favorable aux jésuites. Ces ouvrages sont estimés en Italie, & le pape Benoît XIV faisoit cas de la personne de l'auteur. Mort à Venise en 1756. Né dans le Frioul, en 1686.

CONCINI *ou* CONCINO (*Hist. de Fr.*), connu sous le nom de maréchal d'Ancre. Toscan venu en France à la suite de Marie de Médicis, en 1600, élevé par la faveur de cette reine à la place de premier gentilhomme de la chambre, sous Louis XIII, à la dignité de maréchal de France, à la puissance de premier ministre. Eléonore Dori, dite Galigaï, femme du maréchal d'Ancre, contribua beaucoup à son élévation; elle gouvernoit entièrement la reine, dont elle étoit dame d'atours. *Concini* & Galigaï avoient toujours été ennemis de Henri IV, & ce titre seul les a condamnés dans la postérité. Le gouvernement du maréchal d'Ancre a été loué par quelques personnes; il paroît cependant qu'il eut le tort de s'enrichir des dépouilles de l'état; il paroît aussi qu'il se permit de ces coups d'état, & de ces entreprises hardies qui doivent moins réussir encore à un étranger qu'à un ministre du pays: il est certain que ce gouvernement déplut à la nation, quoique les gouvernemens subséquens aient pu contribuer à le faire regretter. Il eut cette mauvaise politique machiavelliste de *diviser pour régner*, politique qui se tourne toujours contre ceux qui la suivent. En 1614, les princes & les grands, mécontens du gouvernement, prirent les armes; on les appaisa, on les trompa par différens traités. En 1616, le maréchal d'Ancre osa faire arrêter le prince de Condé; Thémines, qui l'arrêta, fut fait maréchal de France; mais Vitry, qui, l'année suivante, à l'instigation de Luynes & par l'ordre du roi, voulut arrêter le maréchal d'Ancre, & qui le tua sur le pont du Louvre, parce qu'il parut vouloir se mettre en défense, fut aussi fait maréchal de France. La maréchale d'Ancre, enveloppée dans la disgrace de son mari, fut condamnée, par arrêt du parlement, du 8 juillet 1617, à avoir la tête tranchée, & à être brûlée comme sorcière. Si quelque chose peut justifier l'opinion de ceux qui voudroient abolir l'usage du dernier supplice, & de la peine de mort, c'est l'exécrable abus qu'on en a fait tant de fois contre des innocens. On sait que la maréchale, interrogée de quel sortilège elle s'étoit servie pour parvenir à gouverner la reine, répondit: *je me suis servi de l'ascendant naturel d'une ame forte sur un esprit foible*, réponse que M. de Voltaire a mise dans la bouche de Mahomet:

Du droit qu'un esprit vaste & ferme en ses desseins,
A sur l'esprit grossier des vulgaires humains.

CONCORDAT, PRAGMATIQUE. Ces objets appartiennent à la jurisprudence canonique, & & nous les y renvoyons.

CONDAMINE (CHARLES-MARIE DE LA) (*Hist. litt. mod*), chevalier de Saint-Lazare, de l'académie françoise & de l'académie des sciences, & de presque toutes les académies étrangères illustres. M. de Voltaire a dit:

Lorsque ce grand courier de la philosophie,
Condamine l'observateur,
De l'Afrique au Pérou conduit par Uranie,
Par la gloire & par la manie,
S'en va griller sous l'équateur, &c.

Ces vers ne sont pas seulement libres & gais, ils sont encore caractéristiques; gloire & manie, voilà la vie entière de M. *de la Condamine*, & tout son caractère; jamais on n'a fait de si grandes choses pour les sciences; jamais on n'a montré tant d'ardeur & de courage. On a retenu ce que M. de Buffon lui dit en le recevant à l'académie françoise:

« Avoir parcouru l'un & l'autre hémisphère, traversé les continens & les mers, surmonté les » sommets sourcilleux de ces montagnes embrasées, où des glaces éternelles bravent également » & les feux souterrains & les feux du midi; » s'être livré à la pente précipitée de ces cataractes écumantes, dont les eaux suspendues semblent moins rouler sur la terre, que descendre » des nues; avoir pénétré dans ces vastes déserts, » dans ces solitudes immenses, où l'on trouve à » peine quelques vestiges de l'homme, où la nature » accoutumée au plus profond silence, dut être » étonnée de s'entendre interroger pour la première fois; avoir plus fait, en un mot, par le » seul motif de la gloire des lettres, que l'on ne » fit jamais par la soif de l'or; voilà ce que connoît de vous l'Europe, & ce que dira la postérité ».

M. l'abbé de Lille, successeur de M. *de la Condamine* à l'acad. françoise, dit aussi: « M. *de la Condamine* part pour aller s'embarquer sur ce fleuve immense (la rivière des Amazones), large de 50 » lieues à son embouchure.... vous le verriez avec » effroi marcher, suspendu par des ponts d'osier, sur » des rivières rapides & profondes, suivre sur les » montagnes des chemins tracés par le cours des » torrens, ou, la hache à la main, se frayer une » route à travers des bois épais, côtoyer des précipices, passer le même torrent vingt-deux fois » en un jour, à chaque instant prêt à faire naufrage, & dans le danger continuel de sa vie, » toujours tremblant pour le recueil de ses observations..... Il passa huit jours heureux .... avec » des sauvages. Là, respirant pour la première » fois après tant de fatigues, partageant les plaisirs innocens des Indiens, se baignant avec eux, » recevant les fruits de leur chasse & de leur pêche, » la liberté, le silence, la solitude, la beauté du » lieu le délassèrent délicieusement de ses travaux & du commerce des hommes..... (Il se » rembarque)..... Je ne vous le peindrai point » abandonné au courant de ce fleuve immense; » ici, heurtant contre des rocs escarpés; là, entraîné par des tourbillons d'eau, tantôt arrêté » par une branche qui traverse son radeau, & suspendu sur les eaux qui décroissent à vue d'œil; » tantôt franchissant le fameux détroit du Pongo, » où les eaux plus rapides & plus profondes, roulant sous la voûte obscure & tortueuse de ses » bords rapprochés, avec un mugissement entendu » de plusieurs lieues, lancèrent son radeau comme » un trait à travers les saillies des arbres, & les » pointes menaçantes des rochers.

» Je ne vous le représenterai point, après un » trajet de cinq cents lieues sur la rivière des Amazones, s'enfonçant dans la rivière du Para, large » de trois lieues, échouant contre un banc de vase, » obligé d'attendre sept jours les grandes marées, » remis à flot par une vague plus terrible que » celle qui l'avoit fait échouer, & sauvé par où » il devoit périr. Je ne vous peindrai point les » tempêtes qu'il essuya, les nations inconnues qu'il » traversa, tous les dangers enfin menaçant ses » jours, tandis que lui, tranquille observateur, » seul au milieu de ces déserts, avec trois Indiens, » maîtres de sa vie, tenoit tour-à-tour le baromètre, » la sonde & la boussole.....

» Les tableaux variés qu'offroient à ses yeux les » fleuves & leurs bords; là, des animaux inconnus, » ici des plantes nouvelles; tantôt des peuples » également bizarres dans leurs parures & dans » leurs mœurs, tantôt les débris de ces nations, » jadis si florissantes, épars dans des déserts qui » furent des empires, enfin tant d'objets nouveaux » exposés en silence à ses yeux dans ces immenses » solitudes, où la philosophie voyageoit pour la » première fois, tout payoit un tribut à sa curiosité; & comme ces vastes fleuves sur lesquels il » voguoit reçoivent à chaque instant des fleuves » qui grossissent leur cours, ainsi dans une navi-

» gation de douze cents lieues, sembloit s'accroître » incessamment le trésor de ses idées & de ses » connoissances ».

Voilà ce que les gens de lettres devoient voir en lui. Les gens du monde voyoient un peu moins la gloire & un peu plus la manie; ils lui reprochoient de la distraction, de l'inquiétude, de l'indiscrétion, de l'importunité; ils en faisoient même des contes plaisans qu'il n'est pas encore temps de répéter, & qui ne pourroient être mis à la suite de tant de traits héroïques de zèle, de bienfaisance, d'amour des sciences & de l'humanité, que comme de légères ombres à un superbe tableau. Nous avons dit comment les charmes de son style enlevèrent à M. Bouguer une partie de la gloire des observations faites au Pérou. (*Voyez l'article* BOUGUER.) Ses écrits relatifs à ce voyage du Pérou sont:

1°. *La Relation abrégée d'un voyage fait dans l'intérieur de l'Amérique méridionale.*

2°. *La figure de la terre, déterminée par les observations de MM. de la Condamine & Bouguer.*

3°. *Mesure des trois premiers degrés du méridien dans l'hémisphère austral.*

4°. *Journal du voyage fait par ordre du roi à l'équateur, avec un supplément*, suivi de l'*histoire des Pyramides de Quito.*

M. *de la Condamine* fut parmi nous l'apôtre de l'inoculation, & c'est à lui qu'on doit l'admission de cette pratique en France. M. de Voltaire l'avoit déja recommandée long-temps auparavant dans les lettres philosophiques; on ne l'avoit pas cru, & on avoit brûlé son livre: M. de Voltaire, content de savoir à quoi s'en tenir, s'étoit tourné vers d'autres genres de gloire; M. *de la Condamine* vint armé de faits, de calculs & de preuves; il suivit d'ailleurs son objet avec une constance que lui seul savoit joindre à tant d'ardeur; s'il entendoit parler d'un mauvais succès de l'inoculation, d'un fait capable de prévenir contre cette pratique, ou d'ébranler la foi des prosélytes ou de refroidir leur zèle, il remontoit aux sources de ce bruit, & n'abandonnoit pas la partie qu'il ne l'eût entièrement dissipé, s'il étoit sans fondement, ou qu'il n'eût approfondi toutes les circonstances du fait, & expliqué ces circonstances d'une manière qui mettoit toujours à couvert l'inoculation.

Il avoit toujours aimé la poésie, elle avoit fait son amusement au milieu de ses grands travaux; elle fit la consolation de sa vieillesse, lorsque ses sens affoiblis & ses infirmités ne lui permirent plus d'occupations plus importantes; il avoit rapporté de ses voyages une surdité excessive qui l'avoit privé de bonne heure des douceurs de la société, & l'avoit obligé de chercher en lui-même le délassement de ses grands travaux, & une ressource contre l'ennui; ce délassement, cette ressource étoit la poésie; & par cette raison il s'y livroit encore plus dans ses dernières années que dans le reste du cours de sa vie. Peu de mois avant sa mort, il lut dans une assemblée publique de l'académie françoise, une traduction en vers de la dispute d'Ajax & d'Ulisse, au sujet des armes d'Achille dans les métamorphoses; ce morceau fut applaudi, & devoit l'être, eu égard aux circonstances.

Tout étoit pour lui un sujet de vers. Des bartavelles qu'on lui envoyoit, furent remises, par un mal-entendu, à M. l'abbé Terrai, alors contrôleur général. M. *de la Condamine* fit, sur la perte de ses bartavelles, une vingtaine d'épigrammes, toutes innocentes & toutes plaisantes, qui ne pouvoient qu'amuser le ministre sans pouvoir l'offenser. On peut croire que ces bartavelles si gaiement déplorées, furent avantageusement remplacées.

M. *de la Condamine* mourut au lit d'honneur, c'est-à-dire, martyr de son zèle pour le progrès des connoissances humaines; toujours prêt à y sacrifier tout, jusqu'à son existence, il voulut qu'on essayât sur lui une opération nouvelle pour les hernies; il mourut des suites de cette opération, comme il l'avoit prévu, mais ce ne fut pas sans avoir fait sur cette opération même des vers gais qu'il récita gaiement à un ami qui vint le voir, en ajoutant: *il faut que vous me laissiez; j'ai deux lettres à écrire en Espagne, & l'ordinaire prochain il ne seroit peut-être plus temps.* Il mourut le 4 février 1774.

Il avoit épousé, à cinquante-cinq ans, une nièce aimable & d'un caractère éprouvé. Le Pape Benoit XIV lui avoit accordé de bonne grace les dispenses nécessaires; il avoit senti qu'il falloit qu'un homme comme M. *de la Condamine* fût heureux.

CONDÉ (*Hist. de Fr.*), nom d'une branche illustre de la maison de France, descendue de Louis Ier, prince de *Condé*, frère puîné, 1°. d'Antoine, roi de Navarre, premier prince du sang de France, qui fut père de Henri IV (*voyez* ANTOINE DE BOURBON); 2°. de François, dit le comte d'Enguien, le héros de Cerisoles, qui avoit péri dès le temps de François Ier, en 1546, à la Roche-Guyon, par un accident où l'on voulut voir un crime, & ce crime fut imputé aux Guises; 3° de Jean, duc d'Enguien, tué à la bataille de Saint-Quentin; 4°. du cardinal de Bourbon, celui qui, dans la suite, se laissa nommer roi par la ligue, au préjudice de Henri IV son neveu, pour conserver disoit-il, les droits de la maison de Bourbon; 5°. & de plusieurs autres princes morts jeunes. Cette génération avoit été de treize enfans tant mâles que femelles. Louis Ier, tige de la branche de *Condé*, étoit le dernier des mâles; prince brillant, aimable, plein de talent pour la guerre, propre aux affaires, propre aux plaisirs, aimé des femmes, honoré des guerriers, cher à la noblesse & au peuple, il fut le rival direct & l'ennemi personnel de François, duc de Guise. Il avoit très-bien servi l'état sous le règne de Henri II, à la bataille de

Saint-Quentin, aux siéges de Calais & de Thionville.

Sous le règne de François II, traité, ainsi que le roi de Navarre, son frère, d'une manière indigne de leur rang & de leur naissance, il fut soupçonné d'être le chef secret de la conjuration d'Amboise; il vint jurer devant le roi de n'y avoir eu aucune part. Il dementit & défia ses accusateurs, il ne se trouva point d'accusateurs; le duc de Guise, soit persuasion, soit dissimulation, se rendit garant de l'innocence du prince, & offrit de lui servir de second contre ses accusateurs invisibles. Le prince de *Condé* partit, bien résolu de se venger, à la première occasion, de cette outrageante générosité. Bientôt après il est rappellé à la cour sur quelque nouveau soupçon de conjuration, il est arrêté, on lui fait son procès par commission, malgré toutes ses protestations & tous ses appels à la cour des pairs: les Guises avoient juré sa perte; l'arrêt étoit prononcé, il étoit même signé de tous les juges, excepté du chancelier & du président Guillard du Mortier, qui balançoient encore, & de Louis de Beuil, comte de Sancerre, qui refusoit absolument sa signature. Le roi mourut, ce fut là ce qui sauva *Condé* de l'échafaud, & la France de l'horreur de voir un prince du sang, un grand homme, tomber sous le fer d'un bourreau.

La prison du prince fut ouverte, mais il ne voulut pas en sortir; il demanda qu'on fît paroître ses accusateurs, personne n'osa l'être; les Guises déclarèrent que tout s'étoit fait par l'ordre du roi; un arrêt du conseil & un arrêt du parlement rendirent au prince l'innocence, l'honneur & la liberté. Mais on peut juger s'il emporta de sa prison le desir de la vengeance.

Le connétable de Montmorenci étant entré dans le fameux Triumvirat avec le duc de Guise & le maréchal de Saint-André, se crut obligé par honneur à réconcilier le duc de Guise avec le prince de *Condé*; la reine-mère, à sa prière, leur fit ordonner par le roi de s'embrasser devant toute la cour, comme si une semblable cérémonie étouffoit le ressentiment d'une injure mortelle; le duc de Guise nia qu'il eût eu aucune part à l'emprisonnement & au procès du prince. « Quiconque en est l'auteur, dit le prince, » je le tiens pour un méchant & un » traître. Je le tiens pour tel aussi, repliqua le duc, » & n'y prends aucun intérêt ».

La guerre civile se déclara, *Condé* & Coligny étoient à la tête des protestans; le prince de *Condé* fut fait prisonnier à la bataille de Dreux, le 20 décembre 1562. Après la bataille, le duc de Guise & le prince de *Condé* parurent avoir étouffé tout ressentiment, & ne se rappeller que les nœuds qui les unissoient; ils étoient cousins germains; la sœur de Charles, duc de Bourbon-Vendôme, père du prince de *Condé*, étoit la mère du duc de Guise; ils soupèrent & s'entretinrent ensemble avec toutes les démonstrations possibles de confiance & d'amitié; ils couchèrent dans le même lit, usage commun alors entre amis: on a remarqué que le duc de Guise avoit dormi tranquillement toute la nuit, au lieu que le prince de *Condé* n'avoit pu fermer l'œil & n'avoit cessé de s'agiter; on auroit pu remarquer que c'étoit en effet au prince à être inquiet, ayant été pris les armes à la main contre le roi, & ne pouvant avoir oublié que pour bien moins il avoit été condamné, sous le règne précédent, à perdre la tête. Quant au danger particulier résultant de la situation bizarre d'être de part & d'autre au pouvoir d'un ennemi, la réciprocité même de ce danger faisoit la sûreté commune; la générosité de ces deux illustres chevaliers étoit une sûreté plus grande encore, mais il faut avouer que la situation du prince de *Condé* étoit la plus critique; il pouvoit se rappeller encore que le roi de Navarre, son frère, avoit couru risque d'être assassiné dans la chambre même de François II, à l'instigation de ce même duc de Guise.

Le connétable de Montmorenci ayant été pris par les protestans dans cette même bataille de Dreux, l'échange se fit naturellement.

Le prince de *Condé* devenu libre, la reine espéra de le retenir dans ses fers par le moyen d'une des filles de sa suite, c'étoit la demoiselle de Limeuil. La princesse de *Condé*, Eléonore de Roye, en mourut de jalousie & de douleur; Limeuil devint grosse, la cour ne fit qu'en rire.

Une autre femme voulut séduire le prince de *Condé*, ce fut Marguerite de Lustrac, veuve du maréchal de Saint-André; l'ambition seule la guidoit d'abord, elle se flattoit d'épouser le prince, parce qu'elle pouvoit l'enrichir; ce prince étoit aimable, elle finit par l'aimer si éperduement, qu'elle lui donna sa terre de Valery, même sans exiger qu'il lui donnât sa main. Catherine de Médicis voyoit avec plaisir qu'il s'amollit par les voluptés; Coligny fit sentir au prince que le chef d'une secte austère & persécutée doit être réglé dans ses mœurs, & que la mollesse est l'écueil de la gloire; il l'obligea de renoncer à toutes ces galanteries, & d'épouser la sœur du duc de Longueville.

On a dit, & M. le président Hénault, & M. de Voltaire, l'ont dit d'après d'autres auteurs, que Louis Ier, prince de *Condé*, en entrant dans le monde, n'avoit que six mille livres de rente de patrimoine; le fait est peu important, mais il faut de l'exactitude en tout. Les deux contrats de mariage du prince de *Condé* énoncent une multitude de domaines qui devoient produire un revenu assez considérable.

Les protestans avoient appellé les Anglois en France, ils leur avoient livré le Havre de Grace; le prince de *Condé* se piqua de fermer la plaie qu'il avoit faite à son pays; il s'unit avec le connétable de Montmorenci pour enlever le Havre aux Anglois, il réussit, & il eut le plaisir de voir ses protestans le seconder avec d'autant plus d'ardeur, qu'ils avoient à réparer le tort d'avoir introduit dans le royaume l'ennemi étranger.

Catherine de Médicis promettoit depuis long-temps la lieutenance générale du royaume au prince de *Condé*; c'étoit au plus cher de ses fils, le duc d'Anjou, Henri, qu'elle vouloit la procurer. Pourquoi falloit-il un lieutenant général du royaume? C'étoit sans doute pour suppléer à ce que la foiblesse de l'âge dans le roi Charles IX pouvoit ôter à l'exercice de l'autorité; c'étoit donc un contre-sens manifeste que de donner, sous un roi presque enfant, la lieutenance-générale du royaume à son frère puîné; le duc d'Anjou eut à ce sujet avec le prince de *Condé* un éclaircissement, dans lequel le premier opposa aux respects du prince de la hauteur & un ton menaçant: ce lâche abus des avantages que lui donnoient sa naissance, son rang, la foiblesse même d'un âge tendre, fut pris à la cour pour le noble élan d'un jeune courage. Cet entretien alluma entre les deux princes une haine que la mort seule put éteindre. Le prince de *Condé* courut à la vengeance, & ce fut un des principaux motifs du renouvellement de la guerre.

Dans cette nouvelle guerre, il y eut un moment dont le roi se ressouvint toute sa vie, & qui le rendit implacable à l'égard des protestans; la cour étant à Monceaux, le prince de *Condé* y vint pour traiter avec le roi les armes à la main; la cour, pour plus de sûreté, se retirant à Meaux, puis à Paris, le prince l'y suivit dans l'intention d'enlever le roi sur la route. Le roi dut son salut, dans cette occasion, à la fière contenance des Suisses qui lui servoient d'escorte; le prince de *Condé* voulut plusieurs fois les charger; chaque fois ces hommes vaillans & fidèles, faisant au roi un rempart de leurs corps & de leurs piques, montrèrent une résolution inébranlable de mourir pour le défendre; on craignit leur désespoir, ils ne furent point attaqués. Le prince se contenta de poursuivre le roi jusqu'à Paris, épiant toujours un moment de désordre ou de négligence, qu'il ne put trouver. Le roi, humilié d'avoir fui devant son sujet, ne pardonna jamais cet outrage. Le duc d'Anjou fut plus implacable encore, il sentit que c'étoit bien plus à lui qu'à la personne du roi que le prince de *Condé* avoit voulu faire insulte.

Ce fut après cette expédition de Meaux que le prince de *Condé* s'oublia, dit-on, au point de faire frapper une monnoie d'or ou d'argent, avec son image & cette inscription: *Louis XIII, premier roi chrétien des François*. Montmorenci indigné, en porta, dit-on encore, une pièce au conseil du roi, où elle excita un soulèvement général. La vérité est que cette monnoie fut frappée, mais les critiques qui ont discuté ce fait avec le plus de soin se sont partagés entre ces deux opinions: l'une, que cette monnoie étoit l'ouvrage de quelques protestans indiscrets, qui, sans la participation du prince, avoient imaginé ce moyen de l'engager plus loin qu'ils ne vouloient; la seconde, qu'elle étoit l'ouvrage des ennemis du prince de *Condé*, qui vouloient le rendre odieux; & quand on songe que ces ennemis étoient Catherine de Médicis, ses fils & les Guises, la conjecture devient bien vraisemblable; aussi est-elle adoptée par tous les auteurs protestans, & par le plus grand nombre des auteurs catholiques les plus sensés.

Mais enfin on peut choisir entre les deux opinions; l'une & l'autre disculpe également, sur le fait de la monnoie, ce prince aimable & vertueux, auquel on ne peut reprocher que de s'être déterminé à la guerre civile, dans ces temps orageux, quand il étoit poussé à bout par ses ennemis. L'union constante d'intérêt & d'amitié du prince de *Condé* avec la reine de Navarre, Jeanne d'Albret, sa belle-sœur, & avec le prince de Navarre, son neveu, exclut toute idée de connivence de sa part avec les fabricateurs de la monnoie; car comment cette union auroit-elle pu durer, si le prince de *Condé* avoit si hautement usurpé d'avance, avec les droits des Valois, les droits de la branche aînée des Bourbons? Il est bien plus vraisemblable que c'étoit un artifice de leurs ennemis pour altérer cette union, & détacher le roi de Navarre du prince qui lui servoit de père:

> *Condé* qui vit en moi le seul fils de son frère,
> M'adopta, me servit & de maître & de père;
> Son camp fut mon berceau.

L'emportement des moines en chaire contre le prince de *Condé*, sur ce fait de la monnoie qu'ils ne manquent pas de lui attribuer, est vraiment une chose curieuse, & qui montre à quel degré de licence & d'insolence entraînent les fureurs de parti & les guerres de religion. Prosper Marchand, dans son dictionnaire historique, à l'article LOUIS DE BOURBON, *prince de Condé*, donne l'extrait de deux sermons prêchés dans le couvent des franciscains de Bruges, le 1 & le 2 de novembre 1567, par le frère Cornelis Adriansen de Dordrecht, un de ces franciscains: jamais il n'appelle le prince de Condé que *ce Condé, ce maudit Condé, ce bandit, cet enragé de Condé*; il l'appelle même *infame coquin & double scélérat*; il regrette « que monseigneur de » Guise, ce saint martyr de bienheureuse mémoire, » ne l'ait pas fait accrocher à un gibet quand il » le tenoit en sa puissance:..... mais les grands » diables d'enfer lui farciront le cul, de soufre & » de poix ardente....., & ce *Condé* & les huguenots ont au moins chacun cent mille diables dans » le ventre.

Les ennemis du prince de *Condé* publièrent aussi dans les pays étrangers, & en France, dans les provinces éloignées, qu'au mois d'octobre 1567 (ils n'alloient pas jusqu'à nommer le jour) le prince s'étoit fait couronner à Saint-Denis, sur quoi un poëte

poëte du temps fit des stances, dont on peut juger par ce titre : *La grande trahison & volerie du roi Guillot, prince & seigneur de tous les larrons, bandoliers, sacrilèges, voleurs & brigands du royaume de France.*

Cette même année 1567, le prince de *Condé* perdit la bataille de Saint-Denis, où l'armée royale perdit le connétable de Montmorenci, son général; le 13 mai 1569, il perdit celle de Jarnac. Il avoit un bras en écharpe, & de plus, lorsqu'il marchoit aux ennemis, le cheval du comte de la Rochefoucauld, son beau-frère, lui donna un coup de pied qui lui fit à la jambe une blessure considérable; il se contenta de dire avec douceur & sans se plaindre, en s'adressant aux gentilshommes qui le suivoient : *vous voyez, messieurs, que les chevaux fougueux nuisent plus qu'ils ne servent dans une armée.* Il n'en combattit pas moins vaillamment. Sa harangue à ses soldats, fut : *le prince de Condé ne craint point de donner la bataille, puisque vous le suivez.* Son cheval fut tué sous lui, & se trouvant embarrassé sous le corps de cet animal, il eut le malheur d'être pris une seconde fois : on sait qu'après la bataille, Montesquiou, capitaine des gardes du duc d'Anjou, trouvant *Condé* assis auprès d'un buisson avec ceux qui l'avoient pris, demanda quel étoit ce prisonnier, & que l'ayant reconnu, ou bien ayant appris que c'étoit le prince de *Condé*, il s'écria : *tuez, tuez, morbleu*, & lui cassa la tête d'un coup de pistolet. On ignore quel motif excita la fureur de Montesquiou contre le prince de *Condé*; l'histoire ne parle d'aucune querelle personnelle entr'eux qui puisse rendre raison d'une telle violence; Montesquiou étoit capitaine des gardes du duc d'Anjou, & sortoit d'auprès de lui, lorsqu'il commit ce meurtre, ce qui a fait croire qu'il avoit un ordre secret du duc, & d'après ces circonstances & la haine connue du duc d'Anjou pour le prince de *Condé*, cette conjecture est très-vraisemblable.

On n'entendit ni le roi, ni le duc d'Anjou, ni la reine mère approuver ni blâmer l'action de Montesquiou. Le corps du prince de *Condé* fut porté à Jarnac sur une ânesse. Fut-ce par dérision? fut-ce par hasard? Le duc d'Anjou le souffrit, c'est tout ce qu'on sait.

On fit au prince de *Condé* cette espèce d'épitaphe, qui ne paroît être ni d'un ami, ni d'un ennemi, chose étonnante dans ce temps-là.

L'an mil cinq cent soixante-neuf,
Entre Jarnac & Château-Neuf,
Fut porté dessus une ânesse
Cil qui vouloit ôter la messe.

Les *mémoires de Condé* sont un recueil précieux de pièces concernant les affaires où ce prince a eu part.

Le second prince de *Condé*, Henri I, succédoit à son père sous la direction de l'amiral de Coligny. La perfide paix de Saint-Germain-en-Laye, que Charles IX appelloit sa paix, & qu'on appelloit dans le public la paix *boiteuse & mal-assise*, parce qu'elle avoit été négociée de la part du roi par Biron, qui étoit boiteux, & par de Mêmes, qui étoit seigneur de Malassise, attira le prince de *Condé* & le jeune roi de Navarre à la cour. Ils y étoient dans le temps de la Saint-Barthelemi. Charles IX exigea qu'ils abjurassent : les trois mots auxquels il réduisit ses ordres & ses menaces furent : *messe, mort ou bastille.* La réponse du prince de *Condé* fut : *j'exclus la messe, choisissez vous-même des deux autres.*

En 1573, le duc d'Anjou mena le roi de Navarre & le prince de *Condé* au siége de la Rochelle, boulevard de la réforme & berceau de ces princes : on les observoit de près, & leur valeur étoit connue; il fallut même qu'ils se surpassassent pour affoiblir les soupçons.

En 1574, le prince de *Condé* s'enfuit en Allemagne, & va demander du secours pour son parti aux princes protestans. Il ramène de ce pays une armée de vingt mille hommes, qui obtient de grands avantages pour les réformés de France; mais de ces avantages même naquit *la ligue.*

Dans toutes les guerres civiles qui suivirent, le prince de *Condé* signala toujours le même zèle pour la cause protestante, & procura toujours à son parti des secours étrangers qu'il alloit chercher lui-même en Angleterre, dans les Pays-Bas, en Allemagne, en Suisse, à Genève; & comme il alloit sans suite & déguisé, il fut dépouillé par des voleurs, au passage des montagnes; mais il réussit. Il infesta la France de troupes étrangères, sur-tout de cette redoutable cavalerie des Reîtres, que le duc de Guise eut la gloire de vaincre, & dont le nom, qui est celui de l'expérience & de l'habileté, est resté parmi nous comme un monument de la terreur qu'ils inspiroient à nos ancêtres, & du mal qu'ils ont fait en France.

Le prince de *Condé* est toujours uni au roi de Navarre Henri dans toutes leurs expéditions militaires contre la ligue, dans les opérations de la ligue contre eux, dans les négociations respectives, dans la fameuse bulle d'excommunication lancée par Sixte-Quint, où ces deux princes sont appellés *génération bâtarde & détestable de l'illustre maison de Bourbon*, & comme hérétiques & relaps, sont privés de tout droit & succession à la couronne de France, & à toute autre. Un démenti avec un appel au futur concile, affiché aux portes du Vatican, fut la réponse des princes à cette insolence. Sixte, qui avoit l'ame élevée, estima cette hardiesse, & conçut dès-lors une haute opinion des princes.

En 1588, le parti huguenot perdit un solide appui par la mort du prince de *Condé*, *entre les vertus duquel on ne sauroit dire si c'étoit la vaillance, ou la libéralité, ou la générosité, ou l'amour de la justice, ou la courtoisie, & l'affabilité qui tenoit le premier rang*, dit Mezeray. L'opinion générale fut qu'il avoit été empoisonné. On connoît le procès criminel intenté à ce sujet à Charlotte-Catherine de la Tremoille, sa femme; le parlement de Paris la déclara innocente : on connoît aussi ce bruit populaire si répandu & si faux, que le troisième prince de *Condé*, Henri II, étoit né treize mois après la mort de son père. Le père mourut le 5 mars 1588, à Saint-Jean d'Angely, & le fils naquit le 1 septembre de la même année.

Henri III avoit été amoureux de Marie de Clèves, première femme du second prince de *Condé;* Henri IV le fut de Charlotte-Marguerite de Montmorenci, femme du troisième prince de *Condé;* cet amour même le rendit injuste, & est une tache à sa gloire. Le prince de *Condé* fut obligé d'aller chercher avec sa femme un asyle à Bruxelles, puis à Milan.

Pendant la régence orageuse & foible de Marie de Médicis, il fut quelquefois à la tête des mécontens; il prit les armes contre la cour en 1614, & par le traité de Sainte-Menehould, du 15 mai de la même année, il força la régente à tenir les derniers états qui aient été tenus en France. Il reprit les armes en 1615, força encore la régente au traité de Loudun en 1616, fut arrêté cette même année par Thémines, à qui cette expédition valut le bâton de maréchal de France. Il fut enfermé à la Bastille, puis à Vincennes, puis délivré en 1619, par le duc de Luynes. Depuis ce temps sa fidélité fut inviolable. En 1628, il servit avec succès en Languedoc : en 1636, le 15 août, il fut obligé de lever le siège de Dole, parce qu'on fit revenir une partie de son armée pour la défense de la Picardie, où les Espagnols avoient pris Corbie : en 1638, il eut des succès marqués dans la Navarre: en 1639, il commanda encore en Languedoc : en 1639, il remporta divers avantages dans le Roussillon. Il mourut le 26 décembre 1646, ayant été témoin de la gloire du grand *Condé* son fils, & ne l'ayant pas été de ses expéditions contre la cour.

Le troisième prince de *Condé* avoit été élevé dans la religion catholique, & étoit aussi contraire aux protestans que les deux premiers leur avoient été favorables.

Le quatrième prince de *Condé* (LOUIS II) est le grand *Condé*, homme de génie en tout, sur-tout à la guerre; il avoit le génie des batailles, il avoit ces *illuminations soudaines* par lesquelles Bossuet l'a si heureusement caractérisé. C'est de lui que ce même Bossuet, seul digne de louer le grand *Condé*, a dit : « Nous ne pouvons rien, foibles orateurs, » pour la gloire des ames extraordinaires : le sage » a raison de dire *que leurs seules actions les peu-* » *vent louer*; toute autre louange languit auprès » des grands noms, & la seule simplicité d'un » récit fidèle pourroit soutenir la gloire du prince » de *Condé*. » Il suffit en effet de nommer Rocroi, Fribourg, Nortlingue, Lens, le passage du Rhin, dangereux & fatal pour lui seul & les siens, Senef, & cette foule de places conquises à la suite de ces grandes victoires, & toute cette sur-abondance de gloire qu'il eut la générosité de désavouer lui-même, cette foule d'exploits qu'il arrache du livre de la muse de l'histoire, dans ce beau tableau allégorique qui orne la galerie de Chantilly, & dont l'idée a été fournie par le prince Henri Jules, son digne fils; l'expédition de Blenau, le combat de Saint-Antoine, la retraite de devant Arras, le secours de Valenciennes, le secours de Cambray, tant de grandes choses opérées avec tant de désavantage, & contre Turenne. « Puisqu'il faut une fois, dit » Bossuet, parler de ces choses dont je voudrois » pouvoir me taire éternellement, jusqu'à cette » fatale prison, il n'avoit pas seulement songé qu'on » pût rien attenter contre l'état.... il y entra » innocent, il en sortit coupable.... sans vouloir » excuser ce qu'il a si hautement condamné lui-» même, disons pour n'en parler jamais que.... » dans des fautes si sincérement reconnues, & dans » la suite si glorieusement réparées par de fidèles » services, il ne faut plus regarder que l'humble » reconnoissance du prince, qui s'en repentit, & » la clémence du grand roi, qui les oublia ».

Il revint, dit encore le même Bossuet, *avec ce je ne sais quoi d'achevé, que les malheurs ajoutent aux grandes vertus.*

Faut-il, pour faire valoir un trait tel que le suivant, faire autre chose que de le raconter simplement comme a fait M. de Voltaire?

« L'armée royale se trouvoit auprès de Gien » sur la Loire; celle du prince de *Condé* étoit à » quelques lieues, sous les ordres du duc de Nemours » & du duc de Beaufort. Les divisions de ces deux » généraux alloient être funestes au parti du prince. » Le duc de Beaufort étoit incapable du moindre » commandement. Le duc de Nemours passoit pour » être plus brave & plus aimable qu'habile : tous » deux ensemble ruinoient leur armée. Les soldats » savoient que le grand *Condé* étoit à cent lieues » de là, & se croyoient perdus, lorsqu'au milieu » de la nuit un courier se présenta dans la forêt » d'Orléans, devant les grandes gardes. Les senti-» nelles reconnurent dans ce courier le prince de » *Condé* lui-même, qui venoit d'Agen à travers » mille aventures, & toujours déguisé, se mettre » à la tête de son armée.

» Sa présence faisoit beaucoup, & cette arrivée » imprévue encore davantage. Il savoit que tout ce » qui est soudain & inespéré transporte les hom-» mes....... Le grand talent de ce prince dans » la guerre étoit de prendre en un instant les » résolutions les plus hardies, & de les exécuter » avec non moins de conduite que de promptitude.

Il n'y a que de grandes passions jointes à de grandes vertus qui forment les caractères brillans & sublimes, tels que celui du grand *Condé*. Son panégyriste a indiqué, & les historiens ont montré de fortes taches dans son caractère avant qu'il eût travaillé sur lui-même; une hauteur infléxible, une dureté de manières & de propos, une franchise dédaigneuse & despotique, qui vouloit tout emporter par la force, qui n'admettoit ni soin ni desir de plaire; une causticité sanglante qui écrasoit les ennemis, n'épargnoit pas les amis & ne savoit ménager personne. L'injustice, qui résulte naturellement de ces dispositions, éclate sur-tout dans le trait suivant, rapporté dans une des deux dernières vies du grand *Condé*.

« Le prince de *Condé* s'enfermoit souvent avec » Mioffens & Saint-Evremont pour faire une étude » maligne des défauts d'autrui. L'objet de leurs » recherches étoit de trouver un ridicule dans les » hommes les plus reconnus pour être sages. Mioffens & Saint-Evremont, en sortant d'une de ces » conversations, voulurent à leur tour examiner » quel étoit le ridicule du prince : après avoir un » peu rêvé, ils demeuroient d'accord que son » affectation à rechercher le ridicule d'autrui en » étoit un réel dans lui. Il le sut, & au lieu d'en » plaisanter, il ôta à Saint-Evremont le comman- » dement de ses gardes, & défendit à Mioffens de » reparoître devant lui; petitesse, ajoute l'auteur, » qui rapproche le héros de l'homme vulgaire, » & qui fait connoître que ceux qui ont le plus » de penchant à la raillerie aiment le moins à » en être l'objet ».

M. de Voltaire dit aussi :

« Le prince de *Condé* eût pu gouverner l'état, » s'il avoit seulement voulu plaire : mais il se con- » tentoit d'être admiré. Le peuple de Paris, qui » avoit fait des barricades pour un conseiller-clerc » presque imbécille, fit des feux de joie lorsqu'on » mena au donjon de Vincennes le défenseur & » le héros de la France. »

Lorsqu'il fut ensuite transféré au Havre, ce fut le comte d'Harcourt-Lorraine qui le conduisit. Le prince étant avec lui dans la même voiture, fit sur lui cette chanson :

Cet homme gros & court,
Si fameux dans l'histoire,
Ce grand comte d'Harcourt,
Tout rayonnant de gloire,
Qui secourut Casal & qui reprit Turin,
Est devenu recors de Jules Mazarin.

Dans la suite le malheur & l'expérience l'ayant corrigé, il avoit senti la nécessité d'avoir des amis; il s'étoit fait, comme Louis XIV, un principe & une habitude de dire des choses obligeantes; & lorsque cet agrément des manières se joignoit à la générosité sublime de son ame, l'attachement qu'il inspiroit alloit jusqu'à l'ivresse. Mais dans les occasions imprévues, le naturel venoit quelquefois le surprendre (*voyez l'article* BOILEAU), & le mot désobligeant qu'il dit au chevalier de Fourilles, à la bataille de Senef, prouve qu'il n'étoit pas encore assez corrigé.

Quant à un autre mot qu'on veut qui soit échappé au grand *Condé* dans l'ivresse de la victoire, *une nuit de Paris remplacera cela*, mot qui annonce trop peu de respect pour l'humanité dans un prince fait pour l'honorer, un des historiens les plus modernes du grand *Condé* doute qu'il soit sorti de sa bouche.

Il est certain que ce prince a donné dans plus d'une occasion de grandes marques de sensibilité & de bonté.

« A la bataille de Rocroi, dit Bossuet, pendant » qu'avec un air assuré il s'avance pour recevoir » la parole de ces braves gens (la troupe de Beck), » ceux-ci toujours en garde craignent la surprise » de quelque nouvelle attaque : leur effroyable » décharge met les nôtres en furie : on ne voit » plus que carnage : le sang enivre le soldat, » jusqu'à ce que le grand prince, qui ne put voir » égorger ces lions comme de timides brebis, » calma les courages émus, & joignit au plaisir » de vaincre celui de pardonner. Quel fut alors » l'étonnement de ces vieilles troupes & de leurs » braves officiers, lorsqu'ils virent qu'il n'y avoit » plus de salut pour eux qu'entre les bras du » vainqueur! De quels yeux regardèrent-ils le » jeune prince, dont la victoire avoit relevé la » haute contenance, à qui la clémence ajoutoit de » nouvelles graces!

On sait que le prince n'avoit que vingt-deux ans lorsqu'il gagna la bataille de Rocroi.

On voit toute l'énergie de sa sensibilité dans cette relation qu'un des modernes historiens du grand *Condé* donne d'après les mémoires du temps, d'une visite rendue à mademoiselle de Montpensier par le prince de *Condé*, sortant du combat de Saint-Antoine.

« Son visage étoit couvert de sueur & de poussière, ses yeux respiroient la vengeance, la dou- » leur & le désespoir, son collet étoit déchiré, sa » chemise & ses mains étoient ensanglantées, ses » cheveux étoient épars & à moitié brûlés, sa » cuirasse étoit criblée de coups; & quoiqu'il ne » fût point blessé, ses habits étoient percés. Il » tenoit dans sa main son épée, dont il avoit perdu » le fourreau.

» Ce fut dans cet état terrible qu'il s'offrit » aux yeux de la princesse. *Ah!* dit-il en l'abor- » dant, *vous voyez un homme au désespoir. J'ai* » *perdu mes amis. Nemours, la Rochefoucauld,* » *Clinchamp, tous sont morts* (ils n'étoient que » blessés); ensuite il se jetta sur un siège, où il » fondit en larmes ».

Rapprochez ces larmes si respectables, si humaines, des prodiges de génie, d'intelligence & de valeur, que le prince venoit de prodiguer dans le combat, & vous aurez *Condé* tout entier.

Bossuet n'a pas oublié de le représenter dans sa retraite à Chantilly, & de peindre en passant ce beau séjour.

« Toujours grand dans l'action & dans le repos, il parut à Chantilly comme à la tête des troupes. Qu'il embellît cette magnifique & délicieuse maison, ou bien qu'il munît un camp au milieu du pays ennemi, & qu'il fortifiât une place; qu'il marchât avec une armée parmi les périls, & qu'il conduisît ses amis dans ces superbes allées au bruit de tant de jets d'eau qui ne se taisoient ni jour ni nuit, c'étoit toujours le même homme, & sa gloire le suivoit par-tout. »

On a dit du grand *Condé*, qu'il n'étoit jamais seul dans ses promenades solitaires de Chantilly, qu'il étoit accompagné par-tout des victoires de Rocroi, de Fribourg, de Nortlingue, de Lens, & environné des ombres des grands capitaines qu'il avoit défaits.

Multa oculis Norlinga & Lentia multa recursat.

C'est ainsi que Silius Italicus avoit dit d'Annibal:

Tot bellis quæsita viro, tot cædibus, armat
Majestas æterna ducem: si admoveris ora
Cannas & Trebiam antè oculos Thrasymenaque busta,
Et Pauli stare ingentem miraberis umbram.

A travers mille feux je vois Condé paroître
Tour-à-tour la terreur & l'appui de son maître.

a dit M. de Voltaire. Son caractère est bien peint dans ces vers du temps:

J'ai le cœur comme la naissance:
Je porte dans les yeux un feu vif & brillant;
J'ai de la foi, de la constance;
Je suis prompt, je suis fier, généreux & vaillant;
Rien n'est comparable à ma gloire;
Le plus fameux héros qu'on vante dans l'histoire
Ne me le sauroit disputer.
Si je n'ai pas une couronne,
C'est la fortune qui la donne,
Il suffit de la mériter.

On a dit du grand *Condé*, qu'il étoit plus capitaine que César, & aussi soldat qu'Alexandre. Il aimoit les lettres au moins autant qu'eux; on voyoit souvent à sa table Boileau, Racine, Santeuil: ce dernier vécut dans l'intimité des princes ses fils & petits-fils. Il a peint noblement la retraite du grand *Condé* à Chantilly, dans ces vers placés au bas de sa statue, sur le grand escalier du château:

Quem modò pallebant fugitivis fluctibus amnes
Terribilem bello, nunc docta per otia princeps
Pacis amans, lætos dat in hortis ludere fontes.

Il a célébré aussi dans ses vers les princes & les princesses de la maison de *Condé*, & les principales beautés de Chantilly, la chûte d'eau de la tête du canal, la fontaine, le château & les bois de Sylvie, le labyrinte, le cabinet des armes, &c.

Le grand *Condé* mourut à Fontainebleau le 11 décembre 1686. Voyez à l'article BOSSUET ce que cet orateur dit de la mort de ce héros. On ne voit pas sans émotion & sans larmes ce même tableau de *Condé* mourant dans les histoires les plus simples; les derniers mots de *Condé*, sa douceur, sa résignation, sa modestie, toutes ces vertus épurées par le christianisme & par l'attente d'une autre vie; ses adieux à sa famille, la tendresse de ses discours, la vérité de ses sentimens, les larmes de toute la maison, la douleur tendre de la duchesse d'Enghien, le désespoir énergique du duc d'Enghien (le prince Henri-Jules), ce délire de tendresse & de regret qui le précipite aux pieds de son père expirant pour lui demander pardon d'offenses qu'il n'a jamais commises, ce même délire qui le force de rentrer, malgré tout le monde, dans la chambre de ce héros, dont un cri sinistre & terrible vient de lui annoncer la mort...... il apperçoit un cadavre étendu sur un lit, le visage couvert d'un linge. *Ah! que vois-je?* s'écrie-t-il, *est-ce là mon père? Voilà donc tout ce qui reste de ce grand homme!* & il tombe sans mouvement. Il s'étoit déja évanoui plusieurs fois pendant la tranquille agonie de son père.

« On sent, dit madame de Sévigné, la douleur de voir sortir du monde un si grand homme, un si grand héros, dont les siècles entiers ne sauront point remplir la place ».

Après cette réflexion, qui est un sentiment, elle fait un conte de bonne femme, qu'elle assure être vrai, mais qui prouve au moins quelle place l'idée d'un grand homme occupe dans les imaginations vives & dans les cœurs sensibles.

« Il arriva une chose extraordinaire à Chantilly trois semaines avant la mort de M. le prince. Un gentilhomme à lui nommé Vernillon, revenant à trois heures de la chasse, approchant du château, vit à une fenêtre du cabinet des armes un fantôme, c'est-à-dire un homme enseveli; il descendit de son cheval & s'approcha, il le vit toujours: son valet, qui étoit avec lui, dit: *Monsieur, je vois ce que vous voyez.* Vernillon ne voulant pas lui dire, pour le laisser parler naturellement, ils rentrèrent dans le château, & prièrent le concierge de donner la clef du cabinet des armes; il y va & trouve toutes les fenêtres fermées, & un silence qui n'avoit pas été troublé il y avoit plus de six mois. On

» conta cela à M. le prince ; il en fut un peu » frappé, puis s'en moqua. Tout le monde sut cette » histoire, & trembloit pour M. le prince, & » voilà ce qui est arrivé. On dit que ce Vernil- » lon est un homme d'esprit, & aussi peu capable » de vision que le pourroit être notre ami Cor- » binelli, outre que ce valet eut la même apparition. » Comme ce conte est vrai, je vous le mande, » afin que vous y fassiez vos réflexions comme » nous ».

Le grand *Condé* étoit le trisaïeul de M. le prince de *Condé* d'aujourd'hui. Son père, M. le duc, mort en 1740, a été le successeur immédiat de M. le régent dans le gouvernement du royaume. Son long séjour à Chantilly a été très-utile à la décoration de ce beau lieu.

De héros en héros, d'âge en âge embelli.

Le prince Henri-Jules, fils du grand *Condé*, avoit aussi orné ce séjour. Ce prince, outre la valeur naturelle aux *Condé*, & qui a fait dire à M. de la Motte avec tant de vérité, mais d'un ton si précieux :

Condé que je ne tiens pas compte
De surnommer Vaillant, car Vaillant & *Condé*
C'est même chose, & j'aurois honte
D'un pléonasme décidé.

Ce prince étoit à la cour l'arbitre des lumières & du bon goût : il aimoit & cultivoit les lettres. J'ai entendu dans mon enfance de vieux officiers de sa maison raconter de lui un trait qui annonce une grande bonté jointe à une grande simplicité de mœurs. Les écoliers de la ville de Senlis qui se distinguoient dans leurs études, il les invitoit à venir se promener à Chantilly les jours de congé, leur faisoit préparer une collation à la fontaine des truites, les interrogeoit sur les auteurs classiques, s'assuroit de leurs progrès, & leur donnoit des prix pour les encourager.

CONDILLAC (ETIENNE BONNOT DE) (*Hist. litt. mod.*), de l'académie françoise & de celle de Berlin. Grand philosophe, bon écrivain, homme aimable, du petit nombre de ceux qui ont fait faire des pas à la métaphysique & à la raison ; il fut précepteur de l'infant don Ferdinand, duc de Parme. On connoît le *cours d'études* qu'il a consacré à l'éducation de ce prince, & qui pourra servir à celle de beaucoup d'autres. Il avoit publié auparavant son *Essai sur l'origine des connoissances humaines* ; son *Traité des sensations* ; son *Traité des systêmes*. Son dernier ouvrage a pour titre : *Le Commerce & le Gouvernement, considérés relativement l'un à l'autre*. Mort le 2 août 1780, dans sa terre de Flux, près Beaugenci.

CONFUCIUS *ou* CONGFUTZÉE (*Hist. de la Chine*). C'est le père des philosophes chinois, & le nom le plus révéré à la Chine, où on l'appelle le *grand-maître*, *le premier docteur*, *le précepteur des empereurs & des rois*, *le saint*, *le roi des lettres*. Ses descendans sont mandarins nés, & ne paient aucun tribut. La morale de *Confucius* est célèbre ; on en a retenu plusieurs maximes.

Je ne voudrois pas qu'on sût ma pensée, ne la disons donc pas. Je ne voudrois pas qu'on sût ce que je suis tenté de faire, ne le faisons donc pas.

Le sage craint quand le ciel est serein. Dans les tempêtes, il marcheroit sur les flots & sur les vents.

C'est le *sperat infaustis, metuit secundis* d'Horace.

Un riche montroit ses bijoux à un sage : je vous remercie du présent, lui dit le sage. — Je ne vous les donne pas. — Pardonnez-moi, ne me les faites-vous pas voir ? Quel autre moyen d'en jouir vous réservez-vous ?

Ne parlez jamais de vous aux autres, ni en bien, ils ne vous croiront pas, ni en mal, ils en croient déja plus que vous ne voulez.

Avouer ses défauts quand on est repris, c'est modestie ; les découvrir à ses amis, c'est confiance ; se les reprocher à soi-même, c'est humilité ; les aller dire à tout le monde, c'est orgueil.

Confucius vivoit environ cinq siècles & demi avant J. C.

CONGRÊVE (GUILLAUME) (*Hist. litt. mod.*). « Celui de tous les Anglois, dit M. de Voltaire, » qui a porté le plus loin la gloire du théatre co- » mique, est feu M. *Congrève*. Il n'a fait que peu » de pièces, mais toutes sont excellentes dans » leur genre. Les règles du théatre y sont rigou- » reusement observées. Elles sont pleines de ca- » ractères nuancés avec une extrême finesse ; on » n'y essuie pas la moindre mauvaise plaisante- » rie : vous y voyez par-tout le langage des » honnêtes gens avec des actions de fripon ; ce » qui prouve qu'il connoissoit bien son monde, » & qu'il vivoit dans ce qu'on appelle *la bonne compagnie*. Ses pièces sont les plus spirituelles » & les plus exactes ».

Congrève n'étoit pas proprement anglois, il étoit irlandois, né dans le comté de Cork en 1672, mort en 1729. Ses œuvres ont été imprimées à Londres en 1730, en 3 vol. *in-12*.

CONNECTE (THOMAS) (*Hist. de Fr.*), carme breton, fut brûlé à Rome en 1431, pour des erreurs ou pour des déclamations contre les abus de son temps. Il étoit parvenu à faire tomber les hautes coëffures des femmes, en les faisant insulter par les petits enfans ; ce ne furent pas cependant les femmes qui le firent brûler. Enhardi par ce succès, il voulut, à Rome même, porter son esprit de réforme jusques sur les désordres de la cour de Rome, & alors il fut hérétique. Mais si nous paroissons ici accuser d'un peu d'imprudence un malheureux si cruellement opprimé, que ce ne soit pas du moins sans détester la violence des oppresseurs; sans dénoncer avec horreur à toutes les ames douces & honnêtes les crimes de l'intolérance.

CONON (*Hist. grecq.*), fameux général des Athéniens dans la guerre du Péloponèse. Ayant été surpris par les Lacédémoniens à la journée d'Ægos-Potamos, ou du fleuve de la Chèvre, il s'étoit exilé volontairement auprès d'Evagoras, roi de Chypre. Il y resta pendant que Lysandre prenoit Athènes & y changeoit la forme du gouvernement. C'étoit, dit Plutarque, un voyageur qui attendoit le retour de la marée pour s'embarquer. Il avoit détruit par sa défaite la puissance d'Athènes, il ne désespéroit pas de la rétablir par des victoires: il parvint à inspirer au roi de Perse de la jalousie & de l'inquiétude sur l'accroissement de la puissance des Lacédémoniens; il alla lui-même solliciter des secours à la cour de ce roi, sans pouvoir être admis en sa présence, parce qu'il eût cru déroger à la qualité de Grec & d'homme libre en se prosternant, selon l'usage, devant ce prince; il lui fit porter des représentations si fortes & si animées, que le roi Artaxerxès Mnémon lui donna le commandement d'une flotte avec laquelle il battit celle des Lacédémoniens auprès de Cnide. De ce moment la fortune fut changée, la puissance de Lacédémone alla toujours en déclinant. *Conon* revit Athènes après tant d'années, & la revit en libérateur & en réparateur; il en releva les murailles avec le secours des Perses qui l'avoient brûlée autrefois, & l'argent des Lacédémoniens qui l'avoient depuis peu démantelée. Les Lacédémoniens se vangèrent de *Conon* d'une manière où l'on ne reconnoît plus l'ancienne vertu spartiate; ils l'accusèrent d'avoir volé au roi de Perse l'argent employé au rétablissement d'Athènes, quoiqu'ils sussent très-bien que cet argent provenoit de leurs dépouilles remportées à la victoire de Cnide: ils l'accusèrent encore d'avoir voulu enlever au roi de Perse quelques provinces de l'Asie mineure, pour les remettre sous la domination d'Athènes: ils trouvèrent aisément des Satrapes qui, en haine d'autres Satrapes, appuyèrent leurs calomnies & secondèrent leurs vues. Téribaze, l'un de ces Satrapes, arrêta *Conon* & le retint prisonnier. On dit qu'il fut envoyé à Suze, & qu'il y fut exécuté à mort par l'ordre du roi. Xenophon n'en dit rien. *Conon* vivoit environ quatre siècles avant J. C.

CONRAD ou CONRARD Ier (*Hist. d'Allemagne*), premier roi de Germanie. Ce prince ne dut son élévation qu'à ses vertus: il étoit fils de *Conrad* de Fridzlard, que le séditieux Albert, à qui Louis l'Enfant fit trancher la tête, avoit tué dans un combat l'an 905. L'origine de la famille des *Conrad* est incertaine, & ce seroit en vain que pour la découvrir on prétendroit sonder l'abyme des temps. Elle étoit illustre au commencement du dixième siècle. L'oncle de *Conrad* remplit le siège de Wurtzbourg en Franconie, & son père, sous le titre de comte, gouverna la plus grande partie de cette province. Il est à croire qu'il s'étoit montré digne de son rang, puisque Louis l'Enfant vengea sa mort par le supplice d'Albert. L'Allemagne, encore dite *Germanie*, étoit réunie aux Gaules depuis plusieurs siècles; & comme cette contrée obéissoit aux descendans de Pepin, il restoit à la mort de Louis l'Enfant un rejetton de cette illustre tige. Les Germains, suivant l'usage constamment pratiqué jusqu'alors, devoient y attacher le sceptre: mais les grands s'éloignèrent d'une coutume que le temps sembloit avoir rendue sacrée, & refusèrent de couronner Charles-le-Simple. Ce n'est pas que ce prince fût indigne de régner, comme quelques modernes n'ont pas craint de le dire d'après des historiens, vils flatteurs dont la haine ou l'intérêt avoit égaré la raison & corrompu la critique. Ils n'avoient d'autre motif que le desir de jouir sans troubles des privilèges qu'ils avoient usurpés, & dont ils pouvoient craindre d'être dépouillés par un roi légitime; d'ailleurs, ces grands, en rendant le trône électif, devoient être flattés de pouvoir un jour s'y asseoir, eux ou leurs descendans. Ce fut à Wormes que se tint cette fameuse assemblée, où les nobles & les prélats, abjurant pour jamais la postérité de Pepin, se choisirent, non pas un maître, mais seulement un chef qui devoit les maintenir dans leurs usurpations & les défendre. L'assemblée étoit partagée en deux factions, l'une composée des états de la Saxe, qui pour lors s'étendoit de la rive droite du Rhin jusqu'aux limites qu'elle conserve encore aujourd'hui à l'orient; au midi elle confinoit à la Franconie; la mer baltique, l'Oder & la mer d'Allemagne la fermoient au nord: l'autre faction étoit composée des états de Bavière, de Suabe & de Franconie. Les autres peuples qui composent le corps germanique n'étoient encore que tributaires, & leurs chaînes s'étendoient ou se resserroient suivant que les empereurs ou les rois de Germanie montroient plus ou moins de fermeté. Les suffrages des deux factions se réunirent en faveur d'Othon, duc de Saxe; sa naissance, ses talens & ses vertus le rendoient digne de cet honneur. Il fut le seul qui refusa d'applaudir au choix de ses compatriotes. Ce généreux duc répondit aux états que son âge trop avancé ne lui permettoit pas de porter une couronne dont le poids avoit accablé ses prédécesseurs. Il avoit un fils déja fameux par son courage; mais ce sage vieillard, trop ami de l'humanité pour s'aveugler sur le mérite de ses enfans, ne lui crut pas assez de maturité de raison pour lui confier un dépôt dont il n'avoit pas osé se charger lui-même. Il conseilla aux états de choisir *Conrad*, comme le lus capable de les gouverner. Le suffrage d'un prince assez grand pour refuser une couronne, entraîna tous les autres. *Conrad* fut à peine élu, qu'il songea aux moyens de manifester sa reconnoissance envers Othon. Il l'honora de la confiance la plus intime, & lui donna la première part dans ses conseils : mais Othon mourut trop tôt pour le bonheur de *Conrad* & celui de la Germanie. Ce duc vraiment digne du trône, où sa modestie ne lui permit pas de monter, eut à peine reçu les honneurs de la sépulture, que Henri son fils lui succéda dans le duché de Saxe, & leva l'étendart de la révolte. Le mécontentement du rebelle fut occasionné par le refus que fit le roi de lui donner l'investiture de la Westphalie, & de la Thuringe. Ces deux provinces faisoient bien partie de la Saxe, mais elles avoient toujours eu des ducs & des comtes particuliers. Le refus de *Conrad* étoit fondé sur une sage politique qui ne permettoit pas de former un duché capable lui seul de balancer les forces de la royauté. Burchard, duc de Suabe, & Arnoul de Bavière, appuyèrent les prétentions de Henri, & mirent en campagne une armée. Suivant le tableau généalogique des ducs de Bavière, composé par Tritème, cet Arnoul étoit fils de l'empereur de ce nom, & d'Agnès, fille d'un empereur d'Orient. Le feu de la guerre étoit prêt d'embrâser toutes les provinces de la Germanie, & *Conrad* en étoit d'autant plus au désespoir, qu'il auroit desiré joindre la Lorraine à sa couronne. Ses libéralités intéressées avoient attaché à son parti plusieurs seigneurs de ce royaume, & il pouvoit se flatter du succès le plus entier, lorsqu'il fut obligé de revenir sur ses pas pour prévenir les ravages d'une guerre civile. Il usa d'abord de menaces qui n'effrayèrent point les rebelles. Forcé de venger par la force des armes son autorité méprisée, il fit, avant d'en venir à ces extrémités, plusieurs démarches pacifiques, qui toutes furent aussi impuissantes que ses menaces. Pour dernière ressource, il engagea Hatton, archevêque de Mayence, à s'assurer de la personne de Henri, dans un repas où le prélat devoit l'inviter : mais le duc pressentit le piège, & eut assez de bonheur pour échapper. La guerre fut déclarée, mais *Conrad*, qui vouloit ménager le sang des peuples, la changea bientôt en intrigue. Il engagea le duc de Suabe à quitter le parti de Henri, qui n'avoit aucun motif réel de plainte. Arnoul fut obligé de retourner dans la Bavière pour la défendre contre les courses des Hongrois, que l'amour du pillage y avoit attirés : mais tous ces ménagemens ne firent que suspendre les ravages d'un feu qu'il desiroit éteindre. Arnoul n'eut pas plutôt délivré ses états des Hongrois, qui furent vaincus dans une bataille, qu'il força le roi à se mesurer avec lui. *Conrad*, vainqueur de ce duc rebelle, le força de fuir hors du royaume; & l'ayant dépouillé de son duché, il en donna l'investiture à son frère Ebrard ou Evrard. Arnoul ne supporta pas aisément cette disgrace. Son orgueil offensé ne lui permettant pas de mettre des bornes à son ressentiment, il alla chercher des vengeurs parmi ces mêmes Hongrois qu'il avoit vaincus peu de temps avant sa dégradation. Ces barbares, contens de trouver cette occasion pour satisfaire leur cupidité naturelle, marchèrent à sa suite, & mirent tout à feu & à sang dans l'intérieur du royaume. Evrard, attaqué par Arnoul, qui commandoit ces peuples farouches, ne put se soutenir en Bavière. Le roi son frère, que Henri traversoit sans cesse, fut non-seulement obligé de lui retirer son duché, & de le rendre à l'ancien possesseur, mais encore de payer aux Hongrois le tribut auquel ils avoient soumis Louis l'Enfant. Ces troubles n'étoient pas les seuls qui agitassent son règne. Burchard avoit à peine quitté le parti de Henri, qu'il avoit embrassé celui de Rodolphe II, roi de la Bourgogne transjurane, ennemi né des rois de Germanie, qui prétendoient à juste titre que l'hommage lui étoit dû de sa part. Ces désordres multipliés abrégèrent les jours de *Conrad* : obligé de passer sans cesse d'une extrémité à l'autre de ses états, il n'avoit pu prendre le repos nécessaire pour se rétablir d'une maladie occasionnée par une blessure qu'il avoit recue dans un combat contre Arnoul. L'histoire ne sauroit trop vanter la magnanimité de ce prince; se sentant près de mourir, il ne parut occupé que des maux qui désoloient son royaume. Son ressentiment se tut devant l'intérêt de ses peuples, & lorsqu'il pouvoit donner le sceptre à Evrard son frère, il l'envoya à Henri, cet implacable ennemi qui n'avoit cessé de troubler son règne. Ce prince sage, & digne d'une meilleure destinée, mourut vers l'an 919, après environ sept années de règne. Les historiens d'Allemagne lui donnent, ainsi qu'à Louis l'Enfant, & à Henri premier, le titre d'empereur, qu'ils ne possédèrent jamais. Othon-le-Grand fut le premier qui le porta depuis la mort d'Arnoul; & si cette qualité se trouve sur quelques monumens, c'est qu'ils l'adoptèrent comme préférable à celui de roi. Ce prince mourut sans postérité, & ce fut de Werner de Rothembourg son frère que descendirent les empereurs de la maison de Franconie. L'histoire a conservé une dispense de mariage accordée par *Conrad* contre le gré des évêques. Ses prédécesseurs, dont l'autorité étoit plus légitime & mieux affermie, ont peut-être joui de ce droit, dont les pontifes romains sont les tranquilles & uniques possesseurs. (*M—Y.*)

CONRAD II, surnommé le *salique* ou *l'ancien* (*Hist. d'Allem.*), duc de Franconie, septième roi ou empereur de Germanie, douzième empereur d'Occident depuis Charlemagne, étoit fils d'Adelaïde de Franconie, & de Henri, duc de cette province, qui descendoit en ligne directe de Werner, comte de Rothembourg, frère de *Conrad Ier*. Il étoit sans doute glorieux pour ce prince d'avoir été désigné empereur par Henri-le-Boiteux, son prédécesseur; cependant comme ce n'étoit pas là un titre suffisant, tous les grands d'Allemagne s'assemblèrent, & examinèrent s'il n'y en avoit aucun parmi eux qui fût plus digne de régner. *Conrad* le jeune, son cousin, soutenu du crédit d'Ernest, duc de Suabe, & de Frédéric, duc de la Haute-Lorraine, balança long-temps les suffrages; mais enfin l'archevêque de Mayence ayant nommé *Conrad* l'ancien, fut suivi du plus grand nombre. Cette élection dura six semaines, pendant lesquelles l'impératrice Cunegonde, veuve de Henri II, gouverna l'état comme régente, sans cependant en avoir le titre. L'archevêque de Mayence fit les cérémonies du sacre; après quoi toute l'Allemagne, représentée par les six ordres de la noblesse, appellés *les six boucliers militaires*, & par les députés des villes, prêtèrent serment au nouveau monarque dans la plus solemnelle assemblée qui fût jamais. Il est incertain si ces derniers furent admis; mais il est constant qu'il n'étoit point encore question des sept électeurs. *Conrad II* éprouva de la part des Italiens les mêmes contradictions que ses prédécesseurs. Les rois germains firent une grande faute, après avoir tant de fois subjugué ces peuples, de leur laisser leur gouvernement & leurs loix, au lieu de les incorporer avec leurs autres sujets, en déclarant leur royaume province de l'empire. Cet assujettissement d'aller prendre la couronne des Lombards à Milan ou à Pavie, sembloit attacher le droit de régner à cette cérémonie. Charlemagne avoit introduit cet usage dont il n'avoit pas prévu les conséquences. Ses successeurs, qui tant de fois avoient manqué d'en être la victime, auroient dû le réformer. Ce vice subsista jusqu'à Henri III. Ce prince politique fit prendre à son fils le titre de roi des Romains, qui sembloit assurer sa domination sur l'Italie. Les Italiens, après la mort de Henri II, s'étoient crus libres de tributs & d'hommages envers les Allemands, ils s'arrogeoient même le droit de disposer de l'empire. Leurs députés l'offrirent à Robert, roi de France, qui fut assez sage pour le rejetter; il vit que ce titre ne serviroit qu'à l'engager dans une guerre funeste. Guillaume, duc de Guienne, pair de France, se disposoit à profiter de ce refus, & songeoit à prendre la couronne pour lui-même, lorsque Jean XX & l'archevêque de Milan, toujours fidèles au système d'avoir deux maîtres pour les opposer l'un à l'autre, invitèrent *Conrad* à se rendre en Italie. Le roi faisoit ses préparatifs pour aller justifier ses droits; & comme le séjour d'Italie avoit été funeste à plusieurs de ses prédécesseurs, il voulut assurer la couronne à son fils, qu'il fit élire & proclamer roi avant son départ. Il lui fallut encore appaiser des troubles domestiques excités par Ernest, duc de Suabe, son gendre, *Conrad* son cousin, Frédéric son beau-frère, & Adalberon, marquis de Thuringe. Ce fut pour arrêter ces désordres, que *Conrad* fit publier cette loi qui met au ban de l'empire quiconque trouble la paix publique. La peine d'être mis au ban étoit une espèce d'excommunication civile. Voici quelle en étoit la formule. « Nous déclarons ta femme veuve, » tes enfans orphelins, & nous t'envoyons au nom » du diable aux quatre coins du monde ». Ce fut après avoir fait publier cette loi, que l'empereur se rendit en Italie. Il étoit accompagné de Canut, roi de Danemarck, & de Rodolphe III, roi de Bourgogne, qui tous deux assistèrent à la cérémonie de son sacre, à Rome, le 26 mars 1027. De retour en Germanie, *Conrad* convoqua une diète solemnelle où les rebelles furent jugés. Tous étoient ses parens ou ses alliés; aussi eurent-ils part à son indulgence. Frédéric & *Conrad* obtinrent leur pardon, & furent traités avec beaucoup de douceur. Adalberon & Ernest, comme les plus coupables, furent punis, l'un par l'exil & l'autre par la captivité. L'empereur pardonna à Ernest peu de temps après; mais l'ingrat n'en profita que pour exciter une guerre civile dans laquelle il périt, non sans donner des marques d'une grande valeur & d'une grande capacité. La mort du rebelle ayant rétabli le calme en Germanie, l'empereur prit la défense d'un prince voisin injustement dépouillé; c'étoit Othon que Mieslau son frère, roi de Pologne, avoit contraint de se réfugier en Allemagne. L'empereur lui fournit des secours dont ce prince sut profiter. Othon pressa son frère avec tant de vigueur, qu'il le força de se retirer auprès d'Udalric, duc de Bohème. Ce duc, au mépris des droits de l'hospitalité, écrivit à l'empereur, lui offrant de lui livrer le roi vaincu. Le généreux *Conrad II* eut horreur de cette trahison: il envoya sur-le-champ la lettre du perfide à Mieslau lui-même, lui conseillant de chercher un autre asyle. Le Polonois, sensible à cette générosité, se rendit auprès de l'empereur, qui le rétablit, après l'avoir réconcilié avec son frère. Cet événement fait sans doute honneur au règne de *Conrad II*; mais je dois observer qu'on ne trouve rien de semblable dans les histoires de Pologne, écrites par des auteurs accrédités.

La guerre de Hongrie suivit celle de Pologne: la succession du duché de Bavière, ouverte par la mort de Henri, en étoit le motif. Le roi de Hongrie (Etienne), parent par sa mère, la réclamoit au préjudice d'un fils du duc Henri; mais ce fut en vain qu'il voulut suppléer par la force au vice de ses titres. Le fils obtint la préférence, & l'empereur, après la mort du roi Etienne, eut assez de crédit pour faire mettre sur le trône de Hongrie le prince Pierre, qui consentit à être son vassal & son tributaire.

La Bourgogne entiérement réunie à l'Allemagne, est une des époques les plus heureuses du règne de *Conrad II*. Rodolphe III en avoit disposé par testament, en 1016, en faveur de l'empereur Henri II. L'impératrice Gisselle, sa nièce, se servit de l'ascendant qu'elle avoit sur son esprit, &

& l'engagea à faire la même disposition en faveur de *Conrad II* son mari. On ne sait si ce royaume fut réuni à la couronne d'Allemagne, ou s'il fut possédé par *Conrad* & par ses successeurs, comme un royaume particulier & héréditaire dans leur famille. Quoi qu'il en soit, ce prince se fit couronner à Pazerne, malgré la réclamation d'Odon ou d'Eudes, comte de Champagne, qui prétendoit avoir des titres pour l'en exclure. Ce comte perdit la vie dans une bataille.

L'Italie en proie à de nouvelles guerres, exigea une seconde fois la présence de l'empereur. Il passa l'hiver à Parme (1037), après avoir puni plusieurs villes de Lombardie : il se rendit ensuite à Rome, d'où il alla à Benevent, délivra Capoue de la tyrannie de Pandolfe, s'assura de l'obéissance des habitans de la Pouille & de la Calabre, & revint en Allemagne couvert de gloire, mais accablé de fatigues & d'années. Il travailloit à un projet de pacification de toute l'Europe, lorsque la mort le surprit à Utrecht, le 4 juin 1039. Son corps fut transporté dans l'église cathédrale de Spire, qu'il avoit fondée pour être la sépulture des empereurs. La religion vante sa piété, & l'état sa générosité & sa valeur. La splendeur de son règne surprit d'autant plus, que son enfance avoit été très-obscure. Burchard, évêque de Wormes, l'avoit retiré dans son palais pour le soustraire aux railleries que sa simplicité lui attiroit à la cour du duc son père. L'hérédité des fiefs, introduite par l'usurpation des grands, maintenue par l'usage, fut confirmée par une loi de ce prince. L'Allemagne perdit sous son règne le duché de Slesvik, conquis sur les Danois par Henri Ier. Il eut de son mariage avec Giselle, nièce de Rodolphe III, dernier roi de Bourgogne, Henri III, surnommé *le Noir*, qui fut son successeur à l'empire, & la princesse Mathilde, qui fut fiancée à Henri Ier, roi de France, & mourut avant la consommation du mariage.

Des écrivains ont prétendu que ce fut sous le règne de ce prince que les sept électeurs furent institués; mais les meilleurs critiques placent leur origine à des temps postérieurs. On commença à connoître des souverains de Silésie indépendans de la Bohême & de la Pologne : ce dernier royaume vouloit se détacher de l'empire, mais il en resta tributaire pendant très-long-temps encore (*M--y.*)

CONRAD III, duc de Franconie (*Histoire d'Allemagne*), treizième roi ou empereur de Germanie, successeur de Lothaire II, élu à Coblentz en 1138, naquit l'an 1090, d'Agnès, sœur de l'empereur Henri V, & de Frédéric de Hohenstauffen, de la famille des ducs de Suabe. L'autorité royale reprenoit quelque vigueur en France : Hugues Capet avoit relevé le trône qui, s'étoit affaissé sous les derniers descendans de Pepin. Louis-le-Gros, quatrième successeur de ce prince fameux, mettoit toute sa politique à diviser les Allemands, ses voisins les plus redoutables. Il avoit envoyé le célèbre Suger, abbé de Saint-Denis, aux états d'Allemagne, assemblés pour donner un successeur à Henri V. Cet habile négociateur avoit eu assez de crédit pour faire exclure Frédéric, duc de Suabe, dont Louis-le-Gros redoutoit les talens; & lorsque Lothaire II fut élu, il n'omit rien pour traverser son règne. *Conrad III* avoit profité des troubles excités par la cour de France, & s'étoit fait couronner à Spire : mais son parti l'ayant abandonné, il s'étoit reconcilié avec Lothaire en 1135, & l'avoit reconnu pour son souverain. A la mort de ce prince, il réunit tous les suffrages, & fut couronné à Aix-la-Chapelle. Henri de Bavière, surnommé *le superbe*, le plus puissant des ducs d'Allemagne, fut mis au ban impérial, pour s'être obstiné à retenir les ornemens royaux que Lothaire II lui avoit confiés en mourant, peut-être pour marque qu'il le désignoit son successeur. Ce duc subit sa sentence, & ne put survivre à la perte de ses états. Il possédoit la Saxe, la Misnie, la Thuringe; en Italie, Vérone, Spoléte, & presque tous les biens de la comtesse Mathilde : ce trait d'autorité donne une haute idée de la fermeté de *Conrad III* & de ses talens. La Saxe fut donnée à Albert d'Anhalt, surnommé *l'ours*, marquis de Brandebourg, & la Bavière à Léopold, marquis d'Autriche : mais Henri avoit laissé un fils au berceau (Henri-le-Lion), & ce jeune prince trouva dans Welf ou Guelfe, son oncle, un puissant vengeur de ses droits. Guelfe, pour soutenir sa révolte, fit alliance avec Roger, roi de Sicile, qui lui fit passer des sommes immenses. Roger & les autres princes normands ne laissoient échapper aucune occasion de mortifier les empereurs, & de les tenir loin de l'Italie, dont ils avoient envie de les dépouiller. Guelfe, après une guerre opiniâtre, demanda la paix, qui lui fut accordée; on remit à la diète suivante à statuer sur les conditions. La Saxe fut rendue à Henri-le-Lion, son neveu; mais la Bavière resta dans la famille du marquis d'Autriche, mort dans cette guerre. Guelfe peu satisfait de ce traité, reprit ses premiers projets, & toujours secouru de Roger, il soutint une guerre de dix ans contre le duc d'Autriche, & même contre l'empereur. C'est à cette guerre que l'on rapporte l'origine des Guelfes & des Gibelins, factions puissantes qui partagèrent si long-temps le sacerdoce & l'empire. Cette guerre étoit d'autant plus contraire aux intérêts de l'empire, que les conjonctures étoient favorables pour plier les pontifes romains sous le joug dont ils s'étoient affranchis sous le règne précédent. Arnaud de Bresse, disciple du fameux Abélard, déclamoit avec véhémence contre les désordres du clergé, plongé dans la mollesse & la licence. Les immenses richesses des papes & des évêques échauffoient la bile de l'orateur, dont l'austère doctrine trouva de nombreux partisans, même parmi les Romains, mécontens du faste des pontifes. Arnaud prétendoit que le clergé ne devoit posséder aucuns biens, comme des fiefs ou des terres en propriété, & qu'il devoit se contenter des oblations des fidèles. Il avoit persuadé les Romains, qui eussent desiré pouvoir dépouiller les papes pour rétablir leur ancien gouvernement, dont ils étoient toujours jaloux. Animés par les déclamations de l'orateur, ils se révoltèrent ouvertement contre Luce II, & élurent des consuls. Un empereur politique eût profité de ces désordres, & n'eût pas manqué de passer en Italie avec une armée. Eugene III, successeur de Luce, craignit un semblable événement; mais ce pape trouva le secret de l'avoir pour lieutenant, lorsqu'il trembloit de l'avoir pour maître. Il fit passer à sa cour S. Bernard, cet homme étonnant, qui, sans autre titre que celui d'abbé de Clairvaux, jouissoit d'un respect souvent refusé aux plus grands princes, qui, dans sa retraite, écrivoit à toute l'Europe des lettres qu'elle recevoit comme autant d'oracles, & traçoit les conditions d'un traité entre deux monarques. S. Bernard venoit de déterminer Louis VII à aller en Asie affermir la famille de Godefroi de Bouillon, chancelante sur le trône de Jérusalem, que les chrétiens venoient de fonder. Son éloquence ne fut pas moins puissante sur l'esprit de *Conrad III*. Ce prince, jusqu'alors, s'étoit refusé à ces émigrations dangereuses qui dépeuplèrent l'Europe, sans étendre les limites de la foi, & lorsqu'il eut entendu le saint abbé, il s'enrôla lui-même. La perte d'une armée, la plus brillante que l'on eût vue jusqu'alors, l'affoiblissement de son autorité, & le mépris de sa personne, furent tout le fruit de cette pieuse entreprise, dont le succès n'auroit servi qu'à enrichir les papes & à augmenter leur pouvoir. *Conrad III*, après la perte de cette armée florissante, qui périt par la chaleur, la disette & la débauche, arriva à Jérusalem, moins en roi qu'en voyageur, & revint presque seul sur les vaisseaux de Manuel Comnène, mari de la sœur de la reine son épouse. Il aborda dans le golfe de Venise, & n'osa aller en Italie se faire couronner, à l'exemple de ses prédécesseurs. Le reste du règne de ce prince n'offre rien à l'histoire. Il tenta, mais sans succès, de rétablir Wladislas son allié, chassé du trône de Pologne, comme excommunié par Jacques, archevêque de Gnesne: on voit quel étoit alors le pouvoir des ecclésiastiques. Il mit les bourgeois & le chapitre de la ville d'Utrecht au ban impérial, pour avoir appellé de ses jugemens, au Saint-Siége. On ne pouvoit blesser plus ouvertement son autorité. Il mourut à Bamberg, sans avoir pu tirer vengeance de cet outrage. Il fut inhumé auprès de Henri, qu'il avoit fait mettre au nombre des saints. *Conrad* eut de sa femme Gertrude, fille du comte de Sultzbach, deux fils, Henri & Frédéric. L'aîné, qu'il associa à l'empire avant sa malheureuse expédition en Syrie, mourut pendant son absence; l'autre mourut de la peste au siège de Rome, sous Frédéric Ier. (*M--r.*)

CONRAD IV (*Hist. d'Allemagne*), dix-huitième roi ou empereur depuis *Conrad Ier*, né en 1226, de Frédéric II & d'Yolande de Brienne, est élu roi des Romains en 1237, succède à son père en 1250, meurt en 1254.

Le règne de ce prince se passa au milieu des orages qui suivirent la mort de Frédéric II. Il fit d'inutiles efforts pour raffermir son autorité & pour rétablir en Allemagne la paix que l'ambition des papes en avoit bannie. Innocent IV, armé par la politique, & par conséquent implacable, le poursuivit avec la même animosité qu'il avoit montrée contre Frédéric. Il fit publier une croisade contre lui; c'étoit l'usage alors: les papes ne faisoient aucune difficulté de se servir contre les princes chrétiens des armes qui ne devoient être employées que contre les infidèles. *Conrad*, qui voit le fanatisme s'armer contre lui, passe les Alpes à dessein de retarder sa chûte. Son arrivée en Italie est signalée par la prise d'Aquin, de Naples & de Capoue, que le pape avoit attirées à son parti: ses ennemis commençoient à trembler, mais la mort l'enleva au milieu de ses succès. Mainfroi, prince de Tarente, son frère naturel, fut accusé de l'avoir fait empoisonner. Il laissoit de sa femme Elisabeth, fille d'Othon, duc de Bavière, un fils unique: c'étoit l'infortuné *Conrad* le jeune, que l'impitoyable Clément IV & Charles d'Anjou, à la honte de la royauté, firent périr par la main d'un bourreau. *Voyez l'article suivant.* (*M--r.*)

CONRAD V, dit *le jeune*, ou *Conradin* (*Hist. d'Allemagne*), fils du précédent & d'Elisabeth, né en 1252, est décapité à Naples en 1268 ou 1269, avec son cousin Frédéric, titulaire du duché d'Autriche. Ces illustres victimes furent sacrifiées au ressentiment des papes & à la sûreté de Charles d'Anjou, qui dans ce moment déshonora le sang des François qui l'animoit. Ainsi finit la maison de Suabe, la plus célèbre qui fût en Allemagne; le sang des Henri & des Frédéric coula sous la main d'un bourreau: cette famille avoit donné six empereurs à l'Allemagne, qui tous avoient illustré le trône. *Conradin*, avant de recevoir le coup mortel, jetta son gant dans la place publique; un soldat le porta à Pierre-le-Grand roi d'Aragon, qui le reçut comme un gage qu'il vengeroit un jour le sang précieux que des barbares venoient de verser. (*M--r.*)

(Sur ce *Conrad V* ou *Conradin*, *voyez l'article* ANJOU, premier vol. première partie de l'histoire, page 319.

Le troisième volume de l'histoire générale de Provence, par M. l'abbé Papon, offre, sur la mort de *Conradin* & de Frédéric d'Autriche, des particularités qu'on ne rencontre point par-tout. Robert de Barry, grand protonotaire, fut chargé de faire à ces Princes, si injustement condamnés par le roi de Sicile, Charles, leur rival & leur ennemi, la lecture de leur arrêt de mort. Le comte de Flandre, gendre & neveu du roi de Sicile, étoit présent; il s'étoit fortement opposé dans le conseil à cette cruauté, qui devoit rendre odieux son beau-père, & le deshonorer dans la postérité. La lecture de l'arrêt alluma son courroux : il tira son épée, & la plongeant dans le corps du protonotaire : *insolent*, lui dit-il, *il te sied bien de prononcer un arrêt de mort contre un si noble & si grand personnage.* Ce trait de générosité barbare put exciter, dit l'auteur, une sorte d'admiration, mais il ne fit pas revenir les juges.

C'est ainsi qu'Emeri Jaubert de Barrault, ambassadeur de France en Espagne sous le règne de Henri IV, assistant à une comédie dont le sujet étoit la bataille de Pavie, & où l'on voyoit François Ier terrassé par un Espagnol, qui, lui mettant le pied sur la gorge, l'obligeoit à demander la vie, passa son épée au travers du corps de l'acteur qui insultoit ainsi François Ier. C'est de part & d'autre à peu-près le même trait d'audace & d'indignation généreuse, mais aussi c'est de part & d'autre le même trait d'injustice, en ce que la punition ne tombe pas sur le vrai coupable.

Suivons l'histoire de *Conradin*. Frédéric fut exécuté le premier. « *Conradin* voyant tomber à ses » pieds le corps de son généreux ami, laissa voir » un mélange de force & de foiblesse, tel qu'on » devoit l'attendre d'un enfant sensible & né pour » les grandes choses. Il ramassa la tête & la baisa » avec un excès de tendresse & de douleur qui » fit verser des larmes aux assistans. Ensuite, s'étant » mis à genoux, il fit une courte prière, & reçut » le coup mortel avec un généreux mépris pour » la vie, mais toujours en baisant la tête de son » ami. Un historien assure que, par un retour de » tendresse sur sa mère, il s'écria : *O ma mère,* » *quelle sera votre douleur quand vous apprendrez* » *la mort de votre malheureux fils !*

On a prétendu que le roi de Sicile avoit consulté le pape Clément IV, qui lui avoit répondu : *la mort de Conradin est le salut de Charles.* M. l'abbé Papon observe que ce trait ne se trouve point dans les auteurs contemporains, & qu'il ne serviroit qu'à faire trouver un coupable de plus (*voyez l'article* Clément IV). Cependant son opinion ou sa conjecture ne disculpe point le pape; il croit que, séduit par des politiques barbares, qui lui faisoient envisager la mort de *Conradin* comme le terme des guerres du sacerdoce & de l'empire, & des discordes de l'Italie, « il livra Charles aux » conseils de la vengeance & de l'ambition, » c'est-à-dire, qu'il conseilla de faire périr *Conradin*, » & qu'ensuite, révolté de l'atrocité du crime quand » il le considera de sang froid, ému par les plaintes » de tous les cœurs sensibles, il le désavoua.)

Conrad (*Hist. de Pol.*), duc de Masovie & de Cujavie, étoit fils de Casimir II, roi de Pologne. Il embrassa le parti de Leck-le-Blanc, roi de Pologne, contre Micislas-le-Vieux, son concurrent, leva une armée l'an 1127, & marcha contre Suantopelk, palatin de Poméranie, qui avoit conspiré contre Leck : ce prince mourut avant d'avoir été vengé, & *Conrad* crut que son défenseur pouvoit prétendre à lui succéder. Mais Henri de Silésie lui disputa la couronne. On arma de part & d'autre en 1228; on en vint deux fois aux mains, & deux fois *Conrad* fut vaincu; mais il n'étoit pas dompté. La perspective d'un trône rallumoit son courage; il crut qu'après y avoir aspiré, il falloit y monter ou périr. Il mit une nouvelle armée sur pied, résolu de hasarder une troisième bataille; mais Hedwige, épouse de Henri de Silésie, engagea ce prince à renoncer à des prétentions si funestes à la Pologne. Henri étoit déja maître de Cracovie; *Conrad* s'en approcha à la faveur des ténèbres, y entra par surprise, & son rival tomba en sa puissance. Henri ne vouloit point encore abandonner ses droits, il espéroit que son fils viendroit briser ses fers & le venger; mais Hedwige, qui avoit reçu de la nature l'heureux don de plaire & de persuader, lui peignit avec tant d'éloquence les malheurs de la Pologne & de la Silésie, qu'il acheta sa liberté par une renonciation formelle. Mais *Conrad* eut bientôt en tête un concurrent plus dangereux, c'étoit Boleslas V, son neveu, que la nation avoit couronné en 1243. *Conrad* se ligua alors avec ce même Suantopelk dont il avoit autrefois tramé la perte; à l'approche de l'armée confédérée, tout le duché de Sandomir se soumit; la conquête de celui de Cracovie ne coûta que de légers combats. Mais *Conrad* fut un tyran dès qu'il crut pouvoir l'être impunément. Aux impôts établis, il en ajouta de plus onéreux encore, les privilèges des différens corps furent violés, les premières dignités devinrent le partage des plus vils favoris, le clergé même essuya des vexations odieuses, le peuple se souleva, Boleslas fut rappellé, *Conrad* s'enfuit en Lithuanie, intéressa ses peuples à son sort, rentra en Pologne à la tête d'une armée, perdit la bataille de Sochodob, & disparut.

La mort de Boleslas V réveilla ses espérances en 1279 : mais malgré ses efforts, Leck-le-Noir fut élu. Tandis que ce prince soutenoit tour-à-tour le choc des Tartares, des Russes & des Lithuaniens ligués contre la Pologne, *Conrad* souleva les duchés de Sandomir & de Masovie, rassembla une foule de mécontens sous ses drapeaux, soumit toutes les villes qui se trouvèrent sur son passage, & se montra triomphant sous les murs de Cracovie. Ce fut le terme de ses succès. Les habitans se défendirent avec un courage héroïque, Leck-le-Noir accourut à la tête des Hongrois, tailla l'armée de *Conrad* en pièces, & mourut peu de temps après sa victoire. Henri Ier lui succéda en 1289, & *Conrad* mourut dans son duché de Masovie, après avoir en vain disputé la couronne à quatre rois. (*M. de Sacy.*)

CONRART (VALENTIN) (*Hist. litt. mod.*).

J'imite de *Conrart* le silence prudent.

a dit Boileau. Ce vers a beaucoup plus de sens que le poëte n'a prétendu en mettre, il n'a voulu que plaisanter sur la stérilité de *Conrart*, qui, étant secrétaire de l'académie, n'avoit presque point écrit, & n'avoit pas même publié sous son nom le peu qu'il avoit fait. Ce vers devient un bien grand éloge de *Conrart*, quand on sait que c'étoit le plus sûr comme le plus fidèle des amis, & que les secrets de ses amis étoient mieux cachés dans son sein que dans le leur. Distingué par un grand usage du monde, jamais il ne se permit une légéreté. Tous le consultoient, tous lui confioient tout, tous trouvoient en lui des ressources utiles, & un secret inviolable. Il fut le premier secrétaire perpétuel de l'académie françoise, & il doit être regardé comme le père de cette compagnie. *Conrart* étoit parent du fameux Godeau, depuis évêque de Grasse & de Vence. Quand Godeau venoit à Paris, il demeuroit chez *Conrart*, & celui-ci assembloit ses amis, tous gens de lettres & gens de goût, pour entendre & juger les vers de l'abbé Godeau. Voilà l'origine de l'académie ; c'est chez *Conrart*, c'est parmi ses amis que le cardinal de Richelieu alla la prendre pour en faire un corps dans l'état & répandre sur elle les graces du gouvernement, & l'historien observe que les premiers académiciens, au milieu de cet éclat nouveau, dont la faveur déclarée d'un ministre tout-puissant les faisoit briller, regrettoient ce temps où ils s'assembloient volontairement chez leur ami, par le seul attrait de la liberté & de l'amitié, sans aucune chaîne de devoir ni de reconnoissance.

Puisque l'occasion s'en présente, nous nous permettrons ici une réflexion assez importante. On lit dans cette même histoire de l'académie, que le cardinal de Richelieu offrit aux premiers académiciens des lettres de noblesse pour eux & leurs successeurs à perpétuité, & qu'ils les refusèrent, parce qu'ils prétendirent être tous nobles, & qu'ils craignirent qu'on ne les crût tous ennoblis dans cette occasion. S'ils étoient tous nobles, c'étoit l'effet d'un hasard assez singulier, car la noblesse ne s'étoit pas piquée jusques-là d'être l'ordre du royaume le plus studieux & le plus lettré. Le cardinal de Richelieu avoit très-bien vu qu'une compagnie qui alloit être l'élite des écrivains de la nation, & devenir la récompense des plus grands talens par l'admission seule qu'elle en feroit, qui d'ailleurs seroit sans cesse occupée de tout ce que les beaux-arts ont de plus noble & de plus libéral, étoit essentiellement aussi noble que libre, & que cette noblesse littéraire devoit être reconnue dans toute la nation ; les académiciens au contraire ne virent que leur petit intérêt individuel, celui d'une vanité personnelle que chacun d'eux pouvoit satisfaire en montrant ses titres, & ils sacrifièrent, autant qu'il étoit en eux, l'intérêt éternel de leur postérité académique. On ne sait ce qui doit étonner le plus, ou que cette sottise ait été faite, ou qu'elle ait été soufferte, & qu'elle ne soit pas encore réparée ; que parmi tant de ministres, bienfaiteurs des lettres, à commencer par M. Colbert, il ne s'en soit pas trouvé un qui ait achevé sur ce point l'ouvrage du cardinal de Richelieu. Les événemens postérieurs ont rendu cette grace encore plus nécessaire & plus convenable à la première académie du royaume. Un corps qui a le roi lui-même pour seul protecteur immédiat, qui traite directement de ses affaires avec sa majesté & en prend les ordres sans l'entremise des ministres, un corps qui a eu pour membre un prince du sang, qui a continuellement pour membres, & pour membres réputés tous égaux, les premières personnes de l'état, qui attire à ses assemblées, tant publiques que particulières, tous les souverains étrangers, qui partage avec les cours souveraines le privilège de haranguer le roi dans les événemens publics, un tel corps doit-il avoir & est-il décent qu'il ait des membres qui ne puissent pas sortir de Paris sans être confondus parmi le peuple ? Ajoutons que jamais grace ne tireroit moins à conséquence & n'augmenteroit le nombre des privilégiés d'une manière plus insensible.

Revenons à *Conrart*. Ses ouvrages, peu nombreux & peu célèbres, doivent cependant être nommés. Ce sont des *Lettres à Félibien* ; un *Traité de l'action de l'orateur*, imprimé en 1686, sous le nom de Michel le Faucheur ; des *Extraits de Martial*. Il mourut en 1675.

CONRINGIUS (HERMANNUS) (*Hist. litt. mod.*), professeur en droit à Helmstadt, homme savant dans l'histoire & le droit public germanique, & fort consulté de son temps sur ces matières, qui sont celles sur lesquelles il a écrit. Ses ouvrages ont été recueillis en sept volumes *in-fol. à Brunswick*, 1730.

CONSTANCE-CHLORE (*Hist. du Bas-Emp.*), fils d'Eutrope & de Claudia, étoit petit-neveu, par sa mère, de l'empereur Claude-le-Gothique. On le surnomma *Chlorus* à cause de la couleur vermeille & fleurie de son teint. Il fit son apprentissage d'armes dans les gardes du prince, qui, juge & témoin de sa valeur & de sa capacité, le nomma tribun, & lui donna bientôt après le gouvernement de la Dalmatie. On prétend que Carus, charmé de son désintéressement & de la douceur de ses mœurs, eut une forte tentation de le désigner son successeur, au préjudice de Carin son fils, dont il détestoit les débauches. Dioclétien, qui l'avoit employé avec succès, le créa César conjointement avec Galère ou Galérius. Quoique les deux nouveaux Césars eussent été nommés le même jour, *Constance* eut toujours l'honneur du pas, & son nom est le premier dans tous les monumens publics. On crut devoir cet égard à son privilège d'aînesse & à l'éclat de sa naissance. Sa nouvelle fortune ne changea point son caractère doux & bienfaisant. Il conserva sa première simplicité. Ses largesses le rendirent pauvre, si on peut l'être quand on n'éprouve point de besoins. Il regardoit l'amour des peuples comme le trésor inépuisable des rois. Quoiqu'économe, excepté dans la distribution des récompenses, il soutint la majesté du trône, & flatta le goût du peuple par des jeux & des spectacles. Ce fut par le retranchement des superfluités qu'il fournit à toutes ces dépenses, sans accabler les provinces d'impôts. Après la mort de Dioclétien & de Maximien, il se contenta des provinces qu'il avoit gouvernées en qualité de César. Par une défiance modeste de ses forces, il refuse le département de l'Afrique & de l'Italie, disant qu'on devoit mesurer son ambition à ses talens. Sa domination fut resserrée dans les Gaules & l'Espagne, dont il rendit les peuples heureux, en leur faisant oublier qu'ils avoient un maître. Galérius, qui n'avoit rien à redouter d'un prince sans ambition, se regardoit comme le maître absolu de l'empire. Ce collègue impérieux ne le laissoit vivre que parce qu'il étoit convaincu de sa modération; mais il ne pouvoit lui pardonner d'être son émule. Sa jalousie, inquiète sans motif, s'étoit assurée de sa fidélité, en retenant, comme otage auprès de lui, son fils Constantin, qui donnoit les plus hautes espérances. Les maladies fréquentes dont *Constance* étoit attaqué dispensèrent Galérius d'employer le fer & le poison pour jouir du pouvoir sans partage. Son espoir fut rempli. *Constance*, jaloux d'étendre les limites de l'empire, porta ses armes dans la Grande-Bretagne, qui étoit déja sous la domination des Romains : mais ses anciens habitans, appellés *Pictes* & *Calédoniens*, s'étoient réfugiés dans la partie septentrionale, connue aujourd'hui sous le nom d'*Ecosse*, où ils vivoient dans une entière indépendance. Il remporta sur eux une pleine victoire, dont sa mort, causée par ses fatigues, l'empêcha de tirer avantage. Il mourut à Yorck en 306. Il avoit été nommé Auguste une année & trois mois auparavant. En mourant, il déclara César son fils Constantin, qui, dans la suite, fut surnommé *le Grand*. Il l'avoit eu d'Helène sa première femme. Maximien l'avoit obligé de la répudier pour épouser Théodora sa fille. Quoique ce prince fît profession du paganisme, il ne persécuta jamais les chrétiens, au contraire il les combla de bienfaits, & les éleva par préférence aux premières dignités. Il avoit en horreur les apostats, disant que ceux qui sacrifioient leur dieu à leur fortune, étoient toujours disposés à trahir leur prince. (*T-N*)

CONSTANCE (FLAVIUS-JULIUS), fils du grand Constantin, fut désigné son successeur pour régner conjointement avec ses deux frères. Son pere, par son testament, leur avoit encore associé ses deux neveux; mais le peuple, l'armée & le sénat refusèrent de souscrire à ses dernières volontés. Les neveux, dont les mœurs & les talens donnoient les plus hautes espérances, qui promettoient de rendre les peuples heureux, furent inhumainement massacrés par les soldats, qui ne vouloient d'autres maîtres que les fils de Constantin. Les amis de ces deux princes innocens furent enveloppés dans leur ruine, & on laissa leurs corps sans sépulture. Les assassins exigèrent avec tant d'insolence de *Constance* le salaire de leur crime, qu'on le soupçonna d'être l'auteur de ce carnage. Quoiqu'il y eût plusieurs empereurs, l'empire n'avoit point encore été divisé. Les enfans de Constantin partagèrent le pouvoir, & se rendirent indépendans les uns des autres. *Constance* eut la Grèce, l'Asie & l'Egypte. Les erreurs d'Arius avoient rempli la capitale & les provinces de dissentions civiles. Quoique *Constance* favorisât ouvertement les partisans de cet hérésiarque, il rappella dans leur siège tous les évêques exilés. Athanase fut rétabli dans l'église d'Aléxandrie, & Paul dans celle de Constantinople. Tandis qu'il calmoit les fureurs religieuses, les Perses, après avoir passé le Tigre, s'étoient rendus maîtres de l'Arménie, dont ils avoient chassé le roi, allié & ami des Romains. *Constance* marcha contre eux; & quoique son armée eût secoué le joug de l'obéissance, il obligea Sapor à rentrer dans ses états, où il eut bientôt réparé ses pertes. Deux ans après, il reparut avec des forces supérieures dans les provinces de l'empire. Vainqueur dans ces combats, il seroit resté le dominateur de l'Orient, si les barbares, voisins de ses états, ne l'eussent rappellé pour les défendre. L'Occident étoit également ébranlé par des tempêtes. Magnence, qui de simple soldat étoit parvenu au commandement des armées, profita de l'amour des soldats pour se faire déclarer empereur. Vitranion fut proclamé le même jour par les légions de Pannonie. Constans & le jeune Constantin furent dépouillés de leurs états. Leur frère *Constance* quitta l'Orient pour venir à leur secours. Vitranion, trahi par ses soldats, se soumit à la clémence de ses maîtres offensés. *Constance* eut la générosité de lui pardonner; il lui assigna même un revenu suffisant pour subsister honorablement. Le vainqueur tourna ensuite ses armes contre Magnence, qui fut vaincu en Espagne. Il leva une nouvelle armée dans les Gaules, où il essuya une seconde défaite. Alors craignant de tomber au pouvoir de *Constance*, il se donna la mort. L'empire, qui avoit été divisé, fut réuni sur une seule tête. *Constance* se transporta à Rome pour y recevoir les honneurs du triomphe. Quoiqu'il y témoignât beaucoup d'égards pour les habitans, il aigrit les esprits par sa complaisance pour les adorateurs des faux dieux. Il permit qu'on relevât dans la salle du sénat l'autel de la victoire. Les privilèges des vestales furent maintenus dans leur intégrité. Il revêtit du sacerdoce les païens les plus distingués par leur naissance. Des fonds furent assignés sur le trésor public pour fournir à la dépense des sacrifices. Ces égards pour les restes de l'idolâtrie firent murmurer les chrétiens, qui ne purent lui pardonner d'avoir accepté le titre de grand-prêtre de Jupiter. C'étoit moins par attachement pour l'idolâtrie, que par le desir de réunir tous les suffrages, qu'il avoit cette complaisance criminelle; car d'ailleurs il avoit du zèle pour le christianisme, qui prit sous son règne de nouveaux accroissemens. Le murmure des chrétiens fut appaisé par un édit publié en leur faveur. Ceux qui avoient été dépouillés de leurs biens pendant les persécutions, rentrèrent dans leur droit de propriété, & pour surcroît de faveur, ils furent élevés aux premières dignités de l'état, dont ils avoient été exclus. Tandis qu'il les favorisoit, Julien, vainqueur dans les Gaules, réprimoit les courses des Allemands, & affermissoit l'empire par ses victoires. *Constance*, jaloux de ses prospérités, le rappella dans sa cour; mais les légions, accoutumées à vaincre sous ce guerrier philosophe, ne purent consentir à son départ, & pour mieux se l'attacher, elles le proclamèrent Auguste. *Constance*, pour étouffer cette rebellion, lève une puissante armée; & précipitant sa marche, il essuya tant de fatigues, qu'il fut attaqué d'une maladie auprès du Mont-Taurus. Sentant sa fin approcher, il se fit conférer le baptême par un évêque Arien, dont il avoit toujours favorisé la secte. Il mourut dans la quarante-cinquième année de son âge, dont il en avoit régné vingt-quatre. Son zèle pour l'arianisme, & la persécution contre les évêques & les prêtres catholiques, rendront toujours sa mémoire odieuse. C'étoit d'ailleurs un prince médiocre & de peu de talens. (*T-N.*)

CONSTANT Ier (*Hist. du Bas-Emp.*), fils du grand Constantin, fut appellé à l'empire conjointement avec ses deux frères, *Constance* & le jeune Constantin. Les trois princes s'assemblèrent dans la Pannonie pour partager une si riche succession. *Constant*, qui étoit le plus jeune, eut l'Italie, la Macédoine, la Grèce, l'Illyrie & l'Afrique. Dès qu'il fut revêtu du pouvoir souverain, il se livra à ses penchans pour les plaisirs. Jeune, présomptueux, il se croyoit le plus grand capitaine de son siècle, parce qu'il réussissoit dans tous les exercices militaires, & qu'il étoit adroit à tirer de l'arc & à lancer un javelot. L'encens de ses flatteurs acheva de corrompre sa raison. Quoique plongé dans les voluptés, sa foi n'en fut ni moins vive, ni moins pure. Il se déclara le défenseur de l'ortodoxie, & fut le fléau des païens & des hérétiques. Les ecclésiastiques furent comblés de biens & d'honneurs; les sacrifices païens furent défendus. Ses offrandes enrichirent les églises; il fit fermer les temples de l'idolâtrie, mais il défendit de les détruire, parce qu'ils embellissoient Rome, & qu'ils occasionnoient des jeux & des fêtes où le peuple trouvoit le délassement de ses fatigues. Ce prince, protecteur de la religion, la déshonoroit par ses débauches. Il vivoit au milieu d'une troupe de jeunes efféminés qu'il choisissoit parmi les otages, ou qu'il faisoit acheter chez l'étranger. Passionné pour la chasse, il s'enfonçoit dans les forêts pour se livrer à cet amusement; ses excès & ses fatigues épuisèrent son tempérament. Tourmenté de la goutte, il perdit l'usage des pieds & des mains. Ses douleurs le punirent sans le corriger. *Constant*, devenu odieux à ses sujets, autant par ses vices, que par la tyrannie de ses ministres, ne récompensoit que ses flatteurs. Marcellin, intendant des finances, & Chreste, capitaine expérimenté, formèrent une conjuration pour élever Magnence à l'empire. Marcellin, chef des conjurés, dédaigna le trône où il pouvoit monter, aimant mieux être le maître de l'empereur que de l'empire. Il invita à un grand festin Magnence & les principaux officiers de l'armée, dont la plupart étoient ses complices. Le plaisir de la table fut poussé bien avant dans la nuit. Magnence disparut, & un moment après il rentra dans la salle du festin, revêtu de la pourpre & de tous les attributs de la puissance souveraine. Les conjurés le proclamèrent empereur. Les autres convives, étonnés de cette scène imprévue, prennent le parti de le reconnoître. Il marche vers le palais; un corps d'Illyriens se joint à lui, & le peuple, par ses acclamations, applaudit à son élévation. *Constant* étoit occupé de la chasse dans les forêts, dont le silence fut troublé par le bruit de cette révolte. Ses domestiques & ses flatteurs l'abandonnèrent pour n'être point enveloppés dans son infortune. Il se flatta de trouver un asyle en Espagne; il fut vivement poursuivi par des satellites envoyés par le tyran; se voyant par-tout environné d'assassins & d'ennemis, il quitta les ornemens de sa dignité pour n'être pas reconnu; mais il fut découvert aux pieds des Pyrénées, dans une chapelle où il s'étoit réfugié. On l'arrache de ce lieu sacré pour l'égorger. Il périt dans la trentième année de son âge, & dans la troisième de son règne. (*T-N.*)

CONSTANT II, qui prit quelquefois le nom de *Constantin III*, étoit fils d'Héraclius Constantin, & de Grégorie, fille du patrice Nicetas. Le sénat, fatigué de la domination tyrannique de Martin, qui avoit empoisonné Héraclius pour placer son fils du premier lit sur le trône, proclama empereur *Constant* sans le concours de l'armée, qui confirma cette élection. Comme il avoit été élevé sur le trône par les intrigues des Monothélites, il fut leur zélé protecteur; mais, importuné par les clameurs des théologiens inquiets & turbulens, il imposa silence aux deux partis sur les deux volontés de Jesus-Christ. Cette modération apparente ne servit qu'à couvrir sa haine contre les ortodoxes, dont il fut toujours l'ennemi & le persécuteur. Martin, qui venoit d'être élevé sur la chaire de saint Pierre, lui opposa un courage digne des temps apostoliques. *Constant*, irrité de sa résistance, le condamna à l'exil, où il mourut accablé de chagrins & de misères. Théodose, frère du tyran, lui étoit devenu odieux, quoiqu'il n'eût à lui reprocher que l'amour des peuples; c'est ce qui rendit sa fidélité suspecte. *Constant* le força à se faire ordonner diacre, pour prévenir la tentation d'envahir la puissance suprême. Ce grade sacré ne fut pas suffisant pour dissiper ses défiances; il eut l'inhumanité de le faire massacrer, & il ne prit pas même la peine de se justifier de ce fratricide. Les Sarrasins lui enlevèrent plusieurs provinces, & après l'avoir vaincu, ils lui accordèrent une trève de deux ans. *Constant*, délivré d'ennemis aussi redoutables, passa dans l'Italie, qu'il vouloit affranchir de la domination des Lombards; mais au lieu de combattre les barbares, il pilla Rome, qu'il dépouilla de ses plus riches ornemens pour embellir Syracuse, dont il fit le siège de ses états. La Sicile, qui se félicita d'abord de posséder le maître de l'empire, eut bientôt à gémir de sa tyrannie. Les peuples furent ruinés par ses exactions. Il enleva les vases précieux qui servoient au culte public: son avarice fouilla jusques dans les tombeaux. Les grands seigneurs murmurèrent, & furent punis par la torture: mais leur sang fut la semence de nouvelles rebellions. Les peuples opprimés soupiroient après un libérateur. Mazesés, secondé des autres ministres du tyran, se chargea de la vengeance publique. Il le suivit dans le bain, & l'assomma avec le vase dans lequel on versoit de l'eau. Il régna vingt-sept ans, & il étoit monté sur le trône en 643. (*T--N.*)

CONSTANTIN (CAIUS-FLAVIUS-VALERIUS-CLAUDIUS) (*Hist. du Bas-Emp.*), étoit fils de *Constance* Chlore & d'Hélène sa première femme. On ignore le temps & le lieu de sa naissance. On n'est pas mieux instruit de l'origine de sa famille, à qui les uns donnent la plus haute antiquité, & que d'autres prétendent être très-nouvelle. Quand il fut revêtu de la pourpre, ses flatteurs le firent descendre de Vespasien; mais ils ne purent jamais établir cette filiation. *Constantin*, né avec toutes les semences de l'héroïsme, n'eut pas besoin d'aïeux pour se rendre illustre. Lorsque son père fut envoyé dans les Gaules avec le titre de César, Dioclétien le retint auprès de lui comme un gage de la fidélité de son collègue. Les distinctions dont il l'honora lui firent oublier qu'il étoit dans une espèce de captivité. La valeur, dont il donna de fréquens témoignages dans la guerre d'Egypte, le rendit également cher à Dioclétien & aux soldats. A son retour à Rome, le peuple s'empressoit en foule sur son passage, & par ses acclamations réitérées, lui présageoit sa grandeur future. Ses yeux vifs & perçans annonçoient sa pénétration. Sa physionomie noble & guerrière étoit tempérée par son affabilité. Ses refus étoient accompagnés de tant de graces, qu'on ne le quittoit jamais sans être pénétré de reconnoissance. Sa constitution foible & délicate l'exposa à de fréquentes maladies dans son enfance. Une vie sobre & frugale fortifia son tempérament & le rendit capable des plus grandes fatigues. Sa jeunesse fut exempte des foiblesses qui égarent la raison. Son premier mariage avec Minervine prévint les orages que les passions excitent dans leur naissance. La science militaire étoit la seule qui donnât de la considération dans ce siècle de guerre. Son père, entraîné par l'exemple, ne lui donna qu'une éducation propre à en faire un grand capitaine. Il fut nourri dans le camp, où il vivoit confondu avec les soldats; mais quand il fut parvenu à l'empire, il cultiva les lettres, peut-être même avec plus d'application qu'il ne convenoit à l'arbitre des nations. Les savans furent admis dans sa familiarité. Les courtisans, qui jusqu'alors n'avoient su que défier les périls & la mort, devinrent plus éclairés & plus polis. L'ignorance & la férocité ne furent plus le caractère distinctif du guerrier. Galerius, successeur de Dioclétien, prit ombrage de son mérite; & pour ne pas lui donner trop de considération, il lui refusa le titre de César, qui lui étoit dû comme fils de Constance. Sa politique cruelle l'exposa aux plus grands dangers, d'où il eut le bonheur & l'adresse de sortir avec gloire. Son père étant prêt de s'embarquer pour la Grande-Bretagne, redemanda son fils avec une hauteur menaçante qui détermina Galerius à le rendre. *Constance* reçut avec des larmes de joie un fils qu'une longue absence lui avoit rendu plus cher. Etant prêt de mourir, il le désigna son successeur, sans lui associer trois autres fils qu'il avoit de son second mariage. Dès qu'il eut les yeux fermés, les soldats proclamèrent son fils Auguste. *Constantin* les pria d'attendre l'agrément de Galerius pour prendre ce titre. Leur impatience ne put se résoudre à ce ménagement politique. Ils le revêtirent de la pourpre malgré sa résistance. Son premier soin fut de rendre les devoirs funèbres à son père, à qui il fit décerner les honneurs divins. Galerius, qui se voyoit obscurci par cet astre naissant, fit mouvoir des ressorts secrets pour l'exclure du gouvernement: mais son avarice & ses cruautés l'avoient rendu si odieux, qu'il n'inspiroit plus que des sentimens de mépris. Sa jalousie impuissante ne fit que relever l'éclat de son collègue. Il tourna ses fureurs contre les chrétiens, dont le sang inonda la ville & les provinces. Tant de victimes ne furent pas suffisantes pour assouvir ses vengeances. Les païens, qui lui étoient aussi indifférens que les chrétiens, furent enveloppés dans la proscription. Les biens des citoyens les plus opulens furent confisqués, des impositions accablantes épuisèrent le peuple, le mécontentement fut général comme l'oppression. Le cri de la révolte retentit aux pieds du trône. Galerius, environné de séditieux & de mécontens, revêtit

Constantin de la pourpre pour s'en faire un appui. Maxence, fils de Maximin, qui jusqu'alors avoit vécu dans une crapuleuse débauche, revendiqua, les armes à la main, l'héritage de son père. Tandis que l'empire étoit embrâsé du feu des guerres civiles, *Constantin* convaincu que si la fortune fait les empereurs, c'est aux empereurs à justifier le choix de la fortune, régloit l'intérieur de ses états & en protégeoit les frontières contre les invasions des barbares. Les Francs, qui avoient passé le Rhin, furent vaincus & dispersés. Il les força de repasser le fleuve; ils furent poursuivis par leur ennemi infatigable, qui porta le fer & la flamme dans leurs possessions. Les jeunes gens qui tombèrent dans ses mains, & qui étoient en état de porter les armes, furent tous livrés aux bêtes dans les jeux qu'on célébra après cette victoire. Deux de leurs rois furent dévorés dans l'amphithéatre, action barbare qui déshonora le vainqueur. *Constantin* avoit un fond de férocité qui formoit le caractère des princes de son siècle. Il tourna ensuite ses armes contre Maxence & Maximien son père, qui s'étoient ligués contre lui. Il remporta sur eux une grande victoire sous les murs de Rome. Maxence fuyant avec trop de précipitation, tomba avec son cheval dans le Tibre, où il fut submergé. Le vainqueur entra dans Rome avec les honneurs du triomphe, dont il releva l'éclat par sa bienfaisance. Les prisons furent ouvertes, les partisans des deux tyrans obtinrent l'abolition de leur crime. Le sénat le déclara premier Auguste & grand-prêtre de Jupiter, quoiqu'il eût tracé sur ses enseignes l'image de la croix, & qu'il fit une profession extérieure de la loi évangélique. Il est difficile de justifier sa foi, qui fut altérée par un mélange de paganisme. Il n'avoit plus d'autre collègue que Licinius. Ces deux princes donnèrent conjointement un édit de tolérance de tous les cultes. Ce fut une faveur pour les chrétiens, qui rentrèrent dans leurs possessions, & qui furent admis aux dignités de l'état. Cet édit porta le dernier coup à l'idolâtrie, & ce fut sur ses débris que le christianisme s'éleva. Le calme dont jouissoit l'empire fut troublé par la jalousie de Licinius, qui voyoit sa gloire éclipsée par celle de son collègue, qui ne lui laissoit que l'ombre du pouvoir. Leur rupture fut bientôt éclatante, & il fallut vuider la querelle les armes à la main. Licinius plein de confiance dans la supériorité du nombre, livra un combat dont le succès fut longtemps incertain : mais enfin la fortune se déclara contre lui. Il se releva bientôt de sa chûte; il reparut dans les plaines d'Andrinople, avec une armée plus formidable que la première; il fut encore mis en déroute. Il eut alors recours à la négociation, qui lui réussit mieux que ses armes. *Constantin* lui accorda la paix, à condition qu'il lui céderoit la Thrace, la seconde Mesie, la Tartarie & les provinces de l'Orient. Tout annonçoit un calme durable; les deux empereurs, pour resserrer plus étroitement les nœuds de leur alliance, conférèrent chacun à leurs trois fils le titre de César. La rivalité du pouvoir leur remit bientôt les armes à la main. Licinius couvrit les mers de ses vaisseaux; son armée de terre, forte de cent cinquante mille hommes de pied, & de quinze mille chevaux, le mit en état de tout entreprendre & de tout espérer. *Constantin* lui opposa deux cents galères à trente rames, & deux mille vaisseaux de charge. On comptoit dans son armée de terre cent trente mille combattans. Ces deux princes rivaux, avant d'en venir aux mains, sollicitèrent le ciel de seconder leurs armes. Licinius, idolâtre & superstitieux, menoit à sa suite une foule de sacrificateurs, de devins, d'aruspices & d'interprètes des songes, qui, après avoir consulté les entrailles des victimes, le flattèrent de l'espoir d'une pleine victoire. *Constantin*, chrétien sans en avoir encore reçu le caractère, mettoit sa confiance dans l'étendart de la croix, & dans les prières des prêtres & des évêques qui étoient dans son camp. Les deux armées se joignirent dans les plaines de Calcédoine. L'attaque fut vive, & la défense opiniâtre. Licinius, après avoir agi en capitaine & en soldat, fut contraint de céder à la fortune de son heureux rival. Vaincu sans avoir rien perdu de sa gloire, il ramassa les débris de son armée, & traversa la Thrace pour aller rejoindre sa flotte, qui fut aussi battue & dispersée : alors, désespérant de la fortune, il entama des négociations qu'il fit traîner en longueur pour avoir le temps d'attendre les Goths & les autres Barbares qu'il appelloit à son secours. Cet artifice lui réussit mal; il livre un nouveau combat où il perd vingt-cinq mille hommes. Les soldats qui survivent au carnage de leurs compagnons, mettent bas les armes, & se rendent au vainqueur. Licinius abandonné se voit empereur sans sujets, & général sans armée. Il s'enfuit à Nicomédie, où il fut bientôt assiégé & contraint de se soumettre à la discrétion d'un maître qu'il n'avoit pu supporter pour collègue. Constantia, sa femme, sollicita son frère *Constantin* de lui laisser la vie; cette grace fut accordée, & la promesse en fut confirmée par les sermens les plus sacrés. Licinius, dépouillé de la pourpre, se prosterna devant son maître, qui l'admit à sa table. Il fut ensuite relégué à Thessalonique pour y mener une vie privée; mais à peine en goûtoit-il les douceurs, que *Constantin* envoya l'ordre de l'étrangler. Son fils fut privé du titre de César. On ne peut lui contester d'avoir été un grand homme de guerre; mais quoiqu'il eût des talens, il ne laissa que le souvenir de ses cruautés. Toute la puissance impériale fut réunie sur la tête de *Constantin*, qui prit le nom de *victorieux* sur les médailles. Ce titre devint héréditaire à plusieurs de ses successeurs. Il n'usa de ses conquêtes que pour étendre les conquêtes de la foi. Il fut défendu aux souverains des provinces & aux magistrats des villes d'offrir des sacrifices, & d'ériger des statues aux faux dieux.

La divination fut proscrite, les temples de l'idolâtrie furent fermés ou convertis en sanctuaires du vrai Dieu. Son zèle éclairé n'alla pas jusqu'à l'intolérance. Il défendit d'inquiéter les consciences, & d'envoyer les incrédules sur les bûchers. Il n'y eut que les profanations scandaleuses qui fussent soumises à des peines. Il exhorta ses sujets à se pardonner leurs opinions. Il réprima l'indiscrétion de quelques zélateurs qui vouloient que les actes de la religion païenne fussent punis comme des crimes d'état. Il aimoit à s'entretenir avec les évêques, qui abusèrent quelquefois de leur ascendant sur lui pour le rendre persécuteur. Il s'occupoit dans ses loisirs à composer des homélies & des sermons qu'il récitoit en public. Il nous reste un de ses discours sur la passion, qui n'est remarquable que par sa prolixité & le nom imposant de son auteur; mais ce prince, qui n'étoit point insensible aux louanges, savoit qu'un souverain qui prêche est toujours applaudi. La police de l'état fut réformée, le vice fut obligé de se cacher, il n'y eut plus de scandale ; mais l'hypocrisie plus adroite & plus rafinée se couvrit du masque de la vertu. L'avarice des juges & des gouverneurs fut réprimée par des loix qui restèrent sans exécution. *Constantin*, occupé des querelles qui divisoient l'église, se reposoit du soin de l'empire sur des officiers mercenaires qui laissoient les crimes impunis dès qu'on étoit assez riche pour acheter sa grace. Quoique le peuple eût un maître bienfaisant, il étoit opprimé par une multitude de tyrans subalternes qui épuisoient les provinces pour assouvir leur avidité. *Constantin*, distrait sur toutes ces vexations, assembloit un concile à Arles pour éteindre le schisme des donatistes. Ses peuples gémissoient dans l'oppression; il les croyoit assez heureux s'il pouvoit les éclairer. Ce fut sous son règne que l'Arianisme prit naissance dans l'Egypte, d'où il se répandit sur toute la surface du globe. Les talens d'Arius en facilitèrent les progrès. Le poison fut si adroitement préparé, que la contagion corrompit les prélats les plus éclairés. Constantia, sœur de *Constantin*, favorisa l'erreur nouvelle, qui devint la dominante dans l'Egypte, la Lybie & l'Orient. Les deux partis convoquoient des synodes où ils se frappoient réciproquement d'anathêmes. *Constantin*, pour étouffer le germe de tant de divisions, convoque un concile général à Nicée, ville de Bythinie. Tous les évêques y furent invités. Le trésor public leur fournit des voitures & des chevaux; *Constantin* se rendit à Nicée pour les recevoir. Ils s'assemblèrent au nombre de trois cents dix-huit. L'empereur parut dans cette vénérable assemblée, & ne voulut s'asseoir qu'après en avoir été prié par les évêques. Il eut même l'humilité de baiser les plaies de ceux qui avoient souffert pour la cause de Jésus-Christ. Il protesta qu'il vouloit laisser la liberté des suffrages; mais il les gêna en effet, en menaçant de l'exil ceux qui refuseroient de souscrire aux décisions. Tous les pères du concile se félicitèrent de son affabilité; il leur donna un magnifique festin dans son palais. Il avoit tant de vénération pour eux, qu'il avoit coutume de dire que s'il surprenoit un évêque en adultère, il le couvriroit de sa pourpre pour en cacher le scandale aux yeux du public. La faveur dont il honoroit les ministres de la religion en étendit les conquêtes. Les villes & les campagnes brûloient leurs idoles, & détruisoient leurs temples pour bâtir des églises. Parmi ces nouveaux chrétiens, on en vit qui, par un reste d'attachement pour leurs antiques cérémonies, conservèrent les statues indécentes de leurs dieux, & sur-tout celles de Vénus. Des villes converties laissèrent subsister sur leurs théatres des scènes lascives qui offensoient la pudeur. La Syrie toujours efféminée offrit pendant long-temps ce spectacle licentieux. Le christianisme pénétra au-delà du Rhin & du Danube. Les Goths reçurent l'évangile. Un grand nombre de Barbares, après avoir pillé l'empire, retournèrent dans leur pays, éclairés des rayons de la foi. Ce fut sous son règne que les monastères furent établis. Des solitaires avoient peuplé les déserts: mais c'étoient des membres épars qui n'étoient attachés à aucun corps. Antoine, protégé de l'empereur, fut le premier qui forma des disciples, & qui les assujettit à une règle uniforme. Pacôme, à son exemple, fonda des monastères qui édifierent les païens même, tant qu'on y conserva la ferveur & l'esprit de leur premier institut. Les inscriptions qui retraçoient sur les monnoies les cérémonies idolâtres furent effacées. Les impostures des prêtres du paganisme furent dévoilées, les sacrifices abolis. La magie & la divination furent proscrites. Les oracles qui avoient abusé de la crédulité du vulgaire, tombèrent dans le mépris. Tandis qu'il détruisoit l'idolâtrie, il épargnoit la foiblesse des idolâtres. Le paganisme n'eut point à se glorifier de ses martyrs: & même la veille de sa mort, il fit publier un édit qui maintenoit les prêtres idolâtres dans leurs anciens privilèges.

Un projet difficile occupoit depuis long-temps son esprit; c'etoit de fonder une nouvelle Rome, & d'y transférer le siège de l'empire. Un autre n'auroit osé concevoir ce dessein, *Constantin* l'exécuta en peu de temps. Il choisit le détroit de l'Hellespont, entre l'Europe & l'Asie, où l'on ne voyoit plus que les débris de l'ancienne Bysance, qu'il rétablit sous le nom de *Constantinople*. Il choisit ce lieu comme le centre de l'empire, & sur-tout comme le plus favorable pour opposer une barrière aux Perses, qui alors étoient ses ennemis les plus redoutables. L'ancienne Rome lui étoit devenue odieuse par son attachement à l'idolâtrie. Peut-être succomba-t-il à l'ambition d'être le fondateur d'un nouvel empire, de même qu'Auguste avoit eu la tentation de transporter à Troye la splendeur de Rome. Cette ville nouvelle fut embellie d'édifices & de places publiques qui surpassèrent en magnificence tous les monumens de Rome. Les temples des faux dieux fournirent tant de statues, qu'elles y étoient entassées avec confusion. Son fils Crispus, né d'un premier mariage, faisoit concevoir les plus hautes espérances. Son courage & ses talens l'égaloient aux plus grands capitaines de l'antiquité. Né pour plaire, il eut le malheur d'inspirer une passion criminelle à Fausta sa belle-mère, fille de Maximien. Le jeune prince plein d'horreur de cet inceste, refusa d'y condescendre. Sa marâtre indignée de ses mépris, l'accusa de l'avoir voulu séduire: le crédule *Constantin* fit empoisonner son vertueux fils, dont il reconnut trop tard l'innocence. Cette mort sema l'amertume sur le reste de sa vie. La gloire que *Constantin* s'étoit acquise fut obscurcie par la protection dont il honora les Ariens. Les evêques, ennemis de la divinité de Jésus-Christ, furent rappellés de leur éxil, & rétablis sur leurs sièges. Quoiqu'il ait été le défenseur le plus zélé du christianisme, il différa son baptême jusqu'aux approches de la mort. Sa lenteur à se faire initier dans nos mystères, & à faire usage des sacremens, a fait mal-à-propos soupçonner sa foi, & croire que son zèle fut inspiré par la politique, d'autant plus que ses mœurs ne furent point conformes à la pureté évangélique. On lui reprocha une ambition qui ne pouvoit souffrir d'égalité, des profusions qui accabloient ses sujets pour enrichir ses ministres, & pour construire des édifices plus somptueux qu'utiles. Plusieurs églises l'ont mis dans la liste des saints; les Grecs célèbrent encore aujourd'hui sa fête. Sapor, instruit que sa santé chancelante le mettoit hors d'état de paroître à la tête de ses armées, lui redemanda les cinq provinces que son père Narsès, après sa défaite, avoit été contraint de céder aux Romains. *Constantin*, qui avoit encore dans l'esprit la vigueur de son premier âge, lui fit dire qu'il iroit lui-même porter sa réponse. Il se mit aussi-tôt en marche, mais il succomba sous les fatigues du voyage. Il tomba malade à Nicomédie: alors, ne pouvant plus se dissimuler qu'il touchoit à sa dernière heure, il fit la confession publique de ses fautes, & demanda le baptême. Dès qu'il l'eut reçu, on le revêtit d'habits blancs, son corps fut couvert d'étoffes de la même couleur, & depuis ce moment il ne voulut plus toucher à la pourpre. Il mourut le 2 mai l'an 337, après un règne de trente ans, neuf mois & vingt jours. Quelques-uns ont prétendu sans motifs, qu'il avoit été empoisonné par ses frères. Au premier bruit de sa mort, ses gardes s'abandonnèrent aux transports de la plus vive douleur. Ils déchirèrent leurs habits, ils se roulèrent par terre, en l'appellant leur maître & leur père; tous paroissoient disposés à le suivre au tombeau. Ce deuil général dans toutes les provinces, fut encore particulier aux habitans de Nicomédie. Son corps fut porté à Constantinople, dans un cercueil d'or couvert de pourpre. Les tribuns choisirent les soldats qui en avoient été les plus chéris, pour en porter la nouvelle à ses enfans. Constance, moins éloigné que les autres, arriva le premier. Il fit déposer son corps dans l'église des apôtres, avec une magnificence royale. Les pleurs & les regrets du public firent le plus bel ornement de cette pompe funèbre. Les chrétiens, dont il fut le zélé protecteur, ont peut-être exagéré ses vertus; du moins l'on peut assurer que s'il rassembla les talens qui font les grands princes, il imprima des taches à sa mémoire par des atrocités qui auroient déshonoré un païen. On ne parle point ici de la donation fabuleuse de la ville de Rome au pape Sylvestre. Cette fausseté a été tant de fois démontrée, qu'il est inutile de lui faire subir un nouvel examen.

CONSTANTIN le jeune, fils aîné du grand *Constantin*, fut désigné par le testament de son père pour lui succéder, conjointement avec ses deux frères Constance & Constant. Il eut pour son partage l'Espagne, la Gaule & la Grande-Bretagne. Le grand *Constantin* avoit encore appellé ses deux neveux, fils de ses deux frères, à la succession. Leur mérite naissant promettoit de perpétuer les prospérités de l'empire, mais ils furent massacrés par les soldats, qui ne voulurent reconnoître pour Augustes que les enfans de leur ancien empereur. Tant de zèle pour sa mémoire leur fut inspiré par l'ambition d'un des princes, qui ne vouloit pas tant de concurrens à l'empire. Ce meutre ne fut imputé ni à *Constantin* le jeune, ni à Constant; tout le soupçon tomba sur Constance. Les trois frères, après la mort des deux Césars, leurs cousins, firent un nouveau partage où les intérêts de *Constantin* ne furent point assez ménagés. Ce fut la source des différens qui affoiblirent leur puissance. Leur mécontentement fut suivi d'une rupture éclatante qui leur devint également funeste. *Constantin*, qui seul avoit droit de se plaindre, employa d'abord la voie de la négociation, dont le succès ne répondit point à ses vues pacifiques. Il prit malgré lui le parti de se faire justice par les armes. Le feu de la guerre civile embrâsa tout l'empire, & les trois concurrens se mirent en campagne avec tout l'appareil de leurs forces. Cette grande querelle fut décidée sous les murs d'Aquilée. Les troupes de *Constantin*, séduites par un premier avantage & par l'exemple de leur chef, s'abandonnent aux saillies de leur courage imprudent, qui les précipite dans une embuscade où elles sont taillées en pièces. *Constantin* renversé de cheval, tomba percé de coups. Ses frères dénaturés lui firent trancher la tête après sa mort; & pour surcroît d'inhumanité, ils firent jetter son corps dans le fleuve d'Alsa, qui baigne les murs d'Aquilée. Il paroît qu'il en fut ensuite tiré, puisque long-temps après on montroit son tombeau de porphyre à Constantinople, dans l'église de sainte Sophie. Il mourut à l'âge de 25 ans, dont il en avoit régné environ deux & demi. Il avoit une ressemblance parfaite avec son père, soit par les traits, soit par la valeur & la bonté; mais il lui étoit bien inférieur dans le grand art de gouverner. Son courage impétueux égaroit souvent sa prudence. On lui reprocha une ambition démesurée, parce qu'ardent à concevoir des projets, il ne s'assuroit pas des moyens d'en préparer le succès. (*T—N.*)

CONSTANTIN III. (*Voyez* HÉRACLIUS II.)

CONSTANTIN IV, fils aîné de Constant, & son successeur à l'empire, fut surnommé *Pogonate*, c'est-à-dire le *barbu*, parce que n'ayant point encore de barbe lorsqu'il partit de Constantinople, on fut surpris de l'y voir rentrer avec une barbe fort épaisse. Son premier soin, à son avènement à l'empire, fut de venger la mort de son père, dont les assassins s'étoient retirés en Sicile. Il se transporta dans cette île, où il fit périr dans les tortures Mazesès & tous ses complices. Cette piété filiale lui mérita les applaudissemens du public. Les Sarrasins devenoient chaque jour plus redoutables. Ils portèrent leurs armes victorieuses jusqu'aux portes de Constantinople, dont ils ravagèrent impunément le territoire. Sept fois ils en formèrent le siège, & sept fois ils furent contraints de l'abandonner. Leur flotte fut détruite par l'industrie de Callinique, célèbre méchanicien qui inventa des feux qui ne s'éteignoient pas sous l'eau. Des plongeurs mettoient le feu sous les vaisseaux des Arabes, & les réduisoient en cendres. *Constantin*, après avoir détruit leurs forces maritimes, les vainquit encore sur terre. Ils perdirent dans un seul combat trente mille hommes. Tant de défaites abattirent leur courage. Ces barbares accoutumés à dicter des loix à leurs ennemis, en reçurent de leur vainqueur, qui ne leur accorda la paix qu'en les soumettant à lui payer un tribut annuel. Le calme passager dont jouit l'état fut troublé par l'ardeur des disputes théologiques. *Constantin*, qui, à l'exemple de son aïeul, avoit beaucoup de zèle pour la foi de l'église, s'érigea en arbitre plutôt qu'en pacificateur. Il fit assembler le sixième concile général de Constantinople, qui anathématisa les erreurs de Monothélites. Tandis qu'il présidoit à cette assemblée, les Bulgares, devenus chrétiens sans cesser d'être barbares, passèrent le Danube & mirent tout à feu & à sang. *Constantin* plus occupé des moyens de pacifier les troubles de l'église que ceux de l'empire, eut la lâcheté de conclure une paix aussi déshonorante que s'il eût perdu plusieurs batailles. La Misie leur fut cédée, & on leur promit de leur payer encore un tribut annuel. Son zèle contre la secte des Monothélites lui a mérité les éloges des orthodoxes ; mais ils n'ont jamais pu effacer la tache qu'imprime à sa mémoire le meurtre de ses deux frères, Héraclius & Tibère, qu'il fit mourir après leur avoir fait couper le nez. Ces deux princes infortunés n'avoient rien fait qui pût mériter ce sort rigoureux. Ils furent punis des paroles indiscrettes de quelques mécontens qui avoient dit publiquement qu'il falloit trois têtes pour soutenir le poids de l'empire. Ceux qui les proférèrent furent étranglés. *Constantin* devint par ce fratricide l'exécration de ses sujets. Il mourut en 685. (*T—N.*)

CONSTANTIN V, fils de Léon l'Isaurien, eut tous les penchans de son père, dont il surpassa la scélératesse. On lui donna le surnom de *Copronime*, parce que, pressé par des besoins naturels pendant qu'on le baptisoit, il salit les fonts baptismaux. Il monta sur le trône l'an 742 de Jésus-Christ. Dès qu'il fut armé du pouvoir, il exerça une persécution cruelle contre les partisans du culte des images. Les reliques des saints furent la proie des flammes. Les évêques & les prêtres qui refusèrent de les fouler aux pieds essuyèrent les plus cruelles persécutions. Les uns eurent le nez coupé, d'autres les yeux crevés: l'exil & la prison furent les peines les plus légères qu'il décerna contre ceux qui refusèrent de ployer sous ses volontés. Les personnes les plus distinguées par leur naissance & leurs vertus, devinrent l'objet & la victime de ses cruautés. Deux patriarches de Constantinople périrent par le glaive, après avoir souffert toutes les horreurs de la torture. Les villes & les provinces furent arrosées du sang des martyrs. Pendant qu'il faisoit une guerre impie à ses sujets, les Bulgares ravageoient impunément les frontières. Il leur opposa des flottes & des armées de terre, dont il confia le commandement à ses lieutenans, qui éprouvèrent une vicissitude de prospérités & de revers. *Constantin* retenu dans ses états, étoit occupé à éteindre la rebellion d'Artabasde, qui s'étoit fait proclamer empereur. Cette guerre fut bientôt terminée. Dès qu'il eut en sa puissance ce dangereux rebelle, il lui fit crever les yeux, & ses enfans subirent la même peine. Après avoir appaisé les troubles intérieurs, il fit des préparatifs pour réprimer les courses des Bulgares. Ce fut au milieu de ces occupations qu'il fut attaqué de la lèpre. Les cruelles douleurs dont il fut déchiré furent le premier châtiment de ses crimes. Il mourut en 775, après un règne de trente-cinq ans. Ses cruautés lui firent donner les noms de *Néron* & de *Caligula*. Ce fut sous son règne que la rigueur du froid couvrit de glaces le Pont-Euxin & le Bosphore de Thrace. On prétend que cette glace avoit trente coudées de profondeur, depuis la mer de Marmora jusqu'aux embouchures du Danube. Le dégel, plus funeste que le froid, porta la désolation dans toutes les contrées voisines. (*T—N.*)

CONSTANTIN VI succéda à son père Léon IV en 783. Comme il n'avoit encore que neuf ans lorsqu'il fut placé sur le trône, sa tutèle fut confiée à sa mère Irène, qui descendoit de l'illustre Pomponius Atticus: ce fut pendant la minorité de ce prince que s'assembla le second concile de Nicée, où trois cents cinquante évêques rétablirent le culte des images aboli par son père. Dès qu'il fut en âge de gouverner, il exclut sa mère de l'administration, quoiqu'elle eût montré beaucoup de capacité pendant sa régence: ce n'est pas qu'il ne sentît le besoin de ses conseils, mais il étoit importuné de ses remontrances; & ce fut pour s'en débarrasser qu'il la relégua dans un monastère. Les peuples furent indignés d'un traitement si rigoureux. *Constantin* avoit épousé une Arménienne nommée Marie, qu'il répudia par inconstance, & qu'il fit enfermer dans un monastère; on prétend qu'il ne fit ce divorce qu'à la sollicitation de sa mère, qui, pour se venger de l'abaissement où il la tenoit, le fit tomber dans tous les travers qui pouvoient décrier son gouvernement & ses mœurs. Ce fut en effet en le rendant odieux qu'elle prépara son rétablissement. Les peuples mécontens la firent asseoir sur le trône avec son fils; mais trop impérieuse pour partager le pouvoir, elle l'en fit descendre; elle eut même l'inhumanité de lui faire crever les yeux. Elle fut détrônée à son tour par Nicéphore, qui la relégua dans l'isle de Lesbos, où elle finit ses jours. *Constantin* mourut en 797. Il avoit régné dix ans avec sa mère, & dix ans seul. (*T—N.*)

CONSTANTIN VII, fils de Léon-le-Sage, monta sur le trône d'Orient après la mort de son oncle, arrivée en 912. Il n'avoit encore que sept ans lorsque le sceptre fut mis dans ses mains. Sa tutèle & son éducation furent confiées à sa mère Zoé. La cour étoit alors remplie d'intrigues. Romain Lescapenne, homme d'une naissance obscure, mais redoutable par ses artifices & son ambition, eut l'adresse de se faire associer à l'empire. Ses vœux s'étendoient plus loin, & il n'étoit arrêté que par Zoé, princesse aussi intriguante & aussi ambitieuse que lui. Il fit jouer tous les ressorts de sa politique, pour se débarrasser de sa rivalité. Zoé fut confinée dans un monastère. Romain, délivré de sa concurrence, ne laissa à son collègue que l'ombre du pouvoir. Il marcha contre les Bulgares, qui taillèrent en pièces son armée. Sa disgrace le fit tomber dans l'avilissement. Ses propres enfans le dégradèrent, & il fut enfermé par leur ordre dans un monastère. Ces fils dénaturés, qui punirent l'ambition de leur père pour envahir son héritage, conspirèrent ensuite contre *Constantin*, qu'ils dédaignoient pour collègue. Leurs complots furent découverts & punis: ils furent rasés & condamnés à embrasser la vie monastique. Quand *Constantin* n'eut plus d'associés au gouvernement, il montra une capacité qu'il n'avoit pu déployer dans des temps orageux. Le malheur étoit pour lui une leçon dont il sut profiter. Ami & protecteur des arts, il leur donna une naissance nouvelle. Il composa dans ses loisirs plusieurs ouvrages qui décèlent des vues sublimes sur l'art de gouverner. Il avoit une connoissance parfaite des forces de l'empire, & de celles des alliés & des barbares. Il avoit vu tous les vices du gouvernement, mais le temps n'étoit pas propre à les corriger. Ce fut sous son règne que les petits tyrans qui désoloient l'Italie, furent vaincus & punis: Benevent fut reprise sur les Lombards. *Constantin*, qui avoit tous les talens qui font les grands princes, & les qualités aimables de l'homme privé, vécut asservi aux volontés de sa femme Hélène, à qui il abandonna les rênes de l'empire pour se livrer à son goût pour les arts. Cette princesse fit un vil trafic des dignités de l'église & de l'état, tandis que son mari, occupé d'architecture & des autres arts d'agrément, ignoroit les abus qui obscurcissoient la gloire de son règne. Quoiqu'il fût estimé, il fit beaucoup de mécontens. Son fils, impatient de régner, lui donna un breuvage empoisonné. Comme il n'en prit qu'une partie, il en prévint les ravages; mais il ne fit plus que languir, & tomba dans un dépérissement qui termina sa vie en 955, après un règne de cinquante-cinq ans. (*T—N.*)

CONSTANTIN VIII, fils de Romain le jeune, fut appellé à l'empire conjointement avec son frère Basile, après que Zimissès eut été empoisonné. Ces deux collègues, unis par la nature, sembloient n'avoir qu'une ame & les mêmes affections. La rivalité du pouvoir ne fit que resserrer les nœuds formés par la nature. Le commencement de leur règne fut troublé par la rebellion de Bardas-Sclerus, qui se fit proclamer empereur. Phocas, chargé du soin de cette guerre, la termina par une seule victoire. Bardas périt dans le combat, & sa faction fut dissipée. Phocas, enivré de ses prospérités, crut avoir acquis des droits au trône qu'il venoit de défendre. Les dignités où il avoit été élevé ne lui parurent pas des récompenses proportionnées à ses services. Il déploya l'étendart de la rebellion, mais il fut vaincu & massacré. Les Bulgares, profitant des troubles de l'empire pour en ravager les provinces, se répandirent dans la Thrace, la Macédoine & la Grèce, où ils exercèrent les plus affreux brigandages. Les deux empereurs se mirent à la tête d'une puissante armée, pour forcer ces barbares à s'éloigner des frontières. Les Bulgares, vaincus dans plusieurs combats, laissèrent quinze mille prisonniers, à qui les vainqueurs firent crever les yeux. On n'en épargna qu'un certain nombre pour porter cette affligeante nouvelle à Samuel, chef ou roi de ces barbares. Ce prince, touché du malheur de son peuple, succomba à sa douleur, & mourut quelque jours après. Tant que Basile vécut, *Constantin* n'osa se livrer à la licence de ses penchans. La mort le délivra de ce censeur incommode, qui mourut à soixante & dix ans. *Constantin* réunissant toute l'autorité, s'endormit dans le sein des voluptés. Les plaisirs de l'amour succédoient à l'intempérance de la table & à la fureur du jeu. Aucun prince n'avoit occupé aussi long-temps le trône. Les deux frères régnèrent ensemble pendant cinquante-trois ans. *Constantin*, pendant la vie de son aîné, languit sans ambition & sans pouvoir. Il n'eut que la décoration d'un souverain. Il régna seul pendant trois ans. Un règne si court suffit pour ternir sa mémoire. (*T—N.*)

CONSTANTIN IX, surnommé *Monomaque*, fut élevé à l'empire de l'Orient par les intrigues de l'impératrice Zoé, à qui il avoit su plaire. Cette princesse lascive étoit âgée de soixante ans lorsqu'elle fit crever les yeux à Michel Calaphate son premier mari, pour faire passer dans son lit son amant adultère. Le scandale de leurs amours avoit été la cause de l'exil de *Constantin*, que Zoé rappella pour l'associer à l'empire. Dès qu'il fut revêtu de la pourpre, il confia l'administration à Romain Sclérus, qui n'avoit d'autre mérite que d'être le frère de sa concubine. Cette femme, qu'on appelloit *Sclérine*, s'insinua si avant dans l'esprit de Zoé, que cette princesse, jalouse de ses prérogatives, consentit qu'on rendît à sa rivale les mêmes honneurs qu'aux impératrices. Le peuple scandalisé de cette nouveauté, fit éclater son mécontentement au milieu d'une procession. Plusieurs voix s'élevèrent, & dirent: Nous ne voulons point Sclérine pour impératrice. Ce cri fut le signal de la révolte. Constantinople retentit du bruit des armes, & les séditieux demandèrent la mort de l'empereur. Zoé & sa sœur Théodora, qui étoient également associées à l'empire, employèrent leur crédit pour calmer le peuple. Ce danger fut le prélude d'un plus grand. Léon Tornique s'étoit concilié tous les cœurs dans la province dont il avoit le gouvernement; & c'est ce qui le fit paroître redoutable. *Constantin*, jaloux de son mérite, le força d'embrasser la vie monastique. Cette violence redoubla l'affection des peuples pour Léon, puni sans être criminel. Ses amis rassemblent secrétement une armée, ils le tirent de son monastère, & le conduisent à Andrinople, où ils le proclament empereur. Les conjurés, pleins de confiance dans leur nombre, marchent vers Constantinople, dont ils forment le siège. *Constantin*, renfermé dans sa capitale, n'avoit avec lui que mille hommes, tous d'un courage éprouvé. Ce fut avec cette troupe d'élite qu'il obligea les rebelles à renoncer à leur entreprise. L'arrivée des légions d'Ibérie lui rendit la supériorité. Léon, vaincu, se réfugia dans une église, d'où il fut enlevé & conduit aux pieds de *Constantin*, qui lui fit crever les yeux. L'extinction de cette révolte ne rendit point le calme à l'empire, dont plusieurs provinces furent ravagées par les Turcs & les Tartares: On accuse *Constantin* d'avoir facilité les conquêtes des Barbares par son avarice. Les provinces frontières, exemptes jusqu'alors d'impôts, n'avoient été chargées que d'entretenir des troupes pour les protéger. Leurs immunités en faisoient des sujets fidèles. *Constantin* se chargea de les défendre, & les assujettit à payer les mêmes tributs que les autres provinces. Il s'en acquitta si mal, qu'elles tombèrent successivement sous la domination des Barbares, & les peuples furent charmés de trouver dans leurs nouveaux maîtres de puissans protecteurs. Les profusions de ce prince épuisèrent le trésor public, & le mirent dans la nécessité de surcharger les peuples, dont il devint l'exécration. La goutte, dont il étoit fréquemment tourmenté, lui remonta dans la poitrine. L'excès de ses souffrances l'avertit que sa fin étoit prochaine: il ne voulut point mourir sans avoir désigné son successeur, & son choix tomba sur Nicéphore, qu'il avoit fait gouverneur de Bythinie. Théodora, offensée d'un choix fait sans la consulter, employa tout son crédit pour lui donner l'exclusion, & elle réussit. Cette princesse se fit proclamer de nouveau impératrice. *Constantin* voyant ses dernières volontés si peu respectées, en conçut tant de chagrin, qu'il en mourut quelque temps après. Il avoit régné treize ans. (*T--N.*)

CONSTANTIN X étoit de la famille des Ducas, une de plus illustres de l'empire. Il fut élevé au trône de Constantinople après l'abdication volontaire d'Isaac Comnène. L'innocence de ses mœurs, son goût pour les lettres, son amour pour la justice, le faisoient également chérir & respecter. Il avoit toutes les vertus qui conviennent à un homme privé; mais il n'avoit aucun des talens nécessaires pour gouverner un grand état. Il eût été un citoyen illustre, il ne fut qu'un prince vulgaire. Son prédécesseur, en mourant, lui avoit recommandé sa famille; fidèle à la reconnoissance, il combla les Comnènes de bienfaits, il leur fit de fréquentes visites, & continua de les appeller ses maîtres & ses empereurs. Les soldats de l'empire s'amollirent sous son règne dans les loisirs de la paix. Ses inclinations pacifiques inspirèrent une confiance audacieuse aux Barbares. La Mésopotamie, la Chaldée, l'Ibérie, & la Militène furent ravagées par les Turcs. Quelques hordes barbares passèrent le Danube, & portèrent la désolation dans la Grèce & la Macédoine. Ils auroient poussé plus loin leurs conquêtes & leurs brigandages, si le fléau de la peste n'eût détruit la moitié de leur armée. Quelques grands de l'empire, jaloux de l'élévation de *Constantin*, qu'ils avoient vu leur égal, conspirèrent pour le faire descendre du trône. Leur complot fut découvert, & ils furent arrêtés. *Constantin*, qui avoit le droit de les condamner à la mort, ne les punit que par la confiscation de leurs biens, pour les mettre dans l'impuissance de nuire. L'humanité & les autres vertus sociales de *Constantin* furent obscurcies par son avarice insatiable, qui le rendit odieux à ses sujets, & méprisable à ses ennemis. Plus attentif à grossir ses trésors qu'à en user pour les besoins de l'état, il ne leva point d'armée pour opposer aux Barbares, qui, sans foi dans les traités, se livrèrent à des excès qui restèrent impunis. L'état ébranlé par les secousses étrangères, fut encore frappé d'autres fléaux. Un horrible tremblement de terre renversa les temples & les édifices de la capitale. Cette ville superbe.

fut presque ensevelie sous ses ruines. Les calamités publiques sont presque toujours imputées au chef de la nation souffrante. Ce malheur, que la prudence ne pouvoit prévoir ni prévenir, redoubla la haine que l'avarice de *Constantin* avoit inspirée. Ce prince sentant sa fin approcher, déclara ses trois fils empereurs, sous la tutèle de leur mère Eudoxie. Cette Princesse leur fut associée à l'empire, sous la promesse qu'elle fit par écrit de se dépouiller de la pourpre & de la tutèle de ses enfans, si jamais elle contractoit un nouveau mariage. *Constantin* Ducas mourut en 1068, âgé de soixante-dix ans: il en avoit régné six. (*T--N.*)

CONSTANTIN XI, dernier empereur de Constantinople, étoit fils de Manuel ou d'Emanuel Paléologue, dont les enfans acharnés à s'entre-détruire, s'ensevelirent sous les ruines de l'empire d'Orient. Jean, son aîné & son successeur, eut à combattre son frère Démétrius, qui, fortifié du secours des Turcs, entreprit de le détrôner. Pendant que ses deux frères se faisoient une guerre cruelle, *Constantin*, qui défendoit la Morée, remporta une grande victoire sur les Turcs, qui furent obligés d'abandonner cette province. Ses cruautés envers ceux qui tombèrent entre ses mains lui firent donner le surnom de *Dracosez*. Ce prince étoit occupé à pacifier les troubles de la Morée, lorsqu'il apprit la mort de Jean son aîné. L'ambitieux Démétrius, qui pour lors étoit à Constantinople, voulut s'y faire proclamer empereur; mais les habitans remplis d'admiration pour les exploits & la valeur de *Constantin*, respectèrent son droit d'aînesse, & refusèrent d'obéir à un usurpateur, qui n'étoit redoutable que par la protection des Turcs leurs ennemis naturels. La guerre civile dont l'état étoit menacé, détermina le peuple à ménager un accommodement qui pût réunir ses deux frères divisés. *Constantin* fut reconnu empereur; la Morée fut le partage de Démétrius & de Thomas. Ce démembrement affoiblit l'empire, qui ne fut plus qu'un tronc dépouillé de ses rameaux. *Constantin* placé sur le trône, s'y maintint par la faveur d'Amurat, qui l'avoit favorisé contre ses frères. Sa haine contre l'église latine se manifesta dès les premiers jours de son règne. Le pape Nicolas avoit fait assembler un concile à Florence pour faire cesser le schisme qui divisoit les deux églises. Les remontrances paternelles de ce pontife ne purent vaincre l'opiniâtreté de *Constantin*, qui refusa d'en publier les décrets. Cette conduite lui aliéna le cœur des Latins, qui seuls pouvoient le protéger contre les Turcs. Mahomet II, fils & successeur d'Amurat, n'eut pas pour *Constantin* les mêmes ménagemens que son père. Ce prince belliqueux investit Constantinople au mois de février de l'anné 1453. Cette ville n'étoit défendue que par des bourgeois sans courage & sans discipline, qui n'avoient rien à espérer de leurs anciens maîtres, & qui avoient tout à craindre d'un vainqueur irrité. *Constantin* implora en vain les secours des princes d'Occident. L'empereur d'Allemagne avoit réuni toutes ses forces contre les Suisses, les Hongrois & les Moraves. L'Anglois perdoit ses conquêtes dans la France. L'Italie déchirée par deux factions puissantes, avoit plus besoin de secours qu'elle n'étoit en état d'en donner. Les Turcs, après plusieurs assauts meurtriers, arborèrent leur drapeau sur la brèche. *Constantin* résolu de ne point survivre à la ruine de l'empire, se précipite au milieu des bataillons ennemis. Les soldats effrayés l'abandonnent; il ne voit auprès de lui que son cousin Théophile Paléologue, & un domestique esclavon qui eut le courage de mourir avec lui. Les uns disent qu'il fut étouffé par la foule de ceux qui prirent la fuite; d'autres assurent que, se trouvant seul & environné d'ennemis, il s'écria: n'aurai-je pas le bonheur de trouver un chrétien qui puisse m'arracher le peu de vie qui me reste! & qu'aussi-tôt un soldat musulman lui trancha la tête d'un coup de son cimeterre. Elle fut portée au bout d'une pique dans tous les rangs de l'armée victorieuse. Telle fut la fin de l'empire de Constantinople, qui étoit resserré dans le territoire de cette ville célèbre. On a remarqué qu'elle avoit été fondée par un Constantin, fils d'une Hélène, & qu'elle fut détruite sous le règne d'un prince du même nom, dont la mère s'appelloit aussi *Hélène*. Cet empire avoit subsisté 1124 ans, depuis sa translation à Bysance par *Constantin* le grand. (*T--N.*)

CONSTANTIN-FAULCON *ou* CONSTANCE (*Hist. de Siam*), né dans l'isle de Céphalonie, étoit fils d'un cabaretier d'un petit village appellé *la Custode*, où il reçut une éducation conforme à sa fortune. La nature libérale le combla de tous ses dons. L'élévation de ses sentimens lui rendit odieux le séjour de sa patrie, trop bornée pour qu'il pût y développer ses talens. Il fit voile à l'âge de douze ans pour l'Angleterre, où il fit bientôt connoître ses dispositions pour le commerce. Son esprit agréable, sans culture, le fit rechercher des seigneurs & des savans: un négociant anglois, fort riche, démêlant ses talens, l'emmena avec lui dans les Indes, où le succès justifia l'idée qu'il en avoit conçue. *Constantin* se trouvant bientôt assez riche pour jouir de son indépendance, se mit à trafiquer pour son compte; ses essais ne furent point heureux; il fit naufrage sur la côte de Malabar. Resté seul sur un rivage inconnu, il se promenoit triste & rêveur, lorsqu'il fut abordé par un homme qui lui parut aussi misérable que lui; c'étoit un ambassadeur Siamois, qui, en revenant de Perse avoit fait naufrage sur la même côte. Ce ministre dénué de tout, fut agréablement surpris de rencontrer un homme humain & compatissant qui daigna le consoler. *Constantin* avoit sauvé de son naufrage deux mille écus, il en usa pour acheter des vivres & des habits dont il fit part à son compagnon d'infortune : ils firent voile pour Siam, où l'ambassadeur reconnoissant fit son éloge au marcalon ou premier ministre, qui eut la curiosité de le voir ; il fut si charmé de sa conversation, qu'il le choisit pour aller en ambassade dans un royaume voisin ; il s'en acquitta avec tant de dextérité, que le roi, après la mort du marcalon, l'éleva à cette dignité. *Constantin* refusa le titre & les décorations d'une place qui lui auroit attiré la jalousie des grands ; mais en rejettant l'éclat du pouvoir, il en conserva toute la réalité. Les peuples de l'Europe ressentirent les effets de sa protection ; mais les François & les Portugais, qui étoient catholiques comme lui, furent toujours préférés. Sa nouvelle grandeur ne fit que développer l'étendue de ses talens : indifférent pour les richesses, il n'en fit usage que pour augmenter sa gloire. Son ame incorruptible ne fut jamais soupçonnée de vénalité dans la distribution de la justice ; passionné pour les honneurs, dont sa naissance paroissoit l'exclure, il n'en fut que plus ardent à les mériter. Véritablement attaché à son maître, il ne demanda d'autre récompense de ses services, que le privilège de faire le commerce maritime, qui le mit en état de fournir à ses dépenses & à ses largesses. Il paroît qu'il fut catholique de bonne foi, puisque, libre dans son choix, il abjura la religion anglicane, qu'il pouvoit suivre sans nuire à sa fortune. Il étoit d'une taille médiocre, ses yeux étoient vifs & pleins de feu ; quoiqu'il eût une physionomie spirituelle, il avoit quelque chose de sombre & de ténébreux, qui décéloit l'agitation d'une ame inquiète & mécontente. Les François qu'il favorisoit furent appellés à la cour ; ce fut une imprudence qui donna occasion de publier qu'il en vouloit faire les artisans de sa grandeur, & les employer pour le mettre sur un trône que son ambition dévoroit. Il fit bâtir, à ses dépens, une église qui subsiste encore aujourd'hui. Le roi de Siam envoya des ambassadeurs à Louis XIV, qui en envoya aussi au monarque Indien. *Constantin* fut véritablement roi sans en avoir le titre ; mais après avoir été célèbre par son élévation, il le devint encore plus par sa chûte. Tant qu'il fut arbitre absolu des graces, il fit beaucoup d'heureux, & encore plus de mécontens. Le roi, que ses infirmités rendoient incapable du gouvernement, en abandonna le soin à un ambitieux, nommé *Pitracha*, qui prit le titre de régent de l'empire, & qui devint l'ennemi de *Constantin*, que sa qualité d'étranger rendoit odieux à la nation ; il fut abandonné de ceux qu'il avoit comblés de bienfaits. Dès que le roi eut les yeux fermés, Pitracha le fit arrêter : ce favori de la fortune, tombé dans la plus accablante disgrace, fut traîné dans une prison obscure, dont l'entrée fut interdite à tout le monde : il fut gardé par de barbares satellites qui en éloignoient tous ceux qui auroient pu lui procurer quelque adoucissement. Son épouse découvrit le lieu où il étoit enfermé, & elle obtint la permission de lui fournir les choses les plus nécessaires. Il fut cité pour répondre devant ses juges ; on lui brûla la plante des pieds, on lui serra les temples pour extorquer l'aveu des crimes qu'il n'avoit pas commis. On respecta pendant quelque temps sa vie, parce qu'étant sous la protection du roi France, on craignoit de s'attirer les vengeances de ses troupes, qui occupoient plusieurs postes du royaume ; mais voyant le peu d'intérêt que les François prenoient à son malheur, Pitracha crut pouvoir se débarrasser impunément d'un ennemi qui lui paroissoit encore redoutable dans les fers ; il prononça l'arrêt qui le déclaroit criminel de lèze-majesté, & sur-tout d'avoir introduit dans le royaume des étrangers dont il vouloit faire les artisans de son ambition. Il fut conduit sur un éléphant, dans une forêt voisine, pour y recevoir le coup mortel. Il avoit le visage pâle & abattu, moins par la crainte de la mort, que par l'effet des souffrances qu'il avoit éprouvées dans sa prison ; ses regards étoient assurés ; les soldats parurent attendris voyant dans un état si déplorable celui qui peu auparavant avoit vu le peuple & les grands prosternés devant lui. Après qu'il eut fini sa prière, il protesta de son innocence, & se tournant vers le fils du tyran, qui présidoit à l'exécution, il lui dit : Je vais mourir ; songez que quand je serois coupable, je laisse une femme & un fils qui sont innocens. Quand il eut achevé ces mots, l'exécuteur, d'un revers de sabre, le fendit en deux : son fils fut élevé au séminaire de Siam, sous la conduite des missionnaires françois ; dans la suite il parvint au grade de capitaine de vaisseau du roi sur la côte de Coromandel. Sa cour, en 1729, le chargea d'une négociation auprès de M. Dupleix, gouverneur des établissemens françois dans les Indes, qui étoit aussi magnifique que désintéressé : il se souvint que ce négociateur étoit fils d'un homme ami de sa nation ; il crut devoir s'acquitter envers lui de la reconnoissance des François, en l'exemptant de tous les droits qu'on exigeoit des étrangers. Sa mère éprouva une destinée cruelle ; on l'accusa de péculat ; elle fut citée devant des juges qui, quoique convaincus de son innocence, la condamnèrent à recevoir cent coups de bâton. Ses bourreaux la voyant succomber sous les coups, ne lui en firent souffrir que la moitié : elle eut encore à soutenir le douloureux spectacle de deux de ses tantes & de son frère aîné, qui furent amenés devant elle pour être la proie des tourmens. On la mit ensuite dans les cuisines du roi ; les fonctions de cet emploi n'ont rien d'avilissant, c'est un grade d'honneur dans l'opinion des Siamois ; elle avoit sous ses ordres deux mille femmes pour le service du palais. Telle fut la destinée de cet homme célèbre, qui, né dans l'obscurité, dirigea avec gloire les rênes d'un grand empire. Ses talens furent ternis par quelques défauts ; colère & violent, il se faisoit des ennemis de ceux qu'il avoit comblés de ses bienfaits : passionné pour la gloire, il tomboit quelquefois dans les petitesses de la vanité. La magnificence de ses équipages étoit une espèce d'insulte faite à la nation indigente dont il sembloit étaler les dépouilles. Le luxe de sa table offroit les productions les plus rares : quatre cents esclaves prévenoient les desirs des convives, & annonçoient la grandeur de leur maître : il étoit dans sa quarante-unième année lorsqu'il perdit la vie. (*T--N.*)

CONSTANTINE (*Hist. Rom.*), fille aînée de Tibère & d'Anastasie, fut donnée en mariage à Maurice, le jour même qu'il fut revêtu de la pourpre des Césars, en reconnoissance des services qu'il avoit rendus à l'empire. Cette princesse élevée au faîte de la grandeur, sembla en dédaigner l'éclat : pénétrée des maximes évangéliques, elle fut sévère à elle-même & indulgente envers les autres. Les temples enrichis par ses largesses furent décorés avec magnificence, & leurs ministres furent les objets de ses libéralités : elle étoit persuadée que Dieu paroissoit plus grand aux yeux du vulgaire dans de superbes palais, que dans d'humbles cabanes : elle fut mère de six fils & de trois filles : cette heureuse fécondité promettoit de perpétuer le trône dans sa famille, mais cet espoir s'évanouit par l'imprudence de Maurice, qui ne voulut assigner d'autres subsistances aux troupes, que le butin qu'elles pourroient faire sur les peuples voisins : l'armée se révolta, & Phocas fut proclamé empereur. Les six fils de Maurice furent égorgés sous ses yeux à Chalcédoine, & lui même expira sous le fer des bourreaux. Son frère & ses amis furent enveloppés dans le carnage : *Constantine* & ses filles furent jettées dans une prison, où Phocas les fit mourir. (*T--N.*)

CONTARINI (*Hist. mod.*), grande maison de Venise, dont étoit entre autres personnages célèbres Gaspard *Contarini*, cardinal & légat en différentes contrées vers le milieu du seizième siècle. On a de lui un traité du gouvernement de Venise & un grand nombre d'ouvrages théologiques.

Nous avons d'un autre *Contarini* (Vincent) professeur d'éloquence à Padoue, mort à Venise en 1617, des traités estimés, *de re frumentariâ* & *de militari Romanorum stipendio*, & un autre livre sous le titre de *variæ lectiones*. Il étoit de Venise ; nous ignorons s'il étoit de la maison *Contarini*.

CONTI (*Hist. de Fr.*), branche cadette de la maison de France, issue de la branche de *Condé* ; elle descend d'Armand, prince de *Conti*, frère aîné du grand *Condé*. Armand fut le premier généra. de la fronde contre le cardinal Mazarin, en 1648. (*Voyez* CHEVREUSE). En 1650, il fut arrêté avec le grand *Condé* son frère, & le duc de Longueville son beau-frère, mis à Vincennes, transféré à Marcoussy, puis au Havre de Grace. Ils furent délivrés en 1651. En 1654, les intérêts étoient entiérement changés. Le prince de *Conti* s'étoit détaché de ceux du prince de *Condé*, son frère, & de ceux de la Ligue ; il s'étoit attaché au cardinal, & avoit épousé Marie Martinozzi, sa nièce ; & commandant contre les Espagnols sur la frontière, il y prit quelques places. En 1655, il commanda en Piémont avec le même succès. En 1657, dans le même pays avec moins de succès, puisqu'il fut obligé, avec le duc de Modène son beau-frère, de lever le siège d'Alexandrie de la paille. Il mourut en 1666, laissant deux fils, Armand-Louis, qui épousa mademoiselle de Blois, fille de Louis XIV, & de madame la duchesse de la Vallière ; c'est cette belle princesse de *Conti*, dont il est beaucoup parlé dans les mémoires du temps, sur-tout dans les souvenirs de Madame de Caylus : elle eut la petite vérole, il la gagna & en mourut sans enfans, à Fontainebleau, le 12 novembre 1685.

Son frère, François-Louis, nommé alors le prince de la Roche-sur-Yon, continua la branche : il est dans cette branche ce que le grand Condé, son oncle, est dans la branche de Condé.

> Steinkerque, où sa valeur rappella la victoire ;
> Nerwinde, où ses conseils guidèrent nos exploits,
> Éternisent sa vie aussi bien que la gloire
> De l'empire françois.

Il s'étoit beaucoup distingué encore au combat de Gran, contre les Turcs, en 1685. Mais cette guerre de Hongrie, où il étoit allé sans la permission du roi, & dans des circonstances qui avoient déplu à la cour, lui attira une disgrace. Le prince de *Conti* passa tout le temps de cette disgrace à Chantilly, auprès du grand Condé, son oncle, « faisant, dit madame de Sévigné, un usage admirable de tout » l'esprit & de toute la capacité de M. le prince, » puisant à la source de tout ce qu'il y avoit de » bon à apprendre sous un si grand maître, dont » il étoit chérement aimé ».

Le grand Condé, en mourant, demanda au roi de rendre ses bonnes graces à son neveu, & de lui permettre de revenir à la cour, ce qui fut accordé sur-le-champ ; « mais jamais, ajoute madame de Sévigné, une joie n'a été noyée de tant de » larmes. M. le prince de *Conti* est inconsolable » de la perte qu'il a faite ».

En 1697, il fut élu roi de Pologne, & en cette occasion il retrouva dans le cœur du roi, dit M. le Président Hénault, tous les sentimens dont il étoit digne : l'électeur de Saxe l'emporta sur lui, & M. le prince de *Conti*, arrivé à la rade de Dantzick le 26 septembre, fut obligé de se rembarquer le 6 novembre. Il mourut le 22 février 1709, à quarante-cinq ans.

> Pour qui compte les jours d'une vie inutile,
> L'âge du vieux Priam passe celui d'Hector ;

Pour

Pour qui compte les faits, les ans du jeune Achille
L'égalent à Nestor.....

Oui, cher prince, ta mort de tant de pleurs suivie
Met le comble aux grandeurs dont tu fus revêtu,
Et sauve des écueils d'une plus longue vie
Ta gloire & ta vertu.....

Les dieux t'ont laissé vivre assez pour ta mémoire,
Trop peu pour l'univers. *Rousseau.*

François-Louis fut père de Louis-Armand II, mort en 1727, & celui-ci fut père de M. le prince de *Conti* que nous avons vu mourir assez jeune encore, il y a peu d'années, & qui (dit encore M. le Président Hénault), à l'exemple du grand *Condé*, le frère de son bisaïeul, a battu presqu'au même âge » les ennemis du roi, la première fois qu'il a » commandé ses armées. C'est le père de M. le prince de *Conti* d'aujourd'hui.

CONTI (*Hist. mod.*). Deux poëtes ont rendu ce nom célèbre en Italie, l'un nommé Giusto, mort à Rimini vers le milieu du 16e siècle, dont on a un recueil de vers de galanterie, sous le titre de *la bella mano.*

L'autre est l'abbé *Conti* (Antoine), mort en 1749, dont les ouvrages tant en prose qu'en vers ont été recueillis à Venise en 2 vol. in-4°. en 1739. On y distingue des tragédies, & un essai d'un poëme intitulé : *il globo di Venere.* On a aussi donné ses œuvres posthumes en 1756, in-4°.

COOK (JACQUES) (*Hist. mod.*), fameux navigateur anglois de ce siècle, connu par son *voyage dans l'hémisphère austral & autour du monde*, si utile aux navigateurs, si agréable à tous les lecteurs. Les vers suivans contiennent & son histoire & son éloge.

Donnez des fleurs, donnez; j'en couvrirai ces sages
Qui, dans un noble exil, sur de lointains rivages,
Cherchoient ou répandoient les arts consolateurs;
Toi sur-tout, brave *Cook*, qui, cher à tous les cœurs,
Unis par les regrets la France & l'Angleterre;
Toi qui, dans ces climats, où le bruit du tonnerre
Nous annonçoit jadis, Triptolême nouveau,
Apportois le coursier, la brebis, le taureau,
Le soc cultivateur, les arts de ta patrie,
Et des brigands d'Europe expiois la furie?
Ta voile en arrivant leur annonçoit la paix,
Et ta voile en partant leur laissoit des bienfaits.
Reçois donc ce tribut d'un enfant de la France:
Et que fait son pays à ma reconnoissance?
Ses vertus en ont fait notre concitoyen.
Imitons notre roi, digne d'être le sien.
Hélas! de quoi lui sert que deux fois son audace
Ait vu des cieux brûlans, fendu des mers de glace;
Que des peuples, des vents, des ondes révéré,
Seul sur les vastes mers son vaisseau fût sacré;
Que pour lui seul la guerre oubliât ses ravages?
L'ami du monde, hélas! meurt en proie aux sauvages.

Jardins, 4e. *chant.*

COOTWICH (JEAN) (*Hist. litt. mod.*). Il étoit d'Utrecht. Il est auteur d'un *voyage de Jerusalem, & de Syrie*, composé en latin, ouvrage rare & assez curieux publié en 1619.

COP (GUILLAUME) (*Hist. litt. mod.*), médecin célèbre, se fit connoître par la traduction de divers ouvrages d'Hippocrate, de Galien, de Paul Eginète. François Ier le fit son médecin. Guillaume *Cop* fit, par l'ordre de son maître, & en suivant sa propre inclination, les instances les plus pressantes à Erasme de venir s'établir en France. « Vous avez pour vous tous les vœux *des trois* » *Guillaumes*, écrivoit Budée à Erasme. Ces trois » Guillaumes, c'étoient Guillaume Petit, évêque » de Senlis, Guillaume *Cop* premier médecin, & Guillaume Budée, qui écrivoit.

Nicolas *Cop*, fils de Guillaume, étoit recteur de l'Université en 1533, dans le temps de la naissance de l'hérésie. Il fut cité au parlement sur la dénonciation de deux cordeliers, pour un sermon tout hérétique qu'il avoit prononcé aux Mathurins à Paris, le jour de la Toussaint 1533, & que Calvin avoit composé. Le recteur ayant reçu des avis secrets d'un membre du parlement, ne comparut point, & s'enfuit à Basle. Le roi poussa le zèle jusqu'à vouloir qu'on informât contre celui qui avoit donné ces avis, & que, s'il étoit découvert, il fût puni comme fauteur d'hérétiques. Quelle pieuse rage on avoit alors de brûler les gens!

COPERNIC (NICOLAS) (*Hist. litt. mod.*), né à Thorn, dans la Prusse Royale, en 1473, mort en 1543, si fameux par son systême; ce systême n'est pas de notre sujet, il regarde l'Astronomie; mais ce qui appartient bien à notre sujet, c'est de remarquer, que ce systême, généralement reconnu aujourd'hui pour le seul raisonnable, & généralement adopté, fut condamné au 17e siècle par l'Inquisition, comme une opinion non-seulement hérétique dans la foi, mais absurde dans la philosophie, car les aveugles veulent toujours juger des couleurs. On dit qu'aujourd'hui les inquisiteurs sont trop sages & trop éclairés pour gêner ainsi la philosophie; cela est toujours bon à dire; mais quand ils seront plus sages & plus éclairés, ils ne seront plus inquisiteurs; quand on sera plus sage & plus éclairé, il n'y aura plus d'inquisition; quand on sera plus sage & plus éclairé...... on fera beaucoup de choses qu'on ne fait pas encore, & on ne fera plus beaucoup de choses qu'on fait encore.

COPROGLI PACHA (*Hist. mod.*), nom célèbre dans le visiriat, & qui présente un phénomène historique, trois grands hommes dans trois Visirs, le père & les deux fils; trois Visirs, morts en place, après avoir gouverné un empire despotique comme un état libre.

Le premier, nommé Mahomet, albanois, fils d'un prêtre grec, neveu d'un renégat, renégat lui-même, étoit prêt à périr par la jalousie d'un Grand-Visir, lorsqu'une révolution, où périt ce ministre, le tira des fers pour le mettre en sa place. Il mourut en 1663, regretté à la fois de son maître (Mahomet IV) & du peuple, ce qui tient encore du phénomène. Il avoit fait la guerre avec éclat en Transylvanie, contre Montecuculli, qui le mettoit au nombre des trois grands hommes qu'il avoit eus à combattre, *Coprogli*, Condé & Turenne.

Achmet son fils, à vingt-deux ans lui succéda; ce fut lui qui prit Candie le 16 septembre 1669: témoin de la valeur qui distingua les François auxiliaires à ce siège, le conseil que donna ce vainqueur à son maître, fut de resserrer les nœuds de l'ancienne alliance des Turcs avec les François. Il eut la gloire d'ôter une partie des impôts & de conclure en 1676, avec le fameux Sobieski, roi de Pologne, une paix qui fut avantageuse à l'empire, puisqu'enfin il garda Kaminiek. *Coprogli* mourut cette même année à trente-cinq ans.

Mahomet, fils du premier, frère du second, fut fait grand-visir en 1689, sous Soliman III, prit Belgrade d'assaut, rétablit les affaires des Turcs en Hongrie, & commençoit à se flatter de vaincre à Salankemen, le 19 août, lorsqu'il fut tué d'un coup de canon. (*Voyez l'article* BADE.)

COQUILLART (GUILLAUME), official de Rheims, réputé bon poëte françois dans un temps où il n'y avoit point de poésie françoise. Il vivoit vers la fin du 15e siècle, ses œuvres ont eu assez de réputation, pour que Coustelier les réimprimât en 1723.

COQUILLE (GUY) (*Hist. litt. mod.*), né dans le Nivernois en 1523, ne voulut jamais, dit-on, quitter son pays, quoique Henri IV lui offrît une place de conseiller d'état; il est vrai qu'il étoit alors assez avancé en âge. Il fut poëte latin & historien, car il y a de lui une *histoire du Nivernois*, & des mémoires sur divers événemens du temps de la ligue; mais c'est comme jurisconsulte qu'il est célèbre: il a écrit sur la coutume du Nivernois, & il est fort consulté sur ce qui regarde cette province: on a aussi de lui une institution du droit françois. Il a encore écrit sur les libertés de l'église gallicane, & sur divers autres sujets de jurisprudence tant civile qu'ecclesiastique. Il mourut en 1603.

CORAS (JACQUES DE) (*Hist. litt. mod.*). C'est l'auteur du poëme de *Jonas*, ou *Ninive pénitente*.

> Le *Jonas* inconnu sèche dans la poussière,

a dit Boileau. Voyez aussi à l'article LE CLERC l'épigramme de Racine. Un Jean *Coras*, de la même famille, laquelle étoit originaire du Languedoc, fut chancelier de Navarre après avoir professé le droit avec éclat & en France & en Italie: il étoit protestant, & fut compris dans le massacre de la Saint-Barthelemi. Ses œuvres ont été recueillies en 2 vol. in-fol. Elles roulent sur le droit tant civil que canonique.

CORBIÈRE (PIERRE DE) (*Hist. mod.*), cordelier, puis antipape, nommé en 1328 par la faction de Louis de Bavière. Le pape Jean XXII, pour s'amuser de ce compétiteur & le rendre ridicule, produisit une femme de soizante ans, que Pierre de *Corbière* avoit épousée avant d'être cordelier, & qui réclamoit au bout de quarante ans son mari devenu pape. Il produisoit la sentence de l'évêque de Riéti, qui condamnoit Pierre de *Corbière* à reprendre sa femme, & il envoya cette sentence à tous les souverains. Tout cela n'étoit qu'un jeu; l'antipape fut obligé de demander pardon la corde au cou au pape Jean XXII.

CORBIN (JACQUES) (*Hist. litt. mod.*), natif du Berry, bon avocat, mauvais poëte. Boileau, qui ne l'a considéré que sous cette dernière qualité, l'a mis dans son art poétique:

> On ne lit guères plus Rampale & Ménardière,
> Que Magnon, du Souhait, *Corbin* ni la Morlière;

c'est tout ce qu'il en dit:

> Il te met dans la foule ainsi qu'un misérable,
> Il croit que c'est assez d'un coup pour t'accabler,
> Et ne t'a jamais fait l'honneur de redoubler.

Comme avocat, on a de lui un recueil de plaidoyers & quelques livres de jurisprudence. Il eut un fils, aussi avocat, qui plaida sa première cause à quatorze ans, & qui, dit-on, la plaida bien; ce qui peut faire penser que des talens précoces & distingués lui avoient fait accorder des dispenses plus fortes qu'on n'en accorde ordinairement à ceux qu'on veut le plus favoriser.

CORBINELLI (*Hist. mod.*). Il y a deux hommes de ce nom; mais le second, petit-fils du premier, est de beaucoup le plus célèbre.

Jacques, c'est le premier, étoit un Florentin, allié de Catherine de Médicis, & qui vint en France à sa suite: elle le plaça depuis auprès du duc d'Anjou son fils, à titre d'homme de lettres & d'homme sage, dont les conseils en tout genre ne pouvoient qu'être utiles à ce Prince. Il profita de sa faveur & de sa fortune pour servir les lettres; il faisoit souvent imprimer à ses dépens les bons ouvrages dont les auteurs n'étoient pas riches. Dans le temps de la ligue, il embrassa les intérêts de Henri IV, & lui donna des avis importans.

Raphaël, son petit-fils, est celui dont il est tant parlé dans madame de Sévigné. Il étoit homme de lettres, & il y a de lui quelques ouvrages médiocrement estimés, tels qu'une *histoire généalogique de la maison de Gondy ; les anciens historiens latins réduits en maximes*, un extrait & un choix des plus beaux endroits des ouvrages des meilleurs écrivains de son temps. Mais ce qu'il étoit essentiellement, c'est homme de bonne compagnie, ami fidèle & sûr : jusqu'à plus de cent ans il aima la société, & y fut agréable. Il n'étoit pas frondeur, mais il vivoit quelquefois dans la société de gens qui l'étoient ; les princes de *Conti* l'accueilloient ; on crut savoir qu'il s'étoit trouvé avec ou chez ces princes à un souper où on avoit fait des chansons contre madame de Maintenon & ses amis ; M. d'Argenson, alors lieutenant de police, vint chez lui l'interroger. On rapporte diversement leur conversation : les uns disent que Corbinelli s'obstinant à tout nier, ou alléguant sur toutes les questions qu'on lui faisoit, le défaut de mémoire si naturel à son âge, le lieutenant de police, comme pour l'aider, lui dit : *quoi ! Monsieur, vous ne vous souvenez pas qu'au second service il fut tenu de certains propos & fait de certains couplets ?--- Au second service, monsieur, mais attendez donc cela se peut fort bien, & en effet......* Le lieutenant de police se flatta qu'il alloit tout avouer, lorsque Corbinelli ajouta : *comme mon usage est de m'enivrer dès le premier service, je ne sais jamais bien ce qui se passe au second.* Voici cette conversation selon d'autres : Où avez-vous soupé un tel jour ? —Mais tout bien considéré il me semble que je ne m'en souviens pas. — N'avez-vous pas soupé avec tels & tels princes ? — Oh ! par exemple, je ne m'en souviens pas du tout. — Cependant, dit M. d'Argenson, impatienté de tous ces défauts de mémoire, *il me semble qu'un homme comme vous devroit se souvenir de ces choses-là* : soit qu'il voulût lui rappeller un peu magistralement la distance qu'il y avoit de lui à ces princes, & qui rendoit leurs bontés pour lui plus remarquables, soit qu'il ne pensât qu'à le féliciter sur la mémoire sûre & fidèle que tout le monde lui connoissoit, pour l'engager à en faire usage dans cette occasion, quoi qu'il en soit, ce mot, *un homme comme vous*, & tous ces interrogatoires, déplurent à *Corbinelli*, qui répliqua : *vous avez raison, monsieur, mais devant un homme comme vous, je ne suis pas un homme comme moi.*

C'est ce même *Corbinelli* à qui quelqu'un disoit un jour qu'il ne lui trouvoit pas bon visage, *Corbinelli* avoit alors près de cent ans. Il s'agit bien de bon visage, dit-il, à mon âge, n'est-ce pas beaucoup d'en avoir un ? Il mourut en 1716.

CORBUEIL. *Voyez* VILLON.

CORBULON (DOMITIUS) (*Hist. Rom.*), fameux général romain, vertueux dans un temps de crimes, & sévère au milieu de tous les vices. Il avoit fait la guerre avec succès en Germanie, sous l'empire de Claude ; & donnant pour contrepoids aux ravages de la guerre des établissemens utiles qui occupoient pareillement le soldat, il avoit fait un canal de communication entre la Meuse & le Rhin. Au commencement du règne de Néron, il fut envoyé en Arménie, ce qui fut mis au nombre des présages heureux de ce règne, & fit croire que la route des honneurs alloit être ouverte à la vertu, *prœter suetam adulationem læti, quòd Domitium Corbulonem retinendæ Armeniæ præposuerat, videbaturque locus virtutibus patefactus.* C'est à ce trait de Tacite que Burrhus fait allusion dans *Britannicus*, lorsqu'il dit :

> Thraseas au sénat, *Corbulon* dans l'armée,
> Sont encore innocens, malgré leur renommée.

Ils ne le furent pas long-temps ; le prix de leurs vertus & de leurs services fut la haine du tyran, & par conséquent la mort. *Corbulon* ayant soumis l'Arménie, chassé Tiridate, rétabli Tigrane, forcé les Parthes à demander la paix, ayant sur-tout rendu aux armées romaines le service rare & difficile alors, de les discipliner & de les exercer à des travaux publics, apprit qu'il n'avoit fait qu'exciter la haine du tyran, & que sa perte étoit résolue, il se perça lui-même de son épée, l'an 66 de Jésus-Christ, en disant : *je l'ai bien mérité.* Mot qui rendoit témoignage, & à la vertu & à la tyrannie : il est des temps où il faut que l'homme de bien s'attende à la mort & aux supplices.

CORDEMOI (GERARD DE) (*Hist. litt. mod.*), fut placé par M. Bossuet auprès du dauphin en qualité de lecteur. Ce fut pour l'usage de son élève qu'il entreprit l'histoire de Charlemagne, pendant que Fléchier se chargeoit de celle de Théodose, & que Bossuet, comme un aigle, planoit sur l'histoire universelle des temps antérieurs à Charlemagne ; celui-ci traçoit l'histoire en grand, il présentoit des idées générales que les autres étoient chargés de particulariser & de développer, il écrivoit en philosophe & en orateur sublime, Fléchier en écrivain délicat, *Cordemoi* en savant. Son histoire de Charlemagne entraina l'histoire des deux premières races, & devoit nécessairement l'entraîner. Pour prendre une idée juste de Charlemagne, & de son règne, il faut voir tout le mal que Charlemagne avoit à corriger, & qu'il a corrigé en partie ; il faut voir tout le bien que ses successeurs avoient à détruire, & qu'ils ont détruit entièrement. Il importe d'ailleurs de connoître comment les hommes sont ou deviennent des barbares, comment les barbares peuvent quelquefois devenir des hommes, combien les hommes redeviennent facilement des barbares ; c'est ce qu'on verroit dans une histoire des deux premières races, faite philosophiquement. *Cordemoi* la fit savamment ; il fit des recherches profondes, il débrouilla, dit M. de Voltaire, le chaos des deux premières races ; il prit un mauvais parti sur Brunehaut (*voyez* l'article BOCACE), celui de la justifier d'après Mariana. Adrien de Valois avoit fait à Mariana l'honneur de le réfuter, mais seulement en passant, & sans descendre dans le détail des faits : cependant sa réponse, quoique générale, est si forte, que M. *de Cordemoi*, qui avoit contre Adrien de Valois tous les avantages qu'on a quand on réplique, & qui a tout discuté dans le plus grand détail, n'a pu parvenir à l'ébranler.

Un autre avantage qu'a M. de Valois sur M. *de Cordemoi*, est qu'il n'a jamais l'air de chercher à décrier Brunehaut ; il examine tout, à charge & à décharge ; il ne dissimule ni ses bonnes actions ni ses bonnes qualités, il l'absout de plusieurs crimes ; on sent qu'il ne cherche que la vérité, & il en a toujours le ton. M. de *Cordemoi* au contraire annonce trop le projet formé de trouver Brunehaut innocente ; avant de discuter les faits, il les prépare dans sa narration avec un art suspect, il ne les discute que pour justifier le parti qu'il a pris, au lieu que M. de Valois paroît prendre le sien par le résultat même de la discussion.

Cordemoi fut de l'académie françoise ; c'est de l'académie des belles lettres qu'il auroit dû être. Il mourut en 1684. On a de lui encore divers traités de métaphysique, d'histoire, de politique & de philosophie morale, réimprimés in-4° en 1704, sous le titre d'œuvres de feu M. *de Cordemoi*.

Louis Geraud, son fils, continua d'abord son histoire par ordre du roi, depuis Hugues Capet jusqu'à la mort de Henri I, en 1060, mais cette suite est restée manuscrite. Il étoit ecclésiastique, & se livra tout entier à la controverse ; il écrivit contre les iconoclastes, les luthériens & les sociniens. Mort en 1722.

CORDES (DENYS DE), conseiller au châtelet, juge intègre, dont Godeau a écrit la vie. Il eut part à l'établissement de la maison de Saint Lazare. On raconte qu'un homme condamné à mort par le châtelet, voulant en appeller au parlement, se soumit en apprenant que *Cordes* avoit été un de ses juges. Il faut, dit-il, que je mérite la mort, puisque *Cordes* m'a condamné. Cette histoire est sûrement mal contée ; on doit savoir qu'il n'est pas au pouvoir de l'accusé de laisser une sentence criminelle sans appel ; il y a toujours appel *à minimâ* de la part du procureur du roi. De plus, un accusé sait toujours bien dans son ame s'il mérite la mort ou non ; il n'y a que deux faits à savoir pour cela ; l'un s'il a commis le crime dont on l'accuse, & personne ne le sait mieux que lui ; l'autre, si la loi prononce la peine de mort pour ce crime, & c'est ce que les coupables savent ordinairement assez bien, par l'intérêt qu'ils ont de le savoir. Si le cas étoit douteux, on avoit eu grand tort de le condamner à mort, & le mot du coupable étoit un grand hommage, mais un hommage trop aveugle qu'il rendoit à l'intégrité de *de Cordes*. Enfin on ne sait pas ou on ne doit pas savoir quel a été l'avis de tel ou tel juge, sur-tout en matière criminelle ; ce qui n'empêche pas cependant qu'on n'ait pu dire à l'accusé que l'avis de *de Cordes* lui avoit été contraire, & qu'il n'ait pu faire cette réponse si flatteuse pour *de Cordes* : celui-ci mourut en 1642.

Un de ses parens, Jean *de Cordes*, chanoine de Limoges, a traduit l'histoire des différens du pape Paul V & de la république de Venise, par Fra-Paolo. L'histoire des troubles du royaume de Naples, sous Ferdinand Ier par Camillo Portio, & quelques autres ouvrages.

CORDOUE. *Voyez* GONSALVE.

CORDUS (CREMUTIUS) (*Hist. rom.*), auteur d'une histoire romaine où Brutus & Cassius étoient appellés les *derniers Romains*, ce qui fit brûler son ouvrage dans les temps d'adulation & de bassesse, où il parut ; c'étoit sous Tibère ; sur quoi Tacite fait cette belle réflexion : *Socordiam eorum invidere libet qui præsenti potentiâ credunt extingui posse etiam sequentis ævi memoriam. Nam contrà punitis ingeniis, gliscit auctoritas : neque aliud externi reges, aut qui eâdem sævitiâ usi sunt, nisi dedecus sibi, atque illis gloriam peperere.* « Il est bien ridicule de » s'imaginer que l'autorité présente puisse éteindre jusqu'au souvenir des siècles futurs. Au contraire, l'éclat du châtiment donne du poids aux » écrivains, & quand on a sévi contre eux, soit » chez les étrangers, soit ailleurs, on n'a fait » que les rendre célebres & se déshonorer ».

CORDUS (EURICIUS) est aussi le nom d'un médecin & poëte allemand du seizième siècle, mais dont les poésies sont latines.

Et CORDUS (VALERIUS) est le nom de son fils, auteur de plusieurs ouvrages de botanique & de pharmacie, & de remarques sur Dioscoride. Mort à vingt-neuf ans, en 1544.

CORÉ. *Voyez* ABIRON.

CORINNE (*Hist. litt. anc.*), fille d'Achélodore & de Procratie, étoit de Tanagre, ville de Béotie, dans le voisinage de Thèbes. Elle étoit élève de Myrtis, femme distinguée par le talent de la poésie. *Corinne* étudia sous elle avec Pindare ; sa gloire est d'avoir vaincu ce grand poëte jusqu'à cinq fois, avantage que Pausanias attribue principalement à sa beauté, qui séduisit ses juges. Pindare s'en vengea en insultant & les juges & *Corinne*. Il ne reste aujourd'hui que des fragmens de poéſe de *Corinne*. Elle vivoit environ cinq ſiècles avant J. C.

Suidas parle de deux autres *Corinnes* moins célèbres. La *Corinne* d'Ovide n'étoit qu'un nom ſuppoſé, ſous lequel il cachoit le vrai nom de ſa maîtreſſe, que pluſieurs croient avoir été Julie, fille d'Auguſte.

CORIO (BERNARDIN) (*Hiſt. litt. mod.*), d'une famille illuſtre de Milan, fut chargé par le duc Ludovic Sforce, dit le More, d'écrire l'hiſtoire de ſa patrie. On a cette hiſtoire. L'hiſtorien mourut en 1500, de douleur de voir ſon pays & ſon maître tombés au pouvoir des François.

On a de ſon neveu, Charles *Corio*, une deſcription de la ville de Milan.

CORIOLAN (CAÏUS MARTIUS) (*Hiſt. rom.*). Tout le monde ſait comment Véturie, ſa mère, & Volumnie, ſa femme, triomphèrent du vif reſſentiment qui l'avoit armé en faveur des Volſques contre Rome ſa patrie, & comment Actius Tullius, général des Volſques, ſon collègue dans le commandement, jaloux de ſa gloire & de ſes ſuccès, profita de cette occaſion pour le rendre ſuſpect aux Volſques, & cauſer ſa mort, quoique, ſi l'on en croit Fabius Pictor, dont Tite-Live ne s'éloigne pas d'adopter le ſentiment, ce héros mourut de vieilleſſe dans ſon éxil. Il n'y a pas un bon écolier de rhétorique à qui ce ſujet n'ait donné l'idée d'une tragédie, & n'ait fourni au moins une ou deux ſcènes.

Nota magis nulli domus eſt ſua.

Mais les eſprits ordinaires n'y voient qu'une ou deux ſcènes, & rempliſſent le reſte comme ils peuvent par des épiſodes plus ou moins adaptés aux événemens principaux; auſſi ce ſujet, mille fois traité au théatre françois, a-t-il toujours été manqué. M. de la Harpe eſt le ſeul qui l'ait fait réuſſir, parce qu'il a donné plus d'étendue & de durée à l'action, en la faiſant commencer à Rome & en ſe permettant au troiſième acte de tranſporter la ſcène de Rome au camp des Volſques, mais ſur-tout en animant le perſonnage de *Coriolan* par la haine vigoureuſe & le reſſentiment profond qu'il lui donne; car voilà le point eſſentiel, c'eſt de faire paſſer dans l'ame des ſpectateurs les ſentimens qu'on prête aux perſonnages dramatiques.

Obſervons que le ſuccès de M. de la Harpe paroît décider à l'avantage de M. de la Motte une queſtion qui s'eſt élevée autrefois entre cet écrivain & M. de Voltaire.

« Je ne ſerois pas étonné, diſoit M. de la » Motte, qu'une nation ſenſée, mais moins amie » des règles, s'accommodât de voir *Coriolan* con» damné à Rome au premier acte, reçu chez les » Volſques au troiſième, & aſſiégeant Rome au » quatrième. » M. de Voltaire répondit : 1°. « Je » ne conçois point qu'un peuple ſenſé & éclai» ré ne fût pas ami de règles toutes puiſées dans » le bon ſens & toutes faites pour ſon plaiſir. » 2°. Qui ne voit que voilà trois tragédies, & » qu'un pareil projet, fût-il exécuté même en beaux » vers, ne ſeroit jamais qu'une pièce de Jodelle » ou de Hardy, verſifiée par un moderne ha» bile ».

CORIPPUS (FLAVIUS CRESCONIUS) (*Hiſt. rom.*), poëte africain, auteur d'un poëme latin en 4 livres, à la louange de l'empereur Juſtin-le-jeune, dont on peut croire qu'il étoit contemporain & ſujet. Il y a peu de princes à la louange deſquels on doive faire des poëmes, & il n'y en a point à la louange deſquels il faille faire des poëmes en quatre livres.

CORISANDE D'ANDOUINS, comteſſe de Guiche. *Voyez* GUICHE & GRAMMONT.

CORMIER (THOMAS) (*Hiſt. mod.*), hiſtorien & juriſconſulte; fils d'un médecin de Henri II d'Albret, roi de Navarre. La femme de *Thomas*, au bout de quatorze ans de mariage, en demanda la diſſolution pour cauſe d'impuiſſance; une ſentence de l'officialité caſſa en effet le mariage. *Thomas* s'étant fait proteſtant, ſe remaria & eut cinq enfans. Les collatéraux voulurent les faire declarer bâtards. Leur mère prit leur défenſe, & par un arrêt rendu au parlement de Rouen, dans la chambre de l'édit, le 24 août 1682, ils furent déclarés légitimes. Il y a de *Thomas Cormier* une hiſtoire de Henri II imprimée; celles des princes ſes fils ſont reſtées manuſcrites. On a auſſi de lui le code de Henri IV.

CORNARO (LOUIS) (*Hiſt. mod.*), étoit de l'illuſtre maiſon des Cornaro de Veniſe, qui a produit dans le quinzième ſiècle une reine de Chypre (Cathérine Cornaro), laquelle, en mourant, laiſſa ſon royaume aux Vénitiens. *Louis Cornaro*, mort à Padoue en 1566, eſt ſur-tout célèbre par ſa longue vie qui fut de plus de cent ans ſans aucunes infirmités, & par l'extrême ſobriété qui la lui procura. Il en a rendu compte dans un livre où il traite des avantages de la vie ſobre, & qui a été traduit en françois ſous ce titre : *Conſeils pour vivre long-temps.* Comme il n'y a rien ſur quoi on ne diſpute, on a fait *l'Anti-Cornaro*, ou remarques critiques ſur le traité de la vie ſobre de *Louis Cornaro*. Lucretia Helena Cornaro-Piſcopia, de la même maiſon, fut un des prodiges du dix-ſeptième ſiècle par ſes connoiſſances dans les langues anciennes & modernes : on voulut la recevoir docteur en théologie dans l'univerſité de Padoue. Le cardinal Barbarigo, évêque de cette ville, s'y oppoſa. On lui donna du moins le bonnet de docteur en philosophie & les autres ornemens du doctorat. Elle fut de la plupart des académies d'Italie. Les savans l'ont comblée d'éloges. Par malheur on a ses œuvres.

CORNEILLE (*Hist. sacr.*), Centenier, baptisé par saint Pierre l'an 40 de J. C. & dont l'histoire se trouve dans les actes des apôtres, ch. 10.

CORNEILLE (SAINT) (*Hist. ecclés.*), Pape, successeur de saint Fabien; ce fut sous lui qu'arriva le schisme de Novatien. *Saint Corneille* fut élu l'an 251, & mourut l'an 252.

CORNEILLE (DE LA PIERRE). *Voyez* PIERRE (de la.)

CORNEILLE (PIERRE & THOMAS) (*Hist. litt. mod.*), dont l'un étoit inférieur à l'autre, sans en être indigne. Plus ils sont illustres, moins nous aurons à en parler; leur vie est dans leurs œuvres. Nous observerons seulement certains points particuliers qui n'ont pas été suffisamment éclaircis.

1°. Pierre *Corneille* est parmi nous le vrai père de la tragédie par la pièce de *Médée*, ou plutôt par celle du *Cid*; il est aussi le créateur de la comédie de caractère par la pièce du *Menteur*, antérieure de beaucoup à toutes les pièces de Molière; quoique Molière soit mort long-temps avant *Corneille*. Ce dernier étant beaucoup plus célèbre par la tragédie que par la comédie, on ne le cite guères que pour ce premier genre, & il est à cet égard le père & le fondateur de la scène françoise. Mais pourquoi appelloit-il Rotrou son père, & pourquoi en conséquence, non-seulement les gens du monde, mais même plusieurs gens de lettres, croient-ils Rotrou plus ancien que *Corneille*, & *Venceslas* antérieur aux chefs-d'œuvre de *Corneille*? C'est une double erreur. *Corneille* étoit né le 6 juin 1606, Rotrou le 19 ou le 21 août 1609. *Venceslas*, seule pièce de Rotrou qu'on cite encore, & la seule en effet qu'on puisse mettre à côté des bonnes pièces de *Corneille*, parut en 1647, la même année où parut l'*Héraclius* de *Corneille*, qui avoit déja donné *Médée* en 1635, le *Cid* en 1636, les *Horaces* & *Cinna* en 1639, *Polyeucte* en 1640, *la mort de Pompée* en 1641, *Rodogune* en 1644. Nous ne parlons pas de *Théodore* en 1645, ni du *Menteur* & de *la suite du Menteur*, qui, ayant paru en 1642 & 1643, avoient encore ajouté, quoique dans un autre genre, à la gloire de *Corneille*; mais observons que toutes les meilleures tragédies de *Corneille* jouissoient de tout leur succès & de toute leur réputation avant que *Venceslas* parût, car les meilleures tragédies de *Corneille* postérieures à *Venceslas*, telles, que *Nicomède* & *Sertorius*, ne sont qu'au second rang parmi les pièces de *Corneille*. Comment donc, encore un coup, *Corneille* pouvoit-il regarder Rotrou comme son père & son maître? Dans le fond de son cœur il ne le regardoit pas comme tel, & ce n'étoit qu'une marque de déférence qu'il donnoit à un ami qui avoit reconnu un des premiers sa supériorité, & qui s'étoit empressé d'y rendre hommage. Admis le dernier dans la société des cinq auteurs qui travailloient aux pièces du cardinal de Richelieu, il y fut peu considéré des l'Etoile, des Colletet & des Bois-Robert: il ne trouva, dit M. de Voltaire, d'estime & d'amitié que dans Rotrou, qui sentoit son mérite parce qu'il en avoit lui-même. Les autres, ajoute M. de Voltaire, n'en avoient pas assez pour rendre justice à *Corneille*. Voyez quels éloges donne Rotrou à *la Veuve*, troisième & très-mauvaise pièce de *Corneille*, mais supérieure à celles du temps. Elle avoit paru en 1633.

> Pour te rendre justice autant que pour te plaire,
> Je veux parler, *Corneille*, & ne puis plus me taire.
> Juge de ton mérite, à qui rien n'est égal,
> Par la confession de ton propre rival. . . . .
> Nous poursuivons tous deux une même maîtresse,
> La gloire . . . . . .
> Mais il n'est plus d'estime égale à ton renom. . . .
> . . . . . Mon espoir est décru chaque jour,
> Depuis que je t'ai vu prétendre à son amour. . . .
> Depuis ma muse tremble & n'est plus si hardie,
> Une jalouse peur l'a long-temps refroidie.

Il parle ensuite du Cardinal.

> La gloire où je prétends est l'honneur de lui plaire,
> Et lui seul réveillant mon génie endormi
> Est cause qu'il te reste un si foible ennemi.
> Mais la gloire n'est pas de ces chastes maîtresses
> Qui n'osent en deux lieux répandre leurs caresses.
> Cet objet de nos vœux nous peut obliger tous,
> Et faire mille amans sans en faire un jaloux. . . .
> . . . On me voit par-tout adorer ta Clarice.

C'est la veuve.

> Tout ce que j'ai produit cède à ses moindres traits.

On voit que Rotrou parle par-tout comme plus ancien auteur que *Corneille*.

> Mon espoir est décru chaque jour
> Depuis que je t'ai vu prétendre à son amour.
> Depuis ma Muse tremble & n'est plus si hardie. . .
> Tout ce que j'ai produit cède à tes moindres traits.

Rotrou étoit en effet plus jeune que *Corneille*, mais plus ancien auteur, non de tragédies, mais de mauvaises comédies.

Aussi Mairet dit-il:

« Si mes premiers ouvrages ne furent guères » bons, au moins on ne peut nier qu'ils n'aient » été l'heureuse semence de beaucoup d'autres » meilleurs, produits par les fécondes plumes de » MM. Rotrou, Scudery, *Corneille* & du Ryer, » *que je nomme ici suivant l'ordre du temps qu'ils*

» ont commencé d'écrire après moi ». Ainsi Rotrou avoit précédé *Corneille* au théatre. En effet, les deux premières mauvaises pièces de Rotrou, l'*Hypocondriaque*, ou le *Mort amoureux* & la *Bague de l'oubli*, avoient paru en 1628. Et *Mélite*, première mauvaise pièce de *Corneille*, n'a paru qu'en 1629, *Clitandre* en 1632, la *Veuve* en 1633, & alors il y avoit déja neuf pièces de Rotrou au théatre, tant tragédies que comédies, toutes mauvaises, & dont aucune n'annonçoit *Venceslas*, comme aucune des premières pièces de *Corneille* n'annonçoit le *Cid* ni *Cinna*. Or c'est dans ce temps où Rotrou n'étoit pas encore Rotrou, dans ce temps où *Corneille* étoit encore moins *Corneille*, c'est dans ce temps que *Corneille*, protégé par Rotrou, son ancien au bureau littéraire & dramatique du cardinal de Richelieu, & son ancien aussi au théatre, appelloit Rotrou *son père*, peut-être même par opposition à l'avantage des ans que *Corneille* avoit sur Rotrou. On avoit conservé une idée confuse de cette antériorité de Rotrou au théatre, & en voyant *Venceslas*, seul ouvrage de Rotrou qui se soit conservé, tragédie d'ailleurs supérieure à *Médée*, on a oublié les époques, & on a cru que c'étoit à cause de *Venceslas* que *Corneille* avoit reconnu Rotrou pour son père & son maître, idée qui s'est établie d'autant plus aisément qu'elle a paru juste. C'est ainsi que M. de Voltaire a souvent appellé Crébillon son maître au théatre, uniquement parce que Crébillon l'avoit précédé.

Si *Corneille* avoit pu regarder un de ses contemporains, comme son maître dans la tragédie, ç'auroit été Mairet, qui, plus jeune encore que lui, étant né en 1607, avoit donné *Sophonisbe* en 1629, six ans avant *Médée*. Mais Mairet n'étoit point de ses amis & se montra même son cruel ennemi dans l'affaire du *Cid*; il écrivit à ce sujet contre *Corneille* des personnalités odieuses, & Bois-Robert félicitant Mairet sur cet écrit, lui disoit: « j'estime que vous avez suffisamment pu» ni le pauvre M. *Corneille* de ses vanités ». *Les vanités du pauvre M. Corneille* sont sans doute une expression heureuse. (*Voyez* les articles BALZAC & BOIS-ROBERT).

2°. Thomas *Corneille* soutint la gloire de ce nom On joue encore de lui les tragédies d'*Ariane* & du *Comte d'Essex*, les comédies du *Baron d'Albikrack* & du *Festin de Pierre*; celle-ci n'est que celle de Molière mise en vers. La tragédie de *Timocrate* eut un succès jusques-là sans exemple au théatre; celle de *Camma* eut quelque succès, mais ces pièces ne sont pas restées. La comédie du *Berger extravagant* fut pendant quelque temps assez célèbre pour que Fontenelle, dans le prologue de sa première églogue, y ait fait allusion, même sans en avertir.

Nous n'imiterons pas du héros de Cervantes,
Dans de ridicules dangers,
Les prouesses extravagantes;
Sans doute nos esprits ne seront point blessés
Du fol entêtement de la chevalerie,
Jamais par nous des torts ne seront redressés;
Mais pour cette puissante & douce rêverie
Qui fit errer Lisis dans les plaines de Brie,
Avec quelques moutons à peine ramassés,
Rétablissant la bergerie
Dans l'éclat des siècles passés,
Cher ami, sans plaisanterie,
N'en sommes-nous point menacés?

Ce Lisis est le berger extravagant qui fait pour la bergerie ce que Dom-Quichotte fait pour la chevalerie.

Thomas *Corneille* a traduit aussi les Métamorphoses d'Ovide en vers, & fait quelques opéras.

On a encore de lui des ouvrages d'un volume & d'un genre différent, un dictionnaire des arts en deux tomes *in-fol.*, un dictionnaire géographique en trois tomes, aussi *in-fol.*

Thomas *Corneille* avoit près de 20 ans de moins que son frère; il ne fut reçu à l'académie françoise qu'à la mort de ce frère, en 1681. Il est à remarquer qu'il étoit frère du doyen de l'académie, que ce frère étoit Pierre Corneille, qui avoit d'ailleurs par lui-même plus de titres que la plupart des autres académiciens; car de trente-cinq pièces qui composent son théatre, il en avoit fait trente-deux du nombre desquelles étoient *Ariane*, *le comte d'Essex*, *Timocrate*, *Camma*, & plusieurs autres qui, justement négligées aujourd'hui, avoient eu dans le temps beaucoup de succès, & que cependant il n'étoit point encore de l'académie à près de soixante ans. Remarquons qu'à la mort de son frère, il fut élu tout d'une voix, & nous croirons peut-être, en rapprochant toutes ces circonstances, pouvoir en conclure que l'académie ne vouloit point alors admettre deux frères, de peur que ce ne fût un commencement de parti & de cabale, & qu'elle n'étoit pas frappée de même de l'inconvénient de paroître rendre les places héréditaires, en donnant la place d'un académicien à son frère.

CORNÉLIE (*Hist. rom.*), fille de Scipion l'Africain, & mère de Caïus & de Tiberius-Gracchus, s'est rendue immortelle par le soin qu'elle prit de cultiver les heureuses dispositions de ses enfans. Fidelle à la mémoire de son époux, elle rejetta l'offre que Ptolomée, roi d'Egypte, fit de l'épouser: sa viduité ne fut qu'un exercice continuel d'héroïsme domestique. La simplicité de ses habits répondoit à l'innocence de ses mœurs: quelqu'un lui remontrant que son rang l'assujettissoit à un extérieur plus imposant, elle fit approcher ses enfans, & lui dit: Croyez-vous que j'aie besoin d'ajustement? Voilà mes enfans, voilà mon ornement & ma parure. (*T—N.*)

Cornélie, (*Hist. rom.*), fille de ce fameux Cinna, qui avoit été quatre fois consul, fut la seconde femme du premier des Césars. L'ombrageux Sylla vit avec inquiétude la fille de son plus implacable ennemi unie avec celui des Romains dont il avoit la plus haute idée. Il employa les menaces & les promesses pour engager César à la répudier, mais elle avoit su fixer l'inconstance de son volage époux; & quoiqu'elle eût été dépouillée de tous ses biens, & qu'elle n'eût pour dot que sa beauté, il crut trouver en elle tous les trésors. Julie, femme de Pompée, fut le seul fruit de cette union. César exercoit la questure lorsque la mort lui enleva *Cornélie*; il monta dans la tribune pour faire son oraison funèbre, & il y fit éclater sa douleur & son éloquence. (*T—N.*)

Cornélie (Maximille). *Maximilla Cornelia.* (*Hist. rom.*) Quand on songe au supplice affreux dont les Romains punissoient dans ce qu'ils appelloient *une vestale incestueuse*, une faute punissable, s'il le faut, mais dont on dira toujours :

Ignoscenda quidem scirent si ignoscere.

On verse des larmes de sang sur tant d'erreurs & de folies cruelles dont la malheureuse humanité s'est avisée, pour se tourmenter elle-même & pour ajouter aux maux de la nature; mais quand on songe que *Maximille Cornélie*, vestale pure, vierge innocente, fut enterrée vive, par ordre de Domitien, uniquement parce qu'il imagina que cette exécution, heureusement rare, distingueroit son règne, & y seroit une époque mémorable, aucune langue ne fournit de termes capables d'exprimer l'horreur dont on est saisi. Il est vrai que Suétone dit que *Cornélie* fut convaincue, ce qui n'excuseroit toujours cette atrocité que par l'usage & en la faisant rentrer dans le cas ordinaire, mais l'opinion commune est que *Cornélie* étoit innocente.

CORNELIUS NEPOS. *Voyez* Nepos.

CORNELIUS TACITUS. *Voyez* Tacite.

CORNELLE (Nicolas) (*Hist. mod*), syndic de Sorbonne en 1649, déféra sept propositions de Jansenius, dont il n'y eut que les cinq premières condamnées; ce sont les cinq fameuses propositions. Il refusa l'archevéché de Bourges, que lui offrit le cardinal Mazarin, qui l'avoit fait président de son conseil de conscience. Il avoit aussi eu la confiance du cardinal de Richelieu; mais il avoit refusé d'être son confesseur, emploi qu'il trouvoit trop délicat. Quelle conscience en effet à diriger!

CORNETO (Adrien Castellesi) (*Hist. mod.*). C'est ce fameux cardinal *Corneto* qu'Alexandre VI. (voir cet article) & César Borgia son fils, vouloient, dit-on, empoisonner, lorsque par un mal entendu, ils s'empoisonnèrent eux-mêmes: échappé à cet attentat, il fut exilé par Jules II, rappellé par Léon X; mais étant entré dans une conspiration contre lui en 1518, il fut obligé de s'enfuir de Rome pendant la nuit, déguisé en moissonneur: on n'a jamais su depuis ce qu'il est devenu; on croit qu'un domestique qui l'accompagnoit dans sa fuite, l'assassina pour le voler. C'étoit un homme de lettres distingué : on le compte parmi les premiers écrivains d'Italie qui dégagèrent le latin des mots barbares du moyen âge, & qui ramenèrent dans cette langue les expressions du siècle d'Auguste. On a de lui un traité *de sermone latino*, dédié à Charles-Quint, alors prince d'Espagne: il est d'un homme qui avoit medité sur les révolutions de cette langue, & sur les moyens de la rétablir dans sa première pureté.

CORNHERT ou COORNHERT (Théodore) (*Hist. mod.*), enthousiaste du seizième siècle, qui n'étoit ni catholique ni protestant, & qui disoit que pour être véritablement chrétien, il n'étoit pas nécessaire d'être membre d'une église visible. Il ne mérite place ici que parce qu'il fut l'auteur du premier manifeste que le prince d'Orange, libérateur de la Hollande, publia en 1566. La duchesse de Parme l'ayant su, fit enlever *Cornhert* à Harlem, & le fit enfermer à la Haye; il s'échappa de sa prison, & après avoir beaucoup dogmatisé impunément, il mourut en 1590. Ses œuvres ont été imprimées en 1630, en 3 volumes *in-fol.*

CORNIFICIUS & CORNIFICIA, sa sœur. (*Hist. litt. anc.*) Tous deux célèbres par la poésie sous Auguste. *La science*, disoit *Cornificia*, *est la seule chose indépendante de la fortune.* C'est à peu près ce que la Fontaine a voulu prouver par la fable qui a pour titre : *Les avantages de la science.*

CORNUTUS. (*Hist. rom.*), Africain, philosophe stoïcien, précepteur de Perse, une des victimes de Néron.

Un *Cornutus* moderne, qui vraisemblablement se nommoit *Cornu* ou *le Cornu*. & qui étoit médecin à Paris, a donné en latin une description des plantes de l'Amérique, *in-4°.* Paris, 1635.

CORONEL. *Voyez* Pierre le cruel.

CORSINI (Edouard), savant religieux Italien de ce siècle, ami de Muratori, de Maffei, de Quirini, de Passionei, joignoit à de grandes connoissances dans la philosophie & les mathématiques une vaste érudition. Il a laissé des ouvrages estimés dans l'un & l'autre genre. Dans le premier, *des Institutions philosophiques & mathématiques*, un *nouveau Cours d'élémens géométriques*, & de plus un *Cours de métaphysique*. Dans le second, *des fastes des Archontes d'Athènes*, des dissertations sur *les jeux sacrés de la Grèce*, un ouvrage

vrage sur les abréviations des inscriptions grecques, sous ce titre: *de notis Græcorum*; un traité *de præfectis urbis*. Il avoit entrepris l'histoire de l'université de Pise. Né en 1702. Mort à Pise en 1765.

CORTEZ (FERNAND *ou* FERDINAND) (*Hist. d'Espagne.*)

Des mers de Magellan jusqu'aux astres de l'ourse,
Cortez, Herman, Pizare ont dirigé ma course.

De tous ces navigateurs conquérans, si hardis, si heureux, si cruels, qui asservirent & dévastèrent l'Amérique, *Cortez* est un des plus célèbres. Il n'étoit que lieutenant de Velasquez, gouverneur de Cuba; mais ayant été envoyé à la découverte de nouvelles terres, & ayant eu le bonheur de découvrir le Méxique & la gloire de le conquérir, il excita la jalousie de ce Velasquez, qui envoya une armée contre lui. *Cortez* bat cette armée, en range les restes sous ses drapeaux, & s'en sert pour achever la conquête du Méxique. *Nous cherchons deux choses*, disoit-il à ses soldats, *la gloire & la fortune, de grands périls & de grandes richesses.* Il entra dans la ville de México le 8 novembre 1518. Il la rebâtit en 1529 sur le modèle des villes de l'Europe: il bâtit aussi la ville de Vera-Crux. Charles-Quint, auquel il donnoit un si vaste empire, érigea pour lui en marquisat la vallée de Guaxaca dans le Méxique, terre de cent cinquante mille livres de rente. Il repassa en Espagne pour demander justice à l'empereur sur quelque contestation survenue en Amérique, pays qui devint une source de querelles entre ses divers conquérans. Soit prévention contre lui, soit indifférence, il fut négligé au point de ne pouvoir d'abord obtenir audience; mais le vainqueur du Méxique ne pouvoit manquer d'audace, même dans les cours; il voit passer l'empereur, il fend la presse & se présente brusquement à lui. *Qui êtes-vous?* demanda l'empereur, auquel il convenoit peu de ne pas connoître un tel sujet. *Je suis*, répond *Cortez*, *un homme qui vous a donné plus de provinces que vos pères ne vous ont laissé de villes.* Voilà quel étoit Fernand *Cortez*, considéré comme gentilhomme espagnol & comme sujet de Charles-Quint, un grand capitaine, un homme utile, un héros.

Si on le considère relativement aux malheureux Américains, c'est un barbare, un monstre; c'est le plus cruel de ces chefs dont parle Zamore:

De ces brigands d'Europe & de ces assassins,
Qui de sang enivrés, de nos trésors avides,
De ce monde usurpé, désolateurs perfides,
Ont osé me livrer à des tourmens honteux,
Pour m'arracher des biens plus méprisables qu'eux.

Il foule aux pieds tous les droits de l'humanité, il écrase sans pitié la foiblesse & l'impuissance, il punit du supplice du feu la moindre tentative & jusqu'au projet d'une légitime défense. Après avoir tiré de Montezuma, souverain du Méxique, six cents mille marcs d'or pur & une quantité prodigieuse de pierreries, il fait mettre sur des charbons ardens Gatimosin, successeur de Montezuma & un favori de Gatimosin, pour les forcer à lui livrer les trésors de Montezuma. On sait le mot de Gatimosin à son favori, à qui la douleur arrachoit un cri: *Et moi, suis-je donc sur un lit des roses?* Ce trait fait voir que si les Espagnols savoient détruire, les Américains savoient souffrir, & ce courage vaut bien l'autre. M. Piron, dans la préface de sa foible tragédie de *Fernand Cortez*, juge que les Méxicains avoient mérité leur sort, parce que, partageant la superstition qui a été la maladie épidémique du genre humain, il leur étoit quelquefois arrivé d'immoler des victimes humaines; par cette raison il auroit fallu exterminer presque toutes les nations, puisqu'il en est fort peu qui, dans les temps d'ignorance, ne se soient point souillées de cette abomination. Si Fernand *Cortez* étoit, comme Piron l'insinue, un juste vengeur de l'humanité outragée, il falloit qu'il fît avec les Méxicains le traité glorieux que Gelon a fait ou n'a pas fait avec les Carthaginois (*Voyez l'article* AGATHOCLE, & substituez-y le nom de *Gelon* pour le fait dont il s'agit). Piron dit aussi qu'on a beaucoup éxagéré les cruautés éxercées par les Espagnols en Amérique. Voilà ce qu'on dit & ce qu'on est toujours obligé de dire quand on entreprend de défendre la cause de l'inhumanité, & voilà ce qui prouve qu'il ne faut point la défendre. Ne nous permettons point de regarder comme peu de chose le mal qu'on fait à nos semblables. Défions-nous de ces modérations déplacées, & que jamais l'amour du paradoxe ne nous entraîne dans ces discussions odieuses, dont le but est d'affoiblir l'horreur due au crime & à la cruauté.

Cortez mourut en Espagne en 1554.

CORVIN. *Voyez* HUNIADE.

COSME, a été le nom de plusieurs princes & grands-ducs de Toscane de la maison de Médicis. *Voyez* MÉDICIS.

COSNAC (DANIEL DE) (*Hist. de Fr.*), évêque de Valence, puis archevêque d'Aix, mort le 18 janvier 1708 dans sa quatre-vingt-unième année. L'abbé de Choisy, dans ses mémoires, a écrit son histoire, qui est pleine d'intérêt & très-piquante. Nous en citerons deux ou trois traits les plus propres à le faire connoître. Il étoit attaché au prince de Conty Armand, qui avoit épousé Anne-Marie Martinozzi, nièce du cardinal Mazarin. M. le prince de Conti étoit bossu: il lui prit fantaifie de se masquer avec le marquis de Vardes & d'autres personnes de sa cour. L'abbé de *Cosnac* lui fit sur ce projet des représentations hardies & inutiles. L'abbé de Roquette, vil flatteur, entra dans la chambre du prince, au moment où il sortoit masqué avec ceux qu'il avoit mis de la partie, & s'adressant au prince de Conti, comme s'il eût cru parler à M. de Vardes: monsieur, lui dit-il, montrez-moi son altesse: il pria aussi l'abbé de *Cosnac* de lui indiquer le prince. Allez, lui dit l'abbé de *Cosnac*, assez haut pour que le prince l'entendît, « vous devriez mourir de honte; » quand le prince fait une mascarade pour se divertir, il fait bien que la taille de M. de Vardes » & la sienne sont différentes ».

L'évêché de Valence vint à vaquer; l'abbé de *Cosnac* pria M. le prince de Conti de le demander pour lui: le prince ayant répondu froidement, il court chez la princesse, elle dormoit, il la fait éveiller, il entre: « levez-vous, dit-il, il s'agit de » sauver l'honneur de M. le prince de Conti, le » vôtre & celui de sa maison. L'évêché de Va» lence est vacant, je le demande; levez-vous, » les momens sont chers, M. votre oncle ne vous » refusera pas s'il fait que vous savez vous faire » éveiller, vous lever en robe de chambre, & » ne pas hésiter à servir noblement vos créatu» res. — Donnez-moi du moins le loisir, dit la » princesse, d'en parler à mon mari. Je m'en » garderai bien, lui dit l'abbé, il s'agit de vous » lever & de passer chez M. le cardinal ». Il la pressa tant, qu'elle prit sa robe de chambre & partit. Le cardinal proposa un autre évêché de moindre valeur, & la princesse n'ayant rien à lui opposer, revint dire à l'abbé de *Cosnac*: nous avons à peu près votre affaire, mais ce n'est pas de Valence qu'il s'agit. Oh! c'est de Valence qu'il s'agit, repliqua-t-il, vous l'avez demandé, c'est votre affaire, ce n'est plus la mienne. Il insista & il eut l'évêché de Valence. Ses remercimens faits, il va trouver l'archevêque de Paris, & lui demande la prêtrise que l'archevêque lui promit sans peine. Ce n'est pas tout, reprit l'abbé de *Cosnac*, je vous prie de me faire diacre: volontiers, lui dit M. de Paris: vous n'en serez pas quitte pour ces deux graces, monseigneur, je vous demande encore le sousdiaconat: « au nom » de dieu, reprit M. de Paris, dépêchez-vous » de m'assurer que vous êtes tonsuré, baptisé » même ».

L'évêque de Valence fut ensuite premier aumônier de monsieur, mais ce fut à madame (Henriette) qu'il s'attacha véritablement.

On imprima en Hollande une histoire *des amours du palais royal*. Madame y étoit fort maltraitée & accusée d'avoir eu pour le roi une passion inutile. M. de Louvois, qui eut le premier exemplaire de ce livre, le remit au roi, pour qu'il en avertît Madame, & qu'elle prît ses mesures à l'égard de Monsieur, s'il venoit à en avoir connoissance. Elle envoya chercher l'évêque de Valence: *Je suis perdue*, lui dit-elle, *lisez toutes ces fausses horreurs que Monsieur ne croira que trop*. L'évêque la consola & la rassura du mieux qu'il put. Le lendemain elle le renvoie chercher, on lui dit qu'il étoit allé à Paris; elle lui écrit, on lui répond que l'évêque de Valence n'avoit pas couché chez lui, & que ses domestiques disoient qu'il étoit allé pour huit jours à la campagne, chez un de ses amis qu'on ne nommoit pas. Mon dieu! disoit la princesse à madame de Saint-Chaumont, intime amie de l'évêque, que votre ami prend mal son temps! je lui ai confié la chose du monde la plus importante, dont je ne puis parler qu'à lui seul, & il s'absente! Madame de Saint-Chaumont envoya de tous côtés pour en savoir des nouvelles; on le chercha inutilement pendant dix jours; le onzième il paroît dans la chambre de Madame, elle passe dans son cabinet & le fait appeller. Comment avez-vous pu me quitter, dit-elle, sachant le besoin que j'ai de consolation? « Tenez, madame, lui dit M. de Valence, en ti» rant de ses poches & de dessous sa soutane une » multitude d'exemplaires, tenez, il n'en sera plus » parlé, brûlez-les vous-même ». Il avoit pris le parti de passer en Hollande, & moyennant deux mille pistoles qu'il avoit données au Libraire, il s'étoit assuré qu'il ne manquoit que deux exemplaires, dont l'un avoit été envoyé à M. de Louvois, l'autre au roi d'Angleterre, qui aimoit trop sa sœur pour ne pas supprimer cet exemplaire. Le cœur de Madame étoit fait pour sentir tout le prix d'un pareil service, & d'une pareille manière d'obliger.

Lorsqu'il fut question de son voyage en Angleterre, en 1670, elle voulut consulter l'évêque de Valence, & lui manda de venir secrètement à Paris; il étoit alors exilé dans son diocèse; il s'excusa sur les circonstances, mais il ne put tenir à un billet qu'elle lui écrivit & que voici: *Vous ne m'aimez donc plus, mon pauvre évêque, puisque vous me refusez une consolation dont je ne puis me passer.* Il se déguise, il arrive, il se loge à Paris à un cinquième étage, près la rue Saint-Denis, il y tombe dangereusement malade; au moment où on désespéroit presque de sa vie, il est arrêté sur le signalement d'un faux monnoyeur qui ressembloit au sien; il est mis au châtelet, après avoir, à force d'adresse & de présence d'esprit, soustrait aux recherches des archers des papiers essentiels qui auroient pu compromettre Madame. Il ne put sortir de prison que par l'entremise des agens généraux du clergé. Son aventure éclata, il fut exilé à l'Isle-Jourdain; il y resta quatorze ans; mais il revint en grace, & fut fait archevêque d'Aix en 1687, abbé de Saint-Riquier en 1695, commandeur de l'ordre du Saint-Esprit en 1701. « C'est, disoit l'abbé de Choisy, un homme d'une vivacité surprenante, » d'une éloquence qui ne laisse pas la liberté de » douter de ses paroles, bien qu'à la quantité qu'il

» en dit, il ne soit pas possible qu'elles soient toutes » vraies ».

COSPEAN ou COSPEAU (PHILIPPE) (*Hist. litt. mod.*), successivement évêque d'Aire, de Nantes & de Lisieux, disciple, dans les lettres, de Juste-Lipse, fut un des prédicateurs célèbres de son temps. On le cite comme un de ceux qui firent disparoître des sermons les citations d'auteurs profanes, & qui donnèrent à l'éloquence de la chaire un peu de dignité. Mort en 1646, à soixante-dix-huit ans.

COSROËS. *Voyez* CHOSROËS.

COSSART (GABRIEL) (*Hist. litt. mod.*). Le P. *Cossart*, jésuite, a travaillé avec le P. Labbe à la grande collection des conciles, & l'a continuée après la mort du P. Labbe. On a aussi de lui des harangues & des poésies, & il est au nombre des bons poëtes latins modernes. Il avoit professé la rhétorique à Paris, & Santeuil avoit été son disciple. Dans une de ses pièces il se représente l'ombre vénérable de *Cossart* sortant du tombeau pour venir accabler son élève de reproches.

Cossarti è tumulo veneranda resurgeret umbra.

Le P. *Cossart*, né à Pontoise en 1615, mourut à Paris en 1674.

COSSÉ (*Hist. de Fr.*), maison de *Cossé-Brissac*. Les fables même des grandes maisons attestent leur antiquité & ajoutent à leur gloire. Disons donc qu'on a fait descendre la maison de *Cossé* des *Cossus* romains

Quis te, magne Cato, tacitum, aut te, Cosse, *relinquat?*

de Cocceïus Nerva, de la maison de *Cossa* de Naples. Il paroit que la terre de *Cossé*, dans le Maine, a donné son nom à cette maison. La terre de Brissac, en Anjou, est aussi depuis très-long-temps dans cette même maison, qui d'ailleurs a produit plusieurs héros. Les plus célèbres sont, 1°. le premier maréchal de Brissac (Charles). Il fit ses premières armes sous le règne de François Ier. Il avoit été élevé avec le dauphin François, mort en 1536, dont René de *Cossé* son père, seigneur de Brissac, pannetier & grand fauconnier, étoit gouverneur. En 1542 le dauphin Henri, qui fut depuis le roi Henri II, faisoit le siége de Perpignan, qu'il fut obligé de lever; les assiégés fatiguoient les François par des sorties meurtrières; il y en eut une où ils se saisirent des batteries, & déja ils renversoient les canons dans leurs fossés, lorsque Brissac, alors colonel de l'infanterie françoise, accourant avec une poignée de monde, les chargea si vigoureusement, qu'il les força de se retirer. Ce fut là le plus grand exploit des François devant Perpignan; mais il ne servit qu'à la gloire particulière de Brissac. Le dauphin, qui en fut témoin, publia & envia noblement la valeur de Brissac. Il devoit être jaloux, dans plus d'un genre, de ce brave & galant chevalier: ce fut lui que la duchesse de Valentinois préféra, dit-on, en secret à son maître, & que la jalousie habile de Henri combla d'honneurs militaires, pour l'éloigner des faveurs de l'amour. On l'appelloit le *beau Brissac*.

En 1543, il étoit colonel général de la cavalerie légère, & il en fit les fonctions d'une manière distinguée au siége de Landreci, que faisoit l'empereur, & que ce prince fut à son tour obligé de lever. Ferdinand de Gonzague allant joindre l'empereur sous les murs de Landreci, Brissac, qui avoit obtenu la permission d'aller l'inquiéter, se mit en embuscade sur sa route, & fit ce qu'il put pour l'attirer; mais n'ayant pu en venir à bout, & ne voulant pas revenir sans avoir combattu, il insulta son arrière-garde avec cinq cents chevaux, qui rompirent la cavalerie légère des Impériaux, leur tuèrent beaucoup de monde, & firent des prisonniers importans, entre autres dom Francisque d'Est, frère du duc de Ferrare, & général des chevaux-legers Autrichiens. Ferdinand de Gonzague, obligé de suspendre sa marche, mit toute sa troupe en bataille pour envelopper Brissac, qui fit sa retraite en si bon ordre, qu'il ne perdit pas un seul homme.

Charles-Quint & François Ier, étoient en présence devant Landreci; ces deux rivaux s'observoient, les escarmouches étoient continuelles, les deux armées campées sur deux montagnes opposées avoient entre elles un vallon coupé par un petit ruisseau, que la hauteur de ses rives rendoit difficile à passer. L'empereur fit paroître de la cavalerie légère sur l'extrémité de la montagne qu'il occupoit, & fit descendre dans le vallon quelques bataillons de lansquenets, soutenus de gendarmes, comme s'il eût voulu insulter le camp françois; les Impériaux ne passèrent pourtant point le ruisseau. Brissac, impatient de les réprimer, le passa, poussa les Impériaux jusqu'au pied de la montagne; puis voyant leurs bataillons s'étendre pour l'envelopper, il s'arrêta; il y eut un moment où l'on crut que l'affaire alloit devenir générale; mais les Impériaux paroissant peu disposés à descendre de leur montagne, le roi se contenta d'envoyer l'amiral d'Annebaut au secours de Brissac; l'amiral & Brissac poursuivis jusqu'au ruisseau, le repassèrent à la vue des Impériaux, qui n'osèrent le passer à leur suite.

Les François se retirèrent à Guise; les Impériaux voulurent troubler leur retraite, mais Brissac, qui la couvroit & qui étoit à l'arrière-garde, les repoussa si vigoureusement, qu'ils n'osèrent plus reparoître, & laissèrent l'armée françoise continuer sa route vers Guise sans obstacle.

En 1544, le dauphin marchant contre l'empereur, qui faisoit le siége de Saint-Dizier, envoya

Brissac avec deux mille hommes d'infanterie à Vitry, dont la situation entre Châlons & Saint-Dizier pouvoit lui fournir des moyens de couper les vivres aux Impériaux, & tenir ceux-ci dans la crainte d'être attaqués lorsqu'ils voudroient livrer l'assaut à Saint-Dizier : Brissac s'acquitta de cette commission avec ses talens & ses succès ordinaires. Posté à Vitry, il enleva si souvent & si habilement de grands convois aux Impériaux, que la disette se fit sentir dans leur camp; pour s'en garantir, ils résolurent d'enlever Brissac lui-même dans Vitry, où il étoit impossible qu'il se défendit. Une partie du détachement, ou plutôt de l'armée, qu'ils envoyèrent pour cette expédition, alla droit à Vitry, une autre alla se poster sur le chemin de Vitry à Châlons, pour couper la retraite à Brissac; mais forcé de la faire par l'extrême supériorité des ennemis, il la fit avec autant de courage que d'habileté, tournant tête à tous momens, & chargeant les Impériaux lorsqu'il se sentoit pressé; il fut pris deux fois dans cette occasion, & reprit toutes les deux fois par les siens, avec lesquels il parvint enfin jusqu'à Châlons.

A l'expédition de la terre d'Oye, en 1545, Brissac conduisoit l'avant-garde; il avoit sous ses ordres la cavalerie légère & quelques compagnies de gendarmes, de Tais commandoit l'infanterie françoise; ce furent cette infanterie & la troupe de Brissac qui forcèrent seules la barrière. Brissac marcha d'abord vers un gros bourg, nommé Marq, où les Anglois, qu'il s'agissoit de chasser de la terre d'Oye, entretenoient une garnison; sur la route il rencontra un corps de deux mille Anglois; la gendarmerie les chargea sur-le-champ & les tailla en pièces. Alors le dégât se fit sans aucun obstacle dans la terre d'Oye, & les Anglois n'y trouvèrent plus de quoi subsister.

Brissac fut fait chevalier de l'ordre du roi sous Henri II; il fut fait grand maître de l'artillerie, maréchal de France en 1550, & gouverneur du Piémont, où il fut relégué honorablement.

Son administration dans ce pays est à jamais célèbre. Il commença par y établir la discipline militaire par des traits de sévérité & de fermeté dignes de l'histoire romaine. Un lieutenant d'une compagnie de cinquante hommes d'armes ayant demandé un congé pour revenir en France, il fut refusé; il prit le parti de revenir sans congé; Brissac le fit non-seulement casser, mais déclarer incapable de servir, & dégrader de noblesse. La cour pressa Henri II d'infirmer ce jugement, comme trop sévère; le roi en écrivit à Brissac, qui lui répondit : *c'est à vous, sire, non à moi, que l'offense a été faite, c'est à vous de la pardonner si vous consentez de faire ce tort à votre service.*

Au siége de Vignal, dans le Montferrat, l'armée étant rangée en bataille pour monter à l'assaut, un soldat, emporté par une valeur effrénée, part sans attendre le signal, s'élance à la brèche, tue ceux qui la défendent; il est promptement suivi & la place est emportée : Brissac assemble un conseil de guerre, où le soldat est condamné à mort. Il fait ensuite venir le soldat, & lui dit : voilà la loi satisfaite & l'indiscipline flétrie; il faut à présent honorer la valeur : il lui mit au cou une chaîne d'or, en le priant de la porter pour l'amour de lui, lui fit donner un cheval & des armes, & le retint comme son brave pour combattre toujours à ses côtés.

La fureur du duel faisoit des ravages dans les troupes du Piémont, le maréchal de Brissac, après l'avoir inutilement défendu, prit le parti de le permettre, à condition qu'il seroit public, & qu'on se battroit sur un pont sans garde-fous & fermé par les deux autres côtés, de manière qu'il fût impossible de reculer sans tomber dans l'eau. Cette contrainte rendit le duel plus rare.

Un courtisan éloigné est toujours négligé : les Guises laissoient manquer de tout l'armée du Piémont; le maréchal de Brissac en écrivit au roi, qui montra la lettre au duc de Guise. Un homme de confiance de ce duc vient secrétement négocier avec le maréchal, pour l'engager à dire que c'étoit une surprise, que la lettre étoit d'un secrétaire, & qu'il l'avoit signée sans la lire (observons qu'il est assez étonnant que le maréchal n'eût pas pris la peine d'écrire au roi, de sa main, une pareille lettre). *Je ne signe rien que je n'aie lu*, répondit le maréchal; *ce n'étoit pas la peine de venir de si loin me proposer une bassesse & une fausseté, j'ai mandé la vérité au roi, je la lui confirmerai, c'est mon devoir; au reste je ne connois & ne veux avoir à la cour d'autre protecteur que lui* : avec un si grand protecteur, on est souvent sacrifié.

A la paix les troupes du Piémont furent réformées. *Où trouverons-nous du pain?* dirent à Brissac ses soldats désespérés; *chez moi, mes amis, tant qu'il y en aura*, & il tint parole.

Les marchands du pays, sur la parole du général, avoient fait des avances à l'armée, on ne les payoit pas; ils représentent au maréchal la détresse où ils se sont mis par respect pour lui; le maréchal leur donne d'abord tout ce qu'il a, puis il les mène lui-même à la cour & y plaide leur cause; on convient de leurs droits, on les plaint, & on ne fait rien pour eux. Le maréchal alloit marier sa fille, la dot étoit prête; le maréchal représente à sa femme la situation de ces marchands : *seront-ils ruinés*, dit-il, *pour avoir compté sur les promesses du maréchal de Brissac? Remettons à un autre temps le mariage de ma fille.* La maréchale (Charlotte d'Esquetot), digne d'un tel mari, approuva, seconda ce projet avec transport; avec la dot & d'autres sommes qu'on emprunta, on parvint à payer aux marchands la moitié de ce qui leur étoit dû, on leur donna des sûretés pour le reste. Voilà certainement du plus pur & du plus parfait héroïsme.

Sous François II & Charles IX, les intérêts de religion attachèrent le maréchal de Brissac à la cause des Guises, auxquels il avoit précédemment prouvé qu'il n'étoit pas un courtisan ordinaire. L'amiral de Coligny fut forcé de céder à Brissac le gouvernement de Picardie.

Il faut convenir que ce fut le maréchal de Brissac qui donna le conseil d'arrêter le prince de *Condé*.

Il concourut, en 1562, à reprendre le Havre-de-Grace; il remporta aussi quelques avantages sur les huguenots. Il mourut le 31 décembre 1563, à 57 ans.

2°. Le maréchal de *Cossé* (Artus) frère du précédent, & Carnavalet, gouverneur du duc d'Anjou (Henri III), eurent sous le règne de Charles IX, un moment de crédit dont le souvenir ne s'est conservé que dans une espèce d'énigme en un vers latin. Pour l'entendre, il faut savoir que le maréchal de *Cossé* étoit seigneur de Gonnor ou Gonnord, & qu'il en portoit le nom; il faut supposer qu'on prononçoit Gon-nor ou Gon-nord, & se rappeller que le vieux mot *ord*, *orde*, auquel se rapporte celui d'*ordure*, signifioit *sale*, *vilain*, *honteux*, voici le vers:

Nam nec habet famulum regnat cum cardine turpi.

Car-n'a-valet-règne-avec-Gon-nord.

C'est de ce même maréchal de *Cossé*-Gonnor que Brantôme rapporte l'anecdote suivante.

« Le roi & la reine le firent surintendant des » finances, où il ne fit pas mal ses affaires, & mieux » que les miennes, ce disoit-on: aussi sa femme, » qui étoit de la maison de Puy-Greffier en Poitou, » mal habile pourtant, & n'étant jamais venue à » la cour, sinon quand il eut cette charge de » finance: lorsqu'elle fit la révérence à la reine, » elle remercia d'abord sa majesté de l'intendance » des finances qu'elle avoit donnée à son mari: » car ma foi, dit-elle, nous étions ruinés sans cela, » madame, car nous devions cent mille écus; » dieu merci, depuis un an nous en sommes ac- » quittés, & si avons gagné de plus de cent mille » écus, pour acheter quelques belles terres. Qui rit » là-dessus? Ce fut la reine, & tous ceux qui » étoient dans sa chambre, sans que son mari, » qui, bien fâché, dit assez bas qu'on l'ouïst: ah! » par dieu, madame la folle, vous vuiderez d'ici, » vous n'y viendrez jamais; qu'au diable soit-elle! » me voilà bien accoustré; la reine l'ouïst: car il » disoit fort bien le mot, qui en rit encore da- » vantage. Dès le lendemain il lui fit plier son » paquet & vuider.

Gonnor fut fait maréchal de France en 1567. C'étoit un des grands généraux du temps; il servit avec gloire dans les guerres civiles contre les huguenots; lorsque le duc d'Anjou, Henri, fut fait généralissime à seize ans, comme on vouloit qu'il eût la gloire de vaincre, on lui donna pour lieutenans les meilleurs capitaines du temps, surtout le maréchal de *Cossé*: ce fut ce maréchal qui fut vainqueur à Montcontour sous le nom du duc d'Anjou, & il fut battu sous son propre nom à Arnay-le-Duc. Il mourut le 15 janvier 1582.

3°. Timoleon de *Cossé*, dit le comte de Brissac, fils du maréchal de Brissac, neveu du maréchal de *Cossé*, héros précoce, tué à vingt-quatre ou 25 ans, en 1569, au siége de Mucidan en Périgord. Brantôme en fait un très-grand éloge. « Ce comte » de Brissac, dit-il, a été l'un des plus parfaits & » accomplis seigneurs que j'aie point vus en notre » cour; je n'en ai guères vu qui en leur jeunesse » n'aient fait quelque tour de sottise; mais jamais » celui-là n'en a fait.... Fils d'un père illustre, il » s'étoit déja fait par sa vertu un chemin aux » plus grands honneurs & aux plus hautes di- » gnités ».

4°. Charles II, son frère, maréchal de France & gouverneur de Paris, servit la ligue, & dut le gouvernement de Paris au duc de Mayenne. Ce fut lui qui remit cette capitale à Henri IV, le 22 Mars 1594.

Il fut fait cette année maréchal de France, & l'année suivante, chevalier des ordres; en 1620, Louis XIII érigea sa terre de Brissac en duché-pairie. Il mourut en 1621.

Le dernier maréchal de Brissac a soutenu la gloire de son nom par ses exploits, & s'est distingué de la cour par des usages antiques qui sembloient la parure naturelle de son air de chevalier & de héros, & par l'originalité piquante d'un style énergique & pittoresque, qui n'étoit qu'à lui, & qui n'alloit qu'à lui. Il a eu aussi le gouvernement de Paris; c'étoit, pour ainsi dire, remonter sur le trône de ses pères.

C'est M. le duc de Brissac son fils, qui a aujourd'hui ce gouvernement.

L'office de grand-pannetier est depuis plusieurs siècles dans la maison de *Cossé-Brissac*.

COSTANZO (Angelo) (*Hist. litt. mod.*), auteur d'une histoire de Naples, dont il s'occupa cinquante-trois ans, & qui ne comprend pas deux siècles & demi, ne s'étendant que depuis 1250, jusqu'en 1489. On a de lui des vers italiens; il perfectionna le sonnet. Mort vers l'an 1590.

COSTAR (Pierre) (*Hist. litt. mod.*), connu par sa défense de Voiture contre Girac, & par un recueil de lettres. Avec tout ce qu'il falloit pour être un savant, il voulut être un bel-esprit & un homme aimable; il prétendit plaire aux femmes, & se piqua de ce qu'on appelloit alors *galanterie*: une femme disoit qu'il étoit le plus galant des pédans & le plus pédant des galans du temps. Des galans pédans, voilà ce que les beaux esprits commençoient à être, auparavant ils n'étoient que pédans. La galanterie & le ton cavalier, nuances que l'on confondoit alors, étoient devenues leur manie, parce qu'ils commençoient à entrer dans le monde. On voit par toutes les œuvres de Ménage, qu'il se piquoit d'avoir une réputation dans ce genre; le pédant Trissotin s'en pique aussi dans *les Femmes savantes* :

Pour les dames on sait mes respects en tous lieux;
Et si je rends hommage au pouvoir de leurs yeux,
De leur esprit aussi j'honore les lumières :

Et Philaminthe répond :

Le sexe aussi vous rend justice en ces matières.

Le marquis de Mascarille, dans les *Précieuses ridicules*, dit : *tout ce que je fais a un air cavalier, cela ne sent pas le pédant.*

Dans le voyage de Bachaumont & de Chapelle, les précieuses de Montpellier disent que Ménage

Avoit l'air & l'esprit galant;
Que Chapelain n'étoit pas sage;
Que *Costar* n'étoit pas pédant.

Il suffit d'ouvrir Voiture pour voir combien il se piquoit de galanterie, & c'est principalement à ce ton galant & cavalier, ton nouveau alors, qu'il a dû sa réputation; les gens de lettres y applaudissoient, parce que ce ton les rendoit gens du monde; les gens de la cour même l'accueilloient, 1°. parce qu'il étoit nouveau; 2°. parce que c'étoit le leur, quoiqu'imparfait; 3°. parce qu'étant disciples des gens de lettres en littérature, ils sentoient bien qu'ils seroient toujours leurs maîtres & leurs modèles pour l'usage du monde. Ce desir de plaire qui, joint à du goût & de la sensibilité, devoit dans la suite rendre les gens de lettres plus aimables, leur étoit inspiré par l'hôtel de Rambouillet, qui commençoit dès-lors la liaison & le commerce, devenu depuis si intime entre les gens du monde & les gens de lettres, & qui a été utile aux uns & aux autres. Jusques-là ces derniers ne paroissoient dans le monde, que pour y enseigner, & que quand ils y étoient appellés pour les fonctions de leur état, à-peu-près comme les médecins. Aujourd'hui le desir de plaire & d'être trouvé aimable, a pénétré dans toutes les conditions; les gens de lettres sur-tout y ont des prétentions assez bien fondées, & que l'orgueil seul peut rendre ridicules en les affichant. Il résulte de cette modification, des êtres mixtes, en qui le caractère principal, affoibli, altéré par ce mélange, n'est plus si dominant, ni si prononcé, mais qui ont peut-être plus gagné d'un côté qu'ils n'ont perdu de l'autre. *Costar* étoit né à Paris en 1603. Il y mourut en 1660. On dit que son vrai nom étoit *Costaud* : qu'importe? Il étoit fils d'un chapelier; qu'importe encore?

COSTE (HILARION DE) (*Hist. litt. mod.*), minime, connu principalement par ses vies des reines, princesses & dames illustres, a fait beaucoup d'autres ouvrages. Une vie du P. Mersenne, dont il avoit été le disciple; une de saint François-de-Paule, fondateur de son ordre, & à la famille duquel il appartenoit; les éloges des rois & des enfans de France qui ont été dauphins; la vie de François le Picard, ou le parfait ecclésiastique, avec les éloges de quarante autres docteurs. Voilà bien des éloges; enfin la vie de Jeanne de France, fondatrice des annonciades, qui, quoique fille de Louis XI, mérita l'éloge d'avoir été un modèle de patience, de douceur & de vertu, & qui put dire à Louis XII son mari, lorsqu'il la répudia :

Vous ne fûtes jamais injuste que pour moi.

Hilarion *de Coste* naquit en 1595. Mourut en 1661.

COSTE (Pierre) (*Hist. litt. mod.*), a traduit de Locke l'*Essai sur l'entendement humain*, & le *Christianisme raisonnable*. Il a traduit aussi l'optique de Newton; il a donné des éditions de Montagne & de la Fontaine; une vie du grand Condé; une défense de la Bruyère, qui n'avoit nul besoin de défenses ni d'un tel défenseur :

Non defensoribus istis
Tempus eget.

Mort en 1747.

Un autre COSTE, mort en 1759, marchant sur les traces de l'auteur de la plaisanterie de Mathanasius, a fait une dissertation connue sur l'antiquité de Chaillot, & dans le même esprit, le projet d'une histoire de la ville de Paris sur un plan nouveau.

COSTER (LAURENT) (*Hist. litt. mod.*), habitant de Harlem, joue un rôle dans l'histoire de l'imprimerie. Les Hollandois prétendent, & le savant Meerman, pour l'honneur de son pays, a voulu prouver dans ses *Origines typographicæ*, que *Coster* inventa l'imprimerie à Harlem vers l'an 1430 : ce qui est pour le moins très-contesté par les autres savans. L'opinion commune est toujours que Jean Guttemberg a imprimé d'abord à Strasbourg, ensuite à Mayence, en caractères de bois mobiles, & que les caractères de fonte ont été inventés à Mayence par Schœffer. La ville de Harlem n'a revendiqué sur Mayence l'invention de cet art qu'au bout de 130 ans.

Le père François COSTER, jésuite de Malines, mort à Bruxelles en 1619, auteur de quelques écrits dogmatiques & polémiques, fut appellé *le Marteau des hérétiques*.

COSTES. *Voyez* CALPRENÈDE.

COTA (RODRIGUEZ) (*Hist. litt. mod.*), poëte tragique espagnol du 16e. siècle. Sa tragi-comédie, intitulée : *Calisto y Melibœa*, a été traduite en latin & en françois.

COTELIER (JEAN-BAPTISTE) (*Hist. litt. mod.*), savant précoce, qui, à douze ans, possédoit supérieurement le grec & l'hébreu ; il fut employé par M. Colbert, avec le célèbre du Cange, à faire un catalogue des manuscrits grecs de la bibliothèque du roi. On a de lui un recueil de *Monumens des pères qui ont vécu dans les temps apostoliques*, 2 vol. *in-fol.* ; un recueil de *Monumens de l'église grecque*, 3 vol. *in-4°.* ; la *Traduction de quelques ouvrages de saint Jean-Chrisostôme*. Mort, consumé par le travail, à cinquante-huit ans, en 1686.

COTES (ROGER) (*Hist. litt. mod.*), professeur d'astronomie & de physique expérimentale dans l'université de Cambridge. On lui doit une bonne édition des *principes* de Newton ; il est l'auteur d'un ouvrage intitulé : *Harmonia mensurarum, sive analysis & synthesis per rationum & angulorum mensuras promotæ* : cet ouvrage ne fut publié qu'après sa mort, par Robert Smith, son ami & son successeur. *Cotes* mourut en 1716, après avoir donné la description d'un grand météore qui parut au mois de mars de cette année.

COTIN (CHARLES) (*Hist. litt. mod.*), aumônier du roi, chanoine de Bayeux, décrié par Boileau comme prédicateur & comme poëte, joué sur le théatre par Molière comme un mauvais poëte, comme un pédant, & ce qui ne peut jamais être permis, à moins que la personne ne soit infame, comme un mal-honnête homme, du moins comme un homme sans délicatesse, & même sans principes :

Ce sonnet qui chez une princesse
A passé pour avoir quelque délicatesse.

Ce *sonnet* sur la fièvre qui tient la princesse Uranie, étoit véritablement de *Cotin*, & la princesse Uranie étoit la duchesse de Nemours, sœur du duc de Beaufort. La querelle entre Trissotin & Vadius, au sujet de ce sonnet, eut réellement lieu, dit-on, entre l'abbé *Cotin* & Ménage, chez Mademoiselle, où *Cotin* venoit de réciter son sonnet, lorsque Ménage entra, & en dit du mal de la manière exactement dont le fait est représenté dans *les Femmes savantes*. Ménage lui-même reconnoît dans une de ses lettres qu'il est le Vadius de cette pièce, & quant à *Cotin*, il étoit difficile de le désigner mieux que par un de ses ouvrages ; on le désignoit cependant encore par son nom, car le personnage se nommoit d'abord *Tricotin*, comme trois fois *Cotin*, & le changement qu'on fit de ce nom en celui de *Trissotin*, étoit une nouvelle injure. Molière, dit-on, avoit du ressentiment contre *Cotin*, parce que *Cotin* avoit cherché à le desservir auprès de M. le duc de Montausier, en insinuant à celui-ci que c'étoit lui que Molière avoit voulu jouer dans le *Misanthrope* ; on sait comment ce coup manqua son effet par l'esprit d'équité de M. de Montausier, qui dit : *je voudrois bien ressembler à son Alceste* ; mais Molière voulut punir dans *Cotin* l'intention. Quant à Boileau, voyez son article, ou plutôt à la suite de cet article BOILEAU, celui de GILLES BOILEAU son frère, vous y trouverez une partie des causes qui ont pu l'aigrir contre *Cotin*. On ajoute que *Cotin* lui parla sans ménagement sur le mauvais choix qu'il avoit fait du genre satyrique, en quoi *Cotin* ne peut avoir eu tort que dans la forme. On dit que le trait

Qu'aux sermons de Cassaigne, ou de l'abbé *Cotin*,

fut amené par la fatale nécessité de la rime ; mais le trait

Mais pour *Cotin* & moi, qui rimons au hasard,

ne fut amené que par la fatale nécessité de traduire le *quales ego vel Cluvienus*, de Juvénal.

Au reste, *Cotin* n'étoit pas toujours aussi ridicule, & ne l'étoit peut-être jamais autant que Molière & Boileau l'ont représenté. On citera toujours de lui cette jolie chanson :

Iris s'est rendue à ma foi ;
Qu'eût-elle fait pour sa défense ?
Nous n'étions que nous trois, elle, l'amour & moi :
Et l'amour fut d'intelligence.

Et cet autre quatrain à une femme qui lui écrivoit :

Vous n'écrivez que pour écrire,
C'est pour vous un amusement ;
Moi qui vous aime tendrement,
Je n'écris que pour vous le dire.

On dit que *Cotin* avoit assez de connoissance des langues savantes. Il fut reçu à l'académie françoise en 1655. Il mourut en 1682.

COTOLENDI (CHARLES) (*Hist. litt. mod.*), avocat, auteur d'une *Vie de la duchesse de Montmorenci*, supérieure de la Visitation de Moulins, vie qui méritoit d'être écrite, par l'intérêt que la douleur illustre de cette digne veuve du malheureux Montmorenci répand sur ce héros & sur elle-même. Une *Dissertation sur les œuvres de Saint-Evremont*, sous le nom de Dumont, & dont Saint-Evremont, quoiqu'un peu critiqué, parut content, est encore du même *Cotolendi*, ainsi qu'une *Vie de saint François de Sales*. Il a traduit aussi de l'espagnol en françois quelques ouvrages, entre autres la *Vie de Christophe Colomb*. Il est mort au commencement de ce siècle.

COTTA (*Hist. rom.*), nom d'une famille illustre de Rome, qui a produit quelques capitaines distingués & un orateur fameux.

COTTON *ou* COTON) (PIERRE) *Hist. de Fr.*). On a parlé diversement de ce jésuite, confesseur de Henri IV & de Louis XIII. Il est fort cité tant en bien qu'en mal sur la grande & fâcheuse question concernant la révélation de la confession en matière de crimes d'état. On rapporte d'un côté, qu'à la mort de Henri IV il aborda Ravaillac, & lui dit de ne point accuser les gens de bien. Cet avis peut avoir été donné très-innocemment après l'aventure de Jean Chatel & l'expulsion des jésuites; un jésuite peut avoir craint que les ennemis de sa société, rappellée depuis peu, & qui n'avoit pas la faveur publique, n'engageassent Ravaillac à la calomnier, mais il est certain que cette précaution excessive étoit susceptible d'un mauvais sens, & que le mouvement naturel de l'innocence n'est pas de prendre ces sortes de précautions, *nimia præcautio dolus*.

D'un autre côté on raconte que Henri IV ayant dit au P. *Cotton* : *révéleriez-vous la confession d'un homme résolu de m'assassiner ? — Non, sire*, dit le P. *Cotton*, *mais j'irois me mettre entre vous & lui.* C'est le mot de Zaïre à Orosmane :

Eh ! peut-on vous trahir?
Seigneur, entre eux & vous, vous me verriez courir.

Le mot de Zaïre est tendre, celui du confesseur est sublime.

Dans le temps de l'arrêt du parlement contre le jésuite Santarel, qui, conformément aux opinions ultramontaines, attribuoit au pape l'autorité temporelle sur les rois, le P. *Cotton*, interrogé par le premier président si les jésuites de France ne pensoient pas comme leur général sur cette autorité qu'il attribuoit au pape, répondit avec toute la dextérité jésuitique: *Notre général suit les opinions de Rome où il est, & nous celles de France où nous sommes.* On ne pouvoit assurément rien répondre de mieux; car au moyen de cette flexibilité de principes, les jésuites devenoient par-tout des sujets sûrs & fidèles, & pouvoient sans danger être admis & conservés par-tout; mais cette facilité à prendre les maximes de tous les pays, ne confirmoit-elle pas d'avance tout ce qu'on a dit depuis de leur doctrine du probabilisme, & peut-être même de leur trop grande condescendance pour les cérémonies chinoises ?

Le trait suivant n'est pas à l'avantage du P. *Cotton*.

Les jésuites, depuis leur rappel, trouvoient de la difficulté à se rétablir dans plusieurs villes de France, qui conservoient contre eux des préventions fâcheuses. Poitiers étoit une de celles où ils rencontroient le plus d'obstacles : comme Sully en étoit gouverneur, qu'il étoit protestant, & qu'indépendamment de sa religion, il n'étoit pas bien disposé pour les jésuites, ceux-ci trouvant l'occasion d'accuser leur ennemi, ne la manquèrent pas. Ces oppositions étoient son ouvrage, le P. *Cotton* l'assura au roi; il en avoit vu la preuve consignée dans des lettres de Sully, il savoit où étoient ces lettres, & il étoit en état de les faire voir au roi. Sur les dénégations de Sully, l'offre du P. *Cotton* fut acceptée, & devint l'objet d'un défi. Le lendemain, le P. *Cotton* vint dire au roi que les lettres avoient été brûlées par mégarde.

Mais, dira-t-on, que pouvoit espérer le P. *Cotton* d'un mensonge dont il seroit si facile de le convaincre ? Ce qu'il en pouvoit espérer? Des préventions sans examen dans l'esprit du roi, c'est l'effet ordinaire de la calomnie, & les délateurs le savent bien.

Messieurs, disoit un fameux délateur
Aux courtisans de Philippe son maître ;
Quelque grossier qu'un mensonge puisse être,
Ne craignez rien, calomniez toujours ;
Quand l'accusé confondroit vos discours,
La plaie est faite &, quoiqu'il en guérisse,
On en verra du moins la cicatrice.

On dit que Henri IV voulut faire le P. *Cotton* archevêque d'Arles, & même cardinal, & qu'il refusa tout. Peut-être préféroit-il le crédit attaché à sa place. Il la quitta cependant & même volontairement en 1617. Il mourut en 1626.

Deux de ses confrères, le P. d'Orléans & le P. Rouvier, ont écrit sa vie. On a de lui quelques ouvrages de controverse & quelques sermons; une *Lettre déclaratoire de la doctrine des PP. jésuites, conforme à la doctrine du concile de Trente;* cette lettre donna lieu à l'*anti-Cotton*, satyre attribuée à un auteur nommé Pierre du Coignet.

COTTON (Robert) (*Hist. d'Anglet.*), savant chevalier anglois, a deux grands titres à la célébrité.

1°. Il avoit une connoissance toute particulière des droits de la couronne d'Angleterre, & des constitutions britanniques. C'étoit toujours à lui qu'on avoit recours, quand il s'agissoit de les faire valoir. Ce fut lui qui, d'après des recherches qu'il fit dans les anciens titres, procura le rétablissement des chevaliers baronnets, titre tombé alors dans l'oubli, & qui donne le premier rang après les barons, pairs du royaume.

2°. Il avoit formé une bibliothèque très-riche, sur-tout en manuscrits; un de ses héritiers en fit présent à la couronne, ainsi que de la maison qui la contenoit. Smith publia le catalogue des manuscrits de cette bibliothèque en 1696. Mais en 1731, un incendie y fit un ravage considérable, que le jeu des pompes augmenta encore, l'eau ayant effacé ce que le feu avoit épargné. Le chevalier *Cotton* étoit mort en 1631.

M. l'abbé *Cotton* des Houssayes, bibliothécaire de

de Sorbonne, de l'académie de Rouen, long-temps secrétaire perpétuel de l'académie des Palinods ou de l'Immaculée Conception de la même ville, mort depuis peu, mérite ici une courte mention; c'étoit un littérateur estimable, d'un talent ordinaire, mais d'une érudition peu commune, surtout en bibliographie, genre de connoissances que tous les bibliothécaires devroient porter dans leur place ou y acquérir.

COTYS (*Hist. anc.*), nom de quatre rois de Thrace, contemporains, le premier, de Philippe, père d'Alexandre; le second, de Pompée; le troisième d'Auguste; le quatrième, de Caligula. C'est au troisième qu'Ovide adresse quelques-unes de ses élégies. Le premier & le troisième moururent de mort violente; celui-ci fut tué par Rhescuporis, son oncle; le quatrième fut forcé par Caligula, de céder la Thrace à Rhœmetalcès, son cousin, & d'accepter en échange la Petite Arménie, & une partie de l'Arabie.

COVARRUVIAS (DIEGO) (*Hist. litt. mod.*), est nommé le *Bartholé Espagnol*; mort en 1557, évêque de Ségovie, & président du conseil de Castille. On a ses ouvrages en 2 vol. *in-fol.*

COUCHOT (*Hist. litt. mod.*), avocat au parlement de Paris, connu par quelques ouvrages de jurisprudence, sur-tout par son *praticien universel.*

COUCY (*Hist. de Fr.*). L'ouvrage de l'Allouette, qui a prétendu faire l'histoire de la maison de Coucy, est, selon M. de Belloy qui a fait un excellent mémoire historique sur cette maison, un tissu d'erreurs manifestes dont quelques-unes avoient déja été relevées par du Chesne & par dom Toussaint du Plessis. Ces auteurs ne remontent dans la recherche des anciens seigneurs de *Coucy*, que jusqu'à Alberic qui vivoit en 1059; mais sa puissance attestoit dès-lors l'ancienneté de sa maison. Ce fut lui qui fonda la riche abbaye de Nogent-sous-Coucy, établissement qui n'a pu être fait que par un très-grand seigneur. On ne sait pas bien si Dreux de Bove étoit son fils ou son gendre, ce Dreux de Bove fut père d'Enguerrand I, comte d'Amiens, qui vivoit en 1080, & mourut en 1116, & qui eut pour fils ce Thomas de Marle, si fameux par ses exploits & par ses cruautés, le premier qui ait pris le titre de *sire de Coucy par la grace de Dieu.* Enguerrand II son fils, eut l'honneur de s'allier avec la maison royale; Agnès de Beaugenci sa femme, étoit cousine-germaine du roi Louis-le-Jeune. Il mourut dans la seconde croisade.

Raoul I, son fils, avoit épousé en premières noces la fille de Baudouin, comte de Hainault, tante d'Isabelle de Hainault, première femme de Philippe-Auguste. Raoul ayant perdu sa femme, le roi, pour récompense des services que Raoul lui avoit rendus dans ses guerres contre le comte de Flandre, lui fit contracter une double alliance avec les princes de Dreux, cousins-germains de Philippe-Auguste lui-même, & comme lui petits-fils de Louis-le-Gros. Raoul épousa donc Alix, sœur de Robert de Dreux, & donna en mariage à Robert, Yolande *de Coucy*, sa fille aînée.

La fille de Robert de Dreux & d'Yolande *de Coucy*, épousa Renault ou Rainard de Choiseul, duquel toute la maison de Choiseul est sortie. L'alliance des maisons de Choiseul & de *Coucy*, dit M. de Belloy, ne pouvoit être plus glorieuse; « c'est par le sang même de nos rois qu'elles ont » été unies. Cette alliance, après cinq cents ans, » s'est encore renouvellée entre les deux maisons. » Messieurs *de Coucy* de Bercy étoient parens » du troisième au cinquième degré de M. le duc » de Choiseul, & du troisième au quatrième de » M. le prince de Beauvau, comme ayant une » ayeule commune, issue de la noble & ancienne » famille de *Coucy* ».

Raoul, avant même qu'il eût épousé une petite fille de France, avoit un chambellan, un bouteiller, tous les grands officiers réservés aux maisons souveraines. Il fut tué au siége d'Acre ou Ptolémaïs en Syrie, l'an 1191.

C'est de Raoul I que descendent les différentes branches de la maison de *Coucy*. Enguerrand III, surnommé *le Grand*, forma la branche aînée; Thomas, celle de Vervin; un troisième fils forma la branche de Coucy-Pinon, qui n'a pas passé la quatrième génération, & s'est éteinte vers l'an 1337.

Suivons la branche aînée. La puissance d'Enguerrand III égaloit celle des rois; c'est de lui qu'on a dit que les grands du royaume, ennemis de la régence sous la minorité de Saint-Louis, l'avoient élu roi. M. de Belloy discute ce fait, & se détermine à le rejetter.

On connoît la devise d'Enguerrand III:

Je ne suis roi, ne duc, prince, ne comte aussi:
Je suis le sire de *Coucy*.

Enguerrand III mourut par un accident singulier, il tomba de cheval en passant une rivière à gué, son épée étant sortie du fourreau par violence de la chûte, le perça & le tua.

C'est Enguerrand IV, un de ses fils, qui ne put être jugé par Saint-Louis dans sa cour des pairs, parce que le roi & les pairs se trouvèrent tous parens de l'accusé.

Tous les fils d'Enguerrand III étant morts sans enfans, Alix sa fille, porta dans la maison de Guines, le nom & les armes de *Coucy*, avec les biens de la branche aînée. Les comtes de Guines descendoient de la maison de Gand, qui s'est perpétuée jusqu'à nous par d'autres branches, & dont sortoit feu M. le maréchal d'Isenghien.

Les biens de la maison de *Coucy*, portés dans

la maison de Guines, passèrent, par différens moyens, à la maison d'Orléans-Valois, à la maison de Bourbon, enfin à monseigneur le duc d'Orléans.

Remontons à la seconde branche issue de Raoul de *Coucy*, & connue sous le nom de *Coucy-Vervin.*

Thomas *de Coucy*, auteur de la branche de *Coucy-Vervin*, se distingua, ainsi que ses frères, à la bataille de Bovines. Trois de ses successeurs, Renault, Enguerrand & Raoul, furent successivement chambellans des rois Charles VI, Charles VII & Louis XI.

Sous Henri II on fit le procès à Jacques de *Coucy-Vervin*, pour avoir mal défendu Boulogne. M. de Belloy, d'après Dupuy, discute ce procès, justifie Vervin, & prouve que sa mémoire fut justement réhabilitée. Il prouve d'abord que Mezerai, dont tant d'historiens ont répété le jugement, a parlé de Vervin absolument sans connoissance. Mezerai le représente comme un jeune homme sans courage & sans expérience, à qui quelques volées de canon firent tourner la tête. Ce jeune homme avoit quarante-huit ans; il s'étoit trouvé en 1515 à la bataille de Marignan, en 1524 à celle de Pavie. En 1543 il avoit défendu Landrecy contre toutes les forces de Charles-Quint, & lui en avoit fait lever le siège. C'étoit le talent connu de Vervin pour la défense des places, qui lui avoit fait confier celle de Boulogne. Il paroît que le procès intenté à Vervin & au maréchal du Biez, son beau-père, fut l'effet d'une intrigue de courtisans jaloux de leur faveur, qui profitèrent sur-tout contre Vervin du dépit qu'avoit eu Henri II, alors dauphin, de n'avoir pu arriver assez-tôt pour faire lever le siège de Boulogne, que Vervin, faute de poudre, avoit été forcé de rendre.

Les témoins qui avoient déposé contre Vervin de faits absurdes & incroyables, évidemment inventés par la haine, se rétractèrent dans la suite, & furent punis de mort, mais le malheureux Vervin avoit eu la tête tranchée. Ce fut Henri III qui, en 1575, réhabilita sa mémoire. Les princes des maisons de Bourbon & de Guise assistèrent en personne ou par députés à la pompe funèbre de Vervin après sa réhabilitation. Antoinette de Bourbon écrivoit au cardinal du même nom, en lui parlant de Jacques *de Coucy*, fils du décapité: *Je vous prie que, pour l'innocence de son père si bien reconnue, sa maison, qui nous est proche alliée, soit remise en son premier honneur.* On grava sur le tombeau de Vervin, élevé en marbre dans l'église de Vervin, sa condamnation & sa réhabilitation; avec ces mots:

Vixi non sine gloriâ, migravi non sine invidiâ.

L'avocat du roi au bailliage de Laon, dit en requérant l'enregîtrement des lettres de réhabilitation de Vervin: « *Toute la noblesse y est intéressée* » *pour l'injure faite à tout le corps d'icelle, d'avoir* » *mis un tel opprobre en cette excellente & illustre mai-* » *son de* Coucy, *dans la personne de Jacques de* » *Vervin, que le roi bien informé auroit enfin déclaré* » *pur & innocent* ».

La branche de *Coucy-Polecourt*, actuellement existante, descend de Raoul, frère de l'infortuné Vervin. Depuis Louis *de Coucy*, fils de Raoul, jusqu'à messieurs *de Coucy* actuellement existans, tout est reconnu, la seule question est de savoir si Louis étoit fils légitime de Raoul, & il n'y auroit point de question à cet égard, sans l'ignorance de l'Allouette qui n'a donné à Raoul *de Coucy* que trois filles bâtardes, & qui a prétendu qu'il étoit mort sans avoir été marié.

L'Allouette écrivoit en 1577, & dès 1560, Raoul *de Coucy* avoit marié son fils Louis, & lui avoit donné en mariage la terre de Polecourt; or, la coutume de Vermandois, sous l'empire de laquelle Raoul demeuroit, & qui régit la terre de Polecourt, la coutume de Vermandois à la rédaction de laquelle Raoul *de Coucy* avoit eu part quatre ans auparavant (en 1556), puisqu'il est nommé dans le procès-verbal, défend expressément de donner des biens fonds, même par contrat de mariage, *à autres enfans qu'à ses hoirs, procréés en légitime mariage*: donc Louis étoit fils légitime de Raoul.

Cette terre de Polecourt est énoncée *propre naissant* dans la personne de Louis. Or il n'y a qu'une succession ou donation d'un père à un fils légitime qui puisse faire *un propre naissant.* Dans un autre acte, Raoul parle des *conquêts* qu'il a faits; or, les *conquêts* sont les acquisitions d'un homme en communauté de biens avec sa femme, donc Raoul avoit été marié.

Dans tous les actes, Louis *de Coucy* est toujours nommé avec son père, & les qualifications sont toujours les mêmes pour l'un & pour l'autre: *chevalier, honoré seigneur*: titres qu'un bâtard n'eût pas obtenus. Toutes les fois que les titres ont été vérifiés, ils ont été reconnus, & tous les juges de la noblesse ont déclaré que *les titres de messieurs* de Coucy *sont à l'épreuve de la critique la plus sévère, & qu'il en résulte incontestablement qu'ils descendent en ligne masculine de la très-illustre maison de* Coucy, *connue par chartes, dès l'an 1042.*

Si l'on vouloit croire que Louis, né bâtard, a depuis été légitimé, deux argumens détruisent cette idée.

1°. On ne trouve nulle trace de la légitimation de Louis *de Coucy*, ni à la chambre des comptes, ni à la bibliothèque du roi, où se conserve depuis soixante ans un relevé complet de toutes les légitimations accordées depuis cinq siècles.

2°. Louis a vendu des portions considérables de la terre de Polecourt. On rapporte jusqu'à treize de ces contrats de vente, tous faits à des voisins, à des gens du pays, qui ne pouvoient pas ignorer ſi Louis étoit bâtard, & s'il avoit beſoin de lettres de légitimation, & pour poſſéder & pour vendre. Certainement ſi Louis eût été un bâtard légitimé, les lettres de légitimation auroient été mentionnées dans ces contrats; car ſans ces lettres les contrats étoient nuls, ainſi que la donation faite par Raoul à Louis. Ces lettres étoient donc le titre des acquéreurs, l'unique ſûreté de leur acquiſition. Or, aucun de ces contrats ne fait mention de pareilles lettres. Concluons que Louis étoit fils légitime de Raoul, & que l'ignorance de l'Alouette ne peut faire aucun tort à meſſieurs *de Coucy*.

De cette même maiſon étoit le châtelain de *Coucy*, amant de madame de Faïel, dont l'hiſtoire eſt connue par une tradition fort ancienne, par la chronique du préſident Fauchet, qui contient des fragmens de chanſons faites par le châtelain pour *ſa dame*, chanſons auxquelles les recherches de M. de Sainte Palaye ont procuré un ample ſupplément; mais cette hiſtoire n'eſt nulle part détaillée comme dans un vieux roman manuſcrit dont M. de Belloy donne l'extrait. M. de Belloy fait connoître plus particuliérement le lieu de la ſcène & les perſonnages de l'aventure. Le lieu eſt le château de Faïel en Vermandois, à une demi-lieu de Saint-Quentin; les perſonnages étoient Renault *de Coucy*, châtelain *de Coucy*, & non pas Raoul, ſire *de Coucy*; Eudes, ſeigneur de Faïel en 1191, & Gabrielle de Levergies ſa femme, ainſi nommée du village de Levergies, à deux lieues du château de Faïel, & qui n'a rien de commun avec la maiſon de Vergy en Bourgogne. L'hiſtoire du châtelain de *Coucy* & de Gabrielle de Levergies, eſt, ſelon M. de Belloy, l'original de toutes les hiſtoires de cœur mangé, qui ſe ſont multipliées dans la ſuite; celle du poëte Cabeſtaing eſt, ſelon lui, copiée de celle de *Coucy*, quoique, par une ſingularité que M. de Belloy relève, quelques Provençaux ſemblent revendiquer avec une ſorte de jalouſie nationale, l'honneur d'avoir fourni le modèle de l'atrocité reprochée au ſeigneur de Faïel.

COUGHEN (JEAN) (*Hiſt. d'Angl.*), miniſtre anglois, auteur de la ſecte des *pacificateurs* qui vouloient tout concilier en matière de religion. Si c'eſt-là une ſecte, elle ſemble faite pour fermer les plaies que font toutes les autres; mais les hommes ſont bien capables de ſe battre, même en l'honneur & pour l'amour de la paix. Mort en 1665.

COULANGES (PHILIPPE-EMMANUEL DE) (*Hiſt. mod.*), connu par ſes chanſons qui ont beaucoup d'enjouement, & même une gaieté abandonnée, mais il ne faut pas dire en général qu'elles ſoient bonnes; elles ont cependant quelquefois des traits; c'en eſt un, par exemple, que celui-ci:

Le morceau de pomme
N'eſt pas digéré.

en s'accuſant à un dévôt d'avoir encore dans un grand âge du goût pour les plaiſirs, & cet autre qui eſt paſſé en proverbe ſur la naiſſance:

L'un a dételé le matin,
L'autre l'après-dînée.

Il fut conſeiller au parlement, puis maître des requêtes. On dit qu'en rapportant au parlement une affaire, où il s'agiſſoit d'une mare d'eau qui étoit en litige entre deux payſans, dont l'un ſe nommoit *Grapin*, il s'apperçut qu'il s'embarraſſoit dans le récit des faits; il s'interrompit par cette plaiſanterie: *pardon, meſſieurs, je me noye dans la mare à Grapin*, & qu'il finit là ſon rapport, & ne voulut plus être chargé d'aucune affaire. Il y a grande apparence que c'eſt encore-là une hiſtoire mal contée, il peut avoir égayé ſon rapport par la plaiſanterie de *la mare à Grapin;* elle eſt tout-à-fait dans ſon goût, mais ſans doute il continua ſon rapport, & ne renonça point aux fonctions de ſon état, ſans quoi il eſt difficile de concevoir qu'il eût été maître des requêtes; il y a grande apparence ſeulement que c'étoit un magiſtrat peu appliqué, & qui n'avoit guères plus l'eſprit de ſon état qu'il n'en avoit la gravité. Il mourut à quatre-vingt-cinq ans en 1716, ayant conſervé juſqu'à la fin ſa rare gaieté. Il étoit couſin de madame de Sevigné; on trouve pluſieurs lettres de lui parmi celles de ſa couſine, elles ſont remarquables par la gaieté; on trouve auſſi parmi les lettres de madame de Sevigné quelques lettres de madame *de Coulanges*, femme de monſieur *de Coulanges*, & l'une des femmes aimables de ce ſiècle. Sa converſation étoit, dit-on, toute étincelante d'eſprit; on le diſoit devant l'abbé Gobelin, confeſſeur de madame de Maintenon, & ſupérieur de Saint-Cyr, l'une des puiſſances eccléſiaſtiques de ce temps-là; il eſt vrai, dit l'abbé Gobelin, j'ai dirigé la conſcience de cette dame, chaque péché dont elle s'accuſoit, devenoit dans ſa bouche une épigramme. Quel Gobelin! s'écrie à ce ſujet M. de Voltaire, juſtement bleſſé de cette révélation, quoique ſi indirecte & ſi imparfaite des ſecrets du confeſſional!

COULON (LOUIS) (*Hiſt. litt. mod.*). C'eſt à lui qu'on doit les *Voyages de Vincent le Blanc aux Indes orientales & occidentales, en Perſe, en Egypte, &c.* rédigés par Bergeron, & augmentés par *Coulon*, un *Traité hiſtorique des rivières de France*, ou *deſcription géographique & hiſtorique des cours & débordemens des fleuves & rivières de France*, avec le dénombrement des villes, ponts & paſſages; &, dans un autre genre, *Lexicon homericum, &c.* Mort vers l'an 1664.

COUPLET (PHILIPPE) (*Hiſt. litt. mod.*), jéſuite, miſſionnaire à la Chine, parti en 1659 pour ce pays, revenu en 1680, rembarqué pour y retourner, mort en route en 1693. On a de lui:

Tabula chronologica monarchiæ sinicæ. Confucius sinarum philosophus, sive scientia sinensis latinè exposita. Il a aussi écrit en chinois.

COUR (DIDIER DE LA) (*Hist. mod.*), réformateur de l'abbaye de Saint-Vanne à Verdun, & auteur de la Congrégation, connue sous le nom de Saint-Vanne & de Saint-Hidulphe, approuvée par Clément VIII en 1604. Il mourut en 1623. Sa vie a été publiée en 1772.

COURAYER (PIERRE-FRANÇOIS LE), génovéfain & bibliothécaire de Sainte-Genevieve, fameux par sa *Dissertation sur la validité des ordinations anglicanes*, dont M. de Voltaire a dit : « Cet » ouvrage a été proscrit en France : mais croyez-» vous qu'il ait plu au ministère d'Angleterre ? » Point du tout ; les maudits Wighs se soucient » très-peu que la succession épiscopale ait été in-» terrompue chez eux ou non, & que l'évêque » Parker ait été consacré dans un cabaret, comme » on le veut, ou dans une église ; ils aiment » mieux même que les évêques tirent leur auto-» rité du parlement que des apôtres. Le lord B*** » dit que cette idée de droit divin ne serviroit qu'à » faire des tyrans en camail & en rochet, mais » que la loi fait des citoyens ».

Cette dissertation du P. *le Courayer* fut attaquée par dom Gervaise, bénédictin, par le P. Hardouin, jésuite, & par les journalistes de Trévoux, par le P. le Quien, jacobin ; le P. *le Courayer* en publia une défense ; la dissertation & la défense furent condamnées par beaucoup d'évêques, & supprimées par un arrêt du conseil du 7 septembre 1727. Le P. *le Courayer* fut excommunié par le général de son ordre. Il passa en Angleterre en 1728. L'université d'Oxford lui avoit déja envoyé des lettres de docteur, la reine d'Angleterre lui fit une pension. Là, jouissant de la paix, de la liberté, même d'un peu d'aisance, il écrivit une *relation historique & apologétique des sentimens du P.* LE COURAYER, *avec les preuves justificatives des faits avancés dans l'ouvrage.* Il donna une nouvelle traduction de l'histoire du concile de Trente, de Fra-Paolo, avec des notes critiques, historiques & théologiques ; il publia en 1767, à quatre-vingt-six ans, une traduction de l'*histoire de la Réformation* de Sleïdan, avec des notes qui prouvent que le grand âge n'avoit affoibli en lui ni la mémoire, ni la faculté de travailler. Il mourut à Londres le 16 octobre 1776. Il étoit né à Rouen en 1681.

COURBON (le marquis de) (*Hist. mod.*), aventurier illustre, né en Dauphiné, chercha fortune en divers pays. En traversant les Pyrénées, il fut dépouillé par des voleurs, il trouva vers l'entrée de l'Espagne un Hermite, né françois, nommé Duverdier, qui lui prêta cinquante piastres dans sa détresse. Long-temps après, étant à la fenêtre d'une hôtellerie à Pierre-Latte en Dauphiné, il voit passer l'hermite Duverdier, le reconnoît & lui rend ses cinquantes piastres ; ils ne se sont plus revus depuis. Servant en Allemagne contre les Turcs, il épousa la veuve du comte de Rimbourg, ministre d'état & grand maître des monnoies de l'Empire, laquelle lui apporta des biens considérables. S'étant mis au service de la république de Venise, il parvint au grade de maréchal des camps & armées de cette république, & commandoit en chef sous le généralissime. Il fut tué d'un coup de canon au siége de Négrepont en 1688, à trente-huit ans. Le juge de Pierre-Latte, son ami, nommé Aimar, a écrit sa vie.

COURCELLES (THOMAS DE) (*Hist. litt. mod.*), docteur fameux du quinzième siècle, zélé défenseur des libertés de l'église gallicane, prenoit celle d'être à-la-fois chanoine d'Amiens, curé de Saint-André-des-Arts à Paris, & doyen de l'église de Paris ; il prononça dans Saint-Denis, en 1461, l'oraison funèbre de Charles VII, son bienfaiteur. Mort en 1469.

Un autre DE COURCELLES (Etienne) mort en 1658, se fit un nom parmi les protestans arminiens. Ses œuvres théologiques furent imprimées chez Daniel Elzevir, *in-fol.*, 1675.

COURCILLON. *Voyez* DANGEAU.

COURONNE (subst. fém. *Corona*), ornement de tête fait en cercle. Il y a apparence que les premières *couronnes* furent inventées dans ces repas champêtres dont la joie & la faim faisoient l'assaisonnement. On en mit ensuite sur les têtes des simulacres des dieux, & chaque divinité eut sa *couronne* particulière relative à ses fonctions, ou aux choses auxquelles elle présidoit. La déesse des moissons fut couronnée d'épis ; le dieu des vendanges eut une *couronne* de pampres ; Minerve eut l'olivier, Morphée les pavots, Vénus les roses, &c.

Les anciens prirent tant de goût pour les *couronnes*, qu'il n'y avoit point de festins où on ne les employât avec profusion. Chaque convive avoit jusqu'à trois *couronnes* de fleurs, une sur la tête, une autre sur le front, la troisième au cou. On en mettoit sur les portes, sur les buffets, sur les bouteilles, sur les vases. Enfin les *couronnes* devinrent le prix de l'adresse, du courage & de la vertu. C'étoit pour un Grec un honneur éclatant que de recevoir une *couronne* d'olivier aux jeux olympiques, ou une *couronne* d'ache aux jeux Néméens. Une *couronne* de chêne étoit pour un guerrier de l'ancienne Rome, la récompense la plus flatteuse.

Les Hébreux, les Egyptiens, les Gentils portoient des cornes pour marques d'honneur & de puissance. Moyse est représenté avec des cornes ; le bonnet du grand prêtre étoit terminé par deux cornes. La langue hébraïque n'a qu'un mot pour désigner des cornes & une *couronne*. La Mythologie nous offre des cornes sans nombre. Mars &

Diane étoient souvent représentés avec cet ornement. Jupiter-Ammon étoit adoré sous la figure d'un bélier, & quelquefois ce dieu le fut sous la forme d'un taureau. Nos anciens chevaliers, pour se rendre plus redoutables dans les combats, portoient des cornes sur leurs casques. Les ducs de Bretagne avoient pour cimier un lion assis entre deux grandes cornes.

C'étoient les femmes, dit la Colombière, qui donnoient les cornes à leurs maris quand ils alloient faire la guerre. Mais on se lassa d'en porter, parce qu'elles furent prises en mauvaise part, & qu'on ne désigna plus les porteurs de cornes que par un nom moins propre à rappeller leurs dignités & leurs grandes actions, que la licence avec laquelle leurs femmes avoient vécu pendant leur absence. Les princes & les grands seigneurs quittèrent les cornes auxquelles ils substituèrent des *couronnes*.

Nous allons donner l'énumération des *couronnes* anciennes, avant que de parler des *couronnes* modernes.

Couronnes anciennes.

Couronne civique. Elle étoit composée de feuilles de chêne mêlées de quelques glands. On l'accordoit au citoyen qui avoit sauvé la vie à un citoyen, ainsi qu'à tous ceux qui avoient bien mérité de la patrie par des actions glorieuses. Cicéron en fut récompensé pour avoir découvert & renversé la conjuration de Catilina.

Couronne murale. Cercle d'or crénelé comme les murailles d'une ville. Elle étoit la récompense du capitaine ou du soldat qui avoit monté le premier sur la muraille d'une ville assiégée.

Charles VII, après la prise de Pontoise, annoblit ceux qui étoient montés les premiers à l'assaut, & *Guillaume Delmas*, gentilhomme de Rouergue, qui s'étoit particuliérement distingué, reçut du roi une *couronne* murale, avec la permission d'en porter une semblable sur l'écu de ses armes, pour transmettre à ses descendans le souvenir & la gloire de cette action.

Couronne navalle. Cerceau d'or surmonté de proues & de pouppes de navire. On en recompensoit les commandans des flottes qui avoient remporté la victoire sur celles de l'ennemi. Pompée donna le premier cette *couronne* à *Terence-Varon*, & à un certain *Attilius*.

Couronne obsidionale *ou* graminée. Elle étoit composée de feuilles de chiendent ou *gramen*, & en général de toutes les herbes qui croissoient sur les remparts. On la donnoit au général qui avoit fait lever un siège & repoussé les ennemis.

Couronne ovale. Elle étoit de myrthe, & on l'offroit à ceux qui obtenoient les honneurs de l'ovation, espèce de triomphe ainsi appellé de l'exclamation O.

Couronne triomphale. Elle étoit de laurier avec ses graines, & on la donnoit à ceux qui obtenoient les honneurs du triomphe, en mémoire d'une *couronne* semblable qu'Apollon avoit portée pour avoir mis à mort le serpent Delphien. On l'accordoit aussi par cette raison aux grands orateurs & aux grand poetes.

Le blason s'est emparé de cette *couronne*, on la trouve dans plusieurs armoiries, & on la nomme aussi chapeau de triomphe.

Couronne vallaire, *Corona castrensis*. C'étoit, comme la *couronne* murale, un cerceau d'or réhaussé de palissades, au lieu de creneaux. Le général l'accordoit à celui qui sautoit le premier dans le camp de l'ennemi.

Outre les *couronnes* qui servoient de prix publics, il y avoit des *couronnes* funèbres qu'on plaçoit sur les tombeaux, des *couronnes* magiques, dont les magiciens faisoient usage, des *couronnes* nuptiales, dont on se servoit dans les noces, &c.

Les *couronnes* ne sont plus en usage aujourd'hui, si ce n'est dans la cérémonie du sacre des souverains, pour marque de royauté; dans celle des mariages, où une jeune épouse pare sa tête d'une *couronne* de myrthe ou de fleurs, en signe de virginité; mais elles servent d'ornement à la peinture, à la sculpture, à l'architecture & au blason, & c'est sous ce dernier aspect que nous allons les considérer.

Couronnes des Princes.

Papes. La *couronne* papale se nomme tiare; c'est un bonnet rond & élevé, ceint d'une triple *couronne*, garni à son sommet d'un globe ceintré & surmonté d'une croix, lequel représente le monde chrétien; derrière le bonnet sont deux pendans comme aux mitres des évêques. L'ancienne tiare n'étoit ornée que d'une *couronne*; Boniface VIII y en ajouta une seconde, & Benoît XII les surmonta d'une troisième.

Empereurs. La *couronne* impériale est un bonnet ou une espèce de tiare montée sur un cercle d'or réhaussé de fleurons & garni de pierreries, ouverte dans le milieu comme une mitre, entre les deux pointes de laquelle est un demi-cercle d'or qui porte un globe ceintré, & sommé d'une croix de perles.

Rois de France. Nos premiers rois jusqu'à Charlemagne, se contentèrent de mettre sur leurs casques, de simples cercles ou diadèmes d'or. Ce prince fit faire cette belle *couronne* enrichie de pierreries, rehaussée de quatre fleurs-de-lys, ou fers de lance, qu'on garde encore aujourd'hui pour la mettre sur la tête de nos rois le jour de leur sacre. Celles qu'ils portent à présent est fermée à l'impériale, & rehaussée de huit bandes ou demi-diadèmes d'or, relevés & réunis à une double fleur-de-lys qui en fait le sommet. Chaque roi à son couronnement en fait faire une neuve, qui doit rester, comme celles de ses prédécesseurs, au trésor de l'abbaye de Saint-Denis.

Quelques-uns prétendent, dit M. L***, que Charles VIII est le premier qui ait pris la *couronne* fermée, en s'attribuant la qualité d'empereur d'Orient en 1495. Cependant on voit des écus d'or & d'autres monnoies de Louis XII, où la *couronne* n'est point fermée. Il paroît donc qu'on doit rapporter cet usage à François premier, qui ne vouloit céder en rien à Charles-Quint, & à Henri VIII, roi d'Angleterre, qui avoient pris la *couronne* fermée.

Dauphins de France. La *couronne* du dauphin est fermée de quatre dauphins en forme de diadêmes, la tête appuyée sur le cercle de la *couronne*, & soutenant de leurs queues une double fleur-de-lys.

Princes du sang de France. Leur *couronne* est un simple cercle d'or orné de pierreries, & rehaussé de fleurs-de-lys sans diadêmes. C'est ce qu'on appelle *couronne* ouverte.

Rois d'Espagne, de Portugal, de Sicile, de Sardaigne, de Pologne, de Dannemarck & de Suède. Tous ces souverains portent pour *couronne* un cercle d'or, orné de fleurons & de pierreries, fermé de quatre demi-cercles sur lesquels est un globe ceintré & sommé d'une croix.

Rois d'Angleterre. Leur *couronne* est rehaussée de quatre fleurs-de-lys, parce qu'ils se disent rois de France, dit la Colombière, & de quatre croix de Malthe, parce qu'ils se prétendent les défenseurs de la foi. Elle est couverte de huit diadêmes réunis à leur sommet à un globe ceintré & surmonté d'une croix pattée comme celles du cercle : d'où l'on voit que ces ornemens indiquent des titres imaginaires comme des dignités réelles.

Grands Ducs de Toscane. Ils portent une *couronne* relevée de pointes un peu courbées en dehors; au milieu est une fleur-de-lys de Florence, ou fleur-de-lys épanouie.

Archiducs. Leur *couronne* est un bonnet rond monté sur un cercle d'or, relevé de huit fleurons & diadêmé de deux demi-cercles soutenant un globe ceintré & croiseté.

Électeurs. Bonnet d'écarlatte rebrassé d'hermine, diadêmé d'un demi-cercle d'or couvert de perles, & soutenant un globe d'or ceintré & croiseté.

Princes & Comtes de l'Empire. Ils portent un bonnet d'écarlatte rebrassé d'hermine, sans diadême.

Doges de Venise. Leur *couronne* est un grand bonnet pointu de toile d'or, monté sur un cercle d'or couvert de pierreries, avec deux pendans pointus de la même étoffe. Ils portent aujourd'hui une *couronne* fermée comme rois de Chypre, ainsi que le doge de Gènes comme roi de Corse.

Grands-Seigneurs. Au lieu de *couronne* ils portent un grand turban couvert d'une toile de coton blanche, enrichi de diamans & de toutes sortes de pierreries.

COURONNES DE LA NOBLESSE.

Les *couronnes* de la noblesse en marquent les différens degrés, suivant ses possessions, ses titres, ses dignités. Elle ne les porte que sur ses armes, & c'est pour cela qu'on les nomment *couronnes de casques*, ou *couronnes d'écussons*. On en distingue de sept sortes.

1°. Les ducs ont une *couronne* d'or rehaussée de huit fleurons ou feuilles d'ache, le cercle enrichi de perles & de pierreries.

2°. Les marquis ont pour *couronne* un cercle rehaussé de quatre fleurons, dont les intervalles sont garnis de trois grosses perles posées 1 & 2. Ces fleurons & ces perles sont portés sur des petites pointes qui les relevent.

3°. Les comtes ont une *couronne* rehaussée de seize grosses perles, dont neuf seulement paroissent quand la *couronne* est de profil & posée.

4°. Les vicomtes portent pour *couronne* un cercle d'or orné de pierreries comme les autres, & surmonté de quatre grosses perles.

5°. Les vidames ont une *couronne* ou cercle d'or rehaussé de quatre croix pattées, qui désignent leur emploi dans la réligion. *Voyez* VIDAME.

6°. Les barons ont pour *couronne* un cercle d'or entortillé d'un brasselet de perles en bande.

7°. Les chevaliers prennent pour *couronne* un simple cercle d'or entouré d'un brasselet de perles. Quelques auteurs disent de trois perles seulement.

Les chanceliers & les gardes des sceaux de France portent sur leurs armoiries un mortier rond de toile d'or, brodé & rebrassé d'hermine.

Les présidens à mortier portent aussi un mortier à la main dans les grandes cérémonies, & le mettent sur leurs armes pour marque de leur dignité. Il est de velours noir, entouré de deux larges rubans d'or.

Nous terminerons cet article par un trait qui servira à faire connoître l'origine des *couronnes* de la noblesse, & qui caractérise l'ancienne chevalerie. Edouard III, roi d'Angleterre, ayant fait prisonnier Eustache de Ribaumont au combat de Calais en 1347; & voulant célébrer sa victoire, rassembla à souper quelques chevaliers François avec les principaux de sa noblesse. Quand les tables furent levées, *si commença le roi*, dit Froissard, *d'aller de l'un à l'autre.* Et s'approchant du seigneur de Ribaumont, *vous êtes*, lui dit-il, *le chevalier du monde que veisse oncques plus vaillamment assaillir ses ennemis, ne son corps défendre, ni ne me trouvai oncques en bataille où je veisse qui tant me donnast affaire corps-à-corps que vous avez hui fait; si vous en donne le prix sur tous les chevaliers de ma court par droite sentence. Adonc print le roi son chapelet qu'il portoit sur son chef (qui estoit bon & riche) & le meist sur le chef de monseigneur Eustache, & dit monseigneur Eustache, je vous donne ce chapelet pour le mieux combattant de la journée de ceux du dedans & du dehors, & vous prie que vous le portiez cette année pour l'amour de moi. Je sai que vous estes gai & amoureux, & que volontiers vous vous trouvez entre dame & demoiselle; si dites partout où vous irez, que je le vous ai donné. Si vous quitte votre prison, & vous en pouvez partir demain, s'il vous plaist.* (Article fourni.)

COURT (BENOIT LE) (*Hist. litt. mod.*), auteur d'un commentaire sur les arrêts d'amour de Martial d'Auvergne, & de quelques autres ouvrages. Il étoit chanoine de Lyon.

COURTARVEL (*Hist. de Fr.*), maison distinguée dans le Maine & dans la Beauce; elle remonte par titres suivis jusqu'à Geoffroy *de Courtarvel*, chevalier en 1256.

Foulques IV DE COURTARVEL commandoit une compagnie d'ordonnance à la bataille de Marignan en 1515.

Hubert DE COURTARVEL, dit le marquis de Pezé, fut tué en Italie le 28 novembre 1734. Il étoit lieutenant-général & chevalier des ordres du roi.

COURTE-CUISSE (JEAN DE) *Joannes brevis coxa*, docteur célèbre des quatorzième & quinzième siècles, employé dans l'affaire du schisme d'occident, parut avoir servi utilement l'église; il fut nommé à l'évêché de Paris en 1420. Mais le roi d'Angleterre étant alors le maître dans cette capitale, le nouvel évêque ne voulut point lui obéir, & aima mieux se retirer à Genève dont il fut nommé évêque en 1422. Il mourut quelques années après. On trouve à la suite des œuvres de Gerson, un traité de Jean *de Courte-Cuisse, de la foi, de l'église, du souverain pontife & du concile.*

COURTENAY (*Hist. de Fr.*), branche de la maison de France, issue de Pierre, septième & dernier fils de Louis-le-Gros. Pierre épousa Elisabeth ou Isabelle, fille & héritière de Renaud, seigneur de *Courtenay*, & prit le nom de *Courtenay*. Son fils Pierre II, son petit-fils Baudouin, son arrière petit-fils Philippe, furent empereurs de Constantinople, ou en portèrent le titre.

Les *Courtenay*, en 1603, présentèrent leurs titres pour être reconnus princes du sang de France. Le prince de Condé fit insérer dans le traité de Loudun, en 1616, quelques articles en faveur de leur prétention, mais ces articles restèrent sans exécution, ainsi que le reste du traité. On dit qu'ayant présenté de nouveau leurs titres sous Louis XIV, ce monarque leur répondit: si mon grand-père & mon père vous ont fait tort, en vous refusant « le titre de princes du sang, je suis prêt » à le réparer. Mais nous ne sommes que les cadets; prouvez-moi que nos aînés vous ont reconnus, & je vous reconnois à l'instant ».

Le dernier *Courtenay* est mort le 7 mai 1730.

Hélène *de Courtenay*, sa sœur, dernière femme de cette maison, épousa le marquis de Beaufremont, & fut la mère de M. le prince de Beaufremont d'aujourd'hui.

Dans le second volume des *Pièces intéressantes & peu connues pour servir à l'histoire & à la littérature*, on dit que Louis, prince de *Courtenay*, pressa beaucoup en mourant, Louis-Charles son fils, d'abandonner la prétention de sa maison qui tenoit cette maison dans la disgrace, & de consentir à barrer ses armes, afin d'obtenir du gouvernement le prix de cette condescendance. Louis-Charles fut inflexible; son père alors l'embrassa tendrement, & lui montra un pistolet qu'il lui destinoit, s'il l'avoit trouvé disposé à suivre ses conseils plutôt que son exemple. Mais cet article présente quelques fautes. On y dit que Louis mourut en 1762; ce n'est vraisemblablement qu'une faute d'impression, & il y en a une aussi dans Moreri, où on dit qu'il mourut en 1655. L'époque de sa mort est vraisemblablement 1672. Mais une faute particulière aux *Pièces intéressantes*, est de dire que Louis-Charles, mort en 1723, étoit frère de Charles Roger, dernier *Courtenay*, mort en 1730. Il étoit son père; mais Charles Roger avoit eu en effet un frère aîné, Louis Gaston, qui, étant mousquetaire, fut tué au siége de Mons en 1691.

On dit dans les *Pièces intéressantes*, qu'Hélène *de Courtenay*, dans son contrat de mariage avec M. le marquis de Beaufremont, avoit pris le titre de *princesse du sang royal de France*, & que ce titre fut supprimé par arrêt du parlement du 7 février 1737: ce qui est conforme au refus que les rois avoient fait de reconnoître les princes de *Courtenay*. Mais s'ils n'étoient pas princes du sang pour l'état, ils le sont pour l'histoire, & l'opinion publique ne leur conteste pas leur illustre origine.

COURTILS (GATIEN DE) (*Hist. litt. mod.*), sieur de Sandras, ou Gatien Sandras, sieur *des Courtils*, car on croit que Sandras étoit son nom de famille, gentilhomme originaire de Montargis, né à Paris en 1644, après avoir servi quelque temps dans le régiment de Champagne, se livra entièrement au plaisir de fabriquer de faux mémoires historiques: ce fut l'emploi de toute sa vie, & comme il cherchoit toujours à donner à ces mémoires le petit mérite piquant de la hardiesse ou de la malignité, & qu'alors le gouvernement daignoit s'en alarmer ou s'en offenser, il fut mis plusieurs fois à la bastille, & d'autres fois il fut obligé de se retirer en Hollande. Il mourut à Paris le 6 mai 1712, chez le libraire Billy, où il demeuroit avec sa femme, mère de la femme de Billy.

« On ne vit jamais, dit Bayle, un tel emballeur de contes, ni un tel compilateur de toutes » les rapsodies satyriques qu'on peut apprendre » dans les auberges & dans les armées ». Cependant il fit quelquefois illusion, sur-tout dans les provinces; des savans même ont quelquefois été trompés par ses faux mémoires, & les ont cités comme des autorités. Les mémoires de Rochefort les plus apocryphes de tous, sont cités dans les mêlanges de Vigneul Marville. Les mémoires de Bordeaux l'ont été plus d'une fois; on les a crus du négociateur dont ils portent le nom, & les réclamations de la famille n'étoient point entendues. Ces mémoires trouvés parmi les papiers de Gatien *des Courtils*, & vendus avec les autres par la dame de Billy sa belle-fille, au sieur Nyon, libraire, avoient été cédés par le sieur Nyon à une compagnie de libraires qui les avoit fait imprimer en pays etranger. M. de Malesherbes, dans ces beaux jours de la littérature où il présidoit sous M. le chancelier son père, à l'administration des lettres, fit revenir en France le manuscrit qui avoit servi à l'impression des mémoires de Bordeaux, & il a été reconnu qu'à la réserve des cinq ou six premières feuilles, qui avoient été transcrites, l'ouvrage entier, les renvois, les additions interlinéaires ou marginales, les corrections, tout enfin étoit de la propre main de Gatien *des Courtils*. On trouve dans le journal des savans, mois d'octobre 1760, pages 637 & 643 de l'édition *in*-4°. un mémoire de M. de Bréquigny, où il rend compte de ces faits, & qu'il termine par une liste des ouvrages de Gatien *des Courtils*, tant de ceux qui ont été imprimés, soit de son vivant, soit après sa mort, que de ceux qui sont restés manuscrits & dont on connoît les titres, & de ceux qui ont été imprimés, & qui lui sont attribués, mais qui lui sont aussi contestés. De ces ouvrages nous n'avons besoin d'indiquer ici que ceux qui, comme les mémoires du comte de Rochefort, & les mémoires de Bordeaux, pourroient en imposer par un nom connu, car d'ailleurs qu'une mauvaise vie de l'amiral de Coligny ou du maréchal Fabert, ou du maréchal de la Feuillade, soit écrite par Sandras ou par tel autre auteur sans aveu, que la vie du vicomte de Turenne, soit écrite par le même Sandras ou par un du Buisson, capitaine au régiment de Verdelin (lequel par parenthèse n'a jamais existé), mais qui, même en le supposant réel, ne seroit pas d'une plus grande autorité que *des Courtils* lui-même, qu'importe? c'est un déguisement innocent ou du moins sans objet; mais d'emprunter un nom qui réveille l'attention, & qui inspire la confiance, voilà ce qui constitue le faussaire en histoire, & voilà le faux dont Sandras *des Courtils* s'est rendu coupable. Ce qu'on a donc le plus à lui reprocher, & ce dont on doit le plus avertir le public de se défier, ce sont, outre les mémoires déja nommés, ceux d'Artagnan, du marquis de Montbrun, du marquis & de la marquise de Fresne, du marquis de *** sur la guerre d'Espagne, de Bavière & de Flandre, c'est-à-dire, sur la guerre de la succession d'Espagne; des mémoires d'un secrétaire du cardinal de Richelieu, désigné par la lettre initiale B; des mémoires de J. B. de la Fontaine, brigadier & inspecteur général des armées du roi; les mémoires de Vordac, du duc de Tyrconnel, les testamens politiques de Colbert & de Louvois. Sur les autres ouvrages on peut se contenter de demander à l'auteur ses autorités, dans ceux-ci l'autorité seroit dans le titre même, si on n'étoit pas averti.

COURTIN (ANTOINE DE) (*Hist. mod.*), né à Riom en 1622, passa en Suède en 1645, avec l'ambassadeur Chanut, ami de son père, & qui le forma aux affaires. La reine Christine se l'attacha, le fit noble Suédois en 1651, & lui donna une terre à laquelle elle fit porter le nom de *Courtin*. Après l'abdication de Christine, il fut attaché à Charles Gustave son successeur, il le suivit dans ses expéditions en Pologne, & se trouva auprès de sa personne dans deux batailles rangées. Ce prince l'ayant fait son envoyé extraordinaire en France, ses négociations le firent connoître si avantageusement, que M. Colbert le fit nommer par Louis XIV, résident général de France vers les princes & états du nord. Il eut grande part en 1667, à la paix de Breda, & c'étoit pour lui qu'agissoit M. de Louvois en 1679, lorsqu'il travailloit sous main à la disgrace de M. de Pomponne; mais contre son attente & contre son voeu, la place de ce ministre fut donnée à M. de Croissy, frère du grand Colbert (voir sur *Courtin* l'article BARILLON). *Courtin* finit ses jours dans la retraite, & d'homme d'état devint homme de lettres. On a quelques ouvrages, fruits de son loisir, tels que des traités de la civilité, du point d'honneur, de la paresse, de la jalousie; une traduction du traité de la paix & de la guerre de Grotius, &c. Mort en 1695.

COUSIN (LOUIS) (*Hist. litt. mod.*), président de la cour des monnoies, l'un des quarante de l'académie françoise, continua le journal des savans depuis 1687 jusqu'en 1702. Il est auteur de plusieurs traductions estimées, telle est celle de l'histoire de Xiphilin; celle des auteurs de l'histoire Bysantine, celle de l'histoire ecclésiastique d'Eusèbe, de Socrate, de Sozomène, de Théodoret. Il est le fondateur de la bibliothèque publique de Saint-Victor; il a fondé aussi des bourses dans des collèges; il a fait enfin, par ses écrits & par ses libéralités, tout le bien qu'il a pu aux lettres. Né en 1627. Mort en 1707.

Un autre COUSIN (JEAN), né à Tournay, a écrit l'histoire de cette ville.

COUSTANT (PIERRE) (*Hist. litt. mod.*). Dom *Coustant*, bénédictin, a donné l'édition de Saint-Hilaire, a eu part à celle de Saint-Augustin, a publié encore le premier volume des lettres des papes, avec une préface & des notes, a pris la défense des règles de diplomatique de dom Mabillon contre le P. Germon, jésuite. Né à Compiegne en 1654. Entré dans la congrégation de Saint Maur en 1672. Mort à Paris en 1721.

COUSTELIER (ANTOINE-URBAIN) (*Hist. litt. mod.*) libraire de Paris, moins connu par quelques brochures dont il est l'auteur, que par la belle collection & l'élégante édition des auteurs latins qu'il a commencée, & que les Barbou continuent avec succès.

COUSTURIER (PIERRE) (*Hist. litt. mod.*), plus connu sous le nom de *Petrus Sutor*, chartreux, mort en 1537, est auteur de quelques ouvrages de controverse contre Luther, contre le Fèvre d'Etaples, &c. & d'une espèce d'histoire de son ordre sous le titre *de vitâ Carthusianâ*. On peut croire qu'il n'a pas oublié l'aventure du chanoine reputé saint, qui se lève trois fois de son cercueil aux trois nocturnes des vigiles, pour annoncer successivement sa citation, son jugement & sa condamnation au tribunal de Dieu; aventure représentée par le Sueur, avec une si horrible expression, & une si effrayante vérité.

COUTURE (JEAN-BAPTISTE) (*Hist. litt. mod.*), de l'académie des inscriptions & belles-lettres, professeur d'éloquence au collège royal. La vie de ce savant est différente de celle des autres savans, qui consiste toute entière dans leurs écrits. M. *Couture* a peu écrit, & son enfance au moins présente des aventures très-singulières. Il naquit sur l'océan au milieu d'une tempête. Gilles *Couture*, son père, matelot des environs de Notre-Dame de la Délivrande; fameux pélerinage sur la côte de la Basse-Normandie, faisoit avec l'Angleterre un petit commerce qui l'attiroit souvent dans cette isle. Pendant un de ces voyages, plus longs que les autres, sa femme alla le voir en Angleterre, y devint grosse, & avançant dans sa grossesse, avant que son mari pût revenir en France, elle fut obligée de revenir sans lui. Accueillie sur mer par une tempête violente, qui, en deux fois vingt-quatre heures, la porta de la Manche jusqu'au détroit de Gibraltar, elle accoucha dans cette traversée. Son fils la perdit à trois ans, le père se remaria, & eut des enfans de sa seconde femme. Cette femme, véritable marâtre à l'égard du fils du premier lit, résolut de le sacrifier pendant l'absence de son mari. Un frère qu'elle avoit, passant en Amérique, y mena cet enfant qui avoit alors six ans, & lui ayant fait boire quelques liqueurs, le laissa endormi sous un feuillage dans une habitation d'Iroquois, on fit croire au père qu'il s'étoit noyé en jouant sur le bord de la mer. L'enfant fut trouvé dans l'endroit où il avoit été abandonné, on en eut pitié, on en prit soin, & son éducation fut fort douce; on lui laissa faire tout ce qu'il voulut. Au bout de dix-huit mois, étant à jouer sur les bords du fleuve Saint-Laurent, il apperçut un vaisseau, dont le pavillon lui parut le même que celui du vaisseau qui l'avoit transporté en Amérique, il crut que c'étoit son oncle ou son père qui venoient le reprendre; il fit des signes, il appella, on lui envoya un esquif. Ce n'étoit ni son oncle, ni son père, mais le vaisseau étoit du Havre, & le matelot qui avoit amené l'esquif, étoit de Cherbourg; tous les gens dont l'enfant lui parloit, étoient de sa connoissance. La course faite, le vaisseau revint au Havre, & le matelot à Cherbourg, celui ci ramenant l'enfant avec lui. *Couture* le père, informé de la destinée de son fils, vint le recevoir, le fit voir à sa femme pour la confondre, & le conduisit à Caen, où il le remit entre les mains de madame la marquise de Cauvigny, qui, sur le récit de ses aventures, avoit voulu le voir, & se chargea de son éducation. Voilà ce que tout le monde avoit entendu compter à M. *Couture* au collège de la Marche, où il avoit professé longtemps, au collège royal, à l'académie; le secrétaire de l'académie rapporte d'après lui tous ces faits, mais il avoue qu'il ne sait comment les concilier avec deux enquêtes qui se sont trouvées jointes à ses lettres de tonsure & de maître-ès-arts, & d'où il résulte qu'il est né le 11 novembre 1651, au hameau de Saint-Aubin, dépendant de la paroisse de Langrune, dans le diocèse de Bayeux, que le curé & les vicaires de Langrune l'avoient élevé jusqu'à l'âge d'aller faire sa philosophie à Caen. Ce qui fait la grande difficulté d'expliquer cette contradiction, c'est que l'abbé *Couture* étoit infiniment au-dessus du soupçon, d'avoir voulu conter des aventures fausses & merveilleuses pour se faire écouter. Peut-être les déclarations contenues dans ces enquêtes, comme tant de certificats exigés pour la forme & prodigués sans scrupule, n'étoient-elles de la part des déclarans, qu'un acte de complaisance exigée par les circonstances; au reste, voilà la difficulté exposée, le lecteur la résoudra s'il le peut. Le surplus de la vie de M. *Couture* se passe dans le cabinet, & le cabinet ne produit pas d'événemens. Ses principaux ouvrages sont dans le recueil de l'académie des inscriptions. Il mourut le 16 août 1728.

COUVREUR (ADRIENNE LE) (*Hist. mod.*), actrice, qui a fait révolution dans la déclamation théatrale; elle en a retranché ce qu'on appelle dans un mauvais sens, *de la déclamation*, elle l'a réduite à être, ou plutôt elle l'a élevée jusqu'à être l'expression simple, mais vive & fidèle du sentiment ; elle jouoit aussi dans la comédie, mais c'est par la tragédie qu'elle est illustre. On dit que la nature ne lui avoit pas prodigué les avantages extérieurs, mais qu'elle se les donna, ou qu'elle sut s'en passer à force d'ame & de talent. Elle débuta le 14 mai 1717, par le rôle d'Electre, elle est représentée dans ses gravures, en Cornelie, pleurant sur l'urne de Pompée; mais c'est, dit-on, dans le rôle de Phèdre qu'elle mettoit le plus de perfection; elle paroît avoir été la Champmêlé de M. de Voltaire; il a chanté avec l'éloquence de la douleur & de l'amour :

Ces lèvres charmantes,
Et ces yeux d'où partoient ces flammes éloquentes,
Eprouvant de la mort les livides horreurs.

Non, s'écrie-t-il :

Non, ces bords désormais ne seront plus profanes,
Ils contiennent ta cendre, & ce triste tombeau
Honoré par nos chants, consacré par tes manes,
Est pour nous un temple nouveau.
Voilà mon Saint-Denis ; oui, c'est-là que j'adore
Ton esprit, tes talens, tes graces, tes appas,
Je les aimai vivans, je les encense encore
Malgré les horreurs du trépas,
Malgré l'erreur & les ingrats,
Que seuls de ce tombeau l'opprobre déshonore.

On sait quel fut ce tombeau ; M. de Voltaire l'explique aussi en vers dans la préface de Zaïre :

Et que l'aimable *le Couvreur*,
A qui j'ai fermé la paupière,
N'a pas eu même la faveur
De deux cierges & d'une bière,
Et que monsieur de Laubinière
Porta la nuit par charité
Ce corps autrefois si vanté,
Dans un vieux fiacre empaqueté
Vers le bord de notre rivière.
Voyez-vous pas à ce récit
L'amour irrité qui gémit,
Qui s'envole en brisant ses armes ;
Et Melpomène toute en larmes,
Qui m'abandonne & se bannit
Des lieux ingrats qu'elle embellit
Si long-temps de ses nobles charmes ?

Dans la comparaison de ces deux morceaux, on reconnoît l'ouvrage du temps ; dans le premier, c'étoit l'amant qui parloit, la plaie étoit saignante ; dans le second, c'est le poëte, il se permet des fictions & même une sorte de badinage ; il se souvenoit de sa douleur, il ne la sentoit plus. Adrienne *le Couvreur* étoit morte le 20 mars 1730. *Zaïre* ne fut jouée qu'en 1732.

Mademoiselle *le Couvreur* avoit aussi été la maîtresse du maréchal de Saxe ; elle avoit vendu ou mis en gage des diamans pour lui procurer de l'argent, lorsque les états de Curlande & de Semigalle l'avoient élu leur duc.

COWLEY (ABRAHAM) (*Hist. litt. mod.*), poëte anglois célèbre, constamment attaché à Charles premier dans ses malheurs ; il servit en France la reine sa femme, & s'attacha de même à Charles II leur fils. Celui-ci, qui ne s'attachoit à personne, dit à la mort de *Cowley : je viens de perdre l'homme du royaume qui m'étoit le plus attaché.* M. Hume représente *Cowley* comme un poëte médiocre. Il mourut à quarante-neuf ans. Il étoit né à Londres en 1618. Il mourut en 1667.

COWPER (GUILLAUME) (*Hist. litt. mod.*), fameux chirurgien anglois, auteur d'un *Traité des muscles* fort estimé, qu'il publia en 1694, & d'un supplément à l'anatomie de Bidloo.

COYER (l'abbé) (*Hist. litt. mod.*), écrivain estimable & par son caractère & par ses talens ; c'est un des auteurs contemporains que M. de Voltaire a le plus constamment bien traité dans ses écrits & dans ses lettres ; il l'appelloit toujours *philosophe*, & dans son intention ce n'étoit pas un médiocre éloge ; M. l'abbé *Coyer* l'étoit en effet ; il badinoit plus philosophiquement que légérement, quoiqu'il voulût toujours être léger, mais la nature l'avoit fait lourd & dans son style & dans son ton. Cependant *la découverte de la pierre philosophale*, *l'année merveilleuse*, *&c.* opuscules réunis sous le titre de *bagatelles morales*, l'avoient d'abord annoncé comme le Swift françois ; *sa noblesse commerçante* eut du succès, & fut suivie d'une loi qui, pour encourager le commerce, promettoit la noblesse aux commerçans distingués. Son petit roman de *Chinki* fut attribué un moment à M. de Voltaire ; son ouvrage le plus sérieux, & qui ne l'est peut-être pas encore assez, est *l'histoire de Sobieski.* On a encore de lui un *voyage d'Italie & de Hollande*, & de *nouvelles observations sur l'Angleterre.* Il desira beaucoup l'académie, il fit tout pour l'obtenir, & moins heureux que l'abbé Trublet, il mourut sans avoir eu cette satisfaction ; on ne peut pas accuser l'académie d'injustice à cet égard, & on n'auroit pas eu non plus de reproches à lui faire si elle eût consenti de remplir des vœux si ardens & si constans. L'abbé *Coyer*, né en Franche-Comté, mourut à Paris en 1782. Il avoit été quelque temps jésuite.

CRAIG (NICOLAS) (*Hist. litt. mod.*). *Craigius*, savant danois, né à Ripen, employé par le roi de Danemarck en plusieurs négociations importantes. Il fit une chose peu sensée, il se maria & se mit à voyager beaucoup & long-temps sans sa femme, qui de son côté fit deux enfans sans lui,

& les lui présenta à son retour. Il fit casser son mariage & se remaria; on ne sait rien de ce second mariage, & tout ce qu'il importe de savoir en tout sur ce savant, c'est qu'on a de lui un ouvrage latin très-estimé sur la république de Lacédémone, & des annales de Dannemarck, depuis la mort de Frédéric I en 1534 jusqu'en 1550. *Craig* mourut en 1602.

Deux autres *Craig*, tous deux ecossois, Thomas & Jean, l'un jurisconsulte, l'autre mathématicien; l'un mort en 1608, l'autre vivant à la fin du même siècle, se sont fait quelque nom; le premier, par un *Traité des fiefs d'Angleterre & d'Ecosse*, & par un traité *du droit de succéder au royaume d'Angleterre;* le second, par un petit ouvrage intitulé, *Theologiæ Christianæ principia mathematica*, contenant sur la durée de la probabilité des calculs contraires à tout principe de mathématiques, de théologie, de christianisme. Une probabilité est plus ou moins grande; il prétendoit, lui, qu'elle étoit plus ou moins longue, & que la probabilité de la vérité de la religion chrétienne (car elle ne lui paroît que probable) pouvoit durer encore 1454 ans, à partir du temps où il écrivoit, mais le second avénement du Christ préviendra cette prescription, comme le premier avénement a prévenu celle de la probabilité de la religion judaïque. L'abbé Houtteville a pris la peine de réfuter sérieusement ces rêveries.

CRAMER (JEAN FRÉDÉRIC) (*Hist. litt. mod.*), résident du roi de Prusse à Amsterdam, mort à la Haye en 1715, est auteur d'un livre intitulé: *Vindiciæ nominis Germanici contra quosdam obtrectatores gallos.* Ces *obtrectateurs* françois sont le P. Bouhours, qui s'étoit permis cette jolie plaisanterie: *un Allemand peut-il être bel esprit? Cramer* a aussi traduit en latin, *l'introduction à l'histoire par Puffendorf.*

Gabriel *Cramer*, génevois, est beaucoup plus célèbre encore; digne disciple de Jean Bernoulli, c'est à lui qu'on doit une excellente édition des œuvres de Jacques & Jean Bernoulli; il est l'auteur d'une introduction à la théorie des lignes courbes, ouvrage estimé. Il étoit professeur de mathématiques à 19 ans; les académies de Londres, de Berlin, de Montpellier, de Lyon, de Bologne, l'avoient adopté; il mourut à quarante-huit ans en 1752, à Bagnols en Languedoc, où il étoit allé dans l'espérance de rétablir une santé ruinée par le travail. Sa famille n'a cessé de soutenir son nom avec éclat à Genève.

CRAMMER *ou* CRANMER (THOMAS) (*Hist. d'Anglet.*), archevêque de Cantorbery, est un de ces hommes sur lesquels l'histoire n'offre guéres que des jugemens dictés par l'esprit de parti. Jugeons-le par ses principales actions.

Crammer n'étoit encore connu que dans l'université de Cambridge, lorsque l'affaire du divorce de Henri VIII lui fournit une occasion de s'élever. Ce fut lui qui proposa de consulter les universités de l'Europe. Le roi voulut connoître l'auteur de ce conseil, il trouva chez lui le savoir & les lumières unis à la candeur & à la modestie, il aima *Crammer*, il se l'attacha.

Ce que Henri & *Crammer* avoient prévu, arriva; ils eurent des consultations favorables, à tout prix.

Crammer devenu courtisan, écrivit en faveur du divorce, & par conséquent il n'auroit jamais dû être juge dans cette cause. Voilà ce que les protestans n'ont pas assez remarqué.

Henri VIII nomma *Crammer* à l'archevêché de Cantorbery, *Crammer* parut vouloir refuser; les protestans vantent ce refus, les catholiques n'y croient pas, ou le regardent comme un trait d'hypocrisie de la part de *Crammer.*

Lorsque *Crammer* fut nommé, la rupture avec le saint siége étoit déja fort avancée; mais il falloit encore, pour prendre possession de la primatie, prêter serment au pape. Henri VIII & *Crammer* imaginèrent ensemble l'expédient malhonnête de protester contre ce serment avant de le faire. Cette conduite déroge un peu à la candeur de *Crammer.*

Il cassa le mariage de Catherine d'Arragon, confirma celui d'Anne de Boulen, concourut à établir de plus en plus la suprématie du roi, qui entraînoit un accroissement de jurisdiction pour la primatie; mais on ne peut pas dire que *Crammer* n'eût d'autre religion que celle du prince, il étoit protestant au fond du cœur, il s'en cachoit même foiblement, & on sait que Henri VIII, au milieu du schisme, conservoit du zèle pour la foi catholique, ou du moins contre les protestans.

Crammer fut le seul qui osa rester fidèle à la malheureuse Anne de Boulen dans sa disgrace; il écrivit pour elle à Henri VIII, & fut éloigné pour quelque temps de la présence du monarque. Il lui écrivit aussi très-fortement en faveur de Thomas Cromwel, décapité comme protestant; mais en cela il étoit moins hardi, Cromwel étant plutôt une victime sacrifiée aux catholiques qu'un ennemi poursuivi par l'implacable Henri.

Il s'opposa aux six fameux articles connus sous le nom de *statut de sang*, parce qu'ils prononçoient la peine de mort contre les protestans. Le troisième article défendoit le mariage aux prêtres, & *Crammer* étoit marié. Aussi-tôt que le bill fut passé, il renvoya sa femme en Allemagne, où elle étoit née: elle étoit nièce du fameux Osiandre.

Henri VIII ne pardonna qu'à *Crammer* de s'être opposé au statut de sang; les autres évêques opposans furent emprisonnés.

Il s'éleva même de violens orages contre *Cram-*

mer ; cette opposition, criminelle aux yeux de Henri, le mariage de *Crammer*, sa protection toujours accordée aux protestans, son attention à réprimer les violences des catholiques, les insinuations de ceux-ci le rendirent suspect ; mais le roi, qui l'aimoit, voulut s'expliquer avec lui, & fut désarmé par sa candeur. *Crammer* lui dit les raisons de son opposition, elles satisfirent le roi sans le changer. *Crammer* les avoit même écrites, oubliant dans sa simplicité que la loi venoit de défendre d'écrire sur ces matières, & que la contravention à cette loi étoit érigée en crime capital ; le papier avoit été égaré, heureusement il ne tomba point dans des mains ennemies. A la fin de l'entretien, le roi dit à *Crammer :* « Quant à moi, me voilà content ; » mais vous êtes mandé au conseil, qu'allez-vous » faire ? — j'y comparoitrai. — Et que direz-vous » pour votre défense ? — ce que je viens de dire à » votre majesté ». Le roi que cette naïveté amusoit & intéressoit, lui dit : « Pauvre homme, eh ! » ne voyez-vous pas que vous y serez à la merci » de vos ennemis » ? *Crammer*, disent les protestans, ignoroit qu'on eût des ennemis. Le roi lui fournit un moyen de défense plus efficace.

Cependant on avoit vu *Crammer* confondu parmi la foule dans l'anti-chambre du roi, on savoit qu'il devoit comparoître devant le conseil, on le crut perdu, les courtisans le traitoient déja en ministre disgracié. Le conseil, composé de courtisans, voulut l'envoyer à la tour, *Crammer* en appella au roi, on n'eut point d'égard à l'appel, & il alloit être conduit à la tour, lorsqu'il montra l'anneau du roi, gage de sa clémence. Le conseil resta confondu. Telle étoit la défense que Henri avoit fournie à *Crammer;* il manda le conseil & *Crammer* à-la-fois, il reçut très-mal les excuses du duc de Nortfolck qui, pour justifier le conseil, s'avisa de dire qu'on n'avoit voulu que faire triompher avec plus d'éclat l'innocence de *Crammer*, en discutant sa conduite ; le roi ordonna aux membres du conseil d'embrasser *Crammer*, & de vivre désormais avec lui comme avec leur ami, mais sur-tout comme avec le sien.

Henri, grand amateur de l'argumentation, prit plaisir un jour à faire disputer en sa présence, Bonner, évêque de Londres, catholique, & *Crammer*, primat protestant, & malgré son zêle contre les protestans, quand il les eut entendus, il dit à Bonner : *vous n'êtes qu'un écolier, voilà votre maître.*

Un jour le primat défendoit, à son ordinaire, un homme dont le roi paroissoit mécontent : « & » cet homme-là, dit le roi, le comptez-vous aussi » parmi vos amis » ? Assurément, répondit *Crammer.* « Eh bien ! reprit le roi, assurez-le bien que » vous savez par moi-même qu'il en use en toute » occasion à votre égard comme un fourbe & un » traître. — Permettez, sire, que des paroles si » dures ne sortent point de la bouche d'un évêque ». Je le veux, & je vous l'ordonne, répliqua Henri, tyran dans les bagatelles comme dans les affaires importantes. *Crammer* en fut quitte pour éviter toujours la rencontre de cet homme.

Mais une action de *Crammer* à laquelle on doit la plus haute estime, c'est le refus qu'il fit de se prêter au ressentiment du roi contre le duc de Nortfolck, l'ennemi de la religion de *Crammer*, son ennemi personnel, & qui n'avoit fait passer le statut de sang que pour le perdre, mais auquel on ne pouvoit reprocher que cet esprit de persécution, presque inséparable alors du zèle religieux. *Crammer* se cacha dans une retraite pour n'être pas son juge, & il n'en sortit que pour exhorter Henri VIII à la mort.

S'il se livra tout entier sous Edouard VI ; à son penchant pour la religion réformée, il nous semble qu'il seroit injuste de l'accuser de variation à cet égard, puisque sous Henri VIII il avoit assez suivi ce penchant pour hasarder sa faveur ; mais il est juste de lui reprocher la part qu'il eut à la persécution allumée sous ce règne contre les catholiques, & qui servit, jusqu'à un certain point, d'exemple & d'excuse à la persécution beaucoup plus forte que les protestans souffrirent sous Marie ; il est juste de détester le zèle cruel avec lequel il força Edouard à signer l'arrêt de mort de deux anabaptistes. Cependant l'exacte justice demande encore qu'on observe qu'aucun catholique ne souffrit la mort sous Edouard pour la religion ; que si Gardiner, évêque de Winchester, fut condamné à la mort, il ne fut pas exécuté. Quant aux anabaptistes, toutes les sectes de la réforme avoient toujours été intolérantes à leur égard. Toutes avoient tort ; mais enfin cette erreur commune semble fournir du moins une légère excuse à la conduite de *Crammer.*

Marie ne vit jamais en lui que l'oppresseur de la reine sa mère ; on prétend qu'elle auroit pu y voir un homme à qui elle avoit personnellement l'obligation d'avoir éprouvé moins de rigueurs de la part de son père, & d'avoir été rappellée par lui à la succession. Mais il faut convenir que, sur ce dernier article, *Crammer* avoit voulu depuis renverser son propre ouvrage, puisqu'il s'étoit déclaré en faveur de Jeanne Gray par zèle pour la religion réformée. Il étoit même déja condamné à mort pour cette complicité ; mais Marie se piquoit de lui faire grace sur l'objet politique, & de le faire punir pour le crime d'hérésie. Sa vengeance y gagnoit quelque chose, *Crammer* n'eût été que décapité à titre de rebelle, il devoit être brûlé comme hérétique ; Marie l'ayant donc fait condamner au feu, Bonner & Thirleby, évêque de Norwick, furent envoyés pour le dégrader ; on le revêtit par dérision des étoffes les plus grossières, taillées en forme d'ornemens pontificaux, & on l'en dépouilla suivant les usages de l'église romaine ; pendant cette cérémonie, Bonner ne cessa d'outrager *Crammer*, Thirleby ne cessa de pleurer. On livra ensuite *Crammer* aux théologiens catholiques, qui, par leurs insinuations, leurs promesses, leurs menaces autant que par leurs argumens, lui arrachèrent une abjuration. Les protestans, pour excuser cette variation de leur héros, se plaisent à charger le tableau des intrigues employées par les catholiques pour le séduire; ces intrigues se réduisirent vraisemblement à lui faire espérer sa grace, & aussi-tôt qu'il eût abjuré, Marie signa l'ordre pour sa mort. Si *Crammer* en cette occasion fut un homme ordinaire, Marie fut semblable à elle-même. Les catholiques, pour triompher de la défaite de leur ennemi, le menèrent dans une église, où, après avoir publié sa conversion, & en avoir rendu graces à Dieu, ils prêchèrent *Crammer* & le félicitèrent, lui montrèrent le ciel, lui promirent des messes; *Crammer* leur répondit par un torrent de larmes, & sur-tout par un désaveu solemnel de son abjuration; il marcha au supplice, plongea lui-même dans le feu la main qui avoit signé, disoit-il, ce monument de foiblesse & de honte; *elle a péché* s'écrioit-il, *qu'elle périsse*. Les Protestans peignent le supplice de *Crammer* des mêmes couleurs, dont l'histoire ecclésiastique peint le martyre des premiers chrétiens; cette sérénité dans les souffrances, cette joie d'expier un moment de foiblesse par des tourmens affreux, cette douce confiance d'être réuni à l'auteur de son être, cette pieuse indulgence à l'égard des bourreaux.

Crammer fut brûlé à Oxford le 21 mars 1556.

CRANTOR (Philosophe Grec), commentateur & défenseur de la doctrine de Platon, vivoit plus de trois siècles avant J. C. Il ne nous reste rien de lui. *Voyez* CHRYSIPPE.

CRANTZ. *Voyez* KRANTZ.

CRAON (PIERRE DE) (*Hist. de Fr.*). *Voy.* à l'art. ANJOU, 1re. partie du 1 r. vol. de l'histoire, page 320, comment il causa la perte de Louis Ier. duc d'Anjou, chef de la seconde maison d'Anjou; *voy.* ci-dessus à l'article CLISSON, comment il assassina ce connétable & qu'elles furent les suites de cet attentat.

Errant & fugitif depuis son crime; exécrable aux François qui l'avoient proscrit, abandonné par le duc de Bretagne, qu'il avoit cru servir, méprisé du duc de Bourgogne, qui le protégeoit en haine du duc d'Orléans, les Anglois seuls s'abaissèrent jusqu'à le défendre, parce qu'il leur rendit hommage du peu de terres qui lui restoient. Dans un temps de paix ou de trève entre les deux nations, ils obtinrent pour lui la permission de revenir à Paris.

Jusques-là on n'avoit point donné de confesseurs aux criminels qu'on menoit à la mort, & dans ces siècles dévots ce n'étoit pas une des moins dures circonstances du supplice. Un sentiment de religion & d'humanité fit changer cet usage & *Craon* eut part à ce changement. Il fit planter, auprès du lieu de l'exécution, une croix de pierre, où ces malheureux s'arrêtoient pour se confesser, il y fit mettre ses armes, il donna de plus une somme aux cordeliers pour qu'ils se chargeassent à perpétuité de ce triste & pieux office. « Il avoit » appris, dit l'historien de Paris, (Sauval) à » plaindre une infortune qu'il avoit couru risque » d'éprouver, & dont il n'étoit que trop digne ».

CRAPONE (ADAM DE) (*Hist. de Fr.*), né à Salon, gentil-homme provençal, habile ingénieur. Un canal tiré de la Durance au rhône à Arles en 1558, porte encore le nom de Crapone son auteur. On dit qu'il avoit sur les canaux plusieurs des grandes vues dont quelques-unes ont été depuis exécutées.

CRASOCKI (JEAN) (*Hist. mod.*). L'histoire de ce gentil-homme Polonois peut grossir la liste des grands effets produits par de petites causes. C'étoit un nain d'une taille irréprochable, d'une délicatesse de traits fort agréable, & d'un esprit très-amusant; il voyagea, il vint en France, plut beaucoup à la cour de Charles IX, & de Catherine de Médicis, où il reçut l'accueil le plus favorable, & d'où il revint comblé de bienfaits; à son retour en Pologne, sa reconnoissance éclata par les plus grands éloges de la reine mère, & des princes ses fils; il exaltoit sur-tout les talens militaires du duc d'Anjou Henri & ses deux batailles gagnées à dix-huit ans, il le représentoit comme un héros précoce, qui remplissoit l'Europe du bruit de ses exploits; enfin il disposa tellement, sans y songer peut-être, les esprits de la noblesse Polonoise, qu'à la mort du dernier Jagellon, ils se tournèrent naturellement vers lui & lui offrirent la couronne; *Crasocki* en porta la nouvelle en France, & auroit sans doute eu en Pologne toute la faveur du roi qu'il avoit si bien servi, si le retour de Henri en France n'eût été accéléré par la mort de Charles IX.

CRASSUS. (*Hist. rom.*) *Crassus* est un surnom qui répond à celui de *le gros* ou *le gras*, que nous avons donné à quelques-uns de nos rois & qui est devenu aussi parmi nous le nom propre de plusieurs familles. Le nom de *Crassus* a été pris & conservé long-temps par plusieurs familles romaines, Canidius, lieutenant d'Antoine & qu'Auguste vainqueur fit mourir, portoit ce surnom de *Crassus*; mais une branche de la famille de Liciniens, s'est rendue ce nom tellement propre, qu'on ne la désigne que sous ce nom de *Crassus* & qu'on ne désigne qu'elle par ce nom.

De cette maison & de cette branche étoit Publius Licinius *Crassus*, nommé grand pontife l'an de Rome 540 avant d'avoir exercé aucune magistrature curule, chose rare alors, puis consul avec

Scipion, l'an 547. Naissance, richesses, force de corps, beauté, talens, éloquence, lumières, Tite-Live lui accorde tout.

2°. Un autre Publius Licinius *Crassus*, pareillement consul & grand pontife & le premier grand pontife auquel on ait donné un commandement hors d'Italie, l'an de Rome 540. Il alla faire la guerre en Asie l'an 263, contre Aristonicus, bâtard d'Eumènes, roi de Pergame. On raconte de lui un trait de sévérité qui est bien dans les mœurs romaines. Il avoit chargé un ingénieur de lui envoyer le plus grand de deux mâts qu'il avoit vus & qu'il lui désigna, il lui désigna en même-temps l'usage auquel il le destinoit, il en vouloit faire un bélier. L'ingénieur envoya le plus petit, l'ayant jugé plus propre au dessein du consul, Licinius, sans vouloir entendre ses raisons, le fit battre de verges, disant qu'il lui demandoit de l'obéissance, & non pas des conseils. Etoit-ce justice ou orgueil? Ce seroit une grande question de savoir si la discipline, poussée à cet excès, seroit plus utile que nuisible. Licinius étoit, dit Justin, *intentior attalicæ prædæ quàm bello*; il fut battu & pris, & voulant éviter la honte d'être livré au vainqueur, il irrita un Thrace qui le gardoit, en lui enfonçant dans l'œil une baguette qu'il avoit à la main; le Thrace le tua.

3°. Un autre Publius Licinius *Crassus*, consul, qui fut battu par Persée l'an 581 de Rome, & qui lui refusa fièrement la paix.

4°. Lucius Licinius *Crassus*, l'orateur, si vanté par Cicéron, se fit connoître avantageusement à vingt-un ans par l'accusation éclatante qu'il intenta contre Carbon, & dans laquelle il réussit. Sa timidité pensa d'abord étouffer ses talens & sauver l'accusé; il se troubla, l'éloquence l'abandonna, & il eût succombé avec honte, si Quintus Maximus, président du tribunal, qui, à travers son trouble, apperçut tout ce qu'il pouvoit devenir un jour, ne fût venu à son secours, en remettant l'audience. Il lui resta de cette timidité une modestie intéressante qui disposoit favorablement pour lui l'auditoire, mais jamais il ne se présenta pour parler en public, sans pâlir & trembler. Sa conduite dans cette accusation de Carbon, lui fit encore plus d'honneur que son succès. Un esclave de Carbon vint apporter à *Crassus* des papiers de son maître qui pouvoient servir à sa conviction; *Crassus*, indigné de cette trahison, renvoya l'esclave chargé de chaînes à son maître, avec le porte-feuille tout fermé, & qu'il ne voulut jamais ouvrir. Il fut consul l'an six cent cinquante-sept de Rome; il eut la foiblesse de demander les honneurs du triomphe sans les avoir mérités, & le désagrément de ne pouvoir les obtenir. Gouverneur de la Gaule Cisalpine, il fit venir dans son gouvernement, pour épier sa conduite, le fils de ce Carbon, qu'il avoit fait condamner; il lui assigna lui-même une place à côté de lui sur son tribunal, & ne voulut prononcer sur aucune affaire qu'en sa présence & sous ses yeux. Censeur, l'an 660 de Rome, il rendit avec son collègue Cn. Domitius Ænobarbus, contre l'établissement des écoles latines, une ordonnance bien peu refléchie, & dont il rapporte dans Cicéron des raisons bien foibles. On lui a reproché un luxe qu'on remarquoit encore alors. Il finit par une harangue pleine, selon Cicéron, d'éloquence & de courage contre le consul Philippe qui insultoit le sénat. *Illa tanquàm cycnea fuit divini hominis vox & oratio.* Il mourut peu de jours après, l'an de Rome 661.

5°. P. *Crassus* & son fils aîné moururent victimes des fureurs de Marius. Le père ayant vu immoler son fils, se perça lui-même de son épée.

6°. Le second fils échappa; il fut non pas le plus grand peut-être, mais le plus fameux de tous les *Crassus*, & c'est le seul que ce seul nom de *Crassus* indique sans autre désignation. Il est célèbre premiérement par sa richesse énorme & mal acquise:

Un *Crassus* étonné de sa propre richesse.

dit Catilina dans *Rome sauvée.* Cette richesse étoit telle, qu'il donna sans s'incommoder, un festin public au peuple romain, & qu'il fit distribuer à chaque citoyen autant de bled que chacun pouvoit en consommer en trois mois; il ne regardoit comme riches que ceux qui l'étoient assez pour pouvoir entretenir une armée de cent mille hommes. Nous avons dit que cette richesse étoit mal acquise, elle provenoit en effet d'un commerce d'esclaves & de la confiscation des proscrits, deux sources, l'une impure, l'autre odieuse.

Secondement, par son triumvirat avec César & Pompée, où il ne joua pas un rôle beaucoup plus avantageux pour la puissance & pour la gloire, que Lépidus dans le second triumvirat, où il avoit pour associés Auguste & Antoine.

Troisiémement, par la guerre contre Spartacus & les esclaves, où il fut toujours vainqueur dans les combats qu'il livra en personne, quoique ses lieutenans aient été vaincus quelquefois; il termina heureusement cette guerre par une bataille où Spartacus fut défait & tué; on ne lui décerna que l'*ovation*, parce que les vaincus n'étoient que des esclaves, mais ces esclaves avoient combattu en hommes libres, & *Crassus* avoit mérité le triomphe; aussi mêla-t-on cette ovation de quelques circonstances propres au triomphe (an de Rome 681).

Quatriemement, enfin *Crassus* est sur-tout célèbre par la guerre malheureuse qu'il fit aux Parthes, & dans laquelle il périt par trahison, l'an de Rome 699. (*Voyez* l'article ATEIUS; *voyez* aussi l'article SURENA, & l'article ANDROMAQUE.) Il étoit âgé lorsqu'il partit pour cette guerre; en passant par la Galatie il vit le roi Déjotarus, qui, dans une extrême vieillesse, s'amusoit à bâtir: *roi des Galates*, lui dit-il, *vous commencez à bâtir lorsqu'il vous reste à peine une heure de jour; mais vous*, même, lui répondit Déjotarus, *vous ne vous êtes pas levé de trop bon matin pour porter la guerre chez les Parthes*; il ne l'y portoit encore que trop tôt.

La destinée de *Crassus* dans les commencemens de sa vie, a de la ressemblance avec celle qu'éprouva depuis le fameux maréchal de la Force, échappé presque miraculeusement dans son enfance au massacre de la saint Barthélemi, où avoient péri son père & son frère. *Crassus* avoit échappé de même aux cruautés de Marius qui lui avoient enlevé son père & son frère; il s'étoit ensuite sauvé en Espagne, où son père avoit autrefois commandé. Le nom de Marius, plus redouté encore dans ce pays qu'en aucun autre, l'obligea de se cacher huit mois dans une caverne; elle étoit située dans les domaines d'un ami de son père, nommé Vibius; il risqua de se faire connoître à lui, il envoya un esclave lui révéler le lieu de sa retraite, & lui demander des vivres. Vibius, pour ne point l'exposer, s'abstint de l'aller trouver, mais il chargea un esclave de porter tous les jours secrettement des vivres dans un endroit qu'il lui indiqua, & de se retirer aussi-tôt sans regarder ce qui arriveroit. S'il étoit exact à observer ces ordres, la liberté en seroit le prix. Une prompte mort devoit être la peine de la curiosité, de l'indiscrétion ou de l'infidélité. L'esclave fut fidèle; *Crassus* le voyoit de sa caverne apporter ces vivres, il attendoit pour sortir & venir les prendre, que l'esclave se fût retiré. Il ne quitta cette retraite que lorsque des conjonctures plus favorables le lui permirent. Sa vie fut un mélange de malheurs & de prospérités, & son caractère un mélange de grandes qualités & de foiblesses honteuses.

Il eut deux fils, Publius *Crassus* qui périt avant lui dans la guerre contre les Parthes, & Marcus *Crassus* qui fit la guerre avec succès aux peuples voisins du Danube, & tua de sa main un roi des Bastarnes; tous deux avoient servi sous César, le premier dans la guerre des Gaules, le second dans la guerre civile.

CRATÈRE (*Hist. Grecq.*), un des favoris & des principaux capitaines d'Alexandre. En quel sens faut-il entendre ce que disoit ce prince : *Ephestion aime en moi Alexandre, Cratère aime le Roi?* Ce mot, dans un sens assez naturel, pourroit confondre *Cratère* dans la foule des courtisans qui n'aiment que le Roi, cest-à-dire le maître qui peut les enrichir & les élever, & qui se soucient fort peu de sa personne. Alexandre estimoit trop *Cratère* pour penser ainsi. Il entendoit qu'Ephestion l'aimoit plus d'égal à égal, & *Cratère* plus de l'inférieur au supérieur, du sujet au Roi; qu'Ephestion étoit plus attaché à sa personne, *Cratère* plus jaloux de sa grandeur, plus zèlé pour sa gloire; qu'Ephestion desiroit avant tout, que son ami fût heureux, *Cratère*, qu'Alexandre fût grand; c'étoit là en effet le caractère de *Cratère*, toujours élevé, toujours majestueux comme sa taille & son air. Aprés la mort d'Aléxandre, il fut tué dans un combat contre Eumenès.

Un Athénien nommé *Cratère*, avoit recueilli les décrets de ses concitoyens, mais ce recueil n'est pas venu jusqu'à nous.

CRATÈS (*Hist. Grecq.*), philosophe cynique, disciple de Diogène. Cette secte prêtoit à la singularité, & les caractères singuliers la choisissoient par préférence. Il semble d'abord qu'elle demandoit un grand courage, il en faut toujours pour renoncer aux commodités de la vie & embrasser volontairement la pauvreté; cependant ce ne sont pas les privations qui rendent la pauvreté si difficile à supporter, c'est l'humiliation qu'elle entraîne. Juvenal l'a bien vu;

Nil habet infelix paupertas durius in se
Quàm quòd ridiculos homines facit.

Il est dur de devenir un objet de ridicule & de mépris, sans l'avoir mérité par aucune faute. C'est donc dans le monde, au milieu de l'opulence qu'il étale & qu'il prescrit, ou dont il prescrit du moins l'apparence jusqu'à un certain point; c'est-là, qu'il est affreux, d'être *confronté avec toute sa misère*, c'est là qu'il faut du courage pour supporter la pauvreté, toujours méprisée, toujours insultée, même sans intention; mais quand cette honte, qu'elle inspire naturellement, se change en faste & en vanité,

Quand ces haillons, dépouilles délabrées,
De l'indigence exécrables livrées,

deviennent une affiche & une enseigne, qui attire les regards des Rois & les respects du peuple, ce n'est plus la pauvreté, c'est une dispense heureuse d'être riche, une dispense commode d'être comme les autres, c'est une exception flatteuse, une distinction honorable, un titre de gloire. Diogène pouvoit ne demander autre chose à Aléxandre que de n'être pas troublé dans la jouissance du soleil, toute autre jouissance eût diminué sa considération, il pouvoit fouler aux pieds le faste de Platon par un faste plus grand. *Je vois ton orgueil à travers les trous de ton manteau*, disoit à un philosophe cynique, un philosophe plus modeste. Quiconque exagere veut être remarqué. Ne nous étonnons donc pas que *Cratès*, pour se livrer tout entier à la philosophie cynique & n'être pas distrait par des soins économiques, ait commencé par vendre ses biens & en distribuer le prix à ses concitoyens, ou qu'il ait déposé ce prix chez un banquier, avec ordre de le remettre à ses enfans, s'ils étoient insensés, c'est-à-dire, s'ils négligoient l'étude & la pratique de la philosophie, ou au public, s'ils étoient philosophes, parce qu'alors ils n'auroient besoin de rien. Observons seulement, en passant, que cette disposition prouve encore ce qui est connu d'ailleurs, sçavoir: que la philosophie étoit une profession publique, & non une simple disposition de l'ame; sans cela, comment le banquier eût-il pû juger si les enfans étoient philosophes, ou non? Ne nous étonnons point, par la même raison, si *Cratès*, dans une espèce de tarif de la fortune nécessaire à différentes professions, ne mettoit que trois oboles pour le philosophe. On lui demandoit à quoi servoit la philosophie? *Elle apprend*, disoit-il, *à se contenter de légumes & à vivre sans soins & sans inquiétude*. C'est le *si pranderet olus patienter* de son maître. Horace n'a pas eu de peine à faire voir combien cette vie indépendante & contemplative est au-dessous d'une vie active, utile au monde, qui procure & exige des jouissances, & où l'on fait son bonheur, en faisant celui des autres.

Scurror ego ipse mihi, populo tu, rectius hoc &
Splendidius multò est; equus ut me portet, alat rex,
Officium facio, tu poscis vilia rerum
Dante minor, quamvis fers te nullius egentem....
Sedit, qui timuit ne non succederet; esto.
Quid? qui perfecit, fecit-ne viriliter?

Cratès, dit-on, poussoit la recherche de la négligence & l'affectation de la pauvreté, jusqu'à un excès révoltant, les piéces de son manteau étoient des peaux de mouton qu'il appliquoit par dessus sans aucune préparation. Avec cet extérieur dégoûtant, un visage difforme, un corps mal fait, il inspira une grande passion à Hipparchie, sœur d'un philosophe, & qui l'étoit apparemmenr beaucoup elle-même. Soit insensibilité, soit générosité, *Cratès* fit ce qu'il put pour la détacher de lui; il se présenta en vrai cynique tout nud devant elle, & sûr de n'être pas vu ainsi à son avantage, *voilà*, lui dit-il en toute humilité, *l'époux que vous demandez*; puis jettant à terre son bâton & sa besace, *voici* ajouta-t-il, *tout son bien*. Et l'époux & le bien convinrent à Hipparchie. *Cratès*, si l'on en croit Diogène Laërce, Sextus Empyricus & Apulée, la mit encore à une dernière épreuve; il voulut, que, puisqu'elle ne rougissoit pas du mari, elle ne rougît pas non plus du mariage, & qu'en dignes cyniques, ils se mariassent publiquement en plein portique; elle y consentit encore. *Cratès* eut d'Hipparchie deux filles, qu'il maria aussi en cynique à deux de ses disciples, & comme il ne vouloit pas les tromper, il les leur confia, & leur permit de les éprouver pendant trente jours; elles sortirent de l'épreuve avec honneur. Malgré ce mépris des mœurs & des bienséances, *Cratès* étoit, dit-on, un homme vertueux. Un citoyen, nommé Nicodrome, s'étant emporté jusqu'à le maltraiter, au point que les marques de sa violence resterent imprimées sur le visage du philosophe, *Cratès* se contenta de mettre au dessous un écriteau avec ces mots: *C'est l'ouvrage de Nicodrome*. Leçon ou vengeance un peu éloignée de nos mœurs, mais au fond, équitable autant que modérée.

Alexandre fit à *Cratès* le même honneur qu'à Diogène son maître, il alla le voir. Il avoit respecté la maison de Pindare dans la destruction de Thèbes, il offrit à *Cratès* de rétablir cette ville, parce qu'elle étoit aussi sa patrie. *Un autre conquérant la détruiroit*, répondit *Cratès*. Il vivoit plus de trois siècles avant J. C. Zénon fut son disciple.

Il y a un autre *Cratès*, philosophe académicien, ami, disciple & successeur de Polémon, dans son école, vers l'an 272 avant J. C.

CRATINUS (*Hist. litt. anc.*), un des poëtes de ce qu'on appelloit, chez les Grecs, *l'ancienne comédie*.

Eupolis atque Cratinus Aristophanesque poetæ,
Atque alii, quorum comædia prisca virorum est.

Il mourut à quatre-vingt-dix-sept ans, près de quatre siècles & demi avant J. C.

CRATIPPUS (*Hist. anc.*), maître de philosophie à Athènes, qui eut pour disciples Brutus & Marcus Tullius, fils de Cicéron. *Quanquam te, Marce fili, annum jam audientem Cratippum, idque Athenis, abundare oportet præceptis institutisque philosophiæ, propter summam & doctoris auctoritatem & urbis, &c.* C'est, comme on sait, le commencement des offices de Cicéron. Pompée, après la bataille de Pharsale, alla voir *Cratippus*, & mécontent des dieux qui avoient servi César, tandis que Caton suivoit Pompée, il fit contre la providence l'objection ordinaire, tirée des malheurs de la vertu. Le philosophe, dit un auteur, consola le guerrier, & justifia la divinité.

CRÉBILLON (Prosper Jolyot de) (*Hist. litt. mod.*), auteur d'*Atrée & Thyeste*, *d'Electre*, de *Rhadamiste* & *Zénobie*; ce mot suffit à sa gloire, & contient seul toute son histoire: s'il n'est pas le premier des poëtes tragiques François, si celui qui sut être à-la-fois Corneille, Racine, *Crébillon* & lui-même, est nécessairement bien supérieur à celui qui ne fut que *Crébillon*, il est du moins le plus tragique de nos poëtes, & s'il avoit eu le talent d'écrire comme son heureux rival, comme son illustre vainqueur, il seroit à *Corneille* & à Racine ce qu'Eschyle est à Sophocle & à Euripide; aussi l'a-t-on appellé l'*Eschyle François*. D'après le caractère de son esprit dans l'enfance, & celui de son talent dans l'âge mûr, le caractère de son ame a plus d'une fois été calomnié. La note que ses maîtres avoient faite sur lui au collège des jésuites de Dijon, sa patrie, étoit: *puer ingeniosus, sed insignis nebulo. Enfant plein d'esprit, mais insigne vaurien;* ce qui, selon l'interprétation de M. d'Alembert, signifioit seulement qu'il étoit un peu indocile aux petites règles de l'école, & qu'il n'étoit peut-être pas aveugle sur les défauts de ses maîtres. Dans

Dans les infames couplets attribués à Rousseau, & où il est toujours parlé de grève & de tombereau, on en parle à *Crébillon*, ainsi qu'aux plus honnêtes gens, & on donne une grande liste de vices qu'on lui attribue & qu'il n'eut jamais, c'est le style de l'auteur de ces couplets, quel qu'il soit, & tout cela ne signifie absolument rien. Mais *Crébillon* nous apprend lui-même que le public prit mauvaise opinion de l'auteur d'Atrée; «On me » charge, dit-il, de toutes les iniquités d'Atrée, » & l'on me regarde encore, dans quelques en- » droits, comme un homme noir, avec qui il ne » fait pas sûr de vivre, comme si tout ce que l'es- » prit imagine devoit avoir sa source dans le cœur». Un procureur, chez qui *Crébillon*, se destinant ou étant destiné par ses parens à la profession d'avocat, étoit clerc dans sa jeunesse, eut la gloire d'être plus juste & plus pénétrant que le public, & que beaucoup de gens de lettres sur les talens naissans de son élève, il vit que la nature l'appelloit au théatre, & non pas au barreau; quelques chûtes qui préparoient sa gloire, comme la défaite de Consarbruck formoit Créquy, lui firent croire d'abord que le procureur s'étoit trompé, celui-ci tint bon & défendit *Crébillon* contre lui-même, comme Boileau avoit défendu *Athalie* contre le public, & qui plus est, contre Racine lui-même. Enfin *Crébillon* donna la tragédie d'*Atrée*; le procureur alors attaqué d'une maladie mortelle, se fit porter à la première représentation, elle fut froidement accueillie, mais le procureur ne s'y méprit pas, il embrassa son ami: *je meurs content*, lui dit-il, *je vous ai fait poëte, & je laisse un homme à la nation.* Ce seroit mal juger un aussi beau trait que d'y remarquer seulement cette petite singularité d'un procureur jugeant mieux de belles-lettres que les juges ordinaires, & que les gens du métier; il faut y voir une amitié ardente, courageuse, encourageante, un amour vif & éclairé des lettres, enfin un caractère très-distingué. Le nom de cet homme doit être conservé, il se nommoit *Prieur.* Au reste, avec du goût & du tact, il étoit aisé de reconnoître *Crébillon* pour poëte, & pour poëte tragique, à la première vue: un grand caractère dans la physionomie, une énergie marquée dans tous ses traits & dans tous ses mouvemens, un ton plus fort que le ton des autres, annonçoient une ame qui pensoit & qui sentoit profondément. L'aveu tacite de cette énergie perce jusques dans ces vers satyriques de Rousseau contre *Crébillon*:

> Comment nommer ce froid Energumène,
> Qui d'Hélicon chassé par Melpomène,
> Me défigure en ses vers ostrogots,
> Comme il a fait rois & princes d'Argos?

On cherche quels sont ces vers ostrogots, dans lesquels *Crébillon* a défiguré Rousseau, c'est presque une anecdote; *Crébillon* se permit rarement la satyre, on fait même ce qu'il dit à un jeune homme qui lui en récitoit une: *jugez combien ce malheureux genre est facile & méprisable, puisqu'à votre âge vous y réussissez.* Voici pourtant son épigramme contre Rousseau qui demandoit alors l'académie & qui la méritoit: c'est une espèce de centurie:

> Quand poil de roux faisant la quarantaine,
> De ses poisons le louvre infectera,
> En tel mépris cettui corps tombera,
> Que Pellegrin sera reçu sans peine.

C'est un développement, qui n'est que trop heureux, du vers de Virgile:

> *Qui Bavium non odit, amet tua carmina, Mævi!*

Mais quelle injustice & dans les vers de *Crébillon* & dans ceux de Rousseau!

Malgré cette épigramme de *Crébillon*, malgré une autre satyre qu'il n'a jamais fait imprimer, & où, dit M. d'Alembert, ses détracteurs étoient désignés d'une manière plaisante, par des noms d'animaux qui les caractérisoient avec une vérité assez frappante pour leur déplaire, malgré ces deux seuls badinages satyriques, échappés à sa plume dans une vie de 89 ans, & qui sont assez peu connus, le public confirma, par les plus grands applaudissemens, le témoignage qu'il se rendit à lui-même par ce vers dans son discours de réception à l'académie françoise:

> Aucun fiel n'a jamais empoisonné ma plume.

On sait qu'il fit son remercîment en vers.

Il n'étoit pas élégant dans ses vers; mais il y étoit souvent énergique, & quelquefois éloquent; il semble qu'il ait peint métaphoriquement le caractère agreste & sauvage de son éloquence, & qu'il en eût voulu donner un exemple, dans ces vers que dit Pharasmane:

> De quel front osez-vous, soldat de Corbulon,
> M'apporter dans ma cour les ordres de Néron?...
> Ce peuple triomphant n'a point vu mes images
> A la suite d'un char en butte à ses outrages;
> La honte que sur lui répandent mes exploits,
> D'un airain orgueilleux a bien vengé des rois...
> Mon palais, tout ici n'a qu'un faste sauvage;
> La nature marâtre en ces affreux climats
> Ne produit au lieu d'or que du fer, des soldats;
> Son sein tout hérissé n'offre aux desirs de l'homme
> Rien qui puisse tenter l'avarice de Rome.

Il s'est peint encore dans Pharasmane par la haine qu'il lui a donnée pour les Romains, peuple respectable par des vertus domestiques, admirable par des travaux & des efforts presque surnaturels, mais qui dut être odieux & exécrable à toutes les autres nations, dont il avoit juré la ruine ou l'asservissement. Il ne les appelloit que *ces tyrans de l'univers ;* il trouvoit que Mithridate dans Racine, ne les haïssoit pas assez, ou n'exprimoit pas assez fortement cette haine.

Boileau, dans sa vieillesse, porta sur Rhadamiste un de ces jugemens d'humeur qui n'avoient été que trop fréquens chez lui dans sa jeunesse même, & que l'âge rend plus excusables. *Les Boyers & les Pradons*, dit-il, *étoient des aigles en comparaison de ces gens-ci.* Qu'on explique tant qu'on voudra ce jugement par son goût pour les beaux vers, par son intolérance à l'égard des incorrections du style, c'est toujours une criante injustice; comment peut-on être insensible à la beauté du rôle de Zénobie, aux remords, à la tendresse, à la jalousie de Rhadamiste, à la fierté de Pharasmane, à tant de traits si heureux, & quelquefois si heureusement exprimés. Le plus grand défaut de cette pièce est dans l'exposition qui se fait à deux fois, & où il reste de l'obscurité, ce qui a fait dire assez plaisamment *que la pièce seroit assez claire, n'étoit l'exposition.*

Le grand ressort de l'intérêt chez *Crébillon* est dans les reconnoissances, il en a fait l'usage le plus heureux, & les a variées avec la plus grande intelligence; celle de Rhadamiste & de Zénobie fait trembler & fait pleurer; c'est la tendresse impétueuse, exaltée d'Electre pour son frére qui le lui fait reconnoître, c'est pour ainsi dire un miracle de la nature & de l'amour, & tous les spectateurs sentent qu'à la place d'Oreste, l'exclamation : *ah! ma sœur!* leur échapperoit. La reconnoissance de Pyrrhus & de Neoptolême, celle d'Atrée & de Thyeste, celle de Thyeste & de Plisthène, sont toutes diversement intéressantes, diversement pathétiques.

Si *Crébillon* est un grand poëte tragique, ce n'est ni un bon littérateur, ni un homme d'un goût sûr. « Si j'avois quelque chose à imiter de Sophocle, dit-il un peu lestement, ce ne seroit assurément pas son Electre ». Quand Sophocle ne lui auroit appris qu'à ne pas défigurer ce beau sujet par l'épisode du double amour des deux enfans d'Agamemnon, & des deux enfans d'Egyste, ç'auroit été beaucoup; M. de Voltaire lui a montré qu'il pouvoit y avoir de l'avantage à imiter Sophocle dans ce sujet. M. *de Crébillon* fut le censeur de l'*Oreste* de M. de Voltaire, comme M. de la Motte l'avoit été de son *Œdipe*; il dit à M. de Voltaire : *j'ai été content du succès de mon Electre, je souhaite que le frère vous fasse autant d'honneur que la sœur m'en a fait.* Il ne le croyoit pas ; cependant, dit M. d'Alembert, Oreste partage maintenant avec Electre les honneurs de la scène, & lui enlève ceux de la lecture, la *Sémiramis* de *Crébillon* étoit oubliée avant même que M. de Voltaire fît paroître la sienne ; *Catilina* enfin a disparu devant ROME SAUVÉE, où l'on croit « entendre Cicéron » tonner pour la patrie dans la tribune aux haran» gues, & où César se montre avec cette supério» rité d'ame & de génie qui devoit bientôt lui sou» mettre les vainqueurs de l'univers ». Le *Catilina* de *Crébillon*, au contraire, est un des plus tristes monumens de la vieillesse d'un grand homme, c'est une des pièces les plus défectueuses que nous ayons dans notre langue. Depuis trente ans on en entendoit parler, & on ne la voyoit point, & on disoit: *quò usque tandem abutere, Catilina, patientiâ nostrâ.* On dut le dire bien davantage lorsqu'une cabale, moins zélée pour la gloire de *Crébillon*, que fatiguée de celle de Voltaire, fit donner jusqu'à vingt représentations de cette pièce, qu'on ne peut plus entendre aujourd'hui malgré quelques beautés de détail; mais avec quel intérêt ne dut-on pas entendre M. de Voltaire, à sa réception à l'académie françoise, prononcer ces belles paroles! « Le » théatre est menacé d'une chûte prochaine; mais » au moins je vois parmi vous, Messieurs, ce gé» nie qui m'a servi de maître quand j'ai fait quel» ques pas dans la carrière; je le regarde avec une » satisfaction mêlée de douleur, comme on voit » sur les ruines de sa patrie un héros qui l'a défen» due ».

Crébillon mourut le 17 juin 1762. Il étoit né en 1674. C'est un effet assez plaisant de l'extrême variété que l'académie françoise met dans ses choix, que ce sombre, ce terrible, ce tragique *Crébillon* y ait eu pour successeur l'abbé de Voisenon, & c'est un jeu assez singulier de la nature, que ce même *Crébillon* ait eu pour fils l'auteur de tant de romans, où tant d'esprit est plus que perdu à peindre les mœurs les plus dépravées, avec une finesse & un agrément qui ajoutent à la dépravation, & qui empêchent d'estimer l'auteur & l'ouvrage, lors même qu'on applaudit au talent. Ses ouvrages charment les jeunes gens qu'ils corrompent, & les gens d'esprit qu'ils amusent. Plus d'un auteur comique y a puisé de bons traits. Nous ne nous permettrons de nommer ici que ses *égaremens du cœur & de l'esprit*, qui ont, jusqu'à un certain point, l'aveu du public. Quelqu'un disoit à M. *de Crébillon* le fils: *ton père étoit un grand homme, toi, tu n'es qu'un grand garçon.* Le nom de celui-ci étoit Claude-Prosper; il étoit né à Paris le 12 février 1707. Il y est mort en 1777.

Tout le monde sait la fable du Chartreux auquel on attribuoit les tragédies du père; c'étoit pour eux un sujet de plaisanterie. *Crébillon* présentant son fils à un de ses amis, lui dit en badinant: *voilà le plus mauvais de mes ouvrages ; c'est qu'il n'est pas du Chartreux*, répondit le fils. *Monsieur*, disoit le père a quelqu'un qui retenoit aisément ses vers, *ne seriez-vous point le Chartreux, auteur de mes pièces ?*

CRÉECH (THOMAS) (*Hist. litt. mod.*), poëte anglois, se pendit en 1700, par un dépit amoureux. Il avoit traduit Lucrèce en vers & en prose, & quelques morceaux de Théocrite, d'Horace, d'Ovide, de Juvénal.

CRÉQUY - CANAPLES (*Hist. de Fr.*), grande maison qui tire son nom de la seigneurie de *Créquy* en Artois; on la voit paroître avec avantage dans l'histoire dès le neuvième siècle. Parmi les guerriers célèbres qu'elle a produits, nous distinguerons :

1°. Baudouin III, créé baron d'Artois en 1007, dont la devise étoit : *nul ne s'y frotte*, & le cri de guerre : *à Créquy*, *Créquy le grand baron*.

2°. Gérard qui fut de la première croisade.

3°. Jean, tué à la bataille de Courtrai en 1302.

4°. Renaud & Raoul, tués à la bataille d'Azincourt, en 1415. Ce dernier étoit surnommé *l'étendard*, à cause du grand nombre d'étendards & d'enseignes qu'il avoit pris aux ennemis, & dans le même sens où le prince de Conty appelloit le maréchal de Luxembourg, *le tapissier de Notre-Dame*.

5°. Jean V, l'un des vingt-quatre chevaliers de la création de l'ordre de la toison d'or.

6°. Sur-tout Antoine, sieur de Pont-d'Ormy, justement surnommé le Hardy, un des plus vaillans capitaines du règne de François premier, si fécond en vaillans capitaines. En 1522, pendant le siége de Hesdin que faisoient les Anglois & les Impériaux réunis, & qu'ils furent obligés de lever, un détachement de leur armée sortit de leur camp pour aller brûler une maison appartenante au frère de Pont-d'Ormy; Pont-d'Ormy traita cette affaire comme une querelle domestique, il voulut attaquer seul ce détachement avec sa compagnie, inférieure en nombre de près de moitié, & il le tailla en pièces.

La même année il étoit en Italie au malheureux combat de la Bicoque, il se portoit par-tout avec le corps de réserve qu'il commandoit, & Pescaire, non content d'avoir repoussé les François & les Suisses qui attaquoient des retranchemens inattaquables, ayant voulu sortir de ces retranchemens pour les poursuivre, Pont-d'Ormy le repoussa si vivement à son tour, qu'il le força d'y rentrer.

Lodi ayant été pillé par les ennemis, Crémone étoit menacé du même sort; on ne pouvoit y jetter du secours qu'en traversant un pays occupé par une armée triomphante, dont les parties étoient sans cesse en mouvement de l'Adda au Tesin, & du Pô jusqu'aux frontières de la seigneurie de Venise. Lautrec, général de l'armée françoise, n'osoit proposer à personne cette périlleuse expédition; Pont-d'Ormy n'attendit point qu'on la proposât; il offrit de se jetter dans Crémone avec sa compagnie d'hommes d'armes, & le peu de volontaires qui oseroient le suivre; il jura qu'avec cette poignée de soldats il combattroit tout ce qui s'opposeroit à son passage, dût-il attaquer l'armée entière des ennemis, s'il ne pouvoit l'éviter, & qu'enfin il verseroit jusqu'à la dernière goutte de son sang, ou qu'il entreroit dans Crémone. Il tint parole, il évita les ennemis avec autant d'adresse que de bonheur, & il entra dans Crémone.

En 1523, les ennemis ayant passé la Somme, on vouloit jetter du secours dans Montdidier, qui commençoit à devenir une barrière importante pour Paris du côté de la Picardie; mais il falloit passer à travers l'armée ennemie, répandue entre Corbie & Montdidier. Le péril de cette entreprise effrayoit tout le monde. Pont-d'Ormy seul osa encore s'en charger; il marcha toute la nuit, & la fortune secondant encore son courage, il arriva aux portes de Montdidier, sans avoir fait aucune mauvaise rencontre, mais il falloit revenir à Corbie, où on vouloit concerter avec lui les moyens d'arrêter la marche rapide des Anglois; Pont-d'Ormy ne daigna pas attendre que la nuit facilitât son retour; il se mit en marche avec deux compagnies d'hommes d'armes, bien résolu d'attaquer tout ce qu'il rencontreroit d'ennemis; il rencontra un détachement deux fois plus fort que le sien, l'attaqua, le rompit, le mit en fuite. Il rencontre un autre détachement beaucoup plus fort que le premier, il ne veut point exposer sa troupe à une perte certaine, il la détourne du chemin de Corbie, il lui fait prendre la route d'Amiens, & fait tête avec trente hommes au détachement ennemi, pour l'empêcher de poursuivre le reste de sa troupe, c'étoit se dévouer; il fut accablé par le nombre, comme il devoit l'être; son cheval fut tué sous lui, & il se trouva embarrassé dans sa chûte. Barnieulles, son frère, & Canaples, son neveu, qui l'accompagnoient dans cette dangereuse expédition, volent à son secours, le remontent, lui donnent le temps de suivre sa route vers Amiens, mais ils furent faits prisonniers, après avoir soutenu comme Pont-d'Ormy, par des prodiges de valeur, la gloire du nom de *Créquy*. (*Voy.* à l'article du chevalier D'ASSAS, l'histoire de la mort de Pont-d'Ormy).

7°. Un autre Pont-d'Ormy (Louis) fut tué à la bataille de Saint-Quentin, en 1557.

C'est de Marie, sa sœur, mariée à Gilbert de Blanchefort, chevalier de l'ordre du roi, que descend la maison de *Créquy* Blanchefort, digne de s'allier à la maison de *Créquy*. Antoine de Blanchefort, fils de Gilbert & de Marie, fut institué héritier du cardinal Antoine de *Créquy*, son oncle maternel, à condition de prendre le nom & les armes de *Créquy*.

Le premier maréchal de *Créquy* (Charles) fut tué d'un coup de canon le 17 mars 1638 devant la ville de Crême, sa vie entiere est une suite d'exploits & de services utiles, soit dans les armées, soit dans les ambassades. Ses deux combats contre le bâtard de Savoie Philippin, firent grand bruit dans le temps, & ils sont parfaitement dans les mœurs de la chevalerie; Philippin ayant été obligé de sortir précipitamment & à la faveur d'un déguisement, d'un fort qu'il défendoit contre le connétable de Lesdiguières, avoit changé d'habits avec un simple soldat, & avoit oublié dans l'habit qu'il quittoit, une belle écharpe, faveur de quelque femme, le soldat fut pris & l'écharpe tomba en partage à un sergent du régiment de *Créquy*. *Créquy* fit dire à Philippin qu'il falloit mieux conserver les faveurs des dames : Philippin, à qui on reprochoit à la cour de Savoie d'avoir mal défendu son fort, prit cette plaisanterie chevaleresque pour un reproche & se battit contre *Créquy*, qui le renversa par terre d'un coup d'épée, lui donna la vie & laissa auprès de lui un chirurgien pour en prendre soin. Créqui se vanta, dit-on, d'avoir du sang de Savoie, & le duc défendit à Philippin de reparoître devant lui, avant d'avoir pris sa revanche; cette revanche fut d'être tué par *Créquy* en 1599.

Les alliances de cette maison offrent des combinaisons singulières; la mère du maréchal de *Créquy*, s'étoit remariée avec François-Louis d'Agoût, comte de Sault; elle en avoit eu deux fils, morts de son vivant sans postérité. Le dernier mort l'avoit instituée son héritiere, & par-là les biens de cette branche de la maison d'Agoût passèrent dans la maison de *Créquy*.

Autre singularité. Le maréchal de *Créquy*, épousa successivement deux filles du connétable de Lesdiguières, quoiqu'il eût des enfans de la première, & son fils épousa sa tante, troisième fille du connétable de Lesdiguières. Ce fils fut substitué au nom, & aux armes de la maison de Bonne-Lesdiguières.

Il eut un frère (Charles II), mort en 1630, d'une blessure reçue au siége de Chamberi.

Celui-ci eut trois fils, dont le premier fut le duc de *Créquy* & le troisième le second maréchal de *Créquy*, plus célèbre encore que le premier.

Le duc (Charles III) fut fait duc & pair en 1653, chevalier des ordres en 1661, gouverneur de Paris en 1675. C'est lui qui, en 1662, étant ambassadeur à Rome, fut insulté par les Corses, insulte dont Louis XIV tira une réparation si éclatante. C'est contre lui que Racine, dont il critiquoit l'*Andromaque*, fit l'épigramme :

Si quelqu'un l'entend mieux, je l'irai dire à Rome.

Et cette autre:

Créquy dit que Pyrrhus aime trop sa maîtresse ;
D'Olonne, qu'Andromaque aime trop son mari.

Mort le 13 février 1687.

Le second maréchal (François) servit avec tant de distinction en 1667 à la campagne de Flandre, qu'il mérita d'être fait maréchal de France en 1668; en 1670 il conquit la Lorraine; on sait qu'ayant été battu à Consarbrick le 11 août 1675, & pris dans la ville de Trèves le 6 septembre suivant, le grand Condé dit de lui : *Le voilà devenu un des plus grands généraux de l'Europe, il lui falloit un échec;* on sait en effet comment il répara sa défaite par les deux belles campagnes de 1677, & de 1678, & consola les François de la perte de Turenne, comme Luxembourg les consoloit de la retraite de Condé :

Il termina la guerre par deux victoires en 1679.

Il prit Luxembourg en 1684, à la vue des dames de la cour, que Louis XIV avoit menées à ce siége. Il mourut comme son frère en 1687.

C'est pour le marquis de *Créquy*, son fils (François-Joseph) qui fut tué le 15 août 1702, à la bataille de Luzara, qu'on avoit fait ce joli couplet :

Si j'avois la vivacité
Qui fit briller Coulange,
Si j'avois même la beauté,
Qui fit régner Fontange,
Ou si j'étois comme Contí,
Des graces le modèle,
Tout cela seroit pour *Créquy*;
Dût-il m'être infidèle.

CRESCENS (philosophe cynique, vivoit vers le milieu du second siècle de l'ère chrétienne. C'est contre lui que Saint-Justin écrivit sa seconde *apologie*.

CRESCENTIUS NUMANTIANUS (*Histoire mod.*), patrice romain, tyran de Rome, à qui l'empereur Othon III fit trancher la tête vers la fin du 10e. siècle. *Voyez* à l'article ALBERIC un passage de Rousseau qui concerne ce *Crescentius* ou *Crescence*.

CRESCIMBENI (JEAN MARIE) (*Hist. litt. mod.*), poëte & historien Italien, excellent littérateur, fondateur de l'academie d'Arcadie ou des Arcades de Rome, dont il fut trente-huit ans directeur, & dont l'objet étoit de faire la guerre aux *Concetti*, & de maintenir la pureté du goût. Ses principaux ouvrages sont *l'histoire de la poësie Italienne; l'histoire de l'académie des Arcades, & la vie de plus illustres Arcadiens;* plus, un recueil de leurs poësies latines; plusieurs vies particulières, entre autres celles du cardinal de Tournon; des poësies Italiennes, &c. Il étoit de la plupart des académies d'Italie, & de celle *des curieux de la nature* en Allemagne. Né en 1663 à Macérata, capitale de la Marche d'Ancone. Mort à Rome en 1728.

CREST (LA BERGÈRE DE) (*Hist. mod.*), fille visionnaire prônée par Jurieu, l'ami de tous les visionnaires, & visionnaire lui-même. Elle étoit en effet bergère, & en gardant ses moutons, elle avoit été formée au métier de visionnaire & de prophéteſſe; elle avoit appris des déclamations & des plaiſanteries contre le pape & la meſſe; les calviniſtes la croyoient ou la diſoient ſuſcitée de Dieu pour abolir l'idolâtrie; l'intendant de Dauphiné la fit enfermer à l'hôpital général de Grenoble; on auroit pu ſe contenter de la renvoyer garder ſes moutons & de l'engager à ſe taire ſous peine de cette clôture.

CRETIN (GUILLAUME DU BOIS, dit) (*Hiſt. litt. mod.*), chantre de la ſainte-chapelle de Paris, tréſorier de celle de Vincences, chroniqueur des rois Charles VIII, Louis XII, & François I. Mort en 1525. Il étoit auſſi poëte & poëte alors très-célèbre. Marot, qui fut ſon ſucceſſeur dans le premier rang au Parnaſſe, rang qu'il remplit avec un éclat plus ſoutenu, l'appelle *le ſouverain poëte françois*; les pointes & les équivoques lui ſont très-familières, & c'eſt principalement ſur ſes talens dans ce genre que ſa réputation fut fondée; c'eſt *Cretin* que Rabelais a placé dans ſon Pantagruel ſous le nom du vieux Raminagrobis. Liv. 3. chap. 21, 22, 23. (*Voyez l'article* TURLUPINS & TURLUPINADES.)

CREVANT. *Voyez* HUMIÈRES.

CREVE-CŒUR (PHILIPPE DE CRÈVE-CŒUR DES CORDES *ou* DES QUERDES) (*Hiſt. de Fr.*), maréchal de France, fut un des plus illuſtres capitaines du temps de Louis XI. Il étoit attaché à la maiſon de Bourgogne, il combattit ſous Charles-le-Téméraire à la bataille de Montlheri. Moins habile négociateur, moins homme d'état que Philippe de Comines, ſon compagnon d'armes, mais plus ſoldat & plus général, Louis XI avoit ſenti qu'il lui ſeroit auſſi néceſſaire. Il n'avoit rien épargné pour le ſéduire, & il fallut l'acheter cher, car la maiſon de Bourgogne l'avoit comblé de faveurs. Sa mère avoit nourri la princeſſe Marie de Bourgogne, fille unique de Charles-le-Téméraire. Cette première ſource de graces, jointe aux ſervices & à la capacité de Deſquerdes, lui avoit acquis la confiance de Charles, qui lui avoit donné le gouvernement général de la Picardie Bourguignonne. Brave, intelligent, expérimenté, Deſquerdes pourroit être regardé comme un grand homme, s'il eût été fidèle.

Lorſqu'après la mort de Charles, Louis XI empreſſé d'accabler la foibleſſe de Marie, s'emparoit de toutes les villes de Picardie, de Hainault & d'Artois, Deſquerdes qui commandoit dans Arras répondit avec fermeté à la ſommation & fit valoir les droits de ſa ſouveraine, mais c'étoit de ſa part, le dernier ſoupir d'une fidélité expirante. La fortune de Comines l'avoit tenté; il voyoit tout à perdre dans le parti de la princeſſe, & tout à gagner dans celui du roi. Il ſuivit le torrent, & vendit, comme les autres, ſes talens à Louis XI contre la fille de ſon bienfaiteur. Maximilien, fils de l'empereur Frédéric III, ayant épouſé Marie, eut la gloire de gagner contre Deſquerdes la bataille de Guinegaſte le 24 août 1479. Deſquerdes ſoutint tous les efforts de l'armée victorieuſe, & fit la retraite en très-bon ordre n'abandonnant à Maximilien que la champ de bataille, couvert de plus de Flamands que de François. Dans cette journée, Maximilien & Deſquerdes avoient fait le perſonnage l'un de l'autre. Deſquerdes avoit déployé toute la vivacité d'un jeune guerrier, Maximilien toute la prudence d'un vieux capitaine; Deſquerdes répara bien par ſa conduite le léger échec qu'il avoit eſſuyé. Il empêcha Maximilien de tirer aucun avantage de ſa victoire. Le ſiége de Thérouenne que faiſoit Maximilien, & auquel s'oppoſoit Deſquerdes, fut levé; le reſte de cette guerre, fut de la part de Deſquerdes, une ſuite de ſuccès. Il fut fait maréchal de France en 1483 ſous le règne de Charles VIII, il continua de faire une guerre heureuſe contre Maximilien en 1487, il ſurprit Saint-Omer & Thérouenne, battit les Flamands près de Béthune, & fit priſonniers les principaux chefs de leur armée. Il mourut en 1494 à la Breſle, près de Lyon, en accompagnant Charles VIII à ſon expédition d'Italie. La maiſon de *Crève-cœur*, dont il étoit, & qui eſt aujourd'hui en Lorraine, eſt ancienne & illuſtre. De cette maiſon étoient encore Enguerrand, laiſſé parmi les morts à la bataille de Bar en 1037, & qui, échappé de ce péril, ſe fit moine.

Errard II, *venerabilis miles & ſtrenuus*, qualifié ainſi dans ſes actes, fait priſonnier dans une bataille livrée contre les Turcs en 1146 ou 1147 dans la ſeconde Croiſade.

Jean III, priſonnier à la bataille de Poitiers en 1356.

Colard, tué à la bataille de Courtrai en 1302.

Gillon, ſon fils, tué à la bataille de Crécy en 1346.

Fourci, ſon fils, tué à la bataille de Nicopolis en 1396.

CREVIER (JEAN-BAPTISTE-LOUIS) (*Hiſt. litt. mod.*), profeſſeur de rhétorique au collège de Beauvais, diſciple de M. Rollin, eſt l'homme qui a le mieux ſu tirer parti de cette qualité pour ſe faire un nom dans les lettres; à force de faire cauſe commune avec ſon maître, il eſt parvenu à perſuader aux nombreux partiſans de M. Rollin que cette cauſe étoit la même & ſa réputation eſt devenue comme une annexe de celle de M. Rollin; il s'en falloit bien cependant que M. *Crevier* eût l'élégance de M. Rollin, ſon goût pur, ſa douceur aimable, ſon ingénuité quelquefois piquante, toujours attachante; M. *Crevier* étoit inſtruit; mais ſon ſtyle étoit dur & d'une familarité baſſe, il n'avoit de commun avec M. Rollin que d'avoir étudié ſous lui & d'avoir continué ſon hiſtoire Romaine; le zèle Janſéniſte qui les uniſſoit encore, étoit doux dans M. Rollin, âcre dans M. *Crevier*. Celui-ci ſaiſiſſoit toutes les occaſions de ſe porter pour le défenſeur & le vengeur de M. Rollin, & sembloit croire que les intérêts de la gloire de son maître, & de son ami lui étoient confiés. M. de Voltaire avoit fait en passant, sur l'histoire ancienne de M. Rollin, quelques légères observations ou objections qui prouvoient son estime pour cet écrivain, M. *Crevier* entreprit de lui répondre, ce qu'il fit du ton capable & contraint d'un homme de collège qui parle à un homme du monde & qui met une vanité gauche à paroître poli. Ces deux hommes différent trop dans leurs principes de goût, d'histoire, de philosophie & de critique, pour pouvoir, je ne dis pas s'accorder, mais disputer ensemble; il n'y avoit entr'eux ni rapport ni proportion; plus ils étoient contraires, moins il y avoit matière à dispute, c'étoient deux étrangers qui avoient raison chacun chez eux & dans leur langue, aussi la dispute finit-elle par ce trait que le satyrique léger lança contre le rhéteur Polémique.

> Le lourd *Crevier*, pédant crasseux & vain,
> Prend hardiment la robe de Rollin,
> Comme un valet prend l'habit de son maître.

M. Palissot, dans sa jeunesse, avoit fait une histoire raisonnée des premiers siècles de Rome; on en rendit compte dans le journal des savans, & on oublia de le gronder du ton un peu léger dont il avoit avoit parlé de M. Rollin dans cet ouvrage. M. *Crevier* écrivit à l'assemblée du journal des savans pour se plaindre de cette modération des journalistes. Quoi! disoit-il, si j'étois mort, il ne se seroit donc pas élevé une seule voix pour la défense de M. Rollin! M. Rollin n'avoit pas besoin de voix qui s'élevassent pour sa défense; tous les cœurs de ses lecteurs étoient pour lui, il inspiroit à tous 1°. de la confiance en ses écrits. 2°. Une vénération tendre pour sa personne; il n'y a aucun de ses détracteurs ni de ses défenseurs auquel on ne pût souhaiter un pareil avantage. M. *Crevier* auroit dû peut-être se borner à écrire en latin, il y écrivoit bien; & il avoit même de l'esprit dans cette langue. Son édition de Tite-Live est un ouvrage estimé des savans; il y a de lui des discours latins, prononcés dans l'université, qui lui ont fait honneur, & c'étoit un homme distingué dans ce corps, mais il a trop écrit en François; outre sa *continuation de l'histoire de la République Romaine*, & son *histoire des empereurs* jusques & compris Constantin, on a de lui une *histoire de l'université de Paris*, qui n'est pas un simple abrégé de Duboulay, & qui pour les recherches & l'ordre est au rang des bons ouvrages d'érudition; on n'en peut pas vanter le style; cependant, comme l'observe un auteur, M. *Crevier* étoit plus propre à écrire l'histoire de l'université que l'histoire romaine. Il y a de lui encore une *Rhétorique Françoise*, dont la réputation n'est pas sortie de l'enceinte de l'université; on lui attribue aussi des *observations sur l'esprit des loix*, dans lesquelles il avoit le même tort, & le même désavantage que dans sa dispute contre M. de Voltaire. *Nè sutor ultrà crepidam.* Né à Paris en 1693. Mort en 1765.

CRILLON (LOUIS-BARBE BERTON DE), (*Hist. de Fr.*), surnommé *le brave*, d'une ancienne maison de Provence.

Du Guesclin, Bayard, (*voy.* ces 2 art.) & Crillon; voilà peut-être les trois plus beaux modèles de valeur & de vertu que présente l'histoire de France. Le premier, fut l'ami & le héros de Charles-le-Sage; le second de Louis XII & de François I, le troisième de Henri IV; mais si on considère dans quels temps difficiles le brave *Crillon* ne s'écarta jamais des loix de l'honneur & du devoir; dans quelles cours il fut constamment vertueux; à quels rois, (François II, Charles IX, Henri III); à quelle reine (Catherine de médicis) il fut toujours fidèle sans les flatter; servant toujours leurs intérêts, jamais leurs passions; s'exposant à tout pour leur sauver tantôt la vie, tantôt la couronne, tantôt des crimes; catholique inébranlable, combattant la ligue & abhorrant la Saint-Barthelemi; ami zélé des Guises fidèles, ennemi redoutable du duc de Guise rebelle, lui faisant seul baisser les yeux d'un regard, offrant de se battre contre lui, refusant, au péril de sa vie, de l'assassiner, & proposant qu'on lui fît son procès, enfin si l'on considère la vie entière de *Crillon*, on ne le jugera point inférieur à ses modèles, & peut-être trouvera-t-on que sa vertu fut encore plus éprouvée que la leur, puisqu'il eut à servir des princes vicieux. Le ciel lui devoit enfin un maître tel que Henri IV pour le récompenser de sa fidélité envers les autres. Nous ne le suivrons point dans toutes ses expéditions militaires où la victoire fut si souvent payée de son sang; il faudroit rappeller toutes les batailles & tous les siéges de son temps; s'il lui est arrivé de manquer quelques-unes de ces expéditions, ou il servoit plus utilement ailleurs, ou il étoit retenu par ses blessures. Nous ne rapporterons que quelques traits moins généralement connus que les autres.

A la bataille de Dreux en 1562, *Crillon* qui, de l'aveu du duc de Guise, contribua beaucoup à la victoire, voyant le prince de Condé renversé de cheval, ne voulut pas le faire prisonnier, il apperçoit Damville, fils du connétable de Montmorenci (le connétable venoit d'être fait prisonnier), *avance Damville*, lui dit-il, en tendant la main au prince de Condé pour l'aider à se relever; *c'est à toi d'échanger ton pere contre le prince, à moi de respecter le sang de nos rois.*

En 1592 l'amiral de Villars, encore ennemi de Henri IV, ayant investi Quillebœuf, *Crillon* y entra lui troisième, en batteau, & lorsque les assiégeans sommerent la garnison de se rendre, il ne répondit que ce peu de mots: *Crillon est dedans & l'ennemi dehors.* Tout le monde fait le billet que Henri IV lui écrivit après le combat d'Arques où *Crillon* n'avoit pu se trouver: *pends-toi, brave Crillon*, &c. on en a plusieurs autres de Henri III. & de Henri IV au même *Crillon*, qui prouvent l'amitié, l'estime, le respect même, on peut le dire, de ces rois pour sa personne.

Peu de lecteurs savent que *Crillon*, quoique laïc, possédoit l'archevêché d'Arles, les évêchés de Fréjus, de Toulon, de Sénez, de St. Papoul, & l'abbaye de l'Isle-Barbe. Tels étoient les usages du temps, relativement à la dispensation des bénéfices. On les accumuloit, & on en faisoit la récompense du soldat. Ovide eût dit:

Romule, divitibus scisti dare commoda solus.

Le brave *Crillon* mourut le 2 décembre 1615, dans sa soixante & quatorzième année. Un Jésuite, (le pere François Bening), fit son éloge funèbre, qui fut imprimé en 1615 à Avignon, sous le titre de *bouclier d'honneur*. On a publié sa vie à Paris en 1781, peu de temps après que la prise de Mahon eut ajouté un nouveau laurier à la gloire du nom de *Crillon*.

Il est toujours utile à la gloire des plus grands noms d'être célébrés dans les poëmes fameux; le brave *Crillon* l'est dans deux poëmes de M. de Voltaire qui ne périront point.

Dans la henriade:

Sully, Nangis, *Crillon*, ces ennemis du crime,
Que la Ligue déteste, & que la Ligue estime.

Dans le poëme de Fontenoy:

Tel étoit ce *Crillon*, chargé d'honneurs suprêmes,
Nommé *brave* autrefois par les braves eux-mêmes.

CRINITUS (PETRUS) ou PIERRE LE CHEVELU, ou PIETRO RICCIO, (*Hist. lit. mod.*), disciple & successeur d'Ange Politien dans son école à Florence. L'histoire lui fait, sur les mœurs, le plus grand reproche qu'on puisse faire à un instituteur public. On a de lui des vies des poëtes latins & d'autres ouvrages. Mort vers l'an 1505.

CRISPE, (*Hist. Sac.*), chef de la synagogue de Corinthe, converti & baptisé par St. Paul (Act. ap. c. 18, v. 8. Premiere aux Corinthiens, c. 1, v. 14.

CRISPE, (*Hist. Rom.*) FAVIUS JULIUS CRISPUS, fils de l'empereur Constantin & de Minervine. Il acquit de la gloire & son pere le nomma César. Fausta, sa marâtre, qui l'aimoit, n'ayant pu le séduire, l'accusa auprès de Constantin, comme Phèdre accusa Hyppolite auprès de Thésée, Constantin crut Fausta & empoisonna son fils, il reconnut son innocence, & fit périr Fausta: triste ressource. *Crispe* périt l'an 324 de l'ère chrétienne.

CRISPUS ou CRISPO (*Hist. lit. mod.*), théologien & poëte napolitain, mort en 1595, est connu par une vie de Sannasar & par un traité: *de Ethnicis philosophis cautè legendis*.

CRITIAS, le premier des trente tyrans d'Athenes, chassé par Thrasybule; il fut tué dans cette révolution, arrivée environ quatre siècles avant J. C.: disciple de Socrate, il avoit été injuste & cruel; tyran, il avoit fait des vers dont on a des fragmens.

CRITOGNATE (*Hist. anc.*), seigneur auvergnac, défendit la liberté de son pays contre César, & suivit la fortune de Vercingentorix. Enfermé dans Alesia, & pressé par la famine, plutôt que de se rendre, il fit décider qu'on immoleroit ceux qui n'étoient pas en état de combattre & qu'on se nourriroit de leur chair; exemple qu'avoient déja donné les anciens Gaulois assiégés par les Cimbres & les Teutons. L'intérêt même de la liberté ne peut excuser une résolution si monstrueuse. Le courage de céder à un vainqueur vaut mieux que celui de lui résister en outrageant la nature; d'ailleurs les Gaulois n'en furent pas moins domptés.

CRITOLAUS (*Hist. Grecq.*). Plutarque, ou du moins l'auteur des parallèles d'histoires Grecques & Romaines, rapporte de ce *Critolaüs* & de ses deux frères, citoyens de Thégée en Arcadie, & de Damostrate & de ses deux frères, citoyens de Phénée, autre ville d'Arcadie, exactement la même histoire que Tite-Live raconte des Horaces & des Curiaces, c'est *Critolaüs* qui est l'Horace vainqueur, & il tue de même sa sœur, & par la même raison, & est absous de même par le peuple ou du moins par sa mère. Il fut ensuite général des Achéens contre les Romains. Battu par Cec. Metellus au passage des Thermopyles, l'an 146 avant J. C., il s'empoisonna, dit-on, de chagrin. On sent combien cette conformité parfaite entre l'histoire Grecque & l'histoire Romaine les rend toutes deux suspectes.

CRITON (*Hist. anc.*), disciple de Socrate, dont un des dialogues de Platon porte le nom; il avoit en effet composé des dialogues, mais on ne les a pas.

CRITON (*Hist. mod.*), *Criton* ou *Cliton* étoit le surnom de Guillaume, fils & unique héritier du Prince Robert, dit, GAMBARON *ou* COURTES-JAMBES, fils aîné de Guillaume le conquérant. Il avoit par sa naissance des droits incontestables à la couronne d'Angleterre, mais cette couronne avoit été envahie par son oncle Henri I. & il eut le malheur de tomber entre les mains de l'usurpateur. Heureusement les tyrans de ce temps-là ne savoient pas même être conséquens dans le crime; Henri, qui, après avoir ôté la vue au malheureux Robert en lui faisant passer sur les yeux un bassin de cuivre ardent, le laissa languir vingt-huit ans dans les fers, laissoit la liberté à *Criton*, fis de Robert; il lui avoit même donné pour gouverneur un homme vertueux, ce que la tyrannie ne fait guères en pareil cas; son intention étoit vraisemblablement d'affoiblir les soupçons publics, s'il arrivoit que la nature ou la politique le délivrassent de ce jeune prince. Hélie de S. Saën (c'est le nom de ce gouverneur) s'attacha tendrement à son élève, veilla sur lui, observa Henri. Celui-ci qui avoit jugé la réputation de S. Saën utile à ses desseins, trouva sa vertu incommode, il voulut rompre ce commerce & faire arrêter *Criton*; S. Saën en fut averti & le prince fut sauvé. Son gouverneur implora pour lui la protection de tous les voisins & de tous les ennemis de Henri; le comte d'Anjou lui promit sa fille, le roi Louis-le-gros, rival de Henri, donna l'investiture de la Normandie à *Criton*, le mena au concile de Rheims, le mit sous la sauve-garde de l'église, du pape, de tous les princes chrétiens. Au combat de Brenneville-sur-Andèle en 1119, *Criton* mérita la protection de Louis & l'estime de Henri; il eut l'honneur d'enfoncer l'avant-garde de l'armée Angloise; repoussé à son tour, il étoit descendu de cheval pour rallier ses troupes; ce cheval fut pris & mené au roi d'Angleterre, qui le renvoya sur-le-champ à son neveu avec des présens, & lui fit faire des complimens sur la valeur qu'il avoit montrée dans cette affaire; mais ce n'étoit pas seulement à la valeur de son neveu qu'il eût dû rendre hommage, c'étoit à ses droits. *Criton* resta sous la protection de la France, mais il n'épousa point la fille du comte d'Anjou, lequel s'attacha au parti de Henri comme au plus fort. Louis en dédommagea *Criton* en lui faisant épouser sa belle-sœur, Jeanne de Savoie; à la mort de Charles-le-Bon, comte de Flandre, il lui donna l'investiture de la Flandre, qui lui fut contestée par Thierry d'Alsace; celui-ci étoit suscité, ou au moins protégé par le roi d'Angleterre, & il avoit des prétentions connues à ce comté. Louis voyant combien le jeune *Criton* étoit actif & intelligent, voyant qu'il ne s'abandonnoit ni dans la paix ni dans la guerre, qu'il avoit surpris Gisors, que ses partisans l'avoient rendu maître de Pont Audemer, que son activité déconcertoit toute la puissance du roi d'Angleterre, Louis ne se lassoit point de prodiguer ses bienfaits à *Criton*, il lui donna le Vexin pour qu'il fût plus à portée d'entreprendre sur la Normandie. Cependant Thierry d'Alsace de son côté avoit surpris Alost en Flandre, *Criton* courut investir cette place, Thierry vint à son secours; on combattit; *Criton* fut vainqueur; la ville alloit se rendre, la garnison voulut auparavant risquer une sortie, *Criton* y fut blessé d'un coup de lance à la main droite, impatient de continuer le combat, il arrache le fer, le déchirement fut considérable, la gangrène s'y mit, & ce jeune prince qui déployoit tous les talens des héros de sa race, sans aucun des défauts qui les avoient rendus odieux, mourut au bout de quelques jours en 1128. Thierry d'Alsace eut le comté de Flandre. On n'a pas manqué de dire que Robert, pere de *Criton*, toujours aveugle & prisonnier en Angleterre, avoit été averti en songe, de la mort de son fils; il avoit vu un cavalier flamand qui lui perçoit le bras, il en avoit senti le coup, & s'étoit écrié en se réveillant: *Ah! mon fils a été tué.*

Un autre CRITON (Jacques), Ecossois, de la maison royale des Stuarts, prodige d'esprit, de science & d'adresse, joignant à la connoissance des langues, à celles des sciences & des arts, la perfection dans tous les exercices d'un chevalier, fut le Pic de la Mirandole du seizième siècle. Il vivoit comme lui en Italie, ayant abandonné sa patrie, qui déchirée par des guerres de religion, n'étoit pas digne de le posséder. Il mourut en 1583 à vingt-deux ans par un accident déplorable qui dut laisser bien des regrets & de la confusion à son meurtrier, auquel on ne put refuser l'éloge d'avoir été dans la suite un prince vertueux; le duc de Mantoue, Guillaume de Gonzague, avoit invité *Criton* à le venir voir à Mantoue, le prince Vincent, fils du duc, voulut éprouver si *Criton* avoit autant de valeur que d'esprit; il le fit attaquer la nuit dans les rues de Mantoue par deux hommes de sa suite, qu'il se mit en devoir de soutenir; *Criton* les repoussa tous trois si vigoureusement, & devint si pressant, qu'il obligea le prince de se faire connoître, *Criton* alors mit son épée à ses pieds, & lui fit des excuses qu'il ne lui devoit pas; le prince encore outré de sa défaite & emporté sans doute par un mouvement honteux dont il ne fut pas le maître, lui donna brutalement un coup d'épée dont il mourut sur-le-champ.

CRŒSUS. (*Hist. anc.*) Ce n'est pas sans doute une histoire vraie que nous prétendons rapporter, en donnant d'après Hérodote & même Xénophon, un précis de l'histoire de *Crœsus*, roi de Lydie; c'est une histoire convenue, c'est une espèce de conte de fées, dont la moralité sensible est préférable à tant d'histoires insignifiantes, précisément parce qu'elles sont vraies.

Crœsus, enrichi par l'or du Pactole, & ayant ajouté à ses états presque toutes les provinces de l'Asie Mineure, étoit le plus opulent & le plus puissant des rois, & se croyoit le plus heureux. Solon, trop philosophe pour confondre le bonheur avec la richesse & la puissance, même avec la gloire, lui avoua que des citoyens paisibles, pauvres & vertueux lui paroissoient beaucoup plus heureux, il l'avertit d'ailleurs de l'instabilité des choses humaines, & ce fut alors qu'il établit ce principe: que *nul ayant sa mort ne devoit être appellé grand ni heureux*. Ce langage parut fort étrange à la cour d'un si grand roi, & *Crœsus* disoit avec mépris: *c'est-là ce Solon, ce législateur des Athéniens!* Esope lui-même, le sage Esope, voyant avec peine que Solon s'étoit perdu dans l'esprit du roi, lui dit: *Solon, il faut, ou ne point approcher des rois, ou ne leur dire que des choses qui leur soient agréables*; *dites plutôt*, reprit Solon, *qu'il faut ou n'en point approcher ou leur dire des choses qui leur soient utiles. Dites leur*, dit en pareil cas Sénèque, *non ce qu'ils veulent entendre, mais ce qu'ils voudront avoir toujours entendu.*

Crœsus ne tarda pas à voir son bonheur troublé. Il avoit deux fils : l'un devenu muet, fut pour lui un objet continuel de douleur. L'autre nommé Atys, faisoit toute sa consolation, mais il le vit en songe périr par le fer, & comme les songes étoient alors des avis du ciel, tout fer fut interdit au jeune prince ; les précautions de la tendresse paternelle le privèrent de tout plaisir, de toute liberté ; il obtint cependant, quoiqu'avec peine, d'assister comme simple spectateur à une chasse au sanglier. *Crœsus* crut pouvoir accorder cette grace à ses instances & à celles du sage Adraste, jeune prince qui étoit venu se réfugier à sa cour & qui étoit uni avec Atys de l'amitié la plus tendre ; ce fut à cette amitié & à cette sagesse qu'Atys fut confié, & Adraste lui-même lançant son javelot contre le sanglier, perce & tue Atys, & se tue de douleur sur le tombeau de son ami. (*V.* ATYS & ADRASTE.) La leçon n'étoit pas encore assez forte pour *Crœsus*, il lui restoit de la richesse & de la puissance. La gloire naissante de Cyrus vient l'inquiéter, & comme la gloire n'appartenoit en propre qu'à *Crœsus*, il veut aller accabler ce nouveau conquérant ; il va consulter l'oracle, mais avant de le consulter, il l'éprouve, il veut que l'oracle lui dise ce qu'il faisoit (lui *Crœsus*) un certain jour, à une certaine heure ; l'oracle devine, (& assurément cela n'étoit pas aisé), que *Crœsus* au moment indiqué faisoit cuire une tortue avec un agneau dans une marmite d'airain qui avoit aussi un couvercle d'airain. *Crœsus* alors lui demanda s'il feroit bien de passer le fleuve Halys pour marcher contre les Perses ? L'oracle répondit que quand *Crœsus* passeroit le fleuve Halys, il détruiroit un grand empire : *Crœsus* ne comprit pas que ce seroit le sien. Il demanda encore qu'elle seroit la durée de l'empire de Lydie ; l'oracle répondit qu'il subsisteroit jusqu'à ce qu'on vît un mulet remplir le trône de Médie, *Crœsus* comprit que son empire seroit éternel, mais le mulet étoit Cyrus, Perse par son père, Mede par sa mère. En effet Cyrus battit *Crœsus* à la bataille de Thymbrée, dont M. Fréret a donné une description très-raisonnée dans le 6e tome des mémoires de littérature ; il le prit ensuite dans sa ville de Sardes, & ce fut à la prise de cette ville que le fils muet de *Crœsus*, le seul qui lui restât, voyant un soldat prêt à tuer son père, lui cria bien distinctement : *soldat, ne tue point Crœsus*, miracle qui n'est-là que pour l'ornement & qui n'entre pas dans la moralité générale du conte, la voici cette moralité. Cyrus ayant pris *Crœsus*, voulut le faire brûler vif, ce qui n'a étonné aucun de ceux qui ont rapporté ce trait d'après Hérodote, & ce qui n'a pourtant pas d'exemple chez les nations ni chez les tyrans les plus barbares, *Crœsus* sur le bûcher se rappella Solon & l'appella trois fois, Cyrus en voulut savoir la raison, il en fut touché & eut pour *Crœsus* les égards dus à un grand roi malheureux. Xénophon fait grace du bûcher à *Crœsus* & aux lecteurs, & fait honneur à Cyrus seul, sans le secours de Solon, du traitement honorable que reçut le roi vaincu. Il parle d'un autre oracle rendu à *Crœsus* & qui est sans doute le meilleur de tous. *Crœsus* demandoit ce qu'il avoit à faire pour mener une vie heureuse ; il commençoit apparemment dès-lors à sentir la vérité de ce que Solon lui avoit dit ; l'oracle répondit : « *Crœsus sera heureux lorsqu'il se* » *connoîtra lui-même*, vous m'avez appris à me » connoître, dit *Crœsus* à Cyrus, dans le récit de » Xénophon, & je vais vous devoir mon bon» heur ».

CROISADES. Les *Croisades* appauvrirent & dépeuplèrent l'état, auquel elles furent néanmoins très-utiles, en l'affermissant sur les ruines de la haute noblesse. Telle est en général la réflexion qui résulte de l'histoire de ces grandes & malheureuses expéditions. Quelque exagérés que paroissent les récits des historiens sur le nombre des *Croisés*, sur leurs victoires, sur leurs défaites & leurs malheurs, il est certain que les *Croisades* produisirent dans le gouvernement & dans les mœurs, une révolution avantageuse à la postérité. Ce que les hauts barons perdirent en puissance, fut autant d'ajouté à l'énergie de l'autorité souveraine. La superstition, portée à son comble dans les premières *Croisades*, mais affoiblie en voyant les choses de plus près, cessa de dégrader la religion dans son culte. Enfin les mœurs, liées essentiellement à la constitution de l'état, s'épurèrent, quand les premiers seigneurs obligés de s'abaisser devant leur maître, furent moins exposés aux regards de leurs vassaux & du peuple, & cessèrent de les entraîner par le mauvais exemple.

L'intérêt & la cupidité furent les principaux mobiles qui entraînèrent la plupart de ces seigneurs loin de leur patrie, en leur présentant l'espoir d'augmenter leurs domaines ou d'en acquérir de nouveaux par des conquêtes faciles. Ces conquêtes flattoient à la fois leur ambition & leur amour pour la gloire. Ils partirent, les uns accablés de dettes, les autres abandonnant aux églises & aux monastères, des biens qu'ils comptoient regagner au centuple ; mais ils revinrent glorieux & pauvres, chargés de lauriers & dépouillés de leur patrimoine.

Parcourons rapidement l'histoire de cette noblesse dans les *Croisades* ; remarquons avec soin son imprudence & ses fautes, & cherchons dans ses malheurs mêmes, des motifs qui nous empêchent de les regretter.

Premiere Croisade sous Philippe I, 1092.

La superstition avoit mis à la mode les pélerinages aux saints lieux; mais les pélerins n'étoient guères accueillis par la nation qui tenoit alors Jérusalem sous sa puissance. Un prêtre picard nommé Cucupiètre & connu dans notre histoire sous le nom de *Pierre l'Hermite*, touché des outrages que les chrétiens essuyoient, conçut l'idée de leur faire conquérir une terre qu'il croyoit faite pour eux. Il excita le pape & les souverains à joindre leurs forces pour cette expédition, & il eut la gloire de réussir.

La ligue fut résolue en 1095, au concile de Clermont, où chacun cria d'une voix unanime, *Dieu le volt*, *Dieu le volt*. Tous ceux qui partirent pour la Terre sainte, portoient une croix d'étoffe rouge sur l'épaule droite. L'empressement fut si grand, que le nombre de ces premiers croisés, monta, dit-on, à plus de six millions d'ames, ce qui est tout-à-fait incroyable. Cette multitude indisciplinée se partagea en différens corps d'armée, dont l'un fut sous le commandement de Cucupiètre, qui apprit bientôt qu'il savoit mieux prêcher que combattre. Deux autres corps devinrent la victime de leurs désordres & furent exterminés par les Hongrois. Le malheureux Picard fut défait par le Soudan de Nicée. Gautier sans argent y fut tué avec Raymond de Bréis, Foucher d'Orleans, Gautier de Breteuil & Geoffroi de Burel.

Godefroi de Bouillon, duc de Lorraine, eut sous ses ordres une armée de soixante-dix mille hommes de pied, & de dix mille cavaliers, sous les bannieres de plusieurs seigneurs, tous Lorrains ou Allemands. Les Italiens se rassemblèrent sous les étendards de Bohémond, fils de Robert Guiscard; ceux de Toulouse sous les enseignes du vieux Raymond de Saint-Gilles, si connu par ses belles actions; les Normands étoient conduits par leur duc Robert. Les autres chefs étoient Hugues, frère du roi, Etienne, comte de Boulogne, Robert, comte de Flandre, &c. L'armée entière étoit de cinq cents mille fantassins, & de cent trente mille cavaliers. On prit d'abord Nicée, capitale de la Bithynie, & l'on battit deux fois les armées Turques & Arabes. Ces succès en procurèrent de plus grands : Edesse, Antioche, & plusieurs autres villes furent assiégées & prises. Ce fut dans les combats que ces siéges occasionnèrent que Godefroi de Bouillon se signala par ces prodiges de force & de valeur que l'histoire rejette, & dont la fable même offre à peine quelques exemples, enfin après plusieurs victoires éclatantes, l'armée se présenta devant Jérusalem, qu'elle emporra d'assaut après cinq semaines de siége, quoiqu'elle fût réduite à vingt-cinq mille hommes.

Le duc de Lorraine eut la principale gloire de tant de succès, & tous les *Croisées* s'accordèrent à lui déférer les honneurs de la royauté qu'il refusa, se contentant du tire de *baron de Jérusalem*. Tout le monde convient que s'il ne porta pas la couronne, personne ne la mérita mieux, par toutes les qualités qui peuvent faire d'un héros un souverain accompli. Cette couronne passa dans la suite, faute d'hoirs mâles, dans la maison d'Anjou, & depuis à Guy de Lusignan, qui la perdit à la journée de Tibériade, où il fut défait par le comte de Montferrat. Jean de Brienne y parvint à son tour. Tout cela faisoit, dit un écrivain judicieux, des illustrations dans les maisons, sans grand profit. L'empereur Frédéric, qui épousa la fille de Jean de Brienne, en eut tous les droits, qu'il dédaigna d'éxercer. Enfin, après les malheurs de Saint-Louis, Jérusalem cessa d'être regardée comme une conquête digne d'envie, & elle redevint ce qu'elle avoit été, l'objet d'un saint pélerinage.

Le bruit de ses exploits retentit dans toute l'Europe & produisit une nouvelle armée de *Croisés*, que Soliman tailla en pieces. Hugues le grand mourut à Tarses d'une blessure qu'il avoit reçue. Baudouin succéda à son frère Godefroi & augmenta considérablement son état par ses conquêtes.

C'est à cette premiere *Croisade* qu'on doit rapporter l'origine des armoiries, & l'établissement des ordres militaires & religieux, connus sous les noms d'hospitaliers, de templiers & de teutoniques.

Ces premiers conquérans formèrent quatre petits Etats, le comté d'Edesse, le comté de Tripoly, la principauté d'Antioche & le royaume de Jérusalem. Mais les divisions & les jalousies des souverains, plus encore que le fer des Orientaux, en causèrent bientôt la ruine.

Seconde Croisade sous Louis VII, 1145.

Les Chrétiens d'Orient alloient être accablés par le Soudan d'Alep : ils implorèrent le secours des Européens. Ce fut Saint Bernard qui prècha cette seconde *Croisade*, & qui en promit le succès au nom de Dieu. Elle fut décidée dans un parlement tenu exprès à Vézelai en Bourgogne. L'empressement fut le même que la première fois, & quelques historiens assurent qu'il ne resta dans les bourgs que les femmes & les enfans. On déféra le commandement à Saint-Bernard qui avoit trop d'esprit pour l'accepter, & qui n'eut pas la même ambition que Cucupiètre. Les *Croisés* prirent le chemin de terre, les François ayant à leur tête leur roi & l'oriflamme. L'armée de l'empereur fut défaite par la perfidie de Manuel Comnène. Pour l'en punir, Godefroi, evêque de Langres, avoit proposé d'assiéger Constantinople; mais cet avis si sage fut rejetté. L'armée du roi, après avoir battu les Turcs au passage du Méandre, fut elle-même défaite par l'imprudence de Godefroi de Rauson, l'un des premiers seigneurs du Poitou, & le monarque manqua de perdre la vie, qu'il ne sauva que par son adresse & son courage. Depuis ce moment toutes les entreprises des *Croisés* furent malheureuses. Le roi & l'empereur, outrés de la mauvaise foi des Grecs & du prince d'Antioche, s'embarquèrent pour retourner dans leurs états, après avoir perdu deux armées puissantes, qui eussent suffi pour faire la conquête de toute l'Asie, si elles avoient eu des chefs dignes de les commander.

On se déchaina contre l'abbé de Clairvaux, qui cita Moyse pour se justifier.

On remarquoit, dans cette seconde *Croisade*, Robert, comte de Dreux, frère du roi, Alfonse de Saint-Gilles comte de Toulouse, Thierri d'Alsace comte de Flandre, Henri fils du comte de Champagne, Yves, comte de Soissons, Guy, comte de Nevers, & Arnaud son frère, comte de Tonnerre, Guillaume, comte de Ponthieu, Guillaume, comte de Varennes, Enguerrand de Coucy, Hugues de Lusignan, Guillaume de Courtenay, Archambaud de Bourbon, Renaud de Montargis, Dreux de Monchy, Manassés de Bullis, Ithier de Thou, Anseau de Trainel, Guérin son frère, Guillaume Bouteiller, Guillaume Agillon de Trie, & Geoffroi de Rauson dont on vient de parler.

Troisième Croisade sous Philippe II, 1189.

Nouradin, Soudan d'Alep, fils de Sanguin, soumettoit une partie de l'Orient à sa puissance; Edesse, Damas & quelques autres villes, de la principauté d'Antioche avoient plié sous ses loix. Les princes chrétiens, toujours divisés & toujours exposés aux entreprises d'un ennemi si puissant, se virent encore forcés de recourir aux princes d'Europe. Philippe-Auguste, qui n'avoit alors que dix-huit ans, se contenta d'abord de donner un secours d'argent & de quelques troupes. Avant Noradin, le grand Saladin, ce héros de l'Orient, dont le seul défaut étoit de professer la loi de Mahomet, avoit rempli l'Europe du bruit de ses exploits. Ayant repris Tibériade, il remporta sur les chrétiens cette victoire célèbre, où tout ce qui échappa au fer du soldat, fut fait prisonnier. Le roi de Jérusalem eut ce sort. C'étoit Guy de Lusignan, dont la célébrité durera autant que les ouvrages du poëte immortel qui le produisit sur la scène. Jérusalem fut emportée en quatorze jours, & toutes les villes ouvrirent leurs portes au vainqueur. Mais le malheur le plus sensible pour les chrétiens fut la perte de la vraie croix, que l'evêque de Ptolémaïde défendit avec un courage digne d'être admiré, & que les infidèles regardèrent comme la plus brillante de leurs conquêtes.

Des revers si éclatans avoient touché les souverains d'Europe. Philippe, roi de France, & Richard, roi d'Angleterre, s'embarquèrent, suivant l'exemple de l'empereur Frédéric qui les avoit précédés avec une armée de cent cinquante mille hommes, mais qui eut le malheur de périr en passant le Cydnus, ce fleuve déja célèbre par l'imprudence d'Alexandre, qui pensa perdre la vie en s'y baignant.

La mésintelligence de Philippe & de Richard causa le mauvais succès de cette *Croisade*; l'un penchoit pour Conrad, marquis de Montferrat, qui prétendoit succéder à Guy de Lusignan; l'autre avoit pris le parti de ce roi infortuné. On perdit de vue le principal objet de la *Croisade*: Philippe revint dans ses états, & Richard demeura en Syrie, pour y faire des prodiges de valeur glorieux, mais inutiles.

Les principaux *croisés* étoient Robert, comte de Dreux, cousin germain du roi, Richard, duc de Guienne, fils aîné du roi d'Angleterre, Philippe, comte de Flandre, Hugues, duc de Bourgogne, Henri, comte de Champagne, Thibaud, comte de Blois, Etienne, comte de Sancerre, Guillaume Desbarres, comte de Rochefort, Rotrou, comte du Perche, Bernard de Saint-Vallery, Jacques d'Avesnes, les comtes de Bar, de Nevers & de Soissons, Jean, comte de Vendôme, Josselin & Matthieu de Montmorency frères, Guillaume de Merlon, Aubry de Boulogne, Vauthier de Mouy, &c. Les François portoient une croix rouge, les Anglois une croix blanche, les Flamands une croix verte.

Quatrième Croisade sous Philippe II, 1205.

On fait honneur de cette quatrième entreprise à un prêtre nommé *Foulques*, curé de Neuilly, dont une voix de tonnere & un zèle sans bornes faisoient les seuls talens. Ce fut avec ces talens qu'il persuada à la noblesse françoise de se croiser dans un tournoi qui se fit entre Bray & Corbie. Les *croisés* partirent pour Venise, où ils devoient s'embarquer. On comptoit 4500 chevaliers & autant de chevaux, 9000 écuyers, & 20000 hommes de pied. Les Vénitiens fournirent cinq cents nobles commandés par leur duc d'Andolo, âgé de 80 ans. Le marquis de Montferrat, chef de l'entreprise à la place du comte de Champagne qui étoit mort en 1201, & plusieurs autres seigneurs Italiens augmentèrent considérablement l'armée des *croisés*.

On se croisa pour la délivrance de la Terre-Sainte, & l'expédition se termina par la conquête de Constantinople, qui donna lieu à l'établissement d'un nouvel empire. Les *croisés* étant à Venise, Alexis Comnène, fils d'Isaac l'Ange, empereur de Constantinople, vint implorer leur secours contre l'usurpateur Alexis, son oncle. Persuadés par ses promesses, ils font voile vers Constantinople qu'ils attaquent & emportent en six jours.

Isaac remonta sur le trône, où il ne fit que paroître. Alexis lui succéda, & ne fut pas plutôt empereur, qu'il fut ingrat envers ceux qui lui avoient donné l'empire.

Les Grecs, mécontens des François qui avoient ravagé leur ville, & par conséquent d'Alexis qui les avoit amenés, se révoltèrent contre lui. Un homme de néant, nommé Alexis Ducas, surnommé Murtzulphe, créature du jeune empereur & ingrat comme lui, se mit à la tête des rebelles, fit mourir Alexis, se fit déclarer son successeur, &, pour complaire aux Grecs, déclara la guerre aux François qui étoient alors en Grece. Les *Croisés* assiégèrent une seconde fois Constantinople, qui fut prise d'assaut. On prit aussi Murtzulphe qui tâchoit de s'ensuir, & on lui fit subir le dernier supplice.

Les *Croisés* déclarèrent empereur Baudouin, comte de Flandre. L'empire qu'ils venoient de conquérir fut nommé *empire des Latins*, & ne dura que cinquante-huit ans. Ils oublièrent tout-à-fait la Terre-Sainte, pour ne s'occuper que du partage des provinces de ce nouvel empire. Les Vénitiens prirent pour eux les isles de l'Archipel & tout le Péloponèse, l'isle de Candie & quelques villes des côtes de Phrygie. Le marquis de Montferrat s'attribua le royaume de Thessalie; le comte de Blois prit la Bithynie; l'isle de Négrepont fut le partage du sire d'Avesne; la Roche, gentilhomme Bourguignon, fonda en Grèce le duché d'Athènes & la seigneurie de Thèbes; Guillaume de Champelite, seigneur Champenois, conquit la principauté d'Achaïe, qu'il laissa en mourant à Geoffroi de Ville-Hardouin. Le reste composa le domaine de l'Empire.

Cette expédition fut suivie vers 1238, d'une *Croisade* particulière de quelques seigneurs françois, à la tête desquels étoient Thibaut, comte de Champagne, & Amauri de Montfort, connétable de France. L'armée de ces *Croisés* étoit assez considérable, mais elle manquoit de discipline; les chefs avoient du courage, mais ils étoient sans art. Les infidèles, affoiblis par leurs propres dissensions, étoient encore menacés par une multitude de Tartares qui ravageoient l'Asie. La conjoncture étoit favorable, mais on ne sut pas en profiter. L'armée des *Croisés* fut battue près de Gaza. Robert de Courtenai, & Jean de Dreux, comte de Mâcon, Henry, comte de Bar, & Anseau de Trainel, y périrent. Ce qui resta fut incapable de rien entreprendre.

Jean de Brienne fit dans ce temps plusieurs efforts pour affermir sur la tête de Baudouin la couronne chancelante de l'Empire d'Orient. Les succès du jeune prince, aidé des François, ne servirent qu'à reculer l'instant de la chûte de cet Empire.

Cinquième Croisade sous Saint-Louis, 1245.

Le saint monarque avoit fait vœu d'aller en Palestine. Les remontrances de sa mère & de quelques seigneurs, les divisions du clergé & de la noblesse, le mauvais état de ses finances, rien ne put le détourner de son dessein. On se croisa encore à l'envi. Les trois princes, Robert, Alfonse & Charles, frères du roi, Pierre, comte de Bretagne, & Jean son fils, Hugues, duc de Bourgogne, Guillaume de Dampierre, comte de Flandres, le comte de Saint-Paul, Gaucher de Châtillon, Hugues de Lusignan, comte de la Marche, & Hugues le Brun, son fils aîné, les comtes de Bar, de Dreux, de Soissons, de Rhétel, de Montfort & de Vendôme, le sire de Beaujeu, connétable, Jean de Beaumont, grand chambellan, Philippe de Courtenay, Archambaud de Bourbon, Raoul de Coucy, Gaubert d'Apremont & ses frères, Jean, sire de Joinville, Gaultier de Curel, Gilles de Mailly, Robert de Béthune, Jean des Barres, Hugues de Noailles, étoient du nombre des *Croisés*. Le roi fit de riches dons aux monastères, les seigneurs imitèrent son exemple, & ils allèrent tous s'embarquer à Aigues-Mortes, après avoir communié.

On débarqua en Chypre, où l'on séjourna longtemps, & où il fut résolu qu'on iroit en Egypte, & que l'on commenceroit par le siège de Damiette, conquise autrefois par Jean de Brienne. On s'embarqua, la flotte devint le jouet des vents, & de deux mille huit cents chevaliers, il n'en resta plus que sept cents. Guillaume de Ville-Hardouin, prince d'Achaïe, & le duc de Bourgogne, vinrent pour réparer cette perte. On reprend courage, on se remet en mer, & la flotte arrive heureusement à la vue de Damiette. Le soudan d'Egypte accourt par mer & par terre pour défendre une place qui fait tout son espoir; mais il s'oppose en vain à la descente des chrétiens. Il est vaincu, son armée de mer a le même sort, la prise de Damiette est le fruit de deux victoires remportées en un jour. Dans l'étonnement où ces succès avoient jetté les infidèles, les *Croisés* eussent pu conquérir toute l'Egypte presque sans combattre. Ils restèrent dans l'inaction; l'ennemi eut le temps de rallier ses forces & de se préparer à de nouveaux combats.

Cependant les chrétiens sont irrésolus sur ce qu'ils doivent faire. Le comte d'Artois fit décider qu'on marcheroit au Caire, capitale de l'Egypte, parce que *qui vouloit occire le serpent, il lui devoit premier écraser la tête*. On remonta le long du Nil, la flotte chargée de provisions, côtoyant l'armée. On pensa échouer au passage du Thanis ou Thanéis, que les Egyptiens défendirent avec courage. On remportoit plusieurs victoires, mais ces victoires affoiblissoient l'armée, & on alloit retourner, lorsqu'un bédouin enseigna un gué où l'armée passa, ayant à sa tête le comte d'Artois, dont l'ardeur ne put être modérée par les remontrances des capitaines les plus sages. L'intrépidité françoise consterne les Sarrazins rangés sur l'autre bord; tout fuit à l'approche du prince indocile qui s'emporte à la poursuite des infidèles, force leur camp & les suit jusques dans la Massoure, dont il trouve les portes ouvertes. L'ennemi s'appercevant enfin qu'il fuit devant une poignée de monde, se rallie sous la conduite d'un soldat de fortune, nommé *Bondocdar*, & charge à son tour ces téméraires guerriers. En vain ils veulent se défendre, la valeur est forcée de céder au nombre. Le comte d'Artois paie de sa vie son imprudence & ses exploits ; le comte de Salisbéry, Raoul de Coucy, Robert de Ver, tombent percés de coups. Deux cents quatre-vingt templiers meurent en combattant comme eux. Bientôt l'armée entière vient à leur secours, on combat par-tout avec un courage dont le roi donne l'exemple. Par-tout on montre une résistance qui force enfin les infidèles à se retirer.

On aime à entendre le sire de Joinville raconter cette journée : « Quand nous estions, dit-il, » retournés de courir après ces vilains, le bon » comte de Soissons se railloit avec moi, & me » disoit : *Sénéschal, laissons crier & braire cette que-* » *naille. Et par la creffe dieu, ainsi qu'il juroit, en-* » *core parlerons-nous, vous & moi, de cette journée* « *en chambre devant les dames* ».

Avec quelle simplicité touchante ce même sire de Joinville peint la situation fâcheuse où il se trouvoit avec ses chevaliers, gardant des machines que le roi leur avoit confiées !

« Ung soir advint que les Turcs amenèrent ung » engin qu'ilz appelloient la perriere, ung terrible » engin à mal faire : & le misdrent vis-à-vis des » chaz-chateilz, que messire *Gaultier de Curel* & » moi guettions de nuyt. Par lequel engin ils nous » gettoient le feu grégois à planté, qui estoit la » plus orrible chose que oncques jamès je veisse. » Quant le bon chevalier messire Gaultier, mon » compagnon, vit ce feu, il s'escrie & nous dist : » *Seigneurs, nous sommes perduz à jamais sans nul* » *remède ; car s'ils bruslent nos chaz-chateilz, nous* » *sommes ars & bruslez, & si nous laissons nos gardes,* » *nous sommes ahontez. Pourquoy je conclus que nul* » *n'est qui de ce péril nous peust défendre, si ce n'est* » *Dieu nostre benoist créateur. Si vous conseille à tous* » *que toutes & quantes foiz qu'ilz nous getteront le* » *feu grégois, que chascun de nous se gette sur les* » *coudes & à genoulz : & crions mercy à nostre sei-* » *gneur, en qui est toute puissance.* Et tantoust que » les Turcs getterent le premier coup de feu, nous » nous mismes accoudez & à genoulz, ainsy que le » preudoms nous avoit enseigné....

» Or avoit commandé le roi que, après que le » conte d'Anjou, son frère, y avoit fait le guet le » jour, nous autres, de ma compagnie, le faisions » la nuyt. Dont à très-grant peine estions, & à » très-grant soulcy. Car les Turcs avoient ja brisé » & froissé nos tandeis & gardes. Advint que ces » traistres Turcs amenèrent devant nos gardes » leur perriere de jour, & alors faisoit la guette » ledit conte d'Anjou. Et avoient tous accouplez » leurs engins, dont ils gettoient le feu grégois » sur la chaussée du fleuve, vis-à-vis de nos tan- » deis & gardes. Dont il advint que nul ne se ou- » zoit trouver, ne monstrer. Et furent nos deux » chaz-chateilz en un moment consumez & brus- » lez. Pour laquelle chose ledit conte d'Anjou, qui » les avoit à garder celui jour, en devint presque » hors du sens, & se vouloit getter dedans le feu » pour l'estaindre, &c. (1)

Les Sarrazins, croyant que les chrétiens avoient perdu leur roi dans la personne du comte d'Artois, résolurent de les attaquer dans leur camp. Ils furent repoussés avec une perte considérable.

La famine & la peste vinrent moissonner les *Croisés*, & le fer des Sarrazins acheva leur défaite. Le roi fut fait prisonnier avec toute son armée. Les infidèles demandèrent pour sa rançon huit cents mille besans (2), & la restitution de Damiette où la reine étoit restée. On convint d'une trève de dix ans, & ce ne fut qu'après mille dangers que les chrétiens obtinrent enfin leur liberté & retournèrent en Palestine. Le roi fit d'abord fortifier Jafa, autrefois *Joppé*. Le soudan de Damas en guerre avec celui d'Egypte, négocia avec eux. Ils négocioient de même avec les Egyptiens, & ils demeurèrent, dit Joinville, mocqués de part & d'autre. Les Syriens remportèrent plusieurs avantages, ils firent raser les fortifications naissantes de Sidon, & égorgèrent plus de deux mille chrétiens sans défense. Enfin les *Croisés* signalèrent leur courage à Cézarée, où ils terminèrent leurs exploits & leurs malheurs.

Saint-Louis s'embarqua à Saint-Jean d'Acre pour repasser dans son royaume, & après une navigation dangereuse, il aborda aux isles d'Hières.

Sixième Croisade sous Saint-Louis, 1269.

Après tant de revers on ne s'attendoit pas que Saint-Louis dût se croiser encore. Son zèle l'élevoit au-dessus des difficultés ; il en fut la victime, & l'on peut croire qu'il s'attendoit à l'être, pour augmenter le nombre des glorieux martyrs de la foi de Jesus-Christ.

Le sage & brave Sargines soutenoit encore les débris chancelans des états fondés par les premiers *Croisés*. Mais il falloit peut-être une armée aussi puissante, & sur-tout mieux disciplinée que la première, pour reprendre ses conquêtes & s'opposer au redoutable ennemi qui faisoit trembler cette

(1) Histoire de Saint-Louis, par le sire de Joinville.

(2) Le besan valoit 50 sous, & le sou d'alors valoit 16 sous & 7 $\frac{211}{843}$ deniers de notre monnoie actuelle. Ainsi 800,000 besans faisoient une somme de plus de 33 millions. Au reste, les historiens ne s'accordent point sur cette somme.

partie de l'Asie, & menaçoit les chrétiens d'une destruction entière. C'étoit Bondocdar, dont il est parlé dans la cinquième *Croisade*, & qui fut la première cause de la défaite de la Massoure. Ses talens & ses crimes l'avoient élevé au commandement suprême, & il sut ranger à-la-fois sous sa puissance l'Egypte, la Palestine, l'Arabie & la Syrie. Ses succès affligèrent Saint-Louis qui résolut de s'y opposer, & se prépara à une nouvelle *Croisade*.

Tout faisoit croire que ce prince passeroit dans la Syrie ou dans la Palestine, qui étoit toujours le théâtre du brigandage, & dont la conservation étoit d'ailleurs l'objet ou le prétexte de ces saintes expéditions (1). Mais il fut décidé qu'on iroit en Barbarie pour faire le siége de Tunis, dont Saint-Louis, disoit-on, vouloit convertir le roi. L'armée s'embarqua encore à Aigues-Mortes, &, après une navigation qui ne fut pas exempte de dangers, la flotte arriva à quelques milles de l'ancienne Carthage, vis-à-vis du Golphe de Tunis. Les chrétiens firent la descente sans opposition de la part des Sarrazins, & ils prirent possession du pays, *au nom de Jesus-Christ* & du roi de France, son serviteur. Le château & la ville de Carthage (Afrique) furent d'abord la conquête des *Croisés*, qui de-là passèrent au siége de Tunis. Mais une chaleur dévorante, la soif & les maladies vinrent bientôt les désoler. Le saint roi tombe malade & meurt. Charles son frère arrive, & trouve l'armée dans la consternation. Cependant on remporte plusieurs victoires, & le roi de Tunis est réduit à demander la paix. Elle se conclut à des conditions avantageuses, & les *Croisés* se séparent en s'engageant à se croiser dans quatre ans pour délivrer la Palestine.

Tel fut le dernier accès de cet enthousiasme qui avoit saisi presque toute l'Europe chrétienne. On ne peut soutenir le spectacle des guerres malheureuses qu'il produisit, sans gémir sur l'aveuglement & la superstition de ces temps, qui sont, pour ainsi dire, l'opprobre de la raison & de l'humanité. La prise de Ptolémaïde en 1291, acheva de calmer cette manie; & si dans la suite on conçut quelques projets, ils restèrent sans exécution, car il ne faut pas mettre au nombre des *Croisades* l'expédition des princes chrétiens en Afrique en 1390, cette expédition n'ayant eu pour objet que de secourir les Génois contre les Barbares de Tunis.

(*Article fourni*.)

(1) Ce n'est point ici le lieu d'examiner si c'est avec raison que M. Velly accuse Voltaire d'avoir présenté sous un faux jour cette expédition d'Afrique. On remarquera seulement que tout ce qu'il dit à cette occasion est formellement démenti par son récit même, ce qui prouve combien il faut être en garde contre ces sortes de reproches, qui dans d'autres écrivains que M. Velly, ont souvent moins la vérité pour objet, que le desir de rabaisser un grand homme, ou de se faire remarquer en luttant contre lui.

CROISET (Jean) (*Hist. mod.*), jésuite, auteur d'une année chrétienne qu'on vouloit opposer à celle de M. le Tourneux, d'une *Vie des Saints* qu'on vouloit opposer à celle de Baillet, & d'autres livres de piété qui n'ont guères eu de réputation que dans le parti des jésuites.

CROIX (de la) (*Hist. litt.*). C'est le nom de plusieurs gens de lettres connus.

1°. De François Petis *de la Croix*, interprète du roi pour les langues orientales, & professeur d'arabe au collège royal, traducteur des *Mille & un jours*, contes persans; d'une *Histoire de Gengiskan*, & d'*une de Tamerlan*; celle-ci traduite du persan, l'autre faite d'après des auteurs orientaux; d'un *Etat de l'Empire Ottoman, avec un abrégé des vies des empereurs turcs*, traduit du turc; il traduisit aussi du françois en persan, l'histoire de Louis XIV, par les médailles; il fut employé dans les affaires que la France eut en Afrique sous ce règne, il fut l'interprète des conditions de la paix que Louis XIV accorda aux Algériens. Les Tripolitains, obligés par le traité à rembourser une certaine somme, lui en offrirent une considérable s'il vouloit mettre payable en écus de Tripoli au lieu d'écus de France, ce qui faisoit une différence de plus de cent mille livres, dont, par les circonstances, on ne se seroit pas apperçu. Il fut incorruptible. Il mourut en 1713. Son fils Alexandre-Louis-Marie eut sa chaire d'arabe au collège royal. Il a traduit le *Canon de Soliman II pour l'instruction de Mourad IV*. Il est mort en 1751.

2°. Louis-Antoine-Nicolle *de la Croix*, plus connu par sa *Géographie moderne*, réimprimée & augmentée par M. Barbeau de la Bruyère, & par son *Abrégé de géographie à l'usage des jeunes personnes*, que par sa *Méthode d'étudier, tirée des ouvrages de saint Augustin*, traduite de l'italien de *Ballerini*. (*Voyez* ce nom). Mort le 14 septembre 1760.

3°. Saint-Jean *de la Croix*, réformateur des Carmes & des Carmelites, auteur de *la Montée au Mont-Carmel*; de *la Nuit obscure de l'ame*; de *la Flamme vive de l'amour*: de plus, grand ami de sainte Thérèse, étoit d'une famille noble d'Espagne. Mort le 14 décembre 1591.

CROMWEL (Olivier) (*Hist d'Anglet.*). On a remarqué que Cromwel étoit né le jour de la mort de la reine Elisabeth (le 3 avril 1603), comme si ce destructeur de la royauté n'avoit pu vivre sous une reine absolue. On a remarqué encore qu'à l'âge de trois ans, ayant vu parmi plusieurs portraits celui du petit prince Charles, qui fut depuis Charles premier, ce portrait lui déplut, & qu'il le jetta au feu. Il mourut le 13 septembre 1658, & l'on a remarqué que ce jour il y eut un grand orage:

Le ciel a signalé ce jour par des tempêtes,

Et la voix du tonnerre éclatant sur nos têtes;
Vient d'annoncer sa mort.

Cet homme, dit Pope, *est condamné à une renommée éternelle.* Élevé de la poussière de l'école jusqu'au trône, il fit trancher la tête à son roi, régna lui-même avec gloire, & mourut dans son lit.

Il est d'un bon exemple dans l'histoire, & d'une moralité utile, que ce tyran, plein de grandeur & de génie, ait été malheureux au milieu de ses succès & de sa gloire; il éprouvoit toute la réaction du machiavellisme, l'esprit d'enthousiasme & de fanatisme qu'il avoit fait servir à son élévation se tournoit contre lui, le torrent des sectes l'entraînoit; le jargon mystique, les révélations, les extases étoient devenues les armes de ses ennemis après avoir été les siennes; il reconnoissoit enfin que la folie & la perversité retombent sur ceux qui les emploient, & qu'il n'y a que la raison dont on n'ait rien à craindre; les assassins s'élevoient de toutes parts; à une entrée triomphante que Cromwel faisoit dans Londres, une jeune fille nommée Greenvill, dont il avoit tué l'amant, lui tira d'une fenêtre un coup de pistolet: le coup alla blesser le cheval du second fils de Cromwel, nommé Henri, qui marchoit à côté de lui. Cette fille parut ensuite sur le balcon, son pistolet à la main: « c'est moi, dit-elle, qui ai fait ou plutôt qui ai » manqué le coup: j'ai voulu tuer un tigre, & je » n'ai blessé qu'un cheval ».

Les intérêts de Charles II donnoient lieu ou servoient de prétexte à des complots; Cromwel lui-même s'exagéroit ses dangers, parce qu'il se reprochoit de se les être attirés. Condamné par sa conscience, cet homme intrépide dans les combats craignoit tout dans sa cour; nul tyran n'a porté plus loin ces précautions effrayantes qui annoncent l'effroi de celui qui les prend. C'est d'après ces détails de défiance, qu'une tradition récente rendoit présens alors, que Fénelon paroît avoir tracé le sombre portrait de Pygmalion dans Télémaque.

Les crimes de *Cromwel* avoient épouvanté sa propre famille. Richard *Cromwel*, homme de paix autant qu'Olivier étoit homme de sang, s'étoit jetté aux pieds de ce père cruel; il l'avoit conjuré, les larmes aux yeux, de ne pas imprimer à son nom la tache du régicide, & de ne pas exposer sa famille aux vengeances terribles qu'un pareil attentat pouvoit amener. *Cromwel* perdit celle de ses filles qu'il aimoit le plus, & elle ne lui cacha point qu'elle mouroit de l'horreur d'avoir un père si coupable.

Si *Cromwel* eût seulement épargné le sang de son maître, le vice de son usurpation eût pu être couvert par l'éclat de son règne; c'est sur-tout pour avoir donné ce spectacle unique dans les annales du monde, d'un roi traîné à l'échafaud par ses sujets, que le nom de *Cromwel* sera toujours en horreur.

Il mourut dans son lit, c'est-à-dire, qu'il prit des mesures ou justes ou heureuses, pour éloigner de lui le fer & le poison, dont il fut continuellement menacé, mais le poison du chagrin, du remords & de la crainte le consumoit lentement, & l'homme le plus robuste de l'Angleterre succomba dès cinquante-huit ans aux embarras toujours renaissans du trône qu'il avoit usurpé.

Ce qui distingue *Cromwel* des usurpateurs ordinaires, c'est qu'il n'eut jamais recours à l'empoisonnement ni à l'assassinat; son arme contre tous ses ennemis fut le fanatisme patriotique & religieux; il entreprit de faire périr son roi sur un échafaud, parce qu'il jugea que le fanatisme national pouvoit aller jusques-là; mais faire juger un roi par un tribunal incompétent, par ses ennemis, par des gens déterminés à le condamner, ce n'est que l'assassiner avec plus d'insolence & de scandale.

Bossuet n'a employé, pour peindre *Cromwel*, que les grands traits qui convenoient à son sujet & à son genre; il le fait respecter en le rendant odieux. Le fanatisme barbare de *Cromwel*, sa théologie puritaine, son jargon obscur & prophétique, fourniroient d'autres traits pour le peindre moins noblement, & ses manières grossières, ses basses plaisanteries, sa familiarité indécente, restes de sa première éducation, acheveroient de le dégrader.

En signant un papier dans une séance du parlement, il barbouilla d'encre le visage d'un homme qui se trouvoit à côté de lui, & qui lui rendit sa plaisanterie. Quel étoit le papier qu'il signoit? l'arrêt de mort de Charles premier.

Dans une assemblée des chefs de la république & de l'armée, où l'on délibéroit sur les droits respectifs de l'autorité & de la liberté, *Cromwel* jette, en badinant, un coussin à la tête d'un officier, qui le lui rejette, court sur lui & le chasse de son fauteuil.

Quelquefois *Cromwel* invitoit du monde à dîner, &, aussi-tôt qu'on s'étoit mis à table, des soldats venoient enlever tous les plats; sa cour étoit sans éclat & sans dignité, la noblesse dédaignoit ou craignoit peut-être de la fréquenter; mais dans cette cour sauvage & guerrière, on voyoit régner l'économie qui vaut mieux que l'éclat, & qui est la véritable dignité.

Cromwel rassemble tous les contrastes. On trouve à-la fois chez lui les visions d'un illuminé, les fourberies d'un hypocrite, les ridicules d'un pédant, les élans d'une ame forte & sublime, l'éloquence, tantôt d'un homme d'état, tantôt d'un fanatique, la valeur d'un soldat enthousiaste, les talens d'un général, la gloire d'un héros, les violences d'un usurpateur, les vices d'un tyran, les qualités d'un roi.

On peut être curieux de savoir si un homme, tel que *Cromwel*, fut capable d'amour & d'amitié. Quant aux amis, on a remarqué qu'il n'en avoit point eu qu'il n'eût sacrifiés dans l'occasion. « Cet » homme, disoit Vane, fait provision d'amis pour » avoir des victimes à immoler au besoin ».

Il entretint un commerce de galanterie avec la femme du major général Lamberth, l'une des plus belles personnes de l'Angleterre. Cette femme étant devenue grosse pendant une longue absence de son mari, & Lamberth ayant voulu méconnoître l'enfant, on lui allégua une loi qui décide, que si le mari absent est resté dans le royaume, quand son absence auroit duré plusieurs années, l'enfant est à lui, parce qu'on présume qu'étant dans le royaume, il n'a pu s'empêcher de venir en secret voir sa femme. La même femme préféra depuis le comte de Hollandt à *Cromwel*, & Hollandt, long-temps après, étant tombé entre les mains de *Cromwel*, dans le cours des guerres civiles, *Cromwel* eut le plaisir digne de lui, de faire trancher la tête à un homme qui avoit été autrefois son rival.

Richard *Cromwel* prit le protectorat par respect pour la mémoire de son père, & l'abdiqua par amour pour le repos.

On sait que le prince de Conti, frère du grand Condé, rencontrant à Montpellier un Anglois qui voyageoit, lui parla de ces deux *Cromwels* si différens l'un de l'autre, qui faisoient alors le sujet de toutes les conversations; il vanta beaucoup les talens d'Olivier, & ajouta que Richard étoit un misérable qui n'avoit pas su recueillir le fruit des crimes d'un tel père; c'étoit à Richard qu'il parloit. « Cependant, dit l'auteur du siècle de Louis XIV, » Richard vécut heureux jusqu'à quatre-vingt-dix » ans, & Olivier n'avoit jamais connu le bon» heur ».

Le bisayeul paternel de *Cromwel* se nommoit William de Glammons. Il étoit fort ami & vraisemblablement parent de Thomas *Cromwel*, décapité sous Henri VIII pour cause de religion; il fut le seul qui osa en porter le deuil. Henri VIII l'appella *Cromwel* par raillerie, & en lui faisant une espèce de reproche de son attachement excessif pour un proscrit. William adopta ce nom, & pour braver la cour, en fit le nom de sa famille. Son arrière-petit-fils, Olivier, éleva ce nom jusqu'au trône, & sembla vouloir venger Thomas *Cromwel* sur un des héritiers de son persécuteur.

CRONEGK (JEAN-FRÉDÉRIC, baron de) (*Hist. litt. mod.*), poëte allemand célèbre, né à Anspach en 1731, d'une fort ancienne maison, mort de la petite vérole en 1758, avoit voyagé dans l'Europe, & s'étoit arrêté quelque temps à Paris, où il avoit beaucoup vécu avec les savans & les gens de lettres: ses œuvres ont été imprimées en allemand à Leipsick, en 1760.

CROUZAS (JEAN-PIERRE DE) (*Hist. litt. mod.*), métaphysicien & controversiste célèbre, connu sur-tout par *l'examen du pyrrhonisme ancien & moderne* contre Bayle; *l'examen du traité de la liberté de penser* contre Collins; *l'examen de l'essai sur l'homme* contre Pope & l'abbé du Resnel; *le traité de l'esprit humain*, où il combat Leibnitz & Wolf sur l'harmonie préétablie. Il est encore auteur de divers autres ouvrages, d'un *nouvel essai de logique*; d'un *traité de l'éducation des enfans*; d'un *traité du beau*; de divers traités de physique & de mathématiques, de sermons, &c. Son père, colonel d'un régiment de fusiliers, l'avoit destiné à l'état militaire; il ne voulut faire que la guerre de plume. Le P. Malebranche, qui le connut à Paris, tenta vainement de le convertir à la foi catholique. Après avoir professé la philosophie & les mathématiques en Hollande, il fut gouverneur du prince de Hesse-Cassel; il mourut en 1748, à Lausanne, où il étoit né en 1663.

CROY ou CROUY (*Hist. mod.*). C'est le nom d'une des plus illustres maisons des Pays-Bas, attachée aux ducs de Bourgogne, & après eux à la maison d'Autriche, depuis le mariage de Maximilien avec Marie de Bourgogne.

Jean, sieur *de Croy*, de Renty, &c. grand bouteiller de France par la faveur de Philippe-le-Hardy, duc de Bourgogne, fut tué avec Archambaud, son fils, à la bataille d'Azincourt.

Un des personnages les plus illustres de cette maison, est Guillaume *de Crouy-Chièvres*; il avoit été employé en diverses négociations importantes par l'archiduc Philippe, fils de l'empereur Maximilien, & père de l'empereur Charles-Quint. Du Bellai, & plusieurs autres auteurs, disent que Philippe, en mourant, déféra la tutelle de son fils aîné, Charles d'Autriche (depuis Charles-Quint) au roi Louis XII; ce qui est contesté par le P. Daniel à l'année 1507, & ce qui est pourtant malgré d'assez fortes difficultés, l'opinion la plus établie comme la plus ancienne. Louis XII répondit à cette confiance, en faisant pour Charles le choix que Philippe lui-même auroit fait, il donna pour gouverneur à son pupille ce même Guillaume *de Crouy-Chièvres*, l'homme le plus capable de former un monarque. Il cultiva soigneusement dans son élève des talens qui, contre son intention, furent bien funestes à la France: ce fut en politique, en homme d'état qu'il lui fit étudier l'histoire; il l'accoutuma de bonne heure à tout voir par ses yeux, à tout régler par lui-même; il lui faisoit ouvrir, lire, discuter, rapporter au conseil toutes les dépêches; il l'exerçoit à délibérer, à prendre les voix, à les compter, à les peser.

Il étoit ami du sage Artus de Gouffier-Boisy, à qui Louis XII avoit aussi confié l'éducation de François premier. De concert avec lui, Chièvres n'avoit cessé de travailler à la paix, il mettoit sa gloire à écarter de l'Europe les orages que la mésintelligence de ses deux plus grands monarques lui préparoit; il ne fut point consulté sur l'alliance que Charles-

Quint, devenu empereur en 1519, fit en 1521 avec Léon X contre François premier; il ne l'apprit qu'après la conclusion, il vit bien que son élève s'affranchissoit de ses liens, que les maximes de son administration étoient changées, que Charles-Quint & François premier alloient se livrer à toute leur haine, & que leurs flatteurs ne cesseroient de la nourrir. Il pleura son crédit tombé, il pleura plus amèrement encore la tranquilité de l'Europe détruite, il pleura sur tant de sang, que l'ambition de deux hommes alloit verser. Ce chagrin vivement senti, joint à la douleur que lui causoit la mort récente de son neveu le cardinal de *Crouy*, le précipita en peu de jours au tombeau. On dit qu'au milieu de l'agonie, l'esprit toujours frappé des calamités qu'il prévoyoit, il s'écrioit: ah! que de maux! & qu'il expira en prononçant ces tristes & prophétiques paroles.

Ce cardinal *de Crouy*, dont la mort hâta celle de Chièvres, se nommoit Guillaume, comme lui; c'étoit un jeune prélat de la plus grande espérance; il avoit été élevé par Louis-Jean Vivès, homme célèbre par les talens & l'érudition, & que les catholiques & les protestans se sont disputé. Guillaume fut fait évêque de Cambrai à 18 ans, cardinal à 19, & peu de temps après archevêque de Tolède, & chancelier de Castille. Etant en 1521 à la diète de Wormes à la suite de Charles-Quint, & avec Chièvres son oncle, il y mourut dans les premiers jours de janvier, s'étant brisé des côtes ou rompu une veine, en tombant de cheval à la chasse.

Il avoit succédé, dans l'évêché de Cambrai en 1516, à Jacques *de Crouy*, son oncle, qui en avoit été le premier duc, Cambrai ayant été de de son temps érigé en duché par l'empereur Maximilien.

Les intérêts de la maison de *Crouy* & ceux de la maison de la Marck, fournirent à la haine de Charles-Quint & de François premier, l'occasion d'une rupture éclatante & entière, & commencèrent la grande guerre de 1521.

Le prince de Chimay, de la maison de *Crouy*, & le seigneur d'Emeries, s'étoient disputé la seigneurie de la petite ville d'Hierges dans les Ardennes; cette ville dépendoit du duché de Bouillon, & les pairs de ce duché avoient jugé en faveur du prince de Chimay. Le duché de Bouillon étant souverain, prétendoit que ses jugemens fussent sans appel. Emeries, pendant plusieurs années, respecta le jugement qui l'avoit condamné; mais dans la suite ayant prêté à Charles une somme considérable pour briguer l'empire, & l'ayant prêtée sous le cautionnement du marquis d'Arscot, aussi de la maison de *Crouy*, & neveu de Chièvres, lorsque Charles eut obtenu l'empire, Emeries redemanda son argent que ni le débiteur ni la caution n'étoient en état de rendre. Emeries le savoit bien, & il fit entendre qu'il cesseroit de poursuivre son paiement, pourvu que le marquis d'Arscot obtînt, par le crédit de Chièvres, que le procès pour la ville d'Hierges fût revu au conseil de l'empereur, & que son appel y fût reçu, il l'obtint.

Le duché de Bouillon appartenoit à Robert de la Marck, seigneur de Sedan, qui, sur quelque mécontentement qu'il avoit eu de la France, s'étoit livré à la maison d'Autriche & avoit très-utilement servi Charles auprès des électeurs dans la concurrence à l'empire. Ce seigneur étoit trop jaloux des droits de sa souveraineté, pour y laisser porter une telle atteinte. D'ailleurs le prince de Chimay étoit mort, & ses enfans mineurs étoient sous la tutèle de Robert de la Marck; ainsi les intérêts des deux branches de la maison de Crouy se trouvoient en opposition, Robert de la Marck représenta fortement à la cour impériale les droits de ses pupilles & les siens, on ne l'écouta point, sa fierté s'irrita, il ne vit plus dans l'empereur qu'un prince ingrat qui lui devoit la couronne impériale, & qui payoit de tels services par des affronts; le dépit le jetta entre les bras de la France qui les lui tendit avec joie, il envoya défier l'Empereur, il lui fit la guerre & fut appuyé par la France. Delà, la Bicoque, & Pavie, & tant de grands évènemens, à plusieurs desquels la maison de Crouy eut encore beaucoup de part. Le marquis d'Arscot créé duc, commandoit en 1523 les impériaux dans les Pays-Bas, il voulut acheter Guise & pensa être surpris par les François; il leva le siége de Térouane, mais les François ayant fait la faute de séparer leurs quartiers, il revint sur eux & remporta quelque avantage. Il commandoit encore en 1525 dans les Pays-Bas, & ayant voulu surprendre Hesdin, il pensa y être surpris, *voyez* l'article Assas.

Ce fut le comte de Beaurein, Adrien *de Crouy*, fils du comte de Roeux, chambellan de l'empereur, qui traita, au nom de ce prince, avec le connétable de Bourbon, dans le temps de sa défection. Il traita aussi sur le même sujet avec le roi d'Angleterre Henri VIII.

La maison de *Crouy* s'attacha dans la suite à la France. Henri IV, en 1598, érigea *Crouy* en duché pour Charles de *Crouy*, duc d'Arscot. La maison de *Crouy*, dit l'auteur du Mémoire historique sur la maison de Coucy, (alliée en différens temps à celle de *Crouy*), est une des heureuses acquisitions que la France ait faites par la conquête de l'Artois.... Nouveaux françois, ils sont les modèles des anciens.

Le maréchal de *Crouy*, nommé maréchal de France en 1783, est mort en 1784.

CROZAT (Marie-Anne) (*Hist. litt. mod.*), depuis comtesse d'Evreux, c'est à elle que M. le François a dédié sa géographie, connue sous le nom de *géographie de Crozat*. Elle mourut en 1729, à trente-quatre ans.

Joseph-Antoine *Crozat*, son père, conseiller au parlement, puis maître des requêtes & lecteur du cabinet du roi, fut célèbre par ses richesses & par son amour pour les arts.

CROZE (MATHURIN VEYSSIÈRE de la) (*Hist. litt. mod.*), Bénédictin apostat, savant homme, auteur d'un *Dictionnaire arménien*, d'un *Dictionaire égyptien*; d'une *Histoire du christianisme des Indes*, d'une *Histoire du christianisme d'Ethiopie & d'Arménie*. Il avoit abjuré le catholicisme à Bâle, il fut bibliothécaire du roi de Prusse, & sa tête étoit la plus vaste des bibliothèques. On raconte de lui des traits de mémoire prodigieux. On récita une fois devant lui douze vers en douze langues différentes; il les répeta dans toutes ces langues & dans l'ordre qu'on voulut, direct, inverse, rétrograde, sans jamais se tromper ni confondre; il savoit par cœur presque tous les anciens auteurs, sacrés ou profanes. Un jour dans une conversation de savans, dont étoit le docte Pelloutier, il cita quatre passages de Pindare, d'Aristophane, de Catulle & de saint Jerôme, qui revenoient à la conversation, & les citations furent parfaitement justes. On lui dit: eh bien! on vous éprouvoit; nous avions choisi ce matin ces quatre passages, nous avons fait tomber exprès la conversation sur les sujets auxquels ils s'appliquent; vous vous êtes tiré avec honneur de cette épreuve comme de toutes les autres. On dit que sa conversation étoit gaie & piquante, elle étoit à coup sûr instructive. On dit que c'étoit un fort honnête homme, ce que nous ne remarquerions pas dans un savant qui n'auroit point apostasié. Il étoit né à Nantes en 1661. Il mourut à Berlin en 1739. Jordan, son ami & son disciple, a écrit sa vie.

CRUSIUS ou CRANS, ou KRANS (MARTIN) (*Hist. litt. mod.*) allemand, né en 1525, mort en 1607, est, dit-on, le premier qui enseigna la langue grecque en Allemagne. On a de lui: *Turco-Græciæ libri 8*; *Germano-Græciæ libri 6*; *Annales suevici ab initio rerum ad annum 1594*.

CRUSSOL (*Hist. de Fr.*), grande & illustre maison, tire son nom de la terre de *Crussol* dans le Vivarais. Charles IX érigea en 1565 Uzès en duché, & en 1572 il l'érigea en pairie en faveur d'Antoine *de Crussol*, & de Jacques, son frère, & la pairie de Montmorenci, érigée en 1551, s'étant éteinte dans la suite, celle d'Uzès est aujourd'hui la première des pairies laïques.

Jacques *de Crussol* n'avoit échappé au massacre de la saint Barthélemi que par le crédit d'Antoine, son frère, premier duc d'Uzès. Ce crédit ne put pas s'étendre jusqu'à Galiot *de Crussol*, un autre de leurs frères, qui périt dans ce massacre. Jacques se distingua dans les guerres civiles par sa valeur & sa haine contre les catholiques. Il portoit une massue avec ces mots: *Quasso crudeles*, qui étoient à une lettre près, l'anagramme de son nom.

Charles-Emmanuel, dit le marquis *de Crussol*, arrière-petit-fils de Jacques, fut tué dans une expédition en Allemagne, le 30 octobre 1674, à vingt-deux ans.

Anne Gaston, son oncle, avoit été tué au siége de Turin en 1640.

Louis *de Crussol*, duc d'Uzès, petit-neveu de ce dernier, & grand-oncle de M. le duc d'Uzès d'aujourd'hui, fut tué à la tête de son régiment, à la bataille de Nerwinde, le 29 juillet 1693.

Dans la branche des marquis de Saint-Suplice, Etienne *de Crussol* mourut le 9 juin 1702, des blessures qu'il avoit reçues le 22 mai précédent au siége de Keiserwert.

Dans la branche des comtes d'Amboise, Jean-Emmanuel fut tué en Italie en 1735.

CTÉSIAS (*Hist. anc.*), historien & médecin grec, ayant été pris par les Perses, fut premier médecin d'Artaxerxès Mnémon, & ce fut par son entremise que Conon (*voyez* son article) put traiter avec ce prince pour le rendre favorable aux Athéniens dans leurs querelles avec les Lacédémoniens. On a des fragmens de son histoire des Assyriens & des Perses. Diodore de Sicile & Trogue Pompée, ont mieux aimé le suivre qu'Hérodote. Ce n'est peut-être que disputer sur le choix des fables. *Ctésias* vivoit environ quatre siècles avant J. C.

CTÉSIBIUS. (*Hist. anc.*) L'histoire distingue deux philosophes de ce nom: l'un de Chalcis, philosophe cynique; l'autre d'Alexandrie, mathématicien célèbre sous Ptolomée Phiscon, environ 120 ans avant J. C. On attribue à celui-ci l'invention des pompes & d'autres inventions qui appartiennent à l'histoire de la méchanique & des mathématiques.

CTÉSIPHON (*Hist. anc.*) Athénien; c'est pour lui que Démosthène a fait la fameuse oraison pour la couronne contre Eschine, qui accusoit *Ctésiphon* d'être l'auteur d'une sédition; cette accusation étoit faite en haine de ce que *Ctésiphon* avoit fait décerner à Demosthène l'honneur d'une couronne d'or dans l'assemblée du peuple.

CTÉSIPPE (*Hist. anc.*), fils de Chabrias, peu digne d'un tel père, & dont Phocion, qui prenoit soin de sa jeunesse, en mémoire de Chabrias, disoit: *ô Chabrias, Chabrias! je te paie au double l'amitié que tu m'as témoignée, lorsque je souffre les folies de ton fils.*

CUDWORTH (RODOLPHE) (*Hist. litt. mod.*), Savant Anglois, auteur d'un *systême intellectuel de l'Univers contre les Athées*, & d'un *traité de l'Eternité & de l'immutabilité du juste & de l'injuste*. Moshem a traduit ces deux ouvrages en latin. On dit que sur divers points de théologie, *Cudworth* étoit de ceux que les Anglois appellent *latitudinaires*. Il avoit de l'éloignement pour les opinions des Calvinistes rigides. Il laissa une fille nommée *Damaris*, dont on vante l'esprit, & qui étoit fort amie de Locke. On trouve dans la trop longue *vie de Bayle* par M. des Maizeaux, une trop longue contestation entre Bayle & le Clerc, sur le système de messieurs *Cudworth* & Grew, concernant les *natures plastiques & vitales*. Mort le 26 juin 1688.

CUEVA (BERTRAND ou BELTRAM de la) (*Hist. d'Esp.*) à la fois honteux favori & de Henri IV roi de Castille, dit l'impuissant, & de la reine Jeanne de Portugal sa femme, fut comblé d'honneurs, de dignités, de biens; mais ce double scandale révolta la nation & causa la déposition de Henri IV. Bertrand de la *Cueva*, mourut le premier novembre 1492.

CUEVA (ALPHONSE de la) *Voyez* BEDMAR. Jean de la *Cueva*, poëte tragique espagnol, fort estimé dans son pays.

CUGNIÉRES (PIERRE de) (*Hist. de France.*) C'est sous le règne de Philippe de Valois qu'on voit commencer entre Pierre *de Cugnières*, avocat-général, ou, comme on disoit alors, avocat du roi, pour le parlement; l'archevêque de Sens, Roger (pape dans la suite sous le nom de Clément VI), & l'évêque d'Autun, Bertrand (depuis cardinal) pour le clergé; (*voyez* BERTRAND), cette querelle qu'on n'a point vue finir, sur les bornes des deux puissances, querelle dans laquelle le clergé n'a cessé de perdre : peut être lui a-t-on tout ôté, parce qu'il avoit tout usurpé. Au moyen de l'appel comme d'abus, « le clergé, dit Mézerai, » croit avoir aujourd'hui plus de sujets de plainte » contre les juges séculiers, qu'ils n'en avoient » alors contre lui ». Pierre de *Cugnières* n'eut point dans cette querelle la faveur du roi dont il défendit les droits, & cependant l'appel comme d'abus naquit de cette querelle. Le clergé se vengea de Pierre de *Cugnières*, en l'appellant *maître Pierre du Coignet*. C'étoit le nom qu'on donnoit à une petite figure de damné, placée dans un coin de l'église de Notre Dame, sous le jubé & qui paroissoit être en enfer. Pierre de *Cugnières* vivoit en 1329.

CUJAS (JACQUES) (*Hist. litt. mod.*) est un des plus grands noms dont s'honore la jurisprudence; les professeurs Allemands portoient la main au bonnet, toutes les fois qu'ils le citoient, les souverains le respectoient. Né à Toulouse en 1520, c'étoit à Bourges qu'il enseignoit le droit, il s'y fixa & y mourut en 1590. Non content d'instruire ses écoliers, il leur facilitoit les moyens de profiter de ses instructions, il leur prêtoit de l'argent & des livres. Il ne voulut jamais entrer dans les querelles du calvinisme, & toutes les fois qu'on en parloit, il détournoit la conversation, en disant : *nihil hoc ad edictum prætoris, cela ne regarde pas l'édit du préteur.* *Cujas* avoit enseigné le droit dans plusieurs autres villes du royaume, & même hors du royaume, nommément à Turin; mais Bourges fut sa plus célèbre école. Toute la magistrature françoise s'y formoit par ses leçons. M. le premier président de Lamoignon, dans une vie manuscrite de Chrétien de Lamoignon son père, président à mortier, dit que Chrétien, qui avoit été disciple de *Cujas*, comme Charles son père l'avoit été d'Alciat, conserva toujours pour *Cujas* le plus grand respect, *quoiqu'il blâmât fort les mœurs de ce docteur, qui étoient fort corrompues.* Nous apprenons par là que les mœurs de *Cujas* ne répondoient point à la gravité de ses fonctions. Sa réputation de jurisconsulte a couvert les taches de sa conduite.

CULANT (*Hist. de Fr.*) Grande & noble famille du Berry, qui a produit l'amiral de *Culant*, mort en 1445; le maréchal de *Culant* son neveu, mort en 1453; Charles de *Culant*, frère du maréchal, chambellan du roi & Gouverneur de Paris, & d'autres hommes célèbres.

Un Hugues de *Culant*, chanoine d'Orléans, fut tué à la bataille de Crécy en 1346.

Charles de *Culant* fut fait prisonnier au siège de Hesdin en 1553.

Il y a une autre maison de *Culant*, puissante autrefois dans la Brie De cette maison étoient Louis de *Culant*, seigneur de Monceaux, Capitaine d'une grande valeur, tué en Allemagne dans le dernier siècle.

Alphonse de *Culant*, grand prieur de Champagne, mort au siége de la Canée, vers la fin du même siècle.

Gabriël de *Culant*, Huguenot, tué à la défense de Saint Jean d'Angély. Nous ignorons si les *Culants* de Brie sont une branche de ceux du Berry.

CUMBERLAND (RICHARD) Anglois, évêque de Peterborough, savant laborieux & ennemi du repos, qui disoit : *qu'il vaut mieux qu'un homme s'use que de se rouiller.* Il a traduit en anglois ce qu'on a de l'histoire Phénicienne de Sanchoniaton, & y a joint des notes. Il a réfuté Hobbes dans un traité intitulé : *de legibus naturæ disquisitio philosophica.* Barbeyrac l'a traduit en françois. On a encore de *Cumberland un traité des poids & des mesures des Juifs.* Il étoit grand ennemi de la religion catholique. Il vécut, & par conséquent il travailla jusqu'à 87 ans. Il mourut en 1719, ayant vu neuf gouvernemens différens, neuf souverains, tant légitimes qu'usurpateurs. Charles I, Olivier Cromwel, Richard Cromwel, Charles II, Jacques II, Guillaume & Marie, Guillaume seul, la reine Anne, Georges I.

CUNÆUS (PIERRE) (*Hist. litt. mod.*) Zélandois, né à Flessingue en 1586. Mort en 1638 à

Leyde, où il étoit professeur de belles-lettres, de politique & de droit; est auteur d'un savant *Traité de la République des Hébreux*, écrit en latin, & de quelques autres ouvrages.

CUNIBERT (SAINT) (*Hist. de Fr.*) évêque de Cologne, étoit du conseil de Dagobert I, & remplaça saint Arnoul dans la faveur de ce prince. Il fut gouverneur de Sigebert II, fils aîné de Dagobert. Il mourut en 663.

CUNITZ (MARIE) fille d'un médecin de Silésie dans le dernier siècle. On lui accorde une grande variété de talens & de connoissances; ce qu'il y a de certain, c'est qu'on a sous son nom des *Tables astronomiques*.

CUPER (GISBERT) (*Hist. litt. mod.*) de l'académie des inscriptions & belles-lettres de Paris, savant antiquaire Hollandois, disciple de Grœvius & de Gronovius, & leur successeur dans la chaire de professeur en histoire du collège de Deventer, a éclairci quantité de points d'érudition, expliqué des monumens de toute espèce, résolu des questions de mythologie & d'antiquité. C'étoit d'ailleurs un citoyen utile à sa patrie, employé avec fruit dans les affaires publiques. Guillaume III disoit : *il a fait la fortune des lettres, & par reconnoissance elles le soulagent dans l'expédition des affaires.*

Cuper appelloit son association à l'académie des belles-lettres son *enrôlement d'honneur*. Mort le 22 novembre 1716. Né le 14 septembre 1644, dans un bourg de Gueldres.

CUREAU. (*Voyez* CHAMBRE) (de la)

CURIACES. (*Voyez* HORACES.

CURION (*Hist. rom.*) célèbre orateur romain. C'est lui qui osa dans une harangue publique contre César, l'appeller *le mari de toutes les femmes & la femme de tous les hommes.* S'il étoit hardi contre ses adversaires, il étoit cher pour ses cliens. L'histoire l'a remarqué, Tacite annal. lib. IX, cap. 7, dit : *quantis mercedibus P. Clodius aut C. Curio concianari soliti sint.*

CURION (CŒLIUS SECUNDUS) (*Hist. mod.*) Piémontois protestant, se fit une fâcheuse affaire avec l'inquisition, pour avoir confondu un prédicateur dominicain, qui, non content d'imputer à Luther ses vrais torts & ses erreurs réelles, l'avoit calomnié, selon l'usage de quelques théologiens qui rendent toujours les choses les plus criminelles qu'ils peuvent, le peuple comprit à sa manière que *Curion* avoit raison & courut sus au moine. *Curion* fut arrêté pour sa victoire; mais pendant qu'on lui faisoit son procès, il s'échappa des prisons & alla professer l'éloquence & les belles-lettres à Bâle. On a de lui un livre singulier, intitulé : *De amplitudine beati regni Dei*, où il ne convient point du tout, avec l'écriture sainte, du petit nombre des élus, & soutient que ce nombre surpasse de beaucoup celui des réprouvés; il y auroit encore là, même pour un catholique, de quoi se faire des affaires avec l'inquisition; il y a encore de lui : *Calvinus judaïsans*, & quelques ouvrages, les uns métaphysiques, les autres satyriques. Né en 1503, mort en 1569.

Son fils Cœlius-Augustinus, *Curio* ou *Curion*; mort avant lui en 1567, à ving-neuf ans, est auteur d'une histoire latine des Sarrasins, & du royaume de Maroc.

CURIUS-DENTATUS (MARCUS) (*Hist. rom.*). Valère Maxime l'appelle, *exactissima norma romanæ frugalitatis, idemque fortitudinis perfectissimum specimen; le plus parfait modèle de la frugalité & de la valeur romaine*, Horace l'appelle

Incomptis Curium capillis
Utilem bello.

Curius aux cheveux mal-frisés, homme utile à la guerre, il fut trois fois consul, triompha des Samnites, des Sabins, de Pyrrhus, & retourna dans sa cabane au pays des Sabins, que Caton qui en étoit voisin à la campagne, alloit toujours voir avec tant de plaisir comme un monument respectable de la pauvreté d'un tel homme, ou de la simplicité des temps où il vivoit; c'est dans cette cabane qu'étant assis sur un banc de bois auprès de son humble foyer, & mangeant dans un plat, aussi de bois, quelques légumes qu'il avoit fait cuire, il reçut l'ambassade inattendue des Samnites qu'il avoit vaincus, & qui venoient lui offrir de la part de leur république une somme considérable. *Remportez votre or*, leur dit-il, *j'aime mieux commander à ceux qui le possèdent que de le posséder moi-même.* Il disoit qu'un citoyen qui ne savoit pas se contenter de sept arpens de terre étoit un homme pernicieux. Ses trois consulats sont des années de rome 462, 477, 478. Pendant son second consulat, il fit vendre, comme esclave, un citoyen qui avoit refusé de s'enrôler, & cette sévérité fut utile. Censeur, l'an 480, il fit construire un aqueduc pour conduire dans la ville les eaux de l'Anio ou Téveron, il y employa l'argent provenu des dépouilles des ennemis qu'il avoit vaincus.

Privatus illis census erat brevis,
Commune magnum.

Le patrimoine du citoyen étoit peu de chose, celui de la république étoit immense.

CURNE. (de la) *Voyez* SAINTE PALAYE.

CURTIUS (QUINTUS.) *Voyez* QUINTE-CURCE.

CURTIUS (MARCUS) (*Hist. rom.*) Chevalier romain, qui, dit-on, se dévoua pour Rome vers l'an 362, avant J. C. se dévouer pour la patrie, rien de plus beau :

Dulce & decorum est pro patriâ mori.

Mais un gouffre qui s'ouvre au milieu d'une place de Rome, l'oracle qui parle sur cet événement, un chevalier romain qui en conséquence se jette à cheval & tout armé dans le gouffre, & le gouffre qui se referme aussi-tôt, tout cela doit être renvoyé aux fables, & nous voudrions bien ne mettre ici que de l'histoire.

Un religieux Augustin, flamand, des seizième & dix septième siècles, nommé Cornelius *Curtius*, a fait des *éloges des hommes illustres de son ordre*, & a examiné dans une dissertation, si J. C. a été attaché à la croix avec trois cloux ou avec quatre, il est pour les quatre.

CUSA (NICOLAS de) (*Hist. ecclés. & litt.*) cardinal, fils d'un pêcheur, né à *Cusa* village sur la Moselle, dont il tiroit son nom. Il fut un zélé défenseur du concile de Bâle. Les papes Eugene IV, Nicolas V, Calixte III, Pie II l'employèrent en diverses légations qu'il remplit avec beaucoup d'honneur. Il étoit évêque de Brixen dans le Tirol, il eut avec l'archiduc Sigismond d'Autriche, comte de Tirol, des contestations qui furent portées de la part de l'archiduc jusqu'à la persécution, il fit emprisonner *Cusa*; aussi-tôt l'office divin cessa dans tout son diocèse, le pape excommunia Sigismond, qui fut enfin forcé de relâcher le cardinal. Il s'agissoit d'introduire ou de ne pas introduire la réforme dans un couvent. Le cardinal de *Cusa* mourut en 1454. Il avoit été, dans sa jeunesse, domestique d'un gentilhomme Hollandois, qui fut l'auteur de sa fortune en lui faisant faire ses études. On a les œuvres de *Cusa* en trois volumes *in-folio*. Les deux premiers sont théologiques & scolastiques. Le dernier contient des ouvrages de mathématiques & d'astronomie. Il y renouvelle le système de Philolaüs, philosophe Pytagoricien, système qui a été depuis celui de Copernic, & qui, regardé alors comme fort bizarre, passe aujourd'hui pour le seul vrai.

CUSPINIEN (JEAN) (*Hist. litt. mod.*), premier médecin de l'empereur Maximilien I, auteur d'un *Commentaire sur la chronique des consuls* de Cassiodore, d'un autre *Commentaire des Césars & des empereurs romains*, d'une *Histoire d'Autriche*; d'une *Histoire de l'origine des Turcs, & de leurs cruautés envers les chrétiens*. *Cuspinien* mourut à Vienne en 1529. Un auteur, nommé Gerbel, a écrit sa vie.

CUYCK (JEAN-VAN) (*Hist. litt. mod.*), consul d'Utrecht, mort en 1566, auteur dont Grœvius fait un grand éloge, & dont nous avons des éditions estimées, des offices de Cicéron & des vies de Cornélius Nepos.

CYAXARE (*Hist. anc.*). Il y en a deux, le premier, roi des Mèdes, est principalement connu pour avoir détruit Ninive, vers l'an 626, avant J. C. Le second, aussi roi des Mèdes, étoit l'oncle maternel de Cyrus, & devint son beau-père; il étoit fils d'Astyages, roi des Mèdes & frère de Mandane. *Voyez* CYRUS.

CYNEAS. *Voyez* CINEAS.

CYNÉGIRE (*Hist. anc.*) frère du poëte Eschyle, périt à la bataille de Marathon, dans le temps où il saisissoit un des vaisseaux vers lesquels s'enfuyoient les Perses, battus sur terre par Miltiade; il eut la main coupée, & tomba dans la mer. Justin a embelli ce récit, en ajoutant que *Cynégire* saisit le vaisseau de l'autre main, qui fut aussi coupée, & qu'alors il mordit le vaisseau & s'y attacha avec les dents. Le sage Rollin rejette ces merveilles, & s'en tient à une main coupée & à la chute de *Cynégire* dans l'eau. Bayle est du même avis.

CYNISCA, fille d'Archidame, roi de Sparte, fut la première personne qui remporta le prix de la course des chars aux jeux olympiques.

CYPRIEN (SAINT) *Hist. ecclés.*) évêque, martyr & docteur de l'église au troisième siècle, étoit né à Carthage, d'une famille riche & illustre. Il fut d'abord payen; le prêtre Cécile le convertit au christianisme, & il fut évêque de sa patrie; il fut nommé l'an 248. Il éprouva diverses persécutions; il fut exilé en 257, il eut la tête tranchée le 14 septembre 258. Il fut sévère envers les chrétiens foibles, que la crainte des supplices avoit fait apostasier pendant la persécution; il assembla contre eux un concile à Carthage l'an 251. C'est de tous les pères celui que les jansénistes & les ennemis de l'autorité pontificale & de ses abus citent avec le plus de complaisance, comme ayant plusieurs fois résisté au saint siège, sans se séparer de sa communion, & ayant méconnu en diverses occasions sa supériorité sans méconnoître sa primauté. Il fit condamner au concile de Carthage l'hérétique Privat; celui-ci porta l'affaire par appel à Rome, *Cyprien* ne crut pas devoir s'y défendre, le pape Corneille lui en marqua sa surprise. C'est une chose établie entre les évêques, lui répondit saint *Cyprien*, que les délits soient jugés dans le lieu où ils ont été commis. M. Fleury conclut de ce discours & de l'égalité épiscopale que saint *Cyprien* y affecte, qu'une appellation à Rome étoit alors une démarche irrégulière. Saint *Cyprien* résista encore au pape Etienne sur la rebaptisation des hérétiques. L'opinion de saint *Cyprien*, qui en haine de l'hérésie vouloit qu'on les rebaptisât, n'a point été adoptée dans l'églife. Mais quoique fort attaché à cette opinion, il ne sépara perfonne de fa communion à ce fujet; grand exemple qui enfeigne à conferver l'unité au milieu des diverfités des opinions. Saint *Cyprien* appelloit Tertullien fon maître, & faint Auguftin fe regardoit comme difciple de faint *Cyprien*. Nous avons une excellente édition de ce père, commencée par Baluze, & achevée par dom Prudent Marans, bénédictin. Ses *Traités des témoignages*; de *l'unité de l'églife de l'exhortation au martyr* font très-eftimés. Le Traité *de lapsis* paffe pour un des plus beaux monumens de l'antiquité eccléfiaftique. L'explication de l'oraifon dominicale eft de tous les ouvrages de faint *Cyprièn*, celui que faint Auguftin eftimoit le plus & citoit le plus fouvent. Les œuvres de Saint *Cyprien* ont eté traduit. s en françois par M. Lombert, de la fociété de Port-Royal; fa vie a été écrite par divers auteurs.

CYR (SAINT) (*Hift. ecclèf.*), enfant de trois ans, martyrifé pendant une perfécution de Dioclétien & de Maximien; arraché d'entre les bras de fainte Julitte ou Juliette fa mère, il demandoit fa mère & crioit : *Je fuis chrétien*, premier mot qu'elle lui eût appris, le juge tranfporté d'une fureur brutale, lui brifa la tête fur les marches de fon tribunal, barbarie feule capable de faire beaucoup de chrétiens. Cet enfant eft le patron du lieu où madame de Maintenon & Louis IV ont formé ce bel établiffement de deux cens cinquante filles pauvres & nobles.

Il y a un autre faint *Cyr* qui étoit médecin, & qui fouffrit auffi le martyre en Egypte le 31 janvier 311.

CYRAN (SAINT). (*Voyez* VERGER (du) de Hauranne, abbé de).

CYRANO (SAVINIEN) (*Hift. litt. mod.*). *Cyrano* de Bergerac, ainfi nommé, parce qu'il étoit de Bergerac en Périgord, étudia la philofophie fous Gaffendi avec Molière, Chapelle & Bernier. On ne le connoît plus que comme un efprit original & affez bizarre, cette réputation lui en a fait perdre une, qui de fon vivant lui avoit fait donner l'épithète d'*intrépide*; c'étoit un des plus redoutables duelliftes du temps; il ne prenoit jamais querelle pour fon propre compte, il avoit trop de gaieté pour cela, mais il n'y avoit prefque pas de jour qu'il ne fe battit pour les querelles de fes amis; on raconte qu'un jour ayant trouvé fur le foffé de la porte de Nefle à Paris, une centaine d'hommes qui s'étoient attroupés pour faire infulte à quelqu'un de fa connoiffance, il mit l'épée à la main, tua deux hommes, en bleffa fept, & diffipa feul cette multitude; il avoit fervi avec honneur dans le régiment des gardes, il avoit été bleffé au fiége de Mouzon, & au fiége d'Arras. Le maréchal de Gaffion étoit de fes amis, & fa valeur, fecondée des agrémens de fon efprit, pouvoit lui ouvrir la route des honneurs à la cour & à l'armée, fi un trop grand amour de l'indépendance n'y eût mis obftacle. Il étoit né en 1620, il mourut en 1655 d'un coup à la tête dont il languit quinze mois. On a fes œuvres recueillies en trois volumes *in-12*. On ne les lit guères; mais on fait que fa comédie du *Pédant joué* eut du fuccès, & qu'elle a fourni à Molière ce mot fi applaudi dans *les Fourberies de Scapin : que diable alloit-il faire dans cette galère?* Il avoit fait auffi une tragédie d'*Agrippine*, non pas la mère de Néron, mais la première Agrippine, mère de celle-ci & femme de Germanicus. Dans cette pièce, Séjan prenant la réfolution de faire mourir Tibère, difoit :

Frappons, voilà l'hoftie.

On raconte que comme *Cyrano* avoit une grande réputation de libertinage & d'irréligion, il fe fit un murmure dans le parterre, le peuple des fpectateurs ayant cru qu'il vouloit blafphêmer contre l'euchariftie. Son *Hiftoire comique des états & empires de la lune*, eft plus connue que fon *Hiftoire comique des états & empires du foleil*. Ses *Entretiens pointus* peuvent fournir aux calembourgs de notre fiècle.

CYRENIUS ou QUIRINIUS, car fon vrai nom étoit SULPITIUS QUIRINIUS, étoit gouverneur de Syrie, & fut chargé de faire le dénombrement pendant lequel arriva la naiffance de J. C.

CYRIADE (*Hift. de l'emp. rom*) fut le premier des trente tyrans qui envahirent l'empire fous les règne de Valerien & de Gallien, les biens qu'il tenoit de la fucceffion de fes pères, & fes exactions, l'avoient rendu le plus riche particulier de l'empire. Son ambition & fes richeffes rendirent fa fidélité fufpecte; il fe retira dans la Perfe avec fon or & fon argent; il s'infinua dans la faveur de Sapor, qu'il détermina à déclarer la guerre aux romains. Le monarque lui fournit un armée, avec laquelle il fit trembler tout l'Orient. Après la conquête d'Antioche & de Céfarée, il fe fit proclamer Céfar, & bientôt il joignit à ce titre celui d'Augufte. Ses cruautés le rendirent odieux; elles allèrent jufqu'à verfer le fang de fon père, ce parricide le rendit l'exécration de fon armée : il périt dans des embuches qui lui furent dreffées par fes propres foldats. (*T--N.*)

CYRIAQUE (*Hift. de Conftantinop.*) nommé patriarche de Conftantinople en 595, prit comme *Jean le jeûneur*, fon prédéceffeur, le titre d'évêque *œcuménique* ou univerfel; l'empereur Phocas le lui ôta pour l'affurer au feul évêque de Rome. *Cyriaque*, dit on, en mourut de chagrin l'an 606.

CYRILLE (*Hift. ecclèf.*), c'eft le nom de deux faints patriarches, l'un de Jérufalem, l'autre d'Alexandrie, qui tous deux,

Combattans pour l'églife, ont dans l'églife même
Souffert plus d'un outrage & plus d'un anathême.

Le premier combattant les ariens, fut jusqu'à trois fois déposé & exilé par leurs intrigues. Le second combattant les nestoriens, fut aussi déposé d'abord, mais la victoire lui resta. Les catholiques mêmes accusent ce dernier d'un peu de vivacité dans la dispute, & en général tous ces écrivains polémiques, orthodoxes ou hérétiques, montrent plus d'ardeur & de zèle que de charité; ne disons pas cependant qu'il ne s'agissoit que d'une dispute de mots entre saint *Cyrille* d'Aléxandrie & Nestorius, car M. Dupin, pour l'avoir seulement insinué dans sa bibliothèque des auteurs ecclésiastiques, fut obligé de se rétracter.

Saint *Cyrille* de Jérusalem mourut en 386. Saint *Cyrille* d'Aléxandrie en 444. Les bénédictins ont donné les œuvres du premier; Jean Aubert, chanoine de Laon, celles du second; les unes & les autres en grec & en latin.

Un grec moderne de Candie, nommé *Cyrille* Lucar, porta au commencement du dix-septième siècle la doctrine des protestans en Grèce; il fut patriarche d'Aléxandrie & de Constantinople, chassé sept ou huit fois de son siége, où il trouvoit toujours le moyen de se rétablir, par des rétractations qu'il rétractoit ensuite, il fut étranglé en 1638 par l'ordre du sultan Amurat IV. Il eut pour successeur un *Cyrille* de Bérée, qui, ainsi que Parthenius son successeur, anathématisa la confession de foi de *Cyrille* Lucar, dont la mémoire n'est plus que celle d'un hérétique.

CYRUS (*Hist. des Perses*).

Dieu fit choix de *Cyrus* avant qu'il vît le jour,
L'appella par son nom, le promit à la terre,
Le fit naître, & soudain l'arma de son tonnerre,
Brisa les fiers remparts & les portes d'airain,
Mit, des superbes rois, la dépouille en sa main.

Voilà un précis de l'histoire de ce conquérant. Il étoit fils de Cambyse & de Mandane, fille d'Astyage roi des Mèdes, & sœur de Cyaxare, successeur d'Astyage; il réunit la monarchie des Médes à celle des Perses. La prise de Babylone, la bataille de Thymbrée entre *Cyrus* & Crœsus, le fameux édit de *Cyrus* en faveur des juifs, ne sont pas des faits qui puissent être révoqués en doute. Les principaux événemens de l'histoire de *Cyrus* sont vrais, mais il est difficile d'adopter son histoire entière, telle qu'on l'a trouve, soit dans Hérodote, soit dans Xénophon. Le récit de ces deux historiens est d'abord si différent, si contraire même, qu'il faut absolument choisir entre eux, & renoncer à les concilier. En pareil cas, c'est Hérodote qu'on abandonne. Quant à Xénophon, la question si la cyropédie est un roman ou une histoire, a partagé les savans. M. l'abbé Fraguier, dans une dissertation insérée au second volume des Mémoires de littérature, soutient la première de ces opinions, conformément à ce passage de Cicéron: *Cyrus ille à Xenophonte non ad historiæ fidem scriptus, sed ad effigiem justi imperii.* Il croit que le grand objet de Xénophon a été d'exposer dans son livre la morale de Socrate, à l'envi de Platon, qui avoit rempli le même objet dans son dialogue de la république.

M. l'abbé Banier, dans le sixième tome des mêmes mémoires de littérature, a réfuté M. l'abbé Fraguier. Xénophon, selon lui, a eu deux objets dans la cyropédie, l'un d'écrire fidèlement à son ordinaire, l'histoire de *Cyrus*, l'autre d'apprendre aux princes l'art de régner.

M. Fréret, qui intervenoit toujours dans toutes les disputes littéraires, M. Fréret, dans les volumes 4 & 7 des mêmes mémoires, paroît avoir pris un milieu entre l'opinion de M. l'abbé Banier & celle de M. l'abbé Fraguier. D'un côté, il cite des écrivains judicieux qui ont préféré sur ce qui concerne *Cyrus*, Xénophon à Hérodote, le trouvant plus conforme à l'écriture sainte; il pense même que le jugement de Cicéron sur la cyropédie doit s'entendre du caractère personnel & un peu embelli que Xénophon donne à *Cyrus*, & non de la vérité des faits rapportés dans son histoire. D'un autre côté, M. Fréret avoue que Xénophon n'est pas un historien bien scrupuleux, qu'il donne trop à l'imagination, qu'il sent un peu le rhéteur, & le même M. Fréret cite la dissertation de M. l'abbé Fraguier sur ce sujet sans la réfuter.

Au reste, M. Fréret ne jette qu'un coup d'œil en passant sur cette question générale. Son objet particulier est d'examiner & de justifier le systême géographique de Xénophon.

M. Dacier, actuellement secrétaire perpétuel de l'académie des belles-lettres, & qui a donné de la cyropédie la seule traduction qu'on lira désormais, M. Dacier, dans sa préface, résume les opinions de ces savans, & prouve, par la comparaison du récit d'Hérodote & de celui de Xénophon, que le merveilleux & les fables se trouvent uniquement chez le premier, qu'il n'y a rien que de sage & de croyable dans le second, que les discours politiques, moraux, militaires, qui se trouvent répandus dans la cyropédie, ne distinguent point cet ouvrage des autres histoires, où l'usage des harangues a été introduit par tous les grands historiens de l'antiquité.

Voilà donc déja Hérodote abandonné, & par conséquent Justin qui l'a suivi. A l'égard de Xénophon, toutes les fois que des savans disputent pour savoir si un récit est fabuleux ou historique, il y a toujours beaucoup à parier qu'il est fabuleux.

Au reste, la cyropédie, à ne l'envisager que comme un roman philosophique, seroit encore un des plus précieux & des plus utiles monumens qui nous restent des anciens. Ce seroit à beaucoup d'égards, le modèle du Télémaque & c'est ainsi que nous croyons qu'on peut le considérer.

Cyrus (*Hist. anc.*), fils de Darius, eut le gouvernement en chef de toute l'Asie Mineure, dont tous les gouverneurs lui furent subordonnés; ce prince, dévoré d'ambition, usa de sa puissance pour se faire des amis, ou plutôt des complices. Fier de son pouvoir & de sa naissance, il fit punir de mort deux de ses cousins, pour avoir eu l'imprudence de se présenter devant lui sans se couvrir les mains. Darius, touché de la mort de ses neveux, regarda cette action comme un attentat à son autorité; il rappella son fils à la cour, sous prétexte de le voir avant de mourir. *Cyrus*, avant d'obéir, remet des sommes considérables à Lysandre, pour équipper une flotte, & il arriva à la cour dans le temps que son père venoit de mourir. Arsace qui prit le nom d'*Artaxerxès*, fut proclamé son successeur. *Cyrus*, privé de l'espoir de régner, résolut d'égorger son frère; il choisit le moment où le nouveau roi devoit se faire sacrer par les prêtres du soleil. Artaxerxès en fut averti par le prêtre qui avoit pris soin de l'enfance de *Cyrus*, & qui, à ce titre, avoit été le dépositaire de ses secrets. Le coupable fut arrêté & condamné à la mort. Sa mère Parisatis obtint sa grace, & il fut renvoyé dans les provinces de son gouvernement; son malheur ne fit qu'embraser son ambition. Il se croyoit trop offensé pour ne pas écouter la voix de la vengeance: dès ce moment il n'usa de son pouvoir que pour préparer les moyens de détrôner son frère. Cléarque, banni de Lacédémone, dont il avoit été le tyran, lui parut un agent utile à ses desseins; ce fut par son moyen qu'il mit les Grecs dans ses intérêts. Les meilleures troupes du Péloponèse se rangèrent sous ses drapeaux: il rassembla une armée de cent mille Barbares, & de treize mille Grecs aventuriers, dont la guerre étoit l'unique métier & l'unique ressource: une flotte de soixante vaisseaux suivit l'armée de terre.

Ce fut avec cet appareil formidable qu'il sortit de Sardes, & qu'il pénétra dans les provinces de la haute Asie. Il fut arrêté dans sa marche par la rebellion des Grecs, qui refusèrent de tourner leurs armes contre le roi de Perse; mais une augmentation de solde adoucit ces mercénaires. Il s'avança dans la province de Babylone, où il fut suivi par Artaxerxès à la tête de huit cents mille combattans, & de cent cinquante chariots. Les deux armées furent bientôt rangées en bataille, & l'une & l'autre étoient dans une égale impatience de vaincre. Cléarque, avant d'engager l'action, conseille à *Cyrus* de ne point s'exposer dans la mêlée. Quoi! répond-il, dans le temps que tant de braves gens sont prodigues de leur sang pour me placer sur le trône, tu veux que je me montre indigne d'y monter? Les deux armées s'ébranlent, & *Cyrus* avec une intrépidité tranquille donne le signal du combat. Les Grecs vont à la charge en chantant l'hymne des combats. Les Barbares ne peuvent soutenir l'impétuosité de leur premier choc. *Cyrus* apperçoit son frère, & s'écrie: *je le vois*. Aussitôt aveuglé par la vengeance, & trahi par son courage, il s'élance au milieu de six mille hommes qui défendoient leur roi. La plupart sont dispersés, ou tombent sous ses coups. Les deux frères se joignent; Artaxerxès, après être tombé sur son cheval expirant, en monte un autre, & lance son javelot sur *Cyrus* qui tombe mort. La troupe intrépide qui l'accompagnoit, ne voulut pas lui survivre; tous se firent tuer auprès de son corps, pour ne pas avoir à rougir d'être redevables de la vie à un vainqueur disposé à leur pardonner.

Telle fut la fin malheureuse d'un prince qui auroit eu toutes les vertus, si l'ambition ne l'avoit point séduit. Fidèle à sa parole, il alloit encore au-delà de ce qu'il avoit promis. Il n'estimoit la grandeur qu'autant qu'elle facilite l'exercice de la bienfaisance; réservé dans la distribution des récompenses, il les proportionnoit aux services & au mérite. Tous ses biens étoient à ses amis: Xenophon, qui a exalté ses talens & ses vertus, a gardé un silence profond sur ses vices. (*T—n.*)

CYZ (Marie de) (*Hist. mod.*), née à Leyde en 1656, de parens calvinistes, veuve d'un M. de Combe à 21 ans, vint à Paris, y abjura le calvinisme & y fonda la communauté du Bon-Pasteur, dans la rue du Cherche-Midi. Elle mourut en 1692.

DACIER (ANDRÉ) & Anne le Févre sa femme (*Hist. litt. mod.*). Ne séparons point deux noms que les mêmes études, les mêmes goûts, les mêmes travaux, la même gloire, & ce qui vaut mieux que la gloire, la tendresse & l'estime ont unis toute leur vie. C'est d'eux sur-tout qu'on a dû dire :

Obligés de s'aimer, sans doute ils sont heureux.

C'est avec regret, qu'après les avoir envisagés par un côté si respectable & qui les rend si dignes d'envie, nous nous voyons forcés par la vérité, de convenir que M. Dacier étoit un traducteur sans goût, un savant sans esprit, un secrétaire perpétuel de l'académie françoise sans style, adorateur superstitieux des anciens & malheureux dans les motifs de cette admiration qu'il fondoit principalement sur mille fausses finesses qu'il prétendoit appercevoir dans ces auteurs, qui les auroient désavouées pour la plupart; quand il traduit Horace, on peut lui dire :

Floribus austrum
Perditus, & liquidis immittis fontibus aprum.

C'est l'âne qui veut imiter la gentillesse du petit chien, c'est un pédant qui veut être homme de cour. Sa traduction de Plutarque, à laquelle d'ailleurs madame Dacier a eu part, est plus raisonnable, tout le monde peut rendre un historien, un poëte seul peut rendre un poëte. M. Dacier n'étoit qu'un littérateur profond & utile, il n'y a point de savant qui ne puisse encore s'instruire dans ses notes & ses commentaires. Son immense érudition lui faisoit saisir des rapports, lui suggeroit des rapprochemens, qui pouvoient éclairer le goût. L'énumération de ses travaux sur Sophocle, sur Platon, sur Aristote, sur Pythagore & Hiéroclès, sur Epictète & Simplicius, sur Festus, sur Hippocrate, &c. annonce une vie entierement remplie par l'étude. Madame Dacier, tantôt s'unissoit aux travaux de son mari qui ne pouvoient qu'y gagner, comme dans la traduction de Plutarque & des réflexions morales de l'empereur Marc Aurèle; tantôt formoit & suivoit à part de grandes entreprises, témoin son Homère, son travail sur Florus, Dictys de Crète, Aurélius Victor & Eutrope, qui lui étoient tombés en partage, parmi les auteurs que M. de Montausier faisoit éclaircir pour l'usage de M. le Dauphin, comme Festus étoit tombé en partage à son mari; témoin encore sa traduction des poésies d'Anacréon & de Sapho, de trois comédies de Plaute, de deux d'Aristophane, de toutes celles de Térence; témoin enfin son édition de Callimaque. Elle partageoit le fanatisme de son mari pour les anciens, si même elle ne le poussoit pas plus loin. Dans sa dispute contre M. de la Motte, elle n'eut pour elle que les savans; les rieurs furent pour son adversaire, & ces rieurs étoient les gens du monde, les gens d'esprit, les philosophes même. Les écrits de M. de la Motte dans cette dispute, sembloient, dit M. de Voltaire être d'une femme d'esprit, & ceux de madame Dacier d'un homme savant. La traduction d'Homère par madame Dacier est pesante, traînante & ne remplit pas l'idée qu'on se fait d'Homère; mais elle passe de beaucoup ce qu'on pouvoit, sur-tout alors, attendre d'une femme, & il n'est pas encore certain qu'on ait mieux fait depuis.

M. Dacier étoit garde des livres du cabinet du roi. Il fut reçu à l'académie françoise, quelque temps après il entra dans l'académie des belles-lettres (en 1695.) « Et les vœux publics qui plaçoient dans » l'une & dans l'autre madame *Dacier* à ses côtés, » auroient peut être été satisfaits, si son éloigne- » ment pour les moindres distinctions n'eût été » plus fort encore que le silence des loix sur un » cas aussi difficile à prévoir ». Ce sont les termes de l'auteur de l'éloge de M. *Dacier*, prononcé à l'académie des belles-lettres. M. *Dacier* né à Castres, le 6 avril 1651, avoit connu mademoiselle le Févre à Saumur, où il étoit allé recevoir les leçons du célèbre Tanneguy le Févre son père. Mademoiselle le Févre libre d'un premier engagement que la modicité de la fortune de son père l'avoit obligée de contracter à Saumur, avec un libraire qui mourut sept ou huit mois après, vint à Paris, où elle épousa en 1683 M. *Dacier*; ils étoient nés tous deux dans la religion protestante, ils abjurèrent tous les deux ensemble en 1684, un an avant la révocation de l'édit de Nantes. Ils eurent de leur mariage un fils & deux filles. Le fils mourut à dix ou onze ans, il connoissoit déja les meilleurs auteurs grecs. L'aînée des deux filles se fit religieuse. La seconde qui mourut à dix-huit ans, a été immortalisée par les regrets éloquens de sa mère dans sa préface sur l'Iliade. C'est un morceau vraiment touchant, & celui qui annonce dans madame *Dacier* le plus de talent & de sensibilité.

Madame *Dacier* mourut en 1720, & son malheureux mari, resta seul, accablé de douleur. « Elle » ne parut un peu calmée, dit l'auteur de l'éloge » de M. *Dacier*, que par la douce illusion qu'il » s'étoit faite d'avoir retrouvé une autre madame » *Dacier*. C'étoit mademoiselle de Launay, depuis madame de Staal; c'étoit la seule, disoit-il, qui pût ne pas profaner la cendre de madame *Dacier*, en lui succédant. Ce mariage ne se fit point, M. *Dacier* ne tarda pas à rejoindre la compagne de ses travaux. Il mourut le 18 septembre 1722.

DAGOBERT I, onzième roi de France, (*Hist. de Fr.*) naquit vers l'an 603, de Clotaire II; on ne sait précisément quelle fut sa mère, on ne peut assurer que ce fût Bertrude. Frédégaire n'a pas daigné lever nos doutes à cet égard; cet écrivain se contente de nous dire qu'Aribert, son puîné, n'étoit pas du même lit que *Dagobert*, il est presque constant qu'Aribert étoit fils de Bertrude : quoi qu'il en soit, *Dagobert* n'eut pas le temps de desirer une couronne; il avoit à peine six ans que son père lui donna celle d'Austrasie, que l'on craignoit de voir passer sur le front d'un maire; la puissance de cet officier étoit considérablement augmentée. Clotaire, en plaçant son fils sur le trône, se défia de son enfance; ne voulant pas l'abandonner à lui-même, il lui donna pour maire & pour conseil Pepin & Arnoul, dont l'histoire trop complaisante ou trop craintive a exagéré les vertus. *Dagobert* enchaîné par ces deux hommes fameux, moins par eux-mêmes que par l'usurpateur Pepin, dont on les regardé comme la tige, ne peut être responsable des années de son règne en Austrasie : on voit peu d'actions louables de sa part. Le meurtre de Crodoalde, qu'il fit assassiner après lui avoir pardonné, se rapporte à cette première époque : ce fut l'an 628 qu'il réunit toute la monarchie, par la mort de Clotaire II. Si l'on avoit écouté les lois qui avoient été suivies jusqu'alors, Aribert son frère puîné l'auroit partagée avec lui; mais *Dagobert* s'étoit concilié l'esprit des seigneurs, dont il avoit cependant conjuré la ruine en secret; & ce prince fut forcé de se contenter d'une partie de l'Aquitaine, qu'il gouverna avec une rare sagesse. Les premières années de ce nouveau règne furent marquées par des actions de justice & de bienfaisance; mais on les dut moins à la bonté de cœur du monarque, qu'aux conjonctures délicates où il se trouvoit. La politique exigeoit de sa part une grande circonspection & de grands ménagemens, dans un temps où il venoit de dépouiller son frère contre les loix : ce frère étoit aimé; d'ailleurs il paroît qu'il aspiroit à reprendre son autorité usurpée par les grands sous le dernier règne : il falloit donc flatter le peuple & s'en faire un appui; le seul moyen de lui plaire étoit de se montrer juste. Dans un voyage qu'il fit en Bourgogne, où il se montra dans tout l'appareil de sa majesté, il sembloit moins un roi qu'un Dieu fait pour punir le crime & venger l'innocence. Le peuple ne pouvoit que chanter les louanges d'un prince, dont le bras étoit sans cesse suspendu sur la tête des grands qui, sous le règne de Clotaire II, s'étoient permis les injustices les plus criantes; mais on ne tarda pas à connoître que cette conduite vraiment patriotique, ne lui étoit inspirée que par son intérêt personnel. Dès qu'il crut avoir assez fait d'exemples pour abattre les grands, & pour se concilier l'amour des peuples du royaume de Bourgogne, il fit assassiner Bremulfe, oncle maternel d'Aribert; ce seigneur n'avoit commis d'autre crime que d'avoir réclamé la loi du partage en faveur de son neveu; & même depuis il avoit toujours vécu à la cour de *Dagobert*, & s'y étoit comporté en fidèle sujet. *Dagobert* s'abandonna ensuite à tous les excès de la débauche & de l'ambition : outre Nantilde, Vulficonde & Bertilde, qu'il eut à la fois, & qui toutes trois portèrent le titre de reine, il eut un si grand nombre de concubines, que, suivant la remarque d'un moderne, les historiens ont cru qu'il y avoit de la pudeur à en déclarer le nombre sans le faire connoître, & n'ont nommé que Regnatrude : d'un autre coté, on a de violens soupçons qu'il fit empoisonner Aribert, son frère; ce prince mourut au retour d'une visite qu'il lui fit, & pendant laquelle il tint Sigebert, son fils aîné, sur les fonts. L'histoire n'accuse pas directement *Dagobert* d'avoir commis cet attentat; mais un prince qui est soupçonné d'un crime, en est toujours jugé capable. Chilperic, fils d'Aribert, mourut de la même mort que son père, c'est-à-dire, subitement, & sans que l'on connût le genre de sa maladie : cette seconde mort, jointe à l'empressement qu'il montra, avant & après, à se revêtir de leurs dépouilles, augmenta le soupçon.

On blâmeroit moins *Dagobert* d'avoir réuni dans sa main toute la monachie, au préjudice de son frère, si l'on voyoit qu'il y eût été déterminé par un intérêt d'état. Le bonheur des François dépendoit incontestablement de cette réunion : les premiers siècles de notre histoire démontrent cette vérité de la manière la plus sensible. Mais Clovis II, son second fils, fut à peine sorti du sein de sa mère, qu'il songea à lui assurer une portion de son héritage : il convoqua une assemblée générale des seigneurs des trois royaumes, & fit assurer à ce prince la couronne de Neustrie & de Bourgogne : celle d'Austrasie étoit déja portée par Sigebert, son aîné. *Dagobert* mourut environ un an après qu'il eut réglé ce partage : sa mort se rapporte au 17 janvier 638; son règne fut presque aussi long que sa vie, si on le compte depuis le moment qu'il monta sur le trône d'Austrasie : il avoit trente-cinq ans accomplis; ses cendres reposent dans l'église de Saint-Denis, qu'il fit bâtir avec la dernière magnificence.

L'histoire militaire de son règne ne sert point à relever sa gloire : il se servit plus souvent du poignard que de l'épée : il fit massacrer en une seule nuit neuf mille Abares qui lui demandoient un asyle contre les Bulgares leurs vainqueurs. Il fut le premier des descendans de Clovis, qui d'habitude fit la guerre par ses lieutenans; & ce fut l'une des principales causes de la chûte de ses successeurs, qui l'imitèrent. Les limites de la monarchie restèrent les mêmes qu'elles avoient été sous ses prédécesseurs; mais il renonça au tribut que les Saxons nous payoient depuis Clotaire I, dans un temps où il eût pu leur en imposer de nouveaux.

Dagobert étoit libéral, & son règne fut celui du luxe & de la magnificence : l'histoire remarque que dans une assemblée nationale il parut sur un trône d'or massif; mais pour suffire à ces dépenses, il fut obligé de mettre sur ses peuples des impôts onéreux. Les moines sur lesquels il avoit accumulé ses bienfaits, lui ont donné les plus magnifiques éloges : on loue leur reconnoissance, dit un moderne, on n'en blâme que l'excès. Il sut régner avec empire sur ses sujets; & il est probable que malgré ses vices, la monarchie se seroit rétablie sous son règne, s'il eût été de plus longue durée; ces vices là même y auroient contribué. On doit présumer qu'il auroit supprimé la mairie; plusieurs circonstances de sa vie prouvent qu'il sentoit le danger de la laisser subsister. Ce n'étoit point un saint, dit M. Velli, en réfutant l'historien du règne de ce prince; la qualité de fondateur ne donne point la sainteté, il faut pour cela des vertus réelles : on admire la générosité de *Dagobert*, on gémit sur ses déréglemens : on lui doit un précieux recueil des loix qui furent en vigueur sous les deux premières races; & c'est sans contredit le plus beau monument de son règne. (*M—y.*)

DAGOBERT II, neuvième roi d'Austrasie, naquit l'an 656 de Sigebert II & d'Emnichilde : ce prince éprouva le malheur avant même que son âge lui permît de le connoître. Il étoit encore au berceau lorsque son père, sur le point de mourir, confia le soin de sa tutèle à Grimoalde, maire de son palais, ministre perfide qui lui avoit inspiré une aveugle sécurité, & avoit usurpé toute l'autorité sous son règne. Grimoalde ne put cependant se dispenser de mettre *Dagobert II* sur le trône, mais il l'en fit bientôt descendre; il le dégrada, suivant l'usage, c'est-à-dire, en lui faisant couper les cheveux & le relégua secretement en Ecosse : c'est alors que développant toute l'audace de ses desseins, il mit le sceptre entre les mains de Childebert son propre fils : ce fut sans doute pour diminuer l'horreur de cette usurpation, qu'il fit répandre que Sigebert II, avant que de mourir, avoit adopté le jeune tyran qu'il venoit de couronner. Les grands parurent indignés qu'un sujet né comme eux pour obéir, exigeât leur hommage; ils se révoltèrent contre ce nouveau joug : ils étoient probablement fâchés de n'avoir plus de bouclier contre le trône, puisque le maire, créé pour les protéger, alloit se confondre dans la personne du roi. Childebert n'auroit pas manqué de supprimer la mairie à la mort de Grimoalde, au moins la politique demandoit qu'il abolît une charge qui lui avoit servi de degré pour monter sur le trône, & pour en précipiter ses légitimes maîtres. Quels que fussent leurs motifs, ils se saisirent de la personne de Grimoalde, & le livrèrent à Clovis II, qui le punit de son attentat. Clovis fit voir que c'étoit moins la cause d'un roi opprimé & d'un roi son neveu qu'il défendoit, que la sienne propre : il punit Grimoalde, non parce qu'il avoit usurpé un trône, mais parce qu'il craignoit qu'un de ses ministres ne fût tenté d'imiter ce perfide. En effet, au lieu de rendre la couronne d'Austrasie à *Dagobert II*, il la garda pour lui-même & la réunit à la sienne, malgré les prières de la reine Emnichilde, qui ne cessoit de solliciter le retour de son fils. *Dagobert* ne repassa en France qu'après la mort de Clotaire III, fils de Clovis II; alors il obtint, non sans beaucoup de brigue, une partie de l'Austrasie. Ebroïn prétendit l'en priver; & pour excuser ses hostilités, il fit paroître un faux Clovis, qu'il disoit être le fils de Clotaire III. *Dagobert* triompha de l'injustice, & conquit sur ce maire, qui cependant réunissoit tous les talens militaires dans le premier degré, l'autre partie de l'Austrasie qu'on lui avoit refusée jusqu'alors : c'est ainsi que *Dagobert* obtint par le droit de la guerre, ce qu'il eût dû recevoir de l'équité de son oncle. Il mourut en 679, après un règne d'environ sept ans : l'histoire ne parle ni de ses vertus, ni de ses vices; & son silence à cet égard est un sûr garant de la modération de ce prince; sa victoire sur Ebroïn nous donne une haute idée de son courage & de ses autres vertus militaires : il fit beaucoup de fondations pieuses, c'étoit la passion de ce temps, plus dévot qu'éclairé. (*M—y*)

DAGOBERT III occupa le trône de France, depuis l'an 712 jusqu'en 716, il étoit fils de Childebert II. Nous n'avons point d'annales où les actions de ce prince soient consacrées; il régna pendant la tyrannie des maires du palais, qui n'auroient point permis de parler avantageusement des rois dont ils détruisoient la puissance : il laissa un fils au berceau, nommé *Thierri*, destiné comme lui à n'offrir qu'un fantôme de royauté. (*M—y.*)

DAGON, s. m. (*Hist. sac.*), idole des Philistins, représentée sous la figure d'un homme sans cuisses, dont les jambes se réunissoient aux aînes, & formoient une queue de poisson recourbée en arrière, & couverte d'écailles depuis les reins jusqu'au bas du ventre, à l'exception de la partie correspondante aux jambes. *Dagon*, signifie *poisson* en hébreu. Quelques modernes l'ont confondu avec Atergatis. Mais Bochard prétend avec les anciens, que *Dagon* & Atergatis étoient seulement frère & sœur. Les Philistins s'étant emparés de l'arche d'alliance, la placèrent dans le temple de *Dagon*. L'histoire des Hébreux nous raconte que cette idole fut brisée en morceaux à la présence de l'Arche. Rois, liv. I, ch. 5. (*A. R.*)

DAGOUMER (GUILLAUME) (*Hist. litt. mod.*), professeur de philosophie au collège d'Harcourt à Paris, puis principal de ce collège, & recteur de l'Université. On a de lui un cours de philosophie en latin. Il a eu de la réputation dans la scholastique. Il étoit janséniste, & il a écrit contre les fameux *Avertissemens* de M. Languet, évêque de Soissons, puis archevêque de Sens, sur la constitution *unigenitus*. Mort en 1748.

D'AGUESSEAU (*Hist. de Fr.*). La famille *d'Aguesseau* possédoit anciennement des terres dans la Saintonge & dans l'isle d'Oleron. Jacques *d'Aguesseau* étoit en 1495 gentilhomme de la reine Anne de Bretagne; Antoine *d'Aguesseau*, aïeul du chancelier, étoit premier président du parlement de Bordeaux, son éloge se trouve dans l'histoire de Saintonge; Henri *d'Aguesseau*, père du chancelier, successivement intendant de Limoges, de Bordeaux, de Languedoc, fut conseiller d'état, conseiller au conseil royal des finances, & enfin conseiller au conseil de régence. Il mourut en 1716. Quelques mois plus tard, il eut vu son fils chancelier.

Henri-François *d'Aguesseau*, chancelier de France, & le plus savant magistrat peut-être que la France ait eu, naquit à Limoges le 27 novembre 1668. Il n'eut presque d'autre maître que son père. Il entra dans la charge d'avocat du roi au châtelet, le 29 avril 1690. On créa bientôt une troisième charge d'avocat-général au parlement. M. *d'Aguesseau* le père la demanda pour son fils; Louis XIV la lui accorda, en disant: *je connois assez le père pour être bien sûr qu'il ne voudroit pas me tromper, même dans le témoignage qu'il rend de son fils.* Ce fils fut reçu avocat-général le 12 janvier 1691, & acquit la plus grande gloire dans cette place. Il fut nommé procureur-général le 19 novembre 1700. On a remarqué que pendant tout le temps qu'il exerça cette charge, les exécutions furent extrêmement rares. C'est l'éloge, dit M. Thomas, ou de sa vigilance ou de son humanité. Le mot suivant atteste l'une & l'autre. On conseilloit à M. *d'Aguesseau* qu'on voyoit prêt à succomber sous le poids du travail, de prendre enfin quelque repos. *Puis-je me reposer*, répondit-il, *tandis que je sais qu'il y a des hommes qui souffrent?* Il fut un de ceux qui contribuèrent le plus à sauver la France après le fameux & désastreux hiver de 1709, soit en sollicitant des secours auprès du trône, soit en renouvellant des loix utiles & en excitant le zèle des magistrats, soit en découvrant tous les amas de bled qu'avoit faits l'avarice pour s'enrichir du malheur public.

Son opposition à la constitution *unigenitus* pensa lui attirer une disgrace sur la fin du siècle de Louis XIV. Il n'en fut que plus en faveur sous la régence; le chancelier Voisin étant mort d'apoplexie la nuit du 2 février 1717, M. *d'Aguesseau* fut nommé chancelier, *mais ce qui me console*, dit-il à M. Joly de Fleury, qu'il rencontra en revenant du palais royal, *c'est que vous êtes procureur-général.*

En 1718, M. *d'Aguesseau* fut éloigné de la cour & envoyé à Fresne; cet exil honorable avoit pour cause son opposition au système ruineux de Law. M. d'Argenson eut alors les sceaux. Lorsqu'en 1720 le système de Law eut perdu l'état, le gouvernement cherchant les moyens de rétablir la confiance, rappella de l'exil M. *d'Aguesseau*, & Law alla lui-même le chercher à Fresnes. Il revint, & s'occupa du soin de réparer, de diminuer du moins les désordres qu'avoient produits le système, de sauver les débris de la fortune des citoyens, bouleversée par cette tempête dont le souvenir fait frémir encore. Dans ces jours de trouble & d'inquiétude, où le tourbillon de la crainte & de l'espérance agitoit tous les cœurs, le peuple, charmé du retour de M. *d'Aguesseau*, incertain encore de ses vues, mais plein de confiance en ses lumières & en ses vertus, s'empressoit avec une curiosité avide, à deviner, à lire la destinée publique, dans les regards alarmés ou sereins de ce grand magistrat; on ne pouvoit y lire que ce qui étoit dans son cœur, une pitié tendre des maux où l'état avoit été précipité pour avoir négligé ses avis.

Il le soutint en effet dans cet ébranlement, & fit admirer toute l'étendue de son génie par le succès avec lequel il s'exerça sur des matières si étrangères à celles dont il s'étoit occupé jusqu'alors. La France lui dut le retour de l'ordre & du calme.

Une seconde disgrace fut le prix de ses travaux, elle eut pour cause l'inflexibilité de principes que M. *d'Aguesseau* joignoit à la plus grande douceur de caractère, & qui étoit aussi déplacée dans cette cour voluptueuse, que la vertu de Caton l'étoit à Rome dans les temps malheureux dont elle accusoit la corruption; les sceaux furent ôtés au chancelier en 1722, & donnés à M d'Armenonville. M. *d'Aguesseau* retourna dans la solitude de Fresnes; le cardinal de Fleury le fit revenir en 1727; mais les sceaux que M. d'Armenonville remit alors, ne furent point encore rendus au chancelier, ils passèrent à M. Chauvelin, & ils ne furent remis à M. *d'Aguesseau* qu'en 1737, à la disgrace de M. Chauvelin. Il les conserva jusqu'à sa retraite en 1750. M. *d'Aguesseau* appelloit le temps de son séjour à Fresnes, *les beaux jours de sa vie.* Il n'y vivoit pas même aussi solitaire qu'il l'eût voulu. Sa vertu y attiroit une foule d'amis, sa réputation y attiroit les étrangers. Le nonce Quirini vint l'y voir en 1722, & comme l'attachement de M. *d'Aguesseau*, aux libertés de l'église Gallicane, étoit connu à Rome, il lui dit: *voici donc le lieu où se forgent les foudres contre le vatican*; *non, monsieur*, répondit M. le chancelier, *ce ne sont que des boucliers.*

En 1750, des infirmités douloureuses ayant obligé M. *d'Aguesseau* d'interrompre pour la première fois ses travaux, il donna sa démission, il en signa l'acte le jour même où il finissoit sa quatre-vingt-deuxième année. Il mourut le 9 février 1751.

Il avoit épousé en 1694, Anne le Fevre d'Ormesson ; M. de Coulanges dit à ce sujet, que c'étoit la première fois que les graces & la vertu s'allioient ensemble. Elle mourut à Auteuil le premier décembre 1735. M. *d'Aguesseau* ne crut pas que la douleur dont il étoit accablé l'autorisât à suspendre un moment les fonctions de sa place : *Je me dois au public*, disoit-il, *& il n'est pas juste qu'il souffre de mes malheurs domestiques.*

Il est enterré auprès de sa femme dans le cimetière de la paroisse d'Auteuil ; leurs enfans ont fait élever au pied de leur sépulture une croix, dont les marbres ont été donnés par le roi.

Deux fils de M. le chancelier sont morts, de nos jours, conseillers d'état, & le second étoit doyen du conseil.

Les loix de M. le chancelier *d'Aguesseau* font époque dans notre législation comme celles du chancelier de l'Hôpital. Les plus célèbres sont la déclaration de 1731 sur les cas prévôtaux & présidiaux, l'ordonnance des donations de la même année, l'ordonnance des testamens en 1735, l'ordonnance du faux en 1737, l'ordonnance des évocations & réglemens de juges, de la même année ; le réglement pour la procédure du conseil en 1738, l'ordonnance des substitutions en 1747, l'édit de 1748 qui défend les acquisitions aux gens de main-morte.

Les preuves de l'érudition, de l'éloquence, de la philosophie & des talens de M. le chancelier *d'Aguesseau*, s'offrent par-tout dans le recueil de ses œuvres ; nous observerons seulement ici, qu'outre le françois qu'il savoit en grammairien profond, il savoit encore le latin, le grec, l'hébreu, l'arabe, & d'autres langues orientales, l'italien, l'anglois, l'espagnol & le portugais ; qu'il se délassoit des affaires en lisant des livres de géométrie ou d'algèbre ; que la lecture des anciens poëtes avoit été, selon son expression, *une passion de sa jeunesse* ; qu'il faisoit lui-même de beaux vers latins & françois, & que Boivin traduisit en vers grecs une pièce latine du chancelier de France, sur la convalescence de sa femme après une maladie qui l'avoit inquiété.

Sa mémoire étoit telle, que Boileau lui ayant récité un ouvrage qu'il venoit de faire ; cet ouvrage n'est pas nouveau, lui dit M. *d'Aguesseau*, je le connois, je le sais par cœur, & il le lui récita tout entier, n'en ayant jamais entendu que cette lecture. M. Thomas lui applique avec raison ces vers de la Motte :

> Contemporain de tous les hommes,
> Et citoyen de tous les lieux.

L'académie françoise, en proposant pour sujet du prix d'éloquence, l'éloge du chancelier *d'Aguesseau*, lui a procuré deux panégyristes dignes de lui, M. Thomas & M. l'abbé de Vauxcelles.

D'AGUIRRE, *voyez* AGUIRRE.

DAILLÉ (JEAN) (*Hist. litt. mod.*), ministre à Saumur, puis à Charenton, auteur de plusieurs ouvrages de controverse, que les protestans estiment & que les catholiques ne méprisent pas. Il avoit été instituteur de deux petits-fils de Duplessis-Mornay, il avoit voyagé avec eux en Suisse, en Allemagne, en Hollande, dans les Pays Bas ; il avoit sur les voyages une idée particulière & qui n'a pas fait fortune, il regrettoit le temps qu'il y avoit mis, & croyoit qu'il l'auroit bien mieux employé dans son cabinet. Né à Châtelleraut en 1594. Mort à Paris en 1670. Adrien *Daillé* son fils a écrit sa vie.

DAILLON. *Voyez* LUDE. (du)

DAILLY. *Voyez* AILLY. (PIERRE d') & dans le même endroit & avant cet article, auroit dû être l'article de la maison D'AILLY. Nous réparerons ici cette omission.

La maison *d'Ailly* est une des plus anciennes & des plus illustres de la Picardie, alliée en divers temps à des branches de la maison royale, nommément à celle de Bourgogne.

Robert III, de cette maison *d'Ailly*, épousa en 1342 Marguerite de Péquigny, qui lui apporta en dot la terre de Péquigny & la Vidamé d'Amiens.

En 1619, ces terres passèrent dans la maison d'Albert par le mariage de Charlotte Eugénie *d'Ailly*, héritière de la branche aînée de la maison *d'Ailly*, avec Honoré d'Albert, duc de Chaunes, maréchal de France, frère du connétable de Luynes. (*Voyez* l'article ALBERT.) D'autres branches ont continué la race.

L'épisode touchant des *d'Ailly*, dans le huitième chant de la Henriade, où le père tue le fils à la bataille d'Ivri, sans le connoître, ne paroît avoir aucun fondement dans l'histoire. C'est une fiction morale dont l'objet est de retracer toute l'horreur des guerres civiles.

DAIM (OLIVIER le) (*Hist. de Fr.*) ou LE DIABLE, étoit originairement un barbier de village, né à Thielt, entre Gand & Courtrai. On ignore comment il parvint à être barbier de Louis XI. Le talent d'amuser son maître porta fort loin son crédit & sa hardiesse. Comme il étoit souple & que d'ailleurs il connoissoit la Flandre, Louis XI occupé en 1477 à dépouiller Marie de Bourgogne de ses états, & aimant à employer dans ses affaires des gens sans nom & sans caractère qu'il pût aisément désavouer, chargea Olivier le Diable de diviser & de corrompre les Gantois, alors soulevés contre leur souveraine. Le *Daim* voulut connoître & n'être point connu. Il crut qu'une longue absence avoit fait oublier ses traits, & que l'éclat de sa fortune empêcheroit de reconnoître en lui cet homme vil, caché autrefois dans la foule. Il affecta dans ses équipages, dans ses habits, le faste d'un grand seigneur, dans ses discours, la hauteur du favori d'un grand roi. Il se faisoit nommer le comte de Meulan, il se paroit de tous les titres dont Louis XI avoit eu la foiblesse de le revêtir. Arrivé à Gand, il ne s'adressa ni à la princesse ni aux états. Il passa plusieurs jours à négocier sourdement, selon le goût de Louis XI avec les bourgeois les plus séditieux. Cependant comme sa magnificence attiroit les regards, & comme tout se découvre à la fin, quelque ancien ami, quelque parent méconnu apperçut ce qu'on cachoit, & bientôt le conseil apprit que le barbier Olivier le Diable, déguisé en homme d'état, se prétendoit chargé d'une commission importante. Il le manda pour en rendre compte. Olivier parut avec tout le faste propre à cacher sa bassesse; mais les orgueilleux Gantois qui donnoient des fers à leur souveraine, ne se laissoient point éblouir par l'éclat qu'étaloit un avanturier. Ils ordonnèrent avec mépris & avec menace à Olivier de parler, il répondit que ses ordres portoient de ne s'adresser qu'à la princesse, & demanda de l'entretenir en particulier; on lui dit que la bienséance ne le permettoit pas. Il insista. On parla de le jetter dans la rivière. La peur le prit, il s'enfuit, bien reconnu pour le barbier Olivier, & accablé de railleries & d'opprobres. Mais il sut se venger avec éclat en servant bien son maître. Il surprit pour le roi la ville de Tournay, ville libre, qui s'étant piquée jusqu'alors d'observer une exacte neutralité entre la France & la maison de Bourgogne, & comptant sur les avantages de cette neutralité, ne se tenoit point assez sur ses gardes. Les gouvernemens de Loches & de Péronne récompensèrent alors les services d'Olivier, & sous le règne suivant le gibet expia (en 1484) ses crimes & son insolence. Le lâche, après avoir vendu à la femme d'un gentilhomme enfermé dans les cachots de Louis XI la vie de son mari, qui consentit de vivre au prix de son déshonneur, avoit eu la barbarie de faire noyer secrètement ce malheureux.

DAIRI *ou* DAIRO (LE), s. m. (*Hist. du Jap.*) c'est aujourd'hui le souverain pontife des Japonois, ou comme Kœmpfer l'appelle, le monarque héréditaire ecclésiastique du Japon. En effet, l'empire du Japon a présentement deux chefs; savoir, l'ecclésiastique qu'on nomme *Dairo*, & le séculier qui porte le nom de *Kubo*. Ce dernier est l'empereur du Japon, & le premier, l'oracle de la religion du pays.

Les grands prêtres sous le nom de *Dairi*, ont été long-temps les monarques de tout le Japon, tant pour le spirituel que pour le temporel. Ils en usurpèrent le trône par les intrigues d'un ordre de bonzes venus de la Corée, dont ils étoient les chefs. Ces bonzes facilitèrent à leur *Dairi* le moyen de soumettre toutes les puissances de ce grand empire. Avant cette révolution il n'y avoit que les princes du sang ou les enfans des rois, qui pussent succéder à la monarchie; mais après la mort d'un des empereurs, les bonzes ambitieux élevèrent à cette grande dignité un de leurs grands prêtres, qui étoit dans tout le pays en odeur de sainteté. Les peuples qui le croyoient descendu du soleil, le prirent pour leur souverain. La religion de ces peuples est tout ce qu'on peut imaginer de plus fou & de plus déplorable. Ils rendirent à cet homme des hommages idolâtres: ils se persuadèrent que c'étoit résister à Dieu même, que de s'opposer à ses commandemens. Lorsqu'un roi particulier du pays avoit quelque démêlé avec un autre, ce *Dairi* connoissoit de leurs différens avec la même autorité que si Dieu l'eût envoyé du ciel pour les décider.

Quand le *Dairi* régnoit au Japon, & qu'il marchoit, dit l'auteur de l'ambassade des Hollandois, il ne devoit point toucher la terre; il falloit empêcher que les rayons du soleil ou de quelque autre lumière ne le touchassent aussi, c'eût été un crime de lui couper la barbe & les ongles. Toutes les fois qu'il mangeoit, on lui préparoit ses repas dans un nouveau service de cuisine qui n'étoit employé qu'une fois. Il prenoit douze femmes, qu'il épousoit avec une grande solemnité, & ses femmes le suivoient d'ordinaire dans leurs équipages. Il y avoit dans son château deux rangs de maisons, six de chaque côté pour y loger ses femmes. Il avoit de plus un sérail pour ses concubines. On apprêtoit tous les jours un magnifique souper dans chacune de ces douze maisons: il sortoit dans un palanquin magnifique, dont les colonnes d'or massif étoient entourées d'une espèce de jalousie, afin qu'il pût voir tout le monde sans être vu de personne. Il étoit porté dans ce palanquin par quatorze gentilshommes des plus qualifiés de sa cour. Il marchoit ainsi précédé de ses soldats, & suivi d'un grand cortège, en particulier d'une voiture tirée par deux chevaux, dont les housses étoient toutes semées de perles & de diamans: deux gentilshommes tenoient les rênes des chevaux, pendant que deux autres marchoient à côté; l'un d'eux agitoit sans cesse un éventail pour rafraîchir le pontife, & l'autre lui portoit un parasol. Cette voiture étoit destinée pour la première de ses femmes ou de ses concubines, &c.

Nous supprimons d'autres particularités semblables, qui peuvent être suspectes dans des relations de voyageurs; il nous suffit de remarquer que le culte superstitieux que le peuple rendoit au *Dairo*, n'étoit guère différent de celui qu'ils portoient à leurs dieux. Les bonzes dont le nombre est immense, montroient l'exemple, & gouvernoient despotiquement sous leur chef. C'étoit autant de tyrans répandus dans les villes & dans les campagnes, enfin leurs vices & leurs cruautés aliènerent les esprits des peuples & des grands; un prince qui restoit encore du sang royal forma un si puissant parti, qu'il souleva tout l'empire contre eux. Une seconde révolution acheva d'enlever aux *Dairos* la souveraineté qu'ils avoient usurpée, & les fit rentrer avec les bonzes dans leur état naturel. Le prince royal remonta sur le trône de ses ancètres, & prit vers l'an 1600 le titre de *Kubo* qui lui est encore affecté. Ses descendans ont laissé au *Dairo* ses immenses revenus, quelques hommages capables de flatter sa vanité, avec une ombre d'autorité pontificale & religieuse pour le consoler de la véritable qu'il a perdue; c'est à quoi se bornent les restes de son ancienne splendeur: Méaco est sa demeure; il y occupe une espèce de ville à part avec ses femmes, ses concubines, & une très nombreuse cour. L'empereur ou le *Kubo* réside à Yedo, capitale du Japon, & jouit d'un pouvoir absolu sur tous ses sujets. L'article du *Dairo* qu'on lit dans le dictionnaire de Trévoux a besoin d'être rectifié. Consultez Kœmpfer & les recueils des voyages de la compagnie des Indes orientales au Japon. (*t. V.*) *art. de M. le chev.* DE JAUCOURT.)

DAKON, est une pierre bleue semblable à du corail, que les femmes de Guinée portent dans leurs cheveux pour servir d'ornement. (*A.* R.)

DALÉCHAMPS (JACQUES) (*Hist. litt. mod.*), médecin, né à Caën, exerçoit la médecine à Lyon. On a de lui une histoire des plantes en latin, traduite en françois par Jean Desmoulins; il a traduit en latin Athénée, en françois le 6e. livre de Paul Eginère, & les neuf livres de Galien sur l'anatomie; il a donné des notes sur l'histoire naturelle de Pline. Né en 1513, mort en 1588.

D'ALIBRAY (CHARLES-VION) (*Hist. litt. mod.*), médiocre poëte françois du dix-septième siècle dont on a les œuvres; il avoit servi & bientôt quitté le service, disant (en vers) que s'il mouroit par la bouche, il ne vouloit pas que ce fût par celle du canon.

Je veux savoir combien un poltron comme moi,
Peut vivre n'étant pas soldat ni capitaine......
Je veux mourir entier & sans gloire & sans nom.

On prend pour de jolies imitations d'Horace, ces plaisanteries sur la poltronnerie, dont il est vrai qu'Horace a donné l'exemple; elles ne conviennent guères à un homme, de quelque état qu'il soit.

D'Alibray a aussi traduit les lettres d'Antonio de Perez, ce ministre disgracié de Philippe II.

DALILA (*Hist. sac.*) *Voyez* SAMSON.

DALIN (OLAUS DE) (*Hist. litt. mod.*), suédois, nommé *le père de la poésie suédoise*; peut-être a-t-il aussi été le père de l'histoire en Suède, non pas certainement comme Grégoire de Tours a été le père de notre histoire, mais comme M. Hume a été le père de l'histoire en Angleterre; quoiqu'il en soit, M. *Dalin* a écrit, par ordre du gouvernement, l'histoire de son pays, & l'a poussée jusqu'à la mort du roi Charles XI. Il a traduit, aussi en Suédois, *les causes de la grandeur & de la décadence des Romains* de M. de Montesquieu. Ses travaux & ses talens ont fait sa fortune. Il a été précepteur du prince Gustave, aujourdhui Gustave III, qui porte avec tant de gloire ce glorieux nom de Gustave; il a été chevalier de l'étoile du nord, & chancelier de la cour. Né en 1708. Il est mort le 12 août 1763.

DAMASCÈNE. *Voyez* S. JEAN DAMASCÈNE.

DAMASE (*Hist. ecclés.*). Il y a eu deux papes de ce nom. Le premier est au nombre des saints. Elu en 366. Mort en 384.

Damase second mourut en 1048, après 23 jours de pontificat.

DAME, s. f. (*Histoire moderne*), titre autrefois très-distingué, très-honorable parmi nous, & qu'on n'accordoit qu'aux personnes du premier rang. Nos rois ne le donnoient dans leurs lettres qu'aux femmes des chevaliers; celles des écuyers les plus qualifiés étoient simplement nommées *mademoiselle*: c'est pourquoi Françoise d'Anjou étant demeurée veuve avant que son mari eût été fait chevalier, n'est appellée que *mademoiselle*. Brantome ne donnoit encore que le titre de *mademoiselle* à la sénéchale de Poitou sa grand-mère. Il parleroit différemment aujourd'hui que la qualification de *madame* est devenue si multipliée, qu'elle n'a plus d'éclat, & s'accorde même à de simples femmes de bourgeois. Tous les mots qui désignent des titres, des dignités, des charges, des prééminences, n'ont d'autre valeur que celle des lieux & des temps, & il n'est pas inutile de se le rappeller dans les lectures historiques. *Article de M. le chevalier* DE JAUCOURT.

DAMIEN (PIERRE). *Voyez* PIERRE DAMIEN.

DAMIENS (ROBERT-FRANÇOIS) (*Hist. de Fr.*). Le 5 janvier 1757, vers cinq heures, trois quarts du soir, nous a fait revoir une de ces horreurs dont nous avions cru que notre histoire ne seroit plus souillée depuis les Clément & les Ravaillac. Le 28 mars de la même année, il subit le même supplice qu'avoit subi Ravaillac, & des femmes, même de la cour, eurent la force de soutenir ce spectacle, ce qui rappelle encore les horribles amusemens de la cour de Catherine de Médicis, car le passé n'est jamais aussi éloigné de revenir qu'on le croit. On dit pour expliquer ces affreux phénomènes, qu'il y a toujours des gens qui ne sont ni de leur pays, ni de leur siècle, mais les idées théologico-politiques qui fermentèrent alors avec tant de fureur dans la tête de ce fou méchant, & qui heureusement ne sont plus rien aujourd'hui, n'agitoient-elles pas alors plus ou moins toutes les têtes à Paris? Le siècle est éclairé, dit-on, je le crois, mais il met du fanatisme à tout, & le fanatisme peut toujours éteindre toute lumière. D'ailleurs s'il y a des gens qui ne sont ni de leur pays, ni de leur siècle, il y a toujours & par-tout des gens essentiellement ennemis du bien & amis du mal. N'avons-nous pas vu en 1771 (qu'on remarque bien cette époque), un homme faisant le métier d'homme de-lettres, proposer en termes honnêtes de renouveller la saint Barthélemi, ou les dragonades contre tous les gens de lettres qui ne pouvoient pas gagner sur eux d'estimer un pareil homme? Et s'il faut tout dire, cette proposition n'a fait horreur qu'aux honnêtes gens, & ils n'étoient pas les plus forts.

Profitons donc des fureurs passées en les détestant, profitons des fautes de nos pères en tout genre en les évitant, tâchons de devenir sages, & ne nous vantons de rien.

Ce qui distingue *Damiens* des Clément & des Ravaillac, c'est qu'il n'étoit pas purement & uniquement fanatique comme les autres, & qu'il avoit préludé au régicide par le vol & l'empoisonnement; son procès a été imprimé en 1757.

DAMMARTIN, *Voyez* CHABANNES.

DAMNORIX & DIVITIAC (*Hist. rom.*); deux frères riches & puissans parmi les Gaulois; *Divitiac*, philosophe & druyde, ami de Cicéron & de César, introduisit les Romains dans le pays des Eduens. La foi de *Damnorix* fut suspecte à ces mêmes Romains, & ils le massacrèrent; il mourut en réclamant la liberté pour lui & son pays vers l'an 59, avant J. C.

DAMO (*Hist. anc.*), fille de Pythagore, dépositaire de ses secrets & de ses écrits, il lui défendit en mourant de les publier, en quoi il eut tort s'il les croyoit utiles, mais sa fille n'en eut pas moins de mérite d'avoir observé religieusement les derniers ordres de son père, en résistant à toutes les tentations de l'indigence où elle eut le malheur de tomber, & dont elle se seroit tirée en consentant à la publication très-desirée de ces écrits; son père l'avoit aussi condamnée à la virginité, & elle ajouta sur ce point aux dispositions paternelles, en s'associant une multitude de vierges qu'elle prit sous sa direction. On voit que la vie cénobitique a précédé le christianisme, & qu'elle a été connue des payens. *Damo* vivoit 500 ans avant J. C.

DAMOCLÈS (*Hist. anc.*). On sait comment Denys le tyran désabusa du bonheur des tyrans le flatteur *Damoclès*, en suspendant une épée sur sa tête par un crin de cheval. *Voilà*, lui dit-il, *mon bonheur.*

> *Districtus ensis cui super impiâ*
> *Cervice pendet, &c.*

Comment un homme qui voyoit si philosophiquement les choses, étoit-il tyran? Voilà la philosophie des hommes, toute dans la théorie, nulle dans la pratique.

DAMOCRITE, historien grec, auteur d'un *Art de ranger une armée en bataille*, & d'un écrit sur les juifs. On ne sait en quel temps il vivoit.

DAMOISEAU, DAMOISEL, DAMOISELLE, (*Hist. mod.*) Ce terme a souffert, comme bien d'autres, beaucoup de révolutions. C'étoit anciennement un nom d'espérance; & qui marquoit quelque sorte de grandeur & de seigneurie: aujourd'hui dans le langage ordinaire c'est moins le titre d'un guerrier que d'un petit maître. Sous la seconde race de nos rois, & même sous la troisième, dans l'onzième & douzième siècles, le titre de *damoiseau* étoit propre aux enfans des rois & des grands princes. Les François & les peuples de la Grande-Bretagne, soit Anglois, soit Ecossois, qualifioient ainsi les présomptifs héritiers des couronnes: à leur imitation les Allemands en ont usé de même. On trouve dans l'histoire *damoisel* Pépin, *damoisel* Louis-le-Gros, *damoisel* Richard prince de Galles; & un ancien écrivain de notre histoire (c'est Philippe de Monkes) appelle le roi S. Louis *damoiseau* de Flandre, parce qu'il en étoit seigneur souverain; ainsi ce terme signifie encore *seigneur suzerain.* Il est même demeuré par excellence aux seigneurs de Commercy sur la Meuse, entre Toul & Bar-le-Duc, parce que c'est un franc-aleu, qui en quelque sorte imite la souveraineté.

Dans la suite ce nom fut donné aux jeunes personnes nobles de l'un & de l'autre sexe, aux fils & filles de chevaliers & de barons, & enfin aux fils de gentilshommes qui n'avoient pas encore mérité le grade de chevalerie.

Pasquier, prétend que *damoisel* ou *damoiseau* est le diminutif de *dam*, comme son féminin, *damoiselle*, l'est de *dame;* & que le mot *dam* d'où il dérive, signifie *seigneur*, comme on le voit effectivement dans plusieurs anciens auteurs, qui disent *dam Dieu*, pour seigneur Dieu; *dam chevalier, &c.* D'autres le font venir de *domicellus* ou *domnicellus*, diminutif de *domnus*, *quasi parvus dominus;* nom auquel répond celui de *domainger*, qui, comme l'observe Ducange, se prenoit aussi dans ce sens-là.

M. de Marca remarque que la noblesse de Béarn se divise encore aujourd'hui en trois corps; les barons, les cavers ou chevaliers, & les *damoiseaux*, *domicellos*, qu'on appelle encore *domingers* en langage du pays.

Les fils des rois de Danemark & ceux de Suède ont

ont aussi porté ce titre, comme il paroît par l'histoire de Danemarck de Pontanus, *liv. VII & VIII*, & par celle de Suède d'Henri d'Upsal, *liv. III*.

Ces noms ne sont plus d'usage aujourd'hui; mais nous avons celui de *demoiselle*, qui se dit présentement de toutes les filles qui ne sont point encore mariées, pourvu qu'elles ne soient point de la lie du peuple. Le nouveau Ducange, au mot *domicellus*, comprend quelques curiosités utiles.

Demoiselle signifie encore un *ustensile* que l'on met dans le lit pour échauffer les pieds d'un vieillard. C'est un fer chaud que l'on renferme dans un cylindre creux que l'on enveloppe dans des linges, & qui entretient long-temps sa chaleur. On l'appelle plus communément *moine*; & les anglois l'appellent d'un nom qui dans leur langue signifie une *none*, une *religieuse*. (*G*) (*a*).

DAMON & PYTHIAS (*Hist. anc.*). Leur histoire est un des plus beaux traits qu'offrent les fastes de l'amitié. *Damon* étoit tombé dans la disgrace de Denys le tyran, qui l'avoit condamné à mourir; il obtient quelques jours pour aller embrasser son père, & mettre ordre à ses affaires domestiques; *Pythias* se rend sa caution auprès de Denys, & l'assure au moins d'une victime. Le jour marqué pour l'exécution arrive, *Damon* n'est pas revenu; *Pythias*, en marchant au supplice, disoit à ceux qui le plaignoient; *non, je n'aurai pas l'honneur de mourir pour mon ami, il reviendra*. Il revint en effet au moment marqué. Denys qui, tout tyran qu'il étoit, sentoit aussi bien le prix de la vertu dans les autres, qu'il sentoit en lui-même le malheur de son état, non seulement pardonna aux deux amis, mais leur demanda leur amitié. Comment aimer un tyran?

Un autre DAMON, précepteur de Périclès, poëte, philosophe & musicien, prétendoit pouvoir appliquer avec succès la musique à la morale; on lui trouva trop de talens, car il en avoit aussi pour la politique, & il avoit formé son élève aux affaires; il fut banni par l'ostracisme, environ 430 ans avant J.C.

DAMPIERRE ou DAMPIER (GUILLAUME) (*Hist. litt. mod.*), célèbre voyageur anglois. On a le recueil de ses voyages autour du monde, depuis 1673 jusqu'en 1691; publié en 1699 à Londres. Il a été traduit en françois.

DAMVILLE. *Voyez* MONTMORENCI.

DAN (*Hist. sac.*), un des fils de Jacob, chef de la tribu qui porte son nom.

DAN I. (*Hist. de Danem.*), régna dans le nord vers l'an 1038 avant Jesus-Christ. Nous ne fixerons point le degré de confiance que le lecteur doit donner à ce que les annales du nord rapportent de ce prince. Les anciens historiens le regardent comme le fondateur de la monarchie danoise. Fils de Humbius, homme puissant qui régnoit sur plusieurs isles, connu déja par des exploits éclatans, les Cimbres le choisirent pour roi; la couronne qu'ils lui donnèrent n'étoit qu'un tribut de leur reconnoissance; il avoit chassé les Saxons qui étoient venus fondre à main armée sur ce peuple. Il réunit sous le nom de *Danie*, & les états qu'il avoit hérités de son père, & ceux qu'il tenoit de l'amour de ses sujets. Il mourut laissant deux fils & deux filles, fruits de son mariage avec une princesse Saxonne. (*M. DE SACY.*)

DAN II, surnommé le *Magnifique*, monta sur le trône de Danie ou Danemarck, vers l'an 260 avant Jesus-Christ. Il dompta les Saxons; mais au milieu de ses triomphes, esclave de ses passions, il fut le scandale & le fléau de ses sujets. Son faste engloutissoit & les dépouilles de ses ennemis, & les impôts qu'il levoit sur son peuple. Il voulut même que sa magnificence lui survécût, & ordonna qu'on l'enterrât dans les entrailles d'une montagne avec les marques de la royauté, ses trésors, ses armes, & toute la pompe qui l'entouroit. Jusques-là les habitans du nord avoient suivi l'usage de brûler les corps de leurs princes.

(*M. DE SACY.*)

DAN III régnoit sur le Danemarck vers l'an 140 avant Jesus-Christ. Il étoit jeune lorsqu'il monta sur le trône, & la foiblesse de son âge réveilla l'audace des Saxons, jusqu'alors tributaires des Danois: ils oserent exiger que les Danois leur payassent tribut à leur tour; ceux-ci répondirent à cette sommation par des victoires accumulées. C'est à son règne qu'il faut rapporter l'époque de la migration des Cimbres. (*M. DE SACY.*)

DANCHET (ANTOINE) (*Hist. litt. mod.*), honnête homme, bon littérateur, foible poëte, auteur de tragédies peu tragiques, & de quelques *opéras* plus estimés, entr'autres *Tancrède*. On a retenu de lui quelques vers:

Soleil, puisses-tu ne rien voir
De plus puissant que cet empire!

Application heureuse, faite à la France, de ces vers d'Horace:

Alme sol..... possis nihil urbe Româ
Visere majus.

On a retenu encore ces vers ingénieux sur une pomme:

Adam l'auroit prise de vous,
Et Paris vous l'auroit donnée.

Et le couplet suivant:

Que l'amant qui devient heureux
En devienne encor plus fidèle!

Que toujours dans les mêmes nœuds
Il trouve une douceur nouvelle !
Que les soupirs & les langueurs
Puissent seuls fléchir les rigueurs
De la beauté la plus sévère !
Que l'amant comblé de faveurs
Sache les goûter & les taire.

Danchet avoit l'air niais, & cet air niais est ce qui a fait la fortune du couplet qui le regarde parmi les fameux couplets attribués à Rousseau :

Je te vois, innocent *Danchet*,
Grands yeux ouverts, bouche béante,
Comme un sot pris au trébuchet,
Écouter les vers que je chante.

On croyoit le voir, & depuis ce temps on ne l'appelloit plus que l'*innocent Danchet*, sans l'estimer moins. Piron, dans la pièce intitulée : *Danchet aux Champs-Elisées*, l'appelle ;

Franche colombe du Parnasse.

On dit qu'ayant été insulté dans une satyre, il se contenta d'envoyer à l'auteur une épigramme piquante, en lui mandant qu'elle ne verroit jamais le jour au moins par son fait, & qu'il avoit voulu seulement lui montrer que la satyre étoit un métier aussi aisé qu'il est vil. Il fit un couplet fort sensé sur les premiers couplets attribués à Rousseau, il reprochoit, avec raison, à l'auteur de parler sans cesse de grève, de bourreau, de potence & d'échelle. Tout cela est en effet aussi insipide que grossier, & il est à présumer que sans le procès criminel & la proscription d'un homme tel que Rousseau, la célébrité de ces couplets auroit été bien éphémère.

Il paroît aussi que *Danchet* auroit eu du talent pour ce mauvais genre, s'il avoit voulu. On en peut juger par cet autre couplet contre Rousseau, qui en avoit fait lui-même, sur le même air (tiré de Tancrède), un très-violent contre le président de Mesmes & contre l'académie françoise.

Fils ingrat, cœur perfide ;
Esprit infecté,
Ennemi timide,
Ami redouté,
Détestable guide
D'un amour qu'Ovide
N'a jamais chanté,
A te masquer habile,
Traduis tour-à-tour
Pétrone à la ville,
David à la cour ;
Sur nos airs
Fais des vers ;
Que ton venin distille
Sur tout l'univers.
Nouveau Théophile,
Imite son style,
Mais crains ses revers.

Ce dernier vers étoit prophétique.

Danchet avoit de grandes préventions contre M. de Voltaire, il critiquoit ses ouvrages, il décrioit sa conduite & son caractère, il lui refusa constamment sa voix pour l'académie françoise, & c'est un trait que Piron n'a pas oublié dans la pièce de *Danchet aux champs-élisées*.

Lorsque *Danchet* vit paroître la jolie épître de M. de Voltaire au roi de Prusse, qui commence par ces vers :

Les fileuses des destinées,
Les Parques ayant tant de fois
Entendu les ames damnées
Parler là-bas de vos exploits, &c.

Pourquoi, disoit-il avec toute son innocence littéraire, pourquoi cette expression grossière, *les ames damnées* ? On pouvoit si facilement mettre :

Ouï les ombres fortunées.

Il ne sentoit pas la plaisanterie particulière attachée au choix du mot, ou il ne la goûtoit pas. Il étoit de l'académie des inscriptions & belles-lettres, aussi bien que de l'académie françoise. Il avoit été de la première en 1705 ; de la seconde en 1709. Il est à remarquer que lorsqu'il fut reçu à l'académie des belles-lettres, il n'avoit encore fait que des opéras, mais ce genre, que la pédanterie seule se permettroit de dédaigner, suppose une certaine connoissance de la mythologie, & par conséquent de l'antiquité. Des dissertations sur les festins chez les Grecs & chez les Romains, sur la pompe des triomphes, sur les cérémonies des mariages, sur la chasse des anciens, sur les fêtes de Cerès, acquittèrent son tribut à l'académie, sans trop l'écarter de son objet favori. Il avoit d'ailleurs de la littérature. Il avoit fait dès son enfance de bons vers latins, & il avoit reçu une gratification de trente louis de M. de Louvois, pour avoir récité devant lui Horace tout entier. Madame de Turgis, dont il élevoit les enfans, lui fit promettre, en mourant en 1699, de ne les pas abandonner, & lui laissa une pension par son testament.

Il donna *Hésione* en 1700. Les tuteurs de ses elèves voulurent l'obliger de renoncer au théatre, & sur son refus ils lui disputèrent sa pension, il défendit ses droits & gagna son procès (en 1701.) Il est d'un bon exemple que l'éclat de ce procès, où la barbarie ne se proposoit pas moins que de flétrir les travaux dramatiques, n'ait pas empêché l'académie des belles-lettres de l'élire quatre ans après.

Il étoit né à Riom en 1671 ; il mourut à Paris en 1748, ayant eu le chagrin de voir M. de Voltaire reçu deux ans auparavant à l'académie françoise. Il eut pour successeur M. Gresset, qui, dans un fort bon discours, rendit sa mémoire respectable aux gens de bien. Ses œuvres ont été recueillies à Paris en 1751, en 4 vol. *in-12.*

DANCOURT (FLORENT-CARTON, sieur) (*Hist. litt. mod.*), comédien, auteur de comédies, très-bon peintre de la très-mauvaise compagnie; il est plaisant, il fait rire, son dialogue est vif, gai, naturel, piquant; il peut corriger beaucoup de vices & de ridicules bourgeois, il est donc utile; mais il arrive trop souvent chez lui comme chez Regnard, chez le Sage, chez Molière même, & chez tous les auteurs comiques anciens & modernes, que les rieurs sont pour les fripons, contre les sots. C'est que les auteurs songent d'abord à plaire, & ne s'occupent de la moralité que quand elle devient un nouveau moyen de plaire. *Le Chevalier à la mode*, *l'Eté des Coquettes*, *les Bourgeoises à la mode*, *le Tuteur*, *les Vendanges de Surêne*, *le Moulin de Javelle*, *les Vacances*, *les Curieux de Compiegne*, *le Mari retrouvé*, *la Fête de Village*, ou *les Bourgeoises de qualité*, *les Trois Cousines*, *Colin Maillard*, *le Galant-Jardinier*, sont les pièces de *Dancourt* qu'on joue le plus souvent. Aucun auteur ne fournit au répertoire un aussi grand nombre de petites pièces plaisantes pour terminer gaîment le spectacle, mais une seule pièce, telle que *le Glorieux*, *la Métromanie*, ou *le Méchant*, fait un bien plus grand nom, & place dans un bien plus haut rang que cette foule de jolies farces, qu'il seroit cependant bien injuste de dédaigner, *puisqu'elles sont notre joie.* On dit que *Dancourt* étoit quelquefois enfermé avec le majestueux Louis XIV, & l'imposante Maintenon, pour leur lire ses pièces bouffonnes, & qu'un jour s'étant trouvé mal à cause du grand feu qu'il y avoit dans la chambre (moyen particulier qu'ont les gens riches de se rendre malades à grands frais en privant de bois les pauvres), Louis XIV alla lui-même ouvrir une fenêtre pour lui faire prendre l'air, sur quoi on admire la bonté de ce prince. Il falloit bien cependant que Louis XIV ou madame de Maintenon prissent la peine d'ouvrir cette fenêtre; falloit-il qu'ils laissassent mourir un homme faute de ce secours? *Dancourt* étoit, dit-on, un excellent comédien dans les rôles à manteaux; le P. de la Rue, son maître, avoit voulu le faire jésuite. On a relevé la petite particularité qu'il étoit né gentilhomme, & une autre petite particularité, c'est qu'il étoit né le même jour que le dauphin, & à Fontainebleau comme lui (le premier novembre 1661.) Il quitta le théatre en 1718, & mourut en 1726 dans sa terre de Courcelles-le-Roi en Berry. Ses ouvrages ont été donnés en 1729, en 8 volumes *in-12.*

DANDELOT. *Voyez* COLIGNY.

DANE-GELT (*Hist. mod.*), la première taxe foncière établie en Angleterre; elle signifie *argent des Danois* ou *pour les Danois.* En voici l'origine. Les Danois ravageant l'Angleterre en 1001, Ethelred II, prince timide, se soumit, pour éviter leurs incursions, à leur payer une somme de trente mille livres angloises. Cette somme, qui étoit alors très-considérable, fut levée par imposition annuelle de 12 sols sur chaque *hyde* de terre, c'est-à-dire, sur le labourage d'une charrue, sur l'étendue de terre qu'on peut labourer avec une seule charrue. Après cette imposition les Danois cessèrent de piller, & se retirèrent dans leur pays. Il y en eut pourtant un grand nombre qui, trouvant que l'Angleterre valoit bien le Danemarck, prirent le parti de s'y fixer; mais le *dane-gelt* continua d'être très-onéreux à la nation, même long-temps après que les Danois eurent quitté le royaume. Avant que cette taxe eût lieu, les rois Saxons n'avoient que des services personnels pour les expéditions militaires, & des subsides en deniers pour les bâtimens, la réparation des villes, châteaux, ponts, &c. c'est pourquoi la levée du *dane-gelt* a excité de temps à autres de grands soulèvemens: aussi Edouard l'abolit, & Guillaume I, en le renouvellant avec rigueur en 1067, retraça vivement dans le souvenir des Anglois, les maux qu'ils avoient soufferts sous une domination étrangère; ce qui fit qu'ils ne regardèrent plus ce prince que comme un conquérant odieux. *Art. de M. le chevalier* DE JAUCOURT.

DANDINI (JÉRÔME) (*Hist. lit. mod.*), jésuite italien, envoyé en 1596 par le pape Clément VIII, en qualité de nonce, au mont Liban, pour connoître la véritable croyance des Maronites. La relation de son voyage, faite en italien, a été traduite en françois par Richard Simon. On a encore de *Dandini*, *Ethica sacra*, ouvrage dont Richard Simon a fait l'éloge. *Dandini* mourut en 1604.

DANDOLO (HENRI) (*Hist. mod.*), doge de Venise, qui joue un grand rôle dans la quatrième croisade, & dans l'établissement de l'empire latin; il se distingua, quoique déja fort âgé, à la prise de Constantinople, refusa, dit-on, l'empire qui lui fut offert, & le fit donner au comte de Flandre Baudouin, auprès duquel il tint le premier rang dans Constantinople jusqu'à sa mort.

DANÈS (PIERRE) (*Hist. litt. mod.*) naquit à Paris en 1497, d'une famille ancienne & distinguée par ses emplois & ses alliances. En 1516 il étoit déja célèbre; en 1522 Ravisius Textor l'annonçoit comme un prodige d'érudition. On osoit dire:

Magnus Budæus, major Danesius.

Et on motivoit ce jugement:

Ille

Argivos norat, iste etiam reliquos;

Budée fut grand, *Danès* plus grand, Budée connoissoit les grecs, *Danès* en connoissoit d'autres encore. (*Voyez* l'article BUDÉE.)

Danès avoit une sorte d'universalité de connoissances; il étoit, dit Génébrard son disciple, *grand orateur, grand philosophe, bon mathématicien, bien versé en médecine & en théologie.*

Il contribua beaucoup par ses avis à l'établissement du collège royal, où il fut le premier professeur de grec. Il savoit très-bien les trois langues qu'on y enseignoit, il eût pu les enseigner toutes les trois, mais Voulté l'accuse de leur avoir un peu sacrifié sa langue maternelle:

Cur non tam Gallo Gallica lingua placet?

Reproche fait à tant de savans, mais qu'il est étonnant que *Danès* ait mérité, lui qui avoit encore plus d'esprit que de science. Il donna en 1533 une édition de Pline, sous le nom d'un de ses domestiques, comme M. de Sallo publia les premiers volumes du journal des savans, sous le nom du sieur de Hedouville son laquais. On dit que c'étoit par modestie, mais cette modestie ressemble trop à l'orgueil barbare qui rougissoit autrefois du titre d'auteur, titre qui de tout temps, & sur-tout du nôtre, a illustré des rois. *Danès* aida beaucoup George de Selve son disciple, & avant lui évêque de Lavaur, dans la traduction de Plutarque, dont le premier volume parut à Paris en 1535.

Cette même année 1535, *Danès* quitta la chaire du collège royal où il avoit été nommé vers 1530, & suivit en Italie le même de Selve, évêque de Lavaur, ambassadeur à Venise. L'objet de *Danès* étoit de converser avec des savans, de chercher, de conférer, de corriger des manuscrits. Cet objet fut rempli. Trincavel, imprimeur à Venise, lui dédia les *questions d'Aphrodisée*, & reconnut publiquement combien *Danès* lui avoit été utile, soit pour l'édition de cet ouvrage, soit pour celle de beaucoup d'autres auteurs grecs.

Danès servoit l'état de plus d'une manière; en 1536 Charles-Quint ayant fait au consistoire une violente satyre contre François I, *Danès* la réfuta par une lettre apologétique pour François I, qu'il composa en latin; il fut aussi chargé de diverses négociations auprès du pape & de plusieurs souverains d'Italie. Ce fut vers ce temps qu'il fit un Traité de *l'ambassadeur*. En 1537, revenu en France, il fut arbitre dans la fameuse dispute entre Ramus & Govea sur Aristote. Dans la suite on l'envoya deux fois au concile de Trente. Il y porta la parole au nom du roi; il parla beaucoup de réformer la cour de Rome; on sait qu'un évêque italien (Sébastien Vance, évêque d'Orviète), traitant ce discours de chanson, dit avec dérision: *Gallus cantat*, à quoi *Danès* repliqua sur-le-champ: *Utinam ad galli cantum Petrus resipisceret!* D'autres disent que c'étoit Nicolas Psaume, évêque de Verdun, qui parloit contre les abus de la cour de Rome, mais ce fut toujours *Danès* qui fit la replique.

Henri II fit *Danès* précepteur & confesseur du dauphin, qui fut depuis le roi François II, il le fit aussi évêque de Lavaur à la mort de George de Selve, alors *Danès* ne fut plus qu'évêque. Langues, philosophie, belles-lettres, il sacrifia tout à la religion, à la pratique des vertus pastorales. Il fut toujours l'ami des savans, mais beaucoup plus encore *le père des malheureux*. La bienfaisance & la générosité parurent toujours distinguer son caractère. Député à Paris par le clergé de sa province, il refusa une somme qui lui avoit été assignée pour les frais de son voyage. *J'acheterois*, dit-il, *l'honneur de vous servir.*

Pendant les guerres civiles, sous Charles IX, il fut fait prisonnier par un soldat huguenot, qui, respectant sa vertu, & non moins généreux que lui, le relâcha sans rançon. Les huguenots ont pourtant accusé *Danès* d'intolérance; il ne paroît pas qu'il ait mérité ce reproche.

En 1576, sous Henri III, *Danès* voulut se démettre de son évêché en faveur du fameux Génébrard, professeur d'hebreu au collège royal, mais celui-ci n'ayant obtenu que l'agrément du roi & n'ayant pu avoir celui des ministres, se vit préférer Pierre du Faur, frère de Pibrac. Génébrard, de dépit, se fit ligueur & eut l'archevêché d'Aix par la faveur du duc de Mayenne. Là, il ne cessa d'éclater contre Henri IV. Le parlement d'Aix fit brûler quelques-uns de ses écrits & le bannit lui-même du royaume. Mais *Danès* mort en 1577, n'avoit vu que ses talens & sa science, il n'avoit point vu ses écarts; Génébrard, digne encore alors d'être son ami, fit son oraison funèbre & son épitaphe. *Danès* avoit été marié, il avoit eu un fils, il le perdit étant évêque. *Dieu*, dit-il, en pleurant, *ne m'a donc laissé que les pauvres pour enfans.*

Le président Durant, premier président du parlement de Toulouse, acheta la bibliothèque de *Danès*, & il acheta, dit-on, en même-temps les matériaux tout rédigés du livre, *De ritibus ecclesiæ catholicæ*, qu'il publia depuis sous son propre nom. Mais ce fait est très-contesté.

On dit aussi que *Danès* est le véritable auteur du dixième livre de l'Histoire de France, de Paul Emile.

DANET (PIERRE) (*Hist. litt. mod.*) connu par ses dictionnaires latin-françois & françois-latin. Il fut du nombre de ceux qu'on appelle *Interprètes dauphins*, choisis par le duc de Montausier & par M. Bossuet. Le Phèdre lui tomba en partage. Mort en 1709.

DANGEAU (*Hist. litt. mod.*) Les deux frères

Dangeau, Philippe de Courcillon, marquis de Dangeau, & Louis de Courcillon, abbé de Dangeau, ont été heureux en historiens; M. de Fontenelle a fait l'éloge historique du premier, qui étoit de l'académie des sciences, & M. d'Alembert du second, qui étoit de l'académie françoise, nous ne ferons qu'indiquer sommairement ce qu'ils ont développé.

Le marquis de *Dangeau*, premier colonel du régiment du roi, gouverneur de Touraine, le premier des six menins que Louis XIV avoit donnés au dauphin son fils, chevalier d'honneur des deux dauphines de Bavière & de Savoie, conseiller d'état d'épée, chevalier des ordres du roi, grand-maître des ordres royaux & militaires de Notre-Dame du Mont-Carmel, & de Saint-Lazare de Jérusalem, servit avec distinction & dans les armées & dans les négociations; mais c'est sur-tout comme courtisan, n'ayant jamais abusé de sa faveur, qu'il est célèbre. Ayant employé le loisir de la paix des Pyrénées à servir l'Espagne contre le Portugal, au lieu que les autres françois servoient le Portugal contre l'Espagne, il se rendit par là fort agréable aux deux reines, mère & femme de Louis XIV, qui étoient toutes deux espagnoles, il fut de leur jeu, bientôt il fut de celui de Louis XIV, il y fit fortune, & réussit d'ailleurs à la cour auprès de tout le monde. Il faisoit des vers agréables, ce talent lui réussit encore; il obtint ou plutôt il conquit un appartement au château de Saint-Germain, en faisant pendant le jeu une pièce de cent vers (condition prescrite par Louis XIV) sans avoir eu la moindre distraction & sans avoir perdu aucun de ses avantages. Le roi & madame voulant avoir ensemble un commerce d'esprit & de vers, prirent chacun à l'insçu l'un de l'autre le marquis de *Dangeau* pour confident & pour poëte; il faisoit les lettres & les réponses. Il lui avoit été ordonné de part & d'autre, dit M. de Fontenelle, « de ne pas faire trop bien, mais..... qui sait s'il ne fit pas de son mieux exprès pour être découvert? Il fut reçu honoraire à l'académie des sciences en 1704. Il étoit aussi de l'académie françoise & dès 1668. Il mourut le 9 septembre 1720. Il étoit né le 21 septembre 1638. C'est à lui que Boileau adresse sa cinquième Satire *sur la noblesse*, imitée de la huitième de Juvénal. On a de lui des mémoires dont M. de Voltaire dit quelquefois trop de mal, & dont il a fait beaucoup d'usage dans le siècle de Louis XIV.

L'abbé de *Dangeau* son frère, a laissé plusieurs ouvrages utiles, mais c'est sur-tout comme grammairien qu'il est célèbre. On ne connoît que trop cette injuste & très-injuste épigramme.

> Je sens que je deviens puriste,
> J'épluche jusqu'au moindre mot,
> Je suis les *Dangeaux* à la piste,
> Je pourrois bien n'être qu'un sot.

On ne pouvoit mériter moins cette dure épithète, ni se rendre plus utiles aux lettres que le firent messieurs de *Dangeau* dans des occasions délicates & importantes, où il s'agissoit de maintenir la liberté & l'égalité académiques, attaquées dans le sein même de l'académie. M. d'Alembert, dit que l'académie leur doit l'inscription : *Ob cives servatos*. Monsieur l'abbé de *Dangeau*, qui savoit presque toutes les langues étrangères, avoit fait une étude profonde de la sienne, & faisoit lui-même avec esprit les honneurs de son goût pour la grammaire. Dans le temps où le systême agitoit tous les esprits, & où chacun faisoit ses spéculations sur un avenir incertain & redoutable, *il arrivera ce qui pourra*, dit gaiement l'abbé de *Dangeau*, *j'ai dans mon porte-feuille deux mille verbes françois bien conjugués*. Il se comparoit plus gaiement encore à ce grammairien tristement enthousiaste, qui disoit, en poussant un profond soupir : *ha! les participes ne sont pas connus en France!*

L'abbé de *Dangeau* avoit converti un incrédule, & celui-ci étoit devenu superstitieux par la facilité qu'ont les hommes de rapprocher les extrêmes : *à peine*, disoit l'abbé de *Dangeau*, *ai-je eu prouvé à cet étourdi l'existence de Dieu, que je l'ai vu tout prêt à croire au baptême des cloches.*

Les principaux ouvrages de l'abbé de *Dangeau*, outre ses *Réflexions sur toutes les parties de la grammaire*, sont des méthodes ingénieuses pour apprendre la géographie, le blazon, l'histoire de France. Il y a aussi de lui un Traité *de l'élection de l'empereur*, & il est l'auteur des *Dialogues sur l'immortalité de l'ame*, attribués à l'abbé de Choisy.

L'abbé de *Dangeau* étoit né à Paris en 1643. Il avoit été reçu à l'académie françoise le 26 février 1682, à la place de l'abbé Cotin. Il mourut en 1723.

DANIEL (*Hist sacr.*), un des quatre grands prophètes, dont toute l'histoire est contenue dans les quatorze chapitres du livre de la bible qui porte son nom.

Ce nom de *Daniel* est au ssicelui de quelques gens de lettres connus, tels que :

1°. DANIEL (ARNAUD) (*Hist. litt. mod.*), gentilhomme de Tarascon, troubadour du douzième siècle, que Pétrarque mettoit à la tête des poëtes provençaux & qu'il faisoit gloire d'imiter.

2°. DANIEL (GABRIEL.) C'est le fameux jésuite, auteur de divers ouvrages connus. Il écrivit contre Descartes, dans un temps où Newton n'ayant pas écrit, c'étoit bien plus par de vieux préjugés, que par de nouvelles lumières, qu'on écrivoit contre Descartes; c'est ce qu'on appelle *le Voyage du monde de Descartes*; il écrivit contre Pascal, tâche de jésuite, écrit regardé aujourd'hui comme non avenu, quoique dans le temps il ait été traduit dans toutes les langues, parce qu'il y avoit des jésuites de toute langue; le titre étoit : *Entretiens de Cléanthe & d'Eudoxe sur les lettres au provincial.* Il écrivit enfin une foule de brochures contre les jansénistes; il étoit ami du P. le Tellier son confrère, il étoit de Rouen & le P. le Tellier de Vire; il étoit membre de ce que les jansénistes appelloient la *cabale des normands.* Les deux seuls ouvrages par lesquels le P. *Daniel* soit aujourd'hui connu avantageusement, sont 1°. sa *Milice françoise*, traité curieux & utile, & qui suppose dans son auteur, ainsi que l'histoire de France, une sorte de connoissance de l'art militaire, & un goût pour cet art assez inutile dans un religieux. 2°. Cette histoire de France. Avant de publier ce grand ouvrage, il commença, selon la coutume, par décrier celle de Mézeray, qui passe cependant encore aujourd'hui pour être bien aussi exacte que la sienne, & beaucoup moins insipide; cependant, à tout prendre, il y a plus d'instruction à tirer de celle du P. *Daniel*, sur-tout de l'édition du P. Griffet, dont les notes & les dissertations ajoutent beaucoup à ce mérite d'exactitude. Le comte de Boulainvillers disoit *qu'il étoit presque impossible qu'un jésuite écrivît bien l'Histoire de France.* On en sent les raisons; mais elles ne sont pas les seules qui aient empêché le P. *Daniel* de la bien écrire, & le défaut de talent a bien fait autant de tort à son ouvrage que les opinions jésuitiques; d'un autre côté, il y a des obstacles à bien écrire l'histoire de France, qui ne proviennent ni du défaut de talent, ni du régime jésuitique, & qui pourroient empêcher un écrivain même éloquent, philosophe & sensible, d'exécuter cet ouvrage aussi bien qu'il en seroit capable. Indépendamment de tous les intérêts particuliers qui ont des branches innombrables, nous avons des préjugés nationaux de tout genre, nous en avons de gouvernement, nous en avons même de littéraires, & ce qu'il y a de singulier, c'est qu'ils sont contraires à la pratique constante des anciens. Les savans parmi nous se sont emparés de l'histoire, ils y ont porté l'esprit de discussion qui leur est propre, ils ont négligé les ressources de l'éloquence. Thucydide & Xenophon chez les Grecs, Tite-Live, Salluste, Tacite, Quinte-Curce chez les Romains, sont tous diversement éloquens : ils font sur l'ame des impressions profondes; on n'oubliera jamais un fait qu'on a lu dans leurs écrits; ils peignent & les hommes & les événemens en traits ineffaçables; ils peignent & nous racontons à peine; ils peignent & nous discutons. Ils écrivent l'histoire en philosophes, en orateurs, quelquefois même en poëtes, nous l'écrivons en critiques. Si nous » n'avons point encore d'histoire générale qui » vaille celle de Tite-Live..... j'ose dire que ce » n'est pas tant la faute de la langue que celle des » historiens,.. si tel, que je connois, avoit entrepris » d'écrire l'histoire de France..... peut-être que » nous égalerions les anciens & que nous au» rions notre Tite-Live ».

Voilà ce qu'écrivoit en 1671 le P. Bouhours, dans ses *entretiens d'Ariste & d'Eugène*, entretien 2. Depuis ce temps, on a certainement fait des progrès en France dans l'art d'écrire l'histoire; on a senti qu'il falloit la rendre imposante par le style & utile par les réflexions; qu'il falloit l'animer par des peintures qui la gravassent dans l'imagination; qu'il falloit en faire la leçon éternelle des rois & des peuples, & non l'amusement ou l'ennui des lecteurs oisifs. De bons esprits ont senti tout cela, & quelques hommes éloquens l'ont exécuté. Mais ils sont en petit nombre; leur gloire, n'étant pas consacrée par le temps, est encore contestée; & l'on peut dire que jusqu'à présent les modernes, qui ont égalé ou surpassé les anciens dans plusieurs genres de littérature, sont restés au-dessous d'eux dans celui-ci.

Les savans & les beaux esprits s'accordent à faire de grands reproches à l'histoire de France du P. *Daniel*; le comte de Boulainvilliers y trouvoit près de dix mille erreurs, c'est beaucoup d'erreurs, & M. de Boulainvilliers, qui ne haïssoit pas les paradoxes, regardoit sans doute comme erreur tout ce qui n'étoit pas conforme à ses opinions particulières. Le savant abbé de Longuerue ne trouvoit pas non plus que le P. *Daniel* eût assez travaillé son histoire, & quand le P. *Daniel* parle de vingt ans employés à cet ouvrage, l'abbé de Longuerue en demande vingt autres, & lui reproche les excursions faites pendant ces vingt ans dans des genres étrangers.

« On a reproché à cet historien, dit M. de Voltaire, que sa diction n'est pas toujours assez pure; que son style est trop foible; qu'il n'intéresse pas; qu'il n'est pas peintre; qu'il n'a pas assez fait connoître les usages, les mœurs, les loix; que son histoire est un long détail des opérations de guerre dans lesquelles un historien de son état se trompe presque toujours ».

« En lisant son histoire de Henri IV, dit le même auteur, on est tout étonné de ne pas le trouver un grand homme : des manœuvres de guerre sèchement racontées, de longs discours au parlement en faveur des jésuites, & enfin la vie du P. Cotton, forment dans *Daniel* le règne de ce grand prince. On y voit à peine son caractère, très-peu de ces belles réponses qui sont l'image de son ame, rien de ce discours digne de l'immortalité, qu'il tint à l'assemblée des notables de Rouen; aucun détail de tout le bien qu'il fit à la patrie ».

Le P. *Daniel* naquit en 1649, prit l'habit de jésuite en 1667, mourut en 1728.

DANOIS (IMPÔT) (*Hist. mod.*); c'étoit une taxe annuelle imposée anciennement sur les Anglois, laquelle n'étoit d'abord que d'un schelin, & ensuite de deux, par chaque mesure de 40 arpens de terre par tout le royaume, pour entretenir les forces qu'on employoit à nettoyer les mers des pirates *Danois*, qui désoloient les côtes d'Angleterre.

Ce subside fut d'abord imposé comme une taxe annuelle sur toute la nation, sous le roi Ethelred, l'an 991 : « Ce prince, dit Cambden, *in Britanniâ*, » étant réduit à de grandes extrêmités par les invasions continuelles des *Danois*, voulut se procurer la paix, & fut obligé de charger son » peuple de ces taxes appellées *impôts danois*. Il » paya d'abord 10000 livres, ensuite 16000, après » 24000, puis 36000, & enfin 48000 ».

Edouard le confesseur remit aux peuples cette taxe; les rois Guillaume I & II la continuèrent. Sous le règne d'Henri I, on mit cet impôt au nombre des revenus fixes du royaume; mais le roi Etienne le supprima entiérement le jour de son couronnement.

Les biens d'église ne payoient rien de cet impôt; parce que le peuple d'Angleterre, comme on le voit dans une ancienne loi Saxonne, avoit plus de confiance aux prières de l'église, qu'à la force des armes. *Voy. ci-devant* DANE-GELT. (*A. R.*)

(Le dane-gelt & l'*impôt danois* paroissent être la même chose diversement vue par les auteurs de ces deux articles.)

DANTE (ALIGHIÉRI). Parmi les restaurateurs des lettres en Italie, il en est peu d'aussi célèbres que le *Dante*. Il naquit à Florence en 1265, d'une famille noble & distinguée. Cacciaguida, son trisayeul, épousa une Aldighiéri de la ville de Ferrare, de-là le nom d'Aldighiéri ou Alighiéri donné aux enfans & aux petits-enfans, & qui fut particulier à notre illustre-poëte. Le *Dante* fut l'élève de Brunetto Latini (*Voyez* BRUNETTO) qui eut aussi quelque part à la renaissance des lettres, mais dont le plus beau titre de gloire est d'avoir formé un tel disciple.

Le *Dante* a lui-même célébré ses premières amours; il les appelle *sa vie nouvelle*, *vita nuova*. Il n'avoit que neuf ans, lorsqu'il s'enflamma pour Beatrix, fille de Folco Portinari, citoyen de Florence; ce sentiment prématuré s'explique par l'ardeur du climat, qui peut accélérer en Italie dans quelques personnes le dévéloppement des passions. Le *Dante* exprime ainsi l'impression que fit sur son ame le premier regard de sa maîtresse : « ce » regard me parut le dernier terme de la félicité. » J'étois tellement pénétré de sentimens doux, que » mon plus cruel ennemi, dans ce moment, n'au» roit pu me déplaire. Rien de pénible, rien de » douloureux ne pouvoit entrer dans mon ame ».

Ses amis, frappés des divers changemens qu'ils appercevoient en lui, en demandoient la cause; c'est l'amour, disoit-il, avec naïveté. Si on lui demandoit le nom de celle qu'il aimoit, je les regardois, dit-il, je soupirois & ne répondois rien.

Il pensa mourir de douleur de la perte de cette femme, qui fut emportée à vingt-quatre ans. « Quand je pense à la mort, dit-il à ce sujet, il » m'en vient un desir si doux, qu'il se peint malgré » moi sur mon visage ».

On crut le consoler en le mariant, on ne fit que le rendre plus malheureux; ce lien fut pour lui une source de contrariétés; il fut obligé de se séparer de sa femme. Elle se nommoit Gemma, elle étoit de la famille des Donati, depuis longtemps illustre à Florence.

Le *Dante* se trouva placé au milieu des troubles, dont les divisions des Guelphes & des Gibelins remplissoient l'Italie. Sa naissance & ses talens lui donnoient des droits aux premières places de la république. En 1300 il fut nommé prieur, c'est-à-dire, un des principaux magistrats de Florence. Il paroît qu'il avoit d'abord été du parti des Guelphes, il n'en fut dans la suite que plus ardent Gibelin; la querelle des blancs & des noirs, née dans Pistoïe, vint se joindre dans Florence à celle des Guelphes & des Gibelins. Charles de Valois, appellé par le pape, vint à Florence, il accabla les Gibelins & les Blancs leurs alliés : le *Dante* perdit tous ses biens, il erra dans plusieurs villes d'Italie, il trouva quelque temps un asyle chez Albuin de l'Escale, prince de Vérone. Albuin avoit un fou à sa cour; « comment se fait-il, dit-il un jour au » *Dante*, que cet homme se fasse aimer ici plus » que vous? C'est, répondit le *Dante*, qu'il y trouve » plus que moi des hommes qui lui ressemblent ».

Quelque-temps avant sa disgrace, les Florentins l'ayant député vers le pape pour les affaires de leur ville, si je vais à Rome, dit-il, qui me remplacera ici? Si je demeure, qui enverrez-vous à Rome? On voit que le mérite n'est pas toujours modeste, mais pourquoi ne lui pardonneroit-on pas de se rendre quelquefois justice?

En 1304, les bannis de Florence, du nombre desquels étoit le *Dante*, firent une tentative pour surprendre cette ville, & furent repoussés; ils engagèrent dans la suite l'empereur Henri de Luxembourg à former en règle le siége de Florence qui ne réussit pas; le *Dante* retrouva dans Guido de Polenta, souverain de Ravenne, un ami plus constant, un bienfaiteur plus généreux que ne l'avoit été le prince de Vérone. Les Vénitiens menaçoient l'état de Vérone, le *Dante* alla négocier à Venise en faveur de son ami, & mourut à son retour en 1321, de douleur, à ce qu'on a cru, de n'avoir pu le servir avec succès dans cette occasion importante. On rendit de grands honneurs à sa mémoire.

Si le mariage du *Dante* avoit été malheureux, il n'avoit pas été stérile; le *Dante* eut quatre fils, dont l'aîné, nommé Pierre, fit un commentaire sur les ouvrages de son père.

Le *Dante* est le vrai créateur de la poësie italienne; d'après l'esprit général du siècle où il vivoit, on ne doit pas être étonné du mélange de vérités théologiques & de fables mythologiques qu'on trouve par-tout dans ses écrits, ni du projet bizarre d'employer cent chants à décrire l'enfer, le purgatoire & le paradis, ni du nom de *comédie* donné à cette singulière production.

Quant au choix du sujet, il est très-assorti au goût d'un siècle où on n'imaginoit point de fête plus convenable, ni plus intéressante pour un légat du pape, qu'une représentation de l'enfer, donnée solemnellement sur l'Arno, & qui attira tant de spectateurs, que le pont de l'Arno s'écroula, & changea la fête en une calamité publique.

Le *Dante* avoit commencé son poëme en latin & en vers hexamètres. Le premier de ces vers a été conservé :

Ultima regna canam fluido contermina mundo.

L'auteur, en réfléchissant sur l'ignorance de son siècle, dit Bocace, sentit qu'écrire en latin & en style relevé, c'étoit donner des croûtes à mordre à des enfans qui suçoient encore la mammelle. Il écrivit donc son Poëme en italien.

On a encore du *Dante* des poésies lyriques, parmi lesquelles on trouve une espèce de chanson élégiaque fort touchante sur la mort de cette Béatrix qu'il avoit tant aimée.

M. de Chabanon, de l'académie françoise & de l'académie des inscriptions & belles lettres, a donné en 1773 une fort bonne vie du *Dante*, avec une notice détaillée de ses ouvrages.

On donna le nom de *Dante* à un poëte italien, mort en 1512, qui étoit de la famille de Rainaldi, & qui avoit le talent d'imiter assez bien les vers du *Dante*; il se nommoit Pierre-Vincent.

Jean-Baptiste DANTE, de Perouse, mathématicien & méchanicien célèbre vers la fin du quinzième siècle, se fit des aîles artificielles, avec lesquelles il se soutenoit long-temps en l'air. Après plusieurs expériences heureuses il voulut donner ce spectacle à toute la ville de Perouse, à l'occasion des fêtes du mariage de ce célèbre Barthélemi l'Alviane; le fer avec lequel il dirigeoit une de ses aîles se rompit, l'équilibre fut perdu, l'artiste tomba dans une église & se cassa la cuisse, il ne mourut pas de cette chûte. Mais il est certain qu'avant l'invention de l'aérostat, l'art de voler ne faisoit point de progrès, & que, comme le dit M. de Fontenelle, le vol de ces nouveaux oiseaux n'étoit pas un vol d'aigle, & qu'il leur en a coûté quelquefois un bras, une jambe ou une cuisse.

D'ANVILLE (JEAN-BAPTISTE BOURGUIGNON) (*Hist. litt. mod.*), de l'académie des belles-lettres, le meilleur & le plus savant géographe qui ait peut-être existé; il disoit & avoit le droit de dire de la géographie ce qu'Auguste disoit de Rome : *je l'ai trouvée de brique, & je la laisse d'or.* On a de lui, outre ses cartes & un grand nombre de mémoires insérés dans le recueil de l'académie, une Géographie ancienne en trois volumes *in*-12; un traité des mesures itinéraires anciennes & modernes; une Dissertation sur l'étendue de l'ancienne Jérusalem; un Mémoire sur l'Egypte ancienne & moderne, avec une description du Golphe Arabique; une Notice de l'ancienne Gaule, tirée des monumens romains, *in*-4°; un ouvrage intitulé : États formés en Europe après la chûte de l'Empire Romain en occident, aussi *in*-4°. L'Eloge de M. *d'Anville* est le premier que M. Dacier, actuellement secrétaire perpétuel de l'académie des inscriptions & belles-lettres, ait prononcé, & ce n'est pas un de ses moins bons. Il a su tirer parti également & des grands & respectables travaux de ce savant, & de quelques ridicules dont M. *d'Anville* n'étoit pas exempt, mais qui étoient couverts & plus qu'excusés par sa célébrité. M. *d'Anville* étoit né à Paris le 11 juillet 1697. Il est mort, aussi à Paris, le 28 janvier 1782.

DANZ *ou* DANTZ (JEAN-ANDRÉ) (*Hist. litt. mod.*), théologien luthérien, savant dans les antiquités hébraïques, excelloit dans la critique sacrée. On a de lui des Grammaires hébraïque & chaldaïque; un livre intitulé : *Sinceritas sacræ scripturæ veteris testamenti triumphans*, & diverses dissertations pleines d'érudition. Né près de Gotha en 1654. Mort en 1727.

DAPPERS (OLIVIER) (*Hist. litt. mod.*), médecin d'Amsterdam, connu par des descriptions de l'Afrique & de l'Archipel, qui ont été traduites du flamand en françois; il en a fait beaucoup d'autres qui n'ont point été traduites, telles sont celles de l'Amérique, de l'Asie, & en particulier celles des côtes de Malabar & de Coromandel, celles de la Syrie, de l'Arabie, de la Mésopotamie, de la Babylonie, de l'Assyrie, de la Natolie ou Anatolie, de la Palestine. Ce grand géographe n'étoit pas sorti de son cabinet, non plus que M. d'Anville; il compiloit les voyageurs, mais il avoit de la critique.

DAPIFER, s. m. (*Hist. mod.*), nom de dignité & d'office, grand-maître de la maison de l'empereur. Ce mot en latin est composé de *dapis*, qui signifie un *mets*, une *viande* qui doit être servie sur la table; & de *fero*, je porte : ainsi il signifie proprement *porte-mets*, *porte-viande*, un officier qui porte les mets, qui sert les viandes sur la table.

Ce titre de *dapifer* étoit un nom de dignité & d'office dans la maison impériale; l'empereur de Constantinople le conféra au czar de Russie comme une marque de faveur. Cet office fut autrefois institué en France par Charlemagne sous le titre de *dapiférat* & *sénéchaussée*, qui comprenoit l'intendance l'intendance ſur tous les offices domeſtiques de la maiſon royale ; ce que nous nommons aujourd'hui *grand-maître de la maiſon du roi.* Les rois d'Angleterre, quoique ſouverains, ſe faiſoient honneur de poſſéder cette charge dans la maiſon de nos rois ; & c'eſt en conſéquence de cette dignité, dont ils étoient revêtus comme comtes d'Anjou, qu'ils étoient gardiens & défenſeurs de l'abbaye de S. Julien de Tours. On lit cette anecdote dans une lettre d'Henri I, roi d'Angleterre, écrite vers les premières années du douzième ſiècle, & rapportée au *tome IV des Miſcellanea* de M. Baluze. Cette charge étoit la première de la maiſon de nos rois, & ſes poſſeſſeurs ſignoient à toutes les chartes. Elle ſe nommoit en françois *ſénéchal*, & a été remplacée par celle de grand-maître de la maiſon du roi.

La dignité de *dapifer* fut beaucoup moins éminente en Angleterre, puiſque dans pluſieurs de nos anciennes chartes, l'officier qui en eſt revêtu eſt nommé un des derniers de la maiſon royale.

La dignité de *dapifer* ſubſiſte encore aujourd'hui en Allemagne, & l'électeur palatin l'a poſſédée juſqu'en 1623, que l'électeur de Bavière a pris le titre d'*archi-dapifer* de l'empire ; ſon office eſt au couronnement de l'empereur, de porter à cheval les premiers plats à ſa table.

Les différentes fonctions de la charge de *dapifer*, lui ont fait donner par les auteurs anciens pluſieurs noms différens ; comme d'ελαστηριος, *elator*, *dipnocletor*, *convocator*, *trapzopœus*, *architriclinus*, *proguſta*, *prægustator*, *domeſticus*, *megadomeſticus*, *œconomus*, *majordomus*, *ſeneſchallus*, *ſchalcus*, *gaſtaldus*, *aſſeſſor*, *præfectus* ou *præpoſitus menſæ*, *princeps coquorum & magirus. Chambers.* (*G*)

DARÈS (*Hiſt. litt. anc.*), prêtre troyen, célèbre par Homère ; il avoit écrit en grec l'hiſtoire de la guerre de Troye ; elle exiſtoit encore du temps d'Elien dans le troiſième ſiècle de l'ère chrétienne. Celle que nous avons ſous ce nom de *Darès* eſt ſuppoſée ; elle a paru pour la première fois en 1477 à Milan ; elle a été traduite en 1553 par Guillaume Poſtel. Madame Dacier en a donné une édition à l'uſage du dauphin.

D'ARGONNE. *Voyez* ARGONNE.

DARIUS (*Hiſt. anc.*). C'eſt le nom de trois rois de Perſe.

Le premier, *Darius*, fils d'Hyſtaſpes. On ſait qu'il régna, parce que ſon cheval hennit le premier au ſouvenir d'une jument, par l'artifice de ſon écuyer ; on ſait tous les contes d'Hérodote, vrais ou faux, & *Darius* lui-même voulut, ſelon Hérodote, conſacrer celui-ci, en ſe faiſant ériger une ſtatue équeſtre avec cette inſcription : *Darius, fils d'Hyſtaſpes, a acquis le royaume de Perſe par le moyen de ſon cheval, & d'Œbares ſon écuyer.* Il régna trente-ſix ans, depuis l'an 521 avant J. C. juſqu'à l'an 485.

Les Perſes étoient exempts de toute impoſition, les peuples conquis étoient les ſeuls qui en payaſſent, & Cyrus & Cambiſe s'étoient contentés de dons gratuits de la part de ceux-ci. *Darius* voulant les convertir en tributs réglés, mit dans ce changement toute la modération poſſible ; il aſſembla les principaux de chaque province, & après qu'ils furent convenus que la ſomme demandée par ce prince ne ſeroit point à charge aux peuples, il la diminua de moitié ; cependant cette converſion d'impôts gratuits en impôts forcés, déplut généralement, comme faiſant diſparoître une apparence de liberté. Les peuples avoient donné à Cyrus le titre de père, à Cambiſe celui de maître, ils en donnèrent un à *Darius* qui ſignifioit le marchand ou le financier.

Intapherne, grand de la Perſe, ayant inſulté *Darius* en maltraitant les officiers de ſon palais, fut condamné à mort avec ſes enfans & tous les mâles, tant de ſa famille que de celle de ſa femme, quoiqu'il n'y eût de coupable qu'Intapherne ; puiſque *Darius* n'eſt pas au nombre des mauvais rois, il faut croire que cette barbarie inique n'eſt pas toute entière ſur ſon compte, & qu'elle tient en partie à quelque mauvais uſage national.

Darius accorda aux larmes de la femme d'Intapherne la grace de tel de ſes parens qu'elle voudroit nommer ; elle nomma ſon frère, tandis qu'elle avoit des enfans, on s'en étonna, elle dit qu'elle pouvoit ſe remarier & avoir d'autres enfans, mais que ſes parens étant morts, elle ne pouvoit plus avoir d'autre frère. (*Voyez* l'article ABBAUCAS.) *Darius* parut preſque clément, en lui accordant de plus la vie de ſon fils aîné.

Babylone ſe révolta ſous ſon règne, & il la réduiſit par une trahiſon. M. Rollin, dont le bon eſprit ſe laiſſe quelquefois entraîner par le jugement d'autrui, dit qu'*il pouvoit, uſant des droits de vainqueur, exterminer tous les citoyens.* C'eſt avoir une haute idée des droits de la victoire. *Il ſe contenta d'en faire pendre trois mille.* Cela s'appelle donc *ſe contenter.*

Il voulut être conquérant & attaquer les Scythes ; Artabane ſon frère lui prouva très-bien qu'il avoit tort. (*Voy.* l'article ARTABANE *ou* ARTABAN.) *Darius* y eſt nommé *Darius Ochus*, parce qu'en effet il ſe nommoit Ochus avant de régner. A ſon avènement au trône il prit le nom de *Darius*, qui ſignifie *vengeur*, parce qu'il avoit puni un uſurpateur dans la perſonne du mage Smerdis.

Darius parcourut d'abord une partie du pays des Scythes ſans rencontrer un ennemi ; on le laiſſa ériger ſur ſon paſſage des colonnes avec des inſcriptions qui l'appelloient *le meilleur & le plus beau des hommes.* Le plus beau ! je n'en ſais rien ; quant au meilleur, on peut en juger par le trait ſuivant :

Le vieillard Œbasus avoit trois fils dans son armée, il le pria de lui en laisser un pour être l'appui & la consolation de sa vieillesse. L'histoire ne nous dit pas ce que cette prière pouvoit avoir de désagréable pour *Darius*, mais il répondit avec une ironie affreuse : *c'est trop peu d'un, je veux vous les laisser tous les trois*, & il les fit mourir.

Voyez à l'article DÉMOCEDE d'autres traits particuliers de la vie de *Darius*.

Les Scythes le chassèrent de leur pays & pensèrent l'y enfermer. Il eut quelques succès dans l'Inde, où il porta ses armes pour se dédommager.

Enfin il fit la guerre aux Grecs, & Miltiade battit ses généraux à Marathon. *Darius* mourut peu de temps après.

Le second *Darius* se nommoit encore Ochus. Il est connu dans l'histoire sous le nom de *Darius Nothus*, c'est-à-dire le bâtard, parce qu'il étoit fils naturel d'Artaxerce-Longuemain. Ce fut un roi foible, gouverné par Parisatis, sa sœur & sa femme, & sous elle par quelques eunuques. Il fut simple spectateur de la guerre du Peloponèse, dont ses prédécesseurs avoient tiré un grand parti contre la Grèce : sous son règne qui fut de 19 ans, depuis l'an 423 avant J. C. jusqu'à l'an 442, la Lydie, l'Egypte, la Médie se révoltèrent, l'Egypte seule avec succès, du moins pendant quelque temps.

Le troisième *Darius* est l'infortuné *Darius Codoman*, sous qui & avec qui périt l'empire de Perse, l'an avant J. C. 330. Son histoire se confond avec celle d'Alexandre le grand, son rival & son vainqueur. *Voyez* cet article; *voyez* aussi celui de BAGOAS.

DAROGA ou DARUGA, s. m. (*Hist. mod.*) c'est ainsi qu'on appelle en Perse un juge criminel : il y en a un dans chaque ville.

C'est encore le nom d'une cour souveraine, où l'on juge les officiers employés au recouvrement des deniers publics, lorsqu'ils sont accusés de malversation. (*A. R.*)

D'ARVIEUX. *Voyez* ARVIEUX.

DASSERI, s. m. (*Hist. mod.*) le chef de la religion auprès du roi de Cagonti s'appelle *gourou*, & ses disciples *dasseris*. (*A. R.*)

D'ASSOUCI. *Voyez* ASSOUCI.

DATAMES (*Hist. anc.*). Cornélius Nepos le loue beaucoup & le fait peu connoître ; il ne lui préfère, pour les talens militaires parmi les Barbares, qu'Amilcar & Annibal ; ce qui, en donnant une haute idée de ses talens, ne les caractérise pas assez. En joignant, à ce que dit Cornélius Nepos, ce qu'on trouve dans Diodore de Sicile sur *Datames*, l'idée qu'on s'en fait est, qu'à une valeur & une activité presque romanesques, il joignoit un esprit de ressource & fécond en expédiens. Il étoit Carien de nation ; Camisare, son père, étoit gouverneur pour le roi de Perse, Artaxerce Mnemon, de la Leuco-Syrie, province enclavée dans la Cilicie & la Cappadoce ; *Datames* lui succéda dans ce gouvernement. Thyus, gouverneur de Paphlagonie, prince puissant, homme d'une taille gigantesque & d'un visage affreux, s'étant révolté contre le roi, *Datames* fut chargé d'arrêter ses progrès ; on ne croyoit pas qu'il pût être encore en mouvement pour cette expédition, & on jugeoit que ce seroit beaucoup pour lui de se défendre contre un tel ennemi, lorsqu'on annonce au roi, un chasseur qui lui amène une espèce de monstre pris à la chasse ; c'étoit *Datames* vainqueur, qui lui amenoit dans cet appareil Thyus qu'il avoit surpris, & fait prisonnier avec sa femme & ses enfans. *Datames* sentant combien cette nouvelle seroit agréable au roi, avoit voulu la lui porter lui-même. Le roi jugea qu'un tel homme devoit être employé dans les affaires les plus importantes, il lui donna le commandement d'une armée chargée de réduire l'Egypte alors révoltée ; mais dans l'intervalle, un autre gouverneur, nommé Aspis, s'étant aussi révolté, le roi envoya ordre à *Datames* de marcher contre lui ; l'entreprise étoit d'une exécution difficile, l'ennemi très-éloigné ; le roi jugea qu'il avoit eu tort, & que c'étoit mal-à-propos détourner *Datames* d'une expédition plus importante, il lui envoya un courier pour lui dire de revenir, & de ne plus s'occuper que de l'expédition de l'Egypte ; le courier trouva *Datames* qui revenoit, ramenant Aspis vaincu & enchaîné.

Sa faveur alors fut au comble, ce qui dans la cour d'un despote annonce quelquefois une disgrace prochaine ; il fut averti en effet que ceux qui gouvernoient le roi, étoient tous ses ennemis ou déclarés ou secrets ; qu'on l'attendoit à l'expédition d'Egypte, que tous ses succès seroient attribués à la fortune du roi, (grand mot dans les cours !) & à l'armée qu'il commandoit ; que ses revers, s'il en avoit, ne seroient imputés qu'à lui, qu'ils seroient exagérés par l'envie & la malignité, & qu'il les paieroit peut-être de sa tête. Peut-être *Datames*, d'après ces discours, s'exagéra-t-il à lui-même ses dangers & les intrigues des cours; moins il les connoissoit, plus il s'en alarma ; il paroit enfin que ce fut un peu légèrement & sans avoir encore aucun juste sujet de plainte, qu'il prit le parti de la révolte, lui qui avoit été le fléau des rebelles. Il soulève la Cappadoce, s'empare de la Paphlagonie ; on fait marcher contre lui une nombreuse armée de Pisidiens ; le combat s'engage, & il arriva deux événements qui auroient fait perdre la tête à tout autre qu'à *Datames*. Un de ses fils est tué, il cache sa mort à ses troupes de peur de les décourager ; en même-temps Mithrobarzane, son beau-père, qui commandoit sa cavalerie, le croyant perdu, passe du côté des ennemis, *Datames* voit sa manœuvre, répand le bruit qu'elle est concertée entre son beau-père & lui pour attaquer l'ennemi des deux côtés. Il paroit en effet s'arranger sur ce plan, l'ennemi y est trompé & combat Mithrobarzane, sans lui donner le temps de s'expliquer. Ce général & les Pisidiens s'entre-détruisent, *Datames* est vainqueur.

Il avoit perdu un de ses fils, un autre nommé Scismas ou Sisynas, dans l'espérance apparemment de faire fortune, va l'accuser auprès du roi, & révéler tous ses desseins Le roi, selon l'usage des orientaux qui croient tout accabler par le nombre, envoie contre *Datames* une armée de deux cents mille hommes; *Datames* affoiblit d'abord cette armée par une multitude de petits combats, où l'avantage du poste, de la valeur, de la conduite, de la discipline, est toujours de son côté, il se livre enfin un combat général, où il dissipe entièrement cette nombreuse armée, sans autre perte que celle de mille hommes; on suspend les hostilités, on tente la voie de la négociation; *Datames* s'y prête avec plaisir, il aimoit Artaxerxe, il ne s'étoit révolté que contre les courtisans; il n'avoit voulu que prévenir sa perte, il avoit l'ame d'un héros, & non pas d'un rebelle: mais l'orgueil du despote étoit blessé, il ne vouloit point regagner *Datames*, il vouloit s'en venger, la négociation couvroit un piége; Mithridate, fils d'Ariobarzane, s'étoit vendu à la haine d'Artaxerxe, il s'insinue dans la confiance de *Datames* par des marques suivies d'attachement & de fidélité, il épioit le moment de la trahison, se trouvant seul un jour avec *Datames*, il le perce de son épée, avant que celui-ci pût seulement songer à se mettre en défense.

Ainsi périt, (vers l'an 360 avant J. C.) par une perfidie, ce capitaine prudent & habile qui savoit tout prévoir & tout prévenir, excepté la perfidie, parce qu'il ne la connoissoit pas.

DATHAN. *Voyez* ABIRON.

DATI (*Histoire litt. mod.*), Augustin & Carlo, le premier, auteur d'une *Histoire de Sienne*, sa patrie; le second, *des Vies des Peintres anciens*, & de quelques autres ouvrages italiens, tant en prose qu'en vers, entre autres, d'un *Panégyrique de Louis XIV*. Le premier, mort en 1478; le second, en 1675.

D'AUBENTON *ou* DAUBENTON (car c'est ainsi qu'il signoit) (GUILLAUME) (*Hist. mod.*). Le Père *d'Aubenton*, jésuite, confesseur du roi d'Espagne Philippe V, fort accusé d'intrigues par les ennemis de l'intrigue ou des jésuites. Il avoit été renvoyé en 1706; il fut rappellé en 1716. On prétend que le roi d'Espagne lui ayant déclaré en confession le projet qu'il avoit d'abdiquer, le P. *d'Aubenton*, qui entretenoit des correspondances secretes avec le régent, lui révéla la confession de Philippe V, dans l'espérance que le régent feroit ses efforts pour détourner le roi d'Espagne de ce projet, qui alarmoit fort l'ambition du jésuite. Le régent, au contraire, envoya la lettre au roi d'Espagne; le roi se contenta de la montrer froidement au P. *d'Aubenton*, qui fut si saisi, qu'il en mourut d'apoplexie, à Madrid, le 7 août 1723. Cette anecdote que M. de Voltaire rapporte d'après un historien Espagnol, nommé Bellando, est contestée, & il faut convenir que le P. *d'Aubenton* n'avoit aucune raison de compter sur le régent pour empêcher l'exécution d'un projet qui avançoit, pour sa fille & pour son gendre, le temps de monter sur le trône d'Espagne.

Le P. *d'Aubenton* étoit françois, né à Auxerre le 21 octobre 1648. Il avoit suivi en Espagne le duc d'Anjou, dont il étoit confesseur.

D'AUDIGUIER. *Voyez* AUDIGUIER.

DAUL (*Inst. milit. des Turcs.*) Les Turcs appellent ainsi une grosse caisse haute de trois pieds que les tambours portent à cheval avec un hausse-col couvert de drap rouge: ils frappent sur la partie supérieure avec un gros bâton de bois en forme de massue recourbée, & sur l'inférieure avec une petite baguette, frappant alternativement de l'une & de l'autre avec beaucoup d'art & de gravité, ce qui est fort agréable; c'est-là l'unique instrument qui, outre le faste du bacha, serve aux exercices militaires, parce qu'on bat ces grosses caisses, lorsque l'armée est proche de celle des ennemis, tout autour des gardes du camp; pour les tenir éveillées, les tambours crient *jegder Alla*; c'est-à-dire, *Dieu bon*. (*V.*)

DAUMIUS (CHRISTIAN) (*Hist. litt. mod.*), célèbre littérateur allemand du dernier siècle. Il recherchoit sur-tout les racines des langues. On a de lui dans ce genre; 1°. *Tractatus de causis amissarum quarumdam linguæ latinæ radicum*; 2°. *Indagator & restitutor græcæ linguæ radicum*. Mort en 1686.

DAUPHIN *ou* DAUFIN (*Hist. mod.*), est le nom que l'on a donné depuis le milieu du douzième siècle au prince qui possédoit la province viennoise. L'origine de ce nom est assez incertaine: les uns le font venir d'un *dauphin* que Boson fit peindre dans son écu, pour marquer la douceur de son règne; mais cette étymologie est fausse, puisque Boson vivoit au milieu du neuvième siècle, & que les *dauphins* ne prirent ce titre que plus de trois cents ans après, c'est-à-dire, au milieu du douzième siècle: d'autres du Château-Dauphin, bourg dans le Briançonnois, que ces princes avoient fait bâtir. Mais son origine la plus vraisemblable, est que Guy V, dit *le Vieux*, prit le titre de *dauphin* pour faire honneur à Albon, comte de Vienne, surnommé *dauphin*, dont il avoit épousé la fille aînée. D'abord les seigneurs de cette province portèrent le titre de *comtes d'Albon & de Grenoble*, ou de *Gresivaudan*. Quatre princes du nom de *Guy* ou de *Guigues* eurent le même titre. Mais Bertholde IV, duc de Zeringhen, céda le comté de Vienne à Guigue V, & ce fut lui qui le premier fut surnommé *dauphin* au milieu du douzième siècle. Il fut le dernier mâle de sa maison, & Béatrix, sa fille & son héritière, porta le Dauphiné dans la maison des anciens ducs de Bourgogne. Elle mourut en 1228, & son fils Guigue VI ou André, fut le chef de la seconde race des *dauphins*. Cette seconde race ne subsista pas long-temps, & finit par la mort de Jean I, l'an 1282. Sa sœur Anne porta cette principauté dans la maison de la Tour-Dupin, en épousant Humbert I. Trois autres *dauphins* lui succédèrent, dont le dernier fut Humbert II qui donna sa principauté en 1349 à Charles de France, petit-fils de Philippe de Valois, & l'en revêtit la même année en lui remettant l'ancienne épée du Dauphiné, la bannière de Saint-Georges, avec le sceptre & un anneau. L'amour qu'il avoit pour ses sujets, continuellement tourmentés par les comtes de Savoie, l'engagea à les donner à un prince puissant, capable de les protéger & de les défendre contre une puissance étrangère. Depuis cet heureux moment, il y a eu vingt-trois *dauphins* du sang des rois de France, & ce titre ne s'accorde qu'au fils aîné du roi, & ne passe à un cadet qu'en cas de mort de l'aîné. (*a*)

D'AUVIGNY. *Voyez* AUVIGNY.

DAVANZATI (BERNARD), Florentin, connu par sa traduction italienne de Tacite; il a écrit aussi sur la culture de la vigne, & a fait l'histoire du schisme d'Angleterre; mort en 1606.

DAVENANT (*Hist. litt. mod.*). Il y a eu de ce nom plusieurs gens de lettres distingués en Angleterre; 1°. Jean, théologien tolérant, qui cherchoit à réunir toutes les églises chrétiennes, & qui les exhorte à cette réunion, dans un livre intitulé : *Adhortatio ad communionem inter evangelicas ecclesias*. Mort en 1640.

2°. Charles, son fils, auteur d'un opéra de *Circé* & de quelques autres ouvrages. Mort en 1712.

3°. Guillaume, poëte lauréat, fait chevalier en 1643. On a ses œuvres *in-fol.*

> Le Dieu du goût & du génie
> A rarement eu la manie
> Des honneurs de l'*in-folio*.

On y trouve des tragédies, des comédies, des tragi-comédies, &c. C'est à lui que l'Angleterre a eu l'obligation d'un opéra italien. Mort en 1668.

DAVID (*Hist. sacr.*), second roi des Juifs, gendre & successeur de Saül, objet de sa haine & de sa jalousie, mais consolé par l'amitié de Jonathas. Son histoire occupe dans la Bible le premier livre des rois, depuis le chapitre 16; le second livre tout entier, & les deux premiers chapitres du troisième. Une partie de cette même histoire se trouve au premier livre des Paralipomènes, chapitres 28 & 29.

David est le nom du plus grand philosophe de l'Arménie, qui vivoit vers le milieu du cinquième siècle, & dont on conserve les écrits dans la bibliothèque du roi, à Paris.

C'est aussi le nom de deux rois d'Ecosse & d'un comte d'Huntingdon, frère du roi Guillaume, duquel comte d'Huntingdon descendoient, par les femmes, les maisons de Bailleul & de Brus, qui, après la mort d'Alexandre III, dans le treizième siècle, se disputèrent la couronne d'Ecosse. Le roi David II étoit de la maison de Brus, qui finit par l'emporter sur sa rivale. *Voyez* l'article BAILLEUL.

DAVILA (HENRI-CATHERINE) (*Hist. litt. mod.*) auteur de l'histoire italienne *des Guerres civiles de France*, depuis la mort de Henri II en 1559, jusqu'à la paix de Vervins en 1598. Elle a été traduite en françois, d'abord par Baudouin, ensuite par l'abbé Mallet. Catherine de Médicis est l'héroïne de *Davila*, Frédegonde a été celle de l'abbé le Gendre & de quelques autres, Brunehaut de plusieurs : ces jugemens bizarres décréditent une histoire, celle de *Davila* est importante & estimable à beaucoup d'égards, c'est un grand & beau morceau dans le genre historique. *Davila* étoit de l'Isle de Chypre, il quitta son pays pour se dérober à la tyrannie des Turcs qui s'en étoient rendus maîtres en 1571. Il vint en France, & se fit connoître à la cour de Henri III & de Henri IV. Il servit avec distinction sous ce dernier, & fut blessé au siége d'Amiens. Né sujet des Vénitiens, il alla s'établir à Venise, & il y composa son Histoire des guerres civiles de France, guerres dont il avoit vu au moins une partie. Il fut tué d'un coup de pistolet dans un voyage qu'il faisoit par ordre de la république; il avoit avec lui son fils, âgé de dix-huit ans, à qui la douleur donna la force de mettre à l'instant le meurtrier en pièces. Cet événement arriva vers l'an 1634.

D'AVILA. *Voyez* AVILA.

DAVIS (JEAN) (*Hist. mod.*), navigateur anglois, qui a donné son nom au détroit qu'il a découvert en 1585 dans l'Amérique septentrionale, en cherchant vainement de ce côté un passage pour pénétrer par mer aux Indes orientales.

DEAGEANT de Saint-Marcellin (GUICHARD) (*Hist. de Fr.*). On a de lui des mémoires historiques assez curieux, envoyés au cardinal de Richelieu, sur la partie du règne de Louis XIII, qui précède le ministère du cardinal. *Déageant* étoit un homme d'un crédit subalterne, qui fut toujours aux portes de la fortune sans jamais y parvenir; d'abord clerc de Barbin, que la faveur du maréchal d'Ancre avoit fait ministre des finances, il fut connu & bien voulu du maréchal; il le fut encore plus du connétable de Luynes; il le fut aussi du cardinal de Richelieu, qui estimoit son zèle contre les calvinistes, & qui disoit: *Si j'ai terrassé l'hérésie, Déageant peut se vanter de lui avoir donné le premier coup de pied.* Il lui offrit une fortune ecclésiastique & lui proposa l'évêché d'Evreux, *Déageant* aima mieux rester dans le siècle; il éprouva, mais toujours en petit, tout ce qui arrive aux courtisans & aux ministres, de la faveur & de la disgrace, il eut ordre de se retirer en Dauphiné, il y mourut, en 1639, premier président de la chambre des comptes de Grenoble.

DÉBORA (*Hist. sac.*), prophéteſſe des Juifs, laquelle jugeoit le peuple. Voyez son histoire & son cantique dans le livre des juges, chapitres 4 & 5.

DÉCÉBALE (*Hist. rom.*), roi des Daces, vainqueur des généraux de Domitien, vaincu par Trajan, se tua de désespoir l'an 105 de l'ère chrétienne. Sa tête fut portée à Rome, & la Dace réduite en province romaine.

DECENTIUS (MAGNUS) (*Hist. rom.*), frère de Magnence, associé à sa tyrannie, se pendit de désespoir en apprenant sa mort l'an 373. Il venoit d'être battu par les Germains, son frère l'avoit nommé César & lui avoit donné le commandement des troupes dans les Gaules. Il mourut à Sens.

DECIUS ou DECE (*Hist. des emper.*), *Cneïus Metius Quintus Trajanus Decius*, Pannonien de naiſſance, s'éleva des plus bas emplois au premier grade de la milice romaine: l'empereur Philippe, qui connoiſſoit ses talens pour la guerre, le choisit pour appaiser la rebellion de Mœsie; mais à peine fut-il entré dans cette province, que les légions, d'un consentement unanime, le proclamèrent empereur; il fallut en venir aux mains contre son bienfaiteur, qui après l'avoir vaincu, fut aſſaſſiné par ses propres soldats. Sa mort rendit *Decius* paisible poſſeſſeur de l'empire, mais il ne voulut point entrer dans Rome qu'il n'eût étouffé la révolte des Gaules. il marcha ensuite contre les Scythes qui ravageoient la Thrace & la Mœsie. Après plusieurs victoires, ses troupes furent mises en fuite: il fut entraîné dans la déroute avec son fils; & ayant pouſſé son cheval dans un marais profond, il fut englouti sous l'eau & dans la boue, sans qu'on pût jamais retrouver son corps. Il mourut à l'âge de cinquante ans dont il en avoit régné deux. Les écrivains profanes lui donnent une place parmi les bons empereurs. Les chrétiens l'ont peint comme un monstre, à cause des cruelles persécutions qu'il exerça contre eux. On ne peut donner une idée aſſez affreuse des hommes qui puniſſent les opinions contraires aux leurs, avec la même sévérité que les vices & les crimes. (*T—N.*)

DECIUS MUS (*Hist. rom.*), dans les temps vertueux de la république romaine, fut également célèbre par son courage & par son amour pour la patrie. Il se distingua dans sa jeuneſſe contre les Samnites; quoiqu'il n'eut que le titre de tribun, on lui attribua la principale gloire de cette guerre. Le consul Cornélius s'étant embarraſſé dans une position désavantageuse, en fut tiré par l'intrépidité de *Decius* qui lui aida à remporter une victoire éclatante contre les Samnites: la gloire qu'il s'étoit acquise dans cette expédition lui mérita la dignité de consul; ce fut en cette qualité qu'il poursuivit la guerre contre les Latins, qui lui livrèrent un combat, où, voyant les siens plier, il prit la résolution de se dévouer aux dieux infernaux pour arracher la victoire aux ennemis. Ce sacrifice magnanime releva le courage des Romains, qui restèrent victorieux. Son fils *Decius Mus* fut l'héritier de ce fanatisme républicain: il exerça quatre fois le consulat, & quand il pouvoit jouir de sa gloire il n'ambitionnoit que l'honneur de se dévouer pour son pays, c'est ce qu'il exécuta quelque temps après en se précipitant sans armes au milieu de la mêlée: il laiſſa un fils qui imita l'exemple de son père & de son aïeul dans la guerre contre Pyrrhus. Ce prince, qui avoit en horreur cet enthousiasme furieux, lui fit dire que s'il vouloit se dévouer, il ordonneroit à ses soldats de le ménager & de le prendre vivant pour le faire punir du dernier supplice. Cette menace ne le fit point changer de résolution; il se jetta sur les javelots & les piques des Epirotes, & il trouva la mort qu'il sembloit invoquer. La manie des dévouemens fut une maladie dont la contagion se communiqua à toute cette famille. [*T—N.*]

(Quelle manie & quelle maladie, quand il s'agit de servir la patrie!)

DECKER ou DECKHER (*Hist. litt. mod.*). C'est le nom de plusieurs gens de lettres du dix-septième siècle, d'un jurisconsulte flamand, dont on a quelques ouvrages de droit; d'un jésuite auſſi flamand, dont on a une diſſertation sur les années de la naiſſance & de la mort de Jésus-Christ; d'un allemand, auteur d'un livre aſſez rare sur les spectres, imprimé à Hambourg, *in-12*, en 1600; d'un poëte anglois, célèbre par des drames; d'un avocat & procureur de la chambre impériale à Spire, auteur d'un livre intitulé: *De scriptis adespotis, pseudepigraphis & suppositiis conjecturæ.* On le trouve dans le *Theatrum anonymorum & pseudonymorum* de Placcius. M. l'abbé de Bonardi, docteur de Sorbonne, un de nos plus savans bibliographes, dont il est parlé avec éloge dans les lettres de M. le marquis de la Rivière, gendre de M. le comte de Buſſy-Rabutin, avoit fait un Traité des auteurs anonymes & pſeudonymes, où tous les ouvrages précédemment composés ſur cette matière étoient ſans doute fondus; nous ignorons ce que ſont devenus ſes écrits, fruit d'un travail aſſidu de plus de quarante années. (*Voyez* ſon article.)

DÉCLARATION DE GUERRE (*Hiſt. anc. & mod.*), c'étoit chez les anciens un acte public fait par les hérauts ou féciaux, qui ſignifioient aux ennemis les griefs qu'on avoient contre eux, & qu'on les exhortoit d'abord à réparer, ſans quoi on leur déclaroit la guerre. Cette coutume fut religieuſement obſervée chez les Grecs & chez les Romains. Elle ſe pratiquoit de la ſorte chez ceux-ci, où Ancus Martius, leur quatrième roi, l'avoit établie. L'officier public nommé *fécial* ou *héraut*, la tête couverte d'un voile de lin, ſe tranſportoit ſur les frontières du peuple auquel on ſe préparoit à faire la guerre, & là il expoſoit à haute voix les ſujets de plainte du peuple romain, & la ſatisfaction qu'il demandoit pour les torts qu'on lui avoit faits, prenant Jupiter à témoin en ces termes qui renfermoient une horrible imprécation contre lui-même, & encore plus contre le peuple dont il n'étoit que l'organe : « Grand Dieu! ſi c'eſt contre l'équité & la juſtice » que je viens ici au nom du peuple romain demander ſatisfaction, ne ſouffrez pas que je revoie jamais ma patrie ». Il répétoit la même choſe, en changeant ſeulement quelques termes, à la première perſonne qu'il rencontroit à l'entrée de la ville & dans la place publique. Si au bout de trente-trois jours on ne faiſoit point ſatisfaction, le même officier retournoit vers ce peuple, & prenoit hautement les dieux à témoin, que tel peuple qu'il nommoit étant injuſte, & refuſant la ſatisfaction demandée, on alloit délibérer à Rome ſur les moyens de ſe la faire rendre. Et dès que la guerre avoit été réſolue dans le ſénat, le fécial retournoit ſur les frontières de ce peuple pour la troiſième fois, & là, en préſence au moins de trois perſonnes, il prononçoit la formule de *déclaration de guerre*; après quoi, il lançoit une javeline ſur les terres de ce peuple ennemi, ce qui étoit regardé comme le premier acte d'hoſtilité. Aujourd'hui la guerre ſe déclare avec moins de cérémonies; mais les rois, pour montrer l'équité de la *déclaration*, en expoſent les raiſons dans des manifeſtes, que l'on publie, ſoit dans le royaume, ſoit chez l'étranger. (*G*)

(Et dans tous ces manifeſtes contradictoires, chacun d'eux a toujours raiſon.)

DÉCRETS IMPÉRIAUX (*Hiſt. mod.*), en latin *receſſus imperii*; c'eſt le réſultat des délibérations d'une diète impériale.

A la fin de chaque diète, avant que de la rompre, on en recueille toutes les déciſions qu'on met en un cahier; & cette collection s'appelle *receſſus imperii*, parce qu'elle ſe fait au moment que la diète va ſe ſéparer.

On ne publie ordinairement ces *décrets* que quand la diète eſt prête à ſe ſéparer, pour éviter les contradictions & les plaintes de ceux qui ne ſe trouvent pas contens de ce qui a été réſolu. Heiſſ. *Hiſtoire de l'Empire.*

L'article concernant des levées de troupes contre les Turcs, faiſoit autrefois la plus grande partie du *receſſus*; quand il n'en a plus été queſtion, diſent quelques auteurs, on ne ſavoit qu'y mettre, ni comment le dreſſer.

Les déſordres de la chambre impériale de Spire furent ſi exceſſifs, qu'on ſe vit contraint en 1654 de faire des réglemens pour y remédier, & ces réglemens furent inſérés dans le *receſſus imperii*. *Chambers* (*G*).

DÉCRÉTISTE, ſ. m. (*Hiſt. mod.*), canoniſte chargé d'expliquer, dans une école de Droit, à de jeunes élèves dans cette partie de la juriſprudence, le décret de Gratien (*A. R.*)

DÉDEKIND (FRÉDÉRIC) (*Hiſt. litt. mod.*); bel eſprit allemand du ſeizième ſiècle, auteur d'un éloge ironique de l'impoliteſſe, intitulé: *Grobianus, ſive de incultis moribus & inurbanis geſtibus.* Francfort, 1558, *in*-8°.

DÉE (JEAN) (*Hiſt. litt. mod.*), anglois; Caſaubon a fait imprimer ſes œuvres, qui roulent ſur l'aſtrologie judiciaire, la cabale, la pierre philoſophale, &c.

DÉFECTION, ſ. f. c'eſt l'action d'abandonner le parti ou les intérêts d'une perſonne à laquelle on étoit attaché. Ce mot eſt formé du latin *deficio*, je manque, & n'a pas en françois un ſens auſſi étendu que *déſertion*. On peut bien dire qu'un conſpirateur a échoué par la *défection* de ſes partiſans, & l'on ne diroit pas également qu'une armée a été fort affoiblie par la *défection* des ſoldats. (*G*)

DÉFI-D'ARMES, ſ. m. (*Hiſt. mod.*) ſe dit proprement du cartel ou provocation au combat, fort en uſage dans les ſiècles précédens, de particuliers à particuliers, pour ſoutenir la réputation de bravoure de leur nation.

M. de Sainte-Palaye, dans ſon ouvrage ſur la *chevalerie ancienne & moderne*, remarque que la France & l'Angleterre, ſi long-temps ennemies, ont vu ſouvent, même dans les temps de trève ou de paix, leurs champions ſe faire des *défis* mutuels pour ſoutenir la prééminence de valeur, ſans ceſſe diſputée entre les deux nations. On lit dans l'hiſtoire de Charles VI, par le moine de Saint Denis (*liv. XXII*, *chap. viij*,) la ſubſtance des lettres de *défi* du duc d'Orléans, adreſſées en 1402 au duc de Lancaſtre, pour le combattre à la tête de cent gentilshommes, sous la condition que les vaincus seroient à la discrétion des vainqueurs. Le cartel fut mal reçu; le hérault qui le porta, renvoyé sans présent contre la noble coutume, & le combat rejetté comme inégal, depuis que Lancastre étoit monté sur le trône d'Angleterre.

Nos historiens ont décrit quantité de *défis-d'armes* des Anglois contre les François, outre les *défis* des Espagnols & des Portugais. *Voyez*, par exemple, dans Froissard, *liv. IV*, le détail d'un *défi-d'armes* près de Calais, pendant trente jours consécutifs (à l'exception des vendredis) qui fut proposé par trois chevaliers chambellans du roi, & vous trouverez plusieurs faits curieux sur cette matière.

On sait que l'amour & les dames figuroient souvent avec l'honneur dans les cartels envoyés pour ces *défis-d'armes*. Monstrelet nous a conservé soigneusement les exploits qui se donnèrent de part & d'autre pour un pareil *défi*, en l'année 1400, entre un chevalier anglois, & Michel Dorris arragonnois, défendeur.

Ces sortes de *défis* avoient leurs loix, mais celle qui exigeoit la permission du roi fut communément négligée. Un seigneur d'Angleterre, nommé *Cornouaille*, en 1409, étant passé en France sous un sauf-conduit pour le *défi-d'armes* à outrance pour *l'amour de sa dame*, trouva un chevalier tout prêt à lui *accomplir le fait d'amour*, ils étoient sur le point de commencer le combat, quand ils furent séparés par ordre du roi.

Que pourroient ajouter à ces *défis* tous ceux qui furent proposés dans diverses factions, qui trop souvent partagèrent notre nation & nos princes, comme celle des Armagnacs, des Orléanois, des Bourguignons, des Royalistes? Jean le Fevre de Saint-Remy fait le récit du *défi-d'armes* qui fut proposé en 1414, pendant le siége d'Arras à Lens en Artois, entre quatre françois & quatre bourguignons.

Enfin on pourroit inscrire dans la liste de tant de *défis-d'armes*, celui que Henri IV, en 1590, après la levée du siége de Paris, offrit par un hérault au duc de Mayenne pour vuider leur querelle, afin qu'un combat décisif terminât une fois les calamités de la France. La chronique novenaire fait aussi mention, sous l'an 1591, du *défi* du comte d'Essex au comte de Villars qui commandoit dans Rouen pour la ligue. Le comte d'Essex offroit de soutenir à pied ou à cheval, armé en pourpoint, que la querelle du roi étoit plus juste que celle de la ligue; que lui comte d'Essex étoit meilleur que Villars, & qu'il avoit une plus belle maîtresse que Villars. Celui-ci répond qu'il ne croit pas ce que le comte d'Essex avançoit de l'excellence de sa maîtresse.

(Il ne falloit pas oublier le fameux *défi* de François I & de Charles-Quint & quelques autres semblables, tels que celui de Louis le Gros, roi de France & de Henri I, roi d'Angleterre; de Pierre, roi d'Arragon & de Charles d'Anjou, roi de Sicile; d'Edouard III, & de Philippe de Valois.)

Ces divers exemples, que rapporte M. de Saint-Palaye dans l'ouvrage curieux que j'ai déja cité au commencement de cet article, peuvent suffire: j'y renvoie le lecteur, de même qu'au *Théâtre d'honneur* de la Colombiere, & je finis par une remarque importante. Les *défis-d'armes* de particuliers à particuliers ont pris leur origine dans la pratique de défier son ennemi avant que de l'attaquer à force ouverte; pratique qui, des Grecs & des Romains, a passé chez toutes les nations qui ont connu les loix de la guerre. Nous lisons dans Froissard, *tome I*, *ch. xxxiv*, qu'Edouard, roi d'Angleterre, ayant été fait vicaire de l'empire, avec un pouvoir très-ample: « Fut là, dit l'historien, » renouvellé un jugement & statut, & affermé » qui avoit été fait au temps passé à la cour de » l'empereur, qui étoit tel, que qui vouloit » autrui grever ou porter dommage, il le devoit » défier trois jours devant son fait: qui autrement » le faisoit, il devoit être atteint de mauvais & » vilain fait ». *Cet article est de M. le chevalier* DE JAUCOURT.

DÉFLORATION, s. f. (*Hist. mod.*), action par laquelle on enlève de force la virginité à une fille. La mort ou le mariage sont l'alternative ordonnée par les juges, pour réparer le crime de *défloration*. Plusieurs anatomistes faisoient *de l'hymen* (terme d'anatomie) la véritable preuve de la virginité; persuadés que quand on ne le trouve point, il faut que la fille ait été deflorée.

Les anciens avoient tant de respect pour les vierges, qu'on ne les faisoit point mourir sans leur avoir auparavant ôté leur virginité. Tacite assure de la fille encore jeune de Séjan, que le bourreau la viola dans la prison avant que de la faire mourir. On attribue aux habitans de la côte de Malabar la bizarre coutume de payer des étrangers pour venir déflorer leurs femmes, c'est-à dire, en prendre la première fleur.

Chez les Ecossois, c'étoit un droit de seigneur de déflorer la nouvelle mariée; droit qui leur fut, dit-on, accordé par leur roi Evenus. On prétend que ce droit leur fut ôté par Malenne, qui permit qu'on s'en rachetât pour un certain prix qu'on appelloit *morchéta*, ou un certain nombre de vaches. Buchanan dit aussi qu'on s'en rachetoit pour un demi-marc d'argent.

Cette coutume a eu lieu dans la Flandre, dans la Frise & dans quelques lieux d'Allemagne, si l'on en croit différens auteurs.

Par la coutume d'Anjou & du Maine, une fille après vingt-cinq ans peut se faire déflorer, sans pouvoir être exhérédée par son père.

Ducange cite un arrêt du 19 mars 1409, obtenu

par les habitans d'Abbeville contre l'évêque d'Amiens, qui faisoit racheter pour une certaine somme d'argent la défense qu'il avoit faite de consommer le mariage les trois premieres nuits des noces: ce qui étoit fondé sur le quatrieme concile de Carthage, qui l'avoit ordonné pour la révérence de la bénédiction matrimoniale. *Chambers* (G.)

DEFTARDAR ou DEFTERDAR, s. m. (*hist. mod.*) surintendant des finances ou grand trésorier de l'empire ottoman. Ce nom est composé du mot *defter*, qui signifie, dans la langue turque, *cahier*, *mémoire*, &c. & qui, selon la conjecture très-vraisemblable du savant Mesgnien Meniski, est originairement un nom grec que les Turcs ont pris des peuples qu'ils ont conquis; car διφθέρα signifie *une peau* ou *parchemin* sur lequel on écrivoit anciennement. Le second mot dont *defterdar* est composé, est *dar*, nom turc & persan, qui signifie *qui prend*, *qui tient*; de sorte que *defterdar* signifie celui qui tient le livre de la recette & de la dépense du grand-seigneur.

Meninski l'appelle *supremus thesaurarius*, grand-trésorier, *præses cameræ*, comme qui diroit président de l'échiquier ou surintendant des financesde l'empire.

Le *defterdar*, ou, comme Vigenere l'appelle, *dephterderi*, est celui qui tient les rôles & les états de la milice & des finances, qui reçoit tous les revenus du grand-seigneur, qui paye les troupes, & qui fournit toute la dépense nécessaire pour les affaires publiques; & par-là cette charge est différente de celle du chasnadar, qui est seulement trésorier du sérail, au lieu que le *defterdar* l'est de l'état.

Il y a, suivant Ricaut, un *defterdar* dans chaque beglerbeglio ou gouvernement. Vigenere assure qu'il n'y en a que deux; l'un pour l'Europe & l'autre pour l'Asie. Le premier réside à Constantinople, & a sous lui deux commis généraux ou intendans; l'un pour la Hongrie, Valachie, Transilvanie, Croatie, Bulgarie, Servie, Bosnie, &c. l'autre pour la Grèce, la Morée & les isles de l'Archipel.

Chacun d'eux a autant d'agens qu'il y a de sangiackats dans sa province; & chacun de ceux-ci, autant de commis subalternes qu'il y a de sabassis dans le sangiackat, pour tenir un registre des timariots dans leur district. Le *defterdar* d'Asie a sous lui deux députés ou intendans généraux, l'un pour la Natolie, & l'autre pour la Syrie, l'Arabie & l'Egypte, qui ont pareillement plusieurs commis ou clercs comme ceux d'Europe. *Chambers.*

Autrefois le *defterdar* n'étoit point du nombre des grands de la Porte, & ne prenoit que le titre d'*effendi*, c'est-à-dire, *révérend*. Mais depuis que quelques *defterdars* se sont distingués par leur habileté dans le maniement des finances, & se sont rendus nécessaires à l'état & au grand-seigneur, on a honoré cet officier de la qualité de pacha. Il a séance au divan, & en tient un particulier dans son sérail pour ce qui concerne les finances. Cette place est ordinairement remplie par une créature du grand-visir. Sa charge est des plus considérables de l'état. Outre le détail de toutes les finances, il a encore soin des armées, des siéges & des travaux. Ses ordres sont par-tout exécutés comme ceux du sultan même; & il est ordinairement en bonne intelligence avec le grand-visir, qui procure souvent cette charge à un de ses amis. La suite de ses officiers & domestiques n'est guère moins grande que celle du grand-visir. (*G*) (*a*)

DEGRÉ (*Hist. mod.*), dans les universités, est une qualité que l'on confère aux étudians ou membres comme un témoignage du progrès qu'ils ont fait dans les arts & les facultés: cette qualité leur donne quelques priviléges, droits, préséances, *&c.*

Les *degrés* sont à-peu-près les mêmes dans toutes les universités: mais les règles pour les obtenir, & les exercices qui doivent les précéder, sont différens. Les *degrés*, sont ceux de bachelier, de licencié & de docteur. Nous ne parlerons ici que des formalités en usage dans l'université de Paris & dans celle d'Angleterre.

A Paris, après le *quinquennium* ou temps de cinq années d'études, dont deux ont été consacrées à la philosophie, & trois à la théologie, le candidat, déja reçu maître ès arts, & qui aspire au *degré* de bachelier, doit subir deux examens de quatre heures chacun, l'un sur la philosophie, l'autre sur la première partie de la somme de S. Thomas, & soutenir pendant six heures une thèse nommée *tentative*. S'il la soutient avec honneur, la faculté lui donne des lettres de bachelier. On en reçoit en tout temps, mais plus communément depuis la S. Martin jusqu'à pâques.

Le *degré* suivant est celui de licencié. La licence s'ouvre de deux ans en deux ans, & est précédée de deux examens pour chaque candidat sur la seconde & la troisième partie de S. Thomas, l'écriture sainte & l'histoire ecclésiastique. Dans le cours de ces deux ans, chaque bachelier est obligé d'assister à toutes les thèses sous peine d'amende, d'y argumenter souvent, & d'en soutenir trois, dont l'une se nomme *mineure ordinaire*: elle roule sur les sacremens & dure six heures. La seconde, qu'on appelle *majeure ordinaire*, dure dix heures, sa matière est la religion, l'écriture sainte, l'église, les conciles, & divers points de critique de l'histoire ecclésiastique. La troisième qu'on nomme *sorbonique*, parce qu'on la soutient toujours en sorbonne, traite des péchés, des vertus, des loix, de l'incarnation & de la grace; elle dure depuis six heures du matin jusqu'à six heures du soir. Ceux qui ont soutenu ces trois actes, & disputé aux thèses pendant ces deux années, pourvu qu'ils aient d'ailleurs

les

les suffrages des docteurs préposés à l'examen de leurs mœurs & de leur capacité, sont licentiés, c'est-à-dire, renvoyés du cours d'études, & reçoivent la bénédiction apostolique du chancelier de l'église de Paris.

Pour le *degré de docteur*, le licentié soutient un acte appellé *vesperie*, depuis trois heures après midi jusqu'à six : ce sont des docteurs qui disputent contre lui. Le lendemain, il préside dans la salle de l'archevêché de Paris à une thèse nommée *aulique ab aulâ*, du lieu où on la soutient. Après quoi il reçoit le bonnet de la main du chancelier de l'université, & six ans après, il est obligé de faire un acte qu'on nomme *resumpte*, c'est-à-dire, *récapitulation de tous les traités de théologie*, s'il veut jouir des droits & des émolumens attachés au doctorat.

Les facultés de droit & de médecine ont aussi leurs *degrés* de baccalauréat, de licence, & de doctorat, qu'on n'obtient qu'après des examens, des thèses; & pour ceux qui se destinent à être membres de ces facultés, quant aux fonctions académiques, par l'assiduité & l'argumentation fréquente aux actes publics. La faculté des arts ne reconnoît que deux *degrés*; savoir, de bachelier-ès-arts & de maître-ès-arts, qu'on acquiert par deux examens.

Dans les universités d'Angleterre, en chaque faculté, il n'y a que deux *degrés*; savoir, celui de bachelier & celui de docteur, qu'on appelloit anciennement *bachelier* & *maître* : & la faculté des arts n'en admet que deux, qui retiennent encore l'ancienne dénomination, savoir : *bachelier* & *maître*.

A Oxford, on ne donne les *degrés* de maître & de docteur qu'une fois l'an, savoir : le lundi après le sept juillet, & l'on fait pour cette cérémonie un acte solemnel.

Les frais du doctorat, dans toutes les facultés, se montent, tant en droits qu'en repas, à cent livres sterlings; & ceux de la maîtrise ès-arts, à vingt ou trente livres. On reçoit ordinairement, par an, environ cent cinquante docteurs & maîtres.

On ne donne le *degré* de bachelier qu'en carême, & l'on en fait ordinairement deux cent par an. Il faut quatre ans d'études pour prendre le *degré* de bachelier-ès-arts, & trois de plus, pour prendre celui de maître ès arts.

A Cambridge, les choses sont à-peu-près sur le même pied. La discipline y est seulement un peu plus sévère, & les exercices plus difficiles. L'ouverture de ces exercices, qui répond à l'acte d'Oxford, se fait le lundi qui précède le premier mardi de juillet. On prend les *degrés* de bachelier en carême, en commençant au mercredi des cendres.

Ceux qui veulent prendre le *degré* de bachelier-ès-arts, doivent avoir résidé près de quatre ans dans l'université; & sur la fin de ce temps, avoir soutenu des actes de philosophie, c'est-à-dire, avoir défendu trois questions, de philosophie naturelle, de mathématiques, ou de morale, & avoir répondu en deux différentes occasions aux objections de trois adversaires; ils doivent aussi avoir argumenté eux-mêmes trois fois. Après cela, le candidat est examiné par les maîtres & membres du collége, qui en font le rapport à l'université, & déclarent qu'il se présente pour recevoir les *degrés* dans les écoles. Il est ensuite sur les bancs pendant trois jours, afin d'y être examiné par deux maîtres-ès-arts députés à cet effet.

On ne donne le *degré* de maître ès-arts que plus de trois ans après celui de bachelier. Durant cet intervalle, le candidat est obligé de soutenir trois différentes fois deux questions philosophiques dans les écoles publiques, & de répondre aux objections que lui fait un maître-ès-arts; il doit aussi soutenir deux actes dans les écoles des bacheliers, & prononcer un discours.

Pour passer bachelier en théologie, il faut avoir été sept ans maître-ès-arts, avoir argumenté deux fois contre un bachelier, soutenu un acte de théologie, & prêché deux fois devant l'université, l'une en latin, & l'autre en anglois.

Il ne sera pas inutile de faire ici une observation en faveur des personnes qui confondent ces deux manières de parler, *avoir des grades & avoir des degrés*, qui pourtant signifient des choses très-différentes. *Avoir des grades*, c'est, en France, avoir droit à certains bénéfices, en vertu du temps des études faites dans une université où l'on a reçu le titre de *maître-ès-arts*; &, *avoir des degrés*, c'est être, outre cela, bachelier ou licentié, ou docteur. Dans la faculté de droit, *homme gradué* & *homme qui a des degrés*, sont des termes synonymes; c'est pourquoi l'on appelle *gradués* les avocats & autres officiers de judicature qui doivent être *licentiés ès loix*, pour opiner & juger dans les procès criminels. De même on peut avoir des *degrés*, & n'être point *gradué* avec *prétention aux bénéfices*, comme ces mêmes avocats qui ont les *degrés* de bacheliers & licentiés en droit, sans avoir passé maîtres ès-arts. (*G*).

DÉJOCÈS (*Hist. anc.*), premier roi des Mèdes, qui les affranchit du joug des assyriens, qui les gouverna long-temps comme une république, & sans autre titre que leur reconnoissance, jusqu'à ce que cette même reconnoissance lui déférât le titre de roi. Il bâtit Ecbatane, & fut le législateur de son pays; il régna cinquante-trois ans; & mourut l'an 656 avant J. C. Il paroît, par Hérodote, que *Déjocès* mit beaucoup d'adresse à se faire élire roi. D'autres attribuent l'affranchissement des Mèdes à Arbace leur gouverneur, qui réduisit Sardanapale à se brûler dans son palais; & qui fut, selon eux, le premier roi des Mèdes.

DÉJOTARUS (*Hist. rom.*). On connoît la belle oraison *de Cicéron* pour le roi *Déjotarus*, accusé par Castor, son petit-fils, d'avoir attenté à la vie de César. Comment ces accusations capitales d'un petit-fils contre un aïeul, étoient-elles admises sous un prince, destructeur, à la vérité, de la république, mais qui n'étoit, ni Tibère ni Néron? *Déjotarus* nommé par le sénat romain, roi de la Galatie & de l'Arménie mineure, avoit pris le parti du sénat, c'est-à-dire, de Pompée contre César. César, pour l'en punir lui avoit ôté une grande partie de ses états, il le tenoit prisonnier à sa suite & le menoit avec lui combattre ses ennemis, il survécut à César, & prit encore contre sa mémoire le parti de Brutus.

L'histoire a remarqué la conduite de Stratonice, ou Bérenice, femme de *Déjotarus*; elle étoit stérile & elle vouloit que son mari eût des enfans: elle lui présenta une esclave d'une grande beauté, nommée Electra; elle adopta les enfans qu'il en eut, conçut pour eux un amour de mère & les fit élever comme des princes destinés au trône.

Plutarque rapporte de cette reine qu'il appelle tantôt Stratonice, tantôt Bérénice, une chose, dont Bayle dit que les pyrrhoniens se servent; une femme de Lacédémone s'étant approchée d'elle, il arriva que, par un mouvement naturel, ces deux femmes détournèrent la tête en même-temps, la reine, parce qu'elle ne pouvoit souffrir l'odeur de beurre qu'exhaloit la Lacédémonienne, celle-ci, parce qu'elle ne pouvoit souffrir l'odeur des parfums.

DE LAUDUN (PIERRE) (*Hist. litt. mod.*), poëte françois, antérieur à la poésie françoise, auteur d'un art Poétique & d'une *franciade* dédiée à Henri IV, mourut en 1629.

DÉLIBÉRATIF (*Hist.*), *en termes de suffrages*, signifie le droit qu'une personne a de dire son avis dans une assemblée, & d'y voter. Les juges, dans les parlemens & autres cours, n'ont pas voix *délibérative* avant vingt-cinq ans pour les matières civiles, ni avant vingt-sept en matière criminelle, à moins d'une dispense d'âge accordée par le prince. Dans les conciles les évêques seuls ont voix *délibérative*, & les députés du second ordre n'ont que voix consultative. (*G*)

DÉLILERS, s. m. pl. (*Hist. mod.*), espèce de hussards turcs qu'on tire de la Servie, de la Bulgarie, & de la Croatie. Ce sont de vieux soldats robustes & expérimentés, fort adroits à manier le cimeterre qu'ils portent pendu à l'arçon de la selle. Ils sont armés d'ailleurs d'un bouclier & d'une lance plus longue & plus grosse que celles dont se servoient autrefois nos hommes d'armes. Ces soldats mettant, comme la plupart des Turcs, toute leur confiance dans la fortune, leur croyance sur la prédestination les rend comme furieux & hors de sens; & c'est de là qu'ils ont été nommés *délilers*, c'est-à-dire, *fous*, *insensés*. Autrefois ils fondoient sur l'ennemi, sans ordre ni discipline, & réussissoient quelquefois par cette fougue impétueuse. On les a depuis assujettis à des régles, qui semblent avoir diminué leur valeur.

Un bonnet de peau de léopard, dont les ailes leur battent sur les épaules, surmonté d'un grand vol d'aigle avec la queue suspendue à un fil de fer; de longues chausses de peau d'ours ou de loup, le poil en dehors, avec des éperons à la hongroise, longs d'un pied, & une veste de peau de lion forment leur habit militaire; leurs chevaux sont de même caparaçonnés de fourrures.

Les bachas, beglerbegs & autres principaux officiers, ont des *délilers* à leur solde quand ils vont à la guerre. Guer. *Mœurs des Turcs*, *tom. II*. (*G*)

DE LORME. *Voyez* LORME.

DELPHIDIUS (ATTIUS TIRO) (*Hist. rom.*) poëte & orateur, mais trop connu comme accusateur public. En 358, il accusoit de péculat devant Julien, alors César, depuis empereur, Numerius gouverneur de la Gaule Narbonnoise; celui-ci se contenta de nier les faits qu'on lui imputoit. *Quel coupable*, s'écria Numérius, *ne passera pas pour innocent, s'il suffit de nier? — Eh quel innocent*, répliqua Julien, *ne passera pas pour coupable, s'il suffit d'être accusé?*

DELRIO (MARTIN-ANTOINE) jésuite flamand (*Hist. litt. mod.*); ses *Disquisitiones magicæ* eurent du succès dans le temps. Il y a aussi de lui des commentaires sur divers livres de l'écriture, & sur les tragédies de Sénèque & quelques autres ouvrages. Mort en 1608.

DEMADES (*Hist. anc.*) célèbre orateur athénien, fut fait prisonnier des Macédoniens à la bataille de Chéronée, & voyant Philippe insulter à ses prisonniers, il lui dit: *la fortune t'avoit donné le rôle d'Agamemnon, pourquoi choisis-tu celui de Therfite?* On reprochoit à *Démades* d'être intéressé; on disoit qu'il étoit également impossible & de faire accepter des présens à Phocion, & d'en faire refuser à *Demades*.

DÉMARATE (*Hist. anc.*) fils d'Ariston, l'un des deux rois de Sparte, & son successeur au trône. Cléomène collègue de *Démarate* & son ennemi, ayant gagné la prêtresse de Delphes, fit rendre un faux oracle, qui déclaroit *Démarate* fils supposé d'Ariston, & comme tel, l'excluoit du trône. Outré de cette injure, *Démades* se bannit de sa patrie ou en fut banni, & se retira chez les Perses; Darius & après lui Xercès le comblèrent de biens & d'honneurs. *Comment un roi se laisse-t-il chasser de son trône & de son pays?* lui demandoit-on un jour en Perse, où l'autorité royale n'éprouvoit jamais de contradiction? *A Sparte*, dit-il, *la loi est plus forte que les rois.* Il fit voir aussi que dans l'ame d'un Spartiate la patrie étoit plus forte que les bienfaits d'une nation étrangère, il avertit ses concitoyens des préparatifs de guerre que Xercès faisoit contr'eux, *amicior patriæ post fugam quàm regis post beneficia*, dit Justin; mais il s'acquitta envers Xercès, en combattant avec courage les flatteries de ses courtisans, en lui annonçant ce que cet empire de la loi, si absolu chez les *Spartiates*, leur feroit entreprendre pour la défense de leur pays, & en osant lui prédire la défaite & la déroute de cette innombrable & impuissante armée, à laquelle il croyoit que rien ne pourroit résister. Sénèque dans son Traité des bienfaits, liv. 6, chap. 31, met à ce sujet dans la bouche de *Démarate* un discours plein de raison & d'éloquence. *Démarate* vivoit environ quatre siècles & demi avant J. C.

Un autre *Démarate* qui avoit quitté Corinthe sa patrie, en haine de la tyrannie, & étoit venu s'établir en Italie, fut père de Lucumon, dit Tarquin l'ancien, & aïeul de Tarquin, dit le superbe, tyran plus odieux que celui auquel *Démarate* avoit voulu échapper.

DÉMENTI, s. m. (*Hist. mod.*), reproche de mensonge & de fausseté fait à quelqu'un, en termes formels, & d'un ton qui n'est pas équivoque.

Le *démenti*, regardé depuis si long-temps comme une injure atroce entre les nobles, & même entre ceux qui ne le sont pas, mais qui tiennent un certain rang dans le monde, n'étoit pas envisagé par les Grecs & les Romains, du même œil que nous l'envisageons; ils se donnoient des *démentis* sans en recevoir d'affront, sans entrer en querelle pour ce genre de reproches, & sans qu'il tirât à aucune conséquence. Ils concevoient tout autrement leurs devoirs & leur point d'honneur. Si l'on recherche avec soin l'origine de nos principes sur cette matière, on trouvera cette origine dans l'institution du combat judiciaire, qui prit tant de faveur dans toute l'Europe, & qui étoit intimement lié aux coutumes & aux usages de la chevalerie; on trouvera, dis-je, cette origine dans les loix de ce combat, loix qui prévalurent sur les loix saliques, sur les loix romaines, & sur les capitulaires, loix qui s'établirent insensiblement dans le monde, sur-tout chez les peuples qui faisoient leur principale occupation des armes, loix, enfin, qui réduisirent toutes les actions civiles & criminelles en procédés & en faits, sur lesquels on combattoit pour la preuve.

Par l'ordonnance de l'empereur Othon II, de l'an 988, le combat judiciaire devint le privilège de la noblesse, & l'assurance de la propriété de ses héritages. Il arriva de là, qu'au commencement de la troisième race de nos rois, toutes les affaires étant gouvernées par le point d'honneur du combat, on en réduisit l'usage en principes & en corps complet de jurisprudence. En voici l'article le plus important qui se rapporte à mon sujet. L'accusateur commençoit par déclarer devant le juge qu'un tel avoit commis une telle action, & celui-ci répondoit qu'il en avoit menti: sur cela, le juge ordonnoit le combat judiciaire. Ainsi la maxime s'établit, que lorsqu'on avoit reçu un *démenti*, il falloit se battre. Pasquier, en confirmant ce fait (*liv. IV ch. j.*), observe que dans les jugemens qui permettoient le duel de son temps, il n'étoit plus question de crimes, mais seulement de se garantir d'un *démenti* quand il étoit donné: en quoi, dit-il, les affaires se sont tournées de telle façon, qu'au lieu que lorsque les anciens accusoient quelqu'un, le défendeur étoit tenu de proposer des défenses pour un *démenti*, sans perdre pour cela sa qualité de défendeur; au contraire, continue-t-il, si j'impute aujourd'hui quelque cas à un homme, & qu'il me démente, je demeure dès-lors offensé, & il faut que pour purger ce *démenti*, je demande le combat.

L'on voit donc que le *démenti* donné pour quelque cause que ce fût, a continué de passer pour une offense sanglante; & la chose est si vraie, qu'Alciat, dans son livre *de singulari certamine*, proposant cette question: si en donnant un *démenti* à quelqu'un, on ajoutoit ces mots, *sauf son honneur*, ou, *sans l'offenser*, le *démenti* cesse d'être injurieux; il décide que cette réserve n'efface point l'injure.

Enfin les loix pénales du *démenti*, établies sous Louis XIV, depuis la défense des duels, & plus encore l'inutilité de ces loix que personne ne réclame, prouvent assez la délicatesse toujours subsistante parmi nous, sur cet article du point d'honneur.

Je ne puis être de l'avis de Montagne, qui, cherchant pourquoi les François sont si sensibles au *démenti*, répond en ces termes: « Sur cela je trouve » qu'il est naturel de se défendre le plus des défauts » de quoi nous sommes le plus entachés; il semble » qu'en nous défendant de l'accusation, & nous en » émouvant, nous ne nous déchargeons aucunement de la coulpe: si nous l'avons par effet, au » moins nous la condamnons par apparence. Pour moi, j'estime que la vraie raison qui rend les François si délicats sur le *démenti*, c'est qu'il paroît envelopper l'idée de bassesse & de lâcheté de cœur. Il reste dans les mœurs des nations militaires, & dans la nôtre en particulier, des traces profondes de celles des anciens chevaliers, qui faisoient serment de tenir leur parole & de rendre un compte vrai de leurs avantures: ces traces ont laissé de fortes impressions, qui ne s'effaceront jamais; & si l'amour pour la vérité n'a point passé jusqu'à nous dans toute la pureté de l'âge d'or de la chevalerie, du moins a-t-il produit dans notre ame un tel mépris pour ceux qui mentent effrontément, que l'on continue par ce principe de regarder un *démenti* comme l'outrage le plus irréparable qu'un homme d'honneur puisse recevoir. *Article de M. le chevalier* DE JAUCOURT.

DÉMÉTRIUS, nom de plusieurs rois de Macédoine & de Syrie, de quelques grands ducs de Moscovie & de plusieurs imposteurs qui prétendirent l'être. Quelques particuliers, tels que *Démetrius* de Phalère, disciple de Théophraste & contemporain d'Alexandre & *Démetrius* Chalcondyle qui vivoit dans le quinzième & le seizième siècle, ont illustré ce nom par la philosophie & les lettres.

DEMI-CEINT, f. m. (*Hist. mod.*), ceinture faite de chaînons de métal, anciennement à l'usage des femmes. Il partoit à droite & à gauche du *demi-ceint*, d'autres chaînes pendantes avec des anneaux où l'on accrochoit les clefs, les ciseaux, les étuis, &c. Il y avoit des *demi-ceints* d'argent, de fer, de laiton, de cuivre, de plomb, d'étain, &c. Il y en avoit aussi d'argentés & de dorés.

DEMI-SCEAU, f. m. (*Hist. mod.*), c'est celui dont on se sert à la chancellerie d'Angleterre pour sceller les commissions des juges délégués sur un appel en matière ecclésiastique ou de marine. Nous n'avons rien en France qui ressemble à ce *demi-sceau*, ce seroit tout au plus la petite chancellerie du palais & près les autres parlemens du royaume, qui expédient & scellent des actes qui de droit ne vont point à la grande chancellerie; mais les actes s'expédient toujours sous les ordres du chancelier de France. (*G*) (*a*).

DÉMOCÈDE (*Hist. anc.*). L'histoire de ce médecin célèbre montre quel est l'empire naturel des talens. Il étoit de Crotone dans la grande Grèce. Traité sévérement par son père, il voulut se rendre indépendant & comprit qu'il ne pouvoit l'être que par le talent & par l'étude; il fit de grands progrès dans la médecine, & alla successivement offrir ses services aux Eginètes, aux Athéniens, puis à Polycrate, cet heureux tyran de Samos, dont la fin fut si malheureuse. Lorsque le Satrape Orètes, par un artifice criminel, eut surpris & fait pendre Polycrate, il retint *Démocède* comme esclave. Le Satrape étant tombé dans la disgrace de Darius, roi de Perse, son maître, fut tué par ordre de ce prince & ses biens furent confisqués. Ses esclaves passèrent au service du roi; de ce nombre étoit *Démocède*. Quelque temps après, le roi tomba de cheval à la chasse & se démit le pied; les médecins égyptiens dont il étoit entouré, le firent beaucoup souffrir & ne purent le guérir. On entendit parler de l'esclave *Démocède*, comme d'un médecin fort habile & qui avoit été très-utile à Polycrate, on le fit venir comme on le trouva, couvert de ses chaînes & en habit d'Esclave. Le roi lui demanda s'il étoit vrai qu'il eût des connoissances en médecine. *Démocède* n'avoit plus qu'un desir, celui de revoir sa patrie, il y songea dans ce moment; il craignit que s'il avouoit ses talens, on ne le retint en Perse, il nia qu'il eût la moindre connoissance dans ce genre, mais il n'en fut pas quitte pour nier; le roi comprit que le bruit qui étoit venu jusqu'à lui des talens de cet esclave, ne pouvoit pas être sans aucun fondement, il voulut savoir la vérité, il ordonna qu'on mit *Démocède* à la question, & il ne seroit pas impossible que Molière eût pris dans l'histoire véritable de ce médecin, la fable de son *médecin malgré lui*. *Démocède* avoua tout, & par des fomentations douces guérit le roi en peu de jours. Darius lui fit présent de deux paires de chaînes d'or; *ainsi*, lui dit *Démocède*, *vous doublez mon mal pour me récompenser d'avoir guéri le vôtre*. Ce mot, sans être fort plaisant, fit rire le roi, que ses sujets prenoient rarement la liberté de faire rire. Sa faveur fut au comble ainsi que sa fortune. Toutes les femmes du roi voulurent voir l'homme qui lui avoit rendu la santé & le comblèrent de présens.

Les médecins égyptiens qui n'avoient pas pu guérir le roi & qui avoient au contraire irrité & enflé son pied, furent condamnés à être pendus, *Démocède*, leur vainqueur, obtint leur grace, & fit comprendre à un despote, ce qui n'étoit pas aisé, que ce n'est pas en faisant mourir les mauvais médecins qu'on peut s'en procurer de bons.

Atosse fille de Cyrus, & l'une des femmes de Darius, avoit un cancer au sein, l'heureux *Démocède* la guérit encore, & lui demanda pour toute récompense la permission d'aller faire un voyage dans sa patrie. Atosse, qui avoit juré de ne lui rien refuser, songea seulement à tirer parti de ce voyage. Elle avoit beaucoup entendu parler des femmes d'Athènes, de Lacédémone, d'Argos, de Corinthe, elle voulut en avoir pour la servir, par conséquent, il falloit que Darius fit la conquête de la Grèce, & elle l'y exhorta; elle lui parla de *Démocède* comme d'un homme qui pouvoit servir à lui donner la connoissance du pays, & il fut convenu entre eux qu'on laisseroit aller *Démocède* en Grèce, mais dans la compagnie de quinze des principaux seigneurs de la cour du roi de Perse, qui feroient avec lui l'examen le plus exact des places maritimes & importantes de cette contrée, & qui sur-tout veilleroient avec le plus grand soin sur *Démocède*, pour empêcher qu'il ne s'échappât & le rameneroient avec eux en Perse, car *Démocède* n'étoit pas encore parvenu à faire entendre au despote que le moyen d'attirer d'habiles médecins étrangers dans son pays, n'étoit pas d'y retenir de force ceux qui vouloient en sortir.

Lorsque le roi fit partir *Démocède*, il lui expliqua ses intentions & le pria de revenir avec ceux qui alloient l'accompagner, il lui dit qu'il alloit faire charger sa galère de riches présens pour son père & ses frères; il ajouta: vous pouvez même emporter vos meubles pour les leur donner, nous ne vous en laisserons pas manquer à votre retour. Le prudent *Démocède*, sous prétexte de ne pas abuser des bontés du prince, refusa cette dernière grace, craignant que ce ne fût un piége qu'on lui rendit pour connoître s'il avoit ou non dessein de revenir. Tout se passa en Grèce, selon les desirs de Darius, mais lorsque de cette contrée, on se transporta dans la partie de l'Italie, appellée la grande Grèce, en arrivant à Tarente, les seigneurs persans furent pris pour ce qu'ils étoient, c'est-à-dire, pour des espions, on les arrêta : dans ce tumulte, *Démocède* leur échappa & s'enfuit à Crotone sa patrie : les seigneurs persans ayant été mis en liberté le réclamèrent, les Crotoniates refusèrent de livrer leur concitoyen : les Perses furent obligés de partir sans lui : « Assurez bien, leur » dit *Démocède*, le grand roi, de ma reconnois- » sance, & dites lui que je reste à Crotone pour » épouser la fille de l'Athlète Milon, dont le nom » lui est bien connu ».

DÉMOCHARÈS (*Hist. de Fr.*). Sous le règne de François II, l'inquisiteur de Mouchy, qui, selon la pédanterie du temps, se faisoit nommer *Démocharès*, & dont les espions se nommoient *mouchards*, nom resté, parmi le peuple, à cette dangereuse espèce d'hommes, exerçoit publiquement dans Paris les fonctions de son ministère, principalement contre les protestans.

DÉMOCRITE (*Histoire anc.*). Ses opinions appartiennent à l'histoire de la philosophie ancienne qui ne nous regarde pas, & d'ailleurs nous n'avons pas ses ouvrages, qui seuls pourroient nous les faire connoître d'une manière certaine, & nous mettre en état de juger s'il est vrai, comme le dit Cicéron, qu'Epicure n'ait fait qu'arroser ses petits jardins des eaux fournies par *Démocrite*, *cujus fontibus Epicurus hortulos suos irrigavit*. Il voyagea par-tout où il y avoit des sages & des savans à consulter : Il vit & consulta les prêtres d'Egypte, les savans d'Athènes, les philosophes de Perse, les Chaldéens; il alla même, dit-on, jusques dans l'Ethiopie & dans les Indes pour conférer avec les Gymnosophistes; il consuma dans ces courses un assez grand patrimoine, dont il ne prenoit d'ailleurs aucun soin, mais s'il rapporta la sagesse, n'étoit-il pas assez riche?

Ils demandèrent la sagesse,
C'est un trésor qui n'embarrasse point.

Les Abdéritains, ses compatriotes, le crurent fou & lui envoyèrent Hippocrate pour le guérir. (*Voyez* l'article ABDÈRE.) Ce fait est rapporté dans des lettres attribuées à *Démocrite*, mais les savans les croient fausses, cependant Diogène-Laërce parle de ce voyage d'Hippocrate à Abdère. Il rapporte aussi de *Démocrite* un trait assez semblable à celui de Sophocle que ses enfans vouloient faire interdire, & qui lut aux juges son *Œdipe à Colone*, production immortelle de sa vieillesse. La loi d'Abdère, dit-on, défendoit de se ruiner, *Démocrite* mis en justice, pour rendre compte de l'usage qu'il avoit fait de son bien, lut aux juges un de ses livres qui contenoit tout le fruit qu'il avoit recueilli de ses voyages : les juges en furent si charmés qu'ils le firent indemniser par le public de tous ses frais de voyages, qu'ils lui érigèrent des statues, & ordonnèrent qu'après sa mort le public se chargeroit de ses funérailles, article toujours important dans toute l'antiquité, mais qui étoit sur-tout ici d'une importance particulière, parce que c'étoit précisément de l'honneur d'être enterrés dans le tombeau de leur famille que la loi privoit ceux qui avoient dissipé leur patrimoine.

C'étoit dans les tombeaux que *Démocrite* s'enfermoit pour n'être point troublé dans ses méditations; on a même été jusqu'à dire que, dans ce dessein, il s'étoit crevé les yeux; mais comme l'obscurité des tombeaux produisoit l'effet de *l'excécation*, il y a beaucoup d'apparence qu'on disoit par métaphore qu'il s'étoit aveuglé volontairement. Pline le naturaliste rapporte, que *Démocrite* ayant prévu de fort loin par de certains rapports que ses connoissances en physique lui firent saisir, qu'une année seroit mauvaise pour les oliviers, acheta toute l'huile du pays à vil prix & fit un gain immense. On s'étonna que cet homme qui avoit tant négligé sa fortune, fût devenu tout d'un coup le plus avide & le plus riche des commerçans. J'ai voulu, dit-il, montrer qu'il ne me seroit pas difficile de m'enrichir, si j'estimois assez les richesses pour prendre la peine d'en amasser, & il remit aux marchands tout le gain qu'il avoit fait. Cicéron, *de divinat. L. 1, cap. 49*, rapporte la même chose de THALÈS.

Platon, selon Diogène-Laërce, étoit l'ennemi déclaré de *Démocrite*, & voulut anéantir ses livres. On remarque en effet, qu'ayant parlé de presque tous les anciens philosophes, il n'a jamais cité *Démocrite*, même en le réfutant.

Diodore de Sicile dit que *Démocrite* mourut âgé de 90 ans, la première année de la quatre-vingt-dixième Olympiade, qui tombe à l'an 420 avant J. C.

DEMONAX (*Hist. anc.*), philosophe Crétois, célébré par Lucien. Il pensoit, dit-on, comme Socrate, & vivoit comme Diogène : il prenoit de toutes les sectes ce qui lui convenoit, sans s'attacher à aucune.

Nullius addictus jurare in verba magistri.

Il menoit gaiement une vie assez triste, & se laissa gaiement mourir de faim, disant à ses amis & à ses disciples assemblés autour de son lit : *vous pouvez vous retirer, la farce est jouée*. Ce mot a aussi été attribué à Auguste, & Auguste est antérieur à *Démonax*, qui apparemment n'a voulu que faire une application d'un mot connu. *Démonax* vivoit sous l'empire d'Adrien, vers l'an 120 de J. C.

DEMOSTHÈNES (*Hist. anc.*). L'exemple de *Demosthènes* est le plus consolant qui puisse être cité à ceux dont les premiers pas, dans la carrière qu'ils ont choisie, ne sont pas heureux; c'est le plus encourageant qui puisse être proposé à ceux, en qui l'amour de la gloire & un travail opiniâtre trouvent de grandes difficultés à vaincre. *Démosthènes* étoit encore dans l'enfance, lorsqu'une cause importante, qui occupoit le barreau, & partageoit toute la ville, excita sa curiosité; il voulut l'aller entendre plaider. Témoin des succès de l'orateur Callistrate, qui gagna cette cause, des applaudissemens qu'il reçut, des honneurs dont on le combla, il sentit que rien n'égaloit la gloire d'un orateur, que rien n'étoit si doux que de persuader, & que l'empire de la parole étoit le premier des empires. Ce que les lauriers de Miltiade avoient été pour Thémistocle, ceux de Callistrate le furent pour *Démosthènes*, & de ce moment, le prince des orateurs grecs se déclara, par le desir seul de le devenir.

Mais il avoit à passer par des épreuves bien cruelles; impatient de s'élancer dans la carrière, il n'y fut connu d'abord que par des chûtes; tous les vices de prononciation, que des organes rebelles avoient pu lui donner, & qu'une éducation négligée avoit pu lui laisser, il les porta au barreau, & c'étoit le barreau d'Athènes; il ne pouvoit pas prononcer la lettre *r*, il bégayoit sur beaucoup de syllabes; sa voix foible, sa langue embarrassée, sa respiration difficile & gênée, l'obligeoient de couper désagréablement des périodes trop longues; il subit *le jugement superbe* de ces oreilles délicates, accoutumées aux sons les plus purs & à l'harmonie la plus savante, il fut sifflé, & pour comble de douleur, il jugea qu'il avoit mérité de l'être, que l'éloquence & la gloire n'étoient pour lui que de belles chimères, & qu'il devoit renoncer à un état dont en ce moment il croyoit se sentir incapable.

Un de ses juges qui, à travers ses défauts, avoit apperçu le germe de ses talens, lui rendit l'espérance & le courage qui ne demandoient qu'à rentrer dans son cœur; il reparut au barreau, & ne fut pas plus heureux.

Il retournoit chez lui, le découragement & le désespoir dans l'ame; il rencontra Satyrus, un des plus excellens acteurs du temps, & son ami. » *Que » vous êtes heureux!* lui dit-il, *& que ne donnerois- » je pas pour obtenir un seul des applaudissemens » qu'on vous prodigue* »! Plein de sa confusion & de sa disgrace, il ne put parler d'autre chose. Satyrus jugea, par sa sensibilité même, que rien n'étoit désespéré. Il l'accompagna chez lui. » Récitez-moi, lui dit-il, telles & telles scènes de Sophocle & d'Euripide; quand *Démosthènes* eut fini, *vous concevez bien ces morceaux*, lui dit Satyrus, *mais vous ne les exprimez pas*: Satyrus alors les déclama. *Démosthènes* l'ayant entendu, avoua, que pour lui, il n'avoit fait que rendre, encore très-imparfaitement, le sens général, & que Satyrus lui faisoit sentir avec finesse & avec force, une multitude de sens accessoires, sans compter la beauté des sons, & la grace d'une prononciation parfaite. Il comprit dès-lors toute l'étendue de cet art, qu'on appelle *action*; il vit tout ce qui lui manquoit, tout ce que la nature lui avoit refusé, tout ce que le travail & l'étude lui réservoient, il jura de l'acquérir, il voulut, & il réussit.

Il s'attacha d'abord à vaincre les difficultés de prononciation, par un exercice continuel, il ajouta ensuite aux difficultés, en se mettant des cailloux dans la bouche, & en s'exerçant à prononcer ainsi, avec autant de facilité, que si ses organes eussent été parfaitement libres; il apprit à suspendre sa respiration, en s'exerçant à prononcer à haute voix les périodes les plus longues, à varier les inflexions, à marquer la cadence des incises & le développement de la phrase entière, & cela en marchant, en courant, en montant, en gravissant contre des rochers escarpés.

Se rappellant sur-tout, combien les murmures du peuple & ses mouvemens tumultueux l'avoient troublé & effrayé dans ses premiers plaidoyers, il alloit sur le bord de la mer, dans le temps où elle étoit le plus agitée; là, il prononçoit ses harangues d'un ton ferme & inébranlable, luttant contre le sifflement des vents, le mugissement des flots, le fracas des tempêtes, & s'accoutumant à n'être ému de rien, & à triompher de tout.

C'étoit peu de parler avec force, il falloit parler avec grace; il falloit animer & mesurer les gestes, qui, dans un certain degré, ont tant d'expression, qui en-deçà, restent sans effet, qui au-delà, ont si souvent un effet désagréable. Baron, le Satyrus, l'Esopus & le Roscius du dernier siècle, Baron, modèle & oracle en ce genre, disoit que dans le geste ordinaire, les bras ne devoient point passer la hauteur de l'œil; *mais*, ajoutoit-il, *si la passion les porte au-dessus de la tête, laissez-la faire, la passion en sait plus que les règles*. Cependant, comme tout n'est point passion, c'est à la grace & à la décence à remplir les intervalles.

Oserons-nous le dire? un miroir fut le maître de *Démosthènes*, à cet égard, comme il l'est quelquefois, dit-on, des grands acteurs, & des jolies femmes: cette matière est plus sérieuse qu'on ne pense; quand on parle avec dénigrement des graces étudiées devant le miroir, on entend des graces qui paroissent étudiées, parce qu'elles ne l'ont pas été assez, qui conservent de l'affectation, & qui dès-lors ne sont plus, ou ne sont pas encore des graces. Les *précieuses* sont fort *ridicules*, sans doute, lorsqu'elles demandent *le conseiller des graces*, comme si c'étoit un mot d'un usage ordinaire, & que le domestique le plus ignorant dût entendre; mais c'est un mot plein de sens, & qu'un philosophe pouvoit avoir dit avec succès, en le plaçant bien; c'est de ce conseiller toujours sincère, qui ne déguise & n'excuse rien, que Baron avoit appris à charmer au théatre les femmes sensibles, & le Kain à dompter, comme *Démosthènes*, une nature ingrate & rebelle.

C'est *Démosthènes*, qui a dit que la premiere partie de l'éloquence, étoit *l'action*, la seconde, *l'action*, la troisiéme, *l'action*, & il avoit bien acquis le droit de parler ainsi; il s'étoit rendu dans ce genre, le plus éloquent, le plus entraînant de tous les orateurs. Eschine, son rival & son ennemi, qu'il avoit fait bannir d'Athènes par son éloquence, s'étoit retiré à Rhodes, où il avoit ouvert une école de rhétorique, que son nom a rendue long-temps célèbre; il aimoit à lire à ses disciples les deux fameuses oraisons rivales sur la couronne; on applaudissoit la sienne, mais on étoit transporté de celle de *Démosthènes*; *eh! que seroit-ce donc*, disoit Eschine, *si vous l'aviez entendu lui-même?* ou, comme d'autres traduisent, *si vous aviez entendu rugir le monstre*.

Ajoutons-ici un témoignage d'un autre genre, & plus flatteur, qu'Eschine rendit à *Démosthènes*, ajoutons que *Démosthènes*, vengé par un jugement public, du rival qui l'avoit injustement attaqué, loin de triompher de ce succès, courut après Eschine, le consola, le plaignit, lui offrit des secours & des soins; & que le dernier mot d'Eschine, en quittant Athènes, fut, *comment ne regretterois-je pas une patrie, où je laisse des ennemis plus généreux que je ne puis espérer de trouver ailleurs les amis mêmes!*

Les harangues de *Démosthènes*, quoique dépouillées de cette magie de l'action qu'il avoit poussée si loin, n'ont cessé de faire l'admiration de tous les siècles & d'être proposées aux orateurs, comme leur plus parfait modèle: aussi n'avoit-il pas moins fait pour l'éloquence de l'esprit, que pour celle du corps, pour la parole, que pour l'action. Démocrite s'enfermoit dans des tombeaux pour méditer, *Démosthènes* descendoit dans un cabinet souterrain, pour composer sans être importuné par le bruit, ni distrait par les objets extérieurs; là, il passoit des mois entiers sans sortir, & pour n'être pas tenté de rentrer dans le monde avant le temps, & de laisser ses travaux imparfaits, il se mettoit hors d'état de paroître, en se faisant raser la moitié de la tête. C'est dans cette retraite entiérement séparée du monde & inaccessible à tous, qu'à la lueur d'une lampe, il écrivoit ces harangues immortelles, dont ses ennemis & ses envieux disoient, *qu'elles sentoient l'huile*; « on ne fera pas, répliquoit-il, le » même reproche à vos productions légéres. » En général, le travail, loin d'ôter aux ouvrages l'air facile, contribue à le leur donner; c'est à force d'art, qu'on est parfaitement naturel, & *Démosthènes* étoit irréprochable à cet égard.

Tous les amateurs de l'éloquence se partagent entre lui & Cicéron, mais il y a ici une chose remarquable, c'est que ceux qui donnent la préférence à *Démosthènes*, osent insinuer, que Cicéron n'étoit pas éloquent, au-lieu que ceux qui préférent Cicéron, ne disent pas la même chose de *Démosthènes*. S'il n'y a qu'une éloquence, celle qui entraîne, *Démosthènes* seul est éloquent: s'il y en a plusieurs, si l'éloquence qui enchante a aussi ses droits; si l'esprit, la raison, le goût, le sentiment, les graces, la philosophie, les plus vastes connoissances, les plus pures lumières, les idées les plus morales, les plus riches développemens du style le plus parfait, ajoutent à l'éloquence & en font partie, qui pourra dire que Cicéron n'étoit pas éloquent?

C'étoit à Bossuet de préférer *Démosthènes*; Bossuet, que M. de Voltaire appelloit le seul françois éloquent, parmi tant d'écrivains élégans. Fénelon, médiocre dans l'éloquence qui entraîne, parfait comme Cicéron, dans celle qui enchante, avoit intérêt de préférer le genre où il avoit tant de supériorité; mais c'étoit une des perfections de Fénelon de savoir goûter le mérite qui avoit le moins de rapport avec le sien, & d'être désintéressé dans ses jugemens; il préfére *Démosthènes* à tout, & on n'a jamais ni plus favorablement jugé ce grand orateur, ni mieux caractérisé son éloquence.

» *Démosthènes*, dit-il, est trop vivement touché » des intérêts de sa patrie, pour s'amuser à tous » les jeux d'esprit d'Isocrate. . . . . Vous ne » sauriez le lire sans voir qu'il porte la république » dans le fond de son cœur. C'est la nature qui » parle elle-même dans ses transports. L'art y est » si achevé, qu'il n'y paroît point. . . . . *Démosthènes* paroît sortir de soi & ne voir que la patrie. » . . . Il est au-dessus de l'admiration. Il se sert » de la parole, comme un homme modeste de » son habit pour se couvrir. . . . . On ne peut » le critiquer parce qu'on est saisi. On pense aux » choses qu'il dit, & non à ses paroles. On le » perd de vue, on n'est occupé que de Philippe » qui envahit tout ».

Fénelon, dans le même endroit, dit de Cicéron, *il fait honneur à la parole*; mais son cœur est pour *Démosthènes*.

En général, c'est par les grands effets que l'éloquence de *Démosthènes* se distingue. *Isocrate*, disoit Philippe, *s'escrime avec le fleuret, Démosthènes se bat avec l'épée*. Aussi dans sa jeunesse avoit-il préféré aux leçons d'Isocrate, celles d'Isée, orateur impétueux, qu'on représente sous l'emblême des foudres ou des torrens.

Démosthènes, qui savoit inspirer tant de courage à ses concitoyens, avoit pris la fuite à la bataille de Chéronée; une statue de bronze que les Athéniens lui avoient érigée, portoit cette inscription: *Démosthènes, si ta valeur eût égalé ton éloquence, jamais le mars macédonien n'auroit triomphé de la Grèce*. C'étoit dans la tribune, qu'il étoit redoutable aux ennemis. On put dire de lui, ce que Brutus dit de Cicéron, dans *la Mort de César*:

> Cicéron . . . .
> Ne sert la liberté que par son éloquence;
> Hardi dans le sénat, foible dans le danger,
> Fait pour haranguer Rome, & non pour la venger.

Mais c'étoit beaucoup de haranguer Athènes; *le mars macédonien*, ce guerrier politique, qui, selon le conseil & l'expression d'un oracle, combattoit *avec des lances d'argent*, & ne regardoit comme imprenable, qu'une place où un mulet chargé d'or ne pouvoit pénétrer; qui par ses dons corrupteurs,

> Brisa les fiers remparts & les portes d'airain,
> Mit des superbes rois la dépouille en sa main.

> *Diffidit urbium*
> *Portas vir Macedo, & subruit æmulos*
> *Reges muneribus.*

& fit craindre à Aléxandre de n'avoir rien à conquérir; Philippe ne redoutoit que l'éloquence de *Démosthènes* & son ame incorruptible. Tout l'or de la Macédoine ne put le tenter; Aléxandre le trouva dans la suite moins infléxible; un présent qu'il crut pouvoir accepter de ce prince, qu'il regardoit comme le vengeur de la Grèce, le fit bannir d'Athènes pour un temps; il y revint, après la mort d'Aléxandre, toujours éloquent, toujours zélateur de la liberté des Grecs, toujours ennemi des Macédoniens; Antipater voulut se le faire livrer, comme Antoine dans la suite se fit livrer Cicéron; *Démosthènes* se voyant près de tomber entre les mains de ceux qui le poursuivoient, s'empoisonna, comme Annibal, pour échapper aux tyrans. Il mourut l'an 322 avant l'ère vulgaire.

DEMPSTER (THOMAS) (*Hist. litt. mod.*), docte gentil-homme Ecossois, mort en 1625, à Bologne en Italie, où il s'étoit fixé; il est auteur d'une histoire ecclésiastique d'Ecosse, d'un ouvrage intitulé: *de Etruriâ regali*; & d'une édition des antiquités Romaines de Rosin.

DENHAM (LE CHEVALIER JOHN) (*Hist. litt. mod.*), Irlandois, est au nombre des bons poëtes anglois. Joueur, il écrivit contre le jeu, comme notre Regnard, grand joueur, dit-on, a fait la comédie du *joueur*; mais c'est par sa tragédie du *sophi*, que le chevalier *Denham* est sur-tout célèbre. On a de lui de moindres morceaux de poésie, parmi lesquels on distingue sa *montagne de Cooper*, comme un beau morceau de poésie descriptive. Mort en 1668, enterré à Westminster.

DENISART (JEAN-BAPTISTE) (*Hist. litt. mod.*), procureur au châtelet de Paris, célèbre par sa *Collection de décisions nouvelles & de notions relatives à la jurisprudence actuelle*. On lui doit aussi une édition des *Actes de notoriété du Châtelet*. Mort en 1765.

DENNYS (JEAN) (*Hist. litt. mod.*) a été le zoïle anglois. Pope, qu'il décrioit, ainsi que tous les poëtes célèbres, (car dans tous les temps & dans tous les pays le métier des zoïles est de déchirer le talent & de flétrir la gloire) l'a placé dans sa dunciade; M. l'abbé Prévôt, en annonçant sa mort dans le *pour & contre*, tome 3, page 68, dit qu'il étoit aussi couvert de gloire & de blessures que peut l'être un critique qui n'a fait que mordre & recevoir des morsures. Mort à Londres le 17 décembre 1733.

DENTRECOLLES (FRANÇOIS-XAVIER) (*Hist. litt. mod.*), jésuite, missionnaire à la Chine, compagnon du P. Parennin. On a de lui plusieurs morceaux dans les *lettres édifiante & curieuses* des missionnaires jésuites, & dans l'histoire de la Chine du P. du Halde.

DENYS. (Il y a d'abord plusieurs saints de ce nom.)

1°. Saint DENYS l'aréopagite, auquel on a beaucoup attribué d'ouvrages qu'il n'a pas composés, (& qu'on a tous recueillis en deux volumes *in-fol.*) de miracles qu'il n'a point faits, & de reliques qui ne sont pas de lui. Il étoit un des juges de l'aréopage, il fut converti par saint Paul & fut fait évêque d'Athènes, on n'en sait pas d'avantage, & c'est beaucoup en savoir.

2°. Saint DENYS, évêque de Corinthe, au second siècle, dont Eusèbe nous a laissé des fragmens.

3°. Saint DENYS, premier Evêque de Paris, célébré comme martyr avec ses compagnons, Rustique & Eleuthère, l'un prêtre, l'autre diacre; tous trois eurent la tête tranchée dans la persécution de l'empereur Dèce, vers le milieu du troisième siècle. Il y a eu un temps, & ce temps a été long, où il ne faisoit pas sûr de distinguer St. *Denys* évêque de Paris, de Saint *Denys* l'aréopagite; plus d'un prétendu hérétique a été brûlé pour avoir nié l'identité de ces deux saints; la saine critique a triomphé enfin de toutes ces erreurs. Hilduin, abbé de saint *Denys* au neuvième siècle, est le premier qui ait voulu que son saint *Denys* fût l'aréopagite, & qui ait trouvé beau de lui faire porter sa tête entre ses mains. Ces deux idées avoient fait une grande fortune & dans l'église latine & dans l'église grecque; il n'y a pas aujourd'hui de légendaire assez intrépide dans sa crédulité pour oser les reproduire.

4°. Saint DENYS patriarche d'Aléxandrie en 247, mort en 264, & saint *Denys*, nommé pape le 22 juillet

juillet 259, mort le 26 décembre 269, sont célèbres par leurs combats contre l'hérésie de Sabellius.

Enfin saint DENYS, évêque de Milan vers le milieu du quatrième siècle, après avoir un peu varié dans l'affaire de l'arianisme, finit par souffrir l'exil pour la foi orthodoxe :

A la suite de ces saints évêques, on peut placer deux savans célèbres par leurs travaux ecclésiastiques.

1°. DENYS-LE-PETIT, ainsi nommé à cause de sa taille, étoit Scythe de naissance; mais il vivoit à Rome; c'est lui qui a, en quelque sorte, consacré la chronologie par la religion, en comptant le premier les années depuis la naissance de J. C., usage qui est devenu général, comme le plus convenable à des chrétiens; c'est ce qu'on appelle l'ère vulgaire; elle n'est cependant pas exactement l'ère chrétienne, elle la précède de quatre ans, mais elle en tient lieu, n'ayant été établie que parce qu'on l'a crue l'ère chrétienne. *Denys le-Petit* vivoit dans le sixième siècle, il mourut vers l'an 540. Cassiodore dit qu'il savoit si parfaitement le grec, qu'il lisoit couramment un livre grec en latin, & un livre latin en grec. Il avoit recueilli quelques décrétales des papes à la suite d'un *code de canons* approuvé & reçu par l'église de Rome, suivant le témoignage de Cassiodore, & par l'église de France & les autres églises latines, suivant Hincmar; cette collection de décrétales ne commençoit qu'à celles de saint Sirice, qui siégoit vers la fin du quatrième siècle; *Denys* n'avoit pu apparemment en trouver d'antérieures; les fausses décrétales, imaginées vers la fin du huitième siècle, sous le règne de Charlemagne, & sous le pontificat d'Adrien I, par Isidore Mercator, remontent à saint Clément, l'un des premiers successeurs de saint Pierre, & continuent sous ses successeurs jusqu'à saint Sylvestre, vers le commencement du quatrième siècle. Le faussaire avoit un dessein manifeste qui a très-bien réussi; c'est celui d'étendre la puissance des papes par l'exemple & l'autorité des premiers & des plus saints pontifes. Ces décrétales représentent comme ordinaires les appellations à Rome (*voyez* l'article CYPRIEN) (saint); elles défendent de tenir un concile sans la permission du pape, en un mot, elles font du pape le monarque & le despote de toutes les églises. Riculphe, archevêque de Mayence, répandit en France cette collection si funeste à la discipline de l'église; la supposition fut à peine soupçonnée d'abord, & ce qui augmenta encore l'autorité de ce recueil, c'est qu'il fut attribué à saint Isidore de Séville, qui vivoit dans le septième siècle: on voit par les écrits du célèbre Hincmar, qui vivoit dans le neuvième, qu'il étoit dans cette erreur avec tout son siècle. Le décret de Gratien cite les fausses décrétales comme un ouvrage authentique; elles ont passé pour vraies pendant huit cents ans, & n'ont été abandonnées que dans le dernier siècle, après que le savant Blondel eut mis dans tout leur jour les caractères manifestes de fausseté qu'elles offrent par-tout, & alors le mal qu'elles avoient pu faire étoit consacré par le temps.

2°. DENYS LE CHARTREUX, un des meilleurs auteurs mystiques, & dont le pape Eugène IV disoit *que l'église étoit heureuse d'avoir un tel fils*, fut surnommé le *Docteur extatique*; il faut croire qu'il écrivoit dans ses extases, si elles étoient longues & fréquentes, car ses œuvres ont été recueillies en vingt-un volumes *in-folio*. Il avoit un grand zèle pour la guerre contre les Turcs, qui, en effet, sembloient menacer alors la chrétienté d'une ruine entière & prochaine; & autant une croisade offensive étoit une folie romanesque & contraire au véritable esprit du christianisme, autant une croisade défensive auroit été une chose raisonnable & utile.

Denys fut quarante-huit ans chartreux à Ruremonde; il étoit né à Rikel, dans le diocèse de Liége; il mourut en 1471, âgé de soixante-neuf ans.

Denys est encore le nom de trois tyrans fameux, l'un d'Héraclée, dans le Pont, les deux autres, de Syracuse.

Le premier, qui étoit contemporain d'Alexandre & qui lui survécut, n'a eu de remarquable que sa taille colossale & monstrueuse, qui étoit telle, dit-on, qu'il n'osoit jamais se laisser voir en public. Il étoit si accablé sous le poids de la matière, qu'on ne pouvoit le réveiller qu'en lui enfonçant des aiguilles dans la chair. Il mourut l'an 340 avant J. C.

DENYS, DE SYRACUSE, dit l'Ancien. Toute république, toute société jalouse de sa liberté, doit sur-tout avoir pour suspects ces citoyens séditieux & turbulens, ces faux zélateurs, toujours prêts à se charger des intérêts publics & de l'honneur du corps, pour se rendre nécessaires & recommandables, toujours réclamant la liberté pour la détruire plus sûrement, pour ôter à l'autorité légitime tout moyen de les réprimer, opposant la règle & l'usage à toutes les vues de réforme utiles, & proposant sans cesse des innovations avilissantes & dangereuses, étouffant la voix de la raison par le cri du fanatisme, ennemis de l'ordre & de la paix, dont le trouble est le véritable élément, & qui le font naître par-tout autour d'eux. C'est de toutes les espèces de tyrans, la plus odieuse & la plus funeste. Tel fut Cromwel, tel avoit été le premier *Denys*, tyran de Syracuse. Simple particulier, simple greffier d'une ville libre, il osa envisager le rang suprême comme un but proposé à son adresse & à son audace; il crut qu'il ne s'agissoit que de tirer parti des conjonctures. Les Carthaginois venoient de prendre Agrigente, la Sicile étoit consternée, on imputoit cette perte aux Syracusains, qui avoient, dit-on, trop lentement & trop foiblement secouru les Agrigentins; *Denys*, à cette occasion, déclama contre les magistrats de Syracuse avec tant d'audace, de force & de persévérance, qu'il les fit déposer; & comme en pareil cas l'autorité passe à celui qui a renversé celle qui existoit, *Denys* se vit à la tête des nouveaux magistrats.

Le même prétexte lui servit pour joindre la puissance militaire à l'autorité civile: les chefs de l'armée avoient trahi la république & sacrifié les intérêts de la Sicile & de la Grèce, il les fait casser, & en même temps il fait doubler la paie des soldats, il rappelle les exilés, l'assemblée est remplie de ses créatures; on étoit toujours pressé & menacé par les Carthaginois, on se ressouvient que dans des conjonctures à peu près pareilles, Gelon, élu généralissime, comme chez les Romains on nommoit un dictateur dans les temps difficiles, avoit taillé en pièces trois cent mille Carthaginois auprès d'Himère, on nomme *Denys* généralissime avec un pouvoir absolu.

Bientôt une fausse conjuration, un faux projet d'assassinat de la part des magistrats & des commandans déposés, de faux dangers auxquels *Denys* prétendit avoir échappé avec peine, lui servirent de prétexte pour obtenir une garde; c'étoit par le même artifice, familier à tous les tyrans anciens & modernes, que Pisistrate avoit obtenu à Athènes la même faveur; il change tout alors dans l'armée & dans le gouvernement, toutes les places sont occupées par ses amis & ses partisans, & la tyrannie étoit affermie sur des fondemens inébranlables, lorsqu'on commençoit à soupçonner à Syracuse, qu'on avoit réuni dans la main d'un seul homme, plus de pouvoir qu'il ne convenoit à un état libre.

Alors il y eut des complots réels & des réclamations éclatantes en faveur de la liberté. Un citoyen généreux, nommé Théodore, entendant *Denys* parler en public, de victoires remportées sur les Carthaginois, & d'espérances d'une paix prochaine, lui dit, aussi en public: « la paix ne » fait que le second de nos vœux & de nos » besoins; la liberté est le premier; quand nous » la rendrez-vous? » *Denys* éluda la question, & s'attachant à inspirer, tantôt la crainte par des vengeances cruelles, tantôt la bienveillance par une grande popularité, tantôt la confiance par une application continuelle aux soins du gouvernement, tantôt l'estime par des talens distingués, il parvint à conserver pendant trente-huit ans l'autorité souveraine, & à la transmettre sans contradiction à un fils incapable, comme Cromwel transmit le protectorat d'Angleterre à Richard, son fils. Sa vie est un mélange de vices qui font horreur, & de vertus qui excitent l'admiration, & l'on voit aussi le mélange de ces deux sentimens dans la conduite de ceux qui ont à traiter avec lui.

Nous avons vu dans l'article *Damoclès*, que *Denys* sentoit tout le malheur de son état; nous avons vu dans l'article *Damon*, qu'il sentoit tout le prix de la vertu. Si son état avoit des peines cruelles, il avoit aussi des avantages; Denys ne fut pas insensible au privilége de se mettre au-dessus des loix. Il épousa deux femmes à la fois, une étrangère, une Locrienne, nommée Doride, une citoyenne nommée Aristomaque, fille d'Hipparinus, & sœur de Dion. Il les aima toutes deux également, les respecta, les fit respecter à sa nation, & fut aussi bon mari que peut l'être un bigame.

Il s'étoit d'abord adressé aux habitans de la ville de Rhège, pour obtenir la femme étrangère qu'il vouloit épouser; leur réponse avoit été, qu'ils n'avoient que la fille du bourreau à donner à un tyran. *Denys* assiégea Rhège; le siége dura près d'un an, *Denys* y fut blessé. Les Grecs d'Italie avoient pris le parti de Rhège, il remporta sur eux une grande victoire, fit plus de dix mille prisonniers, qu'il renvoya sans rançon pour détacher les Grecs de l'alliance de Rhège; il prit enfin cette ville, par famine, & trouva toutes les rues remplies de cadavres que la faim avoit consumés; il prit vivant, Phyton, commandant de la garnison; il le fit attacher au haut d'une machine, pour le donner en spectacle à l'armée de Syracuse; là, il lui fit dire que son fils avoit été jetté dans la mer: il a été plus heureux que moi d'un jour, répondit Phyton; il le fit ensuite détacher, promener ignominieusement dans toute la ville, battre de verges, rassasier de supplices & d'opprobres qu'il vouloit encore prolonger; mais s'appercevant que ce spectacle révoltoit son armée, & entendant déja ces murmures qui menacent les tyrans, il se hâta de lui donner, dans la mer, le même tombeau qu'à son fils.

Tantôt on pouvoit tout dire impunément à *Denys*, tantôt un seul mot hasardé coûtoit la vie. Un jour il faisoit des plaisanteries sur Gélon, qui avoit été avant lui, tyran de Syracuse, mais tyran aimable & aimé; *Denys* jouant sur ce nom de Gélon, qui signifie ris ou risée, disoit qu'il avoit été la risée de la Sicile. Respectez-le, lui dit Dion, vous lui avez l'obligation de régner; on se fie à vous à cause de Gélon; mais à cause de vous, on ne se fiera plus à personne: Alexandre, pour bien moins, avoit tué Clitus. *Denys* prit cette leçon en bonne part.

Thesta, sa sœur, lui en fit une plus forte encore. Polyxène, son mari, redoutant la vengeance du tyran, qu'il avoit peut être allumée par quelque conjuration, s'étoit enfui secrètement de la Sicile, ce qui annonçoit au public une mésintelligence marquée dans la maison de *Denys*; celui-ci fit des reproches à sa sœur, de ce que n'ayant pu ignorer le projet de cette fuite, elle ne l'en avoit pas averti. Tu vois bien, lui dit-elle, que je l'ai ignoré, puisque je n'ai pas suivi mon mari; ne serois-je pas plus heureuse & plus fière d'être appellée par-tout la femme de Polyxène banni, que d'être appellée ici la sœur du tyran? Non seulement *Denys* ne lui témoigna point de ressentiment, mais il laissa même éclater son admiration, & dit comme César:

> O courage héroïque!
> Que ne puis-je à ce point aimer ma république!

Au contraire, il fit périr Antiphon, parce qu'ayant demandé un jour, quelle étoit la meilleure espèce d'airain, Antiphon avoit répondu que c'étoit celle dont on avoit fait les statues d'Harmodius & d'Aristogiton. On sait que ces deux Athéniens avoient fait cesser la tyrannie des Pisistratides & remis Athènes en liberté. Son barbier ayant fait la plaisanterie de dire qu'il portoit plusieurs fois par semaine, le rasoir sous la gorge du tyran, *Denys*, persuadé qu'il avoit été tenté de profiter de l'occasion, le fit aussi mourir, & pour ne plus confier sa tête à un barbier, il voulut que ses filles apprissent à le raser.

> *Qui tribus anticyris caput insanabile nunquam*
> *Tonsori Licino commiserit.*

Dans la suite, se défiant même de ses filles, ou au moins du rasoir, il se faisoit brûler la barbe & les cheveux avec des coquilles de noix allumées: d'abord il employoit ses filles à ce ministère, ensuite il ne voulut plus s'en fier qu'à lui-même. Son lit étoit placé dans une espèce d'isle, environnée d'un fossé large & profond; on n'y arrivoit que par un pont-levis qu'il levoit toutes les nuits. S'il alloit chez ses femmes, ce n'étoit qu'après avoir fait fouiller par-tout avec grand soin. Son frère, ni son fils même, n'entroient dans sa chambre, qu'après avoir changé d'habits, & après avoir été exactement visités par les gardes. Et les gardes mêmes, comment s'y fioit-il? pour pouvoir défendre, il faut qu'ils soient armés, & ne peuvent-ils pas attaquer?

Denys portoit sous sa robe une cuirasse d'airain, il sortoit rarement, & quand il croyoit devoir haranguer le peuple, c'étoit du haut d'une tour; pour être invulnérable, il se rendoit inaccessible.

> Tant de précautions contre mon jour fatal
> Me rendroient méprisable & me défendroient mal,

dit César; *Denys* même pensoit quelquefois ainsi; on le voyoit abjurer ses précautions & ses craintes, converser librement avec le peuple & devenir accessible jusqu'à la familiarité. Il est quelquefois si différent de lui-même, qu'on pourroit croire que sa vie a été écrite sur les mémoires contradictoires de ses amis & de ses ennemis.

Denys se piquoit, comme Néron, d'exceller dans la poésie, & cette idée étoit très-accueillie par ses flatteurs. Philoxène, grand poëte & nullement flatteur, consulté par le tyran, sur quelques vers, lui en parla avec la même franchise qu'Alceste parle à Oronte, des siens; le tyran irrité l'envoya aux carrières, c'étoit la prison publique. Au bout de quelque temps, le croyant corrigé, ou croyant avoir mieux fait, il lui lut d'autres vers: Philoxène se tournant du côté des gardes, dit, pour toute réponse & pour tout jugement: *qu'on me remène aux carrières. Denys* trouva la plaisanterie si bonne, qu'il ne put s'empêcher d'en rire, & reçut en grace Philoxène, qui, de son côté, rabattit quelque chose de sa franchise: c'est ce même Philoxène, qui étant à la table de *Denys*, & voyant qu'on ne lui servoit qu'un petit poisson, tandis qu'il y en avoit un gros devant *Denys*, fit la plaisanterie beaucoup moins bonne, dont la Fontaine n'a pas dédaigné de faire le sujet de sa fable intitulée: *Le rieur & les poissons*, quoiqu'il jugeât lui-même cette plaisanterie assez insipide.

Denys disputa jusqu'à deux fois aux jeux olympiques, le prix de poésie & celui de la course des chars; ses chars furent brisés, ses vers furent sifflés, ses flatteurs l'assurèrent qu'on n'avoit point de goût à Olympie. & ce qu'il y a de singulier, c'est que les flatteurs n'avoient peut-être pas tort, car *Denys* remporta le prix de poésie à Athènes, où étoient certainement les meilleurs juges en ce genre. Dans le transport de sa joie, il donna des fêtes & des festins où il gagna une indigestion, dont il mourut l'an 372, avant J. C., les médecins ayant, dit-on, un peu chargé la dose de l'opium qu'ils lui donnoient pour appaiser ses douleurs.

Denys l'ancien est un des impies du paganisme; il pilloit les temples & insultoit aux dieux: retournant à Syracuse, par un vent favorable, après avoir pillé le temple de Proserpine, à Locres: *vous voyez*, dit-il, *que les dieux immortels n'ont point de rancune, ils favorisent la navigation des sacriléges.* Il fit ôter à Jupiter un manteau d'or massif, offrande du tyran Hiéron, en disant que ce manteau étoit bien lourd en été, bien froid en hiver, & il en fit mettre un de laine, qui sera bon, dit-il, en toute saison.

Il ôta aussi à l'Esculape d'Épidaure, sa barbe d'or, en disant: *Apollon, ton père, n'en a point.* Des tables d'argent, placées dans divers temples, portoient cette inscription antique: *aux dieux bons.* Profitons, dit-il, *de leur bonté*, & il fit enlever ces tables.

Denys crut pouvoir marier ensemble les enfans de ses deux femmes. *Denys*, le jeune, fils aîné de la Locrienne, épousa Sophrosine, fille d'aristomaque; Arète fut aussi unie à un de ses frères, après la mort duquel elle épousa Dion, qui devint ainsi doublement beau-frère de *Denys* le jeune, l'ayant été de *Denys* l'ancien.

Dion étoit le plus brave & le plus sage des Syracusains, le plus tendre ami & le disciple le plus zélé de Platon, qui lui rend le témoignage, qu'il n'avoit jamais vu un jeune homme sur qui ses discours eussent fait une impression si prompte & si profonde, & qui eût saisi avec tant de vivacité, tous ses principes. On ne lui reprochoit qu'un maintien grave & sévère, déplacé à la cour, dont Platon lui-même lui faisoit la guerre, & voulut en vain le corriger. Un disciple de Platon, devoit haïr la tyrannie; mais Dion étoit cher au tyran, son beau-frère (c'est de *Denys*, l'ancien, que nous parlons), il crut qu'il en vaudroit mieux, quand il auroit entendu Platon, & que cet homme divin enflammeroit *Denys*, comme lui, de l'amour de la sagesse & de la vertu, il ménagea entre ces deux hommes, une entrevue qui ne produisit rien. Il espéra réussir mieux auprès du jeune *Denys*. Ce prince, sans caractère & sans talens, avoit été élevé par *Denys*, comme Charles VIII le fut par Louis XI, c'est-à-dire, qu'il avoit été enfermé & privé de toute instruction, par l'effet de cette sombre défiance, qui fait craindre aux tyrans, jusqu'à leurs enfans. Les leçons de Platon étoient, sans doute, ce qu'il y avoit de plus propre à corriger cette mauvaise éducation. Appellé par Dion, il vint à la cour du jeune *Denys*, qui s'enflamma pour lui d'une amitié que Plutarque appelle un *amour tyrannique*. Cet attachement bizarre & pareil à celui que Louis XIII eut dans la suite pour ses favoris, avoit tous les caractères de la passion & de la jalousie, il vouloit occuper seul Platon tout entier, règner seul sur son esprit & sur son ame, en être seul estimé & aimé; il étoit sur-tout jaloux de Dion. Il combloit Platon de respects & d'honneurs, il adoptoit tous ses principes, il mettoit à ses pieds ses trésors, son autorité, tout, pourvu seulement que Platon consentit à l'aimer plus que Dion; c'étoit ensuite comme dans l'amour, des reproches, des menaces, des scènes d'emportement & de fureur que suivoient à l'instant le repentir, les larmes, les plus tendres supplications.

Platon étoit à peine arrivé, que les courtisans virent avec effroi l'effet de ses leçons. Les mots de *tyran* & de *tyrannie* n'avoient rien d'injurieux, & signifioient seulement roi & royauté; mais Platon en avoit flétri l'idée dans l'esprit de *Denys*. Ce prince entendant le héraut, dans une solemnité, demander, selon l'usage, qu'il plût aux dieux de maintenir la tyrannie & de conserver le tyran, s'écria tout haut : *ne cesseras-tu point de me maudire?* Ce mot fit craindre aux courtisans, une abdication, ils unirent leurs efforts & leurs intrigues, ils opposèrent à Platon & à Dion, l'historien Philiste, dont il ne nous reste rien, mais que Cicéron appelle le petit Thucydide, *penè pusillus Thucydides*, ils entraînèrent aisément le prince dans le vice & dans les voluptés, mais son cœur étoit toujours pour Platon. De ces passions, de ces combats, de cette manière folle d'aimer un sage, il résulta de grands orages, *Denys* chassa Dion, retint ses biens, lui enleva Arète, sa femme, & l'obligea d'épouser un autre homme. Platon, renvoyé, rappellé, outragé, emprisonné, livré aux entreprises & aux attentats de ses ennemis, fut enfin délivré par le célèbre philosophe Architas (*voyez* son article), qui le réclama au nom de tous les philosophes, *Denys* n'osa le retenir. Dion, fidèle aux leçons de la sagesse, dévora ses affronts, s'interdit la vengeance, voyagea dans la Grèce, pour s'instruire & se rendre meilleur; mais dans la suite, rappellé par les Syracusains, à qui le joug du tyran étoit devenu insupportable, il vint briser ce joug & rendre la liberté à Syracuse, à travers mille périls & mille obstacles; il eut à combattre & *Denys* & les Carthaginois, & l'inconstance des Syracusains, il triompha de tout. Platon lui mandoit que la terre entière avoit les yeux attachés sur lui seul; mais il jouit peu de ses succès, un traître ami, nommé Callippe, l'assassina pour regner à son tour. Hipparinus, frère de *Denys*, chassa Callippe, & régna quelque temps, *Denys*, lui-même, remonta sur le trône; un Icetas voulut aussi règner, les tyrans se multiplièrent. Enfin, Timoléon de Corinthe (*voyez* TIMOLÉON), implacable ennemi de la tyrannie, acheva l'ouvrage de Dion, & chassa tous les tyrans, non-seulement de Syracuse, mais de toute la Sicile. Ce fut alors, dit-on, que *Denys*, pour être encore un peu tyran, se fit maître d'école à Corinthe. Il étoit sans talens & sans vertus, mais non pas sans esprit. Pendant son séjour à Corinthe, quelqu'un lui demandant, pour l'insulter, à quoi lui avoit servi toute la sagesse de Platon? *à supporter ma disgrace, même après l'avoir méritée*, répondit-il. Philippe de Macédoine, parlant avec dénigrement du goût de *Denys* l'ancien pour la poésie, & demandant ironiquement à *Denys* le jeune, quel temps son père pouvoit employer à faire des vers? *le temps*, répondit *Denys*, *que vous & moi avons perdu à ne rien faire ou à faire du mal.* C'est en substance le compte que rend Cicéron, du temps qu'il donnoit à l'étude des belles-lettres.

Nam quis me reprehendat aut quis mihi jure succenseat, si quantùm cæteris ad suas res obeundas, quantùm ad festos dies ludorum celebrandos, quantùm ad alias voluptates & ad ipsam requiem animi & corporis conceditur temporis, quantùm alii tribuunt intempestivis conviviis, quantùm denique aleæ, quantùm pilæ, tantùm egomet mihi ad hæc studia recolenda sumpsero?

Le dernier détrônement de *Denys* le jeune, tombe à l'an 347 avant J. C., le reste de sa vie est ignoré.

DENYS D'HALICARNASSE (*Hist. litt. anc.*), ainsi nommé, parce qu'il étoit, aussi bien qu'Hérodote, d'Halicarnasse, ville de Carie, écrivain si célèbre, qu'il suffit de rappeller ici le titre de ses ouvrages ; ce sont les *Antiquités Romaines*, en vingt livres, dont il ne nous reste que les onze premiers, qui vont jusqu'à l'an 312 de la fondation de Rome. L'abbé Bellenger, docteur de Sorbonne (*voyez* son article) & le P. le Jay, jésuite, en ont donné chacun une traduction, des *Comparaisons de quelques anciens historiens*, & un traité très-estimé, *De la construction Oratoire*. L'histoire romaine a été fort bien écrite par des auteurs Grecs, *Denys* d'Halicarnasse & Polybe, avant de l'être par Tite-Live. *Denys* d'Halicarnasse vivoit du temps de César & d'Auguste; il passa vingt-deux ans à Rome pour composer son histoire.

DÉODANDE (*Hist. mod.*), en Angleterre est un animal ou une chose inanimée, confiscable en quelque sorte au profit de Dieu, pour l'expiation du malheureux accident qu'elle a causé en tuant un homme sans qu'aucune créature humaine y ait aucunement contribué.

Si par exemple un cheval donne à son maître, ou à son palefrenier, un coup de pied qui le tue; si un homme, conduisant une charrette, tombe dessous, & que la roue passe sur lui & l'écrase; si un bucheron, abattant un arbre, crie à ceux qui se trouvent là de se ranger, & que nonobstant cette précaution, l'arbre, tombant, écrase quelqu'un : dans chacun de ces trois cas, le cheval, ou la charrette & les chevaux, ou l'arbre, seront *deodandes* (deodanda), c'est-à-dire, seront confiscables au profit de Dieu; en conséquence de quoi, le roi s'en saisira, & en fera distribuer le prix par ses aumôniers, pour l'expiation de ce malheureux accident, quoique causé par un animal sans raison, ou même par un corps inanimé; & cela en vertu de cette loi : *Omnia quæ movent ad mortem sunt deodanda*, c'est-à-dire, que « tout ce qui, par son » mouvement, a donné la mort à un homme, doit » être dévoué à Dieu ».

Il paroît que cette loi a été dressée à l'imitation de celle de l'Exode, *chap. xxj*, où on lit que « si » un bœuf frappe de sa corne un homme ou une » femme & qu'ils en meurent, on le lapidera & » on n'en mangera pas la chair, au moyen de quoi » le maître de l'animal sera innocent de cet acci» dent ».

On lit dans le Fleta, que le *deodande* doit être vendu, & que le prix en doit être distribué aux pauvres pour l'ame du roi, celles de ses ancêtres, & de tous les fidèles trépassés. L'auteur du Fleta n'a pas sans doute entendu que l'ame de celui qui a été tué par le *deodande*, n'eût pas de part aux prières. *Chambers* (*G*).

DÉPÊCHES, sub. f. (*Hist. mod.*), lettre d'affaire qu'on envoie en diligence par un courier exprès pour quelque affaire d'état, ou quelqu'autre chose importante.

Ce sont les secrétaires d'état ou leurs commis qui sont chargés des *dépêches*. Le roi donne ses ordres à ses ministres qui sont dans les pays étrangers, par *dépêches*.

En Allemagne, ces sortes de couriers se nomment *estafettes*; ils ont la livrée de l'empereur, l'on est obligé dans toutes les postes de les monter, & ils vont seuls sans postillon.

Le mot de *dépêches* se dit aussi pour le paquet même qui contient ces sortes de lettres; mais alors il n'a point de singulier. C'est dans ce sens qu'on dit : *le courier a rendu ses dépêches*.

Les François ont eu, sous Louis XIV, un conseil de *dépêches*, auquel assistoient M. le dauphin, le duc d'Orléans, le chancelier, & les quatre secrétaires d'état. Ce conseil subsiste encore aujourd'hui sous le même titre.

En Espagne, le secrétaire d'état, chargé du département des affaires étrangères, est appellé le secrétaire des *dépêches* universelles, *del despacho universal*. (*G*)

DÉPUTATION, s. f. (*Hist. mod.*), est l'envoi de quelques personnes choisies d'une compagnie ou d'un corps, vers un prince ou à une assemblée, pour traiter en leur nom ou poursuivre quelque affaire.

Les *députations* sont plus ou moins solemnelles, suivant la qualité des personnes à qui on les fait, & les affaires qui en sont l'objet.

Le mot *députation* ne peut point être proprement appliqué à une seule personne envoyée auprès d'une autre pour exécuter quelque commission, mais seulement lorsqu'il s'agit d'un corps. Le parlement en Angleterre *députe* un orateur & six membres pour présenter ses adresses au roi. Le chapitre *députe* deux chanoines pour solliciter ses affaires au conseil.

En France, l'assemblée du clergé nomme des *députés* pour complimenter le roi. Le parlement fait aussi par *députés* ses remontrances au souverain; & les pays d'états, Languedoc, Bourgogne, Artois, Flandres, Bretagne, &c. font une *députation* vers le roi à la fin de chaque assemblée. *Chambers* (*G*)

DÉPUTATION, (*Hist. mod.*), sorte d'assemblée des états de l'empire, différente des diètes. C'est un congrès où les députés ou commissaires des princes & états de l'empire discutent, règlent & concluent les choses qui leur ont été renvoyées par une diète; ce qui se fait aussi quand l'électeur de Mayence, au nom de l'empereur, convoque les députés de l'empire, à la prière des directeurs d'un ou de plusieurs cercles, pour donner ordre à des affaires, ou pour assoupir des contestations auxquelles ils ne sont pas eux-mêmes en état de remédier.

Cette *députation* ou forme de régler les affaires, fut instituée par les états à la diète d'Ausbourg en 1555. On y nomma alors pour commissaires perpétuels celui que l'empereur y enverroit, les députés de chaque électeur, excepté celui du roi de Bohême, parce qu'il ne prenoit part aux affaires de l'empire, qu'en ce qui concernoit l'élection d'un empereur ou d'un roi des Romains; mais les choses ont changé à cet égard depuis l'empereur Joseph. On y admet aussi ceux de divers princes, prélats & villes impériales. Chaque député donne son avis à part, soit qu'il soit de la chambre des électeurs, ou de celle des princes. Que si les suffrages de l'une & de l'autre chambre s'accordent avec celui du commissaire de l'empereur, alors on conclut, & l'on forme un résultat qu'on nomme *constitution;* comme on fait dans les diètes; mais une seule chambre qui s'accorde avec le commissaire de l'empereur, ne peut pas faire une conclusion, si l'autre est d'un avis contraire. Heiss. *Hist. de l'empire, tome III* (*G*).

DÉPUTÉ, AMBASSADEUR, ENVOYÉ. L'*ambassadeur* & l'*envoyé* parlent au nom d'un souverain, dont l'*ambassadeur* représente la personne, & dont l'*envoyé* n'explique que les sentimens. Le *député* n'est que l'interprète & le représentant d'un corps particulier, ou d'une société subalterne. Le titre d'*ambassadeur* se presente à notre esprit avec l'idée de magnificence; celui d'*envoyé*, avec l'idée d'habileté; & celui de *député*, avec l'idée d'élection. On dit le *député* d'un chapitre, l'*envoyé* d'une république, l'*ambassadeur* d'un souverain.

DÉPUTÉ, adj. pris subst. (*Hist. mod.*), est une ou plusieurs personnes envoyées ou *députées* au nom & en faveur d'une communauté. *Voyez* DÉPUTÉ.

Plusieurs provinces de France envoient tous les ans des *députés* au roi, pour lui présenter le cahier des états. Ces *députés* sont toujours au nombre de trois; un pour le clergé, l'autre pour la noblesse, & le dernier pour le peuple & le tiers-état. Le *député* du clergé porte toujours la parole.

Dans toutes les villes de Turquie il y a toujours des *députés* pour traiter ainsi, avec les officiers du grand-seigneur, des impôts & de toutes leurs autres affaires. Ces *députés* sont trois ou quatre des plus riches & des plus considérables d'entre les bourgeois.

Nous avons de même en France des *députés* du commerce, qui sont des négocians extrêmement versés dans cette matière, résidans à Paris, de la part des principales villes maritimes & commerçantes du royaume, telles que Nantes, Bordeaux, Lyon, avec des appointemens de la part de ces villes, pour veiller aux intérêts & poursuivre les affaires de ces négocians au conseil du commerce.

Député, chez les anglois, ne suppose souvent qu'une commission ou emploi, & non une dignité, on se sert de ce mot pour désigner un lieutenant, c'est-à-dire, quelqu'un qui tient la place d'un autre.

Chez les anciens, *deputatus* a premiérement été appliqué aux armuriers ou ouvriers que l'on employoit dans les forges à fabriquer les armes, *&c.* & secondement à ces hommes actifs qui suivoient l'armée, & qui étoient chargés de retirer de la mêlée & de soigner les blessés.

Deputatus, ΔΕΠΟΥΤΑΤΟΣ, étoit aussi dans l'église de Constantinople un officier subalterne, dont les fonctions étoient d'aller chercher les personnes de condition auxquelles le patriarche vouloit parler, & d'empêcher la presse sur le passage de ce prélat.

Il paroît que cet officier étoit une espèce d'huissier, qui étoit outre cela chargé du soin des ornemens sacrés; en quoi son office ressembloit en quelques parties à celui de sacristain. *Chambers & Trév.* (*G*)

DÉPUTÉS DU CLERGÉ: ils sont tirés tant du premier que du second ordres; dans les assemblées de ce corps ils représentent les provinces ecclésiastiques, & en stipulent les intérêts: ceux de l'université ou des cours souveraines, vont au lieu de la députation présenter le vœu de leur ordre ou compagnie; ainsi, après la victoire de Fontenoy, le roi fut complimenté par des *députés* de toutes les cours souveraines, qui se rendirent pour cet effet au camp devant Tournay (*G.*)

DÉPUTÉ DU TIERS-ÉTAT (*Hist. mod.*), nous traduisons ainsi le mot anglois *commoner;* nom qu'on donne aux membres de la chambre des communes, par opposition à celui de *pair* ou de *seigneur*, que l'on donne aux membres de la chambre haute. Ces *députés* peuvent être choisis parmi toutes sortes de personnes au-dessous du rang de baron, c'est-à-dire, parmi les chevaliers, les écuyers, les gentilshommes, les fils de la noblesse, &c. (*G*)

DERCYLLIDES (*Hist. anc.*), général des Lacédémoniens, connu dans les guerres des Grecs contre les Perses; il vivoit environ quatre siécles avant J. C.

DERHAM (GUILLAUME), de la société royale de Londres, Anglois, célèbre par ses talens & ses connoissances en Physique, auteur d'une *Théologie physique* & d'une *Théologie astronomique*. Mort en 1735, à 78 ans.

DES-ACCORDS. *Voyez* ACCORDS.

DES ADRETS. *Voyez* BEAUMONT.

DESAGULIERS (JEAN-THÉOPHILE), physicien célèbre, né à la Rochelle, en 1683, d'un ministre protestant, que la révocation de l'édit de Nantes obligea de se retirer en Angleterre; on a de lui un *Cours de physique expérimentale* en Anglois, qui a été traduit en François par le P. Pezenas. C'étoit un des membres les plus distingués de la société royale de Londres. Il mourut en 1743.

DÉSARMEMENT, sub. m. est l'action d'ôter à quelqu'un l'usage & la possession des armes.

Lorsqu'on conclut une paix, il est d'usage de désarmer de tous côtés. Il y a en Angleterre différentes loix pour le *désarmement* des *Papistes* & de tous les recusans. Sous le roi George I, il a été fait une loi pour le *désarmement* des Irlandois : aucun d'eux, excepté les pairs & les gentilshommes qui paient 400 liv. de taille par an, ne peut porter d'armes dans la campagne, sur les routes, & au marché. 1. *G.* 1., *stat.* 2, *ch. liv.*

Cette même loi a désarmé tout le menu peuple d'Angleterre qui paie au-dessous de 100 liv. par an pour ses biens fonds, excepté les domestiques des seigneurs de domaines, quoique l'ancienne police d'Angleterre oblige toute la nation de porter les armes. *Chambers.* (*G*)

DESBARREAUX. *Voyez* BARREAUX.

DESCARTES (RÉNÉ) (*Hist. litt. mod.*).

Descartes, ce mortel dont on eût fait un dieu
Chez les payens, & qui tient le milieu,
Entre l'homme & l'esprit, comme entre l'huître & l'homme
Le tient tel de nos gens, franche bête de somme.

a dit la Fontaine. Distinguons dans Descartes, l'homme privé & l'homme public, ou le philosophe. René *Descartes* naquit à la Haye en Touraine, le 31 mars 1596, de Joachim *Descartes*, conseiller au parlement de Bretagne, & de Jeanne Brochard, fille du lieutenant général de Poitiers. Sa maison, une des plus anciennes de la Touraine, avoit étendu ses branches dans le Berry, le Poitou, l'Anjou & la Bretagne; illustrée par de grandes alliances, long-temps distinguée par le service militaire, elle venoit d'entrer dans la magistrature; elle a produit depuis un grand nombre de conseillers au parlement de Bretagne. *Descartes* vint à Paris en 1613, à dix-sept ans, n'ayant pour gouverneur qu'un valet-de-chambre, pour surveillans que des domestiques. Il prit d'abord le parti des armes, il servit comme simple volontaire en Hollande, sous le prince Maurice de Nassau; en Allemagne, sous le duc de Bavière, contre l'électeur Palatin; en Hongrie, contre Betlem-Gabor, usurpateur de la Transylvanie. Il quitta, en 1621, la profession des armes, pour se livrer plus librement au plaisir utile de voyager en philosophe. Un jour il passoit par mer, d'Embden dans la West-Frise, seul avec un domestique parmi des matelots, maîtres du vaisseau, maîtres de son sort, & qui joignoient la scélératesse à une rusticité barbare. *Descartes* observoit, méditoit, parloit peu, ne parloit qu'à son domestique, & ne parloit que françois. Les matelots le jugeant riche, projettoient de le tuer, de le voler, & de le jetter dans la mer; ils tenoient conseil devant lui, croyant qu'il n'entendoit pas leur langue, l'air calme & plein de sécurité de *Descartes*, confirmoit leur erreur. Tout-à-coup *Descartes* fond sur eux l'épée à la main, il avoit compté sur l'effet de la surprise & sur la timidité naturelle des coupables, ils oublièrent en effet que *Descartes* étoit en leur pouvoir, ils demandèrent grace & l'obtinrent. *Descartes* voyagea en Hollande, en Flandre, en Angleterre, en Danemarck, en Suisse, en Italie. Ces voyages furent interrompus par divers séjours en France. Il vint à Paris, où il avoit autrefois vécu dans la retraite & dans l'étude; il rentra dans la retraite, il en sortit encore, & pour aller à la cour; il revit son pays natal & ses parens; il voulut se fixer dans le Poitou, par l'acquisition de la charge de lieutenant-général de Chatellerault; il ne se fixa nulle part, & se fixer n'étoit pas une chose facile dans son caractère, naturellement changeant & irrésolu. C'est en Hollande qu'il a le plus vécu, mais en y changeant très-souvent de séjour. Il y fut persécuté par des envieux, sur-tout par le fanatique Voëtius qui s'est fait un nom par sa haine pour *Descartes*, mais il trouvoit dans ce pays la facilité de se cacher, & la liberté de la presse; enfin le sage Chanut, son ami, ambassadeur de France en Suède, le fit connoître à la reine Christine qui l'attira auprès d'elle, & lui demanda des leçons de philosophie d'où pouvoit dépendre le bonheur d'un peuple, il ne put résister à un tel attrait, il alla s'établir à Stockolm dans la maison de l'ambassadeur; il y mourut le 11 février 1650. Il avoit pris pour devise : *Bien vivre c'est se bien cacher; benè qui latuit, benè vixit :* & c'étoit du sein de la retraite & de l'obscurité qu'il éclairoit le monde par ses écrits. Il eut, dans un degré rare les vertus domestiques & privées. *Quand on me fait une offense*, disoit-il, *je tâche d'élever mon ame si haut, que l'offense ne parvienne pas jusqu'à elle.* Tous ses domestiques furent ses élèves & ses amis; entrés chez lui domestiques, ils en sortirent philosophes, & plusieurs même professeurs de philosophie. Schulter, son valet-de-chambre, qui recueillit ses derniers soupirs, a rendu sa douleur digne des regards de l'histoire, & en a fait un titre de gloire de plus pour ce grand homme; les pauvres, les malheureux disoient : *Descartes est une divinité descendue du ciel pour le bonheur du genre humain.* Tel étoit l'homme privé chez *Descartes*.

L'homme public est dans ses écrits, dans sa *Mé-*

thode, dans ses *Méditations métaphysiques*, dans ses *Principes de physique*, *&c.* dans ses *Lettres*. C'est *Descartes* qui a fixé pour jamais les bornes, souvent confondues jusqu'à lui, de la métaphysique & de la physique, c'est lui qui saisissant & dans l'esprit & dans la matière le trait distinctif, le caractère essentiel, a posé entre ces deux substances, unies & distinctes dans l'homme, cette barrière qui empêchera toujours d'attribuer à l'une la moindre portion de l'héritage de l'autre : c'est lui qui est le créateur, sinon de la vraie philosophie, du moins de la vraie manière de philosopher. Il a fait dans les esprits une révolution générale ; c'est par lui que la raison & la méthode ont pénétré dans tous les genres ; c'est depuis *Descartes* que les ouvrages sont bien faits, que les objets y sont présentés dans l'ordre qui leur convient, dans le jour qui les embellit, que l'érudition est sobre, que le bel esprit est décent, que le style est précis, que le génie est sage, que le goût est pur, que tous les arts peignent la nature & se rapprochent de la vérité. C'est cet amour du simple & du vrai, dont *Descartes* a donné l'exemple, qui a préparé ce siècle admirable de Louis XIV ; c'est cet ascendant qu'il a su rendre à la raison, qui nous a valu le siècle philosophique de Louis XV & de Louis XVI. La pensée & le doute, ces deux fondemens de la philosophie, sont deux bienfaits de *Descartes* envers les hommes, qui, depuis tant de siècles, savoient seulement croire & répéter. A ces deux bienfaits joignons-en un troisième, l'ordre, qui a débrouillé le chaos des idées, qui a facilité les connoissances en tout genre. On peut avoir été plus loin que *Descartes*, mais c'est dans la route qu'il a tracée ; on peut s'être élevé plus haut, mais c'est en partant du point d'élévation où il a porté les esprits ; on peut enfin l'avoir combattu lui-même avec succès, mais c'est en se servant des armes qu'il a fournies.

Descartes eut une fille naturelle (Francine *Descartes*) qui mourut dans l'enfance. Il eut une niéce (légitime) (Catherine *Descartes*) qui n'étoit pas indigne de lui, & qui a fait dire *que l'esprit du grand René étoit tombé en quenouille.* On a d'elle l'*Ombre de Descartes*, & la *Relation de la mort de Descartes.* Elle mourut à Rennes en 1706. Baillet a écrit la vie de *Descartes*.

DESFONTAINES (*l'abbé*) PIERRE-FRANÇOIS GUYOT) (*Hist. litt. mod.*). C'est le patron & le modèle de ces ennemis de toute gloire contemporaine, de ces thersites littéraires, qui n'ayant pu se faire un nom par leurs écrits, tâchent de nuire aux écrits qui réussissent, & espèrent au moins, à force d'irriter un grand écrivain, en obtenir quelque marque de haine ou de mépris qui les fasse connoître en les flétrissant. Il sera le seul écrivain de cette classe, dont nous nous permettrons de parler, parce qu'étant l'inventeur de ce genre méprisable, il ne l'a pas perfectionné, & qu'ayant commencé le métier, dans un temps où il falloit encore paroître se respecter, il ne l'a pas poussé, comme quelques-uns de ses successeurs, jusqu'à l'indécence, la délation, la calomnie ; il n'étoit pas même cynique ; il voulut seulement être léger & plaisant, & il étoit lourd & froid ; comme l'esprit évident de ce métier est l'ostracisme littéraire, & l'intérêt secret, celui d'attirer les regards par des haines illustres, *magnis inimicitiis clarescere*, & de vivre du mal qu'on veut faire, l'abbé *Desfontaines* se fit persécuteur éternel des Fontenelle, des la Motte, des Voltaire ; il étoit admirateur des anciens, contre les deux premiers, & de Rousseau, contre le dernier ; c'est en quoi il a été mieux imité par ses successeurs, que dans le reste de modération qu'il conservoit encore : on sait, qu'un de ces Messieurs[r], s'étant brouillé avec son associé, & ayant élevé autel contre autel, a pris plaisir à faire le relevé des éloges vendus & des satyres distribuées gratuitement par cet homme. Du côté de l'éloge étoient tous noms dont on n'avoit jamais entendu parler ; du côté de la satyre tous les noms les plus célèbres de la littérature, M. de Voltaire à la tête. L'abbe *Desfontaines* s'étoit moins avili par l'éloge des mauvais auteurs, mais il avoit donné l'exemple d'insulter les bons. Il se donnoit pour un vengeur nécessaire du goût perdu en France par la *pluralité des mondes*, les *Eloges des académiciens*, la *Henriade* & *Zaïre*.

> Criant que le bon goût est perdu dans Paris,
> Et le prouvant très-bien, du moins par ses écrits.

Quand il lui tomboit sous la main un Gayot de Pittaval, un ridicule tout fait, il en tiroit quelquefois un assez bon parti, parce qu'il étoit aidé par l'homme & par la chose ; quand il attaquoit Fontenelle & Voltaire, il ne faisoit rire que les pédans & n'amusoit pas même les gens du monde, malgré la méchanceté,

> Qui veut être méchant & n'en a pas l'étoffe.

Soit qu'il soit heureusement difficile de donner du ridicule à l'esprit & au génie, soit qu'en effet ce dangereux & odieux talent lui eût été refusé. Il piquoit & mordoit M. de Voltaire qui l'a écorché, comme Apollon, dans la fable, écorche le désastreux satyre Marsyas.

> Ce Marsyas étoit un effronté
> Qui du parnasse *ignorant* nouvelliste, &c.

Et dans un autre endroit :

> Que quatre fois par mois un *ignorant* zoïle
> Elève, en frémissant, une voix imbécile, &c.

Ignorant, c'est précisément ce que l'abbé *Desfontaines* n'étoit pas, quoiqu'il affectât de dédaigner

gner l'érudition & de lancer des traits contre l'académie des inscriptions & belles-lettres; s'il eût voulu suivre avec honneur la carrière littéraire, il auroit mieux trouvé son compte du côté de l'érudition, que du côté du bel esprit & du goût; il y a quelque instruction à prendre dans ses feuilles; elle est souvent la chronique scandaleuse de la littérature de son temps, mais elle en est aussi quelquefois l'histoire exacte. Il voulut faire cause commune avec Boileau & les bons auteurs qui avoient attaqué les mauvais écrivains de leur temps; il falloit donc, comme eux, attaquer principalement les mauvais & respecter les bons. Boileau n'attaquoit point les Corneille, les Racine, les Molière, les la Fontaine, les Pascal, les Arnauld, les Bourdaloue, les Bossuet, les Fénelon; d'ailleurs, comme le dit encore M. de Voltaire:

On put à Despréaux pardonner la satyre,
Il joignoit l'art de plaire au malheur de médire,
Le miel que cette abeille avoit tiré des fleurs,
Pouvoit de sa piquûre adoucir les douleurs;
Mais pour un lourd frélon, méchamment imbécille,
Qui vit du mal qu'il fait, & nuit sans être utile,
On écrase à plaisir cet insecte orgueilleux
Qui fatigue l'oreille, & qui choque les yeux.

On écrase à plaisir; voilà sans doute ce que M. de Voltaire a beaucoup trop fait & ce que l'abbé *Desfontaines* avoit un peu mérité.

Si nous le regardons comme admirateur des anciens & comme traducteur de Virgile & d'Horace, c'est-là que le *bout d'oreille*, non pas *échappé par malheur*, mais grossièrement étalé par-tout, décèle l'homme sans goût, sans sentiment, sans discernement. S'il admire les anciens, c'est par système, c'est un pédant qui s'en est fait une loi; il ne trouve pas en eux un défaut, le plan de l'Enéide, même dans les six derniers livres, lui paroît irréprochable & plein d'intérêt; & toutes ces beautés, qui transportent & attendrissent un lecteur sensible dans les détails de ce poëme, sont perdues pour lui; quand il traduit, c'est pis encore; il semble que ce soit de lui que Diderot ait dit: *traduisez ainsi, & vantez-vous d'avoir tué un poëte;* on ne retrouve jamais dans sa triste & sèche version, même *disjecti membra poëtæ*. Toute image est détruite, toute couleur effacée, tout sentiment étouffé, il ne rend jamais que le fond général du sens de l'auteur, il réduit tout aux élémens de l'idée, à ce canevas défectueux qui n'offre rien aux sens, & sur lequel Virgile déploie en vain pour lui toute la sensibilité de son ame, toutes les richesses de son imagination, toutes les combinaisons de la plus savante harmonie.

L'abbé *Desfontaines* étoit un écrivain fécond; outre le *Nouvelliste du parnasse*, les *Observations sur les écrits modernes*; les *Jugemens sur quelques ouvrages nouveaux;* les traductions de Virgile & des odes d'Horace; une foule de pamphlets contre différens auteurs célèbres, on a de lui le *Racine* aussi superstitieusement vengé, qu'il avoit peut-être été minutieusement critiqué par l'abbé d'Olivet, censeur pour le moins aussi lourd que l'abbé *Desfontaines*, mais critique d'un goût plus raisonné. On a encore de l'abbé *Desfontaines*, la traduction des *voyages de Gulliver*, du docteur Swift, à laquelle il a joint un *nouveau Gulliver*, qui ne vaut pas l'ancien; la traduction des *Aventures de Joseph Andrews* de Fielding. Il a eu part à la traduction de l'histoire de M. de Thou, à celle de l'histoire romaine de Laurent Echard; il a aussi composé ou seul ou en société d'assez médiocres histoires; celle de dom Juan de Portugal est un espèce de roman historique, dont le fond est tiré de Mariana; il a travaillé à une histoire des révolutions de Pologne, à une des ducs de Bretagne, &c. enfin il avoit voulu aussi être poëte; il avoit fait des poësies sacrées, dont il prenoit soin de rappeller de temps en temps le souvenir à ses lecteurs dans ses feuilles, & que les lecteurs s'obstinoient toujours à oublier. Le trait suivant fait connoître ces écrivains qui se sont accoutumés par degrés à dépouiller toute pudeur, & qui ne respectant plus le public, ne se respectent plus eux mêmes.

Crimine ab uno
Disce omnes.

Dans ce débordement de mauvais vers dont Paris fut inondé en 1744, à l'occasion de la maladie & de la convalescence du roi Louis XV, & qui a fait dire à M. Voltaire (auquel seul il fut donné d'en faire de bons sur ce sujet).

Paris n'a jamais vu de transports *si divers*,
Tant de feux d'artifice & tant de mauvais vers.

Il parut ou il ne parut point une *Ode à la reine;* mais l'abbé *Desfontaines* l'annonça & la vanta beaucoup (feuille *A*. du tome 4. des *Jugemens sur quelques ouvrages nouveaux*); il en cita un grand nombre de strophes, dans l'une desquelles le poëte se disoit vieux, sur quoi l'abbé *Desfontaines* s'écrioit: « Quel vieux poëte avons-nous » qui fasse ainsi des vers? N'est-ce point un jeune » homme qui cherche à se cacher sous les rides » de la vieillesse? Mais la vieillesse peut-elle pré» venir en faveur du talent »?

C'étoit une énigme qu'il ne pouvoit deviner, & qu'il proposoit au lecteur.

Dans la feuille D il se fait adresser une lettre, où, en confirmant tous les éloges donnés aux strophes citées, on lui demande pourquoi il n'en a pas cité plusieurs autres, qu'on assure n'être pas moins belles; & pour réparer sa faute, on les cite. Par cet heureux artifice le lecteur a, en deux parties, l'ode presque entière.

Par un autre artifice, l'auteur de la lettre hasarde sur un endroit de l'ode une ou deux critiques évidemment injustes, auxquelles le journaliste n'a pas de peine à répondre.

Voici maintenant le mot de l'énigme. *L'ode est mauvaise, & elle est de l'abbé Desfontaines.*

La fraude fut connue, & le public ne fit qu'en rire, l'abbé *Desfontaines* l'avoit fait à son badinage. Il mourut en 1746.

On lui a fait des reproches plus graves que ceux que nous lui faisons ici, mais l'histoire ne doit point se charger sans preuve de ces accusations.

L'abbé *Desfontaines* étoit fils d'un conseiller au parlement de Rouen, il avoit été long-temps jésuite ; il travailla quelque temps au journal des savans.

DESFORGES MAILLARD (*Hist. litt. mod.*). Paul *Desforges Maillard*, poëte médiocre, & prosateur de mauvais goût, a dû sa réputation à l'heureux déguisement où il prit le nom de mademoiselle Malcrais de la Vigne, pour donner le change au chevalier de la Roque, auteur du mercure, avec lequel il étoit brouillé & qui avoit juré de ne donner place, dans le mercure, à aucun de ses ouvrages. La Roque en fut entiérement la dupe, goûta les ouvrages de mademoiselle Malcrais de la Vigne, & les inséra dans le mercure avec de grands éloges, ce qui a fait dire à l'auteur de la *métromanie* :

Ma Muse en tapinois
Se fait dans le mercure applaudir tous les mois.....
Et le masque femelle agaçant le lecteur,
De tel qui m'a raillé, fait mon adorateur.....
J'ai bien à vos dépens, jusqu'ici plaisanté,
Quand sous le masque heureux, qui vous donnoit le change,
Je vous faisois chanter des vers à ma louange.
Voilà de vos arrêts, messieurs les gens de goût !
L'ouvrage est peu de chose, & le seul nom fait tout.

Le chevalier de la Roque ne s'en tint pas aux éloges, il écrivit à mademoiselle Malcrais de la Vigne des lettres galantes & passionnées, une entre autres, où étoient ces termes : *Je vous aime, ma chère bretonne, pardonnez moi cet aveu ; mais le mot est lâché, &c.* Le fameux Néricault des Touches, en dit autant, & se rendit garant de la beauté de mademoiselle Malcrais.

De ses beaux yeux le feu charmant
Pénètre jusqu'au fond de l'ame,
Qui la voit, l'entend un moment,
Ressent la plus ardente flâme,
Et fait en soi-même serment
De l'aimer éternellement.

M. de Voltaire du moins borna ses éloges excessifs aux talens de la demoiselle, qui n'étoient pas beaucoup plus réels que sa beauté, il lui envoya l'*Histoire de Charles XII* & *la Henriade* avec une épître en vers qui commençoit ainsi :

Toi, dont la voix brillante a volé sur nos rives,
Toi, qui tiens dans Paris nos Muses attentives,
Qui sais si bien associer
Et la science & l'art de plaire,
Et les talens de Deshoulière,
Et les études de Dacier,
J'ose envoyer aux pieds de ta Muse divine
Quelques foibles écrits, enfans de mon repos;
Charles fut seulement l'objet de mes travaux;
Henri quatre fut mon héros,
Et tu seras mon héroïne.

Cette épître est imprimée dans les œuvres de M. de Voltaire, avec cette adresse : *à une dame, ou soi-disant telle.* Au lieu du début qu'on vient de voir, on trouve celui-ci :

Tu commences par me louer,
Tu veux finir par me connoître,
Tu me loueras bien moins, &c.

C'étoit lui qui avoit commencé par la louer avant de la connoître, & qui cessa de la louer, quand il fut désabusé. Aussi, aux agaceries, aux persécutions éternelles dont M. de Voltaire est l'objet dans les ouvrages de M. *Desforges Maillard*, à ses louanges étalées avec une affectation perfide, & empoisonnées par le fiel de l'ironie ou par l'amertume de la plainte, on croit voir mademoiselle Malcrais de la Vigne regrettant des hommages qui flattoient sa vanité, & se vengeant de les avoir perdus.

Dans le récit que nous fait M. *Desforges Maillard* des amours de M. le chevalier de la Roque & de mademoiselle Malcrais de la Vigne, il nous fournit un exemple d'un parfaitement mauvais ton.

» Pendant que M. de la Roque s'enivroit des » douceurs d'un si tendre commerce, un *quidam* » s'avisa d'attaquer mademoiselle de Malcrais dans » une lettre critique. C'étoit un de ces hommes » privilégiés, *qui croient qu'une longue veste à menus* » *détails, avec un livre à pages quotidiennement* » *ordonnées*, a la force de répandre *sur leurs individus* » l'universalité des talens. Mademoiselle de Malcrais écrivit à son amant le sujet de sa mélan» colie. Aussi-tôt voilà le champion, le pôt en » tête, couvert de son antique cuirasse. Il descend » sur l'arène & défie au combat le géant orgueil» leux dont l'audace *s'étoit élevée jusqu'à vouloir* » *abaisser* le mérite & la vertu de la maîtresse de

» son ame, de la dame de ses pensées, de la souveraine de son cœur, &c. »

M. *Desforges Maillard* a lui-même publié ses œuvres en deux volumes *in*-12°. en 1759. Tout ce recueil ne nous offre rien de plus simple & de plus ingénieux que cette épigramme anacréontique, dont la fin est encore un peu trop allongée.

Sylvie, au fond d'un bocage,
Me faisoit de deux moineaux
Remarquer le badinage
Sous les feuillages nouveaux.
L'un d'eux quitta la partie.
Ah! dit l'aimable Sylvie
Avec un air désolé,
Regarde un peu, je te prie;
C'est le mâle, je parie,
C'est lui qui s'est envolé.

Il est certain que ce vers :

Regarde un peu, je te prie,

est d'une inutilité désagréable, qui ne fait qu'émousser la pointe du madrigal.

On a donné quelques éloges aux idylles *des hirondelles*, & *des tourterelles*, il ne leur en est dû que bien peu.

M. *Desforges Maillard* est mort en 1772. Mais mademoiselle Malcrais de la Vigne, (Mériadec de Kersic) ne mourra jamais, grace à *la métromanie.*

DESGODETS (Antoine) (*Hist. litt. mod.*), architecte du roi, né à Paris en 1653; envoyé à Rome par M. Colbert en 1674, & faisant la route par mer, fut pris par des corsaires algériens, & resta 16 mois en captivité; devenu libre, il alla à Rome, selon sa première destination. Son livre des *Edifices antiques de Rome, dessinés & mesurés très-exactement* est le fruit de son séjour dans cette capitale, où il resta trois ans; on a imprimé depuis sa mort, sur ses leçons, les *loix des bâtimens* & le *Traité du toisé*; on a trouvé parmi ses papiers quelques autres ouvrages manuscrits, tous relatifs à l'architecture. Mort en 1728.

DESGROUAIS (*Hist. litt. mod.*), né à Thiais près Choisy-le-Roi en 1703; on lui attribue un ouvrage intitulé : les *Gasconismes corrigés*. Il avoit fait une mauvaise critique de la mauvaise traduction de Virgile de l'abbé Desfontaines, qui s'en étoit vengé dans ses feuilles, & qui avoit trouvé bien plaisant de répéter à chaque objection de M. *Desgrouais*: *que je plains le petit troupeau de M. le Brun!* Ce M. le Brun étoit un maître de pension assez célèbre, chez lequel *Desgrouais* étoit précepteur; *Desgrouais* sentit tout le tort que les lourdes plaisanteries de l'abbé Desfontaines pourroient lui faire auprès des pédans, seules gens dont il fût connu il s'humilia devant l'abbé Desfontaines, qui voulut bien le recevoir en grace, & comme il avoit assuré l'abbé Desfontaines qu'il faisoit lire des morceaux choisis de sa traduction aux élèves de M. le Brun, l'abbé Desfontaines, suivant toujours son heureuse allégorie *du petit troupeau*, déclare (toujours dans ses feuilles) qu'il ne ne le *plaint plus tant*, *& que ce sont là de bons pâturages.* Voilà ce critique fin & délicat que les anti-Voltairiens tâchoient d'admirer & qu'ils ont tant prôné en haine de M. de Voltaire. (*Voyez* l'article Desfontaines.)

DESHOULIÈRES (Antoinette du Ligier de la Garde, femme de Guillaume de Lafon, de Bois-Guérin, seigneur *Deshoulières*) (*Hist. litt. mod.*). Si on veut voir l'emploi différent que font de la même idée un pédant & une femme sensible, madame *Deshoulières* a aussi (voir l'article précédent) une allégorie de troupeaux & de pâturages très-soutenue & qui est très-intéressante, c'est une mère tendre qui, sous cet emblême, recommande à la protection de Louis XIV sa famille, dont elle n'a pu assurer le bonheur & pour laquelle elle craint l'avenir.

Dans ces prés fleuris
Qu'arrose la Seine, &c.

La pièce est également touchante & poëtique. En général, les poésies de madame *Deshoulières* sont recommandables par une mélancolie philosophique, dont le charme n'est pas saisi par-tout le monde, mais qui ne plaît pas médiocrement à ceux qui sont capables de s'en pénétrer; elle les attendrit & les fait rêver. Tel est le caractère des idylles *des moutons*, *des fleurs*, *des oiseaux*, *de l'hiver*, *du ruisseau*, *du tombeau*, *de la solitude*, de l'idylle ou élégie sur la mort de M. le duc de Montausier; tel est même celui d'une multitude d'opuscules érotiques sous le nom de stances, de madrigaux, de chansons, d'airs, &c. Madame *Deshoulières* étoit née à Paris vers l'an 1633 ou 1634. Melchior du Ligier, son père, seigneur de la Garde, avoit été maître-d'hôtel de la reine Marie de Médicis, & le fut de la reine Anne d'Autriche. Elle épousa en 1651 M. *Deshoulières*, gentilhomme du Poitou, dont le grand oncle paternel (Bois-Guérin) gouverneur de Loudun, avoit refusé le bâton de maréchal de France que lui offroit Henri IV; à condition qu'il quitteroit comme lui la religion réformée.

Madame *Deshoulières* étoit très-belle & d'une taille parfaite. Elle compta, dit-on, parmi ses conquêtes le grand Condé, à la personne duquel son mari étoit attaché. Mais, dit l'auteur de l'éloge historique de madame *Deshoulières* qu'on trouve à la tête de ses œuvres, toujours attachée à ses » devoirs, elle aima mieux mériter l'estime de ce

» prince, que de répondre à son amour; &; par ses » refus continuels, elle rallentit le feu qu'elle avoit » allumé ».

Son mari avoit suivi le grand Condé en Flandre, & elle avoit suivi son mari; elle eut de grands succès à Bruxelles, mais ayant sollicité, avec des instances qui parurent importunes à une cour obérée, le paiement des appointemens dus à son mari, elle fut arrêtée en 1657, & enfermée comme criminelle d'état au château de Vilvorden, où elle se vit traitée avec beaucoup de rigueur & menacée de la mort. M. *Deshoulières* s'étant adressé inutilement au prince de Condé, à dom Juan d'Autriche, au marquis de Caracène, pour obtenir la liberté de sa femme, s'introduisit dans le château de Vilvorden, la délivra & l'emmena en France, où ils profitèrent de l'amnistie que le roi offroit à ceux qui voudroient revenir. Il servit en France avec distinction, comme ingénieur, sous M. de Vauban. Madame *Deshoulières* se rendit célèbre par ses ouvrages, au nombre desquels on voudroit bien ne pas voir un éloge pompeux de la révocation de l'édit de Nantes, un sonnet satyrique contre la *Phèdre* de Racine, une tragédie de *Genséric*, qui explique pourquoi madame *Deshoulières* étoit favorable à Pradon & contraire à Racine.

Plusieurs des ouvrages de madame *Deshoulières* furent lus dans les séances publiques de l'académie françoise, qui sans doute eût fait plus encore pour lui témoigner son estime, si l'usage l'avoit permis.

Madame *Deshoulières* mourut le 17 février 1694, d'un cancer dont elle étoit attaquée dès 1682, & qui dès 1686 lui causoit des douleurs insupportables qu'elle soulageoit en faisant des vers chrétiens ou qu'elle trompoit en faisant des vers tendres. Son mari étoit mort le 3 janvier 1693. Un fils qu'ils avoient eu (Jean Alexandre de-la-Fon de-Bois Guérin *Deshoulières*), mourut à 27 ans le 12 août 1694, & du moins ils n'eurent pas la douleur de sa perte.

Antoinette-Thérèse de la-Fon-de-Bois-Guérin-*Deshoulières*, leur fille, étoit née à Paris en 1662. Elle marcha sur les traces de sa mère, & fit aussi des vers érotiques & élégiaques, d'un caractère à-peu-près semblable. En 1687 elle remporta le prix de poésie à l'académie françoise, & dans ce concours elle avoit eu pour concurrent M. de Fontenelle. Le sujet étoit : *le soin que le roi prend de l'éducation de sa noblesse dans ses places & dans Saint-Cyr*. Mademoiselle *Deshoulières*, dans la dernière strophe de son ode, présageoit sa victoire.

Mais quel brillant éclair vient de frapper ma vue?
Qui m'appelle? qu'entends-je? & qu'est-ce que je voi?
Mon cœur est transporté d'une joie inconnue;
Quels sont ces présages pour moi?
Ne m'annoncent-ils point que je verrai la chûte
Des célèbres rivaux avec qui je dispute
L'honneur de la lice où je cours?
Que de gloire, & quel prix! si le ciel me l'envoie,
Le portrait de Louis, à mes regards en proie,
Les occupera tous les jours.

Elle chanta cette même victoire après l'avoir obtenue.

De lauriers immortels mon front est couronné,
Sur d'illustres rivaux j'emporte la victoire;
Rien ne manqueroit à ma gloire
Si Louis, ce héros si grand, si fortuné,
Applaudissoit au prix qu'Apollon m'a donné.

Parmi ses amis elle distingua un M. Caze, dont on ne sait rien, sinon qu'il étoit dans le service & qu'il fut tué en 1692. Il fut question aussi pour elle d'un mariage avec M. d'Audiffret, gentilhomme provencal, à qui madame *Deshoulières* adressé un de ses ouvrages & qui fut envoyé dans différentes cours; le mariage ne se fit pas, & mademoiselle *Deshoulières* mourut fille à Paris le 8 août 1718, après vingt ans de souffrances, causées aussi par un cancer; car elle eut avec sa mère toutes sortes de conformités. Elle fut cependant moins belle & de moins belle taille; mais elle fut très-sensible & très-tendrement occupée de la perte de son père, de sa mère, de son frère, de ses oncles, de son amant; elle déplore sur-tout cette dernière perte dans la plupart de ses ouvrages. Elle a aussi honoré les manes & de son père & de sa mère. Les stances sur la mort de cette dernière finissent par ce vers :

Respectez mes soupirs, ne me consolez pas.

Il y a dans ces stances des traits de sentiment qui font respecter la mère & aimer la fille.

Au précieux devoir de sauver une mère,
J'ai sacrifié mes beaux jours. . . . .
J'appelle à mon secours cette ame grande & ferme,
Et qui, d'un œil égal au milieu de mes pleurs,
Envisagea la mort sans craindre ses horreurs.
Mais que me sert, hélas! de l'invoquer sans cesse? . . .
Je m'abandonne à ma foiblesse,
Et je n'ai rien de sa vertu.

DESIRÉ (Artus) (*Hist. de Fr.*), ligueur fanatique; il avoit composé & il portoit au roi d'Espagne Philippe II, au nom de quelques moines séditieux, une requête pour le prier de venir au secours de la religion catholique qu'on supposoit prête à périr en France, lorsqu'il fut arrêté en 1561, au passage de la Loire, il fut condamné à une amende-honorable & à cinq ans de prison chez les chartreux. Il écrivit beaucoup contre les calvinistes, mais toujours d'un style burlesque, jusques dans le titre : ce sont *les grands jours du parlement de Dieu, publiés par S. Mathieu*; ce sont *les batailles du chevalier céleste contre le chevalier terrestre*; ce sont *douze plaisans & harmonieux cantiques de dévotion, qui sont un contre-poison aux cinquante-deux chansons de Clément Marot, faussement intitulées par lui* : PSALMES DE DAVID, &c.

DESLANDES (ANDRÉ-FRANÇOIS) (*Hist. litt. mod.*), auteur de l'*Histoire critique de la philosophie*, ouvrage estimé; d'un *Essai sur la marine & le commerce*; d'un *recueil de différens traités de physique & d'histoire naturelle*, de l'*Histoire de Constance, ministre de Siam*; d'un *Voyage d'Angleterre*, de *Poésies latines* d'un goût antique & pur; des *Réflexions sur les grands hommes qui sont morts en plaisantant* & de quelques autres ouvrages; il étoit né à Pondichery en 1690, avoit été commissaire général de la marine à Rochefort & à Brest; il étoit de l'académie de Berlin, il mourut à Paris en 1757. On dit qu'il fit, peu de temps avant sa mort, ces quatre petits vers d'où on veut tirer des inductions fâcheuses contre sa foi, & qui ne signifient absolument rien à cet égard.

Doux sommeil, dernier terme,
Que le sage attend sans effroi,
Je verrai d'un œil ferme
Tout passer, tout s'enfuir de moi.

DESLAURIERS est le nom d'un comédien de l'hôtel de Bourgogne, auteur des *fantaisies de Bruscambille*. Il vivoit en 1634.

DESMAHIS (JOSEPH-FRANÇOIS-EDOUARD DE CORSEMBLEU) (*Hist. litt. mod.*), uniquement connu sous ce nom de *Desmahis*, célèbre par sa pièce de l'*Impertinent*, comédie pétillante d'esprit au point d'en être fatiguante, & par des œuvres diverses où se trouvent des vers qu'on a retenus, tels que ceux-ci :

Ces petits insectes titrés,
Qui de leur figure enivrés,
Chez vous d'une course rapide,
Apportent dans des chars dorés
Des sens flétris, une ame vuide,
Et de grands noms déshonorés.

Il est plus célèbre encore par cette charmante épître de M. de Voltaire :

Vos jeunes mains cueillent des fleurs
Dont je n'ai plus que les épines, &c.

C'est peut-être de tous les jeunes poëtes, de l'école de M. de Voltaire, celui qui donnoit les plus grandes espérances; car on peut ne parler que d'espérances, quand il s'agit d'un homme de lettres mort à trente-huit ans. On vante en lui des vertus sociales, de la modestie, quoiqu'il fût poëte, beaucoup d'aversion pour la satyre. On cite de lui des mots, celui-ci, par exemple : *lorsque mon ami rit, c'est à lui à m'apprendre le sujet de sa joie; lorsqu'il pleure, c'est à moi à découvrir la cause de son chagrin.*

C'est une belle maxime en amitié, c'est au moins une pensée fort délicate.

Il disoit encore : *si l'amour régnoit parmi les gens de lettres, ils seroient les maîtres du monde.*

On pourroit leur appliquer dans ce sens, ce vers de Zaïre :

Maîtres du monde entier, s'ils l'avoient été d'eux.

On a de M. *Desmahis* quelques articles très-agréables dans l'Encyclopédie, entre autres l'article *femme*, quoiqu'il ait été critiqué.

Né à Sully-sur-Loire en 1722; mort le 25 février 1761.

DESMAISEAUX (PIERRE) (*Hist. litt. mod.*), ami de saint Evremont & de Bayle, éditeur de leurs ouvrages, historien de leur vie. Fils d'un ministre protestant françois, il vivoit en Angleterre; il y est mort en 1745 à 79 ans.

DESMARAIS. (*Voyez* REGNIER.)

DESMARES (TOUSSAINT) (*Hist. mod.*), oratorien janséniste, étoit de Vire, aussi bien que le P. le Tellier, le plus grand ennemi de sa congrégation, & de son parti. Le P. *Desmares* avoit été à Rome défendre la doctrine de Jansénius devant Innocent X. Pendant que les jésuites le cherchoient pour le faire mettre à la Bastille, il étoit caché à Liancourt. Louis XIV y vint, le duc de Liancourt lui présenta le P. *Desmares* : *qu'il me soit permis*, dit ce bon homme *de prendre une liberté avec votre majesté, celle de mettre mes lunettes pour contempler à loisir le visage de mon roi*; ce desir naïf d'un homme simple flatta, dit-on, Louis XIV plus que tous les respects de ses courtisans. En effet, il y a un grand sentiment & un grand hommage, renfermé dans ce mot : *contempler le visage de mon roi.*

DESMARETS DE SAINT-SORLIN (*Histoire litt. mod.*) mauvais poëte & théologien fanatique, grand ennemi des jansénistes, auteur du poëme de *Clovis*.

Mais, cher ami, pour lui répondre,
Hélas! il faut lire Clovis.

de la comédie des *visionnaires*, pièce bizarre qu'on a long-temps crue bonne; des *délices de l'esprit*, qu'on appelloit les *délires de l'esprit*, & de plusieurs ouvrages ascétiques & polémiques, tels que *le triomphe de la grace; avis du saint-esprit au roi*, & de divers romans. Né en 1595, mort en 1676.

C'est contre lui que Nicole a écrit ses *imaginaires ou visionnaires*, qui ayant irrité Racine, parce que les poëtes dramatiques y étoient traités d'empoisonneurs publics, lui arrachèrent deux lettres que l'auteur des provinciales n'auroit pas désavouées & qui auroient pu leur servir de contre-poids. On disoit de *Desmarets*, que *c'étoit le plus fou des poëtes, & le meilleur poëte qu'il y eût parmi les foux*.

Voyant un jour passer la Mothe le Vayer dans la galerie du Louvre, il s'écria : *voilà un homme qui n'a point de religion. Mon ami*, lui répondit tranquillement le Vayer, *j'ai trop de religion pour être de la tienne*.

On a de Roland *Desmarets*, son frère, avocat au parlement, des lettres latines qui ont paru à sa mort, arrivée en 1655.

DESMARETS (NICOLAS) (*Hist. de Fr.*), successeur du ministre Chamillard, dans l'administration des finances, étoit neveu de M. Colbert. Il mourut en 1621. Le mémoire qu'il présenta au régent pour lui rendre compte de son administration, lui a fait un nom, & il est du petit nombre des ministres des finances que le public a regrettés. Mort en 1721.

DESMOLETS (PIERRE-NICOLAS) (*Hist. litt. mod.*), bibliothécaire de la maison de l'Oratoire, rue S. Honoré, auteur de la continuation des mémoires de littérature de Sallengre, mort le 26 avril 1760, âgé de près de quatre-vingt-trois ans, s'étoit attaché particulièrement à l'histoire littéraire, étude convenable à un bibliothécaire.

DESNOYERS. *Voyez* SUBLET.

DESPAUTÈRE (JEAN) (*Hist. litt. mod.*) grammairien flamand, célèbre. On a de lui, sous le titre de *Commentarii grammatici*, de bons livres élémentaires latins de grammaire & de rhétorique, dont on a fait des abrégés accommodés à l'usage des colléges. Ses vers techniques ont la commodité de tous les vers techniques, mais ils sont quelquefois d'une barbarie ridicule; telle est, par exemple, cette énumération des mots de la troisième déclinaison, qui ont le génitif pluriel en *ium*.

Donat samnis ium, linter, caro, dos, uter, os, os,

Glis, faux, nix, nox, cor, lis, cos, quodque uncia donat, &c.

Molière dans *la comtesse d'Escarbagnas*, s'est permis d'indiquer des polissonneries dans la première règle sur les genres :

Omne viro soli, &c.

Despautère mourut à Comines en 1520.

DESPORTES (PHILIPPE) (*Hist. litt. mod.*) abbé de Tiron, de Josaphat, des Vaux-de-Cernay, de Bon-Port, d'Aurillac, chanoine de la Sainte-Chapelle de Paris, & parvenu à toute cette fortune ecclésiastique par la poésie, & par la poésie amoureuse & tendre. Il jouissoit de dix mille écus de rente, revenu énorme pour le temps; le loisir de dix mille écus que s'est fait *Desportes* par ses vers, disoit Balzac, est un écueil contre lequel les espérances de dix mille poëtes se sont brisées. Ce fut à la faveur de Charles IX & de Henri III, qu'il dut tous ses bénéfices. Après la mort de ce dernier prince, il se retira en Normandie, & c'est apparemment de cette retraite que madame Deshoulières parle dans ces vers :

J'allois cacher ma tristesse
Dans ces aimables déserts,
Où, pour sa tendre maîtresse,
Desportes faisoit des vers.

Il ne resta pas inutile dans son loisir. Il contribua beaucoup au traité que l'amiral de Villars fit en 1594 avec Henri IV, par l'entremise de Sully, & par conséquent à la réduction de la Normandie sous l'obéissance de Henri. Sully loue beaucoup la conduite que *Desportes* tint dans cette affaire. La langue a eu des obligations à *Desportes*, qu'on ne lit plus aujourd'hui. Il savoit très-bien l'italien, & il a transporté dans le françois des beautés empruntées de cette langue. Ses poésies étoient pleines d'imitations des poëtes italiens, comme celles de Boileau sont pleines d'imitations d'Horace & de Juvénal. Ses envieux l'attaquèrent de ce côté là; on fit contre lui un livre intitulé : *La conformité des Muses italiennes & françoises*, où on lui reprochoit ces imitations comme des plagiats. *Desportes* s'en faisoit gloire avec raison, il ne reprocha qu'une chose au censeur, c'est de ne lui avoir pas fait honneur d'un assez grand nombre de ces plagiats, faute de les avoir connus. » Que ne me faisoit-il » part de son dessein, disoit-il, je lui aurois fourni » des mémoires. Personne ne sait mieux que moi » tout ce que j'ai pris aux italiens & tout ce que » j'ai résolu de leur prendre encore «.

Desportes né à Chartres en 1546, mourut en 1606. Regnier, le satyrique, étoit son neveu. Il avoit eu un frère (Joachim *Desportes*) qui avoit fait une vie de Charles IX.

Un autre DESPORTES plus moderne (Jean-Baptiste René Poupée) médecin à Saint-Domingue, & correspondant de l'académie des sciences, s'est fait un nom par des livres & des établissemens utiles à l'humanité. On a de lui une *Histoire des maladies de S. Domingue*. Un *Traité des plantes usuelles de l'Amérique*, avec une *Pharmacopée* ou *recueil de Formules de tous les médicamens simples du pays*. Sa devise étoit : *non nobis, sed reipublicæ nati sumus*. Il mourut à S. Domingue le 15 février

1748; à quarante-trois ans, ayant fait un utile emploi d'une si courte vie. On lui doit le rétablissement de l'hôpital du Cap, qu'il augmenta de plus de 80 lits.

DESPRÉAUX. *Voyez* BOILEAU.

DESTOUCHES. (*Voyez* NÉRICAULT).

DEUTERIE (*Hist. de Fr.* (Théodebert, fils de Thierry I, & petit-fils de Clovis, avoit répudié Wisigarde, fille de Wachon, roi des Lombards, pour épouser *Deuterie*, dame de Cabrières, qui avoit un autre mari. On raconte de cette femme, qu'étant devenue jalouse de sa fille du premier lit, pour qui Théodebert, prince esclave de ses passions, paroissoit prendre du goût, elle fit atteler au char de cette fille, au lieu de bœufs, deux taureaux indomptés, qui la précipitèrent de dessus le pont de Verdun dans la Meuse. *Deuterie* en fut punie par l'indignation publique, qui força Théodebert de la répudier à son tour, & de reprendre Wisigarde : mais Théodebalde, né de *Deuterie*, & par conséquent bâtard adultérin, succéda sans difficulté à Théodebert.

DEUXENIERS, s. m. pl. (*Histoire moderne*) chez les Anglo-saxons, étoient des hommes évalués à 200 schelins. Ces hommes étoient de la plus basse classe : car qu'est-ce que 200 schelins ? & lorsqu'on en avoit tué un, l'amende étoit de trente schelins, c'est-à-dire, six piastres. Nous lisons dans les lois d'Henri I, qui vivoit au commencement du douzième siècle. *de Twhindi hominis interfecti wera debet reddi secundùm legem ;* ce sont ses paroles. Observez que ce n'étoit pas là une loi nouvelle, mais la confirmation d'une loi plus ancienne faite sous le régne du roi Alfred qui vivoit à la fin du neuvième siècle. *Chambers* (*G*)

DEZALLIER, *voyez* ARGENVILLE. (d')

DEY, sub. m. (*Hist. mod.*), prince souverain du royaume d'Alger, sous la protection du grand-seigneur.

Vers le commencement du dix-septième siècle, la milice turque, entretenue à Alger pour garder ce royaume au nom du grand-seigneur, mécontente du gouvernement des bachas qu'on lui envoyoit de Constantinople, obtint de la Porte la permission d'élire parmi les guerriers qui composoient cette milice un homme de bon sens, de bonnes mœurs, de courage, & d'expérience, pour les gouverner sous le nom de *dey*, sous la dépendance du sultan, qui enverroit toujours un bacha à Alger pour veiller sur le gouverment, mais non pour y présider. Les mesintelligences fréquentes entre les *dey* & les bachas ayant causé plusieurs troubles, Ali Baba qui fut élu *dey* en 1710, obtint de la Porte qu'il n'y auroit plus de bacha à Alger, mais que le *dey* seroit revêtu de ce titre par le grand-seigneur. Depuis ce temps-là le *dey* d'Alger s'est regardé comme prince souverain, & comme simple allié du grand-seigneur, dont il ne reçoit aucun ordre, mais seulement des capigis bachis ou envoyés extraordinaires, lorsqu'il s'agit de traiter de quelque affaire. Le *dey* tient sa cour à Alger; sa domination s'étend sur trois provinces ou gouvernemens, lesquels sont sous l'autorité de trois beys ou gouverneurs généraux qui commandent les armées. On les distingue par les noms de leurs gouvernemens, le *bey du Levant*, *le bey du Ponant*, & le *bey du Midi*. Quoique le pouvoir soit entre les mains du *dey*, il s'en faut bien qu'il soit absolu ; la milice y forme un sénat redoutable, qui peut destituer le chef qu'elle a élu, & même le tenir en prison, dès qu'elle croit avoir des sujets de mécontentement de sa part. Emmanuel d'Aranda en donne des exemples de faits qu'il a vus au temps de sa captivité. Ainsi le *dey* redoute plus cette milice que le grand-seigneur.

Le nom de *dey* signifie en langue turque un *oncle du côté maternel*. La raison qui a engagé la milice turque d'Alger à donner ce titre au chef de cet état, c'est qu'ils regardent le grand-seigneur comme le père, la république comme la mère des soldats, parce qu'elle les nourrit & les entretient, & le *dey* comme le frère de la république ; & par conséquent comme l'oncle maternel de tous ceux qui sont sous sa domination.

Outre l'âge, l'expérience, & la valeur nécessaires pour être élu *dey*, il faut encore être Turc naturel, & avoir fait le voyage de la Mecque. Le *dey* n'a ni gardes, ni train considérable ; il préside au divan, & l'obéissance qu'on lui rend est ce qui le distingue le plus. Les Turcs l'appellent ordinairement *denletli*, c'est-à-dire, l'*heureux*, le *fortuné*. Son siége est dans un angle de la salle du divan, sur un banc de pierre élevé d'environ deux pieds, qui régne le long de trois côtés de cette salle. Il y a aussi à Tunis un officier nommé *dey*, qui commande la milice sous l'autorité du bacha. *La Martinière. Mém. du chevalier* d'Arvieux (*G*).

DIACO, s. m. (*Hist. mod.*), nom que l'on donne dans l'ordre de Malthe, à ceux qui se présentent pour être reçus au rang des chapelains, ce qu'ils font à l'âge de huit ou neuf ans. On les appelle aussi *clercs conventuels*, parce qu'ils servent dans le couvent de Malthe depuis l'âge de dix ans jusqu'à celui de quinze. Pour être admis, ils doivent avoir une lettre ou patente du grand-maître de l'ordre, qu'on nomme *lettre de diaco. Dict. de Trév. & Chambers* (*G*).

DIADUMÉNIEN (*Hist. rom.*) fils de l'empereur Macrin, nommé César à 10 ans, tué un an après avec son père, l'an 218 de l'ère chrétienne.

On le nomma *Diadumenianus*; parce qu'il étoit né ce qu'on appelle *coëffé*.

DIAGO (FRANCISCO) (*Hist. litt. mod.*) dominicain, historiographe d'Arragon, sous Philippe III, auteur d'une *Histoire des comtes de Barcelone, faite sur les titres originaux* & d'une *Histoire du royaume de Valence*. Mort en 1615.

DIAGORAS (*Hist. anc.*), dit L'ATHÉE, soit qu'il le fût ou non, se jetta, dit-on, dans l'athéisme pour avoir été le témoin du succès d'un parjure qui l'intéressoit. Il étoit poëte, on lui avoit volé un poëme; il attaqua en justice le voleur, qui jura que le poëme étoit à lui, & qui en eut la gloire & le profit, tandis que *Diagoras* passa pour avoir voulu s'attribuer le bien & l'esprit d'autrui; il ne voulut plus croire à des dieux qui laissoient triompher l'injustice. On dit que se trouvant dans un lieu où le bois manquoit, il jetta dans le feu une statue d'Hercule, en disant: *tu feras aujourd'hui bouillir notre marmite, ce sera le dernier & le plus utile de tes travaux.* Son impiété fit du bruit, *Diagoras* se trouvant embarqué dans un vaisseau qui essuya une rude tempête, fut en danger d'être jetté dans la mer, les passagers se croyant poursuivis par la vengeance divine à cause de lui; il leur montra d'autres vaisseaux pareillement battus de la tempête. *Et ceux-ci*, leur dit-il, *est-ce encore à cause de moi?* Il se tira de ce danger, mais l'aréopage prit connoissance de ses discours & de ses écrits & mit sa tête à prix, on ne sait ce qui en arriva; des écrivains zélés le traitent de monstre; on n'est pas un monstre pour ce qu'on croit & ce qu'on dit, mais pour ce qu'on fait. *Diagoras* vivoit plus de quatre siècles avant J. C.

DIAGORAS, athlète de l'isle de Rhodes, en l'honneur duquel il y a une ode célèbre de Pindare, étoit antérieur d'environ un demi-siècle à *Diagoras*, dit l'Athée.

DIAH *ou* DIAT, f. m. (*Hist. mod.*), nom que les Arabes donnent à la peine du talion. Dans la loi mahométane, le frère ou le plus proche héritier d'un homme tué par un autre, doit se porter partie contre le meurtrier, & demander son sang en réparation de celui qu'il a versé. Cette loi est conforme à celle de Moyse, selon laquelle le parent du mort, qui se déclare partie contre le meurtrier, s'appelle en hébreu *gobhel-dam*, mot que la Vulgate a rendu par celui de *redemptor sanguinis*, c'est-à-dire celui qui demande le prix du sang. Avant Mahomet, dans les guerres que les tribus des Arabes se faisoient entre elles, la coutume étoit que les vainqueurs, pour un esclave qu'ils avoient perdu dans le combat, missent à mort un homme libre du nombre des prisonniers; pour une femme tuée, ils égorgeoient pareillement un homme: mais leur législateur réduisit ces représailles à la loi du talion ou *diah*, comme il est porté par ces paroles de l'alcoran; *on vous a donné le diat en ce qui regarde le meurtre, un homme libre pour un homme libre, un esclave pour un esclave.* Autrefois les Turcs avoient la barbarie de massacrer presque tous les prisonniers de guerre, apparemment en conséquence de cette loi; aujourd'hui ils se contentent de les réduire en servitude & de les vendre. (*G*).

DIAÑA (*Hist. mod.*), casuiste, dont les lettres provinciales de Pascal ne laisseront jamais oublier le nom.

DIANE (DE FRANCE) (*Hist. de Fr.*), fille naturelle de Henri II, & d'une demoiselle piémontoise, nommée Philippe Duc, épousa en premières noces Horace Farnèse, duc de Castro, & en secondes noces François de Montmorenci, maréchal de France, fils du connétable Anne. La nuit de ces secondes noces, le tonnerre tomba dans sa chambre, entre elle & son mari, brûla tout leur linge, sans leur faire d'ailleurs aucun mal. Ce fut elle qui réconcilia Henri IV avec Henri III; elle obtint aussi la vie & la liberté du comte d'Auvergne, fils naturel de Charles IX, & de Marie Touchet, arrêté pour avoir eu part à la conspiration du maréchal de Biron. *Souvenez-vous*, dit-elle à Henri IV, *que vous avez aussi des fils naturels.* Ce mot toucha Henri, comme le mot de Priam, *Achille, souvenez-vous de votre père!* touche Achille dans l'Iliade. On peut croire d'ailleurs que Henri IV étoit disposé à faire grace au frère de la marquise de Verneuil. *Diane* mourut le 3 janvier 1617, à plus de 80 ans.

DIANE (de Poitiers.) *Voyez* POITIERS.

DIAZ (MICHEL) (*Hist. mod.*), arragonnois, compagnon de Christophe Colomb, découvrit, en 1495, les mines d'or de Saint-Christophe dans le nouveau monde. Il éprouva quelques disgraces comme tous ces navigateurs, dont les succès & les richesses excitoient l'envie. Mort vers l'an 1512.

Un jeune espagnol du seizième siècle, nommé *Jean Diaz*, entraîné par les nouveautés du temps, s'étoit attaché à Luther, puis à Calvin, enfin à Bucer, dont la douceur insinuante sut mieux l'attirer & le fixer. Bucer le mena en 1546 à la diète de Ratisbonne. Alphonse *Diaz*, son frère, zélé catholique, jugeant le nom de *Diaz* flétri par l'hérésie, & voulant effacer cette tache, prend la poste à Rome où il étoit alors, court à Ratisbonne, puis à Neubourg où son frère étoit allé ensuite, & l'y fait assassiner par un homme travesti en courier, qui lui présenta une lettre d'Alphonse, & lui fendit la tête d'un coup de hache, pendant qu'il la lisoit. Alphonse attendoit l'assassin à la porte avec deux chevaux, ils fuient ensemble, ils sont pris, les protestans demandent justice de ce fratricide, il ne paroît pas qu'ils l'aient obtenue.

Diaz est encore le nom de divers savans espagnols & portugais, dont aucun n'est célèbre.

DICÉARQUE (de Messine) (*Hist. litt. anc.*), disciple d'Aristote, dont on n'a que des fragmens. Sa *République de Sparte* étoit si estimée, que les magistrats de Sparte la faisoient lire publiquement tous les ans pour l'instruction des jeunes spartiates. On trouve sa description du Mont-Pelion dans le recueil intitulé: *Geographiæ veteris scriptores Græci minores.*

DICENÉE (*Hist. anc.*), philosophe égyptien, qui poliça, dit-on, les Scythes & leur roi, & par le conseil duquel ils arrachèrent leurs vignes pour éviter les désordres que le vin entraîne.

DICTATURE, s. f. (*Droit public & Hist. mod.*). On donne ce nom en Allemagne, dans la ville où se tient la diète de l'empire, à une assemblée des secrétaires de légation, ou *cancellistes* des différens princes & états, qui se tient dans une chambre au milieu de laquelle est élevé un siége destiné pour le secrétaire de légation de l'électeur de Mayence. Ce secrétaire dicte de-là aux secrétaires de légations des princes à qui il appartient, les mémoires, actes, protestations & autres écrits qui ont été portés au directoire de l'empire, & ils les écrivent sous sa dictée.

La *dictature* est ou *publique* ou *particulière*. La *dictature* publique est celle dans laquelle on dicte aux secrétaires de légation de tous les princes & états de l'empire, qui sont assis & écrivent sur des tables particulières. La *dictature* particulière est celle dans laquelle la dictée ne se fait qu'aux secrétaires des états d'un certain collége de l'empire, c'est-à-dire, à ceux des électeurs, ou à ceux des villes libres.

On nomme encore *dictature particulière*, celle dans laquelle ou les états catholiques ou les états protestans ont quelque chose à se communiquer entr'eux en particulier. (——)

DICTYS (de Crète) (*Hist. anc.*) avoit suivi, dit-on, Idomenée au siége de Troye, & avoit écrit, ainsi que Darès le Phrygien, l'histoire de ce siége; mais cette histoire qu'on a, tant sous le nom de Dictys que sous celui de Darès (*voyez* DARÈS), sont des ouvrages supposés, & qui n'ont paru qu'au quinzième siècle. Madame Dacier en a donné une édition en 1680, à l'usage du dauphin.

DIDIER est d'abord le nom de deux saints, l'un évêque de Langres, honoré comme martyr, ayant péri dans l'incursion que les Alains, les Sueves & les Vandales firent dans les Gaules au commencement du cinquième siècle; l'autre archevêque de Vienne, que Brunehaut fit assassiner l'an 607, parce qu'il lui reprochoit les désordres de sa vie.

DIDIER est encore le nom du dernier roi des Lombards, beau-père de Charlemagne, & détrôné par lui l'an 774.

DIDIUS JULIANUS (*Hist. rom.*), sénateur, petit-fils du jurisconsulte Salvius Julianus, acheta l'empire mis à l'encan après la mort de Pertinax, le posséda soixante-six jours, au bout desquels il fut tué dans son palais par ordre du sénat, aussi-tôt qu'on eut reçu la nouvelle de l'élection de Sevère. Pour mépriser un homme qui achete l'empire mis à l'enchère par des soldats séditieux, on n'a pas besoin de croire sur le témoignage de Dion & contre celui de Spartien, que *Didius Julianus* insulta au malheur du vertueux Pertinax, en donnant un festin splendide, & en se donnant le divertissement de la comédie dans le palais où le corps de Pertinax assassiné étoit encore étendu par terre. Ces deux empires d'un moment finissent l'un & l'autre l'an 193 de J. C.

DIDYME est un des noms de l'apôtre saint Thomas.

DIDYME l'aveugle, ainsi nommé, parce qu'il perdit la vue dès l'âge de cinq ans, est connu dans l'histoire, parce que, malgré sa cécité il acquit beaucoup de connoissances dans plus d'un genre. Il étoit à la tête de l'école d'Alexandrie, il eut pour disciples saint Jérôme, Rufin & plusieurs autres personnages illustres. Il ne reste de ses ouvrages que son *Traité du Saint-Esprit*, traduit en latin par saint Jérôme. Il fut condamné, après sa mort, par le cinquième concile général, comme ayant partagé les erreurs d'Origène, dont il avoit commenté le livre des *principes*. Mort en 395, à 85 ans.

DIÉ (SAINT) (*Hist. mod.*), évêque de Nevers en 655. Mort vers l'an 684 dans les Vosges où il s'étoit retiré, a donné son nom à la ville de *Saint-Dié* en Lorraine.

DIÈTE DE L'EMPIRE (*Droit public & Hist. mod.*); *comitia imperii*: on nomme ainsi l'assemblée générale des états de l'empire, convoquée par l'empereur pour traiter des affaires qui regardent tout l'empire, ou quelques-uns des membres qui le composent.

Autrefois l'empereur seul avoit droit de convoquer la *diète*; mais aujourd'hui il faut qu'il s'assure du consentement des électeurs, & qu'il convienne avec eux du lieu où elle doit s'assembler; & même, dans de certains cas, les électeurs ont le droit de convoquer la *diète* sans le consentement de l'empereur. La raison de cette différence, comme l'a fort bien remarqué un auteur moderne, « c'est que » l'intérêt général des principaux membres doit » être le même que celui de tout le corps, en ma- » tière de politique; au lieu que l'intérêt du chef

» n'a souvent rien de commun avec celui des membres, & lui est même quelquefois fort opposé ». *Voyez le droit public germanique, tome I, page 231.* Dans quelques occasions, les électeurs ont invité l'empereur à convoquer une *diète*. Dans l'absence de l'empereur, le droit de convocation appartient au roi des Romains, s'il y en a un d'élu ; & en cas d'interregne, il ne paroît point décidé si ce droit appartient aux électeurs ou aux vicaires de l'empire.

Quand l'empereur s'est assuré du consentement des électeurs, & est convenu avec eux du lieu où la *diète* doit se tenir, il doit inviter tous les états à comparoître six mois avant que l'assemblée se tienne. Autrefois cette convocation se faisoit par un édit général, mais depuis Fréderic III, les empereurs sont dans l'usage d'adresser les lettres d'invitation à chaque état qui a droit de suffrage & de séance à la *diète* de l'empire. On voit par-là que les électeurs, les princes ecclésiastiques & séculiers, les comtes & prélats immédiats du second ordre, & enfin les villes impériales doivent être invités.

Les princes ecclésiastiques doivent être appellés à la *diète*, même avant que d'avoir été confirmés par le pape ; pendant la vacance des siéges épiscopaux, on invite le chapitre qui a droit de s'élire un évêque. Quant aux princes séculiers, ils peuvent être invités, même avant d'avoir pris l'investiture de l'empereur. Si un prince état est mineur, la lettre d'invitation s'adresse à son tuteur, ou à l'administrateur de ses états. Les villes impériales, doivent pareillement être invitées par des lettres particulières.

Voici donc l'ordre que tiennent les états de l'empire dans leur assemblée générale.

I°. Les électeurs, qui sont au nombre de neuf, dont trois sont ecclésiastiques, & les six autres séculiers. Ils forment le collége électoral, dont l'électeur de Mayence est le directeur particulier, comme il est le directeur général de toute la *diète*.

II°. Les princes forment le second collége. On en compte trois espèces. 1°. Les princes évêques ou abbés, qui ne sont princes qu'en vertu de l'élection capitulaire. 2°. Les princes de naissance, c'est-à-dire, issus de maisons qui sont en possession de cette dignité, qu'on appelle *les maisons anciennes de l'empire*. 3°. Les princes de la création de l'empereur : ces derniers n'ont pas toujours séance à la *diète*. C'est l'archiduc d'Autriche & l'archevêque de Saltzbourg qui ont alternativement le directoire du collége des princes. Dans ce collége se trouvent aussi les prélats immédiats du second ordre, qui sont divisés en deux bancs : celui de Souabe, & celui du Rhin ; & les comtes immédiats de l'empire, qui sont divisés en quatre classes ou bancs : savoir ceux de Wéteravie, de Souabe, de Franconie & de Vestphalie. Chaque banc n'a qu'un suffrage.

III°. Enfin le troisième collége est celui des villes impériales, qui sont aussi partagées en deux bancs, savoir du Rhin & de Souabe.

Pour mettre le lecteur au fait de cette importante partie du droit public germanique, voici les noms de tous les princes & états qui ont droit de suffrage & de séance à la *diète* de l'empire.

1°. Les neuf électeurs.

2°. Les princes qui prennent séance dans l'ordre qui suit, & se distinguent en deux bancs, dont le premier est pour les princes ecclésiastiques, & le second pour les princes séculiers.

Banc des Princes ecclésiastiques.

L'archevêque de Saltzbourg.
L'archevêque de Besançon (1).
Le grand-maître de l'ordre Teutonique.
Les évêques de Bamberg.
de Wurtzbourg.
de Worms.
d'Eichstatt.
de Spire.
de Strasbourg.
de Constance.
d'Augsbourg.
de Hildesheim.
de Paderborn.
de Freysingen.
de Ratisbonne.
de Passaw.
de Trente.
de Brixen.
de Bâle.
de Liége.
d'Osnabruck.
de Munster.
de Coire.
de Lubeck.
L'abbé de Fulde.
L'abbé de Kempten.
Le prévôt d'Elwangen.
Le grand-prieur de l'Ordre de S. Jean ou de Malte, pour l'Allemagne.
Le prévôt de Bertholsgaden.
Le prévôt de Weissembourg.
L'administrateur de l'abbaye de Prum.

Princes séculiers.

L'archiduc d'Autriche.
Le duc de Bourgogne.
Le duc de Bavière.
Le duc de Magdebourg.
Le comte palatin de Lauter.
Le comte de Simmern.
Les ducs de Neubourg.
de Brême.
de Deux-Ponts.
Le comte de Veldentz & Lauterek.
Les ducs de Saxe-Weimar.
de Saxe-Eisenach.
de Saxe-Cobourg.
de Saxe-Gotha.
d'Altembourg.
Le margrave de Brandebourg Culmbach.
Le margrave de Brandebourg Anspach.
Les ducs de Zell.
de Grubenhagen.
de Calemberg.
de Brunswick.
Wolfenbuttel.
Le prince de Halberstadt.
Le duc de Verden.
Le duc de Wirtemberg.
Le landgrave de Hesse-Cassel.
Le landgrave de Hesse-Darmstat.
Le margrave de Bade-Bade.
Le margrave de Bade-Durlach.
Le comte de Hochberg.

(1) L'archevêque de Besançon & l'archevêque de Cambrai, quoique qualifiés toujours princes de l'Empire, n'ont ni voix ni séance aux états.

L'abbé de Stablo.
L'abbé de Corwey.

Le duc de Mecklenbourg-Schwerin.
Les ducs de Gustraw.
de la Poméranie antérieure.
de la Poméranie ultérieure.
Les ducs de Saxe-Lawenbourg.
de Holstein-Gluckstadt.
de Holstein-Gottorp.
Le prince de Minden.
Le duc de Savoie.
Le landgrave de Leuchtemberg.
Les princes d'Anhalt.
Les princes de Henneberg.
de Schwerin.
de Camin.
de Ratzebourg.
de Hirschfeldt.
Le marquis de Noměny.
Le prince de Montbéliard
Le duc d'Aremberg.
Les princes de Hohenzollern.
Le prince de Lobkowitz.
Le prince de Dietrichstein.
Les princes de Nassau-Hadamar.
de Nassau-Siegen.
de Nassau-Dillenbourg.
d'Aversperg.
d'Ostfrise.
de Furstemberg.
de Schwartzenberg.
de Lichtenstein.
de Schwartzbourg.
de la Tour-Taffis.

Ces deux derniers ont été agrégés au collége des princes pendant le cours de l'année 1754 : ce qui a donné lieu à des protestations de la part de quelques princes, qui ne veulent point consentir à l'admission de ces deux nouveaux états. Voilà actuellement l'état des choses. Il y a encore d'autres princes qui prétendent avoir droit de séance & de suffrage à la *diète*; mais ils n'ont point encore pu y être admis jusqu'à présent. On pourra trouver leurs noms dans l'ouvrage intitulé : *Droit public germanique, tome I, page 256 & suiv.*

Les prélats immédiats du second ordre sont, comme nous avons dit, divisés en deux bancs; celui de Souabe, qui comprend dix-neuf abbés, abbesses, ou prélats; & celui du Rhin, qui en comprend vingt.

Les comtes immédiats sont divisés en quatre bancs.

Le banc de Wétéravie en comprend onze.

Le banc de Souabe en comprend vingt-trois.

Le banc de Franconie en comprend quinze.

Le banc de Westphalie en comprend trente-cinq.

Ceux qui voudront en savoir les noms, n'auront qu'à consulter l'ouvrage que nous venons de citer.

Le collége des villes impériales, qui ont droit de suffrage à la *diète*, est composé de deux bancs; celui du Rhin, & celui de Souabe.

Banc du Rhin.

Cologne.
Aix-la-Chapelle.
Lubeck.
Worms.
Spire.
Francfort-sur-le-Mein.
Gosslar.
Brême.
Mulhausen.
Nordhausen.
Dortmund.
Friedberg.
Wetzlar.
Gelnhausen.
Hambourg.

Banc de Souabe.

Ratisbonne.
Augsbourg.
Nuremberg.
Ulm.
Esslingen.
Reutlingen.
Nortlingen.
Rothenbourg, *sur Tauber.*
Hall en Souabe.
Rothweil.
Uberlingen.
Heilbrunn.
Gemund, en Souabe.
Memmingen.
Lindau.
Biberach.
Ravensbourg.
Schweinfurth.
Kempten.
Windsheim.
Kauffebeuren.
Weil.
Wangen.
Issuy.
Pfullendorf.
Offenbourg.
Leutkirchen.
Wimpfen.
Weissenbourg en Nortgaw.
Giengen.
Gegenbach.
Zell.
Buchhorn.
Aalen.
Buchaw.
Bopfingen.

Voilà l'énumération exacte des états, qui composent les trois collèges de l'empire, & l'ordre suivant lequel ils prennent séance à la *diète*.

Autrefois l'empereur & les princes d'Allemagne assistoient en personne aux *diètes*; mais les dépenses onéreuses qu'entraînoient ces sortes d'assemblées, où chacun se piquoit de paroître avec éclat, firent prendre le parti de n'y comparoître que par députation ou représentans; & l'empereur fit exercer ses fonctions par un commissaire principal, qui est ordinairement un prince. On adjoint au principal commissaire, un autre commissaire, qu'on appelle *con-commissaire*. L'empereur a soin de nommer à ce poste une personne versée dans l'étude du droit public.

Il est libre à un état de l'empire de ne pas comparoître à la *diète*; mais pour lors il est censé être de l'avis des présens. Il dépend aussi de lui de comparoître en personne, ou par députés: ces derniers doivent remettre leurs lettres de créance & leurs pleins pouvoirs à la chancellerie de l'électeur de Mayence: c'est ce qu'on appelle *se légitimer*.

Il y a deux sortes de suffrages à la *diète* de l'empire; l'un est personnel, *votum virile*; l'autre est collégial, *votum curiatum*. Les électeurs & princes jouissent du droit du premier suffrage, & ont chacun leur voix; au lieu que les prélats du second ordre & les comtes immédiats n'ont qu'une voix par classe ou par banc.

Un membre des états peut avoir plusieurs suffrages, & cela dans des collèges différens. Par exemple, le roi de Prusse a un suffrage dans le collège électoral, comme électeur de Brandebourg, & il en a plusieurs dans le collège des princes, comme duc de Magdebourg, prince de Halberstadt, duc de la Poméranie ultérieure, &c.

Il y a des jurisconsultes qui divisent encore les suffrages en décisifs & en délibératifs. C'est ainsi que les électeurs prétendent que les villes impériales n'ont point le droit de décider comme eux. Cependant le traité de Westphalie a décidé la question en faveur des villes. D'ailleurs il paroît que leur suffrage doit être de même nature que celui des électeurs & des princes; puisque sans leur concours, il n'y a rien de conclu, comme nous le verrons dans la suite de cet article.

Quelques empereurs, pour se rendre plus despotiques, & pour avoir un plus grand nombre de suffrages, ont introduit dans la *diète* plusieurs de leurs vassaux, & créatures qui leur étoient dévouées: mais les électeurs & princes, pour remédier à cet abus, ont jugé à propos de leur lier les mains à cet égard; & actuellement l'empereur ne peut donner à personne le droit de séance & de suffrage à la *diète*, sans le consentement de tous les états de l'empire. Par la même raison, il ne peut priver personne de son droit, qui est indélébile, & qui ne peut se perdre que lorsqu'on a été mis au ban de l'empire: ce qui ne peut se faire que du consentement de la *diète*. L'empereur ne peut point non plus empêcher les états d'exposer leurs griefs & leurs demandes à la *diète*. Les mémoires qui les contiennent, doivent être portés à la dictature. *Voyez* l'article DICTATURE.

C'est l'électeur de Mayence, en qualité de directeur de la *diète*, ou son ministre, en son nom, qui propose les matières qu'on doit y traiter, sur les propositions qui lui ont été faites par le principal commissaire de l'empereur. Chaque collège délibère à part sur la proposition qui a été faite; l'électeur de Mayence ou son ministre recueille les voix dans le collège électoral; le comte de Pappenheim, en qualité de maréchal héréditaire de l'empire, recueille les suffrages du collège des princes: dans le collège des villes, c'est le député de la ville où se tient la *diète*, parce que c'est elle qui a le directoire de ce collège.

Après que les suffrages du collège électoral ont été rédigés & mis par écrit, on en communique le résultat au collège des princes, qui communique aussi réciproquement le sien au collège électoral: cette communication s'appelle *corrélation*. Si les suffrages des deux collèges ne s'accordent point, ils délibèrent entr'eux, & prennent une résolution à la pluralité des voix, si l'unanimité est impossible. Quand les suffrages du collège électoral & de celui des princes sont conformes, on en fait insinuer le résultat au collège des villes impériales: si elles refusent d'accéder à la résolution, il n'y a rien de fait; mais si elles y consentent, la résolution qui a été prise devient ce qu'on appelle un *placitum imperii*, que l'on remet au principal commissaire de l'empereur. Si au consentement des villes se joint encore l'approbation de l'empereur, le *placitum* devient *conclusum imperii universale*. Quand la *diète* doit se séparer, on recueille tous les *conclusa* qui ont été faits pendant sa tenue, & on leur donne la forme de loi, c'est ce qui se nomme recès de l'empire, *recessus imperii*.

La *diète* de l'empire se tient aujourd'hui à Ratisbonne, où elle subsiste sans interruption depuis 1663; en cas qu'elle vînt à se terminer, l'empereur, en vertu de sa capitulation, seroit obligé d'en convoquer une au moins de dix en dix ans. Anciennement les *diètes* étoient beaucoup plus courtes; leur durée n'étoit guère que d'un mois ou six semaines, & elles s'assembloient tous les ans.

Outre l'assemblée générale des états de l'empire, on donne encore le nom de *diète* aux assemblées des électeurs pour l'élection d'un empereur ou d'un roi des Romains (ces *diètes* doivent se tenir à Francfort-sur-le-Mein;) aux assemblées particulières des cercles, des princes, des villes, &c. qui ont le droit de s'assembler pour traiter de leurs intérêts particuliers.

Le corps des protestans, qu'on appelle *corps évan-*

gélique, a le droit de tenir des assemblées particulières & séparées à la *diète*, pour délibérer sur les affaires de leur communion : l'électeur de Saxe y préside, & jouit dans ces *diètes* du corps évangélique, des mêmes prérogatives, que l'électeur de Mayence dans le collége électoral & dans la *diète* générale.

Dans de certains cas, ceux qui se croient lésés par les jugemens du conseil aulique ou de la chambre impériale, peuvent prendre leur recours à la *diète*; ce qu'on appelle *recursus ad imperium*.

Les *diètes* générales de l'empire ont été regardées comme le fondement & le rempart de la liberté du corps germanique; mais cela n'empêche point qu'elles ne soient sujettes à beaucoup d'inconvéniens, en ce que souvent l'accessoire est préféré au principal: les résolutions qui se prennent ne peuvent être que très-lentes, à cause des formalités éternelles qu'il faut essuyer: elles ne peuvent point être secrettes: il se perd beaucoup de temps en disputes de préséance, d'étiquette, & autres frivolités, que l'on poursuit avec tant de vivacité, qu'on perd presque toujours de vue des objets beaucoup plus importans (—).

Diète de Pologne. On distingue en Pologne trois sortes de *diètes*; les *diétines* ou *diètes particulières* de chaque palatinat, les *diètes générales*, & les *diètes d'élection*. Les petites *diètes* ou *diétines* sont comme préliminaires & préparatoires à la *diète* générale, dont elles doivent précéder de six semaines la tenue. La noblesse des palatinats y élit ses députés, & convient des instructions qu'elle doit leur donner, soit pour la *diète* générale, soit pour la *diète* d'élection.

Selon les loix du royaume, la *diète* générale ne devroit se tenir que tous les deux ans, les circonstances la font quelquefois assembler tous les ans. Le temps de sa durée, qui est fixé par les mêmes loix à quinze jours, se prolonge quelquefois jusqu'à six semaines. Quant au lieu, Varsovie a toujours été le plus commode, étant au centre du royaume: mais on n'a pas laissé que d'en tenir à Sendomir & en d'autres villes, sur-tout à Grodno, parce que le grand-duché de Lithuanie prétend avoir droit sur trois *diètes*, d'en voir assembler une dans le grand duché. Le roi seul a droit de la convoquer par ses universaux ou lettres-patentes qu'il adresse aux palatinats, qui choisissent des députés qu'on appelle *nonces*, & qui sont tous tirés du corps de la noblesse. Lorsque ceux-ci sont assemblés dans le lieu marqué pour la *diète*, ils élisent un maréchal ou orateur, qui porte la parole, fait les propositions, recueille les voix, & résume les décisions. Le roi y préside; mais souvent sa présence n'empêche pas que ces assemblées ne soient fort tumultueuses, & ne se séparent sans rien conclure. Un nonce seul, par une protestation, peut suspendre & arrêter l'activité de toute la *diète*, c'est-à-dire, l'empêcher de rien conclure ; ce qui, bien considéré, est moins un avantage qu'un abus de la liberté.

Comme la couronne est élective, quand le trône est vacant, c'est à l'archevêque de Gnesne, primat & régent du royaume, qu'il appartient de convoquer la *diète* d'élection & d'y présider. On l'assemble ordinairement en pleine campagne, à une demi-lieue de Varsovie, dans une grande salle construite de bois: la noblesse, qui représente la république, y reçoit les ambassadeurs des princes étrangers, & élit, à la pluralité des voix, un des candidats proposés pour remplir le trône. Rarement ces *diètes* se passent-elles sans trouble, sans effusion de sang, & sans scission ou partage entre divers concurrens. Après l'élection, la *diète* fait jurer au nouveau roi ou à ses ambassadeurs une espèce de capitulation qu'on nomme *pacta conventa*. Mais le couronnement du roi élu se doit faire, & la première *diète*, après le couronnement, se doit tenir à Cracovie, selon les *pacta conventa* (*G.*)

Diéte de Suisse. En Suisse la *diète* générale se tient chaque année à la fin de juin, c'est-à-dire, à la S. Jean, & dure environ un mois, à moins qu'il ne survienne des affaires extraordinaires. Elle s'assemble principalement pour examiner les comptes des bailliages communs, pour entendre & juger des appels qui se font des sentences de ces gouverneurs dans le civil & dans le criminel; pour s'informer de leur conduite & punir leurs fautes; pour accommoder les différens qui peuvent survenir entre les cantons ou leurs alliés ; enfin pour délibérer sur ce qui intéresse le bien commun. Outre ces motifs, qui sont ordinaires, il s'en présente presque toujours plusieurs qui sont extraordinaires, sur-tout de la part des ministres des princes étrangers. L'ambassadeur de France ne manque pas d'aller à ces *diètes* pour y faire ses complimens, quoiqu'il n'ait souvent rien à négocier. Outre cette *diète* annuelle qui se tient toujours au temps marqué, chaque canton a le droit d'en demander une extraordinaire toutes les fois qu'il en a sujet. Un ministre étranger peut demander de même une *diète*, aussi souvent qu'il le juge nécessaire pour l'intérêt de son maître, pourvu néanmoins qu'il en fasse la dépense: c'est ce qui occasionne quelques-unes de ces *diètes* extraordinaires. Zurich, comme premier canton, a droit de la convoquer & d'y présider. Les cantons catholiques & les protestans ont aussi leurs *diètes* particulières: les premiers s'assemblent à Lucerne, & la convocation appartient au canton de ce nom ; les autres à Arbace, & c'est au canton de Zurich à convoquer l'assemblée. Mais ces *diètes* particulières n'ont point de temps préfix, & l'on ne les tient que selon l'occurrence & la nécessité des affaires. (*G*) (*a*)

Dieu est mon droit, *ou* Dieu et mon droit (*Hist. mod.*) ; c'est le mot ou la devise des armes d'Angleterre, que prit d'abord Richard premier, ou Cœur-de-lion, qui vivoit à la fin du douzième siècle, ce qu'il fit pour marquer qu'il ne tenoit son royaume d'aucun mortel, à titre de vassal.

Edouard III, au quatorzième siècle, le prit ensuite quand il commença à faire valoir ses prétentions sur la couronne de France; & les rois ses successeurs l'ont continué sans interruption jusqu'au temps du roi Guillaume III, prince d'Orange, qui fit usage de ce mot, *je maintiendrai*, quoiqu'il ordonnât qu'on se servît toujours du premier sur le grand sceau. La reine Anne en usa de même, quoiqu'elle eût pris pour sa devise particulière ces deux mots latins, *semper eadem*, toujours la même, à l'exemple de la reine Elizabeth (*G*).

DIEU-DONNÉ (*Hist. ecclés.*), est le nom de deux papes, l'un désigné en latin par *Deus Dedit*, l'autre par *à Deo datus*, le premier élu le 13 novembre 614, après Boniface IV, mourut en 617. C'est le premier pape dont on ait des bulles scellées en plomb.

Le second succéda au pape Vitalien en 672, & mourut en 676. Il est le premier pape qui ait employé dans ses lettres la formule: *salutem & apostolicam benedictionem.*

DIFFIDATION, s. f. (*Hist. d'All.*) En Allemagne, dans des temps de barbarie & d'anarchie, chaque prince ou seigneur se faisoit justice à lui-même, & croyoit pouvoir, en sûreté de conscience, aller piller, brûler & porter la désolation chez son voisin, pourvu qu'il lui eût fait signifier trois jours avant que d'en venir aux voies de fait, qu'il étoit dans le dessein de rompre avec lui, de lui courir sus, & de se dégager des liens mutuels qui les unissoient: cette espèce de guerre ou de brigandage se nommoit *diffidation*. Cet abus fut longtemps toléré par la foiblesse des empereurs; & au défaut de tribunaux autorisés pour rendre la justice, on exigeoit seulement que certaines formalités fussent remplies dans ces sortes de guerres particulières, comme de les déclarer trois jours avant que d'en venir aux voies de fait; on exigeoit que la déclaration fût faite aux personnes mêmes à qui on en vouloit, & en présence de témoins, & qu'on eût de bonnes raisons à alléguer: on ne défendoit alors que les *diffidations* ou *guerres clandestines*: mais Frédéric III vint à bout de suspendre ces abus pour dix ans, & son fils Maximilien I les fit enfin abolir entièrement dans la diète de Worms, en 1495. (—)

DIGBY (KENELME) (*Hist. d'Anglet.*), connu sous le nom du chevalier *Digby*. Son père avoit eu la tête tranchée pour être entré dans la conspiration des poudres, le fils eut ses biens confisqués & fut proscrit pour son attachement fidèle à Charles I & à sa mémoire; il vécut en France & ne retourna en Angleterre qu'après le rétablissement de Charles II. Il avoit été intendant général des armées navales d'Angleterre, & avoit très-bien servi sur mer. Il cultivoit aussi les lettres; on a de lui plusieurs ouvrages; un *Traité de l'immortalité de l'ame*; une *Dissertation sur la végétation des plantes*, qui a été traduite en françois; un *Discours sur la poudre de sympathie pour la guérison des plaies.* Mort en 1665, à 60 ans.

DIGNA ou DUGNA (*Hist. d'Ital.*). Attila, roi des Huns, ayant pris Aquilée en 452, y trouva cette femme qui lui parut belle; il lui parla d'amour du ton d'un vainqueur; elle le pria seulement de monter avec elle dans une galerie qui donnoit sur la rivière, & se jetta par la fenêtre, en lui disant: *suis-moi si tu m'aimes.* Seroit-ce là l'origine du proverbe: *qui m'aime me suive*, ou un proverbe si simple n'a-t-il point d'origine?

DINA (*Hist. sac.*), fille de Jacob & de Lia, outragée par Sichem fils d'Hémor, roi de Salem. On sait quelle vengeance terrible Siméon & Levi, frère de *Dina*, exercèrent sur les Sichimites. (Genèse, chap. 34.)

DINARQUE (*Hist. litt. anc.*), orateur grec, disciple de Théophraste, vivoit vers l'an 340 avant J. C. De soixante-quatre harangues qu'il avoit composées, il n'en reste que trois. On les trouve dans la collection des orateurs anciens d'Etienne.

DINGGRAVE, s. m. (*Hist. d'Allemagne*), mot composé de *ding*, jugement, & de *grave*, comte. On donnoit ce nom anciennement en Allemagne à un magistrat préposé pour rendre la justice. Aujourd'hui cette dignité ne subsiste plus. (—)

DINOCRATE ou DIOCLÈS (*Hist. anc.*), architecte, proposa, dit-on, à Alexandre le Grand, de tailler le mont-Athos de manière à lui donner la forme d'un homme, tenant dans une de ses mains une ville, & dans l'autre une coupe pour recevoir les eaux de tous les fleuves sortans de cette montagne & les verser dans la mer; Alexandre aima mieux bâtir Aléxandrie. C'est ce *Dinocrate*, selon Pline, qui rétablit le temple de Diane à Ephèse. Ptolomée Philadelphe, ayant voulu élever un temple à la mémoire d'Arsinoë sa femme, *Dinocrate*, dit-on encore, se proposoit de mettre au haut de la voûte de cet édifice une pierre d'aimant, à laquelle la statue d'Arsinoë auroit été suspendue. Son objet étoit que le peuple, étonné de ce prodige & ne pouvant l'expliquer, adorât Arsinoë comme une déesse. C'est aux artistes à nous dire quel pouvoit être en architecture le mérite de ces idées merveilleuses & gigantesques.

DINOSTRATE (*Hist. anc.*), ancien géomètre,

contemporain de Platon, contribua aux progrés de la géométrie ancienne; on le croit inventeur de la quadratrice.

DINUS (*Hist. litt. mod.*), savant jurisconsulte italien du treizième siècle, fut employé par le pape Boniface VIII à la compilation du *sexte*; il attendoit, pour récompense, le cardinalat, & mourut en 1303 de douleur de n'avoir pas pu l'obtenir. On a de lui d'autres ouvrages, sur le droit tant civil que canonique.

DIOCLÈS (*Hist. anc.*), géomètre, inventeur de la cisseïde, il vivoit du temps d'Epicure, & ce fut lui qui, voyant ce philosophe à genoux dans les temples, dit: *jamais Jupiter ne m'a paru plus grand que depuis que j'ai vu Epicure à ses genoux*. Il vivoit environ trois siècles avant J. C.

DIOCLÉTIEN (CAIUS VALÉRIUS) (*Hist. de l'Emp. rom.*) *Dioclétien*, né de parens obscurs dans la Dalmatie, se fraya, par son mérite, un chemin au premier trône du monde. Il prit le nom de *Dioclétien*, de la ville de Diocle où il étoit né; après s'être distingué dans les emplois subalternes de la milice romaine, il commanda avec gloire les armées de l'empire, où il fut élevé en 284, après la mort de Numérien, assassiné par Aper son beau-père qu'il avoit fait préfet du prétoire. Cet attentat impie souleva toute l'armée contre le meurtrier. On avoit, dit-on, prédit à *Dioclétien* qu'il seroit empereur, lorsqu'il auroit tué un sanglier, & l'astrologie avoit alors un grand ascendant sur tous les esprits: ce fut pour accomplir cette prédiction qu'il se livra au plaisir de la chasse du sanglier. Il en tua une quantité sans que la fortune l'élevât à l'empire; mais lorsqu'il eut tué Aper, l'armée le proclama empereur. Quoiqu'il fût le plus grand capitaine de ce siècle de guerre, & qu'il eût tous les talens pour bien gouverner, il se défia de ses forces pour soutenir le poids de la couronne: il associa à l'empire Maximien, comme lui soldat de fortune, & son compagnon de guerre. La rivalité du commandement qui a coutume d'enfanter des jalousies & des haines, ne fit que resserrer les nœuds de leur amitié. Toutes les frontières étoient exposées aux inondations des barbares qui, souvent exterminés, sembloient renaître de leurs cendres. Ce fut pour leur opposer des chefs intéressés à la défense commune, que *Dioclétien* créa deux césars, Chlorus, à qui il donna sa fille en mariage, & Galérius qui épousa la fille de Maximien. L'empire gouverné par quatre chefs, qui avoient chacun une armée sous leurs ordres, jouit d'une constante prospérité. Les barbares, vaincus toutes les fois qu'ils osèrent se montrer, se tinrent cachés dans leurs forêts & leurs déserts. L'ordre fut rétabli dans les finances, les loix reprirent leur vigueur, & la licence de la soldatesque fut réprimée. *Dioclétien*, vainqueur des Perses, en triompha sous le nom de *Jovius*. Maximien reçut les mêmes honneurs, & prit le surnom d'*Herculien*, pour avoir fait rentrer dans l'obéissance l'île de Bretagne, où Carausius, Gaulois redoutable dans la guerre, avoit été reconnu empereur. Les armes romaines avoient également réussi contre les Scythes & contre les Gaulois.

Dioclétien & Maximien après avoir rétabli l'empire dans son antique splendeur, soupirèrent après le calme de la vie privée, ils se dépouillèrent le même jour de la pourpre impériale, l'un à Nicomédie & l'autre à Milan. Ce mépris des grandeurs suprêmes, dont on n'avoit point encore eu d'exemple, mit le comble à leur gloire. On voulut en vain dévoiler le motif, qui n'étoit que dans leur modération; on supposa qu'après une continuité de succès, ils craignoient que quelque revers ne flétrît l'éclat de leur règne. Ils aimèrent mieux être regrettés, que réduire un jour les peuples à les plaindre. On ne peut reprocher à *Dioclétien* que ses arrêts sanglans contre les chrétiens. Grand politique & grand guerrier, il renonça à son équité naturelle, en voulant détruire par le fer une religion qui n'opposoit à ses armes que la patience & des mœurs.

Dioclétien, dans sa retraite, justifioit son abdication par cette triste vérité. Ceux qui gouvernent, disoit-il, sont obligés de voir par les yeux d'autrui: on sollicite leurs faveurs pour ceux qui ne méritent que leurs châtimens, & on les invite à punir ceux qu'ils devroient récompenser. Cette réflexion ne pouvoit partir que d'une ame équitable & sensible, on peut dire que la persécution qu'il suscita aux chrétiens, fut plus une erreur de son esprit, qu'un vice de son cœur; il ne les punit que parce qu'on les lui peignit criminels. Maximien, moins philosophe, s'ennuya de l'uniformité de la vie privée, il sollicita son ami de reprendre la pourpre; mais *Dioclétien* lui répondit: « *Mon ami, venez voir les belles laitues que j'ai plantées dans mes jardins de Salone* ». Ce fut dans les plaisirs innocens de l'agriculture & du jardinage qu'il passa les dix dernières années de sa vie, espèce d'héroïsme domestique, dont un homme élevé dans le tumulte du camp paroissoit incapable, surtout après avoir monté du dernier rang au pouvoir suprême. Milan, Nicomédie, Carthage & plusieurs autres villes de l'empire furent embellies, pendant son régne & par sa magnificence, de superbes édifices. Les loix sages qu'il établit montrent qu'il savoit également combattre & gouverner. Il mourut à Salone, dans la Dalmatie, âgé de soixante - six ans, & selon d'autres, de soixante-dix-huit ans, l'an 313 de J. C. On soupçonna qu'il avoit été empoisonné, d'autres disent qu'il mourut fou. L'ère de *Dioclétien* ou des Martyrs, commence le 29 août de l'an 234. Elle a été longtemps en usage dans l'église, & elle l'est encore parmi les Cophtes & les Abyssins. Maximien se retira dans la Lucanie, où son ambition réveillée lui fit tenter les moyens de remonter au rang dont il étoit descendu. Son gendre, Constantin, le fit tomber dans les embûches qui lui avoient été dressées, & l'ayant fait prisonnier, il le fit étrangler. (*T—N.*)

DIOCLÉTIENNE (*Epoque*) (*Hist. mod.*), cette ère qu'on appelle aussi celle des *martyrs*, a commencé sous Dioclétien; sa première année tombe au vingt-neuvième avril de l'an 5015 de la période julienne, de J. C. 302. Les Ethiopiens qui la suivent & qui en appellent les années *années de grace*, en ont formé un cycle de 534 ans, dont la première année a été la première *des années de grace*; la seconde année, la seconde *des années de grace*, & ainsi de suite jusqu'à 534; au bout de ce nombre, ils ont compté la première année du second cycle *des années de grace*; la seconde année du second cycle *des années de grace*, &c. d'où l'on voit que le nombre des cycles *dioclétiens* écoulés étant donné, avec le nombre des *années de grace* écoulées du cycle courant, on peut facilement rapporter l'année de l'*époque dioclétienne* à telle autre ère qu'on le jugera à propos.

DIODORE de Sicile (*Hist. litt. anc.*). Son fameux ouvrage divisé en 40 livres, dont il ne nous reste que quinze avec des fragmens de quelques autres, comprenoit l'histoire de presque toutes les nations célèbres. Ce qui en reste a été traduit par l'abbé Terrasson. *Diodore* de Sicile est du meilleur temps, il écrivoit sous Jules-César & sous Auguste; il avoit fait un long séjour à Rome, & de plus, il avoit pris la peine d'aller lui-même voir les principaux pays dont il avoit à parler, & son travail fut le fruit de trente ans de recherches. Le surnom de *Sicile* indique son pays.

DIOGÈNE (*Hist. anc.*). C'est le nom de plusieurs philosophes anciens, dont le plus célèbre est le cynique. Nous avons déja eu occasion de citer plusieurs des traits qui le regardent ou d'y faire allusion. (*Voyez* les articles ANTISTHÈNE & CRATÈS.) Nous n'exposerons point son système de philosophie; ce département n'est pas le nôtre; nous ajouterons seulement aux traits déja cités quelques autres traits qui peignent cet homme singulier. Son histoire, telle qu'on la raconte, offre un mélange bizarre de bassesse & de grandeur, de crime même & de vertu. On le représente d'abord comme un faux monnoyeur, fils d'un faux monnoyeur, tous deux bannis pour ce crime, de Sinope, leur patrie. Il disoit en quittant Sinope que c'étoient ses concitoyens qui restoient relégués dans leurs maisons, tandis qu'il alloit à Athènes, la patrie de tous les honnêtes gens. On ne le voit ensuite que transporté de l'amour de la sagesse & du desir d'apprendre; il se présente pour disciple à Antisthène fondateur de la secte cynique, Antisthène ne vouloit plus de disciples ou ne vouloit pas un tel disciple, il le repoussa avec son bâton. *Frappez*, lui dit Diogène, *mais n'espérez pas trouver de bâton assez dur pour m'éloigner de vous, tant que vous aurez quelque chose à m'apprendre.* Antisthène reconnut que *Diogène* n'étoit pas un homme ordinaire & qu'il étoit digne d'être cynique. Personne en effet ne profita mieux des leçons & des exemples d'Antisthène. Il marchoit toujours nuds pieds, il se réduisit pour tous meubles à un bâton, une besace & une écuelle, encore ayant vu boire un enfant dans le creux de sa main, cassa-t-il l'écuelle, en disant : *il m'apprend que je gardois encore du superflu.*

Il avoit ou affectoit un souverain mépris pour le genre humain, sentiment qui n'est point étranger à la secte cynique. On connoît le conte de la Lanterne en plein midi, & le mot *je cherche un homme.* Le mot de Bassompière à la reine, qui lui demandoit quand il accoucheroit parce qu'il étoit devenu fort gros : *quand j'aurai trouvé une sage-femme*, est plus piquant, & n'étoit pas préparé.

Diogène voyant des juges mener au supplice un homme qui avoit volé une petite fiole dans le trésor public, dit ce mot qui a tant été répété : *voilà de grands voleurs qui en conduisent un petit.* N'étoit-ce pas un souvenir de son premier métier de faux monnoyeur, qui le disposoit favorablement pour ceux que la justice punissoit ?

Voyant un jour un homme se faire chausser par un esclave, *ne faudra-t-il pas aussi qu'il te mouche? de quoi te servent tes mains?* mot vraiment cynique & très-raisonnable.

On lui conseilloit de faire courir après un esclave nommé Ménade, qui l'avoit quitté, *quoi*, dit-il, *quand Ménade peut vivre sans Diogène, Diogène ne pourroit pas vivre sans Ménade?*

Des parens lui présentant pour disciple un jeune homme, dont ils vantoient beaucoup la sagesse & le savoir, *s'il est si parfait*, dit-il, *il n'a pas besoin de moi.*

Il se piquoit de porter aussi loin qu'aucun cynique le mépris pour la pudeur & les bienséances. Ce qui a fait dire *qu'il ne falloit pas trop regarder au fond de son tonneau.*

On l'a même accusé de penser mal de la divinité, parce qu'il disoit dans son indignation que le bonheur constant d'un brigand insigne, nommé Harpalus, rendoit témoignage contre les Dieux.

Il paroît que les différentes écoles de philosophes cherchoient à se décrier les unes les autres, & que quand quelqu'une se trouvoit en faute dans ses enseignemens & dans ses définitions, c'étoit un triomphe pour sa rivale. Platon, que *Diogène* se plaisoit sur-tout à combattre, & dont il fouloit aux pieds le faste, par un faste plus grand) disoit

Platon), ayant défini l'homme un animal à deux pieds sans plumes, *Diogène* jette un chapon plumé dans l'académie, en disant : *voilà l'homme de Platon*.

On attribue à *Diogène* beaucoup d'éloquence, on prétend même que cette éloquence n'étoit pas sans grace & sans insinuation, & qu'elle contribua beaucoup à augmenter le nombre de ses disciples, au nombre desquels on compte Phocion, Onesicrite, historien estimé d'Alexandre, qu'il suivit dans ses guerres, deux fils de cet Onesicrite, Stilpon de Megare, &c. Il reste à voir comment le plus libre des hommes se comporta dans la servitude; alors il ne se contenta plus d'être libre, il voulut être maître. Voici par quel accident il fut censé devenir esclave. En voulant passer dans l'isle d'Egine, il fut pris par des pirates qui l'amenèrent dans l'isle de Crète, & l'exposèrent en vente. Quand le Crieur lui demanda : *que savez-vous faire ?* Il répondit : *commander aux hommes*, & voulut que le Crieur le proclamât sous cette formule : *qui veut acheter un maître ?* Il se présenta un Corinthien nommé Xéniade, qui cherchoit en effet un maître, non pas pour lui, mais pour ses enfans, *Diogène* en fut le précepteur, & Xéniade, charmé de l'excellente éducation qu'il donnoit à ses fils, disoit : *un bon génie est entré chez moi. Diogène* s'attacha aussi à cette maison, & quand ses amis & ses disciples lui proposèrent de le racheter, *je ne suis point esclave*, leur dit-il, *les lions le sont-ils de ceux qui les nourrissent ?* Il vieillit chez Xéniade, quelques-uns même disent qu'il y mourut.

Cependant ce fut à Corinthe qu'Alexandre alla lui rendre visite dans son tonneau, ce qui suppose qu'il n'habitoit point la maison d'autrui. Alexandre, dit Sénèque, vit un homme auquel il ne pouvoit rien donner, ni rien ôter, *cui nec dare quidquam posset nec eripere*.

Alexandre, dit Juvenal, sentit combien c'étoit une chose plus heureuse de ne rien desirer que de desirer tout :

Sensit Alexander, testâ cum vidit in illâ
Magnum habitatorem, quantò felicior hic, qui
Nil cuperet, quàm qui totum sibi posceret orbem.

Ce *magnum habitatorem* est tout-à-la fois un sublime éloge & une grande beauté poëtique. C'est au moral ce que le *regnatorem asiæ* n'est qu'au propre.

Mais Juvenal fait trop d'honneur à la philosophie d'Alexandre; en effet, comme on est toujours porté à mettre au premier rang l'état qu'on a embrassé, Alexandre ne plaçoit le sage qu'immédiatement après le conquérant : *si je n'étois Alexandre*, dit-il, *je voudrois être Diogène*.

On demandoit à *Diogène* mourant où il vouloit être enterré; je ne veux pas l'être, dit-il, qu'on me jette à la voirie. — quoi! exposé aux insultes des oiseaux & des bêtes féroces ? — Oh! non; mettez mon bâton à côté de moi, je les chasserai. —Eh! vous serez privé de tout sentiment! — Que m'importe donc en ce cas d'être mangé par les bêtes ?

On n'eut point d'égard à sa dernière volonté sur cet article, on lui dressa un magnifique tombeau près de la porte de la ville, tournée du côté de l'Isthme; à côté du tombeau on érigea une colonne, sur laquelle on plaça un chien (symbole du Cynisme) fait de marbre de l'isle de Paros.

Diogène mourut âgé d'environ quatre-vingt-dix ans, ou le jour même de la mort d'Alexandre, ou peu de temps après.

On a retenu de lui des maximes qui valent mieux que ses bons mots.

« Tout s'acquiert par l'exercice, il n'en faut pas » même excepter la vertu.

» L'habitude répand de la douceur jusques sur le » mépris de la volupté.

» On doit plus à la nature qu'à la loi.

» Le sage est au milieu de ses amis comme l'être » suprême au milieu de ses créatures.

» Si les loix sont mauvaises, l'homme est plus » malheureux & plus méchant dans la société que » dans l'état de nature.

» Le comble de la folie est d'enseigner la vertu, » d'en faire l'éloge, & d'en négliger la pratique.

» L'amour est l'occupation des gens désœuvrés.

» Le médisant est la plus cruelle des bêtes farouches, & le flatteur la plus dangereuse des » bêtes privées.

» Il faut résister à la fortune par le mépris, à la » loi par la nature, aux passions par la raison.

» Ayons les bons pour amis, afin qu'ils nous » encouragent à faire le bien, & les méchans pour » ennemis, afin qu'ils nous empêchent de faire le » mal ».

On attribue aussi à *Diogène* la comparaison des grands avec le feu, dont il ne faut se tenir ni trop près, ni trop loin; c'étoit un mélange de la philosophie d'Aristippe avec celle qui lui étoit propre.

Les autres philosophes célèbres du même nom sont *Diogène* d'Apollonie dans l'isle de Crète, disciple & successeur d'Anaximènes dans l'école d'Ionie. Il vivoit environ 500 ans avant J. C. Il est, dit-on, le premier qui ait observé que l'air se condense & se raréfie.

Et *Diogène* le babylonien, philosophe stoïcien, disciple de Chrysippe, fut avec Carnéade & Critolaüs, de la fameuse ambassade que les Athéniens envoyèrent à Rome l'an 155 ans avant J. C. Il se piquoit d'une grande modération dans sa conduite; & recommandoit beaucoup cette vertu à ses disciples. Un jeune homme, pour l'éprouver, lui cracha au visage; il s'essuya doucement, en disant: *je ne me fâche point, mais vous m'avez fait douter si je ne devois pas me fâcher.*

DIOGÈNE-LAERCE ou DE LAERTE (*Hist. litt. anc.*), ainsi nommé, parce qu'il étoit de Laërte, petite ville de Cilicie, vivoit vers la fin du second siècle de l'ère chrétienne. Ses *Vies des philosophes* sont connues. Il étoit lui-même philosophe, de la secte d'Epicure.

DIOGNÈTE (*Hist. anc.*), maître de philosophie de Marc-Aurèle; c'est peut-être le seul parmi les instituteurs connus des grands princes, qui ait réussi à faire de son élève un philosophe.

Plusieurs savans croient que c'est à lui qu'est adressée *la lettre à Diognète*, qui se trouve parmi les ouvrages de Justin.

DION (*Hist. anc.*) voyez l'histoire des deux DENYS, tyrans de Syracuse.

DION CASSIUS (*Hist. rom.*), de Nicée en Bithynie, fait sénateur par Pertinax, consul par Sévère, gouverneur de Smyrne & de Pergame par Macrin, de l'Afrique, de la Dalmatie & de la Pannonie par Alexandre Sévère, consul pour la seconde fois l'an 229, est beaucoup moins connu par toutes ces dignités que par son *Histoire romaine*, dont il ne nous reste qu'une partie, & dont Xiphilin au onzième siècle nous a donné un abrégé. Cette histoire commençoit à l'arrivée d'Enée en Italie, & finissoit au règne d'Alexandre Sévère. Boisguillebert a traduit en françois ce que nous avons de *Dion*.

DION CHRYSOSTOME (*Hist. litt. anc.*), ainsi nommé à cause de son éloquence, fut persécuté par Domitien, & comblé d'honneurs par Trajan. On a de lui quatre-vingt *oraisons* & un *traité des devoirs des rois*. La première édition de ses ouvrages est de Milan, 1476; la meilleure, de Paris, 1604. Il étoit de Pruse en Bithinie.

DIONIS (PIERRE), premier chirurgien de madame la dauphine (bru de Louis XIV) & des enfans de France, fut le premier démonstrateur d'anatomie au jardin du roi à l'érection de cette chaire. Ses ouvrages les plus connus sont, *un cours d'opérations de chirurgie*, avec des remarques du célèbre la Faye; *l'anatomie de l'homme*, ouvrage qui a été traduit en langue Tartare, par le P. Parennin, jésuite; un *traité de la manière de secourir les femmes dans leurs accouchemens.*

DIOPHANTE (*Hist. litt.*), mathématicien Grec, né à Alexandrie, vers le milieu du quatrième siècle, dont il reste six livres de *questions arithmétiques*; c'est le premier & le seul ouvrage Grec où l'on voie des traces d'algèbre, ce qui fait penser qu'il est l'inventeur de cette science. Les notes de Fermat donnent un prix particulier à l'édition de Diophante, de 1670.

DIOSCORE (*Hist. eccléf.*), patriarche d'Alexandrie, successeur de saint Cyrille, fauteur d'Eutichès & de son hérésie, osa excommunier le pape Saint-Léon; après un succès d'un moment qu'il eut au faux concile d'Ephèse, en 449, il finit par être déposé au concile général de Chalcédoine, & mourut en 458, exilé à Gangres, en Paphlagonie.

DIOSCORIDE (*Hist. litt. anc.*), médecin d'Anazarbe en Cilicie, commenté par Matthiole. Comme on ne sait pas précisément en quel temps il vivoit, c'est une question entre les savans, s'il a suivi Pline, ou si Pline l'a suivi dans ce qu'ils ont de conforme.

DIRECTEURS DES CERCLES (*Hist. mod. Droit public*). On donne en Allemagne le nom de *directeurs* aux princes qui sont à la tête de chaque cercle. Leurs principales fonctions sont, 1°. dans le cas de nécessité, de convoquer les assemblées de leurs cercles, sans avoir besoin pour cela du consentement de l'empereur: 2°. de faire les propositions, de recueillir les voix, & d'en former un *conclusum*: 3°. de recevoir les rescrits de l'empereur, les lettres des princes & des autres cercles, afin de les communiquer aux membres du cercle: 4°. de faire le rapport des résolutions du cercle à l'empereur: 5°. de signer les réponses & résolutions de leur cercle, & de les faire parvenir où il est besoin: 6°. de signer ou viser les instructions & pouvoir des députés du cercle: 7°. de veiller au maintien de la tranquillité, & au bien du cercle: 8°. d'avertir les membres qui sont en retard de payer leur contingent des charges: 9°. d'avoir soin que le cercle remplisse ses engagemens: 10°. enfin, de faire exécuter les sentences des tribunaux de l'empire, lorsque l'exécution leur en est donnée.

Il ne faut point confondre les *directeurs* d'un cercle, avec ce qu'on appelle les *duces circuli*, ou commandans du cercle; ces derniers ont le commandement des troupes du cercle, sans en être les *directeurs*; cependant quelquefois une même personne peut réunir ces deux dignités.

Chaque cercle a un ou deux *directeurs*: voici ceux qui exercent cette fonction dans les dix cercles de l'empire. Dans le cercle du haut-Rhin, c'est l'évêque de Worms & le landgrave de Hesse-Darmstat; dans le cercle du bas-Rhin, l'électeur de Mayence; dans le cercle de Westphalie, l'évêque de Munster & le duc de Juliers; dans le cercle de la haute-Saxe, l'électeur de Saxe; dans le cercle de la basse-Saxe, le duc de Magdebourg alternativement avec le duc de Brême; la maison de Brunswic-Lunebourg y a le *condirectoire*: dans le cercle de Bavière, l'archevêque de Saltzbourg & le duc de Bavière; dans le cercle de Franconie, l'évêque de Bamberg & le margrave de Brandebourg-Culmbach; dans le cercle de Souabe, l'évêque de Constance & le duc de Wirtemberg; dans le cercle d'Autriche & de Bourgogne, l'archiduc d'Autriche. (—)

DIROIS (FRANÇOIS) (*Hist. litt. mod.*), docteur de Sorbonne, chanoine d'Avranches, passe pour l'auteur de l'histoire ecclésiastique de chaque siècle, qu'on trouve dans l'abrégé chronologique de Mezeray; il l'est aussi de quelques ouvrages de controverse; il vivoit en 1691.

DITHMAR (*Hist. litt. mod.*), c'est le nom de deux historiens Allemands; l'un, d'abord bénédictin au monastère de Magdebourg, puis évêque de Mersbourg en 1018, mort en 1028, à quarante-deux ans: il étoit fils de Sigefroy, comte de Saxe. Son ouvrage est une chronique pour servir à l'histoire des empereurs Henri I, Othon II, Othon III & Henri II, sous lequel il vivoit. La meilleure édition de cette chronique, est celle que Leibnitz en a donnée dans ses écrivains de l'histoire de Brunswick.

Le second *Dithmar* est de nos jours; il est mort à Francfort, en 1737; il y étoit professeur d'histoire; il étoit de l'académie de Berlin; on a de lui plusieurs écrits savans sur l'histoire d'Allemagne.

DIVAN, s. m. (*Hist. mod.*), mot arabe qui veut dire *estrade*, ou *sopha* en langue turque; ordinairement c'est la chambre du conseil ou tribunal où on rend la justice dans les pays orientaux, surtout chez les Turcs. Il y a des *divans* de deux sortes, l'un du grand-seigneur, & l'autre du grand-visir.

Le premier, qu'on peut nommer le *conseil d'état*, se tient le dimanche & le mardi par le grand-seigneur dans l'intérieur du serrail, avec les principaux officiers de l'empire au nombre de sept; savoir le grand visir, le kaimacan vice-roi de l'empire, le capitan-bacha, le defterdart, le chancelier, les pachas du Caire & de Bude: & ceux-ci en tiennent de particuliers chez eux, pour les affaires qui sont de leur département; & comme les deux derniers membres ne s'y trouvent pas, ils sont remplacés par d'autres pachas.

Le *divan* du grand-visir, c'est-à-dire le lieu où il rend la justice, est une grande salle garnie seulement d'un lambris de bois de la hauteur de deux ou trois pieds, & de bancs matelassés & couverts de drap, avec un marche-pied; cette salle n'a point de porte qui ferme; elle est comme le grand-conseil ou le premier parlement de l'empire ottoman. Le premier ministre est obligé de rendre la justice au peuple quatre fois par semaine, le lundi, le mercredi, le vendredi & le samedi. Le cadileskær de Natolie est assis à sa gauche dans le *divan*, mais simplement comme auditeur; & celui de Romelie, en qualité de juge, est à sa droite. Lorsque ce ministre est trop occupé, le cansch-bachi tient sa place: mais lorsqu'il y assiste, cet officier fait ranger les parties en deux files, & passer de main en main leurs arzhuals ou requêtes jusqu'au buijuk-terkeregi, premier secrétaire du grand-visir, auquel il lit la requête; & sur le sujet qu'elle contient, les deux parties sont entendues contradictoirement sans avocats ni longueur de procédures; on pese les raisons; des assesseurs résument le tout & concluent. Si leur décision plaît au grand-visir, son secrétaire l'écrit au haut de la requête, & le ministre la confirme par le mot *sah*, c'est-à-dire *certain*, qu'il souscrit au bas: sinon il fait recommencer le plaidoyer, & décide ensuite de sa pleine autorité, en faisant donner aux parties un hujet ou copie de la sentence. Les causes se succèdent ainsi sans interruption jusqu'à la nuit: on sert seulement, dans la salle même de l'audience, un dîner qui est expédié en une demi heure. Les officiers qui composent ce *divan*, outre le grand-visir, sont six autres visirs ou conseillers d'état, le chancelier, & les secrétaires d'état. Le chiaoux-bachi se tient à la porte avec une troupe de chiaoux, pour exécuter les ordres du premier ministre. Les causes importantes qui intéressent les officiers de sa hautesse, tant ceux qui sont attachés à sa personne, que ceux qui occupent les grandes charges de l'empire, les délibérations politiques, les affaires de terre & de mer, sont la matière du conseil-privé du grand-seigneur: on l'appelle *galibé divan*. Il se tient tous les dimanches & les mardis, comme nous l'avons dit. Les autres officiers militaires sont assis à la porte; le muphti y assiste lorsqu'il y est mandé par un ordre exprès; le teskeregi ouvre l'assemblée par la lecture des requêtes des particuliers, le visir azem propose ensuite l'affaire importante qui doit faire la matière de la délibération; & après que les membres du *galibé divan* ont donné leur avis, ce ministre entre seul dans une chambre particulière, où il fait son rapport au grand-seigneur qui décide.

Lorsque le sultan le juge à propos, il convoque un conseil général, qui ne diffère du *galibé divan* que par le plus grand nombre des membres qui le composent. Tous les grands de la Porte y sont appellés, l'ulema, les officiers des milices & des différens ordres, même les vieux soldats & les plus expérimentés. Ce *divan* s'appelle *oja divani*, le *divan des pieds*, peut-être parce que tout le monde s'y tient debout. Ce tribunal a quelque rapport à nos anciennes assemblées des états, comme le *galibé divan* au conseil privé du roi, & le *di-*

van au premier parlement de l'empire. Guer ; *mœurs & usages des Turcs*, *tome II*.

DIVAN-BEGHI, nom d'un ministre d'état en Perse.

Le *divan-Beghi* est le surintendant de la justice ; il n'a que le dernier rang parmi les six ministres du second ordre, qui sont tous au-dessous de l'athemadoulet, ou premier ministre.

On appelle au tribunal du *divan-beghi*, des jugemens rendus par les gouverneurs. Il a 50000 écus d'appointemens, afin de rendre la justice gratuitement. Il connoît des causes criminelles des khans, des gouverneurs, & autres grands-seigneurs de Perse disgraciés pour quelque faute, & il reçoit les appels du baruga ou lieutenant criminel.

Le *divan-beghi* rend la justice dans le palais du prince, sans suivre d'autre loi ni d'autre régle que l'alcoran, qu'il interprète à son gré. Il ne connoît que des crimes. Tavernier, *voy. de Perse*. Le chevalier de la Magdeleine, qui est resté fort longtemps chez les Turcs, en dit quelque chose dans les *chap. 49 & 50* de son *Miroir ottoman* (*G*).

DIVICON (*Hist. Rom.*), chef des Helvétiens (aujourd'hui des Suisses), battit Cassius & répondit à César, qui lui demandoit des ôtages, que sa nation n'avoit pas accoutumé d'en donner, mais d'en recevoir.

DIVITIAC. *Voyez* DAMNORIX.

DIX (CONSEIL DES) (*Hist. de Venise*), tribunal composé de *dix* personnes d'entre les nobles, qui ont une autorité & une jurisdiction très-étendue dans le gouvernement de la république.

Ce tribunal fut créé en 1310, pour redonner à la ville la tranquillité & la sûreté qu'elle avoit perdue après l'entreprise de Bayamonte-Tiepolo, & pour s'opposer aux changemens que le doge Pierre Gradenigo avoit introduits dans le gouvernement. Comme on s'apperçut que ce tribunal avoit produit des effets très-avantageux dans le nouveau gouvernement, il fut rétabli en plusieurs rencontres ; & enfin il fut confirmé pour toujours 25 ans après sa première création.

Le *conseil des dix* prend connoissance des affaires criminelles qui arrivent entre les nobles, tant à Venise que dans le reste de l'état. Il juge les criminels de lèse-majesté publique ; il a droit d'examiner la conduite des podestats, commandans, & officiers qui gouvernent les provinces, & de recevoir les plaintes que les sujets pourroient faire contre eux ; il a soin de la tranquillité générale, ordonne toutes les fêtes & tous les divertissemens publics, les permet ou les défend, selon sa volonté. Il procède aussi contre ceux qui font profession de quelque secte particulière prohibée par les loix, contre les pédérastes & contre les faux monnoyeurs.

Ce conseil a plusieurs autres privilèges que j'ignore, parce que ceux qui en sont instruits, & à qui je me suis adressé, cachent scrupuleusement aux étrangers la connoissance de tout ce qui a quelque rapport au gouvernement intérieur de leur république : je ne puis donc ajouter ici que quelques autres généralités connues de tout le monde.

On tire de ce tribunal les inquisiteurs d'état, au nombre de trois, d'entre les six conseillers qui entrent avec le doge dans le *conseil des dix*. Quoique le doge préside à ce tribunal, les *dix* sénateurs qui le composent n'ont pas moins de pouvoir sans lui, que lorsqu'il y assiste avec les six conseillers. Ils doivent tous être de différentes familles, & sont élus chaque année par le grand-conseil ; mais ils élisent trois de leur corps pour en être les chefs, & ils les changent tous les trois mois, pendant lesquels ces chefs roulent par semaine, rendent la justice particulière, & ne proposent au corps que les affaires les plus graves. Le chef qui est de semaine, reçoit les mémoires, les accusations, les rapports des espions & les communique à ses collègues, qui, sur les dépositions des témoins & sur les réponses des accusés, qu'ils tiennent dans des cachots, font le procès aux coupables, sans qu'il leur soit permis de se défendre ni par eux-mêmes, ni par avocats.

Cela suffit pour prouver que la liberté se trouve encore moins à Venise que dans plusieurs monarchies. Car quelle peut être la situation d'un citoyen dans cette république ? Un corps de magistrature, composé de *dix* membres, a, comme exécuteur des loix, tout le pouvoir qu'il s'est donné comme législateur ; il peut détruire dans le silence & par ses seules volontés particulières, les citoyens qui lui déplaisent. Qu'on ne dise point que, pour éviter de tels abus, la magistrature qui a la puissance, change perpétuellement, & que les divers tribunaux se tempèrent les uns les autres. Le mal est, comme le remarque un des beaux génies de ce siècle, que ce sont toujours des magistrats du même corps qui changent, des magistrats qui ont les mêmes principes, les mêmes vues, la même autorité, ce qui au fond ne fait guère qu'une même puissance. *Article de M. le Chevalier* DE JAUCOURT.

DIXAINE, s. f. (*Hist. mod.*). En Angleterre il signifie le *nombre* ou la *compagnie* de dix hommes avec leurs familles, qui formoient entre eux une espèce de société, & s'obligeoient solidairement envers le roi d'observer la paix publique, & de tenir une bonne conduite.

Dans ces compagnies se trouvoit toujours un chef, qui, par rapport à son office, étoit appellé *dixenier* ou *décurion*. A l'ouest de l'Angleterre, on lui donne encore le même nom ; mais ailleurs il porte celui de *connétable*, parce qu'il y a long-temps que l'usage des *dixaines* n'y subsiste plus. Le nom de *dixenier* subsiste encore dans les officiers municipaux de l'hôtel-de-ville de Paris ; mais ce sont des charges sans exercice. *Chambers*. (*G*)

DLUGLOSS (JEAN), (*Hist. litt. mod.*), polonois, chanoine de Cracovie & de Sandomir, nommé à l'archevêché de Léopol, mort en 1480, est auteur d'une histoire de Pologne écrite en latin, qui remonte à l'origine de la nation Polonoise, & finit à l'an 1444.

DOCTEUR DE L'ÉGLISE (*Hist. mod.*), est un nom qu'on a donné à quelques-uns des pères, dont la doctrine & les opinions ont été le plus généralement suivies & autorisées par l'église.

On compte ordinairement quatre *docteurs* de l'église grecque, & quatre de l'église latine. Les premiers sont saint Athanase, saint Basile, saint Grégoire de Nazianze, & saint Chrysostôme; les autres sont saint Augustin, saint Jérôme, saint Grégoire le-Grand, & saint Ambroise.

Dans le bréviaire romain il y a un office particulier pour les *docteurs*. Il ne diffère de celui des confesseurs, que par l'antienne de *Magnificat*, & les leçons.

DOCTEUR (*Hist. mod.*), est une personne qui a passé par tous les degrés d'une faculté, & qui a droit d'enseigner ou de pratiquer la science ou l'art dont cette faculté fait profession.

Le titre de *docteur* fut crée vers le milieu du douzième siècle, pour être substitué à celui de *maître*, qui étoit devenu trop commun & trop familier. On a cependant conservé le titre de *maître* dans les communautés religieuses à ceux qui sont *docteurs* en théologie.

L'établissement du doctorat est ordinairement attribué à Irnerius. On croit que ce titre passa de la faculté de droit dans celle de théologie.

Le premier exemple que nous en ayons, est dans l'université de Paris, où Pierre Lombard & Gilbert de la Porée furent créés *docteurs* en théologie, *sacræ theologiæ doctores*.

D'autres prétendent au contraire que le titre de *docteur* n'a commencé à être en usage qu'après la publication des sentences de Pierre Lombard, & soutiennent que ceux qui ont expliqué les premiers ce livre dans les écoles, sont aussi les premiers qu'on ait appellés *docteurs*.

Il y en a qui font remonter cette époque beaucoup plus haut, & veulent que Bede ait été le premier *docteur* de Cambridge, & que Jean de Beverley, mort en 721, ait été le premier *docteur* d'Oxford. Mais Spelman soutient que le mot *docteur* n'a point été en usage en Angleterre, pour marquer un titre ou un degré, jusqu'au règne du roi Jean, vers l'an 1207.

DOCTEUR *en général* (*Hist. mod.*), est aussi un nom qu'on joint quelquefois avec différentes épithètes, qui expriment le principal mérite qu'ont eu ceux que l'on reconnoît pour maîtres dans les écoles, mais cependant avec une qualification particulière qui les distingue.

Ainsi Alexandre de Hales est appellé le *docteur irréfragable* & *la fontaine de vie*, comme dit Possevin. Saint Thomas d'Aquin est nommé le *docteur angélique*; saint Bonaventure, le *docteur séraphique*; Jean Duns ou Scot, le *docteur subtil*; Raimond Lulle, le *docteur illuminé*; Roger Bacon, le *docteur admirable*; Guillaume Ocham, le *docteur singulier*; Jean Gerson & le cardinal Cusa, les *docteurs chrétiens*; Denis le Chartreux, le *docteur extatique*. Il en est de même d'une infinité d'autres, dont les écrivains ecclésiastiques font mention.

DOCTEUR, ΔΙΔΑΣΚΑΛΟΣ, est encore le nom d'un officier particulier de l'église grecque, qui est chargé d'expliquer les écritures.

Celui qui explique les évangiles, est nommé *docteur* des évangiles; celui qui explique les épîtres de saint Paul, est appellé *docteur de l'Apôtre*; celui qui explique les pseaumes, s'appelle *docteur du pseautier*. On les comprend tous sous ce titre de διδασκαλος qui répond à ce que nous appellons *théologal*. Les évêques grecs, en conférant ces sortes d'offices, imposent les mains comme dans les ordinations. *Trév.* & *Chambers*. (*G.*)

DOCTORAT, s. m. (*Hist. mod.*), titre d'honneur qu'on donne dans les universités à ceux qui ont accompli le temps d'étude prescrit, & fait les exercices nécessaires pour être promus à ce degré. (*A. R.*)

DODART (DENIS) (*Hist. litt. mod.*), de l'académie des sciences, premier médecin de Louis XIV. Guy Patin l'appelloit *monstrum sine vitio*, prodige de sagesse & de science, sans aucun défaut, *monstre sans vice*, le mot *monstre* en latin, se prenant indifféremment en bonne ou en mauvaise part pour signifier tout ce qui, soit en bien, soit en mal, s'écarte de l'ordre le plus ordinaire de la nature. On a de Denis *Dodart*, *des mémoires pour servir à l'histoire des plantes*; des mémoires sur la voix de l'homme, & ses différens tons; un ouvrage intitulé: *Statica medicina Gallica*. Il avoit étudié ce qui concerne la transpiration insensible, d'après les observations du célèbre Sanctorius, médecin de Padoue; le premier jour de carême de l'année 1677, il trouva qu'il pesoit cent seize livres & une once, il fit le carême, comme dans la primitive église, ne buvant & ne mangeant qu'après le soleil couché; le samedi saint il ne pesoit plus que cent sept livres douze onces; il avoit perdu en quarante-six jours de ce régime, huit livres cinq onces, la quatorzième partie de sa substance; il reprit le régime ordinaire, & au bout de quatre jours il eut regagné quatre livres.

Il observa encore que seize onces de sang se réparoient en moins de cinq jours, dans un homme bien constitué.

Denis *Dodart* étoit né à Paris en 1634, il y mourut en 1707, M. de Fontenelle a fait son éloge.

Jean-Baptiste-Claude *Dodart*, son fils, premier médecin du roi, mort à Paris, en 1730, a laissé des notes sur l'*histoire générale des drogues*, de P. Pomey.

DODUS ou DE DONDIS (Jacques) (*Hist. litt. mod.*), médecin, mathématicien célèbre de Padoue; comme médecin il fut surnommé *aggregator*, à cause de la quantité de remèdes qu'il avoit composés, & ce surnom ne fut que pour lui; comme mathématicien, il fut surnommé *Jacques de l'horloge*, à cause d'une horloge d'un genre particulier dont il fut l'inventeur & ce nom de *l'horloge* s'est conservé dans sa famille; ce fut lui encore qui trouva le premier le moyen de faire du sel avec l'eau de la fontaine d'Albano dans le Padouan. On a de lui un ouvrage intitulé: *promptuarium medicinæ;* il a composé aussi en société avec Jean son fils, un traité *de fontibus calidis Patavini agri.* Mort en 1350.

DODWEL (Henri) (*Hist. litt. mod.*), un des plus savans hommes qu'ait produit l'Irlande, profond, sur-tout dans l'érudition ecclésiastique auteur du traité célèbre *de paucitate martyrum*, où il diminue considérablement le nombre des martyrs; dom Thierry Ruinart l'a réfuté dans la préface de ses actes sincères des martyrs; il y a encore de *Dodwel*, un *traité sur la manière d'étudier la théologie;* il y a quelques ouvrages de controverse.

Dans l'érudition profane, on a de lui, *geographiæ veteris scriptores Græci minores; de veteribus cyclis; annales Thucydidis & Xenophontis; de ætate Phalaridis & Pythagoræ.* *Dodwel* a donné encore diverses éditions d'auteurs classiques, toujours accompagnées de savantes notes. Sa vie a été publiée en Anglois par François Brokesby.

DOEG (*Hist. sacr.*), Iduméen, écuyer de Saül, causa la ruine de la ville de Nobé & la mort du grand pontife Achimelech, ainsi que de quatre-vingt-cinq autres prêtres, en les accusant calomnieusement d'avoir conspiré avec David, contre Saül. Joad, dans Athalie, met Doëg parmi les noms proscrits dans l'ancien testament,

Abiron & Dathan, Doëg, Achitophel,
Les chiens à qui son bras a livré Jésabel,
Attendant que sur toi leur fureur se déploie,
Déja sont à ta porte & demandent leur proie.

DOGAN-BACHI s. m. (*Hist. mod.*), nom que les Turcs donnent au grand fauconier du Sultan; on le nomme aussi *dochangi-bachi.*

DOGE DE GÊNES s. m. (*Hist. mod.*), premier magistrat de la république, qu'on élit du corps des sénateurs; il gouverne deux ans, & ne peut rentrer dans cet emploi qu'après un intervalle de douze. Il lui est défendu de recevoir aucune visite, donner aucune audience, ni ouvrir les lettres qui lui sont adressées, qu'en présence de deux sénateurs qui demeurent avec lui dans le palais ducal. L'habit qu'il porte dans les jours de cérémonie, est une robe de velours ou de damas rouge à l'antique, avec un bonnet pointu de la même étoffe que sa robe. On le traite de sérénité, & les sénateurs d'excellence; c'est pourquoi quand il sort de charge, & qu'il se rend à l'assemblée des colléges convoqués pour recevoir la démission de sa dignité, le secrétaire de l'assemblée lui dit: *Vostra serenita ha fornito suo tempo; vostra excellenza sene vadi à casa: Votre sérénité a fait son temps; votre excellence peut se tenir chez elle.* Son excellence obéit dans le moment. On procède quelques jours après à une nouvelle élection, & le doyen des sénateurs fait pendant l'interregne les fonctions du *doge. Article de M. le chevalier* DE JAUCOURT.

DOGE DE VENISE s. m. (*Hist. mod.*), premier magistrat de la république, qu'on élit à vie, & qui est le chef de tous les conseils.

C'est en 709 que les Vénitiens se regardant comme une république, eurent leur premier *doge*, qui ne fut qu'un espèce de tribun du peuple élu par des bourgeois. Plusieurs familles qui donnèrent leurs voix à ce premier *doge*, subsistent encore. Elles sont des plus anciens nobles de l'Europe, sans en excepter aucune maison, & prouvent, dit M. de Voltaire, que la noblesse peut s'acquérir autrement qu'en possédant un château, ou en payant des patentes à un souverain.

Le *doge* de la république accrut sa puissance avec celle de l'état; il prenoit déja, vers le milieu du dixième siècle, le titre de duc de Dalmatie, *dux Dalmatiæ*; car c'est ce que signifie le mot de *doge*: dans le même temps, Béranger reconnu empereur en Italie, lui accorda le privilége de battre monnoie. Aujourd'hui le *doge de Venise* n'est plus qu'un fantôme de la majesté du prince, dont la république aristocratique a retenu toute l'autorité, en décorant la charge d'une vaine ombre de dignité souveraine.

On traite toujours le *doge* de sérénité, & les Vénitiens disent que c'est un titre d'honneur au-dessus d'altesse. Tous les sénateurs se lèvent & saluent le *doge* quand il entre dans les conseils, & le *doge* ne se lève pour personne, que pour les ambassadeurs étrangers. La république lui donne quatorze mille ducats d'appointemens pour l'entretien de sa maison, & pour les frais qu'il fait à traiter quatre fois l'année les ambassadeurs, la seigneurie, & les sénateurs qui assistent aux fonctions de ces jours-là. Son train ordinaire consiste en deux valets-de-chambre, quatre gondoliers, & quelques serviteurs. La république paye tous les autres officiers qui ne se servent que dans les cérémonies publiques. Il est vêtu de pourpre comme les autres sénateurs, mais il porte un bonnet de général à l'antique, de même couleur que la veste.

Il est protecteur *della Virginia*, collateur de tous les bénéfices de saint Marc, & nomme à quelques autres petites charges d'huissiers de sa maison, qu'on appelle *commandeurs du palais*. Sa famille n'est point soumise aux magistrats des pompes, & ses enfans peuvent avoir des estafiers & des gondoliers vêtus de livrée. Voilà les apanages du premier magistrat de Venise, dont la dignité est d'ailleurs tellement tempérée, qu'il n'est pas difficile de conclure que le *doge* est à la république, & non pas la république au *doge*.

Premièrement, on ne prend point le deuil pour la mort du *doge*, pour lui prouver qu'il n'est pas le souverain; mais nous allons faire voir par plusieurs autres détails qu'il est bien éloigné de pouvoir s'arroger ce titre.

Il est assujetti aux loix comme les autres citoyens sans aucune réserve; quoique les lettres de créance que la république envoie à ses ministres dans les cours étrangères, soient écrites au nom du *doge*, cependant c'est un secrétaire du sénat qui est chargé de les signer, & d'y apposer le sceau des armes de la république. Quoique les ambassadeurs adressent leurs dépêches au *doge*, il ne peut les ouvrir qu'en présence des conseillers, & même on peut les ouvrir & y répondre sans lui.

Il donne audience aux ambassadeurs, mais il ne leur donne point de réponse de son chef sur les affaires importantes; il a seulement la liberté de répondre comme il le juge à propos aux complimens qu'ils font à sa seigneurie, parce que de telles réponses sont toujours sans aucune conséquence.

Pour le faire ressouvenir qu'il ne fait que prêter son nom au sénat, on ne délibère & on ne prend aucune résolution sur les propositions des ambassadeurs & des autres ministres, qu'il ne se soit retiré avec ses conseillers. On examine alors la chose, on prend les avis des sages, & l'on dresse la délibération par écrit, pour être portée à la première assemblée du sénat, où le *doge* se trouvant avec ses conseillers, n'a, comme les autres sénateurs, que sa voix, pour approuver ou désaprouver les résolutions qu'on a prises en son absence.

Il ne peut faire de visites particulières, ni rendre celles que les ambassadeurs lui font quelquefois dans des occasions extraordinaires, qu'avec la permission du sénat, qui ne l'accorde guère, que lorsqu'il manque de prétextes honnêtes pour la refuser. De cette façon, le *doge* vit chez lui d'une manière si retirée, qu'on peut dire que la solitude & la dépendance sont les qualités les plus essentielles de sa condition.

La monnoie de Venise qu'on appelle *ducat*, se bat au nom du *doge*, mais non pas à son coin ou à ses armes, comme c'étoit l'usage lorsqu'il avoit un pouvoir absolu dans le gouvernement.

Il est vrai qu'il préside à tous les conseils, mais il n'est reconnu prince de la république qu'à la tête du sénat, dans les tribunaux où il assiste, & dans le palais ducal de S. Marc. Hors de-là il a moins d'autorité qu'un simple sénateur, puisqu'il n'oseroit se mêler d'aucune affaire.

Il ne sauroit sortir de Venise sans en demander une espèce de permission à ses conseillers; & si pour lors il arrivoit quelque désordre dans le lieu où il se trouveroit, ce seroit au podestat comme étant revêtu de l'autorité publique, & non au *doge*, à y mettre ordre.

Ses enfans & ses frères sont exclus des premières charges de l'état, & ne peuvent obtenir aucun bénéfice de la cour de Rome, mais seulement le cardinalat qui n'est point un bénéfice, & qui ne donne point de jurisdiction.

Enfin si le *doge* est marié, sa femme n'est plus traitée en princesse; le sénat n'en a point voulu couronner depuis le seizième siècle.

Cependant quoique la charge de *doge* soit tempérée par toutes les choses dont nous venons de parler, qui rendent cette dignité onéreuse, cela n'empêche pas les familles qui n'ont point encore donné de *doge* à la république, de faire leur possible pour arriver à cet honneur, soit afin de se mettre en plus grande considération, soit dans l'espérance de mieux établir leur fortune par cette nouvelle décoration, & par le bien que ce premier magistrat peut amasser, s'il est assez heureux pour vivre long-temps dans son emploi.

Aussi l'on n'éleve guère à cette dignité que des hommes d'un mérite particulier. On choisit ordinairement un des procurateurs de S. Marc, un sujet qui ait servi l'état dans les ambassades, dans le commandement, ou dans l'exercice des premiers emplois de la république. Mais comme le sénat ne le met dans ce haut rang que pour gouverner en son nom, les plus habiles sénateurs ne sont pas toujours élus pour remplir cette place. L'age avancé, la naissance illustre, & la modération dans le caractère, sont les trois qualités auxquelles on s'attache davantage.

La première chose qu'on fait après la mort du *doge*, c'est de nommer trois inquisiteurs pour rechercher sa conduite, pour écouter toutes les plaintes qu'on peut faire contre son administration, & pour faire justice à ses créanciers aux dépens de sa succession. Les obseques du *doge* ne sont pas plutôt finies, que l'on procède à lui donner un successeur par un long circuit de scrutins & de balotations, afin que le sort & le mérite concourent également dans ce choix. Pendant le temps que les électeurs sont enfermés, ils sont gardés soigneusement & traités à-peu-près de la même manière que les cardinaux dans le conclave.

Le *doge*, après son élection, prête serment, jure l'observation des statuts, & se fait voir au peuple: mais comme la république ne lui laisse jamais goûter de joie, sans la mêler de quelque amertume qui lui fasse sentir le poids de la servitude à laquelle sa condition l'engage, on le fait passer en descendant, par la salle où son corps doit être exposé après sa mort. C'est là qu'il reçoit par la bouche du chancelier les complimens sur son exaltation.

Il monte ensuite dans une machine qu'on appelle le *puits*, & qui est conservée dans l'arsenal pour cette cérémonie: effectivement elle a la figure extérieure d'un puits, soutenu sur un brancard, qui est d'une longueur extraordinaire, & dont les deux bras se joignent ensemble. Environ cent hommes, & plus, soutiennent cette machine sur leurs épaules.

Le *doge* s'assied dans cette espèce de litière; ayant un de ses enfans ou de ses plus proches parens qui se tient debout derrière lui. Il a deux bassins remplis de monnoie d'or & d'argent battue tout exprès pour cette cérémonie, avec telle figure & telle inscription qu'il lui plaît, & il la jette au peuple, pendant qu'on le porte tout autour de la place de S. Marc. Ainsi finit son installation.

Il résulte de ce détail, que quelle que soit la décoration apparente du *doge*, son pouvoir a été à-peu-près limité à ce qu'il étoit dans sa première origine; mais la puissance est toujours une dans la main des nobles; & quoiqu'il n'y ait plus de pompe extérieure qui découvre un prince despotique, les citoyens le sentent à chaque instant dans l'autorité du sénat. *Article de M. le chevalier* DE JAUCOURT.

DOISSIN (LOUIS) (*Hist. litt. mod.*). Le Père *Doissin*, jésuite, est l'auteur de deux très-bons poëmes latins, sur la sculpture & la gravure, *sculptura* & *scalptura*. Mort en 1753, à trente-deux ans.

DOLABELLA (*Hist. rom.*), le plus célèbre de ceux qui ont porté ce nom, est *Publius-Cornelius Dolabella*, gendre de Cicéron, & partisan zélé de César, qui, sur le point de marcher contre les Parthes, le fit nommer consul à sa place avant l'âge prescrit par les loix. *Dolabella*, étoit avec César aux batailles de Pharsale, d'Afrique & de Munda. Il vengea ce dictateur, sur Trébonius, l'un de ses assassins, qu'il fit tuer en trahison. Assiégé dans Laodicée, par Cassius, la quarante-troisième année avant J. C., il fut réduit à se donner lui-même la mort à vingt-six ou vingt-sept ans; il étoit fort petit, & c'est de lui que Cicéron disoit: *qui donc a ainsi attaché mon gendre à cette longue épée?*

DOLCÉ (LUDOVICO), célèbre poëte Vénitien du seizième siècle, est sur-tout connu par les ouvrages suivans: *Dialogo della Pittura, intitolato; L'ARETINO.* Cet ouvrage a été traduit en François, & il y en a une édition italienne & françoise, de Florence, 1735. *Cinqué primi canti del sacripante. Prima Leoné. L'Achille & l'Enéa. La prima imprese del conte Orlando*, &c., né à Venise, en 1508, mort, aussi à Venise, en 1568.

DOLET (ETIENNE) (*Hist. de Fr.*), naquit à Orléans vers l'an 1509. Bayle, dans son dictionnaire historique, Maittaire, dans ses annales typographiques, & le Duchat (Ducatiana, tom. 1, pag. 51), ont combattu l'idée, que Dolet fût fils naturel de François I, qui avoit à peine quatorze ou quinze ans dans le temps de la naissance de Dolet. Celui-ci vint à Paris en 1521, & passa, en 1526, en Italie, où il eut pour protecteur le cardinal du Bellai-Langei, alors ambassadeur à Venise. Il revint en France vers 1530, & alla d'abord à Toulouse. Un caractère ardent & passionné, qui devoit lui attirer de redoutables ennemis, se développoit en lui de jour en jour. Il se fit une querelle avec le parlement de Toulouse, dont il fronda publiquement un arrêt qu'il jugeoit injuste, & contraire au bien des lettres; il fut mis en prison le 25 mars 1533, pour ce prétendu délit, qui fut fortement exagéré par des auteurs dont il avoit dénigré les ouvrages. Si l'on veut voir de quel ton les savans écrivoient alors les uns contre les autres, & le degré d'agrément & de légéreté qu'ils savoient mettre dans leurs plaisanteries, en voici un exemple dans des vers saphiques de Dolet contre un certain Drusac.

Si tuum quisquam neget esse prorsùs
Utilem librum, temerè loquatur;
Nempè tergendis natibus peraptus
Dicitur esse.

Dolet fut bientôt mis en liberté, mais il lui fut défendu de rentrer à Toulouse. On promena sur un char, dans les rues de cette ville, un cochon avec un écriteau portant le nom de *Dolet*. Ses ennemis, non contens de l'outrager, voulurent le faire assassiner; il tua un des assassins, & vint à Paris solliciter sa grace: il rapporte ce fait dans une pièce de vers.

Mihi non assueta cruentis
Cædibus est dextra; invito tamen accidit, hostem
Ut telo foderem, & sævis defenderer armis.
Da veniam, rex magne: reos ut morte coërces,
Insontes miserans placido sic respice vultu,
Et servare opta voluit quos perdere fatum.

Il continua de se faire des ennemis par ses écrits & par ses jugemens sur les écrits des autres: il prit parti contre Erasme, dans la querelle alors fameuse des les Cicéroniens; il se brouilla pour toujours avec Scaliger, &c.

Il se fit imprimeur à Lyon, se maria, & eut un fils, pour l'instruction duquel il composa en vers latins, des espèces de Sentences qui respirent la morale la plus pure & la piété la plus sincère. Il proteste en général, dans tous ses ouvrages, de son attachement à la foi de ses pères; cependant on ne lui trouvoit pas sur ce point tout le zèle qu'on exigeoit alors, & qu'on croyoit devoir attendre de son caractère ardent; il avoit évité de prendre parti ouvertement dans les querelles qui déchiroient alors le sein de l'église; enfin, en parlant à son livre, à l'exemple d'Horace, il s'étoit peint lui-même comme assez indifférent sur les divers systêmes de philosophie. *Non stoïcum magis quàm epicureum.* On voulut voir de l'allégorie dans ces mots. Les zélateurs jugèrent cette indifférence très-criminelle; les catholiques soupçonnèrent *Dolet*, de penchant pour les opinions nouvelles, Calvin l'accusa d'athéisme & de blasphême, ses ennemis se réunirent contre lui; il fut arrêté de nouveau & mis à la conciergerie, il y resta quinze mois, & n'en sortit que par le crédit de ce fameux Pierre du Chatel, évêque de Tulles, l'ami des savans & l'ennemi des intolérans; ce fut à cette occasion que du Chatel dit en substance à un cardinal qui lui reprochoit son indulgence à l'égard de *Dolet*: *vous parlez en bourreau, j'agis en évêque.*

Les ennemis de *Dolet* firent jouer d'autres ressorts; ils mirent son nom sur deux ballots de livres, l'un rempli de ceux qu'il avoit réellement imprimés, l'autre ne contenant que des livres venus de Genève, tous hérétiques ou suspects. *Dolet* n'eut pas de peine à persuader qu'il n'auroit pas eu l'imprudence de mettre son nom à ce dernier ballot. Il vint, plein de confiance, à Lyon, pour imprimer sa défense; il fut encore arrêté, mais on prit un autre prétexe pour consommer sa perte. A force d'examiner ses ouvrages, avec l'intention de les trouver coupables, on apperçut dans la traduction d'un dialogue de Platon, cette phrase: *après la mort tu ne seras plus rien du tout;* la Sorbonne la censura, comme *hérétique & conformé à l'opinion des Saducéens & des Epicuriens*, en conséquence, *Dolet* fut condamné comme *athée relaps*, à être pendu & brûlé, ce qui fut exécuté à la place Maubert, le 3 août 1546, *Dolet* étant alors âgé de trente-sept ans. Il ne cessa de faire des vers dans sa prison & jusqu'à son dernier moment; en allant au supplice, il fit encore ce mauvais vers, où il prétendoit exprimer à la fois & son mépris pour la mort, & l'iniquité de son arrêt:

Non dolet ipse Dolet, *sed pia turba dolet.*

Le prêtre qui l'exhortoit à la mort, joignant à l'atrocité générale de cette affaire l'atrocité particulière d'insulter à son malheur, n'eut pas honte de retourner ainsi ce vers contre lui:

Non pia turba dolet, sed dolet ipse Dolet.

Théodore de Bèze fit ces vers sur la mort de *Dolet*:

Ardentem medio rogo Doletum
Cernens Aonidum chorus sororum,
Carus ille diù chorus Doleto,
Totus ingemuit; nec ulla prorsùs
E sororibus est reperta cunctis,
Naïas nulla, Dryasve, Nereisve
Quæ non vel lacrymis suis, vel haustâ
Fontis Pegasei studeret undâ.
Crudeles adeò domare flammas.
Et jam totus erat sepultus ignis,
Jam largo madidus Doletus imbre,
Exemptus poterat neci videri,
Cùm cœlo intonuit severus alto
Divorum pater, & velut peregrè
Hoc tantum studium ferens sororum:
At cessate, ait, & novum colonum
Ne diutiùs invidete cœlo;
Cœlum sic meus hercules petivit.

Ces fictions de collège sont bien déplacées dans un sujet si réel & si affreux.

On a publié à Paris en 1779, une vie d'Etienne *Dolet*.

DOLIMAN, s. m. (*Hist. mod.*), espèce de longue soutane des Mahométans, qui leur pend jusqu'aux pieds, & dont les manches étroites se boutonnent auprès de la main. Voici donc, au rapport de MM. le Brun & Tournefort, la manière dont les Turcs s'habillent; & ce n'est pas sur cet article que nous sommes devenus plus sensés qu'eux, en quittant notre habit long pour en prendre un autre aussi grotesque qu'incommode.

Les Turcs, hommes & femmes, mettent d'abord un caleçon sur leur corps nud; ce haut-de-chausses ou caleçon se ferme par-devant au moyen d'une ceinture large de trois ou quatre pouces, qui entre dans une gaîne de toile cousue contre le drap; l'ouverture qui est par-devant, n'est pas plus fendue que celle qui est par-derrière, parce que les Mahométans n'urinent qu'en s'acroupissant; par-dessus le caleçon, ils ont une chemise qui est de toile de coton fort claire & fort douce, avec des manches plus larges que celles de nos femmes, mais sans poignets; ils les troussent dans leurs ablutions au-dessus du coude, & ils les arrêtent avec beaucoup de facilité; ils mettent par-dessus la chemise le *doliman*, qui est une espèce de soutane de boucassin, de bourre, de toile, de mousseline, de satin, ou d'une étoffe d'or, laquelle descend jusqu'aux talons. En hiver, cette soutane est piguée de coton: quelques Turcs en ont de drap d'Angleterre le plus fin.

Le *doliman* est assez juste sur la poitrine, & se boutonne avec des boutons d'argent doré, ou de soie, gros d'ordinaire comme des grains de poivre; les manches sont aussi fort justes, & serrées sur les poignets, avec des boutons de même grosseur, qui s'attachent avec des ganses de soie au lieu de boutonnieres; & pour s'habiller plus promptement, on n'en boutonne que deux ou trois d'espace en espace. Le *doliman* est serré par une ceinture de soie de dix ou douze pieds de long, sur un pied & un quart de large. Les plus propres se travaillent à Seis: on fait deux ou trois tours de cette ceinture, en sorte que les deux bouts qui sont tortillés d'une manière assez agréable, pendent par-devant. *Article de M. le chevalier de* JAUCOURT.

DOM ou DON (*Hist. mod.*), titre d'honneur, originairement espagnol, & dont on se sert aujourd'hui en certaines occasions dans d'autres pays.

Il est équivalent à *maître*, *seigneur*, *lord*, *monsieur*, *sieur*, &c.

Gollut, dans ses *Mém. des Bourg. liv. V, chap 11*, nous assure que *don* Pelage fut le premier à qui les Espagnols donnèrent ce titre; lorsqu'après avoir été mis en déroute par les Sarrasins, au commencement du huitième siècle, ils se rallièrent sur les Pyrénées, & élurent ce général pour roi.

En Portugal, personne ne peut, sans la permission du roi, prendre le titre de *don*, qui est dans ce pays une marque de noblesse.

Dom est en usage en France parmi certains religieux, comme les Chartreux, Bénédictins, &c. Ainsi on dit: le R. P. *dom* Calmet, *dom* Alexis, *dom* Balthasar, &c. Au pluriel, on écrit *doms* avec une *s*, quand on parle de plusieurs; comme les RR. PP. *doms* Claude du Rable, & Jacques Douceur: on y joint assez communément le nom de baptême, même quand on parle d'un seul, *dom* Jean Mabillon, *dom* Thierry Ruynart, *dom* Ætienne Brice.

Ce mot est dérivé du mot latin *domnus* ou *dominus*, dont il n'est qu'une abréviation. Le mot *domnus* se trouve dans plusieurs auteurs latins du moyen âge; Onuphre assure que le titre *domnus* ne se donna d'abord qu'au pape: qu'ensuite on le donna aux archevêques, évêques, abbés, & autres personnes qui étoient élevées en dignité dans l'église, ou qui étoient recommandables par leur vertu: enfin *dom* est resté aux moines seuls, & *don* aux Espagnols & aux Portugais.

Dom vient certainement de *dominus*, & par conséquent l'étymologie demanderoit qu'on l'écrivit toujours par un *m*: aussi écrit-on *dom* Calmet, *dom* Luc d'Achery, &c. en parlant des religieux qui ont pris le titre de *dom*; mais quand il s'agit d'un nom Espagnol, il faut alors écrire ce mot comme l'écrivent les Espagnols, qui jamais n'y ont employé l'*m*. Ainsi, il faut écrire *don* Carlos, *don* Philippe, &c. outre cette raison, cela serviroit à distinguer le nom d'un prince de celui d'un moine.

Le Sage, qui savoit l'espagnol, a toujours écrit *don* par une *n* dans son Gil Blas, (*cette remarque est de feu M.* DE LA CONDAMINE.)

Quelques auteurs prétendent que les religieux se sont abstenus, par humilité, de prendre le titre de *dominus*, comme appartenant à Dieu seul, & qu'ils y ont substitué celui de *domnus*, qu'ils ont regardé comme un diminutif, *quasi minor-dominus*. Quoi qu'il en soit, le titre de *domnus* au lieu de *dominus* paroît fort ancien; Julia, femme de l'empereur Septime Sévere, est appellée sur les médailles, Julia *domna*, au lieu de Julia *domina* (*G*).

Mais M. Spon, dans ses recherches curieuses d'antiquité, dissertation douzième, en rapporte une raison particulière: « La pensée d'Oppien, dit-il, » qui a cru que ce mot de *domna* étoit une syncope de celui de *domina*, n'est pas fort juste; un » auteur moderne a pourtant fait la même faute, » & a cru que toutes les mères d'empereurs étoient » appellés *domnæ* ou *dominæ*, ce qui est opposé » aux monumens anciens que nous en avons.... » Le nom de *domna* est particulier à Julia, femme » de Sévere; & quand celui de *pia* est ajouté, » celui de *domna* n'y est pas..... Cette impératrice » étoit Syrienne, & le surnom de *domna* étoit » commun dans la Syrie ». Le titre de *domna* qu'on donne à Julie, femme de Septime Sévere, « étoit, dit Bayle, un surnom de famille ». Tristan le prouve très-doctement, &c. *Voyez* Dictionnaire de Bayle, article JULIE, *femme de Septime Sévere*. *Domna* n'est donc pas en cette occasion l'abrégé de *domina*. (*Lettres sur l'Encyclopédie.*)

DOMAT (JEAN) (*Hist. litt. mod.*), avocat du roi au présidial de Clermont en Auvergne, jurisconsulte à jamais célèbre par son excellent livre des *loix civiles*, dont M. le chancelier d'Aguesseau, sur-tout, faisoit un si grand cas. Il mourut pauvre, en 1696, à Paris, où il arrive quelquefois,

Que Patru gagne moins qu'Huot & le Mazier.

Il étoit né en 1625, à Clermont. Il fut l'ami de ces savans & vertueux solitaires de Port-Royal, il recueillit les derniers soupirs de Pascal, son compatriote.

DOMESTIQUE, s. m. (*Hist. mod.*), est un terme qui a un peu plus d'étendue que celui de *serviteur*. Ce dernier signifie seulement ceux qui *servent pour gages*, comme valets de pied, laquais, porteurs, &c. au lieu que le mot *domestique* comprend toutes les personnes qui sont subordonnées à quelqu'un, qui composent sa maison, & qui vivent ou sont censés vivre avec lui, comme secrétaires, chapelains, &c.

Quelquefois le mot *domestique* s'étend jusqu'à la femme & aux enfans ; comme dans cette phrase : tout son *domestique*, ce mot renferme tout l'intérieur de la famille subordonnée au chef.

Robe domestique, *toga domestica.*

DOMESTIQUE, *domesticus*, étoit autrefois le nom d'un officier de la cour des empereurs de Constantinople.

Fabrot, dans son glossaire sur Théophylax Simocatta, définit le *domestique*, une personne à qui on confie le maniement des affaires importantes ; un conseiller, *cujus fidei graviores alicujus curæ & sollicitudines committuntur.*

D'autres prétendent que les Grecs appelloient *domestici*, ceux qu'on appelloit à Rome *comites* ; & qu'ils commencèrent à se servir du mot *domesticus*, quand le mot de *comte* fut devenu un titre de dignité, & eut cessé d'être le nom d'un officier de la maison du prince.

Les domestiques, *domestici*, étoient donc des personnes attachées au service du prince, & qui l'aidoient dans le gouvernement des affaires, tant de celles de sa maison que de celles de la justice ou de l'église, &c.

Le grand domestique, *Megadomesticus*, qu'on appelloit aussi simplement *le domestique*, servoit à la table de l'empereur, en qualité de ce que nous autres occidentaux appellons *dapifer*, maître d'hôtel. D'autres disent qu'il répondoit plutôt à ce que nous appellons *majordome.* Le *domesticus mensæ* faisoit l'office de grand sénéchal ou intendant.

Domesticus rei domesticæ, faisoit l'office du grand-maître de la maison.

Domesticus scholarum ou *legionum*, avoit le commandement du corps de réserve appellé *scholæ palatinæ*, & qui étoit chargé d'exécuter les ordres immédiats de l'empereur.

Domesticus murorum, avoit la surintendance de toutes les fortifications.

Domesticus regionum, c'est-à-dire, du levant & du couchant, avoit le soin des causes publiques.

Domesticus icanatorum, étoit le chef des cohortes militaires.

Il y avoit dans l'armée différens officiers portant le nom de *domesticus*, qui ne signifioit autre chose que commandant ou colonel ; ainsi le *domestique* de la légion appellée *optimates*, étoit le commandant de cette légion. *Chambers.* (*G*)

Les rois & les empereurs de la race de Charlemagne, qui ont porté la grandeur aussi loin qu'elle pouvoit raisonnablement aller, avoient pour *domestiques* des personnes des plus qualifiées de l'état, & beaucoup de grandes maisons du royaume font gloire de tirer leur origine des premiers *domestiques* de ces princes : c'est ce qu'on a depuis nommé *grands officiers de la couronne.* Ces *domestiques* avoient de grands fiefs, & la même chose s'est conservée dans l'empire d'Allemagne, où les électeurs sont toujours regardés comme officiers *domestiques* de l'empereur ; ainsi les archevêques de Mayence, Trèves, Cologne, sont ses chanceliers ; le roi de Bohême, grand-échanson, l'électeur de Bavière, grand-maître, &c. & dans l'élection de l'empereur, ils font les fonctions de leurs charges : après quoi ils se mettent à table, non pas à celle de l'empereur, mais à d'autres tables séparées, & moins élevées que celle de l'empereur (*a*).

Domesticus chori, ou chantre : il y en avoit deux dans l'église de Constantinople, un du côté droit, & l'autre du côté gauche. On les appelloit aussi *protopsaltes.*

On a distingué trois sortes de *domestiques* dans cette église ; savoir, *domestique* du clergé patriarchal ; *domestique* du clergé impérial, ou maître de la chapelle de l'empereur ; & *domesticus despinicus*, ou de l'imperatrice. Il y avoit encore un autre ordre de *domestiques*, inférieurs à chacun de ceux dont on vient de parler ; on les appelloit *domestiques patriarchaux.*

Domestiques, *domestici*, étoit aussi le nom d'un corps de troupes dans l'empire romain. Pancirolles prétend qu'ils étoient les mêmes que ceux qu'on appelloit *protectores*, qui avoient la garde immédiate de la personne de l'empereur, même avant les prétoriens ; & qui sous les empereurs chrétiens avoient le privilége de porter le grand étendard de la croix, ou le *labarum.* On croit qu'ils étoient au nombre de 3500 avant Justinien, & cet empereur les augmenta de 2000. Ils étoient divisés en différentes compagnies ou bandes, que les Latins appelloient *scholæ*, & dont on dit que quelques-unes furent établies par l'empereur Gordien. De ces compagnies, les unes étoient de cavalerie, les autres d'infanterie : leur commandant étoit appellé *comes domesticorum. Chambers.* (*G*)

DOMICELLI (*Hist. mod.*), petits seigneurs. Anciennement on donnoit ce nom aux seigneurs apanagés, pour les distinguer des aînés que l'on appelloit *domini*, seigneurs. Il y a encore aujourd'hui des chapitres en Allemagne où les chanoines du second ordre sont nommés *domicellarii*, pour les distinguer des chanoines du premier ordre, à qui ils sont subordonnés.

DOMINICA (ALBIA) (*Hist. rom.*). Nous ne tirerions point cette femme de la foule des femmes & des princesses obscurément méchantes, si l'histoire ne lui reprochoit une atrocité d'un genre particulier, qu'il faut rapporter pour faire haïr la persécution ; quatre-vingt, tant évêques qu'ecclésiastiques du second ordre, étant venus prier l'empereur Valens d'éloigner du siége de Constantinople, un évêque Arien ; Valens, que sa femme rendoit favorable à l'arianisme, & qu'elle avoit prévenu contre eux, ne leur répondit qu'en les faisant tous embarquer sur un vaisseau auquel on mit le feu en pleine mer, & toujours à la sollicitation d'Albia *Dominica.*

DOMINICAL, s. m. (*Hist. mod.*), terme qui se trouve dans l'histoire ecclésiastique. Un concile d'Auxerre, tenu en 578, ordonne que les femmes communient avec leur *dominical.* Quelques auteurs prétendent que ce *dominical* étoit un linge dans lequel elles recevoient le corps de Jésus-Christ, pour ne pas toucher les espèces eucharistiques avec la main nue. D'autres disent que c'étoit un voile dont elles se couvroient la tête, quand elles approchoient de la sainte table. Ce qu'il y a de plus vraisemblable, c'est que le *dominical* étoit un linge ou mouchoir dans lequel on recevoit le corps de Notre-Seigneur, & on le conservoit dans le temps des persécutions, pour pouvoir communier dans sa maison; comme il paroît par l'usage des premiers Chrétiens, & par le livre de Tertullien *ad uxorem* (*G*).

DOMINIQUE (*Hist. ecclés.*), c'est le nom de deux saints, l'un du onzième siècle, l'autre, des douzième & treizième.

Saint *Dominique* l'*encuirassé*, fut ainsi appellé, parce qu'il portoit une chemise de mailles de fer, qu'il n'ôtoit que pour se donner la discipline; ce n'étoit pas seulement pour l'expiation de ses péchés, qui n'étoient ni considérables ni nombreux, qu'il portoit cette rude haire & qu'il se flagelloit très-rudement aussi; mais regardant les péchés d'autrui comme une dette pécuniaire que tout homme peut acquitter à la décharge du débiteur, il comptoit acquitter un certain nombre de ces dettes & délivrer un certain nombre de débiteurs, à tant de coups de discipline par jour. Dans cette idée, il ne se les épargnoit pas, & sa peau devint, sous le fouet, comme celle d'un nègre. Son intention étoit pieuse & charitable, ses lumières étoient celles du temps. Il mourut le 14 octobre 1060, dans un hermitage caché au fond de l'Apennin.

Saint *Dominique*, instituteur de l'ordre des frères prêcheurs, nommés de son nom, Dominicains, fut d'abord chanoine d'Osma en Espagne, il étoit né en 1170, dans ce diocèse. Il signala son zèle contre les Vaudois & les Albigeois, & n'est pas moins regardé comme le fondateur de l'inquisition que comme celui des Dominicains. La devise de l'inquisition, écrite sur la bannière de saint *Dominique* qu'on porte dans les *auto-dà-fé*, est, *misericordia & justitia.* Il faut pourtant convenir qu'il n'y a ni miséricorde, ni justice à brûler vif un homme, parce qu'il se trompe. L'ordre des frères prêcheurs fut institué à Toulouse, & approuvé en 1216, par le pape Honorius III, il s'étendit: en 1217 ils obtinrent de l'université de Paris, qui les jugea utiles, l'église de saint Jacques, d'où leur est venu le nom de *Jacobins*, sous lequel ils sont pour le moins aussi connus à Paris, que sous celui de Dominicains. St. *Dominique* fut le premier général de cet ordre, qui étoit déjà répandu de son temps dans presque tous les pays de l'Europe. Dans la suite, il a embrassé les quatre parties du monde, portant toujours à sa suite, l'inquisition. Il est divisé en quarante-cinq provinces, dont il y en a onze en Asie, en Afrique & en Amérique. Le maître du sacré palais à Rome est toujours un Jacobin.

Saint *Dominique* mourut en 1221, le pape Grégoire IX le canonisa en 1235. Le P. Touron, jacobin, a écrit sa vie.

DOMINIS (MARC ANTOINE DE) (*Hist. mod.*) jésuite, puis archevêque de Spalatro, capitale de la Dalmatie, puis protestant à Londres, puis de nouveau catholique à Rome, puis se repentant de s'être repenti & méditant une nouvelle fuite & une nouvelle désertion, étoit avec toute cette inconstance dans sa foi & dans son caractère, un homme de beaucoup d'esprit & de mérite, un digne précurseur de Descartes. Son séjour en Angleterre fut utile aux lettres; il y fit imprimer l'Histoire du Concile de Trente de Fra-Paolo. Jacques I, dont la manie étoit d'être théologien, s'aida beaucoup du secours de ses lumières, tant que *Dominis* fut protestant; mais le repentir très-vif & alors très-sincère qu'il fit éclater, le brouilla pour jamais avec ce prince. Il monta en chaire à Londres, y détesta publiquement son apostasie, y fit l'éloge de la religion catholique qu'il avoit quittée & une rétractation solemnelle de tout ce qu'il avoit eu le malheur d'écrire contre cette religion. Jacques I indigné le chassa de ses états, on peut croire que *Dominis* avoit pris son parti de les quitter. Le pape Grégoire XV (Ludovisio) son ami & son compagnon d'études lui avoit fait dire par l'ambassadeur d'Espagne en Angleterre qu'il pouvoit revenir en toute sûreté à Rome, & qu'il y seroit bien reçu, mais le pape Urbain VIII qui ne lui avoit rien promis, & qui crut avoir des preuves qu'il vouloit de nouveau apostasier, le fit enfermer au château Saint-Ange, où il mourut en 1625 de poison, selon quelques auteurs. Son corps fut brûlé au champ de Flore avec son traité *de Republicâ ecclesiasticâ*, qu'il avoit fait imprimer à Londres pendant le séjour qu'il y avoit fait. L'objet de cet ouvrage n'étoit pas précisément d'attaquer la religion catholique, c'étoit seulement de chercher des moyens de concilier les catholiques avec les protestans, mais on y trouvoit plusieurs propositions qui ne pouvoient être adoptées que par ces derniers.

Considéré comme philosophe, il paroît beaucoup plus à son avantage; ce fut lui qui le premier expliqua d'une manière plausible les causes de l'arc-en-ciel & de la variété de ses couleurs; son traité *De radiis visûs & lucis in vitris perspectivis & Iride*, est encore célèbre, il y parle des lunettes à longue vue, dont l'invention étoit alors très-nouvelle. Enfin c'étoit, à tout prendre, un homme dont il falloit supporter les défauts & employer les talens.

DOMITIA-LONGINA (*Hist. rom.*), fille de Corbulon, femme de Domitien, plus digne d'un tel mari que d'un tel père, avoit du moins la bonne foi de convenir assez publiquement de toutes ses galanteries. Elle ne nia jamais que l'inceste qu'on l'accusa d'avoir commis avec Titus, son beau-frère, ou plutôt qu'on accusa Titus d'avoir commis avec elle; elle avoit épousé d'abord Lucius-Ælius Lamia, de la famille de celui à qui Horace adresse l'ode:

Æli, vetusto nobilis ab Lamo, &c.

Domitien la lui enleva, puis il la répudia pour son commerce scandaleux avec le comédien Paris, puis il la reprit, ne pouvant s'en passer, mais comme il étoit à craindre qu'il ne l'immolât dans quelque accès de jalousie, ou que son amour ne s'affoiblissant, ne lui laissât assez de ressentiment pour punir sur elle tant de désordres, & qu'il ne se bornât pas à un divorce, elle voulut se délivrer de cette inquiétude, en entrant dans la conjuration de Parthénius & d'Etienne, dont l'effet fut d'ôter la vie à Domitien, & de prévenir la proscription qu'il destinoit à une foule de citoyens. On vante beaucoup la beauté de cette femme. Il paroît que c'est tout ce qu'on peut vanter en elle, & qu'elle n'a pas fait cesser l'incompatibilité prétendue de la pudeur & de la beauté.

Lis est cum formâ magna pudicitiæ.

DOMITIEN (FLAVIUS), (*Hist. rom.*) fils de Vespasien & frere de Titus, fut leur successeur à l'empire. Il naquit dans une maison qui depuis fut changée en un temple consacré à la famille des Flaviens. Son éducation fut fort négligée, il passa sa jeunesse dans la crapule & l'infamie. Il étoit à Rome lorsque Vitellius négocioit la paix avec Vespasien. Les séditieux l'obligèrent de se sauver au capitole avec son oncle Sabinus & les partisans de sa maison qui périrent dans l'incendie du temple de Jupiter, où ils s'étoient réfugiés. *Domitien* fut préservé des flammes par les soins de celui qui présidoit au service du temple; & pour se dérober à la fureur du peuple, il se déguisa en prêtre d'Isis, & se retira dans une métairie jusqu'à ce que le parti de Vitellius fût détruit. Dès qu'il parut en public, on le salua César. Il fut nommé préteur & consul sans en faire les fonctions; il n'usa de son nouveau pouvoir que pour enlever des femmes à leurs maris, & entre autres Domitia-Longina qu'il fit entrer dans son lit. Il mena une vie obscure tant que vécut son pere, & quoiqu'il fût nommé six fois consul, il n'en eut ni le pouvoir, ni la capacité. Sensible à ce mépris, il voulut s'appliquer à la poésie, & comme il n'avoit aucun talent, il achetoit les productions des poëtes faméliques, qu'il récitoit comme ses propres ouvrages. Après la mort de son pere, il souffrit impatiemment la domination de son frere qui, pour adoucir ses regrets, le nomma son collègue & son successeur; tant de bontés ne le rendirent que plus ingrat. Il trama plusieurs conspirations qui furent découvertes & prévenues. Sa haine poursuivit Titus jusques dans le tombeau: il lui refusa tous les honneurs funebres, & ne lui déféra que le vain titre de dieu. Dès qu'il crut tout pouvoir, il osa tout enfreindre: il répudia sa femme Domitia dont il avoit un fils, & la reprit quelque temps après par inconstance. Quoiqu'il fût incapable d'affaires, il se retiroit pendant une heure sous prétexte de vaquer aux soins de l'empire; mais c'étoit pour s'occuper à prendre des mouches qu'il perçoit de coups d'aiguille. Quelqu'un ayant demandé si César étoit seul, on lui répondit: il n'y a pas même une mouche avec lui.

(Il en coûta la vie à celui qui fit cette réponse.)

Dans le commencement de son regne, il tâcha de gagner l'affection du peuple par la magnificence des spectacles. Les édifices publics furent rétablis, & il en fit construire de nouveaux. Les farceurs n'eurent plus le droit de jouer sur des échafauds; ce fut dans des maisons particulieres qu'ils exercèrent leur art. Il fut défendu de mutiler les enfans & d'en faire des eunuques. La culture des terres étoit négligée, & chacun aimoit mieux avoir des vignes. Il fit un édit qui défendit d'en planter de nouvelles, & même il en fit couper une grande quantité en Italie & dans les provinces. La justice fut administrée avec autant de désintéressement que de lumière: les juges corrompus furent sévérement punis. Il décerna des peines contre les auteurs des libelles diffamatoires. Les rangs ne furent point confondus dans les spectacles, & chaque citoyen fut placé suivant sa condition. Un sénateur fut dégradé, parce qu'il savoit trop bien danser & contrefaire les baladins. L'usage des litieres fut interdit aux femmes impudiques qui furent aussi privées du droit d'hériter. Il retrancha de la liste des juges un chevalier Romain qui, après avoir accusé sa femme d'adultère, avoit eu la lâcheté de la reprendre. Il entreprit aussi la réforme des vierges vestales, dont une, nommée Cornélie, fut enterrée toute vive, après avoir été convaincue d'être retombée dans une faute dont elle avoit déja obtenu le pardon.

(On croit communément qu'elle étoit innocente, *voyez* son article.)

Il avoit tellement en horreur l'effusion du sang, qu'il voulut même empêcher d'immoler des bœufs. Il montra beaucoup de désintéressement dans sa jeunesse & dans les premiers jours de son régne. Il récompensoit magnifiquement ses domestiques pour les empêcher de rien recevoir des étrangers. Il refusa constamment les successions qui lui étoient léguées par ceux qui laissoient des enfans, & il partagea aux vieux soldats plusieurs terres délaissées qu'il avoit le droit de s'approprier. Mais ses vices, long-temps caché, dans son cœur, se répandirent au-dehors. La cruauté se manifesta en lui avant l'avarice: il fit mourir un disciple du pantomime Pâris, à qui il reprochoit une parfaite ressemblance avec son maître. Des péres de famille furent égorgés sur les prétextes les plus frivoles. Plusieurs sénateurs & personnages consulaires furent envoyés à la mort sur de simples soupçons. Métius Pomposianus, à qui les devins avoient promis l'empire, fut traité comme un criminel. Coccianus fut déclaré coupable de leze-majesté, pour avoir célébré le jour de la naissance de son oncle Othon. Tout son regne ne fut qu'une continuité d'assassinats: c'étoient ceux qu'il vouloit perdre, qu'il accabloit le plus de caresses; la plus grande grace qu'il fit à ceux qu'il avoit condamnés, fut de leur laisser le choix du supplice. Quand il eut épuisé ses trésors par les dépenses des spectacles & des jeux publics, il songea à les remplir par des confiscations. Il suffisoit d'être accusé pour perdre tous ses biens. Les juifs furent les plus exposés à ses exactions. Il faisoit visiter tous les étrangers pour vérifier s'ils étoient circoncis. Cette nation soumise à des tributs particuliers, essuya encore les plus grandes persécutions. Un jour qu'il dictoit un réglement, il commença par ces mots: *notre seigneur & notre dieu* commande l'exécution de telle chose. C'étoient ces titres qu'on lui donnoit dans tous les édits. Enivré de l'idée de sa divinité, il defendit de mettre au capitole ses statues, à moins qu'elles ne fussent d'or ou d'argent, dont il fixa le poids. Tous les quartiers de Rome étoient ornés d'arcs de triomphe, où il étoit représenté dans un char tiré par quatre chevaux. Ses excès le rendirent l'horreur des Romains: il se forma différentes conspirations contre sa vie: des libelles répandus dans le public, ne lui laissoient point ignorer combien il étoit abhorré. Tous ceux qui lui devinrent suspects, furent immolés à ses soupçons. Son cousin germain Flavius Clémens, qu'il devoit plutôt mépriser que craindre, à cause de son imbécillité, fut condamné à la mort, parce que ses enfans étant destinés à succéder à l'empire, il avoit fait prendre à l'un le nom de *Vespasien*, & à l'autre celui *de Domitien*. Il connoissoit trop combien il étoit détesté pour se dissimuler les périls dont il étoit menacé. Il s'élançoit quelquefois hors de son lit, comme s'il eût été environné d'assassins. Un aruspice qu'il consulta, lui prédit une révolution prochaine, & cette prédiction téméraire lui coûta la vie: tous les officiers de sa maison furent les premiers à conspirer. Stephanus, son intendant, se mit à la tête des conjurés; il lui promit de lui révéler une conspiration, & sous ce prétexte, introduit dans sa chambre, il le perça de sept coups de poignard dans la quarante-cinquième année de son âge, & dans la quinzième de son règne. Son corps fut privé de la sépulture; mais sa nourrice Phelis le brûla, & fit transporter ses cendres dans le temple de la famille des Flaviens. Il étoit d'une taille haute & réguliere; la modestie & la pudeur étoient peintes sur son visage. Quoiqu'il eût les yeux grands, il avoit la vue tendre & débile. Sa figure gracieuse & intéressante fut altérée par les outrages du temps: il devint aussi difforme qu'il avoit été beau; il ne pouvoit supporter l'idée d'être chauve. Il étoit si foible sur ses jambes, que jamais on ne le vit marcher à pied dans les rues de Rome; & lorsqu'il étoit dans le camp, il se faisoit porter en litière. Quoique ses penchans ne fussent point tournés vers la guerre, il se distinguoit par son adresse à tirer de l'arc. Il dirigeoit ses flèches avec tant d'art, qu'il les faisoit passer entre les doigts d'un mercénaire qu'il payoit pour lui tendre de loin la main. Quoiqu'il n'eût aucun goût pour les sciences & les arts, il prit soin d'enrichir les bibliothèques publiques, & il fit venir à grands frais d'Alexandrie les plus riches manuscrits. Le plus grand malheur des princes, disoit-il, étoit de ne pouvoir découvrir les conspirations que lorsqu'il n'étoit plus temps d'y apporter de remède. Le jeu des dés étoit sa passion favorite: son souper étoit fort frugal; c'étoit en dînant qu'il se livroit à son intempérance naturelle. Son impudicité fut poussée à l'excès: il rassembloit les femmes les plus lascives de Rome & de l'Italie, & vivoit au milieu d'elles. Il aima éperdument sa femme Domitia; mais dans ses fureurs il la maltraita si fort, qu'il lui causa un avortement dont elle mourut après lui. Le peuple fut fort indifférent à sa mort; mais les soldats, dont il favorisoit la licence, l'auroient vengée, s'ils eussent eu des chefs pour appuyer leur sédition. Le sénat ne dissimula point sa joie: il fit briser ses images & ses statues, sa mémoire fut abolie. Quoique ses inclinations fussent pacifiques, il fut obligé de faire la guerre aux Sarmates qui passèrent au fil de l'épée une légion entière. Il envoya encore une armée contre les Daces qui lui firent essuyer deux sanglantes défaites; mais l'issue de cette guerre lui devint glorieuse. Les Daces, affoiblis par leurs propres victoires, furent vaincus à leur tour. Antonius, gouverneur de la haute Germanie, y souleva les peuples & les légions; son début fut brillant: mais le débordement du Nil ayant empêché la jonction de ses alliés, il perdit une bataille & la vie. La guerre civile fut ainsi terminée. (*T--N.*)

DOMITIUS (*hist. rom.*) (CNEIUS DOMITIUS ÆNOBARBUS.), consul l'an de Rome 658, célèbre par la victoire qu'il remporta dans les Gaules au confluent de la Sorgue & du Rhône, ou, selon quelques-uns, à Carpentras, sur les Auvergnats. Les élephans dont il se servit dans cette occasion, spectacle nouveau pour les Gaulois & qui les remplit d'épouvante, contribua beaucoup à leur défaite. Depuis ce temps, *Domitius* se faisoit porter par-tout sur un élephant.

Ce fut *Domitius* qui soumit à la république romaine l'Occitanie ou le Languedoc.

DOMITIUS est aussi le nom d'un Grammairien ou philosophe qui vivoit du temps d'Adrien, & qui desiroit, dit-on, *que les hommes perdissent le don de la parole, afin que leurs vices ne pussent pas se communiquer si facilement.*

DONAT (*Hist. ecclés. & Hist. litt.*), est le nom de différens chefs des hérétiques donatistes au commencement du quatrième siècle; l'un étoit évêque de Casenoire en Numidie, l'autre évêque schismatique de Carthage.

C'est aussi le nom d'un célèbre grammairien de Rome, dans le même siècle; il fut un des maîtres ou précepteurs de Saint Jérôme; il avoit fait des commentaires sur Térence & sur Virgile, & une vie de Virgile, mais ces ouvrages sont perdus, & ceux qui portent son nom sont supposés. Mais il reste de lui un traité *de Barbarismo & octo partibus orationis.*

DONATO (*Hist. litt. mod.*). Quelques Italiens ont rendu ce nom célèbre, sur-tout dans les lettres. Le Jésuite Alexandre *Donato* est l'auteur d'une bonne description de Rome, *Roma vetus & recens*, qu'on trouve dans le troisième volume des antiquités romaines de Grœvius. Mort à Rome en 1640. Il étoit de Sienne.

Jerôme DONATO, auteur de lettres imprimées avec celle de Politien & de Pic de la Mirande, & fort estimées; d'une traduction latine; d'un traité grec d'Alexandre d'Aphrodisée; d'une apologie pour la primauté de l'église romaine, qui parut dans le temps du luthéranisme naissant, servit d'ailleurs les papes & comme homme de guerre & comme homme d'état. Mort à Rome en 1513.

DONDUS *ou* DE DONDUS (JACQUES) (*Hist. litt. mod.*), médecin & mathématicien célèbre de Padoue; comme médecin, il fut surnommé *agrégateur*, à cause de la quantité de remèdes qu'il avoit composés, & ce surnom ne fut que pour lui; comme mathématicien, il fut surnommé *Jacques de l'Horloge*, à cause d'une horloge d'un genre particulier, dont il fut l'inventeur, & ce nom de *l'Horloge* s'est conservé dans sa famille; ce fut lui encore qui trouva le premier le moyen de faire du sel avec l'eau de la fontaine d'Albano dans le Padouan. On a de lui un ouvrage intitulé: *Promptuarium medicinæ*; il a composé aussi en société avec Jean, son fils, un traité *De fontibus calidis Patavini agri.* Mort en 1350.

DONEAU (HUGUES) (*Hist. litt. mod.*), Calviniste échappé à la Saint-Barthelemi, jurisconsulte célèbre, rival & ennemi de Cujas, jurisconsulte plus célèbre que lui, & dont il avoit la mauvaise politique de parler toujours avec mépris. On a recueilli les œuvres de *Doneau* sous le titre de *Commentaria de jure civili.* On trouve qu'il a traité avec distinction la *matière des testamens & dernières volontés.* Mort à Altorff en 1591. Il étoit françois, né à Châlons-sur-Saône, & avoit professé le droit avec éclat à Bourges & à Orléans.

DONI D'ATTICHI (LOUIS) *Hist. litt. mod.*) Minime, puis évêque de Riez & ensuite d'Autun, auteur d'une *Histoire de l'ordre des minimes*; d'une *Vie de la reine Jeanne*, fondatrice des annonciades; *de celle du cardinal de Bérulle*, fondateur de l'oratoire, d'une histoire des cardinaux; ces deux derniers ouvrages en latin. Mort en 1664.

Un autre *Doni* (Antoine-François) Florentin (l'évêque étoit aussi originaire de Florence) prenoit dans l'académie des *Peregrini* le nom de *bizarre* qui convenoit, dit-on, à son caractère & à celui de ses écrits.

DONNE (JEAN) (*Hist. litt. mod.*), est le nom d'un poëte Anglois, controversiste, & en cette dernière qualité, auteur du *pseudo-martyr.* Mort en 1631, né en 1574.

Un autre *Donne* plus moderne, est auteur du livre Anglois qui a pour titre *Blotanothos*, espèce d'Apologie du Suicide.

DOOM'S-DAY-BOOK (*Hist. mod.*), c'est-à-dire, *livre du jour du jugement.* Ces termes, consacrés dans l'histoire d'Angleterre, désignent le dénombrement fait par ordre de Guillaume I, de tous les biens de ses sujets: l'on nomma ce dénombrement *livre du jour du jugement*, apparemment pour signifier que les biens des Anglois étoient épluchés dans ce livre, comme les actions des hommes le seront dans cette grande journée. En effet, le roi n'oublia rien pour avoir le cens le plus exact de tous les biens de chaque habitant de son royaume; les ordres sévères qu'il donna pour y parvenir, furent exécutés avec une fidélité d'autant plus grande, que les préposés, aussi-bien que les particuliers, eurent raison de craindre un châtiment exemplaire, s'ils usoient de fraude ou de connivence en cette occasion.

Ce cens fut commencé l'an quatorzième, & fini le vingtième du règne de ce monarque. Il envoya en qualité de commissaires, dans toutes les provinces, quelques-uns des premiers comtes & évêques, lesquels après avoir pris le rapport des jurés, & autres personnes qui avoient prêté serment dans chaque comté & centaine mirent au net la description de tous les biens meubles & immeubles de chaque particulier, selon la valeur du temps du roi Edouard. Ce fait est exprimé dans le registre par les trois lettres *T. R. E.* qui veulent dire *tempore regis Eduardi.*

Comme cette description étoit principalement destinée à fournir au prince un détail précis de ses domaines, & des terres tenues par les tenanciers de la couronne, on voit qu'à l'article de chaque comté, le nom du roi est à la tête, & ensuite celui des grands tenanciers en chef, selon leur rang.

Toute l'Angleterre, à la réserve du Westmoreland, Cumberland, & Northumberland, fut soigneusement décrite avec une partie de la principauté de Galles; & cette description fut couchée sur deux livres, nommés le *grand* & le *petit livre du jour du jugement*: le petit livre renferme les comtés de Norfolk, de Suffolk, & d'Essex; le grand contient le reste du royaume.

Ce registre général, qu'on peut appeller *le terrier d'Angleterre*, fut mis dans la chambre du trésor royal, pour y être consulté dans les occasions où l'on pourroit en avoir besoin, c'est-à-dire, suivant l'expression de Polidore Virgile, lorsqu'on voudroit savoir combien de laine on pourroit encore ôter aux brebis angloises. Quoi qu'il en soit, ce grand registre du royaume, qu'on garde toujours soigneusement à l'échiquier, a servi depuis Guillaume, & sert encore de témoignage & de loi dans tous les différens que ce registre peut décider.

Il faut convenir de bonne foi, de l'utilité d'un tel dénombrement. Il est pour un état bien policé, ce qu'un livre de raison est pour un chef de famille, la reconnoissance de son bien, & la dépense plus ou moins forte qu'il est en état de faire en faveur de ses enfans: mais autant un journal tenu par ce motif, est louable dans un particulier, autant le principe qui engagea Guillaume à former son dénombrement étoit condamnable. Ce prince ne voulut connoître le montant des biens de ses sujets, que pour les leur ravir; regardant l'Angleterre comme un pays de conquête, il jugea que les vaincus devoient recevoir comme une grace signalée ce qu'il voulut bien leur laisser. Maître du trône par ses armes, il ne s'y maintint que par la violence, bien différent de Servius Tullius, qui, après avoir le premier imaginé & achevé son dénombrement, résolut d'abdiquer la couronne, pour rendre la liberté toute entière aux Romains. *Art. de M. le chevalier* DE JAUCOURT.

D'OPPEL MAIEUR (JEAN GABRIEL) (*Hist. litt. mod.*), né à Nuremberg en 1677; des académies de Londres, de Berlin, de Petersbourg, mort en 1750; a traduit en allemand beaucoup de bons livres françois & anglois d'astronomie & de méchanique, & en a composé d'autres de géographie & de physique les uns en latin, les autres en allemand.

DORAT (JEAN) *Hist. litt. mod.* (*Auratus*), a fait, selon Scaliger plus de cinquante mille vers grecs ou latins; il n'en est pas resté un. Ses contemporains qu'il a tous célébrés en grec, en latin, quelquefois même en françois, l'ont appellé le *Pindare François*. Charles IX créa pour lui la place de poëte royal à laquelle il attacha une pension. Le grand mérite de Jean *Dorat* est d'avoir bien su le grec & d'avoir contribué en France à en ranimer l'étude; il étoit professeur en cette langue au collège royal & il remplissoit dignement sa chaire. Devenu veuf dans l'extrême vieillesse, il épousa une fille de vingt-deux ans, *c'étoit* disoit-il, *une licence poëtique*. Francaleu lui eût dit,

> Monsieur, la poésie a ses licences, mais
> Celle-ci passe un peu les bornes que j'y mets.

Cependant bien des gens ont pris cette licence sans être poëtes; il ne paroît pas qu'ils s'en soient bien trouvés.

On dit que le nom de *Dorat* étoit *dinemandi* ou *disnemâtin* & qu'il prit celui de la ville de *Dorat*, dans la marche, dont apparemment il étoit.

Claude-Joseph DORAT. Des femmes qui avoient entendu parler d'Ovide & des hommes qui croyoient le connoître, ont appellé M. *Dorat l'Ovide François*, comme on avoit appellé Jean *Dorat*, *Pindare*. Ovide n'étoit point maniéré, il étoit naturel, abondant & riche; *Dorat* & Ovide n'ont de commun que d'avoir été l'un & l'autre des poëtes érotiques, mais Ovide aimoit les femmes & M. *Dorat* ne vouloit qu'en paroître aimé. Il y a une manière de peindre les vices & les ridicules de son siècle, qui ne fait qu'y applaudir, les caresser & les encourager, c'est celle de M. *Dorat*; on sent combien il se complaisoit dans la peinture de ces travers, combien il aimoit à la reproduire, combien il espéroit qu'on la prendroit pour *le portrait du peintre*; on sent qu'il n'imaginoit rien au-dessus d'un joli homme, d'un petit-maître, d'un homme à bonnes fortunes; il avoit cent petites manières adroites ou non adroites de nous dire qu'il l'étoit, de nous faire admirer ses succès & envier son bonheur. Ces ridicules n'ont été que trop bien saisis dans l'épigramme suivante, une des meilleures du genre satyrique;

> Bon Dieu! que cet auteur est triste en sa gaîté!
> Bon Dieu! qu'il est pesant dans sa légéreté!
> Que ses petits écrits ont de longues préfaces!
> Ses fleurs sont des pavots, ses ris sont des grimaces;
> Que l'encens qu'il prodigue est fade & sans odeur!
> C'est, si je veux l'en croire, un heureux petit-maître;
> Mais, si j'en crois ses vers, ah! qu'il est triste d'être
> Ou sa maîtresse ou son lecteur!

On sait que M. *Dorat*, croyant cette épigramme de M. de Voltaire dont elle est digne, & sentant que sa petite faveur populaire l'abandonneroit quand on le verroit aux prises avec un tel athlète, voulut le désarmer par la soumission, & l'empêcher du moins de redoubler. Il fit une réponse qui commençoit par ce vers:

> Grace, grace, mon cher Censeur, &c.

Le cher censeur qu'il avoit méconnu & qui étoit son plus rude antagoniste, dut bien rire de la méprise

prise. Observons que M. *Dorat*, fidèle au caractère de joli homme & d'homme à bonnes fortunes, abandonnoit généreusement ses vers, & prioit agréablement *le cher Censeur* de lui laisser du moins sa maîtresse. On lui a encore compté cette réponse pour une grace & une gentillesse, ce n'étoit qu'une platitude, si M. de Voltaire fût réellement descendu jusqu'à l'attaquer si cruellement, & qu'étoit-ce donc, l'épigramme étant d'un autre ?

M. de Voltaire avoit été le premier modèle de M. *Dorat* pour les pièces fugitives, M. de Voltaire avoit eu la mesure précise du ton qui convient & qui plaît dans le monde ; M. *Dorat* voulut aller plus loin & il passa le but ; son badinage devint du persifflage, son ton dégénéra en jargon.

De la joie & du cœur on perd l'heureux langage
Pour l'absurde talent d'un triste persifflage.

Il n'étoit cependant pas sans talens, & s'il avoit eu le courage de se passer des éloges de quelques caillettes & de quelques jeunes gens sans goût, s'il avoit voulu travailler ses ouvrages & n'en pas produire sans cesse de nouveaux,

Si non offenderet unum
Quemque poëtarum limæ labor & mora,

il auroit pu se faire une réputation qui lui auroit survécu.

Ce caractère de petit-maître & d'homme agréable aux femmes ou voulant le paroître, est ce qui frappe le plus dans ses écrits & dans sa conduite. C'est là ce qui lui a procuré un faux succès pendant quelques-temps & auprès de quelques personnes.

On dit qu'une actrice connue, avec laquelle il vouloit qu'on le crût bien parce qu'elle étoit jolie, & à laquelle il adressa quelques épîtres familières qui supposoit entr'eux de grandes privautés, l'embarrassa beaucoup en lui tenant ce langage au milieu d'un cercle nombreux :

» Je ne suis ni d'état ni d'humeur à être une » vestale, je me pique peu de vertu, j'ai eu des » amans, j'en ai eu beaucoup ; mais enfin je ne » vous ai pas eu, pourquoi donc me choisissez-» vous pour l'objet de vos gentillesses avanta-» geuses & de vos galanteries légères ? Vous dites » que je vous ai chassé deux fois, je ne vous ai » point chassé, car je ne vous ai point admis.

M. *Dorat* voulut faire des tragédies, maladie qui prend quelquefois aux jolis poëtes qui ne sont que jolis. Il ne put trouver dans son ame, toujours nourrie de petites choses, profondément remplie de bagatelles, & accoutumée à ramper ou à briller dans de petits genres, l'élévation & l'énergie nécessaires au genre dramatique, il ne savoit ni pleurer, ni frémir, il ne fit que des tragédies froides & foibles, auxquelles on l'accusa de procurer à prix d'argent un succès éphémère, qui, dit-on, l'a ruiné.

Il réussit mieux dans une seule comédie : *La feinte par amour* ; ce n'est pas qu'elle ne soit encore quelquefois défigurée par le jargon & l'air maniéré ; c'est Marivaux mis en jolis vers, c'est même un peu *la surprise de l'amour*, sujet que reproduisent, dit-on, toutes les pièces de Marivaux, & qui plaît dans toutes ; celle de M. *Dorat* est filée avec le meme art, la fable se développe bien & le dénouement arrive au moment où il ne pourroit plus être différé sans faire languir la pièce. L'amant n'est petit-maître qu'au degré qui n'empêche pas d'être aimable, & enfin la pièce a une action, ce qui manque à toutes les autres comédies de M. *Dorat*, qui ne sont que des conversations maniérées & des scènes de persifflage.

Les héroïdes, les romans, les fables font nombre dans les œuvres de M. *Dorat*, sans lui assigner un nom dans les lettres, tout cela est sans caractère ; la seule héroïde de *Barneveldt* occupa pendant un moment par la force tragique du sujet.

Son poëme *de la déclamation*, un de ses premiers ouvrages, offre des préceptes sages & des vers bienfaits ; c'est ce genre raisonnable qu'il eût dû s'attacher à perfectionner en lui.

Il mourut le 29 avril 1780, à quarante-six ans ; il avoit été quelque-temps mousquetaire.

Il avoit beaucoup desiré l'académie ; mais elle ne pensoit pas sur son compte comme parloient ses flatteurs, elle ne s'empressa pas de l'élire, il en eut du dépit, il prit le mauvais parti que prennent presque tous ceux qui ne peuvent pas y prétendre ou y parvenir, celui d'écrire contre elle, & elle ne l'en auroit pas moins élu, si, même par ces écrits faits contre elle, il eût ajouté quelque chose à ses titres.

On ne peut faire à l'académie aucun reproche de ne l'avoir point nommé, il avoit un trop mauvais goût ; on ne pourroit non plus lui faire aucun reproche si elle l'avoit nommé, il avoit quelque talent, & elle auroit espéré de former ou de réformer son goût.

Il avoit ce qui vaut mieux que le goût & le talent, il avoit des vertus ; il a obligé plusieurs gens de lettres, on dit qu'il a fait quelques ingrats.

Il avoit des amis, des amis zélés, qui le pleurent encore, à qui sa mémoire sera toujours précieuse, à qui cet article fera peut-être quelque peine, & cette idée nous en fait à nous-mêmes ; mais nous devons consigner ici la vérité, telle au moins que nous la voyons, & le jugement qui nous paroît être celui du public, peut-être seulement parce qu'il est le nôtre.

On a reproché à M. *Dorat* un amour-propre

trop délicat, trop sensible, trop difficile à contenter. *Que celui d'entre nous qui est sans péché sur cet article, lui jette le premier la pierre.*

DORÉ (PIERRE) (*Hist. litt. mod.*), dominicain, docteur de Sorbonne, auteur de *la tourterelle de viduité;* du *passereau solitaire* à cause du passage d'un pseaume : *factus sum sicut passer solitarius in tecto;* de la *conserve de grace*, d'après le pseaume *conserva me; du cerf spirituel* à cause du pseaume : *Quemadmodum desiderat cervus ad fontes aquarum, ita anima mea ad te Deus. Des neuf médicamens du chrétien malade; des allumettes du feu divin;* de *l'anatomie des membres & parties de notre seigneur J. C.* On croit que c'est lui qui est désigné dans Rabelais, sous le nom de *notre maître Doribus.* Mort en 1569.

DORFLING (*Hist. mod.*), parvenu par son mérite au grade de welt-maréchal de l'électeur de Brandebourg, Frédéric Guillaume, second roi de Prusse, avoit été tailleur, & savoit que ses envieux avoient la sottise de rappeller malignement ce qui faisoit sa gloire; *voici*, dit-il, en montrant son épée, *l'instrument avec lequel je coupe à présent les oreilles à ceux qui me reprochent d'avoir autrefois coupé du drap.*

DORIA (*Hist. mod.*). C'est le plus beau nom qu'un génois puisse porter, puisque c'est celui du citoyen auquel Gênes doit sa liberté. La maison *Doria* est d'ailleurs très-ancienne & très-illustre. On la voit dans le douzième & le quatorzième siècles s'allier avec des rois & des empereurs; au seizième André *Doria* (c'est le citoyen dont nous venons de parler) étoit le plus grand homme de mer de son temps. Il avoit servi avec éclat François I; il avoit depuis passé au service de Clément VII, & s'étoit remis au service de François I, lorsqu'en 1527 Lautrec avoit été envoyé en Italie pour délivrer ce pape; c'étoit lui qui, cette même année, en bloquant le port de Gênes sa patrie, alors livrée au parti de Charles Quint, avoit aidé à la soumettre au roi de France; il attendoit de ce dernier service un prix digne de flatter un grand homme. Il desiroit que le roi, content de n'avoir plus les génois pour ennemis, voulût les avoir pour alliés, non pour sujets, & qu'il rétablît à Gênes sous sa protection, le gouvernement républicain. Les génois pour obtenir cette grace, avoient offert au roi deux cents mille ducats. Le roi non seulement ne l'accorda point, mais encore jugeant par cette demande & par tant d'exemples de l'inconstance génoise, qu'il falloit humilier & affoiblir cette ville, il parut vouloir relever Savone sa rivale, sa voisine & sa sujette; il la détacha de l'état de Gênes; il en rétablit les fortifications & le port, qu'il parut destiner à la construction & à la retraite de ses vaisseaux; il la mit en état de partager avec Gênes l'empire de la mer de Ligurie; le commerce de Savonne s'agrandissoit déja au point d'alarmer celui de Gênes. Les génois prièrent *Doria* d'employer le crédit que lui donnoient ses services pour obtenir que Savonne fût réduit à son premier état, il parla & n'obtint rien. Les courtisans qui régnoient alors, les Duprats, les Montmorencis, traitèrent même de crime d'état, les pressantes sollicitations de *Doria* en faveur de sa patrie; on prétend que des vues d'intérêt contribuoient à rendre Montmorenci inflexible; on assure qu'il jouissoit des impôts qui se levoient au port de Savonne.

Pendant que le maréchal de Lautrec assiégeoit Naples, on fit diverses entreprises sur la Sicile, sur la Sardaigne; elles manquèrent par la mésintelligence qui régnoit entre *Doria* commandant de la flotte & Renzo de Céré, général des troupes de débarquement; cependant Philippin *Doria*, neveu d'André, & son digne élève, prenant le commandement des galères qui devoient bloquer le port de Naples pour seconder Lautrec, lequel bloquoit cette place du côté de la terre, remporta dans le Golphe de Salerne une grande victoire; Moncade, vice-roi de Sicile, fut tué dans cette affaire, le marquis du Guast fut fait prisonnier, Philippin *Doria* eut ordre de le conduire en France avec les autres prisonniers importans qu'il avoit faits; mais lorsqu'il fut arrivé avec eux à Gênes, André *Doria* les retint, protestant qu'il ne les rendroit que quand on l'auroit dédommagé de la rançon du prince d'Orange & de celle de Moncade, qu'il avoit fait prisonnier autrefois dans deux combats sur la côte de Gênes. Le roi avoit renvoyé Moncade libre sans rançon; mais *Doria* prétendoit que le roi avoit été généreux à ses dépens, & que suivant son traité avec la France, tous les prisonniers qu'il faisoit devoient lui appartenir. Pour le prince d'Orange, c'étoit le traité de Madrid qui lui avoit procuré la liberté, toujours aux dépens de *Doria*, auquel on n'avoit point payé de rançon. *Doria* dépêcha un gentilhomme à la cour de France pour rendre compte de sa conduite, & pour solliciter le paiement de quelques sommes qui lui étoient dues. Quand le conseil de François I apprit par ce moyen de quelle manière hardie *Doria* s'étoit procuré des ôtages de son paiement, il fut saisi d'indignation; on ne vit dans le procédé de *Doria* qu'un excès d'insolence, qu'un attentat criminel; on n'examina point si ses demandes étoient justes, on n'en vit que la forme qui, en effet, paroissoit violente. Guillaume du Bellai Langei, fut des premiers que *Doria* son ami tendoit à la défection, que le marquis du Guast, aussi utile à Charles-Quint dans la prison qu'à la tête des armées, négocioit fortement auprès de ce général pour l'attirer au parti de l'Empereur, qu'il lui exagéroit ses injures, qu'il aigrissoit son ressentiment, qu'il levoit ses scrupules, & que *Doria* n'attendoit peut-être pour se déterminer à la révolte, qu'une réponse peu favorable de la part de la France, il alla voir *Doria* dans Gênes pour arracher à son amitié la confidence de ses chagrins & de ses projets. *Doria* lui ouvrit son cœur, lui fit ses plaintes, le chargea de ses propositions : Langei partit pour aller plaider à la cour la cause de *Doria* & des génois, avec le zèle d'un ami & le respect d'un sujet. Il tâcha de faire prendre à cette cour trop fière & trop prompte, des idées plus exactes de l'importance de *Doria*; il montra le besoin qu'on avoit de ses services, sur-tout dans la conjoncture du siége de Naples, où *Doria* pouvoit décider du succès par l'usage qu'il feroit de ses galères, il représenta que la défection de ce général entraîneroit celle de l'état de Gênes ; il voulut faire juger de la nécessité de conserver *Doria* par les mouvemens que se donnoit du Guast pour le séduire; mais c'étoit parler une langue étrangère dans un pays où un sujet quel qu'il fût, naturel ou volontaire, n'étoit toujours qu'un sujet, & où les talens paroissoient bien moins nécessaires que l'obéissance. Langei n'obtint pas même un délai ; il fut décidé que *Doria* seroit déposé du commandement, que sa charge de général des galères seroit donnée à Barbézieux, qui iroit prendre possession non seulement des galères françoises, mais encore des galères génoises, & qui, après s'être assuré d'André *Doria*, l'enverroit en France recevoir le châtiment de son insolence & de sa félonie. C'est ainsi qu'on s'exprimoit.

Sur un bruit qui courut que *Doria* venoit insulter les côtes de Provence, Montmorenci écrivoit : *je voudrois qu'il y fût déja pour le pouvoir faire pendre & étrangler.*

Dans une autre lettre il parle de *le faire châtier comme tels paillards le méritent.*

Dans une autre, il l'appelle le *bon Génois, qui est en danger de faire comme saint Denys.*

Cet ordre d'arrêter *Doria* étoit plus aisé à donner dans le conseil du roi qu'à exécuter à Gênes ; il devoit être secret, *Doria* en fut cependant instruit par les amis qu'il avoit à la cour, sans que l'histoire répande à cet égard le moindre soupçon sur Langei. Lorsque Barbézieux fut arrivé à Gênes, son premier soin fut d'aller rendre visite à *Doria* qui l'attendoit sur ses galères. Lorsque Barbézieux parut, *je sais*, lui dit *Doria*, *ce qui vous amène*, & lui montrant d'un côté les galères de France, de l'autre celles de Gênes : *voici*, ajouta-t-il, *les galères de « votre maître que je vous remets, voici celles de ma » république que je conserve, accomplissez le reste de » votre ordre, si vous pouvez ».*

Quelques auteurs disent qu'il ne restitua pas même les galères du roi, & qu'il les fit passer avec les siennes au service de l'empereur. Guichardin justifie de tout point la cour de France, & rend la conduite d'André *Doria* très-blâmable ; il soutient que les *Doria* trahissoient depuis long-temps François I ; le combat de Salerne paroît démentir cette idée ; mais le récit de Guichardin forme un problême historique, où il s'agit de décider si le suffrage d'un Italien, lorsqu'il est favorable à la France, doit l'emporter sur le témoignage des François, lorsqu'il lui est contraire.

Nous avons suivi parmi les François, les du Bellei, qui ont eu part à cette affaire, & parmi les étrangers, Sigonius, qui paroît l'avoir approfondie.

Par le traité du général génois avec Charles-Quint, Gênes fut déclarée libre sous la protection de l'empereur, Savone fut rendue aux Génois, & si la défection entraîne toujours quelque honte, on ne peut refuser à celle d'André *Doria* la gloire d'avoir servi à l'affranchissement de sa patrie.

Doria devenu l'ennemi déclaré des François, commença par ravitailler Naples qui n'avoit besoin que de vivres, pour résister ; le siége traîna en longueur, la peste se mit dans le camp des François, Lautrec en mourut, le siége fut levé ; d'un autre côté Trivulce, qui commandoit pour les François dans le château de Gênes, fut obligé de le rendre, les Génois le rasèrent aussi-tôt, ils comblèrent le port de Savone; & désormais libres de toute autorité étrangère, délivrés de toute concurrence sur la mer de Ligurie, ils établirent, par le conseil d'André *Doria*, une forme de gouvernement qui parut enfin fixer leur inconstance; on forma un corps de quatre cents personnes en qui résida le droit de nommer à toutes les magistratures, & sur-tout de créer le doge qui devoit changer tous les deux ans. *Doria*, commandant les galères de l'empereur, maître par leur secours d'asservir Gênes, n'y voulut conserver d'autre autorité que celle que donnent la sagesse, la gloire & les bienfaits; il fut maître en paroissant, en croyant n'être que citoyen ; on le consultoit sur tout, on déféroit en tout à ses avis ; il refusa d'être chargé de l'administration des deniers publics, de concourir à l'élection du doge & des autres magistrats : cette modération politique affermit son pouvoir en désarmant la défiance & la jalousie.

Long-temps après la paix de Cambrai (1529), & peu de temps après la conclusion de la trève de Nice en 1538, Charles-Quint & François Ier. se virent à Aigues-Mortes. Brantôme rapporte d'après Paul Jove & Sleidan, que dans cette entrevue l'empereur pria François Ier. d'agréer qu'André *Doria* vînt le saluer. Le roi qui ne savoit point garder de ressentiment, y consentit, fit le meilleur accueil à *Doria*, & lui dit : « nous voilà enfin réunis, l'empereur mon frère & moi ; il faut que » cette réconciliation soit éternelle, il faut que » nous ayons désormais les mêmes amis & les » mêmes ennemis, que nous préparions contre » le Turc une puissante armée navale, & que vous » la commandiez ».

François premier étoit dans la galère de l'empereur. On a prétendu que *Doria* étoit venu proposer tout bas à l'empereur de lever l'ancre & d'enlever le roi, crime dont Charles-Quint eut horreur. Brantôme remarque judicieusement que c'est une répétition de l'histoire connue du jeune Pompée, & l'on peut remarquer en passant, que le peuple qui fait toujours mal, multiplie ainsi les faits célèbres en les reproduisant sous tous les noms célèbres.

François premier régnoit encore lorsque les conjurations de Fiesque & de Cibo éclatèrent en 1546. On ignore quelle part la France prit à ces conjurations, dont un des principaux objets étoit d'anéantir à Gênes le pouvoir des *Doria*, & de faire périr les chefs de cette illustre maison; Jeannetin *Doria*, héritier désigné d'André, & l'objet de la haine particulière de Fiesque, fut poignardé, le vieil André *Doria* ne se sauva qu'avec peine, de Fiesque étoit le maître dans Gênes, lorsqu'il se noya, étant tombé dans la mer, parce qu'une planche tourna ou rompit sous ses pieds; trois de ses frères, bannis de Gênes après sa mort, s'étant retirés à Rome, engagèrent Cibo avec lequel demeuroit un de ces trois frères, à partir pour Gênes, dans l'intention d'assassiner André *Doria*, & de remettre la république sous les loix de la France; ce Cibo étoit cependant beau-frère de Jeannetin *Doria*, il avoit épousé Perrette *Doria*, sa sœur; ce nouveau complot fut découvert & prévenu, Cibo eut la tête tranchée.

Gênes revit avec transport André *Doria*, échappé aux périls qu'il n'avoit courus que pour l'avoir rendue libre; elle crut le destin de la république attaché aux jours de ce grand homme, elle offrit à *Doria* de construire une citadelle pour sa sûreté, *Doria* rejetta la proposition. « Mes jours ne sont » rien, dit-il, j'ai tout fait pour votre liberté, ne » détruisez point mon ouvrage »; on insista, & à l'intérêt de sa sûreté particulière, on ajouta l'intérêt de la sûreté publique. « La sûreté publique, » dit *Doria*, dépend moins des remparts & des » forteresses que de l'union des citoyens ». Tels furent les sentimens & la conduite de *Doria* dans cette occasion.

Les attentats des de Fiesque & des Cibo ne firent que resserer les nœuds de la tendresse entre le citoyen bienfaiteur & la patrie reconnoissante.

André *Doria* mourut vers l'an 1555; ayant vengé un peu trop cruellement la mort de Jeannetin *Doria* sur un des fréres de de Fiesque qui étant tombé entre ses mains, fut jetté dans la mer, cousu dans un sac.

Le cardinal *Doria*, son parent, auquel il procura le chapeau, fut aussi un homme de mérite & de courage. Il défendit André contre les conjurés, & s'exposa pour le sauver. Il mourut en 1558.

Antoine DORIA, capitaine célèbre dans les armées de Charles-Quint, a écrit l'histoire de son temps.

Un général DORIA, ennemi de la France, perdit le 10 juillet 1630, le combat de Veillane contre cet illustre & malheureux Montmorenci, décapité deux ans après.

DORIGNY. *Voyez* ORIGNY.

D'ORLÉANS. *Voyez* ORLÉANS.

DORMANS (*Hist. de Fr.*). On compte parmi les protecteurs des lettres en France à la suite de Charles V, Jean *de Dormans*, cardinal, évêque de Beauvais, fondateur du collège de *Dormans-Beauvais* à Paris; il étoit fils d'un procureur, il fut chancelier de France; Guillaume *de Dormans*, son frère, le fut après lui; Miles *de Dormans*, neveu de Jean, & fils de Guillaume, le fut aussi; les deux premiers sous Charles V, le dernier sous Charles VI. Renaud *de Dormans*, mort en 1472, sous le règne de Louis XI, fut avocat du roi & maître des requêtes.

DORNEVAL (*Hist. litt. mod.*), connu par son *Théatre de la Foire*, fait en société avec le Sage.

DORSANNE (ANTOINE) (*Hist. litt. mod.*), docteur de Sorbonne, grand-chantre de l'église de Paris, grand-vicaire & official de ce diocèse sous le cardinal de Noailles, étoit né à Issoudun en Berry, d'une famille noble, dont il y a encore différentes branches établies dans la même province, à Bourges, à Vierzon, &c. C'étoit un homme vertueux & capable. Rien n'est plus connu que le *Journal de l'abbé Dorsanne*, contenant l'histoire de ce qui s'est passé de plus important à Rome & en France dans l'affaire de la constitution *unigenitus*, jusqu'à la mort de l'auteur arrivée en 1728.

DORSET (THOMAS SACKVILLE, comte de) (*Hist. litt. mod.*), grand-trésorier d'Angleterre, employé précédemment en différentes ambassades, étoit homme d'état & poëte, plus connu peut-être comme poëte. Ses poësies se trouvent avec celles des comtes de Rochester & de Roscommon. On y distingue l'histoire en vers de l'infortuné duc de Buckingham, du temps de Richard III. Le comte *de Dorset* mourut en 1608.

DOSA (GEORGES) (*Hist. mod.*), aventurier sicilien, couronné roi de Hongrie en 1513, par des paysans hongrois révoltés, fut pris les armes à la main. Le détail des cruautés qu'on exerça sur ce malheureux est si dégoûtant & si horrible, que nous nous dispenserons de les rapporter. Qu'on retranche de la société ceux qui la troublent, si on ne peut trouver le moyen de les punir d'une manière qui les rende encore utiles à la société; mais malheur à ceux qui vengent les princes, & malheur aux princes qu'on venge par de telles inhumanités; ce n'est peut-être que les mettre plus en danger, en les exposant eux-mêmes à tous les traits d'une vengeance désespérée.

DOSITHÉE (*Hist. ecclés.*), samaritain qu'on traitoit de magicien, & qui passe pour le premier hérétique; car Simon le magicien, son disciple, n'est que le second; *Dosithée* se disoit le Messie, & se faisoit l'application de toutes les prophéties qui le regardent. Il se faisoit suivre par trente disciples, & n'en vouloit pas davantage, ce qui redoubloit le desir d'en être. La première place qui vint à vaquer parmi eux, fut remplie par Simon, qui devint plus fameux que son maître. Une femme & une seule femme étoit admise parmi ces disciples, & comme le nombre de ceux-ci se rapportoit à-peu-près à celui des jours du mois, cette femme s'appelloit *la Lune*.

DOUCIN (LOUIS) (*Hist. mod.*). Le P. *Doucin*, jésuite, historien & théologien, qui a versé des torrens de fiel sur les jansénistes,

Ou que *Doucin*, cet adroit casuiste,
N'en a versé dessus Pâquier-Quesnel.

(VOLTAIRE.)

Il étoit de ce que les jansénistes appelloient *la cabale normande*, composée des pères le Tellier, Lallemant, Daniel, &c. (*Voy.* l'art. DANIEL.) Le P. *Doucin* étoit de Vernon; il servit bien la cabale normande par ses écrits; il est l'auteur du *Problême théologique*, & d'une foule d'autres écrits polémiques contre les jansénistes. Il est aussi l'auteur d'une *Histoire du nestorianisme*, où, dans les Nestoriens, il voit par-tout les jansénistes, comme l'abbé Racine dans son histoire ecclésiastique voit les jésuites dès les premiers siècles de l'église. Le P. *Doucin* suivit M. de Crécy au congrès de Riswick en 1696; ce qui, comme il rapportoit tout au jansénisme, fut pour lui une occasion de faire l'ouvrage intitulé: *Mémorial abrégé touchant l'état & les progrès du jansénisme en Hollande*. Mort à Orléans en 1726.

DOUGLAS (*Hist. d'Ecosse*), grande maison d'Ecosse. De cette maison étoit Guillaume de *Douglas*, capitaine célèbre qui fut chargé par le roi Robert de Brus, mort en 1327, de porter son cœur dans la Palestine, où il avoit fait vœu d'aller combattre les infidèles sans avoir jamais pu exécuter ce vœu. *Douglas* mourut dans cette expédition ou au retour, & ne revint point dans sa patrie.

Lorsque sous le règne de Charles VII, en France, les Anglois avoient tenté d'empêcher l'alliance des François avec les Ecossois, & le mariage du dauphin Louis avec Marguerite, fille de Jacques I; lorsqu'ils tentèrent ensuite aussi vainement d'enlever cette princesse dans son passage en France, leur dernière ressource fut de faire une incursion en Ecosse, sous la conduite du duc de Northumberland; ils furent battus à Popperden en 1436, par Guillaume de *Douglas*, comte d'Angus, beau-père de Stuart de Buckan, connétable de France.

Lorsque deux ans après (en 1438), le même roi d'Ecosse, Jacques I, fut assassiné, une jeune dame de la maison de *Douglas*, attachée à la reine, entendit le bruit que faisoient les assassins, en voulant enfoncer la porte de l'appartement, elle courut à cette porte pour en fermer les verroux, les domestiques, qui étoient du complot, les avoient enlevés; elle opposa aux efforts des assassins, la foible résistance de son bras, elle eut le bras coupé.

Les deux sœurs de Henri VIII, roi d'Angleterre, après avoir épousé des rois, épousèrent des particuliers, mais c'étoient leurs amans. Marie, veuve de Louis XII, épousa le duc de Suffolk-Brandon; Marguerite, l'aînée, veuve de Jacques IV, roi d'Ecosse, mère de Jacques V & aïeule de Marie Stuart par ce premier mariage, épousa Archambaud de *Douglas*, comte d'Angus, & fut aussi par ce second mariage, l'aïeule de Henri Stuart-d'Arnley, qui épousa Marie Stuart, & fut roi d'Ecosse par elle. D'Arnley étoit fils de Stuart, comte de Lennox, dont la femme étoit née du mariage d'Archambaud de *Douglas* avec Marguerite. Celle-ci, en épousant cet Archambaud, comte d'Angus, dérogeoit au titre de reine; mais le P. d'Orléans a tort de dire *qu'elle faisoit déshonneur au sang de* Tudor, en épousant un *Douglas*.

Jacques *Douglas*, célèbre anatomiste Anglois, au commencement de ce siècle, excelloit sur-tout dans la pratique des accouchemens. On a de lui, en Anglois, une *description du péritoine*; en latin, *Bibliographiæ anatomicæ specimen*, & *Myographiæ comparatæ specimen*.

DOUJAT (JEAN) (*Hist. litt. mod.*), de l'académie françoise, doyen des professeurs de droit. Périgny, qui avoit été, avant M. Bossuet, précepteur du dauphin, fils de Louis XIV, avoit choisi *Doujat* pour donner à ce prince les premiers élémens de l'histoire & de la fable; c'est ce qui valut l'académie françoise à *Doujat*, qui étoit plus latin que françois, & plutôt un savant qu'un bon écrivain. Il fit pour l'usage du dauphin, une traduction de Paterculus, fort médiocre, & bien effacée depuis, par celle de M. l'abbé Paul, mais une bonne édition de Tite-Live; tous ses autres livres sont des ouvrages de droit; il a donné une édition latine des *Institutions au droit canonique*, de Lancelot, l'histoire du droit canonique & du droit civil, & le livre intitulé: *Prænotiones canonicæ & civiles*, qui passe pour son meilleur ouvrage.

DOUSA (JANUS) (*Hist. litt. mod.*), fut surnommé, pour son érudition, le Varron de la Hollande; il étoit aussi poëte, & on a de lui les annales de Hollande, en vers élégiaques; on a encore de lui des notes sur Horace, Catulle, Tibulle & Properce, sur Sallufte & fur Pétrone; il n'étoit pas moins vaillant que savant; il défendit, en 1574, la ville de Leyde, contre les Espagnols, qu'il força d'en lever le siége. Les Espagnols avoient plusieurs fois écrit aux bourgeois, pour les engager à se rendre; toutes ces lettres furent remises à *Dousa*, & il répondit à toutes en vers, employant ainsi sa plume à braver les ennemis, & son épée à les vaincre.

Dousa eut quatre fils, dignes de lui. Les deux plus célèbres sont, 1°. celui qui se nommoit comme lui, Janus, & qui mourut avant lui en 1597, à vingt-six ans; il étoit poëte, mathématicien, & avoit la garde de la bibliothèque de Leyde.

2°. George, qui étoit savant dans les langues, & de qui on a la relation d'un voyage qu'il avoit fait à Constantinople.

Dousa le père mourut à la Haye en 1604, âgé de 59 ans.

DOYAC (*Hist. de Fr.*) *Voyez* à l'article BOURBON, l'article particulier du connétable de Bourbon, Jean, mort en 1488, page 681, première col.

DRACK (FRANÇOIS) (*Hist. d'Anglet.*), vice-amiral célèbre de la reine Elisabeth, est le premier Anglois qui ait fait le tour du monde; il partit pour cette course en 1577, & l'acheva en 1056 jours. Il fut le fléau des Espagnols dans les guerres d'Elisabeth contre Philippe II. Il contribua beaucoup avec le lord Howard Effingham à la destruction de la *Flotte invincible*; il enleva aux Espagnols plusieurs places importantes dans les isles Canaries, dans les isles du Cap-Verd, dans le continent & dans les isles de l'Amérique. Il mourut en mer le 28 janvier 1596, & la mer fut son tombeau, comme elle avoit été le théatre de ses exploits.

DRACON (*Hist. anc.*), archonte & législateur d'Athènes; ses loix, *écrites avec du sang*, selon l'expression de l'orateur Demades, prononçoient également la peine de mort contre un assassin & contre un citoyen convaincu seulement d'oisiveté. Il disoit qu'il n'avoit pu trouver ni une peine plus douce que la mort pour la moindre contravention aux loix, ni une peine plus rigoureuse pour les plus grands crimes:

Queis paria esse ferè placuit peccata, laborant
Ut ventum ad verum est, sensus moresque repugnant,
Atque ipsa utilitas, justi propè mater & æqui.

Les loix de *Dracon* furent abrogées par Solon. *Dracon* vivoit vers l'an 624 avant J. C.

DRAGONADE, s. f. (*Hist. mod.*), nom donné par les Calvinistes à l'exécution faite contre eux en France, en 1685. Vous trouverez dans l'histoire du siècle de Louis XIV, l'origine du mot *dragonade*, & des détails sur cette exécution, que la nation condamne unanimement aujourd'hui. En effet toute persécution est contre le but de la bonne politique, &, ce qui n'est pas moins important, contre la doctrine, contre la morale de la religion, qui ne respire que douceur, que charité, que miséricorde. *Article de M. le chevalier* DE JAUCOURT.

DRAGUT-RAIS (*Hist. mod.*), élève, favori & successeur de Barberousse dans le commandement des armées navales de Soliman II, qui n'étoient que des bâtimens de corsaires rassemblés sous des chefs accrédités, tels que Barberousse & *Dragut*. Ce dernier étoit, aussi bien que son maitre, un très-brave homme & un esprit fécond en ressources; il eut, comme tous les guerriers, de bons & de mauvais succès, mais il ne dut les bons qu'à lui seul. Mandé en 1565 par Soliman pour faire avec lui le siége de Malthe, il y fut blessé à mort de l'éclat d'une pierre qu'un coup de canon détacha d'une muraille. Il étoit né dans la Natolie de parens obscurs, & avoit commencé par être domestique d'un autre Corsaire.

DRAHOMIRE (*Hist. mod.*), femme d'Uratislas, duc de Bohême, mère de Boleslas & de Venceslas. Si l'histoire de cette femme est vraie, elle a plus de droit à la célébrité du crime que les Frédégondes & les Brunehauts; elle engagea Boleslas à tuer Venceslas, son frère, qui étoit un saint; ce crime est du genre de ceux de Brunehaut, mais Brunehaut n'avoit pas fait étrangler sa mère, ce que fit, dit-on, *Drahomire* en 929. On dit *régicide*, *fratricide*, *sororicide*, *parricide* même; on ne dit point *matricide*; il semble que malgré quelques exemples monstrueux de la fable, & même de l'histoire, on ait persisté à ne pas regarder ce crime comme possible. *Drahomire* tomba dans un précipice & se tua.

DRAKENBERG (CHRÉTIEN-JACOB) (*Hist. mod.*), mourut l'an 1770 dans la 146e. année de son âge; il étoit resté garçon jusqu'à 113 ans, & avoit épousé alors une veuve de 60 ans. Il étoit né à Stawanger en Norvège en 1624.

DREBEL (*Hist. mod.*), hollandois, passe pour inventeur de l'art de teindre en écarlate. Sa fille eut son secret, & le transmit à Cuffler, son mari, qui fit le premier usage de cette invention à Leyde, vers la fin du dix-septième siècle.

Un autre DREBEL (Corneille), aussi hollandois, né à Alcmaer en 1572, mort à Londres en 1634, passe pour l'inventeur du thermomètre & du microscope, quelques-uns même disent du télescope. Le premier microscope, de son invention, parut en 1621. Fontana tenta vainement, trente ans après, de s'attribuer cette découverte.

On a de Corneille *Drebel* quelques traités de physique, entr'autres l'ouvrage intitulé : *De naturâ elementorum.*

DRELINCOURT (CHARLES) (*Hist. litt. mod.*), ministre de l'église protestante de Charenton, a joui d'une grande considération dans les deux partis aussi bien que le ministre Claude. On estime ses ouvrages tant ascétiques que polémiques, mais on ne les lit plus. Il étoit né à Sédan le 10 juillet 1595. Il mourut à Paris le 3 novembre 1669. Il avoit eu seize enfans, dont plusieurs fils, presque tous gens de mérite.

DRENCHES, f. m. pl. (*Hist. mod.*); c'étoient, dans les anciennes coutumes d'Angleterre, des vassaux d'un rang au-dessus des vassaux ordinaires; qui relevoient d'un seigneur suzerain. On les appelloit autrement *drengi.*

Comme du temps du roi Guillaume le Conquérant il n'y avoit point encore en Angleterre de chevaliers, mais seulement des *drenches*, ce prince fit créer ceux-ci chevaliers pour la défense du pays: en conséquence Lanfranc, archevêque de Cantorberi, fit ses *drenches* chevaliers, &c.

Ce fut le Conquérant qui donna le nom de *drenches* aux seigneurs des terres. Un certain Edouard Sharbourn de Norfolk & quelques autres seigneurs, ayant été chassés de leurs terres, en formèrent leurs plaintes devant le roi, & représentèrent qu'ils n'avoient jamais pris parti contre lui, ce qui, après une enquête, s'étant trouvé véritable, le roi les rétablit dans leurs possessions, & ordonna qu'ils porteroient désormais le titre de *drenches. Chambers.* (*A. R.*)

DROGMAN ou DROGUEMAN (*Hist. mod.*). On nomme ainsi dans le Levant les interprètes que les ambassadeurs des nations chrétiennes, résidens à la Porte, entretiennent près d'eux pour les aider à traiter des affaires de leurs maîtres. Les consuls ont aussi des *drogmans* entretenus, tant pour leur propre usage, que pour celui des marchands de leur nation, qui trafiquent dans les échelles du Levant, ou des étrangers qui y viennent sous la bannière de cette nation.

L'entreprise des *drogmans* ou interprètes étant absolument nécessaire dans le commerce du Levant, dont le succès dépend en partie de leur fidélité & de leur habileté, Louis XIV, pour y pourvoir, donna au mois de novembre 1669, un arrêt de son conseil en forme de réglement, qui ordonne qu'à l'avenir les *drogmans* & interprètes des échelles du Levant, résidens à Constantinople, Smyrne, & autres lieux, ne pourroient s'immiscer dans les fonctions de cet emploi, s'ils n'étoient François de nation, & nommés par une assemblée de marchands, qui se feroit en la présence des consuls, entre les mains desquels ils seroient tenus de prêter serment, dont il leur seroit expédié acte en la chancellerie des échelles.

Et afin qu'à l'avenir on pût être assuré de la fidélité & bonne conduite desdits interprètes & *drogmans*, sa majesté ordonna en outre par le même arrêt, que de trois ans en trois ans il seroit envoyé dans les échelles de Constantinople & de Smyrne six jeunes garçons de l'âge de huit à dix ans, qui voudroient y aller volontairement, lesquels seroient remis dans les couvens des Pères Capucins desdits lieux, pour y être élevés & instruits dans la religion catholique, apostolique & romaine, & dans la connoissance des langues, afin d'en former des *drogmans* & interprètes.

Un an après, le même prince donna un second arrêt, par lequel en ordonnant l'exécution du premier, & pour l'interpréter en tant que besoin seroit, il entend qu'il soit envoyé six de ces jeunes gens par chacune des trois premières années, afin qu'il pût s'en trouver en moins de temps un nombre suffisant pour le service de la nation, sans qu'il fût désormais besoin d'avoir recours à des étrangers: voulant néanmoins qu'après lesdites trois premières années il n'en soit plus envoyé que six de trois ans en trois ans.

Les pensions pour chacun de ces éleves furent réglées à la somme de trois cents livres, qui seroient payées par la chambre du commerce de Marseille, sur le droit de demi pour cent, appellé *cottimo*; à la charge par les Pères Capucins de Smyrne & de Constantinople de les nourrir & entretenir, & les instruire dans la connoissance des langues. Ce dernier arrêt est du 31 octobre 1670. *Dictionn. de Trév. & Chambers.* (*A. R.*)

DROLINGER (CHARLES-FRÉDÉRIC) (*Hist. litt. mod.*), conseiller, archiviste, bibliothécaire du margrave de Bade-Dourlach, est au nombre des poëtes célèbres de l'Allemagne. Mort en 1742. Ses œuvres ont paru imprimées à Bâle en 1743.

DROMEUS (*Hist. anc.*), fameux athlète; Pausanias dit qu'il fut couronné deux fois à Olympie, deux fois à Delphes, trois fois à Corinthe, cinq fois à Némée, qu'il fut le premier athlète qui se nourrit de viandes, & qu'avant lui les athlètes ne vivoient que de fromage; qu'on lui érigea une statue, ouvrage du sculpteur Pythagore.

DROSSART ou DROST (*Hist. mod.*). Ce nom n'est guère en usage que dans les Pays-Bas & dans la basse Saxe; on s'en sert pour désigner un bailli ou un officier qui rend la justice, & veille au maintien des loix dans un certain district. (*A. R.*)

DRUSILLE (nom de plusieurs femmes trop connues dans l'histoire.) Ce fut devant *Drusille* & son mari Félix, gouverneur de la Judée que saint-Paul comparut; elle étoit fille d'Agrippa-le-Vieux, & sœur d'Agrippa-le-Jeune, rois de Judée; elle avoit quitté un premier mari, roi voisin, qui avoit embrassé le judaïsme pour lui plaire, & elle avoit épousé ce Félix pour lequel elle abandonna aussi le judaïsme; elle est une des deux reines dont parle Paulin dans Bérénice:

De l'affranchi Pallas nous avons vu le frère,
Des fers de Claudius Félix encor flétri,
De deux reines, seigneur, devenir le mari,
Et s'il faut jusqu'au bout que je vous obéisse,
Ces deux reines étoient du sang de Bérénice.

Drusille étoit un des noms de l'impératrice Livie, femme d'Auguste.

Un autre Livie *Drusille*, fille de Germanicus & de la première Agrippine, fut accusée d'inceste avec Caligula son frère, qui, dans une maladie qu'il eut, l'institua son héritière, & lui ayant survécu, la mit au rang des déesses; les Romains ne la mirent qu'au rang des prostituées.

DRUSIUS (JEAN, père & fils) (*Hist. litt. mod.*), protestans savans & modérés. Le père est au rang des critiques sacrés qu'on estime. On a de lui une Grammaire hébraïque, un Traité des trois sectes des juifs, &c. Le fils fut un enfant prodigieux. A cinq ans, il savoit assez bien le latin; à sept, il commençoit à entendre l'hébreu; à neuf, il le savoit très-bien; à douze, il composoit dans cette langue; il mourut de la pierre à vingt-un ans, en 1609, avant son père, qui ne mourut qu'en 1616 à Franeker. Il étoit né à Oudenarde.

DRUSO (*Hist. rom.*), mauvais historien, homme riche. Quand ses nombreux débiteurs ne le payoient pas à l'échéance, il leur imposoit la peine d'écouter ses histoires que personne ne vouloit entendre, on ne sait cette particularité, on ne connoît même *Druso* que par ces quatre vers d'Horace:

Odisti & fugis, ut Drusonem debitor æris,
Qui, nisi cùm tristes misero venere calendæ
Mercedem aut nummos undè undè extricat, amaras
Porrecto jugulo historias captivus ut audit.

DRUSUS (*Hist. rom.*). Cette famille étoit une branche des Liviens. Plusieurs personnages ont illustré le nom de *Drusus*.

1°. Marcus Livius *Drusus*, tribun du peuple opposé à Caïus Gracchus son collègue, dont il ébranla beaucoup le crédit, en employant contre lui, de concert avec le sénat, la même popularité qui avoit fait le succès des Gracques; il fut consul l'an de Rome 640. Il vainquit les Scordisques.

2°. Marcus Livius *Drusus*, fils du précédent & aussi tribun du peuple, s'attacha comme son père, & de concert avec le sénat, comme lui, à gagner la multitude par la popularité; mais on eut à lui reprocher des violences coupables à l'égard de ses ennemis. Le consul Philippe s'opposant à ses loix, il le fit mener en prison, & le voyant jetter du sang par les narines, ce qui étoit, dit-on, l'effet des outrages & des violences de *Drusus*, il dit avec dérision *que ce n'étoit pas du sang, mais du jus de grives*, voulant par-là reprocher à Philippe le goût de la bonne chere.

On eut encore à reprocher à *Drusus* l'altération des monnoies, il mit dans l'argent un huitième d'alliage. Il partagea entre les sénateurs & les chevaliers le droit de juger, les chevaliers l'avoient attiré à eux tout entier; n'ayant pu tenir aux alliés la parole qu'il leur avoit donnée à l'exemple des Gracques, de les faire recevoir citoyens romains, il fut cause de la guerre sociale. Instruit d'un complot que les alliés avoient formé, de massacrer les consuls, il eut la générosité, disent quelques auteurs, disons la probité, d'en faire donner avis à son ennemi Philippe. Le mécontentement & les mouvemens des alliés, trompés par ses promesses, mettoient alors toute l'Italie en feu & la personne de *Drusus* en danger; en effet, il fut assassiné d'un coup de couteau l'an de Rome 661, au milieu d'un cortége nombreux dont il étoit environné. L'assassin se cacha dans la foule & n'a jamais été connu. Le dernier mot de *Drusus*, lorsqu'il se sentit frappé à mort, fut *ecquandò, propinqui amicique, similem mei civem habebit respublica? O mes parens & mes amis! la république aura-t-elle jamais un citoyen qui me ressemble?*

On a encore retenu de *Drusus* un mot assez noble. Il faisoit bâtir sur le Mont Palatin une maison qui a depuis appartenu à Cicéron, l'architecte promettoit de la tourner de manière que personne n'auroit de vues sur lui; au contraire, dit *Drusus*, tournez-la de maniere que toutes mes actions soient vues de tout le monde, *ut quidquid agam ab omnibus perspici possit.* Velleius Paterculus a beaucoup loué *Drusus* pour faire, dit-on, sa cour à Livie & à Tibère qui descendoient de ce tribun.

3°. *Livius Drusus*, père de Livie, se tua lui-même après la bataille de Philippes, pour ne pas tomber entre les mains d'Octave, dans lequel il ne voyoit alors qu'un ennemi vainqueur, & qui, par l'événement alloit devenir son gendre.

Ce fut Livie qui porta ce nom de *Drusus* dans la maison de Tibérius Néron, son premier mari, qu'elle quitta pour épouser Auguste, étant grosse de six mois de son second fils, qui porta le nom de *Drusus*. L'aîné fut l'empereur Tibère.

4°. Ce *Drusus* (*Nero Claudius*) fut le père de Germanicus & de l'empereur Claude. Il fit la guerre avec succès aux Grisons.

Dans les Alpes en vain les Rhètes sont cachés.

Videre Rhætis bella sub Alpibus
Drusum gerentem vindelici, & diù
Latèque victrices catervæ
Consiliis juvenis revictæ,
Sensere quid mens, ritè, quid indoles
Nutrita faustis sub penetralibus
Posset, quid Augusti paternus
In pueros animus Nerones.....
Milite nam tuo
Drusus Genaunos, impavidum genus
Brennosque veloces & arces
Alpibus impositas tremendis,
Dejecit acer plus vice simplici.

Cette expédition est de l'an 739 de Rome. Consul l'an 745, il fit la guerre en Germanie, fit tirer un canal du Rhin à l'Issel, il vainquit les Chérusques, & poussa ses conquêtes jusqu'à l'Elbe. Il mourut la même année, des suites d'une chûte de cheval, dont il eut la cuisse cassée.

5°. *Drusus*, fils de Tibère & de Vipsanie, fut consul & tribun, & reçut les honneurs de l'ovation pour quelques avantages remportés en Illyrie & en Germanie, tous honneurs qui ne signifient pas grand chose, étant accordés au fils d'un empereur & de l'empereur Tibère. Tacite dit que Séjan, qui avoit eu avec *Drusus* une querelle dans laquelle ce jeune prince lui avoit donné un soufflet, corrompit Livie la jeune, femme de *Drusus* & sœur de Germanicus, & que de concert ils empoisonnèrent *Drusus*, qui mourut la vingt-troisième année de l'ère chrétienne.

6°. *Drusus*, fils de Germanicus & d'Agrippine, victime des artifices de Séjan & de la jalousie de Tibère. Cet empereur le fit mourir de faim dans sa prison, où il vécut jusqu'à neuf jours en mangeant la bourre de ses matelats. Après sa mort, Tibère l'accusa dans le sénat. L'intérêt & la pitié qu'inspiroit une si horrible destinée, donnèrent lieu à des fables, on prétendit qu'il s'étoit sauvé de sa prison, on voulut prendre pour lui un jeune homme qu'on vit errer dans les Cyclades & sur les côtes voisines, qui se disoit fils de Marcus Silanus, & dont le reste de l'histoire est ignoré.

DRYDEN (JEAN) (*Hist. litt. mod.*), poëte, qui a fait beaucoup d'honneur à l'Angleterre, & qu'il est honteux au roi Guillaume III d'avoir fait mourir de misère en lui ôtant ses pensions, parce qu'il s'étoit fait catholique pour plaire à Jacques II, comme si les raisons d'honorer & d'encourager le talent, avoient rien de commun avec la religion. On a de *Dryden* des tragédies (*voyez* l'article ATTERBURY), des comédies, des opéras; d'autres morceaux de poësie moins étendus, parmi lesquels on distingue l'ode fameuse sur le pouvoir de l'harmonie; on a encore de lui des fables, une traduction de Virgile en vers anglois qu'on met à côté de la traduction d'Homère, de Pope, ou à côté de laquelle on met celle-ci; il a aussi traduit en vers les satyres de Juvenal & de Perse, & en prose le poëme latin d'Alphonse du Fresnoy sur la peinture, avec les remarques de De Piles & une préface du traducteur, où il compare la poësie à la peinture:

Ut pictura poësis.

Dryden mourut en 1701. Il étoit né en 1631, dans le comté d'Huntington.

DUAREN (FRANÇOIS) (*Hist. litt. mod.*), professeur en droit à Bourges, le plus savant jurisconsulte de son temps après Alciat. Il est auteur d'un traité: *Pro liberate Ecclesiæ Gallicæ adversùs Romanam, Defensio Parisiensis curiæ*, matière qui plaît toujours au public, D'un autre, *De sacris Ecclesiæ ministeriis ac beneficiis*, matière qui plaît au clergé; de Commentaires sur le code & le digeste; d'un *Traité des plagiaires*. Il avoit de la littérature & de l'érudition dans des genres étrangers à la jurisprudence, & ce dernier traité en est une preuve. Il mourut à Bourges en 1559.

DU BOIS (LE CARDINAL) (*voyez* BOIS (du), t. 1, part. 2, pag. 643, col. première.

DU BOS (JEAN-BAPTISTE) (*Hist. litt. mod.*). L'abbé *du Bos* fut secrétaire perpétuel de l'académie françoise; il méritoit cette distinction, & l'on doit être étonné qu'il n'en ait pas obtenu une autre. Son érudition & l'usage qu'il en a fait devoient le placer à l'académie des belles-lettres, dont il eût été un membre distingué & même brillant. Son *Histoire des quatre Gordiens, prouvée & illustrée par les médailles*, étoit déja un titre, quoiqu'elle paroisse n'avoir point changé l'opinion reçue qui ne compte que trois Gordiens. Ses réflexions sur la poësie & sur la peinture, sont celui de ses ouvrages qui annonce le plus de talent & de philosophie. C'est, dit l'auteur du siècle de Louis XIV, « un des » livres les plus utiles qu'on ait jamais écrits sur » ces matières, chez aucune des nations de l'Eu» rope. Ce qui fait la bonté de cet ouvrage, c'est » qu'il n'y a que peu d'erreurs & beaucoup de » réflexions vraies, nouvelles & profondes. Il » manque cependant d'ordre, & sur-tout de pré» cision, mais l'auteur pense & fait penser. Il ne » savoit pourtant pas la musique, il n'avoit jamais » pu faire de vers, & n'avoit pas un tableau; mais » il avoit beaucoup lu, vu, entendu & réfléchi ». La littérature ancienne lui étoit aussi connue que la moderne, & les langues savantes & étrangères autant que la sienne propre.

Si M. de Voltaire trouve peu d'erreurs dans ses *Réflexions sur la poësie & sur la peinture*, M. de Montesquieu en a beaucoup trouvé, & le jugement de M. le Président Hénault en suppose beaucoup dans son *Histoire critique de l'établissement de la monarchie françoise dans les Gaules*; mais il faut convenir que sur ces matières une opinion en vaut toujours bien une autre; les monumens de l'histoire de ces temps sont comme les nuées dans lesquelles on voit tout ce qu'on veut; aussi les savans qui écrivent sur ces temps-là ne s'accordent-ils jamais, à moins qu'ils ne se soient arrangés pour faire secte; chacun forme ses conjectures & tire ses conséquences, comme il l'entend, des passages secs & obscurs que leur fournissent des écrivains qui ne savent ce que c'est que de mettre aucune liaison, que de faire sentir aucun rapport entre les faits, qui n'énoncent jamais ni cause ni motifs, qui font des notes pour soulager leur mémoire & jamais un récit; qui parlent d'usages dont rien ne donne l'idée, ne les exposent point & les supposent toujours connus, qui n'ont nulle précision dans les idées, nulle propriété dans l'expression; qui ne présentent le plus souvent que des énigmes à deviner sans aucune donnée; chacun la devine comme il peut ou comme il veut, chacun soutient que les autres ont mal deviné; on cherche des idées nouvelles, on s'éblouit de la moindre lueur, le rapport le plus éloigné entraîne; la plus légère vraisemblance est une démonstration. Le grand point, quand on traite ces matières, est de montrer de l'érudition, de la critique, & de n'ennuyer que le moins qu'il est possible; c'est ce qu'a fait l'abbé *du Bos*, car de ne point ennuyer du tout en ne présentant que du vague, de l'arbitraire & de l'obscur, c'est une chose impossible, & nous osons dire que M. de Montesquieu lui-même, quoiqu'il ait donné à cette partie de l'esprit des loix la forme polémique pour tâcher de l'animer, n'a pu s'y garantir entiérement de l'inconvénient d'ennuyer; qu'on juge après cela ce que doivent attendre ceux qui s'obstinent encore à fouiller dans ces ruines; c'est assurément la manière de perdre son temps & ses recherches, la plus triste & la plus stérile.

On ne fera pas ce reproche à l'histoire de la Ligue de Cambrai, l'un des meilleurs morceaux d'histoire moderne qu'il y ait dans notre langue, ouvrage où l'érudition instruit toujours, où la narration attache toujours, où la politique est rendue sensible dans tous ses intérêts, suivie dans tous ses détours, & réduite à sa juste valeur par une philosophie supérieure. Ce livre devient rare, & on devroit bien le réimprimer.

On a enfin de l'abbé *du Bos* un écrit politique & polémique, qui a paru au commencement de la guerre de la succession d'Espagne, sous ce titre: *Les intérêts de l'Angleterre mal entendus dans la guerre présente*. L'auteur prédit aux Anglois dans cet ouvrage, que leurs colonies se sépareront de la métropole. Voilà quel étoit l'abbé *du Bos*, considéré comme homme de lettres; il étoit d'ailleurs homme d'état, & on s'en apperçoit à ses ouvrages, surtout à son *Histoire de la Ligue de Cambrai*. Il travailla dans les bureaux des affaires étrangères sous M. de Torcy; il fut chargé d'affaires importantes dans diverses cours, en Italie, en Allemagne, en Hollande, en Angleterre; il eut part aux traités d'Utrecht, de Rastad & de Bade, c'est avoir été utile à l'Europe. Il étoit né à Beauvais en 1670. Il mourut à Paris en 1742.

DU BOULAY. *Voyez* BOULAY.

DUC (FRONTON DU) (*Hist. litt. mod.*). *Fronto Ducæus*, jésuite; on lui doit une édition des œuvres de saint Jean Chrysostôme; il est aussi auteur de *Controverses contre du Plessis Mornay*. Né à Bordeaux en 1558. Il mourut à Paris en 1624, de la pierre; il en avoit une du poids de cinq onces dans la vessie.

DUC, s. m. (*Hist. mod.*), prince souverain sans titre ou sans qualité de roi. Tels sont le *duc* de Lorraine, le *duc* de Holstein, &c.

Ce mot est emprunté des Grecs modernes, qui appelloient *ducas* les personnes que les Latins nomment *dux*, comme *Constantin ducas*, *&c.*

On compte en Europe deux souverains qui portent le titre de *grand-duc*, comme le *grand-duc* de Toscane & le *grand-duc* de Moscovie, que l'on appelle à présent le *czar* ou l'*empereur* des Russies; & avant que la Lithuanie fût unie à la Pologne, on donnoit à son *duc* le titre de *grand-duc* de Lithuanie, que le roi de Pologne prend dans ses qualités. L'héritier du trône de Russie s'appelle aujourd'hui *grand-duc* de Russie. On connoît en Allemagne l'archiduc d'Autriche.

DUC, *dux*, est aussi le titre d'honneur ou de noblesse de celui qui a le premier rang après les princes.

Le duché ou la dignité de *duc* étoit une dignité romaine sous le bas empire; car auparavant le commandement des armées étoit amovible, & le gouvernement des provinces n'étoit conféré que pour un an. Ce nom vient à *ducendo*, qui conduit ou qui commande. Suivant cette idée, les premiers ducs, *duces*, étoient les *ductores exercituum*, commandans des armées; sous les derniers empereurs, les gouverneurs des provinces eurent le titre de *ducs*. Dans la suite on donna la même qualité aux gouverneurs des provinces en temps de paix.

Le premier gouverneur sous le nom de *duc*, fut un *duc* de la Marche rhétique ou du pays des Grisons, dont il est fait mention dans Cassiodore. On établit treize *ducs* dans l'empire d'Orient, & douze dans l'empire d'Occident.

En Orient.	*En Occident.*
Lybie.	Mauritanie.
Arabie.	Séquanique.
Thébaïde.	Tripolitaine.

Arménie.	Armorique.
Phénicie.	Pannonique seconde.
Moésie seconde.	Aquitanique.
Euphrate & Syrie.	Valerie.
Scythie.	Belgique seconde.
Palestine.	Pannonie première.
Dace.	Belgique première.
Osrohene.	Rhétie.
Moésie première.	Grande-Bretagne.
Mésopotamie.	

La plupart de ces *ducs* étoient, ou des généraux romains, ou des descendans des rois du pays, auxquels en ôtant le nom de *rois*, on avoit laissé une partie de l'ancienne autorité, mais sous la dépendance de l'empire.

Quand les Goths & les Vandales se répandirent dans les provinces de l'empire d'Occident, ils abolirent les dignités romaines par-tout où ils s'établirent; mais les Francs, pour plaire aux Gaulois qui avoient été long-temps accoutumés à cette forme de gouvernement, se firent un point de politique de n'y rien changer; ainsi ils divisèrent toutes les Gaules en duchés & comtés; & ils donnèrent quelquefois le nom de *ducs*, & quelquefois celui de comtes, *comites*, à ceux qu'ils en firent gouverneurs.

Cambden observe qu'en Angleterre, du temps des Saxons, les officiers & les généraux d'armées furent quelquefois appellés ducs, *duces*, sans aucune autre dénomination, selon l'ancienne manière des Romains.

Lorsque Guillaume le Conquérant vint en Angleterre, ce titre s'éteignit jusqu'au règne du roi Édouard III, qui créa *duc* de Cornouaille Edouard, qui avoit eu d'abord le nom de *prince noir*. Il érigea aussi en duché le pays de Lancastre en faveur de son quatrième fils; dans la suite on en institua plusieurs, de manière que le titre passoit à la postérité de ces *ducs*. On les créoit avec beaucoup de solemnité *per cincturam gladii cappæque, & circuli aurei in capite impositionem*. Et de-là sont venues les coutumes dont ils sont en possession, de porter la couronne & le manteau ducal sur leurs armoiries.

Quoique les François eussent retenu les noms & la forme du gouvernement des *ducs*, néanmoins, sous la seconde race de leurs rois, il n'y avoit presque point de *ducs*, mais tous les grands seigneurs étoient appellés *comtes*, *pairs* ou *barons*, excepté néanmoins les *ducs* de Bourgogne & d'Aquitaine, & un *duc* de France; dignité dont Hugues Capet lui-même porta le titre, & qui revenoit à la dignité de maire du palais ou de lieutenant général du roi. Hugues le Blanc, père de Hugues Capet, avoit été revêtu de cette dignité, qui donnoit un pouvoir presque égal à celui du souverain.

Par la foiblesse des rois, les *ducs* ou gouverneurs se firent souverains des provinces confiées à leur administration. Ce changement arriva principalement sur la fin de la seconde race, quand les grands-seigneurs commencèrent à démembrer le royaume, de manière que Hugues Capet trouva chez les François plus de compétiteurs que de sujets. Ce ne fut pas sans grande peine qu'ils parvinrent à le reconnoître pour leur maître, & à tenir de lui à titre de foi & hommage les provinces dont ils vouloient s'emparer; mais avec le temps, le droit des armes & les mariages, les provinces tant duchés que comtés qui avoient été démembrées de la couronne, y furent réunies par degrés; & alors le titre de *duc* ne fut plus donné aux gouverneurs des provinces.

Depuis ce temps-là le nom de *duc* n'a plus été qu'un simple titre de dignité, affecté à une personne & à ses hoirs mâles, sans lui donner aucun domaine, territoire ou jurisdiction sur le pays dont il est *duc*. Tous les avantages consistent dans le nom & dans la préséance qu'il donne. Ils sont créés par lettres-patentes du roi qui doivent être enregistrées à la chambre des comptes. Leur dignité est héréditaire, s'ils sont nommés *ducs* & *pairs*. Ils ont alors séance au parlement; mais non, s'ils ne sont que *ducs à brevet*.

En Angleterre, les *ducs* ne retiennent de leur ancienne splendeur que la couronne sur l'écusson de leurs armes, qui est la seule marque de leur souveraineté passée. On les crée par lettres-patentes, ceinture d'épée, manteau d'état, imposition de chapeau, couronne d'or sur la tête, & une verge d'or en leur main.

Les fils aînés des *ducs* en Angleterre sont qualifiés de *marquis*, & les plus jeunes sont appellés *lords*, en y ajoutant leur nom de baptême, comme *lord James*, *lord Thomas*, *&c.* & ils ont le rang de vicomte, quoiqu'ils ne soient pas aussi privilégiés par les loix des biens fonds.

Un *duc* en Angleterre a le titre de *grace* quand on lui écrit; on le qualifie en terme héraldique *de prince*, *le plus haut*, *le plus puissant*, *le plus noble*. Les *ducs* du sang royal sont qualifiés de *princes les plus hauts*, *les plus puissans*, *les plus illustres*.

En France, on donne quelquefois aux *ducs*, en leur écrivant, le titre de *grandeur* & de *monseigneur*, mais sans obligation; dans les actes on les appelle *très-haut & très-puissant seigneur*; en leur parlant on les appelle *monsieur le duc*.

Le nom de *duc* en Allemagne emporte avec soi une idée de souveraineté, comme dans les *ducs* de Deux-Ponts, de Wolfembutel, de Brunswik, de Saxe-Weimar, & dans les autres branches de la maison de Saxe; tous ces princes ayant des états & séance aux diètes de l'empire. Le titre de *duc* s'est aussi fort multiplié en Italie, sur-tout à Rome & dans le royaume de Naples; mais il est inconnu à Venise & à Gènes, si ce n'est pour le chef de ces républiques, en Hollande, & dans les trois royaumes du nord, savoir la Suède, le Danemark & la Pologne; car dans celui-ci le titre de *grand-duc* de Lithuanie est inséparable de la couronne, aussi-bien qu'en Moscovie.

Duc-duc, est une qualité que l'on donne en Espagne à un grand de la maison de Sylva, à cause qu'il a plusieurs duchés, réunissant en sa personne deux maisons considérables. Don Rodrigo de Sylva, fils aîné de don Rui Gomez de Sylva, & héritier de ses duchés & principautés, épousa la fille aînée du *duc* de l'Infantado; en vertu de ce mariage, le *duc* actuel de Pastrana qui en est issu, & qui est petit-fils de don Rodrigo de Sylva, a ajouté à ses autres grands titres celui de *duc-duc*, pour se distinguer des autres *ducs*, dont quelques-uns peuvent posséder plusieurs duchés, mais aucuns d'aussi considérables, ni des titres de familles si éminens. *Chambers.* (*G*)

DUCAL, adj. il est aussi quelquefois substantif. (*Hist. mod.*). Les lettres-patentes accordées par le sénat de Venise sont appellées *ducales*, on donne aussi le même nom aux lettres écrites aux princes étrangers au nom du sénat.

Le nom *ducal* vient de ce qu'au commencement de ces patentes, le nom du duc ou doge étoit écrit en capitales: N.... *Dei gratiâ dux Venetiarum*, &c.

La datte des lettres *ducales* est ordinairement en latin, mais le corps de la patente est en italien.

Un courier fut dépêché avec un *ducal* à l'empereur, pour lui rendre graces de ce qu'il avoit renouvellé le traité d'alliance de 1716 contre les Turcs, avec la république de Venise. *Chambers.* (*G*)

DUCAL se dit aussi de tout ce qui appartient à un duc & caractérise sa dignité; ainsi l'on dit le palais *ducal*, un manteau *ducal*, la couronne *ducale*. Le manteau *ducal* est de drap d'or fourré d'hermine, chargé du blason des armoiries du duc. La couronne *ducale* est un cercle d'or, garni de pointes perpendiculaires, surmontées de fleurons, de feuilles d'ache ou de persil, & elle est ouverte, à moins qu'ils ne soient souverains. (*G*)

DU CANGE. *Voyez* FRESNE (du).

DUCAS (*Hist. du Bas-Empire*), maison impériale de Constantinople. *Voyez* ALEXIS V, dit *Murtzulphe*.

De cette même maison étoit Jean III (*Ducas-Vatace.*), empereur grec à Nicée, d'où il faisoit la guerre aux Latins qui occupoient alors le trône de Constantinople, il remporta sur eux plusieurs avantages, & resserra considérablement leur domination; il mérite moins cependant de vivre dans la mémoire par ses exploits guerriers que par sa tendresse pour ses peuples, par son éloignement raisonné pour le luxe & pour le faste; il disoit que les *dépenses d'un monarque étoient le sang de ses sujets, & qu'il n'avoit droit d'employer que pour eux l'argent qu'il recevoit d'eux.* Il mourut en 1255.

Michel DUCAS, historien grec, a écrit l'histoire de l'Empire grec, depuis le règne du vieil Andronic jusqu'à la ruine de cet Empire; il avoit vu la plupart des faits qu'il rapporte. Son ouvrage a été imprimé au Louvre par les soins d'Ismaël Bouilland en 1649. Le président Cousin l'a traduit en françois; il termine le huitième volume de son histoire de Constantinople.

DUCASSE (FRANÇOIS) (*Hist. litt. mod.*), official de Carcassonne, puis de Condom, savant canoniste, auteur de deux traités estimés, l'un *de la Jurisdiction ecclésiastique contentieuse*, l'autre *de la Jurisdiction volontaire.* Mort en 1706.

DU CERCEAU. *Voyez* CERCEAU.

DUCHAT (JACOBLE) (*Hist. litt. mod.*), éditeur de *la Confession de Sancy* & des *Aventures du baron de Fæneste*, de Théodore Agrippa d'Aubigné; de la satyre Menippée; des œuvres de Rabelais; du vieux livre intitulé: *les Quinze joies du mariage*; de l'apologie pour Hérodote de Henri Etienne. Il s'est fait un nom dans les lettres, par ses éditions; il étoit en commerce de lettres avec Bayle, auquel il a fourni plusieurs remarques. On a publié après sa mort, en 1735, un *ducatiana*. Le *Duchat* étoit un réfugié, retiré à Berlin à la révocation de l'édit de Nantes.

DUCHÉ (JOSEPH-FRANÇOIS) (*Hist. litt. mod.*), successeur de Racine, dans l'emploi très-important alors, de composer des poésies sacrées pour la maison de Saint-Cyr. *Jonathas*, *Absalon* & *Débora*, ne valent pas, sans doute, *Esther* & *Athalie*. Les *Hymnes*, les *cantiques sacrés* de *Duché* ne valent pas non plus les chœurs des deux pièces de Racine, & les histoires édifiantes du premier qu'on lisoit avec tant de plaisir à Saint-Cyr, peuvent ne pas valoir l'histoire de Port-Royal, que sans doute on n'y lisoit pas. *Duché* n'étoit pourtant pas indigne d'être le successeur de Racine, puisqu'il falloit qu'il en eût un, ni l'ami de Rousseau, qui lui adresse une de ses odes, dans laquelle il lui dit:

> Un sublime essor te ramène
> A la cour des sœurs d'Apollon;
> Et bientôt avec Melpomène,
> Tu vas d'un nouveau phénomène
> Eclairer le sacré vallon.

Ce nouveau phénomène étoit *Délora*, qui n'est point un phénomène; mais *Duché* a des opéras estimés, & la reconnoissance d'Iphigénie & d'Oreste dans son *Iphigénie en Tauride*, est non-seulement la plus belle des scènes lyriques françoises, mais une des plus belles scènes dramatiques qu'il y ait dans notre langue. C'est un de ces morceaux que tous les amateurs de la poësie savent par cœur comme les plus belles scènes de Racine. Quand madame de Maintenon attacha *Duché* à Saint-Cyr, elle le recommanda si fortement à M. de Pontchartrain, alors contrôleur général, que ce ministre comprit qu'il avoit plus besoin de servir *Duché* pour faire sa cour, que *Duché* n'avoit besoin de lui; il le prévint & alla le voir, excès d'attention qui donna un moment d'inquiétude à celui qui la recevoit; il craignit que quelque délation calomnieuse ne lui attirât cette visite inattendue d'un ministre; il fut bientôt rassuré par les discours de M. de Pontchartrain. *Duché*, uniquement connu par des ouvrages de bel-esprit & de sentiment, fut de l'académie des belles-lettres: c'est que Racine en avoit été, c'est que Boileau en étoit, c'est que ce corps n'est pas seulement l'académie des inscriptions, mais encore celle des belles-lettres; c'est que ceux qui pourroient vouloir en exclure les talens agréables, plus utiles qu'on ne pense, seroient le renard de la fable, qui dédaigne les raisins où il ne peut atteindre:

Ils sont trop verds, dit-il, & bons pour des goujats.

Ou cet autre renard qui a la queue coupée, & qui veut persuader aux autres renards de se faire couper la leur.

Mais tournez-vous de grace, & l'on vous répondra.

Duché, né à Paris en 1668, mourut en 1704. Il étoit fils d'un gentilhomme ordinaire du roi.

DU CHEMIN (ANDRÉ) (*Hist. du théat. fr.*), nom d'un acteur comique célèbre qu'on entend encore regretter tous les jours, comme un modèle parfait de naturel & de vérité.

DUCHESNE (ANDRÉ & FRANÇOIS) (*Hist. litt. mod.*), père & fils; le père est le plus célèbre; c'est de tous nos auteurs, celui qui a traité le plus savamment la partie qui concerne les généalogies françoises; il est sur-tout très-connu par sa collection des historiens de France, dont les quatre premiers volumes sont de lui, & le cinquième, de *François*, son fils, qui fit achever l'impression des deux précédens. Cette collection, qui est encore nécessaire, sera rendue inutile un jour par la grande collection des historiens de France, commencée par les bénédictins. On a encore d'*André du Chesne* une *Histoire d'Angleterre*, une *Histoire des papes*, une *Histoire des cardinaux françois*; celle-ci a encore été achevée par son fils. Une histoire des chanceliers & gardes des sceaux de France, qu'il avoit laissée en manuscrit, & que son fils a fait imprimer. On doit aussi à *André Duchesne* l'édition des œuvres d'Abailard, d'Etienne Pasquier, &c. Ce malheureux, allant à une maison de campagne qu'il avoit à Verrières, fut écrasé par une charrette le 30 mai 1640. Il étoit né aussi au mois de mai 1584, à l'isle Bouchard en Touraine.

Un autre DUCHESNE (Joseph), en latin, *Quercetanus*, comme les précédens, sieur de la Violette, conseiller & médecin du roi, se rendit célèbre dans la chymie; aussi Guy Patin, grand ennemi de la chymie & des chymistes, l'a-t-il fort maltraité. « En 1609, dit-il, il mourut ici un méchant » pendart & Charlatan, qui en a bien tué pen» dant sa vie & après sa mort, par les malheu» reux écrits qu'il nous a laissés sous son nom, qu'il » a fait faire par d'autres médecins chymistes, de » çà & delà. C'est *Josephus Quercetanus* qui se faisoit » nommer à Paris, le sieur de la Violette. Il étoit » un grand ivrogne & un franc ignorant, qui ne » savoit rien en latin, & qui n'étant de son premier » métier que garçon chirurgien du pays d'Arma» gnac, qui est un pauvre pays, maudit & malheu» reux, passa à Paris, & particulièrement à la » cour, pour un grand médecin, parce qu'il avoit » appris quelque chose de la chymie, en Alle» magne. Le meilleur chymiste, c'est-à-dire, le » moins méchant, n'a guères fait de bien au monde, » & celui-là y a fait beaucoup de mal. »

DUCLOS (MARIE-ANNE) (*Hist. du théat. fr.*), qu'un de ces hommes du bel-air, dont parle Dorante dans *la critique de l'école des femmes*, regardant le parterre, tantôt avec pitié, tantôt avec dépit, s'écrie à chaque éclat de rire: *ris donc, parterre, ris donc*, c'est sans doute un ridicule digne du pinceau de Molière; mais qu'une grande actrice, jouant le rôle d'Inès, se pénétrant de l'esprit de son rôle & du pathétique de la situation, dise à ceux qui, par bêtise, tâchent de rire au moment où on amène les enfans: *ris donc, sot parterre, dans un moment comme celui-ci*, ce peut être l'indignation du génie tragique, qui s'irrite avec raison de voir troubler un bel effet par une misérable bouffonnerie. Ceux qui ont cette facilité funeste de saisir dans la tragédie des rapports comiques; ceux qui, en voyant Inès de Castro, se rappellent Agnès de Chaillot; celui qui eut le malheur de crier: *la reine boit*, parce que Marianne mouroit empoisonnée, & que c'étoit la veille des rois; celui qui eut le malheur de répondre *coussy, coussy*, à cette question sublime de Vendôme dans *Adélaïde du Guesclin*: *es-tu content Coucy?* Tous ces gens-là & leurs semblables doivent s'abstenir de la tragédie & s'en tenir aux spectacles comiques. Il y a, sans doute, de l'esprit dans ces à-propos, mais cet esprit-là tue la tragédie. On peut observer en général, que le plus noble des plaisirs, celui qui élève l'ame, n'est peut-être pas aujourd'hui le plus goûté, que les François trop enclins à rire, ne portent pas assez à la tragédie les dispositions qu'elle exige; ils en sont punis par le peu d'effet qu'elle produit sur eux & le peu de plaisir qu'ils y éprouvent. On disoit, avant la Henriade : *les François n'ont pas la tête épique ;* on pourroit dire aujourd'hui : *les François n'ont plus le cœur tragique.* On peut observer encore que cet esprit de parodie, toujours prêt à travestir, à dégrader, à avilir tout ce qui est grand & noble, est toujours en proportion de la décadence des mœurs; il seroit aisé de prouver que du temps de Corneille & même de Racine, beaucoup de traits qui font rire, ou au moins sourire aujourd'hui, ne produisoient point cet effet, que l'on concevoit une familiarité noble & qu'on la respectoit, parce qu'on se respectoit soi-même.

Mais on dit que mademoiselle *Duclos* n'avoit pas un talent tragique qui lui donnât le droit de gourmander ainsi le parterre; on dit qu'elle manquoit & d'intelligence & de sensibilité, & qu'elle dut quarante ans de succés au théatre, uniquement à la beauté de sa voix. Son nom de famille étoit Château-Neuf.

DUCLOS (Charles - Dineau, sieur) (*Hist. litt. mod.*), de l'académie des inscriptions & belles-lettres, secrétaire perpétuel de l'académie françoise, historiographe de France, étoit du petit nombre de ceux qui ont encore plus d'esprit que leurs ouvrages; c'est de lui, sur-tout, qu'on a dit & qu'on a dû dire qu'il avoit reçu tout son esprit en argent comptant. Il étoit brusque; mais comme il faisoit de sa brusquerie ce qu'il vouloit, il lui commandoit souvent d'être obligeante, & cette brusquerie n'étoit nullement dépourvue de graces. Un jour, étant malade, il appella un médecin très-célèbre, qu'il ne goûtoit pas dans la société, & contre lequel il s'étoit déclaré, quoiqu'il fît grand cas de ses lumières; le médecin commença par lui dire qu'il étoit flatté de sa confiance, mais qu'il s'en étonnoit, ayant des raisons de croire qu'il ne lui étoit pas agréable. — *Cela est vrai*, répondit M. *Duclos*, *mais pardieu je ne veux pas mourir.* Il seroit difficile d'être à la fois plus franc & plus flatteur. Il avoit dans la société le coup-d'œil fin, prompt & juste; il possédoit dans un degré rare & redoutable, le talent des définitions; pour peu qu'il eût vu & entendu un homme, ou du moins (ce qui n'est pas tout-à-fait la même chose) qu'il l'eût regardé & qu'il l'eût écouté, il étoit en état de dire : *c'est cela & ce n'est que cela*; aussi disoit-il : *je ne regarde pas tout, mais ce que je regarde, je le vois.* Mais sa probité naturelle & une certaine indulgence philosophique dirigeoient sur ce point ses lumières, les renfermoient dans les bornes légitimes & ôtoient à cette sagacité tout son danger. Il défendoit courageusement ses amis, étoit zélé partisan de toute cause honnête; on lui a reproché dans ce genre un peu d'indiscrétion, ce qui venoit en partie de ce qu'on faisoit plus d'attention à ses discours & qu'on les retenoit plus aisément que ceux d'un autre. Il eut le courage de rester l'ami constant de cet éloquent & malheureux Rousseau (Jean-Jacques), que sa défiance & sa bizarrerie rendoient ennemi de tout le monde, & qui a repoussé tant de cœurs qui s'élançoient vers lui. La franchise de *Duclos* rassuroit cet homme ombrageux, qui le définissoit lui-même *un homme droit & adroit. Duclos* étoit ami de Voltaire, sans lui être dévoué; il fut son successeur dans l'emploi d'historiographe de France, lorsque M. de Voltaire parut vouloir s'établir en Prusse. On sait le mot d'un commis des finances, au sujet de Boileau & de Racine, chargés précédemment du même emploi : *nous n'avons encore vu de ces messieurs que leur signature.* Ce commis auroit voulu, sans doute, qu'ils eussent fourni chaque année un volume de flatteries. M. de Voltaire paroît adopter le mot du commis, lorsqu'il dit :

> Je me garde bien
> De ressembler à ce grand satyrique,
> De son héros discret historien,
> Qui pour écrire en style véridique,
> Fut bien payé, mais qui n'écrivit rien.

Il avoit écrit, ainsi que son collègue, si l'on en croit Racine, le fils, dans ses mémoires sur la vie de son père, & ce qu'ils avoient écrit fut remis à M. de Valincourt, qui, après la mort de Racine avoit été associé à Boileau, pour ce travail, & qui en resta seul chargé après la mort de Boileau; mais ces papiers furent malheureusement brûlés dans l'incendie qui consuma la maison de M. de Valincourt, à Saint-Cloud, en 1726. Les lettres de Racine & de Boileau, & quelques fragmens historiques de Racine, publiés par son fils, prouvent combien ces deux amis étoient occupés du travail qui leur avoit été confié en commun. Racine, le fils, ajoute que quand ils avoient écrit quelque morceau intéressant, ils alloient le lire au roi. Cette seule circonstance peut modérer les regrets que doit inspirer la perte d'un grand ouvrage de deux pareils écrivains. Louis XIV en faisant écrire son histoire par les deux plus grands poëtes de son règne, ne vouloit pas, sans doute, être flatté, mais il auroit pu l'être beaucoup sans s'en appercevoir, & sûrement il n'étoit pas jugé avec une équité sévère dans les morceaux qu'on alloit lui lire. M. de Voltaire, quoiqu'en général trop favorable au faste de Louis XIV, parce que ce faste étoit favorable aux arts, n'a cependant guère flatté dans son histoire ni Louis XIV, ni son successeur, & il n'alloit point lire à ce dernier ce qu'il écrivoit sur son règne. M. *Duclos*, en acceptant l'emploi d'historiographe, déclara hautement qu'il ne vouloit ni se perdre par la vérité, ni s'avilir par l'adulation. Si je ne puis, dit-il, parler aux contemporains, j'apprendrai aux fils ce qu'étoient leurs pères. Il a lu quelques morceaux de cette histoire, non pas au roi ni aux ministres, mais à ses amis, & ceux qui ont entendu ces morceaux, croient pouvoir assurer que quand cet ouvrage pourra paroître, on le jugera le meilleur & le plus intéressant de ceux de M. *Duclos*. Cette franchise, cet amour de la vérité, cette impartialité, cette précision d'idées & d'expressions, ce talent de voir, cet art de définir, donnent un grand intérêt à ses récits, & un grand poids à ses réflexions. Je n'ai point de coloris, disoit-il (& c'étoit se connoître lui-même), mais je serai lu. En effet il n'a point de coloris, & son ton est sec, mais il est piquant, ingénieux, précis, vif & sévère. Ces mêmes caractères se trouvoient déja dans son histoire de Louis XI, mais ils étoient moins prononcés. L'auteur étoit moins sûr de son sujet, il n'avoit vu ni les personnages dont il parloit, ni leurs pères, & il ne se les étoit pas rendu familiers par une étude assez approfondie. On sait par tradition, que M. le chancelier d'Aguesseau lisant l'histoire de Louis XI dans sa nouveauté, disoit dans de certains endroits: *ah! mon ami! qu'on voit bien que tu ne sais tout cela que d'hier au soir!* En effet, l'homme vraiment savant, quand il a de l'esprit, démêle aisément l'homme qui écrit l'histoire pour l'apprendre, & l'homme qui l'écrit *parce qu'il la sait*. M. *Duclos*, d'ailleurs, est trop favorable à Louis XI. Il ne le juge pas avec toute la sévérité de sa vertu, il fait grace à ses vices en faveur de beaucoup d'esprit & de quelques talens; son dernier résultat, que: *tout mis en balance, c'étoit un roi*, peut être attaqué. On pourroit dire aussi, que tout mis en balance, c'étoit un tyran, & même un tyran mal-adroit & malheureux. On dit qu'un grand prince étonné qu'on eût osé dire du mal d'un roi de France (car c'étoit un vieux préjugé dont nous avons vu encore quelques restes que la fidélité historique ne devoit point aller jusques-là), demandoit un jour à Mézeray pourquoi il avoit représenté Louis XI comme un tyran? La réponse de Mézeray fut courte: *pourquoi l'étoit-il?* Un autre grand prince sachant l'abbé de Choisy occupé à écrire l'histoire de Charles VI, lui demanda comment il feroit pour dire que ce roi étoit fou? — Monseigneur, je dirai qu'il étoit fou. Ces vérités précises étoient fort du goût de M. *Duclos*. Il avoit l'idée exacte & le mot propre.

Dans un autre genre, ses *Confessions du comte de* *** ont obtenu de l'estime. Mais son meilleur ouvrage & un des meilleurs peut-être dont le dix-huitième siècle puisse se glorifier, c'est le livre des considérations sur les mœurs. Il y en a peu d'aussi pensés & qui fassent autant penser le lecteur. Il a établi & détruit beaucoup d'idées; & c'est-là surtout que le talent de l'auteur, pour les définitions, paroît dans tout son éclat; il fait connoître les hommes de tous les siècles, en observant les hommes du sien. Il ne dit que ce qu'il a vu, & tout ce qu'il a vu, il le fait voir, même à des yeux qui, sans lui ne verroient point ou verroient mal; ce sont toutes vérités d'usage dont il importe d'être instruit. Le style est sur-tout recommandable par la précision & la concision, pas un mot de trop, pas un qui ne soit le mot propre; les tours ont une énergie audacieuse & sage qui satisfait l'ame & qui l'élève.

Tel étoit M. *Duclos*, soit dans le monde, soit considéré comme historiographe & comme écrivain. Dans les corps littéraires, également bon académicien & bon confrère, il a été le promoteur de plusieurs établissemens & réglemens utiles. A l'académie des belles-lettres, quoiqu'il eût donné plusieurs mémoires qui ne sont certainement pas les moindres du recueil & qui se font sur-tout remarquer par cette lumière que la philosophie répand sur l'érudition, il eut l'extrême désintéressement de renoncer à la pension où il étoit près d'arriver, & de passer à la vétérance. Il fit adopter pour les approbations, que les commissaires nommés par l'académie donnent aux ouvrages de leurs confrères une formule uniforme & invariable, dépouillée de tous ces éloges ridicules que les académiciens se donnoient les uns aux autres à raison de confraternité, & dont la mesure varioit, suivant le degré de liaison, & souvent d'après l'esprit de parti, de sorte que la louange n'avoit rien de flatteur, & que le silence devenoit offensant. Cette réforme devroit bien servir de règle pour toutes les approbations de censure, où les éloges quelquefois prodigués jusqu'au ridicule, ne font que compromettre le jugement du censeur, auquel on demande seulement si la religion, les mœurs & le gouvernement ne sont point blessés dans l'ouvrage.

A l'académie françoise, c'est M. *Duclos* qui a introduit l'usage de proposer pour sujets des prix d'éloquence l'éloge des grands hommes de la nation. En le considérant comme secrétaire perpétuel de cette compagnie, on trouvoit qu'il se mettoit trop à son aise avec le public dans les assemblées solemnelles, & qu'il ne tenoit point ces assemblées avec assez de dignité; mais quand il s'agissoit de défendre les droits & les intérêts de la compagnie, il étoit plein d'ardeur, de courage, de vivacité, d'adresse. M. *Duclos* sauva la république lorsque l'admission de M. le comte de Clermont dans la compagnie pensa y introduire des distinctions qui paroissoient inséparables du rang de prince du sang, mais qui bientôt réclamées de proche en proche en proportion des droits & des titres, auroient détruit l'égalité académique, égalité utile aux lettres & précieuse aux académiciens. Le mémoire que fit à ce sujet M. *Duclos*, est plein d'esprit, de raison, de sagesse. Il détermina M. le comte de Clermont à goûter ce plaisir nouveau pour lui de l'égalité, & à renoncer en apparence à des hommages, à des respects dont la réalité lui restoit, & étoit encore augmentée par le sacrifice qu'il en faisoit. M. *Duclos* disoit quelquefois: *je laisserai une mémoire chère aux gens de lettres*. Elle doit l'être à tous les gens de bien, car il étoit très bienfaisant,

& ceux qui lui ont reproché de n'avoir pas fait une dépense proportionnée à sa fortune, n'ont pas tenu compte de la partie la plus respectable de cette dépense, des sommes considérables qu'il faisoit distribuer tous les ans aux pauvres de Dinan, sa patrie.

Ajoutons un dernier trait à ceux par lesquels nous avons déja prouvé son impartialité. Il disoit que les hypocrites de la cour & de la ville craignoient & haïssoient les philosophes comme les voleurs de nuit haïssoient les réverbères, & d'un autre autre côté, témoin des excès que se permettoient quelquefois des gens qui usurpoient le titre de philosophes, il disoit: *Ils en feront tant, qu'à la fin ils me rendront dévot.* En effet, ce sont souvent les dévots qui font les indévots, & les indévots qui font les dévots.

M. *Duclos* étoit né en 1705; il fut reçu à l'académie des belles-lettres en 1739, à l'académie françoise en 1747. Il fut élu secrétaire perpétuel de l'académie françoise le 15 novembre 1755. En 1744 il fut nommé maire de Dinan, & en cette qualité il fut député quatre ans après aux états de la province, par le tiers-état. En 1750, il fut fait historiographe de France. En 1755, le roi lui accorda des lettres de noblesse, d'après le vœu unanime des états de Bretagne. Il mourut le 26 Mars 1772.

DUDON (*Hist. litt. mod.*), doyen de Saint-Quentin dans le onzième siècle, a écrit une histoire très-fabuleuse des premiers ducs de Normandie.

DU FAY. *Voyez* FAY (du), DU FOUR, DU FOURNY, DU FRESNE, DU FRESNOY, DU FRESNY, (tous ces noms renvoyés à l'F.)

DUGDALE (GUILLAUME), savant anglois, hérault d'armes, s'occupa beaucoup des antiquités de son pays. On a de lui le *Monasticon Anglicanum*; les *Antiquités du comté de Warwick*; l'*Histoire de l'église de S. Paul de Londres*; l'*Histoire de la noblesse d'Angleterre*; des *Mémoires historiques touchant les loix d'Angleterre, les cours de justice*, &c. Il a écrit aussi les événemens de son temps; on a de lui une *Histoire des troubles d'Angleterre, depuis 1638 jusqu'en 1659.* Né en 1605, à Shustock dans le comté de Warwick. Mort en 1686.

DU GUESCLIN. *Voyez* GUESCLIN.

DUGUET (JACQUES-JOSEPH) (*Hist. litt. mod.*), un des meilleurs écrivains jansénistes & des plus raisonnables. Sa longue vie, qui a été de près de quatre-vingt-quatre ans, lui a permis d'être l'ami du grand Arnauld, auprès duquel il passa quelque temps à Bruxelles, du P. Quesnel dont il fut toujours le défenseur, de M. Rollin, à la sollicitation duquel il composa ses *Commentaires sur l'ouvrage des six jours & sur la Génèse*, enfin de M. l'abbé Goujet qui a écrit sa vie; c'est presque avoir embrassé par ses liaisons la durée entière du jansénisme, depuis son berceau jusqu'à son tombeau. Il y a trois choses assez remarquables dans un écrivain si grave & si janséniste. La première est que son premier ouvrage fut un roman dans le goût de l'*Astrée*, qu'il n'a pas fait imprimer, parce que l'ayant montré à sa mère, elle lui reprocha cet ouvrage comme un abus de ses talens; la seconde est que ses amis même lui ont reproché de la recherche & de l'affectation dans le style; M. Arnauld, dit-on, disoit de lui: *cet homme a un clinquant qui m'éblouit les yeux*; la troisième est qu'il fut contraire aux convulsions, & qu'il n'approuva jamais l'esprit qui préside aux nouvelles ecclésiastiques. Ce fut un écrivain très-fécond & très-laborieux; la collection de ses écrits formeroit seule une bibliothèque. Ses principaux ouvrages sont: *la Conduite d'une ame chrétienne*, composée pour madame d'Aguesseau, femme du conseiller d'état, & mère du chancelier; *l'Explication de l'ouvrage des six jours*, qui forme le premier volume des commentaires dont nous avons parlé; *le Traité des scrupules; les Caractères de la charité*, sur-tout le fameux *Traité de l'éducation d'un prince* qui fut, dit-on, composé pour le fils aîné du duc de Savoie, c'est-à-dire, du roi Victor Amédée. Il y a encore de M. *Duguet* un recueil de lettres de piété & de morale, où se trouve une lettre de controverse, imprimée d'abord séparément sous le nom d'une Carmélite qui l'adressoit à une femme protestante de ses amies. M. Bossuet n'en fut pas la dupe, & dit: *il y a bien de la théologie sous la robe de cette religieuse.* Les autres ouvrages de M. *Duguet* sont pour la plupart des explications de divers livres de l'écriture sainte. Quelques uns ont été faits en société avec M. l'abbé d'Asfeld. M. *Duguet* fut persécuté pour ses opinions, obligé d'errer de retraite en retraite, sa vie toujours cachée fut toujours occupée, par conséquent pure & innocente. Voiture a dit, de la tentation de se faire moine, que c'étoit la *petite vérole de l'esprit*, parce qu'il prétendoit qu'il y avoit peu de jeunes gens à qui elle ne prît au moins une fois; on pourroit dire de la fureur de persécuter pour des opinions, qu'elle a été long-temps la petite vérole des princes & des ministres; il faut espérer qu'elle ne le sera plus, & que ce sera une maladie de moins dans le corps politique. Ce qui montre surtout l'abus de la persécution, c'est de la voir armée contre des hommes savans & vertueux, comme M. Arnauld, le P. Quesnel, M. l'abbé d'Asfeld, M. *Duguet*, &c. Ce dernier, né à Montbrison en 1649, mourut à Paris en 1733.

DU HALDE & DU HAMEL. *Voyez* à la lettre H.

DU HAN (LAURENT) (*Hist. litt. mod.*), professeur de philosophie au collège du Plessis, connu par

par son *Philosophus in utramque partem*, qui enseigne à toujours disputer & à ne jamais se rendre, livre long-temps cher aux Hibernois. Mort chanoine de Verdun vers 1730.

DUILLIUS (*Hist. rom.*). Deux hommes ont principalement rendu ce nom célèbre :

1°. DUILLIUS, tribun du peuple l'an 306 de Rome, s'honora en refusant d'être continué dans le tribunat, & en empêchant ses collègues de s'y faire continuer comme ils le desiroient, ce qui n'auroit fait que les rendre odieux, & qu'augmenter la division entre le sénat & le peuple.

2°. Le consul C. DUILLIUS, fameux pour avoir été le premier romain auquel on ait accordé les honneurs du triomphe pour une victoire navale, fameux sur-tout pour avoir rendu la Marine romaine triomphante aussi-tôt qu'elle avoit été créée, & pour avoir remporté cet avantage sur les Carthaginois, puissance accoutumée depuis long-temps à dominer sur la mer. Sa victoire & son triomphe sont de l'an de Rome 492, pendant le cours de la première guerre Punique. Il fut censeur l'an 494.

DUISBOURG (PIERRE DE) (*Hist. litt. mod.*), auteur d'une chronique de Prusse, vivoit dans le seizième siècle.

DULARD (PAUL-ALEXANDRE) (*Hist. litt. mod.*) secrétaire perpetuel de l'académie de Marseille, sa patrie, place dans laquelle il avoit succédé à M. de Chalamont de la Visclède (voyez *Visclède*) (de la), est auteur d'un poëme assez connu, *des grandeurs de Dieu dans les merveilles de la nature*, il a publié aussi en 1758, deux volumes d'œuvres diverses, où on trouve des poësies de tous les genres, à l'exception du genre dramatique, on y trouve même des poëmes épiques, & dans un de ces poëmes, intitulé *Protis* ou *la fondation de Marseille*, on remarque un morceau où le poëte imite visiblement Chapelain & lui est tout aussi visiblement inférieur. M. *Dulard* compare les Phocéens repoussés dans une sortie, mais terribles encore dans leur défaite & jusques dans leur fuite, à un lion qui cède aux efforts de plusieurs bergers réunis & qui semble les menacer encore, même en les fuyant.

Ainsi lorsque sortant des forêts de Lybie,
Un lion dans la plaine exerce sa furie,
Les pasteurs réunis, armés d'épieux, de dards,
Sur le monstre à grand bruit fondent de toutes parts.
Son courage indompté ne cède qu'avec peine.
Il marche en rugissant vers la forêt prochaine,
Honteux d'être à leurs yeux contraint de se sauver.
Dans sa fuite forcée il ose les braver.

Chapelain avoit fait la même comparaison au sujet de Talbot, ce vaillant défenseur du parti Anglois.

Tel est un grand lion, roi des monts de Cirène,
Lorsque de tout un peuple, entouré sur l'arène,
Contre sa noble vie il voit de toutes parts
Unis & conjurés les épieux & les dards;
Reconnoissant pour lui la mort inévitable,
Il résout à la mort son courage indomptable,
Il y va sans foiblesse, il y va sans effroi,
Et la devant souffrir, la veut souffrir en roi.

Ce titre de *Roi des Monts de Cirène*, donné au lion, annonce la comparaison de Chapelain avec une pompe & une fierté qui se soutiennent dans le morceau entier, & qui ne se trouvent point dans M. *Dulard*. Ces deux vers de ce poëte

Les pasteurs réunis, armés d'épieux, de dards,
Sur le monstre, à grand bruit, fondent de toutes parts.

paroissent foibles auprès de ce tour plus vif, plus serré, plus poëtique.

Il voit de toutes parts
Unis & conjurés les épieux & les dards.

Ce vers de Chapelain

Il résout à la mort son courage indomptable.

a certainement plus de force que celui-ci :

Son courage indompté ne cède qu'avec peine.

Les deux vers qui terminent le tableau de Chapelain, sont d'une noblesse que rien ne retrace dans les deux derniers vers de M. *Dulard*. Il est vrai que ceux de Chapelain expriment une action beaucoup plus noble.

Il y a de belles choses dans les odes sacrées de M. *Dulard*, sur-tout dans celles qui sont faites d'après les deux cantiques de Moïse, *cantemus domino*, &, *audite cæli quæ loquor*, il resserre cependant d'une manière trop froide & trop séche, le reproche si éloquent, si animé, que Moïse fait aux Juifs, de leur ingratitude envers Dieu. Ce morceau sublime méritoit d'être plus développé.

Generatio prava atque perversa : hæccine reddis Domino, popule stulte & insipiens ?
Numquid non ipse est pater tuus, qui possedit te, & fecit & creavit te ?
Memento dierum antiquorum : cogita generationes singulas.
Interroga patrem tuum, & annuntiabit tibi : majores tuos, & dicent tibi.

M. *Dulard* réduit tous ces grands traits à cette foible strophe.

Que de bienfaits sur toi ton Dieu daigna répandre !
Israël ! tu les as lâchement oubliés.
Ingrat, de tes aïeux interroge la cendre,
Que ces gages d'amour par eux soient publiés.

Il y a quelque poësie dans une ode sur le feu que nous distinguerons encore :

Larcin, qu'à la voûte céleste
Osa faire un mortel, hardi rival des dieux,
Élément utile & funeste,
Caché dans tous les corps, visible à tous les yeux,
Par ta chaleur douce & féconde,
Ame & conservateur du monde,
Père de mille horreurs *par tes fougueux accès* :
Le ciel te donnant l'existence,
A-t-il signalé sa vengeance,
Ou répandu sur nous le plus grand des bienfaits ?

M. *Dulard* mourut le 7 décembre 1760.

DUMAS (HILAIRE) (*Hist. litt. mod.*), docteur de Sorbonne, auteur d'une histoire des cinq propositions de Jansenius, qui a été attribuée au P. le Tellier.

DUMONT (JEAN) (*Hist. litt. mod.*), baron de Carelscroon, est principalement connu par son *corps universel diplomatique du droit des gens*. On a de lui encore des *mémoires politiques pour servir à l'intelligence de la paix de Riswik*, des *voyages en France, en Italie, en Allemagne, à Malte & en Turquie*; & des lettres historiques depuis 1652 jusqu'en 1710. Mort vers 1726.

DUNALMA, s. m. (*Histoire moderne*), fête des Turcs, qui dure sept jours & sept nuits. Ils la célèbrent à la première entrée du grand-seigneur dans une ville, ou lorsqu'on a reçu la nouvelle de quelque événement heureux & intéressant pour l'état, comme le gain d'une bataille. Ils la nomment autrement *ziné* ou *eziné*. Alors les travaux cessent. On fait des décharges d'artillerie, des salves de mousqueterie, & l'on tire des feux d'artifice. Les rues sont tapissées & jonchées de fleurs, & le peuple y fait des festins. Ricaut, *de l'empire Ottoman*, & *Chambers*. (G)

DUNOD DE CHARNAGE (FRANÇOIS IGNACE) (*Hist. litt. mod.*), professeur en droit à Besançon, y mourut en 1751 ; il est connu par son histoire des Séquanois ou *mémoire du comte de Bourgogne*, & par son *histoire de l'église, ville & diocèse de Besançon*. Il y a aussi de lui quelques traités de jurisprudence. Il tâche, dans un traité de la main-morte, de justifier les restes de servitude qui se conservoient dans cette province. Son fils, Joseph *Dunod*, avocat à Besançon, mort en 1765, a, dit-on, laissé des observations manuscrites sur les ouvrages de son père, & un Jésuite de la même famille, Pierre *Dunod*, a donné en 1697 un livre intitulé : la découverte de la ville d'*Antré* en Franche-Comté, avec des questions sur l'histoire de cette province.

DUNOIS (*Hist. de Fr.*). Louis, duc d'Orléans, frère du roi Charles VI, avoit eu de Mariette d'Enghien, femme d'Aubert de Cany, gentilhomme de Picardie, ce comte de *Dunois*, qui s'honoroit du nom de *bâtard d'Orléans*, parce qu'il l'avoit lui-même honoré par ses exploits : il fut la tige de la maison de Longueville. Ces noms de *Dunois* & de Longueville lui viennent de domaines qui lui furent donnés dans la suite pour prix de ses exploits.

La nuit du 23 au 24 novembre 1407, le duc d'Orléans, son père, sortant de chez la reine, avoit été assassiné dans la rue Barbète, par l'ordre & sous les yeux du cruel Jean, duc de Bourgogne, son cousin-germain.

Sa veuve, Valentine de Milan, qui, moins tendre que fière, souffrit patiemment sa mort, & mourut de douleur de n'avoir pu la venger, n'attendoit cette vengeance d'aucun des trois fils qu'elle laissoit de lui. Toute son espérance étoit dans le bâtard d'Orléans. Charles VII a été nommé *le roi bien servi* ; c'est sur-tout par *Dunois* qu'il a mérité ce titre. En 1427 les Anglois avoient assiégé Montargis, *Dunois* passe à travers le camp des Anglois, pénètre dans la place, & fait lever le siége, exploit doublement mémorable & parce qu'il commença la réputation de *Dunois*, & parce qu'il fut le premier succès un peu décisif des François sous le règne de Charles VII, & qu'il leur donna la première lueur d'espérance dans leur abattement, après les désastres de Crevant & de Verneuil.

Dunois fut blessé à la journée des harangs, en 1429. Il venoit pour enlever, avec un corps de quatre mille hommes, le capitaine Anglois, Fastol, qui conduisoit un grand convoi de poissons au camp des Anglois, pour le carême. Fastol se fit de ses chariots un retranchement où il se flattoit que la précipitation françoise ne manqueroit pas de vouloir l'attaquer. *Dunois* étoit trop habile pour se permettre une telle imprudence ; il rompit à coups de canon le retranchement de Fastol & commençoit à répandre la confusion dans la troupe Angloise, lorsque quelques Ecossois qui servoient dans l'armée Françoise, emportés par leur haine pour les Anglois, rompirent leurs rangs, & engageant le combat sans ordre & sans concert, rendirent Fastol vainqueur.

Dunois fut le plus grand admirateur des exploits de la Pucelle. Lorsque cette fille singulière fut reçue en triomphe dans Orléans, *Dunois* & la Hire qui l'avoient suivie de plus près dans les combats, marchoient à ses côtés.

Après le supplice de la Pucelle, & comme pour la venger, *Dunois* surprit Chartres & fit lever le siége de Lagny au duc de Bedfort. Il eut la plus grande part à la réduction de la Normandie & de la Guyenne, & ce ne fut pas sans raison que Charles VII lui donna le titre de *restaurateur de la patrie*.

Un instant de mécontentement fit entrer *Dunois* dans le complot de la *Praguerie*, un regard du roi le fit rentrer dans son devoir, & Charles VII, assisté du connétable de Richemont & du comte de *Dunois*, soumit l'ennemi domestique comme l'ennemi étranger, & força les rebelles de lui ramener son fils en implorant pour lui & pour eux la clémence du roi.

Il n'auguroit pas bien du règne de Louis XI. *Nous avons perdu notre maître*, disoit-il à la mort de Charles VII, *que chacun songe à se pourvoir*. Il contribua seul avec du Chatel aux frais des obsèques de ce Prince, (*voyez* à CHATEL l'article DE TANNEGUY DU CHATEL-LE-NEVEU).

Il entra dans la ligue du bien public contre Louis XI, & donna, par sa réputation & son expérience, un grand poids à cette ligue. Il mourut plein de gloire en 1468.

DU NOYER (*voyez* NOYER).

DUNS (JEAN DUNS) (*Hist. litt. mod.*), dit le SCOT ou L'ECOSSOIS, parce qu'il l'étoit; & surnommé le docteur subtil, soit qu'il le fût ou non, est un des héros de la scholastique; les cordeliers se piquent d'être ses disciples en théologie comme les jacobins le sont de Saint-Thomas. Il a laissé beaucoup d'écrits qu'il n'est plus question de lire. On dit qu'il avoit été enterré vivant dans une attaque d'apoplexie, malheur contre lequel on ne prend peut-être pas assez de précaution, & qu'à son réveil il s'étoit dévoré de désespoir; les cordeliers nient cette histoire, & disent que ce sont ses ennemis qui l'ont forgée, elle seroit cependant bien propre à désarmer la haine, & ses amis auroient pu l'inventer pour lui concilier la pitié.

DUNSTAN (SAINT) (*Hist. d'Anglet.*), Edwy, Roi d'Angleterre, vers le milieu du dixième siècle, Prince diffamé par les catholiques, & réhabilité par les protestans, parce qu'il fut l'ennemi de saint *Dunstan* & des moines, épousa, malgré les évêques & les moines, une Princesse du Sang Royal, nommée Elgiva, sa parente dans un degré prohibé; le jour de son couronnement il se dérobe de la sale du banquet pour aller voir cette femme. Odon, archevêque de Cantorberi & *Dunstan* qui le fut dans la suite, vont l'arracher de ses bras & le ramenent dans la sale, trait de courage, selon les catholiques, d'insolence selon les protestans, trait d'ailleurs qu'on reconnoît à peine dans les récits opposés, tant les circonstances sont différentes! Edwy exile *Dunstan*. Le clergé fait arrêter Elgiva dans le Palais du Roi, la fait marquer au visage, d'un fer rouge. Le Roi ne pouvant encore s'en détacher malgré cette difformité, le clergé la fait arrêter de nouveau, lui fait couper les jarrets, elle expira dans les tourmens; Edwy est déposé, les protestans accusent de ces violences Odon & saint *Dunstan*. Quelques catholiques, sans nier ces faits, se contentent de représenter la mort d'Elgiva & la déposition d'Edwy comme l'ouvrage de la nation, & ils ont trop l'air d'applaudir à cet ouvrage. Tout cela ressemble assez à la manière dont notre Louis le Débonnaire fut traité par son clergé.

Edgar, frère & successeur d'Edwy, fut surnommé *le Pacifique*, titre rarement mérité, les protestans observent qu'il enleva une religieuse, qu'il eut d'autres maîtresses, & que cependant il fut traité par le clergé avec beaucoup plus d'indulgence qu'Edwy, parce qu'il fut ami de *Dunstan* & des moines.

En général les protestans sont peu favorables à Saint *Dunstan*. Mais ce n'est pas à eux qu'on s'en rapporte. Il mourut en 988.

DU PERRIER, DU PERRON, *voyez* à lettre *P*.

DUPIN (LOUIS ELLIES) (*Hist. lit. mod.*) docteur de Sorbonne, principalement connu par sa bibliothèque universelle des auteurs ecclésiastiques. Cet ouvrage éprouva beaucoup de contradictions; il fut suspendu, défendu, puis toléré; l'auteur fut forcé à des rétractations & ne put obtenir, qu'avec beaucoup de peine, une permission indirecte & tacite de continuer. La liberté avec laquelle il jugeoit les anciens auteurs ecclésiastiques, étoit ce qui scandalisoit le plus. On suppose assez généralement, & sur-tout en matière de théologie, que les anciens ont subi leur jugement & qu'on n'a plus droit de les juger. Il y a peut-être quelque chose de juste dans cette idée; peut-être à une certaine distance de temps, de mœurs, d'usage, nous manque-t-il quelques-unes des données nécessaires pour asseoir un jugement certain & juste de tous points. Quoi qu'il en soit, l'entreprise de l'abbé *Dupin* méritoit certainement d'être encouragée autant qu'elle fut traversée, & c'est avec peine que nous voyons M. Bossuet à la tête de ceux qui, au lieu de s'expliquer à l'amiable avec l'auteur, comme tout savant doit en user avec un savant, employoient l'autorité pour faire supprimer son ouvrage. *Dupin* fut encore persécuté pour l'esprit de conciliation qui le portoit à tenter de réunir l'église catholique, tantôt avec les églises protestantes, tantôt avec l'église grecque; on l'a même calomnié sur ce point; on a voulu rendre sa foi suspecte; on a prétendu que dans un projet de réunion de l'église Anglicane à l'église Romaine, il sacrifioit cette dernière à la première, sur les points principaux & fondamentaux; en général, ces projets de réunion ne réussissent guère & ne peuvent guère réussir; ils ne peuvent réussir si on n'accorde rien, & on ne peut guère accorder, parce que des décisions de foi & des engagemens solemnels s'y opposent. Le projet de M. *Dupin* avoit, dit-on, l'approbation du cardinal de Noailles & du procureur général du parlement de Paris, c'étoit réunir l'autorité des deux puissances; mais le nom seul du cardinal de Noailles suffisoit alors pour décréditer le projet, au moins dans l'esprit de la cour. Le 10 février 1719, on saisit les papiers de l'abbé *Dupin*, on les apporta au palais royal, où naturellement on auroit dû avoir d'autres affaires; l'évêque de Sisteron (Lafsitau) y étoit, dit-il, lorsqu'on les apporta, & il prétend qu'on y trouva des choses bien étranges. Après avoir décrié la doctrine de l'abbé *Dupin*, on décria sa conduite, on prétendit qu'il étoit marié, & que sa femme, après sa mort, réclama ses droits matrimoniaux comme avoit fait la veuve du cardinal de Châtillon, frère de l'amiral de Coligny; on a dit aussi que M. Bossuet étoit marié. (*Voyez* l'article BOSSUET.)

Si *Dupin* fut persécuté, même sous la régence, on peut croire qu'il n'avoit pas été plus ménagé du temps de Louis XIV, il étoit du nombre des docteurs qui avoient signé ce qu'on appelle dans l'histoire du Jansénisme, *le cas de conscience* pour la distinction du fait & du droit dans l'acceptation du formulaire & dans la condamnation des cinq propositions. Il fut exilé en 1703, à Châtellerault; les exils & les lettres de cachet pour jansénisme, étoient la maladie du temps; de plus, on trouvoit entre la religion & la fortune, un rapport qui faisoit qu'on ôtoit toujours à ceux qu'on croyoit dans l'erreur, les moyens de subsister, il sembloit qu'on voulût les prendre par famine; on ôta au docteur *Dupin* une chaire qu'il avoit au collége royal, & elle ne lui fut jamais rendue. Le pape Clément XI remercia par un bref, Louis XIV, de cette injustice; il appelle dans ce bref, le docteur *Dupin*, un *homme de très-mauvaise doctrine, & coupable de plusieurs excès envers le siége apostolique.* A l'explication, ces excès se seroient peut-être réduits à des propositions anti-ultramontaines, car c'étoit là ce qui choquoit le plus les papes; & *Dupin* avoit fait un traité de la puissance ecclésiastique & temporelle, où on lui reprochoit sûrement à Rome, d'avoir été trop françois; c'étoient donc ses défenseurs & ses sujets les plus zélés que le roi sacrifioit à une puissance qui, sur cet article, étoit son ennemie. C'étoit, disoit-on, renouveller sans raison des débats fâcheux. Pourquoi, fâcheux? Rome les avoit-elle abandonnés? on ne lui faisoit aucun tort de les décider contre elle. Persistoit-elle dans ses anciennes maximes? il étoit nécessaire de les combattre.

Les ouvrages de *Dupin*, plus encore que ceux de M. du Guet (*voyez* cet article), formeroient à eux seuls une bibliothèque. Les principaux, outre ceux dont nous avons parlé, sont une *bibliotheque universelle des historiens*, conforme au plan de sa *bibliothèque ecclésiastique*, mais qui n'a point été achevée; *un abrégé de l'histoire de l'église*, une *histoire profane*, une *histoire des juifs*, d'après Basnage; un traité *de antiquâ ecclesiæ disciplinâ*, un traité historique des excommunications, & plusieurs autres ouvrages de critique ecclésiastique. Il a aussi donné des éditions d'Optat de Milève & de Gerson. Il mourut en 1719. Il avoit travaillé quelque temps au journal des savans.

DU PLEIX (SCIPION) (*Hist. litt. mod.*), historiographe de France, avoit, avant Mezeray, à peu près la même réputation qu'a aujourd'hui Mezeray & que le P. Daniel ne lui a pas enlevée comme Mezeray l'avoit enlevée à *du Pleix*. On lui a reproché d'avoir trop flatté le cardinal de Richelieu, parce qu'il étoit vivant, & d'avoir trop peu ménagé la reine Marguerite, première femme de Henri IV, parce qu'elle étoit morte; ce n'est pas qu'il l'ait calomniée, mais elle avoit été sa bienfaitrice, elle l'avoit fait maître des requêtes de son hôtel, & il n'a dissimulé aucune de ses foiblesses, qui, comme on sait, ont été nombreuses. Quel est donc en pareil cas le devoir d'un historien? c'est apparemment de ne pas écrire l'histoire de certains bienfaiteurs; en effet, on ne rencontre que des écueils de tous côtés, infidélité dans le silence, ingratitude dans un récit exact. Tacite ne nomme point les nobles que Néron fit monter sur le théatre pour de l'argent; il croit, dit-il, devoir à leurs ancêtres cette réticence; *quos fato perfunctos ne nominatim tradam, majoribus eorum tribuendum puto.* *du Pleix* avoit une raison de plus pour se taire sur les défauts de Marguerite, la reconnoissance, & il pouvoit l'alléguer. Aujourd'hui on ne fait plus de reproches à *du Pleix*, on ne le lit point. Le maréchal de Bassompierre lui avoit fait l'honneur de le critiquer.

Outre l'*histoire de France* & les *mémoires des Gaules* qui la précèdent, *du Pleix* avoit fait une *histoire Romaine*, un *cours de philosophie*, un traité *de la liberté de la langue françoise*, contre Vaugelas. Il avoit fait dans l'extrême vieillesse une compilation des libertés de l'église gallicane, & il desiroit fort de la faire imprimer. Le chancelier Seguier, auquel il demandoit un privilége pour cet ouvrage, ne l'approuvant pas, fit brûler le manuscrit en sa présence, ce qui causa tant de chagrin à ce vieillard, qu'il en mourut; il est vrai qu'il avoit quatre-vingt-quatorze ans. Il nous semble que dans l'action du chancelier Seguier, l'autorité excédoit ses droits; elle n'a que celui de permettre ou d'empêcher la publication; le manuscrit appartient à l'auteur, on n'a nul droit de l'en priver; cet abus du pouvoir seroit même en pure perte, & ne feroit qu'avertir l'auteur d'avoir deux copies.

Du Pleix étoit né à Condom en 1566, il y mourut en 1661.

Nous ne pouvons passer ici sous silence un autre *du Pleix* beaucoup plus célèbre; c'est le rival de M. de la Bourdonnaye, dans l'Inde. C'est sur ses mémoires que M. de la Bourdonnaye fut arrêté à son retour en France, & mis à la bastille; la commission établie pour le juger, le déclara *innocent*; la France, dit l'auteur du *siècle de Louis XV*, lui donnoit un autre titre, elle le nommoit son vengeur: « la commission ne lui rendoit que sa liberté, » la nation, par ses transports, lui donnoit sa récompense. Il faut avouer que dans cette affaire, la faveur populaire ne fut pas pour M. *du Pleix*. Mais par combien de services importans, d'établissemens avantageux, de progrès glorieux & utiles procurés au commerce de la France, ne répara-t-il pas cette faute! Le gouvernement seul eut tort, & il eut tort deux fois; 1°. en faisant le procès à M. de la Bourdonnaye, sur les mémoires de M. *du Pleix*. 2°. En rappellant M. *du Pleix* lui-même en 1753, sur des mémoires qui furent aussi envoyés contre lui. Il devoit n'avoir aucun égard à des mémoires venus de si loin, si difficiles à vérifier & qui pouvoient n'être que l'ouvrage de la haine & de l'envie; il devoit considérer seulement ce qu'avoient fait ces deux hommes. L'un avoit conquis Madrass, l'autre avoit sauvé Pondichéri, tous deux avoient fait respecter le nom françois dans l'Inde. On ne pouvoit trop les honorer & les récompenser tous deux, il falloit voir leurs travaux & dédaigner leurs passions. Il est vrai qu'on ne peut reprocher ni aux François ni aux Indiens de n'avoir pas assez honoré M. *du Pleix*; l'empereur du Mogol le nomma vice-roi, & il étoit devenu, par ses armes & son commerce, le protecteur des vice-rois de la côte de Coromandel. Le roi, son maître, lui envoya le cordon rouge, honneur qu'on n'avoit jamais fait en France, dit l'auteur déja cité, à un homme placé hors du service militaire, mais honneur encore au-dessous de ses services. Il est seulement fâcheux que M. de la Bourdonnaye ait perdu pour toujours sa santé à la bastille, & que M. *du Pleix* soit mort, à ce qu'on croit, du chagrin qu'il conçut de sa disgrace. Au reste, ces évènemens sont trop voisins pour le temps & bien éloignés pour les lieux; le moment n'est peut-être pas encore venu de les bien juger & de prononcer sur le mérite de ces deux hommes comparés l'un à l'autre. Ceux que leur état & leurs lumières mettoient à portée de les comparer, accordoient à M. de la Bourdonnaye les qualités qui distinguent le marin & le guerrier, & à M. *du Pleix* celles d'un prince entreprenant & politique. C'est le jugement qu'en porte un auteur Anglois qui a décrit les guerres des compagnies angloise & françoise dans l'Inde, & il paroît que c'est l'opinion établie. *Voyez* l'article BOURDONNAYE. (Bernard-François Mahé de la.)

DUPLESSIS. *Voyez* PLESSIS.

DUPRAT. (ANTOINE) (*Hist. de Fr.*), né à Issoire en Auvergne, exerça la profession d'avocat à Paris, & fut successivement lieutenant général du bailliage de Montferrand, avocat général au parlement de Toulouse, maître des requêtes, premier président au parlement de Paris, chancelier, puis cardinal, & il fut successivement ou en même temps, archevêque de Sens, évêque de Meaux, d'Alby, de Valence, de Die, de Gap, & abbé de Fleury ou Saint Benoît sur-Loire. Il dut cette fortune en partie à son mérite, en partie à la faveur de la duchesse d'Angoulême, dont il avoit fait les affaires à Cognac & dont il servoit les passions à la cour. Ce fut à la considération de cette princesse, que François I, en montant sur le trône, fit *Duprat* chancelier. La formule du serment fait entre les mains du roi par *Duprat*, est remarquable, en ce qu'elle semble fixer le degré de résistance que la justice peut & doit quelquefois apporter à l'autorité.

« Vous jurez que...... quand on vous apportera » quelque lettre à sceller, signée par le commandement du roi, si elle n'est de justice, ne la scellerez point, encore que ledit seigneur le commandât par une ou deux fois, mais viendrez par-devers icelui seigneur, & lui remontrerez tous les points par lesquels ladite lettre n'est raisonnable, & après que aura entendu lesdits points, s'il vous commande la sceller, la scellerez, & lors le péché en sera sur ledit seigneur, & non sur vous.

Le roi donna quelque temps après à *Duprat* l'hôtel de Vienne près des augustins, que Charles VIII avoit acquis.

Le génie de ce *Duprat*, justement décrié à beaucoup d'égards par la foule des historiens, ne se renfermoit point dans les bornes de la législation & de la magistrature, il embrassoit toutes les parties de l'administration, la guerre même étoit de son ressort; il traça plus d'une fois avec intelligence le plan d'une campagne, & dirigea de son cabinet les opérations des généraux.

François I voulant aller conquérir l'Italie, & ne voulant point rendre odieuse l'époque de son avènement, en rétablissant les impôts dont la suppression avoit fait bénir l'avènement de Louis XII, il fallut y suppléer par des ressources extraordinaires, aussi promptes qu'efficaces; *Duprat* fut chargé d'en trouver; celle qu'il trouva, fut d'introduire la vénalité des charges dans les parlemens même.

Les offices des jurisdictions inférieures avoient commencé à être vénaux avant Saint Louis, & continuèrent de l'être pendant son règne; c'est sur cela que se fondoit Boniface VIII, pour refuser à Philippe-le-Bel la canonisation de Saint Louis, son aïeul; on voit aussi quelques traces de vénalité, sous Louis-le-Hutin, & encore depuis. Charles VII réforma cet abus ou cet usage, qui se renouvella sous Louis XI. Charles VIII & Louis XII défendirent la vénalité de tous offices indistinctement; Louis XII ne vendit que les offices de finances, encore ne fut-ce qu'à regret & dans des besoins pressans de l'état; il révoqua même, depuis, cette vénalité. François I la rétablit & l'étendit aux offices de judicature, & ce que personne n'avoit fait encore, aux charges mêmes du parlement.

Suivant les anciens réglemens, observés plus ou moins exactement du temps des élections, les officiers du parlement ne pouvoient être reçus qu'à trente ans, qu'après un examen rigoureux qu'ils subissoient devant le parlement assemblé, & il falloit qu'ils eussent en leur faveur les quatre cinquièmes des suffrages.

La vénalité prévalut, mais on en rougissoit, on l'autorisoit & on la désavouoit; on faisoit mentir le récipiendaire à la face de la justice, on leur faisoit jurer qu'ils n'avoient rien payé pour leurs offices, ce qui a fait dire à Pasquier: *de cette belle ancienneté ne nous reste que le parjure dont nous saluons la compagnie avant que d'entrer en l'exercice de nos états*, & ce qui lui a fait faire ces deux vers:

Aspice quid speres à judice, limine in ipso
Quem non ulla Dei vox metuenda ferit,

L'usage de ce faux serment dura près d'un siècle; enfin le procureur général de la Guesle sentit qu'il falloit respecter davantage la justice & la vérité, & qu'il valoit mieux avouer un abus que de mentir solemnellement; il fit supprimer ce serment. Sébastien Chauvelin est le premier qui en ait été dispensé à sa réception dans une charge de conseiller au parlement, le 7 février 1597.

François I, dans une réponse à des remontrances du parlement, contre la vénalité, avoue que depuis qu'il est monté sur le trône, rien ne lui a fait tant de peine que d'avoir été obligé de vendre des offices de judicature, & assure qu'aussi-tôt que la paix pourra le lui permettre, son premier soin sera de les rembourser. Les ordonnances d'Orléans en 1560, de Moulins en 1566, de Blois en 1579, s'élevèrent contre la vénalité; Louis XIII déclara aux états de 1614 & 1615, que son intention étoit de la supprimer, & elle est restée, & on dit aujourd'hui que ce n'est pas un mal; on voit par la vénalité des charges, la magistrature devenue plus indépendante de la faveur des grands qui, autrefois, tâchoient de remplir les tribunaux, de leurs créatures, & qui en exigoient souvent une reconnoissance contraire au bien de la justice.

Il en est à peu près de même du concordat, qui fut aussi l'ouvrage de *Duprat*; on voit aujourd'hui le clergé soumis pour jamais, par ce décret, à l'autorité royale, & on trouve que c'est un bien; dans le temps, le clergé, le parlement, l'université, la nation entière n'y virent qu'une vénalité des bénéfices, semblable à celle des charges, qu'un trafic honteux entre un pontife avide & un jeune roi imprudent, de droits qui n'appartenoient ni à l'un ni à l'autre, un lâche sacrifice des loix du royaume fait à la fortune par un chancelier intéressé, un renversement scandaleux des libertés de l'église gallicane; le concordat ne fut enregistré que *du très-exprès commandement du roi, plusieurs fois répété, & qu'en présence d'un commissaire par lui spécialement député à cet effet.* Le parlement continua de juger conformément à la pragmatique, le roi fut obligé de lui ôter la connoissance de tous les procès concernant les bénéfices de nomination royale, & de l'attribuer au grand conseil.

Le parlement & le clergé répétèrent souvent aux successeurs de François I, que ce prince s'étoit amèrement repenti d'avoir trop cru le chancelier *Duprat* dans cette affaire & que le conseil de rétablir la pragmatique, étoit un de ceux qu'il avoit donnés en mourant à son fils. On fit long-temps des prières publiques pour l'abolition du concordat. Le célèbre Amyot, ambassadeur de Henri II, au concile de Trente, y demanda le rétablissement des élections, le cardinal de Lorraine y fit la même demande. L'ordonnance d'Orléans en 1560, sembla un moment ranimer la pragmatique sur les instances des trois états; ces instances furent renouvellées aux états de Blois, en 1576; le concile de Rouen, tenu en 1581; le concile de Reims en 1583; l'assemblée des notables à Rouen, l'an 1596; les assemblées du clergé en 1580, 1595, 1605, 1606; le parlement dans ses remontrances sur l'édit de Romorantin en 1560, & dans des remontrances présentées à Louis XIII le 21 mai 1615, tous, enfin, expriment le même vœu, c'est le cri éternel de la nation. *Le parlement*, disoit le président de Maisons, *tire toujours le plus qu'il peut vers la pragmatique.* En 1625 l'avocat général Talon regrettoit *la sainte discipline* des élections, & dans ce siècle même, le chancelier d'Aguesseau disoit encore: » la pragmatique, sanction *plus respectée & plus respectable en effet* que le concordat ». Il étoit impossible que le chancelier *Duprat* inspirât la moindre confiance dans cette affaire, il y avoit un intérêt trop sensible. Il étoit veuf & chargé d'une nombreuse famille; la faveur de la duchesse d'Angoulême, en l'élevant de la profession d'avocat, aux plus hautes dignités de la magistrature, ne l'avoit point enrichi; on ne s'enrichissoit que dans l'état ecclésiastique; mais tant que les élections auroient lieu, le chancelier ne pouvoit rien espérer; le choix des chapitres & des monastères ne tomboit ordinairement que sur leurs membres, *Duprat* n'avoit pour lui que la faveur du roi & de la duchesse, il falloit donc que la nomination des prélatures appartînt au roi. De là le concordat qui, en effet, procura au chancelier, l'accumulation des bénéfices dont nous avons parlé au commencement de cet article.

L'opposition du parlement au concordat éclata sur-tout lorsqu'il fut question des intérêts du chancelier. Ce magistrat, soit que par une sorte de pudeur il n'eût pas voulu montrer trop à découvert les motifs qui l'avoient animé dans l'affaire du concordat, soit qu'il n'eût pas autant de crédit auprès du roi qu'auprès de sa mère, n'avoit pas encore tiré du concordat un grand parti pour sa fortune; mais l'archevêché de Sens étant venu à vaquer le jour même de la bataille de Pavie & de la prise du roi, & l'abbaye de Saint-Benoît-sur-Loire, vers le même-temps, la duchesse d'Angoulême qui gouvernoit l'état, & que *Duprat* gouvernoit, lui donna ces deux prélatures. Il y eut dans cette affaire, plusieurs de ces coups d'autorité, si familiers à *Duprat*; il fit évoquer au conseil les contestations relatives à ces deux objets, il fit saisir le temporel du chapitre de Sens, parce que ce chapitre avoit fait une élection; il ôta la liberté d'en faire une aux religieux de Saint-Benoît, & mit garnison dans leur abbaye. Un huissier que le parlement y avoit envoyé, mourut des coups qu'il y reçut; un conseiller, commis pour informer de cette violence, ne fut guères plus ménagé. Le parlement s'irrita, il lança un décret de prise de corps contre ceux qui avoient le plus insolemment bravé son autorité; il convoqua les princes & les pairs, il obligea les gens du roi de donner des conclusions contre le chancelier, il le décreta lui-même d'ajournement personnel; ces débats occupèrent tout le temps de la prison du roi. Pendant cet intervalle, l'autorité de la régente fut toujours contenue, celle du chancelier toujours contrariée, celle du concordat toujours chancelante. Le roi revint, & prévenu par sa mère sur tout ce qui s'étoit passé en son absence, il blâma la conduite du parlement, cassa ses arrêts, fit rayer de ses registres tout ce qui avoit été fait contre *Duprat*, & déclara que le parlement n'avoit aucune jurisdiction sur le chancelier. Ce fut alors que par un édit présenté le 24 juillet 1527, confirmé par une déclaration du 6 septembre suivant, & dans la suite encore par un édit de Henri II du mois de septembre 1552, l'exécution du concordat fut confiée au grand-conseil. Un arrêt du conseil du 20 décembre 1527, qui prononce définitivement sur cette matière, parle d'un édit de Louis XII, qui avoit aussi ôté au parlement la connoissance des affaires concernant les évêchés & les abbayes.

Duprat devoit tout à la duchesse d'Angoulême: s'il eût été reconnoissant, il eût combattu ses fureurs; mais il n'étoit que courtisan, il les seconda; il s'unit à elle pour persécuter Lautrec, pour opprimer Semblançai, sur-tout pour désespérer le connétable de Bourbon. Il haïssoit le connétable dont la fierté imprudente prodiguoit les mépris aux favoris & aux ministres, & qui avoit refusé de vendre quelques terres que *Duprat* avoit voulu acquérir en Auvergne. *Duprat* épuisa la féconde subtilité de son esprit pour prêter des couleurs à l'injustice; il connoissoit & ne rejettoit pas les honteuses ressources de la chicane; en interprétant certaines clauses, en abusant des mots, en détournant le sens, il en fit résulter un prétendu droit de réversion de certaines terres au domaine; il parvint à mettre en avant les droits de la couronne, il fit intervenir le roi, il intéressa le zèle des magistrats à dépouiller Bourbon; il arma contre lui l'autorité des loix, l'éloquence des avocats, les foiblesses & les erreurs des juges.

Duprat, qui par l'établissement du concordat, avoit également bien servi le pape & le roi, ne fut pas moins bien traité par le pape que par le roi; il fut cardinal & légat du saint siége; il voulut s'illustrer en qualité de prélat, aussi bien qu'en qualité de ministre, & comme il ne manquoit point d'affaires, se chargeant & étant chargé de tout sous un régne fécond en grands événemens, on dit que c'est lui qui a donné lieu au proverbe: *il a autant d'affaires que le légat.*

Le premier & le plus célèbre des conciles provinciaux assemblés en France contre les protestans, fut celui que le chancelier-cardinal *Duprat* fit célébrer avec beaucoup de solemnité à Paris, du 2 février au 9 octobre 1528; il est connu sous le nom de concile de Sens, parce qu'il étoit composé des prélats de cette province, & que *Duprat* étoit archevêque de Sens, où cependant il n'alla jamais. Il crut réparer ce défaut de résidence en s'y faisant enterrer, comme il crut signaler son zèle pour la foi, par l'éclat de ce concile. Les protestans se moquèrent beaucoup de la ferveur apostolique de ce prélat très-peu apostolique, mais ce concile de Sens n'en fit pas moins des décrets très-respectables & sur la doctrine & sur la discipline, il condamna les hérétiques, mais il réforma le clergé. Nous voudrions bien ne pas trouver parmi ses décrets que.... « les relaps seront livrés sans autre » forme de procès au bras séculier; qu'ils doivent » être punis de peines temporelles, nonobstant » leur pénitence, mais que l'église leur ouvre son » sein ».

Nous voudrions que le concile ne conjurât point le roi *très-chrétien par les entrailles de la miséricorde divine*, de manquer d'entrailles pour ses enfans égarés.

Nous voudrions qu'il ne condamnât point cette proposition. « Dieu ne veut pas qu'on détruise les » hérétiques, mais qu'on les laisse se convertir ou

» attendre les châtimens du souverain juge, dont la contradictoire est : *Dieu ne veut pas qu'on laisse les hérétiques se convertir.*

Duprat avoit fort bien défendu les droits & les intérêts de la France dans cette fameuse conférence de Calais en 1521, où le chancelier de l'empereur Gattinara & le chancelier de France *Duprat* plaidoient la cause de leurs maîtres devant le cardinal Volsey.

On voit par une lettre du chancelier *Duprat* au roi, du premier septembre 1521, de combien de petites circonstances pouvoit dépendre le succès de ces grandes négociations. On y démêle aussi quelques traits de la dextérité de *Duprat*.

« Sire, le cardinal (Volsey) en allant à la messe, » tiroit peine sur sa mule, & m'a dict qu'il étoit » grevé en façon que ne pouvoit endurer le cheval. Si m'a demandé si avoye une litière, j'eusse » voulu en avoir une, & qu'il m'eust cousté deux » fois autant qu'elle pourroit valoir ; sire, vous lui » serez chose fort agréable, si votre plaisir étoit » de lui en envoyer une, *vous cognoissez le personnaige, & voyez le temps qui court, elle ne seroit pas perdue*, & d'autant que a madame (c'est ainsi » qu'on nommoit la duchesse d'Angoulême) en » grande vénération, quand le don se feroit au » nom d'elle, m'a semblé soubz correction que » n'y auroit que bien, & que l'en trouveroit meilleure, car scet que vous n'en usez point, & penseroit que seroit de celles de mad. dame. Il n'est » possible (écrivoit un homme de la suite des » plénipotentiaires françois, adjoints au chancelier) de mieux suivre le vouloir & intention » du roi que mondit sieur le chancelier a fait en » captant la grace du cardinal par bons & gracieulx » moyens, ledit cardinal lui demanda hier du vin » de France, M. le chancelier a envoyé par-tout » pour en recouvrer du bon pour lui bailler ».

Si l'on veut savoir au reste quel étoit le ton de la dispute dans ces conférences, en voici un exemple assez singulier. Le chancelier de France avoit dit qu'il consentoit de perdre la tête si on lui faisoit voir que le roi son maître eût secouru Robert de la Marck dans son expédition contre l'empereur. (*Voyez* l'article CROY *ou* CROUY.) Le chancelier de l'empereur dit : je demande la tête du chancelier de France, car j'ai ici des lettres qui prouvent la connivence de François premier avec Robert de la Marck. Vous n'aurez point ma tête, répondit *Duprat*, car j'ai ici les originaux des lettres dont vous parlez, & elles ne signifient point du tout ce que vous dites. *Quand on m'adjugeroit votre tête*, répliqua le chancelier impérial, *je n'en voudrois point, j'aimerois mieux en la place une tête de cochon, elle seroit meilleure à manger.* C'est ainsi que les deux plus grands ministres des deux plus grands monarques de l'Europe, traitoient les plus grands intérêts.

Le chancelier *Duprat*, dont les talens étoient principalement tournés du côté de l'intrigue, étoit ennemi des lettres, & voyoit d'un œil jaloux le rang que les gens de lettres distingués prenoient alors dans l'estime du public & dans la faveur du roi.

Parvenu à toutes les grandeurs où un sujet peut prétendre, il voulut, dit-on, devenir souverain, il porta ses vues jusqu'à la papauté, à la mort de Clément VII. Il fit part de ce projet au roi qu'il pria de le seconder ; le roi dédaignant de servir son ambition, proposa beaucoup d'objections, & fit entendre sur-tout qu'on ne pouvoit réussir qu'à force d'argent ; le chancelier eut la mal-adresse de lever cette difficulté, & de donner connoissance au roi des gains immenses qu'il avoit faits dans le ministère. Le roi ne dissimula point son indignation ; depuis ce temps, le chancelier qui n'avoit plus la duchesse d'Angoulême pour l'appuyer, ne fit que lutter contre sa disgrace & qu'en sauver les apparences. C'est fort mal réfuter cette histoire très-vraisemblable que de dire, comme quelques auteurs, que *Duprat* ayant alors 70 ans, ne devoit songer qu'à la retraite, comme si ce n'étoit pas l'âge où on fait les papes. Il mourut dans son château de Nantouillet le 9 juillet 1535, ayant, dit-on, l'estomac tout rongé par les vers. Aussi-tôt après sa mort, le roi fit un emprunt forcé de cent mille écus à ses héritiers qui n'eurent garde de le refuser, trop heureux de racheter à ce prix l'immense dépouille qu'il leur laissoit. C'est à cette occasion que fut faite, &, dit-on, par François Ier. lui-même, l'allusion si connue : *sat prata biberunt.*

C'est *Duprat* qu'on accuse d'avoir établi la maxime : *nulle terre sans seigneur*, maxime contraire à la liberté naturelle, odieuse à tous les citoyens, condamnée par tous les écrivains & à laquelle il est étonnant que notre jurisprudence tienne encore si fortement.

Il fit bâtir à l'Hôtel-Dieu de Paris, la salle qu'on a nommée à cause de lui, *la salle du légat. Elle sera bien grande*, dit le roi, *si elle peut contenir tous les pauvres qu'il a faits.* Le roi se condamnoit lui-même ; pourquoi les lui avoit-il laissé faire ?

Voilà tout ce qu'il importe de savoir sur ce grand auteur d'innovations, sur ce grand artisan de révolutions ; nous ajouterons seulement en faveur de ceux qui aiment les anecdotes personnelles & plus indifférentes, qu'il étoit devenu si gros qu'il fallut, dit-on, échancrer sa table pour placer son ventre, & qu'il avoit un goût qui lui fut commun avec Mecène, auquel d'ailleurs il ressembloit si peu, c'est que tous deux aimoient beaucoup la chair de l'ânon : on ajoute, peut-être parce que cela devoit être, que leurs courtisans feignoient d'avoir le même goût.

Guillaume *Duprat*, fils naturel du chancelier, évêque de Clermont, fonda le *collège de Clermont* à à Paris, pour les jésuites; c'est le collége de Louis-le-Grand, dont le nom est toujours le même, & dont la forme est si changée.

(DUPRÉ DE SAINT MAUR) (NICOLAS FRANÇOIS) (*Hist. litt. mod.*), maître des comptes, reçu en 1733 à l'académie françoise, où il a été remplacé en 1775 par M. de Malesherbes. Sa traduction du *Paradis perdu* de Milton, a procuré à ce poëme autant de succès en France qu'il en avoit eu en Angleterre, & elle est du très petit nombre des traductions qui font un grand effet. Ses autres ouvrages sont savans & utiles, c'est un *essai sur les monnoies de France*, publié en 1746. Ce sont des *recherches sur la valeur des monnoies & le prix des grains*, publiées en 1761. *C'est une table de la durée de la vie des hommes* qui se trouve dans l'histoire naturelle de M. de Buffon. L'auteur, aussi respectable par ses mœurs qu'estimable par ses écrits, tenoit déja aux lettres par M. de Valincour son proche parent, l'ami de Boileau & de Racine. Il mourut en 1775. Il étoit d'une famille très-honnête & distinguée sur-tout par la vertu.

DU PUY. *Voyez* PUY.

DURAND. (*Hist. litt. mod.*) Il y a quelques anciens théologiens connus de ce nom.

1°. Un qui écrivit contre Béranger au onzième siècle.

2°. Guillaume DURAND, évêque de Mende, dit *le spéculateur* à cause de son *speculum juris ;* mort en 1296.

3°. Guillaume DURAND, son neveu & son successeur dans l'évêché de Mende, mort en 1328; auteur d'un Traité estimé, de la manière de célébrer le concile général.

4°. DURAND DE S. POURÇAIN, dit *le docteur très-résolutif*, auteur de *Commentaires sur les quatre livres des sentences*, d'un *Traité sur l'origine des jurisdictions, &c.* évêque du Puy, évêque de Meaux; mort en 1333.

DURANT (GILLES) (*Hist. litt. mod.*), sieur *de la Bergerie*, avocat, poëte connu du temps de la Ligue. On trouve dans la Satyre Ménippée *ses vers à sa commere*, *sur le trépas de l'Asne Ligueur.* Il y eut un *Durant* rompu vif, le 16 juillet 1618, pour un libelle contre le roi; il faut qu'un libelle soit bien coupable pour mériter un pareil supplice. Quelques savans ont dit que c'étoit le *Durant* dont il s'agit ici, mais on en doute.

DURANTI (JEAN-ETIENNE) (*Hist. de Fr.*), premier président du parlement de Toulouse, nommé en 1581, assassiné en 1589, & outragé après sa mort par les Ligueurs pour son attachement à la personne, puis à la mémoire de Henri III, son bienfaiteur.

Il mourut à cinquante-cinq ans; son épitaphe ajoute:

Vive plures, viator, & feliciùs morere.

La réponse à ce dernier mot est dans ces vers de la Henriade:

Vos noms toujours fameux vivront dans la mémoire,
Et qui meurt pour ses rois, meurt toujours avec gloire.

La même épitaphe l'appelle *suæ & crimen urbis & dolor*, & lui fait dire:

Steti, dum res stetit Gallica.
Cecidi, cadente regno.

Il est l'auteur d'un livre estimé, *de ritibus ecclesiæ.*

DURAS, DURAZZO, ville & port de mer dans l'Albanie; c'est l'ancienne Dyrrachium & l'ancienne Epidamne; c'est elle qui a donné son nom à quelques princes de la maison de France, de la branche d'Anjou-Sicile, nommément à Charles *de Duras*, meurtrier de la reine Jeanne première. *Voyez* l'article ANJOU.

DURAS, DURFORT; (*Hist. de Fr.*) l'ancienne & illustre maison de *Durfort-Duras* est originaire des provinces de Guyenne & de Foix. Le nom de *Duras*, qui est très-ancien aussi dans cette maison, vient de ce qu'Arnaud *de Durfort* qui vivoit dans le treizième & le quatorzième siècle, épousa marquise de Goth ou de Gouth, fille d'Arnaud Garcie de Gouth, vicomte de Lomagne, & nièce du pape Clément V, qui lui apporta la terre de *Duras ;* Regine, sœur de marquise, épousa aussi un *Durfort* (Bernard), seigneur de Flamarins. Les *Durfort*, pendant les longues guerres entre la France & l'Angleterre, prirent le parti, tantôt de l'une, tantôt de l'autre de ces deux puissances; le roi d'Angleterre possédant la Guyenne, ils étoient ses sujets, mais ils étoient de ces sujets puissans qui choisissent leurs maîtres. Lorsque la ville de Bordeaux se rendit à Charles VII en 1451, Gaillard *de Durfort*, quatrième du nom, signa la capitulation, fit hommage au roi de France & retourna au parti anglois. Jean *de Durfort*, son fils, suivit Charles VIII en Italie, & y resta même après le départ de ce prince, pour défendre le royaume de Naples. Il eut un petit-fils tué à la bataille de Dreux en 1562; & ses deux arrière-petits fils, Jean *de Durfort*, vicomte de *Duras*, & Jacques *de Durfort*, marquis de *Duras-Rosan*, se distinguèrent par leur valeur dans le temps des guerres civiles sous Henri III & sous Henri IV. Dans M. de Thou, dans les mémoires du duc de Bouillon, & dans la vie de ce duc écrite par Marsolier, on ne rapporte pas à leur avantage l'histoire de leur fameux duel contre le vicomte de Turenne, qui fut depuis le duc de Bouillon, & contre Jean de Gontaut de Biron, baron de Salignac, qui lui servoit de second. « Quoique les deux frères fussent maillés, dit-on, ils eurent du désavantage, le vicomte permit à Rosan de se relever, & Salignac à *Duras*, de changer d'épée. Dans ce moment, neuf ou dix hommes armés fondirent sur le vicomte & le laissèrent percé de coups, cependant il n'en mourut pas, & il eut, dit-on, la générosité d'intercéder auprès de la reine-mère pour les *Duras*. Mais il est juste d'observer que Brantome, auteur contemporain, dans un traité exprès sur les duels, paroît douter que les choses se soient passées ainsi, & qu'il fonde ce doute sur la réputation d'honneur & de valeur que ces frères avoient acquise ». Ce qu'il y a de certain, c'est que Guy-Aldonce, fils du marquis de *Duras-Rosan*, épousa la fille de ce premier duc de Bouillon, sœur du second duc de ce nom, & de l'immortel Turenne. Il en eut un grand nombre d'enfans, tous diversement célèbres. 1°. Le maréchal *de Duras*, fait maréchal de France le 30 juillet 1675, après la mort du maréchal de Turenne, son oncle. C'est pour lui que le marquisat de *Duras* a été érigé en duché en 1689.

2°. Le comte de Rosan tué pendant le blocus de Paris en 1649.

3°. Le maréchal duc de Lorges, qui après la mort de ce même maréchal de Turenne, son oncle, dans l'armée duquel il étoit lieutenant-général, contribua beaucoup à sauver cette armée découragée par la perte de son chef & d'un tel chef. C'est ce maréchal de Lorges, Gui Aldonce de *Durfort*, qui a fait la branche des ducs & des comtes de Lorges; le duc de Randan, mort maréchal de Lorges, étoit son petit-fils. Ce nom de Lorges leur venoit de ce que le marquis de *Duras-Rosan*, grand-père du premier maréchal de Lorges, avoit épousé Marie ou Marguerite de Lorges Montgommeri, fille de Jacques de Lorges, second du nom, comte de Montgommeri, lequel étoit fils du fameux capitaine Lorges — Montgommeri (Gabriel), décapité en 1574, & qui avoit eu le malheur de blesser à mort Henri II dans le fameux tournoy de 1559.

4°. Le comte de Feversham, capitaine des gardes & général des armées du roi d'Angleterre Jacques II. Ce nom de Feversham lui venoit de ce qu'il avoit épousé Marie, fille de Georges Sonde, comte de Feversham, dont le titre lui fut transporté.

5°. Henri de *Durfort*, baron de Pujols, tué en Portugal.

6°. Godefroy, comte de Rosan, tué au siége de Candie, le 25 juin 1669.

7°. La célèbre mademoiselle *de Duras* qui consacra, en se faisant catholique, la victoire de Bossuet sur le ministre Claude, dans la conférence tenue le premier mars 1678, chez la comtesse de Roye, sœur de mademoiselle *de Duras*.

Le fils du premier maréchal *de Duras* fut aussi maréchal de France (en 1741.)

Et le petit-fils l'est aujourd'hui.

DURIER ou DURYER ou plutôt DU RIER ou DU RYER; (*voyez* RIER).

DUSCHAL, s. m. (*Hist. mod.*) c'est une liqueur dont on fait usage en Perse; elle ressemble à du syrop, elle en a la consistance; elle se fait avec du moût de vin, que l'on fait bouillir jusqu'à ce qu'il devienne épais: quelquefois on l'évapore jusqu'à siccité, afin de pouvoir le transporter. Quand on veut en faire usage, on le fait dissoudre dans de l'eau mêlée avec un peu de vinaigre; ce qui est, dit-on, très-propre à appaiser la soif, sur-tout dans un pays où l'usage du vin est défendu. *dictionn. de Hubner.* (*A—R*)

DU TILLET, (*voyez* TILLET) (du).

DUVAL (*Hist. mod.*), quelques personnes ont illustré ce nom.

1°. Etienne DUVAL de Mandreville ou Mondrainville, annobli en 1558, pour avoir rendu le service important d'approvisionner Metz lorsque Charles-Quint se disposoit à en faire le siége, qu'il fut obligé de lever en 1553. Le même *Duval* fonda le premier prix du Palinod, à Caen sa patrie. Mort le 19 janvier 1578.

2°. André DUVAL, sénieur de Sorbonne, doyen de la faculté de théologie, docteur Ultramontain, quoiqu'il eût été le premier pourvu de la chaire de théologie établie en 1596 par Henri IV. Il écrivit contre Richer, contre le ministre du Moulin, & continua les Vies des Saints, de Ribadéneira. Mort en 1638.

3°. Guillaume DUVAL, parent du précédent, est auteur d'une histoire du Collége royal, & de commentaires sur Aristote; Il fut doyen de médecine; & avoit introduit pendant son décanat l'usage de réciter dans les écoles des litanies des Saints & Saintes qui ont exercé la médecine.

4°. Pierre DUVAL, géographe du roi, natif d'Abbeville, auteur de plusieurs traités & cartes de géographie, aujourd'hui de peu d'usage. Mort en 1683.

5° DUVAL est aussi le nom d'un comte de Dampierre, né françois, devenu général des empereurs Matthias & Ferdinand II, & qui commanda seul ou avec le comte de Buquoy, au commencement de la guerre de trente ans en 1618 & 1619. Il fut tué d'un coup de mousquet en

1620, au moment où il appliquoit de sa main un pétard à la porte de Presbourg.

6°. DUVAL est encore le nom d'un berger de Lorraine, tout semblable au laboureur Pierre *Anich* (*voyez* cet article), & qui ayant plus de loisir que lui, avoit été plus loin dans l'astronomie, par la seule contemplation des astres, il devint bibliothécaire de l'empereur François I. On lui montra en vain les magnificences des grandes villes & leurs pompeux spectacles ; il soutint toujours qu'il n'y avoit de spectacle digne de l'homme que celui du lever & du coucher du soleil, & de la marche des astres. On vantoit beaucoup en lui la mémoire, les connoissances & l'énergie naturelle d'une éloquence inculte & sauvage. Mort depuis peu d'années.

DYCK-GRAVES, (*Hist. mod.*) c'est le nom qu'on donne en Hollande, à ceux qui sont chargés du soin des digues & écluses d'un certain district, & qui sont obligés d'en faire la visite en certains temps marqués. (*A—R.*)

DYNARQUE, DYNOSTRATE, (*voyez* par un E simple.

EADMER ou EDMER (*Hist. litt. mod.*), abbé de Saint-Albans, puis évêque de Saint-André en Ecosse, vivoit vers l'an 1120, sous le règne de Henri I, roi d'Angleterre. On a de lui une histoire de son temps; c'est par lui qu'on connoît le mieux la querelle de Guillaume le Roux & de saint Anselme, archevêque de Cantorberi; il a écrit la vie de cet archevêque & de saint Wilfrid. Dom Gerberon a fait imprimer ses œuvres avec celles de saint Anselme.

EARLDORMAN (*Hist. d'Angl.*), le premier degré de noblesse chez les Anglo-Saxons. Comme l'origine de cette dignité, de ses fonctions, & de ses prérogatives, répand un grand jour sur les premiers temps de l'histoire de la Grande-Bretagne, il n'est pas inutile d'en fixer la connoissance, qui ne se trouve dans aucun dictionnaire françois.

Ce mot, qui dans son origine ne signifie qu'un *homme âgé* ou *ancien*, vint peu à peu à désigner les personnes les plus distinguées, apparamment parce qu'on choisissoit pour exercer les plus grandes charges, ceux qu'une longue expérience en pouvoit rendre plus capables : méthode que nous ne connoissons guère. Ce n'est pas seulement parmi les Saxons que ces deux significations se trouvent confondues; on voit dans l'Ecriture-Sainte, que les anciens d'Israël, de Moab, de Madian, étoient pris parmi les principaux de ces nations. Les mots, *senator*, *sennor*, *signor*, *seigneur*, en latin, en espagnol, en italien, & en françois, signifient la même chose.

Les *ealdormans* ou *earldormans* étoient donc en Angleterre les plus considérables de la noblesse, ceux qui exerçoient les plus grandes charges, & par une suite très-naturelle, qui possédoient le plus de biens. Comme on confioit ordinairement à ceux de cet ordre les gouvernemens des provinces, au lieu de dire le *gouverneur*, on disoit l'*ancien earldorman* d'une telle province : c'est de là que peu-à-peu ce mot vint à désigner un gouverneur de province, ou même d'une seule ville.

Pendant le temps de l'heptarchie, ces charges ne duroient qu'autant de temps qu'il plaisoit au roi, qui dépossédoit les *earldormans* quand il le jugeoit à-propos, & en mettoit d'autres en leur place. Enfin ces emplois furent donnés à vie, du moins ordinairement : mais cela n'empêcha pas que ceux qui les possédoient ne pussent être destitués pour diverses causes. Il y en a des exemples sous les règnes de Canut & d'Edouard le confesseur.

Après l'établissement des Danois en Angleterre le nom d'*earldorman* se changea peu à peu en celui d'*earl*, mot danois de la même signification; ensuite les Normands voulurent introduire le titre de *comte*, qui, bien que différent dans sa premiere origine, désignoit pourtant la même dignité : mais le terme danois, *earl*, s'est conservé jusqu'à ce jour, pour signifier celui qu'en d'autres pays on appelloit *comte*.

Il y avoit plusieurs sortes d'*earldormans* : les uns n'étoient proprement que des gouverneurs de provinces; d'autres possédoient leur province en propre, comme un fief dépendant de la couronne, & qu'ils tenoient en foi & hommage; de sorte que cette province étoit toujours regardée comme membre de l'Etat. L'histoire d'Alfred-le-Grand fournit un exemple de cette derniere sorte d'*earldormans*, qui étoient fort rares en Angleterre. C'est ainsi qu'en France, vers le commencement de la troisième race de nos rois, les duchés & les comtés qui n'étoient auparavant que de simples gouvernemens, furent donnés en propriété sous la condition de l'hommage.

Les *earldormans*, ou les comtes de cette espèce, étoient honorés des titres de *reguli*, *subreguli*, *principes*; il n'est pas même sans exemple qu'on leur ait donné le titre de *rois* : quant aux autres, qui n'étoient que de simples gouverneurs, ils prenoient seulement le titre d'*earldormans* d'une telle province. Les premiers faisoient rendre la justice en leur propre nom : ils profitoient des confiscations, & s'approprioient les revenus de leur province. Les derniers rendoient eux-mêmes la justice au nom du roi, & ne retiroient que certains émolumens qui leur étoient assignés. Le comte Goodwin, quelque grand seigneur qu'il fût d'ailleurs, n'étoit que de ce second ordre.

A ces deux sortes de grands *earldormans*, on peut en ajouter une autre; savoir, de ceux qui, sans avoir de gouvernement, portoient ce titre à cause de leur naissance, & parce qu'on tiroit ordinairement les gouverneurs de leur ordre : ainsi le titre d'*earldorman* ne désignoit quelquefois qu'un homme de qualité.

Il y avoit encore des *earldormans* inférieurs dans les villes, & même dans les bourgs : mais ce n'étoient que des magistrats subalternes qui rendoient la justice au nom du roi, & qui dépendoient des grands *earldormans*. Le nom d'*alderman*, qui subsiste encore, est demeuré à ces officiers inférieurs, pendant que les premiers ont pris le titre de *earl* ou de *comte*.

La charge d'*earldorman* étoit civile, & ne donnoit aucune inspection sur les affaires qui regardoient la guerre. Il y avoit dans chaque province un *duc* qui commandoit la milice: ce nom de *duc*, pris du latin *dux*, est moderne. Les Saxons appelloient cet officier *heartogh*: celui-ci n'avoit aucun droit de se mêler des affaires civiles. Son emploi étoit entièrement différent & indépendant de celui de comte; on trouve néanmoins quelquefois dans l'histoire d'Angleterre, que tantôt le titre de *duc*, tantôt celui de *comte*, sont donnés à une même personne: mais c'est qu'alors les deux charges se trouvoient réunies dans un même sujet, comme elles le furent assez communément vers la fin de l'heptarchie. *Article de M. le chevalier* DE JAUCOURT.

EBION (*Hist. ecclés.*), disciple de Cérinthe, auteur de la secte des *Ébionites* dans le premier siècle de l'église.

EBOLI (RUY-GOMÈS DE SYLVA, prince d') (*Hist. d'Esp.*), duc de Pastrano, un des favoris de Philippe II, soit qu'il dût les bonnes graces de ce monarque à sa femme D. Anna de Mendoza y la Cerda, comme quelques-uns l'ont cru, parce qu'elle étoit aussi ambitieuse que belle, soit qu'il ne les dût qu'à lui-même.

EBON (*Hist. de Fr.*), archevêque de Reims, fils d'un serf de la Glèbe, élevé aux plus hautes dignités de l'église, par Louis le Débonnaire, s'étoit vendu à l'empereur Lothaire, fils & ennemi de Louis, parce que Lothaire étoit le plus fort: ce fut lui qui proposa dans l'assemblée de Compiègne de dégrader Louis, & de le condamner à la pénitence publique (833); lorsqu'il vit Louis le Débonnaire réhabilité & le parti de Lothaire détruit (en 834), il prit la fuite, sans oublier d'emporter les trésors de son église; il fut pris & amené à un parlement qui se tenoit pour lors à Metz (835) & où l'empereur (Louis) lui-même voulut se rendre son accusateur. *Ebon* demanda de n'être jugé que par les évêques; à ce seul mot Louis se rendit: du moins les évêques déposèrent *Ebon*, & l'obligèrent de souscrire lui-même à sa dégradation. *Ebon* se retira en Italie auprès de Lothaire. Les reproches que Thégan, corévêque de Trèves, adresse dans son histoire à ce perfide *Ebon*, ne sont pas sans éloquence, & prouvent d'ailleurs que les vrais principes sur la soumission due aux puissances, n'étoient pas même alors entièrement inconnus au clergé. Cependant *Ebon*, après la mort de Louis le Débonnaire, fut rétabli dans le siège de Reims par le jugement des évêques. Il en fut encore chassé en 853, & se retira en Allemagne, où Louis le Germanique lui donna l'évêché d'Hildesheim, fondé par Louis le Débonnaire. *Ebon* y mourut en 855.

EBRBUHARITES *ou* EBIBUHARIS, s. m. pl. (*Hist. mod.*), sorte de religieux mahométans; ainsi nommés d'Ebrbuhar ou Ebibuhar leur chef. Ils sont grands contemplatifs, & passent presque toute leur vie dans leurs cellules à se rendre dignes de la gloire céleste, par un grand détachement des biens du monde, & par des mœurs fort austères. La pureté de leur ame leur rend, disent-ils, le saint lieu de la Mecque aussi présent dans leur cellule, que s'ils en faisoient réellement le pélerinage, dont ils se dispensent sous ce prétexte; ce qui les fait regarder comme des hérétiques par les autres Musulmans, chez qui le voyage de la Mecque est un des principaux moyens de salut. Ricaut, *de l'Empire Ottom.* (*G*)

EBROIN (*Hist. de Fr.*), maire du palais sous les fils de Clovis II & de Sainte-Bathilde, guerrier violent, ministre perfide, despote cruel, en faveur duquel, malgré les éloges qui lui ont été prodigués par quelques écrivains de son parti, nous ne trouvons qu'une chose à dire, c'est que saint Ouen fut son ami. Mais il persécuta d'autres Saints; & ce n'est pas sans quelque peine qu'on voit les Saints même entraînés par les intérêts du siècle, se réunir trop peu pour l'intérêt public. Dans la moitié des vies des Saints, principaux monumens historiques de ces temps, on trouve *Ebroin* scandaleusement exalté comme un héros, & dans l'autre moitié, justement décrié comme un méchant; une nouvelle église fondée, une ancienne église négligée, décidoient trop alors de la louange & du blâme. On ne peut refuser à *Ebroin* ce qu'on appelloit alors du talent, c'est-à-dire, quelque science dans l'art de nuire, une activité redoutable, une valeur toujours funeste, le secret de faire tomber ses ennemis dans des piéges grossiers qui, selon l'usage, finirent par se tourner contre lui. *Voyez* à l'article BATHILDE, ses cabales contre cette pieuse reine.

Lorsque par la retraite de sainte Bathilde à Chelles, *Ebroin* se vit le maître des affaires, son masque tomba, ses vices éclatèrent, son gouvernement fut un tissu d'injustices & de violences; rien ne pouvoit assouvir son avarice; les biens, la vie même des plus grands seigneurs n'étoient pas en sûreté. L'assassinat de Sigebrand (*voyez* l'article BATHILDE) l'avoit délivré d'un rival d'ambition, vicieux comme lui; il retrouva dans S. Léger un nouveau rival, d'autant plus redoutable qu'il étoit vertueux.

Clotaire III étant mort sans enfans en 668, *Ebroin* voulut créer un roi qui n'eût obligation qu'à lui de la couronne, & qui ne pût la conserver que par lui: il fit proclamer Thierry, frère de Clotaire, de son autorité particulière, & sans consulter les grands; l'évêque d'Autun les rassemble & les soulève contre *Ebroin*; ils vont chercher en Austrasie Childéric, frère aîné de Thierry, & réunissent toute la France sous sa domination. *Ebroin*, abandonné de tout le monde, n'a plus pour refuge qu'un autel; on lui laissa la vie pour qu'il fût plus long-temps & plus rigoureusement puni; on le tondit, on le fit moine dans le monastère de Luxeuil, on espéra qu'il mourroit lentement dans le désespoir de l'ambition trompée & de l'orgueil humilié.

S. Léger avoit une inflexibilité de caractère qui plaît rarement aux rois, & qui déplaît toujours aux courtisans. Il tomba dans la disgrace de Childéric; on osa l'accuser de conspiration contre la personne du roi; effrayé de cette calomnie, il prit la fuite, sans considérer que cette démarche sembloit déposer contre lui, on courut après lui, il fut ramené, on l'enferma dans l'abbaye de Luxeuil avec *Ebroin* son ennemi. « Le loup & la brebis, dit Mezerai, vécurent ensemble sous un même toit ». Ils se réconcilièrent, c'est-à-dire, que S. Léger pardonna au cruel *Ebroin* tous ses crimes; mais *Ebroin* ne pardonna pas de même à S. Léger ses vertus.

Childéric, privé des conseils de ce saint évêque, se livra tout entier à ses vices, il fut assassiné en 673. Thierry régna seul, ayant pour maire Leudésie, fils d'Erchinoalde, *Ebroin* & S. Léger sortirent de leur cloître. Aussi-tôt qu'ils furent rentrés dans le siècle, la trêve qu'ils avoient faite fut rompue, & l'on vit recommencer ce combat éternel du vice & de la vertu. *Ebroin* vouloit règner, à quelque prix, à quelque titre que ce pût être; S. Léger vouloit préserver la nation du malheur d'être gouvernée par un tel homme. Ils se rencontrèrent en pleine campagne, & S. Léger alloit être immolé par son furieux rival, si S. Genès archevêque de Lyon, ne fût survenu à propos avec une troupe de gens armés, à laquelle *Ebroin* n'étoit pas pour lors en état de résister. *Ebroin* fut froidement accueilli de Thierry, ce prince savoit qu'il ne l'avoit fait roi autrefois de sa seule autorité que pour ses seuls intérêts. *Ebroin*, n'ayant pu se faire aimer de son maître, résolut de s'en faire craindre, il rassemble tous les gens perdus de dettes & de crimes, & dont il étoit digne d'être le chef, il poursuit de ville en ville Thierry & Leudésie, son maire. Ne pouvant les forcer dans un poste où ils s'étoient établis, il parle de paix, & demande à Leudésie une conférence. Leudésie oublie que c'est *Ebroin* qui la propose, il s'empresse de l'accepter; l'entrevue n'étoit qu'un piége: Leudésie, en voulant s'y rendre, est assassiné sur la route; ce crime révolta, il détacha des intérêts d'*Ebroin* ceux qui revenoient à lui dans la seule espérance que le malheur l'auroit corigé.

Ebroin, abandonné des grands, ne s'abandonna point; il montra au peuple un fantôme qu'il appella Clovis, & qu'il dit être fils de Clotaire III. L'amour de la nouveauté entraîna la multitude vers cet enfant, dont on n'avoit jamais entendu parler; c'étoit sur ce goût de la nouveauté, si naturel chez un peuple malheureux qu'*Ebroin* avoit compté.

Saint Léger étoit le plus grand obstacle à ses desseins; il le fait assiéger dans Autun. Le vertueux prélat ne voulut pas que son troupeau périt pour lui, & que la ville fût saccagée à son occasion: après avoir soutenu avec courage un assaut, il se remit généreusement entre les mains de ses ennemis, avec tous les trésors qui pouvoient tenter leur cupidité. Ce procédé noble ne les désarma point, on creva les yeux à S. Léger, & on l'égara loin de tout secours humain, dans une vaste forêt où l'on vouloit qu'il pérît de misère. Un des lieutenans d'*Ebroin* l'en tira par pitié, & le mit en lieu de sûreté.

La terreur saisit les esprits, quand on vit S. Léger lui-même ainsi accablé. On ne trouva plus d'autre moyen de terminer les troubles, que d'offrir la mairie à *Ebroin*: alors son fantôme lui devenant inutile, il le fit rentrer dans le néant d'où il l'avoit tiré, & prit les rênes du gouvernement sous Thierry. Parvenu à l'objet de son ambition, il parut ne vivre que pour la vengeance, & tout y servit de prétexte. Ceux qui avoient mis Thierry sur le trône, étoient, selon *Ebroin*, évidemment complices de l'assassinat de Childéric. Ceux qui avoient poursuivi la vengeance de la mort de Childéric, s'étoient, en cela même, montrés contraires au gouvernement de Thierry; les ennemis d'*Ebroin* ne pouvoient échapper à l'une ou à l'autre de ces deux accusations contraires de lèse-majesté; on peut croire que leurs confiscations tournoient au profit d'*Ebroin* & de ses amis. Saint Léger, dont *Ebroin* avoit découvert la retraite, subit (en 678) son second martyre: on lui coupa les lèvres & la langue, & deux ans après on acheva de lui ôter la vie; le comte Guerin, frère de Léger, avoit été lapidé. Les Neustriens accablés du joug affreux d'*Ebroin*, s'enfuyoient, les uns en Aquitaine, les autres en Austrasie. L'Aquitaine, à l'occasion de ces troubles, se détacha de plus en plus de la France. L'Austrasie, avertie par le malheur de la Neustrie, refusa constamment de reconnoître *Ebroin* pour maire; elle en créa deux sous le titre de ducs ou princes: c'étoient Martin & Pepin, tous deux petits-fils de S. Arnoul, & enfans de deux frères. L'ardent *Ebroin* courut les combattre & les vainquit; Pepin prit la fuite, Martin s'enferma dans la ville de Laon, réputée alors imprenable; *Ebroin*, qui abusoit de tout, lui envoya deux saints évêques, Egibert, évêque de Paris, & Rieul, évêque de Reims, qui lui promirent avec serment & sous leur garantie personnelle, la vie & la liberté, s'il vouloit introduire *Ebroin* dans la place. *Ebroin*, en y entrant, ne manqua pas de faire assassiner Martin: la vertu des deux prélats & la scélératesse d'*Ebroin*, doivent persuader qu'ils furent trompés dans cette occasion.

Ebroïn, pour prix de tant d'assassinats, fut assassiné lui-même, en 682, par un de ceux qu'il avoit opprimés.

ECCARD (JEAN-GEORGES) *ou* ECKARD (*Hist. litt. mod.*). « Le savant M. *Eckard*, dit M. de » Fontenelle, qui avoit vécu dix-neuf ans avec » Leibnitz, qui l'avoit aidé dans tous ses travaux » historiques, & que le roi d'Angleterre a choisi » en dernier lieu pour être historiographe de sa » maison, & son bibliothécaire à Hanovre, prit » soin de faire à son ami une sépulture très-hono» rable, ou plutôt une pompe funèbre. Toute la » cour y fut invitée, & personne n'y parut. » M. *Eckard* dit qu'il en fut fort étonné; cepen» dant les courtisans ne firent que ce qu'ils de» voient: le mort ne laissoit après lui personne » qu'ils eussent à considérer, & ils n'eussent » rendu ce dernier devoir qu'au mérite ».

Ce titre de fidèle ami de Leibnitz, & pendant la vie & à la mort, suffiroit pour illustrer *Eckard*; il est d'ailleurs illustre parmi tous les savans d'Allemagne par des ouvrages pleins d'érudition & de méthode. Les principaux sont: *Leges Francorum & Ripuariorum*; *Origines Austriacæ*; *Corpus historicum medii ævi, à temporibus Caroli Magni imperatoris ad finem sæculi 15*; *Historia Franciæ orientalis*; *De origine Germanorum libri duo*; *Historia studii etymologici Linguæ Germanicæ*, &c. *Eckard* se fit catholique en 1724, l'empereur l'anoblit; il mourut en 1750 à Wurtzbourg, où il remplissoit avec une distinction singulière les places de conseiller épiscopal, d'historiographe, d'archiviste & de bibliothécaire; il étoit né en 1674, dans le duché de Brunswick.

ECEBOLE (*Hist. rom.*), sophiste, rhéteur, maître de l'empereur Julien, chrétien sous Constance, payen sous Julien, pénitent sous ses successeurs.

ECHAFAUD s. m. (*Hist. mod.*), assemblage de bois de charpente élevé en amphithéatre, qui sert à placer commodément ceux qui assistent à quelque cérémonie.

Ce mot vient de l'allemand *schawhaus*, échafaud, composé de *schwaen*, regarder & de *haus*, maison: Guyet le dérive de l'italien *catafalco*, qui signifie la même chose: Ducange le fait venir du latin *echafaudus*, de la basse latinité, qui veut dire un *tribunal* ou un *pupitre*: d'autres disent qu'il vient de *cata*, machine de bois qui servoit à porter de la terre pour remplir des fossés, lorsque l'on vouloit donner un assaut; de-là les Italiens ont formé *catafalco*, les Anglois *scaffold*; & les François *échafaud*. *Dictionn. de Trév. Etymol.* & *Chambers*. (A, R.)

ECHANSON (GRAND), s. m. *Hist. mod.* Cet officier se trouve & a rang aux grandes cérémonies, comme à celle du sacre du roi, aux entrées des rois & reines, aux grands repas de cérémonie, & à la cour le jeudi-saint, de même que le grand pannetier & le premier écuyer tranchant.

Les fonctions que remplissent ces trois officiers dans ces jours de marque, sont celles que font journellement les gentilshommes servans; mais ces derniers ne dépendent ni ne relèvent des premiers.

Le *grand-échanson* a succédé au bouteiller de France, qui étoit l'un des grands officiers de la couronne & de la maison du roi.

Hugues, bouteiller de France en 1060, signa à la cérémonie de la fondation du prieuré de S. Martin des Champs à Paris; & un Adam, en qualité d'*échanson*, signa en 1067 à la cérémonie de la dédicace de cette même église. Il y avoit un *échanson* de France en 1288, & un maître *échanson* du roi en 1304, dans le même tems qu'il y avoit des bouteillers de France. Erard de Montmorency *échanson* de France, le fut depuis 1309 jusqu'en 1323, de même que Gilles de Soyecourt en 1329, & Briant de Montejean depuis 1346 jusqu'en 1351, quoiqu'il y eût aussi alors des bouteillers de France. Jean de Châlons III. du nom, comte d'Auxerre & de Tonnerre, est le premier qui ait porté le titre de *grand-bouteiller de France*: il l'étoit en 1350 au sacre du roi Jean. Il continua d'y avoir des *échansons*; & Guy, seigneur de Cousan prenoit la qualité de *grand-échanson de France* en 1385, Enguerrand sire de Coucy étant en même tems grand-Bouteiller. En 1419 & 1421 il y avoit deux *grands échansons* & un grand-bouteiller; mais depuis Antoine Dulau seigneur de Châteauneuf, qui vivoit en 1483, revêtu de la charge de grand-bouteiller, il n'est plus parlé de cet office, mais seulement de celui de *grand-échanson*. (G)

ECHANSONNERIE, s. f. (*Hist. mod.*) lieu où s'assemblent les officiers qui ont soin de la boisson du roi, & où elle se garde. Il y a l'*échansonnerie*-bouche, & l'*échansonnerie* du commun: la première fait partie de l'office qu'on appelle le *gobelet*; elle a son chef qu'on appelle aussi *chef de gobelet*.

ECHARD (*Hist. litt. mod.*). Ce nom est celui de deux hommes diversement connus dans les lettres.

1°. Jacques, dominicain, auteur d'une bibliothèque des écrivains de son ordre. Né à Rouen en 1644. Mort à Paris en 1624.

2°. Laurent, fameux historien anglois, connu principalement en France par son Histoire romaine, traduite en françois par Larroque, dont l'abbé Desfontaines a retouché le style, & continuée par l'abbé Guyon. Il y a aussi de Laurent *Echard* une histoire d'Angleterre jusqu'à la mort de Jacques I, & une histoire générale de l'église, avec des tables chronologiques. Il a encore traduit en anglois les comédies de Plaute & celles de Terence.

ECCHELLENSIS (ABRAHAM) (*Hist. litt. mod.*). M. de Brèves, ambassadeur à la Porte, avoit amené en France en 1614 un savant maronite, nommé Gabriel Sionita, dont M. le Jai se servit pour l'édition de sa fameuse bible polyglotte. Gabriel Sionita fit venir, pour le même sujet à Paris, son confrère Abraham *Ecchellensis*, maronite très-savant dans les langues syriaque & arabe. Ces deux maronites se brouillèrent dans la suite, & s'entre-diffamèrent par leurs écrits. Cette querelle forma un incident dans la dispute de MM. Arnauld & Nicole, contre le ministre Claude, sur le livre de la Perpétuité de la Foi. M. Arnauld avoit tiré des notes d'Abraham *Ecchellensis*, ce qu'il avoit écrit touchant la foi des Melchites. Le ministre Claude, pour décréditer le témoignage d'*Ecchellensis*, employoit ce qui avoit été allégué contre lui par Gabriel Sionita; par-là le degré de confiance qui pouvoit être dû aux passages cités par Abraham *Ecchellensis*, devint l'objet d'une question importante entre les catholiques & les calvinistes.

De cette querelle d'*Ecchellensis* avec Sionita, naquit une autre querelle fort singulière, que Chevillier rapporte dans son origine de l'imprimerie. Valérien de Flavigny, professeur en hébreu au collége royal, & qui avoit travaillé aussi à la Polyglotte de le Jai, écrivit contre quelques-unes des parties qu'il n'avoit point faites, sur-tout contre celles d'*Ecchellensis*; il trouva celui-ci bien sévère à l'égard de Sionita, auquel il reprochoit durement quelques fautes laissées par ce maronite dans les livres arabes & syriaques qu'il avoit fait imprimer dans la Polyglotte; Flavigny prétendoit qu'on en trouvoit beaucoup davantage dans les parties exécutées par *Ecchellensis*, & comme il s'agissoit de bible, il lui appliquoit assez naturellement ces passages de saint Matthieu sur la paille & la poutre dans l'œil. *Quid vides festucam in* OCULO *fratris tui & trabem in* OCULO *tuo non vides? Ejice primum trabem de* OCULO *tuo, & tunc videbis ejicere festucam de* OCULO *fratris tui.* Flavigny s'attendoit bien de la part de son adversaire à toutes ces injures, que les savans étoient en possession alors de se dire les uns aux autres, & il étoit bon pour y répondre; il ne comprit rien à celles que lui dit *Ecchellensis*, il parloit de profanation, de sacrilége, d'impiété, de dérision infame, d'altération criminelle & indécente du texte de l'écriture-sainte, d'abomination de la désolation dans le lieu saint.

Animus (disoit-il avec Enée) *meminisse horret luctuque refugit.*

Il se garderoit bien de souiller sa plume par la répétition de ce blasphême scandaleux; il renvoyoit le lecteur à l'écrit même de Flavigny, pour prendre le scandale à sa source. Flavigny crut qu'*Ecchellensis* étoit devenu fou, il revit son manuscrit, il revit l'imprimé, il vit dans le manuscrit ce qui y étoit, dans l'imprimé, ce qui devoit y être, il n'apperçut rien, il fallut enfin qu'un de ses amis lui mît le doigt sur l'imprimé, & lui fit voir que le premier *o*, la première lettre du mot *oculo*, ne paroissoit point, qu'on en voyoit seulement la place, parce que depuis la correction des épreuves, cette lettre étoit tombée par hasard des formes, lorsque l'imprimeur avoit redressé la ligne où étoit ce mot. *Ecchellensis* n'avoit pas pu ou n'avoit pas voulu comprendre que ce fût une faute d'impression, il avoit mieux aimé croire qu'un docteur de Sorbonne, un professeur royal, un grave savant, dans un ouvrage entièrement sérieux, avoit voulu, pour s'amuser en passant, insérer une polissonnerie coupable dans le texte sacré. Mais il se présente ici une réflexion que Chevillier ne fait pas; le mot *oculo* se trouve quatre fois dans les deux versets cités, si la faute n'étoit faite qu'une fois, *Ecchellensis* étoit inexcusable, & sa mauvaise foi évidente; si la faute étoit répétée quatre fois, *Ecchellensis* étoit excusé, ce ne pouvoit plus être l'effet du hasard, il falloit que l'imprimeur eût pris plaisir à cette indécence, ou qu'il fût tombé dans une erreur bien inconcevable. Quoi qu'il en soit, Flavigny au désespoir se hâta de publier une lettre, dans laquelle il dit, qu'*il falloit qu'une fièvre chaude eût fait perdre l'esprit à l'imprimeur, & qu'il fût devenu phrénetique.* Trente ans encore après il ne parloit pas sans colère de cette petite aventure.

Ecchellensis passa de France en Italie, il fut professeur de langues orientales à Rome, il y fut employé en 1652, à une version de l'écriture en arabe. Dans le même temps, le grand duc de Toscane Ferdinand II l'employa aussi à traduire de l'arabe en latin avec le secours du mathématicien Jean Alphonse Borelli, le cinquième, le sixième & le septième livre des coniques d'Apollonius de Perge. Ils firent à eux deux cette traduction, sans pouvoir se passer l'un de l'autre, Borelli n'entendant point l'arabe, *Ecchellensis* ne sachant point les mathématiques. (*Voyez* les articles APOLLONIUS & BORELLI.)

Ecchellensis mourut à Rome au mois de juillet 1664. On a de lui quelques autres ouvrages & traductions, le tout relatif aux langues & à l'érudition orientales.

ECHENICHERRIBASSI f. m. (*Hist. mod.*) surintendant du fournil, le chef des maîtres de la boulangerie, des fours, & de tous ceux qui y travaillent. C'est un officier du sérail; sa paye est de 50 aspres par jour, d'une robe de brocard par an, & de quelques présens qu'il reçoit des grands de la cour du sultan, lorsqu'il leur présente fente des biscuits, des massepains, & autres pâtisseries qui se font dans son district.

ECHICK-AGASI-BACHI, s. m. (*Hist. mod.*) C'est, à la cour de Perse, le grand-maître des cérémonies. Il a le titre de *kan*, le gouvernement de Téseran, avec le bâton couvert de lames d'or & garni de pierreries. Il est chef des officiers de la garde. Il précède le roi lorsqu'il monte à cheval, & il conduit par le bras les ambassadeurs lorsqu'ils sont admis à l'audience.

ECHIM, s. m. (*Hist. mod.*), médecin du sérail. Il y en a dix, parmi lesquels trois sont ordinairement juifs: l'inquiétude du souverain rend leurs fonctions très-dangereuses.

ECIM-BASSI, (*Hist. mod. turq.*) c'est le nom du premier médecin du sultan & de son sérail. Une des prérogatives de sa charge, est de marcher seul, le premier, & avant tout le monde, au convoi funèbre des empereurs ottomans. Cette étiquète particulière à la Turquie est de bon sens, non pas parce que c'est le moment du triomphe du médecin, mais parce qu'il est juste de mettre à la tête d'une cérémonie funèbre, celui qui a rendu les plus grands & les derniers services au mort pendant sa vie, & qui est censé avoir fait tous ses efforts pour conserver ses jours.

Article de M. le Chevalier DE JAUCOURT.

ECKIUS. (*Hist. d'Allemagne*) Il y a eu dans le même temps, c'est-à-dire, dans la première partie du seizième siècle, deux hommes connus de ce nom en Allemagne; un théologien nommé Jean (*voyez* à l'article CARLOSTAD sa conférence à Leipsick, avec Carlostad & Luther); ce fut lui qui alla solliciter à Rome la bulle de condamnation contre Luther, du 15 juin 1520. On a de lui quelques écrits polémiques & théologiques.

L'autre, nommé Léonard, étoit un jurisconsulte célèbre; dont on disoit de son vivant, que *ce qui étoit conclu sans l'avis d'Eckius, étoit conclu en vain*, & après sa mort, *Eckius nous auroit résolu ce point en trois mots*.

ECROUELLES. (*Histoire.*) Le roi de France jouit du privilége de toucher les *écrouelles*. Le vénérable Guibert, abbé de Nogent, a écrit que Philippe I, qui monta sur le trône en 1060, usoit du droit de toucher les *écrouelles*, mais que quelque crime le lui fit perdre.

Raoul de Presle, en parlant au roi Charles V, qui commença à régner en 1364, lui dit: « Vous » avez telle vertu & puissance qui vous est don- » née de Dieu, que vous garissez d'une très-hor- » rible maladie qui s'appelle *écrouelles*. »

Etienne de Conti, religieux de Corbie, du quinzième siècle, décrit dans son *Histoire de France*, (nº. 520 *des manuscrits de la bibliothèque de Saint-Germain-des-Prés*), les cérémonies que Charles VI, qui régnoit depuis l'an 1380, observoit en touchant les *écrouelles*. Après que le roi avoit entendu la messe, on apportoit un vase plein d'eau, & sa majesté ayant fait ses prières devant l'autel, touchoit le mal de la main droite, la lavoit dans cette eau, & le malade en portoit pendant neuf jours de jeûne: en un mot, suivant toutes les annales des moines, les rois de France ont eu la prérogative de toucher les *écroxelles* depuis Philippe I.

Les anciens historiens anglois attribuent de leur côté cette prérogative, & même exclusivement, à leurs rois; ils prétendent qu'Edouard-le-Confesseur, qui monta sur le trône en 1043, la reçut du ciel à cause de ses vertus & de sa sainteté, avec la gloire de la transmettre à tous ses successeurs. Voilà pourquoi, ajoute-t-on, les *écrouelles* s'appellent de temps immémorial *la maladie du roi*, la maladie qu'il appartient au roi seul de guérir par l'attouchement *king's-evil*. Aussi étoit-ce un spectacle assez singulier de voir le roi Jacques III, fugitif en France, s'occupant uniquement à toucher les écrouelleux dans nos hôpitaux.

Mais que les Anglois nous permettent de leur faire quelques difficultés contre de pareilles prétentions: 1º. comme ce privilége fut accordé à Edouard-le-Confesseur, suivant les historiens, en qualité de saint, & non pas en qualité de roi; on n'a point sujet de croire que les successeurs de ce prince qui n'ont pas été des saints, aient été favorisés de ce don céleste.

2º. Qu'on nous apprenne quand & comment ce privilége est renouvellé aux rois qui montent sur le trône; si c'est par la naissance qu'ils l'obtiennent, ou en vertu de leur piété, ou en conséquence de leur couronne, comme les rois de France.

3º. Il n'y a point de raison qui montre pourquoi les rois d'Angleterre auroient ce privilége exclusivement aux autres princes chrétiens.

4º. Si le ciel avoit accordé un pareil pouvoir aux rois de la Grande-Bretagne, il seroit naturel qu'ils l'eussent dans un degré visible à tout le monde, & que du moins quelquefois la guérison suivît immédiatement l'attouchement.

5º. Enfin, ils seroient inexcusables de ne pas user de leurs prérogatives pour guérir tous les écrouelleux qu'on pourroit rassembler, car c'est malheureusement une maladie fort commune: cela est si vrai, qu'en France même, au rapport de l'historiographe de la ville de Paris, Jacques Moyen ou Moyon, espagnol, né à Cordoue, faiseur d'aiguilles, & établi dans cette capitale, demanda en 1576 à Henri III, la permission de bâtir dans un fauxbourg de la ville, un hôpital pour les écrouelleux, qui, dans le dessein de se faire toucher par le roi, arrivoient en foule des provinces & des pays étrangers à Paris, où ils n'avoient aucune retraite...... Mais les désordres des guerres civiles firent échouer ce beau projet.

Nous lisons dans l'histoire, que Pyrrhus avoit la vertu de guérir les rateleux, c'est-à-dire, les personnes attaquées du mal de rate, en pressant seulement de son pied droit ce viscère des malades couchés sur le dos; & qu'il n'y avoit point d'homme si pauvre ni si abject, auquel il ne fît ce remède toutes les fois qu'il en étoit prié. C'est donc une vieille maladie des hommes, & une très-ridicule maladie des Anglois, de croire que leurs rois ont la vertu exclusive de guérir certains malades en les touchant, puisqu'en voici un exemple qui remonte à environ deux mille ans. Mais après nos réflexions, & la vue de ce qui se passe aujourd'hui à Londres, il seroit ridicule de vouloir soutenir la vérité de cette prétendue vertu de Pyrrhus; aussi les Cotta, du temps de Cicéron, s'en mocquoient hautement, & vraisemblablement les Cotta de la Grande-Bretagne ne sont pas plus crédules. *Art. de M. le chevalier* DE JAUCOURT.

ECUYER, GRAND-ECUYER DE FRANCE. (*Hist. mod*) Le surintendant des écuries de nos premiers rois étoit nommé *comte* ou *préfet de l'étable*; il veilloit sur tous les officiers de l'écurie; il portoit l'épée du roi dans les grandes occasions, ce qui le faisoit nommer le *protospataire*: en son absence il y avoit un officier qui remplissoit ses fonctions, que l'on nommoit *spataire*. Lorsque le commandement absolu des armées fut donné au connétable & aux maréchaux de France, le *spataire*, qui sous eux étoit maître de l'écurie, en eut toute la surintendance. Il y avoit sous Philippe-le-Bel, en 1294, un Roger surnommé l'*écuyer* à cause de son emploi, qui étoit qualifié de *maître de l'écurie du roi*, titre qui a passé à ses successeurs. En 1316, Guillaume Pisdoë fut créé premier *écuyer* du corps, & maître de l'écurie du roi. On connoissoit dès-lors quatre *écuyers* du roi: deux devoient être toujours par-tout où étoit la cour; l'un pour le corps, c'est le premier *écuyer*; l'autre pour le tynel, c'est-à-dire, pour le commun, qui se qualifioit aussi de *maître de l'écurie du roi*; avec cette différence pourtant, que ceux du tynel dépendoient des maîtres de l'hôtel, & ne pouvoient s'éloigner sans leur congé; au lieu que celui du corps ne prenoit congé que du roi. Le titre qu'avoit porté Guillaume Pisdoë, fut donné à ses successeurs jusqu'à Philippe de Geresmes, qui, par lettres-patentes du 19 septembre 1399, fut créé *écuyer* du corps, & grand-maître de l'écurie du roi. Tanneguy-du-Chastel, pourvu de la même charge sous Charles VII, fut quelquefois qualifié de *grand-écuyer*. Jean de Garguesalle se donnoit cette qualité en 1470. Au commencement du règne de Louis XI, Alain Goyon fut honoré par le roi, du titre de *grand-écuyer de France*, & ce titre est resté à tous ses successeurs en la même charge.

Le *grand-écuyer* prête serment entre les mains du roi, & presque tous les autres officiers des écuries le prêtent entre les siennes. Il dispose des charges vacantes de la grande & petite écurie, & de tout ce qui est dans la dépendance des écuries, ce qui est très-considérable, tel que des charges & offices d'*écuyers* de la grande écurie de sa majesté, des *écuyers-cavalcadours*, des gouverneurs, sous-gouverneurs, précepteurs & maîtres des pages, &c.

La grande écurie a particulièrement soin des chevaux de guerre & des chevaux de manége; elle entretient néanmoins nombre de coureurs pour les chasses, que le roi monte, quand il le juge à propos. Le *grand-écuyer* ordonne de tous les fonds qui sont employés aux dépenses de la grande écurie du roi & du haras, de la livrée de la grande & petite écurie, & des habits de livrée pour plusieurs corps d'officiers de la maison du roi.

Nul *écuyer* ne peut tenir à Paris, ni dans aucune ville du royaume, académie de gentilshommes pour monter à cheval, & autres exercices, sans la permission formelle du *grand-écuyer* de France.

Le roi fait quelquefois l'honneur au *grand-écuyer* de lui donner place dans son carrosse; & il peut marcher proche la personne de sa majesté, quand le roi est à cheval à la campagne. Le *grand-écuyer* se sert des pages, des valets-de-pied & des chevaux de la grande écurie.

Aux entrées que le roi fait à cheval dans les villes de son royaume, ou dans des villes conquises où il est reçu avec cérémonie, le *grand-écuyer* marche à cheval directement devant la personne du roi, portant l'épée royale de sa majesté dans le fourreau de velours bleu, parsemée de fleurs-de-lis d'or, avec le baudrier de même étoffe, son cheval caparaçonné de même: de-là vient qu'il met cette épée royale aux deux côtés de l'écu de ses armes.

Le *grand-écuyer* marcha de cette sorte à la cérémonie faite à la majorité de Louis XIV, en 1651, à l'entrée de leurs majestés en 1660. Il a aussi séance au lit de justice à côté du grand-chambellan, qui s'assied toujours aux pieds du roi dans ces sortes de cérémonies; ce qui s'est pratiqué au lit de justice pour la majorité du roi Louis XV, le 22 février 1723, où l'on a vu le *grand-écuyer* immédiatement devant sa majesté, portant l'épée royale, s'asseoir à la droite du roi, au bas des premiers degrés du lit de justice, & de même dans les occasions subséquentes.

Le *grand-écuyer de France* d'aujourd'hui, est M. le prince de Lambesc, depuis 1761.

ECUYER-COMMANDANT LA GRANDE ECURIE DU ROI. La fonction de cette charge est de commander en l'absence du *grand-écuyer de France*, la grande écurie & tous les officiers qui en dépendent. Cet officier prête serment de fidélité entre les mains du *grand-écuyer*. Il a droit de se servir des pages de la grande écurie, de faire porter la livrée du roi à ses domestiques, & il a son logement à la grande écurie. Indépendamment de l'*écuyer-commandant*, il y a trois *écuyers* ordinaires de la grande écurie, cinq *écuyers* de cérémonie, & trois *écuyers-cavalcadours*.

ECUYER, *premier Ecuyer*. La charge de *premier écuyer* du roi est très-ancienne: par les titres de la chambre des comptes, principalement par les comptes des trésoriers des écuries, on voit qu'il y a eu distinctement une petite écurie du roi. Cette charge est possédée aujourd'hui, & depuis 1774, par M. le duc de Coigny. M. le marquis de Coigny a été reçu en survivance en 1783.

Le *premier écuyer* commande la petite écurie du roi, c'est-à-dire, les chevaux dont sa majesté se sert le plus ordinairement, les carrosses, les calèches, les chaises roulantes & chaises à porteurs: il commande aux pages & valets-de-pied attachés au service de la petite écurie, desquels il a droit de se servir, comme aussi des carrosses & chaises du roi.

Une des principales fonctions du *premier écuyer*, est de donner la main à sa majesté, si elle a besoin d'aide pour monter en carrosse ou en chaise; & quand le roi est à cheval, de partager la croupe du cheval de sa majesté avec le capitaine des gardes, ayant le côté gauche, qui est celui du montoir.

C'est le *premier écuyer*, lorsqu'il se fait quelque détachement de la petite écurie pour aller sur la frontière conduire ou chercher un prince ou une princesse, qui présente au roi l'*écuyer* ordinaire de sa majesté; ou un *écuyer* de quartier, pour être commandant de ce détachement.

Dans les occasions où le roi fait monter quelqu'un dans son carrosse, il fait l'honneur à son *premier écuyer* de lui donner place.

Le *premier-écuyer* a place au lit de justice, conjointement avec les capitaines des gardes-du-corps & le capitaine des cent-suisses qui le précèdent, sur un banc particulier au-dessous des pairs ecclésiastiques: cela s'est pratiqué ainsi, le roi séant en son lit de justice, le 12 septembre 1715, & le 22 février 1723.

Sous le *premier écuyer* sont un *écuyer* ordinaire commandant la petite écurie, deux autres *écuyers* ordinaires, des *écuyers-cavalcadours*, & vingt *écuyers* en charge, qui servent pour la personne du roi par quartier. Il ne faut pas confondre les *écuyers* du roi avec ceux dont il est parlé du temps de Charles VI, sous le nom d'*écuyers du corps du roi*; car ceux-ci étoient une garde à cheval composée d'*écuyers*, c'est-à-dire, de gentilshommes, qu'on appelloit dans ce temps *écuyers du corps*. *Hist. de la milice françoise*, *tome II. Annotations sur l'histoire de Charles VI*, sous l'an 1410.

Les *écuyers* du roi ont seuls les fonctions du *grand* & du *premier écuyer*, en leur absence, pour le service de la main.

Les *écuyers* du roi servans par quartier, prêtent serment de fidélité entre les mains du grand-maître de la maison du roi. L'*écuyer* de jour doit se trouver au lever & au coucher du roi, pour savoir si sa majesté monte à cheval. Si le roi va à la chasse & prend ses bottes, l'*écuyer* doit lui mettre ses éperons; il les lui ôte aussi. Soit que le roi monte à cheval ou en carrosse, l'*écuyer* le suit à cheval. Pendant la journée, les *écuyers* suivent & entrent par-tout où le roi est, excepté le temps où le roi tiendroit conseil ou souhaiteroit être seul; alors l'*écuyer* se tient dans le lieu le plus prochain de celui où est le roi. L'*écuyer* suit toujours immédiatement le cheval ou le carrosse de sa majesté. Le roi venant à tomber, l'*écuyer* soutient ou relève le roi; il présenteroit son cheval, si celui de sa majesté étoit blessé, boiteux ou rendu, soit à la chasse, soit à la guerre.

Dans la marche ordinaire, & au cas que le *grand* ou *premier écuyer* n'y soient pas, l'*écuyer* de jour partage la croupe du cheval que le roi monte, avec l'officier des gardes; mais il prend le côté gauche, qui est celui du montoir. Dans un détroit, dans un défilé, il suit immédiatement, parce qu'en cette rencontre, & à cause du service, l'officier des gardes le laisse passer avant lui. Le roi passant sur un pont étroit, l'*écuyer* met pied à terre & vient tenir l'étrier de sa majesté, de crainte que le cheval du roi ne bronche ou ne fasse quelque faux pas. Si le *grand* ou le *premier écuyer* suivoit le roi, il tiendroit l'étrier de la droite, & l'*écuyer* de quartier ou de jour, celui de la gauche.

Si-tôt que le roi a des éperons, s'il ne met pas son épée à son côté, l'*écuyer* de jour la prend en sa garde. Si le roi de dessus son cheval laisse tomber quelque chose, c'est à l'*écuyer* à la lui ramasser, & à la lui remettre en main. A l'armée, l'*écuyer* du roi sert d'aide de camp à sa majesté: un jour de bataille, c'est à l'*écuyer* à mettre au roi sa cuirasse & ses autres armes.

ECUYER, *premier Ecuyer-tranchant*. (*Hist. mod.*) *Le premier écuyer-tranchant* exerce, ainsi que le grand-pannetier & le grand-échanson, aux grands repas de cérémonie, comme à celui du sacre du roi, le jour de la cène, & aux jours d'une grande solemnité, tel que seroit le jour d'une entrée du roi & de la reine.

Dans le nombre des gentilshommes-servans pour le service ordinaire du roi, il y a douze gentilshommes-panneriers, douze gentilshommeséchansons, &, douze appellés *écuyers tranchans*. *Voyez* GENTILSHOMMES-SERVANS.

Les provisions du *premier écuyer-tranchant*, sont de *porte-cornette blanche* & *premier tranchant*.

On voit dans une ordonnance de Philippe-le-Bel, de 1309, que le premier valet tranchant, que nous appellons aujourd'hui *premier écuyer-tranchant*, avoit la garde de l'étendard royal, & qu'il devoit dans cette fonction marcher à l'armée » le plus prochain derrière le roi, portant son » panon qui doit aller çà & là par-tout où le Roi » va, afin que chacun connoisse où le Roi est. »

Ces deux charges étoient possédées par la même personne, sous Charles VII & sous Charles VIII, & l'ont presque toujours été depuis. C'étoit sous cet étendard royal, nommé depuis *cornette-blanche*, que combattoient les officiers commensaux du roi, les seigneurs & gentilshommes de sa maison, & les gentilshommes volontaires.

Les charges de *premier écuyer-tranchant* & de porte-cornette blanche, étoient possédées en 1660 & le furent jusqu'en 1678, par le marquis de Vandeuvre, du surnom de *Mesgrigny*. En 1680 le comte de Hombourg avoit la charge de *premier écuyer-tranchant*, sans avoir celle de porte-cornette blanche, comme il paroît par l'*état de la France* de cette année; ce qui dénote que le marquis de Vandeuvre pourroit lui avoir vendu l'une & s'être réservé l'autre.

Après sa mort, en 1685, ces deux charges furent réunies en la personne de M. de la Chesnaye, en faveur de qui M. le comte de Hombourg se démit de celle de *premier-tranchant*; c'est ce que portent les provisions de M. de la Chesnaye, qui marquent en même temps que la charge de cornette-blanche étoit vacante par le décès du marquis de Vandeuvre. *Edit. de l'état de la France*, de 1749.

ECUYER-BOUCHE : la fonction de cet officier est, lorsque le roi mange à son grand couvert en grande cérémonie, de poser en arrivant sur une table dressée à un des coins de la salle, du côté de la porte, les plats, pour les présenter proprement aux gentilshommes-servans qui sont près de la table du roi. Ceux-ci font faire l'essai de chaque plat à chacun de ces officiers de la bouche en présence de sa majesté, à mesure qu'ils les leur remettent pour être présentés sur la table du roi. (A. R.)

EDGAR. (*Hist. d'Angleterre.*) Bien des rois ont préféré les douceurs de la paix au tumulte des armes; & l'adulation, toujours prête à prostituer l'éloge, s'est hâtée de leur donner le beau surnom de *pacifique*. Dans le nombre des princes honorés de ce titre, si cher aux nations lorsqu'il est mérité, la plupart ne l'ont acquis qu'à force d'indolence & par leur incapacité. Ce ne fut point à ses foiblesses, à une lâche oisiveté, ce fut au contraire à ses rares talens, & sur-tout à son habileté dans l'art de gouverner, qu'*Edgar* fut redevable de ce surnom dont il se montra digne par son activité autant que par la crainte qu'il eut l'art d'inspirer aux puissances étrangères. Il est vrai qu'il se servit d'une voie odieuse pour s'élever au trône, sur lequel sa naissance l'eût également placé, quand même il n'auroit point usurpé sur Edwy son frère, la Mercie & le Northumberland. Edwy, dévoré de chagrin, mourut sans postérité, & l'Angleterre entière fut soumise à *Edgar*, qui, à peine âgé de seize années, étoit avec raison regardé comme l'un des hommes les plus éclairés de son siècle. Depuis l'institution de la monarchie dans les contrées britanniques, on n'a vu qu'un seul règne qui n'ait jamais été troublé par le feu de la guerre, & ce fut le règne d'*Edgar*. Ce ne fut pourtant point par des invasions ni des conquêtes qu'il inspira de la terreur aux nations étrangères, ce fut par les préparatifs qu'il fit continuellement pour soutenir la guerre qu'on auroit pu lui susciter: ce fut encore par les sages précautions qu'il prit contre les irruptions des Danois, en défendant ses côtes par la plus formidable marine. Quelques auteurs assurent qu'il fit construire jusqu'à 4300 vaisseaux, & que cette flotte énorme distribuée dans tous les ports de l'Angleterre, & croisant sans cesse autour de l'île, effraya les pirates, qui n'osèrent plus naviguer à la vue de ces côtes qu'ils avoient tant de fois insultées. Par ces préparatifs également propres à garantir l'Angleterre des incursions des ennemis du dehors, & à contenir les Danois établis dans le royaume, *Edgar*, sans recourir à la force des armes, obligea les rois de Galles, d'Islande & de l'île de Man, à se déclarer tributaires. On dit à ce sujet qu'*Edgar* allant par eau de Chester au monastère de S. Jean-Baptiste, & descendant la rivière de Die, il tint le gouvernail du bateau, sur lequel huit rois enchaînés servoient de rameurs. Si ce fait rapporté par plusieurs annalistes n'est point supposé, il prouve dans *Edgar* un excès bien révoltant ou d'orgueil ou de barbarie; mais ce qui me paroît décréditer ce récit, c'est le soin habituel qu'il prit de rendre ses sujets heureux, & d'écarter tout ce qu'il prévoyoit pouvoir troubler la sureté publique. Ce fut encore à lui que l'Angleterre fut redevable de l'extinction totale des loups qui désoloient les champs & les villages. Ces animaux dévastateurs, descendant par troupes des montagnes de Galles, ravageoient les troupeaux & portoient la désolation de province en province. *Edgar* imagina un moyen qui bientôt délivra l'île entière de leur voracité: il changea le tribut que les Gallois lui payoient, en trois cents têtes de loups; il fit en même temps publier une amnistie pour les crimes de tous les genres, commis jusqu'alors, à condition que les coupables lui apporteroient, dans un temps limité, un certain nombre de langues de loups, suivant la nature des crimes. Le zèle des Gallois & la condition de l'amnistie, produisirent un tel effet, qu'en moins de trois années tous les loups furent exterminés : on assure que depuis il n'en a plus paru en Angleterre. Mais ce royaume étoit désolé par un autre fléau bien plus pernicieux, puisque sa voracité ne se bornant pas aux troupeaux, dévoroit la substance de tous les citoyens : c'étoit l'énormité des concussions des magistrats qui, établis pour rendre la justice, abusant *atrocement* de l'autorité qui leur avoit été confiée, vendoient avec impunité leurs arrêts, affermoient les domaines de la couronne, & juges & parties, condamnoient sans cause, & souvent sans prétexte, les sujets à des amendes pécuniaires, qu'ils ordonnoient comme juges & recevoient comme fermiers. *Edgar*, afin de réprimer l'excès de ces abus, fit les plus sages réglemens, veilla lui-même à leur exécution, alla de province en province recevoir les plaintes qu'on formoit contre les juges oppresseurs, & fit punir sévèrement les plus coupables.

Ces importans services rendroient sans doute la mémoire d'*Edgar* très-respectable, si les historiens qui nous ont transmis ces récits, montroient moins de partialité dans les portraits qu'ils font des souverains qu'ils louent ou qu'ils blâment, suivant le bien ou le mal qu'ils croient en avoir reçus. En effet, ce sont les moines qui ont prodigué à *Edgar* des éloges outrés, par la même raison qu'après sa mort ils ont entrepris de l'élever au rang des saints ; & il est vrai qu'il mérita leur zèle & leur reconnoissance par la trop imprudente protection qu'il leur accorda, par les libéralités ruineuses pour le royaume qu'il leur fit, par les trésors qu'il employa à la construction de plus de quarante monastères, & par les richesses qu'il versa sur ceux qu'il répara, qu'il embellit ou qu'il dota. Le zèle monacal d'*Edgar*, fomenté par les conseils de Dunstan, abbé de Glaston, qu'il venoit de nommer à l'archevêché de Cantorbery, alla plus loin encore. Il entreprit de mettre les moines en possession des bénéfices ecclésiastiques, dont il se hâta de dépouiller les prêtres séculiers. Ceux-ci, qui n'avoient peut-être donné que trop lieu aux plaintes qu'on faisoit contre eux, se plaignirent amèrement d'une telle usurpation ; pour étouffer leurs clameurs, les moines secondés par Dunstan, décrièrent le clergé séculier, & parvinrent à prévenir le peuple contre les malheureux qu'on opprimoit. Lorsqu'*Edgar* se fut assuré de la disposition du peuple, il fit assembler un concile auquel il assista, & où il prononça un discours ou plutôt une déclamation outrageante contre les prêtres séculiers, & en faveur des moines, dont il approuva la conduite, la violence & les usurpations. Cette harangue, plus déshonorante pour l'orateur qu'elle n'étoit injurieuse au clergé séculier, eut tout le succès que Dunstan en avoit attendu ; & le concile, ou trompé par l'abbé de Glaston, ou corrompu par les bienfaits d'*Edgar*, mit les moines en possession des bénéfices. C'est à cet acte d'injustice qu'il faut rapporter les éloges que les apologistes intéressés d'*Edgar* ont fait de ses vertus : car il faut avouer que rien ne ressemble moins, non seulement à la sainteté, mais même à la décence la plus commune, que la conduite d'*Edgar*, & sur-tout son penchant effréné pour les plaisirs. Il ne respecta rien dans mille circonstances, & pour satisfaire ses goûts, il n'y avoit ni bienséance ni devoir qu'il ne sacrifiât. Quelques soins que les moines aient pris pour dérober à la postérité ses injustices & ses crimes, on sait qu'épris des charmes d'une religieuse, il en usa précisément avec elle comme Tarquin à l'égard de Lucrèce, & qu'il en eut une fille nommée *Édithe* qui a été honorée *de la sainteté*, à laquelle peut-être elle eut autant de droits que son père. Sa seconde maîtresse fut Elflede, à laquelle quelques-uns donnent la qualité d'épouse légitime, & dont il eut un fils (Edouard) qui lui succéda. Entraîné par son penchant à l'infidélité, il devint éperdument amoureux de la fille de l'un des principaux seigneurs de sa cour : il alla loger chez le père de sa nouvelle amante ; & résolu de se satisfaire dès la nuit même, il ordonna qu'on amenât de gré ou de force cette jeune personne dans le lit qu'il devoit occuper. L'épouse de son hôte ne voulant point que sa fille fût déshonorée, mais craignant d'irriter le tyran, prit un moyen sur lequel elle ne comptoit que foiblement, & qui pourtant lui réussit : elle gagna une de ses servantes, & l'envoya coucher dans le lit où la fille devoit être déshonorée. *Edgar*, plus brutal dans ses passions que délicat dans ses goûts, assouvit ses désirs, & ne vit que le lendemain qu'on l'avoit trompé : il fut d'abord transporté de colère ; mais l'amour qu'il avoit conçu pour cette servante, éteignit son courroux ; il pardonna la supercherie, & garda cette fille jusqu'à son mariage avec la fille du comte de Devonshire, qu'il n'épousa que par un crime atroce, après avoir fait périr, ou, comme quelques-uns l'assurent, après avoir lui-même poignardé le comte Ethelwold, mari de cette jeune femme.

De ces actions & des éloges qu'on a donnés à *Edgar*, ainsi que des grandes qualités qu'on ne pourroit sans injustice lui refuser, il résulte qu'à des talens heureux, *Edgar* unit les défauts les plus révoltans, & que s'il eut quelques vertus, elles furent éclipsées par l'énormité de ses vices. Il régna seize années, & mourut âgé de 32 ans. Il laissa deux fils & une fille : après sa mort, les moines le placèrent au nombre des saints ; son corps fut enterré dans l'église de Glastonbury, où, suivant l'intention de ses panégyristes, il ne manqua point d'opérer une foule de miracles : mais ses actions parlent plus haut que ses apologistes. Si à quelques égards il se montra bon roi, il ne fut, à beaucoup d'autres, qu'un très-méchant & très-vicieux prince. (*L. C.*)

EDILING, s. m. (*Hist. mod.*) c'est un ancien nom de la noblesse parmi les Anglo-Saxons.

La nation saxonne, dit Nithard, *Hist. l. IV.* est divisée en trois ordres ou classes de peuple ; les *édiling*, les frilingi, & les lazzi ; ce qui signifie *la noblesse*, *les bourgeois*, & *les vassaux* ou *serfs*.

Au lieu d'*édiling*, on trouve quelquefois *atheling* ou *ætheling* : on attribue aussi cette qualité au fils du roi & à l'héritier présomptif de la couronne. *Voyez* ATHELING. *Chambers*. (*G.*)

EDMOND I, (*Hist. d'Angleterre.*) l'aîné des enfans d'Edouard l'ancien, touchoit à peine à sa dix-septième année quand la mort d'Adelstan fit passer sur sa tête la couronne d'Angleterre. Sa jeunesse & l'inexpérience qu'on lui supposoit, réveillèrent les Danois, toujours prêts à profiter des circonstances favorables à leur goût pour la rebellion. Anlaf, roi des Danois Northumbres, contraint, par ses sujets fatigués de sa tyrannie, de descendre du trône, & de se retirer en Irlande où il vivoit obscurément, jugea, par ses propres dispositions, de celles des Northumbres ; & dévoré du désir de remonter au rang qu'il avoit perdu par ses vices, il se hâta d'engager dans ses intérêts Olaüs, roi de Norwege, qui lui fournit des troupes, à la tête desquelles Anlaf envahit le Northumberland, & passa dans la Mercie, où ses compatriotes l'aidèrent à s'emparer de quelques places. *Edmond I* n'eut pas plutôt appris les courses conquérantes d'Anlaf & ses déprédations, qu'il rassembla ses troupes ; & quelque inférieure que son armée fût à celle des Danois, il résolut de tout tenter pour écarter cette foule de brigands. Anlaf enhardi par les succès qu'il venoit de remporter, alla lui-même au-devant du roi d'Angleterre, & les deux armées se chargèrent avec autant de fureur que d'intrépidité : le courage & la valeur étoient égaux de part & d'autre, & la victoire fut tellement balancée, que la nuit étoit arrivée sans qu'aucun des deux partis eût ni cédé, ni vaincu. Anlaf & *Edmond* se préparoient à recommencer le combat dès le lever de l'aurore ; mais les archevêques d'Yorck & de Cantorbery qui se trouvoient dans les deux armées, travaillèrent de concert avec tant de zèle pendant le reste de la nuit, que la guerre fut terminée au point du jour par un traité de paix. *Edmond I*, eût rejeté avec indignation les conditions qui lui furent proposées, & qu'il accepta forcément par les instances des grands de sa cour, & des principaux officiers de son armée : la crainte seule de se voir abandonné, le fit consentir aux négociations des deux prélats, & il fut stipulé que l'Angleterre seroit partagée entre *Edmond* & Anlaf, qui se mit dès le jour même en possession du royaume de Northumberland, d'où il fut encore chassé par les Northumbres, irrités de sa tyrannie & de ses exactions. Les habitans du royaume de Deïre donnèrent le signal de la révolte, & le premier acte de soulèvement fut d'élire pour leur roi, Réginald, neveu d'Anlaf. Réginald soutint par les armes cette élection tumultueuse ; la guerre s'étant allumée entre l'oncle & le neveu, *Edmond I*, qui n'étoit occupé que des moyens de rentrer en possession de ses états, rassembla une armée, & sous prétexte de servir de médiateur entre les deux concurrens, il arriva sur les frontières du Northumberland, profita de l'affoiblissement des deux rois, dont il eût pu même envahir les états, & qu'il eût pu accabler l'un & l'autre : mais il se contenta de leur procurer la paix, conserva la couronne à Réginald, & après leur avoir fait prêter serment de fidélité, il les obligea d'embrasser la religion chrétienne. Cette paix qui n'avoit rien d'onéreux, ni d'avilissant pour les Danois, ne dura cependant que jusqu'au départ d'*Edmond*, qui se fut à peine éloigné, qu'Anlaf & Réginald réunirent leurs forces contre leur bienfaiteur, se liguèrent avec les Danois de Mercie & le roi de Cumberland, & entrèrent sur les terres du roi d'Angleterre. *Edmond I*, plus irrité de l'ingratitude de ses ennemis, qu'effrayé de leurs armes, retourna sur ses pas, subjugua tour-à-tour les Merciens & les Northumbres, surprit les deux rois, & se disposoit à les combatre, lorsqu'ils prirent le parti de la soumission, & lui jurèrent une fidélité que la crainte de sa vengeance, tant de fois suspendue, les empêcha de violer. *Edmond*, avant que de rentrer dans le Wessex, résolut de punir le roi de Cumberland, qui, sans sujet & sans prétexte, avoit pris contre l'Angleterre le parti des Danois. Pour s'emparer de ce royaume, *Edmond* n'eut qu'à se présenter : il renversa le trône, & réduisit le Cumberland en province, qu'il céda au roi d'Ecosse, dans la vue de l'attacher à ses intérêts, & de l'empêcher de favoriser les séditions fréquentes des Northumbres : mais en cédant cette province, *Edmond* s'en réserva la souveraineté, & le roi d'Ecosse s'obligea pour lui & ses successeurs de venir en personne rendre hommage à la cour d'Angleterre, au temps des grandes fêtes, toutes les fois qu'il y seroit appellé. C'est vraisemblablement d'après cet engagement que quelques auteurs ont écrit, que du tems d'*Edmond I*, les rois d'Ecosse étoient vassaux du roi d'Angleterre ; mais ils n'ont point pensé que cet hommage n'ayant lieu que pour le Cumberland, il ne pouvoit en aucune manière tirer à conséquence pour le royaume d'Ecosse.

Les succès multipliés d'*Edmond*, & ses grandes qualités, étendirent sa réputation chez tous les peuples de l'Europe, qui respectèrent sa valeur & admirèrent ses vertus. Les Danois établis dans ses états, implorèrent vainement, en différentes occasions, les secours de leurs compatriotes : le roi de Danemarck ne crut pas devoir se commettre avec un souverain qui savoit également, & se faire estimer par la sagesse de son gouvernement, & se faire redouter par la terreur de ses armes. Le calme que lui procura la crainte qu'il avoit inspirée à ses ennemis abattus, ne fut pas pour lui un temps d'oisiveté ; il l'employa à rendre ses sujets aussi heureux qu'ils pouvoient l'être. Défenseur de l'état, il voulut en être aussi le législateur ; & par quelques-unes des lois qu'il fit, & que le temps a respectées, on voit combien il eut à cœur la félicité de son peuple. C'est à lui que l'on rapporte la première loi de rigueur publiée en Angleterre contre le larcin : car, avant *Edmond I*, les voleurs n'étoient soumis qu'à des peines pécuniaires ; & ces restitutions n'étoient rien moins que suffisantes pour intimider les brigands. *Edmond I*, afin d'arrêter le désordre qu'ils commettoient, ordonna que, si plusieurs voleurs se réunissoient pour exercer le brigandage, le plus âgé d'entr'eux périroit au gibet. Ce grand roi ne put donner que quelques lois qui prouvent que vraisemblablement il eût rendu ses sujets heureux, si le plus cruel accident n'eût terminé son règne avec sa vie dès les premiers jours de la paix, & lorsqu'à peine il commençoit à jouir du fruit de ses victoires. Un jour qu'à Packlekirk, dans la province de Glocester, il se rendoit à un festin solemnel qu'il avoit ordonné, il vit Leolf, scélérat convaincu de mille atrocités, & banni du royaume, s'asseoir impudemment à la table du roi. Irrité de cette insolence, *Edmond I* ordonna qu'on prît ce misérable, & qu'on le mît hors de ce lieu peu fait pour ses pareils. Leolf plus furieux qu'humilié, tira un poignard qu'il tenoit caché sous ses habits, & regardant le roi avec audace, menaça d'égorger quiconque oseroit l'approcher. *Edmond*, transporté de colère, s'élança sur Leolf qu'il prit par les cheveux pour le traîner hors de la salle. Cette action imprudente lui coûta cher : Leolf lui porta un coup de poignard dans le flanc, le roi tomba mort sur l'assassin. Ainsi périt *Edmond I*, en 943, à l'âge de 25 ans, après en avoir régné 8. Il laissa d'Elgive sa femme, deux fils dans l'enfance, Edwy & Edgard, qui, à cause de leur bas âge, ne lui succédérent point. Sa couronne passa sur la tête d'Edred son frère, par les suffrages de la noblesse & du clergé : car alors le clergé commençoit à jouer un rôle important dans l'état, où il ne tarda pas à susciter des troubles qui pensèrent plus d'une fois opérer sa ruine entière. Aussi l'on reprochoit à *Edmond* d'être trop facile aux insinuations des prêtres, & d'avoir accordé sa protection à Dunstan, qui reçut de ce prince l'abbaye de Glaston, & qui paya d'ingratitude les bontés successives des enfans de son bienfaiteur. (L. C.)

EDMOND II, surnommé *Côte de Fer*, (*Hist. d'Angleterre.*) Le règne d'*Edmond II* fut très-court ; mais ses talens, son heureux caractère, sa constance, ses malheurs même ont rendu sa mémoire respectable. Ethelred II, son père, qui ne sut ni régner, ni se faire estimer, lui transmit ce royaume épuisé par les guerres civiles, ruiné par les Danois, déchiré par les factieux ; & tandis que les Anglois plaçoient le jeune *Edmond* sur un trône ébranlé, les Danois oppresseurs de ce même royaume, disposoient de la couronne en faveur de Canut, fils de Swenon. Ces deux élections rallumèrent le feu mal éteint de la guerre, & les deux concurrens désolèrent les provinces pour savoir auquel des deux le sceptre resteroit. La victoire fut long-temps indécise ; & cinq batailles consécutives n'avoient encore produit que le massacre d'une foule de citoyens, mais le sixième combat fut fatal aux Anglois. L'armée d'*Edmond II* fut battue, & presque entièrement exterminée par l'insigne trahison d'Edrik-Stréon, général des Anglois, & beau-frère d'*Edmond* : ce général perfide, peu content d'avoir empêché plusieurs fois la défaite des ennemis, passa tout-à-coup avec la plus grande partie des soldats qu'il commandoit, du côté des Danois ; défection cruelle qui entraîna la ruine de l'armée royale. Canut victorieux, n'usa point en barbare du succès qu'il venoit de remporter ; il laissa le Wessex à son concurrent, & garda pour lui le reste de l'Angleterre, jusqu'à ce que la mort d'*Edmond* lui fournît l'occasion de s'emparer encore du Wessex : il n'attendit pas long-temps, & le même scélérat qui lui avoit si lâchement procuré la victoire, poursuivit le malheureux *Edmond* jusques sur le trône qui lui étoit resté. Soit crainte d'être enfin puni de ses atrocités, soit haine contre son beau-frère, Edrik-Stréon mit le comble à sa perfidie, en faisant égorger *Edmond II* par ses propres domestiques. *Edmond* n'avoit régné qu'onze mois, il méritoit un destin plus heureux : à peine eut-il le temps de se faire connoître, & cependant, il donna, dans ce court intervalle, des preuves éclatantes d'une prudence consommée, d'une constance inébranlable : la douceur & la bienfaisance, la modestie & l'équité formoient son caractère, la vigueur de son tempérament & sa force prodigieuse lui avoient fait donner le surnom de *Côte de Fer*. (*L. C.*)

EDOUARD L'ANCIEN, (*Hist. d'Angl.*) monta sur le trône d'Angleterre après son père Alfred, en 900. Les victoires qu'il remporta sur les Ecossois, les Bretons du pays de Galles, & les Danois, lui firent donner le beau titre de *père de la patrie*. Il fut le protecteur des sciences & des beaux-arts, & mourut en 924, après un règne de vingt-quatre ans. (*L. C.*)

EDOUARD *le Martyr*, élevé sur le trône à l'âge de dix ans, par l'autorité de l'archevêque Dunstan, n'eut que le nom de roi. Dunstan gouverna avec un pouvoir absolu. La reine Elfride, belle-mère d'*Edouard*, fit assassiner ce prince pour faire régner son fils Ethelred. C'est cette fin tragique qui lui a fait donner le nom de *martyr*. Il n'avoit encore que quinze ans. (*L. C.*)

Edouard *le confesseur* ou *le débonnaire*, fut couronné en 1043. Ce prince, plus simple que politique, plus foible que généreux, plus indolent qu'appliqué, laissa usurper son autorité par Godwin son ministre, qui lui fit épouser sa fille; se montra trop indifférent sur les troubles qui menaçoient l'état, & prépara par sa foiblesse la révolution qui mit le sceptre d'Angleterre dans les mains de Guillaume, duc de Normandie. Il mourut en 1066 après un règne de 23 ans. *Edouard* fut un modèle de charité, de douceur, de patience, de chasteté; mais il n'eut pas les qualités d'un roi. (*L. C.*)

Edouard I, depuis la conquête. Ce prince étoit en Palestine, où il partageoit avec S. Louis les travaux ingrats d'une expédition malheureuse, moins animé peut-être de cette fureur pieuse qui s'étoit alors emparée de la plupart des souverains de l'Europe, qu'empressé d'échapper au spectacle des maux qui désoloient sa patrie sous le règne d'Henri III son père, lorsque la mort de celui-ci, arrivée en 1273, le rappella en Europe. Les Anglois qui l'attendoient avec impatience, le reçurent avec les sentimens qu'inspire l'espoir d'un gouvernement meilleur que le précédent. Leur attente ne fut point trompée. Il commença par réformer plusieurs abus qui s'étoient glissés dans l'administration de la justice, donna lui-même l'exemple d'une équité exacte, & remplaça des juges iniques par des magistrats intègres. Il ranima l'industrie languissante, fit fleurir le commerce autant qu'on le pouvoit vers la fin du treizième siècle, perfectionna la constitution politique, en donnant au parlement d'Angleterre une nouvelle forme, celle à-peu-près qu'il conserve aujourd'hui, & fit passer plusieurs loix aussi utiles que sages. La conquête du pays de Galles sur le prince Lolin, qui osa prendre les armes & déclarer la guerre à *Edouard*, d'après une prédiction du fameux Merlin qui sembloit lui promettre l'empire de toutes les isles britanniques; la guerre qu'il fit à la France, guerre terminée en 1298 par une double alliance entre ce monarque & Marguerite de France, & entre son fils *Edouard* & Isabelle, l'une sœur & l'autre fille de Philippe-le-Bel; sur-tout la conquête de l'Ecosse en 1307, illustrèrent encore son règne, mais sans rien ajouter à sa gloire aux yeux de la postérité. Nous admirons moins en lui le courage du conquérant, que nous ne détestons cette soif de la vengeance dont il parut dévoré, la barbarie & la mauvaise foi dont il usa en plusieurs occasions contre les Gallois & leurs princes, les Ecossois & leurs rois, & dont nous avons un monument durable dans l'antipathie qui subsiste encore aujourd'hui entre les Anglois & les Ecossois, malgré la réunion des deux peuples. *Edouard* mourut en 1307, âgé de 68 ans: il en avoit régné trente-quatre. (*L. C.*)

Edouard II, fils & successeur d'*Edouard I*, peu jaloux de soutenir la gloire que son père s'étoit acquise dans la paix par la sagesse de son gouvernement, & dans la guerre par sa valeur, se livra dès le commencement de son règne à des maîtresses & des favoris qui le perdirent. Gaveston, le premier qui s'empara de son esprit, se rendit si odieux à la nation par son insolence & sa dureté; il maltraita si cruellement les grands du royaume, qu'ils prirent les armes contre leur souverain, & firent le procès à son favori qui eut la tête tranchée. Cependant *Edouard*, insultant au malheur du peuple anglois, affligé par une horrible famine qui joignoit ses ravages aux désordres d'un gouvernement oppressif, fit faire à grands frais les funérailles de Gaveston, dont le corps fut porté à la terre de Langley. Les Ecossois choisirent ce moment de trouble & de calamité pour secouer le joug de l'Angleterre. Une guerre malheureuse contre la France acheva d'aigrir les esprits. La reine Isabelle, retirée à la cour de France auprès de Charles-le-Bel, son frère, osa concevoir le projet de profiter du mécontentement des Anglois pour satisfaire son ambition. Secourue par le comte de Hainaut, elle leva l'étendard de la révolte, & repassa la mer avec trois mille hommes. Elle déclara, dans un manifeste public, qu'elle venoit délivrer le peuple de la tyrannie de Spencer, ministre & favori nouveau du roi son époux. *Edouard* & Spencer, ne sachant où trouver un asyle, furent bientôt au pouvoir de la reine. Spencer & son fils moururent par la main du bourreau. Le parlement s'assembla. Le roi y fut accusé d'avoir violé les loix du royaume, de s'être livré à des conseillers indignes, d'avoir rejetté les avis de ses fidèles sujets, de s'être rendu indigne du trône, en abandonnant le gouvernement à des hommes perdus de crimes & de débauches. Personne n'ayant osé prendre la défense d'Edouard, il fut déposé d'une voix unanime, & son fils fut proclamé solemnellement dans la grande salle de Westminster. Mais le jeune prince, vivement affecté de ce qui se passoit, protesta qu'il n'accepteroit point la couronne du vivant de son père, à moins qu'il n'y consentît. Edouard, dont la foiblesse étoit le plus grand crime, ne put entendre cette proposition sans en paroître indigné. On assure que les évêques de Lincoln & d'Hereford, chargés par le parlement de le préparer à résigner de bonne grace la couronne à son fils, l'instruisirent avec dureté des intentions de la nation, & osèrent même le menacer, s'il ne se rendoit pas de bon gré à ce qu'elle exigeoit de lui. Douze commissaires furent nommés pour recevoir son abdication. Un des juges, faisant l'office de procureur spécial du peuple, lut l'acte qui délioit les sujets du serment de fidélité. *Edouard* répondit qu'il se soumettoit à tout, & que cette disgrace étoit la juste punition de ses péchés. Isabelle, dont l'ambition l'ambition & la passion adultère pour Mortimer avoient conduit cette révolution, envia à son malheureux époux la vie qu'on lui avoit laissée. Maltravers & Gournay furent chargés de le tuer dans sa prison. Ces infames bourreaux lui firent subir la mort la plus cruelle. Ils lui introduisirent une corne dans le fondement, & passèrent à travers un fer chaud, avec lequel ils lui brûlèrent les entrailles. Ainsi périt *Edouard II*, âgé de quarante-trois ans. (*L. C.*)

EDOUARD III n'avoit que quinze ans lorsqu'il monta sur le trône en 1327. Quoiqu'il montrât une maturité de jugement & une pénétration au-dessus de son âge, les loix du royaume ne lui permettant pas de prendre si jeune les rênes du gouvernement, Isabelle sa mère se mit à la tête des affaires avec Mortimer son amant. Mais le jeune *Edouard* signala dès-lors son ardeur martiale contre les Ecossois qui ravageoient les frontières de l'Angleterre. Au retour de cette campagne il épousa une princesse de Hainaut, & en 1329 il alla en France rendre hommage à Philippe de Valois, pour la Guyenne & le Ponthieu. Revenu en Angleterre, il eut de violens soupçons sur la conduite de sa mère & de son ministre. Bientôt il découvrit les noires intrigues tramées pendant sa minorité, la mort de son père & d'autres crimes de cette espèce. Le parlement trop dévoué à Isabelle fut cassé. Un autre autorisa *Edouard* à prendre en main l'administration des affaires, quoiqu'il n'eût pas encore l'âge marqué par les loix. Mortimer fut enlevé jusques dans le lit de la reine son amante, & pendu au gibet commun de Tiburn avec toute l'ignominie attachée à ce supplice. Isabelle fut confinée dans un château avec une modique pension de cinq cents livres sterlings. Ayant ainsi vengé un père encore plus malheureux que coupable, il se disposa à conquérir le royaume d'Ecosse. Après cette expédition, où il trouva plus de difficultés qu'il n'avoit pensé, & dans laquelle il montra plus de fureur que de courage, étant venu jusqu'à quatre fois en Ecosse, & ayant ravagé de la manière la plus cruelle les provinces qui s'étoient déclarées contre lui, il fit la guerre à la France par l'ambition de mettre sur sa tête la couronne que portoit Philippe de Valois. Le combat naval de l'Ecluse (1339), dont il eut tout l'avantage, fut suivi d'une trève de deux ans. Lorsqu'elle fut expirée, *Edouard* se remit en campagne avec une nombreuse armée. Il alla camper à Crecy, où il remporta une victoire complette sur les troupes du monarque françois en 1346. Ce fut dans cette bataille que les Anglois commencèrent à se servir du canon, dont l'usage étoit alors peu connu. Ensuite *Edouard* ayant pris sa marche par le Boulonnois, vint mettre le siége devant Calais; les assiégés, accablés par la force, donnèrent au vainqueur l'exemple d'une magnanimité héroïque, propre à confondre l'inhumanité avec laquelle il les traitoit. A la bataille de Poitiers, en 1356, le roi Jean, qui avoit succédé à Philippe, fut fait prisonnier, & orna le triomphe d'*Edouard* qui eut la cruauté d'exposer ce prince malheureux à la risée d'une populace insolente.

(La plupart des historiens parlent au contraire des égards & des respects qu'Edouard III, & surtout le prince noir, témoignèrent au roi Jean pendant sa captivité.)

Tandis que le roi Jean languissoit dans les fers, l'Anglois continuoit de ravager ses provinces. Il s'avança jusqu'aux portes de Paris, & l'on voyoit par-dessus les murailles la fumée des villages qu'il brûloit. Tout-à-coup le ciel se couvre de nuages épais. En un instant tout le camp d'*Edouard* est inondé; les tentes, les bagages, les munitions, tout est entraîné par les torrens; une grêle d'une grosseur énorme accable les hommes & les chevaux; la foudre & les éclairs les remplissent d'effroi. Les soldats s'écrient que le ciel vengeur de la France les punit de leur brigandage: *Edouard* tremble comme eux, & se tournant vers l'Eglise de Chartres, dont on appercevoit les clochers, fait vœu de consentir à la paix, s'il échappe à ce danger. Tant il est vrai que la terreur entre aisément dans l'ame du coupable! Le traité de Bretigny, si avantageux à l'Anglois, fut signé, & le roi Jean revint en France après quatre ans de captivité.

La guerre se ralluma entre les deux couronnes en 1368. Charles V avoit succédé au roi Jean, mort quatre ans auparavant. La fortune se lassa de favoriser un héros sanguinaire. Bertrand du Guesclin battit les Anglois de tous côtés. En moins de six campagnes, *Edouard* perdit les belles provinces dont la conquête lui avoit coûté plus de vingt ans de travaux, & tant de sang & d'argent. Ces revers amortirent cette ambition effrénée qui l'avoit agité jusqu'alors. Une passion plus douce, mais hors de saison, lui succéda. Son fol amour pour Alix Pierce le fit tomber dans des foiblesses indignes d'un grand prince. Uniquement occupé de sa maîtresse & de ses plaisirs, il laissa usurper son autorité par ses ministres, & leur abandonna les rênes du gouvernement. Les fonds de l'état furent bientôt épuisés par l'avidité d'Alix & de ses favoris. De-là un mécontentement universel. *Edouard*, qui jusqu'alors n'avoit encouru que le reproche d'être un conquérant féroce, mérita dans sa vieillesse celui d'être un prince foible & efféminé. Il eut pourtant des vertus. Aussi humain envers ses sujets, qu'implacable envers ses ennemis, il fut le protecteur des veuves, des orphelins, & en général de tous les malheureux; il aima la justice & la fit observer. Il encouragea les sciences, les arts & le commerce, fit avec son parlement plusieurs statuts avantageux à la nation, & sans sa manie aveugle de vouloir être roi de

France, il eût employé à des établissemens utiles & durables, les trésors qu'il consuma vainement à des conquêtes passagères. Il mourut en 1377, âgé de soixante-cinq ans. (*L. C.*)

EDOUARD IV, fils de Richard, duc d'Yorck, usurpa la couronne d'Angleterre qui appartenoit à Henri VI, de la maison de Lancastre. Deux victoires remportées sur celui-ci, assurèrent ses droits sans les légitimer.

(Ce jugement sur les droits respectifs des maisons de Lancastre & d'Yorck est injuste. C'étoient les Lancastres qui étoient usurpateurs. Ils étoient à la vérité les aînés des Yorcks, & d'après la loi salique & les usages françois, leur droit eût été incontestable; mais l'usage étoit favorable en Angleterre à la succession par les femmes. Or la branche d'Yorck descendoit par les femmes & par la maison de Mortemer du duc de Clarence, frère aîné du premier duc de Lancastre & du premier duc d'Yorck; ainsi la branche d'Yorck reprenoit de ce côté le droit d'aînesse qu'elle n'avoit pas par elle-même.)

EDOUARD IV se fit couronner en 1461. Telle fut l'origine des guerres civiles entre les maisons d'Yorck & de Lancastre, qui firent de l'Angleterre un vaste théâtre de carnage. Le célèbre comte de Warwick, qui avoit fait monter *Edouard* sur le trône, l'y maintenoit contre tous les efforts de ses ennemis. Le monarque imprudent témoigna peu de reconnoissance d'un si grand bienfait; & comme s'il eût craint de n'être pas assez maître, s'il sembloit partager avec son bienfaiteur une autorité dont il lui étoit redevable, il écarta ce général de tous ses conseils; & tandis qu'il avoit envoyé Warwick négocier en France le mariage de ce prince avec la sœur de la reine, épouse de Louis XI, le roi devenu amoureux d'Elisabeth Woodwill, qui dédaigna d'être sa maîtresse, se déterminoit à la couronner, & il eut si peu de considération pour le comte & pour la commission dont il l'avoit chargé, qu'il fit ce mariage sans lui en faire part. Warwick outragé s'en vengea en ôtant à *Edouard* la couronne qu'il lui avoit donnée. Henri VI, sorti de sa prison, remonta sur le trône. Il n'y resta pas long-temps. *Edouard*, fait prisonnier en 1470, trouva le moyen de se sauver, s'assura de quelques amis, & osa reparoître en Angleterre avec une tranquillité affectée, feignant de renoncer à la couronne, & se contentant du titre de duc d'Yorck. Avec cette modération apparente il pénétra jusqu'à Londres. Warwick étoit absent. *Edouard* avoit un fort parti, à la tête duquel étoit le duc de Clarence son frère; il connoissoit d'ailleurs l'esprit foible & pusillanime de Henri. Les habitans de Londres lui en ouvrirent les portes, & les partisans de Henri prirent la fuite. Ce prince malheureux, jouet de la fortune, repassa du trône dans la tour, tandis que son rival reprenoit une seconde fois sa place. *Edouard* sortit de Londres avec une armée pour aller combattre celle de Warwick. Il rencontra ses ennemis près de Barnet, le 4 Avril 1371, les attaqua, les vainquit; & son triomphe fut d'autant plus complet que Warwick périt sur le champ de bataille. Henri & son fils furent égorgés par ordre du vainqueur. Il n'épargna aucune des têtes qui lui parurent suspectes. Presque tous ceux qui avoient eu des liaisons avec la maison de Lancastre, furent sacrifiés à sa sûreté. Le duc de Clarence son frère, celui-là même qui l'avoit servi si utilement dans la derniere révolution, ne fut pas épargné. Il avoit d'abord suivi le parti de Henri, c'étoit assez pour mériter la mort. *Edouard* ne lui laissa que le choix de son supplice. Il fut noyé dans un tonneau de malvoisie, comme il l'avoit desiré. A ces cruautés, *Edouard* joignit des débauches avilissantes, & mourut subitement peu après son frère en 1483, âgé de 41 ans (*L. C.*)

EDOUARD V, fils d'*Edouard IV*, n'avoit que onze ans lorsqu'il monta sur le trône, & ne l'occupa que deux mois, ayant été égorgé avec son frère Richard, par ordre du duc de Glocester leur oncle, qui usurpa la couronne. (*L. C.*)

EDOUARD VI, fils de Henri VIII & de Jeanne de Seymour, succéda à son père en 1547. Quoiqu'il n'eût pas encore dix ans accomplis, il donnoit les plus belles espérances. L'amour de la justice sembloit né avec lui. Des traits de bienfaisance annonçoient en lui une ame tendre & sensible. Il fit des progrès si rapides, & si fort au-dessus de son âge, dans l'étude des langues & des sciences, que le célèbre Cardan le regardoit comme un prodige de ce genre. Tant de talens & de si heureuses dispositions furent malheureusement corrompus par ses ministres, qui profitèrent de son enfance pour contenter leurs vues ambitieuses, & lui faire ratifier, au gré de leur méchanceté, des actions auxquelles son cœur se refusoit. Il fit périr sur un échafaud ses deux oncles Edouard & Thomas Seymour, le second par les insinuations du premier, & celui-ci par les intrigues du comte de Warwick. (Dudley, duc de Northumberland,) l'archevêque Cranmer lui arracha l'arrêt de mort de deux femmes prétendues anabaptistes, dont l'esprit foible plus que coupable étoit plus digne de pitié que de rigueur. Le fougueux prélat les avoit condamnées au feu; *Edouard* refusoit de signer l'ordre de leur supplice. Cranmer employa toute son éloquence pour obtenir le consentement du prince. *Edouard* le donna en pleurant, & dit à l'archevêque: « Si » vous me faites commettre une mauvaise action, » vous en répondrez devant Dieu »: paroles remarquables qui caractérisent en même-temps l'ame compatissante du jeune monarque & le zèle barbare du prélat. Le comte de Warwick & les apôtres de la réforme lui firent commettre une injustice, en lui persuadant d'exclure de la couronne ses deux sœurs, Marie & Elisabeth, pour appeller au trône Jeanne Gray qui n'étoit que sa cousine, mais qui avoit épousé le fils du comte de Warwick ; & ce comte, impatient de voir sa belle-fille sur le trône, hâta la mort du roi par un poison lent qui le conduisit au tombeau en 1553, avant qu'il eût exercé par lui-même l'autorité souveraine dont on abusoit si indignement sous son nom. (*L. C.*)

EDOUARD roi de Portugal, (*Hist. de Port.*) succéda en 1433 à dom Juan qui s'étoit illustré par de grandes actions & de grandes qualités. Fils aîné de ce souverain, *Edouard*, digne d'un tel père, n'eut pas été plutôt proclamé, que pour éviter la peste qui ravageoit Lisbonne, il fut obligé de se retirer à Sintra, jusqu'à ce que ce fléau eût cessé d'exercer ses fureurs dans la capitale, & il n'y rentra que pour dédommager, autant qu'il dépendoit de lui, les habitans, des pertes qu'ils avoient souffertes par la cessation du travail. Le roi alla ensuite à Leiria & à Santaren, où il convoqua les états généraux ; ce fut dans cette assemblée nationale qu'il donna la plus haute idée de son habileté dans l'art de gouverner, de sa prudence & de la grande utilité de ses vues ; chacune des provinces & presque chacune des villes du royaume avoit ses loix & ses coutumes particulières, en sorte qu'il n'y avoit point dans l'état de jurisprudence fixe, ni rien d'assuré dans les droits des citoyens : les mêmes raisons qui faisoient gagner un procès à Lisbonne, le faisoient perdre à Leiria ou à Guimaraens, & la justice qui devroit être uniforme sur toute l'étendue de la terre, varioit en Portugal, & dépendoit des lieux qu'on habitoit. *Edouard* voulut qu'il n'y eût dans le royaume qu'une coutume générale, une seule & même règle, & les ordonnances qu'il publia à ce sujet l'ont beaucoup plus illustré, que n'eussent pu le faire les plus éclatantes victoires. Il seroit bien à désirer que cet exemple fût suivi dans des états beaucoup plus étendus que le Portugal, & où l'on souffre encore cette barbare & ridicule confusion de coutumes, cette multiplicité d'usages opposés entre eux, & qui jettent la plus grande incertitude sur la jurisprudence, qui souvent y paroît absurde. Tandis qu'on ne croyoit *Edouard* occupé que des moyens de rendre ses sujets heureux & son royaume florissant, il méditoit le plan d'une grande & périlleuse entreprise ; ambitieux de signaler son règne par quelque conquête importante en Afrique, il formoit le projet de s'emparer de Tanger qui, s'il eût pu s'en rendre maître, eût assuré aux Portugais la liberté du commerce le plus brillant & le plus étendu. *Edouard* fit part de ses vues au conseil ; on décida unanimement que la conquête de cette place seroit aussi glorieuse qu'utile : mais les avis furent partagés sur les moyens d'exécuter cette entreprise ; les plus prudens voulurent que l'on ne tentât cette expédition qu'après avoir fait les plus grands préparatifs, & avec une flotte nombreuse ; les autres trop enivrés de la valeur & du courage des Portugais, prétendirent qu'il suffiroit d'envoyer en Afrique un petit nombre de troupes pour répandre la terreur dans toutes ces contrées, & que Tanger, sans s'exposer à un siége, se hâteroit d'ouvrir ses portes. Le roi eut le malheur de suivre ce dernier sentiment, & l'on destina pour cette entreprise quatorze mille hommes avec une flotte proportionnée, dont le commandement fut confié aux infans don Henri & don Ferdinand. Les préparatifs de cette expédition avoient été faits à la hâte, & les troupes s'étoient rassemblées & embarquées si précipitamment, qu'arrivées à Ceuta, les infans furent très-étonnés, lorsque faisant la revue de leur petite armée, ils comptèrent à peine sept mille hommes, au lieu de quatorze mille qui leur avoient été promis. Cependant quelque foible que fût cette troupe, elle marcha fièrement vers Tanger dont elle alla former le siége ; les Maures alarmés, & ignorant encore le véritable état de l'armée Portugaise, se liguèrent pour la défense de Tanger, & le roi de Fez, à la tête d'une armée très-nombreuse, vint attaquer les assiégeans dans leurs retranchemens ; les infans repoussèrent d'abord les Maures ; mais bientôt investis de toutes parts, renfermés entre la ville & l'armée presque innombrable du roi de Fez, & ne voyant nul moyen de résister si l'on en venoit à une bataille, ils proposèrent au roi de Fez de lui rendre Ceuta, à condition qu'il permettroit aux Portugais de se rembarquer, & qu'ils ne seroient point attaqués dans leur retraite. Le roi de Fez pouvoit accabler les agresseurs, & s'il l'eût voulu il ne s'en seroit pas sauvé un seul; cependant il fut assez généreux pour accepter les propositions qui lui étoient faites, & il exigea seulement que l'un des deux infans resteroit en otage jusqu'à la restitution de Ceuta : cette condition fut acceptée : don Ferdinand resta parmi les Maures, & don Henri, se rembarquant avec les troupes, retourna à Ceuta. Cependant le roi *Edouard*, informé du petit nombre de soldats qui étoient passés en Afrique, se hâta d'y envoyer don Juan son frère à la tête d'un renfort très-considérable, & ces nouvelles troupes arrivèrent heureusement à Ceuta quelques jours après que les Portugais, retirés de devant Tanger, y étoient rentrés. Ce secours inattendu ranimant les espérances de don Henri, il oublia le traité qu'il avoit eu le bonheur de conclure avec le roi de Fez, & le danger auquel seroit évidemment exposé don Ferdinand, & au lieu de restituer Ceuta, il en renouvella la garnison, augmenta les fortifications, remplit les magasins, & renvoya en Portugal son frère, avec les soldats malades & hors d'état de servir. A leur entrée à Lisbonne, *Edouard* informé de tout ce qui s'étoit passé en Afrique, assembla son conseil pour examiner si l'on sacrifieroit Ceuta à la fois jurée par le traité de Tanger, ou si l'on sacrifieroit à la possession de Ceuta l'infant don

Ferdinand, frère du roi. Cette question étoit encore plus indécente qu'absurde : car enfin la restitution de Ceuta avoit été promise, & ce n'étoit qu'à cette condition que le roi de Fez avoit consenti à la retraite de l'armée Portugaise qu'il eût pu écraser; & de quelque importance que cette place fût pour le Portugal, il étoit contre l'intégrité, contre l'honneur même de la nation, de la retenir au mépris des sermens faits devant Tanger. Cependant le conseil fut d'un avis contraire, tant l'intérêt l'emporte sur l'honneur & sur l'équité : ce fut même, dit-on, de l'avis du pape que l'on convint de retenir Ceuta, & d'offrir au roi de Fez une très-grosse somme pour la rançon de don Ferdinand, & qu'au cas où les Maures se refuseroient à ce dédommagement, le pape publieroit une croisade pour procurer la liberté à don Ferdinand. Les Maures indignés de cette violation manifeste des promesses les plus solemnelles, rejettèrent toute offre, se refusèrent aux sollicitations des rois de Castille & de Grenade, & gardèrent don Ferdinand qui supporta avec une héroïque constance les dégoûts, les humiliations & les désagrémens de sa dure captivé : il resta, quelques efforts qu'on fît pour le dégager, parmi les infidèles, jusqu'à sa mort. Pendant qu'il languissoit en Afrique, *Edouard* faisoit à Lisbonne tout ce qui dépendoit de lui pour hâter le moment de sa délivrance : mais le Portugal n'étoit guère alors en état de faire des efforts heureux : les finances étoient dans le plus triste épuisement, & sans le chancelier Jean de Régras, qui, par des moyens que les circonstances empêchèrent de regarder comme oppressifs, fit rentrer des sommes considérables dans les coffres du roi, il eût fallu absolument renoncer à l'expédition projettée. Libre des inquiétudes que lui avoit données le mauvais état de ses finances, *Edouard* fit par mer & par terre les plus grands préparatifs pour porter la guerre chez les Maures d'Afrique, & il avoit d'autant plus de raison de se flatter du succès, que la nation, excitée par les bulles du pape, & plus encore par le desir qu'elle avoit de délivrer don Ferdinand, montroit l'impatience la plus vive & le zèle le plus ardent pour cette expédition. Le roi pensoit à cet égard comme les Portugais, & ce ne fut que malgré lui qu'il se vit obligé de suspendre pour quelque temps les soins auxquels il se livroit ; mais la peste qui ne cessoit de dévaster Lisbonne & les environs, l'obligea de se retirer dans l'Estramadure, & de se fixer à Tomar jusqu'à ce que la violence de la contagion se fût ralentie à Lisbonne ; mais peu de jours après qu'il se fut rendu à Tomar, il reçut une lettre de sa capitale, & l'ayant ouverte sans précaution, il fut subitement attaqué de la peste; le mal fit en peu de momens tant de progrès, qu'il mourut le 9 Septembre 1438 dans la quarante-septième année de son âge, & après un règne de cinq ans & un mois. A ses qualités estimables, *Edouard* joignoit des talens peu communs, & un goût éclairé pour la littérature : il s'étoit déclaré l'auteur de deux ouvrages qui avoient été reçus avec applaudissement, quoiqu'on ne sût point encore qui les avoit composés : l'un étoit intitulé *le bon conseiller*, rempli de réflexions morales & politiques, aussi sages qu'ingénieuses; l'autre étoit un *traité sur l'art de dompter & de dresser les chevaux*. (*L. C.*)

EDRED. (*Hist. d'Angleterre.*) Les foiblesses de ce prince éclipsèrent, sur la fin de sa vie, les grandes qualités qui l'avoient rendu célèbre dans les premières années de son règne. Par sa valeur & ses bienfaits il mérita d'abord l'estime générale; il sut gagner la confiance de ses sujets : mais la pusillanimité lui fit perdre dans la suite une partie de leur affection. Frère d'Edmond I, & petit-fils d'Edouard l'ancien, *Edred* fut, à bien des égards, digne de succéder à ces illustres souverains. Sa valeur héroïque se signala par des actions d'éclat, & ses armes victorieuses affranchirent l'Angleterre du joug des rebelles Danois. A peine les Northumbres eurent appris l'événement funeste qui venoit de terminer les jours d'Edmond I, qu'impatiens de rentrer dans leur ancienne indépendance, & comptant sur la foiblesse & l'incapacité du nouveau souverain, ils résolurent de se procurer par la force des armes la liberté qu'ils n'avoient pu jusqu'alors obtenir par le moyen du brigandage & des factions. Dans cette vue ils se liguèrent avec Malcolm, roi d'Ecosse, qui crut cette occasion propre à se délivrer de l'engagement qu'il avoit contracté, relativement à la province de Cumberland. Il comptoit, comme les Danois Northumbres, sur l'incapacité d'*Edred* qu'il croyoit hors d'état de résister à l'attaque des deux armées confédérées. Mais Malcolm & ses alliés se trompoient, & l'événement ne justifia point leurs espérances. *Edred* aussi brave qu'Edmond, & plus actif encore, instruit des grands projets qu'on formoit contre lui, fit tant de diligence, que déja il étoit suivi d'une puissante armée au centre du Northumberland, avant que les Danois eussent même arrêté le plan de leurs opérations. Surpris, & hors d'état de faire éclater leur révolte, moins en état encore de résister aux Anglois, il ne restoit aux Danois Northumbres d'autre ressource que celle d'avouer la perfidie de leurs complots & d'implorer la clémence du roi. Ce fut le parti qu'ils prirent, & ils conjurèrent *Edred* de leur prescrire les conditions auxquelles il voudroit leur accorder la paix. Ces conditions ne furent ni dures ni avilissantes : le roi d'Angleterre, satisfait de la soumission des rebelles, se contenta de leur imposer quelques amendes, & de faire punir les principaux auteurs de la révolte. S'éloignant ensuite du Northumberland, il s'avança vers les frontières de l'Ecosse, où il se proposoit de punir plus rigoureusement l'ingratitude de Malcolm : mais celui-ci, déconcerté par l'humiliation des Northumbres, & ne pouvant seul résister aux forces du roi d'Angleterre, se hâta de suivre l'exemple de ses alliés, & se soumettant comme eux, il jura de rendre à l'avenir l'hommage qu'il avoit tenté de refuser. *Edred*, trop généreux pour supposer des intentions perfides à des ennemis abattus, crut la guerre terminée, & retourna dans le Wessex ; mais il connoissoit mal l'inquiétude naturelle & la fausseté des Danois, ils se révoltèrent encore, rappellèrent pour la troisième fois, du fond de l'Irlande, Anlaf, leur ancien souverain, prirent des mesures si justes, & agirent avec tant de célérité, qu'ils s'étoient emparés des places les plus considérables avant qu'*Edred* eût pu être informé des premiers actes d'hostilité. Maître du Northumberland, Anlaf s'y fortifia de manière qu'il ne resta plus aux Anglois ni le moyen, ni l'espérance de lui en disputer la possession ; & il est vraisemblable qu'il eût conservé ce royaume, si son caractère inquiet, la dureté de son gouvernement, & l'énormité de ses vexations, n'eussent enfin déterminé ses sujets à le contraindre pour la quatrième fois de descendre du trône, sur lequel ils placèrent Eric. Ce nouveau souverain ne jouit pas paisiblement du sceptre ; une partie des Northumbres restoit attachée à Anlaf, en sorte que le royaume tant de fois agité par la guerre civile, fut partagé encore en deux factions qui, par leur haine mutuelle & leur acharnement à s'entre-détruire, fournirent à *Edred* l'occasion de réparer ses pertes. Il profita des circonstances, & rentrant à la tête de son armée dans le Northumberland, il menaça les habitans de mettre tout à feu & à sang, s'ils différoient de se soumettre. Les Northumbres, fatigués de leurs propres dissentions, épuisés & trop peu d'accord entr'eux pour réunir leurs forces contre le roi d'Angleterre, implorèrent sa clémence, & lui promirent la plus inviolable fidélité. Toujours trop généreux pour supposer dans les autres une dissimulation dont son ame étoit incapable, *Edred* se laissa fléchir, pardonna à la nation ; il laissa Eric sur le trône, & reprit la route du Wessex. Mais il s'étoit à peine éloigné des frontières du Northumberland, que les Northumbres se rassemblant tombèrent inopinément sur son arrière-garde, & la mirent dans un tel désordre, qu'il ne fallut pas moins que la valeur & l'activité d'*Edred* pour sauver son armée d'une entière déroute. Irrité de cette trahison, *Edred* rentra dans le Northumberland, résolu d'y porter le ravage & la mort. Son arrivée répandit la consternation parmi les Northumbres, qui ne comptant plus sur le succès de leurs protestations, conjurèrent *Edred* de leur imposer les conditions auxquelles il daigneroit accepter leur soumission ; & pour prouver la sincérité de leurs offres, ils renoncèrent solemnellement à l'obéissance d'Eric, & poignardèrent Annac, fils d'Anlaf, qu'ils accusèrent seul de la trahison. *Edred*, appaisé par ces soumissions, mais trop prudent pour laisser aux Northumbres aucun prétexte de se révolter encore, leur pardonna, mais renversa le trône, & réduisit le royaume en province, à laquelle il laissa un gouverneur avec une garnison angloise. C'étoit le seul moyen de pacifier ce pays qui, depuis cette époque, cessa de troubler le repos de l'Angleterre.

Ce souverain mourut après un règne de dix ans, & laissa deux fils très-jeunes, Elfride & Bedfride, qui ne lui succédèrent point ; sa couronne fut placée sur la tête d'Edwy, son neveu, fils d'Edmond son frère, par les vœux de la noblesse & du clergé : car alors le sceptre n'étoit point héréditaire, du moins il n'étoit point transmis en ligne directe : c'étoient les suffrages réunis du clergé & de la noblesse qui en disposoient ; mais il paroît aussi qu'on observoit de le donner, dans le cas de minorité des fils des rois, aux héritiers les plus proches du dernier souverain. (*L. C.*)

EDRIC *ou* EDRICK, dit Stréon ou l'Acquisiteur. *Voyez* Canut 2. & Ethelred 2.

EDWARTS, (*George*) (*Hist. Litt. Mod.*) naturaliste anglois moderne, souvent cité par M. de Buffon, est auteur d'une *Histoire naturelle des oiseaux, animaux & insectes* avec des planches coloriées, & d'un autre ouvrage du même genre intitulé *glanures d'Histoire naturelle.*

EFFENDI, s. m. (*Hist. mod.*) en langue turque signifie *maître.* On donne quelquefois ce titre au mufti & aux émirs ; les secrétaires ou maîtres d'écriture le prennent aussi, & il semble désigner particulièrement leur office. En général, tous ceux qui ont étudié, les prêtres des mosquées, les gens de lettres, & les jurisconsultes ou gens de robe, sont décorés de ce titre. On nomme le grand chancelier de l'empire, *rai effendi.* Ricaut, *de l'Empire Ottoman* & *Chambers.* (*G*)

EFFIAT, (*Antoine Coiffier d'*) (*Hist. de Fr.*) dit Ruzé, sur-intendant des finances & maréchal de France sous Louis XIII, portoit ce nom de Ruzé, parce que Martin Ruzé seigneur de Beaulieu, son grand-oncle, secrétaire d'état sous Henri III, Henri IV, & Louis XIII, mort en 1613, l'avoit institué son héritier sous cette condition, & lui avoit laissé les terres de Beaulieu, Chilly, Longjumeau, &c. Gilbert Coiffier, son aïeul paternel, étoit maître-d'hôtel du roi Charles IX. Le maréchal d'*Effiat* mourut le 27 juillet 1632 près de Trèves, en allant commander en Allemagne. Le jeune & malheureux Cinq-Mars, grand-écuyer de France, arrêté à Narbonne le 13 juin, décapité à Lyon le 12 septembre 1642, moins de trois mois avant la mort de son ennemi le cardinal de Richelieu, étoit fils du maréchal d'Effiat ; le cardinal l'avoit donné pour favori à Louis XIII, qui ne pouvoit se passer de favoris, mais qui n'en avoit jamais aimé aucun;

autant qu'il aima Cinq-Mars. Richelieu qui s'en apperçut, voulut le perdre, Cinq-Mars voulut le prévenir & crut pouvoir y réussir, parce que le roi qui haïssoit, craignoit & respectoit Richelieu, se plaignoit toujours de lui & le livroit aux plaisanteries de ses favoris ; malheureusement Cinq-Mars prit une voie criminelle pour nuire au ministre, il signa un traité avec l'Espagne, mais tout le monde savoit bien qu'il n'en vouloit ni au roi ni à l'état, & qu'il ne cherchoit qu'à embarrasser le ministre. Louis XIII qui avoit été beaucoup plus mécontent de Cinq-Mars, toutes les fois que ce jeune homme le quittoit pour aller à Paris voir ses maîtresses; Louis XIII, qui avoit toujours beaucoup plus craint ses infidélités que ses complots, lui laissa tranquillement couper la tête, en disant au moment de l'exécution: *l'ami* (c'est ainsi qu'il le nommoit toujours) *fait en ce moment une vilaine grimace*. Les grands biens des Ruzé & des d'Effiat passèrent au maréchal de la Mailleraye par son mariage avec Marie Coiffier, dite Ruzé, sœur du grand-écuyer Cinq-Mars, & par-là à la maison de Mazarin qui descendoit de ce maréchal, son fils ayant épousé Hortense Mancini-Mazarini.

EGALEURS, s. m. (*Hist. mod.*) nom qu'on donna en Angleterre pendant les troubles qui agitèrent ce royaume sous Charles I, à un parti de factieux qui vouloit égaler toutes les conditions des habitans de la Grande-Bretagne ; de sorte que les loix pussent obliger également toute sorte de personnes, & que ni la naissance, ni la dignité, ne pussent dispenser qui que ce fût des poursuites de la justice. Ils furent défaits & dissipés par Fairfax en 1649, dans le comté d'Oxfort. *Chambers.* (*G.*

EGBERT. (*Hist. d'Angleterre.*) Pour ces hommes cruels, pour ces ames atroces, qui dans la royauté ne connoissent d'autre avantage que le pouvoir funeste d'opprimer impunément les peuples, d'effrayer, d'écraser les nations, de porter le fer & la flamme, le ravage & la mort de contrée en contrée, *Egbert* fut, sans contredit, un héros magnanime, & l'un des rois les plus illustres de son siècle. Mais pour les cœurs sensibles, généreux, bienfaisans, qui n'estiment du rang suprême que la prérogative qui y est attachée, de rendre les hommes heureux, de protéger les arts, de faire régner la justice, la concorde, la paix ; pour ceux qui n'apprécient les souverains que d'après les vertus qu'ils ont exercées & les bienfaits qu'ils ont versés; *Egbert* ne fut qu'un brigand couronné, tyran de ses sujets, usurpateur insatiable des états des princes voisins ; ennemi redoutable, ami suspect & allié sans foi, il ne vécut, il ne régna que pour le malheur de ses peuples, forcés de concourir à l'exécution de ses projets ambitieux, & pour le désastre des souverains de l'heptarchie, dont il brisa les sceptres, & dont il usurpa les différens royaumes, *Egbert* eut cependant de grandes qualités ; mais il eut de plus grands vices, & sa gloire fut ternie par l'indignité des moyens qu'il employa pour assouvir son ambition. Outré dans ses desirs, injuste dans ses vues, il fut d'autant plus condamnable, d'autant plus criminel, qu'il avoit lui-même éprouvé les vexations de l'injustice & les horreurs de l'oppression. Car Bithrigk, roi de Wessex, craignant, peut-être avec raison, la présence d'*Egbert*, prince du sang royal, & voyant avec inquiétude les marques d'estime, de confiance & de respect que les West-Saxons ne cessoient de lui donner, crut que le seul moyen de déconcerter les vues d'un tel rival, étoit de l'éloigner de sa cour & de ses états. *Egbert* se retira auprès d'Offa roi de Mercie ; mais n'y trouvant ni asyle, ni protection, il passa à la cour de Charlemagne, qui l'accueillit avec distinction, lui accorda son estime, & lui donna sa confiance.

Egbert vécut douze ans à la cour de Charlemagne; &, ambitieux comme il l'étoit, il eut plus de temps qu'il ne lui en falloit pour se former, soit dans l'art des combats, soit dans la politique, science affreuse alors, & qui ne consistoit qu'à couvrir adroitement des voiles de la perfidie, ou des ombres trompeuses de la dissimulation, des projets de conquêtes ou des vues d'usurpation.

Bithrigk empoisonné par Edburge sa femme, étoit à peine expiré, que les West-Saxons dont le temps n'avoit point affoibli les sentimens, se hâtèrent d'envoyer une ambassade solemnelle à *Egbert*, qui pour lors étoit à Rome avec Charlemagne. Les ambassadeurs West-Saxons offrirent le sceptre du Wessex à *Egbert* ; il prit congé de Charlemagne, & se rendit dans ses nouveaux états. Ses qualités brillantes ne démentirent pas les flatteuses espérances des West-Saxons ; à sa valeur naturelle qui l'élevoit au rang des guerriers les plus célèbres de son siècle, il joignoit les plus rares talens, une politique profonde, & une expérience éclairée par les leçons & les exemples de Charlemagne, qui pendant près de douze années avoit daigné lui servir de modèle, de guide & d'instructeur.

Egbert connut combien les rois de l'heptarchie lui étoient inférieurs ; & formant le projet de s'élever sur leurs ruines, il résolut de profiter, aussi-tôt qu'il lui seroit possible, de sa supériorité : mais ne jugeant point les circonstances favorables à l'exécution de ses desseins, il employa les sept premières années de son règne au soin de son royaume, à gagner, par son amour pour la justice, par la sagesse de ses loix, & sur-tout par sa bienfaisance, l'affection de ses sujets : il voulut être aimé & le fut. Ses états étant bornés au midi par la mer, au nord par la Tamise, à l'orient par le royaume de Kent, où régnoit le valeureux Cenulphe, roi de Mercie & souverain des Anglo-Saxons, prince aussi célèbre par l'éclat de ses victoires, qu'il étoit redoutable par les nombreuses armées qu'il avoit sous ses ordres, il ne restoit à l'ambitieux *Egbert*, que les Bretons de Cornouailles, contre lesquels, en attendant de plus heureuses conjonctures, il lui fut permis alors de commencer à remplir le vaste plan d'usurpation qu'il avoit médité. Il avoit sur les Bretons de Cornouailles, qui ne s'attendoient point à des actes d'hostilité, trop d'avantages pour qu'il y eût aucune incertitude sur l'événement. En une seule campagne, les Bretons vaincus, subjugués, furent contrains de reconnoître leur vainqueur pour souverain. Les Gallois ayant tenté de secourir les Bretons, fournirent un prétexte à *Egbert* qui, portant la guerre & la terreur dans le pays de Galles, s'empara, presque sans combattre, de la plus étendue des trois principautés qui composoient la contrée de Galles. Les tentatives que les Gallois osèrent faire dans la suite, pour secouer le joug qu'ils avoient été forcés de subir, ne servirent qu'à les rendre plus malheureux encore. *Egbert*, les traitant en rebelles, entra chez eux en despote irrité, ravagea leurs possessions, mit tout à feu & à sang; & exerçant sur eux la plus rigoureuse vengeance, les mit pour jamais hors d'état de l'irriter encore.

Cette rapide expédition fut suivie du plus heureux événement qu'*Egbert* pût désirer, de la mort de Cenulphe, roi de Mercie, & suprême monarque des Anglo-Saxons, dignité qui fut conférée à *Egbert* sans qu'il eût à lutter contre aucun concurrent. Ce rang, quelqu'élevé qu'il fût, ne pouvoit satisfaire son ambition. La mort de Cenulphe, l'estime générale de la nation, le désordre & les divisions qui agitoient les royaumes saxons, étoient des circonstances trop favorables au roi de Wessex, pour qu'il les négligeât. Son royaume étendu par ses nouvelles conquêtes, étoit dans l'état le plus florissant, tandis que les royaumes voisins, affoiblis, épuisés par des dissentions habituelles, n'avoient ni éclat ni puissance, & chaque jour paroissoient s'approcher de leur entière décadence. *Egbert* possédoit donc le plus puissant royaume de l'heptarchie, réduite depuis quelque temps à quatre souverainetés; dans les trois autres, la race des souverains étoit éteinte: des factions divisoient les seigneurs qui, tous également ambitieux, quoique tous également incapables de régner, aspiroient à la couronne. Le Northumberland déchiré par deux factions, étoit trop occupé de ses propres malheurs pour songer à se précautionner contre les ennemis étrangers. La Mercie étoit plus agitée que le Northumberland, & Bernulphe, qui y régnoit, ne se soutenoit sur le trône qu'à la faveur de la faction qui, lui ayant donné le sceptre contre les vœux de la nation, pouvoit le maintenir à peine contre la jalousie & la haine des grands. Ainsi quoiqu'augmentée par l'acquisition de l'Estanglie, & par la soumission du roi de Kent, devenu tributaire, la Mercie étoit infiniment moins puissante que le Wessex. A l'égard du royaume d'Essex, soit qu'il n'existât plus sous la même forme de gouvernement, ou qu'il fût encore gouverné par ses propres rois, ce que l'on ignore; soit qu'il eût été réuni à la Mercie, comme la plupart des historiens le présument, il ne jouissoit plus d'aucune sorte de puissance ni de considération.

Animé par ces circonstances, *Egbert*, presque assuré du succès de ses entreprises, fit des préparatifs qui, donnant des soupçons au roi de Mercie, le firent penser à se précautionner contre les mesures que le roi de Wessex paroissoit prendre pour s'aggrandir aux dépens de ses voisins. Bernulphe, dans la crainte que ce ne fût contre lui principalement que ces préparatifs fussent dirigés, crut que le seul moyen de rompre ces projets de conquête, étoit de prévenir le roi de Wessex, & de l'attaquer lui-même sans lui laisser le temps d'achever ses dispositions. D'après ce plan, Bernulphe, à la tête d'une armée considérable, s'avança jusqu'auprès de Salisbury, où, contre son attente, il rencontra son ennemi. Les deux armées ne tardèrent point à combattre, les Merciens furent entièrement défaits, & la perte fut telle qu'il n'étoit pas possible de la réparer. Cette victoire fut un coup décisif pour le roi de Wessex, non-seulement à cause de l'affoiblissement du roi de Mercie, qui désormais ne pouvoit plus arrêter ses progrès, mais par la facilité qu'*Egbert* avoit à s'emparer du royaume de Kent, dont la conquête lui soumettroit tout le pays entre la Tamise & la mer. Aussi, à peine eut-il remporté la victoire, qu'il envoya Ethelwolph son fils, suivi d'une forte armée, dans le royaume de Kent. Baldred, qui y régnoit, hors d'état de soutenir par lui seul cette attaque, implora vainement le secours du roi de Mercie: Bernulphe entièrement épuisé par sa propre défaite, désespéroit lui-même de pouvoir sauver ses états; & Baldred, forcé de combattre, & trop fier pour se soumettre, soutint seul le faix de la guerre; mais trop foible pour lutter contre *Egbert*, il fut vaincu, se retira dans la Mercie, & abandonna son royaume au vainqueur qui le réunit à ceux de Wessex & de Sussex.

On ne sait ni dans quel temps, ni à quelle occasion le royaume d'Essex tomba sous la domination d'*Egbert*; & tout ce que l'on trouve à ce sujet dans les *Annales saxonnes*, est que le roi de Wessex passa de la conquête de Kent à celle du royaume d'Essex, & qu'il ne lui resta plus à soumettre que le Northumberland, la Mercie & l'Estanglie. Il est très-vraisemblable que malgré la terreur que ses armes & ses victoires inspiroient aux Saxons, jamais il ne fût parvenu à étendre aussi loin sa puissance, si ces trois royaumes se fussent réunis pour leur commune défense: mais les divisions qui y régnoient, ne leur permettoient point de songer à une confédération si nécessaire. Les Estangles indignés d'avoir subi le joug, ne pensoient qu'aux moyens de s'en affranchir, & de se venger du roi de Mercie qui les avoit forcés de se soumettre. Les Northumbres éprouvant depuis quelques années les horreurs de l'anarchie, bien loin de secourir leurs voisins, ou même de penser à se précautionner contre les ennemis du dehors, n'étoient occupés qu'à chercher les moyens de s'entre-détruire. *Egbert* laissa aux Northumbres le soin de lui préparer eux-mêmes, en s'affoiblissant de plus en plus, la conquête de leur pays, il ne s'attacha qu'à entretenir la discorde que la haine avoit allumée entre les Merciens & les Estangles : dans cette vue, il fit proposer aux derniers de lever l'étendard de la rebellion contre les Merciens, & leur fit espérer des secours. Encouragés par ces promesses, & d'ailleurs excités par le desir de la vengeance, les Estangles prirent les armes, & Bernulphe ignorant qu'ils étoient soutenus, crut qu'il n'auroit qu'à paroître pour les faire rentrer sous son obéissance : trop rempli de confiance, il marcha contre eux à la tête d'une petite troupe ; mais il n'eut pas même le temps de se repentir de son imprudence : les Estangles se jetèrent sur sa petite armée, l'exterminèrent, & Bernulphe demeura au nombre des morts. Les Merciens connurent, mais trop tard, que c'étoit beaucoup moins les Estangles qu'ils avoient à redouter, que le prince ambitieux, qui n'avoit animé les Estangles, qu'afin de s'emparer plus aisément de la Mercie. Ces idées ne les découragèrent point, ils se déterminèrent à opposer à *Egbert* la plus forte résistance ; mais cette généreuse résolution étoit tardive, & il n'y avoit point de barrière assez forte pour arrêter un tel conquérant dans sa course. *Egbert* cessant de se contraindre, se déclara ouvertement pour les Estangles, battit les Merciens, poursuivit sa victoire, & finit par se rendre maître de la Mercie, qu'il fut tenté de réunir à ses états ; mais qu'aux pressantes sollicitations de Siward, abbé de Croyland, il consentit de laisser à Witglaph, à condition qu'il feroit hommage au vainqueur, & se déclareroit son tributaire.

Jusqu'alors les Estangles s'étoient flattés qu'*Egbert* n'avoit embrassé leur défense que pour les délivrer d'un joug qui leur étoit insupportable : mais bientôt ils reconnurent leur erreur, & se crurent heureux d'être reçus sous la protection du vainqueur, aux mêmes conditions qu'ils avoient trouvées si dures de la part du roi de Mercie; en sorte que tout l'avantage qu'ils tirèrent de cette guerre, fut de changer de maître.

Il ne restoit plus à *Egbert* que le Northumberland à conquérir, & les Northumbres, par leurs divisions & la continuité de la guerre civile qui les avoit épuisés, avoient fait tout ce qui dépendoit d'eux pour lui faciliter cette conquête : aussi lorsqu'*Egbert* se présenta sur les frontières du Northumberland, Andred & ses sujets, épouvantés du sort que la plus foible résistance leur feroit éprouver, implorèrent la clémence du conquérant, & acceptèrent avec reconnoissance, la paix qu'il leur offrit aux mêmes conditions qu'il avoit imposées aux Merciens & aux Estangles.

Ainsi finit, après une durée de 243 ans, l'heptarchie Saxonne, par la réduction entière des sept royaumes qui la composoient, à la domination du roi de Wessex.

Egbert mit fin à ses conquêtes & à ses usurpations dans la vingtième année de son règne sur le Wessex, après treize ans de guerre, ou pour parler avec plus de justesse, après treize ans d'injustice & de brigandage. Avant que d'attaquer les souverains de l'heptarchie, nous avons vu qu'il avoit essayé son bonheur & ses forces sur les Bretons. Il livra plus de combats qu'aucun des conquérans dont il soit parlé dans l'histoire, & jamais il n'éprouva l'inconstance de la fortune : c'est d'après la soumission des Northumbres qu'on lui donne le titre de roi des Anglois, qui cependant obéissoient à leurs propres souverains : car la domination d'*Egbert* étoit composée des quatre royaumes de Wessex, de Sussex, de Kent & d'Essex, qui étoit peuplé de Saxons ; & il avoit laissé les trois autres royaumes, habités par les Anglois, sous le gouvernement de leurs rois particuliers, ses vassaux & ses tributaires, sur lesquels il ne s'étoit réservé que la souveraineté.

Tranquille au sein de la victoire, *Egbert* jouissoit glorieusement du fruit de ses travaux ; il goûtoit, sans remords, les avantages que ses usurpations lui avoient procurés, lorsqu'il apprit qu'une flotte de pirates Danois, forte de trente-cinq vaisseaux, avoit abordé au port de Charmouth. A cette nouvelle, *Egbert* comptant sur le bonheur qui ne l'avoit jamais abandonné, rassembla promptement les troupes qu'il put réunir, & vola vers Charmouth ; mais la fermeté des Danois qui l'attendoient de pied ferme & qui le reçurent avec une valeur à laquelle il ne s'attendoit point, lui firent connoître enfin les vicissitudes du sort des armes : il attaqua courageusement les Danois ; mais après un combat long & sanglant, la victoire se déclara pour eux ; l'armée Angloise fut battue, dispersée, & *Egbert* lui-même fut contraint, pour la première fois de sa vie, de fuir devant les ennemis. Cependant les Danois, qui n'avoient point formé des projets de conquête, ni d'établissement, contens d'avoir ravagé la campagne & d'avoir fait un immense butin, remontèrent sur leurs vaisseaux.

Animés par l'éclat de ce succès, les Danois, deux ans après, informés que les habitans de Cornouailles brûloient d'impatience de secouer le joug des Anglois, revinrent en plus grand nombre encore que la première fois : ils descendirent sur les côtes Britanniques, & allèrent dans la province de Cornouailles, où ils furent reçus comme des ses libérateurs. Après s'être fortifiés par le nombre considérable des rebelles qui se joignirent à leur armée, ils se mirent en marche pour aller combattre *Egbert*, qu'ils craignoient d'autant moins, qu'ils se ressouvenoient de la victoire qu'ils avoient remportée sur lui. Mais la célérité du monarque anglois qu'ils croyoient surprendre, affoiblit leur confiance; *Egbert* vint au-devant d'eux avec toutes ses forces, les rencontra, & leur livrant bataille auprès de Hengist-Dun, dans le pays de Cornouaille, il effaça par une victoire complette la honte de la défaite qu'il avoit éprouvée à Charmouth, deux ans auparavant. Ce succès, terminant les exploits héroïques d'*Egbert*, délivra pendant le reste de son règne ses états & l'Angleterre entière des invasions des Danois. Comme si *Egbert*, en cessant de combattre, eût cessé d'exister, les historiens ne rapportent plus rien de ce prince; quelques-uns disent seulement que ce fut peu de temps après la retraite des Danois, qu'*Egbert*, par un édit approuvé par l'assemblée générale de la nation, voulut qu'à l'avenir, on donnât le nom d'*Angleterre* à cette partie de la Grande-Bretagne qui avoit jadis été conquise par les Anglo-Saxons, & dont ils avoient formé sept royaumes. Rapin-Thoiras soutient, &, je pense, avec raison, que ce fait n'est ni vraisemblable, ni vrai: il le croit invraisemblable, parce qu'il lui paroît hors de toute apparence, 1°. qu'*Egbert*, Saxon lui-même, & possesseur d'un royaume dont toutes les provinces étoient habitées par des Saxons, ait donné à ces sept royaumes le nom d'*Angleterre*; 2°. parce que les royaumes d'Estanglie, de Mercie & de Northumberland, habités par les Anglois, étant ses tributaires, on ne peut supposer qu'*Egbert*, vainqueur de ces royaumes, ait songé à contraindre ses sujets victorieux à prendre le nom des peuples qu'ils venoient de subjuguer. D'ailleurs, il est prouvé que long-temps avant ce conquérant, on appelloit indifféremment les trois peuples qui s'étoient établis dans la Grande-Bretagne, du nom d'*Anglois*, comme l'a fait Bede, dans son *Histoire ecclésiastique de la nation angloise*, écrite fort long-temps avant la dissolution de l'heptarchie. Mais c'est le sujet d'une dissertation, & ce n'est point ici le lieu de disserter.

Egbert, couvert de gloire, mourut après 37 ans de règne, 20 ans comme roi de Wessex, 7 revêtu de la dignité de chef suprême, & 10 comme souverain de toute l'Angleterre: il ne laissa de Redburge son épouse, qu'un fils, Ethelwolph qui lui succéda, mais qui n'eut aucune de ses grandes qualités, & qui, par cela même, fut moins funeste à ses contemporains. (*L. C.*)

EGINARD ou EGINHARD, (*Hist. de Fr. & d'Allem.*) après avoir été secretaire de Charlemagne, fut élevé par lui à la dignité de chancelier; il eut aussi une place qui répond à celle de surintendant des bâtimens; il fut encore dans la suite gouverneur de l'empereur Lothaire, fils aîné de Louis le débonnaire; peut-être eut-il l'honneur d'être gendre de Charlemagne: voici comment on raconte cette histoire. Eginard ayant passé une nuit dans l'appartement de la princesse Imma ou Emma, fille de Charlemagne, mais dont la mère est inconnue, & voulant se retirer avant le jour, trouva la terre couverte de neige; il craignit que la trace de ses pas ne trahît le mystère de ses amours; il fit part de son inquiétude à Emma qui, prenant son parti d'après les circonstances, le porta sur ses épaules jusqu'au-delà de la neige. Cependant si les pas d'un homme, sortant de l'appartement d'Emma, étoient un indice de leur commerce, les pas d'une femme allant de l'appartement de la princesse à celui d'Eginard ne pouvoient-ils pas aussi être suspects? Il faut sans doute supposer qu'elle le porta dans un lieu où les pas d'une femme pouvoient s'adresser sans faire naître aucun soupçon, à la chapelle par exemple, & d'où Eginard pouvoit ensuite se retirer sans inconvénient. Mais Charlemagne, qui se levoit souvent au milieu de la nuit pour observer les astres, vit ce stratagême de l'amour, il reconnut sa fille courbée sous son fardeau & marchant avec peine, il reconnut aussi Eginard. Il fit d'abord la démarche assez peu prudente, ce semble, d'assembler son conseil & de le consulter sur cette matière, qui n'étoit pas de son ressort; c'étoit d'ailleurs un peu trop compter sur la discrétion des conseillers. Le conseil se montra plus sage que le prince, il ne décida rien, & s'en rapporta entièrement à la prudence de Charlemagne. Celui-ci fit venir Eginard & Emma, & après leur avoir fait quelques plaisanteries qui les déconcertèrent beaucoup, en leur annonçant qu'ils étoient découverts, il se hâta de les marier. Cette histoire, rapportée dans la chronique de Lauresheim, a servi de modèle à quelques histoires semblables, (voyez-en une du même genre à l'article ANNE IWANOWA, page 338, col. prem.) & de sujet à quelques contes. La plupart des critiques la rejettent, en se fondant sur le silence d'Eginard. On pourroit même alléguer son témoignage formel; car Eginard dit expressément que Charlemagne ne maria aucune de ses filles. Les raisons qui peuvent établir la vérité de l'anecdote, & celles qui la combattent, sont presque toutes rassemblées dans la préface que M. Schmincke a mise à la tête d'une bonne édition qu'il a donnée de la vie de Charlemagne par Eginard.

Les Romanciers qui ont tant embelli & défiguré l'histoire de Charlemagne & de tout ce qui s'y rapporte, ont ajouté quelques circonstances au récit de la chronique de Lauresheim; ils ont fait Emma fille légitime de Charlemagne & d'Hildegarde; ils ont aussi relevé la naissance d'Eginard, en le supposant fils d'un seigneur austrasien, nommé Ingilmer, tué dans les guerres de Charlemagne contre les Saxons. Eginard est présenté à l'âge de cinq ans, par Alpaide sa mère à Charlemagne, qui jure de lui servir de père & qui fait Alpaide gouvernante des enfans qu'il avoit eus de la reine Hildegarde,

Alpaide voit naître Emma, & lui tient lieu de mère après la mort d'Hildegarde. Emma parut avoir de la disposition pour les belles-lettres, Eginard y excelloit; il fut choisi pour être son instituteur, il avoit dix ans de plus qu'elle; leur histoire dès ce moment, est, chez les romanciers, celle d'Héloïse & d'Abailard.

Mais rentrons dans la vérité; Eginard est pour Charlemagne en partie ce que Joinville a été pour saint Louis, & Philippe de Comines pour Louis XI, excepté qu'il a écrit en latin & avec moins d'étendue. Son style est plus pur que celui de Charlemagne & des autres auteurs contemporains; ce qui a fait croire à quelques savans que son histoire avoit été retouchée après coup par les éditeurs.

M. Schmincke, le meilleur de ces éditeurs, impute à Eginard d'avoir cherché avec affectation non-seulement à imiter Suétone dans le style, mais même à le copier dans les faits.

EGINETE. *Voyez* PAUL EGINETE.

EGLY, (CHARLES-PHILIPPE DE MONTENAULT) D' (*Hist. litt. mod.*) de l'académie des belles-lettres, auteur d'une histoire des rois des deux Siciles, de la maison de France, & traducteur en prose de la *Callipédie* ou *la manière d'avoir de beaux enfans*, poëme latin de Claude Quillet. M. d'Egly travailla long-temps au Journal de Verdun; né à Paris en 1696, mort en 1749.

EGMONT ou EGMOND. (*Hist. mod.*) C'est le nom d'une des principales maisons de Hollande à laquelle le bourg d'Egmond a donné son nom. On la trouve dans l'histoire dès le commencement du huitième siècle.

De cette maison étoient Arnoul & Adolphe, ducs de Gueldres; ce dernier n'est que trop connu dans l'histoire. Ennuyé de la longue vie de son père, qui gouvernoit depuis quarante-quatre ans, il avoit conspiré contre lui, l'avoit dépouillé de ses états & enfermé dans un cachot dont ce malheureux père n'étoit sorti qu'au bout de six mois, par l'entremise du pape Sixte IV & de l'empereur Frédéric III, qui nommèrent le duc de Bourgogne Charles le téméraire juge entre le père & le fils. Les parties ayant comparu devant le duc de Bourgogne, le vieux père désespéré offrit le combat à son fils, qui l'alloit accepter sans le duc de Bourgogne; celui-ci ne fut que trop favorable à ce fils dénaturé dont il étoit allié. En effet, ces deux princes étoient beaux-frères, le duc de Bourgogne ayant épousé Isabelle, & le jeune duc de Gueldres Catherine, toutes deux filles de Charles I, duc de Bourbon. Charles le téméraire fit consentir le père à se démettre de ses états, moyennant une pension de six mille florins. Quand Comines porta cette proposition au fils: *j'aimerois mieux*, répondit ce barbare, *l'avoir jeté dans un puits. Il y a quarante-quatre ans qu'il règne, n'est-il pas temps que je règne à mon tour?* Une rage si forcenée révolta le duc de Bourgogne, qui, l'ayant fait arrêter & enfermer dans le château, soit de Namur, soit de Courtrai, soit de Gand, (car il y a des autorités pour chacun de ces trois endroits) profita de la donation que le vieux duc lui fit à lui-même de ses états.

Les Gantois, révoltés après la mort de Charles le téméraire contre Marie de Bourgogne sa fille, tirèrent le duc Adolphe de sa prison pour lui faire épouser Marie, quoiqu'il fût veuf de sa tante; mais ils voulurent que le duc de Gueldres méritât, par quelque service important, l'honneur qu'ils prétendoient lui procurer. Ils le chargèrent de reprendre Tournai que Louis XI venoit d'enlever à Marie. Tout sembla d'abord lui réussir: il attaqua les fauxbourgs, les prit & les brûla: mais la garnison fit une sortie si brusque & si vigoureuse, que l'armée du duc de Gueldres fut mise en déroute; le duc de Gueldres en cette occasion termina sa vie criminelle par une mort glorieuse.

Charles son fils rentra dans son duché; Maximilien, archiduc d'Autriche, qui avoit épousé Marie de Bourgogne, allégua vainement la donation faite au duc de Bourgogne son beau-père par le vieil Arnoul. Les états provinciaux de Gueldres jugèrent qu'il n'étoit pas juste que le jeune Charles d'Egmond, fils d'Adolphe, fût puni des crimes de son père. Charles-Quint, petit-fils de Maximilien & de Marie, lui contesta toujours ses états, & l'obligea de se mettre sous la protection de la France; il étoit en 1515 dans l'armée de François I, quelque temps avant la bataille de Marignan; on négocioit alors avec les Suisses, & la paix paroissoit certaine; il apprit que les Brabançons avoient fait une irruption dans ses états; il quitta l'armée, & courut pour les défendre; mais à peine fut-il arrivé à Lyon, qu'il reçut la nouvelle de la bataille de Marignan, il tomba malade de douleur de n'avoir pu s'y trouver. Il mourut sans enfans en 1538.

De la branche cadette qui devint alors l'aînée, étoit ce fameux Lamoral, comte d'Egmond, vainqueur à Saint-Quentin en 1557, & à Gravelines en 1558, & qui eut la tête tranchée à Bruxelles en 1568, pour avoir fait à Philippe II & au duc d'Albe des représentations en faveur des Hollandois & des Flamands qu'ils opprimoient. Le comte de Hornes & le prince d'Orange Guillaume comte de Nassau avoient embrassé la même cause. Mandés tous trois à la cour ils délibérèrent s'ils s'y rendroient: en n'y allant pas, ils encouroient la confiscation de leurs biens; en y allant, ils couroient risque de la vie ayant affaire à des tyrans; le comte d'Egmond fut d'avis d'obéir, & il entraîna le comte de Hornes; le prince d'Orange prit le parti de rester & de défendre les Flamands. On sait les adieux d'Egmond & d'Orange. *Adieu, prince sans terre*, dit le comte d'Egmond au prince. *Adieu, comte sans tête*, répondit le prince d'Orange; l'événement le justifia; le comte d'Egmond mourut avec la douleur d'avoir entraîné à l'échafaud son ami le comte de Hornes; le prince d'Orange eut la gloire d'être le fondateur de la liberté Belgique & Batavique. Le comte d'Egmond avoit marié deux fois Philippe II. Ambassadeur en Angleterre, il avoit conclu le mariage de ce prince avec la reine Marie. Ambassadeur en France, il avoit conclu un nouveau mariage de ce même prince avec la malheureuse Isabelle ou Elisabeth de France, fille de Henri II. Il n'avoit que quarante-six ans quand il mourut.

Le fils, courtisan lâche & guerrier téméraire,
Baisa long-temps la main qui fit périr son père,
Servit par politique aux maux de son pays,
Persécuta Bruxelle & secourut Paris.

Ce fils fut Philippe d'Egmond, l'aîné des fils de Lamoral. Philippe II l'envoya au secours du duc de Mayenne contre Henri IV. A son entrée dans Paris, il reçut les complimens de la ville; celui qui le haranguoit, ayant cru le flatter en donnant quelques louanges à son père qu'il faut nommer Lamoral, (nom de baptême & non pas l'Amiral, nom de dignité, comme on l'a fait encore dans la nouvelle édition de M. de Voltaire) *ne parlez pas de lui*, dit le comte, *il méritoit la mort, c'étoit un rebelle*. Paroles d'autant plus condamnables, observe M. de Voltaire, qu'il parloit à des rebelles & qu'il venoit défendre leur cause. Il fut tué à la bataille d'Ivri le 14 mars 1590.

Le dernier de cette maison fut Procope François, comte d'Egmond, duc titulaire de Gueldres, de Juliers & de Berghes, mort le 15 septembre 1707. Marie-Claire-Angélique d'Egmond sa sœur avoit épousé Nicolas Pignatelli, duc de Bisaccia, général des armées du roi d'Espagne dans le royaume de Naples. Le dernier comte d'Egmond avoit laissé par son testament les biens, souverainetés, droits & prétentions de sa maison au roi d'Espagne Philippe V, & n'avoit laissé que ses biens maternels au fils aîné de sa sœur. Mais ce testament a été cassé par arrêt du parlement de Paris du 12 juillet 1748; & Procope-Charles-Nicolas-Augustin-Léopold Pignatelli, fils du duc de Bisaccia & de Marie-Claire-Angélique d'Egmond, a succédé aux titres, biens, noms & armes de la maison d'Egmond. De-là les comtes d'Egmond actuels.

EGMOND, (Nicolas d') *Hist. ecclés.*) carme fanatique, animé de la plus violente fureur contre Erasme. Le pape Adrien VI lui avoit défendu de prononcer jusqu'au nom d'Erasme, parce que ce nom étoit toujours pour lui une occasion de péché; il obéit pendant la vie de ce pontife, mais après sa mort il se crut libre, & il recommença ses déclamations; il prêcha contre Erasme en présence d'Erasme même, en fixant sur lui ses regards & le montrant des yeux à l'auditoire. Erasme, pour s'amuser de ses fureurs, le cita devant le recteur de l'université de Louvain, d'Egmond comparut. On trouve dans la vie d'Erasme, par M. de Burigny, & dans l'histoire de François I, une conversation fort singulière entre ces deux hommes en présence du recteur.

D'EGMOND *à* ERASME.

Vous êtes l'auteur de tous les troubles, vous n'êtes qu'un fourbe dangereux, vous avez l'art d'envelopper adroitement toutes vos méchancetés.

ERASME.

Laissons les injures. Raisonnons, & feignez.....

D'EGMOND.

Je ne feins point. Cela est bon pour vous autres poëtes qui usez de fictions & qui mentez toujours.

ERASME.

Si vous ne voulez pas feindre, accordez-moi.....

D'EGMOND.

Je ne veux vous rien accorder.

ERASME.

Supposez donc... — Je ne suppose rien — Mettez donc qu'il soit — Je ne mettrai rien — Qu'il soit donc — Mais cela n'est point. Il faut pourtant convenir de quelque chose — Eh bien! convenez que vous avez tort.

ERASME.

Quand j'aurois tort, faut-il prêcher contre moi? Faut-il soulever le peuple? que ne vous contentez-vous d'écrire ou que ne m'attaquez-vous en justice?

D'EGMOND.

Ah! vous voudriez bien avoir la même autorité que moi. — Quelle autorité? — Celle que donne le talent de prêcher. — J'ai prêché autrefois, & il ne me seroit peut-être pas fort difficile encore d'égaler certains prédicateurs. — Que ne prêchez-vous donc? — Je crois que mes livres sont plus utiles aux bonnes lettres que des sermons. — Vos bonnes lettres sont de très-mauvaises lettres. — J'ai rétabli plusieurs choses dans les livres sacrés. — Vous les avez altérés. — Cependant le pape a daigné approuver mon travail par un bref — bon! qui a vu ce bref? — Voulez vous le voir. — Je ne veux rien voir qui ait rapport à vous.

Laissons ces discours, dit le recteur, & voyons ce qu'on peut faire pour vous réunir.

D'EGMOND.

Qu'il fasse réparation aux docteurs de Louvain; qu'il les reconnoisse publiquement pour de bons & de vrais docteurs.

ERASME.

Je ne leur ai jamais refusé ce titre, & je ne

leur refuserai point mes éloges, lorsqu'ils me fourniront quelque occasion de leur en donner.— Et nous ne vous refuserons point les nôtres, quand vous nous fournirez quelque occasion de vous en donner. Vous avez la plume & nous la langue. Chacun se sert des armes qu'il sait manier.

Le recteur fit tourner la conversation sur Luther.

D'EGMOND.

Eh bien ! il a écrit pour Luther, qu'il écrive contre lui.—Je n'ai point écrit pour Luther, & je ne juge point à propos d'écrire contre lui. Il ne me convient point d'accabler un ennemi terrassé. — Ecrivez du moins que nous l'avons confondu. — L'avez-vous confondu ? Je l'ignorois. En ce cas, c'est aux vainqueurs à chanter leur victoire.

D'EGMOND, *s'en allant avec fureur.*

Vous voyez bien qu'il est impossible de convenir de rien avec cet hérétique ; qu'il écrive contre Luther, ou nous le poursuivrons comme luthérien. Je n'ai plus rien à dire.

(Voyez l'article ERASME.)

D'Egmond se nommoit ainsi parce qu'il étoit du bourg d'Egmond en Hollande. Il mourut en 1527.

EGNATIUS. Il y a deux hommes connus de ce nom.

L'un, Publius Egnatius, Stoïcien hypocrite, faux témoin vendu aux fureurs de Néron pour déposer contre le vertueux Bareas Soranus, dont il avoit été le client & l'ami, apprit aux Romains, dit Tacite, à redouter autant les faux amis & les faux sages que les artisans publics de fraudes & les scélérats les plus connus, *dedit exemplum præcavendi, quomodò fraudibus involutos aut flagitiis commaculatos, sic specie bonarum artium falsos, & amicitiæ fallaces.*

L'autre, Jean-Baptiste Egnatius ou Egnace, élevé avec Léon X par Ange Politien, professa les belles-lettres avec éclat à Venise sa patrie. On a de lui un *abrégé de la vie des empereurs, depuis César jusqu'à Maximilien*, traduit par l'abbé de Marolles. Un *traité de l'origine des Turcs* que Léon X lui fit faire, un *panégyrique de Francois I* en vers latins, qui déplut fort à Charles-Quint. Des remarques & des notes sur Ovide, sur les épîtres familières de Cicéron, sur Suétone. On dit qu'il étoit fort sensible à la critique, & que François Robortello l'ayant critiqué injustement à son gré, il lui répondit par un grand coup d'une arme tranchante dans le ventre, dont Robortello pensa mourir. Egnace mourut en 1553.

ELA, (*Hist. sacr.*) roi d'Israël, fils de Baasa, assassiné par Zamri. L'Ecriture parle encore de quelques autres personnages du même nom.

ELAD, (*Hist. sacr.*) & son frère, tous deux fils de Suahala, ayant voulu surprendre Geth, furent égorgés par les habitans.

ELAM, (*Hist. sacr.*) fils de Sem, père des Elamites, dont Chodorlahomor, vaincu par Abraham, étoit roi. On trouve encore dans l'Ecriture d'autres personnages du même nom.

ELBENE ou D'ELBENE, (*Hist. mod.*) famille considérable de Florence, où Jacques d'Elbene, surnommé le Grand, fut quatre fois ce qu'on appelle prieur de la liberté de la République & trois fois gonfanonier dans le quatorzième siècle. François d'Elbene son fils fut aussi, dans le même siècle, deux fois prieur de la liberté : plusieurs personnages de cette famille s'établirent en France, dont quelques auteurs prétendent même qu'elle étoit originaire. Les plus célèbres sont,

1°. Julien d'Elbene que Catherine de Médicis envoya en 1574 en Pologne, pour presser le retour de Henri III.

2°. Albert d'Elbene, panetier du roi Henri II, tué en 1554 en Italie, dans l'armée du maréchal de Strozzi.

3°. François d'Elbene, gentilhomme ordinaire de la chambre du roi Charles IX, qui se trouva aux batailles de Dreux, de Saint Denis, de Moncontour, au siége de Javarin en Hongrie, & qui fut tué à celui de la Rochelle en 1573.

4°. Albert d'Elbene, tué en 1576, en combattant contre les Reitres sous le duc de Guise.

5°. Alexandre d'Elbene, blessé dangereusement en 1573 au siége de la Rochelle, & en 1580 au siége de la Fere. Il contribua beaucoup à la réconciliation de Henri IV avec le saint-siége, c'est un témoignage que le cardinal d'Ossat lui rend dans ses lettres, & le roi lui en montra sa reconnoissance dans deux des siennes ; ce fut lui qui apporta au roi ses lettres d'absolution. La famille d'Elbene compte aussi plusieurs personnages célèbres dans l'état ecclésiastique :

1°. Alfonse, évêque d'Albi, nommé en 1588, mort le 8 février 1608. On a de lui plusieurs ouvrages savans sur l'origine de la maison de France & de la maison de Savoie, sur les comtes de Toulouse, sur le royaume de la Bourgogne transjurane ; ces ouvrages sont en latin.

2°. Un autre Alfonse, neveu du précédent & son successeur dans l'évêché d'Albi, attaché, ainsi que tous les d'Elbene, aux intérets de Marie de Médicis & du duc d'Orléans son fils, ne contribua pas peu à engager le duc de Montmorenci dans leur parti ; la ville d'Albi le chassa, le regardant comme l'auteur des troubles. Il s'enfuit à Florence, d'où il ne revint qu'après la mort du cardinal de Richelieu & de Louis XIII. Les neveux de l'évêque d'Albi qui étoient entrés dans le même complot, se réconcilièrent avec le cardinal en travaillant à réconcilier le duc d'Orléans avec le roi.

3°. Un autre Alfonse, sacré évêque d'Orléans, en 1647.

Mort le 20 mai 1665. On lui doit le recueil des statuts sinodaux du diocèse d'Orléans, publiés en 1664.

4°. Barthelemi, évêque d'Agen ; mort le 4 mars 1665.

ELBŒUF. *Voyez* LORRAINE.

ELEAZAR. (*Hist. sacr.*) L'Ecriture sainte offre plusieurs personnages de ce nom :

1°. Eléazar, fils d'Aaron & son successeur dans la dignité de grand-prêtre, & un autre grand-prêtre du même nom, fils d'Onias & frère de Simon le juste. Ce fut lui qui envoya au roi d'Egypte, Ptolomée-Philadelphe, vers l'an 277 avant J. C. les soixante & douze savans de la nation juive, qui firent la *version* dite *des septante*.

2°. Eélazar Ahohites, fils de Dodi, un des trois plus vaillans d'entre les braves de David, qui, au nombre de trente, le défendirent contre les Philistins, lorsque l'armée d'Israël eut pris la suite, & remportèrent seuls la victoire ; il fut aussi un des trois qui traversèrent le camp des Philistins, pour apporter à David de l'eau de la citerne de Bethléem. Paralip. l. I, c. 11.

3°. Eléazar, vieillard vénérable, un des premiers d'entre les docteurs de la loi, tué par les ordres d'Antiochus, pour avoir refusé de manger des viandes défendues par la loi. Son martyre est rapporté au second livre des Machabées, c. 6.

4°. Eléazar, fils de Saura, qui dans un combat que Judas Machabée livroit à Antiochus Eupator, tua un éléphant sur lequel il crut qu'Antiochus étoit monté, & fut écrasé par son poids. Machab. l. I, c. 6, vers. 43 & suiv.

Plusieurs autres Eléazars figurent dans la suite de l'Histoire des Juifs.

ELECTE, (*Hist. sacr.*) une des premières femmes converties à la foi. C'est à elle qu'est adressée la seconde épître de l'apôtre Saint-Jean.

ELECTEURS, s. m. pl. (*Hist. & Droit public d'Allemagne.*) On donne ce nom en Allemagne à des princes qui sont en possession du droit d'élire l'empereur. Les auteurs ne s'accordent pas sur l'origine de la dignité électorale dans l'empire. Pasquier, dans ses *Recherches*, croit qu'après l'extinction de la race des Carlovingiens, l'élection des empereurs fut commise à six des princes les plus considérables de l'Allemagne, auxquels on en ajoutoit un septième en cas que les voix fussent partagées également. Quelques-uns prétendent que l'institution des *électeurs* doit être rapportée au temps d'Othon III, d'autres au temps d'Othon IV, d'autres à celui de Fréderic II. Il s'est trouvé des écrivains qui ont cru que c'étoit du pape que les *électeurs* tiroient leur droit ; mais c'est une erreur, attendu que le souverain pontife n'ayant jamais eu aucun droit sur le temporel de l'Empire, n'a jamais pu conférer le privilége d'élire un empereur. Le sentiment le plus vraisemblable, est que le collége électoral prit naissance sous le règne de Fréderic II, & qu'il s'établit du consentement tacite des autres princes & états de l'empire, fatigués des troubles, de la confusion & de l'anarchie qui depuis long-temps agitoient l'Allemagne ; ces malheurs étoient des suites nécessaires des longs interrègnes qui arrivoient lorsque l'élection de l'empereur se faisoit par tous les états de l'empire. Cependant il y a des auteurs qui prétendent que les *électeurs* se sont arrogé pour toujours un droit, qui ne leur avoit été originairement déféré que par la nécessité des circonstances, & seulement pour un temps, & que toutes choses étant rentrées dans l'ordre, les autres états de l'Empire devroient aussi rentrer dans le droit de concourir à donner un chef à l'Empire. Ce qu'il y a de certain, c'est que la bulle d'or est la première loi de l'Empire qui fixe le nombre des *électeurs*, & assigne à chacun d'eux ses fonctions : par cette loi leur nombre est fixé à sept, dont trois ecclésiastiques, & quatre laïques. Mais en 1648, par le traité de Westphalie, on créa un cinquième électorat séculier en faveur du duc de Bavière ; enfin, en 1692, on en créa un sixième en faveur du duc de Brunswick-Lunebourg, sous le nom d'*électorat de Hanovre* ; mais ce prince ne fut admis sans contradiction dans le collége électoral qu'en 1708, de sorte qu'il y a présentement neuf *électeurs*, trois ecclésiastiques : savoir, ceux de Mayence, de Trèves & de Cologne ; & six séculiers, qui sont, le roi de Bohême, le duc de Bavière, le duc de Saxe, le Margrave de Brandebourg, le comte palatin du Rhin, & le duc de Brunswick-Hanovre. Ces *électeurs* sont en possession des grands offices de l'Empire qu'on appelle *archi-officia Imperii*.

L'*électeur* de Mayence est archichancelier de l'Empire en Germanie. L'*électeur* de Trèves a le titre d'archi-chancelier de l'Empire pour les Gaules & le royaume d'Arles ; l'*électeur* de Cologne est archi-chancelier de l'Empire pour l'Italie. Ces trois *électeurs* sont archevêques.

Le roi de Bohême est *archi-pincerna*, c'est-à-dire, grand-échanson de l'Empire. L'*électeur* de Bavière est *archi-dapifer*, grand-maître d'hôtel. L'*électeur* de Saxe est *archi-marescallus*, grand-maréchal. L'*électeur* de Brandebourg est *archi-camerarius*, grand-chambellan. L'*électeur* palatin est *archi-thesaurarius*, grand-trésorier de l'Empire. Quant à l'*électeur* de Hanovre, on ne lui a point encore assigné d'office. Il y a tout lieu de croire que la dignité électorale, ou le droit d'élire l'empereur, n'a été attaché aux grands offices de la couronne, que parce que dans les commencemens c'étoient les grands officiers qui annonçoient l'élection qui avoit été faite par tous les états de l'Empire. Le jour du couronnement, les électeurs sont tenus d'exercer leurs fonctions auprès de l'empereur, par eux-mêmes ou par leurs substituts, dont les offices sont héréditaires dans certaines familles. *Voyez l'art.* EMPEREUR, où l'on trouvera les formalités qui se pratiquent à l'élection & au couronnement d'un empereur.

Les *électeurs* ecclésiastiques parviennent à la dignité électorale par le choix des chapitres, qui, en élisant un archevêque, le font *électeur*; d'où l'on voit que souvent un simple gentilhomme qui est chanoine d'une des trois métropoles de Mayence, de Trèves, ou de Cologne, peut parvenir à cette éminente dignité. Pour que les *électeurs* ecclésiastiques puissent jouir du droit d'élire un empereur, il suffit qu'ils aient été élus ou postulés légitimement, sans qu'il soit besoin d'attendre la confirmation du pape.

Les électorats séculiers s'acquièrent par le droit de naissance : ils sont héréditaires, ne peuvent se partager, mais appartiennent en entier aux premiers nés des maisons électorales ; ils sont majeurs à l'âge de 18 ans, & durant leur minorité, c'est le plus proche des agnats qui est leur tuteur.

Les *électeurs* forment le corps le plus auguste de l'empire ; on le nomme le *collège électoral.* Ils jouissent d'un grand nombre de prérogatives très-considérables qui les mettent au-dessus des autres princes d'Allemagne. 1°. Ils ont le droit d'élire un empereur & un roi des Romains, seuls & sans le concours des autres états de l'empire. 2°. Ils peuvent s'assembler pour former une diète électorale, & délibérer de leurs affaires particulières & de celles de tout l'empire, sans avoir besoin pour cela du consentement de l'empereur. 3° Ils exercent dans leurs électorats une jurisdiction souveraine, sans que leurs vassaux & sujets puissent appeller de leurs décisions aux tribunaux de l'empire, c'est-à-dire à la chambre impériale & au conseil aulique : c'est ce qu'on appelle en Allemagne, *privilegium de non appellando.* 4°. L'empereur ne peut pas convoquer la diète sans le consentement du collège électoral, qui lui est aussi nécessaire dans les affaires pressées & qui ne souffrent point de délai. 5°. Chaque *électeur* a le droit de présenter deux assesseurs ou juges de la chambre impériale. 6°. Les *électeurs* sont exempts de payer des droits à la chancellerie impériale, lorsqu'ils prennent l'investiture de leurs états.

Les *électeurs* prétendent marcher de pair avec les têtes couronnées, & même ils ne cèdent point le pas aux rois à la cour de l'empereur ; ils ont le droit d'envoyer des ambassadeurs. L'empereur, quand il leur écrit, traite les *électeurs* ecclésiastiques de *neveux*, & les séculiers d'*oncles.* Ils veulent être seuls en droit de dresser les articles de la capitulation impériale ; mais ce droit leur est contesté par les autres princes & états de l'empire ; cependant jusqu'à présent ils en sont demeurés en possession.

Outre ces privilèges, qui sont communs à tous les *électeurs*, il y en a encore d'autres qui sont particuliers à chacun d'eux, & que l'on peut voir dans les auteurs qui ont écrit sur le droit public d'Allemagne. *Voyez* Vitriarii *Institut. juris publ.*

Les attributs de la dignité électorale, sont le bonnet & le manteau fourrés d'hermine, l'épée & la crosse pour les ecclésiastiques, &c. On leur donne le titre d'*altesse électorale.* Le fils aîné d'un *électeur* séculier se nomme *prince électoral.* (—)

ELECTIF, adj. (*Hist. mod.*) chose qui se fait ou qui se passe par élection.

L'empire d'Allemagne étoit héréditaire du temps de Charlemagne & de ses successeurs, jusqu'à la mort de l'empereur Louis IV, en 912. L'empire commença dès lors à être *électif* en la personne de Conrad I; & depuis ce temps-là l'empire, quoique quelquefois héréditaire, fut censé *électif*, parce que les fils n'y succédoient à leurs pères que du consentement du corps germanique. D'ailleurs cette dignité passa en différentes maisons, sans égard au prétendu droit de succession. Jusqu'au temps de l'empereur Frédéric II, en 1212, l'Empire a toujours été *électif*, jusqu'à ce que la maison d'Autriche, en le laissant tel en apparence, l'ait rendu réellement héréditaire, comme on l'a vu depuis Charles-Quint jusqu'à Charles VI.

Il y a des bénéfices *électifs.* Les charges municipales sont généralement *électives* en Angleterre, & vénales en Espagne. La Pologne est un royaume *électif.* Avant le concordat, les évêchés étoient *électifs* en France, & sont maintenant à la nomination du Roi, &c. *Chambers & Trév.* (*G*)

ELECTORAL, adject. (*Hist. mod.*) se dit d'une chose qui se rapporte ou convient à un électeur.

Le prince *électoral* est le fils aîné d'un électeur, & l'héritier présomptif de sa dignité. On traite les électeurs d'*altesse électorale.*

Les princes, qui sont revêtus de la dignité *électorale*, ont dans les assemblées impériales la préséance sur tous les autres. Le roi de Bohème, qui cède à plusieurs autres rois, ne le cède à aucun dans les diètes pour l'élection d'un empereur ou d'un roi des Romains, les électeurs ont par conséquent la préséance sur les cardinaux : l'empereur les traite de *dilection*, sans pourtant leur donner la main. Heiss, *histoire de l'Empire, tome III.*

Le collège *électoral*, qui est composé de tous les électeurs d'Allemagne, est le plus illustre & le plus auguste corps de l'Europe. Bellarmin & Baronius attribuent l'institution du collège *électoral* au pape Grégoire V & à l'empereur Othon III dans le 10e siecle : divers Historiens & Canonistes sont de ce sentiment. Wiquefort pense autrement, & tâche de faire voir par l'élection des empereurs suivans, que le nombre des électeurs n'étoit point fixé, & que la dignité *électorale* n'étoit point annexée à certaines principautés, à l'exclusion de certains princes d'Allemagne. Il ajoute qu'il n'y a eu rien de réglé là-dessus avant Charles IV, & que la publication de la bulle d'or, n'a eu pour objet que de prévenir les schismes, & assurer le repos de l'empire par un réglement en forme.

Ce fut donc la bulle d'or publiée en 1356, qui forma le collége *électoral*, & réduisit à sept le nombre des électeurs ; mais il a été depuis augmenté de deux.

Couronne électorale; c'est un bonnet d'écarlate entouré d'hermine, fermé par un demi-cercle d'or, le tout couvert de perles : il est surmonté d'un globe avec une croix au-dessus. *Voyez le dictionn. de Trév. &c.* (*A.-R.*)

ELECTORAT, s. m. (*Hist. & Droit public d'Allemagne.*) c'est le nom qu'on donne en Allemagne aux territoires ou fiefs immédiats qui sont possédés par les électeurs, comme grands officiers de l'Empire. *Voyez* ELECTEURS.

C'est l'empereur qui donne l'investiture des *électorats*, comme des autres fiefs immédiats de l'Empire. On ne peut créer de nouvel *électorat* en Allemagne, sans le consentement non-seulement des électeurs, mais encore de tous les états. Un *électorat* ne peut être ni vendu, ni aliéné, ni partagé ; mais il appartient de plein droit au premier né d'un électeur laïque. Lorsque la ligne directe d'un électeur vient à manquer, l'*électorat* doit passer au plus proche des agnats de la ligne collatérale. Quant aux *électorats* ecclésiastiques, ils sont déférés à ceux qui ont été élus par les chapitres. *Voyez l'article* ELECTEURS.

ELEONORE D'AUTRICHE, (*Hist. de Fr. & d'Esp.*) vint en France sous les mêmes auspices que Marie d'Angleterre y étoit venue précedemment, c'est-à-dire qu'elle porta en dot la paix à François I comme Marie l'avoit portée à Louis XII. *Eléonore* fit plus encore, elle rendit à François I ses enfans restés en otage à Madrid, & par-là elle devint leur mère, elle en eut toujours les sentimens, qu'elle fit éclater dès le temps où elle vint joindre les princes à Fontarabie, pour passer avec eux en France. Sur quelques débats survenus entre les commissaires françois & espagnols chargés de l'exécution du traité de Cambrai, le connétable de Castille avoit éloigné de la frontière les enfans de France & les avoit fait reculer à quatre lieues de Fontarabie, *Eléonore* les fit ramener sur la frontière, calma les esprits & fit exécuter le traité. Théodore de Bèze compara *Eléonore* à Hélène, en donnant l'avantage à *Eléonore*.

Utraque formosa est, sed re tamen altera major ;
Illa serit lites, Helionora fugat.

Nous trouvons ces vers ainsi traduits dans le nouveau dictionnaire historique :

D'Hélène on chanta les attraits.
Auguste *Eléonor*, vous n'êtes pas moins belle ;
Mais bien plus estimable qu'elle,
Elle causa la guerre, & vous donnez la paix.

Eléonore étoit veuve d'Emmanuel le Grand, roi de Portugal, & elle en avoit une fille ; des auteurs ont dit qu'*Eléonore* avoit été sensible en Espagne, au mérite & au malheur de François I ; qu'elle avoit blâmé hautement les rigueurs de son frère à l'égard de cet illustre prisonnier, qu'elle avoit toujours désiré d'être le lien de la paix entre le vainqueur & le vaincu, qu'elle avoit montré pour le connétable de Bourbon, à qui l'empereur l'avoit d'abord destinée, cette aversion naturelle que la révolte devoit inspirer à une princesse espagnole, & la trahison à une princesse généreuse. Si elle épousa François I par inclination autant que par convenance, François ne l'épousa que par politique & que pour revoir ses enfans ; il n'eut pour elle que les égards, dont un roi galant, aimable & juste, ne pouvoit se dispenser envers une reine si vertueuse ; mais il vit trop en elle la sœur de son ennemi, elle eut beaucoup à souffrir des divisions perpétuelles des deux personnes qui lui étoient les plus chères. Le temps de la mort du dauphin, mort qu'on affecta d'imputer à Charles-Quint, dut être affreux pour elle ; l'entrevue d'Aigues-Mortes & le passage de Charles-Quint par la France la consolèrent ; c'étoit l'objet de ses vœux, c'étoit le fruit de ses soins ; elle en jouit trop peu, la guerre se ralluma promptement ; François I fut trahi pendant le cours de cette guerre, les secrets de son conseil étoient révélés à Charles-Quint ; mais ce ne fut point par *Eléonore* à qui sa tendresse pour son frère eût pu servir d'excuse de ce qu'elle auroit fait contre son mari, ce fut par sa maîtresse elle-même, la duchesse d'Estampes.

Le règne d'*Eléonore* fut obscur, sa bonté fut moins marquée, moins intéressante que celle de la reine Claude, première femme de François I. Elle eut dans la duchesse d'Estampes une rivale, qui fut pour elle ce que la comtesse de Châteaubriant avoit été pour la reine Claude. On a remarqué que la première oraison funèbre de François I, prononcée par l'évêque de Mâcon, du Châtel, contenoit beaucoup de détails sur les derniers momens du roi, sur ses dernières paroles à ses fils & à ses courtisans, mais qu'il n'y étoit pas dit un seul mot de la reine *Eléonore*.

Cette princesse, après la mort du roi, se retira d'abord dans les Pays-bas, & ensuite en Espagne auprès de son frère.

Elle étoit née à Louvain le 24 novembre 1498 ; elle avoit épousé en 1519 le roi de Portugal, dont elle resta veuve en 1521. Elle épousa

François I le 4 juillet 1530, & mourut à Talavera en Espagne le 18 février 1558.

La devise d'*Eléonore* étoit un phénix avec ces mots, *unica semper avis; oiseau toujours unique*: devise bien fastueuse pour la modeste & obscure *Eléonore*.

ELEONORE D'AQUITAINE. *Voyez* AQUITAINE.

ELEUTHÈRE. C'est d'abord le nom de deux saints, l'un pape depuis le premier mai 170 jusqu'au 26 mai 185; l'autre diacre, compagnon de Saint Denis. (*Voyez* DENIS,) (Saint) premier évêque de Paris, n°. 3 des Denis.

C'est aussi le nom d'un exarque de Ravenne pour l'empereur Héraclius; il se révolta, mais son armée n'ayant pas secondé sa révolte, lui trancha la tête, qui fut envoyée à l'empereur en 617.

On a d'un Théodore Eleuthere une histoire latine de la congrégation *de auxiliis*.

ELFLIDE *ou* ELFRIDE. (*Hist. d'Angl.*) (*Voyez* EDGAR.)

ELGIVA. (*Hist. d'Angl.*) (*Voyez* DUNSTAN, Saint)

ELIAB, (*Hist. sacr.*) nom de divers personnages mentionnés dans l'Ecriture sainte, mais qui n'y sont guère que nommés.

ELIACIM. Il en est de même de ce nom.

ELIE. (*Hist. sacr.*) Les principaux miracles de ce prophète & d'Elisée son disciple & son successeur, & leurs prédictions toutes accomplies dans le temps marqué, ces grands événemens qui remplissent plusieurs chapitres du troisième & du quatrième livres des Rois, sont rappellés pour la plupart dans cette éloquente tirade d'*Athalie*:

Et quel temps fut jamais si fertile en miracles? . . . .
. . . . Faut-il vous rappeller le cours
Des prodiges fameux accomplis en nos jours?
Des tyrans d'Israël les célèbres disgraces,
Et Dieu trouvé fidèle en toutes ses menaces;
L'impie Achab détruit, &, de son sang trempé,
Le champ que par le meurtre il avoit usurpé;
Près de ce champ fatal Jézabel immolée,
Sous les pieds des chevaux cette reine foulée,
Dans son sang inhumain les chiens désaltérés,
Et de son corps hideux les membres déchirés;
Des prophètes menteurs la troupe confondue,
Et la flamme du ciel sur l'autel descendue;
Elie aux élémens parlant en souverain,
Les cieux par lui fermés & devenus d'airain,
Et la terre trois ans sans pluie & sans rosée;
Les morts se ranimant à la voix d'Elisée.

ELIE, ELIAS LEVITA, est aussi le nom d'un rabbin assez peu superstitieux & même critique assez éclairé dans le seizième siècle, auteur d'un lexique chaldaïque & de plusieurs grammaires hébraïques. Né en Allemagne, il passa sa vie en Italie, à Rome & à Venise.

ELIEN, (*Hist. litt. anc.*) auteur romain qui a écrit en grec; il étoit de Préneste, aujourdhui Palestrine; ses deux principaux ouvrages sont son histoire des animaux & ses histoires diverses; M. Dacier actuellement (en 1687) secrétaire perpétuel de l'académie des belles-lettres, a donné de ce dernier ouvrage une bonne traduction françoise, en 1672; on croit qu'*Elien* vivoit vers l'an 222 de J. C.

ELIEZER, (*Hist. sacr.*) serviteur d'Abraham, alla en Mésopotamie chercher Rebecca, femme d'Isaac. Genèse, chap. 24.

ELIEZER est aussi le nom d'un rabbin fameux parmi les hébraïsans, en quelque siècle qu'il ait vécu, article sur lequel les savans ne sont pas d'accord.

ELIMAS *ou* ELYMAS; (*Hist. sacr.*) ce mot signifie magicien, & désigne dans les actes des apôtres le magicien Bar Jesu, que S. Paul rendit aveugle pour un temps, parce qu'il tâchoit d'empêcher la conversion du proconsul Sergius Paulus; Act. des apôt, ch. 13.

ELINAND *ou* HELINAND, moine de l'abbaye de Froidmont sous le règne de Philippe-Auguste, auteur d'une chronique en 48 livres, dont on n'a imprimé que quatre, qui contiennent les principaux événemens arrivés depuis l'an 934 jusqu'en 1200.

ELIOT, ELYOT *ou* HELIOT. (*Hist. litt. mod.*) On a de Jean Eliot, ministre de Boston dans la nouvelle Angleterre, une *bible en langue amériquaine*, imprimée vers la fin du dernier siècle;

D'ELYOT, gentilhomme anglois, employé par Henri VIII en différentes négociations, un *traité de l'éducation des enfans*;

Et du père Héliot, religieux picpus, mort en 1716 à Picpus, près Paris, une *histoire des ordres monastiques religieux & militaires*, &c. & quelques livres de dévotion, entre autres, *le Chrétien mourant*.

ELIPAND, (*Hist. ecclés.*) archevêque de Tolède, & Félix, évêque d'Urgel, hérétiques du temps de Charlemagne, vers la fin du huitième siècle. Le Christ, considéré dans sa divinité, est fils de Dieu; considéré dans son humanité, il est encore fils de Dieu. Les deux évêques espagnols trouvoient que c'étoit mettre trop d'égalité entre les deux natures, ils demandoient une différence plus marquée: que le Christ, dans sa divinité, fût pleinement

pleinement & entièrement fils de Dieu, ils y consentoient, mais ils demandoient que comme homme, il ne fût que son fils adoptif; c'étoit déroger très-peu au mystère, & par conséquent c'étoit d'autant moins la peine de s'écarter de la foi de l'Eglise. Le zèle de Charlemagne s'alluma contre ces novateurs : Charlemagne étoit le plus grand théologien de son siècle, parce qu'il en étoit l'homme le plus savant, & qu'alors il n'y avoit guère d'autre érudition que la théologie ; il convoqua contre eux dans ses états divers conciles, à Narbonne, à Ratisbonne, à Francfort sur le Mein; il disputa lui-même contre eux, & verbalement & par écrit; il fit aussi écrire contre eux par le savant Alcuin, & par Paulin, patriarche d'Aquilée, qui lui dédia ses ouvrages; il manda aux Espagnols, qu'en souffrant parmi eux cette hérésie, ils s'étoient rendus indignes du secours qu'il avoit eu intention de leur fournir contre les Sarrasins. C'étoit pousser le zèle jusqu'à confondre les principes des choses, que de faire dépendre ainsi d'une opinion théologique les intérêts politiques: mais comme la théologie étoit alors la seule science, elle étoit aussi dans tous les esprits le premier des intérêts, elle décidoit des alliances & des guerres; cependant on pouvoit trouver le zèle de Charlemagne inconséquent, même sous ce point de vue. Quelque condamnable, en effet, que pût être l'hérésie d'*Elipand* & de *Félix*, l'erreur des Sarrasins étoit bien plus importante & bien plus funeste au christianisme; mais en matière d'opinions religieuses, celles contre lesquelles on s'élève avec le plus de force, sont précisément les plus nouvelles, & les plus voisines de la foi qu'on professe, comme c'est contre ses parens & ses voisins qu'on a les procès les plus acharnés. Félix d'Urgel quitta & reprit plusieurs fois son erreur ; il paroît qu'il étoit plutôt irrésolu & changeant qu'opiniâtre. Enfin, après plusieurs variations, il se laissa engager à venir plaider sa cause au concile d'Aix-la-Chapelle. L'empereur lui promit toute sûreté & lui tint parole, ne pensant pas comme un de ses successeurs (Sigismond), que cette fidélité dans les promesses ne fût pas due aux hérétiques : Félix allégua ses raisons & ses autorités ; elles furent réfutées avec douceur ; cependant, à cause de ses fréquentes rechûtes, *Félix* fut déposé de l'épiscopat, & relégué à Lyon pour y finir ses jours. Il n'en publia pas moins une rétractation adressée à son clergé & à son peuple d'Urgel, où il se qualifie *jadis évêque*. La franchise de ce procédé méritoit qu'il fût rétabli, ou du moins rappelé de l'exil. On dit cependant qu'il laissa en mourant un écrit par lequel il désavouoit sa rétractation.

Pour *Elipand*, on sait, par une lettre qu'il adressoit à *Félix*, que dans sa quatre-vingt-deuxième année il persistoit dans son erreur ; les Espagnols disent qu'il n'y mourut pas. Sur sa dispute avec *Alcuin*, voyez ce dernier article.

ELISABETH *ou* ELIZABETH ; nom illustré en différens âges par des saintes & par de grandes princesses. Les principales sont:

1°. *Elisabeth*, femme de Zacharie, mère de saint Jean-Baptiste & cousine de Marie: S. Luc, ch. 1.

2°. Sainte *Elisabeth* de Hongrie, fille d'André II roi de Hongrie, née en 1207, mariée à Louis landgrave de Thuringe, veuve en 1227, morte religieuse à Marpourg en 1231, canonisée quatre ans après, & dont Théodore de Thuringe a écrit la vie.

3°. Sainte *Elisabeth* de Portugal, fille de Pierre III, roi d'Arragon, femme du roi de Portugal Denis, qu'elle épousa en 1281, veuve en 1325; elle fit bâtir un monastère à Conimbre, & y prit le voile; elle mourut en 1336, fut béatifiée en 1516, par Léon X, & canonisée en 1625, par Urbain VIII.

4°. *Elisabeth* de Portugal, fille d'Emmanuel le grand, femme de l'empereur Charles-Quint, née à Lisbonne en 1503 ; morte en couches à Tolède en 1538. François de Borgia, duc de Gandie, chargé de conduire le corps de Tolède à Grenade, fut si frappé, après l'avoir vue si belle, de la voir *telle que la mort l'avoit faite*, selon l'expression de Bossuet, *la voilà telle que la mort nous l'a faite*, que ce fut le motif qui lui fit quitter le monde. C'est saint François de Borgia, troisième général des Jésuites. *Voyez* BORGIA.

5°. *Elisabeth* d'Autriche, fille de l'empereur Maximilien II, femme de notre roi Charles IX. Cette princesse est peu connue ; elle vivoit dans un temps où ses vertus domestiques étoient à peine apperçues ; mais Brantôme peint, avec beaucoup de délicatesse & d'intérêt, sa tendresse soumise, respectueuse, & pour ainsi dire mystérieuse pour le roi son mari, la douleur qu'elle eut du massacre de la Saint-Barthelemi, les larmes si tendres & si secrètes qu'elle déroboit presque à tous les yeux pendant la maladie de Charles IX.

Lorsqu'elle vint en France pour épouser Charles IX, Marie Touchet, dont le règne si foible & si passager duroit encore, ayant vu le portrait de cette princesse, dit : *l'Allemagne ne me fait point de peur*. Il paroît cependant que Charles IX rendit justice à ses vertus; il disoit que *c'étoit la femme la plus sage & la plus vertueuse, non pas de la France, non pas de l'Europe, mais du monde entier*.

Il dit à Henri IV en mourant & en lui recommandant sa femme & sa fille : » Vous devez me » haïr, & je vous confie tout ce que j'aime ; mais » je vous connois, je n'ay trouvé qu'en vous de » l'honneur & de la foi. »

Après la mort de son mari, *Elisabeth* se retira à Vienne en Autriche. Philippe II, après la mort d'Anne d'Autriche, sa quatrième femme, fit, dit-on, proposer à *Elisabeth*, sœur d'Anne, de l'épouser; il l'en fit solliciter fortement par l'impératrice Marie, sœur de Philippe & mère d'*Elisabeth*, & par l'empereur son père chez qui elle s'étoit retirée; *Elisabeth* fut inflexible : si ce fait est vrai, Philippe II avoit du goût pour épouser les deux sœurs ; car, après la mort de Marie d'Angleterre sa seconde femme, il avoit aussi proposé à *Elisabeth* d'Angleterre, sœur de Marie, de l'épouser; il en avoit aussi été refusé. Il paroît que ces deux faits n'en forment qu'un; le second passe pour constant, & l'équivoque du nom d'*Elisabeth* aura pu donner lieu d'imaginer le premier par un souvenir confus du second ; le premier fait, c'est-à-dire la proposition faite à *Elisabeth* d'Autriche, est rapporté par M. le président Hénault, d'après Brantôme, qui se trompe souvent, & qui sûrement se trompe dans quelques circonstances de son récit ; par exemple, lorsqu'il dit que l'empereur, père d'*Elisabeth*, la pressa d'accepter la proposition de Philippe II ; cet empereur étoit mort en 1576, & Philippe II ne fut veuf d'Anne d'Autriche qu'en 1580: de plus, *Elisabeth* & Anne étoient les nièces de Philippe II ; il avoit fallu des dispenses à Philippe II pour épouser Anne; comment à cette première difficulté auroit-il ajouté celle d'épouser les deux sœurs, après avoir eu plusieurs enfans de la première ? le cas étoit bien différent à l'égard d'*Elisabeth* d'Angleterre. Philippe II n'avoit point d'enfans de la reine Marie, & n'en avoit point eu, & peut-être l'intérêt d'attirer à la fois catholique *Elisabeth* & l'Angleterre, eût-il prévalu sur les loix & les bienséances, & du moins il n'y auroit eu qu'une difficulté; *Elisabeth* d'Autriche mourut en 1592; elle avoit été mariée en 1570: la plus célèbre des *Elisabeth* est la reine d'Angleterre, fille de Henri VIII & d'Anne de Boulen.

6°. Elisabeth. (*Hist. d'Angleterre.*) Les rares qualités de cette illustre souveraine ont enrichi les fastes de l'histoire, & les éloges mérités qu'on lit dans les écrits de ses apologistes, ne me laissent plus que le soin de justifier par le récit des faits qui l'ont immortalisée, l'enthousiasme & l'orgueil que le souvenir de son règne inspire encore à la nation angloise.

Au jugement des ames tendres & sensibles, des amis de l'humanité, la gloire d'Anne éclipse celle d'*Elisabeth*; mais pour ceux qui préfèrent l'éclat de la victoire aux vertus pacifiques, la pompe fastueuse des conquérans à la bienfaisance des rois sages & modérés, l'Angleterre n'a point eu de souverain qui puisse entrer en parallèle avec *Elisabeth*, elle a réuni aux talens des héros les vastes connoissances qui font les législateurs : ce qui doit encore ajouter à l'admiration de la postérité, ce sont les circonstances où se trouvoit le royaume lors de son avénement au trône, c'est la situation violente & pénible de la nation lors de la mort de la sanguinaire Marie. Que l'on se représente l'Angleterre énervée, épuisée par les folles dépenses & les caprices tyranniques de Henri VIII ; agitée, déchirée par le choc des factions sous le malheureux Edouard ; opprimée, désolée, flétrie par les proscriptions & l'inflexibilité de Marie. Que l'on se représente la gloire du sceptre ternie par la perte de plusieurs villes qui étoient rentrées sous la domination françoise, & par le succès éclatant des Ecossois, qui, soumis & tremblans autrefois, avoient brisé le joug, & à leur tour étoient devenus redoutables en s'alliant avec la France. Enfin, que l'on se représente l'Angleterre pressée dans le même temps, au dehors par ses ennemis, au dedans par l'abus de la puissance royale qui tendoit au despotisme le plus oppressif, par les fureurs & les excès les plus monstrueux de l'intolérance ; foible, accablée, sans appui, & l'on verra qu'il ne pouvoit y avoir qu'un génie élevé, un esprit vaste & fécond en ressources, une fermeté inébranlable, & supérieure aux obstacles en apparence les plus insurmontables; en un mot, qu'il n'y avoit qu'une ame au-dessus du commun, qui pût arrêter les fléaux qui menaçoient la patrie, réparer ses disgraces passées, dissiper les malheurs actuels, & s'opposer à ceux qui sembloient annoncer sa ruine prochaine. Ces talens supérieurs formoient le caractère d'*Elisabeth*, qui, forcée de se contraindre pendant la trop longue durée du dernier règne, avoit couvert du voile de l'indifférence le sensible intérêt qu'elle prenoit à l'oppression des peuples, dont elle avoit juré de faire le bonheur.

Fille de Henri VIII & de l'infortunée Anne de Boulen, *Elizabeth*, née le 8 Septembre 1533, avoit d'abod reçu, par les soins & sous les yeux de Henri VIII, l'éducation la plus brillante : l'étude des belles-lettres avoit rempli ses premières années; & le goût qu'elle prit pour la littérature, la consola pendant sa jeunesse de la dureté de l'espèce de prison où la jalouse vigilance de Marie sa sœur la retint jusqu'au dernier jour de son règne. Les rigueurs outrées de Marie, & son intolérance toujours prête à porter des arrêts de mort, à proscrire, à envoyer les protestans sur l'échafaud, avoient depuis long-temps ulcéré l'ame compatissante d'*Elisabeth*, qui, attribuant par erreur le fanatisme de Marie aux dogmes du catholicisme, avoit abjuré en secret la religion dominante, & embrassé les dogmes du protestantisme : mais la crainte d'irriter la dévotion de sa sœur, lui avoit fait dissimuler ses véritables sentimens ; & elle étoit restée catholique en apparence, jusques à ce que, rassurée par la mort de Marie, elle leva le masque, en montant sur le trône, le 17 Novembre 1558, & se déclara hautement protestante décidée. Les premiers soins qui l'occupèrent, furent très-embarrassans, par les grandes difficultés qu'elle eut à surmonter. Elle avoit en même temps à prendre des mesures contre Henri II, roi de France, qui avoit fait déclarer roi d'Angleterre le dauphin son fils, en vertu du mariage qu'il avoit contracté avec Marie Stuart, reine d'Ecosse ; & à écarter les prétentions de Philippe II, roi d'Espagne, qui paroissoit déterminé à soutenir ses droits, en qualité d'époux de Marie, dernière reine de la Grande-Bretagne. Mais l'objet le plus important étoit de commencer par affermir sa puissance ; & dans cette vue elle se rendit à Londres, où en se faisant couronner solemnellement par l'archevêque d'Yorck, elle promit de défendre la religion catholique, & de conserver les priviléges des églises ; serment que les circonstances la forcèrent de prononcer, comme le célèbre Gustave Vasa promettoit, à-peu-près dans le même temps, devant les états de Suède, de respecter les privileges abusifs des évêques qui blessoient l'autorité royale, & qu'il se proposoit d'anéantir aussi-tôt que le temps, l'occasion, & sur-tout ses sujets plus dociles, pourroient le lui permettre.

Elisabeth pensant comme Vasa, se conduisit avec avec autant de dissimulation, & se promit en secret de violer ses sermens aussi-tôt que les circonstances lui laisseroient la liberté d'opérer les grands changemens qu'elle se proposoit de faire dans toutes les parties de l'administration.

Cependant Philippe II, ambitieux de réunir le sceptre anglois à la couronne d'Espagne, fit demander la main d'*Elisabeth* par le comte de Féria, son ambassadeur à Londres. Cette proposition étoit odieuse à la reine, soit par la haine insurmontable qu'elle avoit pour Philippe, soit à cause de la différence de religion qui rendoit cette union incompatible : mais sa situation ne lui permettoit point de dévoiler ses sentimens : l'amitié de Philippe étoit alors pour elle d'autant plus importante, qu'elle ne pouvoit attendre la restitution de Calais, que du zèle & de la fermeté que montreroient les plénipotentiaires espagnols dans le congrès de Cateau-Cambresis : elle dissimula, donna une réponse vague, prétexta des scrupules sur les liens de parenté qu'il y avoit entre eux : elle montra des craintes sur les difficultés que feroit la cour de Rome, qui ne consentiroit jamais que le roi d'Espagne épousât successivement les deux sœurs. Les vrais motifs de ces détours n'échappèrent point à Philippe, qui, offensé du refus, abandonna les intérêts de l'Angleterre, & fit sa paix avec la France, sans insister, comme il l'avoit fait jusqu'alors, sur la restitution de Calais & de Guines. *Elisabeth* peu sensible à cette marque de ressentiment, ne tarda point aussi à faire avec la France une paix avantageuse. Dans le traité que ses ministres conclurent avec ceux de Henri II, il fut stipulé que pendant huit années Calais resteroit aux François, qui remettroient alors cette place à l'Angleterre, à moins que pour en conserver la possession, la France n'aimât mieux payer la somme de cinq cents mille écus : traité qui, violé trois ans après par l'entreprise des Anglois sur le Havre-de-Grace, assura pour jamais à la France la possession de Calais.

Rassurée contre les projets des puissances étrangères, *Elisabeth* se livra toute entière aux soins du gouvernement, & sur-tout aux moyens d'achever & de rendre stable l'établissement de la réformation. Afin que rien ne s'opposât à cette grande innovation, elle crut que les plus sages mesures qu'elle eût à prendre contre l'Ecosse, gouvernée par les princes de Guise sous le nom de la régente leur sœur, étoient d'allumer, en accordant sa protection aux protestans écossois, le feu de la discorde, qui, divisant entre eux les habitans de ce royaume, les mettroit dans l'impuissance de s'opposer à l'exécution du plan de la réformation. La nouvelle doctrine fit des progrès aussi rapides en Angleterre qu'en Ecosse. Dans ce dernier royaume, la régente s'opposa au changement qui s'opéroit : mais, malgré le secours d'un corps de troupes françoises que les princes de Guise lui fournirent, la réformation s'établit par les soins d'*Elisabeth*, qui, s'en étant déclarée protectrice, soutint par ses armes la cause des protestans. Mais, tandis que par les conseils d'une adroite & prévoyante politique, elle faisoit tourner contre l'Ecosse même l'orage qui eût pu s'y préparer contre sa sureté, il s'en formoit de plus considérables & de plus dangereux en France, en Espagne, à Rome, en Irlande, & jusques dans le sein de l'Angleterre même. Marie Stuart, qui avoit épousé le dauphin François II, avoit arboré les armes d'Angleterre, annonçant par cette démarche le dessein où elle étoit de remonter sur le trône de ses pères. Irritée contre sa rivale, *Elisabeth* se ligue secrètement avec les protestans de France, comme elle s'étoit liguée avec les protestans d'Ecosse ; &, par cette prudente confédération, elle mit Marie & son époux hors d'état de lui nuire. Ce n'étoit point assez d'avoir pris des mesures contre l'Ecosse & la France, il restoit encore à se défendre contre un redoutable ennemi, contre Philippe II, qui, moins formidable encore par ses forces de terre & de mer, qu'il n'étoit dangereux par les insidieuses ressources de sa politique, ne pouvoit pardonner à la reine d'Angleterre le refus qu'elle avoit fait de ses propositions. Plein de l'ambitieux projet d'occuper seul un trône qu'on n'avoit pas voulu partager avec lui, il n'attendoit qu'une réponse favorable de la cour de Rome, persuadé qu'aussi-tôt qu'il l'auroit obtenue, tous les catholiques s'empresseroient de se déclarer en sa faveur, & l'Irlande sur-tout, qui, violemment agitée par l'esprit de fanatisme & de rébellion, refusoit obstinément de reconnoître la souveraineté de la reine d'Angleterre.

Au milieu de tant de dangers, *Elisabeth* inébranlable & supérieure aux complots & aux ligues des puissances ennemies & des factions intérieures, eut recours à un moyen qui, pour être de la plus facile exécution & du succès le plus infaillible, n'en est pas pour cela plus souvent adopté par la plupart des souverains : ce moyen fut de se concilier la confiance des citoyens par sa douceur, sa bienfaisance, & principalement par son attention à supprimer d'anciens impôts, & à ne pas permettre qu'on en établit de nouveaux. Afin de soutenir ce rare désintéressement, elle se retrancha toutes les dépenses superflues, & porta l'économie tout aussi loin que la décence & la dignité de son rang pouvoient le lui permettre. A cette modération si rare & si différente de la pompe fastueuse & de la prodigalité de ses prédécesseurs, elle joignit un zèle actif & soutenu pour la justice, publia d'utiles réglemens, mit en vigueur les anciennes ordonnances, abolit les abus qui s'étoient introduits, & ne négligea rien de ce qu'elle crut propre à assurer le bien public, & à lui concilier le respect, l'estime & l'attache de ses peuples.

Cependant la régente d'Ecosse, secondée par la France, pressoit avec vivacité les protestans, qui, pour se soutenir, n'avoient eu jusqu'alors que les secours très-foibles qu'*Elisabeth* leur fournissoit en secret. Leur situation devint si violente, que la reine d'Angleterre pensa qu'il étoit de sa gloire de défendre hautement la cause qu'elle avoit embrassée, & de soutenir par la force des armes les protestans écossois. Les grands préparatifs qu'elle fit, étonnèrent la France, qui lui fit proposer la restitution de Calais, si elle vouloit abandonner les rebelles d'Ecosse. Trop généreuse & trop fière pour accepter une proposition qui blessoit sa grandeur d'ame, *Elisabeth* la rejeta; & la paix ne fut établie que lorsque la régente eût stipulé que les protestans jouiroient en Ecosse de tous les droits de citoyens, & que Marie Stuart, ainsi que François II, son époux, renonceroient à leurs prétentions sur l'Angleterre. Cette paix irrita vivement le roi d'Espagne, ennemi déclaré du protestantisme, & qui parut se préparer à déclarer la guerre à l'Angleterre.

Pendant qu'*Elisabeth* se disposoit à prévenir les desseins du roi d'Espagne, la mort de François II obligea Marie Stuart sa veuve, qu'aucun engagement ne retenoit plus en France, de se rendre dans ses états, où sa beauté, ses graces, & le désir que ses sujets avoient de la revoir, excitèrent la joie publique : jeune, ingénieuse & reine, elle ne tarda point à recevoir les vœux de plusieurs princes de l'Europe qui aspirèrent à sa main. Parmi ses adorateurs se distinguoit sur-tout le duc d'Autriche, appuyé par les princes de Guise, qui pressoient leur nièce de lui donner la préférence. L'imprudente Marie refusa son consentement avant que d'avoir consulté la reine *Elisabeth*. Celle-ci qui haïssoit Marie, mais moins encore qu'elle ne détestoit la maison d'Autriche, dissuada Marie de cette alliance, & lui proposa pour époux mylord Dudley son favori, seigneur anglois depuis long-temps dévoué aux intérêts de sa souveraine. Marie n'épousa ni l'archiduc, ni Dudley; elle se décida tout-à-coup, & par une de ces passions de caprice auxquelles elle n'étoit que trop sujette, pour le comte de Darley son parent. Cette union qui eut des suites si funestes, ne fit qu'ajouter à la haine d'*Elisabeth*, qui ne put faire alors éclater son ressentiment, trop occupée à soutenir la guerre contre la France, de concert avec les protestans. Car ceux-ci, commençant à égaler en force les catholiques, avoient reconnu pour leurs chefs le prince de Condé & l'amiral de Coligny. Mais Marie elle-même ne tarda point à venger *Elisabeth*, par le tort irréparable que lui firent à elle-même son inconduite & les égaremens de sa honteuse passion pour Rizzo, italien de la plus obscure naissance. Cet homme vil, malgré sa bassesse & sa difformité, avoit inspiré à Marie un amour si violent, que le roi, ne pouvant se dissimuler l'éclat de cette intrigue, vengea l'outrage fait à la majesté royale, en faisant poignarder l'adultère Rizzo dans les bras même de son amante. Marie, aussi violente dans son ressentiment qu'elle l'avoit été dans son amour, se lia, soit par goût, soit pour assurer sa vengeance, avec le comte de Botwel, le plus lâche & le plus scélérat des hommes : elle vécut bientôt avec lui comme elle avoit vécu avec Rizzo, & lui promit de l'épouser aussi-tôt qu'il l'auroit délivré de son époux. Botwel remplit dans peu de jours cette affreuse condition : il étrangla son maître de ses propres mains; & afin de cacher son crime, il fit sauter en l'air le cadavre, au moyen de quelques barils de poudre qu'il avoit fait placer au-dessous de la chambre où il venoit de commettre cet assassinat. Mais cette précaution ne trompa point le peuple, qui, connoissant l'ame féroce de Botwel, ses vues ambitieuses & sa nouvelle passion, ne chercha point ailleurs l'auteur de cet horrible parricide. D'ailleurs, quand les sentimens eussent pu être partagés, Marie eût elle-même confirmé les soupçons, lorsque très-peu de temps après on la vit se marier publiquement avec l'infame Botwel. Dès ce moment, Marie fut généralement abhorrée; l'Ecosse entière entra dans la conjuration qui se forma contre elle. Ses sujets prirent les armes, & la contraignirent d'abdiquer la couronne, en faveur d'un fils unique encore au berceau, qu'elle avoit eu du comte de Darley. Elle nomma le comte de Murrai, son frère naturel, régent du royaume pendant la minorité du jeune souverain, & crut, en acceptant ces dures conditions, sauver du moins sa vie & sa liberté; mais ses crimes avoient trop violemment soulevé ses sujets, elle fut enfermée dans un fort, d'où s'étant évadée après un an de captivité, elle tenta de remonter sur le trône : mais la petite troupe qu'elle avoit rassemblée, fut battue, mise en fuite par le régent, & Marie se vit abandonnée de tout le monde, & même du lâche Botwel qui s'étoit réfugié en Danemarck, où il vécut dans le mépris, & mourut dans l'indigence. Marie son épouse, croyant sa vie menacée en Ecosse, se retira sur les côtes d'Angleterre, & envoya demander à *Elisabeth* un asyle dans ses états. La reine d'Angleterre, sacrifiant sa générosité naturelle à l'atroce plaisir de se venger d'une rivale humiliée, oublia que Marie étoit reine comme elle, malheureuse & suppliante : elle la fit enfermer à Turbury, d'où quelques mois après elle fut transférée à Coventry, place forte, située au centre de l'Angleterre, où l'infortunée Marie fut si étroitement enfermée, qu'elle perdit jusqu'à l'espérance de s'évader.

Passons rapidement sur les procédés iniques d'*Elisabeth* envers Marie ; ces faits sont trop connus pour que je pense devoir m'y arrêter : je dirai seulement que les moyens employés par *Elisabeth*, flétrissent sa mémoire : je dirai que Marie, plus imprudente que coupable, & comptant trop sur le nombre de ses partisans, eut tort de se liguer avec les chefs de la conjuration qui se forma contre la reine d'Angleterre, & de répondre du fond de sa prison, aux diverses propositions & aux brillantes espérances qu'on lui donnoit. Je conviendrai encore que Marie étoit coupable des plus honteux débordemens & du plus horrible des crimes, de l'assassinat de son époux ; mais enfin, Marie étoit l'égale & non la sujette d'*Elisabeth* : celle-ci, en se vengeant, méconnoissoit ses propres intérêts ; elle compromettoit les privilèges attachés au rang qu'elle occupoit, & elle avilissoit de la plus étrange manière les droits sacrés de la royauté.

OBSERVATIONS DU RÉDACTEUR.

(En conservant cet article de M. L. C., nous n'avons pas dû le réformer au point d'énoncer sous son nom une opinion directement contraire à la sienne ; mais nous nous sommes réservé le droit de le contredire. Nous ignorons sur quels mémoires il a écrit l'histoire de cette infortunée Marie Stuart, mais nous croyons pouvoir l'assurer que la preuve de l'innocence de cette reine sur tous les points est poussée jusqu'à la démonstration dans le second volume du *supplément à l'histoire de la rivalité de la France & de l'Angleterre*, qui est le neuvième au total de l'ouvrage, & qui est consacré tout entier à discuter & à résoudre cette grande question. Nous n'en donnerons ici que les résultats généraux.

1°. Marie Stuart n'eut point pour David Rizzio, Rizzo ou Riccio, cette passion bizarre & honteuse dont parle M. L.C. Tous les historiens, même ceux qui sont contraires à Marie, tels que MM. Hume & Robertson, rejettent cette calomnie. Ses ennemis même & ses persécuteurs ne l'accusèrent point de cette passion prétendue. La confiance de Marie en Riccio s'explique principalement par deux circonstances ; l'une qu'un italien, un catholique, qui avoit des relations particulières avec le pape, étoit nécessaire à une reine catholique qui se trouvoit presque seule de sa religion au milieu d'un peuple protestant, & qui conservoit dans son cœur le désir de rétablir en Ecosse la foi de ses pères ; l'autre, que Riccio étoit le secrétaire de Marie pour les affaires de France, circonstance qui tient à la première & qui la fortifie.

2°. Son mariage avec Stuart Darnley, son parent, étoit le plus raisonnable qu'elle pût faire. Le lord Darnley étoit, du chef de son père, un des héritiers présomptifs de l'Ecosse ; il étoit par sa mère héritier présomptif de l'Angleterre, concurremment avec Marie Stuart : le choix que fit Marie fut donc dicté par le désir très-sage de réunir les droits de deux branches de la maison Stuart. Marie ne manquoit ni à son nom, puisqu'elle épousoit un Stuart, ni à son rang, puisque ce mariage fortifioit ses droits à la couronne d'Angleterre, ni à sa religion, puisqu'elle épousoit un catholique ; ce mariage fut malheureux, mais Marie n'opposa jamais que la douceur aux violences & aux égaremens de Darnley. Il est prouvé que la mort de Darnley fut l'ouvrage de ceux même qui en accusèrent Marie pour la perdre & pour régner en sa place ; c'est ce qui résulte des dépositions des témoins & de l'aveu des complices ; tous déclarent qu'elle n'eut aucune connoissance du complot, qu'on se cacha d'elle, parce qu'on reconnut l'impossibilité d'obtenir son consentement.

Mais elle épousa en troisièmes noces un des meurtriers de Darnley !

Elle l'épousa d'après une requête qui lui fut présentée par la noblesse du royaume, & appuyée par le parlement, requête où on lui représentoit Bothwel, non-seulement comme innocent du meutre de Darnley, mais comme un homme que la voix publique appelloit à partager son trône & son lit ; elle crut, en l'épousant, céder au vœu de sa nation ; alarmée sur sa situation, effrayée pour elle-même du coup terrible qui lui avoit enlevé son mari, elle crut avoir besoin d'un appui ; elle crut n'en pouvoir choisir un plus sûr que celui qui lui avoit été proposé par la noblesse de son royaume & par son parlement, & qui d'ailleurs étoit un vieux & zélé serviteur de sa maison, attaché autrefois au roi d'Ecosse son père & à la reine Marie de Lorraine sa mère. Il avoit soixante ans passés, Marie Stuart en avoit à peine vingt-quatre ; elle étoit la plus belle femme de son siècle ; Bothwel étoit le vieillard le plus difforme des trois royaumes ; il ne pouvoit être question d'amour dans cette affaire ; Marie se sacrifioit pour satisfaire son peuple & pourvoir à sa propre sûreté : cependant ses ennemis fabriquèrent des lettres qu'ils supposèrent écrites par elle au comte de Bothwel, du vivant de Darnley, & qui contenoient l'aveu le plus formel, & le plus grossier de son amour pour Bothwel & un consentement exprès donné à la mort de Darnley ; mais la fausseté de ces lettres, dont elle n'a jamais vu l'original, quoiqu'elle n'ait cessé d'en demander la communication, a été mille fois démontrée ; elles étoient l'ouvrage de son frère naturel & de son plus cruel ennemi Murray, qui se prétentant, contre la notoriété publique, issu d'un mariage légitime, vouloit la perdre pour régner en sa place. C'étoit lui aussi qui l'avoit le plus instamment pressée d'épouser Bothwel, pour se faire ensuite de ce mariage un titre d'accusation contre elle. Toute la perfidie de Murray & de ses complices est dévoilée dans l'ouvrage que nous avons indiqué. On peut voir aussi dans cette Encyclopédie l'article LESLEY.

3°. Pour faire périr Marie Stuart avec quelque apparence de justice, on supposa qu'elle étoit entrée dans une conjuration contre *Elisabeth*; elle auroit pu y entrer sans mériter de reproche, car elle avoit sur la vie d'*Elisabeth* le même droit qu'*Elisabeth* avoit sur sa liberté qu'elle lui enlevoit depuis 19 ans. Mais premièrement, la réalité de la conjuration en elle-même est un grand problême; secondement il est avéré que Marie n'y eut aucune part. On se hâta de faire périr tous ceux qu'on regarda ou qu'on voulut regarder comme auteurs, fauteurs & complices de cette conjuration prétendue, & on publia ensuite qu'ils avoient accusé Marie de complicité: si le fait eût été vrai, on se seroit bien gardé de les exécuter si promptement; on les auroit conservés pour les confronter à Marie; mais dans la vérité, on n'avoit d'autre ressource que de faire parler les morts. On arrêta deux secrétaires de Marie; on prétendit avoir tiré d'eux l'aveu qu'ils avoient entretenu avec les conjurés une correspondance au nom & par les ordres de Marie; elle demanda de leur être confrontée, elle ne put jamais l'obtenir; & ses secrétaires, remis en liberté après sa mort, ont dit, ont écrit que bien loin d'avoir fait la déclaration qu'on leur attribuoient, ils avoient fait précisément la déclaration contraire. Marie ne se cachoit point d'avoir agréé les services de quiconque vouloit lui procurer la liberté; elle nioit seulement d'avoir approuvé aucun attentat contre la personne de sa persécutrice: j'aurois voulu, disoit-elle, voir cesser les maux des fidèles & les miens; mais j'aurois prié comme Esther, & n'aurois point agi comme Judith! On peut l'en croire, sur-tout lorsqu'écrivant au duc de Guise, son cousin-germain & son ami, pour l'instruire des manœuvres de ses ennemis & de la déposition qu'on disoit avoir été faite par ses secrétaires, elle attribue cette déposition ou à la torture, ou à la crainte de la torture. Marie n'avoit aucun intérêt de déguiser sa pensée au duc de Guise; elle eût pu compter sur son approbation, même en avouant un complot contre la vie d'une ennemie qui l'avoit traitée avec tant d'injustice & de barbarie; si elle avoit eu des juges, elle auroit pu leur dire pour toute défense: » Reine » opprimée par mes sujets rebelles, je suis venue » ici sur la foi des traités & des liens du sang; » j'ai demandé un asyle, pour tout asyle je n'ai eu » qu'une prison; j'ai réclamé les loix, leur appui » m'a été enlevé; j'ai vécu sous l'empire de la guerre » & de la force; on est venu m'offrir le secours de la » force que je ne demandois pas, je l'ai accepté ». Aucun juge n'auroit pu la condamner. Mais dans la vérité, voici quelle fut sa justification: » Des » juges m'absoudroient, dit-elle, quand par l'in» térêt d'une juste défense, quand pour recouvrer » ma liberté, sur laquelle on n'avoit nul droit, » j'aurois permis qu'on attentât à la vie de ma » persécutrice, dans l'état de guerre qu'elle avoit » établi entre nous; mais la vérité m'oblige de » déclarer que je n'en ai rien fait, & que je défie » mes ennemis de m'en convaincre. »

Ils ne la convainquirent pas, & ils la condamnèrent.

Nous n'avons énoncé ici que le sommaire des faits, nous avons indiqué le lieu où se trouvent les preuves. M. L. C. va continuer de parler.)

Tandis qu'*Elisabeth* éteignoit dans le sang de Marie la haine que cette souveraine coupable & malheureuse lui avoit inspirée, Charles IX & la France, égarés par le fanatisme, offroient à l'Europe étonnée le spectacle du massacre des protestans indignement trompés par Catherine de Médicis; égorgés par leur prince & leurs concitoyens. Afin d'attirer plus facilement les protestans dans le piége infernal que Catherine leur avoit préparé, Charles IX affecta de rechercher avec empressement l'alliance d'une reine protestante, & il porta sa noire dissimulation jusques à faire demander la main d'*Elisabeth* pour le duc d'Alençon. Moins perfide que Charles, mais plus politique encore, *Elisabeth* dissimula avec art, parut écouter volontiers cette proposition, & fournit en même temps des secours d'armes & d'argent aux protestans françois, proscrits & soulevés contre leur prince par le massacre de leurs frères. Lorsqu'à son tour *Elisabeth* n'eut plus rien à craindre, soit du côté de la France, soit du côté de l'Ecosse, ou relativement à la reine Marie, elle termina par le refus le plus absolu, la négociation entreprise pour son mariage avec le duc d'Alençon, & répondit qu'elle vouloit vivre & mourir célibataire. Toutefois, ni la mort de Marie, ni les troubles qui agitoient la France, ni la soumission des Ecossois, ne laissoient jouir *Elisabeth* d'une sécurité parfaite: il lui restoit à craindre un ennemi puissant, un rival d'autant plus formidable, qu'à des forces supérieures, à l'éclat de ses victoires, il unissoit une profonde politique, une habileté rare, une ambition outrée, & une haîne personnelle & implacable contre la reine d'Angleterre: cet ennemi si redoutable étoit Philippe II, qui, toujours enflammé du désir de monter sur le trône d'Angleterre, en vertu des droits (surannés & subordonnés à tant d'autres) que lui donnoit sa descendance de la maison de Lancastre, profita avec adresse du mécontentement des catholiques, & de l'impression qu'avoit faite sur eux la mort tragique de Marie. Afin de s'assurer du succès de ses vastes projets, Philippe demanda & obtint de Sixte-Quint, qui remplissoit alors le siége pontifical, une bulle, par laquelle il excommunioit la reine *Elisabeth*, ordonnoit aux Anglois catholiques de secouer le joug, de désarmer la colère céleste, d'expier leurs péchés & de s'assurer le paradis, en se baignant dans le sang de leurs concitoyens attachés au protestantisme, & donnoit à Philippe l'investiture du royame d'Angleterre. Dans tout autre temps, cette bulle eût opéré ans doute les plus grandes révolutions : mais le despotisme oppressif du pouvoir pontifical avoit éclairé les rois & les nations sur leurs vrais intérêts. *Elisabeth* méprisa la bulle de Sixte-Quint, se rit de ses menaces, & ne s'attacha qu'aux moyens d'éloigner des côtes Britanniques l'ambitieux Philippe, qui, ne doutant point du succès de ses projets d'invasion, avoit fait sortir de ses ports, sous les ordres du duc de Medina-Celi, la flotte la plus formidable qui eût encore paru sur l'Océan : elle étoit composée de 150 gros vaisseaux de guerre, montés de 19000 hommes & de 1230 pièces de canon : à cette armée navale devoit se réunir une flotte de Flandre, sur laquelle devoit s'embarquer le duc de Parme avec une armée de 30000 hommes.

Ces forces réunies, loin de déconcerter *Elisabeth*, ne firent au contraire qu'ajouter à sa vigilance & à son activité. Pour s'opposer à la descente des Espagnols, elle avoit sur les côtes une armée de 80000 hommes, & la mer étoit gardée par une petite flotte qui avoit pour amiral Howard duc d'Effingam, & pour vice-amiraux les fameux Drack, Hawkin & Forbisher, officiers intrépides, & qui s'étoient déja signalés plusieurs fois contre les Espagnols. L'amiral de Philippe entra librement dans la Manche ; mais il ne put y être joint, comme il s'y attendoit, par la flotte du duc de Parme ; & à peine se fut-il engagé plus avant, qu'il eut à combattre tout-à-la-fois contre les vents qui devinrent contraires, contre les rochers où ses vaisseaux alloient frapper, & contre les Anglois qui, profitant habilement des circonstances, triomphèrent, après quelques momens de combat, de cette énorme flotte. Tous les vaisseaux espagnols furent pris, coulés à fond ou brisés contre les rochers ; en sorte qu'il n'en échappa aux vainqueurs que deux ou trois, qui eurent la plus grande peine à arriver, & n'arrivèrent que désemparés, & hors d'état de servir davantage, dans les ports d'Espagne.

Cette victoire fut le premier acte de vengeance qu'*Elisabeth* justement irritée exerça contre Philippe II, dans les états duquel elle porta la guerre, tandis que l'intrépide Drak & le chevalier de Nowis surprenoient la Corogne, incendioient la ville basse, s'emparoient des vaisseaux qui étoient dans le port, battoient la garnison espagnole, & alloient sur le Tage signaler leur valeur par les mêmes exploits. Peu satisfaite encore de ces succès, *Elisabeth*, afin d'humilier davantage l'ennemi qui l'avoit forcée de s'armer, se ligua avec Henri IV, & détourna les coups que l'Espagne & Mayenne se flattoient de porter à la liberté françoise. Irrité de la résistance que l'Angleterre opposoit à ses entreprises, & ne pouvant soumettre par la force la fière *Elisabeth*, Philippe eut recours à la plus odieuse des voies ; il corrompit par ses ambassadeurs le premier médecin de la reine, que le traître, ébloui par une promesse de 50000 écus, s'engagea à d'empoisonner. Mais le complot fut découvert peu de temps avant son exécution, & le perfide médecin fut, avec ses complices, attaché au gibet.

(L'auteur auroit dû, sur un tel fait, citer ses autorités ; il ne faut point accuser d'empoisonnement, sans énoncer ses preuves.)

La découverte de cette trame honteuse, qui eût dû décourager Philippe II, ne fit que l'attacher encore plus étroitement au projet qu'il avoit formé de réduire l'Angleterre ; & pendant qu'il faisoit les plus grands préparatifs pour une nouvelle expédition, il fomenta en Irlande une révolte des catholiques contre les protestans, & contre la puissance légitime d'*Elisabeth*. Tandis qu'encouragés par le secours de l'Espagne, les catholiques Irlandois portoient de province en province le feu de la rebellion, une énorme flotte espagnole s'avançoit vers les côtes Britanniques, & y touchoit déja, lorsque les élémens, servant *Elizabeth* plus efficacement que ne l'eussent fait ses armées, ruinèrent totalement cette flotte, dont les vaisseaux furent presque tous brisés ou submergés. Ainsi le le roi d'Espagne ne retira de cette grande entreprise, que le regret & la honte de s'être vainement donné en spectacle à l'Europe.

Il ne restoit plus à l'heureuse *Elisabeth* que les catholiques irlandois à soumettre ; la reine confia le commandement de l'armée qu'elle envoya contre eux, au comte d'Essex, qui depuis quelque temps avoit supplanté le comte de Leicester dans le cœur de la reine. Qui ne connoîtroit le célèbre comte d'Essex que par le portrait imposant qu'en a fait Thomas Corneille, le regarderoit sans doute comme l'un des plus habiles généraux qui aient illustré l'Anglèterre, comme un homme ambitieux, mais d'ailleurs respectable par les plus rares qualités, & sur-tout par le plus brillant héroïsme : mais il n'y eut jamais aucun trait de ressemblance entre le véritable comte d'Essex & le héros de fantaisie que Corneille imagina de montrer sur la scène françoise. Ce trop fameux comte d'Essex n'étoit qu'un homme ingrat, un homme vain, présomptueux, plein de projets extravagans, violent sans valeur, emporté sans courage, mauvais soldat, général sans talens, perfide citoyen, indigne des bontés d'*Elisabeth*, & plus indigne encore d'occuper un rang distingué. L'armée qu'il conduisit en Irlande, étoit la plus belle & la plus aguerrie que l'on eût encore vue en Angleterre ; & pour vaincre, il ne lui manquoit qu'un général courageux & plus habile que le comte d'Essex. Il n'eut que de foibles succès, dont il ne sut pas pas même profiter. Cependant il étoit le favori d'*Elisabeth*. La nation angloise se plaignit hautement de la complaisance de la reine, & des fautes multipliées du comte d'Essex. Le mécontentement devint si général, qu'*Elisabeth* rappella le comte. Celui-ci, ne doutant point des sentimens de la reine, se justifia aisément devant elle. Mais à peine fut-il retourné en Irlande, qu'au lieu d'agir contre les ennemis, il entra en conférence avec le Comte de Tiron, chef des mécontens, sans en rien communiquer au conseil de guerre. Cette démarche fut prise pour une trahison. Il fut accusé, mais au lieu de venir à la cour rendre compte de sa conduite, il leva le masque, & tâcha, autant qu'il fut en lui, d'exciter une sédition dans Londres, résolu de perdre la vie, ou de gagner une couronne par la plus criminelle usurpation. Il fut arrêté en Irlande, amené en Angleterre, enfermé à la tour, jugé, condamné à perdre la tête, & l'arrêt fut exécuté. On assure que l'effort qu'*Elisabeth* fit sur elle-même pour signer cette sentence de mort, abrégea le cours de sa vie : car on ne doutoit point qu'elle n'eût eu les plus tendres sentimens pour cet ingrat ; & l'on prétend que ce ne fut que pour dérober au public la honte d'un tel attachement, qu'elle parut consentir à envoyer son lâche amant sur l'échafaud.

OBSERVATIONS DU RÉDACTEUR.

(Nous ne savons encore d'après quels mémoires l'auteur a tracé ce portrait du comte d'Essex; mais nous pouvons assurer que celui de Thomas Corneille, quoique embelli suivant les convenances dramatiques, est beaucoup plus fidèle. Le comte d'Essex eut beaucoup de conformité de caractère & de fortune avec notre maréchal de Biron. Tous deux étoient bien moins des traîtres livrés à l'esprit de faction, que des amis trop exigeans, des esprits orgueilleux, incapables de supporter la diminution de la faveur & le refroidissement du maître. Ils conspiroient par humeur & par dépit, plutôt que dans le dessein formel de troubler l'état. Tous deux avoient des qualités brillantes, une valeur héroïque, des talens pour la guerre. de l'ardeur pour la gloire, tous deux avoient rendu des services qui demandoient grace pour eux, & leur supplice, quoique mérité dans toute la rigueur de la loi, est une tache pour l'autorité qui l'ordonna, & pour l'amitié qui le permit.)

Quoi qu'il en soit, victorieuse de Philippe II, respectée de ses peuples, admirée de l'Europe, *Elisabeth*, que la mort du comte d'Essex avoit pénétrée de douleur, sentit sa fin approcher, & ne parut point désirer de reculer le terme de ses jours : un engourdissement qui s'étoit emparé de ses membres, & qui la privoit même de l'usage de la parole, la mit au tombeau, dans la 70e année de son âge, & la 44e année de son règne. Elle nomma Jacques, roi d'Ecosse & fils de Marie, pour lui succéder.

La reine Anne ne chercha qu'à se faire aimer de ses sujets, qu'à se faire estimer des puissances étrangères : *Elisabeth*, moins tendre qu'ambitieuse, voulut régner par elle-même, & voir jusqu'à quel point elle pourroit se rendre maîtresse de ses peuples, qu'elle tint dans la soumission, tandis que par ses peuples même elle tenoit ses voisins & ses ennemis dans la crainte. Ses vues ne furent point de conquérir, mais d'empêcher qu'on n'attentât à ses possessions, ou à la plénitude de sa puissance, qu'elle sut conserver & augmenter même par les ressources de sa politique & par la terreur de ses armes. C'est à ce désir seul de gouverner & d'occuper le trône sans partage, & non selon les ridicules visions de quelques mauvais annalistes, aux conseils de son médecin, qu'il faut attribuer l'éloignement d'*Elisabeth* pour les nœuds du mariage.

(L'auteur n'en sait rien ; c'est une opinion, & non pas une découverte.)

Elle ne refusa aucun des princes qui aspirèrent à sa main, mais elle n'en accepta aucun ; & si elle répondit d'une manière favorable à Philippe II, aux ducs d'Anjou & d'Alençon, à l'archiduc d'Autriche & au fils du roi de Suède, elle ne leur donna des espérances qu'autant qu'elles servoient aux desseins de sa politique. Elle fuyoit le mariage, parce qu'elle ne vouloit ni maître ni égal: du reste, on assure qu'elle ne fut rien moins qu'inaccessible à la tendresse : mais ses foiblesses, si elle en eut, n'éclatèrent jamais ; & si elle donna son cœur, elle garda sa puissance pour le bonheur de ses sujets & la gloire de la nation. (*L. C.*)

ELISABETH PETROWNA, impératrice de Russie. *Voyez* l'article ANNE IWANOWNA, pages 340 & 341.

(Quoique le nom d'*Elisabeth* & celui d'*Isabelle* paroissent être le même, nous renvoyons à l'article *Isabelle*, les personnes plus particuliérement connues sous ce nom.)

ELISAPHAT, (*Hist. sacr.*) nommé dans le chapitre 23 du second livre des Paralipomènes, parmi les centeniers que le grand-prêtre Joiada emploie à mettre Joas sur le trône.

ELISÉE. (*Voyez* ELIE.)

ELLER DE BROOKUSEN, (JEAN THEODORE) premier médecin du roi de Prusse & directeur de l'académie royale de Prusse, mort à Berlin en 1760, auteur d'un ouvrage latin qui traite de la connoissance & du traitement des maladies, principalement des maladies aiguës. Cet ouvrage a paru traduit en françois par M. le Roi, médecin, en 1774.

ELLIES, (*Voyez* DUPIN.)

EL-MACIN, (GEORGE) (*Hist. litt. mod.*) auteur d'une *histoire des Sarrasins*, écrite en arabe, traduite en latin par Erpenius, dans le dernier siècle.

El-macin étoit Egyptien. Mort en 1238.

ELOI, (SAINT) (*Hist. de Fr.*) évêque de Noyon, trésorier du roi Dagobert. Cette orfévrerie si fameuse de de saint Eloi, ce siége & ce trône d'or massif qu'il fabriqua, ces ceintures couvertes de pierreries qu'il portoit lorsqu'il vint à la cour de Dagobert, cette profusion des matières les plus précieuses, qui ne paroît pas avoir eu d'influence marquée sur la monnoie ni sur le prix des denrées, paroissent difficiles à expliquer ; on a expliqué en partie cette richesse par le commerce du Levant : au reste l'antiquité a divinisé les premiers inventeurs des arts encore bruts & grossiers ; un orfévre, devenu évêque & ministre, atteste de même le respect des peuples barbares pour les premiers hommes qui leur apportoient des commodités inconnues & des avantages nouveaux. C'est dans leur berceau que les arts sont le plus honorés ; l'ignorance les exagère, l'admiration les divinise. Dans nos chroniques, cette magnificence brille un moment sous Dagobert, & ne reparoît plus sous la première race ; c'est qu'elle avoit été inconnue jusqu'alors, & qu'on s'y accoutuma dans la suite. Saint *Eloi*, né à Cadillac près de Limoges, en 588, mourut en 659. Saint Ouen, son ami, a écrit sa vie.

ELZEVIRS, (*Hist. litt. mod.*) imprimeurs d'Amsterdam & de Leyde, dont les plus célèbres sont Louis, Bonaventure, Abraham & Daniel, (le premier travaillant dès l'an 1595, le dernier mort en 1680) se sont fait un grand nom par leurs presses & leurs chefs-dœuvre typographiques.

EMA *ou* EMMA; nom de deux femmes célèbres dans l'histoire de France, mais dont il n'est pas sûr que la première ait existé. Quant à cette première, réputée fille de Charlemagne, *voyez* l'article EGINARD.

La seconde *Ema* ou *Emma*, fille de Lothaire, roi d'Italie, femme de notre roi Lothaire, fils aîné de Louis d'Outremer, empoisonna, dit-on, son mari, pour régner sous le nom d'un fils au berceau. Ce fils, nommé Louis V, fut encore empoisonné, selon l'opinion commune par Emma sa mère, qu'on avoit chassée de la France & qui vouloit y régner. Empoisonner son fils n'en étoit pas trop le moyen. Après la mort de Louis, les François ne voulurent être gouvernés ni par sa mère ni par son oncle Charles de Lorraine, & se donnerent à une troisiéme race de rois.

L'Angleterre a aussi une *Ema* ou *Emma* célèbre: dans le temps où les races saxonne & danoise se disputoient la couronne d'Angleterre, au onzième siècle, elle avoit épousé Ethelred II, prince de la race saxonne. (*Voyez* l'article ETHELRED II.) Le règne de ce prince fut une suite de crimes & de fautes. Il ne fit qu'une chose raisonnable ; ce fut de vouloir opposer les Normands aux Danois. C'est dans cette vue qu'il demanda & obtint en mariage Emma, sœur de Richard II, duc de Normandie. Ethelred ayant également irrité, par ses attentats & ses entreprises, ses ennemis & ses sujets; ayant été détrôné par les uns, abandonné par les autres, s'enfuit en Normandie, où Richard II son beau-frère lui donna un asyle, mais non pas un secours dont il étoit indigne ; Canut son rival, de la race danoise, régna en sa place. Ethelred, outre des enfans d'un premier lit, avoit eu deux fils d'*Emma* sa seconde femme, savoir, Alfred & Edouard. Ces deux princes avoient été emmenés en Normandie par *Emma* leur mère, lorsqu'Ethelred avoit été détrôné ; ils y vivoient paisibles sous la protection des ducs de Normandie ; Canut, vainqueur d'Ethelred, redouta cette protection ; & pour empêcher le duc Richard II, frère d'*Emma*, d'agir en faveur de ses neveux, il voulut devenir son beau-frère ; il épousa donc *Emma*, & donna sa sœur à Richard II ; par le contrat de mariage de Canut & d'*Emma* on assura aux enfans qui en naîtroient, la succession à la couronne d'Angleterre : l'on sacrifia les droits, non-seulement des enfans du premier lit d'Ethelred, mais encore des enfans qu'il avoit eus d'*Emma*, & qui ne pardonnèrent jamais à leur mère de les avoir ainsi vendus à l'ennemi de leur père & de leur maison.

Canut eut d'*Emma* un fils, nommé Hardicnute, ou Hardicanute. On ne s'en tint pas exactement au contrat de mariage de Canut & d'*Emma*, qui assuroit l'Angleterre à Hardicanute ; on ne lui en donna que la moitié & l'autre moitié à Harold, fils de Canut d'un premier lit. *Emma* fut nommée régente de la partie du royaume échue à son fils ; on lui donna pour conseil le comte Godouin (Goodwin), chef de la noblesse angloise, qui, trahissant *Emma* & se vendant à Harold, s'attacha particulièrement à fermer l'entrée du royaume au prince Hardicanute. *Emma* voyant que Hardicanute tardoit à paroître, proposa de faire venir de Normandie les fils d'Ethelred ; elle n'alléguoit que le desir si naturel à une mère de revoir des enfans dont elle étoit depuis long-temps séparée. Godouin vit bien que l'intention & l'espérance d'*Emma* étoient de ranimer, par leur présence, l'affection des Anglois pour la race de leurs souverains, & de faire régner les fils du premier lit qui étoient en Normandie, si celui du second lit ne vouloit ou ne pouvoit pas quitter le Danemarck. Godouin applaudit à la proposition d'*Emma*, dans le dessein d'immoler ces deux importantes victimes ; mais *Emma*, sans soupçonner la perfidie atroce de Godouin, avoit la défiance d'une mère : elle ne souffrit jamais que les deux princes vissent ensemble Godouin ; elle tenoit toujours l'un des deux sous ses yeux, & ne permettoit à l'autre de marcher que sous l'escorte des fidèles Normands, qui étoient venus en Angleterre à la suite de ces princes. Godouin ne pouvant attaquer qu'un des deux frères, attaqua l'aîné, Alfred fut arrêté, son escorte massacrée, on lui creva les yeux, on l'enferma dans un monastère, où il mourut bientôt de douleur & d'ennui ; à cette nouvelle, *Emma* renvoya promptement & secrètement Edouard dans son asyle en Normandie. Godouin, furieux d'avoir manqué une partie de son crime, & redoutant l'habileté d'*Emma*, l'accusa de trahison ; il eut le crédit de la faire chasser du royaume ; cependant Harold mourut, Hardicanute arriva, tout se réunit en sa faveur ; il fit venir à sa cour son frère Edouard, qui demanda justice de la mort d'Alfred ; Hardicanute lui-même mourut peu de temps après ; la race saxonne remonta sur le trône, Edouard fut roi d'Angleterre. C'est ce prince foible, vertueux & superstitieux, si connu sous le nom d'Edouard *le confesseur*, & qui fut le dernier roi d'Angleterre de la race saxonne, comme Hardicanute avoit été le dernier de la race danoise. Edouard devoit sans doute plus de reconnoissance à sa mère, pour l'avoir dérobé à tant de périls, que de ressentiment des clauses auxquelles elle avoit pu être obligée de souscrire dans le temps de son second mariage avec Canut. Ce roi dévot, semblable à beaucoup d'égards à notre Louis le débonnaire, laissoit presque mourir sa mère de faim, ce que Louis n'eût pas fait, la faisoit passer par l'épreuve du feu sur l'accusation téméraire d'un mauvais commerce avec un évêque, & se faisoit ensuite donner la discipline par cet évêque & par elle. *Emma* vivoit encore vers l'an 1046.

EMANUEL *ou* EMMANUEL, (*Hist. de Portug.*) dit LE GRAND, roi de Portugal ; c'est sous son règne, c'est sous ses auspices que ces grands navigateurs, Vasco ou Vasquez de Gama, Americ Vespuce, Pierre Alvarès Cabral, firent leurs grandes découvertes : l'un trouva la route aux Indes en doublant le cap de Bonne-Espérance, & transporta au Portugal tout le commerce de Venise, (*voyez* GAMA) ; l'autre apperçut le premier le continent de l'Amérique & lui donna son nom, (voyez VESPUCE) (Améric) ; le troisième découvrit le Brésil, (*voyez* CABRAL) : ces découvertes & ces révolutions firent donner à *Emmanuel* le nom de *prince très-fortuné*, & on appelle encore aujourd'hui le règne d'*Emmanuel* le *siècle d'or du Portugal*. On reproche à ce prince quelques fautes en morale & en politique ; il chassa les Maures, il convertit ou plutôt il baptisa les Juifs par force ; il eut en partie les torts & la gloire de Charlemagne; au lieu des trois parties de l'Europe où Charlemagne fit des conquêtes, l'Italie, l'Espagne, & sur-tout l'Allemagne, ce fut dans les trois autres parties du monde qu'*Emmanuel* fit les siennes.

Il prenoit les titres de souverain de Guinée, maître de la navigation & du commerce d'Ethiopie, d'Arabie, de Perse & des Indes, titres d'autant plus glorieux qu'il ne les devoit point au hasard de la naissance, mais à l'industrie de ses sujets, encouragés par ses bienfaits.

Emmanuel épousa successivement les deux sœurs avec dispense du pape ; c'étoient Isabelle & Marie, filles de Ferdinand le catholique, roi d'Espagne : il épousa en troisièmes noces leur nièce, Eléonore d'Autriche, sœur de Charles-Quint, laquelle épousa ensuite en seconde noces François I. (*Voyez* ELEONORE d'Autriche.)

Emmanuel bâtit le monastère de Bellem, & il y est enterré. On lit sur son tombeau cette épitaphe où ses conquêtes sont célébrées :

Littore ab occiduo, qui primùm ad littora solis
Extendit cultum notitiamque Dei ;
Tot reges domiti cui submisere tiaras,
Conditur hoc tumulo maximus Emmanuel.

EMANUEL *ou* EMMANUEL. Philibert, duc de Savoye. *Voyez* SAVOYE.

Il mourut en 1521. Il étoit monté sur le trône en 1495.

EMBAUMEMENT ; (*Hist. anc. & mod.*) les corps humains se conservent naturellement par l'action de plusieurs causes différentes, qui se réunissent toutes dans l'obstacle qu'elles mettent à la putréfaction. Les eaux vitrioliques ont conservé & même endurci le corps d'un homme qu'on a trouvé dans les mines de Suède : des eaux imprégnées de tourbe ont fait le même effet, & même des eaux simplement froides ont conservé des corps pendant un temps considérable.

Le contraire de l'eau, l'air extrêmement sec & chaud des déserts de l'Arabie & de l'Afrique, dessèche les corps avec tant de promptitude, que la putréfaction ne se développe point, parce que toute l'humidité a été enlevée : on trouve tous les jours de ces momies dans les pays les plus arides, & les plus exposés au soleil. La fumée imite l'effet de la chaleur sèche.

Les liqueurs spiritueuses, & mieux encore les liqueurs acides, conservent des corps qui n'ont pas trop de volume. Le miel doit avoir fait le même effet au rapport des anciens, & doit avoir servi de baume au cadavre d'Alexandre : mais des expériences modernes n'ont pas confirmé ce pouvoir conservateur du miel.

Ce qui exclut l'action de l'air prévient de même la pourriture ; la cire fondue a conservé des corps, l'huile même a fait cet effet, & on conserve les perdrix dans du beurre, le vuide parfait procure des fruits, dont le goût n'a point été changé par le temps.

Il se trouve des caveaux où les cadavres se conservent sans aucun secours de l'art ; on connoît celui de Brême, celui de Warbourg, celui de Toulouse. On a vu un nombre de cadavres en différens endroits, qui n'ont jamais éprouvé de pourriture, & qui ont même conservé leur physionomie & leur couleur ; le sang même étoit rouge dans les religieuses de Quebec. On dit la même chose du corps de Philippe Néri, de celui de Grotius, de celui de Charles V, de Modelich, d'un corps de femme découvert en Eslande, & de plusieurs autres cadavres.

Plusieurs peuples ont embaumé leurs morts, pour conserver les restes de leurs ancêtres. Les sauvages des îles Canaries s'en acquittoient très-bien; ils conservoient même la flexibilité & la ressemblance. On a trouvé en Europe des cadavres conservés de même : les intestins étoient restés entiers.

Mais de tous les peuples, celui qui embaumoit le plus généralement & le plus exactement les corps de ses parens, c'étoient sans doute les Egyptiens. On trouve encore tous les jours dans les environs de Gizé des caveaux remplis de momies.

On n'est pas d'accord sur les moyens que les Egyptiens employoient. On a dit que l'on faisoit sortir la cervelle par un trou. Ce fait est nié par M. Lech, qui a reconnu l'os cribleux dans son entier dans une momie d'Egypte; on convient assez que le plus grand nombre de momies n'a été embaumé qu'avec du bitume. M. Rouelle a cru que l'on faisoit un squelette de ces corps avant que d'y verser du bitume; & il est sûr qu'on trouve des momies, dont les os sont entièrement décharnés; c'est l'état où se trouvoit la momie décrite par Sryph. Mais il y en a d'autres, où les chairs sont confondues avec le bitume, sans être enlevées : on en a vu même, où le visage étoit conservé & encore reconnoissable. Il est bien problable qu'à l'égard des personnes d'un rang supérieur on prenoit plus de précaution.

La meilleure méthode d'embaumer seroit certainement celle qui se fait par l'injection. Nous avons vu chez Ruisch un enfant conservé sans que ses chairs fussent affaissées : elles étoient rondes & potelées, avec le coloris le plus fleuri d'une belle jeunesse. Cela ne paroît pas difficile; on n'a qu'à colorer la colle de poisson avec de la cochenille : cette liqueur perce dans les espaces cellulaires, les arrondit, & donne aux joues le vermeil le plus vif; mais la difficulté, c'est de fixer cette colle, d'en empêcher l'évaporation, & de conserver à l'air l'embonpoint artificiel : c'est un secret que Ruisch avoit découvert, & qui est perdu. (*H. D. G.*)

EMERITE, f. m. (*Hist. mod.*) On donne, dans la faculté des Arts, ce titre aux professeurs qui ont vingt ans d'exercice. Ils conservent, en quittant leur chaire, une pension de cinq cents livres; récompense bien modique d'un long service rendu à la société dans un des emplois les plus importans & les plus pénibles, celui d'instruire la jeunesse. (*A. R.*)

(Cette pension de retraite a été augmentée depuis.)

EMERY. (*Hist. de Fr.*) Son vrai nom étoit Michel Perticelli ou Particelli; il étoit fils d'un paysan de Sienne. Le cardinal Mazarin l'avoit amené d'Italie; il le fit surintendant des finances de France; & de tant d'indignes ministres de ce département délicat, c'est le plus décrié; ses opérations étoient basses & ridicules autant que vexatoires; il affichoit des principes d'après lesquels il devenoit honteux & infame d'employer un tel homme; il disoit que *la bonne foi n'étoit que pour les marchands*; il fut chassé à la clameur publique; & ce fut le désordre qu'il avoit mis dans les affaires, qui fit chasser deux fois le cardinal Mazarin; car la patience a des bornes.

Il est dit dans le *Menagiana* que Monsieur, (GASTON) étant à un sermon de la passion, accompagné de cet *Emery* & d'un autre ministre des finances dont l'administration n'avoit pas été non plus fort agréable au peuple, & s'étant endormi, fut tout-à-coup réveillé par un grand éclat de rire de tout l'auditoire, causé par cette exclamation du prédicateur : *Ah! mon Seigneur! quand je vous vois ainsi entre deux larrons!* Gaston demanda ce que c'étoit; on dit qu'*Emery*, accoutumé à ces sortes de scènes, lui répondit : *dormez, monseigneur, ce n'est qu'à nous qu'on en veut.*

EMILES, EMILIENS; (*Hist. rom.*)

Stantes in curribus Æmilianos.

maison illustre de Rome, partagée en différentes branches, toutes célèbres, & dont les principales sont les Mamercus, les Lépides, les Pauls, les Scaurus, les Papus ou Papiens. Les personnages les plus illustres de cette maison, en les prenant indistinctement dans les diverses branches, sont :

1°. Mamercus Emilius trois fois dictateur, vainqueur des Veïens & des Fidenates, au quatrième siècle de Rome.

2°. Le consul Lucius Emilius Papus, qui vainquit les Gaulois près de Télamon en Etrurie, l'an 527 de Rome.

3°. Le consul Lucius Emilius Paulus, tué à la bataille de Cannes; c'est de lui qu'Horace a dit :

Animæque magnæ
Prodigum Paulum, superante Pæno.

Silius italicus :

Et Pauli stare ingentem miraberis umbram.

C'est de lui que parle Rousseau dans ces vers de l'ode à la Fortune :

L'inexpérience indocile
Du compagnon de Paul Emile,
Fit tout le succès d'Annibal.

4°. Paul Emile son fils, dit le Macédonique, qui vainquit Persée & réduisit la Macédoine en Province; Persée l'ayant fait prier de lui épargner l'affront d'être mené en triomphe, il répondit froidement: *la grace qu'il me demande est dans ses mains;* c'est le conseil que Cléopâtre suivit dans la suite.

Deliberatâ morte ferocior,
Sævis Liburnis scilicet invidens
Privata deduci superbo
Non humilis mulier triumpho.

Paul Emile perdit un de ses fils cinq jours avant son triomphe, & un autre trois jours après. Ses deux autres fils avoient passé dans des maisons étrangères; l'un avoit été adopté par Fabius Maximus, l'autre par Publius Scipion, fils du premier Scipion l'Africain; mais suivant Velleius Paterculus; *nihil ex paternâ majestate, præter speciem nominis, vigoremque eloquentiæ retinenti.* Le fils de Paul Emile releva la gloire du nom de Scipion & fut le second Scipion l'Africain, le destructeur de Carthage & de Numance, l'ami de Lucilius & de Térence, non moins célèbre par son esprit que par ses exploits. Son père adoptif, placé ainsi entre les deux Scipions, *geminos, duo fulmina belli, scipiadas, cladem Lybiæ*, resta obscur; & c'est de lui sur-tout qu'on put dire:

Mais il n'égalera ni son fils, ni son père.

5°. Marcus Emilius Lepidus, deux fois consul, l'an de Rome 565, & l'an 577.

6°. Un autre Marcus Emilius Lepidus, consul l'an de Rome 615, & défait par les Vaccéens, peuples espagnols, qu'il avoit attaqués mal à propos, & malgré les défenses du sénat.

7°. Un autre Marcus Emilius Lepidus, noté par les censeurs, comme coupable de luxe & de faste, parce qu'il louoit une maison six mille sesterces, c'est-à-dire 750 liv. *At nunc*, dit Velleius Paterculus, *si quis tanti habitat vix ut senator agnoscitur; adeò maturè à rectis in vitia, à vitiis in prava, à pravis in præcipitia pervenitur.*

Si nous voulons comparer le luxe françois au luxe romain, quel est aujourd'hui, je ne dis pas l'homme égal parmi nous à un sénateur romain, mais le magistrat subalterne, l'avocat, le procureur connu & employé, qui ne paye que 750 liv. de loyer?

8°. Divers autres Marcus Emilius Lepidus, dont le plus célèbre est le triumvir, collégue d'Auguste & d'Antoine; (*voyez* l'article TRIUMVIRAT.)

9°. Marcus Emilius Scaurus, consul l'an 638 de Rome, & prince du sénat, offre un singulier mélange des vertus des premiers siècles de la république romaine & de la corruption des derniers. Il avoit composé des mémoires sur sa vie, dont il ne nous reste que des fragmens rapportés par Valère Maxime & par d'autres auteurs. M. le président de Brosses a écrit *une vie de Scaurus pour servir de supplément aux mémoires écrits par lui-même.* On la trouve dans le 24e volume des mémoires de littérature, pages 235 & suiv. Scaurus étoit né l'an 590 de Rome. Il fut fait consul, comme nous l'avons dit, l'an 638: » ce fut alors, dit M. le président de Brosses, » que l'on commença d'entrevoir en lui ce caractère hautain, entreprenant, vindicatif, avide d'honneur & de puissance, non moins avide d'argent, » & peu scrupuleux sur les moyens de parvenir » à ses fins: Mais . . . . Il avoit d'ailleurs de » grands talens, une ame ferme, une gravité singulière, un courage au-dessus de tous les événemens, » & sur-tout une extrême adresse à déguiser ses » vices ». On trouve en effet dans sa vie des preuves de toutes ces assertions.

A peine consul, il passe dans une rue où le préteur Décius, assis sur son tribunal, rendoit la justice au peuple; ce magistrat n'ayant pas eu l'attention de se lever lorsque le consul passoit, celui-ci envoya les licteurs lui déchirer sa robe & briser son tribunal, & défendit aux plaideurs qui étoient là présens de se pourvoir devant lui.

Il soumit la Ligurie; il arrêta les inondations de la Trébia, en faisant creuser un canal navigable de Parme à Plaisance, ouvrage sans lequel il eût peut-être été impossible aux Romains même de tenter la conquête des Gaules, ces inondations formant des marais qui fermoient le passage.

Il est l'auteur de la célèbre voie Emilienne qui passoit par Pise & aboutissoit à Tortone, & qu'il ne faut pas confondre avec une autre voie Emilienne qui en étoit une branche de la voie Flaminienne, & qui s'étendoit de Rimini à Aquilée. Il est aussi l'auteur du pont Milvius, aujourd'hui ponte mole. Scaurus faisant la guerre dans la Gaule Transpadane, faisoit observer à ses troupes une si exacte discipline sur les terres des alliés, qu'au rapport de Frontin, un arbre fruitier renfermé dans l'enceinte de son camp n'avoit perdu aucun de ses fruits. Il soumit encore les pays nommés aujourd'hui le Frioul & l'Istrie. Il perdit un fils dans cette expédition. Il lui avoit confié la garde d'un poste important dans les montagnes du côté de Trente; ce jeune homme s'étoit mal acquitté de sa commission, son père lui envoya défendre de reparoître jamais devant lui; le fils en conçut un tel désespoir, qu'il se donna la mort: voilà bien les mœurs des Brutus & des Manlius.

Mais voici qui n'est plus dans leurs mœurs. Cette ame si ferme sur tout le reste, ne pouvoit soutenir la vue d'une certaine quantité d'argent; il n'étoit pas de ces gens dont parle Horace.

Quisquis ingentes oculo irretorto
Spectat acervos.

Il se laissa corrompre par l'or de Jugurtha & fut un de ceux que ce prince criminel avoit en vue, lorsqu'il disoit que *Rome étoit à vendre & seroit vendue si elle trouvoit un acheteur.* Et lorsqu'on eut ordonné des informations contre ceux qui s'étoient laissé corrompre, il eut l'audace de se proposer pour être un des commissaires qui devoient travailler aux informations, & en effet il eut le crédit de se faire nommer : ainsi l'affaire n'eut point de suite; dans d'autres occasions il déploya tout le zèle & tout le courage d'un vrai citoyen au milieu des dissentions civiles; tourmenté de la goutte, il veilloit & agissoit pour le salut de Rome. *Je n'ai point de jambes*, disoit-il, *pour fuir le péril, mais je sais en retrouver pour poursuivre les perturbateurs du repos public.*

Sa conduite dans la guerre de Jugurtha le fit soupçonner d'avoir reçu de l'argent de Mithridate, pour susciter la guerre des alliés qui faisoit diversion en Italie. Il fut accusé avec deux autres romains, dont l'un s'exila lui-même, l'autre fut relégué. Scaurus étoit malade, il avoit soixante & douze ans; on lui conseilloit de suivre l'exemple du premier de ses co-accusés; il n'en voulut rien faire; il parut dans la place publique, appuyé sur les bras de quelques jeunes gens de la plus haute naissance, & s'adressant au peuple : *Romains*, dit-il; *est-ce à vous de juger de mes actions ? Ce sont vos pères qui les ont vues, mais je veux bien vous prendre pour juges. Un Varius accuse Marc Emile prince du sénat d'avoir trahi la République en faveur d'un roi de Pont. Marc-Emile le nie; qui devez-vous croire?* Le peuple, subjugué par cette fermeté d'un vieillard, obligea l'accusateur à se désister de sa poursuite. C'est par ce caractère de force & de grandeur qui éclatoit en toute occasion, c'est sur-tout par le talent de voiler avec adresse ses turpitudes secrètes qu'Emilius Scaurus sut échapper à l'opprobre que méritoit un vice bas & honteux, & jouir constamment de la plus haute considération. Les harangues de Cicéron sont pleines de ses éloges; Tacite même l'a loué, Salluste paroît l'avoir mieux connu. *Emilius Scaurus*, dit-il, *homo nobilis, impiger, factiosus, avidus potentiæ, honoris, divitiarum, cæterùm vitia sua callidè occultans.*

10°. Son fils, nommé comme lui Marcus Æmilius Scaurus, paroît n'avoir eu que ses vices, sans ses qualités brillantes. On a quelques fragmens d'un plaidoyer que Cicéron fit pour ce fils, accusé de déprédations & de violences par la Sardaigne, qu'il avoit mal gouvernée.

Cette maison Emilia eut en tout trente-huit consuls, dix tribuns militaires, cinq dictateurs, cinq censeurs, deux souverains pontifes, neuf fois les honneurs du triomphe; mais la branche des Scaurus a-t-elle mérité qu'Horace la plaçât dans ses odes immortelles entre Regulus & Paul Emile ?

Regulum & Scauros animæque magnæ
Prodigum Paulum, &c.

Emilia est le nom de deux vestales, (soit qu'elles fussent ou non de la maison *Emilia*) dont l'une fut punie du supplice affreux des vestales impudiques; l'autre ayant commis la garde du feu sacré à une jeune vestale qui le laissa éteindre, se tira d'affaire par un miracle : un morceau de son voile jeté sur l'autel ralluma le feu, au rapport de Denys d'Halicarnasse.

Paul Emile, historien du quinzième & du seizième siècle, étoit de Vérone, & vécut en France sous les règnes de Charles IX, de Louis XII & de François I; il y vint en 1487, & y mourut en 1529. On a de lui une histoire de France en dix livres, commençant à Pharamond & finissant à la cinquième année de Charles VIII : (1488) cette histoire a été continuée par Arnould ou Arnauld du Ferron. (*Voyez* FERRON.)

EMILIEN, (*Hist. des Empereurs.*) né dans la Lybie, de parens obscurs & indigens, embrassa par goût & par besoin la profession des armes. Quelques actions d'éclat le firent remarquer de l'empereur Dece, qui lui confia le gouvernement de la Sarmatie en proie aux brigandages des Barbares. Il montra dans cet emploi tant de courage & de capacité, que Gallus, successeur de Dece, le continua dans ce gouvernement. Les derniers empereurs s'étoient soumis à payer un tribut aux Scythes. L'avarice de ces Barbares devenant plus exigeante à mesure qu'on lui fournissoit des alimens, imposoit chaque jour des conditions plus humiliantes. *Emilien*, sensible à l'abaissement où ils tenoient l'empire, fit assembler ses soldats; il leur promit, s'ils vouloient le seconder, de récompenser leur valeur en les gratifiant de la somme qu'on payoit aux Barbares. Cette proposition fut reçue avec un applaudissement général; tous demandent qu'on les mène à l'ennemi, & la fortune seconde leur courage. Les Scythes s'éloignent des frontières, la sureté y est rétablie. *Emilien* rentra triomphant dans la Mésie, où son armée, reconnoissante de l'exécution de sa promesse, le proclama empereur. Gallus, instruit de cette rebellion, s'avança dans cette province pour la faire rentrer sous son obéissance. Une défaite qu'il essuya le fit tomber dans le mépris de ses soldats, qui le massacrèrent avec son fils. *Emilien* victorieux écrivit au sénat pour le prier de confirmer son élection, promettant de chasser les Barbares de l'Arménie & de la Mésopotamie. Une promesse si éblouissante lui mérita tous les suffrages : il faisoit de grands préparatifs pour remplir son engagement, lorsqu'il apprit que les légions de la Rhétie avoient élevé à l'empire Valérien, dont l'illustre naissance & les grands talens avoient subjugué l'estime publique. Les soldats d'*Emilien*, honteux d'être sous les ordres d'un chef né pour vieillir dans les derniers grades, le massacrèrent pour prévenir les horreurs d'une guerre civile qui les eût obligés de tourner leurs armes contre leurs parens & leurs concitoyens. Il n'étoit âgé que de quarante ans lorsqu'il fut assassiné, en 254 : son règne ne fut que de trois mois. Personne ne lui contesta les talens d'un homme de guerre, mais il étoit sans capacité pour les affaires. (*T—N.*)

EMIR, f. m. (*Hist. mod.*) titre de dignité, ou qualité chez les Turcs ou Sarrasins, qu'on donne à ceux qui sont parens ou descendus du grand prophète Mahomet.

Ce mot est arabe, & dans cette langue il signifie *prince*; il est formé de *amar*, qui est originairement hébreu, & qui dans les deux langues signifie *dire* & *commander*.

Les *émirs* sont en grande vénération, & ont seuls le droit de porter un turban verd. Il y a sur les côtes de la Terre-sainte, des *émirs* qui sont des princes souverains, comme l'*émir* de Gaza, l'*emir* de Térabée, sur lesquels le grand-seigneur n'a que peu d'autorité.

Ce titre ne se donnoit d'abord qu'aux califes. On les appelloit aussi en Perse *émir zadeh*, fils du prince; & par abbréviation d'*émir* on fit *mir*, & d'*émir zadeh mirza*. Dans la suite, les califes ayant pris le titre de *sultans*, celui d'*émir* demeura à leurs enfans, comme celui de *césar* chez les Romains. Ce titre d'*émir*, par succession de temps, a été donné à tous ceux qui sont censés descendre de Mahomet par sa fille Fatima, & qui portent le turban verd.

Ces *émirs* étoient autrefois uniquement destinés au ministère de la religion, & l'état leur payoit une pension annuelle; aujourd'hui on les voit répandus dans tous les emplois de l'empire; aucun magistrat, par respect pour le sang de Mahomet, n'oseroit les punir. Ce privilége est réservé à l'*émir bachi* leur chef, qui a sous lui des officiers & des sergens, avec pouvoir de vie & de mort sur ceux qui lui sont soumis; mais, pour l'honneur du corps, il ne fait jamais punir les coupables, ni exécuter les criminels en public. Leur descendance de la fille de Mahomet est une chose si incertaine, que la plupart des Turcs même ne sont pas fort crédules sur cet article, & battent souvent les vénérables enfans du prophète, en prenant toutefois la précaution de leur ôter le turban verd, & de le poser à terre avant que de les frapper; mais un chrétien qui les auroit maltraités seroit brûlé vif.

Emir est aussi un titre, qui, joint à quelque autre mot, désigne souvent quelque charge ou emploi, comme *émir al omera*, le commandant des commandans. C'étoit du temps des califes le chef de leurs conseils & de leurs armées.

Les Turcs donnent aussi ce nom à tous les visirs ou bachas des provinces: ajoutez à cela que l'*émir akhor*, vulgairement *imrahor*, est grand-écuyer du du grand-seigneur.

L'*émir alem*, vulgairement *miralem*, porte-enseigne de l'empire, est directeur de tous les intendans, & fait porter devant lui une cornette mi-partie de blanc & de verd.

Emir bazar, est le prévôt qui a l'intendance sur les marchés, qui règle le prix des denrées.

L'*émir hadge*, prince ou conducteur des pélerins de la Mecque, est ordinairement bacha de Jérusalem.

Emir al moslemin ou *émir al moumenin*, c'est-à-dire le commandant des fidèles ou des croyans, c'est un titre qu'ont pris les Almoravides & les Almohades qui ont régné en Afrique & en Espagne. *Diction. de Trév.* & *Chambers.* (*G.*)

EMISSAIRE, f. m. (*Hist. mod.*) personne de confiance, adroite & capable, qu'on envoie sourdement pour sonder les sentimens ou les desseins d'autrui, ou lui faire quelque proposition ou ouverture, semer des bruits, épier les actions & la contenance d'un ennemi, d'un parti contraire, pour tirer avantage de tout cela.

Ce mot est formé du latin *è* & *mitto*, qui signifie *j'envoie dehors*.

Les chefs de partis ont plusieurs *émissaires* qui s'emploient pour leurs intérêts, qui leur rapportent tout ce qui se passe dans le monde, pour prendre là-dessus leurs mesures; en conséquence, on dit que le pape & le prétendant ont leurs *émissaires* en Angleterre. *Dictionn. de Trév.* & *Chambers.* (*G*)

EMPALEMENT, (*Hist.*) supplice affreux qui est d'usage en Turquie. L'*empalement* s'exécute en faisant entrer une broche de bois par le fondement, & la faisant sortir par-dessous l'aisselle.

Pour *empaler* un malheureux, on le couche ventre à terre, les mains liées derrière le dos; on lui endosse le bât d'un âne sur lequel s'assied un valet de bourreau, afin de le bien assujettir, tandis qu'un autre lui tient le visage contre terre, avec les deux mains qu'il lui appuie fortement sur le col; un troisième lui fend le derrière de la culotte avec des ciseaux, & lui enfonce un *pal*, c'est-à-dire une espèce de pieu, dans le fondement; ce pieu est une broche de bois qu'il fait avancer avec les mains autant qu'il peut; ensuite un quatrième bourreau chasse cette broche avec un maillet, jusqu'à ce qu'elle sorte par la poitrine, ou sous l'aisselle: enfin on plante la broche toute droite.

C'est ainsi qu'on traite les Caïns ou Grecs révoltés qui ont commis quelque meurtre en Turquie, & qu'on prend sur le fait; après le supplice, si ces malheureux vivent encore, la populace les insulte, bien loin de les exhorter à se faire Musulmans. Les Turcs sont si persuadés qu'un homme qui a commis un grand crime, est indigne d'être Musulman, que lorsqu'un Musulman est condamné à mourir, personne ne l'assiste, parce qu'ils croient que son seul crime l'a rendu *jaour*, c'est-à dire infidèle & chrétien.

Voilà des faits rapportés par M. de Tournefort; ils entraîneroient bien des réflexions sur un peuple chez qui règne un supplice aussi cruel que l'*empalement*, & chez lequel il n'excite aucune pitié;

tandis que ce même peuple nourrit en faveur d'une fausse religion, une idée si noble & si grande, qu'il semble qu'il n'y auroit qu'une religion divine qui dût l'inspirer à ses sectateurs. *Article de M. le chevalier* DE JAUCOURT.

EMMIUS, (UBBO) (*Hist. litt. mod.*) professeur en histoire & en langue grecque à Groningue, auteur des ouvrages suivans: *Vetus græcia illustrata; Chronologia rerum romanarum, cum serie consulum. Decades rerum Frisicarum.* Il étoit né dans la Frise en 1547; il mourut à Groningue en 1625.

EMPEDOCLE, (*Hist. anc.*) philosophe pythagoricien, natif d'Agrigente en Sicile, étoit en même temps poëte, historien, médecin, théologien instruit dans l'école des prêtres égyptiens : il étoit même magicien, si l'on veut. Diogène Laërce a écrit sa vie parmi celles des philosophes ; une multitude d'autres auteurs, tant anciens que modernes, en ont parlé ; il est célèbre, mais il est peu connu : deux grands poëtes en ont jugé bien diversement. Lucrèce représente *Empédocle*, comme un sage élevé en quelque sorte au-dessus de l'humanité, & qui faisoit plus d'honneur à la Sicile que tout ce qu'elle renferme d'ailleurs d'admirable.

Quorum Acragantinus cum primis Empedocles est,
Insula quem Triquetris terrarum gessit in oris.

Il décrit & la mer qui baigne de tous côtés la Sicile, & le gouffre de Charybde & les feux de l'Etna, & toutes les autres merveilles de cette même Sicile, puis il ajoute :

Quæ cum magna modis multis miranda videtur
Gentibus humanis regio, visendaque fertur,
Rebus opima bonis, multâ munita virûm vi,
Nil tamen hoc habuisse viro præclarius in se,
Nec sanctum magis, & mirum carumque videtur.
Carmina quin etiam divini pectoris ejus
Vociferantur, & exponunt præclara reperta,
Ut vix humanâ videatur stirpe creatus.

Horace peint au contraire Empédocle comme un fou, qui, afin de passer pour un dieu, en disparoissant aux regards des hommes, se précipite dans les flammes de l'Etna.

Dicam, siculique poetæ
Narrabo interitum : Deus immortalis haberi
Dum cupit Empedocles, ardentem frigidus Ætnam
Insiluit.

Mais il fut trahi, dit-on, par son soulier que l'Etna revomit & qui fut trouvé près d'une des ouvertures de ce volcan ; ce soulier étoit d'airain. Cette histoire ou cette fable de la mort d'Empédocle consumé dans l'Etna, est fort révoquée en doute. Timée assure qu'Empédocle mourut de sa mort naturelle dans le Péloponèse. Néanthes de Cyzique rapporte qu'Empédocle étant en voyage tomba de son chariot, se cassa la cuisse & en mourut ; d'autres disent qu'il tomba dans la mer & se noya, d'autres enfin qu'il se pendit. A la vérité, le plus grand nombre des auteurs répète l'aventure de l'Etna qu'Horace a cru devoir adopter ; mais il est remarquable que Lucrèce, qui d'un côté fait l'éloge d'*Empédocle*, & qui de l'autre s'arrête à décrire l'Etna comme une des merveilles de la Sicile, ne dise rien de cette aventure de l'Etna, ni pour l'adopter, ni pour la rejeter.

M. Bonamy, de l'académie des inscriptions & belles-lettres, qui, dans des recherches sur la vie d'*Empédocle*, insérées dans le dixième volume des mémoires de littérature, pages 54 & suivantes, a rassemblé & discuté tout ce qui a été dit sur *Empédocle*, convient que s'il falloit juger de la réalité ou de la fausseté de l'aventure de l'Etna, par le nombre des auteurs qui l'ont rapportée, on ne pourroit se dispenser de l'adopter ; il convient encore que le motif d'orgueil qu'on donne à cette action étoit assez dans le caractère d'*Empédocle*, de l'aveu même de ceux qui n'adoptent point ce récit : il ne l'adopte pas non plus, parce que, toute discussion faite, il le trouve sans vraisemblance, & sur-tout sans certitude, même sans analogie avec les mœurs générales des Pythagoriciens & les mœurs particulières d'*Empédocle* ; car l'orgueil, tel qu'il entre dans l'ame d'un philosophe, ne suffit pas pour rendre raison d'une telle folie.

M. Bonamy réduit aussi à sa juste valeur la prétendue magie d'*Empédocle* & les preuves qu'on en rapporte ; voici les principales :

Les vents étésiens soufflant avec violence & nuisant aux biens de la terre, *Empédocle* commanda aux vents, & les fit cesser en les enfermant dans des outres ; il en eut même un surnom qui exprimoit cet empire qu'il avoit exercé sur le vent ; c'est à peu près ce que rapportent l'historien Timée & Diogène Laërce ; mais Plutarque, Clément d'Alexandrie & Suidas expliquent la chose plus simplement, en disant qu'il fit boucher des crevasses qui s'étoient faites à une montagne & d'où s'exhaloient des vapeurs infectes que le vent du Midi poussoit vers le territoire d'Agrigente ; ces ouvertures fermées, l'inconvénient cessa.

Il avoit délivré Sélinunte de la peste qui faisoit mourir les Sélinuntiens, & qui empêchoit leurs femmes d'accoucher.

Cette peste étoit causée par la puanteur des eaux d'un fleuve qui avoit trop peu de pente & d'écoulement. *Empédocle* introduisit à ses frais dans ce fleuve deux petites rivières plus rapides qui en entraînèrent & en purifièrent les eaux, & la peste cessa ; mais le peuple craint ceux qui le servent, & il accuse de magie tous ceux que leurs lumières mettent en état de faire du bien ; car il leur suppose la même puissance de faire du mal, &

d'ailleurs tout ce qui passe les connoissances du peuple lui paroît surnaturel.

Un jeune homme, transporté de fureur contre un juge qui avoit condamné son père à mort, vouloit tuer ce juge ; *Empédocle* n'employa d'abord, pour calmer le jeune homme & sauver la vie au juge, que des remontrances & de sages discours ; mais voyant qu'il ne réussissoit pas, il prend sa lyre & n'en tire que des sons qui ne produisoient pas plus d'effet que ses discours, lorsque tout à coup, avec un changement de modulation très-marqué, il se met à chanter un vers de l'Odyssée ; aussi-tôt la fureur du jeune homme tombe comme une tempête qui se calme, il devient doux & docile, il s'attache à *Empédocle*, & fut un de ses plus zélés disciples. D'autres disent que c'étoit son père même que ce jeune homme avoit voulu tuer, & qu'*Empédocle* avoit sauvé de sa fureur.

Quoi qu'il en soit, *Empédocle* ne fit que suivre en cette occasion l'exemple des autres pythagoriciens, qui employoient la musique comme un remède souverain, tant pour les maladies de l'ame que pour celles du corps.

Enfin, ce philosophe avoit ressuscité un femme d'Agrigente, nommée Panthia, morte depuis sept jours. Pline rapporte ce miracle d'après Héraclide, qui avoit fait un livre exprès pour en publier les particularités. Hernippus, auteur moins ami du merveilleux, ne dit pas que cette femme fût morte, encore moins qu'elle le fût depuis sept jours; mais seulement qu'elle étoit abandonnée des médecins, & qu'elle fut guérie par *Empédocle*, médecin plus habile ou plus heureux. Cette cure le fit encore regarder par les uns comme un magicien, & révérer par les autres comme un dieu sauveur.

Quant à ses ouvrages, nous en avons divers fragmens, que Plutarque, Clément d'Alexandrie, Diogène-Laërce & d'autres nous ont conservés. Il avoit fait trois livres de la nature des choses, qu'Aristote cite fort souvent. *Les purgations d'Empédocle* sont très-célèbres encore dans l'antiquité. C'étoit un poëme de trois mille vers hexamètres sur le culte des Dieux, les devoirs de la vie civile & les préceptes de la morale. Fabricius a cru que les vers dorés en faisoient partie ; cependant Hiéroclès, auteur du fameux commentaire sur les vers dorés, ne les regarde pas comme l'ouvrage d'un seul auteur, mais comme un résultat général de la doctrine pythagoricienne.

Le poëme d'*Empédocle* s'appelloit *purgations*, parce qu'il contenoit des préceptes propres à purger l'ame de ses passions & de ses vices ; lorsqu'il paroissoit aux jeux olympiques, le chantre Cléomènes y chantoit son poëme des *purgations*, comme on y chantoit les poëmes d'Homère, d'Hésiode, d'Archiloque, de Mimnerme, &c.

Il y avoit encore un ouvrage d'*Empédocle* sur la médecine en six cents vers. Il avoit fait aussi une histoire du passage de Xerxès dans la Grèce; mais sa fille ou sa sœur la jeta au feu, la jugeant peu digne d'*Empédocle*. Néanthès lui attribue quarante-trois tragédies, mais on les croit d'un autre *Empédocle*, surnommé le tragique, neveu du philosophe.

Empédocle, dans son poëme de la nature, avoit expliqué, peut-être plus en poëte qu'en philosophe, l'union des principes par un sentiment d'amour, & leur désunion par un sentiment d'aversion & de haine. Cette idée a plu à Cicéron, qui lui en fait honneur dans son traité de l'amitié :

Agrigentinum quidem, doctum quemdam virum carminibus græcis vaticinatum ferunt quæ in rerum naturâ totoque mundo constarent quæque moverentur, et contrahere amicitiam, dissipare discordiam.

Horace, auquel il n'arrive jamais de parler d'*Empédocle* avec estime, traite également de délire cette idée, ou particulière à ce philosophe, ou commune aux Pythagoriciens, & celle de Stertinius ou des Stoïciens qui rapportoient tout à la Providence.

Empedocleum an Stertinium deliret acumen.

Empédocle vivoit plus de quatre siècles & demi avant Jésus-Christ.

EMPEREUR ; (*Hist. & Droit public Germanique*) c'est le nom qu'on donne au prince qui a été légitimement choisi par les électeurs pour être le chef de l'Empire Romain Germanique, & le gouverner suivant les lois qui lui ont été imposées par la capitulation impériale. Depuis l'extinction de la maison de Charlemagne, qui possédoit l'Empire par droit de succession, ou selon d'autres depuis Henri IV, la dignité impériale est devenue élective, & depuis ce temps personne n'y est parvenu que par la voie d'élection ; & même les électeurs, craignant que les *empereurs* de la maison d'Autriche ne rendissent la dignité impériale héréditaire dans leur famille, ont inséré dans la capitulation de Matthias & celles des empereurs suivans, une clause par laquelle ces empereurs ont les mains liées à cet égard. Les électeurs ne sont point obligés de s'attacher dans leur choix à une maison particulière ; il suffit que la personne élue soit 1°. mâle, parce que la dignité impériale ne peut passer entre les mains des femmes ; 2°. que le prince qu'on veut élire soit Allemand, ou du moins d'une race originaire d'Allemagne : cependant cette règle a quelquefois souffert des exceptions ; 3°. qu'il soit d'une naissance illustre. 4°. La bulle d'or dit vaguement qu'il faut qu'il soit d'un âge convenable, *justæ ætatis* ; mais cet âge ne paroît fixé par aucunes lois. 5°. Il faut qu'il soit laïque, & non ecclésiastique. 6°. Qu'il ne soit point hérétique ; cependant il ne paroît point qu'un protestant soit exclu de la dignité impériale par aucune loi fondamentale de l'Empire.

Lorsque le trône impérial est vacant, voici les usages qui s'observent pour l'élection d'un nouvel

nouvel *empereur.* L'électeur de Mayence, en qualité d'archichancelier de l'Empire, doit convoquer l'assemblée des autres électeurs dans l'espace de trente jours, depuis que la mort de l'*empereur* lui a été notifiée. Les électeurs doivent se rendre à Francfort sur le Mein ; ils comparoissent à l'assemblée ou en personne, ou par leurs députés, munis de pleins pouvoirs, & alors ils se mettent à dresser les articles de la capitulation impériale. Si un électeur dûment invité à l'élection refusoit d'y comparoître, ou prenoit le parti de se retirer après y avoir comparu, cela n'empêcheroit point les autres d'aller en avant, & l'élection n'en seroit pas moins légitime. Le jour étant fixé pour l'élection, on fait sortir de la ville tous les étrangers ; les électeurs assistent à une messe du Saint-Esprit, & prêtent un serment, dont la formule est marquée par la bulle d'or, d'être impartiaux dans le choix qu'ils vont faire ; après quoi ils entrent dans le conclave, & procèdent à l'élection qui se fait à l'unanimité, ou à la pluralité des voix ; elles sont recueillies par l'électeur de Mayence.

Quand l'élection est achevée, on fait entrer dans le lieu de l'assemblée des notaires & des témoins ; on passe un acte qui est signé & muni du sceau de chacun des électeurs. Suivant la bulle d'or, si l'élection n'étoit point faite dans l'espace de 30 jours, les électeurs devroient être au pain & à l'eau. Quand l'élection est finie, on la fait annoncer dans la principale église de la ville. Les électeurs font notifier à celui qui a été élu, s'il est absent, le choix qu'on a fait de sa personne pour remplir la dignité impériale, avec prière de l'accepter ; s'il est présent, on lui présente la capitulation, qu'il jure d'observer, & les électeurs le conduisent en cérémonie du conclave vers le grand autel ; il se met à genoux sur la marche la plus élevée, & fait sa prière, ayant les électeurs à ses côtés ; ils l'élèvent ensuite sur l'autel ; on chante le *Te Deum* ; après quoi il sort du chœur, monte dans une tribune, & c'est pour lors qu'il est proclamé *empereur.*

La cérémonie de l'élection est suivie de celle du couronnement; suivant la bulle d'or, elle devroit toujours se faire à Aix-la-Chapelle : mais il y a déjà long-temps que l'on a négligé de se conformer à cet usage ; & depuis Charles-Quint aucun *empereur* ne s'est fait couronner en cette ville. Cependant l'*empereur* adresse toujours à la ville d'Aix-la-Chapelle des *reversales*, pour lui déclarer que le couronnement s'est fait ailleurs sans préjudice de ses droits. Les archevêques de Cologne & de Mayence se sont long-temps disputé le droit de couronner l'*empereur* ; mais ce différent est terminé depuis 1658 : c'est celui de Mayence qui a droit de couronner, lorsque la cérémonie se fait dans son diocèse, & celui de Cologne en cas qu'elle se fasse dans le sien. Les marques de la dignité impériale, telles que la couronne, l'épée, le sceptre, le globe d'or surmonté d'une croix, le manteau impérial, l'anneau, &c. sont conservés à Aix-la-Chapelle & à Nuremberg, d'où on les porte à l'endroit où le couronnement doit se faire.

Cette cérémonie se fait avec tout l'éclat imaginable ; les électeurs y assistent en habit de cérémonie, & l'empereur y prête un serment conçu à-peu-près en ces termes : *Je promets devant Dieu & ses anges d'observer les lois, de rendre la justice, de conserver les droits de ma couronne, de rendre l'honneur convenable au pontife romain, aux autres prélats, & à mes vassaux, de conserver à l'Eglise les biens qui lui ont été donnés ; ainsi Dieu me soit en aide, &c.* L'archevêque chargé de la cérémonie, avant de couronner l'*empereur*, lui demande : *S'il veut conserver & pratiquer la religion catholique & apostolique ; être le défenseur & le protecteur de l'Eglise & de ses ministres ; gouverner suivant les lois de la justice le royaume que Dieu lui a confié, & le défendre efficacement ; tâcher de récupérer les biens de l'Empire qui ont été démembrés ou envahis ; enfin s'il veut être le défenseur & le juge du pauvre comme du riche, de la veuve & de l'orphelin.* A toutes ces demandes l'*empereur* répond, *volo*, je le veux. Quand le couronnement est achevé, l'*empereur* fait un repas solemnel ; il est assis seul à une table, ayant à sa gauche l'impératrice à une table moins élevée que la sienne. Les électeurs eux-mêmes, ou par leurs substituts, servent l'*empereur* au commencement du repas, chacun selon son office ; ensuite de quoi ils se mettent chacun à une table séparée, qui est moins élevée que celle de l'*empereur* & de l'impératrice. *Vitriarii instit. Juris publici, lib. 1, tit. 8.*

Autrefois les *empereurs*, après avoir été couronnés en Allemagne, alloient encore se faire couronner à Rome comme rois des Romains ; c'est ce qu'on appelloit l'*expédition romaine* : & à Milan, à Monza, à Pavie, ou à Modène, comme rois de Lombardie. Mais depuis long-temps il se sont dispensés de ces deux cérémonies au grand regret des papes, qui prétendent toujours avoir le droit de confirmer l'élection des *empereurs.* Il est vrai que souvent leur foiblesse & la nécessité des temps les ont forcés à demander aux papes la confirmation de leurs élections. Boniface VIII la refusa à Albert d'Autriche, parceque celle de ce prince s'étoit faite sans son consentement : mais ces prétentions imaginaires ne sont plus d'aucun poids aujourd'hui ; & même, dès l'an 1338, les états de l'Empire, irrités du refus que le pape Jean XXII faisoit de donner l'absolution à Louis de Bavière, décidèrent qu'un prince élu *empereur* à la pluralité des voix, seroit en droit d'exercer les actes de la souveraineté, quand même le pape refuseroit de le reconnoître, & ils déclarèrent criminel de lèse-majesté quiconque oseroit soutenir le contraire, & attribuer au pape aucune supériorité fur l'*empereur. Abrégé de l'histoire d'Allemagne*, par M. Pfeffel. Cependant le pape, pour mettre fes prétendus droits à couvert, ne laiffe pas d'envoyer toujours un nonce pour affifter de fa part à l'élection des *empereurs* : mais ce miniftre n'y eft regardé que fur le même pied que ceux des puiffances de l'Europe, qui ne font point rien dans l'affaire de l'élection. Charles-Quint eft le dernier *empereur* qui ait été couronné en Italie par le pape. L'*empereur*, avant & après fon couronnement, fe qualifie d'*élu empereur des Romains*, pour faire voir qu'il ne doit point fa dignité à cette cérémonie, mais aux fuffrages des électeurs.

L'*empereur* eft bien éloigné de pouvoir exercer une autorité arbitraire & illimitée dans l'Empire, il n'eft pas en droit d'y faire des lois : mais le pouvoir légiflatif réfide dans tout l'Empire, dont il n'eft que le repréfentant, & au nom duquel il exerce les droits de la fouveraineté, *jura majeftatica* ; cependant, pour qu'une réfolution de l'Empire ait force de loi, il faut que le confentement de l'*empereur* y mette le fceau. L'*empereur*, comme tel, n'a aucun domaine ni revenu ; & le cafuel, qui confifte en quelques contributions gratuites, eft très-peu de chofe. L'*empereur* ne peut point créer de nouveaux électeurs, ni de nouveaux états de l'Empire ; il n'a point le droit de priver aucun des états de fes prérogatives, ni de difpofer d'aucun des fiefs de l'Empire fans le confentement de tous les autres états. Les états ne payent aucun tribut à l'*empereur* ; dans le cas d'une guerre qui intéreffe tout l'Empire & qui a été entreprife de fon aveu, on lui accorde les fommes néceffaires : c'eft ce qu'on appelle *mois romains*. L'*empereur*, comme tel, ne peut faire ni guerre, ni paix, ni contracter aucune alliance, fans le confentement de l'Empire : d'où l'on voit que l'autorité d'un *empereur* eft très-petite. Cependant, quand ils ont eu en propre de vaftes états patrimoniaux qui leur mettoient la force en main, ils ont fouvent méprifé les lois qu'ils avoient juré d'obferver : mais ces exemples font de fait, & non pas de droit.

Les droits particuliers de l'*empereur* fe nomment *refervata Cæfarea* : c'eft 1°. le droit des premières prières, *jus primariarum precum*, qui confifte dans la nomination à un bénéfice de chaque collégiale : 2°. le droit de donner l'inveftiture des fiefs immédiats de l'Empire : 3°. celui d'accorder des fauf-conduits, lettres de légitimation, de naturalifation, des difpenfes d'âge, des lettres de nobleffe, de conférer des titres, &c. de fonder des univerfités : 4°. d'accorder des droits d'étables, *jus ftapuli*, de péages, le droit de *non evocando*, de *non appellando*, &c. cependant ce pouvoir eft encore limité.

Les *empereurs* ont prétendu avoir le droit de faire des rois : un auteur remarque fort bien, que » ce ne feroit pas le moindre de fes droits, » s'il avoit encore celui de donner des royaumes ».

Les *empereurs* d'Allemagne, pour imiter les anciens *empereurs* romains aux droits defquels ils prétendent avoir fuccédé, prennent le titre de *Céfar*, d'où le mot allemand *Kayfer* paroît avoir été dérivé. Ils prennent auffi celui d'*Augufte* ; fur quoi Guillaume III, roi d'Angleterre, difoit que le titre de *femper Auguftus* étoit celui qui convenoit le mieux à l'*empereur* Léopold, attendu que fes troupes n'étoient jamais prêtes à entrer en campagne qu'au mois d'août. Il prend auffi le titre d'*invincible*, de *chef temporel de la Chrétienté*, d'*avoué* ou *défenfeur de l'Eglife*, &c. En parlant à l'empereur, on l'appelle *facrée majefté*. Il porte dans fes armes un aigle à deux têtes ; ce qui eft, dit-on, un fymbole des deux empires de Rome & de Germanie. (——)

EMPIRICUS. (*Voyez* SEXTUS EMPIRICUS.)

ENÉE le Tacticien, (ÆNEAS TACTICUS) (*Hift. litt. anc.*) contemporain d'Ariftote, un des plus anciens auteurs qui aient écrit fur l'art militaire, d'où lui vient ce furnom de *Tacticien*. Nous avons dans l'édition de Polybe de 1609 in-fol. un des traités d'*Enée* en grec, publié par Cafaubon, avec une verfion latine. M. de Beaufobre l'a donné en françois en 1757.

Un autre écrivain du même nom, *Enée* de Gaza, (*Eneas Gazæus*) philofophe platonicien & chrétien, vivoit dans le 5e fiècle fous l'empire de Zénon ; il eft auteur d'un dialogue intitulé : *Théophrafte*, où il traite de l'immortalité de l'ame & de la réfurrection des corps. Gafpard Barthius l'a traduit & y a joint de favantes notes.

ENFANS SANS SOUCI, (*Hift. mod.*) fociété fingulière formée à l'exemple de la mère folle ou infanterie Dijonnoife, vers les commencemens du règne de Charles VI, par quelques jeunes gens de famille qui joignoient à beaucoup d'éducation un grand amour pour les plaifirs & les moyens de fe les procurer. Ces circonftances réunies, il ne pouvoit manquer d'en naître quelque chofe de fpirituel ; auffi donnèrent-elles lieu à l'idée badine, mais morale, d'une principauté établie fur les défauts du genre humain, que ces jeunes gens nommèrent *fottife*, & dont l'un d'eux prit la qualité de *prince*. Ce *prince des fots ou de la fottife*, marchoit avec une efpèce de capuchon fur la tête & des oreilles d'âne : il faifoit tous les ans une entrée à Paris, fuivi de tous fes fujets.

Cette plaifanterie, dit l'auteur *du théâtre françois*, étoit neuve, & les moyens qu'on employa pour la faire connoître ne le furent pas moins. Nos philofophes enjoués inventèrent, mirent au jour, & repréfentèrent eux-mêmes aux halles & fur des échafauds en place publique des pièces dramatiques, qui portoient le nom de *fottife*, qui en effet peignoient celles de la plupart des hommes. Ce badinage passa de la ville à la cour, & y fit fortune. Les *enfans sans souci* (car c'est ainsi qu'on nomma ces jeunes gens, lorsqu'ils parurent en public) devinrent à la mode. Charles VI accorda au *prince des sots* des patentes, qui confirmèrent le titre qu'il avoit reçu de ses camarades. Cette première société se renferma dans de justes bornes ; une critique sensée & sans aigreur constitua le fond des pièces qu'elle donna, mais cette sage attention eut une courte durée. La guerre civile qui s'alluma en France, & dont Paris ressentit les plus cruels effets, occasionna du relâchement dans la conduite des *enfans sans souci*, & cette société devint celle de tous les fainéans, & de tous les libertins de la ville.

Le prince des sots donna la permission aux clercs de la Bazoche de jouer des *soties ou sottises*, & en échange il reçut d'eux celle de représenter *des farces & moralités* ; cet arrangement en fit faire un autre avec les *confrères de la passion*, qui, pour soutenir leurs spectacles dont le public commençoit à se lasser, associèrent à leurs jeux le prince des sots & ses sujets. Leur chef avoit une loge distinguée à l'hôtel de Bourgogne, pour y assister aux représentations des pièces de théatre qui étoient données par les confrères de la passion, acquéreurs de l'hôtel de Bourgogne. Des comédiens étrangers voulant donner de la vogue à leurs jeux, s'associèrent aussi les *enfans sans souci*. Ils ne prirent le nom de *comédiens* que par la suite, & lorsqu'ils furent en possession de l'hôtel de Bourgogne.

Les pièces des *enfans sans souci* étoient publiées par une espèce de *cri* ou annonce en vers que faisoit publiquement la *mère-sotte*, seconde personne de la principauté de la sottise. Celui qui remplissoit cet emploi, étoit chargé du détail des jeux représentés par les *enfans sans souci*, & de l'entrée que le prince des sots faisoit tous les ans à Paris. On peut voir dans l'*Histoire du théatre françois*, un de ces cris ou annonces, avec l'extrait d'une *sottise* à huit personnages assez ingénieuse pour le temps (1511.) Les *enfans sans souci* profitoient de la protection que le bon roi Louis XII accorda aux théâtres, en leur permettant de reprendre librement les défauts de tout le monde, sans vouloir être excepté ; on y trouve un trait de satyre contre ce prince qui lui fait beaucoup d'honneur, puisqu'on y traite d'avarice la juste économie avec laquelle il ménageoit les finances de son royaume ; & que les meilleurs princes, comme Henri IV, ont toujours préférée aux prodigalités & aux dépenses superflues. (*M. BEGUILLET.*)

ENFORESTER, (*Hist. ancienne & moderne.*) suivant l'usage d'Angleterre, c'est mettre une terre en forêt royale.

En ce sens, *enforester*, est opposé à *désenforester*.

Guillaume le conquérant & ses successeurs continuèrent, pendant plusieurs règnes, d'*enforester* les terres de leurs sujets ; jusqu'à ce qu'enfin la lésion devint si notoire & si universelle, que toute la nation demanda qu'on remît les choses dans l'état où elles étoient dans l'origine, ce qui fut enfin accordé, & en conséquence il y eut des commissaires nommés pour faire la visite & l'arpentage des terres nouvellement *enforestées*, desquelles on restitua le libre usage aux propriétaires, & ces terres désenforestées furent appellées *purlieux. Chambers.* (*G*)

ENGLECERIE, qu'on devroit écrire *Anglecerie*, s. f. (*Hist.*), terme fort significatif chez les anciens Anglois, quoiqu'à présent il ne soit guère en usage : il signifioit proprement la qualité qu'un homme avoit d'être anglois.

Autrefois, quand un homme étoit tué ou assassiné en secret, on le réputoit *francigent* (ce qui comprenoit toutes sortes d'étrangers, & particulièrement les Danois) ; cette imputation subsistoit jusqu'à ce que l'on eût prouvé son *englecerie*, c'est-à-dire jusqu'à ce que l'on eût démontré qu'on étoit naturel Anglois.

Voici l'origine de cette coutume. Le roi Canut ayant conquis l'Angleterre, renvoya, à la requête des nobles, son armée en Danemarck, & ne réserva qu'une garde de Danois pour sa personne : il fit une loi qui portoit que, si un Anglois tuoit un Danois, on lui feroit son procès comme à un meurtrier ; ou s'il arrivoit que le meurtrier prît la fuite, le village où se feroit commis le meurtre seroit obligé de payer à l'échiquier 66 marcs. Suivant cette loi, toutes les fois qu'il se commettoit quelque meurtre, il falloit prouver que l'homme assassiné étoit Anglois, afin que le village ne fût pas chargé de l'amende des 66 marcs. (*Art. resté.*)

ENGUIEN, (*Hist. de Fr.*) nom de divers princes de la maison de France, de la branche de Bourbon. (*Voyez* sur le comte d'Enguien *François*, les articles *Barberousse*, pag. 540, col 1re. *Boutières*, pag. 690 & 691, & *Condé*. Et sur le duc d'Enguien *Jean*, le même article *Condé*; le nom d'*Enguien* est resté propre depuis à la branche de *Condé*.

ENNIUS. (QUINTUS) (*Hist. litt. anc.*) C'est le Ronsard des Romains, c'est-à-dire un poëte, dur & sauvage, précurseur de la bonne poësie : comme Ronsard il eut une très-grande réputation. Horace qui n'étoit, ni dupe des réputations, ni esclave de l'autorité, se moque de ceux dont l'enthousiame alloit jusqu'à comparer Ennius à Homère :

Ennius & sapiens & fortis & alter Homerus,
Ut critici dicunt.

Il s'en moque sans doute encore plus lorsqu'après avoir cité Homère comme un poëte, convaincu d'avoir aimé le bon vin, par les éloges qu'il lui donne :

Laudibus arguitur vini vinosus Homerus.

Il ajoute comme un exemple encore plus fort :

Ennius ipse pater, nunquam nisi potus, ad arma
Prosiluit dicenda.

Le mot de Virgile sur *Ennius*.

Enni de stercore gemmas.

Je tire des perles du fumier d'Ennius est passé en proverbe ; & en donnant une idée peu avantageuse des vers d'*Ennius*, il prouve cependant que Virgile ne dédaigna pas de l'embellir, ce qui suppose quelque mérite dans l'auteur embelli. Horace paroît même, malgré ce que nous venons de voir, être persuadé que les vers d'*Ennius* ont autant servi à la gloire de Scipion, son ami, que les exploits même de ce grand homme, ce qui n'est pas un petit éloge du poëte :

Non celeres fugæ
Rejectæque retrorsùm Annibalis minæ;
Non incendia Carthaginis impiæ,
Ejus qui domitâ nomen ab Africâ
Lucratus rediit, clariùs indicant
Laudes, quàm Calabræ Pierides.

C'est Quintilien qui a parlé le plus noblement d'*Ennius* ; sa phrase sur ce vieux poëte est superbe, & renferme la plus belle comparaison : « Adorons » *Ennius*, dit-il, comme ces bois que leur antiquité » a rendus sacrés, & où de grands & vieux chênes » maltraités par le temps, inspirent plutôt à l'ame » un respect religieux, qu'ils n'offrent aux yeux » un beau spectacle. »

Ennium sicut sacros vetustate lucos adoremus, in quibus grandia & antiqua robora jam non tantam habent speciem, quantam religionem.

Cicéron l'agrandit encore davantage à nos yeux, lorsqu'il le représente portant non-seulement avec constance, mais avec gaieté, le double fardeau de la vieillesse & de la pauvreté, & paroissant en jouir comme de deux avantages :

Ita ferebat duo, quæ maxima putantur onera, paupertatem & senectutem, ut eis penè delectari videretur.

Ennius étoit né l'an 513 de Rome ; il étoit de la Calabre, & c'est ce qu'indique le mot d'Horace, *quàm Calabræ Pierides*. Ses principaux ouvrages dont nous n'avons que des fragmens, sont les annales de Rome en vers héroïques, & le poëme où il célébroit les victoires du premier Scipion, si ce poëme ne faisoit point parti du premier ouvrage,

Hic vestrûm panxit maxima facta patrum.

dit son épitaphe, rapportée par Cicéron. C'est *Ennius* qui rapporte cette réponse équivoque rendue à Pyrrhus par l'oracle de Delphes, qu'il consultoit sur son expédition contre les Romains :

Aio te, Æacida, Romanos vincere posse.

C'est lui qui a donné à Fabius Maximus cet éloge mérité :

Unus homo nobis cunctando restituit rem.

Il mourut au moins septuagénaire (l'an 585 de Rome.)

ENNODIUS, (MARCUS ou MAGNUS FELIX) (*Hist. litt. mod.*) évêque de Pavie, François d'origine, vivoit dans le cinquième & le sixième siècles. Le P. Sirmond a donné en 1612 une bonne édition de ses œuvres ; elles sont moitié théologiques, moitié poétiques & oratoires.

ENOCH (*Hist. sacr.*) ou HENOCH : Il y en a deux dans la Genèse, l'un fils de Caïn, & Caïn bâtit une ville de son nom, Gen. c 4 ; l'autre, fils de Jared & père de Mathusalem ; cet *Enoch* vécut sur la terre trois cents soixante-cinq ans. » *Il marcha avec Dieu, & il ne parut plus, parce* » *que Dieu l'enleva* ». Gen. ch. 5.

ENOS (*Hist. sacr.*) fils de Seth, père de Caïnan, vécut neuf cents cinq ans, Gen. chap. 5.

ENTRAGUES. (D') *Voyez* BALSAC & BASSOMPIERRE.

ENTRÉE, (*Hist. mod.*) réception solemnelle qu'on fait aux rois & aux reines lorsqu'ils entrent la première fois dans les villes, ou qu'ils viennent triomphans de quelque grande expédition.

Ces sortes de cérémonies varient suivant le temps, les lieux & les nations ; mais elles sont toujours un monument des usages des différens peuples, & de la diversité de ces usages dans une même nation, lesquels sont communément un excellent tableau de caractère : c'étoit, par exemple, un spectacle singulier que l'appareil de décorations profanes & de mascarades de dévotion qui se voyoit en France aux *entrées* des rois & des reines, dans le XVe siècle. L'auteur des *Essais sur Paris* en donne une esquisse tirée d'après l'histoire, qu'il suffira de rapporter pour exemple : il seroit trop long de transcrire ici, même par extrait, ce que j'ai recueilli sur cette matière avant & depuis Charles VII.

Comme les rois & les reines (dit l'auteur dont je viens de parler) faisoient leurs *entrées* par la porte Saint-Denis, on tapissoit toutes les rues sur leur passage, & on les couvroit en haut avec des étoffes de soie & des draps camelotés ; des jets-d'eaux de senteur parfumoient l'air ; le lait & le vin couloient de plusieurs fontaines. Les députés des six corps de marchands portoient le dais. Les corps de métiers suivoient à cheval, représentant en habits de caractère les sept péchés mortels, les sept vertus, foi, espérance, charité, justice, prudence, force & tempérance, la mort, le purgatoire, l'enfer & le paradis.

Il y avoit de distance en distance des théâtres où des acteurs pantomimes, mêlés avec des chœurs de musique, représentoient des histoires de l'ancien & du nouveau Testament, le sacrifice d'Abraham, le combat de David contre Goliath, l'ânesse de Balaam prenant la parole pour la porter à ce prophète, des bergers avec leurs troupeaux dans un bocage, à qui l'ange annonçoit la naissance de Notre-Seigneur, & qui chantoient le *Gloria in excelsis Deo*, &c. & pour lors le cri de joie étoit *Noël, Noël.*

A l'*entrée* de Louis XI, en 1461, on imagina un nouveau spectacle : *devant la fontaine du Ponceau*, dit Malingre, *pag. 278 de ses Antiquités & annales de Paris*, (ouvrage plus passable que ceux qu'il a publiés depuis) *étoient plusieurs belles filles en syrènes toutes nues, lesquelles en faisant voir leur beau sein, chantoient des petits motets de bergerettes, fort doux & charmans.*

Il paroît qu'à l'*entrée* de la reine Anne de Bretagne, on poussa l'attention jusqu'à placer, de distance en distance, de petites troupes de dix ou douze personnes, avec des pots de chambre pour les dames & demoiselles du cortège qui en auroient besoin.

Ajoutez sur-tout à ces détails la description curieuse que le P. Daniel a donnée, dans son Histoire de France, de l'*entrée* de Charles VII, & vous conviendrez, en rassemblant tous les faits, que quoique ces sortes de réjouissances ne soient plus du goût, de la politesse, & des mœurs de notre siècle, cependant elles nous prouvent en général deux choses qui subsistent toujours les mêmes ; je veux dire 1°. la passion du peuple françois pour les spectacles quels qu'ils soient ; 2°. son amour & son attachement inviolables pour nos rois & pour nos reines.

Je ne parle pas ici des cérémonies d'*entrées* de princes étrangers, légats, ambassadeurs, ministres, &c. ce n'est qu'une vaine étiquette de cérémonial dont toutes les cours paroissent lasses, & qui finira quand la principale de l'Europe jugera de son intérêt de montrer l'exemple. *Article de M. le chevalier* DE JAUCOURT.

ENTRE-METS, s. m. (*Hist. mod.*) Le mot *entre-mets* s'est dit pendant long-temps au lieu de celui d'*intermède*, dans nos pièces de théâtre ; *entre-mets* de la tragédie de Sophonisbe dans les œuvres de Baïf ; il signifioit une espèce de spectacle muet, accompagné de machines ; une représentation comme théâtrale, où l'on voyoit des hommes & des bêtes exprimer une action ; quelquefois des bateleurs & autres gens de cette espèce y faisoient leurs tours.

Ces divertissemens avoient été imaginés pour occuper les convives dans l'intervalle des services d'un grand festin, dans l'entre-deux d'un mets ou service à un autre mets ; d'où le mot *entre-mets* a passé dans nos tables pour désigner simplement le service particulier qui est entre le rôti & le fruit, & les divertissemens se sont évanouis.

Ces divertissemens anciens, qui méritoient bien mieux le nom d'*entre-mets* que le service de nos tables honoré aujourd'hui de cette qualification, étoient des spectacles fort singuliers qu'on donnoit du temps de l'ancienne chevalerie, le jour d'un banquet, pour rendre la fête plus magnifique & plus solemnelle. Il faut lire tout ce qui concerne ces fêtes dans l'*histoire de la chevalerie* de M. de Sainte-Palaye ; il en parle avec autant de connoissances que s'il eût vécu dans ces temps-là, & qu'il eût écrit son ouvrage en assistant aux banquets des preux-chevaliers.

On voyoit paroître dans la salle diverses décorations, des machines, des figures d'hommes & d'animaux extraordinaires, des arbres, des montagnes, des rivières, une mer, des vaisseaux ; tous ces objets entre-mêlés de personnages, d'oiseaux, & d'autres animaux vivans, étoient en mouvement dans la salle ou sur la table, & représentoient des actions relatives à des entreprises de guerre & de chevalerie, sur-tout à celles des croisades.

Il est vraisemblable que l'usage des *entre-mets* dans les banquets s'étoit introduit avant le règne de saint Louis : aussi furent-ils employés aux noces de son frère Robert comte d'Artois à Compiègne en 1237. Une chronique manuscrite de S. Germain fait une ample description des *entre-mets* qui servirent au festin que Charles V donna, en 1378, au roi des Romains, fils de l'empereur Charles de Luxembourg, que ses indispositions empêchèrent de s'y trouver. Mais rien n'est plus curieux que le détail que Matthieu de Couci & Olivier de la Marche nous ont laissé de la fête donnée à Lille en 1453, par Philippe-le-bon, duc de Bourgogne, à toute sa cour & à toute la noblesse de ses états, pour la croisade contre les Turcs qui venoient d'achever la conquête de l'empire d'Orient par la prise de Constantinople. Je pourrois citer un grand nombre d'autres représentations semblables, qui furent long-temps à la mode dans nos cours ; mais ces citations seroient inutiles après les exemples que nous venons de rapporter.

On vit encore les restes de cette ancienne magnificence au mariage du prince de Navarre, en 1572, avec la sœur du roi ; de même qu'à la suite d'un autre festin, que la reine donna l'année suivante au duc d'Anjou, roi de Pologne. Le goût de ces plaisirs s'est conservé à Florence jusqu'en 1600, suivant la description du banquet donné dans cette ville pour le mariage de Marie de Médicis avec Henri IV.

Enfin la mode des *entre-mets* s'évanouit entièrement au commencement du 17e siècle. Louis XIV fit succéder d'autres magnificences, mieux entendues, dignes de lui, & qui ont aussi cessé. Elles ont été remplacées par un genre de luxe plus général, plus voluptueux, qui se répète journellement, & qui présente à nos yeux toute la mollesse ou l'ennui des Sibarites. *Article de M. le chevalier* DE JAUCOURT.

ENVOYÉ, adj. pris subst. (*Hist. mod.*) se dit d'une personne députée ou envoyée exprès pour négocier quelque affaire avec un prince étranger ou quelque république.

Les ministres qui vont de la cour de France ou de celle d'Angleterre, à Gênes, vers les princes d'Allemagne, & autres petits princes & états, n'ont point la qualité d'*ambassadeurs*, mais de simples *envoyés*. Joignez à cela que ceux que quelques grands princes envoient à d'autres de même rang, par exemple l'Angleterre à l'empereur, n'ont souvent que le titre d'*envoyé*, lorsque le sujet de leur commission n'est pas fort important.

Les *envoyés* sont ou ordinaires ou extraordinaires.

Les uns & les autres jouissent de toutes les prérogatives du droit des gens aussi-bien que les ambassadeurs, mais on ne leur rend pas les mêmes honneurs. La qualité d'*envoyé extraordinaire*, suivant l'observation de Wiquefort, est très-moderne, & même beaucoup moins ancienne que celle de *résident*. Les ministres qui en ont été revêtus, ont voulu d'abord se faire considérer presque comme des ambassadeurs, mais on les a mis depuis sur un autre pied.

La cour de France en particulier déclara en 1644, qu'on ne feroit plus à ces ministres l'honneur de leur donner les carrosses du roi & de la reine pour les conduire à l'audience, & qu'on ne leur accorderoit plus divers autres honneurs.

Justiniani, le premier *envoyé extraordinaire* de la république de Venise à la cour de France, depuis que les honneurs y ont été réglés, prétendit se couvrir en parlant au roi, & cela lui fut refusé. Le roi déclara même à cette occasion qu'il n'entendoit point que l'*envoyé extraordinaire*, qui est de sa part à Vienne, fût regardé autrement qu'un résident ordinaire. Depuis ce temps, on a traité de la même manière ces deux espèces de ministres. *Wiquefort*, *Chamb.* & *le dictionn. de Trévoux*. (*G*)

EOBANUS. (ELIUS *ou* HELIUS) *Voyez* HESSUS.

EON DE L'ÉTOILE, (*Hist. de Fr.*) fou imbécille du douzième siecle, qui ayant entendu chanter à l'église, *per EUM qui venturus est judicare vivos & mortuos*, crut être celui qui devoit juger les vivans & les morts; on l'enferma, & c'étoit trop s'il ne faisoit pas d'autre mal; mais il eut des disciples, les foux en avoient aisément alors, & on en brûla plusieurs. Brûler des hommes parce qu'ils croyent qu'*Eon de l'Etoile* viendra juger les vivans & les morts est une folie bien plus funeste, que de croire qu'*Eon de l'Etoile* viendra juger les vivans & les morts. Cet hérésiarque innocent, qui n'assembleroit pas aujourd'hui trois passans sur le pont-neuf, fut conduit au concile de Reims, & comparut solennellement devant le pape Eugène III, en 1148.

EPAGATHE, (*Hist. rom.*) c'est le nom de celui qui assassina le jurisconsulte Ulpien, l'an 226 de J. C. L'empereur Alexandre Sévère le fit tuer quelque temps après.

EPAMINONDAS. (*Hist anc.*) La gloire de Thèbes ne tient qu'à deux hommes, *Epaminondas* & Pelopidas; mais ces deux hommes égalent ou surpassent tout ce qu'Athènes & Sparte ont eu de grands capitaines & de citoyens vertueux. Thèbes étoit esclave de Sparte, qui ne vouloit pas même permettre à Athènes de donner un asyle aux Thébains bannis. Athènes jugea qu'elle le leur devoit; elle se souvint que les Thébains avoient le plus contribué à retablir chez elle le gouvernement Démocratique; c'étoit de Thèbes qu'étoit parti Thrasibule pour délivrer Athènes, ce fut d'Athènes que partit Pélopidas pour délivrer Thèbes. *Epaminondas* ne cessoit d'inspirer aux Thébains un désir généreux de secouer le joug de Sparte; mais une vertu plus délicate & plus sévère encore, ou plutôt encore plus humaine que celle de Pélopidas, ne lui permit pas d'entrer dans une conjuration, dont l'effet devoit être de tremper ses mains dans le sang de ses concitoyens, & où il prévoyoit que les tyrans ne périroient pas seuls. Pélopidas & ses compagnons conduisirent leur entreprise à travers de grands périls, avec beaucoup de courage & d'habileté. Les tyrans furent égorgés, Thèbes fut libre. *Epaminondas*, sans avoir souillé ses mains de sang, n'avoit pas été moins utile aux conjurés; il leur avoit porté du secours par-tout où ils en avoient eu besoin; il avoit prévenu & détourné les principaux dangers qui les menaçoient; il présenta au peuple ses libérateurs; il consomma l'ouvrage de la liberté, & consolida la nouvelle constitution. Les Lacédémoniens armèrent en vain pour réduire Thèbes; elle trouva d'abord des défenseurs dans les Athéniens; mais l'événement fit voir que c'étoit en elle-même, c'est-à-dire dans ses deux illustres chefs, qu'étoit sa ressource la plus assurée. Pélopidas gagna le combat de Tégyre, ayant rencontré les ennemis au moment où il les attendoit le moins. Aussi-tôt qu'on les apperçut, on courut lui dire avec effroi: *nous sommes tombés entre les mains des ennemis*. *Eh pourquoi*, répondit-il, *ne dirons nous pas plutôt qu'ils sont tombés dans les nôtres?* & sur le champ il justifia ce discours. On traita de paix; tous les états de la Grèce envoyèrent pour cet objet des députés à Lacédémone. *Epaminondas* étoit à la tête des députés Thébains. Le roi de Sparte Agésilas se déclaroit ouvertement pour la guerre, & on n'osoit le contredire. *Epaminondas* parla, non pour les seuls Thébains, mais pour toute la Grèce, il réclama pour elle une paix fondée sur l'égalité, sur la justice. Agésilas, voyant avec quel intérêt & quel plaisir on écoutoit l'orateur de l'humanité, l'interrompit avec aigreur: *mais vous*, lui dit-il, *qui ne parlez que de paix & de liberté, laisserez-vous la Béotie libre & indépendante de Thèbes? Oui*, dit Epaminondas, *comme vous laisserez la Laconie libre & indépendante de Sparte*. La violence d'Agésilas l'emporta pour la guerre; & ses intrigues réunirent presque toute la Grèce contre Thèbes seule. Elle n'en fut que plus redoutable; elle élut *Epaminondas* pour son général: on vouloit l'intimider par de sinistres augures; il répondit par un vers d'Homère, dont le sens est: *C'est toujours un excellent augure, que de combattre pour la patrie*. Pélopidas commandoit sous lui le *bataillon sacré*, ce corps de trois cents amis, de trois cents héros, qui ne savoient point fuir, & qu'un *serment* inviolable, dicté par la tendresse & par l'honneur, engageoit à se défendre les uns les autres jusqu'au dernier soupir. Les femmes Thébaines n'étoient point encore parvenues à cette férocité républicaine qui distinguoit celle de Sparte. La femme de Pélopidas, en recevant les adieux de son mari partant pour l'armée, le conjuroit, les larmes aux yeux, de se conserver. *Voilà*, lui dit-il, *ce qu'il faut recommander aux jeunes gens; pour les chefs, il ne faut leur recommander que de conserver les autres*. Le bataillon sacré, qui avoit déjà contribué à la victoire de Tégyre, ne contribua pas moins à celle de Leuctres, époque mémorable dans l'histoire de la Grèce, époque d'abaissement, de deuil & même de honte pour cette superbe Sparte, dont les citoyens apprirent alors à fuir pour la première fois, & qui, en faveur du nombre, fut obligé de suspendre la rigueur de ses lois contre ceux qui avoient fui; époque de gloire & de puissance pour Thèbes, qui eut alors cet empire de la Grèce, qu'Athènes & Lacédémone s'étoient si long-temps disputé. *Epaminondas* & Pélopidas, nommés tous deux ensemble gouverneurs de la Béotie, s'attachèrent à recueillir pour leur république les fruits de la victoire de Leuctres; ils entrèrent dans la Laconie, mirent en liberté les peuples dépendans de Sparte, ravagèrent les terres des Lacédémoniens sous les yeux d'Agésilas, renfermé avec les siens dans les murs de Sparte, & démentirent ce fameux proverbe qu'Agésilas même avoit mis en crédit: *que jamais femme de Sparte n'avoit vu la fumée d'un camp ennemi*. Sparte même fut menacée; *Epaminondas* s'en approcha comme pour en faire le siége, Agésilas le vit passer le premier à la tête de son infanterie, l'Eurotas enflé alors par la fonte des neiges; il suivit des yeux sa marche & ne trouva que des raisons de l'admirer; ces grands hommes, quoiqu'ennemis, se rendoient justice les uns aux autres. Agésilas appelloit *Epaminondas le faiseur de grandes choses*. Peu s'en fallut que, dans cette campagne, le général Thébain *n'arrachât*, selon l'expression de Leptine, *un œil à la Grèce*, en détruisant pour jamais la puissance de Sparte; il se vantoit au moins avec raison, d'avoir réduit ces tyrans laconiques à la nécessité *d'allonger leurs monosyllabes*, c'est-à-dire d'entrer en accommodement & en traité, & pour cela de s'exprimer avec plus d'étendue que quand ils signifioient impérieusement par des monosyllabes leurs ordres ou leurs refus. Pour faire ces grandes choses, *Epaminondas* & Pélopidas avoient été obligés de prolonger la campagne au-delà du terme ordinaire. En quoi, pour servir la patrie, & suivre la loi première & suprême, qui met le salut & le service de l'état au-dessus de toutes les lois, ils avoient violé la lettre de la loi particulière de Thèbes, qui vouloit qu'au commencement du premier mois de l'année, le commandement fût remis à de nouveaux officiers; ils avoient jugé que, comme le dit Cicéron dans *Rome sauvée*,

> Le devoir le plus saint, la loi la plus chérie,
> Est d'oublier la loi pour sauver la patrie.

Les républicains sont trop souvent ingrats, les Thébains le furent; & au lieu de combler leurs chefs des honneurs qu'ils avoient mérités, ils les appellèrent en jugement. Ici l'histoire met une grande différence entre Pélopidas qui n'étoit que guerrier, & *Epaminondas* qui étoit philosophe. Ce courage intrépide, que Pélopidas signaloit dans les combats, l'abandonna devant le tribunal, il se défendit en homme qui craint la mort & qui demande grace. *Epaminondas*, le plus modeste des hommes en toute autre occasion, dans celle-ci ne se justifia point, il fit son éloge, il raconta ce qu'il avoit fait, il exposa ses succès, ses triomphes, il étala tous ces détails brillans de la campagne la plus heureuse. » Vous désavouez ces succès, dit-il, » vous désapprouvez qu'on vous les ait procurés; eh bien, je les prends pour mon compte & » j'en réclame la gloire, condamnez le général » qui vous a trop servi, mais que le jugement » fasse mention de mes crimes, qu'il soit dit que » je péris pour avoir ravagé la Laconie, fait » trembler Sparte pour ses murs, mis en liberté » la Messénie & l'Arcadie entière, & donné à » ma patrie malgré elle l'empire de la Grèce. Pélopidas fut absous comme un accusé ordinaire; *Epaminondas* fut ramené chez lui en triomphe, au bruit des applaudissemens & des acclamations.

Tel étoit le parti qu'*Epaminondas* savoit tirer de l'humiliation même, il imprimoit à tout le caractère de grandeur & d'élévation qui étoit dans son ame. Ses ennemis & ses envieux, pour lui faire injure, le firent nommer Téléarque. C'étoit le titre d'un office réputé peu digne d'un si grand général & d'un homme de son mérite. Les fonctions étoient tout ce qu'il y a de plus vil en apparence dans les objets de la police. «Eh bien, dit *Epaminondas*, » je leur ferai voir que si les » places font connoître les hommes, les hommes » peuvent aussi quelquefois faire connoître les places ». En effet, la manière dont il s'acquitta de cet emploi, ouvrit les yeux de ses concitoyens sur l'importance dont cet emploi pouvoit être, & il devint une grande dignité.

Sparte fut réduite à employer le secours d'Athènes, toujours sa rivale, & pendant quelque temps son esclave. Elle descendit jusqu'à lui rappeller le souvenir de ces temps heureux, où l'union étroite d'Athènes & de Sparte avoit sauvé la Grèce, & comblé de gloire les deux nations. Athènes, à qui ce souvenir ne pouvoit faire oublier les injures plus récentes qu'elle avoit reçues des Lacédémoniens, fut cependant entraînée dans cette nouvelle alliance par la jalousie qu'elle conçut des succès si rapides & de l'élévation si subite de Thèbes. Le roi de Perse Artaxerxès Mnémon, à la cour duquel, les Thébains d'un côté, les Lacédémoniens de l'autre unis aux Athéniens, allèrent demander du secours, n'ayant point cet intérêt de jalousie, se détermina uniquement en faveur de la renommée & de la gloire. Pélopidas, qui lui fut envoyé par les Thébains, eut auprès de lui tout le crédit d'un favori. On regardoit avec admiration le vainqueur de Tégyre & de Leuctres, le compagnon & l'ami d'*Epaminondas*; il obtint tout ce qu'il demanda. Les Thébains furent déclarés amis & alliés du grand roi, qui promit de déclarer la guerre aux Lacédémoniens & aux Athéniens, s'ils armoient contre Thèbes. Ces puissances restèrent quelque temps tranquilles; mais un despote odieux, Alexandre, tyran de Phéres, opprimoit la Thessalie; divers peuples de cette contrée implorent l'assistance de Thèbes; Pélopidas est envoyé pour les défendre, il prend Larisse, & oblige le tyran de venir à ses pieds recevoir ses loix & ses reproches. Pélopidas passe dans la Macédoine, où il appaise des troubles qui s'étoient élevés pour la succession au trône. On l'en rend ou il s'en rend l'arbitre; il dicte ses loix, reçoit des otages & les envoie à Thèbes. Du nombre de ces otages étoit Philippe, qui fut depuis roi de Macédoine & père d'Alexandre le grand. En repassant par la Thessalie, il va seul avec un ami conférer avec le tyran de Phéres; celui-ci voit qu'ils sont seuls & désarmés, il les retient prisonniers. Pélopidas, tant que dura sa prison, ne cessa de dire à ceux des Thessaliens qu'il lui fut permis de voir, que si jamais il sortoit des fers, il vengeroit leur injure & la sienne; il les exhortoit à avoir bon courage, & sachant que le tyran immoloit tous les jours quelques nouvelles victimes, il lui fit demander par quel aveugle délire il s'obstinoit à épargner l'homme qui ne manqueroit pas de le punir, dès qu'il seroit sorti de ses mains? Le tyran lui fit demander à son tour pourquoi il cherchoit ainsi à mourir? C'est, répondit Pélopidas, pour accélérer encore ta ruine, en t'engageant à combler la mesure. Thébé, femme du tyran, eut la curiosité de voir Pélopidas dans sa prison; touchée de l'état d'abandon & de misère où elle le vit réduit, elle ne put retenir ses larmes. Que je plains votre femme! lui dit-elle: c'est la femme du tyran qu'il faut plaindre, dit Pélopidas.

Les Thébains envoyèrent une armée en Thessalie pour reprendre Pélopidas; *Epaminondas* étoit dans cette armée, mais il n'en étoit pas le général. Ceux qui la commandoient se laissèrent surprendre & furent battus; les soldats l'obligèrent de prendre le commandement, & il sauva l'armée que les autres chefs avoient mise en péril. La république lui ayant aussi déféré le commandement, il obligea le tyran de lui rendre son ami. A peine fut-il sorti du pays, que de nouveaux cris des peuples de la Thessalie contre le tyran, y rappellèrent les Thébains, commandés alors par Pélopidas qui cherchoit toutes les occasions de satisfaire son ressentiment; il n'avoit qu'une poignée de monde, on lui dit que le tyran venoit à lui avec une formidable armée: *tant mieux*, dit-il, *plus ils seront, plus nous en battrons*. Il gagna en effet la bataille de Cinoscephales; mais il y périt dans le sein de la victoire, à peu près comme Gaston de Foix périt dans la suite à Ravenne. Au moment où les ennemis commençoient à plier, il apperçoit le tyran qui s'efforçoit de les rallier, sa fureur l'emporte, il devance ses bataillons & court seul à lui, l'appellant & le défiant; le tyran effrayé se cache au milieu du bataillon de ses gardes, Pélopidas l'y poursuit, enfonce les premiers rangs, renverse tout ce qui lui fait obstacle; les Thessaliens & les Thébains, voyant de loin son danger, volent à son secours; au moment où ils arrivent, ils le voient tomber percé de coups, & ne peuvent que le venger par un carnage horrible des troupes du tyran. Le tyran échappa, mais ce fut pour périr, peu de temps après, dans une conjuration formée & conduite par sa femme.

Toute l'antiquité a condamné dans Pélopidas cette saillie téméraire, plus digne d'un aventurier que d'un général, & qui priva Thèbes d'un homme nécessaire; les ressentimens particuliers, les vengeances personnelles sont trop au-dessous d'un chef chargé des intérêts sacrés de la république. Si son devoir, comme le dit Pélopidas à sa femme, est de conserver les autres, il faut pour cela qu'il commence par se conserver lui-même; *s'il doit mourir*, dit Euripide, *il faut que ce soit en laissant sa vie entre les mains de la vertu.*

C'est

C'est ce que fit *Epaminondas*, supérieur à son ami dans sa mort comme dans sa vie. La guerre s'étant rallumée contre les Lacédémoniens, il pensa surprendre la ville de Sparte, & lorsqu'il vit son dessein découvert, mettant l'audace à la place de la ruse, il passe fièrement l'Eurotas à la vue des ennemis, attaque la ville, & pénètre jusque dans la place publique, & la dernière gloire d'Agésilas, & la première de son fils Archidamus, fut d'avoir dans cette journée arraché Sparte aux mains victorieuses d'*Epaminondas*.

Peu de temps après se livra la bataille de Mantinée, où *Epaminondas* se montra supérieur à lui-même par ses dispositions savantes; mais la victoire fut si long-temps disputée, & la phalange lacédémonienne se montra si constamment invincible, qu'*Epaminondas* crut que c'étoit le moment où le général devoit exposer sa vie pour assurer la victoire; il se mit lui-même à la tête du corps dans lequel il avoit le plus de confiance; du premier trait qu'il lance, il blesse le général lacédémonien, & enfin il parvient à percer & à rompre la phalange; mais un spartiate, nommé Callicrate, le perce à la poitrine d'un javelot, dont le bois se brisa & le fer demeura dans la plaie; il tombe, & sa chûte est le signal d'un nouveau combat plus acharné, les Lacédémoniens faisant les derniers efforts pour le prendre vivant, & les Thébains pour le sauver; ceux-ci eurent l'avantage, & maîtres du champ de bataille, ils reportèrent au camp leur général victorieux & mourant. Lorsque les chirurgiens eurent examiné la plaie, ils la jugèrent mortelle, & déclarèrent qu'il expireroit aussi-tôt que le fer seroit tiré de la plaie. Il reçut cet arrêt d'un air serein, & s'étant fait confirmer la nouvelle de la victoire: *dans quel plus beau moment*, dit-il à ses amis éplorés, *pourroit-on sortir de la vie?* Des citoyens s'affligeoient sur-tout de ce qu'un si grand homme ne laissoit point d'enfans pour le reproduire: Je laisse deux filles, dit-il, qui ne laisseront pas périr mon nom, Leuctre & Mantinée. Il tira lui-même le fer de sa plaie, & mourut; (l'an 363 avant J. C.) Pélopidas étoit mort l'an 370, inspirant à toute l'armée les mêmes regrets.

Epaminondas méritoit en effet des enfans, qui fussent pour lui ce qu'il avoit été lui-même pour ses parens. Après la victoire de Leuctre, le cri de son cœur fut de dire: *ma plus grande joie est celle que mon père & ma mère vont ressentir à cette nouvelle.* Quel prix un tel sentiment n'ajoute-t-il pas à l'héroïsme! Cicéron ne balance pas à mettre *Epaminondas* au-dessus de tous les héros grecs, *princeps meo judicio, Græciæ*, & M. le chevalier Follard, qui le met aussi au premier rang, regarde la bataille de Mantinée comme son chef-d'œuvre. Justin dit que la gloire de sa patrie naquit & mourut avec lui: *patriæ gloriam & natam & extinctam cum eo fuisse.* Il ne sait ce qui l'emporte dans *Epaminondas*, de l'homme ou du général; *incertum vir melior an dux esset.* Il se refusa aux richesses, la gloire même fut obligée de le chercher; les emplois honorent les autres, il les honora tous, mais il les évita, & ils s'accumulèrent sur lui, malgré lui. Livré par choix & par goût à l'étude & à la philosophie, on se demandoit avec étonnement, où ce savant avoit appris ainsi à commander & à vaincre; sur la science même il n'avoit pas plus d'ambition que sur l'opulence & sur la gloire. Spintharus dit qu'il n'avoit jamais connu personne qui sût davantage, ni qui parlât moins.

C'est un beau spectacle dans l'histoire, que l'union intime & l'amitié constante de deux hommes tels qu'*Epaminondas* & Pélopidas; on la vit renaître dans la suite entre le prince Eugène & cet illustre Marlborough, quoiqu'avec des vertus moins pures: mais cette union qu'aucune jalousie n'altère, lorsqu'on remplit la même carrière, lorsque la gloire est du même genre, & à peu près au même degré, ne peut se trouver qu'entre des hommes que le sentiment de leur grandeur défend des foiblesses de la jalousie. Un cœur jaloux s'avoue inférieur à celui qu'il envie; c'est peut-être la plus belle gloire de Pélopidas, de n'avoir point été jaloux d'*Epaminondas*, comme M. de Fontenelle disoit que sa gloire étoit de n'avoir point été jaloux de M. de la Motte. Quand on compare les deux héros thébains, l'avantage, comme nous l'avons dit, paroît être du côté d'*Epaminondas*.

Si on les envisage comme guerriers & généraux, les batailles de Leuctre & de Mantinée l'emportent sur le combat de Tégyre; il est vrai que Pélopidas contribua aussi à la victoire de Leuctre, mais en officier subalterne qui seconde bien le général par lequel il est conduit. De plus, *Epaminondas* a l'avantage d'avoir délivré Pélopidas des fers où un peu d'imprudence l'avoit fait tomber.

Si on les compare comme ambassadeurs & comme hommes d'état, l'ambassade d'*Epaminondas* à Sparte demandoit plus de courage, celle de Pélopidas en Perse eut plus de bonheur; mais ce bonheur fut l'effet de la réputation, & Pélopidas portoit à Sparte, non la sienne seulement, mais celle des deux amis, celle enfin de la victoire de Leuctre, où il n'avoit que le second rang dans la gloire.

Si nous les considérons devant le tribunal de leurs juges, dans un état d'oppression, dans le personnage d'accusés, c'est le moment foible de Pélopidas, c'est le plus beau moment d'*Epaminondas*.

Si on les considère enfin dans la vie privée, tous deux étoient vertueux; mais la vertu d'*Epaminondas*, nourrie de plus de connoissances & de lumières, ayant pour base une philosophie profonde, étoit plus pure, plus solide, plus inaltérable, plus supérieure aux passions. Pélopidas donnoit plus aux exercices du corps, *Epaminondas* plus à la culture de l'esprit.

Ils étoient tous deux des premières familles de Thèbes. Pélopidas étoit riche, *Epaminondas* pauvre : Pélopidas voulut toujours partager ses richesses avec son ami, mais *Epaminondas* se complaisoit trop dans la pauvreté, avantage souvent désirable dans une république, mal toujours insupportable dans une monarchie. Ce fut lui qui l'emporta & qui attira Pélopidas aux mœurs de la pauvreté, dont il lui fit sentir le mérite & le charme. Pélopidas, dit Plutarque, fut le maître & non l'esclave de ses biens ; il vécut pauvre de cœur au milieu des richesses ; pour être en état de secourir un plus grand nombre d'honnêtes gens, il auroit eu honte de dépenser plus pour sa table & pour ses habits que le dernier des Thébains. Enfin Pélopidas, montra l'usage qu'on devoit faire des richesses, *Epaminondas* celui qu'on pouvoit faire de la pauvreté ; en quoi on pourroit trouver que l'avantage étoit du côté de Pélopidas, 1°. parce qu'il est plus difficile de ne pas abuser des richesses, au lieu que la pauvreté est une disposition & une facilité de plus pour la vertu ; 2°. parce que la vertu du pauvre n'est que pour lui, au lieu que celle du riche est pour les autres ; mais *Epaminondas* avoit su donner à sa pauvreté un caractère si respectable & une autorité si puissante, qu'elle lui servoit à aider les autres comme auroient pu faire les richesses : un de ses amis se trouvant dans le besoin, il l'envoya demander de sa part mille écus à un citoyen riche ; celui-ci vint s'expliquer avec lui sur le motif de cette demande. Le voici, dit *Epaminondas : vous êtes riche, & cet honnête homme est dans le besoin.*

Enfin on sait plus de détails sur les vertus même privés & domestiques d'*Epaminondas*, ce qui semble prouver qu'il y en avoit plus ; nous venons de dire les principaux, ajoutons qu'il avoit pour la vérité un si grand respect, qu'il ne se permettoit jamais le plus léger mensonge, même par plaisanterie, même à la charge de rétablir à l'instant la vérité dans tous ses droits : *adeò veritatis diligens, ut ne joco quidem mentiretur. Cornel. Nep.* La superstition même dans ce genre est vertu.

EPAPHRODITE. (*Hist. sacr.*) Loué de son zèle pour la foi, & recommandé aux Philippiens par saint Paul, épître aux Philippiens, chap. II, vers. 25, 26, 27, 28, 29, 30 ; & chap. IV, vers. 18.

EPAPHRODITE. *Voyez* EPICTÈTE.

EPERNON. (le duc d') *Voyez* VALETTE. (la)

EPHESTION, (*Hist. anc.*) ami & confident d'Alexandre. *Voyez* les articles ABDOLONYME, ALEXANDRE le Grand, page 265, col. 1ère, & GRATER.

EPHORE, (*Hist. litt. anc.*) orateur & historien, disciple d'Isocrate, auteur d'une histoire de la Grèce, dont les anciens ont beaucoup parlé, mais qui est perdue ; il étoit de la ville de Cume dans l'Eolie, & vivoit environ trois siècles & demi avant J. C.

EPHRAIM. (*Hist. sacr.*) Joseph eut en Egypte deux fils de sa femme Aseneth, (*voyez* ASENETH) Manassé & *Ephraïm.* Jacob leur aïeul, en mourant, les bénit tous deux, mais en donnant prophétiquement à *Ephraïm* la préférence sur Manassé son aîné. (Genèse, chap. 46 & 48.

EPHREM, (Saint) (*Hist. ecclésiast.*) diacre d'Edesse, mort vers l'an 379 ; il écrivit contre les hérétiques de son temps. M. Assemani, sous-bibliothécaire du Vatican, a donné, sous les auspices du cardinal Quirini, une très-belle édition de ceux des ouvrages de saint *Ephrem*, qui sont parvenus jusqu'à nous ; elle est en six volumes in-folio, publiés depuis 1732 jusqu'en 1746. Les ouvrages de piété de saint *Ephrem* ont été traduits en françois par M. Le Merre ; & ont paru en 1744. On appelloit saint *Ephrem, le maître de l'univers* & *la lyre du Saint-Esprit.*

EPICHARIS, (*Hist. rom.*) femme d'une naissance obscure, (*libertina mulier*) mais d'un grand courage, étant entrée dans une conjuration contre Néron, fut mise à la question, & ne révéla aucun de ses complices ; mais voyant le lendemain qu'on alloit renouveller les tortures, & craignant d'y succomber, elle s'étrangla pour emporter son secret avec elle. Tacite, annal. l. 15, chap. 51 & 57, oppose l'exemple de cette femme, à la bassesse servile des sénateurs & des chevaliers romains du même temps.

EPICHARME, (*hist. litt. anc.*) poëte & philosophe pythagoricien, introduisit la comédie à Syracuse sous le règne d'Hieron I. L'antiquité paroît avoir beaucoup estimé ses comédies ; Plaute l'avoit pris pour modèle :

Plautus ad exemplar siculi properare Epicharmi.

On prétend que Platon a profité de ses œuvres philosophiques ; Aristote & Pline lui attribuent l'invention des deux lettres grecques *théta* & *chi.* On a retenu de lui un mot qui en vaut bien un autre ; il disoit que *les Dieux nous vendent tous les biens pour du travail.* Seroit-ce ce mot qui auroit donné de loin à la Fontaine l'idée de ses deux meilleurs vers ?

Il lit au front de ceux que le luxe environne
Que la fortune vend ce qu'on croit qu'elle donne.

Epicharme mourut très-âgé, il vivoit dans la soixante & quatorzième olympiade, vers l'an 440 avant J. C.

EPICTETE, (*Hist. anc.*) philosophe stoïcien, étoit d'Hiérapolis en Phrygie. Esclave d'Epaphrodite, affanchi de Néron que Domitien fit mourir, il fut libre dans les fers, parce qu'il étoit véritablement philosophe. On dit qu'Epaphrodite le frappant rudement à la jambe, il lui dit avec beaucoup de tranquillité : *si vous continuez, vous me la casserez;* & qu'Epaphrodite, irrité de ce sang froid, ayant redoublé de coups, & la lui ayant cassée, il ajouta toujours avec la même tranquillité: *je vous avois bien dit que vous me la casseriez;* tout cela est bien dans les principes & dans les mœurs stoïques. Les deux points principaux de sa morale étoient *souffrir* & *s'abstenir*, deux mots d'un grand sens, d'une grande étendue & d'un grand usage: ils ont dans le grec & dans le latin, un jeu & un rapport de sons, qui leur donne encore un mérite de plus : ανεχου και απεχου, *sustine* & *abstine*. Il appelloit la fortune, *une femme de bonne maison qui se prostitue à des valets*. Ce mot pourroit être d'un homme qui regrettoit de n'avoir point eu part à ses faveurs ; cependant *Epictète* parut toujours content de son sort & ne s'en plaignit jamais. Il regardoit les murmures contre la providence, non-seulement comme insensés, mais encore comme coupables: » ce n'est point la » pauvreté, disoit-il, qui nous rend malheureux, » c'est l'ambition, ce sont nos insatiables desirs. »

Un homme qui vivoit dans la débauche, se présentant pour être son disciple : » si le vase n'est » pas pur, lui dit-il, tout ce qu'on y versera se corrompra ». C'est le vers d'Horace :

Sincerum est nisi vas, quodcumque infundis, acescit.

Rousseau appelle *Epictète :*

Un des Saints du Paganisme.

Des pères de l'Eglise ont vu en lui un païen, qui parloit le langage des saints du Christianisme; son manuel a édifié toutes les religions: le P. Mourgues, qui l'a traduit en françois, ainsi que l'abbé de Bellegarde, & M. Dacier, &c. parle d'un ancien monastère, qui avoit adopté le manuel d'*Epictète* pour sa règle, avec quelques légères modifications ; Rousseau est presque le seul homme qui ait paru juger défavorablement, & la personne & le manuel d'*Epictète;* peut-être après tout est-ce moins un jugement sérieux qu'une plaisanterie, peut-être le poëte n'a-t-il voulu que donner aux dépens du stoïcisme un air plus anacréontique à une ode assez froide qu'on sent qu'il a voulu rendre gaie. C'est la seconde de ses odes profanes ; elle est adressée à l'abbé de Chaulieu, un des plus aimables épicuriens modernes. C'étoit une raison de plus de lui sacrifier les stoïciens. Quoi qu'il en soit, voici ce jugement un peu bizarre:

En vain d'un ton de rhéteur
Epictète à son lecteur
Prêche le bonheur suprême;
J'y trouve un consolateur
Plus affligé que moi-même.

Dans son flegme simulé
Je découvre sa colère;
Je vois un homme accablé
Sous le poids de sa misère;
Et dans tous ces beaux discours
Fabriqués durant le cours
De sa fortune maudite,
Vous reconnoissez toujours
L'esclave d'Épaphrodite.

Assurément c'est voir de loin, que de voir de la colère, & un homme accablé sous le poids de la misère, dans le manuel d'*Epictète*. Rousseau s'échauffe & se fâche de plus en plus contre le livre & contre l'auteur :

Mon Apollon irrité
Lui devoit ce témoignage
Pour l'ennui que m'a coûté
Son insupportable ouvrage.

On peut ne pas aimer la morale; mais c'est la première & la seule fois, que le manuel d'*Epictète* ait été traité d'ouvrage insupportable ; Rousseau ne s'en tient pas là il injurie *Epictète*, & le traite nettement de pédant :

De tout semblable pédant
Le commerce communique
Je ne sais quoi de mordant,
De farouche & de cynique.

Rousseau n'avoit pas besoin de ce commerce pour devenir mordant & cynique. Mais ce seroit précisément la lecture qu'il faudroit choisir, pour cesser de l'être, & pour calmer les transports d'une ame agitée ; c'est le cas de ces vers d'Horace :

Nemo adeò ferus est ut non mitescere possit
Si modò culturæ patientem commodet aurem. . . . .
. . . . . . sunt certa piacula quæ te
Ter purè lecto poterunt recreare libello.

Domitien, qui apparemment pensoit sur *Epictète* comme Rousseau, ou plutôt qui n'aimoit pas la philosophie, parce que les tyrans n'aiment pas la raison, bannit *Epictète* de Rome ; mais Adrien & Marc-Aurèle l'eurent en grande vénération. Une longue & douce vie fut le prix de sa sagesse, de sa modération, de sa résignation ; il mourut sous l'empire de Marc-Aurèle dans un âge très-avancé ; la lampe de terre, à la clarté de laquelle il avoit écrit quelques-unes de ses maximes, fut vendue quelque temps après sa mort, trois mille drachmes, c'est-à-dire quinze cents francs de notre monnoie.

EPICURE. (*Hist. anc.*) Les opinions, les systêmes ne nous regardent pas; nous ne parlerons que des faits, nous n'examinerons donc point ici cette question tant rebattue, si *Epicure* fait consister le souverain bien dans la volupté de l'ame, ou dans celle des sens, & s'il faut dire les jardins ou l'étable d'*Epicure*.

Epicuri de grege porcum.

Epicure naquit l'an 342 avant J. C. à Gargetium dans l'Attique; c'est pour cela que Stace, dans ses livres, l'appelle *Gargettius auctor & senior Gargettius*.

Deliciæ quas ipse suis digressus Athenis
Mallet deserto senior Gargettius horto.

On raconte que dans ses premières études, le grammairien qui l'instruisoit, récitant un vers d'Hésiode, dont le sens est que *le chaos fut produit le premier de tous les êtres*, il demanda: *& qui le produisit?* le grammairien répondit: *je n'en sais rien, & ce n'est pas mon affaire de le savoir.* — A qui donc faut-il s'adresser pour l'apprendre? — Aux philosophes. — Je vais donc chez les philosophes; & il se livra dès-lors à l'étude de la philosophie.

Ce fut dans l'isle de Samos qu'il passa les années de son enfance; Néoclès, son père, & Cherestrata, sa mère, ayant été de la colonie que les Athéniens envoyèrent dans cette isle, ce ne fut qu'à l'âge d'environ trente-six ans, & qu'après avoir erré en divers climats, apparemment pour s'instruire, qu'il vint se fixer pour toujours à Athènes. Là il acheta ces jardins célèbres où il fonda voluptueusement l'école de la volupté, quelle que fût cette volupté; il n'y a d'exemple dans aucune secte, dans aucune société, ni d'un pareil respect pour le maître, ni d'une pareille union entre les disciples; ce qui paroît être favorable à l'opinion de ceux qui croient qu'il s'agissoit d'une volupté spirituelle & céleste; les voluptés du siècle excitent plus d'orages. Son école ne se divisa jamais, sa doctrine fut toujours un oracle auquel on ne se permit de rien changer. C'étoient des troupes nombreuses d'amis qu'*Epicure* rassembloit dans sa maison, & il en étoit le père le plus tendre, le plus chéri, & le plus révéré; sa mémoire fut long-temps dans une vénération particulière; on célébroit encore le jour de sa naissance, du temps de Pline le naturaliste, c'est-à-dire plus de quatre cents ans après sa mort, on fêtoit même le mois entier où il étoit né. Son portrait se trouvoit partout.

Quelle que fût sa doctrine, il paroît que sa conduite étoit très-vertueuse; Bayle a dit de lui ce que quelques personnes disent de Bayle lui-même: « On ne sauroit dire assez de bien de l'honnêteté de ses mœurs, ni assez de mal de ses opinions sur la religion. Une infinité de gens sont orthodoxes & vivent mal: lui au contraire, & plusieurs de ses sectateurs, avoient une mauvaise doctrine, & vivoient bien ».

Un autre savant a dit d'*Epicure* à peu près la même chose, en retournant pour lui un vers de Juvénal: *Epicurum opinione sardanapalum, re stoïcissimum, BACCHANALIA SIMULASSE, ET CURIOS VIXISSE.* Un autre a dit encore que c'étoit un stoïcien prêchant la volupté:

Nam licèt illecebris hominem velit esse beatum,
Stoïcus intercà moribus ipse fuit.

Il étoit même pieux, & il donnoit l'exemple de l'assistance aux temples, (*voyez l'article* DIOCLES), lui qu'on accuse généralement d'avoir admis des dieux sans providence, lui que Lucrèce loue & même en très-beaux vers, d'avoir eu le courage d'affranchir le genre humain du joug de la religion.

Humana antè oculos fœdè cùm vita jaceret
In terris oppressa gravi sub Relligione! . .
Primùm Graius homo mortales tollere contrà
Est oculos ausus primusque obsistere contra:
Quem nec fama Deûm, nec fulmina, nec minitanti
Murmure compressit cœlum.

Epicure avoit beaucoup écrit, mais il ne nous reste aucun de ses ouvrages; comme il admettoit des femmes au nombre de ses disciples, la fameuse Léontium, courtisane d'Athènes, eut avec lui les mêmes liaisons que Ninon de Lenclos eut depuis avec les philosophes, & les beaux esprits du règne de Louis XIV. On observe que Léontium ne cessa pas son métier de courtisane pour avoir adopté la doctrine d'*Epicure*, & on en tire des conséquences fâcheuses contre cette doctrine; mais tous les amis de Ninon de Lenclos n'approuvoient pas ses foiblesses & ses continuelles infidélités; ils aimoient son esprit & estimoient son caractère. Léontium étoit vraisemblablement dans le même cas; elle est restée célèbre autant par les charmes de l'esprit, que par ceux de la figure & que par la licence de ses mœurs; elle soutint avec chaleur les dogmes de son maître, elle écrivit contre Théophraste; Cicéron vante son style & son esprit; on a dit qu'elle avoit trouvé beaucoup d'amans parmi les disciples d'*Epicure*; mais on remarque qu'elle distingua parmi eux Métrodore, & une courtisane, telle qu'on la peint, ne distingue guère; on a dit qu'elle avoit été la maîtresse d'*Epicure* même; mais la prétendue lettre de Léontium à Lamia, où elle peint les malheurs de sa condition, & où elle se représente comme la garde-malade & la triste esclave d'*Epicure*, qu'elle représente comme un vieillard de quatre-vingts ans, couvert de poux, tombé en enfance, & grondant toujours, cette lettre, disons-nous, est bien reconnue pour fausse; *Epicure* survécut Léontium, & mourut à 71 ans; on voit dans Gassendi que Métrodore & Léontium avoient laissé un fils, dont *Epicure* parle dans son testament comme d'un orphelin qu'il recommande à ce titre.

Epicure mourut l'an 270 avant J. C. d'une rétention d'urine, après avoir souffert avec beaucoup de patience des douleurs bien violentes. Sans trop examiner quelle étoit au fond la véritable doctrine d'*Epicure*, nous avons donné le nom d'Epicuriens à tous ceux qui dans leur conduite se sont montrés partisans du plaisir, ou qui dans leurs écrits s'en sont rendus les apologistes, soit que ce plaisir fût dans l'esprit ou dans les sens. Nous avons regardé comme autant de subdivisions & de modifications de l'école d'*Epicure* parmi nous, la société de Chapelle & de ses amis, celle de Saint-Evremont & de Ninon de Lenclos, la nouvelle Léontium; celle du temple, celle de Sceaux, celle même du Caveau, en un mot toutes les sociétés que le goût, l'esprit, la liberté, le plaisir rassemblent.

Sur ce qui concerne *Epicure*, on peut choisir & décider entre Gassendi son apologiste dans son recueil sur la vie & les écrits de ce philosophe, & M. l'abbé Batteux, qui lui est moins favorable dans sa *morale d'Epicure*, *tirée de ses propres écrits*, écrits qu'à la vérité nous n'avons pas, mais que nous connoissons jusqu'à un certain point par ceux des anciens qui les ont loués ou blâmés.

EPIMENIDE, (*Hist. Anc.*) poëte & philosophe de l'Isle de Crète, que quelques-uns mettent au nombre des sept sages; il vivoit du temps de Solon, environ six siècles avant J. C. On sait de lui peu de choses, & son histoire ressemble beaucoup à la fable. C'est de lui qu'on raconte qu'il s'endormit dans une caverne, que son sommeil dura vingt-sept ans, selon quelques-uns même beaucoup davantage, ce qu'on explique par des voyages qu'il avoit faits dans un temps où des insulaires sur-tout ne voyageoient guères. Quoi qu'il en soit, le sommeil & le réveil d'*Epiménide* sont passés en proverbe, & ont servi de sujets à diverses comédies; ce n'est même que par-là qu'*Epiménide* est connu. On croit que c'est lui qui est cité dans l'épître de S. Paul à Tite, chap. I, vers. 12, comme déposant contre les Crétois ses compatriotes.

» Un d'entre ceux de cette Isle, dont ils se font » un prophète, a dit d'eux : les Crétois sont » toujours menteurs : ce sont de méchantes bêtes, » qui n'aiment qu'à manger & à ne rien faire.

EPINETTE, (fête de l'), (*Hist. de Flandre*) la plus célèbre des fêtes des Pays-Bas, dont la mémoire est presque effacée, quoique cette fête fût encore dans toute sa splendeur au milieu du XVe siècle. On a une liste des *rois* de cette fête dans l'espace de 200 ans, depuis 1283 jusqu'à 1483. Le P. Jean Buzelin l'a donnée dans sa *Gallo-Flandria*.

Les peuples de Flandre & des Pays-Bas ont toujours aimé les jeux & les spectacles; ce goût s'y conserve même encore dans ce qu'ils appellent *triomphes*, dans leurs processions & dans leurs autres cérémonies publiques : c'est une suite de l'oisiveté & du manque de commerce.

Dans les treizième & quatorzième siècles, chaque ville de ces pays avoit des fêtes, des combats, des tournois; Bruges avoit sa fête du Forestier, Vanlenciennes celles du prince de Plaisance, Cambray celle du roi des Ribauds, Bouchain celle du prévôt des étourdis : dans beaucoup de lieux on célébroit celle de Behourt. A ces différentes fêtes accouroient non-seulement les habitans des villes voisines, mais plusieurs grands seigneurs des pays éloignés : Lille en particulier attiroit par la magnificence de la fête de l'*épinette* & par les divertissemens qui s'y donnoient, un concours extraordinaire de monde.

La fête de l'*épinette* avoit son *roi*, que l'on élisoit tous les ans le jour du mardi-gras : on élisoit en même temps deux joûteurs pour l'accompagner. Les jours précédens & le reste de la semaine se passoient en festins & en bals.

Le dimanche des brandons, ou premier dimanche de carême, le *roi* se rendoit en grande pompe au lieu destiné pour le combat, les combattans y joûtoient à la lance : le prix du victorieux étoit un épervier d'or. Les quatre jours suivans, le *roi*, avec ses deux joûteurs & le chevalier victorieux, étoient obligés de se trouver au lieu du combat, pour rompre des lances contre tous ceux qui se présentoient. Jean, duc de Bourgogne, honora cette fête de sa présence en 1416; le duc Philippe-le-bon s'y trouva avec le roi Louis XI, en 1464.

L'excessive dépense à laquelle cette qualité de *roi* engageoit, la ruine de plusieurs familles qu'elle avoit occasionnée, le refus que firent quelques habitans de Lille d'accepter cet honneur prétendu, & l'obligation où la ville s'étoit trouvée de faire elle-même ces dépenses; enfin l'indécence que quelques personnes trouvoient à voir toutes ces réjouissances, ces divertissemens & ces bals, dans les deux premières semaines de carême, obligèrent Charles duc de Bourgogne à suspendre cette fête depuis 1470 jusqu'en 1475. Elle se rétablit en partie, mais aux dépens des fonds publics, jusqu'en 1516 : Charles V en interrompit l'exercice pendant presque tout le cours de son règne, par des lettres données en 1528 & en 1538. Enfin Philippe II la supprima entièrement en 1556 : il ne s'en est conservé pour mémoire que le nom de l'*épinette*, que l'on donne à un des bas-officiers du magistrat ou de la maison de ville de Lille, qui représente en quelque façon le hérault par qui les *rois de l'épinette* avoient droit de se faire précéder.

Plusieurs historiens ont parlé de cette fête, entr'autres l'auteur d'une petite histoire de Lille, imprimée en 1730. On ignore son instituteur, de même que l'origine de son nom, qui vient peut-être de ce que l'on donnoit au *roi de l'épinette* une petite épine pour marque de sa dignité, & qu'il alloit tous les ans en pompe honorer la sainte épine, que les dominicains de Lille prétendent posséder dans leur église. Il mangeoit chez ces pères avec ses chevaliers le dimanche des rameaux, & y assistoit à tous les offices de la semaine-sainte. *Hist. de l'acad. des belles-lettres.*

C'est de cette manière qu'on associoit alors la dévotion aux spectacles profanes, aux festins, aux joûtes, aux tournois, aux combats particuliers. Il y avoit aussi dans les mêmes siècles d'autres fêtes plaisantes, telle qu'étoit celle de Bourgogne, nommée *la compagnie des fous.* Enfin on célébroit même encore de la façon la plus scandaleuse dans les églises de la partie septentrionale & méridionale de l'Europe, en Flandre, en France & en Espagne, la fameuse *fêtes des fous*, si connue par son indécence & son extravagance.

Article de M. le chevalier DE JAUCOURT.

EPIPHANE, (Saint) (*Hist. ecclésiast.*) évêque de Salamine au IVe siècle, est au nombre des pères de l'Eglise. La meilleure édition de ses œuvres est celle qu'a donnée le P. Pétau avec une version latine & des notes. Né en 320, mort en 403.

Epiphane, dit le scolastique, ami de Cassiodore, traduisit en latin les histoires ecclésiastiques de Socrate, de Sozomène, de Théodoret; c'est sur sa version que Cassiodore composa son *Histoire Tripartite.* Il vivoit dans le VIe siècle.

EPISCOPAUX, (*Hist. mod. d'Angl.*) c'est le nom qu'on donna en Angleterre sous Jacques I, à ceux qui adhéroient aux rits de l'église anglicane, par opposition aux calvinistes, qu'on appella *Presbytériens.*

Dans la suite, sous Charles I, ceux qui suivoient le parti du roi furent nommés *épiscopaux rigides*, & les parlementaires, *presbytériens rigides.*

Quand Charles II fut monté sur le trône, les différentes branches des deux partis commencèrent à se mieux distinguer; & comme ils se rapprochèrent, ils formèrent les deux branches de *Vighs* & de *Torys mitigés*, par rapport à la religion, de même que par rapport au gouvernement.

Il faut se mettre au fait du sens qu'ont eu tous ces divers mots, suivant les temps & les conjonctures, pour bien entendre l'histoire d'une nation libre, & par conséquent toujours agitée, où les deux partis qui dominent dans l'état, échauffés par les disputes, animés de plusieurs passions, se distinguent par des *sobriquets*, par des noms particuliers plus ou moins odieux; ces noms changent souvent, augmentent de force ou s'adoucissent, selon que le peuple, inquiet sur sa situation, grossit l'objet de ses craintes, ou revenant des impressions violentes qu'on lui a données, appaise ses frayeurs, rentre dans le calme, & se sert alors dans chaque parti de termes plus modérés que ceux qu'il employoit auparavant.

De tous les sectaires les *épiscopaux* sont ceux qui sont le moins éloignés de l'église romaine, pour ce qui concerne la discipline ecclésiastique; ils ont des évêques, des prêtres, des chanoines, des curés, & autres ministres inférieurs, & un office qu'ils appellent *liturgie.* Il est vrai que les catholiques ne conviennent pas que l'ordination des ministres de cette société soit légitime & valide: on a agité cette question avec beaucoup de chaleur il y a un demi-siècle; le P. le Courayer, chanoine & bibliothécaire de Sainte-Geneviève, aujourd'hui réfugié en Angleterre & docteur d'Oxford, ayant écrit en faveur des anglicans, sa dissertation a été réfutée par le P. Hardouin, jésuite, & par le P. le Quien, jacobin réformé, sans parler de deux ou trois autres théologiens qui sont encore entrés en lice, & auxquels le P. le Courayer a repliqué.

Les *Episcopaux*, outre ces titres, ont retenu une grande partie du droit canon & des décrétales des papes pour la discipline & la police ecclésiastique. Leur liturgie, qu'ils nomment autrement *le livre des communes prières*, contient non-seulement leur office public, qui est presque le même que celui de l'église latine, mais encore la manière dont ils administrent les sacremens. Ils ont l'office des matines qu'ils commencent par *Domine, labia nostra aperies;* ensuite on chante le pseaume *Venite*, puis les pseaumes & les leçons de chaque jour: ils disent aussi le cantique *Te Deum*, & quelques pseaumes de ceux que nous lisons dans l'office de laudes. Ils commencent aussi leurs vêpres par les versets *Domine, labia nostra aperies*, & *Deus in adjutorium*, &c. puis ils récitent les pseaumes propres au jour, & ils ont à cet effet un calendrier où sont marquées les féries & les fêtes fixes ou mobiles, ayant pour chacune des offices propres. Ils célèbrent aussi les dimanches, & distinguent ceux de l'avent, d'après-l'épiphanie, d'après la pentecôte, ceux de la septuagésime, sexagésime, quinquagésime, trinité, &c. ils ont pour chacun de ces jours des collectes ou offices du matin, pour tenir lieu de la messe, qu'ils ont abolie, & dont ils ont proscrit jusqu'au nom. On y récite l'épître, l'évangile, quelques oraisons, le *Gloria in excelsis*, le symbole, des préfaces propres à chaque solemnité; mais ils ont réformé le canon de la messe, & font leur office en langue vulgaire pour être entendus du peuple. La manière dont ils administrent les sacremens est aussi marquée dans ce livre, & est peu différente de la nôtre: le ministre qui les baptise, après avoir prononcé les paroles sacramentelles, *je te baptise au nom du père*, &c. fait un signe de croix sur le front de l'enfant. L'évêque donne aussi la confirmation en imposant les mains sur la tête des enfans, & récitant quelques oraisons auxquelles il ajoute sa bénédiction. Enfin on trouve dans cette liturgie la maniere d'ordonner les prêtres, les diacres, &c. la forme de bénir le mariage, de donner le viatique aux malades, & plusieurs autres cérémonies fort semblables à celles qu'on pratique dans l'église romaine: par exemple, ils reçoivent la communion à genoux; mais ils ont déclaré qu'ils n'adoroient point l'eucharistie, dans laquelle ils ne pensent pas que Jésus-Christ soit réellement présent : sur ce point, & sur presque tout ce qui concerne le dogme, ils conviennent avec les calvinistes. Cette liturgie fut autorisée sous Edouard VI, la cinquième ou sixième année de son regne, par un acte du parlement, & confirmée de même sous Elisabeth. Les évêques, prêtres, diacres & autres ministres *épiscopaux* peuvent se marier, & la plupart le sont. Leur église est dominante en Angleterre & en Irlande; mais en Ecosse, où les presbytériens & les puritains sont les plus forts, on les regarde comme non-conformistes : ceux-ci, à leur tour, ont le même nom en Angleterre; on les y laisse jouir des mêmes privileges que les anglicans, & cela sans restriction : ils ne sont pas même assujettis au serment du test; & lorsqu'on les met dans des emplois de confiance, on leur fait seulement prêter serment au gouvernement. Quant aux ministres *épiscopaux*, ils sont sujets à plusieurs loix pénales, sur-tout s'ils refusent de prêter les sermens du test & de suprématie. (*G*)

EPITROPE, s. m. (*Hist. mod.*) sorte de juge, ou plutôt d'arbitre que les chrétiens grecs, qui vivent sous la domination des Turcs, choisissent dans plusieurs villes pour terminer les différends qui s'élevent entre eux, & pour éviter de porter ces différends devant les magistrats turcs.

Il y a dans chaque ville divers *épitropes* : M. Spon remarque dans ses voyages, qu'à Athenes il y en a huit, qui sont pris des différentes paroisses & appellés *vecchiardi*, c'est-à-dire *vieillards*. Mais Athenes n'est pas le seul endroit où il y ait des *épitropes* : il y en a dans toutes les isles de l'Archipel.

Quelques auteurs latins du cinquieme siecle appellent *épitropi*, ceux qu'on appelloit plus anciennement *villici*, & qu'on a dans la suite appellés *vidames*.

Dans des temps encore plus reculés, les Grecs employoient le terme [illegible] dans le même sens que les Latins employoient celui de *procurator* : c'est-à-dire, que ce mot signifioit chez eux un *commissionnaire* ou *intendant*.

Ainsi les commissionnaires des provisions dans les armées des Perses sont appellés *épitropi* par Hérodote & Xénophon : dans le nouveau Testament, ἐπίτροπος signifie le *steward* ou supérieur d'une maison, que la Vulgate traduit par *procurator*. *Dict. de Trévoux & Chambers.* (*G*)

EPONINE. (*voyez* SABINUS.)

EPREUVE, s. f. (*Hist. mod.*) maniere de juger & de décider de la vérité ou de la fausseté des accusations en matiere criminelle, reçue & fort en usage dans le neuvieme, le dixieme & le onzieme siecles, qui a même subsisté plus long-temps dans certains pays, & qui est heureusement abolie.

Ces jugemens étoient nommés *jugemens de Dieu*, parce que l'on étoit persuadé que l'événement de ces *épreuves*, qui auroit pu en toute autre occasion être imputé au hasard, étoit dans celle-ci un jugement formel, par lequel Dieu faisoit connoître clairement la vérité en punissant le coupable.

Il y avoit plusieurs especes d'*épreuves* : mais elles se rapportoient toutes à trois principales : savoir le serment, le duel, & l'ordalie ou *épreuve* par les élémens.

L'*épreuve* par serment, qu'on nommoit aussi *purgation canonique*, se faisoit de plusieurs manieres : l'accusé qui étoit obligé de le prêter, & qu'on nommoit *jurator* ou *sacramentalis*, prenoit une poignée d'épis, les jetoit en l'air, en attestant le ciel de son innocence : quelquefois une lance à la main, il déclaroit qu'il étoit prêt à soutenir par le fer ce qu'il affirmoit par serment; mais l'usage le plus ordinaire, & celui qui subsista le plus long-temps, étoit de jurer sur un tombeau, sur des reliques, sur l'autel, sur les évangiles. On voit par les lois de Childebert, par celles des Bourguignons & des Frisons, que l'accusé étoit admis à faire jurer avec lui douze témoins, qu'on appelloit *conjuratores* ou *compurgatores*.

Quelquefois, malgré le serment de l'accusé, l'accusateur persistoit dans son accusation; & alors celui-ci, pour preuve de la vérité, & l'accusé, pour preuve de son innocence, ou tous deux ensemble, demandoient le combat. Il falloit y être autorisé par sentence du juge, & c'est ce qu'on appelloit *épreuve par le duel*.

Nous ajouterons seulement ici que, quoique certaines circonstances marquées par les lois faites à ce sujet, & les dispenses de condition & d'état, empêchassent le duel en quelques occasions, rien n'en pouvoit dispenser, quand on étoit accusé de trahison : les princes du sang même étoit obligés au combat.

Nous observerons encore que l'*épreuve* par le duel étoit si commune, & devint si fort du goût de ce temps-là, qu'après avoir été employée dans les affaires criminelles, on s'en servit indifféremment pour décider toutes sortes de questions, soit publiques, soit particulieres. S'il s'élevoit une dispute sur la propriété d'un fonds, sur l'état d'une personne, sur le sens d'une loi; si le droit n'étoit pas bien clair de part & d'autre, on prenoit des champions pour l'éclaircir. Ainsi l'empereur Othon I vers l'an 968, fit décider si la représentation avoit lieu en ligne directe, par un duel, où le champion nommé pour soutenir l'affirmative demeura vainqueur.

L'*ordalie*, terme saxon, ne signifioit originairement qu'un *jugement* en général; mais comme les *épreuves* passoient pour les jugemens par excellence, on n'appliqua cette dénomination qu'à ces derniers, & l'usage le détermina dans la suite aux seules *épreuves* par les élémens, & à toutes celles dont usoit le peuple. On en distinguoit deux espèces principales, l'*épreuve* par le feu, l'*épreuve* par l'eau.

La première, & celle dont se servoient aussi les nobles, les prêtres, & autres personnes libres qu'on dispensoit du combat, étoit la preuve par le fer ardent. C'étoit une barre de fer d'environ trois livres pesant; ce fer étoit béni avec plusieurs cérémonies, & gardé dans une église qui avoit ce privilége & à laquelle on payoit un droit pour faire l'*épreuve*.

L'accusé, après avoir jeûné trois jours au pain & à l'eau, entendoit la messe; il y communioit & faisoit, avant que de recevoir l'eucharistie, serment de son innocence; il étoit conduit à l'endroit de l'église destiné à faire l'*épreuve*, on lui jetoit de l'eau bénite, il en buvoit même; ensuite il prenoit le fer qu'on avoit fait rougir plus ou moins, selon les présomptions & la gravité du crime; il le soulevoit deux ou trois fois, ou le portoit plus ou moins loin, selon la sentence. Cependant les prêtres récitoient les prières qui étoient d'usage. On lui mettoit ensuite la main dans un sac que l'on fermoit exactement, & sur lequel le juge & la partie adverse apposoient leurs sceaux pour les lever trois jours après; alors s'il ne paroissoit point de marque de brûlure, & quelquefois aussi, suivant la nature & à l'inspection de la plaie, l'accusé étoit absous ou déclaré coupable.

La même *épreuve* se faisoit encore en mettant la main dans un ganteler de fer rouge, ou en marchant nus-pieds sur des barres de fer jusqu'au nombre de douze, mais ordinairement de neuf. Ces sortes d'*épreuves* sont appellées *ketelvang* dans les anciennes lois des Pays-Bas, & sur-tout dans celles de la Frise.

On peut encore rapporter à cette espèce d'*épreuve* celle qui se faisoit ou en portant du feu dans ses habits, ou en passant au travers d'un bûcher allumé, ou en y jetant des livres pour juger, s'ils brûloient ou non, de l'orthodoxie ou de la fausseté des choses qu'ils contenoient. Les historiens en rapportent plusieurs exemples.

L'*ordalie* par l'eau se faisoit ou par l'eau bouillante, ou par l'eau froide; l'*épreuve* par l'eau bouillante étoit accompagnée des mêmes cérémonies que celle du fer chaud, & consistoit à plonger la main dans une cuve, pour y prendre un anneau qui y étoit suspendu plus ou moins profondément.

L'*épreuve* par l'eau froide, qui étoit celle du petit peuple, se faisoit assez simplement. Après quelques oraisons prononcées sur le patient, on lui lioit la main droite avec le pied gauche, & la main gauche avec le pied droit, & dans cet état on le jetoit à l'eau. S'il surnageoit, on le traitoit en criminel; s'il enfonçoit, il étoit déclaré innocent. Sur ce pied-là il devoit se trouver peu de coupables, parce qu'un homme en cet état ne pouvant faire aucun mouvement, & son volume étant d'un poids supérieur à un volume égal d'eau, il doit nécessairement enfoncer. Dans cette *épreuve* le miracle devoit s'opérer sur le coupable, au lieu que dans celle du feu, il devoit arriver dans la personne de l'innocent. Il est encore parlé dans les anciennes lois de l'*épreuve* de la croix, de celle de l'eucharistie, & de celle du pain & du fromage.

Dans l'*épreuve* de la croix les deux parties se tenoient devant une croix les bras élevés; celle des deux qui tomboit la première de lassitude perdoit sa cause. L'*épreuve* de l'eucharistie se faisoit en recevant la communion, & occasionnoit bien des parjures sacriléges. Dans la troisième on donnoit à ceux qui étoient accusés de vol, un morceau de pain d'orge & un morceau de fromage de brebis sur lesquels on avoit dit la messe; & lorsque les accusés ne pouvoient avaler ce morceau, ils étoient censés coupables. M. du Cange, au mot *corsned*, remarque que cette façon de parler, *que ce morceau de pain me puisse étrangler*, vient de ces sortes d'*épreuves* par le pain.

Il est constant, par le témoignage d'une foule d'historiens & d'autres écrivains, que toutes ces différentes sortes d'*épreuves* ont été en usage dans presque toute l'Europe, & qu'elles ont été approuvées par des papes, des conciles, & ordonnées par des loix des rois & des empereurs. Mais il ne l'est pas moins qu'elles n'ont jamais été approuvées par l'Eglise. Dès le commencement du IXe. siècle, Agobard, archevêque de Lyon, écrivit avec force *contre la damnable opinion de ceux qui prétendent que Dieu fait connoître sa volonté & son jugement par les* épreuves *de l'eau & du feu, & autres semblables*. Il se récrie vivement contre le nom de *jugement de Dieu* qu'on osoit donner à ces *épreuves*; *comme si Dieu*, dit-il, *les avoit ordonnées, ou s'il devoit se soumettre à nos préjugés & à nos sentimens particuliers pour nous révéler tout ce qu'il nous plaît de savoir*. Yves de Chartres dans le XIe siècle les a attaquées, & cite à ce sujet une lettre du pape Etienne V, à Lambert, évêque de Mayence, qui est aussi rapportée dans le décret de Gratien. Les papes Célestin III, Innocent III, & Honorius III, réitérèrent ces défenses. Quatre conciles provinciaux assemblés en 829, par Louis-le-Débonnaire, & le IXe concile général de Latran, les défendirent. Ce qui prouve que l'Eglise en général, bien loin d'y reconnoître le doigt de Dieu, les a toujours regardées comme lui étant injurieuses & étant favorables,

favorables au mensonge. De-là les théologiens les plus sages ont soutenu, après Yves de Chartres & Saint-Thomas, qu'elles étoient condamnables, parce qu'on tentoit Dieu toutes les fois qu'on y avoit recours, parce qu'il n'y a de sa part aucun commandement qui les ordonne, parce qu'on veut connoître par cette voie des choses cachées qu'il n'appartient qu'à Dieu seul de connoître. D'où ils concluent que c'est à juste titre qu'elles ont été proscrites par les souverains pontifes & par les conciles.

Mais les défenseurs de ces *épreuves* opposoient pour leur justification les miracles dont elles étoient souvent accompagnées; ce qui ne doit s'entendre que des ordalies; car pour les *épreuves* par le serment, le duel, la croix, &c. elles n'avoient rien que d'humain & de naturel; & de-là naît une autre question très-importante en théologie, savoir de quel principe part le merveilleux ou le surnaturel qu'une infinité d'auteurs contemporains attestent avoir accompagné ces *épreuves*. Vient-il de Dieu? vient-il du démon?

Les théologiens même qui condamnoient les *épreuves*, sans contester la vérité de ces miracles, n'ont pas balancé à en attribuer le merveilleux au démon; ce que Dieu permettoit, disoient-ils, pour punir l'audace qu'on avoit de tenter sa toute-puissance par ces voies superstitieuses; sentiment qui peut souffrir de grandes difficultés. Un auteur moderne, qui a écrit sur la vérité de la religion, prétend que Dieu est intervenu quelquefois dans ces *épreuves*, ou par lui-même, ou par le ministère des bons anges, pour suspendre l'activité des flammes & de l'eau bouillante en faveur des innocens, sur-tout lorsqu'il s'agissoit de doctrine; mais il convient d'un autre côté que si le merveilleux est arrivé dans le cas d'une accusation criminelle, sur la vérité ou la fausseté de laquelle ni la raison ni la révélation ne donnoient aucune lumière, il est impossible de décider qui de Dieu ou du démon en étoit l'auteur; & s'il ne dit pas nettement que c'étoit celui-ci, il le laisse entrevoir.

M. Duclos de l'académie des belles-lettres, dans une dissertation sur ces *épreuves*, prétend au contraire qu'il n'y avoit point de merveilleux, mais beaucoup dignorance, de crédulité & de superstition. Quant aux faits, il les combat, soit en infirmant l'autorité des auteurs qui les ont rapportés, soit en développant l'artifice de plusieurs *épreuves*, soit en tirant des circonstances dont elles étoient accompagnées, des raisons de douter du surnaturel qu'on a prétendu y trouver. On peut les voir dans l'écrit même d'où nous avons tiré la plus grande partie de cet article, & auquel nous renvoyons le lecteur comme à un exemple excellent de la logique dont il faut faire usage dans l'examen d'une infinité de cas semblables. *Mém. de l'acad. tome XV.* (*G*)

Comme toutes les *épreuves* dont on vient de parler s'appelloient en saxon *ordéal*, *ordéal* par le feu, *ordéal* par l'eau, &c. il est arrivé que leur durée a été beaucoup plus grande dans le Nord, que par-tout ailleurs. Elles ont subsisté en Angleterre jusqu'au XIIIe siècle. Alors elles furent abandonnées par les juges sans être encore supprimées par acte du parlement; mais enfin leur usage cessa totalement en 1257. Emma, mère d'Edouard le confesseur, avoit elle-même subi l'*épreuve* du fer chaud. La coutume qu'avoient les paysans d'Angleterre, dans le dernier siècle, de faire les *épreuves* des sorciers en les jetant dans l'eau froide pieds & poings liés, est vraisemblablement un reste de l'*ordéal* par l'eau; & cette pratique ne s'est pas conservée moins long-temps dans nos provinces, où l'on y a souvent assujetti, même par sentence de juge, ceux qu'on faisoit passer pour sorciers.

Non-seulement l'Eglise toléra pendant des siècles toutes les *épreuves*, mais elle en indiqua les cérémonies, donna la formule des prières, des imprécations, des exorcismes, & souffrit que les prêtres y prêtassent leur ministère; souvent même ils étoient acteurs, témoin *Pierre Ignée*. Mais pourquoi dans l'*épreuve* de l'eau froide, estimoit-on coupable & non pas innocent, celui qui surnageoit? C'est parce que dans l'opinion publique, c'étoit une démonstration que l'eau (que l'on avoit eu la précaution de bénir auparavant) ne vouloit pas recevoir l'accusé, & qu'il falloit par conséquent le regarder comme très-criminel.

La loi salique, en admettant l'*épreuve* par l'eau bouillante, permettoit du moins de racheter sa main, du consentement de la partie, & même de donner un substitut: c'est ce que fit la reine Teutberge, bru de l'empereur Lothaire, petit-fils de Charlemagne, accusée d'avoir commis un inceste avec son frère moine & sous-diacre: elle nomma un champion qui se soumit pour elle à l'*épreuve* de l'eau bouillante, en présence d'une cour nombreuse: il prit l'anneau béni sans se brûler. On juge aisément que dans ces sortes d'aventures, les juges fermoient les yeux sur les artifices dont on se servoit pour faire croire qu'on plongeoit la main dans l'eau bouillante; car il y a bien des manières de tromper.

On n'oubliera jamais, en fait d'*épreuve*, le défi du dominicain qui s'offrit de passer à travers un bûcher, pour justifier la sainteté de Savonarole, tandis qu'un cordelier proposa la même *épreuve* pour démontrer que Savonarole étoit un scélérat. Le peuple avide d'un tel spectacle, en pressa l'exécution, le magistrat fut contraint d'y souscrire; mais les deux champions s'aidèrent l'un l'autre à sortir de ce mauvais pas, & ne donnèrent point l'affreuse comédie qu'ils avoient préparée.

Bien des gens admirent que les peuples aient pu si long-temps se figurer que les *épreuves* fussent des moyens sûrs pour découvrir la vérité, tandis que tout concouroit à démontrer leur incertitude, outre que les ruses dont on les voiloit, auroient dû désabuser le monde ; mais ignore-t-on que l'empire de la superstition est de tous les empires le plus aveugle & le plus durable ?

Au reste les curieux peuvent consulter Heinius, Ebelingius, Cordemoy, du Cange, le P. Mabillon, le célebre Baluze, & plusieurs autres savans qui ont traité fort au long des *épreuves*, ou pour mieux dire, des monumens les plus bizarres qu'on connoisse de l'erreur & de l'extravagance de l'esprit humain dans la partie du monde que nous habitons. *Article de M. le Chevalier* DE JAUCOURT.

EQUITATION, s. f. (*Hist. anc. & mod.*) c'est l'art de monter à cheval.

1°. *De l'ancienneté de l'équitation, & de l'usage des chevaux dans les armées.* L'art de monter à cheval semble être aussi ancien que le monde. L'Auteur de la Nature, en donnant au cheval les qualités que nous lui connoissons, avoit trop sensiblement marqué sa destination, pour qu'elle pût être long-temps ignorée. L'homme ayant su, par un jugement sûr & prompt, discerner dans la multitude infinie d'êtres différens qui l'environnoient, ceux qui étoient particuliérement destinés à son usage, en auroit-il négligé un si capable de lui rendre les services les plus utiles ? La même lumière qui dirigeoit son choix lorsqu'il soumettoit à son domaine la brebis, la chèvre, le taureau, l'éclaira sans doute sur les avantages qu'il devoit retirer du cheval, soit pour passer rapidement d'un lieu dans un autre, soit pour le transport des fardeaux, soit pour la facilité du commerce.

Il y a beaucoup d'apparence que le cheval ne servit d'abord qu'à soulager son maître dans le cours de ses occupations paisibles. Ce seroit trop présumer que de croire qu'il fut employé dans les premières guerres que les hommes se firent entre eux : au commencement, ceux-ci n'agirent point par principes ; ils n'eurent pour guide qu'un emportement aveugle, & ne connurent d'autres armes que les dents, les ongles, les mains, les pierres, les bâtons (1). L'airain & le fer servirent ensuite leur fureur ; mais la découverte de ces métaux ayant facilité le triomphe de l'injustice & de la violence, les hommes, qui formoient alors des sociétés naissantes, apprirent, par une funeste expérience, qu'inutilement ils compteroient sur la paix & sur le repos, tant qu'ils ne seroient point en état de repousser la force par la force : il fallut donc réduire en art un métier destructeur, & inventer des moyens pour le pratiquer avec plus d'avantage.

On peut compter parmi ces moyens, celui de combattre à cheval ; aussi l'histoire nous atteste-t-elle que l'homme ne tarda point à le découvrir & à le mettre en pratique ; l'antiquité la plus reculée en offre des témoignages certains.

Les inclinations guerrières de cet animal, sa vigueur, sa docilité, son attachement, n'échappèrent point aux yeux de l'homme, & lui méritèrent l'honneur de devenir le compagnon de ses dangers & de sa gloire.

Le cheval paroît né pour la guerre ; si l'on pouvoit en douter, cette belle description qu'on voit dans le livre de Job (ch. 34, v. 19) suffiroit pour le prouver : c'est Dieu qui parle, & qui interroge le saint patriarche :

» Est-ce de vous, lui demande-t-il, que le cheval » tient son courage & son intrépidité ? vous doit-il » son fier hennissement, & ce souffle ardent qui » sort de ses narines, & qui inspire la terreur ? Il » frappe du pied la terre & la réduit en poudre ; il » s'élance avec audace, & se précipite au travers » des hommes armés : inaccessible à la crainte, le » tranchant des épées, le sifflement des flèches, le » brillant éclat des lames & des dards, rien ne » l'étonne, rien ne l'arrête. Son ardeur s'allume » aux premiers sons de la trompette ; il frémit, il » écume, il ne peut demeurer en place : d'impa- » tience il mange la terre. Entend-il sonner la » charge, il dit, allons : il reconnoît l'approche » du combat, il distingue la voix des chefs qui en- » couragent leurs soldats : les cris confus des armées » prêtes à combattre, excitent en lui une sensation » qui l'anime & qui l'intéresse.

Equus paratur in diem belli, a dit le plus sage des rois. *Prov. c. 21.*

L'unanimité de sentiment qui règne à cet égard chez tous les peuples, est une preuve qu'elle a son fondement dans la nature. Les principaux traits de la description précédente se retrouvent dans l'élégante peinture que Virgile a tracée du même animal :

Continuò pecoris generosi pullus in arvis
Altiùs ingreditur, & mollia crura reponit ;
Primus & ire viam, & fluvios tentare minaces
Audet, & ignoto sese committere ponti,
Nec vanos horret strepitus. . . . . . .
. . . .
Tum, si qua sonum procul arma dedêre,
Stare loco nescit, micat auribus, & tremit artus ;
Collectumque premens volvit sub naribus ignem.

Virg. *Georg. lib. III*, v. 75.

Homère, (*Il. l. XIII.*) le plus célèbre de tous les poëtes, & le chantre des héros, dit que les chevaux sont une partie essentielle des armées, & qu'ils contribuent extrêmement à la victoire. Tous les auteurs anciens ou modernes qui ont traité de la guerre, ont pensé de même ; & la vérité de ce jugement est pleinement justifiée par la pratique de toutes les nations. Le cheval anime en quelque

(1) *Arma antiqua manus, ungues, dentesque fuerunt,*
Et lapides, & item sylvarum fragmina rami, &c.
Lucretius, *de rerum naturâ, lib. V.*

forte l'homme au moment du combat ; ses mouvemens, ses agitations calment cette palpitation naturelle dont les plus braves guerriers ont de la peine à se défendre au premier appareil d'une bataille.

A la noble ardeur qui domine dans ce superbe animal, à son extrême docilité pour la main qui le guide, ajoutons pour dernier trait qu'il est le plus fidèle & le plus reconnoissant de tous les animaux, & nous aurons rassemblé les puissans motifs qui ont dû engager l'homme à s'en servir pour la guerre.

Fidelissimum inter omnia animalia, homini est canis atque equus, dit Pline, (*l. VIII, c.* 40.) *Amissos lugent dominos*, ajoute-t-il plus bas, (*ibid. c.* 42.) *lacrymasque interdùm desiderio fundunt*. Homère (*Il. liv. XVII.*) fait pleurer la mort de Patrocle par les chevaux d'Achille. Virgile donne le même sentiment au cheval de Pallas, fils d'Evandre :

. . . . . . Positis insignibus Æthon
It lacrymans, guttisque humectat grandibus ora.
Æneid. *lib. XI, v.* 89.

L'histoire (1) n'a pas dédaigné de nous apprendre que des chevaux ont défendu ou vengé leurs maîtres à coups de pieds & de dents, & qu'ils leur ont quelquefois sauvé la vie.

Dans la bataille d'Alexandre contre Porus (Aul. Gell. *noctium Attic. l. V, c.* 11. & Q. Curt. *l. VIII.*) Bucéphale, couvert de blessures & perdant tout son sang, ramassa néanmoins le reste de ses forces pour tirer au plus vîte son maître de la mêlée, où il couroit le plus grand danger ; dès qu'il fut arrivé hors de la portée des traits, il tomba, & mourut un instant après ; paroissant satisfait, ajoute l'historien, de n'avoir plus à craindre pour Alexandre.

Silius Italicus (*liv. X.*) & Juste Lipse (*in epistol. ad Belgas.*) nous ont conservé un exemple remarquable de l'attachement extraordinaire dont les chevaux sont capables.

A la bataille de Cannes, un chevalier romain nommé *Clælius*, qui avoit été percé de plusieurs coups, fut laissé parmi les morts sur le champ de bataille. Annibal s'y étant transporté le lendemain, Clælius, à qui il restoit encore un souffle de vie prêt à s'éteindre, voulut, au bruit qu'il entendit, faire un effort pour lever la tête & parler ; mais il expira aussi-tôt, en poussant un profond gémissement. A ce cri, son cheval, qui avoit été pris le jour d'auparavant, & que montoit un Numide de la suite d'Annibal, reconnoissant la voix de son maître, dresse les oreilles, hennit de toutes ses forces, jette par terre le Numide, s'élance à travers les mourans & les morts, arrive auprès de Clælius : voyant qu'il ne se remuoit point, plein d'inquiétude & de tristesse, il se courbe comme à l'ordinaire sur ses genoux, & semble l'inviter à monter. Cet excès d'affection & de fidélité fut admiré d'Annibal, & ce grand homme ne put s'empêcher d'être attendri à la vue d'un spectacle si touchant.

Il n'est donc pas étonnant que, par un juste retour, (s'il est permis de s'exprimer ainsi) d'illustres guerriers, tels qu'un Alexandre & un César, aient eu pour leurs chevaux un attachement singulier. Le premier bâtit une ville en l'honneur de Bucéphale ; l'autre dédia l'image du sien à Vénus. On sait combien *la pie* de Turenne étoit aimée du soldat françois, parce qu'elle étoit chère à ce héros. (2)

Le peu de lumières que nous avons sur ce qui s'est passé dans les temps voisins du déluge, ne nous permet pas de fixer avec précision celui où l'on commença d'employer les chevaux à la guerre. L'Ecriture (*Gen. ch. XIV.*) ne dit pas qu'il y eût de la cavalerie dans la bataille des quatre rois contre cinq, ni dans la victoire qu'Abraham bientôt après remporta sur les premiers, qui emmenoient prisonnier Loth son neveu. Mais quoique nous ignorions, faute de détails suffisans, l'usage que les patriarches ont pu faire du cheval, il seroit absurde d'en conclure qu'ils eurent l'imbécillité, suivant l'expression de S. Jérôme (*Comment. du chap. XXXVI d'Isaïe*), de ne s'en pas servir.

Origène cependant l'a voulu croire. On ne voit nulle part, dit-il, (*Homélie XVIII.*) que les enfans d'Israël se soient servis de chevaux dans les armées. Mais comment a-t-il pu savoir qu'ils n'en avoient point ? il faut, pour le prouver, une évidence bien réelle & des faits constans. La loi du Deutéronome, (*ch. XVII, v.* 26.) dont s'appuie saint Jérôme, *non multiplicabit sibi equos*, n'exclut pas les chevaux des armées des Juifs ; elle ne regarde que le roi, *sibi*, encore (3) ne lui en défend-elle que le grand nombre, *non multiplicabit*. C'étoit une sage prévoyance de la part de Moïse, ou parce que le peuple de Dieu devoit habiter un pays coupé, sec, aride, peu propre à nourrir beaucoup de chevaux ; ou bien, selon que l'a remarqué M. Fleury, pour lui ôter le desir & le moyen de retourner en Egypte. C'est apparemment par la

(1) *Occiso Stytharum regulo ex provocatione dimicante, hostem (cùm victor ad spoliandum venisset) ab equo ejus ictibus morsuque confectum esse. . . . . . Ibidem Phylarchus refert Centaretum è Galatis in prælio, occiso Antiocho, potito equo ejus, conscendisse ovantem ; at illum indignatione accensum, demptis frænis ne regi posset, præcipitem in abrupta isse exanimatumque unà.* Lib. VIII, c. 42, de Pline.

(2) Chez les Scythes, Achéas leur roi pansoit lui-même son cheval, persuadé que c'étoit là le moyen de se l'attacher davantage, & d'en retirer plus de service : il parut étonné, lorsqu'il fut par les ambassadeurs de Philippe que ce prince n'en usoit pas ainsi. *Vie de Philippe de Macédoine, l. XIII, par M.* Olivier.

(3) Salomon avoit mille quatre cents chariots & douze mille cavaliers. *III. des Rois, c. X, v.* 26. *II. Paralip. c. IV, v.* 24.

même raison qu'il fut ordonné à Josué (*II. 6.*) de faire couper les jarrets aux chevaux des Chananéens; ce qu'il exécuta après la défaite de Jabin, roi d'Azor (vers l'an du monde 2559, avant J. C. 1445.) David (*II. Reg. VIII. 4.*) en fit autant à ceux qu'il prit sur Adavefer; il n'en réserva que cent.

Quoi qu'il en soit du sentiment d'Origène, la défense portée au dix-septième chapitre du Deutéronome, le vingtième chapitre du même livre (1), & le quinzième de l'Exode, (*equum & ascensorem dejecit in mare*) sont autant de preuves certaines que du temps de Moïse l'art de l'*équitation* & l'usage de la cavalerie dans les armées n'étoient pas regardés comme une nouveauté.

Le premier endroit où ce législateur en ait parlé avec une sorte de détail, est au quatorzième chapitre de l'Exode, où il décrit le passage de la mer Rouge par les Israélites. (an du monde 2513, avant J. C. 1491, selon M. Bossuet.) Pharaon, qui les poursuivoit, fut englouti par les eaux avec ses chariots de guerre, ses cavaliers, & toutes les troupes qu'il avoit pu rassembler. Son armée, suivant Josephe, étoit composée de 200 mille hommes de pied, 50 mille cavaliers & 600 chars. (2)

Si les livres du Pentateuque n'offrent point de preuve plus ancienne de l'usage de la cavalerie dans les armées, c'est que, conformément au plan que Moïse s'étoit tracé, il n'a pas dû nous instruire des guerres que les Egyptiens avoient eues contre leurs voisins avant la délivrance des Juifs, & qu'il s'est borné seulement à raconter les faits essentiellement liés avec l'histoire du peuple de Dieu.

Mais, outre qu'il seroit absurde de prétendre établir en Egypte l'époque de l'*équitation* par une cavalerie si nombreuse, qu'elle égale ce que les plus grandes puissances de l'Europe peuvent en entretenir aujourd'hui, on doit encore observer que les chevaux ont toujours fait une des principales richesses des Egyptiens (3). D'ailleurs le livre de Job (4), probablement écrit avant ceux de Moïse, parle de l'*équitation* & de chevaux employés à la guerre, comme de choses généralement connues.

L'histoire profane est sur ce point entièrement conforme à l'Ecriture-sainte. Les premiers faits qu'elle allègue, & qui ont rapport à l'*équitation*, supposent tous à cet art une antiquité beaucoup plus grande: disons mieux, on ne découvre en nul endroit les premières traces de son origine.

On voyoit, selon Diodore de Sicile, *liv. I.* gravée sur de la pierre, dans le tombeau d'Osimandué, l'histoire de la guerre que ce roi d'Egypte avoit faite aux peuples révoltés de la Bactriane: il avoit mené contre eux, disoit-on, quatre cents mille hommes d'infanterie, & vingt mille chevaux (5). Entre cet Osimandué & Sésostris, qui vivoit longtemps avant la guerre de Troye, & avant l'expédition des Argonautes, Diodore compte vingt-cinq générations: voilà donc la cavalerie admise dans les armées bien peu de siècles après le déluge.

Sésostris, le plus grand & le plus puissant des rois d'Egypte, ayant formé le dessein de conquérir toute la terre, assembla, dit le même historien, (Diodore de Sicile, *l. I.*) une armée proportionnée à la grandeur de l'entreprise qu'il méditoit: elle étoit composée de six cents mille hommes de pied, vingt-quatre mille chevaux & vingt-sept mille chariots de guerre. Avec ce nombre prodigieux de troupes de terre, & une flotte de quatre cents navires, ce prince soumit les Ethiopiens, se rendit maître de toutes les provinces maritimes, & de toutes les îles de la mer Rouge, pénétra dans les Indes, où il porta ses armes plus loin que ne fit depuis Alexandre: revenant sur ses pas, il conquit la Scythie, subjugua tout le reste de l'Asie & la plupart des Cyclades, passa en Europe; & après avoir parcouru la Thrace, où son armée manqua de périr, il retourna au bout de neuf ans dans ses Etats, avec une réputation supérieure à celle des rois ses prédécesseurs.

Ce prince avoit fait dresser dans les lieux qu'il avoit soumis, des colonnes avec l'inscription suivante en caractères égyptiens (6): *Sésostris, roi des rois, a conquis cette province par ses armes.* Quelques-unes de ces colonnes s'étoient conservées jusqu'au

(1) Si vous allez au combat contre vos ennemis, & qu'ils aient un plus grand nombre de chevaux & de chariots, & plus de troupes que vous, ne les craignez pas., &c. v. 1.

(2) L'Exode dit de même, six cents chars. Le nombre de l'infanterie & de la cavalerie n'y est point spécifié.

(3) Il y a apparence que du temps du patriarche Joseph, les rois d'Egypte avoient des gardes à cheval, & que ce sont eux qui courent après Benjamin, & qui l'arrêtent. *Hist. des Juifs par Josephe, liv. I.*

(4) On peut en conclure que les chars sont postérieurs à la simple cavalerie: Job ne parle que de celle-ci, *cap. XXXIX, v. 18, 19 & suiv.* Au *vers. 18* il est dit que l'autruche se moque du cheval & de celui qui le monte: les versets suivans contiennent la belle description du cheval qu'on a vue ci-devant.

(5) Le sentiment de Marsham & de Newton, qui a suivi le premier, est insoutenable, suivant M. Fréret même. Ces deux Anglois font Sésostris postérieur à la guerre de Troye; mais il est évident, par tous les anciens, que ce roi d'Egypte a vécu long-temps avant le siége de Troye & l'expédition des Argonautes. *Mém. de litt. de l'acad. des Inscr. t. VII, p. 145.* De cette expédition à la guerre de Troye, il y a au moins soixante-dix ans d'intervalle. En supposant Sésostris antérieur aux Argonautes du même nombre d'années; & en comptant trois générations par siècle, il n'y auroit qu'un petit nombre de siècles d'intervalle entre le déluge & Osimandué.

(6) *In cippis illis pudendum viri, apud gentes quidem strenuas & pugnaces, apud ignavas autem & timidas, feminæ, expressit: ex præcipuo hominis membro, animorum in singulis affectionem, posteris evidentissimam fore ratus.* Diod. lib. I, apud Rhodanum.

temps d'Hérodote, & cet historien (*l. II.*) ajoute qu'il y avoit encore alors sur les frontières de l'Ionie deux statues en pierre de Sésostris, l'une sur le chemin d'Ephèse à Phocée, l'autre sur celui de Sardis à Smyrne. Un rouleau portant une inscription, *j'ai conquis cette terre avec mes épaules*, peu différente de celle qu'on vient de lire, traversoit la poitrine de ces statues.

Ninus, roi des Assyriens, fit une première entreprise contre la Bactriane, qui ne lui réussit pas. Il résolut quelques années après d'en tenter une seconde; mais connoissant le nombre & le courage des habitans de ce pays, que la nature avoit d'ailleurs rendu inaccessible en plusieurs endroits, il tâcha de s'en assurer le succès en mettant sur pied une armée à laquelle rien ne pût résister: elle montoit, poursuit Diodore, selon le dénombrement qu'en a fait Ctésias dans son histoire, à dix-sept cents mille hommes d'infanterie, deux cents dix mille de cavalerie, & près de dix mille six cents chariots armés de faux.

Le règne de Ninus, en suivant la supputation d'Hérodote, que l'on croit la plus exacte, & qui rapproche beaucoup de nous la fondation du premier empire des Assyriens, doit se rencontrer avec le gouvernement de la prophétesse Débora, 514 ans avant Rome, 1267 ans avant Jésus-Christ, c'est-à-dire qu'il est antérieur à la ruine de Troye, au moins de 80 (1) ans. L'on conviendra aisément qu'une si grande quantité de cavalerie en suppose l'usage établi chez les Assyriens plusieurs siècles auparavant.

Tout ce qui nous reste dans les auteurs sur l'histoire des différens peuples d'Asie, démontre l'ancienneté de l'*équitation*; elle étoit (dit Hérodote, *l. IV.*) connue chez les Scolothes, nation Scythe, qui comptoient mille ans depuis leur premier roi, jusqu'au temps où Darius porta la guerre contre eux.

Par un usage aussi ancien que leur monarchie, le roi se rendoit tous les ans dans le lieu où l'on conservoit une charrue, un joug, une hache & un vase, le tout d'or massif, & que l'on disoit être tombés du ciel; & il se faisoit en cet endroit de grands sacrifices. Le Scythe à qui pour ce jour la garde du trésor étoit confiée, ne voyoit jamais, disoit-on, la fin de l'année: en récompense on assuroit à sa famille autant de terre qu'il en pouvoit parcourir dans un jour, monté sur un cheval.

Que ce fait soit véritable ou non, il est certain que les Scythes en général, eux qui sous des noms différens occupoient en Asie & en Europe une étendue immense de pays, qui firent plusieurs irruptions dans l'Asie mineure, & qui dominèrent pendant 28 ans sur toute cette seconde partie du monde, ont nourri de tout temps une prodigieuse quantité de chevaux, & qu'ils faisoient du lait de leurs jumens leur boisson ordinaire. Il seroit donc ridicule de penser qu'ils eussent ignoré l'art de monter à cheval (2). Cela ne souffre aucune difficulté, quand on lit ce qu'Hérodote raconte des Amazones, femmes guerrières qui descendoient des anciens Scythes.

Les Grecs (Hérodote, *ibid.*) les ayant vaincues en bataille rangée sur les bords du Thermodon, firent plusieurs prisonnières, qu'ils mirent sur trois vaisseaux, & reprirent le chemin de leur patrie.

Quand on fut en pleine mer, nos héroïnes saisissant un moment favorable, se jetérent sur les hommes, les désarmèrent & leur coupèrent la tête. Comme elles ignoroient l'art de la navigation, elles furent obligées de s'abandonner à la merci des vents & des vagues, qui les portèrent enfin sur un rivage des Palus-Méotides, où étant descendues à terre, elles montèrent sur les premiers chevaux qu'elles purent trouver, & coururent ainsi tout le pays.

Ce fait s'accorde parfaitement avec ce que l'abréviateur de Trogue Pompée (Justin, *l. II.*) rapporte de l'éducation des Amazones: « elles ne » passoient pas, dit-il, leur temps dans l'oisiveté » ou à filer; elles s'exerçoient continuellement au » métier des armes, à monter à cheval & à » chasser ». Strabon, *l. II.* d'après Métrodore, &c. dit encore que les plus robustes des Amazones alloient à la chasse, & faisoient la guerre montées sur des chevaux. Le temps de leur célébrité est antérieur à la guerre de Troye: une partie de l'Asie & de l'Europe sentit le poids de leurs armes; elles bâtirent dans l'Asie mineure plusieurs villes (Justin, *l. II.*), entre autres Ephèse, où il y a apparence qu'elles instituèrent le culte de Diane.

Thésée étoit avec Hercule, lorsque ce héros à la tête des Grecs remporta sur elles la victoire du Thermodon. Résolues de tirer une vengeance éclatante de cet affront, elles se fortifièrent de l'alliance de Sigillus, roi des Scythes, qui envoya à leur secours une nombreuse cavalerie commandée par son fils. Marchant tout de suite contre les Athéniens, qui obéissoient à Thésée, elles leur livrèrent bataille jusques dans les murs d'Athènes, avec plus de courage que de prudence. Un différend survenu entre elles & les Scythes empêcha ceux-ci de combattre: aussi furent-elles vaincues; & cette cavalerie ne servit qu'à favoriser leur retraite & leur retour.

(1) M. Bossuet, qui suit cette chronologie, place le siége de Troye l'an 1184 avant J. C.

(2) Il y avoit au nord-est des Palus-Méotides, des Scythes nommés *Iyrces*, qui ne vivoient que du produit de leur chasse; & voici comment ils la pratiquoient. Cachés parmi les arbres qui étoient là en grand nombre, & ayant près d'eux un chien & un petit cheval couché sur le ventre, ils tiroient sur la bête à son passage, & montoient tout de suite à cheval pour courir à sa poursuite avec leur chien. Hérodote, *liv. IV.*

Les annales des autres peuples, soit d'Europe, soit d'Afrique, concourent également à prouver l'ancienneté de l'*équitation ;* on la voit établie chez les Macédoniens, avant que les Héraclides eussent conquis la Macédoine. (Hérodote, *l. VIII.*) Les Gaulois, les Germains, les peuples d'Italie faisoient usage des chars ou de la cavalerie dans leurs premières guerres qui nous sont connues. (Diodore de Sicile, *liv. V.*) Les Ibériens ont de tout temps élevé d'excellens chevaux, de même que les Arabes, les Maures, & tous les peuples du Nord de l'Afrique.

Les traits historiques que nous venons de rapporter nous montrent évidemment, chez les Assyriens & les Egyptiens, les chevaux employés de toute antiquité dans les armées, à porter des hommes & à traîner des chars. Les Egyptiens ont inondé l'Asie de leurs troupes, pénétré dans l'Europe, & fondé plusieurs colonies dans la Grèce: les Amazones & les Scythes, chez qui l'art de l'*équitation* étoit en usage de temps immémorial, avoient parcouru de même une partie de l'Europe & de l'Asie, sur-tout de l'Asie mineure, & s'étoient fait voir dans la Grèce. De ces événemens, tous antérieurs à la guerre de Troye, on pourroit conclure, sans chercher de nouvelles preuves, que dans le temps de cette expédition l'art de monter à cheval n'étoit ignoré ni des Grecs ni des Troyens.

II. L'équitation *connue chez les Grecs avant la guerre de Troye.* Cette proposition, que nous croyons vraie dans toute son étendue, a trouvé néanmoins deux contradicteurs célèbres, madame Dacier & M. Fréret: fondés sur le prétendu silence d'Homère, & sur ce qu'il ne fait jamais combattre ses héros à cheval, mais montés sur des chars, ils ont prétendu que l'époque de l'*équitation* dans la Grèce & dans l'Asie mineure, étoit postérieure à la guerre de Troye, & que les Grecs, de même que les Troyens, ne savoient en ce temps-là faire usage des chevaux que lorsqu'ils étoient attelés à des chars.

Il semble qu'une opinion si singulière doive tomber d'elle-même, quand on observe que les Grecs existoient long-temps avant le passage de la mer Rouge, puisqu'Argos étoit alors à son sixième roi (1), & que plus de quatre cents ans avant ce passage, l'Egyptien Ourane avoit franchi le Bosphore pour donner des lois à ces Grecs, qui n'étoient encore que des sauvages, vivans comme les bêtes des herbes qu'ils broutoient. D'ailleurs, plusieurs villes de la Grèce n'étoient que des colonies des Egyptiens ou des Phéniciens. L'Egyptien Cécrops, qui vivoit dans le siècle de Moïse, (environ 1556 ans avant J. C.) avoit fondé les douze bourgs d'où se forma depuis la ville d'Athènes. Presque tout ce qui concernoit la religion, les loix, les mœurs, avoit été porté d'Egypte dans la Grèce. Sur quel fondement croira-t-on que les Egyptiens qui humanisèrent & policèrent les Grecs, leur eussent laissé ignorer l'art de l'*équitation*, qu'ils possédoient si bien eux-mêmes, & qu'ils n'eussent voulu seulement que leur apprendre à conduire des chars? Comment ces Grecs, témoins des exploits de Sésostris, & qui avoient combattu contre les Amazones, ne virent-ils que des chars dans des armées où il y avoit indubitablement de la cavalerie?

Malgré la solidité de ces réflexions, il s'en est peu fallu que le sentiment de M. Fréret & de madame Dacier, soutenu par un profond savoir, n'ait prévalu sur les plus grandes autorités: mais la déférence que l'on accorde à l'opinion de certains personnages, quand elle n'a point la vérité pour base, cède tôt ou tard à l'évidence.

M. l'abbé Sallier (*Histoire de l'Académie des Inscriptions & belles-lettres, tome VII, p. 37.*) est celui qui a coupé court au progrès de l'erreur: il a démontré sensiblement que l'art de monter à cheval étoit connu des Grecs long-temps avant la guerre de Troye; mais il ne résout pas entièrement la question; il finit ainsi son mémoire:

» Le seul point sur lequel on ne trouve pas de » témoignages dans Homère, se réduit donc à » dire que les Grecs, dans leurs combats devant » Troye, n'avoient point de soldats, servans & » combattans à cheval ».

On va donc s'attacher à prouver, par l'examen des raisons même qu'a eues M. Fréret de croire le contraire, que l'*équitation* étoit connue des Grecs & des Troyens avant le siége de Troye, & que ces peuples avoient dans leurs armées de la cavalerie distinguée des chars: nous conjecturons que ces chars ne servoient que pour les principaux chefs, lorsqu'ils marchoient à la tête des escadrons.

Madame Dacier, qui pensoit sur la question présente de même que l'illustre académicien, « ne » comprend pas, dit-elle, (*préf. de la traduct. de* » *l'Iliade, édit. 1741, p. 60.*) comment les Grecs, » qui étoient si sages, se sont servis si long-temps » de chars au lieu de cavalerie, & comment ils » n'ont pas vu les inconvéniens qui en naissoient ». Sans examiner la difficulté bien plus grande de conduire un char que de manier un cheval, ni le terrein considérable que ces chars devoient occuper, elle se contente d'observer, ajoute-t-elle, » que quoiqu'il y eût sur chaque char deux hommes » des plus distingués & des plus propres pour le » combat, il n'y en avoit pourtant qu'un qui combattît, l'autre n'étant occupé qu'à conduire les » chevaux: de deux hommes en voilà donc un » en pure perte. Mais il y avoit des chars à trois » & à quatre chevaux pour le service d'un seul » homme: autre perte digne de considération ». Madame Dacier conclut, malgré ces observations, qu'il falloit bien que l'art de monter à cheval ne

(1) Ce royaume d'Argos avoit été fondé par l'égyptien Danaüs, vers l'an 1476 avant J. C.

fût point connu des Grecs dans le temps de la guerre de Troye.

Quelle erreur de sa part! Pour supposer dans ce peuple une si grande ignorance, il faut ou qu'elle n'ait pas toujours bien entendu le texte de son auteur, ou qu'elle n'ait pas assez réfléchi sur les expressions d'Homère. On doit convenir cependant qu'elle étoit si peu sûre de son opinion, qu'elle a dit ailleurs: (*Remarques sur le X. liv. de l'Iliade.*) » Dans les troupes il n'y avoit que des chars; » les cavaliers n'étoient en usage que dans les jeux » & dans les tournois ». Mais qu'étoient ces jeux & ces tournois, que des exercices & des préparations pour la guerre? Et pourroit-on penser que les Grecs s'y fussent distingués dans l'art de monter des chevaux, sans profiter d'un si grand avantage dans les combats?

M. Fréret, moins indéterminé, (*Mém. de Litt. de l'Acad. des Inscript. tome VII, p. 286.*) ne se dément pas dans son opinion. « On est surpris, dit-il, en » examinant les ouvrages des anciens écrivains, » sur-tout ceux d'Homère, de n'y trouver aucun » exemple de l'*équitation*, & d'être obligé de con» clure que l'on a long-temps ignoré dans la Grèce » l'art de monter à cheval, & de tirer de cet » animal les services que nous en tirons aujour» d'hui, soit pour le voyage, soit pour la guerre. »

Telle est la proposition qui fait le sujet de sa dissertation: elle est remplie de recherches curieuses & savantes, mais qui, toutes prises dans leur véritable sens, peuvent servir à prouver le contraire de ce qu'il avance.

Après avoir établi pour principe qu'Homère ne parle en aucun endroit de ses poëmes, de cavaliers, ni de cavalerie, il prétend que ce poëte, quoiqu'il écrivît dans un temps où l'*équitation* étoit connue, s'est néanmoins abstenu d'en parler, pour ne pas choquer ses lecteurs par un anachronisme contre le costume, qui eût été remarqué de tout le monde. Cet argument négatif est la base de tous ses raisonnemens; & M. Fréret n'oublie rien pour lui donner d'ailleurs une force qu'il ne sauroit avoir de sa nature.

Pour cet effet, 1°. il examine & combat tous les témoignages des écrivains postérieurs à Homère que l'on peut lui opposer: 2°. il discute dans quel temps ont été élevés les plus anciens monumens de la Grèce, sur lesquels on voyoit représentés des cavaliers ou des hommes à cheval, pour montrer qu'ils sont tous postérieurs à l'établissement de la course des chevaux dans les jeux olympiques: 3°. il cherche à prouver que la fable des Centaures n'avoit dans son origine aucun rapport à l'*équitation*: 4°. il termine ses recherches par quelques conjectures sur le temps où il croit que l'art de monter à cheval a commencé d'être connu des Grecs.

Examen du texte d'Homère. Puisqu'Homère est regardé, pour ainsi dire, comme le juge de la question, voyons d'abord si son silence est réel, & si nous ne pouvons pas trouver dans ses ouvrages des témoignages positifs en faveur de l'*équitation*.

Dans le dénombrement (*Iliade, l. II.*) des Grecs qui suivirent Agamemnon au siége de Troye, il est dit de *Menesthée*, le chef des Athéniens, « qu'il » n'avoit pas son égal dans l'art de mettre en bataille » toute sorte de troupes, soit de cavalerie, soit » d'infanterie ». Sur quoi il est bon d'observer que les Athéniens habitoient un pays coupé, montueux, très-difficile, & dans lequel l'usage des chars étoit bien peu pratiquable.

On trouve parmi les troupes troyennes *les belliqueux escadrons des Ciconiens*; & l'on voit dans l'Odyssée (*livre IX. page 262, édit. 1741.*) que ces Ciconiens savoient très-bien combattre à cheval, & qu'ils se défendoient aussi à pied, quand il le falloit. Quoi de plus clair que l'opposition de combattre *à pied* & combattre à cheval? *Ils étoient en plus grand nombre*; voilà donc beaucoup de gens de cheval. Madame Dacier le dit même dans sa traduction: elle pensoit donc autrement quand elle composa la préface de sa traduction de l'Iliade.

Quand Nestor conseille (*Iliade, l. VII.*) aux Grecs de retrancher leur camp: « nous ferons, » leur dit-il, un fossé large & profond, que les » hommes & les chevaux ne puissent franchir ». Que peut-on entendre par ces mots, si ce n'est des chevaux de cavaliers? Les Grecs avoient ils naturellement à craindre que les chars attelés de deux, trois ou quatre chevaux, franchissent des fossés?

Ulysse & Diomède (*Iliade, l. X.*) s'étant chargés d'aller reconnoître pendant la nuit la position & les desseins des Troyens, rencontrèrent Dolon, que les Troyens envoyoient au camp des Grecs dans le même dessein, & ils apprirent de lui que Rhésus, arrivé nouvellement à la tête des Thraces, campoit dans un quartier séparé du reste de l'armée. Sur cet avis, les deux héros coupent la tête à Dolon, pressent leur marche, & arrivent dans le camp des Thraces, qu'ils trouvèrent tous endormis, chacun d'eux ayant auprès de soi ses armes à terre & ses chevaux. Ils étoient couchés sur trois lignes; au milieu dormoit Rhésus leur chef, dont les chevaux étoient aussi tout près de lui, attachés à son char.

Diomède se jette aussi-tôt sur les Thraces, en égorge plusieurs, & le roi lui-même; après quoi, pendant qu'Ulysse va détacher les chevaux de Rhésus, il essaye d'en enlever le char; mais Minerve lui ordonne d'abandonner cette entreprise. Il obéit, rejoint Ulysse, & montant ainsi que lui sur l'un des chevaux de Rhésus, ils sortent du camp & volent vers leurs vaisseaux, poussant les chevaux, qu'ils fouettent avec un arc. Arrivés dans l'endroit où ils avoient laissé le corps de Dolon, Diomède saute légérement à terre, prend les armes de l'espion troyen, remonte promptement à cheval,

& Ulysse & lui continuent de pousser à toute bride ces fougueux coursiers, qui secondent merveilleusement leur impatience. Nestor entend le bruit, & dit : *il me semble qu'un bruit sourd, comme d'une marche de chevaux, a frappé mes oreilles.*

Tout lecteur non prévenu verra sans doute dans cet épisode une preuve de la connoissance que les Grecs, ainsi que les Thraces, avoient de l'*équitation*. Les cavaliers thraces, couchés sur trois rangs, ont leurs chevaux & leurs armes auprès d'eux; mais les chevaux de Rhésus sont attachés à son char, sur lequel étoient ses armes : & c'est là le seul char qu'on apperçoive dans cette troupe. D'où l'on doit conclure que les chefs des escadrons étoient seuls sur des chars.

Quelle est l'occupation d'Ulysse pendant que Diomède égorge les principaux d'entre les Thraces? C'est d'en retirer les corps de côté, afin que le passage ne fût point embarrassé. Il l'eût été bien davantage par des chars : cependant Homère n'en dit rien.

Pense-t-on d'ailleurs qu'il eût été possible à ces princes grecs, de monter, & à poil, des coursiers fougueux, de les galoper à toute bride, de descendre & de remonter légérement sur eux, si les hommes & les chevaux n'avoient pas été de longue main accoutumés à cet exercice? trouverions-nous aujourd'hui des cavaliers plus lestes & plus adroits? C'est aussi sur cela que madame Dacier se fonde, pour croire qu'il y avoit des gens de cheval dans les tournois, pour se servir de sa même expression.

Le bruit sourd qu'entend Nestor, n'est point un bruit qu'il entende pour la première fois; il distingue fort bien qu'il est causé par une marche de chevaux, & n'ignoroit pas que le bruit des chars étoit différent.

Qu'oppose M. Fréret à un récit qui parle d'une manière si positive en faveur de l'*équitation*? « Le » défaut de vraisemblance, dit-il, de plusieurs » circonstances de cet épisode, est sauvé dans le » système d'Homère, par la présence & par la » protection de Minerve, qui accompagne ces » deux héros, & qui se rend visible, non-seulement » pour soutenir leur courage, mais encore pour » les mettre en état d'exécuter des choses qui, » sans son secours, leur auroient été impossibles ». Ainsi, selon lui, le parti que prennent Ulysse & Diomède, de monter sur les chevaux de Rhésus, pour les emmener au camp des Grecs, leur est inspiré par Minerve : cette déesse les accompagne dans leur retour, & ne les abandonne que lorsqu'ils y sont arrivés; & comme c'est là, ajoute-t-il, le seul exemple de l'*équitation* qui se trouve dans les poëmes d'Homère, on n'est point en droit d'en conclure qu'il la regardât comme un usage déjà établi au temps de la guerre de Troye.

Il est vrai qu'Homère « regarde quelquefois » les hommes comme des instrumens dont les » dieux se servent pour exécuter les décrets des » destinées »; mais l'on doit convenir aussi que ce poëte, pour ne point trop s'éloigner du vraisemblable, ne les fait jamais intervenir, & prêter aux hommes l'appui de leur ministère, que dans les actions qui paroissent au-dessus des forces de l'humanité.

Le desir de se procurer d'excellens chevaux & des armes couvertes d'or, fut ce qui tenta Diomède & Ulysse, & leur inspira le dessein d'entrer dans le camp des Thraces, & de pénétrer jusqu'à la tente de Rhésus. Deux hommes, pour réussir dans une entreprise semblable, ont certainement besoin de l'assistance des dieux; Ulysse implore donc celle de Pallas, & la supplie de diriger elle-même leurs pas jusqu'à l'endroit où étoient les chevaux, le char & les armes de Rhésus.

La protection de la déesse se fait bien tôt sentir : les héros grecs arrivent dans le camp des Thraces : un silence profond y règne; point de gardes sur les avenues; tous les cavaliers étendus par terre, près de leurs chevaux, sont ensevelis dans le sommeil; le même calme & la même sécurité sont autour de la tente du chef. Alors Ulysse ne pouvant plus méconnoitre l'effet de sa prière, & enhardi par le succès, propose à son compagnon de tuer les principaux Thraces, tandis qu'il ira détacher les chevaux de Rhésus : voilà une conjoncture où le secours de la déesse devient encore très-nécessaire; aussi Homère dit qu'elle donna à Diomède un accroissement de force & de courage : douze Thraces périssent de sa main avec leur roi. Les chevaux détachés par Ulysse, Diomède peu content de ses avantages, veut encore enlever le char de Rhésus; mais la déesse, justement étonnée de cette imprudence, se rend visible à lui, & le presse de retourner au plutôt, de crainte que quelque dieu ne réveille enfin les Troyens. Diomède, reconnoissant la voix de Pallas, monte aussi-tôt à cheval, & part suivi d'Ulysse. Jusques-là Homère a marqué exactement toutes les circonstances de l'entreprise dans lesquelles la déesse prêta son secours aux héros grecs : il consiste à les conduire sûrement à travers le camp, à favoriser le massacre des Thraces & l'enlèvement des chevaux, à les obliger de partir, lorsque l'appât d'avoir des armes d'or les retient mal-à-propos, mais nullement à les placer sur les chevaux; & une fois sortis du camp, elle les quitte, quoi qu'en ait dit M. Fréret; car dans Homère, elle n'accompagne pas leur retour, comme cet académicien l'avance gratuitement. S'il étoit vrai cependant qu'ils eussent besoin d'elle la première fois pour monter à cheval, son secours n'eût pas été moins nécessaire à Diomède, quand il fut obligé de sauter à terre pour prendre les armes de Dolon, & de remonter tout de suite; & Homère n'auroit pas manqué de le faire remarquer, car il ne devoit pas ignorer qu'on ne devient pas si vîte bon cavalier.

Disons donc que c'est uniquement parce qu'il étoit

étoit très-ordinaire dans les temps héroïques de monter à cheval, qu'Homère ne fait point intervenir le ministère de Pallas dans une action si commune.

Le XVe livre de l'Iliade nous offre un exemple de l'*équitation*, dans lequel cet art est porté à un degré de perfection bien supérieur à ce que nous oserions exiger aujourd'hui de nos plus habiles écuyers. Le poëte, qui veut dépeindre la force & l'agilité d'Ajax, qui passant rapidement d'un vaisseau à l'autre, les défend tous à la fois, fait la comparaison suivante :

« Tel qu'un écuyer habile, accoutumé à manier plusieurs chevaux à la fois, en a choisi quatre des plus vigoureux & des plus vîtes, & en présence de tout un peuple qui le regarde avec admiration, les pousse à toute bride, par un chemin public, jusqu'à une grande ville où l'on a limité sa course ; en fendant les airs, il passe légérement de l'un à l'autre, & vole avec eux : tel Ajax, &c. »

M. Fréret veut qu'Homère (1), pour orner sa narration & la rendre plus claire, ait expliqué en cet endroit des choses anciennes par des images familières à son siècle : « tel est, ajoute-t-il, le but de ses comparaisons, & en particulier de celle-ci ; tout ce qu'on en peut conclure, c'est que l'art de l'*équitation* étoit commun de son temps dans l'Ionie. Des scholiastes d'Homère lui font un crime d'avoir emprunté des comparaisons de l'*équitation* ; ils les ont regardées comme un anachronisme, tant ils étoient persuadés que cet art étoit encore nouveau dans la Grèce du temps d'Homère ». Mais ils ont cru sans examen, & sans avoir éclairci la question. Puisque dans toute l'économie de ses poëmes, Homère est si exact, si sévère observateur des usages & des temps, qu'il paroît toujours transporté dans celui où vivoient ses héros, & qu'on ne peut, selon les mêmes scholiastes, lui reprocher aucun autre anachronisme, par quelle raison croira-t-on qu'il se soit permis celui-ci? Dira-t-on qu'il n'avoit pas assez de ressource dans son génie pour varier & ranimer ses peintures? De plus, Homère n'a vécu que trois cents ans (2) après la guerre de Troye ; un si court intervalle est-il suffisant pour y placer à la fois la naissance & les progrès de l'*équitation*, & pour la porter à un degré de perfection duquel nous sommes encore fort éloignés ? Cette réflexion tire du système de M. Fréret une nouvelle force, en ce qu'il ne place dans l'Ionie la connoissance de l'art de monter à *cheval*, que 150 ans après la guerre de Troye.

Homère a suivi constamment les anciennes traditions de la Grèce ; il dépeint toujours ses héros tels qu'on croyoit qu'ils avoient été. Leurs caractères, leurs passions, leurs jeux, tout est conforme au souvenir qu'on en conservoit encore de son temps. C'est ainsi qu'il fait dire à Hélène : « Je ne vois (*Iliad. liv. III.*) pas mes deux frères, Castor, si célèbre dans les combats à *cheval*, ἱππόδαμος, & Pollux si renommé dans les exercices du ceste ». Ce passage ne fait aucune impression sur M. Fréret. Le nom de *dompteur de chevaux*, ἱππόδαμος, de *conducteur*, de *cavalier*, ou encore celui de ταχέων ἐπιβήτορες ἵππων, *conscensores equorum*, dont se sert, en parlant de ces mêmes Tyndarides, l'auteur des hymnes attribués à Homère ; tous ces noms sont donnés quelquefois à des Grecs ou à des Troyens montés sur des chars ; donc ils ne signifient jamais autre chose dans le langage de ce temps-là. Ce raisonnement est-il bien juste? il le seroit davantage si l'on convenoit que ces mots ont quelquefois eu l'une ou l'autre signification : mais, en ce cas, M. Fréret ne pourroit nier que le titre de *conducteur*, de *cavalier*, ἡγήμον ἵππων, que Nestor (*Iliad. XI, v. 745.*) donne au chef des Eléens, ne veuille dire ce qu'il dit effectivement. Parceque ce chef combattoit sur un char, cela n'empêche pas qu'il n'ait commandé des gens de *cheval*. On peut dire la même chose d'Achille & de Patrocle, qu'Homère (*Iliad. 16.*) nomme *des cavaliers*, ἱππόκελευθε.

Plusieurs autres passages de l'Iliade semblent désigner des gens de *cheval* ; mais ils n'ont sans doute paru dignes d'aucune considération à M. Fréret, ou bien il a craint qu'ils ne fussent autant de preuves contre son sentiment. (*Iliad. liv. XVIII.*) On voyoit sur le bouclier d'Achille une ville investie par les armées de deux peuples différens : l'un vouloit détruire les assiégés par le fer & par le feu ; l'autre étoit résolu de les recevoir à composition. Pendant qu'ils disputoient entre eux, ceux de la ville étant sortis avec beaucoup de secret, se mettent en embuscade, & fondent tout-à-coup sur les troupeaux des assiégeans : aussi-tôt l'allarme se répand dans les deux armées ; tous prennent à la hâte leurs armes & leurs chevaux, *arma & equos properè arripiunt*, & l'on marche à l'ennemi. La célérité d'un tel mouvement convient mieux à de la cavalerie qu'à des chars : n'eût-elle pas été bien ralentie par le temps qu'il auroit fallu pour préparer ces chars, & les tirer hors des deux camps?

Il est dit dans le combat particulier de Ménélas contre Pâris, (*Iliad. liv. III.*) que les troupes s'assirent toutes par terre, chacun ayant près de soi ses armes & ses chevaux. Doit-on entendre par ce dernier mot des chevaux attelés à des chars? Celui qui les conduisoit & celui qui combattoit

(1) Au *Ve. liv. de l'Odyssée, v.* 366, un coup de vent ayant brisé l'esquif qui restoit à Ulysse après la tempête qu'il essuya en sortant de l'île de Calypso, il en saisit une planche sur laquelle il sauta, & s'y posa comme un homme se met sur un cheval de selle. M. Fréret feroit sans doute à cette comparaison la même réponse qu'à la précédente, quoiqu'avec aussi peu de fondement.

(2) Selon les marbres d'Arondel, le P. Pétau place Homère deux cents ans après la guerre de Troye.

dessus, étoient l'un & l'autre d'un rang distingué, & n'étoient pas gens à s'asseoir par terre, confondus avec les moindres soldats : d'ailleurs, ils eussent été mieux assis dans leurs chars ; c'étoit, pendant ce combat, la situation la plus avantageuse pour mieux remarquer ce qui s'y passoit. Les gens de *cheval*, au contraire, en descendent fort souvent pour se délasser, eux & leurs *chevaux*.

Dans le combat d'Ajax contre Hector, (*Iliade*, *liv. VII.*) on trouve encore une preuve de l'*équitation*. Le héros troyen dit a son adversaire : *je sais manier la lance ; &, soit à pied, soit à cheval, je sais pousser mon ennemi.*

Ne semble-t-il pas, dans plusieurs combats généraux, que l'on voye manœuvrer de véritables troupes de cavalerie ?

« Chacun se prépare au combat (*Iliade*, *liv. XI.*) » & ordonne à son écuyer de tenir son char tout » prêt, & de le ranger sur le bord du fossé : toute » l'armée sort des retranchemens en bon ordre : » l'infanterie se met en bataille aux premiers rangs, » & elle est soutenue par la cavalerie, qui déploie » ses ailes derrière les bataillons .... Les » Troyens de leur côté étendent leurs bataillons » & leurs escadrons sur la colline. »

Ici le mot *chacun* ne doit s'appliquer qu'aux chefs : pour peu qu'on lise Homère avec attention, on verra qu'il n'y avoit jamais que les principaux capitaines qui fussent dans des chars. Le nombre de ces chars ne devoit pas être bien considérable, puisqu'ils peuvent être rangés sur le bord du fossé. Quant à l'infanterie & la cavalerie, la disposition en est simple, & ne pourroit pas être autrement rendue aujourd'hui qu'il n'y a plus de chars dans les armées.

Si les Troyens n'eussent eu que des escadrons de chars, ce n'est pas sur une colline qu'ils les eussent placés ; & l'on doit entendre par *escadrons* ce que les Grecs ont toujours entendu, & ce que nous comprenons sous cette dénomination.

La description du combat ne prouve pas moins que l'ordre de bataille, qu'il y avoit & des chars & des cavaliers : « Hippolochus se jette à bas de » son char, & Agamemnon, du tranchant de son » épée, lui abat la tête, qui va roulant au milieu » de son escadron. » On lit dans le même endroit que l'écuyer d'Agastrophus tenoit son char à la queue de son escadron.

Nestor renverse un Troyen de son char, & sautant légérement dessus, il enfonce ses escadrons. (*liv. XI.*) Ne peut-on pas induire de-là, avec raison, que les chefs étoient sur des chars à la tête de leurs escadrons ? Cela n'est-il pas plus vraisemblable que des escadrons de chars ?

« L'infanterie enfonce les bataillons troyens, & » la cavalerie presse si vivement les escadrons qui » lui sont opposés, qu'elle les renverse : les deux » armées sont ensevelies dans des tourbillons de » poussière, qui s'élèvent de dessous les pieds de » tant de milliers d'hommes & de chevaux. »

M. Fréret lui-même auroit-il mieux décrit une bataille, s'il eût voulu faire entendre qu'il y avoit de la cavalerie distinguée des chars, ou des chars à la tête des escadrons de gens de cheval ?

Il est dit, dans une autre bataille, que « Nestor » plaçoit à la tête ses escadrons, avec leurs chars » & leurs *chevaux*.... Derrière eux, il rangeoit » sa nombreuse infanterie pour les soutenir. Les » ordres qu'il donnoit à sa cavalerie, étoient de » retenir leurs chevaux, & de marcher en bon » ordre, sans mêler ni confondre leurs rangs. » (*Iliad. liv. IV.*) »

Si Homère n'eût voulu parler que de chars, auroit-il ajouté au mot *escadron*, *avec leurs chars & leurs chevaux* ?

Que peut-on entendre par *mêler & confondre des rangs ?* Pouvoit-il y avoir plusieurs rangs de chars ? A quoi eût été bon un second rang ? le premier victorieux, le second ne pouvoit rien de plus ; le premier rang vaincu, le second l'étoit conséquemment, & sans ressource ; car comment faire faire à des chars mis en rang, des demi-tours à droite pour la retraite ?

Il paroît suffisamment prouvé par les remarques que nous venons de faire sur quelques endroits du texte d'Homère, que l'art de monter les chevaux a été connu dans la Grèce avant le siége de Troye, & qu'il y avoit même dans les armées des Grecs & des Troyens, des troupes de cavalerie, proprement dite. Si ce poëte n'a point décrit particuliérement de combats de cavalerie, on ne voit pas non plus qu'il soit entré dans un plus grand détail par rapport aux combats d'infanterie. Son véritable objet, en décrivant des batailles, étoit de chanter les exploits des héros & des plus illustres guerriers des deux partis : ces héros combattoient presque tous sur des chars, & l'on oseroit presque assurer qu'il n'appartenoit qu'à eux d'y combattre. Leur valeur & leur fermeté y paroissoient avec d'autant plus d'éclat, que leur attention n'étoit point divisée par le soin de conduire les chevaux. Voilà pourquoi les descriptions des combats de chars sont si fréquentes, si longues, si détaillées. C'étoit par ces combats que les grandes affaires s'entamoient, parceque les chefs, montés sur des chars, marchoient toujours à la tête des troupes. Homère n'en omet aucune circonstance, & pèse sur tous les détails, parce qu'il a su déjà nous intéresser vivement au sort des guerriers qu'il fait combattre. Son grand objet se trouvant rempli par-là, dès que les troupes se mêlent, & que l'affaire devient générale, il passe rapidement sur le reste du combat, & pour ne point fatiguer le lecteur, il se hâte de lui en apprendre l'issue, sans descendre à cet égard dans aucune particularité. Telle est la méthode d'Homère, quand il décrit des combats ou des batailles,

Témoignages des écrivains postérieurs à Homère. M. Fréret, qui s'étoit fait un principe constant de soutenir que les Grecs & les Troyens, au temps de la guerre de Troye, ne connoissoient que l'usage des chars, & qu'on ne pouvoit prouver par les poëmes d'Homère que l'art de monter à cheval leur fût connu, récuse, conséquemment à son systême, les témoignages de tous les écrivains postérieurs à ce poëte, & particuliérement tous ceux que les auteurs latins fournissent contre son opinion.

« Virgile, dit-il, & les poëtes latins, ont été » moins scrupuleux qu'Homère, & ils n'ont pas » fait difficulté de donner de la cavalerie aux Grecs » & aux Troyens; mais ces poëtes postérieurs » d'onze ou douze siècles aux temps héroïques, » écrivoient dans un siècle où les mœurs des premiers temps n'étoient plus connues que des » savans...... Leur exemple, ajoute-t-il, ne peut » avoir aucune autorité lorsqu'ils s'écartent de la » conduite d'Homère. »

Si le témoignage de Virgile, postérieur d'onze ou douze siècles à la ruine de Troye, ne peut avoir aucune force, pourquoi M. Fréret veut-il que le sien, postérieur de trois mille ans, soit préféré? Pourquoi admet-il plutôt celui de Pollux, auteur grec, plus moderne que Virgile d'environ deux cents ans? Quant à ce qu'il dit que les mœurs des premiers temps n'étoient connues que des savans, ce reproche ne convient point à Virgile: au titre si justement acquis de *prince des poëtes*, il joignoit celui de *savant* & d'*excellent homme de lettres*.

De plus, son Enéide, qu'il fut douze ans à composer, est entièrement faite à l'imitation d'Homère. Virgile ayant pris ce grand poëte pour modèle, & pour sujet de son poëme des évenemens célèbres, qui touchoient, pour ainsi dire, à ceux qui sont chantés dans l'Iliade, croira-t-on qu'il ait confondu les usages & les temps, & méprisé le suffrage des savans au point de faire combattre ses héros à cheval, s'il n'avoit pas regardé comme un fait constant que l'*équitation* étoit en usage de leur temps.

Tout ce qu'on peut présumer, c'est que Virgile s'est abstenu de parler de chars aussi fréquemment qu'Homère, pour rendre ses narrations plus intéressantes, & parceque les Romains n'en faisoient point usage dans leurs armées. Enfin, les faits cités par les auteurs doivent passer pour incontestables, quand ils sont appuyés sur une tradition ancienne, publique & constante. Tel étoit l'usage établi depuis un temps immémorial chez les Romains, de nommer les exercices à cheval de leur jeunesse, les *jeux troyens*.

Trojaque nunc pueri trojanum dicitur agmen. (*En. l. 5, v. 602.*) Virgile n'invente rien en cet endroit, il se conforme à l'histoire de son pays, qui rapportoit apparemment l'origine des courses de chevaux dans le cirque, au dessein d'imiter de semblables jeux militaires pratiqués autrefois par les Troyens, & dont le souvenir s'étoit conservé dans les anciennes annales du *Latium*. Enée faisoit exercer ses enfans à monter à cheval: *Frenatis lucent in equis* (*Id. v. 557.*)

C'est en suivant les plus anciennes traditions grecques, que Virgile (*Géorg. l III. v. 115.*) attribue aux Lapithes de Pélétronium l'invention de l'art de monter à cheval. Il nous apprend dans le même endroit (*Ib. v. 113.*) l'origine des chars, qui furent inventés par Ericthonius, quatrième roi d'Athènes (1) depuis Cécrops; & ce qui suppose nécessairement que l'*équitation* étoit connue en Grèce avant Ericthonius, c'est que la tradition véritable ou fabuleuse de ces temps-là rapporte que ce fut pour cacher la difformité de ses jambes, qui étoient tortues, que ce prince inventa les chars.

Hygin, qui, de même que Virgile, vivoit sous le règne d'Auguste, a fait de Bellérophon un cavalier (*fable 273.*), & dit que ce prince remporta le prix de la course à cheval aux jeux funèbres de Pélias, célébrés après le retour des Argonautes; mais parce qu'on ignore dans quel poëte ancien Hygin a puisé ce fait, M. Fréret le traite impitoyablement de *commentateur sans goût*, sans critique, indigne qu'on lui ajoute foi. Il en dit autant de Pline, (*l. VII. c. lvj.*) qui, en faisant l'énumération de ceux auxquels les Grecs attribuoient l'invention de quelque art ou de quelque coutume, ose, d'après les Grecs, regarder Bellérophon comme l'inventeur de l'*équitation*, & ajouter que les centaures de Thessalie combattirent les premiers à cheval.

Pour réfuter ce qu'Hygin dit de Bellérophon, M. Fréret prétend premièrement que, selon Pausanias, (*l. VI.*) l'opinion commune étoit que Glaucus, père de Bellérophon, avoit dans les jeux funèbres de Pelops disputé le prix à la course des chars: secondement, que ces mêmes jeux étoient représentés sur un très-ancien coffre, dédié par les Cypsélides de Corinthe, & conservé à Olympie au temps de Pausanias, (*l. V.*) & qu'on ne voyoit dans la représentation de ces jeux ni Bellérophon, ni de course à cheval. On peut facilement juger de la solidité de cette réfutation.

Le témoignage de Pausanias favorisant ici l'opinion de M. Fréret, il s'en rapporte aveuglément à lui; mais il doit reconnoître de même la vérité d'un autre passage de cet auteur, capable de renverser son systême.

Pausanias (*l. V.*) assure que Casius Arcadien, & père d'Atalante, remporta le prix de la course à cheval aux jeux funèbres de Pélops à Olympie. (2) Ce fait, qui donneroit aux courses à cheval presque

(1) Il vivoit environ 1489 ans avant J. C. Il succéda à Amphiction, & institua les jeux panathénaïques en l'honneur de Minerve.

(2) Ces jeux, dit M. Fréret, sont postérieurs de quelques années à ceux de Pélias, & c'est ce que l'on nomme l'*olympiade d'Hercule*, qui combattit à ces jeux, & qui en régla la forme 60 ans avant la guerre de Troye.

la même ancienneté que celle qu'on trouve dans Hygin, M. Fréret soutient qu'il n'est fondé que sur une tradition peu ancienne : Pindare, dit-il, n'en a pas fait usage lorsqu'il a célébré des victoires remportées dans les courses de chevaux. « Dans ces occasions, ajoute-t-il, l'histoire ancienne » ne lui fournissant aucun exemple de ces courses, » il a recours aux aventures des héros qui se sont » distingués dans les courses de chars. (1) » Mais qui ne voit que le poëte a voulu varier ses descriptions, en faisant de ces deux sortes de courses un objet de comparaison, capable de jeter plus de feu, plus de brillant, plus d'énergie dans ses odes?

Si ces courses à cheval, dit M. Fréret, avoient été en usage dès le temps de l'olympiade d'Hercule, pourquoi n'en trouve-t-on aucun exemple jusqu'à la trente-troisième olympiade de Coroebus, célébrée l'an 648 (2) avant J. C., 700 ans après les jeux funèbres de Pélops, & 240 ans après le renouvellement des jeux olympiques par Iphitus ? Ce raisonnement ne prouve rien du tout ; car on pourroit avec autant de raison dire à M. Fréret : vous assurez qu'au temps d'Homère l'art de l'*équitation* étoit porté à un tel degré de perfection, qu'un seul écuyer conduisoit à toute bride quatre chevaux à la fois, s'élançant avec adresse de l'un à l'autre pendant la rapidité de leurs courses ; & moi je dis que si cela étoit vrai, on n'auroit pas attendu près de trois cents ans depuis Homère, pour mettre les courses de chevaux au nombre des spectacles publics.

Il y a quelque apparence que la nouveauté des courses de chars fut la cause qu'on abandonna les autres pendant long-temps, & qu'on n'y revint qu'après plusieurs siècles : il falloit en effet bien plus d'art & de dextérité pour conduire dans la carrière un char attelé de plusieurs chevaux, que pour manier un seul cheval. Qu'on en juge par le discours de Nestor à Antiloque son fils. (*Iliad. l. XXII.*)

La fable, & Homère après elle, ont parlé du cheval d'Adraste ; ce poëte le nomme *le divin Arion* : il avoit eu pour maître Hercule ; ce fut étant monté sur Arion (*Pauf. II. vol. pag. 181.*) que ce héros gagna des batailles, & qu'il évita la mort. Après avoir pris Augias, roi d'Elis, & après la guerre de Thèbes, antérieure à celle de Troye, il donna ce cheval à Adraste. Comme on voit dans presque tous les auteurs qui en ont parlé ce rapide coursier toujours seul, on en a conclu avec assez de vraisemblance que c'étoit un cheval de monture ; mais M. Fréret lui trouve un second qu'on nommoit *Cayros*. Voilà un fait. Antimaque (3) l'assure ; il faut l'en croire : mais il doit aussi servir d'autorité à ceux qui ne pensent pas comme M. Fréret. Or Antimaque dit positivement qu'Adraste fuit en deuil monté sur son Arion. On a donc eu raison de regarder Arion comme un cheval accoutumé à être monté, sans nier toutefois qu'il n'ait pu être quelquefois employé à conduire un char. Antimaque ajoute qu'Adraste fut le troisième qui eut l'honneur de dompter Arion : c'est qu'il avoit appartenu d'abord à Onéus, qui le donna à Hercule. Tout cela ne prouve-t-il pas en faveur de l'*équitation*, dans des temps antérieurs à la guerre de Troye ?

Monumens anciens. M. Fréret suit la même marche dans l'examen des monumens anciens. Ceux où il n'a point vu de chevaux de monture, méritent seuls quelque croyance ; ils sont autant de preuves positives : les autres sont ou factices, ou modernes ; on ne doit point y ajouter foi.

(*Pausan. l. V.*) Le coffre des Cypsélides, dont il a déjà été parlé, est, selon cet académicien, un monument du huitième siècle avant J. C. On y voyoit représentés les évènemens les plus célèbres de l'histoire des temps héroïques, la célébration des jeux funèbres de Pélias, plusieurs expéditions militaires, des combats, & même en un endroit deux armées en présence : dans toutes ces occasions, les principaux héros étoient montés sur des chars à deux ou à quatre chevaux, mais on n'y voyoit point de cavaliers ; doit-on conclure qu'il n'y en avoit point, de ce que Pausanias n'en parle pas ? mais son silence ne prouve rien ici ; au contraire, l'expression qu'il emploie donneroit lieu de croire qu'il y en avoit. En décrivant deux armées représentées sur ce coffre, il dit que l'on y voyoit des cavaliers montés sur des chars. (*Pauf. liv. V.*) Ce n'est point là affirmer qu'il n'y en avoit point de montés sur des chevaux, car il ne dit pas qu'ils fussent tous sur des chars ; d'ailleurs les chefs, dans les temps héroïques, combattant pour l'ordinaire sur des chars, il se pourroit fort bien que le sculpteur, qui ne s'attachoit qu'à faire connoître ces chefs, & par leur portrait & par leur nom, n'ait représenté qu'eux, pour ne pas jeter trop de confusion dans ses bas-reliefs, en y ajoutant un grand nombre de figures d'hommes à cheval. Cette raison est d'au-

(1) M. Fréret cite en preuve la première olympique de Pindare, où, à propos de la victoire remportée par Hiéron à la course des chevaux, ce poëte rapporte l'histoire de Pélops, vainqueur à la course des chars. Mais du temps d'Hiéron à celui où l'on introduisit aux jeux olympiques les courses des chevaux, il y a cent soixante ans d'intervalle : les exemples anciens ne pouvoient donc pas manquer à Pindare, s'il avoit eu dessein d'en rapporter.

(2) Ce calcul de M. Fréret n'est ni le plus exact, ni le plus suivi. Les plus savans chronologistes rapportent l'olympiade de Coroebus à l'an 776 avant J. C. L'époque de la fondation de Rome, liée avec cette olympiade, semble donner à ce dernier sentiment toute la force d'une démonstration. Il suit de-là que les courses de chevaux furent admises au nombre des spectacles des jeux olympiques cent vingt-huit ans plutôt que M. Fréret ne l'a cru.

(3) Auteur d'un poëme de la Thébaïde ; il vivoit du temps de Socrate. Quintilien dit qu'on lui donnoit le second rang après Homère ; Adrien le mettoit au-dessus d'Homère même.

tant plus plausible, que dans le temps où ce coffre a été fait, il y avoit, de l'aveu de M. Fréret, au moins 250 ans que l'*équitation* étoit connue des Grecs.

Sur le massif qui soutenoit la statue d'Apollon dans le temple d'Araycle, Castor & Pollux étoient représentés à cheval, (*Pausan. l. III.*) de même que leurs fils Anaxias & Mnasinoüs. Pausanias rapporte encore qu'on voyoit à Argos (*lib. II.*), dans le temple des Dioscures, les statues de Castor & Pollux, celles de Phoebé & Ilaïra leurs femmes & celles de leurs fils Anaxias & Mnasinoüs, & que ces statues étoient d'ébène, à l'exception de quelques parties des chevaux. Il y avoit à Olympie (*Pausan. l. V.*) un groupe de deux figures représentant le combat d'Hercule contre une amazone à cheval; les mêmes Castor & Pollux étoient représentés à Athènes debout, & leurs fils à cheval. (*Pauf. l. II.*)

M. Fréret, qui rapporte tous ces monumens, & quelques autres, d'après Pausanias, étale une érudition immense pour montrer que les plus anciens sont postérieurs à l'établissement de la course des chevaux aux jeux olympiques. Quand on en conviendroit avec lui, on n'en seroit pas moins autorisé à croire que la plupart de ces monumens n'ont été faits que pour en remplacer d'autres que la longueur du temps ou les fureurs de la guerre avoient détruits; & que les sculpteurs se sont exactement conformés à la manière distinctive dont les héros avoient été représentés dans les anciens monumens, de même qu'à ce que la tradition en rapportoit. La pratique constante de toutes les nations & de tous les temps donne à cette conjecture beaucoup de vraisemblance.

Quoique tous les monumens de la Grèce se soient accordés à représenter les Tyndarides (1) à cheval; quoiqu'un fait remarquable, arrivé pendant la troisième guerre de Messène, (2) prouve manifestement l'accord de la tradition avec les sculpteurs; quoique cette tradition ait pénétré jusqu'en Italie, & quoi qu'Homère lui-même en ait dit, M. Fréret ne peut se résoudre à croire que Castor & Pollux aient jamais su monter à cheval: il veut absolument que ces deux héros, & même Bellérophon, ne fussent que d'habiles pilotes, & leurs chevaux, comme celui qui accompagnoit les statues de Neptune, un emblême de la navigation.

M. Fréret revient au récit de Pausanias sur l'arcadien Iassius, vainqueur dans une course de chevaux, & cela à l'occasion d'un monument qui autorisoit cette tradition: c'étoit (*Pausan. l. VIII.*) une statue posée sur l'une des deux colonnes qu'on voyoit dans la place publique de Tégée, vis-à-vis le temple de Vénus. Les paroles (3) du texte de Pausanias l'ont fait regarder comme une statue équestre; mais le savant académicien veut qu'elles signifient seulement que cette statue a un cheval auprès d'elle, & tient de la main droite une branche de palmier: d'où il conclut qu'elle ne prouve point en faveur de *l'équitation*, & qu'on l'érigea en l'honneur d'Iassius, parce qu'il avoit peut-être trouvé le secret d'élever des chevaux en Arcadie, pays froid, montagneux, où les races des chevaux transportés par mer des côtes d'Afrique avoient peine à subsister. Quand une telle supposition auroit lieu, pourroit-on s'imaginer que cet Iassius, qui auroit tiré des chevaux d'Afrique, où l'*équitation* étoit connue de tout temps, eût ignoré lui-même l'art de les monter, & ne s'en fût servi qu'à traîner des chars?

Fable des centaures. La fable des centaures, que les poëtes & les mythologistes ont tous représentés comme des monstres à quatre pieds, moitié hommes, moitié chevaux, avoit toujours été alléguée en preuve de l'ancienneté de l'*équitation*. Toutes les manières dont on raconte leur origine, malgré la variété des circonstances, concouroient néanmoins à ce but. « Selon quelques-uns, (Diod. *liv. IV.*) » Ixion ayant embrassé une nuée qui avoit la ressemblance de Junon, engendra les centaures qui » étoient de nature humaine; mais ceux-ci s'étant » mêlés avec des cavales, ils engendrèrent les hippocentaures; monstres qui tenoient en même » temps de la nature de l'homme & de celle du » cheval. D'autres ont dit qu'on donna aux centaures » le nom d'*hippocentaures*, parce qu'ils ont été les » premiers qui aient su monter à cheval; & que » c'est de-là que provient l'erreur de ceux qui ont » cru qu'ils étoient moitié hommes, moitié chevaux. »

Il est dit (Diodore, *ib.*) dans le récit du combat qu'Hercule soutint contre eux, que la mère des dieux les avoit doués de la force & de la vîtesse des chevaux, aussi-bien que de l'esprit & de l'expérience des hommes. Ce centaure Nessus, qui moyennant un certain salaire, transportoit d'un côté à l'autre du fleuve Evénus ceux qui vouloient le traverser, &

(1) Les Romains représentoient les Tyndarides à cheval. Denys d'Halycarnasse, *liv. VI*, dit que le jour de la bataille du lac Rhégille, l'an de Rome 258 & 494 avant J. C., on avoit vu deux jeunes hommes à cheval d'une taille plus qu'humaine, qui chargèrent à la tête des Romains la cavalerie latine, & la mirent en déroute. Le même jour ils furent vus à Rome dans la place publique, annoncèrent la nouvelle de la victoire, & disparurent aussi-tôt.

(2) Pendant que les Lacédémoniens célébroient la fête des Dioscures, deux jeunes messéniens revêtus de casaques de pourpre, la tête couverte de toques semblables à celles que l'on donnoit à ces dieux, & montés sur les plus beaux chevaux qu'ils purent trouver, se rendirent au lieu où les Lacédémoniens étoient assemblés pour le sacrifice. On les prit d'abord pour les dieux mêmes dont on célébroit la fête, & l'on se prosterna devant eux: mais les deux messéniens, profitant de l'erreur, se jetèrent au milieu des Lacédémoniens, & en blessèrent plusieurs à coups de lances. Cette action fut regardée comme un véritable sacrilége, parce que les Messéniens adoroient aussi les Dioscures. Pausanias, *liv. IV.*

(3) Ἵππου τε ἐχόμενος καὶ κλάδον ἐν τῇ δεξιᾷ φέρων φοίνικος.

qui rendit le même service à Déjanire, n'étoit vraisemblablement qu'un homme à cheval; on ne sauroit le prendre pour un batelier qu'en lui supposant un esquif extrêmement petit, puisqu'il n'auroit pu y faire passer qu'une seule personne avec lui. (1)

Presque tous les monumens anciens ont dépeint les centaures avec un corps humain, porté sur quatre pieds de *cheval*. Pausanias (*l. V.*) assure cependant que le centaure Chiron étoit représenté, sur le coffre des Cypsélides, comme un homme porté sur deux pieds humains, & aux reins duquel on auroit attaché la croupe, les flancs, & les jambes de derrière d'un cheval. M. Fréret, que cette représentation met à l'aise, ne manque pas de l'adopter aussi-tôt comme la seule véritable; & il en conclut qu'elle désigne moins un homme qui montoit des chevaux, qu'un homme qui en élevoit. Croyant par cette réponse avoir pleinement satisfait à la question, il se jette dans un long détail astronomique, pour trouver entre la figure que forment dans le ciel les étoiles de la constellation du centaure, & la figure du centaure Chiron que l'on voyoit sur le coffre des Cypsélides, une ressemblance parfaite; & il finit cet article en disant que les différentes représentations des centaures n'avoient aucun rapport à l'*équitation*.

Une semblable assertion ne peut rien prouver contre l'ancienneté de l'art de monter à cheval, qu'autant qu'on s'est fait un principe de n'en pas admettre l'existence avant un certain temps. M. Fréret, à qui la foiblesse de son raisonnement ne pouvoit être inconnue, a cru lui donner plus de force en jetant des nuages sur l'ancienneté de la fiction des centaures; il a donc prétendu qu'elle étoit postérieure à Hésiode & à Homère, & qu'on n'en découvroit aucune trace dans ces poëtes.

Mais il n'y aura plus rien qu'on ne puisse nier ou rendre problématique, quand on détournera de leur véritable sens les expressions les plus claires d'un auteur. Homère (*Iliad. l. I & II.*) appelle les centaures *des monstres couverts de poil*, Φῆρας λαχνήεντας Φηρσὶν ὀρεσκῴοισι: cette expression, qui paroît d'une manière si précise se rapporter à l'idée que l'on se formoit du temps de ce poëte, sur la foi de la tradition, de ces êtres fantastiques, M. Fréret veut qu'elle désigne seulement la grossiéreté & la férocité de ces montagnards.

Enfin, quoique ces peuples demeurassent dans la Thessalie, province qui a fourni la première & la meilleure cavalerie de la Grèce, plutôt que de trouver dans ce qu'on a dit d'eux le moindre rapport avec l'*équitation* ou avec l'art de conduire des chars, M. Fréret aimeroit mieux croire qu'ils ne furent jamais fait aucun usage des chevaux, pas même pour les atteler à des chars; il se fonde sur ce que dans l'Iliade les meilleurs chevaux de l'armée des

(1) Déjanire étoit avec Hercule & Hyllus son fils.

Grecs étoient ceux d'Achille & d'Eumélus fils d'Admète, qui régnoient sur le canton de la Thessalie le plus éloigné de la demeure des centaures. Un pareil raisonnement n'a pas besoin d'être réfuté.

Conjectures de M. Fréret. Le quatrième & dernier article de la savante dissertation de M. Fréret contient ses conjectures sur l'époque de l'*équitation* dans l'Asie mineure & dans la Grèce: elles se réduisent à établir que l'art de monter à cheval n'a été connu dans l'Asie mineure que par le moyen des différentes incursions que les Trérons & les Cimmériens y firent, & dont les plus anciennes étoient postérieures de 150 ans à la guerre de Troye, & de quelques années seulement, suivant Strabon, à l'arrivée des colonies éoliennes & ioniennes dans ce pays. Quant à la Grèce européenne, il ne veut pas que l'*équitation* y ait précédé de beaucoup la première guerre de Messène, parceque Pausanias dit que les peuples du Péloponèse étoient alors peu habiles dans l'art de monter à cheval. M. Fréret pense encore que la Macédoine est le pays de la Grèce où l'usage de la cavalerie a commencé; qu'il a passé de-là dans la Thessalie, d'où il s'est répandu dans le reste de la Grèce méridionale.

Ainsi l'on voit premièrement, que M. Fréret ne s'attache ni à déduire ni à discuter les faits constans que nous avons cités de Sésostris, des Scolothes ou Scythes, & des Amazones. Il est vrai qu'il nie que ces femmes guerrières aient jamais combattu à cheval, parce qu'Homère ne le dit pas; car le silence d'Homère est par-tout une démonstration évidente pour lui, quoiqu'il ne veuille pas s'en rapporter aux expressions positives de ce poëte; mais cette assertion gratuite, & combattue par le témoignage unanime des historiens, ne sauroit détruire les probabilités que l'on tire en faveur de l'ancienneté de l'*équitation* chez les Grecs, des conquêtes des Scythes & des Egyptiens, & des colonies que ceux-ci & les Phéniciens ont fondées dans la Grèce plusieurs siècles avant la guerre de Troye.

Secondement, fixer seulement l'époque de l'*équitation* dans la Grèce européenne vers le temps de la première guerre de Messène, c'est contredire formellement Xénophon, (*de Rep. Lacedæmon.*) qui attribue à Lycurgue les réglemens militaires de Sparte, tant par rapport à l'infanterie pesamment armée, que par rapport aux cavaliers; dire que ceux-ci n'ont jamais servi à cheval, & dériver leur dénomination du temps où elle désignoit aussi ceux qui combattoient sur des chars, c'est éluder la difficulté & supposer ce qui est en question. Ces cavaliers, dit Xénophon, étoient choisis par des magistrats nommés *hippagiritæ*, *ab equitatu congregando*; ce qui prouve une connoissance & un usage antérieurs de la cavalerie. Cet établissement de Lycurgue, tout sage qu'il étoit, souffrit ensuite diverses altérations; mais il ne fut jamais entiérement aboli. Les hommes choisis qui, suivant l'intention du législateur, avoient été destinés pour combattre à cheval, s'en dispensèrent peu à peu, & ne se chargèrent plus que du soin de nourrir des chevaux durant la paix, qu'ils confioient pendant la guerre (1) à tout ce qu'il y avoit à Sparte d'hommes peu vigoureux & peu braves. M. Fréret confond, en cet endroit, l'ordre des temps. A la bataille de Leuctres, dit-il, la cavalerie lacédémonienne étoit encore très-mauvaise, selon Xénophon; elle ne commença à devenir bonne qu'après avoir été mêlée avec la cavalerie étrangère, ce qui arriva au temps d'Agésilaüs: ce prince étant passé dans l'Asie mineure, leva parmi les Grecs asiatiques un corps de 1500 chevaux, avec lesquels il repassa dans la Grèce, & qui rendit de grands services aux Lacédémoniens.

Agésilaüs avoit fait tout cela avant la bataille de Leuctres. La suite des événemens est totalement intervertie dans ces réflexions de M. Fréret. Il suit de cette explication, qu'encore que les cavaliers spartiates n'aient pas toujours combattu à cheval, il ne laissoit pas d'y avoir toujours de la cavalerie à Sparte, mais à la vérité très-mauvaise: on le voit sur-tout dans l'histoire des guerres de Messène. Pausanias, *l. IV.*

Il est à propos de remarquer que Strabon, sur lequel M. Fréret s'appuie en cet endroit, prouve contre lui. Lorsque cet auteur dit (Strabon, *l. X.*) que les hommes choisis, que l'on nommoit à Sparte *les cavaliers*, servoient à pied, il ajoute qu'ils le faisoient à la différence de ceux de l'île de Crète: ces derniers combattoient donc à cheval. Or Lycurgue avoit puisé dans l'île de Crète la plupart de ses loix, par conséquent l'usage de la cavalerie avoit précédé dans la Grèce le temps où ce législateur a vécu.

S'il est vrai qu'au commencement des guerres de Messène les peuples du Péloponèse fussent très-peu habiles dans l'art de monter à cheval (2), il l'est encore davantage qu'ils ne se servoient point de chars; on n'en voit pas un seul dans leurs armées, quoiqu'il y eût de la cavalerie. Il est bien singulier que ces Grecs, qui, dans les temps héroïques, n'avoient combattu que montés sur des chars, qui encore alors se faisoient gloire de remporter dans les jeux publics le prix à la course des chars, aient cessé néanmoins tout-à-coup d'en faire usage à la guerre, qu'on n'en voye plus dans leurs armées, & qu'ils n'aient commencé d'en avoir que plusieurs siècles après, lorsque les généraux d'Alexandre se furent partagé l'empire que ce grand prince avoit conquis sur Darius.

Une chose étonnante dans le système de M. Fréret, c'est qu'il suppose nécessairement que l'usage des chars a été connu des Grecs avant celui de l'*équitation*. La marche de la nature, qui nous conduit ordinairement du simple au composé, se trouve ici totalement renversée, quoi qu'en ait dit Lucrèce dans les vers suivans:

> *Et priùs est repertum in equi conscendere costas,*
> *Et moderarier hunc fræno, dextrâque vigere,*
> *Quam bijugo curru belli tentare pericla.* Lucr. *l. V.*

Ce poëte avoit raison de regarder l'art de conduire un char attelé de plusieurs chevaux comme quelque chose de plus combiné, que celui de monter & conduire un seul cheval. Mais M. Fréret soutient que cela est faux, & que la façon la plus simple & la plus aisée de faire usage des chevaux, celle par où l'on a dû commencer, a été de les attacher à des fardeaux, & de les leur faire tirer après eux: « Par-là, dit-il, la fougue du cheval le plus impétueux est arrêtée, ou du moins diminuée .... » Le traineau a dû être la plus ancienne de toutes » les voitures; ce traîneau ayant été posé ensuite » sur des rouleaux, qui sont devenus des roues » lorsqu'on les a attachés à cette machine, s'éleva » peu à peu de terre, & a formé des chars anciens » à deux ou à quatre roues. Quelle combinaison, » quelle suite d'idées il faut supposer dans les » premiers hommes qui se sont servis du cheval! » Cet animal a donc été très-long-temps inutile à » l'homme, s'il a fallu, avant qu'il le prît à son » service, qu'il connût l'art de faire des liens, de » façonner le bois, d'en construire des traîneaux. » Mais pourquoi n'a-t-il pu mettre sur le dos du » cheval les fardeaux qu'il ne pouvoit porter lui-» même? Ne diroit-on pas que le cheval a la féro-» cité du tigre & du lion, & qu'il est le plus dif-» ficile des animaux, lui qu'on a vu sans bride & » sans mors obéir aveuglément à la voix du nu-» mide? » Mais, pour combattre un raisonnement aussi extraordinaire que celui de M. Fréret, il suffit d'en appeller à l'expérience connue des siècles passés & à nos usages présens: on ne s'avise d'atteler les chevaux à des charrues, à des charrettes, &c. qu'après qu'ils ont été domptés, montés, & accoutumés avec l'homme; une méthode contraire mettroit en danger la vie du conducteur & celle du cheval. Mais l'histoire dépose encore ici contre cet académicien: par le petit nombre de chars que l'on compte dans les dénombremens qui paroissent les plus exacts des armées anciennes, & la grande quantité de cavalerie, (3) il est aisé de juger que

(1) *Equos enim locupletiores alebant, cùm verò in expeditionem eundum esset, veniebat is qui designatus erat, & equum & arma... qualiacumque, accipiebat, atque ita militabat. Equis indè milites corporibus imbecilles, animisque languentes imponebant.* Xénoph. hist. grecq. lib. VI.

(2) L'état de foiblesse où se trouvoit alors toute la Grèce, en général, étoit une suite de l'irruption des Doriens de Thessalie, sous la conduite des Héraclides: cet événement, arrivé un siècle après la prise de Troye, jeta la Grèce dans un état de barbarie & d'ignorance à peu près pareil, dit M. Fréret, à celui où l'invasion des Normands jeta la France sur la fin du neuvième siècle. Cela est conforme à ce que rapporte Thucydide, *liv. I.* Il fallut plusieurs siècles pour mettre les Grecs en état d'agir avec vigueur.

(3) Lors du passage de la mer-Rouge, les Egyptiens avoient six cents chars & cinquante mille hommes de cavalerie, & Salomon, sur douze mille hommes de cavalerie, avoit quatorze cents chars. En faisant un calcul, on trouveroit le commandant de chaque escadron sur un char.

celle-ci a nécessairement précédé l'usage des chars. Ce n'est pas qu'on ne trouve souvent les chars en nombre égal, & même supérieur à celui des gens de cheval ; mais on a lieu de soupçonner qu'à cet égard il s'est glissé de la part des copistes des erreurs dans les nombres. On en est bientôt convaincu, quand on réfléchit sur l'impossibilité de mettre en bataille & de faire manœuvrer des vingt ou trente mille chars : (1) on observe d'ailleurs que, bien loin de trouver dans les temps mieux connus cette quantité extraordinaire de chars, chez les peuples même qui en ont toujours fait le plus grand usage, on en compte à peine mille dans les plus formidables armées qu'ils aient mises sur pied. (2)

Pour terminer enfin cet article, je tire de M. Fréret même une preuve invincible que l'*équitation* a dû précéder dans la Grèce l'usage des chars.

Selon cet auteur, les chevaux étoient rares en ce pays : on n'y en avoit jamais vu de sauvages, ils avoient tous été amenés de dehors. Dans les anciens poëtes, on voit que les chevaux étoient extrêmement chers, & que tous ceux qui avoient quelque célébrité étoient regardés comme un présent de Neptune ; ce qui, dans leur langage figuré, signifie qu'ils avoient été amenés par mer des côtes de la Lybie & de l'Afrique.

Cela posé, est-il vraisemblable que quelqu'un ait transporté de ces pays des chevaux dans la Grèce, & qu'il n'ait pas enseigné à ceux qui les achetoient la manière la plus prompte, la plus utile, la plus générale, de s'en servir ? Il est incontestable que l'*équitation* étoit connue en Afrique long-temps avant la guerre de Troye. Par quelle raison les marchands, en vendant leurs chevaux fort cher aux Grecs, leur auroient-ils caché l'art de les monter ? ou pourquoi les Grecs se seroient-ils chargés de chevaux à un prix excessif, sans apprendre les différentes manières de les conduire, de les manier, & d'en faire usage ?

M. Fréret devoit, pour donner à son système un air de vérité, prouver avant toute autre chose que l'art de monter à cheval étoit ignoré dans tous les lieux d'où les Grecs ont pu tirer leurs premiers chevaux. Ne l'ayant pas fait, sa dissertation, malgré toute l'érudition qu'elle renferme, ne pourra jamais établir son étrange paradoxe, & il demeurera pour constant que l'*équitation* a été pratiquée par les Grecs long-temps avant le siége de Troye. (*Cet article est de M.* D'AUTHVILLE, *commandant de bataillon.*)

ÉRARD (CLAUDE) ; (*Hist. litt. mod.*) c'est le nom d'un avocat qui fut quelque temps célèbre, & dont nous avons des plaidoyers imprimés en 1734. Mort en 1700.

---

(1) Guerre des Philistins contre les Israélites. Josephe, *liv. VI, c. VII.*

(2) *Voyez* l'expédition de Xerxès & le dénombrement de son armée, &c.

ERASISTRATE. (*voyez* ANTIOCHUS I, dit ANTIOCHUS SOTER, page 354. col. 1re.)

ERASME (DIDIER) ; (*Hist. litt. mod.*). Son nom en françois est *Didier*, en latin *Desiderius* ; le nom d'*Erasme* est grec & signifie *aimable*. *Erasme* méritoit ce nom ; mais s'il se le donna lui-même, il eut tort. Aucun de ces noms n'étoit le sien ; il étoit bâtard d'un nommé *Gérard*, & le rapport qui se trouve entre ce nom & le verbe latin *desiderare* a fait naître les noms de *Desiderius*, de *Didier* & d'*Erasme*. *Erasme* est l'homme le plus illustre dans les lettres qu'ait produit le siécle des Charles-Quint, des François I. & des papes de la maison de Médicis, Léon X & Clément VII. Il vit naître le luthéranisme, il se déclara trop hautement contre les luthériens pour qu'ils puissent le compter parmi leurs partisans ; il leur fut trop favorable pour que les catholiques osent le revendiquer ; également suspect aux deux partis, il en étoit également révéré ; on peut juger par-là de sa philosophie & de son impartialité. Il ne déchira point le sein de l'église, il n'en brava point les foudres : bien des gens ont jugé qu'il n'en respecta point assez les dogmes ; ce qu'il y a de certain, c'est qu'il méprisoit les disputes & les partis. Il prêchoit la tolérance, on l'accusa d'être luthérien : *Non*, dit Luther, qui avoit tout tenté en vain pour l'attirer à son parti, *Erasme est Erasme, & rien autre chose ;* grand éloge qui échappe à un ennemi. Il est facile & commun d'être luthérien ou calviniste ; mais il est rare d'être soi-même.

Le roi d'Angleterre, Henri VIII, qui, non content de combattre Luther, dont il étoit jaloux en théologie, comme il l'étoit de Charles-Quint dans la politique, de Francois I à la guerre, & de tout le monde en amour, lui suscitoit par-tout des ennemis, engagea Erasme à composer son traité du *Libre Arbitre* pour combattre quelques-unes des opinions outrées de Luther contre la liberté : Mélanchton, disciple de Luther & ami d'Erasme, plus ami encore de la paix, vit avec peine naître cette querelle, où il prévoyoit que son maître n'auroit pas l'avantage. Erasme, de son côté, n'entroit pas volontairement dans cette lice théologique ; mais c'étoit presque la seule alors où l'on s'illustrât. Luther répondit par le traité du *Serf Arbitre*, &, selon son usage, par des injures. *L'âge*, disoit Mélanchton, *ne l'adoucira-t-il jamais ? Le mariage*, disoit Erasme, *devroit bien l'avoir adouci*. Luther tonnoit, Mélanchton gémissoit, Henri VIII triomphoit, Erasme rioit. Le fameux syndic de Sorbonne, Noël Béda, (*Voyez* son article.) le héros de la scholastique, voulut faire trembler tous les ennemis de la scholastique, en abattant le plus célèbre d'entre eux. Erasme avoit écrit avec l'admiration des fidèles & l'approbation des évêques, des cardinaux, des papes. Léon X & Adrien V l'avoient honoré des témoignages d'estime les plus flatteurs ; Paul III voulut le faire cardinal, & lui offrit des bénéfices qu'il qu'il refusa, comme il avoit refusé toutes les faveurs que François Ier lui avoit offertes pour l'attirer en France. (*Voyez* les articles *Badius* & *Budée*.) Le même Paul III lui confioit encore, en 1545, la cause de l'église & la défense du concile qu'il alloit assembler. Luther n'avoit point eu d'adversaire plus modéré ni plus redoutable qu'*Erasme*; il n'y avoit point de plus grand nom dans la littérature; sa gloire remplissoit l'Europe, & sa foi avoit toujours satisfait l'église. François Ier & la reine de Navarre sa sœur avoient pour lui une estime qui alloit jusqu'au respect; mais *Erasme* n'avoit pas assez ménagé les moines & les théologiens scholastiques; il les avoit couverts de ridicule; il leur avoit prodigué des sarcasmes élégans & des injures polies : il prêchoit sans cesse la tolérance, il la pratiquoit en toute occasion & la faisoit pratiquer : il venoit de procurer jusqu'à deux fois la liberté à son ami Louis Berquin, gentilhomme du pays d'Artois, qui, ayant appris de lui à détester les moines & la scholastique, & ne sachant dissimuler ni son amitié ni sa haine, ne tarissoit point sur la louange d'*Erasme*, ni sur la satyre des moines. Telle fut la vraie cause du procès qu'on vit Béda intenter à *Erasme* dans la faculté de théologie de Paris. Les prétextes ne pouvoient manquer. *Erasme* avoit trop écrit, & trop librement, pour n'avoir pas donné prise sur lui en beaucoup d'endroits. Eloigné d'ailleurs, par son goût de littérature, de la précision théologique & de la sèche exactitude de l'école, entraîné par l'exemple des bons écrivains dont il étoit nourri, pouvoit-il n'avoir pas donné, tantôt aux loix de l'harmonie, tantôt aux mouvemens de l'éloquence, tantôt aux règles de la rhétorique, des expressions & des tours peu conformes à l'esprit d'une science positive? De plus, c'étoient des scholastiques qui alloient le juger sur ce qu'il avoit dit contre les scholastiques.

La faculté, excitée par les clameurs de Béda & d'un autre docteur nommé le Couturier, (*Sutor*) fit un examen réfléchi des œuvres d'*Erasme*, & prépara une censure. Si la réputation littéraire d'*Erasme* ne pouvoit dépendre de ses succès dans l'école, sa réputation théologique ne pouvoit que souffrir de l'éclat d'une censure. *Erasme* avoit assez recherché le mérite de l'orthodoxie pour ne le pas perdre avec indifférence; il s'allarma, sa tranquillité philosophique fut troublée, il se repentit d'avoir trop peu déféré aux avis du sage Sadolet, qui lui avoit reproché dans le secret de l'amitié ses déclamations trop fréquentes & trop vives contre des gens qui savoient se venger, s'ils ne savoient pas lui répondre : il écrivit à la sorbonne des lettres adroites & soumises, où il lui demandoit justice contre le Couturier, Béda & leurs adhérans; il rappelloit habilement les services qu'il avoit rendus & qu'il pouvoit rendre encore à l'église; il tâchoit de placer la faculté dans le point de vue où elle devoit lire ses ouvrages; il insinuoit qu'une justice rigoureuse dans l'appréciation de chacun de ses termes seroit une souveraine injustice. Il écrivit au parlement, au roi, à tous ceux qui pouvoient le protéger. Le premier président de Selve passoit pour aimer les lettres, *Erasme* le conjure au nom des lettres de prendre sa défense. François Ier étoit alors prisonnier à Madrid. « Si la fortune, » dit *Erasme* au premier président, « ne tenoit éloigné de ses états ce grand roi, ce puissant protecteur des lettres, je ne vous importunerois pas de mes plaintes; il vengeroit les muses des attentats de la barbarie. »

Dans la lettre au roi, *Erasme* disoit à ce prince que, s'il ne réprimoit l'insolence des scholastiques, elle s'attaqueroit bientôt à lui-même; ce qui ne manqua pas d'arriver, & déjà elle s'attaquoit à la reine de Navarre sa sœur.

Erasme écrivit à Noël Béda lui-même, pour tâcher de lui inspirer quelques remords sur ses violences, sur ses calomnies, sur ses animosités cruelles; c'étoit vouloir perdre une lettre. Il supputa les erreurs volontaires de Béda, &, sans le traiter à la rigueur, il trouva de compte fait cent quatre-vingt-un mensonges simples, trois cents dix calomnies & quarante-sept blasphêmes. Béda, pour toute réponse, pressa la censure de sorbonne.

François Ier, à son retour en France, se fit rendre compte du démêlé d'*Erasme* avec la faculté de théologie; il prit le parti d'*Erasme*, la censure de ses œuvres n'en fut pas moins conclue le 16 décembre 1527; à la vérité elle ne fut rendue publique que quatre ans après.

Erasme répondit avec beaucoup d'esprit & de modération à ce décret, qui ne paroît pas lui avoir enlevé l'estime des papes, ni celle des catholiques modérés.

Berquin ne vit point paroître cette censure, mais il la vit porter; il en fut indigné, il voulut venger son ami & se venger lui-même; mal instruit, mal corrigé par le malheur, il parla plus haut que jamais contre les moines & les théologiens; attaché à *Erasme* par tendresse, par reconnoissance & par admiration, il se livra au plaisir de le traduire & de le vanter, quoiqu'*Erasme* l'avertît de supprimer des éloges qui pourroient devenir funestes à tous les deux. Ces traductions furent depuis condamnées par la sorbonne. Berquin prenoit mal son temps. Quelques luthériens iconoclastes ayant mutilé & percé de coups de poignard une image de la Vierge, placée au coin de la rue des Rosiers & de la rue des Juifs, dans le quartier Saint-Antoine, le roi voulut expier lui-même cette profanation par une procession solemnelle, le 11 juin 1528; & depuis cette époque, ce prince, jusques-là tolérant, s'arma de rigueur contre les luthériens : *Erasme* comprit bien que les persécuteurs alloient devenir formidables; envain l'imprudent Berquin lui écrivoit que *le temps étoit venu d'abaisser tous les scholastiques*; « le temps est venu de ménager tout le » monde, lui répondoit *Erasme*, craignons sur-tout

» Béda & ses semblables, fuyons leurs disputes, » dérobons-nous à leurs procédures. » Bayle applique ingénieusement à la témérité de Berquin l'apologue du loup & de la grue :

Ingrata es, inquit, ore quæ nostro caput
Incolume abstuleris, & mercedem postulas.

Il cite aussi fort à propos sur le même sujet ces vers d'Horace, ode IV, liv. IV.

Cervi, luporum præda rapacium,
Sectamur ultrò quos opimus.
Fallere & effugere est triumphus.

Les scholastiques, pour se dédommager de n'avoir pu faire brûler *Erasme* qui s'étoit défendu par écrit, & de loin, parvinrent à faire condamner au feu son ami Berquin, comme hérétique opiniâtre; ce qui fut exécuté le 22 avril 1529. *Erasme* pleura & combla d'éloges son malheureux ami.

C'étoient du moins des ouvrages sérieux d'*Erasme* qu'on avoit censurés en 1527, mais la plaisanterie de *l'Eloge de la folie* fut très-sérieusement & très-durement censurée par la sorbonne le 27 janvier 1542, près de six ans après la mort d'*Erasme*. On dit, dans cette censure, qu'il a osé insulter d'une bouche corrompue & blasphématoire, les religieux mendians. Dès le 26 mai 1526, la sorbonne avoit condamné les Colloques d'*Erasme*, auxquels elle appliquoit ce mot de saint Paul : *corrumpunt bonos mores colloquia prava*.

Les moines ne perdoient pas une occasion d'insulter *Erasme*: quand ils publièrent en Flandre la bulle de Léon X contre Luther, ils eurent soin d'avertir qu'*Erasme*, qui n'avoit point encore été censuré alors, étoit un ennemi bien plus dangereux. A Bruges, un cordelier prêcha contre *Erasme* & Luther, car c'étoit l'usage de les joindre ensemble dans ces déclamations satyriques qu'on appelloit des sermons; *Erasme*, disoit-on, avoit pondu les œufs, Luther avoit fait éclorre les poulets; le cordelier, après les avoir traités de *bêtes*, d'*ânes*, de *souches*, passa aux grands reproches, & se chargea de faire voir qu'*Erasme* étoit tout plein d'hérésies : un magistrat surpris de cette imputation, qui devoit pourtant moins l'étonner que celle de *bêtise* & d'*ânerie*, alla trouver le moine & demanda instamment à voir ces hérésies. « A Dieu ne plaise, dit le moine, » que j'aye jamais lu les livres de ce » bel-esprit; je jetai les yeux un jour sur ses para- » phrases, c'étoit un latin si élevé que je n'y pus » rien comprendre; cet homme ne peut être qu'un » hérétique. » Un carme, prêchant à Paris devant François I, annonça l'arrivée prochaine de l'ante-christ; il en compta tous les précurseurs, en France le Fèvre d'Estaples, en Allemagne Reuchlin, en Brabant, *Erasme*. A Anvers, le cordelier Nicolas Herborn écrivoit qu'*Erasme* seul avoit fait plus de mal que Luther, Zuingle, Œcolampade: ces quatre hommes étoient les soldats de Pilate qui avoient crucifié Jésus-Christ, il appliquoit sur-tout à *Erasme* ce mot de l'Ecriture : *il seroit bon que cet homme ne fût jamais né*. Un dominicain disoit ou en chaire ou à table : *non, il n'y a point d'hérétique plus scélérat qu'Erasme*. Un autre dominicain, nommé Vincent, disoit : *c'est Erasme qui a fourni à Luther tout son venin*. Le cordelier Pierre le Cornu, expliquant ces paroles du pseaume 90 : *vous écraserez le lion & le dragon*, disoit, *le lion, c'est Luther; le dragon, c'est Erasme*.

A Constance, un docteur avoit dans son cabinet le portrait d'*Erasme*, & ne manquoit jamais de cracher dessus en passant. Il écrivoit: « on a brûlé ou égorgé plusieurs milliers d'hérétiques, c'est quelque chose que cela; mais ce n'est rien, si on laisse vivre *Erasme*, leur maître. »

Rien n'égaloit le zèle du carme Nicolas d'Egmond; ses déclamations contre *Erasme* sont le délire de l'intolérance & de la brutalité. (*Voyez* son article) C'est ainsi qu'on traitoit, à Louvain, l'homme à qui Rotterdam sa patrie érigea une statue avec l'applaudissement de toutes les nations.

Ce n'étoient pas seulement les moines qui l'outrageoient pendant sa vie; plusieurs gens de lettres furent injustes à son égard : le prince de Carpy, Scaliger, Dolet, Hutten, Eppendorff, Stunica, Caranza, Aléandre, & beaucoup d'autres savans de tous pays écrivirent contre lui & lui donnèrent des mortifications.

Né en 1467, il mourut à Bâle en 1536.

ERATOSTHENE. (*Hist. anc.*) Sous le règne de Ptolémée Evergète, premier selon les uns, second selon les autres, (ce qui feroit la différence du troisième au septième roi depuis Alexandre le grand) Eratosthène, originaire de Cyrène, ville grecque sur la côte septentrionale de l'Afrique, fut appellé en Egypte pour présider à l'académie du *musæum* & à la bibliothèque d'Alexandrie; il posséda cet emploi pendant quarante-cinq ans : poësie, grammaire, philosophie, critique, mathématiques, astronomie, tout étoit du ressort de ce savant; il se distingua dans tous les genres; il ne fut, dit-on, le premier dans aucun, mais il parut y être le second, & c'est ce qui lui fit donner le surnom de *Béta*, seconde lettre de l'alphabet grec : d'autres croyent que ce surnom lui fut donné parce qu'il fut le second bibliothécaire d'Alexandrie, ayant succédé immédiatement à Zénodote, qui avoit été le premier. Il avoit déterminé la figure de la terre, &, selon la remarque de M. Fréret, cette opération étoit si exacte, que, comparée à celle de l'académie des sciences, elle n'en différoit que de quelques stades. On peut voir dans le 26e. volume des Mémoires de littérature ce que M. d'Anville & M. de la Nauze ont écrit à ce sujet. Il avoit fait une étude particulière de l'histoire & de la chronologie. Il avoit publié une chronologie complète de l'histoire grecque; elle remontoit jusqu'aux temps les plus reculés, & fixoit même l'époque de plusieurs événemens des temps héroïques. C'est le plus ancien chronologiste grec après les marbres de Paros ou d'Arondel. (Voyez *Arondel.*) L'intervalle d'environ quatre cents ans qu'il met entre le règne d'Inachus & la prise de Troye, & l'intervalle pareil qu'il met entre la prise de Troye & la première olympiade, sont adoptés par les plus célèbres chronologistes.

Eratosthène s'appliqua fortement à la recherche des antiquités égyptiennes; il ajouta des supplémens à l'ouvrage de Manéthon sur l'histoire d'Egypte. Nous avons un fragment de cet ouvrage d'*Eratosthène*; il nous apprend les noms & la suite des trente-huit premiers rois de Thèbes & la durée de leur régne. Ce fragment est d'un très-grand usage pour fixer la chronologie égyptienne. Apollodore, successeur d'*Eratosthène* dans l'emploi de bibliothécaire d'Alexandrie, & qui écrivoit du temps de Ptolémée Phiscon, huitième roi après Alexandre, inséra dans sa chronique la liste des rois de Thèbes, donnée par *Eratosthène*; & comme elle finissoit au temps où cette ville avoit cessé d'être la capitale de l'Egypte, il y ajouta une continuation comprenant le reste des princes qui avoient régné sur le pays jusqu'à la destruction du royaume par les Perses. Voilà ce que dit M. Fréret, Mém. de Littérature, tome VI, page 183; mais voici ce que nous trouvons dans un article communiqué par M. Richer du Bouchet & inséré dans la dernière édition de Morery. Le Canon des rois thébains d'*Eratosthène*, tiré des Annales d'Apollodore, est rapporté dans la Chronographie du Syncelle, qui nous apprend que ce Canon contenoit une simple liste de quatre-vingt-onze rois thébains; mais comme le Syncelle ne connoissoit point ces rois, & qu'il n'a pu en faire usage dans sa Chronographie, il s'est contenté de nommer les trente-huit premiers & a supprimé les cinquante-trois suivans comme inutiles. Scaliger a transcrit les noms de ces trente-huit premiers sans avertir de la suppression des cinquante-trois autres. De-là une erreur parmi les savans. On a cru qu'Améthosthène, trente-huitième roi de ce canon, a été le dernier roi de cette monarchie de la Thébaïde, ou haute Egypte; mais M. Richer du Bouchet croit qu'on peut démontrer, 1°. qu'elle éprouva seulement alors une révolution, & qu'Osymandias fit la conquête des deux royaumes d'Egypte, savoir, de la basse & de la haute, & même de toute l'Asie: 2°. que la Thébaïde ou la haute Egypte a égalé la monarchie de la basse Egypte dans sa durée, comme dans sa gloire: 3°. qu'elles ont commencé dans le même temps, quoique par différens princes, mais qu'elles ont fini ensemble, détruites par les mêmes rois perses; qu'enfin on peut démontrer la suite des rois thébains que le Syncelle a supprimés, & développer l'histoire des trente-huit premiers qu'il a ignorée; ce qui lui fit regarder cette liste comme une curiosité inutile.

Eratosthène avoit laissé plusieurs poëmes; on n'en a aussi que des fragmens: on a, par exemple, ses vers élégiaques sur la duplication du cube, singulier sujet de poësie & d'élégie.

Eratosthène étoit dans l'opinion que les poëtes ne se proposoient que de plaire & nullement d'instruire: cette idée étoit plus d'un bel-esprit que d'un savant. Le géographe Strabon, qui l'a relevé assez mal sur divers points de géographie, la, dit-on, fort bien relevé sur cette opinion littéraire. *Eratosthène* ne vouloit-il que plaire en traitant de la duplication du cube? Cela se peut, après tout. M. de Voltaire, dans l'épître à Mme. du Châtelet sur la philosophie Newtonienne, plaît beaucoup par le mérite d'une grande difficulté heureusement vaincue; mais si ses beaux vers rappellent la philosophie Newtonienne à ceux qui la connoissent, ils ne la feroient pas connoître à ceux qui l'ignorent. Ils n'instruisent donc pas. Au reste, sur cette question d'instruire & de plaire, on ne dira jamais rien de mieux que ce qu'a dit Horace:

> *Aut prodesse volunt aut delectare Poëtæ,*
> *Aut simul & jucunda & idonea dicere vitæ....*
> *Omne tulit punctum, qui miscuit utile dulci,*
> *Lectorem delectando pariterque monendo.*

On appelle le *crible d'Eratosthène* une méthode inventée par ce savant pour connoître les nombres qui n'ont point entre eux de mesure commune.

Il forma le premier observatoire, il observa l'obliquité de l'écliptique. On lui donna les surnoms de *Cosmographe*, d'*Arpenteur de l'univers*, de *second Platon*. Le peu qui nous reste de ses ouvrages a été imprimé à Oxford, en 1672, en un volume in-8°. Il a vécu jusqu'à quatre-vingts ans, selon Suidas, jusqu'à quatre-vingt-deux selon Lucien. M. Bonami, Mém. de Littérat. vol. IX, page 404, place sa mort à la 7e. ou à la 9e. année du règne de Ptolémée Epiphanes, environ deux siècles avant J. C.

Il y a un autre *Eratosthène* dit *le Gaulois*, parce qu'il étoit né dans les Gaules, & qu'il est auteur d'une *histoire des Gaules*, dont parle Etienne de Byzance, qui l'attribue, mal-à-propos, à Eratosthène de Cyrène. Le Gaulois est postérieur d'un siècle au Cyrénéen.

ERCHEMBERT, (*Hist. litt. mod.*) chroniqueur des Lombards, dont l'abrégé sert de suite à Paul Diacre, & s'étend depuis l'an 774 jusqu'à l'an 888. Il étoit lombard & bénédictin, & vivoit au neuvième siècle.

ERCILLA-Y-CUNIGA, (DOM ALONZO D') (*Hist. litt. mod.*) espagnol, auteur du poëme de l'*Araucana*, ainsi appellé du nom d'une contrée montagneuse du Chily, où il fit une guerre pénible & périlleuse à des peuples rebelles, c'est-à-dire, aux naturels du pays, qui, réclamant le droit imprescriptible de la liberté, tentoient de secouer le joug trop dur de l'Espagne: il fut vainqueur &

chanta sa victoire. Il étoit dans l'armée de Philippe II, à la bataille de Saint-Quentin, en 1557.

ERIC, *ou* HENRI, (*Histoire de Danemarck*) nom commun à plusieurs princes du Nord; quelques historiens de Danemarck parlent de deux *Erics*, l'un qui régnoit vers 846, l'autre vers 860, & qui tout deux s'opposèrent d'abord au progrès de l'Evangile, & finirent par le protéger; mais comme il est douteux qu'ils aient été rois de Danemarck, & qu'on a soupçonné qu'ils n'étoient que des princes tributaires de cette couronne, nous regarderons comme le premier roi de ce nom celui que quelques chroniques suspectes ne placent que le troisième.

ERIC I, roi de Danemarck: il étoit le quatrième des fils de Suénon II. Après la mort d'Olaüs son frère, les états le couronnèrent en 1095; il fit aux Vandales une guerre opiniâtre, inonda de sang leur capitale, la livra aux flammes, ravagea leurs campagnes, & fit ouvrir le ventre & déchirer les entrailles des prisonniers: tout couvert du sang d'une nation belliqueuse, il n'osa punir l'audacieux archevêque de Brême, qui vouloit assujettir tout le Danemarck à sa jurisdiction; il en appella au pape, & client du saint siége, alla humblement plaider sa cause à Rome contre son vassal; il obtint la canonisation de Canut IV, alla visiter la Terre sainte, & mourut en Chypre l'an 1105, après avoir fait beaucoup de mal à ses voisins & peu de bien à ses sujets. L'histoire le peint cependant affable, éloquent, libéral, sur-tout envers les gens d'église. (*M. de Sacy.*)

ERIC II, surnommé *pied de lièvre* & *illustre*, roi de Danemarck. On lui donna le premier de ces surnoms lorsque fuyant devant ses ennemis il erroit de retraites en retraites, sans secours, sans amis; & le second, lorsque sorti de son asyle, plus terrible que jamais, il écrasa ses persécuteurs au milieu de leurs triomphes. Il étoit fils d'*Eric* le Bon; mais, né d'une alliance adultère, il perdit par sa naissance les droits que ses hautes qualités pouvoient lui donner sur le trône. Canut son frère ayant été assassiné par Magnus, fils du roi Nicolas l'an 1133, il assembla la nation, cria vengeance, & le même cri fut répété par les Danois; on courut aux armes, & pour venger la mort d'un homme, on en égorgea des milliers. *Eric* fut proclamé roi par les Zélandois & les Scaniens; l'empereur Lothaire appuya cette révolution; il espéroit, en plaçant *Eric* sur le trône, compter un vassal de plus parmi les têtes couronnées, & rendre le Danemarck tributaire de l'Empire. Le nouveau roi chercha avec plus d'empressement l'alliance des Norwégiens, plus utile & moins dangéreuse. Avec ces secours il triompha sur mer, tandis que ses troupes étoient défaites dans la Juthie; vainqueur & vaincu presque dans le même temps, il alla chercher un asyle en Norwége. Il n'y trouva qu'une prison: le roi le fit arrêter; mais il sut tromper la vigilance de ses gardes, s'échappa, rassembla quelques amis, eut bientôt une armée, mit en déroute celle de Nicolas, & fut reconnu par tout le Danemarck après la mort de ce prince; il gouverna l'état avec sagesse, traita le clergé avec fermeté, le peuple avec douceur, ses officiers avec noblesse; mais les conseils perfides des pestes de cour le rendirent barbare; il fit périr les enfans de Harald son frère, quoique leur foiblesse fût un garant de leur innocence, & qu'ils n'eussent point trempé dans les complots que leur père avoit tramés contre *Eric*. Celui-ci fut assassiné par un certain Plogh, ministre de la fureur des Scaniens révoltés. Ce fut l'an 1138 que se commit ce régicide. (*M. de Sacy.*)

ERIC III, roi de Danemarck, surnommé l'*Agneau*, ne succéda à *Eric II* que l'an 1140 La force de son parti abattit ses concurrens à ses pieds; on le conduisit au trône plutôt qu'il n'y monta lui-même; il s'y endormit dès qu'il y fut placé, fut le jouet des prélats, l'esclave de ses courtisans, & laissa à ses ministres tout le fardeau du gouvernement; il ne s'occupa que du soin de se nourrir & de se conserver; il reconnut bientôt qu'il avoit manqué sa vocation, & qu'il étoit destiné à la vie monastique. Il descendit donc dans un cloître l'an 1144; mais lorsqu'on lui annonça que la nation s'assembloit pour lui nommer un successeur, il en mourut de dépit. (*M. de Sacy.*)

ERIC IV, roi de Danemarck, avoit vingt-cinq ans accomplis lorsqu'il succéda à Valdemar II son père, en 1241; il avoit un cœur droit, un esprit cultivé, des manières affables, des mœurs simples, un caractère doux & pacifique: résolu de ne jamais faire la guerre, il le déclara hautement, & l'on entendit aussi-tôt murmurer la noblesse qui ne subsistoit alors que par les malheurs du peuple, & tant d'hommes intéressés à étouffer, par le tumulte des armes, la voix impuissante des loix; mais bientôt les entreprises audacieuses de la ville de Lubec le forcèrent à prendre les armes; il les quitta dès qu'il le put, satisfait d'avoir humilié cette république. Mais à peine cette guerre étoit-elle terminée, que ses trois frères lui refusèrent l'hommage qu'ils lui devoient, réunirent leurs forces, & marchèrent contre lui: cette guerre fut longue & meurtrière. *Eric* fut enfin toucher le cœur de Christophe, & l'exemple de celui-ci entraîna bientôt les autres. La paix fut signée, Christophe étoit déjà rentré dans ses domaines. Abel & Canut rentrèrent aussi dans leurs duchés de Slefwick & de Blecking, mais à condition d'en faire hommage au roi. Cependant le perfide Abel méditoit une vengeance digne de son cœur; il attire *Eric* dans son palais, & au milieu des caresses que sa fausse amitié lui prodiguoit, le fait enchaîner & jeter dans un bateau à la merci des flots; il y périt l'an 1250. Abel jouit du fruit de son crime, tint quelque temps le Danemarck dans l'illusion, & persuada à ses crédules sujets qu'il étoit le vengeur de son frère lorsqu'il en étoit l'assassin. La vérité fut reconnue; *Eric* fut canonisé en 1256. (*M. de Sacy.*)

ERIC V, surnommé *Glipping*, parceque ses paupières étoient sans cesse en mouvement. Il monta l'an 1259, à l'âge de dix ans, sur le trône de Danemarck, à qui l'ambition du clergé avoit fait essuyer, pendant le règne de Christophe, les secousses les plus violentes; les évêques refusèrent de le reconnoître; le pape Alexandre IV prétendit aussi qu'il perdoit tous ses droits à la couronne, s'il ne délivroit l'archevêque de Lunden, que Christophe avoit fait mettre dans les fers. Il sembloit singulier qu'un roi du Nord eût besoin du suffrage d'un pontife italien pour obtenir celui de ses sujets. Le clergé fomenta les divisions qui déchiroient l'état. *Eric* étoit fils de Christophe; un autre *Eric*, fils d'Abel, avoit des prétentions sur le duché de Slefwick; les évêques & les comtes de Holstein se liguèrent en sa faveur. On prit les armes, on en vint à une bataille; deux généraux danois s'enfuirent lâchement; le roi fut fait prisonnier; on lui rendit sa liberté; il reparut dans le Danemarck; les deux généraux qui avoient donné aux soldats l'exemple de la fuite, Yvon & Fingli périrent sur un échafaud. *Eric*, pour défendre ses états contre de nouvelles irruptions, acheta du duc de Slefwick la ville de Kolding, qu'il fit fortifier. Tandis qu'il veilloit ainsi à la sûreté de ses états, les évêques manœuvroient sourdement contre lui; chaque jour on découvroit de nouvelles conspirations; *Eric* n'osoit punir les coupables; le pape le menaçoit de sa colère, & le roi se vit contraint de prendre le pontife pour juge entre ses sujets & lui. Ce fut par cette démarche humiliante qu'il acheta un repos qu'il consacra tout entier au bonheur de ses sujets. Le mariage de sa sœur avec le Margrave de Brandebourg, la tutelle des enfans du duc *Eric*, des secours accordés au duc Magnus, les suffrages du peuple gagnés en faveur du jeune *Eric*, à qui la couronne fut assurée, une alliance contractée avec la Suède; els furent les soins qui partagèrent les momens d'*Eric* sur le trône. Il protégea le commerce, accorda aux habitans de Déventer & de Harderwik une partie du territoire de Scanor, confirma les privilèges de la ville de Lubec, lui en accorda de nouveaux, lui permit de nommer un préfet à Scanor & à Falsterbo; il fit un code de police appellé *Birckeret*, châtia la révolte du duc de Slefwick, lui donna des fers, & les brisa presque aussi-tôt. Il mourut l'an 1286. On ne peut guère lui reprocher que la foiblesse qu'il montra dans ses démêlés avec les évêques & la cour de Rome. Il souffrit que le pape lui écrivît du ton dont un souverain écriroit à son sujet. (*M. de Sacy.*)

ERIC VI, roi de Danemarck, fils du précédent *Eric*, désigné pour succéder à son père, fut reconnu par la nation aussi-tôt qu'*Eric V* eut fermé les yeux; il étoit en bas âge, & le roi de Norwége profita de sa foiblesse pour l'attaquer; les troubles prêts à éclorre dans le Danemarck redoubloient l'audace des Norwégiens. Pendant la minorité d'*Eric*, les Etats cédèrent à Valdemar, duc de Slefwick, quelques domaines de la couronne, entre autres les îles d'Alsen, d'Arroé & de Femeren: dès qu'*Eric* put régner par lui-même, il les réclama, & voilà la guerre allumée; *Eric* débuta par une victoire navale; mais les complots du clergé, les menaces de la cour de Rome le forcèrent bientôt à conclure une trêve avec le roi de Norwége, pour négocier avec l'Eglise irritée. Son mariage avec Ingéburge, fille du roi de Suède, qui, en lui assurant l'appui de cette couronne, auroit effrayé toute autre puissance, ne parut pas inquiéter le clergé. Boniface VIII étoit alors sur le saint siége: cet homme impérieux s'étoit déclaré le maître & l'ennemi des rois; si la France ne lui eût pas opposé un Philippe le Bel, il auroit disposé de toutes les couronnes de l'Europe. Ce pape condamna *Eric* à une amende de quarante-neuf mille marcs d'argent, pour avoir fait enfermer un archevêque. Enfin, il l'excommunia, lança un interdit sur son royaume, & dégagea ses sujets du serment de fidélité. Ce qu'il y a de plus étonnant dans cet événement, c'est que ce fut au pape que le roi appella de la sentence lancée par ce pape même. Ce ne fut qu'en 1303 qu'il reçut un pardon aussi humiliant que le châtiment même. La situation du Danemarck n'en fut pas beaucoup plus heureuse; le roi toujours en guerre, tantôt avec la Suède, tantôt avec la Norwége, quelquefois avec l'ambitieux Christophe son frère, souvent même menacé par des scélérats qui en vouloient à ses jours, ne connut pendant plusieurs années que les chagrins qui assiégent le trône. Malgré toutes ces inquiétudes, son goût pour les fêtes publiques se réveilla. Il donna des tournois dans la Vandalie; la ville de Rostoch fut allarmée du concours de princes que cette fête devoit attirer dans ses murs; elle refusa ses portes, on ouvrit la lice dans les environs; mais à peine les tournois furent finis, que la ville fut assiégée. Après une longue défense, elle fut forcée de se rendre; le roi lui donna pour protecteur Henri de Mecklenbourg; il conquit ensuite l'île de Bornholm, accorda sa protection à la ville de Stralsund, dont le margrave de Brandebourg prétendoit aussi être le protecteur. On sent assez que, si cette protection n'eût pas été payée fort cher par la ville, ces deux princes ne se seroient pas disputé avec tant de violence le droit de secourir ses habitans. Le roi l'emporta: la protection du plus fort fut préférée par nécessité, quoiqu'elle fût la plus dangereuse. *Eric* mourut l'an 1319. C'étoit un prince généreux, équitable, & qui n'abusa jamais du pouvoir suprême. Un seul trait suffira pour faire connoître son caractère. Ayant découvert en 1312 une conspiration formée contre sa personne, il convoqua une assemblée des Etats-généraux; il y dévoila tout le projet de cet attentat, nomma les chefs, & même les complices, marqua l'heure de l'exécution, répandit le jour de la vérité sur toute cette conjuration, & finit par demander aux Etats la grace des coupables. (*M. de Sacy.*)

Eric VII, fils de Christophe II, fut associé par son père au trône de Danemarck l'an 1322. Christophe, accablé d'infirmités, vouloit rejeter sur ce prince le fardeau entier du gouvernement; mais celui-ci étoit à peine en état de le partager; c'étoit plutôt un soldat qu'un roi; il étoit moins ministre que citoyen; il défendit son père avec beaucoup de courage contre ses sujets révoltés; il fut pris, porta ses fers avec une noble fierté, & se montra plus grand dans sa prison que sur le trône; il combattit avec bravoure à la bataille de Lohède; mais toute son armée ayant été taillée en pièces, il suivit la déroute générale: malheureusement pour sa gloire, ce fut dans sa fuite qu'il tomba de cheval, il mourut de cette chûte l'an 1332. (*M. de Sacy.*)

Eric VIII de Poméranie, roi de Danemarck. Il se nommoit d'abord Henri; il étoit fils de Wratislas VII, duc de Poméranie, & de Marie de Meklenbourg; celle-ci étoit née du mariage de Henri de Meklenbourg avec Ingeburge, sœur de Marguerite, reine de Danemarck. Cette princesse, qui avoit réuni sur sa tête les trois couronnes de Suède, de Danemarck & de Norwége, ayant consulté la nation Suédoise sur le choix de son successeur, on lui laissa la liberté de disposer de sa couronne en faveur de celui des enfans de Wratislas qui lui paroîtroit le plus digne de la porter. Elle désigna le jeune Henri, dont le nom fut changé en celui d'*Eric*. Ce prince, épousa, l'an 1406, Philippine, fille de Henri IV, roi d'Angleterre, & fut couronné roi de Suède l'an 1411. Il aimoit la guerre, & ignoroit l'art de la faire; à peine fut-il sur le trône, qu'il prit les armes contre sa bienfaitrice; le duché de Sleswick étoit l'objet de cette querelle. Les troupes d'*Eric* furent battues; Ulric de Meklenbourg fut l'arbitre de ce différent; il jugea que la ville de Flensbourg devoit rester en dépôt entre les mains de la reine, jusqu'à ce qu'on eût pesé plus sérieusement les raisons des deux partis. Cet examen devint inutile par la mort de la reine: *Eric* succéda à ses trois couronnes. Les premiers jours de son règne promettoient un gouvernement doux & modéré; mais ces espérances s'évanouirent bientôt. Le roi fit assembler les Etats-généraux, & déclara que les comtes de Holstein étoient déchus de tous leurs droits sur le duché de Sleswick, parce qu'ils avoient porté les armes contre la reine Marguerite, & qu'ils avoient appellé l'étranger dans le Danemarck. Il les condamna à restituer à la couronne tous les frais de la guerre. Le duc de Brunswich étoit tuteur des comtes de Holstein; il soutint avec fermeté les intérêts de ses pupilles. Déjà l'armée danoise étoit dans le duché de Sleswick; mais elle ne donna pas un combat sans être vaincue, n'investit pas une ville sans être forcée d'en lever le siége. Contraint à offrir la paix, *Eric* essuya la honte d'un refus; sa fureur s'assouvit sur les malheureux habitans de l'île de Femeren, qui furent massacrés sur les ruines de leurs villages & sur les cendres de leurs moissons. *Eric* se repentit bientôt de cette vengeance atroce; mais ses remords impuissans ne réparoient point les maux que ses soldats avoient commis. Un traité d'alliance qu'il conclut avec la Pologne n'effraya point ses ennemis. Il leur livra une nouvelle bataille; ce fut pour eux un nouveau triomphe. Il courut ensuite l'Allemagne, importunant toutes les cours de ses plaintes; il parut à celle de l'empereur, poursuivit sa route jusqu'en Palestine, & revint pour être la victime de tous les désordres que son absence avoit causés. Il fallut reprendre les armes & essuyer de nouvelles disgraces dans le duché de Sleswick. *Eric*, désespéré de ne pouvoir faire par lui-même à ses ennemis tout le mal qu'il leur préparoit, souleva les habitans des villes de Vandalie contre leurs magistrats, renouvella son alliance avec l'Angleterre, & tenta en vain d'engager cette puissance dans sa querelle. Cependant l'esprit de révolte fermentoit en Suède; on reprochoit au roi des fautes qu'il avoit commises; on lui en cherchoit d'autres dont il étoit innocent; la domination danoise devenoit chaque jour plus odieuse; les remontrances du peuple étoient fières, les réponses du roi étoient dures: tout se souleva. *Eric* voulut passer en Suède, il fit naufrage; revenu en Danemarck, ce prince tenta de nouveaux efforts pour châtier les Suédois rebelles. Les Danois commençoient aussi à se lasser de son joug; il voulut désigner pour son successeur Bogilas son neveu, duc de Poméranie. Ce choix irrita la nation; *Eric* part, s'enfuit en Prusse, veut revenir en Suède, éprouve encore les caprices de la mer, est rejetté en Danemarck, se hâte de rassembler toutes ses richesses, s'enfuit dans l'île de Gothland. On le rappelle en Suède, il y reparoît & on le chasse; les trois royaumes renoncent à l'obéissance qu'ils lui avoient jurée. Il est contraint d'aller dans l'île de Gothland cacher son désespoir & son infortune. Ses trésors le consoloient de tout: ce fut avec cette arme qu'il causa dans la Scanie & dans la Fionie quelques révoltes momentanées; il employa encore ses richesses à armer des corsaires, qui allèrent ravager les côtes, écumer les mers & porter la terreur jusqu'au centre des Etats sur lesquels il avoit régné. Ce fut dans sa retraite qu'il composa une histoire chronologique des rois de Danemarck.

Cependant Christophe de Bavière avoit réuni sur sa tête les trois couronnes que les nations soulevées avoient arrachées au malheureux *Eric*. On ne le laissa pas tranquille dans le Gothland; il fallut l'y attaquer pour rendre la liberté au commerce & détruire les pirates qu'il envoyoit sur les mers; il fut assiégé dans Wisby; son courage se ranima: il fit voir que si la nature lui avoit refusé les talens d'un roi, elle lui avoit au moins donné la bravoure d'un soldat. La ville fut emportée d'assaut; il se retira dans la citadelle; le siége continua & fut terminé par une capitulation, forcé de sortir de l'île de Gothland, il s'embarqua sur la flotte danoise; on lui offrit dans le Danemarck un séjour agréable, si toutefois il en est pour un souverain détrôné; il le rejetta, & ne voulut point être témoin de la gloire de son ennemi, ni demeurer parmi ses sujets qui l'avoient persécuté; *Eric* retourna en Poméranie, où il vécut dix ans encore; il ne lui manqua plus pour être heureux que de perdre le souvenir de sa grandeur passée. Il mourut l'an 1459, à l'âge de 77 ans. Ce prince étoit plus foible que méchant, plus furieux qu'opiniâtre. Le repentir suivoit de près les effets de sa colère; brave, mais ignorant l'art de conduire une armée, connoissant les intérêts des puissances, mais n'ayant pas étudié le cœur humain, fait pour régner sur un peuple tranquille, le fardeau de trois couronnes étoit au-dessus de ses forces. Son voyage en Palestine fut sa plus grande faute & l'époque de tous ses malheurs. Peu s'en fallut même que le retour ne lui fût fermé pour jamais. Il étoit à Bude: un syrien le fit peindre, envoya son portrait dans sa patrie, & avertit ses amis que cet homme, déguisé sous l'habit de pélerin, étoit le plus puissant roi du Nord. Il fut arrêté dès qu'il parut en Syrie, on alloit le traîner devant le sultan. Mais il savoit que dans l'Orient, comme dans le Nord, le plus farouche satellite n'est pas insensible à l'appât de l'or; il racheta sa liberté par ses largesses. (*M. de Sacy.*)

ERIC III, surnommé *le Sage*, (*Hist. de Suède.*) roi de Suède, descendoit d'une famille illustre en Norwége. Gother, roi de cette contrée, qui aspiroit non-seulement à s'affranchir du tribut qu'il payoit au Danemarck, mais même à s'emparer de cette couronne, l'envoya à la cour de Frothon III vers le commencement de l'ère chrétienne. Il devoit examiner les forteresses du royaume, parcourir les côtes, épier les lieux propres à la descente, séduire les courtisans & former un parti pour son maître dans le palais même de son ennemi. *Eric* étoit insinuant, avoit l'extérieur doux, un langage emmiellé, une figure intéressante; son air de franchise commençoit la persuasion, son éloquence faisoit le reste. « Il venoit, disoit-il, à la cour de Danemarck » pour admirer le jeune roi, profiter des lumières » de ses ministres, étudier les progrès des arts & » enrichir sa patrie des connoissances qu'il puiseroit » parmi les Danois. » Frothon fut bientôt pris à l'appât de ses louanges, & lui donna sa confiance. Les courtisans ne l'eurent pas plutôt vu qu'ils l'estimèrent & jurèrent sa perte. Grepa offrit au roi de l'assassiner; le prince rejeta cette offre avec horreur. *Eric*, pour se venger, accusa ce ministre d'un commerce criminel avec la reine. On ordonna un duel: *Eric* fut vainqueur; mais si sa victoire étoit la seule preuve des désordres de la reine, cette accusation pouvoit bien être une calomnie. D'autres guerriers prirent la défense de la reine; *Eric* combattit & triompha encore. Frothon se crut trop heureux de posséder à sa cour un tel homme; il en fit son ministre. *Eric* aima mieux régner en Danemarck sous le nom de ce jeune prince, que d'être confondu en Norwége dans la foule des courtisans. Il rétablit l'ordre dans les finances, donna aux loix une vigueur nouvelle, rendit aux armes danoises leur premier lustre; Frothon paya tant de services en lui faisant épouser sa sœur, & le députa vers Gother, pour demander, en son nom, Alvide, fille de ce prince. Gother conçut tout-à-coup dans son cœur une passion violente pour Gonnara; c'étoit ainsi que se nommoit l'épouse d'*Eric*, qui l'avoit suivi dans son ambassade. Gother fit à ce ministre une proposition qui peint bien les mœurs barbares de ce siècle: « Cède-moi ta femme, lui dit-il, & je te donnerai « en échange pour toi-même cette Alvide, que tu » viens demander pour ton maître. » *Eric* promit de lui rendre sa réponse dans peu de jours; il profita de ce délai pour enlever Alvide, & l'amena en Danemarck. Quelque temps après, les Huns vinrent avec une flotte nombreuse attaquer celle des Danois; *Eric* dispersa, prit ou brûla leurs vaisseaux, & ramena prisonnier Olimar, leur amiral. De-là il passa en Suède, appella le roi Alric en duel, fut blessé du premier coup, tua son ennemi du second, & pour prix de cette victoire, reçut des mains de Frothon la couronne de Suède. Il ne fut point ingrat, il secourut ce prince contre les Norwégiens, & lui fit remporter une victoire éclatante, lui donna les conseils les plus sages, & du sein de ses états, gouverna encore ceux de son bienfaiteur. Il avoit un frère nommé *Roller*. Celui-ci donnoit des espérances assez belles, mais inférieures à celles qu'*Eric* avoit déjà remplies. Frothon entreprit de le placer sur le trône de Norwége, & réussit; mais bientôt ses sujets se soulevèrent. Frothon marcha à son secours avec une armée navale, engagea une action générale: la victoire balança long-temps; elle penchoit vers les Norwégiens lorsqu'*Eric* parut avec quelques vaisseaux, & mit les Norwégiens en fuite. Cependant Frothon mourut, & *Eric* n'eut pas pour les successeurs de ce prince tout le respect qu'il avoit eu pour lui-même: sous Harald II il fit une irruption dans le Danemarck, conquit ce royaume en peu de jours, & le perdit plus rapidement encore; il reparut, tomba dans une embuscade, fut pris les armes à la main. Le vainqueur offrit de lui laisser la vie & de lui rendre ses états s'il vouloit lui payer tribut, & se reconnoître vassal de sa couronne. *Eric* préféra la mort à l'ignominie; Harald le fit exposer dans un bois aux bêtes féroces, qui le dévorèrent. Telle fut la fin de cet homme étonnant, dont l'histoire est trop reculée dans les siècles de barbarie, pour que tant d'aventures singulières puissent mériter une croyance aveugle. (*M. de Sacy.*)

ERIC IV, roi de Suède, étoit fils d'Agnius; il lui succéda l'an 188 de l'ère chrétienne; s'il eût été seul sur le trône, il pouvoit être un grand prince; mais il fut forcé de partager le pouvoir suprême avec son frère Alric. Loin de s'occuper du soin du gouvernement, tous deux ne songèrent qu'à se nuire ; après bien des tracasseries qui avilissoient la majesté de leur rang, ils en vinrent aux coups, combattirent d'une manière peu héroïque, & se tuèrent tous deux. (*M. de Sacy.*)

ERIC V, VI, VII & VIII ne firent rien de mémorable. (*M. de Sacy.*)

ERIC IX, roi de Suède. Après la mort de l'infortuné Suercher, assassiné vers l'an 1149, les Suédois & les Goths s'assemblèrent pour élire un roi; les suffrages furent partagés. Les Goths, à qui la mémoire du feu roi étoit chère, proclamèrent Charles son fils; les Suédois couronnèrent *Eric*, fils de Jesward : cette double élection alloit former deux royaumes, & séparer deux nations qui devoient n'en faire qu'une ; les sages représentèrent les suites funestes de cette division ; que les deux rois, nés ennemis l'un de l'autre, se feroient une guerre opiniâtre ; que tous les deux, victimes de leurs querelles, se détruiroient par leurs propres mains, au lieu de se réunir, comme ils avoient fait jusqu'alors pour la défense commune. Leur sentiment fut approuvé ; mais à une décision dangereuse on en substitua une plus dangereuse encore. *Eric* devoit régner seul sur les deux nations, Charles devoit lui succéder, & leurs descendans devoient occuper le trône tour-à-tour. *Eric* subjugua la Finlande, & prêcha l'évangile l'épée à la main dans sa conquête ; il crut que cette expédition suffisoit à la gloire de ses armes. Dans la suite, il s'occupa du bonheur de ses états, réunit les anciennes loix dans un seul code, connu sous le nom de *Saint-Ericlag*, c'est-à-dire, *loi de saint Eric.* Il fonda des églises & des monastères ; il détruisit les brigands, éclaira les démarches des plus fortunés scélérats, fut le fléau du vice & l'appui de l'innocence. Les mœurs & la justice étoient alors si peu respectées, que ce prince équitable fut un tyran aux yeux de la moitié de la nation. Les rebelles appellèrent Scateller, roi de Danemarck, & Magnus son fils: *Eric* forcé de combattre avec peu de troupes contre les forces réunies de ses sujets & des Danois, voulut mourir en roi au champ d'honneur. Il s'avança dans la plaine d'Upsal, la bataille se donna ; *Eric*, enveloppé par dix guerriers, se défendit en héros, & mourut percé de coups; les vainqueurs lui tranchèrent la tête. Ce fut vers l'an 1160 que ce bon prince périt victime de son amour pour la justice. (*M. de Sacy.*)

ERIC X, roi de Suède, étoit fils de Canut Ericson. Après la mort de ce prince vers 1191, Suercher, fils de Charles, fut élu; *Eric* étoit résolu d'attendre, d'après le traité dont nous avons parlé ci-dessus, que la mort de celui-ci lui laissât la couronne ; mais les Suédois furent plus impatiens que lui ; fatigués du joug de Suercher, ils proclamèrent *Eric* ; son concurrent passa en Danemarck, revint, perdit une bataille, s'enfuit, reparut encore à la tête d'une armée, fut vaincu dans le même lieu, & périt les armes à la main. Quoique couronné par la fortune, deux fois vainqueur & tout-puissant, *Eric* consentit à renouveller avec les enfans de son ennemi le traité qui appelloit les deux familles au trône tour-à-tour. Ce prince passa le reste de sa vie dans un calme qui fit son bonheur & celui de ses sujets. Il mourut vers 1222. (*M. de Sacy.*)

ERIC XI, roi de Suède, surnommé *Le pse*, étoit fils du précédent. Il étoit bègue & paralytique : telle est l'origine de son surnom. Il fut sur le trône tout ce qu'un homme si disgracié de la nature pouvoit être. Il bégayoit ses ordres, mais il avoit l'art de les faire exécuter; incapable d'agir par lui-même, il avoit le coup d'œil sûr dans le choix des ministres qui agissoient en son nom.

La maison des Folkunger étoit alors si puissante en Suède, qu'elle aspiroit au trône, & ne dissimuloit pas ses prétentions. *Eric*, trop foible pour abattre, par un coup d'autorité, l'audace de cette famille, tâcha de la gagner par les bienfaits ; il maria ses sœurs, Hélène & Mirette, à Canut & à Nicolas de Tosta ; & épousa lui-même Catherine, fille de Suénon Folkunger, qui, pour être reine, ne refusa point d'entrer dans le lit d'un paralytique. Le roi se repentit bientôt d'avoir élevé cette famille; elle se forma un parti, souleva la nation, & lui mit les armes à la main contre son roi. Canut Folkunger étoit à la tête de la révolte ; il présenta la bataille à *Eric* ; la fortune ne se décida point pour la bonne cause ; *Eric* fut vaincu, s'enfuit en Danemarck; & tandis que Canut se faisoit proclamer par une multitude insensée, il reparut à la tête d'une armée danoise, gagna une bataille contre Canut, fit trancher la tête au fils de ce rebelle, força la nation à rentrer dans le devoir, & reconquit ses états. Il fit partir aussi-tôt Birgerjerl, l'un de ses parens, à la tête d'une armée, pour soumettre les Trawastiens : c'étoit des peuples de Finlande qui étoient encore plongés dans les ténèbres de l'idolâtrie ; mais ces guerriers étoient d'étranges convertisseurs. Jamais Mahomet ne cimenta d'autant de sang les fondemens de sa religion. C'étoit le fer & la flamme à la main qu'on annonçoit à ces peuples innocens un Dieu mourant pour ses ennemis. Hommes, femmes, enfans, vieillards, tout ce qui rejeta l'évangile fut impitoyablement massacré. Les ruines de leurs maisons leur servirent de tombeaux, & ce fut avec ces débris ensanglantés que ces monstres, tout dégoutans de carnage, élevèrent des temples au Dieu de paix qu'ils venoient annoncer. *Eric* ne fut ni l'auteur ni le témoin de cette barbarie ; ces horreurs se passèrent loin de lui ; il mourut avant même d'en recevoir la nouvelle, l'an 1250. Il ne laissa point de postérité. (*M. de Sacy.*)

ERIC XII, roi d'une partie de la Suède. Il étoit fils de Magnus & de la reine Blanche : né avec des

des dispositions heureuses, une ame sensible & des talens précoces; son ambition, excitée par les flatteries des courtisans intéressés à troubler l'état, fit bientôt de ce prince un fils dénaturé. Il eut un parti dès qu'il en desira un. Sa jeunesse, ses graces, tout attiroit les cœurs de son côté; le peuple courut aux armes; le jeune *Eric*, sans remords, sans crainte, marcha contre son père. Magnus chercha des amis dans le Danemarck; c'étoit la ressource ordinaire des souverains suédois lorsque leurs sujets se soulevoient contre eux; les rois de Danemarck suivoient aussi cet exemple, & châtioient l'indocilité de leurs sujets en armant la Suède contre les rebelles. On alloit en venir aux mains lorsqu'*Eric*, duc de Mecklenbourg, & Adolphe, comte de Holstein, offrirent leur médiation pour la paix; elle se fit, mais à des conditions très-dures pour Magnus. On lui laissoit, il est vrai, l'Uplande, la Gothie, le Wermland, la Dalécarlie, la Gothie occidentale, l'île d'Oëland & une partie de la province de Halland; mais il fut contraint de laisser à son fils la Scanie, le Blecking, le reste du Halland, la Smalandie & la Finlande. Ce fut en 1354 que fut conclu ce traité, aussi dangereux pour la Suède qu'injurieux à l'autorité paternelle. *Eric* jouit peu de son usurpation; il mourut vers l'an 1356; on ignore le genre de sa mort. Puffendorf assure, un peu légérement, que sa mère, jalouse de l'estime publique que son fils avoit su gagner, le fit empoisonner; on ne doit point hasarder, sans preuve, des faits révoltans qui outragent la nature; les récits des autres historiens, quoiqu'opposés entr'eux, sont cependant plus probables; les uns veulent qu'*Eric* soit mort naturellement, & que les ennemis de la reine aient saisi cette occasion de la calomnier; d'autres prétendent qu'*Eric*, devenu impérieux & féroce, fut égorgé par ses sujets. Il est assez vraisemblable qu'un prince qui haïssoit son père, n'aimoit pas ses peuples. (*M de Sacy.*)

ERIC XIII. *Voyez ci-dessus* ERIC VIII, duc de Poméranie, roi de Danemarck, de Suède & de Norwége, le huitième roi de ce nom en Danemarck, & le treizième en Suède. (*M. de Sacy.*)

ERIC XIV étoit fils de ce Gustave Vasa qui fut le destructeur de l'union de Calmar, le vainqueur de Christiern II & le libérateur de la Suède. Il succéda à ce grand homme l'an 1560, & respecta peu ses dernières volontés; il fit infirmer par les états tous les articles du testament qui lui paroissoient trop favorables à ses frères & à ses sœurs. Il rendit les comtés & les baronnies héréditaires dans les familles: ces titres avoient été jusqu'alors attachés à certaines charges. La Livonie étoit le théâtre de la guerre; trois parties de cette province s'étoient mises sous la protection de trois puissances qui y fomentoient les divisions les plus funestes. *Eric* défendit, contre la Pologne, la ville de Revel & la noblesse d'Esthonie. Les Suédois avoient encore présens à la mémoire les exemples de Gustave, son génie sembloit les animer; ils chassèrent les Polonois & continrent les Danois. *Eric* se persuada que ce succès étoit un titre pour prétendre à la main de l'auguste Elisabeth, qui gouvernoit alors l'Angleterre; il s'embarqua pour aller l'épouser, mais les vents le rejetèrent sur les côtes de Suède: il perdit bientôt de vue ce projet formé par l'amour & par l'ambition, ou peut être par ces deux passions à la fois. Ce prince, aussi imprudent que volage, voulut gêner le commerce des villes anséatiques, & les empêcher de traiter avec la Moscovie. Fréderic, roi de Danemarck, désespérant de rétablir jamais l'union de Calmar, vouloit au moins ravager des états qu'il ne pouvoit conquérir. Il déclara la guerre au roi de Suède; ces deux nations ne manquoient point de prétextes pour s'entr'égorger; quand il n'y avoit point de différens nouveaux, on réveilloit les anciennes querelles. Au milieu de ces troubles désastreux, *Eric* s'occupoit de projets galans, offroit son cœur tour-à-tour à Marie, reine d'Ecosse, à la princesse de Lorraine, fille de Christiern II, & par un penchant irrésistible, retournoit à la reine Elisabeth. Tandis qu'il nouoit ces intrigues & qu'il essuyoit des refus, la Moscovie, la Pologne & le Danemarck se liguoient contre lui, & son frère Jean épousoit une princesse de Pologne. *Eric* tenta en vain de détacher le Danemarck de cette ligue; ses ambassadeurs furent arrêtés à Copenhague. Le roi devint furieux à cette nouvelle, & ce délire ne fut pas un transport momentané. Résolu de sacrifier son frère, il le fit assiéger dans le château d'Abo; après une défense de trois mois, ce prince fut pris, conduit à Stockholm & condamné à perdre la tête comme rebelle. *Eric* lui accorda la vie, mais il le condamna à languir dans une prison perpétuelle, fit périr plus de cent de ses domestiques, condamna aux mines ou bannit pour jamais le reste de ses partisans. La vie de l'infortuné Jean n'étoit pas en sûreté dans son cachot; *Eric* croyoit à l'astrologie judiciaire; de misérables charlatans s'efforçoient de lui persuader que son frère devoit un jour lui donner la mort, & sa crédulité pensa lui faire commettre un fratricide. Une victoire navale, remportée sur les Suédois, n'effraya point Frédéric: la guerre continua. *Eric*, toujours impatient de se marier, envoya des ambassad urs en même temps à la cour de Hesse & à celle de Londres; les lettres furent interceptées, & les deux rivales conçurent un mépris égal pour ce prince.

Cependant la réputation des armes suédoises commençoit à se rétablir; l'amiral Nicolas Horn remporta de grands avantages, prit, dispersa ou fit périr plusieurs escadres danoises; tout le nord de la province de Halland fut conquis; on se livra, sous les murs de Warberg, un combat opiniâtre, où huit mille hommes restèrent sur le champ de bataille, sans qu'aucun des deux partis pût se flatter d'être vainqueur. Cependant la peste causa des ravages déplorables dans l'armée suédoise; d'un autre côté, la flotte danoise alla se briser sur les côtes de l'île de Gotlhand, & couvrit le rivage de ses débris. *Eric*, dans sa capitale, effrayoit ses sujets par les actes de sévérité les plus imposans; il fit traîner Nils-Sture avec ignominie dans les carrefours de Stockholm pour n'avoir pas, disoit-il, montré assez de courage dans un combat. Son dessein étoit d'avilir ce seigneur, que sa naissance, son crédit, ses richesses, son ambition, rendoient dangereux. Couvert de honte & de ridicule, il perdit en un jour tout l'ascendant qu'il avoit sur l'esprit du peuple.

Ce coup d'état indisposa la nation. Le penchant du roi pour des femmes nées parmi le peuple, la facilité avec laquelle il fut la dupe d'un fourbe obscur qui venoit, disoit-il, au nom des Norwégiens lui soumettre ce royaume; la foi qu'il avoit à l'astrologie, quelques accès de délire qui troubloient sa raison, la pitié qu'inspiroit le duc Jean toujours captif, la dureté avec laquelle le roi persécuta la famille de Nils-Sture, la bassesse qu'il montra en lui demandant pardon, la mort de ce seigneur assassiné de la main du roi même, la grandeur d'ame avec laquelle cet infortuné retira le poignard de sa plaie, le baisa & le rendit au roi, enfin le précepteur d'*Eric* massacré par les ordres de ce prince pour lui avoir reproché son crime; tant de motifs réunis révoltèrent tous les cœurs. *Eric*, odieux à lui-même comme à ses sujets, déchiré de remords, s'enfuit, erra dans la campagne, & fut ramené dans son palais par sa maîtresse Catherine, fille du peuple, qu'il avoit enlevée dans un marché pour la placer sur son trône. Il crut regagner les cœurs aliénés en brisant les fers de son frère; il exigea de lui un serment de ne jamais aspirer à la couronne. Le peuple parut en effet voir *Eric* d'un œil moins ennemi; mais le meurtre de Martin Helsing, qu'*Eric* tua pour avoir osé lui conseiller de se livrer moins à son favori Joran Péerson; la puissance absolue qu'il accorda à ce nouveau parvenu, firent une nouvelle révolution dans les esprits. L'étendard de la révolte fut levé; les chefs étoient les ducs Jean & Charles, frères du roi, Steen-Ericson & Thurebielk. Ils coururent de conquêtes en conquêtes; toutes les villes leur ouvroient leurs portes; toutes les troupes d'*Eric* désertoient pour passer dans leur camp; enfin ce prince fut assiégé dans Stockholm; ses défenseurs étoient ses plus grands ennemis; ils livrèrent la capitale aux rebelles; *Eric* s'enfuit dans le château; forcé de se rendre, il vit tous les ordres de l'état renoncer à la fidélité qu'ils lui avoient jurée, & fut reconduit prisonnier dans le château. Jean fut donc reconnu l'an 1568; *Eric* vécut dix ans dans sa prison; il tenta plus d'une fois de s'échapper. Une nation sensible oublia bientôt les crimes de ce prince, & ne vit que ses malheurs; la compassion succéda à la haine. Les querelles de religion formoient des partis dans l'état: quelques esprits remuans parloient de replacer *Eric* sur le trône; Jean son frère le fit empoisonner l'an 1578; ce qu'il y a de plus étonnant, c'est que les principaux sénateurs y consentirent. Son cadavre fut exposé à la vue du peuple, de peur que des fourbes, profitant de quelques traits de ressemblance, ne vinssent, sous le nom d'*Eric*, ameuter le peuple. Telle fut la fin déplorable de ce prince, qui seroit regardé comme un monstre si ses crimes avoient été réfléchis: quand son sang s'allumoit, il n'étoit plus le maître de ses transports, & pour l'honneur de l'humanité, il vaut mieux le croire fou que méchant. (*M. de Sacy.*)

ERIGENE. *Voyez* SCOT.

ERINE, dame grecque, contemporaine de Sapho. On a des fragmens de ses poésies dans le recueil intitulé: *Carmina novem Poëtarum feminarum*. Anvers, 1568, *in-8o*.

ERLAC, ou ERLACH. (JEAN-LOUIS) La maison d'Erlac est la première des six familles nobles de Berne dans la Suisse. *Jean-Louis Erlac* ou *d'Erlac*, étoit major-général des troupes veimariennes à la mort du duc de Saxe-Veimar, en 1639. Il fit, avec Louis XIII, un traité par lequel le roi prit à son service les troupes veimariennes, & fut reçu dans les places qu'occupoit Veimar, nommément dans Brisac. *Erlac* continua de servir très-utilement la France sous Louis XIV; il eut part à la victoire de Lens en 1648, & lorsque madame la duchesse de Longueville attira M. de Turenne au parti des princes, ce fut principalement *Erlac* qui retint dans le service du roi l'armée que commandoit M. de Turenne, & qu'il vouloit entraîner avec lui dans sa défection. Peu de François alors servoient le roi aussi fidellement & aussi utilement que ce capitaine suisse. Il mourut lieutenant-général en 1650, à Brisac, dont il étoit gouverneur.

ERNEST. *Voyez* MANSFELD.

EROS, affranchi de Marc-Antoine le triumvir. *Voyez*, à l'article *Antoine*, page 370, col. 2e. un beau trait de courage & de fidélité de cet affranchi.

EROSTRATE; (*Hist. anc.*) nom de celui qui brûla le fameux temple de Diane à Ephèse, la nuit même où naquit Alexandre le grand. Ce temple étoit une des sept merveilles du monde. On sait que l'historien Timée a dit que Diane, ayant voulu assister aux couches d'Olympias & à la naissance d'Alexandre le grand, avoit été si occupée, qu'elle n'avoit pu éteindre l'incendie de son temple. On sait que Plutarque a dit que cette réflexion est si froide, qu'elle suffisoit pour éteindre le feu. On cite avec raison, dans toutes les rhétoriques, la pensée de Timée & la plaisanterie de Plutarque comme des modèles de mauvais goût, quoique Cicéron, qui avoit du goût, ait approuvé la première.

Le motif d'*Erostrate* étoit de s'immortaliser par une mauvaise action ; n'ayant pas apparemment en lui de quoi s'illustrer par le talent ou par la vertu. Son nom est, en effet, devenu immortel, moins par l'éclat de son action que par la maladresse des Ephésiens, qui défendirent de prononcer son nom. C'est ainsi que par l'usage de proscrire avec bruit & de brûler publiquement les livres réputés mauvais, on les fait lire & rechercher ; il n'est guère possible d'aller plus directement contre son but. La prohibition fait souvent tout le prix de la chose prohibée, & la proscription tout l'intérêt de la personne proscrite.

Nitimur in vetitum semper cupimusque negata.

Erostrate est devenu l'emblème de tous ceux qui cherchent à se faire un nom par de mauvais moyens, nommément des satyriques folliculaires & autres, qui n'ayant pu réussir à faire un ouvrage raisonnable & qu'on pût lire, s'en consolent en déchirant les bons écrivains. Rousseau a dit :

. . . . Moderne Erostrate,
A prix d'honneur tu veux te faire un nom . . . .
Mais dans mes vers, malgré ta conjecture,
Jamais ton nom ne sera proféré ;
Et j'aime mieux endurer une injure
Que d'illustrer un faquin ignoré.

ERPENIUS, ou D'ERP, (THOMAS) (*Hist. Litt. mod.*) professeur d'arabe dans l'université de Leyde, connu par une *Grammaire arabe*, & divers ouvrages sur l'arabe & l'hébreu ; né à Gorcum en Hollande, en 1584, mort en 1624.

ERYCEIRA, (FERNAND DE MENESÈS, comte d') (*Hist. litt. mod.*) portugais illustre, & dans l'état & dans les lettres, gouverneur de Tanger, conseiller de guerre, conseiller d'état, auteur d'une histoire de Tanger, d'une histoire de Portugal, de la vie de Jean I, roi de Portugal.

Son arrière-petit-fils, François-Xavier de Menesès, comte d'*Eryceira*, né à Lisbonne en 1672, porta les armes & cultiva les lettres avec distinction, fut fait, en 1735, mestre-de-camp général & conseiller de guerre. Il étoit de l'académie de Lisbonne, de celle des Arcades de Rome, & de la société royale de Londres. On a de lui des *Mémoires sur la valeur des monnoies de Portugal, depuis le commencement de la monarchie ; des Parallèles d'hommes & de femmes illustres*, & d'autres ouvrages. Mort en 1743.

ESAU, (*Hist. sacr.*) fils d'Isaac & de Rébecca, frère jumeau de Jacob & son aîné, lui vend son droit d'aînesse pour un plat de lentilles, Genèse, chap. 25. Jacob, par le conseil de sa mère, enlève la bénédiction de son père Isaac au préjudice d'Esaü, chap. 27. Sa haine contre Jacob, qui l'appaise par des présens, chap. 32 ; leur réconciliation, chap. 33 ; leur séparation ; le dénombrement des femmes & de la postérité d'Esaü, chap. 36. Voilà tout ce qu'on sait d'Esaü, qui se nommoit aussi Edom, & qui fut le père des Iduméens.

ESCALE ; (L') nom d'une famille puissante en Italie, qui, à travers beaucoup de vicissitudes, a possédé, pendant environ un siècle & demi, la seigneurie de la ville de Vérone. On varie sur l'origine de cette famille : Villani la fait descendre d'un faiseur d'échelles, nommé *Jacques Fico. Mastin de l'Escale*, élu, en 1239, podestat de Vérone, en devint comme le souverain, & par cette raison vraisemblablement, fut assassiné en 1273. Ses descendans conservèrent l'autorité qu'il avoit acquise dans Vérone, & l'étendirent sur plusieurs villes voisines, nommément sur Vicence. Vers le milieu du quatorzième siècle, Mastin III s'empara de Bresse, & soumit même une partie du Milanais & du Parmesan. Les Vénitiens, allarmés de ses progrès, lui firent la guerre, & le resserrèrent dans son état de Vérone & de Vicence, qui fut enlevé à sa maison par le duc de Milan en 1387. Un bâtard de la maison de l'*Escale* s'en remit en possession en 1403. A sa mort, Vérone & Vicence se donnèrent à la république de Vénise en 1410. Brunoro de l'*Escale*, dernier rejeton de cette famille, tenta en vain, en 1410, de rentrer dans Vérone ; il fut accablé par les Vénitiens, & ces deux places leur sont restées.

Les Scaliger prétendoient être de la Maison des l'*Escale*, princes de Vérone ; prétention qui n'a point été accueillie.

ESCHEATEUR, s. m. (*Hist. mod.*) étoit autrefois, en Angleterre, le nom d'un officier qui avoit soin de certains droits casuels du roi, dans une certaine étendue de pays, & d'en certifier l'échiquier ou la chancellerie.

Il étoit nommé par le lord trésorier : cette charge ne duroit qu'une année ; & personne ne pouvoit la posséder plus d'une fois en trois ans. Mais, comme elle dépendoit principalement de la cour des forêts, elle n'existe plus aujourd'hui.

On trouve dans la collection de Rymer plusieurs actes d'Henri VIII & d'Elisabeth, qui commencent par ces mots : *Rex escaetori suo in comitatu Wigormæ, Regina escaetori suo, &c. Chambers.* (G)

ESCHINE. *Voyez* DÉMOSTHÈNES. Nous ajouterons seulement ici que ce fameux rival de Démosthènes avoit seize ans de plus que lui ; qu'il mourut à Samos plus de trois siècles avant l'ère chrétienne ; que les Grecs donnoient le nom des trois graces à trois harangues qui nous restent de lui, & des neuf muses à neuf de ses épitres, que nous n'avons plus.

On a d'un autre *Eschine*, philosophe grec, des *Dialogues*, imprimés à Amsterdam, 1711, *in-8°.* ; avec des notes de le Clerc. On ignore le temps où il vivoit.

ESCHYLE, (*Hist. anc.*) né à Athènes, d'une des plus illustres familles de l'Attique, signala sa valeur aux batailles de Marathon, de Salamine & de Platée. (*Voyez* l'article de *Cynegire* son frère.) Ce n'est pourtant pas comme guerrier qu'il est le plus connu; c'est comme poëte tragique, & il l'est tant à ce titre, que nous sommes dispensés de nous étendre sur cet article. Il perfectionna l'invention de la tragédie, tant pour l'art en lui-même que pour la représentation; il fit passer les acteurs du tombereau de Thespis sur un théâtre; il leur donna un masque, il les habilla décemment, il leur donna pour chaussure le cothurne.

Post hunc, personæ pallæque repertor honestæ,
Eschylus & modicis instravit pulpita tignis,
Et docuit magnumque loqui, nitique cothurno.

On dit que la représentation de sa tragédie *des Euménides* formoit un spectacle si terrible, qu'il fit mourir d'effroi des enfans & accoucher des femmes avant terme. Gardons-nous de croire que cet excès d'horreur soit la perfection de l'art: il s'agit de donner du plaisir par la terreur, & des sensations agréables par la douleur, non de faire des impressions effroyables & meurtrières. *Eschyle* régna long-temps sur le théâtre, jusqu'à ce qu'enfin détrôné par Sophocle, & ne pouvant soutenir l'affront d'avoir été vaincu par ce poëte encore jeune, il se retira, mécontent, à la cour d'Hiéron, roi de Syracuse; retraite sur les circonstances & les motifs de laquelle il y a quelques difficultés chronologiques, dont nos lecteurs n'ont pas besoin d'être instruits. Il mourut, dit-on, par un accident fort singulier, que la Fontaine raconte ainsi:

Même précaution nuisit au poëte Eschile:
Quelque devin le menaça, dit-on,
De la chûte d'une maison;
Aussi-tôt il quitta la ville,
Mit son lit en pleins champs, loin des toits, sous les cieux.
Un aigle, qui portoit en l'air une tortue,
Passa par-là, vit l'homme, & sur sa tête nue,
Qui parut un morceau de rocher à ses yeux,
Etant de cheveux dépourvue,
Laissa tomber sa proie, afin de la casser:
Le pauvre Eschyle ainsi sut ses jours avancer.

D'autres, sans parler de prédiction, ni d'horoscope, ni de lit transporté en pleins champs, ni de précautions funestes prises par *Eschyle*, disent qu'*Eschile* dormoit par hasard en pleins champs, & se contentent de raconter le fait de la tortue jetée sur sa tête par l'aigle. Il mourut vers l'an 477 avant J. C. De quatre-vingt-dix-sept pièces qu'il avoit, dit-on, composées, il ne nous en reste plus que sept: *Prométhée*, *les Sept devant Thèbes*, *les Perses*, *Agamemnon*, *les Euménides*, *les Suppliantes*, *les Coéphores*. On a une multitude d'éditions d'*Eschyle*, de versions de ce poëte, & de commentaires sur ses œuvres. Le P. Brumoy, dans son Théâtre des Grecs, ne l'a traduit que par parties; mais M. de Pompignan en a donné une traduction complette; & M. du Theil, de l'académie des belles-lettres, a fait de la tragédie des Coéphores une traduction qui a plu aux savans & aux gens de goût.

ESCLAVON, s. m. (*Hist mod.*). ou LANGUE ESCLAVONNE, est la langue des Sclaves ou Slaves, anciens peuples de la Scythie européenne, qui, vers l'année 518, quittèrent leur pays, ravagèrent la Grèce, fondèrent des royaumes dans la Pologne & la Moravie, & enfin s'établirent dans l'Illyrie, qui prit d'eux le nom de *Sclavonia*.

L'*esclavon* passe pour être, après l'arabe, la langue la plus repandue depuis la mer Adriatique jusqu'à la mer du Nord, & depuis la mer Caspienne jusqu'à la mer Baltique. Cette langue est, dit-on, commune à un grand nombre de peuples différens, qui descendent tous des anciens Sclaves; savoir, les Polonois, les Moscovites, les Bulgares, les Carinthiens, les Bohémiens, les Hongrois, les Prussiens, les peuples de Souabe: cependant chacun de ces peuples a son dialecte particulier; & l'*esclavon* est seulement la langue-mère de tous ces idiomes particuliers, comme du polonois, du russien, du hongrois, &c.

Suivant une chronique latine *de Sclavis*, composée par Helmold, prêtre de Bosow, & par Arnould, abbé de Lubec, & corrigée par M. Leibnitz, il paroît que les Sclaves habitoient autrefois les côtes de la mer Baltique, & que ces peuples se divisoient en orientaux & occidentaux: dans cette dernière classe étoient les Russiens, les Polonois, les Bohémiens, &c; & dans la première étoient les Vandales.

Don Maur-Orbini Roser, de l'ordre de Malte, dans son histoire italienne des Sclaves, intitulée, *il Regno de gli Slavi*, imprimée en 1601, prétend que ces peuples étoient originaires de Finlande en Scandinavie: Laurent Pribéro de Dalmatie soutient, dans un discours sur l'origine des Sclaves, que ces peuples venoient de Thrace; qu'ils étoient les mêmes que les Thraces, & descendoient de Thiras, septième fils de Japhet. Théod. Policarpowitz, dans un dictionnaire grec, latin & *esclavon*, imprimé à Moscou en 1704, remarque que le mot *slava*, d'où est formé *esclavon*, signifie en cette langue *gloire*. *Chambers*. (*G*)

ESCOBAR. (*Hist. litt. mod.*) C'est le nom de deux jésuites espagnols, Barthélemi, & Antoine de Mendoza, qu'il ne faut pas confondre. Le premier, mort à Lima en 1624, est auteur de quelques ouvrages ascétiques & liturgiques, qui ne sont guère connus qu'en Espagne. Le second, mort en 1656, n'est que trop connu par Pascal.

ESCOUBLEAU. *Voyez* SOURDIS.

ESCURIAL, f. m. (*Hist. mod*) ou comme l'écrivent les Espagnols, ESCORIAL, est un mot qui se rencontre fréquemment dans nos gazettes & dans les nouvelles publiques. C'est un des lieux de la résidence des rois d'Espagne.

Escurial étoit originairement le nom d'un petit village d'Espagne, situé dans le royaume de Tolède, à sept lieues à l'occident de Madrid, & neuf à l'orient d'Avila. Ce village est sur une chaîne de montagnes, que quelques-uns appellent *montagnes carpentaines* ou *carpentaniennes*, & d'autres *monts pyrénées*, parce qu'elles sont une suite & comme une branche des grands monts Pyrénées. Le roi Philippe II fit bâtir en cet endroit um magnifique monastère pour les Hiéronimites, ou religieux de l'ordre de saint Jérome. Ce monastère est regardé par les Espagnols comme une des merveilles du monde; & il est appellé l'*Escurial*.

Le P. François de los Padres, dans la description qu'il en a donnée, & qui a pour titre, *Descripcion breve del monasterio de S. Lorenzo el real del Escorial*, dit que ce monastère fut bâti par Philippe II, en mémoire de la bataille de Saint-Quentin, gagnée le jour de saint Laurent, & par l'intercession de ce saint, que les Espagnols ont en grande vénération.

Le roi & la reine d'Espagne y ont leurs appartemens, & le reste est habité par les moines. La plus grande partie de actes de cette cour étoit autrefois datée de l'*Escurial*.

Il y a dans l'*Escurial* une magnifique église, où Philippe IV fit construire une très-belle chapelle, appellée *Panthéon*, ou *Rotonde*. Cette chapelle est le lieu de la sépulture des rois & des reines d'Espagne qui laissent des enfans; ceux qui n'en laissent point sont enterrés dans un autre caveau de la même église, avec les infants & les autres princes. *Dict. de Trév.* & *Chamb.*

Ce monastère ou palais renferme trois bibliothèques, dans lesquelles on compte dix-huit mille volumes, & entr'autres trois mille manuscrits arabes.

On prétend que les dépenses faites pendant trente-huit ans par Philippe II pour la construction de l'*Escurial*, montent à cinq millions deux cents soixante & dix mille ducats, sans parler de plus d'un million qu'il employa pour les ornemens d'église; à quoi il faut ajouter les sommes immenses qu'a coûté la magnifique chapelle bâtie par les ordres de Philippe IV. Une partie de ce superbe édifice fut brûlée en 1671. (*A. R.*)

ESDRAS, (*Hist. sacr.*) fils de Saraïas, grand-pontife descendu d'Aaron ou d'Eléazar, & docteur de la loi, obtint du roi Artaxerxès Longuemain une ordonnance très-favorable aux Juifs, & alla la faire exécuter à Jérusalem. Des deux livres canoniques qui portent son nom, le premier seulement est de lui, le second est de Néhémie.

ESOPE, Deux hommes ont principalement rendu ce nom célèbre. 1°. *Esope* le Phrygien, ou le fabuliste. Le rédacteur du seizième volume des Mémoires de l'académie des Inscriptions & Belles-Lettres, en rendant compte d'un discours de M. d'Egly sur l'apologue, déclare qu'on ne doit faire aucun fonds sur *la Vie d'Esope* que Planude nous a laissée, & qui, dit-il, à la honte de notre goût, du moins de notre librairie, se trouve répétée dans presque toutes les éditions des Fables de la Fontaine. « Il nous suffit, ajoute-t-il, de » savoir qu'Esope a cela de commun avec Homère, » qu'on ignore le vrai lieu de sa naissance, que » néanmoins l'opinion la plus générale le fait » sortir d'un bourg de Phrygie; qu'il naquit esclave, & servit en cette qualité plusieurs maîtres; » qu'il florissoit vers la 52e. olympiade; que la » réputation de son esprit & de sa rare sagesse » étant parvenue jusqu'aux oreilles de Crœsus, » ce prince le fit venir à sa cour & l'y fixa par » ses bienfaits; qu'*Esope* se distingua deux fois par » ses réponses dans l'assemblée des sept sages; » qu'ayant été envoyé par le roi de Lydie au temple » de Delphes, pour y offrir, en son nom, des » sacrifices au dieu qu'on y révéroit, il indisposa les Delphiens par la liberté de ses discours; » que ceux-ci lui ayant fait son procès comme à un » sacrilége, le condamnèrent à être précipité du » haut de la roche d'Hyampie; que pour les détourner de cet acte de cruauté par la crainte » de la colère des dieux, il leur raconta la fable » de l'aigle & de l'escarbot; mais que la fable ne » les toucha point; qu'après sa mort les Athéniens, » qui croyoient être en droit de se l'approprier, » parce qu'il avoit eu pour son premier maître » Démarchus, citoyen d'Athènes, lui érigèrent » une statue que l'on conjecture avoir été faite » par Lysippe : qu'enfin, pour consoler la Grèce, » qui pleuroit sa perte, les poëtes furent obligés » de feindre que les dieux l'avoient ressuscité. » Une des marques de repentir que les Delphiens » donnèrent après la mort d'*Esope*, fut de transférer » le supplice des sacriléges de la roche d'Hyampie à » celle de Nauplie. Ce petit nombre de faits est le » précis de plusieurs passages d'Hérodote, d'Aristophane & de ses scholiastes, de Plutarque, de » Diogène-Laërce, de Suidas & d'Aphtone. »

Phèdre parle, & parle très-noblement, de la statue érigée à *Esope*, affranchi : c'étoit avec plaisir qu'il parloit des honneurs rendus à un homme qui avoit été esclave.

Æsopo ingentem statuam posuere Attici
Servumque collocârunt æternâ in basi,
Patere honoris scirent ut cuncti viam,
Nec generi tribui, sed virtuti gloriam.

Les fables d'*Esope* ne sont pas toutes parvenues jusqu'à nous; les anciens en ont cité quelques-unes qui nous manquent; & celles que nous avons ne sont pas telles qu'il les avoit faites : le recueil qui porte son nom est regardé par les savans comme l'ouvrage de son historien Planude, moine grec du quatorzième siècle : on ne connoît, dit Fabricius, aucun manuscrit d'*Esope* antérieur à Planude. Don Montfaucon, dans son voyage d'Italie, parle cependant d'un manuscrit de Florence, contenant la vie & les fables d'*Esope*, telles qu'elles existoient avant Planude.

On ignore si *Esope* composa ses fables de dessein formé, comme un cours de morale qu'il vouloit enseigner, & comme on fait un livre, ou si ces fables naquirent des différentes conjonctures où il se trouva, & furent faites à l'occasion des divers événemens de sa vie. Phèdre dit qu'*Esope* étant à Athènes, peu de temps après que Pisistrate se fut emparé de la souveraineté, & voyant que les Athéniens portoient impatiemment le joug d'une servitude assez douce, leur raconta la fable des grenouilles qui demandent un roi.

Arcem tyrannus occupat Pisistratus.
Cùm tristem servitutem flerent Attici,
Non quia crudelis ille, sed quoniam grave
Omninò insuetis onus, & cœpissent queri,
Æsopus talem tùm fabellam retulit.

C'est de même, selon Phèdre, à propos d'un événement qu'*Esope* fit la fable du *Soleil & des Grenouilles*.

Vicini furis celebres vidit nuptias
Æsopus, & continuò narrare incipit.

Esope est acteur dans plusieurs fables de Phèdre, telles qu'*Æsopus & petulans ; Æsopus ludens ; Æsopus ad garrulum*, où est ce mot si connu : *hominem quæro ; Æsopus interpres testamenti*. Plusieurs autres fables de Phèdre sont citées comme étant de l'invention d'*Esope*, les unes ayant été faites à l'occasion d'un événement, les autres uniquement pour présenter une moralité.

Le nom d'*Esope* nous a été transmis avec une distinction qui lui est particulière : ce nom sert à caractériser le genre d'ouvrage par lequel *Esope* s'est illustré, & dont il passe pour l'inventeur :

Æsopus auctor quam materiam reperit....
Exemplis continetur Æsopi genus....
Phryx Æsopus potuit, Anacharsis Scytha
Æternam famam condere ingenio suo.
Fabulis
Quas Æsopias, non Æsopi nomino,
Quia paucas ostendit, ego plures dissero.

2°. Clodius *Æsopus*, le plus grand acteur tragique de Rome, contemporain de Roscius, qui étoit le plus grand acteur comique. Tous deux donnèrent à Cicéron des leçons de déclamation. Esope est encore fameux par sa prodigalité. Pline rapporte qu'il fit servir dans un repas un plat de terre qui coûtoit dix mille francs : il étoit rempli d'oiseaux instruits, non seulement à chanter, mais encore à parler, & dont chacun avoit coûté 600 livres : malgré ces folles dépenses, il laissa une succession opulente, qui tomba entre les mains d'un fils encore plus dissipateur. On impute à celui-ci d'avoir fait boire à ses convives une perle distillée, somptuosité également attribuée à Cléopâtre dans le cours de ses débauches avec Antoine. Horace, *sat. III, liv. II*, rapporte le trait d'Æsopus le fils, & en dit son avis.

Filius Æsopi detractam ex aure Metellæ
(Scilicet ut decies solidum exsorberet) aceto
Diluit insignem baccam : qui sanior ac si
Illud idem in rapidum flumen jaceretve cloacam ?

ESPAGNE. Pour avoir une histoire ancienne, il faut avoir eté connu anciennement des Grecs & des Romains. Voilà pourquoi, de toutes les contrées de l'Europe, l'*Espagne* est, avec l'Italie, la seule qui ait une histoire ancienne : nous entendons ici par histoire ancienne toute histoire qui remonte au-delà de Jules-César.

L'*Espagne* s'est nommée Ibérie à cause de l'Ebre, Hespérie, à cause de sa position occidentale ; on ne sait pas bien parfaitement d'où lui vient ce nom d'*Espagne* ; Justin dit que c'est d'un roi nommé *Hispanus*. Séville, qui a été pendant un temps la capitale de l'*Espagne*, se nomme en latin *Hispalis* ; on trouve aussi le nom *Spania* dans des auteurs anciens.

Les premiers habitans connus de l'*Espagne* se nommoient *Celtiberi* ; c'étoient, dit-on, des Celtes, *Celtæ ad Iberum*. Les Phéniciens possédèrent dans la suite les parties de cette presqu'île les plus méridionales & les plus voisines de l'Afrique ; les Carthaginois & les Romains se disputèrent cette contrée ; elle devint le théâtre des exploits des Amilcar, des Annibal & des Asdrubal pour les Carthaginois, des Scipions pour les Romains. Le second Scipion, l'Africain, n'est pas moins célèbre par la réduction de Numance que par celle de Carthage : depuis ce temps, les Romains possédèrent seuls l'*Espagne* toute entière. Dans la décadence de l'Empire, divers peuples barbares, les Goths, les Vandales, les Suèves, les Alains, s'établirent dans ce pays & le partagèrent entre eux ; les Goths à la fin en demeurèrent les seuls maîtres & le furent pendant plusieurs siècles. Au commencement du huitième siècle, sous le règne de Roderic, le comte Julien, pour se venger de ce prince, qui avoit déshonoré sa fille, appella en *Espagne* les Sarrasins ou Maures. Comme ils étoient originairement arabes, un de leurs chefs, nommé Musa, voulant donner à l'*Espagne* le nom de sa patrie originaire, joint avec son propre nom, la nomma Musarabie ; on appella en effet Musarabes ou Mozarabes, les chrétiens espagnols qui subirent le joug des Maures. Quelques

Goths chrétiens, échappés aux armes des Sarrasins, ignorés de leurs vainqueurs, errans dans les montagnes, cachés dans les cavernes de l'Asturie, y conservèrent les restes de l'ancienne monarchie d'*Espagne*, & s'étendant insensiblement à travers mille obstacles, ils parvinrent à la longue à consumer cette puissance mahométane qui les avoit subjugés près de huit siècles auparavant. Charlemagne fit quelques conquêtes en *Espagne;* mais il négligea trop de prendre la défense de ces Goths chrétiens contre les Sarrasins; & ces premiers n'eurent obligation qu'à eux-mêmes de la révolution lente qu'ils produisirent. C'est sous l'empire des Sarrasins que l'*Espagne* se divisa en presque autant de royaumes, ennemis les uns des autres, qu'elle avoit de provinces; les plus foibles de ces royaumes se réunirent insensiblement aux plus puissans. Du temps de Ferdinand le catholique, roi d'Aragon, il ne restoit aux Sarrasins que le royaume de Grenade, qu'il conquit sur eux en 1492. Il les poursuivit jusqu'en Afrique, il leur prit Oram & quelques autres places. Le mariage de ce prince avec la célèbre Isabelle, héritière de la Castille, avoit déjà réuni sous ses loix presque toutes les parties de l'*Espagne;* pour achever cette réunion, il usurpa la Navarre sur Jean d'Albret.

On sait comment l'*Espagne* passa dans la maison d'Autriche par le mariage de Jeanne la Folle, fille de Ferdinand & d'Isabelle, avec Philippe le Beau, fils de l'empereur Maximilien I & père de l'empereur Charles-Quint; & comment, à la mort du dernier prince autrichien issu de Charles-Quint, elle passa dans la maison de France, qui la possède aujourd'hui.

ESPARBEZ. *Voyez* LUSSAN.

ESPENCE, (Claude, d') fameux théologien du seizième siècle, défendit la foi avec dignité, mais avec modération, dans diverses conférences fameuses, nommément au colloque de Poissy, en 1561: M. de Thou & d'autres écrivains judicieux en font un grand éloge. Il étoit de Châlon-sur-Marne, d'une noble & ancienne famille de Champagne du côté de son père, & par sa mère, il descendoit de la maison des Ursins en Italie; ses ouvrages, pour la plupart théologiques, & dont le plus célèbre est un *traité des mariages clandestins*, ont été recueillis en un volume in-fol. Il est enterré dans l'église de Saint-Côme à Paris, on y voit sa figure en marbre.

ESPINAY, de Saint-Luc. (*Hist de Fr.*)

Deux hommes ont particulièrement illustré ce nom:

1°. François d'*Espinay*, dit le brave Saint-Luc, un des hommes les plus brillans par la valeur & par l'esprit sous les règnes de Henri III & de Henri IV. Une indiscrétion impardonnable, concernant les amours de Henri III, le fit tomber dans la disgrace de ce prince. Ce fut lui que le comte de Brissac, gouverneur de Paris, envoya traiter avec Henri IV de la réduction de cette capitale, en 1594. Saint-Luc fut tué au siége d'Amiens, en 1597.

2°. Timoléon d'*Espinay* de Saint-Luc son fils, moins célèbre que lui, fut fait maréchal de France. Il mourut à Bordeaux, le 12 septembre 1644.

ESPRIT, (JACQUES) (*Hist. litt. mod.*) fut de l'académie françoise, dans un temps où l'influence des protecteurs particuliers se faisoit un peu trop sentir. On a de lui un traité de la fausseté des vertus humaines, qui n'est qu'un commentaire du livre des maximes de M. le duc de la Rochefoucauld. *Esprit* mourut en 1678.

ESSARS ou ESSARTS, (PIERRE DES) (*Hist. de Fr,*) prévôt de Paris sous Charles VI. Ce fut lui qui arrêta Montaigu, dont le sort auroit dû lui servir d'avertissement & d'exemple. Montaigu avoit été décapité, principalement pour avoir déplu au duc de Bourgogne, alors tout-puissant. *Des Essarts*, au contraire, étoit une créature du duc de Bourgogne, dont la fortune élevée sur les ruines de celle de Montaigu fut plus rapide encore & plus excessive. Mais le duc de Bourgogne, au premier intérêt, au premier caprice, étoit toujours prêt à renverser son ouvrage. *Des Essarts* lui ayant déplu, le duc voulut bien l'avertir: *Prévôt de Paris*, lui dit-il, *Montaigu a mis vingt-deux ans à soi faire couper la tête; mais vraiment vous n'y en mettrez pas trois.* Il lui tint parole, & quelques années après il le fit décapiter. *Des Essarts* s'étoit attiré son sort par son infidélité envers son bienfaiteur, dont il avoit abandonné le parti; mais il lui avoit remis la bastille, & il s'étoit remis lui-même entre ses mains sur l'assurance de la vie, & la rigueur du duc de Bourgogne envers lui fut un parjure. *Des Essarts* se croyoit aimé; en allant au supplice, il sourioit au peuple, & s'attendoit que le peuple alloit le délivrer; mais il est rare qu'avec tant de richesse & de puissance, un ministre ait l'affection populaire. *Des Essarts* réunissoit sur sa tête sept ou huit des plus belles charges de l'état, celles de prévôt de Paris, de maître des eaux & forêts, de grand-bouteiller, de grand-fauconnier, de sur-intendant ou grand général-gouverneur des finances, de capitaine ou gouverneur de Paris, de Cherbourg, de Montargis, &c. Voilà peut-être ses crimes. Il fut exécuté aux halles, le premier juillet 1413: sa mémoire fut réhabilitée, ainsi que celle de Montaigu.

Antoine *Des Essarts*, son frère, enveloppé dans sa disgrace, ayant échappé au supplice, fit placer dans l'église de Notre-Dame de Paris cette statue colossale de saint Christophe, qui n'a été abattue que de nos jours. M. Villaret veut qu'on juge de la frayeur qu'eut Antoine, par l'énormité de *l'ex-voto.*

Charlotte *Des Essarts*, comtesse de Romorentin, fille de François *Des Essarts*, lieutenant général pour le roi en Champagne, fut maîtresse de Henri IV, dont elle eut deux filles qui furent légitimées; savoir, Jeanne-Baptiste de Bourbon, abbesse de Fontevrault, & Marie-Henriette de Bourbon, abbesse de Chelles: elle fut ensuite maîtresse du cardinal de Guise, Louis de Lorraine, fils du duc de Guise le balafré; elle en eut aussi des enfans & n'en épousa pas moins le maréchal de l'Hôpital, connu alors sous le nom de Duhallier, dont elle n'eut pas d'enfans. Ses intrigues dans les affaires de Lorraine, ayant nui pendant quelque temps à l'accommodement de la France avec le duc de Lorraine en 1641, le cardinal de Richelieu exigea de Duhallier, qui n'avoit eu aucune part à ces intrigues, qu'il donnât une de ses terres pour prison à sa femme; elle y mourut en 1651. Nous ignorons si elle étoit de la famille de Pierre & Antoine *Des Essarts.*

ESSÉ, (André de Montalembert, seigneur d') (*Hist. de Fr.*) vaillant capitaine, qui fit ses premières armes sous Charles VIII, à la bataille de Fornoue, remplit de ses exploits les règnes de Louis XII & de François I, & fut tué sous Henri II, le 12 juin 1553, d'un coup d'arquebuse, sur la brèche de Thérouanne qu'il défendoit, comme en 1543 il avoit défendu Landrecy contre l'empereur en personne & contre toutes ses forces. Rien de plus mémorable que le siége de Landrecy sous François I; la levée de ce siége, due à la fermeté de d'*Essé* & de la *Lande* associé à d'*Essé* dans cette défense, est un des grands affronts que Charles-Quint ait essuyés. *D'Essé*, pour récompense, fut fait gentilhomme de la chambre; mais tout le monde disoit *qu'il étoit plus propre à donner une camisade à l'ennemi, qu'à présenter la chemise au roi.* François I le choisit dans un tournoi pour un de ceux qui devoient soutenir l'effort des quatre plus rudes lances qui se présenteroient: *nous sommes quatre gentilshommes de la Guyenne* (disoit ce prince, qui se regardoit comme appartenant à cette province, parce qu'il étoit né à Cognac.) *nous sommes quatre gentilhommes qui courons la bague contre tous allans & venans de la France: Moi, Sansac, d'Essé & la Chataigneraye. D'Essé*, dans les villes qu'il prenoit d'assaut, sauvoit toujours de la fureur du soldat les femmes qui réclamoient sa protection. Lorsqu'il partit pour aller défendre Thérouanne, il étoit depuis trois ans dans une langueur mortelle, qui s'annonçoit par une jaunisse générale, fruit d'une guerre pénible qu'il avoit faite en Ecosse au commencement du règne de Henri II. Le plaisir de servir & d'être utile parut le ranimer: *Je ne craignois rien tant*, disoit-il à ses amis, *que de mourir dans mon lit. Sire*, dit-il au roi, *si vous entendez dire que Thérouanne est pris, vous entendrez dire en même temps que d'Essé est guéri de sa jaunisse.* En effet, on reçut en même temps la nouvelle, & de la mort de d'*Essé* & de la prise de Thérouanne. Si le siége eût été levé, comme il l'eût été sans la mort de d'*Essé*, le roi destinoit à ce vaillant homme le bâton de maréchal de France. *D'Essé* étoit né en 1483; il étoit d'une ancienne famille, qui tire son nom de la terre de Montalembert en Poitou.

ESSEX, (Robert d'Evreux, comte d') (*Hist. d'Angl.*) est de tous les amans de la reine d'Angleterre Elisabeth, celui qu'elle a le plus aimé & le plus haï: elle étoit vieille, & il étoit dans tout l'éclat de la jeunesse; il la gouvernoit & le lui faisoit sentir: or, ce que la reine craignoit le plus étoit d'être & de paroître gouvernée; il aimoit la guerre & la gloire, & n'aimoit point la reine; il cherchoit toutes les occasions d'aller se signaler loin d'elle; il vint deux fois malgré elle en France porter du secours à Henri IV contre la ligue. « L'insolent, disoit-elle avec indignation, voudroit » persuader qu'il gouverne l'Angleterre; mais je » lui ferai voir qu'il n'est, quand je le veux, que » le dernier de mes sujets. » *Essex* avoit des qualités brillantes, une valeur héroïque, de grands talens; il avoit rendu d'importans services, il avoit enlevé Cadix aux Espagnols & fait respecter en France les armes de l'Angleterre: son commerce avec la reine étoit toujours troublé par des orages; il prenoit avec elle les airs avantageux d'un favori qui n'aime pas, & qui veut qu'on sache qu'il est aimé. Son orgueil imprudent traitoit sans ménagement un orgueil implacable; il affectoit de braver la reine, qui affectoit de l'humilier en toute occasion. Ses avis étoient souvent rejetés, & parce qu'ils étoient donnés avec hauteur, & parce qu'ils étoient de lui; & souvent elle ne le consultoit que pour lui donner le dégoût de voir prévaloir l'avis contraire au sien. Un jour qu'elle venoit d'en user ainsi dans une délibération importante, le comte d'*Essex* s'oublia jusqu'à lui tourner le dos avec un mouvement marqué de colère & de mépris; la reine, indignée d'une telle insolence, lui donna un soufflet; le comte, ne se connoissant plus, porte la main à l'épée...... il s'arrête: « J'ai » tort, dit-il, tout est permis à une femme; mais » je jure que Henri VIII ne m'auroit pas fait im- » punément un tel affront. » Il resta long-temps dans la disgrace, sans vouloir faire la moindre démarche pour en sortir, quoique les courtisans, jugeant par la colère même d'Elisabeth, qu'elle s'appaiseroit infailliblement, s'empressassent d'offrir au comte leur médiation. Elisabeth attendoit toujours que le comte s'humiliât & demandât pardon; mais, comme enfin elle ne pouvoit se passer de lui, & qu'il ne pouvoit se passer de la faveur, la réconciliation se fit d'elle-même: cependant la reine & le comte d'*Essex* avoient souvent besoin de se séparer; *Essex* demanda la vice-royauté d'Irlande, & pour son malheur il l'obtint. A son départ, la reine lui donna

donna des instructions, dont elle lui défendit expressément de s'écarter; le comte, qui n'aimoit ni les ordres, ni les défenses, suivit un plan tout différent, & malheureusement le succès ne justifia point sa désobéissance; il demanda du secours contre les rebelles d'Irlande, on lui en envoya, mais avec de nouveaux ordres qu'il méprisa encore, & toujours sans être justifié par le succès; il sut que la reine étoit irritée & que ses ennemis triomphoient: il part sans congé, passe en Angleterre, & usant de tous les droits d'un favori, entre en habit de campagne jusques dans la chambre de la reine, au moment où elle se levoit, met un genou en terre, lui baise la main, reçoit un accueil qui l'encourage, va se parer, revient faire sa cour, reçoit toujours le même accueil, croit avoir effacé ses torts en se montrant & avoir terrassé ses ennemis d'un coup d'œil. Le soir, la face de la cour change, l'orage se déclare; la reine, d'un ton & d'un visage sévères, demande compte à *Essex* des affaires d'Irlande, & lui annonce que sa conduite ayant donné lieu à des reproches graves, elle veut qu'il se justifie devant les lords du conseil. Le comte fut condamné à perdre ses emplois, & à rester en prison tant qu'il plairoit à la reine. Elisabeth déclara qu'elle avoit voulu le punir, & non pas le perdre; & le comte eut sa maison pour prison. Il fut attaqué d'une maladie qu'on attribua au chagrin. Elisabeth alors retrouva dans le fond de son cœur des restes de tendresse pour le comte, & lui fit porter des paroles de consolation; elle parut même lui rendre une partie de sa faveur, mais une partie seulement, & le comte s'en apperçut trop bien; il sentit amèrement les restrictions que la reine mettoit à ses bontés, il ne sut pas être disgracié: un refus formel qu'il essuya sur une grace pécuniaire qu'il demandoit, lui fut insupportable; il ne put dissimuler son ressentiment; il laissa échapper dans sa fureur un de ces mots que rien ne peut plus réparer: *cette vieille femme*, dit-il, *a l'esprit aussi mal fait que le corps*. Du moment que ces paroles eurent été redites à Elisabeth, le comte d'*Essex* fut condamné sans retour.

Un autre crime irrémissible aux yeux d'Elisabeth, c'est que le comte d'*Essex* avoit traité avec le roi d'Ecosse, qu'elle haïssoit doublement, & comme son héritier & comme fils de Marie Stuart. *Essex* avoit offert à ce prince l'appui de son parti pour lui faire assurer la succession d'Angleterre.

Le comte d'*Essex* n'avoit plus qu'un moyen de sauver sa tête, c'étoit d'être irréprochable, & de ne fournir à la vengeance aucune occasion; il prit le parti d'être coupable; il voulut se rendre redoutable à Elisabeth; il écouta & rassembla les mécontens; il courut dans les rues de Londres, l'épée à la main, tâchant d'émouvoir le peuple: personne ne se joignit à lui, ses amis même l'abandonnèrent; il fut pris, jugé, convaincu d'avoir formé le complot de forcer le palais, & d'obliger la reine à chasser les ministres qu'il haïssoit; condamné à perdre la tête, il mourut avec assez de foiblesse. (en 1601)

La reine l'aimoit encore plus qu'elle ne croyoit, elle ne haïssoit en lui qu'un orgueil incompatible avec le sien; elle lui auroit pardonné, si elle l'eût vu demander sa grace. Agitée, incertaine, elle balança long-temps; elle signa l'ordre, le révoqua, le confirma, le laissa exécuter enfin, déterminée principalement par la crainte qu'on lui inspira des projets du comte, & plus encore peut-être par l'idée exagérée de ses mépris pour elle.

La mort du comte d'*Essex* fut vengée. Elisabeth éprouva qu'on n'immole pas impunément ce qu'on aime. Depuis cette fatale époque, le sommeil entroit à peine dans ses yeux, & la joie n'entra plus dans son cœur. Un silence farouche, une langueur mortelle, des rêveries souvent suivies de larmes, des soupirs qui lui échappoient toutes les fois qu'on prononçoit devant elle le nom de l'infortuné comte d'*Essex*, annonçoient le chagrin profond qui la consumoit, & qui la conduisit lentement au tombeau.

« Lasse de tout ce qui peut plaire ici-bas, je desire » la mort », disoit-elle à l'ambassadeur de France, Christophe de Harlay, comte de Beaumont; elle ajouta: « l'ambition démesurée & la conduite du » comte d'*Essex* me faisant présager son malheur, » je l'avertis, deux ans auparavant, de cesser de » prendre plaisir à me mortifier dans toutes les » occasions & à marquer du mépris pour ma per- » sonne; mais quand je vis qu'il en vouloit à ma » couronne, je me crus obligée de le punir..... » La mort seule cependant éteindra dans mon ame » un si douloureux souvenir. »

En effet, le comte d'*Essex* se présentoit sans cesse à sa mémoire, non plus avec ces hauteurs, cette indocilité, cette froideur superbe qui avoient excité tant de colère & préparé sa perte; mais dans tout l'éclat de sa gloire, avec ces graces de la figure & de l'esprit, avec ce mélange de qualités brillantes & de manières aimables qui faisoit le charme de son commerce, avec cet amour des lettres qui formoit un lien si intéressant entre la reine & lui.

Elisabeth croyoit que le comte d'*Essex* avoit dédaigné de lui demander grace; mais la comtesse de Nottingham, confidente de la reine, lui révéla en mourant un terrible mystère. Le comte d'*Essex*, après la prise de Cadix, dans le moment le plus brillant de sa faveur, dans l'un des plus tendres épanchemens de l'amitié, avoit dit à la reine: « L'ardeur de vous servir m'éloigne souvent de » votre cour; quand je vais combattre vos en- » nemis, je laisse les miens auprès de vous; puis-je » espérer que votre cœur me défende toujours » contre leurs artifices & leurs calomnies? Je » ferai plus, dit Elisabeth, je veux vous défendre, » dans tous les cas possibles, contre vos propres » torts & contre mes erreurs. » Elle lui donna une bague, & lui jura que dans quelque disgrace qu'il pût tomber, méritée ou non, ce monument de sa tendresse, remis sous ses yeux, seroit pour le comte un gage certain de clémence & de salut. Après la condamnation du comte, elle attendoit impatiemment cette bague, & ne la voyant point arriver, elle crut que le comte poussoit le mépris pour elle jusqu'à aimer mieux mourir que de lui devoir la vie. De-là tant d'irrésolution & d'agitation : cependant le comte avoit confié la bague à la comtesse de Nottingham, & l'avoit chargée de la remettre à la reine; mais le comte de Nottingham, ennemi capital du comte d'*Essex*, avoit exigé de sa femme qu'elle gardât la bague & laissât mourir *Essex*. Prête à mourir elle-même, long-temps après, la comtesse de Nottingham fit prier la reine de la venir voir; &, après lui avoir demandé pardon de ce qu'elle alloit lui dire, & l'avoir assurée qu'elle mouroit de ses remords, elle lui avoua en pleurant cette horrible infidélité: *Dieu peut vous pardonner*, lui dit Elisabeth après l'avoir entendue, *pour moi, je ne vous pardonnerai jamais*. Elle rentra chez elle désespérée, & mourut douze jours après, sans avoir pu recevoir la moindre consolation.

EST, (*Hist. mod.*) grande & illustre maison d'Italie, dont l'origine se perd dans les fables antiques; elle a produit les ducs de Ferrare & les ducs de Modène. Les uns & les autres se sont alliés avec la maison de France; Hercule d'*Est*, second du nom, duc de Ferrare, épousa la princesse Renée, fille de Louis XII & sœur de la reine Claude, première femme de François I. François-Marie d'*Est*, duc de Modène, épousa, n'étant encore que prince héréditaire de Modène, Charlotte-Aglaé d'Orléans, fille de Philippe, duc d'Orléans, régent de France. La maison d'*Est* est d'ailleurs alliée à toutes les maisons souveraines de l'Europe. Cette maison se glorifioit de rapporter son origine au paladin Roger; & Boyardo, dans son *Orlando innamorato*, donne à Charlemagne & à Roger une origine commune; cette origine est troyenne & la plus illustre que pût fournir l'histoire de Troie; car c'est d'Hector lui-même que Boyardo fait descendre de mâle en mâle Charlemagne & Roger : l'épée Durandal, donnée par Charlemagne à Roland son neveu, étoit l'épée d'Hector, qui s'étoit conservée dans sa famille. Astyanax, fils d'Hector, conquit la Sicile. Il eut un fils, nommé Polydore; celui-ci en eut deux, Clodoaque & Constant. De Clodoaque descendoit Roger par une longue suite de princes & de héros; de Constant descendoit Charlemagne.

La maison d'*Est* a produit trois cardinaux célèbres, Hipolythe d'*Est*, mort le 3 septembre 1520; un autre Hipolythe d'*Est*, dit le cardinal de Ferrare, beau-frère de la duchesse Renée, lequel, selon l'usage du temps, possédoit en France seulement les archevêchés d'Auch, d'Arles, de Lyon, l'évêché d'Autun, plusieurs abbayes, & n'en étoit pas moins d'ailleurs archevêque de Milan; enfin, un autre cardinal de Ferrare, Louis d'*Est*, archevêque d'Auch, fils d'Hercule, second duc de Ferrare & de Renée de France, mort le 30 décembre 1586. Le célèbre Muratori a donné une histoire généalogique de la maison d'*Est*, sous ce titre : *delle antichità Estensi ad Italiane*. Mettons au nombre des titres de la maison d'*Est*, qu'elle fut la protectrice & la bienfaitrice de l'Arioste & du Tasse.

ESTAING (D') (*Hist. de Fr.*) ou ESTEING. (D') (*de stagno*) Voyez dans le dictionnaire de blason, placé à la tête de ce dictionnaire d'histoire, tome premier, page 70, colonne deuxième, au mot *fleur de lis*, la concession faite par Philippe-Auguste, des armes de France, à *Deodat* ou *Dieu-donné d'Estaing*, & les causes de cette concession à jamais glorieuse.

> Je veux que la valeur de leurs ayeux antiques
> Ait servi de matière aux plus vieilles chroniques,
> Et que l'un des Capets, pour honorer leur nom,
> Ait de trois fleurs de lis doré leur écusson.

On sait que Déodat ou Dieu-donné d'*Estaing* n'a pas été le seul ni le dernier héros de sa race. Léonard d'*Estaing* a été soutenu avec éclat par les deux lieutenans généraux, Jean d'*Estaing* sous Henri IV & Louis XIII, & François d'*Estaing* sous Louis XIV & Louis XV, & par beaucoup d'autres guerriers de cette maison.

Louis-Claude d'*Estaing*, marquis de Murol, fils de François d'*Estaing*, mourut, en 1719, des blessures qu'il avoit reçues au siége de Fontarabie.

On sait avec quelle gloire ce nom est encore porté aujourd'hui, & combien a paru juste l'application qu'on a faite au théâtre à l'héritier actuel de ce grand nom, de ces vers de *Gaston & Bayard*.

> D'Estaing, cœur tout de flamme, à qui le sang me lie,
> Toi, né pour être un jour, par tes hardis exploits,
> Ainsi que ton ayeul, le bouclier des rois!

ESTAMPES, (D') (*Hist. de Fr.*) noble & ancienne maison, originaire du Berry, dont étoient:

1° Le maréchal d'*Estampes* ou de la Ferté-Imbaut, mort le 20 mai 1668;

2°. Jean-Baptiste, comte d'*Estampes*, son arrière-petit-fils, tué à la bataille d'Hochstet, en 1704, après avoir eu trois chevaux tués sous lui;

3°. Louis, marquis d'Estiau, de la branche d'*Estampes-Valençai*, tué devant Mastricht dans les troupes des Hollandois, en 1632;

4°. Claude, seigneur d'Estiau, frère du précédent, tué au siége de Montauban;

5°. Jean d'*Estampes* dit le baron de Bellebrune, tué au siége de Privas en 1629;

6°. François-Louis-Charles d'*Estampes*, chevalier de malte, de la même branche de Valençai, noyé sur la générale de Malte, au mois de février 1700.

Et plusieurs autres nobles victimes de l'état & de leur devoir.

De cette même maison étoit le cardinal de Valençai, que sa valeur guerrière & ses talens militaires élevèrent au cardinalat. Chevalier de malte, il avoit servi avec gloire sur les galères de la religion; il servit dans les troupes de France avec encore plus de distinction, & devint maréchal de camp. Il alla servir le pape Urbain VIII, dans des querelles qu'il avoit avec le duc de Parme; il fut nommé général des armées du saint-siége, sous le cardinal Antoine Barberin, neveu du pape. La récompense de ses services & de ses succès fut un chapeau de cardinal, qu'on peut dire qu'il avoit conquis. Il soutint à Rome avec sa vigueur martiale les intérêts de la France contre l'Amirante de Castille, ambassadeur d'Espagne, qu'il obligea à rendre visite au cardinal d'Est, protecteur des affaires de France auprès du saint-siége. On disoit communément alors: *le cardinal de Valençai, qui dit tout & qui fait tout hardiment.* Il mourut le 7 juillet 1646.

La maison d'*Estampes* a produit encore d'autres prélats célèbres, tels que Léonor ou Eléonor d'*Estampes-Valençai*, évêque de Chartres, puis archevêque de Reims, qui joua un rôle considérable dans le clergé, & mourut le 8 avril 1651; deux Jean d'*Estampes*, frères, évêques, l'un de Carcassone, l'autre de Nevers, tous deux enterrés dans un même tombeau à Nevers.

De cette maison étoit encore le grand-prieur Henri d'*Estampes-Valençai*, mort, en 1678, à Malte, où on le destinoit à la place de grand-maître.

La fameuse duchesse d'*Estampes*, maîtresse de François I, n'étoit pas de cette maison, mais de celle de Pisseleu; on la nommoit mademoiselle de Heilly: la prison de François I l'avoit séparé de sa première maîtresse, la comtesse de Châteaubriant, sœur des de Foix-Lautrec; pendant le règne de celle-ci, la mère du roi & sa maîtresse avoient formé deux cours rivales, occupées à se détruire; quand le roi revint de Madrid, la duchesse d'Angoulême sentit combien il étoit important pour la conservation de son crédit, qu'elle donnât de sa main une nouvelle maîtresse à son fils; en allant au-devant de lui, elle menoit avec elle mademoiselle de Heilly: le roi, en la voyant, oublia la comtesse de Châteaubriant, dont l'absence avoit naturellement affoibli l'empire. Heilly vit tous les jours croître le sien, qui ne finit qu'à la mort du roi. Son inclination, ou sa complaisance, parut lui donner avec son amant la la plus heureuse conformité de goûts; elle fut la bienfaitrice des arts & des sciences, & même une bienfaitrice éclairée; on l'appelloit *la plus savante des belles.* Son indulgence à l'égard des protestans la fit accuser de penchant pour la réforme; les courtisans la haïssoient peu, les savans l'aimoient, les protestans espéroient en elle. La reconnoissance de la jeune de Heilly ne trompa point l'attente de la duchesse d'Angoulême, elle lui fut toujours soumise. L'amitié la plus tendre l'unit bientôt avec la reine de Navarre, sœur de François I, princesse aimable dont Heilly avoit l'esprit & l'indulgence.

François I lui fit épouser, en 1536, Jean de Brosse, qui portoit le nom de Bretagne, & qui en effet descendoit de la maison de Bretagne par femmes. Il étoit fils de René de Brosse, un des complices du connétable de Bourbon, condamné à mort par contumace. René avoit été tué à Pavie. Jean de Brosse, après le traité de Cambrai conclu en 1529, demandant en vertu de ce traité à rentrer dans la possession des biens confisqués sur son père, ne put l'obtenir qu'à condition d'épouser la demoiselle de Heilly. Pour prix de sa complaisance, il fut comblé d'honneurs en perdant l'honneur; le roi lui rendit les biens confisqués sur son père, le fit duc d'Estampes, chevalier de l'Ordre, gouverneur de Bretagne; « mais, dit le Laboureur, ces » biens & ces grandeurs lui venoient d'une source » empoisonnée, dans laquelle il n'osoit se mirer. » Après la mort de François I, il fit faire une information contre sa femme sur le commerce qu'elle avoit eu avec le roi, & Henri II fut entendu comme témoin dans cette information: il seroit difficile de dire quel côté l'indécence étoit plus forte.

On devine aisément le peu de considération qu'avoit un tel mari à la cour de François I; il ne devoit s'en prendre qu'à lui-même, il s'en prit à sa femme, & se ligua contre elle avec le dauphin Henri, qui fut depuis le roi Henri II: on n'y fit pas attention d'abord; tous les hommages étoient pour la duchesse; on n'appercevoit pas les petites cabales que l'envie vouloit former de loin & en secret; la duchesse jouissoit avec éclat des bienfaits du roi; la donation que François I lui avoit faite du duché d'Estampes, a fourni à Marot le sujet d'un de ses plus jolis dizains:

Ce plaisant val que l'on nommoit Tempé,
Dont mainte histoire est encore embellie,
Arrouzé d'eaux, si doux, si attrempé,
Sachez que plus il n'est en Thessalie:
Jupiter roi, qui les cueurs gaigne & lie,
L'a de Thessale en France remué,
Et quelque peu son nom propre mué;
Car pour Tempé veut qu'Estampes s'appelle;
Ainsi lui plaist, ainsi l'a situé,
Pour y loger de France la plus belle.

La cabale du dauphin, qu'animoit Diane de Poitiers sa maîtresse, allarma enfin la duchesse d'Estampes: dans la dernière guerre entre François I & Charles-Quint, la duchesse effrayée de la décadence de François I, dont tout annonçoit la fin prochaine, voulut se faire un appui du duc d'Orléans, frère puîné du dauphin, en lui procurant un établissement dans le Milanais ou dans les pays-bas. Pour cette négociation, elle entretenoit avec l'empereur des correspondances criminelles, lui révéloit tous les secrets de l'état, & trahissoit pour lui son bienfaiteur & son amant, politique non moins imprudente que perfide. Comment espéroit-elle obtenir de Charles-Quint des sacrifices, en lui procurant des succès? cette trahison fut ignorée de François I. Un roi malade est aisément trompé.

Le comte de Bossut-Longueval fut l'instrument de ces perfidies, & il ne tient pas à Brantôme, à Mézeray, à Bayle, qu'on ne croye qu'il avoit acquis tous les droits possibles à la confiance de la duchesse d'Estampes. La paix se fit en 1544; mais le duc d'Orléans mourut en 1545, & tous les projets de la duchesse s'évanouirent; on la soupçonna aussi de quelque foiblesse pour l'amiral de Chabot & pour son propre beau-frère, Jarnac, de la même maison de Chabot. La Chateigneraye publia que Jarnac s'étoit vanté des bontés de la duchesse, & les démentis qu'entraînèrent ces propos furent la cause de leur combat. (Voyez l'article *Chabot.*)

En 1547, la duchesse d'Estampes, ayant perdu le roi & le duc d'Orléans, restoit en proie aux violences ou aux rigueurs du nouveau gouvernement; on eût pu lui faire son procès sur les intelligences qu'elle avoit eues avec l'empereur; on eût pu la dépouiller de ses biens; mais Diane, devenue toute-puissante, ne fut point assez aveuglée par une haine que la chûte de sa rivale affoiblissoit déjà, pour oser donner un tel exemple qu'on eût pu suivre un jour contre elle. On voulut pourtant faire le procès au comte de Bossut, mais le cardinal de Lorraine, auquel il céda sa terre de Marchez en Laonnois, fit entendre au roi qu'on ne pouvoit rechercher la conduite du comte de Bossut, parce que ce seroit insulter à la mémoire de François I, dont la maîtresse seroit nécessairement inculpée au procès.

La duchesse d'Estampes vécut encore plus long-temps dans ses terres qu'elle n'avoit vécu à la cour. On ignore la date de sa mort; on sait seulement qu'elle vivoit en 1575, sous le règne de Henri III: son mari étoit mort en 1564, elle n'en eut point d'enfans, & il ne paroît pas qu'elle en ait eu de François I.

Elle avoit usé assez modestement de sa faveur; la comtesse de Châteaubriant mettoit ses frères à la tête des armées; la duchesse d'Estampes ne fit guères donner à ses parens que des bénéfices. Antoine Sanguin, son oncle maternel, fut abbé de Fleury, évêque d'Orléans, archevêque de Toulouse, cardinal, grand-aumônier; Charles de Pisseleu, frère de la duchesse, fut abbé de Bourgueil, évêque de Condom; François, un autre de ses frères, fut abbé de Saint-Corneille de Compiègne, évêque d'Amiens; un autre frère encore, nommé Guillaume, eut l'évêché de Pamiers; une de ses sœurs eut l'abbaye de Maubuisson, une autre eut celle de Saint-Paul en Beauvoisis, les autres furent avantageusement, mais convenablement mariées.

ESTHER. (*Hist. sacr.*) Voyez *Aman* & *Assuérus*. Son histoire est rapportée dans le livre de l'écriture sainte qui porte son nom.

Une autre *Esther*, juive & belle aussi-bien que la première, prit sur Casimir III, dit *le grand*, roi de Pologne, le même ascendant que la première avoit eu sur Assuérus, & obtint de Casimir de grands privilèges pour la nation juive, en Pologne & en Lithuanie. Elle vivoit au quatorzième siècle.

ESTIUS, (GUILLAUME.) (*Hist. litt. mod.*) théologien de Louvain, né à Gorcum en Hollande, vivoit & mourut à Douay. On a de lui des œuvres théologiques estimées, en plusieurs volumes *in-fol.* Mort en 1613 à 71 ans. On dit qu'il étoit d'une ancienne famille d'Esth, différente de la maison d'Est d'Italie.

ESTOILE. (PIERRE & CLAUDE. (*Hist. litt. mod.*) Pierre, grand-audiencier de la chancellerie de Paris, est auteur du journal de Henri III & du journal de Henri IV. Il mourut en 1611.

Claude, son fils, étoit un des cinq poëtes employés par le cardinal de Richelieu à ses drames; il fut de l'académie françoise, dans le temps de la fondation. Pélisson dit qu'il avoit plus de génie que d'étude & de savoir. Il ne reste rien de ce génie-là; on ne lit rien de cet auteur; il est beaucoup moins connu que son père. Il mourut en 1652.

ESTOURMEL, ou ESTURMEL. (*Hist. de Fr.*) En 1536, année mémorable par l'expédition de Charles-Quint en Provence, tandis que cet empereur menaçoit le midi de la France, le comte de Nassau, un de ses généraux, attaquoit ce royaume du côté du nord, & mettoit le siége devant Péronne; cette place étoit dépourvue de tout, & les habitans vouloient l'abandonner. Ce fut d'*Estourmel*, gentilhomme voisin de Péronne, qui les détermina par son exemple & ses secours à la résistance; il vint s'enfermer dans la place avec sa femme & ses enfans; il y fit transporter tout ce qu'il avoit de grains & de vivres; il engagea tous les gentilshommes du voisinage à en faire autant; ils employèrent comme lui tout ce qu'ils avoient d'argent à défendre cette place importante: le siége fut levé. Une charge de maître-d'hôtel & d'autres avantages considérables ne furent pas une trop forte récompense des services de d'*Estourmel*.

ESTOUTEVILLE, (GUILLAUME D') (*Hist. de Fr.*) cardinal, archevêque de Rouen, célèbre sous les règnes de Charles VII & de Louis XI, par la réforme de l'université, qui fut principalement son ouvrage, par le zèle qu'il montra pour l'établissement & le maintien de la pragmatique-sanction; ce qui n'empêchoit pas qu'il ne possédât, outre l'archevêché de Rouen, six autres évêchés tant en France qu'en Italie, quatre abbayes, trois prieurés. Ce fut lui qui commença de bâtir le château de Gaillon. Il mourut à Rome, doyen des cardinaux, le 22 décembre 1483. Il étoit de la maison d'*Estouteville*, l'une des plus anciennes &

des plus considérables de la Normandie. Les d'*Estouteville*, au onzième siècle, accompagnèrent Guillaume le bâtard à la conquête de l'Angleterre, & au quinzième concoururent à remettre la Normandie sous l'obéissance de Charles VII. Cette maison s'est éteinte le 18 août 1568.

ESTRADES, (GODEFROI COMTE D') (*Hist. de Fr.*) maréchal de France, homme de guerre, homme d'état. Son histoire commence avec le règne de Louis XIV. On le voit paroître d'abord dans un duel; c'étoit ordinairement par-là que commençoient alors les héros. En 1643, il servit de second à Coligny dans son combat contre le duc de Guise, qui avoit Bridieu pour second. Plus utile à l'état en 1652, on le voit défendre vaillamment Dunkerque contre les Espagnols pendant trente-neuf jours de siége. Il fut forcé de le rendre le 16 septembre, il le rendit avec gloire, & le recouvra dix ans après avec plus de gloire encore. Il fut dans sa destinée d'être illustré deux fois par la ville de Dunkerque, comme guerrier & comme négociateur; ce fut lui qui, en 1662, négocia heureusement auprès de Charles II, roi d'Angleterre, la restitution de cette place importante, que les François, qui l'avoient reprise en 1658, avoient été obligés de remettre à Cromwel. C'étoit le comte d'*Estrade* qui étoit ambassadeur de France en Angleterre, en 1661, lorsque le baron de Batteville, ambassadeur d'Espagne, soit qu'il eût ou non des ordres de sa cour, prétendit à la préséance & fit une insulte publique dans Londres à l'ambassadeur françois, à l'entrée du comte de Brahé, ambassadeur extraordinaire de Suède. On sait la réparation que Louis XIV tira de cette injure & la renonciation solemnelle que l'Espagne fit alors à la préséance. En 1667, le comte d'*Estrades* eut grande part à la paix de Bréda, signée le 31 juillet. En 1675, pendant le cours de la guerre contre la Hollande, devenue guerre générale, le comte d'*Estrades* mit, le 27 mars, garnison françoise dans la citadelle de Liége, dont les Impériaux, qu'il prévint, vouloient s'emparer pour faciliter aux Hollandois, leurs alliés, le siége de Maëstricht. La même année, il fut fait maréchal de France, le 30 juillet, après la mort de M. de Turenne; la même année il fut nommé plénipotentiaire au congrès de Nimégue.

En 1683, il fut nommé gouverneur du duc de Chartres, qui fut dans la suite M. le régent. Le maréchal de Navailles, qui avoit eu cet emploi avant lui, étoit mort l'année même de sa nomination, c'est-à-dire, cette même année 1683; le maréchal d'*Estrades* mourut trois ans après, en 1686; ce qui fit dire à Benserade qu'on ne pouvoit pas *élever de gouverneur à M. le duc de Chartres.*

Le maréchal d'*Estrades* avoit le talent de se connoître en hommes; il avoit prévu de bonne heure ce que seroit le prince d'Orange, Guillaume III: *on verra*, disoit-il, *revivre en lui Guillaume le taciturne, Maurice & Frédéric-Henri.*

ESTRÉES; (*Hist. de Fr.*) c'est le nom d'une ancienne maison, originaire de Picardie, féconde en grands hommes. De cette maison étoient:

1°. Jean d'*Estrées*, seigneur de Valieu & de Cœuvres, maître de l'artillerie sous Henri II. « Il » alloit dans ses tranchées & batteries la tête le» vée, dit Brantôme, comme si c'eût été dans les » champs à la chasse, & la plupart du temps il y » alloit à cheval, monté sur une grande haquenée » allemande qui avoit plus de vingt ans, & qui » étoit aussi assurée que le maître; car pour les » canonades & arquebusades qui se tirassent dans » la tranchée, ni l'un ni l'autre ne baissoient » jamais la tête, & si se montroit par-dessus la » tranchée la moitié du corps, car il étoit grand » & elle aussi. C'étoit l'homme du monde qui » connoissoit le mieux les endroits pour faire une » batterie de place, & qui l'ordonnoit le mieux; » aussi étoit-ce un des confidens que M. de Guise » souhaitoit auprès de lui, pour faire conquêtes » & prendre villes, comme il fit à Calais. C'a » été lui qui le premier nous a donné ces belles » fontes d'artillerie dont nous nous servons aujour» d'hui; & même de nos canons, qui ne craindront » de tirer cent coups l'un après l'autre, par ma» nière de dire, sans rompre, ni sans s'éclater » ni casser, comme il en donna la preuve d'un » au roi, quand le premier essai s'en fit.... Avant » cette fonte, nos canons n'étoient de tout si » bons, mais cent fois plus fragiles & sujets à » être fort souvent rafraîchis de vinaigre où il » y avoit plus de peine, & qui les débouchoit de » la batterie........ M. d'*Estrées* étoit un fort grand » homme, beau & vénérable, avec une barbe » qui lui descendoit très-bas & sentoit bien son » vieux aventurier de guerre du temps passé, dont » il avoit fait profession, où il avoit appris d'être » un peu cruel.

2°. Antoine d'*Estrées*, fils du précédent, & comme lui grand-maître de l'artillerie. On ne peut rien voir de plus contradictoire que les jugemens portés sur cet homme par Brantôme & par le duc de Sully.

Brantôme dit: « Etant mort, François d'Espinai, » sieur de Saint-Luc, M. d'*Estrées* a succédé à sa » place, comme le méritant bien, & comme l'ayant » bien appris de son brave père: ainsi, qu'il tarde, » le droit & la vérité rencontrent leur tour; car on » lui avoit fait tort, qu'il n'eût cette charge après » la mort de son père. Enfin, la vérité & le droit » ont vaincu là pour lui. »

M. de Sully dit, au contraire, que Gabrielle d'*Estrées* obtint la grande maîtrise de l'artillerie, pour Antoine d'*Estrées* son père, en menaçant Henri IV de se jeter dans un couvent; il assure que Henri lui avoit donné, à lui Sully, parole pour cette place, & qu'il lui apprit, avec quelque confusion de sa foiblesse, qu'après avoir résisté aux larmes de Gabrielle, il avoit cédé à ses menaces. Sully ajoute que d'*Estrées* étoit en toute manière incapable d'exercer cette charge, & que le roi, en la lui donnant, exigea de lui qu'il la quitteroit pour la première charge de la couronne qui viendroit à vaquer, & absolument s'il survenoit une guerre considérable; de sorte qu'on ne le faisoit grand-maître de l'artillerie qu'à condition qu'il ne feroit jamais usage de l'artillerie. En effet, d'*Estrées* donna sa démission au bout de deux ans, en 1599, lorsque la mort de Gabrielle d'*Estrées*, trop promptement suivie de la faveur de mademoiselle d'Entragues, l'eût privé de son plus puissant appui. On peut dire, au reste, qu'il avoit eu droit à cette charge de grand-maître de l'artillerie, & de son chef par son père, & du chef de sa femme, dont le père Jean Babou de la Bourdaisière avoit aussi été grand-maître de l'artillerie.

3°. François-Louis, marquis de Cœuvres, fils d'Antoine, tué au siége de Laon, en 1594.

4°. François-Annibal, duc d'*Estrées*, maréchal de France, frère du précédent, & qui mourut le 5 mai 1670, soixante & seize ans après la mort de son frère. Sa carrière, dont la durée suffiroit seule pour le distinguer avantageusement, fut de quatre-vingt-dix-huit ans, quelques-uns même disent de cent deux ans. Henri IV lui avoit donné l'évêché de Noyon; mais la mort de son frère lui ayant fait quitter l'état ecclésiastique, il servit & dans les armées & dans les ambassades avec une distinction qui lui valut, en 1626, le bâton de maréchal de France. On a de lui des mémoires de la régence de Marie de Médicis, une relation du siége de Mantoue, en 1630, & une autre du conclave où Grégoire XV fut élu, en 1621. Ce fut pour lui que la terre de Cœuvres fut érigée en duché-pairie, sous le nom d'*Estrées*, en 1648.

5°. Louis, marquis d'*Estrées*, un des fils du précédent, fut tué à la levée du siége de Valenciennes, en 1656.

6°. Jean, frère aîné du précédent & second fils du premier maréchal de France, fut aussi maréchal de France, (24 mars 1681,) & fut le premier qu'ait eu la marine. Il servit avec gloire & sur terre & sur mer; il avoit été fait prisonnier à ce siége de Valenciennes, où son frère avoit été tué. Créé vice-amiral en 1670, toutes ses campagnes sur mer ne sont plus qu'une longue suite d'exploits & de succès. En 1672, au combat de Soultsbaie, il commandoit, avec le duc d'Yorck, la flotte combinée de France & d'Angleterre, contre Ruyter; & ce fut la plus furieuse bataille qu'eût vûe ce général hollandois, qui en avoit tant vu & de si terribles. L'année suivante, il y eut trois autres batailles navales non moins terribles entre la même flotte combinée de France & d'Angleterre, commandée pour la France par le même comte d'*Estrées*, pour l'Angleterre par le prince palatin Robert; & la flotte hollandoise, commandée par les amiraux de Ruyter & Tromp. En 1676, le comte d'*Estrées* enlève aux Hollandois l'île de Cayenne en Amérique. En 1767 il bat, le 3 février, l'amiral Binck à Tabago, & prend Tabago le 12 décembre. En 1683, il fut fait vice-roi de l'Amérique. En 1685, il bombarde Tripoli; le 22 juin, il force Tunis à faire sa paix avec le roi. En 1686, il paroît devant Cadix, & force l'Espagne à satisfaire la France sur des intérêts de commerce. En 1688, il bombarde Alger, le premier juillet. Dans cette guerre de 1688, la France combattant, sur la mer, l'Angleterre & la Hollande réunies, triompha de ces deux grandes puissances maritimes, dont elle étoit l'élève. Ce fut alors qu'elle eut véritablement l'empire de la mer : elle régnoit seule dans tous les parages de l'Amérique, & jusques dans la Manche; les vaisseaux anglois & hollandois se cachoient devant elle, & c'étoit, en grande partie, au maréchal d'*Estrées* que la France devoit cette gloire & cette puissance nouvelles.

7°. Ce fut aussi à son fils Victor-Marie, qui avoit, dès le 12 décembre 1684, la survivance de la charge de vice-amiral, & qui, en cette qualité, continua les succès de son père dans cette guerre de 1688. Il fit une descente en Angleterre le 5 août 1690, & y brûla quatre vaisseaux de guerre & cent vaisseaux marchands. En 1691, il bombarda Barcelone, le 10 août, & Alicante le 22. En 1692, époque fatale à notre marine, ce sinistre combat de la Hougue eût peut-être été aussi heureux pour la France qu'il lui fut glorieux dans son désastre même, si on avoit seulement permis à M. de Tourville d'attendre l'escadre du comte d'*Estrées*. Telle a été du moins l'opinion de l'Europe. Dans cette même année & dans la suivante, il fit, du côté de la mer, les siéges de Villefranche, de Nice, de Roses & de Palamos.

Au siége de Barcelone, en 1697, il partagea la gloire du duc de Vendôme, qui commandoit du côté de la terre, comme le comte d'*Estrées* du côté de la mer. « Chef de l'armée navale, le » comte d'*Estrées* fut la seconde personne de l'ar» mée de terre, & on le vit également dans » toutes les deux, » dit l'historien de l'académie des belles-lettres. Il proposa, dans le conseil, de faire attaquer les derniers ouvrages de la place en plein jour par les grenadiers : il ne donna, dit le même auteur, pour garant du succès, que l'offre de conduire lui-même l'attaque; on le crut, & elle réussit. Le comte d'*Estrées* remplissoit toujours ainsi, à l'exemple de son père, par le service de terre, les intervalles du service de mer. C'est ainsi qu'il avoit combattu en 1688, au siége de Philisbourg, où il avoit été renversé de deux coups de mousquet, ayant la même année, par une expédition très-brillante où il accompagnoit Tourville, obligé Papachin, commandant des flottes d'Espagne, un des plus grands hommes de mer du temps, & qui se sentant de beaucoup le plus fort, leur avoit demandé le salut, à saluer lui-même l'escadre françoise. « Le fait, dit l'historien de l'a» cadémie, passeroit toute croyance sans le procès » verbal que Papachin, pour se disculper de ce salut, » dressa & publia lui-même, de l'état où il avoit » été mis. »

Dans la guerre de la succession d'Espagne, Philippe V fit le comte d'*Estrées* lieutenant-général de la mer, grand d'Espagne, chevalier de la Toison d'or. Le maréchal d'*Estrées* Jean, qui ne mourut que le 19 mai 1707, âgé de 83 ans, vit toute cette gloire & tous ces honneurs de son fils, & il eut la satisfaction d'y voir mettre le comble lorsqu'en 1703 Louis XIV fit le comte d'*Estrées* chevalier de ses ordres & maréchal de France. Ainsi le père, maréchal de France, vit pendant quatre ans ce fils parvenu comme lui, & sur ses traces, à ce dernier degré des honneurs militaires; chose sans exemple jusqu'alors pendant tout le règne de Louis XIV, & dont les règnes précédens n'offroient d'exemples que dans la seule maison de Montmorenci. Le comte d'*Estrées* prit le titre de maréchal de Cœuvres, & pour justifier sa promotion, fit triompher, le 24 août 1704, le comte de Toulouse, amiral de France, à ce fameux combat de Malaga, qui dura depuis le point du jour jusqu'à l'entrée de la nuit.

A la mort de son père, le maréchal de Cœuvres, qui prit alors le nom de maréchal d'*Estrées*, lui succéda dans toutes ses places, les méritant toutes & n'en ayant demandé aucune. Il fut un des objets de la curiosité du czar Pierre, dans le voyage que ce prince fit en France pendant la régence: Pierre alla s'enfermer une journée entière avec lui à Issy, le quitta en l'embrassant, lui donna son portrait, lui envoya ensuite de Pétersbourg les meilleurs livres Moscovites imprimés sous son règne, & les plans de ses vastes projets pour l'extension du commerce de la Russie & la civilisation de ses vastes états. Il reconnut aisément dans le maréchal d'*Estrées*, non seulement l'homme de guerre consommé, mais encore l'homme d'état formé par des leçons & des exemples domestiques. En effet le duc d'*Estrées*, son oncle, ambassadeur à Rome; le cardinal d'*Estrées*, aussi son oncle, & l'abbé d'*Estrées* son frère, nommé archevêque de Cambrai en 1716, & mort en 1718, sans avoir été sacré, servirent aussi bien l'état par leurs négociations que les guerriers de leur nom par les armes, & le maréchal d'*Estrées* lui-même fut employé avec succès dans plusieurs affaires délicates tant au dedans du royaume qu'au dehors. Il mourut le 28 décembre 1737. Il étoit des trois académies de Paris; il avoit été reçu à l'académie françoise en 1715, honoraire de l'académie des sciences en 1707, & de l'académie des inscriptions & belles-lettres en 1726. Le cardinal d'*Estrées* son oncle, mort le 18 décembre 1714, dans sa quatre-vingt-septième année, étoit doyen de l'académie françoise. M. de Boze, dans l'éloge du maréchal d'*Estrées*, observe que « sa maison avoit cela de » singulier, ou plutôt d'unique, que ses cinq der» nières générations sont composées de deux » grands-maîtres de l'artillerie & de trois maré» chaux de France de père en fils, tous sans in» terruption, chevaliers de l'ordre du Saint-Esprit » depuis son institution, tous inviolablement atta» chés au parti du roi dans le temps de la ligue, des » guerres civiles & des troubles de la religion; » tous avides de gloire & comblés d'honneurs, & » toujours plus grands que leur fortune. »

Le maréchal d'*Estrées* étant mort sans enfans, le titre de duché-pairie attaché à la terre de Cœuvres sous le nom d'*Estrées*, est éteint. Ce nom de d'*Estrées* a été porté dans la famille le Tellier, par le mariage de Marie-Anne-Catherine sa sœur; & le dernier maréchal d'*Estrées*, le vainqueur d'Hastembecke étoit le Tellier.

ETHELBALD, (*Hist d'Angleterre.*) Guidé par les conseils d'un ministre infidèle, *Ethelbald*, fils ingrat, perfide citoyen & prince incestueux, ne resta sur le trône, où la foiblesse & la timidité de son père Ethelwolph l'avoient laissé monter, qu'autant de temps qu'il en falloit pour se déshonorer & prouver à la nation jusqu'à quel degré de honte & d'avilissement un souverain indigne de régner peut porter la puissance royale. Le premier usage qu'*Ethelbald* fit de son pouvoir, fut, du moins s'il faut s'en rapporter à la plupart des historiens anglois, de commettre impudemment un crime qui souleva contre lui tous les citoyens. On assure qu'il épousa Judith, fille de Charles-le-Chauve, roi de France, & veuve d'Ethelwolph. Ce fut vraisemblablement à cette indécente union que se borna tout ce qu'*Ethelbald* fit de mémorable; car l'histoire se tait sur le reste de sa vie. Un seul annaliste, intéressé sans doute à justifier la mémoire de ce méprisable prince, a prétendu que, dévoré de remords, *Ethelbald*, vivement touché par les exhortations de l'évêque de Winchester, se livra aux rigueurs d'une pénitence austère; pénitence qui, suivant l'usage de ces temps, consistoit à bâtir & doter des églises, à protéger & enrichir des moines: aussi est-ce un moine qui a donné de grands éloges au tardif repentir d'*Ethelbald*, qui mourut sur le trône aussi obscurément qu'il y avoit vécu, en 860, après deux ans de régne & qui laissa le sceptre à Ethelbert son frère, roi de Kent, conformément aux dispositions du testament de son père Ethelwolph. (*L. C.*)

ETHELBERT, (*Hist. d'Angleterre.*) fils d'Ethelwolph, & frère d'Ethelbald auquel il succéda: les premiers jours de son administration furent troublés par l'arrivée imprévue d'une flotte de Danois qui, depuis plusieurs années, avoient laissé l'Angleterre se remettre des ravages qu'ils y avoient commis. Comme on ne s'attendoit à rien moins qu'à cette invasion, les Danois ne trouvant aucun obstacle à leur descente, pénétrèrent jusqu'à Winchester, capitale du Weffex; &, après avoir maffacré les habitans de cette ville, ils la réduifirent en cendres. Ofrich & Ethelwolph, comtes Weftfaxons, affemblèrent à la hâte quelques troupes, arrêtèrent ces brigands au milieu de leur courfe, les battirent, les obligèrent d'abandonner une partie du butin qu'ils avoient fait & de fe remettre en mer. Les Danois ne tardèrent point à revenir en plus grand nombre, & abordèrent dans l'île de Thanet, où ils reftèrent quelque temps, fe propofant de recommencer, auffi-tôt que les circonftances le leur permettroient, leurs incurfions & leur ravages. *Ethelbert*, hors d'état de les repouffer par la force, leur offrit de l'argent, à condition qu'ils fe retireroient. Les Danois promirent tout, reçurent les fommes convenues, fortirent à la vérité de l'île de Thanet, mais allèrent fe jeter dans le pays de Kent, qu'ils mirent à feu & à fang. L'atrocité de cette perfidie révolta *Ethelbert*, qui, voyant que la force feule pourroit délivrer fes états de femblables brigands, fit les plus grands efforts pour relever le courage abattu des Anglois: il raffembla une armée, & il fe propofoit d'attaquer les Danois & de leur arracher le butin dont ils étoient chargés, lorfqu'informés de fes deffeins, les Danois, au lieu de retourner fur leurs pas, fe rembarquèrent promptement, fans qu'il fût poffible aux Anglois de les arrêter. Voilà tout ce qu'on fait d'*Ethelbert*, qui, après un règne de fix ans, mourut en 866, laiffant deux fils, Adhélin & Ethelward, qui ne lui fuccédèrent point: fa couronne paffa fur la tête de fon frère Ethelred, en vertu du teftament d'Ethelwolph. (*L. C.*)

ETHELRED I. (*Hift. d'Angleterre.*) Si la conftance & la vertu ne l'euffent élevé au-deffus des difgraces & des rigueurs du fort, *Ethelred* eût été le plus malheureux des hommes; car, malgré fa prudence, fa valeur & fon patriotifme, il n'éprouva que des revers; &, depuis fon avénement au trône jufqu'au moment fatal où la mort l'en fit tomber, fon ame fenfible & généreufe fut accablée de chagrins, abreuvée d'amertume. Le fceptre d'*Ethelbert* fon frère avoit paffé dans fes mains, & perfonne n'étoit plus capable que lui de tenir les rênes du gouvernement. La nation, pénétrée d'eftime & de refpect pour fes rares qualités, fe livroit aux plus flatteufes efpérances; & l'on ne doutoit point qu'elles n'euffent été remplies, fi les Danois, anciens & implacables ennemis de l'Angleterre, n'euffent fait fuccéder à ces premiers momens d'allégreffe publique le trouble, le défordre, le ravage & la mort. Ils commencèrent par envahir & dévafter le Northumberland, fubjuguèrent l'Eftanglie, infeftèrent la Mercie, qu'ils mirent à rançon, allèrent dans le Weffex continuer le cours de leurs déprédations; & ne cefsèrent d'y exercer le plus horrible brigandage, malgré la valeur d'*Ethelred*, qui en mourant eut la douleur de laiffer ces dévaftateurs au milieu de fon royaume.

Tels furent les événemens, ou plutôt, tel fut le déplorable enchaînement des calamités qui remplirent le règne d'*Ethelred I.* Cette fuite de malheurs étoit l'inévitable effet de la méfintelligence qui divifoit les fouverains de l'Angleterre. L'autorité des rois de Weffex fur les royaumes de Mercie, d'Eftanglie & de Northumberland, établie par Egbert, s'étoit confidérablement affoiblie fous Ethelwolph & fes enfans, foit par l'incapacité de ceux-ci, foit par les invafions fréquentes des Danois, qui avoient donné trop d'inquiétude & trop d'occupation aux fouverains du Weffex, pour qu'ils puffent fonger en même temps à défendre leurs propres états, & venger les atteintes portées à leur puiffance dans ces trois royaumes éloignés. Prompts à faifir les circonftances, & habiles à profiter des troubles du Weffex, les Northumbres avoient été les premiers à s'affranchir de l'efpèce de fervitude à laquelle ils avoient été forcés de fe foumettre: mais plus heureux fous la dépendance des fucceffeurs d'Egbert, qu'ils ne l'avoient été par la liberté qu'ils s'étoient procurée, depuis qu'ils avoient acquis cette liberté, l'efprit de licence & de haine, le choc des factions & le feu de la guerre civile les avoient long-temps agités. Cependant, épuifés à force de s'entre-détruire, leur animofité avoit perdu de fa violence, & les factions jufqu'alors divifées s'étoient réunies en faveur d'Osbert, que, d'un concert unanime, les Northumbres avoient placé fur le trône. Ils croyoient avoir fixé la tranquillité publique, lorfque le même événement qui jadis brifa chez les Romains le fceptre de la royauté, replongea les Northumbres & l'Angleterre entière dans la plus déplorable des fituations. Osbert, revenant de la chaffe, entra dans le château du comte de Bruen-Bocard, l'un des principaux feigneurs de fa cour, abfent alors, & chargé de la garde des côtes contre les courfes des Danois. L'époufe de Bruen, jeune, belle & vertueufe, reçut Osbert avec tout le refpect qu'elle devoit à fon fouverain; mais malheureufement, fa beauté, fes graces & fon zèle firent une fi vive impreffion fur l'ame d'Osbert, qu'il en devint éperdument amoureux: empreffé d'affouvir fa paffion, il réfolut de fe fatisfaire à l'inftant même, foit de gré, foit de force. Dans cette vue, fous prétexte d'avoir quelques affaires importantes à communiquer à la jeune comteffe, il l'emmena dans l'appartement le plus reculé du château; & là, infenfible aux prières, aux larmes, aux cris, au défefpoir de fa victime, & foulant aux pieds de la plus outrageante manière les loix de la décence & les droits de l'hofpitalité, il fatisfit la fougue & la brutalité de fes defirs. A peine il fe fut retiré que la comteffe furieufe fe hâta d'aller informer fon époux de fon injure & de fa honte: Bruen, rempli d'indignation & tout entier à la vengeance, fouleva fes concitoyens, & parvint, à force d'intrigues, à détacher de l'obéiffance d'Osbert les Berniciens, qui, le regardant comme indigne de porter la couronne, choifirent

Ella

Ella pour leur roi. Ceux d'entre les Northumbres qui avoient refusé de prendre part à l'injure de Bruen, restèrent fidèles à Osbert: il se forma deux factions puissantes, & la royauté divisée ralluma les feux mal éteints de la guerre civile. Les deux rois tentèrent vainement de terminer la querelle par les armes; l'égalité de leurs forces les maintint l'un & l'autre, & ne fut fatale qu'à la patrie, tour-à-tour ravagée par les deux factions. Mais la vengeance de Bruen n'étoit qu'à demi satisfaite; c'étoit la ruine entière & la mort d'Osbert qu'il demandoit. Pour le précipiter du trône, il résolut de recourir aux Danois, au défaut de ses compatriotes, qui refusoient de le venger. Dans cette vûe, il se rendit à la cour de Danemarck, & implora le secours d'Ivar; celui-ci se laissa d'autant plus aisément persuader, qu'il n'étoit occupé lui-même que des moyens d'aller en Angleterre venger Régnier son père, qui, y ayant été fait prisonnier, avoit été jeté dans une fosse pleine de serpens, où il avoit misérablement péri.

Dès le printemps suivant, Ivar, accompagné de Bruen, & suivi d'une puissante armée, entra dans l'Humbert; &, avant que les Northumbres eussent reçu aucun avis de son arrivée, il marcha droit à Yorck, où Osbert rassembloit une armée pour s'opposer à cette invasion. La terreur qu'inspiroient les armes & la barbarie des Danois, & les progrès qu'ils avoient déjà faits, intimidèrent si fort les Northumbres & Osbert lui-même, que, dans la crainte de ne pouvoir lui résister, Osbert eut recours à Ella, son ennemi & son concurrent au trône. Ella, moins par générosité que par intérêt, promit volontiers de suspendre sa querelle particulière, & d'agir contre l'ennemi commun; conduite vraiment respectable, si elle n'avoit eu pour motif de se dérober à la vengeance d'Ivar, dont le père étoit mort par les ordres d'Ella.

Toutefois, soit qu'Osbert se repentît d'avoir imploré le secours d'un ennemi qu'il détestoit, soit qu'il eût trop de courage pour se tenir renfermé dans Yorck, il ne put attendre plus long-temps, & impatient de combattre, il alla attaquer les Danois; mais son armée fut défaite, & il fut tué lui-même dans sa retraite. Ella ne fut pas plus heureux; son armée fut dispersée, & il périt sur le champ de bataille, percé de coups. Enhardis par leurs victoires, les Danois, après s'être emparés du Northumberland, s'avancèrent dans la Mercie, résolus de traiter ce royaume comme ceux d'Osbert & d'Ella. Mais Buthred, roi des Merciens, préparé à leur résister, avoit appellé à son secours *Ethelred*, son beau-frère, qui étoit allé le joindre avec toutes les forces du Wessex. La jonction de ces deux armées déconcerta les projets d'Ivar, qui, ayant pénétré jusqu'à Nottingham, s'arrêta, surpris de voir ses forces inférieures à celles des deux souverains anglois. Ceux-ci, quelque déterminés qu'ils fussent à s'opposer aux Danois, n'en sentoient pas moins le danger d'exposer le sort de leurs états à l'événement d'une bataille. Ces réflexions ralentirent dans les deux partis l'impatience de combattre; ensorte que les deux armées restèrent quelque temps en présence sans en venir aux mains, & se séparèrent, Buthred ayant mieux aimé payer l'ennemi pour qu'il se retirât, que de hasarder un combat dont le succès étoit si douteux, & dont les suites pouvoient être si funestes. Fidèles à leurs promesses, Ivar & les Danois se rembarquèrent, mais pour aller descendre dans le royaume d'Estanglie, où régnoit le jeune Edmond, prince sage, vertueux, sans talens pour la guerre, quoique très-courageux, mais enflammé de zèle & de dévotion. Edmond, sans craindre le péril, osa livrer bataille aux Danois, qui triomphèrent aisément des Estangles, en massacrèrent une partie, & mirent les autres en fuite, ainsi qu'Edmond, qui alla se réfugier dans une église: mais la sainteté de l'asyle ne le garantit point des poursuites de ses barbares ennemis: il fut arraché de l'église & traîné aux pieds d'Ivar, qui, l'accueillant d'abord avec quelque douceur, lui offrit de lui laisser son royaume, à condition qu'il se reconnoîtroit vassal de la couronne de Danemarck. Edmond vaincu, désarmé & à la merci des Danois, rejeta fièrement cette condition: Ivar, irrité du refus, le fit attacher à un arbre, où, après avoir été percé d'une infinité de flèches, il eut la tête coupée. Ce ne fut que long-temps après, que cette tête fut trouvée & enterrée avec le corps à Saint-Edmond-Bury; & le tombeau de ce prince acquit, graces aux soins des moines & à la crédulité publique, la plus grande célébrité. Ce tombeau enrichit l'église où il étoit construit, & les miracles qu'on dit s'y être opérés, rapportèrent de très-riches présens.

Ivar, maître de l'Estanglie, y plaça sur le trône Egbert, anglois de nation, mais dévoué au roi de Danemarck. Enflés par ces succès, les Danois oubliant le traité qu'ils avoient fait avec *Ethelred*, marchèrent du côté du Wessex. Mais *Ethelred*, qui avoit prévu leur dessein, leur opposa une puissante armée, & fit des efforts héroïques pour défendre ses états. Dans l'espace d'une année, il livra neuf batailles, donna toujours des preuves éclatantes de sa valeur, & remporta plusieurs victoires: mais malheureusement pour ses sujets, dans la dernière de ces batailles, il reçut une blessure mortelle, qui le mit au tombeau, en 872, après un règne de cinq ans. (*L. C.*)

ETHELRED II. (*Histoire d'Angleterre.*) Ce roi sans mœurs & sans honneur joignit à des vices odieux la plus odieuse perfidie. Un lâche assassinat, commis par Elfride sa mère sur le jeune Edouard le martyr, le plaça sur le trône, & sa perversité, sa bassesse furent, à tous égards, dignes de l'inique moyen qui avoit fait passer le sceptre dans ses mains. Fils indigne d'Edgar le Pacifique, & frère d'Edouard le martyr, *Ethelred II* étoit à peine âgé de douze années lorsqu'il parvint à la couronne. Pendant sa minorité, les Pictes désolèrent les diverses provinces de son royaume; & ses sujets, qui espéroient que sa valeur vengeroit un jour la patrie, & repousseroit les brigands qui la ravageoient, furent cruellement trompés, quand, devenu majeur, *Ethelred* ne montra qu'un caractère infame, un assemblage monstrueux de débauches & de brutalités, d'insolence & de bassesse, d'orgueil & de timidité. Ses goûts pervers, qui n'étoient balancés par aucune apparence d'honnêteté ni de vertu, sa foiblesse, son amour effréné pour les plaisirs rendirent aux Danois leur antique courage, & réveillèrent en eux le desir de susciter des troubles. Ils invitèrent leurs compatriotes à venir, du fond du Danemarck, ravager avec eux l'Angleterre, & s'emparer du riche butin qui sembloit les attendre.

Les Danois empressés descendirent sur les côtes d'Angleterre, & laissèrent par-tout d'affreuses marques de leurs dévastations. Ces ravages continuèrent & se perpétuèrent par les fréquentes irruptions de nouvelles troupes de Danois qui passoient chaque jour en Angleterre. Trop timide, trop lâche pour s'opposer à ces invasions, *Ethelred* se décida par le conseil de l'archevêque de Cantorbéry, digne ministre d'un aussi lâche souverain, à offrir aux Danois une somme considérable, à condition qu'ils cesseroient d'opprimer le royaume, & qu'ils se remettroient en mer. Les Danois acceptèrent les sommes qu'on leur présentoit; mais, remplis de mépris pour *Ethelred*, ils publièrent les conditions de leur retraite; ensorte que le parti qu'on leur avoit fait, bien loin de terminer la guerre, ne fit qu'attirer de nouveaux essaims de Danois, qui vinrent à leur tour profiter de la foiblesse des Anglois. Deux de ces troupes arrivèrent, conduites, l'une par Swénon, roi de Danemarck, & l'autre par Olaüs, roi de Norwége: ils avoient équipé de concert une flotte nombreuse; ils entrèrent dans la Tamise; & s'étant répandus dans le pays, ils y exercèrent les plus grandes cruautés. Olaüs, moins barbare, reconnut son injustice, posa les armes, donna la paix aux Anglois, embrassa le Christianisme & s'en retourna dans ses états. Mais, loin de l'imiter, Swénon ne reprit le chemin des côtes qu'après avoir ruiné le royaume, répandu le sang du plus grand nombre des habitans, & forcé le lâche *Ethelred* à conclure un traité honteux, par lequel il permettoit aux Danois de s'établir en Angleterre, & de se fixer dans les contrées & les villes qui leur plairoient le plus. Autorisés par ce traité, dans les excès de leurs déprédations, les Danois ne mirent plus de bornes à leurs vexations: ils traitèrent les Anglois, non en compatriotes, mais en esclaves abattus. C'étoit pour ces conquérans que les Anglois labouroient & semoient. Accablé, comme ses sujets, d'une si dure tyrannie, mais trop intimidé pour se soustraire en prince courageux aux fers de ses vainqueurs, *Ethelred II* forma le complot le plus violent, le plus vil & le plus atroce qu'un lâche puisse imaginer; ce fut de profiter de la sécurité que la terreur publique donnoit aux Danois, & de les faire tous égorger dans un même jour. Cette horrible conspiration fut conduite avec tant de secret, & les mesures prises avec tant de justesse, qu'au jour marqué les Anglois se jetèrent sur leurs hôtes, en firent, dans toute l'étendue du royaume, un massacre général, sans égard au sexe, ni à l'âge, ni à la condition des proscrits. Le barbare *Ethelred* porta la cruauté jusqu'à faire traîner devant lui la sœur de Swénon, jeune & belle princesse, mariée à un seigneur Anglois, & il lui fit couper la tête sur les marches de son trône. Cette affreuse nouvelle ne fut pas plutôt parvenue en Danemarck, que Swénon, transporté de fureur, rassembla son armée, équipa une puissante flotte, se mit en mer, aborda en Cornouailles, & mit tout à feu & à sang en Angleterre. Battu de tous côtés & hors d'état de s'opposer à la vengeance des Danois, *Ethelred* prit la fuite, pendant que Swénon assouvissoit sa rage & sacrifioit tout à son ressentiment. Abandonnés à eux-mêmes, & ne pouvant lutter contre la valeur des Danois, les Anglois se soumirent & reconnurent Swénon pour leur souverain: mais la tyrannie du roi Danois fut courte, il mourut; & ses sujets, croyant que les disgraces avoient instruit & corrigé leur prince, le rappellèrent & le placèrent sur le trône, où il continua de se déshonorer par son avidité & ses vices. Cependant Canut, fils de Swénon, partit du Danemarck pour venir prendre possession du royaume d'Angleterre, où il subjugua d'abord tout le Wessex, envahit successivement la plupart des provinces. *Ethelred*, qui n'osoit se montrer devant son concurrent, se renferma dans son palais, couvrant sa lâcheté du prétexte d'une maladie: mais, à force de contrefaire le malade, il le devint en effet, & mourut en 1017, également méprisé des Danois & de ses sujets, dans la trente-septième année de son règne, & il transmit ses états, ou plutôt les débris de son royaume, à Edmond, surnommé *Côte-de-fer*, son fils. *Voyez* EDMOND, surnommé CÔTE-DE-FER. (*L. C.*)

ETHELWOLPH. (*Hist. d'Angleterre.*) C'est un énorme poids que celui d'un grand nom! *Ethelwolph* en fut accablé. Ce n'est cependant pas qu'il fût sans talens, sans vertus; mais il étoit fils d'Egbert, & il parut, à tous égards, peu digne de succéder à un tel conquérant. Les Danois ne furent pas plutôt informés de la mort d'Egbert, qu'oubliant les conditions auxquelles ils avoient obtenu la paix, ils armèrent une flotte, se montrèrent proche de Southampton, descendirent à terre & pillèrent le pays. *Ethelwolph*, pacifique par lâcheté, envoya contre eux Ulfard son général, qui les battit & les força de se remettre en mer. *Ethelwolph* se flattoit de n'être plus inquiété, mais il se trompoit: il apprit l'arrivée d'une nouvelle flotte danoise, qui, débarquée à Port-Land, ravageoit la contrée. Le timide souverain non-seulement ne marcha point contre les ennemis, mais encore joignant l'imprudence à la lâcheté, il ôta le commandement au brave Ulfard, & le donna à Edelin, général sans talens & guerrier sans valeur, qui prit honteusement la fuite & causa la perte de l'armée qui lui avoit été confiée. Edelin fut remplacé par Hébert, qui fut plus malheureux encore, & qui perdit la bataille & la vie. Enhardis par leurs succès, les Danois se répandirent de tous côtés, ravageant la campagne & les villes. *Ethelwolph* se détermina enfin à s'opposer lui-même aux progrès des Danois: il ne fut point heureux, les Anglois furent mis en déroute; & les Danois, chargés de butins & rassasiés de carnage, remontèrent sur leurs vaisseaux. Ce fut à peu près dans le temps de ces désastres que la nation des Pictes fut entiérement détruite & exterminée par Keneth II, roi d'Ecosse, qui poussa si loin sa victoire, que depuis il n'est plus resté que le nom seul de cette nation, qui avoit fleuri si long-temps dans la Grande-Bretagne.

Ethelwoph, soit pour opposer une plus forte résistance aux Danois, qui ne cessoient d'infester ses états, soit qu'il se sentît fatigué des soins qu'il étoit forcé de donner au gouvernement, s'associa au trône Adelstan son fils naturel, auquel il céda les royaumes de Kent, d'Essex & de Sussex, ne se réservant pour lui-même que la souveraineté sur toute l'Angleterre & le royaume de Wessex. La nation, pour avoir deux rois, n'en fut ni plus heureuse, ni plus sagement gouvernée. Il est vrai que les Danois la laissèrent respirer quelque temps; mais cet intervalle fut rempli par les troubles que causèrent les mécontentemens & la révolte des Gallois, qui se jetèrent sur la Mercie, & remportèrent sur Bernulphe, qui y régnoit, de très-grands avantages.

De toutes les fonctions de la royauté, celle qui accabloit le plus l'ame timide d'*Ethelwolph*, étoit le soin de repousser la guerre par la guerre. Mais enfin, les circonstances devinrent si pressantes, & les Gallois exerçoient dans la Mercie de si cruels ravages, qu'il ne put se dispenser de marcher en personne contre Roderic leur chef. Il rassembla ses troupes & les joignit à celles de Bernulphe, roi de Mercie. Roderic, assez puissant pour lutter contre Bernulphe, ne se crut point assez fort pour résister au Anglois joints aux Merciens, & il demanda la paix, qu'*Ethelwolph* s'empressa d'autant plus volontiers de lui accorder, que ce n'étoit jamais que par effort qu'il se décidoit à combattre. Mais il se flatta vainement de jouir du repos que cette paix sembloit lui procurer: les Danois, qui tous les ans faisoient des invasions en Angleterre, occupés à dévaster les provinces du Nord, avoient laissé les provinces méridionales jouir de quelque tranquillité; mais elles éprouvèrent à leur tour les fureurs de ces brigands, qui firent une descente sur les côtes du Wessex, & ravagèrent les contrées voisines de la mer. Ils se retiroient chargés de butin, & fatigués plutôt que rassasiés de crimes, lorsque, prêts à se rembarquer, ils rencontrèrent le comte de Céol, général d'*Ethelwolph*, qui, profitant du désordre où étoient ces troupes, tomba sur elles au moment où elles s'y attendoient le moins, & les défit entiérement. Cette perte ne fit qu'irriter les Danois, au lieu de les décourager; & dès le printemps de l'année suivante, ils entrèrent dans la Tamise avec une flotte de trois cent voiles, remontèrent la rivière jusqu'auprès de Londres, descendirent, & commirent des cruautés inexprimables. Peu satisfaits d'avoir dévasté la campagne, ils entrèrent dans Londres, y mirent tout à feu & à sang, ainsi que dans Cantorbéry: ils passèrent ensuite dans le royaume de Mercie, où ils ne suspendirent les excès de leurs fureurs, que par l'avis qu'ils reçurent des préparatifs que faisoient *Ethelwolph* & Adelstan. Ils retournèrent sur leurs pas, & repassèrent la Tamise, déterminés à livrer bataille aux deux rois, campés à Ockley, dans la province de Surrey. Ils ne cessèrent de piller, de massacrer, que lorsqu'ils furent en présence d'*Ethelwolph* & d'Adelstan. Le combat s'engagea; la haine étoit égale des deux côtés; la victoire balança quelque temps: mais enfin elle se déclara pour les Anglois, qui firent un massacre si terrible de leurs ennemis, qu'il n'en réchappa presque point.

Depuis cette bataille, l'histoire garde le silence sur Adelstan: les annalistes disent seulement qu'il mourut sans laisser de regrets à d'autre qu'à son père, qui ne voulut point céder la couronne de Kent à Ethelbald son fils aîné, dont il détestoit les vices, & dont il craignoit la perversité & l'inhumanité.

La défaite des Danois, procurant à l'Angleterre la paix dont elle avoit été privée depuis tant d'années, *Ethelwolph* s'occupa tout entier, non des devoirs de la royauté, mais des minutieuses pratiques de sa dévotion; il passoit tout son temps à visiter les églises, ou à s'entretenir avec les moines qu'il enrichissoit. Ce fut aussi parmi les ecclésiastiques qu'il se choisit deux favoris, dont la mésintelligence & l'ambition ne tardèrent point à susciter des troubles. Ces deux favoris étoient Suithun, évêque de Winchester; & Alstan, évêque de Sherburn, ennemis irréconciliables, qui profitoient tour-à-tour du malheur des circonstances & de la foiblesse du roi, pour se nuire l'un à l'autre.

Ethelwolph ne voulant point mourir sans recevoir la bénédiction du pape, se rendit à Rome, y reçut un accueil distingué, se prosterna aux pieds du pontife, & fut si flatté des honneurs qu'on lui rendit, qu'il s'engagea à envoyer tous les ans à Rome une rétribution de trois cents marcs, dont deux cents pour fournir des cierges aux églises de Saint-Pierre & de Saint-Paul, & cent pour subvenir aux besoins particuliers du pape. Mais pendant qu'*Ethelwolph* engageoit, par dévotion, à Rome, l'honneur de sa couronne & les biens de ses sujets, Alstan, évêque de Sherburn, irrité d'avoir perdu la confiance de son maître, soulevoit contre celui-ci Ethelbald son fils aîné, qui, dévoré d'ambition & méchant par caractère, se laissa facilement séduire par les conseils pernicieux d'Alstan. Le mariage inégal & ridicule qu'*Ethelwolph*, déjà fort âgé, venoit de contracter en France, à son retour de Rome, avec Judith, fille de Charles-le-Chauve, acheva d'ulcérer le cœur d'Ethelbald, qui forma, avec les principaux seigneurs d'Angleterre, une conspiration dont l'objet étoit de détrôner *Ethelwolph*. Celui-ci n'eut pas plutôt reçu avis des perfides projets de son fils, qu'il se hâta de revenir dans ses états, où tout paroissoit disposé à une guerre civile, lorsque quelques seigneurs, assez bons patriotes pour prévenir les maux que causeroit inévitablement une telle désunion, entreprirent de terminer cette querelle par un raccommodement. *Ethelwolph*, qui détestoit la violence, & dont l'âge avancé augmentoit la timidité, consentit volontiers à un traité de paix, par lequel il céda à son fils le royaume de Wessex, se contentant de celui de Kent. Il ne survécut que deux ans à ce partage: il ne s'occupa plus qu'à édifier ses peuples & sa cour. Dans les derniers jours de sa vie, il fit un testament & disposa des états dont il s'étoit réservé la possession en faveur d'Ethelbert, son second fils, auquel il substitua Ethelred, son troisième fils, & à celui-ci, Alfred, le plus jeune de ses enfans. *Ethelwolph* mourut peu de temps après, en 857, respecté par sa piété; mais avec la réputation d'un prince foible & peu capable de gouverner. (*L. C.*)

ETIENNE. (*Histoire d'Angleterre.*) Si les usurpateurs peuvent faire oublier le vice de leur élévation, ce n'est qu'à force de vertus, de bienfaisance, de justice, de générosité; mais il est rare & presque sans exemple qu'un usurpateur consente à ne point régner en tyran. Toutefois *Etienne*, qui n'avoit au trône britannique que des prétentions fort éloignées, & que la force & l'intrigue y placèrent au préjudice de celui qui seul y avoit de légitimes droits, fut plus équitable, plus généreux, plus clément, plus zélé pour les loix & le bien de ses sujets, que ne le sont communément les usurpateurs. Son règne fut très-orageux: la guerre que ses concurrens lui déclarèrent; les complots que les grands formèrent contre lui, les soulévemens excités par les prélats irrités de la résistance qu'il opposoit à leur cupidité & à leur ambition, ne l'empêchèrent point de travailler, autant que les circonstances le lui permirent, au bonheur & à la gloire de la nation. Henri I, peu d'années avant sa mort, se voyant sans enfans mâles légitimes, avoit obligé sa fille Mathilde, veuve de l'empereur Henri V, d'épouser Geoffroi, comte d'Anjou, surnommé *Plantagenet*, fils de Foulques, alors roi de Jérusalem; Henri I crut avoir fixé le sceptre dans sa maison, lorsque Mathilde eut un enfant de son nouvel époux. A peine cet enfant fut né, que son ayeul Henri exigea de tous ses sujets, Anglois & Normands, qu'ils prêtassent au jeune prince serment de fidélité, se défiant sans doute de la validité d'un semblable serment qu'il avoit fait prêter à sa fille Mathilde; mais les Anglois n'eurent pas plutôt vu Henri dans le tombeau, qu'oubliant tous ces sermens, ils regardèrent comme indigne de la nation d'obéir au fils de Geoffroi, qu'ils croyoient incapable de gouverner sagement le royaume pendant la minorité de son fils. D'ailleurs, quoique douée de talens peu communs, Mathilde n'avoit point celui de faire aimer sa puissance; elle ne savoit, au contraire, que se faire craindre & haïr, par la hauteur & la fierté de son caractère. *Etienne*, comte de Boulogne, fut celui sur lequel la nation entière jeta les yeux pour remplir le trône vacant. Adèle sa mère, fille de Guillaume le conquérant, avoit eu du comte de Blois, son époux, quatre enfans: l'aîné, par des défauts naturels qui le rendoient incapable de tout, fut condamné, dès son enfance, à vivre dans l'obscurité; Thibaud, qui étoit le second, recueillit la succession paternelle; & *Etienne*, qui étoit le troisième, fut envoyé, avec Henri son jeune frère, à la cour du roi d'Angleterre son oncle. Henri I, enchanté des talens & des grandes qualités du jeune *Etienne*, eut pour lui la plus vive tendresse, & s'attacha à l'enrichir & à le rendre l'un des plus puissans seigneurs de ses états. Ce ne fut même qu'à sa sollicitation qu'il retira Henri du monastère de Clugni pour lui donner l'abbaye de Glaston, & quelque temps après, l'évêché de Winchester. *Etienne*, pénétré de reconnoissance, parut entièrement dévoué aux volontés du roi son oncle, & fut le premier à prêter serment à Mathilde, ainsi qu'à son fils; mais, comme le reste des Anglois, il ne respecta plus, après la mort du roi, ce même serment, qu'il prétendit n'avoir donné que forcément. Ainsi, avant même que Mathilde se doutât que son fils pût avoir des concurrens, les évêques qui s'étoient montrés les plus empressés à jurer une inviolable fidélité au fils du comte Geoffroi, furent les premiers à donner l'exemple du parjure: ils s'assemblèrent; &, gagnés par les émissaires d'*Etienne*, en vertu du pouvoir spirituel, qui dans ces temps de superstition étoit indéfini, ils délièrent les citoyens du serment de fidélité qu'ils avoient prêté au jeune Henri, & proclamèrent *Etienne* de Blois souverain d'Angleterre & duc de Normandie. Cette infidélité, qui de nos jours seroit très-coupable, ne paroissoit alors avoir rien de répréhensible, puisque les évêques ne faisoient que suivre l'exemple, & trop souvent les ordres absolus du souverain pontife, qui prétendoit avoir le droit de disposer à son gré des couronnes. D'ailleurs, la hauteur de Mathilde & son indocilité aux superstitions ne lui concilioient pas les suffrages des évêques, persuadés que, par reconnoissance, le roi qu'ils proclamoient ajouteroit à leur puissance, déjà trop étendue, & qu'il leur feroit part des affaires les plus importantes du gouvernement. Leurs conjectures étoient bien réfléchies, mais ils furent trompés ; & la douleur qu'ils en ressentirent, les porta dans la suite aux excès les plus violens de la haine & de la vengeance.

Cependant, si le clergé britannique se vit frustré dans ses espérances, le peuple eut des graces à rendre aux évêques qui avoient déposé le sceptre dans les mains les plus dignes de le porter. Ses ennemis même les plus envenimés ne pouvoient s'empêcher de reconnoître ses belles qualités. Il employa les premiers jours de son règne à répandre sur les grands & le peuple des bienfaits que tout autre souverain eût regardés peut-être comme des sacrifices nuisibles à la royauté ; car il permit aux grands de fortifier leurs châteaux ; & cette permission, dont ils abusèrent ensuite, devint funeste par les troubles que ces forts perpétuèrent. Il rétablit aussi toutes les chartes populaires accordées par ses prédécesseurs, tombées en désuétude, ou révoquées en différentes circonstances. La rebellion des Normands l'obligea, dès l'année suivante, à passer dans cette province, où sa présence éteignit les factions, & qu'il céda à son fils Eustache, ne voulant s'occuper désormais que du soin de gouverner son royaume.

Tandis qu'*Etienne* prenoit les moyens les plus sûrs de remplir ses projets, Mathilde n'attendoit que l'occasion de le renverser du trône & de faire valoir ses droits, ou plutôt ceux de Henri son fils. Elle avoit, en Angleterre, un grand nombre de partisans ; & le roi d'Ecosse son parent, qui s'étoit ligué avec elle, entra inopinément à la tête d'une formidable armée dans le Northumberland, où il se préparoit à mettre tout à feu & à sang, lorsque Thurston, archevêque d'Yorck, arrêta ses progrès. Thurston, homme fier, sanguinaire, & plus fait au métier des armes qu'exercé à manier la crosse, se mit à la tête de l'armée d'*Etienne*, marcha contre les Ecossois, les combattit, remporta la victoire ; & abusant avec autorité de l'état des vaincus, déshonora son triomphe par la férocité de sa vengeance, & par les cruautés qu'il commit de sang froid sur les malheureux Ecossois que la mort n'avoit point dérobés à sa barbarie. Pendant que l'archevêque Thurston repoussoit le roi d'Ecosse, *Etienne* dissipoit les factieux qui s'étoient attroupés dans le sein de ses états ; à force de sagesse, de vigilance, & sur-tout par ses bienfaits, il parvint à rétablir le calme. Mais ces jours de tranquillité durèrent peu : la défaite des Ecossois n'avoit pas découragé Mathilde, qui fondoit toujours ses espérances sur les droits de son fils, & plus encore sur l'esprit factieux des partisans qu'elle avoit en Angleterre, & qui attendoient avec impatience que les circonstances leur permissent de se déclarer hautement, & de prendre les armes contre leurs souverains. Sans y penser, *Etienne* fournit à cette foule de mécontens les moyens de se réunir & de couvrir d'un voile respectable la véritable cause de leur rebellion. Irrités de n'avoir dans l'état d'autre fonction que celle de leur ministère, les prélats cherchèrent à se consoler du défaut de considération par un luxe fastueux, par l'orgueil le plus révoltant, & par une magnificence qu'ils affichoient avec d'autant plus de hauteur lorsqu'ils paroissoient à la cour, qu'ils croyoient, par ce ton d'insolence, en imposer au roi comme ils en imposoient au peuple. Mais *Etienne*, moins jaloux qu'indigné de cet excès d'ostentation, entreprit de réprimer les évêques, & de les obliger à une modération plus honnête & plus analogue à leur état. Les réglemens qu'il prescrivit à ce sujet, soulevèrent le clergé ; les évêques sur-tout, accoutumés au faste de l'opulence, & ne songeant qu'avec indignation aux bornes dans lesquelles on vouloit les renfermer, s'assemblèrent tumultuairement, &, dans la première chaleur de leur ressentiment, ils ne se proposèrent rien moins que d'excommunier le roi ; mais la crainte d'être châtiés balançant leur colère, retint leurs foudres spirituelles ; &, préférant à des démarches violentes des trames plus cachées, ils invitèrent sous main la comtesse Mathilde à venir détrôner *Etienne*, & donner des secours à l'église opprimée. Mathilde reçut avec transport la députation des évêques, saisit avidement l'occasion qu'ils lui offroient, & se hâta, quoique très-peu accompagnée, de rentrer en Angleterre, où bientôt sa présence alluma le feu de la guerre civile.

Informé de l'arrivée de son ennemie, *Etienne* rassembla ses troupes, & marcha vers Arundel. Mathilde, qui s'étoit renfermée dans cette place, qu'elle n'avoit point eu le temps de fortifier, n'opposa qu'une foible résistance à l'armée royale, qui s'empara d'Arundel, & fit Mathilde prisonnière. *Etienne*, moins prudent que généreux, rendit la liberté à sa rivale ; & celle-ci ne profita de ce bienfait que pour porter des coups plus assurés au roi : elle prit la route de Walingfort, & de là se rendit à Lincoln, où elle rassembla les principaux d'entre ses partisans, & où elle fut bientôt jointe par une foule de mécontens. *Etienne*, qui alors, mais trop tard, se repentit d'avoir laissé respirer sa rivale, fit d'inutiles efforts pour éteindre la révolte & désarmer les factieux : il échoua dans ses projets, & il ne lui resta d'autre ressource que celle de réduire, par les armes, des rebelles que sa clémence n'avoit fait qu'irriter. Dans l'espérance de triompher une seconde fois de Mathilde, & de la prendre prisonnière, il alla lui-même l'assiéger à Lincoln ; mais cette place étoit mieux gardée & mieux fortifiée qu'Arundel, & le comte de Glocester, frère naturel de Mathilde, non-seulement força l'armée royale de lever le siége, mais il l'attaqua, la battit & fit le roi prisonnier. Cette action brillante eût couvert le comte de gloire, s'il n'eût déshonoré ses lauriers par la dureté des traitemens qu'il fit éprouver à *Etienne* : il le chargea de chaînes comme un vil esclave ; &, à la sollicitation de son ingrate sœur, il l'exposa aux injures les plus humiliantes.

L'infortune d'*Etienne* ruina son autorité ; sa chûte souleva contre lui la plus grande partie des seigneurs, qui jusqu'alors lui avoient témoigné l'attachement le plus inviolable ; tout changea de face en Angleterre ; & la ville de Londres, qui avoit tant de fois donné l'exemple de la fidélité ; ouvrit ses portes à Mathilde, qui, dès ce jour même, y fut proclamée & couronnée ; mais sa fierté, sa rigueur, ses imprudences, & les mépris dont elle paya les services de ses plus zélés partisans, lui aliénèrent bientôt le cœur de ces mêmes Anglois qui s'étoient parjurés pour elle, & lui avoient sacrifié jusqu'à leur honneur. Ses exactions soulevèrent le peuple, & la sévérité des proscriptions qu'elle ordonna contre les partisans d'*Etienne*, acheva d'irriter ses sujets, qui, fatigués du joug qu'elle appesantissoit sur eux, levèrent de toutes parts l'étendard de la révolte. Environnée d'une foible troupe de gardes, Mathilde se crut trop heureuse d'abandonner le sceptre & de sauver sa tête ; mais son frère, moins heureux, tomba au pouvoir des révoltés. Le besoin que Mathilde avoit de ses conseils & de son bras, la détermina à l'échanger avec *Etienne*, qui, dans le même jour, recouvra la couronne & la liberté. Le premier usage qu'il en fit, fut de poursuivre son ennemie, qu'il alla assiéger dans Oxfort, où elle s'étoit retirée. Oxfort ne pouvoit pas tenir ; & le comte de Glocester n'avoit point de soldats. L'armée royale pressoit vivement le siége, & Mathilde touchoit au moment d'être encore réduite en captivité : cette situation ne déconcerta point cette princesse ; au défaut de la force, elle eut recours au stratagême : une nuit qu'il neigeoit prodigieusement, Mathilde couverte d'habits blancs sortit seule d'Oxfort, passa sans être apperçue au milieu des ennemis, s'égara, revint sur ses pas, se hasarda dans des routes qu'elle ne connoissoit pas, & après les plus grandes fatigues & des dangers plus grands encore, arriva à un port où elle s'embarqua sur un vaisseau qui la transporta en Normandie, à la cour du prince Henri son fils. Là, vaincue & ne désespérant point de ramener la fortune, elle attendit l'occasion de rentrer en Angleterre ; mais son attente fut inutile ; sa fuite & ses désastres avoient entiérement dissipé son parti.

Les troubles de cette malheureuse guerre avoient jeté l'Angleterre dans le plus grand désordre. *Etienne* eut à peine repris les rênes du gouvernement, qu'il arrêta les maux qui désoloient l'état. Par ses soins & sa vigilance, les loix reprirent leur ancienne vigueur ; la justice fut rendue avec intégrité ; les brigands furent punis ; l'agriculture fut protégée. Respecté des puissances étrangères, chéri de ses sujets, *Etienne* crut qu'il étoit temps de prévenir les maux que sa mort & la vacance du trône pourroient occasioner. Dans cette vue il désigna Eustache son fils pour son successeur, & voulut que ses sujets lui prêtassent serment de fidélité ; cérémonie plus fastueuse qu'utile, ainsi qu'il le savoit par sa propre expérience ; aussi voulut-il ajouter à ce serment, dont il connoissoit la foiblesse, la solemnité plus frappante du couronnement de son fils. Mais l'archevêque de Cantorbéry refusa de le couronner, sur le prétexte que le pape lui avoit défendu de procéder au couronnement du fils d'un prince qui avoit violé ses sermens pour usurper une couronne ; prétexte outrageant pour *Etienne*, & d'autant plus ridicule dans la bouche de l'archevêque de Cantorbéry, que dans ces temps orageux, les prélats d'Angleterre paroissoient les moins scrupuleux sur cet article, & sembloient ne faire des sermens que pour les violer. A l'exemple de l'archevêque, tous les autres prélats refusèrent de couronner Eustache ; & leur refus insultant irrita si fort *Etienne*, qu'il les fit mettre tous en prison. Il n'en falloit pas tant pour soulever le clergé, qui, à son tour par ses calomnies, ses intrigues, ses trames, souleva une partie du peuple ; les partisans de Mathilde se réunirent tous à Walingfort, où *Etienne* alla les assiéger : mais il y éprouva plus de difficultés qu'il n'en avoit prévu ; son embarras s'accrut par l'arrivée inopinée de Henri, fils de Mathilde, qui parut tout-à-coup suivi d'une petite armée devant les lignes de l'armée royale. Les forces étoient inégales ; & le fils de Mathilde, qui n'avoit qu'un petit nombre de soldats à opposer à son ennemi, jugea à propos de ne point livrer bataille, préférant d'affamer l'armée d'*Etienne*, en le tenant renfermé entre son armée & la ville. Dès la nuit même de son arrivée, la circonvallation fut faite, de manière qu'*Etienne* ne pouvant ni combattre, ni se retirer, sans s'exposer à une défaite certaine, se vit dans la situation la plus critique. Eustache, instruit du danger qui menaçoit son père, rassembla précipitamment une nouvelle armée, & vint à son tour renfermer Henri entre son armée & celle du roi *Etienne*, ensorte que Henri se voyoit dans la cruelle alternative de périr de faim, ou s'il sortoit, de faire mettre son armée en pièces. Les Anglois & les Normands attendoient en frémissant l'issue du combat qui alloit décider du sort d'*Etienne* & de Henri, & peut-être achever d'écraser le royaume. Mais au moment où l'orage paroissoit devoir éclater, les principaux chefs des deux armées réfléchirent sur les funestes suites qu'auroit une bataille, & entrèrent en négociation. Après beaucoup de conférences, il fut enfin convenu qu'*Etienne* garderoit la couronne d'Angleterre pendant le reste de sa vie, qu'après sa mort le sceptre passeroit dans les mains de Henri, qu'*Etienne* adopteroit pour son fils, & qu'il déclareroit son héritier. Eustache, qui, à tous égards, méritoit d'être traité plus favorablement, ne fut point consulté dans cet accommodement, qui le dépouilloit de ses droits : il en conçut tant de chagrin, qu'il mourut quelques mois après, à la fleur de son âge, & amèrement regretté des Anglois; mais beaucoup plus encore d'*Etienne* son père, qui ne lui survécut que d'une année, dévoré de douleur, & emportant dans le tombeau l'estime de ses ennemis & l'amour de ses peuples. (*L. C.*)

ETIQUETTE, s. f. (*Hist. mod.*) cérémonial écrit ou traditionnel, qui règle les devoirs extérieurs à l'égard des rangs, des places & des dignités.

Si la noblesse & les places n'étoient que la récompense du mérite, & si elles en suivoient toujours les degrés, on n'auroit jamais imaginé d'*étiquette*; le respect pour la place se seroit naturellement confondu avec le respect pour la personne. Mais comme la noblesse & plusieurs autres distinctions sont devenues héréditaires; qu'il est arrivé que des enfans n'ont pas eu le mérite de leurs pères; qu'il y a eu nécessairement dans la distribution des places, des abus qu'il n'est pas toujours possible de prévenir ou de réparer, il a été nécessaire de ne pas laisser les particuliers juges des égards qu'ils voudroient avoir, & des devoirs qu'ils auroient à rendre: le bon ordre, la philosophie même, & par conséquent la justice, ont obligé d'établir des règles de subordination. En effet, il seroit très-dangereux dans un état de laisser avilir les places & les rangs, par un mépris, même fondé, pour ceux qui les occupent: sans quoi le caprice, l'envie, l'orgueil & l'injustice attaqueroient également les hommes les plus dignes de leurs rangs. Ainsi l'*étiquette* étant un abri contre le mépris personnel, est aussi une sauve-garde pour le vrai mérite; &, ce qui est encore plus important, elle est le maintien du bon ordre. Les particuliers sont maîtres de leurs sentimens, mais non pas de leurs devoirs.

(On n'est pas même maître de ses sentimens; nos sentimens entrent dans notre ame malgré nous ou du moins sans notre aveu, mais le sens total de l'auteur n'en est pas moins juste ni moins beau.)

Il faut convenir que, généralement parlant, la sévérité & les minuties de l'*étiquette* ne forment pas un prejugé favorable pour un peuple qui en est trop occupé. L'*étiquette* s'étend à mesure que le mérite diminue. Le despotisme fait de l'*étiquette* une sorte de culte. D'un autre côté, il y a des peuples assez libres (les Anglois qui servent à genoux leur roi) qui conservent une *étiquette* fort cérémonieuse pour leur prince: il semble qu'ils veuillent l'avertir par-là qu'il n'est que la représentation de l'autorité. C'est à-peu-près dans le même sens qu'on appelle *étiquettes* certains petits écritaux qui se mettent sur des sacs, des boites ou des vases, pour distinguer des choses qui y sont renfermées, & qui sans cela pourroient être confondues avec d'autres.

Il y avoit une *étiquette* chez les empereurs du bas empire, c'est-à-dire, lorsqu'il n'y avoit plus de Romains, quoiqu'il y eût un gouvernement qui en portoit le nom.

De tous temps il y a eu des distinctions de rangs & de fonctions dans un état; mais l'*étiquette*, proprement dite, n'est pas fort ancienne dans le systême actuel de l'Europe : je ne crois pas qu'on en trouvât un détail en forme avant la seconde maison de Bourgogne. Philippe-le-Bon, aussi puissant qu'un roi, souffroit impatiemment de n'en pas porter le titre: ce fut peut-être ce qui lui fit former un état de maison qui pût effacer celles des rois, par la magnificence, le nombre des officiers, & le détail de leurs fonctions. Cette *étiquette* passa dans la maison d'Autriche, par le mariage de Marie avec Maximilien. Les Mores avoient porté la galanterie & les fêtes en Espagne; l'*étiquette* y porta la morgue & l'ennui.

L'*étiquette* n'est ni févère ni régulière en France. Il y a peu d'occasions d'éclat où l'on ne soit obligé de rechercher ce qui s'est pratiqué à la cour en pareilles circonstances; on l'a oublié, & l'on tâche de se le rappeller, pour l'oublier encore. Le François est assez porté à estimer ce qu'il doit respecter, & à aimer ce qu'il estime: il n'est pas en lui de remplir froidement ni sérieusement certains devoirs; il y manque avec légéreté, ou s'en acquitte avec chaleur. Ce qui pourroit être ailleurs une marque de servitude, n'est souvent en France qu'un effet de l'inclination & du caractère. *Cet article est de M.* DUCLOS, *historiographe de France, & l'un des quarante de l'Académie françoise.*

ETOILE. *Voyez* EON DE L'ETOILE.

ETRENNES, s. f. (*Hist. anc. & mod.*) présens que l'on fait le premier jour de l'année. Nonius Marcellus en rapporte sous les Romains l'origine à Tatius, roi des Sabins, qui régna dans Rome conjointement avec Romulus, & qui ayant regardé comme un bon augure le présent qu'on lui fit le premier jour de l'an de quelques branches coupées dans un bois consacré à *Strenua*, déesse de la force, autorisa cette coutume dans la suite, & donna à ces présens le nom de *strenæ*. Quoi qu'il en soit, les Romains célébroient ce jour-là une fête de Janus, & honoroient en même temps Junon; mais ils ne le passoient pas sans travailler, afin de n'être pas paresseux le reste de l'année. Ils se faisoient réciproquement des présens de figues, de dattes de palmier, de miel, pour témoigner à leurs amis qu'ils leur souhaitoient une vie douce & agréable. Les cliens, c'est-à-dire ceux qui étoient sous la protection des grands, portoient ces sortes d'*étrennes* à leur patrons & y joignoient une petite pièce d'argent. Sous l'empire d'Auguste, le sénat les chevaliers & le peuple lui présentoient des *étrennes*, & en son absence ils les déposoient au capitole. On employoit le produit de ces présens à acheter des statues de quelques divinités, l'empereur ne voulant point appliquer à son profit les libéralités de ses sujets. Parmi ses successeurs, les uns adoptèrent cette coutume, d'autres l'abolirent; mais elle n'en eut pas moins lieu entre les particuliers. Les premiers chrétiens la désapprouvèrent, parce qu'elle avoit trait aux cérémonies du paganisme, & qu'on y mêloit des superstitions; mais depuis qu'elle n'a plus eu pour but que d'être un témoignage d'estime ou de vénération, l'église a cessé de la condamner. (*G*)

ETTMULLER; (Michel & Michel-Ernest) (*Hist. litt. mod.*) nom de deux célèbres médecins allemands, père & fils: le fils, mort à Leipsick en 1732, a donné la vie & les ouvrages de son père, mort aussi à Leipsick en 1683.

EVAGORAS, (*Hist. anc.*) est le nom de deux rois de Salamine dans l'isle de Cypre, dont on croit que le second fut le petit-fils du premier. Ce premier fut un grand roi d'un petit état; Athènes l'adopta pour citoyen, & lui érigea une statue en reconnoissance des services qu'elle en avoit reçus contre les Lacédémoniens: Isocrate a fait son éloge, pour servir d'exemple & de leçon à Nicoclès, fils & successeur d'*Evagoras*. Cet éloge est le portrait d'un prince accompli, qui avoit mis à profit toutes les leçons du malheur. *Evagoras* eut à soutenir une guerre désavantageuse contre le roi de Perse Artaxerxès Mnémon; il fut obligé de se soumettre & de payer tribut. Il mourut vers l'an 372 avant J. C.

Son petit-fils fut détrôné; le roi de Perse Ochus jugea d'après les plaintes de ses peuples qu'il l'avoit été justement; il lui donna cependant, pour le dédommager, un gouvernement, mais dans lequel *Evagoras* se conduisit si mal, qu'il s'en fit encore chasser; ayant tenté quelque entreprise sur Salamine, il fut pris, & on le fit mourir vers l'an 351 avant J. C.

EVAGRE. (*Hist. ecclés.*) C'est le nom 1°. d'un patriarche de Constantinople dont l'élection, faite en 370, fut l'origine d'une persécution contre les catholiques, décrite par saint Grégoire de Nazianze;

2°. D'un patriarche d'Antioche, élu en 380, mort vers l'an 392, ami de saint Jérôme;

3°. De l'auteur d'une histoire ecclésiastique, dont Robert Etienne & le savant Valois ont donné des éditions; elle commence où Socrate & Théodoret finissent là leur, c'est-à-dire, vers l'an 431, & va jusqu'en 594. *Evagre* étoit né vers l'an 536. C'est celui qu'on nomme *Evagre* le scholastique.

EVARIC, (*Hist. mod.*) roi des Goths d'Espagne au cinquième siècle, connu par beaucoup de guerres, mort à Arles en 484.

EVARISTE, (*Hist. ecclés.*) pape, successeur de saint Clément, élu l'an 100, mort l'an 109.

EUCHER, (*Hist. ecclés.*) (saint) archevêque de Lyon, nommé vers l'an 434, auteur de divers ouvrages, entre autres d'un *Eloge du désert*, adressé à saint Hilaire, & d'un traité *du mépris du monde*, l'un & l'autre traduits par M. Arnauld d'Andilly. Saint *Eucher* a aussi écrit l'histoire de saint Maurice & des martyrs de la légion thébaine. Il mourut vers l'an 454. Il avoit été marié, & avoit eu deux fils, qui furent évêques de son vivant.

EUCLIDE. (*Hist. litt. anc.*) Indépendamment d'*Euclide* le mathématicien, auteur des *Elémens* si connus, & qui professoit la géométrie à Alexandrie sous le règne de Ptolomée, fils de Lagus, l'antiquité nous offre un autre *Euclide*, mégarien, pour qui la philosophie de Socrate avoit tant de charmes, que les Athéniens ayant défendu sous peine de mort aux Mégariens d'entrer dans leur ville, il y entroit la nuit en habits de femme au péril de sa vie, pour n'être pas privé des leçons de ce philosophe. On regarde cet *Euclide* comme l'inventeur des subtilités de la logique qui ont servi depuis de modèle à la scholastique.

Quant au mathématicien d'Alexandrie, le roi Ptolomée voulut apprendre de lui la géométrie; mais bientôt rebuté des premières difficultés, il demanda s'il n'y avoit pas de méthode plus courte & plus facile pour l'apprendre; *je n'en connois point*, dit *Euclide*, *de particulière pour les rois*.

EUDES, fils de Robert-le-Fort, XXIXe roi de France, (*Hist. de France.*) parvint au trône par ses vertus politiques & guerrières: son père, qui mourut les armes à la main, en combattant contre les Normands, lui laissa d'illustres exemples à suivre. La défense de Paris assiégé par ce peuple, qui ressembloit moins à une nation qu'à un essaim de brigands, avoit tourné vers *Eudes* tous les regards des François, & lui avoit concilié tous les cœurs: sa taille noble & majestueuse, son accès facile & populaire, sa figure gracieuse & intéressante soutenoient l'enthousiasme national, excité par ses premiers exploits militaires. Les seigneurs de Neustrie, qui, dans ce siècle fécond en orages, sentoient le besoin d'un chef qui sût combattre & gouverner, le proclamèrent roi dans un parlement tenu à Compiègne. Le peuple n'eut point de part à cette élection; on avoit cessé de l'appeller aux assemblées nationales, où jamais il ne joua un rôle bien intéressant.

Eudes, reconnu roi dans la Neustrie & dans l'Aquitaine, usa de la plus grande modération, & c'étoit le plus sûr moyen de faire perdre le souvenir de de son usurpation. Il déclara que Louis-le-Bègue l'ayant nommé tuteur de Charles-le-Simple, il ne pouvoit & ne vouloit prendre les rênes du gouvernement, que pour les remettre au jeune prince quand son âge lui permettroit de les diriger. Plusieurs chronologistes, fondés sur cette déclaration, ne l'ont point compté au nombre des rois de France. Ils ne peuvent contester qu'il n'en ait pris le titre ; mais ils prétendent que, dans ce siècle, les seigneurs s'intituloient seigneurs des terres & domaines de leurs pupilles.

Eudes avoit un rival redoutable dans Arnoul-le-Bâtard ; on prétend qu'il alla le trouver à Wormes, & que là il lui remit la couronne & les autres marques de la dignité royale, l'assurant qu'il ne vouloit les tenir que de lui : suivant ce sentiment, cette démarche lui en fit un allié & un ami. Son pouvoir fut long-temps chancelant : l'héritage de Charlemagne étoit alors disputé par cinq princes rivaux, qui, ne pouvant s'exclure, mettoient leur gloire à le déchirer. Rodolphe étendoit sa domination sur la Bourgogne & la Savoie ; Arnoul régnoit en Allemagne ; Louis, fils de Boson, tenoit sous sa puissance le Dauphiné & le Lyonnois ; *Eudes* tenoit le reste de la France, que ravageoient toujours les Normands : ce prince les vainquit partout où il put les combattre : ce héros en fit surtout un horrible carnage dans la forêt de Montfaucon ; mais ses affaires l'ayant forcé de tourner d'un autre côté, ils se vengèrent cruellement de cette défaite, ils prirent Meaux, & en réduisirent les habitans en esclavage ; ils marchèrent ensuite vers Paris, dont ils formèrent le siége. *Eudes* s'avança pour le délivrer ; sa réputation de valeur jeta la crainte parmi ces barbares, qui, quoique beaucoup supérieurs par le nombre, n'osèrent hasarder le combat : ils renoncèrent à leur entreprise pour se répandre dans la Bretagne & le Cotentin. Tandis qu'*Eudes* réprimoit les courses des Normands, les seigneurs qui l'avoient élu tournèrent un regard de pitié sur Charles-le-Simple leur roi, dont ils avoient injustement trahi la cause : le monarque qu'ils avoient oublié jusqu'alors, fut tiré de l'obscurité & proclamé par leur suffrage, plus puissant que le droit de la naissance dans ces temps d'anarchie & de discorde. Cette révolution augmenta les calamités publiques : les deux princes rivaux défendirent leur cause par les armes ; dès qu'*Eudes* parut, il vainquit sans combattre : telle étoit l'opinion de sa valeur, qu'elle dissipa les partisans de Charles : ce prince alla mendier un asyle chez le roi de Germanie, qui feignit de prendre sa défense & qui le trahit.

Eudes, aussi habile à négocier qu'à combattre, se rendit au concile de Wormes, convoqué par Arnoul, pour appaiser les troubles : tout ce qui fut arrêté dans cette assemblée resta sans exécution. Foulques, archevêque de Reims, fut plus heureux dans ses négociations. Ce fut ce prélat qui eut la gloire de rétablir le calme dans le royaume : il engagea les deux princes rivaux à consentir à un traité de partage. Charles fut reconnu roi de France, *Eudes* en posséda cette partie qui est entre la Seine & les Pyrénées : il ne se faisoit point de partage qu'on ne fît en même temps un très-grand nombre de mécontens. De nouvelles guerres étoient prêtes à se rallumer. La mort d'*Eudes*, arrivée en 896, en suspendit pour quelques instans les ravages. Il régnoit depuis l'an 888. (*M—Y.*)

EUDOXE. (*Hist. anc.*) *Eudoxe* de Gnide, célèbre principalement comme astronome & comme géographe, a perfectionné la théorie des sections coniques. Ses talens & ses connoissances lui valurent l'honneur d'être le législateur de sa patrie. Mort l'an 350 avant J. C.

EUDOXE (*Hist. eccl.*) est encore le nom d'un évêque arien, que son parti & la faveur de l'empereur Constance élevèrent sur le siége de Constantinople, vers l'an 360 de J. C. Il mourut l'an 370.

EUDOXIE, ou EUDOCIE ; (*Hist. rom.*) c'est le nom de quatre impératrices, toutes quatre célèbres.

1°. La première étoit femme de l'empereur Arcadius ; elle l'avoit épousé par le crédit de l'eunuque Eutrope : ce malheureux, dépouillé de ses biens, de ses dignités, & livré à la vengeance du peuple, chercha un asyle dans une église ; on voulut l'en arracher ; S. Jean Chrysostôme prit sa défense, & par un discours plein d'éloquence & d'humanité, lui concilia la faveur & la pitié publiques. Eutrope n'en perdit pas moins la tête sur un échafaud l'an 399 ; & S. Jean Chrysostôme ayant encouru la disgrace de l'impératrice *Eudoxie* par ses véhémentes & courageuses déclamations contre le luxe, le faste & les déprédations de la cour impériale, *Eudoxie* le persécuta & le fit envoyer deux fois en exil, en 403 & 404. Elle mourut peu de temps après d'une fausse couche.

2°, *Eudoxie*, qui se nommoit aussi Athénaïs & qui étoit athénienne, fille de Léonce le philosophe, épousa l'empereur Théodose le jeune, en 421, par l'entremise de Pulchérie, sœur de cet empereur. Déshéritée par son père, qui crut qu'avec des talens joints à la beauté on n'avoit pas besoin de biens, maltraitée par ses frères qui se prévalurent contre elle des dispositions de leur père, elle demanda justice à Pulchérie, qui, l'ayant connue, la jugea digne du rang suprême & la fit épouser à l'empereur son frère : devenue toute-puissante, elle oublia les torts de ses frères & les éleva aux premières dignités de l'Etat. L'empereur la soupçonna d'infidélité & la persécuta. Rentrée par l'effet de cette disgrace dans la condition privée, elle vécut à Jérusalem dans l'obscurité, dans la piété, dans les travaux littéraires. Elle avoit fait divers ouvrages dont parle Photius. Elle mourut en 460; sa vie a été écrite par Villefore.

3°. *Eudoxie*, fille de la précédente & de l'empereur Théodose II, épousa l'empereur Valentinien III; le tyran Maxime, qui assassina Valentinien & usurpa l'Empire, força *Eudoxie* de l'épouser, & lui avoua que l'amour qu'il avoit conçu pour elle, avoit été le principal motif de son crime. *Eudoxie*, pour le punir & pour venger Valentinien, appella en Italie Genseric & les Vandales, qui saccagèrent Rome, mais qui emmenèrent en Afrique *Eudoxie* captive. M. de Chabanon, de l'académie françoise & de l'académie des inscriptions & belles-lettres, a fait de ce sujet une tragédie intéressante.

4°. *Eudoxie*, veuve de Constantin Ducas, empereur grec au onzième siècle, épousa en secondes noces Romain Diogène, un des plus grands capitaines de l'empire. L'histoire de ce second mariage est mêlée d'incidens romanesques & d'intrigues dignes d'une cour déliée & corrompue. Dans un accès de tendresse conjugale, elle avoit promis avec serment & par écrit à Constantin Ducas, son premier mari, de ne se jamais remarier; cet écrit étoit déposé entre les mains de Xiphilin, patriarche de Constantinople. Après la mort de Constantin Ducas, arrivée en 1067, elle se fit proclamer impératrice & fit proclamer en même temps ses successeurs trois fils qu'elle avoit de Constantin. Romain Diogène, ayant voulu lui enlever la couronne, fut vaincu, pris & condamné à mort; *Eudoxie* voulut le voir avant l'exécution, & fut si frappée de sa bonne mine, qu'elle lui accorda sa grace; elle s'y attacha de plus en plus, le mit à la tête de ses armées, & voulut l'épouser; mais il fallut tirer des mains du patriarche Xiphilin l'écrit fatal par lequel elle avoit renoncé à un second mariage. Un eunuque de confiance va trouver le patriarche & lui confie en secret que l'impératrice a conçu une forte inclination pour le frère de Xiphilin, & que l'écrit est le seul obstacle qui s'oppose au desir qu'elle a de l'épouser. Le patriarche, pour placer son frère sur le trône & s'y placer avec lui, remet l'écrit. *Eudoxie*, devenue libre, épouse Romain Diogène (en 1068.) & le fait empereur. Trois ans après, (en 1071) l'empereur Michel, son fils, se fait proclamer & la fait enfermer dans un couvent. On a de cette *Eudoxie* un ouvrage manuscrit célèbre qui est à la bibliothèque du roi, concernant les généalogies des dieux, des héros & des héroïnes.

EVE, (*Hist. sacr.*) femme d'Adam & mère du genre-humain, dont l'histoire est rapportée dans les premiers chapitres de la Genèse, & embellie à quelques égards dans le *Paradis perdu* de Milton & dans le poëme de la *Mort d'Abel* de M. Gessner.

EVEILLON, (JACQUES) (*Hist. litt. mod.*) chanoine & grand vicaire d'Angers, savant vertueux, dont il faudroit parler quand on n'auroit à en rapporter que le mot suivant. Il vêtissoit les pauvres, & il n'avoit point de tapisserie dans sa chambre; ses amis lui reprochoient ces murailles nues qui leur choquoient la vue: *ces murailles*, leur répondoit-il, *ne me disent pas qu'elles aient froid; mais les pauvres que je trouve à ma porte tout tremblans, me disent qu'ils ont besoin d'habits.* Il a écrit sur diverses matières ecclésiastiques, sur les processions, sur le chant d'église, sur les excommunications & les monitoires; il a légué sa bibliothèque aux jésuites de la Flèche. Né en 1572, mort en 1651.

EVELIN (JEAN) (*Hist. litt. mod.*) a obtenu pour l'université d'Oxford les marbres d'Arondel, & pour la société royale de Londres, la bibliothèque du même comte d'Arondel. Il a écrit sur la gravure en cuivre, sur la culture des arbres, sur l'origine & les progrès de la navigation & du commerce, sur les médailles. Il a traduit le *parfait Jardinier* de la Quintinie & des traités d'architecture de Chambray. Né à Wotton en Surrey en 1620, mort en 1706.

EVENUS. (*Hist. d'Ecosse.*) On dit dans les antiquités de l'Ecosse qu'un roi, *Evenus III*, ordonna par une loi expresse que tout homme auroit autant de femmes qu'il en pourroit nourrir; que les rois auroient droit sur les femmes des nobles & les nobles sur celles du peuple. Qu'arriva-t-il? *Evenus* fut déposé, puis étranglé.

EUGENE. (*Hist. ecclés.*) Il y a eu quatre papes de ce nom. On attribue à *Eugène II*, qui occupa le saint-siége depuis l'an 824 jusqu'à l'an 827, l'établissement de l'épreuve par l'eau froide.

Eugène III, chassé de Rome par les troubles de son temps, vint en France, où il avoit été moine à Citeaux & à Clervaux, sous saint Bernard; il y tint quelques conciles. « Saint Bernard, dit M. le président Hénault, » conservoit sous le » pape *Eugène III*, qui avoit été son disciple, un » ascendant qui les honoroit également l'un & » l'autre. » *Eugène III* siégea depuis 1145 jusqu'à 1153: dom Jean de Lannes, bibliothécaire de l'abbaye de Clervaux, a écrit l'histoire de son pontificat, publiée en 1737.

Eugène IV siégea depuis 1431 jusqu'en 1447. Ce fut sous lui que se tint le concile de Bâle, avec lequel il eut de grandes contestations, d'où naquit un schisme, le concile l'ayant déposé & ayant mis à sa place Amédée, duc de Savoie, qui avoit remis son duché à son fils, & vivoit paisible & heureux en apparence dans la solitude de Ripaille. Saisi d'une nouvelle ambition, il accepta la papauté; & malgré le choix d'un concile, il n'est qu'au rang des antipapes, sous le nom de Félix V. Il semble que ce soit à cet événement que Lafontaine ait fait allusion dans la fable de l'homme qui court après la fortune & de l'homme qui l'attend dans son lit :

> Cet homme, disent-ils, étoit planteur de choux,
> Et le voilà devenu pape ! . . . .
> Et puis la papauté vaut-elle ce qu'on quitte ?
> Le repos, le repos, trésor si précieux
> Qu'on en faisoit jadis le partage des dieux.

M. de Voltaire a fait aussi ses réflexions sur le même événement :

> Ripaille, je te vois . . . . ô bizarre Amédée,
> Est-il vrai que, dans ces beaux lieux,
> Des soins & des grandeurs écartant toute idée,
> Tu vécus en vrai sage, en vrai voluptueux,
> Et que, lassé bientôt de ton doux hermitage,
> Tu voulus être pape, & cessas d'être sage ?
> Dieux sacrés du repos, je n'en ferois pas tant ;
> Et malgré les deux clefs dont la vertu nous frappe,
> Si j'étois ainsi pénitent,
> Je ne voudrois pas être pape.

C'est aussi sous le pontificat d'*Eugène IV* que la pragmatique-sanction fut composée de plusieurs décrets du concile de Bâle, & arrêtée dans l'assemblée de Bourges, en 1438.

Eugène est aussi le nom d'un tyran romain, que le comte Arbogaste salua empereur à Vienne en Dauphiné, après la mort du jeune Valentinien, en 392 : il fit quelques conquêtes en Allemagne & en Italie, & fut vaincu, le 6 septembre 394, par l'empereur Théodose, qui lui fit trancher la tête sur le champ de bataille.

EUGÈNE. (Prince) (Voyez *Savoie.*)

EVILMÉRODAC, (*Hist. sacr.*) fils & successeur de Nabuchodonosor, roi de Babylone, fut assassiné après un règne de deux ans, par Nériglissor son beau-frère.

EUMÈNE, (*Hist. anc.*) l'un des plus célèbres capitaines connus sous le titre de successeurs d'Alexandre ; il conquit la Cappadoce & la Paphlagonie, fit la guerre avec divers succès à Cratère, à Antipater, à Antigone, fut vaincu par ce dernier, au moyen d'une trahison à Orcinium en Cappadoce, l'an 320 avant J. C. & livré à Antigone, qui le fit mourir en prison, l'an 315 avant J. C.

Eumène est encore le nom de deux rois de Pergame, dont le second, neveu du premier, contemporain & ennemi d'Antiochus & de Prusias & allié fidèle des Romains, est principalement connu par son amour pour les lettres & par l'augmentation considérable qu'il fit à la bibliothèque de Pergame, fondée par ses prédécesseurs sur le modèle de celle d'Alexandrie.

Eumène, *Eumenius*, est aussi le nom d'un orateur du 4e siècle, natif d'Autun, originaire d'Athènes, qui prononça, l'an 309, le panégyrique de Constance-Chlore & du grand Constantin son fils. Il mourut vers le milieu du 4e siècle. Le père de la Baune, jésuite, a recueilli ce qui reste de ses harangues ; elles font partie du recueil intitulé : *Panegyrici veteres ad usum Delphini.* L'usage qu'un Dauphin doit faire des panégyriques, est de les craindre & de les mériter.

EUNAPE, *EUNAPIUS*, (*Hist. litt.*) né à Sardes en Lydie, connu principalement comme historien, avoit fait une histoire des césars, dont Suidas a conservé quelques fragmens ; nous avons ses *Vies des philosophes de son temps.* Il écrivoit sous les règnes de Valentinien, de Valens & de Gratien.

EUPOLIS, (*Hist. litt. anc.*) poëte grec de l'ancienne comédie, vivoit vers l'an 440 avant J. C. Horace en parle dans sa quatrième satyre du livre premier.

> *Eupolis atque Cratinus, Aristophanesque poëtæ,*
> *Atque alii quorum Comœdia prisca virorum est.*

EVREUX. (*Hist. de Fr.*) Le comté d'*Evreux* fut l'apanage d'une branche de la maison de France, issue de Louis, cinquième fils de Philippe-le-Hardy. Philippe, comte d'*Evreux*, fils de Louis, fut roi de Navarre, par Jeanne de France sa femme, fille de Louis Hutin, roi de France & de Navarre. Le fils de Louis & de Jeanne fut ce roi de Navarre, Charles-le-Mauvais, trop fameux dans l'histoire sous les rois Jean, Charles V & Charles VI. La branche masculine d'*Evreux* s'étant éteinte, en 1425, la Navarre passa dans la maison d'Arragon, dans celle de Foix, dans celle d'Albret, puis dans la branche de Bourbon, de la Maison de France, où elle est encore. Le comté d'*Evreux* fut plusieurs fois réuni à la couronne, & concédé par elle à différentes maisons ; enfin, en 1651, il fut cédé avec d'autres domaines, en dédommagement de Sedan, à la maison de Bouillon, qui le possède encore aujourd'hui.

EURIPIDE, (*Hist. litt. anc.*) poëte grec, si fameux que nous en dirons peu de chose. On place sa naissance à l'an 480, & sa mort à l'an 407 avant J. C. Il étoit né à Salamine, il brilloit à Athènes dans le même temps que Sophocle, dont il fut le rival, &, selon l'usage, l'ennemi. Aristophane le joua dans quelques-unes de ses comédies ; le peuple, qui se croit juge au théâtre, le traita quelquefois avec cette insolence grossière que l'ignorance & le mauvais goût aiment surtout à signaler contre le génie ; mais les décisions hasardées d'une populace ne lui en imposoient pas, il résistoit en face & haranguoit l'assemblée. Les spectateurs, ou une partie d'entre eux, demandoient un jour qu'il retranchât quelques vers dans une de ses pièces ; il parut sur le théâtre, & leur dit : *Je ne travaille pas pour être instruit par vous*, *mais pour vous instruire.* Qu'on se représente Corneille ou Voltaire tenant ce langage à notre parterre, peut-être moins instruit que celui d'Athènes, quel scandale ! & cependant quel droit de tels hommes n'auroient-ils pas eu de parler ainsi !

> Tandis que Chapelain osoit juger Corneille,

a dit M. de Voltaire avec toute l'indignation du génie, qui sent qu'il ne devroit être jugé que par ses pairs. Encore si Corneille n'avoit jamais été jugé que par Chapelain ; mais,

> Un clerc, pour quinze sols, sans craindre le holà,
> Peut aller au parterre attaquer Attila ;
> Et si le roi des Huns ne lui charme l'oreille,
> Traiter de visigots tous les vers de Corneille.
>
> Or maintenant veillez, pauvres auteurs,
> Mordez vos doigts, ramez comme corsaires,
> Pour mériter de pareils protecteurs,
> Ou pour avoir de pareils adversaires.

Une autre fois, le même parterre athénien, dont la pénétration auroit bien dû aller jusqu'à comprendre qu'on doit faire parler chaque personnage suivant le caractère qu'on lui donne, trouva mauvais qu'un des personnages d'*Euripide* fît l'éloge des richesses, & jugea l'auteur comme s'il eût parlé de son chef : *Attendez jusqu'à la fin*, dit *Euripide* au parterre, *vous verrez quel sera le sort du panégyriste des richesses.* Cette faculté de haranguer le parterre pouvoit redresser quelquefois les jugemens du public. A la première représentation *d'Adélaïde du Guesclin*, le moment où Coucy se rend aux sollicitations & aux reproches de Vendôme, & se charge de faire périr Nemours, de peur qu'un autre n'en soit chargé à son refus, ce moment fut sifflé, parce que le parterre, qui ne sait jamais rien, ignorant l'histoire de Bavalan & de Clisson, ne vit dans le consentement de Coucy qu'un personnage vertueux qui se démentoit lâchement ; M. de Voltaire fut fort aise de l'erreur, & dit : « Voilà le succès de ma pièce » assuré ; ils ne prévoient pas le dénouement, & puis- » qu'ils trouvent si mauvais que Coucy assassine Ne- » mours, ils lui sauront donc gré de l'avoir sauvé : » en effet, ce dénouement fit d'autant plus de plaisir qu'il n'avoit pas été deviné, & tout alloit bien jusqu'à ce mot : *Es-tu content, Coucy ?* mot dont on sent aujourd'hui avec tant de respect tout le sublime, & qui met en effet à si haut prix le suffrage de Coucy : on sait l'ignoble parodie qu'en fit sur-le-champ un *homme d'esprit* dans le parterre, & qui pour lors fit tomber la pièce.

Euripide se découragea comme notre Racine ; & c'est-là le mal irréparable que produit l'injustice du public envers les grands hommes. *Euripide* quitta le théâtre & Athènes, & se retira mécontent à la cour d'Archélaüs, roi de Macédoine.

De soixante-quinze pièces qu'il avoit composées, il ne nous en reste que dix-neuf ; on est étonné de la fécondité de ces anciens poëtes ; il paroît cependant qu'*Euripide* travailloit avec quelque lenteur, talent dont on devroit se vanter plutôt que de la pernicieuse facilité de l'*in-promptu. Euripide*, en trois jours, n'avoit fait que trois vers ; un poëte, nommé Alcestis, se vantoit d'en avoir fait cent dans le même espace de temps. *Oui*, dit *Euripide*, *mais vos cent vers vivront trois jours, & mes trois vers ne mourront pas.* Ce n'est point par la modestie que les anciens sont recommandables.

Le grand mérite d'un poëte dramatique est de produire de grands effets. On dit qu'une représentation de l'*Andromaque* d'*Euripide* rendit fous les Abdéritains par l'impression profonde qu'elle leur fit. Il s'agit sans doute d'une folie métaphorique, & il y a dans l'histoire ancienne plus d'un fait qu'on a pris ainsi trop à la lettre sur la foi d'un mot mal entendu.

On trouve qu'*Euripide* déclamoit beaucoup contre les femmes dans ses tragédies ; c'est une marque qu'il les aimoit beaucoup.

EURYDICE. (*Hist. anc.*) Ce nom, consacré par la fable, appartient aussi à l'histoire. *Eurydice*, femme d'Amyntas, roi de Macédoine, en eut trois fils : Alexandre, Perdiccas, & Philippe, père d'Alexandre-le-Grand ; elle en eut aussi une fille Euryone ; elle devint amoureuse de son gendre, mari d'Euryone, & pour l'épouser & le mettre sur le trône, elle voulut faire périr son mari & apparemment sa fille. Euryone, instruite du complot, en avertit son père, qui voulut bien pardonner à *Eurydice*. Il mourut, soit de sa mort naturelle, soit qu'*Eurydice* eût profité de la clémence d'Amyntas pour consommer son crime. *Eurydice* fit périr Alexandre & Perdiccas ses fils, & Philippe ne put échapper à ses fureurs qu'à force de précautions. L'histoire ne dit pas ce que devint *Eurydice*.

Une autre *Eurydice* étoit femme d'Aridée, fils naturel de Philippe & frère d'Alexandre. Elle engagea son mari à monter sur le trône de Macédoine après la mort de ce conquérant. Cependant Polyperchon (ou Polysperchon) ramenoit d'Epire Olympias, mère d'Aléxandre, Roxane sa femme & le jeune Alexandre son fils. *Eurydice* & Aridée engagèrent Cassandre à se joindre à eux pour empêcher ce retour. Les armées étant en présence, les Macédoniens abandonnèrent *Eurydice* & Aridée, & se rangèrent du parti du jeune Aridée, qu'ils regardoient comme leur roi légitime. Olympias fit percer de flèches Aridée. *Eurydice* s'étrangla.

EUSÈBE. (*Hist. ecclés.*) Plusieurs évêques de ce nom sont connus par la part qu'ils eurent aux troubles de l'arianisme, soit comme défenseurs de la foi, soit comme fauteurs de l'hérésie. 1°. Le premier & le plus célèbre est *Eusèbe*, évêque de Césarée, nommé *Eusèbe Pamphile*, parce que *Pamphile*, prêtre de Césarée, son ami, ayant souffert le martyre, l'an 309 ; il voulut porter son nom, soit pour honorer sa mémoire, soit pour s'animer au martyre par son exemple. Cet *Eusèbe* est l'auteur d'une histoire ecclésiastique, qui l'a fait appeller *le père de l'histoire ecclésiastique.* Le président Cousin en a donné une traduction françoise. On a encore d'*Eusèbe* une vie de Constantin, qui en est proprement le panégyrique, une chronique depuis le commencement du monde jusqu'à la vingtième année du règne de Constantin, chronique dont la traduction, faite par S. Jerôme, nous a fait perdre une partie, que Joseph Scaliger a tâché de retrouver, en rassemblant les fragmens de cette chronique épars dans divers écrivains; le traité de la préparation & de la démonstration évangélique, composé originairement de vingt livres, dont il ne nous reste que dix; des commentaires sur les pseaumes & sur Isaïe, publiés par D. Montfaucon; des opuscules publiés par le P. Sirmond; un catalogue des noms des villes & des lieux mentionnés dans l'écriture sainte. *Eusèbe* mourut vers l'an 338.

Dans son histoire ecclésiastique, il ne parle point de l'arianisme, & ce silence est suspect, joint sur-tout à divers passages de ses ouvrages, où ses éditeurs même le jugent favorable à cette secte. Il paroît que sa conduite, ainsi que ses écrits, fut équivoque à cet égard, & qu'il favorisa tour-à-tour les deux partis, suivant les variations de la cour: on croit voir cependant que son cœur étoit pour l'arianisme, & il desservit saint Athanase auprès de Constantin.

2°. *Eusèbe* de Nicomédie, contemporain d'*Eusèbe* de Césarée, fut hautement & à découvert ce que l'autre étoit secrétement; il défendit Arius, persécuta S. Athanase; & *Eusèbe* de Césarée, son complice secret, l'a beaucoup loué. *Eusèbe* de Nicomédie fut chef de secte parmi les ariens; c'est de lui que les eusébiens ont pris leur nom.

3°. & 4°. A ces deux *Eusèbes* ariens, on peut opposer deux autres *Eusèbes* à peu près du même temps, qui se distinguèrent par leur zèle pour l'orthodoxie. L'un est saint *Eusèbe*, évêque de Verceil, banni pour avoir refusé de souscrire à la condamnation de saint-Athanase; l'autre saint *Eusèbe*, évêque de Samosate, qui, dépositaire du décret d'élection de saint Melèce, élevé au siége d'Antioche, persécuté par les ariens pour leur remettre ce décret qu'ils vouloient anéantir, menacé par un officier de l'empereur Valens d'avoir la main droite coupée s'il ne lui remettoit à l'instant ce décret, lui dit : *voila mes deux mains, coupez; mais ne vous attendez pas qu'un dépôt dont je me suis chargé, soit jamais remis à d'autres qu'à ceux qui me l'ont confié.* Après une longue suite de persécutions, il mourut de la blessure qu'il reçut d'une tuile qu'une femme arienne lui jeta sur la tête. Avant d'expirer, il demanda la grace de cette femme.

5°. *Eusèbe*, évêque de Dorilée, combattit & l'hérésie de Nestorius & l'hérésie contraire d'Eutychès. Les Eutychiens le firent déposer dans l'assemblée comme sous le nom de *brigandage d'Ephèse.* Il mourut vers le milieu du cinquième siècle.

EUSEBIE. (FLAVIE.) (*Hist. rom.*) Elle engagea Constance, son mari, à donner le titre de César à Julien. Ce prince fit le panégyrique de sa bienfaitrice, & nous l'avons parmi ses œuvres.

EUSTACHE de Saint-Pierre. *Voyez* Saint-Pierre.

EUSTATHE; (*Hist. ecclés. litt.*) c'est le nom de deux évêques, l'un de Bérée, puis d'Antioche; l'autre de Thessalonique. Le premier, mort vers l'an 337, est au nombre des saints, & souffrit l'exil pour la défense de la foi contre l'arianisme.

Le second, plus connu comme littérateur que comme évêque, est sur-tout fameux par ses commentaires sur Homère & sur Denys le géographe. On lui a aussi attribué, mais il paroît que c'est sans fondement, le roman d'*Ismène & Isménias.* Il vivoit dans le douzième siècle.

EUSTOCHIE, (SAINTE) (*Hist. ecclés.*) dame romaine, de la famille des Scipions & des Emiles, fut disciple de saint Jérôme, ainsi que sainte Paule, avec qui elle se renferma dans un monastère de Bethléem, dont elle fut supérieure après sainte Paule. Elle savoit l'hébreu & le grec, & s'appliquoit fort à l'étude, & sur-tout à la méditation de l'écriture sainte. Morte en 419, & sainte Paule, en 404.

EUTICHIUS, (*Hist. litt.*) patriarche d'Alexandrie, depuis 933 jusqu'en 940, a laissé en arabe des annales, publiées par Pocock, à Oxford, en 1619, avec une version latine.

EUTROPE, (*Hist. litt.*) auteur qui n'est connu que par son Abrégé de l'histoire romaine, quoiqu'il eût composé d'autres écrits. Il dit lui-même qu'il porta les armes sous Julien dans son expédition contre les Perses, *cui expeditioni ego quoque interfui*; c'est tout ce qu'on en sait.

EUTROPE, (*Hist. rom.*) eunuque, favori d'Arcadius, puis disgracié. (*Voyez* l'article de la première *Eudoxie.*)

EUTYCHÈS. (*Hist. ecclés.*) Nestorius, évêque de Constantinople au cinquième siècle, prélat si zélé contre l'hérésie, qu'il disoit à l'empereur Théodose le jeune, dans un de ses sermons : *Donnez-moi la terre purgée d'hérétiques, & je vous donnerai le ciel. Secondez-moi pour exterminer les ennemis de Dieu & je vous promets un secours efficace contre ceux de votre empire*; ce Nestorius s'égara en poursuivant ceux qui s'égaroient. A force de disputer contre les hérétiques, & de les suivre dans les subtilités de la dialectique, il devint hérétique lui-même. Selon lui, Marie étoit mère du Christ, c'est-à-dire de l'homme; mais elle n'étoit pas mère de Dieu. Le verbe s'étoit incarné, non pas en naissant d'une femme, mais en s'unissant à la chair du Christ, qu'il avoit prise comme un temple pour y habiter: mais c'étoit l'homme, & non le Dieu qui étoit mort; & c'étoit le corps de l'homme que le Dieu avoit ressuscité. Nestorius trouva dans saint Cyrille, évêque d'Alexandrie, un redoutable adversaire, & il fut condamné, en 431, au concile d'Ephèse, troisième concile œcuménique.

Ce qui étoit arrivé à Nestorius, arriva aussi au moine *Eutychès*. Le zèle contre le nestorianisme le jeta dans une erreur contraire, qui fut appellée de son nom l'*Eutychianisme*. Nestorius séparoit trop les deux natures, *Eutychès* les confondit. Il soutenoit que depuis l'incarnation, la divinité & l'humanité ne sont plus qu'une seule nature; c'étoit, selon lui, la divinité ainsi confondue avec l'humanité qui avoit souffert.

Après plusieurs conciles contradictoires, il se tint enfin, en 451, à Chalcédoine, un concile œcuménique, qui porta le dernier coup à l'eutychianisme, & fixa la foi de l'Eglise sur le mystère de l'Incarnation. Cependant on disputa beaucoup & long-temps contre l'autorité de ce concile; les nestoriens & les eutychiens, & ceux qui les condamnoient tous les deux, continuèrent à se faire la guerre, & par des écrits & par les armes. L'empereur Zénon donna, en 482, son *Hétonicon* ou édit d'union, qui ne réunit personne, & qui sembla même porter quelque atteinte au concile de Chalcédoine. Enfin, en 553, le concile de Constantinople, cinquième concile œcuménique, consacra la doctrine des quatre conciles œcuméniques précédens, nommément du concile de Chalcédoine, & condamna aussi quelques écrits infectés de nestorianisme, sur-tout ceux de Théodose, évêque de Mopsueste, de Théodoret, évêque de Cyr, & d'Ibas, évêque d'Edesse. C'est ce qu'on appelle *l'affaire des trois chapitres*.

Justinien, qui, comme tous les princes foibles & peu éclairés, donnoit trop d'attention & trop d'importance aux débats théologiques, avoit prévenu le concile de Constantinople, & condamné de son autorité privée les trois chapitres dès 546. Cette entreprise sur l'autorité de l'Eglise ne lui avoit pas réussi; ceux même qui pensoient comme lui, refusoient de souscrire son édit: *l'affaire des trois chapitres* devint la grande affaire de l'Eglise. On ne se soumit enfin qu'à l'autorité du concile de Constantinople, & on ne s'y soumit qu'avec le temps.

De l'eutychianisme, qui subsistoit toujours, quoique condamné, ou parce qu'il étoit condamné, naquit, vers le milieu du septième siècle, le *Monothélisme*, erreur à laquelle le pape Honorius passe pour avoir été favorable. « Du moins, disoient les monothélites, » s'il faut reconnoître deux natures en Jésus-» Christ, il ne faut reconnoître en lui qu'une seule » volonté; il veut tout, il fait tout par une seule » opération, qu'on peut appeller *théandrique* ou » *dei-virile*, c'est-à-dire, divine & humaine tout » ensemble; & la distinction des deux natures n'est » que dans notre entendement. » L'empereur Héraclius embrassa le monothélisme; il donna, en 639, en faveur de cette nouvelle doctrine, l'édit connu sous le nom d'*ecthèse*, c'est-à-dire *exposition*. Ces princes étoient bien pressés de faire des édits. Du moins Héraclius désavoua le sien; mais, en 648, l'empereur Constant en donna un connu sous le nom de *type*, c'est-à-dire, *formule* ou *formulaire*, par lequel il défendoit de parler d'une ou de deux opérations en Jésus-Christ. Le monothélisme fut condamné au concile de Constantinople, tenu en 680 & 681, sixième concile œcuménique; ce qui n'empêcha pas l'empereur Philippique de se déclarer long-temps après pour le monothélisme, & de faire condamner le concile œcuménique de Constantinople, par un concile particulier, tenu dans la même ville, en 712: un autre tenu aussi dans la même ville, en 714, sous l'empire d'Anastase II, condamna de nouveau les monothélites, & réhabilita le concile œcuménique de Constantinople. Mais pendant long-temps on ne put marcher entre le nestorianisme & l'eutychianisme, sans pencher un peu d'un côté ou d'un autre. Ces deux natures unies sans confusion, ces deux opérations, ces deux volontés, dont l'une ne contrarie jamais l'autre, faisoient toujours quelque peine aux théologiens inquiets.

EUTYCHIEN, (*Hist. ecclés.*) pape & martyr, successeur de Félix, en janvier 275, martyrisé le 8 décembre 283.

EXAMILION, f. m. (*Hist. mod.*) muraille célèbre que l'empereur Manuel Paléologue fit élever sur l'isthme de Corinthe: elle avoit six milles de longueur: elle couvroit le Péloponèse contre les incursions des barbares: elle partoit du port Léchée, & s'étendoit jusqu'au port de Cenchrée. Amurat II la démolit; les Vénitiens la reconstruisirent en quinze jours: elle fut renversée pour la seconde fois par un Beglerbey, & ne fut point relevée. (*A. R.*)

EXARQUE, f. m. (*Hist. anc.*) dans l'antiquité étoit un nom que donnoient les empereurs d'Orient à certains officiers qu'ils envoyoient en Italie en qualité de lieutenans, ou plutôt de préfets, pour défendre la partie de l'Italie qui étoit encore sous leur obéissance, particulièrement la ville de Ravenne, contre les Lombards qui se sont rendus maîtres de la plus grande partie de l'Italie.

L'*exarque* faisoit sa résidence à Ravenne; cette

ville avec celle de Rome étoit tout ce qui restoit aux empereurs en Italie.

Le patrice Longin fut le premier *exarque*. Il fut nommé, en 568, par Justin le jeune. Les *exarques* subsistèrent pendant 185 ans, & finirent à Eutychius, sous l'exarchat duquel Astulphe ou Astolphe, roi de Lombardie, s'empara de la ville de Ravenne.

Le père Papebroch, dans son *Propylæum ad acta sancti Maii*, a fait une dissertation sur le pouvoir & les fonctions de l'*exarque* d'Italie à l'élection & à l'ordination du pape.

Héraclius, archevêque de Lyon, descendant de l'illustre maison de Montboissier, fut créé par l'empereur Frédéric, *exarque* de tout le royaume de Bourgogne; dignité qui jusques-là étoit inconnue par-tout ailleurs qu'en Italie, & dans la ville de Ravenne. Menestrier, *hist. de Lyon.*

Homère, Philon & d'autres anciens auteurs donnent pareillement le nom d'*exarque* au choriste, ou maître des musiciens dans les anciens chœurs, ou à celui qui chante le premier; car le mot ἄρχω ou ἄρχόμαι, signifie également *commencer* & *commander*. *Chambers.* (*G.*)

EXIL, s. m. (*Hist. anc. & mod.*) espèce de bannissement.

Chez les Romains, le mot *exil*, *exilium*, signifioit porprement une *interdiction*, ou *exclusion de l'eau & du feu*, dont la conséquence naturelle étoit, que la personne ainsi condamnée étoit obligée d'aller vivre dans un autre pays, ne pouvant se passer de ces deux élémens. Aussi Cicéron, *ad Heren.* (supposé qu'il soit l'auteur de cet ouvrage) observe que la sentence ne portoit point précisément le mot d'*exil*, mais seulement d'*interdiction de l'eau & du feu.*

Le même auteur remarque que l'*exil* n'étoit pas, à proprement parler un châtiment, mais une espèce de refuge & d'abri contre des châtimens plus rigoureux: *exilium non esse supplicium*, *sed perfugium portusque supplicii.* Pro Cæcin.

Il ajoute qu'il n'y avoit point chez les Romains de crime qu'on punît par l'*exil*, comme chez les autres nations; mais que l'*exil* étoit une espèce d'abri où on se mettoit volontairement pour éviter les chaînes, l'ignominie, la faim, *&c.*

Les Athéniens envoyoient souvent en *exil* leurs généraux & leurs grands hommes, soit par jalousie de leur mérite, soit par la crainte qu'ils ne prissent trop d'autorité.

Exil se dit aussi quelquefois de la relégation d'une personne dans un lieu d'où elle ne peut sortir sans congé.

Ce mot est dérivé du mot latin *exilium*, ou de *exul*, qui signifie *exilé*; & les mots *exilium* ou *exul* sont formés probablement d'*extra solum*, hors du pays natal.

Dans le style figuré, on appelle *honorable exil*, une charge ou emploi qui oblige quelqu'un de demeurer dans un pays éloigné & peu agréable.

Sous le règne de Tibère, les emplois dans les pays éloignés étoient des espèces d'*exils* mystérieux. Un évêché en Irlande, ou même une ambassade, ont été regardés comme des espèces d'*exils*: une résidence ou une ambassade dans quelque pays barbare, est une sorte d'*exil*. *Voyez le Dictionnaire de Trévoux & Chambers.* (*G.*)

EXIMER. v. act. (*Hist. & Droit public d'Allemagne.*) On nomme ainsi en Allemagne l'action par laquelle un état ou membre immédiat de l'empire est soustrait à sa jurisdiction & privé de son suffrage à la diète. Les auteurs qui ont traité du droit public d'Allemagne, distinguent deux sortes d'exemption, la *totale* & la *particlle*. La première est celle par laquelle un état de l'Empire en est entièrement détaché, au point de ne plus contribuer aux charges publiques, & de ne plus reconnoître l'autorité de l'Empire; ce qui se fait ou par la force des armes, ou par cession. C'est ainsi que la Suisse, les Provinces-Unies des Pays-Bas, le landgraviat d'Alsace, *&c.* ont été *eximés* de l'Empire, dont ces états relevoient autrefois. L'exemption *partielle* est celle par laquelle un état est soustrait à la jurisdiction *immédiate* de l'Empire, pour n'y être plus soumis que *médiatement*; ce qui arrive lorsqu'un état plus puissant en fait ôter un autre plus foible de la matricule de l'Empire, & lui enlève sa voix à la diète: pour lors, celui qui *exime* doit payer les charges pour celui qui est *eximé*, & ce dernier, de sujet immédiat de l'Empire, devient sujet médiat, ou *landsasse*. (—)

EXPÉDITION ROMAINE. (*Hist. mod.*) Autrefois, lorsque les électeurs avoient élu un empereur, il étoit tenu, après avoir reçu la couronne impériale en Allemagne, d'aller encore se faire couronner à Rome des mains du pape; & les états de l'Empire lui accordoient des subsides pour ce voyage, qu'on appelloit *expeditio romana.* Les empereurs étoient par-là censés aller prendre possession de la ville de Rome: mais depuis Charles-Quint, aucun empereur ne s'est soumis à cette inutile cérémonie. (—)

EXTRAORDINAIRE, adj. signifie quelque chose qui n'arrive pas ordinairement.

Couriers extraordinaires, sont ceux qu'on dépêche exprès dans les cas pressans.

Ambassadeur ou *envoyé extraordinaire*, est celui qu'on envoye pour traiter & négocier quelque affaire particulière & importante, comme un mariage, un traité, une alliance, *&c.* ou même à l'occasion de quelque cérémonie, pour des complimens de condoléance, de congratulation.

Une gazette, un journal, ou des *nouvelles extraordinaires*, sont celles qu'on publie après quelque événement important, qui en contiennent le détail & les particularités, qu'on ne trouve point dans les nouvelles ordinaires. Les auteurs des gazettes se servent de post-scripts ou supplémens, au lieu d'*extraordinaires*, *Chambers*.

EXUPERANCE, (*Hist. rom.*) préfet des Gaules, connu par la lettre que saint Jerôme lui adresse pour l'exhorter à quitter le siècle & à se consacrer à Dieu. Il fut tué à Arles, vers l'an 424, dans une sédition.

EXUPERE. C'est le nom :

1°. D'un rhéteur célèbre de Bordeaux, au 4e siècle, qui enseigna l'éloquence à Toulouse & à Narbonne; il eut pour disciples deux neveux de Constantin, qui lui procurèrent, en 335, la présidence d'une province d'Espagne. Il mourut à Cahors.

2°. D'un saint, évêque de Toulouse, à qui saint Jerôme a dédié son Commentaire sur le prophète Zacharie.

3°. D'un autre saint, évêque de Bayeux, connu sous le nom de saint Spire, & qui fut un des premiers apôtres de la Neustrie ou Normandie.

EZÉCHIAS, (*Hist. sacr.*) roi de Juda, fils & successeur d'Achaz, de qui on a, dans Isaïe, chapitre 38, ce beau cantique, *ego dixi in dimidio dierum meorum*, &c. qui a fourni une si belle ode à Jean-Baptiste Rousseau. Toute son histoire se trouve, livre 4 des rois, chapitres 18, 19 & 20; paralipomènes, chapitres 29, 30, 31, 32; & Isaïe, chapitres 36, 37, 38, 39.

Il mourut l'an 698 avant Jésus-Christ.

EZÉCHIEL, (*Hist. sacr.*) l'un des quatre grands prophètes, emmené captif à Babylone avec Jéchonias. Il commença de prophétiser l'an 595 avant J. C. Ses prophéties se trouvent dans la Bible; elles sont obscures pour nous, & ont été obscurcies encore par de savans & longs commentaires.

EZZELIN *ou* ECELIN, (*Hist. mod.*) tyran de Vérone, de Padoue & de quelques autres villes d'Italie, au treizième siècle. On le représente comme un barbare, qui, dans la seule ville de Padoue, fit mourir plus d'onze mille citoyens de toute condition, parce qu'ils avoient tenté d'arracher à son joug leur patrie, & de la remettre en liberté. Les papes Grégoire IX, Innocent IV, Alexandre IV, l'excommunièrent, le déposèrent, publièrent des croisades contre lui; toute l'Italie se souleva; il résista long-temps; enfin, il fut pris devant Milan, & mourut dans le désespoir & la rage à Soncino, en 1259. Aussi superstitieux que cruel, il n'entreprenoit rien sans consulter des astrologues : un père Gérard a écrit sa vie en italien ; un François Cortaud l'a traduite en françois.

FABER. (JEAN) (*Hist. ecclés.*) Parmi divers théologiens, prédicateurs & scolastiques du seizième siècle, nommés *Faber*, il faut distinguer Jean *Faber*, auteur du *Marteau des hérétiques*, *Malleus hæreticorum*, & connu par son zèle contre les protestans, qui lui valut, en 1531, l'évêché de Vienne en Autriche; ce qui fit dire à Erasme: *Luther est pauvre, mais il sait enrichir ses ennemis.* C'étoit un ardent scolastique, il s'oublioit quelquefois dans la dispute; les protestans, qui s'appellent les évangéliques, & qui se prétendent observateurs beaucoup plus exacts de l'évangile que leurs adversaires, fatiguoient *Faber* dans la conférence de Zurich de leur citation éternelle de l'évangile, interprêté à leur manière; il s'échappa, dit-on, jusqu'à répondre qu'*on auroit bien pu vivre en paix sans l'évangile.* Ce sont les protestans qui lui imputent cette irrévérence, mais c'étoit de leur évangile qu'il parloit. *Faber* mourut en 1542: on a ses œuvres en 3 vol. in-fol.

FABERT. (ABRAHAM) C'est le maréchal *Fabert.* Son ayeul étoit directeur de l'imprimerie du duc de Lorraine à Nancy, son père échevin à Metz; celui-ci fut anobli par Henri IV; il est auteur de notes sur la coutume de Lorraine. Abraham naquit à Metz, le 11 octobre 1599. Destiné par ses parens au barreau ou à l'église, il se sentit destiné par la nature à la profession des armes; il servit d'abord comme volontaire.

Rose & Fabert ont ainsi commencé.

Aussi-tôt qu'il servit, il se distingua; sa renommée remplit bientôt l'Europe. Le cardinal de Richelieu, dans la guerre de 1635, concertoit avec lui les opérations militaires; & c'est sur les mémoires de *Fabert* que le siége d'Arras fut résolu, en 1640. Le cardinal lui demanda s'il connoîtroit un homme de bonne volonté qui, pour cent mille écus, osât traverser l'armée ennemie, entrer dans la place, la reconnoître & rendre un compte exact des forces de la garnison. Je ne connois personne, dit *Fabert*, qui soit disposé à se charger d'une telle commission pour de l'argent; mais je connois quelqu'un qui la fera *gratis*; c'est moi. Le cardinal Mazarin, devenu ministre tout-puissant, voulut aussi le voir & l'entretenir; il lui proposa d'être son espion dans l'armée: comme, suivant l'usage de la cour, il couvroit d'expressions nobles la bassesse de cette proposition, *Fabert*, dont les idées étoient si éloignées de celle-là, ne l'entendit pas d'abord; le cardinal s'expliqua plus clairement; alors *Fabert* lui dit: *Je vous entends, monseigneur, & vous allez m'entendre. Je conçois qu'un grand ministre tel que vous a besoin de toutes sortes de gens & de toutes sortes de services: les uns le servent par leur bras, les autres par les rapports qu'ils lui font; trouvez bon que je sois du nombre des premiers.* Ce n'étoit pas choisir la meilleure part dans la faveur; mais ce n'étoit pas de la faveur qu'il recherchoit, c'étoit de la gloire, & il en obtint. Sa vie est un tissu d'exploits brillans, de services utiles, d'actions généreuses, de traits & de mots nobles. *Si pour empêcher*, disoit-il, *qu'une place, que le roi m'auroit confiée, tombât au pouvoir de l'ennemi, il ne falloit que mettre à la brèche ma personne, ma famille & tout mon bien, je ne balancerois pas.* Il n'y avoit point, disoit-il, de fonction avilissante à la guerre; en conséquence, il entroit dans tous les détails & mettoit la main à tout. Au siége de Bapaume, en 1641, il s'occupoit de la sappe, de la mine, de l'artillerie, des machines, des ponts, de tous les travaux les plus pénibles; quelques autres officiers, qui, par vanité même, se renfermoient dans les fonctions de leur état réputées les plus nobles, lui firent représenter qu'il en faisoit trop, & que c'étoit avilir ses grades de capitaine aux gardes & d'officier général. *Ainsi donc*, leur dit-il, *mon zèle pour le service du roi doit diminuer en raison des graces qu'il m'a faites; mais ne craignez rien*, ajouta-t-il, *ces travaux que vous croyez au-dessous de moi, sont les degrés mêmes qui m'éleveront au-dessus de vous.* Les héros méprisent les favoris, les favoris estiment les héros & les en haïssent davantage. Saint-Mars, qui vouloit gouverner l'Etat, parce qu'il plaisoit à Louis XIII, critiquoit un jour, avec la légéreté d'un jeune homme & l'importance d'un ministre, les opérations du siége de Perpignan, dont *Fabert* rendoit compte au roi. Louis XIII, qui estimoit *Fabert*, & qui étoit souvent le plus cruel ennemi de ceux qu'il aimoit le plus, s'emporta si violemment contre Saint-Mars, qui celui-ci n'osant répliquer au roi, sortit en lançant sur *Fabert* un regard de fureur, & en lui disant: *Monsieur, je vous remercie: Que dit-il?* s'écria le roi, *je crois qu'il vous menace. Non, Sire*, répondit *Fabert*, *personne n'ose faire des menaces en votre présence, & ailleurs on n'en souffriroit pas.* Le malheureux Saint-Mars touchoit au moment de devenir, au lieu d'un objet de crainte, un objet de pitié.

Fabert sauva l'armée françoise à la retraite de Mayence; & dans une autre occasion poursuivant l'ennemi auquel il avoit échappé alors, & trouvant dans un camp abandonné une multitude de soldats & d'officiers blessés & mourans, il entendit un françois s'écrier: *Achevons ces malheureux, ce sont eux qui ont massacré nos camarades à la retraite de Mayence. Voilà*, répondit *Fabert*, *le conseil d'un barbare; cherchons une vengeance plus noble & plus digne de notre nation.* Il leur fit donner des vivres & des secours, il les fit transporter dans des hôpitaux, & plusieurs d'entr'eux, libres de se choisir un maître, se donnèrent, par reconnoissance, à la puissance qui les avoit secourus.

Au siége de Turin, en 1640, il avoit été si fortement blessé à la cuisse, qu'on croyoit ne pouvoir le sauver qu'en la lui coupant. M. de Turenne & le cardinal de la Valette l'exhortoient à souffrir cette opération; mais *Fabert* ne jugeoit pas que ce fût vivre que de rester hors d'état de servir; il résista constamment: *Je ne veux point mourir par morceaux*, dit-il; *la mort m'aura tout entier, ou elle n'aura rien.* Elle n'eut rien.

En 1654, *Fabert* prit Sténay. En 1658, il eut le bâton de maréchal de France; il eut aussi le gouvernement de Sedan; & la fidélité connue du nouveau gouverneur ne fut pas un des moindres motifs qui déterminèrent le cardinal Mazarin à choisir Sedan pour servir d'asyle à sa famille pendant les troubles de la fronde. Le roi offrit à *Fabert* le cordon bleu, mais n'ayant pas cru pouvoir, sans altérer la constitution de l'ordre, dispenser *Fabert* de faire les preuves de noblesse nécessaires, & les amis de *Fabert* l'exhortant à les faire comme on les fait quelquefois: *Non*, dit *Fabert*, *je ne veux pas que mon manteau soit décoré par une croix, & mon ame déshonorée par une imposture.* Le roi lui témoigna qu'il le trouvoit plus honoré par de tels sentimens, qu'il ne l'auroit été par un ruban bleu. *Fabert* ne voulut point faire de fausses preuves; Catinat ne voulut point en faire de simplement suffisantes. (Voyez l'article *Catinat.*) Il ne faudroit pas, pour l'honneur de l'ordre, que beaucoup d'hommes tels que *Fabert* & Catinat l'eussent refusé, ni que beaucoup d'hommes trop différens de ceux-là l'eussent obtenu; mais peut-être il faudroit que la dignité de maréchal de France, supposant tant de services, servît seule de preuves & donnât droit à cette décoration.

Fabert se fit une loi de ne jamais recevoir de présens dans son gouvernement; il se refusa constamment aux offres que lui fit la reconnoissance des Sedanois; ils tentèrent de donner le change à son désintéressement, en offrant, pendant son absence, à madame la maréchale *Fabert*, (mademoiselle de Clevant) une tapisserie de prix qu'ils avoient fait venir de Flandre; elle la refusa: le maréchal, à son retour, l'acheta le prix qu'elle avoit coûté avec les frais de transport, la fit vendre, & en employa le produit aux fortifications de la place. Tel fut le maréchal *Fabert*. Il mourut en 1662. Le P. Barre, chanoine régulier de Sainte-Geneviève, a donné sa vie en deux volumes in-12.

FABIEN, (SAINT) (*Hist. ecclés.*) pape & martyr, successeur d'Anthère, en 236, mort pour la foi sous la persécution de Dèce, en 250.

FABIUS-MAXIMUS & autres. (*Hist. rom.*) La famille des *Fabius* jouit d'une gloire particulière dans l'histoire romaine. Ce fut elle qui se chargea seule d'arrêter les courses des Véïens & des Etrusques; c'est elle qui périt toute entière au funeste combat de Crémère, l'an de Rome 277. Ovide a célébré cet événement dans ses *Fastes*:

Una dies Fabios ad bellum miserat omnes;
Ad bellum missos perdidit una dies.

Il n'en resta, dit-on, qu'un seul de qui descendent tous les Fabius qu'on voit encore figurer depuis dans l'histoire romaine. Avant cet événement, Fabius Cæso avoit été trois fois consul, & avoit fait la guerre avec vigueur aux Véiens & aux Eques; mais n'ayant pas su se rendre agréable aux soldats, ils refusèrent, dans une occasion importante, de se prêter à sa gloire & de lui mériter les honneurs du triomphe; tant il est souvent plus aisé de vaincre l'ennemi que de conduire le citoyen! *adeò*, dit Tite-Live, *excellentibus ingeniis citiùs defuerit ars quâ civem regant, quàm quâ hostem superent.*

Son frère Marcus Fabius, consul l'an de Rome 274, remporta sur les Etrusques une grande victoire, où il perdit un autre frère, Quintus Fabius, deux fois consul; & il refusa le triomphe, refus qui lui fit plus d'honneur que n'auroit pu faire le triomphe même; tant le mépris de la gloire, placé à propos, la rend quelquefois avec usure! dit M. Rollin, d'après Tite-Live. *Omni acto triumpho depositus triumphus clarior fuit; adeò spreta in tempore gloria interdùm cumulatior redit!*

Les personnages de cette famille les plus illustres, depuis la défaite de Crémère, sont:

1°. Quintus Fabius Vibulanus, trois fois consul, créé décemvir l'an de Rome 304.

2°. Quintus Fabius Rullianus Maximus, consul jusqu'à cinq fois, dictateur, censeur, prince du sénat. Dans sa jeunesse étant maître de la cavalerie sous le directeur Lucius Papirius Cursor, il remporta sur les Samnites une grande & illustre victoire, dans l'absence & malgré la défense expresse du dictateur, qui, sans égard au succès, voulut punir la désobéissance & l'indiscipline de Fabius, & venger l'autorité de la dictature: ni l'armée, ni le sénat ne purent obtenir de lui la grace de Fabius; il ne l'accorda enfin qu'aux instances du peuple, qu'à la soumission de Fabius & de son père; & qu'après avoir obtenu que les droits de la dictature fussent reconnus, ainsi que la nécessité de la subordination & de l'obéissance.

Devenu dictateur à son tour, Fabius battit encore les Samnites, & dans ses divers consulats il battit d'autres ennemis de Rome. Il se vengea noblement de Papirius en le nommant dictateur pour la seconde fois; il est vrai qu'il ne fit en cela que céder aux instances du sénat, comme Papirius, en lui pardonnant, avoit cédé à celles du peuple; & on vit trop au dehors la violence qu'il se faisoit, *ut appareret insignem dolorem ingenti comprimi animo.*

Quintus Fabius Gurges son fils, consul l'an de Rome 460, s'étant laissé battre par ces mêmes Samnites que le père avoit tant fois vaincus, on voulut lui ôter le consulat, le père obtint grace pour lui en offrant d'aller lui servir de lieutenant: l'offre fut acceptée, & le consul, conduit par un tel guide, remporta sur les Samnites une victoire complète.

3°. Quintus Fabius Verrucosus Cunctator, cinq fois consul, une fois censeur, deux fois dictateur, deux fois prince du sénat, triompha deux fois, une des Liguriens, une des Carthaginois : c'est de lui, & à son occasion, de ses aïeux, que Virgile a dit, en employant un vers d'Ennius :

Quò fessum rapitis Fabii? tu maximus ille es
Unus qui nobis cunctando restituis rem!

(*Voyez* l'article ENNIUS.) C'est de ce Fabius que Caton l'ancien, dans le traité de Cicéron *de la Vieillesse*, célèbre tant & la gloire & la vieillesse vigoureuse & respectable, & les talens toujours utiles à la patrie, soit dans la paix, soit dans la guerre, soit dans la législation, soit dans le commandement des armées, & les vertus tant civiles que domestiques, & les connoissances de tout genre, & la gravité assaisonnée d'urbanité : *Erat in illo viro comitate condita gravitas; nec senectus mores mutaverat..... Hic & bella gerebat ut adolescens, cùm planè grandis esset; & Annibalem juveniliter exsultantem patientiâ suâ molliebat... nec verò in armis præstantior quàm in togâ..... nec verò ille in luce modò atque in oculis civium magnus, sed intùs domique præstantior: qui sermo! quæ præcepta! quanta notitia antiquitatis! quæ scientia juris augurii! multæ etiam, ut in homine romano, litteræ: omnia memoriâ tenebat.* C'est lui qui saisit le véritable esprit de la guerre qu'il falloit faire aux Carthaginois, & la véritable manière de vaincre Annibal, en le minant peu à peu & sans combat, en temporisant, en sachant attendre : il se laissa taxer de timidité, & par les Carthaginois, & par les Romains. « Oui, disoit-il, je crains tout » pour l'état, rien pour moi, pas même ces vains » discours. »

Non ponebat enim rumores ante salutem.

dit encore Ennius; & c'est encore le cas de redire, avec Tite-Live : *adeò spreta in tempore gloria interdùm cumulatior redit!* Fabius occupant un poste avantageux, où on ne pouvoit le forcer, dédaigna toutes les bravades d'Annibal. « *Si Fabius est un si* » *grand Capitaine*, disoit Annibal, *qu'il descende* » *avec moi dans la plaine, & combattons.* » « *Si An-* » *nibal est un si grand capitaine*, répondoit Fabius, » *qu'il me force d'y descendre & de combattre.* »

Minucius, général de la cavalerie sous *Fabius*, ou ne concevoit pas, ou n'approuvoit pas ce système de temporisation; il livra un petit combat, malgré les défenses de *Fabius*, & il eut le malheur d'avoir un petit succès; alors, enflé d'orgueil & plein de mépris pour son général, il cabale contre lui à Rome, décrie sa conduite lente, se fait donner une autorité égale à la sienne, se sépare de lui; &, maître alors de se livrer à toute sa témérité, il hasarde un nouveau combat, tombe dans une embuscade, & étoit battu si *Fabius* ne fût accouru à son secours. Minucius eut du moins le mérite de reconnoître sa faute, de se réunir volontairement à *Fabius*, & de se soumettre à sa conduite.

Fabius eut la gloire de rendre Tarente aux Romains; il y employa la ruse, & Annibal, qui l'avoit employée plus d'une fois avec succès, dit à ce sujet : *les Romains ont aussi leur Annibal.* Marcus Livius Salinator, qui avoit perdu cette place, & qui s'étoit retiré dans la citadelle, voyant la ville reprise, prétendit avoir contribué à ce succès, & s'en vantoit à *Fabius*, qui lui répondit : *il est certain du moins que je ne l'aurois pas reprise si vous ne l'aviez pas perdue.*

Quintus Fabius Maximus, fils du temporiseur, ayant été créé consul, son père alla servir sous lui, comme Quintus Fabius Rullianus avoit servi sous le sien. Son fils étant allé au-devant de lui, précédé de ses licteurs, ceux-ci, par respect pour l'âge & pour la réputation du père, par respect même pour le consul son fils, le laissèrent avancer à cheval, quoique tout citoyen dût mettre pied à terre à la rencontre du consul; il avoit déjà passé le onzième licteur, le consul s'en apperçut, en fut surpris, & ordonna au dernier licteur, qui le précédoit immédiatement, de faire son devoir. Celui-ci cria au vieillard de descendre; *Fabius* obéit & dit à son fils : *je voulois éprouver si vous saviez être consul.* Cicéron exalte beaucoup le courage avec lequel *Fabius* le temporiseur soutint la perte de ce fils digne de lui; c'est ce que Cicéron, grand admirateur de *Fabius*, trouve de plus admirable dans la vie de ce héros : *Sed nihil est admirabilius quàm quomodò ille mortem filii tulit clari viri & consularis : est in manibus laudatio, quam cùm legimus, quem philosophum non contemnimus?*

Fabius s'opposa fortement au projet qu'avoit Scipion de porter la guerre en Afrique. La foiblesse humaine entre dans les plus grands cœurs. Il paroît que *Fabius* ne voyoit pas sans inquiétude & sans jalousie la gloire naissante de Scipion.

Fabius, si l'on en croit Valère Maxime, vécut près d'un siècle. Il mourut l'an 549 de Rome. Sa doctrine sur les augures & les auspices, dont Cicéron le vante, étoit que les auspices étoient toujours favorables à qui servoit bien la république, toujours contraires à qui la servoit mal.

FABIUS PICTOR. (*Hist. litt. anc.*) C'est le premier romain qui ait écrit l'histoire romaine; mais nous n'avons pas son ouvrage : celui qui porte son nom est une des impostures d'Annius de

Viterbe. *Fabius Pictor* vivoit vers l'an 216 avant J. C. Ce nom de *Pictor* venoit de ce qu'un de ses ancêtres avoit fait peindre les murs du temple de la santé.

FABIUS RUSTICUS, (*Hist. litt. anc.*) historien du temps de Claude & de Néron, ami de Sénèque, loué par Tacite.

FABIUS MARCELLINUS, (*Hist. litt.*) historien du 3e siècle, auteur d'une vie de l'empereur Alexandre Mammée, est cité par Lampride.

FABIUS DOSSENNUS, ou DORSENUS, (*Hist. litt. anc.*) auteur de ces farces nommées *Atellanes*, de la ville d'*Atella* au pays des Osques, où elles avoient pris naissance.

Quantus sit Dossennus edacibus in parasitis!
Quàm non adstricto percurrat pulpita socco,
Gestit enim nummum in loculos demittere; posthac
Securus, cadat an recto stet fabula talo.

dit Horace. On ignore en quel temps vivoit ce *Fabius Dossennus*.

FABRE, (JEAN-CLAUDE) (*Hist. litt.*) oratorien, continuateur de l'histoire ecclésiastique de M. Fleury, & l'un de ceux qui ont le plus contribué à établir le préjugé que les continuateurs ne valent presque jamais les auteurs continués. Il y a encore de lui d'autres ouvrages moins connus & moins dignes de l'être; sur-tout personne ne sait qu'il a traduit tout Virgile. On lui a fait l'honneur de le vexer & de le chicaner comme s'il avoit eu du talent; mais c'est seulement parce qu'il étoit janséniste. Né à Paris en 1668, mort à l'oratoire Saint-Honoré en 1753.

FABRETTI, (RAPHAEL) (*Hist. litt. mod.*) secrétaire du pape Alexandre VIII, chanoine de la basilique du Vatican, & préfet des archives du château Saint-Ange sous le pape Innocent XII, savant antiquaire, auteur d'un traité estimé qui a pour titre: *Inscriptionum antiquarum explicatio*. Il a écrit aussi sur les aqueducs de l'ancienne Rome, sur la colonne Trajane, &c. Né à Urbin dans l'Ombrie, en 1619; mort à Rome en 1700.

FABRI, (HONORÉ) (*Hist. litt. mod.*) jésuite, écrivit en faveur de la doctrine du probabilisme & contre les Lettres Provinciales; aussi messieurs de Port-Royal l'appelloient-ils l'avocat des causes perdues. Il fut réfuté même à Rome, où il mourut, en 1688.

FABRICIEN, s. m. (*Hist. mod.*) officier ecclésiastique ou laïque, chargé du soin du temporel des églises. C'est, dans les paroisses, la même chose que le marguillier. Dans les chapitres, c'est un chanoine chargé des réparations de l'église, de celles des biens, fermes, &c. & de leur visite, qui en perçoit les revenus & en compte au chapitre. On le nomme, en quelques endroits, *chambrier*. Dans certains chapitres il est perpétuel; dans d'autres, il n'est qu'à temps, amovible ou révocable, à la volonté du chapitre. (*G*)

FABRICIUS. (*Hist. rom.*) Caïus Fabricius Luscinus, deux fois consul, puis censeur, célèbre sur-tout par sa pauvreté, qui faisoit sa puissance,

Parvoque potentem
Fabricium;
Hunc et incomptis Curium capillis
Utilem bello tulit, & Camillum
Sæva paupertas, & avitus apto
Cum lare fundus.

On sait comme il dédaigna tout l'or de Pyrrhus:

Majus regno judicavit regias opes posse contemnere,

dit Sénèque. On sait avec quelle intrépidité il vit entrer dans le lieu où il conversoit avec Pyrrhus le premier éléphant qui eût encore paru à ses yeux, & qui se présentoit dans l'appareil le plus menaçant, poussant des cris effrayans, & levant sa trompe sur la tête de *Fabricius*: celui-ci, sans témoigner ni crainte ni surprise, dit froidement: *votre éléphant ne m'étonne pas plus aujourd'hui que votre or ne me tentoit hier.* On lui exposa la doctrine d'Epicure, elle lui étoit nouvelle; il en sentit d'abord les conséquences; il souhaita que cette doctrine pût séduire les Samnites & Pyrrhus & tous les ennemis de Rome.

Dî meliora piis erroremque hostibus illum.

On sait que faisant la guerre à Pyrrhus, il avertit ce prince de la perfidie de son médecin, qui avoit voulu trafiquer de sa vie avec les Romains: *Ejusdem animi fuit*, dit Sénèque, *auro non vinci, veneno non vincere.* Jamais on ne fera un plus bel éloge d'un ennemi, ni même d'un ami, que celui que la générosité de *Fabricius* arracha pour lors à Pyrrhus: « Je reconnois *Fabricius*, dit-il, on détourneroit » plutôt le soleil de son cours que *Fabricius* de la » vertu: *ille est Fabricius qui difficiliùs ab ho- » nestate quàm sol à cursu suo averti potest.*

Fabricius fit nommer consul, dans des temps difficiles, Cornélius Rufinus, homme avide, mais grand homme de guerre: « La république, lui dit- » il, a besoin de vos talens, & saura se défendre » de vos vices; en tout cas, j'aime mieux être pillé » par le consul, que d'être vendu comme esclave » par l'ennemi. » Censeur, il exclut du sénat ce même Rufinus, parce qu'il avoit en vaisselle d'argent, pour sa table, un peu plus de quinze marcs. *Fabricius* vivoit vers la fin du cinquième siècle de Rome. Valère-Maxime observe que ce luxe, puni comme excessif du temps de *Fabricius*, eût été une pauvreté bien méprisée au temps où il parloit: *Intra idem pomærium . . . & invidiosum fuisse censum, & inopiam haberi contemptissimam.*

Un autre *Fabricius*, (Quintus) tribun du peuple l'an de Rome 695, défendit la cause de Cicéron contre Clodius.

FABRICIUS, (JEAN ALBERT) (*Hist. litt. mod.*) professeur d'éloquence à Hambourg, un peu étranger peut-être à l'éloquence, mais d'une érudition immense & d'un travail infatigable, antiquaire & bibliographe très-savant, auteur du *Bibliotheca greca*, du *Bibliotheca latina*, du *Bibliotheca ecclesiastica*, du *Bibliotheca mediæ & infimæ latinitatis*, du *Bibliographia antiquaria*, des *Memoriæ Hamburgenses*, & de beaucoup d'autres ouvrages & collections d'auteurs dans divers genres; de plus, éditeur de *Sextus Empiricus*, du *Theatrum anonymorum* de Placcius, &c. Né à Leipsick en 1668; mort à Hambourg en 1736.

Un autre *Fabricius*, (Jérôme) plus connu sous le nom d'*Aquapendente*, médecin & anatomiste célèbre du seizième siècle, a fait des découvertes & laissé de bons ouvrages sur son art. Comme il travailloit plus pour la gloire que pour le gain, ses amis, ou ses malades, touchés de son généreux désintéressement, lui firent divers présens assez précieux; il les plaça dans un cabinet particulier, qui devint comme le dépôt de ses richesses, avec cette inscription : *lucri neglecti lucrum*, *profit du désintéressement*, ou, pour conserver le jeu de mots, *intérêts du désintéressement.* Il fut le successeur de Fallope dans la chaire d'anatomie de Padoue, & il la remplit pendant quarante ans. Mort en 1603.

FABROT, (CHARLES-ANNIBAL) (*Hist. litt. mod.*) jurisconsulte & savant, à qui nous devons la grande édition des œuvres de Cujas, celle des œuvres de Cedrène, de Nicétas, d'Anastase le bibliothécaire, de Constantin Manassès, des Institutes de Théophile Simocatte, & divers ouvrages de jurisprudence, entre autres, des notes estimées sur les Institutes de Justinien; la traduction des *Basiliques*, c'est-à-dire, de la collection des loix romaines, dont l'usage s'étoit conservé dans l'Orient, & de celles que les empereurs de Constantinople y avoient ajoutées : ce recueil est imprimé sous le titre de *Basilicon*; & le savant Ruhnkénius y a fait un supplément nécessaire. On a de *Fabrot* le recueil des ordonnances ou constitutions ecclésiastiques, qui n'avoient pas encore vu le jour en grec. Cet ouvrage a été inséré dans la bibliothèque canonique de Justel. *Fabrot* étoit conseiller au parlement d'Aix, sa patrie. Il étoit né en 1580; il mourut le 16 janvier 1659.

FAERNE, (GABRIEL) (*Hist. litt. rom.*) fabuliste latin moderne très-connu. Il mit en vers latins cent fables d'Esope, à la sollicitation du pape Pie IV, & les dédia au saint cardinal Charles Borromée, neveu de ce pape. Le célèbre Perrault, de l'académie françoise, les a traduites en vers françois. On a de *Faërne* plusieurs autres ouvrages; mais c'est par ses fables qu'il est connu. Il étoit de Crémone. Il mourut à Rome en 1561.

FAGAN; (CHRISTOPHE-BARTHELEMI) (*Hist. litt. mod.*) c'est l'auteur des jolies pièces du *Rendez-vous*, de *la Pupille*, de *l'Etourderie*, & de quelques autres pièces moins connues, mais estimables; entre autres, de *l'Amante rivale*, qui, sans être une bonne comédie, ni même une comédie, est attachante, & où les retours naturels d'une passion qu'on croit avoir vaincue, sont peints avec vérité. Il étoit fils d'un premier commis au bureau des consignations. Mort à Paris en 1705.

FAGNANI ou FAGNAN, (*Hist. litt. mod.*) canoniste, plus estimé à Rome qu'en France, où ses opinions ultramontaines ne trouvent plus de fauteurs. Il entreprit, par ordre du pape Alexandre VII, son grand *Commentaire sur les Décrétales*, en trois vol. *in-fol.*, dont la table sur-tout est fort estimée. On a peine à concevoir que ce puisse être l'ouvrage d'un aveugle : *Fagnani* l'étoit depuis l'âge de quarante-quatre ans, & ne cessa de travailler jusqu'à quatre-vingt. Mort en 1678.

FAGON. (GUY-CRESCENT) (*Hist. litt. mod.*) M. Fagon, dit M. de Fontenelle, naquit dans le jardin royal, & presque en même temps que ce jardin. Il étoit petit-neveu de Guy de la Brosse, médecin ordinaire de Louis XIII, qui, de concert avec Bouvard, premier médecin, établit à Paris, en 1634, le jardin royal des plantes. (*Voyez* l'article BOUVARD.) M. *Fagon* repeupla de plantes & de jeunes botanistes ce jardin, négligé depuis long-temps : il y remplit les deux places de professeur en botanique & en chymie; il avoit rapporté des montagnes d'Auvergne, des Pyrénées, des Alpes, une multitude de plantes. Ce fut dans la même vue d'enrichir & d'avancer la botanique, qu'il inspira au roi le dessein d'envoyer M. de Tournefort en Grèce, en Asie & en Egypte. Le mérite de M. *Fagon* l'avoit fait nommer successivement premier médecin de madame la dauphine Marie-Anne-Victoire de Bavière, de la reine, des enfans de France, & enfin du roi. Dès qu'il fut premier médecin, il donna à la cour, dit M. de Fontenelle, un exemple qui non seulement n'y a pas été suivi, mais peut-être y a été blâmé; il diminua les revenus de sa charge; &, dans la distribution des emplois qui dépendoient de sa place, il ne voulut point que ce qui appartient au mérite, lui pût être disputé par l'argent, rival trop dangereux & trop accoutumé à vaincre.

Mais la surintendance du jardin royal attachée, dans l'origine, à la place de premier médecin, (Bouvard, premier médecin de Louis XIII, ayant été le fondateur de ce jardin) cette surintendance avoit été détachée depuis de cette place, & unie à la surintendance des bâtimens. M. *Fagon*, qui regardoit le jardin royal d'un côté comme sa patrie, de l'autre comme étant devenu l'ouvrage de ses mains, fit réunir cette surintendance à la place de premier médecin.

Obligé, par ses emplois à la cour, d'abandonner les fonctions de professeur en botanique & en chymie au jardin royal, il les remit aux mains les plus capables de les remplir. « C'est à lui qu'on a » dû M. de Tournefort, dont il eût été jaloux s'il » avoit pu l'être. »

Né le 11 mai 1638, il avoit été fait premier médecin du roi en 1693. Il avoit été reçu honoraire à l'académie des sciences en 1699.

Il mourut le 11 mars 1718, ayant su, à force de talens & de sobriété, prolonger jusqu'à près de quatre-vingts ans, une carrière que la foiblesse extrême de son tempérament sembloit condamner à une extrême brièveté. Il pouvoit, dit M. de Fontenelle, donner pour preuve de son habileté, qu'il vivoit.

Il laissa deux fils : l'aîné fut évêque de Lombez; le second, conseiller d'état.

FAGOT. (*Hist. mod.*) L'usage du *fagot* a subsisté en Angleterre autant de temps que la religion romaine. S'il arrivoit à quelque hérétique d'abjurer son erreur & de rentrer dans le sein du catholicisme, il lui étoit imposé de notifier à tout le monde sa conversion par une marque qu'il portoit attachée à la manche de son habit, jusqu'à ce qu'il eût satisfait à une espèce de pénitence publique assez singulière; c'étoit de promener un *fagot* sur son épaule dans quelques-unes des grandes solemnités de l'église. Celui qui avoit pris le *fagot* sur sa manche, & qui le quittoit, étoit regardé comme un relaps & comme un apostat. (*A R.*)

FAIEL ou FAYEL. *Voyez* COUCI.

FAIL, (NOEL DU) (*Hist. litt. mod.*) seigneur de la Hérissaye, conseiller au parlement de Rennes au seizième siècle. Certains lecteurs, certains curieux recherchent encore ses *Contes & Discours d'Eutrapel*, & ses *Ruses de Ragot*, réimprimées en 1732 sous le titre de *Propos Rustiques*.

FAILLE, (GUILLAUME DE LA) (*Hist. litt. mod.*) auteur des *Annales de Toulouse* & d'un *Traité de la noblesse des capitouls*, avocat du roi au présidial de Castelnaudari, sa patrie, fut syndic de la ville de Toulouse en 1655, & secrétaire perpétuel de l'académie des jeux floraux en 1694. Né en 1616; mort en 1711, doyen des anciens capitouls.

FAKIR ou FAQUIR, s. m. (*Hist. mod.*) espèce de dervis ou religieux mahométan, qui court le pays & vit d'aumônes.

Le mot *fakir* est arabe, & signifie *un pauvre*, ou *une personne qui est dans l'indigence;* il vient du verbe *fakara*, qui signifie *être pauvre*.

M. d'Herbelot prétend que *fakir* & *derviche* sont des termes synonymes. Les Persans & les Turcs appellent *derviche* un pauvre en général, tant celui qui l'est par nécessité, que celui qui l'est par choix & par profession. Les Arabes disent *fakir* dans le même sens. De-là vient que dans quelques pays mahométans les religieux sont nommés *derviches*, & qu'il y en a d'autres où on les nomme *fakirs*, comme l'on fait particuliérement dans les états du Mogol.

Les *fakirs* vont quelquefois seuls & quelquefois en troupe. Quand ils vont en troupe, ils ont un chef ou un supérieur, que l'on distingue par son habit. Chaque *fakir* porte un cor, dont il sonne quand il arrive en quelque lieu & quand il en sort. Ils ont aussi une espèce de racloir ou truelle pour racler la terre de l'endroit où ils s'asseyent & où ils se couchent. Quand ils sont en bande, ils partagent les aumônes qu'ils ont eues par égales parties, donnent tous les soirs le reste aux pauvres, & ne réservent rien pour le lendemain.

Il y a une autre espèce de *fakirs* idolâtres, qui mènent le même genre de vie. M. d'Herbelot rapporte qu'il y a dans les Indes huit cent mille *fakirs* mahométans, & douze cent mille idolâtres, sans compter un grand nombre d'autres *fakirs*, dont la pénitence & la mortification consistent dans des observances très-pénibles. Quelques-uns, par exemple, restent jour & nuit pendant plusieurs années dans des postures extrêmement gênantes; d'autres ne s'asseyent ni ne se couchent jamais pour dormir, & demeurent suspendus à une corde placée pour cet effet; d'autres s'enferment neuf ou dix jours dans une fosse ou puits, sans manger ni boire: les uns levent les bras au ciel si long-temps, qu'ils ne peuvent plus les baisser lorsqu'ils le veulent; les autres se brûlent les pieds jusqu'aux os; d'autres se roulent tout nus sur les épines. *Tavernier*, &c. *O miseras hominum mentes!* On se rappelle ici ce beau passage de Saint-Augustin: *Tantus est perturbatæ mentis & sedibus suis pulsæ furor, ut sic dii placentur quemadmodum ne homines quidem sæviunt.*

Une autre espèce de *fakirs* dans les Indes sont des jeunes gens pauvres, qui, pour devenir moulas, mollacs ou docteurs, & avoir de quoi subsister, se retirent dans les mosquées où ils vivent d'aumône, & passent le temps à étudier leur loi, à lire l'alcoran, à l'apprendre par cœur, & à acquérir quelques connoissances des choses naturelles.

Les *fakirs* mahométans conservent quelque reste de pudeur, mais les idolâtres vont tout nus comme les anciens gymnosophistes & mènent une vie très-débordée. Le chef des premiers n'est distingué de ses disciples que par une robe composée de plus de pièces de différentes couleurs, & par une chaîne de fer de la longueur de deux aunes qu'il traîne attachée à sa jambe. Dès qu'il est arrivé en quelque lieu, il fait étendre quelque tapis à terre, s'assied dessus, & donne audience à ceux qui veulent le consulter : le peuple l'écoute comme un prophète, & ses disciples ne manquent pas de le préconiser. Il y a aussi des *fakirs* qui marchent avec un étendard, des lances & d'autres armes ; & sur-tout les nobles qui prennent le parti de la retraite, abandonnent rarement ces anciennes marques de leur premier état. D'Herbelot, *biblioth. orient.* & *Chambers.* (*G*)

FALACA, s. f. (*Hist. mod.*) bastonnade que l'on donne aux chrétiens captifs dans Alger. Le *Falaca* est proprement une pièce de bois d'environ cinq pieds de long, trouée ou entaillée en deux endroits, par où l'on fait passer les pieds du patient, qui est couché à terre sur le dos & lié de cordes par les bras. Deux hommes le frappent avec un bâton ou un nerf de bœuf sous la plante des pieds, lui donnent quelquefois jusqu'à 50 ou 100 coups de ce nerf de bœuf, selon l'ordonnance du patron & du juge, & souvent pour une faute très-légère. La rigueur des châtimens s'exerce dans tous pays en raison du despotisme. *Art. de M. le chevalier DE JAUCOURT.*

FALCIDIUS, (*Hist. rom.*) tribun du peuple, auteur de la loi qui réserve aux héritiers légitimes le quart des biens du testateur, & qui s'appelle de son nom, la *quarte Falcidie*.

FALCONET, (CAMILLE) (*Hist. litt. mod.*) médecin célèbre, savant plus célèbre encore, naquit à Lyon le 29 mars 1671, & mourut à Paris, le 8 février 1762, ayant presque achevé sa quatre-vingt-onzième année, & ayant conservé jusqu'à cet âge, non-seulement toute sa raison & tout son esprit, mais encore beaucoup de feu & d'énergie, & sur-tout cette générosité communicative qui faisoit que sa bibliothèque, une des plus immenses & des plus complètes qu'aucun particulier ait jamais possédées, étoit autant aux autres qu'à lui. Ses pères étoient, comme lui, des médecins & des savans illustres, & remplirent, comme lui, une longue carrière. Charles *Falconet*, son bisaïeul, né d'une famille honorable de la ville d'Exiles en Savoie, lieu trop connu depuis par le triste combat où le chevalier de Belle-Isle se fit tuer en 1746, étoit médecin de la reine Marguerite de Valois, première femme de Henri IV. André *Falconet*, son aïeul, fixé à Lyon, est sur-tout très-connu par sa correspondance avec Guy Patin, dont la plupart des lettres lui sont adressées. Il vécut soixante & dix-neuf ans ; sa femme en vécut quatre-vingt-dix-neuf. Noël *Falconet*, père de Camille, fixé à Paris, a vu sa quatre-vingt-neuvième année. Camille, élevé d'abord à Lyon par son aïeul André, ne fut appellé à Paris, par Noël son père qu'en 1707. Il avoit été l'élève de Chirac, le compagnon d'étude de Chicoyneau ; il fut l'ami des Mallebranches, des Fontenelles, de tous les savans, utile à tous par ses lumières & ses vastes connoissances, cher à tous par son caractère communicatif & bienfaisant. Il fut, bien avant dans ce siècle, un beau monument, bien sain & bien entier, du siècle de Louis XIV. Il avoit été médecin de ce prince ; il avoit vu ses derniers momens ; il avoit vu les courtisans paroître s'empresser de lui donner de fausses espérances ; mais ils les donnoient de mauvaise grace, & comme des gens qui n'avoient pas encore long-temps à le flatter. M. *Falconet* disoit que le roi n'en étoit pas la dupe, & qu'un souris dédaigneux étoit le seul prix dont il payoit des flatteries si hautement démenties par son état & par l'arrêt de la destinée. M. *Falconet* eut le bonheur d'arracher à la mort, & peut-être aux plus cruels tourmens, une de ces victimes qu'on s'empresse d'immoler par des inhumations précipitées, malgré les avis des plus sages médecins. Il alloit voir un matin un de ses malades, qu'il avoit vu la veille, au soir ; il le trouve enseveli, & la garde lui marque l'heure précise où elle l'avoit vu expirer, pendant la nuit. M. *Falconet* soupçonnant quelque méprise, d'après le caractère même de la maladie, fait remettre le malade dans son lit, & lui administre un remède spiritueux qui le rappelle à la vie & lui rend bientôt la santé : c'est le cas de la couronne civique, *ob civem servatum*, & on ne peut trop rappeller ces sortes d'exemples aux hommes qui s'endorment dans une sécurité funeste sur les fausses apparences de mort. Il ne faut pas, dit-on, alarmer les esprits. Non, il ne faut pas sans doute les alarmer sans sujet, ou lorsqu'il n'y a aucun remède possible aux maux ou aux dangers dont on les menace ; mais comme le remède à l'incertitude des signes de la mort est d'attendre des signes certains, il faut publier sur les toits qu'on se hâte trop d'ensevelir les morts ; il faut inspirer une juste pitié pour ces malheureux abandonnés de l'univers entier, poussant en vain, du fond de leurs tombeaux, des cris de désespoir, qui ne parviennent point à la région des vivans ; il faut inspirer aux vivans une terreur salutaire de cette horrible destinée.

M. *Falconet* peut être mis au rang des inventeurs en médecine ; c'est lui qui, le premier, a mis en usage, du moins à Paris, le caryocostin, électuaire utile ; il a tiré aussi de l'ipécacuanha des ressources nouvelles.

On n'a pas manqué de dire de lui ce qu'on ne manque jamais de dire de tout médecin très-instruit, qu'il n'étoit pas aussi *praticien* que savant ; ce qui vaut toujours mieux que d'être grand praticien ignorant. Un savant qui ne pratiqueroit pas, ou qui pratiqueroit peu, seroit encore utile aux malades en instruisant les praticiens ; mais, dans la vérité, M *Falconet* joignoit la pratique à la science, & fortifioit l'une par l'autre.

Il fut reçu, en 1716, à l'académie des inscriptions & belles-lettres. Il lui a donné de savans mémoires sur diverses matières, entre autres sur *les Assassins & le Vieux de la montagne.*

Nul genre de connoissances ne lui étoit étranger. Il a traduit en latin un ouvrage de M. Villemot, physicien célèbre, & l'un de ses plus intimes amis, intitulé, *nouveau Système*, ou *nouvelle Explication du mouvement des planètes.* Il a eu la réputation de très-bien écrire en latin : on a comparé sa latinité à celle de Celse.

Un recueil de plus de cinquante mille cartes, divisé en vingt-quatre classes, dont chacune est subdivisée en plusieurs branches, & qui contient une multitude prodigieuse d'extraits, d'indications, d'anecdotes, de critiques savantes, fruit de ses réflexions, montre l'usage qu'il sut faire d'une bibliothèque de quarante-cinq mille volumes. Il a donné à la bibliothèque du roi tous ceux de ses livres qui n'y étoient pas, & par cette disposition si généreuse, & si favorable au public, plus d'onze mille volumes nouveaux ont enrichi la bibliothèque du roi. On dit qu'il a plusieurs fois racheté des livres qu'il avoit prêtés, jugeant que, puisqu'on ne les lui rendoit pas, on les avoit perdus, ou qu'on en avoit encore besoin, & ne voulant pas les redemander. Enfin, il a employé une vie de quatre-vingt-onze ans à faire du bien, & à étendre les connoissances humaines par tous les moyens qui étoient en sa puissance. A son convoi, où se trouvoient beaucoup de gens de lettres, & où beaucoup d'autres se seroient trouvés,

Si, comme à l'intérêt l'ame humaine est liée,
La vertu qui n'est plus n'étoit pas oubliée,

M. d'Alembert s'étonnoit, & s'indignoit, d'en trouver si peu ; il crioit à haute voix : *c'est un grand scandale de voir si peu de gens de lettres rendre les derniers devoirs à un homme qui a si bien mérité d'eux tous, & j'en dirai bien mon avis à tous ceux qui ne sont pas ici.*

La longévité de la famille de M. *Falconet* ne s'est pas étendue jusqu'à sa postérité. Il avoit eu quatre enfans; ils étoient tous morts long-temps avant lui.

M. Le Beau a fait son éloge historique, où on voudroit bien ne pas voir que les eaux d'Aix en Savoie, qui devoient leur rétablissement à André *Falconet*, *ne furent point ingrates*, parce qu'elles rendirent la santé à son petit-fils; que ce petit-fils, (Camille) pendant sa maladie, étoit réduit à la compagnie des enfans de son âge, *qui n'étoient pas des livres ;* que la fameuse madame Guyon étant entrée en dispute avec M. *Falconet*, *l'amazone fut vaincue ;* que M. *Falconet la laissa marcher sur les nues, au milieu des vapeurs d'une dévotion hasardeuse, & qu'il se tint content de ramper sur la terre.* On voudroit sur-tout qu'un homme qui avoit tant d'esprit & de goût en latin, n'en eût pas été assez dépourvu en françois pour s'imaginer ressembler, par ces gentillesses, à M. de Fontenelle.

FALIERI, (MARIN) doge de Venise, conspira contre sa république, & eut la tête tranchée à quatre-vingts ans, en 1354.

Un autre FALIERI, (ORDELAFO) doge de Venise au commencement du douzième siècle, avoit acquis plus de gloire, & avoit été tué en combattant pour sa patrie.

FALKLAND, (LUCIUS CARY, vicomte de) (*Hist. d'Anglet.*) secrétaire d'état sous le règne de Charles Ier, ministre vertueux, zélateur ardent & tendre de la paix, & qui ne s'en croyoit que plus obligé de s'exposer à tous les dangers de la guerre, fut tué à la bataille de Neubury en 1643.

C'est de lui que Pope a dit dans l'*Essai sur l'Homme :*

Vois le juste Falkland étendu sur la poudre.

FALLOPE, (GABRIEL) (*Hist. litt. mod.*) médecin italien célèbre, passe pour avoir découvert cette partie de la matrice, nommée de son nom *la trompe de Fallope.* On assure cependant qu'elle n'étoit pas inconnue aux anciens; mais en matière d'invention & de découvertes, c'est un grand préjugé que de donner son nom. Né à Modène, mort à Padoue en 1562. (*Voyez* FABRICIUS, dit *Aquapendente.*)

FAMILIERS, s. m. pl. (*Hist. mod.*) nom que l'on donne en Espagne & en Portugal aux officiers de l'inquisition dont la fonction est de faire arrêter les accusés. Il y a des grands & d'autres personnes considérables qui, à la honte de l'humanité, se font gloire de ce titre odieux, & vont même jusqu'à en exercer les fonctions. (*G*)

FAMNE, (*Hist. mod.*) mesure qui est d'usage en Suède: c'est la même chose qu'une brasse.

FANNIA (*Hist. rom.*) étoit connue pour une femme galante, mais elle étoit riche; un bourgeois de Minturne, nommé Caius Titinius, l'épousa, &, peu de temps après, l'accusa d'adultère, espérant garder la dot & se délivrer de la femme. L'affaire fut portée devant Marius, qui, concevant les projets de Titinius par sa conduite, & jugeant que sa turpitude volontaire ne devoit pas lui profiter, commença par ordonner que le mari restitueroit la dot, & condamna ensuite la femme à une amende de quatre sols d'or. Marius, dans la suite, ayant été pris dans les marais de Minturne, où il s'étoit caché, fut conduit chez *Fannia*, qui, fort contente sans doute du jugement qu'il avoit rendu dans son affaire, le consola dans son malheur par toutes sortes d'égards, & lui rendit tous les bons offices qui purent dépendre d'elle.

FANNIUS, (CAIUS) (*Hist. rom.*) surnommé *Strabon*. La loi nommée de son nom Fannia, & portée sous son consulat l'an 161 avant J. C., proscrivit inutilement le luxe des tables. Ce *Fannius* est un des interlocuteurs du Traité de l'amitié de Cicéron; c'étoit un des gendres de Lælius.

Un autre Caïus *Fannius*, qui vivoit sous Trajan, avoit composé une Histoire des cruautés de Néron, mais elle est perdue.

Un *Fannius* Cépion, ayant conspiré contre Auguste, & la conspiration ayant été découverte, se tua lui-même; c'est le sujet de cette épigramme de Martial:

Hostem cùm fugeret, se Fannius *ipse peremit;*
Hic, rogo, non furor est, ne moriare mori?

Cette épigramme n'a de sens qu'en supposant qu'Auguste eût pardonné à *Fannius*.

Horace parle d'un poëte nommé *Fannius*, (Quadratus) qui n'étoit pas de ses amis & qu'il ne traite pas bien, mais qu'Auguste avoit bien traité, puisqu'il avoit fait placer ses ouvrages & son portrait dans la bibliothèque publique du temple d'Apollon.

Beatus Fannius *ultrò*
Delatis capsis & imagine, cùm mea nemo
Scripta legat.

Ce *Beatus Fannius* paroît avoir été le modèle du *bienheureux Scudéri*.

Ailleurs, Horace dit encore:

Men' moveat cimex Pantilius, aut crucier quòd
Vellicet absentem Demetrius, aut quòd ineptus
Fannius *hermogenis lædat conviva Tigelli?*

ce qui a encore été le modèle de ces vers de Boileau:

Eh! qu'importe à nos vers que Perrin les admire,
Que l'auteur du *Jonas* s'empresse pour les lire,
Qu'ils charment de Senlis le poëte idiot,
Ou le sec traducteur du françois d'Amyot?

FARAMOND *ou* PHARAMOND, premier roi de France. (*Hist. de Fr.*) Des écrivains ont placé au rang des fables les foibles fragmens qui nous restent de l'histoire de ce prince: il ne nous paroît cependant pas possible de douter de son existence & de son règne. Il étoit fils de Marcomère ou Marcomire, duc ou roi d'une tribu de Francs, qui se signala sous le règne de Théodose le Grand. Ce fut vers l'an 420, que, suivant l'usage des tribus germaniques qui obéissoient à des rois, il fut élevé sur le bouclier & montré comme roi à la nation assemblée. Ces peuples, ligués sous le nom de *Francs*, occupoient le pays que renferment le Rhin, le Veser, le Mein & l'Océan; ils avoient profité des troubles de l'empire & des embarras d'Honorius, & avoient ajouté à leurs possessions la ville & le territoire de Trèves. On prétend même qu'ils excitoient dès-lors l'inquiétude des Romains, au point de leur faire craindre pour la Belgique entière, & que ce fut l'une des principales raisons qui déterminèrent Aëtius à passer dans les Gaules. Les Francs n'eurent aucun démêlé avec ce général. *Faramond* mourut peu de temps après la victoire d'Aëtius sur Théodoric, roi des Visigoths, qui se rapporte à l'an 427. On ne sait quel étoit son âge, ni quelle fut sa femme: on lui donne deux fils dont l'histoire ne nous a point dévoilé la destinée, & Clodion qui lui succéda. Une chronique fait mention d'un troisième fils nommé *Didion*; mais on ne voit rien de semblable dans tous les écrivains qui se sont occupés de nos annales.

Il ne faut pas se figurer la royauté parmi les Francs, telle que nous la voyons aujourd'hui; il s'en falloit bien qu'elle jetât le même éclat: ce n'étoit, à proprement parler, que des chefs ou des généraux d'armée; ils étoient tout-puissans en temps de guerre, & punissoient de mort quiconque avoit violé leur ordonnance. On ne sait pas exactemement quelle étoit leur autorité pendant la paix: ils étoient juges nés de tous les différens, ils terminoient par eux-mêmes tous ceux qui s'élevoient sous leurs yeux, & nommoient, dans les assemblées générales, les officiers qui devoient les représenter dans ces fonctions par-tout où ils n'étoient pas.

Des écrivains ont regardé *Faramond* comme l'auteur de la loi salique qui exclut les femmes du trône.

(On regarde *Faramond* comme l'auteur de la loi salique; mais cette loi n'a pas réglé nommément la succession à la couronne; & le principe de l'exclusion des femmes, à cet égard, se tire seulement, par une induction naturelle, de l'article 6 du titre 62 *des Aleux*.)

D'autres, dont le sentiment nous paroît préférable, pensent que cette loi s'est introduite par l'usage & qu'elle n'est l'ouvrage d'aucun législateur. Les différentes tribus de Francs ne se réunirent en forme de nation que pour se défendre contre les Romains, & ensuite pour les attaquer; une femme n'eût point été propre pour les conduire dans leurs expéditions militaires. Qu'on les considère dans leur origine, on les voit dans un état de guerre continuelle, toujours les armes à la main: ils ne faisoient pas même leur séjour dans les villes, mais seulement dans des camps: le peu de maisons qu'ils bâtissoient ressembloient à des tentes, sans solidité & sans magnificence.

Au reste, si nous donnons à *Faramond* le titre de roi de France, c'est pour nous conformer à l'usage; il n'existoit point dans le monde de royaume de ce nom, & ce ne fut que sous la seconde race qu'il put s'appliquer au pays que nous habitons. Jusqu'à ce temps les Gaules, quoiqu'assujetties aux François, conservèrent la gloire de leur premier nom. (*M*—Y.)

FARE; (SAINTE) (*Hist. de Fr.*) fondatrice & abbesse de Faremoutier, sœur de saint Faron, évêque de Meaux & de Changulse, évêque de Laon, morte vers le milieu du septième siècle. « Les douceurs célestes qu'elle avoit goûtées sous » les ailes de sainte Fare », dit Bossuet, en parlant de la princesse Anne de Gonzague, élevée au couvent de Faremoutier.

FARE. (LA) (PHILIPPE-CHARLES DE) (*Hist. de Fr.*) Le maréchal de la *Fare*, nommé maréchal de France en 1746, mort le 4 septembre 1752, & qui avoit été capitaine des gardes-du-corps du régent & chevalier d'honneur de la dauphine, infante d'Espagne, première femme du père du roi, étoit fils du marquis de la *Fare* (Charles-Auguste), aussi capitaine des gardes du régent, & qui l'avoit été du père de ce prince. Charles-Auguste est ce marquis de la *Fare*, auteur des mémoires qui portent son nom & de quelques pièces de vers, plusieurs fois imprimées, à la suite des œuvres de l'abbé de Chaulieu, son ami. La plus jolie de ces pièces est celle qu'il fit pour madame de Caylus:

Je te promets un regard de Caylus,

& que M. de Voltaire a rapportée dans le *siècle de Louis XIV*; c'est de ce marquis de la *Fare* que le même M. de Voltaire a dit, dans *le Temple du Goût*:

La *Fare* avec plus de mollesse,
En baissant sa lyre d'un ton,
Chantoit auprès de sa maîtresse
Quelques vers sans précision,
Que le plaisir & la paresse
Dictoient sans l'aide d'Apollon.

Il mourut le 3 juin 1713.

FAREL, (GUILLAUME) (*Hist. du Calvinisme.*) de Gap en Dauphiné, ami de Luther, de Zuingle, de Calvin, répandoit, par-tout où on vouloit l'entendre, les nouvelles opinions: après s'être fait chasser de Meaux pour sa doctrine; après avoir prêché & excité des troubles à Grenoble, à Gap, à Bâle, à Strasbourg, à Metz, à Montbelliard, à Lausanne, à Neuchâtel, dans la ville d'Aigle, dans le baillage de Morat, dans l'abbaye de Gorze, il acquit assez d'autorité à Genève pour y renverser les autels & briser les images en plein jour, sans que ce transport d'iconoclaste parût scandaliser. Il arracha, au milieu d'une procession, une statue de saint Antoine des mains du prêtre qui la portoit, & la jeta dans la rivière; il arrêtoit dans les rues les prêtres qu'il trouvoit portant le viatique aux malades, & il les avertissoit que ce qu'ils portoient avec tant de solemnité, n'étoit que du pain; les prédicateurs catholiques étoient publiquement & impunément insultés; on les interrompoit dans leurs sermons, on leur donnoit des démentis; les deux partis en venoient souvent aux mains, tout étoit en combustion dans la ville. Les cordeliers du couvent de Rive, déjà entraînés par les nouvelles opinions, ouvrirent une thèse publique, où tout le monde eût la liberté de tout dire, & où les magistrats assistèrent pour prononcer entre l'église romaine & la réformée, comme on avoit fait à Zurich & à Berne. Le premier effet de cette dispute fut que le père Bernard, gardien des cordeliers & président de la thèse, se maria & vola son couvent pour assigner un douaire à sa femme; mais un effet beaucoup plus important de cette même conférence, ce fut la proscription solemnelle de la religion romaine, faite par le gouvernement le 27 août 1535; l'année suivante Genève consacra cet événement par une inscription qu'elle fit graver sur une table d'airain conservée dans l'hôtel-de-ville:

« *En mémoire de la grace que Dieu nous a faite* » *d'avoir secoué le joug de l'antéchrist, aboli la supers-* » *tition & recouvré notre liberté.* »

Le clergé séculier, les moines sortirent de la ville; les religieuses de Sainte-Claire furent invitées, par un sermon de *Farel*, à quitter le voile & à se marier. *Farel* prit pour texte: *exurgens Maria abiit in montana*. Les religieuses ne crurent point qu'il leur fût permis de courir les champs, parce que Marie avoit été visiter sa cousine Elisabeth sur les montagnes de Judée; toutes, excepté une seule, nommée la sœur Blaisine, refusèrent la liberté qu'on leur offroit: les magistrats les firent conduire, sous une bonne escorte & avec toutes sortes d'égards, jusqu'aux frontières de la république; elles se retirèrent à Annecy, où le duc de Savoie avoit fait préparer un monastère pour les recevoir. *Farel*, qui d'abord avoit été accueilli à Genève, qui ensuite en avoit été chassé, en devint le principal ministre; il engagea Calvin à partager les travaux de son apostolat; (voyez l'article *Calvin.*) ils travaillèrent de concert, mais avec une ardeur qui parut excessive & qui les fit bientôt chasser tous les deux. *Farel* alla de nouveau prêcher à Bâle, puis à Neuchâtel, où il mourut en 1565, s'étant marié à soixante-neuf ans. On a de lui quelques écrits polémiques contre l'église romaine.

FARET. (NICOLAS) (*Hist. litt. mod.*) C'est de lui que Boileau parle dans ces deux vers:

Ainsi, tel autrefois qu'on vit avec *Faret*
Charbonner de ses vers les murs d'un cabaret.

& ce tel qu'on vit avec *Faret* est Saint-Amand, son ami, qui l'a célébré dans ses vers comme un aimable & illustre débauché. *Faret* étoit de l'académie françoise. Il mourut en 1646. On a de lui: *l'Honnête homme*, ouvrage imité de l'italien de Balthasar Castiglione.

FARGIS. (DU) (*Hist. de Fr.*) Magdeleine de Silly, comtesse de la Rochepot, femme de Charles d'Angennes du Fargis, conseiller d'état & ambassadeur en Espagne; dame d'atours de la reine Anne d'Autriche. Une jeune reine, aimable, malheureuse, persécutée par un ministre violent, par un prêtre sanguinaire & amoureux, qui se vengeoit de n'avoir pas su plaire, inspire naturellement un intérêt tendre, & un vif enthousiasme de zèle, sur-tout dans ceux qui l'approchent & que le devoir attache particuliérement à sa personne. La comtesse du *Fargis* ne put voir sa maîtresse opprimée sans lui prêter son foible secours; elle entra dans quelques projets dont le but étoit de diminuer ou d'anéantir le pouvoir sans bornes du cardinal de Richelieu. Ces projets furent traités d'intrigues, parce qu'ils n'avoient pas réussi, & de crimes d'état, parce que, sous la tyrannie, le crime d'état est de déplaire à l'homme tout-puissant: madame du *Fargis* fut obligée de quitter la France; & sur des lettres d'elle, écrites en chiffres, & qui furent interceptées, le cardinal, consommant sa violence autant qu'il étoit en lui, fit rendre en 1631 un arrêt par la commission qui s'appelloit la chambre de justice de l'arsenal, & cet arrêt condamna madame du *Fargis* à être décapitée. Elle mourut, toujours expatriée, à Louvain en 1639 au mois de septembre. Elle eut un fils, tué au siége d'Arras en 1640.

FARIA de Sousa, (EMMANUEL) (*Hist. litt. mod.*) gentilhomme portugais, chevalier de l'ordre de Christ, auteur d'une histoire de Portugal, conduite jusqu'au règne du cardinal Henri, *in-fol.* & d'un autre ouvrage en six volumes *in-fol.*, intitulé *l'Europe*, *l'Asie* & *l'Afrique portugaises*. Le même auteur a laissé aussi des poésies. Mort à Madrid en 1649.

FARINACCIO, (PROSPER) (*Hist. litt. mod.*) bon jurisconsulte, du moins pour les Ultramontains, assez méchant homme. Le Pape Clément VIII disoit de lui: *la farine est bonne, le sac ne vaut rien.* On a ses ouvrages en 13 volumes *in-fol.* Né en 1554 à Rome, mort aussi à Rome le 30 octobre 1618.

FARNABE, (THOMAS) (*Hist. litt. mod.*) savant anglois dont nous avons des éditions connues de Térence, de Virgile, d'Ovide, de Juvénal, de Perse, de Sénèque, de Martial, de Lucain; il avoit couru les mers avec François Drake & Jean Hawkins; il avoit été soldat, puis déserteur. Toujours fidèle à Charles I dans sa disgrace; *puisqu'il faut des rois*, disoit-il, *j'aime mieux n'en avoir qu'un que d'en avoir cinq cent.* Mort en 1647.

FARNESE, *voyez* PARME.

FARON. (SAINT) (*Hist. de Fr.*) Voyez l'article FARE. Il fonda l'abbaye nommée de son nom Saint-Faron-lès-Meaux. Mort le 28 octobre 672.

FATHIMITES ou FATHEMITES, s. m. pl. (*Hist. mod.*) descendans de Mahomet par *Fathima* ou *Fathamah* sa fille.

La dynastie des *Fathimites*, c'est-à-dire des princes descendus en ligne directe d'Ali & de Fathima, fille de Mahomet, son épouse, commença en Afrique l'an de l'hégire 296, de J. C. 908, par Abon Mohammed Obeidallah.

Les *Fathimites* conquirent ensuite l'Egypte, & s'y établirent en qualité de califes.

Les califes *Fathimites* d'Egypte finirent dans la personne d'Abed, l'an 567 de l'hégire, de Jesus-Christ 1171, après avoir regné 208 ans depuis la conquête de Moez, & 268 depuis leur établissement en Afrique. *Dict. de Trév.* & *Chambers.* (*G.*)

FAUCHET, (CLAUDE) (*Hist. litt. mod.*) président de la cour des monnoies de Paris; né en 1529, mort en 1601. Il connoissoit assez bien nos antiquités, & aujourd'hui même on le consulte & on le cite sur ces objets d'érudition. Ses principaux ouvrages sont les *Antiquités gauloises & Françoises*, dont la seconde partie est une espèce d'histoire de France, mais des deux premières races seulement: *les noms & sommaires des œuvres de cent vingt-sept anciens poëtes françois*; un traité des *Libertés de l'église gallicane*; un traité de l'*Origine des chevaliers*, *armoiries*, *&c.* Les œuvres du président *Fauchet* furent imprimées en 1610; c'étoit le temps d'essayer si Louis XIII avoit quelque goût pour la lecture; c'étoit le temps de lui apprendre l'histoire de son royaume & celle des rois ses prédécesseurs; on crut l'histoire de France du président *Fauchet* propre à instruire ce prince; mais on ne considéra pas assez combien elle étoit loin de pouvoir l'amuser; Gomberville, cité par M. le président Hénault, dit que ce livre dégoûta pour jamais Louis XIII de la lecture; il est vrai qu'il n'eut jamais un desir bien ardent de s'instruire.

FAUCHEUR, (MICHEL LE) (*Hist. litt. mod.*) ministre protestant du dix-septième siècle, qu'on trouvoit alors si éloquent, que le maréchal de la Force, au sortir d'un de ses sermons sur le duel, dit tout haut: *à présent, si on m'envoyoit un cartel*, *je le refuserois*, grand mot, sur-tout alors. On a de le *Faucheur* un traité *de l'action de l'orateur*, imprimé d'abord sous le nom de *Conrart* (Voy. *Conrart*). Mais les sermons de ce ministre qu'on a aussi imprimés, ne soutiennent plus aujourd'hui cette grande réputation d'éloquence. Mort à Paris en 1667.

FAUCONNIER, s. m. (*Hist. mod.*) *maître fauconnier du roi*, aujourd'hui *grand fauconnier de France*. L'origine de l'office de *fauconnier du roi* est de l'an 1250. Jean de Beaune a exercé cette charge depuis ce temps jusqu'en 1258; Etienne Grange étoit *maître fauconnier du roi* en 1274. Tous ses successeurs ont eu la même qualité, jusqu'à Eustache de Jaucourt, qui fut établi *grand fauconnier de France* en 1406.

Le *grand fauconnier de France* a différentes sortes de gages; outre les gages ordinaires, & ceux qu'il a pour son état & appointemens, il en a comme chef du vol pour corneille & l'entretien de ce vol; pour l'entretien de quatre pages, pour l'achat & les fournitures de gibecières, de leurres, de gants, de chaperons, de sonnettes, de vervelles & armures d'oiseaux, & pour l'achat des oiseaux. Il prête serment de fidélité entre les mains du roi : il nomme à toutes les charges de chefs de vol, lorsqu'elles vaquent par mort; à la réserve de celles des chefs des oiseaux de la chambre & du cabinet du roi, & de celles de gardes des aires, des forêts de Compiègne, de l'Aigle, & autres forêts royales. Le *grand fauconnier* a seul le droit de commettre qui bon lui semble, pour prendre les oiseaux de proie en tous lieux, plaines & buissons du domaine de sa majesté.

Les marchands *fauconniers* françois ou étrangers sont obligés, à peine de confiscation de leurs oiseaux, avant de pouvoir les exposer en vente, de les venir présenter au *grand fauconnier*, qui choisit & retient ceux qu'il estime nécessaires, ou qui manquent aux plaisirs du roi.

Le grand-maître de Malte fait présenter au roi tous les ans douze oiseaux, par un chevalier de la nation, à qui le roi fait présent de mille écus, quoique le grand-maître paye à ce même chevalier son voyage à la cour de France.

Le roi de Dannemark & le prince de Curlande envoient aussi au roi des gerfauts & autres oiseaux de proie.

Si le roi, étant à la chasse, veut avoir le plaisir de jeter lui même un oiseau, les chefs pourvus par le *grand fauconnier* présentent l'oiseau au *grand fauconnier*, qui le met ensuite sur le poing de sa majesté. Quand la proie est prise, le piqueur en donne la tête à son chef, & le chef au *grand fauconnier*, qui la présente de même au roi.

Le *grand fauconnier de France* d'aujourd'hui est M. le comte de Vaudreuil depuis l'année 1780. (*A. R.*)

FAUDOAS. (*Hist. de Fr.*) La maison de *Faudoas* est une des plus anciennes & des plus distinguées de la Guienne. Les seigneurs de *Faudoas* ont porté de tout temps le titre de premiers barons *de Guienne*.

De cette maison étoient 1°. le fameux Barbazan, un des sauveurs de la France sous Charles VI & sous Charles VII. (Voyez l'article *Barbazan*.)

2°. Gilles-Antoine, tué au siége de Rouen, sous Charles IX, en 1562.

3°. Jean-Gilles, son frère, mort de blessures reçues au siége de la Rochelle, en 1573.

4°. Bernard, leur frère, connu sous le nom du capitaine La Mothe, tué aussi au siége de la Rochelle.

5°. Le comte de Belin, (JEAN-FRANÇOIS DE FAUDOAS-SERILLAC) ligueur par zèle pour la religion, mais partisan, d'abord secret & bientôt déclaré, des rois, contribua beaucoup avec Brissac & d'autres bons citoyens à remettre Paris sous l'obéissance de Henri IV. Il avoit été formé au métier des armes par le fameux maréchal de Montluc, son grand oncle maternel. Henri IV le donna pour gouverneur au prince de Condé, Henri I. Sa vie a été écrite par un sieur Lamy, son directeur.

6°. Jean-François de *Faudoas*, son neveu, tué en 1630, au combat de Veillane.

7°. Emmanuel-René de *Faudoas*-Averton, mort de blessures reçues au siége de Douay, en 1667.

La maison de *Faudoas* est alliée à toutes les plus grandes maisons du royaume. Sa branche aînée a porté son nom & ses biens dans la maison de Rochechouart.

FAVILA, roi d'Oviédo & de Léon. (*Hist. d'Esp.*) Resserrés par les Maures, conquérans de l'Espagne, dans les vallées sinueuses des Asturies, les Espagnols, échappés au massacre de leurs compatriotes, & conduits par l'illustre Pélage dans cet asyle inaccessible, après avoir bravé pendant plusieurs années les efforts réunis de ces impitoyables dévastateurs, étoient sortis enfin de leurs retraites, & avoient, à leur tour, porté la terreur & la mort parmi leurs ennemis. Animés par l'exemple de leur souverain, excités par le desir de venger leurs concitoyens, & de rentrer dans les possessions qui leur avoient été ravies, le succès avoit couronné leurs incursions, & déjà ils avoient fondé le royaume d'Oviédo & celui de Léon, lorsque l'heureux Pélage, couvert de gloire & courbé sous le poids des années, s'associa, de l'aveu de la nation, & du consentement de la noblesse, le prince *Favila* son fils. *Favila* fut digne, dit-on, par sa valeur, sa profonde sagesse, ses talens & son habileté dans l'art de gouverner, du père respectable qui lui cédoit une partie de son autorité, parce qu'il regardoit cette association comme le moyen le plus sûr de conſerver, d'augmenter même la félicité publique, qu'il avoit ſu fixer dans ſes états. Pélage ne ſurvécut que peu de temps à cette aſſociation ; & à ſa mort, don *Favila* fut proclamé, en 737, roi de Léon & d'Oviédo. Quelques hiſtoriens aſſurent qu'il profita, avec beaucoup d'intelligence, des haines mutuelles qui diviſoient les princes Maures, & qu'il eut, dans les combats qu'il leur livra, des ſuccès éclatans ; mais c'étoit vraiſemblablement pendant la vie de ſon père qu'il avoit remporté ces victoires ; car ſon règne fut trop court, pour qu'il eût le temps de faire contre eux des expéditions bien conſidérables. Mariana, ſur la foi de quelques annaliſtes, vraiſemblablement mal inſtruits, dit que ce ſouverain ne reſſembla en aucune manière à ſon prédéceſſeur, qu'il fut indolent ſur le trône, & d'une inconſéquence extrême dans ſa conduite. Cependant il eſt aſſuré que ce même *Favila* s'étoit très-diſtingué à la tête des armées, pendant les dernières années du roi Pélage, & il n'eſt pas vraiſemblable qu'il ſe ſoit abandonné à l'indolence, préciſément lorſqu'il eut le plus grand intérêt à montrer de l'activité, de la valeur, du zèle, & à donner de lui la plus haute idée à ſes ſujets, ainſi qu'aux Maures qui attendoient avec impatience qu'un roi moins actif que Pélage leur préſentât l'occaſion d'achever d'opprimer & de conquérir l'Eſpagne. Au reſte, l'hiſtoire ne nous apprend rien de certain, ſoit ſur le caractère de ce prince, lorſqu'il poſſéda ſeul la couronne, ſoit ſur les événemens qui ſe paſsèrent ſous ſon règne ; on ſait ſeulement qu'il ne garda le ſceptre qu'environ deux ans, & qu'il perdit la vie avec la royauté par une aventure tragique en 739 : un jour qu'il étoit à la chaſſe, éloigné de tous ceux qui l'y avoient accompagné, il fut déchiré & mis à mort par un ours. Voilà tout ce qu'on ſait du règne de *Favila ;* mais fut-il bon ou méchant roi ? c'eſt ce que l'on ignore. (*L. C.*)

FAVORIN. (*Hiſt. rom.*) (*Voyez* l'art. ADRIEN.) Ce philoſophe diſoit en parlant de lui-même, qu'étant gaulois (il étoit d'Arles) il parloit fort bien grec ; qu'étant eunuque, il avoit été accuſé d'adultère ; & qu'étant peu agréable à l'empereur, on le laiſſoit vivre ; mais cet empereur étoit Adrien, & n'étoit pas Néron. On attribue à *Favorin* un ouvrage intitulé, *omnigenæ Hiſtoriæ Sylvæ*, ſouvent cité par Diogène Laërce & par d'autres auteurs anciens.

Un autre *Favorin* plus moderne, diſciple de Jean Laſcaris & d'Ange Politien, créature de Léon X, qui le fit évêque de Nocera, eſt auteur d'un dictionnaire grec, qu'il dédia au pape Clément VII, & de quelques autres ouvrages. Mort en 1537.

FAUR. (GUY DU) (Voyez *Pibrac.*)

FAUR DE SAINT-JORRY (PIERRE DU), premier préſident du parlement de Toulouſe ; on a de lui des ouvrages ſavans, un intitulé : *Dodecamenon, ſive de Dei nomine & attributis ;* un autre intitulé : *des Semeſtres ;* un traité *des Jeux & des Exercices des anciens*, livres inſtructifs ſi on pouvoit les lire. Ce magiſtrat mourut d'apoplexie en 1600, en prononçant un arrêt.

FAVRE. (Voy. *Vaugelas.*)

FAURE, (FRANÇOIS) (*Hiſt. litt. mod.*) cordelier élevé à l'épiſcopat par le talent de la chaire, évêque de Glandèves, puis d'Amiens ; c'eſt lui qui, prêchant la paſſion à Saint-Germain-de-l'Auxerrois, & obligé de recommencer pour la reine qui arriva, fit à cette circonſtance l'application de ce vers de l'Énéïde.

> Infandum, regina, jubes renovare dolorem.

C'eſt ſur ſon oraiſon funèbre de cette même reine, Marie-Thérèſe, qu'il fit imprimer, qu'on fit cette épigramme connue :

> Ce cordelier mitré, qui promettoit merveilles,
> Des hauts faits de la reine orateur ennuyeux,
> Ne s'eſt pas contenté de laſſer nos oreilles,
> Il veut encor laſſer nos yeux.

FAURE. (Voy. *Verſoris.*)

FAUST ou FUSTH. (JEAN) (*Hiſt. lit. mod.*) orfèvre de Mayence au quinzième ſiècle. C'eſt entre lui, Schœffer ſon gendre & Guttemberg, que ſe partage le plus communément la gloire de l'invention de l'imprimerie.

FAUSTA, (FLAVIA MAXIMIANA) fille de Maximien-Hercule, & femme de l'empereur Conſtantin. (*Voyez* les articles CONSTANTIN & CRISPE.

FAUSTE. (*Hiſt. eccléſ.*) évêque de Riez au cinquième ſiècle, fut accuſé de ſemi-pélagianiſme pour ſon traité *du libre Arbitre & de la Grace.* Né dans la Grande-Bretagne, nommée ſimplement alors la Bretagne, vers l'an 390, abbé de Lerins en 433, évêque de Riez en 455, exilé en 481, il mourut vers l'an 485.

FAUSTINE, (*Hiſt. rom.*) C'étoit le nom de la femme de l'empereur Antonin & de celle de l'empereur Marc-Aurèle ; la première (Galeria Fauſtina) étoit fille d'Annius Verus, la ſeconde (Annia Fauſtina) étoit fille de la première & d'Antonin ; toutes deux furent auſſi déréglées dans leurs mœurs que leurs maris étoient bons & vertueux ; toutes deux furent non-ſeulement ſupportées par leurs maris, mais encore miſes au rang des divinités ; toutes deux eurent des temples, des autels & des ſacrifices. Ce n'eſt pas qu'Antonin ni Marc-Aurèle ignorassent leurs affronts & la conduite de leurs femmes : mais ils se respectoient jusques dans leurs femmes coupables. On proposa même à Marc-Aurèle, d'après la notoriété des faits, de répudier la sienne : *il faudroit donc*, dit-il, *lui rendre sa dot*, c'est-à-dire, l'empire. Des critiques prétendent que Marc-Aurèle n'a pas pu faire cette réponse, qui, premiérement, leur paroît peu digne de lui, & qui, secondement, leur paroît contraire à la connoissance certaine qu'avoit Marc-Aurèle que l'empire n'étoit pas héréditaire. Il est vrai qu'à travers tant de révolutions l'empire n'avoit pas été constamment héréditaire; cependant il l'avoit été quelquefois, jamais à la vérité pour les femmes; mais qui ne voit que le mot de Marc-Aurèle ne doit point être pris ainsi à la rigueur, & qu'il peint seulement l'ame indulgente & reconnoissante de cet empereur, qui auroit cru manquer à la mémoire d'Antonin, son bienfaiteur, si dans un cas tout semblable, il n'eût pas suivi son exemple, & s'il s'en fût écarté pour déshonorer sa fille ? Il sentoit que s'il eût usé envers la fille d'Antonin de la rigueur qu'Antonin ne s'étoit point permise, la compassion auroit ramené tous les cœurs à cette princesse, & la malignité auroit observé qu'en brisant avec scandale tous les nœuds qui l'avoient uni avec Antonin, il conservoit tous les avantages qu'il devoit à cette alliance. Ce mot de Marc-Aurèle étoit donc le cri de la justice, de la bonté, de la vertu, non une froide discussion de droits litigieux, encore moins l'aveu d'un sordide intérêt, qui l'engageât à garder une femme impudique, de peur d'être obligé de lui rendre sa dot. La loi même, en effet, l'auroit dispensé de la rendre; mais toutes ces rigueurs étoient trop étrangères à l'ame douce & bienfaisante de Marc-Aurèle.

FAY, (CHARLES-FRANÇOIS DE CISTERNAY DU) (*Hist. litt. mod.*) d'une très-ancienne famille originaire de Touraine, distinguée dans la profession des armes depuis le quinzième siécle. Son ayeul étoit capitaine des gardes du premier prince de Conti, frére du grand Condé. Son père, capitaine aux gardes, avoit eu au bombardement de Bruxelles, en 1695, une jambe emportée d'un coup de canon. M. *du Fay*, né le 14 septembre 1698, entra dans le service en 1712, & se trouva & se distingua aux siéges de Saint-Sébastien & de Fontarabie, dans la guerre d'Espagne en 1718. Il fut reçu à l'académie des sciences en 1723. Bientôt il quitta le service pour ne plus être qu'académicien. Il embrassa tous les genres dont s'occupe l'académie; il est jusqu'à présent le seul, dit M. de Fontenelle, qui nous ait donné, dans tous ces genres, des mémoires que l'académie a jugés dignes d'être présentés au public. En 1732, il fut fait intendant du jardin royal des plantes. Il fit pour ce jardin ce qu'avoit fait M. Fagon; il en fut le second restaurateur, & c'est par-là qu'il est le plus connu. C'est de lui que M. de Voltaire avoit dit :

Le sage du *Fay*, parmi ces plants divers,
Végétaux rassemblés des bouts de l'univers,
Me dira-t-il pourquoi la tendre sensitive
Se flétrit sous nos mains, honteuse & fugitive? &c.

Il a depuis substitué au nom de *du Fay* ceux de Réaumur & de Buffon. C'est M. *du Fay* qui a proposé M. de Buffon pour son successeur. M. *du Fay* étoit d'une activité qui suffisoit à tout. « Il » multiplioit le temps, dit M. de Fontenelle, » par l'industrie singulière avec laquelle il savoit » le distribuer. Les grands plaisirs changent les » heures en momens, mais l'art des sages peut » changer les momens en heures. »

Il mourut le 16 juillet 1739. « Je n'ai point » vu, dit le même Fontenelle, d'éloge funèbre fait » par le public, plus net, plus exempt de restric- » tions & de modifications que le sien..... Des » mœurs douces, une gaieté fort égale, une grande » envie de servir & d'obliger...... aucun air de » vanité, aucun étalage de savoir, aucune malignité, » ni déclarée, ni enveloppée. On ne pouvoit pas » regarder son extrême activité comme l'inquiétude » d'un homme qui ne cherchoit qu'à se fuir lui-même » par les mouvemens qu'il se donnoit au dehors; » on en voyoit trop les principes honorables pour » lui, & les effets souvent avantageux aux autres.

FAYDIT. (*Hist. litt. mod.*) C'est le nom de deux poëtes : 1°. Anselme *Faydit*, poëte provençal, ou troubadour des douzième & treizième siècles, accueilli par Richard Cœur-de-lion, roi d'Angleterre, & qui l'a célébré dans ses vers. Mort vers l'an 1220.

2°. Pierre *Faydit*, un de ces petits méchans, un de ces machiavellistes subalternes qui croient se faire un nom en insultant ceux qui en ont un. Celui-ci attaquoit à la fois Bossuet & Fénélon; la haine du mérite ne pouvoit pas mieux faire; il composa contre le dernier la *Télémacomanie*; car dans le langage de l'envie, aimer *Télémaque* & les bons ouvrages, c'est toujours de la manie. Il fit des épigrammes contre Bossuet, & il n'y épargna ni l'indécence ni l'insolence; nous en allons citer une, car il est bon qu'on sache que ces scandaleuses irrévérences contre la vertu & le génie

Trouvent dans tous les temps, quoiqu'on en puisse dire,
Des méchans pour les faire, & des sots pour en rire.

Il faut qu'on sache comment les plus grands hommes ont été traités; c'est du moins une consolation pour ceux qui, sans avoir leur mérite, éprouvent les mêmes indignités. Bossuet venoit de prêcher comme on sait qu'il prêchoit; Balaam avoit été cité dans son sermon, dès-lors ce fut lui-même qui fut Balaam : voici l'épigramme :

Un auditeur un peu cynique
Dit tout haut, en bâillant d'ennui;

Le prophète Balaam est obscur aujourd'hui :
Qu'il fasse parler sa bourique ;
Elle s'expliquera plus clairement que lui.

L'abbé *Faydit* attaqua aussi M. de Tillemont, toujours par le même principe ; M. de Tillemont étoit en érudition ce que Bossuet & Fénélon étoient en talent. Ce *Faydit* avoit été oratorien, & avoit été chassé de l'oratoire : étoit-ce pour avoir insulté des hommes tels que Bossuet, Fénélon & Tillemont ? au contraire, c'étoit pour avoir rendu hommage à un autre grand homme ; c'étoit pour avoir fait un ouvrage cartésien, ce qui étoit presqu'alors une hérésie à l'oratoire & dans beaucoup d'autres corps. L'abbé *Faydit* a fait encore quelques autres ouvrages qui ne sont pas méchans & qui ne sont que fous ; tel est un *Traité de la Trinité*, qui le fit mettre, à tort ou avec raison, à Saint-Lazare ; telles sont ses *Remarques sur Virgile, sur Homère & sur le style poétique de l'Ecriture-Sainte.* L'abbé *Faydit* mourut, exilé à Riom en Auvergne, sa patrie, en 1709.

FAYE, (JACQUES) (*Hist. de Fr.*) seigneur d'Espeisses, né à Paris en 1543, conseiller au parlement en 1567, puis maître des requêtes, avocat-général, enfin président-à-mortier. Il avoit suivi Henri III en Pologne, & l'y avoit bien servi. Mort à Senlis en 1590. Ses harangues ont passé pour éloquentes.

FAYE, (JEAN-ELIE & JEAN-FRANÇOIS LERIGET DE LA) (*Hist. litt. mod.*) deux frères, livrés, l'un aux sciences, l'autre aux belles-lettres : l'un fut de l'académie des sciences, l'autre de l'académie françoise ; l'un a été loué par M. de Fontenelle, l'autre par M. de Voltaire ; tous deux militaires, l'un avoit été mousquetaire, puis capitaine aux gardes, & s'étoit trouvé aux batailles de Ramillies, d'Oudenarde, &c. ; l'autre avoit été capitaine d'infanterie, & fut ensuite gentilhomme ordinaire du roi. Le premier, reçu à l'académie des sciences en 1716, mourut en 1718, à quarante-sept ans. Le second, reçu à l'académie françoise en 1730, mourut en 1731, à cinquante-sept ans. M. de Fontenelle a dit du premier qu'il avoit une gaieté naturelle, un ton agréable de plaisanterie, qui, dans les occasions les plus périlleuses, faisoit briller son courage, & hors de-là cachoit un savoir qu'il ne lui convenoit pas d'étaler. M. de Voltaire a dit du second :

Il a réuni le mérite
Et d'Horace & de Pollion,
Tantôt protégeant Apollon,
Et tantôt chantant à sa suite.
Il reçut deux présens des dieux,
Les plus charmans qu'ils puissent faire ;
L'un étoit le talent de plaire,
L'autre le secret d'être heureux.

C'est le second qui a si bien défendu l'harmonie des vers, contre M. de la Motte ; c'est de lui qu'est cette belle strophe, dont on peut dire ce que M. l'abbé Maury a dit de la belle strophe de M. de Pompignan :

Le Nil a vu sur ses rivages, &c.

« qu'elle doit être inscrite sur sa tombe comme » l'épitaphe la plus digne d'un poëte lyrique :

De la contrainte rigoureuse
Où l'esprit semble resserré,
Il reçoit cette force heureuse
Qui l'elève au plus haut dégré.
Telle, dans des canaux pressée,
Avec plus de force élancée,
L'onde s'élève dans les airs.
Et la règle, qui semble austère,
N'est qu'un art plus certain de plaire,
Inséparable des beaux vers.

« M. de la *Faye*, dit M. de Voltaire, (qui l'appelle toujours M. de la Faille) » s'est conduit comme ce » philosophe qui, pour toute réponse à un sophiste » qui nioit le mouvement, se contenta de marcher » en sa présence. M. de la Motte nie l'harmonie » des vers : M. de la *Faye* lui envoie des vers » harmonieux. »

FAYEL. (*Voy.* FAIEL. & COUCY.)

FAYETTE, (de la) (*Hist. de Fr.*) ancienne maison françoise, dont le nom est porté dans ce moment avec une gloire & un éclat qui feront un jour l'ornement de l'histoire.

De cette maison étoient,

1°. Gilbert Motier, seigneur de la *Fayette*, tué à la bataille de Poitiers en 1356.

2°. Gilbert de la *Fayette* son petit-fils, maréchal de France, un des restaurateurs de la France sous Charles VII. Il avoit gagné en 1421, sous Charles VI, la bataille de Beaugé contre les Anglois, qu'il chassa depuis du Languedoc. Il fut fait prisonnier à la bataille de Verneuil en 1424. Il mourut en 1463.

3°. François, seigneur de la *Fayette*, tué à la bataille de Saint-Quentin en 1557.

4°. Jean de la *Fayette*, oncle du précédent tué à la journée de Coignac, en combattant contre les religionnaires.

5°. Pierre de la *Fayette*, fils du précédent, tué à la bataille de Montcontour en 1569.

6°. Charles-François de la *Fayette*, baron de Hautefeuille, tué au combat d'Etampes en 1652.

7°. Sa sœur, Louise de la *Fayette*, fille d'honneur de la reine Anne d'Autriche, eut beaucoup de part à la confiance de Louis XIII. Ce prince avoit avec elle de longues & fréquentes conversations, mais toujours en public & dans l'appartement de la reine. Au milieu de cette faveur, cette fille, belle, aimable, pleine de grace & de douceur, n'étoit occupée que du desir de se faire religieuse, quoique le roi lui offrît les établissemens les plus avantageux dans le monde. Toujours attachée aux intérêts de la reine, ne voyant le cardinal de Richelieu qu'avec horreur & avec effroi, elle parloit au roi contre ce ministre avec toute la naïveté d'une jeune fille, toute l'honnêteté d'une ame pure qui vouloit réconcilier Louis avec sa femme & avec sa mère, & toute la liberté d'une personne qui bientôt n'auroit plus rien à attendre ni à craindre du monde. Elle consomma son sacrifice malgré Louis, qui, n'ayant osé l'empêcher & ne pouvant se passer de sa conversation, étoit sans cesse à la grille du couvent de la Visitation de la rue Saint-Antoine, où elle s'étoit retirée. Il ne pouvoit s'en arracher. Le père Caussin, confesseur du roi & de mademoiselle de la *Fayette*, entroit dans toutes les vues de celle-ci, pour la réconciliation du roi avec sa femme & sa mère. Le cardinal s'allarma, & dès qu'il craignoit il étoit à craindre; il fit exiler le père Caussin, & détacha insensiblement le roi de mademoiselle de la *Fayette*, en lui donnant d'autres amies & d'autres favoris. (*Voyez* l'article CAUSSIN.) Ce religieux paroît avoir été un homme simple & vertueux. Le Vassor rapporte que Louis XIII opposant une fois à la rigidité de ses principes la doctrine plus flexible, la morale plus relâchée des autres jésuites, il eut le courage de lui répondre : *Sire, n'en croyez pas nos pères, ils ont une église à bâtir.*

8°. Une autre femme, qui n'étoit pas de la maison de la *Fayette*, mais qui y étoit entrée, a répandu beaucoup d'éclat sur ce nom : c'est la célèbre Marie-Magdeleine Pioche de la Vergne, comtesse de la *Fayette*; née en 1633, elle avoit épousé, en 1655, François, comte de la *Fayette*, frère de mademoiselle de la *Fayette* dont il vient d'être parlé. Madame de la *Fayette* est cette amie de madame de Sévigné, si souvent célébrée dans ses *Lettres*, l'amie de Montausier, de Voiture, de Ménage, du père Rapin, de la Fontaine, de Callières, de Ségrais, sous le nom duquel elle mit son roman de *Zaïde*, & auquel on a aussi attribué celui de la *Princesse de Clèves*, les premiers romans, dit M. de Voltaire, où l'on ait vu les mœurs des honnêtes gens & des aventures naturelles, décrites avec grace. Avant elle on écrivoit, en style empoulé, des choses peu vraisemblables. C'est au sujet de *Zaïde* que M. Huet a composé son *Traité de l'Origine des romans*. L'épisode d'Alphonse & Bélasire dans *Zaïde* a fourni à M. Bret le sujet de sa comédie du *Jaloux*.

La Princesse de Montpensier, roman de madame de la *Fayette*, très-souvent réimprimé & mal à propos inséré parmi les œuvres de madame de la Suze, avoit précédé la *Princesse de Clèves*. Ce dernier ouvrage est compté parmi les meilleurs romans françois. M. de Valincourt s'illustra par la critique qu'il en fit, ce qui prouve toujours une grande réputation dans l'ouvrage critiqué. On attribua cette critique au père Bouhours; on y répondit, & la réponse (toujours grace à l'ouvrage) fut aussi très-célèbre; elle fut attribuée à Barbier d'Aucour, mais elle est de l'abbé de Charnes. (*Voyez* son article.)

Madame de la *Fayette* a donné à l'histoire tout l'intérêt du roman dans son *Histoire de madame Henriette d'Angleterre, première femme de Philippe de France, duc d'Orléans*. Combien elle attache aux moindres circonstances de la mort de cette aimable princesse!

Les Mémoires de la cour de France, pour les années 1688 & 1689, ont tout l'agrément dont les mémoires historiques sont susceptibles.

Tous les mémoires du temps sont très-favorables à madame de la *Fayette*; ils donnent une haute idée de son caractère. Son esprit est prouvé par ses ouvrages. Elle est cependant assez maltraitée dans les mémoires de madame de Maintenon, sous prétexte qu'elle n'avoit pas elle-même trop bien traité madame de Maintenon dans les siens. Elle est encore plus maltraitée dans une lettre écrite à madame de Maintenon en 1686, par le marquis de Lassay, qui fait des reproches graves & allègue des procédés mal-honnêtes, qu'on a de la peine à concilier avec les éloges donnés à madame de la *Fayette* par tant de gens en état de la bien juger, sur-tout par madame de Sévigné.

Ses envieux & ses ennemis l'appelloient la déesse *Laverne*, parce qu'elle se nommoit *la Vergne*: c'est sur cette équivoque que roule une épigramme latine, dirigée bien plus contre Ménage que contre elle.

Lesbia nulla tibi, nulla est tibi dicta Corinna;
Carmine laudatur Cynthia nulla tuo;
Sed cùm doctorum compiles scrinia vatum,
Nil mirum si sit culta Laverna tibi.

« Au lieu des Lesbies, des Corinnes, des Cynthies, compilateur & plagiaire toujours chargé des dépouilles d'autrui, c'est à *Laverne* que tu adresses ton hommage.

L'amitié de madame de la *Fayette* & de M. le duc de la Rochefoucauld, l'auteur des Maximes, fut une des plus longues & des plus respectables dont les temps modernes aient fourni des exemples. M. de Lassay cherche en vain à répandre des nuages sur cette amitié, en insinuant qu'elle avoit été trahie par madame de la *Fayette*. Ce n'est pas là l'idée qu'en donne madame de Sévigné, à qui les détails de cette union étoient bien connus. Madame de la *Fayette* disoit de M. le duc de la Rochefoucault : « il a formé mon esprit, j'ai » réformé son cœur. »

On a retenu d'elle plusieurs mots pleins de sens.

Quoiqu'elle fût d'une très-mauvaise santé, qui la privoit souvent des douceurs de la société, elle étoit attachée à la vie : *c'est assez que d'être*, disoit-elle. C'est la pensée que Mécène a développée dans ces espèces de vers.

Debilem facito manu,
Debilem pede, coxâ,
Tuber adstrue gibberum,
Lubricos quate dentes ;
Vita dùm superest, benè est.
Hanc mihi vel acutâ
Si sedeam cruce, sustine.

Mécénas fut un galant homme.
Il a dit quelque part qu'on me rende impotent,
Cul-de-jatte, goutteux, manchot, pourvu qu'en somme,
Je vive, c'est assez ; je suis plus que content.

Sage & modeste, elle condamnoit hautement l'orgueil & les prétentions : *celui*, disoit-elle, *qui se met au-dessus des autres, quelque esprit qu'il ait, se met au-dessous de son esprit.*

Elle comparoit les mauvais traducteurs aux laquais sans esprit, qui transforment en sottises les complimens qu'on les charge de faire.

Elle vouloit qu'un auteur corrigeât beaucoup ses ouvrages, & sur tout qu'il en retranchât tout ce qu'il pourroit. *Une période retranchée d'un ouvrage*, disoit-elle, *vaut un louis ; un mot même vaut vingt sols.*

Elle mourut en 1693.

FE, FO, FOÉ, (*Hist. d'Asie*) idole adorée sous différens noms par les Chinois idolâtres, les Japonois & les Tartares. Ce prétendu dieu, le premier de leurs dieux qui soit descendu sur la terre, reçoit de ces peuples le culte le plus ridicule, & par conséquent le plus fait pour le peuple.

Cette idolâtrie, née dans les Indes près de mille ans avant Jesus-Christ, a infecté toute l'Asie orientale ; c'est ce dieu que prêchent les bonzes à la Chine, les fakirs au Mogol, les talapoins à Siam, les lamas en Tartarie ; c'est en son nom qu'ils promettent une vie éternelle, & que des milliers de prêtres consacrent leurs jours à des exercices de pénitence qui effrayent la nature humaine : quelques uns passent leur vie nus & enchaînés ; d'autres portent un carreau de fer qui plie leur corps en deux, & tient leur tête toujours baissée jusqu'à terre. Ils font accroire qu'ils chassent les démons par la puissance de cette idole ; ils opèrent de prétendus miracles : ils vendent au peuple la rémission des péchés ; en un mot, leur fanatisme se subdivise à l'infini. Cette secte séduit quelquefois des mandarins ; & par une fatalité qui montre que la superstition est de tous les pays, quelques mandarins se sont fait tondre en bonzes par piété.

Ils prétendent qu'il y a dans la province de Fokien, près la ville de Funchuen, au bord du fleuve Feu, une montagne qui représente leur dieu *Fo*, avec une couronne en tête, de longs cheveux pendans sur les épaules, les mains croisées sur la poitrine, & qu'il est assis sur ses pieds mis en croix ; mais il suffiroit de supposer que cette montagne, comme beaucoup d'autres, vue de loin & dans un certain aspect, eût quelque chose de cette prétendue figure, pour sentir que des imaginations échauffées y doivent trouver une parfaite ressemblance. On voit ce qu'on veut dans la lune ; & si ces peuples idolâtres y avoient songé, ils y verroient tous leur idole. *Art. de M. le Chevalier* DE JAUCOURT.

FEGGOU, (*Histoire de Danemarck.*) Ce roi de Danemarck assassina Hordenwil son frère, & fut assassiné par Amlet son neveu, *Voyez* AMLET. (*Hist. de Danemarck.*) (M. DE SACY.)

FEIJOO, (BENOÎT-JERÔME,) bénédictin espagnol, auteur du théâtre critique en 14 vol. in-4°. dont M. d'Hermilly a traduit une partie. C'est un de ces censeurs publics, tels que les Cervantes & les Molières, dont tous les pays ont toujours besoin. Mort en 1765.

FEITHIUS, (EVERARD) (*Hist. litt. mod.*) savant du seizième siècle, né dans la Gueldre, se retira en France, où il enseignoit le grec & avoit obtenu l'estime des savans. Un jour se promenant à la Rochelle, suivi de son domestique, on le prie d'entrer dans la maison d'un des habitans ; & depuis ce moment on n'a jamais pu savoir ce qu'il étoit devenu. On ignore si cet enlèvement ou du moins cette disparition avoit quelque rapport avec les troubles des Pays-Bas, qui lui avoient fait abandonner sa patrie. On a de lui un ouvrage intitulé : *Antiquitates Homericæ.*

FELIBIEN, (*Hist. litt. mod.*) nom d'une famille de Chartres, recommandable par la connoissance & le goût des arts & par l'érudition ; elle a produit plusieurs écrivains connus.

André *Félibien*, de l'académie des inscriptions & belles-lettres, lorsqu'elle n'étoit encore composée que de quatre membres & qu'elle s'appelloit *la petite académie*, secrétaire de l'académie d'architecture, historiographe des bâtimens du roi, garde des antiques, est le premier & le plus célèbre. C'est l'auteur des *Entretiens sur les vies & les ouvrages des plus excellens peintres*, du traité *de l'Origine de la peinture*; des principes d'architecture, peinture & sculpture, de la description de Versailles, de celle de différentes fêtes & de divers tableaux célèbres; il est auteur encore de quelques autres ouvrages dans d'autres genres; mais ses principaux écrits roulent sur les arts; c'étoit-là le grand objet de son goût, de ses connoissances & de ses travaux: il est savant, mais diffus; il instruit, mais il ennuye; c'est de lui que M. de Voltaire a dit dans le *Temple du Goût*:

> Sur-tout fuyons le verbiage
> De Monsieur de *Félibien*,
> Qui noye éloquemment un rien
> Dans un fatras de beau langage.

Né à Chartres en 1619. Mort en 1695.

Jacques, son frère, chanoine & archidiacre de Chartres, est auteur d'un *Pentateuchus historicus*, qui a eu l'honneur d'être supprimé; les curieux ont grand soin de placer à la fin du volume les endroits que des cartons avoient fait disparoître; effet ordinaire des cartons & des suppressions & des prohibitions. Mort le 25 novembre 1716.

André *Félibien* eut deux fils, 1°. Jean-François, son successeur dans ses places & dans son goût pour les arts, auteur d'un *Recueil historique de la vie & des ouvrages des plus célèbres architectes*, qui sert de pendant aux *Entretiens sur les vies & les ouvrages des plus excellens peintres*. On a souvent réimprimé ensemble ces deux traités analogues du père & du fils. On a encore du fils une description de Versailles & une de l'église des Invalides, monument admirable à voir & à décrire! Mort en 1733.

2°. Dom Michel *Félibien*, auteur de l'histoire de la ville de Paris & de celle de l'abbaye de Saint-Denis. Mort en 1719. Son histoire de Paris fut continuée & publiée en 1725, par dom Lobineau, son confrère.

FELIX, (*Hist. rom.*) affranchi de l'empereur Claude, ainsi que Pallas son frère; c'est de lui que Racine a dit:

> De l'affranchi Pallas nous avons vu le frère,
> Des fers de Claudius *Félix* encor flétri,
> De deux reines, seigneur, devenir le mari.

Il étoit gouverneur de Judée: ce fut devant lui que S. Paul comparut. *Félix* pilloit & tyrannisoit sa province, & si c'est pour cela que Néron le rappella, Néron n'eut pas toujours tort.

Il y a eu quatre papes de ce nom de *Félix*; & quant au cinquième, voyez l'art. Eugène IV.

Félix de Nole en Campanie, saint prêtre du troisième siècle, mort vers l'an 256.

Félix, évêque d'Urgel: Voyez *Elipand*, évêque de Tolède.

FELTON, (JEAN) (*Hist. d'Anglet.*) Deux hommes de ce nom, & de baptême & de famille, furent pendus pour des attentats inspirés par le fanatisme. Le premier étoit le moins coupable, & fut le plus sévérement puni. Son crime étoit d'avoir affiché publiquement dans Londres la bulle d'excommunication du pape Pie V contre Elisabeth, reine d'Angleterre. Il fut pendu, puis détaché de la potence encore vivant; on lui coupa les parties naturelles, & on les jeta au feu; on lui ouvrit l'estomac, & on en arracha les entrailles & le cœur; on lui coupa la tête; & on mit son corps en quartier. Toutes ces dégoûtantes & abominables cruautés que nous rappellons pour qu'elles fassent horreur, sont bien impuissantes contre le fanatisme. Le supplice de *Felton* est de l'an 1570.

L'autre *Felton* est celui qui assassina le duc de Buckingham en 1628. Il n'étoit fanatique que dans la hardiesse de son entreprise & dans le sang-froid avec lequel il l'exécuta, content de périr après son crime, & ne s'en cacha point; mais son motif n'avoit nul rapport à la religion, il ne vouloit que se venger du refus que le duc lui avoit fait d'une compagnie d'infanterie. Il proposa lui-même qu'on ajoutât à son supplice la circonstance de couper la main coupable; il ne fut que pendu.

FÉNÉLON, (FRANÇOIS DE SALIGNAC DE LA MOTTE.) (*Hist. litt. mod.*) archevêque-duc de Cambray, un de ces hommes rares nés pour inspirer & faire aimer la vertu, étoit d'une maison distinguée depuis long-temps dans l'église & dans l'état.

C'étoit un *Fénélon* qui étoit ambassadeur de France en Angleterre dans le temps de la Saint-Barthelemi; il fut pénétré d'horreur, de honte & de douleur, en apprenant l'opprobre de la nation; il voyoit les amis mêmes que sa vertu lui avoit faits en Angleterre, frémir à son aspect & s'éloigner de lui: ils ont raison, dit-il, & je rougis d'être françois. Mais il étoit ambassadeur, il fallut qu'il employât l'apologie mensongère qu'on lui dictoit; il fallut qu'il répétât, dans une audience solemnelle, l'imputation que cette criminelle cour de Charles IX étoit convenue de faire à Coligny, d'avoir conspiré contre le roi & toute la famille royale, quoiqu'il vît bien qu'on calomnioit cet infortuné, après l'avoir égorgé: il fut aisé à Elisabeth de le réfuter, il étoit réfuté d'avance par sa consternation: il ne put obtenir non plus qu'Elisabeth empêchât les Anglois de fournir aux Rochelois assiégés, de la poudre & d'autres munitions; mais il obtint, & c'étoit beaucoup, vu les conjonctures, qu'elle ne fournit publiquement ni directement aucuns secours aux protestans français, & qu'elle contînt le zèle de la noblesse angloise, qui, dans son indignation, avoit offert de lever & d'entretenir à ses dépens une armée considérable, destinée à faire la guerre à la France. Pour amener Elisabeth à cette inaction, il falloit à l'ambassadeur une grande partie de cette insinuation & de cette éloquence douce & persuasive qui distinguèrent depuis l'archevêque de Cambray.

Celui-ci naquit au château de *Fénélon* en Quercy, le 6 août 1651. Il fut nommé précepteur des enfans de France en 1689.

Dans les éloges de *Fénélon*, envoyés au concours de 1771, à l'académie françoise, & dans une vie du dauphin père de Louis XV, (c'est-à-dire dans la vie du duc de Bourgogne, l'aîné des élèves de *Fénélon*,) laquelle a paru en 1782, on a exposé plusieurs détails précieux de l'éducation de ce prince; on a dit par quels artifices ingénieux ses maîtres combattoient les défauts naissans de son caractère.

Le prince avoit de la disposition à la colère, & selon l'usage, il se livroit à cette disposition. Il dit un jour avec hauteur à M. de *Fénélon* : je ne me laisse point commander; je sais ce que je suis & ce que vous êtes. Quand le prince fut de sang froid, M. de *Fénélon* lui fit connoître qu'il ne savoit ni qui il étoit, ni qui étoit son précepteur, & il le corrigea pour toujours de tenir de semblables propos.

Un jour que le prince avoit battu son valet-de-chambre, il s'arrêtoit à considérer les outils d'un menuisier qui travailloit dans son appartement. L'ouvrier, instruit par *Fénélon*, dit brutalement au prince de passer son chemin & de le laisser travailler. Le prince se fâcha; le menuisier redoubla de brutalité, & s'emportant jusqu'à la menace, lui dit : *retirez-vous, mon prince; quand je suis en fureur, je ne connois personne.* Le prince courut dire à M. de *Fénelon* qu'on avoit introduit chez lui le plus méchant homme de la terre: c'est un bien bon ouvrier, dit froidement *Fénélon;* son unique défaut est de se livrer à la colère. Le prince insista sur la méchanceté de cet homme : « Ecoutez, lui dit *Fénelon*, vous l'appellez méchant, » parce qu'il vous a menacé dans un moment » où vous le détourniez de son travail; comment nommeriez-vous un prince qui battroit » son valet-de-chambre, dans le temps même où » celui-ci lui rendroit des services?

Une autre fois, après un nouvel emportement du prince, tous ceux qui l'abordoient parurent surpris & effrayés du mauvais visage qu'ils lui trouvoient; tous lui demandoient des nouvelles de sa santé avec un air d'inquiétude & de compassion : Fagon vint, lui tâta pouls, parut réfléchir profondément sur la nature & les causes de sa maladie, & finit par lui dire : « avouez-» moi la vérité, mon prince, ne vous seriez-» vous pas livré à quelque emportement? » Vous l'avez deviné, s'écria le duc de Bourgogne; mais est-ce que cela peut rendre malade? Alors Fagon se mit à lui expliquer les effets physiques de la colère, qui peuvent aller quelquefois jusqu'à la mort subite, témoin Sylla.

Avoit-il fait quelque faute grave, il ne sortoit plus de son appartement; il ne voyoit plus le roi ni personne de la famille royale. On vouloit que tout lui manquât, dès que lui-même il manquoit à ses devoirs. Personne ne paroissoit entrer dans ses peines; personne ne lui disoit un mot de consolation : il n'en trouvoit que dans l'aveu de ses torts & la promesse de les réparer.

Enfin, grace aux soins de *Fénclon*, ce jeune prince emporté, qui autrefois battoit ses domestiques, étoit tellement changé, qu'il n'avoit plus de repos quand il lui étoit échappé un mot dont quelqu'un pouvoit être blessé; il alloit chercher alors celui qu'il croyoit avoir offensé; &, quel qu'il fût, il lui demandoit pardon. Un jour, un de ses garçons de la chambre, couché auprès de lui, l'exhortoit à s'endormir : *eh! le puis-je*, lui dit le prince, *si vous ne me pardonnez ce que j'ai eu le malheur de vous dire ce soir?*

Les principes de *Fénélon* sur la guerre, sur le faste & le luxe des rois, étoient directement contraires aux principes & à la pratique constante de Louis XIV. *Fénélon*, voyant tout ce que coûtoit à la nation la gloire de son roi, en ménageoit une d'un genre plus rare à son élève : il préparoit à la nation un règne de restauration & de paix; il donnoit en tout la préférence à l'utile sur l'agréable, & au bonheur sur la grandeur. C'étoit Titus ou Marc-Aurèle qu'il vouloit rendre à la terre, non Sésostris ou Assuérus. Il ne fit point mystère à Louis XIV de ses vues & de ses idées; & Louis XIV, après l'avoir entendu, dit : *je viens d'entretenir le plus bel esprit & le plus chimérique de mon royaume.* Comme il est incomparablement plus aisé de dépenser que de gouverner, on traitera toujours d'hommes chimériques ceux qui proposeront de gouverner au lieu de dépenser. Quand le *Télémaque* parut, Louis XIV le regarda comme la critique de son gouvernement, & au lieu d'examiner si cette critique étoit juste, il s'en irrita; l'affaire du quiétisme avoit éclaté auparavant, Louis XIV dit en présence de Fagon & de Félix: *je savois, par le livre des Maximes, que M. de Cambray avoit un mauvais esprit; mais je ne savois pas qu'il eût un mauvais cœur : je viens de l'apprendre en lisant le Télémaque. On ne peut pas pousser l'ingratitude plus loin; il a entrepris de décrier éternellement mon règne.*

Fagon & Félix furent les seuls qui osèrent défendre *Fénélon;* c'est qu'en effet le premier médecin & le premier chirurgien d'un roi déjà vieux sont de tous les courtisans ceux qui peuvent le plus impunément être sincères. Madame de Maintenon, qui aima toujours M. de *Fénélon*, & qui avoit même craint de l'aimer trop, n'osa le défendre ni sur le *Télémaque*, ni dans l'affaire du livre des *Maximes des Saints*.

Télémaque avoit paru par l'indiscrétion d'un valet-de-chambre, qui le fit imprimer furtivement d'après une copie qu'il avoit gardée; l'impression en fut toujours sévérement défendue dans le royaume pendant la vie de Louis XIV, & toutes les éditions antérieures à 1720 sont incomplètes & furtives. Il est bon que cet exemple existe pour faire voir l'heureux effet des prohibitions. (Voyez l'article *Cordus.*) (Crémutius.) Le plus utile des livres fut vingt ans proscrit, parce qu'on ne vouloit pas faire le bien qu'il enseignoit. Ni M. de Boze, qui succéda dans l'académie françoise à M. de *Fénélon*, ni M. Dacier, qui le reçut, n'osèrent parler de *Télémaque*, parce que Louis XIV vivoit encore.

Télémaque avoit achevé la disgrace de M. de *Fénélon*, commencée par le livre des *Maximes des Saints*. Rome & la cour furent pour Bossuet dans l'affaire du quiétisme, le public fut pour *Fénélon*; & sa soumission héroïque dans cette occasion imposa silence à ses ennemis & le fit triompher de ses vainqueurs. *Le vaincu*, disoit-il lui-même, *aura tout le fruit de la victoire*. En recevant le bref d'Innocent XII qui condamnoit son livre, il écrivit à l'evêque d'Arras: en pareil cas *on souffre, mais on ne délibère pas un moment*, & il publia lui-même le bref: on dit que Louis XIV ne put s'empêcher d'admirer cette magnanimité & qu'il alloit rappeller l'auteur, si le *Télémaque* n'eût paru.

Les courtisans, en comparant ces deux livres, *les Maximes des Saints* & le *Télémaque*, disoient que la grande hérésie, de l'archevêque de Cambray étoit en politique, & non pas en théologie.

Le roi défendit à M. le duc de Bourgogne tout commerce avec *Fénélon*: un prince ordinaire eût peut-être obéi sans peine; mais l'élève de *Fénélon* pouvoit-il oublier un tel instituteur? leur correspondance existe.

Cette défense ne fut point levée, lorsque M. le duc de Bourgogne alla faire la campagne de Flandre, en 1708. L'archevêque de Cambray vint se présenter à la poste, où le prince devoit dîner. Le prince l'accueillit froidement, les courtisans ne lui parlèrent pas, même pour lui répondre, lorsque pour la forme il jetoit quelques mots dans la conversation; mais ils comprirent qu'en sortant de table ils devoient laisser le prince libre avec lui: alors il l'embrassa en fondant en larmes; il l'appella son ami, lui jura une reconnoissance éternelle, se plaignit tendrement de l'effort pénible qu'il avoit été obligé de se faire devant les spectateurs; & *Fénélon* put reconnoître l'ame qu'il avoit su former. « Je vous porte, lui écrivoit vers le » même temps ce tendre archevêque, je vous » porte sans cesse devant Dieu, dans une pré- » sence plus intime que celle des sens. Je don- » nerois mille vies comme une goutte d'eau pour » vous voir tel que Dieu vous veut; c'est-à-dire, tel que votre peuple a intérêt que vous soyez. Et dans la même lettre, il ose lui reprocher, au nom du public, une dévotion sombre, scrupuleuse, & qui n'est pas, lui dit-il, assez proportionnée à votre place. Il eut la douleur de voir mourir en 1712 ce prince, son espérance & celle de la France; & en 1714, le duc de Berry son frère. *Ah!* s'écria-t-il en pleurant, à la nouvelle de la mort du duc de Bourgogne, *mes liens sont rompus. France, je croyois t'avoir préparé un demi siècle de bonheur, & voilà que la mort a détruit tous mes travaux: je n'ai rien fait pour mon pays; le roi que j'ai formé* (Philippe V) *règne dans une terre étrangère*.

Il mourut à Cambray le 7 janvier 1715, près de huit mois avant Louis XIV. Un de ses plus heureux panégyristes attribue sa mort à un accident. L'archevêque faisant sa visite, passoit dans un village à l'entrée de la nuit; une vache qui traversoit un ravin, effraya ses chevaux; la voiture versa & fut brisée; l'archevêque reçut dans cette occasion un coup violent, qui fut la cause de sa mort. On varie sur la manière dont Louis XIV reçut cette nouvelle. Des auteurs, qui peuvent avoir été bien instruits, disent que ce prince rendit enfin justice à tant de vertus; qu'il fut touché sur-tout de la générosité avec laquelle *Fénélon*, dans le funeste hiver de 1709, avoit distribué aux soldats pour cent mille francs de grains qui étoient dans ses greniers; qu'il fut reconnoissant du zèle avec lequel l'archevêque de Cambray avoit secondé ses ministres à Utrecht, & des divers mémoires qu'il avoit composés pour leur instruction; qu'en conséquence, il alloit le rappeller à la cour, lorsqu'il apprit sa mort, & qu'il dit à cette occasion: *il nous manque au moment où nous aurions pu le consoler & lui rendre justice*. D'autres (& c'étoient des contemporains) disoient que, même en ce moment, le courroux du roi ne fut point désarmé; qu'il donna encore à sa mémoire des marques de ressentiment, & qu'il parla de lui comme d'un ennemi dont il étoit délivré. On peut bien assurer que *Fénélon* ne fut l'ennemi de personne, & qu'il étoit incapable sur-tout de l'être jamais d'un grand roi qui lui avoit confié l'éducation de ses petits-fils; mais il pouvoit lui dire comme Burrhus à Agrippine:

> Vous m'avez de César confié la jeunesse;
> Je l'avoue, & je dois m'en souvenir sans cesse.
> Mais vous avois-je fait serment de le trahir? .....
> Non, ce n'est plus à vous qu'il faut que j'en réponde;
> Ce n'est plus votre fils, c'est le maître du monde;
> J'en dois compte, madame, à l'empire romain,
> Qui croit voir son salut ou sa perte en ma main.

Le tableau des vertus ecclésiastiques, épiscopales,

& sur-tout humaines & charitables de *Fénélon*; offre le plus doux spectacle à une ame sensible; on retrouve dans les moindres choses l'empreinte de ce caractère aimable & aimant. Un de ses curés se félicitoit d'avoir aboli l'usage de la danse dans sa paroisse. *M. le curé*, lui dit Fénélon, *ne dansons point, mais permettons à ces pauvres gens de danser. Pourquoi les empêcher d'oublier un moment combien ils sont malheureux?*

Un philosophe ayant perdu sa bibliothèque par un incendie, eut assez de fermeté pour dire: *Je n'aurois guère profité de mes livres, si je ne savois pas les perdre.* Le mot est beau. *Fénélon*, dans un pareil malheur, dit: *j'aime bien mieux qu'ils soient brûlés que la chaumière d'une pauvre famille.* Voilà *Fénélon*; c'est toujours l'intérêt des pauvres & des malheureux qui se présente à lui le premier.

Après la bataille de Malplaquet, il reçut dans son palais & dans son séminaire tous les blessés, & les fit soigner à ses dépens; il recueilloit dans ce même palais tous les malheureux paysans que la guerre chassoit de leurs demeures: il en vit un qui pleuroit & ne mangeoit point; il lui en demanda la raison: ce pauvre homme, obligé de fuir précipitamment à l'approche des ennemis, n'avoit pas eu le temps d'emmener sa vache, qui nourrissoit toute sa famille. *Fénélon* lui en promet une autre, & le paysan ne se console point. Jamais, dit-il, on n'en trouvera une pareille à celle que j'ai perdue. *Fénélon* prend son parti, il part à dix heures du soir à pied, suivi d'un seul domestique; &, à la faveur de son sauf-conduit, il arrive au village de cet homme, trouve sa vache, la lui ramène lui-même, & verse la consolation dans ce cœur désespéré. Nous avons de si malheureuses délicatesses, & les mots chez nous font quelquefois tant de tort aux choses, que deux hommes de lettres, l'un éloquent, l'autre plein d'esprit, ont été obligés d'employer une précaution oratoire pour faire passer ce trait, qui suffiroit seul pour faire adorer *Fénélon*.

Voici encore un trait qui le peint avec tout le charme de son aimable simplicité. Au moment où il alloit monter à l'autel, une pauvre & vieille femme s'avançoit en tremblant, comme voulant & n'osant lui parler. *Fénélon*, le premier des hommes dans l'art d'encourager la foiblesse & de rassurer la timidité, va lui-même à elle avec un air serein. *Monseigneur*, lui dit-elle, en lui montrant à peine, & pleurant presque de honte, une pièce de douze sols qu'elle vouloit lui présenter, *je n'ose....; mais c'est que j'ai beaucoup de confiance dans vos prières*; (Quel éloge déjà que cette confiance d'une femme du peuple dans les prières de son évêque! il est bien rare que la confiance de ces sortes de gens remonte si haut.) *je voudrois*, ajouta-t-elle, *vous prier de dire la messe pour moi: Donnez, ma bonne femme*, lui répondit Fénélon, *donnez votre offrande; elle sera sans doute agréable à Dieu.* MESSIEURS, dit-il en se tournant vers les prêtres qui l'accompagnoient, *apprenons à honorer notre ministère.* Après la messe, il fit remettre à cette femme une somme considérable, & lui promit de dire encore le lendemain la messe à son intention.

Dans ses promenades aux environs de Cambray & dans ses visites diocésaines, il entroit dans les cabanes des paysans, s'asseyoit auprès d'eux, les soulageoit & les consoloit. Les vieillards qui ont eu le bonheur de le voir, dit M. d'Alembert, parlent encore de lui avec le respect le plus tendre: » *Voilà*, disent-ils, *la* » *chaise de bois où notre bon archevêque venoit s'as-* » *seoir au milieu de nous; nous ne le reverrons plus,* » & ils répandent des larmes. « Les Flamands, dit M. l'abbé Maury, disent encore en le bénissant: *le bon archevêque!* ils ne le caractérisent que par ce bel attribut, qui distingue l'Etre suprême.

Pour peu que les hommes ne soient pas entièrement hors de l'influence de la cour, l'histoire est trop souvent un monument de leur bassesse. Tandis que *Fénélon* s'humilioit si noblement sous la censure du souverain pontife, ses suffragans osoient vouloir l'humilier encore: l'évêque de Saint-Omer trouvoit qu'il n'en faisoit pas assez, & vouloit qu'il condamnât, outre son livre des *Maximes des Saints*, tous les écrits apologétiques qu'il avoit composés pendant le cours du procès. Lorsqu'il fut reçu à l'académie françoise, deux académiciens eurent l'indignité de lui donner des boules noires; des boules noires à *Fénélon!*... Pendant sa longue retraite à Cambray, ses ennemis (car, dit M. d'Alembert, à la honte de l'humanité, *Fénélon* eut des ennemis,) avoient placé auprès de lui, à titre de grand-vicaire, un espion chargé d'examiner sa conduite & d'en rendre compte. Ils espéroient que la vertu de ce prélat, vue de près & de suite, se démentiroit dans quelques momens, & pourroit fournir des armes contre lui; en tout cas, le délateur auroit fait son métier, il auroit calomnié, il calomnia en effet; mais il s'en repentit, & enfin, cédant à l'ascendant invincible d'une vertu si constante & si aimable, dont il étoit tous les jours le témoin, il se jette aux pieds de *Fénélon*, lui révèle tout, lui avoue le personnage indigne dont il avoit eu la bassesse de se charger, lui en demande pardon, & ne se pardonnant pas à lui-même, court s'ensevelir à la Trappe.

Fénélon, si indulgent à l'égard de tout le monde, étoit toujours sévère à lui même, & régloit sa conduite sur les principes antiques, autant que la différence des siècles pouvoit le permettre. Lorsqu'il fut nommé à l'archevêché de Cambray, il remit son abbaye de Saint-Vallery, *pour ne pas violer*, disoit-il, *la loi de l'Eglise qui défend de posséder plusieurs bénéfices.* Il n'en falloit pas davantage pour lui faire beaucoup d'ennemis dans le clergé : aussi l'archevêque de Rheims, le Tellier, lui dit-il naïvement : *vous allez nous perdre.*

Quant à ses ouvrages, nous avons parlé des deux qui ont fait événement dans sa vie. Les plus célèbres, après ceux-là, sont le *Traité de l'Education des Filles.* Les *Dialogues des Morts.* Le traité de *l'Existence de Dieu, établie par des preuves tirées de la nature.* Les *Directions pour la conscience d'un roi*, composées pour l'instruction de M. le duc de Bourgogne ; des *Dialogues sur l'éloquence en général, & sur celle de la chaire en particulier*, &c. Un homme du caractère de M. de *Fénélon* ne devoit pas être favorable à la doctrine des jansénistes. Il écrivit contre eux : il trouvoit, disoit-il, leur doctrine *impitoyable* & *désespérante. Dieu n'est pour eux que l'Etre terrible ; il n'est pour moi que l'Etre bon : je ne puis me résoudre à en faire un tyran qui nous ordonne de marcher en nous mettant aux fers, & qui nous punit si nous ne marchons pas.*

Mais on peut croire qu'il étoit ferme sur l'article de la tolérance ; il détestoit la persécution dont ces mêmes jansénistes étoient alors l'objet. *Soyons à leur égard*, disoit-il, *ce qu'ils ne veulent pas que Dieu soit à l'égard des autres, pleins de miséricorde & d'indulgence.* On lui représentoit un jour qu'ils étoient ses ennemis les plus acharnés : *c'est une raison de plus*, répondit-il, *pour les tolérer & leur pardonner.*

Le charme le plus touchant de ses ouvrages, dit M. d'Alembert, » est ce sentiment de quiétude & de paix qu'il fait goûter à son lecteur ; c'est un ami qui s'approche de vous, & dont l'ame se répand dans la vôtre. «

Quant à ses ouvrages de littérature, quand le *Télémaque* ne prouveroit pas à quel point il étoit nourri des anciens, & combien la grande manière d'Homère & la belle poésie grecque lui étoient familières, sa lettre à l'académie françoise sur l'éloquence suffiroit seule pour déposer de son goût & de sa sensibilité. (Voyez, à l'article *Démosthène*, comment il peint cet orateur dans ses Dialogues sur l'éloquence.)

* FERDINAND I, roi de Castille & de Léon, (*Hist. d'Espagne.*) troisième fils de don Sanche, roi de Navarre, monta sur le trône de Castille, en vertu du testament de son père, en 1035. On crut, au commencement de son règne, que ce prince vivroit sans gloire, & n'auroit ni le courage, ni la mâle fermeté de don Sanche. Le roi de Léon, son beau-frère, qui en avoit cette idée peu avantageuse, entra en Castille à la tête d'une armée formidable. *Ferdinand*, quoiqu'avec des forces inférieures à celles de son ennemi, montra qu'il savoit non-seulement défendre ses états, mais encore conquérir ceux d'un prince ambitieux. Le roi de Léon fut tué dans un combat, & perdant la victoire avec la vie, son royaume devint une province de Castille en 1038. *Ferdinand* tourna ensuite ses armes contre les Maures, qu'il vouloit chasser de toute l'Espagne. Il leur enleva beaucoup de villes, & poussa ses conquêtes jusqu'au milieu du Portugal. Il les auroit poussées plus loin, si la mésintelligence que mirent entre lui & don Garcie, roi de Navarre, des courtisans perfides, vils & lâches adulateurs, nés pour le malheur des rois & des peuples, n'eût porté ces deux frères à tourner contre eux-mêmes des armes qu'ils avoient rendues si redoutables aux infidèles. *Ferdinand* eut tout l'avantage de cette guerre, & Garcie y perdit la vie. Sur la fin de son règne, il fut contraint de reprendre les armes contre les Maures qui faisoient des incursions dans ses états ; mais ses finances étoient épuisées par les guerres précédentes, & il ne vouloit pas charger ses sujets de nouveaux impôts. Il engagea la reine à sacrifier ses pierreries & les biens qu'elle possédoit en propre, au salut de la patrie. Avec ces secours, le roi leva une armée, tailla les Maures en pièces dans plusieurs rencontres, & revint chargé de gloire & de riches dépouilles, arrive à Léon la veille de Noël, & meurt trois jours après en 1065. Il avoit régné trente ans sur la Castille. L'année qui précéda celle de sa mort, il avoit fait son testament, par lequel, contre l'avis de son conseil, il partageoit ses états entre trois fils & deux filles qu'il avoit. Il donna la Castille à Sanche son aîné, le royaume de Léon & des Asturies à Alphonse, la Galice & le Portugal à Garcie; il assura à Urraque, l'aînée de ses filles, Zamora avec ses dépendances; & à Elvire sa cadette, Toro & le territoire qui en dépendoit. (*L. C.*)

FERDINAND II, fils puîné d'Alphonse VIII, eut, dans le partage que le roi son père fit de ses états entre ses enfans, en 1145, le royaume de Léon & la Galice; mais il ne quitta la cour de Castille pour aller s'asseoir sur le trône de Léon, qu'à la mort d'Alphonse, arrivée en 1157. Né avec un caractère bienfaisant, généreux & ami de la justice, il eût été un bon roi, s'il n'eût pas eu la foiblesse de se laisser prévenir trop légérement par les impressions que lui donnoient les courtisans qui l'entouroient. La modération dont il usa envers le roi de Portugal, son beau-père, devenu son prisonnier, mérite de servir d'exemple à tous les princes qui se trouvent dans les mêmes circonstances. Le roi de Portugal étoit l'agresseur : sans avoir reçu aucun sujet de mécontentement de son gendre, il fit une incursion dans la Galice, où il s'empara de plusieurs places. *Ferdinand* vola au secours de ses provinces, assiégea son beau-père dans Badajoz. Celui-ci fut blessé & fait prisonnier dans une sortie. *Ferdinand* le traita avec avec les égards les plus distingués, lui offrit la paix, & ne demanda pour condition que la restitution des places envahies. Il mourut en 1188.

Ferdinand III, fils d'Alphonse IX & de Bérengère, infante de Castille, & sœur du roi Henri I, monta sur le trône de Castille par l'abdication volontaire de sa mère en 1217, & sur celui de Léon par la mort de son père en 1230. Cousin-germain de S. Louis, roi de France, son zèle pour la religion & ses autres vertus chrétiennes l'ont fait mettre, comme lui, au rang des saints, quoique le bref de Clément X, qui le canonisa, ne permette qu'aux sujets de l'Espagne d'en faire la fête. Les sages loix qu'il fit, le code dans lequel il rassembla celles de ses prédécesseurs, la fermeté avec laquelle il réprima la tyrannie des grands qui opprimoient les petits, son amour pour la justice, l'établissement du conseil souverain de Castille, ses états purgés des brigands & des voleurs qui y commettoient toutes sortes de crimes, l'Espagne entière prenant une nouvelle face par ses soins bienfaisans, lui assurent une place parmi les bons rois. Ses états accrus de près de deux tiers annoncent encore un héros. Mais le titre de conquérant n'ajoute point à la gloire d'un roi chrétien & bienfaisant. *Ferdinand III* mourut en 1252, lorsqu'il se disposoit à conquérir le royaume de Maroc. (*L. C.*)

Ferdinand IV, surnommé l'*Ajourné*, n'avoit que dix ans lorsque le roi Sanche, surnommé *le Brave*, son père, mourut, & lui transmit la couronne en 1295, sous la tutèle & la régence de la reine dona Marie de Molina. Il se ligua avec le roi d'Aragon, pour s'emparer du royaume de Grenade, à la faveur des troubles qui l'agitoient. Lorsqu'il prit Gibraltar aux Maures, un vieux officier sarrasin lui dit : « *Ferdinand*, votre » glorieux bisaïeul me chassa autrefois de Séville ; » Alphonse, votre aïeul, de Xerès; Sanche, votre » père, de Tariffe : vous me chassez de Gibraltar. » Je m'en vais chercher en Afrique, dans ma » vieillesse, un repos que personne ne troublera. » Paroles pleines de sens qui font voir que les rois, destinés à faire le bonheur du monde, en troublent souvent la tranquillité par leur folle ambition. *Ferdinand IV* étoit un prince violent, emporté, despotique. Alphonse de Benavidès avoit été tué à Palence, presqu'à la porte du palais du roi, d'où il sortoit. Deux frères, nommés don Pèdre & don Juan de Carvajal, furent soupçonnés de ce meurtre, & arrêtés à Martos par ordre du roi, qui, avant que de s'assurer de la vérité de ce crime, les condamna à être précipités du haut d'un rocher escarpé. Ils eurent beau protester de leur innocence, se jeter aux pieds de *Ferdinand*, & lui demander qu'il leur permît de se justifier : le roi, refusant de les entendre, ordonna que la sentence fût exécutée sur-le-champ. Alors les deux frères se relevant avec cette fierté assurée que donne l'innocence, citèrent ce prince implacable à comparoître dans trente jours au tribunal du souverain juge des rois, pour y répondre de la mort injuste à laquelle il les condamnoit. Ce siècle étoit celui des ajournemens, & le peuple y ajoutoit foi. Le pape Clément V & le roi Philippe-le-Bel avoient été ainsi ajournés par le grand-maître des templiers. Quoi qu'il en soit, le trentième jour après la citation des deux frères Carvajal, *Ferdinand* s'étant endormi après son dîner, fut trouvé mort lorsqu'on voulut l'éveiller, soit que sa mort fût naturelle, soit que dans une cour remplie de factieux, de mécontens & de conspirateurs, quelqu'un osât profiter d'une erreur populaire pour se défaire du roi par le poison. Cette mort subite arriva le 17 de septembre de l'année 1312. Ce prince avoit vingt-sept ans. (*L. C.*)

Ferdinand V, dit *le Catholique*, fils de Jean II, roi d'Aragon, épousa, en 1469, Isabelle de Castille, sœur de Henri IV, dit l'*Impuissant*. Par ce mariage il réunit la couronne de Castille, dont Isabelle étoit héritière, au trône d'Aragon, sur lequel il monta à la mort de son père : la réunion de ces deux états forma une puissance telle que l'Espagne n'en avoit point encore vue; & cependant trop foible pour satisfaire les vastes desirs de *Ferdinand*, dont l'ambition s'accrut toujours avec les conquêtes. Alphonse, roi de Portugal, prétendoit disputer la Castille à *Ferdinand*, ou plutôt à Isabelle. La guerre décida cette querelle. Le roi de Portugal, battu à Toro en 1476, fut obligé d'accéder aux conditions d'un traité avantageux à son rival. Huit ans de guerre mirent *Ferdinand* en possession du royaume de Grenade. Cette conquête fut suivie de celle d'une partie du royaume de Naples & de la Navarre entière. Mais ces usurpations ternissent la gloire de son règne aux yeux de l'équitable postérité. *Ferdinand*, ajoutant à tant d'états les côtes d'Afrique & un nouveau monde découvert, sous ses auspices, par Christophe Colomb, est moins grand à nos yeux que lorsqu'il rend la force aux loix, punit les magistrats prévaricateurs, diminue les impôts, réprime l'orgueil insolent des grands, réforme le clergé & corrige par de sages ordonnances les abus qui s'étoient glissés dans plusieurs parties de l'administration. Il chassa les Juifs d'Espagne, en quoi son zèle trompa sa politique ; ce bannissement eut des suites funestes. *Ferdinand*, appellé *le Sage* & *le Prudent* en Espagne, *le Pieux* & *le Catholique* à Rome, n'eut que le titre d'*ambitieux* & de *perfide* en France & en Angleterre ; & un prince italien, son contemporain, disoit de ce monarque : « Avant » que de compter sur ses promesses, je voudrois » qu'il jurât par un dieu en qui il crût ». On ne peut nier que ses bonnes & ses mauvaises qualités n'aient donné lieu à ces jugemens différens. Il mourut en 1516.

Ferdinand VI, surnommé *le Sage*, fils de Philippe V & de la princesse Marie-Louise-Gabrielle de Savoie, sœur du roi de Sardaigne: il monta sur le trône après la mort du roi Philippe, au mois de juillet 1746, quelques années après avoir épousé Marie-Magdeleine, infante de Portugal. L'Europe presqu'entière étoit alors embrasée des feux de la guerre, & tous les desirs du nouveau souverain ne tendoient qu'à rétablir la paix. Ses vœux furent remplis; & par ses soins & l'habileté de ses négociations, on sait que les puissances belligérantes conclurent le célèbre traité d'Aix-la-Chapelle. *Ferdinand IV*, après avoir ensuite formé une alliance défensive avec les rois de France & de Sardaigne, dans laquelle il eut soin de veiller aux intérêts des ducs de Parme & de Modène, du roi des deux Siciles, & de la république de Gênes, se consacra tout entier aux soins du gouvernement, & par la sagesse des réglemens qu'il fit, par l'utilité des moyens qu'il employa, rendit la monarchie espagnole tout aussi florissante qu'elle pouvoit l'être. La bienfaisance de Philippe V, poussée quelquefois jusqu'à la prodigalité, la mauvaise administration de Charles II, & celle sur-tout encore plus vicieuse de la reine Marie-Anne, régente pendant la minorité de Charles, avoient multiplié les pensions & les récompenses, au point que les revenus de la couronne étoient presqu'absorbés. *Ferdinand IV* supprima les pensions inutiles, & les fonds qu'il en retira servirent à acquitter les dettes de l'état. Ses forces de terre & de mer entretenues sur le pied le plus respectable, il encouragea le commerce par l'attrait des récompenses, des honneurs, des distinctions, & sur-tout par la haute protection qu'il lui donnoit. Les anciennes manufactures étoient négligées, il leur donna une nouvelle activité par les encouragemens utiles & flatteurs qu'il offrit aux artistes. Enfin, pour que rien ne gênât le commerce maritime & la navigation, il engagea M. Keend, résident d'Angleterre à Madrid, & M. Carvajal, ministre d'Espagne, à conférer & à accommoder, au gré des deux nations, quelques anciens différens sur lesquels il n'avoit été rien statué dans le traité d'Aix-la-Chapelle. Afin qu'il ne restât aucune difficulté sur ces points, comme sur beaucoup d'autres qui n'avoient pas encore été prévus, *Ferdinand*, malgré les intrigues & les tracasseries de la reine mère, conclut avec l'Angleterre un traité, par lequel il promettoit de payer dans trois mois, à la compagnie du Sud, cent mille livres sterling, moyennant laquelle somme cette compagnie ne pourroit plus former aucune sorte de demande en vertu du contrat d'Assiento. Il fut encore réglé que les Anglois ne payeroient d'autres droits que ceux qu'ils avoient payés du temps de Charles II, roi d'Espagne; enfin, qu'ils pourroient aller librement prendre du sel dans l'île des Tortues. Comme c'étoit au général Wall, ambassadeur d'Espagne à Londres, que *Ferdinand* étoit redevable, non-seulement de ce traité, mais encore de l'exacte connoissance qu'il avoit des véritables intérêts de l'Espagne, il le nomma son premier ministre, & aigrit le caractère jaloux & turbulent de la reine mère, qui, secondée par quelques seigneurs de la cour & liguée avec le marquis d'Ensenada, fit tous ses efforts pour s'opposer à l'élévation de M. Wall, & pour le perdre lorsqu'il fut élevé: mais ses cabales, ses intrigues ne nuisirent qu'à elle-même, & beaucoup plus au marquis d'Ensenada, qui fut disgracié, arrêté & mis en prison. Quelque temps après il s'éleva des nuages entre la France & l'Angleterre, au sujet de quelques vaisseaux françois pris & détruits par l'amiral Boscawen. *Ferdinand IV* fut vivement sollicité de prendre parti dans cette querelle; mais, quelque pressantes que fussent les instances qu'on lui fit, il déclara que son intention immuable étoit de ne prendre part dans les contestations qu'il y avoit entre les couronnes Françoise & Britannique, qu'autant qu'il pourroit se rendre médiateur entr'elles; & que du reste il étoit fermement décidé à garder la plus exacte neutralité. Il persista dans ce système, & il ne paroît pas que les circonstances postérieures l'eussent fait changer, car il vit les commencemens de cette guerre sans s'écarter en aucune manière du plan qu'il s'étoit fait, & ne cessa dans ces commencemens d'offrir sa médiation. L'amiral Osborne croisoit en 1758 avec une escadre entre le cap de Gate & Carthagène; il y rencontra l'escadre françoise, commandée par M. du Quesne, & envoyée au secours de M. la Clue, que M. Osborne tenoit bloquée dans le port de Carthagène. L'escadre françoise ne fut point heureuse; le Foudroyant, vaisseau de quatre-vingt canons & de huit cents hommes, commandé par M. du Quesne, soutint pendant long-temps l'honneur du pavillon françois; mais, après un combat opiniâtre, il fut obligé de se rendre: l'oriflamme alla se faire échouer sous le château d'Aiglos, & l'Orphée fut pris. Quelques mois après ce combat naval, & dans la même année, *Ferdinand IV* essuya le coup le plus funeste que son ame sensible pût éprouver, & il y succomba. Il aimoit éperdûement la reine son épouse; elle faisoit le bonheur & les délices de sa vie; la mort rompit les nœuds de leur douce union, & à la suite d'une assez courte maladie, cette reine expira en 1758. *Ferdinand*, qui par caractère étoit mélancolique, se livra sans réserve à l'amertume de sa tristesse; & puisqu'il faut tout dire, son chagrin dégénéra, sinon en démence complète, du moins en accès momentanés d'extravagance. Il ne s'occupa plus ni d'affaires d'état, ni d'affaires particulières; il ne songea qu'à la perte accablante & irréparable qu'il avoit faite; & refusant toute compagnie, toute société, il s'enferma dans une chambre à Villaviciosa, d'où il ne voulut plus sortir. Agité, pénétré de ses idées lugubres & funèbres, il rejeta tout le

danger

les alimens qu'on lui présentoit ; & cette crise de démence s'étant prolongée pendant trois ou quatre jours, il s'épuisa si fort, qu'une légère maladie, qui le surprit dans cet état, fut presqu'aussi-tôt déclarée mortelle. Mais quelque pressant que fût le danger, il ne voulut ni remèdes, ni consolation d'aucune sorte, & répétant sans cesse le nom de son épouse, il refusa de se vêtir, comme il avoit refusé de se nourrir ; tout ce qu'à force de prières on put obtenir de lui, fut de dicter au comte de Valparaito, en présence du duc de Bjar, son testament, par lequel il nomma son frère dom Carlos son successeur à la couronne d'Espagne, & la reine douairière régente, jusqu'à l'arrivée de dom Carlos. Quelques momens après avoir dicté ces dernières dispositions, *Ferdinand IV* mourut le 10 août 1759, après un règne de 13 ans & quelques jours. (*L. C.*)

FERDINAND, surnommé *le Juste*, roi d'Aragon, fils de Jean I, roi de Castille & d'Eléonore d'Aragon. Après la mort d'Henri III, roi de Castille, son frère prit, pour le bonheur de l'état, la régence de ce royaume pendant la minorité de son neveu le roi dom Jean. Pendant qu'il acquéroit, par le succès & la sagesse de sa régence, la plus grande célébrité, lui-même, heureux au sein de sa famille, vivoit dans la plus douce concorde avec Eléonore d'Albuquerque, son épouse & ses deux fils, Alphonse V, qui dans la suite fut roi de Naples, & Jean II, qui lui succéda au trône d'Aragon. Jean & Martin, ses deux beaux-frères, rois d'Aragon, étant morts sans postérité, *Ferdinand*, fondé sur l'évidence de ses droits, poursuivit ses prétentions à cette couronne, qui lui étoit due du chef d'Eléonore sa mère : mais les troubles qui alors agitoient l'Aragon, & les divers prétendans au sceptre aragonois, ne promettant point à l'infant de Castille un avénement paisible au trône, il se disposoit à soutenir par les armes la force de ses droits, lorsque du consentement de tous les concurrens, & de l'infant de Castille lui-même, la décision de cette importante cause fut remise au jugement de neuf personnes choisies par le conseil d'Aragon. Ces neuf juges s'assemblèrent, & après une longue & mûre délibération, ils prononcèrent unanimement en faveur de l'infant dom *Ferdinand*, qui s'étant tout de suite rendu à Sarragosse, y fut proclamé & couronné en 1412. Cependant, quoique tous les prétendans eussent promis de s'en rapporter à la décision des neuf juges, le comte d'Urgel, le plus puissant, le plus accrédité de ces concurrens, & celui qui avoit en Aragon le parti le plus considérable, souleva ses adhérens, prit les armes, & alluma le feu de la guerre civile. Outre les places que le comte d'Urgel tenoit, & la moitié de l'Aragon qui soutenoit sa cause, il avoit aussi pour allié Thomas, duc de Clarence, fils de Henri IV, roi d'Angleterre, & il étoit à craindre qu'à la fin son parti ne devînt le plus fort. *Ferdinand*, pour balancer la puissance & les forces de son rival, implora le secours des seigneurs de Castille, & ils vinrent en foule, suivis de nombreuses troupes, se ranger sous ses drapeaux. A la tête d'une aussi formidable armée, *Ferdinand* n'éprouvant presque plus de résistance, il soumit, de province en province, tout l'Aragon ; & le comte d'Urgel, poursuivi de place en place, abandonné de ses partisans, fut contraint de venir se mettre à la discrétion du roi, qui l'envoya prisonnier en Castille. Afin de s'affermir sur le trône & de resserrer les liens qui unissoient la Castille & l'Aragon, *Ferdinand* maria l'infant dom Alphonse son fils avec l'infante dona Marie de Castille ; & ce mariage, également approuvé des deux nations, fut célébré avec la plus grande solemnité. Peu de temps après cet événement, le roi d'Aragon entreprit d'aller rendre visite à la reine de Castille sa belle-sœur ; mais à peine il s'étoit mis en route, qu'il fut attaqué d'une maladie si violente, qu'elle le mit en très-peu de jours au tombeau ; il mourut le 2 avril 1416, après un règne d'environ quatre années, amèrement regretté en Aragon, & beaucoup plus en Castille. (*L. C.*)

FERDINAND I, successeur de Charles V, archiduc d'Autriche (*Hist. d'Allemag. de Hongrie & de Bohême.*), XXXe empereur depuis Conrad I, XXXIVe roi de Hongrie, XXXe roi de Bohême, naquit à Alcala, le 10 mars 1503, de Philippe-le-Beau, archiduc d'Autriche, & de Jeanne d'Espagne. On verra, aux articles FRÉDÉRIC le Pacifique & MAXIMILIEN, quels pouvoient être les droits de la maison d'Autriche au trône de Hongrie. C'étoient des traités faits avec les Huniades & l'alliance de Maximilien, avec Louis II, dont il avoit épousé la sœur. Ces traités blessoient la constitution des Hongrois, qui, à chaque règne prétendoient avoir le droit de se choisir des maîtres. Cette nation, affoiblie par ses divisions & par les guerres des Turcs, qui, récemment avoient écrasé plusieurs de leurs armées, & tué Louis II, leur dernier roi, étoit dans l'impuissance de défendre par elle-même le plus cher de ses privilèges. *Ferdinand* étoit peu redoutable par lui-même, mais il avoit pour frère Charles-Quint ; & ce prince étoit tantôt la terreur, & tantôt l'arbitre de l'Europe, dont il possédoit la plus belle moitié, avec les royaumes de l'Amérique nouvellement découverte. Le nom de Charles-Quint, si grand, si imposant, ne put retenir la noblesse Hongroise. Elle étoit indignée qu'on regardât l'honneur de commander comme un patrimoine dont le caprice pût disposer. Elle crut sa liberté perdue ; remplie de cette funeste idée, elle plaça sur le trône Jean Rapolski (ou de Zapols), comte de Scepus, vaivode de Transilvanie ; & oubliant les ravages des Turcs, elle invoqua, pour l'y soutenir, ce même Soliman II, qu'elle regardoit auparavant comme son plus redoutable fléau. C'étoit ce Soliman, si fameux par la prise de Belgrade, devant laquelle avoit échoué le superbe Mahomet II, & plus fameux encore par la conquête de Rhodes sur ses chevaliers, regardés à juste titre comme la milice la plus guerrière de la chrétienté, ou plutôt de tout l'univers. Ce Soliman avoit vengé, dans Bude même, les cruautés exercées sur ses ambassadeurs, & fait périr Louis II, après avoir taillé en pièces l'armée de ce prince, à la célèbre & malheureuse journée de Mohatz. Cette aversion de la noblesse Hongroise contre *Ferdinand* causa une guerre sanglante. Soliman, qui voyoit une nouvelle occasion d'affoiblir les chrétiens, ses implacables ennemis, ne la laissa pas échapper, & s'avança aussi-tôt à la tête de ses troupes. Après avoir vaincu les Autrichiens & les avoir forcés d'évacuer la Hongrie, il fit couronner dans Bude, en sa présence, Rapolski son allié, ou plutôt son protégé; & par une générosité dont les fastes du monde nous offrent peu d'exemples, il ne mit aucun prix à ce service important. Non-seulement *Ferdinand* fut forcé de sortir de la Hongrie; il apprit encore que les Turcs, après avoir pris Attembourg d'assaut, avoient mis le siége devant Vienne. Au milieu de ce péril, il implora les secours de la chrétienté. Tous les princes d'Allemagne, réunis par une crainte commune, forcèrent les Turcs à la retraite. *Ferdinand* en profita, & obligea son ennemi de consentir à un traité qui lui donnoit la moitié de la Hongrie, & lui assuroit l'autre pour l'avenir. La noblesse Hongroise, mécontente de cette paix, refusa d'y souscrire, & Rapolski reçut chaque jour des reproches, qui à la fin le conduisirent au tombeau. Sa mort excita de nouveaux troubles: les Hongrois, qui avoient refusé d'accéder au traité, refusèrent de le confirmer; & au lieu de reconnoître *Ferdinand*, ils mirent la couronne sur la tête du fils de Jean, né huit jours avant la mort de son père. L'archiduc rassembla toutes ses forces pour dépouiller cet enfant, dont la mère, à l'exemple du feu roi, recourut au généreux Soliman, qui lui prêta les mêmes secours que son mari avoit reçus. Le sultan s'avança, non en conquérant, mais en vengeur des opprimés. Paré du glorieux titre de défenseur d'une reine au désespoir & d'un roi au berceau, il reparut sur les bords du Danube, & la fortune favorisa ses armes; il prit Bude une seconde fois, battit un général de *Ferdinand*, & *Ferdinand* lui-même, qu'il poursuivit jusqu'à Presbourg. Cette générosité de Soliman étoit approuvée par la politique, & diminuoit l'horreur que pouvoient inspirer sa religion & les mœurs turques; en se conciliant l'esprit des Hongrois, il s'en faisoit un rempart contre les autres chrétiens d'Occident, que leurs divisions empêchoient de faire contre lui de plus puissans efforts. Cependant il mit sous sa domination cette partie de la Hongrie où avoit régné le roi Jean, parce qu'Etienne-Sigismond, fils de ce prince, eût été dans l'impossibilité de la pouvoir défendre. Soliman, pour l'en dédommager, augmenta ses droits sur la Transilvanie. Il régnoit alors une espèce d'inimitié entre Charles-Quint & *Ferdinand*. Elle étoit occasionée par le refus que faisoit celui-ci de céder son titre de roi des Romains, que lui avoient conféré les états, à Philippe son neveu, fils du premier. Ce fut pendant ce temps-là même que *Ferdinand* acquit la Transilvanie; il la dut aux intrigues de Martinutius, évêque de Varadin, qui fut depuis cardinal. Ce prélat ayant gagné l'esprit de la veuve de Rapolski, régente & tutrice d'Etienne-Sigismond, la dégoûta de la protection des Turcs, & l'engagea à céder la Transilvanie pour quelques places en Silésie. Jamais reine, dit M. de Voltaire, ne fit un si mauvais marché. Martinutius fut déclaré vaivode de Transilvanie, & la gouverna avec autant d'autorité que de courage. Les Turcs eurent en ce prélat un ennemi dangereux; mais *Ferdinand* le fit assassiner, on ne sait sur quel motif. Cependant l'abdication de Charles-Quint, qui, lassé des contradictions & des vicissitudes de la vie, renonça à tant de trônes pour se consacrer à la retraite, fit passer à *Ferdinand* l'empire d'Allemagne, que lui avoit assuré son titre de roi des Romains. Le premier événement mémorable de son règne, comme empereur, fut une diète qui se tint à Ratisbonne; cette diète confirmoit la paix de religion par l'accommodement de la maison de Hesse & de celle de Nassau. Philippe, Landgrave de Hesse, obtint le comté de Darmstad, & Guillaume de Nassau, le comté de Dietz. On avoit envoyé une ambassade en cour de Rome pour y notifier l'abdication de Charles & l'avénement de *Ferdinand*. Paul refusa de la recevoir & de reconnoître le nouvel empereur. On ne reconnoît point ici la politique de cette cour, dans un temps où les plus puissans royaumes du Nord & la moitié de l'Allemagne s'étoient séparés de la communion romaine. Il ne paroît pas qu'il fût sage de désobliger *Ferdinand* par un refus, puisque cette ambassade n'étoit qu'un acte de déférence. Paul persista dans son refus; mais Charles-Quint étant mort, Pie IV, qui avoit succédé à Paul, fit sa paix avec *Ferdinand*, qui avoit payé d'un juste mépris l'injure qu'il avoit reçue. *Ferdinand* n'oublioit rien pour perpétuer le trône dans sa maison, déjà illustrée par plusieurs empereurs. Dans une assemblée à Francfort, il fit conférer le titre de roi des Romains à Maximilien II, son fils; tous les électeurs assistèrent à cette cérémonie, & s'acquittèrent des fonctions de leur dignité conformément à la bulle d'or. Un ambassadeur des Turcs se trouva à cette solemnité, & la rendit plus glorieuse en signant un traité qui fixoit les limites de la Hongrie Autrichienne & de la Hongrie Ottomane. *Ferdinand* mourut peu de temps après, dans la soixante-deuxième année de son âge, la septième de son règne comme empereur, & la trente-troisième comme roi de Hongrie & de Bohême. Il eut de l'impératrice Anne de Bohême, fille de Ladislas, trois fils, savoir, Maximilien II, qui lui succéda à l'empire, Ferdinand, auquel il laissa l'archiduché d'Autriche avec le Tirol, & Jean, qui mourut au berceau; ses filles furent Elisabeth, qui épousa Sigismond-Auguste, roi de Pologne; Anne, qui fut femme d'Albert, duc de Bavière; Marie, qui épousa Guillaume, duc de Juliers & de Clèves; Catherine, qui fut successivement femme de François, duc de Mantoue, & de Sigismond, roi de Pologne; Éléonore, qui épousa un autre Guillaume, duc de Mantoue. *Ferdinand* eut en outre deux princesses, qui moururent religieuses. Ce fut sous le règne de ce prince que se tint le concile de Trente, dont l'autorité n'est pas reconnue par les protestans. (*M-Y.*)

Ferdinand d'Autriche, IIe. empereur du nom, (*Hist. d'Allemagne, de Hongrie & de Bohême.*) XXXIVe empereur d'Allemagne depuis Conrad I, XXVIIIe roi de Hongrie, XXXVIIIe roi de Bohême, né le 9 juillet 1578, couronné roi de Bohême en 1617, le 29 juin, de Hongrie en 1618, empereur en 1619 le 28 août, mort & enterré à Vienne le 13 février 1637. La mort de Mathias fut suivie d'un interrègne : ses dernières volontés avoient appellé *Ferdinand* pour lui succéder ; mais les états d'Allemagne croyoient leur liberté intéressée à retirer le sceptre impérial des mains de la maison d'Autriche, qui le possédoit sans interruption depuis près de deux siècles (il y avoit à cette époque 182 ans); il falloit négocier pour les rassurer: *Ferdinand*, naturellement ambitieux, ne négligea pas ce moyen; & dans une assemblée qui se tint à Francfort, il eut le bonheur de réunir le plus grand nombre des suffrages en sa faveur. Son élection ranima les troubles qui avoient éclaté sur la fin du règne précédent, & dont Ernest, bâtard de l'illustre maison de Mansfeld, étoit l'ame. Ernest s'étoit d'abord attaché à la maison d'Autriche : sa dextérité, sa valeur, des services essentiels l'avoient fait admirer à la cour de Vienne, qui lui avoit promis de le légitimer, & de lui laisser les biens de sa maison : mais l'intérêt de cette cour ayant violé des promesses données par la reconnoissance, Ernest avoit conçu une haine implacable contre Mathias ; & pour mieux assurer ses vengeances, il avoit fait une profession publique du luthéranisme : soutenu des armes de cette secte, il avoit parcouru la Bohême, que ses talens avoient fait révolter. Les Bohêmes, animés par ce rebelle, non-seulement protestèrent contre l'élection de *Ferdinand*, mais ils le déclarèrent déchu de leur trône, qu'il occupoit depuis plusieurs années : ils appellèrent pour le remplacer l'électeur Palatin. Ernest, pour assurer le succès de ses desseins, fit alliance avec Gabor, successeur de Batori dans la principauté de Transilvanie; & celui-ci avoit fait révolter les Hongrois ; d'un côté Christian de Brunsvick, administrateur de Magdebourg, invitoit les luthériens d'Allemagne à assurer la liberté de leur culte ; & ce barbare vengeoit les injures faites à ce culte, par le sang des prêtres & le pillage des églises orthodoxes. Tous les protestans, guidés par un prince aussi adroit que cruel, se soulevèrent contre le nouvel empereur, & demandèrent un chef de leur secte. Telle étoit la nature des troubles qu'il falloit appaiser ; troubles qui firent naître des révolutions aussi funestes que rapides, & produisirent à la fin ce fameux traité de Westphalie, qui, les terminant après trente ans, fixa l'état du corps germanique, & changea les intérêts de l'Europe. *Ferdinand* avoit pour lui tous les princes d'Allemagne de la communion romaine & le roi d'Espagne. La cour de France même, dirigée par le connétable de Luynes, l'appuya de son crédit; & c'est ce que tous les politiques ont eu peine à concevoir; ou le connétable étoit déterminé par des vues d'intérêt, ou il ne pensoit pas comme Richelieu, Mazarin & Louis XIV, qui mirent depuis tous leurs soins à abaisser la maison d'Autriche, dont le despotisme alarmoit toute l'Europe. Les ennemis de *Ferdinand*, au nombre desquels étoient presque tous les protestans, calvinistes & luthériens, tinrent une assemblée dans la Bohême, regardée comme le sanctuaire de la révolte : ils déposèrent solemnellement *Ferdinand* ; & sans entendre des députés qu'il leur envoya, ils procédèrent à une nouvelle élection. Les suffrages flottèrent entre l'électeur de Saxe & le duc de Savoie : mais il se fit une troisième brigue en faveur de l'électeur Palatin, Frédéric V, & celui-ci l'emporta ; Frédéric V n'avoit pas recherché ce dangereux honneur ; il hésita longtemps avant de l'accepter : puissant, tranquille, heureux, il voyoit les terribles conséquences d'une demarche aussi périlleuse. La sage Louise-Juliane, sa mère, fit tous ses efforts pour l'engager à rejeter un sceptre qui devoit l'exposer aux plus affreux malheurs. Les instances d'Elisabeth, qui, fille de Jacques I, roi d'Angleterre, aspiroit à avoir un roi pour époux ; le maréchal de Bouillon, le prédicateur de la cour, l'espoir d'être secouru par son beau-père, les vœux des protestans, l'attrait d'une couronne, ces puissans motifs firent taire la prudence, & le jetèrent au milieu des écueils de l'ambition. Frédéric signa, les larmes aux yeux, le décret de son élection. Ces larmes auroient pu être regardées comme le présage de sa chûte. Les grandes entreprises exigent plus d'intrépidité que de sagesse : & quand on craint la fortune, on l'asservit rarement. *Ferdinand* n'oublioit rien pour écarter cet orage : il suivit le grand (ou le petit) principe de diviser pour affoiblir D'abord il gagna Maximilien de Bavière, prince de sa maison; il lui promit l'électorat dont il devoit dépouiller le rebelle; par-là il acquit à son parti un général estimable, & parvint à diviser les deux branches Palatines. Il tâchoit cependant de ramener ses ennemis par des voies pacifiques. Il promettoit même aux rebelles une entière satisfaction ; mais les Hollandois & l'électeur Palatin firent résoudre la guerre. Alors *Ferdinand* fit usage de toutes les forces de son parti. Rome & Madrid lui promirent de puissans secours ; vingt mille Espagnols se rendirent aussi-tôt en Allemagne. Ce renfort ne pouvoit être balancé par trois mille hommes, que le roi Jacques envoya à son gendre ; une bataille sanglante, livrée sous les murs de Prague (1620, 19 nov.), ruina entièrement le parti de Frédéric, & l'exposa au ressentiment de *Ferdinand*. En même temps le transilvain Gabor, après avoir eu quelques succès en Hongrie, succomba sous le génie de l'illustre Valstein, malgré les efforts de la Porte & de Venise. Les Turcs & les Venitiens, réunis sous la même bannière, offroient un spectacle nouveau ; mais il étoit de leur avantage d'affoiblir la maison d'Autriche ; c'étoit y réussir que de lui enlever le royaume de Hongrie, & d'y maintenir Gabor. Valstein, dont on vient de parler, étoit né simple gentilhomme de Bohême ; mais son mérite l'avoit élevé aux premiers grades de la milice, & il avoit déployé par-tout des talens supérieurs. Il n'eut pas plutôt forcé Gabor d'évacuer la Hongrie, qu'il repassa dans la Bohême, où Ernest de Mansfeld luttoit encore pour rétablir le parti de Frédéric : il l'attaque dans toutes les rencontres ; & toujours vainqueur, il le chasse de rivière en rivière : il l'écrase à Dessau, & force enfin ce fameux partisan à chercher un asyle en Italie, où une mort équivoque termina ses infortunes. Il mourut en héros, recommandant à ses soldats de se sacrifier pour la gloire inséparable de la liberté germanique. Valstein, toujours heureux & actif, marche contre Brunsvick & les autres protestans de l'Empire. Il prend d'assaut Halberstadt, se rend maître par ruse de la forteresse de Baal, & ravage le territoire de Magdebourg, à la vue de deux armées accourues pour la défendre. Se tournant ensuite vers le Nord, il chasse le duc Meklenbourg de ses états, s'empare de la Poméranie, envahit la Basse-Saxe, ravage les bords de la Baltique ; & trois campagnes lui suffisent pour soumettre à l'empereur cette vaste étendue de pays entre le Veser & les bouches de l'Oder. *Ferdinand*, vainqueur par ses généraux, s'occupe à satisfaire ses vengeances, & accable l'Allemagne du poids de son despotisme. Frédéric est mis au ban de l'Empire : ses terres & ses titres sont donnés à Maximilien son frère & son vainqueur. Valstein reçoit pour récompense le duché de Meklenbourg, qu'il a ravi à ses anciens maîtres. Les édits les plus rigoureux sont publiés contre les protestans, & tous ces actes d'autorité sont dictés par l'empereur, qui dédaigne de consulter les états. On n'assembloit plus les diètes, & tout se décidoit dans le conseil du monarque. *Ferdinand* fit couronner son fils roi de Hongrie & de Bohême. On feignit de laisser aux Hongrois la liberté des suffrages, mais on n'usa point de ce ménagement envers les Bohêmes. On leur présenta le nouveau roi, & on leur ordonna d'obéir. Cependant le conseil de France, éclairé par Richelieu, sentit qu'il étoit nécessaire d'interrompre une fortune aussi constante ; & Louis XIII s'apperçut que, s'il étoit intéressant d'abaisser les protestans de France, il étoit d'une sage politique de ne point laisser abattre ceux d'Allemagne. Il falloit diviser ce grand corps de princes, qui, s'ils eussent tous prêté la même obéissance à *Ferdinand*, enchaînoient l'Europe à la maison d'Autriche, qui déjà possédoit quatre trônes, dont deux, l'Espagne & la Bohême, étoient gouvernés despotiquement. Valstein continuoit ses victoires, & Stralsund étoit l'unique place qui lui opposât une barrière. Cette ville impériale, à qui le commerce favorisé par sa situation avoit donné une marine, des richesses & des fortifications, faisoit de continuels efforts pour sa liberté, dont la perte paroissoit inévitable. Tel étoit l'état de l'Empire, lorsque la France s'unit secrétement avec Gustave-Adolphe, l'émule des Alexandre & des César, qu'il égaloit par ses talens & qu'il surpassoit par ses vertus. Gustave, en humiliant *Ferdinand*, vengeoit sa gloire offensée, & soutenoit les intérêts de son trône. L'empereur avoit témoigné du mépris pour ce grand homme, & fournissoit des secours à Sigismond, roi de Pologne, implacable ennemi de la Suède : aidé d'un subside de douze millions que lui payoit la France, Gustave se prépara à entrer en Allemagne avec vingt mille hommes. Cette armée, peu considérable par le nombre, étoit composée d'hommes robustes, que la victoire avoit suivis dans vingt batailles. Les premiers soins du héros furent de délivrer Stralsund. Valstein, jusqu'alors invincible, est forcé de lever le siége. Gustave avoit caché ses desseins ; mais, dès qu'il eut mis Valstein en fuite, il se déclara le libérateur de l'Empire ; il fit une descente dans l'île de Rugen, d'où il chassa les lieutenans de l'empereur, qui se rembarquèrent avec précipitation. Il les suivit dans la Poméranie & entra en Allemagne. Le duc souverain de cette province, à l'exemple des autres princes du corps germanique, servoit *Ferdinand* qu'il n'aimoit pas ; mais il redoutoit sa vengeance, s'il venoit à l'abandonner. Gustave le força de garder la neutralité ; & pour s'assurer une communication avec la Suède, il se fit assurer la régie de ses états. *Ferdinand*, qui quelques mois auparavant ne croyoit pas qu'aucune puissance pût résister à la sienne, fut étrangement surpris d'être sommé par les députés de Gustave de rendre aux princes dépouillés leurs biens, aux protestans la liberté de conscience, à l'Empire ses priviléges. Gustave invita en même temps les membres du corps germanique à s'unir avec lui, & promit de ne point mettre bas les armes qu'il n'eût brisé le joug sous lequel leur chef les tenoit. Le Palatin Frédéric, qui depuis son ban vivoit ignoré dans un coin de la Hollande, & le duc de Meklenbourg, accoururent, & remirent leur sort entre les mains de Gustave. Magdebourg montra des dispositions à la révolte. Les états protestans, au comble de la joie de voir un si digne vengeur de leur culte, s'assemblèrent à Leipsick, où ils firent à l'empereur de très-humbles remontrances,

& les appuyèrent d'une armée de quarante mille hommes, qui devoit faciliter les opérations des Suédois. *Ferdinand* employoit les négociations au plus fort de la guerre; mais l'activité de Gustave rendit tous ses efforts impuissans: son général Tilli, qu'il avoit substitué à Valstein, déploya en vain tout ce qu'une longue expérience lui avoit appris: Gustave déconcerte sa vigilance, & met l'Oder entre les Impériaux & lui. Jamais guerre ne fut poussée avec plus de chaleur, ne causa tant de ravages & ne produisit plus de grands événemens. Tilli, furieux de s'être laissé tromper, se jette sur Magdebourg qu'il détruit. Les habitans de cette déplorable ville sont impitoyablement égorgés. Il pénètre ensuite dans la Saxe, que le roi avoit laissée sans défense, pour punir le duc, qui, sous une feinte amitié, méditoit sa ruine, & y met tout à feu & à sang. L'électeur, dont les armes suédoises sont l'unique ressource pour sauver son pays, se jette dans les bras de Gustave, qui lui pardonne, & qui l'oblige de lui confier toutes ses forces. Tilli se rend maître de Leipsick, mais une défaite dans une bataille rangée près de cette ville le contraint de prendre la fuite. Le héros suédois profite de tous les avantages que lui offre sa victoire; une armée commandée par l'électeur de Saxe pénètre dans les états héréditaires de l'Empire: une autre va nettoyer les bords de la Baltique; la troisième, conduite par Gustave, envahit la Franconie, bat une seconde fois Tilli, prend Francfort, se rend maître de tout le cours du Mein, parvient jusqu'au Rhin, d'où, se repliant brusquement vers le Palatinat, il en chasse les Espagnols & le rend à Frédéric V. Tilli, n'osant plus s'exposer en bataille rangée, veut au moins disputer le passage des rivières. Il se porte sur le Leck, que sa profondeur & ses bords escarpés rendent peu praticable à une armée; mais ce nouvel obstacle est surmonté; Tilli perd la vie dans un choc où ce vieillard s'expose en téméraire, & le chemin de Vienne est ouvert au vainqueur. Gustave prend Munick, & ses généraux insultent Ratisbonne, où une diète, composée des seigneurs de la ligue catholique, délibère sur les moyens de retarder la chûte de *Ferdinand.* Ce prince, dans un péril aussi imminent, privé de son général, jette les yeux sur Valstein. Ce vieillard, qu'il a outragé, est trop sensible à la gloire pour refuser l'honneur de commander. C'est ici le moment où l'histoire d'Allemagne offre le tableau le plus intéressant. L'Allemagne est envahie par un royaume qu'elle traitoit en province sujette. Le plus puissant monarque de l'Europe reste tremblant dans sa capitale. Les deux plus grands capitaines de leur siècle sont aux prises; l'un combat pour la gloire & pour la liberté des rois, que la maison d'Autriche prétendoit asservir; l'autre par le desir d'abaisser un conquérant qui joint à l'expérience cette intrépidité que donnent la force & le feu de l'âge; par l'honneur de relever un parti presqu'abattu, & autrefois triomphant par sa valeur, & de montrer à l'Europe un homme supérieur au héros qu'elle admire: tous deux enfin brûlent du zèle d'assurer la supériorité à leur religion. Valstein, avant de chercher Gustave, essaie ses troupes, & par de légères attaques adroitement ménagées, il relève leur courage; il laisse à Maximilien le soin de défendre la Bavière, & marche vers la Bohême en proie aux Saxons, zélés partisans de Gustave. L'aigle impérial reprend son ascendant dans ce royaume & dans la Westphalie, d'où les Suédois sont presque entiérement chassés. L'espoir renaît dans les cœurs, & les succès les remplissent d'ardeur. Valstein, qui voit combien il importe de ne pas la laisser refroidir, presse Maximilien de venir le joindre pour livrer une bataille décisive. Gustave, qui ne se laisse point éblouir par l'éclat de ses triomphes, multiplie en vain ses efforts pour empêcher cette jonction; inférieur en nombre, il fait une retraite savante sous les yeux des deux armées qui le poursuivent jusques sous le canon de Neubourg. Les Autrichiens lui firent de continuels défis; il méprisa leurs insultes, & ce ne fut qu'après avoir reçu de nouveaux renforts qu'il livra la fameuse bataille de Lutzen, qui mit le comble à sa gloire, mais qui lui coûta la vie. Le corps de ce prince, si digne de l'immortalité, fut trouvé sur le champ de bataille percé de deux balles & de deux coups d'épée. Une aussi belle mort devoit terminer une aussi glorieuse vie. Cette perte fut fatale à Frédéric, qui attendoit son rétablissement des armes Suédoises. Il étoit alors malade à Mayence: le chagrin & le mal le mirent au tombeau le 19 novembre 1731. Ainsi la perte de la bataille de Lutzen fut balancée dans l'esprit de *Ferdinand* par la mort de ses deux plus redoutabl s ennemis. Le corps de Gustave fut porté en triomphe dans presque toute l'Allemagne. L'ombre seule de ce grand homme enflammoit le courage de ses soldats; la paix dont l'empereur s'étoit flatté, ne fut point rétablie: le chancelier Oxenstiern, choisi par Gustave pour gouverner la haute Allemagne, est chargé par le sénat de Suède de suivre ses glorieux projets. Oxenstiern put alors se flatter que jamais un particulier n'avoit joué un aussi beau rôle en Europe. Il convoqua une diète à Heilbron dans sa maison même, & y parut au milieu de tous les princes protestans de l'Empire, & des ambassadeurs de France, d'Angleterre & des états-généraux. Il se signala d'abord en faisant ordonner la restitution du haut & du bas Palatinat à Charles-Louis, fils de Frédéric; ce jeune prince prit dès-lors le titre d'électeur; le cardinal de Richelieu y renouvella le traité fait entre la France & la Suède. Les affaires ayant été réglées dans cette diète, les généraux Suédois, Banier, Torstanson & Varengel ou Vrangel, secondés du duc de Saxe-Veimar, se répandirent dans les différens cercles de l'Allemagne, & y portèrent la désolation. *Fer-*

dinand vivoit toujours au milieu des frayeurs. De tous ses vastes états, l'Autriche seule n'avoit point été entamée par les Suédois. Il revint à son premier projet, qui étoit de semer la division parmi ses ennemis: il n'y put réussir. Ses amis l'abandonnoient, & son général Valstein, retiré en Bohême depuis la malheureuse journée de Lutzen, cherchoit moins à le secourir qu'à échapper au péril. *Ferdinand* se crut dans la nécessité de lui retirer le commandement; mais comme il craignoit le ressentiment d'un aussi grand général, il le fit assassiner. Si *Ferdinand II*, dit M. de Voltaire, fut obligé d'en venir à cette extrémité odieuse, il faut la compter parmi ses malheurs. Cet auteur doute du crime de Valstein; mais on a de fortes présomptions qu'il aspiroit à se faire couronner roi de Bohême. Cependant les esprits s'aigrirent dans ce royaume, & dans la Silésie. Les armées de Suède tenoient toute l'Allemagne en échec, & la perte de Gustave ne leur avoit rien fait perdre de leur confiance. Banier s'étendoit sur tout le cours de l'Oder, le maréchal Horn étoit sur le Rhin, Bernard Veimar sur le Danube, & l'électeur de Saxe dans la Lusace & la Bohême. L'empereur restoit toujours dans Vienne; son bonheur, comme l'a remarqué l'illustre écrivain qu'on vient de citer, voulut que les Turcs demeurèrent dans l'inaction. Amurat IV étoit occupé contre les Persans, & le prince de Transilvanie, son allié, étoit mort. *Ferdinand*, tranquille de ce côté, tiroit des secours de la Hongrie, de l'Autriche, de la Carinthie, de la Carniole & du Tirol. Le roi d'Espagne lui avoit envoyé le général Féria avec des troupes & de l'argent. La ligue catholique faisoit toujours quelque effort en sa faveur. Le duc de Bavière, à qui les Suédois vouloient ôter le Palatinat, étoit obligé de s'unir au chef de l'Empire. Cependant le parti protestant rassembloit toutes ses forces pour terminer la guerre par un coup décisif. L'empereur donne le commandement général à Ernest son fils, roi de Hongrie. Ce jeune monarque s'empare de Ratisbonne sous les yeux du duc de Saxe-Veimar. Celui-ci se joint au maréchal Horn; & tous deux s'efforcent de fermer l'entrée de la Suabe aux Autrichiens, qui par le gain d'une bataille rompent leurs mesures, & rendent à *Ferdinand* un partie de sa supériorité (5 septembre 1634.) Cette bataille est fameuse par la qualité des chefs, par sa durée & par le nombre des morts. La Suabe & la Franconie fut ouverte aux vainqueurs. Cependant Louis XIII, ou plutôt Richelieu, qui dominoit dans les conseils de ce prince, songeoit à tirer avantage de tous les événemens. Les Suédois, qui supportoient tout le poids de cette guerre, avoient prétendu jusqu'alors en recueillir tout le fruit. Ceux qui ont le mieux approfondi la politique du grand cardinal, ont placé la mort de Gustave au nombre des crimes heureux qu'il commit; en diminuant la puissance de *Ferdinand*, il n'en devoit pas élever une plus grande encore. Telle eût été la Suède, si elle eût étendu sa domination en Allemagne. La perte de la bataille de Nordlingue valut l'Alsace à la France. L'armée de Veimar fut presque détruite. Oxenstiern, qui avoit refusé à Louis XIII l'entrée dans cette province, se vit dans la nécessité de prier ce monarque d'en prendre possession sous le titre de protecteur. Louis XIII fit aussi-tôt partir une armée pour l'Alsace, & mit garnison dans toutes les villes, excepté Strasbourg qui, dit M. de Voltaire, joua le personnage d'un allié considérable. L'électeur de Trèves étoit déjà sous la protection de la France: l'empereur le fit enlever & le mit sous la garde du cardinal infant, gouverneur des Pays-Bas; ce qui donna un prétexte à Louis XIII de déclarer la guerre aux deux branches Autrichiennes. Tandis qu'il réunit toutes ses forces contre elles, la Suède, relevée par ses secours, agit contre la cour de Vienne avec une nouvelle vigueur. Le duc de Veimar, dont il soudoie les troupes, fait des progrès sur le Rhin, & se rend maître des villes que baigne ce fleuve; Varengel conserve la Poméranie, retient l'électeur de Brandebourg, qui menaçoit d'abandonner la cause commune, & se venge de l'électeur de Saxe qui l'avoit trahie. Torstanson, qui lui succède, presse les opérations avec encore plus de vivacité & de bonheur; mais les faits de ce capitaine appartiennent au règne suivant. L'empereur mourut au milieu de ces troubles, épuisé de fatigues & d'infirmités. Il avoit cependant assuré l'Empire à Ernest son fils, en lui donnant le titre de roi des Romains. *Ferdinand* avoit cinquante-neuf ans, dont il avoit régné dix-huit: il eut de l'impératrice Marie-Anne, sa première femme, fille de Guillaume, duc de Bavière, outre Ernest, dont nous venons de parler, & qui est mieux connu sous le nom de Ferdinand III, Léopold Guillaume, qui fut à la fois évêque de Strasbourg, de Halberstadt, de Passau, de Breslau & d'Olmus, grand-maître de l'ordre Teutonique & administrateur des Pays-Bas; Marie-Anne, qui fut mariée à Maximilien, électeur de Bavière; & Cécile-Rénée, qui épousa le roi de Pologne, Ladislas IV: il eut encore un fils & une fille, Charles & Christine, qui moururent en bas âge. Eléonore de Gonzague, sa seconde femme, ne lui donna aucun héritier. *Ferdinand II*, dit un moderne, avoit toutes les qualités du héros, & toutes les vertus du grand homme, une ame noble & sublime, une sagesse consommée, un discernement juste, & une fermeté qui le mettoit, pour ainsi dire, au-dessus des événemens. Cet empereur sembloit né pour rendre à l'Empire son antique splendeur, & à l'église d'Allemagne ses plus beaux jours de paix. A ces mots, reconnoît-on *Ferdinand*? Peut-on donner le nom de héros à un prince qui, pendant une guerre de dix-huit ans, n'osa paroître une fois à la tête de ses armées? quand l'ennemi dévastoit son empire, étoit-ce l'héroïsme qui l'enchaînoit dans sa capitale ? On cherche en vain dans sa vie ces efforts de la nature qui décèlent cette ame noble que lui prête l'anonyme. S'il eut ce discernement qu'il lui suppose, comment put-il se résoudre à allumer les premiers feux d'une guerre si longue & si désastreuse ? L'Allemagne ravagée tour-à-tour par les Suédois, les François, par elle-même, livrée à la famine & plongée dans la barbarie, n'annonçoit pas un empereur né pour lui rendre sa première splendeur & faire renaître les beaux jours de l'église. (*M.* — *Y.*)

FERDINAND III, (*Hist. d'Allemagne, de Hongrie & de Bohême.*) fils du précédent & de l'impératrice Marie-Anne, XXXVe empereur d'Allemagne depuis Conrad I, XXIVe roi de Hongrie, XXXIXe roi de Bohême; né en 1608, mort en 1657.

Ce prince, avant de parvenir au trône de l'empire, s'en étoit montré digne. Il avoit rempli avec gloire celui de Hongrie, qu'il occupoit depuis douze ans. Il falloit que son père lui connût de grands talens, puisqu'il lui donna le commandement général des armées après la mort tragique du grand Valstein. *Ferdinand III* justifia le choix de son père, en forçant les Suédois de sortir de la Bavière. La bataille de Nordlingue, gagnée par ses soins, ouvrit au parti catholique les villes de Suabe & de Franconie. Ces grands avantages, remportés sur des généraux de la première réputation, rendirent son nom cher à l'Allemagne. Le calme eût succédé dès-lors aux orages; mais la France se crut intéressée à en exciter de nouveaux. On avoit indiqué un congrès à Cologne & à Hambourg. Les peuples épuisés se flatroient d'une pacification prochaine; leurs espérances s'évanouirent bientôt; les germes de discorde semés par le cardinal de Richelieu entretinrent le cours de cette funeste guerre, dont le feu se communiqua aux états voisins. Banier dévasta la Haute-Saxe; le duc Bernard ruina les bords du Rhin. Le vicomte de Turenne, qui porta si haut la gloire de son nom, déployoit déjà ses talens contre le cardinal infant. Les ligues catholiques & protestantes, la cause de l'électeur Palatin avoient excité la guerre : mais alors il s'agissoit de la supériorité entre les maisons de France & d'Autriche. Le grand objet des Suédois étoit de conserver une partie de leurs conquêtes en Allemagne. Tant que vécut Gustave, Richelieu demeura étroitement uni avec ce héros. Il renouvella son alliance avec la fameuse Christine sa fille, & seconda les victoires de cette reine, dont il lui déroba tout le fruit, en assurant à Louis XIII la possession de l'Alsace. La France, qui d'abord avoit été la partie secrète de cette guerre, montre ouvertement ses desseins. Jamais sa puissance ne parut avec plus d'éclat. Six armées levées dans son sein, ou soudoyées, se répandent à la fois sur les frontieres. Veimar est envoyé sur le Rhin, Créqui en Italie, la Valette en Piémont, Rohan dans la Valteline, & Gassion en Roussillon, où il fomente les troubles de la Catalogne. Des succès remportés sur les François donnent quelque espoir à *Ferdinand*, qui essuie bientôt les plus cruels revers. Veimar, imitateur du grand Gustave, le surpasse en bonheur. Ce duc, par un coup de fortune inouï, prend dans un jour quatre généraux ennemis, parmi lesquels est le fameux Jean de Vert, qui avoit répandu la terreur jusques dans Paris. La Savoie, qui tombe sous la régence de la sœur de Louis XIII, femme de Victor Amédée, se dévoue à la France. Les armes impériales n'étoient pas plus heureuses contre les Suédois. Banier enlevoit la Poméranie, la Thuringe & la Saxe. Ce général, ayant invité le duc de Longueville & le maréchal de Guébriant à le venir joindre, fit des levées dans le pays de Hesse & de Lunebourg, & prit la route de Vienne, résolu d'attaquer *Ferdinand* dans son palais. L'archiduc Léopold & Picolomini, par leurs manœuvres savantes, firent échouer cette grande entreprise. Banier s'avança cependant jusqu'à Ratisbonne, où l'empereur, qui y tenoit une diète, manqua d'être pris. Sans un dégel qui fit fondre les glaces du Danube, *Ferdinand* étoit encore réservé à ce malheur. Sa maison venoit de perdre deux grandes provinces. La Catalogne se donna à la France, & le Portugal uni à la couronne d'Espagne depuis Philippe II, venoit de s'en détacher. Tant de revers augmentoient ses desirs pour la paix, qui devenoit de plus en plus nécessaire. La mort de Veimar & de Banier, tous deux, comme Gustave, moissonnés au milieu de leur carrière, sembla en lever les obstacles. Son rétablissement dépendoit de Richelieu qui, pour se rendre nécessaire avant & après la mort de Louis XIII, auquel il croyoit survivre, renouvella le traité d'alliance avec la reine Christine, & donna à la Suède les mêmes subsides qu'il payoit à Gustave, & dont on avoit retranché deux cent mille livres. Le général Torstanson, instruit à l'école de Gustave, succédoit à Banier dans le commandement des armées suédoises. Aidé du maréchal de Guébriant, il bat les Impériaux à Volfembutel. Sans entrer dans le détail de tous ces combats, qu'il feroit même trop long d'analyser, il suffit de remarquer que *Ferdinand* eut assez de malheur pour essuyer plus de vingt défaites considérables, & assez de fermeté pour les supporter. Aucun siècle ne produisit tant d'habiles généraux. La mort de Richelieu & de Louis XIII, arrivée presqu'en même temps, lui permit de travailler à la pacification de l'Europe. Il ne fit cependant pas éclater le desir qu'il avoit de finir ce grand ouvrage, de peur que ses ennemis ne s'en prévalussent : mais il étoit bien difficile que ses vues échappassent à la pénétration de Mazarin, qui avoit succédé à Richelieu. Ce ministre, faisant cause commune avec Oxenstiern, lui suscita un nouvel ennemi. Ils encouragèrent Ragotski, souverain de Transilvanie, à entrer dans la confédération. Ce prince, comme le remarque un moderne, ne manquoit ni de prétextes, ni de raisons. Les Hongrois protestans persécutés, les priviléges des peuples foulés aux pieds, quelques infractions aux derniers traités, formèrent le manifeste de Ragotski, qui avec l'argent de la France, mit une armée en campagne. Dans le même temps, le Danemarck s'unit à la Suède, & le roi s'engagea par le traité à ne prêter aucun secours aux ennemis de la France. *Ferdinand* n'a plus de digues à opposer aux torrens qui inondent ses états de toutes parts. Condé bat les Impériaux & leurs alliés à Rocroy, à Fribourg & à Nordlingue. Torstanson & Konigsmark chassent devant eux le général Galas, entrent victorieux dans la Bohême, en bannissent Léopold & *Ferdinand*, qu'ils poursuivent jusqu'à Briun, malgré les efforts de Gœutz & de Vert. Vienne, qui voit battre en breche les murs de Briun, tremble pour les siens. *Ferdinand*, pour conjurer l'orage, fait des démarches ouvertes pour la paix. Il rend la liberté à l'électeur de Trèves, dont la captivité avoit servi de prétexte aux hostilités des François ; il satisfait Ragotski, qui se fortifioit des secours de la Porte, & le reconnoît souverain de la Transilvanie & prince de l'Empire ; il lui rend toutes les terres & touts les priviléges dont avoit joui Bethlem-Gabor. Tels furent de son côté les préliminaires de la paix de Vestphalie ; mais il n'en fut pas de même du côté de la France & de la Suède, qui pressoient Vienne pour en obtenir de plus grands avantages par le traité. Turenne, par une marche savante & hardie, s'avance jusqu'à Munick, taille en pièces les Autrichiens, près de Summerhausen & de Lavengen, dans le voisinage du Danube, & se rend maître de la Bavière, d'où il chasse l'électeur, tandis que Konigsmark surprend Prague, & que Varengel, successeur de Torstanson, s'empare d'Egra. Tels furent les derniers feux d'une guerre de trente-trois ans. Tout conspiroit à rétablir le calme. L'Allemagne épuisée d'hommes & d'argent, déchirée par les étrangers & par les siens, desiroit le terme de ses longs malheurs. La Suède étoit affoiblie par ses propres victoires. La reine Christine faisoit des vœux pour le retour de la paix, dont elle vouloit consacrer les douceurs aux sciences qui faisoient ses délices. La reine, régente de France, à qui la minorité de son fils présageoit des troubles, se prêtoit avec joie à un accommodement qui lui permettroit d'opposer toutes les forces du royaume à ceux qui s'apprêtoient à y semer la discorde. Ainsi toutes les puissances qui désoloient l'Empire, formèrent le même vœu. Rome & Venise furent choisies pour médiatrices. Oxenstiern & Davaux, regardés comme les plus sages plénipotentiaires, s'assemblèrent à Munster & à Osnabruk, & y signèrent ce traité si fameux sous le nom de traité de Westphalie. Ils fixèrent d'abord les droits de l'Empire, & assignèrent des limites sûres au pouvoir de son chef. Il fut défendu à l'empereur de changer les anciennes loix, & d'en porter de nouvelles. Ce droit fut réservé aux assemblées générales, qui en avoient toujours joui, même sous le gouvernement des Carlovingiens, où les priviléges du trône furent les plus étendus. Ces assemblées seules purent déclarer une guerre d'Empire, régler les impôts, mettre au ban, ou proscrire un prince rebelle ; on passa en second lieu au pouvoir des co-états. On accorda à chaque ville libre, à chaque prince, le pouvoir de faire à son gré des alliances, la paix ou la guerre : mais dans ces actes de souveraineté, il falloit toujours donner des témoignages de son respect pour les loix de l'association générale. On permit le libre exercice des religions catholique, luthérienne & calviniste, & chaque état put choisir à son gré celle qu'il préféroit. L'empereur & les électeurs ecclésiastiques furent cependant asservis au culte romain. Les princes qui avoient été dépouillés par *Ferdinand II*, furent rétablis, & le fils de Frédéric V obtint son électorat ; & pour dédommager Maximilien, on en créa un huitième en sa faveur. Les biens des églises servirent à contenter les autres princes. Plusieurs évêchés furent sécularisés malgré la réclamation du pape, & furent donnés aux protestans. La France conserva la plus grande partie de l'Alsace avec les trois évêchés, & la Suède la Poméranie conquise par ses armes avec le duché de Brême & de Ferden. Les rois de Suède prirent le titre de princes de l'Empire, par rapport à ces provinces. Tels sont les principaux articles de ce fameux traité qui sert de base à la constitution germanique, & que l'on regarde comme le fondement du droit public d'une partie de l'Europe. Il fut reçu comme une loi fondamentale & perpétuelle. L'Allemagne ne le respecte pas moins que la bulle d'or, & il est bien supérieur à cette bulle par la diversité & l'importance des objets qu'il embrasse. On remarque que les rois de France & de Suède y furent traités de majesté par le chancelier de l'Empire, & ce fut pour la première fois. Ce traité fut l'ouvrage de six ans. Le pape, fâché d'en avoir été moins le médiateur que le témoin, lorsqu'il vouloit en être l'arbitre, & le roi d'Espagne, qui étoit en guerre avec la France, firent d'inutiles efforts pour le rompre. Innocent X publia même une bulle qui tendoit à le casser ; mais le célèbre Coringius fut chargé de lui répondre, & s'en acquitta avec un succès qui déconcerta le saint père. L'empereur employa constamment tous ses soins à fermer toutes les plaies que cette longue guerre avoit ouvertes, & y réussit. Il se trouvoit paisible possesseur de la Bohême, devenue son patrimoine, de la Hongrie, qu'il regardoit aussi comme son héritage, mais qui prétendoit encore au privilége de se choisir des maîtres, ainsi que de toutes ses provinces, jusqu'à l'extrémité du Tirol. Il mourut l'an 1657, laissant un nom cher à ses peuples, dont il n'avoit pu faire le bonheur. *Ferdinand III* eut trois femmes, Marie-Anne d'Autriche, fille de Philippe III, roi d'Espagne ;

d'Espagne ; Marie-Léopoldine, fille de Léopold V, archiduc d'Autriche ; & Eléonore, fille de Charles II, duc de Mantoue. Les enfans qui lui survécurent, furent Marie-Anne, reine d'Espagne ; Léopold, qui fut empereur ; Charles-Joseph, évêque de Passau & grand-maître de l'ordre Teutonique ; Eléonore-Marie, qui fut successivement femme de Michel, roi de Pologne, & de Léopold, duc de Lorraine ; & Marie, femme de Jean-Guillaume de Neubourg, électeur Palatin. Parmi ses enfans, dont la mort précéda la sienne, on distingue *Ferdinand IV*, qui fut couronné roi de Hongrie, de Bohême & des Romains. (*M*——*Y*)

FERDINAND, roi de Portugal. (*Hist. de Portugal.*) L'inconséquence & la légéreté poussées jusqu'à la folie, la libéralité portée jusqu'aux derniers excès de la profusion, la bonté jusqu'à la bassesse, la gaieté jusqu'à l'extravagance, distinguèrent ce prince, qui d'ailleurs eut des talens dont il abusa, des connoissances qu'il rendit inutiles par le mauvais usage qu'il en fit, de bonnes qualités qu'il effaça par de plus grands défauts. Il avoit reçu de la nature les avantages de l'esprit, & il ne fut qu'un roi très-médiocre ; il avoit beaucoup de valeur, & il ne fut pourtant qu'un homme foible. Fils unique de dom Pèdre & de dona Constance-Emmanuel, *Ferdinand*, à la mort de son père, monta sur le trône en 1367, aux acclamations du peuple, qui ne voyoit en lui qu'un prince aimable, jeune, affable & prévenant dans ses manières, généreux dans ses actions, accessible à tous les citoyens, d'un caractère modéré, facile & agréable. C'étoit sous ces dehors heureux que la nation en général voyoit son nouveau souverain ; mais les grands & les ministres qui le connoissoient mieux, & qui l'approchoient de plus près, étoient bien éloignés de suivre le torrent de cette prévention publique ; ils n'avoient au contraire apperçu en lui qu'une imagination forte, vive, fougueuse, à laquelle il s'abandonnoit ; ils savoient qu'il n'avoit aucune sorte de régularité dans les mœurs, & qu'il n'étoit rien moins qu'attentif à observer les bienséances, même les plus indispensables : impétueusement entraîné par le goût du plaisir, il ne condamnoit point dans les autres le même goût ; mais il ne prétendoit pas non plus qu'on gênât ses penchans. Dom Pèdre étoit sobre, économe ; son fils étoit excessif en tout, & prodigue. Les leçons, les remontrances, les exemples, rien n'avoit pu corriger sa légéreté naturelle & outrée ; & malheureusement sa légéreté & ses inconséquences influèrent puissamment sur les affaires ; comme ses défauts influèrent sur toutes ses actions. Pendant les dernières années de son père, il avoit montré le plus grand éloignement pour Pierre-le-Cruel, roi de Castille, & la haine qu'il avoit pour ce prince lui avoit fait refuser l'infante dona Beatrix de Castille, fille de ce souverain. A peine *Ferdinand* fut monté sur le trône, qu'enchanté de la chûte de Pierre-le-Cruel, il offrit son secours au comte de Transtamare, devenu roi de Castille, sous le nom de Henri. Mais bientôt après renonçant à cette alliance, & plaignant le sort très-mérité de Pierre, il se déchaîna vivement contre le roi Henri, qu'il traita hautement de tyran, de traître & d'assassin. Il fit plus, & prit lui-même le titre de roi de Castille, en qualité d'arrière-petit-fils de dom Sanche-le-Brave ; il fit battre monnoie aux armes de Portugal & de Castille, accueillit & proégea tous les Castillans qui vinrent à sa cour, se ligua avec le roi d'Aragon, dont il demanda en mariage la fille Léonore, promise au prince de Castille, promit de fournir à la subsistance des troupes que l'Aragon lui fourniroit, & fit un traité d'alliance avec le roi de Grenade, qui ne tarda point à tromper son allié. Après de grands préparatifs, il entra en Galice, prit quelques places, & ravagea la campagne, tandis que le roi Henri se jeta avec toutes ses forces sur le Portugal, pénétra jusqu'à Brague, qu'il prit d'assaut, & causa mille fois plus de dommage à ce royaume que n'en avoit souffert la Galice. *Ferdinand* rassembla toutes ses troupes ; & pour donner à l'Europe la plus haute idée de sa bravoure, il envoya un cartel de défi au roi de Castille, qui, s'embarrassant peu de ces folles menaces, rentra victorieux dans ses états. Cependant, *Ferdinand* envoya plusieurs seigneurs en Aragon pour terminer la négociation qu'il avoit entamée ; il envoya aussi 1800 livres pesant d'or, pour en faire des espèces destinées aux frais de la guerre ; il fit partir en même temps six galères à la suite de celle sur laquelle l'infante d'Aragon devoit s'embarquer, & dont les cordages étoient de soie, la proue & la pouppe dorées. A peine cependant ces galères furent parties, qu'à la sollicitation de Grégoire XI, le roi de Portugal, qui avoit épousé par procureur l'infante d'Aragon, & qui avoit juré la perte de Henri de Transtamare, s'engagea, par un traité, d'abandonner ses alliés, de soutenir le roi de Castille contre tous ses ennemis, & d'épouser dona Léonore, infante de Castille. Cet étrange traité offensa vivement le roi d'Aragon, qui se vengea en saisissant les 1800 livres d'or destinées aux frais de la guerre. La perte de cette somme & les prodigalités du roi avoient presque totalement épuisé l'état ; & *Ferdinand*, croyant remédier à l'embarras de cette situation, haussa la valeur du peu d'espèces qui restoient dans la circulation. Cette mauvaise opération eut les fâcheuses suites qu'elle devoit nécessairement avoir ; & sans songer aux circonstances, ni aux précautions qu'il y avoit à prendre, le roi remit tout-à-coup & si subitement la monnoie à son ancienne valeur, que la nation souffrit encore plus de cette seconde opération qu'elle n'avoit souffert de la première. Il ne falloit pas moins qu'une inconséquence nouvelle & très-frappante, pour faire oublier aux Portugais ces deux fautes qui leur avoient été si préjudiciables. On attendoit, en Portugal, l'infante de Castille, &

rien ne paroissoit pouvoir s'opposer au mariage de cette princesse, lorsque *Ferdinand* vit dona Léonore Tellez, épouse de dom Juan-Laurent Dacunha. La beauté de cette femme, fit une si forte impression sur le roi, que, malgré toutes les représentations qui lui furent faites, il fit casser le mariage de cette femme, sous prétexte de parenté avec son mari, envoya dire au roi de Castille qu'une inclination invincible ne lui permettoit point d'épouser l'infante, & se maria secrétement avec dona Léonore, qu'il mena ensuite à Lisbonne. Le peuple, instruit de cette union, se souleva, courut investir le palais, & se seroit porté aux dernières violences, si, pour l'appaiser, *Ferdinand* n'eût paru & déclaré publiquement qu'il n'étoit point l'époux de dona Léonore, & que le lendemain il iroit à l'église de Saint-Dominique, y faire solemnellement la même déclaration : mais, au lieu de s'y rendre, il s'en alla précipitamment à Santaren, tandis que, par ses ordres, on punissoit de mort à Lisbonne les plus coupables d'entre les séditieux. Cette sévérité intimida le peuple, qui à la vérité ne se souleva plus, mais n'en resta pas moins irrité contre son souverain, plus occupé à la cérémonie publique de son indécent mariage, que des mécontentemens qu'il pouvoit occasioner. Pendant que ce monarque se faisoit mésestimer de ses sujets par cette suite d'inconséquences, il apprit que Jean, duc de Lancastre, fils d'Edouard III, roi d'Angleterre, avoit pris le titre de roi de Castille, en qualité d'époux de dona Constance, fille aînée de Pierre-le-Cruel. *Ferdinand*, qui avoit soutenu si vivement ses prétentions à la même couronne, se lia avec le duc de Lancastre, pour aider celui-ci à monter sur le trône de Henri. Les Castillans, indignés de ce traité, firent des incursions dans le Portugal, & se rendirent maîtres de plusieurs villes; le roi Henri, profitant de ces avantages, marcha de conquête en conquête, jusqu'aux murs de Lisbonne, & eût fini par s'emparer du royaume entier, si *Ferdinand*, humilié, mais non pas corrigé, ne se fût hâté d'accepter les conditions que son vainqueur lui imposa, par la médiation du légat du pape. Les principales conditions de ce traité furent, que le roi de Portugal abandonneroit ses alliés; qu'il fourniroit une escadre aussi-tôt qu'il en seroit requis, pour secourir la France contre l'Angleterre; qu'il ne permettroit plus aux Anglois de tirer des munitions du Portugal, & que les mécontens de Castille, réfugiés à la cour ou dans le royaume, en seroient tous chassés. Ces conditions humiliante furent exactement remplies; & Henri, pour s'attacher autant qu'il étoit possible le roi *Ferdinand I*, lui fit proposer de marier dom Frédéric, son fils naturel, avec dona Béatrix, infante de Portugal, princesse qui étoit encore au berceau. Ce mariage, en apparence très-inégal, fut cependant approuvé par les états de Portugal, & plus encore par le roi, qui vouloit applanir toutes les difficultés qu'il eût pu rencontrer du côté de la cour de Castille, afin de suivre plus librement le projet qu'il avoit formé de faire la guerre à l'Aragon, pour se faire restituer les 1800 livres d'or; mais ce projet, comme tous ceux qu'il méditoit, ne fit que l'exposer à de très-grandes dépenses, & n'aboutit à rien. Sa passion pour la reine Léonore s'accroissoit chaque jour; & cette reine, la plus belle des femmes de son royaume, étoit encore plus perfide & plus turbulente que belle; son caractère vindicatif & cruel causa une affreuse scène, & qui la rendit de plus en plus l'objet de la haine publique. L'infant dom Juan, frère du roi, devint amoureux de dona Marie, sœur de la reine, & il l'épousa secrétement. Dona Léonore, informée de ce mariage, & ne pouvant oublier que dona Marie avoit eu la générosité de s'opposer au mariage de *Ferdinand*, craignant d'ailleurs que si le roi venoit à mourir, dom Juan & son épouse ne montassent sur le trône, crut que l'occasion de se venger étoit venue; elle fit venir l'infant dom Juan, &, après lui avoir témoigné le plus tendre attachement, elle lui dit que s'étant proposé de le marier avec l'infante dona Béatrix, qui lui eût assuré le sceptre portugais, elle étoit désespérée qu'il eût sacrifié son élevation future à son amour peu mérité pour dona Marie, qui le déshonoroit par ses infidélités. Dom Juan, aussi crédule qu'ambitieux, & d'une violence outrée, persuadé des infidélités de son épouse, alla sur-le-champ la trouver, lui perça le cœur de deux coups de poignard, & se retira sur les frontières de Castille. La reine dona Léonore affecta la plus grande douleur, engagea cependant son époux à pardonner à dom Juan, qui, bientôt instruit de l'atrocité des dénonciations d'après lesquelles il s'étoit porté à faire périr son épouse, sortit des états de son frère, & se retira en Castille auprès de dona Béatrix, sa sœur. La cause de la mort de dona Marie fut bientôt répandue; & la haine que le peuple avoit déjà pour la reine, se changea en exécration. *Ferdinand* seul ignoroit la noirceur & la perfidie du caractère de son épouse; il l'adoroit, ne voyoit que par elle, ne jugeoit & ne se décidoit que d'après ses conseils. D'après les suggestions d'Andeiro, amant favorisé de la reine, & par celles de cette princesse, *Ferdinand* renouvella, pour le duc de Lancastre, la guerre contre la Castille; &, malgré le secours de l'Angleterre, il essuya tant de pertes, éprouva tant de désastres, qu'il fut encore obligé d'accepter la paix, & d'abandonner ses alliés, ne retirant de cette seconde guerre d'autre fruit que le triste avantage de s'être donné en spectacle à l'Europe. Cette guerre étoit à peine terminée, que la reine Léonore de Castille mourut. *Ferdinand*, qui avoit successivement offert sa fille en mariage aux deux fils du roi de Castille, l'offrit encore au père, & à des conditions si avantageuses pour ce souverain, qu'elles furent acceptées. Quoique dans la vigueur de l'âge, & dans sa quarantième année, *Ferdinand*, épuisé par les excès de tous les genres auxquels il s'étoit abandonné, étoit accablé de tant d'infirmités, qu'il ne put ni assister aux brillantes fêtes qui furent données à l'occasion du mariage de l'infante, ni conduire cette princesse à son époux; mais la reine, suivie de l'élite de la noblesse, & accompagnée d'Andeiro, comte d'Ourem, son amant, conduisit elle-même sa fille jusqu'à Yelvés, où elle la remit entre les mains du roi de Castille; mais pendant ce voyage, sa passion pour le comte d'Ourem avoit éclaté avec si peu de décence, & Léonore avoit si peu ménagé les soins de sa réputation, que *Ferdinand*, instruit enfin de cette intrigue, & rempli du desir de se venger, chargea dom Juan, son frère, de faire périr Andeiro: mais cette commission ne fut point remplie, & le comte d'Ourem fut assez heureux pour échapper au sort qu'on lui destinoit. Cependant le roi *Ferdinand* s'affoiblissoit de jour en jour, & souffroit des douleurs cruelles, qu'il supporta avec la plus héroïque constance. Après deux ou trois années de maux & de tourmens, il expira le 22 octobre 1383. Le peuple s'attendrit à la nouvelle de sa mort; la nation avoit beaucoup souffert de sa légéreté; cependant les Portugais le regrettèrent amèrement; ils oublièrent ses défauts, ils oublièrent les maux que ses folles entreprises avoient occasionés; ils ne se souvinrent plus que de sa bienfaisance, de sa douceur & de son affabilité; tant il est vrai qu'avec ces seules qualités, quoique mal dirigées, les rois, quelques défauts qu'ils puissent avoir d'ailleurs, sont toujours assurés de l'amour de leurs peuples. *Ferdinand* mourut dans la seizième année de son règne, & dans la quarante-unième de son âge. (*L. C.*)

FERDOUSI, (*Hist. litt. mod.*) poëte persan célèbre, qui vivoit vers le commencement du onzième siècle. Il étoit disciple d'Assedi, & on le préféré à son maître. Il composa une histoire, en vers, des anciens souverains de la Perse. Cet ouvrage fut, dit-on, magnifiquement payé par le gouvernement.

FERMAT: (PIERRE DE) (*Hist. litt. mod.*) il ne faut assurément point confondre parmi les ennemis & les envieux de Descartes, le sage & célèbre *Fermat*, conseiller au parlement de Toulouse, dont la dispute avec Descartes sur divers points de dioptrique & de géométrie n'auroit produit que des éclaircissemens utiles, si le savant, mais aigre Roberval, en y intervenant, ne l'eût fait dégénérer en une querelle, dès-lors indigne de Descartes & de *Fermat*, qui l'abandonnèrent. La fin de ce *petit procès de philosophie*, (Descartes l'appelloit ainsi, & il y eut des juges nommés & un bureau établi pour le juger) fut que *Fermat* adopta la philosophie de Descartes, obtint son amitié, lui donna la sienne. Quand pourront toutes les disputes littéraires & philosophiques se terminer ainsi? Celle-ci occupe les années 1637 & 1638. *Fermat* mourut en 1665. Il avoit des connoissances & des talens dans beaucoup d'autres genres; mais son nom s'éclipse devant le grand nom de Descartes. On a cependant essayé, dans ces derniers temps, de lui donner une plus grande existence, & de partager l'empire entre Descartes & lui; mais les idées étoient fixées & ne paroissent pas avoir été changées. Pierre de *Fermat* eut deux fils, tous deux comme lui conseillers au parlement de Toulouse; Jean-François de *Fermat*, qui publia en 1770 les observations de son père sur Diophante d'Alexandrie, & Samuel de *Fermat*, dont quelques savans ont parlé très-avantageusement.

FERNAND, ou FERDINAND Cortez. (Voyez *Cortez*.)

FERNEL, (JEAN-FRANÇOIS) (*Hist. litt. mod.*) premier médecin de Henri II, roi de France, & de Catherine de Médicis sa femme, & l'un des plus grands noms de la médecine après Hippocrate & Gallien. Il a beaucoup & très-bien écrit sur son art; il a fait connoître ce que les anciens médecins grecs & latins contenoient d'utile; il a vu sa *Pathologie* enseignée dans les écoles. Il avoit, de plus, le mérite d'écrire bien en latin, & il avoit fait cesser le reproche que les étrangers nous faisoient de n'avoir dans nos écoles qu'un latin barbare. Il n'approuvoit pas le fréquent usage de la saignée. Il étoit né en 1506, à Montdidier en Picardie; il mourut en 1558.

FERON, (JEAN LE) (*Hist. litt. mod.*) avocat; auteur du *Catalogue des Connétables*, *Chanceliers*, *Amiraux*, *Maréchaux de France*, ouvrage refondu & perfectionné par Denis Godefroi. Le *Feron* est mort sous le règne de Charles IX.

FERRAND, (ANTOINE) (*Hist. litt. mod.*) conseiller de la cour des aides à Paris, poëte agréable. Ses chansons avoient été recueillies & mises sur les airs de clavecin du célèbre Couperin; mais il étoit peu connu des gens de lettres: c'est M. de Voltaire qui le leur a fait connoître avantageusement, en citant de lui, dans le Siècle de Louis XIV, ce madrigal plein d'invention & d'un très-bon goût:

> D'amour & de mélancolie
> Célemnus enfin consumé,
> En fontaine fut transformé;
> Et qui boit de ses eaux, oublie
> Jusqu'au nom de l'objet aimé.
> Pour mieux oublier Egérie,
> J'y courus hier vainement;
> A force de changer d'amant,
> L'infidelle l'avoit tarie.

Mort en 1719.

FERRARE, (Voyez *Est.*)

FERREIN, (ANTOINE) médecin célèbre; né en Agenois en 1693; mort à Paris en 1769, auteur de *Leçons sur la médecine & sur la matière médicale*, en trois vol. in-12, publiées par M. Arnault de Nobleville.

FERRERAS, (dom JEAN DE) (*Hist. litt. mod.*) auteur de l'histoire d'Espagne, traduite en françois par M. d'Hermilly. Il étoit curé de Saint-Pierre de Madrid, un des premiers membres de l'académie fondée dans cette ville en 1713, sous Philippe V, & garde de la bibliothèque de ce monarque. *Ferreras*, né en 1652, mourut en 1735.

FERRI, (PAUL) (*Hist mod.*) ministre protestant, rendu célèbre par un célèbre adversaire. Bossuet l'immortalisa en réfutant son catéchisme. *Ferri* exerçoit le ministère à Metz sa patrie. Né en 1591, mort en 1669 de la pierre. On dit qu'on lui en trouva plus de quatre-vingt dans la vessie.

FERRIER, (*Hist. de Fr.*) 1°. (ARMAND DU) d'abord professeur en droit à Toulouse où il étoit né, ensuite président aux enquêtes à Paris, puis maître des requêtes, est célèbre par la fermeté avec laquelle il défendit les droits & les intérêts de la France au concile de Trente, où il avoit été envoyé en qualité d'ambassadeur. Il fut ensuite ambassadeur à Venise; il y connut Fra-Paolo, & c'est en partie sur ses instructions & sur ses mémoires que Fra-Paolo a écrit l'histoire du concile de Trente. La gloire même que du *Ferrier* avoit acquise dans ses ambassades, par son courage & son zele éclairé pour la France, ayant nui à sa faveur pendant la ligue, il s'attacha au roi de Navarre, qui fut depuis le roi de France, Henri IV, & qui le fit chancelier de Navarre. Il mourut en 1585, âgé de 79 ans.

2°. FERRIER, (JEAN) jésuite, confesseur de Louis XIV, écrivit contre les jansénistes, & fit un *traité sur la Science moyenne*, affaire importante alors. Où sont aujourd'hui les défenseurs ou les adversaires de ces belles questions? apprenons à n'écrire que des choses dont l'utilité soit de tous les temps. Mort en 1674.

3°. FERRIER, (JÉRÉMIE) d'abord ministre protestant, ensuite catholique & conseiller d'état, a fait, dit-on, *le Catholique d'Etat*, & quelques autres ouvrages politiques ou mystiques; il étoit père de madame Tardieu, femme du lieutenant-criminel Tardieu, & célèbre comme lui par son avarice & sa fin tragique.

> Des voleurs qui chez eux pleins d'espérance entrèrent
> De cette triste vie enfin les délivrèrent.

Ce fut en 1664. Boileau a peint leur caractère & décrit leur aventure dans sa satyre dixième, & Boursault a fait des vers burlesques sur ce funeste événement.

> Hier près du cheval de bronze;
> Entre l'heure de dix & onze,
> On assassina, grace à Dieu,
> Feu messire Jacques Tardieu....;
> Pour madame la lieutenante,
> Si bien née & si bienfaisante,
> D'un seul coup de barre de fer,
> On lui mit la cervelle à l'air;

badinage d'un bien mauvais goût, & d'ailleurs indécent & cruel, quoique ces malheureux se fussent attiré leur sort.

> Je plains Gusman, son sort a trop de cruauté,
> Et je le plains sur-tout de l'avoir mérité.

Ferrier étoit mort dès 1626.

4°. Tant que l'inquisition subsistera, & même lorsqu'elle n'existera plus, dans la crainte qu'elle ne renaisse, il sera toujours bon d'observer qu'un poëte françois du dix-septième siècle, nommé Louis Ferrier, fut mis à l'inquisition d'Avignon sa patrie, pour ce vers, qui se trouve dans ses *Préceptes Galans*, & qui se trouvoit auparavant en substance dans tous les poëtes anciens & modernes:

> L'amour pour les mortels est le suprême bien.

Le pur esprit de la scholastique qui anime le saint-office avoit fait de cette vieille fadeur lyrique ce qu'on appelle une *proposition dogmatique*, & en y appliquant les règles strictes de la logique technique, on trouvoit que c'est ce qu'on appelle encore une proposition singulière affirmative, laquelle équivaut à une proposition universelle affirmative. De toutes ces raisons, on concluoit, par des syllogismes en forme, que l'auteur de ce mauvais vers devoit être brûlé. Quinault auroit donc dû l'être pour tous ses vers, tant bons que mauvais. *Ferrier* trouva de l'appui & fut absous par le saint-office. Il devint précepteur des fils du fameux duc de Saint-Aignan, père du dernier mort. (Voyez l'art. BEAUVILLIER) *Ferrier* mourut en 1721, dans une terre qu'il avoit acquise.

« Il y a près de trente années, disoit M. de » Voltaire vers 1731, qu'on représenta la tra» gédie de *Montézume* à Paris. La scène ouvroit » par un spectacle nouveau: c'étoit un palais d'un » goût magnifique & barbare. Montézume pa» roissoit avec un habit singulier; des esclaves » armés de flèches étoient dans le fond; autour » de lui étoient huit grands de sa cour, prosternés » le visage contre terre. Montézume commençoit » la pièce en leur disant:

> Levez-vous, votre roi vous permet aujourd'hui,
> Et de l'envisager & de parler à lui.

» Ce spectacle charma; mais voilà tout ce qu'il y » eut de beau dans cette tragédie. »

Elle étoit de Louis *Ferrier*, ainsi que deux autres tragédies qui furent aussi représentées: *Anne de Bretagne* & *Adraste*.

FERRIERE, (CLAUDE & CLAUDE-JOSEPH DE) (*Hist. litt. mod.*) père & fils, le premier docteur en droit à Paris, le second doyen des professeurs, sont auteurs de plusieurs livres de jurisprudence utiles. Le *Dictionnaire de Droit*, en deux volumes in-4°, est du fils; les *Commentaires sur la Coutume de Paris*, le *Recueil des Commentateurs de cette Coutume*; le *Traité des Fiefs*; le *Droit de Patronage*. L'*Institution coutumière*, l'*Introduction à la Pratique*; la *Science des Notaires*, & divers autres ouvrages assez volumineux, sont du père, mort en 1715.

FERRON, (ARNAULT DU) (*Hist. litt. mod.*) conseiller au parlement de Bordeaux, auteur de la *Continuation de l'Histoire de Paul-Emile*, qui s'étend depuis le mariage de Charles VIII jusqu'au règne de François I. Mort en 1563.

FERTÉ, (DE LA) Voyez *Senecterre*.

FERTÉ-IMBAUT. Voyez *Estampes*.

LA FERTÉ-FRESNEL, (*Hist. de Fr.*) ancienne maison de Normandie, d'où est sortie celle de Chambrai.

Les *la Ferté-Fresnel* accompagnèrent le duc Rollon à la conquête de la Normandie en 912; le duc Guillaume à la conquête de l'Angleterre, en 1067; le duc Robert à la conquête de la Terre-Sainte, en 1099.

Jean II, seigneur de Chambrai en Normandie, sur la rivière d'Iton, au diocèse d'Evreux, étoit chambellan du roi Charles-le-Bel en 1323, & fut fait prisonnier par les Anglois, dans la guerre qui s'alluma un moment entre Edouard II, roi d'Angleterre, & Charles-le-Bel son beau-frère.

Jean III, son petit-fils, fut toujours fidèle au roi Charles VII, & souffrit la confiscation de ses terres, nommément de celle de Chambrai, pour ne pas reconnoître la domination angloise.

Un de ses fils (Jacques) fut chambellan de Louis XII.

Gabriel, petit-neveu de Jacques, servit très-utilement Henri IV.

Jacques François, arrière-petit-fils de Gabriel, grand-croix de l'ordre de Malte, acquit une gloire immortelle dans son ordre. Commandant l'escadre de la Religion, il battit les infidèles, leur prit onze vaisseaux, notamment la Patrone de Tripoly, & une sultane du grand-seigneur. Il fit construire & fortifier à ses dépens, dans l'isle de Goze, une ville de son nom, au moyen de laquelle les habitans de cette isle n'ont plus à redouter les descentes des barbaresques. Il est mort à Malte le 8 avril 1755. Son épitaphe fait mention des services importans qu'il a rendus à son ordre : *mari ætatis suæ nulli secundus fudit Turcas. Terrâ arce propriis impensis extructâ tutavit cives.* Ses titres sont bien au-dessus de ceux des conquérans. Le grand-maître de Malte a accordé à Louis-François, marquis de Chambrai, la permission de porter, quoique marié, la croix de Malte, en considération & en reconnoissance de ces services rendus à l'ordre par le bailli de Chambrai, son grand-oncle.

FERULE, (*Hist. anc. & mod.*) petite palette de bois assez épaisse, sceptre de pédant, dont il se sert pour frapper dans la main des écoliers qui ont manqué à leur devoir. Ce mot est latin, & l'on s'en est servi pour signifier la crosse & le bâton des prélats: il vient, à ce qu'on prétend, de *ferire*, frapper; car anciennement on châtioit les enfans avec les tiges de ces sortes de plantes; & c'est de-là que le mot de *férule* est demeuré à l'instrument dont on se sert pour châtier les enfans.

En termes de lithurgie, férule signifie, dans l'église d'Orient, un lieu séparé de l'église, où les pénitens ou cathécumènes du second ordre, appelés *auscultantes*, se tenoient, n'ayant pas permission d'entrer dans l'église. Le nom de *férule* fut donné à ce lieu, parce que ceux qui s'y tenoient étoient en pénitence par ordre de l'église, *sub ferulâ erant ecclesiæ. Dict. de Trévoux* & *Chambers*. (*G.*)

FESTINS ROYAUX. On n'a point dans cet article le vaste dessein de traiter des *festins royaux* que l'histoire ancienne nous a décrits, encore moins de ceux de tant de princes d'Europe qui, pendant les siècles obscurs qui ont suivi la chûte de l'Empire, ne se sont montrés magnifiques dans les occasions éclatantes, que par une profusion déplacée, une pompe gigantesque, une morgue insultante. Ces assemblées tumultueuses, presque toujours la source de vaines disputes sur le rang, ne finissoient guère que par la grossiéreté des injures, & par l'effusion du sang des convives. Voy. *Hist. de France* de Daniel, & Mézeray, &c.

Ces *festins*, dégoûtans pour les siècles où la politesse & le goût nous ont enfin liés par les mœurs aimables d'une société douce, n'offrent rien qui mérite qu'on les rappelle au souvenir des hommes; il suffit de leur faire appercevoir en passant que c'est le charme & le progrès des arts qui seul en a successivement délivré l'humanité.

Par le titre de cet article nous désignons ces banquets extraordinaires que nos rois daignent quelquefois accepter dans le sein de leur capitale, ou en d'autres lieux, à la suite des grandes cérémonies, telle que fut celle du sacre de Louis XV à Rheims en 1722, le mariage de S. M. en 1725, &c.

C'est un doux spectacle pour un peuple aussi tendrement attaché à son roi, de le voir au milieu de ses magistrats s'entretenir avec bonté, dans le sein de la capitale, avec les personnages établis pour représenter le monarque & pour gouverner les sujets.

Ces occasions sont toujours l'objet d'une réjouissance générale, & l'hôtel-de-ville de Paris y déploie, pour signaler son zèle, sa joie & sa reconnoissance, le goût le plus exquis, les soins les plus élégans, les dépenses les mieux ordonnées.

Telles furent les fêtes magnifiques du 15 nov. 1744, jour solemnel où le roi Louis XV, à son retour de Metz, vint jouir des transports d'amour & de joie d'un peuple qui venoit de trembler pour ses jours.

Nous donnons le détail de ces *festins*, 1°. parce qu'ils ont été occasionés par les événemens les plus intéressans; 2°. parce que les décorations qui les ont accompagnés appartiennent à l'histoire des arts; 3°. enfin, parce qu'il est bon de conserver le cérémonial observé dans ces sortes d'occasions.

Décoration générale pour le festin royal du 15 novembre 1744.

La décoration de la place devant l'hôtel-de-ville étoit:

Un arc de triomphe placé entre la maison appellée *le coin du roi*, & la maison qui fait encoignure sur la place du côté du quai.

Cet arc de triomphe avoit soixante-dix pieds de face sur quatre-vingt-sept pieds d'élévation; il étoit d'un ordre d'architecture régulier, représentant un grand portique. Il étoit orné de quatre colonnes grouppées, d'ordre ionique, sur la principale face; & de quatre colonnes isolées sur les deux retours; un grand attique au-dessus de l'entablement, sur lequel étoit un grouppe de relief de quarante-huit pieds de face sur vingt-huit pieds de haut, représentoit le roi couronné de lauriers par une Renommée placée debout dans un char tiré par quatre chevaux, dont le roi tenoit les rênes d'une main, & un bâton de commandant de l'autre. Plusieurs trophées de guerre & de victoire ornoient la face & le retour de cet attique.

Quatre figures allégoriques étoient placées sur piédestaux entre les deux colonnes.

Les deux sur la face principale représentoient la Paix & la Victoire, ayant ces mots écrits au-dessous: *aut hæc, aut illa.*

Le grand édifice étoit construit en relief & peint de différens marbres.

Au-devant de l'attique & au-dessous du roi, étoient écrits en lettres d'or sur un fonds de marbre, en deux lignes, *Ludovico redivivo, Ludovico triumphatori.*

Le pourtour de la place de l'hôtel-de-ville étoit décoré par une colonnade divisée en quinze grouppes d'ordre ionique & de relief, montés sur des socles & piédestaux, & couronnés de leur entablement: au-dessus de ces grouppes étoient dressés des trophées dorés, représentant différens attributs de guerre & de victoire.

Cette colonnade étoit peinte de différens marbres, dont les bases & chapitaux étoient dorés. Les fûts des colonnes étoient ornés de guirlandes de lauriers. D'un grouppe à l'autre de cette colonnade partoient des guirlandes pareilles, qui formoient un entablement à l'autre.

Les fonds des piédestaux étoient ornés de trophées peints en bronze doré, & représentoient différens attributs de victoire.

La face extérieure de l'hôtel-de-ville avoit été nettoyée & reblanchie en toute sa hauteur, y compris les pavillons & les cheminées; le cadran peint à neuf & redoré, ainsi que les inscriptions, la statue équestre d'Henri V rebronzée, & la porte principale peinte & redorée.

Au-dessus & au-dehors de la croisée du milieu, étoit placée une grande couronne royale en verre transparent & de couleur, ornée de pentes de gaze d'or & de taffetas cramoisi, qui descendoient jusques sur l'appui de cette croisée.

Au milieu de la place ordinaire aux canons, au bas du quai Pelletier, étoit représenté par des décorations un corps de fontaine dont l'architecture étoit traitée en pierre, & d'une construction rustique.

La calotte & le dessus de l'entablement étoient ornés de trophées & attributs convenables à la fontaine & à l'objet de la fête.

Dans l'intérieur de cette fontaine étoit placée une grande cuve qui avoit été remplie de douze muids de vin, qui fut distribué au peuple par trois faces de cette fontaine: elle commença à couler au moment de l'arrivée du roi à l'hôtel-de-ville, & ne cessa qu'après son départ.

A côté de cette fontaine, & adossé au mur du quai, étoit dressé un amphithéâtre par gradins, orné de décorations, sur lequel étoient placés des musiciens, qui jouèrent de toute espèce d'instrumens toute la journée & bien avant dans la nuit.

Aux deux côtés de cet amphithéâtre étoient disposés deux espèces de balcons ornés de décorations, & c'étoit par-là que se faisoit la distribution au peuple du pain & des viandes.

La place, au centre de laquelle étoit cette fontaine, étoit entourée de plusieurs poteaux qui formoient un parc de toute l'étendue de la place; sur lesquels étoient des girandoles dorées, garnies de fort beaux lampions.

Ces poteaux étoient ornés & entourés de laurier, dont l'effet formoit un coup d'œil agréable, pour représenter des arbres lumineux.

D'une tête de poteau à une autre, étoient suspendue, en festons à double rang, une quantité considérable de lampes de Surène (1), qui se continuoient au pourtour de la place.

Le pourtour de la barrière de l'hôtel-de-ville étoit fermé de cloisons de planches peintes en pierres, pour empêcher le peuple d'entrer dans l'intérieur du perron.

Les murs de face de la cour, les inscriptions & armoiries ont été blanchis, ainsi que le pourtour du péristile, les murs, voûtes, escaliers, corridors & passages de dégagement.

(1) Ce nom leur a été donné du lieu où elles furent inventées, pendant le cours des fêtes que l'électeur de Bavière donna à Surène.

Sur le pallier du milieu du grand escalier, étoient deux lustres de cristal, & plusieurs girandoles en cire le long des murs des deux rampes.

La grande salle n'avoit point de pièce qui la précédât : on construisit une antichambre ou salle des gardes, de plein-pied à la grande salle ; on la prit sur la cour, & le dessous forma par cet ordre un péristile au rez-de chaussée de la cour.

Cette salle des gardes étoit construite d'une solide charpente & maçonnerie ; elle procuroit une entrée à la grande salle par son milieu ; &, loin de gâter la symmétrie & l'ordonnance de la cour, elle la rendoit plus régulière.

Les sept fenêtres de la grande salle furent garnies de grandes croisées neuves à grands carreaux & à deux battans, avec des espagnolettes bronzées.

Le pourtour de la salle étoit décoré d'un lambris d'appui ; les cadres & les panneaux en étoient dorés.

Les murs, trumeaux, embrasemens & plafonds des croisées de cette salle, ainsi que le pourtour des tableaux, étoient recouverts de damas cramoisi dans toute leur hauteur, bordé d'un double galon d'or.

Le dessus de la nouvelle porte d'entrée étoit orné d'un grand panneau d'étoffe cramoisi, enrichi d'un grand cartouche qui renfermoit le chiffre du roi.

Toutes les croisées étoient garnies de rideaux de taffetas cramoisi, bordés d'un galon d'or avec frange au pourtour.

Les portières ouvertes & feintes étoient de damas cramoisi, & garnies d'un double galon d'or.

La peinture & dorure de ces portes avoient été renouvellées, & toutes les ferrures des portes & des croisées étoient bronzées.

La salle étoit garnie de banquettes cramoisi : sur la cheminée, du côté de la chambre qui étoit destinée au roi, étoit placé un riche dais, sur la queue duquel étoit le portrait de S. M.

Ce dais étoit de damas cramoisi, chargé de galons d'or, & des aigrettes de plumes blanches au-dessus.

Le buste du Roi, en marbre blanc, étoit placé au-dessous de ce tableau, sur une console dorée.

Les trumeaux des fenêtres étoient garnis chacun de trois girandoles de cristal, posées sur des consoles richement sculptées & dorées.

Le mur opposé aux trumeaux étoit pareillement garni de girandoles disposées avec symmétrie.

Dans la longueur de la grande salle pendoient quatorze beaux lustres de forts cristaux, disposés en rangs en des dispositions variées, mais relatives entr'eux, & d'une symmétrie fort élégante.

Dans cette grande salle étoit dressé, dans l'angle à côté de la cheminée, un amphithéâtre en gradins, sur lequel étoient placés soixante musiciens, qui devoient exécuter des morceaux de musique pendant le *festin* du roi.

Cet amphithéâtre étoit couvert tout autour de damas cramoisi galonné d'or.

Le grand buffet de vermeil de la ville étoit dressé dans l'angle de l'autre cheminée, vis-à-vis de l'amphithéâtre où étoit la symphonie.

Les deux cheminées étoient garnies de grandes grilles neuves, ornées de belles & grandes figures de bronze doré.

Le plancher de la salle étoit couvert de tapis de Turquie, & d'un double tapis de Perse à l'endroit où le roi devoit se mettre à table.

La table pour le *festin* du roi, que S. M. avoit permis que l'on dressât avant son arrivée, étoit placée dans cette grande salle. Elle avoit trente pieds de longueur sur huit pieds de large ; elle étoit composée de neuf parties, sur quatre pieds brisés en formes de pieds de biche : elle avoit été faite pour trente-deux couverts.

Les appartemens destinés pour le roi, pour la reine, pour monseigneur le dauphin, pour mesdames, étoient décorés avec la plus grande magnificence ; mais la reine & mesdames ne vinrent point à l'hôtel-de-ville.

Décoration de la cour de l'hôtel-de-ville.

Aux deux côtés de la statue de Louis XIV, étoient deux grands lis de fer-blanc, garnis d'un grand nombre de forts lampions.

Au-devant de chaque colonne du premier ordre étoient des torches dorées, portant chacune des girandoles dorées à neuf branches, garnies de bougies.

Le surplis de ces colonnes, jusqu'à leurs chapitaux, étoit garni de deux panneaux de lampions, dont le supérieur formoit un cœur.

Au centre de chaque arcade étoit suspendu un lustre de cristal, au-dessus duquel étoit une agraffe dorée, d'où sortoient des festons & chûtes de fleurs d'Italie.

Les embrasemens de chaque arcade étoient garnis de girandoles dorées à cinq branches. L'architecture de ce premier ordre étoit garnie d'un fil de lampions au pourtour.

Le dessus de l'entablement étoit garni de falots. Les colonnes du second ordre étoient décorées & garnies chacune d'un génie de ronde bosse, d'or, portant d'une main une girandole dorée à sept branches, & de l'autre main tenant une branche de laurier qui montoit, en tournant autour du fût de la colonne, jusqu'au chapiteau : cette branche de laurier étoit dorée.

Dans la frise de l'entablement, au-dessus des colonnes, étoient des médaillons d'or à fonds d'azur, avec fleurs de lis & chiffres alternativement rehaussés d'or.

Au centre de chacune des croisées ceintrées étoit placé un lustre de cristal, suspendu par un nœud doré.

Au-dessus de chaque lustre étoit une grande agraffe dorée, d'où sortoient des festons aussi dorés.

Au-dessus de l'entablement du second ordre, étoient placées des lanternes de verre, formant pavillons au-dessus des colonnes, & festons au-dessus des croisées ceintrées.

Au devant de la lucarne, au-dessus de la statue du roi, étoit un tableau transparent, avec une inscription portant ces mots : *Recepto Cæsare felix.* Le nouveau péristile étoit orné de lustres de cristal, & de girandoles dorées sur les colonnes & les embrasemens des arcades.

L'ancien péristile étoit orné de cinq lustres de cristal, dont celui du milieu, en face du premier escalier, étoit à vingt-quatre branches, avec festons & chûtes de fleurs d'Italie, qui formoient un pavillon.

Sur le pallier du milieu du grand escalier étoit un lustre, aussi-bien que dans le vestibule & dans tous les corridors.

Marche du roi.

Sur les deux heures, le roi partit du château des Tuileries, ayant devant & derrière ses carrosses les gendarmes, chevaux-légers, les deux compagnies des mousquetaires, & ses gardes-du-corps.

Comme la route de sa majesté étoit par la rue Saint-Honoré, celle du Roule, & celle de la Monnoie, la ville avoit fait élever pour son passage une fontaine de vin à la croix du Trahoir, & on y distribuoit au peuple du vin & de la viande. Sa majesté étant au commencement du quai de Gêvres, les boîtes & les canons de la ville firent une décharge, & le conduisirent à ce bruit jusques dans l'hôtel-de-ville.

Sa majesté étant arrivée dans la place, y trouva les gardes françoises & suisses ; les gendarmes & les chevaux-légers filèrent du côté de la rue du Mouton, & les mousquetaires allèrent par-dessus le port, pour se poster à la place aux Veaux.

Lorsque le roi fut arrivé près la barrière de l'hôtel-de-ville avec ses gardes-du-corps, il fut reçu à la descente de son carrosse par le prévôt des marchands & les échevins, qui mirent un genou en terre : ils furent présentés par M. le duc de Gêvres comme gouverneur, & conduits par M. Desgranges, maître des cérémonies.

M. le prévôt des marchands complimenta sa majesté, laquelle répondit avec sa bonté naturelle ; & sa majesté s'étant mise en marche pour monter l'escalier, les prévôt des marchands & échevins passèrent avant sa majesté, laquelle trouva sur le haut de l'escalier les gardes-du-corps en haie & sous les armes.

Elle fut conduite dans la grande salle en passant par la salle des gardes, & de-là dans son appartement, dont la porte étoit gardée par les huissiers de la chambre, qui avoient sous leurs ordres des garçons, que la ville avoit fait habiller de drap bleu galonné en argent, pour servir de garçons de la chambre, tant chez le roi que dans l'appartement de monseigneur le dauphin.

Monseigneur le dauphin, qui étoit arrivé avec le roi, de même que les princes & autres seigneurs, le suivirent dans son appartement.

Les prévôt des marchands & échevins s'étoient tenus dans la grande salle ; le roi ordonna de les faire entrer, & M. le gouverneur les présenta à sa majesté tous ensemble, & chacun en particulier.

Quelque temps après, M. le prévôt des marchands eut l'honneur de présenter un livre relié en maroquin bleu sur vélin & en lettres d'or, à sa majesté, à monseigneur le dauphin & aux princes. Il contenoit une ode faite pour la circonstance, & qui fut exécutée en musique pendant le *festin* de sa majesté.

Sur les trois heures, M. le prévôt des marchands, qui étoit sorti un instant de l'appartement du roi, y rentra, & eut l'honneur de dire à sa majesté qu'elle étoit servie. Le roi sortit de son appartement, passa dans la grande salle & se mit à table.

Pendant le *festin*, l'ode qui avoit été présentée au roi fut exécutée ; & il y eut d'autres morceaux de musique exécutés par la symphonie. Pendant le *festin*, M. le prevôt des marchands eut l'honneur de servir le roi.

Outre la table de sa majesté, il y avoit plusieurs tables pour les seigneurs & les personnes de considération qui n'avoient pas été nommées pour la table du roi. Il y avoit aussi des tables pour les personnes de la suite du roi, pour les gardes-du-corps, les pages, &c.

Après le *festin*, le roi & monseigneur le dauphin passèrent dans leur appartement. Le roi regarda par ses croisées l'illumination de la place.

Toutes les parties principales de l'architecture de l'arc de triomphe étoient dessinées & représentées en illumination & en relief, suivant leurs saillies & contours ; ce qui composoit environ quatorze mille lumières, tant en falots qu'en lampes à plaque.

Les entablemens de la colonnade autour de la place étoient garnis de falots ; les fûts des colonnes étoient couverts de tringles, portant un grand nombre de lampes à plaque ; les couronnemens des piédestaux étoient pareillement garnis de falots.

Le corps de la fontaine, qui étoit dans le milieu de la place ordinaire des canons, étoit décoré d'un grand nombre de lumières en falots ou lampes à plaque, qui traçoient la principale partie de la décoration & ses saillies.

Tout

Tout le pourtour de cette fontaine, qui formoit une salle de lumières, & les poteaux étoient illuminés par des lustres de fil-de-fer, avec lampes de Surène ; & les doubles guirlandes de lampes qui joignoient chaque poteau ou pied d'arbre, faisoient un effet admirable.

Au-dehors & sur les retours de la barrière de l'hôtel-de-ville, étoient quatre grands ifs de fer en consoles bronzées portant, chacun cent-cinquante fortes lampes.

La face extérieure de l'hôtel-de-ville étoit illuminée de cette manière :

Les deux lanternes du clocher étoient garnies de lampes à plaque, qui figuroient les ceintres des arcades, avec festons de lumières au-devant des appuis.

Le pourtour du piédestal & du grand socle étoit orné de forts lustres de fil-de-fer, garnis de lampes de Surène, & leurs corniches avec des falots.

Le grand comble du milieu étoit orné, à ses extrémités, de deux grandes pyramides circulaires, garnies de lampes de Surène.

Le faîte & les arrêtiers étoient bordés de falots. La face principale de ce comble & celle des deux pavillons étoient garnies en plein de lampes à plaque.

Les entablemens des deux pavillons, l'acrotaire du milieu & le grand entablement étoient bordés de falots.

L'illumination de la cour étoit telle qu'elle est décrite ci-devant.

Après avoir considéré quelque temps l'illumination de la place, le roi sortit de son appartement avec monseigneur le dauphin, descendit dans la cour ; il regarda quelque temps l'illumination, & monta dans son carrosse.

On croit devoir ajouter à ces premiers détails la description du souper du roi à l'hôtel-de-ville, le 8 septembre 1745, après les mémorables victoires de la France.

Le cérémonial de tous ces *festins* est toujours le même ; mais les préparatifs changent, & forment des tableaux nouveaux qui peuvent ranimer l'industrie des arts : les articles de ce genre ne peuvent donc être faits dans l'Encyclopédie avec trop de zèle & de soin. Puissent-ils y devenir des archives durables de la magnificence & du goût d'une ville illustre, dont le bon ordre & l'opulence attirent dans son sein tous les arts, & qui, par le concours immense des plus excellens artistes de l'Europe, est unanimement regardée comme l'école de l'univers !

[Et puisse cependant une sage économie n'user de cette magnificence qu'avec sobriété !]

Souper du Roi en banquet royal dans l'hôtel-de-ville le 8 septembre 1745.

Sur les 7 heures du soir, leurs majestés, avec toute la famille royale, entrèrent dans la place de l'hôtel-de-ville, précédées des détachemens des deux compagnies des mousquetaires, des chevaux-légers, des gardes-du-corps & des gendarmes. Les gardes françoises & suisses bordoient la place des deux côtés.

Le carrosse de sa majesté étant devant la barrière de l'hôtel-de-ville, MM. de la ville s'avancèrent de dix pas au-dehors de la barrière de l'hôtel-de-ville, M. le duc de Gèvres les ayant présentés aussi-tôt que sa majesté fut décendue de carrosse, ils mirent un genou en terre, & M. le prévôt des marchands fit un discours au roi.

Ces messieurs, qui étoient vêtus de leurs robes de velours, prirent aussi-tôt le devant, & conduisirent le roi, la reine, monseigneur le dauphin, madame la dauphine & mesdames dans la grande salle, & de là à l'appartement du roi, où ils eurent l'honneur d'être encore présentés au roi, par M. le duc de Gèvres.

Sur les huit heures & demie du soir, M. le prévôt des marchands demanda l'ordre du roi pour faire tirer le feu d'artifice. On commença par faire une décharge des boîtes & des canons, ensuite on tira les fusées volantes, & différentes pièces d'artifice qui parurent d'une forme très-nouvelle. Le feu d'abord forma une brillante illumination, & au haut de l'artifice étoit un *vive le roi*, dont le brillant & la nouveauté frappa d'admiration tous les spectateurs. L'artifice étoit disposé de façon qu'il s'embrasa tout-à-coup, & que les dessins ne perdirent rien à sa rapidité. Le roi, qui parut fort satisfait, vit tirer ce feu à la croisée du milieu de la grande salle ; les deux croisées à côté étoient distinguées & renfermées dans une estrade de la hauteur d'une marche, entourée d'une balustrade dorée : elle étoit couverte, ainsi que toute l'étendue de la salle, d'un tapis. Il y avoit un dais au-dessus de ladite croisée du milieu, sans queue ni aigrette ; & au-dehors de cette croisée sur la place, étoit un autre dais très-riche avec aigrette & queue.

La reine y étoit aussi. Il y avoit deux fauteuils pour leurs majestés ; & la famille royale & toute la cour étoient sur cette estrade, sur des banquettes.

Après le feu, leurs majestés passèrent dans la salle des gouverneurs, qui avoit été décorée en salle de concert. On y exécuta une ode sur le retour de sa majesté. Les vers étoient de M. Roy ; MM. Rebel & Francœur en avoient fait la musique.

Pendant le concert, on avoit ôté l'estrade de la grande salle & les tapis, pour dresser la table.

Le roi, après le concert, rentra dans son appartement ; la reine & la famille royale l'y suivirent : & M. le prévôt des marchands eut l'honneur de dire au roi que sa majesté étoit servie : alors le roi, la reine & toute la famille royale allèrent se mettre à table.

La table contenoit quarante-deux couverts. Le roi & la reine se mirent à table, au bout du côté de l'appartement du roi, dans deux fauteuils ; & sur le retour à droite, étoit, sur un pliant, monseigneur le dauphin ; à gauche, sur le retour, madame la dauphine ; à droite, après monseigneur le dauphin, étoit madame première ; à gauche, après madame la dauphine, étoit madame seconde; à droite, après madame première, étoit madame la duchesse de Modène, & tout de suite après elle, étoit mademoiselle de la Roche-sur-Yon ; & de l'autre côté, après madame seconde, étoit madame la princesse de Conti, & ensuite toutes les dames de la cour.

Le roi, la reine & la famille royale furent servis en vaisselle d'or, & les princesses en vaisselle de vermeil. M. le prévôt des marchands eut l'honneur de servir le roi.

La salle étoit remplie de personnes de la première considération, qui étoient entrées par des billets; des officiers des gardes-du-corps, du premier gentilhomme de la chambre, de M. le duc de Gêvres.

La décoration de la grande salle étoit telle.

Étant d'usage d'appuyer les planchers lorsque le roi honore de sa présence l'hôtel-de-ville, il avoit été mis quatorze forts poteaux sous la portée des poutres, au-devant des trumeaux, des croisées sur la place, & à l'opposé : & deux autres près des angles.

Ces seize poteaux étoient recouverts & ornés de thermes ou cariathides, sur des piédestaux; ils représentoient les dieux & déesses de la Victoire, avec leurs attributs. Le corps des figures étoit en blanc, pour imiter le marbre; & les gaînes étoient en marbre de couleur, rehaussé d'or, ainsi que les piédestaux. Le plafond étoit tendu d'une toile blanche, au-dessous des poutres, encadrée d'une bordure dorée, faisant ressaut au-dessus des cariathides. Les embrasemens des croisées sur la place étoient ornés de chambranles dorés, & les traverses ceintrées, embellies de guirlandes, sur les montans & au-dessous des traverses.

La face opposée aux croisées étoit répétée de symmétrie, & figuroit des croisées feintes. Les portes ouvrantes & feintes, étoient pareillement ornées de chambranles. Les fonds & les embrasemens, étoient garnis de taffetas cramoisi, enrichi de galons d'or : & ils formoient des panneaux & des compartimens dessinés avec goût. Les deux cheminées avoient été repeintes; les ornemens redorés, ainsi que les draperies des figures.

Cette salle, à laquelle la décoration donnoit la forme d'une galerie, étoit ornée & éclairée par quatorze beaux lustres, qui pendoient du plafond, disposés à quatre rangs, d'une position variée, pour l'alignement & la hauteur. Les retours de chacun des seize piédestaux étoient ornés de deux girandoles à cinq branches, formant des bouquets de lis. Au-devant de chacune des gaînes des cariathides, étoit une guirlande à sept branches, composée de branches de fleurs. Au-devant de la cheminée, du côté de la chambre du roi, étoit dressé un riche dais, avec une queue, sur laquelle étoit le portrait du roi. Le buste de marbre du roi étoit au-dessous, sur une console dorée, posée sur le chambranle de la cheminée. La cheminée opposée, du côté de la chambre de la reine, avoit été de même repeinte & redorée; & pour l'éclairer, il avoit été fait deux consoles dorées, qui paroissoient être tenues par les deux figures couchées sur le chambranle, pour porter deux girandoles de cristal.

L'orchestre où s'exécutoit le concert pendant le souper, étoit à un des côtés de cette cheminée; il étoit composé de cinquante instrumens, & recouvert de taffetas cramoisi, galonné d'or.

Le buffet de la ville étoit dressé dès le matin, dans la partie de cette salle, auprès de la cheminée du côté de la chambre du roi.

Au bas, pour le souper, il y avoit un petit buffet particulier pour le roi & la reine & la famille royale.

Après le souper, qui dura deux heures, le roi passa avec la reine & la famille royale dans son appartement. Ils virent par les fenêtres l'illumination de la place.

Illumination de la place.

Le pourtour de la place étoit décoré par quinze piédestaux quarrés, qui portoient des drapeaux entrelacés de lauriers, & entouroient le pied d'un groupe de lumières; treize autres pieds triangulaires portoient des pyramides ou ifs de lumières; & chacune de ces vingt-huit pièces portoit quatre-vingt & cent grosses bougies, ce qui faisoit environ trois mille lumières. Le contour du feu d'artifice étoit illuminé, en sorte que cela faisoit tableau pour les quatre faces.

Après avoir examiné l'illumination de la place, leurs majestés & la famille royale quittèrent les appartemens, & descendirent dans la cour.

L'enceinte de la cour étoit ornée d'une chaîne de guirlandes de fleurs, qui formoient des festons d'une colonne à l'autre, avec de belles chûtes au-devant des colonnes, & sur les lustres des croisées du second ordre. Au-dessus de ces lustres, étoient des couronnes de feuilles de laurier. Au-devant du bas de chaque colonne du second ordre, étoit une girandole formant des branches de roseau. Au-devant des pieds-droits des croisées ceintrées, étoient d'autres girandoles qui figuroient des bouquets de roses. Au rez-de-chaussée, les arcades étoient ornées de lustres, couronnées d'un tr fle de fleurs, avec des cordons soie & or, chûtes d'où les lustres pendoient. Au-devant du bas de chaque colonne, étoit une girandole dorée, à fleurs de lis. Les embrasemens étoient garnis de filets de terrines. Aux côtés de la statue de Louis XIV, étoient deux grands lis de fer-blanc, garnis de forts lampions. La grande couronne royale transparente étoit placée sur l'entablement supérieur, au-dessus de la croisée du milieu de la nouvelle salle des gardes : au-dessous de cette couronne, étoient des pentes de rideaux, de taffetas bleu, avec galons & franges d'or, retroussés en forme de pavillon, sous lequel étoit le chiffre du roi en fleurs : au-dessous & sur l'entablement du premier ordre, étoient les armes de France & de Navarre, soutenues par des génies, aux deux côtés de la couronne. Sur l'entablement étoient posés des grouppes d'enfans, badinant avec des guirlandes, qui se joignoient à la couronne & aux guirlandes du pourtour de la cour.

Le grand escalier, le vestibule du premier & du rez-de-chaussée étoient ornés de lustres & de girandoles de fer-blanc ; le tout garni de grosses bougies.

Le clocher de l'hôtel-de-ville étoit entiérement illuminé, ainsi que le comble de la grande salle.

Leurs majestés regardèrent quelque temps cette illumination, & ensuite descendirent le grand escalier pour monter dans leurs carrosses, avec monseigneur le dauphin, madame la dauphine & mesdames. MM. de la ville les avoient reconduits jusqu'à leurs carrosses.

Il a été donné par la ville de Paris plusieurs autres *festins* au roi, à la reine & à la famille royale.

Jamais monarque n'a gouverné ses peuples avec autant de douceur ; jamais peuples aussi n'ont été si tendrement attachés à leur roi. (*B.*)

FESTUS, (Pompeïus-Sextus) grammairien célèbre, abbréviateur du Traité de Verius-Flaccus, *de verborum Significatione*.

Un autre FESTUS, (Porcius) gouverneur de Judée, étant à Césarée, cita S. Paul à son tribunal ; mais S. Paul ayant appellé à César, *Festus* le lui renvoya.

FÊTES DES MAHOMÉTANS. La *fête* des mahométans par chaque semaine est le vendredi : ce jour est pour eux ce qu'est pour nous le dimanche, & ce qu'étoit pour les Juifs le sabbat, c'est-à-dire le jour de la prière publique. Ils ont outre cela deux *fêtes* solemnelles : la première appellée la *fête des victimes*, qui se fait le dixième jour du dernier mois de leur année ; la seconde est celle du *bairam*, qui termine le *ramadhan* ou carême.

FÊTES DES CHINOIS. Ces peuples célèbrent deux *fêtes* solemnelles dans l'année en mémoire de Confucius, & d'autres moins solemnelles en d'autres jours de l'année. Ils offrent aussi deux fois l'an des sacrifices solemnels aux esprits de leurs ancêtres défunts, & d'autres moins solemnels chaque mois & dans la nouvelle & dans la pleine lune, le premier jour de l'an & dans les solstices. Le quinzième jour de la première lune de leur année, ils allument, en signe de *fête*, un grand nombre de feux & de lanternes. Le cinquième jour de la cinquième lune & le quinzième jour de la huitième sont encore pour eux des jours de *fêtes*. Les Indiens orientaux font aussi des solemnités, tant en automne que dans les autres saisons, en l'honneur de leurs idoles. Les Sauvages d'Amérique ont aussi les leurs. *Voyez* FÊTES DES MORTS. Enfin, il n'est point de peuple qui n'ait eu ses *fêtes*, pour peu qu'il ait professé quelque religion. (*G.*)

FÊTE DES MORTS *ou* FESTIN DES MORTS, (*Hist. mod.*) cérémonie de religion très-solemnelle en l'honneur des morts, usitée parmi les Sauvages d'Amérique, qui se renouvelle tous les huit ans parmi quelques nations, & tous les dix ans chez les Hurons & les Iroquois.

Voici la description qu'en donne le P. de Charlevoix, dans son *Journal d'un voyage d'Amérique*, p. 377. « On commence, dit cet auteur, par » convenir du lieu où se fera l'assemblée, puis » on choisit le roi de la *fête*, dont le devoir est » de tout ordonner, & de faire les invitations aux » villages voisins. Le jour marqué étant venu, » les Sauvages s'assemblent, & vont processionnellement deux à deux au cimetière. Là, chacun » travaille à découvrir les corps, ensuite on » demeure quelque temps à considérer en silence » un spectacle si capable de fournir les plus sérieuses réflexions. Les femmes interrompent les » premières ce religieux silence, en jetant des » cris lamentables, qui augmentent encore l'horreur dont tout le monde est pénétré.

» Ce premier acte fini, on prend ces cadavres, » on ramasse les ossemens secs & détachés, on » les met en paquets ; & ceux qui sont marqués » pour les porter, les chargent sur les épaules. » S'il y a des corps qui ne soient pas entiérement » corrompus, on en détache les chairs pourries » & toutes les ordures ; on les lave, & on les » enveloppe dans des robes de castors toutes » neuves. Ensuite on s'en retourne dans le même » ordre qu'on avoit gardé en venant ; & quand » la procession est rentrée dans le village, chacun » dépose dans sa cabane le dépôt dont il étoit chargé. » Pendant la marche, les femmes continuent leurs » éjulations, & les hommes donnent les mêmes » marques de douleur qu'au jour de la mort de » ceux dont ils viennent de lever les tristes restes : » & ce second acte est suivi d'un festin, dans » chaque cabane, en l'honneur des morts de sa » famille.

» Les jours suivans, on en fait de publics, » accompagnés de danses, de jeux, de combats, » pour lesquels il y a des prix proposés. De temps » en temps on jette de certains cris, qui s'appellent » *les cris des ames*. On fait des présens aux étrangers, parmi lesquels il y en a quelquefois qui » sont envoyés à cent cinquante lieues, on en » reçoit d'eux. On profite même de ces occasions » pour traiter des affaires communes, ou de » l'élection d'un chef... Tout, jusqu'aux danses,

» y respire je ne sais quoi de lugubre, & on y sent » des cœurs percés de la plus vive douleur.... Au » bout de quelques jours, on se rend encore processionellement dans une grande salle du conseil, » dressée exprès; on y suspend, contre les parois » les ossemens & les cadavres, dans le même état » où on les a tirés du cimetière; on y étale les » présens destinés pour les morts. Si, parmi ces » tristes restes, il se trouve ceux d'un chef, son » successeur donne un grand repas en son nom, » & chante sa chanson. En plusieurs endroits, les » corps sont promenés de bourgade en bourgade; » & reçus par-tout avec de grandes démonstrations de douleur & de tendresse. Par-tout on leur » fait des présens, & on les porte enfin à l'endroit » où ils doivent être déposés pour toujours.... » Toutes ces marches se font au son des instrumens, accompagnés des plus belles voix; & » chacun y marche en cadence.

» La dernière & commune sépulture est une » grande fosse qu'on tapisse des plus belles pelleteries & de ce qu'on a de plus précieux. Les présens destinés pour les morts sont placés à part. » A mesure que la procession arrive, chaque famille s'arrange sur des espèces d'échafauds » dressés autour de la fosse; & au moment que » les corps sont déposés, les femmes recommencent à crier & à pleurer; ensuite tous les assistans » descendent dans la fosse, & il n'est personne » qui n'en prenne un peu de terre, qui se conserve » précieusement. Ils s'imaginent que cette terre » porte bonheur au jeu. Les corps & les ossemens » sont arrangés par ordre, couverts de fourrures » toutes neuves, & par-dessus d'écorces, sur » lesquelles on jette des pierres, du bois & de » la terre. Chacun se retire ensuite chez soi, &c.» (*A. R.*)

FÊTE DES ANES, (*Hist. mod.*) cérémonie qu'on faisoit anciennement dans l'église cathédrale de Rouen le jour de Noël. C'étoit une procession, où certains ecclésiastiques choisis représentoient les prophètes de l'ancien testament qui avoient prédit la naissance du Messie. Balaam y paroissoit monté sur une *ânesse*, & c'est ce qui avoit donné le nom à la *fête*. On y voyoit aussi Zacharie, sainte Elisabeth, saint Jean-Baptiste, Siméon, la sybille Erythrée, Virgile, à cause de son églogue, *Sicelides Musæ*, &c. Nabuchodonosor, & les trois enfans dans la fournaise. La procession, qui sortoit du cloître, étant entrée dans l'église, s'arrêtoit entre un nombre de personnes qui étoient rangées des deux côtés pour marquer les juifs & les gentils, auxquels les chantres disoient quelques paroles; puis ils appelloient les prophètes l'un après l'autre, qui prononçoient chacun un passage touchant le Messie. Ceux qui faisoient les autres personnages, s'avançoient en leur rang, les chantres leur faisant la demande, & chantant ensuite les versets qui se rapportoient aux juifs & aux gentils; & après avoir représenté le miracle de la fournaise & fait parler Nabuchodonosor, la sybille paroissoit la dernière, puis tous les prophètes & les chœurs chantoient un motet qui terminoit la cérémonie. Ducange, *Gloss.* (*G.*)

FÊTE DES FOUS, (*Hist. mod.*) réjouissance pleine de désordres, de grossiéretés & d'impiétés, que les sous-diacres, les diacres & les prêtres même faisoient dans la plupart des églises durant l'office divin, principalement depuis les *fêtes* de Noël jusqu'à l'Épiphanie.

Ducange, dans son *Glossaire*, en parle au mot *kalendæ*, & remarque qu'on la nommoit encore la *fête des sous-diacre;* non pas qu'il n'y eût qu'eux qui la fêtassent, mais par un mauvais jeu de mot tombant sur la débauche des diacres, & cette pointe signifioit *la fête des diacres saouls & ivres*.

Cette *fête* étoit réellement d'une telle extravagance, que le lecteur auroit peine à y ajouter foi s'il n'étoit instruit de l'ignorance & de la barbarie des siècles qui ont précédé la renaissance des lettres en Europe.

Nos dévôts ancêtres ne croyoient pas déshonorer Dieu par les cérémonies bouffonnes & grossières que je vais décrire, dérivées presque toutes du paganisme, introduites en des temps peu éclairés, & contre lesquelles l'église a souvent lancé ses foudres sans aucun succès.

Par la connoissance des Saturnales on peut se former une idée de la *fête des fous;* elle en étoit une imitation; & les puérilités qui règnent encore dans quelques-unes de nos églises le jour des Innocens, ne sont que des vestiges de la *fête* dont il s'agit ici.

Comme dans les Saturnales les valets faisoient les fonctions de leurs maîtres, de même dans la *fête des fous* les jeunes clercs & les autres ministres inférieurs officioient publiquement pendant certains jours consacrés aux mystères du christianisme.

Il est très-difficile de fixer l'époque de la *fête des fous*, qui dégénéra si promptement en abus monstrueux. Il suffira de remarquer, sur son ancienneté, que le concile de Tolède, tenu en 633, fit l'impossible pour l'abolir; & que S. Augustin, long-temps auparavant, avoit recommandé qu'on châtiât ceux qui seroient convaincus de cette impiété. Cedrenus, *Hist. pag. 639*, nous apprend que, dans le dixième siècle, Théophylacte, patriarche de Constantinople, avoit introduit cette *fête* dans son diocèse; d'où l'on peut juger sans peine qu'elle s'étendit de tous côtés daus l'église grecque comme dans la latine.

On élisoit dans les églises cathédrales un évêque ou un archevêque des *fous*, & son élection étoit confirmée par beaucoup de bouffonneries qui servoient de sacre. Cet évêque élu officioit pontificalement, & donnoit la bénédiction publique & solemnelle au peuple, devant lequel il portoit la mitre, la crosse, & même la croix archiépiscopale.

Dans les églises qui relevoient immédiatement du saint-siége, on élisoit un *pape des fous*, à qui l'on accordoit les ornemens de la papauté, afin qu'il pût agir & officier solemnellement, comme le saint-père.

Des pontifes de cette espèce étoient accompagnés d'un clergé aussi licentieux. Tous assistoient ces jours-là au service divin en habits de mascarade & de comédie. Ceux-ci prenoient des habits de pantomimes; ceux-là se masquoient, se barbouilloient le visage, à dessein de faire peur ou de faire rire. Quand la messe étoit dite, ils couroient, sautoient & dansoient d... l'église avec tant d'impudence, que quelques-uns n'avoient pas honte de se mettre presque nus: ensuite ils se faisoient traîner par les rues dans des tombereaux pleins d'ordures, pour en jeter à la populace qui s'assembloit autour d'eux. Les plus libertins d'entre les séculiers se mêloient parmi le clergé, pour jouer aussi quelque personnage de *fou* en habit ecclésiastique. Ces abus vinrent jusqu'à se glisser également dans les maisons de moines & de religieuses. En un mot, dit un savant auteur, c'étoit l'abomination de la désolation dans le lieu saint, & dans les personnes qui par leur état devoient avoir la conduite la plus sainte.

Le portrait que nous venons de tracer des désordres de la *fête des fous*, loin d'être chargé, est extrêmement adouci; le lecteur pourra s'en convaincre en lisant la lettre circulaire du 22 mars 1444, adressée au clergé du royaume par l'université de Paris. On trouve cette lettre à la suite des ouvrages de Pierre de Blois; & Sauval, *tom. II, p. 624*, en donne un extrait qui ne suffit que trop sur cette matière.

Cette lettre porte que pendant l'office divin les prêtres & les clercs étoient vêtus, les uns comme des bouffons, les autres en habits de femme, ou masqués d'une façon monstrueuse. Non-contens de chanter dans le chœur des chansons déshonnêtes, ils mangeoient & jouoient aux dés sur l'autel, à côté du prêtre qui célébroit la messe. Ils mettoient des ordures dans les encensoirs, & couroient autour de l'église, sautant, riant, chantant, proférant des paroles sales, & faisant mille postures indécentes. Ils alloient ensuite par toute la ville se faire voir sur des charriots. Quelquefois, comme on l'a dit, ils sacroient un évêque ou pape des *fous*, qui célébroit l'office, & qui, revêtu d'habits pontificaux, donnoit la bénédiction au peuple. Ces folies leur plaisoient tant, & paroissoient à leurs yeux si bien pensées & si chrétiennes, qu'ils regardoient comme excommuniés ceux qui vouloient les proscrire.

Dans le registre de 1494 de l'église de Saint-Etienne de Dijon, on lit qu'à la *fête des fous*, on faisoit une espèce de farce sur un théâtre devant une église, où on rasoit la barbe au *préchantre des fous*, & qu'on y disoit plusieurs obscénités. Dans les registres de 1521, *ibid.* on voit que les vicaires couroient par les rues avec fifres, tambours & autres instrumens, & portoient des lanternes devant le préchantre des *fous*, à qui l'honneur de la *fête* appartenoit principalement.

Dans le second registre de l'église cathédrale d'Autun, du secrétaire *Rotarii*, qui commence en 1411 & finit en 1416, il est dit qu'à la *fête* des fous, *follorum*, on conduisit un âne, & que l'on chantoit: *hé, sire âne, hé, hé*, & que plusieurs alloient à l'église déguisés en habits grotesques; ce qui fut alors abrogé. Cet âne étoit honoré d'une chape qu'on lui mettoit sur le dos. On nous a conservé la rubrique que l'on chantoit alors, & le P. Théophile Raynaud témoigne l'avoir vue dans le rituel d'une de nos églises métropolitaines.

Il y a un ancien manuscrit de l'église de Sens où l'on trouve l'*office des fous* tout entier.

Enfin, pour abréger, presque toutes les églises de France ont célébré la *fête des fous* sans interruption pendant plusieurs siècles durant l'octave des Rois. On l'a marquée de ce nom dans les livres des offices divins: *festum fatuorum in Epiphaniâ & ejus octavis.*

Mais ce n'est pas seulement en France que s'étendirent les abus de cette *fête*; ils passèrent la mer, & ils régnoient peut-être encore en Angleterre vers l'an 1530: du moins, dans un inventaire des ornemens de l'église d'Yorck, fait en ce temps-là, il est parlé d'une petite mitre & d'un anneau pour l'*évêque des fous*.

Ajoutons ici que cette *fête* n'étoit pas célébrée moins ridiculement dans les autres parties septentrionales & méridionales de l'Europe, en Allemagne, en Espagne, en Italie, & qu'il en reste encore çà & là des traces que le temps n'a point effacées.

Outre les jours de la nativité de Notre-Seigneur, de S. Etienne, de S. Jean l'évangéliste, des Innocens, de la Circoncision, de l'Epiphanie, ou de l'octave des Innocens, que se célébroit la *fête des fous*, il se pratiquoit quelque chose de semblable le jour de S. Nicolas & le jour de sainte Catherine dans divers diocèses, & particulièrement dans celui de Chartres. Tout le monde sait, dit M. Lancelot, *Hist. de l'acad. des inscrip. tome IV*, qu'il s'étoit introduit, pendant les siècles d'ignorance, des *fêtes* différemment appellées *des fous, des ânes, des innocens, des calendes*. Cette différence venoit des jours & des lieux où elles se faisoient; le plus souvent c'étoit dans les *fêtes* de Noël, à la Circoncision ou à l'Epiphanie.

Quoique cette *fête* eût été taxée de *paganisme* & d'*idolâtrie* par la sorbonne en 1444, elle trouva des apologistes qui en défendirent l'innocence par des raisonnemens dignes de ces temps-là. Nos prédécesseurs, disoient-ils, graves & saints personnages, ont toujours célébré cette *fête*; pouvons-nous suivre de meilleurs exemples? D'ailleurs, la folie, qui nous est naturelle, & qui semble née avec nous, se dissipe du moins une fois chaque année par cette douce récréation; les tonneaux de vin créveroient, si on ne leur ouvroit la bonde pour leur donner de l'air: nous sommes des tonneaux mal reliés, que le puissant vin de la sagesse feroit rompre, si nous le laissions bouillir par une dévotion continuelle. Il faut donc donner quelquefois de l'air à ce vin, de peur qu'il ne se perde & ne se répande sans profit.

L'auteur du curieux *traité contre le paganisme du roi boit* prétend même qu'un docteur de théologie soutint publiquement, à Auxerre, sur la fin du xve. siècle, que la *fête des fous* n'étoit pas moins approuvée de Dieu que la *fête* de la Conception immaculée de Notre-Dame, outre qu'elle étoit d'une toute autre ancienneté dans l'église.

Aussi les censures des évêques des xiij^e & xjv^e siecles eurent si peu d'efficace contre la pratique de la *fête des fous*, que le concile de Sens, tenu en 1460 & en 1485, en parle comme d'un abus pernicieux qu'il falloit nécessairement retrancher.

Ce fut seulement alors que les évêques, les papes & les conciles se réunirent plus étroitement dans toute l'Europe, pour abroger les extravagantes cérémonies de cette *fête*. Les constitutions synodales du diocèse de Chartres, publiées en 1550, ordonnèrent que l'on bannît des églises les habits des *fous*, qui sont des personnages de théatre. Les statuts synodaux de Lyon, en 1566 & 1577, défendirent toutes les farces de la *fête des fous* dans les églises. Le concile de Tolède, en 1566, entra dans le sentiment des autres conciles. Le concile provincial d'Aix, en 1585, ordonna que l'on fît cesser dans les églises, le jour de la *fête* des Innocens, tous les divertissemens, tous les jeux d'enfans & de théatre qui y avoient subsisté jusqu'alors. Enfin, le concile provincial de Bordeaux, tenu à Cognac en 1620, condamna sévérement les danses & les autres pratiques ridicules qui se faisoient encore dans ce diocèse le jour de la *fête des fous*.

Les séculiers concoururent avec le clergé pour faire cesser à jamais la *fête des fous*, comme le prouve l'arrêt du parlement de Dijon du 19 janvier 1552: mais, malgré tant de forces réunies, l'on peut dire que la renaissance des lettres contribua plus, dans l'espace de cinquante ans à l'abolition de cette ancienne & honteuse *fête*, que la puissance ecclésiastique & séculière dans le cours de mille ans. *Article de M. le chevalier* DE JAUCOURT.

Nous allons joindre à ce mémoire, en faveur de plusieurs lecteurs, la description de la *fête des fous*, telle qu'elle se célébroit à Viviers, & cette description sera tirée du vieux rituel manuscrit de cette église.

Elle commençoit par l'élection d'un abbé du clergé; c'étoit le bas-chœur, les jeunes chanoines, les clercs & enfans de chœur qui la faisoient. L'abbé élu & le *Te Deum* chanté, on le portoit sur les épaules dans la maison où tout le reste du chapitre étoit assemblé. Tout le monde se levoit à son arrivée, l'évêque lui-même, s'il y étoit présent. Cela étoit suivi d'une ample collation, après laquelle le haut-chœur d'un côté & le bas-chœur de l'autre, commençoient à chanter certaines paroles qui n'avoient aucune suite: *sed dùm earum cantus sæpiùs & frequentiùs per partes continuando cantatur, tantò ampliùs ascendendo elevatur in tantum, quod una pars cantando, clamando* E FORT CRIDAR *vincit aliam. Tunc enim inter se ad invicem clamando, sibilando, ululando, cathinnando, deridendo, ac cum suis manibus demonstrando, pars victrix, quantùm potest, partem adversam deridere conatur & superare, jocosasque trufas sine tædis breviter inferre. A parte abbatis* HEROS, *alter chorus &* NOLIE NOLIERNO; *à parte abbatis* AD FONS SANCTI BACON, *alii* KYRIE ELEISON, &c.

Cela finissoit par une procession qui se faisoit tous les jours de l'octave. Enfin le jour de saint Etienne paroissoit l'évêque fou, ou l'évêque des fous, *episcopus stultus*. C'étoit aussi un jeune clerc, différent de l'abbé du clergé. Quoiqu'il fût élu dès le jour des Innocens de l'année précédente, il ne jouissoit, à proprement parler, des droits de sa dignité que ces trois jours de S. Etienne, de S. Jean & des Innocens. Après s'être revêtu des ornemens pontificaux, en chape, mitre, crosse, &c. suivi de son aumônier, aussi en chape, qui avoit sur sa tête un petit coussin au lieu de bonnet, il venoit s'asseoir dans la chaire épiscopale, & assistoit à l'office, recevant les mêmes honneurs que le véritable évêque auroit reçus. A la fin de l'office, l'aumônier disoit à pleine voix: *silete, silete, silentium habete*: le chœur répondoit, *Deo gratias*. L'évêque des *fous*, après avoir dit l'*adjutorium*, &c. donnoit sa bénédiction, qui étoit immédiatement suivie de ces prétendues indulgences que son aumônier prononçoit avec gravité:

De part mossenhor l'evesque,
Que Dieu vos done grand mal al bescle
Aves una plena banasta de pardos
E dos des de raycha de sot lo mento.

C'est-à-dire, *de par monseigneur l'évêque, que Dieu vous donne grand mal au foie, avec une pleine pannerée de pardons, & deux doigts de rage & de gale rogneuse dessous le menton*. Les autres jours les mêmes cérémonies se pratiquoient, avec la seule différence que les indulgences varioient. Voici celles du second jour, qui se répétoient aussi le troisième.

Mossenhor quez ayssi presenz,
Vos dona xx banastas de mal de dene
Et a vos autras donas a tressi
Dona una cua de rossi.

Ce qu'on peut rendre par ces mots : *monseigneur, qui est ici présent, vous donne vingt pannerées de mal de dents ; & ajoute aux autres dons qu'il vous a faits celui d'une queue de rosse.*

Ces abus, quelque indécens & condamnables qu'ils fussent, n'approchoient pas encore des impiétés qui se pratiquoient dans d'autres églises du royaume, si l'on en croit la lettre circulaire, citée ci-dessus, des docteurs de la faculté de Paris, envoyée en 1444 à tous les prélats de France, pour les engager à abolir cette détestable coutume.

Belet, docteur de la même faculté, qui vivoit plus de deux cent ans auparavant, écrit qu'il y avoit quatre sortes de danses, celle des lévites ou diacres, celle des prêtres, celle des enfans ou clercs, & celle des sous-diacres. Théophile Raynaud témoigne qu'à la messe de cette abominable fête, le jour de saint Etienne, on chantoit une prose de l'âne, qu'on nommoit aussi *la prose des fous ;* & que le jour de saint Jean on en chantoit encore une autre, qu'on appelloit *la prose du bœuf.* On conserve dans la bibliothèque du chapitre de Sens un manuscrit en vélin avec des miniatures, où sont représentées les cérémonies de la *fête des fous.* Le texte en contient la description. Cette prose de l'âne s'y trouve; on la chantoit à deux chœurs, qui imitoient par intervalles, & comme pour refrain, le braire de cet animal.

Cet abus a régné dans cette église, comme dans presque toutes les autres du royaume ; mais elle a été une des premières à le réformer, comme il paroît, par une lettre de Jean Leguise, évêque de Troyes, à Tristan de Salasar, archevêque de Sens. Elle porte, entr'autres, que *aucuns gens d'église, de cette ville* (de Troyes), *sous umbre de leur fête aux fous, ont fait plusieurs grandes-moqueries, dérisions & folies contre l'onneur & révérence de Dieu, & au grand contempt & vitupère des gens d'église, & de tout l'état ecclésiastique ... ont eleu & fait un arcevesque des fols ; lequel, la veille & jour de la circoncision de Notre Seigneur fit l'office ... vêtu* in pontificalibus, *en baillant la bénédiction solemnelle au peuple ; & avec ledit arcevesque, en allant parmi la ville, faisoit porter la croix devant ly, & baillant la bénédiction en allant en grand dérision & vitupère de la dignité arcrépiscopale ; & quand on leur a dit que c'étoit mal fait, ils ont dit que ainsi le fait-on à Sens, & que vous-même avez commandé & ordonné faire ladite feste, combien que soye informé du contraire,* &c. En effet, l'évêque de Troyes auroit eu mauvaise grace de s'adresser à son métropolitain pour faire cesser cet abus, si celui-ci en eût toléré un semblable dans sa propre cathédrale. Cette lettre est de la fin du quinzième siecle, & il paroît par-là que cette *fête* étoit déjà abolie dans l'église de Sens. Elle l'étoit également en beaucoup d'autres, conformément aux décisions de plusieurs conciles, par le zèle & la vigilance qu'apportèrent les évêques à retrancher des abus si criants.

Quelques autres auteurs parlent de la coutume établie dans certains diocèses, où sur la fin de décembre les évêques jouoient familièrement avec leur clergé, à la paume, à la boule, à l'imitation, disent-ils, des saturnales des payens : mais cette dernière pratique, qu'on regarderoit aujourd'hui comme indécente, n'étoit mêlée d'aucune impiété, comme il en régnoit dans la *fête des fous.* D'autres auteurs prétendent que les Latins avoient emprunté cette dernière des Grecs : mais il est plus vraisemblable que la première origine de cette *fête* vient de la superstition des payens, qui se masquoient le premier jour de l'an, & se couvroient de peaux de cerfs ou de biches, pour représenter ces animaux ; ce que les chrétiens imitèrent, nonobstant les défenses des conciles & des pères. Dans les siècles moins éclairés, on crut rectifier ces abus, en y mêlant des représentations des mystères ; mais, comme on voit, la licence & l'impiété prirent le dessus ; & de ce mélange bisarre du sacré & du profane, il ne résulta qu'une profanation des choses les plus respectables.

Si, malgré ces détails, quelqu'un est encore curieux d'éclaircissemens sur cette matière, il peut consulter les *ouvrages* de Pierre de Blois ; Thiers, *Traité des jeux*, l'*Histoire de Bretagne*, *tome I. pag.* 586 ; Mézeray, *Abrégé de l'histoire de France*, *tom. I. pag. 578. éd. in-4°.* dom Lobineau, *Histoire de Paris*, *tom. I. pag. 224.* dom Marlot, *Histoire de Rheims*, *tom. II. page 769*, & enfin les *Mémoires de* du Tillot, *pour servir à l'histoire de la fête des fous*, *imprimés à Lausanne, en 1751, in-4°. Article de M. le Chevalier* DE JAUCOURT.

FÊTE DES INNOCENS : cette *fête* étoit comme une branche de l'ancienne fête des fous, & on la célébroit le jour des Innocens. Elle n'a pas disparu si-tôt que la première ; puisque Naudé, dans sa plainte à Gassendi, en 1645, témoigne qu'elle subsistoit encore alors dans quelques monastères de Provence. Cet auteur raconte qu'à Antibes, dans le couvent des Franciscains, les religieux prêtres, ni le gardien n'alloient point au chœur le jour des Innocens ; & que les frères lais, qui vont à la quête, ou qui travaillent au jardin & à la cuisine, occupoient leurs places dans l'église, & faisoient une manière d'office avec des extravagances & des profanations horribles. Ils se revêtoient d'ornemens sacerdotaux, mais tous déchirés, s'ils en trouvoient, & tournés à l'envers. Ils tenoient des livres à rebours, où ils faisoient semblant de lire avec des lunettes, qui avoient de l'écorce d'orange pour verre. Ils ne chantoient ni hymnes, ni pseaumes, ni messes à l'ordinaire ; mais tantôt ils marmotoient certains mots confus, & tantôt ils poussoient des cris, avec des contorsions qui faisoient horreur aux personnes sensées. Thiers, *Traité des jeux.* *Voyez* FÊTE DES FOUS.

On a conservé dans quelques cathédrales & collégiales l'usage de faire officier, ce jour-là, les enfans de chœur, c'est-à-dire, de leur faire porter chappe à la messe & à vêpres; & de leur donner place dans les hautes stalles, pour honorer la mémoire des enfans égorgés par l'ordre d'Hérode. C'est une pratique pieuse, qui, n'étant accompagnée d'aucune indécence, ne se ressent en rien de la mascarade contre laquelle Naudé s'est élevé si justement, & encore moins de l'ancienne *fête* des fous. (*G.*)

FÊTE, (*Beaux-Arts*) solemnité ou réjouissance, & quelquefois l'une & l'autre, établie, ou par la religion, ou par l'usage, ou occasionée par quelque événement extraordinaire, qui intéresse un état, une province, une ville, un peuple, &c.

Ce mot a été nécessaire à toutes les nations: elles ont toutes eu des *fêtes*. On lit dans tous les historiens que les Juifs, les payens, les Turcs, les Chinois ont eu leurs solemnités & leurs réjouissances publiques. Les uns dérivent ce mot de l'hébreu, אשרח qui signifie, *feu de Dieu;* les autres pensent qu'il vient du mot, latin, *feriari:* quelques savans ont écrit qu'il tiroit son origine du grec *ἑστία*, qui veut dire *foyer*, &c.

Toutes ces étymologies paroissent inutiles: elles indiquent seulement l'antiquité de la chose, que notre mot *fête* nous désigne.

Nous passerons rapidement sur les *fêtes* de solemnité & de réjouissance des Juifs des payens & de l'église. Il y en a qui furent établies par les loix politiques, telles que celles qu'on célébroit en Grèce. Celles des Juifs émanoient toutes de la loi de Moyse; & les réjouissances ou solemnités des Romains tenoient également à la religion & à la politique.

Il ne sera point question non plus des *fêtes* de notre sainte religion, dont les plus considérables sont ou seront détaillées sous les mots qui les désignent. On se borne ici à faire connoître quelques-unes de ces magnifiques réjouissances qui ont honoré en différens temps les états, les princes, les particuliers même, à qui les arts ont servi à manifester leur goût, leur richesse & leur génie.

Les bornes qui me sont prescrites m'empêcheront aussi de parler des *fêtes* des siècles trop reculés: les triomphes d'Alexandre, les entrées des conquérans, les superbes retours des vainqueurs romains dans la capitale du monde, sont répandus dans toutes nos anciennes histoires. Je ne m'attache ici qu'à rassembler quelques détails, qui forment un tableau historique des ressources ingénieuses de nos arts dans les occasions éclatantes. Les exemples frappent l'imagination & l'échauffent. On peint les actions des grands hommes aux jeunes héros, pour les animer à les égaler; il faut de même retracer aux jeunes esprits, qu'un penchant vif entraîne vers les arts, les effets surprenans dont ils ont avant nous été capables: à cette vue, on les verra prendre peut-être un noble essor pour suivre ces glorieux modèles, & s'échauffer même de l'espoir encourageant de les surpasser quelque jour.

Je prends pour époque en ce genre des premiers jets du génie, la *fête* de Bergonce de Botta, gentilhomme de Lombardie; il la donna dans Tortone, vers l'année 1480, à Galéas, duc de Milan, & à la princesse Isabelle d'Aragon, sa nouvelle épouse.

Dans un magnifique sallon entouré d'une galerie, où etoient distribués plusieurs joueurs de divers instrumens, on avoit dressé une table tout-à-fait vuide. Au moment que le duc & la duchesse parurent, on vit Jason & les Argonautes s'avancer fièrement sur une symphonie guerrière; ils portoient la fameuse toison d'or, dont ils couvrirent la table après avoir dansé une entrée noble, qui exprimoit leur admiration à la vue d'une princesse si belle, & d'un prince si digne de la posséder.

Cette troupe céda la place à Mercure. Il chanta un récit, dans lequel il racontoit l'adresse dont il venoit de se servir pour ravir à Apollon, qui gardoit les troupeaux d'Admète, un veau gras dont il faisoit hommage aux nouveaux mariés. Pendant qu'il le mettoit sur la table, trois quadrilles qui le suivoient exécutèrent une entrée.

Diane & ses nymphes succédèrent à Mercure. La déesse faisoit suivre une espèce de brancard doré, sur lequel on voyoit un cerf: c'étoit, disoit-elle, un Actéon, qui étoit trop heureux d'avoir cessé de vivre, puisqu'il alloit être offert à une nymphe aussi aimable & aussi belle qu'Isabelle.

Dans ce moment, une symphonie mélodieuse attira l'attention des convives; elle annonçoit le chantre de la Thrace; on le vit jouant de sa lyre & chantant les louanges de la jeune duchesse.

« Je pleurois, dit-il, sur le mont Apennin
» la mort de la tendre Euridice; j'ai appris l'u-
» nion de deux amans dignes de vivre l'un pour
» l'autre, & j'ai senti pour la première fois, de-
» puis mon malheur, quelque mouvement de
» joie; mes chants ont changé avec les sentimens
» de mon cœur; une foule d'oiseaux ont volé pour
» m'entendre, je les offre à la plus belle prin-
» cesse de la terre, puisque la charmante Euridice
» n'est plus. »

Des sons éclatans interrompirent cette mélodie: Atalante & Thésée, conduisant avec eux une troupe leste & brillante, représentèrent par des danses vives une chasse à grand bruit: elle fut terminée par la mort du sanglier de Calydon, qu'ils offrirent au jeune duc, en exécutant des ballets de triomphes.

Un spectacle magnifique succéda à cette entrée pittoresque: on vit d'un côté Iris sur un char traîné par des paons, & suivie de plusieurs nymphes vêtues d'une gaze légère, qui

portoient

portoient des plats couverts de ces superbes oiseaux.

La jeune Hébé parut de l'autre, portant le nectar qu'elle verse aux dieux ; elle étoit accompagnée des bergers d'Arcadie, chargés de toutes les espèces de laitage, de Vertumne & de Pomone, qui servirent toutes les sortes de fruits.

Dans le même temps l'ombre du délicat Apicius sortit de terre ; il venoit prêter à ce superbe festin les finesses qu'il avoit inventées, & qui lui avoient acquis la réputation du plus voluptueux des Romains.

Ce spectacle disparut, & il se forma un grand ballet composé des dieux de la mer & de tous les fleuves de Lombardie. Ils portoient les poissons les plus exquis, & ils les servirent en exécutant des danses de différens caractères.

Ce repas extraordinaire fut suivi d'un spectacle encore plus singulier. Orphée en fit l'ouverture ; il conduisoit l'Hymen & une troupe d'Amours : les Graces, qui les suivoient, entouroient la Foi conjugale, qu'ils présentèrent à la princesse, & qui s'offrit à elle pour la servir.

Dans ce moment, Sémiramis, Hélène, Médée & Cléopâtre interrompirent le récit de la Foi conjugale, en chantant les égaremens de leurs passions. Celle-ci, indignée qu'on osât souiller, par des recits aussi coupables, l'union pure des nouveaux époux, ordonna à ces reines criminelles de disparoître. A sa voix, les Amours dont elle étoit accompagnée, fondirent, par une danse vive & rapide sur elles, les poursuivirent avec leurs flambeaux allumés, & mirent le feu aux voiles de gaze dont elles étoient coëffées.

Lucrèce, Pénélope, Thomiris, Judith, Porcie & Sulpicie les remplacèrent, en présentant à la jeune princesse les palmes de la pudeur, qu'elles avoient méritées pendant leur vie. Leur danse noble & modeste fut adroitement coupée par Bacchus, Silène & les Egypans, qui venoient célébrer une noce si illustre ; & la *fête* fut ainsi terminée, d'une manière aussi gaie qu'ingénieuse.

Cet assemblage de tableaux en action, assez peu relatifs peut-être l'un à l'autre, mais remplis cependant de galanterie, d'imagination & de variété, fit le plus grand bruit en Italie, & donna dans la suite l'idée des carrousels réguliers, des opéras, des grands ballets à machines, & des *fêtes* ingénieuses avec lesquelles on a célébré en Europe les grands événemens. *Voyez le Traité de la danse, liv. 1, chap. ij. page 2.*

On apperçut dès-lors que, dans les grandes circonstances, la joie des princes, des peuples, des particuliers même, pouvoit être exprimée d'une façon plus noble que par quelques cavalcades monotones, par de tristes fagots embrasés en cérémonie dans les places publiques & devant les maisons des particuliers ; par l'invention grossière de tous ces amphithéâtres de viandes entassées dans les lieux les plus apparens, & de ces dégoûtantes fontaines de vin dans les coins des rues ; ou enfin par ces mascarades déplaisantes qui, au bruit des fifres & des tambours, n'apprêtent à rire qu'à l'ivresse seule de la canaille, & infectent les rues d'une grande ville, dont l'extrême propreté, dans ces momens heureux, devroit être une des plus agréables démonstrations de l'alégresse publique.

Dans les cours des rois on sentit, par cet exemple, que les mariages, les victoires, tous les événemens heureux ou glorieux pouvoient donner lieu à des spectacles nouveaux, à des divertissemens inconnus, à des festins magnifiques, que les plus aimables allégories animeroient ainsi de tous les charmes des fables anciennes ; enfin que la descente des dieux parmi nous embelliroit la terre, & donneroit une espèce de vie à tous les amusemens que le génie pouvoit inventer ; que l'art sauroit mettre en mouvement les objets qu'on avoit regardés jusqu'alors comme des masses immobiles, & qu'à force de combinaisons & d'efforts, il arriveroit au point de perfection dont il est capable.

C'est sur ce développement que les cours d'Italie imitèrent tour-à-tour la *fête* de Bergonce de Botta ; & Catherine de Médicis, en portant en France le germe des beaux-arts qu'elle avoit vu renaître à Florence, y porta aussi le goût de ces *fêtes* brillantes, qui depuis y fut poussé jusqu'à la plus superbe magnificence & la plus glorieuse perfection.

On ne parlera ici que d'une seule des *fêtes* de cette reine, qui avoit toujours des desseins, qui n'eut jamais de scrupules, & qui fut si cruellement se servir du talent dangereux de ramener tout ce qui échappoit de ses mains, à l'accomplissement de ses vues.

Pendant sa régence, elle mena le roi à Bayonne, où sa fille, reine d'Espagne, vint la joindre avec le duc d'Albe, que la régente vouloit entretenir : c'est-là qu'elle déploya tous les petits ressorts de sa politique à l'égard d'un ministre qui en connoissoit de plus grands, & les ressources d'une fine galanterie à l'égard d'une foule de courtisans divisés, qu'elle avoit intérêt de distraire de l'objet principal qui l'avoit amenée.

Les ducs de Savoie & de Lorraine, plusieurs autres princes étrangers étoient accourus à la cour de France, qui étoit aussi magnifique que nombreuse. La reine, qui vouloit donner une haute idée de son administration, donna le bal deux fois le jour, festins sur festins, *fête* sur *fête*. Voici celle où je trouve le plus de variété, de goût, & d'invention. *Voyez les Mémoires de la reine de Navarre.*

Dans une petite île située dans la rivière de Bayonne, couverte d'un bois de haute-futaie, la reine fit faire douze grands berceaux qui aboutissoient à un sallon de forme ronde, qu'on avoit pratiqué dans le milieu. Une quantité immense de lustres de fleurs furent suspendus aux arbres, & on plaça une table de douze couverts dans chacun des berceaux.

La table du roi, des reines, des princes & des princesses du sang, étoit dressée dans le milieu du sallon; ensorte que rien ne leur cachoit la vue des douze berceaux où étoient les tables destinées au reste de la cour.

Plusieurs symphonistes, distribués derrière les berceaux & cachés par les arbres, se firent entendre dès que le roi parut. Les filles d'honneur des deux reines, vêtues élégamment, partie en nymphes, partie en nayades, servirent la table du roi. Des satyres, qui sortoient du bois, leur apportoient tout ce qui étoit nécessaire pour le service.

On avoit à peine joui quelques momens de cet agréable coup-d'œil, qu'on vit successivement paroître, pendant la durée de ce festin, différentes troupes de danseurs & de danseuses, représentant les habitans des provinces voisines, qui dansèrent les uns après les autres les danses qui leur étoient propres, avec les instrumens & les habits de leur pays.

Le festin fini, les tables disparurent : des amphithéâtres de verdure & un parquet de gazon furent mis en place comme par magie; le bal de cérémonie commença, & la cour s'y distingua par la noble gravité des danses sérieuses, qui étoient alors le fonds unique de ces pompeuses assemblées.

C'est ainsi que le goût pour les divers ornemens que les fables anciennes peuvent fournir dans toutes les occasions d'éclat, à la galanterie, à l'imagination, à la variété, à la pompe, à la magnificence, gagnoit les esprits de l'Europe, depuis la *fête* ingénieuse de Bergonce de Botta.

Les tableaux merveilleux qu'on peut tirer de la fable, l'immensité de personnages qu'elle procure; la foule de caractères qu'elle offre à peindre & à faire agir, sont en effet les ressources les plus abondantes. On ne doit pas s'étonner si elles furent saisies avec ardeur & adoptées sans scrupule par les personnes les plus graves, les esprits les plus éclairés, & les ames les plus pures.

J'en trouve un exemple qui fera connoître l'état des mœurs du temps, dans une *fête* publique preparée avec toute la dépense possible, & exécutée avec la pompe la plus solemnelle. Je n'en parle que d'après un religieux, aussi connu de son temps par sa piété que par l'abondance de ses recherches & de ses ouvrages sur cette matière. C'est à Lisbonne que fut célébrée la *fête* qu'il va décrire.

(1) « Le 31 janvier (1610), après l'office solemnel » du matin & du soir, sur les quatre heures après » midi, deux cents arquebusiers se rendirent à la » porte de Notre-Dame de Lorette, où ils trouvèrent une machine de bois d'une grandeur » énorme, qui représentoit le cheval de Troye.

» Ce cheval commença dès-lors à se mouvoir » par de secrets ressorts, tandis qu'autour de ce » cheval se représentoient en ballets les principaux évènemens de la guerre de Troye.

» Ces représentations durèrent deux bonnes » heures, après quoi on arriva à la place Saint-Roch, où est la maison professe des jésuites.

» Une partie de cette place représentoit la ville » de Troye avec ses tours & ses murailles. Aux » approches du cheval, une partie des murailles » tomba; les soldats grecs sortirent de cette machine, & les Troyens, de leur ville, armés & » couverts de feux d'artifice, avec lesquels ils firent » un combat merveilleux.

» Le cheval jetoit des feux contre la ville, la ville » contre le cheval; & l'un des plus beaux spectacles fut la décharge de dix-huit arbres tous » chargés de semblables feux.

» Le lendemain, d'abord après le dîné, parurent » sur mer, au quartier de Pampuglia, quatre » brigantins, richement parés, peints & dorés, » avec quantité de banderoles & de grands chœurs » de musique. Quatre ambassadeurs, au nom des » quatre parties du monde, ayant appris la béatification d'Ignace de Loyola, pour reconnoître » les bienfaits que toutes les parties du monde » avoient reçus de lui, venoient lui faire hommage & lui offrir des présens, avec les respects » des royaumes & des provinces de chacune de » ces parties.

» Toutes les galères & les vaisseaux du port » saluèrent ces brigantins : étant arrivés à la place » de la marine, les ambassadeurs descendirent, & » montèrent en même temps sur des chars superbement ornés, & accompagnés de trois cent » cavaliers, s'avancèrent vers le collége, précédés » de plusieurs trompettes.

» Après quoi, des peuples de diverses nations, » vêtus à la manière de leur pays, faisoient un » ballet très-agréable, composant quatre troupes » ou quadrilles pour les quatre parties du monde.

» Les royaumes & les provinces, représentés » par autant de génies, marchoient avec ces » nations & les peuples différens devant les chars » des ambassadeurs de l'Europe, de l'Asie, de » l'Afrique & de l'Amérique, dont chacun étoit » escorté de soixante-dix cavaliers.

» La troupe de l'Amérique étoit la première, » & entre ses danses, elle en avoit une plaisante » de jeunes enfans déguisés en singes, en guenons » & en perroquets. Devant le char, étoient douze » nains, montés sur des haquenées; le char étoit » tiré par un dragon.

» La diversité & la richesse des habits ne faisoient » pas le moindre ornement de cette *fête*, quelques-uns ayant pour plus de deux cent mille écus de » pierreries. »

(1) On transcrit tout ceci mot à mot du *Traité des ballets*, du père Menestrier, jésuite.

Les trois *fêtes* qu'on a mises sous les yeux des lecteurs, doivent leur faire pressentir que ce genre très-peu connu, & sur lequel on a trop négligé d'écrire, embrasse cependant une vaste étendue, offre à l'imagination une grande variété, & au génie une carrière brillante.

Ainsi, pour donner une idée suffisante sur cette matière, on croit qu'une relation succincte d'une *fête* plus générale, qui fit dans son temps l'admiration de l'Angleterre, & qui peut-être pourroit servir de modèle dans des cas semblables, ne sera pas tout à-fait inutile à l'art.

Entre plusieurs personnages médiocres qui entouroient le cardinal de Richelieu, il s'étoit pris de quelque amitié pour Durand, homme maintenant tout-à-fait inconnu, & qu'on n'arrache aujourd'hui à son obscurité que pour faire connoitre combien les préférences ou les dédains des gens en place, qui donnent toujours le ton de leur temps, influent peu cependant sur le nom des artistes dans la postérité.

Ce Durand, courtisan sans talens d'un très-grand ministre, en qui le défaut de goût n'étoit peut-être que celui de son siècle, avoit imaginé & conduit le plus grand nombre des *fêtes* de la cour de Louis XIII. Quelques françois qui avoient du génie, trouvèrent les accès difficiles & la place prise: ils se répandirent dans les pays étrangers, & ils y firent éclater l'imagination, la galanterie & le goût, qu'on ne leur avoit pas permis de déployer dans le sein de leur patrie.

La gloire qu'ils y acquirent rejaillit cependant sur elle; & il est flatteur encore pour nous aujourd'hui que les *fêtes* les plus magnifiques & les plus galantes qu'on ait jamais données à la cour d'Angleterre, aient été l'ouvrage des François.

Le mariage de Frédéric cinquième, comte Palatin du Rhin, avec la princesse d'Angleterre, en fut l'occasion & l'objet. Elles commencèrent le premier jour par des *feux d'artifice en action* sur la Tamise; idée noble, ingénieuse & nouvelle, qu'on a trop négligée après l'avoir trouvée, & qu'on auroit dû employer toujours à la place de ces dessins sans imagination & sans art, qui ne produisent que quelques étincelles, de la fumée & du bruit.

Ces feux furent suivis d'un festin superbe, dont tous les dieux de la fable apportèrent les services, en dansant des ballets formés de leurs divers caractères (1). Un bal éclairé avec beaucoup de goût, dans des salles préparées avec grande magnificence, termina cette première nuit.

(1) Cette partie étoit imitée de la *fête* de Bergonce de Botta.

La seconde commença par une mascarade aux flambeaux, composée de plusieurs troupes de masques à cheval. Elle précédoit deux grands chariots éclairés par un nombre immense de lumières, cachées avec art aux yeux du peuple, & qui portoient toutes sur plusieurs grouppes de personnages qui y étoient placés en différentes positions. Dans des coins dérobés à la vue par des toiles peintes en nuages, on avoit rangé une foule de joueurs d'instrumens; on jouissoit ainsi de l'effet, sans en appercevoir la cause; & l'harmonie alors a les charmes de l'enchantement.

Les personnages qu'on voyoit sur ces chariots, étoient ceux qui alloient représenter un ballet devant le roi, & qui formoient par cet arrangement un premier spectacle pour *le peuple*, dont la foule ne sauroit à la vérité être admise dans le palais, mais qui dans des occasions doit toujours être comptée pour beaucoup plus qu'on ne pense.

Toute cette pompe, après avoir traversé la ville de Londres, arriva en bon ordre, & le ballet commença. Le sujet étoit le temple de l'Honneur, dont la Justice étoit établie solemnellement la prêtresse.

Le superbe conquérant de l'Inde, le dieu des richesses, l'Ambition, le Caprice cherchèrent en vain à s'introduire dans ce temple; l'Honneur n'y laissa pénétrer que l'Amour & la Beauté, pour chanter l'hymne nuptial des deux nouveaux époux.

Rien n'est plus ingénieux que cette composition, qui respiroit par-tout la simplicité & la galanterie.

Deux jours après, trois cent gentilshommes, représentant toutes les nations du monde, & divisés par troupes, parurent sur la Tamise dans des bateaux ornés avec autant de richesse que d'art. Ils étoient précédés & suivis d'un nombre infini d'instrumens, qui jouoient sans cesse des fanfares, en se répondant les uns aux autres. Après s'être montrés ainsi à une multitude innombrable, ils arrivèrent au palais du roi, où ils danserent un grand ballet allégorique.

La Religion réunissant la Grande-Bretagne au reste de la terre (1) étoit le sujet de ce spectacle.

Le théâtre représentoit le globe du monde: la Vérité sous le nom d'*Alithie*, étoit tranquillement couchée à un des côtés du théâtre. Après l'ouverture, les Muses exposèrent le sujet.

Atlas parut avec elles; il dit qu'ayant appris d'Archimède que si on trouvoit un point fixe, il feroit aisé d'enlever toute la masse du monde,

(1) En opposition à ce mot de Virgile, *& toto divisos orbe Britannos.*

il étoit venu en Angleterre, qui étoit ce point si difficile à trouver, & qu'il se déchargeroit désormais du poids qui l'avoit accablé, sur Alithie, compagne inséparable du plus sage & du plus éclairé des rois.

Après ce récit, le vieillard, accompagné de trois muses, Uranie, Terpsicore & Clio, s'approcha du globe, & il s'ouvrit.

L'Europe, vêtue en reine, en sortit la première, suivie de ses filles, la France, l'Espagne, l'Italie, l'Allemagne, la Grèce: l'Océan & la Méditerranée l'accompagnoient, & ils avoient à leur suite la Loire, le Guadalquivir, le Rhin, le Tibre & l'Achéloüs.

Chacune des filles de l'Europe avoit trois pages caractérisés par les habits de leurs provinces. La France menoit avec elle un Basque, un Bas-Breton; l'Espagne, un Aragonois & un Catalan; l'Allemagne, un Hongrois, un Bohémien & un Danois; l'Italie, un Napolitain, un Vénitien & un Bergamasque; la Grèce, un Turc, un Albanois & un Bulgare.

Cette suite nombreuse dansa un avant-ballet; & des princes de toutes les nations, qui sortirent du globe avec un cortége brillant, vinrent danser successivement des entrées de plusieurs caractères avec les personnages qui étoient déja sur la scène.

Atlas fit ensuite sortir dans le même ordre les autres parties de la terre, ce qui forma une division simple & naturelle du ballet, dont chacun des actes fut terminé par les hommages que toutes ces nations rendirent à la jeune princesse d'Angleterre, & par des présens magnifiques qu'elles lui firent.

L'objet philosophique de tous les articles de cet ouvrage, est de répandre, autant qu'il est possible, des lumières nouvelles sur les différentes opérations des arts; mais on est bien loin de vouloir s'arroger le droit de leur prescrire des règles dans les cas mêmes où ils opèrent à l'aventure, & où nulle loi écrite, nulle réflexion, nul écrit ne leur a tracé les routes qu'ils doivent suivre. L'honneur de la législation ne tente point des hommes qui ne savent qu'aimer leurs semblables; ils écrivent moins dans le dessein de les instruire, que dans l'espérance de les rendre un jour plus heureux.

C'est l'unique but & la gloire véritable des arts. Comme on doit à leur industrie les commodités, les plaisirs, les charmes de la vie, plus ils seront éclairés, plus leurs opérations répandront d'agréables délassemens sur la terre; plus les nations où ils seront favorisés auront de connoissances, & plus le goût fera naître dans leur ame des sentimens délicieux de plaisir.

C'est dans cette vue que nous nous sommes étendus sur cet article. On a déjà dû appercevoir, par le détail où nous sommes entrés, que le point capital dans ces grands spectacles, est d'y répandre la joie, la magnificence, l'imagination, & sur-tout la décence: mais une qualité essentielle qu'il faut leur procurer avec adresse, est la participation sage, juste & utile, qu'on doit y ménager au peuple dans tous les cas de réjouissances générales. On a démêlé sans peine dans les *fêtes* de Londres, que les préparatifs des spectacles donnés à la cour furent presque tous offerts à la curiosité des Anglois. Outre les feux d'artifice donnés sur la Tamise, on eut l'habileté de faire partir des quartiers les plus éloignés de Londres, & d'une manière aussi élégante qu'ingénieuse, les acteurs qui devoient amuser la cour. On donnoit ainsi à tous les citoyens la part raisonnable qui leur étoit due des plaisirs qu'alloient prendre leurs maitres.

Le peuple, qu'on croit faussement ne servir que de nombre, *nos numerus sumus*, &c. n'est pas moins cependant le vrai trésor des rois: il est, par son industrie & sa fidélité, cette mine féconde qui fournit sans cesse à leur magnificence; la nécessité le ranime, l'habitude le soutient, & l'opiniâtreté de ses travaux devient la source intarissable de leurs forces, de leur pouvoir, de leur grandeur. Ils doivent donc lui donner une grande part aux réjouissances solemnelles, puisqu'il a été l'instrument secret des avantages glorieux qui les causent. (*B.*)

Fêtes de la Cour de France. Les tournois & les carrousels, ces *fêtes* guerrières & magnifiques, avoient produit à la cour de France, en l'année 1559, un événement trop tragique pour qu'on pût songer à les y faire servir souvent dans les réjouissances solemnelles. Ainsi les bals, les mascarades, & sur-tout les ballets, qui n'entrainoient après eux aucun danger, & que la reine Catherine de Médicis avoit connus à Florence, furent pendant plus de cinquante ans la ressource de la galanterie & de la magnificence françoise.

L'aîné des enfans de Henri II ne régna que dix-sept mois; il en coûta peu de soins à sa mère pour le distraire du gouvernement, que son imbécillité le mettoit hors d'état de lui disputer; mais le caractère de Charles IX, prince fougueux, qui joignoit à quelque esprit un penchant naturel pour les beaux-arts, tint dans un mouvement continuel l'adresse, les ressources, la politique de la reine: elle imagina *fêtes* sur *fêtes* pour lui faire perdre de vue sans cesse le seul objet dont elle auroit dû toujours l'occuper. Henri III devoit tout à sa mère; il n'étoit point naturellement ingrat; il avoit la pente la plus forte au libertinage, un goût excessif pour le plaisir, l'esprit léger, le cœur gâté, l'ame foible. Catherine profita de cette vertu & de ces vices pour arriver à ses fins: elle mit en jeu les festins, les bals, les mascarades, les ballets, les femmes les plus belles, les courtisanes les plus libertins. Elle endormit ainsi ce prince malheureux sur un trône entouré de précipices : sa vie ne fut qu'un long sommeil, embelli quelquefois par des images riantes, & troublé plus souvent par des songes funestes.

Pour remplir l'objet que je me propose ici, je crois devoir choisir, parmi le grand nombre de *fêtes* qui furent imaginées durant ce règne, celles qu'on donna en 1581 pour le mariage du duc de Joyeuse & de Marguerite de Lorraine, belle-sœur du roi. Je ne sais, au reste, que copier d'un historien contemporain les détails que je vais décrire.

« Le lundi, 18 septembre 1581, le duc de » Joyeuse & Marguerite de Lorraine, fille de » Nicolas de Vaudemont, sœur de la reine, furent » fiancés en la chambre de la reine, & le di- » manche suivant furent mariés à trois heures après » midi en la paroisse de Saint-Germain de l'Auxer- » rois.

» Le roi mena le marié au Moûtier, suivi de » la reine, princesses & dames tant richement » vêtues, qu'il n'est mémoire en France d'avoir vu » chose si somptueuse. Les habillemens du roi & » du marié étoient semblables, tant couverts de » broderies, de perles, pierreries, qu'il n'étoit » possible de les estimer; car tel accoutrement y » avoit qui coûtoit dix mille écus de façon : & » toutefois, aux dix-sept festins, qui, de rang & de » jour à autre, par ordonnance du roi, furent » faits depuis les noces, par les princes, seigneurs, » parens de la mariée, & autres des plus grands de » la cour, tous les seigneurs & dames changèrent » d'accoutremens, dont la plupart étoient de toile » & drap d'or & d'argent, enrichis de broderies » & de pierreries, en grand nombre & de grand » prix.

» La dépense y fut si grande, y compris les » tournois, mascarades, présens, devises, musique, » livrées, que le bruit étoit que le roi n'en seroit » pas quitte pour cent mille écus.

» Le mardi 18 octobre, le cardinal de Bourbon » fit son festin de noces en l'hôtel de son abbaye » Saint-Germain-des-Prés, & fit faire à grands » frais sur la rivière de Seine un grand & superbe » appareil d'un grand bac, accommodé en forme » de char triomphant, dan lequel le roi, princes, » princesses & les mariés devoient passer du Lou- » vre au Pré-aux-Clers, en pompe moult solem- » nelle; car ce beau char triomphant devoit être » tiré par-dessus l'eau par d'autres bateaux déguisés » en chevaux marins, tritons, dauphins, baleines, » & autres monstres marins, en nombre de vingt- » quatre, en aucun desquels étoient portés à couvert » au ventre desdits monstres, trompettes, clairons, » cornets, violons, hautbois, & plusieurs musi- » ciens d'excellence, même quelques tireurs de » feux artificiels qui, pendant le trajet, devoient » donner maints passe-temps, tant au roi qu'à » 50000 personnes qui étoient sur le rivage; mais » le mystère ne fut pas bien joué, & ne put-on » faire marcher les animaux ainsi qu'on l'avoit » projeté ; de façon que le roi ayant attendu » depuis quatre heures du soir jusqu'à sept, aux » Tuileries, le mouvement & acheminement de » ces animaux, sans en appercevoir aucun effet, » dépité, dit qu'il voyoit bien que c'étoient des » bêtes qui commandoient à d'autres bêtes; & » étant monté en coche, s'en alla, avec la reine » & toute la suite, au festin qui fut le plus magni- » fique de tous, nommément en ce que ledit » cardinal fit représenter un jardin artificiel garni » de fleurs & de fruits, comme si c'eût été en mai » ou en juillet & août.

» Le dimanche 15 octobre, festin de la reine » dans le Louvre; & après le festin, le ballet de » Circé & de ses nymphes. »

Le triomphe de Jupiter & de Minerve étoit le sujet de ce ballet, qui fut donné sous le titre de *ballet comique de la reine;* il fut représenté dans la grande salle de Bourbon par la reine, les princesses, les princes & les plus grands seigneurs de la cour.

Balthazar de Boisjoyeux, qui étoit dans ce temps un des meilleurs joueurs de violon de l'Europe, fut l'inventeur du sujet, & en disposa l'ordonnance. L'ouvrage est imprimé, & il est plein d'inventions d'esprit; il en communiqua le plan à la reine, qui l'approuva : enfin tout ce qui peut démontrer la propriété d'une composition se trouve pour lui dans l'histoire. D'Aubigné cependant, dans sa vie, qui est à la tête du baron de Fœneste, se prétend hardiment auteur de ce ballet. Nous datons de loin pour les vols littéraires.

« Le lundi 16, en la belle & grande lice dressée » & bâtie au jardin du louvre, se fit un combat de » quatorze blancs contre quatorze jaunes, à huit » heures du soir, aux flambeaux.

» Le mardi 17, autre combat à la pique, à l'estoc, » au tronçon de la lance à pied & à cheval; & le » jeudi 19, fut fait le ballet des chevaux, auquel » les chevaux d'Espagne, coursiers, & autres en » combattant s'avançoient, se retournoient, con- » tournoient au son & à la cadence des trompettes & » clairons, y ayant été dressés cinq mois auparavant.

» Tout cela fut beau & plaisant: mais la grande » excellence qui se vit les jours de mardi & jeudi, » fut la musique de voix & d'instrumens la plus » harmonieuse & la plus déliée qu'on ait jamais » ouïe (on la devoit au goût & aux soins de » Baïf); furent aussi les feux artificiels qui bril- » lèrent avec effroyable épouvantement & con- » tentement de toutes personnes, sans qu'aucun » en fût offensé. »

La partie éclatante de cette *fête*, qui a été saisie par l'historien que j'ai copié, n'est pas celle qui méritoit le plus d'éloge : il y en eut une qui lui fut très-supérieure, & qui ne l'a pas frappé.

La reine & les princesses, qui représentoient dans le ballet les nayades & les néréides, terminèrent ce spectacle par des présens ingénieux qu'elles offrirent aux princes & seigneurs, qui, sous la figure de tritons, avoient dansé avec elles. C'étoient des médailles d'or, gravées avec assez de finesse pour le temps; peut-être ne sera-t-on pas fâché d'en trouver ici quelques-unes. Celle que la reine offrit au roi, représentoit un dauphin qui nageoit sur les flots; ces mots étoient gravés sur les revers: *delphinum, ut delphinum rependat*, ce qui veut dire:

Je vous donne un dauphin, & j'en attends un autre.

Madame de Nevers en donna une au duc de Guise, sur laquelle étoit gravé un cheval marin avec ces mots: *adversus semper in hostem*, prêt à fondre sur l'ennemi. Il y avoit sur celle que M. de Genevois reçut de madame de Guise un Arion, avec ces paroles: *populi superat prudentia fluctus*;

Le peuple en vain s'émeut, la prudence l'appaise.

Madame d'Aumale en donna une à M. de Chaussin, sur laquelle étoit gravée une baleine avec cette belle maxime: *cui sat, nil ultrà*;

Avoir assez, c'est avoir tout.

Un physite, qui est une espèce d'orque ou de baleine, étoit représenté sur la médaille que madame de Joyeuse offrit au marquis de Pons; ces mots lui servoient de devise: *sic famam jungere famæ*;

Si vous voulez pour vous fixer la renommée,
Occupez toujours ses cent voix.

Le duc d'Aumale reçut un triton tenant un trident & voguant sur les flots irrités; ces trois mots étoient gravés sur le revers: *commovet & sedat.*

Il les trouble & les calme.

Une branche de corail sortant de l'eau étoit gravée sur la médaille que madame de l'Archant présenta au duc de Joyeuse; elle avoit ces mots pour devise: *eadem natura remansit*;

Il change en vain, il est le même.

Ainsi la cour de France, troublée par la mauvaise politique de la reine, divisée par l'intrigue, déchirée par le fanatisme, ne cessoit point cependant d'être enjouée, polie & galante; trait singulier & de caractère, qui seroit sans doute une sorte de mérite, si le goût des plaisirs, sous un roi efféminé, n'y avoit été poussé jusqu'à la licence la plus effrénée; ce qui est toujours une tache pour le souverain, une flétrissure pour les courtisans, & une contagion funeste pour le peuple.

On ne s'est point refusé à ce récit, peut être trop long, parce qu'on a cru qu'il seroit suffisant pour faire connoître le goût de ce temps, & que, moyennant cet avantage, il dispenseroit de bien d'autres détails. Les règnes suivans prirent le ton de celui-ci. Henri IV aimoit les plaisirs, la danse & les *fêtes*. Malgré l'agitation de son administration pénible, il se livra à cet aimable penchant; mais par une impulsion de ce bon esprit qui régloit presque toutes les opérations de son règne: ce fut Sully, le grave, le sévère, l'exact Sully, qui eut l'intendance des ballets, des bals, des mascarades, de toutes les *fêtes*, en un mot, d'un roi aussi aimable que grand, & qui méritoit à tant de titres de pareils ministres.

Il est singulier que le règne de Louis XIII & le ministère du plus grand génie qui ait jamais gouverné la France, n'offre rien sur cet article qui mérite d'être rapporté. La cour, pendant tout ce temps, ne cessa d'être triste que pour descendre jusqu'à une sorte de joie basse, pire cent fois que la tristesse. Presque tous les grands spectacles de ce temps, qui étoient les seuls amusemens du roi & des courtisans françois, ne furent que de froides allusions, des compositions triviales, des fonds misérables. La plaisanterie la moins noble & du plus mauvais goût s'empara pour lors, sans contradiction, du palais de nos rois. On croyoit s'y être bien réjoui, lorsqu'on y avoit exécuté le ballet, *le maître Galimathias, pour le grand bal de la douairière de Billebahaut & de son fanfan de Sotteville.*

On applaudissoit au duc de Nemours, qui imaginoit de pareils sujets; & les courtisans, toujours persuadés que le lieu qu'ils habitent, est le seul lieu de la terre où le bon goût réside, regardoient en pitié toutes les nations qui ne partageoient point avec eux des divertissemens aussi délicats.

La reine avoit proposé au cardinal de Savoie, qui étoit pour lors chargé en France des négociations de sa cour, de donner au roi une *fête* de ce genre. La nouvelle s'en répandit, & les courtisans en rirent. Ils trouvoient *du dernier ridicule* qu'on s'adressât à de plats montagnards pour divertir une cour aussi polie que l'étoit la cour de France.

On dit au cardinal de Savoie les propos courans. Il étoit magnifique, & il avoit auprès de lui le comte *Philippe d'Aglié.* Il accepta avec respect la proposition de la reine, & il donna à *Monceaux* un grand ballet, sous le titre *de gli habitatori dè monti*, ou les Montagnards.

Ce spectacle eut toutes les graces de la nouveauté; l'exécution en fut vive & rapide, & la variété, les contrastes, la galanterie dont il étoit rempli, arrachèrent les applaudissemens & les suffrages de toute la cour.

C'est par cette galanterie ingénieuse que le cardinal de Savoie se vengea de la fausse opinion que les courtisans de Louis XIII avoient prise d'une nation spirituelle & polie, qui excelloit depuis long-temps dans un genre que les François avoient gâté.

Telle fut la nuit profonde dont le goût fut enveloppé à la cour de Louis XIII. Les rayons éclatans de lumière que le génie de Corneille répandoit dans Paris, n'allèrent point jusqu'à elle : ils se perdirent dans des nuages épais, qui sembloient sur ce point séparer la cour de la ville.

Mais cette nuit & ses sombres nuages ne faisoient que préparer à la France ses plus beaux jours, & la minorité de Louis XIV y fut l'aurore du goût & des beaux-arts.

Soit que l'esprit se fût développé par la continuité des spectacles publics, qui furent & qui seront toujours un amusement instructif; soit qu'à force de donner des *fêtes* à la cour, l'imagination s'y fût peu à peu échauffée; soit enfin que le cardinal Mazarin, malgré les tracasseries qu'il eut à soutenir & à détruire, y eût porté ce sentiment vif des choses aimables, qui est si naturel à sa nation, il est certain que les spectacles, les plaisirs, pendant son ministère, n'eurent plus ni la grossiéreté, ni l'enflure qui furent le caractère de toutes les *fêtes* d'éclat du règne précédent.

Le cardinal Mazarin avoit de la gaieté dans l'esprit, du goût pour le plaisir dans le cœur, & dans l'imagination moins de faste que de galanterie. On trouve les traces de ce qu'on vient de dire dans toutes les *fêtes* qui furent données sous ses yeux. Benserade fut chargé, par son choix, de l'invention, de la conduite & de l'exécution de presque tous ces aimables amusemens. Un ministre a tout fait dans ces occasions, qui paroissent frivoles, & peut-être même dans celles qu'on regarde comme les plus importantes, lorsque son discernement a su lui suggérer le choix qu'il falloit faire.

La *fête* brillante que ce ministre donna dans son palais au jeune roi, le 26 février 1651, justifia le choix qu'il avoit fait de Benserade. On y représenta le magnifique ballet de Cassandre. C'est le premier spectacle où Louis XIV parut sur le théâtre : il n'avoit alors que treize ans : il continua depuis à y étaler tous ses graces, les proportions marquées, les attitudes nobles, dont la nature l'avoit embelli, & qu'un art facile & toujours caché rendoit admirables, jusqu'au 13 février 1669, où il dansa pour la dernière fois dans le ballet de Flore.

Sa grande ame fut frappée de ces quatre vers du Britannicus de Racine :

Pour toute ambition, pour vertu singulière,
Il excelle à conduire un char dans la carrière,
A disputer des prix indignes de ses mains,
A se donner lui-même en spectacle aux Romains.

On ne s'attachera point à rapporter les *fêtes* si connues de ce règne éclatant; on sait dans les royaumes voisins, comme en France, qu'elles furent l'époque de la grandeur de cet état, de la gloire des arts & de la splendeur de l'Europe : elles sont d'ailleurs imprimées dans tant de recueils différens; nos pères nous les ont tant de fois retracées, & avec des transports d'amour & d'admiration si expressifs, que le souvenir en est resté gravé pour jamais dans les cœurs de tous les François. On se contente donc de présenter aux lecteurs une réflexion qu'ils ont peut-être déjà faite; mais au moins n'est-elle, si l'on ne se trompe, écrite encore nulle part.

Louis XIV, qui porta jusqu'au plus haut degré le rare & noble talent de la représentation, eut la bonté constante, dans toutes les *fêtes* superbes qui charmèrent sa cour & qui étonnèrent l'Europe, de faire inviter les femmes de la ville les plus distinguées, & de les y faire placer sans les séparer des femmes de la cour. Il honoroit ainsi, dans la plus belle moitié d'eux-mêmes, ces hommes sages qui gouvernoient sous ses yeux une nation heureuse. Que ces magnifiques spectacles doivent charmer un bon citoyen, quand ils lui offrent ainsi entre-mêlés dans le même tableau ces noms illustres qui lui rappellent à la fois & nos jours de victoire, & les sources heureuses du doux calme dont nous jouissons! *Voyez les Mémoires du temps*, & les *diverses relations des fêtes de Louis XIV*, sur tout de celles de 1668.

La minorité de Louis XV fournit peu d'occasions de *fêtes*; mais la cérémonie auguste de son sacre à Rheims fit renaître la magnificence qu'on avoit vue dans tout son éclat sous le règne florissant de Louis XIV, &c.

Elle s'est ainsi soutenue dans toutes les circonstances pareilles; mais celles où elle offrit ce que la connoissance & l'amour des arts peuvent faire imaginer de plus utile & de plus agréable, semblent avoir été réservées au successeur du nom & des qualités brillantes du cardinal de Richelieu. En lui mille traits annonçoient à la cour l'homme aimable du siècle, aux arts un protecteur, à la France un général. En attendant ces temps de trouble, où l'ordre & la paix le suivirent dans *Gênes*, & ces jours de vengeance, où une forteresse qu'on croyoit *imprenable* devoit céder à ses efforts, son génie s'embellissoit sans s'amollir, par les jeux rians des muses & des graces.

Il éleva dans le grand manége la plus belle, la plus élégante, la plus commode salle de spectacle, dont la France eût encore joui. Le théâtre étoit vaste; le cadre qui le bordoit, de la plus élégante richesse, & la découpure de la salle, d'une adresse assez singulière pour que le roi & toute la cour pussent voir d'un coup-d'œil le nombre incroyable de spectateurs qui s'empressèrent d'accourir aux divers spectacles qu'on y donna pendant tout l'hiver.

C'est-là qu'on pouvoit faire voir successivement & avec dignité les chefs-d'œuvre immortels qui ont illustré la France, autant que l'étendue de son pouvoir, & plus peut-être que ses victoires. C'étoit sans doute le projet honorable de M. le maréchal de Richelieu. Une salle de théatre une fois élevée le suppose. La *fête* du moment n'étoit qu'un prétexte respectable pour procurer à jamais aux beaux-arts un asyle digne d'eux, dans une cour qui les connoît & qui les aime.

Une impulsion de goût & de génie détermina d'abord l'illustre ordonnateur de cette *fête* à rassembler, par un enchaînement théatral, tous les genres dramatiques.

Il est beau d'avoir imaginé un ensemble composé de différentes parties, qui, séparées les unes des autres, forment pour l'ordinaire toutes les espèces connues. L'idée vaste d'un pareil spectacle ne pouvoit naître que dans l'esprit d'un homme capable des plus grandes choses; & si, à quelques égards, l'exécution ne fut pas aussi admirable qu'on pouvoit l'attendre, si les efforts redoublés des deux plus beaux génies de notre siècle, qui furent employés à cet ouvrage, ont épuisé leurs ressources sans pouvoir porter ce grand projet jusqu'à la dernière perfection, cet événement a du moins cet avantage pour les arts, qu'il leur annonce l'impossibilité d'une pareille entreprise pour l'avenir.

La nouvelle salle de spectacle, construite avec la rapidité la plus surprenante, par un effort inattendu de méchanique, se métamorphosoit à la volonté en une salle étendue & magnifique de bal. Peu de momens après y avoir vu la représentation pompeuse & touchante d'Armide, on y trouvoit un bal le plus nombreux & le mieux ordonnné. Les amusemens variés & choisis se succédoient ainsi tous les jours; & la lumière éclatante des illuminations, imaginées avec goût, embellies par mille nouveaux dessins relatifs à la circonstance, & dont la riche & prompte exécution paroissoit être un enchantement, prêtoit aux nuits les plus sombres tous les charmes des plus beaux jours, &c.

Le ton de magnificence étoit pris, & les successeurs de M. le maréchal de Richelieu avoient dans leur cœur le même desir de plaire, dans leur esprit un fonds de connoissances capables de le bien soutenir, & cette portion rare de goût, qui dans ces occasions devient toujours comme une espèce de mine abondante de moyens & de ressources.

M. le duc d'Aumont, premier gentilhomme de la chambre, qui succéda à M. le maréchal de Richelieu, tenta une grande partie de ce que celui-ci avoit courageusement imaginé; mais il eut l'adresse de recourir au seul moyen qui pouvoit lui procurer le succès, & il sut éviter l'obstacle qui devoit le faire échouer. Dans un grand théatre, avec d'excellens artistes, des acteurs pleins de zèle & de talens, que ne peut-on pas espérer du secours du merveilleux, pourvu qu'on sache s'abstenir de le gâter par le mélange burlesque du comique? Sur ce principe, M. le duc d'Aumont fit travailler à un ouvrage dont il n'y avoit point de modèle. Un combat continuel de l'art & de la nature en étoit le fonds, l'amour en étoit l'ame, & le triomphe de la nature en fut le dénouement.

On n'a point vu à la fois sur les théâtres de l'Europe un pareil assemblage de mouvemens & de machines, si capables de répandre une aimable illusion, ni des décorations d'un dessin plus brillant, plus agréable & plus susceptible d'expression. Les meilleurs chanteurs de l'opéra, les acteurs de notre théâtre les plus sûrs de plaire; tous ceux qui brilloient dans la danse françoise, la seule que le génie ait inventée, & que le goût puisse adopter, furent entre-mêlés avec choix dans le cours de ce superbe spectacle. Aussi vit-on *Zulisca* amuser le roi, plaire à la cour, mériter les suffrages de tous les amateurs des arts, & captiver ceux de nos meilleurs artistes.

Le zèle de M. le duc de Gêvres fut éclairé, ardent & soutenu, comme l'avoit été celui de ses prédécesseurs; il sembloit que le roi ne se servît que de la même main pour faire éclater aux yeux de l'Europe son amour pour les arts & sa magnificence.

Le deuxième mariage de M. le dauphin, en 1747, ouvrit une carrière nouvelle à M. le duc de Gêvres, & il la remplit de la manière la plus glorieuse. Les bals parés & masqués, donnés avec l'ordre le plus desirable, de brillantes illuminations, les feux d'artifice embellis par des desseins nouveaux; tout cela préparé sans embarras, sans confusion, conservant dans l'exécution cet air enchanteur d'aisance, qui fait toujours le charme de ces pompeux amusemens, ne furent pas les seuls plaisirs qui animèrent le cours de ces *fêtes.* Le théâtre du manège fournit encore à M. le duc de Gêvres des ressources dignes de son goût & de celui d'une cour éclairée.

Outre les chefs-d'œuvre du théâtre françois, qu'on vit se succéder sur un autre théâtre moins vaste, d'une manière capable de rendre leurs beautés encore plus séduisantes, les opéra de la plus grande réputation firent revivre sur le théâtre du manège l'ancienne gloire de Quinault, créateur de ce beau genre, & de Lulli, qui lui prêta tous ces embellissemens nobles & simples qui annoncent le génie, & la supériorité qu'il avoit acquise sur tous les musiciens de son temps.

M. le duc de Gêvres fit plus; il voulut montrer combien il desiroit d'encourager les beaux-arts modernes, & il fit représenter deux grands ballets nouveaux, relatifs à la *fête* auguste qu'on célébroit, avec toute la dépense, l'habileté & le goût dont ces deux ouvrages étoient susceptibles. *L'année galante* fit l'ouverture des *fêtes* & du théâtre; les *fêtes* de l'Hymen & de l'Amour furent choisies pour en faire la clôture.

Ainsi ce théâtre, superbe édifice du goût de M. le maréchal de Richelieu, étoit devenu l'objet des efforts & du zèle de nos divers talens;

on y jouit tour-à-tour des charmes variés du beau chant françois, de la pompe de son opéra, de toutes les graces de la danse, du feu, de l'harmonieux accord de ses symphonies, des prodiges de machines, de l'imitation habile de la nature dans toutes les décorations.

On ne s'en tint point aux ouvrages choisis; pour annoncer par de nobles allégories les *fêtes* qu'on vouloit célébrer, on prit tous ceux qu'on crut capables de varier les plaisirs. M. le maréchal de Richelieu avoit fait succéder à *la Princesse de Navarre*, *le Temple de la Gloire*, & *Jupiter vainqueur des Titans*, spectacle magnifique, digne en tout de l'auteur ingénieux & modeste, (M. de Bonneval, pour lors intendant des menus-plaisirs du roi) qui avoit eu la plus grande part à l'exécution des belles idées de M. le maréchal de Richelieu. Il est honorable pour les gens du monde, qu'il se trouve quelquefois parmi eux des hommes aussi éclairés sur les arts.

On vit avec la satisfaction la plus vive *Zelindor*, petit opéra, dont les paroles & la musique ont été inspirées par les Graces, & dont toutes les parties forment une foule de jolis tableaux de la plus douce volupté.

C'est là que parut, pour la première fois, *Platée*, ce composé extraordinaire de la plus noble & de la plus puissante musique, assemblage nouveau en France de grandes images & de tableaux ridicules, ouvrage produit par la gaieté, enfant de la saillie, & notre chef-d'œuvre de génie musical, qui n'eut pas alors tout le succès qu'il méritoit.

Le ballet de *la Félicité*, allégorie ingénieuse de celle dont jouissoit la France, parut ensuite, sous l'administration de M. le duc d'Aumont; & *Zulisca*, dont nous avons parlé, couronna la beauté des spectacles de l'hiver de 1746. On a détaillé l'année 1747.

Les machines nouvelles qui, pendant le long cours de ces *fêtes* magnifiques, parurent les plus dignes de louange, furent, 1°. celle qui d'un coup-d'œil changeoit une belle salle de spectacle en une magnifique salle de bal; 2°. celle qui servit aux travaux & à la chûte des Titans, dans l'opéra de M. de Bonneval, mis en musique par M. de Blamont, surintendant de celle du roi, auteur célèbre des *fêtes* grecques & romaines; 3°. les cataractes du Nil & le débordement de ce fleuve. Le vol rapide & surprenant du dieu qui partoit du haut des cataractes, & se précipitoit au milieu des flots irrités en maître suprême de tous ces torrens réunis pour servir sa colère, excita la surprise, & mérita le suffrage de l'assemblée la plus nombreuse & la plus auguste de l'univers. Cette machine formoit le nœud du second acte des *fêtes* de l'Hymen & de l'Amour, opéra de MM. de Cahusac & Rameau, qui fit la clôture des *fêtes* de cette année.

Elles furent suspendues dans l'attente d'un bonheur qui intéressoit tous les François. La grossesse enfin de madame la dauphine ranima leur joie; & M. le duc d'Aumont, pour lors premier gentilhomme de la chambre de service, eut ordre de faire les préparatifs des plaisirs éclatans où la cour espéroit de pouvoir se livrer.

Je vais tracer ici une sorte d'esquisse de tous ces préparatifs, parce qu'ils peuvent donner une idée juste des ressources du génie françois, & du caractère d'esprit de nos grands seigneurs dans les occasions éclatantes.

On a vu une partie de ce qu'exécuta le goût ingénieux de M. le duc d'Aumont dans son année précédente. Voyons en peu de mots ce qu'il avoit déterminé d'offrir au roi, dans l'espérance où l'on étoit de la naissance d'un duc de Bourgogne. L'histoire, les relations, les mémoires nous apprennent ce que les hommes célèbres ont fait. La philosophie va plus loin; elle les examine, les peint, & les juge sur ce qu'ils ont voulu faire.

M. le duc d'Aumont avoit choisi, pour servir de théâtre aux différens spectacles qu'il avoit projetés, le terrein le plus vaste du parc de Versailles, & le plus propre à la fois à fournir les agréables points de vue qu'il vouloit y ménager pour la cour & pour la curiosité des François, que l'amour national & la curiosité naturelle font courir à ces beaux spectacles.

La pièce immense des suisses étoit le premier local où les yeux devoient être amusés, pendant plusieurs heures, par mille objets différens.

Sur les bords de la pièce des suisses, en face de l'orangerie, on avoit placé une ville édifiée avec art, & fortifiée suivant les règles antiques.

Plusieurs fermes joignant les bords du bassin, élevées de distance en distance sur les deux côtés, formoient des amphithéâtres surmontés par des terrasses; elles portoient & soutenoient les décorations qu'on avoit imaginées en beaux paysages, coupés de palais, de maisons, de cabanes même. Les parties isolées de ces décorations étoient des percées immenses que la disposition des clairs, des obscurs, & les positions ingénieuses des lumières devoient faire paroître à perte de vue.

Tous ces beaux préparatifs avoient pour objet l'amusement du roi, de la famille royale & de la cour, qui devoient être placés dans l'orangerie, & de la multitude, qui auroit occupé les terrasses supérieures, tous les bas côtés de la pièce des suisses, &c.

Voici l'ingénieux, l'élégant & magnifique arrangement qui avoit été fait dans l'orangerie:

En perspective de la pièce des suisses & de toute l'étendue de l'orangerie, on avoit élevé une grande galerie terminée par deux beaux sallons de chaque côté, & suivie dans ses derrières de toutes les pièces nécessaires pour le service. Un grand sallon de forme ronde étoit au milieu de cette superbe galerie: l'intérieur des sallons, de la galerie & de toutes les parties accessoires, étoit décoré d'architecture d'ordres composés. Les pilastres étoient peints en lapis; les chapiteaux, les bases, les corniches étoient rehaussés d'or; & la frise peinte en lapis étoit ornée de guirlandes de fleurs.

Dans les parties accessoires, les panneaux étoient peints en brèche violette, & les bords d'architecture en blanc veiné. Les moulures étoient dorées, ainsi que les ornemens & les accessoires.

On avoit rassemblé dans les plafonds les sujets les plus rians de l'histoire & de la fable: ils étoient comme encadrés par des chaînes de fleurs peintes en coloris, portées par des grouppes d'amours & de génies jouans, avec leurs divers attributs.

Les trumeaux & les panneaux étoient couverts des glaces les plus belles; & on y avoit multiplié les girandoles & les lustres, autant que la symmétrie & les places l'avoient permis.

C'est dans le sallon du milieu de cette galerie que devoit être dressée la table du banquet royal.

L'extérieur de ces édifices, orné d'une noble architecture, étoit décoré de riches pentes à la turque, avec portiques, pilastres, bandeaux, architraves, corniches, & plusieurs grouppes de figures allégoriques à la *fête*. Tous les ornemens en fleurs étoient peints en coloris; tous les autres étoient rehaussés d'or: au tour intérieur de l'orangerie, en face de la galerie, on avoit construit un portique élégant, dont les colonnes séparées étoient fermées par des cloisons peintes des attributs de diverses nations de l'Europe. Les voûtes représentoient l'air, & des génies en grouppes variés & galans, qui portoient les fleurs & les fruits que ces divers climats produisent. Dans les côtés étoit une immense quantité de girandoles cachées par la bâtisse ingénieuse, à différens étages, sur lesquels étoient étalés des marchandises, bijoux, tableaux, étoffes, &c. des pays auxquels elles étoient censées appartenir.

Dans le fond étoit élevé un théâtre; il y en avoit encore un dans le milieu & à chacun des deux côtés: aux quatre coins étoient des amphithéâtres remplis de musiciens habillés richement, avec des habits des quatre parties de l'Europe. Tout le reste étoit destiné aux différens objets de modes, d'industrie, de magnificence & de luxe, qui caractérisent les mœurs & les usages des divers habitans de cette belle partie de l'univers.

Au moment que le roi seroit arrivé, cinquante vaisseaux équipés richement à l'antique, de grandeurs & de formes différentes, vingt frégates & autant de galères, portant des troupes innombrables de guerriers répandus sur les ponts, & armés à la grecque, auroient paru courir à pleines voiles contre la ville bâtie: le feu de ces vaisseaux & celui de la ville étoit composé par un artifice singulier, que la fumée ne devoit point obscurcir, & qui auroit laissé voir sans confusion tous ses desseins & tous ses effets. Les assaillans, après les plus grands efforts, & malgré la défense opiniâtre de la ville, étoient cependant vainqueurs; la ville étoit prise, saccagée, détruite; & sur les débris s'élevoit tout-à-coup un riche palais à jour.

Le festin alors devoit être servi; & comme un changement rapide de théâtre, toutes les différentes parties de l'orangerie, telles qu'on les a dépeintes, se trouvoient frappées de lumière, le palais magique du fond de la pièce des suisses, les fermes qui représentoient à ses côtés les divers paysages, la suite de maisons, les coupures de campagne, &c. qu'on a expliquées plus haut, se trouvoient éclairées sur les divers dessins de cette construction, ou suivant les différentes formes des arbres dont la campagne étoit couverte.

Les deux côtés du château, toute la partie des jardins qui aboutissoit en angle sur l'orangerie & sur la pièce des suisses, étoient remplis de lumières qui dessinoient les attributs de l'Amour & ceux de l'Hymen. Des ruches couvertes d'abeilles, figurées par des lampions du plus petit calibre & multipliées à l'infini, offroient une allégorie ingénieuse & saillante de la *fête* qu'on célébroit, & de l'abondance des biens qui devoient la suivre. Les trompettes, les timbales, & les corps de musique des quatre coins de l'orangerie, devoient faire retentir les airs pendant que le roi, la reine & la famille royale, dans le sallon du milieu, & toute la cour, à vingt autres tables différentes, jouiroient du service le plus exquis. Après le soupé, le premier coup-d'œil auroit fait voir cette immensité de dessins formés au loin par la lumière, & cette foule de personnages répandus dans l'enceinte de l'orangerie, représentans les différentes nations de l'Europe, & placés avec ordre dans les cases brillantes où ils avoient été distribués.

On devoit trouver, au sortir de la galerie, en jouissant de la vue de toutes les richesses étrangères, qui avoient été rassemblées sous les portiques, un magnifique opéra, qui, au moment de l'arrivée du roi, auroit commencé son spectacle.

Au sortir du grand théâtre, la cour auroit suivi le roi sous tous les portiques: les étoffes, le goût, les meubles élégans, les bijoux de prix auroient été distribués, par une loterie amusante & pleine de galanterie, à toutes les dames & à tous les seigneurs de la cour.

Le magnifique spectacle de ce séjour, après qu'on auroit remonté le grand escalier, & qu'on auroit apperçu l'illumination du bassin, de l'orangerie, des deux faces du château, & des deux parties des jardins qui y répondent, auroit servi de clôture aux *fêtes* surprenantes de ce jour tant desiré.

L'attente de la nation fut retardée d'une année; & alors des circonstances qui nous sont inconnues lièrent sans doute les mains zélées des ordonnateurs. Sans autre *fête* qu'un grand feu d'artifice, ils laissèrent la cour & la ville se livrer aux vifs transports de joie que la naissance d'un prince avoit fait passer dans les cœurs de tous les François.

Les douceurs de la paix & un accroissement de bonheur, par la naissance de monseigneur le duc de Berry, firent renaître le goût pour les plaisirs. M. le duc d'Aumont fut chargé, en 1754, des préparatifs des spectacles. Le théâtre de Fontainebleau fut repris sous œuvre, & exerça l'adresse féconde du sieur Arnoult, machiniste du roi, aidée des soins actifs de l'ordonnateur & du zèle infatigable des exécutans. On vit représenter avec la plus grande magnificence six différens opéra françois, qui étoient entremêlés, les jours qu'ils laissoient libres, des plus excellentes tragédies & comédies de notre théâtre.

L'ouverture de ce théâtre fut faite par *la Naissance d'Osiris*, prologue allégorique à la naissance de monseigneur le duc de Berry; on en avoit chargé les auteurs du ballet des *fêtes* de l'Hymen & de l'Amour, qui avoit fait la clôture des *fêtes* du mariage: ainsi les talens modernes furent appellés dans les lieux même où les anciens étoient si glorieusement applaudis. Le petit opéra d'*Anacréon*, ouvrage de ces deux auteurs; *Alcimadure*, opéra en trois actes, précédé d'un prologue, & en langue languedocienne, de M. Mondonville, eurent l'honneur de se trouver à la suite de *Thésée*, cet ouvrage si fort d'action; d'*Alceste*, le chef-d'œuvre du merveilleux & du pathétique; enfin de *Thétis*, opéra renommé du célèbre M. de Fontenelle. On a vu ce poëte philosophe emprunter la main des Graces pour offrir la lumière au dernier siècle. Il jouit à la fois de l'honneur de l'avoir éclairé, & des progrès rapides que doivent à ses efforts les lettres, les arts & les sciences dans le nôtre.

M. Blondel de Gagny, intendant pour lors des menus-plaisirs du roi, seconda tout le zèle de l'ordonnateur. Par malheur pour les arts & les talens, qu'il savoit discerner & qu'il aimoit, il a préféré le repos aux agrémens dont il étoit sûr de jouir dans l'exercice d'une charge à laquelle il étoit propre. Tous les sujets différens qui, pendant cinquante jours, avoient déployé leurs talens & leurs efforts pour contribuer au grand succès de tant d'ouvrages, se retirèrent comblés d'éloges, encouragés par mille attentions, récompensés avec libéralité. (*B.*)

Fête de la ville de Paris. On a vu dans tous les temps le zèle & la magnificence fournir à la capitale de ce royaume des moyens éclatans de signaler son zèle & son amour pour nos rois. L'histoire de tous les règnes rappelle aux Parisiens quelque heureuse circonstance que leurs magistrats ont célébrée par des *fêtes*. Notre objet nous borne à ne parler que de celles qui peuvent honorer ou éclairer les arts.

Le mariage de Madame, infante, offrit à M. Turgot, prévôt des marchands, l'occasion d'en donner une de ce genre; on croit devoir la décrire avec quelque détail. L'administration de ce magistrat sera toujours trop chère aux vrais citoyens, pour qu'on puisse craindre à son égard d'en trop dire.

Le roi, toute la famille royale lui firent espérer d'honorer ses *fêtes* de leur présence; il crut devoir ne leur offrir que des objets dignes d'eux.

On étoit dans l'usage de prendre l'hôtel-de-ville pour le centre des réjouissances publiques. Les anciennes rubriques, que les esprits médiocres révèrent comme des lois sacrées, ne sont pour les têtes fortes que des abus; leur destruction est le premier degré par lequel ils montent bientôt aux plus grandes choses. Telle fut la manière constante dont M. Turgot se peignit aux François, pendant le cours de ses brillantes prévôtés. Il pensa qu'une belle *fête* ne pouvoit être placée sur un terrein trop beau, & il choisit l'éperon du pont-neuf, sur lequel la statue de Henri IV est élevée, pour former le point de vue principal de son plan.

Ce lieu, par son étendue, par la riche décoration de divers édifices qu'il domine & qui l'environnent, sur-tout par le bassin régulier sur lequel il est élevé, pouvoit faire naître à un ordonnateur du mérite de M. Turgot les riantes idées des plus singuliers spectacles. Voici celles qu'il déploya aux yeux les plus dignes de les admirer.

On vit d'abord s'élever rapidement sur cette espèce d'esplanade un temple consacré à l'Hymen; il étoit dans le ton antique; ses portiques étoient de cent-vingt pieds de face, & de quatre-vingts pieds de haut, sans y comprendre la hauteur de l'appui & de la terrasse de l'éperon, qui servoit de base à tout l'édifice, & qui avoit quarante pieds de hauteur.

Le premier ordre du temple étoit composé de trente-deux colonnes d'ordre dorique, de quatre pieds de diamètre & trente-trois pieds de fust, formant un quarré long de huit colonnes de face, sur quatre de retour.

Elles servoient d'appui à une galerie en terrasse de cent-cinq pieds de long, ornée de distance en distance de belles statues sur leurs piédestaux. Au-dessus de la terrasse, & à l'à-plomb des colonnes du milieu, s'élevoit un socle antique, formé de divers compartimens ornés de bas-reliefs, & couronné de douze vases.

Deux massifs étoient bâtis dans l'intérieur, afin d'y pratiquer des escaliers commodes. Le socle au reste formoit une seconde terrasse de retour avec les bases, chapiteaux, entablemens & balustrades, servant d'appui à une galerie en terrasse de cent-cinq pieds de long, divisée par des piédestaux. Au-dessus de cette terrasse, & à l'à-plomb des colonnes du milieu, s'élevoit un socle en attique, formé de compartimens ornés de bas-reliefs, & couronné de douze vases; deux corps solides étoient construits dans l'intérieur, dans lesquels on avoit pratiqué des escaliers.

Toute la construction de cet édifice étoit en relief, ainsi que les plafonds, enrichis de compartimens en mosaïque, guillochés, rosettes, festons, &c. à l'imitation des anciens temples, & tels qu'on le voit au panthéon, dont on avoit imité les ornemens; à la réserve cependant des bases que l'on jugea à propos de donner aux colonnes, pour s'accommoder à l'usage du siècle: elles y furent élevées sur des socles d'environ quatre pieds de haut, servant comme de repos aux balustrades de même hauteur, qui étoient entre les entre-colonnemens. C'est la seule différence que le nouvel édifice eût avec ceux de l'antiquité, où les colonnes d'ordre dorique étoient presque toujours posées sur le rez-de-chaussée, quoique sans base. A cela près, toutes les proportions y furent très-bien gardées. Ces colonnes avoient huit diamètres un quart de longueur, qui est la véritable proportion que l'espace des entre-colonnemens exige de cette ordonnance: il devoit y avoir un second ordre ionique; mais le temps, trop court pour l'exécution, força de s'en tenir au premier ordre dorique, qui se grouppant avec le massif, pour monter au haut de l'édifice, formoit un très-beau quarré long.

Vingt-huit statues isolées, de ronde bosse, de dix pieds de proportion, représentant diverses divinités avec leurs symboles & attributs, étoient posées sur les piédestaux de la balustrade, à l'à-plomb des colonnes.

On préféra, pour tout cet édifice & pour ses ornemens, la couleur de pierre blanche à celle des différens marbres qu'on auroit pu imiter; outre que la couleur blanche a toujours plus de relief, sur-tout aux lumières & dans les ténèbres, la vraisemblance est aussi plus naturelle & l'illusion plus certaine: aussi ce temple faisoit-il l'effet d'un édifice réel, construit depuis long-temps dans la plus noble simplicité de l'antique, sans ornement postiche & sans mélange d'aucun faux brillant.

La terrasse en saillie qui portoit le temple, étoit décorée en face d'une architecture qui formoit trois arcades & deux pilastres en avant-corps dans les angles: on voyoit aussi dans chacun des deux côtés une arcade accompagnée de ses pilastres. Toute cette décoration étoit formée par des refends & bossages rustiques; & elle étoit parfaitement d'accord avec le temple. Tous les membres de l'architecture étoient dessinés par des lampions, & l'intérieur des arcades, à la hauteur de l'imposte, étoit préparé pour donner dans le temps une libre issue à des cascades, des nappes, des torrens de feu, qui firent un effet aussi agréable que surprenant.

Sur la terrasse du temple s'élevoit un attique porté par des colonnes intérieures, & orné de panneaux chargés de bas-reliefs: des vases ornés de sculpture étoient posés au haut de l'attique, à l'à-plomb des colonnes.

Les corps solides des escaliers étoient ornés d'architecture & de bas-reliefs, de niches, de statues, &c.

Aux deux côtés de cet édifice s'élevoient, le long des parapets du pont-neuf, trente-six pyramides, dont dix-huit de quarante pieds de haut, & dix-huit de vingt-six, qui se joignoient par de grandes consoles, & qui portoient des vases sur leur sommet. Cette décoration, préparée particuliérement pour l'illumination, accompagnoit le bâtiment du milieu; elle étoit du dessin de feu M. Gabriel, premier architecte du roi: la première étoit du chevalier Servandoni.

Décoration de la rivière, illumination, &c.

Dans le milieu du canal que forme la Seine, & vis-à-vis le balcon préparé pour leurs majestés, s'élevoit un temple transparent, composé de huit portiques en arcades & pilastres, avec des figures relatives au sujet de la *fête*. Il formoit un sallon à huit pans, du milieu desquels s'élevoit une colonne transparente qui avoit le double de la hauteur du portique, & qui étoit terminée par un globe aussi transparent, semé de fleurs de lis & de tours. Tous les chassis de ce temple, qui sembloit consacré à Apollon, étoient peints, & présentoient aux yeux mille divers ornemens: il paroissoit construit sur des rochers, entre lesquels on avoit pratiqué des escaliers qui y conduisoient.

Ce sallon disposé en gradins, & destiné pour la musique, étoit rempli d'un très-grand nombre des plus habiles symphonistes. Le concert commença d'une manière vive & bruyante, au moment que le roi parut sur son balcon; il se fit entendre tant que dura la *fête*, & ne fut interrompu que par les acclamations réitérées du peuple.

Entre le temple & le pont-neuf étoient quatre grands bateaux en monstres marins; il y en avoit quatre autres dans la même position entre le temple & le pont-royal; & tout-à-coup on jouit au spectacle de divers combats des uns contre les autres. Ces monstres vomissoient de leurs gueules & de leurs narines des feux étincelans d'un volume prodigieux & de diverses couleurs : les uns traçoient en l'air des figures singulières ; les autres, tombant comme épuisés dans les eaux, y reprenoient une nouvelle force, & y formoient des pyramides & des gerbes de feu, des soleils, &c.

Une joûte commença la *fête*. Il y avoit deux troupes de joûteurs, l'une à la droite & l'autre à la gauche du temple. Chacune étoit composée de vingt joûteurs & de trente-six rameurs. Les maîtres de la joûte étoient dans des bateaux particuliers. Tous les joûteurs étoient habillés de blanc uniformément, & à la légère ; leurs vêtemens, leurs bonnets & leurs jarretières étoient ornés de touffes de rubans de différentes couleurs, avec des écharpes de taffetas, &c. Ils joûtèrent avec beaucoup d'adresse, de force & de résolution, & avec un zèle & une ardeur admirables. La ville récompensa les deux joûteurs victorieux par un prix de la valeur de vingt pistoles chacun & d'une médaille.

A la première obscurité de la nuit, on vit paroître l'illumination ; elle embellissoit les mouvemens de la multitude, en éclairant les flots de ce peuple innombrable répandu sur les quais. On jouissoit à la fois des lumières qui éclairoient les échafauds, de celles qui brilloient aux fenêtres, aux balcons, & sur des terrasses richement & ingénieusement ornées ; ce qui se joignant à la variété des couleurs des habits, & à la parure recherchée & brillante des hommes & des femmes, dont la clarté des lumières relevoit encore l'éclat, faisoit un coup-d'œil & divers points de perspective dont la vue étoit éblouie & séduite.

L'illumination commença par le temple de l'Hymen, dont tout l'entablement étoit profilé de lumières, ainsi que les balustrades, sur lesquelles s'élevoient de grands lustres ou girandoles en ifs dans les entre-colonnes, formés par plus de cent lumières chacun. Toute la suite des pyramides & pilastres chantournés avec leurs piédestaux réunis par des consoles, dont on a parlé, élevés sur les parapets du pont à droite & à gauche, étoit couverte d'illuminations, ainsi que toute la décoration de la terrasse en saillie, dont les refends & les ceintres étoient profilés, & chargés de gros lampions & de terrines.

Ce qui répondoit parfaitement à la magnificence de cette illumination, c'étoit de voir le long des deux quais, sur le pont-neuf & le pont-royal, des lustres composés chacun d'environ quatre-vingts grosses lumières, suspendus aux mêmes endroits où l'on met ordinairement les lanternes de nuit.

Mais voici une illumination toute nouvelle : Quatre-vingts petits bâtimens de différentes formes, dont la mâture, les vergues, les agrès & les cordages étoient dessinés par de petites lanternes de verre, mouvantes, au nombre de plus de dix mille, entrèrent dans le grand canal du côté du pont-neuf ; & après diverses marches figurées, elles se divisèrent en quatre quadrilles, & bordèrent les rivages de la Seine entre le pont-neuf & le pont-royal.

Un même nombre de bateaux de formes singulières, & chargés de divers artifices, se mêlèrent avec symmétrie aux premiers ; le sallon octogone, transparent, paroissoit comme au centre de cette brillante & galante *fête*, & sembloit sortir du sein des feux & des eaux.

On ne s'apperçut point de la suite du jour ; la nuit qui lui succéda, étoit environnée de la plus brillante lumière.

Le signal fut donné, & dans le même instant le temple de l'Hymen, tous les édifices qui bordent des deux côtés les quais superbes qui servoient de cadre à ce spectacle éclatant, le pont-royal & le pont-neuf, les échafauds qui étoient élevés pour porter cette foule de spectateurs, les amphithéâtres qui remplissoient les terreins depuis les bords de la Seine jusqu'à fleur des parapets, tout fut illuminé presqu'au même moment : on ne vit plus que des torrens de lumière soumis à l'art du dessin, & formant mille figures nouvelles, embellies par des contrastes, détachées avec adresse les unes des autres, ou par les formes de l'architecture sur lesquelles elles étoient placées, ou par l'ingénieuse variété des couleurs dont on avoit eu l'habileté d'embellir les feux divers de la lumière.

Feu d'artifice.

Le bruit de l'artillerie, le son éclatant des trompettes annoncèrent tout-à-coup un spectacle nouveau. On vit s'élancer dans les airs, de chaque côté du temple de l'Hymen, un nombre immense de fusées, qui partirent douze à douze des huit tourelles du pont-neuf ; cent quatre-vingts pots à aigrette & plusieurs gerbes de feu leur succédèrent. Dans le même temps, on vit briller une suite de gerbes sur la tablette de la corniche du pont ; & le grand soleil fixe, de soixante pieds de diamètre, parut dans toute sa splendeur au milieu de l'entablement. Directement au-dessous, on avoit placé un grand chiffre d'illumination de couleurs différentes, imitant l'éclat des pierreries, lequel, avec la couronne dont il étoit surmonté, avoit trente pieds de haut ; & aux côtés, vis-à-vis les entre-colonnes du temple, on voyoit deux autres chiffres d'artifice de dix pieds de haut, formant les noms des illustres époux, en feu bleu, qui contrastoit avec les feux différens dont ils étoient entourés.

On avoit placé sur les deux trottoirs du pont-neuf, à la droite & à la gauche du temple, au-delà de l'illumination des pyramides, deux cents caisses de fusées de cinq à six douzaines chacune. Ces caisses, tirées cinq à la fois, succédèrent à celles qu'on avoit vu partir des tourelles, à commencer de chaque côté, depuis les premières, auprès du temple, & successivement jusqu'aux extrémités à droite & à gauche.

Alors les cascades ou nappes de feu rouge sortirent des cinq arcades de l'éperon du pont-neuf; elles sembloient percer l'illumination dont les trois façades étoient revêtues, & dont les yeux pouvoient à peine soutenir l'éclat. Dans le même temps, un combat de plusieurs dragons commença sur la Seine, & le feu d'eau couvrit presque toute la surface de la rivière.

Au combat des dragons succédèrent les artifices, dont les huit bateaux de lumières étoient chargés. Au même endroit, dans un ordre différent, étoient trente-six cascades ou fontaines d'artifices, d'environ trente pieds de haut, dans de petits bateaux, mais qui paroissoient sortir de la rivière.

Ce spectacle des cascades, dont le signal avoit été donné par un soleil tournant, avoit été précédé d'un berceau d'étoiles, produit par cent-soixante pots à aigrettes, placés au bas de la terrasse de l'éperon.

Quatre grands bateaux, servant de magasin à l'artifice d'eau, étoient amarrés près des arches du pont-neuf, au courant de la rivière, & quatre autres pareils du côté du pont-royal. L'artifice qu'on tiroit de ces bateaux, consistoit dans un grand nombre de gros & petits barils chargés de gerbes & de pots, qui remplissoient l'air de serpenteaux, d'étoiles & de genouillères. Il y avoit aussi un nombre considérable de gerbes à jeter à la main, & de soleils tournant sur l'eau.

La fin des cascades fut le signal de la grande girande sur l'attique du temple, qui étoit composée de près de six mille fusées; on y mit le feu par les deux extrémités au même instant; & au moment qu'elle parut, les deux petites girandes d'accompagnement, placées sur le milieu des trottoirs du pont-neuf, de chaque côté, composées chacune d'environ cinq cents fusées, partirent; & une dernière salve de canon termina cette magnifique *fête*.

Tout l'artifice étoit de la composition de M. Elric, saxon, capitaine d'artillerie dans les troupes du roi de Prusse.

Le lendemain, 30 août, M. Turgot voulut encore donner un nouveau témoignage de zèle au roi, à madame infante & à la famille royale. Il étoit un de ces hommes rares qui ont l'art de rajeunir les objets; ils les mettent dans un jour dont on ne s'étoit pas avisé avant eux; ils ne sont plus reconnoissables. Telle fut la magie dont se servit alors M. Turgot. Il trouva le secret de donner un bal magnifique qui amusa la cour & Paris toute la nuit, dans le local le moins disposé peut-être pour une pareille entreprise. M. le maréchal de Richelieu parut, en 1745, avoir hérité du secret de ce magistrat célèbre.

Bal de la ville de Paris, donné dans son hôtel la nuit du 30 août 1739.

Trois grandes salles, dans lesquelles on dansa, avoient été préparées avec le plus grand soin, & décorées avec autant d'adresse que d'élégance. L'architecture noble de la première, qu'on avoit placée dans la cour, étoit composée d'arcades & d'une double colonnade à deux étages, qui contribuoient à l'ingénieuse & riche décoration dont cette salle fut ornée. Pour la rendre plus magnifique & plus brillante par la variété des couleurs, toute l'architecture fut peinte en marbre de différentes espèces; on y préféra ceux dont les couleurs étoient les plus vives, les mieux assorties, & les plus convenables à la clarté des lumières & aux divers ornemens de relief rehaussés d'or, qui représentoient les sujets les plus agréables de la fable, embellis encore par des positions & des attributs relatifs à l'objet de la *fête*.

Au fond de cette cour, changée en salle de bal, on avoit construit un magnifique balcon en amphithéâtre, qui étoit rempli d'un grand nombre de symphonistes. L'intérieur de toutes ces arcades étoit en gradins, couvert de tapis en forme de loges, d'une très-belle disposition, & d'une grande commodité pour les masques, auxquels on pouvoit servir des rafraîchissemens par les derrières. Elle étoit couverte d'un plafond de niveau, & éclairée d'un très-grand nombre de lustres, de girandoles & de bras à plusieurs branches, dont l'ordonnance déceloit le goût exquis qui ordonnoit tous ces arrangemens.

La grande salle de l'hôtel-de-ville, qui s'étend sur toute la façade, servoit de seconde salle; elle étoit décorée de damas jaune, enrichie de fleurs en argent: on y avoit élevé un grand amphithéâtre pour la symphonie. Les embrasures & les croisées étoient disposées en estrades & en gradins, & la salle étoit éclairée par un grand nombre de bougies.

La troisième salle étoit disposée dans celle qu'on nomme *des gouverneurs*; on l'avoit décorée d'étoffe bleue, ornée de galons & gaze d'or, ainsi que l'amphithéâtre pour la symphonie; elle étoit éclairée par une infinité de lumières placées avec art.

On voyoit par les croisées de ces deux salles tout ce qui se passoit dans la première: c'étoit une perspective ingénieuse qu'on avoit ménagée pour multiplier les plaisirs. On communiquoit d'une salle à l'autre par un grand appartement éclairé avec un art extrême.

Auprès de ces trois salles on avoit dressé des buffets décorés avec beaucoup d'art, & munis de toutes sortes de rafraîchissemens, qui furent offerts & distribués avec autant d'ordre & d'abondance que de politesse.

On compte que le concours des masques a monté à plus de 12000, depuis huit heures du soir que le bal commença, jusqu'à huit heures du matin. Toute cette fête se passa avec tout l'amusement, l'ordre & la tranquillité qu'on pouvoit desirer, & avec une satisfaction & un applaudissement général.

Les ordres avoient été si bien donnés, que rien de ce qu'on auroit pu desirer n'y avoit été oublié. Les précautions avoient été portées jusqu'à l'extrême, & tous les accidens quelconques avoient, dans des endroits secrets, les remèdes, les secours, les expédiens qui peuvent les prévenir ou les réparer. La place de grève & toutes les avenues furent toujours libres, en sorte qu'on abordoit à l'hôtel-de-ville commodément, sans accidens & sans tumulte. Des fallots sur des poteaux éclairoient la place & le port de la grève, jusque vers le Pont-Marie, où l'on avoit soin de faire défiler & ranger les carrosses; il y avoit des barrières sur le rivage, pour prévenir les accidens.

Toutes les dispositions de cette grande *fête* ont été conservées dans leur état parfait pendant huit jours, pour donner au peuple la liberté de les voir.

Les grands effets que produisit cette merveilleuse *fête*, sur plus de 600000 spectateurs, sont restés gravés pour jamais dans le souvenir de tous les François. Aussi le nom des Turgots sera-t-il toujours cher à une nation sensible à la gloire, & qui mérite plus qu'une autre de voir éclorre dans son sein les grandes idées des hommes.

Il y a eu depuis des occasions multipliées, où la ville de Paris a fait éclater son zèle & sa magnificence; ainsi la convalescence d'un roi chéri, son retour de Metz, (*voyez* FESTINS ROYAUX) nos victoires, les deux mariages de monseigneur le dauphin, ont été célébrés par des *fêtes*, des illuminations, des bals, des feux d'artifice; mais un trait éclatant, supérieur à tous ceux que peuvent produire les arts, un trait qui fait honneur à l'humanité, & digne en tout d'être éternisé dans les fastes de l'Europe, est l'action généreuse qui tint lieu de *fête* à la naissance de monseigneur le duc de Bourgogne.

Six cents mariages, faits & célébrés aux dépens de la ville, furent le témoignage de son amour pour l'Etat, de son ardeur pour l'accroissement de ses forces, de l'humanité tendre qui guide ses opérations dans l'administration des biens publics.

Dans tous les temps, cette action auroit mérité les louanges de tous les gens de bien, & les transports de reconnoissance de la nation entière. Une circonstance doit la rendre encore plus chère aux contemporains, & plus respectable à la postérité.

Au moment que le projet fut proposé à la ville, les préparatifs de la plus belle *fête* étoient au point de l'exécution. C'est à l'hôtel de Conti que devoit être donné le spectacle le plus ingénieux, le plus noble, le moins ressemblant qu'on eût imaginé encore. Presque toutes les dépenses étoient faites. J'ai vu, j'ai admiré cent fois tous ces magnifiques préparatifs. On avoit pris des précautions infaillibles contre les caprices du temps; l'événement auroit illustré pour jamais, & l'ordonnateur, & nos meilleurs artistes occupés à ce superbe ouvrage. Le succès paroissoit sûr. La gloire qui devoit le suivre fut sacrifiée, sans balancer, au bien plus solide de donner à la patrie de nouveaux citoyens. Quel est le vrai François qui ne sente la grandeur, l'utilité, la générosité noble de cette résolution? Quelle admirable leçon pour ces hommes superficiels, qui croyent se faire honneur de leurs richesses en se livrant à mille goûts frivoles! Quel exemple pour nos riches modernes, qui ne restituent au public les biens immenses qu'ils lui ont ravis, que par les dépenses superflues d'un luxe mal entendu, qui, en les déplaçant, les rend ridicules!

Toutes les villes considérables du royaume imitèrent un exemple aussi respectable; & l'Etat doit ainsi à l'hôtel-de-ville de sa capitale une foule d'hommes nés pour l'aimer, le servir & le défendre. (*B.*)

FÊTES DES GRANDES VILLES DU ROYAUME DE FRANCE. C'est ici qu'on doit craindre les dangers d'une matière trop vaste. Rien ne seroit plus agréable pour nous que de nous livrer à décrire, par des exemples aussi honorables que multipliés, les ressources du zèle de nos compatriotes, dans les circonstances où leur amour pour le sang de leurs rois a la liberté d'éclater. On verroit dans le même tableau la magnificence constante de la ville de Lyon, embellie par le goût des hommes choisis qui la gouvernent, toujours marquée au coin de cet amour national, qui fait le caractère distinctif de ses citoyens. A côté des *fêtes* brillantes qui ont illustré cette ville opulente, on seroit frappé des ressources des habitans de nos beaux ports de mer, dans les circonstances où le bonheur de nos rois, où la gloire de la patrie leur ont fourni les occasions de montrer leur adresse & leur amour. On verroit dans le cœur de la France, sous les yeux toujours ouverts de nos parlemens, des villes plus tranquilles mais moins opulentes, suppléer dans ces momens de joie à tous les moyens faciles qu'offre aux autres la fortune, par l'activité, l'élégance, les nouveautés heureuses, les prodiges imprévus de l'industrie, la fécondité des talens & des arts. Telles seroient les *fêtes* de Toulouse, de Rennes, de Rouen, de Dijon, de Metz, &c. que nous pourrions décrire; mais on s'attache ici au nécessaire. Les soins qu'on a pris à Bordeaux, lors du passage de notre première dauphine dans cette ville, sont un précis de tout ce qui s'est jamais pratiqué de plus riche, de plus élégant dans les différentes villes du royaume; & les arts différens, qui se sont unis pour embellir ces jours de gloire, ont laissé dans cette occasion aux artistes plusieurs modèles à méditer & à suivre.

On commence cette relation du jour que madame la dauphine arriva à Bayonne; parce que les moyens qu'on prit pour lui rendre son voyage agréable & facile, méritent d'être connus des lecteurs qui savent apprécier les efforts & les inventions des arts.

Madame la dauphine arriva le 15 janvier 1745 à Bayonne. Elle passa sous un arc de triomphe de quarante pieds de hauteur, au-dessus duquel étoient accollées les armes de France & celles de l'Espagne, soutenues par deux dauphins, avec cette inscription: *Quàm benè perpetuis socientur nexibus ambo!* De chaque côté de l'arc de triomphe régnoient deux galeries, dont la supérieure étoit remplie par les dames les plus distinguées de la ville, & l'autre l'étoit par cinquante-deux jeunes demoiselles habillées à l'espagnole. Toutes les rues par lesquelles madame la dauphine passa, étoient jonchées de verdure, tendues de tapisseries de haute-lisse, & bordées de troupes sous les armes.

Une compagnie de basques, qui étoit allée au-devant de cette princesse à une lieue de la ville, l'accompagna en dansant au son des flûtes & des tambours jusqu'au palais épiscopal, où elle logea pendant son séjour à Bayonne.

Dès que le jour fut baissé, les places publiques, l'hôtel-de-ville & toutes les rues furent illuminées; le 17, madame la dauphine partit de Bayonne & continua sa route.

En venant de Bayonne, on entre dans la généralité de Bordeaux par les landes de *captioux*, qui contiennent une grande étendue de pays plat, où on n'apperçoit que trois ou quatre habitations dispersées au loin, avec quelques arbres aux environs.

L'année précédente, l'intendant de Guienne, prévoyant le passage de l'auguste princesse que la France attendoit, fit au travers de ces landes aligner & mettre en état un chemin large de quarante-deux pieds, bordé de fossés de six pieds.

Vers le commencement du chemin, dans une partie tout-à-fait unie & horizontale, les pâtres du pays, huit jours avant l'arrivée de madame la dauphine, avoient fait planter de chaque côté, à six pieds des bords extérieurs des fossés, 300 pins espacés de 24 pieds entr'eux; ils formoient une allée de 1200 toises de longueur, d'autant plus agréable à la vue, que tous ces pins étoient entiérement semblables les uns aux autres, de 8 à 9 pieds de tige, de quatre pieds de tête, & d'une grosseur proportionnée. On sait la propriété qu'ont ces arbres, d'être naturellement droits & toujours verts.

Au milieu de l'allée on avoit élevé un arc de triomphe de verdure, présentant au chemin trois portiques. Celui du milieu avoit 24 pieds de haut sur 16 de large, & ceux des côtés en avoient 17 de haut sur 4 de large. Ces trois portiques étoient répétés sur les flancs, mais tous trois de hauteur seulement de 17 pieds, & de 9 de largeur: le tout formant un quarré long sur la largeur du chemin, par l'arrangement de 16 gros pins, dont les têtes s'élevoient dans une juste proportion au-dessus des portiques. Les ceintres de ces portiques étoient formés avec des branchages d'autres pins, de chênes verts, de lierres, de lauriers & de myrtes, & il en pendoit des guirlandes de même espèce faites avec soin, soit pour leurs formes, soit pour les nuances des différens verts. Les tiges des pins, par le moyen de pareils branchanges, étoient proprement ajustées en colonnes torses: de la voûte centrale de cet arc de triomphe champêtre, descendoit une couronne de verdure, & au-dessus du portique du côté que venoit madame la dauphine, étoit un grand cartouche vert, où on lisoit en gros caractères: *A la bonne arribado de nostre dauphino.*

On voyoit sur la même façade cette autre inscription latine; les six mots dont elle étoit composée furent rangés ainsi:

Jubet Amor,
Fortuna negat,
Natura juvat.

Les pâtres, au nombre de trois cents, étoient rangés en haie entre les arbres, à commencer de l'arc de triomphe du côté que venoit madame la dauphine; ils avoient tous un bâton, dont le gros bout se perdoit dans une touffe de verdure. Ils étoient habillés uniformément comme ils ont coutume d'être en hiver, avec une espèce de surtout de peau de mouton, fournie de sa laine, des guêtres de même, & sur la tête, une toque appellée vulgairement *barrete*, qui étoit garnie d'une cocarde de rubans de soie blanche & rouge.

Outre ces trois cents pâtres à pied, il y en avoit à leur tête cinquante habillés de même, montés sur des échasses d'environ 4 pieds. Ils étoient commandés par un d'entr'eux, qui eut l'honneur de présenter par écrit à madame la dauphine leur compliment en vers dans leur langage.

Le compliment fut terminé par mille & mille cris de *vive le roi*, *vive la reine*, *vive monseigneur le dauphin*, *vive madame la dauphine.*

Les

Les députés du corps de ville de Bordeaux vinrent à Castres le 26. Ils furent présentés à madame la dauphine, & le lendemain elle arriva à Bordeaux sur les trois heures & demie du soir, au bruit du canon de la ville & de celui des trois forts. La princesse trouva à la porte Saint-Julien un arc de triomphe très-beau que la ville avoit fait élever.

Le plan que formoit la base de cet édifice, étoit un rectangle de 60 pieds de longueur & de 18 pieds de largeur, élevé de 60 pieds de hauteur, non compris le couronnement. Ses deux grandes faces étoient retournées d'équerre sur le grand chemin, ornées d'architecture d'ordre dorique, enrichies de sculpture & d'inscriptions. Il étoit ouvert dans son milieu par une arcade de plein ceintre, en chacune de ses deux faces, qui étoient réunies entre elles par une voûte en berceau, dont les naissances portoient sur quatre colonnes isolées, avec leurs arrière-pilastres, ce qui formoit un portique de 14 pieds de largeur sur 30 pieds de hauteur.

Les deux côtés de cet édifice en avant-corps formoient deux quarrés, dont les angles étoient ornés par des pilastres corniers & en retour, avec leurs bases & chapiteaux, portant un entablement qui régnoit sur les quatre faces de l'arc de triomphe. La frise étoit ornée de ses triglifes & métopes, enrichis alternativement de fleurs de lis & de tours en bas relief. La corniche l'étoit de ses mutules & de toutes les moulures que cet ordre prescrit.

Au-dessus de cet entablement s'élevoit un attique, où étoient les compartimens qui renfermoient des inscriptions que nous rapporterons plus bas.

A l'à-plomb de huit pilastres, & au-dessus de l'attique, étoient posés huit vases, quatre sur chaque face, au milieu desquelles étoient deux grandes volutes en adoucissement, qui servoient de support aux armes de l'alliance, dont l'ensemble formoit un fronton, au sommet duquel étoit un étendard de 27 pieds de hauteur sur 36 de largeur, avec les armes de France & d'Espagne.

Les entre-pilastres au pourtour étoient enrichis de médaillons, avec leurs festons en sculpture, au bas desquels & à leur à-plomb étoient des tables refouillées, entourées de moulures; l'imposte qui régnoit entre deux, servoit d'architrave aux quatre colonnes & aux quatre pilastres, portant le ceintre avec son archivolte.

Cet édifice, qui étoit de relief en toutes ses parties, étoit feint de marbre blanc. Il étoit exécuté avec toute la sévérité des règles attachées à l'ordre dorique.

Sur le compartiment de l'attique, tant du côté de la campagne que de celui de la ville, étoit l'inscription suivante: *Anagramma numericum. Unigenito regis filio Ludovico, & augustæ principi Hispaniæ, connubio junctis, civitas Burdegalensis & sex viri erexerunt.* (1)

Au-dessous de cette inscription & dans la frise de l'entablement, étoit ce vers tiré de Virgile.

Ingredere, & votis jam nunc assuesce vocari. (2)

Les médaillons en bas relief des entre-pilastres, placés au-dessus des tables refouillées & impostes ci-dessus décrits, renfermoient les emblêmes suivans.

Dans l'un, vers la campagne, on voyoit la France tenant d'une main une fleur de lis, & de l'autre une corne d'abondance.

Elle étoit habillée à l'antique, avec un diadême sur la tête & un écusson des armes de France à ses pieds. L'Espagne étoit à la gauche, en habit militaire, comme on la voit dans les médailles antiques, avec ces mots pour ame, *concordia æterna*, union éternelle; dans l'exergue étoit écrit: *Hispania*, *Gallia*; l'Espagne, la France.

Dans l'autre, aussi vers la campagne, la ville de Bordeaux étoit représentée par une figure, tenant une corne d'abondance d'une main, & faisant remarquer de l'autre son port. Derrière elle on voyoit son ancien amphithéâtre, vis-à-vis la Garonne, qui étoit reconnoissable par un vaisseau qui paroissoit arriver: l'inscription, *Burdigalensium gaudium*, & dans l'exergue ces mots, *adventus delphinæ* 1745; l'arrivée de madame la dauphine remplit de joie la ville de Bordeaux.

Du côté de la ville, l'emblême de la droite représentoit un miroir ardent qui reçoit les rayons du soleil, & qui les réfléchit sur un flambeau qu'il allume; & pour legende, *cœlesti accenditur igne*, le feu qui l'a allumé vient du ciel.

Dans l'autre, on voyoit la déesse Cybèle assise entre deux lions, couronnée de tours, tenant dans sa main droite les armes de France, & dans sa gauche une tige de lis. Pour légende, *ditabit olympum nova Cybele;* cette nouvelle Cybèle enrichira l'olympe de nouveaux dieux.

Sur les côtés de cet arc de triomphe, étoient deux médaillons sans emblême. Au premier, *felici adventui*, à l'heureuse arrivée. Au second, *venit expectata dies*, le jour si attendu est arrivé.

Madame la dauphine trouva auprès de cet arc de triomphe le corps de ville qui l'attendoit. Le comte de Ségur étoit à la tête. Le corps de ville

(1) *Anagramme numérique.* La ville & les jurats de Bordeaux ont érigé cet arc de triomphe en l'honneur du mariage de monseigneur le dauphin, fils unique du roi, & de madame infante d'Espagne.

(2) Arrivez, auguste princesse, & recevez avec bonté l'hommage de nos cœurs.

eut l'honneur d'être présenté à madame la dauphine par M. Desgranges, & de la complimenter : le comte de Ségur porta la parole.

Le compliment fini, le carrosse de madame la dauphine passa lentement sous l'arc de triomphe, & entra dans la rue Bouhaut. Toutes les maisons de cette rue, qui a plus de deux cent toises de long en ligne presque droite, & que l'intendant avoit eu soin de faire paver de neuf, pour que la marche y fût plus douce, étoient couvertes des plus belles tapisseries.

Au bout de la rue, madame la dauphine vit la perspective du palais que l'on y avoit peint. De la porte de Saint-Julien on découvre du fond de la rue-Bouhaut, à la distance d'environ deux cent toises, les faces des deux premières maisons qui forment l'embouchure de la rue du Cahernan, qui est à la suite & sur la même direction que la précédente. Celle de la droite, qui est d'un goût moderne & fort enrichie d'architecture, présentoit un point de vue agréable, bien différente de celle de la gauche, qui n'étoit qu'une masure informe.

Pour éviter cette difformité & corriger le défaut de symmétrie, on y éleva en peinture le pendant de la maison de la droite ; & entre les deux on forma une grande arcade, au-dessus de laquelle les derniers étages de ces deux maisons étoient prolongés, de façon qu'ils s'y réunissoient, & que par leur ensemble elles présentoient un palais de marbre lapis & bronze, richement orné de peintures & dorures, avec les armes de France & d'Espagne, accompagnées de plusieurs trophées & attributs relatifs à la *fête*.

Ce bâtiment, dont le portique ou arcade faisoit l'entrée de la rue de Cahernan, produisoit un heureux effet ; le carrosse de madame la dauphine tourna à droite pour entrer sur les fossés, où étoit le corps des six régimens des troupes bourgeoises. Elle passa sous un nouvel arc de triomphe, placé vis-à-vis les fenêtres de son appartement.

La rue des Fossés est très-considérable, tant par sa longueur, qui est de plus de 400 toises, que par sa largeur, d'environ 80 pieds : on s'y replie sur la droite dans une allée d'ormeaux, qui règne au milieu & sur toute la longueur de la rue.

On avoit élevé dans cette allée un superbe corps de bâtiment isolé, de 32 pieds en quarré, sur 48 pieds de hauteur, qui répondoit exactement aux fenêtres de l'appartement préparé pour madame la dauphine.

L'avantage de cette situation avoit animé l'architecte à rendre ce morceau d'architecture digne des regards de l'auguste princesse pour laquelle il étoit destiné.

Cet ouvrage, qui formoit un arc de triomphe, étoit ouvert en quatre faces par quatre arcades, chacune de 32 pieds de hauteur sur 16 pieds de largeur, dont les opposées étoient réunies par deux berceaux qui perçoient totalement l'édifice, & formoient par leur rencontre une voûte d'arête dans le milieu.

Ce bâtiment, quoique sans colonnes & sans pilastres, étoit aussi riche qu'élégant. Les ornemens y étoient en abondance, & sans confusion ; le tout en sculpture de relief & en dorure, sur un fond de marbre de différentes couleurs.

Ces ornemens consistoient en seize tables saillantes, couronnées de leurs corniches, & accompagnées de leurs chûtes de festons.

Seize médailles entourées de palmes, avec les chiffres en bas-relief de monseigneur le dauphin & de madame la dauphine.

Quatre impostes avec leurs frises couronnoient les quatre corps solides sur lesquels reposoit l'édifice, & entre lesquels étoient les arcades ou portiques, dont les voûtes étoient enrichies de compartimens de mosaïque, parsemés de fleurs de lis & de tours de Castille dorées.

On avoit suspendu sous la clef de la voûte d'arête une couronne de six pieds de diamètre, & de hauteur proportionnée, garnie de lauriers & de fleurs, avec des guirlandes dans le même goût ; ouvrage que madame la dauphine pouvoit appercevoir sans cesse de ses fenêtres.

Au-dessus des impostes & à côté de chaque archivolte, étoient deux panneaux refouillés & enrichis de moulures.

L'entablement qui couronnoit cet édifice, étoit d'ordre composite, avec architrave, frise en corniche, enrichie de ses médaillons & de rosettes, dont les profils & saillies étoient d'une élégante proportion.

Quatre écussons aux armes de France & d'Espagne étoient posés aux quatre clefs de ceintres, & s'élevoient jusqu'au haut de l'entablement. Ces armes étoient accompagnées de festons & chûtes de fleurs.

L'édifice étoit terminé par des acrotères ou piédestaux couronnés de leurs vases, posés à l'àplomb de quatre angles, dont les intervalles étoient remplis de balustrades qui renfermoient une terrasse de 30 pieds en quarré, sur quoi étoit élevée une pyramide de 40 pieds de hauteur, pour recevoir l'appareil d'un feu d'artifice qui devoit être exécuté le soir de l'arrivée de madame la dauphine.

Cet édifice avoit environ 86 pieds d'élévation, y compris la pyramide.

Madame la dauphine entra enfin dans la cour de l'hôtel-de-ville destiné pour son palais, pendant le séjour qu'elle feroit à Bordeaux.

A l'entrée de la cour, étoit l'élite d'un régiment des troupes bourgeoises, dont les jurats avoient composé la garde de jour & de nuit.

Les gardes de la porte & ceux de la prévôté

occupoient la première salle de l'hôtel-de-ville; la porte de cette salle étoit gardée au-dehors par les troupes bourgeoises.

Les cent-suisses occupoient la seconde salle; les gardes-du-corps la troisième.

Dans la quatrième, il y avoit un dais garni de velours cramoisi, avec des galons & des franges d'or; le ciel & le dossier étoient ornés dans leurs milieux des écussons des armes de France & d'Espagne, d'une magnifique broderie en or & argent; sous ce dais, un fauteuil doré sur un tapis de pied, avec un carreau, le tout de même velours, garni de galons, glands & crépines d'or.

La chambre de madame la dauphine étoit meublée d'une belle tapisserie, avec plusieurs trumeaux de glace, tables en consoles, lustres & girandoles; on n'y avoit pas oublié, non plus que dans la pièce précédente, le portrait de monseigneur le dauphin.

Les jurats, revêtus de leurs robes de cérémonie, vinrent recevoir les ordres de madame la dauphine & lui offrir les présens de la ville.

A l'entrée de la nuit il fut fait une illumination générale, tant dans la ville que dans les fauxbourgs; & sur les huit heures on tira un feu d'artifice. On servit ensuite le souper de madame la dauphine, pendant lequel plusieurs musiciens, placés dans une chambre voisine, exécutèrent des symphonies italiennes.

Le 28 la ville offrit des présens aux dames & aux seigneurs de la cour de madame la dauphine, & aux principaux officiers de sa maison.

A midi, madame la dauphine se rendit à l'église métropolitaine, accompagnée des dames & seigneurs de sa cour, & des principaux officiers de sa maison.

Elle entra dans cette église par la porte royale, dont le parvis étoit jonché de fleurs naturelles.

On avoit aussi fait orner cette porte de guirlandes de fleurs semblables, & on y avoit mis les armes de France & d'Espagne, & de monseigneur le dauphin, celles du chapitre au-dessous.

Cette princesse fut haranguée par le doyen du chapitre, & conduite processionnellement jusqu'au milieu du chœur; & quand la messe fut finie, le chapitre, qui s'étoit placé dans les stalles, en sortit pour aller au milieu du chœur prendre madame la dauphine, & la précéder processionnellement jusqu'à la porte royale.

Ce jour elle reçut les complimens de toutes les cours: elle alla ensuite à l'opéra; l'amphithéâtre étoit réservé pour cette princesse & sa cour.

On avoit fait au milieu de la balustrade, sur la longueur de huit pieds, un avancement en portion de cercle de trois pieds de saillie; madame la dauphine se plaça dans un fauteuil de velours cramoisi, sur un tapis de pied vis-à-vis cette saillie circulaire, qui étoit aussi couverte d'un tapis de pareil velours bordé d'un galon d'or.

Il y eut d'abord un prologue à l'honneur de monseigneur le dauphin & de madame la dauphine (1): ensuite on joua deux actes des Indes galantes; celui des Incas & celui des fleurs, & on y joignit deux ballets pantomimes; & cette princesse sortant de l'opéra & rentrant par la principale porte de l'hôtel-de-ville, trouva un nouveau spectacle: c'étoit un palais de l'Hymen illuminé.

Dans le fond de l'hôtel-de-ville, en face de la principale entrée, qui est sur la rue des Fossés, on avoit construit un temple d'ordre ionique. Ce temple, qui désignoit le palais de l'Hymen, avoit 90 pieds de largeur sur 45 pieds de hauteur, non compris le sommet du fronton.

Le porche étoit ouvert par six colonnes isolées, qui formoient un exastile.

Aux deux extrémités se trouvoient deux corps solides; flanqués par deux pilastres de chaque côté.

Les six colonnes & les quatre pilastres, avec leurs entablemens, étoient couronnés par un fronton de 71 pieds de long.

On montoit dans ce porche de 61 pieds 6 pouces de long, sur 9 pieds de large, par sept marches de 59 pieds de long.

Les colonnes avoient 27 pieds de hauteur, 3 pieds de diamètre, & 6 pieds d'entre-colonne, appellée *systile*.

La porte & les croisées à deux étages étoient en face des autres colonnes.

Le plafond du porche, que portoient les colonnes, étoit un compartiment régulier de caisses quarrées, coupées par des plates-bandes, ornées de moulures dans le goût antique.

Cet ouvrage étoit exécuté avec toute la sévérité & l'exactitude des règles de l'ordre ionique. Les colonnes, leurs bases, leurs chapiteaux, l'entablement, le fronton & le tympan enrichi de sculpture, représentoient les armes de France & d'Espagne ornées de festons: le tout en général étoit de relief, avec une simple couleur de pierre sur tous les bois & autres matières employées à la construction de ce palais. Les chambranles des croisées & de la porte, leurs plates-bandes & appuis, ornés de leurs moulures, imitoient parfaitement la réalité; les chassis des mêmes croisées étoient à petit bois, garnies de leurs carreaux de verre effectif, avec des rideaux couleur de feu qui paroissoient au derrière. Les deux ventaux de la porte étoient d'assemblage avec panneaux en saillie sur leurs bâtis, les cadres avec leurs moulures de relief, pour recevoir des emblêmes qui

(1) Les paroles sont de Fuzelier, la musique est de Rameau.

furent peints en camayeu. Tout étoit si bien concerté, que cet ouvrage pouvoit passer pour un chef-d'œuvre.

Au milieu de l'entablement de ce palais étoit une table avec un cadre doré, qui occupoit en hateur celle de l'architrave & de la frise, & en largeur celle de quatre colonnes. Elle renfermoit en lettres dorées l'inscription suivante : *Ad honorem connubii augustissimi & felicissimi Ludovici delphini Franciæ, & Mariæ Theresiæ Hispaniæ, hoc ædificium erexit & dedicavit civitas Burdigalensis.* (1)

En face de l'édifice, sur chacun des deux corps solides, étoit un médaillon renfermant un emblême. Celui de la droite représentoit deux lis, qui fleurissent d'eux-mêmes & sans culture étrangère ; ce qui faisoit allusion au prince & à la princesse, en qui le sang a réuni toutes les graces & toutes les vertus. Cela étoit exprimé par l'inscription, *nativo cultu florescunt.*

L'emblême de la gauche représentoit deux Amours qui soutenoient les armes de France & d'Espagne, avec ces mots, *propagini imperii Gallicani*, à la gloire de l'empire françois.

Un troisième médaillon, qui couronnoit la porte d'entrée du palais, renfermoit un emblême qui représentoit deux mains jointes tenant un flambeau allumé, avec l'inscription, *fides & ardor mutuus*, l'union & la tendresse mutuelle de deux époux.

Sur les retours des corps solides, dans l'intérieur du porche, étoient deux autres médaillons sans emblême : au premier, *amor aquitanicus* : au second, *fidelitas aquitanica* : l'amour & la fidélité inviolables de la Guienne.

La façade sous le porche étoit éclairée d'un grand nombre de pots-à-feu non apparens, & attachés près-à-près au derrière des colonnes, depuis leur base jusqu'à leur chapiteau ; ce qui lui donnoit un éclat très-brillant. Les corniches du fronton & celles de tout l'entablement étoient aussi illuminées de quantité de terrines, dont les lumières produisoient un fort bel effet.

Lorsque la princesse fut dans son appartement, elle vit l'illumination de l'arc de triomphe, placé vis-à-vis ses fenêtres. On fit les mêmes illuminations les vendredi, samedi & dimanche suivans, & chaque fois dans un goût différent.

Après le souper de madame la dauphine, il y eut un bal dans la salle de spectacle ; & comme cette salle fait partie de l'hôtel-de-ville, elle s'y rendit par la porte de l'intérieur.

Le 29 madame la dauphine, suivie de toute sa cour, sortit de l'hôtel-de-ville en carrosse à huit chevaux, pour se rendre sur le port de Bordeaux & y voir mettre à l'eau un vaisseau percé pour vingt-deux canons, du port d'environ 350 tonneaux.

Sur le chemin que cette princesse devoit faire pour aller au port, à l'extrémité de la rue des Fossés, à quelque distance de la porte de la ville, on avoit élevé une colonne d'ordre dorique de 6 pieds de diamètre, de 50 pieds de hauteur compris sa base & son chapiteau.

Le piédestal, qui avoit 18 pieds de hauteur, étoit orné, sur les quatre angles de sa corniche, de quatre dauphins & autres attributs ; ses quatre faces étoient décorées de tables avec moulures, qui renfermoient quatre inscriptions ; la première en françois, la seconde en espagnol, la troisième en italien, & la quatrième en latin.

Au haut du chapiteau, un amortissement de 8 pieds de haut, sur lequel étoit posé un globe de 6 pieds de diamètre : ce globe étoit d'azur, parsemé de fleurs de lis & de tours de Castille.

On avoit placé au-dessus de ce globe un étendard de 20 pieds de hauteur, sur 36 pieds de largeur, où étoient les armes de France & d'Espagne.

Cette colonne étoit feinte de marbre blanc veiné, ainsi que le piédestal ; les moulures, ornemens, vases & chapiteaux, étoient en dorure, & toutes ces hauteurs réunies formoient une élevation de 102 pieds.

Madame la dauphine s'arrêta auprès de cette colonne, tant pour la considérer que pour lire les quatre inscriptions composées en quatre différentes langues.

Elle alla ensuite sur le port, & fut placée dans un fauteuil sous une espèce de pavillon tapissé, couvert d'un voile, dont les bords étoient garnis d'une guirlande de laurier.

Le vaisseau ayant été béni, madame la dauphine lui donna son nom, & sur-le-champ il fut lancé à l'eau.

Madame la dauphine, après avoir admiré quelque temps ce point de vue, fut conduite dans une salle où les officiers de la bouche avoient préparé sa collation.

La princesse se retira ensuite aux flambeaux, & se rendit à l'hôtel des fermes du roi.

Cet hôtel compose une des façades latérales de la place royale, construite sur le bord de la Garonne ; il avoit été fait pour en illuminer les façades extérieures & intérieures, de grands préparatifs qui ne purent réussir ce jour-là, quant à la façade extérieure, parce qu'un vent de nord violent qui y donnoit directement, éteignoit une partie des lampions & des pots-à-feu à mesure qu'on les allumoit. La même raison empêcha que l'illumination des vaisseaux que les jurats avoient ordonnée, & que madame la dauphine devoit voir de cet hôtel, ne pût être exécutée.

Quant à la façade intérieure, comme elle se trouvoit à l'abri du vent, l'illumination y eut un succès entier.

(1) La ville de Bordeaux a élevé ce palais en l'honneur du très-auguste & très-heureux mariage de Louis dauphin de France, & de Marie-Thérèse, infante d'Espagne.

Les préparatifs n'avoient pas été moindres pour le dedans de la maison; on avoit garni les piliers des voûtes, les escaliers, les plafonds & les corridors d'une infinité de placards à double rang, portant chacun deux bougies.

Les appartemens du premier étage, destinés pour recevoir madame la dauphine & toute sa cour, étoient richement meublés & éclairés par quantité de lustres qui se répétoient dans les glaces.

Dans une chambre à côté de celle de la princesse, étoient les plus habiles musiciens de la ville, qui exécutèrent un concert dont madame la dauphine parut satisfaite.

On avoit servi une collation avec des rafraîchissemens, dans une autre chambre de l'appartement.

La princesse, qui étoit arrivée vers les six heures à l'hôtel des fermes, y resta jusqu'à huit heures.

Le soir, madame la dauphine alla au bal, habillée en domino bleu; elle se plaça dans la même loge & en même compagnie que le jour précédent, & honora l'assemblée de sa présence pendant plus de deux heures.

Le même jour, la princesse honora pour la seconde fois de sa présence l'opéra; elle étoit placée comme la première fois, & les mêmes personnes eurent l'honneur d'être admises à l'amphithéâtre: on joua l'opéra d'*Issé* sans prologue, & à cette représentation parut une décoration qui venoit d'être achevée sur les dessins & par les soins du chevalier Servandoni.

Le 31 janvier, elle y alla pour la troisième fois, & l'on représenta l'opéra d'*Hypolite & Aricie*.

Le soir il fut déclaré qu'elle partiroit sûrement le lendemain à six heures & demie précises du matin.

Le lendemain, au moment que madame la dauphine sortoit de son appartement, les jurats, revêtus de leurs robes de cérémonie, eurent l'honneur de lui rendre leurs respects, & de la supplier d'accepter la maison navale que la ville avoit fait préparer pour son voyage, & que cette princesse eut la bonté d'accepter.

Cette *maison navale* étoit en forme de char de triomphe; le corps de la barque, du port de quarante tonneaux étoit enrichi de bas reliefs, en dorure sur tout son pourtour; la proue l'étoit d'un magnifique éperon, représentant une renommée d'une attitude élégante; les porte-vergues étoient ornées de fleurs de lis & de tours; le haut de l'étrave terminé par un dauphin; la pouppe décorée, sur toute la hauteur & la largeur, des armes de France & d'Espagne, avec une grande couronne en relief; les bouteilles étoient en forme de grands écussons aux armes de France, dont les trois fleurs de lis étoient d'or sur un fonds d'azur, le tout de relief; les préceintes formoient comme de gros cordons de feuilles de laurier, aussi en bas relief en dorure; le restant de la barque jusqu'à la floraison étoit doré en plein & chargé de fleurs de lis & de tours en relief.

La chambre, de 20 pieds de longueur sur 10 de largeur, étoit percée de huit croisées garnies de leurs chassis à verre, à deux rangs de montans; il y avoit trois portes aussi avec leurs chassis, pareils à ceux des croisées; tout l'intérieur, ainsi que le dessous de l'impériale, étoit garni de velours cramoisi enrichi de galons & de crépines d'or, avec un dais placé sur l'arrière, sur un estrade de huit pieds de profondeur & de la largeur de la chambre, du surplus de laquelle elle étoit séparée par une balustrade dorée en plein, ouverte dans son milieu pour le passage.

Le ciel & le dossier du dais étoient enrichis, dans leur milieu, de broderies; il y avoit sous ce dais un fauteuil & un carreau aussi de velours cramoisi, avec des glands & galons d'or.

Le dessus de l'impériale étoit d'un fonds rouge parsemé de fleurs de lis & de tours de relief, toutes dorées; ce qui formoit une mosaïque d'une beauté singulière.

Les deux épis étoient ornés d'amortissemens en sculpture, & les quatre arêtiers l'étoient de quatre dauphins, dont les têtes paroissoient sur l'à-plomb des quatre angles de l'entablement, & leurs queues se réunissoient aux deux épis: le tout de relief & dorure.

Les trumeaux d'entre les croisées & portes étoient ornés extérieurement de chûtes de festons; le dessus des linteaux, tant des croisées que des portes, orné aussi d'autres festons, le tout de relief & dorés en plein; une galerie de 2 pieds 6 pouces de largeur, bordée d'une balustrade, dont les balustrades, le socle, & l'appui étoient également dorés en plein, entouroit la chambre qui étoit isolée; ce qui ajoutoit une nouvelle grace à ce bâtiment naval, dont la décoration avoit été ménagée avec prudence & sans confusion.

Il étoit remorqué par quatre chalouppes peintes; le fonds bleu, les préceintes, & les carreaux dorés.

Dans chaque chalouppe étoient vingt matelots, un maître de chalouppe & une pilote, habillés d'un uniforme bleu, garni d'un galon d'argent, ainsi que les bonnets qui étoient de même couleur.

Les rames étoient peintes, le fonds bleu, avec des fleurs de lis en or & des croissans en argent, qui font partie des armes de la ville.

Il y avoit aussi une chalouppe pour la symphonie, qui étoit armée comme celle de remorque.

Enfin, dans la maison navale, il y avoit deux premiers pilotes, quatre autres pour faire passer la voix, & six matelots pour la manœuvre.

Avant sept heures, madame la dauphine se rendit sur le port dans sa chaise; elle fut portée presque sur un pont préparé pour faciliter l'embarquement. Les jurats y étoient en robes de cérémonie, avec un corps de troupes bourgeoises.

Cette princesse étant sortie de sa chaise, le comte de Rubempré, alors malade, prit sa main gauche, & elle donna sa main droite à M. de Ségur, sous-maire de Bordeaux. Elle entra ainsi suivie de toute sa cour, dans la maison navale, dans laquelle étoient l'intendant de la province & sa suite, le corps-de-ville, l'ordonnateur de la marine, &c.

Au départ de la princesse, l'air retentit des vœux que faisoit pour elle une multitude prodigieuse de peuple, répandu sur le rivage, dans les vaisseaux & dans les bateaux du port.

Une batterie de canon, que les jurats avoient fait placer environ cent pas au-dessous du lieu de l'embarquement, fit une salve qui servit de signal pour celle du premier vaisseau; celle-ci pour celle du second, & successivement jusqu'au dernier: ces vaisseaux, tant françois qu'étrangers, tous pavoisés, pavillons & flammes dehors, étoient rangés sur deux lignes: ces salves différentes furent réitérées aussi bien que celles des trois châteaux, qui furent faites chacune en son temps.

Une chaloupe, remplie de symphonistes, tournoit sans cesse autour de la maison navale; mais ce n'étoit pas le seul bateau qui voltigeoit; il y en avoit autour d'elle quantité d'autres de toute espèce, & différemment ornés, qui faisoient de temps en temps des salves de petits canons.

Dans la distance qu'il y a du bout des Chartreux à la traverse de Lormont, le temps étoit si calme & la marée si belle, qu'on se détermina à continuer la route de la même manière jusqu'à Blaye.

La navigation continua ainsi par le plus beau temps du monde: on arriva insensiblement au lieu appellé le Bec-d'Ambès, où les deux rivières de Garonne & de Dordogne se réunissent, & où commence la Gironde; l'eau étoit très-calme, madame la dauphine alla sur la galerie, & y demeura près d'un quart d'heure à considérer les différens tableaux dont la nature a embelli cet admirable point de vue.

Lorsque madame la dauphine fut rentrée, les députés du corps-de-ville de Bordeaux lui demandèrent la permission de lui présenter un dîner que la ville avoit fait préparer, & d'avoir l'honneur de l'y servir; ce que madame la dauphine ayant eu la bonté d'agréer, suivant ce qui s'étoit pratiqué lors du passage de sa majesté catholique, père de cette princesse, la cuisine de la ville aborda la maison navale, & celle de la bouche, qui avoit suivi depuis Bordeaux, se retira.

Au signal qui fut donné, les chaloupes de remorque levèrent les rames, soutenant seulement de la chaloupe de devant, pour tenir les autres en ligne.

M. Cazalet eut l'honneur d'entrer dans l'intérieur de la chambre de madame la dauphine, séparée du reste par une balustrade, de mettre le couvert, & de présenter le pain; les deux autres députés se joignirent à lui, & ils eurent l'honneur de servir ensemble madame la dauphine, & de lui verser à boire.

On se trouva au port à la fin du dîner, après l'abordage la princesse sortit sur un pont que les jurats de Bordeaux avoient fait construire; le comte de Rubempré tenant sa main gauche, monsieur Cazalet ayant l'honneur de tenir la droite, elle se mit dans sa chaise pour se rendre à l'hôtel qui lui étoit préparé.

On voit par ces détails ce que le génie & le zèle peuvent, unis ensemble. On ne vit à Bordeaux, pendant le séjour de madame la dauphine, que des réjouissances & des acclamations de joie; ce n'étoit que *fêtes* continuelles dans la plupart des maisons. Le premier-président du parlement & l'intendant donnèrent l'exemple; ils tinrent soir & matin des tables aussi délicatement que magnifiquement servies.

Le corps-de-ville de Bordeaux tint aussi, matin & soir, des tables très-délicates; & tout s'y passa avec cette élégance aimable, dont le goût sait embellir les efforts de la richesse. (*B.*)

FÊTES DES PRINCES DE FRANCE. Nos princes, dans les circonstances du bonheur de la nation, signalent souvent par leur magnificence leur amour pour la maison auguste dont ils ont la gloire de descendre, & se plaisent à faire éclater leur zèle aux yeux du peuple heureux qu'elle gouverne.

C'est cet esprit dont tous les Bourbons sont animés, qui produisit, lors du sacre du roi en 1725, ces *fêtes* éclatantes à Villers-Coterets & à Chantilly, dont l'idée, l'exécution & le succès furent le chef-d'œuvre du zèle & du génie. On croit devoir en rapporter quelques détails qu'on a rassemblés d'après les mémoires du temps.

Le roi, après son sacre, partit de Soissons le 2 de novembre 1722, à dix heures du matin, & il arriva à Villers-Coterets sur les trois heures & demie, par la grande avenue de Soissons. On l'avoit ornée dans tous les intervalles des arbres, de torchères de feuillée portant des pots à feu. L'avenue de Paris, qui se joint à celle-ci dans le même alignement, faisant ensemble une étendue de près d'une lieue, étoit décorée de la même manière.

Première journée. Après que sa majesté se fût reposée un peu de temps, elle parut sur un balcon qui donne sur l'avant-cour du château.

Cette avant-cour est très-vaste, tous les appartemens bas étoient autant de cuisines, offices & salles à manger; ainsi, pour la dérober à la vue, & à trois toises de distance, on avoit élevé deux amphithéâtres longs de seize toises sur vingt pieds de hauteur, distribués par arcades, sur un plan à pan coupé & isolé. Les gradins couverts de tapis étoient placés dans l'intervalle des avant-corps; les parois des amphithéâtres étoient revêtus de feuillées, qui contournoient toutes les architectures des arcades, ornées de festons & de guirlandes, & éclairées de lustres, chargés de longs flambeaux de cire blanche. Des lumières, arrangées ingénieusement sous différentes formes, terminoient ces amphithéâtres.

Au milieu de l'avant-cour on avoit élevé entre les deux amphithéâtres une espèce de terrasse fort vaste, qui devoit servir à plusieurs exercices, & on avoit ménagé tout autour des espaces très-larges pour le passage des carrosses, qui pouvoient y tourner par-tout avec une grande facilité. A six toises des quatre encognures, on avoit établi quatre tourniquets à courir la bague, peints & décorés d'une manière uniforme.

Pour former une liaison agréable entre toutes ces parties, on avoit posé des guéridons de feuillées chargés de lumières, qui conduisoient la vue d'un objet à l'autre par des lignes droites & circulaires. Ces guéridons lumineux étoient placés dans un tel ordre, qu'ils laissoient toute la liberté du passage.

Quand le roi fut sur son balcon, ayant auprès de sa personne une partie de sa cour, le reste alla occuper les fenêtres du corps du château, qui, aussi-bien que les ailes, étoit illuminé avec une grande quantité de lampions & de flambeaux de cire blanche: ces lumières rangées avec art sur les différentes parties de l'architecture produisoient diverses formes agréables & une variété infinie.

L'arrivée de sa majesté sur son balcon fut célébrée par l'harmonie bruyante de toute la symphonie, placée sur les amphithéâtres, & composée des instrumens les plus champêtres & les plus éclatans: car, dans cet orchestre, qui réunissoit un très-grand nombre de violons, de haut-bois & de trompettes-marines, on comptoit plus de quarante cors-de-chasse. Les tourniquets à courir la bague, occupés par des dames supposées des campagnes & des châteaux voisins, & par des cavaliers du même ordre, divertirent d'abord le roi. Les danseurs de corde commencèrent ensuite leurs exercices, au son des violons & des haut-bois: dans les vuides de ce spectacle, les trompettes-marines & les cors-de-chasse se joignoient aux violons & aux haut-bois, & jouoient les airs de la plus noble gaieté. La joie régnoit souverainement dans toute l'assemblée, & les sauteurs pendant ce temps l'entretenoient par leur souplesse & par les mouvemens variés de la plus surprenante agilité.

Après ce divertissement, le roi voulut voir courir la bague de plus près; alors les tourniquets furent remplis de jeunes princes & seigneurs, qui briguèrent l'emploi d'amuser sa majesté, parmi lesquels le duc de Chartres, le comte de Clermont, le grand prieur & le prince de Valdeck, le duc de Retz, le marquis d'Alincourt, le chevalier de Pesé se distinguèrent.

Après avoir été témoin de leur adresse, le roi remonta & se mit au jeu. Dès que la partie du roi fut finie, les comédiens italiens donnèrent un impromptu comique, composé des plus plaisantes scènes de leur théâtre, que Lelio avoit rassemblées, & qui réjouirent fort sa majesté.

Tous les gens de goût sont d'accord sur la beauté de l'ordonnance du parc & des jardins de Villers-Coterets: le parterre, la grande allée du parc, & les deux qui sont à droite & à gauche du château, furent illuminées par une quantité prodigieuse de pots-à-feu. Tous les compartimens, dessinés par les lumières, ne laissoient rien échapper de leurs agrémens particuliers.

Sa majesté descendit pour voir de plus près l'effet de cette magnifique illumination. Tout d'un coup l'attention générale fut interrompue par le son des haut-bois & des musettes; les yeux se portèrent aussi-tôt où les oreilles avertissoient qu'il se présentoit un plaisir nouveau. On apperçut au fond du parterre, à la clarté de cent flambeaux, portés par des faunes & des satyres, une noce de village, qui avançoit en dansant vers la terrasse sur laquelle le roi étoit; *Thevenard* marchoit à la tête de la troupe, portant un drapeau. La noce rustique étoit composée de danseurs & de danseuses de l'opéra. *Dumoulin* & la *Prévôt* représentoient le marié & la mariée. Ce petit ballet fut suivi du souper du roi & de son coucher.

M. le régent, M. le duc de Chartres & les grands officiers de leurs maisons tinrent les différentes tables nécessaires à la foule de grands seigneurs & d'officiers qui formoient la cour de sa majesté; il y eut pendant tout son séjour quatre tables de trente couverts, vingt-une de vingt-cinq, douze de douze, toutes servies en même temps & avec la plus exquise délicatesse.

On calcula, dans le temps, que l'on servoit à chaque repas 5916 plats.

Seconde journée; chasse du sanglier. Le mardi 3 novembre, une triple salve de l'artillerie & des boîtes annonça le lever de sa majesté; après la messe, elle descendit pour se rendre à l'amphithéâtre qui avoit été dressé dans le parc, où sa majesté devoit prendre le plaisir d'une chasse de sanglier dans les toiles. Les princes du sang & les principaux officiers de sa majesté le suivirent: l'équipage du roi pour le sanglier, commandé par le marquis d'Ecquevilly, qui en est capitaine, devoit faire entrer plusieurs sangliers dans l'enceinte qu'on avoit formée près du jardin de l'orangerie.

Pour placer le roi & toute sa cour, on avoit

construit trois galeries découvertes dans la partie intérieure de l'avenue, & sur son alignement, à commencer depuis la grille jusqu'à la contre-allée du parterre. La galerie du milieu préparée pour le roi avoit douze toises de longueur & trois de largeur; on y montoit sept marches par un escalier à double rampe, qui conduisoit à un repos, d'où l'on montoit sept autres marches de front, qui conduisoient sur le plancher. Cette galerie étoit ornée de colonnes de verdure, dont les entablemens s'unissoient aux branches des arbres de l'avenue, & formoient une architecture rustique plus convenable à la *fête* que le marbre & les lambris dorés. Cette union des entablemens & des arbres ressembloit assez à un dais qui servoit de couronnement à la place du roi. Le plancher étoit couvert de tapis de Turquie, ainsi que les balustrades; un tapis de velours cramoisi, brodé de grandes crépines d'or, distinguoit la place de sa majesté. Tout le pourtour de cet édifice & les rampes des escaliers étoient revêtus de feuillées.

Aux deux côtés, & à neuf pieds de distance de cette grande galerie, on en avoit construit deux autres plus étroites & moins élevées pour le reste des spectateurs, qui ne pouvoient pas tous avoir place sur la galerie du roi. Ces deux galeries étoient décorées de feuillages comme la grande, & toutes les trois étoient d'une charpente très-solide, & dont l'assemblage avoit été fait avec des précautions infinies, pour prévenir les moindres dangers.

Dès que le roi fut placé, on lâcha l'un après l'autre cinq sangliers dans les toiles. Cette chasse fut parfaitement belle. Le comte de Saxe, le prince de Valdeck, & plusieurs seigneurs françois y firent éclater leur adresse & leur intrépidité; ils entrèrent dans les toiles, armés seulement d'un couteau de chasse & d'un épieu.

Le comte de Saxe se distingua beaucoup dans cette chasse. Le roi ayant blessé un sanglier d'un dard qu'il lui lança, le comte de Saxe l'arracha d'une main du corps de l'animal, que sa blessure rendoit plus redoutable, tandis que de l'autre main il en arrêta la fureur & les efforts. Il en poursuivit ensuite un autre qu'il irrita de cent façons différentes: lorsqu'il crut avoir poussé sa rage jusqu'au dernier excès, il feignit de fuir; le sanglier courut sur lui, il se retourna & l'attendit; appuyé d'une main sur son épieu, il tenoit de l'autre son couteau de chasse. Le sanglier furieux s'élance sur lui; dans le moment l'intrépide chasseur lui enfonce son couteau de chasse au milieu du front, l'arrête ainsi & le renverse.

Cette chasse, qui divertit beaucoup sa majesté & toute la cour, dura jusqu'à une heure après midi, que le roi rentra pour dîner.

Chasse du cerf. Après le dîner, sa majesté monta en calèche au bas de la terrasse; les princes, toute la cour le suivirent à cheval.

Le cerf fut chassé pendant plus de deux heures par la meute du roi; le comte de Toulouse, grand-veneur de France, en habit uniforme, piquant à la tête. Sa majesté parcourut toutes les routes du parc: la chasse passa plusieurs fois devant sa calèche; & le cerf, après avoir tenu très-longtemps devant les chiens, alla donner de la tête contre une grille & se tua.

Le roi revint sur les cinq heures dans son appartement, & changea d'habit pour aller à la foire.

Salle de la foire. La foire que M. le duc d'Orléans avoit fait préparer avec magnificence, étoit établie dans la cour intérieure du château; elle est quarrée & bâtie sur un dessin semblable à l'avant-cour.

Le lecteur ne sera peut-être pas fâché de trouver ici quelques détails de cette foire galante; l'idée en est riante & magnifique, & lui peut peindre quelques-uns des traits saillans du génie aussi vaste qu'aimable du grand prince qui l'avoit imaginée.

On avoit laissé de grands espaces qui avoient la forme de rues, tout autour de la cour, entre les boutiques & le milieu du terrein, qu'on avoit parqueté & élevé seulement d'une marche: ce milieu étoit destiné à une salle de bal; & on n'avoit rien oublié de ce qui pouvoit la rendre aussi magnifique que commode.

La salle n'étoit séparée de ces espèces de rues que par une banquette continue, couverte de velours cramoisi. Toute la cour qui renfermoit cette foire étoit couverte de fortes bannes soutenues par des travées solides, qui servoient encore à suspendre vingt-quatre lustres. Toutes les différentes parties de cette foire étoient ornées d'une très-grande quantité de lustres, & ces lumières, réfléchies sur des grands miroirs & trumeaux de glaces, étoient multipliées à l'infini.

On entroit dans cette foire par quatre passages qui répondoient aux escaliers du château; ce lieu n'étant point quarré & se trouvant plus long que large, les deux faces plus étroites étoient remplies par deux édifices élégans, & les deux autres faces étoient subdivisées en boutiques, séparées au milieu par deux petits théâtres.

En entrant de l'avant-cour dans la foire, on rencontroit à droite le théâtre de la comédie italienne, qui remplissoit seul une des faces moins larges de la cour. Il étoit ouvert par quatre pilastres peints en marbre blanc, cantonnés de demi-colonnes d'arabesque & de cariatides de bronze doré, qui portoient une corniche dorée, d'où pendoit une pente de velours à crépines d'or, chargée de festons de fleurs: au-dessus régnoit un piédestal en balustrade de marbre blanc à moulure d'or, orné de compartiment, de rinceaux de feuilles entrelacées & liées avec des girandoles chargées de bougies.

On

On voyoit au haut de ce théâtre les armes du roi grouppées avec des guirlandes de fleurs; le chiffre de sa majesté, figuré par deux *L L* entrelacées, paroissoit dans deux cartouches qui couronnoient les deux ouvertures faites aux deux côtés du théâtre pour le passage des acteurs; ces deux passages étoient doublés d'une double portière de damas cramoisi à crépines d'or, festonnant sur le haut. Ce théâtre, élevé seulement de trois pieds du rez-de-chaussée, représentoit un temple de Bacchus dans un jardin à treillage d'or, couvert de vignes & de raisins. On voyoit la statue du dieu en marbre blanc, qu'environnoient les satyres en lui présentant leurs hommages.

Le théâtre italien étoit occupé par deux acteurs & une actrice, *Arlequin*, *Pantalon* & *Silvia*, qui, par des saillies italiennes & des scènes réjouissantes, commençoient les plaisirs qu'on avoit répandus à chaque pas dans ce séjour.

Toutes les boutiques de cette foire brillante étoient séparées par deux pilastres de marbre blanc, de l'entre-deux desquels sortoient trois bras en hauteur, à plusieurs branches, garnis de bougies jusqu'au bas de la balustrade. Ces pilastres étoient cantonnés de colonnes arabesques; portant des vases de bronze doré, d'où paroissoient sortir des orangers chargés d'une quantité prodigieuse de fruits & de fleurs; ils étoient alignés sur les galeries qui régnoient sur tout l'édifice autour de la foire.

Immédiatement au-dessus des boutiques, qui avoient environ huit pieds de profondeur & quinze à seize de hauteur, régnoit tout-au-tour la balustrade dont il a été parlé: à chaque côté des orangers, qui étoient deux à deux, il y avoit une girandole garnie de bougies en pyramide; & entre chaque grouppe d'orangers & de girandoles, il y avoit un ou plusieurs acteurs ou actrices de l'opéra, appuyés sur la balustrade, masqués en domino ou autre habit de bal, dont les couleurs étoient très-éclatantes; ce qui formoit le tableau en même temps le plus surprenant & le plus agréable.

Chaque boutique étoit éclairée par quantité de bras à plusieurs branches & par deux lustres à huit bougies, qui se répétoient dans les glaces. A celles qui étoient destinées pour la bouche, il y avoit de plus des buffets rangés avec art & garnis de girandoles. Toutes les boutiques avoient pour couronnement une cartouche qui contenoit en lettres d'or le nom du marchand le plus connu de la cour, par rapport à la marchandise de la boutique. Les supports des cartouches étoient ornés des attributs qui pouvoient caractériser chaque négoce dans un goût noble. Les musiciens & musiciennes, danseurs & danseuses de l'opéra, vêtus d'habits galans, faits d'étoffes brillantes & cependant convenables aux marchands qu'ils représentoient, y distribuoient généreusement & à tous venans leur marchandise. La première boutique étoit celle du pâtissier, sous le nom de *Godard;* elle étoit meublée d'un cuir argenté: le fond, séparé au milieu par un trumeau de glace, laissoit voir dans ses côtés le lieu destiné au travail du métier; avec tous les ustensiles nécessaires; *la Thierry*, danseuse, représentoit la pâtissière; elle avoit pour garçons *Malière* & *Javilliers*, qui, habillés de toiles d'argent, & portant des clayons chargés de ratons tout chauds, couroient vîte les débiter dans la foire. Cette boutique étoit garnie de toutes sortes de pâtisserie fine.

La boutique suivante avoit pour inscription, *Perdrigeon;* elle étoit meublée d'une tenture de brocatelle de Venise, & de glaces, & garnie de dragonnes brodées en or & en argent, nœuds d'épée & de cannes, ceinturons & bonnets brodés richement; les rubans de toutes sortes de couleurs, & d'or & d'argent, les plus à la mode & du meilleur goût, y pendoient en festons de tous côtés: le maître & la maîtresse de la boutique étoient représentés par *Dumoulin*, danseur, & par *la Rey*, danseuse.

La troisième boutique étoit un café; on lisoit dans le cartouche le nom de *Benachi*. Elle étoit tendue d'un beau cuir doré avec des buffets chargés de tasses, soucoupes & cabarets du Japon & des Indes, & de girandoles de lumières, qui se répétoient dans les trumeaux. *Corbie* & *Julie*, chanteur & chanteuse, déguisés en turc & turquesse, ainsi que *Deshayes*, chanteur, qui leur servoit de garçon, distribuoit le café, le thé & le chocolat.

La quatrième boutique élevée en théâtre d'opérateur, étoit inscrite, *le docteur Barry*. La forme de ce théâtre représentoit une place publique & les rues adjacentes. *Scapin* en opérateur, *Trivelin* son garçon, *Paquett* en aveugle, & *Flaminia*, femme de l'opérateur, remplissoient ce théâtre, & contrefaisoien parfaitement le manège & l'éloquence des arracheurs de dents.

La cinquième boutique représentoit un *ridotto* de Venise. Le meuble étoit de velours; les trumeaux & les bougies y étoient répandus avec profusion. On voyoit plusieurs tables de bassette & de pharaon, tenues par des banquiers bien en fonds, & tous masqués à la vénitienne: c'étoient des courtisans, qui se démasquèrent d'abord que le roi parut.

La sixième, intitulée, *Ducreux* & *Baraillon*, avoit pour marchande *la Duval*, danseuse; & pour marchandise, des masques, des habits de bal, & des dominos de toutes les couleurs & de toutes les tailles.

Dans la septième, où étoient *Saint-Martin* & *la Souris* la cadette, habillée à l'allemande, on montroit un tableau changeant, d'une invention & d'une variété très-ingénieuses: & un veau vivant ayant huit jambes. Cette loge étoit meublée de damas, & s'appelloit *cadet*.

On se trouvoit, en tournant, en face de la cour opposée à celle que remplissoit le théâtre de la comédie italienne. Elle étoit décorée de la même ordonnance dans le dehors ; le dedans figuroit une superbe boutique de faïencier, meublée de damas cramoisi, & remplie de tablettes chargées de cristaux rares & singuliers, & de porcelaines fines, des plus belles formes, de la Chine, du Japon & des Indes, qui faisoient partie des lots que le roi devoit tirer. *Javilliers* père, & *la Mangot*, en hollandois & hollandoise, occupoient cette riche boutique, qui avoit pour inscription : *Messager.*

La première boutique après le magasin de porcelaine, en tournant toujours à droite, étoit la loge des joueurs de gobelets, habitée par eux-mêmes, & meublée de drap d'or, avec des glaces. Dans le cartouche étoient les noms de *Baptiste*, & de *Dimanche*, fameux alors par leurs tours d'adresse.

La seconde, intitulée *Lesgu & la Frenaye*, & dont les officiers de M. le duc d'Orléans faisoient les honneurs, étoit la bijouterie ; elle étoit meublée de moire d'or, avec une pente autour, relevée en broderie d'or & ornée de glaces. Cette boutique étoit remplie de tout ce que l'on peut imaginer en bijoux précieux, exposés sur des tablettes ; d'autres étoient renfermés dans des coffres de vernis de la Chine, mêlés de curiosités indiennes.

La troisième, portant le nom de *Fredoc*, étoit l'académie des jeux de dés, du biribi & du hoca, meublée d'un gros damas galonné d'or.

La quatrième, faisant face au théâtre de l'opérateur, étoit un jeu de marionnettes qui avoit pour titre : *Brioché.*

La cinquième, nommée *Procope*, étoit meublée d'un cuir argenté, & ornée de buffets, de trumeaux, de glaces & de girandoles ; elle étoit destinée pour la distribution de toutes les liqueurs fraîches, & des glaces. *Buzeau* en arménien, & *la Perignon* en arménienne, présidoient à cette distribution.

La sixième, tendue de brocatelle, s'appelloit *Bréard ; Dumirail*, danseur, en étoit le maître, & y débitoit les ratafias, rossoli & liqueurs chaudes de toutes les sortes.

La dernière, qui se trouvoit dans l'encoignure, près du théâtre italien, étoit enfin intitulée, *M. Blanche*, & occupée par *la Souris* l'aînée, & *la du Coudray*, marchandes de dragées & de toutes sortes de confitures fines.

Un grand amphithéâtre paré de tapis & bien illuminé, régnoit tout le long & au-dessus du théâtre de la comédie italienne : il étoit rempli par une quantité prodigieuse d'excellens symphonistes.

Les dessus de la loge intitulée *Messager*, située en face, étoit aussi couronnés par un semblable amphithéâtre, où étoient placés les musiciens & musiciennes, danseurs & danseuses qui n'avoient point d'emploi dans les boutiques de la foire ; déguisés en différens caractères sérieux, galans & comiques.

La galerie, ornée d'orangers & de girandoles, qui avoit bien plus de profondeur aux faces qu'aux ailes, servoit comme de base & d'accompagnement à ces deux amphithéâtres, & rendoit le point de vue d'une beauté & d'une singularité inexprimables. Tel est toujours l'effet des beaux contrastes.

Le roi, suivi de sa cour, entrant dans ce lieu enchanté, s'arrêta d'abord au théâtre de la comédie italienne, où *Arlequin*, *Pantalon & Sylvia* ne firent pas des efforts inutiles pour divertir sa majesté : elle se rendit de-là aux marionnettes, & ensuite aux jeux ; s'y amusa quelque temps : & joua au hoca & au biribi. Après le jeu, le roi alla au théâtre du docteur *Barry* : *Scapin* commença sa harangue, que *Trivelin* expliquoit en françois, pendant que *Flaminia* présentoit au roi, dans un mouchoir de soie, les raretés que lui offroit l'opérateur. Des tablettes garnies d'or & d'un travail fini, furent le premier bijou qui lui fut offert ; *Scapin* l'accompagna dans ce discours, qu'il adressa au roi :

Voilà des tablettes qui renferment le trésor de tous les trésors ; sa majesté y trouvera l'abrégé de tous mes secrets ; le papier qui les contient est incorruptible, & les secrets impayables.

Flaminia eut encore l'honneur de présenter deux autres bijoux au roi ; un cachet précieux & d'une gravure parfaite, composé d'une grosse perle & d'une antique, avec un petit vase d'une pierre rare, & garni d'or. *Scapin* fit, à chaque présent, un commentaire, à la manière des vendeurs d'orviétan. On distribua ainsi aux princes & aux seigneurs de la cour des bijoux d'or de toute espèce.

Sa majesté continua sa promenade & fit plusieurs tours dans la foire, pour jouir des divers tours & propos dont les marchands & les marchandes se servent, à Paris, pour attirer les chalands dans leurs boutiques. Leurs cris, en effet, & leurs empressemens à étaler & à faire accepter leurs marchandises, imitoient parfaitement, quoique en beau, le tumulte, le bruit & l'espèce de confusion qu'on trouve dans les foires Saint-Germain & Saint-Laurent, dans les temps où elles sont belles. Enfin, le roi, après avoir été long-temps diverti par la variété des spectacles & des amusemens de la foire, entra dans la boutique de *Lesgu* & *la Frenaye*, & tira lui-même une loterie qui, en terminant la *fête*, surpassa toute la magnificence qu'elle avoit étalée jusqu'à ce moment ; en faisant voir l'élégance, la quantité & la richesse des bijoux qui furent donnés par le sort à toute la cour, & à toute la suite qu'elle avoit attirée à Villers-Coterets.

Cette loterie, la plus fidelle qu'on ait jamais tirée, occupa sa majesté jusqu'à près de neuf heures du soir. Alors le roi passa sur le parquet de la salle du bal, située au milieu de la foire, & se plaça dans un fauteuil vers le théâtre de la comédie italienne : les princes se rangèrent auprès de sa majesté. Les banquettes, couvertes de velours cramoisi, qui entouroient cette salle, servoient de barrière aux spectateurs. La symphonie, placée sur l'amphithéâtre, commença le divertissement par une ritournelle. *La Julie*, représentant Terpsicore, accompagnée de *Pecourt*, compositeur de toutes les danses gracieuses & variées exécutées à Villers-Coterets; & de *Mouret*, qui avoit composé tous les airs de ces danses, chanta un récit au roi.

Après ce récit, la suite de Terpsicore se montra digne d'être amenée par une muse. Deux tambourins basques se mirent à la tête de la danse ; un tambourin provençal se rangea au fond de la salle, & on commença un petit ballet, sans chant, très-diversifié par les pas & les caractères, qui fut exécuté par les meilleurs danseurs de l'opéra.

Dès que la danse cessa, on entendit tout d'un coup un magnifique chœur en acclamations, mêlé de fanfares, & chanté par tous les acteurs & actrices masqués, placés sur les deux amphithéâtres & les deux galeries qui les accompagnoient; ce qui causa une surprise très-agréable.

Après ce chœur le roi alla souper, & les masques s'emparèrent de la salle du bal. Ensuite on distribua à ceux qui se trouvoient alors dans la foire tout ce qui étoit resté dans les boutiques des marchands, qui étoient si abondamment fournies, qu'après que toute la cour fut satisfaite, il s'en trouva encore une assez grande quantité pour contenter tous les curieux.

Ce seroit ici le lieu de parler de la *fête* de Chantilly, donnée dans le même temps ; & de celle qui fut donnée à Saint-Cloud, par son altesse sérénissime monseigneur le duc d'Orléans, pour la naissance de monseigneur le duc de Bourgogne ; mais obligés de nous restreindre, nous terminerons cet article, peut-être déjà trop long, par le récit d'une *fête* d'un genre aussi neuf qu'élégant, dont on n'a parlé dans aucun des mémoires du temps, qui mérite à tous égards d'être mieux connue, & qui rappellera à la cour de France le souvenir d'une aimable princesse, qui en étoit adorée.

On veut parler de son altesse sérénissime mademoiselle de Clermont, sur-intendante de la maison de la reine. Ce fut elle, en effet, qui donna à sa majesté cette marque publique de l'attachement tendre & respectueux qu'elle inspire à tous ceux qui ont le bonheur de l'approcher. Cette princesse, douée des dons les plus rares & les mieux faits pour être bientôt démêlés, malgré la douceur modeste qui, en s'efforçant de les cacher, sembloit encore les embellir, fit préparer, en secret, le spectacle élégant dont elle vouloit surprendre la reine. Ainsi le soir du 12 juillet 1729, en se promenant avec elle sur la terrasse du château de Versailles, elle l'engagea à descendre aux flambeaux jusqu'au labyrinthe.

L'entrée de ce bois charmant se trouva tout-à-coup éclairée par une illumination ingénieuse, & dont les lumières qui la formoient, étoient cachées par des transparens de feuillées.

Esope & l'*Amour* sont les deux statues qu'on voit aux deux côtés de la grille. Dès que la reine parut, une symphonie harmonieuse se fit entendre ; & l'on vit tout-à-coup la fée des plaisirs champêtres qui en étoit suivie. Elle adressa les chants les plus doux à la reine, en la pressant de goûter, quelques momens, les innocens plaisirs qu'elle alloit lui offrir. Les vers qu'elle chantoit, étoient des louanges délicates, mais sans flatterie ; ils avoient été dictés par le cœur de mademoiselle de Clermont : cette princesse ne flatta jamais, & mérita de n'être jamais flattée.

La fée, après son récit, toucha, de sa baguette, les deux statues dont on a parlé. Au son touchant d'une symphonie mélodieuse, elles s'animèrent, & jouèrent, avec la fée, une jolie scène, dont les traits légers amusèrent la reine & la cour.

Après ce début, les trois acteurs conduisirent la reine dans les allées du labyrinthe ; l'illumination en étoit si brillante, qu'on y lisoit les fables, qui y sont répandues en inscriptions, aussi aisément qu'en plein jour.

Au premier carrefour, la reine trouva une troupe de jardiniers qui formèrent un joli ballet mêlé de chants & de danses. Cette troupe précéda la reine en dansant, & l'engagea à venir à la fontaine qu'on trouve avec le grand berceau des oiseaux.

Là, plusieurs bergers & bergères, divisés par quadrilles, coururent en dansant au-devant de sa majesté, & ils représentèrent un ballet très-court & fort ingénieux, dont *le charme des plaisirs champêtres* étoit le sujet.

On peut juger que les eaux admirables de tous ces jolis bosquets jouèrent pendant tout le temps que la reine voulut bien y rester; & la réflexion des coups de lumière qui partoient du nombre immense des lumières qu'on y avoit répandues, augmentoit & varioit à tous les instans les charmes de cet agréable séjour.

La reine, après le ballet, passa dans le berceau couvert; il étoit embelli par mille guirlandes de fleurs naturelles, qui, entrelacées avec une quantité immense de lustres de cristal & de girandoles dorées, formoient des espèces de berceaux aussi riches que galans.

Douze jeunes bouquetières, galamment ajustées, parurent en dansant; une encore mieux parée, & qui se distinguoit de sa troupe par les graces de ses mouvemens & l'élégance de ses pas, présenta un bouquet de fleurs les plus belles à la reine : les autres en offrirent à toutes les dames de la cour. Il y avoit autour du berceau un grand nombre de tables de gazon, sur lesquelles on voyoit des corbeilles dorées, remplies de toutes sortes de fleurs, & dont tout le monde avoit la liberté de se parer.

On passa d'allée en allée jusqu'au carrefour; on y trouva, sur un banc élevé en forme de théâtre, deux femmes qui paroissoient en grande querelle. Une symphonie assez longue pour donner à la cour le temps de s'approcher, finit lorsqu'on eut fait un grand demi-cercle autour de ce banc où elles étoient placées : on connut bientôt à leurs discours que l'une étoit la flatterie, & l'autre la critique. Celle-ci, après quelques courtes discussions, qui avoient pour objet le bien qu'on avoit à dire d'une si brillante cour, fit convenir la flatterie qu'on n'avoit que faire d'elle pour célébrer les vertus d'une reine adorée, qui comptoit tous ses momens par quelque nouvelle marque de bonté.

Cette scène fut interrompue par une espèce d'allemand, qui perça la foule pour dire, à demi ivre, que c'étoit bien la peine de tant dépenser en lumière pour ne faire voir que de l'eau. Un gascon, qui passa d'un autre côté, dit : *hé! sandis! je meurs de faim ; on vit donc de l'air à la cour des rois de France?* A ces deux originaux, en succédèrent quelques autres. Ils s'unirent tous à la fin pour chanter leurs plaintes, & ce chœur comique finit d'une manière plaisante cette partie de la *fête*.

La reine & la cour arrivèrent dans la grande allée qui sépare le *labyrinthe* de l'*île d'amour :* on y avoit formé une salle de spectacle de toute la largeur de l'allée, & d'une longueur proportionnée. La salle & le théâtre étoient ornés avec autant de magnificence que de goût. Les comédiens françois y représentèrent une pièce en cinq actes : elle avoit été composée par feu Coypel, qui est mort premier peintre du roi, & qui a laissé après lui la réputation la plus desirable pour les hommes qui, comme lui, ont constamment aimé la vertu.

Cette pièce, dont je n'ai pu trouver ni le sujet ni le titre, fut ornée de cinq intermèdes de danse, qui furent exécutés par les meilleurs danseurs de l'opéra.

La reine, après la comédie, rentra dans le labyrinthe, & le parcourut par des routes nouvelles, qu'elles trouva coupées par de jolis amphithéâtres, occupés par des orchestres brillans.

Elle se rendit ensuite à l'orangerie, qu'on avoit ornée pour un bal paré : il commença & dura jusqu'à l'heure du festin, qui fut donné chez mademoiselle de Clermont, avec toute l'élégance qui lui étoit naturelle. Toute la cour y assista. Les tables, cachées par de riches rideaux, parurent tout-à-coup dans toutes les salles ; elles sembloient se multiplier, comme la multitude des plaisirs dont on avoit joui dans la *fête*.

Croiroit-on que tous ces aprêts, l'idée, la conduite, l'enchaînement des diverses parties de cette *fête*, furent l'ouvrage de trois jours? C'est un fait certain qui, vérifié dans le temps, fit donner à tous ces amusemens le nom d'*impromptu du labyrinthe*. La reine ignoroit tout ce qui devoit l'amuser pendant cette agréable soirée ; la cour n'étoit pas mieux instruite : hors le festin chez mademoiselle de Clermont, qui avoit été annoncé sans mystère, tout le reste demeura caché, & fut successivement embelli du charme de la surprise.

Les courtisans louèrent beaucoup l'invention, la conduite, l'exécution de cette *fête* ingénieuse, & toute la cour s'intrigua pour en découvrir l'inventeur. Après bien des propos, des contradictions, des conjectures, les soupçons & les vœux se réunirent sur M. le duc de Saint-Aignan.

Le caractère des hommes se peint presque toujours dans les traits saillans de leurs ouvrages. Ce secret profond, gardé par tant de monde ; la prévoyance, toujours si rare dans la distribution des différens emplois ; le choix & l'instruction des artistes ; l'enchaînement ingénieux des plaisirs, déceloient, malgré sa modestie, l'esprit sage & délicat qui avoit fait tous ces arrangemens.

Ces jeux légers, qu'une imagination aussi réglée que riante répandoit sur les pas de la reine la plus respectable, n'étoient que les prémices de ce que M. le duc de Saint-Aignan devoit faire un jour pour servir l'état & pour plaire à son roi.

M. de Blamont, chevalier de l'ordre de Saint-Michel, & sur-intendant de la musique de sa majesté, composa toutes les symphonies & les chants de cette *fête*. Il étoit déjà depuis long-temps en possession de la bienveillance de la cour, que sa conduite & ses talens lui ont toujours conservée. (*B*)

FETFA, s. m. (*Hist. mod.*) nom que les Turcs donnent aux jugemens ou décisions que le muphti rend par écrit. Ce mot, en langage turc, signifie *sentence*, & en arabe, *la réponse* ou *le jugement d'un homme sage ;* & ils appellent ainsi par excellence les jugemens du muphti. (*G*)

FÉTICHE, s. f. (*Hist. mod.*) nom que les peuples de Guinée en Afrique donnent à leurs divinités. Ils ont une *fétiche* pour toute une province, & des *fétiches* particulières pour chaque famille. Cette idole est un arbre, une tête de singe, un oiseau, ou quelque chose de semblable, suivant leur fantaisie. Dapper, *description de l'Afrique.* (*G*)

FEU-ARDENT, (FRANÇOIS) (*Hist. de Fr.*) cordelier, ligueur violent, connu par ses déclamations contre Henri III & Henri IV. L'Étoile, dit de lui que, sur la fin de ses jours, *il fut aussi ardent à la concorde qu'il l'avoit été à la discorde.* Il est auteur de quelques traités de controverse. Mort en 1610 à Bayeux.

FEU GRÉGEOIS, (*Hist. du moyen âge*) espèce de *feu* d'artifice qui étoit composé de naphte, de poix, de résine, de bitume, & autres corps inflammables.

Feu grégeois signifie *feu grec*, parce qu'anciennement nous nommions les Grecs *Grégeois;* que ce furent eux qui s'en servirent les premiers, vers l'an 660, au rapport de Nicétas, Théophane, Cédrenus & autres; & qu'enfin ils furent en possession pendant trois siècles, de brûler par le secret de ce *feu*, les flottes de leurs ennemis.

L'inventeur du *feu grégeois*, suivant les historiens du temps, fut un ingénieur d'Héliopolis en Syrie, nommé *Callinicus*, qui l'employa pour la première fois dans le combat naval que Constantin Pogonat livra contre les Sarrasins, proche de Cizique sur l'Hellespont. Son effet fut si terrible, ajoutent les mêmes écrivains, qu'il brûla toute la flotte composée d'une trentaine de mille hommes.

Il est vrai que quelques modernes, & Scaliger entr'autres, donnent une date plus ancienne à cette découverte, & l'attribuent à Marcus-Gracchus: mais les passages des auteurs grecs & latins qu'on cite pour favoriser cette opinion, n'en prouvent point la vérité.

Ce qu'on sait plus positivement, c'est que les successeurs de Constantin se servirent du *feu grégeois* en différentes occasions, presqu'avec autant de succès que lui; & ce qu'il y a de remarquable, c'est qu'ils eurent le bonheur de garder pour eux seuls le secret de cette composition, jusques vers le milieu du dixième siècle, temps auquel il paroît qu'aucun autre peuple ne le savoit encore.

Aussi le *feu grégeois* fut mis au rang des secrets de l'état par Constantin Porphyrogenete; en conséquence, dans son ouvrage dédié à Romain son fils, sur l'administration de l'empire, il l'avertit que lorsque les barbares lui demanderont du *feu grégeois*, il doit répondre qu'il ne lui est pas permis de leur en donner, parce qu'un ange qui l'apporta à l'empereur Constantin, défendit de le communiquer aux autres nations, & que ceux qui avoient osé le faire, avoient été dévorés par le feu du ciel, dès qu'ils étoient entrés dans l'église.

Cependant, malgré les précautions de Constantin Porphyrogenete, la composition du *feu grégeois* vint à être connue ou découverte, par les ennemis. Le P. Daniel, dans son histoire du siège de Damiette en 1249, sous Saint-Louis, rapporte que les Turcs en firent alors un terrible usage. Ils le lançoient, dit-il, avec une espèce de mortier, & quelquefois avec une sorte d'arbalête singulière, qui étoit tendue fortement par le moyen d'une machine, supérieure en force à celle des bras & des mains. Celui qu'on tiroit avec une espèce de mortier, paroissoit quelquefois en l'air de la grosseur d'un tonneau, jetant une longue queue, & faisant un bruit semblable à celui du tonnerre. Mais voici les propres paroles de Joinville, qui étoit présent. « Les Turcs em» menèrent un engin, qu'ils appelloient *la perrière*, » un terrible engin à mal-faire, & les misdrent » vis-à-vis des chats chateils, que messire Gaultier, » de Curel & moi, guettions de nuit; par lequel » engin ils nous jettèrent le *feu grégeois* à planté, » qui étoit la plus terrible chose que onques » jamais je veisse. » Au reste, M. Ducange a fait une ample note sur cet endroit, dans laquelle il explique la composition & l'usage de ce *feu;* j'y renvoie le lecteur pour abréger.

On croit communément que le *feu grégeois* brûloit dans l'eau, & même avec plus de violence que dehors, opinion qui est hors de toute vraisemblance. Il est vrai qu'Albert d'Aix (*liv. VII, ch. v.*), a écrit qu'on ne pouvoit point éteindre ce *feu* avec de l'eau; mais en accordant même qu'il ne s'est pas trompé, ses paroles ne veulent point dire que le *feu grégeois* brûlât dans l'eau.

Encore moins faut-il penser que ce *feu* fût inextinguible; puisque, selon Matthieu Paris, en l'an 1219, on pouvoit l'éteindre avec du vinaigre & du sable. Les françois y parvinrent plusieurs fois en l'étouffant avec adresse, & en empêchant la communication de l'air extérieur, par des peaux humides d'animaux nouvellement écorchés, qu'on jettoit dessus. aussi lit-on dans la même histoire de Joinville. « Et incontinent fut éteint le *feu* » *grégeois* par cinq hommes que avions propres » à ce faire. »

Enfin l'invention du *feu grégeois* s'est perdue au moyen de la poudre à canon qui lui a succédé, & qui fait, par le secours de l'artillerie, bien d'autres ravages que ceux que produisoit le *feu grégeois* par le souffle dans des tuyaux de cuivre, par des arbalêtes-à-tour, ou autres machines à ressort. Reposons-nous-en sur les hommes policés; ils ne manqueront jamais des arts les plus propres à se détruire, & à joncher la face de la terre de morts & de mourans. *Article de M. le chevalier* DE JAUCOURT.

FEUILLADE. (LA) (voyez *Aubusson*).

FEUILLÉE, (LOUIS) (*Hist. litt. mod.*) minime, botaniste du roi, associé de l'académie des sciences. Louis XIV, par l'ordre duquel il entreprit plusieurs voyages, lui fit construire un observatoire à Marseille. Il mourut dans cette ville en 1732. Il étoit né à Mane, aussi en Provence, en 1660. On a de lui un *Journal d'Observations physiques, mathématiques, botaniques*, faites sur les côtes de l'Amérique meridionale & à la Nouvelle-Espagne. On conserve, en original, à la bibliothèque du roi le Journal de son voyage aux Canaries, pour la fixation du premier méridien, & un grand volume *in-folio*, où il avoit dessiné d'après nature les principales curiosités de l'Amérique.

FEUILLET, (NICOLAS) (*Hist. mod.*) doyen de Saint-Cloud, janséniste sévère, qui fit une oraison funèbre de Henriette d'Angleterre, duchesse d'Orléans, mais qui au lieu de la consoler à la mort, l'effrayoit par son ton menaçant & ses réprimandes austères. Il falloit sans doute, comme Bossuet, fermer aux soupçons l'ame de cette princesse mourante, & ne l'ouvrir qu'à la pénitence; il falloit l'empêcher de rechercher si elle mouroit empoisonnée, & l'avertir de pardonner aux hommes & de demander pardon à Dieu; mais en lui prodiguant les consolations que son état exigeoit, & qu'elle avoit tant prodiguées elle-même au malheur, en usant envers elle de cette indulgence aimable qu'elle avoit si constamment signalée envers tout le monde, & qui sembloit lui garantir les miséricordes divines, il falloit réserver à ses empoisonneurs quels qu'ils fussent les foudres du zèle apostolique. On a de M. *Feuillet* une *Histoire de la conversion de Chanteau*, cousin-germain de M. de Caumartin, conseiller d'état. C'étoit *M. Feuillet* qui avoit été le principal instrument de cette conversion, & c'étoit, sans doute, ce qu'il vouloit qu'on sût. Il mourut à Paris en 1693.

Monsieur, duc d'Orléans, fatiguoit quelquefois *M. Feuillet*, de ses scrupules sur le jeûne. Il observoit de manger continuellement, même sans avoir faim, jusqu'au moment du café, de peur que, s'il y avoit le moindre intervalle, ce ne fût rompre le jeûne. *Je ne vois pas*, lui dit à ce sujet le brusque *Feuillet*, *qu'on en jeûne mieux pour manger davantage.* Une autre fois, sur quelqu'autre scrupule du même genre au sujet de l'observation du carême, il lui dit: *mangez un veau & soyez chrétien.*

FEUQUIÈRES, (DE) (Voyez *Pas*)

FEVRE (LE) est un nom commun à un grand nombre de gens de lettres célèbres.

1°. Jacques *Le Fèvre*, dit d'Etaples, parce qu'il étoit d'Etaples en Picardie, fut d'abord professeur au collège du cardinal le Moine. Beda, syndic de la faculté de théologie & scolastique barbare (voy. l'article BEDA) vouloit le faire brûler pour son traité *des trois Magdeleines*. Il s'agissoit de savoir si Marie, sœur de Marthe & de Lazare, Marie-Magdeleine, que Jesus-Christ délivra de sept démons, & la femme pécheresse dont il est parlé au chapitre VII de S. Luc, sont trois personnes différentes ou une seule. Les pères grecs les avoient distinguées; les pères latins les avoient confondues; la sorbonne décida en faveur des pères latins, à la tête desquels étoit le pape S. Grégoire. *Le Fèvre* fut condamné par la sorbonne, & le parlement le poursuivoit déjà comme hérétique, lorsque François I vint à son secours & défendit au parlement de l'inquiéter. Ce n'est pas que François I fût, ou se crût en état de juger si *Le Fèvre* avoit tort ou raison; seulement il étoit assez éclairé pour sentir qu'il importoit peu à la foi qu'il y eût trois Magdeleines dans l'évangile, ou qu'il n'y en eût qu'une.

La sorbonne voulut encore condamner un autre ouvrage de *Le Fèvre*; François I arrêta cette censure.

Pendant l'absence & la prison de ce prince, *Le Fèvre* s'étoit retiré à Meaux, auprès de l'évêque Guillaume Briçonnet, qui aimoit les lettres. (voy. l'article BRIÇONNET) Le parlement reprit les anciennes procédures contre Jacques *Le Fèvre*, & le força de sortir de Meaux & du royaume. La reine de Navarre, sœur de François I, donna, dans ses états, un asyle à *Le Fèvre* & lui procura une vieillesse paisible & honorée. Il mourut en 1537, à Nérac, âgé de près cent ans. Ainsi lorsqu'on le poursuivoit avec tant de rigueur pour *l'affaire des trois Magdeleines*, il avoit plus de quatre-vingts ans. On lui fit cette épitaphe:

Corpus humo, mentemque Deo, bona cuncta, relinquo:
Pauperibus, Faber hæc, dùm moreretur, ait.

Erasme étoit le plus grand nom qu'il y eût de son temps dans les lettres, *Le Fèvre* y occupoit, après lui, une place distinguée. M. de Burigny rapporte dans sa vie d'Erasme, que celui-ci ayant paru vouloir s'établir en Bourgogne, & les passeports ayant même été expédiés, le roi dit à Budée, d'un air de triomphe & de joie: *Eh bien! nous aurons donc bientôt Le Fèvre chez nous.* —— *Le Fèvre!* dit Budée, nous n'avons jamais cessé de l'avoir. —— *Eh non!* reprit le roi, *c'est Erasme que je veux dire.* La méprise étoit flatteuse pour *Le Fèvre*, & fait connoître le rang qu'il avoit dans l'estime de François I.

2°. Guy *Le Fèvre*, sieur de la Boderie, savant dans les langues orientales, eut beaucoup de part à la fameuse Polyglotte d'Anvers; il fut secrétaire du duc d'Alençon-Anjou, frère de Henri III. Il alla mourir, en 1598, à la terre de la Boderie, en Basse-Normandie, où il étoit né en 1541.

3°. Antoine *Le Fèvre* de la Boderie, frère de Guy, se distingua sous Henri IV & Louis XIII, dans diverses ambassades, à Rome, dans les Pays-Bas, en Angleterre. Il revint d'Angleterre, comblé de présens qui attestoient la satisfaction générale. Jacques II lui donna un bassin de vermeil, enrichi de pierreries, avec ces mots : *Jacques, roi de la Grande-Bretagne, à Antoine de la Boderie*, grace qui sembloit joindre la bienveillance d'un ami à la munificence d'un roi; le prince de Galles, Charles, donna aussi à la Boderie un diamant d'un grand prix. Les lords lui donnèrent cent cinquante haquenées, dont à son retour en France il fit présent à ses amis. Henri IV lui en demanda une à ce titre; *il n'est pas juste*, lui dit-il, *que je sois le seul de vos amis, exclu de vos libéralités*. La Boderie découvrit les intelligences que le maréchal de Biron avoit à Bruxelles, & en instruisit le gouvernement. Il épousa la sœur du marquis de Feuquières, gouverneur de Verdun, dont il eut une fille, qui épousa, en 1613, le célèbre Arnauld d'Andilly, auquel elle apporta la terre de Pompone. On a les Lettres & Négociations du sieur de la Boderie, en 5 volumes in-12. La Boderie passe pour avoir été un des auteurs du *Catholicon*. Il mourut en 1615.

4°. Nicolas *Le Fèvre* fut choisi, par Henri IV, pour précepteur du troisième prince de Condé; il le fut aussi de Louis XIII après la mort d'Henri IV. Il s'étoit crevé un œil dans sa jeunesse, en taillant une plume, ce qui n'avoit point ralenti son ardeur pour l'étude. On a de lui des opuscules qui n'ont été recueillis que deux ans après sa mort, arrivée en 1612. Il étoit né à Paris en 1544.

5°. Tanneguy *Le Fèvre*, né à Caen en 1615, savant distingué, puisqu'il avoit du goût & de la critique, vécut d'abord des libéralités du cardinal de Richelieu, ensuite d'une chaire d'humanité à Saumur, qu'il rendit bientôt très-considérable par la multitude d'écoliers que sa réputation y attira, & qu'il alloit cependant quitter pour s'établir à Heidelberg, quand la mort le surprit en 1672. Il a éclairci, par de savantes notes, les meilleurs auteurs grecs & latins; il a traduit, en partie, Platon & Plutarque; il a écrit les vies des poëtes grecs; il a fait lui-même des poésies grecques & latines, estimées des savans; on vante beaucoup sur-tout son *poëme d'Adonis*, & ses *Fables de Locman*; enfin il est père de madame Dacier; il eut aussi un fils, auteur d'un petit traité *de Futilitate poëtices*; c'étoit condamner toute la vie de son père, qui s'étoit passée à composer ou à commenter des vers. Une chose beaucoup plus futile que la poësie, c'est d'écrire contre un art qui fait le charme des oreilles délicates, des cœurs sensibles & des esprits cultivés. On dit que *Le Fèvre* le père étoit aussi mondain & aussi recherché dans sa parure qu'un savant peut l'être. Il n'en étoit pas de même de sa fille. Mais une chose beaucoup plus digne de remarque, c'est que *Le Fèvre* eut le courage de dédier son *Lucrèce* à Pélisson, alors prisonnier d'état, & qui méritoit bien cet hommage par la cause même de sa détention.

FÉVRET, (CHARLES) (*Hist. litt. mod.*) avocat au parlement de Dijon, auteur du *Traité de l'abus*; il composa cet utile ouvrage à la sollicitation du grand Condé; ce qui prouve que rien de ce qui peut instruire les hommes n'étoit étranger à ce grand prince. On a encore de *Févret*, *l'Histoire de la sédition arrivée à Dijon en 1630*; & cet ouvrage & l'événement qui en est le sujet, sont beaucoup moins connus. *Févret* avoit pris pour devise : *Conscientia virtuti satis amplum theatrum est* : *La conscience est un assez grand théâtre pour la vertu*; maxime qui peut quelquefois consoler l'homme de bien que l'erreur publique calomnie ou persécute. Mais n'ôtons point aux hommes ordinaires le desir & le besoin du suffrage de leurs semblables. *Févret*, né en 1583, à Semur en Auxois, mourut à Dijon en 1661.

C'est à son arrière-petit-fils, Charles-Marie *Févret* de Fontète, conseiller au parlement de Dijon, que nous devons cette nouvelle édition, si augmentée & devenue si utile, de la *Bibliothèque Historique de la France, du P. Le Long*. Elle ne formoit d'abord qu'un volume in-folio : elle en forme aujourd'hui cinq, en comptant les tables nécessaires qui en facilitent l'usage. M. Barbeau des Bruyères, auquel *M. Févret* de Fontète avoit remis tout son travail dès l'an 1764, a présidé à l'édition de cet ouvrage. (voyez BARBEAU)

M. de Fontète est mort en 1772, directeur de l'académie de Dijon; il étoit né aussi à Dijon, en 1710, & avoit été reçu conseiller au parlement en 1736.

FIANÇAILLES, s. f. pl. (*Hist. anc. & mod.*) promesse réciproque de mariage futur qui se fait en face d'église. Mais en général ce mot désigne les cérémonies qui se pratiquent solemnellement avant la célébration du mariage, & où les deux personnes qui doivent s'épouser, se promettent mutuellement de se prendre pour mari & pour femme.

Le terme de fiancer, *despondere*, est ancien; il signifioit *promettre*, *engager sa foi*, comme dans le roman de la Rose : *& promets, & fiance, & jure*. Et dans l'histoire de Bertrand du Guesclin : « au partir, lui & ses gens prindrent quatre chevaliers anglois, qui *fiancèrent* de la main, » lesquels se rendirent tant seulement à Bertrand. » Enfin il est dit dans les grandes chroniques de France que Clotilde ayant recommandé le secret à Aurélien, « il lui jura & *fiança* que james » onc ne le sauroit. » Nous avons conservé ce terme *fiancé*, d'où nous avons fait *fiançailles*, pour exprimer l'engagement que l'on contracte avant que d'épouser. Les latins ont employé les mots *spondeo*, *sponsalia*, dans le même sens. Plaute s'en est servi plusieurs fois : on lit dans l'Aululaire :

M. *Quid nunc etiam despondes mihi filiam?* E. *Illis legibus, cum illâ dote quam tibi dixi.* M. *Spondere ergo.* E. *Spondeo.*

De même, Térence, dans sa première scène de l'Andrienne :

Hâc famâ impulsus Chremes
Ultrò ad me venit, unicam gnatam suam
Cum dote summâ filio uxorem ut daret :
Placuit despondi, hic nuptiis dictus est dies.

Les *fiançailles* sont presque aussi anciennes que le mariage ; elles ont été de tout temps des préliminaires d'une union si importante dans la société civile ; & quoiqu'il semble que M. Fleury ait cru que les mariages des Israélites n'etoient accompagnés d'aucune cérémonie de religion, il paroît, par les exemples qu'il cite, que le mariage étoit précédé ou par des présens, ou par des démarches, que l'on peut regarder comme des *fiançailles*, dont la forme a changé dans la suite selon le génie des peuples ; en effet, l'écriture remarque, dans le *chap. xxjv. de la Genèse*, que « Laban & » Batuel ayant consenti au mariage de Rébecca » avec Isaac, le serviteur d'Abraham se prosterna » contre terre & adora le Seigneur ; il tira en» suite des vases d'or & d'argent & de riches » vêtemens, dont il fit présent à Rébecca ; & il » donna aussi des présens à ses frères & à sa » mère ; ils firent ensuite le festin ; ils mangèrent » & burent ce jour-là. » N'est-ce pas là ce que nous appellons *fiançailles ?*

Le mariage du jeune Tobie est encore une preuve de l'ancienneté des *fiançailles* ; on lit dans le *chap. vij* que « Raguel prit la main droite de sa fille, la mit dans la main droite de Tobie, » & lui dit : que le dieu d'Abraham, le dieu » d'Isaac & le dieu de Jacob soit avec vous ; » que lui-même vous unisse, & qu'il accomplisse » sa bénédiction en vous ; & ayant pris du pa» pier, ils dressèrent le contrat de mariage ; après » cela ils firent le festin en bénissant Dieu. »

Nous pratiquons encore aujourd'hui la même chose ; l'on s'engage l'un à l'autre, en se donnant la main ; on écrit les conventions, & souvent la cérémonie finit par un festin : les successeurs des premiers hommes dont il est parlé, ont suivi leur exemple par une tradition subsistante encore parmi ceux qui professent le judaïsme.

Selden en a receuilli les preuves, & a même rapporté dans *le chap. du deuxième livre* de son traité intitulé, *Uxor hebraïca*, la formule du contrat de *fiançailles* des Juifs ; l'on ne peut guère douter que les autres nations n'aient fait précéder la solemnité du mariage par des *fiançailles* ; plusieurs auteurs en ont publié des traités exprès où l'on trouvera un détail historique des particularités observées dans cette première fête nuptiale.

Mais nous allons laisser les cérémonies des *fiançailles* du paganisme & du judaïsme, pour dire un mot de leur usage parmi les chrétiens.

L'église grecque & l'église latine ont eu des sentimens différens sur la nature des *fiançailles*, & sur les effets qu'elles doivent produire. L'empereur Alexis Commène fit une loi, par laquelle il donnoit aux *fiançailles* la même force qu'au mariage élèctif ; ensorte que, sur ce principe, les pères du sixième concile tenu *in Trullo*, l'an 98, déclarèrent que celui qui épouseroit une fille fiancée à un autre, seroit puni comme adultère, si le fiancé vivoit dans le temps du mariage.

Cette décision du concile parut injuste à plusieurs personnes ; les uns disoient (au rapport de Balsamon) que, la fille fiancée n'étant point sous la puissance de son fiancé, celui qui l'épousoit ne pouvoit être accusé ni d'adultère, ni même de fornication : les autres trouvoient injuste de punir le mari, qui pouvoit même être dans la bonne foi & ignorer les *fiançailles* de sa femme, & de ne prononcer aucune peine contre cette femme, dont la faute ne pouvoit être justifiée par aucune raison : mais, pour éviter cet inconvénient, les Grecs ne mirent point d'intervalle entre les *fiançailles* & le mariage ; ils accomplissoient l'un & l'autre dans le même jour.

L'église latine a toujours regardé les *fiançailles* comme de simples promesses de s'unir par le mariage contracté selon les loix de l'église : & quoiqu'elles aient été autorisées par la présence d'un prêtre, elles ne sont pas indissolubles. C'est donc une maxime certaine dans tous les tribunaux, que *fille fiancée n'est pas mariée*, & que par conséquent elle peut disposer de sa personne & de son bien, pendant les *fiançailles*, sans blesser la foi conjugale, & sans avoir besoin de l'autorité de son fiancé, parce qu'enfin elle n'est point sa femme, & il n'est point son mari. Elle est si peu sa femme, que, s'il vient à décéder avant la célébration du mariage, & qu'elle se trouve grosse du fait de son fiancé, elle ne peut prendre la qualité de veuve, ni l'enfant être censé légitime & habile à succéder. *Dict. de Richelet*, édit. de Lyon, enrichie des notes de M. Aubert.

Aussi la donation faite par un fiancé à sa fiancée entre le contrat de mariage & la consommation, est nulle, & la répétition des présens a lieu, lorsque les noces ne s'ensuivent point. Il y a, ce me semble, beaucoup d'équité dans un passage de l'alcoran sur ce sujet ; il dit que si le fiancé répudie sa fiancée avant la consommation du mariage, elle peut garder la moitié des présens qu'il lui avoit faits, si le fiancé ne veut pas les lui laisser tout entiers.

Nous ne passons point en revue toutes les diversités d'usages qui se sont succédés dans la célébration des *fiançailles*, tant en France qu'ailleurs ; c'est assez de remarquer ici, qu'autrefois dans notre royaume on ne marioit les grands, comme les petits, qu'à la porte de l'église. En 1559, lorsqu'Elisabeth de France, fille d'Henri II, épousa Philippe II, roi d'Espagne, Eustache de Bellay, évêque de Paris, alla à la porte de Notre-Dame & *se fit* (pour me servir des termes du cérémonial françois) *la célébration des fiançailles audit portail*,

portail, *selon la coutume de notre mère sainte Eglise*. Quand le cardinal de Bourbon eut fiancé au Louvre, en 1572, Henri de Bourbon, roi de Navarre, & Marguerite de Valois, il les épousa sur un échafaud, posé pareillement devant Notre-Dame : la discipline est différente à cet égard aujourd'hui; c'est dans l'église que se fait la célébration des *fiançailles*, ainsi que du sacrement de mariage. *Article de M. le Chevalier* DE JAUCOURT.

FIARNAUX, s. m. pl. (*Hist. mod.*) M. l'abbé de Vertot dit, dans ses statuts de l'ordre de Malthe, qu'on appelloit ainsi, durant les guerres de la Palestine, les chevaliers qui arrivoient dans cette contrée, d'au-delà de la mer; & *polans*, ceux qui y avoient pris naissance. Les *fiarnaux* sont maintenant dans le même ordre, les derniers ou nouveaux profès.

FICIN, (MARSILE) Chanoine de Florence, savant protégé par les Médicis, & digne de l'être, professa d'abord la philosophie à Florence, avec un grand concours de disciples; l'astrologie judiciaire, pour laquelle il avoit beaucoup de foible, faisoit partie de cette philosophie; mais aimant sur toutes choses la retraite & l'étude, il chercha des asyles agréables autour de Florence, & la libéralité des Médicis lui en procura. Né en 1433; il mourut en 1499. Ses ouvrages ont été recueillis à Bâle, en 2 volumes in-folio. On y trouve des écrits de physique, de méthaphysique, de morale, quelques traductions de philosophes anciens, tels que Platon, Plotin, &c. des lettres, &c.

FIELDING, (HENRI) (*Hist. litt. mod.*) auteur de comédies agréables & de romans qui ont également réussi en Angleterre & en France : il suffit de nommer, *Tom-Jones*, *Amélie*, *Joseph Andrews*; sa conduite ne fut pas, dit-on, celle d'un philosophe; mais que nous importe? toute sa philosophie, toute sa vie est dans ses écrits. Né le 22 avril 1707, dans le comté de Sommerset; il mourut à Londres en 1754, au moment où l'on achevoit de donner à Londres l'édition complette de ses œuvres. Le libraire regrettoit de ne pouvoir mettre à la tête de cette édition le portrait de l'auteur, mort sans s'être jamais fait peindre. Garrick, qui l'avoit beaucoup connu, & qui savoit tout imiter, s'enveloppe d'un manteau semblable à celui qu'avoit porté *Fielding*, & se rend chez Hogarth, peintre célèbre, qui crut voir *Fielding* qu'il avoit aussi connu particulièrement, & entendre sa voix, lorsque Garrick parla; il fit le portrait de *Fielding* sur ce modèle, & c'est celui qu'on voit à la tête des œuvres de *Fielding*.

FIENNE, (ROBERT DE) (*Hist. de Fr.*) vieux guerrier, brave chevalier, honoré en 1356 de l'épée de connetable, & qui s'en étant démis, en 1370, à cause de son grand âge, eut pour successeur Duguesclin.

FIESQUE. (JEAN-LOUIS DE) (*Hist. mod.*) Le cardinal de Retz a écrit l'histoire de la conjuration de *Fiesque*, d'après la relation italienne de Mascardi, qu'il a seulement abrégée; & M. l'abbé Raynal, dans des anecdotes politiques & militaires, &c. sur Charles-Quint & François I, a peint, d'après ces mêmes auteurs, les talens & les dispositions du jeune de *Fiesque*, sa profonde dissimulation, cette prudence supérieure à son âge, qui contenoit toutes ses passions sans les modérer, cette jalousie sombre qui l'animoit contre la puissance des Doria, cette ambition secrète qui le dévoroit, cette audace intrépide & réglée, cet esprit & de ressource & d'agrément, cette affabilité politique, cette douceur apparente, ces graces décentes & modestes, ces qualités trop aimables, pour que leur éclat même leur ôtât les moyens de séduire. Il paroît que le cardinal de Trivulce, qui étoit ce qu'on appelle à Rome, protecteur de la couronne de France, jugeant un tel homme propre à changer le destin de Gênes, comptant sur sa jalousie contre les Doria, pour le vouloir, & sur son génie pour le pouvoir, le fit sonder sur le projet de rétablir à Gênes l'autorité des François, n'imaginant pas que son ambition pût se proposer d'autre but que d'être sous eux ce que les Doria étoient sous l'empereur. De *Fiesque* l'écouta d'abord & fut prêt de se livrer à la France. Mais l'audacieux Verrina, son confident & son conseil, lui fit concevoir un projet plus vaste, beaucoup plus noble, peut-être chimérique, celui de briser & le joug impérial, & le joug françois, & le joug des Doria, & d'établir sa puissance unique sur les ruines de toutes ces puissances. De *Fiesque* s'enivra de ce projet, plus facile à exécuter alors, qu'à soutenir dans la suite. Dès ce moment ses vues, ses mesures, ses démarches, tout devient étranger à la France. Le hardi Verrina, le fougueux Sacco, le prudent Calcagne & quelques autres conjurés, tous Gênois, furent seuls admis à ce complot. Le secret fut religieusement gardé; l'exécution rencontra peu d'obstacles; les conjurés s'emparèrent de tous les postes importans : on peut voir à l'article DORIA quelle fut l'issue, entièrement imprévue, d'une entreprise si bien concertée.

FIEUBET, (GASPARD DE) (*Hist. mod.*) conseiller d'état, chancelier de la reine Marie-Thérèse d'Autriche. Il mourut aux Camaldules de Gros-Bois, en 1694. Il y a dans des stances de l'abbé de Villiers, sur le séjour de Sucy, deux strophes, plus dévotes qu'harmonieuses, qui consacrent cet événement.

Si d'une vertu plus parfaite
L'heureux goût venoit nous saisir,
Non loin il est une retraite
Propre à former ce saint desir.
Non loin de là sont les cellules
Des solitaires Camaldules,
Où *Fieubet* mourut caché.

Là, son exemple nous retrace
Ce que peut, fidèle à la grace,
Un cœur de son salut touché.

Pour moi, je crois encor l'entendre,
Je crois le voir plein de sa foi,
Et qu'il s'élève de sa cendre
Une voix qui s'adresse à moi:
» Insensé, que veux-tu donc faire?
» Du monde esclave volontaire,
» Veux-tu mourir dans tes liens?
» Et pour un faux bien qui t'amuse,
» Que ce monde ingrat te refuse,
Renoncer à tous les vrais biens?

FILICAIA, (VINCENT DE) (*Hist. litt. mod.*) sénateur de Florence, poëte italien estimé. On a ses poésies en 3 volumes in-12. On trouve sa vie & son éloge dans Crescimbeni. Il étoit de l'académie de la Crusca & de celle des Arcades. Né à Florence en 1642. Mort en 1707.

FILLEAU, (JEAN) professeur en droit & avocat du roi à Poitiers, ennemi des jansénistes, est connu par la relation de la fameuse assemblée de Bourgfontaine, qui n'eut jamais lieu, & dont l'objet, dit-il, étoit de chercher les moyens de renverser la religion & d'établir le déisme; & c'étoient messieurs de Port-Royal qui étoient accusés de ce projet. Les jésuites adoptèrent cette calomnie, & tâchèrent de l'accréditer. On a beaucoup écrit de part & d'autre sur cette chimère. *Filleau* a laissé d'autres ouvrages, qui du moins n'étoient point calomnieux, aussi sont-ils restés obscurs. C'est une histoire de l'université de Poitiers, un recueil d'arrêts notables du parlement de Paris, &c. Mort en 1782.

FILLEAU (JEAN) de la Chaise. (Voy. CHAISE.)

FILS DE LA TERRE. (*Hist. mod.*) Dans l'université d'Oxford, c'est un écolier qui, aux actes publics, a la commission de railler & satyriser les membres de cette université, de leur imputer quelques abus, ou corruption naissante: c'est à peu près la même chose que ce qu'on nommoit *paranymphe* dans la faculté de théologie de Paris. (G)

FINÉ, (ORONCE) (*Hist. litt. mod.*) nommé professeur de mathématiques au collége royal, par François I, vers l'an 1532, est regardé comme le restaurateur, on pourroit même dire l'instaurateur de l'étude des mathématiques en France. Il avoit pourtant trouvé la quadrature du cercle, ainsi que Joseph Scaliger, chose bien pardonnable alors.

Il étoit fils d'un médecin de Briançon; il étoit du même âge que François I; né comme lui en 1494. Il avoit pris des degrés dans l'université de Paris. Il joua, dans l'affaire du concordat, un rôle qui lui attira la prison. Il y languit plus de six ans, au bout desquels l'université obtint sa délivrance de la régente, pendant l'absence de François I. Il prit depuis pour devise:

Virescit vulnere virtus.

Pensée dont le sens général est: *la vertu qui a souffert n'en a que plus d'éclat.*

Les leçons publiques de mathématiques qu'il donna d'abord au collége de maître Gervais, l'ayant fait connoître avantageusement, le firent nommer pour enseigner cette science au collége royal; il se fit un grand nom; mais il vécut & mourut pauvre. On dit que la douleur de n'avoir pu rien obtenir pour sa famille, avança ses jours; il avoit cinq enfans mâles & une fille. Sa femme, *Dionysia Candida*, (Denyse Le Blanc), avoit de l'esprit & de la beauté; à la mort de son mari elle resta chargée de ces six enfans & accablée de dettes. Cependant la réputation de *Finé* servit, après sa mort, à cette famille désolée, & lui procura des ressources. On trouve le catalogne des ouvrages de *Finé* dans l'histoire du collége de Navarre de Launoy, & dans le P. Nicéron; ils sont peu connus aujourd'hui, grace aux progrès des mathématiques. *Finé* inventa diverses machines qui furent, dans le temps, un grand objet de curiosité. Il mourut le 6 octobre 1555.

FISC, (TRÉSOR-PUBLIC) *Hist. anc. & mod.*) en latin *fiscus*, *ærarium*. Le premier mot se dit proprement du trésor du prince, parce qu'on le mettoit autrefois dans des paniers d'osier ou de jonc, & le second du trésor de l'état.

A Rome, sous les premiers empereurs, on appelloit *ærarium*, les revenus publics, ceux de l'épargne, destinés aux besoins & aux charges de l'état; & on nommoit *fiscus*, ceux qui ne regardoient que l'entretien du prince en particulier; mais, bientôt après, ces deux mots furent confondus chez les Romains, & nous avons suivi leur exemple. Aussi le dictionnaire de Trévoux définit-il le *fisc* par *trésor du roi*, ou *du royaume* indifféremment: car, ajoute ce dictionnaire, la différence de ces deux choses que l'on remarquoit dans le commencement de l'empire romain, ne se trouve point en France. Il n'y a que trop d'autres pays où le trésor du prince & le trésor public sont des termes synonimes. Du mot *fisc*, on a fait confisquer, *confiscare*, *bona fisco addicere*, par la raison que tous les biens que les empereurs confisquoient, appartenoient à leur *fisc*, & non point au pblic. Les biens de Séjan, dit Tacite (*annal. liv. V*), furent transportés du *trésor public* dans le *fisc* de l'empereur. L'usage des confiscations devint si fréquent, qu'on est fatigué de lire dans l'histoire de ce temps-là, la liste du nombre infini de gens dont les successeurs de Tibère confisquèrent les biens. Nous ne voyons rien de semblable dans nos histoires modernes; on n'a point à dépouiller des familles de sénateurs qui aient ravagé le monde. Nous tirons du moins cet avantage, dit M. de Montesquieu, de la médiocrité de nos fortunes, qu'elles sont plus sûres; nous ne valons pas la peine qu'on confisque nos biens : & le prince qui les raviroit, seroit un mauvais politique.

Le *fisc* des pontifes s'appelloit *arca*; & celui qui en avoit la garde, étoit honoré du titre d'*arcarius*, comme il paroît par plusieurs inscriptions recueillies de Gruter, qu'il ne s'agit pas de transcrire ici. *Art. de M. le Chevalier* DE JAUCOURT.

FISCHER ou FISHER. (JEAN) (*Hist. d'Anglet.*) Henri VIII, roi d'Angleterre, qui persécutoit à la fois & les catholiques & les protestans, faisoit trancher la tête à ceux qui refusoient de reconnoître sa suprématie. Le cardinal *Fischer*, évêque de Rochester, savant d'une vertu austère, vieillard vénérable, qui avoit été son précepteur, fut une de ses victimes. Il sut que le pape Paul III lui envoyoit le chapeau de cardinal : *qu'il envoye*, dit-il, *ce chapeau quand il voudra; la tête à laquelle il le destine, n'y sera plus pour le recevoir.* Tel étoit Henri VIII. *Fischer* reçut le coup de la mort le 21 juin 1535. Ses œuvres ont été publiées en 1597, en un volume *in-folio*. Il passe pour un des bons controversistes du temps.

Marie *Fischer*, de la religion des quakers, alla prêcher le quakérisme à Constantinople & à la cour même de Mahomet IV, elle fut renvoyée avec mépris par les Turcs, mais reçue avec transport par les zélés de sa secte.

FISCHET ou FICHET, (GUILLAUME) (*Hist. litt. mod.*) homme d'un mérite reconnu pour son temps (qui étoit le quinzième siècle), restaurateur de l'éloquence & de la bonne latinité dans les écoles françoises, avoit fait une rhétorique dont M. Gibert parle dans la sienne. Ce fut lui qui fit venir à Paris, vers l'an 1470, ces trois fameux imprimeurs de Mayence, Martin Krantz, Ulric Géring & Michel Friburger, qui donnèrent à la France l'art de l'imprimerie & ses premiers livres imprimés. *Fischet* étoit recteur de l'université; lorsque, dans la guerre du bien pubic, Louis XI envoya un ordre d'armer les écoliers pour la défense de la ville, *Fischet* s'y opposa, & réclama les privilèges de l'université : Louis céda, mais il se vengea dans la suite, & obligea *Fischet* de sortir du royaume. *Fischet* s'en alla à Rome avec le cardinal Bessarion : le pape Sixte IV le combla d'honneurs, & le fit son camérier.

FITZ, vieux mot françois qui, à la lettre, signifie *fils*. On ajoute ordinairement ce terme au nom des *fils* naturels des rois d'Angleterre, comme James *fitz*-roi, duc de Grafton; Jacques *fitz*-James, duc de Berwik, &c.

En Irlande, plusieurs familles portent ce titre de *fitz* devant le nom de leur famille, comme les *fitz*-Morits, les *fitz*-Gerald, & d'autres.

Les Moscovites ont employé dans le même sens le mot *witz*, qui répond à *fils*, mis après le nom de leur père; ainsi le czar Pierre I, est appellé *Pierre Alexio-witz*, c'est-à-dire, *Pierre fils d'Alexis*; & son fils étoit nommé *Alexis Petro-witz*, c'est-à-dire *Alexis fils de Pierre*. On le nommoit encore *le Czar-witz*, ou *fils du czar*. *Chambers*. (*G*)

FITZ-JAMES, *Voyez* BERWICK.

FIZES, (ANTOINE) médecin célèbre de Montpellier, & qu'on appelle l'*hyppocrate* de cette ville. On a de lui un traité latin des fièvres, qui a été traduit en françois. Il a beaucoup écrit sur différentes parties de la médecine; il mourut en 1765, à Montpellier sa patrie. Sa vie a été publiée la même année par M. Estève.

FLAGELLANS, s. m. pl. (*Hist. mod.*) nom qui fut donné dans le treizième siècle à certains pénitens qui faisoient profession de se discipliner en public aux yeux de tout le monde.

Les auteurs s'accordent assez à mettre le commencement de la secte des *Flagellans* vers l'an 1260, & la première scène à Pérouse. Un certain Rainier, dominicain, touché des maux de l'Italie déchirée par les factions des Guelphes & des Gibelins, imagina cette sorte de pénitence pour désarmer la colère de Dieu. Les sectateurs de ce dominicain alloient en procession de ville en ville & de village en village, le corps nud depuis la ceinture jusqu'à la tête, qui étoit couverte d'une espèce de capuchon. Ils portoient une croix d'une main, & de l'autre un fouet composé de cordes noueuses & semées de pointes, dont ils se fouettoient avec tant de rigueur, que le sang découloit sur leurs épaules. Cette troupe de gens étoit précédée de plusieurs prêtres, montrant tous l'exemple d'une flagellation qui n'étoit que trop bien imitée.

Cependant la fougue de ce zèle insensé commençoit à tomber entièrement, quand la peste, qui parut en 1348, & qui emporta une prodigieuse quantité de personnes, réveilla la piété, & fit renaître avec violence le fanatisme des *Flagellans*, qui pour lors passa de la folie jusqu'au brigandage, & se répandit dans presque toute l'Europe. Ceux-ci faisoient profession de se fouetter deux fois le jour & une fois chaque nuit; après quoi ils se prosternoient en terre en forme de croix, & crioient miséricorde. Ils prétendoient que leurs flagellations unissoient si bien leur sang à celui de Jesus-Christ, qu'au bout de trente-quatre jours ils gagnoient le pardon de tous leurs péchés, sans qu'ils eussent besoin de bonnes œuvres, ni de s'approcher des sacremens. Ils se portèrent enfin à exciter des séditions, des meurtres & des pillages.

Le roi Philippe de Valois empêcha cette secte de s'établir en France; Gerson écrivit contre, & Clément VI défendit expressément toutes flagellations publiques : en un mot, les princes par leurs édits, & les prélats par leurs censures, tâchèrent de réprimer cette dangereuse & criminelle manie. (*Voyez* Sigonius, *liv. XIX, de regno ital.* Sponde, *annal. ecclés. A. C.* 1260, 1349; le continuateur de Guillaume de Nangis, &c.)

Tout le monde connoît aussi l'histoire latine des *Flagellans*, *historia Flagellantium*, imprimée à Paris en 1700, & composée par Jacques Boileau, chanoine de la Sainte-Chapelle, mort en 1716. Si ce docteur de sorbonne ne s'étoit attaché qu'à condamner la secte des *Flagellans*, & même à justifier que l'usage de la discipline particulière s'est établi dans l'onzième siècle, ou du moins qu'elle n'étoit pas connue dans les siècles antérieurs, excepté pour punir les moines qui avoient péché, on pourroit embrasser ou défendre son opinion; mais on doit justement blâmer les descriptions trop libres semées dans son ouvrage, qui ne convenoient point à son caractère, & qui ne peuvent produire aucun bon effet.

Au reste, on voit encore en Italie, à Avignon & dans plusieurs lieux de la Provence, des ordres de pénitens qui sont obligés par leurs instituts de se fouetter en public ou en particulier, & qui croyent honorer la divinité en exerçant sur eux-mêmes une sorte de barbarie; fanatisme pareil à celui de quelques prêtres parmi les gentils, qui se déchiroient le corps pour se rendre les dieux favorables. Il faut espérer que l'esprit de philosophie & de raison, qui règne dans ce siècle, pourra contribuer à détruire les restes d'une triste manie, qui, loin d'être agréable à Dieu, fait injure à sa bonté, à sa sagesse, à toutes ses perfections, & déshonore l'humanité. *Article de M. le Chevalier* DE JAUCOURT.

FLAMEL (NICOLAS) (*Hist. de Fr.*) & Pernelle sa femme, vivoient au quatorzième siècle; *Flamel* vivoit encore en 1399. Leur fortune, sans doute très-exagérée, a donné lieu à beaucoup de conjectures, parmi lesquelles on n'a pas oublié la découverte de la pierre philosophale. *Flamel* étoit peintre, poëte, philosophe, mathématicien, sur-tout grand alchymiste, dit-on; sa fortune n'en est que plus inexplicable. Un voyageur fameux (Paul Lucas) a bien heureusement découvert que *Flamel* & sa femme Pernelle vivent encore, qu'on n'a enterré que deux buches à leur place. Ils voyagent; ils étoient à la Chine ou aux Indes, lorsqu'un Dervis, aussi voyageur, en donna des nouvelles certaines à Paul Lucas. Ils étoient assez vigoureux pour leur âge qui ne passe pas de beaucoup quatre cent cinquante ans. On a faussement attribué à *Flamel* des ouvrages d'Alchymie auxquels on joint l'explication des figures hiéroglyphiques que *Flamel* mit au cimetière des Innocens. Il a paru en 1771, à Paris, une *histoire critique de Nicolas Flamel & de Pernelle sa femme, recueillie d'actes anciens, qui justifient l'origine & la médiocrité de leur fortune.*

FLAMINIUS & FLAMININUS. (*Hist. rom.*) Comme le grand nom de Corneille a beaucoup de poids en tout genre, & que nous devons croire qu'ayant si bien peint les Romains, il savoit bien leur histoire, il ne sera pas inutile de remarquer qu'il a pu donner lieu à une erreur, en confondant, comme il l'a fait, les noms de Caïus *Flaminius* vaincu par Annibal à la bataille de Thrasymène, & de Titus Quinctius *Flamininus* qui, en poursuivant Annibal dans son asyle chez Prusias, avec une violence indigne de lui & des Romains, réduisit ce grand homme à s'empoisonner. Corneille a cru ou supposé que ce *Flaminius* ou *Flamininus*, étoit fils du premier. Nicomède, disciple d'Annibal, s'exprime ainsi :

> Et quand *Flaminius* attaque sa mémoire,
> Il doit savoir qu'un jour il me fera raison
> D'avoir réduit mon maître au secours du poison,
> Et n'oublier jamais qu'autrefois ce grand homme
> Commença par son père à triompher de Rome.

Il dit encore :

> Vous pouvez cependant faire munir ces places....,
> Disposer de bonne heure un secours de romains;
> Et si *Flaminius* en est le capitaine,
> Nous pourrons lui trouver un lac de Thrasymène.

Flamininus n'avoit rien de commun avec *Flaminius*, vaincu par Annibal; il étoit de la famille *Quinctia*.

De même Corneille a dit dans *Polieucte*.

> Des aïeux de Décie on vante la mémoire,
> Et ce nom précieux encore à nos Romains,
> Au bout de six cents ans lui met l'Empire aux mains.

Cependant il est certain que l'empereur Dèce, Pannonien obscur, n'étoit point de la race des anciens Décies. Son nom de famille étoit Messius. Il est bon d'avertir les gens du monde de ne pas trop se fier aux poëtes en matière d'histoire.

FLAMSTEED, (JEAN) (*Hist. litt. mod.*) célèbre astronome anglois, se sentit astronome, né à la vue d'une sphère de Sacrobosco. Il fut membre de la société royale de Londres, astronome du roi, directeur de l'observatoire de Greenwich. Il écrivit contre Newton, l'académie des sciences de Paris jugea en faveur de Newton.

Flamstéed est auteur de quelques ouvrages sur l'astronomie, *historia cœlestis Britannica*; *Ephemerides.* Né à Derby en Angleterre en 1646. Mort en 1720.

FLASSANS, (DURAND DE PONTEVÈS, SEIGNEUR DE) (*Hist. de Fr.*) gentilhomme provençal, imagina en 1562, dix ans avant la Saint-Barthelemi, de courir dans la ville d'Aix avec une troupe de jeunes gens armés, faisant main-basse sur les protestans; il en eut le surnom de *Chevalier de la Foi*, titre qui ne resta point aux assassins de la Saint-Barthelemi.

FLAVIEN. (*Hist. ecclés.*) Il y a deux saints patriarches de ce nom, l'un d'Antioche l'autre de Constantinople. Le premier est célèbre pour avoir obtenu de l'empereur Théodose, la grace des habitans d'Antioche, qui, dans une sédition, avoient renversé les statues de l'empereur & de l'impératrice Flaccille, sa première femme. Rien de plus touchant que le discours qu'il fit dans cette occasion, tel qu'on le trouve dans l'homélie, vingtième de Saint-Jean Chrisostôme, il fait aimer *Flavien* & Théodose; on sent qu'un tel discours a dû toucher un tel prince; & on sait gré au prince d'en avoir été touché. Quoi de plus beau que ce mouvement oratoire, où, après avoir rappellé à l'empereur une de ses loix pour ouvrir les prisons & faire grace aux criminels, laquelle finissoit par cette parole admirable! *plût à Dieu que je pusse de même ouvrir les tombeaux & rendre la vie aux morts!* Flavien ajoute: *ce temps est venu, seigneur, vous le pouvez maintenant &c.* Combien l'empereur lui-même est aimable, lorsqu'ajoutant à son pardon toute la grace du sentiment le plus touchant, il dit à *Flavien*, en l'embrassant: *Allez, mon père, allez consoler votre peuple par votre retour & par l'assurance du pardon que je n'ai pu vous refuser pour lui; je sais qu'il est encore dans la douleur & dans la crainte; parlez & portez-lui pour la fête de pâques, l'abolition de son crime. J'irai dans peu le consoler moi-même.* On peut voir un bon extrait de cette éloquente homélie dans l'histoire de Théodose par M. Fléchier, & un meilleur encore, dans le traité des études de M. Rollin, tome 2, livre 3, article 7, des *passions*. Quelques-uns croyent que la harangue de *Flavien* avoit été faite par Saint-Jean Chrysostôme qui l'a rapportée; mais des circonstances même de cette action semblent repousser l'idée que la harangue eût été apprise & fût l'ouvrage d'un autre. *Flavien* mourut en 404, ayant gouverné vingt-trois ans l'église d'Antioche.

Le second *Flavien*, patriarche de Constantinople, fut la victime de son zèle contre l'eutychianisme. Il fut non-seulement condamné & déposé en 449, dans l'assemblée connue sous le nom de *brigandage d'Ephèse*, mais Dioscore, évêque d'Alexandrie, un de ses adversaires, ayant introduit dans l'assemblée une foule de soldats, le fit tellement maltraiter qu'il en mourut trois jours après.

FLAVITAS ou FRAVITA. (*Hist. ecclés.*) On dit que l'empereur Zenon, voyant le siége de Constantinople vacant, & voulant qu'il fût rempli par un sujet agréable à Dieu, fit mettre sur l'autel un papier blanc cacheté, & pria Dieu de faire écrire par un ange le nom de celui qu'il vouloit qu'on choisît; l'église étoit confiée à la garde d'un eunuque, *Flavitas* le corrompit & son nom se trouva écrit sur le papier. M. de Tillemont, dans ses *Mémoires pour servir à l'histoire ecclésiastique*, discute amplement ce fait dont quelques modernes ont douté. Quoi qu'il en soit, ce patriarche n'auroit pas joui long-temps du fruit de sa fourberie; nommé en 489, il mourut en 490.

FLECHIER (ESPRIT) (*Hist. litt. mod.*) naquit à Pernes, dans le comtat d'Avignon, le 10 juin 1632, d'une famille qui avoit été noble, mais que la pauvreté avoit rendue roturière; son père étoit fabriquant en chandelles. *Fléchier* fut élevé par son oncle, le père Hercule Audifret, supérieur général de la *doctrine chrétienne*, qui prêchoit beaucoup & qui fournissoit des sermons à ceux qui n'en savoient pas faire; on les reconnoissoit & on les appelloit *les travaux d'Hercule*. *Fléchier* fit des vers latins & françois, mais c'est sur-tout par ses oraisons funèbres qu'il est célèbre; c'est le rival de Bossuet & la seconde place lui est restée;

> Le poste qui te reste est encore assez beau
> Pour fléchir noblement sous ce maître nouveau.

» On fera, dit M. d'Alembert, plus ou moins » grand l'intervalle entre Bossuet & lui, selon » qu'on sera plus ou moins entraîné par l'élo» quence impétueuse de l'un, ou séduit par l'har» monieuse élégance de l'autre. » L'oraison funèbre de Turenne, chef-d'œuvre de *Fléchier*, seroit la mieux écrite des oraisons funèbres de Bossuet, & ne seroit pas la moins bonne. C'est Bossuet qu'on croit entendre, & Bossuet plein d'harmonie & sans inégalité dans ce fameux exorde, développement sublime du texte le plus heureux: *Quomodò cecidit potens, qui salvum faciebat populum Israël? Comment est mort cet homme puissant, qui sauvoit le peuple d'Israël?* « Cet homme, qui portoit » la gloire de sa nation jusqu'aux extrémités de la » terre, qui couvroit son camp du bouclier & » forçoit celui des ennemis avec l'épée, qui don» noit à des rois ligués contre lui, des déplaisirs » mortels, & réjouissoit Jacob par ses vertus & » par ses exploits, dont la mémoire doit être » éternelle?

» Cet homme, qui défendoit les villes de Juda, » qui domptoit l'orgueil des enfans d'Ammon &

» d'Esaü, qui revenoit chargé des dépouilles de « Samarie, après avoir brûlé sur leurs propres » autels les dieux des nations étrangères? Cet » homme, que Dieu avoit mis autour d'Israël, » comme un mur d'airain où se brisèrent tant de » fois toutes les forces de l'Asie; & qui, après » avoir défait de nombreuses armées, déconcerté » les plus fiers & les plus habiles généraux des » rois de Syrie, venoit tous les ans, comme le » moindre des Israëlites, réparer avec ses mains » triomphantes les ruines du Sanctuaire, & ne » vouloit d'autre récompense des services qu'il » rendoit à sa patrie, que l'honneur de l'avoir » servie?

» Ce vaillant homme, (poussant enfin avec un » courage invincible les ennemis qu'il avoit » réduits à une fuite honteuse, reçut le coup » mortel, & demeura comme enseveli dans son » triomphe. Au premier bruit de ce funeste ac- » cident, toutes les villes de Judée furent émues, » des ruisseaux de larmes coulèrent des yeux de » tous leurs habitans. Ils furent quelque temps » saisis, muets, immobiles. Un effort de dou- » leur, rompant enfin ce long & morne silence, » d'une voix entrecoupée de sanglots, que for- » moient dans leurs cœurs la tristesse, la pitié, » la crainte, ils s'écrièrent: *Comment est mort cet » homme puissant, qui sauvoit le peuple d'Israël?* » A ces cris, Jérusalem redoubla ses pleurs, les » voûtes du temple s'ébranlèrent, le Jourdain se » troubla, & tous ses rivages retentirent du son » de ces lugubres paroles: *Comment est mort cet » homme puissant, qui sauvoit tout le peuple d'Israël?*

Fléchier craignoit sur-tout que quelqu'un des orateurs, qui avoit à louer Turenne avant lui, ne lui enlevât son texte, heureusement on le lui laissa. D'autres orateurs avoient comparé d'autres héros à Judas Machabée, mais aucun n'avoit fait un emploi si juste & si éloquent de ce parallèle, & celui-là est l'inventeur, qui fait faire jouir de l'invention. Quand M. Mascaron, évêque de Tulle, eut prononcé, avant *Fléchier*, l'oraison funèbre de M. de Turenne, madame de Sévigné écrivit (lettre du 10 novembre 1675): « on ne » parle que de cette admirable oraison funèbre » de M. de Tulle; il n'y a qu'un cri d'admira- » tion sur cette action; son texte étoit: *Domine » probasti me & cognovisti me*, & cela fut traité » divinement: j'ai bien envie de la voir imprimée. Elle la vit imprimée, & dans sa lettre du premier janvier 1676, elle dit: « il me semble » n'avoir jamais rien vu de si beau que cette pièce » d'éloquence. On dit que l'abbé *Fléchier* veut la » surpasser; *mais je l'en défie*; il pourra parler d'un » héros, mais ce ne sera pas de M. de Turenne; » & voilà ce que M. de Tulle a fait divinement » à mon gré. La peinture de son cœur est un chef- » d'œuvre, & cette droiture, cette naïveté, cette » vérité dont il est paitri, cette solide modestie, » enfin tout. Je vous avoue que j'en suis charmée, » & si les critiques ne l'estiment plus depuis » qu'elle est imprimée,

Je rends graces aux dieux de n'être pas romain.

Il étoit beau de triompher de cette disposition; enfin *Fléchier* parut (lettre du 28 mars 1676). « Madame de Lavardin me parla de l'oraison fu- » nèbre de *Fléchier*. Nous la fîmes lire, & je » demande mille & mille pardons à M. de Tulle, » mais il me parut que celle-ci étoit au-dessus de » la sienne; je la trouve plus également belle par- » tout; je l'écoutai avec étonnement, ne croyant » pas qu'il fût possible de dire les mêmes choses » d'une manière toute nouvelle: en un mot, j'en » fus charmée.

C'est dans cette même oraison funèbre de *Fléchier*, qu'est ce passage si justement critiqué par M. de Voltaire, comme contenant un parallèle peu convenable entre l'intérêt d'un particulier & les intérêts des grandes puissances, & des vœux moins convenables encore pour la mort des princes ennemis de la France: « puissances ennemies de » la France, vous vivez, & l'esprit de la cha- » rité chrétienne m'interdit de faire aucun souhait » pour votre mort......., vous vivez, & je plains » en cette chaire un sage & vertueux capitaine, » dont les intentions étoient pures, & dont la » vertu sembloit mériter une vie plus longue & » plus étendue.

Fléchier fut reçu à l'académie françoise le 12 janvier 1673, à la place de Godeau, évêque de Vence. Il fut reçu en même temps que l'abbé Gallois & Racine; celui des trois qui réussit le mieux dans son discours fut *Fléchier*, celui qui réussit le moins fut Racine. Il n'y a rien à conclure de ces succès de circonstances.

Le roi nomma *Fléchier* en 1685, à l'évêché de Lavaur, & en 1687, à l'évêché de Nîmes. En lui donnant le premier de ces évêchés, il lui dit: *je vous ai fait un peu attendre une place que vous méritiez depuis long-temps, mais je ne voulois pas me priver si-tôt du plaisir de vous entendre.* Il fut évêque aussi exemplaire, qu'orateur éloquent. Grace à sa douceur & à sa bonté naturelle, sa conduite à l'égard des protestans de son diocèse fut aussi tolérante qu'elle pouvoit l'être avec les principes intolérans, qui étoient alors ceux de tout le clergé. Il ne combattoit pas avec moins de zèle la superstition que le fanatisme; il empêcha l'établissement d'une confrairie de pénitens blancs, dont il appelloit les processions de *pieuses mascarades. Si je vois qu'Israël devienne idolâtre, je briserai le serpent d'airain*, disoit-il au sujet d'une prétendue croix miraculeuse.

On connoît la rigueur de la justice claustrale, on en rapporte des traits qui font frémir. *Fléchier* eut le bonheur de délivrer une des victimes de cette justice barbare. Une malheureuse, condamnée au cloître par ses parens, avoit eu une foiblesse dont les suites avoient éclaté. La supérieure l'avoit fait enfermer dans un cachot; où, couchée sur un peu de paille, elle attendoit & invoquoit la mort. L'évêque de Nîmes, instruit de cette cruauté, arrive dans son cachot; dès qu'elle l'apperçut, elle lui tendit les bras comme à son libérateur. « Le prélat, jettant sur » la supérieure un regard d'horreur & d'indigna- » tion: » Je devrois, lui dit-il, vous faire » mettre à la place de cette infortunée; mais le » Dieu de clémence, dont je suis le ministre, » m'ordonne d'user, même envers vous, de l'indul- » gence que vous n'avez pas eue pour elle. Allez, » & pour votre pénitence, lisez tous les jours » dans l'Evangile le chapitre de la femme adul- » tère. » Il fit prendre soin de la religieuse coupable; mais le coup étoit porté, il ne put la rendre à la vie: elle mourut après quelques mois de langueur, en bénissant du moins son évêque, le seul être en qui elle eût trouvé de l'humanité. Les pauvres le bénissoient aussi, & c'étoit sa jouissance la plus pure: *quels cantiques*, disoit-il, *valent les bénédictions du pauvre, & quel spectacle que les larmes de l'indigent essuyées par les ministres de la religion! — sommes-nous évêques pour rien?* disoit-il, quand on lui proposoit de mettre des bornes à son zèle & à ses charités.

Fléchier avoit naturellement le ton doux & le propos obligeant; il avoit déplu par-là d'abord au sévère Montausier, homme dont on pouvoit dire plus justement que d'Auguste:

Cui male si palpere, recalcitrat undique tutus.

Il n'avoit répondu aux premières honnêtetés de Fléchier, qu'en s'écriant: *voilà de mes flatteurs*: dans la suite il l'avoit mieux connu & avoit fini par l'aimer & le respecter. *Fléchier* étoit modeste, mais, comme dit fort bien M. d'Alembert, la vraie modestie est comme la vraie bravoure, qui jamais n'outrage personne, mais qui sait repousser l'outrage. Un évêque gentilhomme, étonné qu'on eût fait un roturier évêque, lui en témoignoit naïvement sa surprise, en lui rappellant grossièrement le fabriquant de chandelles: *avec cette manière de penser*, répondit *Fléchier*, *je crains bien que si vous étiez né ce que je suis né, vous n'eussiez fait toute votre vie des chandelles.* Le maréchal de la Feuillade, aussi délicat que l'évêque gentilhomme, dit un jour à *Fléchier*: *votre père seroit bien étonné de vous voir ce que vous êtes! mais pas tant*, reprit Fléchier, *il verroit bien que ce n'est pas le fils de mon père, mais moi qu'on a fait évêque.* Il mourut le 16 février 1710. On a de lui, outre ses oraisons funèbres, des panégyriques, des sermons, des lettres, *l'histoire de Théodose*, *la vie du cardinal Ximenès.* On reproche en général à *Fléchier* le luxe de l'esprit, la recherche de l'élégance, l'abus de l'antithèse. M. Ménard, de l'académie des belles-lettres, qui n'avoit point ces défauts-là, commençoit à nous donner la collection complette des œuvres de *Fléchier*, quand la mort a interrompu cette édition après le premier volume in-4°.

FLETWOOD (GUILLAUME) né en 1656, chanoine de Windsor en 1702, évêque de Saint-Asaph en 1708, puis d'Ely en 1714, mort en 1723, a laissé des sermons & des ouvrages de piété & d'érudition estimés.

FLETCHER (JEAN), Poëte tragique Anglois mort en 1625: on fait sur lui le conte qu'on a fait sur plusieurs autres, que récitant tout haut, & ses fenêtres ouvertes, une tragédie dont le sujet étoit une conjuration, des passans qui l'entendirent, le firent arrêter comme criminel d'Etat.

FLEURANGES (*Voyez* MARCK) (LA)

FLEURY. (*Hist de Fr.*) Deux hommes célèbres de ce nom, ont été employés à former le roi Louis XV: l'un est l'abbé *Fleury* (Claude) qui fut son confesseur, après avoir été sous-précepteur de M. le duc de Bourgogne, père de Louis XV, & des ducs d'Anjou & de Berry, frères du duc de Bourgogne; c'est le célèbre & vertueux auteur de l'Histoire Ecclésiastique, & des discours sur cette histoire, qui valent mieux que l'histoire même; des *Mœurs des Israélites* & des *Mœurs des Chrétiens*; de *l'Institution au droit ecclésiastique*; du *Traité du choix & de la méthode des études*; du *Cathéchisme Historique* & de plusieurs autres bons ouvrages. Il étoit de l'académie françoise, quoique son mérite littéraire ne fût pas précisément dans le genre de cette académie: il eût été mieux placé, ce semble, à celle des belles-lettres: mort en 1723. L'autre *Fleury* (André Hercule) est le célèbre cardinal, évêque de Fréjus, précepteur de Louis XV; ministre du royaume, qui, par modestie, ne prit point le titre de premier ministre, que le cardinal Dubois venoit de souiller. Il fut en politique ce que Fabius Maximus avoit été à la guerre:

Unus qui nobis cunctando restituit rem.

Il n'eut point d'éclat, mais sa patience & sa sage économie réparèrent les maux qu'avoient produits l'éclat funeste du règne de Louis XIV, & les désordres plus funestes de la régence. C'est au ministère du cardinal de *Fleury* que M. l'abbé de Boismont a fait cette heureuse application d'un passage d'Ezéchiel, qui peint si bien le mal & le remède: *insuffla super interfectos istos ut reviviscant...... & accesserunt ossa ad ossa, unum quodque ad juncturam suam*: « soufflez sur ces morts, » afin qu'ils revivent .... tout-à-coup un esprit

» de vie coule dans ces ossemens arides & desséchés... tous les membres de ce grand corps épuisé, toutes les parties de l'état se rapprochent & se balancent.

» L'économie, l'économie! s'écrie M. Thomas; » à ce nom sacré tout état appauvri & accablé sous le poids de ses dettes, doit tressaillir comme un malheureux tressaille au nom d'une divinité bienfaisante. » Cette économie fut le grand mérite du ministère du cardinal de *Fleury*; les lettres de cachet, prodiguées aux jansénistes, en furent la partie honteuse; & cette cruauté si déplacée, étoit aussi indigne de l'esprit du cardinal, que de son caractère. Il disoit des jésuites, *que pour les rendre utiles, il falloit les empêcher de se rendre nécessaires* : on a jugé depuis qu'ils n'étoient ni nécessaires, ni utiles. La prédilection du cardinal de *Fleury* étoit pour les Sulpiciens, qui n'étoient pas décriés comme les Jésuites, pour l'ambition, mais que sa faveur alloit rendre ambitieux. Eh! pourquoi des Jésuites ou des Sulpiciens auprès d'un ministre? pourquoi tirer des religieux de leur cloître, ou des séminaristes de leurs écoles? Les mémoires de l'abbé Mongon sont une satyre un peu forte du ministère du cardinal de *Fleury*; mais enfin la France ne respira que sous ce ministère.

Le cardinal de *Fleury* étoit né le 22 juin 1653; avoit été fait évêque de Fréjus le premier novembre 1698. Il fut nommé précepteur de Louis XV par le testament de Louis XIV. Il fut reçu à l'académie françoise en 1717, à l'académie des sciences en 1721, à l'académie des belles-lettres en 1723. Il fut fait cardinal le 11 septembre 1726, cette même année il devint le principal ministre, & ce ministère, auquel son âge de 73 ans faisoit croire qu'on auroit à peine le temps de s'accoutumer, dura dix-neuf ans. Le cardinal mourut le 29 janvier 1743. On voit son tombeau & son épitaphe à Saint-Louis du Louvre.

FLODOARD, (*Hist. litt. mod.*) un de nos vieux chroniqueurs. Sa chronique contient l'histoire de son temps. Elle s'étend depuis l'an 919 jusqu'en 966, année de sa mort. Il est aussi l'auteur d'une *Histoire de l'église de Rheims, depuis sa fondation jusqu'en 949.* Il avoit été chanoine de cette église.

FLONCEL, (ALBERT-FRANÇOIS) censeur royal, connu par son goût pour la littérature italienne, par le nombre & le choix de ses livres italiens, né à Luxembourg en 1697, mort en 1773.

FLORA, (*Hist. rom.*) courtisanne célèbre à Rome, aimée du grand Pompée, qu'elle aimoit & qui, l'ayant cédée, malgré elle, à son ami Geminius, cessa de la voir, pour n'avoir pas sous les yeux la grandeur de son sacrifice; elle en fut malade de douleur. C'est le sujet d'une héroïde de M. de Fontenelle.

FLORAUX. (JEUX) (*Hist. litt. mod.*) Les romains avoient des *jeux floraux*, institués en l'honneur de *Flora*, déesse des fleurs. Nous avons aussi en France des *jeux floraux*, qui furent institués en 1324.

On en doit le projet & l'établissement à sept hommes de condition, amateurs des belles-lettres, qui, vers la Toussaint de l'an 1323, résolurent d'inviter, par une lettre circulaire, tous les troubadours ou poëtes de Provence, à se trouver à Toulouse le premier de mai de l'année suivante, pour y réciter les pièces de vers qu'ils auroient faites, promettant une violette d'or à celui dont la pièce seroit jugée la plus belle.

Les capitouls trouvèrent ce dessein si utile & si beau, qu'ils firent résoudre au conseil de ville, qu'on le continueroit aux dépens de la ville, ce qui se pratique encore.

En 1325, on créa un chancelier & un secrétaire de cette nouvelle académie. Les sept instituteurs prirent le nom de *mainteneurs*, pour marquer qu'ils se chargeoient du soin de maintenir l'académie naissante. Dans la suite on ajouta deux autres prix à la violette, une églantine pour second prix, & une fleur de souci pour troisième; il fut aussi réglé que celui qui remporteroit le premier prix, pourroit demander à être bachelier, & que quiconque les remporteroit tous trois, seroit créé docteur en *gaie science*, s'il le vouloit, c'est-à-dire, en *poésie*. Les lettres de ces degrés étoient conçues en vers; l'aspirant les demandoit en rimes, & le chancelier lui répondoit de même. *Dictionn. de Trévoux & Chambers.*

Il y a un registre de ces jeux à Toulouse, qui rapporte ainsi leur établissement : d'autres disent au contraire que c'étoit une ancienne coutume, que les poëtes de Provence s'assemblassent à Toulouse pour lire leurs vers, & en recevoir le prix, qui se donnoit au jugement des anciens; que ce ne fut que vers 1540, qu'une dame de condition, nommée *Clémence Isaure*, légua la meilleure partie de son bien à la ville de Toulouse, pour éterniser cet usage, & faire les frais des prix, qui seroient des fleurs d'or ou d'argent de différentes espèces.

La cérémonie des *jeux floraux* commence le premier de mai, par une messe solemnelle en musique; le corps de ville y assiste. Le 3 du mois on donne un diné magnifique aux personnes les plus considérables de la ville : ce jour-là on juge les prix, qui sont au nombre de cinq; un prix de discours en prose, un prix de poëme, un prix d'ode, un prix d'églogue, & un prix de sonnet. Arnaud Vidal de Castelnaudari remporta le premier en 1324, la violette d'or.

Les *jeux floraux* ont été érigés en académie par lettres patentes en 1694; le nombre des académiciens est de quarante, comme à l'académie françoise.

FLORENCE, (*état de*) (*Hist. mod.*) cet état étoit au commencement une république, dont la constitution mal-entendue ne manqua pas de l'exposer à des troubles, à des partis & à des factions fréquentes : cependant par la force de la liberté, non-seulement le peuple y étoit nombreux, mais le commerce & les arts y fleurirent jusqu'au temps qu'elle perdit, avec sa liberté, sa vigueur & son opulence. Il est vrai qu'elle a été guérie de ces émeutes, mais par un remède pire que le mal, par la servitude, la misère qui en est le fruit, & la dépopulation qui l'accompagne d'ordinaire : *instrumenta servitutis & reges habuit.* *Voyez l'histoire de Florence*, depuis le commencement de cet état jusqu'à nos jours, & vous serez convaincu de cette vérité. (*D. J.*)

FLORENT CHRETIEN, (*Voyez* CHRETIEN.)

FLORIDE, (le marquis de la) (*Hist. mod.*) officier espagnol attaché au parti de Philippe V; commandoit dans la citadelle de Milan en 1706. Le prince Eugène, maître de la ville, le fit sommer de se rendre dans les vingt-quatre heures. Il répondit : *J'ai défendu vingt-quatre places pour les rois d'Espagne, mes maîtres, & j'ai résolu de me faire tuer sur la brèche de la vingt-cinquième.* Le prince Eugène convertit le siége en blocus.

FLORIEN, (MARCUS-ANTONIUS-FLORIANUS), (*Hist. rom.*) frère utérin de l'empereur Tacite. Cet empereur demanda pour ce frère le consulat ; le sénat osa le refuser, alléguant qu'il n'y avoit point de place vacante. L'empereur ne s'offensa point du refus ; au contraire, il le regarda comme un hommage rendu à la modération de son caractère : *ils savent*, dit-il, *quel est le prince qu'ils ont mis en place.* Il fit *Florien* préfet du prétoire. *Florien* voulut succéder à Tacite ; il arma contre Probus qui avoit été proclamé par l'armée d'Orient. Rome & l'Occident reconnurent *Florien* ; Probus eut pour lui l'Orient. *Florien* s'avança au-devant de son rival jusqu'à Tarse en Cilicie ; mais ayant été battu dans un premier combat, & la comparaison du mérite des deux concurrens ne lui étant pas favorable, ses soldats même lui ôtèrent la vie, & se soumirent à Probus l'an de J. C. 276.

FLORIMOND DE REMOND, (*Hist. mod.*) conseiller au parlement de Bordeaux au seizième siècle, catholique d'un zèle amer, auteur de l'ouvrage intitulé : *de l'Origine des Héréfies*, qui est bien plus un *factum* contre Luther & Calvin, qu'une véritable histoire du temps. Il prétend que Calvin mourut désespéré, en blasphémant Dieu, en invoquant le Diable, en se maudissant lui-même. Théodore de Bèze, qui étoit à Genève, & qui reçut les derniers soupirs de Calvin, assure que ce réformateur expira paisiblement en louant Dieu : il est vrai qu'il étoit son ami, &, pour ainsi dire, son lieutenant. En général, *Florimond de Rémond* mérite & obtient peu de confiance ; cependant, quelque déterminé qu'il soit à condamner sur tous les points les protestans, & à justifier sur tous, les catholiques, il est obligé d'abandonner ceux-ci sur l'article de la vente des indulgences. « On » ne peut nier, dit-il, qu'il n'y eût de l'abus, » de l'ordure & de la vilenie en ces avares questeurs. Mort en 1602.

FLORUS, (LUCIUS ANNŒUS JULIUS) (*Hist. litt. anc.*) historien latin très-connu, étoit de cette famille des Annéens, dont étoient aussi Lucain & Sénèque. Son abrégé de l'Histoire Romaine a été traduit en françois, sous le nom de Monsieur, frère de Louis XIV. On croit cette traduction de M. le Vayer, fils de celui qui avoit été précepteur de Monsieur.

Spartien rapporte que l'empereur Adrien & *Florus* s'exerçoient quelquefois, en badinant, à faire des vers l'un contre l'autre : on a un de ces badinages. *Florus*, comme de raison, ménageoit ou flattoit l'empereur ; il le plaignoit de tous les mouvemens que les affaires de l'empire l'obligeoient de se donner, & déclare qu'il ne voudroit pas être à sa place.

Ego nolo Cæsar esse,
Ambulare per Britannos,
Scythicas pati pruinas.

L'empereur, moins obligeant dans sa réplique, reproche à *Florus* de fréquenter les cabarets :

Ego nolo Florus esse,
Ambulare per tabernas,
Latitare per popinas,
Calices pati rotundos.

FLOTTE INVINCIBLE. (*Hist. mod.*) C'est le nom que Philippe II donna à la *flotte* qu'il avoit préparée pendant trois ans en Portugal, à Naples & en Sicile, pour détrôner la reine Elisabeth.

Les Espagnols en publièrent une relation emphatique non-seulement dans leur langue, mais en latin, en françois & en hollandois. M. de Thou, qui avoit été bien informé de l'équipement de cette *flotte*, par l'ambassadeur de S. M. C. à la cour de France, rapporte qu'elle contenoit huit mille hommes d'équipage, vingt mille hommes de débarquement, sans compter la noblesse & les volontaires ; & qu'en munitions de guerre, il y avoit sur cette *flotte* douze mille boulets, cinq mille cinq cents quintaux de poudre, dix mille quintaux de balles, sept mille arquebuses, dix mille haches, un nombre immense d'instrumens propres à remuer ou à transporter la terre, des chevaux & des mulets en quantité, enfin des vivres & des provisions en abondance pour plus de six mois.

Tout cela s'accorde assez bien avec la relation abregée de l'équipement de cette *flotte*, que Strype a tirée des notes du grand thrésorier d'Angleterre, mylord Burleigh, & qu'il a insérée dans l'*appendice des mémoires originaux*, *n*°. 51.

L'extrait de Strype se réduit à ceci, que la *flotte invincible* comprenoit 130 vaisseaux de 57868 tonneaux, 19295 soldats, 8450 matelots, 2088 esclaves, & 2630 grandes pièces d'artillerie de bronze de toute espèce, sans compter 20 caravelles pour le service de l'armée navale, & 10 vaisseaux d'avis à 6 rames. Cette *flotte*, avant que de sortir du port de Lisbonne, coûtoit déjà au roi d'Espagne plus de 36 millions de France, évaluation de ce temps-là; je ne dis pas *évaluation de nos jours.*

Le duc de Médina-Celi fit voile de l'embouchure du Tage avec cette belle *flotte* en 1588, & prit sa route vers le Nord. Elle essuya une première tempête qui écarta les vaisseaux les uns des autres, ensorte qu'ils ne purent se rejoindre ensemble qu'à la Corogne. Elle en partit le 12 juillet, & entra dans le canal à la vue des Anglois qui la laissèrent passer.

On sait assez quel en fut le succès, sans le détailler de nouveau. Les Espagnols perdirent dans le combat naval, outre six à sept mille hommes, quinze de leurs plus gros vaisseaux; & ils en eurent un si grand nombre qui se brisèrent le long des côtes d'Ecosse & d'Irlande, qu'en 1728 le capitaine Row en découvrit un du premier rang sur la côte occidentale d'Ecosse, & qu'en 1740 on en apperçut deux autres de cet ordre dans le fond de la mer près d'Edimbourg, dont on retira quelques canons de bronze, sur la culasse desquels étoit une rose entre une *F* & une *R*.

Les Provinces-Unies frappèrent au sujet de cet événement une médaille admirable, avec cette exergue, *la gloire n'appartient qu'à Dieu*; & au revers étoit représentée la *flotte* d'Espagne, avec ces mots: *elle est venue, elle n'est plus.*

Soit que Philippe II reçût la nouvelle de la destruction de la *flotte* avec une fermeté héroïque, comme le dit Cambden, soit au contraire qu'il en ait été furieux, comme Strype le prétend sur des mémoires de ce temps-là qui sont tombés entre ses mains, il est au moins sûr que le roi d'Espagne ne s'est jamais trouvé depuis en état de faire un nouvel effort contre la Grande-Bretagne: au contraire, l'année suivante Elisabeth elle-même envoya une *flotte* contre les Espagnols, & remporta des avantages considérables.

On a sagement remarqué que ces prodigieuses armées navales n'ont presque jamais réussi dans leurs expéditions: l'histoire en fournit plusieurs exemples L'empereur Léon I, dit *le-Grand* par ses flatteurs, qui avoit envoyé contre les Vandales une *flotte* composée de tous les vaisseaux d'Orient, sur laquelle il avoit embarqué dix mille hommes, ne conquit pas l'Afrique, & fut sur le point de perdre l'Empire.

Les grandes *flottes* & les grandes armées de terre épuisent un état; si l'expédition est longue, & si quelque malheur leur arrive, elles ne peuvent être secourues ni réparées: quand une partie se perd, le reste n'est rien, parce que les vaisseaux de guerre, ceux de transport, la cavalerie, l'infanterie, les munitions, les vivres, en un mot, chaque partie dépend du tout ensemble. La lenteur des entreprises fait qu'on trouve toujours des ennemis préparés; outre qu'il est rare que l'expédition ait lieu dans une saison commode, qu'elle ne tombe dans le temps des tempêtes, qu'elle n'en essuie d'imprévues, qu'elle ne manque des provisions nécessaires; & qu'enfin les maladies, se mettant dans l'équipage, ne fassent échouer tous les projets. *Article de M. le chevalier* DE JAUCOURT

FŒDOR ou FEDOR, (*Hist. de Russie*) fils aîné du Czar Alexis, & frère des Czars Jean & Pierre, sembla préluder par quelques changemens, aux grands changemens que Pierre fit dans la suite, lorsqu'après la mort de Jean, il fut seul maître de l'Empire. *Fœdor* avoit régné seul depuis 1676, jusqu'en 1682.

FOGLIETA ou FOLIETA, (UBERTO) (*Hist. mod.*) savant génois, du seizième siècle, auteur d'un bon traité *de ratione scribendæ historiæ*, d'une histoire de Gênes en latin, non moins estimée, des éloges des génois illustres, aussi en latin; d'un traité *de linguæ latinæ usu & præstantiâ*, & de plusieurs autres bons ouvrages d'histoire, de politique & de littérature. Mort à Rome en 1581.

FOHI, (*Hist. chinoise.*) premier empereur, premier législateur de la Chine, dont l'histoire est ignorée à raison de l'antiquité.

FOIGNI, (GABRIEL) (*Hist. litt. mod.*) cordelier apostat, qui alla se marier à Genève, & qui ne put vivre ni à Genève, ni dans les états ecclésiastiques. Il mourut en Savoie dans un couvent, en 1692. Nous n'en parlons ici que pour dire qu'il est l'auteur d'un livre intitulé *l'Australie* ou les *Aventures de Jacques Sadeur*, assez recherché autrefois.

FOIRIAO, ou FOQUEUX, (*Hist. mod.*) nom d'une secte de la religion des Japonois, ainsi appellée d'un livre de leur doctrine qui porte ce nom. L'auteur de la secte fut un saint homme appellé *Xaca*, qui persuada à ces peuples que les cinq mots inintelligibles, *nama*, *mio*, *foren*, *qui*, *quio*, contenoient un mystère profond, avoient des vertus singulières, & qu'il suffisoit de les prononcer & d'y croire, pour être sauvé. C'est en vain que nos missionnaires leur prêchèrent que ce dogme renversoit toute la morale, encourageoit les hommes au crime, & qu'il n'y avoit rien qu'on ne fût tenté de faire, quand on croyoit pouvoir tout expier à si peu de frais; d'ailleurs, que ces mots étoient vides de sens; que ne rappellant aucune idée, ou ne rappellant que des idées qu'il leur étoit défendu d'avoir sous peine d'hérésie; on faisoit dépendre leur salut éternel du caprice des dieux; & qu'il vaudroit autant qu'ils eussent attaché leur sort à venir à la croyance d'une proposition conçue dans une langue tout-à-fait étrangère. Ils répondirent qu'ils n'avoient garde de s'ériger en scrutateurs de la volonté des dieux; que Xaca étoit un saint homme; & que leur ayant promis un bonheur infiniment au-dessus de ce que l'homme pouvoit jamais mériter par lui-même, il étoit juste qu'il en exigeât toutes les sortes de sacrifices dont il étoit capable: qu'après avoir immolé les passions de leur cœur, il ne leur restoit plus que de faire un holocauste des lumières de leur esprit; que Xaca en avoit donné l'exemple au monde; qu'ils avoient embrassé sa loi, avec une pleine confiance dans la vérité de ses promesses; & qu'ils mourroient mille fois plutôt que de renoncer au *nama*, *mio*, *foren*, *qui*, *quio*. Xaca est représenté avec trois têtes: il s'appelle aussi *fotage* ou *le seigneur*. Voy. *les cérémonies superstitieuses & le dictionnaire de Moréry* (*Art. R.*)

FOIX. (*Hist. de Fr.*) La maison des comtes de *Foix* descendoit de celle de Carcassone, & elle figure sous le nom de *Foix* dès le onzième siécle. De cette maison étoit Gaston, dit Phoebus, comte de *Foix* & vicomte de Béarn, le plus impétueux des hommes, & le plus magnifique des seigneurs françois, au quatorzième siécle. Ami des lettres & protecteur des arts pour le temps, il tenoit à Ortaiz une des cours les plus brillantes & les plus polies de l'Europe. Il avoit toujours prétendu que son comté de *Foix* étoit indépendant comme les couronnes. En conséquence, il avoit constamment refusé au prince Noir l'hommage que ce prince, depuis le traité de Brétigny, exigeoit de tous les seigneurs gascons. Quand la guerre se ralluma entre Charles V & le roi Edouard III, le comte de *Foix* fit avec le duc d'Ajou, occupé alors à soumettre le Languedoc, un traité par lequel il devoit engager Arnauld de Berne, son parent & son vassal, à remettre aux françois la forteresse de Lourde, dans le comté de Bigorre, dont cet Arnauld étoit gouverneur pour les Anglois. Sur son refus, cet impétueux Gaston, qui ne pouvoit souffrir de résistance, & à qui sa violence fit plus d'une fois commettre des fautes bien funestes, le perce de cinq coups de poignard & le renverse mort à ses pieds. Charles, pour récompenser le zèle de ce furieux, lui offrit la jouissance pendant sa vie, du comté de Bigorre, à la charge de l'hommage; mais ce titre de vassal révoltoit le comte de *Foix*; il ne voulut recevoir que le château de Mauvoisin, *parceque*, dit Froissard, *cette place ne relevoit de personne, fors que de Dieu.* Le comte de *Foix* avoit épousé Agnès de Navarre, sœur de Charles-le-Mauvais; les comtes de *Foix* & d'Armagnac, à raison de voisinage, étoient souvent en guerre l'un contre l'autre; le comte de *Foix* ayant fait prisonnier le comte d'Armagnac, celui-ci demanda sa liberté sous le cautionnement du roi de Navarre; le comte de *Foix* refusoit d'abord de recevoir son beau-frère pour caution, *le connoissant*, disoit-il, *trop cauteleux & malicieux*. Il le reçut enfin par égard pour Agnès de Navarre, sa femme, & rendit la liberté au comte d'Armagnac. Celui-ci paya les cinquante mille francs de sa rançon au roi de Navarre, pour qu'il les remît au comte de Foix, & qu'il se fit donner une décharge du cautionnement. Le roi de Navarre garda l'argent; sa sœur, qui vint négocier avec lui à Pampelune sur cet article, ne put jamais l'obliger à le rendre, & prit le parti de rester à Pampelune auprès de son perfide frère, n'osant plus reparoître devant son violent mari. Gaston, fils du comte de Foix, vint à Pampelune voir sa mère; Charles-le-Mauvais lui remit une poudre qui devoit, disoit-il, ranimer toute la tendresse du comte pour sa femme; mais le charme n'agissoit que quand le remède étoit ignoré; il falloit donc répandre adroitement cette poudre sur les mets dont le comte faisoit usage, & prendre garde de n'être pas apperçu. Le jeune Gaston eut toute la crédulité de la jeunesse, il en eut aussi l'indiscrétion. De retour à Ortaiz, il lui échappa plusieurs fois de dire qu'on verroit bientôt les différens de son père & de sa mère terminés par un moyen auquel on ne s'attendoit pas. Le comte de *Foix* avoit, entr'autres enfans, un fils naturel, nommé Yvain, qui étoit élevé avec Gaston: un jour qu'ils jouoient ensemble, Yvain apperçut le paquet que Gaston portoit caché dans sa poitrine: il voulut savoir ce que c'étoit; Gaston en dit trop & trop peu; & ces enfans s'étant brouillés, Yvain alla dire à son pére ce qu'il avoit vu & ce qu'il avoit deviné. Le comte, au moment où Gaston vient s'asseoir à table à côté de lui, saisit le paquet, l'arrache, en fait faire l'essai sur un chien, qui meurt à l'instant. A ce spectacle le fils muet & immobile d'horreur, ne peut rien alléguer pour sa défense; le père furieux voit tout d'un coup un complot tramé contre ses jours par sa femme, son beau-frère, & son fils; il s'élance sur Gaston pour le tuer; toute la cour se jette entre le père & le fils. Gaston est entraîné hors de la présence de son peré, & enfermé dans une tour: il se punit lui-même de son erreur; il passe dix jours entiers dans les larmes, & sans vouloir prendre aucune nourriture; on en avertit son père: il entre un couteau à la main, il voit son fils étendu sur un lit, sans mouvement, presque sans vie, succombant à la douleur, à la faim, à la frayeur. Il lui porte son couteau à la gorge en lui criant: *traître, pourquoi ne manges-tu pas?* Le fils expire, soit du coup, soit de foiblesse & de saisissement. Tous les historiens conviennent que ce déplorable enfant donnoit les plus grandes espérances ; & ce desir de réconcilier ses parens, ce silence d'effroi à la vue d'un crime dont il étoit innocent, ce désespoir, cette rigueur exercée sur lui-même annoncent une ame sensible & vertueuse.

Gaston-Phœbus ne laissa point de fils légitime, mais quatre bâtards, dont un étoit cet Yvain, cause innocente de la mort de Gaston. Il fut brûlé misérablement au *ballet des sauvages* dansé par le roi Charles VI, le 30 janvier 1392, & qu'on appella, par cette raison, *le bal des ardens* où la duchesse de Berry sauva le roi.

Cette première maison de *Foix* s'éteignit en 1398, par la mort de Matthieu, neveu, à la mode de Bretagne, de Gaston-Phœbus. Isabelle, comtesse de *Foix*, sœur de Matthieu, épousa Archambaud de Grailly, captal de Buch, & porta tous les grands biens de la maison de *Foix* dans la maison de Grailly, qui descendoit déjà de la maison de *Foix* par les femmes, & qui forma la seconde maison de *Foix*.

Un fils d'Archambaud, nommé Archambaud comme lui, & distingué par le nom de Navailles ou Nouailles, fut tué en 1417, sur le pont de Montereau-Faut-Yonne, à la suite du duc de Bourgogne, qu'il s'efforçoit de défendre.

Gaston IV, comte de *Foix*, petit fils du premier Archambaud, épousa en 1434, Eléonore reine de Navarre. Gaston de *Foix*, prince de Viane, son fils, mourut avant lui, laissant deux enfans ; François Phœbus, Roi de Navarre & comte de *Foix*, qui mourut, sans avoir été marié, le 20 janvier 1483, & Catherine de *Foix*, qui, par son mariage avec Jean d'Albret en 1484, porta la couronne de Navarre dans cette maison, d'où le titre au moins en a passé dans celle de France.

Le même Gaston IV eut un autre fils, Jean de *Foix*, vicomte de Narbonne, qui épousa Marie d'Orléans, sœur de Louis XII, dont il eut deux enfans : ce Gaston de *Foix*, duc de Nemours, neveu de Louis XII, le héros de la France & *le foudre de l'Italie*, enseveli dans son triomphe à Ravenne, le 11 avril 1512, à vingt-quatre ans, ayant égalé ou surpassé la gloire des plus grands capitaines anciens & modernes. « Le gentil duc de » Nemours, dit l'historien du chevalier Bayard, » dont, tant que le monde aura durée, sera mé» moire... il ne plut pas à Dieu le laisser plus avant » vivre. Je crois que les neuf preux lui avoient fait » cette requête. Car s'il eust vécu âge compétent, » les eust tous passés. »

Dans un autre endroit, il l'appelle *le passe preux de tous ceulx qui feurent deux mille ans a.* C'est un des héros de la tragédie *de Gaston & Bayard* ; c'est lui qui est désigné dans *la Henriade* par ces vers :

> Plus grand, plus glorieux, plus craint dans ses défaites
> Que Dunois ni Gaston ne l'ont jamais été
> Dans le cours triomphant de leur prospérité.

Germaine de *Foix*, sa sœur, fut la seconde femme de Ferdinand le catholique.

Gaston & Germaine de *Foix* étoient cousins issus de germains : 1° du maréchal de *Foix* Lautrec Odet, qui, au moment où Gaston attaqua si témérairement ce corps d'espagnols dans les rangs desquels il devoit périr, fit tout ce qu'il put, d'abord pour le retenir, ensuite pour le défendre, criant aux espagnols de toute sa force : *arrêtez, ne le tuez point, c'est le frère de votre reine.* Il fut couvert de blessures dans cette occasion, & laissé pour mort.

Ce même Lautrec & Lescun son frère, ne se trouvèrent point en 1515, à la bataille de Marignan & en furent inconsolables. Le roi François I, qui savoit que son service les avoit occupés ailleurs, insulte à leur chagrin, d'un ton badin & flatteur pour eux, dans la lettre qu'il écrit à la duchesse d'Angoulême sa mère, après la bataille : *madame*, lui dit-il, *vous vous moquerez de messieurs de Lautrec & de Lescun, qui ne se sont point trouvés à la bataille, & se sont amusés à l'appointement des Suisses qui se sont moqués d'eux.*

C'est le modèle de la lettre de Henri IV. à Crillon : *pends-toi brave Crillon, nous avons combattu à Arques & tu n'y étois pas.*

En 1521 & 1522, Lautrec perdit le Milanès, moitié par sa faute, moitié par l'intrigue de la duchesse d'Angoulême qui retint l'argent destiné à la défense de cet état ; il perdit le combat de la Bicoque, le jour de *Quasimodo* 1522, mais on ne put lui imputer cet echec : il n'y avoit pas d'autre moyen de retenir les Suisses qui voulurent absolument combattre contre toute espérance de succès.

Ce fut lui qui, en 1527, fut nommé général de la ligue, dont l'objet étoit de procurer la délivrance du pape Clément VII, retenu prisonnier par les Impériaux dans le château Saint-Ange. Il remplit cet objet en 1528 ; il mourut devant Naples qu'il assiégeoit ; il mourut moitié de la peste, moitié de la douleur dont il fut saisi en apprenant les ravages que cette maladie continuoit de faire dans le camp, & l'état déplorable où l'armée françoise étoit réduite. Le pape, qui lui avoit dû sa délivrance, lui fit faire de magnifiques obsèques à Rome, & Francois I à Paris, dans l'église de Notre-Dame. Le petit-fils du grand Consalve, quoiqu'espagnol & ennemi, lui érigea un tombeau de marbre dans l'église de Sainte-Marie-la-Neuve à Naples, uniquement guidé par ce mouvement tendre & respectueux, qu'inspire aux cœurs sensibles le spectacle ou le souvenir des malheurs de l'humanité. Tel est le sens général de l'épitaphe qu'il lui fit faire, & que voici.

Odeto Fuxeo Lautrecco, consalvus Ferdinandus, Ludovici filius Corduba, magni Consalvi nepos, cùm ejus ossa, quamvis hostis, ut belli fortuna tulerat, sine honore jacere comperisset, humanarum miseriarum memor, ità in avito sacello, duci Gallo hispanus princeps potuit.

2°. De Thomas de Lescun, dit le maréchal de *Foix*, frère de Lautrec, & qui se distingua comme lui au combat de la Bicoque. A la bataille de Pavie en 1525, le maréchal de *Foix*, furieux, désespéré, ayant l'épaule & le bras fracassés, & se voyant frappé à mort, ne conservoit plus d'autre sentiment qu'une haine aveugle & féroce pour Bonnivet, auquel seul il imputoit les malheurs du roi & de l'état; il cherchoit par-tout ce favori pour le percer du bras qui lui restoit. Il fut conduit à Pavie & mourut des blessures qu'il avoit reçues dans la bataille.

3°. D'André, seigneur de Lesparre, frère des précédens, soldat impétueux, général sans conduite. En 1521, il fut chargé de rétablir le roi de Navarre dans ses états; ce choix paroissoit d'autant plus naturel que la branche de *Foix*-Lautrec pouvoit hériter des biens de la maison de *Foix*, si Henri d'Albret, mari de Catherine de *Foix*, venoit à mourir, & qu'ainsi Lesparre sembloit faire la guerre aux Espagnols, moins comme général françois, que comme parent du roi de Navarre, & l'un de ses héritiers présomptifs. Lesparre prit Saint-Jean-de Pied-de-Port & Pampelune, pénétra en Castille, fit le siége de Logrogno, fut battu devant cette place, & reçut tant de coups sur son casque dans la bataille, qu'il en perdit la vue: depuis ce temps il disparoît de l'histoire.

4°. La faveur de ces trois frères tenoit en partie à celle de leur sœur Françoise de *Foix*, femme de Jean de Laval, seigneur de Château-Briant, la première des deux seules maîtresses qui régnerent sur François I, parmi tant d'autres qui l'amusèrent.

Ce fut la comtesse de Château-Briant qui régna jusqu'à la captivité de François I, L'histoire romanesque des trois anneaux pour attirer à la cour la comtesse de Château-Briant que la jalousie de son mari en éloignoit, l'histoire non moins romanesque de la vengeance que tira le comte de Château Briant de l'infidélité de sa femme, lorsque la prison du roi la fit rentrer sous la puissance de son mari, la chambre noire, les six hommes masqués, les deux chirurgiens qui saignent la comtesse des deux bras & des deux pieds, & la laissent expirer, toutes ces horreurs tragiques paroissent être purement de l'invention de Varillas; mais Hévin, qui l'a réfuté, va trop loin, quand il prétend nier que madame de Château-Briant ait été maîtresse de François I, Brantôme qui avoit pu voir la comtesse de Château-Briant; qui avoit beaucoup vu François I, qui avoit vécu avec les gens les mieux instruits, soit des événemens publics, soit des anecdotes secrètes de cette cour, parle tant, & si souvent, & si naturellement des amours publics & notoires de François I & de la comtesse, qu'il est impossible d'ébranler une opinion si bien établie.

Depuis le retour du roi, il nous la montre éclipsée dans la faveur par la jeune de Heilly (la duchesse d'Etampes), mais jouissant à la cour des honneurs de son rang & du souvenir de sa faveur passée, & se vengeant de son amant infidèle, par un trait généreux & tendre. François I & Marguerite de Valois, avoient pris plaisir à orner de devises galantes, des bagues & d'autres bijoux que le roi avoit donnés à la comtesse de Château-Briant lorsqu'il l'aimoit. La duchesse d'Etampes voulut avoir ces bagues, à cause des devises qui ne devoient plus avoir été faites que pour elle; le roi les envoya redemander à la comtesse de Château-Briant: la comtesse répondit qu'elle les chercheroit, & demanda trois jours pendant lesquels elle fit fondre & convertit en lingots toutes ces bagues; quand le gentilhomme revint les redemander: « portez cela au roi, lui dit-elle, & assurez-le bien que le poids y est » tout entier. Quand aux devises, elles sont » gravées dans mon cœur, c'est là qu'il doit les » chercher. Le roi confondu, mais secrétement flatté, sentit tout le prix d'une telle action: » cette femme, s'écria-t il, a plus de courage que » je n'en aurois attendu de son sexe; allez, » reportez lui son or; je lui en aurois donné le » double pour les seules devises.

Au reste, la comtesse de Château-Briant, qui savoit se vanger si noblement de l'infidélité, n'avoit pas été plus fidelle au roi qu'à son mari, si l'on en croit une autre anecdote de Brantôme: elle aimoit Bonnivet, & le roi l'ayant un jour surpris chez elle, Bonnivet n'eut que le temps de se cacher sous des feuillages qu'on mettoit alors en été dans les cheminées des appartemens. Le roi eut ou feignit un besoin, & ne voulant pas sortir, il alla dans la cheminée, où les feuilles cachèrent bien Bonnivet, mais le garantirent mal. Le roi paroissoit quelquefois jaloux de son favori; & la comtesse, pour le tromper, avoit recours au petit expédient de donner du ridicule à Bonnivet, artifice qui trompe encore quelquefois ceux qui ont besoin d'être trompés.

La comtesse de Château-Briant mourut le 16 octobre 1537, son mari lui fit ériger un tombeau dans l'église des Mathurins de Château-Briant.

Diverses autres branches de la maison de *Foix* ont produit aussi plusieurs personnages distingués, & beaucoup de guerriers moissonnés dans les combats.

De la branche des comtes de Candale, Henri de *Foix*, beau-frère des Montmorencis, tué à l'assaut de Sommières, en 1573.

De la branche des ducs de *Foix*, Louis, Gaston & François-Phoebus, tués ensemble dans nos guerres civiles, en 1580, au combat de Moncravel.

Frédéric de *Foix*, fils de Louis & neveu des deux autres, attaché au roi de Navarre, comme son père & ses oncles, portoit l'étendard général à la bataille de Coutras, en 1587.

Deux de ses fils, Henri & Louis furent tués, Louis en 1657, Henri en 1658, Jean-Baptiste Gaston, leur frère aîné, avoit été tué en 1646, au siége du fort de Mardick.

De la branche des marquis de *Foix*, Jean, tué en Italie sous Henri II.

Phoebus, tué au siége de Montauban, sous Louis XIII.

La maison de *Foix* a produit aussi des hommes de mérite dans l'état ecclésiastique :

1°. Pierre de *Foix*, cardinal, nommé à vingt-deux ans, en 1409, par l'antipape Benoit XIII, mais confirmé ensuite par les papes légitimes, & qui travailla très-utilement pour l'extinction du schisme. Il fut employé en différentes légations; on l'appelloit *le bon légat*. Il étoit archevêque d'Arles; il a fondé à Toulouse, le collége de *Foix*. Mort le 13 décembre 1464.

2°. Pierre de *Foix*, dit *le jeune*, aussi cardinal, petit neveu du précédent & qui, comme lui, se distinguoit dans les négociations, lorsqu'il mourut, encore à la fleur de son âge. Il étoit évêque de Vannes : né le 7 février 1449, créé cardinal en 1476, à vingt-sept ans. Mort le 10 août 1490.

3°. François de *Foix*-Candale, évêque d'Aire, après Christophe son frère en 1570, mort à Bordeaux en 1594, âgé, dit-on, de quatre vingt-dix-ans. Il étoit savant. Il avoit traduit en françois un des ouvrages attribués à Mercure Trismégiste; il avoit fait des commentaires sur Euclide, &c.

Mais le plus célèbre de tous les prélats qui ont porté le nom de *Foix*, le fameux Paul de *Foix*, archevêque de Toulouse, n'étoit de la maison de *Foix*, que par les femmes. Il étoit de celle des comtes de Carmain, dont le nom étoit de Veze. Le comte de Carmain Jean I, son trisaïeul, avoit épousé la fille unique de cet Archambaud de *Foix*-Navailles, tué avec le duc de Bourgogne, sur le pont de Montereau-Faut-Yonne; & Jean de Carmain & de *Foix*, fils de Jean I, avoit épousé Jeanne de *Foix*, sa cousine, fille de Matthieu, frère d'Archambaud. Depuis ce temps les comtes de Carmain ont toujours porté le nom de *Foix*.

Jean de *Foix*, comte de Carmain, père de Paul de *Foix*, avoit près de trente ans quand ses père & mère se marièrent; il fut déclaré légitime par un arrêt solemnel du parlement de Toulouse, en 1538; & dès 1518, il avoit épousé la mère de Paul de *Foix*. Celui-ci naquit 1528, & fut reçu conseiller au parlement, en 1546. Il y fut persécuté parce qu'il étoit opposé à la persécution. Il fut mêlé dans l'affaire d'Anne du Bourg. Son crime étoit d'avoir demandé s'il ne seroit pas possible de faire une distinction entre ceux qui nioient le fond des mystères & la réalité des sacremens, & ceux qui n'en attaquoient que la forme; il demandoit en conséquence si l'on ne pourroit pas se permettre quelque indulgence, au moins à l'égard de ceux-ci ? On l'obligea de reconnoître que dans l'eucharistie, la forme est inséparable de la matière; il fut d'ailleurs exclu, pour un an, des assemblées du parlement.

Cet arrêt, rendu le 8 janvier 1559, par quelques membres choisis parmi les catholiques les plus zélés, fut cassé par un arrêt du 8 février 1560, rendu toutes les chambres assemblées. Paul de *Foix* fut dans la suite ambassadeur, conseiller d'état, archevêque de Toulouse, célèbre sous tous ces rapports, plus célèbre encore par son amour pour les lettres & par son admiration passionnée pour Aristote. On a de lui des lettres. Il mourut à Rome en 1584. Muret, dont il avoit été le bienfaiteur, prononça son oraison funèbre; le cardinal d'Ossat avoit été son secrétaire d'ambassade.

Il y a dans le 17e. volume des mémoires de littérature, page 620 & suivantes, un mémoire curieux de M. Secousse sur Paul de *Foix*.

FOLARD. (CHARLES) (*Hist.-mod.*) C'est le fameux chevalier *Folard*, digne de parvenir aux suprêmes honneurs de la guerre, comme Rose & Fabert, après avoir commencé, comme eux, par être simple soldat. La guerre ne fut point pour lui un simple métier, mais un art savant & profond, résultat d'une multitude d'arts : formé par les commentaires de César, il fut en état de donner ses commentaires sur Polybe; Charles XII fut un de ses maîtres & le maréchal de Saxe fut son disciple. Il communiqua lui-même, en grand maître, ses idées à Charles XII, qui les adopta, & qui alloit l'employer à les exécuter, lorsque ce roi guerrier fut tué au siége de Frédéric Shall. Le chevalier *Folard* revint dans sa patrie qu'il n'avoit quittée que parce qu'elle étoit en paix & que pour aller donner & recevoir ailleurs des leçons sur la guerre. Il avoit servi la France sous les Vendômes & sous les Villars, dans la guerre de la succession; il revint la servir en 1719, contre l'Espagne, sous M. de Berwick, autrefois le défenseur & le vengeur de l'Espagne. Ce fut la dernière campagne du chevalier *Folard*. Dans la guerre de 1688; il avoit fait le métier de partisan, qui avoit été pour lui une source d'instructions dont cet état n'avoit pas paru jusques-là susceptible. En 1705, dans le cours de la grande guerre de la succession d'Espagne, il avoit été dangereusement blessé de trois coups de feu à la bataille de Cassano, ce qui ne l'empêcha pas de réfléchir profondément sur l'ordre de cette bataille, & d'y méditer son système des colonnes. Il avoit encore été blessé à la bataille de Malplaquet, & avoit été fait prisonnier quelque temps après. Une multitude de succès, de détails furent dus à sa valeur, à son intelligence, à sa bonne conduite; & il en auroit sans doute eu de plus généraux & de plus décisifs, si ses talens avoient été employés plus en grand. En 1714, il avoit concouru à la défense de Malthe, assiégée par les Turcs. Il instruisit les guerriers par ses écrits, après les avoir animés par son exemple. Il employa les loisirs de la paix à enseigner l'art de la guerre. On a de lui, outre ses commentaires sur Polybe, un recueil de *nouvelles découvertes sur la guerre*, un *traité de la défense des places*, un *traité du métier de partisan*. L'homme le plus distingué paie toujours tribut à la nature par quelque foiblesse. Les miracles & les convulsions de Saint-Médard eurent dans le chevalier *Folard* un partisan qui les accrédita. Sa réputation ne contribua pas médiocrement à répandre & à prolonger l'erreur. Il est très vraisemblable qu'il la partagea de bonne foi, & ce n'étoit pas assurément faute de lumières; on ne dira pas du moins qu'il ait voulu par-là faire sa cour. M. le chevalier *Folard* mourut en 1752, à Avignon où il étoit né en 1669. Il a paru en 1753, des mémoires pour servir à son histoire.

Son nom est encore porté avec gloire par un neveu, qui a été pour les négociations, ce que l'oncle étoit pour la guerre, & qui, par l'aménité de son caractère & la douceur aimable de ses mœurs, inspire à tous ceux qui le connoissent, l'intérêt, la bien-veillance & le respect.

Le P. *Folard*, jésuite, (François Melchior) étoit frère du chevalier, il étoit de l'académie de Lyon. On a de lui la tragédie d'*Œdipe* & celle de *Thémistocle*, & l'*oraison funèbre du maréchal de Villars*, dont l'exorde & quelques morceaux ont eu de la réputation.

FOLENGO. (THÉOPHILE) (*Voyez* COCCAYE.)

FOLIETA. (*Voyez* FOGLIETA.)

FOLKES, (MARTIN) (*Hist. litt. mod.*) antiquaire, physicien & mathématicien anglois, membre distingué de l'académie des sciences de Paris & de la société royale de Londres. Dans cette dernière, où il fut reçu à vingt-quatre ans, Newton le nomma son vice-président, & il fut président après Sloane. Il a rempli de savans mémoires les *transactions philosophiques*. Il a laissé un ouvrage estimé de sa nation *sur les monnoies d'argent* d'Angleterre, depuis la conquête jusqu'à son temps. Né à Westminster vers l'an 1690; mort à Londres en 1754.

FONSECA, (PIERRE DE.) (*Hist. litt. mod.*) jésuite portugais, mort à Lisbonne en 1599, se prétendoit l'inventeur *de la science moyenne*, & il réclame cette découverte dans une grosse métaphysique en quatre volumes *in-folio*.

FONT, (JOSEPH DE LA) (*Hist. litt. mod.*) auteur de l'*épreuve réciproque*, des *trois frères rivaux*, & de quelques autres pièces comiques & lyriques. Né à Paris en 1686; mort à Passy près Paris en 1725, carrière bien courte, & qui, prolongée, eût pu enrichir le théâtre.

FONTAINE. (JEAN DE LA) (*Hist. litt. mod.*) M. Diderot a écrit sa vie en dix ou douze phrases & l'a mise à la tête d'une jolie édition de ses contes; on pourroit l'écrire en un gros volume, si l'on vouloit rassembler toutes les historiettes qu'on a racontées sur ses distractions & ses naïvetés. Au fond, toute son histoire est dans ses œuvres; & qui ne connoît pas ses œuvres? qui ne les sait pas presque par cœur? Né à Château-Thierry, le 8 juillet 1621; mort à Paris en 1695.

Nous ne remarquerons ici que deux choses, parce que ce sont des traits de caractère. L'une est l'étonnement dont il fut saisi lorsque, dans une grande maladie qu'il eut trois ans avant sa mort, il entendit les ministres de la religion lui reprocher ses contes, comme un ouvrage dangereux pour les mœurs; on croiroit qu'il auroit pris à la lettre ce qu'il dit lui-même dans un de ses prologues.

S'ils sont faux, ce sont vains discours.
S'ils sont vrais, on les désapprouve.
Iroit-il, après tout, s'alarmer sans raison
Pour un peu de plaisanterie?
Je craindrois bien plutôt que la cajolerie
Ne mît le feu dans la maison.
Chassez les soupirans, belles, souffrez mon livre,
Je réponds de vous corps pour corps.........
Mais, pour bons tours, laissez-les-là;
Ce sont choses indifférentes;
Je n'y vois rien de périlleux:
Les mères, les maris me prendront aux cheveux
Pour dix ou douze contes bleus!
Voyez un peu la belle affaire!
Ce que je n'ai pas fait, mon livre iroit le faire?

L'autre trait est, qu'à sa mort on le trouva couvert d'un cilice.

Cependant, depuis ce qu'on appella sa conversion, il étoit retourné encore à son péché, & avoit composé quelques nouveaux contes du même genre que les autres; par exemple, *la Clochette*. Il semble encore que ce soit à cette récidive qu'il fasse allusion dans le prologue de ce conte.

O combien l'homme est inconstant, divers,
Foible, léger, tenant mal sa parole!

J'avois juré, même en assez beaux vers,
De renoncer à tout conte frivole.
Et quand juré? c'est ce qui me confond,
Depuis deux jours j'ai fait cette promesse.
Puis, fiez-vous à rimeur qui répond
D'un seul moment!

On raconte que la *Fontaine* vouloit sérieusement dédier à M. Arnauld, un conte non seulement licentieux, mais un peu impie, & que Racine & Boileau eurent beaucoup de peine à lui faire comprendre que ce seroit une insulte pour M. Arnauld. Ne prend-on pas une plaisanterie trop à la lettre? la *Fontaine* ne vouloit-il pas persiffler doucement Racine & Boileau qui le croyoient aussi un peu trop bête, comme il persiffloit très-vrai-semblablement l'homme auquel il dit: *je prendrai le plus long*. Ce n'est pas que le bon la *Fontaine* fût persiffleur de caractère; on ne l'est pas pour avoir plaisanté une ou deux fois dans sa vie.

FONTAINE, (NICOLAS) (*Hist. litt. mod.*) un des solitaires de Port-Royal, ami d'Arnauld, de Nicole & sur-tout de Sacy, fut enfermé avec celui-ci à la Bastille pendant quatre ans, depuis 1664 jusqu'en 1668. Nous ne cesserons de le dire, ce qui doit guérir à jamais de la manie de persécuter pour des opinions, c'est qu'en supposant même qu'on ne se méprenne jamais entre l'erreur & la vérité, la persécution intervertit nécessairement tout ordre politique & moral, en infligeant à la vertu qui se trompe, les châtimens qui ne sont dus qu'au crime.

On a de M. *Fontaine les figures de la bible*, des *mémoires sur les solitaires de Port-Royal*, une *traduction des homélies de Saint-Chrysostôme sur les épîtres de Saint-Paul* Les jésuites firent condamner ce dernier ouvrage comme favorable, en quelques endroits, au Nestorianisme. Il s'agissoit bien alors de Nestorianisme! On a encore du même auteur quelques autres ouvrages de piété. Mort à Melun en 1709, à quatre-vingt-quatre ans.

Un autre *Fontaine*, (Alexis) géomètre fameux & de l'académie des sciences, est mort en 1771. ses mémoires déjà imprimés dans le recueil de l'académie, l'ont encore été séparément.

FONTAINES. (*Hist. litt. mod.*) (MARIE LOUISE-CHARLOTTE DE PELARD DE GIVRY, FEMME DU COMTE DE) Auteur du roman de la *comtesse de Savoie*, morte en 1730.

FONTAINES. (L'ABBÉ DES) (*Voyez* DES-FONTAINES.)

FONTAINES DE VIN. (*Hist. mod.*) L'usage de distribuer du vin au peuple dans les occasions de réjouissances, est fort ancien. Alain Chartier, raconte dans son histoire de Charles VII, que parmi les joies du peuple de Paris, lorsque ce roi y entra, « devant les filles-Dieu étoit une » *fontaine*, dont l'un des tuyaux jettoit lait, l'autre » vin vermeil, l'autre vin blanc & l'autre » eau. »

Monstrelet, en parlant de l'entrée que Charles V fit aussi dans Paris, remarque « qu'il y avoit » dessous l'échafaut une *fontaine* jettant hypocras » & trois sirènes dedans, & étoit ledit hypocras » abandonné à chacun. »

Lorsque le roi Charles VI, la reine Isabelle de Bavière & le roi Henri d'Angleterre avec sa femme madame Catherine de France, vinrent à Paris, « tout le jour, dit encore Monstrelet, » & toute la nuit, découloit vin en aucuns carrefours abondamment par robinets d'airain, & » autres conduits ingénieusement faits, afin que » chacun en prinst à sa volonté. » Enfin, le même historien rapporte que lors de l'entrée du roi Louis XI, dans la rue S. Denis, « étoit une » *fontaine* qui donnoit vin & hypocras à ceux » qui boire en vouloient. » *Voyez* le détail des autres réjouissances *à l'article* ENTRÉE (*D. J.*)

FONTANGES, (MARIE-ANGELIQUE DE SCORAILLE DE ROUSILLE, DUCHESSE DE) (*Hist. de Fr.*) rivale de madame de Montespan, dans la faveur de Louis XIV, *belle comme un ange, mais sotte comme un panier*, dit l'abbé de Choisy; elle mourut des suites d'une couche à vingt ans, le 28 juin 1681. Elle dit en mourant à Louis XIV, qu'elle voyoit s'attendrir sur son sort: *je meurs contente, puisque mes derniers regards ont vu pleurer mon roi.* C'est le mot de Mithridate avec le sentiment d'une femme tendre & courageuse. Une mode, qu'elle inventa par hasard, dura plus d'un demi siècle; c'étoit un ruban dont elle s'étoit servie pour attacher sa coiffure que le vent derangeoit à la chasse.

FONTANON, (ANTOINE) (*Hist. litt. mod.*) avocat au parlement de Paris, auteur d'une collection des édits de nos rois, depuis 1270 jusqu'à la fin du seizième siècle où il vivoit.

FONTENELLE. (BERNARD LE BOVIER DE) (*Hist. litt. mod.*) Plus il est connu, moins nous avons à en parler. Neveu des Corneilles, élevé par le cadet comme son fils, il eut des talens d'un ordre différent; il fut le seul auteur vivant auquel M. de Voltaire consacra un article entier, & dans *le temple du goût*, & dans *le siècle de Louis XIV*.

C'étoit le sage *Fontenelle*
Qui, par les beaux arts entouré,
Répandoit sur eux à son gré
Une clarté vive & nouvelle;

D'une

D'une planète, à tire d'aile
Dans ce moment il revenoit ;
Dans ces lieux où le goût tenoit
Le siége heureux de son empire,
Avec Quinaut il badinoit,
Avec Mairan il raisonnoit,
D'une main légère il prenoit
Le compas, la plume & la lyre.

Voilà en peu de mots toute son histoire. Ajoutons-y la décence de ses mœurs, la dignité de son caractère, l'ascendant d'une raison supérieure, l'agrément d'un commerce doux, égal & sûr, qui portoit par-tout le plaisir, l'instruction & la lumière ; cette foule de mots heureux, fins ou profonds, & toujours philosophiques, qui lui échappoient à tout moment dans la conversation. C'est un temps qu'on doit regretter à jamais, que celui où les *Fontenelle*, les la Motte, les Mairan, les Foncemagne, portoient dans le commerce des lettres, les graces de l'esprit, les charmes de la politesse, l'aménité du caractère le plus doux, & du ton le plus aimable.

Fontenelle portoit encore dans le monde une morale pratique, qui ne se démentoit jamais, & qui a fait autant de bien aux hommes, qu'en eût pu faire la sensibilité, qui, dit-on, lui manquoit. Nous croyons cependant devoir avertir les gens peu instruits, de ne pas mettre sur son compte l'historiette des asperges, qu'on appelloit dans la société *l'histoire de M. de Fontenelle*, non qu'elle lui fût arrivée, mais parce qu'on la lui avoit souvent entendu raconter comme arrivée à un autre.

M. de *Fontenelle* a vécu cent ans moins un mois & deux jours ; il étoit né le 11 février 1657, & mourut le 9 janvier 1757 : il étoit devenu le doyen de toutes les académies, le doyen de la littérature entière : Boileau & Racine lui avoient long-temps fermé la porte de l'académie françoise, parce qu'il étoit le neveu de Corneille, & que Racine en avoit été le rival ; sur quoi un auteur moderne a dit : « ô Racine ! étoit-ce à vous de » qui l'amour-propre étoit si foible contre les » plus injustes critiques, à humilier aussi cruel- » lement l'auteur d'Aspar ? N'eût-il pas été plus » digne de vous d'aider de vos conseils cette » muse égarée, de la consoler, de la raffermir dans » sa disgrace, d'oublier que *Fontenelle* étoit le » neveu de Corneille, ou plutôt de vous en sou- » venir ? » Rousseau l'insulta par plusieurs épigrammes ; M. de Voltaire, à quelques plaisanteries près qu'il eût pu lui épargner, fut plus juste envers lui.

Les Thersites littéraires se déchaînèrent constamment contre la gloire de *Fontenelle*, & l'abbé Desfontaines ne le laissa jamais en paix. Les pédans décrioient assez sottement ses ingénieuses églogues, parce qu'elles n'étoient point dans le genre de Théocrite & de Virgile ; elles étoient dans le genre de l'*Astrée* ; & c'est une fiction poétique & philosophique que le goût & la raison peuvent admettre. Les gens qui exagèrent toujours les opinions d'autrui pour persuader qu'ils en ont une, ont dit trop de mal même des lettres du chevalier d'Her.... : c'est l'abus de l'esprit sans doute, mais c'est de l'esprit ; plusieurs de ces lettres font grand plaisir, toutes se font lire ; on les condamne & on les achève ; & pour employer ici la comparaison que fait M. d'Alembert à l'égard de Marivaux, c'est un coupable qui intéresse & qu'on voudroit pouvoir absoudre : un jeune auteur qui débuteroit ainsi, donneroit les plus grandes espérances, & on s'en rapporteroit au temps pour former son goût ; mais M. de *Fontenelle*, si l'on s'en rapporte à ses détracteurs, fut toute sa vie le corrupteur du goût public ; à la bonne heure, qu'on nous corrompe le goût avec des éloges tels que les siens, avec la pluralité des mondes, avec l'histoire du théâtre françois, avec l'histoire des oracles, &c. M. de *Fontenelle* ne répondit jamais à aucune critique, & à la fin,

Sa sagesse & ses ans ont fatigué l'envie.

Il mourut le 9 janvier 1757, l'abbé Trublet a rassemblé avec un soin un peu minutieux les critiques & les éloges qu'on en a faits, & les diverses anecdotes qui peuvent servir de mémoires pour sa vie. Son éloge a été proposé par l'académie françoise en 1783 ; & 1784 & le prix a été remporté par M. Garat.

FONTETE. (*Voyez* FEVRET DE FONTETE.)

FONTRAILLES. (LOUIS D'ASTARAC, MARQUIS DE) (*Hist. de Fr.*) Ce fut lui que Monsieur, frère de Louis XIII, envoya en 1642 en Espagne, pour conclure le fameux traité qui fit trancher la tête à M. de Cinq-Mars & à M. de Thou ; plus heureux, il sut échapper à la vengeance du cardinal de Richelieu, & revint en France après la mort de ce ministre. C'est de lui que madame de Sévigné rapporte que, racontant les particularités de sa négociation d'Espagne, un nom lui échappoit, &, selon un tic ordinaire à beaucoup de gens, il y substituoit en ânonnant, le mot *chose*, *chose*.... C'étoit le roi d'Espagne dont il avoit tant de peine à trouver le nom. *Fontrailles* mourut en 1677.

FORBIN. (*Hist. de Fr.*) La maison de *Forbin* étoit déjà très-considérable dans le quatorzième siècle. Au quinzième, Palamède de *Forbin*, dit *le Grand*, seigneur de Soliers, fut celui qui engagea le comte du Maine, Charles d'Anjou, à instituer la couronne de France son héritière ; il fut en conséquence dans la plus grande faveur sous

Louis XI, elle diminua sous Louis XII; mais Palamède continua de servir l'état jusqu'à sa mort, arrivée en 1508, à Aix.

Palamède second de *Forbin*, seigneur de Soliers, fit déclarer la ville de Toulon pour Henri IV, en 1593, & en chassa les troupes des ligueurs; en général, toute cette maison de *Forbin*, ses amis & ses alliés furent très-utiles à Henri IV, en Provence.

Louis XIII érigea en marquisat la terre de Janson, en 1626, en faveur de Melchion de *Forbin*, aïeul du cardinal de Janson.

Toussaint de *Forbin*, plus connu sous le nom de cardinal de Janson, prélat homme d'esprit & homme d'état, fut employé en diverses négociations en Pologne & à Rome. Il dut le chapeau à Sobieski, qui lui devoit en partie la couronne de Pologne; ses négociations de Rome lui valurent la dignité de grand-aumônier en 1706. Il avoit été successivement évêque de Digne, de Marseille & de Beauvais. Il mourut en 1713, à quatre-vingt-trois ans.

François Toussaint de *Forbin*, son neveu, connu sous le nom *de comte de Rosembourg*, se battit en duel, tua son ennemi, quitta la France, y revint, fut blessé en 1603, à la bataille de la Marsaille, & finit par se jeter à la Trappe. Mort en 1710, en Italie, où il étoit allé pour y établir la réforme de la Trappe. On a publié en italien & en françois, une relation de sa vie & de sa mort. Jacques, son frère, fut fait archevêque d'Aix en 1711.

Claude, dit le chevalier de *Forbin*, marin célèbre. Ses mémoires ont été publiés en 1749, par Reboulet, en deux volumes in-12. On y trouve des traits singuliers de valeur & d'audace; mais ce qui mérite peut-être encore plus d'estime, c'est qu'ayant été récompensé pour une belle action, il se plaignit à Louis XIV, de l'avoir été seul, & lui représenta qu'un autre officier, qui paroissoit avoir été oublié, ne s'étoit pas moins distingué que lui; cette générosité frappa Louis XIV, qui la fit remarquer à toute sa cour, comme un trait dont elle ne lui offroit pas souvent des exemples. Le chevalier de *Forbin* avoit été grand-amiral du roi de Siam, à qui le chevalier de Chaumont, ambassadeur à Siam en 1685, l'avoit laissé; mais il ne tarda pas à revenir servir son pays; il se distingua, sur-tout dans la guerre de 1701, avec le fameux du Gué-Trouin; il quitta le service en 1710, trop tôt pour un si brave homme & un si bon citoyen. Il mourut en 1733, âgé de soixante-dix-sept ans. Le parallèle que M. Thomas fait de *Forbin*, avec du Gué-Trouin, n'est pas très-favorable au premier. « *Forbin* né d'un sang » illustre, avoit soutenu la gloire de sa naissance; » du Gué-Trouin avoit fait disparoître l'obscu» rité de la sienne. Le premier avoit donné un » éclat à ses aïeux, le second avoit créé un » nom pour ses descendans; l'un avoit mis à » profit tous les avantages, l'autre avoit vaincu » tous les obstacles. Tous deux intrépides, éclai» rés, avides de périls, bravant la mort, prompts » à se décider, féconds en ressources. Mais *Forbin*, » né pour être un général de mer, ne fit le plus » souvent que des exploits d'armateur; du Gué» Trouin, né pour être simple armateur, fit » presque toujours des actions d'un grand capi» taine. Le premier en servant l'état pensoit à » la récompense, le second pensoit à la gloire. » *Forbin* vendoit ses services, du Gué-Trouin » eût acheté l'honneur d'être utile. »

FORBISHER, (MARTIN) (*Hist. d'Angl.*) navigateur célèbre, envoyé deux fois par la reine Elisabeth, pour chercher un passage à la Chine par le Nord-Ouest, donna son nom à un détroit qu'il découvrit vers le 63e degré de latitude. Il se signala aussi comme guerrier, & mourut à Plimouth en 1594, des blessures qu'il avoit reçues au siége du fort de Grodon ou Crodon en Bretagne.

FORCADEL, (ETIENNE) (*Forcatulus*) (*Hist. litt. mod.*) professeur en droit à Toulouse, auteur de poésies latines & françoises, & de quelques livres de droit & d'histoire; mort en 1554.

Pierre *Forcadel*, son frère, professeur de mathématiques au collége royal, mort en 1577, a donné la géométrie d'Oronce Finé, son prédécesseur au collége royal, une traduction françoise d'Euclide & une arithmétique.

FORCE. (LA) (*Hist. de Fr.*) Le nom de la maison de la *Force* est Caumont; elle remonte au douzième siècle. On la voit au commencement du treizième faire de ces grandes donations qui annoncent une maison puissante. Elle prit le nom de la *Force*, après que François de Caumont eût épousé le 15 mai 1594, Philippe de Beaupoil, dame de la *Force* en Périgord. Ce fut ce même François de Caumont qui fut égorgé à Paris dans son lit, la nuit de la Saint-Barthelemy, avec son fils aîné, le plus jeune, ayant échappé presque miraculeusement au fer des assassins sous le corps de son père.

De Caumont, jeune enfant, l'étonnante aventure
Ira de bouche en bouche à la race future.
Son vieux père accablé sous le fardeau des ans,
Se livroit au sommeil entre ses deux enfans.
Un lit seul enfermoit & les fils & le père,
Les meurtriers ardens qu'aveugloit la colère,
Sur eux à coups pressés enfoncent le poignard:
Sur ce lit malheureux la mort vole au hasard.

L'Eternel en ses mains tient seul nos destinées;
Il fait, quand il lui plaît, veiller sur nos années;

Tandis qu'en ses fureurs l'homicide est trompé,
D'aucun coup, d'aucun trait Caumont ne fut frappé :
Un invisible bras armé pour sa défense
Aux mains des meurtriers déroboit son enfance;
Son père à ses côtés, sous mille coups mourant,
Le couvroit tout entier de son corps expirant,
Et du peuple & du roi trompant la barbarie,
Une seconde fois il lui donna la vie.

C'est ce même enfant (Jacques Nompar de Caumont, premier duc de la *Force*) qui vécut quatre-vingt-dix-sept ans, & qui ne mourut que sous le règne de Louis XIV, le 10 mai 1652, ayant vécu sous le règne de Henri II; ayant vu sept rois, & la ligue & la fronde; il s'attacha au roi Henri IV qu'il suivit dans ses principales expéditions; il défendit les protestans & la ville de Montauban, contre Louis XIII, en 1621, & fit lever le siége de cette place à l'armée royale, au roi & à six maréchaux de France; l'année suivante il fit la paix, & fut fait maréchal de France, le 27 mai. Il servit avec distinction & avec succès en Piémont, en Lorraine, en Allemagne, pendant le cours de ce règne. Le roi érigea pour lui, en 1637, la terre de la *Force*, en duché-pairie.

Il eut deux fils, tous deux ducs de la *Force*, & l'un aussi maréchal de France, Armand Nompar de Caumont, second duc de la *Force*; mort le 16 décembre 1675, âgé d'environ quatre-vingt-douze ans.

Et Henri Nompar de Caumont, troisième duc de la *Force*, mort en 1678, âgé d'environ quatre-vingt-quatorze ans.

Un troisième fils, Jacques de Caumont, tué au siége de Juliers en 1610.

Un quatrième, Jean de Caumont, seigneur de Montpouillan, blessé à mort dans une sortie en défendant Tonneins contre les catholiques.

Quatre autres fils du premier maréchal & duc de la *Force*, sont moins connus dans l'histoire.

Jacques de Caumont, marquis de Boësse, fils du duc Henri Nompar, fut tué en 1634, au siége de la Mothe en Lorraine, que faisoit le maréchal de la *Force*, son aïeul.

Jacques Nompar de Caumont, son fils, duc de la *Force*, se fit catholique; il mourut le 19 avril 1699.

Un de ses fils, François Nompar de Caumont, marquis de la *Force*, aide-de-camp du duc de Vendôme, en Italie, en 1702, fut tué en allant porter les ordres de ce général, un pont sur lequel il passoit, ayant fondu sous lui.

Henri-Jacques de Caumont, duc de la *Force*, son frère aîné, fut reçu à l'académie françoise, le 28 janvier 1715. Il étoit aussi zélé pour la religion catholique, que ses pères l'avoient été pour la religion protestante. Ce fut lui qui, sous la régence, en 1721, fut impliqué dans une accusation de monopole exercé sur des marchandises d'épiceries par des gens qui abusoient de son nom & de sa confiance; il fut reconnu qu'il n'avoit d'autre part dans cette affaire, que de n'avoir pas veillé avec assez d'attention sur la conduite de gens qui lui appartenoient. Il mourut en 1726.

Il y a une autre maison de Caumont, distinguée par le nom de *Lausun*. (Voyez *Lausun*.)

FORGET DE FRESNE, (PIERRE & JEAN) frères, l'un secrétaire d'état, l'autre président aux enquêtes, & ensuite président à mortier au parlement de Paris.

Tous deux étoient fils de Pierre *Forget*, conseiller & secrétaire des rois François I & Henri II, & de Françoise Fortia; tous deux furent des hommes de mérite, des citoyens utiles, zélés, fidèles, attachés au parti des rois dans le temps de la ligue, instruits, laborieux, amis des lettres. Lorsqu'en 1589, Henri III transféra le parlement de Paris à Tours, le président *Forget* obéit à l'édit de translation, & suivit le roi à Tours: Henri IV, pour reconnoître ses services, lui donna en 1590, une charge de président à mortier, vacante par la mort du président Faye d'Espeisses; il le fit dans la suite chef du conseil des princes de Vendôme ses fils. Le président *Forget* mourut en 1611.

Pierre *Forget*, frère puîné du président, & plus connu que lui, fut fait secrétaire d'état par Henri III: il prêta serment entre les mains de ce prince, & partit peu de temps après pour une ambassade extraordinaire en Espagne. Il s'agissoit de faire auprès de Philippe II l'apologie de l'assassinat récent des Guises, & d'excuser Henri III sur la nécessité qui l'avoit forcé à ce qu'il avoit fait pour prévenir leurs mauvais desseins.

Les conjonctures rendoient cette ambassade très-délicate. Philippe II, malgré les liens qui l'avoient uni avec Henri III, dont il avoit épousé la sœur, étoit notoirement dans les intérêts des Guises & de la ligue; le grand objet de la négociation étoit d'obtenir de Philippe un secours de trois ou quatre cent mille écus contre le duc de Mayenne, son ami & son allié, ou de s'assurer du moins qu'il ne fourniroit point de secours à la ligue.

Pour l'y engager, on lui offroit de le seconder dans une entreprise contre l'Angleterre, & surtout de le remettre en possession de la ville & du château de Cambrai. L'assassinat de Henri III interrompit la négociation.

Pierre *Forget* fut employé dans beaucoup d'autres affaires importantes. Ce fut lui qui dressa l'édit de Nantes. Il est parlé de lui avec éloge dans les mémoires de Chiverni; on y loue surtout, ainsi que dans les mémoires de Sully, la beauté de ses dépêches, & le talent qu'il avoit pour écrire. Ce fut lui qui fut chargé de répondre au manifeste que le duc de Mayenne publia en 1592, contre Henri IV. M. de Sully dans ses mémoires, dit tantôt du bien, tantôt du mal de *Forget* de Fresne, suivant la conformité ou l'opposition de leurs vues, de leurs intérêts, de leurs principes dans les différentes affaires qu'ils eurent à traiter ensemble. En 1594, *Forget* de Fresne fut du conseil des finances, qu'on établit alors pour tenir lieu du surintendant. M. de Sully le représente comme le protégé & la créature de Gabrielle-d'Etrées, & comme vendu en conséquence aux intérêts de cette favorite & de ses enfans: il l'accuse d'avoir soutenu contre lui les financiers malversateurs, & d'avoir été trop favorable au fameux partisan Robin de Tours, parce que celui-ci avoit su intéresser par des présens madame de Deuilly, maîtresse de Desfresne; il l'accuse encore d'avoir été dévoué aux jésuites, d'avoir donné de son chef, & de concert avec Ruzé de Beaulieu, autre secrétaire d'état, sans en avoir prévenu le roi, des lettres pour autoriser le P. Séguiran, jésuite, qui fut dans la suite confesseur de Louis XIII, à prêcher & enseigner la religion catholique, à la Rochelle, ville toute protestante, qui ne vouloit point de prédicateurs catholiques, encore moins jésuites, & qui ferma ses portes au P. Séguiran. Sully ajoute que le roi parut en public fort mécontent de la conduite des Rochellois, mais qu'en particulier, il lui avoua que les Rochellois n'avoient pas tort, qu'il n'avoit jamais entendu parler de ces lettres, qu'il falloit cependant arranger l'affaire de manière que les secrétaires d'état ne fussent point désavoués, parceque le désaveu tireroit à conséquence pour toutes leurs autres dépêches; enfin, Sully, dans l'énumération qu'il fait des ennemis qui avoient voulu le perdre, & des différens motifs qui les animoient contre lui, range Defresne & le président *Forget* son frère, dans deux classes qui lui étoient également contraires; l'une, des gens dévoués aux maîtresses du roi & à leurs enfans; l'autre, des partisans secrets ou avoués de l'Espagne, de la ligue, & des jésuites. Dans d'autres endroits, Sully loue Defresne, & paroît se louer de lui; or il faut observer qu'en général, M. de Sully mérite beaucoup plus de confiance, quand il loue, que quand il blâme; on sait que s'il a toujours bien servi l'état, il n'a pas toujours rendu exactement justice à ceux qui l'ont le mieux servi après lui, tels que Villeroy, Jeannin, d'Ossat, Sancy, & même dans sa propre secte, Duplessis-Mornai & quelques autres; les *Forget* nous paroissent avoir été du nombre de ces personnages vertueux, de ces sages ministres, à l'égard desquels ou la rivalité de crédit, ou l'opposition de principes, n'a pas permis à Sully d'être parfaitement juste. *Forget* Defresne se démit de sa charge de secrétaire d'état, le 21 avril 1610. Il mourut la même année.

FORMOSE, (*Hist. ecclésiast.*) pape dont la condamnation & la réhabilitation ont fait tant de bruit, & causé tant de scandale dans l'église. Il avoit succédé au pape Etienne V, en 891. Il étoit évêque de Porto; il fut le premier évêque transféré d'un autre siége à celui de Rome; cette nouveauté, comme toute nouveauté, scandalisa. Il mourut en 896. Etienne VI, son successeur après Boniface VI, fit déterrer son corps, & condamna sa mémoire; on le revêtit de ses ornemens pontificaux, pour l'en dépouiller; on le plaça sur le siége papal, pour l'en renverser; on lui coupa les doigts avec lesquels il avoit consacré & béni, on lui trancha la tête, on jeta son corps dans le Tibre; Jean IX, en 898, rétablit sa mémoire.

FORNARI, (MARIE-VICTOIRE.) (*Hist. ecclé.*) née à Gênes en 1562, institutrice des Annonciades célestes, ainsi nommées de leur scapulaire & de leur manteau couleur-bleu-céleste. Elle avoit été mariée, & cinq enfans des deux sexes qu'elle avoit eus, embrassèrent la profession religieuse. Elle mourut le 15 décembre 1617; sa vie a été publiée à Paris en 1770.

FORT & FORTS, s. m. nom donné à une espèce de monnoie d'or, frappée par les ordres de Charles de France, duc d'Aquitaine ou Guyenne, fils de Charles VII, & frère de Louis XI.

Ce prince y étoit représenté d'un côté la couronne en tête, déchirant un lion avec ces mots: *KAROLUS FRANCORUM REGIS FILIUS AQUITANORUM DUX.* On voit au revers une croix fleurdelisée & cantonnée de lis & de léopards, au milieu est l'écu du prince, qui porte écartelé au 1er & au 4e de France, au 2e & 3e d'Aquitaine, qui est d'or au léopard de gueules; on lit autour: *TU ES DOMINE DEUS MEUS, FORTITUDO MEA ET LAUX MEA.*

Le nom de cette monnoie se trouve conservé dans le traité de Budé, *de asse & partibus ejus*, où en parlant en général des monnoies d'Angleterre, & en particulier de celle qu'on appella des *nobles à la rose*, qu'Eduoard, prince de Galles & duc d'Aquitaine, fit faire en grande quantité; il dit qu'elles étoient moins pesantes que celles de Charles d'Aquitaine, qu'on appelloit des *forts. Rosatos, Edouardeosque pondere superant Carolei Aquitaniæ nummi qui FORTES appellantur.*

Il est aisé de comprendre pourquoi on donna le nom de *fort* à cette monnoie. Elle étoit plus forte que celle des ducs, prédécesseurs de Charles de France; d'ailleurs, l'action dans laquelle ce prince étoit représenté, avoit pu contribuer à cette dénomination qui s'accorde encore avec le mot *fortitudo* qu'on lit dans l'inscription du revers. Enfin, ce nom pouvoit avoir été pris par opposition à celui de *HARDIS*, qu'on avoit donné aux monnoies des princes anglois, derniers ducs d'Aquitaine, & prédécesseurs de Charles de

France, qui y étoient représentés tenant une épée nue. Ce nom, qui se communiqua aux petites espèces de cuivre & de billon, a formé, selon toutes les apparences, celui de *liard*, dont nous nous servons, comme qui diroit *li hardi*, c'est-à-dire en vieux françois *le hardi. Mém. de l'acad. des Belles-Lettres, tome I.* (*G.*)

FORT, (FRANÇOIS LE) (*Hist. de Russie.*) Genevois, qui, par les idées qu'il donna au Czar Pierre I, sur le commerce, la navigation, les manufactures, les arts, les sciences de l'Europe, la politique de ses princes, la police de ses villes, la discipline de ses armées, doit être regardé comme le premier auteur des grands & heureux changemens opérés en Russie par cet empereur, sur tous ces objets; il eut part aussi à leur exécution, il adoucit les mœurs de Pierre par ses représentations, il arrêta quelquefois le bras de ce prince, prêt à se souiller du sang de ses sujets & à faire voler les têtes des criminels, pour essayer son sabre, ou pour montrer son adresse. Le Czar en 1696, lui confia la conduite du siége d'Azoph, & ensuite le commandement général de ses troupes de terre & de mer. Le *Fort* mourut à Moscow, en 1699: le Czar honora sa mémoire.

Un autre le *Fort* (Adrien-Claude le Fort de la Morinière) appartient à l'histoire littéraire moderne, par deux petites comédies imprimées en 1754, *les vapeurs* & *le temple de la paresse*, & par différens choix des poésies d'autrui; le plus connu est le choix des poésies morales: né en 1696, mort en 1768.

FORTESCUE, (JEAN) (*Hist. litt. mod.*) grand-chancelier d'Angleterre sous Henri VI, a écrit sur la loi naturelle & sur les loix de son pays.

FORTIGUERRA (NICOLAS) (*Hist. litt. mod.*) savant prélat, auteur du poëme de *Ricciardetto*, publié en 1738, imité en vers françois par M. du Mourrier, dont l'ouvrage a paru en 1766. *Fortiguerra* étoit mort en 1735.

FORTUNAT, (VENANCE) (*Venantius Honorius Clementianus Fortunatus*) (*Hist. Litt.*) évêque de Poitiers, ami de Grégroire de Tours. On a de lui un poëme en l'honneur de Saint Martin, contenant l'histoire de la vie de ce saint; on a aussi quelques autres ouvrages: mort vers l'an 609.

FOSCARINI, (MICHEL) (*Hist. litt. mod.*) sénateur vénitien, continuateur de l'histoire de Venise, de Nani. Mort en 1692.

FOSSE, (ANTOINE DE LA) *Hist. litt. mod.*) neveu du fameux peintre Charles de la *Fosse*, est auteur de *Manlius*, & de quelques autres tragédies moins célèbres. Né à Paris en 1658, mort en 1708. C'est à lui que Rousseau adresse une assez mauvaise relation en vers, d'un voyage à Rouen:

> Depuis que nous prîmes congé
> Du réduit assez mal rangé,
> Où votre muse pythonisse
> Evoque les ombres d'Ulysse,
> De Thésée & de Manlius, &c.

FOTA, s. m. (*Hist. mod.*) tablier rayé de bleu & de blanc, dont les Turcs se couvrent dans le bain. (*A. R.*)

FOTAS, parure des femmes de l'île de Java. On nous apprend que les *fotas* s'apportent tout faits de la côte de Coromandel, de Surate & de Bengale; mais on ne nous dit point ce que c'est, & heureusement cela n'est pas fort important à savoir. (*A. R.*)

FOTOQUE, s. m. nom des grands dieux des Japonois. Ces peuples ont deux ordres de dieux, les *fotoques* & les Camis. Ceux-ci accordent aux hommes des enfans, de la santé, des richesses & tous les biens de cette vie. On obtient des autres les biens de la vie future; & ce sont ces derniers qu'on appelle *fotoques*. (*A. R.*)

FOUCAULT. (LOUIS) C'est le maréchal *Foucault*, long-temps connu sous le nom de comte du Doignon. Il avoit suivi le parti du grand Condé; mais en 1653, il fit son traité avec la cour, & promit de remettre ses gouvernemens du pays d'Aunis, de Brouage, des îles d'Oléron & de Ré, moyennant le bâton de maréchal de France, & une somme de cinquante mille écus. Le traité étoit conclu, mais il s'agissoit de l'exécuter. Le comte du Doignon ne se fiant point au cardinal, qui en avoit trompé tant d'autres, ne vouloit remettre ses places qu'après que la somme auroit été comptée: le cardinal se défiant de tout le monde, parce qu'il avoit mis tout le monde dans le cas de se défier de lui, ne vouloit donner la somme qu'après que les places auroient été remises. Le comte du Doignon demanda que l'argent fût déposé chez M. de Lamoignon, alors maître des requêtes, & depuis premier président, il offrit de sortir des places aussi-tôt qu'il sauroit cet argent entre les mains de ce magistrat. Le cardinal accepte la proposition, & envoie cet argent chez M. de Lamoignon, qu'il croyoit dans la confidence intime du comte; M. de Lamoignon n'en étoit pas même connu, & n'avoit entendu parler de rien; il renvoya l'argent, & ne consentit enfin de s'en charger, qu'à la prière du cardinal & du comte.

Le comte du Doignon avoit été page du cardinal de Richelieu; il eut peu de réputation comme maréchal de France: il mourut en 1659.

Un autre *Foucault* (Nicolas-Joseph) a mérité d'être connu. Il naquit à Paris le 8 janvier 1643 ; il étoit neveu par sa mère, de l'un des inventeurs & des exécuteurs de la fameuse digue de la Rochelle ; son père étoit secrétaire du conseil ; le fils fut successivement avocat, procureur-général des requêtes de l'hôtel, avocat-général au grand-conseil, maître des requêtes, intendant de Montauban, de Pau, de Poitiers, de Caen, conseiller d'état. Ce fut lui qui rétablit la religion catholique dans le Béarn, & il y eut à cette occasion une médaille frappée en son honneur ; ce fut lui aussi qui engagea le parlement de Pau à enregistrer les ordonnances civile & criminelle de 1667 & de 1670, auxquelles ce parlement avoit toujours été opposé. Dans chacune de ces intendances, il se distingua par des établissemens utiles. Il étoit un des honoraires de l'académie des inscriptions & belles-lettres, & se distingua aussi dans les lettres, par des découvertes curieuses. En 1704, il découvrit, à deux lieues de Caen, l'ancienne ville des Viducassiens, & cette découverte fut comparée à celle que Cicéron, étant questeur en Sicile, s'applaudissoit d'avoir faite aux portes de Syracuse, du tombeau d'Archimède couvert de ronces & ignoré de tous les Syracusains.

Ce fut lui encore qui découvrit dans l'abbaye de Moissac, le fameux traité *de mortibus persecutorum*, attribué à Lactance, & qui n'étoit connu que par une citation de saint Jérôme. Mort le 7 février 1721.

FOULQUES, (*Hist. de Fr.*) nom porté par divers personnages connus dans notre ancienne histoire, nommément par quatre comtes d'Anjou, dont deux sur-tout méritent d'être remarqués. L'un fut nommé *le Bon*, & il étoit instruit pour le temps ; ce fut lui qui écrivit à Louis d'Outremer : *sachez sire, qu'un prince non lettré est un âne couronné.* Mais cette littérature, qui faisoit prendre au comte d'Anjou un ton si fier, & dont Louis d'Outremer avoit tort de se moquer, puisqu'après tout c'étoit quelque chose alors, se réduisoit à chanter au lutrin. Ce *Foulques*, qui est le second dans l'ordre des comtes d'Anjou de ce nom, mourut en 938.

Foulques IV, dit le Rechin, vivoit du temps de Philippe I, roi de France ; il avoit épousé cette fameuse Bertrade de Monfort, qui remplit de troubles une partie du régne de Philippe. Il avoit enlevé cette femme à *Foulques* le Rechin qui n'en témoigna aucun ressentiment, & qui eut la bassesse de la recevoir & de la traiter magnifiquement à Angers, lorsqu'elle y vint quelques années après avec Philippe : peut-être n'étoit-il pas fâché d'être délivré d'elle. *Foulques* avoit composé une histoire des comtes d'Anjou, dont on trouve un fragment dans le spicilége de dom Luc d'Achery. Il mourut en 1106.

FOUQUET ou FOUCQUET, (NICOLAS) (*Hist. de Fr.*) vicomte de Melun & de Vaux, marquis de Belle-Isle, procureur-général, surintendant des finances, & ministre d'état, fils de François *Fouquet*, vicomte de Vaux, & conseiller d'état, & de Marie de Maupeou, naquit en 1615 : sa haine étoit à craindre, son amitié n'étoit pas sans danger, même dans le temps de sa faveur. Pendant la vie du cardinal Mazarn il cherchoit à rendre sa puissance indépendante de celle de ce ministre : après la mort de Mazarin, il espéra succéder à sa puissance, & il y employa, dit-on, les revenus de l'état, dont il s'étoit rendu le maître. Madame Duplessis-Guénégaud, son amie, lui cherchoit & lui marchandoit par-tout des amis & des créatures ; il échoua cependant, & sa disgrace est célèbre. (*voyez* les articles *Colbert* & *Lamoignon*) Ce dernier avoit été d'abord à la tête de ses juges, parce qu'on savoit qu'ayant été fort lié avec *Fouquet*, il s'en étoit éloigné depuis, trouvant ses sollicitations despotiques, trop difficiles à concilier avec les obligations rigoureuses de la magistrature. *Fouquet* jugea en courtisan & en ministre, du motif qu'avoient eu des courtisans & des ministres, pour faire ce choix ; il s'humilia devant M. de Lamoignon, & le fit prier d'oublier ses torts. La réponse de M. de Lamoignon fut : « *je me souviens seulement qu'il fut* » *mon ami, & que je suis son juge.* » Le même M. de Lamoignon rapporte que, lorsqu'il alla, au commencement de novembre 1661, à Fontainebleau, complimenter le roi sur la naissance du dauphin, deux mois après que *Fouquet* eut été arrêté, le roi lui dit, en parlant de ce ministre : « Il se vouloit faire duc de Bretagne & roi des » îles adjacentes, il gagnoit tout le monde par ses » profusions ; je n'avois plus personne, en qui je » pusse prendre confiance. Le roi, ajoute M. de » Lamoignon, étoit si plein de ce sujet, que » pendant plus d'une heure d'entretien, il y reve- » noit toujours. »

On voit par les lettres de madame de Sévigné sur ce fameux procès, quel intérêt l'infortuné *Fouquet* inspiroit à beaucoup de gens de mérite : on sait avec quelle générosité Pélisson le défendit ; on connoît la touchante élégie de la Fontaine ;

Pleurez mes yeux, pleurez, Oronte est malheureux.

Son exhortation à Louis XIV, d'imiter la clémence de son aïeul Henri IV,

Dès qu'il put se venger, il en perdit l'envie.

Et cette charmante maxime, qui termine la pièce :

Et c'est être innocent que d'être malheureux.

M. de Lamoignon croyoit M. *Fouquet* coupable, au moins de péculat ; mais il voyoit que par l'acharnement avec lequel on avoit poursuivi cet infortuné ministre, on étoit parvenu à répandre sur lui tout l'intérêt de l'innocence opprimée. Le roi dit après le jugement: *s'ils l'avoient condamné à être pendu, je l'aurois laissé pendre ;* & il commua la peine pour la rendre plus rigoureuse, le bannissement fut changé en une prison perpétuelle ; il fut conduit à Pignerol le 20 décembre 1664.

C'est un problême de savoir si *Fouquet* mourut en prison, ou s'il eut sur la fin la liberté d'aller se cacher & mourir au sein de sa famille. On place sa mort au 23 mars 1680. Il avoit cinq frères, dont un mourut archevêque de Narbonne, l'autre fut évêque d'Agde. Le surintendant laissa trois fils: Louis Nicolas *Fouquet*, comte de Vaux, vicomte de Melun, mort en 1705 ; Charles-Armand, oratorien, supérieur de Saint-Magloire, grand ami de MM. Arnauld, Nicole & Duguet, & que cette liaison empêcha d'être général de l'oratoire, mort le 18 septembre 1734 ; & Louis, marquis de Belle-Isle, mort le 26 août 1738, père du maréchal & du chevalier de Belle-Isle. On put dire de lui, en songeant à la fortune d'où son père étoit tombé, & à celle où s'éleva un de ses fils :

Mais il n'égalera ni son fils ni son père.

La fortune du maréchal de Belle-Isle alla en sens inverse de celle de son aïeul ; il commença par la disgrace, & finit par la faveur : il fut impliqué avec le chevalier son frère, dans la disgrace aussi passagère de M. le Blanc, secrétaire d'état de la guerre : ils furent mis à la bastille en 1724. Le comte de Belle-Isle étoit dès-lors maréchal de camp & gouverneur de Huningue, & s'étoit distingué au siége de Turin en 1706 & au siége de Fontarabie en 1719 : le reste de sa vie n'est plus qu'une suite de succès & d'honneurs accumulés. Lieutenant-général le 23 décembre 1731 ; gouverneur de Metz & pays Messin le 17 mars 1733 ; en 1734, il prit Trèves, fut blessé devant le château de Traërback qu'il prit aussi ; se distingua au siége de Philisbourg ; chevalier de l'ordre du Saint-Esprit, le 13 juin de la même année 1734 ; plénipotentiaire à la diète de Francfort pour l'élection de l'empereur Charles VII en 1741 ; maréchal de France le 11 février de la même année. Il fit la nuit du 16 au 17 décembre 1742, cette triste retraite de Prague, qui, par les circonstances, ui fut comptée pour une victoire ; il fut fait duc de Gisors, prince de l'empire, & chevalier de la toison d'or, cette même année 1742, pair de France en 1748 ; le 20 juin 1749 ; il fut reçu à l'académie françoise ; en 1756, il fut fait ministre d'état ; & le 26 février 1758, il eut le département de la guerre. Il mourut le 26 janvier 1761 : le P. de la Neuville, jésuite, a fait son oraison funèbre. Le chevalier de Belle-Isle son frère, le compagnon de ses exploits, fut tué le 19 juillet 1747, à la malheureuse affaire d'Exiles. Le maréchal de Belle-Isle avoit vû mourir aussi le comte de Gisors son fils, tué au combat de Crevelt le 23 juin 1758, jeune homme d'une plus grande espérance que n'en a donné aucun particulier de ce siècle, & dont nous pouvions dire, au milieu même de nos disgraces :

Dii patrii, quorum semper sub numine troja est,
Non tamen omninò teucros delere paratis,
Cùm tales animos juvenum & tam certa tulistis
Pectora. . . . .

« M. le maréchal de Belle-Isle, dit M. le duc de Nivernois, en recevant à l'académie françoise l'abbé Trublet, successeur du maréchal ; « M. de » Belle-Isle avoit donné à la patrie, à la mère » commune, un fils vraiment digne d'elle, en » cultivant, en perfectionnant par une excellente » éducation, son excellent naturel, en l'envoyant » chez les nations voisines concilier à la jeunesse » françoise la bienveillance des étrangers, en le » rendant susceptible de l'estime publique, dans » un âge qui n'a droit d'aspirer encore qu'à de » l'indulgence. Ce fils si cher étoit devenu mon » fils ...... hélas ! je n'ai joui qu'un instant de cette » heureuse adoption. Arraché d'entre nos bras, » par une mort aussi prématurée qu'honorable, s'il » est vrai que la durée de la vie doive se mesurer » par son usage, il a vécu assez puisqu'il a eu » le temps d'acquérir du mérite, d'obtenir de » l'estime, d'atteindre même jusqu'à la réputation.

Ce jeune homme, objet de tant de regrets, étoit né le 27 mars 1732. Il avoit épousé Hélène-Julie-Rosalie, fille aînée de M. le duc de Nivernois.

FOUQUET. *Voyez.* VARENNE (LA)

FOUR. (DU) (*Hist. litt. mod.*) Il y a quelques gens de lettres connus de ce nom ; dom Thomas du *Four*, bénédictin, mort en 1647, à l'abbaye de Jumiéges à trente-quatre ans, auteur d'une *grammaire Hébraïque*, & Charles du *Four*, curé de S. Maclou à Rouen, puis abbé d'Aulnay, mort en 1679, auteur de quelques écrits polémiques contre les Jésuites & la morale relâchée. Ses démêlés avec le père Brisacier, recteur des Jésuites de Rouen, ont fait du bruit dans le temps.

DU FOUR DE LONGUERUE. (*Voyez* LONGUERUE.)

FOURCROI, (BONAVENTURE DE) (*Hist. mod.*) avocat célèbre, mort en 1692. Il faisoit aussi de mauvais vers, & avoit fait contre le cardinal Mazarin beaucoup de petits sonnets, tous oubliés. Il étoit lié avec Boileau & Molière : ce dernier disputoit quelquefois contre lui, ayant toujours raison,

& ne pouvant jamais se faire entendre. *Que peut*, disoit-il, *la raison avec un filet de voix, contre une gueule comme celle-là?*

FOURMONT. (*Hist. litt. mod.*) Etienne & Michel, frères, tous deux prodigieusement savans dans les langues, sur-tout dans les langues orientales, & même dans la langue chinoise, particuliérement l'aîné; tous deux membres distingués de l'académie des belles-lettres, ne vivant que pour l'étude, & n'ayant aucun usage du monde. On connoît de l'aîné la *Grammaire chinoise* & les *Meditationes Sinicæ*. On connoît aussi de lui, des *Réflexions critiques sur les histoires des anciens peuples, jusqu'au temps de Cyrus.* Le cadet, non moins étonnant que son frère, avoit été jusqu'à vingt-cinq ans sans la moindre éducation, & n'avoit pas encore à cet âge les premiers élémens de la langue latine. Son frère, qui possédoit toutes les langues savantes, crut que ce seroit assez pour Michel d'apprendre le latin & le grec, & ne voulut jamais l'initier dans les langues orientales. Michel les apprit furtivement, & en se cachant de lui; & un jour que chez son frère, des savans étoient embarrassés sur l'interprétation d'un passage hébreu, il lui échappa de dire qu'il n'y trouvoit aucune difficulté; son frère voulut le faire taire, comme un mauvais plaisant, qui troubloit une discussion sérieuse par une facétie insipide: Michel alors l'accabla des preuves inattendues de ses connoissances en hébreu; bientôt elles s'étendirent jusqu'au chinois, après avoir embrassé l'arabe & l'éthiopien. En 1728, Michel *Fourmont* fut envoyé dans le Levant avec M. l'abbé Sévin, & en rapporta une immense collection d'inscriptions de tout genre, recueillies dans toute la Grèce.

Mais quel fut pour ces deux frères studieux, le fruit de tant de travaux forcés? La lecture assidue de livres & de manuscrits de toutes sortes de caractères, affoiblit de bonne heure la vue à l'aîné, & le rendit sujet à des fluxions, dans l'une desquelles il fut totalement aveugle. Ce malheur triompha de sa constance, il versa pendant huit jours des torrens de larmes; & ce fut peut-être, dit M. Fréret, ce qui hâta sa guérison. Mais, en 1734, à cinquante & un ans, il eut une première attaque d'apoplexie; en 1741 il en eut une seconde, qui lui ôta pour un temps l'usage de la parole, & lui laissa pour toujours une difficulté d'articuler, plus ou moins grande, suivant les temps; enfin, en 1745 il en eut une troisième, à laquelle il succomba, le 19 décembre, dans sa soixante-troisième année: il étoit né le 23 juin 1683, à Herbelay, village peu éloigné de Paris.

La carrière de Michel fut encore plus courte. Il mourut un mois & demi après son frère, le 4 février 1746; n'étant né que le 28 septembre 1650 au même lieu d'Herbelay. Il mourut aussi d'une attaque d'apoplexie après avoir beaucoup & long-temps souffert de la gravelle, dans le cours de sa vie.

FOURNI ou FOURNY, (HONORÉ CAILLE DU) (*Hist. litt. mod.*) auditeur des comptes à Paris, est connu pour avoir donné au P. Anselme, des corrections nombreuses & utiles pour son *Histoire des grands officiers de la couronne*, qu'il a d'ailleurs continuée, & qui l'a été encore après lui, par les PP. Ange & Simplicien, augustins déchaussés, confrères du P. Anselme. Du Fourni est mort en 1731.

FOURNIER, (PIERRE-SIMON) (*Hist. litt. mod.*) graveur & fondeur de caractères célèbres, a très-bien écrit sur l'art qu'il a perfectionné. On voit qu'il possédoit parfaitement sa matière, & comme artiste & comme savant. Sa *table des proportions*, qu'il faut observer entre les caractères, où il détermine leurs hauteurs & fixe leurs rapports, fut une découverte essentielle aux progrès de l'art; elle parut en 1737. Mais son ouvrage le plus important est son *Manuel typographique, utile aux gens de lettres, & à ceux qui exercent les différentes parties de l'art de l'imprimerie.* 2 vol. in-8°, très-belle édition. Né à Paris en 1712, mort en 1768.

FOURRIER. s. m. (*Hist. mod.*) C'est ainsi qu'on appelle des officiers de la maison du roi, qui, lorsque la cour voyage, ont soin de retenir des charriots pour transporter les équipages & bagages du roi: c'est ce qu'on nomme *fourrier de la cour.*

Dans l'infanterie françoise il y a aussi des soldats nommés *fourriers*, chargés de distribuer à leurs camarades les billets de logement, lorsqu'ils arrivent dans une ville. Ces *fourriers* marchent toujours en avant du corps. Dans la cavalerie on les nomme *maréchaux-des-logis.* (*G.*)

FOX, (*Hist. d'Angl.*) nom célèbre dans l'histoire des sectes de l'Angleterre.

1°. Jean *Fox*, calviniste fameux dans un temps où il ne faisoit pas encore sûr de l'être, fut obligé de quitter l'Angleterre, sous Henri VIII; il y rentra sous la reine Elisabeth; il est principalement connu par l'ouvrage intitulé: *Acta & monumenta ecclesiæ*, 3 vol. in-fol.

On a de lui aussi des ouvrages d'un genre bien différent, des comédies.

2°. Mais l'homme de ce nom, le plus célèbre, est George *Fox*, le patriarche des Quakers. « C'étoit, » dit M. de Voltaire, un jeune homme de vingt-» cinq ans, de mœurs irréprochables & sainte-» ment fou. Il étoit vêtu de cuir, depuis les » pieds jusqu'à la tête; il alloit de village en » village, criant contre la guerre & contre le » clergé..... Il fut... mis en prison. On le » mena à Darby devant le juge de paix. *Fox* » se

» se présenta au juge avec son bonnet de cuir » sur la tête. Un sergent lui donna un grand souf- » flet, en lui disant : *gueux, ne sais-tu pas qu'il* » *faut paroître tête nue devant monsieur le juge ? Fox* » tendit l'autre joue, & pria le sergent de vouloir » bien lui donner un autre soufflet pour l'amour de » Dieu. Le juge de Darby voulut lui faire prêter » serment avant de l'interroger. *Mon ami, sache,* » dit-il au juge, *que je ne prends jamais le nom de* » *Dieu en vain.* Le juge voyant que cet homme le » tutoyoit, l'envoya aux petites-maisons de Darby » pour y être fouetté. George *Fox* alla en louant » Dieu à l'hôpital des foux, où l'on ne manqua » pas d'exécuter à la rigueur la sentence du juge. » Ceux qui lui infligèrent la pénitence du fouet, » furent bien surpris, quand il les pria de lui appliquer » encore quelques coups de verges pour le bien » de son ame. Ces messieurs ne se firent pas prier : » *Fox* eut sa double dose, dont il les remercia très- » cordialement ; puis il se mit à les prêcher. D'abord » on rit, ensuite on l'écouta ; & comme l'enthou- » siasme est une maladie qui se gagne, plusieurs » furent persuadés, & ceux qui l'avoient fouetté » devinrent ses premiers disciples...... Un jour, » étant mis au pilori, il harangua tout le peuple » avec tant de force, qu'il convertit une cinquan- » taine d'auditeurs, & mit le reste tellement dans » ses intérêts, qu'on le tira en tumulte du trou où » il étoit : on alla chercher le curé anglican, dont » le crédit avoit fait condamner *Fox* à ce supplice, » & on le piloria à sa place........

» *Fox* se croyoit inspiré ; il crut par conséquent » devoir parler d'une manière différente des autres » hommes. Il se mit à trembler, à faire des contor- » sions & des grimaces, à retenir son haleine, & à » la pousser avec violence : la prêtresse de Delphes » n'eût pas mieux fait. En peu de temps il acquit » une grande habitude d'inspiration, & bientôt » après, il ne fut plus guère en son pouvoir de » parler autrement. Ce fut le premier don qu'il » communiqua à ses disciples. Ils firent de bonne » foi toutes les grimaces de leur maître ; ils trem- » bloient de toutes leurs forces au moment de l'ins- » piration. De-là... le nom de *Quakers*, qui signifie » *Trembleurs.* » *Fox*, en 1662, porta sa secte en Amérique ; il écrivit à tous les souverains de l'ancien & du nouveau monde, pour la leur faire embrasser. Il revint en Angleterre où il mourut en 1681.

FRACASTOR, (JÉROME) (*Hist. litt. mod.*) poëte & médecin, & célèbre à ces deux titres ; c'est l'auteur du poëme intitulé : *Siphilis, sive de morbo gallico.* Comme médecin, il servit la politique. Le pape Paul III, voulant transférer le concile de Trente, d'Allemagne en Italie, pour en être plus le maître, employa *Fracastor*, qui inspira aux pères la crainte d'une maladie contagieuse, & ce fut alors que le concile fut transféré pour un temps à Bologne. On conte des choses assez merveilleuses de l'enfance de *Fracastor* ; on dit qu'il naquit avec les lèvres adhérentes, & qu'il fallut qu'un chirurgien les séparât avec un rasoir. On conte qu'étant dans les bras de sa mère, elle fut écrasée par la foudre sans qu'il en ressentît aucune atteinte. Il étoit né à Vérone vers l'an 1483, il mourut près de cette ville en 1553 : Vérone lui érigea une statue six ans après sa mort. Son poëme de *Siphilis* a été traduit en françois en 1753.

FRAGUIER, (CLAUDE-FRANÇOIS) (*Hist. litt. mod.*) fils de Florimond *Fraguier*, comte de Dennemarie, capitaine aux gardes, & petit-fils de Dennemarie, officier au même régiment, dont Sarrazin fait une mention honorable dans son histoire du siége de Dunkerque en 1658. Il fut onze ans jésuite, & ayant quitté cet ordre, il travailla au journal des savans avec beaucoup de distinction, & fit preuve d'une grande & belle littérature. Il fut de l'académie des inscriptions & belles-lettres : il connoissoit, aimoit, & savoit imiter les anciens.

C'est à lui qu'il arriva de souligner Homère d'un bout à l'autre, en voulant ne souligner que les beaux endroits, c'est-à-dire, les endroits remarquables par leur beauté.

Il prit parti dans la querelle des anciens & des modernes, & fit beaucoup d'épigrammes latines contre les détracteurs des anciens.

Quoiqu'il fût principalement & presque uniquement célèbre par des poésies latines, il fut de l'académie françoise. Il y fut élu deux fois, parce qu'il y eut une irrégularité dans la première élection ; les académiciens n'étoient qu'au nombre de dix-sept, & l'article VI des réglemens exige qu'on soit au moins vingt pour une élection. M. le comte de Pontchartrain, secrétaire d'état, écrivit à ce sujet, le 12 décembre 1707, à l'académie, une lettre qui fut insérée dans ses registres, & par laquelle il déclare, au nom du roi, l'élection nulle, comme contraire aux réglemens, & il ajoute : *& sa majesté m'a commandé de déclarer en même temps que ce seroit mal expliquer cet ordre, que de croire que le roi donne aucune exclusion à M. l'abbé* Fraguier *dont le mérite est connu, rien n'étant plus contraire à l'intention de sa majesté.*

Cependant M. l'abbé *Fraguier* n'eut pas la place de M. l'abbé Gallois, à laquelle il avoit d'abord été nommé ; cette place fut donnée à M. Mongin, évêque de Bazas : mais celle de M. Colbert, archevêque de Rouen, ayant vaqué peu de temps après, M. l'abbé *Fraguier* fut élu plus régulièrement. M. l'abbé d'Olivet, qui fut l'éditeur des poésies de M. l'abbé *Fraguier*, comme de celles de M. Huet, dit qu'en cette occasion : « l'académie » françoise avoit choisi pour un de ses membres, » un savant que l'académie d'Athènes eût volontiers » choisi pour son chef après la mort de Platon. » L'éloge est peut-être un peu fort ; mais ce qui semble le justifier, c'est que le plus estimé des ouvrages de M. l'abbé *Fraguier*, est un poëme d'environ sept cents vers, où il expose toute la doctrine de Platon sur la perfection de l'homme. D'ailleurs il est vrai que les gens de lettres, attirés par ses qualités sociales, aimoient à s'assembler chez lui pour y discourir sur des matières de philosophie, de goût & de littérature; leurs conversations étoient la consolation de sa vieillesse que les infirmités eussent rendue bien triste sans cette ressource. Une paralysie subite & douloureuse lui avoit tellement affoibli les nerfs du cou, que sa tête tomboit comme privée d'appui, & restoit penchée sur l'épaule d'une manière aussi désagréable qu'incommode; il falloit, dit l'historien de l'académie des belles-lettres, que pour les opérations les plus nécessaires, on la lui remît pour un instant, avec de grands efforts, dans son état naturel.

Au milieu d'une situation si pénible, il avoit encore le courage de travailler, « tenant d'une » main sa plume, sa tête de l'autre, & obligé » de se reposer quelquefois à chaque mot, presque » toujours à chaque ligne. »

Il étoit né le 28 août 1666, étoit entré chez les jésuites le 18 août 1683, en étoit sorti en 1694, avoit été reçu à l'académie des belles-lettres en 1705, à l'académie françoise en 1708. Il mourut le 3 mai 1728.

FRANC, FRANKIS, *ou* FRANQUIS, (*Hist. mod.*) est le nom que les Turcs, les Arabes & les Grecs donnent à tous les Européens occidentaux.

On croit que ce nom a commencé dans l'Asie au temps des croisades, les François ayant eu une part distinguée dans ces entreprises; & depuis, les Turcs, les Sarrasins, les Grecs & les Abyssins, l'ont donné à tous les chrétiens européens, & à l'Europe celui de *Frankistan*.

Les Arabes & les Mahométans, dit M. d'Herbelot, appellent *Francs*, les François, les Européens, les Latins en général. (*A. R.*)

FRANCHI, (NICOLAS, plus connu sous le nom de Nicolo Franco) (*Hist. litt. mod.*) poëte satyrique, natif de Bénévent, contemporain, ami, imitateur & rival de l'Arétin. Son sort fut bien différent: le pape Pie V le fit pendre en 1569; si ce fut pour ses satyres, il y a bien des réflexions à faire sur cela. La satyre est sans doute très-condamnable, mais la cruauté l'est encore plus; la satyre ne sauroit être trop punie par le mépris & la flétrissure: mais quelque chose qu'il faille penser de l'opinion de ceux qui voudroient abolir entiérement la peine de mort, il est constant du moins que cette peine, qui ne laisse aucun lieu à la réparation & à la réhabilitation personnelle, en cas d'erreur & d'injustice, ne doit pas être infligée légérement; qu'elle ne doit jamais l'être que pour un crime certain, dont l'idée soit fixe, invariable, à la portée de tout le monde, & sans aucune équivoque. Prenons pour exemple l'assassinat ou meurtre volontaire & avec préméditation, l'idée en est la même pour tous les hommes; tout le monde est en état d'estimer le tort qu'il fait à la société, il n'y a point là d'évaluation fine ou arbitraire à faire; & s'il faut des lumières pour acquérir & pour évaluer les preuves du fait, il n'en faut pas pour faire l'application de la loi au fait une fois prouvé. Tout le monde sait ce que c'est que l'assassinat, mais tout le monde ne sait pas ce que c'est que la satyre. Rien de plus arbitraire & de plus équivoque. Qu'on s'élève avec force contre un vice funeste à la société, dont un homme puissant soit accusé, convaincu ou seulement soupçonné, on aura fait une satyre au jugement de cet homme puissant, & de ses flatteurs ou de ses complices. On pourra n'avoir fait cependant qu'un acte de courage & de vertu. Les flatteurs de Domitien, & peut-être même d'autres que des flatteurs, pouvoient regarder comme un crime d'état dans Juvénal, d'avoir appellé ce prince, *Néron le chauve*; cependant cette injure violente, dite à un tyran, est un bien moindre tort envers la société que la basse flatterie de Lucain, lorsqu'il dit que les crimes même des guerres civiles doivent plaire aux Romains, si Néron ne pouvoit être obtenu qu'à ce prix. Mais supposons la satyre la plus caractérisée & les personnages non-seulement désignés, mais nommés; combien de différens degrés d'atrocité dans cette satyre! combien de circonstances à évaluer! si c'est une première hostilité, une agression, ou si ce n'est que vengeance & représailles; si ce n'est que médisance, ou si c'est calomnie; & dans ce dernier cas, si l'auteur a calomnié par erreur ou à son escient.

» Misérable, disoit M. le Régent à l'auteur des Philippiques, « avez-vous cru toutes les hor» reurs que vous m'imputez? — Oui, Monsei» gneur. — En ce cas vous êtes moins coupable, » & je vous fais grace du supplice. » Il faut de plus juger de la satyre par les objets sur lesquels elle porte. Il y a même des évaluations plus fines à faire pour démêler dans le trait qui a blessé, ce qui appartient au talent, & ce qui appartient à la méchanceté qui l'a mis en œuvre. Enfin, il faut tout interpréter & tout calculer; & une loi qui, ne pouvant entrer dans tous ces détails, condamneroit indistinctement à mort pour le crime de satyre, seroit une loi téméraire, dangereuse & sujette aux plus grands inconvéniens. Quand une pareille loi existeroit, il faudroit encore examiner jusqu'à quel point elle seroit exécutée dans l'usage; car, tout citoyen a le droit de ne point perdre la vie pour un crime réel ou chimérique, sur lequel, soit par politique, soit par justice, on est convenu de fermer les yeux & d'user d'indulgence, & les exceptions qu'on se permet de temps en temps pour faire ce qu'on appelle un exemple, sont bien moins un hommage qu'on rend à la justice & à la loi, qu'un outrage qu'on fait à la foiblesse & à la pauvreté, qu'on choisit ordinairement pour de tels sacrifices. Il est évident que, puisqu'on avoit épargné, puisqu'on avoit ménagé l'Arétin, bien plus connu, bien plus redouté pour ses satyres, on ne devoit pas user d'une telle rigueur envers Nicolo Franco; enfin, si la loi que nous supposons n'existoit pas, le supplice de cet homme n'est plus de la part du gouvernement qu'une violence barbare & criminelle. L'art nécessaire de proportionner les peines aux crimes, est un art ignoré jusqu'à présent & dans la législation & dans l'administration, & qui n'est encore qu'au berceau.

FRANCKE, (AUGUSTE-HERMAN) (*Hist. mod.*) théologien allemand, auteur de quelques ouvrages allemands, mais dont nous n'aurions point parlé sans la fondation qu'il fit à Halle de la *maison des orphelins*, & sans les pleurs que les malheureux versèrent à sa mort arrivée en 1727. Il étoit né à Lubeck, en 1663.

FRANÇOIS I, (*Hist. de France*) comte d'Angoulême & duc de Valois, étoit arrière-petit-fils de Louis, duc d'Orléans, & de Valentine de Milan. Il naquit loin du trône, où il monta en 1515. Au moment de sa naissance, Charles VIII, qui régnoit, avoit un fils, & l'on comptoit des princes dont la branche d'Orléans-Angoulême n'étoit que la cadette. *François* vint au monde à Cognac en 1494; sa mère, Louise de Savoie, prit soin de son enfance, qui fut assiégée de différens périls. Louis XII, son cousin, parvenu à la couronne, se fit un devoir de se charger de son éducation: il lui donna pour instituteur Artur de Gouffier-Boisi, gentilhomme d'une des plus anciennes maisons de Poitou, & qui n'avoit point besoin du privilége d'une illustre naissance pour être respectable. Le goût national étoit alors fixé sur la science militaire: ainsi Gouffier, assujetti aux préjugés de son siècle, lui donna une éducation toute guerrière. Les exercices du corps fortifièrent sa vigueur naturelle, & perfectionnèrent son adresse à dompter les chevaux les plus fougueux. Il se distinguoit à la course, dans les tournois & dans le maniement des armes, autant par sa légéreté que par l'élégance de sa taille & la majesté de sa physionomie. C'étoit la coutume de ce temps de donner aux princes des compagnons d'enfance, & l'on avoit soin de choisir ceux qui pouvoient leur inspirer le plus d'émulation. *François*, élevé avec l'élite de la noblesse, témoigna beaucoup de prédilection pour Montmorenci, Brion & Montchenu, qui, dans la suite, parvinrent aux premières dignités de l'état, qu'ils remplirent avec gloire.

La barbarie où ce siècle étoit plongé n'attachoit point encore de l'avilissement à l'ignorance; la rudesse étoit dans les manières & les mœurs: un certain héroïsme de chevalerie tenoit lieu de tous les talens; il étoit plus glorieux de savoir se battre que de savoir penser. Boisi, captivé par le préjugé national, s'apperçut enfin que ces François si belliqueux tenoient encore un peu de la barbarie. L'ignorance lui parut un opprobre; & ne pouvant faire un savant de son élève, il tourna ses dispositions du côté de la gloire; il lui inspira le goût des sciences qui pouvoient perfectionner la raison, & inspirer de l'affabilité. Ce fut en lui faisant aimer les arts, qu'il le disposa à en être un jour le protecteur. Sa mère, princesse inquiète & altière, parut avec lui à la cour, qu'elle troubla par ses prétentions & ses intrigues. Ses brouilleries avec la reine, qui avoit toutes ses vertus, sans avoir aucun de ses défauts, allumèrent des querelles domestiques; le roi, sans cesse occupé à les réconcilier, crut devoir étouffer le germe de ses dissentions, en faisant épouser sa fille aînée au comte d'Angoulême, qu'il fit duc de Valois; mais la reine avoit trop d'aversion contre la mère, pour faire un gendre de son fils. La mort d'Anne de Bretagne leva cet obstacle; le mariage de Claude avec le duc s'accomplit à Saint-Germain-en-Laye, le 13 mai 1514.

François, devenu plus cher à Louis XII par cette alliance, vit toute la France empressée à lui plaire; son affabilité faisoit disparoître l'inégalité du rang; & lorsqu'il fut chargé du commandement de l'armée, pour rétablir Jean d'Albret dans le royaume de Navarre, la noblesse se rangea à l'envi sous ses drapeaux. Ce fut dans cette guerre qu'il fit éclore ce germe d'héroïsme trop long-temps renfermé dans son cœur: son début fut brillant, mais il fut arrêté dans ses conquêtes, par la nouvelle que l'empereur & le roi d'Angleterre avoient fait une irruption en Picardie: il fut obligé de ramener l'armée en France. Les François ayant essuyé une sanglante défaite à la journée des Eperons, Louis XII, plein d'une juste confiance dans la valeur & la capacité du duc de Valois, le mit à la tête de l'armée, pour effacer la honte de ses armes. Le sort de la France ne dépendoit que d'une bataille, dont la perte eût livré nos plus riches provinces à l'ennemi. On enchaîna la valeur impétueuse du prince, à qui l'on défendit de hasarder un combat avec des forces trop inégales pour se promettre des succès: son courage bouillant fut réduit à une guerre défensive. Les vieux capitaines qu'on lui avoit donnés pour guides, reconnurent à sa circonspection qu'il étoit véritablement né pour la guerre; il choisit des postes si avantageux, que l'ennemi désespérant de le forcer, insulta plusieurs postes pour l'en tirer; mais inébranlable dans la résolution de sauver la Picardie, il les laissa s'épuiser par plusieurs siéges inutiles. Cette guerre fut terminée par le mariage de Louis XII avec Marie, sœur du roi d'Angleterre. Cette princeſſe fut reçue en France comme l'ange de la paix; le duc de Valois, qu'elle alloit peut-être éloigner du trône, s'avança juſqu'à Boulogne pour la recevoir : en la voyant ſi belle, il oublia qu'elle pouvoit donner un héritier à Louis XII: il l'aima & fut aimé; mais Duprat & Gouffier lui firent ſentir l'imprudence d'un amour qui pouvoit lui donner un maître; & dès ce moment ſa paſſion fut ſubordonnée à l'ambition. Les infirmités du roi, fruit des erreurs de ſa jeuneſſe, trouvèrent un mauvais remède dans les charmes de ſa nouvelle épouſe; ſon empreſſement à lui plaire hâta le moment de ſa mort: il ne vécut que deux mois & demi avec elle; il expira entre les bras du duc de Valois, qui, long-temps incertain ſur les degrés du trône, y monta en 1515, à l'âge de 21 ans. A ſon avénement, il ſe ſignala par ſa tendreſſe pour ſa mère, & par ſa reconnoiſſance envers ceux qui l'avoient ſervi dans ſa vie privée; le comté d'Angoulême fut érigé en duché pour Louiſe de Savoie; &, pour mieux lui plaire, il éleva le duc de Bourbon à la dignité de connétable; Antoine Duprat, qui lui avoit toujours été dévoué, fut nommé chancelier. Ce nouveau chef de la juſtice, décrié par ſes artifices, poſſédoit la ſcience du gouvernement; toutes les parties de l'adminiſtration lui étoient familières: il eût été le plus grand homme de ſon ſiècle, s'il eût été homme de bien. La dignité de maréchal de France, qui juſqu'alors avoit été amovible, fut déſormais à vie. *François I*, adoptant le ſyſtême guerrier de ſon prédéceſſeur, ſe fortifia de l'alliance des Vénitiens pour porter la guerre en Italie, où il renouvella ſes prétentions ſur le Milanois, dont la défenſe étoit confiée aux Suiſſes. La conquête fut le fruit de la bataille de Marignan, qu'on nomme *la bataille des géans*: jamais action ne fut plus vivement diſputée; on combattit pendant deux jours avec une fureur opiniâtre; le roi en eut toute la gloire, par les prodiges d'une valeur qu'il ſembla communiquer à tous ſes ſoldats.

Devenu maître du Milanois par la victoire, il s'en fit aſſurer la poſſeſſion par Maximilien Sforce, qui lui céda tous ſes droits pour ſe retirer en France, où il reçut des dédommagemens de ce ſacrifice; les Génois, qui ſe déclarèrent pour lui, ſembloient le rendre l'arbitre du ſort de l'Italie. Le pape alarmé de ſa puiſſance, craignit de l'avoir pour ennemi; il affecta le titre de pacificateur, & ſe rendit à Boulogne auprès du monarque pour ménager un accommodement. Ce fut dans cette conférence qu'on forma le projet du concordat, qui fut confirmé l'année ſuivante par le concile de Latran; le roi heureux à combattre, y manifeſta ſa dextérité dans la négociation: une partie des Suiſſes, qui avoit éprouvé ſa valeur & ſa généroſité, entra dans ſon alliance: un parlement fut créé à Milan ſur le modèle de celui de Paris; le ſénat de Veniſe le déclara noble Vénitien, & ce titre fut déféré à tous les princes de la maiſon de Valois, qui parurent en être flattés. Le roi rentra en France, & laiſſa le gouvernement du Milanois au connétable de Bourbon, qui réprima la tentation que l'empereur Maximilien eut d'y rentrer.

Jean d'Albret, favoriſé de la France, arma pour recouvrer le royaume de Navarre; Charles-Quint, qui avoit pris le titre de roi du vivant de ſa mère, lui oppoſa des forces ſupérieures: on eut recours à la négociation: le traité de Noyon, conclu entre Charles & *François I*, promettoit la reſtitution de la Navarre; mais il n'y a que la néceſſité qui oblige le plus foible à reſtituer des poſſeſſions uſurpées. Le traité reſta ſans exécution, la paix concluе à Fribourg avec les Suiſſes, fut nommée perpétuelle, l'événement a juſtifié ce titre; depuis cette époque, cette alliance n'a éprouvé aucune altération. Le concordat, par lequel le roi & le pape s'étoient réciproquement donné ce qui ne leur appartenoit pas, excita autant de plaintes que de ſcandales; le clergé, les univerſités & les parlemens réunirent leurs voix pour réclamer contre cet abus; mais comme ils n'avoient point de légions à oppoſer, on les laiſſa crier, & le concordat fut publié dans toute la France; on s'eſt familiariſé avec cette innovation qui révolta nos ancêtres, timides & religieux. Léon X, qui exerçoit alors le pontificat, affermit ſon alliance avec le roi, par le mariage de Laurent de Médicis avec Magdeleine de Boulogne, nièce de *François* de Bourbon, duc de Vendôme. L'année 1517 donna naiſſance aux erreurs du luthéraniſme; les indulgences que Léon X fit prêcher en Allemagne furent l'occaſion de ce ſcandale. La mort de l'empereur Maximilien fut la cauſe de nouveaux troubles; Charles-Quint & *François I* ſe mirent ſur les rangs pour diſputer ſon héritage: la politique tortueuſe du premier l'emporta ſur ſon concurrent, plus magnifique & plus généreux, mais trop franc & trop ouvert, pour ménager le ſuccès d'une intrigue vénale. Depuis ce temps, une rivalité de gloire & de puiſſance mit la diviſion entre ces deux princes qui ne ceſſèrent de s'eſtimer. L'Angleterre tenoit la balance de l'Europe. *François I* ménagea le cardinal Volſei qui gouvernoit ſon maître; ce fut par ſon entremiſe que Tournai fut rendu on traita auſſi de la reſtitution de Calais. Cette négociation n'eut point de ſuccès; les deux rois eurent une conférence enſemble entre Guines & Ardres: Henri s'engagea de déclarer la guerre à l'empereur, s'il tournoit ſes armes contre le Milanois; mais ce prince inconſtant violoit les traités avec la même facilité qu'il montroit à y ſouſcrire. Charles-Quint, allant ſe faire couronner en Allemagne, paſſa en Angleterre, dont le monarque, à ſa première requiſition, rompit tous ſes engagemens. La guerre ſe ralluma dans la Navarre; Henri d'Albret, héritier des droits du roi Jean, les fit valoir; & profitant des diviſions qui s'étoient élevées en Eſpagne pendant l'abſence de Charles-Quint, il leva une armée dont il confia le commandement à André de Foix. Ce général, plus habile à combattre qu'à conserver ses conquêtes, reprit toute la Navarre; mais il n'eut pas assez de dextérité pour ménager les esprits: les peuples, aigris de son gouvernement, rentrèrent sous la domination de leurs tyrans.

Les deux princes rivaux & ennemis se faisoient une guerre secrète sous le nom de leurs alliés; ils en vinrent à une rupture ouverte, dont le duc de Bouillon fournit le prétexte; ce duc, qui n'avoit aucune ressource en lui-même, osa déclarer la guerre à Charles-Quint: il fut aisé de présumer qu'il étoit appuyé en secret par *François I*, qui en effet envoya des troupes pour protéger ses possessions. A l'approche de cette armée, les Impériaux, qui pouvoient lui disputer le passage de l'Escaut, se retirèrent en désordre. On auroit pu les poursuivre avec succès; mais des intrigues de cour avoient semé la mésintelligence entre les généraux françois, qui ne surent point profiter de l'occasion offerte par la fortune. Le roi, plus heureux, se rendit maître d'Hesdin, dont la conquête le dédommagea de la perte de Tournai, prise par les Impériaux.

L'année 1522 fut remarquable par la chûte de Beaune Semblançay, injustement accusé de péculat dans l'administration des finances. Par l'effet des intrigues de la duchesse d'Angoulême, son ennemie, il fut condamné à être pendu par arrêt du 9 août 1527. L'ascendant que la duchesse d'Angoulême avoit sur l'esprit du roi son fils, nuisoit à sa gloire; cette princesse, qui avoit beaucoup de capacité, étoit trop asservie à ses caprices, pour faire un heureux usage de sa raison: tendre & sensible dans un âge avancé, elle avoit, dit-on, essuyé les dédains du connétable de Bourbon: l'amour méprisé dégénéra en fureur. Bourbon en butte aux persécutions, ne crut pouvoir trouver d'asyle que chez les ennemis de la France; il se retira chez l'empereur, qui lui confia le commandement de ses armées. Il justifia, malheureusement pour sa patrie, cette confiance de l'empereur: Bonnivet, qu'on lui opposa, fut abandonné par les Suisses; son arrière garde défaite par le connétable à la retraite de Romagnano, entraîna la perte du Milanois. Le roi reconnut trop tard que les prospérités d'un royaume sont souvent attachées aux talens d'un seul homme: il n'en fut que plus ardent à réparer ses pertes. Les grandes ames s'irritent par les obstacles. Il vouloit faire rougir par ses succès les électeurs qui avoient donné la préférence à son rival, qui, de son côté, vouloit faire avouer à l'Europe que, supérieur à son concurrent dans les affaires, il le surpassoit encore dans l'art de la guerre. *François I* passe en Italie, résolu de tout tenter pour reconquérir Milan. Il est aisé de juger combien dans ce siècle l'artillerie avoit fait de progrès, puisque ce prince avoit 4000 chevaux pour la servir. Le siége de Marseille, levé par le connétable, n'éclipsa point sa gloire; cet échec fut réparé par la victoire qu'il remporta sous les murs de Pavie, où le roi fut fait prisonnier en 1525. On attribua ce malheur à une imprudence toute semblable à celle qui fit encore perdre depuis aux François, en 1743, la bataille d'Ettingue. Le monarque captif fut conduit en Espagne, où, conservant sa fierté, il vécut comme un monarque environné de ses sujets. Son malheur contribua autant au rétablissement de ses affaires qu'une victoire; toutes les puissances de l'Italie crurent devoir opposer une digue à la puissance de son vainqueur. Le roi d'Angleterre, alarmé des prospérités d'un prince qui sembloit aspirer à la domination de l'Europe, se ligua avec le pape, les Vénitiens & Sforce, pour enlever le royaume de Naples à Charles-Quint: Sforce fut seul la victime de cette confédération; le connétable de Bourbon lui enleva les principales places du Milanois, dont l'investiture lui avoit été promise. Le roi, ennuyé de sa prison, pendant que ses alliés combattoient, soupiroit après sa liberté; la duchesse d'Alençon, sa sœur, se rendit à Madrid pour sa délivrance: elle ne l'obtint que par le sacrifice de la Bourgogne & de quelques autres possessions: le roi fut obligé de donner deux de ses enfans pour gage de l'exécution du traité.

Le prétexte du bien public est l'excuse de l'infidélité des rois. Quand l'Espagne demanda la ratification du traité de Madrid, on fit paroître les députés de la province de Bourgogne, qui déclarèrent que le roi avoit excédé les limites de son pouvoir, en les livrant à une puissance étrangère; on ne les eût pas consultés, s'il se fût agi de les conquérir. On trouva leur réponse généreuse, parce qu'elle favorisoit les intérêts de celui qui les faisoit parler. Le parlement de Paris déclara que le domaine de la couronne étoit inaliénable, & que le roi n'avoit pu faire cette cession: c'étoit Philippe qui interrogeoit la Pythie. Cette résistance prolongeoit la captivité des enfans du roi. Un autre événement politique accéléra le moment de leur liberté: une ligue formée entre le roi, le pape Clément VII & tous les princes d'Italie, sous la protection du roi d'Angleterre, annonça une heureuse révolution: on la nomma *la ligue sainte*, parce que le pape en étoit le chef. Tant de forces réunies n'empêchèrent point le connétable de Bourbon de s'emparer du Milanois, dont le duc ne conserva la liberté que par la suite. Le vainqueur, précipitant sa marche, se présenta devant les murs de Rome, qui fut prise d'assaut & saccagée: Bourbon y fut tué, & emporta dans le tombeau l'admiration de l'Europe, qui le plaignit d'avoir été forcé, par une femme impérieuse, à vivre & à mourir rebelle: il n'avoit que 38 ans, & il avoit été héros sans attendre le secours tardif de l'expérience. Le pape, investi dans le château Saint-Ange, étoit menacé d'une prochaine captivité; l'arrivée de Lautrec en Italie, où Gênes lui ouvrit ses portes, détermina les Impériaux à écouter les propositions que le pape leur fit pour sa délivrance ; & se couvrant du voile d'une modération hypocrite, ils se retirèrent de l'état ecclésiastique.

Le roi, attendri sur le sort de ses deux fils qui languissoient en Espagne, dans les ennuis de la captivité, offrit deux millions d'or pour leur rançon, & pour l'inexécution du traité de Madrid. Cette offre fut rejetée, & la guerre fut continuée avec une nouvelle vivacité. Lautrec mit le siége devant Naples : les fatigues qu'il eut à essuyer lui causèrent une maladie qui le conduisit au tombeau. Sa mort fut suivie de la défection de Doria, le plus grand homme de mer de son temps, qui, après avoir servi la France, dont il eut à se plaindre, en devint la terreur. Le fléau des maladies détruisit l'armée françoise, qui fut réduite à la honte de lever le siége, & à l'impuissance de rien entreprendre : on combattit foiblement dans le Milanois : Savone & Gênes, qui s'étoient soumises à la domination françoise, furent contraintes de rentrer dans l'obéissance de l'empereur. Les deux partis, également épuisés par une vicissitude de victoires & de défaites, terminèrent leurs différens par le traité de Cambrai. Le roi, pour s'acquitter des engagemens pris dans sa captivité, renonça à tous ses droits sur les comtés de Flandre & d'Artois ; ce fut à ces conditions que ses enfans lui furent rendus. Le pape, dont l'empereur avoit besoin, fut traité favorablement ; Sforce fut maintenu dans le duché de Milan ; la souveraineté de Florence fut assurée à Alexandre de Médicis, qui avoit épousé la fille naturelle de Charles-Quint. Le roi d'Angleterre eut une grande influence dans cette négociation ; son zèle pour les intérêts du roi lui fut inspiré par la politique : il méditoit alors son divorce avec Catherine d'Aragon ; il savoit que *François I* pouvoit le favoriser dans l'exécution de ce projet.

François Sforce, rétabli dans la souveraineté de Milan, oublia bientôt qu'il en étoit redevable à la France ; il osa enfreindre le droit le plus sacré, en faisant décapiter Merveille, ministre de *François I*, dans sa cour. Cet attentat fut un signal de guerre ; le roi, dont la gloire étoit intéressée à tirer vengeance de cette insulte, demanda un passage au duc de Savoie pour pénétrer dans l'Italie ; & sur le refus qu'il essuya, il mit à la tête de son armée l'amiral de Brion, qui s'empara de la Savoie & des principales places du Piémont. La mort de François Sforce mit fin à cette guerre, & fit revivre les droits du roi sur le duché de Milan ; Charles-Quint lui en refusa l'investiture, & la guerre continua. L'empereur entra dans la Provence, où il assiégea Marseille, qui fut l'écueil de sa gloire ; son armée, presque détruite devant cette ville, releva le courage des François, & leur rendit la supériorité en Piémont. Les ennemis s'en vengèrent sur la Picardie, où ils exercèrent beaucoup de ravages ; mais ils échouèrent devant Péronne. Ces prospérités ne furent pas sans amertume ; le fils aîné du roi mourut empoisonné, & on voulut faire tomber le soupçon de ce crime sur l'empereur. Charles-Quint pouvoit essuyer des pertes sans épuiser ses forces ; il continua la guerre sur toutes les frontières, & il n'adopta un système pacifique que par la crainte qu'il eut de l'armée de Soliman, conduite par Barberousse, avec qui le roi avoit été dans la nécessité de contracter une alliance qui le décria dans l'Europe. Le pape s'érigeant en pacificateur, engagea les deux monarques à se rendre à Nice pour y traiter de la paix ; ils y conclurent une trève pour dix ans ; & s'étant ensuite transportés à Aigues-Mortes, il se jurèrent une amitié qui bientôt les rendit tous deux parjures.

Les Gantois se plaignant du poids des impôts & de l'extinction de leurs priviléges, secouèrent le joug de l'obéissance ; Charles-Quint, pour étouffer ce mal dans sa naissance, demanda passage à *François I* par ses états, pour se rendre en Flandre. Ce prince politique oublia dans ce moment qu'un ennemi réconcilié est un ennemi secret ; mais il connoissoit trop la franchise & la générosité de *François I* pour ne pas s'y livrer ; il le séduisit par la promesse de donner l'investiture du Milanois à un de ses enfans, à son choix. Ceux qui connoissoient les artifices de Charles-Quint, vouloient que le roi, qui l'avoit en sa puissance, en tirât un écrit garant de cette promesse ; mais on jugea plus noble de s'en tenir à la parole du prince que d'en tirer un écrit qu'il pourroit désavouer dans la suite, comme ayant été arraché par contrainte. Ce parti fut suivi, parce qu'il étoit le plus conforme à la générosité du roi ; mais il entraîna, selon quelques écrivains, la disgrace de Montmorenci qui l'avoit donné, & qui se retira à Chantilli lorsqu'on eût appris que Charles-Quint, arrivé en Flandre, avoit hautement déclaré qu'il n'avoit rien promis.

L'amiral de Brion, protégé par la duchesse d'Etampes, sa parente & son amie, jouissoit de la plus haute faveur ; il devint suspect ou odieux au roi, qui nomma des commissaires pour lui faire rendre compte de son administration. Quiconque est accusé par son roi, est toujours jugé coupable. Brion fut dégradé, & ses biens furent confisqués ; mais cet arrêt inique fut cassé par le parlement, plus éclairé & plus incorruptible que des juges vendus à la faveur. Le chancelier Poyet, qui avoit été à la tête des commissaires, fut bientôt la victime de sa vénalité : on lui fit son procès ; & convaincu de malversations, il fut ignominieusement dégradé & réduit à vieillir dans l'infamie. Sa chûte fit l'allégresse publique ; & dès qu'il fut dans l'impuissance de faire le mal, on reconnut qu'il étoit plutôt fait pour vivre dans l'agitation des intrigues, que dans l'exercice paisible de la législation.

Deux ambassadeurs de France furent indignement assassinés sur le Pô, allant l'un à Venise, &

l'autre à Constantinople, & il fut avéré que cet attentat avoit été commis par les émissaires de l'empereur. Leur sang fut la semence d'une nouvelle guerre; le roi rechercha l'alliance des rois du Nord, & ce fut la première qu'on contracta avec eux. Henri VIII, tantôt ennemi, tantôt allié de la France, se lia avec Charles-Quint, dont il avoit beaucoup à se plaindre. On combattit en même temps dans le Roussillon, le Luxembourg, le Brabant, le Piémont & la Picardie avec des succès variés. La victoire de Cerisoles, gagnée par le jeune duc d'Anguien, fut suivie de la conquête du Mont-Ferrat; mais il ne put profiter de ses avantages : on affoiblit son armée pour s'opposer aux progrès de Charles-Quint & de Henri VIII, qui avoient fait une irruption dans la Champagne & la Picardie. Après bien des combats inutiles, la paix conclue à Crépi ne fut que la confirmation du traité de Nice. La mort de Henri VIII frappa vivement le roi : quoiqu'il fût mort séparé de l'église romaine, on lui fit un service solemnel à Notre-Dame. *François I* le suivit deux mois après au tombeau : il mourut en 1547. Ce prince, qui n'avoit que des inclinations bienfaisantes, aima trop la guerre pour faire le bonheur de ses sujets : du milieu du tumulte des armes, il protégea les sciences & ceux qui les cultivoient : ce fut à lui & à Léon X qu'on attribua la renaissance des lettres dans l'Europe. Les Grecs échappés de Bizance, trouvèrent un asyle à l'ombre de son trône, où ils firent revivre la langue des Sophocles & des Démosthènes. Plusieurs établissemens formés par sa magnificence favorisèrent les progrès du génie & perpétuèrent l'empire des sciences & des arts : la reconnoissance des savans a perpétué sa gloire, & il n'est point de prince dont on ait autant multiplié les éloges; il ne lui manqua que d'être heureux, mais l'adversité ne fit que développer la noblesse & la fierté de son ame, & jamais il ne parut plus grand que dans les revers. Après la bataille de Pavie, il écrivit à sa mère : *tout est perdu, hormis l'honneur.*

Nos armées, depuis que la troisième race étoit montée sur le trône, n'avoient été composées que de cavalerie; on tiroit l'infanterie de chez l'étranger : on sentit l'inconvénient de confier la destinée de l'état à des troupes mercenaires, qui ne faisoient la guerre que pour piller. *François I* forma un corps d'infanterie qui le dispensa de soudoyer des étrangers; il le distribua par bandes ou régimens, & leur donna le nom de *légions*. On fait combien cet établissement s'est perfectionné; l'on attache aujourd'hui autant d'honneur à servir dans l'infanterie que dans la cavalerie. On reproche à *François I* d'avoir introduit la vénalité des charges de la magistrature; si l'on s'en rapporte à l'expérience, & non à la spéculation, on sera forcé peut-être de convenir qu'il n'en résulta aucun abus : les places de la magistrature ne furent plus occupées que par des citoyens opulens qui achetèrent, par le sacrifice d'une portion de leur fortune, le pénible honneur de consacrer leurs veilles à la sûreté publique; jamais le barreau n'a fourni de plus grands hommes & des juges plus intègres que depuis l'institution de la vénalité. Ce fut sous ce règne que s'introduisit l'usage de porter les cheveux courts, & de se faire un ornement d'une longue barbe; cette mode a subsisté jusqu'à Louis XIII. Tous les actes publics avoient été jusqu'alors écrits en latin, & c'est ce qui avoit étendu le pouvoir des jurisdictions ecclésiastiques, parce que cette langue n'étoit point entendue dans les autres tribunaux. L'édit de Villers-Coterets, donné en 1539, réforma cet abus; il fut ordonné que dans la suite tous les actes publics seroient écrits en françois. Luther & Calvin, supérieurs à leur siècle, l'infectèrent du poison de l'erreur; *François I*, trop occupé de la guerre, fut dans l'impuissance d'opposer une digue à ce débordement. (*T—N.*)

FRANÇOIS II (*Hist. de France*) joignoit au titre de roi de France, ceux de roi d'Angleterre, d'Ecosse & d'Irlande, & ne fut en effet roi ni en France, ni dans la Grande-Bretagne; les Guises régnèrent sous son nom. Ce ne fut qu'un fantôme de souverain, dont l'apparition fut très-courte; Marie Stuart, son épouse, lui avoit apporté le royaume d'Ecosse, & des prétentions sur l'Angleterre. Son début dans le gouvernement fit des mécontens; il renvoya le connétable de Montmorenci & la duchesse de Valentinois, maîtresse de Henri II, son père, mort en 1559. *François*, duc de Guise, & le cardinal de Lorraine, son frère, s'emparèrent de la confiance du roi & de son autorité : ils étoient ses conseillers, mais ils lui donnoient moins des conseils que des ordres, & *François* obéissoit. Leur grandeur fit des envieux, le roi de Navarre & le prince de Condé se liguèrent contre ces princes : le connétable observa plus qu'il n'agit : les deux partis se séparèrent bientôt; la religion fut le prétexte de ces divisions; les Guises se donnoient pour défenseurs de l'église catholique, dont ils se soucioient peu; & les autres princes, pour protecteurs des erreurs de Calvin, qu'ils méprisoient. La fureur des catholiques & l'opiniâtreté des protestans donnèrent dès-lors le signal de toutes les horreurs qui se perpétuèrent jusqu'à l'édit de Nantes. Jamais les Anglois ne montrèrent autant d'acharnement contre les François que les François en montrèrent contre eux-mêmes dans des temps déplorables. La mort d'Anne du Bourg fut le premier coup d'éclat qu'un zèle mal réglé fit commettre sous ce règne; un autre événement célèbre fut la conjuration d'Amboise : Condé parut en être le chef; la Renaudie en fut l'instrument; il avoit une foule de complices. Ce projet, qui devoit anéantir la maison de Lorraine, fut éventé par une de ces causes légères qui font presque toujours échouer les conspirations. Les coupables périrent : on feignit de croire Condé innocent; Coligny l'étoit, parce que les protestans, comme les catholiques, craignoient sa vertu, & qu'on n'avoit osé lui confier un dessein qui lui auroit fait horreur. Il présenta au roi une requête en faveur des calvinistes; *François* indiqua une assemblée des états à Orléans : Condé s'y rendit; mais en entrant dans la ville, il fut arrêté & condamné à mourir de la main d'un bourreau ; il mourut depuis de celle d'un assassin. L'arrêt alloit être exécuté, lorsque la mort du roi changea pour quelques momens la face des affaires; ce prince mourut à Orléans le 5 décembre 1560. Cet événement rendit la liberté au prince de Condé : c'étoit un homme si altier & si ferme, que lorsque dans sa prison on lui parla de traiter avec les Guises, il répondit : *Je traiterai avec eux la lance à la main : ce sont-là les traités d'un homme tel que moi.* (M. de Sacy.)

François, grand-duc de Toscane, successeur de Charles VII, xlive. empereur depuis Conrad I; Marie-Thérèse d'Autriche, reine de Hongrie & de Bohême. (*Histoire d'Allemagne, de Hongrie & de Bohême.*) Immédiatement après la mort de Charles VI, son père, Marie-Thérèse, âgée de 23 ans, se mit en possession des états de la maison d'Autriche, dont elle étoit l'unique rejeton en ligne directe. Le premier usage qu'elle fit de sa puissance, fut d'associer le grand-duc son époux au gouvernement, l'acte en fut inscrit de la manière la plus solemnelle dans tous les tribunaux; mais le grand-duc promit authentiquement qu'il ne s'en prévaudroit jamais pour exiger la préséance sur son épouse. Les états d'Allemagne & d'Italie témoignèrent leur allégresse à l'avénement de leur souveraine; les Hongrois n'y mêlèrent point leurs cris de joie : ce peuple amoureux de la liberté réclamoit ses anciens priviléges, dont les derniers empereurs l'avoient dépouillé. Les échafauds que Léopold avoit fait dresser dans la place d'Eperies étoient encore présens à leurs yeux, & nourrissoient au fond des cœurs un vif ressentiment. La reine, à qui rien ne manquoit pour être aimée, & qui sentoit le besoin de l'être, rassura leurs députés par la réponse la plus consolante qu'ils pussent desirer. « Si moi ou quelqu'un de mes » successeurs, dit-elle, en quelque temps que ce » soit, veut attenter à vos priviléges, qu'il vous » soit permis à vous & à vos enfans de vous dé- » fendre, sans pouvoir être traités de rebelles. » Ce langage d'une princesse qui vouloit fonder son trône sur la justice & la modération, éteignit le dernier flambeau de la guerre civile, à laquelle la Hongrie, dans tous les temps, avoit été en proie. Marie-Thérèse, pour se concilier de plus en plus l'esprit des grands de ce royaume, mit en liberté plusieurs seigneurs dont la fidélité avoit paru suspecte, & dont on avoit cru devoir s'assurer sous le dernier règne Ce que la clémence inspiroit à Marie-Thérèse, la politique l'eût rendu nécessaire. La plupart des princes de l'Europe, anciens ennemis de sa maison, prenoient des mesures pour lui ravir le sceptre; le duc Albert de Bavière, qui depuis fut empereur sous le nom de *Charles VII*, se déclara le premier. Ce prince réclamoit les royaumes de Bohême & de Hongrie, comme des biens dont ses ancêtres avoient été dépouillés; le roi de Pologne parut ensuite, & allégua à peu près les mêmes titres que l'électeur de Bavière; Philippe V, de son côté, prétendoit représenter, comme roi d'Espagne, la branche aînée d'Autriche; il s'opposoit à tous les actes contraires aux droits qui lui étoient dévolus à l'extinction de la branche cadette, & sur-tout de la grande maîtrise de la Toison d'or, appartenante aux rois d'Espagne, comme fondateurs : il déclaroit même qu'il ne reconnoîtroit aucuns chevaliers, que ceux qu'il auroit décorés lui-même de cet ordre. Le manifeste de Marie-Thérèse ne tarda point à paroître; & si ces princes n'avoient été guidés que par l'équité, ils auroient renoncé à leurs prétentions. La reine avoit un ennemi plus dangereux qui ne se montroit point encore : c'étoit Frédéric de Brandebourg. Ce prince, qui réunit toutes les qualités des plus grands héros, étoit d'autant plus à craindre, qu'il couvroit ses desseins d'un voile impénétrable. Dans le temps même qu'il assuroit Marie-Thérèse qu'il seroit son allié le plus dévoué, il préparoit contr'elle un armement formidable. Sans déclaration de guerre, sans faire publier de manifeste, on le vit fondre sur la Silésie; il réclamoit cette province, & accusoit les princes d'Autriche de l'avoir enlevée à ses ancêtres. « Je » demande, disoit-il, par la force, & les armes » à la main, ce que la force & la supériorité des » armes m'ont ravi & me retiennent. » La France, l'Espagne, la Bavière & la Saxe se préparoient à commencer leurs hostilités, & tout présageoit la ruine de Marie-Thérèse qui, dans l'impossibilité de résister à tant d'ennemis, mit tout en usage pour engager la France à garder la neutralité. Le cardinal de Fleury reçut les lettres les plus pressantes & les plus affectueuses de la part de cette princesse, qui le conjuroit de garder cet esprit de justice & de modération que les cours admiroient en lui : c'étoit bien l'intention de ce ministre, aussi sage qu'économe; il eût bien desiré de détourner une guerre qui devoit coûter beaucoup de sang à la France, & épuiser ses finances. Si son plan eût été suivi, Louis XV se seroit contenté de disposer du sceptre impérial, & de l'assurer dans la maison du duc de Bavière : l'attachement de ce duc aux intérêts de la France eût été suffisamment récompensé; mais le comte & le chevalier de Belle-Isle dominoient dans le conseil. Ces deux frères, peut-être aussi touchés de leur gloire personnelle que des vrais intérêts de leur maître, traitèrent de pusillanimité les sages frayeurs du ministre, & leur avis prévalut. Deux armées puissantes partirent aussi-tôt aussi-tôt pour l'Allemagne; l'une, composée de 40,000 hommes, prit la route de la Bavière, sous la conduite du maréchal de Belle-Isle; l'autre, sous le commandement du maréchal de Maillebois, presque aussi forte, s'approcha de l'électorat de Hanovre, pour obliger George II, roi d'Angleterre, à abandonner le projet qu'il avoit formé d'embrasser le parti de la reine. Ce plan réussit; George, craignant pour son électorat, retira 30,000 hommes hanovriens, hessois & danois, qu'il destinoit à secourir Marie-Thérèse. Cette princesse, au milieu de tant d'ennemis, ne voyoit plus que son royaume de Hongrie & les états du grand-duc son époux qui pussent lui offrir une retraite; elle se trouva, pour ainsi dire, captive dans Vienne. Les ennemis alloient mettre le siége devant cette ville, lorsqu'elle en sortit. « J'ignore, écrivoit-elle à la duchesse de Lorraine, sa belle-mère, » s'il me restera une » ville où je puisse faire mes couches ». Réduite à cette extrémité, elle ne fit rien qui démentît son rang & son illustre origine; elle ne s'abaissa point à demander servilement la paix : l'acharnement de ses ennemis accroissoit sa constance. N'étant plus en sûreté en Autriche, elle se retira dans ses états de Hongrie. Ses discours & sa fermeté héroïque remplirent tous les cœurs de zèle & d'amour pour sa personne. « Mes amis, dit-elle aux Hongrois assemblés, » m'ont abandonnée, mes ennemis ont conjuré ma perte, » mes parens même me trahissent; il ne me reste » que votre fidélité, votre courage & ma constance. Voilà mes enfans, ajouta-t-elle, en leur » montrant l'archiduc son fils qu'elle tenoit dans » ses bras, & l'archiduchesse sa fille, qui étoient » encore dans la plus tendre enfance; vous défendrez le sang de vos rois, c'est de vous que » j'attends leur salut. » Pour comble de disgrace, elle vit l'électeur de Bavière, principal moteur de la guerre, s'asseoir sur un trône qu'une si longue suite de ses aïeux avoit occupé; & qu'elle desiroit avec tant d'ardeur pour le grand-duc son époux (janvier 1742). Les Hongrois n'avoient point été insensibles au discours touchant de leur souveraine: des larmes non suspectes avoient coulé de leurs yeux; on ne peut exprimer le transport dont ils furent soudainement saisis; les hommes, de toute condition & de tout âge, jurèrent de mourir pour Marie-Thérèse, que la fortune dès-lors ne persécuta plus avec tant d'opiniâtreté. Les pandoures & les talpaches, bande hongroise dont l'air affreux semoit l'épouvante, désoloient les Bavarois & les François qui avoient envahi la Bohême. La reine employoit la négociation au milieu de la guerre : son principal objet étoit de détacher de la ligue le roi de Prusse, le plus redoutable de tous ses ennemis; il s'obstinoit à demander la Silésie, sur la plus grande partie de laquelle il avoit des droits incontestables; mais Marie-Thérèse ne pouvoit se résoudre au démembrement des états de son père : il fallut cependant y consentir; la bataille de Molvitz & celle de Czaslau lui donnoient tout à craindre pour l'avenir. La paix fut donc conclue entre les cours de Vienne & de Berlin (juin 1742). Le roi d'Angleterre se rendit garant du traité qui donnoit au roi de Prusse la Haute & la Basse-Silésie, avec le comté de Glatz; mais on en détacha la principauté de Teschen & le duché de Troppau. Frédéric s'obligeoit à acquitter les capitaux & les intérêts des sommes que le roi d'Angleterre avoit prêtées à l'empereur défunt, sur les revenus des fermes de cette province; il devoit observer une exacte neutralité, & retirer toutes ses troupes dans la quinzaine de la signature du traité. La retraite du roi de Prusse fut un coup de foudre pour les alliés; les François, conquérans de la Bohême, en furent presque aussi-tôt chassés : le maréchal de Belle-Isle, principal moteur de cette guerre funeste, fut assez heureux pour conserver son honneur en évacuant Prague, où il avoit laissé garnison. Ce général s'étoit flatté de se couvrir de gloire; on s'apperçut trop tard que le plan du cardinal de Fleury étoit bien préférable au sien; sa retraite forcée dévouoit au mépris & à l'indigence un empereur que Louis XV eût soutenu sur le trône avec honneur, s'il eût résisté aux conseils éblouissans du maréchal de Belle-Isle, intéressé à montrer les objets sous un autre point de vue qu'un ministre vertueux, qui toujours oublioit ses intérêts lorsqu'il s'agissoit de ceux de la France. Le cardinal préféroit le solide bonheur de la paix à l'éclat stérile des victoires. Les Autrichiens, après avoir reconquis la Bohême, pénétrèrent dans la Bavière, & l'orage qui s'étoit formé dans le Nord menaça nos frontières. Le duc de Savoie, gagné par une partie du Vigevanasque avec le Plaisantin, le Pavesan & les droits sur le marquisat de Final que lui céda la reine, abandonna la ligue. Ce prince, qui tient les portes de l'Italie, étoit un allié important pour les états du grand duc, son mari, & pour ceux qu'elle-même possédoit au-delà des Alpes. Les armes des Autrichiens en Italie prirent dès-lors la supériorité sur celles des Espagnols qui perdirent le Modénois & la Mirandole. La reine eut en Allemagne des succès plus heureux encore; le prince Charles fit prisonniers six mille hommes de troupes de l'empereur, commandés par le marquis de Minuzzi qui fut pris lui-même; Bruneau & Landau tombèrent au pouvoir du vainqueur; Charles VII fut forcé d'abandonner Munich, sa capitale, & de se retirer vers Francfort, d'où il put voir la bataille d'Ettingen, si fatale à la France, par la valeur trop active du duc de Grammont qui dérangea le plan du maréchal de Noailles, dont dépendoit la victoire. Marie-Thérèse, à qui on avoit refusé la paix, la refusa à son tour. L'empereur la demandoit en suppliant : il en dressa les préliminaires qu'il ne croyoit pas devoir être rejetés; il se trompoit.

Le prince Charles, qui, l'année précédente, étoit borné à défendre la Bohême, se préparoit à porter la guerre en Alsace & en Lorraine. La reine, après avoir recouvré Egra, la seule ville de Bohême que ses ennemis occupoient, se fit prêter serment de fidélité par les états de Bavière, dont elle avoit dépossédé l'électeur. Cependant Louis XV avoit appuyé les propositions de paix, & fut très-sensible au refus qu'en avoit fait la reine. Il prit la résolution de commander lui-même ses armées: il n'avoit fait la guerre que comme allié du duc électeur de Bavière: il la fit comme ennemi direct de Marie-Thérèse & du roi d'Angleterre, allié de cette reine. Après l'avoir déclarée dans les formes les plus solemnelles, ses premiers coups tombèrent sur Menin, Ypres, Furnes & la Kenoque, qui cédèrent à la force de ses armes. Les succès étoient variés en Italie entre les Espagnols & le roi de Sardaigne. Charles de Lorraine ne perdoit point de vue le projet de pénétrer en Alsace, où il rendit son nom redoutable. Louis XV, instruit des ravages qu'il exerçoit, chargea le célèbre maréchal de Saxe du soin de conserver ses conquêtes en Flandre, & prit la route de l'Alsace pour aller combattre le prince Charles. Le duc d'Harcourt le précédoit, & le maréchal de Noailles l'accompagnoit dans sa marche. Une maladie mortelle qui le retint à Metz, ne lui permit pas d'achever sa course. La gloire de chasser les Autrichiens de l'Alsace étoit réservée aux maréchaux de Noailles & de Coigny. Le roi de Prusse, étonné du progrès des armes de Marie-Thérèse, craignit que cette reine, à qui des revers multipliés avoient fait signer le traité touchant la Silésie, ne le rompît dans un temps où elle sembloit maîtriser la victoire. Il crut devoir la prévenir, & profiter du moment où le ressentiment de Louis XV tomboit sur sa rivale. Ce prince habile trouva sans peine un prétexte à ses hostilités. La reine refusoit de reconnoître Charles VII pour empereur, quoique son élection fût régulière. Le roi de Prusse, comme électeur, feignit de se croire obligé de défendre le chef de l'Empire: il fond tout-à-coup avec vingt mille hommes sur la Moravie, & en envoie quarante mille devant Prague, où il se rend bientôt lui-même. La ville fut prise d'assaut; & la garnison qui montoit à seize mille hommes, fut faite prisonnière. Frédéric, dans l'impuissance de conserver sa conquête, démantela la place, pour aller couvrir des magasins considérables à Konigs-Gratz, que le prince Charles menaçoit. On s'apperçut bientôt que les intérêts de Charles VII n'étoient qu'un voile dont le roi de Prusse couvroit ses desseins: en effet, la mort de cet empereur n'arrêta point ses hostilités: son plan, conforme à celui du roi de France, étoit d'empêcher l'agrandissement de la maison de Lorraine, qui, entée sur celle d'Autriche, devoit donner des inquiétudes à l'Europe. Le feu de la guerre en devint plus violent. Le roi de France, dont la santé étoit rétablie, se rendit au mois de mai en Flandre, & remporta à Fontenoy une victoire à jamais mémorable, qui mit bientôt sous son obéissance, Tournai, Gand, Oudenarde, Bruge, Dendremonde, Ostende & Nieuport. Cette victoire & la bataille de Fridberg, gagnée par les Prussiens, n'empêchèrent point que le grand-duc ne parvînt au trône de l'Empire. Au milieu de ces affreux orages, Marie-Thérèse avoit conservé tout le calme de son esprit, qui eut tant d'ascendant sur celui des princes de l'Empire, que le sceptre qu'avoient porté ses aïeux, passa dans la maison qu'elle avoit adoptée. Le grand duc fut couronné roi des Romains, & proclamé empereur sous le nom de *François I.* (13-23 septembre 1745.) Le roi de Prusse & l'électeur palatin furent les seuls du collége électoral qui lui refusèrent leur suffrage. Le couronnement de *François I* se fit sous de malheureux auspices: il fut marqué par la bataille de Landnitz, que le roi de Prusse gagna sur les Autrichiens, pour lesquels elle fut très-meurtrière. Ils perdirent neuf étendarts & tout leur canon; deux mille déserteurs s'enrôlèrent dans l'armée de Frédéric; la Saxe conquise, la Bohême entamée, furent le fruit de cette victoire. La guerre se communiquoit à toutes les parties de l'Europe: Frédéric la déclara au roi de Pologne, comme à l'allié de Marie-Thérèse. « Tous » ceux qui se liguent, disoit-il, avec les puissances » que je combats, sont mes ennemis: le roi de » Pologne a un traité défensif avec Marie-Thérèse; » il est mon ennemi, je lui déclare que je marche » contre lui. » Ce manifeste n'étoit pas des plus réguliers, mais il n'en prit pas moins Leipsick & Dresde. Ce prince, qui savoit allier le plaisir au tumulte des guerres, donna des fêtes brillantes dans la capitale qu'il venoit de conquérir.

Le roi d'Angleterre voyoit avec inquiétude les succès des Prussiens: il multiplia ses efforts pour engager Frédéric à terminer ses différens avec la reine. Ses négociations ne furent point infructueuses; la paix fut rétablie entre ces deux puissances; le roi de Pologne fut compris dans le traité qui confirmoit au monarque prussien la possession de la Silésie & du comté de Glatz; ce prince, à cette condition, consentit à reconnoître *François* pour empereur. Louis XV aspiroit à se venger du roi d'Angleterre, qui le privoit d'un allié si puissant; il fit un effort pour remettre le prétendant sur le trône de la Grande-Bretagne: ainsi cette guerre, allumée contre Marie-Thérèse, commençoit à lui devenir étrangère. L'avénement de Ferdinand VI au trône d'Espagne, fit croire à l'Europe, épuisée par tant de combats qu'elle touchoit à la fin de ses maux. Ce prince pacifique envoya des ordres à ses généraux de sortir de l'Italie, où ils avoient combattu avec des succès mêlés de revers, & de cesser toute espèce d'hostilités. Gênes, alliée des Espagnols & des

François, demeura exposée au ressentiment des Impériaux, qui furent chassés par cette république, pour avoir voulu lui imposer un joug trop pesant. Louis XV, quoiqu'abandonné de ses alliés, ne poursuivit pas moins l'exécution de ses projets. Ce monarque sentoit le besoin de la paix, mais il vouloit la faire en vainqueur : la prise de Berg-op-zoom & de Mastricht ne lui laissa rien à desirer, & pacifia l'Europe. Le maréchal de Saxe, qui, dans cette guerre, avoit donné à nos armées un état qu'elles n'avoient point eu depuis les Condé & les Turenne, avoit souvent dit que la paix étoit dans Mastricht. La prédiction de ce grand général fut justifiée par l'événement : les préliminaires entre la France, l'Angleterre & la Hollande, furent signés après quinze jours de tranchée ouverte devant cette ville: ils portoient une suspension d'armes & la remise de Mastricht, par provision, entre les mains des François. la reine le signa peu de temps après: ainsi le calme ferma enfin les plaies de l'Europe, après huit ans d'une guerre opiniâtre & sanglante; le traité fut signé à Aix-la-Chapelle (18 octobre 1748) en forme de paix perpétuelle. Toutes les conquêtes furent restituées de part & d'autre : la reine céda à l'infant don Philippe, Parme, Plaisance & Guastalla, avec clause de réversibilité au défaut de postérité masculine : le duc de Modène fut rétabli dans ses états, à l'exception de quelques places : toutes les possessions du duc de Savoie lui furent confirmées : la pragmatique-sanction de Charle VI, qui assure aux femmes la succession d'Autriche au défaut de postérité masculine, fut garantie par toutes les puissances stipulantes, qui maintinrent le roi de Prusse dans toutes les possessions qu'il avoit avant la guerre.

Louis XV s'étoit acquis beaucoup de gloire pendant la guerre; il en acquit encore plus par cette paix. Ce monarque, oubliant le droit de la victoire, ne sortit point de cette modération qu'il s'étoit prescrite; il fit le généreux sacrifice de ses conquêtes, & ne parut sensible qu'au bonheur de fermer des plaies que l'inquiétude de l'Angleterre devoit bientôt rouvrir. L'espoir de nous ravir nos possessions d'Amérique, d'anéantir notre marine & notre commerce, fut le véritable motif de cette guerre qui exerça ses ravages dans l'ancien & dans le nouveau monde, & déchira sur-tout le sein de l'Allemagne. Le roi d'Angleterre, qui prévoyoit bien que Louis XV ne manqueroit pas de fondre sur son électorat d'Hanovre, jeta les yeux sur le prince d'Allemagne qu'il savoit le plus en état de le défendre : il conclut avec Frédéric un traité de ligue défensive, dont le but étoit d'empêcher les troupes étrangères de pénétrer sur les terres de l'Empire. Le roi de France, de son côté, chercha un allié qui pût en imposer à Frédéric; il se lia étroitement avec Marie-Thérèse : un traité conclu entre les cours de Versailles & de Vienne, portoit une neutralité absolue quant à ce qui concernoit l'Amérique; mais en cas que l'une des deux puissances vînt à être inquiétée dans ses états du continent, l'autre s'obligeoit à lui donner un secours de vingt-quatre mille hommes. Cette alliance déconcerta tous les politiques, & ce fut le premier nœud qui réunit les maisons d'Autriche & de Bourbon, si long-temps rivales. Cependant Frédéric se lassa bientôt du rôle d'allié : jaloux de paroître le premier sur ce nouveau théâtre, il fait une irruption dans la Saxe, alliée de la reine, avec soixante mille hommes; & il ne se fait précéder par aucune déclaration de guerre, par aucun manifeste. Ces formalités indispensables ne furent remplies que quand il eut mis le pied sur les terres ennemies; alors, son ministre à la cour de Vienne, déclara à Marie-Thérèse que son maître, instruit de l'alliance offensive conclue entr'elle, la czarine & le roi de Pologne, contre lui, exigeoit que la reine, pour détruire les alarmes qu'il en concevoit, déclarât que son intention étoit de ne l'attaquer ni cette année, ni la suivante, ni de faire aucune entreprise sur la Silésie.

Ce traité, dont Frédéric feignoit de se plaindre, étoit ancien, il regardoit la Porte, & non pas la cour de Berlin. Ce n'étoit pas ce traité qui excitoit ses inquiétudes, mais celui que la reine avoit conclu avec la France, dont il ne parloit pas. Marie-Thérèse lui fit une réponse pleine d'élévation & de sagesse : elle lui dit que le traité conclu contre lui entre la czarine, le roi de Pologne & elle, étoit imaginaire; que ses préparatifs en Bohême étoient postérieurs à ceux qu'il avoit faits en Silésie; que quant à la promesse de ne point attaquer sa majesté Prussienne, elle ne se croyoit point obligée de se lier les mains, qu'elle suivroit le cours des événemens; & qu'au surplus la cour de Berlin devoit se reposer sur le traité d'Aix-la-Chapelle.

Le roi de Prusse, qui ne cherchoit qu'un prétexte, prit cette réponse pour une déclaration de guerre, & répandit un manifeste à la cour de Dresde. Auguste eût bien voulu prévenir l'orage, il fit au roi de Prusse des propositions qui furent rejetées, non sans une espèce de dureté. Tout ce que vous me proposez, lui répondit Frédéric, ne me convient pas, & je n'ai aucune condition à vous proposer. Auguste, qui ne s'étoit point mis en état de défense, abandonna Dresde, capitale de son électorat, & se retira à son camp de Pidna, d'où il se rendit ensuite à Varsovie : il laissa son épouse à Dresde; cette princesse y mourut du chagrin que lui occasionnèrent les excès des Prussiens dans l'électorat. Le roi de Prusse, s'étant fait ouvrir les archives, ne trouva aucune trace du prétendu traité qui lui avoit mis les armes à la main; mais il n'en continua pas moins ses projets de conquête. On vit pendant le cours de cette guerre, ce que l'on n'avoit point encore vu, & ce qu'il n'est point à desirer que l'on voie jamais : les annales du monde ne présentent point d'exemple d'un semblable événement. Neuf armées considérables parurent à la fois en Allemagne (1757), & dans une seule campagne il s'y livra neuf batailles rangées. Nous n'entrons point dans les détails de ces différens combats, ni dans les autres qui se donnèrent pendant cette guerre, l'une des plus vives qui se soient jamais faites dans notre hémisphère. Les généraux de Marie-Thérèse redonnèrent à ses armes cette supériorité que le roi de Prusse avoit prise dans les guerres précédentes. Daun & Loudon montrèrent à Frédéric qu'il n'étoit point invincible, & que l'on pouvoit l'égaler. Une paix durable fut enfin conclue (15 février 1763) entre le roi de Prusse, la reine & le roi de Pologne. Marie-Thérèse rendit à Frédéric la ville & le comté de Glatz, que les Autrichiens avoient conquis : & Frédéric, en reconnoissance, promit, par un article secret, de faciliter à Joseph II la route du trône impérial. Ce jeune prince, qui remplit aujourd'hui ses glorieuses destinées au gré unanime de ses sujets, reçut le titre de roi des Romains (avril 1764) qui se donne à l'empereur désigné. La reine voyoit sa juste ambition satisfaite : elle venoit de faire une guerre & une paix également glorieuses : elle se livroit au plaisir, si doux pour une mère, de contempler son fils sur les degrés d'un trône que ses aïeux avoient occupé, & que pendant un temps on avoit cru perdu pour sa maison. Tant de sujets de joie s'évanouirent par le coup le plus amer pour une épouse vertueuse & sensible : l'empereur, son mari, fut frappé d'apoplexie, & mourut (août 1764) à Inspruk, au milieu des fêtes qui se donnoient au mariage de l'archiduc Léopold son fils. Ce prince, que le ciel récompensa par une nombreuse postérité, ressembla presqu'en tout à Marie-Thérèse. *François* fut époux tendre, père sensible, souverain populaire; il eut la solidité des talens, avec cette qualité rare & vraiment inestimable de n'en point ambitionner l'éclat; économe sans être avare, il remplit le trésor public, même en soulageant ses peuples épuisés. Le courage étoit en lui une vertu héréditaire, mais il sut régler cette vertu trop commune & trop vantée; il regardoit les conquérans comme des brigands que l'idée d'une fausse gloire encense; il n'étoit touché que du bonheur d'exercer cette bienfaisance qui s'entretient parmi les princes de Lorraine comme un héroïsme domestique. *François* ne parcouroit qu'avec horreur l'histoire de ces princes sanguinaires, injustement qualifiés du titre de héros, qui, pour satisfaire leur ambition, n'ont pas craint de travestir en bêtes féroces des milliers d'hommes qu'ils ont lancés sur des millions d'autres qui, tranquilles auprès de leurs foyers, cultivoient des vertus pacifiques. Une douleur universelle honora sa pompe funèbre, & ne fut adoucie que par le spectacle de ses enfans héritiers de ses vertus. Quelle eût été sa joie, s'il eût pu voir une postérité si belle occuper, c'est peu dire, remplir les plus beaux trônes de l'Europe, où elle semble n'être montée que pour donner aux autres rois le signal de ces mêmes vertus. (*M—Y.*)

FRANCS-MAÇONS. (*Hist. mod.*) Ancienne société ou corps qu'on nomme de la sorte, soit parce qu'ils avoient autrefois quelque connoissance de la maçonnerie & des bâtimens, soit que leur société ait été d'abord fondée par des maçons.

Elle est actuellement très-nombreuse, & composée de personnes de tout état. On trouve des *francs-maçons* en tous pays. Quant à leur ancienneté, ils prétendent la faire remonter à la construction du temple de Salomon. Tout ce qu'on peut pénétrer de leurs mystères ne paroît que louable, & tendant principalement à fortifier l'amitié, la société, l'assistance mutuelle, & à faire observer ce que les hommes se doivent les uns aux autres. *Chambers.* (*A. R.*)

(Voilà tout ce que contenoit l'ancienne encyclopédie sur les *francs-maçons*; mais M. de la Lande a réparé ce défaut d'instruction, par un article curieux qu'il a inséré dans le supplément, & que voici.)

FRANCS-MAÇONS, s. m. (*Hist. mod.*) La société ou l'ordre des *francs-maçons* est la réunion de personnes choisies qui se lient entr'elles par une obligation de s'aimer comme frères de s'aider dans le besoin, & de garder un silence inviolable sur tout ce qui caractérise leur ordre.

La manière dont les *francs-maçons* se reconnoissent, de quelque pays qu'ils soient, en quelque lieu de la terre qu'ils se rencontrent, fait une partie du secret; c'est un moyen de se rallier, même au milieu de ceux qui leur sont étrangers, & qu'ils appellent *profanes*.

Il y avoit chez les Grecs des usages semblables : les initiés aux mystères de Cérès & de la bonne déesse, avoient des paroles & des signes pour se reconnoître, comme on le voit dans Arnobe & dans Clément d'Alexandrie. On appelloit *symbole* ou *collation* ces paroles sacrées & essentielles pour la reconnoissance des initiés, & c'est de là qu'est venu le nom de *symbole* qu'on donne à la profession de foi qui caractérise les Chrétiens.

Tout ce qui tend à unir les hommes par des liens plus forts, est utile à l'humanité : sous ce point de vue la maçonnerie est respectable; le secret qu'on y observe est un moyen de plus pour cimenter l'union intime des *francs-maçons*. Plus nous sommes isolés & séparés du grand nombre, plus nous tenons à ce qui nous environne. L'union des membres d'un royaume, d'une même province, d'une même ville, d'une même famille, augmente par gradation; aussi l'union maçonique a-t-elle été plus d'une fois utile à ceux qui l'ont invoquée: plusieurs *francs-maçons* lui durent & la fortune & la vie.

Les obligations que l'on contracte parmi les maçons ont pour objet la vertu, la patrie & l'ordre maçonique. Les informations que l'on prend au sujet de celui qui se présente pour être reçu maçon, assurent ordinairement la bonté du choix; les épreuves qui précèdent la réception, servent à constater la fermeté & le courage qui sont nécessaires pour garder un secret, comme pour pratiquer efficacement la vertu; d'où résulte nécessairement une association choisie, préparée & cimentée avec soin.

Nos lecteurs pensent bien qu'une institution fondée sur le secret le plus profond, ne peut être développée dans cet ouvrage; mais nous pouvons en dire assez pour assurer au moins ceux qui n'auroient point été initiés à ces mystères, & pour intéresser même encore la curiosité des *francs-maçons*.

On a imprimé divers ouvrages au sujet de la maçonnerie. Il y en a même où l'on annonce formellement l'explication des secrets; mais ces livres sont désavoués par tous les frères, à qui il est défendu de rien écrire sur la maçonnerie; & quand même ils contiendroient quelque chose de leurs mystères, ils ne pourroient servir à des *profanes*. La manière de se faire reconnoître est accompagnée de circonstances qu'on ne sauroit apprendre dans un livre; celui qui n'auroit pas été reçu dans une loge, ignoreroit la principale partie des pratiques de la maçonnerie, il seroit bientôt reconnu & chassé, au lieu d'être traité en frère.

L'origine de la maçonnerie se perd, comme tant d'autres, dans l'obscurité des temps. Le caractère de cette institution étant d'ailleurs un secret inviolable, il n'est pas étonnant qu'on ignore son origine plus que celle de toute autre établissement. On la fait communément remonter aux croisades, ainsi que l'ordre de saint Jean de Jérusalem ou de Malte, & d'autres ordres qui ne subsistent plus. On croit que les chrétiens dispersés parmi les infidèles & obligés d'avoir des moyens de ralliement, convinrent entr'eux de signes & de paroles que l'on communiquoit aux chevaliers chrétiens sous le sceau du secret, & qui se perpétuèrent entr'eux à leur retour en Europe: la religion étoit le principal motif de ce mystère.

La réédification des temples détruits par les infidèles, pouvoit être aussi un des objets de la réunion de nos pieux chevaliers, & c'est peut-être de là que vient la dénomination de *maçons*; & peut-être que les symboles d'architecture, dont on se sert encore parmi les *francs-maçons*, durent leur origine à cet objet d'association.

Il paroît que les François ou les Francs, plus ardens que toutes les autres nations pour la conquête de la Terre-sainte, entrèrent aussi plus particulièrement dans l'union maçonique; ce qui a pu donner lieu à l'épithète des *francs-maçons*.

Dans un ouvrage anglois, imprimé en 1767, par ordre de la grande loge d'Angleterre, & qui a pour titre, *the constitutions of the antient and honourable fraternity of free and accepted masons*, on fait remonter bien plus haut le roman de la maçonnerie; mais écartons tout ce qui a l'air fabuleux. Il est parlé d'un établissement plus ancien que les croisades, fait sous Athelstan, petit-fils d'Alfred, vers l'an 924. Ce prince fit venir des maçons de France & d'ailleurs; il mit son frère Edwin à leur tête; il leur accorda des franchises, une jurisdiction & le droit d'avoir des assemblées générales. Le prince Edwin rassembla les *francs* & véritables *maçons* à Yorck, où se forma la grande loge, l'an 926. On rédigea des constitutions & des loix pour les faire observer. Depuis ce temps-là on cite plusieurs évêques ou lords comme grands-maîtres des *maçons*; mais on peut douter que cette société de *maçons* eût du rapport avec l'objet dont il s'agit ici.

Edouard III, qui parvint au trône en 1327, donna aux constitutions des *maçons* une meilleure forme: un ancien mémoire porte que les loges étant devenues nombreuses, le grand-maître, à la tête de la grande loge, & du consentement des lords du royaume, qui étoient alors presque tous *francs-maçons*, fit divers articles de réglemens.

Mais le fait le plus authentique & le plus ancien qu'on puisse citer dans l'histoire de la maçonnerie, est de l'année 1425. Le roi d'Angleterre, Henri VI, étoit mineur; un parlement ignorant entreprit de détruire les loges, & défendit aux *maçons*, sous peine d'amende & de prison, de s'assembler en chapitres ou congrégations, comme on le voit dans le *recueil des actes du parlement d'Angleterre*, sous la troisième année du règne d'Henri VI, *chap. j.* où je l'ai vérifié. Cependant cet acte de parlement fut sans exécution; il paroît même que ce prince fut admis dans la suite parmi les *maçons*, d'après un examen par demandes & par réponses, publié & commenté par M. Locke, & qu'on a jugé avoir été écrit de la propre main d'Henri VI, *Judge Coke's institutes. par. 3. fol. 19.* L'auteur prétend, à cette occasion, que les *maçons* n'ont point du tout de secret, ou que leurs secrets sont tels, qu'ils se rendroient ridicules en les publiant: c'est ainsi qu'on aime à se venger de ce qu'on ignore.

La reine Elisabeth ayant oui dire que les *maçons* avoient certains secrets qu'ils ne pouvoient pas lui confier, & qu'elle ne pouvoit être à la tête de leur ordre, en conçut un mouvement de jalousie

& de dépit contr'eux ; elle envoya des troupes pour rompre l'assemblée annuelle de la grande loge qui se tenoit à Yorck le jour de Saint-Jean, 27 Décembre 1561. Cependant, sur le rapport qui lui en fut fait par des personnes de confiance, elle laissa les *maçons* tranquilles.

La maçonnerie fleurissoit aussi dans le royaume d'Ecosse, long-temps avant sa réunion à la couronne d'Angleterre, qui fut faite en 1603. Les *maçons* d'Ecosse regardent comme une tradition certaine que Jacques I, couronné en 1424, fut le protecteur & le grand-maitre des loges, & qu'il établit une jurisdiction en leur faveur ; le grand-maître qu'il députoit pour tenir sa place, étoit choisi par la grande loge & recevoit quatre livres de chaque maître-*maçon*. Davy Lindsay étoit grand-maître en 1542. Il y a encore à Kilwinning, à Sterling, à Aberdeen, des loges anciennes où l'on conserve de vieilles traditions à ce sujet.

On assure dans l'ouvrage anglois que nous avons cité, & dont nous faisons l'extrait, qu'Inigo Jones, célèbre architecte Anglois, disciple de Palladio, & que les Anglois regardent comme leur vitruve, fut député grand-maître de l'ordre des *francs-maçons*, & l'on y donne l'histoire de tous les grands édifices qu'il fit construire. On trouve après lui Christophe Wren, sous le titre de grand surveillant ; ce fut lui qui fit rétablir presque toutes les églises de Londres, après le terrible incendie de 1666, & spécialement la fameuse église de S. Paul, qui, après celle de S. Pierre du Vatican, est regardée comme la plus belle église du monde. Il tint une loge générale, le 27 décembre 1663, comme on le voit dans une copie des anciennes constitutions, & l'on y fit un nouveau réglement pour l'administration des *francs-maçons* : il fut grand-maître en 1685.

En 1717 il fut décidé que les maîtres & les surveillans des différentes loges s'assembleroient tous les trois mois en communication ; c'est ce qu'on appelle *quaterly communication*, & à Paris, *assemblée de quartiers* ; lorsque le grand-maitre est présent, c'est une loge *in ample form*, sinon elle est seulement *in due form*, mais elle a toujours la même autorité.

En 1718, Georges Payne, grand-maître, voulut qu'on apportât à la grande loge les anciens mémoires concernant les *maçons* & la maçonnerie, pour faire connoître ses anciens usages, & se rapprocher des institutions primitives ; on produisit alors plusieurs vieilles copies de constitutions gothiques.

En 1719, le grand maître Jean Théophile Désaguliers fit revivre l'ancienne régularité des *toasts*, ou santés que l'on porte, dans les banquets ou loges de table, à l'honneur du roi des *maçons*, *&c.* mais on brûla beaucoup d'anciens papiers concernant la maçonnerie & ses réglemens secrets, surtout un qui avoit été fait par Nicolas Stone, surveillant sous Inigo Jones, & qu'on a beaucoup regretté ; mais on vouloit prévenir tout ce qui pouvoit donner aux usages de la maçonnerie une publicité qui est contre l'esprit de l'ordre.

Le nombre des loges étant fort augmenté à Londres, en 1721, & l'assemblée générale exigeant beaucoup de place, on la tint dans une salle publique, appellée *stationers-hall*. Les surveillans ou grands-gardes furent chargés de se procurer quelques *stewards*, intendans ou frères qui eussent de l'intelligence pour les affaires de détail, & d'avoir aussi des frères servans pour qu'il n'entrât jamais de *profanes* dans les loges. Le duc de Montaigu fut élu grand-maître & installé ; on nomma des commissaires pour examiner un manuscrit d'Anderson sur les constitutions de l'ordre, & l'on en ordonna l'impression le 17 janvier 1723 ; la seconde édition est de 1767.

Ce fut alors que la réputation de la maçonnerie se répandit de tous côtés : des personnes du premier rang desirèrent d'être initiées, & le grand-maître fut obligé de constituer de nouvelles loges qu'il visitoit chaque semaine avec son député, & ses surveillans ; il y eut 400 *maçons* à la fête du 24 juin 1713, on avoit alors pour député grand-maître le fameux chevalier Martin Folkes, qui a été si long-temps président de l'académie, ou de la société royale de Londres, & pour grand surveillant John Senex, mathématicien, connu par de beaux planisphères célestes, dont les astronomes se servent encore tous les jours.

Il étoit difficile que ce nouvel empressement des Anglois pour la maçonnerie ne s'étendît pas jusqu'à nous. Vers l'année 1725, mylord Dervent-Waters, le chevalier Maskelyne, M. d'Heguerty & quelques autres anglois, établirent une loge à Paris, rue des Boucheries, chez Hure, traiteur anglois ; en moins de dix ans, la réputation de cette loge attira cinq ou six cens frères dans la maçonnerie, & fit établir d'autres loges ; d'abord celle de Goustaud, lapidaire anglois ; ensuite celle de le Breton, connue sous le nom de *loge du Louis d'argent*, parce qu'elle se tenoit dans une auberge de ce nom ; enfin la loge dite de *Bussy*, parce qu'elle se tenoit chez Landelle, traiteur, rue de Bussy ; elle s'appella ensuite *loge d'Aumont*, lorsque M. le duc d'Aumont, y ayant été reçu, y fut choisi pour maître ; on regardoit alors comme grand-maître des *maçons*, mylord Dervent-Waters, qui dans la suite passa en Angleterre, où il a été décapité. Mylord d'Harnouester fut choisi en 1736, par quatre loges qui subsistoient alors à Paris, & est le premier grand-maître qui ait été régulièrement élu.

En 1738 on élut M. le duc d'Antin pour grand-maître général & perpétuel des *maçons*, dans le royaume de France ; mais les maîtres de loges changeoient encore tous les trois mois. Il y avoit vingt-deux loges à Paris en 1742.

Le 11 décembre 1741, M. le comte de Clermont prince du sang, fut élu grand-maître perpétuel dans une assemblée de seize maîtres, à la place de M. le duc d'Antin qui venoit de mourir; l'acte fut revêtu de la signature de tous les maîtres & des surveillans de toutes les loges régulières de Paris, & accepté par les loges de provinces. M. le prince de Conti, & M. le maréchal de Saxe, eurent plusieurs voix dans cette élection; mais M. le comte de Clermont eut la pluralité, & il a rempli cette place jusqu'à sa mort. On créa pour Paris seulement des maîtres de loges, perpétuels & inamovibles, de peur que l'administration générale de l'ordre, confiée à la grande loge de Paris, en changeant trop souvent de mains, ne devînt trop incertaine & trop chancelante. Les maîtres de loges dans les provinces, sont choisis tous les ans.

La maçonnerie, qui avoit été plusieurs fois persécutée en Angleterre, le fut aussi en France: vers 1738, une loge, qui s'assembloit chez Chapelot, du côté de la Rapée, ayant excité l'attention des magistrats, M. Héraut, lieutenant de police, qui n'avoit pas une juste idée des *maçons*, s'y transporta; il fut mal reçu par M. le duc d'Antin, cela lui donna de l'animosité; enfin il parvint à faire fermer la loge, murer la porte, & à défendre les assemblées: la persécution dura plusieurs années, & l'on alla jusqu'à emprisonner des *francs-maçons*, que l'on trouva assemblés dans la rue des deux Ecus, au préjudice des défenses.

Cela n'empêcha pas les gens les plus distingués de la cour & de la ville, de s'aggréger à la maçonnerie, & l'on voyoit encore, en 1760, à la nouvelle France, au nord de Paris, une loge célèbre, tenue d'une manière brillante, & fréquentée par des personnes du premier rang: elle avoit été fondée par le comte de Benouville. La grande loge étoit sur-tout composée de personnes de distinction, mais la sécheresse des détails, & des affaires qu'on y traitoit pour l'administration de l'ordre, les écartèrent peu à peu; les maîtres de loges qui prirent leur place, n'étant pas aussi respectés, le travail de la grande loge fut interrompu à différentes fois, jusqu'en 1762: il y eut alors une réunion solemnelle; l'on dressa des réglemens pour toutes les loges de France, on délivra des constitutions pour la régularité, & l'union des travaux maçoniques, & l'on perfectionna le réglement de la maçonnerie en France, sous l'autorité de la grande loge.

En 1767, il y eut encore une interruption, par ordre du ministère, dans les travaux de la grande loge; mais elle les a repris en 1771, sous la protection d'un prince qui a succédé à M. le comte de Clermont dans la dignité de grand-maître, & qui s'intéresse véritablement à la maçonnerie. Ce prince a été solemnellement installé, & reconnu dans une assemblée générale, des députés de toutes les loges du royaume, le 22 octobre 1773. Des maîtres de loges aussi zélés que lettrés, se sont trouvés à la tête de l'administration, ont fait, pour toutes les loges régulières de France, de nouveaux réglemens, & la maçonnerie a repris dans le royaume une nouvelle consistance.

Si cette association a été suspecte en France, seulement parce qu'elle n'étoit pas connue, il n'est pas surprenant qu'elle ait été persécutée en Italie. Il y a deux bulles de la cour de Rome contre l'ordre des *francs-maçons*; mais comme elles étoient fulminées sur des caractères, qui n'étoient point ceux des véritables *francs-maçons*, ils n'ont point voulu s'y reconnoître, & ils se regardèrent tous comme étant très en sûreté de conscience, malgré les bulles; la pureté de leur morale, & la régularité de leur conduite doit en effet les rassurer totalement.

L'Allemagne & la Suède ont saisi avec zèle les avantages de la maçonnerie; le roi de Prusse, après y avoir été aggrégé, s'en est déclaré le protecteur dans ses états, ainsi qu'il l'est des sciences & de toutes les institutions utiles. Le nombre des *francs-maçons* s'étoit trop multiplié, pour qu'il ne s'y établît pas des distinctions de grades, ils sont même en très-grand nombre, & ils mettent entre les différens ordres des *maçons* des différences très-marquées relativement au rang & aux lumières, de même que par rapport aux objets dont on s'occupe dans chaque loge. La maçonnerie a continué de s'étendre aussi en Angleterre: on y a frappé une médaille en 1766, avec cette exergue: *immortalitati ordinis*.

D'un autre côté, les profanes se sont égayés aux dépens de la maçonnerie: on a gravé une immense caricature qui représente une procession burlesque & ridicule des *francs-maçons*; mais ceux-ci ont fait peu d'attention aux sottises d'une populace ignorante. Cependant l'ordre s'est soutenu & s'est accru en Angleterre au point qu'en 1771 les *francs-maçons* ont cru pouvoir paroître au grand jour; ils ont représenté au parlement de la nation qu'ils avoient de quoi bâtir une loge qui contribueroit à l'embellissement de la capitale, & même de quoi faire une fondation pour l'utilité publique; ils ont demandé en conséquence d'être reconnus & autorisés, comme tous les autres corps de l'état; il paroît que la demande eût été acceptée, si les *francs-maçons* de la chambre-haute ne s'y étoient opposés; ils ont pensé qu'une institution qui est toute mystérieuse & secrète ne devoit rien avoir d'aussi public, & que cette ostentation pourroit porter atteinte au but de la maçonnerie. (*M. de la Lande.*)

FRANGIPANI, (François-Christophe, comte de) (*hist. de Hong.*) décapité à Newstadt le 30 avril 1771, pour avoir été, avec le comte de Serin son beau-frere, un des principaux chefs des hongrois révoltés contre l'empereur Léopold en 1665, & dans les années suivantes.

FRA-PAOLO, (*Hist. litt. mod.*) c'est-à-dire;

frère Paul Sarpi, ou Paul de Venise, de l'ordre des servites, auteur de l'excellente histoire du concile de Trente, & de plusieurs bons ouvrages. *Fra-Paolo* fut provincial de son ordre, à vingt-sept ans. Dans la fameuse affaire de l'interdit de Venise, sous le pontificat de Paul V, il fut le théologien & le conseil de sa république, & ce fut à cette occasion qu'il fit son *traité de l'interdit*, qui a été traduit en françois, ses *considérations sur les censures du pape Paul V, contre la république de Venise;* son *histoire particulière des choses passées entre le pape Paul V & la république de Venise*. Le pape lui ordonna en 1606, de venir à Rome rendre compte de sa conduite, qui avoit été de défendre son pays; sur son refus il l'excommunia, & *Fra-Paolo* n'en fut que plus ardent à défendre les droits de Venise. Nous ignorons quelle liaison l'évènement que nous allons rapporter, peut avoir eue, soit avec sa fermeté à défendre ces mêmes droits, soit avec l'excommunication que cette fermeté lui attira. *Fra-Paolo*, passant sur le pont de Saint-Marc, fut attaqué par cinq assassins qui le percèrent de trois coups de stylet, dont il ne mourut pas, & s'enfuirent dans une barque préparée pour eux. La précaution avec laquelle leur fuite avoit été assurée & toutes les circonstances de cet assassinat, prouvent que les assassins étoient protégés par des personnes puissantes. La république en jugea ainsi, & montra, par les menaces terribles qu'elle fit à ceux qui oseroient attenter à la vie de *Fra-Paolo*, qu'elle le regardoit comme un citoyen précieux & nécessaire. Indépendamment des ouvrages dont nous avons parlé, on a de lui un ouvrage traduit par l'abbé de Marsy sous le titre de *prince de Fra-Paolo*, auquel on peut reprocher trop de conformité de principes avec *le prince* de Marchiavel; un *traité du droit des asyles*, un *traité de l'inquisition*, un *traité des bénéfices*, fort estimé, & qui a été traduit en françois. Les ouvrages de *Fra-Paolo* ont été recueillis en 1637, à Venise, en 6 vol. in 12. L'auteur étoit mort en 1623.

FRASANS, (JACQUES DE) (*Hist. mod.*) sept fois maire de la ville de Dijon, fut élu pour la septième fois en 1639: Il fit frapper des jetons où on lisoit, d'un côté: *Jacobus de Frasans, urbis divionis vicecomes major septies;* & de l'autre, *etiam in septimo non licuit quiescere*, allusion manifeste à ces paroles de la genèse; *& requievit die septimo.* On fut scandalisé, on se scandalisoit aisément alors; on trouva cet orgueil plus que diabolique, car les anges rebelles n'avoient voulu que s'égaler à Dieu, & *Frasans* se mettoit au-dessus; il nous semble qu'on auroit pu ne voir là qu'une allusion ingénieuse, sans aucune idée d'une comparaison impossible & absurde. Quoi qu'il en soit, les jetons furent supprimés; ce qui fait qu'ils sont aujourd'hui rares & recherchés.

FRATERNITÉ D'ARMES, (*Hist. mod.*) association entre deux chevaliers pour quelque haute entreprise qui devoit avoir un terme fixe; ou même pour toutes celles qu'ils pourroient jamais faire; ils se juroient d'en partager également les travaux & la gloire, les dangers & le profit, de ne se point abandonner tant qu'ils auroient besoin l'un de l'autre. L'estime, la confiance mutuelle des gens qui s'étoient souvent trouvés ensemble aux mêmes expéditions, donnèrent la naissance à ces engagemens; & ceux qui les prenoient devenoient frères, compagnons d'armes.

Ces associations se contractoient quelquefois pour la vie; mais elles se bornoient le plus souvent à des expéditions passagères, comme une entreprise d'armes, telle que fut celle de Saintré, une guerre, une bataille, un siége, ou quelque autre expédition militaire.

L'usage de la *fraternité d'armes* dont il s'agit ici, est fort ancien. Nous lisons dans Joinville, que l'empereur de Constantinople & le roi des Commains, s'allièrent & devinrent frères; & pour rendre cette alliance plus solide, « il faillit » qu'ils, & chacuns de leurs gens de part & » d'autre, se fissent saigner, & que leur sang ils » donnassent à boire l'un à l'autre en signe de » *fraternité*; & ainsi se convint faire entre nos » gens & les gens d'icelui roi, & mêlèrent de » leur sang avec du vin, & en buvoient l'un » à l'autre, & disoient qu'ils étoient frères l'un » à l'autre d'un sang.... »

Si nous remontons à des siècles plus reculés, nous apprendrons l'antiquité de cette pratique. Octavius, faisant le portrait des vices & des crimes des dieux que Cécilius adoroit, dit de l'inhumanité de jupiter convaincu d'homicide: « Je crois » que c'est lui qui a instruit Catilina à confirmer » les conjurés dans leur dessein, en buvant le » sang les uns des autres. »

Il resta long-temps parmi les hommes des traces de cette barbarie; car Ducange cite des exemples de chevaliers, qui, pour symbole de *fraternité*, se firent saigner ensemble, & mêlèrent leur sang. Si cette dernière pratique paroît à peu près aussi folle & barbare que la première, du moins rien n'étoit plus éloigné de la barbarie que le sentiment qui l'inspiroit.

Le christianisme s'étant répandu dans le monde, on l'employa pour rendre les *fraternités* plus solemnelles & plus respectables; & en conséquence, on les contracta à la face des autels. C'est ainsi que quelques frères d'armes imprimoient à leurs sermens les plus sacrés caractères de la religion; pour s'unir plus étroitement, ils baisoient ensemble la paix que l'on présente aux fidèles dans les cérémonies de la messe. Nous avons même des exemples de la *fraternité-d'armes* autorisée par la réception de l'hostie consacrée: ce fut de cette manière, au rapport de Jean Juvénal

Juvénal des Urfins, que les ducs d'Orléans & de Bourgogne lièrent une *fraternité*, qui pourtant ne dura pas long-temps : » ils ouirent tous la meffe ; » reçurent le corps de N. S., & préalablement » jurèrent bon amour & *fraternité* par enfemble. »

Mais on obfervoit rarement des cérémonies auffi graves dans ces fortes d'affociations ; on les contractoit d'ordinaire, les uns par le don réciproque de quelques armes, les autres par le fimple attouchement d'une arme, comme d'une épée ou d'une lance, fur laquelle on fe juroit une alliance perpétuelle ; & ceux qui faifoient ces fermens s'appelloient *fratres jurati*.

Monftrelet nous apprend que le roi d'Arragon fe fit frère-d'armes du duc de Bourgogne par un fimple traité. Les princes formoient dans l'éloignement leur contrat de *fraternité-d'armes*, par des traités authentiques, fuivant l'ufage des temps. Ce fut par un acte femblable que le duc de Bretagne & le comte de Charolois devinrent frères-d'armes l'un de l'autre. M. Ducange, dans fa *differtation fur Joinville*, a rapporté le traité de *fraternité-d'armes* entre Bertrand du Guefclin & Olivier de la Marche, & celui que Louis XI & Charles, dernier duc de Bourgogne, firent enfemble.

On vit, à la vérité, le duc de Bourgogne violer les fermens de fa *fraternité-d'armes* avec le duc d'Orléans ; mais c'eft un exemple très-rare, auquel on peut oppofer celui du duc de Bretagne, long-temps ennemi irréconciliable du connétable Cliffon. La haine de ce duc fit place aux fentimens de la *fraternité*, lorfqu'il fut devenu frère-d'armes du connétable. Jamais amitié ne fut plus fincère que celle qui régna depuis entr'eux, jufqu'à la mort du duc de Bretagne : Cliffon la lui continua encore après fa mort dans la perfonne de fes enfans ; il fut toujours leur père.

Au refte, les *fraternités* militaires donnoient à des feigneurs particuliers le moyen de faire des entreprifes dignes des fouverains. Lorfque la guerre ne les retenoit pas au fervice de leur monarque, ils s'affocioient pour aller purger une province de brigands qui l'infeftoient, pour délivrer des nations éloignées du joug des infidèles, pour venger un prince opprimé, & détrôner un ufurpateur. Enfin, comme les meilleures chofes dégénèrent, il arriva que les *fraternités-d'armes* rendirent un grand nombre de feigneurs indépendans, & quelquefois rebelles.

Il arriva pareillement de là, que les *fraternités-d'armes* contractées par des fujet ou des alliés de nos rois, firent naître des foupçons fur la fidélité de ceux qui avoient pris ces engagemens. Le roi de France, en 1370, témoigna fon mécontentement de la conduite d'Oftrevant fon allié, qui avoit accepté l'ordre de la jarretière ; & l'on ne fut pas moins fcandalifé de voir le duc d'Orléans fe lier en 1399 par une *fraternité-d'armes* & d'alliance avec le duc de Lancaftre, qui peu après détrôna Richard, roi d'Angleterre, gendre du roi Charles VI. Le crédit que donnoient ces fortes de fociétés étoit en effet d'une conféquence dangereufe pour le repos de l'état : on fait comment elles finirent dans ce royaume. (*D. J.*)

FREDEGAIRE dit le SCHOLASTIQUE, c'eft-à-dire à ce qu'on croit, le favant, ou l'écrivain, eft regardé comme le continuateur de Grégoire de Tours ; il a fait d'abord un abrégé de l'ouvrage de cet évêque, dans lequel il ajoute quelquefois des faits omis par Grégoire de Tours : fa chronique, qui eft proprement la continuation de Grégoire de Tours, s'étend depuis l'an 583, jufqu'à la quatrième année du règne de Clovis II, petit-fils de Clotaire II. On croit qu'il écrivoit fous ce Clovis II, qui eft mort vers l'an 655 ; on ignore d'ailleurs ce qu'il étoit. Hadrien de Valois, le père le Cointe, & dom Ruinart, croient qu'il étoit de Bourgogne, parce qu'il commence fa chronique par les louanges de Gontran, roi de Bourgogne, & qu'en général, il leur paroît plus inftruit des affaires de Bourgogne que des autres ; mais ce n'eft qu'une conjecture. Au refte fon ouvrage eft précieux, parce qu'il eft néceffaire, *Fredegarius*, dit Hadrien de Valois, *ita eft hiftoriæ noftræ neceffarius ut fi tempora Clotarii minoris, Dagoberti & Clodovæi II nota habere volumus, prorsùs eo carere non poffimus.*

Lorfque *Frédégaire* lui manque en 642, il s'en plaint ainfi :

Fredegarius fcholafticus nos in eo anno destituit hiftoricus pro captu illorum temporum diligens, ut ætate, fic auctoritate, Gregorio proximus, & in magnâ bonorum auctorum inopiâ utilis, ac neceffarius, nec ufquequaquè contemnendus, cujus brevitas & cætera omnia vitia temporibus imputari debent.

Jules Scaliger, *lib. 6. de emendatione temp.* rend auffi un témoignage avantageux à *Frédégaire.*

Dom Ruinart, dans la préface de fon édition de Grégoire de Tours, s'exprime ainfi : *Fredegarium magno in pretio apud viros eruditos habendum ut pote vetuftiffimum, oculatum, & unicum, deficiente Gregorio, gentis noftræ hiftoriæ fcriptorem.*

FREDEGONDE, (*Hift. de Fr.*) une des femmes de la fuite d'Audouère, première époufe de Chilpéric ; elle fit répudier & enfermer Audouère ; Chilpéric ayant enfuite époufé Galafonte ou Galfuinde, fœur de Brunehaut, on trouva Galafonte étranglée dans fon lit, & Chilpéric époufa *Frédegonde*. Brunehaut pourfuivit la vengeance de la mort de fa fœur : ici commence la longue & funefte rivalité de *Frédegonde* & de Brunehaut. Chilpéric & *Frédegonde*, affiégés dans Tournay par Brunehaut & Sigebert fon mari, alloient tomber entre leurs mains ; *Frédegonde* envoie des affaffins qui maffacrent Sigebert, au moment où il recevoit l'hommage des sujets de Chilpéric, qu'il avoit subjugués.

Chilpéric avoit trois fils de la reine Audouère. Le premier fut tué dans le cours de cette guerre contre Sigebert ; *Frédegonde* s'en applaudit en marâtre ; la mort des deux autres fut plus particuliérement son ouvrage. Un de ces deux princes, séduit par les charmes de Brunehaut sa tante, l'avoit épousée, & Prétextat, évêque de Rouen, avoit fait ce mariage assez irrégulier ; *Frédegonde* fit assassiner Prétextat dans son église, aux pieds des autels. Un seigneur Austrasien, révolté de ce crime, lui en ayant fait des reproches, elle le retint à dîner & l'empoisonna : elle livra au neveu de Prétextat l'assassin dont elle s'étoit servie pour tuer cet évêque ; & lorsque cet assassin voulut parler & nommer *Frédegonde*, le neveu de Prétextat, feignant de croire que cet assassin étoit seul coupable & calomnioit la reine, se hâta de mettre en pièces cet assassin, à coups de hache.

Chilpéric avoit aussi trois fils de *Frédegonde* ; une maladie pestilentielle, qui ravageoit alors la France, les emporta tous les trois. Elle en eut un quatrième ; il mourut de même. Outrée de douleur, & la douleur devenant toujours fureur chez elle, elle se soulagea par des cruautés, elle voulut attribuer ses pertes à des sortiléges : il en coûta la vie à plusieurs femmes, dont quelques-unes furent brûlées, d'autres noyées ; quelques autres, par une barbarie digne de ce temps-là & digne de *Frédegonde*, furent rouées. On ne peut se méprendre aux termes de Grégoire de Tours, *alias rotis, ossibus confractis innectit.*

Chilpéric fut assassiné à Chelles, en revenant de la chasse ; le plus grand nombre des auteurs accuse de sa mort *Frédegonde* elle-même, qui, par un mot imprudent, lui avoit révélé par hasard son intrigue avec un amant nommé Landry, & qui avoit tout à craindre pour son amant & pour elle-même, si elle ne prévenoit les effets de la jalousie de Chilpéric.

Il ne lui manquoit plus que d'attenter à la vie de ses propres enfans ; elle voulut étouffer Rigonte sa fille, en refermant sur elle avec violence un grand coffre dans lequel elle avoit la tête avancée. Des domestiques, accourus aux cris que poussoit une femme présente à ce spectacle, sauvèrent Rigonte.

La liste de ses crimes ne finiroit point : elle passa toute sa vie à aiguiser le fer, à préparer le poison contre Gontran son beau-frère, & souvent son bienfaiteur, (voyez l'article GONTRAN) ; contre Brunehaut ; contre Childebert, fils de Brunehaut, & son neveu ; contre Théodebert, fils de Childebert ; enfin contre tous ses ennemis & ses parens. Ses complots, continuellement découverts, faisoient place, presque sans interruption, à de nouveaux complots : elle envoyoit de tous côtés des assassins, qu'elle punissoit ensuite, ou de lui avoir obéi, ou d'avoir manqué leur coup. Jamais le crime n'avoit été si insolent, si actif, si intrépide.

Cependant, soit qu'elle connût mieux que Brunehaut l'art de gouverner, soit qu'elle inspirât plus de terreur, on ne vit jamais s'élever dans l'intérieur de son royaume, des orages pareils à ceux qui agitèrent l'Austrasie, sous l'administration de Brunehaut. Elle mourut l'an 597, dans son lit.

FRÉDÉRIC I, (*Hist. de Suède*) roi de Suède. Après la mort de Charles XII, la princesse Ulrique-Eléonore, sa sœur, fut placée sur le trône ; elle avoit épousé *Frédéric*, prince héréditaire de Hesse-Cassel. Résolue de l'associer à sa couronne, elle assembla les états l'an 1720, moins pour les consulter sur le choix d'un roi, que pour leur ordonner d'élire son époux : elle fut obéie ; *Frédéric* fut couronné : la Suède n'eut pas lieu de s'en repentir. *Frédéric* étoit un prince généreux par penchant & par principe, ami de la vérité, ayant le courage de la dire, & celui de l'entendre, guerrier habile & ennemi de la guerre ; il avoit eu part à la gloire de Charles XII, mais il en avoit gémi ; il accordoit aux arts cette attention éclairée qui les dirige, & cette protection bienfaisante qui les encourage ; laborieux, actif, son esprit ne quittoit les grands objets du gouvernement que pour se reposer sur les détails. Avare du sang des hommes, il préféroit la gloire de dicter de bonnes loix à celle de gagner des batailles. La paix conclue avec l'Angleterre, la Prusse, la Pologne & le Danemarck, fut son premier ouvrage. Mais Pierre-le-Grand n'avoit point encore oublié tous les maux que Charles XII lui avoit faits ; Pultava ne l'avoit point assez vengé, & tandis qu'il envoyoit des ambassadeurs à Neustadt pour entamer la négociation, ses généraux dévastoient les frontières de la Suède. La conclusion du traité coûta cher aux Suédois : il fallut céder au czar la Livonie, l'Ingermanie, Wibourg & son territoire, la Carélie presque entière, les îles d'Oësel, de Dragoë, de Maeu. Le czar, qui aimoit mieux vider ses trésors, que de céder ses provinces, ne restitua qu'une partie du duché de Finlande, & promit de payer au roi de Suède deux millions d'écus. Ce traité fut conclu en 1721, & dès 1722 les traces de la guerre furent presque entiérement effacées par les soins de *Frédéric*. Le commerce reprit sa vigueur première ; la licence du soldat ne troubla plus l'exercice du pouvoir législatif, & l'état recouvra son antique splendeur. Le czar demandoit le titre de majesté impériale ; le duc de Holstein Gottorp, celui d'altesse royale, *Frédéric* qui savoit que les titres n'ajoutent & n'ôtent rien à la puissance ou au mérite des hommes, engagea les états à leur accorder cet honneur. *Frédéric* cherchoit lui-même à rendre la Suède redoutable par des moyens plus sûrs ; il faisoit fortifier les villes frontières, établissoit dans les troupes une nouvelle discipline, veilloit à l'exploitation des mines ; il s'unissoit à la France & à l'Angleterre pour la défenſe commune, & ratifioit le traité conclu à Hanover l'an 1727. La Ruſſie armoit depuis quelques années; la Pologne murmuroit; de légères étincelles auroient allumé un grand incendie, ſi le ſage *Frédéric* n'eût, par des négociations adroites, étouffé ces troubles dans leur naiſſance. Charles ſon père, prince de Heſſe-Caſſel, étoit mort: le roi prit poſſeſſion de ſes états; & forma un conſeil de régence, dont ſon frère Guillaume fut le chef. Mais, afin de veiller par lui-même au bonheur de ſes premiers ſujets, *Frédéric* appella près de lui quelques miniſtres heſſois. En même temps il favoriſoit l'établiſſement d'une compagnie pour le commerce des Indes; & pour encourager cette entrepriſe, il augmentoit ſa marine, & faiſoit de nouvelles levées. Il fut tranquille ſpectateur des troubles de la Pologne, où quelques partis rappelloient le roi Staniſlas, & renouvela l'alliance de la Suède avec la Ruſſie, dont les mouvemens lui donnoient de l'ombrage, & ſembloient tendre à une rupture. Cependant un nouveau palais, orné avec goût, mais ſans faſte, s'élevoit à Stockholm, & les plus habiles artiſtes accouroient du fond de l'Italie pour l'embellir.

Frédéric eſtimoit les François: lorſque le marquis d'Antin, qui avoit paſſé quelques jours avec ſon eſcadre dans le port de Stockholm, alloit mettre à la voile, le roi lui fit préſent de ſon épée. « J'eſpère, dit-il, que vous vous en ſervirez pour » nous, ſi nous ſommes attaqués, comme nous » pour Louis XV, ſi on lui ſuſcite quelque guerre. » *Frédéric* conclut en 1740 un traité d'alliance avec la Porte, ſans doute pour intimider la cour de Ruſſie qui paroiſſoit chercher à réveiller les anciens différens. Ce prince aimoit mieux contenir les Ruſſes par une ſage politique, que par la force de ſes armes. Mais la nation plus impétueuſe que lui, réſolut la guerre dans une aſſemblée des états, tenue le 22 décembre 1740.

Le roi fut donc forcé d'applaudir lui-même au cri général du peuple; il voulut, malgré le poids des années, prendre le commandement de ſes troupes: mais on s'oppoſa à cette réſolution. Le comte de Lewenhaupt partit à la tête d'une armée, & le pacifique *Frédéric* dépêcha auſſi-tôt le comte de Nolken pour entamer une négociation qui ne réuſſit pas. Cependant *Frédéric*, occupé du bonheur de ſon peuple, & de la ſplendeur de l'état, faiſoit creuſer des canaux, applanir des montagnes, élever des manufactures. La guerre fut malheureuſe, & les généraux Lewenhaupt & Budenbroek payèrent de leur tête les fautes dont la fortune étoit peut-être reſponſable. Enfin la paix fut concluе en 1743; il fallut l'acheter encore par des ceſſions conſidérables, & la cour de Ruſſie ne fit que de foibles reſtitutions.

Cependant la ſucceſſion à la couronne ſembloit devoir allumer dans l'intérieur de la Suède des troubles plus funeſtes que ceux qu'elle avoit éprouvés ſur ſes frontières. Après bien des débats, on élut Adolphe Frédéric II, duc de Holſtein-Eutin, évêque de Lubec, & adminiſtrateur du duché de Holſtein-Gottorp. C'étoit une ſage précaution de déſigner l'héritier du trône du vivant de *Frédéric I.* Celui-ci accéda à *la ligue de Francfort*, l'an 1744; mais de peur de déplaire aux états, il ne fit cette démarche qu'en qualité de landgrave de Heſſe; l'alliance des cours de Stockholm & de Ruſſie fut reſſerrée par un nouveau traité; on ſe promit des ſecours mutuels ſi l'une des deux puiſſances étoit attaquée. Un pareil traité fut conclu avec la Pruſſe, & les cours de Londres, de Péterſbourg, & les Provinces-Unies ſe hâtèrent d'oppoſer une ligue défenſive à cette alliance. Cependant le roi faiſoit défricher des déſerts juſqu'alors incultes, attiroit dans ſes états des juifs commerçans, & faiſoit commencer un canal depuis Stockholm juſqu'à Gottenbourg. Ainſi les vaiſſeaux ſuédois n'étoient plus obligés de s'engager dans le Sund, dont le péage fut ſi long-temps un ſujet de guerre entre les deux couronnes de Danemarck & de Suède. *Frédéric* mourut l'an 1751, ſans poſtérité. Dans un ſiècle de barbarie ce prince pacifique auroit joui pendant ſa vie d'une foible renommée qui ſeroit morte avec lui; mais dans un temps où la philoſophie a fait ſentir aux hommes que le ſeul héros véritable eſt celui qui les rend heureux, le ſage & bon *Frédéric* obtiendra une place parmi les plus grands princes. (*M. DE SACY.*)

FRÉDÉRIC AUGUSTE II, (*Hiſt. de Pologne*) électeur de Saxe, roi de Pologne. Il ne joua qu'un rôle obſcur dans l'Europe, juſqu'à l'inſtant où il oſa prétendre à la couronne de Pologne. Jean Sobieski III étoit mort en 1696, après avoir forcé les Moſcovites à rechercher ſon alliance, aſſervi l'humeur indépendante des Coſaques, abaiſſé l'orgueil de la Porte ottomane, repouſſé les Tartares, & verſé dans le ſein de ſon peuple les richeſſes qu'il avoit enlevées à ſes ennemis. Peu s'en fallut que les troubles de l'élection, qui ſuivit ſa mort, ne ruinaſſent de fond en comble un ſi bel ouvrage. L'irruption des Tartares, la révolte de Boguſlas Baranowski, l'inſolence des ſoldats qui ne pouvoient avoir tort que dans la forme, puiſqu'ils demandoient leur paie, l'injuſtice du ſénat qui la refuſoit, les intrigues des prétendans, le choc des cabales, mirent la république dans un état violent, qui fit craindre ſa chûte entière. On compta juſqu'à douze concurrens, tous animés d'une haine réciproque, & d'une ambition excluſive. Parmi eux on diſtinguoit ſur-tout le prince de Conti, & l'éloquence de l'abbé de Polignac lui gagnoit plus de ſuffrages, que l'argent de ſes rivaux ne lui en enlevoit. Il l'emportoit, ſi *Frédéric Auguſte*, électeur de Saxe, ne ſe fût pas mis ſur les rangs.

Pizependowski, caſtellan de Culm, lui fraya un chemin au trône, lui apprit l'art d'écarter ſes rivaux, d'attirer dans son parti les esprits indifférens, d'enchaîner ses ennemis. Le grand moteur de tout dans la diète étoit l'argent. Il fut prodigué, & les Saxons s'épuisèrent pour acheter à leur prince une couronne, qui fit leurs malheurs & les siens. Le palatin Potoski, qui s'étoit déclaré françois avec sa cabale, devint saxon, moyennant trente mille écus. Mais malgré les largesses de l'électeur, l'abbé de Polignac trouva encore des amis. Le prince Jacques, fils du feu roi, le prince de Conti, *Frédéric Auguste* furent proclamés chacun par leur faction; on négocia, on se tendit des piéges, on cabala, on fut prêt à prendre les armes, la nation rioit des efforts des prétendans, & faisoit des chansons, au lieu de se choisir un maître. Enfin le parti d'*Auguste* devint dominant: ce prince promit de remettre la Pologne dans l'état de splendeur où Jean Sobieski l'avoit laissée, de payer la solde des troupes, & de reprendre sur les Tartares tout ce qu'ils avoient enlevé à la faveur des troubles de la diète. Tout se soumit, & dès l'an 1698, il n'avoit plus de concurrens à supplanter.

Il crut justifier les hautes espérances qu'il avoit données aux Polonois, en portant la guerre au sein de la Livonie qui étoit tombée sous la domination suédoise. Il méprisa la jeunesse de Charles XII, qu'il voyoit menacé à la fois par les Danois, & les Moscovites; il se ligua avec eux pour l'accabler, & cette conduite peu généreuse fut dans la suite la cause de sa perte. Le jeune héros força le roi de Danemarck à lui demander la paix, tourna ses armes contre les Moscovites, les tailla en pièces sous les murs de Narva qu'ils assiégeoient. *Auguste* n'abandonna point le czar. Il resserra par un nouveau traité l'alliance qui les unissoit, marcha vers la Livonie, fut vaincu, & vit les Suédois conquérir d'un pas rapide la Courlande & la Lithuanie. La noblesse polonoise avoit laissé *Auguste* s'engager dans cette guerre, résolue de partager avec lui le fruit de ses victoires, & de lui laisser porter seul le fardeau de ses disgraces. Il n'avoit combattu qu'avec ses Saxons, & la république lui avoit refusé des troupes. Dès qu'on le vit malheureux & vaincu, on déclara que cette guerre étoit étrangère aux intérêts de la république; qu'il falloit fermer aux Saxons l'entrée de la Pologne; & on députa vers Charles XII, pour l'assurer que la nation ne partageoit point l'animosité du roi contre lui. Le jeune roi, qui nourrissoit contre *Auguste* un ressentiment qui ne s'effaça jamais de son cœur, déclara qu'il ne donneroit la paix à la république, qu'après la chûte de son ennemi, & que les Polonois n'avoient qu'à détrôner leur roi, ou le défendre. La noblesse offrit en vain sa médiation; l'empereur ne fut pas plus écouté. Charles vouloit disposer de la couronne, & faire la loi dans l'Europe. Les plus profonds politiques ne pouvoient concevoir cette prétention dans un prince à peine âgé de vingt ans. *Auguste* tenoit des diètes, & déclaroit rebelles tous ses ennemis. Charles gagnoit des batailles, prenoit des villes, & ne répondoit qu'avec son artillerie aux manifestes d'*Auguste*. Ce prince fit cependant un coup d'état, ce fut d'enlever les princes Jacques & Constantin Sobieski, qu'il soupçonnoit de prétendre à la couronne. Alexandre Sobieski lui donnoit encore de l'ombrage. Le refus qu'il fit de monter au trône dissipa ces alarmes; mais Charles y plaça Stanislas Leckzinski, palatin de Posnanie, qui fut élu l'an 1704.

Auguste assembla un grand conseil à Kamin, & déclara Stanislas rebelle, tandis que le général Lewenhaupt battoit les Saxons sur les bords de la Duna. Bientôt Charles parut à la tête de son armée; *Auguste* s'enfuit à Warsovie, où on le reçut avec cette pitié insultante, plus dure à supporter que le malheur même. Cependant Charles emporta Léopold d'assaut, & l'archevêque de cette ville sacra le nouveau roi en 1705. La Lithuanie le reconnut; d'autres provinces, par affection pour sa personne, par la crainte de Charles XII, ou par d'autres intérêts, se soumirent à lui. *Auguste* assembloit toujours des diètes, & prenoit toujours dans ses manifestes le titre de roi, le seul bien qui lui restât en Pologne. Charles entra en Saxe. *Auguste* députa vers lui pour lui demander la paix; le roi de Suède exigea qu'il renonçât à la couronne de Pologne, & qu'il lui livrât le Livonien Patkul, son plus zélé partisan. *Auguste* signa son abdication; Charles exigea qu'il félicitât Stanislas sur son avénement au trône, & le malheureux prince obéit. Après s'être sacrifié lui-même, il ne lui restoit plus qu'à sacrifier son ami. Patkul fut livré, & alla mourir en Suède au milieu des supplices. *Auguste* se renferma donc dans ses états; mais il ne perdit ni l'espérance de remonter sur le trône, ni le courage de le tenter. Charles s'achemina vers la Moscovie, il passoit à quelques lieues de Dresde, & vint presque seul rendre visite au prince qu'il avoit détrôné. *Auguste* n'osa se saisir de sa personne; il implora même sa clémence, & l'inflexible Charles lui fit la loi jusques dans son palais. Charles poursuivit sa route, la bataille de Pultava fut l'écueil de sa fortune; il s'enfuit en Turquie. *Auguste* rentra alors en Pologne; il ne lui en coûta pas plus pour renverser Stanislas, qu'il n'en avoit coûté à Charles XII pour le renverser lui-même. Il fut reconnu & proclamé de nouveau par l'assemblée de Thorn en 1709.

Le palatin de Kiovie voulut faire un effort en faveur de Stanislas. Mais des débris d'un parti dissipé furent aisément écrasés. Stanislas, prince philosophe, qui avoit accepté la couronne sans la desirer, ne voulut point être le fléau de sa patrie. Il engagea lui-même ses partisans à se ranger sous les drapeaux de son ennemi, & alla en Turquie pour presser Charles XII d'abandonner le projet de détrôner de nouveau son concurrent. La mort de Charles XII, en 1718, acheva de dissiper les inquiétudes que donnoit à *Auguste* la haine de ce jeune prince. Il ne se croyoit point assuré du trône, tant que son ennemi respireroit. Stanislas avoit renoncé à la couronne, mais Charles pouvoit la placer sur une autre tête. *Auguste* se hâta de faire alliance avec la Suède, il fut reconnu par la reine Ulrique, laissa à Stanislas les honneurs & le titre de roi, rendit aux partisans de ce prince leurs biens & leurs charges; après la mort du primat, il décora de cette dignité l'évêque de Warmie, & lui dit: « vous savez quelle puissance est attachée » à cette place, servez-vous-en pour le bien de » l'état, & ne faites rien pour mes intérêts qui » soit contraire à ceux de la république. »

Malgré la soumission apparente des esprits, *Auguste* eut la douleur de voir la république refuser son suffrage au comte Maurice de Saxe, son fils naturel, élu duc de Courlande par les états du pays. Ce prince voulut maintenir son élection par la force des armes; & son père, par complaisance pour la noblesse, fut contraint de se servir de toute son autorité contre un fils qu'il adoroit. Un nouveau sujet de chagrin pour lui, fut la mort de Jacques-Henri Flamming, le plus fidèle de ses amis, son conseil, son guide, & son maître. Enfin il mourut lui-même l'an 1733. Digne rival de Stanislas, ce fut un prince doux, humain, sans faste dans les succès, sans bassesse dans l'adversité, courageux, mais peu actif, plus fait pour gouverner des états que pour les conquérir; ses peuples auroient été heureux s'il l'eût été lui-même; il pardonna à ses ennemis, & même à Stanislas. Il fit cesser les persécutions que le zèle intolérant du primat faisoit essuyer aux protestans. « Monsieur, dit-il au primat, « je suis le père de tous mes sujets; Dieu » m'a fait roi pour les protéger, & je ne dois » point distinguer les protestans des catholiques. » Je saurai maintenir leurs privilèges. C'est par » notre charité qu'il faut leur prouver l'excellence » de notre culte. » Un voyage qu'il fit au milieu des rigueurs de l'hiver pour régler des affaires d'état, accéléra sa mort. On voulut l'en détourner; on lui parla du péril où il exposoit sa vie. « Je sais, répondit-» il que la mort m'arrêtera peut-être en chemin; » mais entre l'intérêt de mes jours & celui de l'état, » je ne dois point balancer. » (*M.* DE SACY.)

FRÉDÉRIC I, dit *Barberousse* & le *père de la patrie*. (*Hist. d'Allemagne*) treizième roi ou empereur de Germanie ou d'Allemagne, (ce dernier nom commençoit à sortir des limites de la Suabe) depuis Conrad I, vingtième empereur d'Occident depuis Charlemagne; naît l'an 1121, de *Frédéric*, duc de Suabe, & de Judith Guelphe, fille de Henri le noir, duc de Bavière; succède à son père l'an 1147; est élu empereur, le 4 mars 1152, après la mort de Conrad III; meurt en 1190.

L'Empire, qui s'étoit affaissé sous Lothaire II & sous Conrad III, se releva tout-à-coup sous *Frédéric I.* Jamais règne n'eut des commencemens plus brillans & plus fortunés: il fut à peine monté sur le trône, que trois princes danois, Waldemar, Canut & Suénon, qui se disputoient la couronne, le choisirent pour l'arbitre de leur destinée. Suénon obtint la préférence: il mit son royaume sous la protection de l'empereur & en reçut l'investiture par l'épée, suivant l'usage de la conférer aux rois: les ducs la recevoient par l'étendard, & les évêques par le sceptre, depuis le concordat de Henri V & de Caliste II. Suénon, après les cérémonies de l'investiture, porta l'épée de *Frédéric*, regardant comme un honneur de faire les fonctions de vassal. L'empereur, jaloux de conserver ses droits sur Rome, ou plutôt de reprendre ceux que ses derniers prédécesseurs sembloient avoir perdus, y envoya des ambassadeurs pour recevoir en son nom la couronne impériale. Ce fait, rapporté par Heiss, étoit une innovation: on ne voit pas qu'aucun empereur d'occident eût été couronné par ambassadeur: il étoit occupé à pacifier l'Allemagne, troublée par Henri-le-Lion, lorsqu'il apprit que plusieurs villes de Lombardie avoient formé une association pour secouer le joug de son obéissance. Cette nouvelle redoubla son activité & lui donna des ailes: il passe les Alpes, prend & rase Tortone, fait prendre treize officiers municipaux de Vérone, pour avoir osé lui fermer leurs portes; assiége Milan dont il brûle les fauxbourgs, & va à Pavie où il se fait couronner roi des Lombards. Rome étoit toujours partagée en deux factions qui se divisoient encore en plusieurs partis différens, & servoient d'alimens aux discordes des villes & des familles. Adrien IV, voulant écraser la faction qui lui étoit contraire, l'appelle à son secours, & va le recevoir à Sutrin. Le cérémonial introduit par Lothaire II, manqua d'être un obstacle à leur union: mais *Frédéric* s'y soumit, dans la crainte de révolter les esprits qui croyoient la religion intéressée à avilir les empereurs. Les Romains tremblans à son approche lui envoient une députation nombreuse, croyant faire leur cour, ils lui disoient qu'ils l'avoient fait leur *citoyen & leur prince, d'étranger qu'il étoit.* Choqué de ce compliment, il leur impose silence par cette fière réponse: *Charlemagne & Othon vous ont conquis, je suis votre maître.* Adrien l'ayant sacré & couronné dans l'église de saint Pierre (18 ou 28 juin 1155,) il revient en Allemagne, & réprime les malversations exercées pendant son absence. Le comte Palatin du Rhin & l'archevêque de Mayence furent condamnés à la peine de cynéphorie, pour s'être fait la guerre: le Palatin subit l'arrêt, mais l'archevêque obtint grace. Il obligea le duc de Pologne à lui livrer son frère en otage, & à payer le tribut de 500 marcs d'argent, auquel son duché étoit assujettit. L'empereur se rendit ensuite en Bourgogne; il possédoit cette province du chef de Béatrix de Bourgogne, qu'il avoit épousée l'année précédente (1156;) des légats vinrent l'y trouver & le prièrent de faire rendre la liberté à l'archevêque de Lunden en Scanie, détenu prisonnier par celui de Bremen. Le saint-père lui demandoit cette grace en reconnoissance de ce qu'il lui avoit conféré *la couronne impériale qui étoit un bénéfice du saint-siège*. L'empereur renvoya ces légats, qui manquèrent d'être tués sur la place, pour avoir soutenu, conformément aux expressions du pape, que l'empereur étoit redevable de sa couronne au saint-siège. Adrien, suivant la politique de la cour de Rome, de céder lorsqu'elle rencontroit trop d'obstacles, renvoya d'autres lettres & d'autres légats, s'excusant sur ce que par le mot *bénéfice*, il avoit entendu un simple bienfait, dont on ne pouvoit tirer aucune conséquence : il reconnoissoit l'indépendance de l'Empire. *Frédéric* reçut cette satisfaction ; mais il força le pape à supprimer le tableau injurieux représentant le sacre de Lothaire II, & fit ses préparatifs pour passer une seconde fois en Italie, afin d'y affermir de plus en plus sa domination. Les Polonois menaçoient de brouiller : il leur opposa le duc de Bohême; & pour se l'attacher, il lui donna le titre de roi, sans cependant ériger la Bohême en royaume. La qualité de roi que conféroient les empereurs étoit personnelle, & ne passoit pas aux héritiers : c'est de-là que l'on voit dans les commencemens, tantôt des ducs, tantôt des rois en Pologne, en Hongrie & en Bohême. Arrivé en Lombardie, *Frédéric* soumit plusieurs villes, comme Milan, qu'il avoit menacée dans son premier voyage, & s'appliqua à la recherche de ses revenus : on prétend qu'ils montoient à dix-huit millions d'Allemagne, somme prodigieuse pour ces temps, où l'on faisoit beaucoup avec peu d'argent. Il fit de nouvelles loix, & décerna des peines contre quiconque oseroit les enfreindre : une ville étoit condamnée à cent marcs d'or; un marquis à cinquante; un comte à quarante : cette progression montre que le comte étoit au-dessous du marquis. *Frédéric* changea la formule du serment, qui permettoit aux arrière-vassaux de s'armer contre l'empereur, en faveur des vassaux directs. Les Pisans & les Génois, maîtres de la Sardaigne & de la Corse, furent contraints de lui payer mille marcs d'argent, par forme d'amende. Tant de fermeté affectoit sensiblement Adrien : ce pape voyoit dans *Frédéric* plusieurs Charlemagne & plusieurs Othon : il songea à mettre des bornes à cette excessive puissance qui menaçoit d'engloutir la sienne. Le pontife suivit la route que plusieurs de ses prédécesseurs lui avoient tracée, & pour mieux réussir dans le temporel, il l'attaque sur le spirituel. Il se plaint de ce qu'il exige le serment de fidélité de la part des évêques : l'empereur justifia cet usage par un argument sans replique, & mit Milan au ban impérial pour avoir pris le parti d'Adrien, qui réclama aussi-tôt les biens de la comtesse Mathilde. Ce pape alloit lancer les foudres de l'église, lorsque la mort le surprit. Les cardinaux, partagés, élurent deux papes, Alexandre III & Victor IV. *Frédéric* s'apprête à profiter de cette double élection qui divise ses ennemis : il protège Victor contre Alexandre, qu'il savoit lui être contraire. Il convoqua un concile, où ces deux prétendans furent sommés de se rendre. Alexandre, ayant refusé d'obéir, fut déclaré déchu du pontificat ; & l'élection de Victor fut confirmée comme ayant été faite conformément aux canons. Alexandre, rejetant l'autorité de ce concile, excommunie *Frédéric* & Victor, bien sûr d'être secondé par tous les princes de la chrétienté, qui voyoient avec inquiétude les prétentions de *Frédéric* qui aspiroit à la monarchie universelle. Dans une diète tenue à Boulogne, il avoit fait décider par quatre docteurs que les droits de sa couronne s'étendoient sur toutes les nations de la terre. L'empereur grec, les rois de Sicile, de France, d'Angleterre, la république de Venise, se déclarèrent contre l'élection de Victor : alors Alexandre III sort de sa retraite ; il souffle l'esprit de révolte dans toutes les villes d'Italie, toujours disposées à secouer le joug, & passe à la cour de France. L'empereur, pour conjurer l'orage, entre aussi-tôt en Lombardie, où rien ne lui résiste : dans deux campagnes il prend Milan, qu'il détruit de fond en comble, & en disperse les habitans, auxquels par grace il accorde la vie; Bresse & Plaisance furent démantelées : les autres villes, épouvantées par ces exemples, donnent des otages pour gage de leur soumission : Rome est forcée de recevoir Pascal III, qu'il nomme pour succéder à Victor IV. Mais une peste, qui fit périr son armée, arrêta le cours de ses succès, & l'exposa à la merci des Italiens qui cessèrent d'être obéissans dès qu'il cessa d'être redoutable. Une défaite ajouta à cette calamité. Les pratiques secrètes de Henri-le-Lion, &, suivant Heiss, la captivité d'Othon son fils, que les Vénitiens retenoient prisonnier, après l'avoir défait dans un combat naval, lui inspirèrent des sentimens pacifiques. Mais trop fier pour conclure dans un temps où ses ennemis pouvoient se prévaloir de son état, il rassembla toutes ses forces, & offrit à ses ennemis la paix, les lauriers à la main. Alexandre qu'il consentoit à reconnoître pour pape, travailla de tout son pouvoir à rétablir le calme dans l'Eglise & dans l'Empire. Venise fut choisie pour tenir le congrès : *Frédéric* & Alexandre s'y rendirent. Les historiens varient sur les particularités de leur entrevue : les uns prétendent qu'ils se dirent des injures respectives ; mais d'autres que nous suivons, d'après les meilleurs critiques, ne font nullement mention que les bienséances aient été violées. L'empereur rendit au pape tous les honneurs qu'il avoit rendus à Adrien IV : il lui baisa les pieds, lui tint l'étrier, suivant l'usage introduit par Lothaire II. Ces cérémonies étoient humiliantes, à la vérité ; mais la superstition du peuple les faisoit regarder comme indispensables.

La paix fut jurée sur l'évangile, & *Frédéric* promit de n'attaquer de six ans aucune ville d'Italie. Il tint parole : la trêve expirée, il leur accorda une paix perpétuelle, dans une diète tenue à Constance. Ses droits y furent réglés : & chaque ville consentit à être gouvernée par des vicaires ou des comtes, à la nomination de la cour. L'empereur leur accorda le droit d'entretenir des troupes, des fortifications, & des tribunaux pour juger en dernier ressort, jusqu'à la concurrence de cinquante marcs d'argent. Des députés de Venise signèrent ce traité; mais on ne sait si c'étoit pour elle-même ou pour les terres qu'elle avoit dans le continent; peut-être aussi étoit-ce comme médiatrice entre le pape & l'empereur; sa puissance & sa sagesse autorisent ce doute. *Frédéric* profita de cette paix pour assurer la couronne à Henri, son fils aîné : il lui donna le titre de roi des Romains, qui se donnoit aux successeurs désignés, & le conduisit à Rome pour le faire sacrer. Luce III se refusa à cette cérémonie, exigeant de l'empereur qu'il rétablît dans tous ses droits Henri-le-Lion, auquel on n'avoit laissé de ses biens immenses que les villes de Brunswick & de Lunebourg. Luce III réclamoit encore la succession de Mathilde, & vouloit que l'empereur renonçât au droit de main-morte ; que l'on restituât à l'église les dîmes inféodées; & qu'enfin on exemptât le clergé de toute charge féodale. Le pape se disposoit à l'excommunier & à délier ses sujets du serment de fidélité, lorsque la mort le surprit. Urbain III s'apprêtoit à suivre le chemin qu'il lui avoit tracé ; mais la perte de Jérusalem, que Saladin, le héros de son âge, venoit d'enlever aux chrétiens, changea les sentimens. La nouvelle de cette perte tourna toutes les pensées du pape vers l'Asie, & le força de ménager l'empereur : il lui persuada qu'il ne pouvoit employer plus glorieusement la fin de son règne qu'à reprendre la ville sainte. On le regardoit comme le plus capable de tous les princes de la chrétienté, d'arrêter les progrès de Saladin qui, après avoir conquis Acre, Damas, Alep & Jérusalem, destinoit à son triomphe le roi Lusignan, son captif. *Frédéric*, ayant reçu la croix des mains des légats, fit publier une paix générale dans l'Empire, & mit au ban quiconque oseroit la troubler. Il partit pour l'Asie avec une armée de cent cinquante mille hommes: comme il doutoit de son retour, il partagea sa succession entre ses enfans, réservant l'Empire à Henri son aîné, déjà roi des Romains. *Frédéric* dirigea sa route vers l'orient, & surmonta tous les obstacles que lui opposa l'empereur grec (Isaac l'Ange), qui le regardoit comme un prince armé pour lui ravir son trône. Arrivé sur les bords de l'Hellespont, il chasse les Turcs qui prétendent lui en disputer le passage; bat sous les murs d'Icone le plus puissant soudan du pays, & entre dans la Cilicie, où il meurt pour s'être baigné dans le Cidnus, de la maladie qui, quinze siècles auparavant, avoit presque coûté la vie à Alexandre, prince qui, avec une foible partie de la Grèce, avoit conquis le plus grand empire du monde, dans un pays où l'Europe conjurée ne put conserver une seule province.

Frédéric eut deux femmes, Adèle ou Adélaïde de Volbourg, qu'il répudia comme étant sa parente, quoiqu'il ne l'eût épousée qu'avec dispense; Béatrix de Bourgogne, qu'il épousa du vivant de cette princesse, eut cinq fils & deux filles, savoir, Henri VI qui régna ; *Frédéric* qui fut duc de Suabe, accompagna son père dans la croisade, & mourut à Acre ou Ptolémaïde; Conrad qui fut duc de Franconie & de Suabe, après la mort de son frère *Frédéric*; Othon, le quatrième, eut le comté de Bourgogne; Philippe, le cinquième, n'eut aucun apanage, c'est le même qui fut élu pour succéder à Henri VI; Sophie, l'aînée des deux princesses, épousa Conrad, marquis de Misnie; Béatrix, la cadette, fut abbesse de Quitesbourg. Les Allemands, naturellement jaloux d'une haute taille, se livrèrent dans les commencemens à des satyres offensantes contre ce prince. Un jour le voyant auprès de Waldemar, le danois, qui le surpassoit de toute la tête, ils s'oublièrent jusqu'à dire, *petite taille*, *petit homme*; ils connurent pas les événemens de son règne, combien ce proverbe étoit peu judicieux. (*M—Y.*)

FRÉDÉRIC II, de la famille de Suabe, (*Hist. d'Allemagne*) roi de Sicile, de Naples & de Jérusalem, seizième roi ou empereur de Germanie depuis Conrad I, vingt-unième empereur d'Occident depuis Charlemagne, né en 1193, de Henri VI & de Constance de Sicile, élu empereur en 1212, mort en 1250.

Frédéric avoit à peine quatre ans, lorsqu'il perdit Henri VI son père, qui, pour lui préparer une voie à l'empire, l'avoit fait reconnoître roi des Romains (en 1196); mais ce titre ne lui fut d'aucun secours. Les états, ne voulant pas d'un enfant pour empereur, avoient forcé Philippe, son oncle & son tuteur, de recevoir la couronne pour lui-même. Ce jeune prince, ainsi exclu du trône, se retira en Sicile, qu'il gouverna comme roi feudataire du saint-siège, sous la tutèle & la régence de l'impératrice Constance sa mère. Cette princesse inspira à son pupille l'amour des vertus, & lui fit sentir de bonne heure qu'il étoit destiné aux grandes choses. Le jeune *Frédéric* étoit doué des plus heureuses qualités: il joignoit à une mémoire prodigieuse, la passion de tout savoir. A peine sorti de l'enfance, il possédoit la plupart des langues anciennes & modernes : il parloit avec une extrême facilité le grec, le latin, le turc, le françois; c'est-à-dire le romain, l'italien & le tudesque. Tant qu'il fut incapable de rien exécuter par lui-même, l'impératrice sa mère le retint loin des orages ; & Philippe, qu'elle eût pu traiter d'usurpateur, n'éprouva aucune contradiction de sa part. Cette princesse, en mourant (en 1200), fit un grand trait de politique, en confiant au pape la régence du royaume de Sicile & la tutèle de son fils. Elle avoit lieu de croire que la reconnoissance parlant au cœur d'Innocent III, ce pontife prodigieusement ambitieux, à la vérité, mais incapable de lâcheté, mettroit une partie de sa gloire à travailler à la grandeur de son pupille, qu'il eût pu écraser, si on l'eût mécontenté par un défaut de confiance. Le pape oublia sa haine contre les Suabes, dès qu'il se vit le protecteur & le père du chef de cette illustre famille. Othon IV l'ayant mécontenté, il l'excommunia; & déliant les Impériaux du serment de fidélité fait à ce prince, il les fit souvenir de la foi qu'ils avoient jurée à *Frédéric II*, dans son berceau. Philippe Auguste, ennemi de la maison de Saxe, alliée de celle d'Angleterre, acheva la révolution qui força Othon de descendre du trône & de se retirer dans ses états héréditaires de Brunswick, où il vécut oublié. *Frédéric II* ne fut pas plutôt monté sur le trône impérial, qu'il manifesta sa reconnoissance envers le pontife: il consentit à se croiser & à donner au saint-siége les allodiaux de la comtesse Mathilde: il promit de ne jamais réunir la Sicile à l'Empire, mais d'en donner l'investiture à son fils dès qu'il seroit en âge de régner. Honorius III, successeur d'Innocent, obtint la renonciation au mobilier des évêques défunts, & au revenu des évêchés pendant la vacance. Ce fut encore pour complaire à la cour de Rome, qu'il fit publier ces cruels édits qui privoient les enfans des hérétiques de la succession de leurs pères. Cependant ces complaisances n'étoient pas entièrement désintéressées, la plupart de ces concessions précédèrent son couronnement à Rome: il avoit lieu de craindre que le pape ne refusât son ministère à cette cérémonie, dont dépendoit la vénération des peuples pour la personne des empereurs. D'ailleurs, Othon IV respiroit encore: le couronnement se fit avec la pompe & les usages ordinaires. La mésintelligence de *Frédéric* & d'Honoré ne tarda pas à éclater. Lorsque l'empereur vit son autorité bien affermie, il se lassa d'accorder des priviléges, dont le pontife sembloit insatiable. Ce pape prétendoit interdire au monarque toute jurisdiction sur les ecclésiastiques: & lorsqu'il en chassa plusieurs de ses états de Sicile, où ils mettoient le trouble, Honorius s'en plaignit comme d'une entreprise sacrilége. *Frédéric* se justifia par l'exemple de ses prédécesseurs, & fit au pontife une réponse pleine de majesté: « Comme empereur » & comme roi, dit-il, je suis juge suprême de » tous mes sujets, & dans les causes séculières, » je ne dois point distinguer les ecclésiastiques des » laïques. Je laisserai à mes successeurs ces prérogatives que je tiens de mes ancêtres: j'abdiquerois un trône qu'il faudroit conserver par » une lâcheté. » Honorius, mécontent de cette réponse, lance les foudres ordinaires dans ces siècles d'ignorance: il excommunie l'empereur & *tous ceux qui lui seront fidèles*. *Frédéric* étoit aimé: il sut manier les états avec tant de dextérité, que les coups du pontife frappèrent à faux; & ce fut pour l'en punir, qu'il fit couronner roi des Romains Henri son fils; c'étoit le déclarer son successeur, & réunir la Sicile à l'Allemagne, ce que la cour de Rome avoit toujours appréhendé. Le pape, fâché du peu de succès de ses anathêmes, dissimule son chagrin & cherche des voies de conciliation. Il profite de la mort de l'impératrice, Marie Constance d'Aragon, & le flatte du titre de roi de Jérusalem, qu'il lui offre en lui faisant épouser Yolande, fille de Jean de Brienne. *Frédéric* consentit à la paix, & s'engagea par serment à aller faire valoir ses droits. Mais il s'apperçut bientôt que ce serment ne lui avoit été arraché que pour lui faire perdre ses états d'Europe, lorsqu'il en seroit éloigné. Forcé de l'accomplir, il s'embarqua avec une armée florissante; mais ayant été attaqué d'une maladie après trois jours de navigation, il relâcha & se fit porter dans son palais de Brindes. Grégoire IX avoit succédé à Honorius III. Ce pape, outre les prétentions de son siége qu'il avoit à soutenir, avoit sa famille à venger: les ecclésiastiques que *Frédéric* avoit chassés de ses états de Sicile étoient ses parens: il couvrit son ressentiment du voile de la religion, & excommunia l'empereur, qui, disoit-il, laissoit dans l'oppression les chrétiens de la Palestine. *Frédéric* se justifia aux yeux des princes chrétiens, toujours entêtés de la chimère, aussi pieuse que vaine, de soustraire l'Asie au joug de l'alcoran; & pour se venger de Grégoire, il souleva contre lui les Frangipani. Tandis que ces seigneurs, tout-puissans dans Rome, forçoient le pape d'en sortir, il attaqua l'état ecclésiastique; & dès qu'il eut mis cette guerre en état de pouvoir être continuée avec succès par ses lieutenans, il partit pour la Palestine. Le pape fit connoître que les intérêts de la religion, sur lesquels il s'étoit appuyé pour l'excommunier, n'étoient qu'un prétexte pour excuser des motifs moins nobles: au lieu de retirer ses anathêmes, il les confirme, il écrit à tous les ordres religieux & militaires de la Palestine, de ne point reconnoître l'empereur; invite le soudan de Babylone à l'attaquer avec confiance, sans craindre les armées des croisés. Digne successeur des Grégoire VII, des Urbain II, & des Pascal II, il soulève le roi des Romains contre son père. *Frédéric*, que les intérêts de la religion conduisent dans la Palestine, y trouve les moines & le clergé conjurés pour sa perte, & lorsqu'il donne l'ordre, les croisés lui répondent qu'ils *n'obéiront qu'aux lieutenans impériaux de la part de Dieu & de la chrétienté*. Le grand-maître de Jérusalem, le grand-maître des templiers, lui refusèrent toute espèce d'obéissance; les Vénitiens le félicitoient en particulier, & l'outrageoient en public. *Frédéric*, dans l'impuissance de continuer la guerre avec honneur,

honneur, songea à se dégager avec prudence: il conclut avec le soudan de Babylone une trève de dix ans: les conditions en étoient honorables. Le soudan (Melezel, ou comme nous l'appellons, *Méledin*) lui remit tous les chrétiens ses captifs, & lui donna les villes de Jérusalem, de Bethléem, de Nazareth, de Throon & de Sidon, avec leurs dépendances. Le soudan, prince pacifique, se bornoit à demander la tolérance de son culte, & qu'on laissât subsister les mosquées. *Frédéric* fit son entrée dans Jérusalem, n'ayant pour ennemis que les chrétiens qu'il venoit de délivrer. Le lendemain il alla visiter le temple, où, après avoir fait ses prières, il se couronna lui-même, les prélats ayant refusé de prêter leur ministère à cette cérémonie. Cette guerre intestine, qui se faisoit sentir sur les bords du Jourdain, troubloit le Tibre & l'Eder. Le pape avoit fait publier une croisade contre lui: il fit ses préparatifs pour repasser en Europe, mais il releva auparavant les fortifications de Jérusalem & de plusieurs autres villes ruinées par les Sarrasins, & rétablit les Chrétiens dans Joppé. Rentré dans la Sicile, il en bannit les templiers & les hospitaliers, pour avoir traversé ses desseins; il passe le continent, dissipe les croisades papales: quinze jours lui suffisent pour reprendre une infinité de places qu'on lui avoit enlevées. Il parcourt ensuite & soumet la Romagne, la Marche d'Ancone, le duché de Spolette, celui de Bénevent & assiège Grégoire dans Rome; mais content de l'avoir étonné, il leva le siége, & se retira à Capoue. Tant de vigueur, tant de modération, & plus encore l'entremise de saint Louis, font incliner le pape vers la paix. *Frédéric*, que des écrivains ont déféré à la postérité comme le plus dangereux des hommes, étoit le plus patient & le plus modéré. Il renonça à tous les droits de la victoire; & non seulement il rendit au pape les places qu'il venoit de conquérir, il consentit encore à lui donner vingt-six mille marcs d'argent. Par le traité de paix, qui fut conclu à *San Germano* (23 juillet 1230), l'empereur renonça à la nomination aux bénéfices, affranchit le clergé de toute jurisdiction séculière, & le déchargea de toute taxe. La révolte de la Lombardie, les trames secrètes du roi des Romains, furent les vrais motifs qui le déterminèrent à signer ce traité, si contraire à ses intérêts. Il se rendit aussi-tôt en Allemagne, où il gémit des désordres introduits par le fanatisme & la révolte. Il fait condamner le roi des Romains, son fils, à une prison perpétuelle; met le duc d'Autriche au ban de l'empire; non moins prompt à récompenser qu'à punir, il déclare Vienne ville impériale. Le pape, infidèle au traité qui cependant lui donnoit tant d'avantages, favorisoit les rebelles de Lombardie. Il apprend ses hostilités, & s'apprête à soutenir la guerre, suivant l'expression d'un légat, avec la fermeté d'un rocher inébranlable. Il passe les Alpes avec une armée de cent mille hommes; fait une horrible boucherie des Génois, des Lombards & des Vénitiens confédérés; & les traitant moins comme ennemis que comme rebelles, il fait pendre les chefs, sans excepter le général Pétro Tiépolo, fils du doge. Les confédérés perdirent tant d'hommes, que *Frédéric* écrivit lui-même que le pays ne pouvoit lui fournir un cimetière assez grand. On ne sauroit décrire les horreurs auxquelles se livrèrent les deux partis: les rebelles sembloient renaître d'eux-mêmes, & combattoient avec le double fanatisme de la religion & de la liberté. Le pape leur avoit fait croire qu'ils vengeroient l'un & l'autre, & s'étoit sur-tout appliqué à faire passer l'empereur pour le plus implacable ennemi du vrai culte. *Frédéric*, indigné, s'abandonne à tous les excès où peut le livrer une calomnie qui tend à lui faire perdre toutes ses couronnes. Il se rend maître de la Toscane, du duché d'Urbin, & marche à Rome, qu'il assiège. Les Romains & les croisés font une sortie vigoureuse, excités par les prières & les larmes du pape. Les Impériaux les taillent en pièces; & déployant l'appareil d'une justice effrayante, au milieu de ces combats sanglants, ils impriment une croix, avec un fer ardent, sur le front des fanatiques. Grégoire qui voit que ses foudres éclatent en vain contre le prince le plus actif & le plus éclairé qui fut jamais, croit les rendre plus puissantes en les lançant au milieu d'un concile général: il invite tous les prélats de la Chrétienté à passer à Rome, & les fait escorter d'une flotte. Entius, fils naturel de l'empereur, & son lieutenant dans le royaume de Sardaigne, attaque cette flotte, prend vingt-deux galères, en coule trois à fond, déclare prisonniers de guerre tous les prélats, au nombre desquels étoient trois cardinaux. Ce désastre rompt les mesures du pape & lui cause la mort. Célestin IV, qui lui succède, ne tint le siége que dix jours. Le cardinal de Fiesque, ancien ami de *Frédéric*, donne quelque espoir à l'Europe. L'empereur, qui connoît le pouvoir de l'ambition, témoigne une vive douleur: *Fiesque est pape*, dit-il; *il sera bientôt mon ennemi.* Cette prédiction fut bientôt justifiée: Innocent IV, tel étoit le nom que prit Fiesque à son avénement au trône pontifical, suivit aussi-tôt les traces de Grégoire. Plus dangereux encore, il accuse l'empereur d'avoir voulu l'attirer dans une conférence pour l'arrêter prisonnier: & lorsque ce bruit a produit son effet, il l'excommunie. *Frédéric* répond à ces anathêmes par des victoires, & force son ennemi à se refugier en France. Ce fut-là qu'Innocent IV assembla ce fameux concile, où, après un procès juridique où l'on ne devoit pas manquer d'accusateurs, il prononça la déposition de *Frédéric*, avec les formes les plus effrayantes, au milieu d'un nombre infini de prélats, & en présence de plusieurs princes, auxquels l'empereur crie inutilement que sa cause est celle de tous les rois. Un moine, dont les déclamations dictèrent l'oracle du pontife, l'accusoit d'athéisme & d'hérésie, ce qui répugne dans la même personne, &

prouve que la vengeance & l'intérêt guidoient le juge & l'accusateur.

Frédéric ne fut pas entendu ; & cependant il fut déposé comme sacrilège, hérésiarque & fauteur d'hérésie. « Je déclare, dit le fier pontife, *Frédéric* » déchu de l'empire : j'ordonne aux électeurs, de » nommer un autre empereur. » Jamais Jesus-Christ ne s'étoit servi de ce style, ni Pierre : ce dernier prêchoit l'obéissance à Néron. Le pape publie aussitôt une croisade contre l'athée prétendu : les indulgences deviennent le prix de la révolte, qui lève un front hardi sous la bannière de la religion. *Frédéric* apprend cette nouvelle, & gémit du zèle indiscret des princes. Il porte lui seul tout le poids d'une grande ame, & s'apprête à soutenir les droits des souverains contre l'Europe qui semble les méconnoître. Il se fait apporter la couronne impériale, & la mettant sur son front : *ils ne me l'ont point encore ravie*, dit-il. Conrad son fils retient les ducs dans le devoir, & les oppose aux évêques, qui couronnent des fantômes d'empereurs. L'Italie & l'Allemagne ne contiennent pas une bourgade que le pape n'anime de son esprit. Ses partisans, sous le nom de *guelphes* ; ceux de *Frédéric* sous celui de *gibelins*, se livrent de continuels combats. *Frédéric* montre un courage supérieur à la haine de ses ennemis, qui, ne pouvant le vaincre, forment l'odieux projet de l'assassiner. Chaque jour on trouve dans son camp des religieux déguisés : des traîtres se glissent dans tous les coins de son palais. Conrad même est sollicité de s'armer contre son père, qui meurt au milieu de ces désordres, du poison que verse sur sa vie le chagrin de se voir abandonné de ses meilleurs amis, & de ne pouvoir dégager Entius son fils, que le parti des guelphes retenoit dans une cage de fer, après l'avoir fait prisonnier au siége de Boulogne.

De l'aveu même de ses ennemis, *Frédéric* étoit le plus grand génie de son siècle, courageux jusqu'à l'intrépidité, généreux, magnifique, & l'un des plus savans hommes de la terre ; il fut l'ami & le protecteur des artistes célèbres qu'il fit naître. Il fonda plusieurs universités ; augmenta Naples & l'embellit ; bâtit Alitea, Monte-Léone, Flagella, Dondona, Aquila, & plusieurs autres villes. On croit que son dessein, & tout le prouve dans sa vie, étoit de fixer le siége de sa domination en Italie, afin d'être plus à portée de réprimer les brigues des papes, & que ce fut la cause des sanglantes tragédies qui forment le tissu de son règne.

Ce prince eut six femmes, Constance d'Aragon ; Yolande de Brienne ; Agnès, fille d'Othon, duc de Moravie, celle-ci fut répudiée ; Rutine, fille d'un autre Othon, comte de Wolferzhausen ; Isabelle, fille de Louis, duc de Bavière ; & Mathilde, fille de Jean, roi d'Angleterre. La première donna le jour à Henri, qui périt dans les prisons pour s'être révolté ; la seconde eut Conrad IV, & Jordan, mort en bas âge ; Mathilde lui donna un fils nommé *Henri*, qui fut désigné roi de Jérusalem, & mourut empoisonné. On ne sait de laquelle de ses femmes il eut Marguerite, femme d'Albert le dénaturé, & Constance, femme du landgrave de Hesse. Blanche, marquise de Montferrat, lui donna trois fils naturels, Mainfroy, prince de Tarente ; Entius, roi de Sardaigne ; & *Frédéric*, prince d'Antioche. (*M—Y*).

FRÉDÉRIC III, dit *le Bel* (*Histoire d'Allemagne.*) n'est point compté parmi les empereurs par les meilleurs chronologistes. Il étoit fils de l'empereur Albert I, & de l'impératrice Elisabeth, fille de Maynard III, comte du Tirol. Il disputa le trône impérial contre Louis de Bavière, qui le vainquit : & le fit prisonnier à la sanglante journée de Mulhdorff, dans le diocèse de Saltzbourg. Le vainqueur l'enferma dans le château de Traunitz, d'où il sortit en 1325. Les écrivains les plus dignes de foi disent qu'il n'obtint sa liberté, qu'en faisant le sacrifice de ses droits ; mais les historiens d'Autriche prétendent, sans doute pour relever la gloire de leur maison ducale, que le traité portoit que les deux princes partageroient la suprême autorité ; mais cette opinion est dépourvue de vraisemblance. Un pareil traité ne peut se supposer entre le vainqueur & le vaincu : d'ailleurs le consentement des états de l'empire devenoit absolument indispensable, & l'on n'en trouve aucun vestige, ni dans les historiens, ni dans les actes publics. Louis, content de l'avoir dépouillé de toute autorité, lui permit peut-être de porter le titre d'empereur, ce qui n'est pas sans exemple. On a vu plusieurs princes dégradés, conserver les titres pompeux qui convenoient à leur première fortune. Il mourut en 1330, & on ignore quel fut le genre de sa maladie. Des écrivains, dirigés par la haine, ont dit qu'il périt rongé par les vers ; d'autres, qui se plaisent à mettre partout du merveilleux, qu'il fut empoisonné par un philtre amoureux. (*M—Y.*)

FRÉDÉRIC IV, (c'est celui qu'on appelle le plus communément *Frédéric* III) successeur d'Albert II, (*Histoire d'Allemagne.*) vingt-neuvième empereur depuis Conrad I. Ce prince, que son insensibilité aux affronts fit surnommmer *le Pacifique*, naquit l'an 1415, d'Ernest, cœur de fer, duc d'Autriche, de la branche de Stirie & de Zimbourg de Mazovie. Le nom d'*Ernest* est fort ancien dans les annales de l'Empire : on voit des ducs de ce nom, sous Louis le Débonnaire, élevés aux premiers emplois. *Frédéric* n'obtint la couronne impériale qu'au refus de Louis III, landgrave de Hesse. Ce temps étoit fécond en actions héroïques, & Louis ne fut pas le seul qui résista aux attraits d'une couronne. Albert, duc de Bavière, renvoya à Ladislas, fils de l'empereur Albert, né depuis la mort de ce prince, celle de Bohême que lui offroient les états de ce royaume. Cet exemple de générosité fut suivi par *Frédéric IV* ; il refusa la même couronne, & se chargea de la tutèle du jeune prince, qu'il fit élever à sa cour avec un soin paternel. Les premières années de ce règne se passèrent en différentes intrigues, tant avec les cours de Pologne, de Bohême & de Hongrie, que l'enfance de Ladislas remplissoit de brigues, qu'avec celle de Rome mécontente des décrets du concile de Basle, & partagée entre Félix V & Eugène IV. On tint plusieurs diètes & plusieurs conciles : les diètes remédièrent à plusieurs abus, mais les conciles furent infructueux. Les électeurs favorisoient le parti de Félix, & l'empereur celui d'Eugène. Ce pape, dont l'histoire vante les talens supérieurs, avoit déposé plusieurs prélats, & principalement les archevêques de Cologne & de Trèves, comme fauteurs du schisme, & partisans de Félix qu'il traitoit d'antipape, qualification que l'on ne pouvoit donner à ce prince sans blesser le concile de Basle qui l'avoit élu. Les électeurs se trouvant offensés, s'assemblèrent à Francfort, & s'unirent pour obliger ce pape à casser sa sentence, & à satisfaire les états d'Allemagne sur plusieurs autres griefs. Cette union fut renouvellée quelque temps après, & l'on ajouta qu'on ne décideroit rien sur les affaires de l'empire, que du consentement des électeurs qui s'engagèrent à se donner des secours mutuels, contre quiconque tendroit à les priver de leurs droits. L'empereur fut invité d'accéder à cette ligue; mais comme il vouloit garder la neutralité, il usa de délais. Il fit avertir le pape de tout ce qui se passoit, & lui conseilla de chercher les moyens de parvenir à une réconciliation. Elle se fit en partie par les intrigues d'Enéas Silvius Picolomini, secrétaire de l'empereur. Il sut si bien ménager l'esprit des électeurs, qu'ils consentirent à reconnoître Eugène pour pape légitime, après cependant qu'il eut promis de convoquer un nouveau concile, d'approuver les décrets de ceux de Constance & de Basle, de rétablir les prélats déposés, & de redresser les griefs des états d'Allemagne, conformément aux canons du concile de Basle. Eugène mourut, couvert de gloire, l'année d'après la signature de ce traité. Il fut remplacé par Nicolas V. Ce nouveau pontife, dont le souvenir sera toujours cher tant qu'on aura de l'estime pour les beaux-arts, ratifia ce traité, & confirma plusieurs réglemens, encore observés aujourd'hui. Ces réglemens, connus sous le nom de *concordat de la nation germanique*, rétablissoient, 1°, l'élection canonique dans tous les chapitres & communautés, médiatement ou immédiatement soumis au saint siége; 2°. défendoient au saint siége d'accorder aucunes provisions pour les expectatives; mais ils accordoient aux papes la nomination aux bénéfices d'Allemagne vacans en cour de Rome, ou par la déposition & la translation des possesseurs, faite par autorité apostolique, ou enfin quand l'élection ou la postulation du nouveau bénéfice auroit été annullée & cassée par le saint siége. On convint encore que les papes nommeroient aux canonicats qui vaqueroient dans les mois de janvier, mars, mai, juillet, septembre & novembre : l'élection appartenoit aux chapitres pendant les six autres mois. Les annates furent abolies, mais on y substitua une taxe que le nouveau bénéficier devoit au saint siége, en deux termes égaux, chacun d'une année entière. Les états voulurent engager *Frédéric* à réclamer contre ces articles, mais l'indolent monarque recherchoit moins le bonheur de ses peuples que le sien propre. Il fut insensible à leurs remontrances. On avoit d'autant plus lieu de se plaindre, qu'il eût pu, sans s'exposer, stipuler des conditions pareilles à celles que Charles VII avoit acceptées. Les pères du concile de Basle se voyant abandonnés par l'empereur qui eût dû embrasser leur défense, se retirèrent à Lausanne, & Nicolas V, pour achever de ruiner le parti de son antagoniste, fit présent de la Savoie au roi de France. Le peu d'ambition de Félix le servit encore mieux que cette politique. Il avoit déja préféré sa retraite de Ripaille à une couronne ; il sacrifia encore le trône pontifical à ce délicieux asyle. *Frédéric*, après l'extinction du schisme, envoya des ambassadeurs en Portugal, demander en mariage la princesse Eléonore, fille d'Edouard, & nièce d'Alphonse, roi de Naples & d'Aragon. Il fit en même temps tous ses préparatifs pour entrer en Italie. Ce voyage étoit entrepris, non pour rétablir au-delà des Alpes l'autorité impériale, mais pour s'unir plus étroitement avec le pape. Il reçut à Sienne la princesse Eléonore, & promit de l'épouser. Il refusa de consommer ce mariage, dans la crainte, disoit-il, que l'enfant qui naîtroit, ne prît dans la suite, du goût pour les mœurs italiennes. Avant de lui permettre d'entrer dans Rome, Nicolas V lui fit jurer qu'il seroit le défenseur des papes & de l'église Romaine, & qu'il n'exerceroit dans Rome aucun droit de souveraineté. Ce fut à ces conditions que Nicolas lui fit ouvrir les portes, & le couronna roi d'Italie & empereur. Eléonore fut aussi couronnée impératrice, quoiqu'elle ne fût encore que fiancée. On doit observer que le couronnement de *Frédéric* est le dernier qui se soit fait à Rome. Ses successeurs durent renoncer sans effort à une cérémonie aussi vaine que ridicule. Elle ne consistoit plus qu'à baiser les pieds du saint père, & à conduire sa mule. Tant que *Frédéric* resta à Rome, Nicolas V ne le quitta point un seul instant. Des écrivains ont pensé que c'étoit un effet de la crainte que les Romains, mécontens du gouvernement papal, ne fissent des tentatives pour rétablir les anciens droits des empereurs; mais ce soupçon nous paroît peu fondé : au reste, il est certain que *Frédéric* ne fit rien pour les faire revivre. Alphonse, ayant reçu sa visite, le détermina à consommer son mariage avec Eléonore : il se décida avec peine, & eut grand soin auparavant de faire écarter toute espèce d'enchantemens. C'étoit alors le temps des sortilèges, & l'esprit de cet empereur étoit imbu de tous les préjugés vulgaires. Cependant les droits de l'empire n'étoient pas entièrement méconnus en Italie. En effet, *Frédéric* tira quatre mille florins d'or, en forme de cens, pour le duché de Rhégio & de Modène, dont il donna l'investiture à Bortius d'Est. Il vendit la principauté de Piombono aux Ursins, & refusa l'investiture du Milanois à François Sforce, qui ne voulut point s'engager à payer un cens annuel, ni rendre Parme à l'empire. A son retour en Autriche, il trouva Neustat assiégé par les Hongrois & les Bohêmes qui lui redemandoient le jeune Ladislas, qu'il gardoit toujours sous sa tutèle. Il fut obligé de le leur rendre après avoir fait plusieurs tentatives pour le retenir. Il s'étoit même fait aider des foudres de Rome. Cependant la Chrétienté étoit dans la plus grande agitation. Les Turcs, qui ne vouloient reconnoître aucune borne à leur puissance, la pressoient à l'Orient. L'empereur Constantin XIII, voyant aux portes de sa capitale ces conquérans que rien ne pouvoit arrêter, demanda inutilement des secours à *Frédéric*. Ce prince abandonné, mit toute sa ressource dans un noble désespoir : il périt sur la brèche, & laissa son trône à Mahomet II, son vainqueur. En lui finit l'empire grec, après avoir fleuri plus de douze siècles. La division des chrétiens occidentaux, la foiblesse & l'avarice de *Frédéric*, ainsi que la désunion entre les églises grecque & latine, furent les principales causes de cette révolution. La conquête de cet empire ne remplissoit point encore les desirs ambitieux de l'invincible Mahomet; &, par une fatalité inconcevable, presque tous les princes chrétiens, au lieu de se réunir dans ces tristes conjonctures, s'épuisoient par de petites guerres les uns contre les autres. La maison de Brunswick étoit en armes pour les salines; la maison Palatine pour le titre d'électeur, qu'un administrateur vouloit prendre. Le duché de Luxembourg étoit envahi par le duc de Saxe, & réclamé par Ladislas, roi de Bohême & de Hongrie. Cependant on indiqua une diète à Ratisbonne pour délibérer sur les moyens d'arrêter les progrès des Turcs. Les nonces de Nicolas y proposèrent une croisade; elle étoit nécessaire, & Philippe-le-Bon offrit à l'empereur ses biens, ses troupes & son bras. *Frédéric* le refusa, dans la crainte que cette guerre n'augmentât la puissance de ce généreux duc qui réitéra inutilement ses offres dans une seconde diète à Francfort. Les Hongrois, menacés des malheurs que venoient d'éprouver les Grecs, sollicitoient de prompts secours; mais l'empereur & le pape calculoient sans cesse les sommes qu'exigeoit une telle expédition. Les états d'Allemagne qui connoissoient la cupidité de l'un & de l'autre, refusèrent leur contingent, & s'offrirent de conduire eux-mêmes leurs troupes, parce qu'ils voyoient que leur principal dessein étoit de s'attribuer l'argent des levées. Dans une troisième diète à Neustat, au lieu de discuter les plus grands intérêts, on s'occupa à disputer sur la préséance, & l'on se quitta sans rien terminer. L'empereur préparoit sourdement la grandeur que sa maison fit éclater peu de temps après sa mort, & il lui paroissoit nécessaire, pour parvenir à son but, de se tenir uni au pape. Il se hâta de prêter l'obédience à Calista III, successeur de Nicolas. Les états vouloient qu'il temporisât, & que l'on mît le pape en danger, afin de l'engager à diminuer les chaînes du clergé germanique; mais cette politique n'entroit pas dans ses desseins. Les états mécontens s'assemblèrent à Nuremberg & à Francfort, & le sommèrent de s'appliquer aux affaires du gouvernement, & d'avoir soin de l'administration de la justice. Ils le menacèrent de le déposer, & de lui donner un successeur, lui vivant; *Frédéric* reçut avec indifférence cette injurieuse sommation, & pour les empêcher d'exécuter leurs menaces, il fit élire pape Enéas Sylvius, son secrétaire. On apprit sur ces entrefaites la mort de Ladislas : l'empereur aussi-tôt se porta pour héritier universel des états de ce prince en Allemagne, & voulut faire revivre d'anciens actes pour se faire couronner roi de Bohême & de Hongrie; mais il fut obligé de se contenter de la Basse-Autriche. Le duc Albert, son frère, eut la Haute; & la Carinthie échut à Sigismond, son cousin. Les Bohêmes & les Hongrois méprisèrent ses prétentions. Les premiers se donnèrent à George Podiebrad qui s'étoit signalé par plusieurs actions éclatantes; les autres à Mathias, fils du grand Huniade. L'empereur voulut envain justifier par les armes ses prétendus droits, il fut vaincu dans toutes les rencontres, soit qu'il combattît en personne, ou par ses généraux. Il engagea cependant Mathias à faire un traité qui lui fut avantageux. Ce traité, dit un moderne, ne ressembloit à aucun traité. Mathias reconnut *Frédéric* pour père, & *Frédéric* reconnut Mathias pour son fils; on stipula que, si ce fils adoptif mouroit sans enfans & sans neveux, le prétendu père seroit roi de Hongrie. Ce fut à ce prix que *Frédéric* remit à Mathias la couronne de Saint-Etienne qu'il retenoit, & à laquelle les peuples sembloient avoir attaché le droit de régner. Dans ces temps de discorde les rois devoient peu compter sur leurs sujets. Les Bohêmes, qui avoient appellé George Podiebrad, & lui avoient donné la préférence sur plusieurs prétendans, voulurent briser cette idole, & offrirent leur couronne à *Frédéric* qui se disposa aussi-tôt à déposséder Podiebrad : mais les états, assemblés à Nuremberg, prirent le parti du roi de Bohême, Louis de Bavière. Lanshut dit, sans user d'aucun déguisement, qu'au lieu de donner la Bohême à *Frédéric*, il falloit donner l'empire à Podiebrad. L'empereur & les électeurs sembloient ne s'étudier qu'à se donner des mortifications réciproques, & tous tomboient dans l'avilissement & dans le mépris. Cette inimitié, qui dura pendant tout le règne de *Frédéric*, étoit très-funeste à l'état. Le pape qui voyoit que son appui étoit nécessaire à l'empereur, vexoit à son gré le clergé d'Allemagne. *Frédéric*, ne se donnoit aucun mouvement pour ramener les esprits à un centre d'union. Toujou s occupé à satisfaire sa passion pour l'argent, il accumuloit trésor sur trésor, & se consoloit ainsi des outrages qu'il recevoit chaque jour. Cependant il ne laissoit échapper aucune occasion d'élever sa famille, & c'étoit-là qu'il mettoit tous ses soins. Charles-le-Téméraire, à sa mort (1477), laissoit une fille nommée Marie; *Frédéric* fit épouser cette riche héritière à Maximilien son fils, & par ce mariage il acquit à sa maison la Flandre impériale, avec tous les Pays-Bas & la Franche-Comté; mais il ne donna rien autre chose que son consentement. Maximilien arriva à Gand dans le plus mince équipage; l'empereur lui refusa même les choses les plus nécessaires. La mort de Mahomet II, arrivée depuis la conclusion de ce mariage, offroit aux Chrétiens une occasion favorable de se venger des insultes des Turcs; mais leurs divisions laissèrent ces peuples en possession de leurs conquêtes. Toutes les villes d'Allemagne, mécontentes de ce règne anarchique, se soulevèrent à l'envi, & Mathias Huniade profita de leurs mouvemens pour attaquer l'empereur qui prenoit le titre de roi de Hongrie. L'empereur n'éprouva que des défaites & des disgraces; chassé de la Basse-Autriche, il erra de monastère en monastère, répétant cette maxime estimable dans un solitaire, mais dangereuse dans un souverain, que l'oubli des biens qu'on a perdus, étoit la félicité suprême. Il termina cette guerre par un traité honteux, & laissa la Basse-Autriche à Mathias Huniade, jusqu'à ce qu'il l'eût dédommagé des frais de la guerre: mais toujours jaloux de son titre de père, il se réserva le droit de succéder à son fils adoptif dans le royaume de Hongrie. Il faut convenir que *Frédéric* avoit dans Mathias un fils peu respectueux. Ce fût au milieu des feux de cette guerre qu'il fit reconnoître Maximilien pour son successeur. On a eu raison de dire que jamais prince n'eut moins de gloire personnelle, & ne prépara mieux la grandeur de sa maison. Cependant le traité qu'il avoit conclu avec le roi de Hongrie, n'eut point d'exécution quant aux conditions qui lui étoient avantageuses. La veuve de Mathias, ayant fait assembler les états, leur fit jurer qu'ils reconnoîtroient pour roi celui qu'elle prendroit pour époux, & donna aussi-tôt sa main à Ladislas Jagellon, roi de Bohême. *Frédéric* vécut encore plusieurs années, dont les événemens appartiennent au règne de Maximilien son fils. Il mourut à Lintz l'an 1493; il étoit dans la soixante-dixième année de son âge & la cinquante-quatrième de son règne. Il eut de l'impératrice Eléonore, Maximilien qui lui succéda à l'empire, deux fils qui tous deux moururent au berceau, & une fille appellée *Cunegonde*, qui épousa Albert-le-Sage, duc de Bavière. Ce fut un prince superstitieux & foible. La moitié de son règne se passa à interpréter de vains songes. Son ame paresseuse s'accommodoit de toutes les positions où il plaisoit à la fortune de le mettre. Elle seule le soutint sur un trône qui souvent fut un écueil pour les plus grands hommes. L'or dont il étoit l'esclave, lui fit oublier tous les affronts dont il auroit dû tirer vengeance. On l'a surnommé *le Pacifique*; mais peut-on donner ce titre à un prince, dont le règne ne fut qu'une perpétuelle anarchie, & dont les états furent continuellement dévorés par le feu des guerres civiles? Son indolence & son insensibilité ont fait dire avec plus de justice, qu'il conservoit une ame morte dans un corps vivant. (*M—Y*)

FREGOSE (*Hist. de Gênes*) illustre famille Génoise, rivale de celle des Adorne, (*voyez* ADORNE) elle a fourni à Gênes un grand nombre de doges en différens temps.

En 1444, les Génois, qui s'étoient déjà plusieurs fois donnés à la France du temps de Charles VI, parurent vouloir revenir à elle, mais ce n'étoit qu'un artifice de Jean *Frégose*, qui voulant enlever la seigneurie à Barnabé Adorne, se servit de l'argent & des armes des François & leur manqua de parole. En 1515, lorsque François I préparoit tout pour la conquête du Milanès, il traita secrétement par le ministère du connétable de Bourbon avec Octavien, *Frégose*, alors doge de Gênes, qui remit la cité de Gênes entre les mains du roi de France, changea le titre de doge en celui de gouverneur perpétuel pour le roi, & reçut garnison françoise, moyennant une compagnie de gendarmerie, l'ordre de saint michel, & une forte pension pour lui; beaucoup de bénéfices pour Frédéric son frère, archevêque de Salerne, & le rétablissement des privilèges des Génois, abolis par Louis XII. Lorsqu'en 1522, les François perdirent Gênes, Octavien *Frégose* fut pris dans son lit par le marquis de Pescaire, (*Voyez* l'article NAVARRE) (Pierre de) Les *Frégoses* restèrent attachés à la France. César *Frégose* étoit un de ces deux ambassadeurs que François I envoya à Venise & à Constantinople en 1541, & que le marquis du Guast, gouverneur du Milanès pour Charles-Quint, fit assassiner sur le Pô, comme Guillaume du Bellay Langei parvint à l'en convaincre juridiquement. Cet assassinat fut la cause de la troisième & dernière guerre, qui s'alluma entre Charles-Quint, & François I. On voit encore sous les règnes suivans, les *Frégoses* servir dans les armées françoises.

FREHER (*Voyez* MARQUARD FREHER.)

FREIND, (JEAN) (*Hist. litt. mod.*) savant médecin anglois, & homme de lettres très instruit. A son retour en Angleterre, après avoir voyagé avec fruit & avec gloire en Espagne & en Italie, il fut mis à la tour de Londres, sur un soupçon, sans aucun fondement, d'intelligence avec les ennemis de l'état, ou seulement d'intérêts & de vues opposées au ministère; il y resta six mois, sans que le ministre, auteur de sa détention, voulût avouer son tort & lui rendre justice; heureusement ce ministre tomba malade, & ne crut pas pouvoir se passer des soins du docteur Mead, ami & confrère de *Freind*. Méad déclara, sans détour, au ministre qu'il n'avoit nul desir de rendre la santé à un ministre injuste, sous lequel des hommes du mérite & de la probité de son ami *Freind* n'étoient pas assurés de la liberté; le ministre n'eut rien de plus pressé que d'ouvrir les portes de la tour à l'ami du docteur Méad; & alors ce médecin le guérit. *Freind* devint premier médecin de la princesse de Galles, depuis reine d'Angleterre. Il mourut à Londres en 1728. Il étoit né en 1675. Il fut un des membres distingués de la société royale de Londres. On a de lui des ouvrages célèbres. Une *histoire de la médecine, depuis Galien jusqu'au quatorzième siècle*. Ce livre a été traduit de l'Anglois en François par M. Noguez en 1728. *L'Emmenologie*, ou *traité de l'évacuation ordinaire des femmes*, traduit en françois par M. Devaux en 1730. Un *traité de la fièvre*, &c. Tous les ouvrages de *Freind* ont été recueillis à Londres en 1733, à Paris en 1735. Il est regardé comme l'hyppocrate de l'Angleterre.

FREINSHEMIUS, (JEAN) (*Hist. litt. mod.*) savant connu par ses supplémens à Tite-Live & à Quinte-Curce, moins heureux dans ceux qu'il voulut faire à Tacite. Il a d'ailleurs commenté divers auteurs latins. C'étoit un homme d'une grande & saine littérature, très-savant dans les langues, tant anciennes que modernes. Né en 1608, à Ulm dans la Suabe, il fut appellé par l'université d'Upsal: la reine Christine le fit son bibliothécaire & son historiographe; il fut obligé de renoncer à tous ces avantages, le climat de Suède étant trop contraire à sa santé. Il retrouva dans son pays un bien-faiteur utile, ce fut l'électeur palatin, mais il jouit peu de ses bontés, étant parti d'Upsal en 1655, & étant mort en 1660.

FREIRE DE ANDRADA, (HYACINTHE) (*Hist litt. mod.*) abbé portugais, distingué par son attachement à la maison de Bragance, dans le temps où le roi d'Espagne étoit le maître & le tyran du Portugal. Obligé alors de s'expatrier, il revint après que la révolution de 1640 eut mis Jean de Bragance sur le trône. Le nouveau roi, pour récompenser son zèle, lui offrit l'évêché de Viseu; il le refusa, ne voulant pas, dit-il, *être évêque, comme les comédiens sont rois & empereurs*; c'est qu'il prévoyoit que le pape, qui ne reconnoissoit pour roi de Portugal que le roi d'Espagne, refuseroit de donner des bulles, & qu'on ne sauroit pas s'en passer. Sa vie de Dom-Juan de Castro, passe pour un des livres les mieux écrits en Portugais; on a de lui aussi des poésies portugaises assez estimées; sous un extérieur léger & avec un enjouement qui tenoit de la bouffonnerie, c'étoit un homme de bien. Il avoit dans l'amitié le double courage de reprendre ses amis en face & de les défendre toujours dans l'absence. Ses amis disoient souvent: *il m'a bien grondé*, & on leur répondoit toujours: *il vous a bien défendu*. Né à Beja en Portugal en 1597; mort à Lisbonne en 1657.

FREMINVILLE, (EDME DE LA POIX DE) (*Hist. litt. mod.*) bourguignon, bailli de la police, auteur de la *pratique des terriers* & du *dictionnaire de la police*, fait d'après le traité de la Mare. Né en 1680; mort le 14 novembre 1773.

FREMIOT (*Voyez* CHANTAL.)

FRENICLE (*Hist. litt. mod.*) Nicolas & Bernard, ce dernier distingué par le nom de *Frénicle* de Bessy. Le premier fut un mauvais poëte du dix-septième siècle, mort doyen de la cour des monnoies; le second fut arithméticien habile, ami de Descartes. Le premier, mort après 1661; le second en 1675. Celui-ci étoit de l'académie des sciences encore naissante.

FRERET (NICOLAS) (*Hist. litt. mod.*) étoit pour l'érudition ce que M. de Voltaire a été pour le bel esprit. Il a eu l'universalité des connoissances comme M. de Voltaire celle des talens. Nul genre ne fut étranger ni à l'un ni à l'autre, & M. *Fréret* n'a pas même négligé les genres qu'il n'aimoit pas; fils d'un procureur au parlement, destiné au barreau par ses parens, il plaida, & plein d'estime pour la jurisprudence, il voulut l'aimer.

Il n'y parvint pas, mais enfin il fit des commentaires sur la coutume de Paris; ayant enfin obtenu la liberté de suivre ses goûts, il se livra tout entier à la littérature. Il fut reçu à l'académie des belles-lettres, le 23 mars 1714. Le premier mémoire qu'il y lut, rouloit sur l'*origine des François*; quelle que soit cette origine, qui n'est pas fort connue, il est clair qu'elle ne pouvoit intéresser ni inquiéter aucun gouvernement du dix-huitième siècle; cependant l'auteur du mémoire fut mis à la bastille. M. de Bougainville dit que M. *Fréret* fut assez justifié par la voix publique, c'est tout ce qu'il pouvoit dire; mais la question seroit de savoir si l'auteur de cette injustice peut être justifié de même, car il n'y avoit ni cause, ni prétexte à une pareille violence. On assure que quand M. *Fréret* eut subi son interrogatoire, il demanda la permission de faire à son tour une seule question: *pourquoi sui-je ici?* & que la réponse fut: *vous êtes bien curieux*. On ajoute que lorsqu'on se détermina enfin à lui rendre la liberté, un magistrat lui dit avec dérision: *laissez-là la France & les François & les sujets modernes, l'antiquité vous offre un si vaste champ!* c'est qu'il y avoit encore confusément dans quelques têtes un préjugé barbare, qui faisoit voir & craindre par-tout de l'allégorie, & qui ne se rassuroit que par l'éloignement des temps & la disparité entière des objets. On sait aujourd'hui que c'est sur-tout son histoire qu'il faut savoir, & que les rapports d'intérêts & d'usages qui peuvent se trouver de siècle à siècle dans un même pays, sont une raison d'approfondir cette étude & d'écrire cette histoire avec la plus parfaite sincérité, afin que les exemples du passé soient des leçons pour le présent ; que les fautes & les erreurs nous instruisent à les éviter, que les crimes nous inspirent l'horreur du crime, & les vertus l'amour de la vertu. Il ne faut rien ignorer, parce qu'il faut tout réparer & tout améliorer. On dit au reste que cette persécution avoit été suscitée à M. *Fréret* par quelques académiciens qui avoient comme accaparé l'histoire de France, & qui ne vouloient pas qu'un tel homme sur-tout portât la faux dans ce qu'ils regardoient comme leur moisson, & cette idée de propriété exclusive à l'égard des genres qu'on a embrassés n'est que trop familière aux savans.

Le moins de gens qu'on peut à l'entour du gâteau

Est la devise de tout le monde, même en matière d'érudition & sur les objets d'étude.

Quoi qu'il en soit, M. *Fréret* suivit en partie le conseil du magistrat ; il se jetta au milieu des ténèbres de l'antiquité pour y porter la lumière.

Lorsque le roi Louis XV, alors âgé de neuf ans, voulut bien se rendre, le 24 Juillet 1719, à une des assemblées de l'académie des belles-lettres, M. *Fréret* qui étoit en tour de lire, dit l'historien de l'académie, « traita un sujet aussi » heureusement adapté à l'occasion présente que » s'il eût été choisi exprès pour le rapport qu'il » avoit au goût & aux amusemens de sa majesté. » C'est une dissertation très-curieuse & même très-morale sur l'origine du jeu des échecs.

La chronologie & la géographie doivent à M. *Fréret* des progrès considérables. Il est principalement célèbre par la première, & quant à la seconde, il s'est trouvé parmi ses papiers treize-cent cinquante-sept cartes géographiques, toutes de sa main, indiquant des erreurs à réformer, ou des idées plus exactes à établir sur ce qui concerne la Gaule, l'Italie, la Grèce, les îles de l'Archipel, l'Asie mineure, l'Arménie, la Perse & l'Afrique. Par ses profondes recherches sur la chronologie, il est parvenu à concilier avec le récit de Moïse & à réduire à la chronologie de l'écriture-sainte, toutes ces chronologies fabuleuses des Chaldéens, des Egyptiens, des Chinois. Il étoit très-savant dans les langues, & telle étoit son ardeur pour s'instruire, qu'il avoit voulu entreprendre le voyage de la Chine, uniquement pour approfondir l'histoire de ce pays ; il s'instruisit du moins & de cette histoire & de la langue chinoise autant qu'il étoit possible de le faire à Paris. Il mit à contribution tout le savoir d'un lettré chinois, Arcadio Hoang, que M. de Lionne, évêque de Rosalie, avoit amené à Paris en 1712.

Aucun académicien n'a autant enrichi le recueil de l'académie, aucun secrétaire n'a moins avancé ce recueil ; d'autant plus négligent secrétaire, qu'il étoit académicien plus ardent, plus laborieux, plus universel, plus occupé de toutes sortes de sujets, il produisoit toujours, & ne publioit point les productions de ses confrères. Un panégyriste, dit M. de Bougainville, trouveroit aisément des raisons pour l'excuser, « pour nous qui sommes » historiens, ajoute-t-il, nous dirons simplement » qu'il eut tort. » Mais quels torts ne seroient pas avantageusement couverts par cette universalité de travaux & de connoissances ? Indépendamment de toutes celles que supposent la variété, l'abondance & la difficulté des sujets traités dans ses différens mémoires, celles qu'on découvroit en lui chaque jour par la seule conversation, suffiroient pour former plusieurs savans : il avoit fait une étude particulière de la tactique des anciens ; il s'occupoit avec plaisir de l'histoire naturelle & du détail des arts ; « il savoit assez de geométrie pour » devenir physicien ; il auroit pu comparer entre » elles les mœurs & les loix de toutes les nations ; il étoit très-versé dans l'histoire & la » littérature moderne ; il connoissoit tous les » romans & les théâtres de presque tous les peuples, » comme si ses lectures n'avoient jamais eu d'autre » objet. Tous les ouvrages dramatiques, anciens, » modernes, françois, italiens, anglois, espa- » gnols, étoient présens à sa mémoire. Il faisoit » sur le champ l'analyse d'une pièce de Lopès de » Vega, comme il auroit fait celle d'une tragédie » de Corneille, & l'on étoit surpris de s'entendre » raconter les anecdotes littéraires & politiques » du temps, par un homme que les Grecs, les » Romains, les Celtes, les Chinois, les Péruviens » auroient pris pour leur compatriote & leur » contemporain. »

Cet homme avoit, pour ainsi dire, le génie de l'érudition ; ses connoissances n'étoient jamais isolées, il savoit les enchaîner les unes aux autres, de manière qu'elles s'entresecouroient toutes au besoin, & qu'elles ne formoient, en quelque sorte, qu'un tout.

Ce savant, l'un des plus extraordinaires qui aient paru dans les lettres, étoit né à Paris le 15 février 1688 ; & y mourut le 8 mars 1749. On lui reprochoit de l'intolérance & trop d'ardeur pour la dispute. Un homme d'esprit a dit de lui, *qu'il avoit toujours raison, quand il parloit le premier.* « Quoique sensible à la contradiction, dit M. de Bougainville, il n'avoit pas sur lui- » même assez d'empire pour l'épargner aux autres. » Il est vrai que, quoique les hostilités parussent » toujours commencer de sa part, il étoit le plus » souvent sur la défensive, lors même qu'il sem- » bloit attaquer. Comme il avoit réfléchi sur tout

» il avoit un parti pris sur tout; & c'étoit moins » pour combattre les idées d'autrui, que pour » défendre les siennes, qu'il discutoit des opinions » hasardées en sa présence.

FRESNAYE. (JEAN VAUQUELIN DE LA) *Voyez* au mot VAUQUELIN, son article & celui du fameux des Ivetaux son fils.

FRESNE (LE MARQUIS DE) (*Hist. mod.*) avoit enlevé Marie-Elisabeth Girard du Tilley, fille d'un président de la chambre des comptes; un valet-de-chambre déguisé en prêtre les avoit mariés.

Il se fit un accommodement entre les familles, & le président consentit à donner sa fille au ravisseur, pourvu que le mariage se fît dans les formes; le marquis se dégoûta d'elle quand elle fut sa femme; il entreprit un voyage à Constantinople, il la mit de ce voyage, & elle eut lieu de penser que son dessein étoit de la vendre comme esclave pour être renfermée dans quelque serail d'où on n'auroit plus entendu parler d'elle. Un voiturier, à qui elle confia ses craintes, lui procura le moyen de se sauver dans les états du duc de Savoye; il la rejoignit, & il se fit un nouvel accommodement, par lequel sa femme lui fut remise, à condition qu'il en répondroit au roi de France & au duc de Savoye. Revenue en France, elle plaida en séparation, & fut séparée par sentence du 17 mai 1673, confirmée par arrêts du 30 août 1675, & du 22 août 1680. C'est sur cette aventure que Gatien de Courtils a fait le roman intitulé: *la marquise de Fresne*.

FRESNE, (ABRAHAM - ALEXIS QUINAULT DU) (*Hist. litt. mod.*) acteur célèbre, fils & frère d'acteurs & d'actrices célèbres, fut formé par Ponteuil. Il débuta le 7 octobre 1712, & mourut en 1767, long-temps après sa retraite du théâtre. Peut-être d'autres acteurs l'ont-ils égalé pour le talent, mais nous avons toujours entendu ses contemporains regretter sa figure, sa taille, sa voix, son air noble, tous ses avantages extérieurs. On lui reprochoit, comme à Baron, beaucoup d'orgueil & de vanité. On a retenu de lui ce mot: *On me croit heureux : erreur populaire! Je préférerois à mon état celui d'un gentilhomme qui mangeroit tranquillement douze mille livres de rente dans son vieux château.* On a beaucoup cité ce trait comme ridicule, & il l'est au moins dans la forme; cependant il est certain que si un gentilhomme qui vit obscur dans sa terre, n'a pas renoncé au bonheur, si même il a pris la route la plus courte & la plus sûre pour y parvenir, il a entiérement renoncé à la gloire; ce qu'on ne peut pas dire d'un acteur, ni de quiconque se produit en public. De plus, il est certain encore qu'il faut opter entre le bonheur & la gloire, l'un qui dépend principalement de nous, l'autre qui dépend principalement des autres. Jamais celui qui fait de la gloire son unique ou son principal objet, n'aura satis-faction entière. L'opinion publique est trop incertaine, trop vacillante, trop sujette à révolutions.

Sic leve, sic parvum est, animum quod laudis avarum
Subruit aut reficit! valeat res ludicra, si me
Palma negata macrum, donata reducit opimum.

Le mot de du *Fresne* disoit tout cela, mais c'étoit trop le dire en homme qui met son état au-dessus de tout, & ceux qui en ont tant ri, partageoient peut-être plus qu'ils ne le pensoient, le préjugé très-injuste, qui met cet état au-dessous de tout.

Un ridicule de du *Fresne* plus condamnable, parce-qu'il est immoral, c'est que, comme certains souverains d'Asie, il se croyoit d'une nature supérieure à celle des autres hommes, n'accordant sur ce point qu'au talent ce que les autres donnent à la puissance; il ne parloit que le moins qu'il pouvoit, & que pour la nécessité du commandement, à ses domestiques, & aux gens de travail & de peine. *Qu'on paye ce malheureux*, disoit-il, en parlant d'un fiacre ou d'un porteur de chaise; le plus souvent il se contentoit de faire un signe, ce n'étoient pas pour lui des hommes, & il eût cru s'avilir en les traitant comme tels. Ce ridicule est joué dans *le Glorieux* que Destouches, comme on sait, fit pour du *Fresne* & sur du *Fresne*. On prétend que dans l'origine le comte de Tufière n'étoit pas aimé, mais que du *Fresne* ne pouvant se résoudre à jouer le rôle d'un amant maltraité, il fallut changer tout le plan de la pièce. C'est en effet un assez grand défaut dans la pièce, telle qu'elle est aujourd'hui, que la fille de Lisimon, qui est une personne raisonnable & intéressante, puisse aimer ce fou triste & insolent, qui n'a jamais pour elle & pour sa famille que l'expression du mépris, & qui ne se montre pas un seul moment aimable.

M. de Voltaire dit, que quand il présenta sa tragédie d'*Œdipe* aux comédiens, la belle scène des confidences entre Œdipe & Jocaste au quatrième acte ne leur plut pas, & que, comme il insistoit en faveur de cette scène, du *Fresne* dit tout haut que pour punir l'orgueil indocile du jeune homme, » il falloit jouer sa pièce avec cette grande vilaine » scène, imitée de Sophocle. »

C'étoit sans doute une lourde faute en matière de goût: ne concluons cependant pas de là que du *Fresne* fût sans goût; comment auroit-il été un grand acteur?

FRESNE, (DU) du CANGE (CHARLES) (*Hist. litt. mod.*) trésorier de France à Amiens, un des plus savans hommes que la France ait produits, & un des plus aimables. Toujours occupé des études les plus sèches & les plus fatigantes, on le voyoit toujours

toujours sortir de son cabinet avec l'air le plus serein & se prêter à toutes les distractions de la société, comme s'il n'avoit eu rien à faire. Quand on lui témoignoit quelque crainte de le détourner de ses études : *Non*, disoit-il, *c'est pour mon plaisir que j'étudie, non pour être à charge à moi-même & aux autres.*

C'est par ses glossaires de la basse latinité, & de la langue grecque du moyen âge, par son édition de Joinville, & par son histoire de l'empire de Constantinople sous les empereurs françois, qu'il est principalement célèbre; mais on a de lui beaucoup d'autres ouvrages, toujours remplis de la plus vaste érudition. Il mourut en 1688. Il étoit né à Amiens en 1610. son nom manque à la liste de l'académie des inscriptions & belles-lettres.

FRESNE (DE) *voyez* FORGET.

FRESNOY, (CHARLES-ALPHONSE DU) (*Hist. litt. mod.*) peintre & poëte; nous le considérons ici principalement comme poëte. Cependant s'il a fait un bon poëme latin sur la peinture, c'est comme peintre & non pas comme poëte, cet ouvrage renferme les meilleurs préceptes de l'art, mais il offre peu de poésie. C'étoient des espèces de vers techniques sur son art, qu'il composoit pour son usage, & qui se trouvèrent former un bon poëme didactique; le poëme latin de l'abbé de Marsy & le poëme françois de M. Watelet sur le même sujet ont bien plus d'agrément; celui de M. Lemierre a bien plus de verve & de poésie.

Fils d'un apothicaire de Paris, Alphonse du *Fresnoy* fut destiné à la médecine; il y renonça pour se livrer à la poésie & à la peinture, arts liés par des rapports si intimes, qu'ils semblent n'exiger qu'un même goût & un même talent.

Refert par æmula quæque sororem,
Alternantque vices & nomina,

Dit du *Fresnoy* lui-même dans son poëme. Il fut ami de Mignard, qui, comme lui, avoit sacrifié la médecine à la peinture; on trouve qu'il cherchoit le Carrache dans le goût du dessein & le Titien dans le coloris; ses ouvrages se réduisent à quelques tableaux d'autel, à quelques paysages, à deux plafonds, l'un à l'hôtel d'Armenonville, l'autre au Raincy. Félibien parle d'un très-beau tableau de du *Fresnoy*, que possédoit alors M. Passart, maître des comptes & que nous avons vu depuis chez M. de Mairan. Il représente un sacrifice devant un tombeau, vers lequel s'avance tristement une femme d'Athènes; ce tombeau renfermoit les cendres de son amant, l'urne, par une expression miraculeuse de tendresse, vomit des flammes à son aspect; l'athénienne tombe éplorée entre les bras des femmes qui l'accompagnent: son désespoir & l'étonnement des assistans sont exprimés avec beaucoup de force & de vérité. On fait honneur encore à du *Fresnoy* de la pensée du beau tableau de la peste d'Epire, qui est chez le roi, mais il est plus connu comme auteur du poëme sur la peinture. Ce poëme contient en effet tout la théorie de l'art; on y trouve dans un espace de 548 vers, une foule de préceptes propres à diriger la main de l'artiste sans la gêner, à éclairer son génie sans l'intimider ni le captiver

Nec mihi mens animusve fuit constringere nodos
Artificum manibus
Indolis ut vigor indè potens obstrictus hebescat
Normarum numero immani, geniumque moretur,
Sed rerum ut pollens ars cognitione, gradatim
Naturæ sese insinuet, verique capacem
Transeat in genium, geniusque usu induat artem.

Le plan général de ce poëme est tout tracé, par la distribution de l'art dans ses trois parties principales, l'invention, le dessein, le coloris. On enseigne dans la première ce qui concerne le choix du sujet, l'économie de tout l'ouvrage, la science du costume. La seconde apprend à varier les figures & les attitudes, à groupper avec grace & sans confusion, à ménager au tableau un juste équilibre, à présenter toujours l'objet principal dans un beau jour, à bien unir les membres avec les draperies, à observer toutes les proportions, sur-tout à bien exprimer les passions, l'un des plus difficiles talens du peintre.

Corde repostos
Exprimere affectus, paucisque coloribus ipsam
Pingere posse animam, atque oculis præbere videndam,
Hoc opus, hic labor est.

La troisième partie embrasse tout ce qui concerne la conduite & la variété des tons, des lumières & des ombres, les reflets des couleurs, leur vivacité, les rapports des distances, &c. le portrait a des principes particuliers; le poëte finit par prescrire au peintre l'ordre qu'il doit observer dans ses études; la géométrie en doit être la base: après en avoir appris les principes, & s'être exercé à dessiner d'après l'antique, on examinera successivement & dans le plus grand détail, les ouvrages qui ont immortalisé les grands-maîtres des diverses écoles; on saisira leur esprit, on formera son goût sur leur manière, on imitera chacun d'eux dans la partie où il a excellé; la nature & l'expérience feront le reste.

Le poëme de du *Fresnoy* a été traduit, & commenté sous ses yeux, par Depiles son ami, peintre célèbre, & célèbre sur-tout par les ouvrages qu'il a composés sur les peintres & sur la peinture. (Voyez son article.) cette traduction à été depuis revue & corrigée par M. Meûnier de Querlon en 1753. Elle avoit paru pour la première fois en 1668, trois ans après la mort d'Alphonse du *Fresnoy*, arrivée en 1665. Il étoit né en 1611.

FRESNY, (CHARLES RIVIÈRE DU) (*Hist. litt. mod*)

> Et du *Fresny*, plus sage & moins dissipateur,
> Ne fût pas mort de faim, digne mort d'un auteur.

M. de Voltaire, soit qu'il eût jugé avec raison cette plaisanterie un peu trop commune, soit qu'il eût reconnu que c'étoit trop faire le gentilhomme ignorant & ennemi de la science, trop faire les honneurs d'un état qui, après tout, étoit le sien, a depuis changé ainsi ces deux vers:

> Du *Fresny*, moins prodigue, & docile au bon sens,
> N'eût point dans la misère avili ses talens.

L'une & l'autre leçon constate la prodigalité de du *Fresny*, & sa pauvreté qui en fut la suite; il est vrai que toutes les libéralités de Louis XIV qui l'aimoit, & dont il étoit un des valets-de-chambre, ne purent jamais l'en tirer, & que ce prince disoit lui-même: *il y a deux hommes que je ne pourrai jamais enrichir*, du *Fresny* & Bontemps. Du *Fresny* avoit un goût & un talent singulier pour les arts, pour la musique, pour le dessein, sur-tout pour l'art de construire des jardins; ceux de Mignaux près de Poissy, & plusieurs autres jardins célèbres du temps, étoient son ouvrage; il avoit fourni des plans pour ceux de Versailles, ils furent rejettés comme trop chers dans l'exécution, mais ils valurent à du *Fresny* un brevet de contrôleur des jardins du roi: ce prince lui accorda encore le privilège d'une nouvelle manufacture de grandes glaces, qui s'établissoit alors & dont le succès a été prodigieux. Du *Fresny*, toujours pressé de jouir, céda ce privilège pour une somme modique. Quand le privilège fut expiré, le roi en le renouvellant, se souvint de du *Fresny*, & obligea les nouveaux entrepreneurs de lui faire trois mille livres de rente viagère; il se flatta pour lors de lui avoir assuré la subsistance, il se trompoit, du *Fresny* traita de cette rente, & en reçut le remboursement. Du *Fresny* vendit sa charge & quitta la cour; c'étoit tarir entiérement la source des graces. Cependant le privilège du Mercure étant venu à vaquer en 1710, par la mort de M. Devizé, le roi, qui se souvenoit d'avoir aimé Du *Fresny*, le lui donna: Du *Fresny* le garda jusqu'au mois de décembre 1713, qu'il le céda au sieur le Fèvre, en se réservant une pension, qu'il eut enfin le bon esprit de ne point aliéner. Du *Fresny* se maria deux fois; c'est d'un de ses mariages que parle le Sage dans le diable boiteux: « Je veux envoyer aux » petites-maisons un vieux garçon de bonne » famille, lequel n'a pas plutôt un ducat qu'il » le dépense, & qui, ne pouvant se passer d'es» pèces, est capable de tout faire pour en avoir. » Il y a quinze jours que sa blanchisseuse, à qui » il devoit trente pistoles, vint les lui demander, » en disant qu'elle en avoit besoin pour se marier » à un valet-de-chambre qui la recherchoit. *Tu » as donc d'autre argent*, lui dit-il, *car où est le valet-» de-chambre qui voudra devenir ton mari pour trente » pistoles? — Hé mais*, répondit-elle, *j'ai encore » outre cela deux cent ducats: — deux cent ducats*, » réplique-t-il avec émotion? *Malepeste, tu n'as » qu'à me les donner à moi, je t'épouse, & nous voilà » quitte à quitte*; & il épousa la blanchisseuse. » Soit que M. le régent voulût, comme Louis XIV, tenter de l'enrichir, soit que Du *Fresny* voulût lui en faire naître l'idée, il lui présenta ce placet.

» Pour votre gloire, Monseigneur, il faut laisser » Du *Fresny* dans son extrême pauvreté, afin qu'il » reste au moins un seul homme dans une situation » qui fasse souvenir que tout le royaume étoit » aussi pauvre que du *Fresny*, avant que vous y eus» siez mis la main. »

Le prince mit *néant* au bas du placet, & donna ordre à Law, de remettre à du *Fresny* deux cents mille francs, avec lesquels du *Fresny* fit bâtir une belle maison qu'il appella *la maison de Pline*.

Du *Fresny* s'étoit mis en société de plaisirs & de talens avec Regnard; cette liaison finit par une accusation d'infidélité. Du *Fresny*, disent les auteurs de l'histoire du théâtre françois, prétendit avoir communiqué à Regnard plusieurs sujets de comédies presque achevées, entr'autres ceux du *Joueur* & de la pièce intitulée: *attendez-moi sous l'orme*, » Regnard, qui sentit la valeur de la première » pièce, amusa son ami; fit quelques changemens à » l'ouvrage, le mit en vers, & le donna sous son » nom aux comédiens. Du *Fresny*, indigné, donna aussi son *chevalier joueur* tel qu'il l'avoit fait, moins bon que celui de Regnard, mais non pas sans mérite, & dans un prologue assez plaisant, il fit son accusation de plagiat en forme, à la face du public: « A le bien prendre, dit-il, les deux pièces » n'ont rien de semblable que le fond du sujet, » & deux ou trois idées de scènes qui se sont » trouvées dans des mémoires, que l'un des deux » auteurs à dérobées à l'autre. »

Regnard repoussa cette injure avec beaucoup d'emportement; mais sa justification n'a point paru complette. Au reste, le public, auquel il importe peu de qui soient les pièces, pourvu qu'elles soient bonnes, a été plus content du plagiat que de l'original volé, & a dit: *ô felix culpa!*

Les historiens du théâtre françois, restituèrent encore a du *Fresny*, *attendez-moi sous l'orme*, qui est imprimé parmi les pièces de Regnard. On joue souvent & avec succès de du *Fresny*, *l'esprit de contradiction*, *le double veuvage*, *la coquette de village*, *la réconciliation normande*, *le mariage fait & rompu*; un parallèle bien fait de du *Fresny* avec Regnard seroit fort intéressant; M. d'Alembert en a fait un de ce même du *Fresny* avec Destouches.

« Tous deux se distinguoient par des qualités » différentes & presque opposées. Destouches, » naturel & vrai, sans jamais être ignoble ou

» négligé ; du *Fresny*, original & neuf, sans cesser d'être vrai & naturel ; l'un s'attachant à des ridicules plus apparens, l'autre saisissant des ridicules plus détournés ; le pinceau de Destouches plus égal & plus sévère, la touche de du *Fresny*, plus spirituelle, & plus libre ; le premier dessinant avec plus de régularité la figure entière ; le second donnant plus de traits & de jeu à la physionomie ; Destouches plus réfléchi dans ses plans, plus intelligent dans l'ensemble ; du *Fresny* animant par des scènes piquantes, sa marche irrégulière & décousue ; l'auteur du *Glorieux* sachant plaire également à la multitude & aux connoisseurs ; son rival ne faisant rire la multitude, qu'après que les connoisseurs l'ont avertie ; tous deux enfin occupant au théâtre une place qui leur est propre & personnelle ; du *Fresny*, par un mélange heureux de verve & de finesse, par un genre de gaieté qui n'est qu'à lui, & qu'il trouva néanmoins sans la chercher ; par un style qui réveille toujours, sans qu'on ose le prendre pour modèle, & qu'on ne doit ni blâmer ni imiter ; Destouches, par une sagesse de composition & de pinceau qui n'ôte rien à la composition & à la vie de ses personnages, par un sentiment d'honnêteté & de vertu, qu'il sait répandre au milieu du comique même, par le talent de lier & d'opposer les scènes entr'elles, enfin par l'art plus grand encore, d'exciter à la fois le rire & les larmes, sans qu'on se repente d'avoir ri, ni qu'on s'étonne d'avoir pleuré. »

Du *Fresny* refusoit jusqu'à l'esprit à Destouches, qui, par représailles d'injustice, lui refusoit le bon sens ; mais ce qui est bien à considérer ici pour ceux qui aiment à ne s'étonner de rien, c'est que du *Fresny* refusoit l'esprit, même à Molière, & ce n'est pas la seule fois, observe M. d'Alembert, que ce blasphême a été proféré par des gens de beaucoup d'esprit : Marivaux n'aimoit pas Molière ; ces grandes erreurs de l'esprit humain sont réellement curieuses à observer.

On a de du *Fresny*, outre son théâtre, des cantates, des chansons parmi lesquelles on distingue celle qui a pour titre : *les lendemains*, & qui commence par ce vers :

Philis plus avare que tendre, &c.

On a de plus, *les amusemens sérieux & comiques*, *le puits de la vérité*, diverses nouvelles historiques, & d'autres fruits d'une imagination toujours enjouée, toujours singulière.

Du *Frésny* étoit né en 1648. On le croyoit petit-fils d'Henri IV, & on trouvoit qu'il lui ressembloit. Il mourut le 6 octobre 1724. Il condamna au feu en mourant quelques écrits innocens, à l'instigation d'un faux zèle. Parmi les singularités de son caractère, on a remarqué qu'il avoit jusqu'à quatre appartemens dans Paris, pour échapper aux importuns.

FREY. *Voyez* (NEUVILLE.)

FREYER, (*Hist. du Nord.*) roi du Nord, que ses sujets placèrent après sa mort au rang des dieux ; ils donnèrent au cinquième jour de la semaine un nom formé de celui de ce prince. (*M.* DE SACY.)

FREZIER, (AMEDÉE - FRANÇOIS) ingénieur habile & voyageur utile, directeur-général des fortifications de la province de Bretagne, auteur de plusieurs bons ouvrages, tels qu'un *traité des feux d'artifice*, un *voyage de la mer du sud* ; *théorie & pratique de la coupe des pierres & des bois* ; *élémens de stéréotomie*. Né à Chambéry en 1682 ; il vivoit en 1765, n'ayant quitté ses emplois qu'à quatre-vingt-trois ans.

FRIART ou FREAR. (*Voyez* CHAMBRAY.)

FRIBURGER. (MICHEL) (*Voyez* FISCHET ou FICHET.)

FRIDLEF I, (*Hist. de Danemarck.*) roi de Danemarck, régnoit à peu près soixante ans avant J. C. Il fut le premier qui entretint des soldats à sa solde, même au sein de la paix. Il vouloit par cet appareil en imposer à ses peuples, & contenir l'ambition de ses voisins. Malgré l'aspect d'une armée toujours prête à se mettre en marche, Huirwil souleva une partie de la Norwege ; *Fridlef* s'avança avec une flotte nombreuse pour soumettre les rebelles ; ceux-ci marchèrent fièrement à sa rencontre ; l'action s'engagea, elle fut opiniâtre, & la nuit sépara les combattans, sans qu'aucun des deux partis pût crier victoire : mais Huirwil fut abandonné pendant la nuit d'une partie de son armée ; le combat recommença, les Danois furent vainqueurs. *Fridlef* fit dans cette journée des prodiges de bravoure : bien-tôt il tourna ses armes vers l'Angleterre qu'il conquit presque toute entière ; il passa en Irlande, où rien n'osa lui résister. Quelques écrivains ont prétendu que Jules-César, sur le récit des ses exploits, charmé de trouver au fond du nord une ame semblable à la sienne, avoit fait alliance avec ce prince. (*M.* DE SACY.)

FRIDLEF II, étoit fils de Frothon III, roi de Danemarck. Son père l'avoit envoyé en Russie ; depuis son départ le bruit de sa mort s'étoit répandu, & Frothon lui-même ayant péri malheureusement, la nation proposa la couronne à celui qui célébreroit avec plus d'enthousiasme les vertus de Frothon. Un tel prix étoit bien capable d'échauffer la verve des poëtes. Hiarn l'emporta sur ses concurrens, & fut couronné. Mais bientôt *Fridlef* reparut d'abord en Suède, où il remit Haldan sur son trône ; puis en Danemarck, où il vainquit dans trois combats son concurrent, qui apprit qu'on ne gagne pas des batailles aussi aisément que l'on fait des vers. Le vaincu se déguisa, & vint à la cour de *Fridlef*, résolu de l'assassiner. Il fut découvert : « Quel étoit ton dessein, lui dit » *Fridlef* : » de te faire périr, répondit Hiarn : & de quelle mort, repliqua le roi ; par le duel, repartit le poëte : hé bien, c'est de cette mort que tu periras toi-même, ajouta *Fridlef* : ils s'armèrent aussitôt, & entrèrent en lice ; Hiarn tomba sous les coups de son ennemi. On prétend que *Fridlef*, reconnu par tous les Danois, fit la guerre au roi de Norwege qui lui avoit refusé sa fille. Il mourut vers le commencement du premier siècle de notre ère. (*M. DE SACY.*)

FRISCHE, (DOM JACQUES) (*Hist. litt. mod.*) bénédictin, a donné avec dom Nicolas-le-Nourry, l'édition de Saint-Ambroise ; avec dom Vaillant, la vie de Saint-Augustin, mise à la fin de l'édition de ce père ; il travailloit à l'édition de Saint-Grégoire de Nazianze, lorsqu'il mourut à Paris en 1693.

FRISCHLIN, (NICODÊME) (*Hist. litt. mod.*) poëte allemand, né dans le duché de Virtemberg, couronné par l'empereur Rodolphe, à la diète de Ratisbonne, pour sa comédie de Rebecca ; ses œuvres poëtiques ont été recueillies en 4 volumes in-8°. Sa fin fut tragique ; il se tua (en 1590) en voulant se sauver d'une prison où des vers satyriques l'avoient fait enfermer ; il n'avoit que quarante-trois ans, étant né en 1547.

FRIZON, (PIERRE) ((*Hist. litt. mod.*) grand-maître du collège de Navarre & docteur de Sorbonne, mort en 1651, auteur du *Gallia Purpurata*, (*Voyez* l'article BALUZE.)

FROBEN, (JEAN) (*Hist. litt. mod.*) célèbre & savant imprimeur à Basle, ami d'Erasme, dont il a imprimé les ouvrages. Mort en 1527.

FROIDMONT, (LIBERT) (*Hist. litt. mod.*) docteur de Louvain, ami de Descartes & de Jansenius, fut l'éditeur de l'*Augustinus* de ce dernier, & l'auteur de quelques opuscules polémiques & jansénistes, dont voici les titres. *La lampe de Saint-Augustin ; les mouchettes de la lampe ; colloque en rimes entre Saint-Augustin & Saint-Ambroise.* Né en 1585. Mort en 1653.

FROILA, (*Hist. d'Espagne.*) est le nom de deux ou trois rois ou tyrans barbares de l'Espagne, dans les huitième, neuvième & dixième siècles. Ils ont versé bien du sang & quelquefois celui de leurs proches, & n'en méritent que plus d'être inconnus.

FROISSART ou FROISSARD, (*Hist. litt. mod.*) historien célèbre. Sa chronique est un ouvrage précieux pour la connoissance de l'histoire du quatorzième siècle ; M. Dacier, secrétaire perpétuel de l'académie des inscriptions & belles-lettres, en prépare une édition que toutes les précédentes rendent encore nécessaire.

FROLAND, (LOUIS) (*Hist. litt. mod.*) avocat célèbre à Rouen, puis à Paris, auteur de savans mémoires *sur le senatus-consulte Velleïen & sur les statuts réels, personnels & mixtes*, & de quelques autres bons ouvrages de jurisprudence, relatifs sur-tout à la coutume de Normandie. Mort en 1746.

FROMAGET, (*Hist. litt. mod.*) auteur des romans intitulés : *Kara Mustapha*, & *le cousin de Mahomet*, & de quelques opéra comiques qu'il a composés, ou seul, ou en société avec le Sage & avec Panard. Mort en 1759.

FROMENTIERES, (JEAN LOUIS DE) (*Hist. litt. mod.*) évêque d'Aire, prédicateur célèbre, élève du P. Senaut. Ses sermons ont été imprimés en 6 vol. in-12. Mort en 1684.

FRONSPERG ou FRONSBERG. (GEORGES, COMTE DE) (*Hist. d'All. & de Fr.*) Ce Georges *Fronsperg*, qui commandoit les Lansquenets à la bataille de Pavie, étoit un capitaine d'une taille gigantesque, d'une force extraordinaire, d'une valeur féroce, excellent citoyen, luthérien furieux, capable de tout entreprendre pour servir sa patrie & pour nuire au pape, saisissant avec ardeur l'occasion d'aller faire la guerre en Italie, dans l'espérance que les conjonctures améneroient quelques moyens d'insulter & d'humilier le saint-siége. Son ambition étoit de porter ses mains sacrilèges jusques sur le pape, il avoit fait faire une chaine d'or pour l'étrangler, disoit-il, de ses propres mains, *parce qu'à tous seigneurs tous honneurs.* Plaisanterie atroce d'un barbare que la haine abrutissoit, & qu'un amour insensé de sa religion rendoit impie. Brantôme rapporte de ces allemands d'autres horreurs dont l'humanité frémit, & dont la pudeur rougit ; mais leur valeur égaloit leur cruauté ; ce furent eux qui décidèrent la victoire à Pavie, en 1525, par un mouvement que le connétable de Bourbon leur fit faire : les colonels *Fronsperg* & Sith allongèrent par son ordre les deux pointes de leur gros bataillon, & serrant les bandes-noires, dit Varillas, comme dans une tenaille, ils les écrasèrent & les détruisirent entiérement. Les Lansquenets devenus plus terribles par cette victoire, & voyant l'aile droite des François entiérement détachée du corps de bataille, tournèrent leurs efforts contre elle & l'enveloppèrent ; ce fut alors que toute la noblesse françoise fut tuée ou prise, & que François I, lui-même tomba dans les fers de Charles-Quint ; les allemands de *Fronsperg* avoient aussi beaucoup contribué à la victoire, au combat de la Bicoque en 1522. En

1527, *Fronsperg* accompagnoit le connétable de Bourbon dans son expédition de Rome, & il touchoit au moment d'exécuter ses projets contre le pape, lorsqu'une violente apoplexie termina ses jours à Ferrare; il ne vit point le sac de Rome, mais ses lansquenets ne remplirent que trop bien ses intentions, après sa mort, par toutes les violences qu'ils exercèrent à Rome pendant deux mois entiers.

FRONTIN, (SEXTUS JULIUS FRONTINUS.) (*Hist. Rom.*) guerrier & jurisconsulte, préteur, puis consul, fut envoyé, l'an 78 de J. C. par l'empereur Vespasien, en Bretagne, c'est-à-dire, en Angleterre, pour faire la guerre aux peuples de cette île, & il la fit avec succès; mais c'est principalement par son livre des *stratagêmes* qu'il est célèbre; il est aussi l'auteur d'un traité *de qualitate agrorum*, imprimé à Paris par les soins de Turnèbe.

FRONTO, (MARCUS JULIUS.) (*Hist. rom.*) consul l'an 96 de J. C. Nous ne citerons de lui qu'un mot. Il avoit vu le règne de Néron, & il voyoit celui de Nerva, qu'on accusoit d'un peu de foiblesse & de facilité; il osa dire en plein sénat: *il est dangereux d'être gouverné par un prince sous qui tout est défendu, & encore plus dangereux de l'être par un prince sous qui tout est permis.* Ajoutons à la gloire de Nerva qu'il profita de ce mot.

FROTHON I, (*Hist. de Danemarck.*) roi de Danemarck, étoit fils de cet Hadding qui se fit donner la mort pour ne pas survivre à son ami. A peine fut-il sur le trône, que la manie des conquêtes s'empara de son ame. Il entra à main armée dans la Courlande. Les peuples effrayés s'enfuirent à son approche, emportant avec eux tous les fruits de leur récolte. Ils espéroient que la disette forceroit les Danois à se retirer; ils ne se trompoient pas. Mais ceux-ci, dans leur retraite, creusèrent des précipices qu'ils couvrirent d'un gazon légérement soutenu; les Courlandois s'avancèrent à la poursuite des Danois; ils tombèrent dans le piége qui leur étoit préparé, & furent presque tous massacrés. Cette ruse meurtrière prouve que les anciens rois du Nord faisoient la guerre, moins pour conquérir que pour verser du sang, comme certains animaux qui se contentent d'étrangler leur proie, & dédaignent de s'en nourrir. *Frothon* parut sur les frontières de la Russie, soumit quelques places: déjà ses vues ambitieuses se tournoient vers la Suède; mais sa sœur, épouse du roi Regner, à la tête d'une armée, osa arrêter sa marche triomphante.

Pendant ces expéditions *Frothon* avoit laissé les rênes du gouvernement entre les mains d'Uffon, son ministre & son beau-frere: l'ingrat avoit profité de son absence pour former une conspiration contre son bienfaiteur; il vouloit lui enlever la couronne & la vie; *Frothon* reparut; le complot se dissipa, l'auteur tomba aux pieds du roi qui, satisfait de rompre son mariage, daigna lui pardonner. *Frothon* soumit la Frise Cimbrique, remporta une victoire célèbre sur le souverain de cette contrée; le même bonheur accompagna ses armes contre les Saxons, qu'il força de lui payer tribut: lorsqu'il crut avoir poussé ses conquêtes assez loin dans le continent, il chercha dans l'Océan un nouvel aliment à son ambition; il soumit l'Angleterre & l'Ecosse. Il mourut dans une seconde expédition qu'il entreprit contre la Suède vers l'an 58 avant J. C. C'étoit un roi spadassin, comme l'étoient alors tous les rois du Nord. Deux de ses sujets l'appellèrent en duel, & tous deux périrent de sa main. (M. DE SACY.)

FROTHON II. Si l'on en croit quelques historiens, il ne dut la couronne de Danemarck qu'à sa valeur. Sa force extraordinaire lui mérita le surnom de *vigoureux*, qualité fort estimée dans un temps & dans une contrée où l'on ne connoissoit d'autre droit que la force. Il conquit la Norwege en terrassant lui seul le roi Roger, & dix de ses plus braves courtisans. Dans ces temps plus que barbares, une couronne étoit le prix d'un coup de lance ou de massue. *Frothon* II régnoit cent-cinquante ans avant l'ère chrétienne, & le duel étoit alors tellement à la mode, que lorsque les rois manquoient de prétexte pour se déclarer la guerre, ils prenoient celui de mesurer leurs forces. (M. DE SACY.)

FROTHON III succéda à Fridlef I, vers l'an 74 avant J. C. après une minorité orageuse: il envoya des ambassadeurs au roi des Huns, pour lui demander Hannonde sa fille en mariage. Ceux-ci firent cette demande d'une manière qui peint bien les mœurs de leur siècle. Il faut, disoient-ils, ou remettre votre fille entre nos mains, ou vous battre avec nous. Cette harangue étoit pressante; elle fit effet, Hannonde fut conduite à la cour de Danemarck. Mais *Frothon* ne fut pas l'objet qui fit le plus d'impression sur son cœur. Le ministre Grepa la vit, lui plut & l'aima: ce favori étoit jaloux de la confiance que le roi donnoit à Eric le sage, qui étoit venu de Norwege pour épier les desseins de *Frothon*. Il conseilla au roi de le faire assassiner. Ce prince rejetta ce conseil avec horreur. Bientôt Eric lui découvrit l'intrigue secrète de la reine & de Grepa. Hannonde fut répudiée; *Frothon* donna sa sœur en mariage à Eric pour prix de ce service, si toutefois c'en est un; Eric alla, au nom du roi, demander la fille du roi de Norwege, & l'enleva tandis que ce prince délibéroit s'il devoit l'accorder.

Les Danois furent attaqués par les Vandales; le roi les repoussa, les poursuivit, massacra tout ce qui put lui résister, soumit le reste, & prit le titre de premier roi des Vandales. Cependant le roi de Norwege s'apprêtoit à venger l'affront qu'il avoit reçu; il fit un armement considérable: mais *Frothon* le prévint, le battit, & s'empara de sa couronne. Ce fut avec la même facilité qu'il triompha des Huns, qu'il arracha un tribut aux Bretons, & qu'il conquit toute l'Irlande: il donna le royaume de Suède à Eric, pour récompenser tous les services que ce ministre lui avoit rendus dans la guerre & dans la paix. Sa mort ne fut pas digne d'un si beau règne; il assistoit au supplice d'un voleur; une vache vint, si l'on en croit l'histoire, le terrasser d'un coup de corne, & le peuple crut que c'étoit la mère du voleur, célèbre magicienne, qui, pour venger ou sauver son fils, avoit imaginé cette métamorphose. On croyoit alors au pouvoir de la magie. Le Nord a ses Circés, ses Pithonisses; les rois mêmes se faisoient initier dans cet art; & leurs filles ou crédules ou fourbes rendoient des oracles.

Frothon III, plus sage qu'eux aima mieux faire des actes d'équité & apprendre aux hommes ce qui est juste, que de leur prédire l'avenir. La longue paix dont le Nord jouit pendant les dernières années de son règne, le fit surnommer l'*Auguste* du Nord; il en fut aussi le Lycurgue: toute cette contrée avoit été jusqu'alors peuplée de brigands; il les attira près de lui sous divers prétextes, & les fit périr. Le supplice qu'il leur réservoit étoit de devenir la pâture d'un loup affamé. Ce spectacle, aussi effrayant que nouveau pour les Danois, fit sur eux une impression si forte, que le roi ayant fait suspendre des bracelets d'or dans plusieurs forêts, personne n'osa y toucher, il rendoit les magistrats responsables des vols qui se commettoient dans leur jurisdiction. Il fit encore d'autres loix qui prouvent moins ses lumières que son zèle. Ce fut lui qui régla le partage du butin fait en guerre. Les vaisseaux pris dans un combat devoient appartenir au peuple. Celui qui le premier prenoit la fuite étoit déclaré infame. Les filles obtinrent le droit de disposer de leur main sans le consentement de leur père. Elles suivoient le sort de leurs époux, & si le mari étoit esclave, celle qui l'épousoit perdoit sa liberté. Le mariage étoit annulé par l'adultère; celui qui donnoit asyle à un voleur étoit condamné au fouet, & tous ses biens étoient confisqués. Les déserteurs étoient punis de mort. Le roi abolit l'usage de se justifier par serment, mais il y substitua celui du duel, plus révoltant encore. Une autre loi bien plus injuste étoit celle qui condamnoit indistinctement deux étrangers à mort, toutes les fois qu'un danois auroit été tué par un étranger. La plus belle de ces ordonnances étoit celle-ci: celui qui dans une action aura devancé le premier rang, s'il est esclave, deviendra libre; s'il est libre, deviendra noble; s'il est noble, sera préfet. (M. DE SACY.)

FROTHON IV monta sur le trône de Danemarck, l'an 94 de l'ère chrétienne. Il avoit à peine atteint sa douzième année; les Saxons méprisèrent sa jeunesse & lui refusèrent le tribut qui leur étoit imposé. Il marcha contre eux, & les soumit. Un aventurier, nommé *Stercather*, vint s'attacher à son service; *Frothon* l'éleva au rang d'amiral, & ses flottes eurent bientôt l'empire des mers du Nord. Les talens militaires de ce général ne se bornoient pas aux expéditions maritimes, il vainquit Viecar, roi de Norwege, soumit une partie de la Russie, conquit l'Irlande, châtia les Courlandois, les Sembes, les Curetes, qui s'étoient ligués pour former une révolte générale. Il lui eût été facile de se réserver à lui seul toutes ces conquêtes, & s'il ne fût pas roi, sans doute qu'il dédaigna de l'être. Un saxon osa faire un défi à *Frothon*; celui-ci voulut l'accepter. Mais Stercather l'arrêta, se présenta au combat, & étouffa son adversaire dans ses bras. Pour *Frothon*, sa gloire fut effacée par celle de son ministre; Stercather étoit en même temps législateur & général. Une nouvelle victoire remportée sur les Saxons fut encore son ouvrage. Ils demandèrent la paix; elle leur fut accordée; leur chef invita *Frothon* & les principaux danois à un repas magnifique; mais au milieu du festin, il fit mettre le feu à l'édifice qui renfermoit cette auguste assemblée; *Frothon* périt au milieu des flammes, après un règne de douze à quinze ans. Il avoit doublé la paie des soldats, & ce fut à ce prix qu'il acheta le surnom de *Libéral*. (M. DE SACY.)

FROTHON V succéda à Harald son frère, qu'il avoit fait assassiner, soit qu'il fût jaloux de la gloire de ce jeune prince, soit plutôt parce qu'il vouloit s'enrichir de sa dépouille. Il réservoit le même sort à ses neveux Harald & Haldan. Le fidèle Regnon les avoit dérobés à sa fureur: il les élevoit dans la Zélande, au fond d'une caverne; & cependant il faisoit courir le bruit de leur mort: ces jeunes princes furent enfin découverts, *Frothon* alloit les faire traîner au supplice. Regnon fit alors de l'heureux don de l'éloquence le plus noble usage qu'un homme puisse en faire: il toucha le cœur d'un tyran, & sauva l'innocence. Ces deux princes cachèrent long-temps le projet de vengeance qu'ils méditoient. Ils attendirent une occasion favorable à leur haine: elle se présenta. *Frothon* étoit plongé dans un profond sommeil; ils mirent le feu à son palais; & ce prince, trop digne de ce sort déplorable, fut enseveli sous les ruines, vers l'an 114 de l'ère chrétienne. (M. DE SACY.)

FRUMARIUS, roi des Suèves. (*Hist. d'Espag.*) Frontan étant mort, les Suèves eussent dû, ou déposer Maldras, ou ne connoître que lui pour souverain: mais ils étoient toujours divisés, & les adhérans de Frontan, opiniâtrément déterminés à ne jamais se soumettre à Maldras, procédèrent à l'élection du successeur de Maldras, & Remismond réunit ces suffrages: en sorte que la rivalité des deux concurrens perpétua les hostilités. Cependant, à force de cruautés, Maldras étant enfin devenu odieux à ses propres sujets, ils le tuèrent dans un tumulte, & au lieu de reconnoître Remismond, ils se hâtèrent d'élever *Frumarius* sur le trône. Pendant que celui-ci se préparoit à lutter avec avantage contre son compétiteur, Remismond, à la tête d'une troupe de soldats excités par l'espoir du butin, surprit la ville de Lesgo, massacra les habitans, & pilla tout ce qu'il put en emporter. D'un autre côté, Népotien général des Romains, & Suénéric, général des Goths, fondirent sur les Suèves, en firent un horrible carnage, & mirent en fuite ceux qui échappèrent au massacre. Népotien & Suénéric passèrent comme un torrent, & allèrent ailleurs porter le ravage & la mort. Les Suèves dispersés se réunirent, & recommencèrent leurs hostilités. Informé de l'approche de *Frumarius*, Remismond se disposa à le recevoir & à décider la querelle par une bataille. Les deux armées combattirent avec le plus féroce acharnement; il y eut de part & d'autre, beaucoup de morts: mais la victoire demeura indécise; & les deux concurrens, également affoiblis, convinrent de remettre leurs intérêts à la décision de Théodoric: mais cette décision tardant trop à être rendue, Remismond recommença la guerre avec la plus atroce vivacité; à force de soins & de démarches, Cyrilla parvint à ménager une trève entre les deux partis: elle ne dura pas long-temps, & l'impétueux Remismond se livroit à de nouvelles fureurs, lorsque *Frumarius* mourut, & laissa le trône sans partage à Remismond qui fut reconnu seul souverain par tous les Suèves, instruits à leurs dépens des dangers auxquels s'expose une nation qui s'obstine à avoir deux rois. Ce fut vers l'an 464, que *Frumarius* mourut; on ignore à quel âge. (*L. C.*)

FRUMENCE, (SAINT) (*Hist. ecclés.*) apôtre de l'Ethiopie au quatrième siècle.

FUET, (LOUIS) (*Hist. litt. mod.*) avocat, auteur d'un *traité sur les matières bénéficiales* que M. Rousseau de Lacombe a redonné sous le titre de *jurisprudence canonique*. Mort en 1739.

FUGGERS, (*Hist. mod.*) Les *Fuggers* étoient des négocians d'Ausbourg, fameux par leur richesses & par leur générosité; ils faisoient seuls le commerce de Venise en Allemagne. Dans une fête qu'ils donnoient à Charles-Quint dans leur maison à Ausbourg, ils allumèrent un fagot de canelle, marchandise alors rare & précieuse, avec un papier plus précieux encore. C'étoit une obligation de Charles-Quint pour une somme qu'il leur avoit empruntée, & qu'il n'étoit pas en état de leur rendre.

FULBERT, (*Hist. de Fr.*) évêque de Chartres, disciple du fameux Gerbert, qui fut pape sous le nom de Sylvestre II. Ses œuvres ont été publiées en 1608, ses épitres sur-tout sont fort utiles pour la connoissance de l'histoire, de la discipline ecclésiastiques, & des usages de son temps. Mort en 1629.

Fulbert étoit aussi le nom du chanoine, oncle d'*Héloïse*. (*Voyez* ABAILARD)

FULGENCE, (SAINT) (*Hist. ecclésiast.*) évêque en Afrique, disciple de S. Augustin, & nommé lui-même l'*Augustin de son siècle*; le principal de ses ouvrages est un traité de la prédestination & de la grace. Il souffrit pour son zèle contre l'arianisme; Trasimond roi des Vandales, l'exila en Sardaigne, Hilderic, successeur de Trasimond, le rappella. Il étoit né vers l'an 463, il mourut en 533. Ce que nous avons de ses ouvrages a été publié par le père Sirmond en 1684.

FULRADE, (*Hist. de Fr.*) abbé de S. Denis au huitième siècle, fut employé dans les affaires les plus importantes de son temps. La plupart des anciennes chroniques disent expressément que Burchard, évêque de Wartsbourg & *Fulrade* abbé de S. Denis, furent envoyés à Rome par les seigneurs françois, dévoués au parti de Pepin le bref, pour proposer au pape cette question: lequel devoit être roi, ou celui qui en avoit le nom sans en faire les fonctions, ou celui qui en remplissoit les fonctions sans en avoir le nom; le pape décida que le nom devoit suivre la chose. Sur cette décision Pepin fut élu.

Ce fut le même abbé *Fulrade*, que Pepin, en retournant en France après sa première expédition contre Astolphe, roi des Lombards, laissa en Italie pour le représenter, & recevoir d'Astolphe les villes de l'Exarchat & de la pentapole, & les remettre au pape. L'abbé *Fulrade* eut beau presser Astolphe, même après la seconde expédition de Pepin, il ne reçut qu'une à une & de loin en loin, les clefs des places promises; il les déposa sur le tombeau de S. Pierre.

FULVIE, (*Hist. rom.*) *Voyez* les articles ANTOINE (MARC) & AUGUSTE.

FULVIUS URSINUS ou FULVIO ORSINI. (*Hist. litt. mod.*) On croit qu'il étoit bâtard de la maison des Ursins & que de-là vient son nom d'*Ursinus* ou *Orsini*. C'étoit un bon littérateur, fort instruit, principalement sur les antiquités romaines: il a laissé des notes sur Cicéron, Varron, Columelle, Festus Pompeius, & d'exellens traités *de familiis romanorum; de triclinio romanorum*, &c. Mort à Rome en 1600.

FUMÉE, (ADAM (*Hist. de Fr.*) premier médecin des rois Charles VII, Louis XI &

Charles VIII; mourut doyen des maîtres des requêtes, il eut même les sceaux par commission sous Charles VIII, en 1492, & les garda jusqu'à sa mort arrivée au mois de novembre 1494. Louis XI l'avoit employé en diverses négociations; mais en revanche il employoit d'autres médecins que lui, témoins le médecin Coctier & Angelo Cattho &c. Adam Fumée au reste avoit des talens & des connoissances dans plus d'un genre.

FUNÉRAILLES, (*Hist. mod.*) Nous allons parcourir les cérémonies funèbres, usitées de nos jours chez quelques peuples d'Asie, d'Afrique, & d'Amérique; il semble que la nature a par-tout inspiré aux hommes ce dernier devoir envers leurs semblables qui leur sont enlevés par la mort; & la religion, soit vraie, soit fausse, a consacré cet usage.

FUNERAILLES *des Arabes.* Dès que quelqu'un a rendu les derniers soupirs chez les Arabes, on lave le corps avec décence, on le coud dans un morceau de toile, s'il s'en trouve dans la maison, ou dans quelques guenilles s'il est pauvre; on le met sur un brancard composé de deux morceaux de bois avec quelques traverses d'osier, & quatre ou six hommes le portent où il doit être enterré. Comme ces peuples changent souvent de camp, ils n'ont point de cimetières fixes. Ils choisissent toujours un lieu élevé & écarté du camp; ils y font une fosse profonde, où ils mettent le corps, la tête du côté de l'orient, le couvrent de terre, & mettent dessus de grosses pierres, afin d'empêcher les bêtes sauvages de venir le déterrer & le dévorer. Ceux qui portent le corps à la sépulture & ceux qui l'accompagnent, chantent des prières pour le défunt & des louanges à Dieu.

Dans ces occasions les hommes ne pleurent point, ce qu'on regarde comme une preuve de leur courage & de leur fermeté. Mais en récompense les femmes s'acquittent très-bien de cette fonction. Les parentes du défunt crient, s'égratignent le visage & les bras, s'arrachent les cheveux, & ne sont couvertes que d'un vêtement déchiré, avec un voile bleu & sale; toutes marques de douleur extraordinaires, vraies ou apparentes.

Les cérémonies des *funérailles*, qui ne sont pas longues, étant achevées, on revient au camp. Tous ceux qui y ont assisté trouvent un repas préparé, & mangent dans une tente, les femmes dans une autre. Les hommes à leur ordinaire gardent la gravité, les femmes essuient leurs larmes; les uns & les autres se consolent; on fait à la famille des complimens de condoléance qui sont fort courts, puisqu'ils ne consistent qu'en ces deux mots, *kalherna aandek*, c'est-à-dire, *je prends part à votre affliction*: & en ces deux autres, *selamet erask*, qui signifient *Dieu conserve votre tête.* Après quoi les parens du défunt font le partage de ses biens entre les enfans. *Mém.* du chevalier d'Arvieux, *tom. III.*

FUNÉRAILLES *des Turcs.* En Turquie, lorsqu'une personne est morte, on met son corps au milieu de la chambre, & l'on répete tristement ces mots à lentour, *subanna allah*, c'est-à-dire, *ô Dieu miséricordieux, ayez pitié de nous.* On le lave ensuite avec de l'eau chaude & du savon; & après avoir brûlé assez d'encens pour chasser le diable & les autres esprits malins qu'on suppose roder autour de lui, on l'enveloppe dans un suaire sans couture, afin, dit-on, que dans l'autre monde il puisse se mettre à genoux lorsqu'il subira son jugement; tout cela est accompagné de lamentations, où les femmes ont la principale part.

Autrefois on exposoit le mort sur une table, comme dans un lit de parade, orné de ses plus beaux habits, & de diverses fleurs de la saison, après quoi on le portoit sur des brancards hors de la ville, dans un lieu destiné à la sépulture des morts. Aujourd'hui on se contente de le mettre dans une bière, couverte d'un poil convenable à sa profession, sur lequel on répand des fleurs, pour marquer son innocence. La loi défend à qui que ce soit de garder un corps mort au-delà d'un jour, & de le porter plus loin d'une lieue. Il n'y a que le corps du grand-seigneur défunt qui en soit excepté.

Les Turcs sont persuadés qu'au moment que l'ame quitte le corps, les anges la conduisent au lieu où il doit être inhumé, & l'y retiennent pendant quarante jours dans l'attente de ce corps; ce qui les engage à le transporter au plus vîte au lieu de la sépulture, afin de ne pas faire languir l'ame. Quelques-uns prétendent que les femmes & filles n'assistent point au convoi, mais demeurent à la maison pour préparer à manger aux imans, qui, après avoir mis le corps dans le tombeau, reviennent pour faire bonne chère, & recevoir dix aspres qui sont leur rétribution ordinaire.

Aussi-tôt que le deuil est fini autour du mort & qu'on l'a enseveli, on le porte sur les épaules au lieu destiné à la sépulture, soit dans les cimetières situés hors des villes, s'il est pauvre, soit au cimetière des mosquées, à l'entrée desquelles on le porte, s'il est riche, & à l'entrée desquelles les imans font des prières qui ne consistent qu'en quelques complaintes & dans le récit de certains vers lugubres qui sont répétés mot pour mot par ceux qui accompagnent le convoi, & qui suivent couverts d'une pièce de drap gris ou de feutre pendante devant & derrière.

Arrivés au tombeau, les Turcs tirent le mort du cercueil, & le descendent dans la fosse avec quelques sentences de l'alcoran. On ne jette point la terre immédiatement sur le corps, de peur que sa pesanteur ne l'incommode; pour lui donner un un peu d'air, on pose de longues pierres en travers, qui forment une espèce de voûte sur le cadavre, en sorte qu'il y est fermé comme dans un coffre. Les cris & les lamentations des femmes cessent aussi-tôt après l'inhumation. Une mére peut pleurer son fils jusqu'à trois fois; au-delà elle pèche contre la loi.

Les *funérailles* du sultan sont accompagnées d'une majesté lugubre. On mène en main tous ses chevaux avec les selles renversées, couverts de housses de velours noir traînantes jusqu'à terre. Tous ses officiers, tant ceux du serrail que ceux de la garde, solaks, janissaires & autres, y marchent en leur rang. Les mutaséracas précèdent immédiatement le corps, armés d'une lance, au bout de laquelle est le turban de l'empereur défunt, & portant une queue de cheval. Les armes du prince & ses étendarts traînent par terre. La forme du cercueil est celle d'un chariot d'armes; il est couvert d'un riche poil sur lequel est posé un turban; & lorsque son corps est une fois déposé dans le tombeau, un iman, gagé pour y lire l'alcoran, a soin de le couvrir tous les jours, surtout le vendredi, de tapis de drap sur lesquels il place ce que le feu empereur avoit coutume de porter de son vivant, comme son turban, &c. Guer, *mœurs & usag. des Turcs*, *tom. I.* (*G*)

FUNÉRAILLES *des Chinois*. Ils lavent rarement leurs morts, mais ils revêtent le défunt de ses plus beaux habits, & le couvrent des marques de sa dignité; ensuite ils le mettent dans le cercueil qu'on lui a acheté, ou qu'il s'étoit fait construire pendant sa vie; car ils ont grand soin de s'en pourvoir long-temps avant que d'en avoir besoin. C'est aussi une des plus sérieuses affaires de leur vie, que de trouver un endroit qui leur soit commode après leur mort. Il y a des chercheurs de sépulture de profession; ils courent les montagnes; & lorsqu'ils ont découvert un lieu où il règne un vent frais & sain, ils viennent promptement en donner avis aux gens riches qui accordent quelquefois à leurs soins une récompense excessive.

Les cercueils des personnes aisées sont faits de grosses planches épaisses d'un demi-pied & davantage; ils sont si bien enduits en-dedans de poix & de bitume, & si bien vernissés en-dehors, qu'ils n'exhalent aucune mauvaise odeur: on en voit qui sont ciselés délicatement, & couverts de dorure. Il y a des gens riches qui emploient jusqu'à mille écus pour avoir un cercueil de bois précieux, orné de quantité de figures.

Avant que de placer le corps dans la bière, on répand au fond un peu de chaux; & quand le corps y est placé, on y met ou un coussin ou beaucoup de coton, afin que la tête soit solidement appuyée, & ne remue pas aisément. On met aussi du coton ou autres choses semblables, dans tous les endroits vides, pour le maintenir dans la situation où il a été mis.

Il est défendu aux Chinois d'enterrer leurs morts dans l'enceinte des villes & dans les lieux qu'on habite; mais il leur est permis de les conserver dans leurs maisons, enfermés dans des cercueils; ils les gardent plusieurs mois & même plusieurs années comme en dépôt, sans qu'aucun magistrat puisse les obliger de les inhumer. Un fils vivroit sans honneur, sur-tout dans sa famille, s'il ne faisoit pas conduire le corps de son père au tombeau de ses ancêtres; & on refuseroit de placer son nom dans la salle où on les honore, quand on les transporte d'une province à une autre: il n'est pas permis, sans un ordre de l'empereur, de les faire entrer dans les villes, ou de les faire passer au-travers, mais on les conduit autour des murailles.

La cérémonie solemnelle que les Chinois observent à l'égard des défunts, dure ordinairement sept jours, à moins que quelques raisons essentielles n'obligent de se contenter de trois jours. Pendant que le cercueil est ouvert, tous les parens & les amis, qu'on a eu soin d'inviter, viennent rendre leurs devoirs au défunt; les plus proches parens restent même dans la maison. Le cercueil est exposé dans la principale salle, qu'on a parée d'étoffes blanches qui sont souvent entremêlées de pièces de soie noire ou violette, & d'autres ornemens de deuil. On met une table devant le cercueil. L'on place sur cette table l'image du défunt, ou bien un cartouche qui est accompagné de chaque côté de fleurs, de parfums, & de bougies allumées.

Ceux qui viennent faire leurs complimens de condoléance saluent le défunt à la manière du pays. Ceux qui étoient amis particuliers accompagnent ces cérémonies de gémissemens & de pleurs, qui se font entendre quelquefois de fort loin.

Tandis qu'ils s'acquittent de ces devoirs, le fils aîné, accompagné de ses frères, sort de derrière le rideau qui est à côté du cercueil, se traînant à terre avec un visage sur lequel est peinte la douleur, & fondant en larmes, dans un morne & profond silence, ils rendent le salut avec la même cérémonie qu'on a pratiquée devant le cercueil: le même rideau cache les femmes, qui poussent, à diverses reprises, les cris les plus lugubres.

Quand on a achevé la cérémonie, on se lève; un parent éloigné du défunt, ou un ami, étant en deuil, fait les honneurs; & comme il a été vous recevoir à la porte, il vous conduit dans un appartement où l'on vous présente du thé, & quelquefois des fruits secs, & semblables rafraîchissemens: après quoi il vous accompagne jusqu'à votre chaise.

Lorsqu'on a fixé le jour des obsèques, on en donne avis à tous les parens & amis du défunt, qui ne manquent pas de se rendre au jour marqué. La marche du convoi commence par ceux qui portent différentes statues de carton, lesquelles représentent des esclaves, des tigres, des lions, des chevaux, &c. diverses troupes suivent & marchent deux à deux; les uns portent des étendards, des banderolles, ou des cassolettes remplies de parfums; plusieurs jouent des airs lugubres sur divers instrumens de musique.

Il y a des endroits où le tableau du défunt est élevé au-dessus de tout le reste; on y voit écrits en gros caractères d'or son nom & sa dignité. Le cercueil paroît ensuite couvert d'un dais en forme de dôme, qui est entiérement d'étoffe de soie violette, avec des houpes de soie blanche aux quatre coins, qui sont brodées & très-proprement entrelacées de cordons. La machine dont nous parlons, & sur laquelle on a porté le cercueil, est portée par soixante-quatre personnes; ceux qui ne sont point en état d'en faire la dépense, se servent d'une machine qui n'exige pas un si grand nombre de porteurs. Le fils aîné, à la tête des autres enfans & des petits-fils, suit à pied, couvert d'un sac de chanvre, appuyé sur un bâton, le corps tout courbé, & comme accablé sous le poids de sa douleur.

On voit ensuite les parens & les amis tous vêtus de deuil, & un grand nombre de chaises couvertes d'étoffe blanche, où sont les filles, les femmes, & les esclaves du défunt, qui font retentir l'air de leurs cris.

Quand on est arrivé au lieu de la sépulture, on voit à quelque distance de la tombe des tables rangées dans des salles qu'on a fait élever exprès; & tandis que les cérémonies accoutumées se pratiquent, des domestiques y préparent un repas, qui sert ensuite à régaler toute la compagnie.

Quelquefois, après le repas, les parens & les amis se prosternent de nouveau, en frappant la terre du front devant le tombeau. Le fils aîné & les autres enfans répondent à leurs honnêtetés par quelques signes extérieurs, mais dans un profond silence. S'il s'agit d'un grand seigneur, il y a plusieurs appartemens à sa sépulture; & après qu'on y a porté le cercueil, un grand nombre de parens y demeurent un & même deux mois, pour y renouveller tous les jours avec les enfans du défunt les marques de leur douleur. (*D. J.*)

FUNÉRAILLES *des sauvages d'Amérique.* « Parmi » les peuples d'Amérique, dit le P. de Charlevoix, sitôt qu'un malade a rendu les derniers » soupirs, tout retentit de gémissemens; & cela » dure autant que la famille est en état de fournir » à la dépense; car il faut tenir table ouverte » pendant tout ce temps-là. Le cadavre, paré » de sa plus belle robe, le visage peint, ses » armes & tout ce qu'il possédoit à côté de lui, » est exposé à la porte de la cabane, dans la » posture qu'il doit avoir dans le tombeau; & » cette posture, en plusieurs endroits, est celle » où l'enfant est dans le sein de sa mère. L'usage » de quelques nations est que les parens du défunt » jeûnent jusqu'à la fin des *funérailles*; & tout » cet intervalle se passe en pleurs, en éjulations, » à régaler tous ceux dont on reçoit la visite, » à faire l'éloge du mort, & en complimens réciproques. Chez d'autres, on loue des pleureuses, » qui s'acquittent parfaitement de leur devoir: » elles chantent, elles dansent, elles pleurent » sans cesse, & toujours en cadence: mais ces » démonstrations d'une douleur empruntée ne préjudicient point à ce que la nature exige des » parens du défunt.

» On porte, sans aucune cérémonie, le corps » au lieu de sa sépultute: mais quand il est dans » la fosse, on a soin de le couvrir de manière que » la terre ne le touche point: il est dans une » cellule toute tapissée de peaux; on dresse ensuite un poteau où l'on attache tout ce qui peut » marquer l'estime qu'on faisoit du mort, comme » son portrait, &c. . . . On y porte tous les » matins de nouvelles provisions; & comme les » chiens & d'autres bêtes ne manquent point d'en » faire leur profit, on veut bien se persuader que » c'est l'ame du défunt qui y est venue prendre » sa réfection.

» Quand quelqu'un meurt dans le temps de » la chasse, on expose son corps sur un échafaud » fort élevé, & il y demeure jusqu'au départ de » la troupe qui l'emporte avec elle au village. » Les corps de ceux qui meurent à la guerre sont » brûlés, & leurs cendres rapportées pour être » mises dans la sépulture de leurs pères. Ces » sépultures, parmi les nations les plus sédentaires, sont des espèces de cimetières près du » village: d'autres enterrent leurs morts dans les » bois au pied des arbres, ou les font sécher » & les gardent dans des caisses jusqu'à la fête » des morts.

» On observe en quelques endroits, pour ceux » qui se sont noyés ou qui sont morts de froid, » un cérémonial assez bizarre. Les préliminaires » des pleurs, des danses, des chants & des » festins, étant achevés, on porte le corps au lieu » de la sépulture; ou, si l'on est trop éloigné » de l'endroit où il doit demeurer en dépôt jusqu'à » la fête des morts, on y creuse une fosse très-large, & on y allume du feu; de jeunes gens » s'approchent ensuite du cadavre, coupent les » chairs aux parties qui ont été crayonnées par » un maître des cérémonies, & les jettent dans » le feu avec les viscères; puis ils placent le cadavre ainsi déchiqueté dans le lieu qui lui est » destiné. Durant cette opération, les femmes, » & sur-tout les parentes du défunt, tournent » sans cesse autour de ceux qui travaillent; les » exhortent à bien s'acquitter de leur emploi; &

» leur mettent des grains de porcelaine dans la » bouche, comme on y mettroit des dragées à » des enfans pour les engager à quelque chose » qu'on souhaiteroit d'eux. »

L'enterrement est suivi de présens qu'on fait à la famille affligée; & cela s'appelle *couvrir le mort*: on fait ensuite des festins accompagnés de jeux & de combats, où l'on propose des prix; & là, comme dans l'antiquité payenne, une action toute lugubre est terminée par des chants & des cris de victoire.

Le même auteur rapporte que chez les Natchez, une des nation sauvages de la Louisiane, quand une femme chef, c'est-à-dire *noble*, ou de la race du soleil, meurt, on étrangle douze petits enfans & quatorze grandes personnes, pour être enterrés avec elle. *Journ. d'un voyag. d'Amériq.* (*G*)

Funérailles *des Missilimakinaks.* Il y a d'autres sauvages de l'Amérique qui n'enterrent point leurs morts, mais qui les brûlent: il y en a même de divisés en ce qu'ils nomment *familles*, parmi lesquelles est la prérogative attachée à telle famille uniquement, de pouvoir brûler ses morts, tandis que les autres familles sont obligées de les enterrer: c'est ce qu'on voit chez les Missilimakinaks, peuple sauvage de l'Amérique septentrionale de la Nouvelle-France, où la seule famille du grand Lièvre jouit du privilége de brûler ses cadavres; dans les deux autres familles qui forment cette nation, quand quelqu'un de ses capitaines est décédé, on prépare un vaste cercueil, où après avoir couché le corps vêtu de ses plus beaux habits, on y renferme avec lui sa couverture, son fusil, sa provision de poudre & de plomb, son arc, ses flèches, sa chaudière, son plat, son casse-tête, son calumet, sa boîte de vermillon, son miroir & tous les présens qui lui ont été donnés à sa mort; ils s'imaginent qu'avec ce cortége, il sera plus aisément le voyage dans l'autre monde, & qu'il sera mieux reçu des plus grands capitaines de la nation, qui le conduiront avec eux dans un lieu de délices. Pendant que tout cet attirail s'ajuste dans le cercueil, les parens du mort assistent à cette cérémonie en chantant d'un ton lugubre, & en remuant en cadence un bâton où ils ont attaché plusieurs petites sonnettes. (*D. J.*)

Funérailles *des Ethiopiens.* Lorsque quelqu'un d'eux vient à mourir, on entend de tous côtés des cris épouvantables; tous les voisins s'assemblent dans la maison du défunt, & pleurent avec les parens qui s'y trouvent. On lave le corps mort; après l'avoir enveloppé d'un linceul de coton, on le met dans un cercueil, au milieu d'une salle éclairée par des flambeaux de cire: on redouble alors les cris & les pleurs au son des tambours de basque; les uns prient Dieu pour l'ame du défunt, les autres disent des vers à sa louange; d'autres s'arrachent les cheveux, & d'autres se déchirent le visage, pour marquer leur douleur: cette folie touchante & ridicule dure jusqu'à ce que les religieux viennent lever le corps. Après avoir chanté quelques pseaumes, & fait les encensemens, ils se mettent en marche, tenant à la main droite une croix de fer, un livre de prières à la gauche, & psalmodient en chemin: les parens & amis du défunt suivent, & continuent leurs cris avec des tambours de basque. Ils ont tous la tête rasée, ce qui est la marque du deuil. Quand on passe devant quelque église, le convoi s'y arrête; on fait quelques prières, & ensuite on continue sa route jusqu'au lieu de la sépulture. Là on recommence les encensemens; on chante encore pendant quelque temps des pseaumes d'un ton lugubre, & on met le corps en terre. Les assistans retournent à la maison du défunt, où on leur fait un festin: on s'y trouve matin & soir pendant trois jours, & on ne mange point ailleurs. Au bout de trois jours, on se sépare jusqu'au huitième; & de huit en huit jours, on se rassemble pendant un certain espace de temps, pour pleurer le défunt, & manger chez lui.

Au surplus, les gens curieux de parcourir les folies des hommes en fait de *funérailles*, les trouveront semées dans le grand ouvrage des *cérémonies religieuses*, & rassemblées dans le petit traité de Muret, père de l'oratoire, *des cérémonies funèbres de toutes les nations. Paris 1675. in-12.* (*D. J.*)

Funérailles *des Chrétiens*, (*Hist. mod. eccl.*) » Les Chrétiens de la primitive église, dit M. l'abbé Fleury, pour mieux témoigner la foi de la » résurrection, avoient grand soin des sépultures, » & y faisoient grande dépense, à proportion de » leur manière de vivre: ils ne brûloient point » les corps, comme les Grecs & les Romains; » ils n'approuvoient pas non plus la curiosité » superstitieuse des Egyptiens, qui les gardoient » embaumés & exposés à la vue, sur des lits dans » leurs maisons; mais ils les enterroient selon la » coutume des Juifs. Après les avoir lavés, ils » les embaumoient & y employoient plus de » parfums, dit Tertullien, que les Payens à leurs » sacrifices; ils les enveloppoient de linges très-» fins ou d'étoffes de soie; quelquefois ils les » revêtoient d'habits précieux: ils les exposoient » pendant trois jours, ayant grand soin de les » garder cependant & de veiller auprès en prières: » ensuite ils les portoient au tombeau, accom-» pagnant le corps avec quantité de cierges & de » flambeaux, chantant des pseaumes & des hymnes » pour louer Dieu, & marquer l'espérance de » la résurrection. On prioit aussi pour eux; on » offroit le sacrifice, & l'on donnoit aux pauvres » le festin nommé *agapes* & d'autres aumônes. » On en renouvelloit la mémoire au bout de » l'an; & on continuoit d'année en année, outre

» la commémoration qu'on en faisoit tous les » jours au saint sacrifice.

» L'église avoit ses officiers destinés pour les » enterremens, que l'on appelloit en latin *fossores*, » *laborantes*, *copiatæ*, c'est-à-dire, *fossoyeurs* ou » *travailleurs*, & qui se trouvent quelquefois » comptés entre le clergé. On enterroit souvent » avec les corps différentes choses pour honorer les » défunts, ou pour en conserver la mémoire, » comme les marques de leur dignité, les instru» mens de leur martyre, des phioles ou des « éponges pleines de leur sang, les actes de » leur martyre, leur épitaphe, ou du moins » leur nom, des médailles, des feuilles de lau» rier ou de quelque autre arbre toujours verd, » des croix, l'évangile. On observoit de poser » le corps sur le dos, le visage tourné vers » l'orient. Les payens, pour garder les cendres » des morts, bâtissoient des sépulchres magni» fiques le long des grands chemins, & par» tout ailleurs dans la campagne. Les Chrétiens » au contraire cachoient les corps, les enter» rant simplement ou les rangeant dans des » caves, comme étoient auprès de Rome les » tombes ou catacombes. (*Voyez* CATACOMBES).

» Les anciens cimetières ou lieux où l'on » déposoit leurs corps, sont quelquefois appellés » *conciles des martyrs*, parce que leurs corps y » étoient assemblés; ou *arènes*, à cause du ter» rein sablonneux. En Afrique, on nommoit » aussi les cimetières des *aires*.

» On a toujours eu grande dévotion à se » faire enterrer auprès des martyrs; & c'est ce » qui a enfin attiré tant de sépultures dans » les églises, quoique l'on ait gardé long-tems » la coutume de n'enterrer que hors des villes. » La vénération des reliques & la créance dis» tincte de la résurrection, ont effacé parmi les » Chrétiens l'horreur que les anciens, même » les Israélites, avoient des corps morts & » des sépultures ». *Mœurs des Chrétiens, article* 31.

Cette coutume d'enterrer les morts, & de les porter au lieu de leur sépulture en chantant des pseaumes, a toujours été observée parmi les Chrétiens; les cérémonies seulement ont varié suivant les temps & les usages. M. Lancelot, dans un mémoire sur une ancienne tapisserie, qui représente les faits & gestes de Guillaume-le-Conquérant, observe que dans un morceau de cette tapisserie sont figurées les cérémonies des *funérailles* d'Edouard-le-Confesseur, qui ont beaucoup d'affinité avec celles qui se pratiquent encore aujourd'hui en pareil cas : « On y voit Edouard mort & étendu sur » une espèce de drap mortuaire parsemé de » larmes, dans lequel deux hommes, l'un placé » à la tête, l'autre aux pieds, arrangent le corps. » A côté est un autre homme debout, tenant » deux doigts de la main droite élevés; cette » attitude & son habillement, qui paroît res» sembler à une chasuble, désignent un prêtre qui » lui donne les dernières bénédictions. . . . . On y » voit aussi une église. . . . . & un homme par » lequel on a voulu désigner les sonneurs de » cloches. . . . . La bière est portée par huit » hommes; elle est d'une figure presque quarrée, » traversée de plusieurs bandes, & chargée de » petites croix & autres ornemens : de ces huit hom» mes, quatre sont en-devant, & les quatre autres » derrière; ils la portent sur leurs épaules par » le moyen de longs bâtons excédans la bière, » deux à chaque bâton : c'étoit alors la manière de » porter les morts. . . . cet usage s'est même » conservé jusqu'à nos jours; & les hanovars » ou porteurs de sel, qui avoient le privilége » de porter les corps ou les effigies de nos rois, » portèrent encore le corps ou l'effigie d'Henri » IV de la même manière sur leurs épaules » en 1610. Dans cette même tapisserie, aux » deux côtés de la bière, paroissent deux autres » hommes, qui ont une sonnette en chaque main. » L'usage d'avoir des porteurs de sonnettes dans » les pompes funèbres, & qui subsiste encore en la » personne des jurés-crieurs lorsqu'il vont faire » leurs semonces, est très-ancien. Suidas, & un » ancien scholiaste de Théocrite, en parlent; on » les appelloit alors *codonophori*; ils ont été depuis » connus sous le nom de *pulsatores* & *exequiates*, » & leurs sonnettes, *campanæ manuales pro mor» tuis*, ou *campanæ bajulæ* . . . . à la suite du » cercueil, on voit un groupe de personnes » qui semblent toutes fondre en pleurs & en » gémissemens. » *Mémoires de l'académie des belles-lettres, tome VIII.*

La description des *funérailles* de ce roi, conformes à la simplicité de ces temps-là, montre que les usages & les cérémonies en étoient toutes semblables à celles qui se pratiquent aujourd'hui dans les *funérailles* des particuliers : car on sait que parmi les Catholiques, dès qu'un homme est mort, les jurés-crieurs, pour les personnes qui ont le moyen de les employer, préparent les tentures, drap mortuaire, croix, chandeliers, luminaire & autres choses nécessaires à la cérémonie; convient les parens & les amis ou par billets ou de vive voix; qu'on expose ensuite le défunt, ou dans une chambre ardente, ou à sa porte dans un cercueil; que le clergé vient enlever le corps, & le conduit à l'église, suivi de ses parens, amis, &c. & qu'après plusieurs aspersions, & le chant des prières & pseaumes convenables à cet acte de religion, on l'inhume ou dans l'église même ou dans le cimetière.

Les *funérailles* des grands, des princes & des rois, sont accompagnées de plus de pompe : après qu'on les a embaumés & déposés dans un cercueil de plomb, on les expose pendant plusieurs jours sur un lit de parade, dans une salle tendue de noir & illuminée, où des prêtres & des religieux récitent des prières jour & nuit; les cours souveraines, les communautés religieuses & autres corps, viennent leur jetter de l'eau bénite; & au jour marqué, on les transporte au lieu de leur sépulture, dans un char drapé de noir, avec leurs armoiries, & attelé de chevaux caparaçonnés de noir; grand nombre de pauvres & de domestiques portant des flambeaux; ces cérémonies sont accompagnées de discours pour remettre le corps & le recevoir, suivies à quelques temps de-là de services solemnels & d'oraisons funèbres. On y porte ordinairement les marques de la dignité du défunt, comme la couronne ducale, &c. ce sont des officiers ou gentilshommes qui sont chargés de ces fonctions; & aux *funérailles* des rois, elles sont remplies par les grands officiers de la couronne.

Parmi les protestans, on a retranché la plupart des cérémonies de l'église romaine; les aspersions, croix, luminaire, &c. Pour l'inhumation d'un particulier, le ministre le conduit au lieu de sa sépulture; & lorsqu'on l'a mis en terre, il adresse ces paroles au cadavre: *dors en paix, jusqu'à ce que le seigneur te réveille.* Celle des rois & des princes se font avec le cérémonial attaché à leurs dignités, & d'usage différent selon les divers pays. (*G*)

FURETIERE, (ANTOINE) (*Hist. litt. mod.*) abbé de Chalivoi, connu par son *roman bourgeois*, très-inférieur au *roman comique* de Scarron, par sa *relation des troubles arrivés au royaume d'éloquence*, par des satyres & des épigrammes, mais sur-tout par son dictionnaire qui fut un vol du travail de ses confréres, & qui le fit exclure, le 22 janvier 1685, de l'académie où il avoit été reçu le 15 mai 1662. C'est à cette friponnerie de *Furetière* que l'auteur des lettres-persanes fait allusion, lorsqu'il dit que le dictionnaire de l'académie, « cet enfant de tant de pères, étoit presque vieux, quand il naquit, & que quoiqu'il » fût légitime, un bâtard qui avoit déjà paru, » l'avoit presque étouffé dans sa naissance. »

Furetière ne fut exclu qu'après que M. le premier président de Novion, alors directeur de l'académie, & des commissaires nommés par le corps, l'eurent convaincu de plagiat & d'infidélité; qu'après que Boileau, Racine & la Fontaine, ses amis dès l'enfance, & M. le premier président qui cherchoit à l'obliger dans cette affaire, eurent inutilement employé tous les moyens possibles pour l'engager à faire quelques soumissions à l'académie; enfin qu'après que M. le premier président lui eut dit formellement qu'il ne pouvoit, ni comme juge, ni comme académicien ni comme son ami, se dispenser de le condamner. Il prit alors le parti de publier des satyres & des libelles contre l'académie, de révéler tous les prétendus secrets de la compagnie, de lui donner tous les ridicules réels ou supposés dont les membres de tous corps sont susceptibles, en observant d'attribuer au corps tous les torts des particuliers. Ses meilleurs amis devinrent l'objet de ses satyres, il n'épargna pas même le paisible la Fontaine. Il l'attaqua sur la différence du bois en grume ou du bois marmenteau, qu'il lui reprocha de ne savoir pas distinguer, quoiqu'il eût été officier des eaux & forêts. La Fontaine, irrité du procédé mal-honnête de cet homme qu'il avoit toujours traité en ami, se permit contre lui une épigramme où il lui demanda si c'étoit avec du bois en grume ou avec du bois de marmenteau que certaines personnes, déchirées dans ses satyres, avoient frappé sur son dos comme sur une enclume, pour châtier son insolence? Voici la réponse de *Furetière*.

Dangereux inventeur de cent vilaines fables
Sachez que, pour livrer des médisans assauts,
Si vous ne voulez pas que le coup porte à faux,
Il doit être fondé sur des faits véritables.
Çà, disons-nous tous deux nos vérités:
Il est des bois de plus d'une manière:
Je n'ai jamais senti celui que vous citez;
Notre ressemblance est entière,
Car vous ne sentez point celui que vous portez.

Rousseau mettoit plus de précision, d'énergie & de malice dans ses épigrammes.

Furetière mourut à Paris, le 14 mai 1688, âgé de soixante-huit ans. Il avoit été procureur-fiscal de Saint-Germain-des-Prés. On a imprimé depuis sa mort un *Fureteriana*.

FURGOLE, (JEAN BAPTISTE) (*Hist. litt. mod.*) avocat au parlement de Toulouse & capitoul, savant jurisconsulte, auteur de divers ouvrages de droit, fort estimés, tels que des *commentaires sur l'ordonnance du mois de février 1731, concernant les donations & sur l'ordonnance des substitutions*; un *traité des curés primitifs*; un *traité des testamens & autres dispositions de dernière volonté*; un *traité de la seigneurie féodale universelle & du franc-aleu naturel*. Mort en 1761.

FURIUS-BIBACULUS, (MARCUS) (*Hist. rom.*) poëte de Crémone, dont Horace ne donne pas une idée bien-avantageuse, si c'est de lui qu'il parle, comme on le croit, dans la cinquième satyre du second livre:

Seu pingui tentus omaso
Furius hybernas canâ nive conspuet Alpes.

Il avoit écrit des annales en vers; Macrobe en rapporte quelques fragmens. *Furius* vivoit environ un siècle avant la naissance de Jésus-Christ.

FURST, (WALTER) suisse du canton d'Uri, fut

avec Arnold de Melctal, du canton d'Undervald, Guillaume Tell & Werner Stouffacher, un des fondateurs de la liberté helvétique, & à ce titre seul, il méritoit de trouver place ici.

FURSTEMBERG (*Hist. mod.*) le comte Guillaume de *Furstemberg* avoit servi d'abord l'empereur Charles-Quint; la première fois qu'il étoit entré en France, il y étoit entré en ennemi; il y étoit appellé par le connétable de Bourbon, alors rebelle, & fut conduit par la Mothe des Noyers, secrétaire du connétable; il fit une irruption entre la Bourgogne & la Champagne & fut battu par le comte, depuis duc de Guise. Il s'attacha dans la suite au service de François I, mais peut-être entretenoit-il toujours des correspondances avec son premier maître: quoi qu'il en soit, on lit dans l'Heptaméron, deuxième journée, nouvelle 17, une histoire assez remarquable que Brantôme adopte. Le comte Guillaume avoit reçu de l'argent (apparemment de l'empereur) pour attenter à la vie du roi, au service duquel il étoit alors; il avoit promis, & il n'attendoit qu'un moment favorable. Le roi négligea long-temps les avis qu'on lui en donna. Enfin il y fit attention. Un jour étant à la chasse, il se fait suivre du comte, il s'écarte dans la forêt, & se trouvant seul avec lui, il tire son épée, lui en fait remarquer la trempe. « Comte, lui dit-il, si un homme qui auroit entrepris de m'ôter la vie, connoissoit ce » que peuvent mon bras, mon cœur & cette » épée, ne croyez-vous pas qu'il y penseroit à » deux fois? Cependant je le tiendrois pour un » lâche, si ayant formé ce projet & se trouvant » seul avec moi, la crainte retenoit son bras. » Le projet, répondit le comte, seroit exécrable, l'exécution le seroit encore plus. Le roi remit en riant son épée dans le fourreau, & voyant les chasseurs approcher, il les rejoignit. Le lendemain le comte prend un prétexte, fait des demandes exorbitantes, cherche un refus, l'obtient, & part dans les vingt-quatre heures. « Eh bien! dit le roi à ceux qui l'avoient averti de l'entreprise du comte, » vous vouliez m'engager à chasser » *Furstemberg*, vous voyez qu'il se chasse lui- » même. » Alors il leur conta l'aventure de la forêt. C'est sa sœur qui rapporte cette histoire, & l'on y reconnoît le caractère de François I. Mais les époques ne se rapportent pas. Selon la reine de Navarre, ce fut la Tremoille, gouverneur de Bourgogne, qui donna cet avis au roi & à la duchesse d'Angoulême; on parle aussi de cette aventure devant l'amiral de Bonnivet. Mais la Tremoille & Bonnivet étoient morts en 1525. La duchesse étoit morte en 1531, & pendant toute la guerre de 1535, on voit le comte de *Furstemberg* au service du roi: il auroit donc fallu que le roi eût eu dans la suite l'imprudente générosité d'oublier ce projet, ou la force d'esprit de n'y pas croire.

Ces difficultés s'évanouiroient, si l'on s'en tenoit uniquement au récit de la reine de Navarre; car elle ne nomme point *Furstemberg*, mais seulement le comte Guillaume, qu'elle dit être de la maison de Saxe. Mais on ne voit point de comte Guillaume de Saxe dans ces temps-là, on n'en voit pas du moins au service de la France, & le comte Guillaume de *Furstemberg* est célèbre dans toutes ces guerres. Aussi est-ce à lui que Brantôme attribue le fait raconté par la reine de Navarre, & cette princesse est assez dans l'usage de déguiser les noms.

Il est d'autant plus vrai-semblable qu'il s'agit du comte de *Furstemberg* dans le récit de la reine de Navarre, que ce comte retourna en effet du service de la France à celui de l'empereur; dans toute la guerre de 1542, il sert contre la France; en 1543, il fait & lève le siége de Luxembourg que les François avoient pris l'année précédente. En 1544, il fait une irruption en France à la suite de l'empereur, il y fait même une guerre cruelle, témoin trois cents hommes brûlés dans une église, entre Vitry & châlons, il brûla aussi Vitry. Il mourut en 1549, il étoit d'une grande & illustre maison d'Allemagne, qui tire son nom de la ville de *Furstemberg* en Souabe, dans la forêt noire; on voit déjà cette maison figurer avec éclat dès le neuvième siècle.

De cette maison étoient ceux qu'on appelle les Egons, parce que ce nom fut commun dans leur branche & qu'il fut porté par des personnages célèbres, tels que:

1°. Egon, comte de *Furstemberg*, qui commandoit les armées impériales en Italie, dans la guerre de Mantoue, en 1629 & 1630, & qui les commanda ensuite en Allemagne, contre Gustave & ses alliés. Il commandoit l'aile gauche de l'armée impériale, à la bataille de Leipsick, le 7 septembre 1631. Il mourut le 24 août 1635. Il étoit né le 21 mars 1588. Maximilien-Joseph, son petit-fils, fils de Ferdinand-Fréderic Egon, fut tué au siége de Philisbourg, le 14 août 1676.

2°. Herman Egon, fils aîné d'Egon, & frère aîné de Ferdinand-Fréderic Egon, fut créé prince de *Furstemberg* en 1654, par l'empereur Ferdinand III, Emanuel-François Egon, un de ses fils puînés, fut tué à l'assaut de Belgrade, le 6 septembre 1688.

3°. François Egon, prince de *Furstemberg*, évêque de Strasbourg, frère d'Herman Egon. Il étoit évêque de Strasbourg, lorsque cette ville passa en 1681, sous la domination de la France, & ce fut pour lui une grande joie & un grand triomphe de voir la religion catholique rétablie dans son église & d'y faire en paix les fonctions épiscopales sous l'autorité de Louis XIV. Il mourut le premier avril 1682.

4°. Guillaume Egon, frère des précédens; évêque de Strasbourg, après François Egon. Il avoit souffert persécution pour son attachement à la France. L'empereur l'avoit fait enlever à Cologne, où il étoit un des chefs du conseil de l'électeur, & où il avoit même le titre de plénipotentiaire de cet électeur aux conférences qui se tenoient alors pour la paix à Cologne. C'étoit pendant la guerre de 1672; cet attentat donna lieu à une multitude d'écrits diplomatiques, & retarda la paix, Louis XIV indigné, ayant rappellé ses plénipotentiaires. Cette paix conclue enfin à Nimegue en 1678, rendit la liberté à Guillaume Egon, à qui la protection de Louis XIV valut, avec l'évêché de Strasbourg, une multitude d'autres bénéfices en France, entre autres l'abbaye de Saint-Germain-des-Prés, le chapeau de cardinal & l'ordre du Saint-Esprit. Louis XIV voulut même lui procurer l'électorat de Cologne, mais l'opposition constante du pape Innocent XI fit échouer ce projet & fit prévaloir l'élection du prince Clément de Bavière, concurrent du cardinal de *Furstemberg*. Comme cette opposition du pape tenoit à des intérêts politiques contraires à ceux de Louis XIV, ce fut une des causes du renouvellement de la guerre en 1688, le cardinal de *Furstemberg* mourut à Paris, à l'abbaye de Saint-Germain-des-Prés, le 10 avril 1704.

Il y dans la Westphalie une autre maison de *Furstemberg*, très-noble & très-ancienne. Une bulle de l'empereur Léopold, du 26 avril 1660, porte que l'origine de cette maison remonte jusqu'au temps de Charlemagne. Elle a produit des électeurs de Mayence, de Cologne, &c. un grand-maître de l'ordre de Livonie, dit des *Portes-Glaives*, & plusieurs chevaliers & commandeurs tant de cet ordre que de l'ordre teutonique, divers prélats d'un grand mérite, parmi lesquels on distingue sur-tout Ferdinand de *Furstemberg*, évêque de Paderborn & de Munster, né le 21 octobre 1626; mort le 26 juin 1683. Il avoit pris pour la devise de son administration, celle qui devroit l'être de toute administration : *fortiter & suaviter.* Il aimoit les savans & étoit savant lui-même, il protégeoit les lettres & les cultivoit. On a de lui : *monumenta Paderbornensia.* Il avoit aussi fait imprimer à Rome un recueil intitulé : *septem virorum illustrium poëmata* ; on y trouve ses propres poësies, on a de celles-ci une très-belle édition in-fol. que Louis XIV avoit fait faire à l'imprimerie royale, du vivant même de l'auteur, mais qui n'a pu paroître qu'en 1684, après la mort de ce prélat.

FUSTH. (*Voyez* FAUST.)

FUZELIER ou FUSELIER, (LOUIS) (*Hist. litt. mod.*) né à Paris; il fut rédacteur du mercure avec M. la Bruère, depuis le mois de novembre 1744, jusqu'au 19 septembre 1752, qu'il mourut âgé de quatre-vingts ans. Il composa, ou seul ou en société, une multitude de pièces pour tous les théâtres, même pour celui de la foire. On distingue de lui, à l'opéra : *les fêtes grecques & romaines ; les amours des dieux ; les indes galantes ; le carnaval du parnasse* ; *&c.* au théâtre françois, *Momus fabuliste*, pièce satyrique contre M. de la Motte, ou du moins contre ses fables.

GABINIUS, (AULUS), (*Hist. Romaine*) ayant été élu consul, fut chargé de pacifier la Judée que troubloit Alexandre, fils d'Aristobule, qui avoit envahi la dignité de grand pontife, qu'il fut contraint d'abdiquer en faveur d'Hircan protégé des Romains. *Gabinius*, étant ensuite nommé proconsul d'Asie, eut ordre de porter la guerre chez les Parthes : mais au lieu d'exécuter les décrets du sénat, il se servit de son armée pour rétablir Ptolomée Aulète sur le trône d'Egypte. C'étoit enfreindre les loix qui défendoient aux proconsuls de sortir de leurs provinces sans un ordre exprès du sénat : mais dans ce siècle vénal, l'argent assuroit l'impunité. L'avare *Gabinius*, appuyé du crédit de Pompée, n'écouta que sa cupidité qui lui conseilla de porter ses armes dans un pays opulent & fécond, plutôt que dans des déserts semés çà & là de hordes pauvres & vagabondes. Il vendit cher ses services. Le monarque lui promit, & à son collègue Antoine, trente millions. Il fallut épuiser l'Egypte pour fournir cette somme. Aulète rétabli, sur le trône, arrosa ce royaume du sang des plus vertueux citoyens : Les plus riches lui parurent les plus coupables, & sur des imputations chimériques il les fit mourir pour avoir droit de confisquer leurs biens, qui lui servirent à remplir l'engagement pris avec Antoine & *Gabinius*. Ce fut pendant leur séjour à Alexandrie qu'un chevalier romain tua un chat par méprise : le peuple superstitieux courut aux armes : l'autorité du proconsul ne put arrêter ce tumulte populaire, il fallut abandonner le meurtrier à la fureur de la multitude qui se fit un devoir sacré de le mettre en pièces comme un sacrilége. Le bruit des exactions de *Gabinius* parvint jusqu'à Rome où, par un reste de pudeur, le sénat crut devoir le rappeller pour se justifier. Cicéron qui, pendant son absence, avoit sollicité sa condamnation, eut la lâcheté à son retour de prostituer son génie à la défense de cet exacteur public. Ce fut par complaisance pour Pompée, protecteur déclaré de *Gabinius*; mais les armes de son éloquence ne purent le garantir de la flétrissure du bannissement : il se retira à Salone où, dévoré de remords & d'ennuis, il termina sa vie, l'an de Rome 714. (*T—N.*)

GABOR. (*Voyez* BETLEM.)

GABRIEL SIONITE. (*Voyez* l'article ECCHELLENSIS (ABRAHAM.)

GABRIELLE D'ESTRÉES, (*Voy.* ESTRÉES.)

GABRIELLE DE VERGY. (*Voyez* l'article COUCY.)

GABRINO. (*Voyez* RIENZI.)

GABRINO - FONDULO, (*Hist. d'Italie.*) tyran de Crémone, au commencement du quinzième siècle, parvint à se rendre le maître dans cette ville, par une suite de perfidies & de cruautés. Philippe Visconti, duc de Milan, lui fit trancher la tête. Le confesseur qui l'accompagnoit à la mort, l'exhortant au repentir de ses crimes, il lui avoua confidemment qu'il avoit un regret en mourant, c'étoit de n'avoir pas précipité du haut de la tour de Crémone, comme il en avoit été bien tenté, le pape Jean XXIII & l'empereur Sigismond, lorsqu'ils avoient eu la curiosité de monter avec lui au haut de cette tour, l'une des plus élevées qu'il y ait en Europe. *Quel beau coup c'eût été!* disoit-il, *il m'auroit immortalisé.*

GACON, (FRANÇOIS) mauvais poëte satyrique, qui a beaucoup & mal écrit contre Rousseau, Fontenelle & la Motte. Il étoit de ceux dont M. de Voltaire a dit :

> Ayant la rage, & non l'art de médire.

On connoît l'épigramme de Rousseau contre *Gacon* & contre un de ses prôneurs:

> Gacon, rimailleur subalterne, &c.

Les méchans sans esprit lisoient autrefois son *Poëte sans fard*, & ont donné pour un temps une sorte de célébrité à ce mauvais ouvrage. Sa traduction d'Anacréon en vers françois a eu aussi sa petite réputation éphémère. *Gacon* avoit été oratorien; il avoit quitté l'oratoire pour se livrer à la satyre, manie trop contraire à l'esprit de ce saint & sage institut. Il avoit fait contre M. de la Motte un ouvrage intitulé : *Homère vangé*; il espéroit s'attirer une réponse de M. de la Motte & s'illustrer par cette grande rivalité; M. de la Motte trompa son espérance, & ne répondit point. « Vous n'y gagnerez rien, lui dit *Gacon* irrité de ce mépris, je fais actuellement imprimer ma *réponse au silence de M. de la Motte.* » Cette idée valoit mieux que toutes ses satyres. *Gacon* avoit remporté en 1717, un prix à l'académie françoise, ce qui dans ce temps-là, ne signifioit quelquefois pas grand chose. *Gacon* reprit l'habit ecclésiastique; il eut le prieuré charmant de Baillon, près de l'abbaye de Royaumont. Il mourut en en 1725 ; âgé de cinquante-huit ans, dans ce séjour, retraite digne d'un sage & dont *Gacon* étoit peu digne.

GADARA. (*Milice des Turcs.*) Les Turcs appellent ainsi un sabre peu courbé, large & dont le dos est couvert de fer.

GAETAN, (SAINT) (*Hist. Ecclesiast.*) fondateur de l'ordre des théatins ainsi nommés de l'archevêque de Théate, Jean-Pierre Caraffe, depuis pape, sous le nom de Paul IV, qui prit part aussi à cette institution, & qui fut le premier supérieur des théatins. Saint *Gaëtan* fut le second. Les premiers vœux dans cet ordre furent prononcés, le 14 septembre 1524, dans l'eglise de S. Pierre au vatican. Clément VII approuva l'institution. Saint-*Gaëtan* mourut en 1547. Il étoit né à Vicence en 1480. Clément 10 le canonisa.

GAFFORIO (*Hist. de Corse.*) naquit en Corse, fit ses études en Italie, & revint dans son pays où il exerça la médecine avec autant de succès que de désintéressement. Doué de l'éloquence la plus séduisante, né avec une ame sensible & honnête & un esprit aussi élevé que son courage, comme il aima la paix, les sciences, les arts, il fut aussi l'amant de la liberté : les Corses le nommèrent leur général en 1743 ; mais il refusa ce titre, & ne voulut prendre que celui de protecteur de la patrie.

Deux traits de sa vie méritent d'être connus. Plusieurs corses, dans le dessein de l'assassiner, se mêlèrent à la foule d'un congrès qu'il avoit rassemblé. Leur usage étant alors de ne jamais quitter leur fusil, ils y assistoient avec les leurs, confondus dans la multitude armée comme eux. On instruisit *Gafforio* de leur complot ; ainsi que César, préférant de courir les risques de la mort à la honte de sembler la craindre, *Gafforio* marche au congrès & harangue le peuple : son éloquence amollit ses farouches assassins, les armes échappent à leurs mains, & ils avouèrent depuis l'indigne projet qu'ils avoient formé.

Gafforio faisoit le siége du château de Corté, & il habitoit lui-même cette ville. Les Génois, dans une sortie, surprirent & enlevèrent le fils unique de *Gafforio*, enfant de 14 mois, qu'ils conduisirent avec sa nourrice au château. A peine ils s'étoient rendus maîtres de cet enfant, qu'ils firent dire à *Gafforio*, que s'il continuoit de tirer sur le château, ils exposeroient son fils sur la brèche. *Gafforio* répondit qu'il ne discontinueroit point un siège qu'il étoit près de terminer à la gloire & à l'avantage de sa patrie, & ordonna de tirer. Les Génois eurent la cruauté d'exécuter leur horrible menace, l'enfant fut exposé, *Gafforio* désespéré, poussa le siége avec plus d'ardeur & prit le château où il retrouva son fils que ses coups n'avoient heureusement point atteint. Cette austère vertu que nous admirons dans les anciens Romains, ne sera-t-elle point admirée ici ? *Gafforio* n'égale-t-il pas Brutus, & ce qui fut sublime à Rome peut-il ne pas l'être à Corté ? Ce héros fut assassiné en 1753. On accusa les Génois de ce meurtre, & ils méritoient ce soupçon, puisqu'ils récompensèrent les assassins de ce vertueux citoyen.

Gafforio méritoit d'avoir pour femme une héroïne, & il la trouva.

Madame *Gafforio* réunissoit une ame, un courage & une force de corps rares parmi les femmes. Dans l'absence de son mari, les Génois veulent forcer son palais ; elle s'y barricade, pourvue de vivres & de munitions de guerre ; elle s'y défend : plusieurs des corses qu'elle y avoit renfermés avec elle, ayant été tués, les autres effrayés parlèrent de capituler ; madame *Gafforio*, indignée de leur lâcheté, prit un baril de poudre & une mèche enflammée & les porta dans une des salles basses & voûtées de son palais & fit dire à ses corses que s'ils cessoient de faire feu sur les Génois, elle alloit s'ensevelir avec eux sous ses ruines : connoissant son intrépidité ils ne songèrent plus à se rendre, & furent heureusement secourus par le général *Gafforio*. Le fils de ce général & de cette dame vit encore, & est aujourd'hui colonel du régiment provincial de Corse.

(*M.* DE POMMEREUL.)

GAGE, (THOMAS) (*Hist. mod.*) irlandois, jacobin en Espagne, missionnaire aux Indes, publia en 1651, en anglois, une relation alors curieuse d'un voyage aux Indes occidentales, Colbert la fit traduire en françois ; c'étoit la première description détaillée de ce pays.

GAGUIN, (ROBERT) (*Hist. litt. mod.*) général des mathurins, est connu principalement par une histoire de France en latin, & qui a été traduite en françois. Elle s'étend depuis Pharamond jusqu'à l'année 1499 ; elle est très-mauvaise pour tout ce qui concerne les temps anciens, mais on la consulte pour les évènemens dont l'auteur a été témoin & auxquels il a eu part. Ses autres ouvrages ne méritent pas qu'on s'en souvienne. Les rois Charles VIII & Louis XII l'employèrent en diverses négociations. Il mourut en 1501.

GAICHIES, (JEAN) (*Hist. litt. mod.*) oratorien, puis théologal de Soissons. Ne s'accordant pas pour la doctrine avec l'évêque de Soissons, Languet, il quitta cette ville, & revint à l'oratoire de la rue S. Honoré à Paris, où il mourut en 1731. L'abbé de Lavarde a publié ses œuvres en 1739. On y remarque sur-tout des *maximes sur le ministère de la chaire*, qui ont mérité d'être attribuées à Massillon.

GAILLARD (HONORÉ) (*Hist. litt. mod.*) jésuite, célèbre par la prédication. On n'a point ses sermons, on sait cependant qu'il avoit pris soin de les rassembler; mais on a de lui quelques oraisons funèbres, imprimées séparément. Né à Aix en 1641; mort à Paris en 1727.

GAL, (SAINT) (*Hist. ecclés.*) fondateur du monastère de son nom en Suisse, en fut le premier abbé en 614. Il mourut vers l'an 646; il étoit d'Irlande & disciple de S. Colomban.

Un autre Saint *Gal* avoit été évêque de Clermont, & étoit mort vers l'an 552.

GALAS, (MATTHIEU) (*Hist. mod.*) un des généraux des empereurs Ferdinand II & Ferdinand III dans la guerre de trente ans, élève du comte de Tilly. Il eut peu de succès dans le commandement des armées, le général Banier en dit la raison. (*Voyez* l'article BANIER.) En 1635, il prit Keiserloutre sur les Suédois: en 1636, il inspira beaucoup de terreur, lorsqu'on le vit entrer avec le duc de Lorraine en Bourgogne, dans le même temps où du côté du Nord les Espagnols prenoient Corbie. Il assiégea Saint-Jean-de-Lône: ce siége offre un des plus beaux monumens du courage & du patriotisme françois. Le général *Galas* avoit une armée de quatre-vingt mille hommes; la place étoit presque sans fortifications; la famine & la peste y étaloient leurs ravages; la garnison étoit réduite à cent-cinquante hommes; le nombre des habitans en état de porter les armes, n'etoit pas beaucoup plus grand; le commandant de la place étoit attaqué de la peste; son lieutenant n'étoit propre qu'à décourager la garnison par sa timidité, il étoit même suspect d'intelligence avec l'ennemi; mais les bourgeois, & parmi eux les vieillards, les enfans & les femmes mêmes, donnèrent l'exemple d'une constance si héroïque, qu'il fallut bien que la garnison s'empressât à l'imiter & à la seconder. Le prince de Condé (père du grand Condé), grace à cette constance, eut le temps d'envoyer au secours de la place, le comte de Rantzau, qui fut depuis, le célèbre maréchal de Rantzau; & le siége fut levé le 3 novembre. La veille, les habitans, qui avoient déjà soutenu un assaut, & qui voyoient qu'on préparoit tout pour un second, s'étoient assemblés, & par une délibération commune & unanime, qui existe, ils déclarèrent vouloir tous mourir pour la défense de la place; « même sont résolus, ce sont leurs termes, en cas que par malheur » ils vinssent à être forcés, de mettre le feu dans » leurs maisons & aux poudres & munitions de » guerre, étant en la maison-de-ville, afin que » les ennemis ne recouvrent aucun avantage, » & ensuite de ce, tous mourir l'épée à la main; » & à toute extrémité, & où il y auroit moyen » de retraite, de le faire sur le pont de Saône, » & jetter, en sortant, une arcade d'icelui dans » l'eau, afin d'avoir moyen de se retirer en sû» reté. » L'assemblée se tenoit au corps-de-garde de la porte de Saône, & on porta l'acte à signer sur la brèche à tous ceux qui la gardoient. Parmi les défenseurs de Saint-Jean-de-Lône étoient le baron Desbarres & Trémont son fils, gentilshommes du voisinage, qui étoient venus s'enfermer dans la place, résolus de périr avec les habitans.

En 1645, le général *Galas*, joint avec l'archiduc Léopold, frère de Ferdinand III & avec Jean de Vert, eut l'honneur de faire lever le siége d'Hailbron à M. de Turenne & au maréchal de Grammont, pendant l'absence & la maladie du duc d'Enguien (le grand Condé), à la personne duquel seul la fortune des armes de la France sembloit alors attachée. Les Impériaux reprirent dans cette campagne tout ce qui leur avoit été enlevé entre le Neckre & le Danube.

Galas mourut à Vienne en Autriche, en 1647, il étoit né à Trente, en 1589.

GALBA, (SERGIUS) (*Hist. rom.*) successeur de Néron, étoit de l'illustre famille des Sulpicius, qui avoient la chimère de prétendre être issus de Jupiter & de Pasiphaé. Il naquit dans un village près de Terracine, où il passa sa jeunesse dans l'étude de la jurisprudence. Sa femme Lepide fixa toute sa tendresse, & il sut résister aux caresses d'Agrippine qui le sollicitoit au divorce pour le faire passer dans son lit. Fidèle à son premier amour, il vécut dans le célibat après la mort de sa femme dont il avoit eu deux enfans. Sa modération le mit à l'abri des orages qui, dans ces temps de troubles, renversoient la fortune des principaux citoyens. Il fut redevable de sa tranquillité au crédit de Livie, qui, en mourant, lui légua douze cents cinquante mille écus: mais ce don fut annullé par Tibère. Ayant été élu préteur avant l'âge, il célébra en l'honneur de Flore des jeux où l'on vit des éléphans danser sur la corde. Après avoir été consul & gouverneur d'Aquitaine, il fut envoyé par les légions pour rétablir l'ancienne discipline. Sa sévérité imposante réprima la licence sans trouver de rebelles. Après la mort de Caligula il parut vouloir mener une vie privée, mais Claudius qui l'aimoit, le mit à la tête de la cohorte qui veilloit à sa garde. L'Afrique étoit alors agitée de dissentions civiles, il fut choisi pour y rétablir le calme. La sagesse de son administration lui mérita les honneurs du triomphe, & la dignité sacerdotale: dans les premières années du règne de Néron, il s'éloigna des affaires pour vivre dans la retraite; mais on l'arracha à son loisir pour l'envoyer commander en Espagne, où Vindex le sollicita d'adhérer à la rebellion qu'il avoit excitée dans les

Gaules. Les crimes de Néron ayant soulevé le peuple & l'armée, *Galba* fut proclamé empereur par les légions d'Espagne : mais il ne prit que le titre de lieutenant du sénat & du peuple, jusqu'à la mort de Néron qui fut le dernier de la famille d'Auguste. Le sénat & les chevaliers, satisfaits d'être délivrés de leur tyran, ne contestèrent point aux légions le droit d'élire l'empereur, & leur choix fut confirmé. *Galba* démentit bientôt l'idée qu'on avoit conçue de sa capacité. Sa vieillesse & son avarice le firent tomber dans le mépris. On ne vit plus qu'un vieillard languissant qui s'abandonnoit aux conseils pervers de ses favoris. Il avoit été jusqu'alors sévère ; il se montra cruel en faisant mourir un consulaire, & un consul désigné, sans leur permettre de se justifier. Les soldats de l'armée navale furent décimés ; Rome fut remplie de gens de guerre, qui, n'ayant ni chef, ni paye, y vivoient de leur brigandage. Les troupes, qui aimoient autant les vices des empereurs, qu'elles avoient autrefois aimé leurs vertus, avoient oublié l'ancienne discipline que *Galba* se proposoit de rétablir. Le mécontentement fut général, & sur-tout dans la basse-Allemagne, où Vitellius fut envoyé pour en pacifier les troubles. *Galba* crut devoir se ménager un appui en désignant son successeur. Son choix tomba sur Pison qui comptoit parmi ses ancêtres Crassus & Pompée. Othon, qui avoit passé sa jeunesse à la cour de Néron, dont il avoit partagé les débauches, ne put souffrir qu'un autre lui eût été préféré. Son esprit étoit aussi vigoureux que son corps étoit efféminé. Son ambition étoit allumée par les prédictions des astrologues qui lui promettoient l'empire. Il commença par se concilier l'affection des gens de guerre par ses manières simples & populaires ; il caressoit les vieux soldats, les appelloit ses camarades, & les aidoit de sa bourse & de son crédit. Chaque fois qu'il régaloit *Galba*, il faisoit un présent de cent sesterces à la cohorte qui étoit de garde à sa porte. Ces largesses rendoient plus sensibles l'avarice de *Galba*, qui avoit coutume de dire qu'il n'avoit point acheté l'empire. L'esprit de révolte se communiqua aux légions, & aux troupes auxiliaires qui étoient encouragées par la rebellion de l'armée d'Allemagne. Vingt-trois prétoriens rencontrent Othon dans les rues de Rome, & le proclament empereur. Leur nombre grossit dans leur marche ; ils le conduisent au camp, où tous les soldats l'environnent, & le place au milieu des étendards. Chacun lui jure de verser son sang pour sa défense. *Galba*, instruit de ce tumulte, se rend dans la place publique avec Pison qu'il venoit d'adopter ; il voit des gens qui le plaignent, & ne voit personne qui s'offre à le venger. Othon profite de la première chaleur de ses partisans, s'avance à la tête de la cavalerie dans la place publique, d'où il écarte le peuple & les sénateurs. Un enseigne de cohorte foule aux pieds l'image de *Galba*, que ses porteurs, en fuyant, renversent dans la boue. Alors se voyant entouré d'assassins, il s'écrie : *Frappez, si l'intérêt de la république le demande.* Julius-Carus, soldat légionaire, lui enfonce son épée dans le corps devant le temple de César. Ainsi finit *Galba*, âgé de soixante & treize ans. Il avoit vécu avec gloire sous cinq empereurs, & avoit été plus heureux sous l'empire des autres que sous le sien. Il fut plutôt sans vices que vertueux. Bon maître, ami fidèle, il craignoit de découvrir les coupables pour n'avoir point à les punir. Quoiqu'il n'aimât point l'éclat & le bruit, il étoit extrêmement jaloux de sa réputation. Satisfait de ce qu'il possédoit, il ne convoitoit point le bien d'autrui ; mais il étoit économe du sien, & avare de celui du public. On prit pour sagesse ce qui n'étoit en lui qu'une froide indifférence. Il signala sa jeunesse dans les guerres d'Allemagne, & fit paroître beaucoup de modération & de capacité dans son gouvernement d'Afrique & d'Espagne : enfin, tant qu'il ne fut qu'homme privé, il parut digne de l'empire. (*T-N.*)

GALE, (THOMAS) (*Hist. litt. mod.*) savant anglois, auteur de livres d'érudition fort estimés, dont voici les principaux.

Historiæ poeticæ antiqui scriptores.
Historiæ Britannicæ, Saxonicæ & Anglo-Danicæ scriptores quindecim.
Rhetores selecti.
Jamblicus de mysteriis Egyptiorum, &c.
Opuscula mythologica, ethica & physica.

Thomas *Gale* a donné aussi une savante édition de l'itinéraire d'Antonin. Il étoit de la société royale de Londres, & fut doyen d'Yorck en 1697. Il mourut en 1709.

GALEN, (JEAN VAN) (*Hist. de Hollande.*) capitaine fameux au service des Provinces-Unies, fut d'abord matelot, & parvint rapidement aux premiers honneurs de la marine militaire. Dans un combat de mer, livré devant Livourne en 1652, il fut blessé à la jambe, il continua de combattre ; il fallut la lui couper, & il mourut neuf jours après, à Livourne, des suites de cette opération.

Un autre *Galen*, (Christophe-Bernard) évêque de Munster, avoit la valeur & la cruauté d'un soldat qui ne sait être que soldat ; il se fit en quelque sorte le tyran de la ville dont il étoit évêque, en y faisant construire une citadelle pour la soumettre : il servit les Anglois contre les Hollandois dans la guerre qui finit en 1666, par la médiation de Louis XIV. Dans la guerre de 1672, il étoit uni avec les François contre les Hollandois, qui lui retenoient un domaine qu'il réclamoit. Il mourut en 1678. On a écrit sa vie, honneur plus souvent accordé que mérité.

GALÉRIUS. *Voyez* les articles CONSTANCE-CHLORE, DIOCLÉTIEN & NARSÈS.

Il est dit dans l'article de Dioclétien, qui est de M. Turpin, que Constance-Chlore épousa la fille de Dioclétien, & *Galérius* celle de Maximien; c'est une erreur. *Galérius* épousa Valérie, fille de Dioclétien, & Constance-Chlore épousa Théodora, belle-fille de Maximien. *Galérius*, dont il s'agit ici, est nommé dans les médailles *C. Galérius Valérius Maximianus*; il commença par garder les troupeaux dans sa jeunesse, & il en conserva toute sa vie le surnom d'*Armentarius*. Comme il avoit passé successivement par tous les grades de la milice, il entendoit la guerre. Il la fit aux Perses, d'abord avec quelques revers, ensuite avec un plein succès. S'il ne fit point leur roi Narsès prisonnier, (*Voyez* l'article NARSÈS) toute la famille de ce roi, ses femmes, ses filles, ses sœurs tombèrent entre les mains de *Galérius*, qui suivit à leur égard l'exemple de modération & de respect pour le malheur, donné autrefois par Alexandre à l'égard de la femme & des filles de Darius. Ammien Marcellin rapporte qu'un soldat de l'armée de *Galérius*, ayant trouvé dans cette expédition contre les Perses une bourse pleine de perles, jetta les perles comme inutiles, & garda précieusement la bourse qui étoit de cuir. En devenant heureux, *Galérius* devint méchant & ingrat; c'est à lui principalement qu'on attribue la persécution de Dioclétien contre les Chrétiens. Bientôt il s'ennuya de n'être que César, & força Dioclétien & Maximien d'abdiquer. Son gouvernement fut tyrannique & cruel. Ce furent ses violences, qui, en le rendant odieux, déterminèrent Maxence à prendre la pourpre, & Maximien à la reprendre. (*Voyez* les articles MAXENCE & MAXIMIEN.) *Galérius* mourut d'une maladie douloureuse & honteuse, fruit de ses débauches; Eusèbe & Lactance en ont fait une description horrible. Les maux qu'il souffroit lui inspirèrent des remords sur ceux qu'il avoit fait souffrir aux Chrétiens; il fit cesser la persécution, il mourut au mois de mai 311, dans la Dace où il étoit né.

GALIEN, (CLAUDE) (*Hist. litt. anc.*) médecin célèbre & qu'on nomme le second père de la médecine, naquit vers l'an 131 de notre ère, sous l'empire d'Adrien, à Bergame; son père, nommé Nicon, étoit un architecte habile de la même ville. *Galien* fut le médecin des empereurs Vérus & Marc-Aurèle; ce dernier sur-tout avoit en lui la plus grande confiance; c'étoit *Galien* qui préparoit la thériaque, dont cet empereur faisoit un usage continuel, auquel il se croyoit redevable de ce qu'il conservoit de santé. Après la mort de Marc-Aurèle, *Galien* retourna dans son pays, où les uns disent qu'il vécut jusques dans l'extrême vieillesse, les autres qu'il mourut à soixante & dix ans. Il nous apprend qu'il avoit composé jusqu'à deux cents volumes; ils furent brûlés dans l'embrasement du temple de la Paix; il reste encore de lui un grand nombre de traités, dont les éditions les plus estimées sont celles de Basle en 1538, & de Venise en 1625. Il étoit très-sobre & recommandoit, sur toutes choses, la sobriété; c'est de lui que vient la maxime de *rester sur son appétit en sortant de table*. On assure qu'il fut obligé de sortir de Rome, parce que des cures qui parurent miraculeuses le firent soupçonner de Magie; car l'ignorance n'a jamais servi qu'à persécuter la science & à retarder les progrès de toute connoissance utile. Le nom de *Galien* est pour ainsi dire celui de la médecine, on appelle *Galénistes*, les médecins qui suivent sa méthode.

Un docteur Galénique

Fut appellé.

Dit Rousseau.

C'est Leclerc, qui dans son histoire de la médecine, a le mieux fait connoître la personne & les écrits de *Galien*.

GALIGAI, (ELÉONORE) *Voy.* l'art. CONCINI.

GALILEE (*Hist. litt. mod.*) On lit dans la préface des mémoiresde l'académie de Dijon, un jugement très-avantageux, porté sur les découvertes & sur le mérite de *Galilée*. On y lit aussi que pendant que François Bacon indiquoit en Angleterre le chemin de la vérité, *Galilée* en Italie y marchoit déjà à grands pas; que ce même *Galilée* fut assez clairvoyant pour déconvrir les loix de la chûte des corps pesans; loix qui, depuis, généralisées par Newton, nous ont expliqué le grand systême de l'univers; qu'il acquit par ses instrumens merveilleux un nouveau monde à la philosophie; que le ciel à ses yeux sembla s'accroître, & la terre se peupler de nouveaux habitans; que *Galilée*, non content de la simple gloire d'avoir fait de nouvelles découvertes, y joignit celle d'en tirer les plus grands avantages pour le genre humain, & qu'après avoir observé pendant vingt-sept ans les satellites de Jupiter, il fit servir les tables de leurs mouvemens à déterminer les longitudes, & à perfectionner la géographie & la marine; que ses expériences sur la pesanteur de l'air firent naître une physique toute nouvelle, qui conduisit Toricelli à expliquer la pression de l'atmosphère, & la suspension du mercure dans les baromètres; que ses observations sur le mouvement du pendule, mirent les astronomes & les physiciens en état de mesurer le temps avec précision, de fixer la variation des poids dans les climats différens, & de déduire la vraie figure de la terre; & on conclut que *Galilée* a beaucoup découvert, & a acquis des droits évidens sur les découvertes des autres.

A ce que les académiciens de Dijon en ont dit, on peut joindre le témoignage de beaucoup de nos auteurs italiens, qui ont fait les plus grands éloges de *Galilée*. En Hollande, Hugues Grotius dit que ses ouvrages surpassent les forces humaines; Huyghens l'appelle *un très-grand homme;* Leibnitz, en Allemagne, & Jean Bernoulli le reconnurent *pour le plus clair-voyant de son temps;* & Kepler écrit qu'il montoit *sur les plus hautes murailles de l'univers*, & qu'il découvroit tout, depuis le commencement d'une chose jusqu'à la fin. Newton, en Angleterre, cita plusieurs fois les théorêmes & les découvertes de *Galilée*. Keill a écrit aussi que *Galilée*, avec le secours de la géométrie, pénétra les secrets les plus cachés de la nature, & créa une nouvelle connoissance du mouvement; & Maclaurin exalta beaucoup les services qu'il nous a rendus par le secours du télescope, & la manière claire & géométrique avec laquelle il nous a expliqué la théorie des corps pesans qui tombent, ou qui sont jettés en quelque direction que ce soit. David Hume, dans son appendix à l'histoire de Jacques I, fait un parallèle des plus exacts entre François Bacon & *Galilée*. Il dit que Bacon étoit inférieur à *Galilée*, son contemporain, & peut-être à Kepler; que Bacon avoit seulement montré la route où *Galilée* marchoit à grands pas; que le premier ne savoit pas la géométrie; que le second la possédoit parfaitement, ainsi que la philosophie naturelle; que le premier méprisoit le système de Copernic, que le second avoit établi par des preuves tirées de la raison & du bon sens; que le style du premier étoit dur, & celui du second agréable & brillant, quoique quelquefois prolixe. L'historien Anglois dit fort agréablement que l'Italie ne fit pas peut-être de *Galilée* le cas qu'il méritoit, à cause de la quantité d'hommes illustres qui y fleurissoient alors.

Galileo Galilei naquit à Pise en 1564, & y fut fait lecteur de mathématiques en 1589; trois ans après il le fut à Padoue: en 1610 il fut fait mathématicien du grand-duc Ferdinand II, & retourna en Toscane, où il mourut en 1640 dans la ville d'Accetri, près de Florence: il naquit l'année où mourut à Rome Michel-Ange Buonarotti; & mourut l'année que naquit en Angleterre Isaac Newton. En 1583, comme l'atteste Magalotti dans ses *Essais sur l'académie del Cimento*, & Viviani dans sa *Vie*, étant assis dans la chaire primatiale à Pise, il observa qu'une lampe mise en mouvement faisoit ses vibrations dans des temps sensiblement égaux, quoique les arcs qu'elles décrivoient fussent sensiblement inégaux entr'eux. Cette importante observation fut poussée si loin par *Galilée*, qu'il imagina de se servir d'un pendule pour mesurer exactement le temps, & l'appliqua dans sa vieillesse à l'horloge. Becker, dans une dissertation sur la mesure du temps, atteste avoir entendu dire au comte Magalotti, que *Galilée* fit faire à Florence, par Marc-Treffler, horloger du grand-Duc, la première horloge à pendule; quoique le même Magalotti, dans ses *Essais sur l'académie del Cimento*, dise qu'il est vrai que ce fut *Galilée* qui imagina l'application du pendule à une horloge; mais que ce fut son fils Vincent qui, en 1649, la mit en pratique. Nous avons cependant les lettres de *Galilée* à Beaugrand, & celles de Realio & d'Hortensius, qui, avec ce que dit Viviani, font croire indubitablement que ce fut lui qui ajouta le pendule à l'horloge. Elie Diodati, en 1637, envoya au père du célèbre Huyghens la description de l'horloge à pendule faite par *Galilée*. Becker ajoute qu'on en envoya un modèle en Hollande. Tout ceci suffit pour répondre à Huyghens, à Musschembroeck, & à beaucoup d'autres qui voudroient enlever à l'Italie la gloire de cette belle invention. Huyghens inventa un pendule qui faisoit ses vibrations dans les arcs d'une cycloïde. L'invention est très-ingénieuse, & la théorie géométrique que l'inventeur en donna, est une des plus belles productions de la géométrie; mais pour ce qui regarde la commodité de la pratique, le pendule cycloïdal fut bientôt abandonné, & nous nous servons présentement de pendules qui se meuvent en petits arcs circulaires, comme *Galilée* l'avoit inventé d'abord.

Quand il fut lecteur à Pise, il commença diverses expériences publiques sur la chûte des corps pesans, & fit voir à tout le monde que les bois, les métaux & les autres corps, quoiqu'ils fussent de pesanteurs différentes, tomboient dans le même espace de temps, & avec une égale vitesse, de la même hauteur. Il tira delà l'important théorême, que la gravité absolue des corps est proportionnelle à la quantité de leur matière. L'année 1597, il inventa à Padoue son compas de proportion, qui est & sera toujours un instrument fort utile. Il fut le premier qui inventa le thermomètre, & la manière d'augmenter cent quatre-vingt fois la force de l'aimant; &, ayant entendu dire, en 1609, qu'un hollandois avoit fait une lunette qui rapprochoit les objets, il en devina tout de suite la construction, & en fit une pareille le jour suivant; & six jours après il en porta une à Venise qui agrandissoit trente-trois fois le diamètre des objets. Il fait voir lui-même dans son essai par quels raisonnemens simples, ou pour mieux dire, par quelle expérience facile il y étoit parvenu. Il connut aisément que les objets ne pouvoient pas s'agrandir, ni s'éclaircir avec un ou plusieurs verres plans, ni avec une lentille concave qui les rapetisse, ni avec une lentille convexe qui les grossit & qui les confond. *Il se borna à éprouver ce que produiroit un verre convexe & un verre concave, & il vit que l'effet répondoit à son idée.* On a fait depuis des lunettes qui grossissoient davantage, & embrassoient un champ plus vaste avec deux lentilles convexes, & d'autres combinaisons de verres; mais il n'y a pas un mot à redire à la théorie de *Galilée*.

Plusieurs auteurs ont trouvé les traces de cette découverte dans les *œuvres de* Roger Bacon &

de Jean-Baptiste Porta, & leur ont attribué l'invention du télescope. Mais le célèbre Robert Smith, dans son *traité de l'optique*, après avoir examiné tous les fragmens de Roger Bacon, a fait voir que cet homme que M. de Voltaire avoit déjà appellé un *or encroûté de toutes les ordures de son siècle*, n'avoit non-seulement pas l'idée du télescope, mais ignoroit même les effets de chaque lentille prise séparément; & M. de la Hire, dans les *Mémoires de l'académie de Paris*, en 1717, a prouvé que Porta dans cette partie spécieuse de sa *magie naturelle* ne parloit pas d'autre chose que d'une simple lunette, dans laquelle il avoit tellement combiné un verre convexe avec un concave, qu'ils aidoient la vue de ceux *qui ne voyoient plus que confusément*. M de Montucla, toujours fort bon juge & apologiste des inventions italiennes, est du même sentiment, & dit dans son *Histoire des mathématiques*, qu'avant le temps de *Galilée*, on ne connoissoit pas le télescope. *Galilée* s'appliqua toujours à le perfectionner, tellement qu'il en inventa un, moyennant lequel on pouvoit regarder avec les deux yeux; il l'envoya en 1618 à l'Archiduc d'Autriche Léopold: il est fort étonnant que Rhéita, dans un livre imprimé en 1645, ait voulu en paroître l'inventeur.

On en doit estimer plus l'usage, que l'invention. La lunette en Hollande, fut comme l'aimant à la Chine, un objet de simple curiosité. *Galilée*, dans la même année 1609, regardant avec la lunette la lune, observa que les progrès de la lumière après la nouvelle lune, étoient irréguliers, quelques traits de lumière s'élançant successivement du fond encore obscur. N'étant point asservi aux préjugés des anciennes écoles, il connut tout de suite que la lune étoit semblable à notre globe, & comme lui couverte de vallées & de montagnes encore plus hautes que les nôtres. *Galilée*, dans son premier *Dialogue sur le système du monde*, expliqua fort bien la ressemblance qui est entre ces deux planètes: elle fut (cette ressemblance) portée plus loin par d'autres auteurs, qui reconnurent autour de la lune divers indices d'une atmosphère plus raréfiée & plus variable que la nôtre, & voulurent ainsi expliquer le cercle qui entoure la lune dans les temps des éclipses de soleil, & les variations que MM. de Mairan, Cassini, de la Hire, Maraldi, Kirk & de l'Isle, ont observées plusieurs fois dans les planètes & les étoiles fixes, voisines du disque lunaire; & *Galilée*, d'après la découverte de la lunette, continua toujours ses observations sur la lune; car peu d'années avant que de perdre la vue, comme le dit Viviani, il découvrit la libération du corps lunaire par les observations qu'il fit de la même tache *Grimaldi* & de *mare Crisium*, qui occupa tant ensuite Grimaldi, Hevelius & Bouillaud. L'observation est décrite dans le dialogue que nous avons cité, où il semble encore qu'au numéro 59 soit prévenue la conjecture de Newton sur la cause pour laquelle la lune tourne toujours le même côté vers la terre. On y lit qu'il est *manifeste que la lune, comme attirée par une vertu magnétique, tourne toujours le même côté vers le globe terrestre, & ne change jamais*.

Le ciel entier sembloit offrir à *Galilée* de nouveaux phénomènes; la voix lactée lui parut formée d'une quantité innombrable de très-petites étoiles: il en compta plus de quarante dans le seul grouppe des pleïades, & plus de cinq cents dans la constellation d'orion; la seule nébuleuse d'orion lui parut composée de vingt-deux étoiles fort petites, & très-près les unes des autres; celle du cancer d'environ quarante. Il vit aussi les quatre satellites de jupiter, découvrit les taches du soleil, les phases de vénus & de mars: il observa certaines apparences dans saturne, qui furent ensuite considérées plus au long par Huyghens, qui les a expliquées par l'hypothèse d'un anneau. *Galilée* porta au plus haut degré de perfection ses observations sur jupiter. Après un travail de trois ans, il commença la théorie des satellites, & jusqu'au commencement de 1613, il osa prédire toutes leurs configurations pendant deux mois consécutifs. Il imagina ensuite d'en faire usage pour le problême des longitudes; & en 1636, par le moyen de Hugues Grotius, il offrit aux états de Hollande de s'y appliquer entiérement: les états acceptèrent volontiers sa demande, destinèrent à *Galilée* une chaîne d'or, & députèrent quatre commissaires pour conférer avec lui. Martin Hortensius, un d'eux, se transporta en Toscane peu de temps avant que *Galilée* perdît la vue. *Galilée*, après ce malheur, communiqua ses observations & ses écrits à Renieri, qui fut ensuite mathémathicien à Pise, & qui fut chargé par le grand duc d'étendre les tables & les éphémérides des satellites de jupiter. Renieri les étendit véritablement, & les montra au grand duc & à beaucoup d'autres, comme Viviani l'assure. Il étoit en 1648 sur le point de les publier, lorsqu'il perdit la vie par une maladie subite. Je ne sais par quel accident on a perdu ses papiers, & ceux qu'il avoit eus de *Galilée*.

Les phases de vénus prouvèrent ce que des astronomes anciens avoient seulement supposé, que vénus ne se mouvoit point autour de la terre, mais autour du soleil. Copernic embrassa cette hypothèse, & ajouta encore qu'il étoit nécessaire que les phases de vénus ressemblassent à celles de la lune. La lunette de *Galilée* fit voir la ressemblance des phases de vénus; & quelques inégalités de mars; phénomènes qui prouvent évidemment le mouvement de vénus & de mars autour du soleil, & d'où l'on peut croire que les autres planètes principales se meuvent également autour du soleil. Quelle auroit été la joie de Copernic, s'il avoit pu alléguer de pareilles preuves en sa faveur, comme l'a très-bien observé M. de Montucla? *Galilée* a beaucoup contribué par ses

Dialogues sur le systême du monde, au triomphe qu'a remporté depuis le systême de l'illustre prussien, & qui fut si funeste à notre italien. Dans le second dialogue, les phénomènes terrestres sont si bien expliqués, & dans le troisième, tous les célestes; la simplicité de l'hypothèse de Copernic est si bien relevée, & les inconvéniens des autres hypothèses de Ptolomée & de Tychobrahé expliqués si clairement, que l'on commença par ses dialogues à connoître le mouvement de la terre avec autant de certitude qu'il peut y en avoir dans les matières physiques, même avant que Bradley, en Angleterre, eût découvert l'aberration de la lumière, vérifiée en Italie par Eustache Manfredi qui vivra toujours dans l'histoire & dans les fastes de l'astronomie.

Galilée, avant que de partir de Padoue, avoit découvert les taches du soleil; & étant à Rome au mois d'avril 1611, il les avoit fait voir à plusieurs personnes distinguées qui l'attestèrent. Les premières observations de Scheiner furent postérieures de six mois: il les publia ensuite en 1612, sous le titre *Apelles post tabulam*, avec trois lettres adressées à Velser. *Galilée* répondit aussitôt, & s'assura l'honneur d'avoir découvert le premier ces taches. Il fit même voir que le feint Apelle en avoit donné une théorie toute opposée, en assurant que ces taches se mouvoient d'orient en occident, & qu'elles déclinoient vers le midi, tandis que réellement elles se meuvent d'occident en orient & qu'elles déclinent vers le nord; peut-être que l'Apelle, attaché à l'ancienne opinion de l'incorruptibilité des cieux, pensa que ces taches étoient des planètes. Pour *Galilée*, qui étoit un homme au-dessus de tout préjugé, il dit dans ses premières lettres à Velser, que ces taches étoient des matières très-proches de la superficie du soleil, qui se rassembloient & se dissipoient, & en produisoient de nouvelles, à la ressemblance des vapeurs de notre Atmosphère; & il jugea, par le mouvement de ces taches, que le soleil tourne autour de lui-même, environ dans l'espace d'un mois lunaire. M. de Montucla a laissé à *Galilée*, l'honneur d'avoir, quoique le premier, parlé plus judicieusement que les autres sur ces taches.

Ce fut l'année 1612, que *Galilée* commença à publier ses découvertes sur les taches du soleil, dans l'ouvrage sur les corps qui surnagent sur un fluide, ou qui s'y meuvent. Il rétablit par ce discours la doctrine hydrostatique d'Archimède, & démontra que l'immersion des solides dans un fluide, ou leur supernatation ne dépend point du tout de la configuration de ces solides, mais de leur gravité spécifique. Dans l'ouvrage intitulé *saggiatore* ou *le sondeur*, que le comte Algarotti reconnoît pour le meilleur ouvrage polémique dont l'Italie puisse se vanter; dans cet ouvrage, dis-je, il est formellement établi pour maxime que les qualités sensibles, comme la couleur & le goût, ne résident point proprement dans ces corps, mais en nous-mêmes; maxime que l'on devoit plutôt attribuer aux anciens philosophes, qu'à Descartes. Ainsi *Galilée* fixa les principes de l'hydrostatique & de la physique: il créa le premier la méchanique. Dès l'année 1602, il écrivoit au marquis Del Monte, qu'il avoit observé que les vibrations des corps mobiles attachés à des fils de différentes longueurs, se font en des temps qui sont entr'eux, comme les racines de leurs longueurs. Il annonça dans une lettre écrite de Padoue, en 1604, le théorême que les espaces que des corps pesans parcourent en tombant, sont comme les quarrés des temps, & que cependant les espaces qu'ils parcourent en temps égaux, sont comme 1, 3, 5, 7, &c. La première édition de ses dialogues sur la méchanique, parut dans la même année 1638, que le traité du mouvement de Baliani; mais les écrits & les découvertes de *Galilée* sur les méchaniques s'étoient bien avant ce temps répandues en deçà des monts; & il n'est pas vraisemblable que Descartes, & encore moins Baliani, en ayent trouvé plusieurs sans avoir lu *Galilée*.

Parmi les principales découvertes qui se trouvent dans son dialogue de la méchanique, je compte en premier lieu, le principe de la composition & de la résolution du mouvement, que *Galilée* a expressément enseigné dans le théorême second du mouvement des projectiles, & dans la note du théorême second du mouvement accéléré. Je compte en second lieu les loix du mouvement uniforme & du mouvement accéléré, d'où résultent les formules si connues, communément appellées *les formules de Galilée*: 1°. que la forme multipliée par l'élément du temps, est égale à l'élément de la vîtesse; 2°. que la force multipliée par l'élément de l'espace, est égale à l'élément de la vîtesse multipliée par toute la vîtesse. *Galilée* considéra ces deux formules dans le cas de la force constante, & Newton les étendit ensuite également à toutes les hypothèses de la force variable. Mais tout ce qui s'est fait depuis dans les méchaniques, dépend entiérement de ces deux formules, & du principe de la composition & de la résolution du mouvement. Le traité du mouvement sur les plans inclinés & dans les cordes des arcs circulaires, est plein d'élégance géométrique; & on sera toujours étonné qu'un homme seul soit arrivé à ce point sans le secours de l'algèbre. Les problêmes dans lesquels on cherche l'inclinaison des plans, par laquelle un corps peut passer le plus vîte, ou d'un point donné à une ligne horizontale donnée de position, ou d'une ligne horizontale à un point donné; ces problêmes, dis-je, sont de la plus grande finesse.

Galilée a merveilleusement traité dans son quatrième dialogue la balistique qui étoit totalement ignorée avant lui; car Cardan & Tartaglia soupçonnèrent seulement que les projectiles lancés se meuvent dans une ligne composée d'une ligne droite & d'un arc circulaire. *Galilée*, avec le principe de la composition du mouvement, démontra non-seulement que les projectiles lancés décrivent une parabole, mais enseigna même tout ce qui appartient à l'étendue du jet, portée, hauteur & direction; car de deux de ces quantités, on peut toujours tirer les deux autres. Enfin, dans le second dialogue il jetta encore les principes de toute la doctrine de la résistance des solides, qui fut ensuite poussée si loin par Viviani & par Grandi.

Galilée, dans son premier & troisième dialogue, en traitant du cylindre creusé dans une hémisphère, & des espaces parcourus dans le mouvement accéléré, nous a laissé les traces de la méthode des indivisibles, en considérant les solides comme composés d'une infinité de plans, & les plans d'une infinité de lignes. Mais la vérité nous oblige ici d'observer 1°. que Kepler avoit déjà dans sa *stéréometrie* introduit l'infini dans les mathématiques, & fournit l'idée des indivisibles; 2°. que Cavalieri employa avec beaucoup de précaution ces mêmes phrases métaphysiques, comme il paroît, par la préface du *livre VII* de sa *géométrie*, & comme a observé Maclaurin; 3°. que quoique *Galilée* eût dessein de composer un *Traité géométrique* sur les indivisibles, il n'eut aucune part au grand ouvrage de Cavalieri. On pourroit joindre à tant de preuves qu'on en a, celle d'une lettre que Cavalieri écrivit à *Galilée*, le 21 mars 1616, qui est une preuve incontestable que le premier avoit terminé cet ouvrage avant que le dernier eût seulement commencé le sien. *Pour ce qui est de l'ouvrage sur les indivisibles*, dit-il, *je serois charmé que vous vous y appliquassiez au plutôt, afin que je puisse expédier le mien, auquel je retoucherai en attendant*, &c. Cavalieri publia son ouvrage trois ans après, & il fut la base principale du calcul différentiel & intégral.

Mais pour revenir aux dialogues, dans la première édition & dans le troisième de ces dialogues, *Galilée* donna comme un axiome, qu'un corps mobile passant d'un point donné par un plan incliné quelconque à une ligne horizontale donnée, y arrive toujours avec la même vîtesse. Viviani fut le premier à lui faire voir que ce principe a besoin de quelque démonstration; & *Galilée*, quoiqu'aveugle, la trouva sur le champ, & en fit part à Viviani de la manière que nous le voyons dans les autres éditions de ses dialogues. *Galilée* dans son *Discours sur la rivière Bisenzio*, appliqua cette proposition au cas des eaux courantes; & expliqua dans un autre théorême, que les vîtesses sont les mêmes dans deux canaux de différentes longueurs & de différentes sinuosités, quand ils ont seulement la même hauteur, c'est-à-dire, quand ils restent fixés dans les mêmes limites. Dans le cas particulier des rivières, il y a à considérer les résistances & beaucoup d'autres choses; mais la proportion, généralement prise, est très-vraie, & l'application que *Galilée* a faite le premier de la géométrie à la connoissance des eaux courantes, lui fait beaucoup d'honneur.

Varignon a relevé une erreur qui est dans le dix-septième théorême du troisième dialogue, où *Galilée* suppose qu'un corps passant d'un plan à un autre d'une inclinaison différente, retient toute la vitesse correspondante à la première chûte; mais Grandi, dans ses notes au même dialogue, dit que le passage de *Galilée* ne devoit pas s'entendre absolument, mais dans une simple hypothèse dont il devoit partir, pour arriver ensuite à la chûte des corps dans les arcs circulaires. Il est très-vrai que dans les arcs circulaires, comme dans toutes les lignes courbes, il n'y a point d'altération sensible, par rapport aux différentes inclinaisons des petits arcs dont la ligne courbe est composée, comme Varignon, Grandi & beaucoup d'autres l'ont démontré. On ne peut voir un théorême plus élégant que celui auquel *Galilée* s'est frayé une route, avec cette hypothèse qu'un corps descend plus vîte par un arc circulaire que par la corde. Jean Bernoulli a entendu trop généralement ce théorême, comme si *Galilée* avoit cru que la descente se faisoit plus vîte par un arc circulaire, que par toute autre ligne courbe quelconque, comprise entre deux points donnés; ensuite Bernoulli a prouvé que la courbe de la plus vîte descente est une cycloïde, & non un arc circulaire. Mais la note du théorême vingt-deuxième suffit pour faire voir que *Galilée* n'a voulu dire que ce qui est très-vrai: *Quò igitur per inscriptos polygonos magis ad circumferentiam accedimus, eò citius absolvitur motus inter duos terminos signatos.*

On a pourtant imputé généralement à *Galilée* d'avoir cru que la ligne courbe parabolique, dans laquelle les corps lancés se meuvent, est la même à laquelle se conforme une chaîne suspendue par ses extrémités, & qui s'appelle *chaînette*; & il est singulier que ce soit Krafft qui, dans ces derniers temps, en ait fait l'apologie dans le *tome V des Nouveaux Commentaires de Pétersbourg*, citant le passage qui suit la quatorzième proposition du quatrième dialogue, qui dit uniquement que les deux courbes ne diffèrent pas beaucoup entr'elles. « La » corde tendue, plus ou moins tirée, se plie en » ligne qui approche assez des paraboliques; & » la ressemblance est telle, que si vous marquez » sur une surface plane & élevée à l'horizon une » ligne parabolique, & la tenez renversée, c'est-» à-dire, le sommet en bas, & avec la base parallèle à l'horizon, tenant suspendue une petite » chaîne soutenue par les extrémités de la base de » la parabole marquée, vous verrez, en lâchant » plus ou moins, ladite petite chaîne se courber & » s'adapter à la même parabole; & cette adaptation est d'autant plus précise, que la parabole marquée sera moins courbe, c'est-à-dire, » plus étendue; tellement que dans les paraboles » décrites avec l'élévation de 45 degrés, la chaîne » marche presque *ad unguem* sur la parabole. »

Galilée,

Galilée passa peu après à une autre proposition. Qu'une corde horizontale, tournant sur deux pivots, & considérée comme ne pesant rien, soit tendue avec deux très-gros poids attachés aux extrémités; si on attache au milieu un autre poids, quelque petit qu'il soit, elle pliera dans le milieu, & par conséquent ne sera plus droite. Viviani, en écrivant au prélat Ricci, éleve quelques doutes par rapport à la démonstration de *Galilée*, tirée premiérement de ce que le mouvement des deux poids qui montent lorsque la corde se plie, n'est point égal. Cette difficulté, quoiqu'approuvée par des hommes illustres, ne paroît pas pouvoir s'adapter au cas de *Galilée*, dans lequel supposant des poids infiniment grands, eu égard au petit corps attaché au milieu de la corde, leur mouvement ne peut être que fort petit & par conséquent uniforme. Il est vrai que le cas de l'équilibre n'est pas précisément celui que *Galilée* a supposé dans sa démonstration, comme le soupçonnoit Viviani, & comme Simpson l'a démontré dans le trente-huitième problême de l'application de l'algèbre à la géométrie. Mais la démonstration de *Galilée* se peut adapter également au vrai cas de l'équilibre, & la proposition principale est toujours très-vraie. A ces difficultés méchaniques, on en joint quelques autres, physiques & astronomiques, qui se réduisent principalement à trois; 1°. que *Galilée* a attribué l'élévation de l'eau dans les pompes à l'horreur du vide; 2°. qu'il a voulu expliquer le flux & reflux de la mer par la combinaison du mouvement journalier & annuel de la terre; 3°. qu'il n'a pas cru que les comètes étoient des planètes qui tournent autour du soleil. Quant à la première objection, *Galilée*, dans le premier dialogue, a décrit simplement ce phénomène que l'eau ne s'élève qu'à trente-deux pieds dans les pompes, & en a simplement inféré que la force nécessaire pour détruire le vide, égale un cylindre d'eau de trente-deux pieds de hauteur, & à cela il n'y a rien à dire, quoique *Galilée* ait ajouté d'autres conjectures qui ne sont pas également solides. *Galilée* a encore proposé une machine pour mesurer combien la force de la cohésion est plus grande que celle qu'on cherche pour procurer le vide, & a ensuite donné deux manières différentes pour mesurer même le poids de l'air; & quoique dans ses expériences il n'ait tiré d'autre proportion entre le poids de l'air & de l'eau, que celle d'un à 400; on doit cependant les regarder comme le fondement & le principe de tout ce qu'on a fait depuis à ce sujet.

L'hypothèse donnée dans le quatrième dialogue sur le système du monde, pour expliquer le flux & reflux, est fort ingénieuse; & c'est la première par laquelle les philosophes ont tenté d'expliquer physiquement ce phénomène singulier; & quoique l'hypothèse ne soit pas vraie, Descartes, qui a écrit depuis *Galilée*, n'en a pas donné une meilleure. Pour ce qui regarde les comètes, *Galilée* a objecté à son adversaire, qu'il n'étoit pas encore prouvé que les comètes fussent des corps solides & inaltérables, & que la parallaxe sert à mesurer la distance des corps, mais ne peut pas s'appliquer aux simples apparences optiques, parmi lesquelles on comptoit alors les comètes. Cassini a soutenu aussi, dans un livre imprimé en 1653, & dédié au duc de Modène, que les comètes étoient un amas des exhalaisons de la terre & des planètes. Ce fut peu de temps après, comme le remarque M. de Fontenelle, que Cassini, ayant trouvé que les irrégularités du mouvement des comètes étoient purement apparentes, & que les comètes mêmes, ainsi que les planètes, pouvoient être assujetties au calcul, tous les astronomes commencèrent, avec fondement, à croire que les comètes étoient des corps solides, & que, de même que les autres planètes, elles tournoient autour du soleil.

M. de Fontenelle, dans son éloge de Viviani, regarde *Galilée* comme un génie rare, dont le nom sera toujours à la tête des découvertes les plus importantes, sur lesquelles la philosophie est fondée. Descartes, si inférieur à *Galilée*, a blâmé en lui ce qui justement étoit le plus louable, savoir, de ce qu'il se contentoit des faits & des démonstrations, & de ce qu'il ne remontoit pas aux causes premières. Newton, dont le génie a surpassé l'esprit humain, a peut être plus d'erreurs que *Galilée*. Nous devons admirer dans *Galilée* un philosophe, un géomètre, un méchanicien & un astronome qui n'avoit pas moins de pratique que de théorie; celui qui a dissipé les erreurs de l'ancienne école, l'écrivain le plus solide & le plus élégant qu'ait produit l'Italie; le maître de Torricelli, de Castelli, Aggiunti, Viviani, Borelli, Paul & Candide del Buono. Ce sont les quatre derniers qui ont formé l'académie *del Cimento*, dont les essais, dignes du siècle de Newton, sembloient écrits par le génie de *Galilée*, comme on le voit dans la préface des *mémoires de l'académie de Dijon*, citée au commencement de cet *Essai. Cet article écrit en italien par le* P. Frisi, *Barnabite, savant géomètre & membre de plusieurs académies, a été traduit en françois par* M. Floncel. *Nous l'avons tiré d'un journal où il a été inséré.* (*A A.*)

GALIOT. (*Voyez* Genoulliac.)

GALISSONIÈRE, (Michel Barrin, marquis de la) (*Hist. de Fr.*) lieutenant-général des armées navales, vainqueur de cet amiral Bink, que les Anglois fusillèrent par orgueil, affectant de supposer qu'un anglois ne pouvoit pas être battu sur mer par un françois, sans lâcheté ou connivence; on sait que cette victoire navale de 1756 facilita la prise de Minorque. M. de la *Galissoniere* jouit peu de sa gloire; en se rendant à la cour après cette mémorable expédition, il mourut à Némours le 26 octobre. Il étoit né à Rochefort en 1693. Louis XV, apprenant sa mort, témoigna du regret de ne lui avoir pas envoyé le bâton de maréchal de France ; *je l'attendois*, dit-il, *pour le lui donner moi-même.*

M. de la *Galissoniere* avoit été gouverneur-général du Canada ; il avoit été choisi en 1750 pour régler, avec milord Stanley, les limites de cette partie de l'Amérique septentrionale, & prévenir la guerre qui éclata six ans après, & qu'il ouvrit par la glorieuse victoire dont nous avons parlé.

GALLAND *ou* GALAND, (PIERRE) (*Hist. litt. mod.*) Le premier professeur d'éloquence latine, au collège royal, fut Barthelemi *Latomus*, c'est-à-dire, *le Masson.* Pendant un voyage qu'il fit en 1539 en Italie, Pierre *Galland* donna des leçons à sa place ; & après qu'en 1542 Latomus eût quitté la France pour se retirer à Trèves, *Galland* fut nommé par François I à cette chaire ; il la quitta sous Henri II, pour une chaire de professeur en grec ; il fut principal du collège de Boncourt, & il le fit rebâtir ; recteur de l'université dans des temps orageux, il réprima l'ambition de Spifame, qui, en qualité de chancelier de l'université, prétendoit en être le chef, afin d'en être le maître ; il disputa aussi en faveur d'Aristote contre Ramus : nous pouvons juger du goût qu'on avoit alors, ou du moins qu'il avoit, pour les équivoques, par l'épigraphe que *Galland* mit à cet écrit :

Aperit Ramum qui veste latebat.

Au lieu du rameau d'or que la Sybille cachoit sous sa robe, c'est Ramus, qui sous la robe de professeur & de savant, cache un enemi de la science, un détracteur d'Aristote, & que *Galland* découvre à tous les yeux ; *Galland* composa divers autres ouvrages, dont deux sont connus ; l'un est la vie de du Châtel, l'autre l'oraison funèbre de François I, qu'il prononça en latin au collège royal, & qui contient d'assez bons mémoires sur la vie littéraire de ce prince.

Galland se distinguoit parmi les professeurs royaux par l'agrément de ses leçons. Voici ce qu'en dit le poëte prussien Eustate de Knobelsdorf, qui voyageoit à Paris dans ce temps heureux pour les lettres, & qui paroît avoir pris plaisir à en décrire tous les avantages.

Præsidet Ausonio dulcis Gallandius ori,
Imbuit & latiis pectora nostra modis ;
Qui quoties avidas reficit sermonibus aures
Motis blanda putes spargere mella labris.

Ces vers n'ont tout au plus qu'un mérite de langue & de style ; les idées en sont communes. » *Galland* nous enchante par ses leçons de latin, » on l'écoute avec avidité, le miel coule de ses » lèvres. »

Il mourut en 1559.

2°. Auguste *Galland*, savant magistrat, procureur-général de Navarre & conseiller d'état, a laissé des mémoires & des traités pleins d'érudition sur divers points de l'histoire de Flandre & de Navarre, & un traité *contre le franc-aleu* sans titre ; qui n'est pas d'un ami de la franchise. Mort vers l'an 1644.

3°. Mais l'homme le plus célèbre de ce nom est Antoine *Galland*, de l'académie des inscriptions & belles-lettres, antiquaire du roi. Né en 1646, au petit bourg de Rollot en Picardie, entre Montdidier & Noyon, sa mère, qui vivoit du travail de ses mains, & qui avoit sept enfans, le mit en apprentissage chez un maître. L'enfant, qui avoit déjà commencé ses études, ne put descendre à un art mécanique ; il quitta son maître & son pays, & vint à Paris chercher sa destinée, il la trouva. Le hasard l'ayant adressé à M. Petitpied, docteur de Sorbonne, oncle du fameux théologien Janséniste de ce nom, il eut la liberté d'aller prendre des leçons d'hébreu & des autres langues orientales au collège-royal, M. de Nointel l'emmena depuis avec lui dans son ambassade de Constantinople, pour tirer des églises grecques, des attestations en forme sur les articles de leur foi, qui faisoient alors un grand sujet de dispute entre M. Arnauld & le ministre Claude. M. *Galland* fit jusqu'à trois fois ce voyage du Levant, & chaque fois il en rapporta une ample provision de médailles, d'inscriptions, de descriptions de monumens, d'observations utiles en tout genre. Dans un de ces voyages pensa périr à Smyrne par un prodigieux tremblement de terre, plus de quinze mille habitans furent ou ensevelis sous les ruines des édifices renversés, ou dévorés par les flammes, les secousses étant venues vers midi, heure où il y a communément du feu dans toutes les maisons. M. *Galland* fut enterré sous les décombres de la sienne, de manière cependant qu'il lui restoit un peu d'air pour respirer, il ne fut dégagé que le lendemain. Il a eu beaucoup de part à la bibliothèque orientale de d'Herbelot, & il a laissé des additions considérables pour cet ouvrage ; on a de lui aussi un recueil de maximes & de bons mots, tirés des ouvrages des Orientaux ; une relation de la mort de Sultan-Osman, & du couronnement de Sultan Mustapha, traduite du turc ; un traité de l'origine du café, traduit de l'arabe ; mais c'est sur-tout par sa traduction des contes arabes, si connus sous le nom des Mille & une Nuits, qu'il est célèbre ; on en a trouvé une suite assez ample dans ses papiers ; on y a trouvé aussi une histoire générale des empereurs turcs, un catalogue raisonné des historiens turcs arabes & persans ; une traduction de l'Alcoran, avec des notes historiques, critiques, grammaticales, &c. une relation de ses voyages, une description particulière de la ville de Constantinople. C'est à lui encore qu'on doit, en grande partie, la première édition du *Menagiana*, & la plupart des recherches qui y sont contenues. Cet homme étoit laborieux & savant ; il fut reçu en 1701 à l'académie des inscriptions & belles-lettres, il entreprit pour elle un *dictionnaire numismatique*, *contenant l'explication des noms de dignité, des titres d'hon-*

teur, & généralement de tous les termes singuliers qu'on trouve sur les médailles antiques, grecques & romaines.

M. *Galland* étoit un de ces savans trop simples pour leur pays & pour leur siècle, & dont les jeunes-gens mal élevés croyent avoir le droit de se moquer. On dit que de pareils étourdis choisirent une nuit très-froide pour aller frapper fortement à la porte de M. *Galland*, qui malheureusement couchoit sur la rue, & qui réveillé par le bruit, courut en chemise à la fenêtre; ils lui demandèrent s'il étoit M. *Galland*, le célèbre M. *Galland*, le traducteur des contes arabes, le..... le..... le..... &c. Leurs questions ne finissoient pas, & M. *Galland* geloit de froid; ils finirent enfin par lui dire: *M. Galland, si vous ne dormez pas, faites-nous un de ces beaux contes que vous savez.* On sait que c'est la formule un peu trop uniforme qui amène la plupart des contes arabes.

M. *Galland* mourut le 17 février 1715. M. Bignon, premier président du grand-conseil, & M. Foucault, conseiller d'état, auparavant intendant de Caen, eurent l'honneur d'être les bienfaiteurs de ce savant paisible & utile, & de contribuer à ses travaux en lui procurant ce doux loisir nécessaire pour l'étude.

GALLATY ou GALATY, (GASPARD) (*Histoire de France.*) colonel suisse du canton de Glaris, servit utilement, & par les négociations & par les armes, quatre rois de France, Charles IX, Henri III, Henri IV, & Louis XIII, mais surtout Henri IV. Il étoit catholique, en conséquence il combattit les protestans à la journée Moncontour; mais il étoit catholique, & il combattit la ligue à la journée des barricades & à celle de Tours. Il étoit catholique, & après la mort d'Henri III il attacha les Suisses au service de Henri IV; il engagea les autres colonels suisses à défendre avec lui la bonne cause. Henri lui dut en partie sa couronne; ce roi l'appelloit son père. *Mon père*, lui dit-il à la bataille d'Arques, *gardez-moi ici une pique, je veux combattre à la tête de votre bataillon.* Il ne pouvoit en effet choisir un poste plus digne de lui. *Gallaty* se couvrit de gloire à cette bataille, & son régiment fut celui qui contribua le plus à la victoire. Il fut créé le premier colonel du régiment des gardes-suisses en 1615. Il mourut à Paris en 1619.

GALLET (*Hist. mod.*) ou GALET. C'est le nom 1°. d'un joueur célèbre dont parle Boileau:

Mais eût-il plus de biens que n'en perdit Galet,

Il avoit été assez riche pour faire bâtir l'hôtel de Sully dans la rue saint-Antoine, & l'ayant perdu au jeu, il venoit encore jouer sur l'escalier ou dans l'antichambre avec les laquais & les marmitons.

Un autre *Gallet* plus moderne, mort en 1757, est connu pour quelques opéra comiques qu'il a faits ou seul ou en société avec messieurs Piron Panard & Pontau. Il a fait aussi quelques parodies.

GALLICANE, adj. f. (*Hist. mod.*) ce mot ne s'employe que dans les matières ecclésiastiques, & même en peu d'occasions.

L'église *gallicane* est l'assemblée des prélats de France.

Le bréviaire *gallican*, c'est le bréviaire particulier qu'avoit l'église de Gergenti en Sicile, & que les auteurs modernes de ce pays-là nomment le *bréviaire gallican*.

Apparemment qu'ils le nomment ainsi, parce qu'il y fut introduit par saint Gerland, qui fut fait évêque de Gergenti après que le comte Roger en eut chassé les Sarrasins, & par les autres évêques françois que les Normands y attirèrent.

La liturgie *gallicane*, c'est la manière dont on célébroit autrefois le service divin dans les Gaules. *Voyez* le P. Mabillon, *1. liturg. gall. ch. v, &c. dictionn. de Trévoux & Chambers.* (*A. R.*)

GALLIEN, (*Hist. des empereurs.*) fils de Valérien, fut déclaré auguste à Rome par le Sénat, le même jour que son père fut proclamé empereur par l'armée dans la Rhétie. Les prémices de son règne en firent concevoir les plus heureuses espérances; mais quand il se crut affermi sur le trône, il se plongea dans le luxe & les voluptés qui le firent tomber dans le mépris. Trente tyrans s'érigèrent en souverains indépendans dans leur gouvernement, & l'on vit des femmes prendre le sceptre, & ceindre leur front du diadême, en défiant ses vengeances. La Grèce, la Macédoine & le Pont furent ravagés impunément par les Goths. Les Quades & les Sarmates se répandirent dans la Pannonie, sans y trouver la moindre résistance. Les Germains pénétrèrent jusqu'au sein de l'Espagne, où ils se rendirent maîtres de Tarragone qui étoit alors une des villes les plus opulentes de l'Europe. Les Parthes, déjà maîtres de la Mésopotamie, s'emparèrent encore de la Syrie qu'ils trouvèrent sans défenseurs. La Dacie, que Trajan avoit réunie à l'empire, passa sous la domination des Barbares. Le démembrement de tant de provinces annonçoit la destruction entière de l'empire romain, si Posthumius, qui avoit été proclamé empereur en Occident, & Odenat, qui avoit pris le même titre en Orient, n'avoient point par leur rebellion conservé l'ombre de ce corps autrefois si vigoureux. *Gallien*, qui avoit vu d'un œil indifférent les Barbares enlever les plus riches provinces de l'empire, sortit de son sommeil pour aller combattre ses concurrens. Il tourna ses armes contre Aureolus que les légions d'Illyrie avoient forcé de prendre le titre & les ornemens de César. *Gallien* employa d'artificieuses promesses pour le faire rentrer dans le devoir; & désespérant de le tromper, il lui accorda des conditions avantageuses, pour marcher contre Posthumius, dont la rebellion lui paroissoit plus dangereuse. Ses soldats, dont il s'étoit attiré le mépris, le massacrèrent à l'âge de trente-six ans, dont il en avoit régné quinze, tant seul que conjointement avec son père. Valérien son frère fut massacré avec lui. Jamais empereur n'avoit poussé plus loin le rafinement des voluptés. Il ne pouvoit coucher que sur des fleurs, environné de courtisanes. Les eaux où il prenoit le bain, étoient parfumées d'essences. La vaisselle d'argent lui paroissoit ignoble, si elle n'étoit ornée de rubis & de diamans. Il ne poudroit ses cheveux qu'avec de la poudre d'or; indifférent aux destinées de l'empire, il ne mit en place que des favoris sans mérite. Sa cour n'étoit remplie que de mimes & de bouffons. Il faisoit chercher les plus belles femmes des provinces, & s'en faisoit accompagner toutes les fois qu'il alloit au bain. Tandis qu'il vivoit abruti dans la mollesse, on vint lui annoncer la révolte de l'Egypte, il répondit froidement qu'on pouvoit vivre sans le lin d'Egypte. Il eut la même indifférence pour la rebellion des Gaules. Qu'importe, dit-il, ne peut-on pas se passer des draps fabriqués à Arras? son insensibilité stupide ne se démentoit que dans les mouvemens de sa colère. Il usa de la plus grande modération envers les Chrétiens. Leur biens confisqués sous les règnes précédens leur furent restitués, & leurs assemblées furent permises. Il fut tué l'an 268 de Jésus-Christ.

GALLION, (JUNIUS) (*Hist. Rom.*) frère de Sénèque, proconsul d'Achaïe, recommandable par la sage réponse qu'il fit aux Juifs persécuteurs qui avoient amené Saint-Paul devant son tribunal, en disant: celui ci veut persuader aux hommes » d'adorer Dieu d'une manière contraire à la loi..... » *Gallion* dit aux Juifs: s'il s'agissoit..... de quelque injustice, ou de quelque mauvaise action, » je me croirois obligé de vous écouter avec patience; mais s'il n'est question que de doctrine, de » certains noms & de votre loi, videz vous-mêmes » vos différens, car je ne veux point m'en rendre » juge. » Actes des Apôtres, chap. 18, vers. 13, 14 & 15. *Gallion* étant tombé, ainsi que son frère, dans la disgrace de Néron, fut obligé, ainsi que son frère, de se donner la mort.

GALLOGLASSE, s. f. (*Hist. mod.*) nom d'une milice d'Irlande. Cambden dans ses annales d'Irlande, *page 792*, dit que la milice des Irlandois, est composée de cavaliers, qu'on appelle *galloglasses*, qui se servent de haches très-aiguës, & d'infanterie qu'on nomme *kermés*. *Chambers*, (Q.)

GALLOIS, (JEAN) (*Hist. litt. mod.*) c'est le savant abbé *Gallois*, secrétaire de l'académie des sciences, dont M. de Fontenelle a fait l'éloge; après avoir loué sa vaste érudition, il ajoute: « & de » plus, ce qui n'est pas commun chez ceux qui savent » tout, il savoit le françois & écrivoit bien. » Nommé en 1668 à l'académie des sciences, alors encore naissante, il fut reçu en 1673 à l'académie françoise, parce que, dit encore M. de Fontenelle, « cette académie admet aussi l'érudition qui n'est » pas barbare; » M. l'abbé *Gallois* fut principalement connu par le journal des savans, qui seul faisoit tout connoître alors; il fut, dès la première année, l'associé de l'inventeur (M. de Sallo); & dès la seconde année, il le fut seul. M. de Fontenelle parle à ce sujet de la nombreuse postérité issue du journal des savans, il la nomme & ne présente que des noms respectés. S'il falloit aujourd'hui nommer cette postérité, devenue si ridiculement nombreuse & si monstrueusement indigne de son père, le tableau seroit un peu différent. M. Colbert avoit pris chez lui M. l'abbé *Gallois* pour jouir, dans tous les momens libres, des trésors de son érudition; l'abbé *Gallois* étoit auprès de lui l'agent général de la littérature; il fit tout pour les lettres & ne fit rien pour lui-même. M. de Seignelay lui donna une chaire de professeur en grec au collège royal, dont il fut aussi inspecteur. M. l'abbé *Gallois* eut la maladie des vieillards, celle d'être contraire aux découvertes nouvelles; il se déclara contre la géométrie de l'infini. Il étoit né le 14 juin 1632. Il mourut le 19 avril 1707.

GALLONIUS, (*Hist. rom.*) fameux gourmand, dont le nom étoit passé en proverbe & qui a été fort décrié par Lucilius, par Horace, par Cicéron. Lucilius dans des vers de sa quatrième satyre, rapportée par Cicéron, s'écrie:

O publi! ô gurges Galloni! es homo miser, inquit,
Cœnasti in vitâ numquam bene, cùm omnia in istâ
Consumis squillâ atque acipensere cum decumano.

Horace dit aussi, satyre seconde du second livre:

Haud ita pridem
Galloni præconis erat acipensere mensa
Infamis.

Cicéron, liv. 2, *de finibus*, « *Sed qui ad voluptatem omnia referens vivit ut Gallonius, loquitur ut* » *frugi ille Piso*, *non audio*. Et dans l'oraison, *Pro* » *Quinctio. Ii qui relictâ bonorum virorum disciplinâ* » *& quæstum & sumptum Gallonii sequi maluerunt*, *&c.* »

GALLOWAI. (*Voyez* RUVIGNY.)

GALLUS, (PUBLIUS CORNELIUS) (*Hist. rom.*) né à Fréjus dans la Gaule Narbonnoise, l'an de Rome 686, de parens plébéiens, porta, jeune encore, à Rome de grands talens & une grande ambition. Il s'attacha de bonne heure à Octave, dont il posséda dans la suite la faveur. Son mérite le fit connoître & aimer des romains les plus distingués par la naissance ou par les talens; il fut l'ami de Pollion, de Messala, de Cicéron, sur-tout de Virgile. Il se distingua également par ses succès & dans les armes & dans les lettres. Son éloquence fut applaudie dans la tribune. Ses vers furent admirés par Virgile & par Ovide; Auguste récompensa ses services militaires, en lui confiant le gouvernement de l'Egypte qui venoit d'être conquise & réduite en province romaine. On prétend que *Gallus*, parvenu à ce haut degré de fortune, devint ingrat envers son bienfaiteur, insolent avec ses égaux, dur, violent & avare envers les peuples de son gouvernement. On l'accusa de concussions, on l'accusa même d'avoir conspiré contre Auguste. Sa mauvaise administration fut dénoncée au sénat qui le condamna à l'exil & confisqua tous ses biens. Auguste confirma ce décret; & alors, dit-on, il exigea la suppression d'un éloge que Virgile avoit fait de *Gallus*, & dont *Gallus* n'étoit plus digne. Cet éloge, au rapport de quelques auteurs, remplissoit originairement la moitié du dernier livre des géorgiques, & ayant été supprimé par l'ordre d'auguste après la disgrace de *Gallus*, il fut remplacé par l'épisode d'Aristée. Donat le dit très-formellement : *Usque adeò hunc Gallam Virgilius amârat, ut quartus georgicorum, à medio usque ad finem, ejus laudem contineret, quem posteà, jubente Augusto, in Aristæi fabulam commutavit.*

Mais ce fait a paru suspect à beaucoup de savans. Leurs raisons sont, 1°. que la fable d'Aristée paroît si naturellement liée avec le sujet des abeilles, qu'on ne peut croire qu'elle ait été ajoutée après coup; 2°. qu'il est peu vraisemblable que Virgile eût consacré la moitié d'un livre toute entière à l'éloge de *Gallus*, tandis qu'à peine avoit-il accordé quelques vers aux louanges de Mecéne, auquel pourtant il dédioit l'ouvrage; 3°. enfin, qu'Auguste ayant appris que *Gallus* n'avoit pas pu supporter sa disgrace & s'étoit donné la mort, le pleura, au rapport de Suétone, & dit, en se plaignant de sa sensibilité : *Je suis bien malheureux ; moi seul je ne puis m'irriter contre mes amis autant qu'ils le méritent & que je le voudrois.* Or de telles dispositions s'accordent mal avec cet acharnement contre la mémoire de *Gallus*, qu'on suppose avoir été poussée jusqu'à lui envier de vaines louanges.

Il nous semble qu'on auroit pu ajouter encore une quatrième raison, c'est que la conduite d'Auguste auroit été contradictoire, si, voulant priver la mémoire de *Gallus* des hommages dont Virgile l'avoit honoré, il eût laissé subsister la dixième églogue de ce poëte, qui est consacrée toute entière à *Gallus*, qui porte le nom même de *Gallus*, qui contient les témoignages les plus marqués de l'estime & de la tendresse de Virgile pour *Gallus*.

Gallo, cujus amor tantùm mihi crescit in horas,
Quantùm vere novo viridis se subjicit alnus.

Auguste eût-il laissé subsister les vers de cette églogue où Virgile dit :

Neget quis carmina Gallo ?

dans le temps où il faisoit supprimer tant de vers faits à la louange de cet infortuné ?

Auguste enfin, eût-il laissé subsister dans la sixième églogue le pompeux éloge de *Gallus*, que Virgile met dans la bouche de Silène & de Linus?

Tùm canit errantem permessi ad flumina Gallum
Aonas in montes ut duxerit una sororum,
Utque viro Phœbi chorus assurrexerit omnis;
Ut Linus hæc illi divino carmine pastor
Floribus atque apio crines ornatus amaro
Dixerit : hos tibi dant calamos, en accipe, Musæ,
Ascræo, quos antè, seni, quibus ille solebat
Cantando rigidas deducere muntibus ornos;
His tibi Grynæi nemoris dicatur origo,
Ne quis sit lucus, quo se plus jactet Apollo:

GALLUS (CAÏUS-VIBIUS-TREBONIANUS) (*Hist. des emper.*) étoit d'une famille des plus distinguées de Rome. Après la mort de Décius qui l'avoit comblé de bienfaits, il fut proclamé empereur par les légions l'an 252 de l'ère chrétienne. Il ne monta sur le trône que pour déshonorer le nom romain. Les Goths qui ravageoient les plus belles provinces de l'empire lui firent acheter ignominieusement la paix. Il se soumit à leur payer un tribut annuel qui ne fit qu'allumer leur avarice. L'argent qu'il leur donna leur fournit les moyens de lever des armées plus nombreuses, & plus ils recevoient, plus ils devenoient redoutables. Ce fut dans la Thrace, la Mœsie, la Thessalie & la Macédoine, qu'ils commirent le plus de ravages. Différens peuples, sortis des bords de la mer glaciale insultèrent impunément à l'indolence de *Gallus* qui aimoit mieux acheter la paix à prix d'argent que d'en prescrire les conditions après des victoires. L'intérêt de ses plaisirs lui faisoit oublier ceux de l'empire. Les Parthes, encouragés par son indifférence stupide, entrèrent dans la Mésopotamie, d'où ils chassèrent le roi Tiridate. Sapor, roi des Perses, entra dans la Syrie où rien ne résista à ses armes. Tandis qu'on dépouilloit l'empire de ses plus riches provinces, *Gallus*, abruti dans les voluptés, associoit son fils, encore au berceau, à l'empire, comme si l'ombre d'un collègue lui eût donné la réalité du pouvoir. Il fit battre des monnoies avec cette inscription : *Virtus Augustorum.* Le fléau des guerres ne fut pas le seul qui affligea l'empire. La peste causa plus de ravages que les armes des Barbares. La contagion éclose dans l'Ethiopie se répandit dans toutes les provinces; la mort exerça tant de ravages, que le monde fut menacé de rester sans habitans. Enfin le règne de *Gallus* ne fut mémorable que par des désastres. Les peuples qui lui attribuoient toutes ces calamités, étoient prêts de passer du tumulte à la révolte. *Gallus* sortit de son sommeil, & pour ménager les esprits irrités, il adopta le fils de Décius, que quelque temps après il fit empoisonner. Ses fureurs s'étendirent sur les Chrétiens qui eurent à essuyer les plus cruelles persécutions. Tandis qu'il se livroit aux plus sales voluptés, & sur-tout au plaisir de répandre le sang innocent, il reçoit la nouvelle qu'Emilien avoit été proclamé empereur par les légions de Mœsie; il se mit à la tête de son armée pour aller étouffer cette rebellion; mais il essuya une honteuse défaite qu'on attribua à son incapacité. Les soldats honteux d'obéir à un chef trop lâche & trop ignorant pour leur commander, le massacrèrent avec son fils Volusien qui n'avoit point participé à ses désordres. Il fut tué à l'âge de cinquante-sept ans dont il avoit régné deux. Ce fut moins un tyran qu'un prince sans vertus. Son malheur fut de naître dans un siècle où il falloit de grands crimes ou de grandes vertus pour se maintenir sur le trône. (*T-N.*)

GALVANO, (ANTOINE) (*Hist. de Portugal.*) gouverneur & nommé l'apôtre des Moluques, parce qu'il y fit beaucoup de chrétiens, battit dans l'isle de Tidor vingt mille naturels du pays avec trois cents cinquante Européens. Il purgea les mers voisines de corsaires, il augmenta les revenus des Portugais de cinq cents mille cruzades. Il fit plus, il fit aimer leur joug dans l'Inde par le bien qu'il ne cessa d'y faire, il y consuma toute sa fortune; il passa en 1540 en Portugal, comptant sur la reconnoissance du pays qu'il avoit enrichi en s'appauvrissant; Jean III, alors roi de Portugal, ne fit pas seulement attention à lui; & *Galvano* mourut à l'hôpital de Lisbonne en 1557. Il étoit bâtard.

Il avoit écrit une *histoire des Moluques*, qui est perdue; mais on avoit imprimé, de son vivant même, à Lisbonne, en 1555, un traité des *divers chemins* par lesquels les marchandises des Indes ont été apportées en Europe, & des découvertes faites jusqu'en 1550.

GAMA, (VASCO ou VASQUÈS DE) (*Hist. de Portugal.*) Emmanuel le grand, roi de Portugal, fit partir en 1497 Vasco de *Gama* avec une flotte, pour suivre le projet, qui avoit échoué tant de fois, de s'ouvrir une route aux Indes orientales par l'Océan; cette entreprise, dit M. de Voltaire, étoit regardée comme téméraire & impraticable, parce qu'elle étoit nouvelle.

» *Gama*, & ceux qui eurent la hardiesse de » s'embarquer avec lui, passèrent pour des in» sensés qui se sacrifioient de gaîté de cœur. Ce » n'étoit qu'un cri dans la ville contre le roi; » tout Lisbonne vit partir avec indignation & » avec larmes ces aventuriers, & les pleura comme » morts; cependant l'entreprise réussit, & fut le » premier fondement du commerce que l'Europe » fait aujourd'hui avec les Indes par l'Océan. »

Vasquès de *Gama* fit trois voyages par mer dans l'Inde; au premier il doubla le Cap-de-Bonne-Espérance, mais il revint sans avoir eu de grands succès, n'ayant trouvé des dispositions favorables que dans le roi de Melinde. Il partit pour le second le 10 février 1502 & revint le premier septembre 1503, avec treize vaisseaux chargés de richesses; il repartit en 1524, nommé vice-roi des Indes par le roi Jean III. Il établit son siège à Cochin; il y mourut le 24 décembre 1525. Emmanuel l'avoit nommé Amiral des mers des Indes, Perse & Arabie, & ce titre a été conservé à ses descendans; il fut créé grand de Portugal; il fut, disent les historiens, honoré du *don* pour lui & sa postérité; cependant, on l'appelle toujours Vasco de *Gama* & non pas don Vasco de *Gama*, parce que c'est Vasco de *Gama* & non pas don Vasco de *Gama* qui s'est immortalisé, & que la grandeur personnelle l'emporte sur tous les titres, qui n'en sont que la représentation souvent vaine & fausse.

GAMACHE. (*Voyez* ROUAULT.)

GAMACHES, (ETIENNE-SIMON) de l'académie des sciences de Paris, auteur d'une *astronomie physique*, d'un sistême du cœur, de quelques autres ouvrages littéraires & philosophiques, surtout du livre intitulé: *les agrémens du langage réduit à ses principes*, & dont on a dit que c'étoit le *dictionnaire des pensées fines*. Mort en 1756, agé de près de quatre-vingt-quatre ans.

GAMALIEL, (*Hist. sacr.*) pharisien, docteur de la loi, étoit, dit l'Ecriture-Sainte, honoré de tout le peuple, & il paroît qu'il le méritoit par la sagesse & la modération de son caractère; ce fut lui qui dit dans le conseil des Juifs qu'il voyoit fort animés contre les apôtres, qui, malgré leur défenses, continuoient de prêcher au nom de Jésus-Christ: « O Israélites, prenez garde à ce » que vous allez faire à l'égard de ces personnes...; » cessez de les poursuivre; & laissez-les faire; » car si cette entreprise ou cette œuvre vient » des hommes, elle se détruira; que si elle » vient de Dieu, vous ne sauriez la détruire. Actes des apôtres, chap. 5, vers. 34 35, 38, 39. On dit que *Gamaliel* étoit un disciple secret de Jésus-Christ; qu'il fut le maître de saint Paul; qu'il prit soin de faire ensevelir honorablement saint Etienne: les actes des apôtres ne disent rien des deux premiers points, & quant au dernier, ils disent seulement chap. 8. vers. 2, que quelques » hommes qui craignoient Dieu, prirent soin » d'ensevelir Etienne, & firent ses funérailles » avec un grand deuil: mais *Gamaliel* n'est pas nommé.

GAMBARA. (*Hist. litt. mod.*) Véronique & Laurent, poëtes l'un & l'autre, tous deux du même nom, tous deux de Bresse, Véronique née en 1485, Laurent mort à quatre-vingt-dix ans en 1586, étoient-ils frère & sœur? nous n'en savons rien. On estime les poësies italiennes de Véronique & beaucoup moins les poësies latines de Laurent. On a de lui une *colombiade*, c'est-à-dire, un poëme sur la découverte de Christophe Colomb. Madame du Bocage parmi nous a traité ce sujet qui méritoit fort de l'être.

GAMBESON ou GOBESON, s. m. (*Hist. mod.*) terme usité dans l'ancienne milice. Il signifioit une espèce de cotte-d'arme ou de grand jupon qu'on portoit sous la cuirasse, pour qu'elle fût plus facile à porter, & moins sujette à blesser. *Chambers.*

Le *gambeson* étoit fait de taffetas ou de cuir, & bourré de laine, d'étoupes, ou de crin, pour rompre l'effort de la lance, laquelle, sans pénétrer la cuirasse, auroit néanmoins meurtri le corps, en enfonçant les mailles de fer dont elle étoit composée.

Dans un compte des baillis de France, de l'an 1268, il est dit: *Expensa pro cendatis & bourra ad gambesones*, c'est-à-dire, pour le taffetas & la bourre pour faire des *gambesons. Hist. de la milice françoise, par le P.* Daniel. (*Q*)

GANCHE, f. m. (*Hist. mod.*) sorte de potence dressée pour servir de supplice en Turquie. Le *ganche* est une espèce d'estrapade dressée ordinairement à la porte des villes. Le bourreau élève les condamnés par le moyen d'une poulie; & lâchant ensuite la corde, il les laisse tomber sur des crochets de fer, où ces misérables demeurent accrochés tantôt par la poitrine, tantôt par les aisselles, ou par quelqu'autre partie de leur corps. On les laisse mourir en cet état, & quelques-uns vivent encore deux ou trois jours. On rapporte qu'un pacha, passant devant une de ces potences en Candie, jetta les yeux sur un de ces malheureux, qui lui dit d'un ton ironique: *Seigneur, puisque tu es si charitable, suivant ta loi, fais-moi tirer un coup de mousquet pour finir cette tragédie.* (*D. J.*)

GANERBINAT, (*Hist. mod.*) en allemand *gan-erbschafft.* C'est ainsi qu'on nomme dans l'empire d'Allemagne une convention faite entre des familles nobles & illustres, sous de certaines clauses & avec l'approbation du suserain, pour se défendre mutuellement contre les invasions & les brigandages qui ont eu lieu pendant fort long-temps en Allemagne, & qui étoient des conséquences funestes du gouvernement féodal. On y stipuloit aussi que lorsqu'une famille viendroit à s'éteindre, sa succession tomberoit aux descendans de celle avec qui le pacte de *ganerbinat* avoit été fait. Ces conventions s'appellent aussi *pactes de confraternité.* [--]

GANTELET, (*Hist. mod.*) espèce de gros gans de fer dont les doigts étoient couverts de lames par écailles, & qui faisoit partie de l'ancienne armure du gendarme. (*Q*)

GARANT, adj. pris subst. (*Hist.*) est celui qui se rend responsable de quelque chose envers quelqu'un, & qui est obligé de l'en faire jouir. Le mot *garant* vient du celte & du tudesque *warrant.* Nous avons changé en *g* tous les doubles *v*, des termes que nous avons conservés de ces anciens langages. *Warant* signifie encore chez la plupart des nations du nord, *assurance*, *garantie*, & c'est en ce sens qu'il veut dire en anglois *édit du roi*, comme signifiant *promesse du roi.* Lorsque dans le moyen âge, les rois faisoient des traités, ils étoient *garantis* de part & d'autre par plusieurs chevaliers, qui juroient de faire observer le traité, & même qui le signoient, lorsque par hasard ils savoient écrire. Quand l'empereur Frédéric Barberousse céda tant de droits au pape Alexandre III, dans le célèbre congrès de Venise en 1177, l'empereur mit son sceau à l'instrument, que le pape & les cardinaux signèrent. Douze princes de l'empire *garantirent* le traité par un serment sur l'évangile; mais aucun d'eux ne signa. Il n'est point dit que le doge de Venise *garantit* cette paix qui se fit dans son palais.

Lorsque Philihpe-Auguste conclut la paix en 1200 avec Jean, roi d'Angleterre, les principaux barons de France & ceux de Normandie en jurèrent l'observation comme cautions, comme parties *garantes.* Les François firent serment de combattre le roi de France, s'il manquoit à sa parole, & les Normands de combattre leur souverain s'il ne tenoit pas la sienne.

Un connétable de Montmorenci ayant traité avec un comte de la Marche en 1227; pendant la minorité de Louis IX, jura l'observation du traité sur l'ame du roi.

L'usage de *garantir* les états d'un tiers, étoit très-ancien, sous un nom différent. Les Romains *garantirent* ainsi les possessions de plusieurs princes d'Asie & d'Afrique, en les prenant sous leur protection, en attendant qu'ils s'emparassent des terres protégées.

On doit regarder comme une *garantie* réciproque, l'alliance ancienne de la France & de la Castille de roi à roi, de royaume à royaume, & d'homme à homme.

On ne voit guère de traité où la *garantie* des états d'un tiers soit expressément stipulée, avant celui que la médiation de Henri IV fit conclure entre l'Espagne & les Etats-généraux en 1609. Il obtint que le roi d'Espagne, Philippe III, reconnût les provinces-unies pour libres & souveraines; il signa, & fit même signer au roi d'Espagne la *garantie* de cette souveraineté des sept provinces, & la république reconnut qu'elle lui devoit sa liberté. C'est sur-tout dans nos derniers temps que les traités de *garantie* ont été plus fréquens. Malheureusement ces *garanties* ont quelquefois produit des ruptures & des guerres; & on a reconnu que la force est le meilleur *garant* qu'on puisse avoir. *Article de M.* DE VOLTAIRE.

GARASSE, (FRANÇOIS) jésuite d'Angoulême, écrivain décrié par les injures & les turlupinades dont il remplissoit ses écrits presque toujours polémiques & satyriques. Il a écrit contre Pasquier comme contre le dernier des écrivains; mais aussi comme le dernier des écrivains; il l'appelle *un homme sans conscience, sans cervelle, sans humanité, sans religion, sot par nature, sot par bécare, sot par bémol, sot à la plus haute game, sot à double semelle, sot à double teinture, sot en cramoisy, sot en toute sorte de sottises*; & comme Pasquier avoit plaidé pour l'université contre les jésuites, ce qui étoit déjà un crime irrémissible aux yeux du père *Garasse*, il lui dit, *adieu jusqu'au parlement*, où ajoute-t-il, *vous ne plaiderez plus pour l'université.* Tel est le style ordinaire de *Garasse*, & son nom réveille l'idée d'un modèle dans le genre bassement violent & burlesquement satyrique. Il en vouloit sur-tout au poëte Théophile & à Etienne Pasquier. Ses principaux ouvrages sont: *Les recherches des recherches d'Etienne Pasquier; la doctrine curieuse des beaux esprits de ce temps, ou prétendus tels*; celui-ci est contre Théophile; *Rabelais réformé*, celui-ci contre du Moulin; *le banquet des sept sages, dressé au logis de M. Louis Servin*; c'est encore une satyre; *une somme de théologie* qui parut une bouffonerie & qui fut censurée par la sorbonne; les confrères du père *Garasse* le désavouoient & ses supérieurs le reléguèrent à Poitiers; on dit au reste qu'il n'étoit furieux & ridicule que la plume à la main: dans la société on lui trouvoit de la douceur & de la raison; il ne faut pas oublier du moins qu'il mourut (en 1631) en secourant des citoyens attaqués de la peste.

GARCEZ, (Julien) (*Hist. mod.*), évêque de Tlascala au Mexique, nommé par Charles-Quint, doit partager avec Barthelemi de las Casas (*voyez* Casas) la gloire d'avoir traité les Américains avec douceur & avec bonté, & d'avoir eu pour ennemis les oppresseurs & les tyrans. Il défendit les Américains dans un traité en forme de lettre adressée au Pape Paul III. Padilla l'a fait imprimer dans son histoire du Mexique. *Garcez* mourut vers l'an 1547.

GARCIAS LASSO ou GARCILASSO DE LA VEGA (*Hist. litt. mod.*) c'est le nom d'un poëte & d'un historien, tous deux très-connus. Le poëte est un de ceux à qui la poësie espagnole a le plus d'obligation; il a été commenté par Sanctius, le plus savant grammairien de l'Espagne. *Garcilasso* avoit été élevé auprès de Charles-Quint; il le suivit dans ses expéditions d'Allemagne, d'Afrique & de Provence. Il mourut à Nice en 1536, de blessures qu'il avoit reçues auprès de Fréjus dans cette expédition de Provence.

L'historien étoit d'origine espagnole; mais il étoit né à Cusco, capitale du Pérou. Il a donné en espagnol l'histoire de la Floride & celle du Pérou.

GARCIE, roi d'Oviedo & de Léon, (*Histoire d'Esp.*) Pour être aimé de ses sujets, il ne suffit pas à un roi de se couvrir de gloire par la plus héroïque valeur; ce n'est pas même assez pour lui d'avoir reçu de la nature & de l'éducation les plus rares talens; eût-il encore les qualités les plus brillantes, s'il n'est pas doux & bienfaisant, s'il n'est point accessible, si même par un zèle outré pour la justice, il affiche une trop inflexible sévérité, dès-lors il perd inévitablement la confiance de ses peuples, & jamais, quoi qu'il fasse, il ne parviendra à se concilier l'attachement de ses sujets. Tel fut le roi don *Garcie* qui, par son assidue application, par sa valeur & ses heureuses dispositions, mérita l'estime publique; mais qui, par ses rigueurs & son caractère sombre, ne put que se faire craindre, & ne fut point aimé. D'ailleurs, les moyens qu'il avoit employés pour avancer le jour de son avénement au trône, avoient fait contre lui l'impression la plus défavorable. Fils d'Alphonse III, dit *le grand*, & digne d'un tel père à bien des égards, mais cependant moins modéré, beaucoup moins vertueux, *Garcie* impatient de gouverner, forma, de concert avec Nunno Fernandez, dont il avoit épousé la fille, le complot odieux de détrôner son père & de lui ravir la couronne. Alphonse III, instruit de cette criminelle trame, marcha contre son fils ingrat, qui déjà s'étoit armé, le combattit, remporta la victoire, prit son fils & le fit renfermer au château de Gauzon, où il le retint prisonnier pendant deux ou trois ans, quelque pressantes que fussent les sollicitations de la reine, mère du captif, & celle de Nunno Fernandez. Don Ordogno, frère du prisonnier, se joignit à sa mère & à Nunno: ils cessèrent de travailler à fléchir la juste colère d'Alphonse, mais ils soulevèrent le peuple en faveur de *Garcie*, & l'état étoit menacé d'une guerre civile, lorsque le roi Alphonse, sacrifiant ses plus chers intérêts, ses droits & son rang à la tranquillité publique, mit le prince don *Garcie* en liberté, assembla les états, & abdiqua la couronne en faveur de ce même fils dont les états indignés eussent dû punir l'audace & la rebellion. Ce fut ainsi que *Garcie* monta sur le trône en 910. Il voulut effacer l'iniquité du moyen dont il s'étoit servi, & dans cette vue, il commença par fonder un monastère qu'il enrichit ensuite, ce qui, dans ce temps de superstition, réparoit les plus grands crimes. Après cette action qui lui acquit la réputation d'un prince très-pieux, il assembla son armée, & alla porter la guerre chez les Maures. Le roi de Cordoue lui opposa l'élite de ses troupes sous le commandement d'Ayola, regardé comme le plus habile général maure de son siècle; mais, malgré sa valeur & son habileté, il fut vaincu, ses troupes massacrées, & lui-même fait prisonnier & réservé à une longue captivité, dont il s'affranchit cependant, en trouvant le moyen de de s'évader, malgré la vigilance de ses gardes. Animé par ce succès, *Garcie* de retour dans ses états, concerta avec son père le plan de la campagne suivante ; & Alphonse, quelque sujet de mécontentement qu'il eût contre son fils, voulut bien se charger du commandement d'une partie des troupes, à la tête desquelles il alla ravager les terres des Infidèles. Après mille actions glorieuses & éclatantes, il revint chargé de lauriers & de butin à Zamora, où il mourut deux ans après son abdication. Les regrets que cette irréparable perte causa à *Garcie*, ne l'empêchèrent point de poursuivre la guerre qu'il avoit déclarée aux Maures ; mais avant que de continuer le cours de ses opérations, il tenta d'enlever la Galice à son frère don Ordogno, auquel pourtant il avoit les plus grandes obligations : ce projet ne lui réussit point. Don Ordogno, aimé de ses sujets autant que le roi de Léon étoit craint & peu chéri des siens, se disposoit à la plus vigoureuse résistance, lorsque la reine mère réconcilia ses deux fils qui se lièrent de la plus étroite amitié, & portèrent ensemble avec succès la guerre chez les Maures : rien ne leur résista, & le roi de Léon eût porté ses conquêtes tout aussi loin qu'il le desiroit, si la mort ne l'eût arrêté au milieu de sa course ; il tomba malade à Léon, languit quelques jours, & mourut fort estimé, mais très-peu regretté de ses peuples, après un règne de trois ans. (*L. C.*)

GARCIE I, FERNANDEZ, comte de Castille, (*Hist. d'Esp.*) Il n'y avoit que peu d'années que la Castille s'étoit rendue indépendante & formoit un état séparé aussi puissant & aussi redoutable qu'aucune des souverainetés qui divisoient l'Espagne, lorsque Ferdinand Gonçalez, qui avoit opéré, par sa valeur & son ambitieuse habileté, cette grande révolution, transmit paisiblement ses états à don *Garcie* Fernandez son fils, & mourut aussi tranquille possesseur de la souveraineté de Castille, que si elle eût été dans sa maison aux titres les plus légitimes. *Garcie* succéda sans obstacles aux états de son père en 970, & ne tarda point à gagner la confiance de ses sujets, par les soins qu'il se donna pour les rendre heureux & contens. Il consacra les sept premières années de son gouvernement à la félicité publique, & les moyens qu'il prit pour la fixer dans ses états, réussirent au gré de ses desirs & au-delà de son attente. Le comte de Vela qui avoit les droits les mieux fondés sur la souveraineté de la fertile province d'Alava, dont il avoit été dépouillé par Ferdinand, intéressa à sa cause le roi de Cordoue, qui, jaloux d'ailleurs de l'accroissement successif que prenoit la puissance des comtes de Castille, prit les armes en faveur du comte de Vela, fit contre les Castillans les plus formidables préparatifs, & chargea son général Orduan de ravager leurs possessions. *Garcie*, informé de l'orage qui se préparoit contre lui, se ligua avec Sanche, roi de Navarre, & marcha contre Orduan qui avoit pénétré déjà dans ses états où il faisoit d'horribles dévastations; *Garcie* lui livra bataille, remporta sur lui une victoire éclatante, le mit en fuite & délivra ses sujets des hostilités des Maures. Ceux-ci firent, dès l'année suivante, les plus grands efforts pour rétablir l'honneur & la gloire de leurs armes ; mais *Garcie* déconcerta tous leurs projets, & quoique son armée fût de beaucoup inférieure à celle de ses ennemis, il les contraignit encore de se retirer, après avoir souffert des pertes très-considérables. Almançor, qui s'étoit déjà rendu si redoutable aux Chétiens, entreprit de venger les Infidèles; mais il n'eut que peu de succès, & *Garcie* eut plus d'une fois la gloire de rendre la victoire incertaine entre lui & ce fameux général. Cette guerre dura plusieurs années toujours avec la même incertitude ; mais à la fin la fortune se déclara pour le comte de Castille ; il remporta divers avantages décisifs sur les Maures qu'il battit complétement dans les plaines d'Osma ; il mit le comble à sa gloire par la justice qu'il rendit à la famille de Vela, qu'il rappella en Castille, & qu'il remit en possession des biens que Ferdinand lui avoit ravis. La guerre terminée, & ses états rendus aussi florissans qu'ils pouvoient le devenir, *Garcie* eut le chagrin de voir son fils séduit par les conseils de quelques lâches adulateurs, se soulever contre lui & former des complots odieux : il fit tous ses efforts pour ramener ce fils ingrat ; mais le voyant décidément déterminé à la rebellion, il le prévint, prit les armes, lui livra bataille, le prit lui-même, & eut la générosité de lui pardonner son crime. Cette guerre civile étoit à peine éteinte, que l'armée du roi de Cordoue se jetta sur les terres de Castille & y commit d'affreux ravages. *Garcie* rassembla toutes ses troupes, marcha contre les Infidèles, les rencontra entre Alcocer & Berlanga, leur livra bataille, fut malheureux ; & , entraîné par sa valeur, s'engagea si avant dans les escadrons ennemis, qu'il fut enveloppé de toutes parts, couvert de blessures & fait prisonnier, tandis que son armée, consternée de cet accident, s'abandonna à la terreur & prit la fuite avec précipitation. *Garcie* ne survécut que deux jours à sa défaite, & mourut de ses blessures entre les mains des Maures, qui, malgré la violence de leur haine pour les Chrétiens, ne purent s'empêcher d'admirer la fermeté du comte de Castille, captif & mourant, comme ils avoient si souvent redouté sa valeur au milieu des combats. (*L. C.*)

GARCIE II, comte de Castille, (*Hist. d'Esp.*) Si ce jeune souverain eût vécu plus long-temps, disent les historiens espagnols, il eût été sans doute le modèle des rois ; car il n'eut ni défauts, ni foiblesses, ni vices : il n'eut que des vertus, des talens infiniment au-dessus de son âge, & les qualités les plus propres à illustrer les princes. Il avoit quatorze ans à peine, lorsque don Sanche son père lui transmit en mourant la souveraineté de Castille en 1022, sous la tutèle de dona Elvire sa mère, & sous la protection de don Sanche, roi de Navarre, son oncle. On assure que malgré sa jeunesse, *Garcie II* eut pu gouverner seul, & qu'alors même ses sujets, ainsi que les nations voisines, avoient pour lui l'admiration la plus profonde & la plus méritée. Cependant que lqu'éminentes que fussent ses vertus, son élévation ne laissa pas d'occasionner des troubles, par l'ambition de quelques factieux qui, méprisant la jeunesse de leur nouveau comte, entreprirent d'exciter des soulevemens, & de se rendre indépendans. Le plus dangereux de ces rebelles étoit don Ferdinand Guittierez, qui s'empara du château de Monçon, arma ses partisans contre le souverain, & se ligua secrétement avec les Infidèles. Le roi de Navarre informé de ces mouvemens, se rendit, suivi de l'élite de ses troupes, auprès de son neveu qui, avec un tel secours, marcha contre le perfide Guittierez, le battit, dispersa les rebelles, & rendit le calme à l'état. Le jeune comte de Castille, auquel étoit promise en mariage la princesse dona Sanche, dont il étoit éperdument amoureux, après avoir fixé le jour de son mariage, informé de l'arrivée prochaine de cette princesse, mais trop empressé de la voir pour attendre qu'elle se fût rendue dans ses états, alla au devant d'elle, & entra dans le royaume de Léon. Les trois comtes de Vela, anciens ennemis de la maison de *Garcie*, ne furent pas plutôt instruits de ce voyage, qu'ils allèrent au devant du comte, lui témoignèrent l'attachement le plus tendre, le zèle le plus vif & le plus respectueux. Le jeune *Garcie* avoit d'autant moins de défiance, qu'il chérissoit l'aîné des trois frères qui étoit son parrain, & qu'il lui paroissoit très-naturel qu'ils marquassent par cette satisfaction apparente l'envie qu'ils avoient de se réconcilier avec lui, puisque son père avoit eté leur souverain; mais il fut cruellement détrompé par celui même des trois comtes qu'il estimoit le plus, par son parrain qui, s'étant avancé comme pour lui baiser la main, le poignarda à l'instant où don *Garcie* se baissoit pour l'embrasser : ainsi mourut dès le commencement de son règne ce jeune comte de Castille, l'objet chéri des espérances & des vœux de ses sujets. Don Sanche, roi de Navarre, son oncle & son successeur, vengea sa mort, & répandit le sang de ses lâches assassins, mais la punition de ces traîtres ne consola point les Castillans, qui restèrent long-temps sensibles à cette perte irréparable. (*L. C.*)

GARDE, (ANTOINE ISCALIN DES AYMARES BARON DE LA) (*Hist. de Fr.*) nommé d'abord le capitaine Paulin, & long-temps connu sous ce nom, fut un aventurier illustre, propre à la guerre, propre aux affaires, & auquel il n'a manqué que quelques conjonctures pour égaler la gloire du premier des Sforces, à la carrière duquel la sienne ressemble à beaucoup d'égards. Né, élevé comme lui, dans un petit bourg & chez des parens pauvres, il les quitta, comme lui, par un de ces coups de hasard qui quelquefois déterminent un caractère & décident du sort de la vie. Un simple caporal, passant par le bourg de Paulin, lui trouva, autant qu'il pouvoit en juger, de l'esprit & une physionomie heureuse ; il le demanda à son père, offrant à cet enfant la fortune qu'un caporal pouvoit lui faire, c'est-à-dire, de le prendre pour goujat ; le père ne voulant pas s'en priver, le refusa ; mais l'étoile du jeune Paulin en décida autrement. Le goût des armes vint le saisir, il quitte son père, suit le caporal, le sert deux ans en qualité de goujat, devient arquebusier, enseigne, lieutenant, capitaine ; toujours brave, toujours distingué par les talens de la guerre dans tous ces emplois subalternes.

Guillaume du Bellay Langei, homme qui se connoissoit en hommes & sur-tout en négociateurs, démêla en lui de plus grands talens encore pour la négociation. Lorsqu'en 1541 le marquis du Guast eût fait assassiner les ambassadeurs françois Rincon & Frégose, dont l'un alloit négocier à Constantinople & l'autre à Venise, & lorsque la guerre eût recommencé à cette occasion, Langei annonça Paulin à François I comme l'homme le plus propre à braver les périls & à vaincre les difficultés de ces deux délicates ambassades. Les intrigues secrètes de l'empereur pénétroient jusqu'à la Porte & y poursuivoient l'ambassadeur françois; le fier Sultan, Soliman II, regardoit Paulin comme un artisan de fraude qui venoit le tromper ; mais Paulin sut employer avec tant de supériorité les ressources de la patience, de la pénétration, de la fermeté, de l'activité, de la vérité ; il parla si éloquemment, il agit si habilement, qu'il détruisit tous les préjugés & dissipa tous les nuages. Il mit dans ses intérêts l'aga des Janissaires; il parvint enfin à se faire entendre, croire & goûter de Soliman lui-même ; il eut avec lui des entretiens fréquens, il se rendit agréable, il devint presque un favori ; enfin, il obtint tout ce qu'il voulut. Barberousse, ce grand homme de mer de l'empire Ottoman, eut ordre de le suivre, de lui obéir en tout, & de faire la guerre suivant ses conseils, c'est-à-dire, en renonçant à cet usage barbare des Mahométans, de brûler, de ravager tout sur les terres des Chrétiens, & de réduire les prisonniers en esclavage: une flotte turque de cent-dix galères, commandée par Baberousse, alla se joindre à celle des François sur les côtes de la Provence.

Paulin négocia aussi à Venise en allant à Constantinople & en revenant; il profita de toutes les circonstances, de toutes les semences de division, qu'il trouva répandues entre la république de Venise & la maison d'Autriche; il ne tint pas à lui que les Vénitiens n'entrassent dans une ligue avec les François & les Turcs contre cette maison.

C'est avec regret qu'on voit le baron de la *Garde*, si digne de s'illustrer par d'autres exploits, jouer un rôle dans l'affreuse expédition de Cabrières & de Merindol, en 1545. Il conduisit en Provence, contre les paisibles Vaudois, les troupes qui venoient de combattre avec les Turcs contre des chrétiens catholiques : il eut ordre d'obéir au premier président d'Oppède, commandant des troupes de la province. Ce magistrat & l'avocat du roi Guérin, étoient des tigres que le plus horrible carnage ne pouvoit assouvir. Le baron de la *Garde* qui avoit fait la guerre avec le corsaire Barberousse & avec ses turcs, admiroit la froide rage de ces chrétiens, ministres de justice & de paix; il n'avoit jamais rien vu de semblable. Sous Henri II, cet assassinat juridique fut la matière d'une cause solemnelle, plaidée avec le plus grand éclat au parlement de Paris pendant cinquante audiences. D'Oppède plaida lui-même sa cause & la gagna, quoiqu'il n'alléguât que des raisons fanatiques pour justifier une conduite fanatique. Il prouva qu'il avoit fallu égorger tous les Vaudois, parce que Dieu avoit ordonné à Saül d'exterminer tous les Amalécites.

Le baron de la *Garde*, pour la part qu'il avoit eue à l'expédition de Cabrières & de Mérindol, fut emprisonné pendant quelques mois; l'avocat du roi, Guérin, paya pour tous; il fut pendu en 1554, encore, dit-on, que ce fut pour des faussetés & des concussions étrangères à l'affaire de Mérindol; car les plus grands attentats contre la nature sont quelquefois les moins punis.

Le baron de la *Garde* étoit général des galères, on prétend même qu'il fut le premier en titre d'office. Ses lettres, qui sont du 23 avril 1544, lui donnent le titre de *chef & capitaine général de l'armée du Levant*. On lui ôta deux fois le généralat des galères, une fois à propos du procès de Cabrières & de Mérindol; mais son innocence ayant été reconnue, sa place lui fut rendue; elle lui fut encore ôtée en 1557, & ne lui fut rendue qu'en 1566: Il mourut en 1578. Il prenoit le nom de la *Garde*, parce qu'il étoit né au village de la *Garde* en Dauphiné.

Un autre la *Garde*, plus moderne, appartient, si l'on veut, à l'histoire littéraire; il se nommoit Philippe Bridard de la *Garde*; c'étoit un protégé de la marquise de Pompadour; il étoit chargé en conséquence des fêtes particulières que Louis XV donnoit dans ses appartemens. Il s'étoit chargé aussi de la partie des spectacles dans le mercure; ses articles sont encore curieux par l'importance qu'il mettoit aux petites choses & par l'emphase ridicule de ses expressions. Né à Paris en 1710, mort le 3 octobre 1767.

GARDE DES COFFRES *ou* TRÉSORIER DE L'EPARGNE. (*Hist. mod.*) C'est un des principaux officiers dans la cour du roi d'Angleterre, immédiatement après le contrôleur; lequel dans la cour du tapis verd, & quelquefois ailleurs, a la charge ou l'inspection particulière des autres officiers de la maison, afin qu'ils tiennent une bonne conduite, ou qu'ils fassent avec exactitude les fonctions de leurs offices : c'est lui qui paye leurs gages. *Chambers*. (*D. G.*)

GARDES DES FOIRES, officiers établis dans les foires pour en conserver les franchises, & juger des contestations, en fait de commerce, survenues pendant la durée de ces foires : on les nomme plus ordinairement *juges conservateurs*. (*D. G.*)

GARDE DU SCEAU PRIVÉ *d'Angleterre*. (*Hist. mod.*) C'est un des grands officiers du royaume & de la couronne britannique, &, en cette qualité, l'un des membres nés du conseil privé du roi; sa charge amovible, comme la plupart des autres de l'état, consiste à prendre connoissance de tous les actes royaux qui portent, soit affranchissemens, soit donations, soit gratifications, &c. avant qu'ils passent au grand sceau; & à faire expédier, en munissant simplement du sceau privé, les autres actes de même nature, mais de moindre importance, qui, émanant aussi du roi, n'ont cependant pas besoin de passer à la grande chancellerie. L'on ignore de quelle ancienneté est cette charge, mais on sait qu'elle est du nombre de celles qui peuvent être exercées par commissaires, & que son salaire annuel est de 1500 livres sterlings (*D. G.*)

GARDE-ROBE, (*grand-maître de la*) (*Hist. mod.*) Cette charge a été créée le 26 novembre 1669. C'est M. le duc de Liancourt qui la possède depuis 1783. Le grand-maître de la *garde-robe* prête serment de fidélité entre les mains du roi, & le reçoit des autres officiers de la *garde-robe*. Sa charge est de faire faire & d'avoir soin des habits, du linge, & de la chaussure du roi. Il dispose de toutes les hardes losque le roi ne veut plus s'en servir. Le grand-maître de la *garde-robe* donne la chemise à sa majesté, en l'absence des princes du sang ou légitimés, du grand-chambellan, & des premiers gentilshommes de la chambre. Le matin, quand le roi s'habille, il lui met la camisolle, le cordon bleu, & le juste-au-corps. Quand sa majesté se déshabille, il lui présente la camisolle de nuit, le bonnet, le mouchoir, & lui demande quel habit il lui plaira de prendre pour le lendemain. Les jours de grandes fêtes, le *grand-maître de la garde-robe* met au roi le manteau & le collier de l'ordre, fait les fonctions de chambellan & des deux premiers gentilshommes de la chambre, en leur absence. Il a son appartement. Les jours d'audience aux ambassadeurs, il a place derrière le fauteuil de sa majesté à côté du premier gentilhomme ou du grand-chambellan, & prend la gauche du fauteuil du roi. Il y a, d'ancienne création, deux maîtres de la *garde-robe* servant par année. Ils font serment de fidélité entre les mains du roi. En l'absence des princes du sang ou légitimés, du grand-chambellan, des premiers gentilshommes de la chambre, & du grand-maître de la *garde-robe*, ils donnent la chemise au roi. Ils se trouvent aussi aux audiences des ambassadeurs, & montent sur l'estrade ou le haut-dais. Celui qui est d'année a un appartement. C'est lui qui présente la cravate au roi, son mouchoir, ses gants, sa canne, & son chapeau. Lorsque sa majesté quitte un habit, & qu'il vide ses poches dans celles de l'habit qu'il prend, le maître de la *garde-robe* lui présente ses poches pour les vider le soir. Lorsque le roi sort de son cabinet, il donne ses gants, sa canne, son chapeau, son épée au maître de la *garde-robe*; & après que sa majesté a prié Dieu, elle vient se mettre sur son fauteuil, & achève de se déshabiller. Le maître de la *garde-robe* tire le just-au-corps, la veste, le cordon bleu, & reçoit aussi la cravate. Ces deux charges sont possédées, l'une par M. le comte de Boisgelin, depuis 1760; l'autre par M. le marquis de Chauvelin, depuis 1773. Les officiers de *garde-robe* sont: quatre premiers valets de *garde-robe* servans par quartier, seize valets de *garde-robe* servans aussi par quartier, un porte-malle, quatre garçons ordinaires de la *garde-robe*, trois tailleurs-chaussetiers & valets-de-chambre, un empeseur ordinaire, & deux lavandiers du linge de corps. (*A. R.*)

GARDIE. (DE LA) (*Hist. de Suède.*) Les comtes de la *Gardie*, grands-seigneurs de Suède, descendent d'un gentilhomme de Carcassone, nommé Pontus de la *Gardie*, qui, ayant servi différentes puissances & en différentes contrées, fut pris par les Suédois dans un combat, où il étoit au service du Danemarck. Il se mit au service de la Suède, & fit pour elle des conquêtes sous les rois Eric XIV & Jean III. Il s'empara de la Carélie sur les Moscovites, & pendant la paix il fut employé en diverses négociations. C'étoit un aventurier illustre, un général habile & un négociateur intelligent. Il mourut en 1585 en faisant naufrage à l'entrée du port de Revel, capitale de la Livonie.

De lui descendoit le comte Magnus-Gabriel de la *Gardie*, premier ministre de Suède, tout puissant sous le règne de Christine, dont il étoit le favori; non moins puissant sous Charles Gustave, son successeur, auquel il rendit, en 1656, le service de faire lever aux Moscovites le siège de Riga; non moins puissant sous Charles XI, pendant la minorité duquel il avoit eu part à la régence. Il mourut en 1686 avec la réputation d'un guerrier & d'un homme d'état.

☞ GARDIER, s. m. (*Hist. de France.*) officier supérieur établi autrefois dans quelques villes du royaume, comme à Lyon, à Vienne, &c. pour faire payer à ceux que le souverain avoit mis sous leur sauve-garde, les impositions dues pour cela; pour leur faire rendre justice des vexations qu'on pouvoit exercer contre eux; pour donner l'investiture des biens mouvans du domaine; enfin pour connoître par lui-même ou par ses officiers, des infractions à tous ces égards.

Il falloit que cet emploi fût une dignité de confiance, puisque Gui dauphin ne dédaigna pas d'être *gardier* dans la ville & cité de Lyon; & pour le dire en passant, ce Gui dauphin n'est point ce malheureux chevalier templier, brûlé à Paris avec le grand-maître Jacques de Molay, comme l'ont écrit la plupart de nos historiens, Nicole Gille, Paul Emile, Dupleix, Mezerai, le Père Labbe, & M. Dupuy lui-même, sur l'autorité de Villani. Gui dauphin, *gardier* de Lyon, baron de Montauban, & frère de Jean, dauphin de Viennois, étoit le troisième fils d'Humbert premier, seigneur de la Tour & de Coligni, appellé en 1282 à la souveraineté du Dauphiné. Ce fils Gui fut marié avec Béatrix de Baux, & mourut en 1318. (*D. J.*)

GARDINER. (ETIENNE) (*Hist. de la réform. d'Anglet.*) *Gardiner* & Bonner, évêques anglois, célèbres dans l'histoire de la réformation d'Angleterre, par les persécutions qu'ils ont souffertes, & sur-tout par celles qu'ils ont fait souffrir. Ces deux hommes avoient d'abord été favorables au schisme d'Angleterre; *Gardiner* avoit souscrit sous Henri VIII l'acte de rénonciation à l'autorité du saint siège, & avoit écrit en faveur de la suprématie. Bonner, ambassadeur du même Henri VIII, à l'entrevue de Marseille, dans le temps du divorce, en 1733, avoit signifié à Clément VII, en personne, un appel au futur concile, avec toute l'insolence & toute la dureté schismatiques. Ces esprits extrêmes se jettèrent depuis dans l'excès contraire. Bonner, évêque de Londres, *Gardiner*, évêque de Winchester, furent dépouillés violemment de leurs évêchés sous le règne d'Edouard VI, pour leur attachement au saint siège. Irrités par cette persécution, il se rendirent les instrumens des cruautés de la reine Marie. Ces deux tigres égorgeoient à l'envi le troupeau des réformés, abandonnés alors à leur vengeance; ils avoient sollicité cet emploi, ils préludoient à celui des bourreaux, en accablant d'injures & de coups les malheureux qu'ils envoyoient au bûcher; ils les y conduisoient quelquefois; la férocité de ces deux évêques faisoit horreur à ceux-mêmes qui en approuvoient le principe & l'objet. Bonner n'étoit qu'un barbare, plus violent encore que *Gardiner*; mais *Gardiner* étoit de plus un fourbe, qui intéressoit secrétement la politique étrangère dans ses intrigues à la cour; il redoutoit l'estime & l'amitié de Marie pour le cardinal Polus;

si redoutoit la piété sincère & les vertus douces de ce prélat ; Marie avoit demandé Polus pour légat en Angleterre ; *Gardiner* trouva le moyen de retarder l'arrivée de Polus, & d'obtenir les sceaux, en se faisant recommander à la reine par l'empereur Charles-Quint. Il l'avoit mis dans ses intérêts, en proposant le mariage du prince Philippe, son fils, (qui fut depuis Philippe II) avec la reine Marie. *Gardiner* vendit, en cette occasion, l'Angleterre à Charles-Quint pour douze cents mille livres.

Gardiner & Bonner livrèrent aux bourreaux le vieux Latimer, évêque de Worcester, & Ridley, évêque de Rochester, qui, sous Edouard, s'étoient vus les arbitres du sort de leurs persécuteurs ; on avançoit par degrés jusqu'au fameux archevêque de Cantorbéri, Thomas Crammer, l'auteur de la réforme & l'inventeur de la suprématie royale. (*Voyez* l'article CRAMMER.) *Gardiner* avoit d'autres vues, il vouloit sauver la vie à Crammer, non par humanité (ce sentiment n'entroit point dans son ame), mais parce qu'il prévoyoit que l'archevêché de Cantorbéri seroit donné à Polus. *Gardiner* mourut en 1555 : Bonner n'eut pas la même politique ; Crammer avoit été son juge du temps d'Edouard ; Bonner ne vit que le plaisir de s'en venger, & cette grande victime fut immolée.

Gardiner étoit fils naturel de Richard Videville, frère d'Elisabeth, femme d'Edouard IV. On dit qu'il eut des remords en mourant, & qu'il disoit : *j'ai péché comme Pierre, mais je n'ai pas pleuré comme lui.* Pierre avoit péché par foiblesse & par crainte, *Gardiner* par férocité. On a de lui quelques écrits de controverse. Il est à remarquer qu'il exerça les fonctions de chancelier pendant qu'il subsistoit contre lui une sentence de mort rendue pour les affaires de religion sous Edouard VI, & qu'il dédaigna de faire révoquer sous le règne de Marie.

GARENGEOT, (RENÉ-JACQUES-CROISSANT DE) (*Hist. litt. mod.*) démonstrateur royal en chirurgie à Paris, membre de la société royale de Londres, auteur de plusieurs ouvrages sur son art qui sont estimés, tels que *la mytomie humaine*; un *traité des instrumens de chirurgie*; un *des opérations de chirurgie*; l'*anatomie des viscères*; l'*opération de la taille.* Né à Vitry le 30 juillet 1688. Mort à Paris le 10 décembre 1759.

GARET, (DON JEAN) (*Hist. litt. mod.*) bénédictin de la congrégation de Saint-Maur ; on lui doit une belle édition de Cassiodore. Né au Havre-de-Grace en 1647. Mort à l'abbaye de Jumiéges en 1694.

GARGOULETTE, s. f. *terme de relation.* La *gargoulette* est un vase de terre du Mexique, extrêmement legère & transparente. Ce vase est double, c'est-à-dire, qu'il y en a deux en partie l'un dans l'autre. Le premier, ou supérieur, a la forme d'un entonnoir qui n'est pas percé, dont le bout est enchâssé dans le second, ou inférieur. Celui-ci a un petit goulot comme une théyère, pour rendre la liqueur qu'il a reçue. C'est dans le supérieur qu'on verse la liqueur, d'où elle passe en filtrant dans celui de dessous. On met une attache aux ances de la *gargoulette* pour la suspendre à l'ombre, & l'eau y devient d'une grande fraîcheur.

On a voulu imiter ce vase en Europe, & particulièrement en Italie; mais on n'a pas pu y réussir jusqu'à présent : c'est la terre qui en fait toute la bonté, & ils sont d'une commodité merveilleuse au Mexique. On n'y met pour l'ordinaire que de l'eau pure, parce que le vin est trop chargé de corpuscules hétérogènes qui ne passeroient pas au travers des pores de la terre, ou qui les rempliroient bientôt; au lieu que l'eau étant plus homogène, se filtre avec facilité, & se rafraîchit considérablement par le moyen de l'air frais qui pénètre les pores des deux vaisseaux.

Mais, les *gargoulettes* des Indes orientales, faites avec la terre de Patna, sont encore au-dessus de celle du Mexique. Ce sont des bouteilles assez grandes, capables de contenir autant de liqueur qu'une pinte de Paris; cependant elles sont si minces & si legères qu'elles pourroient être enlevées en l'air, étant vides, par le souffle seul, comme les boules d'eau de savon que font les enfans. On se sert de ces sortes de vases pour rafraîchir l'eau dans un lieu frais, & l'on dit que dans le pays cette eau y contracte une odeur & un goût très-agréable. L'on ajoute que les dames indiennes, après avoir bu l'eau, mangent avec délices le vase qui la contenoit; ensorte qu'il y a telle femme grosse au Mogol, qui, si on ne l'en n'empêchoit, dévoreroit en peu de temps les plats, les pots, les caraffes, les bouteilles, & tous les autres ustensiles de la terre de Patna qu'elle trouveroit sous sa main. (*D. J.*)

GARIN LE LOHERANS ou LE LORRANS, c'est-à-dire LE LORRAIN. (*Hist. litt. mod.*) C'est le nom du plus ancien roman que nous ayions en langue romance ou françoise vulgaire. Il peut servir à donner une idée des mœurs du temps, mais il faut bien se garder d'y vouloir puiser aucune notion historique, & d'en faire une autorité pour l'histoire, comme font quelquefois les Lorrains par une espèce d'erreur volontaire, assez semblable à celle qui a donné quelque autorité, même en histoire, au conteur, au romancier Bocace, chez les Italiens & les Espagnols.

GARLANDE, (*Hist. de Fr.*) ancienne maison très-puissante du temps de Louis le Gros, mais qui ne subsiste plus. Anseau, Guillaume & Etienne de *Garlande*, trois frères, furent successivement revêtus de la charge de sénéchal de France.

Anseau fut tué en 1117, au siége du Puiset & par Hugues du Puiset lui-même. Guillaume étoit général de l'armée du roi au combat de Brenneville. Etienne fut chancelier de France & principal ministre, toujours sous Louis le Gros. Sur quelque mécontentement il fit la guerre au roi, il fut soumis ou se soumit lui-même, il fit sa paix en 1130. Gilbert de *Garlande*, frère aîné d'Anseau, de Guillaume & d'Etienne, fut de la première croisade & se distingua au siége de Nicée. Guillaume mourut vers l'an 1120; Etienne le 14 janvier 1150.

GARNACHE, (FRANÇOISE DE ROHAN DE LA) (*Hist. de Fr.*) (*Voyez* ROHAN.)

GARNET & OLDECORNE, (*Hist. d'Angl.*) deux jésuites, pendus & écartelés en Angleterre, le 3 mai 1606, pour avoir eu part à la conjuration des poudres, ou pour l'avoir sue & ne l'avoir pas révélée.

GARNIER, (ROBERT) (*Hist. litt. mod.*) rival de Jodelle pour la tragédie & vanté par ses contemporains, comme supérieur à Eschyle, Sophocle & Euripide. Ses tragédies ont été imprimées à Lyon & à Paris. Il fut lieutenant-général du Mans, puis conseiller au grand-conseil, sous le règne de Henri IV. Né en 1534, mort en 1590, selon les uns; né en 1545, mort en 1601, selon d'autres.

Il y a un jésuite de ce nom, vanté par le P. Hardouin, & auquel on doit une édition de Marius Mercator, une de Liberat & quelques autres. C'étoit un savant. Né à Paris en 1612; mort à Bologne en 1681. Il se nommoit Jean *Garnier*.

Dom Julien *Garnier*, bénédictin de Saint-Maur, en 1725, est plus connu par son édition de Saint-Basile, continuée après sa mort par dom Maran.

GARTH, (SAMUEL) (*Hist. litt. mod.*) poëte & médecin anglois, médecin ordinaire du roi d'Angleterre, Georges I, & premier médecin de ses armées, doublement auteur du *Dispensary*, c'est-à-dire, du *Dispensary*, fondation utile & respectable & du *Dispensary*, poëme plaisant. Le *Dispensary* est un établissement dont l'objet est de donner publiquement aux pauvres dans un appartement du collége médical de Londres, les consultations *gratis* & les médecines à bas prix. Ces établissemens ayant attiré à son auteur la haine des médecins & des apothicaires, il se vengea d'eux par un poëme dans le goût du Lutrin, qu'il intitula le *Dispensary*, du nom de son établissement. C'est une bataille entre les médecins & les apothicaires, comme entre le trésorier & le chantre & entre les chanoines dans le Lutrin. M. *de Voltaire a traduit l'exorde du* DISPENSARY. *Garth* étoit entré dans le collége de Médecins de Londres en 1693.

GASSENDI, (PIERRE) (*Hist. litt. mod.*) prévôt de la cathédrale de Digne, & professeur royal de mathématiques à Paris, philosophe célèbre, qui semble tenir le milieu entre Descartes & Newton; il écrivit contre le premier & fit secte; il sembla préparer les voies au second, en prenant d'Epicure & de Démocrite ce qu'ils paroissent avoir de plus raisonnable en physique, & en renouvellant l'idée du vide. Il avoit pris une devise très-convenable pour un philosophe: *sapere aude*, *osez être sage*, *osez penser*. Il eut pour disciples Cyrano de Bergerac, Molière, Chapelle & Bernier; ce dernier a donné un abrégé de la philosophie de *Gassendi*, en huit volumes in-12. Les œuvres même de *Gassendi* ont été recueillies en six volumes in-folio. Elles contiennent, outre la philosophie d'Epicure, la philosophie de l'auteur & des traités d'astronomie, les vies d'Epicure, de Copernic, de Tico-Brahé, de Peiresc, de Purbach, &c. sa réfutation des méditations de Descartes. *Gassendi* étoit un homme vertueux & pieux; on l'accusa d'impiété, parce qu'il étoit philosophe, & parce que sa physique étoit celle d'Epicure dont la morale est suspecte. *Gassendi* étoit simple & modeste. Un homme avec lequel il voyageoit de Paris en Provence, rencontrant à Grenoble un de ses amis, apprit de lui que le célèbre *Gassendi* venoit d'arriver dans cette ville, il ajouta: *& je vais le voir*; le voyageur dit: je serai bien aise de connoître un homme aussi célèbre, je vais vous accompagner, il se met en route sous la conduite de son ami; & il est bien étonné de se voir reconduire à son auberge & de trouver *Gassendi* dans son compagnon de voyage, qui lui avoit paru, comme il l'étoit, le plus simple des hommes, & qui n'avoit pas laissé soupçonner qu'il eût rien de remarquable. La vie de *Gassendi* a été écrite par Sorbière, & celle-ci est à la tête de ses œuvres; elle a aussi été écrite par le père Bougerel de l'oratoire. *Gassendi* mourut le 25 octobre 1655; il étoit né en 1592. Il croyoit, & il l'a soutenu dans un écrit particulier, que l'homme étoit un animal essentiellement frugivore, M. de Buffon est d'un avis contraire, & il dit ses raisons. *Gassendi* avoit donné dans les erreurs de l'astrologie judiciaire, mais il en étoit revenu.

GASSION, (JEAN DE) (*Hist. de France*,) maréchal de France, homme plein d'audace & de ressources, dont le cardinal de Richelieu disoit, quand on lui opposoit quelques difficultés, *Gassion les levera*, & qui disoit lui-même, lorsqu'on lui parloit d'impossibilité: *j'ai dans la tête & je porte au côté de quoi la vaincre*. Il s'étoit attaché d'abord au service de Gustave Adolphe, roi de Suède, parce que c'étoit le héros du temps, & que son camp étoit la meilleure école pour la guerre. Gustave, en reconnoissant les fortifications d'Ingolstat qu'il vouloit faire attaquer, fut atteint d'un boulet de canon qui emporta la croupe de son cheval;

tomba; *Gassion* accourut le premier à son secours & le remonta. Après la mort de ce héros, il revint en France, où il en trouva un autre à servir, ce fut le grand Condé. Ce prince, jaloux d'ouvrir le règne de Louis XIV par une victoire, ne confia qu'à *Gassion* son projet de la bataille de Rocroy, & *Gassion* eut l'honneur de le seconder. Il fut blessé au siége de Thionville, le bâton de maréchal de France fut sa récompense. Dans l'intervalle de 1632, époque de la mort du roi de Suéde, à 1643, époque de la bataille de Rocroy, il s'étoit signalé dans une multitude de combats & de siéges en Lorraine, en Flandre & ailleurs; en 1644 & 1645, il commanda sous Gaston, duc d'Orléans; il prit Gravelines & plusieurs autres places en Flandre. En 1647, il reçut au siége de Lens un coup de mousquet, dont il mourut à Arras cinq jours après. Il n'avoit jamais voulu se marier, ne faisant pas, disoit-il, assez de cas de la vie, pour vouloir en faire part à quelqu'un. Un autre disoit : *je n'ai pas encore vu de femme dont je voulusse être le mari, ni d'enfant dont je voulusse être le père.* Ce mot est d'un misanthrope, l'autre est d'un héros.

GASTALDE *ou* CASTALDE, s. m. (*Hist. mod.*) nom d'un officier de la cour de différens princes. Le *gastalde* étoit ce qu'on appelle en Italie & en Espagne, *majordome* : il étoit comte, ce qui prouve que sa charge étoit considérable.

Gastalde ne signifie quelquefois que *courier*, dans les actes qui regardent l'Italie. On donnoit aussi ce nom à un officier ecclésiastique ; ce qui faisoit craindre qu'il n'y eût simonie à acheter cette charge. *Dict. de Trev. & Chambers.* (*A. R.*)

GASTON DE FOIX. (*Voyez* Foix.)

GASTON de France, duc d'Orléans. (*Hist. de Fr.*) Ce fut, dit M. de Voltaire, le second fils de Henri IV, qui mourut avec peu de gloire. Chavigny écrivoit de lui au cardinal de Richelieu, que *la peur étoit un excellent orateur pour lui persuader tout ce qu'on vouloit.* Richelieu employa souvent auprès de lui l'éloquence de cet orateur. (Voyez l'article Chevreuse.) Pendant les ministères de Richelieu & de Mazarin, Gaston entra dans toutes les intrigues, y fit entrer tous ses amis, & finit toujours par les sacrifier. La maxime : *nolite confidere in principibus, in quibus non est salus*, sembloit avoir été faite pour lui. *Je suis le premier de vos amis que vous ayiez aidé à descendre de l'échafaud*, lui dit un homme de la cour, auquel il donnoit la main pour descendre quelques gradins dans une fête. En 1644 & 1645, il parut acquérir quelque gloire, en soumettant Gravelines, Mardick & quelques autres places; mais bientôt il quitta la guerre pour rentrer dans les intrigues, c'étoit son véritable élément. Quand elles échouoient, ce qui ne manquoit jamais d'arriver, il se retiroit à Blois ou on l'y releguoit. Il y mourut en 1660. Il osoit être jaloux du grand Condé, dont il avoit peur, & qui le gouvernoit & l'entraînoit, quand il daignoit en prendre la peine. Il a laissé des mémoires de ce qui s'est passé depuis 1608, jusqu'en 1635. Ces mémoires ont été revus par Martignac. On les a réimprimés en 1756, à la suite des *mémoires particuliers pour servir à l'histoire de France sous Henri III, Henri IV & Louis XIII.*

GATIEN, (Saint) (*Hist. Ecclésiast.*) apôtre de la Touraine, premier évêque de Tours, y mourut vers la fin du troisième siécle. Il avoit été envoyé dans les Gaules l'an 250, par le pape Fabien.

GATIMOSIN, (*Hist. du Mexiq.*) dernier roi du Méxique, victime malheureuse de la cruauté des Espagnols & de la violence de Cortès, (*voyez* Cortez) détrôné en 1523, livré aux plus affreux tourmens, étendu sur un lit de charbons ardens, enfin pendu en 1526 dans la capitale de ses états, sous prétexte qu'il avoit conspiré contre les Espagnols, c'est-à-dire, qu'il auroit voulu chasser de ses états les brigands & les usurpateurs qui les avoient ravagés.

GATTINARA, (*Hist. Mod.*) (Mercurin Arborio de) nommé Gattinara du lieu de sa naissance, dans le Piémont, fut chancelier de l'empereur Charles-Quint, & employé par ce prince en plusieurs négociations importantes. Ce fut lui, qui, à la conférence de Calais en 1521, plaida la cause de Charles-Quint contre le chancelier Duprat, chargé de celle de François I, au tribunal du cardinal Volsey, représentant le roi d'Angleterre Henri VIII, son maître, qui s'étoit fait médiateur & arbitre entre ces deux illustres rivaux. On y traitoit des plus grands intérêts, des droits réclamés par les deux souverains sur le royaume de Naples, de la restitution de la Navarre usurpée sur les maisons de Foix & d'Albret par Ferdinand le catholique, des droits sur la Bourgogne que Charles-Quint prétendoit avoir été enlevée injustement à Marie de Bourgogne, son ayeule, par Louis XI. Il s'agissoit de plus de savoir qui de Charles-Quint ou de François I étoit l'aggresseur dans la guerre qui commençoit alors entre ces deux princes, & si le duc de Bouillon, Robert de la Marck, qui avoit eu la témérité de déclarer la guerre à l'empereur, l'avoit fait à la sollicitation & avec les secours de la France. Si on veut savoir quel étoit le ton de la dispute dans ces conférences, en voici un exemple assez singulier : le chancelier de France avoit dit qu'il consentoit de perdre la tête, si on lui faisoit voir que le roi son maître eût secouru Robert de la Marck dans son expédition contre l'empereur. Le chancelier de l'empereur dit : je demande la tête du chancelier de France, car j'ai ici des lettres qui prouvent la connivence de François I avec Robert de la

Marck. Vous n'aurez point ma tête, répondit Duprat, car j'ai ici les originaux des lettres dont vous parlez, & elles ne signifient point du tout ce que vous dites. *Quand on m'adjugeroit votre tête*, repliqua Gattinara, *je n'en voudrois point, j'aimerois mieux en la place une tête de porc, elle seroit meilleure à manger.* Ce sont les propres termes d'un procès-verbal des conférences de Calais rédigé sur les instructions fournies par le chancelier Gattinara qui paroît s'être applaudi de cette réponse, & c'est ainsi que les deux plus grands ministres, des deux plus grands monarques de l'Europe traitoient les plus grands intérêts.

GAUBIL, (ANTOINE) (*Hist. litt. mod.*) jésuite, missionnaire à la Chine, y passa trente-six ans & joignit à des connoissances astronomiques qui le rendirent utile aux Chinois, une grande connoissance de la littérature chinoise, qui le rendit utile aux savans françois, tels que le P. Souciet & M. Fréret. On trouve son éloge dans le trente-unième volume des lettres curieuses & édifiantes. On a de lui la traduction du *Chouking* & une bonne *histoire de Genghiskan.* Il étoit correspondant de l'académie des sciences de Paris & membre de celle de Pétersbourg. Né en 1708. Mort en 1759.

GAUCHER DE CHATILLON. (*Voyez* CHATILLON.)

GAVESTON, (PIERRE DE) (*Hist. d'Anglet.*) Edouard II, roi d'Angleterre, étoit gouverné par ce jeune *Gaveston*, gentilhomme de Guyenne, que la voix publique accusoit de nourrir ses vices naissans & d'en être l'objet. Edouard I voyant les profusions & les débauches de son fils, s'en étoit pris à *Gaveston*, il l'avoit chassé du royaume & avoit recommandé en mourant à son fils de ne le jamais rappeller. La première démarche d'Edouard II, à peine monté sur ce trône, fut de rappeller *Gaveston*, de le combler de biens & d'honneurs. Son goût pour son favori avoit en public tous les caractères d'une passion désordonnée. La reine Isabelle de France & le favori étoient jaloux l'un de l'autre, & *Gaveston* avoit à l'égard de sa rivale toute l'insolence de l'objet préféré. La nation ne put souffrir ce scandale, qu'augmentoient encore les graces & la beauté de *Gaveston*; les barons se soulevèrent, & demandèrent l'exécution des volontés du dernier roi, c'est-à-dire, l'expulsion du favori. Edouard fut obligé de céder; il combla son favori de nouveaux biens, de nouveaux honneurs, le nomma viceroi d'Irlande, & le conduisit lui-même en pleurant jusqu'à Bristol. *Gaveston* parut s'immoler à la sûreté du roi, & jura de ne plus reparoître en Angleterre; mais Edouard ne pouvoit se passer de lui. Le pape, à sa prière, releva *Gaveston* de son serment; il revint plus magnifique, plus insolent, plus injuste que jamais. Le roi donna pour son retour des fêtes & des tournois dans lesquels il eût le plaisir de le voir toujours triompher; mais craignant pour son favori les accidens des Tournois, il fit cesser ces dangereux exercices. Les grands se soulevèrent de nouveau & crurent devoir mettre un tel prince en tutèle. Edouard subit toutes les contraintes qui ne regardoient que lui, *Gaveston* le consoloit de tout; mais cette infame consolation lui fut enlevée. Le parlement bannit *Gaveston.*

Gaveston est rappellé pour la troisième fois. Les barons prennent les armes, & *Gaveston* étant tombé entre leurs mains, ils lui firent trancher la tête (en 1312), la douleur du roi fut excessive, sa légéreté le fut aussi; il jura aux meurtriers de son favori une guerre éternelle, & s'accommoda le lendemain avec eux, moyennant quelques vaines excuses qu'ils lui firent.

GAUFRIDI, (JEAN) (*Hist. litt. mod.*) Conseiller au parlement de Provence, fils d'un président à mortier du même parlement, auteur d'une *histoire de Provence*, publiée en 1694 par l'abbé *Gaufridi* son fils. Mort aveugle en 1689, âgé de 60 ans.

GAURIC, (LUC) (*Hist. mod.*) Grand astrologue, grand prophète qui exerçoit ce métier en Italie sous le pontificat de Jules II, de Léon X, d'Adrien VI, de Clément VII, de Paul III. Tous ces Papes ne manquoient point de respect pour lui. Catherine de Médicis avoit beaucoup de foi à ses prédictions. On assuroit hautement qu'elles se vérifioient toutes. Il prédit à Henri II qu'il parviendroit à la plus extrême & la plus heureuse vieillesse; Henri fut tué à quarante ans, ce qui n'empêcha pas de répéter que toutes les prédictions de Luc *Gauric* se vérifioient pleinement. Il en fit une à Jean Bentivoglio qui ne lui plut pas, il lui annonça le bannissement, & la perte de sa souveraineté de Bologne; Bentivoglio, pour lui apprendre à prédire, lui fit donner une espèce d'estrapade, qui avança sa mort qu'il n'avoit pas prédite. Il mourut à Ferrare en 1559.

GAWRIE ou GOWRIE. (*Hist. d'Angleterre.*) Dans le temps où Elisabeth, reine d'Angleterre, tenoit Marie Stuart en sa puissance, & remplissoit l'Ecosse de troubles pendant la minorité de Jacques VI, on vit éclater par ses soins, le 22 août 1582, la conjuration de Ruthven, ainsi nommée d'une terre du comte de *Gowrie*, où les lords de la faction angloise retinrent prisonnier le jeune prince; Jacques pleuroit de se voir entre leurs mains, un des conjurés eut l'insolence de lui dire: *il vaut mieux que ce soient les enfans qui pleurent que les hommes faits.* Cependant, le roi ayant dans la suite recouvré la liberté & l'autorité, la conjuration de Ruthven fut punie par le le supplice du comté de *Gowrie*, (décapité en 1583,) quoiqu'il fût, dit-on, un des moins coupables de tous les conjurés. Les fils du comte voulurent dans la suite venger sa mort par une conjuration nouvelle; ils attirèrent le roi, sous quelque prétexte, dans leur maison de Perth, & l'ayant séparé de sa suite, ils se jettèrent sur lui l'épée à la main, à la tête de leurs domestiques; le roi ne s'échappa de leurs mains que par un espèce de miracle, il s'établit un combat entre le parti de *Gowrie* & la suite du roi appellée à son secours par ses cris; & ce combat fut assez violent pour que le comte de *Gowrie* & Alexandre de Ruthven son frère, fussent tués avec plusieurs autres.

GAUSSEM & non GAUSSIN, (JEANNE CATHERINE) dit le nouveau dictionnaire historique, appellons-la toujours du nom qu'elle a rendu si intéressant & si célèbre. Cette charmante actrice débuta le 28 avril 1731, par le rôle de Junie dans *Britannicus*; l'année suivante elle joua *Zaïre*, & M. de Voltaire l'a immortalisée par la fameuse épître.

> Jeune *Gaussin*, reçois mon tendre hommage, &c.

On se souviendra long-temps de ces yeux si pleins de charmes & de cette voix touchante dont parle M. de Voltaire, & de l'effet que faisoient ces vers d'Orosmane;

> Qu'entends-je! est-ce-là cette voix,
> Dont les sons enchanteurs m'ont séduit tant de fois?

appliqués à la voix vraiment enchanteresse de mademoiselle *Gaussin*. Elle quitta le théâtre en 1764, & mourut en 1767.

GAUTHIER ou GAUTIER. (FRANÇOIS) (*Hist. mod.*) La France, accablée depuis long-temps par les alliés dans la guerre de la succession, sembloit menacée d'une ruine prochaine; elle étoit entamée au nord & au midi; Louis XIV venoit d'apprendre à son tour à souffrir le mépris & l'insulte aux conférences de la Haye & de Gertruydenberg. Louis XIV se voyoit réduit par la guerre à l'impossibilité de continuer la guerre & de faire la paix; on lui dictoit des conditions impossibles, puisqu'elles étoient honteuses, & impossibles encore quand il auroit pu consentir à dévorer cette honte; on vouloit qu'il se chargeât seul de faire la guerre à son petit-fils & de le détrôner, ou plutôt on vouloit & on espéroit le perdre: on vouloit que cette formidable puissance qui, à Nimègue avoit fait la loi à toute l'Europe, fût entiérement détruite. Dans ce moment un ecclésiastique fils d'un marchand de Saint-Germain en Laye, nommé l'abbé *Gautier*, simple aumônier, qui avoit suivi le maréchal de Tallard en Angleterre, & qui disoit la messe dans les chapelles des ambassadeurs catholiques à Londres, arrivé à Paris, va trouver le marquis de Torci, ministre des affaires étrangères. « Voulez-vous la paix? lui dit-il, » *c'étoit*, dit Torci, *demander à un malade s'il » desiroit la santé!* — Eh bien! cessez d'implorer » la Hollande qui vous amuse & vous insulte; » adressez-vous à l'Angleterre, c'est de là que » viendra votre salut. » Il avoit raison; tout étoit changé dans ce pays de révolutions. La reine Anne s'étoit dégoûtée de la personne & lassée de l'empire de Sara Jennings, duchesse de Marlborough; la duchesse étoit entiérement disgraciée; le ministère étoit changé; de Wigh il étoit devenu Tory; on attaquoit par degrés la puissance du duc de Marlborough lui-même; on avoit commencé par borner son autorité, on recherchoit son administration; on osoit lui faire son procès dans le même lieu, dit le marquis de Torci, où, depuis dix ans, il recevoit, au nom de la nation, des remerciemens & des éloges au retour de chaque campagne. L'Angleterre commença même à rechercher sous main la France; l'abbé *Gautier* n'étoit pas venu sans instructions, ni sans mission; il en avoit assez pour pouvoir agir, assez peu pour pouvoir être désavoué: ce fut aussi sur ce pied que la France l'employa; & par ses soins, aidés de ceux de Menager & de Prior, nommés de part & d'autre plénipotentiaires, les préliminaires furent signés à Londres au mois d'octobre 1711; ce qui entraîna, comme suites nécessaires, les paix d'Utrecht, de Rastadt & de Bade. Il seroit ingrat & injuste de garder le silence sur l'homme, auquel l'Europe a dû ce bienfait nécessaire. Il fut récompensé, il ne pouvoit l'être trop; la France lui donna les abbayes d'Olivet & de Savigny; le roi d'Espagne une pension de douze mille livres sur l'archevêché de Tolède; la reine Anne une pension de six mille livres & un présent considérable en vaisselle d'argent. Il mourut en 1720.

Un autre abbé *Gauthier* (JEAN-BAPTISTE) étoit le théologien & l'écrivain de l'évêque de Boulogne (*de Langle*), puis de l'évêque de Montpellier (*Colbert*); il ne se contentoit pas de défendre les jansénistes, ses frères, il portoit la guerre en pays ennemi, & attaquoit les jésuites avec beaucoup d'audace; de peur même de manquer d'ennemis, il joignoit aux jésuites ceux qu'il appelloit incrédules, & on lui paroissoit aisément incrédule. Sa grande manie étoit de convaincre d'impiété, il en convainquoit les jésuites Hardouin & Berruyer qui étoient non-seulement croyans, mais pieux; il en convainquoit jusqu'à un ballet moral dansé au collège des jésuites de Rouen; il en convainquoit des hommes d'un autre ordre que les jésuites; les papes, par exemple, & les Montesquieux; il triomphoit quand il avoit découvert & dénoncé un incrédule. Ce n'étoit pas au reſte un écrivain ſans mérite. Indépendamment de ſes nombreux ouvrages polémiques, on a de lui *la vie de M. Soanen, évêque de Senez*, & une hiſtoire abrégée du parlement de Paris, pendant les troubles de la minorité de Louis XIV. Né à Louviers en Normandie en 1685. Mort en 1755.

GAY, (JEAN) (*Hiſt. litt. mod.*) poëte anglois, que quelques-uns ont nommé le *la Fontaine* de l'Angleterre, ſoit parce qu'il eſt célèbre pour avoir fait des fables, ſoit parce qu'il avoit, dit-on, une partie du caractère inſouciant & de la conduite abandonnée du fabuliſte françois. On a auſſi de *Gay* des tragédies, des comédies, des opéra, des paſtorales, des poéſies diverſes, tous ouvrages eſtimés. Nous devons à madame de Kéralio une traduction françoiſe de ſes fables. *Gay* mourut en 1732.

GAYOT DE PITAVAL, (FRANÇOIS) (*Hiſt. litt. mod.*) compilateur & bel-eſprit ridicule, mais trop connu par ſon livre des *Cauſes célèbres* pour être paſſé ſous ſilence. L'abbé des Fontaines, critique aſſez ſavant, quoiqu'il eût la manie de ſe moquer des ſavans, mais plaiſant preſque auſſi lourd que l'abbé d'Olivet, devenoit plaiſant & preſque léger, quand il rendoit compte de quelques productions de *Gayot* de Pitaval, car il y en a un grand nombre, dont la plupart ſont des eſpèces d'*Ana* & de recueils de bons mots. *Gayot* de Pitaval étoit né à Lyon en 1673, avoit été reçu avocat en 1723, & mourut en 1743 : on dit qu'il avoit eu plus de quarante attaques d'apoplexie.

GAZA, (THÉODORE) (*Hiſt. litt. mod.*) un des ſavans qui, au quinzième ſiècle, tranſportèrent les lettres de Grèce en Italie. On a de lui des traductions latines de l'hiſtoire des animaux par Ariſtote, de l'hiſtoire des plantes par Théophraſte, des aphoriſmes d'Hypocrate; des traductions grecques de quelques ouvrages de Cicéron; une grammaire grecque. Mort à Rome en 1475, à quatre-vingts ans.

GAZETTE, ſ. f. (*Hiſt. mod.*) relation des affaires publiques. Ce fut au commencement du dix-ſeptième ſiècle que cet uſage utile fut inventé à Veniſe, dans le temps que l'Italie étoit encore le centre des négociations de l'Europe, & que Veniſe étoit toujours l'aſyle de la liberté. On appella ces feuilles qu'on donnoit une fois par ſemaine, *gazettes*, du nom de *gazetta*, petite monnoie revenante à un de nos demi-ſous, qui avoit cours alors à Veniſe. Cet exemple fut enſuite imité dans toutes les grandes villes de l'Europe.

De tels journaux étoient établis à la Chine de temps immémorial; on y imprime tous les jours la *gazette* de l'empire par ordre de la cour. Si cette *gazette* eſt vraie, il eſt à croire que toutes les vérités n'y ſont pas. Auſſi ne doivent-elles pas y être.

Le médecin Théophraſte Renaudot donna en France les premières *gazettes* en 1631; & il en eut le privilége qui a été long-temps un patrimoine de ſa famille. Ce privilége eſt devenu un objet important dans Amſterdam; & la plupart des *gazettes* des Provinces-Unies ſont encore un revenu pour pluſieurs familles de magiſtrats, qui payent les écrivains. La ſeule ville de Londres a plus de douze *gazettes* par ſemaine. On ne peut les imprimer que ſur du papier timbré, ce ce qui n'eſt pas une taxe indifférente pour l'état.

Les *gazettes* de la Chine ne regardent que cet empire; celles de l'Europe embraſſent l'univers. Quoiqu'elles ſoient ſouvent remplies de fauſſes nouvelles, elles peuvent cependant fournir de bons matériaux pour l'hiſtoire; parce que d'ordinaire les erreurs d'une *gazette* ſont rectifiées par les ſuivantes, & qu'on y trouve preſque toutes les pièces authentiques, que les ſouverains mêmes y font inſérer. Les *gazettes* de France ont toujours été revues par le miniſtère. C'eſt pourquoi les auteurs ont toujours employé certaines formules qui ne paroiſſent pas être dans les bienſéances de la ſociété, en ne donnant le titre de *monſieur* qu'à certaines perſonnes, & celui de *ſieur* aux autres; les auteurs ont oublié qu'ils ne parloient pas au nom du roi. Ces journaux publics n'ont d'ailleurs été jamais ſouillés par la médiſance, & ont été toujours aſſez correctement écrits. Il n'en eſt pas de même des *gazettes* étrangères. Celles de Londres, excepté celles de la cour, ſont ſouvent remplies de cette indécence que la liberté de la nation autoriſe. Les *gazettes* françoiſes faites en pays étranger ont été rarement écrites avec pureté, & n'ont pas peu ſervi quelquefois à corrompre la langue. Un des grands défauts qui s'y ſont gliſſés, c'eſt que les auteurs, en voyant la teneur des arrêts du conſeil de France qui s'expriment ſuivant les anciennes formules, ont cru que ces formules étoient conformes à notre ſyntaxe, & ils les ont imitées dans leurs narrations; c'eſt comme ſi un hiſtorien romain eût employé le ſtyle de la loi des douze tables. Ce n'eſt que dans le ſtyle des loix qu'il eſt permis de dire: *le roi auroit reconnu*, *le roi auroit établi une lotterie*. Mais il faut que le *gazetier* diſe, *nous apprenons que le roi a établi*, & non pas *auroit établi une lotterie*, &c . . . *nous apprenons que les François ont pris Minorque*, & non pas *auroient pris Minorque*. Le ſtyle de ces écrits doit être de la plus grande ſimplicité, les épithètes y ſont ridicules. Si le parlement a une audience du roi, il ne faut pas dire, *cet auguſte corps a eu une audience*, *ces pères de la patrie ſont revenus à cinq heures préciſes*. On ne doit jamais prodiguer ces titres; il ne faut les donner que dans les occasions où ils sont nécessaires. *Son altesse dîna avec sa majesté, & sa majesté mena ensuite son altesse à la comédie, après quoi son altesse joua avec sa majesté; & les autres altesses & leurs excellences messieurs les ambassadeurs assistèrent au repas que sa majesté donna à leurs altesses.* C'est une affectation servile qu'il faut éviter. Il n'est pas nécessaire de dire que les termes injurieux ne doivent jamais être employés, sous quelque prétexte que ce puisse être.

A l'imitation des *gazettes* politiques, on commença en France à imprimer des *gazettes* littéraires en 1665; car les premiers journaux ne furent en effet que de simples annonces des livres nouveaux imprimés en Europe; bientôt après on y joignit une critique raisonnée. Elle déplut à plusieurs auteurs, toute modérée qu'elle étoit. Nous ne voulons point anticiper ici l'*art.* JOURNAL ; nous ne parlerons que de ces *gazettes* littéraires, dont on surchargea le public, qui avoit déjà de nombreux journaux de tous les pays de l'Europe, où les sciences sont cultivées. Ces *gazettes* parurent vers l'an 1723, à Paris sous plusieurs noms différens, *nouvelliste du parnasse*, *observations sur les écrits modernes*, &c. La plupart ont été faites uniquement pour gagner de l'argent; & comme on n'en gagne point à louer des auteurs, la satyre fit d'ordinaire le fonds de ces écrits. On y mêla souvent des personnalités odieuses; la malignité en procura le débit; mais la raison & le bon goût, qui prévalent toujours à la longue, les firent tomber dans le mépris & dans l'oubli.

Une espèce de *gazette*, très-utile dans une grande ville, & dont Londres a donné l'exemple, est celle dans laquelle on annonce aux citoyens tout ce qui doit se faire dans la semaine pour leur intérêt ou pour leur amusement; les spectacles, les ouvrages nouveaux en tout genre; tout ce que les particuliers veulent vendre ou acheter; le prix des effets commerçables, celui des denrées; en un mot, tout ce qui peut contribuer aux commodités de la vie. Paris a imité en partie cet exemple depuis quelques années. *Article de M. DE VOLTAIRE.*

GAZETIER, s. m. (*Hist. mod.*) celui qui écrit une *gazette*; un bon *gazetier* doit être promptement instruit, véridique, impartial, simple & correct dans son style; cela signifie que les bons *gazetiers* sont très-rares. (*A-R*)

GAZIE, s. f. (*Hist. mod.*) nom que les princes mahométans donnent à l'assemblée des troupes qu'ils lèvent pour la propagation de leur religion; comme les Chrétiens ont appellé *croisades* leurs guerres saintes. Ils arborent l'étendard de la religion; & c'en est assez pour lever en peu de temps des armées formidables. Vers l'an 1200, Almansor II passa d'Afrique en Espagne avec une armée de quatre cents mille hommes qu'il avoit assemblés de cette manière. (*A-R*)

GEBER. (JEAN) (*Hist. litt. mod.*) On ne sait certainement ni quel étoit son pays ni dans quel temps il vivoit. Il étoit médecin, astronome, chymiste; Boërhave en parle avec estime dans ses *institutions chymiques*. L'abbé Lenglet du Fresnoy a recueilli dans le premier volume de son histoire de la philosophie hermétique tout ce qu'on a dit & tout ce qu'on pouvoit dire sur la personne & les ouvrages de *Geber*, qu'on a beaucoup accusé d'avoir trouvé la pierre philosophale & le remède universel.

GEDÉON, (*Hist. sacr.*) cinquième juge d'Israël dont l'histoire est rapportée au livre des juges, chapitres 6, 7, 8.

GEDOYN, (NICOLAS) *Hist. litt. mod.*) traducteur de Quintilien & de Pausanias, zélateur des anciens, ami de la célèbre Ninon de l'Enclos, né en 1661, à Orléans, d'une famille noble, jésuite pendant dix ans, chanoine de la Sainte-Chapelle en 1701, reçu à l'académie des belles-lettres en 1711, à l'académie françoise en 1719, nommé à l'abbaye de Notre-Dame de Beaugency en 1732; mort au château de Font-Pertuis, près de son abbaye, en 1744, est au nombre des littérateurs estimables du dix-huitième siècle.

GEINOZ, (FRANÇOIS) *Hist. litt. mod.*) né en 1696, à Bulle en Suisse, mort le 23 mai 1752. On voit par son éloge historique, composé par M. de Bougainville, & rempli d'objets étrangers à la personne de M. l'abbé Geinoz, que c'étoit un amateur très-sensible plutôt qu'un savant laborieux. On n'a de lui aucun ouvrage particulier; ses mémoires insérés dans le recueil de l'académie des inscriptions & belles-lettres, où il avoit été reçu en 1735, sont les seules productions qui aient paru sous son nom; on sait d'ailleurs qu'il travailloit au journal des savans. Il étoit zélateur des anciens & sur-tout grand admirateur d'Hérodote, dont il devoit donner une nouvelle édition. Il comparoit l'ouvrage de cet historien à l'Iliade & à l'Odyssée; on croiroit d'après cela qu'il jugeoit cette histoire un peu fabuleuse. Point du tout. Déterminé à ne trouver aucun défaut dans Hérodote, il le justifie sur tous les points, particulièrement sur la fidélité; s'il le compare à Homère, c'est qu'il trouve dans l'un & dans l'autre une parfaite unité de plan, un cours complet de morale, un enchaînement, une méthode, une ordonnance qui le charment. Il paroît que l'imagination procuroit à ce littérateur heureux beaucoup de jouissances qui n'étoient qu'à son usage.

GELAIS, (SAINT) (*Voyez* SAINT GELAIS.)

GELASE. (*Hist. ecclesiastiq.*) C'est le nom de deux papes, l'un du cinquième siècle, l'autre du douzième; le premier qui succéda au pape Félix III, en 492, & mourut en 496; écrivit & contre Nestorius & contre Eutychès. Le second, obligé de quitter l'Italie par la violence de l'empereur Henri V, qui lui opposoit l'antipape Grégoire VIII, (Bourdin) vint en France, où il tint le concile de Vienne, & mourut à l'abbaye de Cluni, le 29 janvier 1119.

GELLERT, (CHRISTIAN FURCHTEGOTT. (*Hist. litt. mod.*) fabuliste allemand, célèbre professeur de philosophie à Leipsick; la réputation que ses fables lui avoit faite, alloit jusqu'au peuple; un paysan Saxon, conduisant une voiture de bois, arrive au commencement de l'hyver à la porte de *Gellert*, lui demande s'il n'est pas *ce monsieur* Gellert *qui faisoit de si belles fables*, & le prie d'accepter sa voiture de bois comme un tribut de reconnoissance & d'estime pour le plaisir que ces fables lui avoient fait. Elles ont été traduites en plusieurs langues, notamment en françois. On a aussi de *Gellert* des lettres pareillement traduites en françois. Il est encore auteur d'une comédie intitulée : *la Dévote*, jouée avec succès; né en 1715. Mort le 13 décembre 1769.

GELON, (*Hist. ancienne*) fils de Dinomène, tyran ou roi de Syracuse, près de cinq siécles avant J. C., vainqueur des Carthaginois près d'Himère, est au rang des bons rois. Sur son traité avec les Carthaginois, par lequel il leur interdit les sacrifices humains, *voyez* l'article AGATHOCLE, & appliquez à *Gelon* ce qui est dit d'Agathocle.

Gelon, étoit ainsi nommé parce qu'il étoit né à Gela, ville de Sicile, entre Agrigente & Camarine; il signala son courage dans les guerres qu'Hypocrate, tyran de Gela, eut à soutenir contre ses voisins, & dès ce moment il fut regardé comme le héros de la Sicile. Après la mort d'Hypocrate, dont il avoit été le favori, il parut embrasser avec chaleur les intérêts des enfans du tyran, il prit les armes sous prétexte de les protéger; mais, dès qu'il fut à la tête d'une armée, il s'en servit pour usurper le pouvoir souverain. Le bruit de sa valeur lui fit par-tout des partisans. Tous les bannis trouvèrent un asyle dans son camp : il lui en vint un grand nombre de Syracuse, & ce fut par leur intelligence qu'il se rendit maître de cette ville opulente. Flatté d'une si belle conquête, qui le rendoit l'arbitre de la Sicile, il céda la tyrannie de Gênes à son frère Hiéron, & ne se réserva que l'empire de Syracuse, dont il étendit bientôt les limites. Les Grecs, menacés par Xerxès, implorèrent son assistance; mais il ne voulut leur accorder de secours qu'à condition d'être déclaré généralissime de l'armée confédérée. Une offre si dangereuse ne fut point acceptée. Les Grecs craignirent de se donner un maître, en choisissant un chef aussi habile. Le politique *Gelon*, attendant les événemens pour se décider, resta tranquille spectateur de cette guerre mémorable.

Ce fut dans ces circonstances que les Carthaginois firent une descente en Sicile. Ils commencèrent leurs hostilités par le siége d'Hymère, qu'ils furent forcés d'abandonner après avoir essuyé une sanglante défaite. *Gelon* vainqueur leur accorda la paix, à condition qu'ils n'immoleroient plus de victimes humaines; c'est le premier traité, dit Montesquieu, où l'on ait stipulé pour les intérêts de l'humanité. (*Voyez* AGATHOCLE.) *Gelon* ne s'enfla pas de ses succès : devenu plus affable & plus humain, il fut le seul que la puissance souveraine eût rendu meilleur. Assuré de l'affection publique, il indiqua une assemblée où tous les Syracusains eurent ordre de paroître avec leurs armes. Il fut le seul qui s'y rendit désarmé. Après avoir rendu compte de son administration, il dit qu'il venoit remettre sa personne & sa vie entre les mains du peuple. L'assemblée, s'extasiant sur la confiance que son maître avoit dans sa générosité, répondit par des exclamations d'alégresse. L'autorité souveraine lui fut déférée d'une voix unanime, avec le titre de roi. On lui érigea une statue où il étoit représenté sans armes avec les attributs d'un simple citoyen. Les Syracusains eurent lieu de se féliciter de leur confiance. Leur ville devint tout-à-coup plus florissante & plus peuplée. Dix mille étrangers dont il avoit éprouvé le courage, furent gratifiés du droit de bourgeoisie. L'agriculture & tous les arts utiles furent encouragés par ses largesses & ses exemples. Il ne rougissoit point de se livrer lui-même aux travaux, auxquels l'opinion attache une idée de bassesse. Tout ce qui pouvoit contribuer à faire germer l'abondance publique, lui paroissoit glorieux. Il se confondoit parmi les laboureurs & les artistes, sans croire déroger à la dignité de son rang. Il ne prit de la royauté que les peines & les embarras; jamais il ne fit usage de son autorité que pour faire le bien : réservé dans ses punitions, il crut que la persuasion & l'exemple étoient des moyens plus nobles & plus efficaces pour gouverner les hommes. Ce fut par ce système humain & généreux qu'il s'acquit l'amour de ses sujets & l'admiration des étrangers. Ses sens furent toujours subordonnés à la raison : il parvint sans infirmités jusqu'à une extrême vieillesse. La nouvelle de sa mort causa un deuil dans toute la Sicile; chaque famille crut avoir perdu un père & un ami : on lui décerna tous les honneurs qu'on rendoit alors aux héros bienfaiteurs de la patrie, qu'on révéroit sous le nom de demi-dieux. (*T--N*)

GELON II du nom, & de la même famille que le premier, étoit fils d'Hiéron, célèbre par son attachement pour les Romains. Il n'eut pas pour eux les sentimens que son père leur avoit voués. Après la bataille de Cannes, les troupes carthaginoises portèrent la désolation dans toute la Sicile. Les villes se détachèrent de l'alliance des Romains pour embrasser le parti du vainqueur. Hiéron n'imita point leur inconstance, & plus ils furent malheureux, plus il leur fournit de secours. Mais son fils *Gelon*, qui avoit épousé Néréide, fille de Pyrrhus, crut devoir céder à la fortune qui se déclaroit pour Annibal. Ce jeune prince, plein de mépris pour la vieillesse de son père, décria son gouvernement, & impatient de régner, il sollicita tous les peuples alliés de Syracuse à se déclarer pour les Carthaginois qui avoient promis de lui en assurer la domination. La Sicile alloit devenir le théâtre de la guerre civile, lorsque ce prince fut enlevé par une mort prématurée. Le père fut soupçonné d'en être l'auteur. *Gelon* laissa un fils nommé *Hiéronime* qui fut le successeur d'Hiéron; mais il ne parut sur le trône que pour le souiller par ses vices. (*T*—*N*)

GÉMISTE, (George.) (*Hist. lit. mod.*) le Platonicien, & qu'on nommoit même *Platon*, est un des ces grecs savans, dont la ressource, après la prise de Constantinople, fut d'instruire & de polir l'Italie. On a de lui de savans traités sur l'histoire grecque, & un parallèle de Platon & d'Aristote, où il est plus favorable au premier. Il vivoit au quinzième siècle, & mourut âgé de près de cent ans.

GENDRE, (Louis le) (*Hist. lit. mod.*) chanoine de l'église de Paris, abbé de Clairfontaine, connu principalement, 1o. par son *histoire de France* & ses *mœurs des François*; 2o. par les fondations contenues dans son testament, & dont le parlement, au moyen de quelques interprétations & de quelques modifications, a formé l'utile & encourageant établissement des prix publics dans l'université de Paris. L'abbé le *Gendre* est un auteur instruit; la partie sur-tout qui concerne les mœurs & les anciens usages de la nation, est fort bien traitée dans son histoire; mais son style dans la narration est quelquefois d'une familiarité bien singulière, & ses portraits sont souvent d'imagination & de fantaisie. Il semble qu'il ait causé avec Brunehaut; il assure qu'elle avoit *du brillant dans la conversation*; que Galsuinde ou Galasonte, sa sœur, seconde femme de Chilpéric, n'étoit pas, à beaucoup près, aussi belle, mais qu'elle avoit *une physionomie d'esprit, & un air à se faire aimer*; qu'Audouère, première femme de Chilpéric étoit *une beauté fade*, il l'appelle *cette belle statue*. On pourroit, à la vérité, savoir ces détails par les historiens; mais ces historiens sont des chroniqueurs qui ne détaillent & ne peignent rien.

L'abbé le *Gendre* dit que Dagobert *n'étoit pas une belle ame*, parcequ'il n'enrichit l'église de Saint-Denis que de la dépouille d'autres églises. Falloit-il donc prendre encore sur les peuples de quoi enrichir ces nouveaux moines? L'abbé le *Gendre* a trop raison, Dagobert n'étoit pas une belle ame, mais c'est parce qu'il faisoit payer à ses sujets ses débauches & ses vices, parce qu'il priva son frère Aribert des droits qu'un usage constant lui assuroit, parce qu'il fit assassiner de sang froid Brunulfe, oncle maternel d'Aribert, qui paroissoit vouloir réclamer & défendre les droits de son neveu, parce qu'il commit une multitude d'autres violences, parce qu'il donna aux Bavarois, alors sujets de la France, l'ordre affreux de massacrer les Bulgares qui leur demandoient un asyle.

L'abbé le *Gendre* dit que Sigebert II, roi d'Austrasie, fils aîné de Dagobert, *étoit un véritable israélite, dans lequel il n'y avoit nulle malice*; qu'Astolphe, roi de Lombardie, *ne se connoissoit guère en gens*; que Carloman, frère de Pepin-le-Bref, étoit *un homme tout d'une pièce*; que Leudesie, fils d'Erchinoald, & maire du palais de Thierry, *étoit un bon homme*; en revanche, il juge que le maire Ebroïn, qui n'étoit point du tout *un bon homme*, savoit *perdre* ses ennemis *en habile homme & se faire honneur de leur perte*. Cette *habileté* aboutit à se faire assassiner.

Par une suite de cette estime machiavelliste pour le crime, qui corrompt tous les jugemens de notre histoire moderne, & qui en fait une lecture immorale & dangereuse, c'est de Frédégonde qu'il a plu à l'abbé le *Gendre* de faire son héroïne.

Un principe plus estimable, la reconnoissance lui a donné un héros, qui n'est pas celui de l'église, dans la personne de M. de Harlay de Chanvalon, archevêque de Rouen, puis de Paris, son bienfaiteur, dont il a écrit la vie peu édifiante & peu épiscopale.

Mais il a écrit celle du cardinal d'Amboise, *avec un parallèle des cardinaux qui ont gouverné les états*.

Il a fait un *essai du règne de Louis-le-Grand*, qui est un chef-d'œuvre d'adulation.

Il étoit né à Rouen en 1659. Il mourut en 1733.

Un autre le *Gendre*, (Gilbert Charles) marquis de Saint-Aubin, conseiller au parlement, puis maître des requêtes, est auteur du *traité de l'opinion*, ouvrage savant, mais trop peu philosophique pour son titre: l'auteur étoit trop lui-même sous le joug de l'opinion pour pouvoir délivrer les hommes du joug de l'opinion. M. le *Gendre* de Saint-Aubin a aussi fait un systême particulier sur l'origine de la maison de France, grande matière à systêmes dans tous les temps, parce que c'est un point qui n'est nullement éclairci. La vérité est qu'on ne sait rien des auteurs de la race Carlovingienne au delà de Saint-Arnoul, trisaïeul de Pepin-le-Bref, ni de ceux de la race Capétienne, au-delà de Robert-le-Fort, bisaïeul de Hugues-Capet. Ce qu'il y a de constant, c'est que la maison de France a produit une suite de rois, non-seulement en France où ils règnent depuis huit siècles, mais en Portugal, à Naples, en Hongrie, en Espagne, &c. suite telle qu'aucune autre race, en aucun temps, en aucun pays, n'a pu se glorifier d'en avoir produit une semblable, soit en nombre de rois, soit en étendue de royaumes, soit en durée de succession, & nous ne parlons ici que d'une succession de mâle en mâle non interrompue, en remontant jusqu'à Robert-le-Fort; en sorte que la maison de France pourroit être appellée par excellence, la maison royale de l'Europe, où même son empire ne se borne pas à beaucoup près.

M. le *Gendre* de Saint-Aubin, mourut en 1746, âgé de cinquante-neuf ans.

GENEBRARD. (GILLEBERT) (*Hist. litt. mod.*) *Voyez* l'article DANÈS.

GENEST. (CHARLES-CLAUDE) (*Hist. litt. mod.*) Il y a de l'abbé *Genest* des poësies pieuses & des pièces de vers couronnées à l'académie françoise; mais c'est par ses tragédies, quoique médiocres & d'une touche bien foible, qu'il est le plus connu; celle de *Pénelope* a eu quelque succès, & a mérité, par les sentimens vertueux qui la distinguent, les éloges de Bossuet, qui eût, dit-il, approuvé les spectacles, s'il y eût toujours trouvé une morale aussi pure. Mais le succès le plus étonnant est celui qu'obtint, chez madame la duchesse du Maine, la tragédie de *Joseph* du même auteur. Cette princesse, si célèbre par son goût, entraînoit tous les cœurs par le feu, la noblesse & les graces qu'elle mettoit dans le rôle d'Azaneth, femme de Joseph; mais ce n'étoit pas seulement son jeu, c'étoit la pièce même qui séduisoit. M. le prince, le grand Conty, les seigneurs de la cour qui avoient le plus d'esprit & de goût, ne pouvoient en entendre la lecture, sans répandre un torrent de larmes; M. le duc, qu'aucune tragédie n'avoit jamais fait pleurer, vint défier M. de Malézieu de lui faire partager ce qu'il appelloit la foiblesse commune; mais à peine eût-il entendu le premier acte, que toute sa fermeté l'abandonna, des pleurs coulèrent en abondance, les sanglots l'étouffoient, il étoit souvent obligé d'interrompre M. de Malézieu pour pouvoir respirer & s'armer de nouveau contre une sensibilité glorieuse dont il avoit la foiblesse de rougir, mais à laquelle il succomboit toujours. Cependant des larmes si respectables, qui sembloient devoir assurer à cette pièce les suffrages de l'univers, ne purent la défendre des dégoûts du public; on trouva que la fermeté de M. le duc auroit dû choisir un autre écueil pour son naufrage; enfin, Joseph ne parut sur le théâtre françois que pour y mourir sans espoir de renaître.

L'abbé *Genest* avoit été instituteur de mademoiselle de Blois, fille de Louis XIV, qui épousa depuis M. le régent; il fut alors son aumônier & secrétaire des commandemens de M. le duc du Maine, son frère. L'abbé d'Olivet a fait beaucoup de grosses & lourdes plaisanteries sur le personnel & l'extérieur de l'abbé *Genest*. Qu'importe qu'il eût le nez long ou large? qu'importe qu'il fût presque toujours négligemment habillé, & qu'un joueur de gobelets, par une facétie, moitié indécente, moitié insolente, ait fait rire à ses dépens, Louis XIV & toute sa cour & même l'abbé d'Olivet qui en rioit encore en écrivant ce fait cinquante ans après? les ouvrages de l'abbé *Genest* sans être bons, ne sont pas sans mérite. Il avoit été reçu à l'académie françoise en 1698. Il étoit sans étude & sans lettres; il eut, dit l'abbé d'Olivet, il eut avec Socrate, le trait de ressemblance d'être né d'une sage-femme. Sa mère ne lui fit apprendre qu'à écrire. Dans sa jeunesse il s'embarqua pour aller faire fortune aux Indes; il fut pris, volé, mené à Londres par des anglois, il y apprit à se connoître en chevaux; il revint en France; une fille de mérite, Louise-Anastasie Serment, le connut à raison de voisinage, & lui apprit les règles de la versification: une autre femme, l'abbesse de Fontevrault, sœur de mesdames de Montespan & de Thianges, l'engagea aussi à apprendre le latin, quoiqu'il eût déjà quarante ans, mais il ne le sut jamais. Le duc de Nevers qui l'aimoit, parce qu'il faisoit des vers, & qui l'avoit pris pour écuyer parce qu'il se connoissoit en chevaux, le mena aux campagnes de 1672 & 1673. Jusques-là c'étoit un laïc aimable, à qui un esprit naturel & une grande gaîté, sur-tout à table, procuroit des succès dans le monde; ses vers commençoient à réussir à la cour. On ne sait par quel intérêt le P. Ferrier, confesseur du roi, & qui le suivoit à l'armée, passant devant une tente où *Genest*, jeune alors, étoit à boire & à rire avec de jeunes officiers, fit signe à *Genest* d'approcher, & lui dit à l'oreille: je voudrois bien vous voir plus de sagesse & un autre habit. Ce mot engagea *Genest* à prendre l'habit ecclésiastique, mais le P. Ferrier mourut; cependant *Genest* fut fixé à la cour, où il réussit assez bien, & sur-tout à cause de ce nez qui faisoit rire les jeunes princes. Dans l'anagramme de son nom: *Charles Genest*, on avoit trouvé ces mots: *eh! c'est large né.*

L'abbé *Genest* étoit né le 17 octobre 1639, il mourut la nuit du 19 au 20 novembre 1719.

GENEVE, (ROBERT DE) (*Hist. ecclésiast.*) le cardinal de *Genève*, élu pape à Forli le 21 septembre 1378, prit le nom de Clément VII, & & commença le grand schisme d'Occident, & la succession des papes d'Avignon, réputés antipapes. Mort à Avignon le 26 septembre 1394.

GENEVIEVE, (SAINTE) (*Hist. ecclésiast.*) patrone de Paris, née à Nanterre vers l'an 422, dirigée par saint Germain, évêque d'Auxerre, engagea Clovis à commencer de bâtir, sous l'invocation de Saint-Pierre & de Saint-Paul, l'église qui porte aujourd'hui son nom, parce qu'elle y est enterrée, & qui vient d'être rebâtie avec tant de magnificence. Cette sainte mourut en 512. Un père Lambert Génovéfain a écrit sa vie.

GENGHIS ou GENGIS-KAN, (*Hist. mod.*) prince & kan des Tartares Mogols, l'un des plus terribles & des plus heureux conquérans: il soumit presque toute l'Asie, il fit trembler l'Europe il forma un grand empire qu'il partagea lui-même à l'instant entre ses quatre fils, ce qui, d'un seul trait, montre l'abus des grands empires; il fit une foule de malheureux; on cherche encore quel bien il a fait, ce fut un fléau. Ses fils furent ses lieutenans & ravagèrent le monde sous lui. M. de Voltaire ne les a point oubliés dans *l'orphelin de la Chine.*

Tandis qu'en Occident je fais voler mes fils,
Des murs de Samarcande aux bords du Tanaïs.

C'étoit une belle & utile idée que de présenter ce conquérant adouci par l'amour, corrigé par la vertu, se soumettant, les armes à la main, à l'empire des loix & des mœurs, disant à un rival qui l'a vaincu en vertu:

Soyez ici des loix l'interprète suprême;
Rendez-leur ministère aussi saint que vous-même;
Enseignez la raison, la justice & les mœurs.
Que les peuples vaincus gouvernent les vainqueurs;
Que la sagesse règne, & préside au courage.
Triomphez de la force: elle vous doit hommage.

Le germe de cette pièce, mais non pas de cette idée morale se trouvoit dans *l'orphelin de Tchao*, tragédie chinoise, traduite par le P. de Prémare, qui étoit déjà dans la *description de l'empire de la Chine* du P. du Halde, & qui a été réimprimée à part à l'occasion de *l'orphelin de la Chine*: *l'orphelin de Tchao*, malgré l'ignorance & la violation de toutes les loix du théâtre, est une pièce d'un grand effet, & *l'orphelin de la Chine* où ces loix sont observées est d'un bien plus grand effet encore; *Genghis-Kan* mourut en 1227, âgé d'environ soixante ans. Le P. Gaubil a écrit sa vie (*Voyez* GAUBIL.)

GENOUILLAC (JACQUES DE GOURDON DE) (dit GALIOT) & plus connu sous ce nom de Galiot que sous celui de Gourdon, (*Hist. de Fr.*) maître de l'artillerie, supérieur dans cette importante partie, servit si bien à la bataille de Marignan, en 1515, il renversoit avec tant de continuité des files entières des ennemis, il ouvroit si à propos des routes faciles à travers leurs plus épais bataillons, François I profitoit de ces avantages avec tant de vivacité, que ce fut ce qui décida la victoire. Ce prince, dans la lettre qu'il écrivit à la duchesse d'Angoulême sa mère sur cette bataille de Marignan, lui dit: « Madame, le sénéchal » d'Armagnac (c'est Galiot de *Genouillac*) avec » son artillerie, ose bien dire qu'il a été cause en » partie du gain de la bataille, car jamais homme » n'en servit mieux. »

Ce même Galiot de *Genouillac*, qui avoit eu tant de part à la victoire de Marignan, auroit vaincu seul à Pavie, si on n'eût point rompu toutes ses mesures; il avoit dirigé si avantageusement son artillerie contre les Impériaux qui s'efforçoient d'entrer par une brèche dans le parc de Mirabel, où les François étoient retranchés, qu'il mit les premiers dans le plus grand désordre; on les voyoit courir en se précipitant & se renversant les uns sur les autres, pour gagner un vallon voisin, où ils pussent être à couvert de cette foudroyante artillerie. Le roi auroit dû se reposer sur les batteries de *Genouillac* du soin de défendre la brèche & d'en fermer le passage aux Impériaux, mais il ne put voir de sang-froid ses ennemis s'ébranler & présenter les apparences d'une défaite prochaine; il crut qu'il se rendroit indigne des faveurs de la victoire, s'il les négligeoit; son courage l'emporta; il sortit du parc, il se répandit dans la campagne avec toute sa gendarmerie; il fit la faute énorme de masquer par cette démarche imprudente les batteries qui tonnoient par la brèche, & tout fut perdu. C'est la même faute qu'on a répétée depuis à Dettingue, & dans d'autres occasions.

Galiot de *Genouillac* avoit été un de ces preux dont Charles VIII voulut être environné à la bataille de Fornoue; il avoit continué de servir avec succès sous Louis XII. François I ajouta aux titres de sénéchal d'Armagnac & de maître de l'artillerie dont il le trouva revêtu, celui de grand-écuyer après la mort de saint Severin, tué à la bataille de Pavie; il le combla de pensions, lui procura de riches alliances, & lui donna des terres immenses dans le Quercy, malgré les remontrances de la chambre des comptes, qui représenta que ces dons étoient des aliénations du domaine. *Je le sais bien*, répondit le roi, *vous faites votre devoir de m'en avertir, & moi je fais le mien en passant par-dessus les règles ordinaires pour récompenser un homme extraordinaire.* Tant de biens & d'honneurs accumulés sur sa tête, excitèrent l'envie des courtisans; ils cherchèrent à le perdre dans l'esprit du roi; ils exagérèrent ses richesses & les dépenses qu'il faisoit dans sa belle maison d'Assier en Quercy; ils parvinrent à le rendre suspect. Le roi, incapable de dissimulation, n'attendit pas que le soupçon se fut établi dans son ame: il se hâta d'en parler à Galiot, qui lui répondit avec la même franchise:

on vous a dit vrai, sire, je suis très-riche, je n'ai pourtant que ce que vous m'avez donné. Tous mes biens sont à vous, reprenez-les, je n'aurai point à me plaindre, & je ne vous en servirai pas avec moins de zèle. Le roi s'attendrit, embrasse ce vertueux vieillard, & lui dit: *Mon cher ami, aimez-moi toujours, & servez-moi comme vous avez fait; l'envie en veut à ma gloire, quand elle en veut à vos biens, des services tels que les vôtres, ne peuvent être assez payés.*

Galiot de *Genouillac* vivoit encore en 1544, dans le temps de la bataille de Cerisoles, il y perdit son fils unique, François de *Genouillac*, dit d'Assier; ce jeune homme mourut des blessures qu'il avoit reçues dans cette bataille; le père avoit eu un pressentiment assez naturel du sort qui l'attendoit; le voyant partir pour se rendre en Piémont, sur le bruit de la bataille prête à se livrer, il avoit paru vouloir le retenir, mais d'Assier ayant prononcé les mots d'honneur & de devoir, mots sacrés pour son père, ce père éperdu lui avoit dit jusqu'à deux fois en l'embrassant & en soupirant: *va donc, mon cher fils, va chercher la mort en poste, je ne te verrai plus.*

Galiot de *Genouillac* mourut vers l'an 1548.

GENSERIC, (*Hist. mod.*) roi des Vandales, conquérant de l'Afrique où il fut appellé par le comte Boniface, gouverneur de cette partie du monde pour l'empereur, puis de l'Italie, où il fut appellé par Eudoxie. (*Voyez* l'article EUDOXIE) Il prit Rome le 15 juin 455, & y exerça, selon l'usage des barbares, toutes sortes de cruautés. Ce fléau du monde mourut l'an 477. Il avoit commencé à régner en 428; son nom est resté célèbre par le mal qu'il a fait.

GENTILSHOMMES DE LA CHAMBRE. (*Hist. de France*) Ils sont au nombre de quatre, & servent par année. Les deux premières charges de *gentilshommes ordinaires de la chambre* furent instituées par François I. qui supprima en 1545 la charge de chambrier. Louis XIII a créé les deux autres charges de *gentilshommes de la chambre*, ce qui a continué jusqu'à présent.

Les quatre premiers *gentilshommes de la chambre* existans (en 1786) sont:

M. le duc de Fleury, depuis 1741.

M. le maréchal duc de Richelieu, depuis 1744, qui a pour survivancier, depuis 1756, M. le duc de Fronsac son fils.

M le maréchal duc de Duras depuis 1757.

M. le duc de Villequier, depuis 1762, & M. le duc de Pienne en survivance depuis 1787.

Les premiers *gentilshommes de la chambre* prêtent serment de fidélité au roi: ils font tout ce que fait le grand-chambellan en son absence; ils servent le roi toutes les fois qu'il mange dans sa chambre; ils donnent la chemise à sa majesté, quand il ne se trouve pas quelques fils de France, princes du sang, princes légitimés, ou le grand-chambellan. Ils reçoivent les sermens de fidélité de tous les officiers de la chambre, leur donnent les certificats de service: ils donne l'ordre à l'huissier par rapport aux personnes qu'il doit laisser entrer.

Les quatre premiers *gentilshommes de la chambre*, chacun dans son année sont les seuls ordonnateurs de toute la dépense ordinaire & extraordinaire, employée sur les états de l'argenterie pour la personne du roi, ou hors la personne du roi; comme aussi sur l'état des menus plaisirs & affaires de la chambre. Ils ont sous eux les intendans & les trésoriers-généraux des menus, & les autres officiers de la chambre.

C'est aux premiers *gentilshommes de la chambre* à faire faire pour le roi les premiers habits de deuil, tous les habits de masques, ballets & comédies, les théâtres, & les habits pour les divertissemens de sa majesté.

GENTILSHOMMES ORDINAIRES DE LA MAISON DU ROI, (*Hist. de France*) ou simplement *gentilshommes ordinaires*. Quoiqu'ils soient réduits présentement à vingt-six, on sait qu'Henri III les avoit créés au nombre de quarante-cinq: mais, comme M. de Voltaire le remarque, il ne faut pas les confondre avec les *gentilshommes* nommés les *quarante-cinq*, qui assassinerent le duc de Guise; ceux-ci étoient une compagnie nouvelle, formée par le duc d'Epernon, & payée au trésor-royal sur les billets de ce duc. Encore moins faut-il dire avec le P. Maimbourg, que Lognac, chef des assassins du duc de Guise, fut premier gentilhomme de la chambre du roi; le maréchal de Rets & le duc de Villequier étoient seuls premiers gentilshommes de la chambre, parce que dans ce temps-là il n'y en avoit que deux; Louis XIII, en créa deux autres. (*Voyez ci-devant* GENTILSHOMMES DE LA CHAMBRE. (*D. J.*)

Les *gentilshommes ordinaires* servent par semestre; ceux de service doivent se trouver au lever & au coucher du roi tous les jours, & l'accompagner dans tous les lieux, afin d'être à portée de recevoir ses commandemens. C'est au roi seul qu'ils rendent réponse des ordres qu'ils ont exécutés de sa part: ils sont à cet effet introduits dans son cabinet. Leurs fonctions sont uniquement renfermées dans le service & dans la personne du roi. S'il y a quelques affaires à négocier dans les pays étrangers, sa majesté quelquefois les y envoye avec le titre & la qualité de *ministres* ou d'*envoyés extraordinaires*. Elle s'en sert aussi, s'il faut conduire des troupes à l'armée, où les établir dans des quartiers d'hyver; pour porter les ordres dans les provinces, dans les parlemens & dans les cours souveraines.

Le roi se sert de ses *gentilshommes ordinaires* pour notifier aux cours étrangères la naissance du dauphin & celle des princes de la famille royale, & lorsqu'il desire témoigner aux rois, aux princes souverains,

souverains, qu'il prend part & s'intéresse aux motifs de leur joie ou de leur affliction.

Ce sont les *gentilshommes ordinaires* qui invitent de la part du roi, les princes & les princesses de se trouver aux noces du dauphin & d'assister au banquet royal & aux différentes fêtes qui les suivent. Le roi les charge d'aller sur la frontière recevoir les rois ou princes souverains, pour les accompagner & les conduire tout le temps de leur séjour en France.

C'est un *gentilhomme ordinaire* qui va recevoir sur la frontière les ambassadeurs extraordinaires, ou de Perse, ou du grand-seigneur; il est chargé aux dépens du roi, de toutes les choses qui regardent le traitement, entretien, & les autres soins qui lui sont ordonnés pour lesdits ambassadeurs; & il les accompagne dans leurs visites, aux spectacles, promenades, soit dans Paris ou à la campagne, même jusqu'à leur embarquement pour le départ.

Lorsque sa majesté va à l'armée, quatre *gentilshommes ordinaires* de chaque semestre ont l'honneur d'être ses aides-de-camp, & de le suivre toutes les fois qu'il monte à cheval.

Louis XV ayant jugé à propos de donner un ceinturon & une fort belle épée de guerre à ceux qui l'ont suivi dans ses glorieuses campagnes; cette faveur de distinction fut précédée & annoncée par une lettre de M. le comte d'Argenson, ministre & secrétaire d'état de la guerre, écrite à chacun en particulier, & conçue en ces termes.

A Alost, le 5 août 1745.

« Je vous donne avis, Monsieur, par ordre du » roi, que sa majesté a ordonné au sieur Antoine, » son porte-arquebuse, de vous délivrer une épée » de guerre; & elle m'a chargé en même temps » de vous marquer la satisfaction qu'elle a des » services que vous lui avez rendus pendant » cette campagne ». Je suis très-parfaitement, Monsieur, &c.

Il y a eu dans ce corps des personnes illustres par leur naissance, leurs grades militaires, ou d'un mérite distingué, tels que le connétable de Luynes, MM. de Toiras & de Marillac, maréchaux de France & chevaliers des ordres du roi; MM. Malherbe, Racine, de Voltaire. *Article de M. DE MARGENCY, gentilhomme ordinaire.*

GENTILSHOMMES SERVANS. (*Hist. de France.*) Ces gentilshommes, fixés au nombre de trente-six, font journellement à la table du roi les fonctions que font aux grandes cérémonies le grand-panetier de France, représenté par douze de ces gentilshommes; le grand-échanson & le grand-écuyer-tranchant, représentés aussi chacun par douze de ces *gentilshommes servans*: cependant ils sont indépendans de ces trois grands officiers; car lorsqu'il arrive à ces grands-officiers d'exercer leurs charges, comme à la cène, les *gentilshommes servans* servent conjointement avec eux, & font alternativement leurs fonctions ordinaires: il y en a neuf par quartier, trois de chaque espèce.

Ils sont nommés *gentilshommes servans le roi*, parce qu'ils ne servent que sa majesté, les têtes couronnées, ou les princes du sang & les souverains, quand le roi les traite, le premier maître-d'hôtel ou les maîtres-d'hôtel de quartier y servant alors avec le bâton de cérémonie.

Le jour de la cène ils servent conjointement avec les fils de France, les princes du sang & les seigneurs de la cour, qui présentent au roi les plats que sa majesté sert aux treize enfans de la cène. Ils ont rang aux grandes cérémonies; ils servent toujours l'épée au côté, & ont séance immédiatement après les maîtres-d'hôtel. Ils prêtent serment de fidélité au roi entre les mains du grand-maître, ainsi que les douze maîtres-d'hôtel. *Etat de la France.* (*A. R.*)

GENTILIS, (JEAN VALENTIN) (*Hist. eccles.*) un des apôtres du socinianisme & de l'arianisme que les sociniens renouvelloient avec force, eut la tête tranchée à Berne en 1566, pour sa doctrine, ayant supposé mal à propos la Suisse tolérante, parcequ'elle combattoit l'intolérance catholique, *Gentilis* monta gaîment sur l'échafaud, en disant: *Les autres martyrs ont donné leur vie pour le fils, j'aurai l'honneur d'être le premier qui la perdrai pour le père.*

GÉNUFLEXION, (*Hist. mod.*) marque extérieure de respect, de soumission, de dépendance d'un homme à l'égard d'un autre homme.

L'usage de la *génuflexion* passa de l'Orient dans l'Occident, introduit par Constantin, & précédemment par Dioclétien; il arriva de là que plusieurs rois, à l'exemple de l'empereur d'Occident, exigèrent qu'on fléchît les genoux en leur parlant, ou en les servant. Les députés des communes prirent la coutume de parler à genoux au roi de France, & les vestiges en subsistent toujours. Les ducs de Bourgogne tâchèrent aussi dans leurs états de conserver l'étiquette des chefs de leur maison. Les autres souverains suivirent le même exemple. En un mot, un vassal se vit obligé de faire son hommage à son seigneur les deux genoux en terre. Tout cela, comme dit très-bien M. de Voltaire, n'est autre chose que l'histoire de la vanité humaine; & cette histoire ne mérite pas que nous nous y arrêtions plus long-temps. (*D. J.*)

GÉOFFROY. Diverses personnes ont rendu ce nom célèbre.

1°. *Géoffroy*, abbé de Vendôme, puis cardinal, chargé d'affaires importantes par le roi Louis-le-Gros & par les papes Urbain II, Pas chal II, Calixte II, Honorius II. On a de lui divers écrits publiés en 1610, par le père Sirmond. Il mourut vers l'an 1130.

2°. *Géoffroy* de Saint-Omer, un des fondateurs de l'ordre des templiers en 1118.

3°. Etienne-François *Géoffroy*, chymiste célèbre, de l'académie des sciences de Paris, de la société royale de Londres, professeur de chymie au jardin du roi, & de médecine au collége royal; auteur du livre intitulé : *de materiâ medicâ, sive de medicamentorum simplicium historiâ, virtute, delectu & usu*. Ce livre a été traduit par M. Bergier, médecin de Paris. M. de Nobleville en a donné une continuation avec une histoire des animaux : le tout contient 17 volumes in-12. M. *Géoffroy* est mort en 1731.

GEORGES, duc de Clarence, (*Histoire d'Anglet.*) frère d'Edouard IV & de Richard III. Ce dernier, duc de Glocestre pendant le règne d'Edouard IV, son frère aîné, auquel il brûloit de succéder, s'attacha d'abord à aigrir Edouard contre le duc de Clarence leur frère, qui le précédoit dans l'ordre de la succession. Edouard & Clarence avoient été tantôt amis, tantôt ennemis. Warwick, ce grand faiseur & défaiseur de rois, avoit soulevé le duc de Clarence contre Edouard, & lui avoit donné en mariage une de ses filles. Edouard avoit regagné Clarence; mais celui-ci étant devenu veuf de la fille du comte de Warwick, Edouard, qui redoutoit l'élévation de son frère, ne voulut jamais qu'il épousât Marie de Bourgogne, dont on lui proposoit l'alliance. Le duc de Glocestre, attentif à profiter de ces divisions, réussit tellement à rendre le duc de Clarence suspect à Edouard, que ce roi fit noyer Clarence dans un tonneau de malvoisie; on ne sait pas bien la raison du choix de ce genre de mort, soit de la part du bourreau, soit de la part de la victime. Mais on sait qu'un des principaux motifs qui déterminèrent Edouard à ce fratricide, fut une prophétie qui désignoit pour son successeur quelqu'un dont le nom commençoit par la lettre G. Etoit-ce *Georges*, duc de Clarence? étoit-ce le duc de Glocestre Richard? celui-ci eut l'adresse de tourner les soupçons contre le premier, qu'il accusoit de préparer en secret l'accomplissement de cette prophétie. Si le duc de Glocestre, comme il y a beaucoup d'apparence, étoit l'auteur de cette prédiction, il semble qu'il se mettoit lui-même en danger par cette équivoque de la lettre G. Vrai-semblablement on avoit soin de dire alors qu'il s'agissoit du nom de baptême, le seul en effet qu'on porte sur le trône; & lorsque dans la suite, par la mort de Clarence & d'Edouard, & par la foiblesse de leurs enfans, le duc de Glocestre s'aprocha du trône, la même prédiction, différemment interprétée, lui fut encore utile. Le duc de Clarence périt le 18 février 1478.

GEORGES I, (*Hist. d'Anglet.*) appellé à la couronne d'Angleterre par le testament de la reine Anne, naquit le 28 mai 1660, d'Ernest-Auguste, duc de Brunswick & de Lunebourg, électeur d'Hanovre, & de Sophie, fille de Fréderic V, électeur palatin, qui avoit épousé Elisabeth Stuart d'Angleterre. Ce prince monta sur le trône en 1714, & loin de suivre les vues d'Anne sa bienfaictrice, qui avoit élevé le parti des Torys, *Georges* donna toute l'autorité aux Wighs; démarche qui trouva bien des censeurs, & fit éclorre un grand nombre de satyres contre le nouveau règne. Ma maxime, disoit-il, est de n'abandonner jamais mes amis, de rendre justice à tout le monde, & de ne craindre personne. En effet, il donna dans plusieurs circonstances des preuves éclatantes de la fidélité qu'il avoit jurée à ses alliés. Sa valeur qui avoit éclaté dès sa plus tendre jeunesse, lorsqu'il faisoit ses premières armes sous son père, & l'autorité presque despotique avec laquelle il prétendit régner, malgré les conspirations multipliées qui se formèrent contre lui, montrèrent assez qu'il ne craignoit personne. Quant à sa justice, elle fut sévère, & souvent inéxorable. Il sembloit sans cesse irrité par les efforts que faisoit sans cesse le parti du prétendant, en faveur de ce prince infortuné. Le comte d'Oxford, confident & ministre de la reine Anne, enfermé à la tour malgré sa vieillesse & ses infirmités, sept pairs du royaume condamnés à mort, sans qu'il fût possible à leurs familles éplorées d'émouvoir le cœur du monarque inflexible, un évêque banni du royaume, quoiqu'il eût prouvé clairement son innocence, un grand nombre d'ecclésiastiques & de laïcs exécutés sur des accusations quelquefois légères; tels furent les coups de rigueur qu'il crut nécessaires pour s'affermir sur le trône, & qui, loin de lui concilier cette partie de la nation qui tenoit pour le prétendant, ne servit qu'à l'aliéner davantage. On reconnut même dans quelques occasions que la sévérité du roi n'étoit pas approuvée des royalistes. La nécessité de faire évanouir les projets du chevalier de Saint-Georges qui, errant de cour en cour, suscitoit des ennemis à l'Angleterre, fut un prétexte dont *Georges I* abusa pour fatiguer ses sujets par des demandes de subsides exorbitans, par des exactions dont le peuple anglois murmura, malgré le succès des guerres contre la Suède & contre l'Espagne. Son fol amour pour la duchesse de Kendall, lui fit faire des extravagances indignes d'un prince éclairé & jaloux de sa réputation. D'ailleurs on ne peut lui refuser les titres de bon général, d'habile politique. *Georges* mourut en 1727 d'une attaque d'apoplexie, dans la soixante-huitième année de son âge, & la quatorzième de son régne. (*A-R*)

GEORGES II, fils de *Georges I*, succéda à son père. Il étoit né en 1683, & avoit quarante-quatre ans lorsqu'il monta sur le trône. Fatigués du gouvernement d'un prince dur, avide, impérieux, & quelquefois injuste, les Anglois virent avec plaisir le sceptre britannique passer dans les mains de *Georges II*, que le roi son père avoit toujours tenu éloigné des affaires, mais qui avoit dans lui des qualités capables de suppléer à ce qui manquoit à cette partie de son éducation. A son avénement au trône, *Georges* trouva la nation dans les dispositions les plus favorables. Les factions, qui, pendant tant d'années, avoient agité le royaume, sembloient ne plus se souvenir de leurs anciennes divisions. On distinguoit à peine le Wigh du Tory, & celui-ci du Jacobite. La mort d'Auguste II, roi de Pologne, avoit occasionné une guerre cruelle. Les droits de Stanislas soutenus par la France, & l'opposition de l'empereur agitoient les cours européennes. *Georges*, par la sagesse de ses négociations, rétablit la concorde entre les maisons d'Autriche & de Bourbon. Mais il se vit entraîné lui-même dans une guerre sanglante. Les Anglois déclarèrent la guerre à l'Espagne, plutôt par une suite de l'empire qu'ils affectoient sur les mers, & par un desir immodéré de dominer dans les deux hémisphères, que dans aucun autre motif. Cette contestation élevée au fond de l'Amérique embrâsa bientôt l'Europe entière. Les Anglois eurent des succès sur mer, & ces succès soutinrent leur courage dans les échecs que leurs armes essuyèrent sur terre, & sur-tout à Fontenoy. Au fort de cette guerre, un rival, qui sembloit réunir les vœux des puissances européennes à un parti nombreux dans l'Angleterre, menaça le souverain de la nation. Le prince Edouard, fils aîné de de Jacques III, plus connu sous le nom de *prétendant* ou de *chevalier de Saint-Georges*, vouloit recouvrer le patrimoine de ses pères. Après des succès éclatans la fortune l'abandonna. La guerre cependant continuoit d'embrâser les deux mondes. Enfin, l'épuisement des Anglois, plutôt que le desir d'une réconciliation sincère, leur fit accepter la paix que la France leur offroit. Elle ne fut pas de longue durée. Une nouvelle contestation élevée entre l'Angleterre & la France, au sujet des limites de l'Acadie, arma les deux nations l'une contre l'autre. Chacune se fit des alliés, & l'Europe entière fut en proie aux horreurs de la guerre. *Georges II* n'en vit pas la fin, étant mort le 25 octobre 1760. Politique habile, il sut faire aimer son empire d'un peuple qui ne sait guère être gouverné. (*A. R.*)

GERARD, (TOM. ou TUNG) (*Hist. mod.*) instituteur & premier grand-maître des frères hospitaliers de Saint-Jean de Jérusalem, aujourd'hui chevaliers de Malte. Mort en 1120.

GERARD, (BALTHASAR) (*Hist. mod.*) assassin du prince d'Orange, Guillaume, fut exécuté le 13 juillet 1584. Il déclara que c'étoit *pour expier ses péchés, & pour mériter la gloire éternelle*, qu'il avoit formé ce grand projet d'assassiner le chef des protestans rebelles. Il mourut en fanatique, & se crut martyr. Philippe II, non moins fanatique, malgré toute sa politique, annoblit la famille de l'assassin, mais l'intendant de la Franche-Comté pour la France, l'a remise à la taille.

GERBERON, (GABRIEL) (*Hist. litt. mod.*) bénédictin de la congrégation de Saint-Maur, grand jansénisté, auteur d'une histoire générale du jansénisme & de plusieurs autres écrits jansénistes qu'on ne lira plus guère, mais qui le firent menacer, persécuter, enfermer à plusieurs reprises selon l'usage absurde & barbare dont on se moque quelquefois, & qui est prêt à revenir en toute occasion, tantôt sous un prétexte, tantôt sous un autre. Né à Saint-Calais dans le Maine, en 1628, mort à l'abbaye de Saint-Denis, en 1711.

GERBERT. (*Voyez* SILVESTRE II.)

GERBILLON, (JEAN-FRANÇOIS) (*Hist. litt. mod.*) jésuite, supérieur général de toutes les missions de la Chine: l'empereur Camhi le fit son maître de mathématiques & de philosophie, lui donna toute sa confiance, & voulut l'avoir toujours auprès de lui; il l'employa dans plusieurs négociations importantes. Il l'envoya en Moscovie à la suite de ses ambassadeurs, pour les aider à fixer les limites de cet empire & de celui de la Chine; & voulant récompenser par des honneurs distingués les services qu'il reconnoissoit avoir reçus du P. *Gerbillon* dans cette occasion, il le fit revêtir de ses habits impériaux; ce que nous remarquons, parce qu'il semble que ce fut un usage des peuples orientaux, dans tous les temps de revêtir de la pourpre impériale les sujets qu'on vouloit récompenser & honorer; c'est ainsi que, conformément au conseil d'Aman, qui croyoit parler pour lui-même, Assuérus récompense Mardochée dans le livre d'Esther, chapitre 6, vers. 7, 8 & 9. « Il » faut que l'homme que le roi veut honorer, soit » revêtu des habits royaux; qu'il soit monté sur » le même cheval que le roi a coutume de monter, » qu'il ait sur la tête le diadême royal, & que le » premier des princes & des grands de la cour » du roi tienne son cheval par les rênes; & que » marchant devant lui dans les rues & les places » de la ville, il crie: *c'est ainsi que sera honoré* » *celui qu'il plaira au roi d'honorer.*

C'est ce texte que Racine a mis en vers dans sa tragédie d'*Esther*,

Je voudrois donc, seigneur, que ce mortel heureux,
De la pourpre aujourd'hui, paré comme vous-même,
Et portant sur le front le sacré diadême,
Sur un de vos coursiers pompeusement orné,

Aux yeux de vos sujets dans Suze fût mené ;
Que, pour comble de gloire & de magnificence,
Un seigneur éminent en richesse, en puissance,
Enfin de votre empire, après vous, le premier,
Par la bride guidât son superbe coursier;
Et lui-même marchant en habits magnifiques,
Criât à haute voix dans les places publiques :
Mortels, prosternez-vous ; c'est ainsi que le roi
Honore le mérite, & couronne la foi.

On a du P. *Gerbillon* des *élémens de géométrie*, tirés d'Euclide & d'Archimède, une géométrie pratique & spéculative. Ces deux ouvrages écrits en chinois & en tartare, & composés pour l'usage de ces pays-là, furent imprimés à Pékin. On trouve dans la description de l'empire de la Chine du P. du Halde, des observations historiques sur la grande Tartarie, par le P. *Gerbillon*, & des relations de voyages qu'il avoit faits en ce pays. On dit que la relation du voyage de Siam de l'abbé de Choisy, fut faite d'après une relation manuscrite du P. *Gerbillon*, qui n'a point été imprimée, mais dont on trouve des extraits dans le premier tome des mélanges historiques de M. Michault, de l'académie de Dijon.

Le P. *Gerbillon* étoit né en 1654, à Verdun, s'étoit fait jésuite en 1670, avoit été envoyé à la Chine en 1685, étoit arrivé à Pékin en 1688, y mourut en 1707.

GERING. (ULRIC) (*Voyez* FISCHET ou FICHET.)

GERIT, f. m. (*Milice des Turcs.*) Les Turcs ont deux sortes de dards, savoir le *gerit* marqué *L*, qui a environ deux pieds & demi de long, & le *topeis* marqué *M*, qui marque la dignité de celui qui le porte à la gauche de la selle. (*V.*)

GERMAIN; (*Hist. ecclés.*) c'est le nom de trois saints.

1°. Saint *Germain*, patriarche de Constantinople, nommé en 715, fut persécuté & chassé de son siége par l'empereur Léon-l'Isaurien, qu'on dit avoir été grand iconoclaste. Saint *Germain* mourut en 733, à 95 ans.

2°. Saint *Germain* d'Auxerre, ainsi nommé, & parce qu'il y étoit né, & parce qu'il en fut évêque, alla en 429, avec Loup, évêque de Troyes, en Angleterre pour combattre le pélagianisme ; il y retourna en 434. Il étoit né en 380. Il mourut en Italie à Ravenne en 448. On trouve sa vie dans Surius.

3°. Saint *Germain*, évêque de Paris ; archichapelain, c'est-à-dire, grand-aumônier de Childebert I, fut le fondateur du monastère de Saint-Germain-des-Prés. On a de lui une lettre à Brunehaut, par laquelle il l'exhorte à empêcher le roi d'Austrasie, Sigebert, son mari, de faire la guerre à Chilpéric son frère. On trouve dans l'histoire de l'abbaye de Saint *Germain*, publiée en 1724, par dom Bouillard, bénédictin de la congrégation de saint Maur, tout ce qu'on peut savoir sur Saint *Germain* de Paris. Né vers l'an 496 ; mort en 576.

Un quatrième *Germain*, (D. MICHEL.) bénédictin de la congrégation de saint Maur, appartient à l'histoire littéraire. Il aida D. Mabillon dans la composition de la diplomatique & des actes des saints de l'ordre de saint Benoît. Né à Péronne en 1745 ; mort à Paris en 1694.

GERMANICUS, (*Hist. Romaine.*) fils de Drusus, fut élevé par les soins de sa mère Antonie, dont la vertu & les mœurs étoient proposées pour modèle à toutes les dames romaines. Cette mère tendre, toute occupée de son éducation, lui transmit ses inclinations fortunées. Tibère, son oncle paternel, l'adopta, & dès ce moment on le regarda comme son successeur. Il passa successivement par toutes les charges de la république, pour s'instruire du grand art de gouverner. Sa modération & son équité dans l'exercice de ses fonctions, le firent également chérir & respecter. Modeste dans la grandeur, il sembla seul ignorer qu'il étoit appellé à l'empire du monde. Après avoir exercé la questure & le consulat, il fut envoyé en Germanie pour y rétablir la gloire des armes romaines. Il vécut sous la tente avec l'austérité d'un spartiate. La simplicité de ses habits, la frugalité de sa table l'égaloient au dernier des soldats. Après la mort d'Auguste, les légions, dont il étoit l'idole, voulurent le reconnoître pour empereur. Sa résistance ne fit que les confirmer dans leur choix. Après avoir employé les prières, il eut recours aux menaces pour les rappeller à leur devoir. Son refus opiniâtre subjugua leur indocilité. Dès que le tumulte fut appaisé, il les mena contre Arminius, sur lequel il remporta une victoire signalée. Ensuite il marcha contre les Marses qu'il vainquit. Le plus beau de ses trophées fut d'avoir repris l'aigle romaine qu'ils avoient autrefois enlevée à Varus. L'ascendant qu'il avoit sur les troupes, alarma la politique de Tibère, qui jamais ne put lui pardonner d'avoir été proclamé empereur. *Germanicus* fut rappellé à Rome, où il reçut les honneurs du triomphe aux acclamations d'un peuple plus charmé encore de sa modestie que de ses exploits. Tous les yeux & tous les cœurs se fixèrent sur lui, & ce fut ce qui le rendit encore plus coupable. Tibère, importuné de sa gloire, sentit mieux combien il étoit détesté. Il craignit que les Romains, dégoûtés de sa domination, ne brisassent son joug pour vivre sous un maître adoré. Ce fut donc moins par amour que par envie qu'il le nomma presque empereur de l'Orient, où il fut envoyé pour pacifier les troubles qui agitoient l'empire. Il y soutint la réputation du premier général de son siècle, par la défaite du roi d'Arménie, à qui il donna un successeur après l'avoir dépouillé de ses états. *Germanicus* revenoit triomphant à Rome, lorsqu'il fut empoisonné par Pison dans la ville de Daphné. Sa mort fit couler bien des larmes parmi le peuple & dans l'armée. Les rois alliés de l'empire partagèrent ce deuil général. Ce prince, né avec tous les talens & toutes les vertus, cultiva les lettres jusques dans le tumulte du camp. Il composa dans ses momens de loisir quelques comédies, & traduisit du grec en vers latins, des épigrammes & des poëmes estimés. Il eut d'Agrippine neuf enfans. Caligula, qui parvint à l'empire, se rendit malheureusement célèbre par des débauches & des cruautés qui le rendirent trop indigne d'un tel père.

GERMON, (BARTHELEMI) (*Hist. litt. mod.*) jésuite, écrivit contre dom Mabillon & dom Constant, au sujet de la diplomatique. Les savans n'ont pas été pour lui. Il écrivit aussi contre le P. Quesnel, & le public ne fut pas pour lui, mais bien le cardinal de Bissy, qui adopta son ouvrage & le publia sous son nom. Né à Orléans en 1663. Mort en 1713.

GERSON, (JEAN CHARLIER DIT) (*Hist. de Fr.*) nommé *Gerson* du nom d'un village de Champagne, où il naquit le 14 décembre 1363, acquit une grande autorité dans l'église gallicane, par ses lumières, ses vertus & la pureté de sa doctrine. Il avoit étudié sous le fameux Pierre d'Ailli, depuis évêque de Cambray & cardinal, auquel il succéda dans la place de chancelier de l'église & de l'université de Paris. Il se distingua, comme Pierre d'Ailli, par son zèle pour la réformation & la pacification de l'église, & par les soins qu'il se donna pour l'extinction du grand schisme d'Occident. Il se distingua plus encore par sa conduite ferme & courageuse au milieu des troubles que fit naître l'assassinat du duc d'Orléans, frère de Charles VI. Il prononça l'oraison funèbre de ce prince, dans laquelle il s'exprima ainsi au sujet de l'assassin : *qu'il ne enhortoit, ne conseilloit la mort du duc de Bourgogne ou sa destruction ; mais icelui devoit être humilié, afin qu'il recognût son péché en faisant digne satisfaction.* On ne pouvoit donner un conseil plus noble, plus juste, ni plus modéré ; mais le duc de Bourgogne devint tout-puissant, & *Gerson*, pour s'être élevé contre la harangue du cordelier Jean Petit, apologiste infame de l'assassinat du duc d'Orléans, & contre cette proposition : *qu'il y a des cas où l'assassinat est une action vertueuse*, fut obligé de se tenir quelque temps caché sur les voûtes de Notre-Dame. Il fit dans la suite condamner cette proposition au concile de Constance : il auroit bien dû y faire condamner aussi la maxime & l'usage de brûler les hérétiques & de violer envers eux la foi donnée. Par une suite du ressentiment du duc de Bourgogne, il vécut long-temps expatrié, traitement que nous avons fait trop souvent aux talens & aux vertus, il entra déguisé dans la Bavière, mais enfin il revint en France dans des temps plus calmes, & mourut à Lyon le 12 juillet 1429. Le docteur Dupin a donné en 1706 une édition des œuvres de *Gerson* en cinq volumes *in-folio*.

GERVAISE, (NICOLAS & DOM ARMAND FRANÇOIS) (*Hist. litt. mod.*) frères. Le premier avoit été à Siam avec des missionnaires de la congrégation de saint Vincent de Paule ; en conséquence il nous a donné une *histoire naturelle & politique du royaume de Siam* & une *description historique du royaume de Macaçar* ; il étoit revenu en France avec deux fils du roi de Macaçar. Ayant été fait prévôt de l'église de Saint-Martin de Tours, il écrivit la vie de ce saint. Il composa aussi *l'histoire de Boëce, sénateur romain, avec l'analyse de tous ses ouvrages.* Ayant été en mission en Amérique, il y fut massacré par les Caraïbes en 1729, dans une émeute qu'il voulut appaiser.

Le second se fit religieux de la Trappe, dans le temps de la réforme de l'abbé de Rancé, qui le fit nommer abbé de son monastère, en 1696. Mais, ayant voulu y faire de grands changemens, sans même consulter l'abbé de Rancé, celui-ci eut l'adresse ou le crédit de l'engager à donner sa démission : dom *Gervaise* alors sortit de la Trappe, erra de solitude en solitude, conservant par-tout la manière de vivre de la Trappe, à l'inquiétude près dont il étoit tourmenté, & qui est fort étrangère à cet institut. Il publia son premier volume de *l'histoire générale de Cîteaux.* Les bernardins y étoient attaqués, peut-être mal à propos ; en ce cas, c'étoit une sottise, on en fit un crime d'état : dom *Gervaise* fut arrêté, comme un criminel & avec le plus grand scandale, en sortant du Luxembourg, & renfermé à l'abbaye de Notre-Dame des Réclus, dans le diocèse de Troyes. On crut sans doute ne pas user d'une grande rigueur, en renfermant dans une maison religieuse un homme qui s'étoit enfermé lui-même volontairement à la Trappe. Dom *Gervaise* mourut dans sa prison en 1751, âgé de quatre-vingt-onze ans. On convient que c'étoit un honnête homme ; on ne lui reproche que quelques défauts de caractère. Il a beaucoup écrit. On lui doit la vie & les lettres d'Abailard & d'Héloïse ; l'histoire de l'abbé Suger ; les vies de saint Paul, de saint Irénée, de saint Cyprien, de saint Paulin, de Rufin, de saint Epiphane : ces six dernières, d'après les mémoires de M. de Tillemont ; *l'histoire de l'abbé Joachim, surnommé le prophète, religieux de l'ordre de Cîteaux......., où l'on voit l'accomplissement de ses prophéties sur les papes, sur les empereurs, sur les rois, sur les états & sur tous les ordres religieux* ; l'ouvrage intitulé : *jugement critique, mais équitable, des vies de feu M. l'abbé de Rancé*, *réformateur de l'abbaye de la Trappe, écrites par les sieurs Maupeou & Marsollier*, & quelques autres ouvrages, tant imprimés que manuscrits.

GÉSALIC, roi des Visigoths. (*Hist. d'Espagne.*) Alaric tenoit les rènes du royaume des Visigoths, il étoit arien, mais d'ailleurs homme sage, roi vertueux, & bienfaisant: on dit qu'il ne persécutoit personne, & qu'il respectoit la liberté des sentimens. Il étoit cependant odieux aux évêques catholiques de son royaume. Fâchés d'avoir un prince hérétique, ils eurent recours à Clovis, qui, récemment chrétien, accourut à la voix des évêques, attaqua près de Poitiers Alaric, qui perdit la bataille & la vie. Ce roi ne laissoit qu'un fils de cinq ans, & un royaume déchiré par les plus violentes factions. La plupart des Visigoths préférèrent à cet enfant, hors d'état de gouverner encore, *Gésalic*, fils naturel d'Alaric, & il prit le titre de roi en 507; pour répondre à la confiance de l'armée, *Gésalic* rassembla les débris des troupes de son prédécesseur, & marcha contre les Bourguignons, qui assiégeoient Narbonne: il ne fut point heureux; les Bourguignons remportèrent sur lui une grande victoire; il s'enfuit, & se retira en Espagne, où une partie des Visigoths avoient élevé sur le trône Amalaric, jeune fils d'Alaric, le même auquel le reste de la nation avoit refusé la couronne. *Gésalic* à la tête d'un parti nombreux, excita beaucoup de troubles, mais ne put parvenir à détrôner son concurrent. Cependant Théodoric envoya l'un de ses généraux & une forte armée aux Visigoths attachés à Amalaric; avec ce secours ils forcèrent les François & les Bourguignons d'abandonner les conquêtes qu'ils avoient faites: ils marchèrent ensuite contre *Gésalic*, qui s'étoit rendu maître de Barcelonne: ils reprirent cette ville, & le contraignirent lui-même de se sauver: il passa en Afrique, à la cour de Trasimond, roi des Vandales, qui l'accueillit, l'assura de sa protection, & lui donna une somme très-considérable, avec laquelle *Gésalic*, revint dans les Gaules, leva une puissante armée, & marcha vers Barcelone, résolu de périr où de s'en emparer. Une partie de cette détermination fut remplie; à quatre lieues de Barcelone, il rencontra l'armée de Théodoric, il lui livra bataille, fut vaincu; & dans sa fuite rencontré encore par un parti d'Ostrogoths, qui en lui arrachant la vie, mirent fin aux troubles que son ambition avoit suscités depuis la mort d'Alaric. Ainsi périt en 523, *Gésalic* qui, quoique proclamé souverain des Visigoths, n'avoit presque jamais régné. (*L. C.*)

GESNER, (CONRAD) (*Hist. litt. mod.*) naturaliste illustre, surnommé *le Pline de l'Allemagne*; Théodore de Bèze, dit qu'il avoit à lui seul toute la science qui avoit été partagée entre Pline & Varron. En effet, outre son histoire des animaux & ses œuvres botaniques, on a de lui un lexicon grec & latin, estimé, & une bibliothèque universelle. L'empereur Ferdinand I avoit donné à *Gesner* des armes écartelées, qui portoient, aux quatre différens quartiers, les quatre principaux animaux dont il avoit donné les plus belles descriptions dans son histoire des animaux. Né à Zurich en 1516; mort en 1565. Heureusement le poëte aimable, qui, par le poëme touchant de la mort d'Abel, & par ses idylles charmantes, &c. a tant illustré ce nom de *Gesner*, n'appartient pas encore à l'histoire.

GESVRES. (*Voyez* POTIER.)

GÉTA (SEPTIMIUS), (*Hist. des empereurs.*) étoit fils de l'empereur Sévère, & frère de l'infame Caracalla; l'éducation ne put adoucir la férocité de son caractère, & dès sa première enfance, il manifesta ses penchans pour le vice, & son aversion pour la vertu. Mais lorsqu'il eût atteint l'âge de la raison, il se réforma lui-même; & ses mœurs, jusqu'alors dures & sauvages, devinrent douces & polies. Caracalla avoit pour lui une antipathie que le temps ne put vaincre: elle parut même se fortifier lorsque *Géta*, par le testament de leur père commun, fut appellé avec lui à l'empire. Ces deux rivaux devinrent bientôt ennemis. *Géta* supporta avec modération les outrages de son frère, à qui il devint d'autant plus odieux, qu'il étoit plus aimé que lui. Caracalla, qui voyoit dans la conduite de son frère la censure de ses mœurs, lui supposa des crimes qu'il fut dans l'impossibilité de prouver. Sa fureur étouffant la nature, il le massacra dans les bras de sa mère, qui reçut une blessure en voulant le défendre. Ce jeune prince qui faisoit l'espérance des Romains, n'avoit que vingt-trois ans lorsqu'il fut massacré en l'an 212 de Jésus-Christ. (*T-N.*)

GETES. (*Hist. anc.*) Les *Getes*, horde Tartare, descendoient des Huns appellés *Yvechi*. Ils se sont établis dans tant de contrées différentes, qu'il est bien difficile de déterminer quelle étoit leur véritable patrie. Ils n'ont laissé ni annales, ni monumens qui puissent nous diriger dans la recherche de leur origine. Après avoir traversé toute la Tartarie, ils se fixèrent sur les bords de l'Oxus, d'où ils se répandirent le long de l'Indus & du Gange, où leur postérité, toujours subsistante, a perpétué le nom de *Gete*. Ils ont embrassé la religion de Fo; mais ils sont trop grossiers & trop ignorans pour ne pas ajouter encore aux superstitions de ce législateur. Ces peuples nomades n'avoient d'autres maisons que leurs tentes, qu'ils transportoient dans les lieux qui pouvoient les mettre à couvert de l'intempérie des saisons. C'étoit ainsi qu'en changeant de climats, ils jouissoient des douceurs d'un éternel printemps. Ils reconnoissoient un roi ou plutôt un chef auquel ils confioient le glaive pour les défendre & non pour les opprimer. Ce fantôme de souvetain, soumis au tribunal de la nation, étoit puni lorsqu'il abusoit de son pouvoir. Quoique les *Getes*, occupés sans cesse à la guerre de brigandage, dussent perdre beaucoup de soldats, le nombre des hommes excédoit de beaucoup celui des femmes. Ainsi la nécessité avoit introduit un usage qui renverse l'ordre de la nature. Une seule femme avoit plusieurs maris. Ordinairement c'étoient les frères qui se réunissoient pour former cette union conjugale, & lorsqu'ils n'étoient pas assez nombreux, ils s'associoient leurs amis. Ces femmes, fières de leurs privilèges, se paroient de certains symboles qui désignoient le nombre de leurs époux; & loin que ce fût un déshonneur pour elles, c'étoit un titre d'estime & de recommandation. Elles demeuroient dans des quartiers différens pour prévenir les haines enfantées par la jalousie, & parce qu'elles ne pouvoient demeurer chez un seul. Une forme si singulière de gouvernement donnoit aux femmes un empire absolu sur les hommes, qui briguoient la possession exclusive du cœur. Aussi plusieurs écrivains ont avancé que ces peuples étoient sous la domination des femmes, assertion qui peut être une vérité de fait & non de droit. A l'exemple des autres Tartares, ils se rasoient la barbe, &, quoique brigands sur les terres de leurs voisins, ils usoient de la plus grande sévérité dans la punition du larcin commis dans leurs habitations. Leurs funérailles étoient sans pompe, c'étoit par la douleur qu'ils honoroient la mémoire des morts. Ceux qui étoient dans l'opulence, manifestoient leur luxe par des tombeaux de pierre. Les pauvres, forcés d'être plus simples, les déposoient dans la terre & enfouissoient avec eux les meubles qui leur avoient servi dans ce monde, persuadés qu'ils leur seroient utiles dans l'autre. Dans leurs courses vagabondes, ils étendirent leur domination sur le Kholhm, sur une partie du Kaptchap & sur presque tous les peuples voisins de la mer Caspienne; mais, plus heureux à vaincre qu'habiles à conserver leurs conquêtes, ils furent semblables à ces torrens qui se dissipent dans les plaines qu'ils ont inondées. Leurs expéditions sur les frontières de l'Europe, y causèrent plus de crainte que de maux; tantôt vaincus & tantôt vainqueurs, ils paroissoient toujours redoutables après leurs défaites. Le grandkhan des Tartares les subjugua, l'an 555; & depuis cette époque, ils n'ont plus formé de corps de nation. (*T-N*)

GHET. (*Hist. mod.*) Les Juifs appellent ainsi la lettre ou l'acte de divorce qu'ils donnent à leurs femmes quand ils les répudient; ce qu'ils font pour des causes souvent très-légères. Leur coutume à cet égard est fondée sur ces paroles du Deutéronome, *chap. xxiv. Si un homme a épousé une femme, & que cette femme ne lui plaise pas à cause de quelque défaut, il lui écrira une lettre de divorce qu'il lui mettra entre les mains, & la congédiera.* Pour empêcher qu'on n'abuse de ce privilége, les rabbins ont ordonné plusieurs formalités, qui pour l'ordinaire consument un si long-temps, que le mari a le loisir de faire ses réflexions, de ne pas prendre conseil du dépit, & de se réconcilier avec son épouse. Cette lettre doit être faite par un écrivain en présence d'un ou de plusieurs rabbins, être écrite sur du vélin qui soit réglé, ne contenir que douze lignes ni plus ni moins en lettres quarrées; tout cela est accompagné d'une infinité de minuties tant dans les caractères, que dans la manière d'écrire, & dans les noms & surnoms du mari & de la femme. L'écrivain, les rabbins, & les témoins nécessaires à la cérémonie, ne doivent point être parens les uns des autres, & encore moins appartenir par le sang aux parties intéressées dans le divorce. Le *ghet* est conçu en ces termes, après les dates du jour, du mois, de l'année, & du lieu: *moi N. te répudie volontairement, t'éloigne, & te répudie toi N. qui as ci-devant été ma femme, & te permets de te marier avec qui il te plaira.* La lettre étant écrite, le rabbin interroge le mari pour savoir s'il est volontairement déterminé à cette action, on tâche que dix personnes au moins soient présentes à cette scène, sans compter deux témoins qui signent, & deux autres appellés seulement pour attester la date. Si le mari persiste dans sa résolution, le rabbin commande à la femme d'ouvrir les mains & de les approcher l'une de l'autre, pour recevoir cet acte que le mari lui donne en disant: *Voilà ta répudiation; je t'éloigne de moi & te laisse en liberté d'épouser qui bon te semblera.* La femme le prend, le donne au rabbin qui le lit encore une fois, & lui déclare toutefois de ne point se marier de trois mois, de peur quelle ne soit actuellement enceinte. R. Léon Modene, *cérémon. des Juifs, partie IV. chap. vj.* (*G.*)

GHIABER, s. m. (*Hist. mod.*) nom que l'on donne en Perse aux idolâtres de ce pays, qui ont retenu l'ancienne religion de ceux qui adoroient le feu. Ils y sont en grand nombre, & occupent un des fauxbourg d'Ispahan tout entier. On les appelle aussi *atech perest*, c'est-à-dire, *adorateurs du feu.* Il y a un proverbe persan qui dit: *quoiqu'un ghiaber allume & adore le feu cent ans durant, s'il y tombe une fois, il ne laisse pas que de se brûler* D'Herbelot, *biblioth. orientale* Ricaut, *de l'emp. ottom.*

Ces *Ghiabers* paroissent être les mêmes que ceux que nous nommons *Gaures* ou *Guebres. Voyez* GUEBRE. (G.)

GHIAOURS ou GHIAAURS, s. m. (*Hist. mod.*) nom que les Turcs donnent à tous ceux qui ne sont pas de leur religion, & particulièrement aux Chrétiens: il signifie proprement *infidèles.* L'origine de ce mot vient de Perse, où ceux qui retiennent l'ancienne religion des Persans, & qui adorent le feu, sont appellés *Ghiaours* ou *Ghiabers.* Ricaut, *de l'emp. ottom.* (*G.*)

Le mot *Ghiaour* qui a été donné, originairement & principalement dans la Perse, à ceux qui ont retenu l'ancienne religion des Perses & l'adoration du feu.... est enfin devenu général parmi les Mahométans, pour désigner tous ceux qui ne sont pas de leur religion, à peu près comme le mot de *Gentes* signifioit parmi les Juifs, & le mot de *Barbare* parmi les Grecs & les Romains, toutes les autres nations. B.... e, *critique de l'histoire du calvinisme* de Maimbourg, Lett. 30. (*A. R.*)

GIAC, (Pierre de) (*Hist. de Fr.*) chancelier de France, sous le règne de Charles VI, & qui mourut en 1407, eut un petit-fils, nommé Pierre comme lui, dont la fin fut aussi désastreuse que sa faveur fut grande auprès de Charles VII. il étoit un des dix chevaliers qui accompagnoient le duc de Bourgogne à Montereau, lorsque ce prince y fut assassiné, la promptitude avec laquelle *Giac* & sa femme, après cet événement, embrassèrent le parti du dauphin (depuis Charles VII), fit soupçonner qu'ils avoient eu à Montereau des intelligences avec les chevaliers de la suite du dauphin; le président Louvet, qui étoit comme le chef du conseil du dauphin, étant accusé par la voix publique d'avoir conseillé l'attentat de Montereau, le connétable de Richemont, lorsqu'il vendit au roi Charles VII ses superbes secours, exigea que Louvet fût au moins banni de la cour. Louvet en partant, recommande au roi *Giac*, son ami & sa créature; cette grande liaison avec Louvet, augmenta les soupçons contre *Giac* & sa conduite à la cour acheva de le perdre dans l'opinion publique. *Giac*, pour gouverner son maître, le rendoit invisible & le plongeoit dans la mollesse; pour faire échouer les entreprises du connétable, il détournoit l'argent destiné à la guerre. Richemont étoit accoutumé à se faire justice lui-même; sans demander au roi une permission qu'il étoit sûr de ne pas obtenir, il fait arrêter *Giac* dans son lit & entre les bras de sa femme, qu'on soupçonne d'avoir trahi *Giac* dans cette occasion, comme le duc Jean à Montereau. Le roi, informé de cette violence, envoya ses gardes pour délivrer *Giac*, il n'étoit plus temps; le connétable qui le tenoit en sa puissance, lui fit faire, de son autorité privée, une sorte de procès, c'est-à-dire, qu'on lui donna la question, & qu'il avoua tout ce qu'on voulut. Ce qu'il parut avouer avec le plus de sincérité, ce fut le don qu'il avoit fait au diable d'une de ses mains, pour parvenir, par son moyen, à la fortune qu'il avoit faite; il demanda instamment que l'on commençât son supplice par lui couper cette main, de peur que le diable n'emportât le corps entier; telles étoient les lumières des ministres & des favoris de Charles VII.

Giac fut noyé à Dun-le-Roi en 1426, la dame de *Giac* confirma le soupçon qu'on avoit eu de ses intelligences avec les ennemis de son mari, en épousant, trop peu de temps après la mort de *Giac*, le seigneur de la Trémoille, alors ami du connétable.

GIACOMELLI, (Michel-Ange) (*Hist. litt. mod.*) secrétaire des brefs sous le pape Clément XIII, & qui cessa de l'être sous Clément XIV. C'étoit un prélat homme de lettres, qui traduisoit d'un côté le traité du sacerdoce de saint Jean-Chrysostôme, de l'autre les amours de Cheræas & de Callirhoé, & des tragédies d'Eschyle & de Sophocle, rapprochemens plus ordinaires dans la littérature italienne que dans la littérature françoise. Né en 1695. Mort en 1774.

GIAFAR, nom du Barmécide, visir d'Aaron Rashid (*voyez* l'article Barmécide qui est de M. Turpin, & corrigez dans l'intitulé de cet article, ces mots: *Hist. Ottom.* mettez *Hist. des Calif.*) M. de la Harpe, dans l'épître dédicatoire à M. le comte de Schouwalow, placée à la tête de sa tragédie des Barmécides, raconte ainsi leur histoire.

La famille des Barmécides est célèbre dans l'histoire d'Orient. Giafar, le Barmécide, ou fils de Barmec, étoit visir du calife Aaron Rachid, l'un des plus illustres souverains de son temps, & celui qui contribua le plus, ainsi que son fils Almamon, au progrès des lettres chez les Arabes. Aaron aimoit beaucoup Barmécide, & jouissoit avec plaisir des agrémens qu'il trouvoit dans la société de ce ministre. Il avoit une sœur très-aimable, près de qui il passoit les momens que lui laissoit le soin des affaires publiques. Ces deux personnes étoient ce qu'il aimoit le mieux; il eût voulu les réunir auprès de lui, & goûter à la fois les douceurs de leur commerce & le plaisir de rassembler, près de son trône, ce qu'il avoit de plus cher; mais les mœurs de son pays ne permettoient pas que Barmécide pût paroître devant la sœur du calife. Pour lever cet obstacle, il prit le parti de la lui donner en mariage; mais comme il se faisoit un point de religion qu'aucun sujet ne mêlât son sang à celui d'Ali, qui étoit sacré chez les Arabes, il exigea de Barmécide la promesse de n'user jamais des droits du mariage. Barmécide s'y engagea. Il n'avoit pas encore vu l'épouse qu'on lui destinoit. Quand il la connut, son cœur réclama contre l'engagement qu'il avoit pris. Il le trouva cruel & injuste. L'amour & la nature lui parurent des droits plus sacrés que sa promesse; mais malheureusement il ne put cacher les suites d'un commerce d'autant plus délicieux peut-être, qu'il étoit secret & défendu. Le calife, quoique rempli d'ailleurs d'excellentes qualités, étoit d'un caractère violent, porté à la colère & à la vengeance, & l'habitude du pouvoir suprême ne lui avoit

avoit pas appris à réprimer ces mouvemens. Il condamna Barmécide à la mort, & suivant l'abominable usage, trop commun dans les états despotiques, il enveloppa la famille entière dans la proscription. L'officier, chargé de cet ordre barbare, vint l'annoncer à Barmécide. Le ministre, qui connoissoit le caractère impétueux de son maître, & qui le croyoit capable d'un retour sur lui-même, crut qu'il pouvoit encore lui rester un moyen de sauver sa vie. « Va, dit-il, à l'officier, va dire au calife que tu as exécuté ses ordres, & que Barmécide est mort. » Peut-être le moment de la colère sera passé, » & aura fait place à celui du repentir. S'il se » reproche sa barbarie envers un sujet qu'il » a tant aimé, tu auras à ses yeux le mérite » d'avoir prévu ses remords & de lui avoir » épargné un crime, tu lui diras que Barmécide » est vivant. Si, au contraire, il m'a condamné » sans retour, s'il te demande ma tête, viens la » chercher; elle est prête. » L'arabe consentit à tout: il se présenta devant le calife, & lui annonça que son ministre n'étoit plus. L'implacable Aaron demande sa tête. L'officier alors va la chercher, & l'apporte aux pieds du calife. Quarante Barmécides furent égorgés, & l'épouse de cet infortuné favori, enfermée dans une étroite prison, y succomba bientôt à ses chagrins.

Cependant le calife, quand sa vengeance fut satisfaite, commença à ressentir des regrets & des remords. Il avoit perdu les deux plus chers soutiens de sa vie. Cette perte devenoit à tout moment plus douloureuse. Il tomba dans une mélancolie profonde, & cherchant à éloigner un souvenir funeste, il défendit qu'on prononçât devant lui le nom de Barmécide, & que sa mémoire fût honorée par aucun éloge ni par aucun monument. C'étoit commander l'ingratitude. Barmécide avoit répandu beaucoup de bienfaits, & on l'avoit même surnommé le généreux, nom qui, chez une nation naturellement généreuse, sembloit annoncer que Barmécide avoit porté cette vertu au plus haut degré. Aussi trouva-t-il de la reconnoissance, même après sa mort. Un poëte arabe entr'autres, qui avoit eu part à ses bienfaits, vint s'asseoir à la porte du palais d'Aaron, & chanta des vers qu'il avoit faits à la louange de Barmécide. Ce prince en fut bientôt informé. Il étoit à table; il ordonna qu'on fît venir le poëte devant lui, & lui demanda pourquoi il osoit contrevenir à ses ordres? *Seigneur*, répondit l'arabe, *le roi des rois est bien puissant; mais il y a quelque chose de plus puissant. — Eh quoi!* dit le calife étonné? *Les-bienfaits*, répond le poëte. Aaraon fut frappé de cette repartie. Il prit une très-belle coupe d'or qui étoit sur la table, & la donna au poëte. *Puisque tu es si reconnoissant*, lui dit-il, *c'est moi que tu dois chanter à présent. Aaraon est devenu ton bienfaiteur; mets son nom à la place de celui de Barmécide*. L'arabe en prenant le vase leva les mains au ciel: *O Barmécide!* s'écria-t-il, *comment veut-on que je t'oublie? Voilà encore un présent que je te dois*. Je ne connois rien au-dessus de cette réponse.

GIAGH ou JEHAGH, s. m. (*Hist. mod.*) nom d'un cycle de douze ans qu'ont les Catayens & les Turcs.

Chaque année du *giagh* porte le nom d'un animal; la première, de la *souris*; la seconde, du *bœuf*; la troisième, du *lynx* ou *léopard*; la quatrième, du *lièvre*; la cinquième, du *crocodile*; la sixième, du *serpent*; la septième, du *cheval*; la huitième, du *mouton*; la neuvième, du *singe*; la dixième, de la *poule*; la onzième, du *chien*; la douzième, du *pourceau*.

Ils divisent aussi le jour en douze parties, qu'ils appellent encore *giagh*, & leur donnent les noms des mêmes animaux. Chaque *giagh* contient deux de nos heures, & se divise en huit parties qu'ils nomment *keh*; de sorte que leur journée contient quatre-vingt-seize *kehs*, ou autant que de quarts-d'heure chez nous. D'Herbelot, *biblioth. orient.* Voyez *le dictionn. de Trévoux & de Chambers*. (G)

GIANNONE, (Pierre) (*Hist. litt. mod.*) auteur d'une histoire de Naples qu'on a traduite en françois; les papes, ne s'y trouvant pas bien traités, auroient voulu étouffer l'auteur & l'ouvrage. Répétons avec Tacite: *Socordiam eorum inridere libet, qui præsenti potentiâ credunt exstingui posse etiam sequentis ævi memoriam. Nam contrà, punitis ingeniis, gliscit auctoritas.*

L'ouvrage n'en est que plus célèbre, mais l'auteur fut malheureux; à peine put-il trouver un asyle. Le roi de Sardaigne ne lui donna qu'une prison, mais du moins il sauva ses jours menacés. Né vers l'an 1680. Mort dans sa prison en 1748.

GIBELIN, s. m. (*Hist. mod.*) nom de la faction opposée à celle des *Guelphes*. Quelques-uns fixent le commencement de ces deux factions à l'an 1140.

On se rappellera sans doute que les *Gibelins* étoient attachés aux prétentions des empereurs, dont l'empire en Italie n'étoit qu'un vain titre, & que les Guelphes étoient soumis aux volontés des pontifes régnans.

Nous ne remonterons point à l'origine de ces deux partis; nous ne crayonnerons point le tableau de leurs ravages, encore moins rapporterons-nous les conjectures odieuses des savans sur l'étymologie des noms *Guelphe* & *Gibelin*; c'est assez de dire, avec l'auteur de l'*essai sur l'histoire générale*, que ces deux factions désolèrent également les villes & les familles; & que pendant les douzième, treizième & quatorzième siècles, l'Italie devint, par leur animosité, le théâtre non d'une guerre, mais de cent guerres civiles, qui, en aiguisant les esprits, accoutumèrent les petits potentats italiens à l'assassinat & à l'empoisonnement.

Boniface VIII ne fit qu'accroître le mal; il devint aussi cruel guelphe en devenant pape, qu'il avoit été violent *gibelin* pendant qu'il fut simple particulier. On raconte à ce sujet, qu'un premier jour de carême, donnant les cendres à un archevêque de Gênes, il les lui jetta au nez, en lui disant: « souviens-toi que tu es *gibelin*, » au lieu de lui dire : souviens-toi que tu es homme.

Je ne sais si beaucoup de curieux en matière historique, seront tentés de lire aujourd'hui dans Villani, Sigonius, Ammirato, Biondo, ou autres historiens, le détail des horreurs de ces deux factions ; mais les gens de goût liront toujours le Dante : cet homme de génie, si long-temps persécuté pour avoir été *gibelin*, a exhalé dans ses vers toute sa douleur sur les querelles de l'empire & du sacerdoce. (*D. J.*)

GIBERT. (*Hist. litt. mod.*) Trois hommes de la même famille ont rendu ce nom célèbre.

1°. Jean-Pierre, savant canoniste, ecclésiastique irréprochable, avocat très-consulté, mais encore plus désintéressé, vécut & mourut pauvre en 1736, ayant constamment refusé tous les bénéfices qui lui furent offerts. Ses institutions ecclésiastiques & bénéficiales, suivant les principes du droit commun & les usages de France ; son *corpus juris canonici per regulas naturali ordine dispositas*; son *histoire de l'église sur le sacrement de mariage*; ses notes sur le traité de l'abus de Fevret, sur le droit ecclésiastique de Van Espen, sur l'édit de 1695 ; enfin, tous ses ouvrages sur la jurisprudence canonique sont très-estimés & très-consultés. Il étoit né à Aix en 1660.

2°. Balthasar, son cousin, né comme lui à Aix (en 1662), fut un célèbre professeur de rhétorique dans l'université de Paris; il conserva cinquante ans la même chaire au collége Mazarin; il fut recteur & syndic de l'université. En 1728, à la mort de l'abbé Couture, on lui offrit une chaire d'éloquence au collége royal; il la refusa. En 1740, il fut exilé à Auxerre pour avoir formé opposition à la révocation qu'on engagea l'université à faire de son appel de la bulle *Unigenitus*, on l'envoyoit du moins chez ses amis. Il mourut en 1741, à Régennes, maison de campagne de l'évêque d'Auxerre. Toutes ces belles causes d'exil & de persécution ont passé. Le jansénisme, source de l'intérêt qu'inspiroient alors M. *Gibert* & ses semblables, le jansénisme nest plus, les lettres seules demeurent.

> Beaux Arts . . . .
> Tout retombe
> Dans la nuit de la tombe,
> Et vous seuls demeurez.

Si on se souvient encore aujourd'hui de M. *Gibert*, c'est parce qu'il a donné une rhétorique qui a balancé quelque temps celle de M. Rollin, & d'autres ouvrages estimés sur la même matière. Les savans disent qu'il étoit plus savant que M. Rollin, mais il ne s'agit pas là de science, il s'agit d'esprit & de goût, & M. Rollin l'emportoit incontestablement à cet égard.

3°. Joseph-Balthasar, de l'académie des belles-lettres, neveu des deux précédens, savant distingué, ami du paradoxe, sachant donner des couleurs de vraisemblance aux systêmes qui pouvoient paroître les plus étranges : ce fut la gloire du docte Fréret qu'il parut le plus ambitionner: au milieu des débats littéraires qui s'élèvent souvent dans les assemblées particulières de l'académie, il osa, jeune encore, lutter contre cet adversaire redoutable; il se plaisoit, comme lui, dans les épines de la chronologie. Il étoit assez savant pour pouvoir quelquefois se passer de livres en traitant des matières qui rendent les livres nécessaires; on l'a vu plusieurs fois, pêchant à la ligne dans la rivière de Malesherbes, tromper l'ennui de cette occupation par une application forte à de grands objets d'érudition, & rapporter, au lieu de poissons, de savantes dissertations sur les points de chronologie les plus difficiles; secrétaire de M. d'Aguesseau de Plaintmont, avocat général: il lui arrivoit quelquefois, par distraction, d'insérer dans les extraits des procès, des morceaux de dissertations sur des objets d'érudition. Il eut le bonheur d'être attaché toute sa vie aux magistrats les plus distingués par leurs talens & leur savoir, les d'Aguesseaux, les d'Ormessons, les Lamoignons; il fut sous M. de Malesherbes, secrétaire de la librairie. Il avoit de l'humeur, & selon les circonstances & le degré des liaisons, les uns en rioient, les autres en souffroient, mais il étoit plein d'honneur, de vérité, de probité; il sut inspirer de l'attachement & de l'intérêt à tous ses amis; ceux-ci, sans qu'il les en priât, travailloient utilement à sa fortune, tandis qu'il s'égaroit dans les profondeurs de la chronologie: il est rare qu'un savant soit occupé de soins domestiques. Il reste de M. *Gibert* des mémoires dans le recueil de l'académie; secrétaire des pairs & inspecteur du domaine, on a de lui aussi quelques mémoires sur les matières domaniales & sur des objets relatifs à la pairie. Il avoit entrepris de faire sur Hérodote, ce que M. Larcher vient d'exécuter avec succès. M. *Gibert* avoit été disciple de son oncle le Rhéteur. Né le 17 février 1711, il fut mis en 1718, sous la direction de ce maître habile. Il mourut le 12 novembre 1771 dans un temps où tous ses amis vivoient dans la disgrace & dispersés loin de lui.

GIÉ ou GYÉ. (LE MARÉCHAL DE) (*Voyez* ROHAN.)

GIEZI, (*Hist. sacr.*) serviteur d'Elisée, dont il est parlé au quatrième livre des rois, chapitres 4 & 5.

GIGAULT. (DE BELLEFONDS) (*Hist. de Fr.*) Nom d'une famille distinguée dont étoient François *Gigault*, seigneur de Fresvinières, tué dans les troubles de la ligue; le maréchal de Bellefonds, son petit-neveu, qui battit, le 12 mai 1684, le duc de Bournonville à Pontmayor en Cathalogne, & qui en 1692, s'avança sur les côtes de Normandie avec le roi Jacques II, pour tenter le passage dans les royaumes Britanniques, lorsque la malheureuse affaire de la Hogue ruina nos espérances avec notre marine.

La même année il perdit le marquis de Bellefonds, son fils, mort de blessures reçues à la bataille de Steinkerque.

Le marquis de Bellefonds étoit Père de l'archevêque de Paris, (Jacques-Bonne de Bellefonds) que nous avons vu mourir le 20 juillet 1746, ayant à peine occupé ce siége pendant trois mois.

GILBERT, (GABRIEL) (*Hist. litt. mod.*) secrétaire des commandemens de la reine Christine & son résident en France. Il étoit né françois, & il avoit de son temps une assez grande réputation parmi les poëtes françois; Chapelain & Ménage l'ont loué, ce qui ne prouve pas qu'il faille le louer aujourd'hui. On lit dans le *Menagiana* cette anecdote sur *Gilbert*: « Il fit une comédie dont les vers » étoient un peu libres. Il la lut chez M. le duc » de Guise, en présence de la reine Christine à » qui elle plaisoit fort.... M. Chapelain..... con- » sulté le premier sur cette pièce.... en dit son » avis le plus honnêtement qu'il put, mais d'une » manière néanmoins qui fit connoître qu'il trou- » voit les vers de cette pièce un peu trop libres. » La reine me demanda ensuite mon sentiment, » je lui répondis en bon courtisan, que c'étoit » une des belles comédies qui eût paru jusqu'alors. » Cette princesse, contente de mon approbation, » me repartit : » « Je suis bien aise, monsieur, » qu'elle soit de votre goût, on peut s'en rapporter » vous : mais pour votre monsieur Chapelain, » que c'est un pauvre homme! il voudroit que » tout fût *pucelle*. »

Cette histoire nous montre ce que c'étoit, dès ce temps-là, que les lectures particulières, & combien de motifs, étrangers au mérite de l'ouvrage, influoient sur le jugement des auditeurs.

M. de Voltaire a fait l'honneur à *Gilbert* de le citer dans la lettre au marquis Maffei sur Mérope, car ce *Gilbert* avoit fait aussi une Mérope. On peut croire que M. de Voltaire ne le loue pas. On a de ce *Gilbert* diverses tragédies & comédies, entre autres, une tragédie *d'Arrie & Pætus*, où il est plaisant de considérer la manière dont cet homme traitoit le genre tragique en 1659, plus de dix ans après tous les chefs-d'œuvre de Corneille, & dix ans seulement avant les chefs-d'œuvre de Racine. Néron s'amuse à faire disputer le libertin Pétrone son favori, avec le pédant Sénèque son précepteur, sur l'existence des dieux & leur providence.

NÉRON.
Sénèque vient ici.

PÉTRONE.
Il marche d'un pas grave, & fronce le souci.

NÉRON *à Sénèque*.
Pourrois-tu deviner sur quels propos nous sommes?

SÉNÈQUE.
C'est art n'est pas un don qui soit commun aux hommes;
Et le secret des cœurs aux dieux est réservé.

NÉRON.
Notre entretien étoit & grand & relevé.

SÉNÈQUE.
Un prince qui régit ses destins & les nôtres,
Un maître des humains n'en doit point avoir d'autres......

NÉRON.
De Pétrone obstiné je combattois l'erreur;
Ce disciple fameux de l'aveugle Epicure,
Soutient que le hasard préside en la nature........
Sur les points importans & les plus curieux
Ce célèbre railleur a quelque ombre de doute ......

SÉNÈQUE.
Le moins savant fait plus de doutes en un jour
Qu'un sage n'en résout durant toute sa vie........
Pétrone, parle donc, & de quoi doutes-tu........?

PÉTRONE.
S'il est là-haut des dieux, s'il est une vertu,
Je doute seulement de cette bagatelle.

SÉNÈQUE.
Si ton erreur est grande, elle n'est pas nouvelle.

C'est ainsi que Pétrone a constamment l'impertinence d'un fat, & Sénèque la pédanterie d'un sot; mais on trouve de temps en temps des vers heureux, tels que celui-ci :

L'esprit voit l'ouvrier lorsque l'œil voit l'ouvrage.

C'est sans doute là un de ces bons vers dont Chapelain dit que les pièces de *Gilbert* étoient pleines.

Gilbert dans sa vieillesse tomba dans la pauvreté, mais le contrôleur-général Hervart, qui aimoit les lettres, le retira chez lui, & il y mourut vers l'an 1680. Il avoit fait un poëme de *l'art de plaire*.

GILBERT DE LA PORÉE, (*voyez* PORÉE) (GILBERT DE LA)

GILDAS, (SAINT) (*Hist. ecclés.*) né à

Dumbriton en Ecosse, en 520, passa dans les Gaules & bâtit près de Vannes, le monastère de Ruis, qui porte ajourd'hui son nom & où il mourut le 29 janvier 570 ou 571. Il reste de lui quelques canons de discipline qu'on trouve dans le spicilège de dom Luc d'Achéry & un *discours sur la ruine de la Grande-Bretagne;* car l'établissement & les ravages des Anglo-Saxons dans ce pays, lui en paroissoient la ruine.

GILEMME. (PIERRE) (*Hist. de Fr.*) Pendant la démence de Charles VI, ce *Gilemme*, prêtre imposteur, ou seulement dupe de la magie qu'il professoit, (car il est prouvé que dans ces temps d'ignorance, les prétendus magiciens étoient souvent dupes de leur art & se croyoient de bonne foi magiciens) ce *Gilemme* donc se présenta pour guérir le roi. On le mit à l'épreuve, il promit de délivrer avec des paroles douze hommes attachés avec des chaînes de fer, il n'en délivra aucun, & au lieu de le renvoyer avec dérision, ou tout au plus de l'enfermer comme fou, on le fit brûler vif avec ses compagnons en 1403 : quelles mœurs & quelle barbarie! par où saisir le raisonnement qui conduit à cette cruauté? la magie, en la supposant réelle, étoit punie par le feu, parce que dans les idées du temps, elle supposoit un pact avec le diable; cependant si cet homme eût tenu parole, & eût prouvé sa magie, au lieu de le punir, on l'auroit conservé précieusement comme capable de guérir le roi; il prouve malgré lui qu'il n'est pas magicien, soit qu'il crût l'être, soit qu'il ne le crût pas, & on le brûle! quelle logique!

GILIMER ou GELIMER, (*Hist. d'Afrique.*) prince des Vandales, homme singulier & d'un grand courage, usurpa en 532, la couronne qu'il devoit porter un jour légitimement, étant un des descendans de Genseric & l'héritier présomptif du trône des Vandales. Par là, il fournit à l'empereur Justinien, ami du prince Vandale détrôné, un prétexte de se mêler des affaires de l'Afrique, & de lui demander compte de son usurpation. *Gilimer* lui répondit fièrement que ces affaires ne le regardoient pas, que, si c'étoit la guerre qu'il vouloit, on la lui feroit; il se défendit avec beaucoup de valeur, mais il fallut céder à l'ascendant & à la capacité de Bélisaire. Retiré dans un désert & sur une montagne aride, *Gilimer* y souffrit toutes les horreurs de la faim; un des lieutenans de Bélisaire, prenant pitié des maux de *Gilimer*, lui proposa de s'abandonner à la générosité de Bélisaire. Le pire des maux, répondit-il, est l'esclavage, mais il profita de la pitié de celui qui lui écrivoit, pour lui demander trois petites graces; un pain, parce qu'il y avoit trois mois qu'il n'en avoit vu; une éponge pour essuyer ses plaies, un luth pour chanter ses malheurs & les soulager. Vaincu enfin par la famine, il se rendit en 534 à Bélisaire, qui le conduisit à Constantinople, où il orna le triomphe du vainqueur, attaché à son char selon l'usage. Il se soumit à sa fortune. Quand il parut devant le trône de l'empereur, il s'écria : *vanité des vanités, & tout n'est que vanité,* Il fût relegué dans la Galatie, où on lui assigna des terres pour subsister avec sa famille. Justinien eut pour lui des égards, & parut disposé à le créer patrice, si *Gilimer* eût voulu abjurer l'arianisme, comme Justinien l'en pressoit.

GILLES, (NICOLE ou NICOLAS) (*Hist. litt. mod.*) secrétaire de Louis XII, auteur d'annales ou chroniques de France, depuis la destruction de Troye, (car c'est toujours à cette époque que les vieux & mauvais historiens commencent) jusqu'en l'an 1496, Denys Sauvage, Belle-Forêt, & plusieurs anonymes ont fait des additions aux annales de Nicole *Gilles*; Gabriel Chapuys les a continuées jusqu'à l'an 1585. On ne consulte guère Nicole *Gilles* que pour la partie de son histoire, où il rapporte ce qu'il a vu, c'est-à-dire, en commençant au règne de Louis XI. Il mourut en 1503.

GILLET, (HÉLENE) (*Hist. mod.*) criminelle condamnée, à qui la mal-adresse du bourreau sauva la vie; elle étoit fille de Pierre *Gillet*, châtelain-royal de Bourg en Bresse, au commencement du dix-septième siècle; elle fut convaincue d'avoir fait périr son fruit. Soit qu'elle fût noble ou non, elle fut condamnée par arrêt du parlement de Dijon à être décapitée. Le bourreau la frappa du premier coup à l'épaule gauche; le peuple murmura; du second coup il ne lui fit qu'une légère blessure; le peuple murmura plus fort; l'exécuteur se troubla; sa femme qui se trouvoit là, on ne sait pourquoi, voulut aider son mari, & s'efforça d'étrangler la patiente; ce n'étoit pas ce que l'arrêt ordonnoit, le peuple murmura plus hautement, se révolta, jetta des pierres, chassa le bourreau & sa femme, mena la fille chez un chirurgien, le magistrat permit qu'elle fût pansée: le roi accorda sa grace; elle fut guérie, & vécut.

GILLET, (LOUIS-JOACHIM) (*Hist. litt.*) bibliothécaire de Sainte-Geneviève, mort en 1753, âgé de 74 ans, auteur d'une nouvelle traduction de l'historien Josephe, plus fidèle, dit-on, que celle de M. Arnauld d'Andilly, mais beaucoup moins lue.

GILLON ou Gilles, (*Hist. litt. mod.*) cardinal & poëte du douzième siècle, auteur d'un poëme latin où il célèbre la croisade de 1190; d'une vie de saint Hugues, abbé de Cluni; d'un éloge de Charlemagne, composé pour l'instruction de Louis, dit le Lion, fils de Philippe-Auguste, & père de saint Louis, dont on a pu dire comme de Louis XIII.

Mais il n'égalera ni son fils ni son père.

GILLOT (JACQUES) (*Hist. litt. mod.*) chanoine de la sainte chapelle de Paris, & doyen des conseillers-clercs du parlement. C'est chez lui que fut composée la *satyre Ménippée* ou catholicon d'Espagne. Il y eut grande part; la relation de la procession de la ligue, & la harangue du légat sont de lui; les autres harangues sont de Florent Chrétien, de Nicolas Rapin, & de Pierre Pithou, tous trois amis de *Gillot*. On a encore de lui des *instructions & lettres missives concernant le concile de Trente*. On lui attribue *la vie de Calvin*, imprimée sous le nom de Papyre Masson.

GILLOT, est aussi le nom d'un domestique de Descartes, qui mérita les titres plus honorables, de son ami & de son disciple; il enseigna les mathématiques avec éclat à Paris, & dans l'armée du prince d'Orange en Hollande.

2°. D'un docteur de sorbonne (GERMAIN) qui dépensa plus de cent mille écus à faire élever & instruire des jeunes gens pauvres pour les rendre capables de servir l'église ou l'état par leurs talens. Plusieurs d'entre eux, s'illustrèrent dans des professions honorables & utiles, & rendirent témoignage & firent honneur à ses bienfaits.

Dignum præstabo me etiam pro laude merentis.

On les nomma *les Gilotins*, & ils en firent gloire. C'est aujourd'hui la communauté de sainte Barbe. Mort en 1688.

3°. D'une femme (LOUISE GENEVIEVE) mariée à un avocat, nommé de Saintonge; elle cultiva la poésie; on a d'elle deux opéra connus; *Circé* & *Didon* & d'autres poésies, & une nouvelle historique romanesque, intitulée: *histoire de Dom Antoine, roi de Portugal*. C'est le prieur de Crato.

GINDI ou DGINDI, s. m. pl. (*Hist. mod.*) espèce de cavaliers turcs extrêmement adroits. On leur attribue des tours de force & de souplesse très-singuliers. Ils ramassent, dit-on, en courant une lance qu'ils ont jettée à terre; ils galopent quelquefois tenant un pied sur un cheval & un pied sur un autre, & en cet état tirent des oiseaux qu'on a placés exprès sur les plus hauts arbres. D'autres feignent de tomber, se laissent glisser sous le ventre du cheval, puis se remettent en selle. On ajoute qu'Amurath IV, voulant un jour se divertir, leur commanda de courir l'un contre l'autre les deux pieds sur la selle, ce qu'ils exécutèrent après plusieurs chûtes. Un italien qui avoit été dix ans esclave à Constantinople, où il avoit appris de pareils exercices, les donna en spectacle à Paris en 1585, à ce que rapporte Vigenère. Ricaut, *de l'empire ottoman*. (*G*).

GIOCONDO, (JOCONDE OU JUCONDE) (JEAN) (*Hist. litt. mod.*) dominicain italien, artiste & littérateur. Louis XII l'ayant appellé en France, il y construisit le pont Notre-Dame & le petit-pont, ce qui le fit nommer *Pontifex* par Sannazar:

Jocundus geminum imposuit tibi, sequana, pontem;
Hunc tu jure potes dicere pontificem.

Sauval, qui observe que Sannazar faisoit allusion à l'inscription du pont de Trajan:

Prudentiæ Augusti verè pontificis.

paroît vouloir disputer à *Giocondo* l'honneur d'avoir fourni les desseins de ces deux ponts, pour l'attribuer à un maçon de la ville de Paris, nommé Didier de Felin, mais cet honneur est resté à *Giocondo*. Il fut un des architectes de Saint-Pierre de Rome après *Bramante*: mais pour ne le considérer que comme littérateur, on lui doit des remarques sur les commentaires de César, où il donna le dessein du pont construit sur le Rhin par ce conquérant. Il a donné des éditions de Vitruve & de Frontin. Il fut le maître de Jules Scaliger. Il mourut vers l'an 1530.

GIOJA, (FLAVIO) (*Hist. mod.*) napolitain, né vers l'an 1300, dans le voisinage d'Amalfi. Quelques personnes lui attribuent l'invention de la boussole, & disent que si cet instrument nautique porte une fleur de lys pour marquer le Nord, c'est parce que cette découverte fut faite par un sujet d'un roi de Naples, de la maison de France. En effet, cette fleur de lys doit avoir une signification, & l'idée qu'elle présente est favorable à l'opinion de ceux qui attribuent cette invention à un françois où du moins à un sujet de la maison de France. On prétend que les Chinois connoissoient la boussole, comme l'artillerie & l'imprimerie, long-temps avant les Européens, ce qui n'empêche pas que les Européens n'aient découvert ces arts.

GIONULIS, s. m. pl. (*Hist. mod.*) volontaires ou aventuriers dans les troupes des Turcs, qui les mêlent à celles des zaïms & des timariots. Autrefois ils s'entretenoient à leurs dépens, dans l'espérance d'obtenir par quelque action signalée la place d'un zaïm ou d'un timariot mort à l'armée. Aujourd'hui les *Gionulis* forment un corps de cavalerie soumis aux ordres des visirs, sous le commandement d'un colonel particulier qu'on nomme *Gionuli agasi*. Dans les jours de cérémonie, ils portent un habit à la hongroise ou à la bosnienne. On croit que leur nom vient de *gionum*, mot turc qui signifie *impétuosité furieuse*, parce qu'en effet ils sont fort intrépides, & s'exposent aux dangers sans ménagement. Ricaut *de l'empire ottoman*. (*G*.)

GIRAC. (PAUL THOMAS SIEUR DE) (*Hist. litt. mod.*) *Girac* & Costar étoient partisans zélés, l'un de Balzac, l'autre de Voiture, ils disputèrent ensemble & se dirent des injures ; Girac étoit savant, Costar vouloit être bel-esprit.

Or maintenant veillez, graves auteurs ;
Mordez vos doigts, ramez comme corsaires,
Pour mériter de pareils protecteurs,
Ou pour trouver de pareils adversaires.

Girac mourut en 1663.

GIRALDI, (LILIO GREGORIO) (*Hist. litt. mod.*) savant, pauvre, malheureux & goutteux dans sa vieillesse; il perdit son bien & sa bibliothèque qui en faisoit la meilleure partie, lorsque l'armée du connétable pilla Rome, patrie de *Giraldi*. Au lieu de s'en prendre de son malheur aux fureurs de la guerre, il s'en prit aux lettres & aux lettrés, & fit dans sa colère ses *progymnasmata adversùs litteras & litteratos*. Ses écrits ont été recueillis en deux volumes *in-fol.* Les plus connus sont : *syntagma de diis gentium* ; son histoire des poëtes grecs & latins, & celle des poëtes de son temps. Né en 1478. Mort en 1552.

Un autre *Giraldi*. (JEAN-BAPTISTE *Giraldi* Cinthio, *Giraldus Cinthius*,) de Ferrare, est au rang des poëtes & des littérateurs célèbres de son temps & de son pays ; il vivoit aussi dans le seizième siècle. On a de lui des tragédies, un poëme intitulé *Ercole*, des contes, une histoire d'André Doria. Mort en 1573.

GIRARD. Diverses personnes ont fait connoître ce nom.

1°. Guillaume, archidiacre d'Angoulême, qui avoit été secrétaire du fameux duc d'Epernon, & qui a laissé des mémoires sur la vie de ce seigneur. Il a aussi traduit les œuvres de Louis de Grenade.

2°. Jean-Baptiste, c'est le fameux père Girard : on connoît son procès avec la Cadière, & le schisme qu'il excita au parlement d'Aix, où la moitié des juges le condamna au feu comme sorcier, & l'autre moitié, qui prévalut, fut d'avis de l'absoudre : l'arrêt est du 16 décembre 1731.

Mais mon ami, je ne m'attendois guère
De voir entrer le diable en cette affaire,
Girard, Girard, tous tes accusateurs,
Jacobin, carme & faiseur d'écriture,
Juges, témoins, ennemis, protecteurs,
Aucun de vous n'est sorcier, je vous jure.

3°. Gabriel, c'est l'abbé *Girard* le grammairien & l'académicien, auteur des *synonymes françois* & des *principes de la langue françoise*. Il avoit été aumônier de madame la duchesse de Berry, fille du régent, & interprète du roi pour les langues esclavonne & russe. Mort en 1748.

GIROUST, (JACQUES) (*Hist. litt. mod.*) prédicateur jésuite, dont les sermons ont été publiés en 1704, par le père Bretonneau son confrère, en cinq volumes *in-12*. Mort à Paris, en 1689.

GIRY, (*Hist. litt. mod.*) Louis, l'un des premiers académiciens françois, & François, son fils, minime, sont connus : ce dernier, par une vie des saints ; le premier par une traduction de Tertullien, de Sulpice Sévère, de saint Augustin, de Cicéron. Morts, le premier en 1665, le second en 1688.

GISCON, fils d'Himilcon, (*Hist. anc.*) général des Carthaginois, qui, banni par une cabale, & ensuite rappellé, pouvant écraser ses ennemis, se contenta de leur mettre le pied sur la gorge ; plus généreux, il pouvoit encore leur épargner cet outrage. Il fit la guerre avec succès aux Corinthiens. Il vivoit plus de trois siècles avant J. C.

GISORS, (LE COMTE DE) (*Voyez* FOUQET.)

GITE. (DROIT DE) (*Hist. de Fr.*) Dans les titres ce droit s'appelle *jus gisti*, *gistum*, *jus subventionis*, ou *procurationis* ; (*Voyez* Ducange, au mot *gistum*) ancien droit que les rois de France levoient dans les villes, bourgs, évêchés, & abbayes, pour s'indemniser des frais du voyage, passage, ou séjour qu'ils faisoient sur les lieux.

Quand les rois de la première race & quelques-uns de la seconde voyageoient, ce qui leur arrivoit souvent, ils logeoient avec leur suite pendant une nuit, aux dépens des villes, des bourgs & des villages qui étoient sur leur route. On leur fournissoit tout ce dont ils avoient besoin, & il étoient magnifiquement défrayés ; car leurs hôtes ne manquoient jamais d'y joindre au départ quelque présent en argenterie. Peu à peu cet établissement devint un droit royal, qu'on nomma *droit de gîte* ; & personne n'en fut exempt. Jean-le-Coq rapporte un arrêt qui déclare les villes données en douaire à la reine, sujettes au *droit de gîte*.

Les évêques & les abbés payoient ce *droit de gîte* pour la visite de leur église ; & quand nos rois se dégoûtèrent de mener une vie errante, ils continuèrent d'exiger leur *droit de gîte* des évêques, des abbés & autres prélats. Lors même que ces évêques & abbés furent affranchis du service militaire, ils restèrent soumis au *droit de gîte*. Louis VII en exempta la seule église de Paris, en reconnoissance de l'éducation qu'elle lui avoit donnée.

Ce *droit de gîte* étoit fixé à une certaine somme pour chaque évêché ou abbaye, toutes les fois que le roi venoit visiter l'église ou l'abbaye du lieu ; par exemple, l'abbé du grand monastère de Tours étoit taxé à soixante livres du pays ; *abbas majoris monasterii Turonensis debet unum gistum, taxatum sexaginta libras turonenses levandas quolibet anno, si rex visitaverit ecclesiam.*

Quelques églises s'abonnèrent à payer le *droit de gite* à une certaine somme, soit que le roi vînt ou non les visiter; l'archevêque de Tours prit ce parti, & composa pour cent francs. Pasquier rapporte à ce sujet un grand passage qu'il a tiré des archives de la chambre des comptes, & dont voici le précis : *L. anno Domini 1382, dominus P. Mazerii, episcopus Atrebatensis ; pro jure procurationis....... composuit in ducentis & quadraginta francis auri, franco sexdecim solidorum, pro eo quod debebat ; de quibus satisfactum, dominus Atrebatensis habet penès se litteras regias, unà cum litteris quitationis secretariorum.* Le latin de ce temps-là n'est pas élégant, mais le sens en est clair. Ce passage dit qu'en 1382 l'évêque d'Arras traita à deux cents quarante francs d'or, chaque franc de seize sous, pour ce qu'il devoit du *droit de gîte*; qu'il paya cette somme, en prit l'écrit du roi, & quittance de ses secrétaires.

Ce même passage nous apprend positivement que le *droit de gîte* subsistoit encore en 1382. « Enfin, dit Pasquier en son vieux gaulois, le » temps a depuis fait mettre en oubli, tant les » services militaires, que *droits de gîte*; au lieu » desquels on a introduit l'octroi des décimes sur » tout le clergé, n'étant demeuré de cette an- » cienneté que la prestation de serment de fidé- » lité au roi, qui doit être faite par tous les » prélats de France, lors de leurs avénemens ». (*D. J.*)

GIUSCHON, ou GIUS-CHAN, s. m. (*Hist. mod.*) nom qui en langue turque signifie *lecteur de l'alcoran*; il y en a trente dans les mosquées royales, qui lisent chacun par jour une des trente sections de l'alcoran : en sorte que chaque mois on fait une lecture entière de ce livre de la loi. *Gius* veut dire *portion* ou *section*; & *chon* ou *chan*, *lecteur*; c'est-à-dire, *lecteur d'une section*. Le but de cette lecture, selon eux, est de procurer le repos des ames des Musulmans qui font quelque legs à cette intention : c'est pourquoi les *gius chons* lisent proche des sépulcres dans les mosquées, & autres lieux de dévotion. Ricaut, *de l'empire ottoman*. (*G*)

GLABER, (Rodolphe) (*Hist. litt. mod.*) bénédictin de Cluny, contemporain des rois de France, Robert & Henri I, auteur connu d'une chronique insérée dans tous les recueils des historiens de France. Il y a dans le tome 8 des mémoires de l'académie des belles-lettres un savant mémoire de M. de Sainte-Palaye sur *Glaber*.

GLADIATEURS, (Guerre des) *bellum gladiatorum*, (*Hist. rom.*) guerre domestique & dangereuse que Spartacus excita en Italie l'an 680 de la fondation de Rome.

Ce *gladiateur* homme de courage & d'une bravoure à toute épreuve, s'échappa de Capoue où il étoit gardé avec soixante & dix de ses camarades; il les exhorta de sacrifier leur vie plutôt pour la défense de la liberté, que pour servir de spectacle à l'inhumanité de leurs patrons; il les persuada, rassembla sous ses drapeaux un grand nombre d'autres esclaves fugitifs animés du même esprit; il se mit à leur tête, s'empara de la Campanie, & remporta de grands avantages sur les préteurs romains, que le sénat se contenta d'abord de lui opposer avec peu de troupes.

L'affaire ayant paru plus sérieuse, les consuls eurent ordre de marcher avec les légions; Spartacus les défit entiérement, ayant choisi son camp & le champ de bataille comme auroit pu faire un général consommé. De si grands succès attirèrent une foule innombrable de peuple sous les enseignes de Spartacus, & ce *gladiateur* redoutable se vit jusqu'à cent vingt mille hommes à ses ordres, bandits, esclaves, transfuges, gens féroces & cruels, qui portoient le fer & le feu de tous côtés, & qui n'envisageoient dans leur révolte qu'une licence effrénée & l'impunité de leurs crimes.

Il y avoit près de trois ans que cette guerre domestique duroit en Italie, avec autant de honte que de désavantage pour la république, lorsque le sénat en donna la conduite en 682 à Licinius Crassus, un des premiers capitaines du parti de Sylla, & qui avoit eu beaucoup de part à ses victoires.

Crassus savoit faire la guerre, & la fit heureusement. Il tailla en pièces, en deux batailles rangées, les troupes de Spartacus, qui cependant prouva toujours qu'il ne lui manquoit qu'une meilleure cause à défendre.

(Eh quelle meilleure cause à défendre que celle de la liberté?)

On le vit, blessé à la cuisse d'un coup de javeline, combattre long-temps à genoux, tenant son bouclier d'une main & son épée de l'autre. Enfin, percé de coups, il tomba sur un monceau ou de romains qu'il avoit immolés à sa propre fureur, ou de ses propres soldats qui s'étoient fait tuer aux pieds de leur général en le défendant.

Voyez les détails de la guerre célèbre des *gladiateurs* dans les historiens romains, dans Tite-Live, *liv. XCVII*. Athénée *liv. II*. Eutrope, *liv. VI*. Appian, *de la guerre civile*, *liv II*. Florus, *liv. III. cap. xx*. César, *commentaires*, *liv I*. Valère-Maxime, *liv. VIII*. Velleius-Paterculus, *liv. II. & autres*. (*D. J.*)

GLAIVE. s. m. (*Hist. mod.*) *Droit de glaive*, dans les anciens auteurs latins & dans les lois des Normands, signifie la *jurisdiction suprême*.

Cambden, dans sa *Britannia*, dit que le comté de Flint est du ressort de la jurisdiction de Chester : *comitatus Flint pertinet ad gladium Castriæ*; & Selden, *tit. des honneurs pag. 640*: *Curiam suam liberam de omnibus placitis*, &c. *exceptis ad gladium ejus pertinentibus*.

Quand on crée un comte en Angleterre, il est probable qu'on le ceint d'un *glaive* pour signifier, par cette cérémonie, qu'il a jurisdiction sur le pays dont il porte le nom. *Chambers.* (*A. R.*)

GOBELIN, (GILLES) (*Hist. mod.*) Teinturier célèbre sous le règne de François premier, trouva, dit-on, le secret de cette belle écarlate qui s'appelle l'écarlate des *Gobelins*. Son nom est resté aussi à la maison qu'il habitoit & à la rivière qui y passe.

Sur l'abbé *Gobelin*, confesseur de madame de Maintenon, & supérieur de saint Cyr. (*Voyez* l'article COULANGES.)

GOBIEN, (CHARLES LE) (*Hist. litt. mod.*) jésuite, né à Saint-Malo, secrétaire & procureur des missions, auteur de *l'histoire des îles Marianes*; de plusieurs volumes des *lettres édifiantes*; du troisième volume des *nouveaux mémoires sur l'état présent de la Chine* du père le comte, qui contient des *lettres sur les progrès de la religion à la Chine*, & *l'histoire de l'édit de l'empereur de la Chine, en faveur de la religion chrétienne*, avec des *éclaircissemens sur les honneurs que les Chinois rendent à Confucius*. Mort à Paris en 1708.

GOBINET, (CHARLES) (*Hist. litt. mod.*) principal du collége du Plessis, pieux instituteur, auteur des *instructions de la jeunesse*, de *l'instruction sur la pénitence & la communion*, de *l'instruction sur la manière d'étudier*. Ces différentes instructions étoient beaucoup lues autrefois dans les colléges, sur-tout au collége du Plessis. Mort en 1690.

GOBRIAS (*Hist. anc.*) ou GOBRYAS; seigneur assyrien, qui vivoit du temps de Cyrus, environ cinq siècles & demi avant Jésus-Christ. Son fils devoit épouser la fille du roi d'Assyrie, & sa fille devoit aussi épouser le fils du roi, l'héritier du trône. Le fils de *Gobrias* étant à la chasse avec le jeune prince qui devoit être doublement son beau-frère, eut le malheur d'être plus adroit que lui & de percer de son dard la bête que le prince avoit manquée; le prince plein d'emportement & d'orgueil, perce le fils de *Gobrias* d'un coup de lance & le renverse mort. Le roi qui auroit pu & qui auroit dû punir son fils, vint à mourir vers le même temps & le fils fut roi. La fille de *Gobrias* ne pouvant soutenir l'idée d'épouser le meurtrier de son frère, vint avec son père implorer la protection de Cyrus qui étoit alors dans le cours des ses conquêtes. *Gobrias* s'étant attaché à ce prince, le suivit au siége de Babylone où il commanda un corps de troupes. Il entra depuis dans la conspiration des sept seigneurs perses contre le faux Smerdis, & ce fut lui qui ayant saisi le faux Smerdis par le milieu du corps & le tenant étroitement serré entre ses bras, dit à Darius, qui n'osoit frapper dans les ténèbres de peur de tuer *Gobrias* avec Smerdis : *frappe au hasard de nous percer tous deux.* Darius fut assez heureux pour ne tuer que le faux Smerdis. Darius fut roi: (*Voyez* son article) & parmi plusieurs entreprises injustes qu'il forma, il résolut de faire la guerre au Scythes : ceux-ci envoyèrent un héraut lui offrir un oiseau, une souris, une grenouille & cinq flèches; c'étoit à lui à deviner l'énigme. Le langage hiéroglyphique se prêtoit à toutes les interprétations, Darius en imagina une qui flattoit son ambition & que ses flatteurs trouvèrent très-juste. Il conclut que les Scythes lui livroient la terre & l'eau, désignées par la souris & la grenouille; leur cavalerie qui avoit la légéreté des oiseaux; leurs armes enfin, & peut-être leurs personnes. *Gobrias*, soit qu'il entendît mieux le langage allégorique, soit qu'il connût mieux les dispositions des Scythes, donna une interprétation bien contraire. Les Scythes, selon lui, disoient aux Perses: « Si vous ne vous envolez » dans l'air comme cet oiseau, si vous ne vous » cachez dans un trou comme cette souris, si » vous ne vous jettez dans l'eau comme cette » grenouille, vous ne pourrez échapper à nos » flèches. » Ce fut *Gobrias* qui devina juste.

Un autre *Gobrias*, né persan, étoit un des quatre généraux d'Artaxerce Mnémon contre le jeune Cyrus, à la bataille de Cunaxa.

GODEAU, (ANTOINE) (*Hist. litt. mod.*) évêque de Grasse, puis de Vence, poëte estimé de son temps, mais qu'on ne peut lire après les Racine, les Rousseau, les Voltaire, &c. Il est principalement connu comme poëte par sa traduction des pseaumes en vers françois & par divers poëmes pour la plupart chrétiens; il l'est comme prosateur, par une histoire de l'église, depuis le commencement du monde jusqu'à la fin du neuvième siècle, & par diverses vies de pères de l'église & d'autres saints & illustres personnages. Le père Vavasseur, jésuite, a fait contre lui un écrit intitulé : *Godellus utrum poëta?* Mort à Vence en 1672.

Un autre *Godeau*, (MICHEL) professeur de rhétorique au collége de Grassins, recteur de l'université & curé de Saint-Côme à Paris, a traduit en vers latins une partie des œuvres de Boileau. Mort à Corbeil le 25 mars 1736.

GODEFROI ou GODEFROY, (*Hist. de Fr.*) chef des Normands en France au neuvième siècle. Charles-les-Gros, ce malheureux roi, rayé de la liste des rois de la seconde race & de celle des rois de son nom, engagea ce *Godefroy* dans une conférence, & s'y étant rendu le plus fort par artifice, il le fit massacrer avec tous les Normands de sa suite. En même temps Hugues, bâtard de Lothaire II, roi de Lorraine, & de Valdrade, disputoit la Lorraine à Charles-le-Gros: il étoit toujours l'allié des Normands, sur les secours desquels il fondoit l'espérance d'être rétabli dans

dans les états de son père, & il étoit encore plus particulièrement l'allié de *Godefroy*, auquel il avoit donné sa sœur en mariage. Trompé comme lui, il vint trouver Charles sur sa parole, pour conférer avec lui de ses intérêts; Charles le fit arrêter, & lui fit crever les yeux. On avoit persuadé à Charles qu'en se défaisant ainsi des deux chefs des ennemis, il termineroit pour jamais la guerre; & par cette violence perfide, il la fit renaître avec plus de fureur que jamais. Les Normands coururent à la vengeance; leur juste ressentiment ne mit plus de bornes aux ravages : ce fut pour venger *Godefroy* & Hugues qu'ils se déterminèrent à ce fameux siège de Paris, soutenu avec tant de constance par Gosselin, évêque de cette ville, par l'abbé Ebon son neveu, & sur-tout par le vaillant comte Eudes, digne fils de Robert-le-Fort.

GODEFROI DE BOUILLON, (*Hist. de Fr.*) C'est ce fameux général de la première croisade qui prit, le 14 juin 1097, la ville de Nicée, qui réduisit ensuite Antioche & plusieurs autres places, qui assiégea Jérusalem le 9 juin 1099, & l'emporta d'assaut le 15 juillet, qui en fut proclamé roi par l'armée victorieuse, qui, par une bataille signalée qu'il gagna contre le sultan d'Egypte, acheva la conquête de presque toute la terre-sainte; qui eut pour successeur, dans le royaume de Jérusalem, Baudouin, son frère. Il mourut en 1100, & Baudouin en 1118. Ils étoient fils d'Eustache II, comte de Boulogne, & Eustache III leur frère continua la postérité, mais il ne la continua pas pour long-temps. Il épousa la fille & la sœur de deux rois d'Ecosse, & sa fille unique fut reine d'Angleterre, ayant épousé le roi Etienne. Elle mourut en 1151. *Godefroy* possédoit le duché de Bouillon du chef de sa mère, Ide, fille de *Géoffroy* d'Ardenne.

GODEFROY est aussi un nom consacré dans les lettres.

1°. GODEFROY de Viterbe, ainsi nommé du lieu de sa naissance, chapelain & secrétaire des empereurs Conrad III, Fréderic I & Henri VI, au douzième siècle, est auteur d'une chronique en vers & en prose qu'il a intitulée : *Panthéon*, & qui commence à Adam & finit en 1186.

2° Une famille entière de savans a illustré ce nom de *Godefroi*.

1°. Denis *Godefroi*, jurisconsulte célèbre, fils d'un conseiller au châtelet, naquit en 1549, vécut hors de sa patrie pour cause de calvinisme & mourut en 1622. On a de lui une multitude d'ouvrages de droit, entre autres le *corpus juris civilis*; des notes sur les institutes, sur les loix de Justinien, sur les coutumes de France, une dissertation sur la noblesse & quelques autres articles de politique & de droit public. On a de lui aussi quelques ouvrages de littérature; des conjectures sur Sénèque, un recueil des anciens grammairiens latins, &c.

2°. Théodore & Jacques *Godefroi*, fils de Denis. Théodore né à Genève en 1580, se fit catholique, fut conseiller d'état & mourut en 1649 à Munster, où il avoit été envoyé en qualité de conseiller de l'ambassade de France pour la paix générale. Il est l'auteur du *cérémonial françois* & de plusieurs autres ouvrages qui se rapportent au même objet. Il a donné diverses généalogies importantes; celle de la maison d'Autriche, des ducs de Lorraine, des comtes & ducs de Bar, des rois de Portugal; il a donné la relation de l'entrevue de l'empereur Charles IV & de Charles VI roi de France; du roi de France Charles VII, & du roi d'Espagne Ferdinand-le-Catholique. Il a donné aussi des éditions savantes & estimées d'ouvrages importans pour notre histoire; tels que l'histoire de Charles VI, par Jean-Juvenal des Ursins; de Charles VIII, par Jaligny & autres; de Louis XII par Seyssel & d'Auton; du chevalier Bayard; du maréchal de Boucicaut; d'Artus III, duc de Bretagne.

Jacques *Godefroi* resta protestant & vécut à Genève, où il fut élevé aux premières charges de la république. Il a un ouvrage intitulé : *opuscula varia juridica, politica, historica, critica.* Ce titre pourroit servir de liste générale de la multitude de ses ouvrages. Nous distinguerons seulement ici son édition & sa traduction de l'histoire ecclésiastique de Philostorge, & son *mercure jésuitique*, ou recueil de pièces concernant les jésuites. Mort en 1652.

3°. Un second Denis *Godefroi*, fils de Théodore, qui fit réimprimer avec de nouveaux éclaircissemens, une partie des ouvrages publiés par son père, & qui continua, corrigea & augmenta une histoire des officiers de la couronne, commencée par le Feron. Né à Paris en 1615. Mort en 1681, à Lille, où il étoit directeur & garde de la chambre des comptes.

4°. Jean, son fils, lui succéda dans cette place, & dans son goût particulier de littérature. On lui doit les éditions des mémoires de Philippe de Comines, du journal de Henri III.

Un troisième Denis *Godefroi*, son frère, a donné une édition de la satyre Ménippée, & Jean en a donné une seconde. Jean mourut en 1732; Denis en 1719.

GODIN, (*Hist. litt. mod.*) (LOUIS) de l'académie des sciences, fut un de académiciens envoyé au Pérou en 1735, pour déterminer la figure de la terre. Il s'attacha au service de l'Espagne & accepta en 1752 la place de directeur de l'académie des gardes-marine de Cadix, où il est mort le 11 juillet 1760. Nous avons vu la rélation intéressante des maux & des dangers qu'éprouva sa veuve à son retour de l'Amérique. On a de M. *Godin* cinq années de la connoissance des temps; la table des mémoires de l'académie des sciences; les machines approuvées par l'académie, 6 volumes *in-4°*.

GODIN de Sainte-Croix. (*voyez* l'article BRINVILLIERS.)

GOEGHY, (*Hist. de l'Asie.*) nom d'une secte de Bénians dans les Indes; ils se distinguent des autres Bénians par les jeûnes & les austérités les plus outrées; ils ne possèdent aucuns biens, vont tout nuds, couvrant seulement les parties que la pudeur fait cacher dans nos climats; ils se frottent le visage & tout le corps avec des cendres pour se défigurer davantage; ils n'ont point de temples, vivent dans les bois & dans les déserts, & font leurs prières & leurs adorations dans de vieux bâtimens ruinés. Mandeslo ajoute plusieurs autres détails sur leur genre de vie, leurs rits & leur croyance; mais il est vraisemblable qu'il n'en a pas été mieux informé qu'un voyageur indien ne le seroit de ce qui concerne l'ordre des capucins, en traversant quelques villages d'Espagne. (*D. J.*)

GOETZ ou GORTZ, (JEAN BARON DE) (*Hist. de Suède.*) ministre de Charles XII, esprit hardi, vaste & entreprenant. Il étoit dans le cabinet, dit M. de Voltaire, ce que son maître étoit à la tête d'une armée; nul projet ne l'effrayoit, nul moyen ne lui coûtoit: il prit sur Charles XII un ascendant qu'aucun ministre n'avoit eu avant lui. De concert avec le cardinal Albéroni, (*voyez* l'article ALBÉRONI) il avoit résolu de changer entièrement la face de l'Europe; il vouloit unir ensemble ces deux grands ennemis le czar Pierre & Charles XII, reporter le prétendant sur le trône d'Angleterre, Stanislas sur celui de Pologne; enlever la régence de France au duc d'Orléans; mais c'étoient des nations épuisées par de longues & malheureuses guerres que le baron de *Gortz* & le cardinal Albéroni vouloient armer pour ces grands desseins & replonger dans de nouvelles guerres. Le baron de *Gortz*, pour l'exécution de ces mêmes desseins, acheva de ruiner la Suède par une fausse monnoie de cuivre qui fit à peu près la même révolution que les billets de banque parmi nous. Charles XII, ayant été tué sur ces entrefaites, le 11 décembre 1718, la haine de la nation, que son respect pour ce prince avoit seul contenue, éclata en liberté contre le baron de *Gortz*: le sénat de Stockholm lui fit trancher la tête au pied de la potence de la ville: exemple de vengeance peut-être « encore plus que de justice, dit M. de Voltaire, » & affront cruel à la mémoire d'un roi que la Suède admire encore.

GOFRIDY, (LOUIS) (*Hist. de Fr.*) curé à Marseille, se fit croire sorcier; il souffloit sur les femmes & elles l'aimoient. Une des filles d'un gentilhomme nommé la Palud, fut pour lui ce que la Cadière fut dans la suite pour le père Girard. Après avoir été sous sa direction, elle le quitta & se retira dans un couvent d'Ursulines. *Gofridy* y envoya une légion de diables; toutes les religieuses se crurent possédées; la sorcellerie de *Gofridy* parut démontrée. Un arrêt du parlement de Provence, exécuté le dernier avril 1611, le condamna au feu; la moitié seulement de ce parlement y condamna le père Girard en 1731, & ceci peut servir de mesure aux progrès qu'avoit fait la raison dans un espace de cent vingt ans. Mais ni *Gofridy*, ni le père Girard ne méritoient d'être absous; il ne falloit pas sans doute les brûler, sur-tout comme sorciers; mais c'étoient au moins des séducteurs qui faisoient un abus coupable des idées surnaturelles & religieuses, & qui méritoient d'être punis comme tous les charlatans & tous les imposteurs.

GOGUET, (ANTOINE-YVES) (*Hist. litt. mod.*) auteur du savant ouvrage: *de l'origine des loix, des arts & des sciences.* Sa mère, après dix-huit ans de stérilité, le mit au monde à Paris, le 18 janvier 1716. Il étoit fils unique d'Yves *Goguet*, avocat au parlement. La sœur d'Anne-Thérèse Camet, sa mère, avoit épousé le célèbre avocat M. Duhamel. Le malheur qu'eut M. *Goguet* de perdre son père dans l'enfance, sembla réparé par l'avantage d'avoir M. Duhamel pour tuteur. Cependant M. Duhamel mourut sans avoir pu prévoir que son neveu seroit digne de lui, & que dans une autre carrière il égaleroit ou surpasseroit l'étendue de ses connoissances. M. *Goguet* fit sans éclat & sans succès ses humanités, sa philosophie & son droit. Il avoit dès-lors une mémoire heureuse, mais il concevoit lentement & froidement: devenu majeur, il acheta une charge de conseiller au parlement, & sembloit destiné à être confondu dans la foule des magistrats les plus ordinaires. Sa fortune, sa jeunesse, une santé robuste, les avantages de la figure le livrèrent naturellement à la dissipation & aux plaisirs; mais son ame étoit faite pour un essor plus noble. Au milieu de ces désagrémens, de ces amertumes dont le monde est si prodigue envers ceux qui se livrent à ses dangereux attraits, il se ressouvint des lettres qu'il avoit trop négligées, il comprit qu'elles pouvoient lui procurer un bonheur indépendant de l'opinion & du caprice, exempt de ce poison secret qui corrompt les autres plaisirs & de ces orages fréquens qui les altèrent. Ses travaux ne furent pas infructueux. Son livre, du succès duquel il a trop peu joui, lui assure la réputation d'un des plus savans hommes de son siècle. Après avoir considéré la naissance & suivi le progrès des connoissances humaines chez les anciens peuples, il s'étoit proposé de même de remonter à l'origine & d'observer le progrès des loix, des arts & des sciences en France depuis l'établissement de la monarchie.

M. *Goguet* ne fut point redevable de ses connoissances à l'étude seule, il sut tirer un grand parti de la conversation des gens-de-lettres. Il connoissoit les hommes, & sur-tout les savans: il s'étoit apperçu du besoin qu'ont ceux-ci de répandre au-dehors les trésors de leur érudition, besoin qu'il a souvent senti & satisfait lui-même depuis. Il tiroit avec art de chacun les lumières qui lui manquoient & il en faisoit le plus heureux usage. On pouvoit lui appliquer, dans ce sens, le mot de Frosine dans l'*avare*: *je sais l'art de traire les hommes.*

Il eut le bonheur d'avoir dans ce genre l'ami le plus utile, dont l'histoire est inséparable de la sienne, le savant Alexandre-Conrard Fugère, né à Paris en 1721, fils d'un conseiller de la cour des aides, & conseiller de la cour des aides lui-même, qui savoit tout & qui n'a rien produit, mais qui étoit nécessaire aux savans & qui le fut sur-tout à M. *Goguet*, sur lequel il conserva toujours cet ascendant que la douceur & la solidité du caractère donnent sur les esprits vifs & bouillans. Leur amitié est célèbre dans les fastes de la littérature, comme l'a été depuis celle de M. du Breuil & de M. de Pechméjat. On a vu M. Fugère rompre tout commerce avec des hommes de mérite, parce qu'ils lui paroissoient injustes à l'égard de M. *Goguet*. M. Fugère, dont la courte vie ne fut qu'une longue mort, & qui vécut pourtant aussi heureux par l'étude qu'on peut l'être, quand on est privé de la santé; M. Fugère, achevant de mourir, & succombant, avant le temps, sous le poids de ses infirmités, apprend que son ami, à la fleur de son âge, au sein de la santé, au milieu de sa gloire littéraire dont il jouissoit avec volupté, deux mois après la publication de son livre, vient d'être emporté par la petite vérole, cette maladie si redoutable & que personne n'avoit jamais tant redoutée que M. *Goguet*: il apprend en même temps que M. *Goguet*, par un testament antérieur à la publication de son livre, lui confie ses manuscrits & le soin de les faire imprimer, & lui laisse sa magnifique bibliothèque qu'il avoit formée lui-même avec tout le soin & tout le goût dont il étoit capable. Cette marque touchante de confiance, d'amitié, de reconnoissance, ne fit que rendre plus douloureuse à M. Fugère la perte de M. *Goguet*. Ce chagrin se joignant à ses maux & les envenimant, le précipita au tombeau trois jours après son ami.

M. *Goguet* est mort le mardi 2 mai 1758; il a vécu en tout quarante-deux ans, trois mois, treize jours.

M. Fugère est mort le vendredi 5 mai 1758, & n'a vécu en tout que trente-sept ans. Tous deux avoient passé leur vie dans le célibat.

GOHORRI, (JACQUES) (*Hist. litt. mod.*) professeur de mathématiques à Paris, traduisit en françois plusieurs tomes de l'*Amadis des Gaules*. On a de lui un ouvrage intitulé: *le livre de la fontaine périlleuse avec la chartre d'amour*.... *œuvre très-excellent de poésie antique, contenant la sténographie des mystères secrets de la science minérale*, & un traité des vertus & propriétés du petun, appellé en France l'*herbe à la reine* ou *médicée*. Ce nom de *médicée* n'annonce aucune vertu médicinale dans le tabac, mais seulement que le tabac avoit été apporté en France sous l'autorité & sous la protection de Catherine de Médicis. Mort en 1576.

GOIS ou GOIX (*Hist. de Fr.*) Dans le temps des factions ou des massacres des Orléanois ou Armagnacs & des Bourguignons, sous le régne de Charles VI, le comte de Saint-Pol, gouverneur de Paris & partisan du duc de Bourgogne, avoit formé dans la capitale une milice royale, composée de cinq cents bouchers ou écorcheurs, commandés par les *Gois*, les Saints-Yons & les Thiberts, propriétaires de la grande boucherie de Paris. Ces furieux commettoient toutes sortes d'insolences; ils allèrent mettre le feu au château de Wicestre ou Bicêtre, appartenant au duc de Berry, qui jusques-là étoit resté neutre, & auquel ils avoient ôté le gouvernement de Paris à cause de cette neutralité.

GOLDAST (MELCHIOR-HAIMINSFELD) (*Hist. litt. mod.*) savant & laborieux compilateur suisse, vivant en Allemagne. Ses principaux ouvrages sont les recueils intitulés: *Alamaniæ scriptores; scriptores aliquot rerum suevicarum; collectio constitutionum imperatorum; collectio consuetudinum & legum imperialium; commentarius de Bohemiæ regno; Sybilla Francica*: c'est la pucelle d'Orléans qui est ainsi désignée, & l'ouvrage est un recueil de morceaux qui la concernent; *monarchia sancti imperii romani*, &c.

GOLSMICH, (OLIVIER) (*Hist. litt. mod.*) auteur du roman intéressant, plaisant & moral, qui a pour titre *le ministre de Vakefield*, de la comédie *du bon-homme*, des poëmes du *voyageur*, & du *village abandonné*, de *lettres sur l'histoire d'Angleterre*, avoit la simplicité, la candeur qu'il a données à son ministre de Vakefield, & vécut comme lui dans la pauvreté, mais toujours gai & content. Le duc de Northumberland ayant desiré de le connoître sur sa réputation, il se rendit chez lui, & trouvant dans l'appartement deux hommes debout, dont l'un étoit le duc, l'autre son valet-de-chambre, il se méprit, parla familiérement au duc & respectueusement au domestique, les jugeant apparemment sur la mine, puis ayant été averti de son erreur ou s'en étant apperçu, & ne sachant pas comment on réparoit une erreur, sur-tout de ce genre, il fut si confus qu'il s'enfuit. Il étoit accablé de dettes & ne sortoit pas de chez lui de peur d'être arrêté; un de ses créanciers imagina, pour l'en tirer, de supposer encore quelque grand seigneur curieux de le voir, & de lui donner un rendez-vous au nom de ce seigneur. Il s'y rendit & fut arrêté. Son imprimeur paya pour lui. Né à Roscommon en Irlande en 1731; mort le 4 avril 1774.

GOLIATH, (*Hist. sac.*) géant philistin, tué par David, son histoire est rapportée au premier livre des rois, chap. 17.

GOLIUS, (JACQUES) (*Hist. litt. mod.*) savant professeur d'arabe, dans l'université de Leyde, successeur du savant Erpenius; éditeur d'une histoire arabe de Tamerlan, de l'histoire des Sarrasins d'Elmacin, des élémens astronomiques d'Alfargan; auteur d'un dictionnaire persan & d'un lexicon arabe. Né à la Haye en 1596; mort à Leyde en 1667.

GOLTZIUS, (HUBERT) (*Hist. litt. mod.*) peintre & graveur en bois, plus connu comme antiquaire. Ses œuvres, toutes latines, ont été recueillies en 3 volumes *in folio*. Les principales sont: *Fasti romani ex antiquis numismatibus; icones imperatorum romanorum & series austriacorum; Julius Cæsar ex numismatibus; Cæsar Augustus ex numismatibus; Sicilia & magna Græcia ex priscis numismatibus, &c.* Né à Venloo, dans le duché de Gueldres, en 1525; mort à Bruges en 1583.

GOMAR, (FRANÇOIS) (*Hist. mod.*) théologien calviniste, chef de la secte des Gomaristes. (*Voyez* l'article ARMINIUS.)

GOMBAULD, (JEAN-OGIER DE) (*Hist. litt. mod.*) un des premiers académiciens dans le temps de l'institution de l'académie françoise, fut aussi un des beaux esprits de l'hôtel de Rambouillet; il étoit gentilhomme ordinaire, & avoit d'ailleurs peu de fortune; il dit dans l'épitaphe de Malherbe:

Il est mort pauvre, & moi je vis comme il est mort.

Il fit un jour, soit par vivacité de caractère, soit par ressentiment d'auteur, au cardinal de Richelieu, une réponse que peu de personnes se seroient permise avec ce ministre; il lui lisoit un de ses ouvrages. *Voilà des choses*, dit le cardinal, *que je n'entends pas. Ce n'est pas ma faute*, repliqua *Gombauld*. Si cette réponse est d'un poëte, elle n'est pas d'un courtisan. C'étoit *Gombauld* qui poussoit le zèle pour les décisions académiques, jusqu'à vouloir que les académiciens s'engageassent par serment à employer les mots approuvés par l'académie, & à n'employer que ces mots-là. On lui trouvoit du talent pour les sonnets; Boileau qui en trouvoit fort peu de bons, a dit:

A peine dans *Gombauld*, Mainard & Malleville,
En peut-on admirer deux ou trois entre mille.

On a de *Gombauld* des tragédies aujourd'hui inconnues, ainsi que la pastorale d'*Amarante*; des épigrammes, dont on a fait autrefois quelque cas, &c. *Gombauld* mourut en 1666, âgé de près de quatre-vingt-dix ans.

GOMBERVILLE (MARIN-LE ROI, SIEUR DE) (*Hist litt. mod.*) fut ainsi que Gombauld, un des premiers académiciens françois dans le temps de l'institution; il est auteur des romans de *Polexandre*, de la *Cythérée*, de la *Jeune Alcidiane*. C'étoit lui qui se piquoit d'une grande aversion pour le mot *car*, & qui s'applaudissoit de ne l'avoir pas employé une seule fois dans tout *Polexandre;* on eut la patience de vérifier le fait, & on trouva que ce mot, par la force de la nécessité avoit échappé trois fois à l'auteur. On a de lui un assez bon traité de la manière d'écrire l'histoire; on lui doit l'édition des *mémoires du duc de Nevers;* la traduction d'une *relation de la rivière des Amazones* du père d'Acuna, jésuite. Un de ses plus grands ouvrages est *la doctrine des mœurs, tirée de la philosophie des stoïques, représentée en cent tableaux, & expliquée en cent discours*: ce livre a été autrefois recherché pour les figures, les discours en sont obscurs & diffus; les vers placés au bas de chaque tableau, ont quelquefois un peu d'harmonie. En voici un qui est beau. Le tableau représente des hommes pleins de cupidité dans le cœur, qui passent à côté de vases d'or & d'argent sans oser y porter la main, parce que Némésis les suit, conformément à ces vers d'Horace:

Non sum mœchus, ais, neque ego hercule fur, ubi vasa
Prætereo sapiens argentea, tolle periclum,
Jam vaga prosiliet frœnis natura remotis.........
Oderunt peccare boni, virtutis amore,
Tu nihil admittes in te formidine pœnæ;
Sit spes fallendi, miscebis sacra profanis.
Nam de mille fabæ modiis cùm surripis unum,
Damnum est, non facinus pacto mihi lenius isto.

Les vers de *Gomberville*, qui répondent à ces vers d'Horace ne sont pas bons, mais ils finissent par celui-ci:

Le larcin n'est pas fait, mais le crime est commis.

Mort en 1674, âgé de soixante & quinze ans.

GOMES-FERNAND, (*Hist. d'Espagne.*) gentilhomme espagnol, institua en 1170, l'ordre des chevaliers *du Poirier*, aujourd'hui d'Alcantara, dont la grande maîtrise fut unie à la couronne sous le règne de Ferdinand & d'Isabelle.

GOMES DE CIUDAD REAL, (ALVAREZ)

(*Hist. litt. mod.*) espagnol, poëte latin. Plusieurs de ses ouvrages ont des titres assez singuliers.

Sa Thalie chrétienne, ce sont les proverbes de Salomon mis en vers. Quel rapport ont-ils à Thalie ? *Sa muse Pauline*, ce sont les épîtres de saint Paul en vers élégiaques. Son poëme sur la Toison d'or est le plus estimé de ses ouvrages. Il mourut en 1536. Il avoit été élevé en qualité d'enfant d'honneur auprès de l'archiduc Charles (depuis l'empereur Charles-Quint.)

Un *Gomès* de Castro, (ALVAREZ) mort en 1580, est auteur d'une *histoire du cardinal Ximenez*.

Madame de *Gomez*, auteur des *cent nouvelles nouvelles*, des *journées amusantes*, des *anecdotes persanes*, de *l'histoire secrète de la conquête de Grenade*, de la *jeune Alcidiane*, &c. & de plusieurs tragédies ignorées aujourd'hui, se nommoit Magdeleine Angélique Poisson ; elle étoit fille du comédien Paul Poisson. Don Gabriel de *Gomez*, gentilhomme espagnol, lui proposa de l'épouser, elle l'épousa & crut faire fortune, tandis que *Gomez* de son côté, regardoit comme une ressource les talens de sa femme. Il n'y eut de trompé que madame de *Gomez*, son mari étoit absolument sans bien, mais elle écrivit, & ses ouvrages, aujourd'hui négligés, eurent du succès. Née à Paris en 1684, morte à Saint-Germain-en-Laye en 1770.

GONDEBAUD ou GOMBAUD. (*Hist. mod.*) Gondioche, roi des Bourguignons, avoit laissé quatre fils : *Gondebaud*, Gondégisile, Chilpéric, Gondemar ; ils avoient partagé le royaume de Bourgogne, comme les fils & les petits-fils de Clovis partagèrent depuis le royaume de France. Les deux aînés firent une ligue pour dépouiller les deux autres. *Gondebaud* assiégea dans Vienne Chilpéric & Gondémar en 477, brûla ce dernier dans une tour, où il se défendoit ; fit massacrer Chilpéric & ses deux fils, qui étoient tombés entre ses mains, & jetter sa femme dans la rivière, une pierre au cou.

Chilpéric laissoit deux filles ; l'une épousa Clovis ; ce fut la célèbre reine Clotilde ; l'autre se fit religieuse.

Gondebaud & Gondégisile, comme on peut le penser, se brouillèrent pour le partage des états qu'ils avoient enlevés à leurs frères ; Gondégisile propose à Clovis un traité secret pour dépouiller *Gondebaud* & partager ses états ; Clovis y consent, & par une petite finesse de barbare concertée avec Gondégisile, au lieu d'attaquer les terres de *Gondebaud*, c'est sur celles de Gondégisile qu'il se jette. Celui-ci appelle son frère à son secours, *Gondebaud* y vient ; mais dans une bataille qui se livre près de Dijon, sur les bords de la rivière d'Ouche, Gondégisile passe du côté de Clovis ; *Gondebaud* se voyant trahi, s'enfuit dans Avignon (en 500), Clovis l'y poursuit, l'y assiége. On négocie ; *Gondebaud* (en 501), s'engage à payer tribut à Clovis, ne le paye point, lie une intrigue, choisit son temps, surprend Gondégisile dans Vienne, le fait tuer dans une église, malgré le respect des asyles, & réunit toute la monarchie des Bourguignons ; Clovis étoit occupé ailleurs, & *Gondebaud* resta paisible possesseur de ce royaume de Bourgogne, il survécut Clovis, & mourut en 516, laissant deux fils, Sigismond & Gondemar. Il est l'auteur de la loi, appellée de son nom la loi Gombette. Il la publia en 501 : *Gondebaud* étoit arien.

Un aventurier, nommé aussi *Gondebaud* ou *Gombaud*, dit *Ballomer*, qui se disoit fils du roi Clotaire I, & que Gontran, roi de Bourgogne, un des fils légitimes de Clotaire, disoit fils d'un homme qui avoit été meûnier & cardeur de laine, avoit prétendu, après la mort de Clotaire, demander un partage à ses frères qui avoient rejetté sa demande avec mépris. Lorsqu'après la mort de Chérebert, de Sigebert & de Chilpéric, il vit le royaume en proie aux factions, l'Austrasie & la Neustrie gouvernées par deux femmes, Brunehaut & Frédegonde, sous le nom de deux enfans, Childebert & Clotaire II ; le roi de Bourgogne, Gontran, fort embarrassé à défendre sa vie contre deux monstres qu'il n'avoit pu ni apprivoiser par ses bienfaits, ni dompter par ses armes ; tous les seigneurs des différens états prenant parti dans ces troubles au gré de leurs passions, il crut l'occasion favorable pour faire valoir ses droits prétendus ; quelques factieux l'élevèrent sur le pavois à Brive-la-Gaillarde en 585 : cette entreprise paroissoit intéresser également les trois princes ; cependant, non-seulement Childebert & Clotaire ne se joignirent point à Gontran, dans les provinces duquel *Gondebaud* faisoit principalement son irruption, mais encore Frédegonde & Brunehaut, desirant également de secouer le joug de Gontran, firent des avances à *Gondebaud*, & conspirèrent avec lui contre Gontran. Ce prince eut lieu de soupçonner Brunehaut d'avoir envoyé des ambassadeurs & des présens à *Gondebaud*, & d'avoir voulu l'épouser ; & lorsque *Gondebaud*, après quelques succès stériles, eût été tué par ceux mêmes qui l'avoient fait roi, Gontran eut des avis que Brunehaut avoit aussi fait faire la même proposition au fils de *Gondebaud*. Frédegonde avoit eu la même politique, elle avoit aussi fait des avances à *Gondebaud* : M. de Valois croit qu'elle avoit aussi eu dessein de l'épouser.

GONDEGISILE. (*Voyez* le premier article précédent, GONDEBAUD.)

GONDEMAR ou GUNDEMAR, roi des Visigoths, (*Histoire d'Espagne*) aimé de ses sujets, qu'il ne cherchoit qu'à rendre heureux, respecté des nations voisines, & redoutable aux ennemis, *Gondemar* mérita d'être élevé sur le trône, où les suffrages réunis de ses concitoyens le placèrent après la mort de l'usurpateur. Witeric, lâche assassin qui avoit poignardé son maître, le fils de son bienfaiteur, & qui, devenu par ses crimes l'objet de l'exécration publique, périt lui-même sous le fer des conspirateurs. A peine *Gondemar* fut proclamé, en 610, qu'il s'appliqua à rétablir la bonne intelligence entre sa nation & les François. Quelques historiens assurent cependant qu'il acheta la paix au prix d'un tribut annuel qu'il s'obligea de payer à la France. Si ce fait est exact, il ternit la mémoire de *Gondemar*; & il la ternit d'autant plus qu'alors les Visigoths recevoient des tributs, & n'étoient point accoutumés à en payer. Mais leur roi étoit pressé de terminer cette guerre, pour aller réduire les Gascons qui avoient recommencé les hostilités : il se jetta dans leur pays, suivi d'une armée nombreuse, le ravagea, y mit tout à feu & à sang, les contraignit d'abandonner leurs villes, leurs villages, & d'aller se cacher derrière les montagnes. Après cette expédition, *Gondemar*, de retour à Tolède, assembla les évêques; & ils firent quelques canons, les uns concernant la discipline ecclésiastique, & le plus grand nombre relativement à l'administration civile; le roi approuva ces canons, & les signa. *Gondemar* s'occupoit de ces réglemens utiles, quand il apprit que les troupes de l'empereur venoient de faire une incursion sur les terres de son royaume; il se mit aussi-tôt à la tête des Goths, & marcha contre les Impériaux. Ceux-ci, ne se croyant pas assez forts pour combattre une telle armée, se retirèrent dans leur camp, qu'ils fortifièrent; mais *Gondemar* rendit cette précaution inutile; il attaqua les Impériaux dans leurs retranchemens, les força, les battit, les contraignit de se retirer en désordre, & dans leur fuite en massacra la plus grande partie. Cette victoire assura pour plusieurs années la paix aux Visigoths, que la valeur de *Gondemar* rendoit trop redoutables, pour qu'aucune puissance étrangère entreprît de leur déclarer la guerre. Le souverain victorieux rentra dans ses états, & convoqua un concile où furent faits encore de nouveaux réglemens sur différentes parties du gouvernement civil. Peu de jours après la dernière séance de ce concile, *Gondemar* tomba malade & mourut, quelques secours qu'on eût pu lui donner, en 612, après un règne glorieux & très-court, puisqu'il n'occupa le trône qu'environ deux années. Les grandes espérances qu'il avoit données, les talens qu'il montra, sa piété sans fanatisme, sa valeur & sa justice, le firent regretter amèrement : les Visigoths perdoient en lui leur bienfaiteur, l'appui, le père de l'état. (*L. C.*)

GONDI. (*Voyez* RETZ.)

GONDRIN. (*Voyez* PARDAILLAN.)

GONFALON ou GONFANON, s. m. (*Hist. mod.*) grande bannière découpée par le bas en plusieurs pièces pendantes, dont chacune se nomme *fanon*, de l'allemand *fanen*, ou du latin *pannus*, qui tous deux signifient *un drap, une pièce d'étoffe* dont étoient composés ces anciens étendards. On donnoit principalement ce nom aux bannières des églises, qu'on arboroit afin de lever des troupes & de convoquer les vassaux pour la défense des églises & des biens ecclésiastiques. Les couleurs en étoient différentes selon la qualité du saint ou patron de l'église, rouge pour un martyr, verte pour un évêque, &c. En France elles étoient portées par les avoués ou défenseurs des abbayes; ailleurs par des seigneurs distingués, qu'on nommoit *gonfaloniers*. Dans certains états l'étendard de la couronne, du royaume, ou de la république, étoit aussi appellé *gonfanon*. Aux assises du royaume de Jérusalem, *liv. II. ch. X.* il est parlé de la manière dont le connétable & le maréchal devoient chacun à leur tour porter le *gonfanon* devant le roi, lorsqu'il paroissoit à cheval dans les jours de cérémonie. (*G*)

GONFALON, (*Hist. mod.*) tente ronde qu'on porte à Rome devant les processions des grandes églises, en cas de pluie, & dont la bannière est un racourci. *Voyez l'article précédent. Chambers.* (*G*)

GONFALONIER, (*Hist. mod.*) nom de celui qui portoit le gonfalon ou la bannière de l'église. (*G*)

GONFALONIER, (*Hist. mod.*) chef du gouvernement de Florence, dans le temps que cet état étoit républicain. Il y a encore à Sienne trois *gonfaloniers* ou capitaines qui commandent chacun à un des trois quartiers de la ville. La république de Lucques est gouvernée par un *gonfalonier* choisi parmi les nobles. Il n'est que deux mois en charge; il a une garde de cent hommes, & loge dans le palais de la république. On lui donne pour adjoints dans l'administration des affaires, neuf conseillers dont le pouvoir ne dure que deux mois comme le sien; mais ni lui ni eux ne peuvent rien entreprendre d'important sans la participation & l'aveu du grand-conseil qui est composé de vingt-six citoyens. Le magistrat de police de Sienne conserve aussi le titre de *gonfalonier*, & porte pour marque de sa dignité une robe ou manteau d'écarlate, par-dessus un habit noir; son autorité est fort bornée depuis que les ducs de Toscane n'ont laissé à cette ville qu'une légère ombre de son ancienne autorité. (*G*)

GONGORA-Y-ARGORE, (LOUIS) (*Hist. litt. mod.*) surnommé de son temps le *prince des poëtes espagnols*, a enrichi par ses poésies la langue castillane, a excité un grand enthousiasme & de grandes contradictions; il a fait schisme dans sa nation; ses poésies ont été imprimées plusieurs fois à Madrid, à Bruxelles & ailleurs. Né à Cordoue, en 1562, mort en 1626.

GONSALVE ou CONSALVE FERDINAND DE CORDOUE, dit le GRAND CONSALVE, & le grand capitaine. (*Hist. d'Espagne.*) Lorsque Louis XII, roi de France parvenu au trône, voulut exercer ses droits sur le royaume de Naples, où régnoit alors Frédéric, de la branche bâtarde d'Arragon, il crut devoir partager sa conquête pour l'assurer davantage; il s'associa le roi d'Arragon Ferdinand-le-Catholique. Il lui céda la Pouille & la Calabre, se réservant Naples, la terre de Labour & l'Abbruze; ce traité fut secret, & Frédéric l'ignora. Le roi d'Arragon affectoit de paroître le protecteur de ce prince, son proche parent, qu'il alloit opprimer. Sous prétexte de le secourir contre les François, il envoya *Gonsalve* de Cordoue, avec des troupes pour lesquelles il lui demanda quelques places dans la Calabre. Frédéric ouvrit sans défiance ses ports & ses places à *Gonsalve*. Le repentir suivit de près son erreur. Louis XII fit attaquer le royaume de Naples par deux armées, l'une de terre, l'autre de mer; en même temps les Espagnols levèrent le masque, & rendant public leur traité avec la France, commencèrent les hostilités; le succès des alliés fut rapide. Frédéric, enveloppé de tous côtés, ne pouvoit que s'indigner de la perfidie de Ferdinand & de *Gonsalve*; mais connoissant la franchise & la bonté de Louis XII, il lui remit ses places, il se remit lui-même entre ses mains, il passa en France, où il parut goûter les douceurs d'une condition privée & ne point regretter les grandeurs qu'il avoit perdues.

Ferdinand n'avoit consenti au traité qui lui assuroit une moitié du royaume de Naples, que dans l'espérance & dans le dessein d'envahir l'autre moitié. Il supposa que les limites du partage n'avoient pas été clairement fixées; il prétendit que la Capitanate, pays plus important qu'étendu, faisoit partie de la Pouille; les François la revendiquoient comme appartenante à l'Abbruze. De là quelques hostilités suspendues par des trèves perfides que les Espagnols rompoient toujours. *Gonsalve*, digne instrument des fourberies du roi d'Arragon, violant sans pudeur les engagemens les plus sacrés, pour servir son maître & pour l'imiter, réparant les échecs à force de dextérité, dérobant les faveurs de la fortune à force de vigilance & d'adresse, profitant de toutes les conjonctures & les faisant naître, attaquant à propos les François endormis & désarmés par des propositions de paix toujours frauduleuses, gagna en personne ou par ses lieutenans les batailles de Séminare dans la Calabre, de Cérignoles dans la Pouille, conquit tout le royaume de Naples, & se combla de gloire en se perdant d'honneur. On a souvent appliqué à ce général les traits dont Tite-Live peint, avec moins de raison peut-être, le caractère d'Annibal, après avoir fait l'éloge de ses vertus militaires: *has tantas viri virtutes ingentia vitia æquabant, inhumana crudelitas, perfidia plusquam punica, nihil veri, nihil sancti, nullus deûm metus, nullum jusjurandum, nulla religio.*

Avec tant d'art pour la dissimulation, on ne sera pas étonné qu'il eût dans l'occasion beaucoup de présence d'esprit. Ces rois machiavellistes vouloient toujours faire la guerre & ne jamais payer leurs troupes, ce qui occasionnoit de fréquentes séditions. Dans une de ces séditions, un soldat s'emporta jusqu'à présenter à *Gonsalve* la pointe de sa hallebarde, *Gonsalve* le prend par le bras, & lui dit: *prends garde, camarade, de me blesser en badinant avec cette arme.* Un autre soldat lui dit avec colère: *si tu manques d'argent, livre ta fille, tu auras de quoi payer.* *Gonsalve* feignit de ne l'avoir pas entendu, mais la nuit suivante, il le fit pendre à une fenêtre où toute l'armée le vit exposé le lendemain. *Gonsalve* mourut à Grenade en 1515, âgé de soixante & douze ans.

Il eut un petit-fils, nommé comme lui, *Gonsalve* Ferdinand de Cordoue, homme vertueux, ennemi généreux; qui donna deux fois un grand exemple. Les honneurs que ce seigneur espagnol fit rendre au général françois, à l'ennemi de sa nation, ont ajouté à la gloire du nom de *Gonsalve*. Les restes du malheureux Lautrec, mort en 1528, devant Naples, enterrés d'abord dans un champ par ses soldats, transportés depuis dans une cave à Naples, par un soldat espagnol, qui espéroit les vendre bien cher à sa famille, y reposoient sans éclat & sans honneur; le petit-fils de *Gonsalve* leur érigea un tombeau de marbre, parmi ceux de ses pères, dans l'église de Sainte-Marie-la-Neuve, uniquement guidé par ce mouvement tendre & respectueux qu'inspire aux cœurs sensibles le spectacle & le souvenir des malheurs de l'humanité. Tel est le sens général de l'épitaphe que ce petit-fils du grand *Gonsalve*, plus grand que lui peut-être, puisqu'il étoit plus humain, fit faire à Lautrec, & que voici:

Odeto Fuexio, Lautrecco Gonsalvus Ferdinandus, Ludovici filius Corduba, magni Gonsalvi nepos, cùm ejus ossa, quamvis hostis, ut belli fortuna tulerat, sine honore jacere comperisset, humanarum miseriarum memor, ita in avito sacello, duci gallo hispanus princeps posuit.

Le même *Gonsalve* Ferdinand de Cordoue fit rendre le même honneur à la mémoire d'un autre capitaine ennemi, mort au service de la France, Pierre de Navarre; il le fit enterrer aussi dans l'église de Sainte-Marie-la-Neuve, & il fit mettre sur son tombeau une inscription, où il dit que la prérogative de la vertu est de se faire admirer même dans un ennemi. Voici cette inscription:

Ossibus & memoriæ Petri Navarri Cantabri, solerti in expugnandis urbibus arte clarissimi; Gonsalvus Ferdinandus, Ludovici filius, magni Gonsalvi suessæ principis nepos, ducem Gallorum partes secutum, pro sepulchri munere honestavit: hoc in se habet virtus, ut vel in hoste sit admirabilis.

GONTRAN. (*Hist. de Fr.*) (*Voyez* les articles BRUNEHAUT, FRÉDÉGONDE, GONDEBAUD-BALLOMER.)

Ce *Gontran*, roi d'Orléans & de Bourgogne, toujours placé sur la fin de son règne entre Frédégonde & Brunehaut, & ne pouvant se résoudre à sacrifier ni l'une ni l'autre, les eut toutes deux pour ennemies; il ne dut la conservation d'une vie toujours menacée, qu'aux précautions qu'il prit contre les assassins, en faisant redoubler sa garde, & qu'à la précaution plus sûre encore, d'intéresser tous ses sujets à la durée de son règne, par un gouvernement sage & doux, auquel on peut cependant faire plus d'un reproche.

» *Gontran*, dit l'abbé le Gendre, étoit dévot, » à la liberté près qu'il se donnoit d'entretenir » autant de femmes qu'il vouloit. »

Avec cette liberté il auroit dû mieux choisir celles qu'il honoroit du nom d'épouses & de reines. Il épousa d'abord la servante d'un de ses domestiques, ensuite une fille d'un rang plus convenable, qu'il répudia bientôt, parce que, disoit-il, sa mère étoit décriée pour les mœurs. Il épousa depuis une femme-de-chambre, qui eut le titre de reine. Celle-ci, désespérée de mourir à trente-deux ans, d'une maladie que ses médecins ne purent guérir, pria *Gontran* de les faire mourir; ce qui fut religieusement exécuté, comme dernière volonté d'une reine mourante.

On ne peut le disculper encore d'avoir ordonné le combat judiciaire entre deux de ses officiers, pour un taureau sauvage tué dans ses forêts; l'accusateur fut blessé mortellement, mais le champion de l'accusé voulant désarmer son ennemi, se perça lui-même & mourut sur la place. C'étoient trop de morts pour un animal tué; nul intérêt de chasse ne pouvoit mériter un pareil sacrifice. *Gontran* ne fut pas encore satisfait; il jugea que la mort du champion de l'accusé, quoiqu'arrivée par hasard, &, en quelque sorte, hors du combat, étoit une conviction du crime, & il fit lapider l'accusé, vieillard infirme, qui, par cette raison, n'avoit pu combattre en personne.

Gontran mourut en 593. Il a été mis au nombre des saints. C'est en effet un des moins mauvais rois de la première race. Ce fut aussi celui qui fit le moins la guerre.

GONZAGUE, (*Hist. mod.*) grande & illustre maison d'Italie, est celle qui a fourni à l'église romaine le plus grand nombre de cardinaux: la seule branche des ducs de Mantoue a de plus fourni deux impératrices à l'Allemagne, une reine à la Pologne & deux archiduchesses à la maison d'Autriche. La reine de Pologne étoit la sœur de cette célèbre Anne de *Gonzague*, princesse palatine, qui joua un si grand rôle en France sous la minorité de Louis XIV, & dont M. Bossuet a fait l'oraison funèbre: « Nièce d'une impératrice, dit-il, (Eléonore de *Gonzague*, seconde » femme de l'empereur Ferdinand II) sœur d'une » puissante reine, (la reine de Pologne) épouse d'un » fils de roi (le prince Edouard de Bavière, fils de » l'électeur Frédéric V, comte palatin du Rhin » & roi de Bohême) mère de deux grandes prin» cesses, dont l'une est un ornement dans l'au» guste maison de France, (la princesse de Condé, » femme du prince Henri-Jules) & l'autre s'est » fait admirer dans la puissante maison de Bruns» wick, (la duchesse d'Hanovre, femme du duc » Jean-Frédéric de Brunswick) une princesse enfin » dont le mérite passe la naissance, encore que, » sortie d'un père & de tant d'aïeux souverains, » elle ait réuni en elle, avec le sang de *Gonzague* » & de Clèves, celui de Paleologue, celui de » Lorraine, & celui de France par tant de côtés. »

Les *Gonzagues* régnoient à Mantoue depuis le commencement du quatorzième siècle, d'abord sous le titre de capitaines, puis sous celui de marquis, que l'empereur Sigismond conféra, le 22 septembre 1433, à Jean-François de *Gonzague*, enfin sous celui de ducs, titre que l'empereur Charles-Quint conféra, en 1530, à Frédéric de *Gonzague*, second du nom.

La branche aînée des ducs de Mantoue s'étant éteinte en 1627, le duché de Mantoue passa aux *Gonzague*, ducs de Nevers, branche cadette. Le duché de Nevers étoit entré dans cette branche par le mariage de Louis de *Gonzague*, prince de Mantoue, avec Henriette de Clèves, héritière de sa maison, par la mort du duc de Nevers François de Clèves, second du nom, son frère, tué à la bataille de Dreux, en 1562. Le duc de Nevers Louis de *Gonzague* est celui dont nous avons les mémoires publiés en 1665, par Gomberville. (*Voyez* l'article GOMBERVILLE.) Il rendit de grands services à Charles IX & à Henri III. Il fut le premier chevalier de l'ordre du Saint-Esprit à la première promotion du 31 décembre 1578. Il servit aussi fort bien Henri IV, & dans les armées & sur-tout dans son ambassade à Rome pour l'affaire de l'absolution, mais il paroît, par ses lettres mêmes, qu'il mettoit ses services à un prix un peu haut. M. de Sully dit assez de mal de lui & lui donne beaucoup de ridicule; mais Brantôme, qui n'avoit pas eu de querelles avec lui comme M. de Sully, en fait un très-grand éloge, & un juge bien plus équitable, M. de Thou donne les plus grandes louanges à la conduite qu'il tint dans son ambassade à Rome.

Il étoit boiteux d'un coup de pistolet qu'il avoit

avoit reçu à la jambe en 1567, dans les guerres contre les Huguenots. Il mourut à Nesle en 1595, de chagrin, à ce qu'on prétend, & ce chagrin fut causé par un mot d'aigreur que lui dit Henri IV. Ce fut son fils, Charles de *Gonzague*, duc de Nevers, qui devint duc de Mantoue par l'extinction de la branche aînée, & qui fut père de la reine de Pologne & de la princesse palatine.

Les autres personnages les plus considérables de la maison de *Gonzague* sont dans la branche de Guastalla. Ferdinand de *Gonzague* vice-roi de Sicile, gouverneur du Milanès sous Charles-Quint, en allant reconnoître pendant la nuit la ville de Saint-Quentin, tomba de cheval, & mourut des suites de cette chûte à Bruxelles, le 15 novembre 1557.

Dans la branche de Vescovato, Octave de *Gonzague*, né le 15 juillet 1667, mort le 9 septembre 1709, célèbre par ses connoissances & par son talent pour la poésie italienne.

Dans la branche des princes de Gazzolo, Bozzolo & Saint-Martin, Charles de *Gonzague*, général des armées de Charles-Quint, mort en 1555.

Le cardinal Scipion, son fils, fondateur de l'académie de Padoue, mort en 1593.

Pyrrhus & Ferdinand, frères du cardinal Scipion, tous deux généraux des armées impériales; Pyrrhus mort en 1594, Ferdinand en 1605.

Cette maison a produit encore plusieurs femmes célèbres, indépendamment des grandes princesses, dont nous avons parlé. Telles sont:

Cécile de *Gonzague*, fille du premier marquis de Mantoue, Jean-François, une des plus savantes personnes de son temps & qui savoit le grec à huit ans. Elle se fit religieuse.

Lucrèce de *Gonzague*, une des femmes les plus illustres du seizième siècle, connue principalement par ses lettres imprimées à Venise en 1552, & par les efforts & les instances qu'elle fit auprès de tous les souverains de l'Europe, pour obtenir la liberté d'un mari indigne d'elle & qu'elle n'aimoit pas: le duc de Ferrare l'avoit fait enlever & le retenoit en prison, il y mourut. Il se nommoit Jean-Paul Manfrone. Lucrèce poussa le zèle jusqu'à engager le sultan des Turcs à s'emparer de la forteresse où son mari étoit détenu; elle prioit en même temps les Turcs de ne pas faire d'autre mal aux chrétiens. Son histoire & son caractère se trouvent dans ses lettres.

Julie de *Gonzague*, femme de Vespasien Colonne, comte de Fondi dans le royaume de Naples, l'une des plus belles, des plus sages & des plus savantes femmes de ce même seizième siècle. La réputation de sa beauté enflamma les desirs de Soliman II, qui chargea son amiral Barberousse d'enlever Julie à Fondi, où elle faisoit son séjour; ce lieu, par sa situation sur le bord d'une rivière qui se jette près de là dans la mer, favorisoit une pareille entreprise. Barberousse arrive de nuit, surprend Fondi, l'emporte par escalade. Julie n'eut que le temps de s'enfuir nue en chemise; elle s'engagea dans les montagnes où elle eut beaucoup à souffrir & où elle courut de grands dangers avant d'arriver dans un lieu de sûreté. Cet événement est de l'an 1534.

Il y a aussi un saint dans la maison de *Gonzague*; c'est le P. Louis de *Gonzague*, jésuite, mort à Rome le 20 juin 1591, de la peste qu'il gagna en secourant les pestiférés: Grégoire XV le béatifia en 1621; Benoît XIII le canonisa en même temps qu'un autre jésuite, Stanislas Kostka. M. Gresset, alors jésuite, fit une ode sur cette canonisation; elle est dans ses œuvres. Un P. Cépari a écrit la vie du bienheureux Louis de *Gonzague*.

GORDIEN, (*Hist. des Empereurs*) surnommé l'*ancien*, parce qu'il parvint à l'empire à l'âge de quatre-vingts ans, descendoit, par sa mère, de Trajan. Il remplit les premières dignités de l'état avec une intégrité digne des temps antiques. Ce fut sur-tout dans le gouvernement d'Afrique qu'il fit éclater sa modération & son désintéressement. Rome & les provinces ne pouvoient plus supporter le joug du sanguinaire Maximin; l'Afrique, en proie aux exactions de ses intendans, donna le premier exemple de la rebellion. Les légions qui, comme le peuple, avoient éprouvé les cruautés du tyran, proclamèrent *Gordien* empereur; & comme son âge avoit éteint en lui tout sentiment d'ambition, il refusa de se charger d'un aussi grand poids. Les légions menacèrent de le tuer, s'il persistoit dans son refus. Le modeste vieillard, forcé de consentir à son élévation, s'associa son fils, & ce choix fut confirmé par le sénat, qui déclara Maximin ennemi de la patrie. Le tyran, qui aimoit à voir ses ennemis se multiplier, pour avoir le droit de répandre le sang, marcha contre les rebelles. *Gordien* remit le commandement de son armée à son fils, jeune homme courageux, à qui il ne manquoit que le secours de l'expérience. Il en vint aux mains avec Capellien, gouverneur de Mauritanie, qui remporta une pleine victoire. Le jeune *Gordien*, trahi par son courage, se précipita dans la mêlée, où il périt percé de coups. Son père, qui attendoit à Carthage l'événement du combat, ne put survivre à la perte de son fils, il s'étrangla de désespoir. Sa mort causa un deuil général dans toute l'empire, qui le regardoit comme son libérateur. On le regretta moins par ce qu'il avoit fait, que par le bien qu'on le croyoit capable de faire. Il avoit une parfaite ressemblance avec Auguste, dont il retraçoit toutes les vertus, sans avoir aucun de ses vices. Il ne régna qu'un an & six mois. (*T-N.*)

Gordien, *le jeune*, petit-fils du premier, fut honoré, à l'âge de douze ans, du titre de césar, par Maxime & Clodius-Albinus qui gouvernoient conjointement l'empire qu'ils avoient délivré de la tyrannie de Maximin. Dès qu'ils furent associés au partage du pouvoir, ils devinrent ennemis. Les légions, qui ne pouvoient leur pardonner d'avoir été élus par le sénat, les massacrèrent dans leur tente, & proclamèrent *Gordien* âgé de douze ans. Ce choix fait par une soldatesque effrénée, n'en fut pas moins agréable au peuple & au sénat, à qui la mémoire du premier *Gordien* étoit précieuse. A l'âge de dix-huit ans il épousa la fille de Minthée, qui avoit toutes les qualités du cœur, & tous les dons du génie. Le titre de beau-père de l'empereur, lui mérita la charge de préfet du prétoire, qu'il n'eût peut-être pas obtenue, s'il n'eût eu que des vertus & des talens. Ce fut en s'abandonnant à ses conseils, que *Gordien* rendit à l'empire son antique splendeur. Les superbes édifices dont il embellit le champ de Mars, suffiroient pour immortaliser sa mémoire. Tandis qu'il s'occupoit du bonheur de ses peuples, Sapor, roi de Perse, fit une invasion sur les terres de l'empire. *Gordien* courut au secours des provinces ravagées. Il traversa la Mœsie, où les Goths & d'autres peuples du Nord exerçoient les plus affreux brigandages. Une victoire remportée sur ces barbares, rétablit la tranquillité dans cette province. *Gordien* tourna ses armes victorieuses contre Sapor, qu'il rencontra en Syrie, dont les Perses s'étoient rendus les maîtres. Les deux armées, également impatientes de combattre, en vinrent aux mains, & la victoire, long-temps disputée, se déclara pour les Romains, qui reprirent Antioche, Carrès & Ninbès, dont la conquête fut suivie de celle de toute la Syrie. Le sénat décerna à *Gordien* les honneurs du triomphe. Minthée, qui avoit gouverné l'empire avec l'applaudissement du public, pendant l'absence de l'empereur, fut décoré du titre de tuteur de la république. Tandis que *Gordien* triomphoit au dehors, ses ennemis abusoient de ses bienfaits, pour le précipiter du trône. Philippe, qu'il avoit fait préfet du prétoire, se familiarisa tellement avec l'autorité que lui donnoit sa charge, qu'il aspira au pouvoir souverain. Le jeune *Gordien*, qui faisoit les délices des peuples, fut assassiné par les complots d'un monstre qui en étoit abhorré. Les légions pleurèrent sa mort; elles lui érigèrent un tombeau, où elles gravèrent une épitaphe qui attestoit l. ur reconnoissance & son mérite. Le sénat sensible à cette perte, fit un décret en l'honneur des *Gordiens*, qui exemptoit leur postérité de toutes les charges onéreuses. Il fut assassiné l'an 244, après un règne de six ans. Il disoit que les empereurs étoient les plus à plaindre des hommes, puisqu'ils étoient les seuls qui ne pouvoient pas connoître la vérité. (*T-N.*)

GORDIUS, (*Hist. anc. de Phrygie*) roi de Phrygie, fut un de ces hommes que la fortune dans ses caprices se plaît à tirer du néant, pour les élever sans motif au faîte des grandeurs. Né dans un village obscur, où il vivoit du produit de son travail, il n'aspiroit à rien de grand; lorsque les Phrygiens furent conseillés par l'oracle de choisir pour leur roi le premier qu'ils rencontreroient monté sur un chariot. Le hasard leur offrit *Gordius* qui portoit des denrées à la ville, & ils le proclamèrent roi. Le célèbre Midas, son fils, fit une offrande de ce chariot à Jupiter. Le nœud qui attachoit le joug au timon, étoit tissu avec tant d'art, que l'oracle promit l'empire de l'Asie à celui qui pourroit le dénouer. Alexandre le coupa avec son épée, & crut par-là avoir droit de prétendre aux promesses de l'oracle. L'histoire ne nous apprend rien de l'administration de *Gordius*, dont le nom n'a été transmis à la postérité, que parce qu'il fut père de Midas honteusement célèbre. (*T-N.*)

(On sent que cette partie de l'histoire ancienne peut être revendiquée par la fable.)

GORDON, (Thomas) (*Hist. litt. mod.*) traducteur de Tacite & de Salluste en anglois, avec des réflexions fort estimées, sur-tout les réflexions sur Tacite; mort en 1750.

GORGERIN, s. m. (*Hist. mod.*) partie d'une ancienne armure qui servoit à couvrir la gorge, quand un homme étoit armé de toutes pièces. *Chambers.* (*Q.*)

GORGIAS, (*Hist. sacr.*) un des capitaines d'Antiochus Epiphanes, deux fois battu par Judas Macchabée. *Liv. I* des Macchabées, *chap. 3 & 4.*

Gorgias le Léontin, (*Hist. anc.*) ainsi nommé, parce qu'il étoit de Léontium, ville de Sicile, orateur célèbre; vivoit plus de quatre siècles avant Jésus-Christ.

GORGO, (*Hist. anc.*) femme de Léonidas, roi de Sparte, disoit que les femmes de Sparte étoient les seules qui missent des hommes au monde.

GORMON I. (*Hist. de Danemarck*) On ignore au juste l'époque où ce prince commença à régner sur le Danemarck, & le temps où il mourut. Les principaux événemens de son règne ne sont pas plus connus: on sait seulement qu'il existoit dans le cinquième siècle; qu'il entreprit vers le Nord des navigations très-périlleuses, & qu'il étoit aussi philosophe qu'on pouvoit l'être, dans un temps & dans un pays si barbares. (*M. de Sacy.*)

Gormon II. L'histoire ne donne pas de plus grandes lumières sur le règne de celui-ci. Les uns veulent qu'il ait été roi d'Angleterre & de Danemarck ; d'autres, qu'il n'ait gouverné que les Danois ; d'autres enfin, qu'il n'ait régné qu'en Angleterre. L'opinion la plus commune est qu'il vivoit au commencement du neuvième siècle. (*M.* DE SACY.)

GORMON III. L'histoire de celui-ci est encore mêlée de fables ; mais à travers ces ténèbres, on entrevoit quelques lueurs de vérité. Il épousa Thira, fille du comte de Holstein, dont tout le Nord admiroit stupidement la sagesse & le génie, parce qu'elle se mêloit d'expliquer les songes. *Gormon* réunit sous sa domination toutes les provinces que des voisins ambitieux avoient enlevées à ses prédécesseurs: il s'empara de la Juthie, & tua de sa propre main le roi de cette contrée. Il soumit la Vandalie, défit les Saxons, & fut battu lui-même par l'empereur. Il régnoit au commencement du dixième siècle. Sa vie fut longue, & ses sujets lui donnèrent le surnom de *vieux*. (*M.* DE SACY.)

GOSSELIN. (*Voyez* GODEFROY, chef des Normands.)

GOSSELINI, (JULIEN) secrétaire de Ferdinand de Gonzague, vice-roi de Sicile, & gouverneur du Milanès sous Charles-Quint, a écrit la vie de ce Ferdinand, & l'histoire des conjurations de Fiesque & des Pazzi.

GOTESCALC, (*Hist. ecclés.*) bénédictin du neuvième siècle, célèbre par les persécutions qu'il s'attira peut-être par son opiniâtreté à soutenir & à défendre certaines propositions hasardées sur la prédestination & sur la grace ; le violent Hincmar, archevêque de Reims, non content de le dégrader du sacerdoce au concile de Quércy sur Oise en 849, ce qui étoit déjà un traitement bien sévère, le fit battre de verges, châtiment que des erreurs théologiques ne peuvent guères mériter ; il le fit ensuite enfermer dans une prison, où ce malheureux mourut en 868.

GOTHER, (*Hist. de Norwège*) roi de Norwège, régnoit au commencement du premier siècle de l'ère chrétienne. On ne connoît de sa vie qu'un trait digne à peine d'être transmis à la postérité. Froton, roi de Danemarck, demanda sa fille en mariage ; mais *Gother* étant devenu amoureux de la femme de l'ambassadeur chargé de ce message, il dit à ce ministre que s'il ne vouloit pas lui céder son épouse, il refuseroit à Froton la main d'Alvide ; il ajouta que s'il vouloit le servir auprès de sa femme dans ses projets amoureux, il lui donneroit le gouvernement d'une province, & le combleroit de biens & d'honneurs. Cette proposition est peu étonnante dans un tel prince, & le refus du ministre lui fait honneur. Je n'ai rapporté ce fait que pour faire sentir la différence des mœurs des peuples barbares & de celles des peuples policés. (*M.* DE SACY.)

GOTTSCHED, (*Hist. litt. mod.*) M. & madame *Gottsched*, poëtes allemands, d'un ordre distingué. On a du mari une tragédie de *Caton d'Utique*, & de la femme une tragédie de *Panthée* ; on a d'elle aussi des comédies qui ont eu du succès. Le mari est aussi auteur d'une poétique estimée ; tous deux, par leurs leçons & leurs exemples, ont contribué à la réformation du théâtre allemand. M. *Gottsched* est mort en 1766. Madame *Gottsched* étoit morte en 1762.

GOUDOULI, (PIERRE) (*Hist. litt. mod.*) poëte toulousain, qui a tiré pour la poésie un grand parti du jargon languedocien. Ses poésies languedociennes eurent un succès distingué, & jouissent encore d'une grande réputation ; une originalité piquante les caractérise, & caractérisoit en général l'esprit de l'auteur. Mort à Toulouse en 1649.

GOUDIMEL, (CLAUDE) (*Hist. mod.*) musicien tué à Lyon en 1572, par des catholiques, parce qu'il avoit mis en musique les pseaumes de Marot & de Beze. Quel motif d'assassiner!

GOUFFIER. (*Hist. de Fr.*) Ancienne maison du Poitou dont étoient:

1°. Guillaume *Gouffier*, seigneur de Boisy, gouverneur du roi Charles VIII ;

2°. Pierre *Gouffier*, seigneur de Boisy, son fils, tué à la bataille de Marignan en 1515 ;

3°. Artus *Gouffier*, seigneur de Boisy, frère de Pierre, gouverneur de François I, gentilhomme qui osoit être éclairé dans un siècle où la noblesse mettoit encore l'ignorance au nombre des titres dont elle étoit jalouse. François I le fit grand-maître de France, & il introduisit même en sa faveur une nouveauté dans la pairie ; elle n'avoit été conférée jusqu'alors qu'à des princes du sang & à des princes étrangers. Artus *Gouffier* de Boisy fut le premier gentilhomme françois décoré de la pairie : François érigea pour lui en duché-pairie la terre de Roanès au mois d'avril 1519. Mais cette érection n'eut point lieu, Artus étant mort au mois de mai suivant, & l'enregistrement ayant vraisemblablement souffert quelque difficulté. Artus étoit un homme de bien & un homme de paix. Il s'attacha toujours à entretenir la concorde & l'amitié entre le prince d'Espagne, qui fut depuis l'empereur Charles-Quint, & François I ; ce fut lui qui, de concert avec son ami Crouy-Chièvres, gouverneur de Charles-Quint, vertueux comme lui & plus habile peut-être, conclut, en 1516, le traité de Noyon entre Charles & François. En 1519, lorsque la concurrence de ces deux princes à l'empire, menaçoit d'embraser l'Europe, ces deux mêmes ministres travailloient à Montpellier à établir une paix solide entre les deux rivaux ; ils alloient terminer cet heureux ouvrage, lorsque la pierre & la fièvre précipitèrent Boisy au tombeau. La négociation fut abandonnée, la guerre s'alluma ; Chièvres la vit commencer & mourut en 1521, en prononçant pour dernier soupir ces tristes & prophétiques paroles : *Ah ! que de maux !* On a fait l'honneur à la mémoire de ces deux sages gouverneurs, de croire que s'ils eussent vécu ils auroient trouvé le moyen de concilier leurs deux illustres élèves & d'épargner tant de sang qui coula depuis. On regretta dans *Gouffier* Boisy cette sagesse douce & ferme qui balançoit dans le conseil la trop grande autorité de la duchesse d'Angoulême sans la choquer ouvertement.

4°. Guillaume *Gouffier*, seigneur de Bonnivet, son frère, qui le remplaça dans la faveur du roi, ne succéda ni à ses vertus, ni à sa prudence, ni à son amour pour le bien public ; il fut l'esclave de la duchesse d'Angoulême, & le flatteur de son maître ; mais ce fut un des hommes les plus brillans du règne de François I ; & l'histoire ne lui avoit pas rendu assez de justice. Il succéda en 1516, dans la dignité d'amiral, à Jean Mallet de Graville, seigneur de Malesherbes : en 1518, il négocia la restitution de Tournay, affaire dont le succès augmenta dans l'Europe la considération de François I, & doit en donner à Bonnivet. Il ne réussit pas de même dans la grande affaire de la concurrence à l'empire ; mais on ne lui reproche aucune faute qui ait nui au succès, & il servit du moins son maître avec beaucoup de zèle. En 1521, il ouvrit la campagne par la prise de Fontarabie, conquête importante, mais dont on l'accuse de s'être fait une trop haute idée ; il s'opposa, dit-on, à la paix qui, au milieu de la guerre, se négocioit alors à Calais, en engageant le roi à refuser la restitution de Fontarabie : c'est un grand mal de s'opposer à la paix ; mais Bonnivet ne fut point le seul qui n'approuva pas la trève dangereuse qu'on proposoit à François I, sous le nom de paix ; les plénipotentiaires françois, qui négocioient à Calais, mandèrent expressément au roi : « *nous ne serons* » *jamais assez malheureux pour vous conseiller d'y* » *souscrire.* » En 1523 & 1524, Bonnivet commanda dans le Milanès, où il eut d'abord quelques succès suivis des plus grandes disgraces. Sur l'affaire de Rebec, où Bonnivet eut le malheur de faire battre Bayard, & sur la retraite de Romagnano & le passage de la Sessia, (*voyez* l'article BAYARD) Bonnivet fit des fautes, sans doute, dans ces deux campagnes ; mais il montra de l'intelligence & de la capacité dans ses marches, dans ses campemens, même dans ses opérations. En 1525, il eut encore le malheur de faire résoudre la bataille de Pavie contre le sentiment du maréchal de Chabannes & des autres vieux capitaines. Il fut chargé des dispositions de cette fameuse journée, & ces dispositions ont mérité d'être louées ; mais l'ardeur impatiente du roi rompit toutes les mesures de son général : il sortit des retranchemens d'où on étoit convenu qu'il ne falloit pas sortir ; il masqua son artillerie, qui suffisoit seule pour assurer la victoire ; il perdit tout, *hors l'honneur*, puisque l'étourderie la plus désastreuse dans ses effets ne déshonore point.

Le malheureux Bonnivet, voyant les tristes fruits du conseil qu'il avoit donné, mais qu'on avoit mal suivi, s'épuisoit en vains efforts pour arracher son maître à la mort ou à la captivité, il rallioit tantôt quelques suisses, tantôt quelques gendarmes ; il fut coupé, séparé du roi, jeté hors de la mêlée par le choc violent des lansquenets de Bourbon ; il ne tenoit qu'à lui de se sauver, mais son ame étoit trop haute & son désespoir trop sincère ; il jeta un triste regard sur le champ de bataille & s'écria : *non, je ne puis survivre à un pareil désastre.* Aussi-tôt il s'élance sur le bataillon des lansquenets, & tendant la gorge à toutes les épées & à toutes les piques, il se délivra de l'horreur de vivre.

Pendant ce temps, le maréchal de Foix, lui attribuant les malheurs du roi, de la France & les siens, le cherchoit par-tout pour mourir en l'égorgeant ; (*voyez* l'article FOIX) & Bourbon plus à craindre pour lui que le maréchal de Foix, Bourbon, son ennemi capital, & qui lui attribuoit sa disgrace, Bourbon auquel il avoit eu peine à échapper au passage de la Sessia, s'étoit flatté de le faire prisonnier à Pavie ; il avoit recommandé à ses soldats de s'attacher à le prendre vivant, il s'étoit armé exprès en simple cavalier, pour que Bonnivet ne pût le distinguer, ni tenter de lui échapper. Il passa par l'endroit où l'objet de tant de haine venoit d'être massacré ; il vit souillés de sang & flétris par une lividité affreuse les restes de cette figure si belle & si noble, qui avoit fait l'admiration de la cour. A ce spectacle, sa colère s'affoiblit.

> La pitié dont la voix
> Alors qu'on est vengé, fait entendre ses loix,

entra dans son grand cœur ; il détourna les yeux, & s'écria en gémissant : *Ah ! malheureux ! tu es cause de la perte de la France, de la tienne & de la mienne.* Bonnivet étoit téméraire dans ses galanteries, plus encore que dans ses expéditions militaires ; & il s'est quelquefois permis dans ce genre, des entreprises coupables. Sur l'intelligence qu'on veut qu'il y ait eu entre lui & la comtesse de Château-Briant, première maîtresse de François I, (voyez à l'article FOIX, l'article particulier de Françoise de FOIX, comtesse de Château-Briant.) Ce même favori, recevant le roi & toute la cour dans son château de Bonnivet, osa s'introduire pendant la nuit par une trappe dans la chambre de la duchesse d'Alençon, ʃeur du roi, qui ſe défendit avec tant de courage, & fut ſecourue ſi à propos par ſa dame d'honneur, que Bonnivet fut obligé de s'enfuir. La ducheſſe indignée vouloit dire tout au roi & faire punir Bonnivet. La dame d'honneur fut d'un avis contraire, & la ducheſſe ſe rendit à ſes raiſons.

Bonnivet portoit ſur ſon viſage des témoignages ſanglans de la réſiſtance qu'il avoit éprouvée; il n'y avoit pas moyen de paroître en cet état devant le roi, encore moins devant la ducheſſe; il fit dire au roi le lendemain qu'il avoit été malade toute la nuit, qu'il l'étoit encore, qu'il ne pouvoit même ni ſoutenir la lumière ni entendre parler. Le roi voulut l'aller voir, on lui dit que Bonnivet commençoit à s'endormir, il ne voulut pas l'éveiller & partit ſans l'avoir vu. Lorſque Bonnivet put ſe montrer, lorſque le temps & la continuation des bontés du roi l'eurent aſſuré du ſilence indulgent de la ducheſſe, il reparut à la cour; mais toute ſon audace ne pouvoit l'empêcher de rougir & de perdre contenance, quand un regard de la ducheſſe d'Alençon venoit à tomber ſur lui. Elle conte elle-même cette aventure dans l'Heptaméron, première journée, quatrième nouvelle, ſous des noms ou plutôt ſous des qualités ſuppoſées.

5°. Claude *Gouffier*, fils du gouverneur de François I, fut comblé de biens & d'honneurs par François I & par Charles IX. Sa terre de Maulevrier fut érigée en comté l'an 1542, celle de Boiſy en marquiſat, l'an 1564, & cette même terre de Roanès, infructueuſement érigée en pairie pour Artus, en 1519, la fut utilement pour Claude & ſa poſtérité en 1766. Il y avoit alors d'autres exemples de pairies conférées à de ſimples gentilshommes. Le duché de Roanès fut porté dans la maiſon d'Aubuſſon de la Feuillade par Charlotte *Gouffier*, fille de Henri *Gouffier*, arrière petit-fils de Claude. Charlotte mourut le 13 février 1683.

6°. Louis *Gouffier*, fils aîné de l'amiral de Bonnivet tué au ſiége de Naples en 1527.

7°. François *Gouffier*, frère de Louis, mort des bleſſures qu'il avoit reçues au ſiége de Vulpian dans le Piémont, après s'être diſtingué à la bataille de Cériſoles & dans d'autres expéditions importantes.

8°. Un autre François *Gouffier*, frère des précédens qui ſe diſtingua aux batailles de Cériſoles, de Dreux, de Saint-Denis, aux ſiéges de Landrecies, de Heſdin, de Metz, de Calais, de Thionville & d'Orléans. Mort très-âgé le 25 avril 1594.

9°. Henri *Gouffier*, ayant ſervi en Flandre & commandé en Italie les armées vénitiennes, ſe trouva en France à la bataille de Senlis, & fut tué en 1589, dans une émeute populaire à Breſeuil en Picardie.

10°. François-Alexandre, fils du précédent, tué en duel en 1596.

11°. Henri-Marc-Alphonſe-Vincent *Gouffier*, frère de François-Alexandre, eut le malheur d'être brûlé par accident au château de Bernieulles, la nuit du 22 au 23 mars 1645.

12°. Léon *Gouffier*, tué à la bataille de Sentzheim.

L'héritière de la maiſon de *Gouffier* a épouſé M. le comte de Choiſeul, de l'académie françoiſe & de l'académie des inſcriptions & belles-lettres, actuellement (en 1787) ambaſſadeur du roi de France à la Porte, & qui joint au nom de Choiſeul celui de *Gouffier*, depuis ce mariage.

GOUJET, (CLAUDE-PIERRE) chanoine de Saint-Jacques de l'Hôpital, ſavant & infatigable compilateur. Ses principaux ouvrages ſont: la *Bibliothèque françoiſe*, *l'Hiſtoire du collége royal de France*, le ſupplément au dictionnaire de Moréri; ſa *Diſſertation ſur l'état des ſciences en France, depuis la mort de Charlemagne, juſqu'à celle du roi Robert*, remporta le prix de l'académie des belles-lettres en 1737. Il y a encore beaucoup d'autres ouvrages très-ſavans de M. l'abbé *Goujet*. Il eût été un membre diſtingué de l'académie qui l'avoit couronné; mais ſa foi fut ſuſpecte au cardinal de Fleury, c'eſt-à-dire, qu'il étoit janſéniſte, grande raiſon pour exclure un ſavant d'une ſociété littéraire, où d'ailleurs les janſéniſtes ne manquoient pas alors, à cauſe du ſoin même qu'on prenoit de les en écarter. Né à Paris en 1697, élevé aux jéſuites, il avoit été oratorien. Il mourut en 1767, presque aveugle à force de lectures, de recherches & de travaux.

GOULAMS, ſ. m. pl. (*Hiſt. mod.*) En Perſe, ce ſont des eſclaves ou fils d'eſclaves de toutes ſortes de nations, & principalement de géorgiens renégats, qui forment le ſecond corps de l'armée du ſophi. Il en a environ 14 mille à ſon ſervice. On appelle leur général *koullas-agaſſi*. Ils ont pluſieurs grands ſeigneurs dans leur corps. Thévenot, *voyage du Levant*. (*G.*)

GOULU, (JEAN) (*Hiſt. litt. mod.*) général des Feuillans, connu par ſes écrits pleins d'emportement & d'injures contre Balzac. (*Voyez* BALZAC) *Goulu* mourut en 1629. On a de lui encore une vie de ſaint François de Sales, & quelques autres ouvrages; mais c'eſt ſur-tout par ſes écrits contre Balzac qu'il eſt connu; *hâc magnâ inimicitiâ claruit*.

GOURDAN, (SIMON) (*Hiſt. litt. mod.*) victorin contemporain de Santeuil, & comme lui auteur de proſes & d'hymnes, qu'on chante encore dans quelques égliſes. On diſoit de Santeuil, qu'il chantoit les ſaints; & du père *Gourdan*, qu'il les imitoit. Né en 1646, mort en 1729.

GOURNAI, (MARIE LE JARS DE (*Hiſt. litt. mod.*) fille ſavante, amie de Montagne qui l'appelloit sa fille d'adoption & qui la fit héritière de ses écrits; elle donna, en 1635, l'édition de ses *essais*. On a aussi d'elle des ouvrages qui ont été recueillis en deux volumes *in-4°*. Elle avoit conservé, par goût & par principe, le vieux langage & la vieille prononciation; elle étoit d'ailleurs d'une vivacité qui ne lui permettoit pas de soigner son style ni dans la conversation ni dans ses écrits, en conséquence elle haïssoit les puristes, & disoit que leur *style étoit un bouillon d'eau claire sans impureté & sans substance*. On a retenu d'elle ce vieux vers:

Quand mon âge fleuri rouloit son gai printemps,

Qui est la traduction de ce vers de Catulle:

Jucundum cùm ætas florida ver ageret.

Elle fut l'objet de plusieurs satyres assez grossières, où on lui reprochoit d'être laide & encore fille à cinquante-cinq ans. Née en 1566; morte en 1645. Ses amis l'appelloient la *syrène françoise*; ce qui prouve seulement qu'une femme qui écrivoit bien ou mal, passoit alors pour un prodige.

GOURVILLE, (Jean HÉRAULD, SIEUR DE) (*Hist. de Fr.*) né à la Rochefoucauld en 1625, d'abord valet-de-chambre du fameux duc de la Rochefoucauld, auteur des maximes. Ce duc le donna au grand Condé; il fut aussi attaché au surintendant Fouquet, enveloppé dans sa disgrace & condamné à être pendu. Il passa dans les pays étrangers, y rendit des services importans, & mérita d'être employé par la France avec caractère auprès de diverses puissances d'Allemagne; & comme il négligea de faire révoquer son arrêt, on a eu raison d'observer qu'il étoit à la fois pendu en effigie à Paris, & envoyé du roi en Allemagne. A la mort de M. Colbert, il fut proposé au roi pour être contrôleur-général. On dit que ce fut M. le Tellier qui empêcha ce choix en paroissant l'approuver beaucoup. Sire, dit-il au roi, votre majesté ne peut pas mieux faire que de nommer M. de *Gourville*, ce seroit le moyen de le détacher des intérêts de M. le prince. Il savoit qu'en rappellant l'attachement de *Gourville* pour le grand Condé, il le perdoit absolument dans l'esprit du roi, qui estimoit ce grand prince & respectoit sa gloire, mais qui n'avoit pas perdu la mémoire des troubles de la fronde, de la surprise de Bléneau & du combat de Saint-Antoine. En effet, Louis XIV ne dit rien, & parla de M. le Peletier; c'étoit celui que M. le Tellier vouloit faire nommer. (*Voyez* l'article PELETIER) (LE)

Gourville a laissé des mémoires curieux; on y voit avec plaisir & avec intérêt le tableau du désordre où étoient tombées les affaires du grand Condé pendant le temps de sa fatale alliance avec l'Espagne, & des moyens si sages, si économiques que prit *Gourville* pour les réparer; on y voit comme il tenoit rigueur à ce prince sur les sommes qu'il lui permettoit d'employer à son plaisir, à l'embellissement de Chantilly, à la confection de ce beau canal, qui fait toujours l'admiration des étrangers, assez droit pour conserver le suffrage des amateurs des anciens jardins, assez courbé pour satisfaire les modernes, ennemis de la ligne droite.

Nous ne savons que par tradition les anecdotes suivantes. *Gourville*, devenu un homme important dans l'état, étoit si éloigné de se méconnoitre, que se trouvant à la chasse avec M. le duc de la Rochefoucauld, son premier maître, qui depuis longtemps ne traitoit plus avec lui que d'égal-à-égal, & voyant que M. le duc de la Rochefoucauld essayoit de quitter ses bottes, & n'avoit personne pour les lui ôter, il se présenta pour lui rendre cet office. *Que faites-vous donc monsieur de Gourville?* s'écria le duc. *Eh, monsieur le duc*, répondit *Gourville, est-ce la première fois?*

On conte une anecdote singulière sur la mort de *Gourville*. Il mouroit tranquillement de langueur & de foiblesse; ses amis étoient en grand nombre autour de son lit. Je me sens si foible, leur dit-il, qu'il me paroît évident que si je voulois seulement me retourner dans mon lit, ce mouvement me feroit rendre l'ame. On l'assura que ce sentiment de sa foiblesse le trompoit & qu'il étoit exagéré. Voulez-vous, leur dit-il, en avoir le plaisir? il se retourna, & mourut. C'étoit en 1705. C'est sur lui, dit-on, que Boileau fit cette épitaphe épigrammatique:

Cy-gît justement regretté,
Un savant homme sans science;
Un gentilhomme sans naissance,
Un très-bon-homme sans bonté.

Tout cela signifie qu'il parloit très-bien de tout sans être fort instruit, qu'il avoit, quoique d'une naissance obscure, de la dignité dans le caractère & de la noblesse dans les manières, qu'il caressoit tout le monde, & qu'on prétendoit qu'il n'aimoit personne véritablement.

GOUTHIER ou GUTHIER, ou GUTHIERES, (JACQUES) (*Hist. litt. mod.*) avocat, auteur d'un poëme sur la prise de la Rochelle en 1628, *Rupella capta*, dédié au cardinal de Richelieu; d'un traité *de orbitate tolerandâ*, mais d'un autre intitulé: *laus cæcitatis*. On a peine à comprendre ce qui peut être dit de raisonnable pour consoler de la cécité & de la dépendance universelle où elle met. Mort en 1638.

GOUVEST. (JEAN-HENRI MAUBERT DE) (*Hist. litt. mod.*) Sa vie fut celle d'un aventurier qui changea plusieurs fois d'état & de religion, se fit deux fois capucin & mourut protestant; mais il a fait preuve de talent dans son testament politique du cardinal Alberoni & dans son *histoire politique du siècle*, pris depuis la paix de Westphalie en 1648, jusqu'à la paix d'Aix-la-Chapelle en 1748. Ce qu'il y a de plus remarquable dans ce dernier ouvrage, assez défectueux, mais qui souvent fait penser, c'est le jugement de l'auteur sur Louis XIV: en général il ne paroît point avoir des idées assez fixes sur le caractère de ce prince; tantôt il n'impute qu'à lui seul cette fierté, cette hauteur tant reprochée à son gouvernement, & il paroît croire que c'est Louis XIV lui-même qui l'avoit inspirée à ses ministres malgré eux; tantôt il représente Louis XIV comme un prince entièrement gouverné par ces mêmes ministres, & qui n'avoit formé son caractère que des impressions qu'il avoit reçues d'eux. Il est plus ferme dans ses idées comparatives sur Louis XIV & son rival le prince d'Orange; c'est à ce dernier qu'il donne hautement la préférence; il paroît prendre plaisir à montrer le prince d'Orange toujours supérieur à Louis XIV, l'effaçant entièrement dans l'art des négociations, méditant ses projets avec plus de profondeur, les préparant avec plus de sagesse, les exécutant avec plus d'ardeur; il va même jusqu'à refuser au conseil françois, dans les plus beaux jours de la gloire de Louis XIV, tout plan & toute combinaison: il prétend que Louis XIV fut redevable à la politique de son rival de toute sa réputation de politique; il suppose que Guillaume, obligé de peindre Louis redoutable pour donner aux diverses puissances de l'Europe un intérêt sensible de se liguer contre lui, leur exagéra tellement l'ascendant de ce prince, confirma tant par ses reproches les flatteries dont ses sujets l'enivroient, que toute l'Europe fut remplie d'une fausse idée de la sagesse & de la puissance de Louis XIV, & présuma d'autant plus de la justesse & de la profondeur de sa politique, qu'elle en pouvoit moins saisir les rapports.

Par une suite de ce plan assez nouveau, adopté par l'auteur pour dégrader Louis XIV, il est obligé du moins de lui épargner le reproche, tant répété par ses ennemis, d'avoir aspiré à la monarchie universelle; c'eût été avoir un système, & M. Maubert de *Gouvest* ne veut point absolument que Louis XIV en ait eu. Il est auteur de quelques autres ouvrages moins célèbres. Mort en 1767.

GOUX DE LA BOULAYE, (FRANÇOIS LE) (*Hist. litt. mod.*) voyageur francois, mort en Perse, vers l'an 1669. On a de lui la *relation de ses voyages*.

GRACCHUS. (*Hist. rom.*) Les Gracques, tribuns du peuple, si célèbres dans l'histoire du tribunal & dans les débats sanglans des patriciens & des plébéiens, du sénat & du peuple: étoient-ce des citoyens vertueux ou des sujets factieux & des tyrans ambitieux? C'est un problême difficile à résoudre. *Dubium pius an sceleratus Orestes.* Leur père Titus Sempronius *Gracchus*, étoit ennemi personnel du premier Scipion l'Africain, le vainqueur d'Annibal; mais ennemi généreux, il s'indigna de l'ingratitude du peuple romain qui vouloit flétrir la gloire d'un tel homme par un jugement injuste; il rappella les services & les triomphes de Scipion. Quoi donc! dit-il, la vertu des grands hommes ne trouvera-t-elle jamais ni dans son propre mérite, ni dans les honneurs où vous l'élevez, un asyle & comme un sanctuaire, où leur vieillesse soit à couvert de l'outrage & de l'injustice? *Nullis-ne meritis suis, nullis vestris honoribus unquam in arcem tutam & velut sanctam, clari viri pervenient, ubi si non venerabilis, inviolata saltem senectus eorum considat?* Le sénat remercia *Gracchus* de ce qu'il avoit fait céder ses ressentimens particuliers à l'honneur de la république, & il ne fut plus parlé de l'indigne procès qu'on avoit voulu faire à Scipion. On ajoute même que pour cimenter la réconciliation de Scipion avec *Gracchus*, les sénateurs proposèrent au premier de donner une de ses filles en mariage à *Gracchus*; Scipion en prit l'engagement, & de retour dans sa maison, j'ai marié ma fille, dit-il à Emilie sa femme. — Quoi! sans consulter une mère? — Je n'ai pu m'en défendre. — Ah! quand ce seroit pour la donner à Sempronius *Gracchus*, deviez-vous m'en faire un secret? — Quoi! vous la donneriez à Sempronius *Gracchus*? — Eh! quel autre en est plus digne? — Eh bien! c'est à Sempronius *Gracchus* que je l'ai donnée. Ce fut la fameuse Cornélie, mère des Gracques. Titus Sempronius *Gracchus* fut censeur l'an de Rome 584, deux fois consul l'an 575 & l'an 589; il reçut deux fois l'honneur du triomphe, il laissa douze enfans à sa femme. On conte de lui un trait que quelques-uns pourront regarder comme une superstition ridicule, mais que les historiens citent comme une marque estimable du respect des Romains pour la religion. *Gracchus*, dans son second consulat, avoit présidé, selon l'usage, à l'élection des consuls de l'année suivante; il lui vint après coup des scrupules sur l'omission d'une cérémonie, à laquelle il savoit seul qu'il avoit manqué, il craignit que cette omission ignorée ne rendît l'élection vicieuse au tribual des dieux; il consulta le collége des augures, & ceux-ci en rendirent compte au sénat; les deux nouveaux consuls étoient entrés en charge, s'étoient partagé les provinces, s'étoient rendus chacun dans la leur. On les rappella; & lorsqu'ils furent instruits du sujet de leur rappel, ils abdiquèrent d'eux-mêmes le consulat; on les en dédommagea dans la suite, mais leur élection fut jugée nulle pour cette année.

Le soin de l'éducation des Gracques fut la seule affaire de Cornélie. *Pour moi, voilà mes richesses & mes ornemens*, dit-elle en montrant ses enfans à une riche campanienne qui venoit de lui étaler ses diamans & ses trésors. Juvénal, dans les vers suivans, accuse-t-il formellement Cornélie d'une hauteur insupportable, ou se contente-t-il de dire que si elle avoit ce défaut, il ne pourroit l'aimer malgré toutes ses vertus, & qu'il lui préféreroit la plus simple citoyenne de Venouse?

Malo Venusinam quàm te, Cornelia mater
Gracchorum, si, cum magnis virtutibus affers
Grande supercilium & numeras in dote triumphos.

Quoi qu'il en soit, elle fit instruire parfaitement ses enfans; elle étoit elle-même très-instruite. Cicéron & Quintilien citent ses lettres avec éloge. Le second Scipion l'Africain avoit épousé sa fille, & elle disoit souvent à ses fils, pour les exciter à sortir de l'obscurité: *Les Romains ne m'appellent encore que la belle-mère de Scipion & non pas la mère des Gracques*; elle eut satisfaction, elle fut *la mère des Gracques*, mais elle contribua peut-être à leur perte. Scipion Emilien leur beau-frère étoit dans le parti du sénat & des praticiens, les Gracques se jetèrent dans le parti populaire, leurs tribunats ne furent que trop célèbres. Tibérius *Gracchus* étoit plus âgé de neuf ans que Caïus son frère; de-là un intervalle assez considérable dans l'histoire entre l'un & l'autre. Le tribunat de Tibérius est de l'an de Rome 619. Tibérius fit passer la loi agraire ou la loi du partage des terres, loi qui dépouilloit les riches & les nobles en faveur du peuple, mais qui étoit sujète aux plus grands inconvéniens & ne pouvoit guère que produire des troubles. Lælius qui, étant tribun, avoit eu la même idée, l'avoit abandonnée comme entraînant de trop fâcheuses suites, & cette modération lui avoit mérité le titre de *sage*. On peut voir ce que Cicéron a écrit sur cette loi orageuse. Octavius, collègue de Tibérius dans le tribunat, & son ami particulier, crut devoir s'opposer à cette loi & défendre les nobles; Tibérius ayant fait tout ce qu'il put pour le gagner, s'emporta jusqu'à proposer au peuple de choisir entre son collègue & lui, & de destituer l'un ou l'autre: le peuple alloit prononcer, & son choix n'étoit pas douteux; Tibérius en ce moment fit un dernier effort auprès d'Octavius; il fit parler l'amitié pour la dernière fois; avec tant d'éloquence, qu'Octavius attendri versa quelques larmes; mais ayant jeté un regard sur les nobles, dont il étoit environné & qui n'espéroient qu'en lui, il persista dans son opposition, & dit à Tibérius qu'il pouvoit faire ordonner par le peuple tout ce qu'il voudroit; Octavius fut déposé & maltraité par le peuple; il eut peine à se sauver, & un esclave fidèle, qui se tint toujours devant lui pour le garantir & détourner les coups, eut les deux yeux crevés. Tibérius, pénétré de douleur en apprenant ces violences, courut, mais trop tard, pour contenir le peuple.

Cependant, il s'élevoit contre lui de violens orages de la part du sénat & des nobles; Tibérius craignit ou feignit de craindre pour sa vie; il prit un habit de deuil, & menant ses enfans dans la place publique, il les mit avec leur mère sous la protection du peuple pour les intérêts duquel il sentoit qu'il alloit infailliblement périr. En même temps il fit ordonner que les biens du riche Attale, dernier roi de Pergame, seroient distribués aux pauvres citoyens, *Attali ignotus hæres*. Cependant il travailloit à se faire continuer dans le tribunat, à se faire donner son frère Caïus pour collègue, à porter au consulat Appius, son beau-père, à élever de plus en plus l'autorité du peuple sur les ruines de celle du sénat. Le jour marqué pour l'élection des nouveaux tribuns, il se rendit au Capitole, le peuple & le sénat étoient presque en présence & prêts d'en venir aux mains. Tibérius, sur un avis qu'il reçut que les sénateurs avoient fait armer leurs esclaves, voulut demander du secours au peuple; mais ne pouvant se faire entendre à cause du bruit qui se faisoit, il porta sa main à sa tête pour avertir qu'elle étoit en danger. Ses ennemis à leur tour trouvent ou feignent de trouver du crime dans ce geste peut-être innocent, ils s'écrient que *Gracchus* demandoit ouvertement la couronne, accusation qu'ils avoient même déjà préparée d'avance. Scipion Nasica, qui étoit à la tête des ennemis de Tibérius, somma le consul Scévola de secourir la patrie & de faire périr le tyran. Scévola répondit qu'il ne feroit jamais périr un citoyen sans qu'il eût été jugé, mais qu'il n'auroit aucun égard aux délibérations illégales que le peuple pourroit prendre à la persuasion de Tibérius; alors Nasica s'écrie: *le consul expose la république, suivez-moi, vous tous qui vous intéressez à sa conservation.* Presque tout le sénat le suit, on marche au Capitole, on attaque Tibérius, il est assommé avec plus de trois cents de ses amis à coups de bâtons & de pierres, ce fut la première fois que le sang des citoyens fut répandu à Rome par des citoyens dans une émotion populaire. Ce fut le signal des horreurs & des proscriptions si fréquentes depuis. On établit une commission pour juger ceux qu'on regarda comme les complices de Tibérius. Un de ses plus ardens amis, Blosius ne se défendoit qu'en disant qu'il avoit cru ne devoir rien refuser à un tel ami. Et s'il vous eût ordonné de mettre le feu au Capitole, lui dit Lælius qui l'interrogeoit? — Il ne me l'auroit pas ordonné. — Mais enfin s'il l'avoit ordonné? — J'aurois obéi. Tibérius *Gracchus* n'avoit que trente ans lorsqu'il périt &

si misérablement. On jeta son corps dans le Tibre.

Cependant on fut obligé de donner quelque satisfaction au peuple, Scipion Nasica ne pouvant plus paroître en public sans être insulté, fut envoyé en Asie sous prétexte de quelque commission. Cicéron le loue par-tout comme le libérateur de la patrie, d'autres ne voient en lui que l'assassin d'un homme vertueux & populaire.

Caïus cultiva long-temps dans la retraite & dans le silence, les talens qu'il vouloit faire servir un jour à la vengeance de son frère. Il disoit dans la suite que Tibérius lui avoit apparu en songe, & lui avoit dit: *Caïus, tu as beau fuir, les destins te préparent un sort semblable au mien.* Son sort fut en effet semblable, & sa réputation également équivoque. Il fut comme lui éloquent, entreprenant & d'une popularité suspecte. Son beau-frère, le second Scipion l'Africain, fils, comme on sait, de Paul Emile, & adopté par le fils du premier Scipion l'Africain, avoit épousé, comme nous l'avons dit, une sœur des Gracques; mais il étoit du parti contraire: lorsqu'il avoit appris la mort violente de Tibérius *Gracchus*, il avoit cité à ce sujet un vers d'Homère, dont le sens général est rendu par ce vers de Racine:

Puisse périr comme eux, quiconque leur ressemble!

Il montroit en toute occasion & en présence du peuple, qu'il détestoit la mémoire de Tibérius: Caïus irrité, déclamant un jour contre lui dans l'assemblée du peuple, dit qu'il falloit se défaire de ce tyran. Ce grand homme fut trouvé mort dans son lit, portant au cou, dit Paterculus, des marques d'une mort violente: *ita ut quædam elisarum faucium in cervice reperirentur notæ.* On ne fit aucune information à ce sujet, dans la crainte, dit Plutarque, que Caïus ne se trouvât coupable. Cette mort, en effet, paroît avoir été l'ouvrage de la faction des Gracques; on crut que Sempronia, leur sœur, de concert même avec Cornélie leur mère, avoit introduit, la nuit, dans la chambre de son mari les assassins qui l'étranglèrent. Caïus étant parvenu au tribunat pour l'année 629, renouvella la loi agraire & tous les établissemens populaires de Tibérius; & ne s'oubliant pas plus que Tibérius ne s'étoit oublié, il se fit continuer le tribunat pour l'année 630, & il cabaloit pour se le faire continuer encore pour l'année 631; mais il s'éleva contre lui de si violens orages, que sa tête fut mise à prix. Retiré dans un bois consacré aux furies & voyant ses ennemis prêts d'y entrer pour l'en arracher, il se fit tuer par un de ses esclaves, qui se tua lui-même sur le champ. Sa tête fut portée au consul Opimius, son ennemi, qui eut la lâche barbarie d'y insulter en ôtant toute la cervelle & mettant du plomb fondu à la place. Son corps fut jeté dans le Tibre comme celui de son frère. Opimius eut encore l'indignité de bâtir, en mémoire de cet événement, un temple à la Concorde. Quelqu'un y grava secrètement, pendant la nuit, un vers dont le sens est: *Ce temple de la Concorde est l'ouvrage de la plus lâche fureur.*

Cornélie s'étoit retirée à Misène, où elle vécut long-temps, parlant sans cesse de ses fils & ne les pleurant jamais. Tout ce qu'il y avoit de distingué à Rome, alloit la voir & l'entendre parler du premier Scipion son père, & des Gracques ses fils: elle étoit devenue un monument vivant de ces grands événemens & de ces grands hommes. Elle aimoit sur-tout à raconter tout ce que Tibérius & Caïus avoient fait & souffert, disoit-elle, pour la patrie. Le peuple, toujours attaché à la mémoire de ces deux illustres tribuns, fit ériger à Cornélie une statue de bronze avec cette inscription, si simple & si honorable à la fois & pour la mère & pour les enfans: *Cornélie, mère des Gracques.*

L'opinion qui est restée sur les Gracques, est que c'étoient de grands hommes, mais des séditieux:

Quis tulerit Gracchos de seditione querentes?

dit Juvénal. Cicéron en parle de même. Velleius Paterculus, à la vérité, fait un beau portrait de Tibérius *Gracchus*: *Vir alioqui vitâ innocentissimus, ingenio florentissimus, proposito sanctissimus, tantis denique adornatus virtutibus, quantas perfectâ & naturâ & industriâ mortalis conditio recipit*; mais il blâme par-tout sa conduite & celle de son frère dans leurs tribunats, & exalte celle de Scipion Nasica. Les Gracques ont cependant trouvé des apologistes, sur-tout parmi les modernes. M. Marmontel, dans sa préface de la traduction de Lucain, n'impute qu'à la tyrannie du sénat les désordres qui produisirent la guerre civile, & qui perdirent Rome: il suit la conduite de ce corps dans les différentes époques de la république; il soutient que son esprit fut toujours de tromper & d'asservir le peuple; il fait voir comment l'autorité du peuple & la puissance tribunitienne naquirent des injustices & des violences du sénat; il regarde la mort violente des Gracques comme le signal & le principe de ces divisions, de ces proscriptions, de ces massacres, qui, après avoir long-temps désolé la république au nom de divers tyrans, finirent par entraîner le sénat & le peuple dans une servitude commune.

GRACE PRINCIPALE, (*Hist. mod.*) titre qu'on donnoit autrefois à l'évêque de Liége, qui est prince de l'empire. La reine Marguerite, dans *ses mémoires*, raconte qu'on le traitoit ainsi: mais depuis il a pris celui d'*altesse*. Il n'y a point aujourd'hui de baron dans la haute Allemagne, & sur-tout en Autriche, qui ne se fasse donner ce titre d'honneur. Les Anglois s'en servent à l'égard des évêques & des personnes de la première qualité après les princes. Comme on le donne en Allemagne aux princes qui ne sont pas du premier rang, les ambassadeurs de France l'accordèrent d'abord à l'évêque de d'Osnabruk, qui étoit ambassadeur du collége électoral à Munster, mais ensuite ils le traitèrent d'*altesse*. Ce titre de *grace principale* n'est plus maintenant d'usage en notre langue. (*G.*)

GRACIAN, (BALTHASAR) (*Hist. litt. mod.*) jésuite espagnol, auteur estimé en Espagne, moins estimé en France où presque tous ses ouvrages sont connus par des traductions. Son *héros* & son *homme universel* ont été traduits par le père de Courbeville, jésuite; ses *maximes*, par Amelot, sous le titre de *l'homme de cour*. Ses *réflexions politiques sur les plus grands princes & particulièrement sur Ferdinand-le-Catholique*, par M. de Silhouette, que nous avons vu contrôleur-général en 1759, & ensuite sous un autre titre par le même père de Courbeville, &c. *Gracian* est mort recteur du collége des jésuites de Tarragone, en 1658.

GRÆVIUS, (JEAN-GEORGES) (*Hist. litt. mod.*) digne disciple de Gronovius, & professeur de politique, d'histoire & d'éloquence à Utrecht, si connu par son *Thesaurus antiquitatum romanarum*, par son *Thesaurus antiquitatum italicarum*, continué par Burman. Il a de plus donné des éditions d'Hésiode, de Cicéron, de Florus, de César, de Suétone, &c. Né à Naümbourg en Saxe, en 1632. Mort en 1703.

GRAFIGNY; (FRANÇOISE D'ISSEMBOURG D'HAPPONCOURT DE) (*Hist. litt. mod.*) auteur des *lettres d'une péruvienne*, petit livre charmant, plein d'intérêt, & du style le plus philosophique; de la comédie de *Cénie*, pièce touchante, qui ressemble trop à la *gouvernante* de la Chaussée, & qui ne la vaut pas, mais où il y a des scènes qui valent des pièces entières, telle est, par exemple, la première scène du cinquième acte, où les inquiétudes & les délicatesses de l'amour se déguisent si bien sous le prétexte des égards dus au malheur; de *la fille d'Aristide*, pièce intéressante & bien écrite, qui eut peu de succès, peut-être parce que *Cénie* en avoit eu trop. On a dit, & quelqu'un a osé écrire que les lettres *péruviennes* & *Cénie* n'étoient pas de madame de *Grafigny*. Où sont les auteurs qui mettent de tels ouvrages sous le nom d'autrui? Ne croyons jamais à ces sottes imputations que les sots ne manquent presque jamais de faire, quand il s'agit d'une femme. Madame de *Grafigny* étoit lorraine, née à Nancy; son père étoit major de la gendarmerie du duc de Lorraine; elle épousa François Hugot de *Grafigny*, chambellan du duc de Lorraine. Son mariage ne fut point heureux; il fallut la séparer de son mari; mais tous ces faits ne forment point l'histoire de madame de *Grafigny*. Son histoire est toute entière dans *les lettres d'une péruvienne*, dans *Cénie*, dans *la fille d'Aristide*. Elle mourut à Paris en 1758, âgée de 64 ans.

GRAILLI ou GRAILLY, (*voyez* l'article FOIX) ancienne maison qui forma par alliance la seconde maison de Foix, vers la fin du quatorzième siècle. De cette maison de *Grailli*, avant qu'elle fût devenue maison de Foix, étoit le fameux Jean III de *Grailli*, captal de Buch, l'ami particulier du prince de Galles, dit le Prince-Noir, qui le donna pour lieutenant au roi de Navarre, Charles-le-Mauvais. Le titre de captal, *capitalis*, c'est-à-dire chef, distinguoit originairement les seigneurs de l'Aquitaine de ceux des autres provinces; mais dans la suite, ces seigneurs ayant pris des titres plus usités en France, il n'est plus resté dans l'Aquitaine d'autres captalats que celui de Buch & celui de Trène. Le captal de Buch, Jean III, étoit un des habiles généraux du quatorzième siècle, & ce ne fut point par sa faute qu'il perdit contre notre fameux du Guesclin la bataille de Cocherel, où il fut fait prisonnier le 23 mai 1364. Les Navarrois avoient à Cocherel les mêmes avantages dont les François s'étoient privés dans les batailles de Courtrai, de Créci & de Poitiers; avantage du nombre, avantage du poste, abondance de vivres, dont ils se plaisoient à faire parade pour insulter à la disette des François: ceux-ci n'avoient d'autre ressource que de tirer les Navarrois de leur poste pour les amener à une bataille dans la plaine; les Navarrois brûloient de combattre; la prudence du captal contenoit leur ardeur. Du Guesclin, pour enflammer cette même ardeur & la leur rendre funeste, feint de décamper & de livrer à l'ennemi une victoire aisée; on en avertit le captal; on lui demande à grands cris la bataille. « Jamais, répondit le sage captal, » du Guesclin n'a décampé à la » vue de l'ennemi; c'est une ruse. On ne l'écouta » point, on l'entraîna, on fut battu, & il fut » pris. » Du Guesclin l'avoit prévu; il avoit annoncé, au commencement du combat, qu'*il espéroit donner le captal au roi pour étrenne de sa noble royauté*. (Charles V venoit de monter sur le trône.) Du Guesclin avoit même fait dire au captal, avant le combat, qu'il espéroit le prendre; & en exhortant ses soldats, il leur avoit dit: *Pour Dieu, amis, souvenez-vous que nous avons un nouveau roi de France; que sa couronne soit aujourd'hui étrennée par vous*. Lorsque le roi de Navarre eut fait la paix avec la France, le captal de Buch fut mis en liberté: alors il s'attacha au parti des Anglois, & fut pris, pour la seconde fois, dans un combat près de Soubise, en les servant. Cet habile & malheureux capitaine mourut en prison en 1377, malgré toutes les offres que pût faire Edouard pour sa rançon. Charles V, ayant fait inutilement tous ses efforts pour l'attirer à son service, prouva encore mieux, en n'osant le délivrer, combien il estimoit ses talens mais c'est une tache à la mémoire de ce grand roi; le prince de Galles n'en avoit pas usé ainsi envers du Guesclin, lorsqu'il l'avoit fait prisonnier.

FIN DU TOME SECOND.

De l'Imprimerie de la Veuve BALLARD & Fils, Imprimeurs du Roi, rue des Mathurins.